CHARLESWORTH

Graphic Concordance
to the Dead Sea Scrolls

The Princeton Theological Seminary Dead Sea Scrolls Project
General Editor: James H. Charlesworth

Graphic Concordance
to the Dead Sea Scrolls
Tübingen/Louisville 1991

The Dead Sea Scrolls
Hebrew, Aramaic, and Greek Texts with English Translations

I: Rules

II: Hymns and Prayers

III: Commentaries

IV: Apocryphal and Other Texts

V: Qumran Concordance

Graphic Concordance

to the Dead Sea Scrolls

By

James H. Charlesworth

with

R. E. Whitaker, L. G. Hickerson, S. R. A. Starbuck, L. T. Stuckenbruck

J. C. B. Mohr (Paul Siebeck) Tübingen
Westminster/John Knox Press · Louisville

Distributors

for the United States and Canada
Westminster/John Knox Press
100 Witherspoon Street
Louisville, Kentucky 40202-1396
USA

for Europe
J. C. B. Mohr (Paul Siebeck)
Wilhelmstr. 18, Postfach 20 40
D-7400 Tübingen
Germany

All other countries are served by both publishers.

Die Deutsche Bibliothek – CIP-Einheitsaufnahme

Charlesworth, James H.:
Graphic Concordance to the Dead Sea Scrolls / by James H.
Charlesworth. With R. E. Whitaker . . . – Tübingen : Mohr ;
Louisville : Westminster/John Knox Press, 1991
  ISBN 3-16-145797-8
NE: HST

Library of Congress Cataloging-in-Publication Data

Graphic Concordance to the Dead Sea Scrolls / by James H.
Charlesworth.
        p.   cm. – (The Princeton Theological Seminary Dead Sea
Scrolls Project)
    Introductory material in English, concordance in the original
Hebrew and Aramaic.
    Includes bibliographical references.
    ISBN 0-664-21969-1 (alk. paper)
    1. Dead Sea Scrolls – Concordances.   I. Charlesworth, James H.
II. Series.
BM487.G66   1991
296. 1'55'03 – dc20   91-29356

© 1991 by J. C. B. Mohr (Paul Siebeck)
P.O. Box 20 40, D-7400 Tübingen.

Printed by Gulde-Druck in Tübingen on acid free
stock paper; bound by Heinrich Koch in Tübingen.

Table of Contents

Foreword by Martin Hengel

The unique discoveries from the Judean desert have significantly altered biblical studies and our knowledge of Palestinian Judaism during the Second Temple period. Probably only subsequent generations of scholars, who will be able to survey the full ramifications of these discoveries, will truly grasp the extent of this change, which without exaggeration one can describe as revolutionary. The discoveries bestow upon us biblical manuscripts in Hebrew, which are one thousand years older than the oldest manuscripts that were previously available, fragments of original texts of known apocrypha and pseudepigrapha, and a host of previously unknown religious texts, which compel us to revise the picture of Palestinian Judaism between 250 B. C. E. and 100 C. E. which had prevailed up to the middle of this century and even later.

After the first wave of pioneering publications in the 50s and 60s, a quieter period followed in which relatively few, though admittedly admirable, new editions were published. But for approximately the last six years one has gained the ever increasing impression that with a new generation of editors a second "Qumran Spring" has broken forth, which one can only hope will not cease until all the essential texts are available. For there is one question which forever nags at those who take a scholarly interest in Qumran, namely: *quousque tandem . . . ?* It seems to me that we should still expect some surprises.

A fruit of the first "Gründerzeit" in which, one after another, scrolls from Cave 1 together with individual significant textual fragments from Cave IV appeared, was the Hebrew "Konkordanz zu den Qumrantexten," which Karl Georg Kuhn and his younger collaboraters published. For thirty years and up until the present time it has remained an essential scholarly aid, for which we must thank the late scholar from Heidelberg. This concordance helped to make accessible published non-biblical Hebrew texts along with the previously edited (1910) Damascus Document. In the intervening period, however, a plethora of new texts have become known, some in excellent editions with indices, others in relatively inaccessible ones. Furthermore, some older first editions have since been published in an improved form, with the result that the concordance of 1960 has outlived its usefulness for research.

In our capacity as theologians, philologians and historians of biblical literature, Judaism, Early Christianity and ancient religious history, we are all grateful to the assiduity of J. H. Charlesworth and his colleagues in making available this concordance of all previously published material. We might hope at the same time that in helping with the editing of texts, and informing and illuminating the study of already known texts, it will also stimulate interest in the unique treasures of the library at Qumran.

Perhaps its publication might give birth to a new beginning in Qumran research, the significance of which has often been underestimated, not least in my own discipline of the New Testament. The bilingual edition of these same texts, which the Princeton group together with numerous well known Qumran researchers have planned, might hasten the arrival of this event. Indeed, research of the texts at Qumran is not simply a matter for a few experts but possesses a relevance for all study of the Bible and Early Judaism.

A concordance should ease the burden of working with texts but not to such an extent that the study of the original manuscripts is itself disregarded. Through its use reference should be made directly to the texts, and even lead to a more intensive study of them. Conversely the concordance will only be a genuine aid to research when, with its help, we are able to advance from the text to its wider context.

Tübingen, May 1991   Martin Hengel

Preface

The Qumran Graphic Concordance is primarily designed for specialists who focus their research on the Dead Sea Scrolls. This preface is added so that many others, especially historians and theologians, may find this concordance useful.

With this concordance Qumran words, forms, and phrases can now be studied with much greater ease. No available concordance cites most of the documents and fragments that are now included in this volume. Previously one had to look not only at Kuhn's *Konkordanz* but also at concordances often appended to an edition of one scroll. Since this material is finally brought together into one reference work, one can, for the first time, readily learn where important words and concepts appear – or are surprisingly absent – in the Qumran texts; one can now more adequately determine the extent of their use in the extant sectarian Qumran documents. For example, one can more easily discern where such well-known technical terms as "the sons of light," "the sons of darkness," and "the Righteous Teacher" appear in the Qumran texts. The concordance demonstrates that "the Righteous Teacher" is found in only a few texts, and terms relating to the "Qumranic" light-darkness paradigm described in 1QS3 and 4 are conspicuously absent in many scrolls.

When we take these and similar discoveries into account, as well as the different phases in which the documents were written, we discern more fully that Qumran thought should be understood in terms of its history and development. The concordance will thus assist historians and theologians in documenting the numerous phases in the life of this Jewish community, whose thought was by no means as monolithic as many early specialists assumed.

This concordance also puts students and scholars in a better position to discuss with more precision the identity of the Qumran community. Are the Qumran Covenanters to be identified with the Essenes, one strict branch of the Essenes, or with some other previously known group?

Furthermore, the concordance furnishes an important data bank for Hebrew Bible scholars who specialize in late biblical Hebrew and for rabbinic scholars who do research in Mishnaic Hebrew. The texts contain forms akin to both phases of the Hebrew (and Aramaic) language; the graphic nature of the concordance thus provides easy access to a vast amount of material for linguistic comparison.

Finally, the writings of the Qumran community preserve Jewish concepts and theologies prior to and contemporaneous with the rise of the Palestinian Jesus

Movement and subsequently early Christianity. Here scholars will be able to learn, for example, whether so-called New Testament terms or titles like "Kingdom of God," "the son of man," "the Anointed One" (or "the Messiah"), and "the son" appear in the sectarian Dead Sea Scrolls.

Appreciations

Deep appreciation is hereby extended to Richard E. Whitaker and Scott R. A. Starbuck for their work as computer and technical experts for the Princeton Theological Seminary Dead Sea Scrolls Project. Whitaker provided the software required to represent in published form the unique problems encountered with the Qumran texts. He created the requisite sigla, intralinear forms, Palaeo-Hebrew characters, and marginal signs represented in this volume. Whitaker and Starbuck devised the diverse programs that enable us to transform each document from text format to concordance format, sort and collate each form alphabetically, format each page for printing, and by means of the computer check for errors. We in the Project appreciate their dedication over the past five years.

Many long hours of tedious work were supplied by skilled young scholars, especially Craig Bowman, Michael Davis, David Freedholm, Mark George, Jerry Gorham, Mark Harding, Doug Miller, and Loren Stuckenbruck. Lance Hickerson served as coordinator of the laboratory. I greatly appreciate the indefatigable labors, excellence, and collegiality of these young scholars.

During this phase of the Project, I am especially grateful to Archbishop Mar Athanasius Y. Samuel, who graciously allowed me to examine and rephotograph several fragments in his possession (1Q19[bis], 1Q34[bis], and 1Q70[bis]). Special thanks also go to Bruce and Ken Zuckerman, whose new photographic techniques and equipment produced photographs that have helped clarify numerous readings.

Small grants from the Foundation on Christian Origins helped fund this work. Finally, I am deeply indebted to the Board of Trustees of Princeton Theological Seminary and President Thomas W. Gillespie for supporting this research.

10 April 1991   J.H.C.

Introduction

Guidelines Followed in Creating the Concordance

Decisions Concerning the Corpus

The Princeton Theological Seminary Dead Sea Scrolls Project will publish two different concordances of the Qumran sectarian documents. These are companion volumes.

The first concordance, the present work, is a *graphic* concordance. It is based on what editors claim to have seen on leather, papyrus, or copper. This concordance is the only one available to editions of all Qumran sectarian texts published before 1990 (see Bibliography of Texts Cited). These editions contain (*inter alia*) the previously published sectarian writings of the Qumran community and similar documents (viz. CD, 11QTemple) which the Qumran Convenanters not only inherited but also edited. As a result, this concordance is based on 223 texts and over 3,500 fragments; it contains more than 59,000 individual entries (lines concorded according to linguistic forms).

The presentation of the data in this volume is neutral in that each entry is given in its attested form. Thus the concordance is non-intrusive. The forms are not parsed according to the conventions of western scholarship. Instead, all concorded forms remain unanalyzed, i.e. reflect what previous editors have transcribed from the manuscripts themselves. This means that preformatives and "inseparable particles" (-ל, -כ, -י, -ו, -ה, -ד, -כ, -א, -ת, -ש, -נ, -מ) are not separated from the "root" forms they modify. For example, הצדק is listed under הצדק instead of צדק; likewise, המתנדבים is listed under המתנדבים, not נדב. Hence, we believe that this concordance will provide data for Qumran scholars who need to make textual decisions and who intend to be consistent in translation.

The Project has been preparing new critical editions and translations of the Qumran sectarian documents. Over 25 international experts have been working in this Project. When the new editions are completed, a second concordance based on them will be published. It will be analytical, parsing forms according to the usual methods.

Although a concordance is an invaluable resource tool, it has its limitations. It must not be confused with the documents themselves, but can only serve as a guide to them. One should consult the editions from which this volume has been derived, as well as the photographs or manuscripts themselves.

Guidelines Followed in Creating the Concordance

The following comments on format and method should facilitate the usefulness of this concordance. The various editions were followed as faithfully as possible; but when strong doubts about a reading occurred, the text was corrected to represent what seems visible in the manuscript.

End of Line Marker

When more than one line of a manuscript appears in a given entry, lines are separated with a "ו" *(sôp pasûq)*. Thus במעשי, the *last* word of CD 1.1, is separated from אל, the *first* word of CD 1.2, by a *sôp pasûq* as follows:

ובינו במעשי׃ אל כי ריב לו

In order to provide as much context as possible for each entry, even fragmentary lines are displayed together. For example, ‏בראשית‎[in 4Q509 fragment 8, column 1, line 5, appears in the concordance with ‏לתנו[פ]ה‎ which occurs in line 4.

לתנו[פ]ה ׃ [בראשית ‹קו[‹‹ר›‹   4Q509 8 1.5

In this case the *sôp pasûq* does not distinguish lines of a continuous text, but joins legible characters of incomplete lines.

An important exception to this procedure was required for 4Q156. In six instances, an actual *sôp pasûq* was written in the manuscript. Their exact placements are listed here.

לפ[רכתא‎׃ וישוה]   ]   4Q156 1 1.3

ע]ל בסיא׃ וקדם בסיא למדנחא   4Q156 1 1.6

מ]ן דמא באצבעתה׃ וידכ   4Q156 1 1.7

עלו[הי‎׃ ו]יס[ב]   ]   4Q156 2 1.1

[צפיר[א] חיא׃ ויסמך אהרן ת]רתין   4Q156 2 1.5

די צ[פיר]א ח[יא׃ ו]יהוד]א עלוהי כל]   ]   4Q156 2 1.6

Only once in the concordance, however, does the *sôp pasûq* represent both a scribal marking and the end of the line (our notation):

בסיא׃ וקדם בסיא למדנחא ׃   4Q156 1 1.6

In the first instance (‏בסיא׃‎), the "׃" represents the actual scribal marking in the manuscript. The second *sôp pasûq* signifies the end of the line.

Restorations

A concordance to Qumran texts must be able to distinguish between a scholar's restoration and a scribe's text. Therefore, restorations are placed within square brackets: i.e. ‏יהוה‎ ‏ש[ם]‎] or ‏ומש[ער]גד‎. Since our aim was to concord words and letters that are clearly visible, we retained only restorations of words in which at least one consonant was read by an editor.

Intralinear Scripts

We have represented intralinear (i. e., a scribe's supralinear or sublinear) script inside the entry, circumscribed by pointed brackets ⟨ ⟩. Thus, the first part of 1QS 8.10 which an editor has published as

קו   והיו לרצון לכפר בעד הארץ ...

להקם ברית לחו(   )ת עולם בהכון ...

has been concorded, taking into account a scribe's supralinear corrections. Accordingly, we cite "words" from ‏לחו(   )‹קו›ת‎ to the supralinear ‏בעד‎ in 1QS 8.10 (using the sigla on p. XXXI) as follows (listing the words alphabetically):

with ‏בעד‎,

לרצון לכפר בעד הארץ   1QS 8.*10*

with ‏והיו‏,

‏) ‹קו›ת עולם ‹והיו לרצון‏   1QS 8.*10*

with ‏לחוקות‏,

‏) ‹ ( ) להקם ברית לחו( ) ‹קו›ת‏   1QS 8.10

with ‏לכפר‏,

‏‹והיו לרצון לכפר בעד הארץ‏   1QS 8.*10*

with ‏לרצון‏,

‏עולם ‹והיו לרצון לכפר בעד‏   1QS 8.*10*

and with ‏עולם‏,

‏לחו( ) ‹קו›ת עׄולם ‹והיו‏   1QS 8.10

When the entire entry is intralinear, the citation line number is given in italics: with ‏ליחד‏,

‏ובהיות אלה ‹ליחד› בישראל‏   1QS 8.*12*.

The italicized line number is especially important in cases where the intralinear is lengthy and the circumscribing brackets, ⟨ ⟩, fall outside the context cited. For example, the supralinear line of 1QS 8.10 which contains ‏הארץ‏ is listed in the concordance as

‏לכפר בעד הארץ ולחרוץ משפט‏   1QS 8.*10*.

Please note that we represent the orthography; hence a medial form appears in final position.

Consistency

Sometimes there is a discrepancy between the editors' transcriptions and their notes, in which they claim to see a different reading. For the sake of consistency, we have chosen only what editors have placed in the transcribed text (see the following paragraph).

Typographical Errors

We have corrected typographical errors in the printed editions. For example, the brackets are adjusted in 1QDM 2.1 and 2.11: ‏שׁר]א[‏ not ‏שׁר[א‏, and ‏]אלוהים[‏ not ‏[אלוהים,‏ and in 4QPs^f 9 1.9 ‏וחארץ‏ is corrected to ‏והארץ‏ according to the manuscript.

Symbols for Uncertain Readings

Symbols (circles, dots, or macrons) are placed by editors above consonants in the printed editions to denote uncertain readings. Each of these marks can reflect a wide range of judgments. As an examination of the manuscripts and photographs makes clear, this inconsistency can even be observed within the work of a single editor. For instance, some editors add a dot over an uncertain consonant, but then fail to place a sign over a consonant that is even less certain.

A concordance to over two hundred texts published according to different guidelines demands one coherent principle. Hence, all symbols used by editors to indicate uncertain consonants are represented by a circle over the letters:

> [' [ברוד] : [א]יר שבעה] : [>   4Q519 1 1.5

' [אף שמפ] : < >]   4Q485 4 1.1

In instances where consonants are indecipherable, some editors have used dashes; these are converted to circles. When excessive in number, the dashes are converted to four raised circles and a bracket: ····[.

Erasures and Deletions

The scribes of the Qumran texts indicated errors in the following ways: dots above and below a consonant, a dot only above a consonant, or a dot only below a consonant. In 1QH 7.15 the dots only above two consonants indicate erasures, thus signifying that the scribe probably changed his mind from using dots to erasing the entire word. In such cases we represent the consonants with parentheses (our symbol for erasures) and with dots only above (the symbol taken over from the scribes). We have not followed the DJD volumes, in which apparent mistakes by scribes are inconsistently marked with {}.

In printing the concordance we have attempted to follow the original deletion marks as closely as possible. The following sample entries demonstrate the various notations for scribal markings found in the concordance:

with לחוקות,

) > להקם ברית לחו ( ) <קו>ת   1QS 8.10

with ובהונו,

   סמו בעבודתו ובהו (.) <נ>ו פו   1QS 5.14

with בתמים,

   ימים >(בתמים דרד) ואין   1QS 8.*10*

with לפני,

   בברית (א)לפני אל לעשות   1QS 1.16

with ישחקו,

   העמים ובלעג ישחוׂקו עליהם :   1pHab 4.6

with להכבד,

   מלחמות ידיכה להלׅחֵׂמׄ<כבד>   1QM 11.8

with אש,

   אנשי תמים קדש אשר ~~אין~~ :   CD 20.5

with מברית,

   יהיה זרעמה מבׂגׄ~~ל~~בׄרׄית :]   4Q501 1.7

with קט,

   [·· קט ושלוה :   ק]   1QH 12.2.

Palaeo-Hebrew and Dotted Forms

These entries do not conform to the normal square script lettering; hence, they are placed in a special section at the end of the concordance. The ligature -א- , however, is listed alphabetically under -אל-.

Alternate Readings

Sometimes editors present two possible readings in their texts, separating them with a diagonal line. In such cases, we have concorded only the first reading. For example, in 1QS^b 2.5 אלים/כה is entered as **אלים**, and in 1Q25 2 1.4 ליהו[ה/דה is entered as **ליהו[ה**. For the sake of organizational simplicity, we have chosen the first option and now list the passages and second choices published by the editors:

Citation	First Choice	Second Choice
1Q25 2 1.4	ליהו[ה	ליהו[דה
1QS^b 2.5	אלים	אליכה
1QS^b 15 1.2	וברכה	יברכה
1Q29 3–4 1.6	קה[ל	כו[ל
1Q29 5–7 1.6	המש[פחות	המש[יח
1Q43 1.2	מלו[ה	מלאכ[ת
4Q186 2.3	שלו ג[	[גולש
11tgJ 2.2	י[תון	א[ין
11tgJ 4.9	הריתו ן	הריתי ן
11tgJ 4.9	פל[סת	פל[א
11tgJ 8.8	כבאיש[	כבאיש[
11tgJ 29.7	גב[ורה	גב[ורן
11tgJ 30.4	אחי<דין	אחי<דון
11tgJ 34.9	כת[דא	כת[ה
TS 2 1.4	עש[ר	עש[רים

Decisions Concerning the Corpus

Omitted Fragments

Only fragments which contain at least one complete word have been included. Hence fragments like 3Q13, 6Q25, 9Q1, and 10Q1 have not been concorded. Also omitted are fragments such as 6Q27, 6Q28, 6Q29, and 1Q70. Fragments without a complete word are included if they are related to a fragment that contains full words (cf. e.g. 4Q500 3).

Numeration of Documents

Each line of the concordance consists of an entry word, context, and a citation. 1QS^{b}2.5 signifies the document 1QS^b, column 2, line 5. 1QS^{b}15 1.2 signifies the document 1QS^b, fragment 15, column 1, line 2. Each fragment is provided a column number. Most often this is "1," *except* in cases where multiple columns are evident in the fragment itself.

In cases where an editor has grouped together a sequence of fragments, the fragment citation may be abbreviated by appending a "+" to the initial fragment cited in the published edition. For example, 4QpIsa^c, Fragments 4, 6–7, column 1, line 17, is cited in the concordance as 4pIs^c 4,6+ 1.17.

In some cases the numeration of the concordance differs from that of the editions used. In order to focus on the primary data we have numbered the columns according to the way they appear in the fragments, and not according to hypothetical numerations introduced by some editors in their attempts at reconstruction.

This general procedure is carried over into line numeration in only one instance (4Q491 = 4QM 1 8–10). The initial line, allowing for the editor's restoration, is now included in our numeration.

Fragmentary Texts Added in Appendix III of DJD I

J. T. Milik included in an appendix to *DJD* I transcriptions of 1Q10^{bis}, 1Q34^{bis}, and 1Q70^{bis}. We have followed Milik in renaming 1Q19 as 1QNoah. Since the whole of 1Q34 overlaps with the larger 1Q34 2+ 1, we have designated both as 1Q34^b. 1Q70^{bis} has not been included due to its uncertain and fragmentary nature.

Damascus Document (CD)

Entries belonging to columns 7, 8, and 19 of CD have been taken from the separate manuscripts in the appendix of Rabin's edition (pp. 78–80); they are not from the eclectic text.

Genesis Apocryphon (1QapGen)

J. A. Fitzmyer's edition of 1QapGen enables us to include the portions of the Genesis Apocryphon that Avigad and Yadin only noted in their introduction to the *editio princeps*. Fitzmyer's additional readings here have almost always been substantiated by our study of the recent photographs of 1QapGen by Bruce and Ken Zuckerman.

Copper Scroll (3Q15)

The Greek letters and exotic symbols of 3Q15 are not represented in the concordance. Spaces are inserted where these letters and symbols appear in the text.

4QCatᵃ (4Q177)

A "×" sometimes appears in the margins of 1QpHab. Once a "×" appears as a supralinear in 4QCatᵃ 12−13 1.8. These markings are listed in the concordance only when they fall within the immediate context of a given entry. However, in 4QCatᵃ 12−13 2.9 and 29 1.2 they apparently represent a palaeo-Hebrew *taw* and are listed in a separate section at the end of the concordance.

4Q186

This cryptic document poses special problems. The scribe made use of Greek, Palaeo-Hebrew characters, square script, a cryptic alphabet, and reverse writing. Such scripts could not be brought into line with the rest of the corpus; hence, we have followed Allegro's decipherment, in order that the forms may be located under their corresponding Hebrew transcription.

4Q502

Though Baillet grouped Fragments 6−10 together, we have represented them separately due to the uncertainty of their association.

4Q503

The numerical sign in Nabatean script is omitted in 4Q503 10.21.

6Q26

We have not included the symbols in 6Q26 that represent scribal notations for a contract.

Temple Scroll Fragments

The fragments alleged to be part of the Temple Scroll are the focus of intense scholarly debate. We added only three fragments: TS 1 (= Wise, Fragment 1, p. 46), TS 2 (= Wise, Fragment 2, p. 51), and TS 3 cols. 1 and 2 (= Yadin, Fragment 3, p. 160; col. 1, pp. 160−61 and col. 2, pp. 172−73).

Availability of Data Sets

One of the benefits of generating the Graphic Concordance through computer entry is the creation of a machine-readable text base for the Qumran sectarian documents. The data sets from which the concordance was generated will soon be available to students and scholars in CD-ROM format.

Abbreviations Employed

Excerpts from a text should be as extensive as possible to help scholars ascertain some of the context. Consequently, it is essential to reduce the long abbreviations that have been attributed to many of the Qumran Scrolls, especially the fragments. At the same time, we want the abbreviations to be readily recognizable.

The abbreviated citations consist of either three or four items. $1QS^b$ 2.5 signifies the document $1QS^b$, column 2, line 5. $1QS^b$ 15 1.2 signifies the document $1QS^b$, fragment 15, column 1, line 2. Cf. further the section on "Numeration of Documents" on pp. XVI–XVII.

	Standard Abbreviation	Place of Publication
1Q20	1Q20	*Apocalypse de Lamech (= Genesis Apocryphon)* [*DJD* I, 86–87].
1Q23	1Q23 = 1QHenGiants	*Deux apocryphes en araméen (Book of Giants)* [*DJD* I, 97–98].
1Q24	1Q24 = 1QHenGiants	*Deux apocryphes en araméen (Book of Giants?)* [*DJD* I, 99].
1Q25	1Q25	*Une prophétie apocryphe (?)* [*DJD* I, 100–101].
1Q26	1Q26	*Un apocryphe* [*DJD* I, 101–102].
1Q29	1Q29	*Liturgie des 'trois langues de feu'* [*DJD* I, 130–132].
1Q30	1Q30	*Texte liturgique (?)* [*DJD* I, 132–133].
1Q31	1Q31	*Texte liturgique (?)* [*DJD* I, 133–134].
1Q34ᵇ	1Q34^bis	*Recueil de prières liturgiques* [*DJD* I, 152–155].
1Q35	1QH frgs	*Recueil de cantiques d'action de graces* [*DJD* I, 136–138].
1Q36	1Q36	*Recueil d'hymnes* [*DJD* I, 138–141].
1Q37	1Q37	*Composition hymnique (?)* [*DJD* I, 142].
1Q38	1Q38	*Composition hymnique (?)* [*DJD* I, 142].
1Q39	1Q39	*Composition hymnique (?)* [*DJD* I, 142–143].
1Q40	1Q40	*Composition hymnique (?)* [*DJD* I, 143].
1Q41	1Q41	*Groupes non caractérisés, en hebreu* [*DJD* I, 144].
1Q42	1Q42	*Groupes non caractérisés, en hebreu* [*DJD* I, 144].
1Q43	1Q43	*Groupes non caractérisés, en hebreu* [*DJD* I, 144].

Abbreviations Employed

	Standard Abbreviation	Place of Publication
1Q44	1Q44	*Groupes non caractérisés, en hebreu* [*DJD* I, 144].
1Q45	1Q45	*Groupes non caractérisés, en hebreu* [*DJD* I, 144–145].
1Q46	1Q46	*Groupes non caractérisés, en hebreu* [*DJD* I, 145].
1Q47	1Q47	*Groupes non caractérisés, en hebreu* [*DJD* I, 145].
1Q49	1Q49	*Groupes non caractérisés, en hebreu* [*DJD* I, 145].
1Q50	1Q50	*Gropues non caractérisés, en hebreu* [*DJD* I, 145].
1Q51	1Q51	*Groupes non caractérisés, en hebreu* [*DJD* I, 145].
1Q52	1Q52	*Groupes non caractérisés, en hebreu* [*DJD* I, 146].
1Q53	1Q53	*Groupes non caractérisés, en hebreu* [*DJD* I, 146].
1Q54	1Q54	*Groupes non caractérisés, en hebreu* [*DJD* I. 146].
1Q55	1Q55	*Groupes non caractérisés, en hebreu* [*DJD* I, 146].
1Q56	1Q56	*Groupes non caractérisés, en hebreu* [*DJD* I, 146].
1Q57	1Q57	*Groupes non caractérisés, en hebreu* [*DJD* I, 146].
1Q58	1Q58	*Groupes non caractérisés, en hebreu* [*DJD* I, 146].
1Q62	1Q62	*Groupes non caractérisés, en hebreu* [*DJD* I, 147].
1Q63	1Q63	*Groupes non caractérisés, en hebreu* [*DJD* I, 147].
1Q64	1Q64	*Groupes non caractérisés, en hebreu* [*DJD* I, 147].
1Q65	1Q65	*Groupes non caractérisés, en hebreu* [*DJD* I, 147].
1Q66	1Q66	*Groupes non caractérisés, en hebreu* [*DJD* I, 147].
1Q67	1Q67	*Groupes non caractérisés, en hebreu* [*DJD* I, 147].
1Q68	1Q68	*Fragments araméens* [*DJD* I, 147–148].
1Q69	1Q69	*Fragments hébraîques* [*DJD* I, 148].
1Q70	1Q70	*Fragments de papyrus* [*DJD* I, 148–149].
1apGn	1QapGen	*Genesis Apocryphon* [Fitzmyer, *Genesis Apocryphon*, 42–67].
1Myst	1QMyst = 1Q27	*'Livre des mystères'* [*DJD* I, 102–107].
1pHab	1QpHab	*Habakkuk Pesher* [Horgan, *Pesharim*, 1–9].
1pMic	1QpMic = 1Q14	*Micah Pesher 1* [Horgan, *Pesharim*, 10–12].
1pPs	1QpPs = 1Q16	*Psalm Pesher* [Horgan, *Pesharim*, 13–15].
1pZ	1QpZeph = 1Q15	*Zephaniah Pesher 1* [Horgan, *Pesharim*, 13].
1QDM	1Q22	*'Dires de Moîse'* [*DJD* I, 91–97].
1QH	1QH	*The Thanksgiving Hymn* [Delcor, *Hymnes;* text by E. L. Sukenik].
1QJN	1QJN ar = 1Q32	*'Description de la Jérusalem Nouvelle'* (?) [*DJD* I, 134–135].
1QM	1QM	*The War of the Sons of Light against the Sons of Darkness* [Carmignac, *Guerre*, 1–264].
1QM33	1Q33	*'La guerre des fils de lumière contre les fils de ténèbres'* (*1QM*) [*DJD* I, 135–136].
1QNo	1QNoah = 1Q19	*'Livre de Noé'* [*DJD* I, 84–86].

	Standard Abbreviation	Place of Publication
1QS	1QS	*The Community Rule* [Qimron transcription; Sekine, *Dead Sea* (Kodansha), 58–79].
1QSª	1Q28a	*Règle de la congrégation* [*DJD* I, 108–118].
1QSᵇ	1Q28b	*Recueil des Bénédictions* [*DJD* I, 118–130].
2Q25	2Q25	*Document juridique* [*DJD* III, 90].
2Q26	2Q26 = 2QEnGiants	*Fragment de rituel* (?) *(Book of Giants)* [*DJD* III, 90–91].
2Q27	2Q27	*Texte de caractère mal défini* [*DJD* III, 91].
2Q28	2Q28	*Texte de caractère mal défini* [*DJD* III. 91–92].
2Q29	2Q29	*Groupes et fragments divers* [*DJD* III, 92].
2Q30	2Q30	*Groupes et fragments divers* [*DJD* III, 92].
2Q31	2Q31	*Groupes et fragments divers* [*DJD* III, 93].
2Q32	2Q32	*Groupes et fragments divers* [*DJD* III, 93].
2Q33	2Q33	*Fragments isolés* [*DJD* III, 93].
2apDa	2QapDavid = 2Q22	*Un apocryphe de David* (?) [*DJD* III, 81–82].
2apMo	2QapMoses = 2Q21	*Un apocryphe de Moïse* (?) [*DJD* III, 79–81].
2apPr	2QapProph = 2Q23	*Une prophétie apocryphe* [*DJD* III, 82–84].
2QJN	2QJN ar = 2Q24	*Description de la Jérusalem Nouvelle* [*DJD* III, 84–89].
3Q7	3Q7	*Un apocryphe mentionnant l'Ange de la Présence* [*DJD* III, 99].
3Q8	3Q8	*Un texte mentionnant un ange de paix* (?) [*DJD* III. 100].
3Q9	3Q9	*Un texte de la secte* [*DJD* III, 100–101].
3Q10	3Q10	*Groupes en hébreu* [*DJD* III, 101].
3Q11	3Q11	*Groupes en hébreu* [*DJD* III, 101–102].
3Q12	3Q12 ar	*Groupes en araméen* [*DJD* III, 102].
3Q14	3Q14	*Fragments isolés* [*DJD* III, 102–104].
3Q15	3Q15	*Le rouleau de cuivre provenant de la grotte 3Q* *(3Q15)* [*DJD* III, 199–302].
3pIs	3QpIsa = 3Q4	*Isaiah Pesher 2* [Horgan, *Pesharim,* 58].
3QHym	3QHymn = 3Q6	*Hymne de louange* [*DJD* III, 98].
4Q156	4Q156	*Targum du Lévitique* [*DJD* VI, 86–89].
4Q176	4Q176 = 4QTanhûmîm	*Tanhûmîm* [*DJD* V, 60–67].
4Q178	4Q178	[*DJD* V, 74–75].
4Q181	4Q181	[*DJD* V, 79–80].
4Q183	4Q183	*(Desecration of the Temple* [?]) [*DJD* V, 81–82].
4Q184	4Q184	*(Instruction of sapiential genre)* [*DJD* V, 82–85].
4Q185	4Q185	*(Sapiential Text)* [*DJD* V, 85–87].
4Q186	4Q186 = 4QCryptic	*(An Astrological Cryptic Document)* [*DJD* V, 88–91].

	Standard Abbreviation	Place of Publication
4Q374	4Q374	*Discourse on the Exodus and Wilderness Traditions* [Newsom, *"Discourse,"* forthcoming].
4Q378	4Q378	*Psalms of Joshua* [Newsom, *"Psalms,"* 61–63].
4Q379	4Q379	*Psalms of Joshua* [Newsom, *"Psalms,"* 65–73].
4Q380	4Q380	*Non-canonical Psalm* [Schuller, *Non-canonical,* 241–265].
4Q381	4Q381	*Non-canonical Psalm* [Schuller, *Non-canonical,* 61–240].
4Q385	4Q385	*Second Ezekiel* [Strugnell, *"Second",* 50–54].
4Q400	4Q400	*ShirShabb* [Newsom, *Songs,* 85–123].
4Q401	4Q401	*ShirShabb* [Newsom, *Songs,* 125–146].
4Q402	4Q402	*ShirShabb* [Newsom, *Songs,* 147–166].
4Q403	4Q403 } 4QShirShabb	*ShirShabb* [Newsom, *Songs,* 185–247].
4Q404	4Q404	*ShirShabb* [Newsom, *Songs,* 249–255].
4Q405	4Q405	*ShirShabb* [Newsom, *Songs,* 257–354].
4Q406	4Q406	*ShirShabb* [Newsom, *Songs,* 355–357].
4Q407	4Q407	*ShirShabb* [Newsom, *Songs,* 359–360].
4Q482	4Q482	*Livre des Jubilés* (?) [*DJD* VII, 1–2].
4Q483	4Q483	*Genèse ou Livre des Jubilés* (?) [*DJD* VII, 2].
4Q484	4Q484	*Testament de Juda* (?) [*DJD* VII, 3].
4Q485	4Q485	*Texte prophétique ou sapientiel* [*DJD* VII, 4].
4Q486	4Q486	*Ouvrage sapientiel* (?) [*DJD* VII, 4–5].
4Q487	4Q487	*Ouvrage sapientiel* (?) [*DJD* VII, 5–10].
4Q488	4Q488 ar	*Un apocryphe en araméen* [*DJD* VII, 10].
4Q489	4Q489 ar	*Un apocalyptique en araméen* (?) [*DJD* VII, 10–11].
4Q490	4Q490	*Groupe de fragments à rapprocher du précédent* (?) [*DJD* VII, 11].
4Q497	4Q497	*Texte ayant quelque rapport avec la Regle de la Guerre* (?) [*DJD* VII, 69–72].
4Q498	4Q498	*Fragments hymniques ou sapientiels* (?) [*DJD* VII, 73–4].
4Q499	4Q499	*Hymnes ou prières* [*DJD* VII, 74–77].
4Q500	4Q500	*Bénédiction* [*DJD* VII, 78–79].
4Q501	4Q501	*Lamentation* [*DJD* VII, 79–80].
4Q502	4Q502	*Rituel de mariage* [*DJD* VII, 81–105].
4Q503	4Q503	*Prières quotidiennes*

	Standard Abbreviation	Place of Publication
4Q504	4Q504	*Paroles des Luminaires (prem. exemp.:* DibHama) [*DJD*VII, 137–168].
4Q505	4Q505	*Paroles des Luminaires (deux. exemp.:* DibHamb) [*DJD* VII, 168–170].
4Q506	4Q506	*Paroles des Luminaires (trois. exemp.:* DibHamc) [*DJD* VII, 170–175].
4Q507	4Q507	*Prières pour les fêtes (prem. exemp.:* PrFêtesa) [*DJD* VII, 175–177].
4Q508	4Q508	*Prières pour les fêtes (deux. exemp.:* PrFêtesb) [*DJD* VII, 177–184].
4Q509	4Q509	*Prières pour les fêtes (trois. exempl.:* PrFêtesc) [*DJD* VII, 184–215].
4Q510	4Q510	*Cantiques du Sage (prem. exemp.: Shira)* [*DJD* VII, 215–219].
4Q511	4Q511	*Cantiques du Sage (deux. exemp.: Shirb)* [*DJD* VII, 219–262].
4Q512	4Q512	*Rituel de purification* [*DJD* VII, 262–286].
4Q513	4Q513	*Ordonnances (deux. exemp.: Ordb)* [*DJD* VII, 287–295].
4Q514	4Q514	*Ordonnances (trois. exemp.: Ordc)* (?) [*DJD* VII, 295–298].
4Q515	4Q515	*Groupe en petite écriture* [*DJD* VII, 299–300].
4Q516	4Q516	*Fragments divers* [*DJD* VII, 300].
4Q517	4Q517	*Fragments non classés inscrits sur une face* [*DJD* VII, 301–304].
4Q518	4Q518	*Fragments non classés inscrits sur les deux faces. Recto* [*DJD* VII, 304–306].
4Q519	4Q519	*Fragments non classés inscrits sur les deux faces. Verso* [*DJD* VII, 307–309].
4Q520	4Q520	*Fragments non classés inscrits seulement au verso* [*DJD* VII, 309–312].
4AgCr	4QAgesCreat = 4Q180 = 4QBookPeriods	*The Ages of Creation* [*DJD* V, 77–79].
4Amrm	4Q Amram	*Visions de Amram* [Kobelski, *Melchizedek*, 26–27].
4apLm	4QapLam = 4Q179	*Lamentations* [*DJD* V, 75–77].
4pHs[a]	4QpHos-a	*Hosea Pesher A* [Horgan, *Pesharim*, 38–39].

	Standard Abbreviation	Place of Publication
4pIs[a]	4QpIsa-a = 4Q161	*Isaiah Pesher* [Horgan, *Pesharim,* 15−18].
4pIs[b]	4QpIsa-b = 4Q162	*Isaiah Pesher* [Horgan, *Pesharim,* 19−20].
4pIs[c]	4QpIsa-c = 4Q163	*Isaiah Pesher* [Horgan, *Pesharim,* 20−33].
4pIs[d]	4QpIsa-d = 4Q164	*Isaiah Pesher* [Horgan, *Pesharim,* 34].
4pIs[e]	4QpIsa-e = 4Q165	*Isaiah Pesher* [Horgan, *Pesharim,* 35−37].
4pMic	4QpMic = 4Q168	*Micah Pesher* [Horgan, *Pesharim,* 58−59].
4pN	4QpNah = 4Q169	*Nahum Pesher* [Horgan, *Pesharim,* 46−50].
4pPs[a]	4QpPs-a = 4Q171	*Psalm Pesher A* [Horgan, *Pesharim,* 51−57].
4pPs[b]	4QpPs-b = 4Q173	*Psalm Pesher B* [Horgan, *Pesharim,* 57].
4pUn	4QpUnid = 4Q172	*Unidentified Pesher Fragments* [Horgan, *Pesharim,* 59−60].
4pZ	4QpZeph = 4Q170	*Zephaniah Pesher 2* [Horgan, *Pesharim,* 51].
4QBer	4QBerakot = 4Q286	*Milkî-sedeq and milkî-resa* [Milik, *"Milkî-sedeq",* 130−135].
4QCat[a]	4QCat-a = 4Q177	*Catena (A)* [*DJD* V, 67−74].
4QCat[b]	4QCat-b = 4Q182	*Catena (B) (On enemies of the community)* [*DJD* V, 80−81].
4QFl	4QFlor =4Q174	*Florilegium* [*DJD* V, 53−57].
4QM1	4Q491	*La Règle de la Guerre (prem. exemp.: Ma)* [*DJD* VII, 12−44].
4QM2	4Q492	*La Règle de la Guerre (deux. exemp.: Mb)* [*DJD* VII, 45−49].
4QM3	4Q493	*La Règle de la Guerre (trois. exemp.: Mc)* [*DJD* VII, 49−53].
4QM4	4Q494	*La Règle de la Guerre (quatr. exemp.: Md)* [*DJD* VII, 53−54].
4QM5	4Q495	*La Règle de la Guerre (cinq. exemp.: Me)* [*DJD* VII, 54−56].
4QM6	4Q496	*La Règle de la Guerre (six. exemp.: Mf)* [*DJD* VII, 56−68].
4QMes	4QMess ar	*Elect of God text* [Fitzmyer, *"Elect of God,"* 348−372].
4QNab	4QPrNab	*Prayer of Nabonidus* [Cross, *"Fragments,"* 263−264].
4QOrd	4QOrd = 4Q159	*Ordinances* [*DJD* V, 6−9].
4QPBl	4QPBless = 4QpGen 49	*Patriarchal Blessings* [Allegro, *"Messianic,"* 174−177].
4QPs[f]	4QPs-f	*Apocryphal Psalms of Cave 4* [Starcky, *"Psaumes,"* 355−371].
4QTeh	4QTeh = 4Q280	*Milkî-sedeq and milkî-resa* [Milik, *"Milkî-sedeq,"* 127−129].
4QTeh[b]	4QTeharot B = 4Q275	*Milkî-sedeq and milkî-resa*

	Standard Abbreviation	Place of Publication
4tgJ	4QtgJob = 4Q157	*Targum de Job* [*DJD* VI, 90].
4Tstm	4QTestim = 4Q175	*Testimonia* [*DJD* V, 57–60].
4Tstz	4QTestuz ar	*An eschatological text* [Testuz, *"Deux fragments,"* 37–39].
4VSam	4QVisSamuel	*The Vision of Samuel* [*DJD* V, 9–11].
5Q13	5Q13 = 5QRègle	*Une règle de la secte* [*DJD* III, 181–183].
5Q16	5Q16	*Groupes non caractérisés* [*DJD* III, 193–194].
5Q17	5Q17	*Groupes non caractérisés* [*DJD* III, 194].
5Q18	5Q18	*Groupes non caractérisés* [*DJD* III, 195].
5Q19	5Q19	*Groupes non caractérisés* [*DJD* III, 195].
5Q20	5Q20	*Groupes non caractérisés* [*DJD* III, 195].
5Q21	5Q21	*Groupes non caractérisés* [*DJD* III, 195].
5O22	5O22	*Groupes non caractérisés* [*DJD* III, 196].
5Q23	5Q23	*Groupes non caractérisés* [*DJD* III, 196].
5Q24	5Q24 ar	*Groupes non caractérisés* [*DJD* III, 196].
5Q25	5Q25	*Fragments non classifiés* [*DJD* III, 196–197].
5apMl	5QapMal = 5Q10	*Ecrit avec citations de Malachie* [*DJD* III, 180].
5QCD	5QCD = 5Q12	*Document de Damas* [*DJD* III. 181].
5QCur	5QCur = 5Q14	*Ecrit contenant des malédictions* [*DJD* III, 183–184].
5QJN	5QJN ar = 5Q15	*Description de la Jérusalem Nouvelle* [*DJD* III, 184–193].
5QS	5QS = 5Q11	*Règle de la Communauté* [*DJD* III, 180–181].
5QTop	5QToponyms = 5Q9	*Ouvrage avec toponymes* [*DJD* III, 179–180].
6Q15	6QD = 6Q15	*Document de Damas* [*DJD* III, 128–131].
6Q19	6QGen (?) ar	*Texte en rapport avec la Genèse (?)* [*DJD* III, 136].
6Q20	6QDeut (?)	*Texte en rapport avec le Deuteronome (?)* [*DJD* III, 136–137].
6Q21	6Q21 = 6QfrProph	*Fragment prophétique (?)* [*DJD* III, 137].
6Q22	6Q22	*Texte hébreu* [*DJD* III, 137].
6Q23	6Q23 ar	*Texte araméen* [*DJD* III, 138].
6Q24	6Q24	*Groupes en calligraphie* [*DJD* III, 138].
6Q26	6Q26	*Fragments de compte ou de contrat* [*DJD* III, 138–139].
6Q30	6Q30	*Fragment en cursive* [*DJD* III, 140].
6Q31	6Q31	*Fragments divers* [*DJD* III. 141].
6apGn	6QapGen ar = 6Q8 = 6QEnGiants	*Un apocryphe de la Genèse (Book of Giants)* [*DJD* III, 116–119].
6apPr	6QapProph = 6Q12	*Une prophétie apocryphe* [*DJD* III, 126].
6apSK	6QapSam/Kgs = 6Q9	*Un apocryphe de Samuel-Rois* [*DJD* III. 119–123].
6PrPr	6QPriestProph = 6Y13	*Prophétie sacerdotale (?)* [*DJD* III, 126–127].

	Standard Abbreviation	Place of Publication
6QBen	6QBen = 6Q16 = pap6Q16	*Bénédictions* [*DJD* III, 131–132].
6QCal	6QCal = 6Q17	*Fragment de calendrier* [*DJD* III, 132–133].
6QHym	6QHymn = 6Q18 = pap6Q18	*Composition hymnique* [*DJD* III, 133–136].
6QPro	6QProph = 6Q10 = pap6Q10	*Une prophétie* [*DJD* III, 123–125].
8QHym	8QHymn = 8Q5	*Passage hymnique* [*DJD* III, 161–162].
11Ap[a]	11QPsAp-a	*Psaume apocryphe* [Ploeg, *"Petit rouleau,"* 128–139].
11Ber	11QBer	*Benediction I* [Woude, *"Segensspruch,"* 253–258].
11Mel	11QMelch	*11QMelchizedek* [Puech, *"Notes,"* 488–505].
11QJN	11QJN ar	*Description de la Jérusalem Nouvelle* [Jongeling, *"Publication provisoire,"* 58–64].
11QPs	11QPs-a	*The Psalms Scroll of Qumrân Cave 11* [*DJD* IV, 39–40, 42–43, 45, 47–49].
11QPs[b]	11QPsb	*Fragments des psaumes* [Ploeg, *"Fragments,"* 409–412].
11QSS	11QShirShabb	*11ShirShabb* [Newsom, *Songs,* 361–387].
11QtgJ	11QtgJob	*Targum on Job* [Sokoloff, *Targum,* 28–103].
11QT	11QTemple	*The Temple Scroll* [Yadin, *Temple,* 1–300].
11QT[b]	11QTemple-B	*Fragments of the Temple Scroll* [Woude, *"Ein bisher,"* 90–92].
CD	CD	*The Zadokite Documents* [Rabin, *Zadokite,* 2–80].
MasSS	MasShirShabb	*Masada Shirshabb* [Newsom, *Songs,* 167–184].
TS	TS	*Temple Scroll Fragments* [Wise, *Study of the Temple Scroll,* 46–53; cf. Yadin, 160–161 and 172–173].

Bibliography of Texts Cited

All the published editions, as the respective editors usually concede, are in need of improvement and are presently being re-edited by the sub-editors in the PTS DSS Project. Some of the editions have been in the field for over 30 years and have been corrected significantly in critical articles and notes. To complete the task of preparing these improved editions, and especially to ensure coherence and consistency in translations, it was necessary to publish a graphic concordance based on the best editions now available. In our judgment the best editions, which we have used in this concordance, are the following:

DJD Volumes

DJD I	Barthélemy, D., and J. T. Milik, *Qumran Cave I.* Oxford: Clarendon, 1955.
DJD III	Baillet, M., J. T. Milik, and R. de Vaux, *Les 'petites grottes' de Qumrân.* Oxford: Clarendon, 1962.
DJD IV	Sanders, J. A., *The Psalms Scroll of Qumrân Cave 11.* Oxford: Clarendon, 1965.
DJD V	Allegro, J. M., *Qumrân Cave 4; I (4Q158–4Q186).* Oxford: Clarendon, 1968.
DJD VI	Milik, J. T., *Qumrân Grotte 4; II. Tefillin, Mezuzot et Targums (4Q128–4Q157).* Oxford: Clarendon, 1977.
DJD VII	Baillet, M., *Qumrân Grotte 4; III (4Q482–4Q520).* Oxford: Clarendon, 1982.

Other Editions Cited

Allegro, J. M., "Further Messianic References in Qumrân Literature," *JBL* 75 (1956) 174–87.
Carmignac, J., *La Règle de la Guerre des Fils de Lumière contre les Fils de Ténèbres.* Paris: Letouzey & Ané, 1958.
Cross, F. M., "Fragments of the Prayer of Nabonidus," *IEJ* 34 (1984) 260–64.
Delcor, M., *Les hymnes de Qumrân (Hodayot).* Paris: Letouzey & Ané, 1962. [Text from E. L. Sukenik]
Fitzmyer, J. A., "The Aramaic 'Elect of God' Text from Qumrân Cave IV," *CBQ* 27 (1965) 348–72.
–, *The Genesis Apocryphon of Qumran Cave 1.* Rome: Pontifical Biblical Institute, 1966.

Horgan, M. P., *Pesharim: Qumrân Interpretations of Biblical Books. CBQMS* 8. Washington, D.C.: Catholic Biblical Association of America, 1979.

Jongeling, B., "Publication provisoire d'un fragment provenant de la grotte 11 de Qumrân (11Q Jér Nouv ar)," *JSJ* 1 (1970) 58–64.

Kobelski, P. J., *Melchizedek and Melchiresaʻ. CBQMS* 10. Washington, D.C.: Catholic Biblical Association of America, 1981.

Milik, J. T., "Milkî-ṣedeq et Milkî-rešaʻ dans les anciens écrits juifs et chrétiens," *JJS* 23 (1972) 95–144.

Newsom, C., *Songs of the Sabbath Sacrifice: A Critical Edition.* HSS 27, Atlanta: Scholars, 1985.

—, "The ʻPsalms of Joshuaʼ from Qumrân Cave 4," *JJS* 39 (1988) 56–73.

—, "4Q370: An Admonition Based on the Flood (1)," *RQ* 13 (1988) 23–43.

—, "4Q374: A Discourse on the Exodus and Wilderness Traditions," in *The Proceedings of the Center for the Study of Eretz-Yisrael Yishuv: Forty Years of Research in the Dead Sea Scrolls,* edited by D. Dimant. Leiden: Brill, forthcoming.

Ploeg, J. P. M. van der, "Fragments d'un manuscrit de Psaumes de Qumrân (11Ps^b)," *RB* 74 (1967) 408–13.

—, "Un petit rouleau de psaumes apocryphes (11QPsApᵃ)," in *Tradition und Glaube: Festgabe für Karl Georg Kuhn,* edited by G. Jeremias, H.-W. Kuhn, and H. Stegemann. Göttingen: Vandenhoeck & Ruprecht, 1971; 128–39.

Puech, E., "Notes sur le manuscrit de 11QMelkisédeq," *RQ* 12 (1987) 483–513.

Qimron, E., "The Community Rule," in *The Dead Sea Scrolls,* supervised by M. Sekine. Tokyo: Kodansha Ltd., 1979; 112–32.

Rabin, Chaim, *The Zadokite Documents,* second revised edition. Oxford: Clarendon, 1958.

Schuller, E. M., *Non-Canonical Psalms from Qumran: A Pseudepigraphic Collection.* HSS 28. Atlanta: Scholars, 1986.

Sokoloff, M., *The Targum to Job from Qumrân Cave XI.* Ramat-Gan: Bar-Ilan University, 1974.

Starcky, J., "Psaumes apocryphes de la grotte 4 de Qumrân (4QPsᶠ VII-X), *RB* 73 (1966) 353–71.

Strugnell, J. and D. Dimant, "4Q Second Ezekiel (4Q385)," *RQ* 13 (1988) 45–58.

Testuz, M., "Deux fragments inédits des manuscrits de la Mer Morte," *Sem* 5 (1955) 37–39.

Wise, M. O., *A Critical Study of the Temple Scroll from Qumrân Cave 11. Studies in Ancient Oriental Civilization,* no. 49. Chicago: The Oriental Institute of the University of Chicago, 1990.

Woude, A. S. van der, "Ein neuer Segensspruch aus Qumrân (11Q Ber)," in *Bibel und Qumrân,* edited by S. Wagner. Berlin: Evangelische Haupt-Bibelgesellschaft, 1968; 253–58.

—, "Ein bisher unveröffentlichtes Fragment der Tempelrolle," *RQ* 13 (1988) 89–92.

Yadin, Y., *The Temple Scroll; Vol. 2: Text and Commentary.* Jerusalem: The Israel Exploration Society, 1983.

Signs, Sigla, and Special Script

Editors have used numerous systems for editing the Dead Sea Scrolls. Even in *DJD* more than one system can be observed. This concordance has attempted to employ one system in representing the editors' intentions. The following signs and sigla have been used in this concordance:

Signs and Sigla

א	Letter damaged, reading uncertain
֗	Letter damaged, illegible character
( )	Words erased by scribe
(הסם)	Words erased by scribe but visible
בֿ‏ , בֿ‏ , בֿ	Deletion by scribe
גֿ‏ , גֿ	Deletion by scribe, letter damaged
אשר ~~אין~~	Deletion by scribe
צ〈ד〉ק , 〈ליחד〉	Intralinear correction or addition
VAC, VACAT	Uninscribed leather
[ ]	Lacuna
עלו]הי , ו,[יס]ב	Partial restoration
〚 〛	Restorations indicated by other copies of a document
‡	End of text line
˙˙˙˙[,]˙˙˙˙	Represents more than four illegible characters

Archaic and Other Scripts

𐤉𐤄𐤅𐤄	Palaeo-Hebrew script for יהוה
𐤀𐤋	Palaeo-Hebrew script for אל
𐤀𐤋𐤄𐤉𐤌	Palaeo-Hebrew script for אלוהים
𐤀𐤋𐤉	Palaeo-Hebrew script for אלי
𐤗	Ligature (only in CD) signifying –אל–
. . . .	Signifies יהוה
×	Palaeo-Hebrew ת

א

1Q20 1 1.5	]ל˙ ˙ ˙ ˙ ˙ א
1Q20 4 1.2	]˙ד˙ ˙[:]א די א˙רנ˙ [
1Q20 4 1.2	˙ד ˙[:]א די א˙רנ˙ [:]˙˙
1Q23 3 1.3	] והוית[:]א ושחי˙[
1Q23 23 1.1	]מן א[:]ל ˙˙[
1Q23 27 1.1	]˙אלן א[:]מהוי[: [
1Q24 1 1.5	ולחבריא ו[ל:]א ולכול [:
1Q24 1 1.7	]˙פיא ולמ˙[:]א ולברקיא [:
1Q29 2 1.5	וננש[ל :]˙א יו˙ ˙[
1Q35 1 1.5	] לפני :]הם:]א ˙˙ :]אכה
1Q40 9 1.3	ותש[:]א[ ]˙[ב]ליעל
1Q42 1 1.2	]˙ דבקת[:]˙א חוית[:]ג˙[
1Q46 5 1.1	]מבני א[
1Q52 1 1.1	]˙ א ומה אותיכה ו
1Q55 1 1.2	[:]˙ או גוים א˙[:]ל˙ ˙ ˙
1Q70 20 1.2	]ם י˙[:]א˙[
1apGn 2.9	על עדינתי א[: [ ]ם
1apGn 2.11	[ ]ול˙א ושגי לבי עלי
1apGn 19.9	לדרומא [ ]א[ ]עד די
1apGn 19.11	[ ]א די ˙לן
1apGn 19.13	]ם[ ]מל[ ]א[ ]א כען
1apGn 19.13	]מל[ ]א[ ]א כען חלפנא
1apGn 19.14	בחלמי [ ]א ארז חד ותמרא
1apGn 19.26	] בכפנא די א[ ]תה ולא [
1apGn 20.1	ו[: [ ]א[
1pHab 2.5	לאחרית א : הימים המה
1pPs 18 1.1	]˙א˙[
1QH 1.3	]˙[: עולם א˙[
1QH 1.36	]א עני האריכו :
1QH 3.38	מהוות מהומה א ˙ ˙ ד ˙ ˙ ˙ :
1QH 6.5	עם : מעדת [ ]א ומסוד חמס
1QH 6.26	משפט ומשקלת א[ ]ל[ ]
1QH 10.4	כאלה ובסוד א˙[: תודיענו
1QH 10.28	מרעהו וכן לבן א˙[
1QH 12.29	וגבו[ ] א˙ המה ל[ ]א
1QH 12.29	א˙ המה ל[ ]א[:]˙ לספר
1QH 13.12	נהיות עולם כי א˙ ˙ ˙[
1QH 13.13	[ ]˙א רוח בשר
1QH 16.5	[: ומעמד צדק א˙ ˙ ˙ ˙ ˙ ˙ ˙ אשר
1QH 16.16	] ורחום א[ ]ך א[ ]ם ˙
1QH 16.16	] ורחום א[ ]ך א[ ]ם ˙ ˙ ˙ חסד
1QH 17.17	אשר נתתה בי א˙ ˙אה מענה
1QH 18.16	]שע ילוד א[:]˙כה˙
1QH 18.18	צדקתכה :]˙א ראיתי זות :
1QH 6 1.14	]עוזבתם ביד :]א˙ ˙ד
1QH 9 1.10	בשר להרשיע :]א להכין בסוד
1QH 11 1.8	נכבדתה מכול א[:] קודש
1QH 13 1.7	]ולעצתך פקד א˙ :]˙ ˙ עם ˙ ˙א
1QH 13 1.8	א˙ :]˙ ˙ עם ˙ ˙א :] אל[
1QH 15 1.6	]אתה אדוני א[ ]בינותה
1QH 23 1.2	]˙ כי[:]˙ ˙א ˙עולמי [:]
1QH 40 1.1	]ך א˙תן[:]
1QH 49 1.2	]˙ עתה א[:] עותמד˙[
1QJN 9 1.1	]˙ א˙ ˙[:]ת הכ˙[
1QM33 1 1.1	]ה עם עמכ[ה] א[:]˙ריתכה ו
1QM33 1 1.2	]˙ריתכה ו˙[ ]א כטוב[
1QNo 1 1.5	אל ו[:]ים א[:]ל א[
1QNo 1 1.6	]ים א[:]ל א[
1QNo 3 1.1	]א˙ ˙[:]˙ת˙
1QNo 19 1.1	]א[
1QS[b] 11 1.1	]˙א[
2Q26 1 1.2	עלא מן [ ]˙ ˙א[:]˙א ינטלו
2Q26 1 1.3	מן [ ]˙ ˙א[:]˙א ינטלו לוחא
2Q29 1 1.3	ונחנו בל˙[:]א[
2Q31 1 1.1	]חרב א[:]˙ ˙[
2QJN 4 1.17	קאם פנבר [:]˙א[ ]
2QJN 5+ 1.4	]ה מן באן :]˙א מן דו :
3Q7 3 1.3	]˙ל זבו˙[:]ם א˙[
3Q11 1 1.3	ובו[:]˙שרי כל א˙[:]לו[
3Q11 2 1.2	מ[:]ל[ ]˙ן א˙[:]˙ ואין
3Q14 6 1.2	[:]תרין א˙[
3Q14 10 1.1	]א :]ים
4Q176 14 1.4	שברנו[:]א הבטחה
4Q176 16 1.5	מצ[ותו :]ש˙א˙ת בריתו
4Q176 19 1.1	]א בחן :]ם
4Q176 26 1.4	]באש[:]˙אא פת[:]למם
4Q176 47 1.1	]ע א[
4Q176 57 1.2	]˙[:]˙א[
4Q181 1 1.2	רשעם לפי <א> מרדתם מסוד
4Q181 3 1.1	בריאותיה[: א[
4Q184 1 1.1	הבל וב[ ]א תועות תשחר
4Q185 1+ 1.9	ואתם בני אדם א[ ]כי הנה :
4Q185 1+ 2.9	נתנה לו : מן א˙[
4Q185 1+ 3.10	[: והוא[: ו˙א ע[ ]˙ ˙ם[
4Q185 6 1.2	[:]וה˙ ˙אתי א˙[:]ב˙ ˙[
4Q378 6 1.4	]א תפלה על
4Q380 1 2.1	לכם אדם א˙[: כי הוא
4Q381 12 1.1	]˙ם א[
4Q381 19 2.5	ל[> : ומה א[: כי עש[
4Q381 29 1.1	]˙בתו א[:]וישלח
4Q381 46 1.4	יפוצו לרב עד א[ ]˙ ˙ני ו[
4Q381 48 1.8	קדשך ותשבר א˙[:]לב נמגו
4Q381 64 1.1	]˙א[
4Q381 67 1.1	]ו א˙[:]בר˙[
4Q381 82 1.1	]ק א˙[
4Q381 86 1.2	[:]˙ים יהוה א[:]ובזרע
4Q381 89 1.1	]ר א˙[:]˙[
4Q381 108 1.1	]˙ ˙ ˙א[
4Q381 109 1.1	]˙א[
4Q401 1+ 1.6	[: [ ]˙[ ]א˙ [
4Q401 17 1.2	]˙[: עו]למים א[: קו]דשים
4Q401 20 1.1	]תולדות א˙[:]נבון
4Q402 2 1.5	מלך ˙[: ח[ ]˙א ˙[
4Q404 15 1.1	] כול א[:] ˙ ת[
4Q404 20 1.1	]ת א[ ]די[:
4Q407 1 1.1	]˙א:]קודשיהם:
4Q482 3 1.3	לוא [:]ל הן א[:]˙א [
4Q482 3 1.4	]ל הן א[:]˙א [
4Q484 9 1.3	]˙ ˙ ˙[:]˙ ˙א[
4Q484 10 1.1	]˙ ˙א[:] ג˙[
4Q484 12 1.1	]˙ ˙ ˙א [
4Q487 5 1.5	[:]ק וע˙[:]א יירא[:]ת
4Q487 10 1.1	]א˙[:]ן עונ[:
4Q487 10 1.4	]לבוז א[:]רקים[:
4Q487 16 1.2	]מה ואל יפתח א[:]ישר
4Q487 18 1.4	[:] פתה א[
4Q487 41 1.3	[:]˙ ˙ו א˙ ˙[
4Q488 6 1.1	]א ו˙[
4Q497 28 1.3	] בשמי [:]כה א[
4Q499 3 1.1	]א מב[:]
4Q499 17 1.3	] ומ[ ]ל[:]˙א[:]ל[
4Q499 24 1.3	[:]ם וב[:]א ˙[
4Q499 48 1.2	בכול תבל א˙[: [ ]˙ ˙[ ]ד
4Q499 53 1.2	]˙ ˙ ˙[:]˙א[:]ם ˙[:
4Q502 1 1.5	זרע[: [א[ ]אשר חש[:
4Q502 4 1.2	]˙[: א]ביהו א[: ש]מחת
4Q502 9 1.18	]ים :]א˙ל
4Q502 11 1.1	]˙ א[: י]שראל[:
4Q502 22 1.2	]˙ ˙[ ]˙ כבודם א[:]מים
4Q502 23 1.2	]יא[:]˙ א[:]אשישי ש[
4Q502 25 1.1	]˙א[:] שמ[:
4Q502 42 1.2	]˙[:] לשון א[: ה]יותם ˙[
4Q502 52 1.2	]עם[:]˙א[:]מח[
4Q502 67 1.2	]˙ ˙[:]א [:]ל˙[
4Q502 76 1.1	]וממשפט א[:]ה מועדי
4Q502 78 1.1	]שו˙א[:]ות˙[ ]ל[
4Q502 90 1.2	]˙ ˙[:]˙א[
4Q502 94 1.5	לש[:]ו את א[:]ת[
4Q502 127 1.2	]ם[:]ם א[:]˙ ˙[

]לו א[:]אשר [	4Q502 140 1.1
] ם[:] א˙[	4Q502 151 1.2
] ˙˙[:] א˙[:] לבב[:	4Q502 158 1.2
[:]˙וי[:]ל א[	4Q502 164 1.3
] יבר[:]וך א[	4Q502 167 1.3
]˙יו א˙[:]˙˙ד [	4Q502 178 1.2
]˙ר א[:]ו[	4Q502 184 1.1
]˙[:]˙א˙[	4Q502 189 1.2
]˙ש[:]א[	4Q502 194 1.2
]ה א[:]ל[	4Q502 199 1.1
] א˙[	4Q502 203 1.1
]א[:]˙[	4Q502 210 1.1
]א [	4Q502 219 1.1
[:]˙˙ וברכו א˙[:]ל[ ]ר˙[	4Q502 284 1.2
וכ[:]א[	4Q502 296 1.2
]ו א[	4Q502 332 1.1
]א כ[	4Q502 333 1.1
:VACAT]א	4Q503 1+ 1.19
]˙[:]א˙ גורלות [	4Q503 51+ 1.2
]<]˙˙>˙א [:]˙שו [	4Q503 75 1.2
]VAC[:] א˙[	4Q503 93 1.4
]˙ [:] א[:] ד[:]<]˙	4Q503 160 1.2
] ק[ו]דש[:] א˙[	4Q503 162 1.2
]˙ו א[:]ק עמנ[ו	4Q503 164 1.1
]˙˙[ ]חשב א[ ]ש הן : כול	4Q504 1+R 3.2
מקור מים חיים א[ ]˙[ ]שם ˙˙	4Q504 1+R 5.2
בקרבנו[:]א ודברי קודשך	4Q504 3 2.8
ובא]רק :]˙דם א[ ]תה :	4Q504 5 1.8
]˙ור˙ א[ ]ת	4Q504 6 1.5
עול]מים :]˙ <א˙> נפלאות	4Q504 8R 1.3
בארץ כבוד א˙[:]א שמר	4Q504 8R 1.7
כבוד א˙[:]א שמר ותקם	4Q504 8R 1.8
:]˙ים : [ ]א˙[: [	4Q504 17 2.1
]ראינו א[:]רגליכה[	4Q504 21 1.1
]לוא ˙א[	4Q504 21 1.3
]ב : א[	4Q504 36 1.2
]א[:]תה ל[	4Q504 39 1.1
לנ[ו :]˙˙˙ה א˙[:]ולישחק	4Q505 124 1.5
]א˙ ב[:] עשות[	4Q506 148 1.1
]מא[:]א˙[	4Q506 170 1.2
]ג˙א[:]˙[	4Q506 173 1.1
]א הרשפנו [:	4Q508 3 1.1
]ר א˙[	4Q508 8 1.1
]נו א[:]˙יר˙[	4Q508 43 1.1
]תכה :]תו א[:]כ˙[:]˙	4Q509 10 3.5
] : א[	4Q509 15 2.3
[:]ל˙ וש[:]א ל˙[	4Q509 29 1.3
]ו א[:]˙˙˙˙˙˙ והפ	4Q509 41 1.1
˙˙[ ]ם[:]א˙ ואת˙˙˙ [:	4Q509 58 1.4
]גדולים כול א˙[:]ל[	4Q509 58 1.8
]א˙˙[	4Q509 69 1.1
˙[:]˙א על˙יכ[: ˙˙י˙[	4Q509 97+ 2.7
]˙˙ל˙˙[:]˙א˙˙[:]˙˙˙[	4Q509 101 1.3
ביום ה˙˙[: א[	4Q509 131+ 2.10
שגר [: צ[: א[: ברו˙[:	4Q509 131+ 2.13
]את ˙˙[:]ל א[	4Q509 143 1.4
כה כ[:]שובו א[: [חרו וא[	4Q509 148 1.3
]ו א˙[	4Q509 182 1.1
ב[:]<]ת>כ˙א מא˙[:]˙כה	4Q509 183 1.9
˙[: א[: כ[: ו˙[:	4Q509 184 2.5
]פמ˙˙[:]˙א[	4Q509 186 1.4
]ונו א˙˙[	4Q509 281 1.1
]˙רה א[:]˙ש[	4Q510 7 1.4
]וא˙ א˙[:]ג˙לם[	4Q511 6 1.1
או[זנים :]א˙˙[	4Q511 16 1.6
]˙רון א˙˙[:]˙˙ותם	4Q511 39 1.1
˙א˙˙[: בדעת כ[	4Q511 43 1.1
תעב קדוש א˙[: רוחי חבל	4Q511 43 1.5
]א למכותם :	4Q511 44+ 1.4
פלאו : [ ]˙א מל[	4Q511 44+ 1.7
כול[ ]ל[ ]˙[ ]א[ ]ות ח˙[ ]	4Q511 63 3.6
]א לו[:]אוזן	4Q511 70 1.1
]א [:]˙˙[	4Q511 107 1.1
א˙[: פלץ ל[:	4Q511 109 1.1
פ˙˙[:]בקשו א˙[	4Q511 125 1.4
]˙[: א]מתו א[:]חסדו [	4Q511 148 1.2
] א˙[:]פלא ˙[:	4Q511 166 1.1
]אכו[:]˙א[	4Q511 170 1.2
]˙˙˙˙א[:]˙˙[	4Q511 185 1.1
] א˙[	4Q511 214 1.1
ור[אש ח]ודש א	4Q512 33+ 1.3
]י לפניכה א[:]חטאתי ה	4Q512 28 1.3
]˙ה˙[:]˙˙ א[	4Q512 48+ 1.7
[ ]ק כ˙[:]א יצ]דק עם [	4Q512 51+ 2.2
]˙: [˙˙ב:]הר א :]ק : [˙	4Q512 54 1.4
]א	4Q512 60 1.1
[ונכב]ד : [˙˙א יש[	4Q512 72 1.4
] : [אתה א[	4Q512 73 1.5
]ה א[:]הר [:	4Q512 83 1.1
ב]רוך א[:]מיחד צ[:	4Q512 84 1.1
]ר [:]א˙ [: <ח[>	4Q512 142 1.2
]א[:]מ˙[	4Q512 148 1.1
]˙[:]˙ו[:] א[:]˙כ[	4Q512 160 1.3
[:]˙מ˙[:]˙א[	4Q512 163 1.3
]˙ם א[:]רש <ה[>[	4Q512 185 1.1
]כל א[	4Q512 205 1.1
] א[:]יש˙[:]	4Q512 229 1.1
עמר [:]<[א> מלבד שבתות[	4Q513 4 1.3
]ן :]רון :]א[ ]˙א[:	4Q513 10 2.1
]א [ ]˙א[:]וא[ת בני	4Q513 10 2.1
]ל כאם א[:]מכול ש[	4Q513 13 1.7
] א[:] ברוך [	4Q513 14 1.1
[:] המה א˙[:]א	4Q513 15 1.3
[המה א˙[:]א למקד[ש	4Q513 15 1.4
]˙א[: [להקריב[	4Q513 24 1.1
המה [:]קנה א[	4Q513 26 1.2
]א ה[:]˙[	4Q513 33 1.1
]וד ב]מע]מד א˙[ ]ל[	4Q514 1 1.11
]ים א[:]לע ˙[:	4Q514 3 1.1
[˙[:]חן א[	4Q516 2 1.2
]˙א˙ת˙ : [˙˙˙˙ט	4Q516 7 1.1
]חרן [:] א[	4Q516 9 1.2
]א וי˙[:]לא [	4Q517 23 1.1
לו˙[:]די א[	4Q517 45 1.2
]ל או[: [˙ בל א˙[	4Q517 51 1.2
]˙[:]˙ א˙[	4Q518 64 1.2
] א ˙˙ על˙[:]ר	4Q518 66 1.1
]ה: א[	4Q519 3 2.1
] א[	4Q519 18 1.1
]˙˙ות [:]˙ א˙˙˙[:]˙˙˙א	4Q519 49 1.2
]˙א˙˙˙[:]˙˙א [:]˙˙˙ת˙ [	4Q519 49 1.3
] א˙[	4Q519 64 1.1
]˙[ ]˙א ישא˙[ ]˙	4Q520 5 1.1
]א [	4Q520 43 1.1
]˙˙˙ : אשר א[ ]˙ין	4AgCr 2+ 2.1
[ ]ת יפה א˙[ ]יפ˙[	4AgCr 2+ 2.2
]אש˙˙[ ]א[: דובר[	4AgCr 2+ 2.8
ימים ˙[:]א הר ציון	4AgCr 5+ 1.4
]א˙[	4pHs[b] 37 1.1
א˙[	4pHs[b] 38 1.1
שרף [: מש˙[: א˙[	4pHs[b] 38 1.10
]˙ אל א[	4pIs[a] 1 1.26
כפיר[:]בה א˙רי˙[:]את	4pIs[c] 14 1.6
[:]˙התב˙ א˙[:]הוא בי[	4pIs[c] 20 1.3
]˙˙˙[:]א˙א˙[:]˙˙	4pIs[c] 44 1.2
]˙˙˙[:]א˙ א˙[:]˙˙ תש[:	4pIs[c] 44 1.2
]˙א˙[: לכמ]ה	4pIs[e] 5 1.1
ישראל[ ]˙א˙[	4pPs[a] 11 1.2
]˙[:]א לכ˙[: א]שר	4pPs[b] 1 1.2
]ו לשונם[:]א את צאצ[אי	4QCat[a] 2+ 1.12
בספר[:]ך ראו	4QCat[a] 5+ 1.12
]ת˙[:]שר א˙[:]לה˙[	4QCat[a] 28 1.2

לבליעל במשגת א[ ]˙ מה :	4QFl 1+ 1.9
]א[:]˙יקים[:	4QFl 16 1.1
]וברקי[:]א˙[	4QFl 16 1.4
]נ[:]ה א[:]בט˙[	4QFl 18 1.2
לו[א]˙א דומי :	4QM1 11 1.12
]˙לו [א˙ה˙˙[	4QM1 11 2.23
כול העדה א˙[: ע]ם	4QM1 16 1.2
]א	4QM2 3 1.1
] :]א	4QM2 3 1.3
]ויטא[:]˙]א[	4QM6 26 1.3
]˙קר˙[:]ת א[	4QM6 29 1.2
]ת א[:]ב˙˙[	4QM6 48 1.1
[:]כי˙[:]א[	4QM6 52 1.3
] VACAT [:]א[	4QM6 62 1.2
]א˙˙ ת[	4QM6 78 1.1
˙ל˙[: א˙[	4QM6 121 1.2
די ידא תרתין א[ ] במה [	4QMes 1.1
]א די ל[	4QMes 1.12
]ט :]א	4QOrd 1 1.2
]שה א[:]ל[	4QOrd 8 1.1
]˙[:]ש א[ ]˙[:	5Q13 8 1.2
]ו א[	5Q13 20 1.1
]א ל˙[:]חבא	5Q16 4 1.1
תק[:]˙ שם א[:]שט[	5Q17 4 1.3
]˙˙א כי תזכ[ר :]	5Q19 2 1.1
ויהי ל˙[: א כול א[:	5Q22 1 1.4
ל˙[: א כול א[: אברה]ם	5Q22 1 1.4
]˙א כוין [:] כל	5QJN 2 1.1
ע]טמיא[:]]א ח˙[	6Q19 1 1.3
מן אחזיך פלא א[:]˙ ברקאל	6apGn 1 1.3
]˙[:]ת א˙[	6apGn 32 1.2
]˙י˙[:]˙א˙[	6apSK 6 1.2
]˙אב[:]ד : א[: ב[	6apSK 44 2.1
]יא יפוק מן א˙[:]ה יבדה	6QApo 1 1.4
] אילים א[:]דלי לוא	6QHym 4 1.1
]ו א[:]ת לע[:	6QHym 13 1.1
טן[:]א	6QPro 3 1.2
]˙˙˙[:]הן א˙[:]˙˙יאט˙[	6QPro 4 1.2
ולן[:]א	6QPro 14 1.2
]˙ ופ[:]ים א[:]ל˙[	6QPro 18 1.3
[ ]א[:] אור ולוא	11Ap[a] 4.9
בשם אל עליון א[: לעולמי עד	11Ber 1 1.3
]א פניו [	11QSS 3+ 1.1
]˙ה ומא אפו א[:]העמי	11tgJ 1.1
יתק<פ>צון א[: ט]ן אפו	11tgJ 9.1
]˙א : לבי בא[נתה	11tgJ 18.1
]˙א רגז : והוא	11tgJ 18.3
]˙ הן : א[	11tgJ 18.9
]˙א : לוטי	11tgJ 19.4
ואחדת א[	11tgJ 19.6
]א חטיא ומתחבר	11tgJ 24.1
]˙˙˙א על בניה	11tgJ 31.9
די יקבלנה א[ ]˙˙ : בטטל	11tgJ 35.2
כסף וזהב מכול א[:] ולוא	11QT 3.5
הזה :]יבואו א[	11QT 8.14
˙˙˙[ ]ל א˙˙˙˙˙[:	11QT 12.14
]ה א[:]	11QT 18.1
] בבית אשר א[ ] : שמי	11QT 29.3
עולה מעלות א[:]	11QT 30.10
לוא[:]]א כול איש אשר	11QT 35.3
אשר יבוא : א˙˙˙˙ והוא אין	11QT 35.6
]א[:]	11QT 36.1
]א : משמר אל	11QT 45.4
]˙˙[ ] א˙[: וכול	11QT 60.1
~~גורלו בתוך~~ א ובהופע מעשיו	CD 20.6
[ ] א[ ]ר[ ]ק[ ]	CD 14.20

אצלן : בבית אאשדתין באשיח	3Q15 11.12

]ותשימני אב לבני חסד :	1QH 7.20
עזבתני כי אתה אב לכול ˙˙˙	1QH 9.35
] אב[:] להפ[:	1QH 58 1.1
˙˙[ ]אב[ ]יאמר	4Q185 1+ 2.11
]חנון אב[	4Q499 5 1.3
אש[ר :]רא אב˙[ ]˙[:]˙	4Q502 1 1.8
]אב [	4Q502 93 1.1
] עם˙[:]˙ אב˙[:]יו ב[:	4Q502 154 1.3
[אב[	4Q502 217 1.1
פנים למספר אב[:	4Q511 2 2.4
ובמו[:]הוא אב˙˙˙[:]מה	4pIs[c] 14 1.3
ט[: וא[: אב[: יד˙[:	6QHym 1 1.3
רמיא מדין אב˙[:]˙	11tgJ 5.4
האיתי למטרא אב או מן : ילד	11tgJ 31.5
לאשתו ובין אב : לבנו וכל	CD 7.8
לאשתו ובין אב לבנו וכל	CD 19.5

תוחלתך מי זה אבד צדק או מי	11QPs 22.9
הוא : הם גוי אבד עצות מאשר	CD 5.17

הכל וכן כל אבדה נ[מצ]את	CD 9.14

ובניהם בו אבדו ומלכיהם	CD 3.9
בו : אבדו וארצם בו	CD 3.10

משחת ומשאול אבדון :	1QH 3.19
הי]א עד : אבדון ת[אכל	11tgJ 18.5

בו]ערת במחשכי אב<דו>נים	4QM1 8+ 1.15

די פלטנא מן אבדנא˙˙˙	1apGn 12.17

ואבני חפץ אבדני ריקמה	1QM 5.6

טני ביומין[: אבה]תהון	11tgJ 15.5

אושי[:]˙אבו˙ם אל עבדיו	1Q36 17 1.3

יום ולילה אבואה בברית אל	1QS 10.10

וכולא לה [: אבוהי וכולא	1apGn 2.20
[ ] לחנוך אבוהי למנדע	1apGn 2.22
[ו]אמר לחנוך אבוהי יא אבי	1apGn 2.24

]ן[:]אבוהן באדין[	1Q23 20 1.2

פש[ור א]בות ללו[י]ים	1QDM 1.3
יד בכל[י] : אבות העדה שנים	1QM 2.1
וכול ראשי אבות העדה	1QM 2.7
יכתובו ראשי אבות העדה	1QM 3.4
בפי כול אוחזי אבות : וכול	1QS 2.9
וכול (ש)ר<ש>י אבות העדה אשר	1QS[a] 1.16
על יד ראשי : [א]בות העדה	1QS[a] 1.24
[ר]אשי אבות העדה ואם	1QS[a] 1.25
ישראל וכול : א[בות]	1QS[a] 2.13
וכול : ראשי א[בות הע]דה עם	1QS[a] 2.16
בפי כול אוחזי אבו[ת	4QTeh 2 1.4
כי להם : ברית אבות ושונא	CD 19.31

אשמותי עם מעל אבותי בקום	1QH 4.34

לארץ אבותיהמה	11QT 59.12

יושב על כסא : אבותיו כול	11QT 59.15

כי מאהבתו את אבותיך ומשמרו	CD 19.28

]עולם ˙[: א]בותיכה:]יכה	1QS[b] 2.1
שוכב עם אב[ותיכה :]ל[	4Q509 5+ 2.7
כנפשכה בסד[: אב]ותיכה	11QT[b] 54.3

[אבו]תיכם עד	1QDM 3.10
הושבתי את אבותיכם	TS 1 1.2

11QT 54.13 יהוה : אלוהי אבותיכמה בכול

1QM 13.7 וא[ת]ה אל אבותינו שמכה
4Q504 1+R 6.6 ואת עוון : אבותינו במעלנו
4Q506 132 1.6]אבותינו
CD 20.29 גם אנחנו גם אבותינו בלכתנו

CD 8.15 כי מאהבתו את אבותך ומשמרו

4QCat[a] 2+ 1.11 קצים[:]˙ת אבותם[

1QH 12.21 יצפו כי <א>בחם[:

11QT 52.9 במקום אשר אבחר ואם יהיה
11QT 52.16 במקום אשר אבח<ר> לשום
11QT 56.5 מן המקום אשר אבחר לשכין שמי
11QT 56.14 מלך <אשר אבחר בו> מקרב
11QT 60.13 אל המקום אשר אבחר לשכן :

1apGn 2.19 על מתושלח אבי וכולא לה [
1apGn 2.24 אבוהי יא אבי ויא מרי די
1apGn 3.3 ארי ביומי ירד אבי]
1QH 9.35 תכלכלני כיא : אבי לא ידעני
1QH 9 1.3]שר :]דכה :]אבי :]להשנות:
4Q502 108 1.3 בהודו[ת : א]בי הנערה ו[
4Q504 1+R 3.1 [: אבי]
6apGn 1 1.4 א[:]˙ ברקאל אבי עמי הוה
11QPs 28.3 וצעיר מבני אבי וישימני:
11QPs 19.17 אחי עמי ובית אבי השוממים
11QT 65.9 בתולים ולקח אבי הנערה או
11QT 65.10 השער ואמר אבי הנערה : אל

1QH 14.21 ולא אביא בסוד˙ [
4Q176 4+ 1.2 א]ני ממזרח אבי[א : אם]ר

11QT 19.7 א]ביבות

11QT 53.17 נפשה : בבית אביה בשבועה
11QT 53.17 בנעוריה ושמע אביה את נדרה
11QT 53.18 והחריש לה אביה וקמו :
11QT 53.20 הנא יאנה אביה אותה ביום
11QT 63.13 ובכתה את אביה ואת אמה
11QT 66.13 כנף אחיהו בן אביה או בן אמו
CD 5.11 את ערות אחי : אביה והיא שאר

1QNo 3 1.4 נכבדים [:]אביהו וכאשר
4Q502 4 1.2]˙[: א]ביהו א[:
4Q502 15 1.1]אביהו [
11QT 15.16 את הבגדים תחת אבי[הו :]
11QT 25.16 עליו ועל בית אביהו
11QT 57.16 כי אם מבית אביהו יקח לו
11QT 57.17 אשה : ממשפחת אביהו ולוא יקח
11QT 57.19 לו אחרת מבית אביהו ממשפחתו
11QT 64.3 ותפשו בו אביהו ואמו
11QT 66.12 איש את אשת אביהו ולוא
11QT 66.12 ולוא יגלה כנף אביהו לוא יקח
11QT 66.14 או אחותו בת אביהו או בת
11QT 66.15 איש את אחות אביהו או את

11QT 64.2 שומע בקול אביו ובקול אמו

1QH 2.32 פדית[ה] נפש אביון אשר חשבו
1QH 3.25 ותגור נפש אביון עם
1QH 5.18 לדממה ונפש אביון פלטתה כ[
1QH 16 1.3] :]חמיו על אביונ[:]ה

1QH 5.22 יחד כול (גמה) אביוני חסד
1QM 11.9 גוי הבל ביד אביוני פדותכה
4Q511 17 1.2]כול[:]˙דל אביוני[:

1pHab 12.3 אשר גמל על אביונים כיא
1pHab 12.6 וסם לכלות אביונים ואשר
1pHab 12.10 אשר : גזל הון אביונים מה
1QM 11.13 כיא ביד אביונים תסגיר
1QM 13.14 ישראל ועם : אביונים יד
4Q497 14 1.2] יכ˙ [: אב]יונים ˙˙[:
4QMl 11 1.11]]מים ועצת אביונים לעדת

1QH 17.27 כול ברית אדם אביט [
1QH 18.19 זות :]˙ אביט בלוא
2apMo 1 1.5 אלוהי]ם מה אביט אליך ואיך

CD 7.11 עמך ועל בית אביך ימים אשר

11QT 54.19 אחיכה בן אביכה או בן
11QT[b] 54.1 אבי]כה או[:

1QH 12.33 פי ואיכה אבין כיא אם

4Q502 39 1.3 ק[: ה]ואה אבי[נו :]˙˙[
4Q504 8R 1.4 ונוראות[: א]בינו יצרתה
4Q511 127 1.1]אבינו[: ל]וא

1pHab 11.6 בכעס : חמתו אבית גלותו

4pIs[c] 23 2.4 גבורתכמה ולוא אביתמה

1QH 11.22 קינה לכול אבל יג[>
1QH 21 1.3] אתה מנהם אבל[:] נגע
4Q378 14 1.3]: [ ]]אבל מושה ובני
4QCat[a] 2+ 1.9]לראשי אבל שוב ת˙ [
6QApo 2 1.3]עד די כ[: א]בל ובכי [:

11tgJ 15.3 חילה וכגבר די א[בלין : ח]אכו

1pHab 9.15 נפ]שכה כיא : אב[ן]מקיר
2QJN 8 1.3] כותליא˙ אבן חו[ר :]ה
3Q15 10.9 בצדו המערבי : אבן שהזרוגא
4Q186 1 2.2]ג טמא:]אבן צונם:]איש
5QJN 1 1.9 דשין תרין די אבן פותי<ה>
6apSK 44 1.3 : וי]גח :]˙אבן:]ד : א[:
11tgJ 30.4 או מן הקים אבן חזיתה

4QNab 1+ 1.8 [: אעא אבנא חספא מן

1Q46 1 1.2 סוד˙˙[: אבני ˙[:]לן
1QH 6.26]ל[ ]˙ות אבני בחן לב˙י
1QM 5.9 לצמיד : סביב אבני חפצ בדני
11QT 51.21 ונותנים אבני משכיות

1pHab 10.1] : להיות אבניה בעשק
4Q378 11 1.7] אב]ניה ברזל

11QT 12.11 ם בנוי כולו: [א]בנ[ים

4pN 1+ 2.1 ו]ענן א[בק

4pN 3+ 3.6 ינוד לה מאין אבקשה מנחמים

11QT 29.9 יום הברכה אשר אברא אני את

4Q378 22 1.4 אשר ב[רת]ה עם אברהם :]חסד
4Q379 17 1.4 בתורת[ו :]אברהם יצחק
5Q22 1 1.5 [: א כול א[: אברה[ם
CD 3.2 הם נכרתים : אברהם לא הלך
CD 12.11 באו עמו בברית אברהם אל
CD 16.6 על כן נימול ב אברהם ביום

1QS 10.13 ידי ורגלי אברכ שמו

1QH 2.30 מקהלם אברכה שמכה :
1QH 11.6 היום תמיד אברכה שמכה

היותי ושמכה אברכה תמיד : 1QH 4 1.17
מה רצ˙ ˙[ ]˙הם אברכה שמכה 4Q511 63+ 2.2

בכול לבבי אברכך : צדק 11QPs 22.12

צרה עם בוקה : אברכנו בהפלא 1QS 10.16

וחלמת אנה אברם חלם בלילה 1apGn 19.14
ושביקת אנה אברם בדילהא 1apGn 20.10
ובכית אנה : אברם בכי תקיף 1apGn 20.11
לוט לא יכול אברם דדי לצליא 1apGn 20.22
בדיל שרי אנתת אברם יתיבו נה 1apGn 20.25
] : ואזלת אנה אברם בנכסין 1apGn 20.33
ואזלת אנה אברם למסחר 1apGn 21.15
בר אחוי : די אברם די הוא 1apGn 22.1
ענה די יהב אברם ללוט די 1apGn 22.2
מן שביא על אברם ואברם 1apGn 22.2
דרמשק ובכא אברם על לוט בר 1apGn 22.5
אחוהי ואתחלם אברם וקם : 1apGn 22.5
סודם די אתיב אברם כול שביתא 1apGn 22.12
ואמר בריך אברם לאל עליון 1apGn 22.16
לאברם מרי אברם : הב לי 1apGn 22.18
אדין אמר אברם למלך סודם 1apGn 22.20
כול עתרה די : אברם ברא מן די 1apGn 22.23
לך ואתיב אברם כול נכסיא 1apGn 22.24
ואמר אברם מרי אלהא 1apGn 22.32

פשרו על בית אבשלום : ואנשי 1pHab 5.9
תחת יד אבשלום מן הצד 3Q15 10.12

]ו אבתי במעשי ד˙ [4Q381 93 1.1

]אג[: שמך ישעי 4Q381 24 1.6

א]לעזר ואיתמר אגילה˙ ˙ ˙ 4Q379 17 1.5

לפי :]כלו אגישנו וכרוב 1QH 14.19

] : ועתה אגלה את נבלותה 4pHs[a] 2.10

] : שבר אגמ[י 4pIs[c] 11 2.2

שך אור ותיה אגמים וכל בלעה 4Q381 1 1.4

<על> כול אגפי רום כאש 1QH 3.29

ופ[נו :]אד מ[:]ברוך 4Q502 101 1.2
ש]לומי בתודה אד˙[ ]מפשה 4Q511 63+ 3.5
]שה כל ˙ ˙ ˙ ˙לא אד˙[: ב˙[ ]אש˙ 4AgCr 2+ 2.7

במשפטי צדק מה אדבר בלא נודע 1QH 1.23
לי ומה אדבר בלא פתחתה 1QH 10.7
נאלמתי ומה אדבר על זות 1QH 12.32
יצר חמר ומה : אדבר כיא אם 1QH 12.33
ת[: וא]פר מה אד[בר :]יכה 4Q511 126 1.2

בליעל בגדוד אדום ומואב 1QM 1.1
]אדום [:]לום [3Q14 15 1.1
]ים ארגמן אדום וראשי : [11QT 10.12

אדומ[ה : אוב˙ 4Q508 14 1.1

אל אלים אדון לכול 4Q510 1 1.2
יספר את מעשי אדון הכול ראה 11QPs 28.7
כי עליון הואה אדון : יעקוב 11QPs 18.6

ודור ברוך אדוני אשר 1Q34[b] 2+ 1.4
כפורים זכו[ר א]דוני א[ת : [1Q34[b] 2+ 1.6
אודכה אדוני כי שמתה 1QH 2.20
שמכה : אודכה אדוני כיא 1QH 2.31
אפעה : אודכה אדוני כי פדיתה 1QH 3.19
כמוה : אודכה אדוני כיא 1QH 3.37
˙ ˙ [: אודכה אדוני כי<א> 1QH 4.5
[: אודכה אדוני כי לא 1QH 5.5
אתה : אודכה אדוני כי לא 1QH 5.20
פשעם : אודכה אדוני כי 1QH 7.6
כמוכה באלים אדוני ומי 1QH 7.28
ל˙ם : [אודכ]ה אדוני כי לוא 1QH 7.34
] : ברוך אתה אדוני אל 1QH 10.14
ברוך את[ה] : אדוני כי אתה 1QH 11.33
הזונכה:]אדוני הנותן 1QH 14.8
]יתך:]ך אדוני כגדול 1QH 14.23
˙[: ברוך אתה אדוני יוצר [1QH 16.8
כול :]אתה אדוני א[1QH 15 1.6
כיא קדוש אדוני ומלך 1QM 12.8
רו]ם על השמים אדוני : ואחיו 1QM 12.18
יב~~רכבה~~<רככה> א[דוני 1QS[b] 1.3
[ ]יחונכה אדוני בו[1QS[b] 2.22
[: ישא אדוני פניו 1QS[b] 3.1
בחר יברככה אדוני מ[מעון 1QS[b] 3.25
י]ש[אכ]ה אדוני לרום 1QS[b] 5.23
לכה אתה <אדוני> הצדקה 4Q504 1+R 6.3
עולם אנא אדוני כעשותכה 4Q504 1+R 6.10
הרביעי זכור אדוני[:] 4Q504 3 2.5
בדרכיכה [:] אדוני אשר 4Q504 4 1.14
[:]אדוני שם 4Q504 4 1.16
[: [ז]כור אדוני כיא ש˙ [4Q504 5 2.4
ח˙[:] ברוך אדוני[:]נחקר 4Q504 6 1.20
זכו]ר אד[ו]נ[י]כיא 4Q504 8R 1.1
כול ה[: ב]רוך אדוני [4Q507 2 1.2
]כה[ב]רוך אד[וני : 4Q507 3 1.1
זכו[רה א]דוני מ[ועד 4Q508 2 1.2
א]דוני כי 4Q508 13 1.1
ודו[ר : ברו]ך אדוני אשר 4Q509 3 1.9
וישמחנו[:]אדוני המבינ[נו 4Q509 4 1.4
ונחלתכה נ[: אדוני[: [תפ]לה 4Q509 10 4.7
בריתכ[ה : א]דוני אשר[: 4Q509 18 1.3
זכורה א[דו]ני מועד : 4Q509 131+ 2.5
]ם ברוך אדוני המנ[4Q509 206 1.1
לכן כ[וה אמ]ר אד[וני 4pIs[a] 2+ 2.10
] : אדוני יהוה 4pIs[c] 6+ 2.19
לכן כוה אמר אדוני י[הוה 4pIs[c] 6+ 2.21
גבעה לכן יחכה אדוני 4pIs[c] 23 2.8

אדונ]י˙ך[[4Q176 6+ 1.1

וגבריאל [:] אדונים וגב[ור 1QNo 2 1.5

ומ[:] אדורשכה וכשחר 1QH 4.6

ועד : סופה אדורשנה גם גרע 11QPs 21.12

לשלמו כי דרוש אדורשנו מידכה 11QT 53.11

בכדבין [: אדין בתאנוש 1apGn 2.8
ושגי לבי עלי אדין אשתני 1apGn 2.11
לך אדין אמר אברם 1apGn 22.20
VACAT : אדין רגז[: זרע 11tgJ 20.6

ותפד נפשי מיד אדירים 1QH 2.35
שוברי עצם אדירים ושותי 1QH 5.7
]עופרת במים אדירי[ם : ˙ ˙ ˙ ˙ ˙ 1QH 8.19
לאלוהים על אדירים ומחיג[ה 4Q374 2 2.6

כיא קדוש אדירנו ומלך 1QM 19.1

]אדית˙[:]ה˙ע[4Q517 77 1.1

ברכי ואני אדלג כאי[ל : 4Q381 48 1.6

] אדם עם[1Q36 20 1.1
כול עצתם ותעש אדם כדגי הים : 1pHab 5.12

1pHab 9.8 העמים : מדמי אדם וחמס ארץ
1pHab 12.1 [: יחתה מדמי אדם וחמס ארץ
1QH 1.15] לרוח אדם אשר יצרת
1QH 2.25 בי נגד בני : אדם כיא בחסדכה
1QH 4.30 ול<ו>א לבן אדם תום : דרך
1QH 4.32 להתם דרך לבני אדם למען ידעו
1QH 5.11 נגד בני אדם ותורתכה
1QH 5.15 לנגד בני אדם הפלתה :
1QH 6.11 בתוך בני אדם לספר
1QH 10.3 כול ומה אפהו אדם ואדמה הוא
1QH 10.26]אדם ולהדשן כול
1QH 11.6 בתוך בני אדם וברוב
1QH 15.12]אדם : דרכו ולא
1QH 17.15 בכול כבוד אדם[ ]רוב ימים
1QH 17.27 ואל כול ברית אדם אביט [
1QH 18.12 ילוד אדם על˙[: אשה
1QH 34 1.3]˙עד [:]אדם [
1QM 10.14 כנף תבנית אדם וחול[ק
1QM 11.12 וחרב : לוא אדם תואכלנו :
1QS 4.23 ולהם כול כבוד אדם ואין עולה
1QS 11.6 ערמה מבני אדם מקור צדקה
1QS 11.15 וחטאת בני אדם להודות לאל
1QS 11.16 רציתה לבחירי אדם להתיצב :
4Q176 4+ 1.1 וא]תן אדם תח[תיך:
4Q176 40 1.2]˙ שנא[:]אדם [:]˙[
4Q181 1 1.1]ל בחטאת בני אדם ולמשפטים
4Q184 4 1.4 וא[:]בן אדם ורוחו ˙[:
4Q185 1+ 1.9 ואתם בני אדם א[ ]כי
4Q185 1+ 2.8 לכל עם אשרי אדם נתנה לו :
4Q185 1+ 2.13]]˙˙ אשרי אדם יעשנה ולא
4Q380 1 2.1 [ו]עשה לכם אדם א˙[: כי
4Q381 76+ 1.2]ם לבני אדם כיצר
4Q385 2 1.5] [בן אדם הנבה על
4Q502 1 1.1 א]דם מכיר[:]ם
4Q506 131 1.6 לנו כו˙[: [א]דם נולד ב˙[
4Q511 26 1.3]מבני אדם ומסוד[:
4Q511 30 1.6 לוא יעשה[ ]אדם[
4Q511 44+ 1.5]אדם על :
4Q511 96 1.3 ˙הנבונ˙[:] אדם לבד[ו :
4Q511 111 1.1]˙ אדם:]˙ הוא[ה]
4Amrm 1 1.12 על כול בני אדם ואמרו לי
4pIs[c] 18+ 1.2 ואב]יוני אדם בקד[וש
4pIs[c] 31 1.2] יהיה[:] אדם [:]ים עש
4pPs[a] 1+ 3.2 כול נחלת : אדם ולזרעם עד
4QFl 1+ 1.6 לוא מקדש אדם להיות
4QPs[f] 2 8.4] אד]ם כדרכו :
11QPs 24.15 לי : ובני אדם מה יוסיף
11QPs 22.10 בעולו נבחן אדם כדרכו איש
11QT 32.15 בהמה כול אדם כי מדם
11QT 49.9 יטמאו לכול אדם מישראל כול
11QT 50.5 פני השדה בעצם אדם מת ובחלל
11QT 50.6 או במת או בדם אדם מת או בקבר
11QT 59.3 מעשי ידי אדם עץ ואבן
CD 3.20 נצח וכל כבוד אדם להם הוא
CD 19.25 סופות ומטיף אדם : לכזב אשר
CD 9.1 כל אדם אשר יחרים
CD 9.1 אדם אשר יחרים אדם מאדם בחוקי
CD 11.16 וכל נפש אדם אשר תפול

1apGn 21.24 ועם שנאב מלך אדמא : ועם
1apGn 21.31 ומ]לך אדמא ומלך

4Q381 46 1.8 כדמן : פלפני אדמה ירמסו ו˙

CD 1.8 ולדשן בטוב אדמתו ויבינו

11tgJ 14.5 דב[ק :]שמע אדן שבחתני
11tgJ 37.7 והתיבני למשמע אדן שמעתך וכען

4Q381 76+ 1.14 תלמדו [:]אדני האדונים
4Q504 1+R 2.7] : אנא אדני עשה נא

4Q509 285 1.1] אדני˙ [

11tgJ 27.4 ויגלא : אדניהון למוסר
11tgJ 27.9]די אדניהון : [

4AgCr 2+ 2.2]]˙ ק[: אדע [ ]ת

4Q381 31 1.7 עטרת ראשי כי אדר נציב כבודם

4Tstm 1.8 בשמי אנוכי : אדרוש מעמו :

4Q370 1.4 תהמו[ת מ]מים אדרי<ם> :

1QH 17.17 נתחה בי א˙˙אה מענה לשון
1QM 1.5]˙]אה עת ישועה
4Q405 76 1.1]אה ב˙˙[:]ל ה
4Q487 46 1.1]אה˙[:]˙[
4Q487 49 1.1]אה˙˙[
4Q504 25 1.4]מואדה[:]אה ˙[:]ר[
4Q509 270 1.1]אה ב˙˙[:]˙˙ [
4Q511 18 1.9]אה : [
4Q511 72 1.1]אה [:]ל[
4QCat[a] 2+ 1.14]˙[ ]אה ספר התורה

1QS 3.26 [ ]דה אחת אהב אל לכול :
CD 2.3 רשעים אל אהב דעת חכמה
CD 8.17 הועירו אחריו אהב את הבאים

4Q385 2 1.2 מישראל אשר אהבו את שמך

4Q176 1+ 1.10]]הם אהבי אשר

1QH 14.19 וכרוב נחלתו אהבנו ולא אשא

1QS 10.26] צדק אהבת חסד

1QH 14.10 ולברך :]˙ר אהבתה ולתעב את
1QH 17.24 בכול אשר אהבתה ולמאוס
4Q504 1+R 4.4 שם לעולם כיא אהבתה : את

1QS 9.16 להגישו וכן אהבתו עם שנאתו

11QPs 19.12 אני את : שמכה אהבתי ובצלכה

4QPs[f] 2 7.15 [:] א]ני אהבתי[ך
4QPs[f] 2 8.11 מודי אני : [אה]בתיך צדק
11QPs 22.2 מודי : אני אהבתיך ברוך

4Q512 226 1.2]˙ ˙˙ [: אה]בתכה [:]

1Q30 8 1.1]אהו[:]˙˙˙[

1Q23 29 1.1]אהוא ב[:]לא

1QH 3.7 מבצר מלפ˙[ ]אהיה בצוקה כמו
4QFl 1+ 1.11 [לעו]לם אני אהיה לוא לאב
11QT 29.7 לי לעם ואנוכי אהיה להם לעולם

1apGn 22.33 אמות ערטלי אהך די לא בנין

1QH 12.3 ˙קט ושלוה :]אהלו ב˙˙

4Q512 39 2.1 כפורי[ם]ואני אה[ל]לה ש[מכה:

1QS 10.17 ובהפתח צרה אהללנו

1QDM 1.3 ואלע[זר ב]ן אהר[ון]
1QM 7.10 כוהנים מבני אהרון לובשים
1QM 17.2 ואבי]הוא בני אהרון אשר
1QS 5.21 על פי בני אהרון המתנדבים
1QS 9.7 רק בני אהרון ימשלו

1QS 9.11 נ‹ב›יא ומשיחי אהרון וישראל :
1QS[a] 1.16 פ]י בני : [אהר]ון הכוהנים
1QS[a] 1.23 על פי בני אהרון להביא
1QS[a] 2.13 א[בות] אהרון הכוהנים
4Q502 2 1.8 הזה ˙[: א]הרון [
4Q513 10 2.8 המקדש[: מבני אה[רון : נ[:
4QM3 1 1.1 והכוהנים בני אהרון יעמודו
5Q20 1 1.2 נ˙[:] לבני אהרון [
11QT 22.5] [אהרון את דמם [
11QT 34.13 הכוהנים בני אהרון את הכול
11QT 44.5 ושמאולו לבני אהרון אחיכה

4Q156 2.5 חיא: ויסמך אהרן ת[רתין
5Q19 4 1.1 א]הרן ˙[
CD 19.11 בבוא משיח : אהרן וישראל:
CD 12.23 עד עמוד משוח אהרן : וישראל
CD 14.19 משי]ח אהרן וישראל

1QH 4.16 שפה ולשון אהרת ידברו

1QH 51 1.3 [:] לא [:]אהש[

1Q40 8 1.1 מ]שלחות או˙[: עו]למים
1Q55 1 1.2]˙ ˙[:]˙ או גוים א˙[:
1Q69 15 1.1]˙או בימי ה[
1QH 8.37 פות˙[ ]˙ ˙[ ]או במרורי[
1QH 12.33 השכלתני ומה או[: בלוא
1QH 4 1.12 לבינתכה ותגל או[:]להשען
1QH 48 1.3]מכה ב‹ב›הל או˙[:]דש על
1QM 7.4 שובם וכול פסח או עור או חגר
1QM 7.4 פסח או עור או חגר או איש
1QM 7.4 או עור או חגר או איש אשר מום
1QM 7.4 עולם בבשרו או איש מנוגע
1QS 5.25 אלוהיהי באף או בתלונה : או
1QS 5.26 או בתלונה : או בעורף [
1QS 6.4 השולחן לאכול או התירוש :
1QS 6.5 בראשית הלחם או התירוש
1QS 6.16 הרבים יקרב או ירחק
1QS 7.1] : ואם קלל או להבעת מצרה
1QS 7.1 או להבעת מצרה או לכול דבר
1QS 7.1 קורה בספר או מברך
1QS 7.5 את רעהו במרום או יעשה רמיה
1QS 7.25 עמו בטהרתו או בהונו אש[ר
1QS 8.22 מושה ביד רמה או ברמיה
1QS[a] 1.25 הקהל למשפט או : לעצת יחד
1QS[a] 1.26 או : לעצת יחד או לתעודת
1QS[a] 2.5 נכאה רגלים או : ידים פסח
1QS[a] 2.6 או : ידים פסח או עור או חרש
1QS[a] 2.6 פסח או עור או חרש או אלם
1QS[a] 2.6 או עור או חרש או אלם או מום
1QS[a] 2.6 או חרש או אלם או מום מנוגע
1QS[a] 2.7 לראות עינים או איש זקן
4Q176 29 1.2]ואו ˙[:]או ˙[
4Q487 27 1.2 ˙[ ]ר˙ ˙[:]˙או אש[:]לוא
4Q487 50 1.1]או[
4Q502 116 1.1]או ק[:]סוד
4Q502 247 1.1]או ˙[
4Q504 4 1.1]˙ ˙[ ]או[: א]שר
4Q509 203 1.2] שר˙[:]ו או[
4Q511 187 1.1]˙ ˙ ˙או[:
4Q512 23 1.1]˙ ˙או[: עוו]נות
4Q512 41 1.2 [וה]יה ‹אי]ש או אשה[›
4Q512 132 1.1]ו או[:]מאת [
4Q512 177 1.1]או במ[:] בם
4Q517 51 1.1]ל או[:]˙ ˙בל א˙[
4pIs[e] 1+ 1.1 הנ[ ]˙או˙[
4QCat[a] 12+ 1.10 רוחו[ת :]˙או אל וקדושו
4QM6 17 1.1]או וע[ל :
11Ap[a] 2.8 יודעים :]או אשר אינם [
11QPs 22.9 מי זה אבד צדק או מי זה מלט :
11tgJ 9.6 רחצן להש[:] או על מן לא
11tgJ 26.2 מא : תתן לה או מא מידך
11tgJ 30.3 נגד עליה חוטא או : על מא
11tgJ 30.4 אשיה אח‹י›דין או מן הקים אבן
11tgJ 31.5 למטרא אב או מן : ילד
11tgJ 31.8]ע˙[ ]כימא או סיג נפילא[
11tgJ 32.8 ראמ[א ל]מפלחך או היבית על :
11tgJ 33.8 לרוחין או על מאמרך
11tgJ 34.4 דברת די תזכא או : הא ד‹ר›ע
11tgJ 34.5 כאלה איתי לך או בקל כותה
11tgJ 35.4 תנין בחכא או בחבל תחרז
11tgJ 35.6 עמך בניח או ימלל עמך
11QT 8.14 א[ ]או
11QT 20.10 עליה לבונה או חרבה יקמוצו
11QT 27.7 יעשה בו מלאכה או אשר לוא
11QT 48.17 בו צרעת נושנת או נתק ויטמאנו
11QT 50.6 ובחלל חרב : או במת או בדם
11QT 50.6 חרב : או במת או בדם אדם מת
11QT 50.6 או בדם אדם מת או בקבר וטהר
11QT 52.10 בו מום פסח או עור או כול
11QT 52.10 פסח או עור או כול מום רע
11QT 52.15 אותו עולה או זבח שלמים
11QT 53.10 כאשר הקדשתה או נדרתה בפיכה
11QT 53.14 ידור נדר לי או ישבע :
11QT 53.16 תדור נדר לי או אסרה אסר על
11QT 53.17 אביה את נדרה או : את האסר
11QT 54.2] או כול שבועת
11QT 54.8 בקרבכה נביא או חולם חלום
11QT 54.8 אליכה אות או : מופת ובא
11QT 54.9 אליכה האות ‹א›ו המופת אשר
11QT 54.11 הנביא ההוא או לחולם החלום
11QT 54.15 והנביא ההוא או חולם החולם
11QT 54.19 בן אביכה או בן אמכה או
11QT 54.19 או בן אמכה או בנכה או
11QT 54.19 אמכה או בנכה או בתכה : או
11QT 54.20 או בתכה : או אשת חיקכה
11QT 54.20 או אשת חיקכה או ריעיכה אשר
11QT 55.16 נותן לכה איש או אשה אשר
11QT 55.18 להמה : או לשמש או
11QT 55.18 או לשמש או לירח או
11QT 55.18 לשמש או לירח או לכול צבא
11QT 55.21 את האיש ההוא או את האשה
11QT 56.1 באבנים : [א]ו אל
11QT 56.9 שמה לשרת לפני או אל : השופט
11QT 61.7 שנים : עדים או על פי שלושה
11QT 64.13 את שור אחיכה או את שיו או
11QT 64.13 או את שיו או את חמורו :
11QT 65.2 בדרך בכול עץ או על הארץ :
11QT 65.3 אפרוחים או בצים והאם
11QT 65.3 על האפרוחים או על הבצים :
11QT 65.9 אבי הנערה או אמה והוציאו
11QT 66.13 אחיהו בן אביה או בן אמו כי
11QT 66.14 בת אביהו או בת אמו
11QT 66.15 את אחות אביהו או את אחות אמו
11QT 66.17 את : בת אחיהו או בת אחותו כי
11QT[b] 54.1 אבי]כה או[: א]שר
CD 9.4 בחרון אפו או ספר לזקניו
CD 9.10 לפנים השפטים או מאמרם הושיע
CD 11.3 בגדים צואים או מובאים בגז
CD 11.4 כיבסו במים או שופים
CD 11.23 הקהל : יתקדם או יתאחר ולא
CD 12.14 יבאו באש או במים : עד
CD 12.17 כלי ~~מסמר~~ מסמר או יתד בכותל :

4QPs[f] 2 10.11 ימינך הנא אואבים : יובדו

4Q508 14 1.2 ארומ[ה : אוב˙ ˙[:] [˙
11QT 60.18 חובר חבר שואל אוב : וידעונים

1QH 4.9 ויחשבוני לכלי אובד והמה
4Q515 22 1.1]ב˙ ˙ אובד[

4Q176 14 1.7 דורש[:]˙ א<ו>בדה ˙ל[

1QDM 1.10 והשיגום ע֯[ד] אובדם ועד :

4Q511 194 1.1]˙אוד֯[:]ל˙˙˙ם֯[
4Q520 45 1.2]˙רי [:]ן אוד֯[:]הגרים

1QH 2.20 יבמשגתם : אודכה אד֯וני כי
1QH 2.31 אברכה שמכה : אודכה אדוני
1QH 3.19 רוחי אפעה : אודכה אדוני כי
1QH 3.37 ואפס כמוה : אודכה אדוני
1QH 4.5 ם˙˙˙ [: אודכה אדוני
1QH 5.5 כולם [: אודכה אדוני כי
1QH 5.20 ברוך אתה : א֯ו֯ד֯כ֯ה֯ אדוני כי
1QH 7.6 מהוות פשעם : אודכה אדוני כי
1QH 7.26 ב˙˙[ ] : או[דכה]
1QH 7.34 ˙˙˙˙˙ל˙ם֯ : [אודכ]ה אדוני
1QH 8.4 כי לא :]ת֯ה֯ : או[דכה
1QH 11.3 [: בהגו לבי: אודכה אלי כי
1QH 11.15] : [אודכה אלי
4Q511 28+ 1.2 רנה֯ וא[ני אודכ]ה כ֯יא

1apGn 20.29 וחי וקם [או]דע : לי

CD 3.2 הלך בה ויע[ל או]הב בשמרו

4Q176 16 1.4 ל[:]˙ר על אוהבו ועל

1QH 2.14] אמת ולנסות אוהבי מוסר
4Q181 2 1.4 השביע ל[: אוהב֯י עולה
4pPs[a] 1+ 1.23 א]והבי פרע
11QPs 19.6 𐤉𐤄𐤅𐤄 בקול אוהבי שמו ולוא

11QT 54.12 לדעת הישכם אוהבים את יהוה
CD 3.3 וישמרו ויכתבו אוהבים : לאל

4Q502 317 1.1]אוז[
4Q504 1+R 3.2]]ה : אוז֯[ ]˙˙[ ]˙

1QH 18.4 אור ל֯[: ותגל אוזן עפר֯[
1QH 18.20]כ֯בי כיא לערל אוזן נפתח דבר
1QM 10.11 קדוש מגולי אוזן ושומעי
1QS 4.11 עינים וכבוד אוזן קושי עורפ
4Q511 70 1.2]א לו[:]אוזן ומענ֯[ה:

1QH 1.21 כיא גליתה אוזני לרזי פלא
1QH 6.4 לאי֯ן[: גליתה אוזני [ ]ס˙
1QH 7.3 מראות : רע אוזני משמוע
1QH 4 1.7 ואתה גליתה אוזני כי[:]
11QPs 21.14 הטיתי כמעט : אוזני והרבה

4Q487 36 1.2] לשחר [:] אוזני֯ו֯[
4pIs[a] 7+ 3.27]ולוא למשמע אוזניו יוכיח

1QM 10.17 אוזני]כה אל

4Q511 16 1.5]ת֯יהם ופוקח או֯[זנים :]א˙

1Q26 1 1.4] כאשר גלה אוזנכה ברז
11QPs 24.4 קודשכה הט אוזנכה ותן לי

1QH 18 1.2]˙עו˙˙[:] אוזננו [:]

1QS 2.9 שלום בפי כול אוחזי אבות :
4QTeh 2 1.4 שלו֯ם בפי כול אוחזי אב֯ו[ת

1QH 7.18] חסדכה אוחיל להציק :˙
1QH 4 1.17 ידעתי :]כה א<ו>ח<י>ל בכול

2QJN 8 1.7]˙[ ]אוחרי בר מן[:

5QJN 1 1.18] [אסף אוחרן ותרעא

4apLm 1 1.4 בריתו אוי לנו[ ]:
4apLm 1 2.1]חטאותינו : אוי לנ֯ו כי אף
4QMl 1+ 1.8 ~~להכנ֯י]ם֯ אוי~~ בג[ו]ר֯ל

1QM 3.2 המרדף בהנגף אויב
1QM 3.5 אל להפיק אויב ולהניס
1QM 6.6 מ<ער>כת : אויב בגבורת אל
1QM 7.9 המלחמה לקראת אויב מערכה
1QM 8.10 גדולה להמס לב אויב ועם קול
1QM 9.5 ירדופו להשמיד אויב במלחמת אל
1QM 9.12 [לר]מוס : אויב ומגני
1QM 11.7 [מ]עיר והיה אויב ירשה
1QM 18.11 מ֯מ֯[ש]ל[ת] אויב לאין עוד
2apPr 4 1.3]ריד [: א]וי֯ב כים [:
4pN 3+ 2.5 וגלות מפחד אויב ורוב :
4QCat[a] 10+ 1.11]ו֯אמר אויב
4QFl 1+ 1.1 [ ]˙ד אוי֯ב֯[
4QMl 4 1.4 וא[:]˙י֯ן֯ אויב לה[ ]˙˙

4pIs[a] 7+ 3.23 או]יבו ואל

1QM 11.13 תסגיר [או]יבי כול

4Q183 1 2.1]ם: אויביהם ויטמאו
4pN 3+ 4.8] : אויביהם בעיר[
11QT 58.6 למלחמה על : אויביהם ויצאו

4Q504 1+R 5.4 שממה על אויביהמה כיא[
11QT 58.12 אם נצחו : את אויביהמה
11QT 59.5 והיו : אויביהמה
11QT 59.5 והמה בארצות אויביהמה
11QT 59.11 והושעתים מיד אויביהמה

1pHab 9.10 נתנו אל ביד אויביו לענותו
1pMic 11 1.2 אשר יתע[ו :]אויביו שלל
1pMic 11 1.4 ע[ד : י]דין אויבי[ו :]˙
11QT 58.16 למלחמה על : אויביו ויצא
11QT 59.19 ונתתי את כול אויביו לפניו

1QM 19.3 תן ידכה בעורף אויביך ור֯ג֯[ל]ך֯

1QM 12.11 תן ידכה בעורף אויביכה ורגלכה
4QFl 1+ 1.7 לכה מכול אויביכה אשר
11QT 3.3 כו]ל֯ אויביכה מסי[:
11QT 61.13 תצא למלחמה על אויביכה וראיתה
11QT 62.11 את שלל אויביכה אשר
11QT 63.10 תצא למלחמה על אויביכה ונתתי

1QM 10.4 להלחם לכם עם אויביכם להושיע

1QM 10.3 למלחמה על אויביכמה אל

1QM 10.2 לשול את כול : אויבינו
1QM 18.12 התגברת]ה [ע]ל אויבינו למגפת
4Q504 1+R 6.8 השלחתה בנו את אויבינ<ו> כיא

4QCat[a] 9 1.7]עם צדיק ורשע אויל ופת[י :]
CD 15.15 דעו[ת] היותו אויל ומשוגע

1QS 10.11 שוב ומשפטו אוכיח כנעוותי

4Q512 67 1.3] מ֯כול או֯כ֯ל[
11QPs 26.13 תנובות אוכל טוב לכול
11QT 47.6 יין ושמן וכול אוכל : וכול
11QT 49.7 ימים וכול אוכל אשר יוצק

11QT 38.1] יה֯י֯ו אוכ֯ל֯י֯ם֯[:]
11QT 38.3]]יהיו אוכלים ושות֯י֯ם֯[
11QT 38.6 ˙˙˙˙] : אוכ֯ל֯י֯ם֯ אצל שער

1Myst 1 1.6	[ח]ושך מפנו : אור וכתום פשן
1QH 6.17	]היה מעין אור למקור :
1QH 12.4	לקצ עם מבוא אור : מם˙]
1QH 12.6	ערב ומוצא : אור ברשית
1QH 12.7	מפני(ת) אור למוצא לילה
1QH 18.3	כיא אתכה אור ל[: ותגל
1QM 1.1	משלוח יד בני אור להחל בגורל
1QM 1.3	בשוב גולת בני אור ממדבר
1QM 1.9	ימים לכול בני אור וביום נפול
1QM 1.11	אנשים בני אור וגורל חושך
1QM 1.13	יחזקו בני אור לנגוף רשעה
1QM 13.9	עולמים ובגורל אור הפלתנו :
1QM 13.15	חושך ולהגביר אור ול[
1QS 1.9	כול בני אור איש :
1QS 2.16	מתוך כול בני אור בהסוגו :
1QS 3.3	יבים לדרכי אור בעין
1QS 3.13	את כול בני אור בתולדות
1QS 3.19	והעול במעון אור תולדות
1QS 3.20	בני צדק בדרכי אור יתהלכו
1QS 3.24	להכשיל בני אור ואל ישראל
1QS 3.25	לכול : בני אור והואה ברא
1QS 3.25	ברא רוחות אור וחושכ
1QS 10.1	ברשית ממשלת אור עם תקופתו
1QS 10.2	עם האספו מפני אור באופיע :
1QS 11.5	צדקתו משפטי אור בלבבי מרזי
4Q381 1 1.4	[: ואפיקים שך אור ותיה אגמים
4Q402 3 2.7	ללוא ה˙[: אור ובינ]ה :
4Q402 12 1.1	]אור לנ[:]
4Q403 1 2.35	דעת בכול אלי אור[ ] :
4Q405 14+ 1.5	מ]לך בדני א[ור] כבוד
4Q405 15+ 1.2	שפה[: ונהרי אור [ ]˙[
4Q405 20+ 2.3	קודש אופני אור בד[ביר
4Q405 23 2.8	מראי שני צבעי אור רוח קודש
4Q405 23 2.10	מאירי[ ] : [או]ר וכול
4Q497 9 1.2	]˙[:]אור י[:]מת ו
4Q503 1+ 2.9	]תסוב<ו>ת כלי אור[ ]היום
4Q503 1+ 2.10	ע[שר :] אור היומם
4Q503 7+ 1.1	]אור היומם
4Q503 7+ 1.2	]˙ בששה שערי או[ר :]בני
4Q503 7+ 1.5	˙כ[ ] : אור שלום [
4Q503 10 1.2	]עם דגלי אור והיום ˙[
4Q503 13 1.2	אורים[:]˙י אור ועד[ים
4Q503 14 1.1	או]ר היומם [:
4Q503 15+ 1.6	]בממשל אור היומם ברוך
4Q503 19 1.2	ע]שר שערי אור [
4Q503 29+ 2.8	[:]ם[ ]אור ישמחו ב[:
4Q503 29+ 2.10	[ ]שערי אור ועמנ[ו]
4Q503 33 1.1	או]ר היומם:
4Q503 51+ 1.6	<]אור היומם
4Q503 51+ 1.8	˙[:]ל דקלי או[ר]˙[:
4Q503 51+ 1.14	] גורלות אור למען נדע
4Q503 56 2.2	˙˙˙[: אור [: ובצ[את
4Q503 65 1.3	אלים[:]אור ועדים
4Q510 1 1.7	תעניות בני או[ר] באשמ]ת
4Q510 6 1.1	]אור
4Q511 2 1.4	וחיי נצח לאיר אור [
4Q512 191 1.1	]˙אור [
4Q517 16 1.2	]נוב[:]אור :]ל˙
4QCat[a] 2+ 1.8	]מ˙˙[ג]ורל אור אשר היה
4QCat[a] 12+ 1.7	לכול בני אור מיד בליעל[
4QCat[a] 12+ 1.11	כול בני א[ור : הע˙[
4QFl 1+ 1.9	להכשיל ב[ני : או[ר] ולחשוב
11Ap[a] 4.7	חושך אתה ולוא אור : עו]ל
11Ap[a] 4.10	]א : [אור ולוא [
11QPs 26.11	כסאו מבדיל אור מאפלה שחר
11QSS 2+ 1.4	]ם אור וחושך

1QM 9.17	] אורב ישימ[ו
4QMI 1+ 1.12	המע]רכות ואם אורב ישימו

4QMI 1+ 1.12	שלוש מערכות אורבים יהי[ו

11QT 38.10	˙˙˙˙ שמה יהיו אוכלים [
11QT 43.5	כי ככה יהיו אוכלים אותו :
11QT 43.6	החפים יהיו אוכלים את הדגן
TS 3 1.6	]יהיו אוכלים את

11QPs 18.11	זמרתה על אוכלמה בשבע
11QT 47.13	שמנמה וכול : אוכלמה לעיר

1QH 2.26	חנית באש אוכלת עצים :
1QH 3.29	אגפי רום באש אוכלת בכול
1QH 17.3	מ˙עוף[:]בים אוכלת ˙ש[:]ת
1QM 6.3	שלהובת חרב אוכלת חללי און
1QM 11.10	אש בעמיר אוכלת רשעה לוא
4Q511 16 1.3	מע˙˙[:]אוכלת במוסדי

4QCat[a] 12+ 2.6	[: אמרתי[: א<ו>ל את˙[:

4Q405 14+ 1.4	[ ]˙ אולמי מבואיהם
11QSS f+ 1.2	]אולמי מ[בואי
11QSS f+ 1.2	מו]צא אול[מי :

1Myst 1 1.7	ואין שם לע[ד] אולת : נכון
1QS 4.10	אפים ורוב אולת וקנאת

1pHab 8.13	הלוא פת˙[ ]אום ויקומו :
11QPs 24.15	אדם מה יוסיף אומ[ ]מלפ[

1QH 7.22	בח<י>ק : אומניו ותרם

1QH 9.31	אלי ובחיק אומנתי[

4Q509 12i+ 1.2	[: [מ]בלי אומק הנופלים

1QS 10.11	חרות ולאל אומר צדקי :
4pPs[a] 1+ 4.25	דבר טוב : או[מר
11Mel 1+ 2.16	ישוע]ה [א]ומר לציון [

4Q503 48+ 1.7	יברכו וענו או[מרו] ברוך

1QS 1.20	העוברים בברית אומרים אחריהם
1QS 2.10	העוברים בברית אומרים אחר

1QH 12 1.2	]˙קור און ˙˙˙[:]
1QM 6.3	אוכלת חללי און במשפט אל :
1QS 11.2	אצבע ומדברי און ומקני
4pIs[c] 18+ 1.3	כו]ל שוקדי און מ[חטיאי
4QFl 1+ 1.9	עליהמה מחשבות און למ[
4QPs[f] 2 10.13	כול פועלי : און ואתה יהוה

4Q511 17 1.4	משא[:] רוב אונים לוא י[:

11tgJ 25.8	]לא אוסף ארו מ˙[:
11tgJ 37.6	ועליהן לא : אוסף שמע נא

1apGn 21.6	עמה ואף אנה אוספת לה על

4Q405 23 2.9	כבוד במעשי אופירים מאירי[
4QMI 11 1.18	[פ]ז ולוא כתם אופירים

4pN 3+ 2.3	שוט וקול רעש אופן וסוס דהר

4Q405 20+ 2.3	]כרובי קודש אופני אור

1QS 10.2	חושכ כיא יפתח אוצרו וישתהו
11Ber 1 1.7	ויפתח לכם את: אוצרו הטוב אשר

1QM 10.12	וממשלת קודשים אוצרות כב[ודו
5Q13 1 1.4	ע[ל:]˙˙ אוצרות˙[:

4Q509 234 1.2	] שרח[:] אוק˙[

4Q405 23 2.7 רוקמה במעשי אורג פתוחי
4Q405 23 2.10 חשב במעשי אורג אלה ראשי

1Q69 23 1.1]אורה[
4Q509 250 1.2] את ע˙[:]אורה[

4pIs[d] 1 1.6 בשמש(ל) בכול אורו וכו[ל
8QHym 1 1.3 ומה תשביתו אורו לה[ ]˙˙ל[

4Q404 5 1.4 כ]בוד באור אורותם דעת :

4pIs[e] 5 1.4 בערב תלינו א[ורחות :

4apLm 2 1.7 ובמסבכה כול אורחו[ת]י[ה

1QH 9.26 הופיע אורי כי מאור
1QS 11.3 דעתו פתח אורי

CD 5.5 דויד מלבד דם אוריה : ויעזבם

11tgJ 32.9 או היבית על : אוריך התקטר[

1QS 3.20 העול : ביד שר אורים ממשלת
4Q405 14+ 1.5 מלך בדני רוח אורים[מ]לך
4Q405 46 1.2 מ[:]אלוהי אורים בכול
4Q503 13 1.1] אלוהי אורים[:]˙י
4Q503 24+ 1.7 שמ]חים ל [: או]רים[
4Q503 29+ 2.9 שמכה אל אור[י]ם אשר
4Q503 215 1.7 [:]]אורים[:]ושלח
4QFl 6+ 1.7 י]קומון : א]ורים והתומים
11QSS 5+ 1.2 [:]˙ באור אור<י>ם הוד [

1QM 4.15 אות כול העדה אורך ארבע עשרה
1QM 5.6 חרש מחשבת אורך המגן
1QM 5.7 רמח : וכידן אורך הרמח שבע
1QM 5.12 מזה ושתים מזה אורך הכידן אמה
1QM 9.12 אמות ורמחיהם א[ור]ך שמונה
4Q502 20 1.2]ם ל˙[: אור]ך ימים [:
4Q511 108 1.1 אור]ך אפים רוב

1QH 18.1]עולמי עד : אורכה ותעמד
1QH 18.2 ותעמד מא[: אורכה לאין
5QJN 1 1.17 בגוא א[ס]פא אורכה אמין [

11QT 8.5 VACAT : [˙˙]אורכו ואמה[:

11QT 66.9 בתולה אשר לוא אורשה והיא

1QH 18.29 עולם לאור אורתום עד נצח
4Q403 1 2.1 אורתום רוקמת

4Q403 1 1.45 והכ]בוד באור אורתם דע[ת]

1Q36 17 1.2 רוחיכה לגבר אושי[:]˙אבו
1QH 3.13 וירועו : אושי קיר
1QH 3.35 וירעדו אושי עולם
1QH 7.4 ויזועו כול אושי מבניתי
1QS[b] 3.20 אל הכין כול אושי :]

11QSS 5+ 1.7]וכול אושיהם [

1QM 3.15 ע]ל אות השבט
1QM 3.17 [: א[ות
1QM 3.17] מאיותיו ועל אות[
1QM 4.1 [: ועל אות מררי
1QM 4.1 שרי אלפיו ועל אות הא[ל]ף
1QM 4.2 מאיותיו ועל אות המאה
1QM 4.3 עשרותיו ועל אות החמשים
1QM 4.4 עושרותיו על אות העשרה
1QM 4.9 יכתבו על אות הראישונה
1QM 4.9 עדה אל על אות השנית מחני

1QM 4.15 [הא]ותות אות כול העדה
1QM 4.15 ארבע עשרה אמה אות של[ושת
1QM 4.16 עשרה אמה אות הרבוא עשתי
1QM 4.17]נה אמות אות העשרה שבע
4Q176 32 1.2]שמ˙ וא˙[:]אות כי[:]˙[
4Q503 64 1.4]˙˙[ ]˙˙[:]אות לנו ללילה
4Q504 14 1.1] [˙אות[: וא˙˙[:
4Q508 33 1.1]אות דקנו ˙[:
4Q511 178 1.2]˙˙כת [:]˙˙˙אות[
4QM6 16 5.5 תרומת[:]אות האלף[:
11QT 54.8 ונתן אליכה אות או : מופת
11QT 60.13 גר שמה בכול אות נפשו אל

1QH 18.24 לילוד :]אותה בברית
4QOrd 2+ 1.8 ב[ ] קחתו אותה יואמר
11QT 53.2 א]ותה נפשכה
11QT 53.20 הנא יאנה אביה אותה ביום
11QT 55.7 לפי חרב החרם אותה ואת כול

1QH 14.21]נו וכרחקך אותו כן אתעבנו
4Q498 15 1.1 [אותו]
4Q504 3 2.17 <דבר[ת]ה> אות[ו : כבו[
4pIs[c] 15+ 1.3 אשר [א]ותו אל יודע
11QT 17.8 ומעלה יעשו אותו ואכלוהו
11QT 27.9 הזה : וקדשתמה אותו לזכרון
11QT 34.8 וזורקים אותו על יסוד
11QT 43.5 יהיו אוכלים אותו : מחג
11QT 52.6 לי : ושור ושה אותו ואת בנו
11QT 52.15 תזבחנו לעשות אותו עולה או
11QT 57.2 אשר ימליכו או[תו [
11QT 57.10 יהיו שומרים אותו מכול דבר
11QT 64.3 אמו : ויסרו אותו ולוא[
11QT 64.8 ותליתמה אותו על העץ
11QT 64.9 והמה יתלו אותו העץ כי
11QT 64.10 ותליתמה גם אותו על העץ :
11QT 65.14 ההוא ויסרו אותו וענשו
11QT 65.14 אותו וענשו אותו מאה כסף :
CD 19.9 והשומרים אותו הם עניי
CD 15.12 וכאשר יקים אותו עליו לשוב
CD 15.14]י [המבקר אותו וצוה עליו

1QM 3.13 VACAT : סרך אותות כול העדה
1QM 3.14 כתולדותם על אותות ראשי
1QM 4.9 שמותם : סרך אותות העדה
4Q487 12 1.4]רק ו[:]ה אותות[
4QCat[a] 2+ 1.15 סרה ויש˙[: או]תות גדולות
4QCat[a] 17 1.3]˙ב[:]אותות[

1QM 4.6 יכתובו על אותותם אמת אל
1QM 4.7 יכתובו על אותותם ימין אל
1QM 4.8 יכתובו על אותותם רומם אל
1QM 4.11 יכתובו על אותותם : מלחמת
1QM 4.13 יכתובו על אותותם ישועות

4Tstm 1.3 <זה> להם לירא אותי ולשמור את

1Q52 1 1.1]˙ א ומה אותיכה ו ˙[:

1QH 15.9 ב˙[:]הבו אותך כול הימים
TS 1 1.2 בהוציאי אותך מארץ

4Q509 12 4.4 [: עשית[ה : אותכ[ה : וש˙[

1QDM 1.4 ס[י]ני לצוות א[ותם]
1QDM 1.9 היום [לע]שות אותם [להכו]ת
1QDM 1.9 אותם [להכו]ת אותם [ ] רבה
1QDM 1.12] לכלות א[ותם [:
1QDM 2.11] לעשות אותם
1QS 5.18 בבריתו להבדיל אותם ואת כול
4Q504 1+R 2.9 באהבתכה אותם ולמען
4Q511 69 1.2]˙רי[:]אותם [

4pPs[a] 1+ 2.24	ה : לרעות כיא אזרוע[ות
TS 1 1.1	שבעת ימים כול אורח בישראל
1QH 17.11	]ין וממשפט אח˙[
4Q502 275 1.1	]˙אח[:]ב˙[
11tgJ 15.1	] ירע[ת :] אחאך להון ולא
1Q26 4 1.2	]נתי ˙[:] אחד[
1QM 2.2	תמיד שנים עשר אחד : לשבט
1QM 8.10	יריעו : קול אחד תרועת
1QM 9.14	שנים למ[ג]דל אחד ל[ימין
1QM 9.14	אחד ל[ימין א]חד לשמאול
1QS 1.13	לצעוד בכול אחד : מכול
1QS 3.11	לצעוד על אחד מכול דבריו
1QS 7.11	פעמים על מושב אחד ונענש עשרת
2Q26 1 1.4	לוחא ד˙[:]˙אחד˙ לה˙ ˙אל˙[
2apMo 1 1.6	]ל[עשו]ת עם אחד ב[ם]עשיך[
3Q15 6.5	קלל : בו ספר אחד תחתו : ככ
3Q15 12.13	ופרוט כל : אחד ואח[ד]
4Q183 1 2.4	ויתן להם לב אחד ללכ[ת: כול
4Q185 1+ 2.5	ט<ו>ב יום : אחד[ ]˙˙˙
4Q405 20+ 2.14	כול פקודיהם אחד א[ח]ד
4Q405 20+ 2.14	פקודיהם אחד א[ח]ד במעמד[ו]
4Q502 253 1.2	]ד[:]אחד[:]ת מ˙[
4Q509 260 1.1	]אחד[
4Q513 1+ 1.4	הטמ[אה> א]חד[
4pIs[a] 7+ 3.29	]עמו יצא אחד מכוהני השם
4pIs[c] 4,6+ 1.8	ואגמו]ן ביום אחד זקן : [
4pIs[c] 23 2.6	רודפיכמה אלף אחד מפני גערת
4pIs[c] 23 2.6	אחד מפני גערת אחד מפני גערת
4QM1 1+ 1.15	] : אחד המערכה[
4QM1 13 1.8	והרימו קול[אח]ד ואמרו[:
4QM1 18 1.2	]מ˙˙[: ק]ול אח[ד : וא]חד
4QOrd 1 2.13	והבת תכון א[חד : ש]לושת
4Tstm 1.23	<איש> ארור אחד בליעל :
11Ap[a] 2.11	הזוא[ת : א]חד מכם א[לף
11tgJ 4.5	על [: ותמהא אחד לי˙[:
11tgJ 22.4	עולין השכח אחד לי˙[:
11QT 13.5	]˙˙˙˙[: אחד˙ לימין
11QT 14.12	לכפ[ר : איל אחד כבשים בנ[י
11QT 17.14	ושעיר עזים אחד לחטאת
11QT 18.9	יעלו את האיל אחד פעם : [
11QT 21.2	] : [אח]ד כבש אחד
11QT 21.2	אח]ד כבש אחד לכול
11QT 21.15	מחצית ההין אחד מן המטה
11QT 22.12	איל אחד כבש אחד
11QT 22.12	איל אחד כבש אחד וללויים
11QT 22.12	וללויים איל אחד כבש אחד
11QT 22.12	איל אחד כבש אחד ולכול מטה
11QT 22.13	ומטה איל אחד כבש אחד
11QT 22.13	איל אחד כבש אחד ואכלום
11QT 23.*6*	] <פר אחד> איל אחד
11QT 23.6	<פר אחד> איל אחד כב[ש : [
11QT 25.13	ליהוה פר אחד איל אחד
11QT 25.13	פר אחד איל אחד כבשים בני
11QT 25.14	(שעיר : עזים אחד לחטאת לבד
11QT 25.16	שנים לעולה אחד יקריב
11QT 26.4	] גורל א[חד : [ו]שחט
11QT 28.4	ושעיר עזים אחד [לחטא]ת
11QT 28.8	ושעיר עזים אחד לחטאת
11QT 28.11	ושעיר עזים אחד לחטאת
11QT 52.6	לוא תזבח ביום אחד ולוא תכה
11QT 58.13	ולכוהנים אחד מאלף
11QT 58.13	מאלף וללויים אחד מן המאה :
11QT 60.4	ולחיה ולדגים אחד מאלף : א(
11QT 60.8	ולחיה ולדגים אחד מן המאה :
11QT 60.9	ומעשר מן הדבש אחד מן החמשים
11QT 60.10	ולכוהנים : אחד מן המאה מן
11QT 61.6	לוא יקום עד אחד באיש לכול

4Q513 10 2.4	לערב במ˙[: אותם במ[:
4pHs[b] 7+ 1.2	]לים [א]ותם בכול[
4VSam 2 1.1	]אותם ולהבר
CD 1.6	ותשעים לתיתו אותם ביד
CD 4.21	זכר ונקבה ברא אותם : ובאי
4QFl 1+ 1.8	˙המכשילים אותמה לכלותמ[ה
11QT 20.16	השכם ויניפו אותמה תנופה
11QT 34.7	יהיו טובחים אותמה ויהיו
11QT 34.10	ומנתחים : אותמה לנתחיהמה
11QT 34.11	במלח ומקטירים אותמה על : האש
11QT 49.2	]תמה אותמה ש[: [
11QT 54.*6*	אנוכי מצוכה <אותמה> היום
11QT 59.7	ולוא אענה : אותמה מפני רוע
11QT 63.10	אויביכה ונתתי אותמה בידכה
4Q504 1+R 3.7	אותנו בשני
4Q504 1+R 3.9	בריתכה כיא אותנו בחרתה
4Q504 12 1.2	]˙[ ]˙[:]ך אותנ[ו :]ך
1pHab 4.9	היושבים : בהם אז חלף רוח
1QM 1.16	לכלת בני חושך אז : [
1QNo 7 1.1	]אז דבר[
1QS 3.11	מכול דבריו אז ירצה בכפורי
3Q15 11.10	בו כלי דמע אז דמע סוח :
4Q370 1.2	והני הם אז עשו הרע
4Q381 69 1.6	שבו על הארץ אז תטהר ויא˙˙[
4Q405 1 1.1	אז[: ה[
4Q484 14 1.2	]˙˙[:]אז[
4Q504 3 1.14	]אז :]˙ינו : [
4QPs[f] 2 10.5	]שה : ˙˙˙ הם אז יהללו שמים
5Q25 2 1.2	וב˙[:]˙˙˙אז ישכו[ן
CD 20.17	שמרו ברית אל אז יד[בר] איש
1apGn 21.25	בלע כול אלן אזדמנו כחדא
1QH 10.5	עפר ואפר מה אזום בלוא
1QS[b] 5.26	אל והיה : צדק אזור [
1QS[b] 5.26	ואמונ]ה אזור חלציכה
4Q512 42+ 2.6	כפי[ם]אזי לה[
11QPs 28.13	נביא אלוהים אזי רא[ ]תי
11QPs 22.1	אזכירך לברכה
11QPs 22.12	פעמים רבות אזכירך לברכה
4QPs[f] 2 7.14	] : [אז]כרך לברכה [
4QPs[f] 2 8.9	פעמים רבות אזכרך :
11QT 20.11	ממנה את : [אזכר]תה
1Q23 13 1.3	נהר[א :]˙ אזל[
1apGn 5.6	אנה מחוה [: אזל אמר ללמך
1apGn 19.9	ל[ ] והוית אזל לדרומא [
1apGn 20.23	עמה וכען אזל אמר למלכא
1apGn 20.24	מלי לוט אזל אמר למלכא
1apGn 20.27	הא אנתתך דברה אזל ועדי לך מן
1apGn 22.24	גבריא די : אזלו עמי אנון
1QH 11.23	להחלות ואז : אזמרה בכנור
1QS 10.9	(אשא) : ( ) אזמרה בדעת
4Q381 31 1.1	]˙ אזמרה ל[יהו]ה
CD 2.2	ברית ואגלה אזנכם בדרכי :
11QPs 24.14	שלמה למי אזעקה ויתן לי
11QPs 26.12	בדעת : לבו אזראו כול

אחר

CD 7.1 איש את שלום ׃ אחיהו ולא ימעל
CD 7.2 להוכיח איש את אחיהו כמצוה
CD 14.5 איש אחר אחיהו הכהנים

4Tstm 1.5 לאהמה מקרב אחיהמה כמוכה

1QM 15.7 על פי ׃ כול אחיו וחזק את [
1QS 6.22 תכונו בתוך אחיו לתורה
1QS^{a} 1.18 מעשו בתוך אחיו[בי]ן רוב
4pIs^{c} 4,6+ 1.18] איש אל אחי[ו ל]וא ׃ [
4Tstm 1.16 ואת אחיו לוא הכיר
11QT 60.14 שמי ככול אחיו הלויים
11QT 62.4 פן ימס את לבב אחיו כלבבו
CD 20.18 להצדיק איש את אחיו לתמך צעדם

1QDM 3.2 ל[אביונים אחי]כה אשר
11QT 44.5 לבני אהרון אחיכה תח[לק] ׃
11QT 54.19 ואם ישיתכה אחיכה בן אביכה
11QT 56.14 בו> מקרב אחיכה תשים
11QT 56.15 נוכרי אשר לוא אחיכה הוא רק
11QT 64.13 תראה את שור אחיכה או את
11QT 64.14 ואם לוא קרוב אחיכה ׃ אליכה

4Q502 9 1.11 ומשתבח ׃]נים אחים לי אשישים
4Q510 1 1.5 אים] לילי[ת אחים ו[ציים

3Q14 2 1.2]˙בך[׃]˙אחיר[׃] פיכה

1QH 17 1.2]ש˙˙ רוחב [׃]אחך וקנאת משפ[

1QS 10.25 עוז לצדקת אל אחלקה ׃ חוק

1QH 9.29 ומצודתי בכה ׃ אחסיה מכול מ˙

3Q15 8.2 מזרח בית ׃ אחצר שמזרח

1pHab 4.12 מושלי[הם ז]ה אחר זה יבואו ׃
1pHab 5.7 אשר לוא זנו אחר עיניהם בקץ
1pHab 11.5 אשר ׃ רדף אחר מורה הצדק
1QH 12.11 הבינה ואין אחר עמו
1QM 2.1 יסרוכו אחר כוהן הראש
1QM 5.4 בסרך מעמד איש אחר איש וכולם
1QM 5.16 המערכות מערכה אחר מערכה ׃
1QS 2.10 בברית אומרים אחר המברכים
1QS 2.20 לפי רוחותם זה אחר זה והלויים
1QS 2.21 בסרכ זה אחר זה לאלפים
1QS 5.4 לבו לתעות אחר לבבו ׃
1QS 11.18 היה ואין אחר זולתכה
4Q485 1 1.5 שבות˙[׃]˙˙˙ם אחר כתוב[׃]˙
4Q509 161 1.3]˙י לוא נ[׃]אחר[
4pN 3+ 4.6 אשר תבוא כוסם אחר מנשה[
4QM1 1+ 1.11 מערכות מערכה אחר מערכה ורוח
4QM1 13 1.7 נלח]מים זואת אחר זואת ואין[
6apSK 64 1.1]אחר[
11Mel 1+ 2.7 היובל הראישון אחר תשע[ת
11QT 22.11 את השכם אחר יוציאום אל
11QT 22.14 שנה בשנה אחר ׃ יואכלו
11QT 23.8]ם על ה[מ]זבח אחר עולת
11QT 24.11 בני יהודה אחר הלויים ׃
11QT 25.7 [ועל]לת החודש אחר[׃ [ה]זואת
11QT 27.3 ונסלח להמה[׃ אחר יעשה את
11QT 34.7] במבעות ׃ אחר יהיו
11QT 39.10 [ ] לי אחר יבואו מבן
11QT 45.9 ובאה השמש אחר ׃ יבוא אל
11QT 45.16 במים חיים אחר יבוא אל
11QT 51.5 ובאה השמש אחר יטהר
11QT 59.9 כול אשמה אחר ישובו ׃
11QT 63.14 חודש ׃ ימים אחר תבוא אליה
11QT 63.15 שבע שנים אחר תואכל
CD 9.21 על ׃ דבר אחר והובדל
CD 11.5 אל ילך איש אחר הבהמה

CD 6.7 פארתם בפי אחד
CD 9.17 רעיהו והוא אחד אם דבר מות
CD 9.19 עוד לפני אחד ושב והודיע
CD 9.20 ונ יתפש לפני ׃ אחד שלם משפטו
CD 9.23 נאמנים ועל אחד להבדיל
CD 12.18 ושמאו בטמאת אחד כלי מעשה ׃

1apGn 22.3 די שבי לוט בר אחוהי וכול
1apGn 22.5 על לוט בר אחוהי ואתחלם
1apGn 22.11 ואף ללוט בר אחוהי פצא וכול
11tgJ 38.5 כל רחמוהי וכל אחוהי וכל

1apGn 21.34] ושבו לוט בר אחוי ׃ די אברם

1Myst 1 1.8 כי לוא ישוב אחור הלוא כול
1QH 13.18]דברך לא ישוב אחור ואני
1QH 13.19 ˙˙˙ לא ישוב אחור ˙] ׃
1QH 1 1.10 כיא אמת ׃]אחור ואני בקצי
1QM 15.9 ואל ׃ תשובו אחור ואל [
4QM1 14 1.2 תשו]בו אחור[׃]ל

4Q503 51+ 1.3]ער ˙˙[׃] אחות הודות[
11QT 66.15 יקח איש את אחות אביהו או
11QT 66.15 אביהו או את אחות אמו כי
CD 5.9 ומשה אמר אל ׃ אחות אמך לא

11QT 66.14 יקח איש את אחותו בת אביהו
11QT 66.17 אחיהו או בת אחותו כי תועבה
CD 5.8 ואת בת אחותו ומשה

3pIs 1 1.2 א[מוץ ׃ ויותם אחז וי[חזקיה
4pIs^{c} 8+ 1.11 מו]ת המלך אח[ז

4Q501 1 1.6 וזלעופות אחזוננו מלפני

1QH 4.33 ואני רעד ורתת אחזוני וכול

5QJN 1 2.2 שמאל מעלה רין אחזיא[ני

6apGn 1 1.3]ולא מרתת מן אחזיך פלא א[׃

2QJN 1 1.4] וכדן אח[זי]נ[י]כול

3Q15 8.2 אחצר שמזרח אחזר ׃ כלי דמע

CD 16.16]אחזתו ׃ יקדש

1apGn 2.9 ואמרת יא אחי ויא מרי
1apGn 19.20] עלי די אחי הוא ואחי
1apGn 20.11 אנה ולוט בר אחי עמי בליליא
1apGn 20.34] [׃ בר אחי עמי ואף
1apGn 21.7 די פרש לוט בר אחי מן לואתי ׃
4Q378 6 1.7 א]שמכה הוי אחי עליכמה
11QPs 28.9 לגדלני יצאו אחי לקראתו יפי
11QPs 19.17 היום ישמחו אחי עמי ובית
CD 5.10 האח את ערות אחי ׃ אביה

1apGn 21.21 ת<ל>תת אחיא אמוראא

11tgJ 27.2] א]חידין בחבלי
11tgJ 30.4 על מא אשיה אח<י>דין או מן

4Q381 31 1.5 כפיתה כי אחיה [׃]תכחד

1QS 6.10 רעהו טרם יכלה אחיהו לדבר
11QT 66.13 איש את אשת ׃ אחיהו ולוא
11QT 66.13 ולוא יגלה כנף אחיהו בן אביה
11QT 66.17 איש את ׃ בת אחיהו או בת
CD 5.8 איש את בת אחיהם<ו> ואת
CD 5.19 את יחנה ואת ׃ אחיהו במזמתו
CD 6.20 לאהוב איש את אחיהו ׃ כמהו

4QM1 11 1.18 אניא עם אלים אחש]ב

1QS 3.26 [כו]ל [ ]דה אחת אהב אל
1QS 4.1 ירצה לעד אחת תעב סודה
1QS 6.25 טהרת רבים שנה אחת ונענשו את
1QS 6.27 ו]נ( )נעש שנה אח]ת
1QS 7.3 ונענש שנה : אחת ומובדל על
1QS 7.4 ונענש שנה אחת : ומובדל
1QS 7.8 ונענש ‹שנה אחת› (ששה
1QS 7.16 והבדילהו שנה אחת מטהרת
1QS 9.1 על ( ) שגגה אחת יענש שנתים
3Q15 8.15 חפור : אמות אחת עסרה : כסף
3Q15 12.5 העליונא : שדא אחת וכלכליה
4QOrd 1 2.7 רק פ[עם] אחת יתננו כול
6apSK 1 1.1]אחת עשרא [:
11QT 4.12 באמה וג[:] אחת ועשרים אמה
11QT 6.7 ו[גוב]הו אחת [:]
11QT 15.10 לחם שמן אחת ורק[יק :
11QT 22.16 לפני יהוה פעם אחת בשנה
11QT 27.5 פעם אחת בשנה יהיה
11QT 31.10 לכול רוחותיו אחת ועשרים :

11tgJ 16.9]ונני אחתוני ·[:

1apGn 20.27 ותאמר : לי די אחתי היא והיא

11QT 33.11 חלונים פנימה אטומים : שתי

1QS 10.20 הכון משפט לוא אטור באפ לשבי

5QJN 1 2.11] עשרה כוין אטימן עלא מ[ן

1Q36 23 1.1]·ש·אי[
1QH 18.15] [ ]·אי רוח ואבלים
4Q404 8 1.3 [· מ :]צדק:]אי צדק
4Q487 3 1.5 [VACAT] : [אי·]
4Q509 240 1.2]ת [:]אי·]
4QM6 21 1.3 [:]ול·ו[:]אי]
4QM6 74 1.2]בגו·[:]ל אי]
6apGn 1 1.2 [·[:]·אי הוא ואמר
11QT 7.12 הארון ופניהם אי[:]

4QCat[a] 2+ 1.16]ת בחרב איב[יהם [

4apLm 1 1.14]כול איבינו :

1QS 4.17 אחרון ויתן איבת עולם בין

4Q381 24 1.7]ביום א[ידי : אקרא

4Q511 92 1.1]איו[:]י כ·[

11tgJ 20.4 מלהת[בה : הוא איוב [
11tgJ 29.5 עליה הצת דא איוב וקום
11tgJ 37.3 כל רחש : ענא איוב ואמר קדם
11tgJ 38.2 בקלה די איוב ושבק :
11tgJ 38.5 ואתון לות : איוב כל רחמוהי

1pHab 3.2 משכנות לוא לו איום : ונורא

4Q514 2 1.4]ובזבח[:]··איזה]

11tgJ 25.7]·י לה איחל בלחודוהי]

4Q185 1+ 1.11 תשא רוח עד אי‹י›קום לע]

1QH 15.21] עפר איך יוכל להכין]
3Q15 10.8 בים של גי איך בצדו
11QT 61.2 (אל) בלבבכה [א]יך נדע הדבר

1QDM 2.7 כול מש[פטיו אי]כה [

CD 14.5 איש אחר אחיהו

1Q20 2 1.2 · ומתמחין מן אחרהון ·····]

1QS 4.17 בבד עד קצ : אחרון ויתן
4Q511 11 1.9 עו]למים כיא אחרו[ן] : [
CD 1.12 אשר עשה בדור אחרון בעדת

CD 1.12 לדורות אחרונים את אשר

4pHs[a] 2.4 השליכו אחרי גום אשר
4QFl 1+ 2.4 ···] [אחרי ה[ ]אשר
11QT 2.13] [אחרי אל[והיהמה
11QT 45.6 הנשכות זואת אחרי זאות[
11QT 54.13 ובכול נפשכמה אחרי יהוה :
CD 3.11 ברצונם ויתורו אחרי שרירות :
CD 4.19 החיץ אשר הלכו אחרי צו הצו
CD 19.30 העידו על העם אחרי א ואהב את

1QM 2.3 ואבות העדה אחריהם להתיצב
1QM 2.13 השנים אשר אחריהם תחלק
1QS 1.20 בברית אומרים אחריהם אמן אמן
1QS 1.24 בברית מודים אחריהם לאמור
1QS 2.18 יענו ואמרו אחריהם אמן אמן
1QS 2.20 יעבורו אחריהם : וכול
4Q504 5 2.2 [: בזרעם אחריהם ל·]
4Q506 124 1.2]: [אח]ריהם ל·[·]
4QM6 13 3.2 וק[טורה : א]חריהם תחלק
CD 4.7 רשע וכל הבאים אחריהם : לעשות
CD 8.17 אהב את הבאים אחריהם כי
CD 19.30 ואהב את הבאים אחריהם כי להם
CD 19.32 ובכל : ההלכים אחריהם

4QFl 1+ 1.17 רו·[ ]י· אחריהמה לעצת

11QT 59.21 הוא ובניו אחריו :]
CD 8.17 אשר העירו אחריו אהב את

1apGn 21.14 ולזרעך אנתננה אחריך עד כול

1QS 2.6 נקם ויפקוד אחריכה כלה ביד
4QFl 1+ 1.10 את זרעכה אחריכה
5QS 1 1.5 ויפקו]ד אחריכה: ארו]ר
11QT 53.7 לכה ולבניכה אחריכה עד עולם

4Q185 1+ 2.2 לבניכם אחריכם ולמה

11QT 54.10 אלוהים אחרים אשר לוא
11QT 54.21 אלוהים אחרים אשר לוא
11QT 55.17 ועבד אלוהים אחרים והשתחוה
11QT 61.1] אלו[הים אח]רים : והומת

4Q178 3 1.4 ושבי י·[: אחר]ית הימי[ם
4pHs[a] 1.11]מן מ[ ]·י [אח]רית :]
4pPs[a] 1+ 4.16]ישר[אח]ר[ית לאי]ש
4QCat[b] 1 1.1]אחרית הימים על
5Q16 3 1.5 צד[ה :]קץ אחרית[

5QJN 1 2.7 עד תרעא אחרנא פותאהון

2QJN 8 1.4 אבן חו[ר :]ה אחרניא מן בר

11tgJ 25.1 לא סוף ויקים א[חרנין :

1QH 2.19 שפה : ולשון אחרת לעם לא
1QM 16.12 לצאת מערכה אחרת חליפה
4QM1 11 2.10 לצאת מערכה אחרת חליפה
11QT 43.5 ממנו שנה לשנה אחרת כי ככה
11QT 57.17 יקח עליה אשה אחרת כי : היאה
11QT 57.19 מתה ונשא : לו אחרת מבית

4QCat[a] 10+ 1.5 התורה כיא אין ׃]איש על
4QCat[a] 12+ 1.5 ה˙[כי]א אין ׃]˙מה
4QMI 8+ 1.7 אין מס[מר
4QMI 8+ 1.10 אי]ן מציל
4QMI 8+ 1.10 מציל ולקילתמה אין מנוס
4QOrd 1 2.4 בי[שר]אל אשר אין לו יאוכלנה
4QPs[f] 2 10.9 נדריך שלם כי אין ׃ בקרבך
11QPs 19.9 לתהלתכה אין חקר למות ׃
11QT 35.4]הוא אין ׃ הוא כוה[ן
11QT 35.6 א˙˙˙˙ והוא אין הוא לבוש
11QT 50.3 המת [׃ נטמאו אין טו[ד
11QT 66.6 לוא תעשו דבר אין לנערה חטא
CD 4.11 השנים ׃ האלה אין עוד להשתפח
CD 5.6 את המקדש אשר אין הם ׃ מבדיל
CD 5.17 אבד עצות מאשר אין בהם בינה
CD 20.10 לבם אין להם חלק
CD 20.16 כאשר אמר אין מלך ואין
CD 9.13 אשם מושב אשר אין בעלים
CD 10.12 גבא בסלע אשר אין בו די ׃
CD 13.3 כולם ואם אין הוא בחון
CD 14.16 ולע[למה א]שר אין לה דורש כל

11Ap[a] 2.8]או אשר אינם [

1Myst 1 1.7 תומכי רזי פלא אינמה עוד ודעה

4pPs[a] 1+ 4.13 ם[קו]מו וה[נה אינ]נו
CD 13.19]שהם ואת אשר איננו נקשר ב[

1Myst 1 1.11 עשק רעה[ו] איפה עם אשר

1QM 18.5] [˙איץ השמש לבוא

4Q497 33 1.2]˙[׃]˙איר[׃]˙ו[׃
4Q499 2 1.3]ע[׃]שיכה[׃]איר˙[׃]ם ז˙[
4Q503 95 1.2]˙[׃]איר [׃]˙ו ם[
4Q503 209 1.1]איר[
4Q511 207 1.1]איר[
4Q519 1 1.5]˙ ברוך[׃]איר שבעה[׃]<[

1Q36 25 2.5 צדקכה [׃ בבני איש [
1pHab 2.1]הבוגדים עם איש ׃ הכזב כי
1pHab 4.11]יעבורו איש × ׃
1pHab 5.11 עזרוהו על איש הכזב
1QDM 3.2] יזמור אי[ש] ׃ [
1QDM 13 1.2]˙[׃] איש [
1QH 2.14 מוסר ואהיה איש ריב למליצי
1QH 7.32 ומה הוא איש תהו ובעל
1QH 10.28 דעתם יכבד˙[׃ איש מרעהו וכן
1QH 13.17 בטובך ׃ יצדק איש וברוב רח[
1QH 16.11 כי לא יצדק איש מבלעדיך
1QH 1 1.4 אל עפרו ואני איש פשע ומגולל
1QH 1 1.12 כיא ׃]איש ותשיבהו
1QH 10 1.8]˙ בני איש ב˙יך[׃
1QH 11 1.4]˙˙רוחם בני איש לפי שכלו
1QH 45 1.5 גוי ב[׃]איש זודן במרבי
1QM 2.3 וראשי משמרותם איש במעמדו
1QM 5.3 פנים על אלף איש תאסר
1QM 5.4 בסרך מעמד איש אחר איש
1QM 5.4 מעמד איש אחר איש וכולם
1QM 7.4 עור או חגר או איש אשר מום
1QM 7.4 עולם בבשרו או איש מנוגע
1QM 7.6 נקם וכול ׃ איש אשר לוא
1QM 8.6 לסדריהם איש למעמדו
1QM 11.1 גולית הגתי איש גבור חיל ׃
1QM 11.11 אשור בחרב לוא איש וחרב ׃ לוא
1QM 11.14 בכול בני איש ולעשות לכה
1QM 12.10 שבה שביכה איש כבוד ושול
1QM 16.5 עד התיצבם איש על מעמדו
1QM 16.6 כדי הטל ירימו איש ידו בכלי ׃
1QM 17.11 עד התיצ[בם אי]ש על

1QH 3 1.6] ׃]מקוי אפר איכה אעמוד
4Q485 1 1.2]ן תדורש[׃]איכה כ˙[׃]

2QJN 4 1.18 לכ[ול ׃]ל די איל ען חד לכול
11QT 14.12 יעשה לכפ[ר ׃ איל אחד כבשים
11QT 22.12 לכוה[נ]ים ׃ איל אחד כבש
11QT 22.12 אחד וללויים איל אחד כבש
11QT 22.13 מטה ׃ ומטה איל אחד כבש
11QT 23.6] <פר אחד> איל אחד כב[ש ׃
11QT 25.13 ליהוה פר אחד איל אחד כבשים

4Q403 1 1.18 ו]ברך לכול אי[לי קרו]בים
4Q403 1 1.38 יודו כול אילי דעת וכול
4Q403 1 2.33 לאדון כול איל[י] ׃
4Q404 4 1.7 כול אלי[׃]אי]לי דעת
4Q405 13 1.2 ל]כול איל[י
11QT 15.4 לחם לכול אי[לי> [ה]אחד

4Q511 10 1.11 עולמים בסוד אילים ואנשים
6QHym 4 1.1] אילים א[׃
11QT 19.16] עשר א<י>לים כול

1Q36 14 1.2 ˙ דה מלכ[׃]˙אים בתכמי בש[ר
4Q510 1 1.5 ממזרים שד אים] לילי[ת
4Q517 55 1.1]˙˙אים[
4apLm 5 1.1]אים[

11tgJ 33.2 בס( )רוהי אימה ודחלה

1Q23 2 1.2]˙ אנון[׃]אין ˙[
1Q38 10 1.2 א]ל חרב[׃]אין כי לא ˙[
1QH 1.5] [אין מספר
1QH 4.20 ימצאו עוד כי אין הולל בכול
1QH 5.34 ושקוי בדמעות אין כלה כי
1QH 6.31 מצור[׃ למרחב אין קץ ושערי
1QH 6.33 מלחמ<ו>ת אין מנוס כי
1QH 7.17 ומחסי בשר אין לי[
1QH 7.17] אין צדקות
1QH 8.27]˙˙ אין מעוז לי כי
1QH 9.16 וכגב˙˙˙כה אין ׃ בכוח
1QH 9.17 בכוח ולכבודכה אין[
1QH 9.17] להכמתכה אין מדה ולא˙˙[
1QH 9.38]הגברתה עד אין מס[׃
1QH 10.10 ולגבורתכה אין מחיר ומי
1QH 10.18]גערתכה אין מכשול[׃
1QH 12.17 עדי שממה כיא אין ע[׃]ין
1QH 35 1.2]˙ ׃]כי אין כ[׃]˙
1QH 51 1.5]˙ש[׃]כיא אין מ[׃]˙ת˙[
1QM 14.5 אסף לכלה אין שארית
1QM 14.8 ולכול גבוריהם אין מעמד ואנו
1QM 14.11 גבוריהם אין מציל
1QM 14.11 מציל ולקליהם אין מנוס
1QS[b] 1.7]שנאתה אין ש[ארית] ׃
4Q176 8+ 1.14]באוהב[י]אין עוד מעת[׃
4Q176 14 1.6 על מכה בו[׃]אין לוא דורש[
4Q176 52 1.2]˙[׃]אין יב[
4Q181 2 1.6 ˙ש[׃ ולטובו אין חקר[׃ אלה
4Q185 1+ 2.6 מן מלאכיו כי אין חשך ׃ י˙˙
4Q381 33 1.3 בגברתך כי אין חקר[
4Q381 44 1.4 תשכילה בו כי אין כמ[וך ׃]ל
4Q381 53 1.4 קים׃]גדלות ׃ א]ין כח
4Q405 40 1.4]כנפיהם מ[׃]אין ˙˙[
4Q509 169 1.2]˙[׃]אין [
4Q509 176 1.1]אין [׃]ולי[
4Q509 280 1.1]אין מנה[
4Q511 1 1.6]ישועות ׃ כיא א[ין] משחית
4Q511 17 1.3]גבורה אין משא[׃]
4apLm 1 1.6 וניחות אין בו במ˙[ ]
4apLm 1 1.11]˙ ובאי מועד אין בם כל ערי
4apLm 1 2.10 ˙ת˙˙[׃ וחפץ אין בו
4QCat[a] 5+ 1.14 השמינית[׃ א]ין שלום אשר

1QM 17.12	כדי הפל ירימו איש ידו בכלי
1QS 1.9	כול בני אור איש : כגורלו
1QS 1.10	כול בני חושכ איש כאשמתו :
1QS 2.22	לדעת כול איש ישראל איש
1QS 2.22	כול איש ישראל איש בית מעמדו
1QS 2.23	ולוא ישפל איש מבית מעמדו
1QS 2.25	ומחשבת צדק : [אי]ש לרעהו
1QS 3.6	אמת אל דרכי איש יכופרו כול
1QS 3.13	כול בני איש : לכול
1QS 4.2	להאיר בלבב איש ולישר
1QS 4.15	כול בני איש ובמפלגיהן
1QS 4.16	לפי נחלת איש בין רוב
1QS 4.20	יזקק לו מבני איש להתם כול
1QS 4.24	וכפי נחלת איש באמת וצדק
1QS 4.26	וינחילן לבני איש לדעת טוב [
1QS 5.4	אשר לוא ילכ איש בשרירות
1QS 5.15	ואשר לוא ישוב איש מאנש<י> :
1QS 5.18	להם ולוא ישען איש הקודש על
1QS 5.21	ביחד בין איש לרעהו לפי
1QS 5.23	וכתבם בסרכ איש לפני רעהו
1QS 5.23	להשמע הכול איש לרעהו הקטן
1QS 5.24	בשנה להעלות איש לפי שכלו
1QS 5.25	להוכ<ח>י : איש את רעהו
1QS 6.1	וגם אל יביא איש על רעהו
1QS 6.2	כול הנמצא איש את רעהו
1QS 6.3	אל ימש מאתם איש : כוהן
1QS 6.6	יהיו שם העשרה איש דורש בתורה
1QS 6.7	תמיד על יפות איש לרעהו
1QS 6.8	למושב הרבים איש בתכונו
1QS 6.9	כול העם ישבו איש בתכונו וכן
1QS 6.9	לרבים להשיב איש את מדעו :
1QS 6.10	היחד אל ידבר איש בתוכ דברי
1QS 6.11	הרבים אל ידבר איש כול דבר
1QS 6.12	על הרבים וכול איש אשר יש אתו
1QS 6.24	אם ימצא בם איש אשר ישקר :
1QS 7.22	) <ו>כול איש אשר יהיה
1QS 8.1	היחד שנים עשר איש וכוהנים
1QS 8.2	חסד והצנע לכת איש אם רעהו :
1QS 8.16	קודשו וכול איש מאנשי היחד
1QS 8.20	התמים קודש איש את רעהו :
1QS 8.21	כאשר צוה כול איש מהמה : אשר
1QS 8.23	ולוא יתערב איש מאנשי
1QS 8.25	אשר לוא ישפוט איש ולוא ישאל
1QS 9.12	עת ועת ולמשקל איש ואיש :
1QS 9.18	לבוחרי : דרכ איש כרוחו
1QS 9.19	לה( )לכ תמים איש את רעהו
1QS 9.20	והבדל מכול איש ולוא הסר
1QS 9.23	בו ולהיות איש מקנא לחוק
1QS[a] 1.18	] זה יכבדו איש מרעהו :
1QS[a] 1.19	וברובות שני איש לפי כוחו
1QS[a] 1.19	העדה וכול איש פותי : אל
1QS[a] 1.22	לוי יעמודו איש במעמדו :
1QS[a] 1.23	אתכול העדה איש בסרכו על
1QS[a] 2.3	הכוהנים וכול איש מנוגע באחת
1QS[a] 2.4	בקהל אלה וכול איש מנוגע באלה
1QS[a] 2.7	עינים או איש זקן כושל
1QS[a] 2.15	א[לפי אי]ש לפי כבודו
1QS[a] 2.16	]ישבו לפניהם איש לפי :
1QS[a] 2.18	לשתות[ ]איש את ידו
1QS[a] 2.21	כול עדת היחד א[יש [
2Q28 3 1.1	]וה איש[:]ם עלה[
4Q176 16 1.3	ולתת מילת איש ל[:]˙ר
4Q176 17 1.3	[:]˙ על כול א[יש :]במלאך
4Q181 1 1.5	] : מ]לאו איש לפי גורלו
4Q183 1 2.2	למלחמות איש[: בבריתו
4Q184 1 1.17	בחלקות בני איש
4Q186 1 2.3	]אבן צונם:]איש עי[:]˙˙ות
4Q378 3 2.6	למושה ˙[: איש ישר וגדול[
4Q379 22 2.8	] : א[רור א]יש אשר
4Q487 1 2.6	בהפכה ושכ[: איש אשר [
4Q487 7 1.3	] ולאה[:]י איש[:]ות חד˙[
4Q487 18 1.1	]איש ˙[:]וב
4Q487 20 1.3	אל ה[:]שע איש[:]˙ו בא˙
4Q487 23 1.2	]ר דב[:]נו איש ˙[:]אל
4Q502 24 1.2	[<]ה איש ה הודות>
4Q504 1+R 3.6	ותיסרנו כיסר איש את : בנו
4Q504 6 1.15	תנק[ה :]כיסר איש[: קדו]שים
4Q511 30 1.6	]יוכל איש לתכן את
4Q511 63 3.2	כול מעשי איש ומולות
4Q512 41 1.2	]˙[: [וה]יה <אי]ש או אשה[>
4Q513 25 1.2	מ]עשים [:]איש ל[:]˙˙[
4Q514 1 1.10	יאכ]אל איש ואל י[ש]תה
4Q514 1 1.10	י[ש]תה עמכול אי[ש]אשר
4Q520 2 1.3	]˙˙˙˙ :]כות:]איש
4apLm 1 1.14	בה ודורש :]ל איש
4pHs[b] 16 1.2	ו]יתפושו איש [:]אל
4pIs[c] 4,6+ 1.1	] איש אל אחי[ו
4pIs[c] 23 2.14	] : <כיחכה איש גדוד[ים
4pPs[a] 1+ 1.26	[פשר]ו על איש הכזב אשר
4pPs[a] 1+ 2.8	ימצא בארץ כול איש : [ר]שע
4pPs[a] 1+ 4.14	] על [א]יש הכזב[
4QCat[a] 2+ 1.6	אשר יעמוד איש מב˙[
4QCat[a] 5+ 1.10	ה[:]ץ לה איש וילך ד˙[
4QCat[a] 10+ 1.6	כיא אין :]איש על מצורו
4QM1 1+ 1.6	זעמום וכול איש מנו[גע :
4QM1 1+ 1.10	וכול איש אשר לוא
4QM1 11 2.5	ה[ט]ל ירימ[ו אי]ש ידו בכלי
4QM1 11 2.21	ירי]מו ידם איש בכלי
4QM1 13 1.4	לדגליהמה אי[ש] על [
4QOrd 1 2.3	ו]עשה איש מנה גורן
4QOrd 1 2.6	אשר נתנו איש <כ>פר נפשו
4QOrd 2+ 1.8	הוא : כי יוצו איש שם רע על
4Tstm 1.23	דלתיה ואנה <איש> ארור אחד
5Q13 1 1.13	להוד[:]לכול איש ישראל ˙[:
6Q15 4 1.3	]ולדרוש איש[:]
11QPs 22.10	אדם כדרכו איש כמעשיו
11tgJ 3.1	כל אנש די[:]איש
11QT 17.9	והשכימו והלכו איש לאוהלו[:
11QT 26.13	המדבר ביד איש עתי ונשא
11QT 35.2	[ ]˙ כול איש אשר לוא[:
11QT 35.3	[ ]א כול איש אשר לוא[
11QT 35.5	י[ו]מת וכול איש אשר [
11QT 45.12	ימים כול איש עור : לוא
11QT 45.15	ועד : וכול איש אשר יטהר
11QT 49.8	אשר בהמה לכול איש טהור :
11QT 50.5	וכול : איש אשר יגע על
11QT 50.21	והתנשמת כול איש אשר יגע
11QT 55.16	נותן לכה איש או אשה אשר
11QT 56.15	לוא תתן עליכה איש נוכרי אשר
11QT 57.6	שנים עשר אלף איש מלחמה :
11QT 59.14	לוא ימצא לו איש יושב על
11QT 59.17	לוא יכרת לו איש יושב מבניו
11QT 64.7	כי : יהיה איש רכיל בעמו
11QT 65.7	ממנו כי יקח איש אשה ובעלה
11QT 66.7	כאשר יקום : איש על רעהו
11QT 66.8	כי יפתה איש נערה :
11QT 66.12	לוא יקח : איש את אשת
11QT 66.12	אביהו לוא יקח איש את אשת :
11QT 66.14	היא : לוא יקח איש את אחותו
11QT 66.15	לוא : יקח איש את אחות
11QT 66.16	לוא : יקח איש את : בת
CD 1.14	ישרא בעמוד איש הלצון אשר
CD 3.6	אל ולעשות איש הישר
CD 3.12	לבם לעשות איש את רצונו
CD 4.11	כי אם לעמוד איש על : מצודו
CD 5.8	ולוקחים : איש את בת
CD 6.20	לאהוב איש את אחיהו :
CD 6.21	וגר ולדרוש איש את שלום :
CD 7.1	ולא ימעל איש בשאר בשרו
CD 7.2	במשפט להוכיח איש את אחיהו
CD 7.4	ולא ישקץ : איש את רוח
CD 7.8	כאשר אמר בין איש לאשתו ובין

ומני כול די איתי לך וחזי 1apGn 22.29
] : [˙איתי כח[4pUn 4 1.6
עמך : ל]א איתי : לא]ח̇יך 11tgJ 6.4
וארו לא איתי מנכון 11tgJ 21.3
הא ד<ר>ע כאלה איתי לך או בקל 11tgJ 34.5
]˙איתי 11tgJ 34.10

אל נחל איתן אשר לוא 11QT 63.2

]אכ̇[ ]˙˙ ולוא 1Myst 1 1.3
לוא ישוב עוד אכ השוגג : 1QS 9.1
ואל : תחר אף להרע כיא 4pPs[a] 1+ 2.2

]הם:]א ~~~ :]אכה הגדולים 1Q35 1 1.6
[ ]שכלתי[:]אכה מה נשיב כי 1QH 10 1.2

]אכו̇[:]˙א[4Q511 170 1.1

הנ]ביא אכול השנה 4QCat[a] 5+ 1.2
ושחוט צואן א[כול :]˙ת 4QCat[a] 5+ 1.15
רק חזק לבלתי אכול הדם על 11QT 53.5

וראש פתנים אכזר CD 8.10
וראש פתנים אכזר: התנינים CD 19.22

לבב כחש ורמיה אכזרי : ורוב 1QS 4.9

ובת עמי אכזריה[: 4apLm 1 2.4

אקוה ואני אכחש לפניך על 4Q381 33 1.9

וש[ ]לא אכיר :]אמיר 1QH 14.19

]ל[ ] אכל[ ] ו[: 1apGn 19.30
תנו̇[בה ו]שפך אכל על פניהם 4Q370 1.1
]˙˙[:]˙אכל עשב [:]˙ 4Q504 16 1.2
]טמאה[:]אכל ו˙[<שב[> 4Q512 89 1.3
בנפ̇[ש :]˙ אכל כחדה על [11tgJ 5.6

ברא מן די אכלו כבר 1apGn 22.23
[: אשר אכל[ו וי]שבעו 4pHs[a] 2.3

ו]באישה די אכל[ין :]י̇ן 11tgJ 15.8

]ובשר הרבה אכלתמה:]˙ר 2apPr 1 1.3

כי לעולם אכרית זרעו 11QT 59.15

אשמה וכן א[כרת : משמחת 4Q381 33 1.9

לעד ואם אכשול בעוון 1QS 11.12

[:]ל̇[י]הוה אל[1Q29 1 1.7
]˙אבו˙ם אל עבדיו̇ בבו˙ 1Q36 17 1.3
א]ל חרב[: 1Q38 10 1.1
וכו̇[:] ועתה א[ל 1Q40 6 1.3
עולם ונ[ ]אל ˙[ ] יא[: 1Q51 1 1.1
[:]מני אל ˙˙[1Q64 1 1.3
אל ˙[:] [א]שר [1Q69 2 1.1
הוא : ל[י א]ל [ע]ל[מא 1apGn 19.8
תמרתא ואמרת אל תקוצו 1apGn 19.16
בריך אנתה אל עליון מרי 1apGn 20.12
דן שלח לה אל עליון רוח 1apGn 20.16
די דבקת לבית אל לאתרא די 1apGn 21.1
בטורא די בית אל ובאש עלי די 1apGn 21.7
וארעא ובריך אל עליון : די 1apGn 22.16
מן חרן וכען אל תדחל אנה 1apGn 22.30
]אל גלה לב[: 1Myst 2 1.1
] אל בעשק ומעל 1pHab 1.6
מאשו בתורת אל : [1pHab 1.11
הצדקה מפיא : אל ועל 1pHab 2.3

ונימור : איש לאחיו CD 8.6
לאחיו ושנוא איש את רעהו CD 8.6
רעהו ויתעלמו איש בשאר בשרו CD 8.6
ולבצע ויעשו איש הישר CD 8.7
ויבחרו איש בשרירות CD 8.8
אמר <בין> איש לאשתו ובין CD 19.5
ונקום ונטור איש לאחיהו CD 19.18
לאחיהו ושנא איש את רעהו CD 19.18
רעהו ויתעלמו איש : בשאר CD 19.18
ויעשו ~~את~~ : איש הישר CD 19.20
ויבחרו איש בשרירות CD 19.20
אל ~~בת~~ יאות איש עמו בהון CD 20.7
שבו : [ע]ם איש הכזב כשנים CD 20.15
אל אז יד[בר] איש : אל רעהו CD 20.17
רעהו להצדיק איש את אחיו CD 20.18
כו]לם <איש> לפי רוחו CD 20.24
בני עמך וכל איש מביאו : CD 9.2
תושיעך ידך לך איש אשר ישביע CD 9.9
אשר ימעל : איש בתורה וראה CD 9.17
אל יאמן איש על רעהו : CD 10.2
אל : ירחץ איש במים צואים CD 10.11
מדי מרעיל איש : אל יטהר CD 10.11
אל יעש איש ביום : ~~טל~~ CD 10.14
השבת אל ידבר איש דבר : נבל CD 10.17
אל יתהלך איש בשדה לעשות CD 10.20
אל יאכל איש ביום השבת CD 10.22
השבת : אל יקח איש עליו בגדים CD 11.3
אל יתערב איש מרצונו : CD 11.4
בשבת אל ילך איש אחר הבהמה CD 11.5
אל יוציא איש מן הבית : CD 11.7
אל ישא איש : עליו CD 11.9
אל ימרא איש את עבדו CD 11.12
~~אל~~ אל יילד איש בהמה ביום CD 11.13
אל ישבית [א]יש [ב]מקום CD 11.14
אל יחל איש את השבת על CD 11.15
אל יעלה איש בסולם וחבל CD 11.17
אל יעל איש למזבח בשבת CD 11.17
אל ישלח : איש למזבח עולה CD 11.19
ועץ ביד איש טמא באחת : CD 11.19
אל ישכב איש עם אשה CD 12.1
כל <איש> אשר ימשלו CD 12.2
אל ימכר איש בהמה : CD 12.8
אל ישקץ איש את נפשו : CD 12.11
עשרה אל ימש איש כהן מבונן CD 13.2
אל ימשול איש : מבני CD 13.12
המחנה להביא איש אל העדה CD 13.13
ואל יעש איש חבר למקח CD 13.15
בש[מות]יהם : איש אחר אחיהו CD 14.5
באי העדה : איש בתרו ולכל CD 14.11
] ואל יודיעהו איש את : CD 15.10
אסר אשר יקום איש על נפשו : CD 16.7
אשר : [יקי]ם איש על נפשו CD 16.9
אל : יניא איש שבועה אשר CD 16.11
אל ידור א[יש] למזבח CD 16.13
] יקדש איש את מאכל : CD 16.14
הוא אשר אמר איש את רעיהו CD 16.15
ואל : יקד[ש אי]ש מכל[CD 16.16

שו̇[מעו : עונה א[ישה 11QT 54.2
שבועת א[סר : אישה יקי[מנו] 11QT 54.3

צי˙[:]עם אישוני פחז ו˙[4Q184 3 1.5

לבי ואיכה אישר דרך כיא 1QH 12.34

]רה [:]אית̇[:]ל̇[4Q497 25 1.2

ש]כב ולא איתחד̇ :]ב̇מי̇ן 11tgJ 11.10

הב לי נפשא די א<י>תי לי די 1apGn 22.19
אסב מן כול די איתי לך דל<מ>א 1apGn 22.22

1QM 3.6 סדרי דגלי אל לנקמת אפו
1QM 3.8 נקם במועד ׃ אל ועל חצוצרות
1QM 3.8 יד גבורת אל במלחמה
1QM 3.9 יכתובו ׃ רזי אל לשחת רשעה
1QM 3.9 יכתובו נגף אל כול בני
1QM 3.10 המשוב אסף אל ועל חצוצרות
1QM 3.11 האויב לבוא אל העדה
1QM 3.11 יכתובו גילות אל במשוב שלום
1QM 3.13 העם יכתובו עם אל ואת שם
1QM 3.15 יכתובו נס אל ואת שם נשי
1QM 4.1 יכתובו תרומת אל ואת שם נשי
1QM 4.1 יכתובו אף אל בעברה על ׃
1QM 4.3 יכתובו מאת ׃ אל יד מלחמה
1QM 4.4 [ב]גבורת אל ואת שם שר
1QM 4.5 יכתובו רנות ׃ אל בנבל עשור
1QM 4.6 על אותותם אמת אל צדק אל כבוד
1QM 4.6 אמת אל צדק אל כבוד אל
1QM 4.6 צדק אל כבוד אל משפט אל
1QM 4.6 כבוד אל משפט אל ואחריהם כול
1QM 4.7 אותותם ימין אל מועד אל
1QM 4.7 ימין אל מועד אל מהומת אל
1QM 4.7 מועד אל מהומת אל חללי אל
1QM 4.7 מהומת אל חללי אל ואחריהם כול
1QM 4.8 אותותם רומם אל גדל אל
1QM 4.8 רומם אל גדל אל תשבוחת אל
1QM 4.8 גדל אל תשבוחת אל כבוד אל עם
1QM 4.8 אל כבוד אל עם כול פרוש
1QM 4.9 הראישונה עדה אל על אות
1QM 4.9 השנית מחני אל על השלישית
1QM 4.10 שבטי אל על הרביעית
1QM 4.10 משפחות אל על החמישית
1QM 4.10 החמישית דגלי אל על הששית
1QM 4.10 על הששית קהל אל על השביעית
1QM 4.11 קרואי ׃ אל על השמינית
1QM 4.11 השמינית צבאות אל ופרוש שמותם
1QM 4.12 מלחמת אל נקמת אל ריב
1QM 4.12 מלחמת אל נקמת אל ריב אל גמול
1QM 4.12 נקמת אל ריב אל גמול אל כוח
1QM 4.12 ריב אל גמול אל כוח אל
1QM 4.12 גמול אל כוח אל שלומי אל
1QM 4.12 כוח אל שלומי אל גבורת אל
1QM 4.12 אל גבורת אל כלת אל בכול
1QM 4.12 גבורת אל כלת אל בכול גוי
1QM 4.13 אותותם ישועות אל נצח אל עזר
1QM 4.13 ישועות אל נצח אל עזר אל
1QM 4.13 אל נצח אל עזר אל משענת אל ׃
1QM 4.13 עזר אל משענת אל ׃ שמחת אל
1QM 4.14 אל ׃ שמחת אל הודות אל
1QM 4.14 שמחת אל הודות אל תהלת אל
1QM 4.14 הודות אל תהלת אל שלום אל ׃ [
1QM 4.14 תהלת אל שלום אל ׃ [
1QM 5.10 הלהב ישיר אל ׃ הראש
1QM 5.12 וספות ישר אל הראוש שתים
1QM 6.1 הראישון ישליך אל ׃ מערכת
1QM 6.2 חנית לגבורת אל ועל השלט
1QM 6.3 חללים באף אל ועל הזרק
1QM 6.3 און במשפט אל ׃ כול אלה
1QM 6.5 חללים במשפט אל ולהכניע
1QM 6.6 אויב בגבורת אל לשלם גמול
1QM 7.9 השער התיכון אל בין המערכות
1QM 7.14 הכוהנים ׃ אל בין המערכות
1QM 9.5 אויב במלחמת אל לכלת ׃
1QM 9.8 ולוא יבואו ׃ אל תוך החללים
1QM 10.1 אתה בקרבנו אל גדול ונורא
1QM 10.2 הכוהן ודבר אל העם ׃ לאמור
1QM 10.3 על אויביכמה אל תיראו ואל
1QM 10.5 להחזיק בגבורת אל ולשוב כול ׃
1QM 10.8 מיא כמוכה אל ישראל
1QM 10.17 אוזני]כה אל שועתנו כיא
1QM 12.7 VACAT ׃ ואתה אל נ[ורא]
1QM 13.1 על עומדם את אל ישראל ואת

1pHab 2.4 האמינו בברית אל [ ] את
1pHab 2.8 הכוהן אשר נתן אל ב[לבו בינ]ה
1pHab 2.9]בידם ספר אל את ׃ כול
1pHab 2.15 בחוקי[א]ל
1pHab 5.2 ברע והבט אל עמל לוא
1pHab 5.3 אשר לוא יכלה אל את עמו ביד
1pHab 5.4 בחירו יתן אל את משפט כול
1pHab 7.1] ׃ וידבר אל אל חבקוק
1pHab 7.1] ׃ וידבר אל אל חבקוק לכתוב
1pHab 7.4 אשר הודיעו אל את׃ כול רזי
1pHab 7.8 כיא רזי אל להפלה ׃ אם
1pHab 7.13 כול קיצי אל יבואו
1pHab 8.2 ✕ ׃ יצילם אל מבית המשפט
1pHab 8.10 לבו ויעזוב את אל ויבגוד
1pHab 9.10 עצתו נתנו אל ביד אויביו
1pHab 10.3 המשפט אשר יתן אל את ✕ ׃
1pHab 10.13 את בחירי אל ׃ כיא תמלא
1pHab 11.3 שכר למען הבט אל מועדיהם ׃
1pHab 11.15 וכוס חמת ׃ [א]ל תבלענו
1pHab 12.5 אשר ישופטנו אל לכלה ׃ באשר
1pHab 12.9 את ׃ מקדש אל וחמס ארץ
1pHab 13.3 המשפט יכלה אל את כול
1pMic 12 1.3 כי]א יצא אל מ[׃]˙ ˙[
1QDM 1.2 הע[ד]ה ועלה א[ל]
1QDM 2.11 לדב]ר מושה אל בנ[י ישרא]ל
1QDM 12 1.3 [׃]אל כרל [׃]
1QH 3.34 כיא ירעם אל בהמון כוחו
1QH 4.11 חומץ למע הבט אל ׃ תעותם
1QH 4.12 כי אתה אל תנאץ כל
1QH 4.18 היאה כי אתה אל תענה להם
1QH 4.31 אם ברוח יצר אל לו ׃ להתם
1QH 5.15 לשונם ׃ כחרב אל תערה בלי [
1QH 5.36 משנים מעשי אל באשמתם כי
1QH 6.20 צדק ׃ ואתה אל צויתם
1QH 6.29 ואז תחיש חרב אל בקץ משפט
1QH 7.31 עד כי אל עולם אתה
1QH 10.14 אתה אדוני אל הרחמים[
1QH 11.29 ברוך אתה אל הרחמים
1QH 12.7 ובקצ ׃ האספו <א>ל מ<ע>ונתו
1QH 12.9 נאמנה מפי אל ותעודת הווה
1QH 12.10 יהיה עוד כי אל ה(י)ד(י)עות
1QH 12.27]˙בעפר ׃ אל אשר לקח משם
1QH 12.31 ומה אפהו שב אל עפרו ׃ ואני
1QH 16.18] טוב בעיניך אל תשב פני
1QH 18.9]˙ ׃ אל תשב ידכה [
1QH 1 1.4 בכול ׃]ב אל עפרו ואני
1QH 2 1.14 אל ש˙[׃]˙בות
1QH 3 1.12 יתחזק לכה אתה אל ˙˙˙˙˙[׃
1QH 4 1.11 במשפט ושב אל עפרו מה ˙˙[
1QH 4 1.15 ברוך אתה אל הדעות אשר
1QH 4 1.18 ל[ ]דכה אל תעזובני
1QH 7 1.7 ו˙˙˙[׃]אל בדעתם
1QH 7 1.8 חסד[׃] אל הצדק והשכל[
1QH 13 1.9 ˙עם ˙˙א ׃] אל[
1QH 21 1.5 [׃]כה אל[ ] ל[
1QM 1.5 עת ישועה לעם אל וקץ ממשל
1QM 1.8 חושך ובמועד אל יאור רום
1QM 1.9 חזק לפני אל ׃ ישראל כיא
1QM 1.11 יחד לגבורת אל בקול המון
1QM 1.12 כו]ל עם פדות אל ובכול
1QM 1.14 לבב וגבורת אל מאמצת ל[בב
1QM 1.14 השביעי יד אל הגדולה
1QM 2.2 בתמיד לפני אל וראשי
1QM 2.5 ניחוח לרצון אל לכפר בעד
1QM 3.2 יכתובו קרואי אל ׃ ועל
1QM 3.3 יכתובו נשיאי אל ועל חצוצרות
1QM 3.3 יכתובו סרך אל ועל חצוצרות
1QM 3.4 יכתובו תעודות אל לעצת קודש
1QM 3.5 יכתובו שלום אל במחני
1QM 3.5 יכתובו גבורות אל להפיץ אויב
1QM 3.6 חסדים במשנאי אל ועל חצוצרות

1QS 6.3	מעצת היחד אל ימש מאתם
1QS 6.10	לעצת היחד אל ידבר איש
1QS 6.10	לדבר וגם אל ידבר לפני
1QS 6.11	ובמושב הרבים אל ידבר איש
1QS 6.17	וגם הואה אל יתערב בהון
1QS 6.19	ואת מלאכתו אל יד האיש :
1QS 6.20	לוא יוציאנו אל יגע במשקה
1QS 7.13	ואיש אשר ירוק אל תוכ מושב
1QS 7.21	ואחר ישאל אל המשפט : (
1QS 7.24	לבו לוא ישוב אל עצת היחד
1QS 8.12	לאיש : הדורש אל יסתרהו מאלה
1QS 8.17	דבר ביד רמה אל יגע בטהרת
1QS 9.8	ההולכים בתמים אל יתערב הונם
1QS 9.13	לעשות את רצון אל ככול הנגלה
1QS 9.24	וזולת רצון אל לו יחפצ :
1QS 9.25	צו[הו] למשפט אל יצפה תמיד :
1QS 10.9	נגינתי לכבוד אל וכנור נבלי
1QS 10.10	אבואה בברית אל ועם מוצא
1QS 10.18	גבר כיא את אל משפט כול חי
1QS 10.23	פי וצדקות אל תספר לשוני
1QS 10.25	עוז לצדקת אל אחלקה : חוק
1QS 11.4	עזרע כיא אמת אל היאה : סלע
1QS 11.7	לאש(̣)<ר> בחר אל נתנם לאוחזת
1QS 11.12	אמוט חסדי אל ישועתי לעד
1QS 11.12	משפטי בצדקת אל תעמוד
1QSa 1.10	ולוא י[קרב] : אל אשה לדעתה
1QSa 1.20	איש פותי : אל יבוא בגורל
1QSa 2.4	האדם אל יבוא בקהל
1QSa 2.8	בתוך העדה : אל יב[ואו]אלה
1QSa 2.9	מ]אלה לדבר אל עצת הקודש :
1QSb 3.3	[יש]א : פניו אל כול עדתכה
1QSb 3.20	] דורשהו כיא אל הכין כול
1QSb 3.23	אשר : בחר בם אל לחזק בריתו
1QSb 4.24	אנשי עצת אל ולוא ביד שר
1QSb 5.19	] : [א]ל פחדכה [ ]
1QSb 5.25	דעת ויראת אל והיה : צדק
1QSb 5.27	חוצות כיא אל הקימכה לשבט
2Q26 1 1.4	]˙אחר˙ לה˙ ˙אל˙[
2Q33 3 1.2	]רי יע[:]˙בה אל פי מ[
3Q15 1.13	של מנס בירד אל סטל : גבה
3Q15 8.3	דמע וספרין אל תבם : בגי
4Q176 4+ 1.3	[ ] אל תכלאי
4Q176 8+ 1.5	בכסף תגאלו :]אל תיר[אי]
4Q176 8+ 1.11	] נוח אל ארץ כן
4Q176 21 1.4	[:]יש אל עושה˙[:
4Q181 1 1.2	לפי גבורות אל ולעומת רשעם
4Q181 1 1.3	לעומת רחמי אל לפי טובו
4Q184 5 1.3	]מע˙[:]לונ˙ אל תלח[:]ל
4Q184 6 1.2	]אל תבוא ב[:]
4Q185 1+ 2.4	דברי יהוה : אל תצעדו[
4Q185 1+ 3.12	לביתו וי˙[: אל כל חדרי בטן
4Q370 1.2	יהוה ויאמרו אל במ[עלי]ליהם
4Q370 1.7	בת˙[ ]ויעש אל [וא]ת
4Q370 2.9	משניכם אל תמרו דבר[י
4Q378 6 1.5	]לים אל תדמו לאחי
4Q378 22 1.3	]דך ביד משא אל ישוע למען
4Q379 22 2.6	אלהי י[שראל : אל˙˙ ˙˙˙˙[:
4Q381 31 1.2	בנפלאתיך כי אל [
4Q381 31 1.3	דרכו תבואינא אל עו˙[
4Q381 50 1.6	ם ונודך [:] אל ˙[
4Q381 69 1.3	נ]ועק אל לבו להשמידם
4Q381 79 1.6	ל[: א]להי אל תעזב[ני
4Q381 94 1.1	]לכל אל˙ ב[:]אתה
4Q385 2 1.5	ה˙˙˙ עצם אל עצמו ופרק :
4Q401 37 1.4	]בהוד[:]אל[
4Q482 3 1.1	]פני אל ˙[:]כי לוא
4Q482 8 1.2	]˙[: א]ל עליון[
4Q487 2 1.4	ב˙˙[:]גם אל יסתת[ר :]˙
4Q487 8 1.3	על : [אל:]˙ו
4Q487 8 1.5	ו <ב>מכול:] אל י˙[
4Q487 9 1.2	שלו[: אל [: בו]
1QM 13.2	ואמרו ברוך אל ישראל בכול
1QM 13.5	חושך וגורל אל לאור :
1QM 13.7	וא[ת]ה אל אבותינו
1QM 13.13	כמוכה בכוח אל ישראל ועם :
1QM 14.3	האשמה ושבו אל מקום עומדם
1QM 14.4	שם : כולם את אל ישראל
1QM 14.4	ואמרו ברוך אל ישראל השומר
1QM 14.8	ברו]ך שמכה אל החסדים
1QM 14.16	רומה רומה אל אלים והנשא
1QM 15.1	הגויים וגורל אל בפדות
1QM 15.3	[ ] בחרב אל : ועמד כוהן
1QM 15.8	לבני חיל : אל תיראו ואל
1QM 15.12	התחזקו למלחמת אל כיא ( )
1QM 15.13	היום הזה : [ ]אל על כול ה[
1QM 15.13	על כול בשר אל ישראל מרים
1QM 16.1	] אל ישראל קרא
1QM 16.11	לנפול ברזי אל ולבחון בם
1QM 16.16	שמעתם : ברזי אל]
1QM 17.2	אשר התקדש אל במשפטם
1QM 17.7	וברכה לגורל אל להרים באלים
1QM 17.9	התחזקו במצרף אל עד יניף ידו
1QM 17.17	חללים : [ ]˙אל˙ :]
1QM 18.1	] ובה[נ]שא יד אל הגדולה על
1QM 18.3	סו]ר משאת יד אל ישראל על
1QM 18.6	וברכו שם את אל ישראל וענו
1QM 18.6	ברוך שמכה אל [אלי]ם כיא
1QM 18.8	בנו ואתה אל הצדק עשיתה
1QM 18.15	ותבצור ממ˙ ˙ : אל ˙]
1QM 19.11	נפלו שם בחרב אל ונגש שם
1QM 19.13	שם [א]ת אל]
1QNo 1 1.4	צעק]תם לפני אל ו[:]ים א[:
1QNo 13+ 1.1	[ ] לכבוד אל ב˙[:
1QNo 15 1.2	[: ב]חירי כי אל כונן [:]˙ל
1QS 1.2	היחד לדרוש: אל ב[
1QS 1.7	לעשות חוקי אל : בברית חסד
1QS 1.8	להיחד בעצת אל ולהתהלכ
1QS 1.10	כגורלו בעצת אל ולשנוא כול
1QS 1.11	בנקמת אל וכול הנדבים
1QS 1.12	והונם ביחד אל לברר דעתם
1QS 1.12	באמת חוקי אל וכוחם לתכן
1QS 1.14	מכול דברי אל בקציהם ולוא
1QS 1.16	בברית (א)לפני אל לעשות :
1QS 1.19	מברכים את אל ישועות ואת
1QS 1.21	את צדקות אל במעשי
1QS 2.2	אנשי גורל אל ההולכים
1QS 2.6	יתנכה : אל זעוה ביד
1QS 2.8	לוא יחונכה אל בקוראכה
1QS 2.15	סליחה אפ אל וקנאת
1QS 2.16	הזות ויבדילהו אל לרעה ונכרת
1QS 2.17	מאחרי אל בגלוליו
1QS 2.22	מעמדו ביחד אל : לעצת
1QS 2.26	] א]ל ללכת
1QS 3.6	במשפטי : אל לבלתי התיסר
1QS 3.6	ברוח עצת אמת אל דרכי איש
1QS 3.8	לכול חוקי אל יטהר : בשרו
1QS 3.10	בכול דרכי אל כאשר צוה
1QS 3.11	ניחוח לפני אל והיתה לו
1QS 3.23	לפי רזי אל עד קצו וכול
1QS 3.26	]דה אחת אהב אל לכול :
1QS 4.3	לבבו במשפטי : אל ורוח ענוה
1QS 4.4	בכול : מעשי אל ונשענת ברוב
1QS 4.12	באפ עברת אל נקמה לזעות
1QS 4.16	עולמים כיא אל שמן בד בבד
1QS 4.20	ואז יברר אל באמתו כול
1QS 4.22	כיא בם בחר אל לברית
1QS 4.25	בד בבד שמן אל עד קצ נחרצה
1QS 5.8	יבוא בברית אל לעיני כול
1QS 5.8	אסר לשוב אל תורת מושה
1QS 5.13	לאין שרית אל יבוא במים
1QS 5.25	חסד לאיש אל ידבר
1QS 6.1	עליו עוון וגם אל יביא איש על

4Q487 13 1.4	]ה היות [:]אל ולוא[:]
4Q487 20 1.2	]ם [:]ם אל ה֯[:]שע
4Q487 23 1.3	]נ֯ו֯ איש ׳[:]אל נחלת׳[
4Q499 51 1.1	]אל ׳[:]ו֯כ׳[
4Q501 1 1.1	]י֯<]׳ה׳> אל תתן לזרים
4Q501 1 1.6	לשון גדופיהם אל :]
4Q502 1 1.2	מכיר[:]ם֯ חוק אל[:]ו֯אשתו ל[
4Q502 2 1.6	להיות ל֯[:]אל ומכפר֯[:
4Q502 8 1.5	[מברכי]ם שם אל ישראל א[שר
4Q502 9 1.2	]שים[:]אל ישראל ועני֯
4Q502 9 1.14	קודשים :]את אל ישראל [ ]ה
4Q502 14 1.4	ו֯ג[ם] ׳[:]ה אל ישראל אשר
4Q502 19 1.6	]ו֯אמרו ברוך[א]ל[
4Q502 21 1.1	אל ב֯כול ש׳[:
4Q502 21 1.2	אל ב֯כול ש׳[: אל] :
4Q502 24 1.2	הו֯ד֯ות> ברוך אל ישראל אשר
4Q502 32 1.1	]ה אל [:]׳ו
4Q502 40 1.1	]אל׳[:]שבי֯ע[:
4Q502 45 1.1	] ברכת אל ׳[:]ה
4Q502 96 1.2	]ב֯רוך אל :]ד֯ לקום:
4Q502 104 1.6	]׳ל לו[:] אל[:]ל[
4Q502 105+ 1.1	יב]רכו את אל ישרא֯ל[:]
4Q502 114 1.1	] א֯ל[:] ב֯׳׳[:
4Q502 155 1.3	]׳׳[:]ת֯ם[:]אל ׳[:]׳ ש]:
4Q502 171 1.2	]׳ם֯[:]אל[:]לש׳[
4Q502 190 1.2	]ק֯ם֯[:]אל [
4Q502 206 1.2	]׳[:]אל ה׳[
4Q503 1+ 2.2	] : ברוך א[ל
4Q503 1+ 2.6	[וא]מר֯ו֯ ב֯רוך א[ל] :
4Q503 7+ 1.6	ואמר]ו֯ ברוך אל יש[ראל]
4Q503 7+ 1.8	]ב֯רוך[א]ל[
4Q503 14 1.2	[: ש]מכה אל ישראל בכ֯[ול
4Q503 15+ 1.8	עליכה֯[: ברו]ך֯ אל ישרא֯ל
4Q503 15+ 1.12	לו [:] אל ישרא[ל :
4Q503 29+ 2.6	לנו של֯[ו]ם֯[: א]ל יברך
4Q503 29+ 2.9	[מהל]לים שמכה אל או֯ר֯[י]ם אשר
4Q503 29+ 2.11	לילה שלום אל[ע]ליכה
4Q503 33 1.20	ברו]ך֯ אתה אל ישראל אשר
4Q503 33 2.7	] : א[תה א]ל אש[ר : ל׳[
4Q503 33 2.11	] בר]ו֯ך אל א[שר :]
4Q503 33 2.22	]ברוך אל :] בחג
4Q503 40 2.3	ובממש[ל : שם אל]
4Q503 48+ 1.3	] אל ישראל אש[ר]
4Q503 48+ 1.7	או[מרו] ברוך אל יש[ראל] :]
4Q503 48+ 1.8	צדק וצדק֯[ ]אל על כו[ל
4Q503 51+ 1.6	וא]מרו ברוך אל יש[ראל :]
4Q503 51+ 1.12	ואמר֯ו ברוך אל ישראל [:
4Q503 62 1.1	] אל יש[ראל:
4Q503 65 1.4	ש]מש ברוך אל [: ע]ליכה
4Q503 66 1.2	[: ש]מכה אל ישרא[ל :
4Q503 68 1.2	]׳נ֯ו֯ ב֯[:]ה אל יש[ראל :
4Q503 69 1.2	]׳מ֯ו ברוך אל ישר[אל :]
4Q503 72 1.2	]VACAT[:]׳׳ אל ׳׳׳[:
4Q503 72 1.7	]כ֯הונת֯׳ [:]אל ב֯[ ]׳׳[:]
4Q503 73 1.5	בי֯ו֯׳׳[:] אל [
4Q503 74 1.3	]ו֯לק֯׳[: בר]ך אל י[ראל :]י
4Q503 90 1.2	]ם כל֯[:]אל יש[ראל :]
4Q503 111 1.2	] כמ֯[:]אל ו֯׳[
4Q503 139 1.1	]ב֯רוך אל[:]
4Q503 184 1.1	]אל יש[ראל
4Q503 215 1.5	[:] א]ל֯ ישראל[:
4Q504 1+R 5.3	׳׳ : ו֯יעבודו֯ אל נכר בא֯רצם
4Q504 1+R 5.9	אתם כיא אתה : אל חי לבדכה
4Q504 1+R 5.13	שמה להשיב : אל לבבם לשוב
4Q504 1+R 5.19	[הו]ג֯ענו <אל> בעווננו
4Q504 1+R 5.21	ו]לוא הקשבנו א[ל]
4Q504 2V 1.7	את֯׳׳ :]׳׳׳׳ אל קו֯ד֯שיהם :
4Q504 3 2.17	]פ֯נים אל פנים
4Q504 4 1.4	כי]א֯[אתה֯ אל הדעו֯]ת֯[
4Q504 8R 1.12	עולם[:] אל חי ו֯ידכה֯[:
4Q504 19 1.1	]ם אל תר֯[:
4Q506 125 1.1	פנ]ים אל פ֯נ֯י[ם
4Q506 164 1.2	]׳׳[:]אל ׳[:]ב֯ו֯כ֯צ
4Q509 1+ 1.10	א]שר צ֯ויתו֯ אל[:]כ֯ה עמכה
4Q509 236 1.1	]אל׳[:]נ֯ו֯ ית
4Q509 259 1.1	]אל ׳[:]׳[
4Q509 309 1.1	]אל [:]׳׳[
4Q510 1 1.2	ג[בור]ות אל אלים אדון
4Q511 8 1.6	לכל֯[ת :]׳׳י א֯ל֯ בסתר שדי ׳[
4Q511 10 1.9	פה֯ לרחמי אל ידרושו למנו
4Q511 35 1.6	ואני מירא אל בקצי דורותי
4Q511 42 1.5	אשמתי ואצפה אל [:]׳בותם
4Q511 48+ 1.1	בעצת אל כיא[ ]ת֯
4Q511 48+ 1.5	מלחמו֯ת֯ חוקי : אל בלבבי
4Q511 48+ 1.6	ארשי֯ע[ ]אל ׳׳׳ות֯
4Q511 104 1.1	אל֯[
4Q511 131 1.3	׳[:]׳ו֯ש אל֯׳׳[
4Q511 133 1.1	]כיא אל֯[:]׳ אלוה֯י[
4Q511 139 1.1	]ל֯ אל׳[:]׳ תוע׳
4Q512 29+ 1.21	אש[ר :]את֯ה אל יש[ראל
4Q512 11 1.5	וברך ע[ל : אל ישר֯[א]ל[
4Q512 1+ 1.2	] : [את]ה֯ אל ישראל [
4Q512 1+ 1.8	] : א[ל ישרא]ל אשר֯
4Q512 41 1.3	[ב]ר֯וך <את> אל ישר[אל :
4Q512 56+ 1.3	א]ל המקדש וירד
4Q512 64 1.5	[:]׳[ ]אתה אל יש[ראל :
4Q512 79 1.3	]ם כ[:]מ֯ר <א>ל׳[:]כנות[
4Q514 1 1.2	]]: אל יאכל[
4Q514 1 1.8	ממקרו : וגם אל יאכל עד
4apLm 1 2.1	או֯י לנ֯ו֯ כי אף֯ אל עלה[:
4pHs[a] 2.3	וישכחו את אל המא[כלם
4pHs[b] 2 1.5	א]ל[ע]ד
4pHs[b] 2 1.6	יסתי]ר אל את פניו מ[ן
4pHs[b] 7+ 1.2	]עזבו את אל ו[י]לכו
4pHs[b] 11+ 1.6	]]אל[ ]רוח
4pHs[b] 16 1.3	איש [:]אל ל[וא]רצה[
4pHs[b] 22 2.1	]לם : אל[
4pIs[a] 1 1.26	]׳ אל א[
4pIs[a] 2+ 2.21	]בא אל עיתה עבר [
4pIs[c] 4,6+ 1.18	] איש אל אחי[ו ל]וא
4pIs[c] 15+ 1.3	] א]ותו אל יודע ספר
4pIs[d] 2 1.2	]ע׳[ ]וד כיא אל כול[:]ל[
4pIs[e] 6 1.4	[:] א]ל תועה
4pPs[a] 1+ 3.16	] : [ב]חר בו אל לעמוד כ[יא
4pPs[a] 1+ 3.19	] אל מ[
4pPs[a] 1+ 4.14	] על בח[יר]י אל[ויב]קש
4pPs[a] 1+ 4.21	]: יושיעם אל ו[י]צילם
4pPs[a] 1+ 4.27	לפ]ני אל במעני לשון
4QBer 10 2.12	א]ל ו֯ל[
4QCat[a] 2+ 1.12	אשר[ ]אל וידיעהו את
4QCat[a] 12+ 1.2	דויד יה֯[ו]ה֯ אל באפכה
4QCat[a] 12+ 1.9	הצ֯[די]ק֯ ויד אל הגדולה
4QCat[a] 12+ 1.10	ר֯וחו[ת :]׳או֯ אל וקדושו שמו
4QM1 1+ 1.4	] : ויד אל תגוף֯ [ ]׳[
4QM1 1+ 1.9	מחוצה למחנות אל בית מו֯[עד
4QM1 8+ 1.3	ו֯אמרו ברוך א[ל]י[שראל
4QM1 8+ 1.5	בגבור֯]ת֯ א֯ל֯[וידי]ם]
4QM1 8+ 1.7	בר]ו]ך שמך אל ה֯[ח]סדים
4QM1 8+ 1.14	רו]מה אל אלים והנשא
4QM1 8+ 1.17	ואחר ישובו אל מח֯[נותמה
4QM1 10 2.11	לנפול ב֯[רזי] אל והכ֯[והנים
4QM1 11 2.12	ו֯[ענה [א]]ל֯ [ו]לב עמ֯ו֯
4QM1 11 2.16	ה֯זה יכניענו אל ישר֯[אל
4QM1 11 2.18	לבליעל וברית אל שלום
4QM1 15 1.6	ואמצו[:] אל נפויה על
4QM2 1 1.10	שם ב֯חר֯[ב]אל[
4QM2 1 1.12	][א]ת אל [ישראל
4QM5 2 1.1	] []אל ב]רתנו לכ֯[ה
4QM6 12 4.1	במשנא]י אל [:]המלחמה
4QM6 11 4.1	]אל [: האוי]ב
4QM6 15 1.2	]׳ ׳[:]אל֯ לכלת֯[:
4QM6 17 1.3	ב֯[:]׳ת אל ו֯[:]ר֯ות

4QOrd 1 2.1	]:]˙ל:]הו אל ˙[
4QOrd 2+ 1.6	עשה ביד רמה אל יהיו כלי
4QOrd 5 1.1	]ם אל וימותו פשר[
4QTeh 2 1.3	] : אל לזעוה ביד
4QTeh 2 1.3	לוא יחוננכה אל [ב]קוראכה [
4Tstm 1.1	וידבר •••• אל מושה לאמור
4Tstm 1.7	אשר לוא ישמע אל דברי אשר
4Tstm 1.10	שומע אמרי אל וידע דעת
4VSam 1 1.5	מראה האלוהים אל˙[:]אם
5Q13 2 1.6	]באברהם :]אל יעקוב
5Q13 2 1.6	ה[ו]דעתה בבית אל :]ואת לוי
5Q13 11 1.2	]כול ˙[:]וא אל[:]הו˙[
5apM 1 1.4	א]שר הוא אל חי והו[א:
6Q15 5 1.5	]ברית אל בלבבם [
6Q22 1 1.3	ת י˙˙חד˙[:]˙ אל מוש[ה:
6apSK 25 1.2	] מ˙[:]קו אל[:]ה ו[
6apSK 33 1.3	]וינוס משם אל מלך מואב[:
6QHym 13 1.3	לע[:] ורני א[ל
6QPro 7 1.1	]אל˙[
11Ap[a] 4.3	]אל שלם[:
11Ap[a] 4.5	]˙ עת : אל רשפ[
11Ber 1 1.3	ועני [: בשם אל עליון א[:
11Ber 1 1.6	יברך אתכם אל עליון ויאר
11Ber 1 1.13	בארצכם כיא אל עמכם ומלאכי
11Mel 1+ 2.8	בו על כול בני א[ל ו]אנש[י]
11Mel 1+ 2.9	בדי]ן קדושי אל לממשלת משפט
11Mel 1+ 2.11	למרום שובה אל ידין עמים
11Mel 1+ 2.12	בסורמה מחוקי אל ל[הרשיע] :
11Mel 1+ 2.13	נקם משפטי א[ל
11Mel 1+ 2.14	] כול בני אל והפק[יד
11Mel 1+ 2.23	]במשפט[י] אל כאשר כתוב
11Mel 2 3.3	דב[רי]ם˙ ˙[: אל יאו[סיפו :
11QJN 14 1.1	שביעי קודם אל דכ[רנא:
11QPs 24.5	ובקשתי : אל תמנע ממני
11QPs 24.7	האמת יהוה : אל תשפטני
11QPs 24.11	ממני ופשעי אל יזכרו לי :
11QPs 19.14	ודעת חונני אל אתקלה :
11QPs 19.15	אתקלה : בעווה אל תשלט בי שטן
11QPs 19.16	ויצר : רע אל ירשו בעצמי
11QPs 21.17	כפי הברותי אל : ל : שכרכם
11QPs 27.3	דרכיו לפני אל ואנשים ויתן
11QPs[b] b 1.3	ח]וונני אל אתקלה
11QT 2.12	לא[ל :]] אל קנא הוא
11QT 22.11	אחר יוציאום אל בני ישראל
11QT 26.10	מדם החטאת ובא אל : השעיר החי
11QT 29.10	עם יעקוב בבית אל :]
11QT 30.6	מרובע : מפנה אל פנה עשרים
11QT 30.8	ותוכו ממקצוע אל מקצוע :
11QT 31.5	המשנה : אל בית[
11QT 32.13	[ופוש]טת אל תוך הארץ
11QT 33.6	והיוצאים מהמה אל[: יהיו
11QT 34.4	]˙˙˙˙ים אל בין
11QT 34.6	את ראשי הפרים אל הטבעות ו[
11QT 36.7	באמה ממקצוע אל מקצוע
11QT 36.14	באים פנימה אל תוך החצר :
11QT 42.11	בקורות מעמוד אל עמוד : מקום
11QT 45.5	]א : משמר אל מקומו וחנו
11QT 45.7	לילה לוא יבוא אל : כול המקדש
11QT 45.10	אחר : יבוא אל המקדש ולוא
11QT 45.10	בנדת טמאתמה אל מקדשי וטמאו
11QT 45.11	זרע לוא יבוא אל כול עיר :
11QT 45.16	חיים אחר יבוא אל עיר : המקדש
11QT 46.8	אליו : לבוא אל מקדשי :
11QT 46.10	יהיו באים בלע אל תוך : מקדשי
11QT 46.15	הצואה יורדת אל תוכמה
11QT 49.6	בבית וכול הבא אל הבית יטמא :
11QT 49.17	וכול אשר בא אל הבית ירחץ
11QT 50.1	]ש˙[ ]אל[: כי מי
11QT 53.9	תשא ובאתה אל המקום אשר
11QT 54.11	לוא : תשמע אל דבר הנביא
11QT 55.8	שללה תקבוץ אל תוך : רחובה

11QT 56.1	באבנים : [א]ו אל ה[ש]ו[פטים
11QT 56.9	לבלתי : שמוע אל הכוהן העומד
11QT 56.9	לשרת לפני או אל : השופט
11QT 56.12	כי תבוא אל הארץ אשר
11QT 58.9	לוא יבוא גדוד אל תוך ארצמה :
11QT 60.13	בכול אות נפשו אל המקום אשר
11QT 60.16	כי תבוא אל הארץ אשר
11QT 60.19	ודורש אל המתים כי
11QT 61.2	וכי תואמר (אל) בלבבכה
11QT 61.15	הכוהן וידבר אל העם ואמר
11QT 62.3	לדבר אל העם ואמרו
11QT 62.3	ילך וישוב אל : ביתו פן
11QT 62.5	לדבר אל העם ופקדו
11QT 62.6	כי : תקרב אל עיר להלחם
11QT 63.2	את : העגל[ה] אל נחל איתן
11QT 63.4	ההיא הקרובה אל החלל :
11QT 63.12	והביאותה אל תוך ביתכה
11QT 64.3	והוציאוהו אל : זקני עירו
11QT 64.4	) מקומו ואמרו אל זקני עירו
11QT 64.9	מות ויברח אל : תוך
11QT 64.15	ידעתו ואספתו אל תוך ביתכה
11QT 65.10	את בתול הנערה אל הזקנים השער
11QT 65.11	אבי הנערה : אל הזקנים את
CD 1.2	ובינו במעשי: אל כי ריב לו
CD 1.10	עשרים ויבן אל אל מעשיהם
CD 1.10	עשרים ויבן אל מעשיהם כי
CD 2.1	עם ויחר אף : אל בעדתם להשם
CD 2.3	רשעים אל אהב דעת
CD 2.7	למו כי לא בחר אל בהם מקדם
CD 2.15	במעשי : אל ולבחור את
CD 2.18	לא שמרו מצות אל : ובניהם
CD 3.2	בשמרו מצות אל ולא בחר :
CD 3.6	על : מצות אל ולעשות איש
CD 3.8	ויחר אף אל : בעדתם
CD 3.11	בעזבם את ברית אל ויבחרו
CD 3.12	במצות אל : אשר נותרו
CD 3.13	מהם הקים אל את בריתו
CD 3.21	כאשר : הקים אל להם ביד
CD 4.7	אשר כפר : אל בעדם
CD 4.9	אשר הקים אל לראשנים
CD 4.10	כן יכפר אל בעדם ובשלים
CD 4.13	כאשר דבר אל ביד ישעיה
CD 5.1	שנים שנים באו אל התבה
CD 5.6	ויעזבם לו אל וגם מטמאים
CD 5.8	ומשה אמר אל : אחות אמך
CD 5.12	על חוקי ברית אל לאמר לא
CD 5.16	פקד : אל את מעשיהם
CD 5.21	סרה על מצות אל ביד משה וגם
CD 6.2	ישראל מאחר : אל ויזכר אל
CD 6.2	אל ויזכר אל ברית ראשנים
CD 6.6	אשר קרא אל את כולם
CD 6.12	לבלתי בוא אל המקדש להאיר
CD 6.13	הדלת אשר אמר אל מי בכם
CD 7.4	כאשר הבדיל אל להם כל
CD 7.5	כל יסורו ברית אל נאמנות להם
CD 7.9	המואסים בפקד אל את הארץ
CD 8.3	אשר יפקד אל היו שרי
CD 8.9	רשעים אשר אמר אל עליהם חמת
CD 8.13	אשר חרה אף אל בכל עדתו :
CD 8.16	העם באהבת אל את :
CD 8.19	המואס במצות אל ויעזבם
CD 19.6	עליהם בפקד אל את הארץ :
CD 19.8	גבר עמיתי נאם אל הך את הרעה
CD 19.15	היום אשר יפקד אל כאשר דבר היו
CD 19.22	אשר : אמר אל עליהם חמת
CD 19.26	אשר חרה אף אל בכל עדתו:
CD 19.29	העם באהבת אל: את
CD 19.30	על העם אחרי אל ואהב את
CD 19.31	ושונא ומתעב אל את בוני החיץ
CD 19.32	ה[מ]אס במצות אל ~~וי ופ~~ :
CD 20.4	בתוך למודי אל כפי מעלו

CD 20.7	תמים הקדש אל ~~ית~~ יאות איש
CD 20.12	ומאסו : בברית ~~א~~ ואמנה אשר
CD 20.16	יחרה : אף אל בישראל כאשר
CD 20.17	שמרו ברית אל אז יד[בר]
CD 20.18	יד[בר] איש : אל רעהו להצדיק
CD 20.18	צעדם בדרך אל ויקשב : אל
CD 20.19	אל ויקשב : אל אל דבריהם
CD 20.19	אל ויקשב : אל אל דבריהם
CD 20.19	[ ] ליראי אל ולחושבי :
CD 20.21	ורשע בין עבד [א]ל לאשר לא
CD 20.23	: וישענו על אל בקץ מעל
CD 20.24	ושבו עד : אל ו[יש]ך העם
CD 20.26	בהופע : כבוד אל לישראל
CD 20.28	ויתודו לפני אל כי אנו :
CD 20.34	בני תבל וכפר אל בעדם וראו
CD 9.7	הקים את מצות אל אשר אמר לו
CD 10.2	ירא את אל אל יאמן
CD 10.2	ירא את אל אל יאמן איש על
CD 10.9	ימו ובחרון אף אל ביושבי הארץ
CD 10.10	על הטהר במים אל : ירחץ איש
CD 10.12	מרעיל איש : אל יטהר במה
CD 10.14	כמשפטה אל יעש איש
CD 10.17	וביום השבת אל ידבר איש
CD 10.18	דבר : נבל ורק אל ישה ברעהו
CD 10.18	ישה ברעהו כל אל ישפוכו על
CD 10.19	על הון ובצע : אל ידבר בדברי
CD 10.20	למשכים : אל יתהלך איש
CD 10.21	חפצו : השבת אל יתהלך חוץ
CD 10.22	אלף באמה : אל יאכל איש
CD 11.1	ואל ישאב אל : כל כל
CD 11.2	כל כל אל ישלח את בן
CD 11.3	ביום השבת : אל יקח איש
CD 11.4	בלבונה אל יתערב איש
CD 11.5	בשבת אל ילך איש אחר
CD 11.6	באמה אל ירם את ידו
CD 11.7	סוררת היא אל יוציאה
CD 11.7	מביתו אל יוציא איש
CD 11.8	לחוץ ומן החוץ אל בית ואם
CD 11.8	בסוכה יהיה אל יוצא מטנה :
CD 11.9	ואל יבא אליה אל פתח כלי טוח
CD 11.9	טוח בשבת אל ישא איש :
CD 11.10	ולביא בשבת אל יטול בבית
CD 11.11	ועפר אל ישא האומן
CD 11.12	ולבוא בשבת : אל ימרא איש את
CD 11.13	שוכרו בשבת : ~~אל~~ אל יילד איש
CD 11.13	בשבת : ~~אל~~ אל יילד איש
CD 11.13	ואם תפיל אל בור : ואל
CD 11.14	בור : ואל פחת אל יקימה בשבת
CD 11.14	בשבת אל ישבית [א]יש
CD 11.15	לגוים בשבת אל יחל איש את
CD 11.16	אדם אשר תפול אל מקום מים
CD 11.17	ואל מקום : אל יעלה איש
CD 11.17	וכלי אל יעל איש
CD 11.18	שבתותיכם אל ישלח : איש
CD 11.21	וכל הבא אל : בית
CD 11.22	בית השתחות אל יבא טמא
CD 12.1	קודש הוא אל ישכב איש עם
CD 12.6	ואחר : יב[ו]א אל הקהל
CD 12.6	אל הקהל אל ישלח את ידו
CD 12.7	ובצע וגם אל ישא מהונם
CD 12.8	ישראל אל ימכר איש
CD 12.10	ומגתו אל ימכר להם
CD 12.10	עבדו ואת אמתו אל ימכור : להם
CD 12.11	אברהם אל ישקץ איש את
CD 12.13	במים והדגים אל יאכלו כי אם
CD 13.2	ובמקום עשרה אל ימש איש כהן
CD 13.8	הרבים במעשי : אל ויבינם
CD 13.12	הא[ור] אל ימשול איש :
CD 13.13	להביא איש אל העדה
CD 13.14	מכל באי ברית אל אל ישא ואל
CD 13.14	באי ברית אל אל ישא ואל יתן
CD 13.18	ובאהבת חסד אל ימור להם[
CD 14.2	באלה : ברית אל נאמנות להם
CD 15.2	ואת תורת משה אל יזכור כי בת
CD 15.9	הברית ל[שוב א]ל תורת משה
CD 15.10	[ ] : נפש אל הנמצא לעשות
CD 15.12	עליו לשוב אל תורת משה
CD 15.16	]ם אל : יבוא א[ל
CD 15.17	]ם אל : יבוא א[ל
CD 16.1	על נפשך לשוב אל : תורת משה
CD 16.5	נפשו לשוב : אל תורת משה
CD 16.8	עד מחיר מות אל יפדהו
CD 16.9	עד מחיר מות אל יקימהו :
CD 16.10	את שבועתה אל : יניא איש
CD 16.13	משפט הנדבות אל ידור א[יש]
CD 16.14	[הכ]הנים אל יקחו מאת
MasSS 2.5	[: כול אל[
TS 1 1.3	את מועדי יהוה אל בני ישראל :
TS 1 1.4	וידבר יהוה אל מושה לאמור
TS 1 1.4	לאמור בבואכמה אל הארץ אש[ר :

1Q36 1 1.4	הכביר המודיע אלה[
1Q38 4 1.4	[: עש]˙תה כל אל[ה :
1Q70 2R 1.1	]אלה [
1QDM 2.11	בנ[י ישרא]ל אל[ה] מצ[וות
1QDM 4.9	]˙ את כול אלה : [
1QDM 24 1.3	[:]כי ת[:]אלה[:]˙[
1QH 1.21	לא יעשה : אלה ידעתי
1QH 1.38	לב לא יבינו : אלה ˙ ˙ ˙ ד
1QH 5.3	[: ובדעתי אלה נחם[
1QH 7.1	[˙˙˙ק אלה ˙˙˙˙ :]ע
1QH 10.12	עשיתה כול אלה
1QH 11.33	כי אתה פעלתה אלה ותשם בפי
1QH 13.13	פל˙[ ]כול אלה להודיע
1QH 13.14	להבין : בכול אלה ולהשכיל בס
1QH 16.6	בדעתי בכול אלה ˙˙ מענה
1QH 18.21	כיא לכה עשיתה אלה אלי ומה
1QH 1 1.7	]˙ענו אלה כיא יש
1QH 2 1.5	עשיתה כול אלה כרוב
1QH 2 1.16	]הפלתה אלה לכבודכה
1QH 11 1.5	מי עשה כול אלה[:]˙תם
1QH 22 1.5	[:]ל אלה ולה˙[:]י
1QH 27 1.2	] עד [:]ל אלה וא˙ה [:
1QM 2.5	שנה ומעלה : אלה יתיצבו על
1QM 2.6	כבוד את כול ‹אלה› יסרוכו
1QM 6.4	אל : כול אלה יפילו שבע
1QM 6.17	דם חללי אשמתם אלה המה ה˙[
1QM 7.5	בשרו כול אלה לוא ילכו
1QM 9.5	ששת אלפים כול אלה ירדופו
1QM 10.16	יכ]ה אלה ידענו
1QS 4.6	רזי דעת אלה סודי רוח
1QS 8.4	העת בהיות אלה בישראל :
1QS 8.10	רשעה› בהכון אלה ביסוד היחד
1QS 8.12	ובהיות אלה ‹ליחד›
1QS 9.3	קודש : בהיות אלה בישראל
1QS 9.12	וישראל : אלה החוקים
1QSª 1.27	עת[יד ל]הנה אלה הנשים
1QSª 2.1	מחל]קת עבודתו אלה : אנושי
1QSª 2.4	אל יבוא בקהל אלה וכול איש
1QSª 2.8	אל יב[ואו]אלה להתיצב
3Q9 2 1.2	]˙[:]עושא אלה:]נעו˙תם
3Q9 3 1.3	אש]מת פשע[:] אלה פת[:
4Q176 1+ 2.4	[: גם אלה תשכח[נה
4Q181 2 1.7	אין חקר[: אלה נפלאי מדע[
4Q186 1 4.1	וא˙יש :]שמה אלה :]יהיה
4Q381 1 1.7	למשל בכל אלה באדמה ובכל
4Q385 2 1.9	מתי יהיו אלה ויאמר
4Q385 3 1.7	]פי יהוה דבר אלה [
4Q402 4 1.11	פל[א] כ[ו]ל אלה עשה פל[א :
4Q405 23 2.10	במעשי אורג אלה ראשי לבושי
4Q502 2 1.1	]˙˙[ ]˙[אלה [:
4Q503 7+ 1.7	כו]ל[א]לה ידענו ב[

4Q504 1+R 6.4	עשיתה את כול אלה ועתה כיום
4Q504 4 1.5	[: [לפ]ניכ]ה אלה ידענו
4Q506 132 1.4	לפנ]יכ]ה אלה ידענו :
4Q511 30 1.6	] : את אלה לוא יעשה[
4apLm 1 1.3	לקרותנו כל אלה ברוע [ ]:
4pIs[b] 2.6	עליו בא אלה הם אנשי
4QMl 1+ 1.12	למלחמה אלה אנשי
4QMl 1+ 1.18	]כ[יא]אלה בגדי
11Ap[a] 1.4	והשדים [:] אלה [הש]דים ˙˙
11Ap[a] 2.7	[חטא ועל כול א[לה א]תם
11Ap[a] 3.7	]על כול אלה אשר [
11QPs 27.11	וחמשים : כול אלה דבר בנבואה
11QT 29.2	ונסכ[מה : אלה [:
11QT 35.12	מערבים כולו אלה : באלה כי
11QT 45.4	מתערבים אלה באלה
11QT 48.4	והחגב למינו אלה משרץ העוף
11QT 60.20	כול עושה : אלה ובגלל
CD 7.21	כל בני שת אלה מלטו בקץ
CD 8.12	בהם נקמה ובכל אלה לא הבינו
CD 19.10	עניי הצאן : אלה ימלטו בקץ
CD 19.24	נקמה ובכל אלה לא הבינו
CD 13.3	הוא בחון בכל אלה ואיש
CD 16.3	ישראל מכל אלה הנה הוא
1apGn 19.7	] תמ[ן א]ל[הא] ואמרת
1apGn 21.2	והללת לשם אלהא וברכת :
1apGn 21.3	אלהא וברכת : [א]להא ואודית
1apGn 21.3	תמן קודם אלהא על כול
1apGn 21.8	ואתחזי לי אלהא בחזוא די
1apGn 22.27	אלן אתחזי אלהא לאברם
1apGn 22.32	ואמר אברם מרי אלהא שגי לי
4QMes 1.10	בדי בחיר אלהא הוא מולדה
4QNab 1+ 1.2	באישא בפתגם א[לה]א בתימן [
4QNab 1+ 1.5	ור[ב]ו לשם א[להא
11tgJ 4.8	בתיהו[: אלהא עליהו[ן :
11tgJ 7.3	אמרין ל[: לנא אלה[א: ועטת
11tgJ 8.2	[: תקבל אלהא[: קדמוהי
11tgJ 9.4	ש]לטן ורבו עם אלהא ע[בד :
11tgJ 9.7	לא תקום [:]אלהא ומא יצדק[
11tgJ 10.8	ו]אמר חי אלהא[:
11tgJ 11.1	ימל[לן : בי]ד אלהא ועבד :
11tgJ 21.5	תאמרו[ן : להן אלהא חיבנא ולא
11tgJ 22.6	] ארו רב אלהא מן אנשא[
11tgJ 22.8	בחדא ימלל אלה[א :
11tgJ 24.3	ב]תר אלהא : כען
11tgJ 24.6	]הכען צדא אלהא : ישקר
11tgJ 26.4	אמר[ו]אלהא : די
11tgJ 28.3	] יבקון הא אלהא רב הוא
11tgJ 29.5	הסתכל בגבורת אלהא : הת]נדע
11tgJ 29.6	מא שויא אלהא עליה<ו>[ן
11tgJ 30.5	כחדה כל מלאכי אלהא : התסוג
11tgJ 34.2	] : ענא אלהא לאיוב
11tgJ 37.3	איוב ואמר קדם אלהא ידעת די
11tgJ 38.2	[:]˙[ ]˙[: אלהא ושמע
11tgJ 38.2	[: אלהא ושמע א[ל]הא בקלה די
11tgJ 38.3	בדילה ותב אלהא <לאיוב>
11tgJ 38.7	די : היתי אלהא עלוהי
4Q378 22 1.1	]משה אלהי ולא
4Q379 22 2.5	ברוך יהוה אלהי י[שראל :
4Q381 15 1.3	א]להי עזרת לי
4Q381 15 1.3	לי ואערכה לך אלהי : [
4Q381 15 1.6	] אלהי ומי בבני
4Q381 15 1.9	]כי בשמך אלהי נקרא ואל
4Q381 17 1.3	על יהודה וי[: א]להי באפך
4Q381 19 2.3	אלהי[: ויענ[
4Q381 24 1.6	ויאמרו קום א[להי
4Q381 24 1.8	ליהוה ויענני אלהי עזרתי[
4Q381 29 1.4	כל בש[ר :]אלהי תשלח ידך
4Q381 31 1.4	יהודה שמע אל[הי]˙שיך
4Q381 31 1.6	ואתה להם תשחט אלהי ישעי
4Q381 33 1.4	]לבלני ואתה אלהי תשלח
4Q381 33 1.8	מלך אשור [א]לה[י
4Q381 45 1.4	במשפט עמך אלהי [:
4Q381 47 1.1	]ם אלהי כי רחמון
4Q381 79 1.6	להשכיל ל[: א]להי אל
4Q381 83 1.3	קדם[:]˙רתך אלה[י
4QNab 1+ 1.7	הוית [ ] אלהי כספא
4Q380 1 2.4	ידך כי כח אלה[יך : עושה
4Q176 1+ 2.2	הרים כיא נחם אלה[ים
4Q185 1+ 1.14	מן [ח]בורת אלהים יזכרו
4Q185 1+ 3.13	יודע דברה אלהים עשה
4Q185 3 1.2	[ ]ם כ˙[: אל]הים יבחן כל
4Q381 24 1.4	האל[הי]ם יהוה אלהים[: גאל
4Q381 48 1.7	ונודעה אלהים ביהו[דה
4Q511 144 1.3	]יתן ושר[:]אלהים[
4QCat[a] 7 1.5	אשר עבדו אל[הים :]˙˙[
6apSK 46 1.2	]˙[: אל]הים ע[
MasSS 2.10	[: אלהים[
4QNab 1+ 1.8	[סב]ר די אלהין ה[מון]
2apDa 1 1.1	י]הוה אלהינ[ו ל]פי [
1apGn 20.26	וקרא לי אלו ואמר לי מא
1pHab 8.5	ישבע : ויאספו אלו כול הגוים
1pHab 8.5	הגוים ויקבצו אלו כול העמים
4Q487 3 1.3	]ם [:]ת לו אלו[
6QPro 10 1.1	[אלו[
11QT 35.14	העם ובכול אלו אשמות לשאת
4Q380 1 2.8	לעבדיה אלוה ˙˙[: אמת
4Q509 244 1.2	]˙[:] ˙אלוה[
4QFl 1+ 2.4	ועם יודעי אלוה יחזיקו
11QPs 28.7	אדון הכול ראה אלוה : הכול
1QDM 2.6	] הזה [אלו]הי
1QS[b] 4.25	קודש לכבוד אלוהי צבא[ות
2QJN 10 1.1	] אלוה[י :]˙[
4Q176 8+ 1.7	קדוש יש[ראל א]ל[והי כו]ל
4Q400 1 1.2	]ה אלוהי כול
4Q400 1 1.20	א]ל[והי] אלים
4Q400 3+ 2.8	] אלוהי :
4Q401 11 1.2	]˙ו כוהנ[י : א]לוהי דעת וכ[
4Q401 28 1.1	]רת אלוה[י :]˙ה˙[
4Q402 1 1.2	]:] בבואם עם אלוה[י]: [יחד
4Q402 3 1.3	]˙[ ] :]אלוהי :]כבוד
4Q402 3 1.4	]כבוד : א]לוהי :]בדני
4Q402 3 2.12	כ[:]למלך אלוהי[:]מוזמת
4Q402 9 1.2	]˙˙[: א]לוהי אלי[ם :
4Q403 1 1.30	לחודש הללו אלוהי מרומים
4Q403 1 2.5	]לה לדוש אלוהי[ ] :
4Q403 1 2.25	הכבוד ומגדל [א]ל[והי] :
4Q405 23 1.4	ימוטו לעולמים אלוהי :]
4Q405 23 1.5	משאי כול כיא אלוהי כלילו :
4Q405 30 1.2	]˙[:]˙ אלוהי[:]˙ל
4Q405 46 1.2	]פ[ ]ל מ[:]אלוהי אורים
4Q503 13 1.1	] אלוהי אורים[:
4Q503 37+ 1.14	[: אלוהי כול
4Q510 2 1.2	וכול[: א]לוהי ישע
4Q511 1 1.7	הופיע כבוד אלוהי : דעות
4Q511 2 1.10	עם כמאו כיא אלוהי : [ ]˙[
4Q511 2 2.7	מיא ידע[: אלוהי גבורות
4Q511 4 1.2	]˙˙[ ]˙[:]˙ אלוהי [
4Q511 8 1.12	יחברו[:]אתה אל[וה]י
4Q511 16 1.4	בר]וך אתה אלוהי אל[ים :
4Q511 63+ 2.1	מ]עשי אלוהי פרותי ˙˙
4Q511 90 1.3	]ונה רם [: א]ל[ו]הי [:
4Q511 133 1.2	]כיא אל[:]˙ אלוהי[
4Q511 176 1.1	א]לוהי[:]י˙˙[

]˙˙˙או[: א]ל[ו]הי[	4Q511 187 1.2
לרחמכמה כיא אלוהי משפט	4pIs^{c} 23 2.9
שוב ת˙[א]לוהי הרחמים	4QCat^{a} 2+ 1.9
כיא :]קוו אלוהי לעמכה	4VSam 3+ 2.2
]˙[:]אלוהי הכול[: [	5Q13 1 1.2
]רוחות אל[והי	11QSS 3+ 1.4
פלאיהם בכוח אלוהי[ ] :	11QSS 5+ 1.3
גבורות אלו[הי	11QSS 5+ 1.4
]˙י אלוהי[	11QSS 5+ 1.7
אל]והי אלי[ם	11QSS f+ 1.1
]מלך כ[ו]ל א[לוהי :]קורב	11QSS h+ 1.6
]כול מ[: א]לוהי כול[:	11QSS m 1.2
וצורת [:]אלוהי אלי[ם	11QSS m 1.5
את יהוה : אלוהי אבותיכמה	11QT 54.13
] א]ל[וה]י אלים	MasSS 1.9

אל ידבר אלוהיהי באפ או	1QS 5.25

ואת פסילי אל[והיהמה :]	11QT 2.7
] [ ] אחרי אל[והיהמה	11QT 2.13
מק]דש אלוהיהמה לשאת	11QT 35.7

] אלוהיהנ]ה	11QT 2.15

לע]ם לאלוהי [אלוהי]ך	1QDM 2.1
] א[לו]היך[:	4Q176 6+ 1.1
אמר •••• אלוהיך : [	4Q176 8+ 1.8
]ש[:]˙˙עשם אלוהיך מלך מל˙	11Mel 1+ 2.1
לציון [ ] אלוהיך : פשרו	11Mel 1+ 2.16
לצי]ון מלך אלוהיך [צ]יון	11Mel 1+ 2.23

אתה ליהוה אלוהיכה	11QT 48.7
אתה ליהוה אלוהיכה מה	11QT 48.10
לפני אני יהוה אלוהיכה : רק	11QT 53.8
סרה : על יהוה אלוהיכה אשר	11QT 54.16
כליל ליהוה : אלוהיכה והיתה	11QT 55.10
לפני יהוה אלוהיכה : אם	11QT 55.14
תהיה עם יהוה אלוהיכה כי	11QT 60.21
לפני יהוה אלוהיכה	11QT 63.8

] ל[א]ל[והי אלוהיכ]ם את	1QDM 3.6
מפניהם כיא אלוהיכם הולך	1QM 10.4
ו[נזכרתמה לפני אלוהיכם :	1QM 10.7
] : יומר אלוהיכם דברו	4Q176 1+ 1.5
אני יהוה אלוה[יכם]:	TS 1 1.2

]˙[: י]הוה אלוהיכמה [:	1Q29 3+ 1.2
אתמה : ליהוה אלוהיכמה לוא	11QT 48.9
אחרי יהוה : אלוהיכמה תלכון	11QT 54.14

במקהלות ברכו אלוה[ים :]˙ת	1pPs 8 1.2
] על מושה [אלוהי]ם [	1QDM 1.1
] אלו]הים [	1QDM 3.7
] אלוהי]ם מה	2apMo 1 1.5
[ ]˙ : א]לוהים[	4Q176 31 1.3
]אלוהים חרת	4Q400 1 1.5
בינות כבודו אלוהים	4Q400 1 1.6
קודש[ים: מלך אלוהים לשבעת	4Q400 1 2.7
חסדי אלו[הים :	4Q400 1 2.20
בכול מחני אלוהים ונוראים	4Q400 2 1.2
כבוד מלך אלוהים יספרו	4Q400 2 1.5
]ל אלוהים שבעה :	4Q400 3 1.3
]ם :]˙ה : א]ל[ו]הים	4Q400 4 1.3
] : מלך אל[והים	4Q401 1+ 1.5
בש[בעה : בסוד א[לוהים : כול	4Q401 5 1.4
בכול מחני אלוהים	4Q401 14 1.8
יכול[ו : יגבר א[לוהים: נשיאי	4Q401 14 2.5
]בדני :]אלוהים	4Q402 3 1.6
גבורתו צ[:]אלוהים ב[:	4Q402 3 2.11
]יהם מלחמת אלוהים בק[: [	4Q402 4 1.7
מ[ל]חמו[ת :]אלוהים ירוצו	4Q402 4 1.9
וקול המו[:]אלוהים במלחמת	4Q402 4 1.10
]בשם כ[בו]ד אלוהים ל[ול	4Q403 1 1.10
יקדילו קדושי אלוהים למלך	4Q403 1 1.31
תושבחות : כול אלוהים שבחו	4Q403 1 1.32
תשבחות כול : אלוהים עם הדר	4Q403 1 1.33
רוממו למרום אלוהים מאלי	4Q403 1 1.33
]]אלוהים לכול	4Q403 1 1.37
בשמחת אלוהים וגיל	4Q403 1 1.40
זמ[רו] : אלו[הים נ]ורא	4Q403 1 1.42
רוחי אלוה[ים	4Q403 1 1.43
קוד[ש] קודשים אלוהים חיים[	4Q403 1 1.44
מבינותם ירוצו א[לו]הים	4Q403 1 2.6
רוחות אלוהים מראי	4Q403 1 2.8
] : ורוחות אלוהים בדני	4Q403 1 2.9
נכבד למשמע אלוהים ומוסדי	4Q403 1 2.12
ראשי תבנית אלוהים והללוהו	4Q403 1 2.16
עש]ר לחוד[ש : אלו]הים למ[לך	4Q404 3AB 1.3
[דע]ת רנות[: אלוהים לכו[ל :	4Q404 4 1.5
פלא רוחות אלוהים :]מלך	4Q404 5 1.5
ל]מרום אלוה[ים	4Q405 4+ 1.1
]קדשים[ ]אלוהים <חיים>	4Q405 6 1.5
]פלא רוחות אלוהים סביבה	4Q405 6 1.7
[ודמו]ת אלוהים חיים	4Q405 14+ 1.5
פלא בדני אלוהים חיים ˙[	4Q405 14+ 1.6
מלך בדנ[י א]ל[והים	4Q405 14+ 1.7
ה˙[ ]מה בדני אלו[הים : כבוד	4Q405 15+ 1.4
ברוח דממת אלוהי[ם :	4Q405 18 1.3
ושבחהו בדני אלוהים רוחי	4Q405 19+ 1.2
[צ]ורות אלוהים חיים	4Q405 19+ 1.4
ב]דני צורות אלוהים מחוקקי	4Q405 19+ 1.5
הוד והד[י]אלוהים חיים	4Q405 19+ 1.6
קול דממת שקט אל[והי]ם	4Q405 19+ 1.7
]ל[ ]אלו[הי]ם	4Q405 19+ 1.8
קול דממת אלוהים : [	4Q405 20+ 2.7
קול[דממ]ת אלוהים תבנית	4Q405 20+ 2.8
טוה רוחות [א]לוהים חיים	4Q405 20+ 2.11
ודממ[ת] ברך אלוהים בכול	4Q405 20+ 2.13
בכול מחני אלוהים [ו]קול	4Q405 20+ 2.13
כלילו הללוהו אלוה[י]ם	4Q405 23 1.6
כול רוחות : אלוהים בצאת	4Q405 23 1.10
מורא מלך אלוהים נורא על	4Q405 23 1.13
נורא על [כו]ל אלוהים [	4Q405 23 1.13
כבוד מלך כול א[לוהים :]˙[	4Q405 24 1.3
]˙[ ]בו[ ]אלוהים ˙[ ]˙	4Q405 24 1.4
]ם ובר[ר: אלו]הים לה˙[	4Q405 29 1.2
כבוד<ו> ת[:]אלוהים לא˙[:	4Q405 35 1.3
ומד[:]˙[ ]אלוהים ˙[	4Q405 44 1.3
ביעקוב ונחלת אל[והי]ם[ ]˙ל	4Q511 2 1.5
[שומ]רי דרך אלוהים ומסל[ת	4Q511 2 1.6
עמו בדע[ת] : [אלוה]ים הנבונה	4Q511 2 1.7
[ ]גורל אלוהים עם	4Q511 2 1.8
למספר אב[: [א]ל[ו]הים הא˙[	4Q511 2 2.5
[: [רז]י אלוהים מיא	4Q511 2 2.6
הושיעה אלוה[ים] : [	4Q511 10 1.9
] בחר לכל[: א]לוהים ה˙[	4Q511 11 1.12
רשעה כיא : א[לו]הים ע	4Q511 18 2.7
כיא : האיר אלוהים דעת	4Q511 18 2.8
אשמתי כיא אלוהים שופטי	4Q511 18 2.10
] בדעתי [:]˙ אלוהים [:	4Q511 19 1.4
א[לו]הים בכול	4Q511 35 1.1
אפי אלוהים	4Q511 35 1.2
יקדי[ש] : אלוהים לו	4Q511 35 1.3
]לפדויים כיא אלוהי[ם :]˙י	4Q511 36 1.3
]ים פני אלוהים :]ים	4Q511 73 1.2
[:] אלו]הים דבר[	4pPs^{a} 13 1.3
דויד אשר אמר אלוהים [נ]צב	11Mel 1+ 2.10
בקרוב אלוהים ישפוט	11Mel 1+ 2.10
לוא בחר [illegible] אלוהים בם	11QPs 28.10
משמשחו נביא אלוהים אזי רא[	11QPs 28.13
בד]ני אלוה[ים	11QSS j+ 1.2
אלוהי]ם חיים [	11QSS j+ 1.4

הבאה] `[ : ] [ : ` אליה]   4pIs^c 36 1.5
והולכים אליה ואובדים   11QT 32.14
עליה וקראתה לשלום   11QT 62.6
ימים אחר תבוא אליה ונ<בעלתה   11QT 63.14
ואקרבה : אליה ולוא   11QT 65.9
ואל יבא אליה אל פתח   CD 11.9

ביצי]הם הקרב אליה<ו>[ם :]   6Q15 2 1.2

בא אליהים פן יהיו]   11QT 2.5

הכפורים הופיע אליהם לבלעם :   1pHab 11.7
אלי]הם דברו]   1QDM 1.12
המקרא ויצאו אליהם כול אנשי   1QM 9.3
הזכרון ונאספו אליהם כול   1QM 18.4
ובהאירו פני אליהם] [למרפא   4Q374 2 2.8
אש יפור] : ` [ ` אליהם ויהמם וי   4Q381 28 1.2
גום אשר שלח אליהם] : [4pHs^a 2.4
אליהם הגיד]   4pPs^a 1+ 4.5
ביציהם הקרוב אליהם : לא   CD 5.14

אליהמה בהמון [4Q501 1 1.6
אשר אליהמה יו`[:] [ה]   4QFl 1+ 2.4
י]צאו אליהמה   4QM1 1+ 1.9
ו]פנה ואמר אליהמה חזקו   4QM1 15 1.5
בפיהו וידבר אליהמה את כול   4Tstm 1.6
אשר : ישיבמה אליהמה וקרא   11Mel 1+ 2.6
]ם אליהמה   11QT 33.6
אל העם ואמר אליהמה שמע   11QT 61.15
ולוא] י]שמע אליהמה ותפשו   11QT 64.3

תמיד הבר אליו]` : [4Q184 3 1.2
[: פ]רוש אליו כפיכה   4Q184 3 1.3
באמר יהוה אליו :]הרו   4Q374 9 1.3
מושה` ותדבר אליו ]` : [4Q509 1+ 1.8
``` [:]`ו` : אליו וא]`   4Q511 85 1.2
אשר שלח אליו ואל לוא   4pPs^a 1+ 4.9
וא]מרתה אליו : מי אתה   11Ap^a 4.5
בני ישראל אליו : לבוא אל   11QT 46.7
בית אשר תבוא אליו ימצא   11QT 5Q.11

שבים אליך באמונה   1QH 16.17
תמיד להביא אליך חיל גואים   1QM 12.14
מה אביט אליך ואיך   2apMo 1 1.5
הנני אליך נאם יהוה   4pN 3+ 2.10
תמיד להביא אלי]ך[חיל   4QM2 1 1.6
י]בוא אליך בלי[לה   11Ap^a 4.5
בקרבך וידידיך אליך נלוו :   11QPs 22.7

[: המד]בר אליכה והנג]ו[:   1Q29 1 1.5
אדוני פניו אליכה ורוח   1QS^b 3.1
ותביאנו אליכה וכנשר   4Q504 6 1.7
]ה[:]א[יניו :]אליכה   4Q506 146 1.3
] : כנפי אליכה`   4Q511 18 3.10
י]קרא הנני אלי<כה> : נא]ם   4pN 3+ 1.8
הזה אשר דברו אליכה הימיבו   4Tstm 1.2
] : קראתי אליכה הקשיבה   11QPs 24.3
אנוכי מדבר אליכה : ולפשיתה   11QT 31.9
חלום ונתן אליכה אות או :   11QT 54.8
או : מופת ובא אליכה האות   11QT 54.9
קרוב אחיכה : אליכה ולוא   11QT 54.9
המופת אשר דבר אליכה לאמור :   11QT 54.9

מאתו יתקרבו אליכ[ם] אלים   4QM1 15 1.8
ויאר פניו אליכם ויפתח   11Ber 1 1.6

עליהו : לפשות אלילים אלמים   1pHab 12.12
את : אלי[לי]ם והיו   1QDM 1.8

: [ובעדת אלים]   1QDM 4.1
הנה אתה שר אלים ומלך   1QH 10.8

א]ל[ו]ה[ים]   11QSS j+ 1.6
פל]א :]אלוהים נוראי   11QSS 5+ 1.3
סקול משא אלוהים]   11QSS 5+ 1.5
: [אלוהים]   11QSS f+ 1.3
לכבו]ד[ ]```` אלוהים]   11QSS f+ 1.7
משני ר] : א]לוהים]   11QSS o 1.6
נלכה ונעבודה אלוהים אחרים   11QT 54.10
נלכה ונעבודה אלוהים אחרים   11QT 54.21
נלכה ונעבודה אלוהים אשר לוא   11QT 55.4
הלך ועבד אלוהים אחרים   11QT 55.17
אנשי אמת יראי אלוהים : שונאי   11QT 57.8
וכול ועבדו שמה אלוהים מעשי   11QT 59.3
אלו]הים אח[רים   11QT 61.1
כי : מקוללי אלוהים ואנשים   11QT 64.12
בשם כבוד אלוהים לפ[ו]ל   MasSS 2.24

הזה [אלו]הי אלוהי]ינו   1QDM 2.6
```` [:]ה אלוהי]נו[ ] ```   4Q509 214 1.2

לזום על ברית אל]ו]ל   4QTeh 2 1.6

בו כול : אלות הברית   1QS 2.16
הדבק בהם את אלות בריתו   CD 1.17

פיהם כי אתה אלי סתרתני נגד   1QH 5.11
לשונם : ואתה אלי סגרתה בעד   1QH 5.14
נפשי : ואתה אלי תשיב נפש`   1QH 5.18
למשחור את : מרחב   1QH 5.32
אמתכה אלי כי אתה :   1QH 6.25
ו]אתה אלי נתתו לעפים   1QH 7.10
רפשם : ואתה אלי שמתה בפי   1QH 8.16
בי : כי אתה אלי כל<לם>   1QH 9.23
רחמיך : אלי ובחיק   1QH 9.31
לבי : אודכה אלי כי הפלתה   1QH 11.3
אודכה אלי ארוממכה] [1QH 11.15
ל ידעתיכה ברות אלי אשר   1QH 12.11
לכה עשיתה אלה אלי ומה בשר :   1QH 18.21
נשמעתי אליך] :   1QH 1 1.9
ברוב הפותח לדעה   1QS 11.15
אלי חיות ועוף [4Q381 76+ 1.1
לשכיל אלי] :]לכ]   4Q381 80 1.1
ויאמר יהוה אלי אני אראה   4Q385 2 1.4
ויאמר יהוה אל]י : [4Q385 2 1.9
ויאמר יהוה אלי לא   4Q385 3 1.4
בעדה לכול אלי   4Q400 1 1.4
אלי אלים לר]]   4Q401 14 1.5
אלי] :]תם ש]   4Q401 30 1.1
יכל]כלו אלי]   4Q402 6 1.3
הרמים בכול : אלי דעת יקדילו   4Q403 1 1.31
בין]הודו כל אלי למל]ך   4Q403 1 1.38
דעת בכול אלי אור] [4Q403 2 2.35
הודו כול אלי] : [אי]לי   4Q404 4 1.6
פלא רוחי אלי עולמים   4Q405 19+ 1.3
רנה במבואי אלי דעת בפתחי   4Q405 23 1.8
בס]ל [:]``[אלי `מו] :   4Q497 4 1.3
]דרם ואתה אלי חתמתה בעד   4Q511 30 1.3
אלי : אתה אלי   4Q511 52+ 1.1
את]ה אלי מלך   4Q511 52+ 1.4
]```[:]כה אלי וא]`   4Q511 130 1.2
:]ואנה אלי ב`ו ` : [4Q520 38 1.2
ש]`נ`ה`ב`` : אלי `ה`[: [4QCat^a 19 1.2
]אלי[:]`[6QPro 8 1.2
ובעגורו כול אלי]   11Mel 1+ 2.14
אליכה הקשיבו כפי   11QPs 24.3
ואל יוסף לשוב אל<י> יבש   11QPs 24.12
א]ל[י] עולמים]   11QSS j+ 1.3
אחר ישובו : אלי בכול לבבמה   11QT 59.10
ופתה שמעו אלי כל באי   CD 2.2
ד]עת אלי עולמים :   MasSS 1.11

לעמ] ש]וב : אליה כי פני[4Q185 1+ 3.1

1apGn 21.25 מלך בלע כול אלן אזדמנו
1apGn 22.27 בתר פתגמיא אלן אתחזי[
1apGn 22.33 לי : כול [א]לן ואנה כדי
4QMes 2.14 יחרבן כול אלן יהכ[ון] :

2apMo 1 1.1 ו]אב[י]הוא אלע[זר:]
4Q379 17 1.5 ויעקב למשה : א]לעזר ואיתמר
CD 5.3 מיום מות אלעזר : ויהושע

1QM 5.3 פנים על אלפ איש תאסר
1QM 6.9 פרשים יצאו עם אלף מערכת אנשי
1QM 9.4 שמונה ועשרים אלף : אנשי
4pIs[c] 23 2.6 יקלו רודפיכמה אלף אחד מפני
4pPs[a] 1+ 3.1 אשר יחיו אלף דור
4QM1 13 1.2 בכם ירדוף אל[ף :
11Ap[a] 2.11 א]חד מכם א[לף
11QT 57.5 וברר לו מהמה אלף אלף : מן
11QT 57.5 לו מהמה אלף אלף : מן המטה
11QT 57.6 עמו שנים עשר אלף איש מלחמה
CD 7.6 להם : לחיותם אלף דור ואם
CD 10.21 חוץ לעירו אעל אלף באמה : אל

1QS[a] 1.14 ברואשי אלפי ישראל
1QS[a] 2.15 ראש<י> : א[לפי
4QPBl 1 1.3 ברית המלכות: אל]פי ישראל
11QT 19.16 כול ראשי אלפי ישראל : [

1QM 4.1 ואת שמות שרי אלפיו ועל אות

1QS[b] 3.7 ילחם [ ] אלפיכה ˙[

1QM 6.10 מאות וארבעת אלפים ואלף
1QM 6.11 אנשי הסרך ששת אלפים חמש מאות
1QM 9.5 והרוכבים ששת אלפים כול אלה
4QM6 49 1.1 א]לפים [
11QPs 27.5 תהלים : שלושת אלפים ושש מאות
11QPs 27.10 הכול ארבעת אלפים וחמשים :
11QT 46.16 מן העיר שלושת אלפים אמה
11QT 57.4 בראשיהמה שרי אלפים ושרי
CD 11.6 מעירו כי : אם אלפים באמה

1Q23 22 1.2]ן [: א]לפין מן ˙[:

1Q25 4 1.5 [:]אשר לו אם[: ה]מ[ה
1apGn 19.12 ראשי נהרא אמ[ ] עלא[
1Myst 1 2.4 היותר ל[: כי אם המטיב והמרע
1Myst 1 2.4 המטיב והמרע אם יו˙[: לוא
1Myst 1 2.7 מ[ ]מחים כי אם כול [: דמי
1Myst 9+ 1.2 [˙˙] : כי אם˙ [
1pHab 7.9 אל להפלה : אם יתמהמה חכה
1QH 1.38 אלה ˙ ˙ ˙ד אמ[:]יצים
1QH 4.31 ל<ו>א תכון כי אם ברוח יצר אל
1QH 11.37]ב[: ואתה[: אמ[: וא[:
1QH 12.33 אדבר כיא אם פתחתה פי
1QH 12.33 אבין כיא אם השכלתני ומה
1QH 12.34 אישר דרך כיא אם הכי˙˙[ ]
1QH 14.20 כול משפטיך כי אם לפ[
1QH 15.10 הימים וא[: אמ[
1QM 11.1 הכו[הן] : כיא אם לכה המלחמה
1QM 19.10 הגוים הנקהלים אם [ ]
1QS 5.14 יטהרו : כי אם שבו מרעתם
1QS 6.13 לדבר לרבים אם יומרו לו
1QS 6.24 על פי הדברים אם ימצא בם איש
1QS 7.19 בשרירות לבו אם ישוב ונענש
1QS 8.2 והצנע לכת איש אם רעהו :
1QS 8.25 שנתים ימים אם תתם דרכו :
1QS 8.26 [ה]רבים אם לוא שגג עוד
1QS 11.11 יעשה ואני אם : אמוט חסדי
1QS[a] 2.11 לעצת היחד אם יוליד : [
4Q381 69 1.7] להשכיל בכם אם תהיו לוא
4Q381 76+ 1.9 אמת ועד נאמן אם <יש> בכם

1QH 18.11 אלים מכון[:
1QH 2 1.3 ו]בארצכה ובבני אלים ובבנ[
1QH 2 1.10]˙ אלים להחיד עם
1QM 1.10 גדול עדת אלים וקהלת :
1QM 1.11 גדול ותרועת אלים ואנשים
1QM 14.16 רומה רומה אל אלים והנשא
1QM 15.14 רש]עה ג]בורי אלים מתאזרים
1QM 18.6 ברוך שמכה אל [אלי]ם כיא :
1QS[b] 2.5]˙˙על˙ :]˙ אלים
4Q181 1 1.4 עמו ב[סוד : א]לים לעדת
4Q400 1 1.20 א]ל[והי] אלים כוהני
4Q400 1 2.9 כבודו בסוד אל[ים : לשבע
4Q400 1 2.17 קודשי[: אלים ו˙[: צדק
4Q400 2 1.7 עפרנו בדעת אל[ים : [
4Q401 14 1.5]אלי אלים לר[[
4Q401 16 1.1 אלי]ם ירומ[מו]
4Q402 4 1.8] כיא לאלוהי אלים [כל]י
4Q402 9 1.2]˙˙[: א]לוהי אלי[ם :
4Q403 1 1.21 בשם[ ] אלים לכול
4Q403 1 1.26 ל[א]ל[ו]הי אלים ב[שם
4Q403 1 2.26] : לאל אלים מלך הטהור
4Q404 2 1.2 בשם גבורו[ת] אל[ים ל]כ[ול:
4Q405 14+ 1.3 פלאיהם לאל אלים[ ]˙
4Q503 48+ 1.8] אל]ים אשר[ע]מ
4Q503 65 1.2]צבאות אלים[:]אור
4Q510 1 1.2 ג[בור]ות אל אלים אדון לכול
4Q511 16 1.4 אתה אלוהי אל[ים :]תיהם
4QM1 8+ 1.14 רו]מה אל אלים והנשא
4QM1 8+ 1.14] אל]ים ואנשים :
4QM1 11 1.12 כסא עוז בעדת אלים בל ישבו
4QM1 11 1.14]˙יבום אני עם אלים את<ה>חשב
4QM1 11 1.18 כ]יא אניא עם אלים אחש[ב
4QM1 13 1.1 ע]ם אלים נש˙[:
4QM1 15 1.8 אליכ[ם] אלים ב[:]
4QM1 24 1.4 יחד עם בני אלים[:]˙ל[
4QM6 2+1 1.2]˙[:]אלים : ובכו]ל
5Q13 1 1.6]בחרתה מבני א[לי]ם ו˙[:
11QSS 5+ 1.6 לאלוהי : אלים המו[ן
11QSS f+ 1.1 אל]והי אלי[ם
11QSS o 1.2]תיו מבני אל[ים :
11QSS m 1.5] :]אלוהי אלי[ם
11QT 25.16 תקריבו : אלים שנים
11QT 28.7 עשתי עשר אלים שנים
11QT 28.10 פרים עשר[ה] אלים שנים
MasSS 1.9 א]ל[וה]י אלים יושבי

11tgJ 20.3 באשושה ספ[ו: אלין מלהת[בה :

4Q176 14 1.4]א הבטחה אול<י>נו[:
4Q504 1+R 3.10 עלכן שפכתה אלינו את חמתכה

1apGn 22.34 ביתי ירתנני : אליעזר בר [

1QS 2.14 בשרירות לבי אלכ ונספתה

CD 16.15 מאכל : פ[יהו אל]ל כי הוא

1QS[a] 2.6 עור או חרש או אלם או מום

1pHab 12.12 לעשות אלילים אלמים פשר הדבר

11QT 54.4 וכול נדר אלמנה וגרושה

CD 6.16 עמו להיות אלמ[נו]ת שללם

4pIs[c] 4,6+ 1.11 אל]מנותו לוא

1Q23 27 1.1]˙אלן א[:
1apGn 19.23 חמש שניא אלן : [ ]
1apGn 20.25 ונגדיא : אלן מתכתש
1apGn 21.23 קדמת יומיא אלן אתה

4Q381 76+ 1.11	לעדיכם כי אם[:]˙י יהוה
4Q499 5 1.1	]דיר אם[:]ל
4Q499 7 1.3	VACAT :]בו אם לשמ[ו]ע
4Q502 220 1.1	]אם לח[
4Q508 31 1.2	]˙י מיו˙[:]אמ˙˙[ ]ל[
4Q510 1 1.8	עול]ם : [כי א]ם לקץ
4Q511 10 1.5	חוק[ ]˙˙ כי א]ם לקץ
4Q513 11 1.1	]אם יאוכלו מהמה
4Q513 28 1.4	]˙ נתנ˙[:]אמ˙[
4Q515 10 1.1	]אמ˙[
4Q515 13 1.1	אם [
4Q517 85 1.1	] אמ˙[:]ל[
4pIs[a] 2+ 2.6	וא]שר אמר אם הי[ה
4pIs[c] 6+ 2.13	] : כי אם יהיה עמכה
4pIs[c] 22 1.5	לחם תב[ואת:]˙אם ההואה[:]˙
4pIs[c] 23 2.7	תנוסון עד אם נותרתמה
4pIs[c] 38 1.1	]אם ˙[:]˙˙ד˙[
4QOrd 2+ 1.8	בתולת ישראל אם ב[ ] קחתו
4VSam 1 1.6	אל˙[:]אם תכחד ממני
5Q17 2 1.3	] :]לקח בע[:]אם מ˙י˙[
5Q25 7 1.1	]˙ אמ[
11Ap[a] 2.8	]ה אם לוא :]
11QT 3.6	תטמאנו כי אם מן ה[:
11QT 47.15	יטהרו העורות אם : במקדשי
11QT 48.12	המה קוברים כי אם מקומות :
11QT 52.6	אחד ולוא תכה אם : על בנים
11QT 52.14	שלושת ימים כי אם בתוך :
11QT 53.11	בפיכה : וכי אם תדור נדר
11QT 54.8	תגרע מהמה : אם יקום בקרבכה
11QT 55.2	] : אם תשמע באח[ת
11QT 55.13	לאבותיכה : אם תשמע בקולי
11QT 55.15	אלוהיכה : אם ימצא בקרבכה
11QT 57.16	הגויים כי אם מבית אביהו
11QT 58.10	ארצמה : וכי אם תחזק המלחמה
11QT 58.11	והיה אם נצחו : את
11QT 61.7	עדים יקום דבר אם יקום עד חמס
11QT 62.6	לשלום והיה אם : שלום
CD 4.11	לבית יהודה כי אם לעמוד איש
CD 5.15	ביתו יאשם כי אם נלחץ כי אם
CD 5.15	כי אם נלחץ כי אם למילפנים
CD 6.14	מזבחי : חנם אם לא ישמרו
CD 9.5	ואין כתוב כי אם נוקם הוא
CD 9.6	הוא לאויביו : אם החריש לו
CD 9.12	האלה והשומע אם יודע הוא
CD 9.16	את משפטה : אם לא נמצא לה
CD 9.17	והוא אחד אם דבר מות הוא
CD 9.19	והודיע למבקר אם ישוב וניתפש
CD 9.21	הטהרה לבד אם נאמנים : הם
CD 10.22	ביום השבת כי אם המוכן ומן
CD 10.23	ואל ישתה כי אם היה במחנה :
CD 11.3	מובאים בגז כי אם : כיבסו
CD 11.6	מעירו כי : אם אלפים באמה
CD 11.6	באגרוף אם : סוררת היא
CD 11.18	בשבת : כי אם עולת השבת
CD 12.8	לא : יגדפו כי אם בעצת חבור
CD 12.13	אל יאכלו כי אם נקרעו :
CD 13.15	השחת כ[י] : אם כף לכף
CD 13.15	ולממכר כי אם הודיע :
CD 15.1	באלף ודלת כי אם שבועת
CD 15.4	השפטים אם עבר אשם הוא
CD 15.13	א[נו] ממנו אם ימ[ע]ל[ ]
CD 16.5	המשטמה מאחריו אם יקים את
CD 16.11	לא [י]דענה אם להקים היא
CD 16.12	ואם להניא : אם לעבור ברית
CD 16.20	] : אמ[
4Q385 3 1.4	יחזקאל ה[נ]ה א[מ]דד]
4pPs[a] 13 1.4	] סב]ות אמדדה לי [
1QM 4.15	ארבע עשרה אמה אות של]ושת
1QM 4.15	ע]שרה אמה : [
1QM 4.16	] שתים עשרה אמה אות הרבוא
1QM 5.6	וחצי ורוחבו אמה וחצי
1QM 5.12	אורך הכידן אמה : וחצי
4QM1 1+ 1.7	ואלפים אמה יהיה בין
11QT 4.8	וקומת הק[: א]מה ובאתה את
11QT 4.12	] אחת ועשרים אמה [:]˙˙
11QT 5.2	דבקים [:]אמה ש[:
11QT 7.4	הע[:]ה אמה ועשר˙[:
11QT 10.17	] : אמה [
11QT 31.11	אחת ועשרים : אמה רחוק
11QT 31.11	מהמזבח חמשים אמה ורחב
11QT 46.16	שלושת אלפים אמה
11QT 63.13	את אביה ואת אמה חודש :
11QT 65.9	אבי הנערה או אמה והוציאו :
11QT 64.2	אביו ובקול אמו : ויסרו
11QT 66.13	בן אביה או בן אמו כי נדה היא
11QT 66.14	אביהו או בת אמו תועבה היא
11QT 66.15	או את אחות אמו כי זמה היא
1QH 7.7	הניפותה בי בל אמוט ותחזקני
1QS 11.12	ואני אם : אמוט חסדי אל
4pN 3+ 3.8	התיטיבי מני אמ[ון
4pN 3+ 3.9	פשרו אמון הם מנשה
1QS 8.3	רעהו : לשמור אמונה בארץ
4Q511 18 2.9	נעוותי ושופטי אמונה בכול
11QPs 19.14	מעווני רוח אמונה ודעת
4Q511 67 1.1	] אמונים [:
4Q511 17 1.1	]אמונת[ ]כול[:
11QPs 19.9	חסדיכה להגיד אמונתכה
3pIs 1 1.1	חזון ישעיה בן א[מוץ: ויותם
CD 4.14	הנביא בן : אמוץ לאמר פחד
CD 7.10	ישעיה בן אמוץ הנביא :
1apGn 21.21	ת<ל>תת אחיא אמוראא רחמי
1apGn 22.33	ואנה כדי אמות ערטלי אהך
1QM 4.16	] <ה>תשע אמות : [
1QM 4.17	]נה אמות אות העשרה
1QM 5.7	אורך הרמח שבע אמות מזה הסגר
1QM 9.12	ארוכים שלוש אמות ורמחיהם
1QM 9.12	א[ור]ך שמונה אמות
3Q15 1.2	הבואת למזרח אמות: ארוה
3Q15 1.12	מן הצפון : אמות שש עד
3Q15 1.14	גבה מן הקרקע אמות שלוש
3Q15 2.8	המזרחי : רחוק אמות חש עסרא
3Q15 2.14	הצפני חפור אמות ˙˙˙ ארבע
3Q15 3.2	הדרו : מית אמות תשע כלי
3Q15 3.6	ית חפר אמות שש עסרה
3Q15 3.12	בצפון אמות תחת הס :
3Q15 4.4	] בביאתך : אמות ארבע[ין
3Q15 4.7	באמצען חפור אמות שלוש : שם
3Q15 5.3	הגדולא חפור אמ[ות] : ש
3Q15 5.10	הרגם הגדול : אמות ששין חפור
3Q15 5.10	ששין חפור אמות : שלוש
3Q15 5.14	לסככא : חפור אמות שבע כב :
3Q15 6.4	חפור : [א]מות שלוש שם
3Q15 6.10	חפר בפתח : אמות תשע כב :
3Q15 6.12	המערבי חפר אמות : שתים
3Q15 7.6	] : משח אמות עסרן
3Q15 7.9	בית חקק חפר אמות שש : בדין
3Q15 7.12	המזרחית חפור אמות שבע : כב
3Q15 7.15	בא חפור אמות שלוש עד
3Q15 8.5	על האבן חפור אמות שבע :

11QT 54.19 אביכה או בן אמכה או בנכה

11QT 7.8 ˙˙˙˙ כולו חמש אמ[כת :]˙˙˙

4pN 1+ 2.5 ופרח לבנן אמלל פ[שרו
4QCat[a] 12+ 1.2 כי]א אמלל אני :
11tgJ 23.9 אמ]לל :]˙ ˙ ˙
11tgJ 37.6 שמע נא ואנה אמלל אשאלנך:

4QFl 12 1.3 [˙ :]כול[:]אמם[:]לוא[:

1QS 1.20 אומרים אחריהם אמן אמן :
1QS 1.20 אחריהם אמן אמן : והכוהנים
1QS 2.10 והמקללים אמן אמן :
1QS 2.10 והמקללים אמן אמן : והוסיפו
1QS 2.18 ואמרו אחריהם אמן אמן : ככה
1QS 2.18 אחריהם אמן אמן : ככה
4Q504 1+R 1.7]אמן אמן :]
4Q504 1+R 1.7]אמן אמן :]
4Q504 1+R 7.2 מכול צרה אמן[ ]
4Q504 3 2.3]הניחנו ˙[:]אמן
4Q504 4 1.15 הודי[ענו :]אמן אמן
4Q504 4 1.15]אמן אמן] :
4Q504 17 2.5 הי[: ישר אמן]
4Q507 3 1.2 דו]רות עולם אמן אמן[:]˙˙
4Q507 3 1.2 עולם אמן אמן[:]˙˙
4Q508 20 1.1]נו אמן אמן [:
4Q508 20 1.1]נו אמן אמן [:]נו
4Q509 4 1.5 ב[:] עד אמן אמן]
4Q509 4 1.5 ב[:] עד אמן אמן]
4Q509 131+ 2.3 ˙[:]עיו אמן א[מן
4Q509 131+ 2.3 ˙[:]עיו אמן א[מן
4Q511 63 4.3 לעולמי עד אמן אמן
4Q511 63 4.3 לעולמי עד אמן אמן
4Q511 111 1.9]מבנית[ ]: [אמן א[מן]
4Q511 111 1.9]: [אמן א[מן]
4Q511 150 1.1 א[מן [:] ˙[ה
4Q517 48 1.2]עו ˙˙ [:] אמן[
4QBer 10 2.1 כולמה ביחד אמן אמן
4QBer 10 2.1 ביחד אמן אמן ואחר
4QBer 10 2.5 לשחת עולמים אמן אמן
4QBer 10 2.5 עולמים אמן אמן ואדור
4QBer 10 2.10] עולמי]ם אמן א[מן] :]
4QBer 10 2.10 עולמי]ם אמן א[מן] :]

CD 13.16 במחנה ועשה אמנה ולא יש[

1QS 10.25 סמוב לשמור אמנים ומשפט

1apGn 20.30 ב˙[ ]˙ ˙אמנת ˙עות˙

4Q508 3 1.3 וליעקוב אמנתכ[ה :]˙[

1QH 5.9 וסוד אמת אמצתה בלבבי

1QH 10.25 ויתרוממו אמקנה וקנין[

1Q69 38 1.1]ין אמר[
1apGn 5.5 וכען לכא אנה אמר ˙˙˙ ולך
1apGn 5.6 מחוה [: אזל אמר ללמך ברך [
1apGn 20.23 עמה וכען אזל אמר למלכא
1apGn 20.24 מלי לוט אזל אמר למלכא כול
1apGn 22.20 אדין אמר אברם למלך
1apGn 22.22 דל<מ>א תהוה אמר דמן
1pHab 3.2 כיא הוא אשר אמר לרשת
1pHab 3.14 הוא אשר : אמר מגמ[ת
1pHab 5.6 כיא הוא אשר אמר טהור עינים
1pHab 6.2 כדגת הים ואשר אמר על כן יזבח
1pHab 7.3 הודעו : ואשר אמר למען ירוץ
1pHab 9.3 בשרו ואשר : אמר כי אתה
1pHab 10.2 בגול ואשר : אמר קצות עמים

3Q15 8.9 הקדרוה : חפור אמות שלוש ככ :
3Q15 8.12 צפון חפור אמות : עשרין
3Q15 8.15 שבא חפור : אמות אחת עסרה
3Q15 9.2 משח משולו : אמות שלוש רא
3Q15 9.5 מזרח חפור אמות שמונא :
3Q15 9.8 בזרב חפור אמות שש עסרה :
3Q15 9.12 כלפיהם חפור אמות ו שבע
11QT 5.7 גם [:]אמות כול
11QT 6.5 ומקר[:] עשר אמות כול גובה
11QT 13.2 ˙˙˙[: [ו]עשר א[מות
11QT 30.7 [ה]היכל שבע אמות במערב
11QT 30.8 קירו ארבע : אמות]
11QT 30.10 רוחבו ארבע : אמות לכול
11QT 31.11 ה[ק]יר שלוש אמות וגבה :
11QT 31.13 השערים ארבע אמות וגובהמה
11QT 32.1] שלוש אמות[:]
11QT 32.10 מן הארץ ארבע אמ[ות מצופו]ת
11QT 33.9 מק[י]רו שבע אמות ו[כ]ול
11QT 33.12 אטומים : שתי אמות רוחבמה
11QT 33.12 רוחבמה בשתי אמות וגובהמה
11QT 33.12 וגובהמה ארבע אמות : מדולתים
11QT 36.5 קי[רו] שבע אמות :
11QT 38.14 קירה [אר]בע אמות וגובה
11QT 40.9 הקיר שבע אמות וגובה תשע
11QT 41.12 החצר לחוץ שבע אמות : ולפנימה
11QT 42.12 גבהים שמונה אמות והיו
TS 2 1.2 גור<ו>ע שלוש אמות]
TS 2 1.3 ה את הקיר שבע א[מות
TS 3 1.11 תו לתו שלוש אמות וחצי :
TS 3 2.5 ה[שערים : שבע אמות (יו)
TS 3 2.9 הקיר שתרם אמות ולחוצה
TS 3 2.10 והקיר שתים אמות רוחב [:
TS 3 2.11 ופתחה שלוש אמות רוחב [

1QH 9.30]אמי גמלתה עלי

4Q517 38 1.1]אמיו[:]מל[

1QJN 15 1.2 [: א]מין תלת ˙˙[
2QJN 2 1.1]ר אמי[ן :]ה ל[
5QJN 1 1.1] א]מין [
5QJN 1 1.1 א]מין עשרין : [
5QJN 1 1.2 קנין שת[ה] אמין ארבעין
5QJN 1 1.4 עש[ר] פותי אמין מא[ה
5QJN 1 1.5 לשוק חד אמי[ן] שתין
5QJN 1 1.10 קנין תלתה אמי[ן] :]
5QJN 1 1.11 קנא חד ופלג אמי[ן ע]שר
5QJN 1 1.15]קנין תרין אמין ארב[ע]
5QJN 1 1.16 קנין תרין אמין ארבע עשרה
5QJN 1 1.17 א[ס]פא אורכה אמין]
5QJN 1 1.19] אמ]ין ארבע
5QJN 1 2.1 עלל קנין תרין אמין א[ר]בע
5QJN 1 2.1 קנין תרין אמין ארבע
5QJN 1 2.3 תרין בתר[י]ן אמין ארבע עשרה
5QJN 1 2.5 סלק לידה פתיה אמין ארבע וסחר
5QJN 1 2.8 [קני]ן תרין אמין ארבע עשרה
5QJN 1 2.8 ת]רין א[מי]ן ארבע
5QJN 1 2.9 קנין ת[רי]ן אמין ארבע
5QJN 1 2.10]מלכא דכא אמין תשע ע[שרה
5QJN 1 2.12 ˙י כותא רומה [אמ]ין תרתין [
5QJN 1 2.15 אמ]ין תל[ת]
5QJN 2 1.4 ע]מודיא אמין תרתי עשרה
5QJN 7 1.2 [˙˙] : אמ]ין תרתין ˙[
5QJN 12 1.1]אמין [: ת]רע[
5QJN 14 1.1 א]מין ˙[:] ˙˙ת

1QH 14.20]לא אכיר :]אמיר בהון אמתך

CD 5.9 אמר אל : אחות אמך לא תקרב
CD 5.9 לא תקרב שאר אמך היא ומשפט

1pHab 12.6	אביונים ואשר אמר מדמי :
1QS 10.10	ערב ובוקר אמר חוקיו
4Q176 3 1.1	כ]וא אמר יה[וה :
4Q176 4+ 1.3	ממזרח אבי[א : אמ]ר לצפון [
4Q176 8+ 1.4	]אמר[
4Q176 8+ 1.8	כיא[ת]מאס אמר ••••
4Q176 8+ 1.10	עולם רחמתיכה אמר גואלך ••••
4Q176 22 1.4	]ל[ ]ול אמר[: [̇ ̇]
4Q183 1 2.9	[: ואשר אמר רד[: [̇ ̇]
4Q370 1.1	וישבעו> אמר י[ה]וה:
4Q370 1.2	עשו הרע בעיני אמר יהוה
4Q512 154 1.2	]שמ ̇[:]אמר[
4AgCr 2+ 1.7	[̇ ̇ ̇ :]אמר נוח : [̇ ̇
4pIs[a] 2+ 2.6	[עמו[וא]שר אמר אם הי[ה
4pIs[a] 2+ 2.10	[: לכן כ[וה אמ]ר אד[וני
4pIs[a] 7+ 3.26	חרבו ואשר אמר לוא : [
4pIs[b] 1.3	ואשר אמר ועלה שמיר:
4pIs[b] 3.7	[: אמר ̇[
4pIs[c] 6+ 2.7	ישראל ואשר אמר[
4pIs[c] 6+ 2.16	[: אמר[
4pIs[c] 6+ 2.21	]: לכן כוה אמר אדוני
4pIs[c] 8+ 1.4	[ואשר אמר זוא[ת
4pIs[c] 18+ 1.4	]לכן כוה א[מר
4pIs[c] 22 1.4	[: ואש]ר אמר לחם תב[ואת
4pIs[c] 23 2.3	[כי]א כ[ו]ה אמר יהוה קודש
4pIs[c] 24 1.2	י[הוה:] אשר אמר[
4pUn 1 1.1	א]מר כול[:
4QCat[a] 2+ 1.16	המה החרב ואשר אמר[
4QCat[a] 12+ 1.2	ה[י]מים אשר אמר דויד
4QFl 1+ 1.7	תורה ואשר אמר לדויד
4QFl 8 1.3	]ארץ כיא ה[: אמ]ר ידיד
4QFl 9+ 1.3	הא[רץ : ולגד א[מר
4QMI 35 1.1	]לוא ד ̇[ ] ̇[אמר ר ̇ ̇ ̇[
4QOrd 5 1.3	]במשפט ואשר אמ[ר :]בקחת
4Tstm 1.14	שית : וללוי אמר הבו ללוי
5apM 1 1.3	גדול א[ני] א[מר: א]שר הוא
5QCD 5 1.2	יהיו נק[: אשר אמר לוא ה[וכח:
11Mel 1+ 2.2	]]ואשר אמר בשנת
11Mel 1+ 2.10	דויד אשר אמר אלוהים
11Mel 1+ 2.10	ישפוט ועליו אמ[ר ו]עליה :
11Mel 1+ 2.11	עמים ואשר א[מר
11Mel 1+ 2.15	ה[שלום א]שר אמר [
11Mel 1+ 2.15	הנביא אשר אמר [ ] נאוו
11Mel 1+ 2.18	הרו[ח] אשר אמר דנ[יאל
11Mel 1+ 2.25	בליעל ואשר אמר והעברתמה
11tgJ 24.2	רש]ע ארו אמר לא : ישנא
11tgJ 29.2	ענן נורה והוא אמר ישמעון לה
CD 4.15	בליעל אשר אמר עליהם לוי
CD 4.20	מטיף : אשר אמר הטף יטיפון
CD 5.8	אחותו ומשה אמר אל : אחות
CD 6.8	התורה אשר : אמר ישעיה
CD 6.13	הדלת אשר אמר אל מי בכם
CD 7.8	התורה כאשר אמר בין איש
CD 7.11	הנביא : אשר אמר יבוא עליך
CD 7.14	צפון כאשר אמר והגליתי את
CD 7.16	המלך כאשר אמר והקימותי
CD 8.9	רשעים אשר אמר אל עליהם
CD 8.14	עדתו : ואשר אמר משה לא
CD 8.20	הוא הדבר אשר אמר ירמיהו
CD 19.5	התורה : כאשר אמר <בין> איש
CD 19.11	הראשון אשר אמר ~~יחזקא~~ :
CD 19.22	רשעים: אשר : אמר אל עליהם
CD 19.26	עדתו: ואשר אמר משה :
CD 20.16	בישראל כאשר אמר אין מלך
CD 9.2	הוא : ואשר אמר לא תקום
CD 9.7	מצות אל אשר אמר לו הוכח :
CD 9.9	השבועה אשר : אמר לא תושיעך
CD 10.9	ביושבי הארץ אמר לסור את :
CD 10.16	כי הוא אשר אמר שמור את :
CD 15.18	אמ]ר להם : [
CD 16.6	ואשר אמר מוצא שפתיך

CD 16.10	האשה אשר אמ[ר ל]אישה
CD 16.15	כי הוא אשר אמר איש את
4pHs[a] 2.18	[ ] אשר אמרה אתנם הם
11QPs 18.13	רחקה מרשעים אמרה מכול זדים
11tgJ 38.7	ויהבו לה גבר אמרה חדה :
1QH 4.17	לדברכה כי אמרו : לחזון
4QCat[a] 5+ 1.4	ילדים[ ]אמרו ההוללי[ם
4QMes 2.19	א]מרו עלוהי
11tgJ 26.4	סגיאין ולא אמר[ו
1QS 9.25	[ובכו]ל אמרי פיהו ירצה
4Q405 23 1.10	חוק ולוא על אמרי : מלך בלי
4Tstm 1.10	נואם שומע אמרי אל וידע
11QPs 18.12	בתורת עליון אמריהמה להודיע
4Q380 1 2.2	הוא זה שמרו אמ[ריו : אשר
11tgJ 7.2	די מיתו [: אמרין ל[: לנא
1apGn 21.23	מלך עילם אמרפל מלך בבל
4Q385 3 1.6	] : מצער כאשר אמרת ל[
4pIs[b] 2.7	תורת יהוה ואת אמרת קדוש :
11tgJ 22.2	תס[: י]קר הך אמרת באדני
1QH 2.25	עמדי ואני אמרתי חנו עלי
1QH 4.35	<כ> ̇ברכה ואני אמרתי בפשעי
4QCat[a] 12+ 2.5	שופר ב ̇[: אמרתי[: א<ו>ל
11QPs 28.5	[illegible] כבוד אמרתי אני
11QT 56.17	ואנוכי אמרתי לכה לוא
4Tstm 1.17	ידע כי שמר אמרתכה ובריתך
1Q36 15 1.2	] ̇[:] ̇גתה אמת וצדק[:
1Myst 1 1.2	] ̇ ̇ם ל ̇[א]מת ̇ ̇ ̇רזי
1QDM 1.11	וידעו [ ] אמת נע[שתה]
1QH 2.4	]חי <צדק> אמת בכל ח[: [
1QH 2.10	לבוגדים סוד אמת ובינה
1QH 2.14	לבחון :] אמת ולנסות
1QH 4.25	ולמישרים אמת ולא תתעם
1QH 4.40	[:]יכה כי אמת אתה וצדק
1QH 5.9	יסדתני וסוד אמת אמצתה
1QH 5.26	בינה וסוד אמת והמה הוות
1QH 8.10	ק[ד]דש למטעת אמת סותר בלוא
1QH 9.24	בי : ותחבא אמת לק[
1QH 11.7	ואני ידעתי כי אמת פיכה
1QH 11.16	הודעתני סוד אמת [:
1QH 13.4	]מעשיהם אמת[ ] ̇[
1QH 14.2	[̇ ̇ :]אנשי אמת וב[:]בי
1QH 15.25	רשעה כיא : [illegible] אמת אתה וכול
1QH 16.18	]ל[ ] בן אמת[:]ה ואני
1QH 1 1.9	ואדעה כיא אמת :]אחור
1QH 2 1.6	צעודי ומוכיחי אמת :] ̇ ̇ כיא
1QH 26 1.2	מ ̇ ̇ [: אמת ̇ ̇[
1QM 1.16	] [̇ אמת לכלת בני
1QM 4.6	על אותותם אמת אל צדק אל
1QM 13.10	וכול רוחי אמת בממשלתו
1QS 1.5	טוב ולעשות אמת וצדקה
1QS 1.26	] [אמת וצדי[ק
1QS 2.24	יהיו ביחד אמת וענות טוב
1QS 3.6	כיא ברוח עצת אמת אל דרכי
1QS 4.2	כול דרכי צדק אמת ולפחד לבבו
1QS 4.5	על כול בני אמת וטהרת כבוד
1QS 4.6	סודי רוח לבני אמת תבל ופקודת
1QS 4.17	תועבת אמת עלילות
1QS 4.17	עולה כול דרכי אמת וקנאת :
1QS 4.19	ואז תצא לנצח אמת תבל כיא
1QS 4.21	ויז עליו רוח אמת כמי נדה

4Q381 33 1.5 ו[תתן : לבן אמתך וחסדיך

1Q36 15 1.3]ל[א]יש גמולי אמתכ[ה :]ל
1QH 1.30 בכול מעשי אמתכה ו˙[ ]˙˙[
1QH 6.10 וכי<ו>שיר אמתכה להכינם
1QH 6.12 כול גוים אמתכה וכול
1QH 6.25 ואש [ ]אמתכה אלי כי
1QH 7.30 וכול בני : אמתכה <תביא>
1QH 9.35 אב לכול ˙˙˙ אמתכה ותגל :
1QH 10.27 מארץ : ולבני אמתכה נתתה ש˙
1QH 10.29]˙ לתו : בדעת אמתכה ולפי
1QH 11.4]˙תני בסוד אמתכה ותשכילני
1QH 11.9 הודעתם בסוד אמתכה : וברזי
1QH 11.29]˙וכה ורוב אמתכה והמו[ן]
1QH 18.13 ם[ ]˙ אמתכה ליצר אשר
1QH 5 1.10 ולפ˙[: משפט אמתכה ואוזן
1QM 11.14 ולהצדיק משפט אמתכה בכול בני
1QM 13.9 ולס[דר] מעשי אמתכה ומשפטי
1QM 13.12 ואנו בגורל אמתכה נשמחה
1QM 14.12 קודשכה במעשי אמתכה נהללה
1QS 11.16 והקם לבן אמתכה כאשר
4QMl 5+ 1.1 אמ]תכה ובחירי
4QMl 8+ 1.11 עמכה [ב]מעשי אמתכה נהלל[ה

1apGn 22.21 שמיא וארעא אן מן חוט עד
1apGn 22.22 ערקא דמסאן : אן אסב מן כול
11tgJ 30.2)פתגם : אן הוית במעבדי

1apGn 2.4 [ ]אנא ועד בעליא
4Q504 1+R 2.7 [ ]תיכה[ ] : אנא אדני עשה
4Q504 1+R 6.10 עולם אנא אדוני

4Q385 2 1.7 ויאמר שוב אנבא על ארבע

1apGn 2.3 דנא : באדין אנה למך אתבהלת
1apGn 2.14 עדינתי יאמיא אנה לך בקדישא
1apGn 2.19 [: באדין אנה למך <רפת>
1apGn 2.24 ויא מרי די אנה לך [:]
1apGn 5.3 אנה חנוך[:]
1apGn 5.5 וכען לכא אנה אמר ˙˙˙
1apGn 5.5 אמר ˙˙˙ ולך אנה מחוה [:
1apGn 5.9 ˙מלל[: וכדי אנה למך [: די
1apGn 6.6 ˙˙˙ אנה נוח גבר ˙˙
1apGn 12.13 [: שרית אנה ובני
1apGn 19.14 מצרין : וחלמת אנה אברם חלם
1apGn 20.10 דילהא ושביקת אנה אברם
1apGn 20.10 קטילת ובכית אנה : אברם בכי
1apGn 20.11 אברם בכי תקיף אנה ולוט בר
1apGn 20.33 [: ואזלת אנה אברם
1apGn 21.6 עמה ואף אנה אוספת לה
1apGn 21.10 ארעא דא די אנה יהב לך
1apGn 21.15 עלמיא : ואזלת אנה אברם למסחר
1apGn 21.21 ואשתית תמן : אנה וכול אנש
1apGn 22.20 סודם מרים אנה : ידי יומא
1apGn 22.30 וכען אל תדחל אנה עמך ואהוה
4Q502 136 1.1]אנה [:]ו ת]
4Amrm 2 1.6 עד ארעיא אנה שליט על
4QCat[a] 10+ 1.8 ענ̇יכה ממני עד אנה אשיתה :]
4QCat[a] 10+ 1.9 אשיתה :] עד אנה[
4QNab 1+ 1.3 ומן [ ] שוי א[נה
11tgJ 14.6 [: א]רו אנה ש<י>זבת
11tgJ 21.1 מל˙[: מלי אף אנה ארו סברת[:
11tgJ 22.3 וק[ל :]˙ אנה ולא חטא לי
11tgJ 25.9 [: חב]חר ולא אנה [:]לא ˙˙

1QS 1.25 הרשענו אנו [וא]בותינו
4Q503 1+ 2.20 ערנ˙[ ] : אנו עם קודשו[
4Q503 28 1.5 ישראל וכ[:] אנו ˙˙[
4Q503 29+ 2.20 לילה[:]˙ אנו היו[ם :]
4Q506 131 1.2 [ות[:]ה אנו ˙[:]אשה[:
4Q509 53 1.1 [˙ וגם אנו מ[:]

1QS 4.23 יריבו רוחי אמת ועול בלבב
1QS 4.25 בו וכן : יתעב אמת כיא בד בבד
1QS 5.3 ולמשפט לעשות אמת יחד וענוה
1QS 5.5 קשה ליסד מוסד אמת לישראל
1QS 8.2 התורה לעשות אמת וצדקה
1QS 8.6 לאהרון עדי אמת למשפט
1QS 9.17 ולהוכיח דעת אמת ומשפט צדק
1QS 11.4 יזד עורע כיא אמת אל היאה :
3Q15 4.14 הסככא חפור : אמת כסף כב :
3Q15 5.1 כסף כב : ברוש אמת המים ˙[ ]
4Q380 1 2.9 אלוה ˙˙[: אמת בה וחסדו ˙
4Q381 76+ 1.9 [ושפט אמת ועד נאמן
4Q381 76+ 1.12 במשפטיכם לשפט אמת ואין עולה[
4Q381 76+ 1.13 בכם משפטי אמת היש בינה
4Q404 5 1.6 אלוהים :]מלך אמת [ו]צדק כול
4Q405 17 1.3 דעת ובינה אמת :]טוהר
4Q405 19+ 1.4 [רו]חי דעת אמת[ו]צדק
4Q405 20+ 2.5 [: אמת וצדק
4Q487 2 1.8 לב אשמה [:]אמת וחוב[מה :
4Q502 2 1.3]ת לו בת אמת ומתהל[כה :
4Q511 63+ 2.4 לכול עבודת אמת ועם כול :
4Q512 14 2.3 ברצונו[: אמת ˙]
4pPs[a] 1+ 4.12 ישמחו בנחלת אמת ˙]
4QCat[a] 12+ 1.5 בעיר כיא רוח אמת ה˙]
4QMl 11 2.15]ל[: בני]י אמת ולהסיג לב
4QM6 2+1 1.8 ולכ[ול :] אמת לכלת :]˙ל
11QPs 26.10 סביב פניו אמת : ומשפט
11QT 55.5 היטב והנה אמת נכון הדבר
11QT 55.20 היטב והנה : אמת נכון הדבר
11QT 57.8 יהיו אנשי אמת יראי
CD 2.13 קדשו וחוזי : אמת ובפרוש שמו
MasSS 2.4 [: אמת ו]

1pPs 2 1.1 א]מתו בפר[ם:
1QH 6.29 משפט וכול בני א[מ]תו יעורו ל
1QM 13.1 ואת כול מעשי אמתו וזעמו :
1QM 13.2 קודשו ומעשי אמתו וב[ר]וכים
1QM 17.8 וכול בני אמתו יגילו
1QS 1.15 לסור מחוקי אמתו ללכת ימין
1QS 1.19 ואת כול מעשי אמתו וכול :
1QS 2.26 [בי]חד אמתו כיא געלה
1QS 3.24 ישראל ומלאכ אמתו עזר לכול
1QS 11.14 משפטי בצדקת אמתו שפטני
1QS[b] 1.2] אמ]תו ויבחר כם
4Q400 3+ 2.3 [: אמתו צורי ˙˙˙]
4Q403 1 1.12 [אמתו לכול
4Q403 1 1.18 קרו]בים דעת אמ[תו בשבע]ה
4Q403 1 1.20 ד[ברי]רום : אמת[ו]
4Q405 3 1.12]:]וגדל:]ם ~~אמתו~~ <>]לנשיאי
4Q405 13 1.4 [רצו]ן אמתו בשבעה
4Q405 23 1.13 בתכון א[מ]תו והלכו :
4Q511 148 1.2 [˙] : א]מתו א] :
4QBer 10 2.12 אמ]תו ולהמיר
4QCat[a] 12+ 1.7 ל˙˙˙[:]מלאך אמתו יעזור
4QMl 11 1.10 הכינה מאז אמתו ורזי
4QTeh 2 1.7 כול חוזי אמ[תו וכ]ול
6QHym 6 1.4]מושלים[:]אמתו ל[:]הלל
11QSS 2+ 1.5 לכול מעשי אמת[ו
CD 3.15 צדקו ודרכי אמתו וחפצי
CD 20.31 צדקו ועדוות אמתו: והתיסרו
CD 11.12 את עבדו ואת אמתו ואת שוכרו
CD 12.10 ואת עבדו ואת אמתו אל ימכור

11tgJ 2.4 ב˙[: ביתי אמתי לנכר[י :

1QM 5.6 אורך המגן אמתים וחצי

1QH 11.11 [ ] בני אמתך ובגורל עם
1QH 14.20]אמיר בהון אמתך ובשוחד
1QH 16.4]˙ד אמתך בכול [:
4Q381 15 1.2 [והושע לבן אמתך עשה עמי :

1QS[a] 2.2 עבודתו אלה : אנושי השם
1QS[a] 2.8 [ב]תוך עדת א[נ]ושי השם
1QS[a] 2.13 [ ]מועד אנושי השם

1QH 5.33 ואוכלה בלחם אנחה : ושקוי
1QH 9.4 תשא [ ]בקול אנחה : עיני

1QS 10.21 סוררי דרכ לוא אנחם בנכאים עד

1apGn 19.12]ל[ ] כען אנחנא [ ]

2Q27 1 1.5 מוע[:]מי אנחנו ה[ ]ל[
CD 20.29 רשענו גם אנחנו גם

1Q26 1 1.7 ואמר לי אני חל[קכה :]
1QDM 4.8]אני הכוהן [ ]
1QH 3.24 יצר : החמר מה אני מגבל במים
1QH 7.1 לא[:] אני נאלמתי ˙]
1QH 7.35 שמתה חוקי : ˙˙˙אני לחסדיכה
1QH 15.25 לא תהיה לפניך אני ידעת[י :
1QH 4 1.11 ומה אפה[:]אני במשפט ושב
1QH 6 1.6 גליתה :]אני לבשר ידעתי
1QS 11.2 ומקני הון כיא אני לאל משפטי
2Q31 2 1.1] אני[
4Q176 3 1.3] : [אתך אני וב[נה]ר[ות
4Q176 4+ 1.2 ת]ירא [א]ני ממזרח
4Q385 2 1.4 יהוה : אלי אני אראה את
4Q385 2 1.4 וידעו כי אני יהוה : [
4Q484 2 1.1 [˙˙אני˙˙]
4Q502 10 1.2] : ה]יום אני [: א]שישי
4Q502 37 1.1 וג]ם אנ[י : א]שר ˙]
4Q512 28 1.1 א]ני עב[דכה :
4QCat[a] 12+ 1.2 כי]א אמלל אני :]ונפשי
4QFl 1+ 1.11 [לעו]לם אני אהיה לוא
4QMl 11 1.13 יבוא ביא כיא אני ישבתי ב[
4QMl 11 1.14 ואין :]˙יבום אני עם אלים
4QPs[f] 2 7.15 [:] א]ני אהבתי[ך
4QPs[f] 2 8.10 בכול מודי אני : [אה]בתיך
5apMl 1 1.3]כיא מלך גדול א[ני] א[מר:
8QHym 1 1.1 בשמכה[ג]בור אני מירא ומע[:
11QPs 28.5 כבוד אמרתי אני בנפשי
11QPs 19.11 צדקותיכה גם אני את : שמכה
11QPs 19.13 ועל חסדיכה אני נסמכתי
11QPs 21.11 אני נער בטרם
11QPs 22.2 בכול מודי : אני אהבתיך
11QT 2.1 אנ]י עוש[ה:]
11QT 29.9 אשר אברא אני את מקדשי :
11QT 45.13 את העיר אשר אני שוכן :
11QT 45.14 בתוכה כי אני יהוה שוכן
11QT 46.4 כול הימים אשר א[ני שוכ]ן
11QT 51.7 בהמה אשר : אני מגיד לכה
11QT 51.7 יטמאו כי אני יהוה שוכן
11QT 53.8 והטוב : לפני אני יהוה
TS 1 1.2 מארצ מצר[ים] אני יהוה

4QMl 11 1.18 במשפטי : כ]יא אניא עם אלים

1QH 5 1.8 למ[: רבה אנינם לכלה

1Q20 1 1.4 ˙ין:]וכען הא אניתי אסירין:

4tgJ 1 2.1 [˙˙˙ : מרנ]ח: אנ[כיר: האנש

11QT 64.2 בן סורר ומורה איננו שומע בקול

1apGn 2.13 עלי[: באדין אנסת רוחהא

1apGn 20.3 רגג הוא לה אנפהא וכול נק

11tgJ 23.4 ויחזא אנפוהי באסי˙]
11tgJ 25.5 ישמע [:]˙ אנפוהי מן

4Q511 129 1.2 ˙˙[:]ברוך אנו ב˙[:]˙[
4pIs[c] 11 2.4] : אנו בני מל[כי
CD 20.28 לפני אל כי אנו : רשענו גם
CD 15.13 [נפרע]ים א[נו] ממנו אם

1QDM 1.7 [ ] מגיד : אנו[כי] אשר
1QDM 1.9] את אשר : אנו[כי] מצוך
1QDM 2.4 ושב[חתה א]שר אנוכי [מצו]ך
4pHs[a] 2.1] אנוכי נתתי לה
4pHs[b] 2 1.2 כפיר החרון כי אנוכי כשח[ל
4Tstm 1.7 הנבי בשמי אנוכי : אדרוש
11QPs 28.14]אנוכי[ ]
11QPs[b] a 1.1] ודל אנוכי כי[:]
11QT 31.9 ועשה ככול אשר אנוכי מדבר
11QT 46.12 ממקדשי : אשר אנוכי שוכן
11QT 47.11 את העיר אשר : אנוכי משכן את
11QT 47.18 פגוליכמה אשר אנוכי שוכן
11QT 51.16 את הארץ אשר אנוכי נותן
11QT 52.19 בתוך עירי אשר אנוכי מקדש :
11QT 54.6 הדברים אשר : אנוכי מצוכה
11QT 54.12 כי : מנשה אנוכי אתכמה
11QT 55.2 א]נוכי נותן
11QT 55.13 מצוותי אשר אנוכי מצוכה :
11QT 55.16 שעריכה אשר : אנוכי נותן לכה
11QT 56.12 אל הארץ אשר אנוכי נותן לכה
11QT 60.16 אל הארץ אשר אנוכי נותן לכה
11QT 60.20 התועבות האלה אנוכי מורישם
11QT 61.14 מהמה כי אנוכי עמכה
11QT 62.11 אויביכה אשר אנוכי נותן לכה
11QT 62.13 העמים אשר אנוכי נותן לכה
11QT 64.12 את האדמה אשר אנוכי : נותן
TS 1 1.5 הארץ אש[ר : [אנ]וכי נותן

1Q23 2 1.1 [˙ אנון[:]אין ˙]
1Q67 5 1.3] תליתי [:]ו אנון [
1apGn 22.7 דבק לדן ואשכח אנון : שרין
1apGn 22.9 בליליא ותבר אנון והוא רדף
1apGn 22.24 די : אזלו עמי אנון שליטין
4Amrm 1 1.11 תגר רב ושאלת אנון אנתון מן

CD 16.13 למזבח מאום אנוס וגם :

1apGn 19.15 [ ]וב[ני] אנוש אתו ובעון
1apGn 20.32 לי ומני עמי אנוש די
1apGn 21.13 ישכח כול בר אנוש למםניה
1QH 1.25 ומה יספר אנוש חטאתו ומה
1QH 1.32 חזקתה רוח אנוש לפני נגע
1QH 1.34 נגיעי : ולבני אנוש כול
1QH 4.31 צדקה ודרך אנוש ל<ו>א
1QH 5.28 ותהי לכאיב אנוש ונגע נמאר
1QH 8.28 למרורים וכאיב אנוש לאין
1QH 8.40 נאלמו כאין :]אנוש לא[:]אפ
1QH 9.15 [ ]ר<י>בכה אנוש מאנוש
1QH 11.10 כבודכה טהרתה אנוש מפשע
1QH 11.20 גבר ותשובת אנוש]
1QH 14.11 כול אשר :]ת אנוש כי לפי
1QH 15.13 דרכו ולא יוכל אנוש להכין
1QH 4 1.8 כי[:]˙ו˙ אנוש וברית
1QH 15 1.5]˙ת ולהבין אנוש חקר כול
1QS 3.17 והואה ברא אנוש לממשלת :
1QS 7.12 ערום ולוא היה אנוש ונענש ששה
1QS 11.15 יטהרני מנדת : אנוש וחטאת בני
1QS[b] 4.1]אנוש וקדוש[י
1QS[b] 4.2 [˙] א]נוש
4Q184 1 1.17 יושר להשגות אנוש בדרכי
4Q381 31 1.6 עמדי ומה יעשה אנוש הנני
4Q381 46 1.5]עת : לוא יעז אנוש ולא ירום[
4QPs[f] 2 8.5 אד]ם כדרכו : אנוש כמ[עשיו
CD 3.17 התגוללו בפשע אנוש ובדרכי

1QS[a] 1.3 העם המה אנושי עצתו אשר

1apGn 2.12	די אשתני אנפי עלי[:
11tgJ 10.1	] ע[ל אנ]פי חשוך :
11tgJ 29.1	על[והי : על אנפי מין אף
11tgJ 29.3	יפקדנון על אנפי תבל הן
11tgJ 33.4	ולא יתוב מן אנפי חרב עלוהי
1apGn 20.2	ושפיר לה צלם אנפיהא וכמא :
1apGn 20.4	וכול נץ : אנפיהא] [
4Amrm 1 1.14	] בחזוה אנפיוה העכן
1apGn 2.17	בני שמ[ין : אנפיך כדנא
1apGn 5.10	] : די מני אנפק ˙˙˙
1apGn 22.14	מלכא דשלם אנפק : מאכל
1apGn 20.16	למכתשה ולכול אנש ביתה רוח :
1apGn 20.17	כתשא לה ולכול אנש ביתה ולא
1apGn 20.18	ועל כול אנש ביתה ושלח
1apGn 21.21	אנה וכול אנש ביתי ושלחת
1QS 10.19	נפשי וריב אנש <ש>חת לוא
5QTop 7 1.1	] אנש[:]˙˙[
11tgJ 2.8	כל אנש די[:]איש
11tgJ 9.9	לא[: וב]ר אנש תולע[ה :]
11tgJ 11.3	חזיתון למה :]אנש רשיעין :
11tgJ 12.9	אנ]ש : אתר
11tgJ 19.7	א]נש : ביתי
11tgJ 24.4	אלהא : כען אנש[
11tgJ 24.5	]אנש ישלם לה :
11tgJ 25.6	על עמ[:]לך אנש רשיעיא
11tgJ 26.3	חטיך : ולבר אנש צדקתך מן
11tgJ 31.4	מדבר די לא אנש בה להסבעה
1apGn 22.15	לאברם ולכול אנשא די עמה
4QMes 1.8	[ו]ידע רזי אנשא וחוכמתה
11tgJ 22.6	רב אלהא מן אנשא[:]רבברן
11tgJ 28.2	חזו ה[מון כ]ל אנשא עלוהי
11tgJ 28.2	חזין ובני אנשא : מרחי[ק
1Q31 1 1.1	[כ]ול אנשי היחד
1Q36 7 1.2	]ולכול אנשי ברית[:]
1Q36 16 1.2	[˙]˙ : א]נשי משמרת
1apGn 21.19	ואשכחת כול אנשי שלם ואזלת
1pHab 7.10	פשרו על אנשי האמת :
1pHab 8.11	ויקבוץ הון אנשי חמס אשר
1pMic 20+ 1.2	˙[הפת]אים[:]אנש[י בי]תו]
1QH 2.16	חל[:] אנשי רמיה עלי
1QH 4.20	במ[שפ]ט כול אנשי מרמה
1QH 6.11	ו[ ]ל˙˙ : אנשי עצתכה
1QH 6.13	]˙ודכה : לכול אנשי עצתכה
1QH 6.18	בוערת בכול אנשי : אשמה עד
1QH 7.22	]ארות אנשי מלחמתי
1QH 9.22	למכשול ל˙[: אנשי מלחמ[
1QH 14.2	[˙˙ :]אנשי אמת וב[:
1QH 14.7	ע˙˙˙ וכול :]אנשי הזונכה:
1QH 14.18	ביחד כול אנשי סודי לפי
1QM 1.5	וקץ ממשל לכול אנשי גורלו
1QM 1.15	ממשלתו ולכול אנשי[
1QM 2.6	הנותרות והיו אנשי השם :
1QM 2.7	בחרים להם אנשי מלחמה
1QM 2.8	יחלוצו : להם אנשי חיל לצאת
1QM 3.1	המלחמה לצאת אנשי הבנים
1QM 3.3	ועל חצוצרות אנשי : השם
1QM 3.7	חצוצרות מקרא אנשי הבנים
1QM 4.2	בליעל ובכול אנשי גורלו
1QM 4.5	ואת שמות תשעת אנשי תעודתו :
1QM 5.17	אשר יעמודו שם אנש[י] :]
1QM 6.9	עם אלף מערכת אנשי הבינים
1QM 6.11	הפרשים על רכב אנשי הסרך ששת
1QM 6.12	למלחמה עם אנש[י] הבנים
1QM 6.12	עליהם אנשי חיל
1QM 7.5	כולם יהיו אנשי נדבת
1QM 7.12	על פני כול אנשי המערכה
1QM 7.16	מגן : וחמשים אנשי בינים
1QM 8.1	מריעות לנצח אנשי הקלע עד
1QM 8.4	המערכות ולידם אנשי הרכב :
1QM 9.3	אליהם כול אנשי הבינים
1QM 9.5	ועשרים אלף : אנשי מלחמה
1QM 14.10	מר[זו אנ]שי ממשלתו
1QM 15.4	והלויים וכול אנשי הסרך עמו
1QM 16.4	וי]צאו אנשי הבינים
1QM 17.12	ובהגיע : אנשי]
1QS 2.2	את כול : אנשי גורל אל
1QS 2.4	מקללים את כול אנשי : גורל
1QS 5.2	להבדל מעדת : אנשי העול
1QS 5.2	<ו>על פי רוב אנשי : היחד
1QS 5.9	רצונו ולרוב אנשי בריתם :
1QS 5.10	להבדל מכול אנשי העול
1QS 5.13	לגעת בטהרת אנשי הקודש כיא
1QS 6.19	הכוהנים ורוב אנשי בריתם
1QS 6.21	שנה שנית בתוך אנשי היחד
1QS 7.20	ואחר כול אנשי היחד ישב
1QS 8.11	קודש בתוך עצת אנשי היחד וכול
1QS 8.17	אל יגע בטהרת אנשי הקודש :
1QS 8.20	אשר ילכו בם אנשי התמים
1QS 9.5	ההיאה יבדילו אנשי : היחד
1QS 9.7	לכול תכון אנשי היחד :
1QS 9.8	היחד : והון אנשי הקודש
1QS 9.8	הונם עם הון אנשי הרמיה אשר
1QS 9.10	אשר החלו אנשי היחד
1QS 9.16	ולהתרובב עם אנשי השחת :
1QS 9.17	התורה בתוך אנשי העול
1QS 9.19	ואמת בתוך : אנשי היחד לה(
1QS 9.22	עולם : עם אנשי שחת ברוח
1QS[a] 2.11	[מו]שב אנשי השם]
1QS[b] 4.24	˙˙ברית בידכה : אנשי עצת אל
4Q502 19 1.5	ואח[ר]ידברו אנשי [
4Q502 30 1.2	]מברכי[ם :]ו אנש[י : יש]ראל
4Q511 63+ 2.5	ועם כול : [אנ]שי ברית ד˙
4Q511 63 3.5	שלום : לכול אנשי ברית
4pHs[b] 5+ 1.1	]אנשי [:]˙
4pIs[a] 1 1.28	]לו אנשי חילו ופו[
4pIs[b] 2.6	בא אלה הם אנשי הלצון :
4pIs[b] 2.10	] היא עדת אנשי הלצון אשר
4pIs[e] 9 1.3	מלך ב˙[:] אנשי היח[ד :]
4pN 3+ 3.11	[פ]שרו הם אנשי [ח]ילה
4QCat[a] 2+ 1.14	שנית אשר[א]נשי עצתו
4QCat[a] 5+ 1.1	י[ ]בא על אנשי הי[חד :
4QCat[a] 5+ 1.8	א]שר ינודו אנ[שי : כצ]פור
4QCat[a] 10+ 1.4	את :]˙ל אנשי בליעל
4QCat[a] 10+ 1.9	הדבר לנצח לב אנשי :]˙ה˙מי[
4QCat[a] 12+ 1.11	ב]ל[יע]ל וכול אנשי גורלו ו˙[
4QCat[a] 12+ 2.8	[: בליע[ל : אנשי[: ×˙]
4QM1 1+ 1.7	ופקודים להיות אנ[שי]מם[
4QM1 1+ 1.12	למלחמה אלה אנשי ה[בינ]ים
4QM1 1+ 1.12	ולעומתמה אנש[י
4QM1 8+ 1.8	ובהתרשע אנ]שי :]
4QM1 10 2.9	] : יחלו אנשי הבינ[י]ם[
4QM1 19 1.4	קרי]אי השם אנ[שי
4QM3 1 1.6	בקול חד לצאת אנ[שי] :
4QM6 7 2.4	<]˙˙˙> י]היו א[נ]שי ה[שם
4QPBl 1 1.5	]התורה עם אנשי היחד כי :
4QPBl 1 1.6	] היא כנסת אנשי :]נתן
5Q16 3 1.1	]אנשי ˙[:]ם
6Q26 2 1.1	אנ]שי בית[
6QBen 1 1.2	[:]לכול אנשי חל[ק:
11QT 57.8	אשר יבור יהיו אנשי אמת יראי
11QT 58.7	עמו חמישית אנשי המלחמה
11QT 58.8	עמו שלישית אנשי המלחמה
11QT 58.10	מחצית העם את אנשי : הצבא
11QT 58.16	חמישית העם אנשי המלחמה
11QT 64.5	ורגמוהו כול אנשי עירו

1Q20 1 1.4 הא אנ׳תי אסירין :]ל˙ ˙
11tgJ 27.2 ואף עם אסירין [

11QT 53.21 יקומו ואנוכי אסלח לה כי
11QT 54.3 שומעו ואנוכי אסלח [ל]ה :

1Q69 8 1.2 [˙ [:]אסף[
1QM 3.10 חצוצרות המשוב אסף אל ועל
1QM 14.5 וקהל גויים אסף לכלה אין
4QCat[a] 23 1.2 [˙יא] :]אסף[: [˙ ˙]
4QM1 8+ 1.4 וקהל גו[אים]אסף לכלה ואין[
5QJN 1 1.18 אספא [ ] אסף אוחרן

5QJN 1 1.16]פות[יה א]ספא קנין
5QJN 1 1.17] [אספא ית ד[שין
5QJN 1 1.17 ל]ה ומשח בגוא א[ס]פא אורכה
5QJN 1 1.18 ל]גוא אספא [ ] אסף

1QS 10.24 בעצת תושיה אסת‹פ›ר דעת :

1QH 10.20 בכבודכה אספרה :
4Q381 31 1.4 ת עזי[ ]˙תך אספרה נגד
4Q511 63+ 2.2 תעודותי אספרה :

1QS 5.8 נפשו בשבועת אסר לשוב אל
11tgJ 30.1]ל[ ] : אסר נא כ‹ג›בר
11tgJ 34.2 ועננא ואמר לה אסר : נא כגבר
11QT 53.15 שבועה לאסור אסר על נפשו
11QT 53.16 לי או אסרה אסר על נפשה :
11QT 54.2 או כול שבועת א[סר : אישה
CD 16.7 כל שבועת אסר אשר יקום

11QT 53.16 נדר לי או אסרה אסר על
11QT 53.18 את האסר אשר אסרה על נפשה
11QT 53.19 נדריה וכול אסרה אשר אסרה
11QT 53.19 וכול אסרה אשר אסרה על נפשה
11QT 53.21 ואסריה : אשר אסרה על נפשה
11QT 54.4 כול אשר אסרה על נפשה :

3Q15 9.3 שבע : בדין אסתרין ארבע :

11tgJ 13.2] : צפרי שמיא אסת[תרת:

4Q519 14 1.1]אע˙ ˙ ˙]

4QNab 1+ 1.8] : אעא אבנא חספא

11tgJ 18.6 ו]מא אעבד : בדי

11QPs[b] c 1.1 אעבורו ות

1QH 3 1.6 אפר איכה אעמוד לפני רוח

1pHab 6.12 על משמרתי אעמודה × :

11QT 59.6 וזעקו ולוא אענה : אותמה

4pHs[b] 5+ 1.3]על[: א]עשה לכה[

1QDM 1.5 הים[יב] אשר א[עשו]ק מהם

1Q36 16 1.3] : מש]פט אפ ונפילי בש[
1apGn 1.2 נצבתא:]˙ ˙ אף רז רשעא די:
1pHab 3.12 יכ[מרו וב]חרן אף וזעף × :
1pHab 11.3 מספח : חמתו אף שכר למען
1pZ 1 1.4 חרון אף י[הוה
1pZ 1 1.5 א]ף יהוה פשר
1QDM 2.9 יב]ער וחרה אף :]
1QH 3.27 על משפט וגורל אף : על נעזבים
1QH 9.1]אנוש לא[:]אפ˙ ˙] :]ע[ ]
1QH 12.18 כיא לפני אפ˙] :]חפזי

CD 20.2 לכל באי עדת אנשי תמים הקדש
CD 20.4 ית יוכיחוהו אנשי : דעות עד
CD 20.5 לעמד במעמד אנשי תמים קדש
CD 20.7 יתהלכו : בו אנשי תמים הקדש
CD 20.11 אשר שבו : עם אנשי הלצון
CD 20.14 עד תם כל אנשי המלחמה
CD 20.32 נשפטו בם אנשי היחיד

11QT 58.2 ˙] :]]אנשיהמה : וה(

1QM 1.11 אלים וקהלת : אנשים בני אור
1QS 6.3 יהיה שם עשרה אנשים מעצת
1QS 10.14 שפתי במערכת אנשים : ובטרם
1QS 10.23 תמיד ומעל אנשים עד תום :
1QS[a] 2.22 עד עשרא אנש[ים]
4Q385 2 1.8]ויעמד עם רב אנשים ויברכו
4Q400 2 1.2 למוסדי אנשים פ[לא] :
4Q401 14 1.8 למו]סדי אנשים פלא
4Q511 30 1.4 הימדו בשועל אנשים מי רבה
4Q512 36+ 1.13]ה לכה סוד אנש[ים
4pN 3+ 1.7 אשר יתלה אנשים חיים :]
4QOrd 2+ 1.3 עשר]ה אנשים :
11QT 55.3 לאמור יצאו אנש[י]ם [ב]ני
CD 1.9 וידעו כי : אנשים אשימים
CD 10.4 העדה עד עשרה אנשים ברורים :
CD 13.1 עד עשרה אנשים למועט
CD 14.10 בכל : סוד אנשים ולכל

1apGn 19.7] ואמרת אנתה הוא : ל[י
1apGn 20.12 נחתן בריך אנתה אל עליון
1apGn 20.13 עלמים די אנתה מרה ושליט
1apGn 20.13 מלכי ארעא אנתה שליט
1apGn 20.15 מרי די אנתה מרה לכול
1apGn 20.34 ונסב לה אנתה מן בנת]
1apGn 21.9 ביתאל אתר די אנתה יתב ושקול
4Amrm 1 1.12 לי במן מננא אנת[ה
4Amrm 2 1.5] אנת]ה חזה והוא
11tgJ 36.2 תעול בינה( )ן אנתה : לחברתה

4Amrm 1 1.11 רב ושאלת אנון אנתון מן די

1apGn 21.12 ואמר לי לזרעך אנתן כול ארעא

1apGn 21.14 ארי לך ולזרעך אנתננה אחריך

1apGn 20.25 מלכא בדיל שרי אנתת אברם

1apGn 20.23 מלכא ושרי אנתתה עמה וכען
1apGn 20.23 למלכא וישלח אנתתה מנה

1apGn 2.3 על בתאנוש אנ[תתי :]
1apGn 2.8 אדין בתאנוש אנתתי בחלק
1apGn 2.12 חזת בתאנוש אנתתי די אשתני
1apGn 19.17 ואמרת לשרי אנתתי חלם :
1apGn 19.24 על מל[י] ועל אנתתי והווא
1apGn 20.14 מצרין די דברת אנתתי מני
1apGn 20.15 ז"ן לממיא אנתתי מני

1apGn 20.27 היא והיא הואת אנתתך ונסבתהא
1apGn 20.27 לי לאנתה הא אנתתך דברה אזל

1apGn 22.22 דמסאן : אן אסב מן כול די

1apGn 20.19 אשפיא עם כול אסי מצרין הן

1apGn 20.20 ולא יכלו כול אסיא ואשפיא

1QH 9 1.8 ואתה :] אסיר עד קצ

4Q509 121+ 1.6 ובכי תתרפה אסירי[ם

1QH 12.30	לפני אפכה ואין
4Q504 1+R 2.11	עולם ישוב נא אפכה וחמתכה
4Q504 1+R 3.11	בכול חרון אפכה ותדבק בנו
4Q504 1+R 5.5	וחר<ו>ני אפכ<ה> באש
4Q504 1+R 6.11	עולם ישוב נא אפכה וחמתכה
4Q184 1 1.5	מכסיה אפלות נשף
4Q184 1 1.6	ממוסדי אפלות ؛ תאהל
1QH 2.33	על עבודתכה אפס כי]
1QH 3.30	להוב עד אפס כול שותיהם
1QH 6.17	״על תבל לאין אפס ועד שאול]
1QH 12.10	תהיה ؛ ואין אפס וזולתה לוא
4Q405 6 1.9	]˙לאל[ ]˙ אפסי ؛]ת קול
1QH 2.28	יבקעו ؛ אפעה ושוא
1QH 3.12	הריה והרית אפעה לחבל נמרץ
1QH 3.17	] מעשי אפעה ؛ ויסגרו
1QH 3.18	בעד כול רוחי אפעה ؛ אודכה
1QH 3.28	וחבלי מות אפפו לאין פלט
1QH 5.39	לאין [؛]לעל אפפו נפשי ל]
4Q511 42 1.4	ובשמיני אפצה[؛ ד]ורות
4Q509 275 1.1	א]פקוד על פרי
1QH 2 1.7	]˙]שה אפר בידם לוא
1QH 3 1.6	[؛]מקוי אפר איכה אעמוד
4Q512 1+ 1.3	]אפר קודש]
11QT 65.3	או על הארץ ؛ אפרוחים או
4pIs^{c} 4,6+ 1.20	א]ת אפרים ואפרי[ם]
4pN 3+ 1.12	א]פרים ינתן
4pN 3+ 2.2	פשרו היא עיר אפרים דורשי
4pN 3+ 2.8	ע]ל מתעי אפרים אשר
4pN 3+ 3.5	ידודו פתאי אפרים מתוך
4pN 3+ 4.5	פשרו על רשעי א[פרים] ؛
4pPs^{a} 1+ 1.24	]רשעה ביד אפ[רי]ם ؛
4pPs^{a} 1+ 2.18	פשרו על רשעי אפרים ומנשה
11QT 24.13	י<ה>וסף יחד אפרים ומנשה
CD 7.12	באו מיום סור אפרים מעל
CD 7.13	ישראל ؛ שר אפרים מעל
CD 14.1	באו מיום סור אפרים מעל
1QH 18.22	הספר˙[؛]ה אפתה[؛]˙צ]
1QS 10.23	בה בהודות אפתח פי וצדקות
1QM 18.12	כלה ועתה היום אץ לנו [ל]רדוף
4Q381 33 1.6	[ ]להציל אצ]
1QS 11.2	ממה שולחי אצבע ומדברי
1QM 5.13	ורוחבו ארבע אצבעות והבטן
1apGn 20.5	וקטינן כול אצבעת ידיהא
1QH 9.9	דינו ומשפטכה אצדיק כי ידעתי
4Tstm 1.6	את כול אשר אצונו והיה
1Q70 5R 1.1	]אצחר ˙˙]
11QT 26.9	פרשו ؛ ישרופו אצל פרו חטאת
11QT 32.12	סביב לכיור אצל ביתו
11QT 37.7	˙ ؛ ו[מב]שלות אצל]
11QT 37.9	בפרור הפנימי אצל קיר] [
11QT 38.6	˙˙˙] ؛ אוכלים אצל שער המערב

1QH 15.21	הגדול ומה אף הוא בשר כי
1QM 4.1	הא[ל]ף יכתובו אף אל בעברה על
1QS 2.15	לאין ؛ סליחה אפ אל וקנאת
1QS 5.12	ביד רמה לעלות אפ למשפט
1QS 11.20	את כבודכה ומה אפ הואה בן
4Q176 22 1.1	[וגם אף ב<מ>קדוש] ؛
4Q184 2 1.6	רום לבב ואף אף ה]
4Q405 23 1.12	ישפטו במושבי אפ כבודו ؛
4Q485 4 1.1	]˙אף שמע] ؛ <]˙
4apLm 1 2.1	אוי לנו כי אף אל עלה] ؛
4pIs^{b} 2.8	על כן חרה אף יהוה בעמו
11Ap^{a} 3.11	]חרון אף ˙]
11tgJ 21.1	מל˙[؛ מלי אף אנה ארו
11tgJ 21.9	וא]חוה מלי אף ˙[؛]˙ הן
11tgJ 29.1	על אנפי מין אף בהון ימרק
CD 1.21	לריב עם ויחר אף ؛ אל בעדתם
CD 3.8	באהליהם ויחר אף אל ؛ בעדתם
CD 8.13	להם אשר חרה אף אל בכל עדתו
CD 19.26	לכזב אשר חרה אף אל בכל עדתו
CD 19.31	החיץ וחרה אפ אפו בם ובכל
CD 20.16	ההוא יחרה ؛ אף אל בישראל
CD 10.9	ימו ובחרון אף אל ביושבי
1QH 4 1.10	במשפטכה ומה אפה[؛]אני
11tgJ 35.3	כבחכה יזיב אפה התגד ؛
1QH 10.3	יביט כול ומה אפהו אדם ואדמה
1QH 12.31	לנגדכה ומה אפהו שב אל
1QH 10.12	כבודכה ؛ ומה אפהוא שב לעפרו
1Q36 18 1.1	]בם וחרון אפו ˙˙˙]
1QH 18.5	] אפו ע˙ך ותאמנה
1QM 3.6	דגלי אל לנקמת אפו בכול בני
1QM 3.9	חושך לוא ישוב אפו עד כלותם ؛
1QS 2.9	ישא פני אפו לנקמתכה
4pIs^{c} 4,6+ 1.21	]שב אפו[ ]
4pN 1+ 2.11	]]בחרון אפו ח[מתו
11Ap^{a} 3.5	] ؛ ובחרון אפו] [
11tgJ 1.1	]˙ה ומא אפו א[؛]העמי
11tgJ 4.3	תמיך[؛ ארו אפו לא ת] ؛
11tgJ 9.2	א[؛ מ]ן אפו יתיבנני
CD 2.21	עד אשר חרה אפו בם ؛ בה
CD 5.16	מעשיהם ויחר אפו בעלילותיהם
CD 8.18	בוני החיץ חרה אפו וכמשפט ؛
CD 19.31	החיץ וחרה אפ אפו בם ובכל ؛
CD 9.4	והביאו בחרון אפו או ספר
CD 9.6	ליום ובחרון אפו בו דבר בו
11QSS 8+ 1.6	]˙˙ אפוד ؛] מל˙]
4Q405 23 2.5	מקדש כול [؛ אפודיהם
4Q511 35 1.2	ולזע[ף] ؛ אפי אלוהים
11QT 55.11	אשוב מחרון אפי ונתתי לכה
1pHab 3.13	אף וזעף × ؛ אפים ידברו עם
1QH 1.6	] וארוך אפים במשפ[ט]
1QH 1.37	עני האריכו ؛ אפים ואל תמאסו
1QH 17.17	צדקותיך וארוך אפים ؛]˙
1QS 4.3	ענוה וא<ו>רכ אפים ורוב
1QS 4.10	ורוב חנפ קצור אפים ורוב אולת
1QS 6.26	ודבר בקצור אפים לפרוע את
1QS^{b} 16 1.2	כו]ל ؛ [˙<]ה אפים [> מעול]
4Q511 52+ 1.1	]וארוך אפים רב החסד
4Q511 108 1.1	אור]ך אפים רוב؛]
CD 2.4	ישרתוהו ארך אפים עמו ורוב
4pIs^{c} 2 1.3	] על כל אפיקו והלך על
4Q381 29 1.3	מנש]מת רוח אפך <יאבדו>

5QJN 1 2.8 ת]רין א[מי]ן ארבע ע[שרה] :
5QJN 1 2.9 ת[רי]ן אמין ארבע עש[רה
11QT 16.17 דמו יזרוק ע[ל אר]בע פנות
11QT 23.12 באצבעו על ארבע קרנות
11QT 23.13 העולה ועל ארבע פנות עזרת
11QT 30.6 באמה לעומת ארבע פנותיו
11QT 30.7 רוחב קירו ארבע : אמות[
11QT 30.9 מרובע רוחבו ארבע : אמות
11QT 31.13 השערים ארבע אמות
11QT 32.10 מן הארץ ארבע אמ[ות
11QT 33.12 אמות וגובהמה ארבע אמות :
11QT 36.8 במה רוחב השער ארבע [עש]רה
11QT 36.10 מן המשקוף ארבע עשרה באמה
11QT 38.14 ורוחב קירה [אר]בע אמות
11QT 41.14 פתחי השערים ארבע עשרה באמה
11QT 44.8 עד : הפנה ארבע וחמשים
11QT 46.6 החיצונה רחב : ארבע עשרה באמה
11QT 48.4 ההול<ב>ים על ארבע אשר : יש
11QT 48.13 בהמה בין ארבע : ערים
TS 3 2.8 באמה וגובהו ארב[ע : עצ ארז

2QJN 8 1.2 [: ע]שרא שורא ארב[עא :]

4Q405 93 1.1 א]רבעה[:]˙˙[
4Q503 1+ 2.9 אור[ ]היום ארבעה ע[שר :]
11QPs 27.6 לכול ימי השנה ארבעה וששים
11QPs 27.10 על הפגועים ארבעה ויהי
11QT 19.14 יין חדש לנסך ארבעה הינים
11QT 20.2 ארב]עה עשר[:
11QT 22.3 ב[ני] ארבעה עש[ר :]
11QT 28.7 שנים כבשים [א]רבעה עשר :
11QT 28.10 כבשים בני שנה ארבעה עשר :
CD 10.5 העדה לפי העת ארבעה למטה לוי

1QDM 2.5 י]שראל [ ] ארבעים :]
1QM 6.14 הסרך יהיו מבן ארבעים שנה ועד
1QM 7.1 הסרך יהיו מבן ארבעים שנה ועד
1QM 7.2 גם הם מבן ארבעים שנה ועד
4pPs[a] 1+ 2.8 הרשעה לסוף : ארבעים השנה
11QT 6.4 באמ[:]בהה אר[בעים]
11QT 36.4 ו]השער רחב ארבעים :]
CD 20.15 הכזב כשנים ארבעים:]

2QJN 1 1.5]כול משחת:] ארבעין ותרתין
3Q15 1.3 אמות: ארוה ארבעין שדת כסף
3Q15 1.14 שלוש [כ]סף ארבעין : [כ]כר
3Q15 4.4 בביאתך : אמות ארבע[ין ואח]ת
5QJN 1 1.2 שת[ה] אמין ארבעין ותרתין
5QJN 1 1.14 חמש ל[אמין א]רבעין בכל

1Q30 1 1.5 [:]ויותר על ארבעת ˙[:]
4QMI 1+ 1.14 א]רבעת הרוחו[ת
11QPs 27.10 ויהי הכול ארבעת אלפים

11QT 10.12]ים ארגמן אדום
11QT 10.14] א]רגמן ותול[ע

1QS 10.18 רע בטוב ארדפ גבר כיא

11tgJ 3.6 מן ד[י :]˙ ארו מבע
11tgJ 4.3 תמיק[: ארו אפו לא ת[
11tgJ 5.7 [: ע]ליהון ארו ידע[ת :]
11tgJ 13.4 שמענא ˙[: בה ארו הוא יצ[ף:
11tgJ 14.6 ועין ˙[: א]רו אנה
11tgJ 18.7]ארו : עבד[ני
11tgJ 21.1 מלי אף אנה ארו סברת[:
11tgJ 22.6 וסבר כ[ל :] ארו רב אלהא מן
11tgJ 22.7]רבברן תמלל ארו בכל ˙[:
11tgJ 22.8 ארו בכל ˙[: א]רו בחדא ימלל
11tgJ 24.2 רש]ע ארו אמר לא :
11tgJ 25.8]לא אוסף ארו מ˙[:

11QT 42.7 מעלות תעשה אצל קירות
11QT 44.11 מן המקצוע אשר אצל בני יהודה

11QT 34.12 פר ופר ונתחיו אצלו ומנחת
11QT 34.13 ויין נסכו אצלו ומטנו

3Q15 5.7 דמע ובתכן אצלם : מעל
3Q15 11.1 כלי דמע בתכן אצלם : מתחת
3Q15 11.4 סנה ותכן אצלם : בהבסה
3Q15 11.15 סירא : בתכך אצלם : במבא

3Q15 11.11 סוח : בתכן אצלן : בבית

1apGn 22.19 שביא עמך די אצלתה מן מלך

4QCat[a] 19 1.5 ה˙[:]˙דריו אקבוץ חרון[:

4Q176 8+ 1.9 גדולים אקבצך בשצף קצף

11QT 47.4 והעיר : אשר אקדיש לשכין

1QH 10.22 ולסליחותיכה : אקוה כי אתה
1QH 11.31 ולחסדיכה אקוה
4Q381 33 1.9 לישע פניך אקוה ואני אכחש

1apGn 10.15 ˙˙˙ על מדבחא אקטרת ˙˙˙˙

4Tstm 1.5 לעולם : נבי אקים לאהמה

1QS 10.18 גמולו לוא אקנא ברוח :

4Q381 24 1.8]ביום א[ידי : אקרא ליהוה

1Q24 2 1.2]˙[:]על אר[:]ל[
4Q500 2 1.2]עם [:]אר[
4Q502 100 1.4 שמ[חה :]אר˙ ˙˙[
4Q509 67 1.1]˙אר˙[
4Q509 156 1.1] אר[:]ם לב[:
4Q512 181 1.2]˙˙[:]אר [:]המהר[:
5Q13 21 1.1]אר˙[
11QT 4.3]בית רחבים אר[:]˙ים
11QT 8.2 ˙˙˙˙[:]נוכח אר˙˙[:]˙˙˙

4Q385 2 1.4 אלי אני אראה את בני

4Tstm 1.11 נופל וגלו עין אראנו ולוא

4Q502 46 1.2]שר ו˙[:]˙ארב[:]רמ[

4Q370 1.4 מתהמות כל ארבות השמים

1apGn 12.13 טורא ולשנין ארבע עבד לי
1apGn 21.27 מרדו בה ובשנת ארבע עשרה דבר
1apGn 22.8 בליליא מן ארבע רוחיהון
1QM 4.15 כול העדה אורך ארבע עשרה אמה
1QM 5.13 וחצי ורוחבו ארבע אצבעות
1QM 5.13 אצבעות והבטן ארבע גודלים
3Q15 2.14 חפור אמות ˙˙˙ ארבע : ככרין :
3Q15 7.7 ככרין ארבע מאות :
3Q15 9.3 בדין אסתרין ארבע : בתכלת
4Q381 14 1.3 לעבור פיהו ארבע רוחות בש[
4Q385 2 1.7 שוב אנבא על ארבע רוחות
5QJN 1 1.5 תש[ע]ה ואמין א[ר]<ב>ע לשוק
5QJN 1 1.15 תרין אמין ארב[ע] עש[רה
5QJN 1 1.16 תרין אמין ארבע עשרה]
5QJN 1 1.19 אמ]ין ארבע רומ[ה
5QJN 1 2.1 תרין אמין א[ר]בע עשרה
5QJN 1 2.1 תרין אמין ארבע ע[שרה
5QJN 1 2.3 בתר[י]ן אמין ארבע עשרה
5QJN 1 2.5 פתיה אמין ארבע וסחר
5QJN 1 2.8 תרין אמין ארבע עשרה וכדן

11tgJ 26.8	ב]אישין ארו שוא יש]מע
11tgJ 27.3	]הון ארו התרוממו
11tgJ 28.1	ע]]ארו רברבין
11tgJ 28.4	די לא סוף ארו : ענג]י
11tgJ 28.8	כ]סי ארו בהון ידון
11tgJ 29.8	] א]רו הוא ידע
3Q15 1.3	למזרח אמות: ארוה ארבעין
4Q504 18 1.5	] :]ארוח ב˙] :]ר
1QM 6.15	עגלה ורמח ארוך שמונה]
4Q186 2 1.3	והואה לוא ארוך : ולוא
5QJN 1 2.7	אחרנא פותאהון ארוך בתי]א
4Q186 1 2.5	ושוקיו ארוכות ודקות
1QM 9.12	המגדלות יהיו ארוכים שלוש
1QH 11.15	] אודכה אלי ארוממכה צורי
1QS 2.5	וענו ואמרו ארור אתה בכול
1QS 2.7	גמולים ארור אתה לאין
1QS 2.11	והלויים ואמרו ארור בגלולי
4Q379 22 2.8	] : א]רור א]יש אשר
4Q379 22 2.9	והנה [אר]ור]
4QBer 10 2.2	וענו ואמרו ארור[ב]ליעל
4QTeh 2 1.2	] אר]ור אתה מלכי
4QTeh^{b} 3 1.4	]: רחמים ארו[ר
4Tstm 1.22	ויאמר ארור היש אשר
4Tstm 1.23	ואנה ‹איש› ארור אחד בליעל
5QS 1 1.6	אחריכה: ארו]ר אתה:
1QS 2.17	גורלו בתוך ארורי עולמים :
4Q511 52+ 1.5	מאתכה משפט[: ארו]רים ומאתכה
1QH 7.22	ויתפ[ ]ארות אנשי
1apGn 19.14	בחלמי [ ]א ארז חד ותמרא :
11QT 36.11	ומקורה כיור : ארז מצופה זהב
11QT 41.16	באדשכים עץ ארז ומצופים
11QT 49.3	]ם ובעץ ארז ובאזוב
TS 3 2.9	ארב[ע : עצ ארז ורחב הקיר
TS 3 2.11	רוחב [: עצי ארז ופתחה שלוש
1apGn 19.16	תריפא מן שדא [ארז]א ושביק
1apGn 19.16	[ארז]א ושביק ארזא בטלל
4pIs^{c} 8+ 1.2	[ל]כה ארזי לבנון מאז
CD 2.19	אשר כרום ארזים גבהם
1apGn 21.28	חברוהי וסלקו ארחא די מדברא
1apGn 22.4	נגדו מלכיא ארחא חלתא רבתא
11tgJ 25.3	המון באת[ר: אר]חה ובבל
11tgJ 10.5	תנין ערק : אר]חי מא עטר
11tgJ 15.2	]ון בחרת ארחי והוית [:
11tgJ 6.2	[: לא]להא :]ארחך : י]על
1QS 10.20	לשבי פשע ולוא ארחם : על כול
1apGn 3.3	ארי ביומי ירד
1apGn 19.16	תקוצו ל[א]רזא ארי תריפא מן
1apGn 20.20	למקם לאסיותה ארי הוא רוחא
1apGn 20.22	עלוהי ויחה ארי בחלם]
1apGn 21.14	וכמן פתיהא ארי לך ולזרעך
4pN 3+ 1.1	גוים אשר הלך ארי לבוא שם

4pN 3+ 1.1	לבוא שם גור ארי[ ]˙ :]
4pN 3+ 1.4	] ארי טורף בדי
1apGn 21.23	אמרפל מלך בבל אריוך מלך
1QH 5.7	לבני אשמה אריות שוברי
1QH 5.13	נפש עני במעון אריות אשר שננו
1QH 5.19	טרף מכה : ‹אריות› ברוך
1apGn 20.5	יאין כפיה ומא אריכן וקטינן
1QS 10.15	אנשים : ובטרם ארים ידי להדשן
4Q176 8+ 1.16	ישמח [ ]ו[ ] ארים[ ]יושבת[
CD 2.4	הם ישרתוהו ארך אפים עמו
1apGn 21.14	וחזי כמן ארכהא וכמן
4QMes 1.6	למאתה לה על ארכובת[ה] :
1QM 2.11	בשאר בני ארם בעוץ וחול
4apLm 1 1.10	]˙ הוי כל ארמונותיה שממו
4apLm 2 1.6	[בע]ל[ה] כל ארמונתיה
11tgJ 14.8	[: בפ]ם ארמלה הוית
4Q176 8+ 1.6	תשכחי[וח]רפת ארמלותך לוא[
1QS 10.14	משכב יצועי ארננה לו
1QS 10.17	ובישועתו ארננה יחד לוא
4Q381 33 1.5	א]רננה ואגילה
1Q20 1 2.6	˙˙˙ין ˙˙[: ארע˙ ת˙˙˙ע לן
1apGn 16.11	˙˙˙ כול ארע צפונא
1apGn 21.11	עד חורן וכול ארע גבל עד קדש
11tgJ 31.3	להנחתה על ארע : מדבר די
1apGn 10.13	˙˙ : לכול ארעא כולהא
1apGn 17.9	˙˙ : לארם ארעא די˙˙˙˙
1apGn 20.13	ובכול מלכי ארעא אנתה שליט
1apGn 20.16	לכול מלכי : ארעא ובבית
1apGn 21.10	וחזי כול : ארעא דא די אנה
1apGn 21.10	חצור וחזית ארעא מן : רמתא
1apGn 21.12	אנתן כול ארעא דא
1apGn 21.13	וזרעך כעפר ארעא די לא
1apGn 21.15	למסחר ולמחזה ארעא ושרית
1apGn 21.16	למדנחא לפותי ארעא : עד די
1apGn 22.25	הואת עמה מן ארעא דא שבק :
11tgJ 13.5	יצ[ף: לקצוי ארעא י˙[:
11tgJ 24.7	ה]וא ארעא עבד :
11tgJ 30.2	הוית במעבדי ארעא החויני הן
11tgJ 30.10	ב]כנפ[י]אר[עא] :˙[
11tgJ 31.2	קדמוהי על ארעא מן שויא :
1apGn 7.1	נוח גבר ˙˙˙ : ארעה וכול די
4Amrm 2 1.6	]צליא עד ארעיא אנה שליט
1apGn 19.12	אנחנא [ ] ארענא [וח]לפת
1apGn 19.13	]א כען חלפנא ארענא ועלנא
1apGn 12.10	˙˙˙ ארפכשד תרתין
1QM 2.11	ילחמו בבני ארפכשד : בששית
1Q26 2 1.3	[:]˙ ארץ ועל פיהו [
1Q34^{b} 3 1.4	שמים ותנובת ארץ לח[י]ת :
1pHab 9.8	מדמי אדם וחמס ארץ קריה וכול
1pHab 12.1	מדמי אדם וחמס ארץ קריה וכול
1pHab 12.7	קריה וחמס ארץ פשרו הקריה

]בוד [:]ד ארצנו[:] ˙ 4Q509 189 1.2

ובעבודה : כי ארורהו כל CD 20.8

]: [ ]˙˙ות˙[:]ארורות נצח ˙˙] 5Q16 1 1.3

מעשי : אשמה ארשיע] 4Q511 48+ 1.6

]תמו בלשונות אש [: ל]כלות 1Q29 1 1.3
]שלוש לשונות אש ם[:]ואחר 1Q29 2 1.3
[˙˙˙מרת] : [ ]˙ אש ˙˙˙[:]˙˙˙ 1Myst 7 1.2
יגעו עמים בדי אש : ולאומים 1pHab 10.7
למשפטי אש אשר גדפו 1pHab 10.13
כדונג מ(ל)פני אש וילכו ברכי 1QH 4.33
]˙ב במעשי אש וככסף מזוקק 1QH 5.16
קודש ולהט אש מתהפכת בל 1QH 8.12
...... אש ו<י>בשו 1QH 8.20
[:]מנסתרות אש] 1QH 17.9
תבעיר כלפיד אש בעמיר אוכלת 1QM 11.10
אתה : באפלת אש עולמים לוא 1QS 2.8
]אש[:]לת[פ]שם] 2apPr 5 1.1
]˙אש[:]ממצרי[ם 3Q14 17 1.1
]˙ו בת[:]˙ אש] 4Q176 25 1.6
י בצו<ק>[:]אש] 4Q374 3 1.4
ו[ב]גחלי אש יפזר[:]˙ 4Q381 28 1.1
]אש˙˙[:]את ש 4Q400 6 1.1
בדני להבת אש סביבה ל] 4Q403 1 2.9
]: מראי להבי אש[ת]פארת 4Q405 15+ 1.3
כבודו כמראי אש רוחות קודש 4Q405 20+ 2.10
מראי שבולי אש בדמות חשמל 4Q405 20+ 2.10
]˙ הד˙[:]ר אש˙[:]לרע ל˙] 4Q485 2 1.2
בלהבי אש מו[: בהפכה 4Q487 1 2.4
]ק˙[:]ר אש מעשיו [: 4Q487 15 1.2
]ר˙˙[:]˙או אש[:]לוא י] 4Q487 27 1.2
א]שישי [:]אש˙] 4Q502 137 1.2
]אש] 4Q502 153 1.1
[אש] 4Q502 197 1.1
]ם ה[:]אש] 4Q502 276 1.2
[˙˙]: [˙ אש] 4Q503 145 1.2
]ה והשל[<אש]> 4Q504 1+R 4.15
]ת ופרי מחשבת אש[:]ה 4Q504 6 1.2
בקרבנו בעמוד אש וענן ב[: 4Q504 6 1.10
]ה [:]אש[:]ן עם] 4Q504 31 1.2
˙] [˙]: אש˙[:]ול] 4Q506 144 1.2
˙[אש[:]אשר ד[: 4Q509 27 1.1
]ה ב[:]˙אש[:] תחרק[: 4Q509 187 1.2
]˙[:] אש] 4Q509 301 1.2
וכול רוחי [: א]ש עולמים 4Q510 2 1.4
[אש] 4Q511 204 1.1
[אש] 4Q512 7+ 1.5
]מים אש[:]˙ו לארץ 4Q513 15 1.1
]אש[: כ]הונתו 4Q513 27 1.1
]˙אש] 4Q517 69 1.1
לא אד˙[: ב˙[ ]אש˙˙] 4AgCr 2+ 2.8
]:]היה לשרפת אש והפכה [ ] : 4apLm 1 1.5
] ק]ד[חי] אש ומ]בערי: 6Q15 2 1.1
˙[אש[:]אשר עזב] 6QPro 21 1.1
לה]ביא בהמה אש פנימה 11QT 3.13
גדולה בלהבי אש : בי כל CD 2.5
בם כלם קדחי אש ומבערי CD 5.13
אנשי תמים קדש ~~אשר אין~~ : CD 20.5
ישׁ]]ח אש] [CD 13.16
אשר יפקד : אש הרבים מבן CD 14.7

אהבנו ולא אשא פני רע וש] 1QH 14.19
ומנת שפתי (אשא) : ( ) 1QS 10.8
וחליל שפתי אשא בקו משפטו 1QS 10.9
אליך ואיך אש[א] פני [: 2apMo 1 1.5

נא כגבר חלציך אשאלנך והתיבני 11tgJ 34.3
נא ואנה אמלל אשאלנך: 11tgJ 37.6

מקדש אל וחמס ארץ המה ערי 1pHab 12.9
]ארץ יהודה 1pZ 1 1.6
אתה בראתה ארץ בכוחכה : 1QH 1.13
ה[ ]˙ים ˙˙ ˙ארץ 1QH 16.3
עולם וכ<ו>שלי ארצ ו[:]˙ 1QH 7 1.4
עבים הבורא ארץ וחוקי 1QM 10.12
] מנו]קמי ארץ ברוב 1QM 12.5
טל לכסות ארץ : וכזורם 1QM 12.9
ט]ל ל[כ]סות ארץ וכזורם 1QM 19.2
לע]נוי ארץ ולהתהלך 1QS[b] 5.22
ארץ וברוח 1QS[b] 5.24
] נוח אל ארץ כן נשבעתי 4Q176 8+ 1.11
כל : מוסדי אר[ץ ומ]ים 4Q370 1.4
]טובה ורחבה ארץ נחלי מים : 4Q378 11 1.4
בב]קעה ובהר ארץ חטה ושער[ה 4Q378 11 1.5
ו]דבש כי ארץ זבת חלב 4Q378 11 1.6
]˙ ת[:]כי ארץ זו הגברת] 4Q381 44 1.2
אתה ˙[:]ארץ וירה 4Q381 50 1.4
המפל[יא :]ארץ והלילה שמ] 4Q503 15+ 1.9
היום [:]˙ ארץ ˙[:]כהונת 4Q503 72 1.5
ות ˙˙˙ ארץ במועדי :] 4Q508 30 1.2
]כ˙[:]ארצ[:]מוד[: 4Q509 81 1.2
]˙ם עלי ארץ להיות ק˙] 4Q509 131+ 2.8
ובכול מוסדי ארץ משפטי יוד 4Q511 10 1.12
א]רץ ג˙˙] 4Q511 30 1.1
היתה כמדבר ארץ לוא : 4apLm 1 1.12
]ו מוריש[: א]רץ] 4pIs[c] 31 1.5
𐤀𐤃𐤍𐤉 המה ירשו ארץ פשרו : המה 4pPs[a] 1+ 2.4
וענוים ירשו ארץ והתענגו 4pPs[a] 1+ 2.9
מבורכ[ו יר]שו ארץ ומקוללו] 4pPs[a] 1+ 3.9
לרשת : ארץ בהכרת 4pPs[a] 1+ 4.11
]אשר ˙[:]ארץ כיא ה[: 4QFl 8 1.2
]: לכסות א[רץ 4QM2 1 1.2
]˙י ארץ ˙] 5Q23 1 1.1
כי הא[רץ: ארץ נחל[י: בית 6Q20 1 1.3
] א]רץ[ ]˙˙[:] 6QPrPr 1 1.2
ר]]ארץ מי ע[: 11Ap[a] 2.2
שו[פר ב]כול [א]רץ : [ ]ם] 11Mel 1+ 2.25
ברוך עושה : ארץ בכוחו מכין 11QPs 26.14

עולה ולוא ארצה עד הכון 1QS 10.20

]˙ ˙˙[:]ארצו וי] 4Q374 1 1.2
לירוש : את ארצו ולדשן CD 1.8

בשנה : לחריב ארצות רבות על 1pHab 6.8
מלחמה לכול ארצות הגוי<י>ם 1QM 2.7
ונחלת ארצות] 1QM 10.15

וידעו כול עמי ארצותיכה[: וה 4VSam 3+ 2.5

]˙˙ ובארצכה ובבני 1QH 2 1.3
בשר אשמה מלא ארצכה כבוד 1QM 12.12
תואכל בשר מלא ארצכה כבוד 1QM 19.4
]בכור :]את ארצכה : 4Q504 26 1.6
כנפו מלא רחב ארצכ[ה 4pIs[c] 2 1.4
תעשה לכה בכול ארצכה 11QT 52.3

להוריד על ארצכמה : גשמי 11Ber 1 1.7
תטמאו את : ארצכמה 11QT 48.11
תבדילו בתוך ארצכמה אשר 11QT 48.13

עם כו<ל> חמדת ארצם לכבד את 4Q504 1+R 4.11
נכר בארצם וגם ארצם : שממה על 4Q504 1+R 5.3

יזבחו בתוך ארצמה ולוא 11QT 47.14
גדוד אל תוך ארצמה : וכי אם 11QT 58.9

ת]באות ארצנו לתנו[פה 4Q508 22+ 1.3
]˙˙[:] אר]צנו 4Q509 8 1.4
א]רצנו ˙] 4Q509 62 1.1

אשמה (right column)

1QH 10.6	העמדתני ואיכה אלשיל בלא
1QS 10.10	חוקיו ובהיותם אשים : גבולי
11QT 56.13	בה ואמרתה אשים‹ה› עלי
CD 1.9	כי : אנשים אשימים הם
4Q502 9 1.9	וגם : בתוך אשישי צדק [
4Q502 9 1.13	בתוכנו : אשישי [קו]דש
4Q502 10 1.3	ה]יום אני [ ] א[שישי ד]עת :
4Q502 12 1.1	אשי[שי צ]דק :
4Q502 23 1.3	[א] : [אשישי ש] :
4Q502 137 1.1	א[שיש]י [ ] אש
4Q502 188 1.1	א[ש]יש[י] :
4Q502 9 1.4	להלל שמו : [אשישיהם ונערים
1pHab 6.11	בחרב : נערים אשישים וזקנים
4Q502 9 1.11	[נים אחים לי אשישים :
4Q502 34 1.3	[ ] [ ] : [אשישים ונשים
4QCat^a 10+ 1.8	סמני עד אנה אשיתה [: עד
1apGn 2.23	לפרוין ותמן אשבחה ל[חנוד :
4Q381 45 1.1	ואי[ן מבין אשכיל ולו]
11QT 29.8	בכבודי אשר אשכין : עליו
11QT 45.12	המקדש אשר אשכין שמי בה
11QT 53.9	אל המקום אשר אשכין : שמי
11QPs 21.17	וברומיה לוא : אשלה ידי פרש]
4Amrm 3 1.1	נהו]רא אשלמת ושאלתה]
3Q9 1 1.3	לנ[ן : [להשיב אשמ[: כיא]
4Q380 7 1.2	[את אשם : [: למה]
4Q513 22 1.3	[חמת וא] [: אשם] : [מפמא]
CD 9.13	ואשם : כל אשם מושב אשר
CD 15.4	אם עבר אשם הוא והתודה
1pHab 8.12	עליו עון אשמה ודרכי :
1QH 5.7	מועדים לבני אשמה אריות
1QH 6.5	אשמה : ואדעה
1QH 6.19	בכול אנשי : אשמה עד כלה
1QH 6.30	רשעה וכול בני אשמה לא יהיו
1QH 6.32	· · · · · לפ ליצר אשמה לבלה
1QH 7.11	לכול [ב]ני אשמה כי תאלמנה
1QH 11.21	ולחמאה ויגון : אשמה ויבואו
1QH 2 1.13	הניפותה לכפר אשמה
1QH 6 1.12	פמים : [ר]בות אשמה [פזבתם
1QM 11.11	עד : כלות אשמה ומאז
1QM 12.12	תואכל בשר אשמה מלא ארצה
1QS 1.6	בשרירות לב אשמה ועיני
1QS 5.15	ישיאנו : עון אשמה כיא ירחק
4Q181 2 1.4	פולה ומנחילי אשמה]: לקיני
4Q381 33 1.9	[ואני הרביתי אשמה וכן א[כרת
4Q381 79 1.3	יתנו [ ] [פל]ו [א]שמה ועמי
4Q487 2 1.7	צ]ות לב אשמה : [אמת
4Q511 20 1.3	[: ביד אשמה:
4Q511 48+ 1.6	גבר מפשי : אשמה ארשיע]
4Q512 34 1.15	כול נסתר[ו]ת אשמ[ה:[
4Q512 15 1.1	[פ]וון : אשמה [בכמיסי
4Q513 2 2.6	[ור]ל [: אשמה בחללם]
4pN 3+ 2.6	ורוב : פגרי אשמה יפולו
4QM1 4 1.4	לה][ ] קרן אש[מה
11QT 35.8	לשאת : עוון אשמה למות
11QT 35.15	לשאת : חמא אשמה
11QT 51.14	חכמים וקושה אשמה גדולה
11QT 59.9	עד יאשמו כול אשמה אחר ישובו

אשבית (left column)

1QS 10.24	פשעם רקים אשבית משפתי
1QH 13.14	ומה ילוד אשה בכול · · · · ·
1QH 18.13	אדם על [ ] : אשה כמעשיו
1QS 11.21	פלאכה : וילוד אשה מה ישב
1QS^a 1.10	י]קרב[: אל אשה לדעתה
4Q482 1 1.4	הם[ו] [ילוד אש]ה:]די רצ[ן
4Q501 1 1.5	פארותכה לילוד אשה הביפה וראה
4Q506 131 1.3	[ה אנו] [: [אשה:] [מפ]ש[י
4Q512 41 1.2	[אי]ש או אשה‹ בהנגשו]
4Q514 1 1.1	[אשה [
4Qord 2+ 1.6	כלי : גבר על אשה כול]
4Qord 2+ 1.7	יכס בשלמות אשה ואל ילבש
4Qord 2+ 1.7	ילבש כתונת אשה כיא
11tgJ 23.2	[ת : אשה ישנקנה
11tgJ 36.5	יפקון בלשני אשה ירפון מ]
11QT 15.13	הלחם ת[נופה : אשה ריח ניחוח
11QT 16.10	[פו]לה הוא אשה ריח ניחוח
11QT 20.8	מנחתמה ונסכמה אשה ריח :
11QT 28.5	[ו]לשעיר אשה : ריח
11QT 34.14	על המזבח אשה ריח ניחוח
11QT 39.7	[לוא תבוא בה אשה וילד עד
11QT 55.16	לכה איש או אשה אשר יעשה
11QT 57.16	אביהו יקח לו אשה : ממשפחת
11QT 57.17	ולוא יקח עליה אשה אחרת כי :
11QT 63.11	וראיתה בשביה אשה יפת תאר
11QT 65.7	כי יקה איש אשה ובעלה
CD 12.1	ישכב איש עם אשה בעיר המקדש
4Q512 152 1.1	[אשו ברש[:]כול
4pHs^a 2.8	לכן אשוב ולקחתי
11QPs 21.15	בטוב ולוא אשוב חריתי
11QT 55.11	מן החרם למען אשוב מחרון אפי
1QS 10.16	תודה ובגבורתו אשוחח ועל
1QH 11.5	ובגבורתכה אשוחחה כול :
1QS 10.25	ובערמת דעת אשוך [בע]דה
1QM 1.2	ובגדודי כתיי אשור ועמהם
1QM 1.6	[בני יפת ונפל אשור ואין עוזר
1QM 2.12	בכול בני אשור ופרס
1QM 11.11	לאתור ונפל אשור בחרב לוא
1QM 18.2	קדושים בהרף אשור ונפלו בני
1QM 19.10	בתיים והמון אשור וחיל כול
4Q381 33 1.8	בכלו אתו מלך אשור [א]לה]י[
4pIs^c 6+ 2.2	לבב מלך אש[ור
4pIs^c 40 1.1	[ר :][אשור
4Tstm 1.12	ולוא עתהא : אשורנו ולוא
2QJN 9 1.2	[פת : [אשי כול]
4Q509 299 1.1	[ ]: [אשי]ם
11QT 23.17	מנחתו ונסכו אשי ריח ניחוח
11QT 1 28.2	[ ][: אשי ריח ניחו[ח
11QT 28.2	המזבח אשי ר]יח :
1QH 8.24	מעוז ואם אשיב יד יהיה
1QH 10.7	פי ואיכה אשיב בלוא
1QS 10.17	ארננה יחד לוא אשיב לאיש גמול
1QS 10.20	ואפיא לוא : אשיב מאנשי
4Q385 3 1.4	יהוה אלי לא אש[י]ב פניד
11tgJ 30.4	או : על מא אשיה אח[י]דין
3Q15 5.6	מזר[ח] : אשיח שלומו
4Q381 31 1.2	[ב] :] אשיח בנפלאתיד
4Q381 1 1.1	הגדתי ונפלאתו אשיחה והיא

CD 2.16	במחשבות יצר אשמה ועני זנות
1QS 10.21	ובליעל לוא אשמור בלבבי
1QS 10.2	חוקו ברשית ׃ אשמורי חושכ
4Q184 1 1.10	ונתיבו[תי]ה אשמות פשע
11QT 35.14	העם ובכול אלו אשמות לשאת ׃
1QH 4.34	כי זכרתי אשמותי עם מעל
11QPs 19.18	]˙לם אשמחה בכה
4Q378 6 1.7	כי לעלמיה ׃ א]שמכה הוי אחי
11tgJ 3.4	י[׃ כמ]לתי אשמע ורו[ח ׃
11QT 59.6	וקראו ולוא אשמע וזעקו
4QM6 13 3.1	יל]חמו בב[נ]י אשמעל וק[טורה
1QH 3 1.5	ומפרש[׃]אשמר ביצר עפר
6QAly 1 1.6	הגפן הנטעת אשמ[ר
1QH 1 1.5	פשע ומגולל ׃]אשמת רשעה ואני
1QS 9.4	עולם לכפר על אשמת פשע ומעל
3Q9 3 1.2	]˙ותי[׃ אש]מת פשע[׃]
4Q487 15 1.3	[׃]רחוב פי אשמת˙[׃]˙˙˙
11QT 18.7	עם הקהל מכול אשמת[ ] ׃]
1QM 13.4	הואה במשרת אשמתו וארורים
1QM 13.11	משטמה ובחוש[ך אשמ]תו ובעצתו
4QBer 10 2.2	ואת כול גורל אשמתו וענו
4QBer 10 2.3	הוא במשרת אשמתו וארורים
4Q511 18 2.10	בכול פשעי ׃ אשמתי כיא
4Q511 42 1.5	ד]ורות אשמתי ואצפה אל
1QS 2.5	בכול מעשי רשע אשמתכה יתנכה ׃
4QBer 10 2.8	מחשבות יצר ׃ א[שמתכה
5QS 1 1.4	] אתה׃ אשמת]כה יתנכה׃
1pHab 4.11	אשר בעצת בית אשמ[תם]יעבורו
1QH 5.26	]כי ולמען ׃ אשמתם סתרת
1QM 6.17	דם חללי אשמתם אלה המה
1QM 11.14	רשעים ברהש אש[מתם]
1QS 1.23	וכול פשעי אשמתם וחטאתם
4Q512 1+ 1.12	ו] [אשמתם ועל ח]
4pN 3+ 2.6	יכשולו בעצת אשמתם ׃ מרוב
4pN 3+ 3.4	על זדון אשמתם
11QT 32.6	]אשמתם לכפר על
11QT 26.12	עם ׃ כול אשמתמה לכול
1QS 10.16	ועל חסדיו אשען כול היום
4apLm 1 2.7	בדל ידיהן[׃ אשפותות מדור
1apGn 20.19	] מצרין ולכול אשפיא עם כול
CD 19.16	גבול עליהם אשפך כמ[ים]
1Q25 4 1.5	]וכופרם [׃]אשר לו אם[׃
1Q29 11 1.1	א]שר בו]
$1Q34^b$ 2+ 1.4	ברוך אדוני אשר שמחנ[ו
$1Q34^b$ 3 1.7	בראתנו וזה אש[ר]לך
$1Q34^b$ 3 2.3	האד[ם] בכל אשר הנחלתו ולא
1Q36 3 1.1	]אשר]
1Q36 25 1.4	]׃ א]שר ׃]מן׃
1Q37 1 1.2	]מיהו[׃]יהם אשר גמלו לנפשם
1Q69 2 1.2	אל ˙[׃ [א]שר]
1Myst 1 1.4	ידעו מה אשר יבוא
1Myst 1 1.10	בה מי גוי חפץ אשר יעושקנו
1Myst 1 1.11	הונו מי גוי אשר לוא עשק
1Myst 1 1.11	איפה עם אשר לוא ׃ גזל
1Myst 3 1.3	לכוהנים [׃]אשר כול ˙˙˙[׃
1pHab 1.11	]אשר מאסו בתורת
1pHab 2.6	עריצ[י הבר]ית אשר לוא
1pHab 2.8	מפי ׃ הכוהן אשר נתן אל
1pHab 2.12	על הכתיאים א[שר המ]ה קלים
1pHab 3.2	כיא הוא אשר אמר לרשת
1pHab 3.4	על הכתיאים אשר פחדם ואמתם
1pHab 3.9	על הכתיאים אשר ׃ ידושו את
1pHab 3.13	כי]א הוא אשר ׃ אמר
1pHab 4.1	פשרו אשר ׃ ילעיגו
1pHab 4.5	מושלי הכתיאים אשר יבזו על׃
1pHab 4.11	הכתיאים ׃ אשר בעצת בית
1pHab 5.3	פשר הדבר אשר לוא יכלה
1pHab 5.5	כל רשעי עמו אשר שמרו את
1pHab 5.6	למו כיא הוא אשר אמר טהור
1pHab 5.7	פשרו אשר לוא זנו
1pHab 5.10	ואנשי עצתם אשר נדמו
1pHab 5.11	איש הכזב אשר מאס את ׃
1pHab 6.3	פשרו אשר המה ׃
1pHab 6.6	ברי ׃ פשרו אשר המה מחלקים
1pHab 6.10	על הכתיאים אשר יאבדו רבים
1pHab 7.4	על מורה הצדק אשר הודיעו אל
1pHab 7.7	יכזב ׃ פשרו אשר יארוך הקץ
1pHab 7.8	ויתר על כול ׃ אשר דברו
1pHab 7.11	עושי התורה אשר לוא ירפו
1pHab 7.15	] פשרו אשר יכפלו
1pHab 8.1	בבית יהודה אשר × ׃ יצילם
1pHab 8.4	ולוא ׃ ינוה אשר הרחיב
1pHab 8.8	על הכוהן הרשע אשר ׃ נקרא על
1pHab 8.11	הון אנשי חמס אשר מרדו באל ׃
1pHab 8.16	]על הכוהן אשר מרד ׃
1pHab 9.5	האחרונים אשר יקבוצו הון
1pHab 9.9	הכוהן ה[ר]שע אשר בעוון מורה
1pHab 9.11	נפש בעבור [א]שר הרשיע ׃
1pHab 9.16	על הכ[והן] אשר ˙]
1pHab 10.3	הוא בית המשפט אשר יתן אל את
1pHab 10.9	על מטיף הכזב אשר התעה רבים
1pHab 10.13	למשפטי אש אשר גדפו
1pHab 11.4	על הכוהן הרשע אשר ׃ רדף אחר
1pHab 11.12	פשרו על הכוהן אשר גבר קלונו
1pHab 12.3	× ׃ גמולו אשר גמל על
1pHab 12.5	עושה ׃ התורה אשר ישופטנו אל
1pHab 12.8	היא ירושלם ׃ אשר פעל בה
1pHab 12.9	המה ערי יהודה אשר ׃ גזל הון
1pHab 12.13	פסלי הגוים אשר יצרום
1pHab 13.2	כול הגוים ׃ אשר עבדו את
1pMic 10 1.4	] מו[ר]ה הצדק אשר הואה׃ [
1pMic 10 1.6	]בעצת היחד אשר ינצל[ו]
1pMic 6 1.4	]˙˙ה כבוד[׃ אש]ר עברו]
1pMic 11 1.1	]˙[ ]ם אשר יתע[ו ׃
1pMic 15 1.2	]מח˙[׃ א]שר]
1pPs 3 1.5	ת]פארת [׃]˙ אשר יחלקו[׃]
1pZ 1 1.6	]ארץ יהודה אש[ר
1QDM 1.4	ד]ברי הת[ו]רה אשר צוית[י
1QDM 1.5	הימ[יב] אשר א[עשו]ק
1QDM 1.6	] הימים אשר המה]
1QDM 1.7	אנו[כי] אשר יעובו[ני
1QDM 1.8	]] את אשר ׃ אנו[כי]
1QDM 1.9	בקרב [ה]ארץ א[שר המ]ה
1QDM 1.10	[לרש]תה והיה [א]שר יבואו
1QDM 2.2	] מצוך [הי]ום אשר ת[עשה
1QDM 2.3	] אשר ל[וא
1QDM 2.3	הצוב[ים א]שר לו[א] ׃
1QDM 2.4	ושב[חתה א]שר אנוכי
1QDM 2.8	] הד[רך אש]ר תלכו בה]
1QDM 3.2	אחי]כה אשר ב[ארץ
1QDM 3.5	א]שר]
1QDM 4.6	וכו]ל אשר]

 אשר

1QDM 4.7	]הנפש אשר ה[ואה] : [
1QDM 44 1.2	]ליה ב[: א]ת אש[ר :]˙˙[
1QDM 45 1.2	י]שראל ק[:]אשר צ[וה
1QH 1.14	וכ<ו>ל אשר בם : תכ
1QH 1.15	] לרוח אדם אשר יצרת בתבל
1QH 1.34	כול נפלאותיכה אשר הגברתה [
1QH 2.17	לשוחה חיי גבר אשר הכינותה
1QH 2.32	נפש אביון אשר חשבו להתם
1QH 2.36	יצר סמוך אשר : ה[
1QH 3.33	ויתהוללו כול אשר עליה :
1QH 4.4	ו<ב>נתיבות אשר בחרתה מ˙˙˙˙
1QH 4.10	להמיר תורתכה אשר שננתה
1QH 4.19	במחשבותם אשר נזורו
1QH 5.9	פי כפירים אשר : כחרב
1QH 5.13	במעון אריות אשר שננו כחרב
1QH 6.7	[ ]עתי אשר : תרים
1QH 12.12	אלי ברוח : אשר נתתה בי
1QH 12.27	]˙בעפר : אל אשר לקח משם
1QH 13.7	ואלה אשר הכ[: את
1QH 13.11	כי הראיתם את אשר לא˙ [
1QH 13.19	ידעתי : ברוח אשר נתתה בי [
1QH 14.10	ולתעב את כול אשר :]ת אנוש
1QH 15.11	]סור מכול אשר צויתה
1QH 15.18	ולא רצו בכול אשר : צויתה
1QH 16.5	צדק א˙˙˙˙˙˙˙ אשר הפקדתה בו
1QH 16.8	] העליליה אשר מעשיך הכול
1QH 16.11	פניך ברוח אשר נתתה ˙˙
1QH 16.13	˙˙ מעמד רצ[ ] אשר בח[ ]˙
1QH 17.17	] :]˙ מרוחות אשר נתתה בי א˙
1QH 17.21	הבינותי כי את אשר בחרתה [
1QH 17.24	]תהלך בכול אשר אהבתה
1QH 17.24	ולמאוס בכול אשר שנא[ת
1QH 18.5	]והול[: מזמה אשר הו[
1QH 18.13	]˙ אמתכה ליצר אשר סמכתה
1QH 1 1.1	]דש אשר בשמים :
1QH 3 1.14	ידעתי ברוח אשר נתתה בי
1QH 4 1.2	]˙גת[:]˙ אשר[:]ב
1QH 4 1.15	אתה אל הדעות אשר הכינו[תה :
1QH 5 1.6	רוחות עולה אשר יושדו
1QM 2.11	תוגר ומשא אשר בעבר פורת
1QM 2.13	ובעשר השנים אשר אחריהם
1QM 3.13	האות הגדולה אשר בראש כול
1QM 3.14	ראשי המחנות אשר לשלושת
1QM 5.17	כש]לושים באמה אשר יעמודו שם
1QM 7.4	או חגר או איש אשר מום עולם
1QM 7.6	וכול : איש אשר לוא יהיה
1QM 10.8	בש[מי]ם ובארץ אשר יעשה
1QM 10.9	כעמכה ישראל אשר בחרתה לכה
1QM 10.16	ידענו מבינתכה אשר סנה : [
1QM 11.4	ולוא במעשינו אשר הרעונו
1QM 14.3	אל מקום עומדם אשר סדרו שם
1QM 17.2	בני אהרון אשר התקדש אל
1QM 18.5	וה[לויי]ם אשר : אתו
1QS 1.4	ולאהוב כול: אשר בחר ולשנוא
1QS 1.4	ולשנוא את כול אשר מאס לרחוק
1QS 1.17	לעשות : בכול אשר צוה ולוא
1QS 5.1	ולהחזיק בכול אשר צוה לרצונו
1QS 5.4	בכול דרכיהם אשר לוא ילכ
1QS 5.8	מושה ככול אשר צוה בכול :
1QS 5.11	לדעת הנסתרות אשר תעו : בם
1QS 5.17	כול מאומה : אשר לוא במחיר
1QS 5.17	לכם מן האדם אשר נשמה באפו
1QS 5.18	כיא : כול אשר לוא נחשבו
1QS 5.18	אותם ואת כול אשר להם ולוא
1QS 5.19	כיא הבל כול אשר לוא ידעו
1QS 5.22	את כול חוקיו אשר צוה לעשות
1QS 6.1	לפני הרבים אשר לוא בתוכחת
1QS 6.3	ובכול מקום אשר יהיה שם
1QS 6.6	ואל ימש במקום אשר יהיו שם
1QS 6.9	עצה ודבר אשר יהיה לרבים
1QS 6.11	איש כול דבר אשר לוא להפצ

1QS 6.12	וכול איש אשר יש אתו דבר
1QS 6.12	לדבר לרבים אשר לוא במעמד
1QS 6.17	הרבים עד אשר ידרושהו
1QS 6.24	המשפטים אשר ישפטו בם
1QS 6.24	ימצא בם איש אשר ישקר :
1QS 7.1	או לכול דבר אשר לו ( )
1QS 7.4	חודשים והאיש אשר יצחה בלו
1QS 7.8	)<ר> לרעהו אשר לוא (
1QS 7.11	במושב הרבים : אשר לוא בעצה
1QS 7.13	חודשים : ואיש אשר ירוק אל
1QS 7.15	ימים והאיש אשר ילכ רכיל
1QS 7.17	עוד והאיש אשר ילון על
1QS 7.18	רעהו ילון : אשר לוא במשפט
1QS 7.18	חודשים והאיש אשר תזוע רוחו
1QS 7.22	) <ו>כול איש אשר יהיה בעצת
1QS 7.24	מאנשי היח[ד א]שר יתערב :
1QS 7.25	או בהונו אש[ר]
1QS 8.15	מדרש התורה א[ש]ר צוה ביד
1QS 8.17	ברית : היחד אשר יסור מכול
1QS 8.18	בכול עצתם עד אשר יזכו
1QS 8.20	ואלה המשפטים אשר ילכו בם
1QS 8.22	איש מהמה : אשר יעבר דבר
1QS 8.25	ודרשו המשפט : אשר לוא ישפוט
1QS 9.8	אנשי הרמיה אשר : לוא הזכו
1QS 9.10	הרשונים אשר החלו אנשי
1QS 9.25	יתאוה בכול אשר לוא צו[הו]
1QS 9.26	עושיו ובכול אשר יהיה יס[
1QS 10.1	עם קצים אשר חקקא ברשית
1QS 11.6	עיני תושיה אשר נסתרה
1QSa 1.2	ואנושי בריתם אשר סר[ו
1QSa 1.3	אנושי עצתו אשר שמרו בריתו
1QSa 1.16	אבות העדה אשר יצא הגורל
1QSb 1.3	לברית: עולם א[שר ת]עמוד
1QSb 1.4	מקור ע[ו]לם : אשר ל[וא יכז]ב
1QSb 3.22	צדוק הכוהנים אשר : בחר בם
1QSb 5.17	א]שר מלא
1QSb 5.20	את נשיא העדה אשר [
2Q33 6 1.2	]˙˙ וב[:]אשר[:]ל[
3Q7 2 1.4	עליו[: וי˙[: אשר[
3QHym 1 1.1	]כול אשר ישמחו[:]
4Q176 1+ 1.10	]הם אהבי אשר
4Q176 8+ 1.10	נוח זות לי אשר : מ]עב[ור
4Q178 1 1.2	לפני˙[:]אשר צוה בצר
4Q181 1 1.5	איש לפי גורלו אשר הפ[י]ל[
4Q186 1 1.4	VACAT: ואיש אשר יהיה ק[:
4Q186 1 2.8	הואה המולך אשר הואה ילוד
4Q370 1.1	כל נפש כל אשר עשה רצוני
4Q370 1.6	כן נ[מחו] כל אש[ר ב]חרבה
4Q374 9 1.2	]˙˙[: ק]ינה אשר קונן ˙[:
4Q374 9 1.5	מן ה˙[: כ]ל אשר ˙]
4Q378 14 1.4	] א]שר כרת יהוה
4Q378 22 1.4	למען עמך :]˙˙אשר כ[רת]ה עם
4Q378 11 1.2	לה]תמיד דבריו אשר דבר :
4Q379 22 2.7	˙˙˙˙[: בעת אשר כ[ל]ת
4Q379 22 2.8	א[רור א]יש אשר יב[נ]ה את
4Q380 1 2.3	שמרו אמ[ריו : אשר לכל ב[נ]י
4Q381 1 1.9	]˙ ועוף וכל אשר להם לאכל
4Q385 2 1.2	רבים מישראל אשר אהבו את
4Q385 2 1.8	יהוה צבאות אש[ר] :]
4Q385 3 1.2	הימים מהר עד אשר יאמרו]
4Q485 1 1.6	אחר כתוב[:]˙ אשר יבי[ ]
4Q487 1 2.6	ושכ[: איש אשר]
4Q502 1 1.5	זרע[:] א[ ]אשר חש[:]לו
4Q502 1 1.7	] רעייתו אש[ר:]רא אב˙[
4Q502 5 1.2	]ותם לה˙[: א]שר צוה לנ[ו
4Q502 8 1.5	שם אל ישראל א[שר :]˙[ ]ש
4Q502 14 1.4	]ה אל ישראל אשר צוה לבני [
4Q502 24 1.2	ברוך אל ישראל אשר עזר[:
4Q502 30 1.3	יש]ראל אשר[:]
4Q502 33 1.2	] קודש[: אש]ר שמחנו[
4Q502 37 1.2	וג]ם אנ[י : א]שר ˙[:]תא

]אשר חבב[:]חת	4Q502 95 1.1
]למוע[ד :]אשר [	4Q502 103 1.2
[: י]שראל אש[ר :]˙ל לו[	4Q502 104 1.4
]דו ו[:] כול אש[ר :]˙[ ]˙[	4Q502 126 1.2
]לו א[:]אשר [	4Q502 140 1.2
] : לילה אשר הו[אה	4Q503 1+ 2.19
ידענו ב[:]אשר[	4Q503 7+ 1.8
] : [א]שר בח[ר] בנו	4Q503 24+ 1.4
] שמים ו[: אש]ר חשב לו[:	4Q503 27 1.3
אל אור[י]ם אשר חדשתה ˙[	4Q503 29+ 2.9
ישר]אל אשר : כ]בוד	4Q503 33 1.6
אתה אל ישראל אשר העמדת[: [	4Q503 33 1.20
] : א[תה א]ל אש[ר : ל˙[	4Q503 33 2.7
בר]וך אל א[שר : [	4Q503 33 2.11
]˙]אשר י[ ]ל[	4Q503 42+ 1.6
] אל ישראל אש[ר] : [	4Q503 48+ 1.3
אל]ים אשר[ע]ם בני	4Q503 48+ 1.8
ישר]אל אש[ר]˙מרת[	4Q503 51+ 1.15
] לילה אשר	4Q503 56+ 1.5
יש]ראל אשר [:]דגל	4Q503 67 1.1
[ ] אשר הודיענו[:	4Q503 76 1.2
היום[: אשר[	4Q503 133 1.2
]˙[:]אשר[	4Q503 179 1.2
]אשר[	4Q503 186 1.1
יום[: ישרא]ל אשר[:] ˙ תמי[	4Q503 217 1.2
]˙[: י]שרא[ל אש]ר ˙[:	4Q503 218 1.2
כגדול כוחכה אש[ר נ]שאת[ה]	4Q504 1+R 2.7
את נפלאותיכה אשר עשיתה לעני	4Q504 1+R 2.12
]˙˙[ ]˙ותיכה אשר כתב מושה	4Q504 1+R 3.12
הנביאים אש[ר ש]לחתה	4Q504 1+R 3.13
את כבודכה : אשר נקדשתה	4Q504 1+R 4.9
ברית<כה> : אשר הוצאתנו	4Q504 1+R 5.10
[ה]ארצות אשר הדחתם שמה	4Q504 1+R 5.12
[כ]כול אשר צויתה ביד	4Q504 1+R 5.14
כיום הזה : אשר נכנע לבנו	4Q504 1+R 6.5
נ<פ>ישנו <אשר השלחתה בנו	4Q504 1+R 6.8
והרחוקות א[שר] :	4Q504 1+R 6.13
[: אשר הצילנו	4Q504 1+R 7.2
והמים וכול אשר[[	4Q504 1+R 7.8
וקדושים ו˙[: אשר [	4Q504 3 2.16
]˙˙[ ]או[: א]שר רצי]תה	4Q504 4 1.2
]קיכה תורה אשר צו[יתה	4Q504 4 1.8
]ל[ ]˙ אשר ˙˙[	4Q504 4 1.9
קדוש [ ]˙[: א]שר בחרת מולה	4Q504 4 1.11
[:] אדוני אשר הודי[ענו :	4Q504 4 1.14
[: הש]ב[ו]עה אשר נשב[עתה :	4Q504 6 1.18
הנפ]לאים אשר עשיתה : [	4Q504 7 1.2
א]שר נשאתה : [	4Q504 7 1.13
]בר אשר המרו : [	4Q504 7 1.14
[: בג]ן עדן אשר נטעתה	4Q504 8R 1.6
[ ]˙בוק [:]אשר גאלה[:	4Q504 22 1.3
הגדול[:]אשר[	4Q505 129 1.2
]˙˙[: א]שר צוית[ה	4Q506 129 1.2
השוממות[:] אשר בחר בנו	4Q508 4 1.2
א]שר רחמנו בע	4Q508 22+ 1.1
]אשר נתתה לה˙[:	4Q508 40 1.1
]˙˙˙˙˙˙˙ בים אשר על [:	4Q509 1+ 1.9
אשר על [: א]שר צויתו אל[	4Q509 1+ 1.10
ברו]ך אדוני אשר שמח[נ]ו :	4Q509 3 1.9
וברכתה:]˙מה אשר :]תכה :	4Q509 10 3.3
]˙יכה אש[ר:]ים יעד	4Q509 10 4.9
] לתבואת [:]אשר בש˙[	4Q509 17 1.5
א]דוני אשר[:]ח˙[	4Q509 18 1.3
]˙ אש[:]אשר ד[: [	4Q509 27 1.2
וחוקי[:]כול אשר[:] לנו	4Q509 31 1.5
]˙˙[:]˙ אשר[:]˙ולם [	4Q509 35 1.2
רצונכה אשר צויתה :˙[	4Q509 131+ 2.6
ג]מול רעתנו אשר [	4Q509 188 1.5
]ים בכבוד [:]אשר יתהל[	4Q511 95 1.3
]ש [:]אשר [: [	4Q511 145 1.2
י]שראל אש[ר :]אתה אל	4Q512 29+ 1.20
א[ל ישרא]ל אשר נתתה ל[נו	4Q512 1+ 1.8
ולכול הזנות אשר[	4Q513 2 2.2
זכרון ע[ל :]אשר הר[א]ה	4Q513 3 1.5
]ש [:]גוים אשר :]˙[ ]עלה	4Q513 9 1.2
הער]כים א[שר	4Q513 17 1.3
יאכל[ ]אשר לא החל	4Q514 1 1.4
הרישנה <ע>ם אשר לא החל	4Q514 1 1.7
עמכול אי[ש]אשר יערוך : [	4Q514 1 1.10
]אשר ˙[	4Q517 12 1.1
פשר על הקצים אשר עשה ~~על~~ קץ	4AgCr 1 1.1
והמלאכים אש[ר : וי]לדו	4AgCr 1 1.7
נוח :]˙˙ ˙ : אשר א[[	4AgCr 2+ 2.1
]˙ין הוא אשר שכן ˙[[	4AgCr 2+ 2.1
ירושלי[ם : אש]ר כתוב על	4AgCr 5+ 1.5
[: אשר אכל[ו	4pHs^{a} 2.3
אחרי גום אשר שלח אליהם[	4pHs^{a} 2.4
מידי: פשרו אשר הכם ברעב	4pHs^{a} 2.12
לעיני הגואים אשר נשענו	4pHs^{a} 2.13
מועדיה פשרו אשר : [	4pHs^{a} 2.15
[:] [אשר אמרה אתנם	4pHs^{a} 2.18
כוהן האחרון אשר ישלח ידו	4pHs^{b} 2 1.3
ע]ד אשר [י]אשמו	4pHs^{b} 2 1.5
]אשר ישיב[ ]: [	4pHs^{b} 10a+ 1.6
פ]שרו[א]שר היו	4pHs^{b} 11+ 1.4
פ]שרו אשר[:	4pHs^{b} 16 1.1
]תו ואם[:]אשר ישי˙[:]ל[	4pHs^{b} 18 1.2
יש[:]˙ אשר ˙[:]סר	4pHs^{b} 19 1.4
ה]כתיאים אש[ר]יפ[לו]	4pIs^{a} 7+ 3.7
ה]כתיאים אשר ינת[נו]	4pIs^{a} 7+ 3.12
יוכיח פשרו אשר : [	4pIs^{a} 7+ 3.27
למרמס אשר: [	4pIs^{b} 1.1
פשר הדבר אשר עזבם: [	4pIs^{b} 1.2
אנשי הלצון : אשר בירושלים	4pIs^{b} 2.7
בירושלים הם אשר מאסו את	4pIs^{b} 2.7
אנשי הלצון אשר בירושלים :	4pIs^{b} 2.10
[: כי]א הואה א[שר:]ובלע	4pIs^{c} 1 1.2
[:] האבן אש[ר : כ]והנים	4pIs^{c} 12 1.5
]˙˙˙˙ [: א]שר צוה	4pIs^{c} 12 1.8
[הח]תום אשר [	4pIs^{c} 15+ 1.3
הדבר[:]ם אשר דרך[: [	4pIs^{c} 22 1.2
החלקות : אשר בירושלים ˙	4pIs^{c} 23 2.11
בהר י[הוה:] אשר אמר[	4pIs^{c} 24 1.2
[ ]˙˙˙˙ אשר יב[טחו] [	4pIs^{c} 25 1.8
]מצרים [:]כו אשר י[:]˙˙ [	4pIs^{c} 28 1.2
]: [אש]ר יסדו את	4pIs^{d} 1 1.2
מל]ך בבל אשר י[: וא]שר	4pIs^{e} 8 1.1
תחלת[:]אשר מלך ב˙[: [	4pIs^{e} 9 1.2
שמיו וארצו אשר בר[אם :	4pN 1+ 2.2
מו]שליהם אשר תתם ממשלתם	4pN 1+ 2.5
לרשעי גוים אשר הלך ארי	4pN 3+ 1.1
מלך יון אשר בקש לבוא	4pN 3+ 1.2
על כפיר החרון אשר יכה	4pN 3+ 1.5
בדורשי החלקות אשר יתלה אנשים	4pN 3+ 1.7
הם גדודי חילו א[שר בירושלי]ם	4pN 3+ 1.10
הוא ההון אשר קב[צו	4pN 3+ 1.11
ירושלים אשר : [י]תנוהו	4pN 3+ 1.11
הם צירו אשר לא ישמע	4pN 3+ 2.1
לאחרית הימים אשר בכחש	4pN 3+ 2.2
החלקות : אשר לא ימוש	4pN 3+ 2.5
מתעי אפרים אשר בתלמוד	4pN 3+ 2.8
דורשי החלקות אשר באחרית הקץ	4pN 3+ 3.3
החלקות אשר רובד עצתם	4pN 3+ 3.7
מים סביב לה אשר חילה ים	4pN 3+ 3.10
לקץ האחרון אשר תשפל	4pN 3+ 4.3
א[פרים] : אשר תבוא כוסם	4pN 3+ 4.6
על איש הכזב אשר התעה רבים	4pPs^{a} 1+ 1.26
השבים : לתורה אשר לוא ימאנו	4pPs^{a} 1+ 2.3
ארבעים השנה אשר יתמו ולוא	4pPs^{a} 1+ 2.8
עדת האביונים אשר יקבלו את	4pPs^{a} 1+ 2.10
עריצי הברית אשר בבית יהודה	4pPs^{a} 1+ 2.14
בבית יהודה אשר : יזומו	4pPs^{a} 1+ 2.14

4pPs^{a} 1+ 2.15	את עושי התורה אשר בעצת היחד
4pPs^{a} 1+ 2.18	אפרים ומנשה אשר יבקשו
4pPs^{a} 1+ 2.23	עושה התורה אשר לוא י[
4pPs^{a} 1+ 3.1	] : שבי המדבר אשר יחיו אלף
4pPs^{a} 1+ 3.3	יובדו פשרו א[שר]יחים
4pPs^{a} 1+ 3.4	ובדבר כול אשר לוא יצא[ו
4pPs^{a} 1+ 3.5	]> אשר יהיו רשים
4pPs^{a} 1+ 3.7	שרי הר[ש]עה אשר הונו את עם
4pPs^{a} 1+ 3.8	את עם : קודשו אשר יובדו כעשן
4pPs^{a} 1+ 3.10	עדת האביונים א[שר לה]ם
4pPs^{a} 1+ 3.12	ר]שעי ישראל אשר יכרתו
4pPs^{a} 1+ 4.4	] האמת אשר דבר : [
4pPs^{a} 1+ 4.8	[הכו]הן הרשע אשר צ[פה
4pPs^{a} 1+ 4.9	]ן והתורה : אשר שלח אליו
4pPs^{a} 1+ 4.11	]אשר יראו במשפט
4pPs^{b} 1 1.3	[˙] : [ ]א לכ˙[: א]שר יבקשו[:
4pPs^{b} 3 1.2	˙הגבר [:] אשר יהיו ק[:
4pUn 2 1.1	]˙˙˙ אשר האו˙[:
4QCat^{a} 2+ 1.5	הימים בעת אשר יבקש˙[:]
4QCat^{a} 2+ 1.6	]˙ פשר הדבר אשר יעמוד איש
4QCat^{a} 2+ 1.7	לכול תבל והמה אשר כתוב עליהם
4QCat^{a} 2+ 1.8	˙[ג]ורל אור אשר היה מתאבל
4QCat^{a} 2+ 1.8	בל[יעל]אשר היה מתאבל[
4QCat^{a} 2+ 1.10	יהודה[:]אשר ה[
4QCat^{a} 2+ 1.12	כתוב בלוחות אשר[ ]אל
4QCat^{a} 2+ 1.14	התורה שנית אשר[א]נשי
4QCat^{a} 5+ 1.1	]ה ההוללים אשר י[ ]בא
4QCat^{a} 5+ 1.8	ע[ל א]שר ינודו
4QCat^{a} 5+ 1.11	]˙ם היא[:]אשר כתוב עליהם
4QCat^{a} 5+ 1.14	א]ין שלום אשר המה ד˙[:
4QCat^{a} 7 1.2	]˙˙[:]ד אשר יבקשו
4QCat^{a} 7 1.3	יבקשו לחבל[: אש]ר כתוב בספר
4QCat^{a} 7 1.4	]הימים אשר יקבצו
4QCat^{a} 7 1.5	]עי האנשים אשר עבדו
4QCat^{a} 10+ 1.2	נואם יהוה אשר : א]שר
4QCat^{a} 10+ 1.3	יהוה אשר : א]שר עליהם
4QCat^{a} 12+ 1.2	ה[י]מים אשר אמר דויד
4QCat^{a} 12+ 1.4	בחרוננו אשר לוא יותיר
4QCat^{a} 14 1.1	]ובחר[ ]הכבוד אשר יואמ[ר :
4QCat^{a} 21 1.2	]˙˙[:]אשר יבקש˙[:
4QCat^{b} 1 1.2	על ( )[:]ה אשר יקשו את
4QFl 1+ 1.1	ולמן היום אשר: [
4QFl 1+ 1.2	הואה הבית אשר[ ]ל[
4QFl 1+ 1.3	ועד הואה הבית אשר לוא יבוא
4QFl 1+ 1.7	מכול אויביכה אשר יניח להמה
4QFl 1+ 1.11	עם דורש התורה אשר : [
4QFl 1+ 1.13	דויד הנופל[ת א]שר יעמוד
4QFl 1+ 1.14	מאשרי [ה]איש אשר לוא הלך
4QFl 1+ 1.15	[: אשר כתוב בספר
4QFl 1+ 1.16	העם הזה והמה אשר כתוב
4QFl 1+ 1.16	יחזקאל הנביא אשר לו[א
4QFl 1+ 2.3	היאה ה[אש]ר כתוב בספר
4QFl 1+ 2.4	]אחרי ה[ ]אשר אליהמה יו
4QFl 4 1.3	]היאה העת אשר יפתח בליעל
4QFl 8 1.1	]אשר ˙[:]ארץ
4QFl 11 1.2	ע[:]כול אשר צונו עשו
4QM1 1+ 1.10	וכול איש אשר לוא יהיה[
4QM2 1 1.9	מקום המערכה [אשר נפלו בם
4QM2 1 1.10	[לאי]ן מ[קב]ר אשר [נפלו שם
4QM6 8 3.2	]ב˙[:]אשר בר[:
4QM6 10 4.3	<הנ]שי> [אשר ברוש[:
4QM6 32 1.4	[:]הרשענו אשר [
4QOrd 1 2.4	הבא לגור[ן: אשר בי[שר]אל
4QOrd 1 2.4	אשר בי[שר]אל אשר אין לו
4QOrd 1 2.6	] כסף הערכים אשר נתנו איש
4QOrd 2+ 1.6	ימרה[: יומת אשר עשה ביד
4QOrd 2+ 1.10	ימיו כול[ ]אשר[
4QOrd 5 1.7	בצוקה ו˙[: אש]ר דבר מושה[
4QPBl 1 1.4	עד דורות עולם אשר : שמרה[
4Tstm 1.2	דברי: העם הזה אשר דברו אליכה
4Tstm 1.2	היטיבו כול אשר דברו: מי
4Tstm 1.6	אליהמה את כול אשר אצוננו והיה
4Tstm 1.7	והיה <ה>איש : אשר לוא ישמע
4Tstm 1.7	ישמע אל דברי אשר ידבר הנבי
4Tstm 1.10	דעת עליון אשר : מחזה שדי
4Tstm 1.14	לאיש חסידך אשר : נסיתו
4Tstm 1.21	יקומו : בעת אשר כלה ישוע
4Tstm 1.22	ארור היש אשר יבנה את
4VSam 3+ 2.7	קדו]שיכה אשר הקדשת[ה :
5Q13 9 1.2	]˙˙˙[: א]ת אשר צו[ה :
5Q17 4 1.2	]˙˙[:]אשר תכ[:]˙ שם
5apM 1 1.4	א[ני] א[מר: א]שר הוא אל חי
5QCD 5 1.2	יהיו נק[: אשר אמר לוא
5QCD 5 1.3	על השבועה אשר [: על פני
5QCD 5 1.4	על פני השדה א[שר: ל[ו]
6Q15 5 1.2	]˙˙[: אש]ר ישכב עם[
6apSK 30 1.2	]: [הנופלים אשר [
6apSK 57 1.2	]ת הממלכה[: א]שר ידבר[:
6QPrPr 1 1.5	]: בן יוצדק אשר[:
6QPro 21 1.2	]˙ אש[:]אשר טוב[
8QHym 1 1.2	]˙ני האיש הזה אשר הוא מבני ה
11Ap^{a} 1.11	]את השמים: א]שר הבדיל[:
11Ap^{a} 2.5	זר[ ]אשר ˙˙˙בו
11Ap^{a} 2.6	] הארץ[ ]אשר י˙[ ]על :
11Ap^{a} 2.8	יודעים :]או אשר אינם [
11Ap^{a} 3.4	מ[כה גדול]ה אשר לאבדך [:
11Ap^{a} 3.6	תקיף [:]רו אשר [ ]
11Ap^{a} 3.6	רחמ[ים] עליך אש[ר :]על כול
11Ap^{a} 3.7	]על כול אלה אשר [ ]ך
11Ap^{a} 4.2	]ר˙[: אשר [
11Ap^{a} 4.10	]שמש אש[ר :]צדיק
11Ber 1 1.7	אוצרו הטוב אשר בשמים
11Mel 1+ 2.3	בעל משה יד אשר ישה[
11Mel 1+ 2.4	על השבויים אשר[
11Mel 1+ 2.5	מלכי צ]דק אשר : ישיבמה
11Mel 1+ 2.10	בשירי דויד אשר אמר אלוהים
11Mel 1+ 2.12	רוחי גורלו אש[ר
11Mel 1+ 2.14	[ו]הואה א[שר
11Mel 1+ 2.15	יום ה[שלום א]שר אמר [
11Mel 1+ 2.15	ישע]יה הנביא אשר אמר [ ]
11Mel 1+ 2.17	הנביאי[ם] המה א[שר
11Mel 1+ 2.17	ב]תמ[ה] לכול אש[ר] :
11Mel 1+ 2.18	משיח הרו[ח] אשר אמר דנ[יאל
11Mel 1+ 2.19	הכ[תו]ב עליו אשר [
11Mel 1+ 2.21	]˙[הו]אה א[שר
11QPs 26.12	כי הראם את אשר לוא ידעו :
11QPs 27.9	ויהי כול השיר אשר דבר ששה
11QPs 27.11	דבר בנבואה אשר נתן לו
11QT 2.8	כסף וזהב אש[ר : [
11QT 3.1	וה[זנו :]אשר כ[: [
11QT 3.9	ה]כפרת אשר עליו זהב
11QT 3.15	טהור והמכבר א[שר] מלמעלה
11QT 7.9	קומתו והכפרת אשר מלמ[עלה :
11QT 13.14	] : העו[לה] אשר לו לו [
11QT 15.11	עם שוק התרומה אש[ר :
11QT 16.7	[ ] החלב אשר על הקרב
11QT 16.8	ואת החלב אשר עליה[נה :
11QT 16.14	ויקח הפר השני אשר לעם ויכפר
11QT 20.5	כול החל[ב] אשר על
11QT 20.9	כול מנחה אשר קרב עמה
11QT 20.10	] א]שר קרב עליה
11QT 23.2	]אשר יבי[:]
11QT 23.15	את : הקרב ואת אשר על הקרבים
11QT 23.16	ואת החלב אשר עליהמה ואת
11QT 23.16	עליהמה ואת אשר על הכסלים
11QT 24.16	גד לבד ועולת אשר לבד
11QT 25.11	כי כול הנפש אשר לוא :
11QT 26.5	את השעיר אשר על[ה : את
11QT 26.6	במזרק הזהב אשר בי[דו
11QT 26.7	לד[מו : הפר אשר לו וכפר בו
11QT 27.7	וכול האיש : אשר יעשה בו
11QT 27.7	בו מלאכה או אשר לוא יתענו

Hebrew	Ref
ימאו וכול אשר בהמה לכול	11QT 49.8
כול המושקה ׃ אשר בהמה ׃	11QT 49.10
בהמה ׃ ובים ׃ יוציאו	11QT 49.11
במים ביום אשר ׃ יצא המת	11QT 49.13
וכול כלים אשר יש להמה	11QT 49.15
והאדם כול אשר בבית ׃	11QT 49.16
בבית] וכול אשר בא אל הבית	11QT 49.17
ואת הכלים אשר בבית	11QT 49.19
מהרתמה ובאדם אשר לוא הממא	11QT 49.21
[ה׃ עד אשר יזו את	11QT 50.3
וכול ׃ איש אשר יגע על פני	11QT 50.5
בו כול האדם אשר יגע בו	11QT 50.8
כול הימים אשר ׃ הוא	11QT 50.10
בקבר כול בית אשר תבוא אליו	11QT 50.11
כול איש אשר יגע בהמה	11QT 50.21
ימאו בהמה אשר ׃ אני מגיד	11QT 51.6
נפשותמה בכול אשר הבדלתי	11QT 51.9
את הארץ אשר אנוכי נותן	11QT 51.16
הימים והאיש ׃ אשר יקח שוחד	11QT 51.17
לי שור ושה אשר יהיה בו	11QT 52.4
כול הבכור אשר יולד	11QT 52.7
כשחה במקום אשר אבחר ואם	11QT 52.9
לפני במקום אשר אבח‹ר›	11QT 52.16
המהורה אשר יש בה מום	11QT 52.17
ועז בתוך עירי אשר אנוכי מקדש	11QT 52.19
שמי בתוכה אשר לוא יבוא	11QT 52.20
כברכתי אשר אתן ׃ לכה	11QT 53.3
אל המקום אשר אשכן ׃	11QT 53.9
או ׃ את האסר אשר אסרה על	11QT 53.18
וכול אסרה אשר אסרה על	11QT 53.19
ואסריה ׃ אשר אסרה על	11QT 53.21
וגרושה כול אשר יצא מפיה	11QT 54.4
עליה כבול אשר יצא מפיה	11QT 54.5
כול הדברים אשר ׃ אנוכי	11QT 54.5
אלוהים אחרים אשר לוא ידעתמה	11QT 54.10
יהוה אלוהיכה אשר הוציאכה	11QT 54.16
מן הדרך אשר צויתכה	11QT 54.17
או ריעיכה אשר כנפשכה	11QT 54.20
אלוהים אחרים אשר לוא ידעתמה	11QT 54.21
אלוהים אשר לוא ידעתמה	11QT 55.4
וא‹ו› המופת אשר דבר אליכה	11QT 54.9
אותה ואת כול אשר בה ואת ׃	11QT 55.7
כול מצוותי אשר אנוכי	11QT 55.13
באחד שעריכה אשר ׃	11QT 55.15
איש או אשה אשר יעשה את	11QT 55.16
הדבר אשר עליו ב[אתה	11QT 56.2
על פי התורה אשר יגידו לכה	11QT 56.3
ועל פי הדבר ׃ אשר יואמרו לכה	11QT 56.4
מן המקום אשר אבחר לשכין	11QT 56.5
לעשות ׃ ככול אשר יורוכה ועל	11QT 56.6
ועל פי המשפט אשר יואמרו לכה	11QT 56.6
תסור מן התורה אשר יגידו לכה	11QT 56.7
ושמאול אשר האיש אשר לוא ישמע	11QT 56.8
תבוא אל הארץ אשר אנוכי נותן	11QT 56.12
ככול הגואים אשר סביבותי ׃	11QT 56.13
שליכה מלך ‹אשר אבחר בו›	11QT 56.14
איש נוכרי אשר לוא אחיכה	11QT 56.15
] ׃ ביום אשר ימליכו	11QT 57.2
איש מלחמה ׃ אשר לוא	11QT 57.7
הברורים אשר יבור יהיו	11QT 57.8
יומם ולילה אשר יהיו	11QT 57.10
ומן גוי נכר אשר לוא יתפש	11QT 57.11
שנים עשר אשר יהיו	11QT 57.13
לגזול מבול אשר יש ׃	11QT 58.3
ואת גבולמה אשר לוא יבוא	11QT 58.9
לאחיהמה ׃ אשר הניחו	11QT 58.15
בני ישראל ׃ אתו לוא	11QT 58.15
מקצת לבו עד אשר ישאל במשפמ	11QT 58.20
בכול דרכיו אשר יצא על פי	11QT 58.21
על פי המשפט אשר] ׃	11QT 58.21
מפני רעתמה אשר הפרו בריתי	11QT 59.8

Hebrew	Ref
בבית אשר א[ ] ׃	11QT 29.3
מנדבותמה לכול אשר יקריבו ׃	11QT 29.5
ולכול מנוחתמה אשר יביאו לי	11QT 29.8
[ם]קדשי בכבודי אשר אשכין	11QT 29.8
עד יום הברכה אשר אברא אני	11QT 29.9
הימים כברית אשר כרתי עם	11QT 29.10
[כבית אשר תבנה]	11QT 30.4
[אשר מסביב עולה	11QT 30.10
ה[ה]יכל אשר יהיו באים	11QT 31.7
ועשה כבול אשר אנוכי מדבר	11QT 31.9
את בגדיהמה אשר יהי[ו	11QT 32.11
אל תוך הארץ אשר ׃ יהיו	11QT 32.13
] ׃ ובתם אשר	11QT 33.2
ואת[ ] ׃ [ ] ׃ [אשר עליהמה	11QT 33.4
בבגדי הקודש אשר]׃	11QT 33.7
ולכוננות הכסף אשר יהיו מעלים	11QT 33.14
[אשר בין	11QT 34.3
על ׃ האש אשר על המזבח	11QT 34.12
[ ] כול איש אשר לוא[ ]	11QT 35.2
[א] כול איש אשר לוא]	11QT 35.3
וכול אי[ש אשר	11QT 35.5
כו]הן אשר יבוא ׃ א`	11QT 35.5
השערים האלה אשר ׃ לחצר	11QT 36.13
לעזרה [מו]בא אשר ׃ [ ] ׃	11QT 37.4
שלמיהמה [מו]קום] ׃ אשר יהיו	11QT 37.11
ולהמה מקו[ם] ׃ אשר יהיו	11QT 37.14
[כול עץ אשר יבוא ל`	11QT 38.7
ישלים חוק אשר ׃ יולד עד יום	11QT 39.8
שם]ות הש[ערים אשר ל[ח]צר	11QT 39.11
ולגרים אשר נולד[ו] ׃	11QT 40.6
עד שער שלוש מאות אשר	11QT 41.11
באמה ומשער ׃ אשר עד פנת	11QT 41.11
ולשרי המאיות אשר יהיו עולים	11QT 42.15
את עולת המועד אשר ׃ לחג	11QT 42.16
[ה>מובה וכול אשר ׃ נותר	11QT 43.10
ימים כול אשר יובלו	11QT 43.13
[אשר בתוך העיר	11QT 44.2
סוביהיהמה ׃ אשר מעל הגג	11QT 44.7
והסוכה ׃ אשר מעלהמה	11QT 44.9
מן המקצוע אשר אצל בני	11QT 44.11
כול המקדש עד אשר [יש]לים	11QT 45.8
עיר ׃ המקדש אשר אשכין שמי	11QT 45.12
ימאו את העיר אשר אני שוכן ׃	11QT 45.13
וכול איש אשר ימהר מזובו	11QT 45.15
יבואו לה עד אשר ימהרו	11QT 45.17
יבואו לה עד אשר ימהרו	11QT 45.18
ועד יום כול הימים אשר ׃ שוכ[ן]	11QT 46.4
מעלה תעשה לו אשר יהיו עולים	11QT 46.7
רחב מאה באמה אשר יהיה ׃	11QT 46.9
מקמרשי ׃ אשר אנוכי שוכן	11QT 46.12
חוק מן העיר אשר יהיו	11QT 46.13
בתוכמה אשר תהיה הצואה	11QT 46.15
זה מזה אשר יהיו ׃	11QT 46.17
והאנשים אשר יהיה להמה	11QT 46.18
לעולם והעיר ׃ אשר אקדיש	11QT 47.4
דבר לכול ׃ מאה בה אשר ׃ ימאו בה	11QT 47.5
ימאו בה כול אשר בתוכה יהיה	11QT 47.5
מהור וכול אשר יבוא לה	11QT 47.6
בהמה מהורה אשר יזבחו ׃	11QT 47.7
תשמאו את העיר אשר אנוכי	11QT 47.10
כי בעורות אשר יזבחו	11QT 47.11
פגוליהמה אשר יזבחו בתוך	11QT 47.14
פגוליכמה אשר אנוכי שוכן	11QT 47.18
על ארבע אשר יש לו	11QT 48.4
בתוך ארצכמה אשר תהיו	11QT 48.13
ובנגע ובנתק אשר לוא יבואו	11QT 48.15
ובלדחמה אשר ימאו	11QT 48.15
מאמאם והצרוע אשר בו צרעת	11QT 48.17
כול בית אשר ימות בו	11QT 49.5
שבעת ימים כול אשר בבית וכול	11QT 49.6
וכול אובל אשר יוצק עליו	11QT 49.7

11QT 59.13	לעם והמלך אשר : זנה לבו
11QT 60.3	וכול קודשיהמה אשר יקדישו לי
11QT 60.5	אחד מאלף : א( )שר יצודו
11QT 60.5	יצודו וכול אשר יחרימו
11QT 60.6	והיצהר אשר : הקדישו
11QT 60.12	מכול ישראל אשר : הוא גר
11QT 60.13	נפשו אל המקום אשר אבחר לשכן
11QT 60.16	תבוא אל הארץ אשר אנוכי נותן
11QT 60.21	הגואים האלה אשר : לד[בר
11QT 61.3	נדע הדבר : אשר לוא דברו
11QT 61.4	יבוא הוא הדבר אשר לוא דברתי
11QT 61.6	ולכול חטא אשר יחטא על פי
11QT 61.8	שני האנשים אשר להמה
11QT 61.9	השופטים אשר יהיו בימים
11QT 62.10	והבהמה וכול אשר יהיה בעיר
11QT 62.11	שלל אויביכה אשר אנוכי נותן
11QT 62.12	ממכה מאודה אשר לוא מערי
11QT 62.13	רק מערי העמים אשר אנוכי נותן
11QT 62.15	צויתיכה למען אשר : לוא
11QT 62.16	ככול התועבות אשר עשו
11QT 63.1	עבד בה אשר]
11QT 63.2	אל נחל איתן אשר לוא יזרע
11QT 63.6	לעמכה ישראל אשר פדיתה :
11QT 64.12	תטמא את האדמה אשר אנוכי :
11QT 66.2	הנערה על דבר אשר לוא זעק[ה]
11QT 66.3	האיש על דבר אשר ענה את אשת
11QT 66.9	נערה : בתולה אשר לוא אורשה
11QT 66.11	תהיה לאשה תחת אשר ענה לוא
11QT[b] 54.2	אבי]כה או[: א]שר כנפשכה
CD 1.3	כי במועלם אשר עזבהו
CD 1.12	אחרונים את אשר עשה בדור
CD 1.13	דרך היא העת אשר היה כתוב
CD 1.14	איש הלצון אשר הטיף
CD 1.16	ולסיע גבול אשר גבלו
CD 1.18	ברית בעבור אשר דרשו
CD 2.13	שמותיהם ואת אשר שנא התעה :
CD 2.15	אל ולבחור את אשר רצה ולמאוס
CD 2.18	בה נאחזו אשר לא שמרו
CD 2.19	אל : ובניהם אשר כרום ארזים
CD 2.20	נפלו : כל בשר אשר היה בחרבה
CD 2.21	מצות עשיהם עד אשר חרה אפו בם
CD 3.13	במצות אל : אשר נותרו מהם
CD 3.14	להם נסתרות אשר תעו בם כל
CD 3.15	וחפצי רצונו אשר יעשה :
CD 3.19	נאמן בישראל אשר לא עמד
CD 4.1	ובני : צדוק אשר שמרו את
CD 4.6	הקודש שונים אשר כפר : אל
CD 4.8	כפרוש התורה אשר התוסרו בו
CD 4.9	האלה בברית אשר הקים אל
CD 4.15	מצודות בליעל אשר אמר עליהם
CD 4.16	לוי בן יעקב : אשר הוא תפש
CD 4.19	בוני החיץ אשר הלכו אחרי
CD 4.20	הוא מטיף : אשר אמר הטף
CD 5.2	התורה החתום אשר : היה
CD 5.4	והזקנים אשר עבדו את
CD 5.6	הם את המקדש אשר אין הם :
CD 6.6	בארץ דמשק : אשר קרא אל את
CD 6.7	דורש התורה אשר : אמר
CD 6.9	הבאר במחוקקות אשר חקק המחוקק
CD 6.11	הימים וכל אשר הובאו
CD 6.13	מסגירי : הדלת אשר אמר אל מי
CD 7.10	בבוא הדבר אשר כתוב בדברי
CD 7.11	אמוץ הנביא : אשר אמר יבוא
CD 7.11	בית אביך ימים אשר : באו מיום
CD 7.18	הנביאים : אשר בזה ישראל
CD 8.1	כל באי בריתו אשר : לא
CD 8.3	הוא היום : אשר יפקד אל
CD 8.3	היו שרי יהודה אשר תשפוך
CD 8.9	בדרך רשעים אשר אמר אל
CD 8.13	כזב הטיף להם אשר חרה אף אל
CD 8.17	את : הראשנים אשר העירו
CD 8.20	הוא הדבר אשר אמר ירמיהו
CD 8.21	כל האנשים אשר באו בברית
CD 19.3	כסרך : הארץ אשר היה מקדם
CD 19.7	בבוא הדבר אשר כתוב ביד
CD 19.11	פקדת הראשון אשר אמר ~~יחזקא~~
CD 19.14	באי : בריתו אשר לא יחזיקו
CD 19.15	הוא היום אשר יפקד א
CD 19.21	בדרכי רשעים: אשר : אמר אל
CD 19.26	אדם : לכזב אשר חרה אף אל
CD 19.30	את הראשונים : אשר העידו על
CD 19.33	]ו כל האנשים אשר באו בברית
CD 20.6	מדרש התורה אשר יתהלכו :
CD 20.9	ובאחרונים אשר שמו גלולים
CD 20.10	כמשפט רעיהם אשר שבו : עם
CD 20.12	בברית א ואמנה אשר קימו בארץ
CD 20.14	אנשי המלחמה אשר שבו : [ע]ם
CD 20.22	בית פלג אשר יצאו מעיר
CD 20.25	הקדש: וכל אשר פרצו את
CD 20.31	הראשונים אשר : נשפטו בם
CD 9.1	כל אדם אשר יחרים אדם
CD 9.3	מביאו : הברית אשר יביא על
CD 9.3	על רעהו דבר אשר לא בהוכח
CD 9.7	ענה בו יען אשר לא הקים את
CD 9.7	את מצות אל אשר אמר לו
CD 9.8	על השבועה אשר : אמר לא
CD 9.9	ידך לך איש אשר ישביע על
CD 9.10	על פני השדה : אשר לא לפנים
CD 9.11	ממאד המחנה אשר גנב בו
CD 9.13	כל אשם מושב אשר אין בעלים
CD 9.16	כל דבר אשר ימעל : איש
CD 10.1	להמית על פיהו אשר לא מלאו
CD 10.12	וכל גבא בסלע אשר אין בו די
CD 10.13	בו די : מרעיל אשר נגע בו
CD 10.15	מלאכה מן העת אשר יהיה גלגל
CD 10.16	מלואו כי הוא אשר אמר שמור
CD 11.16	וכל נפש אדם אשר תפול אל
CD 12.2	כל ‹איש› אשר ימשלו בו
CD 12.3	ישפט וכל אשר יתעה :
CD 12.7	כל בעבור אשר לא : יגדפו
CD 12.9	לגוים בעבור אשר לא יזבחום
CD 12.11	ימכור : להם אשר באו עמו
CD 12.13	כל נפש : החיה אשר תרמוש במים
CD 12.16	והעפר אשר יגואלו
CD 12.18	יתר בכותל : אשר יהיו עם
CD 13.13	פי המבקר אשר למחנה :
CD 13.16	הודיע : למבקר אשר במחנה ועשה
CD 13.19	]שהם ואת אשר איננו נקשר
CD 14.1	] : אשר לא באו
CD 14.6	לכל והכהן אשר יפקד : אש
CD 14.8	והמבקר אשר : לכל
CD 14.11	בתרו ולכל דבר אשר יהיה לכל
CD 14.14	ואביון ולזקן אשר : [יגו]ע
CD 14.15	[יגו]ע ולאיש אשר ינוע ולאשר
CD 14.15	נכר ולבתולה אשר : [ ] לה
CD 14.16	גואל ולע[למה א]שר אין לה
CD 14.18	פרוש המשפטים אשר]
CD 15.5	עולם את בניהם אשר יגיעו :
CD 15.8	עם המבקר אשר לרבים
CD 15.8	בשבועת הברית אשר כרת : משה
CD 15.13	ימ[ע]ל[ ] וכל אשר נגלה מן
CD 16.4	וביום אשר יקום האיש
CD 16.7	כל שבועת אסר אשר יקום איש
CD 16.8	יפדהו כל אשר : [יקי]ם
CD 16.10	שבועת האשה אשר אמ[ר
CD 16.11	איש שבועה אשר לא [י]דענה
CD 16.15	אל]ל כי הוא אשר אמר איש את
TS 1 1.4	אל הארץ אש[ר : [אנ]וכי
TS 1 1.6	[הב]ית אשר תבנו לי
TS 2 1.1	את הבית אשר תבנה]
TS 3 2.3	נפתלי עד שער אשר שלוש מאו[ת
TS 3 2.4	מאו]ת : ומשער אשר עד פנת

1QDM 3.3	א]ת כו[ל
1QDM 3.6	אלוהיכ]ם את הנ[וכרי
1QDM 3.7	] [את עוונ[ותיכם
1QDM 3.7	]תך את הז[את] : [
1QDM 4.4	]את[[
1QDM 4.9	]וסמך את יד[יו
1QDM 4.9	]· את כול אלה : [
1QDM 41 1.1	] את [: ש]בועות
1QDM 44 1.2	]ליה ב[: א]ת אש[ר :]·
1QH 13.8	אשר הכ[: את כול מעשיך
1QH 13.11	כי הראיתם את אשר לא·[
1QH 14.10	ר אהבתה ולתעב את כול אשר :
1QH 15.14	כול להשנות את דבריכה רק
1QH 15.20	לדעת ··· את כבודך ואת
1QH 16.7	שלם ולאהוב את ···[: ברוך
1QH 16.9	כי אתה עשיתה את כו[:
1QH 17.21	הבינותי כי את אשר בחרתה [
1QH 19 1.2	הוא ותבן בעזר את ··[:]רקיע
1QH 59 1.2	····[:]··· את [:] קצ
1QM 1.4	ולהכרית את קרן :·[
1QM 2.6	בשולחן כבוד את כול ‹אלה›
1QM 10.1	ונורא לשול את כול :
1QM 13.1	על עומדם את אל ישראל
1QM 13.2	וזעמו : שם את ב[לי]על ואת
1QM 14.2	ירננו כולם את תהלת המשוב
1QM 14.4	שם : כולם את אל ישראל
1QM 15.5	באוזניהם : את תפלת מועד
1QM 15.6	וסדר שם : את כול המערכות
1QM 15.7	כול אחיו וחזק את [
1QM 16.3	VACAT : את כול הסרך
1QM 16.13	המערכה וחזק את : לבבם
1QM 18.6	הסרך וברכו שם את אל ישראל
1QM 19.13	וה]ללו שם [א]ת אל [
1QNo 1 1.3	גברו בארץ ו[: א]ת דרכו על
1QNo 3 1.4	וכאשר ראה למך את[:]·את
1QNo 3 1.5	למך את[:]·את חדרי הבית
1QNo 3 1.6	] :]ל לבעת את [:]··[ ]
1QNo 5 1.2	]· ח[: א]ת כל ה[:]ל
1QS 1.4	בחר ולשנוא את כול אשר מאס
1QS 1.7	כול רע ולהבי את כול הנדבים
1QS 1.19	מברכים את אל ישועות
1QS 1.21	מספרים את צדקות אל
1QS 1.23	מספרים : את עוונות בני
1QS 2.1	מברכים את כול : אנשי
1QS 2.4	מקללים את כול אנשי :
1QS 2.13	בש‹ו›מעו את דברי הברית
1QS 3.13	להבין וללמד את כול בני אור
1QS 5.19	אשר לוא ידעו את בריתו וכול
1QS 5.21	קודש ודרשו : את רוחום ביחד
1QS 5.22	ביחד להקים : את בריתו
1QS 5.22	בריתו ולפקוד את כול חוקיו
1QS 5.24	פוקדם את רוחם
1QS 5.25	איש את רעהו בא[
1QS 6.2	כול הנמצא איש את רעהו וישמעו
1QS 6.7	ישקודו ביחד את שלישית כול
1QS 6.9	להשיב איש את מדעו : לעצת
1QS 6.12	האיש השואל את עצת : היחד
1QS 6.19	יקר(!)בו גם את הונו ואת
1QS 6.22	ולערב את הונו ויה‹י›
1QS 6.25	אחת ונענשו את רביעית לחמו
1QS 6.25	ואשר ישוב את : רעהו בקשי
1QS 6.26	אפים לפרוע את יסוד עמיתו
1QS 6.26	עמיתו באמרות את פי רעהו
1QS 7.4	יצחה בלו משפט את רעהו בדעהא
1QS 7.5	ואשר ידבר את רעהו במרום
1QS 7.15	יום והמוציא את יד שמאולו
1QS 8.13	לפנות שם את דרכ הואהא :
1QS 8.20	קודש איש את רעהו : כול
1QS 9.13	ואיש : לעשות את רצון אל
1QS 9.13	לעת בעת ולמוד את כול השכל
1QS 9.17	השחת : ולסתר את עצת התורה

11QT 51.20	ונוטעים להמה אשרות ומקימים
4Q185 1+ 2.8	רעה לכל עם אשרי אדם נתנה
4Q185 1+ 2.13	] [·· אשרי אדם יעשנה
4pIs[c] 23 2.9	משפט יהוה אשרי כול חוכי
11QT 2.7	[אשריה]מה
1QH 3.7	בצוקה כמו אשת לדה מבכריה
11QT 54.20	או בתכה : או אשת חיקכה או
11QT 66.3	אשר ענה את אשת רעהו
11QT 66.12	יקח : איש את אשת אביהו ולוא
11QT 66.12	יקח איש את אשת : אחיהו
11tgJ 33.6	זין וזעקת אשתדור : יחדה
4Q381 1 1.7	··כל [: את א[שתו] וברוחו
4Q502 309 1.1	א]שתו [
11QT 45.11	כיא ישכב עם אשתו שכבת זרע
1apGn 2.11	לבי עלי אדין אשתני]
1apGn 2.12	אנתתי די אשתני אנפי
1apGn 19.18	דן ואמרת לי אשתעי לי חלמך
1QH 9.13	ובסליחות אשתעשע ואנחמה
1Q26 5 1.2	]·[:]את·[
1Q29 5+ 1.4	שמורו את הדברים האלה
1Q30 1 1.3	[: ב]שלישית את כול[:
1Q34[b] 2+ 1.6	זכו[ר א]דוני א[ת :]
1Q70 30 1.1	] את [
1pHab 1.12	מכתי]ר את הצדיק :]
1pHab 2.4	אל [ ] את שם קודשו :
1pHab 2.7	בשומעם את כול הבא[ות
1pHab 2.8	בינ]ה לפשור את כול : דברי
1pHab 2.9	]בידם ספר אל את : כול הבאות
1pHab 2.10	הנני מקים את : הכשדאים
1pHab 3.1	לכות ולבוז את ערי הארץ :
1pHab 3.10	אשר : ידושו את הארץ
1pHab 4.13	יבואו : לשחית את הא[רץ
1pHab 5.3	לוא יכלה אל את עמו ביד
1pHab 5.4	בחירו יתן אל את משפט כול
1pHab 5.5	עמו אשר שמרו את מצוותו :
1pHab 5.11	אשר מאס את : התורה
1pHab 6.1	ויוסיפו את הונם עם כול
1pHab 6.6	המה מחלקים את עולם ואת :
1pHab 7.1	חבקוק לכתוב את הבאות על :
1pHab 7.4	אשר הודיעו אל את: כול רזי
1pHab 8.10	רם לבו ויעזוב את אל ויבגוד
1pHab 10.3	אשר יתן אל את × :
1pHab 10.13	גדפו ויחרפו את בחירי אל :
1pHab 10.14	הארץ לדעת את כבוד יהוה
1pHab 11.13	כיא לוא מל את עור לת לבו
1pHab 12.2	הרשע לשלם לו את × :
1pHab 12.8	תועבות ויטמא את : מקדש אל
1pHab 13.2	אשר עבדו את האבן ואת
1pHab 13.3	המשפט יכלה אל את כול עובדי
1pPs 8 1.3	המקר[א] לברך את ש[
1pPs 11 1.2	]ם ב[:]ל את ·[
1QDM 1.2	לאמור [א]ת כול העד[ה
1QDM 1.3	וצויתה [א]ת בני :
1QDM 1.4	באוזניה[ם] את הכול :
1QDM 1.5	ו[העידותה ב]ם את [ה]שמים ואת
1QDM 1.7	] [את : אלי[לי]ם
1QDM 1.8	] [את אשר :
1QDM 1.10	המ]ה עוברים : את [הי]רדן שמה
1QDM 2.2	א[תה] עובר את ה[ירדן]
1QDM 2.10	] בכם [ו]עצר את השמים
1QDM 2.10	ל]תת לכם את : [התבו]אה
1QDM 3.1	ש]נים את שבת [

4Q509 188 1.2]˙[:] את בריתכ[ה : [
4Q509 197 1.2]˙תה ˙[:]ה את[:]˙˙ ל˙[
4Q509 235 1.2]˙˙[:]˙ את[
4Q509 250 1.1] את פ˙[:]אורה[
4Q509 258 1.2]˙˙וא[:]את ב[
4Q511 30 1.6] : את אלה לוא
4Q511 30 1.6 איש לתכן את ריח[
4Q511 60 1.4]חי כלא[:]˙את[
4Q511 175 1.1]את˙[:]ה ˙[
4Q512 36+ 1.11] את בגדיו ו[:
4Q512 21+ 1.1]מה ונתון את[י]דו לש[:
4Q512 23 1.3 הרשונ[ים:]את ה[
4Q512 16 1.1]את כול :]ק
4Q512 11 1.3]˙[ו]כבס את בגדיו במ[ים
4Q512 11 1.4 במ[ים : וכסה את בגדיו וברך
4Q512 17 1.1 י]ברך את[: מ]ועדי
4Q512 7+ 1.1 את כול הד[ברים
4Q512 1+ 1.6] : את טימי
4Q512 1+ 1.7 ואח[ר ה]וזותו את מימ[י
4Q512 1+ 1.15]את מעשיהם
4Q512 41 1.3 [ב]רוך <את> אל ישר[אל
4Q512 106 1.1] את[:] הטה[
4Q512 120 1.2]˙˙[:]את[
4Q512 168 1.1]את ב[
4Q513 20 1.3 מהמה[:]בה <את> המקדש[:]
4Q514 1 1.6 ואחר יאכלו את לחמם כמשפט
4Q514 1 1.9 ואחר יאכלו את לחמם :
4Q515 1 1.1]˙˙ך את[:]ועצה ˙[
4Q517 62 1.1]את [
4Q518 21 1.3]˙˙˙˙˙[:]˙את ˙[:]˙˙ם
4Q519 52 1.1]את
4Q520 7 1.1]את מ[
4AgCr 1 1.5]˙ הוליד ישחק את עשרים ה[
4apLm 1 1.4 ברוע [ ]: [ ]˙את בריתו
4pHsa 2.3 וישכחו את אל המא[כלם
4pHsa 2.9 ופישתי מלכסות את[ ] :
4pHsa 2.10] : ועתה אגלה את נבלותה
4pHsb 2 1.6 יסתי]ר אל את פניו מ[ן
4pHsb 7+ 1.2]עזבו את אל ו[י]לכו
4pHsb 9 1.1]את יש[רא]ל
4pHsb 19 1.2 ה˙[:]˙ח את ˙[: ז]קנים
4pHsb 32 1.1]את[:]˙[
4pIsb 2.7 הם אשר מאסו את תורת יהוה
4pIsc 2 1.2 מ]עלה עליה[ם] את מי הנהר
4pIsc 4,6+ 1.6 א]ת[י]שראל
4pIsc 4,6+ 1.20 א]ת אפרים
4pIsc 4,6+ 1.20 ואפרי[ם] את : [
4pIsc 14 1.7]בה א˙רי˙[:]את נפשו [
4pIsc 15+ 1.1 ת]רדמה ויעצם את[
4pIsc 30 1.1]˙ את :]ה בבא ל
4pIsd 1 1.2]: [אש]ר יסדו את עצת היחד[
4pIse 1+ 1.3] גלה את תורת הצ[דק
4pIse 6 1.7]]˙ את התורה[
4pN 3+ 3.5 קהלם ועזבו את מתעיהם
4pN 3+ 3.8 לא יחזקו עוד את עצתם
4pN 3+ 3.9 המחזק]ים את מ[נשה] :
4pPsa 1+ 1.21 א]ת רצון :]
4pPsa 1+ 2.10 אשר יקבלו את מועד התענית
4pPsa 1+ 2.15 יזומו לכלות את עושי התורה
4pPsa 1+ 3.7 אשר הונו את עם : קודשו
4pPsa 1+ 3.11] : ירשו את הר מרום
4pPsa 1+ 4.14 ויב]קש לשבית את : [
4pUn 1 1.4 יא]ספו את צ˙[:]חט[
4pUn 11 1.1 [את˙ [
4QBer 10 2.1 ואחר יזעמ[ו] את בליעל: ואת
4QBer 10 2.12 אמ]תו ולהמיר את משפ[טי
4QCata 2+ 1.12 לשונם[:]א את צאצ[אי
4QCata 2+ 1.12]אל וידיעהו את מספר ˙[
4QCata 5+ 1.7 ל]הלעין את ישרא[ל
4QCata 10+ 1.3 כתוב ורפאתי את :]˙ל אנשי
4QCata 10+ 1.7]המכשילים את בני האור :

1QS 9.19)לכ תמים איש את רעהו בכול
1QS 10.18 ארדפ גבר כיא את אל משפט כול
1QS 11.20 יכול להכיל את כבודכה ומה
1QSa 1.4 בא[וזניהמה]את : [כ]ול
1QSa 1.13 הקודש לעבוד את עבודת העדה
1QSa 2.12 יוליד : [ ]א[ת]המשיח אתם
1QSa 2.18]איש את ידו ברשת :
1QSa 2.19 כיא[מ]ברך את רשית הלחם :
1QSb 1.1 למשכיל לברך את ירא[י
1QSb 3.22 למ[שכיל] את בני צדוק
1QSb 5.20 למשכיל לברך את נשיא העדה
2Q27 1 1.3]נם ויקח את[:]ולו
2Q29 2 1.3]VACAT[:]את ג[:]הו[
3Q14 21 1.2]מה [:]את[:]ל[
4Q176 8+ 1.15 בלי]על לענות את עבדיו בו[
4Q176 15 1.3] כבחון את:] עמי
4Q176 22 1.2]כיא הוא ברא את כול[:]נו
4Q181 2 1.3 גבור[ים : א]ת ישראל
4Q183 1 2.1 ויטמאו את מקדשם[: מהם
4Q183 1 2.7] : וירצו את עוונם
4Q370 1.2 ויברכו את שם [קדש]ו
4Q378 3 2.10 את]ה תנחיל את [: ירפכה
4Q379 1 1.2]עולמים את לוי ידיד˙[
4Q379 22 2.8 אשר יב[נ]ה את [העי]ר הזאת
4Q379 22 2.11 חמס ושבו ובנו א[ת] : [
4Q380 1 1.7 מי ימלל את שם: יהוה
4Q380 7 1.2]˙את אשם :]˙למה
4Q381 1 1.7 ˙˙כל [: את א[שתו]
4Q385 2 1.2 אשר אהבו את שמך וילכו:
4Q385 2 1.4 אלי אני אראה את בני ישראל
4Q385 2 1.8 אנשים ויברכו את יהוה צבאות
4Q385 3 1.2] : הומה את נפשי
4Q385 3 1.5] : את הימים ואת
4Q400 6 1.2]אש˙˙[:]את ש˙[
4Q487 22 1.3]: [ ]לכי [:]את ˙[
4Q502 9 1.14 קודשים :]את אל ישראל [
4Q502 13 1.1]את כו[ל :
4Q502 94 1.5]הבא לש[:]ו את א[:]ת[
4Q502 105+ 1.1 יב]רכו את אל ישראל[:
4Q502 168 1.3 יש[:]שם[:]]את [
4Q502 251 1.1] את[:]ב עו[
4Q503 26 1.1]את[: מ]עשים[:
4Q503 27 1.4 לו[:]יברכו את[: קוד]ש
4Q504 1+R 2.8 בהמרותם את פיכה ותתאנף
4Q504 1+R 2.10 ולמען דעת את כוחכה הגדול
4Q504 1+R 2.12 וזכרתה : את נפלאותיכה
4Q504 1+R 3.6 כיסר איש את : בנו
4Q504 1+R 3.10 שפכתה אלינו את חמתכה : [
4Q504 1+R 4.5 כיא אהבתה : את ישראל מכול
4Q504 1+R 4.8 הגוים ראו את כבודכה :
4Q504 1+R 4.11 ארצם לכבד את עמכה ואת :
4Q504 1+R 5.7 ולו געלתה את ישראל :
4Q504 1+R 5.11 בגוים ותחון את עמכה ישראל
4Q504 1+R 5.15 [כי]א יצקתה את רוח קודשכה
4Q504 1+R 6.4 אתה עשיתה את כול אלה
4Q504 1+R 6.5 לבנו רצינו את עווננו ואת
4Q504 1+R 6.8 נפשנו להפר : את בריתכה בכול
4Q504 1+R 6.8 השלחתה בנו את אויבינו>
4Q504 1+R 6.9 אתה : חזקתה את לבבנו ולמען
4Q504 1+R 6.12 ולחצנו והצילה את עמכה ישר[אל
4Q504 1+R 7.5] : את שם קודשו
4Q504 2V 1.5 כול :]ויברא את :]מור את˙˙
4Q504 2V 1.6 את :]מור את˙˙ :]˙˙˙˙
4Q504 4 1.20]˙ב˙[:]את רוח [:
4Q504 7 1.1]תה מישר את : [
4Q504 26 1.6]בכור :]את ארצכה :
4Q504 47 1.2]כבודנו ל[:] את מנו[
4Q509 15 1.5]˙ם :]ש את
4Q509 131+ 2.11]ר הקדשת[:] את שגר [: צ]:
4Q509 143 1.3 ממנו [:]את ˙˙[:]ל א[
4Q509 184 1.2]˙˙˙˙ :]את:] לעיני

א[לה ובאתה את האולם] : [ב	11QT 4.8
[ה]אחד וחצו את כ]ול [	11QT 15.4
י[דו] ל[ל]בו[ש את הבגדים תחת	11QT 15.16
[ ]המו]בח והקמיר א[ ]	11QT 16.6
ואחר יעלו את האיל אחד	11QT 18.9
סיום הביאכמה את העומר [	11QT 18.11
[ ]עולה[ ]	11QT 19.2
סיום הביאכמה את המנחה חדשה	11QT 19.11
יקמוצו ממנה את [אזכר]תה	11QT 20.10
ומן הכבשים את שוק הימין	11QT 20.15
וישחטו בני לוי א[ת] [וזר]קו	11QT 22.4
[אהר]ון את דמם :	11QT 22.5
וירימו ס[ן] את שוק הימין	11QT 22.9
וללויים : את השכם אחר	11QT 22.11
הכוהן הגד[ו]ל את] לראישונה	11QT 23.9
ואחריה יקמיר את עולת מפה	11QT 23.10
ושחטו לפניו את שעיר העזים	11QT 23.11
והפלה את : דמו למזבח	11QT 23.11
המזבח וזרק את דמו על	11QT 23.13
החלב המכסה את : הקרב ואת	11QT 23.14
[הראו]ש : ו [	11QT 24.1
השלישי יעשה : את עולת ראובן	11QT 24.9
הוא ותענו בו את נפשותיכמה	11QT 25.11
וחד[ ] ו]שחט את השעיר אשר	11QT 26.5
אשר סל[ ] את דמו במזרק	11QT 26.6
לההם ורחץ את ידיו ואת	11QT 26.10
על רואשו את כול עוונות	11QT 26.11
ונשא השעיר את כול עוונות	11QT 26.13
אחר יעשה את הפר ואת	11QT 27.3
אשכין : עליו את כבודי עד	11QT 29.9
אשר אברא אני את מקדשי :	11QT 29.9
ועשי[תה את מסבה צפון	11QT 30.5
[ש]ם עליהמה : את בגדיהמה אשר	11QT 32.11
יהיו מקדשים את עמי בבגדי	11QT 33.7
מעלים במה את הקרבים ואת	11QT 33.14
ים וסוגרים את הגלגלים וא[ן	11QT 34.5
[וא]ואוסרים את ראשי הפרים	11QT 34.6
ויהיו כונסים א[ת	11QT 34.7
ופותחים את הגלגלים	11QT 34.9
ופשטים את עורות הפרים	11QT 34.9
ומולחים את הנחים במלח	11QT 34.10
במלח ומרחצים את : הקרבים	11QT 34.10
בני אהרון את הכול : על	11QT 34.13
בה]מה מלא את : ידיו גם	11QT 35.6
וקדשם(ם) את ה[בי]ב	11QT 35.6
אשר [ ] : [א]ת זבחי שלמי	11QT 37.5
מבשלים שמה את זבחיהמה	11QT 37.14
ישאו ממנו את מחצית	11QT 39.10
[ללבוש את הב]גלדים :	11QT 40.1
עד (פ)ה<עפ>לות את עולת המועד	11QT 42.16
יהיו אוכלים את הדגן : עד	11QT 43.6
בכסף והביאו את הכסף ולקחו	11QT 43.14
וחלקתה את [ ] [שמעו] [	11QT 44.3
וחלקתה את : הנשכות	11QT 45.5
ולוא יממאו את העיר אשר	11QT 45.13
בגדיו ורחץ את כול בשרו	11QT 45.16
יטהר והקריב את : [	11QT 45.18
וחללוהו וקדשי את מקדשי ויראו	11QT 46.11
ולוא תטמאו את העיר אשר :	11QT 47.11
אנוכי משכן את שמי ומקדשי	11QT 47.11
יהיו מביאים את יינמה ואת	11QT 47.12
ולוא יגאלו את מקדשי	11QT 47.13
ולוא תטמאו את : מקדשי ועירי	11QT 47.18
ולוא תטמאו את : ארצכמה	11QT 48.10
המה : קוברים את מתיהמה וגם	11QT 48.11
תהיו קוברים את מתיכמה בהמה	11QT 48.13
ובא[ ] וב]ח[את : פריכמה בנגג	11QT 49.4
יוציאו ממנו את המת וטהרו	11QT 49.11
את המת יכבדו את הבית מכול :	11QT 49.11
ממנו יטהרו את הבית ואת	11QT 49.14
ה. עד אשר יזו את הש[ני]ת :	11QT 50.3

א<ו><ל> את [ ] : בליק>ל	4QCat^a 12+ 2.6
ל[תפלתי :]ר את פצת היחד	4QCat^a 14 1.5
[ה אשר יקשו את עורפם]	4QCat^b 1 1.2
בראישונ]ה את מקד[ש	4QFl 1+ 1.6
לכה והקימותי את זרעכה	4QFl 1+ 1.10
והבינותי את כסא ממלכתו	4QFl 1+ 1.10
כתוב את סוכת דויד	4QFl 1+ 1.12
יעמוד להושיע את ישראל	4QFl 1+ 1.13
[ג]ורל ועשו את כול התורה]	4QFl 1+ 2.2
[המבליעים את צאצאי	4QFl 4 1.1
[ל להאביד את קרן	4QFl 6+ 1.1
אשר צונו עשו את כול]	4QFl 11 1.2
[ג]ורל] [מה את פ] : [בתו	4QFl 17 1.2
[את כל]	4QFl 20 1.1
השנית את עונתה ושבו	4QM1 1+ 1.16
[: וחזק את ידיהמה	4QM1 10 2.14
[א]ת ידיהמה	4QM1 11 2.14
[ה ורוממו את גבור<ו>א]	4QM1 16 1.5
[א]ת אל [ישראל	4QM2 1 1.12
כן יפתחו א[ת] הש[ער]ם	4QM3 1 1.2
כבו]ד [: א]ת [ ] הש[ל]מ[ה]	4QM6 7 2.2
[נחל לי] : [ ] וחתי	4QOrd 1 2.2
[בקחת מושה את : ל [	4QOrd 5 1.4
[ ] ויהללו את : שם יהוה	4QPs^f 2 9.4
[כ]י בא לשפוט את : כל מע[ש]ה[	4QPs^f 2 9.5
ה. [ ] את [	4QTeh 1 1.1
לאמור שמעת את קול דברי	4Tstm 1.1
אותי ולשמור את : מצותי	4Tstm 1.3
וידבר אליהמה את כול אשר	4Tstm 1.6
מואב וקרקר את כול בני שית	4Tstm 1.13
היש אשר יבנה את העיר הזות	4Tstm 1.22
[וי]צ]יבו	4Tstm 1.25
[שמע שמוא]ל א[ת] דב]רי :	4VSam 1 1.2
ויקום ויפתח את ד[לתות:	4VSam 1 1.3
להגיד את המשא לעלי	4VSam 1 1.4
: הו]דיעני את מראה:	4VSam 3+ 3.1
מחלה את] : שמו]	4VSam
[שבועה על : א]את	5Q13 2 1.12
[את אשר צו]ה:	5Q13 9 1.2
[כ]ול העד[ה : א]ת הירדן ב]:	5Q17 1 1.3
[פי]ן :] : [מה את]:]	5Q17 3 1.2
ל[מנות א]את הכול]	5apPM 1 1.5
[את קרה את] [עול]	5QTop 1 1.2
[את צידון:	5QTop 2 1.1
את בית תפ]וח:	5QTop 3 1.2
א[ת צידון	5QTop 4 1.1
א[ת כוכבא ואת]	5QTop 5 1.1
ו[יתעו את ישראל	6Q15 3 1.3
נפשותי]: את עמ[י	6Q21 1 1.2
[לגדלו: את] : כב]וד:	6apSK 24 2.1
א[ת פלשתיים	6apSK 32 1.1
[את] :]	6apSK 34 1.2
ו[יירא <את> ד]	6apSK 58 1.2
מש] : [ ] את [	6QHym 7 1.2
הלואת :] : [א]ת	11Ap^a 1.7
החזק]את השמים : א]שר	11Ap^a 1.10
הוא]עשה את]חו	11Ap^a 2.4
ויפתח לכם את אוצרו הטוב	11Ber 1 1.6
[מה הי]ובל : את חוב[ו]ת	11Mel 2 3.9
עלו העצים את דברי והצואן	11QPs 28.6
דברי והצואן את : כי	11QPs 28.6
דברי והצואן את מעשי אדון	11QPs 28.6
וידבר ומי יספר את מעשי אדון	11QPs 28.7
נביאו למושחני את שמוא]ל [	11QPs 28.8
[ ]	11QPs 28.14
אוזנכה ותן לי את שאלתי	11QPs 24.4
ועמים יהדרו את כבודכה :	11QPs 24.9
נפשי להלל <את> שמכה	11QPs 19.8
גם אני את : שמכה	11QPs 19.11
כי הראם את אשר לוא	11QPs 26.12
על פי מ]' : וה את הברכה	11QPs^b d 1.2
את הא]מ]רי :	11QT 2.2

46

11QT 51.5	יטהר והזהרתמה את : בני ישראל
11QT 51.9	ולוא ישקצו : את נפשותמה
11QT 51.11	שעריכה ושפטו את העם : משפט
11QT 51.16	וירשתה : את הארץ אשר
11QT 52.21	שמה : וזרקו את דמו על יסוד
11QT 53.6	ולוא תואכל את הנפש עם
11QT 53.17	ושמע אביה את נדרה או :
11QT 53.18	את נדרה או : את האסר אשר
11QT 54.12	הישכם אוהבים את יהוה :
11QT 55.3	מקרבכה וידיחו את כול [י]ושבי
11QT 55.6	הכה תכה את כול יושבי :
11QT 55.9	ושרפתה באש את העיר ואת
11QT 55.16	אשה אשר יעשה את הרע בעיני :
11QT 55.19	עליו : ושמעתה את הדבר הזה
11QT 55.21	והוצאתה : את האיש ההוא
11QT 55.21	האיש ההוא או את האשה ההיא
11QT 56.2	והגי]דו לכה את המשפט :
11QT 56.16	סוס ולוא ישיב את העם מצרים
11QT 56.21	וכתבו : לו את התורה הזואת
11QT 58.9	יהיו שומרים : את עריהמה ואת
11QT 58.10	לו מחצית העם את אנשי : הצבא
11QT 58.12	אם נצחו : את אויביהמה
11QT 58.12	(˙)חרב ונשא את שללמה ונתנו
11QT 59.19	לשאתה ונתתי את כול אויביו
11QT 62.4	ביתו פן ימס את לבב אחיו
11QT 62.9	בידכה והכיתה את זכורה לפי
11QT 62.11	לכה ואכל<תה> את שלל אויביכה
11QT 62.14	כי החרם תחרים את החתי ואת
11QT 63.1	]העיר ההיא את : העגל[ה]
11QT 63.2	וערפו שמה את העגלה :
11QT 63.5	החלל : ירחצו את ידיהמה על
11QT 63.6	לוא שפכו את הדם הזה
11QT 63.8	ואתה תבער : את דם נקי
11QT 63.10	בידכה ושביתה את שביו :
11QT 63.12	ביתכה וגלחתה את ראושה
11QT 63.12	ראושה ועשיתה את צפורנ<י>ה
11QT 63.13	והסירותה : את שלמות שביה
11QT 63.13	בביתכה ובכתה את אביה ואת
11QT 64.7	בעמו ומשלים את עמו לגוי
11QT 64.10	הגואים ויקלל את עמו <ו>את
11QT 64.12	העץ ולוא תטמא את האדמה אשר
11QT 64.13	לוא תראה את שור אחיכה
11QT 64.13	שור אחיכה או את שיו או את
11QT 64.13	או את שיו או את חמורו :
11QT 65.4	לוא תקח את האם על
11QT 65.4	שלח תשלח את האם ואת
11QT 65.8	שם רע ואמר את האשה הזואת
11QT 65.10	אמה והוציאו : את בתול הנערה
11QT 65.11	אל הזקנים את בתי נתתי
11QT 65.14	העיר : ההיא את האיש ההוא
11QT 66.2	ו]יומתו את הנערה על
11QT 66.3	דבר אשר ענה את אשת רעהו
11QT 66.4	מצאה האיש <את האשה>
11QT 66.12	לוא יקח : איש את אשת אביהו
11QT 66.12	לוא יקח איש את אשת : אחיהו
11QT 66.14	לוא יקח איש את אחותו בת
11QT 66.15	לוא : יקח איש את אחות אביהו
11QT 66.15	אחות אביהו או את אחות אמו כי
11QT 66.16	לוא : יקח איש את : בת אחיהו
CD 1.8	מטעת לירוש : את ארצו ולדשן
CD 1.12	אחרונים את אשר עשה
CD 1.17	הדבק בהם את אלות בריתו
CD 2.1	אל בעדתם להשם את כל המונם
CD 2.8	נוסדו ידע : את מעשיהם
CD 2.8	מעשיהם ויתעב את דורות מדם
CD 2.8	מדם ויסתר את פניו מן
CD 2.9	עד תומם וידע את שני מעמד
CD 2.15	אל ולבחור את אשר רצה
CD 2.20	היו בעשותם את : רצונם ולא
CD 2.21	ולא שמרו את מצות עשיהם
CD 3.6	בעיניו ויאכלו את הדם ויכרת :
CD 3.7	בקדש עלו ורשו את רוחם ולא
CD 3.11	לחרב בעזבם את ברית אל
CD 3.12	לבם לעשות איש את רצונו
CD 3.13	מהם הקים אל את בריתו
CD 4.1	צדוק אשר שמרו את משמרת מקדשי
CD 5.4	אשר עבדו את העשתרת
CD 5.6	וגם מטמאים הם את המקדש אשר
CD 5.7	עם הרואה את דם זובה
CD 5.8	ולוקחים : איש את בת אחיהם<ו>
CD 5.10	תגלה בת האח את ערות אחי :
CD 5.11	שאר וגם את רוח קדשיהם
CD 5.16	פקד : אל את מעשיהם ויחר
CD 5.18	ויקם בליעל את יחנה ואת :
CD 5.19	בהושע ישראל את הראשונה :
CD 5.20	הגבול ויתעו את ישרא :
CD 6.1	שקר להשיב את ישראל מאחר
CD 6.3	ויחפורו את הבאר באר
CD 6.6	אשר קרא אל את כולם שרים
CD 6.9	הבאים לכרות את הבאר
CD 6.16	המקדש ולגזול את עניי עמו
CD 6.18	לחול ולשמור את יום השבת
CD 6.20	דמשק : להרים את הקדשים
CD 6.20	לאהוב איש את אחיהו :
CD 6.21	ולדרוש איש את שלום :
CD 7.2	להוכיח איש את אחיהו כמצוה
CD 7.4	ישקץ : איש את רוח קדשיו
CD 7.9	בפקד אל את הארץ להשיב
CD 7.14	אמר והגליתי את סכות מלככם
CD 7.16	אמר והקימותי את סוכת דוד
CD 7.18	אשר בזה ישראל את דבריהם
CD 7.21	וקרקר : את כל בני שת
CD 8.6	ושנוא איש את רעהו
CD 8.14	אתה בא לרשת את הגוים :
CD 8.15	כי מאהבתו את אבותך
CD 8.15	אבותך ומשמרו את השבועה :
CD 8.16	העם באהבת אל את : הראשנים
CD 8.17	אחריו אהב את הבאים
CD 8.18	ובשונאי את בוני החיץ
CD 19.6	עליהם בפקד אל את הארץ : בבוא
CD 19.8	נאם א הך את הרעה
CD 19.18	ושנא איש את רעהו
CD 19.19	ולבצע ויעשו את : איש הישר
CD 19.27	אתה בא לרשת את הגוים :
CD 19.28	כי מאהבתו את אבותיך
CD 19.28	אבותיך ומשמרו את השבועה: כן
CD 19.29	העם באהבת אל: את הראשונים :
CD 19.30	אחרי א ואהב את הבאים
CD 19.31	ושונא ומתעב א את בוני החיץ
CD 20.18	להצדיק איש את אחיו לתמך
CD 20.23	ישראל ויטמאו את המקדש ושבו
CD 20.25	וכל אשר פרצו את גבול התורה
CD 20.33	ולא ישיבו : את חקי הצדק
CD 9.2	תקום ולא תטור את בני עמך וכל
CD 9.7	אשר לא הקים את מצות אל אשר
CD 9.8	הוכח : תוכיח את רעיך ולא
CD 9.15	לא ידע מוצאיה את משפטה : אם
CD 10.2	הפקודים ירא את אל אל
CD 10.8	ומעלה לשפוט את העדה כי
CD 10.9	הארץ אמר לסור את : דעתם עד
CD 10.10	עד לא ישלימו את ימיהם על
CD 10.16	אשר אמר שמור את : יום השבת
CD 10.20	בשדה לעשות את עבודת חפצו
CD 11.2	אל ישלח את בן הנכר
CD 11.2	בן הנכר לעשות את חפצו ביום
CD 11.6	אל ירם את ידו להכותה
CD 11.11	אל ישא האומן את היונק לצאת
CD 11.12	אל ימרא איש את עבדו ואת
CD 11.15	אל יחל איש את השבת על הון
CD 11.20	להרשותו לטמא את המזבח כי
CD 11.23	ולא ישביתו את העבודה כולה
CD 12.2	המקדש לטמא : את עיר המקדש

CD 12.4 יתפה : לחלל את השבת ואת
CD 12.6 אל ישלח את ידו לשפוך
CD 12.11 אל ישקץ איש את נפשו : בכל
CD 13.7 למחנה ישכיל את הרבים במעשי
CD 15.3 ועבר וחלל את השם ואם
CD 15.5 לחוק עולם את בניהם אשר
CD 15.9 משה,עם ישראל את הברית ל[שוב
CD 15.10 יודיעהו איש את : המשפטים
CD 16.5 אם יקים את דבריו : על
CD 16.10 ל]אישה להניא את שבועתה אל :
CD 16.14] יקדש איש את מאכל :
CD 16.15 אשר אמר איש את רעיהו
TS 1 1.2 הושבתי את אבותיכם
TS 1 1.3 וידבר מושה את מועדי יהוה
TS 1 1.4 מושה לאמור צו את בני ישראל
TS 1 1.6 על מזבח העולה את העול[ה
TS 1 1.9 היצהר יקריבו את העצים שנים
TS 2 1.1 [ועשי]תה את הבית אשר
TS 2 1.3 [:] [˙ה את הקיר שבע
TS 3 1.6]יהיו אוכלים את התבואות

1apGn 2.3 באדין אנה למך אתבהלת ועלת על

11QPs 21.17]מערמיה אתבונן כפי

1apGn 19.9 ול[ה] אתב[נ]יאת

4Q381 15 1.7 ואני משיחך אתבננתי : [

6Q31 21 V.2]˙ צו˙[:]אתגא[

1Q26 3 1.2 החים [:] כי אתה לי לבן
1apGn 20.21 באדין אתה עלי חרקנוש
1apGn 20.21 ובעא מני די אתה ואצלה על :
1apGn 21.17 למדנחא והוית אתה לי ליד :
1apGn 21.23 יומיא אלן אתה כדרלעומר
1pHab 8.15 למו : כי אתה שלותה גוים
1pHab 9.3 ואשר : אמר כי אתה שלותה גוים
1pHab 11.9 מבוד שתה גם אתה והרעל :
1pMic 17+ 1.2]תקצור את[ה
1QDM 1.2 ועמדתה [שמ]ה אתה : ואלע[זר
1QDM 2.2 כא]שר א[תה] עובר את
1QH 1.8 בלוא רצונכה אתה יצרתה :
1QH 1.13] לרזיהם אתה בראתה ארץ
1QH 1.26 הצדק לכה אתה הדעות
1QH 1.27 הרמיה אתה בראתה :
1QH 4.12 במצודותם כי אתה אל תנאץ כל
1QH 4.18 לא היאה כי אתה אל תענה
1QH 4.38]˙˙ עשיתה כי אתה בראתה צדיק
1QH 4.40]יכה כי אמת אתה וצדק כול
1QH 5.11 עלי פיהם כי אתה אלי סתרתני
1QH 5.19 <אריות> ברוך אתה : אודכה
1QH 6.25]אמתכה אלי כי אתה : תשים סוד
1QH 7.13 לרשע : כי אתה ידעתה כול
1QH 7.25 לכבודכה : כי אתה לי למאור
1QH 7.31 כי אל עולם אתה וכול
1QH 9.12 רוחי כי אתה יסדתה רוחי
1QH 9.23 בי : כי אתה אלי <ל>מ˙[
1QH 9.29 עד עולם כי אתה מאבי :
1QH 9.34 בי ועד שיבה אתה תכלכלני
1QH 9.35 עזבתני כי אתה אב לכול ˙˙
1QH 10.8 השכלתני : הנה אתה שר אלים
1QH 10.14] : ברוך אתה אדוני אל
1QH 10.22 אקוה כי אתה יצרתה˙[
1QH 11.27 עולום ברוך את[ה
1QH 11.29 חסדיכה : ברוך אתה אל הרחמים
1QH 11.32 ברחמיכה ברוך את[ה] : אדוני
1QH 11.33 אדוני כי אתה פעלתה אלה
1QH 13.3 פלאך ˙˙˙[:]אתה גליתה ידכה
1QH 13.10 ופקודת עד כי אתה הכינותמה
1QH 14.15 דבריך כי אתה צדיק ואמת
1QH 15.14 את דבריכה רק אתה [ ]תה
1QH 15.22 להכין צעדו : אתה יצרתה רוח
1QH 15.25 כיא : אמת אתה וכול עולה
1QH 16.8 ˙˙[: ברוך אתה אדוני יוצר
1QH 16.9]ור כבודך לך אתה הצדקה כי
1QH 16.9 אתה הצדקה כי אתה עשיתה את
1QH 16.10 ובדעתי כי אתה רשמתה רוח
1QH 17.20 נל˙תי :]לך אתה הצדקה
1QH 3 1.12]מה יתחזק לכה אתה אל ˙˙˙˙˙[
1QH 4 1.15]תימה ברוך אתה אל הדעות
1QH 15 1.6 חקר כול :]אתה אדוני א[
1QH 17 1.4]לעולמי עד אתה הוא [:]
1QH 21 1.3 ˙˙˙ר נדי[:] אתה מנהם אבל[
1QM 10.1 הגיד לנו כיא אתה בקרבנו אל
1QM 13.9 גבורות פלאכה אתה [הב]רותנו
1QM 13.18 כ]יא אתה יעדתנו
1QM 18.10 כמוהה <כ>ו<א> אתה ידעתה
1QM 18.12 המונם כיא אתה : [
1QS 2.5 ואמרו ארור אתה בכול מעשי
1QS 2.7 גמולים ארור אתה לאין רחמים
1QS 2.7 מעשיכה וזעום אתה : באפלת אש
1QS 11.15 תפארתו ברוך אתה אלי הפותח
1QS 11.17 לוא יעשה כול אתה הוריתה :
4Q176 1+ 1.11] לכה עבדי אתה[
4Q374 3 1.1]אתה [ ]˙˙[:]
4Q374 10 1.3 ופחדך[:] אתה ואין כל[:
4Q378 3 2.10 חזק וא[מץ את]ה תנחיל את
4Q381 13 1.3]ל[ ]לוא אתה[
4Q381 15 1.4 תשבח גליו אתה : [
4Q381 15 1.5 ו]מלאה אתה [י]סדתם לך
4Q381 31 1.5 רבו צררי נגדך אתה ידעתם
4Q381 47 1.1 רחמון וחנון אתה [:]מור ח
4Q381 50 1.3 יזכרו כי נורא אתה ˙[:]ארץ
4Q381 94 1.2]לכל אל˙ ב[:]אתה לשנה[
4Q503 33 1.20 ח[ושך : ברו]ך אתה אל ישראל
4Q503 33 2.7] : א[תה א]ל אש[ר
4Q503 87 1.4 יב]רכו[:]אתה[
4Q504 1+R 2.18]לות אתה עשיתם : [
4Q504 1+R 5.8 אתם כיא אתה : אל חי
4Q504 1+R 6.3 למענכה לכה אתה <אדוני>
4Q504 1+R 6.4 הצדקה כיא : אתה עשיתה את
4Q504 1+R 6.8 אויבינו> כיא אתה : חזקתה את
4Q504 4 1.4 כי]א[אתה אל הדעו]ת[
4Q504 4 1.7 [ ]בעורפם [אתה פדינו
4Q504 6 1.10 וא[:]˙ אתה בקרבנו
4Q504 6 1.13 עב[דכה :]כיא אתה ה[:]ה
4Q509 16 4.6 ל]וא הביטו כי א[תה] :
4Q509 147 1.2 [˙˙˙[:] אתה[:]וחו˙]
4Q511 8 1.12 יחברו[:]אתה אל[וה]י
4Q511 16 1.4 עפרו[: בר]וך אתה אלוהי
4Q511 30 1.3 [: אתה אלי חתמתה
4Q511 52+ 1.4 ברכות [: את]ה אלי מלך
4Q512 33+ 1.6] ואמר ברוך אתה : [
4Q512 29+ 1.1]ברוך א[תה:]עם
4Q512 29+ 1.8 ואמר ברוך אתה[:]
4Q512 29+ 1.21 אש[ר :]אתה אל יש[ראל
4Q512 1+ 1.2 [: [את]ה אל ישראל
4Q512 42+ 2.3 ואמר ברוך[א]תה[
4Q512 51+ 2.10 ו]הקד[ושים : אתה קדשתה ל[כה
4Q512 64 1.5 [:]˙[ ]אתה אל יש[ראל
4Q512 73 1.5]ממאה ˙[:]אתה א[
4Q512 145 1.2 [˙˙[:]אתה[:]ל במ[
4QBer 10 2.8 וז]עום אתה במ[מש]ל[ת
4QTeh 2 1.2 אר]ור אתה מלכי רשע
4QTeh 2 1.5 שרית וזעום אתה לאין פליטה
4VSam 3+ 2.5 תגביר תפארת : אתה בראתה[
4VSam 6 1.2 ות˙[: כי]א אתה למרישונה ב
5QS 1 1.3 [: מקל]לים:] אתה: אשמת]כה
5QS 1 1.6 אחריכה: ארו]ר אתה: והי[ה:
11Apa 4.6 אליו : מי אתה]
11Apa 4.7 חל[ ] חושך אתה ולוא אור :

11QPs 24.13]יו בי כבוד אתה 𐤉𐤄𐤅𐤄 : על
11QPs 19.4 נ]שמת כול בשר אתה נתתה עשה
11QPs 19.16 י]רשו בעצמי כי אתה 𐤉𐤄𐤅𐤄 שבחי
11QPs[b] a 1.5 נשמת כול בשר אתה [: וחמ]יכה
11tgJ 17.1 ע]ליך ֹ[:]אתה :]בדי : [
11QT 48.7 כי עם קדוש אתה ליהוה
11QT 48.10 כי עם קדוש אתה ליהוה
11QT 54.21 לוא ידעתמה אתה
CD 8.14 ובישר לבבך אתה בא לרשת את
CD 19.27 וביושר לבבך אתה בא לרשת את

1apGn 19.15]ובנ[ני] אנוש אתו ובעון למקץ
1QM 18.6 אשר : אתו ורא[שי
1QS 6.12 איש אשר יש אתו דבר לדבר
4Q381 33 1.8 יהודה בבלו אתו מלך אשור [
11QT 58.20 ישראל אשר : אתו לוא יצא
CD 15.11 בו בדרשו אתו : וכאשר

3Q14 5 1.3 [ ]מעל [:]אתון ֹלֹ[ ]ה[

4Q503 39 1.2]ולעו עד אתחבֹֹוֹ> כיא

1apGn 22.27 פתגמיא אלן אתחזין אלהא

1QH 10.6 רצונכה מה אתחזק בלא

1QH 4.39 ורשע [:] ֹֹ אתחזקה בבריתכה

1QH 10.5 חפצתה ומה אתחשב : באין
4QMl 11 1.14 אני עם אלים את<ה>חשב

1QS 6.13 ואמר יש אתי דבר לדבר
4Q185 6 1.2]ֹטֹ[:]והֹ אתי אֹ[:]בֹ

1apGn 22.12 שביתא די שבאו אתיב ושמע מלך
1apGn 22.12 מלך סודם די אתיב אברם כול
11tgJ 37.5 חדה מללת ולא אתיב ותרתין

1apGn 21.3 עמי טב ודי אתיבני : לארעא

1apGn 2.25 עלי די להכא אתית ל[ך :

4Q176 3 1.3 גאלתיך [:] אתך אני

1QH 11.8 וכול כבוד אתכה הוא באפכה
1QH 18.3 השב[: כיא אתכה אור ל[:
1QM 12.2 שמות כול צבאם אתכה במעון

1QS[a] 1.4 בבואים יקהילו אתכול הבאים
1QS[a] 1.23 להביא ולהוציא אתכול העדה איש

4Q381 69 1.4 להשכיל וללמד אתכם : <] כם
4Q381 69 1.5 עמכם להשכיל אתכם ולהשיב
11Ber 1 1.6 קודשו : יברך אתכם אל עליון

1QM 10.5 להושיע : אתכמה
1QM 10.7 על הצר הצורר אתכמה
11QT 54.12 מנשה אנוכי אתכמה לדעת

11tgJ 16.3 יתו[:]באישה אתכפפת התכפפת

1QM 7.5 אלה לוא ילכו אתם למלחמה
1QM 7.6 לוא ירד אתם כיא מלאכי
1QS[a] 2.12]א[ת]המשיח אתם יבוא[
4Q504 1+R 5.8 להפר בריתכה אתם כיא אתה :
4Q509 40 1.2]המה[:]אתם[:]הֹֹ[
11Ap[a] 2.7 כול א[לה א]תם יודעים :
11Ber 2 1.2 י]שראל ברוכים א[תם :]וברוך
CD 20.33 הצדק בשמעם אתם ישישו

1QM 10.3 שמעה ישראל אתמה קרבים

4QMl 1+ 1.10 לו[א יב]וא אתמה למלחמה
11QT 29.8 [ו]שכנתי : אתמה לעולם ועד
11QT 48.7 בנים אתמה : ליהוה
11QT 61.15 שמע ישראל אתמה קרבים

1QH 1 1.10 ואני בקצי אתמוכה :]ֹמה

4Q509 183 1.10 מאֹ[:]ֹכה <אתנ> ֹ[: [
11QPs 21.14 לי למלמדי אתן : הודי
11QT 53.3 כברכתי אשר אתן : לכה

1QM 12.8 ומלך הכבוד אתנו עם קדושים
1QM 19.1 ומלך הכבוד אתנו וצ[בא : [
4Q504 3 2.13 לעול]ם ותכרות אתנ[ו ברית

4pHs[a] 2.18] אשר אמרה אתנם הם לי [

11tgJ 37.8 חזתך על כן אתנסך ואתמ<ה>א

1QH 14.21 אותו כן אתעבנו

1QH 4.22 בתומכי בכה אתעודדה ואקומה

4Q488 1 1.1]ר אתעשקו[

1QS 10.19 אנש <ש>חת לוא א<תפוש>(עור

1QH 12.35 בכוח ואיכה אתקומם [:

11QPs 19.14 ודעת חונני אל אתקלה : בעוה
11QPs[b] b 1.3 ח]ונני אל אתקלה בע[ויה

11tgJ 18.5]הן אתקצרת: בדין

1apGn 21.1] : [ב]כל אתר משריאתי עד
1apGn 21.9 שמאל : ביתאל אתר די אנתה
11tgJ 13.1 אנ]ש : אתר עריםותא ֹ[

11tgJ 1.8 דב[רתך:] מן את[רה : ותק]ף

4Q502 44 1.2 [ֹֹיֹ[:]אתרפֹ[:] ת

6apGn 2 1.2 הוית עד די אתת[

ב

1Q23 5 1.1]ב ֹֹ[:]חב[
1Q23 29 1.1]אהוא ב[:]לא שיצו[
1Q25 4 1.3 ואל יעונו ב[:]וכופרם [
1Q36 14 1.3]כה בי וכן ב[:]ֹעו
1Q51 1 1.2 ם]אור בחוקי ב[ ]ֹו ולם[:
1apGn 2.6 בכדבין הדא ב[: במלך כול
1apGn 20.30 לי מלכא בֹ[ ]ֹ
1Myst 1 2.8 לוא ישוה בֹ[
1Myst 9+ 1.2]כם מה הוא בֹ[: שמעו
1pMic 22 1.3 והאור[:]ֹם צֹבֹ[:]בל יֹֹ[
1pPs 3 1.2 [:]ֹֹ הכירו בֹֹֹ[:] ֹלֹ
1pPs 4 1.2]ֹ פשרו בֹ[
1pPs 9 1.6]ֹם ב[ ] : [
1pPs 11 1.1]ם ב[:]ל את ֹ[
1QDM 3.8]בֹֹ[ ]ה
1QDM 3.9]]בֹהלֹה[
1QDM 43 1.1]ב[: מא]דה
1QDM 44 1.1]ליה ב[: א]ת אש[ר :
1QH 3.39 בל יבוא ֹֹֹ ב[:]ס פאיר ֹ
1QH 5.16 במצֹ[ ]ֹב במעשי אש
1QH 6.18 יבערו כול בֹ[
1QH 7.18 ואני נשענתי בֹ[
1QH 7.23 וממשלתי על בֹֹ ֹ[ ]לי
1QH 7.24 בא ֹֹ שבעתים בֹ[[

4Q487 2 1.3	[··ם· דגלי ב··] : [גם אל
4Q487 6 1.5	[ואל יגל] : [ב לבו <מת··] >
4Q487 17 1.2	[ע ש]: ת[בונן ב] : [·ו ועש]
4Q487 22 1.1	[·ב·]: [לכי] :
4Q487 44 1.1	·ב]: ר· [
4Q497 13 1.3	] : [לתם]: [ם ב[
4Q497 18 1.2	[ת יכ] : [·תו ב]: [·בו [
4Q497 34 1.2	[וא]: [·ב· [
4Q498 12 1.1	[ב· ש[
4Q499 1 1.4	כגב·]: [יגינו ב]: [פתחתה]:
4Q499 17 1.1	[ב·]: [ומ] [ל]
4Q499 18 1.1	[·ב] [ב] : [·ת··]
4Q499 52 1.1	[ב [
4Q500 1 1.5	ופלגי כבודכה ב]: [·כפות
4Q500 5 1.2	[מו·] : [ב· [
4Q502 62 1.1	[ב]: [·פך [
4Q502 69 1.3	[מ]: [שמח]: [ב[
4Q502 80 1.2	[ל]: [רו ב[
4Q502 88 1.1	[ב····] : [יפל
4Q502 113 1.1	[ב] : [· וא]:
4Q502 114 1.2	[אל]: [ב···] : [··]
4Q502 154 1.4	[· אב·]: [יו ב] : [· ע·]
4Q502 158 1.4	[לבב] : [ך ב[
4Q502 165 1.1	[ל ב] : [הלמ]: [·
4Q502 169 1.3	]: [ויג]: [· ב[
4Q502 214 1.1	[ב·בר· [
4Q502 226 1.1	[ב· [
4Q502 232 1.1	[ב· [
4Q502 235 1.2	[·] : [ב[
4Q502 251 1.2	[את]: [ב עו[
4Q502 252 1.1	[תו ב] : [יני· [
4Q502 256 1.1	[·ר ב·] : [·תה וא[
4Q502 262 1.1	[ב··] : [ל[
4Q502 272 1.2	[··] : [ם ב[
4Q502 275 1.2	[·אח] : [ב· [
4Q502 331 1.1	[ב· [
4Q502 333 1.1	[א ב[
4Q502 344 1.1	] ב[
4Q503 7+ 1.7	א[לה ידענו ב] : [אשר[
4Q503 24+ 1.4	מכול]ה[גוים ב] : [ץ למו]עד
4Q503 29+ 2.8	[אור ישמחו ב] :]מהל[לים
4Q503 29+ 2.10	ברנות כבודכה ב] :]ד[גלי
4Q503 40 2.8	[·] [ב· [
4Q503 48+ 1.1	[יא ב]: יש[ראל
4Q503 68 1.1	[·נו ב]: [ה אל
4Q503 72 1.7	[: [אל ב] [··] :]
4Q503 77 2.2	[: ב[
4Q503 88 1.5	[·ת ד·] : [·ו ב· [
4Q503 89 1.2	[·] : כ[בודו ב·] : [מאו· ה
4Q503 99 1.2	·]: ב] : ש] : י [
4Q503 100 1.1	[·] [·ב] : [·ו עם
4Q503 105 1.1	[ב]: [ה ·]:
4Q503 107 1.2	[··]: [ב]: [ב· [
4Q503 107 1.3	··]: [ב]: [ב· [
4Q503 108 1.1	[ב] : [ומהללי]ם
4Q503 121 1.2	[··כ·]: [ו ב[
4Q503 134 1.1	ב]: ל· [
4Q503 160 1.4	[ד]: [>]· [<·ב·· [
4Q504 3 1.18	ו לעשו<ת> : [ב·ה : [·] : [מ· [
4Q504 4 1.19	[·ו פשע] [·ב·] : [את רוח
4Q504 4 1.22	[·ם לתפש ב· [
4Q504 6 1.10	בעמוד אש וענן ב] : קוד[שכה
4Q504 6 1.17	ה[אדם וחי בם ב·] :
4Q504 9 1.1	[ב·] : [צובי] :
4Q504 14 1.5	בר]: פני]: ב[
4Q504 18 1.5	[: [ארוח ב·] : [ר מב·]
4Q504 36 1.1	ב] : א[
4Q506 131 1.6	]א[דם נולד ב· [
4Q506 139 1.2	[·] [·]: [·ב [
4Q506 142 1.2	[·]: [ב[
4Q506 148 1.1	[א· ב]: [עשות]:
1QH 7.25	ותכן רגלי ב·] [:
1QH 8.27	כאיש נעזב ב·]
1QH 8.30	כאש בוער עצור ב·] [עד
1QH 10.21	ובהביני ב·]
1QH 10.29	ולפי דעתו ו·ב·] [··ש
1QH 10.36	[שה : ומשפט ב] [ול מעשיכה
1QH 11.35	· [ל] [ב] : ואתה] :
1QH 12.3	ושלוה : [אהלו ב··· וישועה
1QH 12.23	[ב מטבה : לוא
1QH 12.36	[ו במי ב] : [·ה קודש
1QH 15.8	כי<א>] : ב·] : [הבו
1QH 17.7	[·תרמה ב·]
1QH 17.8	[· בנגיעי ב]
1QH 18.9	בשר ב] : ועומד
1QH 1 1.4	לדעת בכול : [ב אל עפרו ואני
1QH 4 1.3	[· אשר] : [ב ובוקר עם ·]
1QH 7 1.12	להשיב דבר ב] : ל] [פ
1QH 10 1.8	[· בני איש ב·יך] : [פלא
1QH 10 1.10	] : [··ב <מבין>
1QH 24 1.1	[ב בשובך ··]:
1QH 29 1.1	[ב] : [· חזונו
1QH 30 1.2	[שתע·· עוד ב]
1QH 32 1.2	קודשך] : [כי ב··]
1QH 43 1.1	[בחרו ב]
1QH 45 1.4	ולשלחם גוי ב] : [איש זודן
1QH 50 1.2	[··] : [יצר ב] : [מו ויע]
1QH 54 1.3	ו] : [וברכה ב]
1QM 18.16	[: להסיר ב] : באבדוננו ת
1QNo 13+ 1.1	[לכבוד אל ב ·] : י[נשא
1QS 1.2	לדרוש: אל ב] [לעשות
1QS 4.26	חי לפי רוחו ב]
1QS 7.6	לאבדו ושלמו)ב (:
2Q28 2 1.2	דין לרתוק ב]: [ש·
3Q10 2 1.2	[ול]: [לכו ב]
3Q15 9.11	לכפר נבו ב : מרח כלפיהם
3Q15 11.7	שבשילוחו חרם ב : בקבר שתחת
4Q176 8+ 1.13	וכבוד רב כתוב ב] : [באוהב]י
4Q181 1 1.4	עם קדושיו ב]
4Q184 2 1.3	ובתור]ה : [ב ·] [גול
4Q184 6 1.2	[אל תבוא ב] : [··]
4Q185 6 1.3	·אתי א·] : [ב··]
4Q374 8 1.2	[·] : [ת ב·]: [הם ול·]
4Q380 4 1.2	ל] : תמאסו ב] : החכים ל]
4Q381 8 1.2	[מ]: [· יעמדו ב] : [··· לי·
4Q381 18 1.3	[מבר] : [ב על יד] : [לת
4Q381 21 1.2	[··] : [ב סלה]
4Q381 25 1.2	[··]: [·ה ב·]
4Q381 31 1.1	[ני ע·] [ב·] : [אשיח
4Q381 46 1.2	[ב ול] [··
4Q381 46 1.8	]מ[לפני ב··] [בם
4Q381 81 1.2	]·· ··[:]עת ב···[
4Q381 94 1.1	[לכל אל· ב]: [אתה לשנה]
4Q400 1 2.5	מרומי רום] : ב·] [·· רוח
4Q400 1 2.11	למשפטי שקט ב] : עולמים
4Q401 14 1.5	[כיא נכבדת ב]
4Q401 14 2.8	שפתי מלך ב]
4Q401 16 1.5	יבין באלה : [ב הללוהו קודש
4Q402 3 2.11	צ] : [אלוהים ב] : [למלך
4Q404 21 1.1	[כל ב]: [···]
4Q404 22 1.2	[בש·] : [ב·]
4Q405 14+ 1.4	קודש קודשים ב] [
4Q405 41 1.2	נפל[אות חשני ב] : קו[דש]
4Q405 62 1.1	[·ת ב]
4Q405 73 1.2	הדר] : [כבוד ב·] [ל]
4Q405 76 1.1	[אה ב··] : [ל ה·]
4Q405 87 1.1	[·ת ב·]: [·]
4Q406 1 1.5	[ר·ים המ··ים ב··] : [···ל]
4Q406 5 1.2	[: [ת רוחות ב··] : [ת· ·]
4Q482 5 1.1	[ב··] : [כול]:
4Q482 7 1.2	··· ·] : [·ם ב] : [עלי]
4Q484 6 1.2	[·ן]: [ב··]

Reference	Text
4Q506 150 1.1	]˙ב֯[
4Q506 160 1.2	]ב֯ ˙[:]ב ˙˙[:]˙[
4Q506 163 1.1	]˙˙[:]˙ב֯[
4Q508 28 1.1	]ל˙˙˙[:]˙ב֯[
4Q508 38 1.1	]˙ט֯[:] ב֯[
4Q509 1+ 1.6	]˙˙[ ]˙ב֯˙˙נ֯[:]ה בקץ
4Q509 1+ 1.11	]˙˙[ ]˙˙[:]ב֯ עמכה כ֯ה[:]אל
4Q509 4 1.4	]פ֯ר אמ֯ן[:]ב[המבינ֯נו
4Q509 5+ 2.4	]˙˙˙ ˙˙[ ]ב֯ :]כול֯
4Q509 7 2.7	ה˙˙[ ]ל˙[:]ב֯ להשמר]תם
4Q509 21 1.1	]ב לפניכה֯[
4Q509 56 1.2	]˙˙˙ב֯˙ [:]ומ֯ידכה
4Q509 57 1.1	]וגילו :]˙ ˙ב֯˙˙
4Q509 57 1.3	]ם ב֯[:]וגילו
4Q509 70 1.1	]ה ב֯[:]ל֯[ ]ל[
4Q509 78 1.2	]ר˙[: נ]תחה ב˙[
4Q509 81 1.1	]ב֯˙[:]ארצ֯[:
4Q509 83 1.1	]˙ ב֯[ ]˙[:] ואין
4Q509 90 1.1	]ב֯[:]˙ וא˙[:
4Q509 113 1.1	]˙ב˙[:]ל ˙[
4Q509 114 1.1	]ה ב[:]˙קו˙[
4Q509 135 1.3	]ו ז˙[:]ו ב֯ [:]˙ ˙[
4Q509 146 1.5	[: הר]שענו ב[: נ]שחתות[:
4Q509 148 1.1	]˙ב˙[:]˙כה ב֯[
4Q509 157 1.1	]˙˙ב֯˙ם֯[: י]שועו
4Q509 167 1.2	]˙˙[:]˙ ב[:]˙ו˙[
4Q509 175 1.1	]˙ני˙ב˙[:]בק֯˙ל˙[
4Q509 177 1.2	]ת֯[:]כ֯ול ר˙ב֯[
4Q509 183 1.6	[:]הדחתו ב֯[:]˙ לב֯ני
4Q509 183 1.8	] זואת ב[:]<[ת֯>ב֯˙א
4Q509 184 2.8	כ֯[: ו֯˙[: ב[
4Q509 185 1.2	ת֯˙˙[: ב[
4Q509 186 1.1	]ב֯˙[
4Q509 187 1.1	]ה֯ ב֯[:]˙אש[: [
4Q509 192 1.4	לה֯[:]עה ב˙[
4Q509 194 1.1	]˙[ ]ב֯˙˙[:]תינו
4Q509 198 1.2	]כ֯ול היות ב֯˙[:]˙ תצדק ל
4Q509 202 1.2	]˙י[:]˙ב֯[:]ש˙[
4Q509 230 1.2	]˙˙˙˙נו[:]ב˙רו[
4Q509 241 1.1	]ב֯˙ ˙[:]ב֯ים֯[
4Q509 253 1.1	[ב֯˙נ֯˙˙˙[:]˙[
4Q509 258 1.2	]˙˙וא[:]את֯ ב֯[
4Q509 267 1.2	]שע֯[:]ם ב[
4Q509 270 1.1	]אה ב֯˙˙[:]˙˙[
4Q509 289 1.1	]˙נו ב֯[
4Q509 313 1.1	[ב[
4Q510 8 1.1	]וש ב[:]ומר ל֯[:
4Q511 2 2.10	מ֯[ ]רים ב֯˙ל[
4Q511 8 1.1	]ם ב˙˙[:]יגילו
4Q511 11 1.4	]יפגעו לענות ב֯[:]ערו
4Q511 19 1.1	]˙ב֯˙[:]˙ עמ֯ו]
4Q511 28+ 1.1	]כה֯ ב˙˙[
4Q511 44+ 1.6	על : צד֯יק ב[
4Q511 52+ 1.5	לכול יראיכה ב֯[: בר]וכים
4Q511 68 1.4	נע˙[:]ה֯זיד ב˙[:]˙ורו[
4Q511 99 1.3	מלך ˙[: על ב˙˙[: כול[
4Q511 110 1.1	]ין ב[:]י הד[:
4Q511 122 1.2	[:]˙ות בכול ב֯˙[:]˙ ˙שמים
4Q511 129 1.2	[:]ב֯רוך֯ אנ֯ו ב˙[:]˙[
4Q511 137 1.2	]˙מ֯[:]ים ב[:]˙י עולמי[
4Q511 154 1.1	]מ֯אז ב֯[:]היו ˙˙[:
4Q511 189 1.2	]˙גע˙[: [ב˙[
4Q512 39 2.2	ותביאני ב֯[
4Q512 16 1.3	]ק לטלא :]ב֯ :]˙ל הטוהר
4Q512 41 1.6	[טו]בכה ב֯˙˙ק֯[
4Q512 54 1.3	]˙[:]˙˙ב:]ה֯ר א :]ק
4Q512 68 1.1	]כה ב˙[:]טה ב֯˙[
4Q512 68 1.2	]כה ב˙[:]טה ב֯˙[:]˙וב ח֯[
4Q512 69 1.3	להנזר מ֯[: ב˙[ ]˙ ברוך֯[ ]
4Q512 73 1.3	צ֯[:] מושב ב֯[:]טמאה ˙[:
4Q512 138 1.2	]˙ ˙[:]ב˙[
4Q512 168 1.1	]את֯ ב[
4Q512 186 1.1	ב˙[
4Q512 200 1.1	[ב[:]ת֯ו [
4Q512 230 1.2	[ש֯[:]ב[
4Q513 31 1.2	ל˙[:]מרוח ב֯[:]ח֯יו[:
4Q513 35 1.1	]ט֯ה ב֯[
4Q514 1 1.2	]˙ב לכל
4Q515 15 1.1	]ב˙[
4Q515 18 1.1	]ש֯ ˙˙˙ת֯ ב֯[
4Q515 22 1.1	]˙ב֯˙˙ אוב֯ד֯[
4Q516 4 1.1	]˙˙˙ב ר֯[
4Q517 3 1.1	]˙רעת ב֯[
4Q517 9 1.1	]ע֯מ֯נו ב֯˙ט֯˙ת[
4Q517 15 1.1	]חזי ב֯[
4Q517 52 1.3	]˙ [:]˙ [:]ב֯[:]˙˙˙ה[
4Q518 23 1.1	]ב˙וא[:]˙ומש[
4Q518 39 1.1	]˙ ב[
4Q518 41 1.1	]ב[
4Q518 42 1.1	]˙ב֯˙[
4Q519 21 1.2	]˙˙˙[:]˙˙ ב֯˙˙˙[: ש]ב֯ופי
4Q519 26 1.1	]ב֯[
4Q519 59 1.1	[ב[
4Q520 24 1.2	] לב˙[:] ב[:]ל֯[
4Q520 28 2.1	]:]˙י : ב[: ב[
4Q520 28 2.2	]:]˙י : ב[: ב[
4Q520 29 1.1	]ב˙[
4Q520 38 1.2	]˙ ואנה֯ אלי ב֯˙ו ˙[:]ל[
4AgCr 2+ 2.8	˙˙˙לא אר˙[: ב˙[ ]אש˙˙[
4pIs[a] 2+ 2.18	[ב[ ]: [
4pIs[c] 2 1.6	כ]תוב ב[[ ]
4pIs[c] 11 1.1	]ב˙ ˙[: [
4pIs[c] 30 1.5	]הואה :]ב˙ מ[ל]כי
4pIs[c] 35 1.1	]ב הזוא[ת
4pIs[c] 49 1.2	˙˙˙[:]ימים ב[:]ל[
4pIs[c] 59 1.2	וזפתו[:]מה ב˙[:]˙˙ [
4pIs[c] 60 1.2	]˙˙[:]ב ו˙[:] קודש[
4pIs[e] 4 1.3	ב[ו :]]ב˙ל[
4pIs[e] 9 1.2	]אשר מלך ב˙[:] אנשי
4pPs[a] 11 1.1	יחד לתורה ב[:]בחיר[י]
4QCat[a] 12+ 2.4	שופר ב˙[: אמ֯ר֯תי[:
4QCat[a] 17 1.2	]בם[:]˙ב˙[:]אותות[
4QCat[a] 19 1.2	]˙˙[:]שי נ˙ה ב˙˙˙ אלי ה˙[:
4QCat[a] 20 1.5	ות הם˙[:]˙ל ב[
4QCat[a] 25 1.2	]˙˙˙[:]˙ב֯[
4QFl 21 1.1	]יהוה ב[:]˙[
4QM1 1+ 1.7	למ֯שמרותמה ב֯[ ]˙
4QM1 11 1.9	ו֯יגילו קדושים ב֯[
4QM1 11 1.13	כ֯יא אני ישבתי ב[ ]ה֯ בשמים
4QM1 15 1.8	אליכ֯[ם] אלים ב֯[:] ולהשליך
4QM6 2+1 1.10	]˙ל˙[ ]˙ת:]ב[:]˙[
4QM6 8 3.1	]ב֯˙[:]אשר ב֯ר[
4QM6 17 1.2	חצו]צ֯ר֯ות ב֯[:]˙ת אל ו[
4QM6 30 1.2	[:]<[ ]˙˙>˙ו ב[:]מא˙[: [
4QM6 37 1.1	[ב˙[:]בכל֯[
4QM6 40 1.1	[ב[
4QM6 45 1.3	ד֯[:]ת֯י[:]ב[
4QM6 48 1.2	]ת֯ א֯[:]ב˙˙[
4QM6 58 1.6	]צ֯ב˙˙[ ]˙[ ]ב֯[:]˙˙˙˙[
4QM6 60 1.1	[ב֯[:]˙˙ת֯[
4QM6 63 1.1	]˙ב֯[
4QM6 89 1.1	[ב֯[
4QMes 1.14	]ב[: [
4QMes 2.20	]˙˙˙[ ]˙ב מי[ ]פ֯ו֯ן
4QOrd 2+ 1.8	ישר֯אל אם ב[ ] קחתו
4QOrd 2+ 1.9	והומתה ואם ב˙[ ] ענה
4QPs[f] 2 9.12	עצי : פרי ב˙˙ ג֯פ֯ניה֯ם
4VSam 6 1.2	אתה למרישונה ב˙[
5Q17 1 1.3	א]ת֯ הירדן ב֯[:]שים [
5Q25 6 1.1	ב˙[: ל[
5QJN 1 1.7	]˙˙[ ]ב˙[ ]˙ ˙רג[י]א֯
5QJN 1 2.14	[פ֯תיח֯ן ב֯˙[[

5QJN 4 1.2 [˙] :]ב וע˙˙[:
6Q24 1 1.1 ב[
6apSK 15 1.1]שילו ב[
6apSK 22 1.3 ד˙] : [ ]ב[:] דויד[:
6apSK 44 2.2 אב[:]ד : א[: ב[
6apSK 66 1.1]ב[: כ]בוד[
6QBen 1 1.4]ל[כו]ל ב[
6QHym 9 1.1]משטמה ב˙[
6QHym 14 1.2 ם] :]קהלנו ב[:]עליכה[
11Ap[a] 3.11]חושך ב˙[:] עניות
11Mel 2 3.19 פש]רו :]ב˙[
11Mel 2 3.19]ב מק[:]˙˙[
11QSS b+ 1.9]לא [י]ברך ב˙[:]˙˙˙˙˙[
11QSS b 1.1]˙ב˙˙[:]מעש]י
11tgJ 2.3 הרחקו וידעי ב˙[: ביתי
11tgJ 12.7]י]ן : ב[
11QT 3.1 וה[זנו :]אשר ב[:]˙ תכלת
11QT 4.9 את האולם[:]ב עשר באמה
11QT 12.12 כול : שורות ˙ב˙˙˙˙[
CD 13.19 איננו נקשר ב[
CD 16.6 על כן נימול ב אברהם ביום
CD 16.17 יקדש ל[ ]ב ה[
TS 2 1.5]˙ח ב[

1Q35 1 1.9 לוא:]הוריתי בא[ ]ם:
1QH 7.24 למעלה והופעתי בא ˙˙ שבעתים
1QH 14.13 כי ברצונכה בא[
1QH 18.5 ע˙ך ותאמנה בא[: עבדכה עד
1QS 5.25 איש את רעהו בא[ ]ת וענוה
3Q15 7.15 של הכוז : בא חפור אמות
4Q178 1 1.2 צוה בצר למו בא[:]˙דת הארץ
4Q178 5 1.3 פיתאו[ם: בא˙[
4Q381 55 1.2]צך ˙[:]זרע בא[
4Q400 1 2.21 להתקדש בא[
4Q487 20 1.4 איש[:]˙ו בא˙[
4Q487 53 1.2]˙ ˙[:]בא˙[
4Q504 29 1.2]ויעבו[:]ם בא˙[:]בעסו [
4Q506 137 1.1]˙בא[:] ל˙[
4Q509 23 2.1]למחשב<תו> : בא[: ברוך [:
4Q509 189 1.5 ע]ובדכה בא[
4Q509 193 1.2 טמאה [:]˙כל בא [
4Q509 205 1.3 הרשעה[:]˙˙˙ בא˙[
4Q509 246 1.1]בא˙[:]ד˙˙ [
4Q520 26 1.2 ˙ע[: בא[
4pIs[a] 2+ 2.21]בא אל עיתה עבר
4pIs[b] 2.6 ושאנה עליו בא אלה הם
4pIs[c] 46 1.5] ההם[:] בא˙[:]שבת[
4pPs[a] 1+ 2.14 כיא ראה : כיא בא יומו פשרו
4QCat[a] 5+ 1.1 אשר י[ ]בא על אנשי
4QPs[f] 2 9.5 שם יהוה [כ]י בא לשפט את :
5Q16 2 1.1]ם כל בא[:]זדון
5Q24 1 1.2]˙[:]˙בא ת˙[:
11QSS 2+ 1.1 כב]ודו בא˙[
11QT 2.5]]בא אליהים פן
11QT 45.3 ה]שני יהיה בא לשמאול[:
11QT 45.5 וחנו זה[ב]א וזה יוצא
11QT 49.17 וכול אשר בא אל הבית
11QT 58.6 עמו ואם עם רב בא לארץ ישראל
CD 8.14 לבבך אתה בא לרשת את
CD 19.27 לבבך אתה בא לרשת את

1QM 18.17 להסיר ב[: באבדוננו ת : [

4QMI 8+ 1.15 אב<דו>נים באבדו<ני>

1QH 5.16 אדם הפלתה : באביון ותביאהו

1QS 4.13 קציהם לדורותם באבל יגון ורעת

1Q38 1 1.2 מרוקים להל[:]באבן נגף
5QJN 1 1.6 ר]ציפין באבן חור : י>[

1QM 7.10 בד וחוגרים באבנט בד שש

4Q500 1 1.3 [ב]נוי באבני[:] לשער

11QT 55.21 ההיא וסקלתמה באבנים : [א]ו
11QT 64.5 כול אנשי עירו באבנים : וימות
11QT 66.2] : וסקלום באבנים[

5Q13 2 1.5]:]לעד :]באברהם :]אל

CD 11.6 את ידו להכותה באגרוף אם :

1Q23 20 1.2]אבוהן באדין[:]˙
1Q23 22 1.3 מן ˙[:]באדין˙[
1apGn 2.1 :[˙˙˙]ן: הא באדין חשבת
1apGn 2.3 עולימא דנא : באדין אנה למך
1apGn 2.13 אנפי עלי[: באדין אנסת
1apGn 2.19 [: באדין אנה למך
1apGn 20.21 באדין אתה עלי
1apGn 22.2 על אברם ואברם באדין הוא :
1apGn 22.18 וחברוהי : באדין קרב מלכא
4QMes 1.6 [: [בא]דין יערם
11tgJ 13.8 קלילין באדי]ן[: ואמר

4pIs[a] 7+ 3.6]בברזל ולבנון באדיר : [
4pIs[a] 7+ 3.11 ולבנון בא[דיר] : [

4Q381 1 1.7 למשל בכל אלה באדמה ובכל [:

11tgJ 22.2 י]קר הך אמרת באדני וק[ל : [

11tgJ 13.3 שמיא אסת[תרת: באדנינא שמענא

11QT 41.16 ומקורים : באדשכים עץ ארז

11QPs 21.11 תעיתי ובקשתיה באה לי בתרה

CD 8.16 סרו מדרך העם באהבת אל את :
CD 19.29 סרו מדרך העם באהבת אל: את

4Q504 1+R 2.9 ותחס : עליהמה באהבתכה אותם
4Q508 13 1.1 א]דוני כי באהבתכה :]מכה

4Q184 1 1.7 שבת ותשכון באהלי דומה

CD 3.8 יוריהם וירגנו באהליהם ויחר

4apLm 2 1.3]ע באהלך[:] בדד

1QS 5.6 לקודש באהרון ולבית

1QH 3.8 בכור הריה כיא באו בנים עד
4Q512 159 1.2] מן[:]באו˙[
4QFl 1+ 1.8]מה כאשר באו במחשבת[
CD 5.1 שנים שנים באו אל התבה
CD 7.12 ימים אשר : באו מיום סור
CD 8.21 כל האנשים אשר באו בברית
CD 19.16 עברה: כי באו בפס בברית
CD 19.33 כל האנשים אשר באו בברית :
CD 12.11 להם אשר באו עמו בברית
CD 14.1 [: אשר לא באו מיום סור

4Q176 8+ 1.14 רב כתוב ב[:]באוהב[י]אין

1QH 18.27 כיא :]תה באוזן עפר

1QDM 1.4 לצוות א[ותם] באוזניה[ם] את
1QM 15.4 הסרך עמו וקרא באוזניהם : את

1QS[a] 1.4 עד נשים וקראו בא[וזניהמה]את

CD 13.4 על פיהו כל באי המחנה
CD 13.14 ואיש מכל באי ברית אל אל
CD 14.10 על פיהו יבאו באי העדה : איש

1QH 6.27 תתזעזע וכול באיה בל ימוטו

4Q497 5 1.2]˙ש˙[ ]˙[:]באילות [:

11QT 31.7 אשר יהיו באים בו לעלית
11QT 32.11 אשר יהי[ו באי]ם [בה]ם
11QT 33.1]ים באים [:]
11QT 36.14 והשערים באים פנימה אל
11QT 41.13 ולפנימה באים מקיר החצר
11QT 46.10 ולוא יהיו באים בלע אל
11QT 46.18 אשר יהיו : באים המצורעים
TS 3 2.5 (יו) לפנימה <באים> מקיר

1QH 10.6 ומה אתחשב : באין רצונכה מה

1QDM 3.5] ב]איש ו[אשר
1QH 16.4 כי ברצו[ ] באיש הרביתה˙˙
1QS^b 4.24]באיש לרעהו
4pPs^a 1+ 1.25 במצליח דרכו באיש : [עוש]ה
4QMes 2.2]˙˙תא באיש שלופחא ל˙
11tgJ 11.11 איתחד :]כמי[באיש[: רגל[
11QT 61.6 יקום עד אחד באיש לכול עוון
11QT 61.7 יקום עד חמס באיש לענות :
11QT 64.9 כי יהיה באיש חט<א>
CD 13.5 נגע יהיה באיש ובא הכהן

1apGn 20.17 ביתה רוח : באישא והואת
4QNab 1+ 1.2]: בשחנא באישא בפתגם
4QNab 1+ 1.6 הוית בשחנא באישא בתימן]

11tgJ 16.3 שחני יתון :]באישה אתכפפת

11tgJ 26.8 ג]אות : ב]אישין ארו

1apGn 20.28 מננה רוחא דא באישתא וצלית
1apGn 20.29] [באישתא וחי וקם

11tgJ 19.4 וה]ללת : על באישתה[
11tgJ 38.6 ונחמוהי על כל באישתה די :

11tgJ 27.4 ית<ו>בון מן באישתהון : הן

1pHab 8.11 חמס אשר מרדו באל : והון
4Q502 35 1.2 בשמח]ת :]ון באל[ ]˙˙[ ] :

1QH 18.11 מבינתו ולמליץ באלה
1QS 4.15 ופליטה למו : באלה תולדות
1QS 6.1 לפני עדים ב( )<א>לה :
1QS^a 2.4 איש מנוגע באלה לבלתי :
4Q401 16 1.4 מי יבין באלה :]ב
4Q403 1 1.41 עול[מים] : באלה יהללו כול
11Mel 2 3.16]ם באלה[: השבוע
11QT 35.13 כולו אלה : באלה כי
11QT 43.4 ה]עצים באלה הימים
11QT 45.4 מתערבים אלה באלה
CD 7.5 כל המתהלכים : באלה בתמים קדש
CD 8.2 לא יחזיקו באלה לפוקדם
CD 19.14 אשר לא יחזיקו באלה החקים
CD 12.23 המתהלכים באלה בקץ הרשעה
CD 13.4 מהלוים בחון : באלה ויצא
CD 13.21] בא]לה לא
CD 14.1 וכל המתהלכים באלה : ברית אל

4Q403 1 1.36] ב]רונן באלוהי פלא
4Q404 4 1.3 [ברו]נן באל[והי :
4Q510 1 1.8 רננו צדיקים] באלוהי פלא :
4Q511 10 1.7 [באלוהי פלא

1QM 11.8 להלחם<כבד> באויבינו להפיל

1QH 3.6 וישימו נפש באוניה
1QH 6.22]תי כמלה באוניה בזעף :˙

1apGn 20.11 דבירת מני שרי באונס : בליליא

1QS 10.2 מפני אור באופיע :

1QM 17.6 למשרת מיכאל באור עולמים :
1QS 3.7 עוונותו להביט באור החיים
1QS 4.8 עם מדת הדר באור עולמים :
4Q403 1 1.45 והכ]בוד באור אורתם
4Q404 5 1.4 הוד : כ]בוד באור אורותם
4Q405 6 1.6 ו[ ]כבוד באור :]ל
4Q487 37 1.2]עם כול[:] באור[
4Q503 21+ 1.1]באור כבודו
4Q503 33 2.2 שמחתנו באור[: שמ[
4Q512 227 1.3] ואר[:]באור [:]ו[˙
11QSS 5+ 1.2 [:]˙ באור אור<י>ם

1QS 4.7 ורוב שלום באורכ ימים
11QT 40.8 התיכונה ש[: באורך באלף ושש

1QH 3.30 כול שותיהם באושי חמר

1QH 8.25 יהפכו כעצי באושים לפני :

4Q503 51+ 1.14 אור למען נדע באותו[ת] :]

1QH 12.8 מועדים בתכונם באותותם לכול :
1QS 3.14 מיני רוחותם באותותם

4Q184 5 1.4 אל תלח[:]ל באזן ובח[:

4Q381 24 1.9 ל]פניו באזניו תבוא :

1QDM 1.2 ע]שתי : עש[ר] באחד ל[חו]דש
1QS 7.2 עצת היחד ואם באחד מן
4Q503 73 1.3] [ודור[:] באחד [:]ו[
11QT 55.15 ימצא בקרבכה באחד שעריכה

11QT 61.10 שקר : ענה באחיהו ועשיתה

1pMic 6 1.2 [ ]˙[: ב]אחרית ה[ימים
1QS^a 1.1 עדת ישראל באחרית הימים
4Q504 1+R 3.13 ל[קר]תנו הרעה באחרית : הימים
4Q509 7 2.5 מלפניכה ˙˙[: באחרית הימים[
4pIs^a 7+ 3.22] דויד העומד באח[רית
4pN 3+ 3.3 החלקות אשר באחרית הקץ
4QCat^a 2+ 1.5 תמה שמה[:]ו באחרית הימים
4QCat^a 2+ 1.7 כתוב עליהם באחרית]
4QCat^a 9 1.2 ˙˙[: עליה]מה באחרי[ת :]יהם
4QFl 1+ 1.2 אשר[ ]ל[ב]אחרית הימים
4QFl 1+ 1.12 [ ]בצי[ון בא]חרית הימים
4QFl 1+ 1.19]בחירי ישראל באחרית הימים
CD 4.4 השם העמדים באחרית הימים
CD 6.11 יורה הצדק באחרית הימים

1QS^a 2.3 איש מנוגע באחת מכול
11QT 55.2] : אם תשמע באח[ת
CD 11.19 ביד איש טמא באחת : מן

1QS 2.18 עולמים : וכול באי הברית יענו
4pN 5 1.3 מכצ]ריך באי בפיט[
CD 2.2 שמעו אלי כל באי ברית ואגלה
CD 3.10 שממה בו הבו באי הברית
CD 6.19 התענית כמצאת באי הברית
CD 8.1 וכן משפט כל באי בריתו אשר
CD 19.13 וכן משפט לכל באי : בריתו
CD 20.2 המשפט : לכל באי עדת אנשי

11QT 41.14 ארבע עשרה באמה וגובהמה :
11QT 41.15 שמונה ועשרים באמה עד המשקוף
11QT 46.6 ארבע עשרה באמה על פי
11QT 46.9 למקדש רחב מאה באמה אשר יהיה
CD 10.21 לעירו אעל אלף באמה : אל יאכל
CD 11.6 כי : אם אלפים באמה אל
TS 3 1.8 באמ]ה ואורך
TS 3 2.1 וחצי : מאות באמה ומשער
TS 3 2.2] : וששים באמה ומן הפנה
TS 3 2.2] וששים באמה וכבה :
TS 3 2.3 ושלוש מאות באמה ומשער
TS 3 2.4 מאות וששים באמה ויוצאים
TS 3 2.5 שש ושלושים באמה ורוחב
TS 3 2.6 השער[ים : באמה וגובהמה
TS 3 2.6 שמונה ועשרים באמה עד
TS 3 2.8 ה‹ח›דר עשר באמה ואורכו
TS 3 2.8 ואורכו עשרים באמה וגובהו
TS 3 2.10] : עשרים באמה והקיר

1QH 16.17]שבים אליך באמונה ולב
1QH 17.14]˙ה לע‹ו›בדיך באמונה [ ]˙יות
1QM 13.3 בצדק וידעיו באמונה :
2apMo 1 1.2 באמת ולהוכיח באמו[נ]ה [

11QT 42.4 רו]חב עשר באמות ובין שער

4QM1 11 2.13 ואל תי[רא]ו באמץ[:]מצ[

11QT 30.9] ועמוד בתוך באמצעו מרובע

3Q15 4.7 שבעמק עכון : באמצען חפור

4Q374 9 1.3 קונן ˙[:]באמר יהוה אליו

1QS 6.26 את יסוד עמיתו באמרות את פי

4pPs[a] 1+ 1.26 אשר התעה רבים באמרי : שקר

4Q511 1 1.8 אלוהי : דעות באמריו וכול

1QH 3.34 ובול קודשו באמת : כבודו
1QH 16.7] ולדבוק באמת בריתך ול˙
1QH 16.7 בריתך ול˙˙˙˙ך באמת ולב שלם
1QM 13.15] ל[גב]ור באמת ולהשמיד
1QS 1.12 אל לברר דעתם באמת חוקי אל
1QS 4.24 וכפי נחלת איש באמת וצדק וכן
1QS 7.18 היחד לבגוד באמת : וללכת
1QS 8.5 (ה)עצת היחד באמת (ל)
1QS[b] 2.28] : [ב]אמת עולם [
1QS[b] 3.24 צוה ויקימו באמת]
2apMo 1 1.2] לך משפט באמת ולהוכיח
3Q15 9.17 בשובך שבמצד באמת ה[מים] :
4Q176 20 1.1 בא]מת ולוא
4Q511 10 1.10] חס]ד באמת לכול
4pIs[a] 2+ 2.9 למש[ה]ארץ באמת ˙[
4pIs[c] 6+ 2.12] : [יש]ראל באמת ש[א]ר[
11Mel 1+ 2.21 [: באמת למ[שפט
11QT 56.4 ויגידו לכה באמת : מן

1QS 3.7 קדושה ליחד באמתו יטהר
1QS 4.20 ואז יברר אל באמתו כול מעשי
4Q181 2 1.8 מדע[: תכנם באמתו ו[:
4Q403 1 1.38 צדק יודו באמתו : וירצו

1QH 15.23 ישוה כול הון באמתך ואיי˙[
4Q381 47 1.2 ח˙˙˙ ואהלך באמתך ל[:

1QH 4.14 ולב ולא נכונו באמתכה שורש
1QH 6.9 כול : מעשיהם באמתכה ובחסדיך
1QH 7.20 ואתמוכה באמתכה ואת[
1QH 7.26] כי השכלתני באמתכה : וברזי

4QM1 11 1.20 [:]צדיקים באלוהי [

4Q511 8 1.2 ב˙˙[:]יגילו באלוהים[
4Q511 12 1.3 כול [:]באלוהים ל[:
4Q511 28+ 1.2 [י]גילו באלוהים רנה

1apGn 21.19 ואזלת ויתבת באלוני ממרה די

1QS 5.12 ולנקום נקם באלות ברית
CD 15.2 ה[סכ]ם : באלות הברית
CD 15.3 את השם ואם באלות הברית

4Q400 2 1.1 כבודכה פלא באלי דעת

1QM 14.1 כאש עברתו באלילי מצרים :

1QH 7.28 לב : מי כמוכה באלים אדוני
1QM 17.7 אל להרים באלים משרת
4QM1 10 2.15 [: נקם לאכול באלים ובאנשים

4Q405 14+ 1.5 חיים מפותח באלמי מבואי

4pPs[a] 1+ 4.3 [באלף[
CD 15.1 [יש]בע וגם באלף ולמד וגם
CD 15.1 באלף ולמד וגם באלף ודלת כי

1QH 10.20 ואני לפי דעתי באמ[
11QT 6.3 ועשרי]ם באמ[:]בהה

3Q15 4.3 ככ[ ] : באמא הבא[ה]
3Q15 7.3 תשע כב[ ] : באמא של קי˙[
3Q15 8.1 בכרין שתים : [בא]מא שבדרך

1QM 5.17 כש]לושים באמה אשר
1QM 7.7 היד כאלפים באמה וכול ערות
11QT 4.9]ב עשר באמה וקירות[:
11QT 4.10]˙ וגובה ששים באמ[ה : ש]תים
11QT 4.11 ש]תים עשרה באמה וג[:]
11QT 4.13] : [˙˙ עשרים באמה מרבע [:
11QT 5.10 עשרה[:]באמה וכול
11QT 6.4]בהה אר[בעים] בא[מ]ה ומקר[:
11QT 6.7 [:] עשרה [באמ]ה ו[גוב]הו
11QT 30.6 אל פנה עשרים באמה לעומת
11QT 32.9]רוחב [ב]אמה וגובהמה
11QT 36.7 שש : ועשרים באמה ממקצוע אל
11QT 36.8 ארבע [עש]רה באמה וגובהמה :
11QT 36.9 ו[ע]שרים באמה מן הס(˙)ף
11QT 36.10 ארבע עשרה באמה ומקורה
11QT 36.13 עשרים : ומאה באמה וכבה תהיה
11QT 38.12 רחוב מאה באמה : ואורך
11QT 38.13 וארבע מאות באמה וכבה רוחב
11QT 38.15 ועשרים באמה ותאים
11QT 39.14 תשע ותשעים באמה והשער :
11QT 39.15 שמונה ועשרים באמה ומשער
11QT 39.16 תשע ותשעים : באמה והשער
11QT 39.18 שמונה ועשרים באמה ומשער לוי
11QT 40.8 ושש] ב]אמה מפנה
11QT 40.10 תשע : ורבעים באמה ותאים
11QT 40.12 השערים חמשים באמה וגובהמה
11QT 40.13 שבעים : באמה ובין שער
11QT 40.13 מאות וששים באמה מן הפנה
11QT 40.14 ושלוש מאות באמה ומשער
11QT 41.3 ב]אמה ומשער :
11QT 41.4] מאות באמה : ומשער
11QT 41.6 ו]שלוש מאות : באמה ומש[ער
11QT 41.7 מאות : וששים באמה]
11QT 41.8 מאות וששים באמה וכבה משער
11QT 41.9 ושלוש מאות באמה ומשער
11QT 41.10 מאות וששים באמה ומשער :
11QT 41.11 מאות וששים באמה : ויוצאים
11QT 41.13 שש ושלושים באמה : ורוחב

11tgJ 32.5 ביתה ומדרה בא<ר>ע מליחה ׃
11tgJ 35.9 ויפלגון יתה בארע[ ] ׃

1apGn 12.13 כולהון למפלח בארעא ונצבת
1apGn 19.10 והוא כפנא בארעא דא כולא

1QDM 3.2 אחי]כה אשר ב[ארץ
1QDM 4.2 [וי]שפך בארץ [
1QH 8.4 ומבוע מים בארץ ציה
1QH 8.23]˙ בארץ גזעם ובעת
1QNo 1 1.2 רשעי]ם גברו בארץ ו[׃ א]ת
1QS 1.6 וצדקה ומשפט ׃ בארצ ולוא ללכת
1QS 8.3 לשמור אמונה בארצ ביצר סמוכ
4Q374 2 2.5 ל[נ]ו בחירו בארץ חמדות כל
4Q374 6 1.1]בארץ[׃]˙ה ˙[
4Q379 22 2.14 וש[פכו] ׃ [ ] בארץ ונאצה גדל
4Q504 8R 1.7]˙ם ולתהלך בארץ כבוד א˙[
4Q511 1 1.2 בא]רץ ובכול׃
4pPs[a] 1+ 2.8 ולוא ימצא בארץ כול איש ׃
4QCat[a] 12+ 1.8]ולפזר[ם] בארץ ציה ושממה
4QCat[a] 14 1.2 אשר יואמ[ר ׃]בא[רץ ה]מה
4Tstm 1.28 וע]שו חנופה בארץ ונצה
11Ap[a] 3.9]˙ד בארץ ׃]עד
CD 6.5 יהודה ויגורו בארץ דמשק ׃
CD 6.19 הברית החדשה בארץ דמשק ׃
CD 8.21 בברית החדשה בארץ דמ[ש]ק
CD 19.34 בברית ׃ החדשה בארץ דמשק ׃
CD 20.12 אשר קימו בארץ דמשק והוא
CD 13.21 יצליחו לשבת בארץ[
TS 1 1.6 אשר תבנו לי בארצ ˙˙˙ [ ]

4VSam 3+ 2.4 כיא תהלתכה ׃ בארצות ובימים[
11QT 59.2 [׃ [ו]יבזרום בארצות רבות
11QT 59.5 במה והמה בארצות

11Ber 1 1.10 ואין משכלה בארצכם ׃
11Ber 1 1.13 תעבו]ר בארצכם כיא אל

1QM 10.7 תבוא מלחמה ׃ בארצכמה על הצר
11QT 51.19 לוא תעשו בארצכמה כאשר

4Q504 1+R 5.3 אל נכר בארצם וגם ארצם

4Q508 24 1.2 ˙[ ]˙מ˙[׃]בארתנו ועולי˙[

1QH 2.26 ולהוב חנית באש אוכלת עצים
1QS 4.13 עם כלמת כלה באש מחשכים
4Q176 26 1.3 [˙[׃]לאר[׃]באש[׃]˙אא פת[
4Q504 1+R 5.5 אפכ<ה> באש קנאתכה
11Mel 2 3.7 יתממ[ו] בליעל באש[ ]עדת[
11QT 43.11 יקדש באש ישרף לוא
11QT 55.9 רחובה ושרפתה באש את העיר
11QT 60.18 בנו ובתו ׃ באש קוסם קסמים
CD 12.14 במיניהם יבאו באש או במים ׃

11tgJ 20.2 תחות חטא[׃ באשושה ספ[ו׃

3Q15 10.5 בקרקעו ככ ׃ באשיח שיבית
3Q15 11.12 בבית אשדתין באשיח ׃ בביאתך

1QH 6.22 רשעה יתגוללו באשמה[ ]תי
1QM 13.15 באמת ולהשמיד באשמה להשפיל
4Q507 1 1.2 מרחם ומשדים בא[שמה׃ ועד

4Q184 1 1.3 ירדו וללכת באשמות[׃
4Q184 4 1.5 [׃]לוא באשמות מע[ל

1QH 4.30 מרחם ועד שבה באשמת מעל ואני
4Q510 1 1.7 בני או[ר] באשמ]ת קצי
4Q511 10 1.4 באשמ]ת קצי

1QH 9.10 כי ידעתי ׃ באמתכה ואבחרה
1QH 10.17 כי נשענתי באמתכה[׃ מצב˙
1QH 11.30 שמח נפש עבדכה באמתכה ומהרני
1QH 2 1.15 כיא נכונו באמתכה
4Q511 63 3.4 להצדיק ׃ צדיק באמתכה ולהרשיע

1QH 5.13 יגוני הכרתה באנחתי ותצל

11tgJ 18.2]˙א ׃ לבי בא[נתה

11tgJ 23.4 ויחזא אנפוהי באסי˙[

1QH 9.3]לאין רחמים באף יעורר קנאה
1QM 6.3 להפיל חללים באף אל ועל
1QS 4.12 לשחת עולמים באפ עברת אל
1QS 5.25 ידבר אלוהיהי באפ או בתלונה
1QS 10.19 א<תפוש>(מור באפ לשבי) <עד
1QS 10.20 משפט לוא אמור באפ לשבי פשע
4Q374 2 2.2 וירוממו גוים באף[׃
4Q381 78 1.2 [˙˙˙[׃]˙ניו באף וחמה ˙[׃
4QBer 10 2.10 סלי]חות באף עברת[
4QPs[f] 2 8.8 מסנאיך ערבה ׃ באף תשבוחתך
11QPs 22.11 משנאיך ערבה באף תשבחתך

11tgJ 35.5 התשוא ׃ זמם באפה ובחרתך

1QS 5.17 האדם אשר נשמה באפו כיא במה
4Q381 24 1.11 חרה לו עלה ׃ באפ[ו
4Q504 8R 1.5 נ]פחתה באפו ובינה

11tgJ 10.10 הן לכמ[א ׃ ב]אפי הן[

4Q381 17 1.3 וי[׃ א]להי באפך תבלעם
4Tstm 1.18 קמורה באפך וכל<י>ל

1QH 11.8 ככבוד אתכה הוא באפכה כול
4QCat[a] 12+ 1.2 יה[ו]ה אל באפכה תו[כיחני
4QFl 6+ 1.5 וברית[כה ׃] באפכה וכליל על

1QM 10.12 אוצרות כב[ודו באפ]ל עבים

1QS 2.8 וזעום אתה ׃ באפלת אש

4Q379 22 2.13 ושערוריה באפרים [
4pHs[b] 2 1.3 ידו להכות באפרים ׃ [
4Tstm 1.27 ושערוריה באפרים וביהודה

11QT 16.16 ויתן מדמו באצבעו על
11QT 23.12 ונת[ן מ]דמו באצבעו על ארבע

4Q156 1.7 מ]ן דמא באצבעתה׃ ויכס

1Q23 14 1.3 ר[׃]˙ באר[׃]יטלו
CD 3.16 לפניהם ויחפרו באר למים רבים
CD 6.3 את הבאר באר חפרוה שרים

1Q23 19 1.1]בארא[׃]תב ע[

3Q15 7.5 הגד]ול ׃ בארבע רוח[ות

4Q400 1 1.1 הראישונה בארבעה לחודש
4Q503 1+ 2.3] ׃ בארבע[ה
11QT 17.6 [ועש]ו [בארב]עה עשר

3Q15 10.17 ככ ׃ [ ]ה בארבעת ׃

CD 5.3 אשר ׃ היה בארון כי לא

1QM 2.10 ילחמו בארם נהרים
4QM6 6+ 2.3 ילח]מו בארם נ[הרים

4Q511 63 3.4 רשע באשמתו להשמיע

1QH 5.36 משנים מעשי אל באשמתם כי נאסר
4Q378 22 1.1 ולא הכחדתם באשמתם :]עמך

1QH 15.19 צויתה ויבחרו באשר שנאתה
1QS 10.12 עולם הבחרה באשר : יורני
4Q504 4 1.5 ˙אלה ידענו [בא]שר
4Q506 132 1.5 אלה ידענו : [בא]שר

4Q517 44 1.1]באת [:]לחם[

11QT 56.2 הדבר אשר עליו ב[אתה

6QAly 1 1.3 עם[:]ובקציר באת[י: הב]קר

5QJN 1 2.6 ואחזיאני בה באתין מן תרע

1apGn 20.12 ואתחננת ואמרת באתעצבא ודמעי

11tgJ 25.2 וירמא המון באת[ר: אר]חה

1QH 15.18 לא טוב וימאסו בב˙˙˙[ ]ך
4Q487 45 1.2]˙[:]˙˙בב[:]ש˙ [
4Q511 71 1.3]˙שי רוש בב[:]דעת ˙˙[
4Q513 42 1.1]˙בב˙[:]ל[
4pIs[c] 43 1.3 י˙[:]מה[:]בב˙[
4QCat[a] 18 1.3 ˙[:]ספר[:]בב˙[:]˙רא˙[:
11Mel 2 3.17]בב[ ]˙ ה[

1QH 7.2 מקניה ותטבע בבבץ רגלי שעו

11QT 33.7 מקדשים את עמי בבגדי הקודש

1QS 4.16 כיא אל שמן בד בבד עד קץ :
1QS 4.25 אמת כיא בד בבד שמן אל עד

1QH 48 1.3 [:]מכה ב<ב>הל או˙[:

1Q25 6 1.2]דו [:]בבהמות ו[:]

5apM 1 1.2]הלצים בבהמת[:]כיא

11QT 60.2 וכול בכור[בבהמ]תמה

1Q36 17 1.3 ם אל עבדיו בבו˙˙[
4Q509 29 1.1]˙˙ בבו˙[:]לי˙ וש[

1Q44 1 1.1]˙ בבוא[: כ]בורך
CD 7.10 רשעים : עליהם בבוא הדבר אשר
CD 19.7 אל את הארץ : בבוא הדבר אשר
CD 19.10 ימסרו לחרב בבוא משיח :

1QS 6.15 היחד ואחר בבואו לעמוד

1QS[a] 1.4 האר]ץ : בבואים יקהילו

3Q15 10.5 שיבית הכרם בבואך : לסמול

TS 1 1.4 ישראל לאמור בבואכמה אל

4Q402 1 1.2]: [בבואם עם
11QT 32.12 לבית המ[: בבואם לשרת

3Q15 1.6 זהב בבור הגדול
3Q15 2.1 [כ]כר : בבור המלה שתחת
3Q15 2.7 ככרין שבעין : בבור שנגד השער
3Q15 2.10 ככרין עסר : בבור שתחת
3Q15 4.1 דת שלוש כב : בבור הגדול שב[
4Q186 1 2.7 האור שש ושלוש בבור : החושך

1pPs 1 1.1 ב]בורחו מלפני

1QH 4.23 ולא מחתה בבושת פני :

1QH 18.20]˙˙ השם [ ]בבי כיא לערל

3Q15 5.13 שבנחל הכפא : בביאה מירחו

3Q15 4.3 הבא[ה] בביאתך : אמות
3Q15 11.13 באשיח : בביאתך לימומית

3Q15 12.8 שש מאות : בביבא הגדולא

4Q401 17 1.4]ת יו[ד]עי בבינת נס[תרות

1QH 15.12 ואני ידעתי בבינתך כיא לא

1pHab 8.1 עושי התורה בבית יהודה אשר
3Q15 11.12 בתכן אצלן : בבית אאשדתין
4Q186 1 2.7 השני : רוח לו בבית האור שש
4Q186 1 3.5 ורוח לו בבית : [
4Q378 14 1.2 [ ]ירחו בבית הישימות [
4Q502 94 1.1]בבית ה[: [
4pPs[a] 1+ 2.14 הברית אשר בבית יהודה אשר
5Q13 2 1.6 ה[ו]דעתה בבית אל :]ואת
11QT 29.3] [בבית אשר א[
11QT 29.10 ברתי עם יעקוב בבית אל : [
11QT 30.4]בבית אשר תבנה
11QT 49.6 ימים כול אשר בבית וכול הבא
11QT 49.16 כול אשר היה בבית : וכול
11QT 49.19 ואת הכלים אשר בבית
11QT 53.17 אסר על נפשה : בבית אביה
CD 20.10 אין להם חלק בבית התורה:
CD 20.13 חלק בבית התור[ה
CD 11.10 אל יפול בבית מושבת :
CD 12.18 יהיו עם המת בבית וטמאו

11tgJ 5.2]צבו לאלהא בביתה˙[:
11tgJ 38.6 עמה לחם בביתה ונחמוהי

11QT 63.13 מעליה וישבה בביתכה ובכתה
11QT 65.6 תשום דמים בביתכה כי יפול

11QT 52.8 לי לוא תעבוד בבכור שורכה

4Tstm 1.22 את העיר הזות בבכורו :

4pIs[e] 4 1.2 ו[נפשו : [ב]בכי יעלה ב[ו

4Q379 22 2.8 [העי]ר הזאת בבכר[ו]

1apGn 21.23 אמרפל מלך בבל אריוך מלך
4pIs[c] 6+ 2.4 הדבר על חבל בבל[
4pIs[c] 8+ 1.1]˙ על מלך בבל [
4pIs[c] 25 1.1]˙ מלך בבל ˙[
4pIs[e] 8 1.1 מל]ך בבל אשר י[:
4QNab 1+ 1.1 נבני מלך( ) [ב]בל מלכ[א
CD 1.6 נבוכדנאצר מלך בבל : פקדם

6QHym 3 1.3]ת עולמים[:]בבליעל ו[

1pHab 5.8 בוגדים ותחריש בבלע : רשע

4Q509 58 1.5 ˙˙[:]˙ת<ה> בבנ˙˙[ ]˙˙[:
4QMes 2.14]מן [ ]בבן יחרבן כול

1Q36 25 2.5] : צדקכה [: בבני איש [
1QM 1.6 ג[דולה] בבני יפת ונפל
1QM 2.10 נהרים ובשנית בבני לוד
1QM 2.11 ילחמו בבני ארפכשד :
1QM 2.12 השמינית ילחמו בבני : עילם

11QPs 21.12 גם גרע נץ בבשול ענבים

1QH 6 1.3 להרשיע בבשר :]כן
4Q181 1 1.2 ומחלים רעים: בבשר לפי

1QM 7.4 אשר מום עולם בבשרו או איש
1QS^{a} 2.5 וכול מנוגע בבשרו נכאה
1QS^{a} 2.6 או מום מנוגע בבשרו : לראות

11QT 48.9 נפש לוא תתנו בבשרכמה וכתבת

4Q511 8 1.11 כיא [: ב]בתי כבודם

4Q511 138 1.2]וקות [:]˙ בג[:]מתו ˙]

4Q381 15 1.4 בגא]ות הים

1QH 2.8 ותעמד פעמי בגבול רשעה
1QH 3.24 כיא התיצבתי בגבול רשעה :
1QH 7.14 להתהלך לפניך בגבול :]ם

4Q511 1 1.6 א[ין] משחית בגבוליהם ורוחי
4QPs^{f} 2 9.9 ואין שח[בגבו]ליהם

]4Q400 1 1.13] בגבולם ובנחלתם

1QM 15.13 מרים ידו ב[גבול]ת פלאו

1QM 14.6 לנאלמים לרנן בגבור[ות
4QM1 10 2.14 את ידיהמה בגבורות פלאו
CD 13.8 אל ויבינם בגבורות פלאו

1QM 4.4 מעמד רשעים [ב]גבורת אל ואת
1QM 6.6 אויב בגבורת אל לשלם
1QM 10.5 לב להחזיק בגבורת אל
1QM 17.6 לגורל [פ]דותו בגבורת מלאך
4Q380 7 2.2]˙[: י]תבונן בגבורת חכמ[ה :
4Q405 17 1.4 מלאכי כבוד בגבורת :
4QM1 8+ 1.5] : נאלמים בגבור[ת אל[
11tgJ 29.5 וקום הסתכל בגבורת אלהא :

4Q403 1 1.37 דעת עד ושופט בגבורתו לכול
4Q511 18 2.3]ב[ג]בורתו :]
4Q511 35 1.7] : בגבורתו כו[ל

1QH 4.19 להם לשופטם : בגבורתכה

4QCat^{a} 2+ 1.13]תקעו שופר בגבעה השופר

4Q381 33 1.3 ונתהלל בגברתך כי אין

1QH 11.29 וה<ח>נינה בגדו[ ]˙וכה
1QS 7.13 ידו מתוחת בגדו והואה :
11QT 50.8 יגע בו יכבס בגדו ורחץ ומהר

1QM 1.1 בחיל בליעל בגדוד אדום

1QH 10.16 ˙ל[: לחסדכה בגדול מובכה

4pN 3+ 1.5 החרון אשר יכה בגדוליו ואנשי

1QM 7.10 אהרון לובשים בגדי שש לבן
1QM 7.11 בראשיהם בגדי מלחמה ואל
4pIs^{a} 7+ 3.29 השם ובידו בגדי
4QM1 1+ 1.18]כ[יא]אלה בגדי מל[חמה] :
11QT 35.6 אין הוא לבוש בג[די

1QM 14.2 ובבוקר יכבסו בגדיהם ורחצו :
4QOrd 1 2.16 ע]ל העם ועל ב[ג]די[הם :

11QT 32.11 עליהמה : את בגדיהמה אשר

1QM 2.13 בתשיעית ילחמו בבני ישמעאל
4Q379 22 2.13] [> בבני יעקב
4Q379 22 2.14 ונאצה גדלה *בבני יעקב
4Q381 15 1.6] אלהי ומי בבני האילים
4QM5 13 3.1 יל]חמו בב[נ]י אשמעל
4Tstm 1.28 ונצה גדולה בבני :]
11QPs 28.11 לעמו <ומושל> בבני : בריתו :

1QH 45 1.6 וע[:]בים בבסר כי כול

11tgJ 33.2 ודחלה יחפר בבקע וירוט

4Q378 11 1.5 בב]קעה ובהר
11tgJ 32.9 ויס[דד] בבקעה :]˙יך ˙

1apGn 21.5 ואזל ויתב לה בבקעת ירדנא
1apGn 22.8 אנון : שרין בבקעת דן ורמה

4pIs^{b} 2.2 הוי משכימי בבקר שכר ירדפו

11QT 52.7 אשר יולד בבקריכה

1QH 18.29 חושך בבר˙[:]˙סוף

4pIs^{a} 7+ 3.6 ם]ובכי[ ]בברזל ולבנון
4pIs^{a} 7+ 3.10 סובכי [ה]יער בברזל ה[מה] :

4pIs^{a} 7+ 3.13]ים בברחו מלפ[ני

1pHab 2.4 לוא : האמינו בברית אל]
1pHab 2.14 ורש[עים בברי]ת ולוא
1QH 18.24 לילוד :]אותה בברית עמכה
1QH 18.28] השבתה להביא בברית עמכה
1QS 1.8 חוקי אל : בברית חסד
1QS 1.16 היחד יעבורו בברית (א)לפני
1QS 1.18 בליעל ובעוברם בברית יהיו
1QS 1.20 העוברים בברית אומרים
1QS 1.24 העוברים בברית מודים
1QS 2.10 וכול העוברים בברית אומרים
1QS 2.12 לעבור : הבא בברית הזות
1QS 5.3 היחד המחזקים בברית על פיהן
1QS 5.8 היחד : יבוא בברית אל לעיני
1QS 5.10 ואשר יקים בברית על נפשו
1QS 5.20 וכיא יבוא בברית לעשות
1QS 6.15 מוסר יביאהו : בברית לשוב
1QS 10.10 ולילה אבואה בברית אל ועם
1QS^{b} 1.2 ומחזקי בב[רי]ת קודשו
4Q381 69 1.5 תורות ומצות בברית העמיד
CD 6.11 וכל אשר הובאו בברית : לבלתי
CD 8.21 אשר באו בברית החדשה
CD 19.16 כי באו ~~בסו~~ בברית תשובה :
CD 19.33 אשר באו בברית : החדשה
CD 20.12 הצדק ומאסו : בברית א ואמנה
CD 12.11 אשר באו עמו בברית אברהם
CD 15.5 והבא בברית לכל

1QS 5.11 כיא לוא החשבו בבריתו כיא לוא
1QS 5.18 אשר לוא נחשבו בבריתו להבדיל
4Q183 1 2.3 למלחמות איש[: בבריתו הושיע

1QH 2.28 ותחזק נפשי בבריתך : והם
1QH 15.15 רצון להשמר בבריתך ולתהלך

1QH 2.22 נפשי בתומכי : בבריתךה והמה
1QH 4.39] ˙˙ אתחזקה בבריתכה עד [:
]1QH 10.30]שש לבי בבריתכה
1QH 18.9 לו מתחזק בבריתכה

3Q15 2.13 הסף הגדול : בברכא שבמזרח

1Q30 5 1.1]בבשול [:

1QS 2.11 ואמרו ארור בגלולי לבו

4QFl 1+ 1.17] : [בג]ל[ו]ליהמה

1QS 2.17 מאחרי אל בגלוליו ומכשול

1QH 4.15 וידרשוכה בגלולים ומכשול

4Q504 8R 1.6 ודעת [: בג]ן עדן אשר

1QH 31 1.2 רוחו[:] שר בד˙]
1QM 7.10 שש לבן כתונת בד ומכנסי בד
1QM 7.10 בד ומכנסי בד וחוגרים
1QM 7.10 וחוגרים באבנט בד שש משוזר
1QS 4.16 כיא אל שמן בד בבד עד קצ :
1QS 4.25 יתעב אמת כיא בד בבד שמן אל
4Q505 127 1.1 [ ]כ˙ן בד[:
4Q511 5 1.1]˙בד ו˙[:]רעתו
4Q518 65 1.1]בד [
4QM1 1+ 1.18] : ואבנט ב[ד
11QSS 3+ 1.4]טוהר בד[:]
11QSS f+ 1.5]בד ˙]

4Q400 1 1.4] משרתי פנים בדביר כבודו
4Q402 2 1.4 רוק[מה : בדביר מלך ˙[:
4Q402 7 1.2]˙ם[:]ואור בדב[יר:
4Q403 1 2.13 בתהלי פלא בדבי[ר] :
4Q403 1 2.16 והללוהו בדביר קודשו
4Q405 15+ 1.4 המלך ˙˙[: בדביר פנו
4Q405 20+ 2.3 אופני אור בד[ביר
4Q405 88 1.1]בדבי[ר :]ל[

4Q405 14+ 1.6 חיים ˙[בד]בירי כבוד
4Q405 14+ 1.7 קו]דש קודשים בדבירי מלך
4Q405 20+ 2.2 ככסא מלכותו ב[דבירי
4Q405 38 1.1]בדבירי[:
11QSS 3+ 1.3 מלכות]ו בדבירי כבודו

CD 9.6 אפו בו דבר בו בדבר מות : ענה

4Q403 1 2.31]: בתהלי פלא בדב[רי פ]לא[
4Q511 18 2.5]]בדברי ואין[
CD 7.10 הדבר אשר כתוב בדברי ישעיה בן
CD 10.19 אל ידבר בדברי המלאכה

4Q379 17 1.3 ומברכים[:]בדבריו ויאמ[

4Q511 108 1.2 רוב:]˙כול בדבריכה

CD 20.24 אל ו[יש]ך העם בדברים מעט[ים

1Q63 1 1.2]˙ ˙[:] בדגליהון [:

4Q504 6 1.9] :]˙[ש]כנו בדד ובגוים לוא
4apLm 2 1.4]ע באהלך[:] בדד העיר[

3Q15 7.11 של כסף שש : בדוק תחת פנת

4QCat[a] 9 1.8 ערלות לישרם בדור הא[חרון
CD 1.12 את אשר עשה בדור אחרון

1QS 3.14 למעשיהם בדורותם

4pN 3+ 1.7]מות בדורשי החלקות

1apGn 2.20 ביצבא ינדע בדי הוא רחים
1pHab 10.7 יגעו עמים בדי אש :
1pHab 10.8 אש : ולאומים בדי ריק ייעפו
4Q374 2 2.5 כל הארצות בדי[:
4pN 3+ 1.4] ארי טורף בדי גוריו
4QMes 1.10 ח]שבונוהי בדי בחיר אלהא

11QT 49.20 וירחצו ויכבסו בגדיהמה

4Q512 36+ 1.11] את בגדיו ו[:]פו
4Q512 11 1.3]˙[ו]כבס את בגדיו במ[ים :
4Q512 11 1.4 וכסה את בגדיו וברך ע[ל
4Q512 18 1.2]˙ם [: בג]דיו ועט[ט :
4Q512 1+ 1.5]בגדיו ואחר[
4Q512 51+ 2.7 משפ[: יכ<ב>ס בגדי[ו] במים [
11QT 45.8 ימים וכבס בגדיו ורחק :
11QT 45.9 השלישי יכבס בגדיו <ורחק>
11QT 45.16 ביום : השביעי בגדיו ורחק את
11QT 49.17 במים ויכבס בגדיו ביום
11QT 50.13 ימים וכבס בגדיו : ורחק
11QT 50.14 יזה ויכבס בגדיו ורחק :
11QT 50.15 יזה שנית וכבס בגדיו ורחק
11QT 51.3 ה]ערב ויכבס בגדיו ורחק [
11QT 51.5 וצפורן וכבס : בגדיו ורחק

11QPs 28.4 לצונו ומושל בגדיותיו ידי

CD 11.3 יקח איש עליו בגדים צואים או

4Q510 2 1.5]˙˙[ ]ל˙˙ בגו[
4QM6 74 1.1]בגו˙[:]ל אי[

5QJN 1 1.13]תרעא בגוא על [ימי]ן
5QJN 1 1.17 ל]ה ומשח בגוא א[ס]פא
5QJN 1 2.4 כמשחה ועמוד בגוא גוא די
5QJN 2 1.2] כל בתיא די בגוא ˙[:

1QM 11.16 ע]שותכה שפטים בגוג ובכול

6apPr 1 1.4 להאבי]דם בגויים

4Q509 46 1.1] בגויכה [

4Q504 1+R 5.11 ולוא עזבתנו : בגוים ותחון את
4pN 3+ 2.1 ישמע קולם עוד בגוים הוי
6QPro 1 2.5 לשפוך ח[מתי: בגוי[ם: שמי[:

1pHab 9.2 עשו בו ונקמות בגוית בשרו
4pN 3+ 2.6 חלליהם ואף בגוית בשרם

4pN 3+ 4.1 מנשה גם היא בגולה ה[לכה

1QH 6.14 ויהיו שריכה בגור[: פרח כצ

1QH 5.5 כי לא עזבתני בגורי בעם ˙˙˙

1Q34[b] 3 1.2 [˙˙[ ] ˙[:]˙˙ בגורל צד[י]ק
1QH 3.25 ועם חלכאים בגורל ותגור
1QM 1.1 בני אור להחל בגורל בני חושך
1QM 13.12 יחד ואנו בגורל אמתכה
1QS 4.24 עולה וכירשתו בגורל עול ירשע
1QS 11.7 וינחי ( )<ל>ם בגורל : קדושים
1QS[a] 1.9 הפקודים לבוא בגורל בתוך
1QS[a] 1.20 אל יבוא בגורל להתיצב
4Q510 2 1.1]דם בגורל רשע
4Q511 2 1.9 יחד להתהלך[ב]גורל :]
4Q511 2 1.10 ו]לשרתו בגורל עם כסאו
4Q512 64 1.7]ט[ ]התקש בגור[ל :]˙[
4QM1 1+ 1.8 ~~להבני]ם אוי~~ בג[ו]רל לשבט
CD 13.12 כפי היותו בגורל הא[ור]

4Q503 1+ 2.15 כב[וד]בגורלות לילה[

CD 11.3 או מובאים בגז כי אם :

1pHab 10.1 וכפים עיצה בגזל ואשר :

3Q15 8.4 אל תבס : בגי החיצונא

נ ל֯תו ׃ בדעת אמתכה   1QH 10.29
אמתו יגילו בדעת עולמים   1QM 17.8
חיים ויחונכה בדעת עולמים ׃   1QS 2.3
להבין ישרים בדעת עליון   1QS 4.22
לאהרון בדעת כולם   1QS 8.9
( ) אומרה בדעת וכול   1QS 10.9
[לתבל בדעת ולהאיר   1QSb 4.27
לשון עפרנו בדעת אל[ים ׃]   4Q400 2 1.7
ג[בורי שכל בדעת עולמים   4Q405 13 1.5
קורֿ[ש ב]דעת בינתו   4Q405 23 2.13
לקדושי פמו בד[ע]ת ׃   4Q511 2 1.6
א֯` ׃ בדעת כ֯[׃ נחלה   4Q511 43 1.2
בד֯[עת [׃]֯`   4Q511 93 1.1
שחר הכין בדעת ׃ לבו   11QPs 26.11

עש[רי]֯ם שנה בדעתו ׃ ורע   1QSa 1.10
אדם לבד[ו ׃ ב]ד֯עתו הנבונה   4Q511 96 1.4

עמל מעיני ׃ בדעתי יצרי גבר   1QH 11.20
בכול מ[׃ בדעתי בכול אלה   1QH 16.6

֯ו[׃]` ׃ אל בדעתם ברית   1QH 7 1.7
מעֿונם ׃ רעתם בדעתם בי[ן ׃   4Q370 2.4

[בדקו ועלו ׃   1Q65 1 1.1

[׃ בכל ׃]חם בדר[׃]   2apPr 6 1.4

הצופא ׃ מערב בדרום בצריח ׃   3Q15 8.11
במזרח ושלושה בדרום ושלושה   11QT 40.11

לעד והולכי בדרך לבכה ׃   1QH 4.21
ההולכים בדרך לבכה   1QH 4.24
֯ההלך ׃ בדרך לבכה לאין [1QH 6.7
מדרכיהם בדרך ק֯ ׃]   1QH 6.20
כי הלכו בדרך לא טוב   1QH 15.18
ההולכים ׃ בדרך הרשעים כיא   1QSa 1.2
אשר סר[ו ׃ ב]דרך ׃ העם המה   1QSa 1.2
מדרכי[נו ׃ בד]רך[׃]   4Q504 1+R 5.20
הסרים מלכת [בד]רך העם   11QMel 1+ 2.24
תוסיף לשוב בדרך הזואת עוד   11QT 56.18
צֿפור לפניכה בדֿרך בכול פק   11QT 65.2
צדק להדריכם בדרך לבו   CD 1.11
רמה ׃ ללכת בדרך רשעים אשר   CD 8.9
לתמך צעדם בדרך אל ויקשב   CD 20.18
היה במחנה ׃ בדרך וירד   CD 11.1

לת לבו וילך בדרכי ׃ הרויה   1pHab 11.13
כול בני צדק בדרכי אור   1QS 3.20
כיא התגוללה בדרכי רשע   1QS 4.19
להשגות אנוש בדרכי שוחה   4Q184 1 1.17
שמך וילכו בדרכי ׃   4Q385 2 1.3
[הארם בדרכי ׃]   4Q504 8R 1.1?
לינו וישמ[ו ׃ בדרכי הי׃ ׃]   4Q504 17 2.4
ואגלה אזנכם בדרכי ׃ רשעים   CD 2.2
ויתגוללו בדרכי זונות   CD 8.5
ויתגללו בדרכי זונות   CD 19.17
ביד רמה ללכת בדרכי רשעים׃   CD 19.21

ל]ללכת בדרכיכה [׃]   4Q504 4 1.13

ט יתפתה בו בדרשו אתו ׃   CD 15.11

אלהא ׃ התסוג בדשין ימא   11QtgJ 30.6

יכחד׃ ׃ בדתה טבני ׃   1QH 6 1.10

ושר גוה] ׃]בה מחשבת ֯ידה   1Q29 13 1.4
בה ׃]֯ ׃]והל[׃]   1Q50 1 1.1
ידך רבתא ׃ בה ובכול ביתה   1apGn 20.15
די בנית תמן בה מרבעא   1apGn 21.1

[׃] אתה ׃]בדי[׃]֯ו ולא ׃   11QtgJ 17.2
[׃]֯ ׃]בדי֯[׃]מחציתו[11QT 4.16

׃ בית המרה היש[ן בדיבר ׃   3Q15 2.3

מרי מלכא בדיל שרי אנחת   1apGn 20.25
מא עבדתה לי בדיל [שר]י׃   1apGn 20.26
ענֿנה גב[ורה ב]דיל די לבושך   11QtgJ 29.7

להון חפאיהון בדילה ותב אלהא   11QtgJ 38.3

אנה אברם בדילהא ולא   1apGn 20.10

ותפלט נפשי בדיליכי ׃]   1apGn 19.20

]וֿל[׃]֯ ׃]בֿרים ׃]֯ ׃]שׁוב[4QMb 16 5.3

בשן הסלע בדין של כסף שש   3Q15 2.11
חפר אמות שש בדין של כסף שש   3Q15 7.10
וֿגב שפת שבע בדין אסתרין   3Q15 9.3
צדק ולהר[ים בדי]ן קדושי אל   11QMel 1+ 2.9
]הֿן אתקצרת בדין עב]די   11QtgJ 18.6

מלפני חורף בדל ידיה[ן ׃   4apLm 1 2.6

תחתית] בדל[ת]י נחושה]   11QApa 4.9

]ההחללים להתגאל בדם שמאתם כיא   1QM 9.8
משיחת כהונתם בדם ׃ גוי הבל   1QM 9.8
או במה או בדם אדם מת או   11QT 50.6

בֿו ׃ הקהל בדמו ובחלבו   11QT 16.15

]מראי שבולי אש בדמות תשמל   4Q405 20+ 2.10
א]֯בֿינו יצרתה בדמות כבוד[כה   4Q504 8R 1.4

]ס֯ ׃]מנֿעורי בדמים ועד ׃ [1Q35 1 1.10
בונה עיר בדמים ויכונן   1pHab 10.6
]ולבנות עיר שו בדמים ולקים   1pHab 10.10

י]שמיעו בדמֿמֿת ׃]קדושי   4Q401 16 1.2
ה]שמיעו בדמ[מת   4Q402 9 1.3
ת]֯הלי פלא בדממת ק]וֿל ׃   4Q405 18 1.5

אנחה ׃ ושקוי בדמעות אין כלה   1QH 5.34

]סביב אבני חפצ בדני ריקמה   1QM 5.9
]שם יהל[לו ׃]בדני[4Q401 33 1.2
א]לוהי ׃]בדני֯ ׃]אלוהים   4Q402 3 1.5
]ורוחות אלוהים בדני להבת אש   4Q403 1 2.9
מבואי מלך בדני ׃ רוח   4Q405 14+ 1.5
מ]לך בדני א[ור]   4Q405 14+ 1.5
רוקמות פלא בדני אלוהים   4Q405 14+ 1.6
בדבירי מלך בדנֿי א[ל]והים   4Q405 14+ 1.7
מחקק ה׃]֯טה בדני אלו[הים   4Q405 15+ 1.4
]ס֯[׃] ושבחהו בדני אלוהים   4Q405 19+ 1.2
]֯ ׃]֯ ׃ [בד]ני דב[י]ר   4Q405 19+ 1.3
]רוקמ֯ת(ה)< ׃ ב]דני צורות   4Q405 19+ 1.5
]בדביריֿ ׃]בדני ׃]   4Q405 38 1.2
בד]ני אלוֿה]ים   11QSS j+ 1.2
ב]דני כבו[ד   11QSS j+ 1.2
כולן ׃]בדני פ[לא   11QSS m 1.3

וצורות בדניהם מלאכי   4Q405 19+ 1.7
וצורֿ]ות בדניהם מ[ל]אכי   11QSS j+ 1.6

נספרה יחד בדע[1QH 10 1.7

העת להנחותם בדעה וכן   1QS 9.18

משפט את רעהו בדעהא ונענש   1QS 7.4

1QH 6.7 שאון מ[ ]כות בהאספם [
1QM 3.4 אבות העדה בהאספם לבית
1QS 5.7 החוקים האלה בהאספם ליחד

1QH 5.29 לאין מנום ולא בהב[

3Q15 11.5 ותכן אצלם ׃ בהבסה <ר>אש

4Q186 2 1.9 הו[אה ׃ ה]ואה בהבתו ˙˙˙[׃]

1QH 4.8 ולא יחשבוני בהגבירכה בי

1QH 11.2 [˙˙˙˙˙˙˙[׃ בהגו לבי ׃

11tgJ 30.6 בדשין ימא ב[ה]גחותה מן

4QM1 11 1.21 ה]שמיעו בהגיא רנה [

1QNo 13+ 1.2 ב˙[׃ י]נשא בהדר כבוד
4Q381 17 1.2 ת לראשי [׃]בהדר תשוף על
4Q401 36 1.2]סודי [׃]בהדר י˙[׃]˙
4Q403 1 1.32 הוד כי בהדר תשבחות

1QH 13.17]בהדרך תפארנו

11QT 6.4 באמ[׃]בהה אר[בעים]

4Q401 37 1.3 מו]סדי פ[לא׃]בהוד[׃]אל[
11QSS 8+ 1.4]עולמים ב[הוד ו]הדר ל
11QSS f+ 1.6 עולמים [׃ בהוד תשב[חות

1QS 10.23 לוא ימצא בה בהודות אפתח פי
4Q502 108 1.2]ד[׃ כב]ודכה בהודו[ת ׃ א]בי
4Q502 146 1.2]ד[׃]בהודו[ת

11QPs 19.2 כול מוטטי רגל בהודיעכה ׃

1QH 3.34 ויתמוגגו בהווה ג[דו]לה

1QH 29 1.3]˙ חזונו [׃]בהוות[

1QS 11.5 מרזי פלאו בהויא עולם ׃

1QS 4.13 ורעת מרורים בהויות חושך עד

CD 9.3 דבר אשר לא בהוכח לפני

CD 9.18 לעיניו בהוכיח למבקר

1QH 2.36 ר˙˙ם ולהמיר בהולל יצר סמוך
1QH 4.8 בינה כיא[׃ בהולל מעשיהם

1apGn 22.9 והווא קטל ׃ בהון בליליא
1QH 14.20 אכיר ׃]אמיר בהון אמתך
1QS 6.17 הואה אל יתערב בהון הרבים ׃
1QS 6.25 אשר ישקר ׃ בהון והואה
1QS 7.6 חודשים ואם בהון היחד
2QJN 4 1.13 [˙[׃ שביא די בהון וארבעת
11QJN 14 1.4 פלוגת פתורי> בה]ון וארבעת
11tgJ 28.8 כ]סי ארו בהון ידון
11tgJ 29.1 אנפי מין אף בהון ימרק
CD 20.7 יאות איש עמו בהון ובעבודה ׃

1QS 7.25 עמו בטהרתו או בהונו אש[ר
1QS 8.23 מאנשי הקודש בה<ו>נו ועם

CD 20.3 בתוך כור׃ ה בהופע מעשיו
CD 20.25 מבאי הברית בהופע ׃ כבוד

TS 1 1.2 את אבותיכם בהוציאי אותך

1apGn 21.7 בי ׃ ויתב בה ואנה הוית
1apGn 21.27 תלת עשרה מרדו בה ובשנת ארבע
1Myst 1 1.10 ולשון מחזקת בה מי גוי חפץ
1pHab 9.8 וכול יושבי בה ׃ פשרו על
1pHab 12.1 וכול יושבי בה ׃ פשר הדבר
1pHab 12.8 אשר פעל בה הכוהן הרשע
1QDM 2.8 אש]ר תלכו בה [
1QH 6.6 ועוזבי חטאה בה[
1QH 6.14 [ ]ל[ ]תד˙ בה והם ישובו
1QH 6.20] בה וערל וטמא
1QH 10.26 ענף כי בה˙˙]
1QH 4 1.7 משחית ומר[׃]בה ואתה גליתה
1QH 9 1.5]ופפו בה כול ׃]˙ם
1QS 4.6 כול הולכי בה למרפא ׃
1QS 4.12 כול הולכי בה לרוב נגיעים
1QS 7.15 שמאולו לשוח בה ונענש עשרת
1QS 10.23 לוא ימצא בה בהודות אפתח
2Q33 3 1.2]די יע[׃]˙בה אל פי מ[
2QJN 8 1.5 ולהיון מכפרין בה עלו[הי ׃]˙
3Q14 20 1.1]˙בה ˙[׃]˙כה
4Q184 1 1.9 תומכי בה כיא דרכיה
4Q185 1+ 2.11]יאמר המתמ˙˙ בה ישאנה[ ]שה
4Q185 1+ 2.12 ומצאה ו˙[ ]˙בה יבילה ועמה[
4Q380 1 2.9 ˙[׃ אמת בה וחסדו ˙˙]
4Q381 46 1.7 ברזל לנגח בה רבים ונגחו[
4Q403 1 1.32 כבוד מלכותו בה תשבחות כול
4Q484 4 1.1]בה ד [׃]ל[
4Q487 2 1.2 [˙[׃]ש נדכא בה [׃ [˙מ
4Q490 13 1.1]בה ˙]
4Q503 204 1.1 בה[
4Q504 1+R 4.3 בח]רתה בה מכול הארץ ׃
4Q504 1+R 5.21]]בה[ו]לוא
4Q509 251 1.2]ק˙ ˙ ׃]ל˙ ˙ בה
4Q511 77 1.1]בה ˙ ˙[׃ [ר
4Q513 20 1.3]ש מהמה[׃]בה <את> המקדש[
4apLm 1 1.13 לוא נשמשעה בה ודורש ׃]ל
4pIs[c] 14 1.6 [˙מה כפיר[׃]בה א˙רי˙ [׃
4pUn 5 1.2 ימים [׃]ה בה הבש[׃]כול
4pUn 5 1.3 הבש[׃]כול בה[
4QCat[a] 2+ 1.6]בה ממנו ו] ׃
4QFl 14 1.1]˙בה לק˙[׃
4QM6 42 1.2]וש[׃]בה[
4QOrd 2+ 1.9 ב˙[ ] ענה בה ונענש שני
5QJN 1 2.6 ואחזיאני בה באתין מן
6apGn 4 1.2 [˙] ׃ בה וי˙[׃
6apSK 47 1.1]בה[׃]˙ני] ׃
11QPs 21.16 חריתי ׃ נפשי בה ופני לוא
11QPs 21.16 טרתי נפשי בה וברומיה לוא
11tgJ 13.4 שמענא˙] ׃ בה ארו הוא
11tgJ 31.4 די לא אנש בה להסבעה שיתא
11tgJ 32.10 ה]תתרחק ב[ה] סגיא
11tgJ 35.8 עלם התחאך ׃ בה בצ[פרא
11QT 5.4 שלוש[׃]בה כמדת[׃]ה
11QT 39.7]לוא תבוא בה אשה וילד עד
11QT 45.12 אשר אשכין שמי בה שלושת ימים
11QT 47.5 אשר יטמאו בה כול אשר
11QT 52.17 הטהורה אשר יש בה מום בשעריכה
11QT 54.17 צויתכה ללכת בה ובערת ׃ הרע
11QT 55.7 ואת כול אשר בה ואת ׃ כול
11QT 56.13 וישבתה ׃ בה ואמרתה
11QT 62.7 העם הנמצאים בה יהיו ׃ לכה
11QT 63.1 עבד בה אשר[
11QT 63.11 תואר וחשקתה בה ולקחתה לכה
11QT 66.5 מהעיר והחזיק בה ושכב עמה
CD 2.18 עידי השמים בה נאחזו אשר
CD 3.1 חרה אפו בם ׃ בה תעי בני נח
CD 3.1 נח ומשפחותיהם בה הם נכרתים ׃
CD 3.2 אברהם לא הלך בה ויע[ל או]הב
CD 16.2 תורת משה כי בה הכל מדוקדק

1apGn 20.17 ולא יכל למקרב בהא ואף לא

1QH 3.15 כול חכמתם בהמות ימים

1QM 5.3 דגלי המלחמה בהמלא צבאם

4Q504 1+R 2.8 לאבותינו בהמ̊רותם את

1pHab 7.12 מעבודת ׃ האמת בהמשך עליהם

11QT 55.8 בה ואת ׃ כול בהמתה תכה לפי

4Q186 1 2.9 עני יהיה וזה בהמתו שור ׃ וא

1QM 3.2 המרדף בהנגף אויב

4Q512 41 1.2 או אשה[> בהנגשו[׃

1QH 8.22 לפארת כבוד בהניפי יד

1Myst 1 1.5 <כי יהיה> בהסגר מולדי

1QS 2.16 כול בני אור בהסוגו ׃ מאחרי

11QT 8.11 מזבח הקפורת בהסירכ̊[ה ׃

1QSa 1.1 באחרית הימים בהספם[

4Q487 1 2.5 בלהבי אש מו̊[׃ בהפכה ושכ[׃

1QH 9.39 מס[׃]שמכה בהפלא מ˙[׃]
1QH 5 1.3 עד̊ת̊ קדושיכה בהפלא[׃]ד
1QS 10.16 בוקה ׃ אברכנו בהפלא מודה
4Q511 35 1.5 יהללוהו בה̊פלא נוראות ׃

CD 7.12 מעל יהודה בהפרד שני בתי

1QH 3.26 עם מצעדי ׃ בהפתח כל פחי
1QM 3.1 מקראם בהפתח שערי
1QM 3.7 אנשי הבנים בהפת̊ח שערי

5Q13 5 1.3 ׳[׃ י]שראל בהקימו [

1QDM 1.4] ב̊הר ס[י]ני
3Q15 12.4 הבור ככרין ׃ בהר גר̊יזין תחת
4pIsc 24 1.1] בהר י[הוה׃]
11QT 51.7 אני מגיד לכה בהר הזה ולוא

1QH 2.12 כנחשולי ימים בהרגש גליהם

4Q405 20+ 2.7 וב̊[ר]כ̊ו בהרומם קול
4Q405 20+ 2.12 בה̊שיב דרכיהם בהרומם ירוממו
11QSS 3+ 1.9 ו]ב̊רכו בהרומ̊ם̊[

1QH 3.10 גבר ממשברים בהריתו החישו

4Q405 20+ 2.12 והללו̊ קודש בה̊שיב דרכיהם

1QS 10.6 מועדיהם בהשלם חוק ׃

4Q487 2 1.9 וחו̊כ̊[מה ׃]˙ בהשפ̊ט̊[

1QH 7.28 יצ[ד]ק לפניכה בהשפטו ואין
4pPsa 1+ 4.7 י]רשיענו (ו)בהשפטו ׃
4pPsa 1+ 4.9 ב]השפטו ול[ל

1Q35 1 1.2] ל̊מ̊ע̊ו̊׃]˙ה בהשפמכה׃]
1QH 9.34 והמון[רח]מי̊ם̊ בהשפמכה בי ועד

4pIsc 23 2.4] ׃ [בה]שקט ובטח

4Q513 20 1.1] בהת ה˙[׃]ש

6Q15 3 1.2 במז]מתו̊ בהושע ישר[אל ׃
CD 5.19 אחיהו במזמתו בהושע ישראל את

3Q14 19 1.1]כח בהיו˙[

1QS 8.4 ובתכון העת בהיות אלה
1QS 9.3 ליחד קודש ׃ בהיות אלה
4QPBl 1 1.1 משבט יהודה בהיות לישראל

4Q402 4 1.4 חרת ח[יקי ׃ ב]היותו טמא[

11QT 48.16 ולנשים בהיותמה בנדת

1QSb 4.25 סבים משרת בהיכל ׃ מלכות

1QM 19.5] ב̊היכלותיך ציון
4QM2 1 1.5] ׃ [וזה]ב] בהיכלותיך

1QM 12.13 ואבני ׃ חפצ בהיכל[ו]תיכה

4Q400 1 1.13 מתיצ]ב̊ים בהיכלי מלך [

1QS 8.10 משפט רשעה> בהכון אלה

4pPsa 1+ 4.11 לרשת ׃ ארץ בהכרת רשעים

1pHab 4.9 היושבים ׃ בהם אז חלף רוח
1pHab 6.5 X ׃ מוראם כיא בהם שמן חלקו
4Q381 1 1.10 בכל וגם[׃]מש ב̊ה̊ם וכל צבאיו
4Q513 2 2.4 ולכפר בְּמֹהָ <בהם> לרצון על
4pN 1+ 2.4] ׃ לעש[ות]בהם משפט
11QT 32.11 יהי[ו באי]ם̊ [בה]ם למעלה מעל
CD 1.17 למען ׃ הדבק בהם את אלות
CD 2.7 כי לא בחר אל בהם מקדם עולם
CD 3.16 האדם וחיה בהם פתח
CD 4.16 אשר הוא תפש בהם בישראל
CD 5.17 עצות מאשר אין בהם בינה כי
CD 8.12 הבא לעשות ׃ בהם נקמה ובכל

4Q501 1 1.8 כוחכה ועשה בהמה נקמה ׃ [
11QT 3.13 לה]ביא בהמה אש פנימה
11QT 22.1]ר̊ות בה[מה ׃]
11QT 32.15 יהיה נוגעים בה̊מ̊ה כול אדם
11QT 35.6 בה]מ̊ה̊ מלא את ׃
11QT 47.7 כול עור בהמה מהורה אשר
11QT 47.9 יהיו עושים ׃ בהמה מלאכתמה
11QT 47.12 יזבחו ׃ במקדש בהמה יהיו
11QT 48.5 רגליו לנתור בהמה ע̊ל̊ הארץ
11QT 48.13 את מתיכמה בהמה בין ארבע
11QT 48.14 מקום לקבור בהמה ובכול עיר
11QT 49.8 וכול אשר בהמ̊ה לכול איש
11QT 49.10 המושקה ׃ אשר בהמה ׃ וביום
11QT 50.21 איש אשר יגע בהמה במותמה ׃
11QT 51.2]תטמאו בהמ̊[ה
11QT 51.6 ולוא יטמאו בהמה אשר ׃ אני
11QT 59.19 לפניו ומשל בהמה ׃ כרצונו
11QT 63.3 בני לוי כי בהמה בחרתי
CD 11.13 אל יילד איש בהמה ביום השבת
CD 12.8 אל ימכר איש בהמה ׃ ועוף

1QH 3.16 ומשברי מים בהמון קולם
1QH 3.32 מחשבי תהום בהמון גורשי
1QH 3.34 כיא ירעם אל בהמון כוחו
1QH 6.9 ובחסדיך תשפטם בהמון רחמים
1QH 9.8 תשת שע נפשי בהמון רחמיכה
1QH 15.16 ˙˙˙ עליו ׃ בהמון רחמיך
1QH 23 1.3 עולמי [׃]˙ בהמון רנה [׃
4Q405 20+ 2.12 וקול דממת ברכ בהמון לכתם
4Q501 1 1.8] אליהמה בהמון כוחכה
11QSS a 1.3 כב̊[׃ ד]רך בהמון[׃]˙˙[

4Q513 14 1.5 גבר[:]הדר בו[: מש]פט ה
4apLm 1 1.6 וניחוח אין בו במ֯[ ] :
4apLm 1 2.10 ֯[: וחפץ אין בו <ה>אמונים
4pIs^{e} 4 1.2 [ב]בכי יעלה ב[ו :]ב
4pPs^{a} 1+ 3.16] : [ב]חר בו אל לעמוד
4pPs^{a} 1+ 4.10 גואים לעשות בו]
4QMI 11 1.12 אלים בל ישבו בו כול מלכי
4QMI 28 1.2]ידו֯ ֯[:]ל בו֯ח[:]֯[
4QM6 41 1.1]֯ ֯[ ]בו֯ ֯[
4QM6 107 1.1]֯בו ֯[:]ל[ ]
6QCal 1 1.1 ה]שני בו : [
11Ap^{a} 2.5]אשר ֯ ֯בו לפני[
11Mel 1+ 2.8 העשירי : לכפר בו על כול בני
11QT 3.5 עליו כ[ול :] בו כסף וזהב
11QT 10.1]בו
11QT 16.14 אשר לעם ויכפר בו : הקהל בדמו
11QT 17.11 לוא תעשו בו חג מצות
11QT 17.16 לוא תעשו בו : [
11QT 25.9 הזה לוא תעשו בו כול מלאכת
11QT 25.11 הוא ותענו בו את
11QT 25.12 והקרבתמה בו עולה :
11QT 26.7 אשר לו וכפר בו על כול עם
11QT 26.9 הוא ויכפר בו על כול עם
11QT 27.6 ולוא יעשו בו כול מלאכה
11QT 27.7 אשר יעשה בו מלאכה או
11QT 27.7 אשר לוא יתענו בו ו[נ]כרתו
11QT 31.7 אשר יהיו באים בו לעלית ההיכל
11QT 40.11 עפרותיו שלושה ב[ו] שערים
11QT 43.14 את הכסף ולקחו בו דגן : ויין
11QT 48.17 והצרוע אשר בו צרעת נושנת
11QT 49.5 בית אשר ימות בו המת יטמא :
11QT 50.8 עוד : טמאתו בו כול האדם
11QT 50.8 האדם אשר יגע בו יכבס בגדו
11QT 50.12 וכול הנוגע בו טמא עד הערב
11QT 52.4 ושה אשר יהיה בו כול מום רע
11QT 52.10 ואם יהיה : בו מום פסח או
11QT 56.14 <אשר אבחר בו> מקרב
11QT 59.20 לוא ימשולו בו ונתתיה
11QT 61.8 באיש לענות : בו סרה ועמדו
11QT 64.3 אליהמה ותפשו בו אביהו ואמו
CD 3.9 בעדתם ובניהם בו אבדו
CD 3.9 אבדו ומלכיהם בו נכרתו
CD 3.9 וגיבוריהם בו : אבדו
CD 3.10 אבדו וארצם בו שממה בו הבו
CD 3.10 וארצם בו שממה בו הבו באי
CD 3.20 הנה המחזיקים בו לחיי נצח
CD 4.8 אשר התוסרו בו הראשנים עד
CD 20.7 אשר יתהלכו : בו אנשי תמים
CD 9.6 ובחרון אפו בו דבר בו בדבר
CD 9.6 אפו בו דבר בו בדבר מות :
CD 9.7 מות : ענה בו יען אשר לא
CD 9.11 המחנה אשר גנב בו ישביע בעליו
CD 10.12 בסלע אשר אין בו די : מרעיל
CD 10.13 מרעיל אשר נגע בו הטמא וטמא
CD 12.2 אשר ימשלו בו רוחות בליעל
CD 15.11 המבקר מ יתפתה בו בדרשו אתו :
CD 15.14]ה והוא שוה בו י[ ]

1pHab 7.9 חכה לו כיא בוא יבוא ולוא
1QS 9.11 לתיסר בם : עד בוא נ<ב>יא
1QS^{a} 1.8 עשר שנים[ ]בוא בטב וב[ן]
4Q484 17 1.1]בוא[
4Q504 38 1.1]בוא[:]֯ מ[
4Q512 48+ 1.5]֯ות[: ואחר [בוא ה]שמש היום
4QFl 1+ 1.6 להיות מקטירים בוא לוא :
4QPBl 1 1.2 י]כרת יושב בוא לדויד כי
4QPBl 1 1.3 הרגלים עד בוא משיח הצדק
CD 6.12 בברית : לבלתי בוא אל המקדש

4pIs^{c} 12 1.1]ר בואו[:]

4Q381 76+ 1.10 דבר ויעמד בהתוכח ע[מו :

4Q374 1 1.3 מ ענוה[ ]בהתחבדו[:

1QS 10.4 מסרותם זה לזה בהתחדשם יום

11tgJ 35.6 אוי ימלל עמך בהתחננה לך

1QH 3.27 על פני מים : בהתעופף כול

1QH 2.28 אפעה ושוא בהתרומם גליהם

1Q23 25 1.4] : [֯ ֯ ֯] : [֯בו] : [ל ֯ ֯ ֯ ֯]
1Q29 11 1.1 א]שר בו[
1Q37 1 1.1]עה בו ישרא[ל
1Myst 9+ 1.3]רבו בו וכמוה[: עם
1pHab 5.13 כרמש למשל בו כול[ה בח]כה
1pHab 7.3 ירוק הקורא בו : פשרו על
1pHab 8.17 ויש]ללו בו ל[ ] :
1pHab 9.2 × : רעים עשו בו ונקמות
1pMic 7 1.4 הפתא[ים :]צה בו[:]֯ ל[
1QDM 4.3 [ויכ]ופר להם בו [
1QH 12.28 לפני מוכיח בו֯ [
1QH 13.16 נעוה משלה : בו ואם ירשע
1QH 16.5 ֯ ֯אשר הפקדתה בו פ֯י֯ ֯ ֯ [
1QH 57 1.4] במשפטו [: בו וה[
1QM 1.9 וביום נפול בו כתיים קרב
1QM 1.10 כלה לבני חושך בו יתקרבו
1QM 5.12 טהור חוברת בו לשני עבריו
1QS 2.12 לפניו להסוג בו והיה :
1QS 2.15 משפטיו יבערו בו לכלת עולמים
1QS 2.15 עולמים ודבקו בו כול : אלות
1QS 4.24 עול ירשע בו וכן : יתעב
1QS 9.22 כעבד למושל בו וענוה לפני
1QS 9.23 לפני : הרודה בו ולהיות איש
1QS 9.24 וכול הנעשה בו ירצה בנדבה
1QS^{a} 1.12 ובמלוא בו ובן חמש
1QS^{b} 2.22]יחונכה אדוני בו[
1QS^{b} 3.3]֯ ֯ כמ֯[ ]בו : בכבו[ד
3Q15 2.6 ובתכו : בור ב[ו] כלין וכסף
3Q15 2.8 אמות חש עסרא בו כלין :
3Q15 6.5 שלוש שם קלל : בו ספר אחד
3Q15 11.10 העבט הירחי : בו כלי דמע או
4Q176 8+ 1.15 את עבדיו בו[
4Q176 14 1.5]כה על מכה בו[:]אין לוא
4Q178 13 1.1]בו יש[:]֯[
4Q380 2 1.3 כל יוסדו בו[:]יהוה
4Q381 44 1.4] תשכילה בו כי אין
4Q381 68 1.2]ה[:]֯בו[
4Q381 87 1.1]בו וא[:] ומ[
4Q405 7 1.10]֯ל֯ ֯ ֯ ֯[:]בו מעש[י :]דה
4Q405 23 2.2 לפתוחי [: ֯ ֯בו מלכ בשרתם
4Q405 24 1.4]֯[ ]בו[ ]אלוהים
4Q487 9 1.3 שלו[: אל [: בו [
4Q497 18 1.3]֯תו ב[:]֯בו [
4Q499 7 1.3 VACAT :]בו אם לשמ[ו]ע
4Q499 14 1.3]֯ ֯ ֯[:]חד בו ֯[:]֯כ֯[
4Q502 141 1.2]֯ ֯ ֯[:] בו[
4Q502 236 1.1]֯ בו[
4Q502 278 1.2]ק֯ד[:] בו֯[
4Q502 342 1.1]בו [:]ל[
4Q503 1+ 2.20] בו חמש[
4Q509 28 1.7 [:]וע֯[:]֯בו[
4Q510 4 1.1]֯ו בו֯[
4Q511 3 1.8 ירועו מ[:]֯בו וכול[
4Q511 15 1.7 רעה ה[ ] בו[:]ל[
4Q511 95 1.1]֯בו שמ[:]ים
4Q511 198 1.1]בו : [֯
4Q511 212 1.1]בו מש[
4Q512 40 1.1 י]טמא בו :]וענה
4Q512 45+ 2.2 ולש֯[:]֯שון בו֯[

4Q379 12 1.5 ליובלים לתחלת בואתם לארץ :

1pHab 5.8 למה תביטו בוגדים ותחריש
6Q30 1 1.3]˙ספה[: עד]ת בוגד[ים:]ספ ת
CD 1.12 אחרון בעדת בוגדים : הם
CD 8.5 לא סרו מדרך : בוגדים
CD 19.17 ולא סרו מדרך בוגדים ויתגללו

4Q499 23 1.1]בוד˙[:]מועד[
4Q503 106 1.2]˙˙[:]בוד ל[:]˙˙˙
4Q509 189 1.1]בוד [:]ד
4Q511 161 1.2]ימס˙[:]בוד[

4Q503 153 1.1]בודו[: כ]כול

1QH 16.3]בודך מלוא כ[:

1QH 42 1.3]ר נפלא[:]בודכה [
1QH 48 1.2]˙ר כמוני [:]בודכה ˙[:

11QT 15.1 ולשע[יר : [בוו]ל יום

1Q25 1 1.7 ישים [: בוז על נדיבים
1QM 12.7 עולמי[ם עם]נו בוז למלכים לעג

1QH 4.22 וידי על כול בוזי כיא : לא

11Ap^{a} a 1.1]˙בוכ˙˙ :]שבועה:

4Q506 164 1.3 ˙[:]אל ˙[:]בוכצ˙[:]ל[

1QH 6 1.11]בדתה מבני :]בולות עמים :

4Q504 24 1.1]ל בונ[:]כה˙ ו[

1pHab 10.6 ישפטנו הוי : בונה עיר בדמים

CD 4.19 יתפש : בזה בוני החיץ אשר
CD 8.12 אלה לא הבינו בוני החוץ וטחי
CD 8.18 ובשונאי את בוני החיץ חרה
CD 19.24 אלה לא הבינו בוני : החיץ
CD 19.31 ומתעב א את בוני החיץ וחרה

11QT 21.7 כול ענב פר[י] ב[ו]סר מן

4Q506 126 1.2 בע]מוד ענן בוע[: בתו]כנו[

1QH 8.30 ויפרח כאש בוער עצור ב˙[

1QH 6.18]לאש בוערת בכול
4Q504 4 1.21]את רוח [: ב]וערת מודה[:
4Q510 2 1.4 א]ש עולמים בוערת כסו[:]
4pUn 4 1.4 עמורה[:]בוערת וגם כ˙[
4QM1 8+ 1.15] בו]ערת במחשבי

1apGn 20.31 ולבוש שגי די בוץ וארגואן [

4Q485 4 1.2 <[˙˙ש>]˙˙בוק[
4Q504 22 1.2] :]˙[ ]˙[ ]˙בוק [:]אשר

1QS 10.15 ובמכון צרה עם בוקה : אברכנו

1QH 12.6 ל<פ>נות בוקר ובקצ :

3Q15 2.6 העצין ובתכו : בור ב[ו] כלין
4Q184 1 1.6 שחת[: מעמקי בור מלונותיה
4pIs^{e} 3 1.1]בור כפגר[:]ל
CD 11.13 ואם תפיל אל בור : ואל פחת

4QM1 8+ 1.5 ול<נ>מוגי בורכים חוזק

1QH 9.22 בו]שת פנים
4Q509 18 1.1 עד ולנו בוש[ת :]שכחנו

1Q50 2 1.3 [:]יש מכ[:]בות [:]כבנ[
1QH 2 1.15 אל ש˙[:]˙בות מלפניכה
4Q381 58 1.2]˙ ו˙[:]˙בות [
4Q401 32 1.1]בות[: ה]דר
4Q509 15 1.3]˙ה :]˙בות :]˙ם :]ש
4Q509 131+ 1.4]בות:]קודשכ[ה]

4Q511 42 1.6 אל [:]˙בותם ואל מוסדי

1QM 12.1 וצבאות מלאכים בזבול קודשכה
1QM 12.2 נוצ]חים בזבול כבודכה :
4QM1 5+ 1.1 ומ]ל[אכי]ם בזבול קוד[שכה

11QT 37.12 בני ישראל בזבחי הכוהנים

11QT 56.8 לוא ישמע ויעש בזדון לבלתי :
11QT 61.4 אשר לוא דברתי בזדון דברו

CD 4.18 מזה יתפש בזה והניצל מזה
CD 4.19 מזה יתפש : בזה בוני
CD 7.18 הנביאים : אשר בזה ישראל את

1QM 5.8 גדיל שפה בזהב וכסף
1QM 5.14 צורת ריקמה בזהב ובכסף

1apGn 22.11 וכול די בזו וכול

11QPs 19.12 ובצלכה חסיתי בזוכרי עוזכה
11QPs^{b} b 1.1 חסיתי בזוכ[רי :

5Q25 12 1.1]בזי˙ ה[

1QH 5.20 יתום ולא בזיתה רש כי

1QH 5.6 ולא עזבתני בזמות יצרי

CD 4.20 ניתפשים בשתים בזנות לקחת :

4pN 3+ 2.7 הממכרת גוים בזנותה ומשפחות

1QH 6.22 כמלה באוניה בזעף : ימים
1QH 7.4 עלו כאוניה בזעף : חרישית

1QH 8.35 ˙˙ע˙ ˙תקו בזקי מכשול
1QH 8.37 מפ˙˙[ ] בזקי משפט ל˙

4pN 3+ 4.3] : בזקים פשרו על

3Q15 9.8 הצופא ים : בזרב חפור אמות

4QOrd 2+ 1.2 יעבודו הגויים בזר[ים : מצרים

4Q502 29 1.2]˙˙כה :]בזרע :]˙ודו :
4Q504 1+R 5.7 לוא מאסתה : בזרע יעקוב ולו

4Q504 5 2.2] : בזרעם אחריהם ל

4Q511 30 1.4 מי רכה ואם בזרת[
4pIs^{e} 1+ 1.4] : ושמים ב[זרת

1apGn 22.13 שביתא : וכול בזתא וסלק

1QDM 46 1.2]מיד ה˙[:]˙ בח ˙˙[
1QH 16.13 רצ[ ] אשר בח[ ]˙ לאוהביך
4Q176 19 1.1]א בח[:]ם בחרב
4Q381 9 1.1 בח˙[: עלי˙[:
4Q503 74 1.1 [בח[:]ולק˙[:
4Q503 141 1.2]ים [:]בח˙[

4Q504 1+R 3.17] : וישחיתו בח[
4pUn 4 1.6] : [˙איתי בח[
4QCat[a] 22 1.3]˙נו[:]בח˙[

11tgJ 35.4 תנין בחכא או בחבל תחרז לשנה

11tgJ 27.2 ,א]חידין בחבלי מסכניא :

1QH 3.9 גבר הצרה בחבליה כיא

11QPs 18.11 ועל שתותמה בחבר : יחדיו

1apGn 21.19 ממרה די בחברון :
1apGn 22.3 הוא : יתב בחברון וחויה

4Q503 33 2.23]ברוך אל :] בחג כבוד:]˙ ˙
11QT 42.13 בכול שנה ושנה בחג הסוכות

1QJN 3 1.2]ן [:]בחד[

1apGn 12.16 ואתכנשנא בחדא ואזלנה ˙˙
11tgJ 22.8 בכל ˙[: א]רו בחדא ימלל

5QJN 1 2.6 תמני]ה בחד[ה] :

11tgJ 22.9 ב]חלמין בחדידי לילא[:

4Q379 12 1.3 ע]ברו ביבשת בחדש: [הרי]שון
4Q381 1 1.8] : [לח]דש ב[ח]דש למועד

1QH 10.2 יתבונן כול בחו˙[:]˙יכה
4Q498 11 1.2 ל˙[:]˙˙ בחו[
4Q503 104 1.2]˙[:] בחו[:]שר [

1QDM 1.1 מ]צרים בחו[דש ע]שתי :
4Q401 1+ 1.1]ועשרים בח[ודש]
4Q405 68 1.2] שבע[:]ם בחוד[ש
11QT 17.6 [בארב]עה עשר בחודש הראישון
11QT 25.10 ובעשרה בחודש הזה :

11tgJ 35.8 ו]תקטרנה בחוטא לבנתך

11QPs 26.14 מכין תבל בחוכמתו

1QH 1.14]ביהם הכינותה בחוכמתכה

1apGn 22.24 אנון שליטין בחולקהון למנתן

1QH 6.25 מצור ונעוז בחומה
1QS[b] 5.23 וכמגדל עו[ז] בחומה : נשגבה

CD 13.3 ואם אין הוא בחון בכל אלה
CD 13.3 ואיש מהלוים בחון : באלה

1QM 17.1] [בחוני מצרף

11QPs 19.17 אבי השוממים בחונכה :˙˙˙[

4Q499 8 1.2]˙˙ם [:]בחוצות[: [

4Q400 1 1.9] כבודו וחוק בחוק יגברו
4Q405 20+ 2.2 [: בח[וק ית]כלכלו
11QSS 3+ 1.3 [ ]ים בחוק יתכל[כ]לו

1QS 5.11 ולוא דרשהו בחוקוהי לדעת

4Q403 1 2.21 גבולי פלא בחוקות מקדשיו
4pHs[b] 7+ 1.2 את אל ו[י]לכו בחוקות[

11QT 59.16 ישראל : ואם בחוקותי ילך

1QSl 1 1.2] יא[: מ]אור בחוקי ב[ ]˙ו
1pHab 2.15 ולוא יאמינו : בחוקי[א]ל[
1QM 13.12 מלאכי חבל בחוקי חושך
1QS[a] 1.7 ישכילוהו בחוקי הברית
4Q401 12 1.2 שב]עה בחוקי עולמ[ים
CD 9.1 אדם מאדם בחוקי הגוים

1pHab 8.10 את אל ויבגוד בחוקים בעבור :

4Q504 3 2.13 אתנ[ו ברית בחו[רב : על

1apGn 21.8 לי אלהא בחזוא די ליליא
1apGn 22.27 אלהא לאברם בחזוא ואמר לה

4Amrm 1 1.14]ל[ ] בחזוה אנפיוה

4Amrm 1 1.10]: בחזוי חזוה די

1QH 2.7 ותסמוך נפשי בחזוק מותנים :

11QPs 19.10 למות : הייתי בחטאי ועוונותי

4Q181 1 1.1]]ל ˙˙[ ]ל בחטאת בני אדם

4QFl 1+ 1.6 מקד[ש י]שראל בחטאתמה ויואמר

4Q504 1+R 5.19 העבדנו צור בחט[תנו] :]

1QS 4.7 ושמחת עולמים בחיי נצח וכליל

1QH 45 1.7]הרשיעו בחייהם [:]ל[
CD 4.21 שתי נשים בחייהם ויסוד

4Q508 39 1.2]לוא נאמין בחיינו [:

1QM 1.1 בני חושך בחיל בליעל
1QM 17.13 ישלחו ידם בחיל : הכתיים[

4Q381 24 1.6 דור ויהללהו בחיניו ויאמרו

1QH 7.21]וכשעשע עולול בח<י>ק :
1QH 9.36 עולה וכאומן בחיק תכלכל

4QMes 1.10 ח]שבונוהי בדי בחיר אלהא הוא

1pHab 5.4 הגוים : וביד בחירו יתן אל
1pHab 9.12 הרשיע : על בחירו הוי
4Q374 2 2.5 ויטע ל[נ]ו בחירו בארץ
4pIs[d] 1 1.3]: עדת בחירו כאבן
4pPs[a] 1+ 2.5 המה עדת בחירו עושי
4pPs[a] 1+ 3.5 ע]ם : עדת בחירו <ואוהבי
4pPs[a] 1+ 4.12 ועם [ ] : בחירו ישמחו

1Q37 1 1.3 רעה ו[:]בחירי ישראל
1pHab 10.13 ויחרפו את בחירי אל : כיא
1pMic 10 1.5 לוסף על בחירי :]
1QM 12.5 משפטיכה ועם בחירי שמים
1QNo 15 1.2]˙ [: ב]חירי כי אל
4pIs[e] 6 1.1] ב]חירי ישראל
4pN 1+ 2.8 מלפני[ ] בחיר[י
4pPs[a] 1+ 4.14]˙ל˙[ ] על בח[יר]י אל[
4pPs[a] 11 1.2 לתורה ב[:]בחיר[י] ישראל[
4QCat[a] 27 1.2]ש˙[:]בחירי[
4QFl 1+ 1.19 ג[ו]יים וה[ ]בחירי ישראל
CD 4.3 ובני צדוק הם בחירי : ישראל

4Q380 1 1.11 להראות בטוב: [בח]יריו לש[:

1QH 14.15 צדיק ואמת כול בחיריך וכול

1apGn 22.6 עבדוהי גברין בחירין לקרב

11tgJ 35.4	התגד : תנין בחכא או בחבל
1pHab 5.13	למשל בו כול[ה בח]כה יעלה
1QS 4.24	גבר : יתהלכו בחכמה ואולת
4tgJ 1 2.6	ימותון ולא ב[חכ]מ[ה :
1QH 10.33	ויתהולל לבי בחלחלה ומותני
3Q15 1.7	קרקעו סתום בחליא : נגד
1QM 16.8	ידם להפיל בחללי כתיים
4QM1 1+ 1.13	להפי]ל בחללי האשמה
4QM1 11 2.23	להפ]יל בחללי האשמה
1QM 17.14	יחלו להפיל בחלליהם וכול
1QM 9.1	ידם להפיל בחללים וכול
4QM1 18 1.4	[: להפי]ל בחללים וח[שו :
4Q513 2 2.6	ור[ ]׳ אשמה בחללם]
1apGn 20.22	ויחה ארי בחלם [ ]
1apGn 19.14	מצרין וחזית בחלמי [ ]א
11tgJ 22.9	ימלל אלה[א : ב]חלמין בחדידי
1apGn 2.8	בתאנוש אנתתי בחלץ תקיף עמי
1QH 4.10	שננתה בלבבי בחלקות : לעמכה
4Q184 1 1.17	שוחה ולפתות בחלקות בני איש
CD 1.18	אשר דרשו בחלקות ויבחרו
1QM 12.12	המון מקנה בחלקותיכה
1QM 1.4	ובקצו יצא בחמה גדולה
1QS 7.2	בספר דבר בחמה ונענש שנה
1QM 2.9	היאה לישראל בחמש ושלושים
4Q503 1+ 2.6	[: בחמשה]
4Q503 1+ 2.14	ה[יו]מ[בח]משה עשר
2QJN 1 1.2	]: ב]חמשין
4Q504 1+R 5.18	ונסויים בחמת המציק כיא
1QH 6.26	]׳ות אבני בחן לב׳י ׳[:
1QH 7.9	קירותי לחומת בחן ללוא
4Q502 13 1.3	]הודו[:]בחן ׳[
4QM1 1+ 1.6	[: וזה הסרך בחנותמה וב[
1QH 4.37	כי נשענ[תי] : בחסדיכה והמון
1QH 9.7	ולא הזנחתני בחסדיכה [מ]קץ
1QH 9.14	כ[י] יש מקוה ב[ח]סדיכה
1QH 11.5	רנה ואזמרה בחסדיכה
1QH 2.25	בני : אדם כיא בחסדכה עמדי
1QM 2.16	בחצוצר]ות
1QM 8.2	להם הכוהנים בחצוצרות המשוב
1QM 8.3	ותקעו הכוהנים בחצוצרות המקרא
1QM 8.5	ותקעו הכוהנים בחצוצרות קול
1QM 8.13	להם הכוהנים בחצוצרות המשוב
1QM 8.17	להם הכוהנים : בחצוצ[רות
1QM 9.1	יהיו מריעים בחצוצרות :
1QM 9.3	יתקעו הכוהנים בחצוצרות המקרא
1QM 9.6	להמה הכוהנים בחצוצרות
1QM 10.7	והריעות[מה] בחצוצרות

1QM 16.3	להמה הכוהנים בחצוצרות :
1QM 16.7	בח]צוצרות
1QM 16.9	יהיו מריעים בחצוצרות
1QM 16.12	יתק[עו] בחצ[ו]צרות
1QM 17.11	ותקעו הכוהנים בחצוצרות תרועה
1QM 17.12	יריעו בחצוצרות :
1QM 17.15	יהיו מריעים ב[חצוצרות
1QM 18.4	] בחצוצר]ות
4QM1 1+ 1.17	עת <ה>מריעים בחצוצרות[
4QM1 11 2.21	יר[יע]ו בחצ[וצר]ות
4QM1 13 1.6	[:] בח]צוצרות
4QM3 1 1.2	והריעו בחצוצרות
4QM3 1 1.3	יריעו בחצוצרות
4QM3 1 1.7	בין המערכות בחצוצרות[
4QM3 1 1.8	יתקעו להם בחצו[צ]רות
4QM3 1 1.10	יתקע[ו]להם בח[צוצרות
4QM3 1 1.11	] : ובמל[אם]בחצוצרות
1apGn 21.30	] בחצצן תמר :
3Q15 3.1	ככרין : בחצ[ר]׳יאמ
11QT 20.11	מהמה יוכלו בחצר :
11QT 22.13	ביום הזה בחצר החיצונה :
11QT 37.8	וע[ש]יתמה בח[צר פ]נימה
11QT 17.9	בלילה : בחצרות
CD 20.29	בלכתנו קרי בחקי הברית צדק
1Q57 1 1.2	ה]לל[:] בחקתיך [:]לא
1QS 1.4	כול: אשר בחר ולשנוא את
1QS 4.22	דרכ כיא בם בחר אל לברית
1QS 11.7	בשר לאש(̣)<ר> בחר אל נתנם
1QS^{b} 3.23	הכוהנים אשר : בחר בם אל לחזק
1QS^{b} 3.25	כאש[ר] : בחר יברככה
1QS^{b} 4.22	] בחר בכה [ ]
4Q381 76+ 1.14	ואין כמהו הו̣א בחר בכ[ם :
4Q503 24+ 1.4	א]שר בח[ר] בנו מכול
4Q508 4 1.2	] אשר בחר בנו ובריתו
4Q511 11 1.11	מו[:] בחר לכל[:
4pPs^{a} 1+ 3.16	ה[צדק] : [ב]חר בו אל
11QPs 28.10	בשערם לוא בחר 𐤉𐤄𐤅𐤄
CD 2.7	למו כי לא בחר אל בהם
CD 3.2	מצות אל ולא בחר : ברצון
1pHab 6.10	יאבדו רבים בחרב : נערים
1QM 11.2	הגדול ולוא בחרב וחנית כיא
1QM 11.11	ונפל אשור בחרב לוא איש
1QM 15.3	ליום ׳[ ] בחרב אל : ועמד
1QM 19.11	] נפלו שם בחרב אל ונגש
2apPr 1 1.5	]׳ר תעשו כל:]בחרב וחנית:
4Q176 19 1.2	]א בח[:]ם בחרב ולמשפט ׳[
4pIs^{c} 21 1.4	]׳ בחרב כאשר[
4pN 3+ 4.4	ונכבדיו בחרב [
4pPs^{a} 1+ 2.1	למען : יובדו בחרב וברעב
4QCat^{a} 2+ 1.16	על רדת[:]ת בחרב איב[יהם
4QM2 1 1.10	אשר]נפלו שם בחר[ב]אל[
6QHym 11 1.2	]הזה [:]בחרב[
11tgJ 27.6	ישמ]עון בחרבא יפלון :
4Q370 1.6	כל אש[ר ב]חרבה וי[מ]ת
CD 2.20	בשר אשר היה בחרבה כי גוע
1QH 43 1.1	] בחרו ב[
4pPs^{a} 1+ 1.22	]ת הוללים בחרו : [
4pPs^{a} 1+ 1.27	שקר כיא בחרו בקלות
4pN 1+ 2.11	[:]]בחרון אפו
CD 9.4	עדים : והביאו בחרון אפו או

4QCat[a] 12+ 1.4 להאבידמה בחרונו אשר לוא

1QM 12.3 חרתה למו בחרט חיים

3Q15 1.1 בחריבה שבעמק

1QM 2.7 אבות העדה בחרים להם אנשי

1pHab 5.13 יעלה ויגרהו בחרמו : ויאספהו

1QH 1.24 חקוק לפניכה בחרת זכרון
4Q504 4 1.11]]˙[: א]שר בחרת מולה
11tgJ 15.2]ון בחרת ארחי

1QH 4.4 אשר בחרתה מ˙˙˙] :
1QH 15.23 ואדעה כי בם בחרתה מכול :
1QH 17.21 כי את אשר בחרתה [ ]
1QM 10.9 ישראל אשר בחרתה לכה מכול
4Q504 1+R 3.9 כיא אותנו בחרתה לכה :]
4Q504 1+R 4.3 בח]רתה בה מכול
5Q13 1 1.6 כאשר עש[:]בחרתה מבני
5Q13 2 1.8 לו לאגוד :] בחרתה [ ]

1QH 16.10 רוח צדיק ואני בחרתי להבר כפי
11QT 60.10 היונה כי במה בחרתי מ<ן> כול
11QT 63.3 לוי כי בהמה בחרתי לשרת

4Q176 1+ 1.9 י]עק[ו]ב [ב]חרת[י]כה :]

1QS 6.20 הרבים וכתבו בחשבון בידו

4Q512 84 1.3]מיחד צ[:]בט[
4Q512 133 1.1]ן בט[:]˙ טהור[
4Q513 10 2.4 בט˙[: אותם בט[: [ו]את הש
4QFl 18 1.3]נ[:]ה א[:]בט˙[

1QH 5.21 ועם ענוים בטאטאיי רגלי [

1QS[a] 1.8 שנים[ ]בוא בטב וב[ו]
11tgJ 27.5]בטב ימהון

11QT 34.6 ו[ ] בטבעות : אחר

4Q509 223 1.2]˙[:] בטה[

4Q513 10 2.6 [ו]את הש˙[: בטהרה ר[:
11QT 63.14 ולוא תגע לכה בטהרה עד : שבע

1QS 5.13 במים לגעת בטהרת אנשי
1QS 6.16 היחד לוא יגע בטהרת : הרבים
1QS 7.19 ( )לוא יגע בטהרת הרבים :
1QS 8.17 רמה אל יגע בטהרת אנשי
4Q512 41 1.5 לטהור[: [ב]טהרת צדק[:
4Q513 2 2.1 להגיעם בטהרת [הקו]דש

1QS 7.25 יתערב : עמו בטהרתו או

1QS 10.18 גמול : רע בטוב ארדפ גבר
4Q380 1 1.10 להראות בטוב: [בח]יריו
4Q381 33 1.10 עוד ולא תראה בטוב נפשי כי]
4Q506 132 1.2 [נת]תה לו בט[וב] :
11QPs 21.15 ואשחקה קנאתי בטוב ולוא אשוב
CD 1.8 את ארצו ולדשן בטוב אדמתו
CD 1.19 לפרצות ויבחרו בטוב הצואר

1QH 13.16]בשר רק בטובך : יצדק

4Q512 7+ 1.2] : בטוהרו מז[ובו

1apGn 21.7 ואנה הוית יתב בטורא די בית

1apGn 21.29 ולחוריא די בטורי גבל עד

1pHab 12.11 ומרי שקר כיא בטח יצר יצריו
1QM 11.2 עבדכה כיא בטח בשמכה
4Q488 4 1.2]מ˙צר מ˙[:]בטח˙[

4Q381 45 1.3 ואני בך בטחתי[ ]ל[
4Q511 38 1.2 ונחלתו[:]˙ בטחתי[:

1QH 2 1.10 לב[:]בטיט[
4pN 5 1.3 מכצ]ריך באי בטיט[

1apGn 19.20 אחי הוא ואחי בטליכי ותפלט

1apGn 19.16 ושביק ארזא בטלל תמרתא :

1QM 7.4 או איש מנוגע בטמאת : בשרו
4Q508 19 1.1]בטמא[ת :
CD 12.16 אשר יגואלו בטמאת האדם
CD 12.18 בבית וטמאו בטמאת אחד כלי

4Q514 1 1.5] : בטמאתו
4Q514 1 1.7 יאכל ועוד בטמאתו הרישנה
4Q514 1 1.8 אל יאכל עד בטמאתו הרישנה

4Q509 32 1.2] : [ימותו בטמא[תם :

1pHab 6.12 וטף ועל פרי : בטן לוא ירחמו
4Q185 1+ 3.12 אל כל חדרי בטן ויחפש
4Q502 20 1.3 מ]עיו לפרי ב[טן :]מז
4Q502 163 1.3]˙ בפרי בט[ן
4Q502 180 1.2]ו˙[:]בטן˙[
4Q503 183 1.1]פרי בטנ[
4Q503 221 1.2]˙פרי בט[נ
11tgJ 31.6 טלא ומן בטן מן נפק

1pPs 2 1.1 א]מתו בטר[ם:]חסד [
1QH 1.10 עוז לחוקיהם בטרם : היותם
1QH 1.19 תע[ו]דתם בטרם : היותם
1QH 1.28 פרי שפתים בטרם היותם
1QH 13.8 את כול מעשיך בטרם בראתם עם
1QH 15.14]ו : הכינותה בטרם בראתו
4AgCr 2+ 2.10]]בטרם בראם ידע
11QPs 21.11 אני נער בטרם תעיתי

4pHs[b] 3 1.3 לשח[ר :]מסך בטרפ[ו :

1Q36 14 1.3 בש[ר :]כה בי וכן ב[:]
1Q40 1 1.1]˙בי שטוע[:]ע
1apGn 21.6 וזבן לה בסודם בי : ויתב בה
1pHab 6.14 מה ידבר : בי ומה[
1QH 2.24 והגבירכה בי נגד בני :
1QH 4.8 בהגבירכה בי כי<א>
1QH 4.23]ד הגבירכה בי ותופע לי
1QH 5.15 הגבירכה <בי> לנגד בני
1QH 5.25 וברז חבתה בי ילכו רכיל
1QH 7.7 הניפותה בי בל אמוט
1QH 7.12 [ל]הבדיל בי בין צדיק
1QH 9.9 ולמשתוחיחי בי תוכחת
1QH 9.22 וכלמה לנרגני בי : כי אתה
1QH 9.23 חכמתכה הוכחתה בי : ותחבא אמת
1QH 9.34 בהשפטכה בי ועד שיבה
1QH 10.23]בי ויצר בשר לא
1QH 12.12 אשר נתתה בי ונאמנה
1QH 13.19 ברוח אשר נתתה בי[
1QH 14.3 אמת וב[:]בי רחמים ועוזי
1QH 17.17 אשר נתתה בי א˙˙אה מענה
1QH 3 1.14 ברוח אשר נתתה בי ˙˙[:]מה[
4Q381 19 1.1]בניך בי מן [:
4Q381 41 1.3 בעת [:]˙˙˙ בי[:]ל[
4Q381 48 1.4 ברוח פי[ך : בי יראיך ולבחן

4pIs[a] 7+ 3.7	אש[ר]יפ[לו] ביד ישראל
4pIs[a] 7+ 3.12	אשר ינת[נו] ביד גדולו [
4pN 3+ 1.3	]ביד מלכי יון
4pPs[a] 1+ 1.24	]רשעה ביד אפ[רי]ם :
4pPs[a] 1+ 2.20	ואחר כן ינתנו ביד עריצי
4pPs[a] 1+ 4.10	גמולו לתתו : ביד עריצי
4pPs[a] 1+ 4.15	]הזיד ביד רמה : [
4pUn 3 1.1	]כות ביד[:]תרבות
4QCat[b] 1 1.3	]ויפרעו ביד רמה להחל[:
4QM1 25 1.2	מאל˙ה[:]ף ביד רשע[:
4QOrd 2+ 1.6	יומת אשר עשה ביד רמה אל
4QTeh 2 1.3	] : אל לזעוה ביד נוקמי נקם
6Q15 3 1.1	ו]אהרון ב[יד :]
6apSK 33 1.2	]נתנוהו ביד[:]וינום
11tgJ 11.1	הן יטל[לן : בי]ד אלהא ועבד
11QT 26.13	לעזואל המדבר ביד איש עתי
11QT 57.7	לבדו ויתפש ביד הגואים
11QT 61.12	שן בשן יד ביד רגל ברגל
CD 1.6	לתיתו אותם ביד נבוכדנאצר
CD 2.12	ויודיעם ביד משיחו רוח
CD 3.21	הקים אל להם ביד יחזקאל
CD 4.13	כאשר דבר אל ביד ישעיה
CD 5.18	משה ואהרן ביד שר האורים
CD 5.21	על מצות אל ביד משה וגם :
CD 6.21	כמהו ולהחזיק ביד עני ואביון
CD 8.2	לפוקדם לכלה ביד בליעל הוא
CD 8.8	מעם ויפרעו ביד רמה : ללכת
CD 19.7	הדבר אשר כתוב ביד זכריה
CD 19.12	אמר ~~יחזקא~~ : ביד יחזקאל
CD 19.14	לפקדם לכלה ביד בליעל :
CD 19.21	ויפ[רע]ו ביד רמה ללכת
CD 10.3	דבר מן המצוה ביד רמה עד זכו
CD 11.19	ולבונה ועץ ביד איש טמא
CD 14.14	וממנו יחזיקו ביד עני ואביון
1QS 3.16	ואין להשנות בידו : משפטי
1QS 6.20	וכתבו בחשבון בידו ועל הרבים
1QS 10.16	וארעה כיא בידו משפט :
4pIs[a] 7+ 3.25	] בידו ובכול
11QT 26.6	הזהב אשר בי[דו וע]שה
CD 9.18	והמבקר יכתבהו בידו עד עשותו
1Q23 17 1.2	ועלו [: בידוהון [:
4Q504 3 2.19	]המה ביד<י>ו
1apGn 22.17	די סגר שנאיך בידך ויהב לה
1QH 15.13	צעדו וארעה כי בידך יצר כול
1Q26 2 1.4	] : [פרי בידכה ו[
1QS[b] 1.5	] : בידכה [
1QS[b] 3.28	ועצת כול בשר בידכה יברך :
1QS[b] 4.23	]כה ˙˙˙ברת בידכה : אנשי
4Q511 42 1.8	]˙ כיא בידכה לפתו[ח :
11QPs 19.3	תשכילם כי בידכה נפש כול
11QT 55.11	ולוא ידבק : בידכה מאום מן
11QT 62.9	עליה ונתתיה בידכה והכיתה
11QT 63.10	ונתתי אותמה בידכה ושביתה
1pHab 2.9	הנביאים[ ]בידם ספר אל את
1pHab 4.8	ופחד : ינתנו בידם והרסום
1QH 2 1.7	]שה אפר בידם לוא הנה
1QM 6.15	ומחזיקים בידם מגני עגלה
4pPs[a] 1+ 2.16	לוא יעזבם : בידם חרב פתחו
11QT 57.11	אשר לוא יתפש בידמה ושנים
3Q15 12.2	האבן השחורא בידן תחת סף :
MasSS 1.4	למועדיהם ואין בידעים נגלי :

4Q405 17 1.6	ורוחי :]ק˙ש˙בי קודש מושבי
4Q490 4 1.1	]˙בי˙[
4Q503 142 1.1	]בי[:]כי˙[
4Q512 72 1.2	] [ ]˙[:]צרק בי˙[: [
4Q512 113 1.1	]בי˙[
4Q512 114 1.2	]כב[:]בי [:]˙[
4Q512 213 1.1	]בי˙[:]טו [
4Q513 13 1.1	]ומערות א<ב>יא : [
4Q519 2 1.1	]˙˙ בי[
4pIs[a] 2+ 2.5	]כיא[ ]בי בני[[
4pIs[a] 2+ 2.8	]לות בי˙[ ]גה
4pIs[c] 20 1.4	א˙[:]הוא בי[
11QPs 24.13	ינצו ע[ ]יו בי כבוד אתה
11QPs 19.15	בעווה אל תשלט בי שטן ורוח
11QPs[b] e 1.5	ע : רי המלט : בי ומפל
CD 2.6	בלהבי אש : בי כל מלאכי
4Q502 36 1.3	˙˙[:]לשם[:]ביא[:] דבר[
4QM1 11 1.13	ולוא יבוא ביא כיא אני
4QM1 11 1.15	לבוז נחשב ביא ומיא
4QM1 11 1.16	כו]ל רע הדמה ביא ואין
4pN 3+ 3.8	אמ[ון ב]יארים : פשרו
3Q15 3.9	כלי דמע לכושי ביאתא : תחת
3Q15 2.12	של כסף שש : ביאתו תחת הסף
3Q15 12.1	ככרין ששין ביאתו מן המרב
1QH 17.4	ש[:]ת ביבושה ומכש[:
1QH 8.4	במקור נוזלים ביבשה ומבוע
4Q379 12 1.3	ע]ברו ביבשת בחדש :
3Q15 4.13	ככ שבעין : ביגר של גי
3Q15 6.14	עסרה ככ : ביגר שבמגזות
3Q15 8.8	וזהב ככ : ביגר של פי צוק
1pHab 5.3	אל את עמו ביד הגוים :
1pHab 9.6	הונם עם שללם ביד : חיל
1pHab 9.10	עצתו נתנו אל ביד אויביו
1QH 4.25	אמת ולא תתעם ביד חלכאים :
1QH 15.12	בבינתך כיא לא ביד בשר [
1QH 17.12	]חמיך :]ברתה ביד מושה [
1QH 6 1.13	אשמה :]עזבתם ביד :]א˙ד
1QM 10.6	ואשר ד[ובר]ה ביד מושה לאמור
1QM 11.2	חיל : הסגרתה ביד דויד עבדכה
1QM 11.3	קודשכה וגם ביד מלכינו
1QM 11.9	גוי הבל ביד אביוני
1QM 11.13	תואכלנו : כיא ביד אביונים
1QM 13.12	אמתכה נשם חה ביד : גבורתכה
1QS 1.3	כאשר: צוה ביד מושה וביד
1QS 2.6	אל זעוה ביד כול נוקמי
1QS 2.6	אחריכה כלה ביד כול משלמי
1QS 3.20	תולדות העול : ביד שר אורים
1QS 4.12	לרוב נגיעים ביד כול מלאכי
1QS 5.12	והנגלות עשו ביד רמה לעלות
1QS 8.15	א[ש]ר צוה ביד מושה לעשות
1QS 8.17	המצוה דבר ביד רטה אל יגע
1QS 8.22	מתורת מושה ביד רמה או
1QS 9.1	שנתים ולעושה ביד רמה לוא
1QS[b] 4.24	עצת אל ולוא ביד שר יד[
4Q176 6+ 1.3	כוס ח[מתי :] ביד מוגיד[ ]
4Q378 22 1.2	באשמתם :]עמך ביד ישוע משרת
4Q378 22 1.3	משה :]דך ביד משא אל
4Q381 69 1.5	בברית העמיד ביד[ ] ...
4Q381 102 1.2	]˙ ויכ[:]ן ביד ˙[:]˙ל [
4Q504 1+R 5.14	אשר צויתה ביד מושה עבדכה
4Q504 4 1.8	אשר צו[יתה]ביד מוש[ד :
4Q511 20 1.3	כבודו :]˙ ביד אשמה:]˙

4Q380 7 1.3 אשם :]˙לטה ביומצרה :]ל[

1QH 46 1.5 [:] ביושבי
CD 10.9 ובחרון אף אל ביושבי הארץ

1QH 46 1.5 ביושבי ביח˙]

1QH 3.22 קדושים ולבוא ביחד עם עדת
1QH 3.23 דעת להלל שמכה ביחד ר˙ה ולספר
1QH 11.14 ועם ידעים ביחד רנה
1QH 14.18 וכן הוגשתי ביחד כול אנשי
1QH 10 1.6 [:] ואנחנו ביחד נועדנו
1QM 14.4 ורוממו שמו ביחד שמחה וענו
1QS 1.12 וכוחם : והונם ביחד אל לברר
1QS 2.22 איש בית מעמדו ביחד אל : לעצת
1QS 2.24 כיא הכול יהיו ביחד אמת וענות
1QS 2.26 לבו לוא [בי]חד אמתו כיא
1QS 3.6 לבלתי התיסר ביחד עצתו כיא
1QS 5.5 יאאם למול ביחד עורלת יצר
1QS 5.21 את רוחום ביחד בין איש
1QS 5.21 המתנדבים ביחד להקים :
1QS 5.22 המתנדבים לשוב ביחד לבריתו :
1QS 6.7 והרבים ישקודו ביחד את שלישית
1QS 6.8 משפט : ולברכ ביחד וזה
1QS 7.23 רוחו לבגוד ביחד ויצא
1QS^{b} 5.6 וחדש לכה[: ביחד עליכה [:
4Q181 1 1.1 לאשמה ביחד עם ס˙[ ]ע
4QBer 10 2.1 יומרו כולמה ביחד אמן אמן
4QMl 8+ 1.2 [:] ב]יחד[

4QTeh^{b} 3 1.2] : יעלו ביחוש [

4Q502 125 1.2 [˙]]ם[:]ביכה [

1QH 17.3 מ˙עופ[:]בים אוכלת ˙ש[
1QH 45 1.6 מעל וע[:]בים בבסר כי
1QM 11.10 מרכבותיו בים סו[ף]
11QT 50.14 בגדיו : ורחץ ב(מ)ים הראישון
3Q15 10.8 ששין ושנין : בים של גי איך
3Q15 10.15 עסרה : ככ: בי<ם> בית חמים
4Q509 1+ 1.9 [˙˙˙˙˙˙ בים אשר על [:
4Q509 241 1.2]ב˙˙[:]בים[
4pN 1+ 2.3 גוע[ר]בים ויוב[ישהו

4Q381 1 1.3 נפלאות הוא בים<ו>י עשה

1Q42 6 1.1 ב]ימי רעבות[
1Q69 15 1.1]˙או בימי ה[
11QT 43.2 [ ]בימי השבתות
11QT 43.15 וצאון ואכלוהו בימי המועדים
11QT 43.16 יואכלו ממנו בימי המעשה
11QT 43.17 ולוא יאכל בימי המעשה : [
CD 20.27 יהודה בימי מצרפותיו

1apGn 7.1 וכול די עליהא בימיא ˙˙˙

4pN 3+ 2.6 אשמה יפולו בימיהם ואין קץ

1QH 13.9 וכול צ˙˙˙˙ה בימים
1QS 3.4 ולוא יתקדש בימים : ונהרות
6QPrPr 1 1.8 לי˙[: והיה בימ[ים : בימים
6QPrPr 1 1.9 בימ[ים : בימים [
11QT 61.9 אשר יהיו בימים ההמה

1QH 18.7 [בימין עוזכה

1Q23 27 1.3]מהוי[:]˙בין [:] עד [
1Q23 30 1.2]שרה[:]בין [
1Q39 1 1.5]כה כאשר יסו˙ ב[י]ן [:]˙ים
1Q69 26 1.1]ם בין[
1apGn 21.24 גוים די : הוא בין נהרין

1Q25 5 1.5 [: ויה]וה ביהו[דה :]
4Q381 48 1.7 ונודעה אלהים ביהו[דה : קדשך

4QCat^{a} 5+ 1.7] לדויד ביהוה[:
11Ap^{a} a 1.3 ˙ :]שבועה:] ביהוה [:]תנין

1QH 1.14]ביהם הכינותה

4Q503 73 1.4 באחד [:]ון ביו˙˙[:] אל
4QMl 21 1.3]ם ביו˙[

1apGn 12.15 ושרית למשתיה ביום חד לשתא
1apGn 22.30 די נפקו עמך ביום מפקך מן
1pHab 11.8 ולכשילם ביום צום שבת
1pHab 12.14 לוא יצילום ביום המשפט הוי
1QDM 3.9 ה[ ]ת ביום הזה[
1QM 7.6 טהור ממקורו ביום המלחמה
1QM 18.5 איך השמש לבוא ביום ההואה
1QS 5.26 ל[ ]לבבו כיא ביום(ור)
4Q381 1 1.8 במועד ליום ביום לאכל פריה
4Q381 24 1.7]ביום א[ידי :
4Q381 31 1.7 עלידי חרב ביום עברה
4Q502 2 1.7]אל ומכפר[:]ביום הזה ˙[:
4Q502 202 1.1]ביום[
4Q503 37+ 1.13]: ביום חמשה
4Q503 140 1.2 ש˙[: בי[ום
4Q504 1+R 7.4 הודות <˙˙י> ביום השבת
4Q504 3 2.5 [:] ביו]ם הרביעי
4Q509 131+ 2.9 ˙ ˙[ ]˙כה כי ביום ה˙˙[: א[
4Q513 3 1.3]מקרא [:]ביום שבת ל˙˙[
4Q514 1 1.3 ורחץ וכבס בי[ו]ם טהרת[ו
4Q514 1 1.5 טמאי הימים ביום[ט]הרתם
4Q514 1 1.8 ט]מאי הימם ביום : ט[הרת]ם
4pHs^{b} 10a+ 1.2]ביום : [
4pIs^{c} 4,6+ 1.8 ואגמו]ן ביום אחד וקן :
4pIs^{c} 6+ 2.10 [: והיה ביום ההואה[
4pIs^{c} 13 1.5 הימים על [: ב]יום ה[הו]אה
6QPrPr 1 1.6 ביום[:
6QHym 8 1.2 ישר[אל :]˙ם ביום[:]˙ל
11QT 18.10 פעם : [ ] ביום הניפת
11QT 19.15 על היין (הזה) ביום הזה : [
11QT 20.12 לוא תאכל חמץ ביום ההוא
11QT 21.9 ושמחו בי[ום] : [
11QT 22.13 אחד ואכלום ביום הזה בחצר
11QT 22.15 ומן הזתים כי ביום הזה יכפרו
11QT 25.9 תשמחו ביום הזה לוא
11QT 1 28.3 [ ]תם ביום ה[ראישון
11QT 45.9 בגדיו ורחץ : ביום הראישון
11QT 45.15 לטהרתו ויכבס ביום : השביעי
11QT 49.13 יכבסו במים ביום אשר : יצא
11QT 49.17 ויכבס בגדיו ביום הראישון :
11QT 50.4 את הש[נית] : ביום השביעי
11QT 52.6 בנו לוא תזבח ביום אחד ולוא
11QT 53.20 אביה אותה ביום שומעו כול
11QT 54.3 ואישה [י]פרנו ביום שומעו
11QT 57.2]הכוהנים [: ביום אשר
11QT 64.11 תקוברם(ה) ביום ההוא כי :
CD 10.14 אל יעש איש ביום : טל
CD 10.22 אל יאכל איש ביום השבת כי
CD 11.2 לעשות את חפצו ביום השבת : אל
CD 11.13 יילד איש בהמה ביום השבת
CD 15.7 מדרכו הנשחתה ביום דברו : עם
CD 16.6 נימול ב אברהם ביום דעתו
TS 1 1.10 המקריבים ביום הריש[ון]

11QT 29.4 [ ] ביומו כתורת

1apGn 3.3 ארי ביומי ירד אבי
4tgJ 1 1.3 עלו]הי עננא: ביו]מי שנה:]˙

11tgJ 15.4 עלי זערין מני ביומין[:

1QH 7.12	[ל]הבדיל בי בין צדיק לרשע
1QH 14.11	רוחות [ ]ולם בין : טוב לרשע
1QH 24 1.3	קדוש [:]ע בין ט˙˙[:
1QM 5.9	והסגר מחורץ בין הצמידים
1QM 6.1	בינים ועמדו בין המערכות
1QM 6.4	בינים ועמדו בין שתי
1QM 7.7	ורוח יהיה : בין כול
1QM 7.9	התיכון אל בין המערכות
1QM 7.14	הכוהנים : אל בין המערכות
1QM 7.18	[ועמ]דו בין שתי
1QM 8.4	השערים ועמדו בין המערכות
1QM 16.4	ועמדו ראשים בין המערכות
1QM 16.12	למלחמה ועמדו בין המערכות :
1QS 4.16	לפי נחלת איש בין רוב למועט
1QS 4.17	איבת עולם בין מפלגות<ם>
1QS 5.21	את רוחום ביחד בין איש לרעהו
1QS[a] 1.18	בתוך אחיו[בי]ן רוב למועט
3Q15 4.6	כסף : ככ: בין שני הביניין
4Q186 2 1.1	סרב˙[ע]יניו בין שחורות
4Q370 2.4	[: רעתם בדעתם בי[ן: יצמחו
4Q403 1 1.37	לכול רוחי בין : הודו כל
4Q508 1 1.2	לד[ע]]ת [בין צד]יק לרשע
4Q512 40 1.3	ותב]דל לנו בין: טבו]ר לכה
4QM1 1+ 1.7	אמה יהיה בין ה[מחנות
4QM1 1+ 1.11	ורוח ישימו בין המערכות[:
4QM3 1 1.7	המלחמה להתקרב בין המערכות
11tgJ 36.4	תדלק : נורא בין עינוהי
11QT 4.4	ים ורובד (הי) בין ה[:]י[ן
11QT 34.3	]אשר בין העמודים [
11QT 34.4	]˙˙˙˙ים אל בין הגלג[לים :
11QT 37.3	]ה בין ˙˙˙˙[:]
11QT 40.10	ותאים [ע]שוים בין לשעריו
11QT 42.17	שנה בשנה בין שער לשער
11QT 46.10	יהיה : מבדיל בין מקדש הקודש
11QT 48.8	תשימו קורחה בין עיניכמה :
11QT 48.13	מתיכמה בהמה בין ארבע :
11QT 58.14	מחצית השאר בין תופשי
CD 6.17	ירצחו ולהבדיל בין הטמא לטהור
CD 6.17	לטהור ולהודיע בין : הקודש
CD 7.8	כאשר אמר בין איש לאשתו
CD 19.5	כאשר אמר <בין> איש לאשתו
CD 20.20	[ ] בין צדיק :
CD 20.21	צדיק : ורשע בין עבד [א]ל
CD 12.19	האלה להבדיל בין : הטמא
CD 12.20	לטהור ולהודיע בין הקודש לחול
TS 3 1.11	] בין תו לתו

1pHab 2.8	נתן אל ב[לבו בינ]ה לפשור את
1QH 1.23	ונעוה בלא : בינה ונבעתה
1QH 2.17	בפי ותלמד(ׄ)ו בינה : שמתה
1QH 4.7	ם וילבטו בלא בינה כיא[:
1QH 5.26	סתרת מעין בינה וסוד אמת
1QH 14.8	בלב עב˙ בינה :
1QH 15 1.8	]˙ת כול בינה ו˙בינתך
1QH 18 1.3	] שכל ומבקשי בינה ˙[:]
1QM 10.10	חוק משכילי בי[נה]˙
1QS 11.1	לתועי רוח בינה ולהשכיל
4Q381 31 1.6	עוני לידעי בינה ואתה להם
4Q381 76+ 1.13	משפטי אמת היש בינה תלמדו [:
4Q503 216 1.3	הששי ומ[:]ר בינה ˙[:]˙
4Q510 1 1.6	ל]תעות רוח [בינה ולהשם
4Q511 18 2.8	אלוהים דעת בינה בלבבי
CD 5.17	מאשר אין בהם בינה כי מלפנים

11tgJ 36.2	] [תעול בינה( )ן אנתה

1Q29 13 1.2	]˙[:]וכול בינות עד[:
1QH 2.19	אחרת לעם לא בינות להלבט
4Q381 3 1.1	]בינות לי [:
4Q400 1 1.6	]דעת עם בינות כבודו
CD 5.16	כי לא עם בינות הוא : הם

4pN 3+ 2.5	ובז וחרחור בינותם וגלות

4QM1 13 1.7	]ואת ואין רוח ביניהמה כיא [

1QM 6.1	שלושה דגלי בינים ועמדו
1QM 6.4	יצאו שני דגלי בינים ועמדו
1QM 7.16	וחמשים אנשי בינים יצאו מן
1QM 7.17	] בינים מן
1QM 8.4	שלושה דגלי בינים מן

4Q511 186 1.1	]בינת[:]˙ ˙˙[

4Q405 23 2.13	ב]דעת בינתו ובשכל
4Q503 51+ 1.13	במחשבת בינתו הגד[ולה]
4Q511 48+ 1.1	כיא[ ]ת בינתו נתן

4Q511 18 2.6	]ורוח בינתי ו˙˙ה

1QH 15 1.8	ת כול בינה ו˙בינתך לא :

4Q403 1 2.23	פלא ודעת בינתם לשבע[

1QS 8.10	בהכון אלה ביסוד היחד

1QS[a] 1.12	יבוא להת[יצ]ב ביסודות עדת :

1QS 3.1	געלה : נפשו ביסורי דעת

1QH 17.22	]וב לו ענותו ביסוריך ובנס[

4Q511 2 1.5	[ג]ורלו רשית ביעקוב ונחלת

4pIs[e] 5 1.4	מה מ[לילה :]ביער בערב

1apGn 2.20	וכולא מנה ביצבא ינדע בדי

6Q15 2 1.2	אש ומ[בערי: [ביצי]הם הקרב
CD 5.14	וביצי צפעונים ביציהם הקרוב

1QH 3 1.5	]אשמר ביצר עפר
1QS 4.5	ומחשבת : קודש ביצר סמוכ ורוב
1QS 8.3	אמונה בארצ ביצר סמוכ ורוח

11QSS 2+ 1.2	]רחמיו ביקר ˙[
11tgJ 27.6	ושניהון : ביקר ועדנין [

6apGn 7 1.1	ביר˙˙[:˙˙ד˙]

3Q15 1.13	המעבא של מנס בירד אל סמל :

1pPs 9 1.2	]לפניו בירושלים גערת
4Q504 1+R 4.3	]˙מנוחה : בירוש[לים
4pIs[b] 2.7	הלצון : אשר בירושלים הם
4pIs[b] 2.10	הלצון אשר בירושלים :]
4pIs[c] 23 2.11	החלקות : אשר בירושלים ˙˙˙ ה
4pN 3+ 1.10	חילו א[שר בירושלי]ם
6QPrPr 1 1.6	יוצדק אשר[: [ביר]ו[ש]ל[י]ם

3Q15 1.7	הפרסטלין בירך קרקעו

4pIs[c] 1 1.4	[: כ]תוב עליו ביר[מיה

1QH 52 1.2	וי˙פה [:] ביש˙ ללוא
4Q511 2 2.9	יושר ישרים ביש[: ובישראל

4pPs[a] 1+ 3.1	יחיו אלף דור בישו[ע]ה ולהם

CD 20.34	אל בעדם וראו בישועתו כי חסו

1QM 13.13	ונשישה בישועתכה

CD 20.22 דור: בית פלג אשר
CD 11.8 ומן החוץ אל בית ואם בסוכה
CD 11.22 וכל הבא אל : בית השתחות אל

5QJN 1 2.9 מצי]עת ביתא וגוהון די

1apGn 21.9 די על שמאל : ביתאל אתר די

1apGn 20.15 בה ובכול ביתה ואל ישלט
1apGn 20.16 ולכול אנש ביתה רוח :
1apGn 20.17 לה ולכול אנש ביתה ולא יכל
1apGn 20.18 ועל כול אנש ביתה ושלח :
1apGn 20.20 דן ולאנש : ביתה ולא יכלו
4Q184 1 1.10 שערי מות בפתח ביתה תצעד
11tgJ 32.5 די שוית דחשת ביתה ומדרה

1pMic 20+ 1.2]אנש[י בי]תו [
1QM 10.18]ל˙˙ ביתו הכו[הן] :
4QOrd 1 2.5 בפיהו ואל ביתו לוא יבוא
11QT 32.12 לכיור אצל ביתו והתעל[ה]
11QT 62.2 [: ביתו]
11QT 62.4 וישוב אל : ביתו פן ימס את
CD 5.15 לא ינקה כהר ביתו יאשם כי

1apGn 20.28 צלי עלי ועל ביתי ותתגער
1apGn 21.21 אנה וכול אנש ביתי ושלחת
1apGn 22.33 וחד מן בני ביתי ירתנני :
11tgJ 2.4 וידעי ב˙[: ביתי אמתי
11tgJ 19.8 א]נש : ביתי מ[ן

1QM 12.2 שמתה לכה בי[תכה וס]פר
11QT 63.12 אל תוך ביתכה וגלחתה
11QT 64.15 ואספתו אל תוך ביתכה והיה

1QH 1.37 ואל תמאסו בכ˙˙˙[
1QH 2 1.7 ˙ כיא מה עפר בכ˙[
3Q14 2 1.1]˙בך[:]˙אחיר[:
4Q176 8+ 1.11 עד ו<מ>געור בך : ההר]ים
4Q374 2 2.7 [ו]ירחם בכ˙[: ובהאירו
4Q374 7 1.1]בך [:]מ
4Q381 33 1.5 א]רננה ואגילה בך נגד ירא[יך]
4Q381 45 1.3 להסגירני ואני בך בטחתי[
4Q381 46 1.3 קרן[:]˙תו בך ואש˙[
4Q502 161 1.1]˙ו בכ[:]יברכ[ו
4Q508 21 1.1]מו בכ˙[:
4Q509 262 1.2]˙˙[:] בכ˙[
4Q511 156 1.1]בכ˙[:]פתח פ[
4Q519 19 1.1]בכ[
4QM1 27 1.2]˙ים [:]˙˙ בכ˙[
11QPs 22.3 ודור ידורו בך ודורות

4pIs^{c} 30 1.2]˙ את :]ה בכא ל : הכ]והן

4Q500 1 1.2]˙[: בכ]איכה ינצו ו

4Q512 179 1.1]בכב[

1QH 18.8]לשמכה ויתגבר בכבו[

1QH 3.4] : [לכה בכבוד עולם עם
1QH 10 1.3 פוח לדעת בכבוד[:]לליה
1QM 12.7 אל נ[ורא] בכבוד מלכותכה
1QS^{b} 3.4 במ˙[ ]בו : בכבו[ד
1QS^{b} 3.4 וי]קדש זרעכה בכבוד עולם
4Q504 3 2.6]˙ליכה יתקדש בכבוד[:]בעי[
4Q511 95 1.2 בו שמ[:]ים בכבוד [:]אשר
4QM1 11 1.14]כול יקר לי בכבוד : מע]ו[ן

4Q405 23 1.7 הטוהר יגילו בכבודו וקול
4Q511 81 1.5]לכם ל[:]בכבודו [

1pHab 8.10 וכאשר משל : בישראל רם לבו
1QS 5.6 ולבית האמת בישראל והנלוים
1QS 8.4 העת בהיות אלה בישראל : נכונה
1QS 8.9 תמים ואמת בישראל : <)
1QS 8.12 אלה <ליחד> בישראל :
1QS 9.3 בהיות אלה בישראל ככול
1QS^{a} 1.6 ילכול האזרח בישראל ומן
1QS^{a} 2.2 לעצת היחד בישראל : לפני
4Q379 22 2.13 ר]שעה גדלה <בישראל
4pN 3+ 1.8]בישראל מלפנים
4pN 3+ 4.3 תשפל מלכותו ביש[ראל
4QOrd 1 2.4 לגור[ן : אשר בי[שר]אל אשר
4QOrd 2+ 1.5 האלה ˙[: דבר בישראל על נפש
4Tstm 1.27 לעוז רשע :]בישראל
11QT 55.6 התועבה הזואת בישראל הכה תכה
11QT 55.20 התועבה הזואת בישראל והוצאתה
11QT 56.11 יזידו עוד בישראל : כי
11QT 57.21 וכול חמוד בישראל וגזל :
CD 3.19 להם בית נאמן בישראל אשר לא
CD 4.13 בליעל משולח בישראל כאשר
CD 4.16 הוא תפש בהם בישראל ויתנם
CD 5.3 לא ~~נפחח~~ נפתח בישראל מיום
CD 20.16 יחרה : אף אל בישראל כאשר
TS 1 1.1 ימים כול אזרח בישראל ישב

1apGn 21.7 יתב בטורא די בית אל ובאש
1apGn 22.14 עמק מלכא בקעת בית כרמא
1pHab 4.11 אשר בעצת בית אשמ[תם
1pHab 5.9 פשרו על בית אבשלום :
1pHab 10.3 פשרו הוא בית המשפט אשר
1QS 2.22 איש ישראל איש בית מעמדו ביחד
1QS 8.5 למ<ט>עת עולם בית קודש
1QS 9.6 אנשי : היחד בית קודש
3Q15 2.3 ככרין : במערת בית המרה הישן
3Q15 7.9 בקר[ב]ו ל : בית חקץ חפר
3Q15 8.1 שבדרך מזרח בית : אחצר
3Q15 9.14 פי הצוק של בית : תמר
3Q15 10.15 ככ: בי<ם> בית חמים שלוחי
3Q15 11.16 במבא די[רת]בית המשכב
3Q15 12.6 בפי המבוע של בית שם כל כסף
4Q156 2.4]ה על בית קדשא [ ]
4Q176 16 1.3]˙ ˙˙˙[: ב]ית קודש ולתת
4Q487 4 1.3 ה חטתו ו[:]בית נ[
4Q502 221 1.1]בית[
4apLm 1 2.7 אשפותות מדור בית ˙[: שאלו
4pIs^{c} 6+ 2.11] : בית יעקוב
4pN 3+ 4.1 רשע[י מנש]ה בית פלג הנלוים
4pPs^{b} 5 1.2]ברו מ˙[:]בית מכשול [:
4QFl 1+ 1.10 לכה יהוה כיא בית יבנה לכה
4QM1 1+ 1.9 למחנות אל בית מו[עד
5QJN 1 2.11 תר]תי עשרה בית [ע]שרין
5QTop 3 1.2]˙˙[: א]ת בית תפ[וח:]˙[
6Q20 1 1.4 ארץ נחל[י: בית האו[:
6Q26 2 1.1 אנ]שי בית[
11QT 3.4 מסי[: בי]ת לשום שמי
11QT 4.3 ל˙[:]בית רחבים אר[
11QT 25.16 עליו ועל בית אביהו
11QT 30.5 צפון להיכל בית מרובע :
11QT 31.5 המשנה : אל בית[
11QT 31.8 ההיכל : [כו]ל בית המסבה
11QT 31.10 ועשיתה בית לכיור נגב
11QT 33.5 [ ]˙˙˙ בי[ת] הכיור ומ
11QT 33.8 ועשיתמה בית למזרח בית
11QT 33.8 בית למזרח בית ה[כ]יו[ר]
11QT 33.10 כמדת שער[י] בית : הכיור
11QT 37.8 בח[צר פ]נימה ב[י]ת מ[ו]שבות
11QT 49.5 בעריכמה כול בית אשר ימות
11QT 50.11 תטמא כקבר כול בית אשר תבוא
11QT 65.5 ימים כי תבנה בית חדש :
CD 3.19 ויבן להם בית נאמן
CD 7.11 ועל עמך ועל בית אביך ימים

1Q46 6 1.1]בכול [:] ˙[ ]
1Q51 1 1.3 [צד]יק בכול [:]למו
1apGn 19.20] בכול [ ] די
1pHab 8.13 ת[ו]עבות טפל בכול נדת טמאה
1QH 1.16 פלגתה עבודתם בכול דוריהם
1QH 1.24 מספר שני עולם בכול מועדיהם :
1QH 1.30 נפלאותיכה בכול מעשי
1QH 3.29 רום באש אוכלת בכול שנאביהם
1QH 4.20 כי אין הולל בכול מעשיך :
1QH 6.18]לאש בוערת בכול אנשי :
1QH 10.11 מחיר ומי : בכול מעשי
1QH 11.24 השבת ומי בכול מעשיכה
1QH 11.30 חסדיכה בכול מעשיכה
1QH 12.20]ה :]השכיל בכול רזיכה
1QH 13.11 יספרו כבודך בכול ממשלתך כי
1QH 13.14 בשר להבין : בכול אלה
1QH 13.14 ומה ילוד אשה בכול ˙˙˙˙˙
1QH 15.15 בבריתך ולתהלך בכול ולה ˙˙˙˙
1QH 15.18 נפשם ולא רצו בכול אשר :
1QH 16.4]˙ד אמתך בכול [: ומעמד
1QH 16.5]˙˙י כשול בכול מ[:
1QH 16.6 מ[: בדעתי בכול אלה ˙˙
1QH 17.15 ˙˙˙ם ולהנחילם בכול כבוד אדם[
1QH 17.23 לך ומכשול בכול דברי
1QH 17.24 רוחות :]תהלך בכול אשר אהבתה
1QH 17.24 אהבתה ולמאוס בכול אשר שנא[ת
1QH 1 1.3 יעצורו לדעת בכול :]ב אל
1QH 4 1.6]תג<ע>ר בכול שטן משחית
1QH 4 1.17]כה א<ו>ח<י>ל בכול היותי
1QH 22 1.2]˙˙ [:] בכול [:]˙ם
1QM 2.12 ילחמו בכול בני אשור
1QM 3.6 אל לנקמת אפו בכול בני חושך
1QM 4.3 אל יד מלחמה בכול בשר עול
1QM 4.12 אל כלת אל בכול גוי הבל
1QM 10.6 ולחזוק יחד בכול גבורי חיל
1QM 11.14 משפט אמתכה בכול בני איש
1QM 12.3 למלוך ˙[ ] בכול מועדי
1QM 13.2 ברוך אל ישראל בכול מחשבת
1QM 13.5 וזעומים המה בכול עבודת נדת
1QM 15.1 מלחמה ( )<ב>כול הגויים
1QM 17.5 מ[ ]ל בכול נהיי
1QM 17.8 ישראל בכול בשר ושמח
1QS 1.5 רע : ולדבוק בכול מעשי טוב
1QS 1.13 ולוא לצעוד בכול אחד :
1QS 2.2 ההולכים תמים בכול דרכיו
1QS 2.2 יברככה בכול : טוב
1QS 2.5 ארור אתה בכול מעשי רשע
1QS 3.5 ולוא יטהר בכול מי רחץ
1QS 3.10 להלכת תמים : בכול דרכי אל
1QS 3.17 והואה יכלכלם בכול חפציהם
1QS 4.3 גבורה מאמנת בכול : מעשי אל
1QS 4.4 חסדו ורוח דעת בכול מחשבת
1QS 4.11 לב ללכת בכול דרכי חושך
1QS 5.1 רע ולהחזיק בכול אשר צוה
1QS 5.4 חסד והצנע לכת בכול דרכיהם
1QS 5.8 ככול אשר צוה בכול : לב
1QS 5.14 מרעתם כיא טמא בכול עוברי
1QS 5.15 כיא ירחק ממנו בכול דבר כיא
1QS 5.20 לפניו וטמא בכול הונ(ו)ם
1QS 6.2 יתהלכו בכול מגוריהם
1QS 6.15 עול י<ה>בינהו בכול משפטי
1QS 8.1 שלושה תמימים בכול הנגלה
1QS 8.18 ואל ידע בכול עצתם עד
1QS 9.10 יצאו ללכת : בכול שרירות
1QS 9.19 איש את רעהו בכול הנגלה להם
1QS 9.23 לעשות רצון בכול משלח כפים
1QS 9.25 ולוא יתאוה בכול אשר לוא
1QS 10.5 מועדים בכול קץ נהיה
1QS 11.19 ולהשכיל : בכול מחשבת
1QS 11.19 ולהתבונן בכול נפלאותיכה
1QS[a] 1.5 הברית ולהבינם בכול משפטיהמה

4QM1 11 1.15 נחשב ביא ומיא בכבודי ידמה
11QT 29.8 [מ]קדשי בכבודי אשר

11QPs 22.15 תשמח נפשי בכבודך

1QH 10.20]ובהבימי בכבודכה אספרה
1QH 5 1.9 ולדעת כול בכבודכה ולפ˙[

1QH 8.34]לי בלכדה בכבל וילכו

1QH 9.5 עיני כעש בכבשן ודמעתי

1apGn 2.6]תחוינני ולא בכדבין הדא ב[
1apGn 2.7 תמללין ולא בכדבין [:

1QH 4.22 [וא]ני בתומכי בכה אתעודדה
1QH 9.18] ואני בכה הצ[: עמדי
1QH 9.28 עוזי ומצודתי בכה : אחסיה
1QS[b] 4.22] בחר בכה [ ] :
4Q184 2 1.2]נפשכה ˙[:]בכה ובתור[ה :
4Q509 233 1.2]כ[: מ]רדנו בכה[
4Q517 2 1.1]˙בכה [
4pIs[c] 29 1.1]˙ו בכה[:]לה
11QPs 19.18]˙לם אשמחה בכה
11QT 52.11 הטמא והטהור בכה יחדיו כצבי
11QT 53.4 והטהור והטמא בכה יחדיו כצבי
11QT 53.12 מידכה : והיה בכה לחטאה ואם
11QT 53.12 תדור לוא יהיה בכה חטאה :
11QT 60.17 ההמה לוא ימצא בכה מעביר בנו

1QH 12.7 יומם תמיד בכו : מולדי עת
4apLm 2 1.9 ליחידיהן בכו תבכה

1QH 7 1.9]˙ה בכוה גבורה וה[

4pPs[a] 1+ 2.19 לשלוח יד : בכוהן ובאנשי

4Q400 1 1.17] דעת בכוהני קורב
4Q401 13 1.3 ל[: השלי]שי בכוהני רוש
4Q403 1 2.19 עולמים שניים בכוהני קורב

4pIs[d] 1 1.2 את עצת היחד[ב]כוהנים והעו[ם

1QH 4.32 כול מעשיו בכוח גבורתו
1QH 7.17 ל[: [ו]להעיז בכוח ומחסי בשר
1QH 7.19 נצר להעיז בכוח ו˙[
1QH 9.17 ˙˙כה אין : בכוח ולכבודכה
1QH 10.10 ואין עמכה בכוח ואין לנגד
1QH 12.35 פ˙[ ]חזק בכוח ואיכה
1QH 18.8 לנהל ˙ל[: בכוח גבורתכה [
1QH 15 1.4 פ<ו>תאים בכוח גבורתך :
1QM 13.13 מיא כמוכה בכוח אל ישראל
4Q503 1+ 2.5 בכו]ח יד
4Q511 2 2.5 הא˙[ ]ד בכוח˙[: [רז]י
4QM1 11 1.9 נוראות[: בכו]ח גבורתו
4QM1 11 1.23]ה להודיע ידו בכוח[:]ל[
11QSS 5+ 1.3 פל]אי פלאיהם בכוח אלוהי[ ]

11QPs 26.14 עושה : ארץ בכוחו מכין תבל

1Q34[b] 3 2.4 ולא הבינו בכוחך הגדול

1QH 1.13 אתה בראתה ארץ בכוחכה : ימים
1QH 4.23 בי ותופע לי בכוחכה לאורתום
1QM 11.5 עשה חיל כיא בכוחכה ובעוז
4Q509 97+ 1.4 הב]ינו בכוחכה : [

1Q26 1 1.6]˙ ונארותה בכול תבואתכה
1Q26 1 1.6 ונ[קלו]תה בכול מעשיכה
1Q34[b] 3 2.4 ולא ידעוך : [בכ]ול דברך
1Q36 7 1.1]˙[ ]˙צה בכול עוש[י :

4QMl 1+ 1.17 והכוהנים בכול עת
4QMl 8+ 1.16 ט]ושעים : [ ]בכול מועדי
4QMl 11 1.10 ורזי ערמתו בכו[ל
4QMl 11 2.18 שלום [לי]שראל בכול מועדי[
4QMl 23 1.2]˙[: בכו]ל קצים נ[
4QM6 6+ 2.6 ובחמי]שית : ב]כול
4QPs[f] 2 8.10 [לברכ]ה ציון בכול מודי אני
4QTeh 2 1.2 אתה מלכי רשע בכול מח[שבות
5QCur 1 1.3 [:]תיכם תפלו בכול תפל[:
11Mel 1+ 2.20] ל[ה]שכילמה בכול קצי
11Mel 1+ 2.25 שו[פר ב]כול [א]רץ :
11QPs 22.1 לברכה ציון בכול מודי :
11QPs 22.12 אזכירך לברכה בכול לבבי
11QPs 27.3 ונבון ותמים בכול דרכיו
11QSS 2+ 1.4 תשבוחותו בכול רקי[עי
11QSS 2+ 1.5]למלאכי הדעת בכול מל[
11QT 5.14 פרור [:] בכול [:]˙˙ם
11QT 17.4] [בכול מושבותמה
11QT 17.12 והקרבתמה בכול יום ויום
11QT 21.9 לדורותי‹ה›מה בכול
11QT 27.9 אותו לזכרון בכול
11QT 35.14 ישוגו הכוהנים בכול חטאת העם
11QT 42.13 נעשות עליהמה בכול שנה ושנה
11QT 48.11 הגויים עושים בכול מקום המה
11QT 49.21 מהמת לגעת בכול טהרתמה
11QT 51.9 את נפשותמה בכול אשר
11QT 51.11 תתן לכה בכול שעריכה
11QT 51.19 עושים בכול מקום המה
11QT 52.3 תעשה לכה בכול ארצכה
11QT 52.14 ועז טהורים : בכול שעריכה
11QT 54.13 אבותיכמה בכול לבבכם
11QT 57.5 ושרי ע‹ו›שרות בכול עריהמה
11QT 58.21 והצליח בכול דרכיו אשר
11QT 59.10 ישובו : אלי בכול לבבמה
11QT 60.13 הוא גר שמה בכול אות נפשו
11QT 65.2 לפניכה בדרך בכול עץ או על
MasSS 1.13]בכ‹ו›ל קודש

1apGn 20.13 שליט למעבד בכולהון דין

1Q29 3+ 1.4 ישראל [:]˙ בכולם שמכה [:

1QH 3.8 משבריה להחיל בכור הריה כיא
1QH 3.12 כול צירים : בכור הריה
1QH 5.16 וככסף מזוקק בכור נופחים
1QM 5.11 ברור טהור בכור ומלובן
1QNo 3 1.3 ת˙ השתמ[מו : ב]כור הולד כי
4Q504 26 1.5]גוים:]בכור :]את
11QT 52.8 ולוא תגוז בכור : צואנכה
11QT 60.2 תנופותמה וכול בכור[בבהם]תמה

4Q504 1+R 3.6 [לי]שראל בני בכורי ותיסרנו

11QT 18.14 חמץ חדש בכורים ליהוה
11QT 19.5]בכורים[
11QT 19.9 הוא וחג בכורים לזכרון
11QT 21.16 על מזבח העולה בכורים לפני

CD 12.17 מסמר או יתד בכותל : אשר

4Q370 1.3]וירעם עליהם בכח[ו וי]נעו

4pN 3+ 2.2 הימים אשר בכחש ושקר[ים

1apGn 20.11 אנה : אברם בבכי תקיף אנה

3Q15 10.3 מלמעלא כב : בכירגר מזקות

1Q23 21 1.2]ם[:]תמכין בכל די[:]ל
1Q34[b] 3 1.6]כלה בכל מעינינו
1Q34[b] 3 2.3]˙ וממשלתם בכל תבל ולא

1QS[a] 1.15 לשבטיהם בכול משפחותם [
1QS[b] 1.5 ויחו]ננכה בכול ברכ[ות
1QS[b] 2.27] : ויחוננכה בכול מעשיכה [
1QS[b] 5.22 לפניו תמים בכול דרכי [
2QJN 4 1.20 יתבו [: ח]ד בכול [:]ל[
3Q14 4 1.5 לעדני[א : בכול[: בכול י
3Q14 4 1.6 בכול[: בכול י˙[
4Q176 1+ 1.6 ···ִ· כפלים בכול חטותיהא
4Q176 21 1.2]ו˙ ˙˙[:]בכול קללת[:
4Q181 2 1.9 באמתו ו[: בכול קצותם[:
4Q184 1 1.7 נחלתה בתוך בכול : מאזרי (
4Q400 2 1.2 המה נכבדים בכול מחני
4Q401 1+ 1.4]בכול רא[שי
4Q401 14 1.8 המה נכבדים בכול מחני
4Q401 24 1.3]˙ שלום[:]˙ בכול מ˙[
4Q403 1 1.26 ב[שם ב]כול : שובועי
4Q403 1 1.30 מרומים הרמים בכול : אלי דעת
4Q403 1 1.40 אלוהים וגיל בכול קדושים
4Q403 1 2.35 למאירי דעת בכול אלי אור[
4Q404 2 1.9]עולמים[: ב]כול שובועי
4Q405 2 1.2 ל[: מ]עלה בכו[ל:]רום ˙[
4Q405 3 2.19 פלא לש[לום : ב]כול[
4Q405 8+ 1.3]בכול ידועי :
4Q405 20+ 2.13 ברך אלוהים בכול מחני
4Q405 23 2.11 למלך הקודש בכול מרומי
4Q405 23 2.12 לאלוהי דעת בכול מעשי
4Q405 23 2.13 מסר‹ו›תם בכול [דבי]ר[י]
4Q405 46 1.2]אלוהי אורים בכול גור[ל : [
4Q405 46 1.3 מתחת כבודו [בכו]ל[
4Q487 1 1.4]ה ורומם:]בכול חוקיו:
4Q498 6 1.1] בכול לבבכה [:
4Q499 48 1.2 ˙ לכ[: בכול תבל א˙[:
4Q502 21 1.1 אל בכול ש˙[: אל
4Q503 1+ 2.7]ח לפניו בכול מפלג
4Q503 14 1.2 אל ישראל בכ[ול
4Q503 29+ 2.21 יש]ראל בכול מו[עדי
4Q503 33 1.21] בכול מועד[י]
4Q503 40 2.3 י]שראל בכול מ[ועדי
4Q504 1+R 2.13]ל[ ]˙בנו בכול לב ובכול
4Q504 1+R 3.11 [קנא]תכה בכול חרון אפכה
4Q504 1+R 5.6 מעובר ומשב בכול וזאת לוא
4Q504 1+R 5.11 את עמכה ישראל בכול :
4Q504 1+R 6.8 את בריתכה בכול צרת
4Q504 3 2.17 וכ˙מ˙[: בכול[
4Q504 4 1.6]רשונים [בכו]ל גמו[לם
4Q504 4 1.9 אשר ˙˙[ ]בכ[ו]ל[:
4Q504 6 1.3]ה להתבונן בכול חוק[י :
4Q506 132 1.7 הרישנים : [בכו]ל גמו[לם
4Q508 1 1.3]בכול מעינינו
4Q508 21 1.3]˙ ואין ···· בכול ˙˙˙[
4Q509 16 4.2]˙[ ]˙[:]בכול עצב[יהם :
4Q509 131+ 1.11]˙ לשמוע :]בכול:]שינו :
4Q509 131+ 2.17 נה[: קוד[ש : בכול [
4Q509 218 1.1] בכול:]קדוש
4Q511 18 2.9 ושופטי אמונה בכול פשעי :
4Q511 35 1.1 א[לו]הים בכול בשר ומשפט
4Q511 122 1.2 ····˙ [:]˙ות בכול ב˙[:]˙
4Q512 34 1.16]˙ הצדיק בכול מע[שי]כ[ה
4Q513 11 1.4]ן זמה :]לם ב[כו]ל
4Q520 1 1.2]מו בכול:]˙˙
4pHs[b] 7+ 1.2 [א]ותם בכול[[
4pIs[c] 4,6+ 1.6 א]ת[י]שראל בכול : [
4pIs[d] 1 1.6 מהמה כשמש(ל) בכול אורו
4pPs[a] 1+ 2.11 ואחר יתענגו [ב]כול ˙[ ]˙י
4pPs[a] 1+ 2.11 הארץ והתדשנו בכול תע˙˙[ ] :
4QBer 10 2.6 בני בלי[על] בכול עונות
4QBer 10 2.7 ורו[ח האב]דון בכו[ל] מחשבות
4QCat[a] 9 1.6]מיהודה בכול העמ[י]ם[
4QCat[a] 14 1.3 ב]רכים וחלחלה בכול מתנ[ים :
4QFl 4 1.5]ובקש בכול כוחו
4QFl 5 1.4 הואה מ˙[:]ה בכול החוזים[:

1Q34[b] 3 2.3 זרע האד[ם] בככל אשר הנחלתו
1apGn 21.1 ש[רא] : [ב]כל אתר
1QH 1.6] צדקתה בככל מעשיכה :
1QH 2.4 <צדק> אמת בככל ח[:] מחץ
1QH 2.25 גבורים סבבום בככל : כלי
1QH 10.8 רוח ומושל בככל מעשה :
1QNo 16 1.1]בכל ˙[
2apDa 1 2.3] : הוא בכל <דבריו>
2apPr 6 1.3]משול בככל [:]חם
3Q14 1 1.3 [: מימים[: בכל]
4Q185 1+ 2.15]˙˙[ ] [: בככל עוז כחו
4Q381 1 1.7 העמידם למשל בככל אלה באדמה
4Q381 7 1.2 [:]י ˙[ ]תו בככל[:]ל˙˙]
4Q381 76+ 1.15 לוא לעם למשל בככל[: שם]ים
4Q381 103 1.2]ם [:]ויחי בככל[:]ל ל[
4pIs[b] 2.9 בקרב החוצות בככל זאת לא שב
4pIs[c] 44 1.4]˙˙ תש[:] בככל˙[
4QM6 37 1.2] ב˙[:]בכל[
5QJN 1 1.14 א]רבעין בכל רוח תרע[א
6apSK 22 1.2]י על˙[:]בכל ד˙[:]
6apSK 23 1.2]˙ ˙[:]בכל מח[
11tgJ 22.7 תמלל ארו בכל ˙[: א]רו
11tgJ 38.4 לה חד תרין בכל די הוא לה
CD 1.2 ומשפט יעשה בככל מנאציו: כי
CD 2.16 להתהלך תמים : בככל דרכיו ולא
CD 6.10 להתהלך במה בככל קץ הרשיע
CD 8.13 אשר חרה אף אל בככל עדתו :
CD 19.26 אשר חרה אף אל בככל עדתו: ואשר
CD 12.10 אל ימכר להם בככל מאדו ואת
CD 12.12 איש את נפשו : בככל החיה והרמש
CD 13.3 אין הוא בחון בככל אלה ואיש
CD 14.9 שנה בעול בככל : סוד
CD 15.7 וכן : המשפט בככל קץ הרשע
CD 15.9 א]ל תורת משה בככל לב [ ]
CD 15.10 הנמצא לעשות בכ[ל ק]ץ [
CD 15.12 אל תורת משה בככל לב ובכל

4Q381 33 1.8 מלך יהודה בכלו אתו מלך

1QDM 2.8 ויהיה : [בכלו]תני ל[

1QH 6.28 בל יבוא גדוד בכלי מלחמתו עם
1QM 1.17 יתנו יד בכל[י] : אבות
1QM 8.8 ונטו ידם בכלי המלחמה
1QM 16.6 ירימו איש ידו בכלי : מלחמתו
1QM 17.12 ירימו איש ידו בכלי מלחמתו
4QM1 11 2.5 אי]ש ידו בכלי מ[לחמתו
4QM1 11 2.21 ידם איש בכלי מלחמתו

4Q509 242 1.1]בכליו[:]ל[

1pMic 1+ 1.1 יהי]ה בכם: [
1QDM 2.10] [בכם [ו]עצר את
4Q381 69 1.4 עליה עם :]בכם וינתם לכם
4Q381 69 1.7 ˙[:] להשכיל בכם אם תהיו
4Q381 76+ 1.9 אם <יש> בכם כח להשיבני
4Q381 76+ 1.10 [:]לשמיע מי בכם ישיב דבר
4Q381 76+ 1.13]רוחיו לעשות בכם משפטי אמת
4Q381 76+ 1.14 כמהו הוא בחר בכ[ם : ר]בים
4Q511 82 1.2]˙˙˙ערו[:]בכם [:]ל˙[
4QM1 13 1.2 נש˙[:]הקטן בכם ירדוף אל[ף
11Ap[a] 3.2 והגדול ב[כם
CD 6.13 אשר אמר אל מי בכם יסגור דלתו

11QT 48.10 לוא תכתובו : בכמה כי עם

1Q50 2 1.4 מב[:]בות [:]בכנ[

1QH 5.30]פחות ויהמו : בכנור ריבי
1QH 11.22 יגון <ואנחה בכנור קינה
1QH 11.23 ואז : אזמרה בכנור ישועות
4Q511 10 1.8 תמימי דרך [בכנור ישועות :

11tgJ 30.10 מנית : ב]כנפ[י

4Q184 1 1.4 רוב פשעים בכנפיה [ ]ה

11QT 48.5 על הארץ ולעוף בכנפיו כול :

1apGn 20.33 לחדא ואף בכסף ודהב
4Q176 8+ 1.4] בכסף תגאלו :
11QT 43.14 לשאתו ימכרוהו בכסף והביאו את

1pHab 11.5 הצדק לבלעו בכעס : חמתו

1QS 3.11 דבריו אז ירצה בכפורי ניחוח
4Q512 1+ 1.3]]נפש בכפו[רי

1QS 3.4 לוא יזכה בכפורים ולוא
5Q13 4 1.2] ולוא יזכה בכפור[ים :

1apGn 19.26] [בכפנא די א[

4Q176 14 1.1]בכשו[:]˙ם

4pN 3+ 2.7 ומשפחות ב[כש]פיה :

4Q186 3 1.2 מבי [: בכת[:]˙[
4Q504 35 1.2]˙ר[:]בכת˙[

4QM1 10 2.8] : בכתיא[י]˙[

4QM1 10 2.10] : המלחמה בכתיאים[
4QM1 10 2.12] : מלחמה בכתיאים
4QM1 11 2.8 מתנצחת בכתיאים ו[

1QM 1.12 וביום מלחמתם בכתיים :
1QM 11.11 גבורת ידכה בכתיים לאמור
1QM 16.9 מתנצחת בכתיים
1QM 17.15 מ[תנצח]ת בכ[תיים

1pMic 22 1.4]˙ם צ˙ב˙[:]בל י˙˙[
1QH 3.39]ל בל יבוא ˙˙˙ ב[
1QH 6.21 ופריץ : בל יעוברנה
1QH 6.27 וכול באיה בל ימוטו כי לא
1QH 6.28 ללוא ישוברו בל יבוא גדוד
1QH 6.35 שוט שוטף בל יבוא במבצר
1QH 7.7 הניפותה בי בל אמוט
1QH 8.12 אש מתהפכת בל י[
1QH 8.13 ישתה מי קודש בל ינובב פריו
1QH 12 1.1]קדש בל יטה[ ] לאש[
1QH 41 1.1]תה בל[
1QH 62 1.3 שד[: רצו [: בל[
1QS 8.7 הבחן פנת יקר בל : יזדעזעו
2Q29 1 1.2 [:]ם ונחנו בל˙[:]א[
2QJN 8 1.5 עשר[י]ן[:]בל˙[ ] ולהיו[
4Q184 1 1.16 [ ]במה בל פרוכי[ם :
4Q405 23 1.4]˙ פלא בל ימוטו
4Q497 39 1.1]ת בל˙[:]˙˙[
4Q499 4 1.2]˙˙[:]ל בל יראו [:
4Q502 257 1.2]שים[:] בל[
4Q503 196 1.1]בל˙ ˙[
4Q509 184 1.7 בר˙˙ :]˙˙ :]בל :]˙ו :
4Q512 42+ 2.5] : בל יטהרו במי
4Q512 102 1.2]ק[:]בל [:]˙ו[
4Q517 51 1.2]ל או[:]˙˙בל א˙[
4QM1 11 1.12 עוז בעדת אלים בל ישבו בו כול
4Tstm 1.20 קמו ומשנאו : בל יקומו : בעת
6apGn 15 1.1]ה בל[:]ת[
6QPrPr 1 1.3 ˙[:]]בל ˙[: מבני

1QH 1.22 התועה ונעוה בלא : בינה

צדק מה אדבר בלא נודע 1QH 1.23
נודע ואשמיעה בלא סופר הכול 1QH 1.23
˙˙˙ם וילבטו בלא בינה כיא[1QH 4.7
שחקים כי ראה בלא הכיר : 1QH 8.13
הכיר : ויחשוב בלא האמין 1QH 8.14
הגברתה בפ˙ בלא נאספה ואין 1QH 8.35
מה אתחזק בלא העמדתני 1QH 10.6
ואיכה אכשיל בלא יצרתה : לי 1QH 10.6
ומה אדבר בלא פתחתה פי 1QH 10.7
ובכי [:]˙˙בלא כ] 6QApo 2 1.4

וידרשוכה בלב ולב ולא 1QH 4.14
]אדוני הנותן בלב עב˙˙ בינה 1QH 14.8
עולם חקותה בלב 1QH 18.27
] ואנו חיינו בלב יגון י[ומם 4Q508 39 1.1
אל מעשיהם כי בלב שלם דרשוהו CD 1.10

בתבל להאיר בלבב איש ולישר 1QS 4.2
רוחי אמת ועול בלבב גבר : 1QS 4.23

בינה : שמתה בלבבו לפתוח 1QH 2.18
הזות יתברכ בלבבו לאמור 1QS 2.13
אתה: והי[ה: ב[לבבו: עם] 5QS 2 1.2

]בלבבם בלבבי מרוקים 1Q38 1 1.1
אשר שננתה בלבבי בחלקות : 1QH 4.10
אמת אמצתה בלבבי ומיה 1QH 5.9
מרחב פתחתה בלבבי ויוספוה 1QH 5.33
אשמה ויבואו בלבבי ויגעו 1QH 11.21
לוא אשמור בלבבי ולוא 1QS 10.21
משפטי אור בלבבי מרזי 1QS 11.5
דעת בינה בלבבי ומוכיחי 4Q511 18 2.8
]ת בינתו נתן [ב]לב[בי] : 4Q511 48+ 1.1
חוקי : אל בלבבי ואוע[ל 4Q511 48+ 1.5

תואמר (אל) בלבבכה [א]יך 11QT 61.2

]בלבבם 1Q38 1 1.1
]˙הם ומרמה בלבבם [:]˙˙˙ 4Q381 85 1.3
]ברית אל בלבבם [6Q15 5 1.5

מזמתכה בלבבמה לזום על 4QTeh 2 1.6

אשר נתן אל ב[לבו בינ]ה 1pHab 2.8

במים או שופים בלבונה אל CD 11.4

הא באדין חשבת בלבי די מן 1apGn 2.1

דרך חרבם תבוא בלבם וקשתותיהם 4pPs[a] 1+ 2.17

ולטעת תורתכה בלבנו :] 4Q504 1+R 2.13

כחלת כלי דמע בלגין ואפודת : 3Q15 1.9

]שבב: ענ]א בלדד שוח[אה:] 11tgJ 1.4
וי˙] : ענא בלד[ד : ש]לטן 11tgJ 9.3

] : פרדסא דן בלה ו˙] 6apGn 2 1.3

יתר בשרירות[: בלהבי אש מו[: 4Q487 1 2.4
וחמה גדולה בלהבי אש : בי CD 2.5

אשר יצחה בלו משפט את 1QS 7.4

ממונו ברו[: בלוא הון ונמכר 1Myst 1 2.6
הון ונמכר בלוא מחיר כי 1Myst 1 2.6
כול ולא יודע בלוא רצונכה 1QH 1.8
אמת סותר בלוא : נחשב 1QH 8.10
ואפר מה אזום בלוא חפצתה ומה 1QH 10.5
פי ואיכה אשיב בלוא השכלתני : 1QH 10.7

כול ולא יודע בלוא רצונכה 1QH 10.9
מכשול[: נגע בלוא ידעתה˙[1QH 10.19
]ה וכלה בלוא רחמיך : 1QH 11.18
ומה או[: בלוא גליתה לבי 1QH 12.34
מ˙[:]מגולה בלוא מ˙עופ[: 1QH 17.2
זות :]˙ אבים בלוא גליתה 1QH 18.19
]מרוח :]תאוה בלוא :]לוא 1QH 14 1.2
ומשענתם בלוא ה[יה] 1QM 17.4
]˙י˙] :]בלוא[:]˙˙[4Q511 102 1.2
]נחלת[:]כיא בלוא[:]מגשת 4Q513 32 1.2
אל ו[:]רות בלוא[4QMb 17 1.4

ונצבת כרם ˙˙˙ בלובר טורא 1apGn 12.13

]נים בלוח נחו[שת : 11QT 34.1

]ל בלוחות עולם : 4Q512 1+ 1.4
הנה הכול כתוב בלוחות אשר[4QCat[a] 2+ 1.12

עש]רון : סולת בלולה [11QT 13.12
[ומנ]חה סולת בלול[ה : [ח]צי 11QT 14.2
סולת מנחה בלולה[: 11QT 14.15

תעות והם [ב]ל[וע]ג שפה 1QH 4.16

]˙י לה איחל בלחודוהי[: 11tgJ 25.7

תמר<ת>א בלחודיהה : 1apGn 19.15

בצלמות ואוכלה בלחם אנחה : 1QH 5.33
]ידו בלחם לפנים 1QS[a] 2.20
ישראל ידיו : בלחם [1QS[a] 2.21

כחרב אל תערה בלי [ ]תה 1QH 5.15
על אמרי : מלך בלי יתכו נו 4Q405 23 1.11
]בלי˙[:]˙˙ ˙[4Q484 9 1.1
דבעפרא [: ומן בלי מני[ח: 4tgJ 1 2.5

אנה אברם חלם בלילה מעלי 1apGn 19.14
]ע[ ] ˙נום בלילה˙˙[: 1QH 9.2
המח]נה [ב]ל[י]לה ההוא 1QM 19.9
בלי]לה ההואה 4QM1 1+ 1.10
יאספו המח]נה[ב]ל[י]לה [4QM2 1 1.8
]יבוא אליך בלי[לה וא]מרתה 11Ap[a] 4.5
אותו ואכלוהו בלילה : בחצרות 11QT 17.8

]בלילי [:]˙ 4Q503 146 1.1

ואתעירת בליליא מן שנתי 1apGn 19.17
שרי על מלי בליליא דן :] 1apGn 19.21
בר אחי עמי בליליא כדי 1apGn 20.11
שרי באונס : בליליא דן צלית 1apGn 20.12
ביתה ואל ישלט בליליא דן 1apGn 20.15
ובכית וחשית בליליא דן שלח 1apGn 20.16
ורמה עליהון בליליא מן ארבע 1apGn 22.8
קטל : בהון בליליא ותבר 1apGn 22.9
]ר לנצבתנא : בליליא די 11tgJ 26.6

]א[ ]˙[ב]ליעל וא˙[1Q40 9 1.3
רבים ומזמות בליעל [: 1QH 2.16
סוד שוא ועדת בליעל לא ידעו 1QH 2.22
וקץ חרון לכול בליעל וחבלי 1QH 3.28
וילכו נחלי בליעל <על> 1QH 3.29
לאבדון נחלי בליעל ויהמו 1QH 3.32
וממו עלי (בנ) בליעל להמיר 1QH 4.10
כל מחשבת : בליעל ועצתכה 1QH 4.13
נעלמים זמות בליעל : יחשובו 1QH 4.13
יחשובו˙[ב]ליעל פתחו : 1QH 5.26
] יכמוא ויעק בליעל : עם 1QH 6.21
ממחשבת רוע כי בליעל עם הופע 1QH 7.3
בני חושך בחיל בליעל בגדוד 1QM 1.1

1apGn 21.31	צבואין ומלך בלע ו[ע]בד[ו]
11QT 46.10	יהיו באים בלע אל תוך :
4Q381 1 1.4	אגמים וכל בלעה ו˙˙˙ר ל˙[
4Tstm 1.9	ויאמר נאום בלעם בנבעור
1QS 11.1	רוכנים בלקח ולהשיב
1QH 1.28	בראתה : רוח בלשון ותדע
4Q401 29 1.1	]בלשון ה[:]ם
4Q403 1 1.2	פלא: תהלת שבח בלשון הרבי[עי]
4Q403 1 1.3	תה]לת [ה]ודות בלשון החמיש[י]
4Q403 1 1.5	[ ]רנן : בלשון הששי לאל
4Q403 1 1.6	תהלת[בל]שון השביעי
4Q403 1 1.36	והגו כבודו בלשון כול הוגי
4Q403 1 2.29	ב]ל[שון
4Q403 1 2.32	[ ]ברך ב]לשון
4Q403 1 2.36	[: תשבחות[ב]לשון הרביע[י
4Q403 1 2.37	ת[הלת ב]ל[שון
4Q404 1 1.1	תהל]ת זמר בל[שון :
4Q405 11 1.4	תגבר : שבעה בלשון החמישי
4Q405 11 1.5	תגב[ר] שבעה בלשון ה[שב]יעי
4Q405 12 1.1	]בל]שון [:
4Q405 42 1.1	]בלשון [:]˙[
4Q406 3 1.3	˙ה ˙ל[:]˙˙˙ בלשון הרביע[י]
4Q501 1 1.4	חילכיא עסכה בלשון שקרמה
MasSS 2.12	[: בלשון החמישי
MasSS 2.14	[תה]לת רנן בלשון הששי
MasSS 2.16	תה]לת זמר בלשון השב[יעי
1Q29 1 1.3	באשר [:]תמו בלשונות אש [:
1QS 10.8	חוק חרות בלשוני לפרי
1QS 10.22	ופרי קודש בלשוני ושקוצים
11tgJ 36.5	יפקון בלשני אשה
1QM 10.14	]עי בלת לשון ומפרד
4Q510 11 1.2	[חצ˙ם[:]בלת[
1QH 14.18	חטוא לך :]בלתי עשות מכול
1Q26 1 1.6	בכול מעשיכה בם[:]ל ריבכה
1Q34^b 3 2.4	הגדול ותמאס בם כי לא תחפץ
1Q36 18 1.1	]בם וחרון אפו˙
1QDM 1.5	מהם ו[העידותה ב]ם את [ה]שמים
1QH 1.4	[˙˙˙˙˙˙˙ם[: בם ומש]
1QH 1.14	וכ<ו>ל אשר בם : תכ˙תה
1QH 2.29	לנפשי נפלו בם ורגלי
1QH 6.19	תעודתי פותו בם˙ [
1QH 15.19	הכינותם לעשות בם שפטים
1QH 15.23	ואדעה כי בם בחרתה מכול
1QH 17.9	]שר לא השיגום בם[:]וממשפט
1QH 4 1.8	וברית פותו בם ויבוא[:
1QH 20 1.2	לכ[:] לשפוט בם [:]˙ רקיע
1QH 20 1.5	[˙[ ] בם בעבור [
1QM 1.2	המדבר ילחמו בם : כ˙[
1QM 11.17	[כיא תלחם בם מן השמ[ים
1QM 16.11	אל ולבחון בם כול חרוצי
1QS 3.18	רוחות להתהלכ בם עד מועד
1QS 4.22	תמימי דרכ כיא בם בחר אל
1QS 5.12	אשר תעו : בם לאשמה
1QS 5.12	ברית לעשות בם (מ)שפטים :
1QS 6.24	אשר ישפטו בם במדרש יחד
1QS 6.24	אם ימצא בם איש אשר
1QS 8.20	אשר ילכו בם אנשי התמים
1QS 9.10	היחד לתיסר בם : עד בוא
1QS 9.12	למשכיל להתהלכ בם עם כול חי
1QS^b 1.2	אם]תו ויבחר בם לברית: עולם
1QS^b 3.23	אשר : בחר בם אל לחזק

1QM 1.5	לכול גורל בליעל והיתה
1QM 1.13	יתאזרו חיל בליעל למשוב
1QM 4.2	אל בעברה על : בליעל ובכול
1QM 11.8	להפיל גדודי בליעל שבעת :
1QM 13.2	ו]זעמו : שם את ב[לי]על ואת
1QM 13.4	וא[רו]ר בליעל במחשבת
1QM 13.11	ואתה : עשיתה בליעל לשחת
1QM 13.16	[בליע]ל למעמד
1QM 14.9	] בממשלת בליעל ובכול
1QM 15.3	כול חיל : בליעל הנועדים
1QM 18.1	אל הגדולה על בליעל ועל כול
1QM 18.3	על כול המון בליעל בעת
1QS 1.18	נסוים בממשלת בליעל ובעוברם
1QS 1.24	בממשלת : בליעל [וכו]ל
1QS 2.5	אנשי : גורל בליעל וענו
1QS 2.19	יומי ממשלת בליעל הכוהנים
4Q176 8+ 1.15	עוד מעת[: בלי]על לענות
4Q178 10 1.1	]בליעל[:]˙עו[
4Q511 18 2.5	שפתי ולוא בליעל : [
4Q511 103 1.4	]˙ גבורתו :]בליעל :]˙נעו
4pPs^a 1+ 2.11	מכול פחי : בליעל ואחר
4QBer 10 2.1	יזעמ[ו] את בליעל: ואת כול
4QBer 10 2.2	ואמרו ארור[ב]ליעל
4QBer 10 2.6	כול בני בלי[על] בכול
4QCat^a 2+ 1.8	מתאבל בממשלת בל[יעל
4QCat^a 2+ 1.10	]אשר ה[ב]ליעל ונסלו
4QCat^a 10+ 1.4	את :]˙ל אנשי בליעל וכול
4QCat^a 12+ 1.4	]למים על : ב]ליעל
4QCat^a 12+ 1.6	במחשבל בליעל ויחזק
4QCat^a 12+ 1.7	בני אור מיד בליעל[:]˙˙˙[
4QCat^a 12+ 1.11	וירושלים[: ב]ל[יע]ל וכול
4QCat^a 12+ 2.2	הע˙[ ]ם[: בליעל י[:
4QCat^a 12+ 2.7	א<ו>ל את˙[: בליע[ל : אנשי[
4QFl 1+ 1.8	מכ[ול : בני בליעל המכשילים
4QFl 1+ 1.8	באו במחשבת[ב]ל[י]על
4QFl 1+ 2.2	להתם[: בליעל ונשאר ש[
4QFl 4 1.3	העת אשר יפתח בליעל :]לבית
4QM1 8+ 1.7	בנו בממשלת בלי[על] :
4QM1 14 1.6	]ולשפוך[: בליע]ל לכל[
4QM6 3 1.5	עת[: גור]ל בליעל והיתה
4QPs^f 2 10.10	אין : בקרבך בליעל תרם ידך
4Tstm 1.23	ארור אחד בליעל : עומד
5Q13 5 1.2	˙מה [:]˙יד בליעל ולוא י[
11Ap^a 5.3	]עולם :]בני בל[יעל [
11Mel 1+ 2.12	פשרו על בליעל ועל רוחי
11Mel 1+ 2.13	ויבצ]ל[ו] בליעל ומיד כול
11Mel 1+ 2.25	יצי]ל[מה מי]ד בליעל ואשר אמר
11Mel 2 3.7	יתמם[ו] בליעל באש[
11Mel 2 3.7	[˙˙˙[ ]בליעל ומרו ה[
11QT 55.3	[ב]ני [בלי]על מקרבכה
CD 4.13	האלה יהיה : בליעל משולח
CD 4.15	שלושת מצודות בליעל אשר אמר
CD 5.18	האורים ויקם בליעל את יחנה
CD 8.2	לכלה ביד בליעל הוא היום
CD 19.14	לכלה ביד בליעל : הוא
CD 12.2	בו רוחות בליעל : ודבר
1QH 8.34	יד :]לי בלכדה בכבל
CD 2.17	ועד הנה בלכתם בשרירות
4Q405 20+ 2.5	מרכבות כבודו בלכתמה ל[
1QS 1.25	מלפנינו ב(ה)לכתנו : [
CD 20.29	גם אבותינו בלכתנו קרי
6QApo 1 1.1	]בלל˙[:]מן די
1QH 2.39	צאצאי[הם] :] בלמודיכה ו˙[:
1apGn 21.25	צבוין ועם מלך בלע כול אלן

4Q381 46 1.8 ב˙ ˙[ ] בם ורוחך ˙ ˙[ ]
4Q400 1 1.11]רבו בם לפי סוד[
4Q400 1 1.15 חרת למו בם יתקדשו כול
4Q400 2 1.6 מה נתחשב [ב]ם וכוהנתנו
4Q402 7 1.3 מ]רחפות במ˙[: פ]לא ˙[
4Q497 4 1.2]˙[:]˙חם בם[ ]˙[:]
4Q502 68 1.2]˙ ˙ ˙ ˙[:]˙ במ[
4Q502 102 1.1 ימיו לב[ו]א במ[
4Q503 166 1.1]במ˙ ˙[:]חו˙[
4Q503 198 1.1]במ˙[
4Q504 1+R 2.8 פיכה ותתאנף בם להשמידם
4Q504 6 1.17 ה]אדם וחי בם ב˙[:
4Q509 16 4.5]נערים תעתעו בם : ל]וא
4Q509 209 1.2 ˙ך ˙ ˙[:]˙ם ˙במ˙[:]הולל˙
4Q509 257 1.2]י ר[:]ה בם[ ]˙ ˙[
4Q511 1 1.7 לו יתהלכו בם כיא הופיע
4Q511 18 3.6 במ[ ]˙[
4Q511 24 1.4]גדופיה[ם:]ו בם [:]פחז ו[
4Q511 165 1.2]˙ ˙זרעם[:]בם ל˙[
4Q512 78 1.1]במ[: י]ברך[:
4Q512 80 1.1]ה במ[:]לעם[
4Q512 81 1.1 במ˙[: לכול[
4Q512 112 1.1 [במ˙[:] ל˙ ˙[
4Q512 145 1.3 [:]אתה[:]ל במ[
4Q512 177 1.1]או במ[:] בם [
4Q512 177 1.2]או במ[:] בם [
4Q513 10 2.3 [ו]אין לערב במ˙[: אותם
4apLm 1 1.6]ניחוח אין בו במ˙[ ] :
4apLm 1 1.11]באי מועד אין בם כל ערי :
4QCat[a] 17 1.1]במ[:]˙ב˙[:
4QM2 1 1.9 [אשר נפלו בם ג]בורי
4QM6 30 1.1]במ[:]<[ ]˙ ˙>˙ו
6Q23 4 1.1]ות במ[
11QPs 28.10 𐤉𐤄𐤅𐤄 אלוהים בם וישלח
CD 2.17 כי רבים : תעו בם וגבורי חיל
CD 2.17 חיל נכשלו בם מלפנים ועד
CD 2.21 אשר חרה אפו בם : בה תעי
CD 3.4 בני יעקב תעו בם ויענשו לפני
CD 3.14 אשר תעו בם כל ישראל
CD 5.13 הם מדברים בם כלם קדחי אש
CD 19.31 וחרה אפ אפו בם ובכל :
CD 20.32 אשר : נשפטו בם אנשי היחיד
CD 12.17 יטמא הנוגע בם וכל כלי
CD 12.21 למשכיל להתהלך בם עם כל חי

1apGn 19.27] במאכל שגי

3Q15 11.16 בתכך אצלם : במבא די[רת

1QS 10.3 למעון כבוד במבוא מועדים
4Q402 1 1.1]˙ם במב[וא

4Q405 23 1.8 בקול רנה במבואי אלי דעת

4Q370 1.5 מטר[ו]אבדם במבול ˙[

1QH 6.35 שוטף בל יבוא במבצר [: ˙ ˙ ˙ ˙]

1QH 5.8 ותשמני : במגור עם דיגים

1QM 18.1 [ ]ל ממשלתו במגפת עולמים :

1QM 1.3 העמים לחנות במדבר ירושלים
1QS 8.14 כאשר כתוב במדבר פנו דרך
4Q176 1+ 1.7 קול קורה : במדבר פנו דרך
CD 3.7 ויכרת : זכורם במדבר להם בקדש

1apGn 21.30 לאיל : פרן די במדברא ותבו

1QH 1.29 רוח שפתים במדה ותוצא

1QS 7.3 ואשר יכחס במדעו : ונענש
1QS 7.5 או יעשה רמיה במדעו ונענש

1QS 6.24 אשר ישפטו בם במדרש יחד על
1QS 8.26 דרכו : במושב במדרש ובעצה

1QS 8.4 עם כול ב( )מדת האמת

1QS 5.17 נשמה באפו כיא במה נחשב הואה
4Q184 1 1.16 זד[ו]ן ˙[ ]במה בל פרוכי[ם
4Q405 23 1.10 קודש ואין במה דולג עלי
4Q405 52 1.2 [˙]˙[:]במה [
4Q513 2 2.4 מ]לאכי ולכפר במה <בהם>
4QMes 1.1 תרתין א[ ] במה [
11QT 32.15 העולה מתערב במה : [
11QT 33.14 יהיו מעלים במה את הקרבים
11QT 36.7 הבאים במה :
11QT 36.8 וה[יו]צאים במה רוחב השער
11QT 59.5 שוממים במה והמה
11QT 60.10 בני היונה כי במה בחרתי מ<ן>
CD 6.10 להתהלך במה בכל קץ
CD 10.12 איש : אל יטהר במה כלי וכל

CD 1.18 בחלקות ויבחרו במהתלות ויצפו

4Q511 30 1.5]הרים וגבעות במוזנ[ים

1QH 3.11 וחבלי מרץ במולדיהם

1apGn 20.30 וימא לי מלכא במומה די לא [

1QH 2.28 גליהם ואני במוס לבי כמים

4Q511 16 1.3 ˙[:]אוכלת במוסדי עפרו[:

1Q34[b] 2+ 1.3 לתקופ[: הארץ במוע[ד
1QM 2.6 <אלה> יסרוכו במועד שנת
1QM 3.7 זכרון נקם במועד : אל ועל
4Q381 1 1.8 ב[ח]דש למועד במועד ליום
4Q503 64 1.4 לנו ללילה במוע[ד :]
4Q512 29+ 1.6 שם[:]לפניכה במוע[ד :]˙תני
4pPs[a] 1+ 3.3]יחים ברעב במועד ה[תע]נית

11Mel 2 3.10 עמוד וכפר˙[ ]במועדה[:]˙ ˙[

4Q503 45+ 1.2]˙ ˙[ ]ם[:]במועדי [:]˙כ
4Q503 48+ 1.5 וש˙[:]שלישי במו[עדי
4Q508 13 1.2]מכה במועדי כבוד
4Q508 30 1.2 ות ˙ ˙ ˙ ארץ במועדי :]˙ ˙ ˙ ˙
4Q509 3 1.7 [ע]שב במועדי דשא ו[
4Q509 32 1.3 ש]מחי רצון במועדי[:]˙[
4pHs[a] 2.16 יוליכו במועדי הגואים

1QH 1.17 ומש[ ]ט : במועדיה לממש [

1QH 4.12 תעותם להתהולל במועדיה<ם>
1QS 10.5 בתכונם לזכרון במועדיהם : (

CD 1.3 מנאציו : כי במועלם אשר

1pMic 17+ 1.4 ותל]כו במועצותם ל[מען

1Q38 4 1.5 כל אל[ה :]במוצל[י

1QH 4.34 כמים מוגרים במורד כי זכרתי

1pHab 8.3 עמלם ואמנתם : במורה הצדק ואף

1QS 7.10 ישכוב וישן במושב הרבים
1QS 7.10 הנפ( )<ט>ר במושב הרבים :
1QS 8.26 אם תתם דרכו : במושב במדרש

1QM 2.14 כול [יפ]ת במושבותיהם
4QM6 13 3.4 כו]ל בני יפת במושב[ותיהם

11QT 39.9 עולם : לזכרון במושבותיהמה

1QM 2.14 למ[שפחותם במו]שבותם
4QM6 13 3.3 המלחמ[ה : במוש]בותם

4Q405 23 1.12 לוא ישפוט במושבי אפ

1pMic 10 1.3 הפ]תאים ומה במות יהודה : [

4Q512 77 1.3]ם רשו] :]במותו [:]ר

1pMic 1+ 1.3 [במ]ותי האר[ץ
1QM 12.11 ורגלכה על במותי חלל מחץ
4Q403 1 2.2] : במותי דעת

11QT 50.21 אשר יגע בהמה במותמה : [
11QT 51.2 בהמ[ה ב]מותמה יטמא :

11tgJ 30.4 אבן חזיתה במזהר : כחרא

4Q511 35 1.2 אפי אלוהים במזוקקי

11Mel 2 3.8 ומרו ה[: במזמ[ות ל]בבם

1QH 4.21 ולא רמיה [ב]מזמת לבכה
1QH 46 1.3] : [˙ יש במזמת [
4QMI 14 1.4 והיתה[:]˙[ ]במז[מת :

6Q15 3 1.2 במז]מתו
CD 5.19 ואת : אחיהו במזמתו בהושע

11QT 40.11 ב[ו] שערים במזרח ושלושה

11QT 23.12 דמו למזבח במזרק ונת[ן
11QT 26.6 על[ה : את דמו במזרק הזהב אשר

11QT 34.7 א[ת] במזרקות :

4Q502 130 1.2 [˙˙ [:]במח[:]˙ק˙ [

CD 6.4 נדיבי העם במחוקק הבאר

CD 6.9 לכרות את הבאר במחוקקות אשר

1QS 5.17 אשר לוא במחיר כאשר

CD 10.23 כי אם היה במחנה : בדרך
CD 13.5 ובא הכהן ועמד במחנה והבינו :
CD 13.16 למבקר אשר במחנה ועשה

1QM 3.5 שלום אל במחני קדושיו

1QS[a] 2.15 כמ[עמדו] במחניהם

1Q31 2 1.3 כ˙[: ובחירי[: במחנים[:

4Q185 1+ 3.15 ואם ד˙[:]במחש[בות
4QBer 10 2.4 וזעומים המה במחשבות נדת
CD 2.16 ולא לתור במחשבות יצר

1QH 4.14 רוש ולענה במחשבותם : ועם
1QH 4.19 למען יתפשו במחשבותם אשר

4QCat[a] 12+ 1.6]˙מה ואחיהמה במחשבל בליעל

1QM 13.4 וא[רו]ר בליעל במחשבת משטמה
1QM 13.4 רוחי גורלו במחשבת : רשעם
4Q503 51+ 1.13 [: ה]ודיענו במחשבת בינתו

4QBer 10 2.2 ארור[ב]ליעל ב[מ]חשבת
4QBer 10 2.3 ג]ו[ר]לו במחשבת רשעמה :
4QFl 1+ 1.8]מה כאשר באו במחשבת[

1QS 11.11 כול ודול הויה במחשבתו יכינו

4QMI 8+ 1.15] בו]ערת במחשבי

11tgJ 35.3 א[ ]˙˙ : במטל עינוהי

1QH 8.9 ע[ ]מים כי במטעתם יתשגשגו

1QH 12.36]ו במי ב[:]˙ה
1QS 3.4 ולוא יטהר במי נדה ולוא
1QS 3.9 בשרו להזות במי נדה
1QS 3.9 נדה ולהתקדש במי דוכי
4Q512 1+ 1.4 כב[ ]˙ח˙ במי דוכ[י]˙˙[
4Q512 42+ 2.5] : כל יטהרו במי רח[ץ]
4Q512 56+ 1.1 רח]צתני במי [

1QH 3.24 מה אני מגבל במים ולמי
1QH 8.19]עופרת במים אדירי[ם :
1QS 5.13 אל יבוא במים לגעת
4Q512 33+ 1.5 [ ] :]במים [
4Q512 29+ 1.4] משגה [: ב]מים ו[
4Q512 11 1.3 את בגדיו במ[ים : וכסה
4Q512 51+ 2.7 בגדי[ו] במים [: יברך
4Q514 1 1.6 ירחצו : וכבסו במים וטהרו
4Q514 1 1.9 ירחצו וכבסו במים וטהרו
11QT 45.16 את כול בשרו במים חיים אחר
11QT 49.13 יכבסו במים ביום אשר
11QT 49.17 אל הבית ירחץ במים ויכבס
11QT 51.5 בגדיו ורחץ במים ובאה השמש
CD 10.10 ימיהם על הטהר במים אל : ירחץ
CD 10.11 אל : ירחץ איש במים צואים
CD 11.4 כי אם : כיבסו במים או שופים
CD 12.13 אשר תרמוש במים והדגים אל
CD 12.14 יבאו באש או במים : עד הם

4Q512 15 1.2 עוו] אשמה :]במימי :]ורחץ :
CD 10.13 וטמא מימיו במימי הכלי :

4Q379 12 1.7 ושוטק : [ב]מימיו מן

CD 12.14 וכל החגבים במיניהם יבאו

1QH 2.29 ורגלי עמדה במישור : מקהלם
1QH 3.20 עולם ואתהלכה במישור לאין
1QS[b] 5.22] : [ו]להוכיח במי[שור לע]נוי
11QPs 21.13 דרכה רגלי במישור כי

4Q487 8 1.4] אל:]˙ו ‹ב›מכול:] אל י

1QH 11.5]ה ומול שפתי במכון רנה
1QH 18.29 פיכה[:]במכון עולם

1QH 7 1.5 ושמחת עולם במכונו ˙[:

11tgJ 13.7 לרוחא[: במכילה במעבד[ה

1pHab 5.14 ויספהו במכ[מרתו

4Q502 162 1.3 פ˙[:]˙˙ות במל[

4Q176 17 1.4 כול א[יש :]במלאך פ˙[:]

11QT 34.10 את הנתחים במלח ומרחצים
11QT 34.11 ומולחים במלח ומקטירים

1QH 8.24] גזעו בחרלים במלחה ופלגיו :

4QCat[a] 2+ 1.8 מתאבל[ ]במספר שמות[:

4Q184 1 1.11 שחת וה[י]א במסתרים תארוב

4Q503 11 1.4 עמנו במעמד ~~במע~~ יומם[:
4Q503 42+ 1.1]במע֯[ ]ם֯ [:
4Q509 116 1.1]ד במע[
6QHym 5 1.2 מל]אכי צדק במע[: י]חזקו

11tgJ 13.6 ארעא י֯[: במעבדה לרוחא[
11tgJ 13.7 במכילה במעבד[ה:

11tgJ 30.2 אן הוית במעבדי ארעא

4Q184 1 1.17 בל ערוכי[ם : במעגלי יושר

1QH 10.32 ומשענתי במעוז מרום ו֯֯

1QH 5.13 ותצל נפש עני במעון אריות
1QH 12.2]ה לבטח במעון ק[
1QH 9 1.7 ותכנע :]יכה במעון כבודכה
1QM 12.2 כול צבאם אתכה במעון קודשכה
1QS 3.19 האמת והעול במעון אור
1QS[b] 4.25 כמלאך פנים במעון קודש
4Q403 1 2.19 קורב סוד שני במעון פלא
4QM1 11 1.20]במעון הקודש

4Q400 2 1.5 אלוהים יספרו במעוני עומדם
4Q403 1 2.23 השר מלאכי מלך במעוני פלא
4Q405 8+ 1.3 סו]ד : שני במעוני פלא

4Q400 2 1.6 וכוהנתנו מה במעוניהם

11QT 50.10 וימות ילדה במעיה כול

1Q35 2 1.1]֯֯ במעין חיים : [
1QH 8.6 עצי : חיים במעין רז

CD 10.8 את העדה כי במעל האדם :

4Q370 1.2 ויאמרו אל במ[עלי]ליהם :

4Q374 2 2.3 גוים באף[: במעלליהם ובנדת

4Q504 1+R 6.6 אבותינו במעלנו ואשר

1QH 3.21 רב להתיצב במעמד עם : צבא
1QH 4.36 ורוחי החזיקה במעמד לפני נגע
1QH 11.13 ולהתיצב במעמד לפניכה
1QH 1 1.11 אתמוכה :]֯מה במעמד העמדתני
1QS 6.12 לרבים אשר לוא במעמד האיש
4Q181 1 1.4 לעדת קודש במעמד לחיי
4Q405 7 1.4]רא[שי]ם במעמד֯ ֯[:]֯[
4Q405 23 2.7 קדשיהם במעמד פלאיהם
4Q503 11 1.4 ועדים עמנו במעמד ~~במע~~
4Q514 1 1.11]וד בו[מע]מד א֯[
CD 20.5 יום ישוב לעמד במעמד אנשי

1QM 2.3 משמרותם איש במעמדו ישרתו
1QS[a] 1.22 יעמודו איש במעמדו : על פי
4Q405 20+ 2.14 אחד א[ח]ד במעמד[ו]

11QSS h+ 1.7 א[לוהי :]קורב במע[מדי :]פלא

4pPs[a] 1+ 4.27 לפ]ני אל במעני לשון

3Q15 6.7 תחתו : כב : במערא של הכנא
3Q15 7.8 ארבע מאות : במערא שאצלה

11QT 30.7 שבע אמות במערב צפונו

1pHab 2.13 וגבורים : במלחמה לאבד
1QM 1.13 [ל]נחשיר במלחמה שלושה
1QM 3.8 יד גבורת אל במלחמה להפיל
1QM 7.12 לחזק ידיהם במלחמה וביד
1QM 12.5 לרשות יד : במלחמה]
1QM 15.7 את [במלח]מה וענה
1QM 16.13 ולמתקרבי[ם במ]לחמה יתקעו
1QS[a] 1.21 עדה : ולהתיצב במלחמה להכניע
4QM1 1+ 1.3 לרשות יד[ב]מלחמ[ה
4QM3 1 1.8 לשלוח יד במלחמה ובמלא

1QH 6.35]כרתו֯֯֯֯ : במלחמות זדים
4QM1 1+ 1.14]ם במלחמות כלה

1QM 9.5 להשמיד אויב במלחמת אל לכלת
4Q402 4 1.10]אלוהים במלחמת שחקים

1QM 16.14] ידיהם במלחמתו : וענה
4QM1 11 2.12 [א]ת ידיהמה במלחמתו ו[ענה

1apGn 2.4 במרה רבותא במלך כול
1apGn 2.7 הדא ב[: במלך כול עלמים
1apGn 2.14 לך בקדישא רבא במלך ש[מיא :

1QM 19.7 כבוד ור[ד]ינה במלכות :
1QM33 2 1.2] : [֯נה במלכות] :

1QM 1.4 גדולה להלחם במלכי הצפון
4QM6 3 1.3 ל[ה]ל[ח]ם ב[מלכי :

1pHab 4.2 על נכבדים במלכים : ושרים

1QM 12.15 ורדינה ב[מ]ל[לות

CD 14.20 א[ ]ר[ ]ק[ ] בממון והוא

4Q503 15+ 1.6 קודשים[:]בממשל אור

1QH 1.11] לרוחות עולם בממשלותם

1pHab 2.13] בממשלת :
1QM 14.9] בממשלת בליעל
1QS 1.18 ומצרפ : נסוים בממשלת בליעל
1QS 1.23 אשמתם וחטאתם בממשלת : בליעל
1QS 3.23 ומועדי צרותם בממשלת משטמתו
1QS 4.19 בדרכי רשע בממשלת עולה עד
4Q405 23 1.12 כ[י]א ירחם בממשלת עברת
4QBer 10 2.8 וז]עום אתה במ[מש]ל[ת] :]
4QCat[a] 2+ 1.8 אשר היה מתאבל בממשלת בל[יעל
4QM1 8+ 1.7 חסדיך בנו בממשלת בלי[על]

1QM 13.10 וכול רוחי אמת בממשלתו ואתה :
1QS 3.22 ופשעי מעשיהם בממשלתו : לפי

11tgJ 27.8 ומ]דינתהון בממתין : ויפרק

4Amrm 1 1.12 אדם ואמרו לי במן מננא אנת[ה

4Q403 1 2.20 ראשי נשיאים במנה פלאיו

4Q403 1 1.40 לאלוהי עז : במנת רוח רוש

6apGn 6 1.1]להון במס֯[

4Q503 33 1.9]למלכות :]במסב:]של[ו]ם

4Tstm 1.15 אשר : נסיתו במסה ותרבהו על

4Q185 3 1.4 ברי[ת : ש]פט במסורת[

1QH 13 1.2] :]שפת הביא במספר :]תו

4Q403 1 1.11 סודיה]ם במקדש[
4Q403 1 2.22 כוה[נות]שבע במקדש פלא
4pHs[b] 20 1.2]˙[ ]˙[׃]ם במקדש יש[ראל ׃
11QT 47.12 אשר יזבחו ׃ במקדש בהמה

11QT 47.16 העורות אם ׃ במקדשי תזבחוהו

1pPs 8 1.2 ˙[׃ תופפו]ת במקהלות ברכו

1QS 6.6 ואל ימש במקום אשר יהיו
4Q381 33 1.11 לאזכרתיך [במקו]ם ק[דשך]
4Q381 50 1.4 וירה ובשקפה במקום [׃]˙˙ם
4Q511 37 1.2]˙י˙[ ]˙[במקום ˙[׃
11QT 16.12 מחו[ץ ׃ במקום מובדל
11QT 52.9 שנה בשנה במקום אשר אבחר
11QT 52.16 ושמחתה לפני במקום אשר
11QT 66.4 <את האשה> במקום רחוק
CD 11.14 ישבית [א]יש [ב]מקום קרוב ׃

CD 13.12 וכתבוהו במקומו כפי

1QH 8.4 נ]תתני במקור נוזלים
4Q511 44+ 1.1]יו במקור ׃˙[ ]

4Q381 31 1.3 [ ]˙במקם קדש[

4Q502 9 1.5 ונערים ׃]˙ה במקנינו ומרמש

3Q15 2.13 שבמזרח כחלת במקצע ׃ הצפני

1Q34[b] 3 2.6 בריתך להם במראת כב[ו]ד
4Q509 97+ 1.8 ברי]תכה להם במראת׃ [

1QH 45 1.5]איש זודן במרבי מעל וע[

1apGn 2.4 ועד בעליא במרה רבותא

1pHab 9.13 לביתו לשום ׃ במרום קנו לנצל
1QH 46 1.4 [׃]שפוט במרום]
1QS 7.5 ידבר את רעהו במרום או יעשה

11tgJ 9.5 אלהא מ[בד ׃ במרו]מה האיתי

1QM 14.14 נפלאותיכה במרומי[
4Q511 41 1.1]במרומי רום

4QM1 8+ 1.13 במ[רומי[כה]]

1QM 17.8 בשר ושמח צדק במרומים וכול
4Q503 15+ 1.2 כ[׃ קו]דשים במרומ[ים ׃ ש]ם

1pHab 9.11 בנגע לכלה במרורי נפש
1QH 5.12 ושועתי שמעתה במרורי נפשי ׃
1QH 5.34 עיני ונפשי במרורי יום תח
1QH 8.37 [ ]˙˙[ ]או במרורי[

11QT 43.12 קדש והיושבים במרחק מן המקדש

11QSS 5+ 1.8]˙ במשא]

1QH 3.9 בחבליה כיא במשברי מות

1QS[a] 1.5 פן ישגו במ[שגותיהמ]ה ׃

4QFl 1+ 1.9 נ]פשו לבליעל במשגת א[ ]˙

1QH 2.19 בינות להלבט במשגתם ׃ אודכה

1QM 3.11 גילות אל במשוב שלום
4Q403 1 1.39 פיהו והודותם במשוב יד
4QM6 11 4.4 חצ]וצרו[ת ׃ במ]שוב [

4QM3 1 1.3] יד במערכות ׃

4QM1 1+ 1.10 מלאכי קודש במערכותמה יח[ד

1QM 8.17 על מעמדם (במערכת) ׃ [
1QS 10.14 מוצא שפתי במערכת אנשים ׃

3Q15 2.3 בכרין ׃ במערת בית המרה
3Q15 6.1 שבע כב ׃ [ב]מערת העמוד

1Q40 9 1.1] במעש[׃

1Q34[b] 3 2.7 [ ] קודשך במעשי ידיך
1pHab 10.12 שוו ולהרותם ׃ במ[ע]שי שקר
1QH 5.16 במצ˙[ ]˙ב במעשי אש וככסף
1QH 7.32 הבל להתבונן במעשי פלאך ׃˙˙
1QH 11.4 ותשכילני במעשי פלאכה
1QM 14.12 עם קודשכה במעשי אמתכה
1QS 1.21 את צדקות אל במעשי גבורתום
1QS 11.20 בן <ה>אדם במעשי פלאכה ׃
4Q381 93 1.1]ו אבתי במעשי ד˙[׃]ל
4Q401 20 1.2 א˙[׃]נבון במע[שי
4Q509 97+ 1.9 ב]מעשי ידיכה
4QM1 8+ 1.11 ו]אנו עמכה [ב]מעשי אמתכה
5Q13 1 1.9 [׃]˙ל להבין במעש[י ׃]בת
CD 1.1 צדק ובינו במעשי׃ אל כי
CD 2.14 לראות ולהבין במעשי ׃ אל
CD 13.7 את הרבים במעשי ׃ אל

2apMo 1 1.6 עם אחד ב[מ]עשיך[׃

1QS 4.16 מעשיהם במפלגיהן לפי

11tgJ 5.1 עינו]הי במפלתה ומ˙[׃

1QH 5.16 ותביאהו במצ˙[ ]˙ב
4Q498 8 1.1 [במצ˙]
4Q504 20 1.1]במצ[׃]תה [

1QH 4.12 להתפש במצודותם כי

4Q501 1 1.7] במצוותיכה ואל

1QH 3.6 נפש באוניה ב[מ]צולות ˙˙ ׃
1QH 3.14 כמלחים במצולות כי

1QH 5.17 עלי רשעי עזים במצוקותם וכול

CD 3.12 ובמחזיקים במצות אל ׃ אשר
CD 8.19 הזה לכל המואס במצות אל
CD 19.5 וכל המאסים במצות ׃ ובחקים
CD 19.32 לכל ה[מ]אס במצות ׳ ~~די וע~~

5QJN 1 1.5 [ו]מצ[יעא במצ]יעת קריתא

4pPs[a] 1+ 1.25 לו ואל תחר במצליח דרכו

1QH 5.29 מעמד וישיגוני במצרים לאין
1QM 1.4] הכתיים במצרים ובקצו
4Q185 1+ 1.15 נפלאים עשה ׃ במצרים ומופתיו
CD 3.5 משגותם ובניהם במצרים הלכו

1apGn 19.10 ע[בו]רא ה[וא] במצרין ונגדת ׃
1apGn 22.28 תנה ושבע במצרין וחדא ׃

1QM 16.15 עמו יבחן במצרף ולוא [
1QM 17.9 התחזקו במצרף אל עד
4QM1 11 2.12 עמו יבחן במצרף לוא [מ]

4Q176 22 1.1 [וגם אף ב<מ>קדוש] ׃

Reference	Text
1QM 13.4	וזעום הואה במשרת אשמתו
4QBer 10 2.3	וזעום הוא במשרת אשמתו
4Q503 56+ 1.8	]בׄמשרתי˙[ ]
11QT 50.6	חרב : או במת או בדם אדם
1QS 3.3	ולוא יצדק במתור שרירות
1Q25 7 1.1	]בׄן [:] מידה
1QDM 1.3	אתה : ואלע[זר ב]ן אהר[ון]
1QDM 1.11	מושה לאלעזר בן : [ ]
1QH 4.10	רמיה וזמו עלי (בנ) בליעל
1QH 16.18	[ ]ל[ ] בן אמת[:]ה
1QM 6.14	שלושים שנה עד בן חמש וארבעים
1QM 6.14	שנה ועד בן חמשים והמה
1QM 7.1	שנה ועד בן חמשים
1QM 7.1	שנה ועד בן ( )<ש>שים
1QM 7.2	שנה ועד בן חמשים וכול
1QM 7.3	שנה ועד בן שלושים וכול
1QS 11.20	ומה אפ הואה בן <ה>אדם
3Q15 1.5	שבעשרה: בנפש בן רׄבׄה השׄלׄשי
3pIs 1 1.1	חזון ישעיה בן א[מוץ:
4Q184 4 1.4	ימלׄא וא[:]בן אדם ורוחו
4Q385 2 1.5	[ ] בׄן אדׄם הנבה על
4Q502 122 1.1	]בׄנׄ[:]˙ וׄ˙]:
4Q502 234 1.1	[בנׄ]
4Q502 269 1.1	]בנ[:]םׄ ˙]
4Q509 86 1.2	[˙] :]שלוׄ בנׄ˙]
4pHsb 11+ 1.2	[בן ˙˙]
4QFl 1+ 1.1	יוסי]ףׄ בן עולׄהׄ[
6QPrPr 1 1.5	[: בן יוצדק אשר[:
6QHym 2 1.7	שמח[:]מר בן ישחק [:
11QPs 28.3	הללויה לדויד בן ישי קטׄן
11QPs 27.2	ויהי דויד בן ישי חכם
11QT 39.5	דור רבי[עי] בן: ישׄראׄל [
11QT 54.19	ישיתכה אחיכה בן אביכה או בן
11QT 54.19	בן אביכה או בן אמכה או
11QT 57.3	עשרים שנה ועד בן ששים שנה
11QT 64.2	כי יהיה לאיש בׄן סׄורׄר ומורׄהׄ
11QT 66.13	כנףׄ אחיהו בן אביה או בן
11QT 66.13	בן אביה או בן אמו כי נדה
CD 4.13	ישעיה הנביא בן : אמוץ לאמר
CD 4.15	אמר עליהם לוי בן יעקב : אשר
CD 7.10	בדברי ישעיה בן אמוץ הנביא
CD 8.20	ירמיהו לברוך בן נריה
CD 11.2	אל ישלח את בן הנכר לעשות
CD 14.7	שלושים שנה עד בן ששים מבונן
CD 14.9	שלשים שנה עד בן חמשים שנה
1QH 6.2	˙˙˙˙˙ [: לבי בנאצ˙˙ ˙˙] :
11QPs 27.11	כול אלה דבר בנבואה אשר נתן
1QM 4.5	רנות : אל בנבל עשוׄר ואת
4Tstm 1.9	נאום בלעם בנבעור ונאם
4Q511 35 1.3	עולמים וטהרה בנברים והיׄוׄ :
1QH 17.8	מרוח כו[:]˙ בנגיעי ב[
4Q183 1 2.7	את עוונם בנגיעי[הם :
1QH 8.27	ומ[ ]ע לׄ˙ : בנגיעים ואהיה
1pHab 9.11	לענותו : בנגע לכלה
4Q512 1+ 1.16	ואתׄ[:] בנגע נדה
11QT 49.4	את עריכמה בנגע הצרעת
1QH 15.10	]ואהבכה בנדבה ובכול לב

Reference	Text
CD 6.1	ביד משה וגם : במשיחו
6Q15 3 1.4	מש]ה וׄג[ם]במשיחׄי הקודש[:
3Q15 6.11	אמות תשע כב : במשכן המלכא
4Q405 20+ 2.7	˙˙ הכבוׄד במשׄכׄ[ן [ ]
4Q403 1 1.36	כֻול מעשיו : במשלחׄם רננו
1QSa 1.11	ולהתׄ[י]צב במשמע משפטים :
1QM 2.2	ששה ועשרים במשמרותם ישרתו
4QM4 1 1.5	[: [וע]שרים במשמרותׄםׄ
1QM 3.6	ומשוׄב חסדים במשנאי אל ועל
4QM6 12 4.1	במשנא]יׄ אל [:
4Q405 13 1.4	כׄבׄוׄדׄוׄ הששי במשני :
11QSS j+ 1.8	]˙ו במשני ם[:
1QH 1.6	] וארוך אפים במשפ[ט]
1QH 2.24	בעבור הכבדכה במשפט רשעים
1QH 4.20	ותכרת במ[שפ]ט כול
1QH 4.26	הארצות להכרית במשפט כול :
1QH 4 1.11	אפׄהׄ[:]אני במשפט ושב אל
1QM 6.3	חללי און במשפט אל : כול
1QM 6.5	להפיל חללים במשפט אל
1QM 14.5	שארית ולהרים במשפט : לב נמס
1QS 7.8	אשר לוא ( )<ב>משפט ונענש
1QS 7.18	אשר לוא במשפט ונענש
1QS 9.7	אהרון ימשלו במשפט ובהון
1QSb 2.26	] : ויחוננכה במשפט צדק [
4Q381 45 1.4	ואל תתנני במשפט עמך אלהי
4pIsd 1 1.5	] : מאירים במשפט האורים
4pPsa 1+ 4.11	]אשר יראו במשפט רשעה ועם
4QOrd 5 1.3	בני לוׄ[י :]בׄמשפט ואשר
11QT 51.12	יכירו פנים במשפט ולוא
11QT 58.18	הגדול ושאל לו במשפט האורים :
11QT 58.20	עד אשר ישאל במשפט האורים :
CD 14.22	] לא במשפט [ ]
1QH 57 1.3	] [במשפטו [: בו
1pHab 9.1	] : נגועו במשפטי רשעה
1QH 1.23	בינה ונבעתה בׄמשפטי צדק מה
1QH 9.10	באמתכה ואבחרה במשפטי ובנגיעי
1QS 3.5	יומי מואסו במשפטי : אל
1QS 4.2	ולפחד לבבו במשפטי : אל
4Q403 1 1.39	וירצו דעתם במשׄפׄטי פיהו
4QM1 11 1.17	יועדני וידמה במשפטי : כ]יׄא
11Mel 1+ 2.23	]נק[ם :]במשפט[י] אל
11QSS 2+ 1.2	[ש]לׄ[ו]מיו במשפטי]
1QSa 1.8	[מו]סרו במשפטיהמה עשר
1QH 17.13	] במשפטיך :]˙ה
4Q381 76+ 1.12	]˙יׄ יהוה ישב במשפטיכם לשפט
1QS 9.10	לבם ונשפטו במשפטים
CD 20.27	וכל המחזיקים במשפטים האלה
CD 20.31	אמתו : והתיסרו במשפטים
1QH 9.15	לא יצדק : כול במ[שפ]טכה ולא
1QH 4 1.10	]יכה ומי יזכה במשפטכה ומה
1pHab 7.16	ו]לוא ירצו במשפטם ˙[ ]ל[
1QM 17.2	אשר התקדש אל במשפטם לעיניׄ [
1QS 6.20	אל יגע במשקה הרבים עד

1apGn 2.5 ע[למים ׃ [ ] בני שמ̇ין עד
1apGn 2.16 ולא מן כול בני שמ[ין ׃
1apGn 12.10 מבולא ̇ ̇ ̇ כול בני שם כולהון
1apGn 12.16 לבני ולבני בני ולנשי
1apGn 19.13 ועלנא לארע בני חם לארע
1apGn 22.33 בנין וחד מן בני ביתי
1QDM 1.3 וצויתה [א]ת בני ׃ ישרא[ל
1QDM 2.11 לדב]ר מושה אל ב̇נ[י ישרא[ל
1QDM 4.5]ב̇ני יש̇ר[אל] ׃
1QH 2.24 בי נגד בני ׃ אדם כיא
1QH 3.22 ביחד עם עדת בני שמים ותפל
1QH 4.32 רחמיו על כול בני ׃ רצונו
1QH 5.11 סתרתני נגד בני אדם
1QH 5.15 <בי> לנגד בני אדם הפלתה
1QH 6.11 עצתכה בתוך בני אדם לספר
1QH 6.29 בקץ משפט וכול בני א[מ]תו
1QH 6.30 [׃ רשעה וכול בני אשמה לא
1QH 7.11 לשון לכול [ב]ני אשמה כי
1QH 7.29 ח( )מתךה וכול בני ׃ אמתכה
1QH 11.6 כבודכה בתוך בני אדם וברוב
1QH 11.9 ורחמיכה לכול בני רצונכה כי
1QH 11.11 להיחד [ ] בני אמתך
1QH 2 1.10 אלים להחיד עם בני שמים
1QH 10 1.8 הוד[ ]̇ בני איש ב̇יך[
1QH 11 1.4 ש [׃]̇ ̇רוחם ב̇ני איש לפי
1QH 37 1.2 ובפק[׃]כה בני ̇[
1QM 1.1 משלוח יד בני אור להחל
1QM 1.1 להחל בגורל בני חושך בחיל
1QM 1.2 מרשיעי ברית בני לוי ובני
1QM 1.3 בשוב גולת בני אור ממדבר
1QM 1.9 ימים לכול בני אור וביום
1QM 1.11 וקהלת ׃ אנשים בני אור וגורל
1QM 1.13 גורלות יחזקו בני אור לנגוף
1QM 1.16]̇ אמת לכלת בני חושך אז ׃
1QM 2.11 ילחמו בשאר בני ארם בעוץ
1QM 2.12 ילחמו בכול בני אשור ופרס
1QM 2.13 המלחמה על כול בני חם ׃
1QM 3.6 אפו בכול בני חושך ׃ ועל
1QM 3.9 נגף אל כול בני חושך לוא
1QM 11.6 ו̇קרקר כול בני שית ׃ וירד
1QM 11.14 אמתכה בכול בני איש ולעשות
1QM 13.16 לכלות כול בני חושך ושמחה
1QM 14.17 [כו]ל [ב]ני חושך ואור
1QM 16.11 [ ] לפגשת בני חושך וחללי
1QM 17.2 ואבי]הוא בני אהרון אשר
1QM 17.8 במרומים וכול בני אמתו יגילו
1QM 17.8 עולמים ואתם בני בריתו ׃
1QM 18.2 אשור ונפלו בני יפת לאין
1QNo 11 1.1 כ]ל בני[׃]ל
1QS 1.9 ולאהוב כול בני אור איש ׃
1QS 1.10 אל ולשנוא כול בני חושכ איש
1QS 1.23 את עוונות בני ישראל וכול
1QS 2.16 מתוכ כול בני אור בהסוגו
1QS 3.13 וללמד את כול בני אור
1QS 3.13 בתולדות כול בני איש ׃ לכול
1QS 3.20 ממשלת כול בני צדק בדרכי
1QS 3.21 כול ממשלת בני עול ובדרכי
1QS 3.22 תעות ׃ כול בני צדק וכול
1QS 3.24 גורלו להכשיל בני אור ואל
1QS 3.25 עזר לכול ׃ בני אור והואה
1QS 4.5 חסדים על כול בני אמת וטהרת
1QS 4.15 תולדות כול בני איש
1QS 4.22 עליון וחכמת בני שמים
1QS 5.2 ומשובים על פי בני צדוק
1QS 5.21 בתורה על פי בני אהרון
1QS 9.7 בתמים ׃ רק בני אהרון
1QS 9.14 להבדיל ולשקול בני הצדוק
1QS 11.8 קדושים ועם בני שמים חבר
1QS 11.15 אנוש וחטאת בני אדם להודות
1QS[a] 1.2 על פי משפט בני צדוק
1QS[a] 1.15 [פ]י בני ׃ [אהר]ון

1QS 9.24 הנעשה בו ירצה בנדבה וזולת

1QH 14.24]בנדבת ׃]ותשנא

1QH 17.19 ונעוית ל̇ ̇ ̇כי בנדה התגוללתי
4Q512 33+ 1.9]לה ׃]̇וה בנד]ה׃]ר

CD 6.15 הרשעה הטמא בנדר ובחרם ׃

4Q381 69 1.2 לנדת טמאה בנדת טמאה
11QT 45.10 ולוא יבואו בנדת טמאתמה אל
11QT 48.16 בהיותמה בנדת טמאתמה
11QT 48.17 יטמאו בתוכם ׃ בנדת טמאתם

4pN 3+ 3.1] ׃ הגוים בנדתם
CD 12.2 את עיר המקדש בנדתם כל

11QPs 24.5 אל תמנע ממני בנה נפשי ואל

11tgJ 23.7]ה ׃ בנהור תחזא הא

4Q381 6 1.2 יג[׃]̇ו בנהר̇י[ם ׃]ל[

1QM 18.8 ענינו כטובכה בנו ואתה אל
1QS 1.26]משפטו בנו
4Q503 24+ 1.4 א]שר בח[ר] בנו מכול
4Q504 1+R 2.13]]ל[ ]̇ב̇נו בכול לב
4Q504 1+R 3.7 כיסר איש את ׃ ב̇נו ות<ר>~~בבנו~~
4Q504 1+R 3.11 אפכה ותדבק בנו ׃ [ ]̇[
4Q504 1+R 6.8 <אשר השלחתה בנו את
4Q508 4 1.2] אשר בחר בנו ובריתו [׃
4Q509 5+ 2.3] [ ]̇[׃]̇ ̇בנו לקראתנו
4Q509 5+ 2.6 האלות[׃ [ב]נו כאשר
4Q512 122 1.1]בנו מ[׃]ה̇ ̇ ̇[
4Q517 20 1.1]ב̇נו ו̇[ ]̇לם
4QM1 8+ 1.7 חסדיך בנו בממשלת
4Tstm 1.16 לוא הכיר ואת בנו לוא ׃ ידע
6apSK 49 1.1]בנו[
11QT 52.6 ושה אותו ואת בנו לוא תזבח
11QT 60.17 בכה מעביר בנו ובתו ׃ באש
CD 20.30 ואמת משפטיך בנו׃ ולא ירימו

1QM 11.9 פדותכה [בנו]ח ובשלום

4Q500 1 1.3]יקב תירושכה [ב]נוי באבני[׃
11QT 12.10]]̇ ̇ ̇ ̇ם בנוי כולו׃

11QT 42.9 ולגג ונשכות בנוית וחדריהמה

1QM 19.7 ב]נות [ע]מי
4Q504 1+R 3.16] ׃ לקחת בנות[
4apLm 1 2.13 קמה מפ[ני ׃ בנו<ת> ציון
4QM2 1 1.7 ילחכו ב]נות עמי
11QT 57.16 ישא מכול ׃ בנות הגויים כי

4Q508 4 1.1]ה[ ]בנותיה
4apLm 2 1.5 כעזובה וכל [בנ]ותיה
4apLm 2 1.8 מרורים ׃ וכל בנותיה כאבלות

11QT 63.5 (̇)הערופה בנחל ועני

4pPs[a] 1+ 4.12 בחירו ישמחו בנחלת אמת ̇[

1QH 2 1.16 בנחלתו [׃]ל̇

1QH 6.8 בעמכה ושארית בנחלתכה ותזקקם

CD 1.16 גבלו ראשנים בנחלתם למען ׃

1Q23 20 1.4] ׃ [כל בני [׃]תו ̇]
1Q45 9 1.1] בני [

1QS[a] 1.23 על פי בני אהרון
1QS[a] 1.24 צבאותם על פי בני צדוק
1QS[a] 2.3 בישראל : לפני בני צדוק
1QS[b] 3.22] את בני צדוק
3Q14 16 1.1]ע בני]
3Q15 11.9 ככ : בקבר בני העבט הירחי
4Q181 1 1.1]˙]ל בחטאת בני אדם
4Q181 1 1.2 מולדתם מסוד בני ש[מים]
4Q184 1 1.17 ולפתות בחלקות בני איש
4Q185 1+ 1.9 רוחתיו ואתם בני אדם א[
4Q185 1+ 2.3 מ]שפט שמעתי בני יצל תמרו
4Q374 11 1.2]מך[:]שי בני ל˙[
4Q378 14 1.1]ויבכו בני]
4Q380 1 2.3 אשר לכל ב[נ]י ישראל [
4Q385 2 1.4 אני אראה את בני ישראל
4Q385 3 1.3 למען יירשו בני ישראל [
4Q499 30 1.2]˙מ[:]בני[
4Q501 1 1.2 נחלתכה זכור בני בריתכה
4Q501 1 1.5 וראה חרפת בני : [
4Q502 48 1.2]˙ על כול בני[:] כול
4Q502 181 1.2]˙˙[:]בני [
4Q503 7+ 1.3 שערי או[ר :]בני בריתכה
4Q503 48+ 1.8 אשר[ע]מ בני צדק וצדק[
4Q503 79 1.4 ו[עשרים : ב]ני יש[ראל
4Q504 1+R 3.6 [לי]שראל בני בכורי
4Q510 1 1.7 תעניות בני או[ר]
4Q511 1 1.8 באמריו וכול בני עולה לוא
4Q513 10 2.2]˙א[: [וא]ת בני ישראל [:
4Q513 11 1.2 מהמה :]ת בני ישראל :]
4Amrm 1 1.12 על כול בני אדם ואמרו
4apLm 1 2.5 עלומיה שוממו בני ˙[: מלפני
4pIs[a] 2+ 2.5]כיא[ ]בי בני[ ] :
4pIs[c] 11 2.4] : אנו בני מל[כי
4pIs[c] 22 1.3 אשר דרך[:] בני צדוק [:
4QBer 10 2.6]ועומים : כול בני בלי[על]
4QCat[a] 10+ 1.7]המכשילים את בני האור :
4QCat[a] 12+ 1.7 יעזור לכול בני אור מיד
4QCat[a] 12+ 1.11 ונאספו כול בני א[ור : הע
4QFl 1+ 1.8 להמה מכ[ול : בני בליעל
4QFl 1+ 1.8 להכשיל ב[ני : או[ר]
4QFl 1+ 1.17 המה בני צדוק
4QM1 8+ 1.14 יפו]צו [כול] בני חושך ואור
4QM1 11 1.18]כבודי<א> עם בני המלך לוא
4QM1 11 2.9] : [ב]ני חושך
4QM1 24 1.4 יחד עם בני אלים[:]
4QM3 1 1.1 והכוהנים בני אהרון
4QM6 3 1.7 ל<כול>][ב[נ]י חושך
4QM6 2+1 1.6 מאמ]צת לבב ב[ני : מ]משלתו
4QM6 13 3.4 ה[שנים : כו]ל בני יפת
4QMes 2.1] נפל לקדמין בני שחוה [:]
4QOrd 5 1.2]ימותו פשר[: בני לו[י :
4QTeh 2 1.1]לרעה מתוך בני הא[ור
4Tstm 1.13 וקרקר את כול בני שית :
5Q25 3 1.2 ר˙˙רה [:]י בני יעקוב[
6Q19 1 1.1 די בני חם[:]
6apGn 26 1.4 ˙] : ובחן ˙[: בני ˙˙]
6apSK 41 1.2]˙˙[:]בני[
11Ap[a] 5.3]עולם :]בני בל[יעל
11Mel 1+ 2.8 בו על כול בני א[ל
11Mel 1+ 2.14] כול בני אל והפק[יד
11QT 9.13]וערכו הכוהנים בני : [ ]ד
11QT 14.12 איל אחד כבשים בנ[י : [מ]ל[בד
11QT 17.13 ואיל וכבשים בני שנה שבעה :
11QT 21.8 וישמחו בני ישראל
11QT 21.15 [מ]טות ב[ני יש]ראל
11QT 22.3 כבשי]ם ב[ני [
11QT 22.4 ושחטו בני לוי א[ת :
11QT 22.11 יוציאום אל בני ישראל
11QT 22.11 ישראל ונתנו בני ישראל
11QT 23.7 [ש]נים עשר בני יעקו[ב :]
11QT 24.11 ב] יעשה לעולת בני יהודה אחר
11QT 24.13 יעשה עולת בני י<ה>וסף
11QT 25.5 כבשי]ם ב[ני] שנה
11QT 25.13 איל אחד כבשים בני שנה שבעה (
11QT 26.11 את כול עוונות בני ישראל עם :
11QT 27.2 על <כול> בני ישראל
11QT 28.10 שנים כבשים בני שנה ארבעה
11QT 29.5 תמיד מאת בני ישראל לבד
11QT 34.13 הכוהנים בני אהרון את
11QT 37.5 זבחי שלמי בני ישראל ˙˙˙˙
11QT 37.12 זבחי : שלמי בני ישראל
11QT 39.6 כול ע[ד]ת בני : ישראל ˙˙
11QT 39.12 על שמ[ות] : בני יש[ר]אל
11QT 40.3]בני ישראל ולוא
11QT 44.11 אשר אצל בני יהודה עד
11QT 45.14 שוכן בתוך בני ישראל
11QT 46.7 יהיו עולים בני ישראל אליו
11QT 51.6 והזהרתמה את : בני ישראל מכול
11QT 51.8 שוכן : בתוך בני ישראל
11QT 55.3 יצאו אנש[י]ם [ב]ני [בלי]על
11QT 57.2] בני ישראל מבן
11QT 58.19 יבוא הוא וכול בני ישראל אשר
11QT 60.10 מן המאה מן בני היונה כי
11QT 63.3 ונגשו הכוהנים בני לוי כי
11QT 64.6 מקרבכה וכול בני ישראל
11QT 64.10 את עמו <ו>את בני ישראל
CD 3.1 בם : בה תעי בני נח
CD 3.4 ברית לעולם בני יעקב תעו
CD 4.1 מקדשי בתעות בני ישראל :
CD 7.21 וקרקר : את כל בני שת אלה
CD 20.34 על כל בני תבל וכפר
CD 9.2 ולא תטור את בני עמך וכל
CD 10.7 ועשרים שנה עד בני ששים שנה
CD 12.4 לא יומת כי על בני האדם :
TS 1 1.3 מועדי יהוה אל בני ישראל :
TS 1 1.4 לאמור צו את בני ישראל
TS 3 1.2 וליצהר :] בני ישראל

4apLm 2 1.9]ו על לחיה על בניה :]˙[
11tgJ 31.9]˙˙˙א על בניה תיאש[:]

4Q502 308 1.1]˙ת בניהם [
CD 15.5 לחוק עולם את בניהם אשר

11tgJ 32.2 מולדהין ילדן בניהן ויפלטן :
11tgJ 32.3 תושר יקשן בניהן ויפק( )ן

11QT 60.11 בשמי הוא וכול בניו כול הימים

11tgJ 35.6 הימלל : עמך בניח או ימלל

4QM1 11 2.15]]ל[: בני]י אמת

4Q381 19 1.1]בניך בי מן [:
4Q381 42 1.1 ת]למד בניך[:]להושיע
4Q381 48 1.2]˙ ול˙[:]בניך מן ˙[:
11QPs 22.7 ממך יגילו בניך בקרבך

1QH 3.8 הריה כיא באו בנים עד משברי
1QH 6.13 ואין מליץ בנים לק[
4Q502 14 1.6 חסד [:]ת בנים <כבו[>
4Q505 126 1.2]˙כה [:]בנים קראתנ[ו :
11QT 48.7 בנים אתמה :
11QT 52.7 תכה אם : על בנים
CD 2.14 התעה : ועתה בנים שמעו לי
CD 7.7 נשים והולידו בנים והתהלכו
CD 19.3 התורה והולידו בנים : ויתהלכו

1QM 1.2 יהודה ובני בנימין גולת
11QT 24.12 יעשה עולת בנימין
11QT 44.14 יוסף עד שער בנימין לבני
11QT 44.15 ומשע<ר> בנימין עד פנת

1QH 25 1.2 ברזי [:]˙ם בסביביה פן

11QT^{b} 54.2 א]שר כנפשכה בסד[: אב]ותיכה

11tgJ 22.5 לי ˙[:]שוא בסדא רגלי וסכר

3Q15 5.5 ש כסף ככ : בסדק שבסככא

4Q510 2 1.4 עולמים בועדת בסו[:]˙˙[
CD 19.16 עברה: כי באו בסד בברית

1Q38 8 1.1]ן בסוד עצתכה [
1QH 4.25]ויערוכו לכה : בסוד קדושים
1QH 11.4 כיא :]˙תני בסוד אמתכה
1QH 11.9 כי הודעתם בסוד אמתכה :
1QH 14.21 ולא אביא בסוד˙[ ]שבי
1QH 9 1.10]א להכין בסוד עמכה : [
4Q181 1 1.3 להתחשב עמו ב[סוד : א]לים
4Q400 1 2.9 ש˙[: כבודו בסוד אל[ים :
4Q401 5 1.4 שבע בש[בעה : בסוד א[לוהים :
4Q502 19 1.1 וישב עמו בסוד ק[דושים
4Q502 23 1.4 ש[: י]שבו בסו[ד : ש]בוע[
4Q502 24 1.4 ו]עמדה בסוד זקני[ם]
4Q502 177 1.1] בסו[ד:]˙ מ˙[
4Q511 10 1.11 נהיי עולמים בסוד אילים
4Q511 28+ 1.3 [ש]מתה דעת בסוד עפרי

4Q511 63+ 2.1 ˙˙די˙[ ]˙הב בסודי : [ ]˙

4Q486 1 1.5]:]דרכיהם:]בסורכם:]˙

1apGn 21.6 סודם וזבן לה בסודם בי :
1apGn 22.1 די הוא יתב בסודם כחדא

CD 11.8 אל בית ואם בסוכה יהיה אל

TS 1 1.1 [בסוכ]ות תשבו
TS 1 1.1 בישראל ישב בסוכות ל[מען
TS 1 1.2]: [כי בסו]כות הושבתי

CD 11.17 אל יעלה איש בסולם וחבל

1pHab 3.10 ידושו את הארץ בסוס[יהם]

11Mel 1+ 2.12 הממ]רים בסורמה מחוקי

4pHs^{a} 1.7 דרכ]ה בסירים

1QS 7.14 יום ואשר ישחק בסכלות להשמיע

1QH 7.30 <תביא> בסליחות לפניכה

1QS 11.4 משען ימיני בסלע עוז דרכ
CD 10.12 כלי וכל גבא בסלע אשר אין

4QCat^{a} 12+ 1.10 שמו ובאו ציון בסמחה

4pIs^{d} 1 1.1 בעין ויסדתיך בספי[רים

1QS 6.7 השנה לקרוא בספר ולדרוש
1QS 7.1) הואה קורה בספר או מברכ
1QS 7.2 הכתובים בספר דבר בחמה
1QS^{a} 1.7 [לל]מדהו בספר ההגי וכפי
2Q25 2 1 1.3]כן כתוב בספר מוש[ה
4Q504 1+R 6.14 שם כול הכתוב בספר החיים]
4pIs^{c} 8+ 1.8] כת]וב בספר זכריה
4QCat^{a} 5+ 1.5] עליהם בספר י[
4QCat^{a} 5+ 1.9 עליה]ם בספר ה[:]ע
4QCat^{a} 5+ 1.11 כתוב עליהם בספר[:]ך ראו
4QCat^{a} 7 1.3 אש]ר כתוב בספר יחזקאל
4QCat^{b} 1 1.4 כ]תוב עליהם בספר ירמ[יה:]

11QT 44.15 המערב לבני בנימין מן הפנה

1apGn 22.33 אהך די לא בנין וחד מן

11QT 33.9 אמות ו[כ]ול בנינו ומקרותיו

11tgJ 32.9 התקפר[ב]ניריה

1apGn 21.1 אל לאתרא די בנית תמן בה

1QH 36 1.2]˙נה [:] בנך ולספר [

1QS 10.21 דרכ לוא אנחם בנכאים עד תום

11QT 54.19 או בן אמכה או בנכה או בתכה :

1apGn 20.33 אנה אברם בנכסין שגיאין

4pHs^{b} 20 1.3 יש[ראל :] בנם ובע]

11QT 64.4 אל זקני עירו בננו זה סורר :

4Q504 1+R 6.7 ולוא מאסנו : בנסויכה

MasSS 1.1]עשה פלא בנסתרות עד ובל

11QT 53.17 אביה בשבועה בנעוריה ושמע

1QH 3.27 לאין תקוה בנפול קו על

1QH 10.4 כי תשכילנו בנפלאות כאלה

1QH 9.7 תשוחח נפשי בנפלאותיכה ולא
1QH 11.28 שכל דעה להבין בנפלאותיכה ˙[

4Q381 31 1.2]ב˙[:]אשיח בנפלאתיך כי אל

3Q15 1.5 בכרין שבעשרה: בנפש בן רבה
11tgJ 5.5 דן ימות בנפ[ש :]˙ אכל
11QT 61.12 עליו נפש בנפש עין בעין

1apGn 19.23 י]תירא בנפשה די לא

11QPs 28.5 אמרתי אני בנפשי ההרים

1QH 11 1.9] קודש וכאשר בנפשך ˙[:

4Q504 5 2.8] : וכאשר בנפש]כה

1QH 10.32 ˙˙˙ עמל ויבול בנע לפני˙[ ] :

1QM 16.14 את : לבבם ב[נקמת [
1QS 1.11 איש באשמתו : בנקמת אל וכול

4Q403 1 1.17] : בנש[יאי רו]ש
4Q403 1 1.19] החמיש[י] : בנש[יאי [
4Q403 1 1.21] הששי בנשיאי רוש
4Q403 1 1.23 [השב]יעי בנשיאי רוש :
4Q405 3 2.6 צ]דק בש[בעה : בנשיאי רוש
4Q405 13 1.2 [החמי]שי בנש[יאי] :]
4Q405 13 1.7 והשבי]עי[ב]נשיאי מש[ני

4pIs^{b} 2.2 ירדפו מאחרי בנשף יין :

1apGn 20.34 לה אנתה מן בנת] [
5Q20 1 1.1]בנת חרש נ˙[:]

1QH 13.14 אלה ולהשכיל בס˙[
1QM 6.16 וכולם עתודים בס]

1QS 3.2 בעצת יחד כיא בסאון רשע

1QM 2.11 תוגר ומשא אשר בעבר פורת
4Q405 20+ 2.14 כול דגליה[ם] בעבר[

1QM 4.1 יכתובו אף אל בעברה על :

1apGn 21.33 עומרם : נפל בעגיאין]

1QDM 24 1.1 לכפ]ר בעד [:]כי ת[
1QH 3.18 דלתי שחת בעד הרית עול
1QH 3.18 ובריחי עולם בעד כול רוחי
1QH 5.14 אלי סגרתה בעד שניהם פן
1QH 8.11]ל שכתה בעד פריו ברז
1QH 15.6 ק[: רחמי[: בעד[: כי<א>[:
1QM 2.5 לרצון אל לכפר בעד כול עדתו
1QS 8.6 רצון לכפר בעד הארץ ולהשב
1QS 8.10 לרצון לכפר בעד הארץ
1QS 11.14 טובו יכפר בעד כול
4Q400 1 1.16 ויכפרו רצונו בעד כול שבי
4Q400 3 1.1]בעד לרום הפלא
4Q502 301 1.1] בעד[
4Q504 1+R 2.10 כפר מושה : בעד חטאתם
4Q511 30 1.3 אתה אלי חתמתה בעד כולם ואין
5Q16 1 1.4]˙ [ ]˙[:]בעד שאול
CD 2.5 סליחות : לכפר בעד שבי פשע
CD 3.18 ברזי פלאו כפר בעד עונם וישא
CD 14.14 ממנו יתנו בעד [יתו]מים

1QS 10.25 דעת אשוב [בע]דה גבול
4Q400 1 1.4 בדביר כבודו בעדה לכול אלי

1Q34b 3 1.4]דשן בעדי שמים
1QH 2.21 החיים : ותשוך בעדי מכול
1QH 5.33 לצוקה וישוכו בעדי בצלמות

4QM1 1+ 1.4]˙ יכפרו בעדכמ[ה

CD 4.7 אשר כפר : אל בעדם ויצדיקו
CD 4.10 כן יכפר אל בעדם ובשלים
CD 20.34 תבל וכפר אל בעדם וראו

1QS 10.15 ידי להדשן בעדני תנובת

1QH 7.34 גורלי ב<ע>דת שו
1QH 11 1.10]לשמך תב[ ] בעדת˙ [
1QSa 1.9 משפ[ח]תו ליחד בעד[ת] קודש
1QSb 1.5 ויוריכ]ה בעדת קדוש[ים]
4Q401 11 1.3]צדק כוהן בעד[ת
4QM1 11 1.12 כסא עוז בעדת אלים בל
4QM1 11 1.14 ומכוני בעדת קודש לוא
CD 1.12 בדור אחרון בעדת בוגדים :

11Mel 1+ 2.10 אלוהים [נ]צב בע[דתאל] בקרוב

CD 13.10 עשוק ורצוץ בעדתו : וכל

11Ber 1 1.12 מ]כשול בעדתכם וחיה
11Ber 1 1.14 [בעדתכם ושם

1QSa 2.9 מלאכי : קודש [בעד]תם ואם יש
CD 2.1 ויחר. אף : אל בעדתם להשם את
CD 3.9 ויחר אף אל : בעדתם ובניהם

1QM 12.9 המלח[מה] בעדתנו וצבא

11QPs 19.15 אל אתקלה : בעווה אל תשלט

1pHab 4.8 בידם והרסום בעוון היושבים
1pHab 9.9 ה[ר]שע אשר בעוון מורה :
1QH 4.29 פלאות והוא בעוון : מרחם
1QS 11.12 לעד ואם אכשול בעוון בשר
4Q509 12i+ 1.4]ן : בעוונ[ו]אין

4QFl 1+ 1.2 כאשר כתוב בספר :]
4QFl 1+ 1.15] : אשר כתוב בספר ישעיה
4QFl 1+ 1.16 כתוב עליהמה בספר יחזקאל
4QFl 1+ 2.3 אש]ר כתוב בספר דניאל
6apSK 21 1.3]משפטו ˙[: בס]פר התור[ה
CD 5.2 ודויד לא קרא בספר התורה
CD 10.6 ששה מבוננים בספר ההגו
CD 13.2 איש כהן מבונן בספר ההגו על :
CD 14.7 בן ששים מבונן בספר :] [

11tgJ 33.2 בתקף[: בס( )רוהי אימה

1QM 5.4 סדו( )<ר>ים בסרך מעמד איש
1QS 1.16 וכול הבאים בסרכ היחד
1QS 2.20 ברשונה בסרכ לפי
1QS 2.21 בשלישית בסרכ זה אחר זה
1QS 5.23 וכתבם בסרכ איש לפני
1QS 6.22 ליחד יכתובהו בסרך תכונו
1QSa 1.21 גוים רק בסרך הצבא

1QSa 1.23 העדה איש בסרכו על יד

4Q381 37 1.3]יד :]מכל :]בסרדי :]ל[

1QH 8.18 יביעו מחובאים בסתר[
4Q380 5 1.2]˙[:]בסתר ממנו יה[
4Q511 8 1.6]˙˙י אל בסתר שדי ˙[:
11Apa 5.3 סלה [ ] בסתר] [
11QT 54.20 אשר כנפשכה בסתר לאמור :

1QH 17.12 וחטאה ולכפר בע[ ]˙
1QH 64 1.3 ל˙חות[:] ˙בע˙]
2Q29 3 1.2 לפני[: בע]
4Q487 29 1.1]בע˙[:]˙רל ˙[
4Q504 37 1.2]ה˙[:]בע˙˙[
4Q508 22+ 1.1 א]שר רחמנו בע˙[: ר]וב
4Q509 10 4.4 רעיתה וב[: בע[ ]תכה [:
4Q511 169 1.2 ב]רוך[:]בע˙[
5Q17 2 1.2]˙˙[:]לקח בע[:]אם מ˙י˙[

1QH 4 1.16]ותפגע בעבדכה זות

1QSa 1.16 להתי[צב]בעבוד<ו>ת :

1pHab 10.11 לוגיע רבים בעבודת שוו
1QH 6.19]˙˙ בעבודת צדק :
1QS 4.9 ושפול ידים בעבודת צדק רשע
1QS 4.10 ודרכי נדה בעבודת טמאה :
1QSa 1.19 יתנו משאו ב[עבו]דת העדה

1QS 5.14 לוא ייחד עמו בעבודתו ובהו(

1Q69 10 1.2]˙[:]בעבור ˙[
1pHab 8.2 אל מבית המשפט בעבור עמלם
1pHab 8.10 ויבגוד בחוקים בעבור : הון
1pHab 9.11 במרורי נפש בעבור [א]שר
1pHab 10.11 עדה בשקר : בעבור כבודה
1pHab 10.12 עמלם לריק בעבור יבואו :
1QH 2.24 גרו : על נפשי בעבור הכבדכה
1QH 4.28 לנגד רבים בעבור כבודכה
1QH 20 1.5]˙[ ] בם בעבור]
1QM 11.4 פעמים רבות : בעבור רחמיכה
4Q176 28 1.2]˙[: לי בעבור ה[:˙˙]
CD 1.18 נקם : ברית בעבור אשר דרשו
CD 12.7 מן הגוים : בעבור הון ובצע
CD 12.7 ישא מהונם כל בעבור אשר לא :
CD 12.9 מהורים לגוים בעבור אשר לא

1QH 9 1.6 בה כול :]˙ם בעבותי רוח

1QH 5.36 כי נאסר˙˙ בעבותים : לאין

5Q25 2 1.1]שטים בעזרי וב˙[:]˙

1QM 1.16 קדושים יופיע בעזרת [

1QM 13.13 ונגילה בעז[רתכה

3Q15 10.9 אבן שהזדוגא בעזת שתין : הו

4pIs[c] 12 1.9 ˙˙˙[:] בעי˙ ו˙[:]˙ה

1QS 3.3 לדרכי אור בעין תמימים :
4Q504 3 2.7 בכבוד[:]בעין נראיתה
4pIs[d] 1 1.1 ישראל כפוך בעין ויסדתיך
11QT 61.12 נפש בנפש עין בעין שן בשן יד

4Q370 1.2 הם אז עשו הרע בעיני אמר יהוה
11QT 55.16 יעשה את הרע בעיני : לעבור

4Q381 10+ 1.2 לוא[:]ורע בעיניו כי
CD 3.6 איש הישר בעיניו ויאכלו
CD 8.7 איש הישר בעיניו :

1QH 14.18 עשות מכול הרע בעיניך וכן
1QH 16.18] טוב בעיניך אל תשב
1QH 17.24]הטוב בעיניך :]לתם

4Q504 5 2.7]: הרע בעיניכה צוית[
4Q506 125 1.2 וימצ]או[חן בע[יניכה :]ו

CD 19.20 את : איש הישר בעי[נים]

1QH 6.25 ואהיה : כבא בעיר מצור
4pN 3+ 4.7] : מעוז בעיר מאויב
4pN 3+ 4.8] : אויביהם בעיר[
4QCat[a] 12+ 1.5 פשרה צדיקים בעיר כיא רוח
11QT 62.10 וכול אשר יהיה בעיר כול שללה
11QT 66.3 לוא זעק[ה] : בעיר ואת האיש
CD 12.1 איש עם אשה בעיר המקדש

11tgJ 26.6 די פרשנא מן בע[ירי

11Mel 1+ 2.3] שמוט כול בעל משה יד אשר

1apGn 20.25 נה לשרי לאברם בעלה : ויתוך
4apLm 2 1.6 וכעזובת [בע]ל[ה] כל

4Q513 2 2.2] : בעלות לבני

4pIs[a] 2+ 2.27 [:]]רה בעלותו מבקעת

1apGn 2.4]אנא ועד בעליא במרה

3Q15 10.1 ה[מים] : דרום בעליאה השנית

CD 9.11 גנב בו ישביע בעליו : בשבועת

CD 5.16 ויחר אפו בעלילותיהם כי

4Q504 6 1.5]˙ור ˙א[ ]ת בעלילותיכה

CD 9.13 מושב אשר אין בעלים והתורה
CD 9.15 ואין : לה בעלים והיתה
CD 9.16 אם לא נמצא לה בעלים הם ישמרו

4QMes 1.4 ידע ˙˙ליה : בעלימותה להוה

4apLm 2 1.8 כאבלות על על בע[לן

4Q381 13 1.1]˙ טמא בעלת וטמא נאצת
4pN 3+ 2.7 זונה טובת חן בעלת כשפים

11QT 51.14 וטמא הבית בעוון : החטאה

4Q504 1+R 2.15 בע]וונותינו

4pN 3+ 3.4 ורבים יבינו בעוונם ושנאום

4Q504 1+R 5.19 <אל> בעווננו העבדנו

1QM 14.16 אל אלים והנשא בעו[ז : [כו]ל
4QM1 8+ 1.14 אל אלים והנשא בעו[ז מלך

1QH 7.6 כי סמכתני בעוזכה ורוח :
1QH 18.13 אשר סמכתה בעוזכה
1QM 14.11 נופלים בעוזכה ורמי
4QM1 8+ 1.9 בעוז]כה ורמי

11QPs[b] b 1.3 אל אתקלה בע[ויה

1QH 3 1.9 רשעה[:]ו בעול ותמו כול
4Q184 1 1.3 וכליותיה מק[: בעול נגעלי הוה
CD 14.9 בן חמשים שנה בעול בכל : סוד

1Q34[b] 3 2.5 כי לא תחפץ : בע[ול]ה ורשע
1pHab 10.6 ויכונן קריה בעולה הלוא :
4Q507 1 1.2 ינו ˙˙[: ואנו בעולה מרחם
4Q509 97+ 1.5 תחפ]ץ בע[ול]ה[

11QPs 22.10 מי זה מלט : בעולו נבחן אדם

4Q511 3 1.1]בעולמ[י]ם כיא[

4Q405 23 1.2]בעומדם [
4QCat[a] 10+ 1.6]איש על מצורו בעומדם :
4QM2 1 1.12] ˙[יחד בעומדם ע]ל[
11QSS 3+ 1.2 לו]א יתמהמהו בעומדם [

1QS 11.19 קודשכה ולהביט בעומק רזיכה

4QM3 1 1.10 להם טר[י]פים בעונותה בצאתם

CD 1.8 אדמתו ויבינו בעונם וידעו כי

11QT 48.6 כול : נבלה בעוף ובבהמה

1QM 2.11 בשאר בני ארם בעוץ וחול תוגר
4QM5 6+ 2.4 ו]בשנית :]בעוץ:

4pHs[a] 2.6 יפחדו טהם בעורונם

11QT 47.11 בתוכה כי בעורות אשר
11QT 47.13 את מקדשי בעורות זבחי :
11QT 47.17 טהרת המקדש בעורות המקדש
11QT 47.18 מקדשי ועירי בעורות

1QM 12.11 חיל תן ידכה בעורף אויביכה
1QM 19.3 חיל תן ידכה בעורף אויביך
1QS 5.26 בתלונה : או בעורפ [ ]

4Q504 4 1.7 [:]]בעורפם [אתה
4Q506 132 1.7 ק]שו] בעורפם : [

4Q381 46 1.9 לה : [ ]˙ ואש בעור[ת

1QS 8.3 ולרצת עוון בעושי משפט :

1QS[b] 5.24 וה[כיתה] בעז [פי]כה

CD 3.11 ויסגרו : לחרב בעזבם את ברית

1QH 19 1.2]˙ הוא ותבן בעזר את ˙˙[:
1QM 1.2 אשור ועמהם בעזר מרשיעי

בשרם יכשולו בעצת אשמתם : 4pN 3+ 2.6
התורה אשר בעצת היחד ואל 4pPs[a] 1+ 2.15
אשר לוא הלך בעצת רשעים פשר 4QFl 1+ 1.14
רוחו ישפטו בעצת : הקדש: CD 20.24
יגדפו כי אם בעצת חבור CD 12.8

[˙˙˙] [˙˙]: [בעצתך]: [5Q18 1 1.2

אמתכה להכינם בעצתכה לכבודכה 1QH 6.10

ומשפחות יובדו בעצתם נ[כ]בדים 4pN 3+ 2.9

<ישראל[ ]> בע]רב יברכו 4Q503 1+ 2.6
עשר לחו[דש ב]ערב יברכו 4Q503 29+ 2.12
ל]חודש ב[ע]רב יברכו 4Q503 33 1.18
ל]חודש[ב]ערב יבר[כ]ו 4Q503 42+ 1.4
]בערב[4Q503 64 1.1
ב[ ]˙˙[:] בערב [:]ה ל˙˙ 4Q503 72 1.8
בע]רב יברכ[ו 4Q503 76 1.1
]ביער בערב תלינו 4pIs[e] 5 1.4

דרך •••• ישרו בערבה מסלה 1QS 8.14
דרך •••• ישר ב[ערבה] מסלה 4Q176 1+ 1.7

]בערוך המלחמה 4QM1 1+ 1.16

וימירום בערול שפה : 1QH 2.18

בע]רי 4Q512 7+ 1.3
הנתונים בערי : ישראל 11QT 58.4

יביאו לה כי בעריהמה יהיו 11QT 47.8
אשר הניחו בעריהמה 11QT 58.15

למקדשי ואם בעריכמה 11QT 47.16
ואדם כי ימות בעריכמה כול 11QT 49.5

] : בער[יפיה 4pIs[b] 3.3

עשר לחודש בערם [:]˙ים 4Q503 11 1.2

והצנע לכת : בערמת כול וחבא 1QS 4.6
והצנ]ע לכת בערמת [: 4Q502 16 1.3

ויהיו כלא היו בעשותם את : CD 2.20

] אל בעשק ומעל 1pHab 1.6
להיות אבניה בעשק וכפים 1pHab 10.1

לרפאיא די בעשתרא : 1apGn 21.28

]עב ל<ש>חת בעת עוונו˙[: 1QH 45 1.2
]נ˙˙˙˙ בעת[:]˙ ותשפ[1QJN 16 1.1
המון בליעל בעת ההיאה 1QM 18.3
ככול הנגלה עת בעת : ולאשר 1QS 8.15
מנחת רצון בעת ההיאה 1QS 9.5
הנגלה לעת בעת ולמוד את 1QS 9.13
הנמצא לעשות בעת הזואת 1QS 9.20
אל˙˙ ˙˙˙˙] : בעת אשר כ[ל]ת 4Q379 22 2.7
[˙˙˙ ˙] :]עלה בעת [:]˙˙˙ 4Q381 41 1.2
והרעב והיה : בעת פקדת הארץ 4pIs[b] 2.2
ובאנשי עצתו בעת המצרף הבאה 4pPs[a] 1+ 2.19
ל[וא י]בושו ב[עת 4pPs[a] 1+ 2.27
א]מר כול[:]בעת רעב ואשר[: 4pUn 1 1.2
באחרית הימים בעת אשר יבקש 4QCat[a] 2+ 1.5
בל יקומו : בעת אשר כלה 4Tstm 1.21

פריה [ ] בעתה ולוא : 4QPs[f] 2 9.10

ולקחתי דגני בעתו ותירושי[4pHs[a] 2.8
יורה ומלקוש בעתו ולתת לכם 11Ber 1 1.8

יתעתעו וקלסו בעם רב והוא : 1pHab 4.3
סלע רגלי ˙˙˙˙ בעם ˙˙ [:] 1QH 4.3
עזבתני בגורי בעם ˙˙˙ [1QH 5.5
לכה שם עולם בעם : [1QM 11.14

קוד[ש] בעמו ולמאור [1QS[b] 4.27
חרה אף יהוה בעמו ויט ידו 4pIs[b] 2.8
יהיה איש רכיל בעמו ומשלים את 11QT 64.7
נכר ועושה רעה בעמו : ותליתמה 11QT 64.7

שב[ ]˙קה בעמוד : בצפונו 3Q15 4.1
[˙ אתה בקרבנו בעמוד אש וענן 4Q504 6 1.10
בקרב]נו בעמו[ד : 4Q505 128 1.2
[˙] [ ]˙כ˙[: בע]מוד ענן 4Q506 126 1.2
כן סרר ישרא בעמוד איש CD 1.14

]יספר˙˙[:]בעמים בש[: 4Q509 192 1.2
א]שר היו בעמים[4pHs[b] 11+ 1.4

כלפיד אש בעמיר אובלת 1QM 11.10

ורשע ש[:]בעמך וח˙˙[1QH 14.1

למצער מחיה בעמכה ושארית 1QH 6.8
פלאכה והצדק בעמכה והיו[: 4Q176 1+ 1.1

די בעמן ולאימיא [1apGn 21.29

ואברם שרא בעמק : שוא 1apGn 22.13

קרבא : בעמקא ד[י 1apGn 21.32

]בענ˙˙[:]˙ ˙ל 4Q511 184 1.1

]ם בא˙[:]בעמו˙[4Q504 29 1.3

]˙בעפר : אל אשר 1QH 12.26
[ה]מון בעפר 11tgJ 34.9
כמים וכסיתו בעפר ולוא 11QT 52.12
כמים וכסיתו : בעפר כי הדם 11QT 53.6

מדנים ויבוא בעצ˙˙ : להכשיל 1QH 5.35
ו˙[: נחלתו בעצ[4Q502 21 1.5
]בעץ 4pIs[c] 23 1.17

]תתהללו בעצביכם :]ינו 2apPr 1 1.8

אשר לוא בעצה וחנם עד 1QS 7.11
דרכ וקרבהו : בעצה על פי 1QS 8.19

בלבבי ויגעו בעצמ[1QH 11.21
לוא : תתענה בעצם היום הזה 11QT 25.12
על פני השדה בעצם אדם מת 11QT 50.5

ג[ו]רל :]ם בעצמותם חרפה 1Q34[b] 3 1.3

רע אל ירשו בעצמי כי אתה 11QPs 19.16

הכתיאים : אשר בעצת בית 1pHab 4.11
]בעצת היחד אשר 1pMic 10 1.6
חמס ותביאני בעצת [1QH 6.5
חסר להיחד בעצת אל 1QS 1.8
איש : כגורלו בעצת אל ולשנוא 1QS 1.10
[אי]ש לרעהו בעצת קודש ובני 1QS 2.25
לוא יבואו בעצת יחד כיא 1QS 3.2
איש אשר יהיה בעצת היחד (1QS 7.22
כמוהו לשל[ח : בעצת היחד שנים 1QS 8.1
כול הבא בעצת הקודש 1QS 8.21
מדעת לבי בעצת תושיה 1QS 10.24
בעצת אל כיא[4Q511 48+ 1.1
לבוא ירושלים בעצת דורשי 4pN 3+ 1.2

11QT 37.9 לפני המושבות בפרור הפנימי

CD 13.6 המבקר בפרוש התורה

4Q502 163 1.3 והישר[:]˙ בפרי במ[ן

4QM1 11 1.13 ו]עמודו בפרץ ואל

CD 13.8 נהיות עולם בפרתיה : וירחם

CD 3.17 והם התגוללו בפשע אנוש

1QH 4.35 ואני אמרתי בפשעי נעזבתי

4Q509 12i+ 1.5 מנחם נכשלים בפשעיהם[

4Q504 5 2.6] : בפשעינו ולתור

4QNab 1+ 1.2 בשחנא באישא בפתגם א[לה]א

3Q15 6.3 צופא מזרח : [ב]פתח הצפוני
3Q15 6.9 למזרח חפר בפתח : אמות
4Q184 1 1.10 שערי מות בפתח ביתה תצעד

4Q405 23 1.8 אלי דעת בפתחי כבוד
4QM1 11 1.17 יג<ו>דוניא בפת[חי

4Q520 20 1.2]˙דו [:]בצ˙[
6Q24 2 1.1 בצ˙[

1Q29 2 1.2 הא]בן הימנית בצאת הכו[הן :
4Q405 23 1.10 אלוהים בצאת ובמבוא
4Q503 29+ 2.11 ע]ליכה ישראל בצא[ת
4Q503 92 1.1 בצ[את
4Q503 137 1.2]ה˙˙ם[:]בצאת[

1QM 4.9 אותות העדה בצאתם למלחמה
1QM 7.3 יבואו למחנותם בצאתם :
4QM3 1 1.10 בעונותה בצאתם יתקע[ו

3Q15 6.11 במשכן המלכא בצד : המערבי

3Q15 10.8 בים של גי איך בצדו המערבי :

1QM 13.3 כול משרתיו בצדק וידעיו
1QS 11.16 לב עבדכה הכן בצדק כול מעשיו
4Q511 10 1.10 מעשיו ושופט בצד[ק מ]הויי
4Q511 151 1.2 מ˙[ ]ות[:]˙ בצד[ק
4QM1 11 1.9]בצדק : י]שראל
CD 20.17 מוכיח בצדק ל ושבי

4Q176 20 1.1 בא]מת ולוא בצדקה :]ויהי

4Q381 33 1.6 כי [: עבדיך בצדקך וכחסדיך

1QS 11.12 בשר משפטי בצדקת אל תעמוד
1QS 11.14 יביא : משפטי בצדקת אמתו

4Q511 20 1.1 בצד]קתו

CD 8.14 אמר משה לא בצדקתך ובישר
CD 19.27 לישראל לא בצדקתך וביושר

1QH 4.37 [˙˙˙ש מאשמה בצדקתכה : ולא
1QH 11.31 ומהרני : בצדקתכה כאשר

3Q15 8.14 ברוי של השוא בצויה שבא חפור

4Q374 3 1.3 לפדותך[:]˙י בצו<ק>[:]אש[

1QH 3.7 מלפ˙[ ]אהיה בצוקה כמו אשת

11QPs 22.1 ל : שברכם בעתו

1QS 9.21 הדרכ למשכיל בעתים האלה

1QM 2.10 המחלקות בעתש ועשרים

1QH 8.35 ולשון הגברתה בפ˙ בלא נאספה
1QH 48 1.5 ידי גבורת[:]בפ˙[

1QM 15.1 וגורל אל בפדות עולמים :
1QM 18.11 חסדיכה עמנו בפדות עולמים

1QH 1.31 ולהלל שמכה : בפה כול

4Q503 1+ 2.5] : בפוסחו[

1QH 11.1]תי :]עתי : בפח˙ ˙˙ה˙[

4Q184 1 1.13 ועפעפיה בפחז תרים
4Q184 1 1.15]]˙ להביל בפחז והולכי

1QH 2.17 אשר הכינותה בפי ותלמד(ן)ו
1QH 2.34 לבוז : וחרפה בפי כל דורשי
1QH 6.14 בה והם ישובו בפי כבודכה
1QH 8.16 ואתה אלי שמתה בפי כיורה גשם
1QH 9.11 ותתן : תחנה בפי עבדכה ולא
1QH 11.4 פלאכה ותתן בפי הודות
1QH 11.24 [ ]כה בפי כולם יהולל
1QH 11.25 עד יברכוכה בפי שמ[
1QH 11.33 אלה ותשם בפי עבדכה ˙˙˙˙
1QH 18.10]ור פתחתה בפי עבדכה
1QH 12 1.3 [:]˙להק ˙ש˙ בפי כל מעש˙
1QS 2.9 יהיה לכה שלום בפי כול אוחזי
1QS 10.21 ולוא ישמע בפי : נבלות
3Q15 12.6 וכסף כב : בפי המבוע של
4Q403 1 1.37 רנות פלאו : בפי כול הוגי [
4Q503 42+ 1.3 ישרא]ל בפי כול לש[וני
4QTeh 2 1.4 יהיה לכה שלום בפי כול אוחזי
5Q13 10 1.2]עושי[:]˙ה בפי[:]ל[
CD 6.7 הושבה : פארתם בפי אחד

4Q509 228 1.2]˙מ˙ [:]בפיה מן ˙[:

1QS 7.9 דבר ואשר ידבר בפיהו דבר נבל
4Q513 17 1.2]˙[:]בפיהו ושנת[:
4QOrd 1 2.5 השדה יאכל בפיהו ואל ביתו
4Tstm 1.6 ונתתי דברי : בפיהו וידבר

11QT 53.10 או נדרתה בפיכה : וכי אם
11QT 53.13 נדרתה נדבה בפיכה לעשות :

4Q511 30 1.5 הארץ וישק[ו]ל בפלס[ ]הרים

4pIs[a] 2+ 2.27 עבו ללחם בפל[שת

11tgJ 14.8 ברכת ˙[: בפ]ם ארמלה

1QH 12.5 מאור גדול בפנות ערב

4Q504 6 1.19]˙ים בפניכה[ ]˙ח

4Q381 10+ 1.3 רחמון הוא ולא בפעם ה˙[:]ל

CD 7.9 וכל המואסים בפקד אל את
CD 19.6 רשעים עליהם בפקד אל את

4QTeh[b] 3 1.6 [: בפקדו כל[ה

1QM 12.8 צבא מלאכים בפקודינו :

4Q405 15+ 1.3 אש[ת]פארת בפרוכת דביר

4pIs^c 18+ 1.2 ואב]יוני אדם בקד[וש

4Q400 1 1.3]בקדושי עד
4Q400 2 1.1 מלכותכה בקדושי
4Q402 5 1.2]לוא[:]בקדו[שי :]ם

4Q511 8 1.8 [ ]ל[:]˙ני בקדושיו[:

1apGn 2.14 יאמיא אנה לך בקדישא רבא

11QT 39.12 לוי ויהודה בקדם מורח

4Q405 6 1.8 למעון :]˙˙˙ בקדש קדשים ˙˙[
CD 3.7 במדבר להם בקדש עלו ורשו

4Q401 14 1.7]מלכותכה בקדשי קדושים :

1QS^a 2.4 האדם אל יבוא בקהל אלה וכול
4Q403 1 2.24 ע<ד>ת המלך בקהל ˙[ ] :

1QS 10.9 שפתי אשא בקו משפטו : עם
1QS 10.26 אחלקה : חוק בקו עתים ו[
4Q407 2 1.4]˙˙ קר˙[:] בקו[
4Q484 15 1.1]בקו[

3Q15 9.10 שש עסרה : ככ : בקובעה כף מנחס

4Q503 15+ 1.5]ר ועדים לנו בקוד קודשים[:

4Q407 1 1.5]בקרו[אי :]בקודע[

4Q403 1 1.31 הכבוד המקדיש בקודעו לכול

4Q400 1 1.10 בק]ודש קודשים
4Q401 12 1.1]˙ש בקודש[: שב]עה
4Q404 5 1.7 כול קירותו :]בקודש[
4Q405 19+ 1.4 אמת[ו]צדק בקודש[ק]ודשים
4Q503 15+ 1.4]˙˙ו וכבוד בקוד[ש :]ר
11QT 32.12 בבואם לשרת בקודש [ו]עשיתה

4Q400 1 1.14 וא[י]ן טמא בקודשיהם : [

1QH 3.13 ויהמו שחקים בקול המון
1QH 9.4 בקינה תשא [ ]בקול אנחה :
1QH 11.26 ישמיעו יחד : בקול רנה ואין
1QM 1.11 יחד לגבורת אל בקול המון גדול
1QM 12.15] עמי צרחנה בקול רנה עדינה
1QM 16.8 תרוע]ת מ[לחמה ב]קול גדול ועם
1QM 19.7 [ע]מי הבענה בקול רנה עדינה
3Q15 9.11 כף מנחס הרב : בקול המים
4Q403 1 2.14 דביר לדביר בקול המוני
4Q405 15+ 1.7 למלך הכבו[ד] בקול רנה[: [
4Q405 23 1.8 שעריו : בקול רנה
4Q405 79 1.1]בקול[:]ל[
4Q511 63 3.5 ברית ולה[ר]ים בקול פחד הוי
4QM1 11 2.7 [: [ב]קול גדול
4QM1 11 2.22 יר[י]עו בק[ול [
4QM2 1 1.7 עמי הבענה[ב]קול רנה
4QM3 1 1.6 יגשו ותקעו בקול חד לצאת
11QPs 19.6 שמע : יהוה בקול אוהבי שמו
11QT 64.2 איננו שומע בקול אביו

6apSK 21 1.1 לשמו]ע בקולו ול[שמור

11QT 55.13 אם תשמע בקולי לשמור

4Q499 7 1.3 אם לשמ[ו]ע בקולכ[ה :]ל[
4Q504 1+R 5.13 עודך ולשמוע בקולכה :
4Q509 50 1.1]בקולכה [:]

1QH 3.35 השמים יתנו <ב>קולם

4QOrd 5 1.6 ד]רוש התורה בצוקה ו˙[:

1QH 8.23 יכו שרשיו בצור חלמיש ו[

11tgJ 36.7 יפקן מן פמה בצורה יבית

3Q15 9.15 של בית : תמר בצחיאת גר

1Q25 1 1.8 [: [ ]ל˙ר בציו[ן : [
4pIs^c 23 2.15 [: כיא עם בציון [
4QFl 1+ 1.12 אשר : [ ]בצי[ון בא]חרית

11QT 65.3 אפרוחים או בצים והאם

4pIs^c 21 1.12 ולחס]ות בצל מצ[רים
4pIs^c 21 1.13 והחסו]ת בצל מצרי[ם

1QH 5.33 וישוכו בעדי בצלמות ואוכלה

4Q502 8 1.3 רו]מש בצלתנו והעוף[

1pHab 9.12 הוי הבוצע בצע רע לביתו
1QH 10.23 משעני על בצע ובה˙˙[
11QT 57.9 שונאי בצע וגבורי חיל

3Q15 3.12 ממזרחו : בצפון אמות תחת
3Q15 12.10 בשית שבצח בצפון כחלת

1apGn 17.16 יהב לקדמין בצפונא עד די

3Q15 4.2]˙קה בעמוד : בצפונו כב[[

11tgJ 14.1 ומספא[: ב]צפרין בתרעי

4Q504 1+R 5.17 לנו : [ולל]חש בצקון מוסרכה ˙

1pHab 5.6 את מצוותו : בצר למו כיא
1QS^b 5.23 ברי[ת ב]צר לדורשי[ו
4Q178 1 1.2 [:]אשר צוה בצר למו בא[: [
4Q380 2 1.4 בו[:]יהוה בצר <ל>הם
4Q504 1+R 5.16 לפ<ו>קודכה בצר לנו :
4pHs^b 2 1.5 ובקשו פני בצר : [

1QH 2.20 כי שמתה נפשי בצרור החיים :

4Q504 1+R 5.17 ˙ונבואה בצרות :

3Q15 2.5 ששין וחמש : בצריח שבחצר
3Q15 8.11 מערב בדרום בצריח : הצופא

3Q15 9.7 דם הצא ככ : בצריחי החורון

11QT 48.15 למנוגעים : בצרעת ובנגע

1QH 5.12 ישעכה לי כי בצרת נפשי לא
1QH 9.28 ור˙וב : עולם בצרת נפל[

1QH 18.14 בק˙[:]˙ע
1QM 15.12 ימלו : [ ]ק בק[
4Q402 4 1.7 מלחמת אלוהים בק[:] כיא
4Q509 175 1.2]˙ני˙ב˙[:]בק˙ל˙[
4Q518 32 1.2]ם [ ]˙[:] בק˙[:]קודש [
4Q519 13 1.2]ל[:]בק[
4QFl 12 1.5]לוא[:]בק˙[

3Q15 3.11 המערבית : בקבר שבמלה
3Q15 11.3 הדרומית : בקבר צדוק תחת
3Q15 11.8 חרם ב : בקבר שתחת
3Q15 11.9 הסבין ככ : בקבר בני העבם
11QT 50.6 בדם אדם מת או בקבר ומהר כחוק

CD 2.10 עד מה יבוא בקציהם לכל שני

1apGn 22.29 ם]ן מצרין וכען בקר ומני כול
4QCat[a] 5+ 1.15 ד˙[:]הרוג בקר ושחוט צואן
11QPs 18.8 עתודים ובני בקר : כמדשן

1Q25 13 1.1] בקרב [:] הי˒]
1QDM 1.9 [ ] רבה בקרב [ה]ארץ
3Q15 5.12 שלוש כסף ככ : בקרב שבנחל
4pIs[b] 2.9 נבלתם כסחה בקרב החוצות
11QT 63.7 תתן דם נקי בקרב עמכה

3Q15 7.8 במערא שאצלה בקר[ב]ו ל :

4QPs[f] 2 10.10 שלם כי אין : בקרבך בליעל
11QPs 22.7 יגילו בניך בקרבך וידידיך

11QT 54.8 אם יקום בקרבכה נביא או
11QT 55.15 אם ימצא בקרבכה באחד
11QT 61.11 כדבר הזה בקרבכה לוא :

1QM 10.2 לאמור בקרבכם למלחמה

1QM 10.1 לנו כיא אתה בקרבנו אל גדול
1QM 13.8 [ ] ‹מ›כה בקרבנו לעזר
4Q504 3 2.7]בעי˒ן נראי˒תה בקרבנו[:]א
4Q504 6 1.10 וא[:]˙ אתה בקרבנו בעמוד
4Q505 128 1.2]תאפק[: בקרב]נו בעמו[ד
4Q509 194 1.3 תרצ[:]˙כה בקרבנ[ו

4Q407 1 1.4 ם]לאכי קודש:]בקרו[אי:

11Mel 1+ 2.10 בע[דתאל] בקרוב אלוהים

4Q504 1+R 6.6 ואשר הלכ‹נ›ו בקרי ולוא

3Q15 10.4 טהנחל : הגדול בקרקעו ככ :

4Q178 1 1.4 דת הארץ י˙[:]בקש הי˙[:
4Q484 20 1.1]בקש˙ [
4pN 3+ 1.2 מלך יון אשר בקש לבוא
4QCat[a] 21 1.3]אשר יבקש˙[: ב]קש ל[

1QH 2.21 [ ] עריצים בקשו נפשי
1QS 5.11 כיא לוא בקשו ולוא
4Q511 125 1.4]עזר ע˙˙[:]בקשו א˙[

11QPs 24.10 ואל תביאני בקשות ממני :

1QS 6.26 את : רעהו בקשי עורפ ודבר

1apGn 20.11 תקיף אנה ולוט בר אחי עמי
1apGn 20.34 [ ] : בר אחי עמי ואף
1apGn 21.7 די פרש לוט בר אחי מן
1apGn 21.13 לא ישכח כול בר אנוש לממניה
1apGn 21.34] ושבו לוט בר אחוי : די
1apGn 22.3 די שבי לוט בר אחוהי וכול
1apGn 22.5 אברם על לוט בר אחוהי
1apGn 22.11 ואף ללוט בר אחוהי פצא
1apGn 22.34 אליעזר בר [
1QH 9.21]˙˙ : לי ואתה בר[
2QJN 8 1.4]ה אחרניא מן בר עשר[י]ן[:
2QJN 8 1.7]˙[ ]אוחרי בר מן[:]˙
4Q176 51 1.2]˙[:]בר˙[:]ל[
4Q381 67 1.2]ו א˙[:]בר˙[
4Q497 22 1.2]˙˙[:]˙בר˙[ ]˙[:] ר
4Q502 83 1.1]˙בר˙[:]˙[ ]
4Q502 214 1.1]ב˙בר ˙[
4Q502 227 1.1]בר[
4Q502 268 1.1]בר[:]ד[
4Q503 84 1.5 [שלישי] : [בר[

11QT 64.5 ואננו שומע בקולנו זולל

1QH 4.34 עם מעל אבותי בקום רשעים על

1QH 7 1.3 ˙[: וגבוה בקומה ועם[:]

11QPs 28.9 המראה הגבהים בקומתם : היפים

1QS 2.8 לוא יחונכה אל בקוראכה ולוא
4QTeh 2 1.3 יחונכה אל [ב]קוראכה [

11QT 42.11 ומקורים בקורות מעמוד

1apGn 2.7 כול עלמים עד בקושט עמי
1apGn 2.10 נדנהא ואנה בקושט כול[א :
1apGn 2.18 כדן עליבא[: בקושט ממללא

1apGn 2.5 שמין עד כולא בקושטא תחוינני
1apGn 2.22 מנה כולא בקושטא [:

4QOrd 5 1.4 ואשר אמ[ר :]בקחת מושה את [

11tgJ 34.9 כח[דא בק]טם תכסה : [

1QH 9.4 על יצועי ערשי בקינה תשא [

11QT 32.8 ˙˙˙˙ ועשי[ת]ה בקיר הבית :

11tgJ 34.5 איתי לך או בקל כותה תרעם

11tgJ 38.2 ושמע א[ל]הא בקלה די איוב

4pPs[a] 1+ 1.27 שקר כיא בחרו בקלות ולוא

11Ap[a] 3.10 ו˙ [ ]בקללת האב[ות :

4QCat[a] 9 1.5 ה[חלקות :]בקנאתמה
4QFl 4 1.2 נ]וטרים להמה בקנאתמה :

2Q25 2 2 1.3]˙ לב[:]˙ בקע[:]˙

1apGn 22.14 והוא עמק מלכא בקעת בית כרמא

1Q34[b] 3 2.5 ותבחר לך עם בקץ רצונך כי
1pHab 5.7 אחר עיניהם בקץ : הרשעה
1QH 6.29 תחיש חרב אל בקץ משפט וכול
1QH 12.26 עפר ליצר חמר בקצ ע[
1QH 6 1.7]ם עולה בקצ :]יה
4Q509 1+ 1.5]חנו בקץ ה[:]נ˙˙ב
4Q509 5+ 2.2]ה דמנו בקצ [ ]˙[ ] :
4Q510 1 1.6 לבבם ונ˙˙תם ב]קץ ממשל[ת] :
4Q511 10 1.3 ב]קץ ממשל[ת]
CD 7.21 אלה מלטו בקץ הפקודה
CD 19.10 אלה ימלטו בקץ הפקדה
CD 19.11 כאשר היה בקץ פקדת
CD 20.23 וישענו על אל בקץ מעל ישראל
CD 12.23 המתהלכים באלה בקץ הרשעה עד

4Q511 111 1.4 [VACAT:]בקצו:]י כבוד

1QS 6.26 עורפ ודבר בקצור אפים

1QH 1 1.5 רשעה ואני בקצי הרון :
1QH 1 1.10]אחור ואני בקצי אתמוכה :
1QH 4 1.18 אל תעזובני בקצי :]˙
4Q511 35 1.6 ואני מירא אל בקצי דורותי˒
4pIs[a] 1.12 ל]אסף בקצי חרון כיא

1QH 1.16] בקציהם פלגתה
1QS 1.14 מכול דברי אל בקציהם ולוא
4Q511 1 1.3 יב[רכו]הו בקציהם: הימים

4Q503 112 1.2]˙˙[:]˙[:]י בר[
4Q504 7 1.14]בר אשר המרו :
4Q504 14 1.3 וא˙˙[: בר[: פני [: ב[
4Q504 30 1.2] ברו[:]נו בר˙[:]ל מו[
4Q509 163 1.1]˙בר[:]תנו ˙[
4Q509 184 1.5]˙ה וכול בר˙˙ : [˙˙ :
4Q509 279 1.1]˙בר עבור[
4Q512 94 1.2 י] כי[:]˙בר[
4Q512 99 1.1]נא בר[:]˙ חטת[
4Q518 35 1.1]˙בר˙[:]˙[
4QM6 8 3.2]ב˙[:]אשר בר[: י]כתובו
6Q26 6 1.2]˙[:]˙בר[: [˙˙˙]
6apSK 37 1.3 [:]יו˙[:]בר ה[
11QSS q 1.2 ˙˙ בשבעה :]˙בר משמיעי ˙˙˙

1Q23 1 1.3 תישין מאת[ין: ברא מן צלחיה
1apGn 22.23 די : אברם ברא מן די אכלו
1apGn 22.31 לך לתקיף ברא מנך עתרך
1QS 3.17 חפציהם והואה ברא אנוש
1QS 3.25 בני אור והואה ברא רוחות אור
4Q176 22 1.2]כיא הוא ברא את כול[:
6QApo 1 1.6 ס[:] כול חות ב[רא:]עמי[ן מן
11tgJ 29.3 על כל די ברא יפקדנון על
CD 4.21 זכר ונקבה ברא אותם :

11QT 62.5 שרי צב(ו)אות בראוש העם

4Q381 69 1.1 כי ת˙[ ]לם בראותו כי

4QFl 1+ 1.1 לענות]ו כאשר בראישונה ולמן
4QFl 1+ 1.5 כאשר השמו בראישונה : את
11QT 21.5 נשיאי הדגלים בר[אי]שונ[ה] :
11QT[b] 54.6 תחמל ע[ליו: ברא]ישונה

4Q503 28 1.2] [רשו[: ב]ראם ערב
4AgCr 1 1.2 ונהיה בטרם בראם הכין
4AgCr 2+ 2.10]בטרם בראם ידע
4pN 1+ 2.2 וארצו אשר בר[אם : גוע[ר

1QM 3.13 הגדולה אשר בראש כול העם
4pIs[c] 12 1.2]ר בואו[:] בראש[:] די
4pN 3+ 4.2 ירוטשו בראש כל חוצות
11tgJ 15.3 והוית [:] בראש חילה

CD 20.8 הזה לכל המאס בראשונים :

1QS 10.6 כחוק חרות לעד בראשי ( ) שנים
4Q405 23 2.12 כבודו בראשי תרומות
11QT 14.7 ניחוח ליהוה ברא[שי :

1QM 7.11 ופרי מגבעות בראשיהם בגדי

11QT 57.4 ופקד(ו) : בראשיהמה שרי

1QS 6.5 לרשונה להברך בראשית הלחם או
1QS 6.6 להברכ בראשית הלחם
1QS 10.13 אברכ שמו בראשית צאת
4Q503 1+ 2.8 לו[ו]פדותנו בראשי[ת :
4Q509 8 1.5 לתנו]פ[ה :]בראשית <קו]>ד[

1QH 1.13 אתה בראתה ארץ
1QH 1.27 הרמיה אתה בראתה : רוח
1QH 4.38 עשיתה כי אתה בראתה צדיק
1QH 15.17 כבודו ורשעים בראתה ל[
4VSam 3+ 2.5 תפארת : אתה בראתה[

1QH 15.14 הכינותה בטרם בראתו ואיכה

1QH 1.7]עולם ובטרם בראתם ידעתה
1QH 13.8 מעשיך בטרם בראתם עם צבא
4Q509 55 1.3] חכמתכה[: ב]ראתם

1Q34[b] 3 1.7]כי לזאת בראתנו וזה

1QS 7.16 ונענש ואיש ברבים ילכ רכיל

1QM 2.11 אשר בעבר פורת ברביעית

11tgJ 19.5]ברגזי : ואחדת

4Q186 1 2.9 ילוד עליו : ברגל השור עני
11QT 61.12 יד ביד רגל ברגל כי :

4Q515 4 1.1]ברגליכם[

1QM 18.2 ותרועת קדושים ברדף אשור

4QFl 1+ 2.5 יו˙[:]ה ברדתו מ[:]ל˙

4Q508 36 1.1]ברדתנו[:]ל[

1Q23 28 1.1]ה ברה[
1apGn 5.8 [: ועם למך ברה ˙˙˙ מלל[:

4Q487 1 2.2]ל[: מ˙[: ברהו לעפר כ[:

1QM 11.14 גמול : רשעים ברהש אש[מתם]

1Myst 1 2.5 כן טוב ממונו ברו[: בלוא
4Q401 1+ 1.2]˙י ברו[
4Q504 30 1.1 [ברו[:]נו בר
4Q509 131+ 2.14 [: צ[: א[: ברו˙[: עם נה[
4pPs[b] 5 1.1]ברו מ˙[:]בית

1QS 6.14 האיש הפקוד ברואש הרבים

1QS[a] 1.14 ולהתיצב ברואשי אלפי

1QH 6.32 [ ] תקוה ברוב˙˙˙˙ :
1QH 7.27 לאיש[ ]ברוב רחמיכה
1QH 7.30 ˙˙רם מפשעיהם ברוב טובכה
1QH 9.14 ותוחלה ברוב כוחכה כי
1QH 11.28]ספר ברוב חסדיכה :
1QH 14.17 וא]ני ידעתי ברוב טובך
1QM 12.5 מנו]קמי ארץ ברוב משפטיכה
1QS 4.4 אל ונשענת ברוב חסדו ורוח
4Q511 52+ 1.7 י [ ] ברוב [:]ל˙[
4QCat[a] 9 1.3]יהם ברוב הברורי[ם
11QPs 18.9 כמדשן מזבח ברוב עולות
11QPs 22.4 ישעך וישישו ברוב כבודך זיו

1Q39 1 1.6 ב[י]ן[:]˙ים ברוח קודשכה [
1Q69 37 1.1 ˙[ברוח[:]˙ [˙
1QH 4.31 תכון כי אם ברוח יצר אל לו
1QH 12.11 ל ידעתיכה אלי ברוח : אשר
1QH 12.12 לסוד פלאכה ברוח ק<ו>דשכה
1QH 13.19 עבדך ידעתי : ברוח אשר נתתה
1QH 14.25 עבדך חנותני ברוח דעה[
1QH 16.2]˙יק ו˙[: ברוח קו[
1QH 16.7 [: ולהתחזק ברוח ק˙[
1QH 16.9 חסד ותחונני ברוח רחמיך ו˙[
1QH 16.11 ואחלה פניך ברוח אשר נתתה
1QH 16.12 ל[ ] לטהרני ברוח קודשך
1QH 16.14]ע[ ]התערב ברוח עבדך
1QH 3 1.14 ˙ העפר ידעתי ברוח אשר נתתה
1QS 3.6 ביחד עצתו כיא ברוח עצת אמת
1QS 4.10 מעשי תועבה ברוח זנות
1QS 4.21 בשרו ולטהרו ברוח קודש מכול
1QS 4.22 והתגולל : ברוח נדה להבין
1QS 8.16 גלו הנביאים ברוח קודשו
1QS 9.22 עם אנשי שחת ברוח הסתר
1QS 10.18 לוא אקנא ברוח : רשעה
1QS[b] 2.24] : יחונכה ברוח קודש

4Q511 169 1.1 ב]רוך[:]בע˙[
4Q512 33+ 1.6] ואמר ברוך אתה : [
4Q512 29+ 1.1]ברוך א[תה:]עם
4Q512 29+ 1.8 וענ[ה] ואמר ברוך אתה[:]
4Q512 41 1.3 בהנגשו[: [ב]רוך <את> אל
4Q512 42+ 2.3] : ואמר ברוך[א]תה[
4Q512 69 1.3 ט][: ב˙[ ]˙ ברוך[ ]˙[: [
4Q512 84 1.1 ב]רוך א[:
4Q513 14 1.2] א[:] ברוך[:]˙ל
4Q519 1 1.4 ט]ועדיהם[:]˙ ברוך[:]איר
4QM1 8+ 1.3 [וע]נו ואמרו ברוך א[ל
4QM1 8+ 1.7 שאר[ית עמך בר]ו[ך שמך אל
11QPs 19.7 חסדו מהמה : ברוך יהוה עושה
11QPs 22.2 אני אהבתיך ברוך לעולמים
11QPs 26.13 טוב לכול חי ברוך עושה :
11QPs^{b} a 1.7 הסדו מהם בר[וך : חסד

4Q403 1 1.27 צ<ד>ק וכול ברוכי˙[
4Q403 1 1.27 ברו]כי
4Q403 1 1.29 [וב]רך לכול ברוכי עד :

4Q511 52+ 1.6 יראיכה ב[: בר]וכים ל
11Ber 2 1.2 [: י]שראל ברוכים א[תם :

4Q405 20+ 2.8]והמון רנה ברום כנפיהם
4Q511 10 1.12 ישפוט : ברום שמים
5QJN 1 1.13 [ימי]ן מגדליא ברום מג[דליא]

4Q405 83 1.3 ה˙[: זמרי[: ברום[ם: [ ]ל[

4Q403 1 1.36 מרנני [ב]רונן באלוהי
4Q404 4 1.3]רננו[: [ברו]נן באל[והי

4apLm 1 1.3 כל אלה ברוע [ ]: [ ]˙את

4Q405 20+ 2.11 [נ]וגה ברוקמת כבוד

1QM 5.11 והכידנים ברזל ברור טהור בכור
4Q502 313 1.1]ברור[

1QM 5.14 ויד הכידן קרן ברורה מעשה

4Q511 80 1.1]ברורי[:]ם˙

CD 10.4 עד עשרה אנשים ברורים : מן

1QH 8.5]˙˙ה מטע ברוש ותדהר עם
1QS^{b} 4.27 [ ] : ולשאת ברוש קדושים
3Q15 5.1 אמת בסף כב : ברוש אמת המים
4Q401 3 1.2 נשמות [:]תם ברוש ה˙[:
4Q405 36 1.2]ים יחד[:] ברוש[
4QM6 10 4.3 <הנ]שי>] אשר ברוש[: עם[

1QS 7.7 (ב) : ברושו : ואם

1QS^{b} 3.3 כול עדתכה ישא ברושכה[

1Q26 1 1.1]ברז נה[יה:]לם
1Q26 1 1.4 גלה אוזנכה ברז נהי[ה:]˙ה
1QH 8.11 שכתה בעד פריו ברז גבורי כוח
1QH 9.23]תריב ריבי כי ברז חכמתכה
1QH 12.13 לתוכי דעת ברז שכלכה
1QS 11.3 ואורת לבבי ברז : נהיה
4Q403 1 2.27 שבע רזי דעת ברז הפלא לשבעת

1pHab 7.14 חקק : להם ברזי ערמתו הנה
1QH 2.13 צדק ומליץ דעת ברזי פלא
1QH 4.27 כי הודעתני ברזי : פלאכה
1QH 25 1.1]ני ברזי [:]˙ם
1QM 3.15 יכתובו ברזי[
1QM 16.11 יחלו לנפול ברזי אל ולבחון

3Q9 1 1.1] ברוח[:]ה[י]ם
4Q381 48 1.3 [: והצליחני ברוח פי[ך : כי
4Q405 18 1.3 ם˙[: קו]דשים ברוח דממת
4pIs^{a} 7+ 3.23 ואל יסומכנו ב[רוח ג]בורה [
4pPs^{a} 1+ 3.8 כעשן האוב[ד ברו]ח לוה רשע
6QHym 5 1.3 בטע[: י]חזקו ברוח דעת[:
11QSS 8+ 1.3]ם הטוהר ברוח קוד[ש] :

4Q381 69 1.4 וינתם לכם ברוחו נביאים

4Q405 25 1.2]ו˙[:]ורנן ברוחי[:
4QCat^{a} 2+ 1.7 הת]עוללו ברוחי[:]ם˙

5Q13 2 1.9 [לוי לצאת :]ברוחמה לפניכה

3Q15 8.14 וארבע כב : ברוי של השוא

1Q34^{b} 2+ 1.4 [: לדור ודור ברוך אדוני אשר
1Q34^{b} 3 1.7 אש[ר]לך ברוך
1QH 5.19 <אריות> ברוך אתה :
1QH 10.14] : ברוך אתה אדוני
1QH 11.27 ושלום עולום ברוך את[ה
1QH 11.29 ברוב חסדיכה : ברוך אתה אל
1QH 11.32 נשנתי ברחמיכה ברוך את[ה] :
1QH 16.8 את ˙˙˙[: ברוך אתה אדוני
1QH 4 1.15 וחטאה :]תימה ברוך אתה אל
1QM 13.2 וענו ואמרו ברוך אל ישראל
1QM 14.4 וענו ואמרו ברוך אל ישראל
1QM 14.8 שא[רית ברו]ך שמכה אל
1QM 18.6 וענו ואמרו ברוך שמכה אל
1QS 11.15 תפארתו ברוכ אתה אלי
4Q379 22 2.5 ברוך יהוה אלהי
4Q403 1 1.28] : למו ברוך [ה]אד[ו]ן
4Q502 19 1.6 [ ]ואמרו ברוך[א]ל[
4Q502 24 1.2 איש ה הודות> ברוך אל ישראל
4Q502 31 1.1]ברוך [:]
4Q502 96 1.2]לאחיות:]ברוך אל :]ד
4Q502 101 1.3]אר מ[:]ברוך [:]ל[
4Q502 125 1.4 ואמ]רו ברו[ך
4Q503 1+ 2.2 [: ברוך א[ל
4Q503 1+ 2.6 וענו [וא]מרו ברוך א[ל
4Q503 1+ 2.18 וא]מרו בר[וך]ישראל[
4Q503 7+ 1.6 ואמר]ו ברוך אל
4Q503 7+ 1.8]ברוך[א]ל[
4Q503 15+ 1.6 אור היומם ברוך[: ש]לום
4Q503 15+ 1.8 ש]לום עליכה[: ברו]ך אל ישראל
4Q503 19 1.1 וא]מרו ברוך[: ע]שר
4Q503 29+ 2.22 וענו ואמרו ב[רוך
4Q503 33 1.20 ממשל ח[ושך : ברו]ך אתה אל
4Q503 33 2.11 [:] בר]וך אל א[שר
4Q503 33 2.22]ברוך אל : [
4Q503 45+ 1.6]וענו [ ]ברוך [:]מ[
4Q503 48+ 1.7 וענו או[מרו] ברוך אל
4Q503 51+ 1.6]> וא]מרו ברוך אל יש[ראל
4Q503 51+ 1.12 וענ]ו ואמרו ברוך אל ישראל
4Q503 65 1.1]וענו ואמרו ב[רוך :]צבאות
4Q503 65 1.4 עמ[נו: ש]מש ברוך אל [:
4Q503 69 1.2 שק[ט:]˙מו ברוך אל ישר[אל
4Q503 80 1.2]ך[:] ברוך[:]מכו [
4Q503 109 1.1] ברו[ך :]˙ וה
4Q503 139 1.1]ברוך אל[:]
4Q504 3 2.2 :]מ˙[:]ים ברוך הא[ל
4Q504 6 1.20]˙ח˙[:] ברוך אדוני[:
4Q504 7 1.19 ב]רוך : [
4Q507 2 1.2] כול ה[: ב]רוך אדוני [
4Q507 3 1.1 ˙כ˙[:]כה[ב]רוך אד[וני :
4Q509 3 1.9]לדור ודו[ר : ברו]ך אדוני
4Q509 23 2.2 בא[: ברוך [: [ ]ל[
4Q509 206 1.1]ם ברוך אדוני
4Q511 16 1.4 עפרו[: בר]וך אתה
4Q511 129 1.2]˙מו ˙˙˙[:]ברוך אנו ב˙[:

1QM 16.16 מאז שמעתם : ברזי אל [
1QS 4.18 יתהלכו ואל ברזי שכלו
1QS 9.18 וכן להשכילם ברזי פלא ואמת
4Q511 63 1.6 [:VACAT]˙י ברזי :]נו
4QMl 10 2.11 המצקף לנפול ב[רזי] אל
4QMl 11 2.13 מאז שמעתם ברז[י
CD 3.18 לנו היא ואל ברזי פלאו כפר

1Q36 9 1.2]˙ ˙[:]ברזיכה [

1QH 5.37] בריחי ברזל ודלתו[:
1QM 5.10 מחשבת והלוהב ברזל לבן מאיר
1QM 5.11 הראש והכידנים ברזל ברור טהור
1QS[b] 5.26 [ו]ישם קרניכה ברזל ופרסותיכה
4Q378 11 1.7 אב]ניה ברזל ומה[ר]יה
4Q381 46 1.7 קרנים קרנים : ברזל לנגח בה
11QT 49.15 וכול כלי עץ ברזל ונחושת

4pUn 4 1.2 עמם[:]העול ברחו[:]פחז

4Q184 1 1.12 כול[ ]ברחובות עיר

4Q184 6 1.1]ברחובותי[ה :

1QS 11.13 לדרכ פעמי ברחמיו הגישני

1QH 1.31 [ואתה ברחמיכה :
1QH 11.32 כיא נשנתי ברחמיכה ברוך

11tgJ 38.3 <לאיוב> ברחמין : ויהב

11tgJ 32.4 מן שלח פראה ברחרין וחנקי

1pHab 6.5 חלקו ומאכלו ברי: פשרו אשר
1QH 2 1.9]ל˙ברי ועל עפר
4Q482 4 1.1]ברי˙[:]ל חב
4Q513 16 1.1]ברי המ[
4pIs[a] 7 1.1]ברי ל[:

5QJN 1 2.2 במשחת תרעא בריא ועל שמאל

4Q181 2 1.10 בכול קצותם[: בריאותיה[: א[

4Q504 1+R 7.9] : כול בריאותיו תמיד

11QT 15.18 [לכוהני]ם בריאש[ונה]

CD 12.15 כי הוא משפט בריאתם וכל

3Q15 9.7 בצריחי החורון בריח הצופא ים

1Q67 1 1.2] מחעך:] בריחוהי:]ל

1QH 5.37 עו[ ] בריחי ברזל

1apGn 20.12 ודמעי נחתן בריך אנתה אל
1apGn 22.16 לאברם ואמר בריך אברם לאל

4QMl 13 1.3]ברים האלה

4Q511 63+ 2.3 הודות כבודכה ברישית כול

1Q30 4 1.2 ולספר רזי[:]ברית עליל˙[
1Q36 7 1.2]ולכול אנשי ברית[:]
1Q54 1 1.2]˙ ˙רך [: ב]רית כבודו [:
1QDM 2.8 בכלו]תני ל[ ]ברית ולצוו[ת
1QDM 42 1.2]˙[: ב]רית ה[:
1QH 5.9 בלבבי ומיה ברית לדורשיה
1QH 17.27]ש ואל כול ברית אדם אביט
1QH 7 1.7]אל בדעתם ברית חסד[:]
1QM 1.2 בעזר מרשיעי ברית בני לוי

1QM 10.10 עם קדושי ברית ומלומדי
1QM 14.8 החסדים השומר ברית לאבותינו
1QM 17.7 להאיר בשמחה ברית ישראל
1QS 5.5 לישראל ליחד ברית : עולם
1QS 5.12 נקם באלות ברית לעשות בם
1QS 8.10)< להקם ברית לחו(
1QS 8.16 מאנשי היחד ברית : היחד
1QS[b] 5.23] : ולהקים ברי[ת
4Q185 3 1.3]˙עשה דברי ברי[ת : ש]פט
4Q370 1.7 ל]מען יזכור ברית :]
4Q381 69 1.8] :]ולהפיר ברית כרת לכם
4Q497 1 1.5 לבב[:]ר ברית[:]˙יק ˙[
4Q504 3 2.13 ותכרות אתנ[ו ברית בחו[רב :
4Q511 63+ 2.5 כול : [אנ]שי ברית ד˙ ˙[ ]˙[
4Q511 63 3.5 לכול אנשי ברית ולה[ר]ים
4pHs[b] 7+ 1.1]עברו ברית פשר[ו
4QM5 1 1.2]: [ ] ברית ומ[לומדי
4QPBl 1 1.2 כי המחקק היא ברית המלכות:
4QPBl 1 1.4 ולזרעו נתנה ברית מלכות עמו
4QTeh 2 1.6 לזום על ברית אל[ול
5QJN 1 1.1 לפרז<י>תא ברית שוק[
6Q15 3 1.5 ויזכ<ו>ר ברית
6Q15 5 1.5 להבעיר[:]ברית אל בלבבם
6QBen 3 1.1]ברית[:]מצות[:
11QT 2.4 לכה פן תכרות בר[ית:]
CD 1.4 לחרב ובזכרו ברית ראשנים
CD 1.18 נקמת נקם : ברית בעבור אשר
CD 1.20 ויעבירו ברית ויפירו
CD 2.2 אלי כל באי ברית ואגלה
CD 3.4 לאל ובעלי ברית לעולם
CD 3.11 לחרב בעזבם את ברית אל ויבחרו
CD 5.12 פה על חוקי ברית אל לאמר
CD 6.2 אל ויזכר אל ברית ראשנים
CD 7.5 פי כל יסורו ברית אל נאמנות
CD 8.18 כי ל[הם] : ברית האבות
CD 19.13 נוקמת נקם ברית: וכן משפט
CD 19.31 כי להם : ברית אבות
CD 20.12 דמשק והוא ברית החדשה: :
CD 20.17 י[ע]ק[ב] שמרו ברית אל אז
CD 13.14 ואיש מכל באי ברית אל אל ישא
CD 14.2 באלה : ברית אל נאמנות
CD 16.1] דור : עמכם ברית ועם כל
CD 16.12 אם לעבור ברית הוא יניאה

1QM 17.8 ואתם בני בריתו : התחזקו
1QS 5.19 לוא ידעו את בריתו וכול
1QS 5.22 להקים : את בריתו ולפקוד
1QS[a] 1.3 עצתו אשר שמרו בריתו בתוך
1QS[b] 3.23 בם אל לחזק בריתו ל[עולם
4Q176 16 1.5]ש˙א˙ת בריתו ול˙[
4Q504 2V 1.9]קודשו וישא:]בריתו וישב:]ל
4apLm 1 1.4] [:]˙את בריתו
11QPs 28.12 בבני : בריתו : תחלת
CD 1.17 בהם את אלות בריתו להסגירם
CD 3.13 הקים אל את בריתו לישראל
CD 8.1 משפט כל באי בריתו אשר : לא
CD 19.14 לכל באי : בריתו אשר לא

1QH 5.23 קנאה ואף לבאי בריתי ורגן
11QT 55.17 בעיני : לעבור בריתי והלך
11QT 59.8 אשר הפרו בריתי : ואת

1Q34[b] 3 2.5 רצונך כי זכרת בריתך :
1Q34[b] 3 2.6 העמים ותחדש בריתך להם
1QH 4.34 בקום רשעים על בריתך :
1QH 16.7] ולדבוק באמת בריתך ול˙ ˙ ˙ ˙ך
1QH 16.15 מכשול מחוקי בריתך כי[: כ

1QH 7.10 ות[ ]˙ בריתכה ולשוני
1QM 18.8 רבות : למע[ן ב]ריתכה ו[לו]א
4Q501 1 1.2 זכור בני בריתכה השוממים

[   ] ` ` : ברכת אל [   ] — 4Q502 45 1.1
ק] ` : ברכת שם[   ] : ברכת [: לשמחת]ה — 4Q502 98 1.4
בפ]ם : [` ברכת : לא עדר לה(ו)ן — 11QJg 14.7
[לה]ביא ברכתיכה לנו — 4Q504 1+R 5.16

לעסך : להולל ברמיה כול — 1QS 4.17
ביד רמה או ברמיה ישלחהו — 1QS 8.22

[ברנה] [ל] [ל] — 4Q511 98 1.1
שמכה להודות ברנה : חסדיכה — 11QPs 19.8
שאג[ה : ברנה חסדיכה — 11QPs^b a 1.9

מאדה והופיעי ברנות ירושלים — 1QM 12.13
אור ו[עמנ]ו : ברנות כבודכה — 4Q503 29+ 2.10
לאלוהי צדק ברנו[ת]ישועות — 4Q511 1 1.5
ק]ם : משפ[טי : ברנות כו[ל] — 11QSS 1 1.3

ועבדו קרב עם ברע טלך סודם — 1apGn 21.24
[מע]ינים : מראות ברע והבט אל — 1pHab 5.2
[מע]ינים מראות : ברע — 1pHab 5.7

פשרו אשר הכם ברעב ובערום — 4pPs^a 2.12
א[שר]יחים ברעב במועד — 4pPs^a 1+ 3.3
ה]ורבים : יובדו ברעב ובדבר כול — 4pPs^a 1+ 3.4
בחלחלה ומותני ברעדה ונהמתי — 1QH 10.33

יש[   ] : בר[עהו כי — 1QDM 3.5
וחדושים ואם : ברעהו <יתרמה> — 1QS 7.6
אשר ילך רכיל ברעהו : — 1QS 7.15
ורק אל ישה ברעהו כל אל — CD 10.18

וכ[2 : ואדעה כי ברצו[ ] : באיש — 1QH 16.4

סודי עולמים ברצון : דעת — 4Q403 1 1.34
רוחי עולמי[ם [בר]צון דעתו — 4Q403 1 1.35
י]ה[יו : [ברצ]ו[ן : [ד]עתו] — 4Q404 4 1.2
רוח[י]עולמים ברצ[ון] — 4Q405 4+ 1.3
אל ולא בחר : ברצון רוחו — CD 3.3

לאמתו ולהתלכ ברצונו ואשר — 1QS 5.10
נקבה[: ברצונו[:]אמת — 4Q512 14 2.2

ולהגישני ברצונך כגדול — 1QH 16.12
ולמהר פש[: ברצונכ] — 1QH 65 1.4

ומבינתך : כי ברצונכה בא] — 1QH 14.13
וכול הנהיה ברצונכה היה — 1QS 11.18

אל ויבחרו ברצונם ויתורו — CD 3.11

[וכ]רו יהוה ברצנו ויפקדה[ו] — 4Q380 1 1.9

פלא א[ ] : [` ברקאל אבי עמי — 6apGn 1 1.4

הזרק יכתובו ברקת חנית — 1QM 6.2

לב ובכול נפש בררתי[`` : הק] — 1QH 15.10

[אשו ברש[:]כול — 4Q512 152 1.1

יעבורו : ברשונה בסרב — 1QS 2.20
שתי שנים ברשונה ( )לוא — 1QS 7.19

כאשר ישופמני בר( )שית משלח — 1QS 10.13
ומוצא : אור ברשית ממשלת — 1QM 12.6
[ק]צים אשר חקקא ברשית ממשלת — 1QS 10.1
על מפון חוקו ברשית : אשמורי — 1QS 10.1
ובכול קץ נהיה ברשית ירחים — 1QS 10.5
תנובת תבל ברשית פחד — 1QS 10.15

או[ר :]בנ[י בריתכה נ]הלל[ה — 4Q503 7+ 1.3
אותם ולמען בריתכה כיא כפר — 4Q504 1+R 2.9
מת בריתכה כיא — 4Q504 1+R 3.9
[: בריתכה ול[ ] — 4Q504 1+R 3.18
לכלותם להפר בריתכה אתם כיא — 4Q504 1+R 5.8
זו]לתכה ותזכור בריתכ<ה> : אשר — 4Q504 1+R 5.9
להפר : את בריתכה בכול — 4Q504 1+R 6.8
[שבחנו בריתכ]ה : — 4Q509 18 1.1
ברי]תכה להם — 4Q509 97+ 1.8
`[ : ]את בריתכ[ה : ]` — 4Q509 188 1.2

ולרוב אנשי בריתם : — 1QS 5.9
ורוב אנשי בריתם יקר(י`)בו — 1QS 6.19
ואנושי בריתם אשר סר[ו — 1QS^a 1.2

להן מן למך ב]רך : וכען — 1apGn 5.4
אול אמר ללמך ברך [: וכדי — 1apGn 5.6
[ר]צונך ברך[:] — 1QS 22 1.7
[:]ברך ו[— 3Q14 12 1.2
רום וקול ברך מראשי — 4Q403 1 2.11
[ברך ב]לשון [ ] — 4Q403 1 2.32
[ל סדרי] : [ל]ברך ו — 4Q404 7 1.3
`[ `[:]ב]ר[ך :] — 4Q404 16 1.2
ל[שו]ן ברך ומדמות :] — 4Q405 14+ 1.2
לס]מלך ברך למלך — 4Q405 14+ 1.3
וקול דממת ברב בהמון לכתם — 4Q405 20+ 2.12
[ה]שקים ודמס[ת] ברך ברך מכול — 4Q405 20+ 2.13
בכבודו וקול ברך מכול — 4Q405 23 1.7
[ברך[:]מועד] — 4Q502 183 1.1
לשוני דעת ברך [:] — 4Q503 7+ 1.4
בח[:]ולק[:]בר[ך אל]`[ראל — 4Q503 74 1.3
[ברכ[:] — 4Q512 96 1.1
]``[:]שר[:] — 4Q512 146 1.2
על מזבחך : ברך ```` חילו — 4Tstm 1.19

על <כב>ברכה ואני — 1QH 4.35
[`ברכה] — 1QH 5 1.14
כבוד ונחלתכה ברכה המון מקנה — 1QM 12.12
כבוד ונחלתכה ברכה ה]מון [ ] — 1QM 19.4
דברי ברכ[ה] למשכיל — 1QS^b 1.1
עד : דברי ברכה לפ[שכיל — 1QS^b 3.22
מעלה לכול ברכה ות[שבחות — 4Q403 1 1.28
זרע]לברכה זקנים — 4Q502 19 1.2
א]רצכמה : גשמי ברכה מל ומטר — 11QBer 1 1.8

במקהלות ברכו אלוה[י]ם : — 1pPs 8 1.2
[ברכו[:]כ[ול] — 4Q401 38 1.1

וחסדי ברכו[ת [— 1QM 12.3
זרע עם כול ברכות עד ושמחת — 1QS 4.7
בכול ברכו[ת — 1QS^b 1.5
ר[: ברכות [עול]ם — 1QS^b 4.3
תשבוחות בר[כות למ]לך — 4Q510 1 1.1
כול ומשיב בר[כות : את]ה — 4Q511 52+ 1.3
ברכות נכבדים — 4QPs^f 2 8.12
[`[:]ברכות] — 6QBen 3 1.4
[מצד[ק :]ברכות] — 6QBen 3 1.4
[ו]כ[ול ברכות שלומ]ו — 11QSS 2+ 1.3
עד : ת[הלי ברכות כבוד ה] — 11QSS q 1.4

פלא שבע תהלי ברכותיו שבע — MasSS 2.19

אש וילכו ברכי : כמים — 1QH 4.33
וילכו כמים ברכי ואין — 1QH 8.34
ממכמה] : ברכי ואני אדלג — 4Q381 48 1.6

ונותן לנסוגי ברכים חזוק — 1QM 14.6
יכ[שלון ברכים וש[ ]![— 2apPr 1 1.10
ו]פיק[: ב]רכים וחלחלה — 4QCat^a 14 1.3

[הוה על]יכ[ם בר]כנו — 4pPs^b 4 1.2

1apGn 21.24 מלך סודם ועם ברשע מלך עומרם
1Myst 1 1.11 יחפץ כי יגזל ברשע הונו מי

1QS[a] 2.18]איש את ידו ברשת : הלחם
4Q381 31 1.1] ברשת זו פט[נו]

1QH 45 1.4 ומשחית[:]ברשתם ולשלחם

1QS[b] 4.23]כה ˙˙˙ברת בידכה :

1QH 17.12]חמיך :]ברתה ביד מושה

1QH 3.15 בהמות ימים ברתוח תהומות

1QH 30 1.1] ברתכ[:]שתע˙˙

4Q504 1+R 3.4 ולכבודכה ברתנו ובנים :
4QM5 2 1.1] [ ]אל ב[רתנו לכ]ה

1Q36 16 1.3 אפ ונפילי בש[ ]ל˙יכה [
1QH 9.26 עולם כי בש˙[
1QH 17.25 בחכמי כי רוח בש[ ]עבדך :
1QH 27 1.3 ˙ה [:]˙˙˙˙ץ בש[
3Q14 4 1.1 בש[: רע˙[: דר˙[
4Q178 2 1.2 ˙ם וי[:]דבר בש˙[:]ת
4Q381 14 1.3 ארבע רוחות בש[:]˙˙˙˙
4Q402 11 1.2]ן[:]˙ם בש[:] פלא ˙[
4Q404 22 1.1]בש˙[:]ב˙[
4Q487 48 1.1]בש˙[
4Q502 116 1.2]סוד <]שן בש[> ם[
4Q502 174 1.2]ם[:]˙מלים בש[:]˙קד
4Q504 1+R 7.5 קודשו תמיד בש[
4Q504 5 2.6 בפשעינו ולתור בש[ ]:
4Q509 17 1.5]:]אשר בש˙[
4Q509 192 1.2 ˙[:]בעמים בש[:]שכה לה[
4Q518 33 1.1]˙בש˙[:]ובכל[:
4QM1 10 2.10 בכתיאים[ ]בש˙˙[
4QM6 86 1.1]בש˙[
11Mel 2 3.15 העש]ירי[: בש[

1QH 17.13 ואש[ ]ה בשאול תחתיה
4Q381 10+ 1.5 ויו˙[ ]˙בשאול תחתיה
11Ap[a] 4.9 יהוה [ ]ך : בשאו]ל תחתית [

1QM 2.11 ילחמו בשאר בני ארם
CD 7.1 ולא ימעל איש בשאר בשרו
CD 8.6 ויתעלמו איש בשאר בשרו :
CD 19.19 ויתעלמו איש : בשאר בשרו

6apSK 4 1.1]בשב[

11Mel 1+ 2.7 הדבר הזה : בשבוע היובל

11QT 53.17 בבית אביה בשבועה בנעוריה

1QS 5.8 ויקם על נפשו בשבועת אסר
CD 9.12 ישביע בעליו : בשבועת האלה
CD 15.6 על הפקודים בשבועת הברית
CD 15.8 לרבים יפקדוהו בשבועת הברית

4Q504 1+R 4.5 העמים ותבחר בשבט : יאודה
4pIs[a] 2+ 2.11 ציו[ן בש]בט[

1QS[b] 5.24] בעז [פי]כה בשבטכה תחריב

4pIs[c] 6+ 2.15] : ילכו בש[בי ישרא]ל[
4pN 3+ 4.4 וטפו ילכו בשבי גבוריו

1QH 3.30 מפלגיהם ותשוט בשביבי להוב
1QH 6.18 עולם לאין הסר בשביבי נוגהו

11QT 63.11 שביו : וראיתה בשביה אשה יפת

11tgJ 8.4 לנור[א : בשבילוהי ל[:

4Q403 1 1.2 כול[ ] בשבע גבורות
4Q403 1 2.19 שני במעון פלא בשבע[
4Q405 8+ 1.3 במעוני פלא ב]שבע
4Q405 74 1.1]ע בשבע דעת[:
11QPs 18.11 על אוכלסה בשבע נאמרה ועל

4Q400 3 1.9]בשבעה
4Q401 5 1.3 ל[: ס˙[: שבע בש[בעה : בסוד
4Q403 1 1.1 רום שבעה בשבעה דברי
4Q403 1 1.3 גבורות שבעה בשבע[ה]דברי
4Q403 1 1.4 הנ<כ>בד ש[בעה בש]ב[עה דב]רי
4Q403 1 1.5 לאל [ה]טוב בשבעה רנות[
4Q403 1 1.5 ה]טוב שבעה בש[בעה [
4Q403 1 1.6 קו[דש] בש[בעה [:
4Q403 1 1.7 הק]דוש שבעה ב[שבעה ד]ברי
4Q403 1 1.11 במקדש[בשב]עה ד[ב]רי
4Q403 1 1.12 לכול מע[מדיהם ב]שב[עה] דבר[י
4Q403 1 1.12 דבר[י ב]שבעה דברי [
4Q403 1 1.16]יברך בשב[ע]ה דברי
4Q403 1 1.17 הול[כי יו]שר ב[שב]עה דברי
4Q403 1 1.17 ליוסד[י]בשב[עה] :
4Q403 1 1.18 דעת אמ[תו בשבע]ה דברי
4Q403 1 1.19]˙ טוהר בשבעה ד[ברי
4Q403 1 1.20 נמהרי רצונו בשבעה[
4Q403 1 1.20]לכול מודי לו בשבעה [דב]רי
4Q403 1 1.21 גבורי שכל בשבעה : [ד]ברי
4Q403 1 1.22 תמימי דרך ב[ש]בעה דברי
4Q403 1 1.23 לכול חוכי לו בשבעה דבר[י
4Q403 1 1.24 ממיסדי ד[עת] בשב[עה]דברי
4Q403 1 1.25 משפטיו בשב[עה כב]רי
4Q403 1 1.26]נצח : בשבעה ד[ברי
4Q403 1 2.46 ˙[בש[בעה [:]
4Q404 2 1.3 תמימ[י] דרך בשבע[ה :]
4Q404 2 1.4 לכול חוכי לו [בש]בעה דברי
4Q404 11 1.1 [בשבעה[:]˙
4Q405 3 1.15 ש]בעה בשבעה : <ש]בע
4Q405 3 2.2 פלא וברך בשבעה דבר[י :
4Q405 3 2.5 י]ברך בשבעה דברי פלא
4Q405 3 2.5 צ]דק בש[בעה :
4Q405 3 2.7 ליסודי ה[ו]ד בשבע[ה : בשבעה
4Q405 3 2.8 בשבע[ה : בשבעה דברי צדק
4Q405 3 2.10 נמהרי רצונו בשבעה [: הוד
4Q405 3 2.13 VACAT : שכל בשבעה דב[רי :
4Q405 3 2.18 הש[ביעי : דעת בשבעה ד[ברי :
4Q405 13 1.3]טוהר בשבעה דברי
4Q405 13 1.4 [רצו]ן אמתו בשבעה דב[רי
4Q405 13 1.4]לו בשבעה דברי הוד
4Q405 13 1.5 בדעת עולמים בשבעה דברי
4Q405 13 1.6 ח[וכי]ל[ו]בשב[עה] :
4Q405 33 1.1]ו בשב[עה :]לכול
4Q405 66 1.1]ת בשבעה[:]וכבדו
4Q405 67 1.2 זמרת ע[וז :]בשבעה זמר[י :
4Q503 7+ 1.6 [: בשבעה ל[חודש
4Q503 29+ 2.12 [: [בש]בעה עשר
11QSS h+ 1.5]שבעה בש[בעה :]מלך
11QSS q 1.1]מו˙˙˙ בשבעה :]˙בר
MasSS 2.11 [: שבעה ב[שבעה
MasSS 2.17 לאלוהי קודש בשבע[ה
MasSS 2.18 הקודש שבעה בש[בעה
MasSS 2.23] ש]בעה בש<ב>עה דברי

4Q181 2 1.3 א]ת ישראל בשבעים השביע

4Q403 1 1.4 הכבוד : בשבעת הו[ד]ות
4Q403 1 1.13 ה]מלך בשבעת ד[ברי
4Q403 1 1.14 רו]מי [ד]עת בש[בעת ד]ברי
4Q405 3 2.4 לכול רומי דעת בשבעת ד[ברי

4Q405 7 1.3] קוד[ש :]בשבעת מ˙[ ]

CD 11.5 איש מרצונו : בשבת אל ילך
CD 11.9 פתח כלי טוח בשבת אל
CD 11.10 לצאת ולביא בשבת אל יטול
CD 11.11 לצאת ולבוא בשבת : אל ימרא
CD 11.12 ואת שוכרו בשבת : אל אל
CD 11.14 פחת אל יקימה בשבת אל
CD 11.15 קרוב : לגוים בשבת אל יחל
CD 11.15 על הון ובצע בשבת : וכל נפש
CD 11.17 יעל איש למזבח בשבת : כי אם

11QT 56.20 מואדה : והיה בשבתו על כסא

4Q503 62 1.2] אל יש[ראל :]בשבתות [:]
4Q512 33+ 1.1] ולמועד שבת בש[בתו]ת לכול
11QT 11.9]˙˙˙˙˙˙˙˙ בשבתות ובראשי

1QS 7.3 טהרת רבים ואם בשגגה דבר
1QS 8.24 דבר ואם בשגגה יעשה

11QT 66.4 מקרבכה ואם בשדה מצאה האיש
11QT 66.7 הדבר הזה כי בשדה מצאה זעקה
CD 10.20 אל יתהלך איש בשדה לעשות את
CD 10.23 ומן האובד : בשדה ואל

3Q15 1.13 הסבילה : בשוא המעבא של
4Q184 1 1.2 ולהליץ יחד בש[וא] עול לבה

1QM 1.3 לכול גדודיהם בשוב גולת בני
1QM 3.2 המאסף בשוב המלחמה על
4pHs[a] 1.16]בשוב שבי :]

4pIs[c] 23 2.3 קודש ישראל בשובה ונ[ח]ת[

4Q404 11 1.2] בשבעה[:]˙ בשובוע[:]ם

1QH 24 1.1]ב בשובך ˙˙[:
3Q15 9.1 כסף ככ : בשובך שבשולי
3Q15 9.17 כל שבה חרם : בשובך שבמצד

1pHab 10.16 הדבר[ ] : בשובם ˙]
4pIs[a] 2+ 2.18]בשובם ממדבר

1QS 3.3 וג<א>ולים : בשובתו ולוא

1apGn 21.29 ולאימיא [ב]שוה הקריות

11tgJ 30.7 תהומא : למפק בשוית ענני̇ן

1QM 2.6 לפניו תמיד : בשולחן כבוד את

3Q15 1.11 מפי גל פתחו בשולי האמא מן

1QS 2.13 בו והיה : בש<ו>מעו את

1QH 10.34 יחד ואפחדה בשומעי משפטיכה

1pHab 2.7 לוא יאמינוא : בשומעם את כול

4Q511 30 1.4] : הימדו בשועל אנשים מי

11tgJ 14.1 בתרעי קריא בשוק[א :

11QT 52.13 ולוא תחרוש בשור ובחמור

1QH 16.12 חסדיך [ ]בשות[: עמד˙˙]

4QNab 1+ 1.2] : בשחנא באישא
4QNab 1+ 1.6 [: כתיש הוית בשחנא באישא

4Q381 52 1.2]˙ על˙[:]בשיבתם[:

11Mel 1+ 2.10 כתוב : עליו בשירי דויד אשר

3Q15 3.8 כסף : ככ: בשית שבמלה
3Q15 4.9 מלאין כסף : בשית האדמא
3Q15 4.11 ככ מאתין : בשית המזרחית
3Q15 9.14 שבע ככ : בשית שיבצפון
3Q15 12.10 מנין עסרין : בשית שבצח

1QH 9.31 הופעתה לי בשכל משפטכה :
1QS 2.3 רע ויאר לבכה בשכל חיים

1Q51 1 1.4 בכול [:]למו בשלום
4Q502 8 1.7 הה[ודות :]˙ בשלום ל˙]
4Q502 302 1.1]˙ים בשלו[ם :]ל[

4Q403 1 2.18 השבת השמינית בשלושה וע[שרים
4Q503 15+ 1.14]קודשכה [:]בשל[ו]שה [:

4Q512 15 1.4]ורחץ :] לו בשלושת

1Q30 1 1.3 הקודש [: ב]שלישית את
1QM 2.10 בבני לוד בשלישית :
1QS 2.21 העם ( )יעבורו בשלישית בסרכ
11QT 14.4 [ ] בשלישית [:]
11QT 25.8 [ה]זואת בשלישי[ת] היום

1apGn 21.4 לארעא דא בשלם : בתר
1apGn 21.19 לי לביתי בשלם ואשכחת

4QOrd 2+ 1.7 כול [: יכס בשלמות אשה ואל

3Q15 8.10 שלוש ככ : בשלף של השוא

1apGn 21.2 וקרית תמן בשם מרה עלמיא
1QH 53 1.2]˙של [:]ירו בשם˙ [:]˙ן
1QH 58 1.6] לרוות בשם[
1QM 11.3 פעמים רבות בשם קודשכה וגם
1QS 6.27 יזכיר דבר בשם הנכבד על
4Q403 1 1.10 ר[וש]בשם כ[בו]ד
4Q403 1 1.17 רו]ש יברך בש[ם] הו[ד
4Q403 1 1.19] יברך בשם [
4Q403 1 1.21 רוש יברך בשם[[
4Q403 1 1.24 רוש : יברך בשם קודשו לכול
4Q403 1 1.26 אלים ב[שם
4Q403 1 1.29 ומצדי]קי[ו] : בשם כבודו
4Q404 2 1.2]רוש יברך בשם גבורו[ת]
4Q404 2 1.5 ר]וש יברך ב[שם :]וברך
4Q405 3 2.6 רוש יברך בשם ה[וד
4Q405 13 1.3]פלא יברך בשם[
4Q405 13 1.5 פלא יברך בשם גב[ורות
4Q502 144 1.1]בשם [:] לש[
4Q502 218 1.1]בשם˙ [
4Q503 75 1.4]˙שו [:] בשם[
4Q512 183 1.1]בשם ˙˙[:]ל[
11Ap[a] 4.4 ע[ל]ש בשם יהו[ה
11Ber 1 1.3 וענה [: בשם אל עליון
11Ber 2 1.1]וברכם בשם [: י]שראל
11QT 61.3 ידבר הנביא בשם יהוה ולוא
CD 20.34 כי חסו בשם קדשו
MasSS 2.24 יבר]ך בשם כבוד

4Q511 2 1.8]מאורות כבודו בשמו ת[ש]בוחת

4Q503 29+ 2.22] : בש[מונה
11QT 5.5 כמרת[:]ה בשמונה

4QCat[a] 2+ 1.11]מפורשים בשמות לאיש

CD 14.3 יפקדו כלם בשמותיהם

4Q511 2 1.7 שם [י]שראל [בש]נים עשר

1QS 6.8 והזקנים בשנית ושאר :

4Q379 12 1.4 [הרי]שו] בשנת הא[חד
11Mel 1+ 2.2]ואשר אמר בשנת היובל[

11QT 31.7 ודרך עשוי : בשער הזה

4Q512 24+ 1.5]ל[ ]˙ נר[ ]בשערו[:]˙˙[

1QM 2.3 להתיצב תמיד בשערי המקדש :
4Q400 1 2.4 מלכותכה: בשערי מרומי
4Q405 23 1.10 בצאת ובמבוא בשע[ר]י קודש

11QT 52.10 לוא תזבחנו לי בשעריכה :
11QT 52.17 אשר יש בה מום בשעריכה
11QT 53.4 לכה ואכלתה בשעריכה והטהור

11QPs 28.10 היפים בשערם לוא בחר

5Q13 8 1.3]ש א[ ]˙[:]בשפטכה[:]ל[

1QH 2.11 רשעים : דבה בשפת עריצים
1QH 5.24 ויליזו עלי בשפת עול כול
4pPs[a] 12 1.1]בשפת ע[:]ל[

1QS 10.22 לוא ימצאו בשפתי ופרי

4Q176 8+ 1.9 גדולים אקבצך בשצף קצף ˙˙[

4Q513 1+ 1.2 עש]רים בשק[ל
4QOrd 1 2.7 גרה השקל ב[שקל : לשש

1pHab 10.10 ולקים עדה בשקר : בעבור

1Q34[b] 3 1.3 חרפה לכל בשר וצדיקים :
1Q36 14 1.2]˙אים בתכמי בש[ר :]כה בי
1QH 4.29 גבורותיכה מי בשר כזאת ומה
1QH 7.17 בכוח ומחסי בשר אין לי[
1QH 8.31 לקצים ולכלות בשר עד מועדים
1QH 10.23]כי ויצר בשר לא שמתה לי
1QH 13.13]˙א רוח בשר להבין :
1QH 13.16 דרי˙[ ]בשר רק בטובך :
1QH 15.12 כיא לא ביד בשר [
1QH 15.21 ומה אף הוא בשר כי ישכיל[
1QH 18.9 בשר ב[: ועומד
1QH 18.21 אלה אלי ומה בשר :]˙ פליא
1QH 3 1.3 שלום ועם בשר להפליא[:
1QH 5 1.10 אמתכה ואוזן בשר גליתה ו[:
1QH 7 1.10 דם מה בשר לאלה[:]˙
1QH 9 1.9 כוח ורוב בשר להרשיע :
1QH 19 1.1] כה ימשול בשר [:]˙ הוא
1QH 31 1.1] בשר וסוד רוחו[
1QM 4.3 יד מלחמה בכול בשר עול ואת שם
1QM 12.12 תואכל בשר אשמה מלא
1QM 15.13 מע]מ על כול בשר אל ישראל
1QM 17.8 ישראל בכול בשר ושמח צדק
1QM 19.4 וחרבך תואכל בשר מלא ארצכה
1QS 11.7 כבוד מסוד בשר לאש(.)<ר>
1QS 11.9 רשעה ולסוד בשר עול
1QS 11.12 אכשול בעוון בשר משפטי
1QS[b] 3.28 ועצת כול בשר בידכה יברך
4Q381 29 1.3 <יאבדו> כל בש[ר :]אלהי
4Q381 57 1.2]עדי [:]בשר ˙[:] ˙˙˙
4Q504 8R 1.9 לבלתי ס[ור :]בשר הואה
4Q511 7 1.3]כול :] לכול בשר :]י
4Q511 35 1.1 א[לו]הים בכול בשר ומשפט
4pPs[a] 1+ 2.12 תע˙˙[ ] : בשר : זומם רשע
4QM1 10 2.16 [: בשר כאם עפח
4QM2 1 1.4 וחרבך[ב]שר מ[ל]א [

CD 14.4 רביע ויכתבו בש[מות]יהם :

1QH 54 1.2] :]בשמחה ו[:
1QM 17.7 להאיר בשמחה ברית
4Q512 24+ 1.3]מ[:]˙ שמכה בשמחה[:]ש
4Q512 18 1.3 ועמ[ם :]בשמחה[

4Q403 1 1.40 רוש ל[מזמו]ר בשמחת אלוהים
4Q403 1 1.40 לזמרות פלא בשמחת עול[מים]
4Q404 4 1.10] : [ ]בשמחת[
4Q405 6 1.1 פל]א בשמח[ת:
4Q502 35 1.1]ור בשמח[ת :]ון
4Q502 96 1.5] וענה :]בשמחת : [˙
4Q503 91 1.2]˙˙[:]בשמחת[:]˙ו
4QM1 1+ 1.5] : קודשו בש[מ]חת עולם[
4QM1 11 1.21 רנה [ ]בשמחת עולמים

4Q503 33 2.4 ח˙[ ]ביום[: בשמחתו

4Q497 28 1.2]מ˙[:] בשמי [:]כה א[
4Tstm 1.7 אשר ידבר הנבי בשמי אנוכי :
11QT 60.11 ולשרת ולברך בשמי הוא וכול
11QT 61.1 לד[בר] בש[מי ל]וא
11QT 63.3 לפני ולברך בשמי : ועל

1QH 1 1.1]דש אשר בשמים :]דול
1QH 13 1.3 במספר :]תו בשמים ובארץ :
1QM 10.8 אל ישראל בש[מי]ם ובארץ
1QM 12.1 קדושים [ע]לה בשמים וצבאות
4Q504 5 1.7] :]ליכה בשמי[ם ובא]רץ
4QM1 11 1.13 ב[ ]ה בשמים ואין : [
11Ber 1 1.7 הטוב אשר בשמים להוריד

4Q502 9 1.6 ומרמש : בשמי]נו

4Q381 15 1.9]כי בשמך אלהי נקרא

1QM 11.2 עבדכה כיא בטח בשמכה הגדול
4Q504 1+R 3.4 לפניכה : רק בשמכה[הז]כרנו
8QHym 1 1.1] בשמכה[ג]בור

4Q513 13 1.4 מגו]אלים בשמן ˙[:]˙
11QPs 28.11 הצואן וימשחני בשמן הקודש

CD 20.33 את חקי הצדק בשמעם אתם

CD 3.2 ויע[ל או]הב בשמרו מצות אל

3Q15 2.11 מן המזרח : בשן הסלע בדין
11QT 61.12 עין בעין שן בשן יד ביד רגל

1pHab 6.7 כול העמים שנה בשנה : לחריב
1QDM 3.4 ושמטתה [בש]נה הזא[ת]
1QDM 3.6 [ ] כי בשנ[ה] : [
1QDM 3.8 ˙[ ]ה בשנה [
1QM 2.8 המלחמה שנה בשנה ובשני
1QM 2.10 הנותרות בשנה הראישונה
1QM 2.12 המדבר הגדול בשנה השמינית
1QS 2.19 ככה יעשו שנה בשנה כול יומי
1QS 5.24 ומעשיהם שנה בשנה להעלות
5Q13 1 1.12 נסתר[ות :]בשנה תצוהו
5Q13 4 1.4 יעשו שנה בשנה כ[ול :
11QT 21.10 מזבח יהוה שנה בשנ[ה]
11QT 22.14 שנה בשנה אחר :
11QT 22.16 יהוה פעם אחת בשנה וישמחו :
11QT 27.5 פעם אחת בשנה יהיה היום
11QT 42.17 הסוכות שנה בשנה בין שער

4Q504 1+R 3.7 אותנו בשני דורותינו

4Q379 1 1.1]ותשמחהו בשנים[:

1Q29 13 1.5]ידה ו ˙[׃]בת ˙˙˙˙˙[ ]ל[
3Q12 1 1.2 ל˙[ ]יוס[׃ בת ולמחרת[׃
4Q176 8+ 1.17]יושבת[׃]˙בת[ ]תטפ˙[
4Q176 25 1.5]מארץ[׃]˙ו בת[׃]˙ אש[
4Q370 1.7]˙ה בת˙[ ]ויעש
4Q405 51 1.1]חיך בת˙[׃]˙ר
4Q502 2 1.3 לאל[׃]ת לו בת אמת
4Q502 28 1.1]בת וא[׃
4Q509 9 3.9]ר בת[׃]רחמינו[
4Q511 43 1.8 כזדון לבבם בת˙˙[׃]ם וב
4Q513 1+ 1.4 ה]דגן בת היין והסאה
4Q517 78 1.1 בת[
4pIs[a] 2+ 2.23]קולכי בת גלים
4pIs[a] 2+ 2.25]ידו הר בת ציון גבעת
4pIs[c] 4,6+ 1.19 ˙[ ]בת ׃ [
4QM6 97 1.2 [ ]˙˙[ ]˙˙˙בת˙˙[ ]˙˙[ ]כ
4Tstm 1.29 כמים על חל בת ציון ובחוק
5Q13 1 1.10 במעש[י ׃]בת עבודת[׃]˙
11QT 66.14 איש את אחותו בת אביהו או בת
11QT 66.14 בת אביהו או בת אמו תועבה
11QT 66.17 יקח איש את ׃ בת אחיהו או בת
11QT 66.17 בת אחיהו או בת אחותו כי
CD 5.8 איש את בת אחיהם<ו>
CD 5.8 אחיהם<ו> ואת בת אחותו
CD 5.10 ואם תגלה בת האח את ערות
CD 15.2 אל יזכור כי בת˙ל פ[

1apGn 2.3 ועלת על בתאנוש אנ[תתי
1apGn 2.8 [׃ אדין בתאנוש אנתתי
1apGn 2.12 [׃ וכדי חזת בתאנוש אנתתי

11Ber 1 1.11 לוא יראה בתבואתיה ׃ [

11QPs 26.14 תבל בחוכמתו בתבונתו נטה

1QH 1.15 אדם אשר יצרת בתבל לכ<ו>ל
1QH 3.33 ההווה הנהיה בתבל וכול
1QH 3.36 שמים תשוט בתבל ולא תשוב
1QH 28 1.2 ˙[׃]˙ נהיה בתבל [׃]˙
1QS 4.2 ואלה דרכיהן בתבל להאיר

4Q379 22 2.7 ולה]וד[ו]ת בתהלות[והי

4Tstm 1.21 להלל ולהודות בתהלותיהו ׃

4Q403 1 2.13 הדביר יחושו בתהלי פלא
4Q403 1 2.31 ד[ברי]׃ בתהלי פלא
4Q503 51+ 1.9 [׃ הוד]פתנו בתהלי כבודכה [
4Q510 1 1.1 דברי הודות בתהלי׃ [ ]

4Q405 23 1.6 אלוה[י]ם [בתה]לת עומדם

4Q381 29 1.1]˙בתו א[׃
4QFl 17 1.3]מה את פ[׃]בתו עליה[׃

4Q511 63+ 2.5 [<ה> [ש]לומי בתודה אר˙[

CD 1.15 כזב ויתעם בתוהו לא דרך

1pHab 5.12 את ׃ התורה בתוך כול עצתם
1pHab 10.4 × ׃ משפטו בתוך עמים רבים
1QH 5.6]˙˙ בתוך ׃ לביאים
1QH 6.11 ׃ אנשי עצתכה בתוך בני אדם
1QH 8.6 רז מחובאים בתוך כול עצי
1QH 11.6 ואספרה כבודכה בתוך בני אדם
1QH 12.3 ואהללה שמכה בתוך יראיכה ׃
1QM 5.10 זהב טהור בתוך הלהב ישיר
1QNo 13+ 1.3]ר[׃]˙ יכבד בתוך [
1QS 2.17 יתן גורלו בתוך ארורי
1QS 6.10 אל ידבר איש בתוב דברי רעהו
1QS 6.18 לו שנה בתוב היחד

11QPs 19.4 חי נשמת כול בשר אתה נתתה
11QPs[b] a 1.5 ח]י נשמת כול בשר אתה [׃
11QT 52.18 למקדשי כי בשר פגול ׃ הוא
11QT 52.19 הוא לוא תואכל בשר שור <ושה>
11QT 53.2 נפשכה לאכול ב[שר ׃ תואכל
11QT 53.3 ב[שר ׃ תואכל בשור וז]ב[חת]ה
CD 1.2 ריב לו עם כל בשר ומשפט יעשה
CD 2.20 כי נפלו ׃ כל בשר אשר היה

4QMes 2.5]בש[רא ׃ מו[

11tgJ 36.8 עלימו קפלי בשרה דבקין

2QJN 4 1.1 בשרהו[ ] ׃

1pHab 9.2 ונקמות בגוית בשרו ואשר ׃
1QM 7.5 מנוגע בטמאת ׃ בשרו כול אלה
1QS 3.9 אל יטהר ׃ בשרו להזות במי
1QS 4.21 עולה מתכמי ׃ בשרו ולטהרו
4Q512 27 1.2 ו]במילאת[׃]בשרו וכ[׃
6Q15 4 1.4] בש]ר[ו]ל[הזיר
11QT 26.8 העולה ואת בשרו ואת עורו
11QT 45.16 ורחץ את כול בשרו במים חיים
11QT 47.15 כי כטהרת בשרו כן יטהרו
CD 7.1 ימעל איש בשאר בשרו להזיר מן
CD 8.6 איש בשאר בשרו ׃ ויגשו
CD 19.19 איש ׃ בשאר בשרו ויגשו

1QH 8.33 וימס ׃ כדונג בשרי ומעוז
4Q511 28+ 1.4 ועולה בתכמי בשרי
4Q511 48+ 1.4 כיא בתכמי ׃ בשרי יסוד ד˙[

1QS 1.6 ולוא ללכת עוד בשרירות לב
1QS 2.14 יהי לי ׃ כיא בשרירות לבי
1QS 2.26 א]ל ללכת בשרירות לבו
1QS 5.4 לוא ילכ איש בשרירות לבו
1QS 7.19 באמת ׃ וללכת בשרירות לבו אם
1QS 7.24 הרבים ללכת בשרירות לבו
4Q487 1 2.3 לעפר כ[׃ יתר בשרירות[׃
CD 2.17 ועד הנה בלכתם בשרירות ׃ לבם
CD 3.5 במצרים הלכו בשרירות לבם
CD 8.8 ויבחרו איש בשרירות לבו
CD 8.19 ויעזבם ויפנו בשרירות לבם ׃
CD 19.20 ויבחרו איש בשרירות לבו
CD 19.33 ויעזבם ויפנו בשרירות לבם [
CD 20.9 וישים וילכו בשרירות ׃ לבם

4pN 3+ 2.6 ואף בגוית בשרם יכשולו

4Q512 36+ 1.17 מכול ערו[ת]בשרנו לח[

4Q405 23 2.2 [׃˙˙בו מלכ בשרתם לפ[ני ׃

1QM 8.8 יריעו בשש חצוצרות ׃
4Q403 1 1.30 השבת השביעית בשש עשר לחודש

4Q503 7+ 1.2 לדעתנו[׃]˙ בששה שערי או[ר
4Q503 29+ 2.2 [׃ בששה]

1QM 2.12 בבני ארפכשד ׃ בששית ובשביעית

1pHab 9.13 מכף רע יעצתה בשת × ׃
4Q176 8+ 1.5 לא תחפירי כיא בשת ׃ עלומי]כי

5QJN 3 1.3] שתה בשת[ה

1QM 7.15 ותקעו הכוהנים בשתי חצוצרות
11QT 33.12 אמות רוחבמה בשתי אמות

CD 4.20 הם ניתפשים בשתים בזנות

1QS 6.21 לו שנה שנית בתוך אנשי היחד
1QS 6.22 בסרך תכונו בתוכ אחיו
1QS 7.9 חודשים ולמדבר בתוכ דברי רעהו
1QS 8.11 <יבדלו> קודש בתוכ עצת אנשי
1QS 9.17 את עצת התורה בתוכ אנשי העול
1QS 9.18 ברזי פלא ואמת בתוך : אנשי
1QS[a] 1.3 שמרו בריתו בתוך רשעה
1QS[a] 1.9 לבוא בגורל בתוך משפ[ח]תו
1QS[a] 1.18 עבודת מעשו בתוך אחיו[
1QS[a] 2.1 והלויים בתו[ך מחל]קת
1QS[a] 2.5 החזיק מעמד בתוך העדה וכול
1QS[a] 2.7 לבלתי התחזק בתוך העדה : אל
1QS[a] 2.8]אלה להתיצב [ב]תוך עדת
1QS[b] 3.23 כול משפפיו בתוך עמו
1QS[b] 3.25 מכלול הדר בתוך : קדושים
4Q184 1 1.7 באהלי דומה בתוך מוקדי
4Q184 1 1.7 ואין נחלתה בתוך בכול :
4Q405 14+ 1.6 רוחי : [ב]תוך רוחי הדר
4Q405 23 2.8 צורות הדר : בתוך כבוד מראי
4Q405 23 2.9 צבעי [ ] בתוך מראי חור
4Q502 2 1.4]לה שכל ובינה בתוך[: י]חד
4Q502 9 1.9 וגם :] בתוך אשישי צדק
4Q502 21 1.3 [: יחד בתוך [: ישראל
4Q502 24 1.3 הר]בות חייך בתוך עם
4Q502 24 1.6 שלום ו[: ב]תוך זק[נים
4Q502 110 1.2 זקני [:]ר בתוך ק[:]˙[
4Q504 1+R 4.9 אשר נקדשתה בתוך עמכה
4pIs[d] 1 1.3 כאבן הספיר בתוך האבנים[
4pPs[a] 1+ 3.6] : צון בתוך עדריהם :
11QT 30.9] ועמוד בתוך באמצעו
11QT 32.14 אליה ואובדים בתוך הארץ ולוא
11QT 42.7 קירות השערים בתוך: הפרור
11QT 44.2 [ ]אשר בתוך העיר למ˙[
11QT 45.14 אני יהוה שוכן בתוך בני ישראל
11QT 46.3]היות בתוך מקדשי
11QT 47.8 אשר יזבחו : בתוך עריהמה
11QT 47.14 אשר יזבחו בתוך ארצמה
11QT 48.12 את מתיהמה וגם בתוך בתיהמה
11QT 48.13 תבדילו בתוך ארצכמה
11QT 51.8 יהוה שוכן : בתוך בני ישראל
11QT 52.14 ימים כי אם בתוך : מקדשי
11QT 52.19 <ושה> ועז בתוך עירי אשר
CD 20.3 הוא האיש הנתך בתוך כור: ה
CD 20.4 שלא נפל גורלו בתוך למודי אל
CD 20.6 ~~אין : גורלו בתוך א~~ ובהופע

11QT 45.14 אני שוכן : בתוכה כי אני
11QT 47.5 בה כול אשר בתוכה יהיה :
11QT 47.11 את שמי ומקדשי בתוכה כי
11QT 47.18 אנוכי שוכן בתוכה :]
11QT 50.11 אשר : הוא בתוכה מת תטמא
11QT 52.20 לשום שמי בתוכה אשר לוא

1pHab 5.10 עצתם אשר נדמו בתוכחת מורה
1QS 6.1 הרבים אשר לוא בתוכחת לפני

11QT 46.4 א[ני שוכ]ן בתוכם :
11QT 48.16 אשר לוא יטמאו בתוכם : בנדת

11QT 46.12 אנוכי שוכן בתוכמה :
11QT 46.14 ובורות בתוכמה : אשר

1QM 12.7 ועדת קדושיכה בתוכנו לעזור
4Q502 9 1.12 סב]רכים בתוכנו :
4Q504 6 1.11 וכבודכה בתוכ[נו :]˙[
4Q506 126 1.3 ענן בוע[: בתו]כנו[
4Q508 2 1.1]˙ ושכנתה בתוכנו[:

11QT 65.10 והוציאו : את בתול הנערה אל

1QS 3.13 כול בני אור בתולדות כול

11QT 66.9 איש נערה : בתולה אשר לוא

11QT 65.12 בתולים ואלה בתולי : בתי

11QT 65.9 ולוא מצאתי לה בתולים ולקח
11QT 65.12 מצאתי לבתכה בתולים ואלה

1apGn 20.6 לה שקיהא וכל בתולן ובלאן די

4QOrd 2+ 1.8 איש שם רע על בתולת ישראל אם
11QT 65.15 שם רע על בתולת ישראל

1QH 2.21 בקשו נפשי בתומכי :
1QH 4.22 לנצח [וא]ני בתומכי בכה

4pIs[c] 25 1.2 [:]˙[ ]בתופים

1apGn 20.14 אנתתי מני בתוקף עבד לי

4Q485 5 1.2]˙ר מ˙[:]ו בתור[

1QS 5.2 להיות ליחד בתורה ובהון
1QS 5.21 שכלו ומעשיו בתורה על פי
1QS 6.6 איש דורש בתורה יומם
1QS 6.18 שכלו ומעשיו בתורה ואם יצא
4pIs[c] 23 2.12 [: בתורה ולוא יה[
CD 9.17 ימעל : איש בתורה וראה

1pHab 1.11]אשר מאשו בתורת אל : [
4Q487 2 1.5]˙ צרוף בתורת[:]ות
11QPs 18.12 יחדיו שיחתם בתורת עליון

4Q379 17 1.3]בדבריו ויאמן בתורת[ו :

11QPs 24.8 הבינני יהוה בתורתכה ואת

1pHab 8.9 על שם האמת בתחלת עומדו

3Q15 2.5 בצריח שבחצר בתי הציון
4Q404 23 1.3]˙[:]די:]בתי[:]˙די[
11QT 42.14 לנשיאים לראשי בתי האבות לבני
11QT 65.11 אל הזקנים את בתי נתתי
11QT 65.13 ואלה בתולי : בתי ופרשו
CD 7.12 בהפרד שני בתי ישראל : שר

5QJN 1 2.7 פותאהון ארוך בתי[א
5QJN 2 1.2 כוין [:] כל בתיא די בגוא

11tgJ 4.7 לעיניהון בתיהו[ן : אלהא

11QT 48.12 וגם בתוך בתיהמה המה

11QT 32.9 הבית : הזה בת[ים פני]מה
11QT 33.13 מדולתים בתים לכלי
11QT 46.14 המערב לעיר בתים ומקורים

4QNab 1+ 1.2 בפתגם א[לה]א בתימן [
4QNab 1+ 1.6 בשחנא באישא בתימן [

3Q15 8.4 בגי החיצונא בתך חרה : על

11QT 54.19 או בנכה או בתכה : או אשת

1QH 12.9 לכול : ממשלתם בתכון נאמנה
1QM 6.12 רוח ומלאים בתכון ימיהם
4Q405 23 1.13]לכול משלחותו בתכון

1QS 6.8 הרבים איש בתכונו הכוהנים
1QS 6.9 העם ישבו איש בתכונו וכן
1QS 7.21 יקרבהו ונכתב בתכונו ואחר
1QS 8.19 יכת( )<ב> בתכונו וכמשפט

5QJN 1 2.3 חדה קנין תרין בתר[י]ן אמין

11tgJ 14.1 ב]צפרין בתרעי קריא

6QHym 2 1.8 בן ישחק [:]בתשב<ו>חות

1QM 2.13 בבני : עילם בתשיעית ילחמו

4QM6 6+ 2.2] : המחלקו]ת בתשע ופ[שרים :

MasSS 1.8 השבת הששית בתשעה לחודש :

6QHym 8 1.1]ב ישר[אל :

ג

1Q42 1 1.3]˙א חוית[:]ג˙[

1Q46 3 1.1]˙ גיא ג[:]ל[ו]א ˙[

1QNo 10 1.1]ג[

2Q29 2 1.3]VACAT[:]את ג[:]הו[

4Q186 1 2.1 שאר היש[:]ג טמא:]אבן

4Q403 1 2.2 ובהדום רגליו ג[ ] : מראי

4Q404 6 1.3 כול[:]רגליו ג[:] פלא]

4Q484 10 1.2]˙˙א[:]ג˙[

4Q490 7 1.1]ג ו[

4Q506 152 1.2]ם [:]˙ג[:]˙ ו[

4Q506 173 1.1]ג˙א[:]˙[

4Q511 6 1.2]וא˙ א˙[:]ג˙לם[

4Q511 30 1.1 א]רץ ג˙˙[

4Q511 83 1.3 גבור[:] כול ג[

4Q519 22 1.4]˙˙˙ים[:]˙ג˙˙˙[:]ר עם[

4pHs[b] 38 1.6 י˙[: מ˙[: ג˙[: המי˙[:

4pIs[c] 48 1.2]˙[:]˙ג˙[:]עת[

11Ap[a] 5.1]ל[:]ג[

11QJN 14 1.3 מערב[ה:]ל[ ]ג לתמנין

1QH 55 1.2 עדת רום גא˙[:]ל[

11tgJ 34.7 רגזך וחזא כל גאה והשפלה וכל

4Q509 58 1.7 קוד[ש]˙˙[: ג]אונו יא[ ]

11tgJ 26.7 ג]אות :

4Q185 1+ 2.10 ימדה וכל עמו גאל : והרג ש˙

4Q381 24 1.5 יהוה אלהים[: גאל ליהודה מכל

4Q504 22 1.3 בוק [:]אשר גאלה[:]הארץ

4Q176 3 1.2 תיר]א כיא גאלתיך [:]

4Q504 5 2.5] [˙ובך נחגה גאל[תנו

4Q506 124 1.4]: [ ] נחג]ה גאל[תנו[

11tgJ 35.2 ירדנא גאפה יתרחק די

3Q15 9.4 בתכלת השני גב צריח הצופא

4Q511 68 1.1]גב[:]ח ˙ה[

11QPs 28.13 בריתו : תחלת גב[ ]רה ל[

CD 10.12 במה כלי וכל גבא בסלע אשר

3Q15 1.14 בירד אל סמל : גבה מן הקרקע

CD 1.15 לא דרך להשח גבהות עולם

11QT 42.12 מקום לסוכות גבהים שמונה

CD 2.19 כרום ארזים גבהם וכהרים

1QS 9.2 ואחר יכתוב בתכונו ליחד

1QS 8.*13* בישראל : <בתכונים האלה>

1QH 12.8 ותקופת מועדים בתכונם באותותם

1QS 10.3 וימי קודש בתכונם לזכרון

3Q15 11.15 דמ<ע> סירא : בתכך אצלם :

3Q15 9.4 אסתרין ארבע : בתכלת השני גב

1Q36 14 1.2 מלכ[:]˙אים בתכמי בש[ר :

1QH 5.28 ונגע נמאר בתכמי עבדכה

1QH 17.25 בעיניך :]לתם בתכמי כי רוח

4Q511 28+ 1.4 <]˙˙וה> ועולה בתכמי בשרי

4Q511 48+ 1.3]טי טמאה כיא בתכמי : בשרי

3Q15 11.1 זהב כלי דמע בתכן אצלם :

3Q15 11.11 אז דמע סוח : בתכן אצלן :

3Q15 1.9 תשע מאת : בתל של כחלת

1QS 5.25 באפ או בתלונה : או

4pN 3+ 2.8 אפרים אשר בתלמוד שקרם

11Mel 1+ 2.17 ב]תמ[ה] לכול

1QM 2.2 משרתים : בתמיד לפני אל

1QS 8.*10* שנתים ימים <(בתמים דרך)

1QS 8.10 ואין עולה> בתמים דרך :

1QS 8.18 מכול עול להלכ בתמים דרכ

1QS 8.21 הקודש ההולכים בתמים דרכ כאשר

1QS 9.6 ההולכים בתמים : רק בני

1QS 9.8 הקודש ההולכים בתמים אל יתערב

1QS 9.9 מעול וללכת בתמים דרכ

CD 7.5 באלה בתמים קדש על

1Q64 1 1.2]˙˙˙˙[:]˙ בתמרירותא [:

4Q487 6 1.6 מטח[:]מוים בתע[:]˙˙[

4Q401 5 1.6 כול ממלכו[ת : בתעודו[ת :

4Q502 9 1.16]לם : שמ]חנו בתע[ודת

CD 4.1 משמרת מקדשי בתעות בני

4Q511 8 1.5]תעותו בתענייות ולוא

4Q184 3 1.3 אליו כפיכה בתפ[לה :]הר

1QH 12.5 ממ˙[ ]בתקופות יום

1QH 12.6 למועד לילה בתקופתו

11tgJ 16.2 לא : להו]ן בתקף שחני יתון

11tgJ 33.1] התזיענה בתקף[: בס(

1apGn 12.10 תרתין שנין בתר מבולא ˙˙˙

1apGn 21.5 דא בשלם : בתר יומא דן

1apGn 22.27 ושלח כולהון : בתר פתגמיא אלן

11tgJ 24.3 ב]תר אלהא :

11QPs 21.11 באה לי בתרה ועד :

1apGn 22.7 עמה והוא רדף בתרהון עד דבק

1QS 6.11 הנשאל ידבר בתרו ובמושב

CD 14.11 העדה : איש בתרו ולכל דבר

גבלו

דג]ל[י]הם גבורי המלחמה   1QM 12.17
רוחי רש]עה [1QM 15.14
ג]בורי אלים
ג]בורי כתיים   1QM 19.10
[אלים לכול גבורי שכל   1QM 1.21
ג]בורי שכל   4Q403 1 1.21
גב]ורות   4Q405 13 1.5
על כול גבורי כוח   4Q510 1 1.3
גדועים המה גבורי כת]יאים[4pIs^a 7+ 3.9
אנשי ח]יל[ה גבור]י מ[לחמה   4pN 3+ 3.11
[אשר נפלו בם ג]בורי כת]י[ים   4QM2 1 1.9
המלחמה כול גבורי : החיל   11QT 58.16

רשעה : ולכול גבוריהם אין   1QM 14.8
ו]לכול גבוריהם אין   1QM 14.11

ילכו בשבי גבוריו ונכבדיו   4pN 3+ 4.4

[:]ח עם גבוריכה ובהפלא   1QH 10 1.7
ולפקוד צב]אות גב]ו[ריכה   1QH 12.4

אמרתי חנו עלי גבורים סבבום   1QH 2.25
ושותי ד]ם[גבורים ותשמני   1QH 5.7
עלי מעוז : חיל גבורים על רוב   1QH 10.24
מ[ולב גבורים מגנתה   1QH 18.13
ויל]דו[להמה גבור]ים : א[ת   4Q181 2 1.2

מכתי ולמכשולי גבורת פלא ור   1QH 9.27
רש על ידי גבורת[:]בפ[1QH 48 1.4
יכתובו יד גבורת אל   1QH 3.8
אל שלומי אל גבורת אל כלת   1QH 4.12
השמר[תה מ]ועד גבורת ידכה   1QH 11.11
הוא ירחם [: גבורת יהוה   4Q370 2.7
ג]בורת[:][4Q511 179 1.1
ג]בורת פלא[:   11QSS 3+ 1.5

פלא יועק עם גבורתו ויפלפ   1QH 3.10
מעשיו בכוח גבורתו ורוב   1QH 4.32
[: גבור]תו ברית   1QS^b 5.21
מרום ופל]א[: גבורתו צ[:   4Q402 3 2.10
במשוב יד גבורתו למשפטי   4Q403 1 1.39
בכו]ח יד גבורתו :   4Q503 1+ 2.5
כוח וסכות גבור[ת]ו יבהלו   4Q510 1 1.3
[: ל]פ[ני גבורתו[ ][:   4Q511 15 1.4
[ובכוח גבורתו : ר]וח   4Q511 81 1.2
]ורות פד[: גבורתו :   4Q511 103 1.3
בכו]ח גבורתו ירננ]ו   4QM1 11 1.9
ג]בורתו על   4QM2 2 1.1

אל במעשי גבורתום :   1QS 1.21
[ו<תאים בכוח גבורתך :]ת   1QH 15 1.4
בזיתה רש כי גבורתכה]   1QH 5.20
ל] : [בכוח גבורתכה]   1QH 18.8
נשם חה ביד : גבורתכה ונשישה   1QM 13.13
אביונים יד גבורתכה ומיא   1QM 13.14
גבור]חכה הפלתה   VACAT   1QM 18.10
לאין עוד ויד גבורתכה :   1QM 18.11
עם כוח : גבורתכה ומי   1QS 11.20
ולמען נסגר גבורתכה   4Q504 1+R 6.9
ולרא]ו[ת : גב]ורתכה   4Q504 5 1.5

ובמה תהיה גבורתכמה ולוא   4pIs^c 23 2.4
תעודות פ]לא[:]גבו]רתם לגבורי   4Q402 1 1.4

חורן] וכול ארץ גבל עד קדש   1apGn 21.11
די בטורי גבל עד דבקו   1apGn 21.29
[ ]ל גבל ישרא]ל[.   4pN 5 1.2

גבול אשר גבלו ראשנים   CD 1.16

גבו

[גבו]ל : [נש]   4Q502 185 1.1

אשוכ [בע]רה גבול סמוכ   1QS 10.25
[:]עד גבול ירושלים   4pIs^a 2+ 2.29
צדק ולסיג גבול אשר גבלו   CD 1.16
כמשיגי : גבול עליהם   CD 19.16
אשר פרצו את גבול התורה   CD 20.25

אשים : גבולי לבלתי   1QS 10.11
[: רום שבעת גבולי פלא   4Q403 1 2.21
הפלא לשבעת גבולי קוד]ש   4Q403 1 2.27
שב]עת גבולי קו]דש :   4Q405 44 1.1
[שמים] [:]גבולי י[4Q482 6 1.2

[גבולם   1Q69 40 1.1
ג]בולם : [ ]ש   4Q405 55 1.1

את עריהמה ואת גבולמה אשר לוא   11QT 58.9

[גבור :]לא   1Q40 2 1.1
עוד וידרוך גבור קשתו   1QH 6.30
שכלכה ומעין גבור]   1QH 12.13
[:]גבור[ומי מתכן   1QH 16 1.5
הגתי איש גבור חיל :   1QM 11.1
צאצאיה קומה גבור שבה שביכה   1QM 12.10
יהוה כמה גבו]ר : נפלאות   4Q381 1 1.2
אדני האדונים גבור ונפלא[4Q381 76+ 1.14
[ ]גבור[:]ו'[4Q487 41 1.2
[ ]מ[ ]גבור[:]ואש   4Q511 44+ 1.4
[ ]'ת[גבור[:]כול   4Q511 83 1.2
בשמכה] ג]בור אני סירא   8QHym 1 1.1

ובכוחכה כול גבורה וכול   1QH 11.8
להו]ד]יע גב]ורה ו''''[:   1QH 7 1.6
[ה בכוה גבורה וה] :   1QH 7 1.9
עמו יעשה גבורה   1QM 16.1
ובינה וחכמת גבורה מאמנת   1QS 4.3
צדקה ומקוה : גבורה עם מעין   1QS 11.7
ג]בורה[1Q506 162 1.1
דל אביוני[:]גבורה אין משא]   4Q511 17 1.3
]סומכנו ב]רוח ג]בורה [:   4pIs^a 7+ 3.23
להלבשא ענגה גב]ורה ב]דיל   11tgJ 29.7

לספר ל[ב]אשר גבור]ו[ות וחוקי   1QH 18.23
מסעיהם יכתובו גבורות אל   1QM 3.5
עם קדושים גבו]רות צבא   1QM 12.8
אמתכה ומשפטי גבורות פלאכה   1QM 13.9
בבשר לפי גבורות אל   4Q181 1 1.2
[בשבע גבורות פלאה   4Q403 1 1.2
ו]שבח לאלוהי : גבורות שבעה   4Q403 1 1.3
ד]ברי גבורות פלאו   4Q403 1 1.3
רוש יברך בשם גבורו[ת] אל]ים   4Q404 2 1.2
]בע ג]בורות<   4Q405 3 1.16
פלא יברך בשם גב]ורות   4Q405 13 1.5
בשבעה דברי גבורות פלאו :   4Q405 13 1.5
דעות תפארת ג]בור]ות אל   4Q510 1 1.2
ידע] : אלוהי גבורות יעלם ל]   4Q511 2 2.7
אלוהים :]גבורות פלאו[4Q511 19 1.5
]ה ורוממו את גבורו]ת[4QM1 16 1.5
ומרוממים גבורות אלו]הי   11QSS 5+ 1.4

אדם ומסוד[:]גבורותיו   4Q511 26 1.4

לכול החיים גבורותיכה סי   1QH 4.29

עולם ומלחמת גבורי : שמים   1QH 3.35
'''' : ולכול גבורי מלחמ]ו<ת   1QH 6.33
בעד פריו ברז גבורי כוח :   1QH 8.11
משפטיכה עם גבורי כוח :   1QH 10.34
יחד בכול גבורי חיל ואשר   1QM 10.6
עפר להשפיל גבורי עמים   1QM 11.13

1QM 1.11 אל בקול המון גדול ותרועת
1QM 1.17]˙ון גדול˙˙˙ [
1QM 10.1 אתה בקרבנו אל גדול ונורא
1QM 16.8 ם֯[לחמה ב]קול גדול ועם צאת
1QS 10.4 בהתחדשם יום גדול לקודש
4Q176 20 1.2]ויהי קצף גדול על מעשי
4Q403 1 2.34 פלאיו להלל גדול֯[ ] :
4Q503 18 1.3]השמש צ֯[:]ר֯ גדול מ֯[
4Q511 52+ 1.2 מקוי הכבוד גדול הצד֯[ק :
4Q511 73 1.1]י הכווה גדול :]ים פני
4Q511 100 1.1]גדול ˙[:
4QMl 11 2.7 [:]ב]קול גדול ו[ע]ם
5apMl 1 1.3]כיא מלך גדול א[ני]
11Ap[a] 3.1]ר֯ ת[: גדול[
11QPs 26.9 גדול וקדוש

3Q15 11.7 תחת המסמא ה : גדולא שבשילוחו

1QH 3.34 בהווה ג[דו]לה כיא
1QM 1.4 יצא בחמה גדולה להלחם
1QM 1.6 והיתה מהומה : ג[דולה]
1QM 8.10 תרועת מלחמה גדולה להמס לב
1QM 8.16 קול תרועה : גדולה לנצח
1QM 14.14 ערב ובוקר כיא גדולה מ[חשמת
4QM6 3 1.3]˙[ ]˙˙[:]גדולה
4QPs[f] 2 7.16]: [ג]ד֯ולה תק[ותך
4Tstm 1.28 בארץ ונצה גדולה בבני : [
11Ap[a] 2.12 עבדו יהו[ה : ג]ד֯ולה ˙[
11Ap[a] 3.4 יהוה מ[כה גדול]ה֯ אשר
11QPs 22.2 לעולמים זכרך גדולה תקותך
11QT 51.14 ועושה אשמה גדולה וטמא
CD 2.5 וגבורה וחמה גדולה בלהבי אש

4pIs[a] 7+ 3.12 ינת[נו] ביד גדולו [

1QDM 2.2 ל֯כה [ער]ים גדולות :
4Q400 3 1.5 ג]ד֯ולות
4QCat[a] 2+ 1.15 ˙[: או]תות֯ גדולות על ה[
MasSS 2.6]: גדול[ות

4Q504 6 1.21]נ֯חקר גדולו֯ת֯[יכה :

4pN 3+ 3.9 והיארים הם גד[ו]לי מנשה

4pN 3+ 4.2 גורל וכול ג[דו]ל[יה

4pN 3+ 1.11 וכפריו הם : גדוליו[

1QH 15.19 בם שפטים גדולים : לעיני
1QS 5.13 בם (מ֯)שפטים : גדולים לכלת
4Q176 8+ 1.9 וברחמים גדולים אקב֯צך
4Q181 1 1.1 אדם ולמשפטים גדולים ומחלים
4Q381 76+ 1.15 ר]ב֯ים ומגויים גדולים להיות
4Q509 58 1.8 יא֯[ ]˙[:]ג֯ד֯ו֯לים כול א˙[

11QPs 18.5 לחסרי לבב גדולתו הרחוקים

4pIs[a] 7+ 3.9]הקומה גדועים המה

4Q501 1 1.6 מלפני לשון גדופיהם אל : [
4Q511 24 1.3]ר֯וחות ˙[:]גדופיה֯[ם:]ו

1QS 4.11 טמאה : ולשון גדופים עורון
CD 5.12 טמאו ובלשון : גדופים פתחו פה

4pIs[c] 2 1.3 והלך על כל גדו[תו

4Q379 12 1.6 מי[ם] ע֯ל כל גדותיו ושופק :

1QM 5.5 מוסב מעשי גדיל שפה וצורת
1QM 5.8 כמעשי : גדיל שפה בזהב

4pIs[a] 2+ 2.22]מעברה גבע מלון למו

4pIs[c] 23 2.8 הר : וכנס על גבעה לכן יחכה

4pIs[a] 2+ 2.25 הר בת ציון גבעת ירושלים [

1apGn 6.6 ˙˙˙ אנה נוח גבר ˙˙˙ : ארעה
1pHab 8.3 כיא הון יבגוד גבר יהיר ולוא
1pHab 11.12 על הכוהן אשר גבר קלונו
1QH 2.17 לשוחה חיי גבר אשר
1QH 3.9 מות : והרית גבר הצרה
1QH 3.10 גבורתו ויפלט גבר ממשברים
1QH 11.20 בדעתי יצרי גבר ותשובת
1QH 4 1.4 עם ˙[:]עי גבר וממכ[:
1QS 4.20 כול מעשי גבר יזקק לו
1QS 4.23 אמת ועול בלבב גבר : יתהלכו
1QS 10.18 רע בטוב ארדפ גבר כיא את אל
2QJN 4 1.18 ען חד לכול גבר וגבר[:
4Q511 48+ 1.5]על כ֯ול מופתי גבר מעשי :
4Q513 14 1.4 מש˙[:]ובכול גב֯ר֯[:]הדר
4QOrd 2+ 1.6 אל יהיו כלי גבר על אשה כול
11tgJ 23.7 ג]ב֯ר : זמן
11tgJ 24.3 אמר לא : ישנא גבר מ[
11tgJ 38.7 ויהבו לה גבר אמרה חדה :
CD 19.8 על : רועי ועל גבר עמיתי נאם

1QNo 1 1.2 הוא[: רשעי]ם גברו ב֯ארץ ו[:

1apGn 22.23 מן חולק תלתת גבריא די :

4AgCr 1 1.8 וי]לדו להם גברים ועל

1Q23 9 1.3 ר]ב֯ה וק[:]גברין מא֯[:]˙
1Q23 11 1.2]קם ק˙[:]˙˙ גב[רין
1apGn 19.24 [ ] תלתת גברין מן רברבי
1apGn 22.6 מן עבדוהי גברין בחירין

11QT 42.10 התחתונות ועל ג֯ג֯ השלישית :

11QT 36.6 מק]רת גג[ו ורוח]ב֯

11QT 46.2]˙˙˙˙˙ גגי השערים [

4Q379 1 1.4 י[הודה : וא]ת ג֯ד ואת דן וא[ת
4Q497 9 1.4]מת ו֯˙[:]<[גד֯> ג֯ו֯ קו֯נ˙[:
4Q499 35 1.2]˙˙[:]ג֯ד[:]ל֯[
11Ap[a] 1.6]˙גד[ ]ו֯הי :
11QT 24.16 יעשה עולת גד לבד ועולת
TS 3 2.1 ז֯בולון עד שער גד ששי[ם
TS 3 2.1 ו֯מש[ער] ג֯ד֯ [

4QOrd 2+ 1.1]ג֯דאו שוקד

1QH 9 1.12 כו֯ל [:] גדו֯[ ]ל֯[
4Q504 33 1.2]˙˙˙[:]ת גד֯ו֯[:]˙˙˙˙[

1QH 6.28 בל יבוא גדוד בכלי
11QT 58.9 אשר לוא יבוא גדוד אל תוך

1QM 11.8 להפיל גדודי בליעל
4pN 3+ 1.10 רובכה הם גדודי חילו

1QM 1.3] לכול גדודיהם בשוב

4pIs[c] 23 2.14 <כיחכה איש גדוד[ים

1Q34[b] 3 2.1]מאור גדו[ל] ל֯מועד
1QH 1.5]ג֯דול העצה֯ [
1QH 12.5 להוקות מאור גדול בפנות ערב
1QH 13.14 [ ]גדול ומה ילוד
1QM 1.10 לנחשיר גדול עדת אלים

4Q405 15+ 1.1 גדיל שפה[:

4Q385 2 1.6 ויעלו עליהם גדים ויקרמו

1QM 4.8 רומם אל גדל אל תשבוחת
4Q403 1 1.8 שב]ע : [תהל]י גדל[
4Q404 1 1.3 וזמר[: ת]הלי ג[דל
4Q405 3 1.10]גדל[ ] : [וגדל
4Q405 64 1.2 ˙[:]˙ תהלי גד[ל:]שבע[

4Q379 22 2.13 [ר]שעה גדלה <בישראל
4Q379 22 2.14] בארץ ונאצה גדלה <בבני

4Q381 53 1.3 [:]˙קים:]גדלות : א[ין

1pHab 10.13 למשפטי אש אשר גדפו ויחרפו את

11Mel 2 3.10 יר[ושלם : גדר ולשית עמוד

4pIs^{b} 1.1 פר]ץ גדרו ויהי

4pIs^{a} 2+ 2.8]לות בי˙[ ]גה ורבים

1QH 2 1.9 ע[:]גו ולבה[
4Q497 7 1.2 [˙˙:]˙גו : [˙˙:]˙˙˙
4Q497 9 1.4 ו˙[:]<[>]גד< גו קונ˙[:]˙ל
4Q517 8 1.1 [גו]

5QJN 1 2.4 ועמוד בגוא גוא די דרגא

4QM1 8+ 1.6 דרך יתם כול גואי רשעה

1QM 12.14 אליך חיל גואים ומלכיהם
4pPs^{a} 1+ 2.20 ביד עריצי גואים למשפט
4pPs^{a} 1+ 4.10 ביד עריצי גואים לעשות בו
4QM1 8+ 1.4 פלא וקהל גו[אים]אסף

11QPs 18.15 [יהוה גואל עני מיד :
CD 14.16 [ ] לה גואל ולע[למה

4Q176 8+ 1.10 רחמתיכה אמר גואלך ••••

11QT 5.7]אמות כול גובה [:]
11QT 6.5 עשר אמות כול גובה הכיור

4Q509 275 1.1 א]פקוד על פרי ג[ודל
4pIs^{c} 6+ 2.2 [: [גוד]ל לבב מלך

1QM 1.8 אל יאור רום גודלו לכול קצי

1QM 5.13 והבטן ארבע גודלים וארבעה

1QM 14.17 חושך ואור גודלכה י[:]
4QM1 8+ 1.14 בני חושך ואור גודל[כה]

1Q29 13 1.3]רשע ושר גוה [:]בה
1QS 4.9 צדק רשע ושקר גוה ורום לבב
11tgJ 34.6 העדי נא גוה ורם רוח

1Q23 16 1.1 גוח[: ואי˙] :

1Myst 1 1.10 מחזקת בה מי גוי חפץ אשר
1Myst 1 1.11 ברשע הונו מי גוי אשר לוא
1QH 45 1.4]ברשתם ולשלחם גוי ב[:]איש
1QM 4.12 כלת אל בכול גוי הבל ואת
1QM 6.6 רעתם לכול גוי הבל והיתה
1QM 9.9 כהונתם בדם : גוי הבל : סרך
1QM 11.9 בליעל שבעת : גוי הבל ביד
1QM 15.2 וכלה לכול גוי רשעה וכול
4Q381 33 1.10 למעלה על גוי [: ואני
4Q381 76+ 1.16 ולעליו]ן על כל גוי הארץ ולהש

11QT 57.11 דבר חמ : ומן גוי נכר אשר
11QT 58.3 על כול גוי ועם מבקש
CD 5.17 הוא : הם גוי אבד עצות

5QJN 1 1.18 ליד כותלא גויה]

CD 2.19 גבהם וכהרים גויותיהם כי

1QM 14.7 דרך יתמו כול גויי רשעה :

1QM 14.5 פלא וקהל גויים אסף לכלה
4QFl 1+ 1.18 [רגש]ו גויים ולאומים
4QFl 1+ 1.19 הדבר[גו]יים וה[
4QM3 1 1.4 יד במערכות : גויים והכוהנים

1Q55 1 1.2 [˙]˙[:]˙ או גוים א˙[:]ל˙
1apGn 21.23 תדעל מלך גוים די : הוא
1pHab 6.9 תמיד : להרוג גוים ולוא יחמל
1pHab 8.15 כי אתה שלותה גוים רבים
1pHab 9.3 כי אתה שלותה גוים רבים
1QH 6.12 וידעו כול גוים אמתכה
1QM 12.11 במותי חלל מחץ גוים צריכה
1QM 19.6] חיל גוים ומלכיהם
1QS^{a} 1.21 במלחמה להכניע גוים רק בסרך
4Q374 2 2.2 [: וירוממו גוים באף[:
4Q504 1+R 2.12 עשיתה לעני גוים כיא
4Q504 26 1.4 נפ]לאותיכה:]גוים:]בכור :
4Q513 9 1.2]ש[:]גוים אשר :]˙[
4pN 3+ 1.1]מדור לרשעי גוים אשר הלך
4pN 3+ 2.5 מקרב עדתם חרב גוים שבי ובז
4pN 3+ 2.7 כשפים הממכרת גוים בזנותה
4pN 3+ 2.11 פניך והרא[י]ת גוים מער[ך]
4QM2 1 1.6 אל[יך]] חיל גוים ומלכיהם

4Q184 2 1.3]ב˙[ ]גול עליו וה[:

1QM 11.1 לאין קובר ואת גולית הגתי איש

1QM 1.2 ובני בנימין גולת המדבר
1QM 1.3 גדודיהם בשוב גולת בני אור

4pHs^{a} 2.4 השליכו אחרי גום אשר שלח

CD 2.20 היה בחרבה כי גוע ויהיו כלא

4pN 1+ 2.3 אשר בר[אם : גוע[ר]בים

1pHab 10.5 ירשיענו ובאש גופרית ישפטנו

4pN 3+ 1.1 ארי לבוא שם גור ארי[ ]˙ :

4pN 3+ 1.4 ארי טורף בדי גוריו ומחנק

1Q34^{b} 3 1.2 ולרשעים ג[ו]רל :]ם
1QH 3.22 ותפל לאיש גורל עולם עם
1QM 1.5 עולמים לכול גורל בליעל
1QM 1.13 בליעל למשוב גורל : [חוש]ך
1QM 13.5 טמאתם כיא המה גורל חושך
1QS 2.2 את כול : אנשי גורל אל
1QS 2.5 את כול אנשי : גורל בליעל
1QS^{b} 4.26 מלכות ומפיל גורל עם מלאכי
4Q176 16 1.2 [:]רזי הפיל גורל[ ]˙ ˙
4Q381 76+ 1.7 קדוש קדושים גורל מלך מלכים
4Q405 46 1.2 אורים בכול גור[ל :]˙הו
4Q503 218 1.3 אש]ר ˙[:]גורל[ ]˙ה הסב[
4Q511 2 1.8 לו : [ ]גורל אלוהים עם
4pN 3+ 4.2 נכבדיה יורו גורל וכול
4QBer 10 2.2 ואת כול גורל אשמתו
4QBer 10 2.4 כיא[גור]ל חושך
4QCat^{a} 2+ 1.8]ם ˙˙[ג]ורל אור אשר
4QFl 1+ 2.2 ש[ ]ם˙[ג]ורל ועשו את

4QFl 17 1.1]גורל[:]מה את
4QM6 3 1.5 והי]אה עת[: גור]ל בליעל
11Mel 1+ 2.8 א[ל ו]אנש[י] גורל מל[כי]
11QT 26.4] גורל א[חד :

1QM 1.5 לכול אנשי גורלו וכלת
1QM 4.2 ובכול אנשי גורלו לאין
1QM 13.2 ואת כול רוחי גורלו וענו
1QM 13.4 כול רוחי גורלו במחשבת :
1QM 13.12 וכול רוחי : גורלו מלאכי
1QS 2.17 עוונו יתן גורלו בתוך
1QS 2.23 ירום ממקום גורלו : כיא
1QS 3.24 וכול רוחי גורלו להכשיל
4Q181 1 1.5 מ]לאו איש לפי גורלו אשר
4Q511 2 1.5 [: [ג]ורלו רשית
4pIs[d] 1 1.8 [: גורלו מעמדי ·]
4QBer 10 2.3 כול רו[חי ג]ו[ר]לו
4QCat[a] 12+ 1.11 וכול אנשי גורלו ו·[ ]
4QMl 15 1.10]ש וכול רוחי גורל[ו :]
11Mel 1+ 2.12 ועל רוחי גורלו אש[ר
CD 20.4 כמי שלא נפל גורלו בתוך
CD 20.6 קדש ~~אשר אין~~ : ~~גורלו בתוך א~~

1QM 1.13 במלחמה שלושה גורלות יחזקו
1QS 4.26 ו]ל[ה]פיל גורלות לכול חי
4Q503 1+ 2.21] : חמש[ה גור]ל[ות
4Q503 39 1.2 שלושה עש[ר]גורלות חושך]
4Q503 51+ 1.2]·[:]·א גורלות]
4Q503 51+ 1.14] גורלות אור

11Mel 1+ 2.8 התד[בר] לפ[י גורל]ותמה כיא

1QH 7.34 לוא <הפלתה> גורלי ב<ע>דת
4Q503 76 1.4 הזה לנו [: ג]ורלי חושך]
4Q503 215 1.4]מחשב[ת :]גורלי ח[ושך

4QOrd 1 2.3 איש ממנה גורן וגת הבא

1QH 3.32 תהום בהמון גורשי ר<פ>ש

11tgJ 5.3 ומני]ן ירחוהי גזירין הלא[להא

11QT 3.7 וברזל ואבני גזית לב[:]

1Myst 1 1.12 עם אשר לוא : גזל הו[ן]
1pHab 12.10 יהודה אשר : גזל הון

1QH 8.24] גזעו כחרלים

1QH 8.23]· בארץ גזעם ובעת חום

4QNab 1+ 1.4 וחטאי שבק לה גזר והוא יהודי

1apGn 21.18 עד די דבקת גחון : נהרא

4Q403 1 2.6 <כ>מראי גחלי[ ] :

1Q24 6 1.2] : כו]ל ·גי פו[
3Q15 4.13 ביגר של גי הסככא חפור
3Q15 10.8 בים של גי איך בצדו
4Q517 5 1.1] גי·[

1Q46 3 1.1]· גיא ג[:]ל[ו]א
4Q176 1+ 1.7 כול גיא ינשא :]
4Q381 65 1.2]·[:]·גיא[

1QH 5.31 כצירי : יולדה גיהם עלי לבי

1QH 8.8]· יער ומרמס גיזעו לכל

1apGn 21.15 למסחר מן גיחון נהרא

1QM 3.11 יכתובו גילות אל במשוב
4Q405 20+ 2.13 [ימם]ודו קול גילות רנה

4QPs[f] 2 10.8 שמחתכה וגילה גילך : חג חגיך

6apSK 62 1.2]·[:]·גים י[

4Q509 131+ 2.7]·]גיש לפניכה

3Q15 1.11 שני מפי גל פתחו בשולי

CD 10.15 העת אשר יהיה גלגל השמש :

1QJN 14 1.2 כול ·[:]·· גלגל[א :] כיא
1QJN 14 1.3] כיא גלגלא]

4Q405 20+ 2.10 יצא ומבין : [ג]לגלי כבודו

1Q26 1 1.4 הג[:] כאשר גלה אוזנכה ברז
1Myst 2 1.1]אל גלה לב[:]לקץ
4pIs[b] 2.4 לא ראו לכן גלה עמי מבלי
4pIs[e] 1+ 1.3] גלה את תורת
4QMl 23 1.5 סליחו[ת :]·גלה המ[

1QS 8.16 בעת : ולאשר גלו הנביאים
4Q381 33 1.10 כי]]י גלו וא[

1QS 4.5 כבוד מתעב כול גלולי נדה
4QBer 10 2.9 כ]ה עם כול ג[לולי שאו]ל

CD 20.9 אשר שמו גלולים על לבם

1pHab 11.6 חמתו אבית גלותו ובקץ

11tgJ 31.6 בטן מן נפק גלידא ושיק·[

1QH 2.12 ימים בהרגש גליהם רפש :
1QH 2.28 ושוא בהתרומם גליהם ואני
1QH 6.23 בזעף : ימים גליהם וכול

4Q381 15 1.4 הים ואתה תשבח גליו אתה :]

1QM 9.10 ו]ל[שי]ת גליל כפים

1QH 3.15 ··שו לרום גלים : ומשברי
4pIs[a] 2+ 2.23]קולכי בת גלים הקשיב[י

1QH 1.21 מבינתכה כיא גליתה אוזני
1QH 6.4 כלה לאין[: גליתה אוזני]
1QH 11.17 [:]יתי[כ]ה גליתה לי ואביט
1QH 12.34 או[: בלוא גליתה לבי
1QH 13.3 ··[:]אתה גליתה ידכה]
1QH 18.19]· אביט בלוא גליתה עיני
1QH 2 1.12 כל[:] ומאור גליתה ולוא
1QH 4 1.7]בה ואתה גליתה אוזני
1QH 5 1.10 ואוזן בשר גליתה ו[:
1QH 6 1.5]לא רזיכה גליתה :]אני

11tgJ 30.9 ג]ללי[ד]

4pPs[a] 13 1.5 [:] גלע]ד וחצי שבט

1pHab 11.9 קלון מכבוד שתה גם אתה והרעל :
1QM 6.8 פרשים יעמודו גם המה לימין
1QM 7.2 יהיו גם הם מבן
1QS 6.19 יקר(י)בו גם את הונו ואת
4Q176 1+ 2.4] : גם אלה תשכח[נה
4Q487 2 1.4 רגלי ב··[:]גם אל יסתת[ר :
4Q502 14 1.7 וב[נות :]· גם ה[: י]שראל
4Q502 343 1.1]גם ·[
4Q504 1+R 5.18 המציק כיא גם : [הו]געגו

4Q508 7 1.2]כפר ע[ל :] גם[
4pN 3+ 4.1 על מנשה גם היא בגולה
4QM1 1+ 1.13 ממקומו וסדר <ג>ם הוא]
5QCur 1 1.1]ים ועל ימים גם על ˙[:]
6Q26 4 1.1]גם[:]˙
6Q31 11 1.1]˙גם]
11QPs 24.17]שנה חלמתי גם[
11QPs 19.11 צדקותיכה גם אני את :
11QPs 21.12 סופה אדורשנה גם גרע נץ
11QT 5.6]ה ומקראה גם] :]אמות
11QT 35.7 מלא את : ידיו גם המה יומתו
11QT 64.10 ישראל ותליתמה גם אותו על העץ
CD 20.29 אנו : רשענו גם אנחנו גם
CD 20.29 גם אנחנו גם אבותינו

1QH 5.22 משאון יחד כול (גמה) אביוני

1QM 4.12 אל ריב אל גמול אל כוח אל
1QM 6.6 אל לשלם גמול רעתם לכול
1QM 11.13 עמים להשיב גמול : רשעים
1QS 10.17 לוא אשיב לאיש גמול : רע בטוב
4Q509 188 1.5 האלה ו˙[: ג]מול רעתנו
4QCat[a] 2+ 1.9 ואל ישרא[ל ג]מול נביאי
CD 7.9 את הארץ להשיב גמול רשעים :
CD 19.6 ובחקים להשיב גמול רשעים

1pHab 12.3 לו את × : גמולו אשר גמל
1QS 10.18 ישלם לאיש גמולו לוא אקנא
4pPs[a] 1+ 4.9] גמולו לתתו :

1Q36 15 1.3]ל[א]יש גמולי אמתכ[ה :
11QPs 24.6 לפני : רשעים גמולי הרע ישיב

1QS 2.7 כול משלמי : גמולים ארור
1QS[b] 2.23] : [גמו]לים
6QBen 1 1.3 אנשי חל[ק:]גמולים לכו[ל:

1QS 8.7 לרשעים גמולם היאה
4Q504 4 1.6 [בכו]ל גמו[לם הר]ע
4Q506 132 1.7 [בכו]ל גמו[לם

1Q24 7 1.2 לקץ [:]כולא גמורו[ת :

1pHab 12.3 × : גמולו אשר גמל על אביונים
1QS 2.1 ורחמי חסדו גמל עלינו

1Q37 1 1.2]יהם אשר גמלו לנפשם רעה

1QH 9.30]אמי גמלתה עלי

1QH 10 1.2 מה נשיב כי גמלתנו ו[:

1pHab 7.2 האחרון ואת גמר הקץ לוא

4Q156 1.1] [גמ]רי

11tgJ 36.6 ומגמר נפשה גמרין תגסא

1QH 8.5 ציה ו[מ]שקי : גן[

CD 9.11 המחנה אשר גנב בו ישביע

CD 9.11 ולא נודע מי גנבו ממאד

3Q15 11.6 מערב : נגד גנת צדוק תחת

4Q511 189 1.1]˙גע˙[:] ב˙]
5Q16 1 1.5]פיו]]גע ומש˙[:]˙˙

1QH 1 1.8 מקוה לאיש :]געל ואני יצר

1QS 2.26 אמתו כיא געלה : נפשו
4Q504 1+R 6.7 ובנגיעיכה לוא געלה נפשנו
11QT 59.9 ואת תורתי געלה נפשמה עד

4Q504 1+R 5.7 יעקוב ולו געלתה את ישראל

1pPs 9 1.2 בירושלים גערת]
4pIs[c] 23 2.6 אלף אחד מפני גערת אחד מפני
4pIs[c] 23 2.6 גערת אחד מפני גערת : חמשה

1QH 9.11 בפי עבדכה ולא גערתה חיי
1QM 14.10 ורוחי [ח]בלו גערתה מר[זו
4QM1 8+ 1.8]]גערתה[מם][נו

1QH 10.18]גערתכה אין

4QPs[f] 2 9.12 עצי : פרי ב˙˙ גפניהם ולוא :

3Q15 9.15 תמר בצחיאת גר פלע : כל
4pN 3+ 2.9 כוהנים ועם עם גר נלוה ערים
11QT 60.13 אשר : הוא גר שמה בכול

4QOrd 1 2.7 ימיו עשרים גרה השקל ב[שקל
11QT 39.9 עשרים גרה השקל :

1QH 2.23 והמה מאתכה גרו : על נפשי

TS 2 1.2 כו]ל [הי]סוד גור<ו>ע שלוש

1QH 7.12 שקר כי כול גרי למשפט

3Q15 12.4 ככרין : בהר גריזין תחת

11tgJ 5.5 אב˙[:]˙ גרמוהי דן ימות

1QH 4.33 אחזוני וכול <גרמי> ירועו
11tgJ 16.7 יאקפוני :] גרמי יקדון

11QPs 21.12 אדורשנה גם גרע נץ בבשול

1QH 8.15 שוטפים כי גרשו עלי רפשם

4VSam 7 1.2 יהי ע[:]˙גרתי עמו מועדי

3Q8 2 1.1]גשו ות[:]הם

1QH 8.16 בפי כיורה גשם לכול[

11Ber 1 1.8 על ארצכמה : גשמי ברכה טל

1QH 4 1.1]˙גת[:]˙ אשר[
4Q512 147 1.1]גת[:]ת [:]ל
6apSK 30 1.1]עד גת ועד] :]

1Q36 15 1.2]˙[:]˙גתה אמת וצדק[

ד

1Q20 3 1.3 קבלא ˙ר[:]˙ד:]˙ לדיתם[:
1QH 1.38 אלה ˙ ˙ ד אמ[:]יצים
1QH 3.38 מהומה א ˙ ˙ ד ˙ ˙ ˙ :]ל[
1QH 4.23 יחשבו˙[ ]ד הגבירכה בי
1QH 5.11 חבתה ˙[ ]ד קץ : הגלות
1QH 6.15 כצ˙[ ]ד עולם לג<ד>ל
1QH 16.4]˙ד אמתך בכול [
1QH 16.14]]˙ד˙ ˙[ ]ע[
1QH 17.23 חוק מ[ ]ד על רוחות :
1QH 5 1.4 בהפלא[:]ד ע[ו]לם
1QH 6 1.14 ביד :]א˙ ˙ד
1QH 15 1.7 ש˙[:]˙ד עם רוב טוב

1QH 57 1.2]˙ד קצ[: וכבוד
1QH 58 1.5]ה ולהבי[:]ד קצ משפטכ[: [
1QJN 5 1.2]ין ת˙[:]˙ד[‹עמו]דין
2Q26 1 1.3 מן מיא לוחא ד˙[:]˙אחד˙ לה
2apPr 2 1.3]ים :]ד שוממים : [
4Q176 49 1.1]˙ד˙[
4Q185 1+ 1.11 לע[ ]˙ד : ולא ימצא
4Q185 1+ 3.14]טוב ואם ד˙[:
4Q381 84 1.3]˙ ותשמ[ע:]˙ד צדק[
4Q381 93 1.1]ו אבתי במעשי ד˙[:]ל˙˙ ˙˙˙
4Q381 107 1.1]˙ד[:]˙˙[
4Q401 37 1.1]הודו ד[: מו]סדי
4Q404 23 1.2]˙[:]ד[:]בתי[: [
4Q482 4 1.3 חכ˙[:]˙דפו ד˙[
4Q483 2 1.1 [ד[:]˙˙˙[
4Q484 4 1.1]בה ד˙[:]ל[
4Q487 25 1.2]תו ˙[:]ו צ˙ד[:]י˙˙[
4Q487 26 1.3]מרט[:]˙י ד˙
4Q488 1 1.1]ד אתעשקו[
4Q497 17 1.1]˙ד˙[:] לה[: [
4Q497 48 1.1]ד˙ ˙˙˙ ˙˙ו˙[:
4Q499 25 1.2]כו˙[:]˙ד[:] ˙˙[
4Q499 48 1.3 א˙[: [ ]˙˙[ ]ד שח[
4Q502 96 1.3]ברוך אל :]ד לקום:] ועונה
4Q502 98 1.2]מ[ ]˙˙ם [:]ד לפניו כו[ל :
4Q502 110 1.2]עם זקני [:]ד בתוך ק[:]˙[
4Q502 157 1.2]˙ת [:]˙ד˙[:]מח[:
4Q502 160 1.2]˙˙[:]ד מכ[:]˙ר [:
4Q502 178 1.3]˙יו א˙[:]˙˙ד [
4Q502 268 1.2]בר[:]ד[
4Q503 88 1.4] למענ[:]˙ת ד˙[:]˙ו כ˙[
4Q503 113 1.2]˙ז נ[:]ד [
4Q503 147 1.2]הם[:]˙ד˙[
4Q503 160 1.3 [: [א[: [ד[:]‹[˙]‹˙כ˙
4Q504 13 1.4]ה כיא[:]ר ד˙[
4Q506 141 1.2]˙[ ]˙[:]ד ה[
4Q509 20 1.4]נוג˙[:]˙ד[
4Q509 27 1.2]˙ אש[:]אשר ד[:] קוד[ש
4Q509 110 1.2]ם ˙˙[:]ד יע[
4Q509 116 1.1]ד במע[
4Q509 189 1.2]בוד [:]ד ארצנו[:]˙
4Q509 246 1.2]בא˙[:]ד ˙˙[
4Q509 252 1.2]˙כאמרי [:]˙ד ˙[
4Q509 304 1.1]˙י ד˙[
4Q511 2 2.5 הא˙[ ]ד בכוח˙[:
4Q511 48+ 1.4 בשרי יסוד ד˙[וב]גויתי
4Q511 63+ 2.5 [אנ]שי ברית ד˙˙[ ]˙[ ]˙[
4Q512 61 1.2]˙˙˙˙[:]ד טמא[
4Q512 115 1.1]י ד˙[:]˙ת‹ל›י [
4Q512 141 1.2]˙˙ כ[:]ד˙˙[: [˙˙[
4Q512 199 1.2]˙˙[:]ד לוא[
4Q517 30 1.2]כול[:]ד[
4Q517 43 1.1]ד :]שבי
4Q518 31 1.3 [יזעק[:]˙ד לפני[
4Q518 67 1.1]˙˙ד˙[
4Q519 51 1.1 ד[: ל[
4Q520 23 1.1 [˙˙ן ד[:]ל[
4pIs[a] 7+ 3.10]ד וינקפו סובכי
4pIs[b] 1.3]ד ואשר
4pIs[c] 32 1.3 [מחמד [:]˙ד˙˙˙[:]˙˙[
4pIs[c] 38 1.2]אם ˙[:]˙˙ד˙[
4pIs[e] 1+ 1.2]ד ואשר כתוב[
4pUn 8 1.2]להושי[ע :]ד[
4QCat[a] 2+ 1.4 כמש[פחות:]˙˙ד[ ]˙[ ]ל˙תמה
4QCat[a] 5+ 1.10 לה איש וילך ד˙[ ]˙
4QCat[a] 5+ 1.14 שלום אשר המה ד˙[:]הרוג
4QCat[a] 7 1.2]˙˙[:]ד אשר יבקשו
4QFl 1+ 1.1 [ ]˙ד אויב[
4QMI 35 1.1]לוא ד˙[ ]˙ אמר ד
4QM6 45 1.1]˙ד[:]תי[:
4QM6 64 1.2]˙[:]˙ד [

4QM6 95 1.1]˙ד [
6Q31 5 1.1]ד [
6apGn 7 1.2 ביד˙˙[: ˙ד˙[
6apSK 22 1.2]י על˙[:]בכל ד˙[: [כ[
6apSK 44 1.4]˙אב[:]ד : א[: ב[
6apSK 58 1.2]ירא ‹את[› ד[: י]שרא[ל :
6QHym 16 1.1]ד ˙[:]˙ כיא[
6QHym 27 1.1]ד[
11Ap[a] 2.12]ד ת[: גדול[
11Ap[a] 3.9]]˙ד בארץ :]עד
11Ap[a] 4.1]ד˙[: אשר [
11Ap[a] 5.1]ד[[
11QSS 2+ 1.8]]לכול ד˙[
11QT 9.14 בני: [ ]ד חוקות עול[ם
11QT 28.1]ד ומנח[תה :

1apGn 19.10 כפנא בארעא דא כולא ושמעת
1apGn 19.19 למשבק [ ]ום דא כול טבותא :
1apGn 20.28 מננה רוחא דא באישתא
1apGn 21.4 לארעא דא בשלם : בתר
1apGn 21.10 כול : ארעא דא די אנה יהב
1apGn 21.11 מן : רמתא דא מן נהר
1apGn 21.12 אנתן כול ארעא דא וירתונה
1apGn 22.25 עמה מן ארעא דא שבק : ושלח
6Q31 21 R.2]˙[:]דא˙[
11tgJ 23.9]˙ : חיין הצת דא [
11tgJ 29.5 עליה הצת דא איוב וקום

1apGn 20.10 שרי : למלכא דאחי הוא כדי

1apGn 2.25 [ ] ואמר לך דאל תרגז עלי

1Q20 1 1.3 וכביא וש˙ ליא דאלין ו˙˙˙ין:

4Amrm 1 1.10 חלמא והא תרין דאנין עלי

4Q487 23 1.1]ר דב[:]נו איש
4Q509 142 1.2]˙˙[:]דב[
4Q511 77 1.2]בה˙˙ ˙[:]˙ר דב˙[
4Q512 140 1.1]דב[:]ה ו[: [
4Q517 17 1.1]˙ דב[:]דרככמה[

1QH 2.11 עון רשעים : דבה בשפת

4Q403 1 2.10 כבוד מלכותו דביר[ ] :
4Q403 1 2.14] : פלא דביר לדביר
4Q405 14+ 1.8]˙˙˙[ד]ביר מל[ר]
4Q405 15+ 1.3 ת]פארת בפרוכת דביר המלך ˙˙[
4Q405 18 1.2]לכלכל קדושים דביר מ˙[:
4Q405 18 1.4 אלוהי[ם :]דביר ימהרו
4Q405 19+ 1.3 ˙[ ]בד[ני דב]יר מלך מעשי
11QSS f+ 1.1]דביר[:]נ˙[

4Q403 1 2.11 ברך מראשי דבירו[ ] :
4Q403 1 2.15 יחד מרכבות דבירו וברכו

4Q405 7 1.7]˙ל[: שב]עת דבירי כהונו[ת
4Q405 15+ 1.5]פרכות דבירי הפלא
4Q405 19+ 1.2 ד]ב[י]רי[
4Q405 19+ 1.3]כבוד מדרס : דבירי פלא רוחי
4Q405 20+ 2.1 דב]ירי כול
4Q405 23 2.13 בכול [דבי]ר[י] קוד[ש
11QSS j+ 1.3]: דבי[רי

1apGn 20.11 בליליא כדי דבירת מני שרי

4tgJ 1 2.4 ובמלאכו[הי: דבעפרא [: ומן

1apGn 16.11 כולהא עד די דבק ל˙˙˙ : ˙˙˙
1apGn 17.8 לאשור עד דבק לחדקל ˙˙˙
1apGn 17.9 ˙˙˙ ˙ עד די דבק לראיש ˙˙˙

11Mel 1+ 2.3	ז]ה : [ד]בר[[
11QPs 27.9	כול השיר אשר דבר ששה ואבעים
11QPs 27.11	כול אלה דבר בנבואה אשר
11QT 47.5	וטהורה : מכול דבר לכול טמאה
11QT 54.9	המופת אשר דבר אליכה
11QT 54.11	לוא : תשמע אל דבר הנביא ההוא
11QT 54.15	החולם יומת כי דבר סרה : על
11QT 57.10	אותו מכול דבר חט : ומן
11QT 57.14	ולוא יעשה כול דבר : לכול עצה
11QT 58.17	ונשמרו מכול דבר טמאה ומכול
11QT 61.7	עדים יקום דבר אם יקום עד
11QT 66.2	את הנערה על דבר אשר לוא
11QT 66.3	ואת האיש על דבר אשר ענה את
11QT 66.6	לוא תעשו דבר אין לנערה
CD 4.13	בישראל כאשר דבר אל ביד
CD 19.15	יפקד צ כאשר דבר היו שרי
CD 9.3	יביא על רעהו דבר אשר לא
CD 9.6	ובחרון אפו בו דבר בו בדבר
CD 9.16	ישמרו כל דבר אשר ימעל :
CD 9.17	והוא אחד אם דבר מות הוא
CD 9.21	מעידים על : דבר אחר והובדל
CD 10.3	לעד עובר דבר מן המצוה
CD 10.17	אל ידבר איש דבר : נבל ורק
CD 14.11	איש בתרו ולכל דבר אשר יהיה
CD 16.8	ל[עש]ות דבר מן התורה

1apGn 20.27	הא אנתתך דברה אזל ועדי
4Q185 1+ 3.13	לשון יודע דברה אלהים עשה

1apGn 20.9	ושלח : לעובע דברהא וחזהא

1pHab 7.8	על כול : אשר דברו הנביאים
1QDM 1.12	אלי]הם דברו [
1QS 5.14	בכול עוברי דברו ואשר לוא
1QS 5.19	וכול מנאצי דברו ישמיד
4Q176 1+ 1.5	יומר אלוהיכם דברו על לב
4Tstm 1.2	העם הזה אשר דברו אליכה
4Tstm 1.2	כול אשר דברו : מי ינתן
11QT 61.3	אשר לוא דברו יהוה ואשר
11QT 61.4	דברתי בזדון דברו הנביא לוא
CD 5.21	ותישם הארץ כי דברו סרה על
CD 20.11	ישפטו כי דברו תועה על
CD 15.7	הנשחתה ביום דברו : עם

1pHab 2.9	את כול : דברי עבדיו
1pHab 7.5	את: כול רזי דברי עבדיו
1QDM 1.4	בני : ישרא[ל ד]ברי הת[ו]רה
1QDM 2.9	[ ] כול דברי הת[ורה]
1QH 17.23	ומכשול בכול דברי רצונך חוק
1QM 15.5	עתו עם כול דברי הודותם
1QS 1.14	אחד : מכול דברי אל בקציהם
1QS 2.13	בש<ו>מעו את דברי הברית
1QS 6.10	ידבר איש בתוך דברי רעהו טרם
1QS 7.9	ולמדבר בתוך דברי רעהו :
1QS[b] 1.1	דברי ברכ[ה]
1QS[b] 3.22	לעולמי עד : דברי ברכה
4Q176 8+ 1.13	נ]ואש עד דברי תנחומים
4Q185 1+ 2.3	בני יצל תמרו דברי יהוה : אל
4Q185 3 1.3	כל˙ ˙[:]˙עשה דברי ברי[ת :
4Q370 2.9	אל תמרו דבר[י
4Q381 76+ 1.8	[:]˙ ˙ דברי ותשכילו
4Q400 3 1.11	דב]רי : [
4Q400 3+ 2.4	] : ושבעה דברי[
4Q400 3+ 2.6	]˙ שב[עה] : דברי פלא[
4Q403 1 1.1	שבעה בשבעה דברי רומי פלא:
4Q403 1 1.3	שבעה בשבע[ה]דברי
4Q403 1 1.4	ש[בעה בש]ב[עה דב]רי הדות
4Q403 1 1.7	שבעה ב[שבעה ד]ברי זמ[רי
4Q403 1 1.11	בשב]עה ד[ב]רי פל[א
4Q403 1 1.12	ב]שב[עה] דבר[י
4Q403 1 1.12	ב]שבעה דברי [ ] : [

1apGn 17.10	דן למערבא עד דבק ˙ ˙ ˙ : ˙ ˙ ˙
1apGn 17.16	בצפונא עד די דבק לטינה נהרא
1apGn 22.7	רדף בתרהון עד דבק לדן ואשכח
4Q499 47 1.1	]דבק נפש[:]˙
11tgJ 14.4	המרו לחנך דב[ק :]שמע

1apGn 21.29	בטורי גבל עד דבקו לאיל :
1apGn 22.10	קודמוהי : עד דבקו לחלבון די

4Q405 19+ 1.5	ק[וד]שי דבקי פלא[

11QT 5.1	] : [˙] : [דבקים [:

11tgJ 36.8	קפלי בשרה דבקין נסיכי[ן

1Q42 1 1.1	]˙ דבקת[:]˙א
1apGn 19.9	]א[ ]עד די דבקת לחברון
1apGn 19.11	]והוא [דבק]ת לכרמונא
1apGn 21.1	משריאתי עד די דבקת לבית אל
1apGn 21.16	ימא עד די : דבקת לטור תורא
1apGn 21.17	ארעא : עד די דבקת לפורת
1apGn 21.17	פורת עד יד דבקת לימא
1apGn 21.18	שמוקא עד די דבקת ללשן ים
1apGn 21.18	לדרומא עד די דבקת גחון :

1apGn 19.8	]ם עד כען לא דבקתה לטורא

1apGn 21.27	ארבע עשרה דבר מלך עילם
1QH 8.36	ולעות לעאף דבר נאלם כול
1QH 9.8	ואשיבה למבלעי דבר :
1QH 12.20	רזיכה ולשיב דבר [:
1QH 18.20	אוזן נפתח דבר ולב : [˙ ˙
1QH 7 1.12	]רומם להשיב דבר ב[: ל[
1QM 7.7	וכול ערות דבר רע לוא
1QM 10.1	מכול ערות דבר רע ואשר
1QNo 7 1.1	]אז דבר[
1QS 5.3	הגורל לכול דבר לתורה
1QS 5.15	ממנו בכול דבר כיא כן
1QS 5.15	כן כתוב מכול דבר שקר תרחק
1QS 6.1	איש על רעהו דבר לפני הרבים
1QS 6.4	לעצתם לכול דבר והיה כיא
1QS 6.11	ידבר איש כול דבר אשר לוא
1QS 6.12	אשר יש אתו דבר לדבר לרבים
1QS 6.13	ואמר יש אתי דבר לדבר לרבים
1QS 6.27	וא]שר יזכיר דבר בשם הנכבד
1QS 7.1	מצרה או לכול דבר אשר לו (
1QS 7.2	הכתובים בספר דבר בחמה ונענש
1QS 7.3	ואם בשגגה דבר ונענש ששה
1QS 7.9	לנפשו כול דבר ואשר ידבר
1QS 7.9	ידבר בפיהו דבר נבל שלושה
1QS 8.11	היחד וכול דבר <ה>נסתר
1QS 8.17	מכול המצוה דבר ביד רמה אל
1QS 8.22	אשר יעבר דבר מתורת מושה
1QS 8.24	עצתו לכול : דבר ואם בשגגה
1QS[a] 2.9	ואם יש דב[ר
4Q178 2 1.2	]˙ ˙ם וי[:]דבר בש˙[:]ת
4Q378 11 1.2	דבריו אשר דבר :]הנשבע
4Q381 76+ 1.10	מי בכם ישיב דבר ויעמד
4Q385 3 1.7	[ ]פי יהוה דבר אלה [
4Q487 11 1.3	תוך ˙ ˙[:]ע דבר˙[:]צים ל
4Q498 6 1.2	[:]˙[ ]דבר[ ]ל[
4Q502 36 1.4	]כיא[:] דבר[
4Q504 4 1.17	˙ר למענכה ועל דבר[:]˙ ˙ד ˙
4Q509 42 1.2	]˙נו [:]דבר[
4pPs[a] 1+ 4.4	] האמת אשר דבר : [
4pPs[a] 1+ 4.24	רח]ש ל[ב]י דבר טוב :
4pPs[a] 13 1.3	אלו]הים דבר[
4QOrd 2+ 1.5	האלה ˙[: דבר בישראל על
4QOrd 5 1.7	ו˙[: אש]ר דבר מושה[:
4VSam 1 1.6	]אם תכחד ממני ד[בר :]שמואל
11Mel 1 1.12	מושה כיא ד[בר]˙[ ]˙

כול להשנות את דבריכה רק אתה 1QH 15.14

היותם ותשם דברים על קו ‏:‏ 1QH 1.28
]ם[‏:‏ ודעו דב[רי]ם ˙ ˙[‏:‏ 11Mel 2 3.2
ושם לה עלות דברים ‏:‏ והוציא 11QT 65.7
שם ‏:‏ לה עלות דברים לאמור 11QT 65.12

[בכ]ול דברך וירשיעו 1Q34[b] 3 2.4
]דברך לא ישוב 1QH 13.18

לוא לעבור על דברכה ואני 1QH 12.24

כול יומי דברת ˙˙˙ ˙˙˙ 1apGn 6.2
מלך מצרין די דברת אנתתי מני 1apGn 20.14
ותחיבנני על דברת די תזכא 11tgJ 34.4

דב]רתה ל[‏:‏ 1Q30 3 1.1
אל פנים <דבר[ת]ה> אות[ו 4Q504 3 2.17
בעמו[ד ‏:‏]דברתה[4Q505 128 1.3
אל פני[ם ד]בר[ת]ה עמ[ו 4Q506 125 1.1
[ב]נו כאשר דברתה[4Q509 5+ 2.6

אדבר על זות <דברתי> כדעתי 1QH 12.32
לרומם שם דבר[תי] ‏:‏ 4Q511 35 1.6
כאשר דברתי לאבותיכה 11QT 55.12
הדבר אשר לוא דברתי בזדון 11QT 61.4

דמינא[‏:‏] העל דב[רתך‏:‏] מן 11tgJ 1.7

וה[יום ‏:‏]דגל[4Q503 64 1.9
אשר [‏:‏]דגל שמיני[‏:‏ 4Q503 67 1.2

גורל ‏:‏ [חוש]ך דגלי הבנים 1QM 1.14
יכתובו סדרי דגלי אל לנקמת 1QM 3.6
אל על החמישית דגלי אל על 1QM 4.10
סרך לסדר דגלי המלחמה 1QM 5.3
יצאו שלושה דגלי בינים 1QM 6.1
יצאו שני דגלי בינים 1QM 6.4
ו יצאו ‏:‏ שלושה דגלי בינים מן 1QM 8.4
סרך לשנות סדר דגלי המלחמה 1QM 9.10
להם לסדר דגלי המערכה 1QM 17.10
בה˙[‏:‏]˙ ˙ם˙ דגלי ב˙ ˙[‏:‏ 4Q487 2 1.3
ע˙[‏:‏]עם כול דגלי יר[חים ‏:‏ 4Q502 27 1.3
] ‏:‏ עשר דג[לי 4Q503 1+ 2.4
] ‏:‏ עם כול דגלי [4Q503 7+ 1.4
האר[ץ ‏:‏]עם דגלי אור והיום 4Q503 10 1.2
כבודכה ב[‏:‏ [ד]גלי לילה 4Q503 29+ 2.11
ש]מחת[נו ‏:‏]דגלי לילה[‏:‏]˙ 4Q503 29+ 2.19
חושך [‏:‏ דג]לי ערב 4Q503 39 1.3
]˙ב[‏:‏]˙ו עם דג[לי ‏:‏]לח[4Q503 100 1.2

] דג]ל[י]הם 1QM 12.17
]ו מבין כול דגליה[ם] בעבר[4Q405 20+ 2.14

ועמדו ששה דגלים והדגל 1QM 9.4

]˙וב דגן תירוש 1QH 10.24
ולקד[ש] ‏:‏ [˙ ˙ ד[גן ו]תירוש 4Q508 13 1.3
]ר דגן ˙[ ]ק זרע 4Q514 2 1.1
[ת]נובות דגן תירוש 11Ber 1 1.9
הכסף ולקחו בו דגן ‏:‏ ויין 11QT 43.14

אשוב ולקחתי דגני בעתו 4pHs[a] 2.8

צידון [‏:‏]˙דדו ˙ ˙[5QTop 4 1.2

לא יכול אברם דדי לצליא על ‏:‏ 1apGn 20.22

]˙ ˙ דה מלב[‏:‏]˙אים 1Q36 14 1.1
]דה <לכה> 1QH 34 1.1
[כו]ל[ ]דה אחת אהב אל 1QS 3.26

ה]מלך בשבעת ד[ברי 4Q403 1 1.13
[ד]עת בש[בעת ד]ברי ר[ו]ם 4Q403 1 1.14
]יברכ בשב[ע]ה דברי פלא וברך 4Q403 1 1.16
צדק[ד]ברי פלא[4Q403 1 1.16
י ו]שר ב[שב]עה דברי ה[וד] 4Q403 1 1.17
]בשב[עה] ‏:‏ דבר[י 4Q403 1 1.18
אמ[תו בשבע]ה דברי צדק לרחמי 4Q403 1 1.18
]˙ טוהר בשבעה ד[ברי]רום ‏:‏ 4Q403 1 1.19
לו בשבעה [דב]רי הוד ‏:‏ 4Q403 1 1.20
שכל בשבעה ‏:‏ [ד]ברי גבורות 4Q403 1 1.22
דרך ב[ש]בעה דברי פלא 4Q403 1 1.22
חוכי לו בשבעה דבר[י]פלא 4Q403 1 1.23
ד[עת] בשב[עה]דברי קודש 4Q403 1 1.24
]נצח ‏:‏ בשבעה ד[ברי 4Q403 1 1.26
ולפי שובועי ד[ברי]‏:‏ 4Q403 1 2.30
]דברי פלא וברך 4Q404 2 1.1
לו [בש]בעה דברי פ[לא ‏:‏ 4Q404 2 1.4
ו]בם לידוע[י‏:‏ ד]ברי פלא וברך 4Q405 3 2.2
וברך בשבעה דבר[י ‏:‏ דברי 4Q405 3 2.2
בשבעה דבר[י ‏:‏ דברי כבוד 4Q405 3 2.3
דעת בשבעת ד[ברי רו]ם 4Q405 3 2.4
י]ברך בשבעה דברי פלא וברך 4Q405 3 2.5
בשבעה דברי צדק 4Q405 3 2.8
שכל בשבעה דב[רי‏:‏ לתמיד 4Q405 3 2.13
דעת בשבעה ד[ברי ‏:‏ למגני 4Q405 3 2.16
עוז ובו[רך ‏:‏ דברי פלא 4Q405 3 2.18
דב]רי טוב 4Q405 13 1.2
]טוהר בשבעה דברי <רום> 4Q405 13 1.3
אמתו בשבעה דב[רי 4Q405 13 1.4
]לו בשבעה דברי הוד כבודו 4Q405 13 1.4
עולמים בשבעה דברי גבורות 4Q405 13 1.5
]בשב[עה] ‏:‏ [ד]בר[י 4Q405 13 1.7
]לכול מעש[י ‏:‏ ד]ברי [4Q405 33 1.3
דברי המארות 4Q504 8V 1.1
] ירוממו‏:‏ דב]רי כבוד‏:‏] 4Q504 2V 1.3
למ]לך הכבוד דברי הודות 4Q510 1 1.1
דב]רי הה[ודות 4QMI 14 1.1
] ‏:‏ [דבר]י כול חוזי 4QTeh 2 1.7
שמעת את קול דברי‏:‏ העם הזה 4Tstm 1.1
כמוכה ונתתי דברי ‏:‏ בפיהו 4Tstm 1.5
לוא ישמע אל דברי אשר ידבר 4Tstm 1.7
שמוא[ל א]ת דב[רי‏:‏]שמואל 4VSam 1 1.2
עלו העצים את דברי והצואן את 11QPs 28.6
משפט ומסלף דברי הצדק 11QT 51.13
נפשמה בכול דברי התורה 11QT 59.10
]˙ כול דברי דעת נהיו MasSS 1.2
] ‏:‏ דברי[MasSS 2.3
ש]בעה בש<ב>עה דברי פלא דב[רי MasSS 2.23
דברי פלא דב[רי MasSS 2.23
ד]ברי פלא לברך MasSS 2.25

בלשון ותדע דבריה ותכן פרי 1QH 1.28
תמיד[ל]שנן דברי[ה‏:‏ וקלס 4Q184 1 1.1

בזה ישראל את דבריהם CD 7.18
ו יקשב ‏:‏ אל אל דבריהם וישמע CD 20.19

על אחד מכול דבריו אז ירצה 1QS 3.11
הכול על דבריו וכאשר 1QS 6.16
הרבים על דבריו לפי שכלו 1QS 6.18
הרבים על דבריו ואם 1QS 7.21
] ‏:‏ הוא בכל <דבריו> דרכיו 2apDa 1 2.3
[‏:‏ לה]עמיד דבריו אשר דבר 4Q378 11 1.2
שדה ולפי דבריו ˙ ˙ ˙כל [4Q381 1 1.6
רשעה ולהמיר דבריו פיהו 4Q381 69 1.9
נפשו ולוא יחל דבריו ככול 11QT 53.15
אם יקים את דבריו ‏:‏ על כן CD 16.5

לא ישנו דבריך כי אתה 1QH 14.15
]ה ואני על דבריך קר˙ ˙[‏:‏ 1QH 16.19

4Q381 24 1.6 ומאפרים [: דור ויהללהו
4pHs[a] 1.10] הם דור הפקודה : [
4pPs[a] 1+ 3.1 אשר יחיו אלף דור בישו[ע]ה
11QPs 22.3 ישועתך לבוא דור ודור ידורו
11QT 39.5]˙˙סה דור רבי[עי] בן
CD 7.6 לחיותם אלף דור ואם
CD 19.2 מצותיי לאף דור: ואם מחנות
CD 20.22 ולשמריו לאלף דור: בית
CD 15.19] דור : עמכם

6apGn 30 1.1]ל דורו[:]˙ ה˙ [

1QH 1.18 צאצאיהם למספר דורות עולם :
1QH 13.16]עולם ומופת דורות דרי˙ [
4Q176 17 1.2]˙[: דור]ות עולמים
4Q504 7 1.3 לספר דורות עולם : [
4Q507 3 1.2 אד[וני : דו]רות עולם
4Q511 42 1.5 אפצה[: ד]ורות אשמתי
4QPBl 1 1.4 מלכות עמו עד דורות עולם אשר
CD 2.8 ויתעב את דורות מדם
CD 19.1 לחיותם לאלפי דורות: ככ שומר

4Q511 35 1.6 מירא אל בקצי דורותי לרומם

1QM 14.9 ועם : כול דורותינו הפלתה
4Q504 1+R 3.7 אותנו בשני דורותינו : [

1QH 1.16 עבודתם בכול דוריהם ומש[ ]ט

1QH 17.6] משפט מרוח דורש[:]˙תרמה
1QS 6.6 שם העשרה איש דורש בתורה
4Q176 14 1.6]אין לוא דורש[:]˙
4QCat[a] 10+ 1.5]המה דורש התורה כיא
4QFl 1+ 1.11 דויד העומד עם דורש התורה אשר
4QFl 23 1.1]˙ דורש[
CD 6.7 והמחוקק הוא דורש התורה אשר
CD 7.18 והכוכב הוא דורש התורה :
CD 14.16 א]שר אין לה דורש כל עבודת

1QS[b] 3.20] דורשהו כיא אל

1QH 2.15 קנאה לנגד כל דורשי חל[:]
1QH 2.32 כזב : ומעדת דורשי חלקות
1QH 2.34 וחרפה בפי כל דורשי רמיה
4pIs[c] 23 2.10 הימים על עדת ד[ורשי] החלקות
4pN 3+ 1.2 ירושלים בעצת דורשי החלקות :
4pN 3+ 2.2 היא עיר אפרים דורשי החלקות
4pN 3+ 2.4 פשרו על ממשלת דורשי החלקות :
4pN 3+ 3.3 ממך : פשרו על דורשי החלקות
4pN 3+ 3.6 לך פשרו[ ]דורשי : החלקות
4QCat[a] 9 1.4]המה עדת דורשי ה[חלקות

1QH 38 1.1]דושים[:

4Q502 131 1.2]˙[ ]˙[:]דות ל˙[

1QDM 4.2]]דותם[[

1apGn 2.26 אתית ל[ך : דחיל לעליך [
4Amrm 1 1.13] מנהון חזוה דח[י]ל [כפ]תן

11tgJ 33.3 חרב יחאך על דחלה ולא :

11tgJ 32.5 שרא די שוית דחשת ביתה

1Q20 1 2.7 ˙ע ל[: עזבוג די ˙˙˙˙] :
1Q20 4 1.2]˙˙ך ˙[:]א די א˙˙רנ˙ [:
1Q23 12 1.2]ן:]די
1Q23 15 1.3]שגי[א : כ]ל די[
1Q23 21 1.2]תמכין בכל די[:]ל ˙˙˙˙
1Q24 7 1.3 ע]לוהון די[

4Q405 7 1.11]בו מעש[י :]דה שב[ע :]˙
4Q508 41 1.2 חמאתנו[:]דה יומם ולילה[
4pHs[b] 19 1.6]סר ˙[:]˙דה ה˙[:]הוס˙[
4pIs[a] 2+ 2.28 [: [ ]דה ואין כמוה
4pIs[c] 42 1.2]˙ה˙[:]דה[:] ˙˙[
4QM6 47 1.2]רים[:]דה[

11tgJ 38.8 ˙ קדש חד די דהב

4pN 3+ 2.3 רעש אופן וסוס דהר ומרכבה

1Q25 6 1.1]דו[:]בבהמות
1QH 2.1 יחרו˙˙[:] דו [:] עזי
4Q502 126 1.1]דו ו[:] כול
4Q504 15 1.1]דו : כי[: כלי[
4Q509 56 1.1]דו ומירכה[: [
4Q509 207 1.2]˙[:] דו˙[:]ה ה[
4Q511 23 1.1]דו ועצת[:
4Q511 153 1.3 [:]ודי ˙[:]דו˙[
4Q520 20 1.1]˙דו [:]בצ˙[
4Q520 27 1.2]˙˙ם[:]˙דו ל[:]˙˙[
4pHs[b] 2 1.4]דו: [

4AgCr 2+ 2.9]]א[: דובר[
11QPs 22.14 קחי חזון : דובר עליך

1QM 10.6 חיל ואשר ד[ובר]ה ביד

CD 7.16 את סוכת דוד הנפלת

3Q15 4.8 שלוש : שם שני דודין מלאין

1QM 11.2 הסגרתה ביד דויד עבדכה כיא
4pIs[a] 7+ 3.22] דויד העומד
4QCat[a] 12+ 1.2 אשר אמר דויד יה[ו]ה אל
4QFl 1+ 1.11 לבן הואה צמח דויד העומד עם
4QFl 1+ 1.12 את סוכת דויד הנופלת
4QFl 1+ 1.13 היאה סוכת : דויד הנופל[ת
4QPBl 1 1.4 הצדק צמח: דויד כי לו
6apSK 22 1.4 [כ[:] דויד[:]עלי[:
11Mel 1+ 2.10 עליו בשירי דויד אשר אמר
11QPs 27.2 ויהי דויד בן ישי
CD 5.5 ויעלו מעשי דויד מלבד דם

1QS 3.9 ולהתקדש במי דוכי ויהכין
4Q512 1+ 1.4]˙ח˙ במי דוכ[י]˙˙ [

5QJN 1 2.13 ת]ח[ו]מי דוכנ[יא

1QH 1 1.2 אשר בשמים :]דול והואה פלא

4Q405 23 1.10 קודש ואין במה דולג עלי חוק

4pPs[a] 1+ 1.25 אפ[רי]ם : [דו]ם ל[יהוה

4Q184 1 1.7 ותשכון באהלי דומה בתוך

4QMI 11 1.12 לו[א]˙א דומי :]כבודי

1pHab 12.15 ע[ורי]ל[א]בן דומם

1QH 3 1.5 מהתפרר ומתוך דונג˙[:]מקוי

4Q385 3 1.1]תחת דוני [
4VSam 7 1.4 ומחיר[:]˙דוני ובחרתי

1QH 5 1.13 לאצו[ ]˙דוק ולהר[:

1pHab 1.2 תו]חלת דור: [
1QH 12.4 יראיכה :]˙דור ותפלה
1QS[b] 3.7 אלפיכה ˙[ ]דור עול[ה

1apGn 1.2	˙ אף רז רשעא די :]˙תין ורזא
1apGn 1.3	]˙תין ורזא די :]˙˙ל˙
1apGn 2.1	חשבת בלבי די מן עירין .
1apGn 2.12	בתאנוש אנתתי די אשתני אנפי
1apGn 2.15	במלך ש[מיא : די מנך ורעא דן
1apGn 2.24	אבי ויא מרי די אנה לך [:
1apGn 2.25	ראל תרגז עלי די להכא אתית
1apGn 5.10	אנה למך [: די מני אנפק ˙˙
1apGn 7.1	˙ : ארעה וכול די עליהא בימיא
1apGn 12.17	לקדישא רבא די פלטנא מן
1apGn 16.11	כולהא עד די דבק ל˙˙˙ :˙
1apGn 17.9	˙ : לארם ארעא די˙˙˙ ˙˙˙ עד די
1apGn 17.9	די˙˙˙ ˙˙˙ עד די דבק לראיש ˙
1apGn 17.16	בצפונא עד די דבק לטינה
1apGn 19.9	[ ]א[ ]עד די דבקת לחברון
1apGn 19.10	דא כולא ושמעת די ע[בו]רא
1apGn 19.11	[ ]א די ˙ל]
1apGn 19.12	ראשי נהרא דן די : [ ]לל]
1apGn 19.19	וא[מר]ת ˙˙˙˙ די יבעון
1apGn 19.20	] בכול [ ] די]
1apGn 19.20	] עלי די אחי הוא
1apGn 19.23	י]תירא בנפשה די לא יחזנה
1apGn 19.24	מצרי[ן] די פרע[ו]
1apGn 19.26	] בכפנא די א[ ]תה
1apGn 19.26	ואתון למקם עד די[ ]צ
1apGn 20.6	בתולן וכלאן די יעלן לגנון
1apGn 20.8	תרין חברוהי די פם חד
1apGn 20.13	לכול : עלמים די אנתה מרה
1apGn 20.14	צען מלך מצרין די דברת אנתתי
1apGn 20.15	וי‹נ›דעוך מרי די אנתה מרה
1apGn 20.21	ובעא מני די אתה ואצלה
1apGn 20.27	ותאמר : לי די אחתי היא
1apGn 20.30	לי מלכא במומה די לא [ ]הא
1apGn 20.31	ולבוש שגי די בוץ וארגואן
1apGn 20.32	ומני עמי אנוש די ינפק[וני
1apGn 21.1	משריאתי עד די דבקת לבית
1apGn 21.1	לבית אל לאתרא די בנית תמן בה
1apGn 21.3	נכסיא וטבתא די יהב לי ודי
1apGn 21.7	יתב בטורא די בית אל ובאש
1apGn 21.7	אל ובאש עלי די פרש לוט בר
1apGn 21.8	לי אלהא בחזוא די ליליא ואמר
1apGn 21.8	לך לרמת חצור די על שמאל :
1apGn 21.9	ביתאל אתר די אנתה יתב
1apGn 21.10	כול : ארעא דא די אנה יהב לך
1apGn 21.12	מדברא : רבא די מדנח חורן
1apGn 21.13	כעפר ארעא די לא ישכח כול
1apGn 21.15	ליד ימא עד די : דבקת לטור
1apGn 21.16	ימא רבא דן די מלחא ואזלת
1apGn 21.17	ארעא : עד די דבקת לפורת
1apGn 21.18	ימא שמוקא עד די דבקת ללשן
1apGn 21.18	ללשן ים סוף די נפק מן ימא
1apGn 21.18	לדרומא עד די דבקת גחון :
1apGn 21.19	באלוני ממרה די בחברון :
1apGn 21.23	תדעל מלך גוים די : הוא בין
1apGn 21.25	לקרב לעמקא די סדיא ותקף
1apGn 21.26	עילם ומלכיא די עמה למלך
1apGn 21.28	וסלקו ארחא די מדברא והווא
1apGn 21.28	ומחו לרפאיא די בעשתרא :
1apGn 21.29	ולזו‹מ›זמיא די בעמן
1apGn 21.29	ולחוריא די בטורי גבל
1apGn 21.30	לאיל : פרן די במדברא ותבו
1apGn 21.32	קרבא : בעמקא ד[י [
1apGn 21.32	[די עמה ואתבר
1apGn 21.33	כול נכסיא די סודם ודי :
1apGn 22.1	לוט בר אחוי : די אברם די הוא
1apGn 22.1	די אברם די הוא יתב
1apGn 22.2	מן רעה : ענה די יהב אברם
1apGn 22.2	יהב אברם ללוט די פלט מן שביא
1apGn 22.3	בחברון וחויה די שבי לוט בר
1apGn 22.10	דבקו לחלבון די שימא על
1apGn 22.10	מנהון כול די שבוא : וכול
1apGn 22.11	שבוא : וכול די בזו וכול
1apGn 22.12	וכול : שביתא די שבאו אתיב
1apGn 22.12	ושמע מלך סודם די אתיב אברם
1apGn 22.15	ולכול אנשא די עמה והוא
1apGn 22.17	אל עליון : די סגר שנאיך
1apGn 22.17	כול ‹נ›כסיא די מלך עילם
1apGn 22.18	קרב מלכא די סודם ואמר
1apGn 22.19	הב לי נפשא די א‹י›תי לי
1apGn 22.19	די א‹י›תי לי די שביא עמך די
1apGn 22.19	די שביא עמך די אצלתה מן
1apGn 22.22	אן אסב מן כול די איתי לך
1apGn 22.22	נכסי כול עתרה די : אברם ברא
1apGn 22.23	אברם ברא מן די אכלו כבר
1apGn 22.23	כבר עולימי די עמי וברא מן
1apGn 22.23	תלתת גבריא די : אזלו עמי
1apGn 22.25	וכול שביא די הואת עמה מן
1apGn 22.28	שלמא מן יום די נפקתה מן
1apGn 22.29	וחדא : מן די תבת מן
1apGn 22.29	בקר ומני כול די איתי לך
1apGn 22.30	שגיו מן : כול די נפקו עמך
1apGn 22.33	ערטלי אהך די לא בנין וחד
1apGn 22.34	ירתנך דן להן די יפוק
1Myst 2 1.2	]לקץ כול די˙[:]˙[
1QJN 15 1.3	תלת ˙˙[:]די לא ˙˙[
2QJN 3 1.3	פתו]רא די קומוהי
2QJN 4 1.11	וחזית עד די ˙ל[:
2QJN 4 1.13	]˙[: שביא די בהון וארבעת
2QJN 4 1.14	תרתי לחמא די הי[: הוית
2QJN 4 1.16	י]היבת לתנינה די קאם פנבד [
2QJN 4 1.17	חזי הוית עד די יהיב לכ[ול
2QJN 4 1.18	לכ[ול :]ל די איל ען חד
2QJN 4 1.19	]עד עדן די יתבו [:
3Q14 8 1.2	˙˙[: די סדום ו[
4Q404 20 1.1	]ת א[ ]די[:]הודות
4Q404 23 1.4	]בתי[:]˙די[
4Q482 1 1.5	]ילוד אש[ה:]די רצ[
4Q502 330 1.1	]די[
4Q503 171 1.2	]˙ ˙[:]די˙[
4Q509 71 1.1	]˙די˙[:]שח˙[
4Q511 12 1.1	]˙די רשע[ה :
4Q511 63+ 2.1	פרותי ˙˙די˙[ ]˙הב
4Q517 45 1.2	]כו לז˙[:]די א[
4Amrm 1 1.10	]: בחזוי חזוה די חלמא והא
4Amrm 1 1.11	אנון אנתון מן די כדן מש[לטין
4pIs^{c} 12 1.3	] בראש[:] די [:]
4QMes 1.1	די ידא תרתין
4QMes 1.4	כאנ]וש די לא ידע
4QMes 1.4	מדע[ם] עדן די : [י]נדע
4QMes 1.12	]א די ל[
4QMes 2.1	]˙ש : [ ] די מ[ ] נפל
4QMes 2.13	] ובטלן יתבין די ל˙[: מין
4QNab 1+ 1.1	מלי צ[ל]תא די נבני מלך( )
4QNab 1+ 1.8	אבנא חספא מן די [סב]ר
4QNab 1+ 1.8	די [סב]ר די אלהין
4Tstz 1 1.4	כ]ל עקתי וכל די יתאעל[:
5QJN 1 1.4	ופו[תי] די נפקין מן
5QJN 1 1.9	דשין תרין די אבן פותי‹ה›
5QJN 1 1.9	אבן פותי‹ה› די[דשי]א קנה[
5QJN 1 2.4	בגוא גוא די דרגא סח[ר
5QJN 1 2.5	מרבע ודרגא די סלק לידה
5QJN 1 2.9	ביתא וגוהון די ת[וניא
5QJN 2 1.2	[:] כל בתיא די בגוא ˙[:
5QJN 9 1.2	[: תר]עיא די [:]ל[
5QJN 16 1.2	]˙[: ד]י לי[ד
6Q19 1 1.1	די בני חם[:]
6apGn 1 1.5	[לא]שתעיה מה די[:]ה ע˙˙
6apGn 2 1.2	] : הוית עד די אתת[
6QApo 1 1.2	]בלל˙[:]מן די ˙[:]פה
6QApo 2 1.2	יקום [:]עד די כ[: א]כל
11QJN 14 1.5	לחם]א די הות לבונתא
11tgJ 2.8	כל אנש די[:]איש

מן עלמא מן ד̇[י :]˙ ארו 11tgJ 3.5
רי]ק̇נה : די מיתו [: 11tgJ 7.1
לענא מן ˙[: ד]י לא עדר 11tgJ 14.7
חילה וכגבר די א[כלין : 11tgJ 15.3
[: ו]ב̇אישה די אכל[ין : 11tgJ 15.8
למלוהי די למה תאמרו[ן 11tgJ 21.4
ר]ב̇ר̇בין די לא סוף 11tgJ 25.1
,]אלהא : די עבדנה ודי 11tgJ 26.5
בליליא די פרשנא מן 11tgJ 26.6
]די אדניהון :] 11tgJ 27.9
רברבין עבדוהי ד̇[י] : 11tgJ 28.1
ומנין שנוהי די לא סוף ארו 11tgJ 28.4
על כל די ברא יפקדנון 11tgJ 29.3
ג̇ב̇[ורה ב]דיל די לבושך :] 11tgJ 29.7
על ארע : מדבר די לא אנש בה 11tgJ 31.4
ערדא מן : שרא די שוית דחשת 11tgJ 32.5
על דברת די תזכא או: הא 11tgJ 34.4
גאפה יתרחץ די יקבלנה א[ ] 11tgJ 35.2
[: ובדגו]גין די נונין[:] 11tgJ 35.10
קדם אלהא ידעת די כלא : תכול 11tgJ 37.3
א[ל]הא בקלה די איוב ושבק : 11tgJ 38.2
חד תרין בכל די הוא לה 11tgJ 38.4
על כל באישתה די : היתי אלהא 11tgJ 38.6
וגבר קדש חד ד̇י דהב 11tgJ 38.8
אשר אין בו די : מרעיל אשר CD 10.12

במגור עם דיגים רבים 1QH 5.8

]מעט לו ואין דיו כי ˙] 5QCur 1 1.5
על הרו[א]ש : ד̇יו כטל 11QPs^{b} c 1.4

˙להשלים : [ ]דיך עם עב[ ] 1QH 16.12

קוד[ש]˙ד̇יכה ומ˙[1QS^{b} 4.3

אוספת לה על דילה שגי והוא 1apGn 21.6

הוית מתגר על דילהא ושביקת 1apGn 20.10

למעבד בכולהון דין וכען : 1apGn 20.13
בתוקף עבד לי דין מנה ואחזי 1apGn 20.14
]ק̇ ˙[:]דין ˙[:]ער̇[1QJN 17 1.2
הב̇[:]ש מעמו דין לר̇תוק ב̇[: 2Q28 2 1.2
הרע ישיב מטני דין האמת 11QPs 24.6

האף : תעדא דינה ותחיבנני 11tgJ 34.4

תוכחת וארשיעה דינו ומשפטכה 1QH 9.9

]דיר אמ̇[:]ל 4Q499 5 1.1

אצלם : במבא די[רת]ב̇ית 3Q15 11.16

תחסום שור על דישו : ולוא 11QT 52.12

]˙˙ ד̇ך [: ב]ר̇ית 1Q54 1 1.1
משפט כולם̇ :]דך ומה נחשבו ע 1QH 13 1.5
עבדך משה :]דך ביד משא אל 4Q378 22 1.3
]˙ד̇כ̇[4Q509 93 1.1

]מ̇ל̇כא דכא אמין תשע 5QJN 1 2.10

]ק̇יה̇ ל[ ]דכה̇ אל תעזובני 1QH 4 1.18
]שר :]דכה :]אב̇י : 1QH 9 1.2

אחי ויא מרי דכרלך על 1apGn 2.9

שביעי קודם אל דכ[רנא:]ל̇ברא 11QJN 14 1.1

]ד̇ל רו[1Q36 6 1.1
]כ̇ול̇[:]˙ד̇ל אב̇יוני̇[: 4Q511 17 1.2

די איתי לך דל<מ>א תהוה 1apGn 22.22

מי בכם יסגור דלתו ולא CD 6.13

ויפתח את ד[לתות:]להגיד 4VSam 1 1.3

אחת [:] ד̇ל̇תותיו[11QT 6.8

אפעה : ויסגרו דלתי שחת בעד 1QH 3.18
זר˙[ ]˙יה דלתי מגן לאין 1QH 6.27

י]ציב דלתיה̇ 4Q379 22 2.9
ובצעירו יציב דלתיה ואנה 4Tstm 1.23

כול דם לא תאכלון ˙ 1apGn 11.17
אדירים ושותי ד[ם] גבורים 1QH 5.7
וה[:]מלכי˙דם מה בשר 1QH 7 1.10
יכתובו : זיקי דם להפיל חללים 1QM 6.3
לפי]ל ולשפוך דם חללי אשמתם 1QM 6.17
אמות שמונא : ד̇ם הצא כב : 3Q15 9.6
שלו כלי ד̇ם לאה̇ דמ<ע> 3Q15 11.14
עם ממלכות על ד̇מ̇[: ירושלים 4Q176 1+ 1.2
הימי[ם :]˙דם[4Q178 3 1.5
]˙ד̇ם ואל 4Q185 1+ 2.9
˙[:]תר[:]˙דמ̇[:]˙[4Q497 16 1.3
]ידועים[:]דם וח̇[: 4Q502 28 1.3
ובא]ר̇ץ̇ :]˙ד̇מ̇ א[ ]ת̇ה 4Q504 5 1.8
]ד̇ם וכ̇[:]ת̇ 4Q504 6 1.1
]ד̇ם בגורל רשע 4Q510 2 1.1
]˙מ̇˙[:]˙דם[4Q511 162 1.2
]]˙דם הא[4pPs^{a} 1+ 4.17
]שואגים[:]דם[4pUn 9 1.3
] ד]ם כמים על חל 4Tstm 1.29
יהוה ואל תתן דם נקי בקרב 11QT 63.7
תבער : את דם נקי מישראל 11QT 63.8
דויד מלבד דם אוריה : CD 5.5
עם הרואה את דם זובה CD 5.7
את ידו לשפוך דם לאיש מן CD 12.6

מ]ן דמא באצבעתה: 4Q156 1.7

אשר חשבו להתם דמו : לשפוך על 1QH 2.32
ה̇[מזבח : דמו יזרוק ע[ל 11QT 16.17
והעל̇ה̇ את̇ : דמו למזבח 11QT 23.12
המזבח וזרק את דמו על יסו[ד] 11QT 23.13
אשר על[ה : את דמו ב̇מזרק הזהב 11QT 26.6
וזרקו את דמו על יסוד 11QT 52.21

]ד̇מ̇ות פ̇ל̇א רוח 4Q405 14+ 1.2

כי אם כול [: דמי וכ̇[ול 1Myst 1 2.8

ולכול מראי דמיונים 1QM 6.13

דמי]מרום מלך 4pN 3+ 1.2

אוזני משמוע דמים השם לבבי 1QH 7.3
ולוא תשום דמים בביתכה כי 11QT 65.6

לב]ע̇ירא דמינא[:] העל 11tgJ 1.6

] אה̇ר̇ו̇ן את דמם [:] 11QT 22.5
חיים ונש[פ]ך [דמ]ם וכל CD 12.14

עועיים̇[ ]דממה להשיב נפש 1QH 6.23

קו]ד̇שים ברוח דממת אלוהי[ם : 4Q405 18 1.3
הפלא קול דממת שקט̇ 4Q405 19+ 1.7
בהרומם קול דממת אלוהים : 4Q405 20+ 2.7
כנפיהם קול[דממ]ת̇ אלוהים 4Q405 20+ 2.8
[ה]פלא וקול דממת ברב בהמו[4Q405 20+ 2.12

4Q178 12 1.1]דניא[ל : [
4QFl 1+ 2.3 כתוב בספר דניאל הנביא
11Mel 1+ 2.18 אשר אמר דנ[יאל

4Q518 34 1.1]דניו[

1Q36 17 1.2]˙[:]דע רוחיכה לגבר

1QH 11.8 כול דעה ובכוחכה
1QH 11.28 ל˙˙ : שכל דעה להבין
1QH 14.25 חנותני ברוח דעה[ ]מת
1QS 11.6 נסתרה מאנ‹ו›ש דעה ומזמת ערמה
1QS 11.18 הוריתה : כול דעה וכול הנהיה
4Q502 40 1.3 [:]שביע[:]דעה[:]˙˙[
4pUn 13 1.1]דעה [

4Q510 1 1.2 [ ] לאלוהי דעות תפארת
4Q511 1 1.8 כבוד אלוהי : דעות באמריו
4Q511 143 1.2]ימים[:]דעות [:]לם˙[
CD 20.5 אנשי : דעות עד יום
CD 15.15 תמומה על פי דעו[ת] היותו

1QH 10 1.6 נועדנו ועם ˙דעים [:]ח עם

1Q36 12 1.2]˙יא ממעון דעת[
1QH 1.35 חכמים ושחי דעת ˙נמהרים
1QH 2.13 צדק ומליץ דעת ברזי פלא
1QH 2.18 לפתוח מקור דעת לכול
1QH 3.23 עם רוחות : דעת להלל שמכה
1QH 4.11 ויעצורו משקה דעת מצמאים
1QH 4.18 אמרו : לחזון דעת לא נכון
1QH 12.13 [פ]תחתה לתוכי דעת ברז שכלכה
1QH 12.29 כבוד ומקור דעת וגבו[ ]
1QH 18.23]צבא דעת לספר
1QH 2 1.6 עד פלט ומליצי דעת עם כול
1QH 10 1.4 לפי שכלם וכפי דעת˙[:] לאין
1QS 3.1 נפשו ביסורי דעת משפטי צדק
1QS 4.4 חסדו ורוח דעת בכול מחשבת
1QS 4.6 וחבא לאמת רזי דעת אלה
1QS 9.17 העול ולהוכיח דעת אמת ומשפט
1QS 10.12 טובי מקור דעת ומעון קודש
1QS 10.24 תושיה אסת‹פ›ר דעת : ובערמת
1QS 10.25 דעת : ובערמת דעת אשוב
1QSb 5.25 דעת ויראת אל
4Q400 1 1.6]דעת עם בינות
4Q400 1 1.6 לקרובי דעת : [
4Q400 1 1.17] דעת בכוהני
4Q400 2 1.1 פלא באלי דעת ותשבוחות
4Q400 2 1.8 נרוממה לאלוהי דעת[:]
4Q400 2 1.11]רו לש[וני] דעת ˙˙חוקי[:
4Q401 11 1.2 א]לוהי דעת וכ[:]צדק
4Q402 4 1.2]ים ויפלג דעת[: כ]בינתו
4Q402 4 1.12]כיא מאלוהי דעת נהיו כול [
4Q403 1 1.14 רו]מי [ד]עת בש[בעת
4Q403 1 1.16 VACAT : דעת[
4Q403 1 1.18 אי[לי קרו]בים דעת אמ[תו
4Q403 1 1.24 קדושים מסיסדי ד[עת] בשב[עה
4Q403 1 1.31 בכול : אלי דעת יקדילו
4Q403 1 1.35 ברצון : דעת לאמרי פיהו
4Q403 1 1.36 כול הוגי דעת רנות פלאו
4Q403 1 1.37 לכול מרנני דעת עד ושופט
4Q403 1 1.38 יודו כול אילי דעת וכול רוחות
4Q403 1 1.45 באור אורתם דע[ת]
4Q403 1 2.2] : במותי דעת ובהדום
4Q403 1 2.27] : שבע רזי דעת ברז הפלא
4Q403 1 2.35] : למאירי דעת בכול אלי
4Q404 4 1.4 באל[והי : [דע]ת רנות[:
4Q404 4 1.7 אלי[: [אי]לי דעת וכו[ל
4Q404 5 1.4 באור אורותם דעת :]מקדשי
4Q404 11 1.4 לכבוד ˙[:]דעת[
4Q405 3 2.4 לכול רומי דעת בשבעת

1apGn 22.22 אמר דמן נכסי כול

4Q509 5+ 2.2 ˙˙יאים[:]ה דמנו בקצ [ ]

1apGn 22.21 חוט עד ערקא דמסאן : אן אסב

3Q15 1.9 של כחלת כלי דמע בלגין
3Q15 3.3 כסף וזהב של : דמע מזרקות
3Q15 3.9 מבצפונו : כלי דמע לכושי
3Q15 5.7 כאלין של : דמע ובתכן
3Q15 8.3 אחזר : כלי דמע וספרין אל
3Q15 11.1 זהב כלי דמע בתכן אצלם
3Q15 11.4 האכסדרן : כלי דמע סוח דמע
3Q15 11.4 כלי דמע סוח דמע סנה ותכן
3Q15 11.10 בו כלי דמע אז דמע סוח
3Q15 11.10 בו כלי דמע אז דמע סוח : בתכן
3Q15 11.14 כלי דמ לאה דמ‹ע› סירא :
3Q15 12.7 וכלי זהב : של דמע וכסף הכל

CD 6.5 ויגורו בארץ דמשק : אשר קרא
CD 6.19 החדשה בארץ דמשק : להרים
CD 7.15 צלמיכם מאהלי דמשק ספרי
CD 7.19 התורה : הבא דמשק כאשר כתוב
CD 8.21 החדשה בארץ דמ[ש]ק
CD 19.34 החדשה בארץ דמשק : מורה
CD 20.12 אשר קימו בארץ דמשק והוא ברית

1Q23 8 1.2]ן :]דן[:]˙
1apGn 2.15 די מנך זרעא דן ומנך הריונא
1apGn 2.15 ומנך הריונא דן ומנך נצבת
1apGn 16.12 ˙˙˙ : תחומא דן מי ימא רבא
1apGn 17.10 ˙˙ : טור תורא דן ועבר חולקא
1apGn 17.10 דן ועבר חולקא דן למערבא עד
1apGn 19.12 ראשי נהרא דן די :]
1apGn 19.18 [ ] חלמא דן ואמרת לי
1apGn 19.18 לה חלמא דן : [ ]
1apGn 19.21 על מלי בליליא דן : [ ]ל
1apGn 20.7 ועם כול שפרא דן חכמא שגיא
1apGn 20.12 בליליא דן צלית ובעית
1apGn 20.15 ישלט בליליא דן לטמיא אנתתי
1apGn 20.16 וחשית בליליא דן שלח לה אל
1apGn 20.19 מן מכתשא דן ולאנש :
1apGn 20.26 מנכה מכתשא דן ורוח שחלניא
1apGn 21.5 בתר יומא דן פרש לוט מן
1apGn 21.16 ל[יד] ימא רבא דן די מלחא
1apGn 22.8 שרין בבקעת דן ורמה עליהון
1apGn 22.21 ידי יומא דן לאל עליון
1apGn 22.34 לה לא ירתנך דן להן די יפוק
2QJN 5+ 1.4 כאן :]˙א מן דן : ק]רן[
4Q379 1 1.4 וא]ת גד ואת דן וא[ת :
4Q503 37+ 1.24 [:]ל[ ]˙דן צד[ק
4Amrm 2 1.2 [דן מן הוא ואמר
4QMes 1.3 תרת]ין שנין דן מן דן ידע˙
4QMes 1.3 שנין דן מן דן ידע ˙ליה :
5QJN 1 1.19 וקודם [ת]רעא דן [ ]
5QJN 1 2.2 ועל שמאל מעלה דן אחזיא[ני
5QTop 5 1.3 ˙[ ]על מי דן ו˙[
6apGn 2 1.3 [: פרדסא דן בלה ו˙]
6apGn 29 1.1]ד דן[:]ל
11tgJ 5.5 [:]˙ גרמוהי דן ימות בנפ[ש
11QT 39.13 וגד לים דן נפתלי ואשר
11QT 41.8 עד : שער דן שלוש מאות
11QT 41.8 וכבה משער דן עד : שער
TS 3 2.2 הזואת עד שער דן ש[לוש]

1apGn 2.2 על עולימא דנא : באדין

11tgJ 19.1 ה]סיפת : דנח ולס[הר

1QH 5.22 ע[ ]דני לריב :

5QJN 1 2.4	בגוא גוא די דרגא סח[ר
1QM 9.11	ומגדלות ועל דרוך מעמ
3Q15 10.1	באמת ה[מים] : דרום בעליאה
11QT 39.13	לנגב : דרום יש שכר
5QJN 1 1.4	] די נפקין מן דרומ[א] :]
1QS 10.8	שבועיהם למועד דרור ובכול
11Mel 1+ 2.6	וקרא להמה דרור לעזוב
4QOrd 5 1.6	פשר הדבר[: ד]רוש התורה
11QT 53.11	תאחר לשלמו כי דרוש אדורשנו
11QT 64.15	והיה עמכה עד דרוש
1QH 13.16	ומופת דורות דרי˙[
4QCat[a] 19 1.5	ה˙[:]˙דריו אקבוץ
1QH 1.36	וכול תמימי דרך החזיק[
1QH 2.10	ובינה לישרי דרך ואהיה על
1QH 4.4	בעמ ˙ ˙[:] דרך עולם
1QH 4.31	לבן אדם תום : דרך לאל עליון
1QH 4.32	אל לו : להתם דרך לבני אדם
1QH 6.24	נתיבת לישר דרך על פני מים
1QH 8.9	לכל עוברי : דרך ודליתו לכל
1QH 12.34	ואיכה אישר דרך כיא אם הכי
1QH 14.26	]ולתעב כול דרך עולה
1QH 15.22	] ומאתך דרך כול חי
1QH 3 1.2	]˙ה נפתחה דרך ל[:
1QM 3.10	ועל חצוצרות דרך המשוב :
1QM 11.6	לנו מאז לאמור דרך כוכב
1QM 14.7	קושי ובתמימי דרך יתמו כול
1QS 4.22	להשכיל תמימי דרכ כיא בם בחר
1QS 8.*10*	ימים <(בתמים דרך) ואין
1QS 8.10	עולה> בתמים דרך : <יבדלו>
1QS 8.13	לפנות שם את דרכ הואהא :
1QS 8.14	במדבר פנו דרך •••• ישרו
1QS 8.18	להלכ בתמים דרכ וקרבהו :
1QS 8.21	ההולכים בתמים דרכ כאשר צוה
1QS 9.5	צדק ותמים דרכ כנדבת מנחת
1QS 9.9	וללכת בתמים דרכ ומכול עצת
1QS 9.18	צדק לבוחרי : דרכ איש כרוחו
1QS 10.21	על כול סוררי דרכ לוא אנחם
1QS 11.4	בסלע עוז דרכ פעמי מפני
1QS 11.17	לוא תתם דרכ ובלו
4Q176 1+ 1.7	במדבר פנו דרך •••• ישר
4Q184 1 1.14	ישרים להמות דרך ולבחורי
4Q185 1+ 2.1	חקרו לכם דרך : לחיים
4Q400 1 1.14	כול נ[עוי] דרך וא[י]ן טמא
4Q400 1 1.16	כול נעוי דרך ויכפרו
4Q403 1 1.22	לכול תמימי דרך ב[ש]בעה
4Q404 2 1.3	לכול תמימ[י] דרך בשבע[ה :]
4Q405 13 1.6	לכול תמימי דרך[
4Q502 119 1.1	]דרכ[:] ˙ן] :
4Q509 296 1.1	]˙דרך[
4Q510 1 1.9	כ[ו]ל תמימי דרך
4Q511 2 1.6	] : [שומ]רי דרך אלוהים
4Q511 10 1.8	כ[ו]ל תמימי דרך [בכנור
4Q511 63 3.3	תמימי דרך ומשפטים
4AgCr 2+ 1.1	]דרך :]על פניו
4AgCr 5+ 1.3	על האר˙[:]דרך שני ימים
4pIs[b] 1.5	]˙נת דרך :]
4pIs[c] 1 1.3	א[שר:]ובלע דרך ˙[: כ]תוב
4pIs[c] 22 1.2	הדבר[:]ם אשר דרך[:] בני
4pPs[a] 1+ 2.17	ולמבוח ישרי דרך חרבם תבוא
4QM1 8+ 1.6	ובתמימ[י] דרך יתמ כול
4Tstm 1.12	ולוא קרוב דרך כוכב
11QSS a 1.3	]רוקמה כב[: ד]רך בהמון[:]
11QT 43.12	מן המקדש דרך שלושת :

4Q405 3 2.16	הש[ביעי : דעת בשבעה
4Q405 6 1.3	וכול פנו[ת :]דעת ואור למשא
4Q405 17 1.3	[:]יהם רוחי דעת ובינה אמת
4Q405 19+ 1.4	טוהר [רו]חי דעת אמת[ו]צדק
4Q405 20+ 2.7	במשכ[ן] דעת יפולו לפנו
4Q405 23 1.8	במבואי אלי דעת בפתחי כבוד
4Q405 23 2.12	תרומות לשוני דעת[ו]ברכו
4Q405 23 2.12	ו]ברכו לאלוהי דעת בכול מעשי
4Q405 74 1.1	]ע בשבע דעת[:]יקדש
4Q502 10 1.3	[: א]שישי ד[עת :]וא˙[
4Q503 7+ 1.4	כו]ל לשוני דעת ברך ˙ ˙כ[
4Q504 1+R 2.10	חטאתם ולמען דעת את כוחכה
4Q511 18 2.8	האיר אלוהים דעת בינה בלבבי
4Q511 28+ 1.3	[ש]מתה דעת בסוד עפרי
4Q511 63+ 2.4	מחשבת לבב : דעת ותרומת מול
4Q511 71 1.4	שי רוש בב[:]דעת ˙ ˙[:]ל[
4Q511 124 1.3	וח˙[:]ל דעת]
4Q511 131 1.2	]לם [:] דעת ˙ ˙[:]˙וש
4pIs[a] 7+ 3.16	] רוח דע[ת] :]
4pIs[b] 2.4	גלה עמי מבלי דעת וכבדו
4pPs[a] 1+ 1.27	שמ[עו]למליץ דעת למען :
4Tstm 1.10	אמרי אל וידע דעת עליון אשר
6QHym 5 1.3	י]חזקו ברוח דעת[:
11QSS 3+ 1.5	]כנפי דעת]
11QSS 5+ 1.1	]פלא דעת ובינ[ה
CD 2.3	אל אהב דעת חכמה
MasSS 1.2	]˙ כול דברי דעת נהיו כל
MasSS 1.11	ד]עת אלי
1QH 46 1.2	˙[:]דעתה
1QH 10.29	אמתכה ולפי דעתו ו˙ב˙[
1QS 11.3	כיא ממקור דעתו פתח אורי
4Q380 6 1.2	ואת חכמתו ואת דעת[ו :]ל[
4Q403 1 1.35	[בר]צון דעתו כול מעשיו
4Q404 4 1.2	[ברצ]ון [ד]עתו]
CD 16.6	ב אברהם ביום דעתו
1QH 10.20	כה : ואני לפי דעתי באמ[
1QH 1.19	]ה ובהכמת דעתכה
1QH 10.27	]˙ עד ˙לפי דעתם יכבד˙[:
1QS 1.11	יביאו כול דעתם וכוחם :
1QS 1.12	ביחד אל לברר דעתם באמת חוקי
4Q403 1 1.39	באמתו : וירצו דעתם במשפטי
CD 10.10	אמר לסור את : דעתם עד לא
1QH 14 1.8	[:]דף
3Q15 3.13	אמות תחת המ : דף שלוש ככ :
1apGn 20.28	וצלית על [ ]דפא : הו וסמכת
4Q482 4 1.3	]ל חכ˙[:]˙דפו ד˙[
1QM 1.8	ובני]דק יאורו לכול
4Q502 132 1.1	]דק על [:]˙ ˙
4Q186 1 2.6	רגליו : דקות וארוכות
4Q186 2 1.3	עניה ושניו : דקות ויושבות
4Q186 2 1.4	ו]אצבעות ידיו דקות :
4Q503 51+ 1.8	]˙ ˙[:]ל דקלי או[ר]˙[
4Q508 33 1.1	]אות דקנו ˙[:]˙תה
1apGn 21.29	די בעשתרא : דקרנין
1QM 5.18	הפנים והידים דר[: שבע
3Q14 4 1.3	בש[: רע˙[: דר[: לעדני[א
4Q509 183 1.3	] ושמה[:]˙ן דר[ ]˙[:]

1apGn 20.4 לה כול לבנהא דרעיהא מא

1QS 5.11 לוא בקשו ולוא דרשהו בחוקוהי

CD 1.18 בעבור אשר דרשו בחלקות

CD 1.10 כי בלב שלם דרשוהו : ויקם
CD 6.6 כולם שרים כי דרשוהו ולא

4tgJ 1 2.8 ואנה חזית דרשע מ[ו]עה

1QH 1 1.1]דש אשר בשמים :
1QH 48 1.4 או˙[:]דש על ידי
4Q503 117 1.2]˙[:]דש ˙]
4Q509 178 1.1]דש[:]ל˙˙]
4Q517 10 1.2]˙ ק[:]דש[:]˙ע˙]
4QM6 85 1.1]דש[
4VSam 3+ 2.4]דש˙ ובזעם

1QS 10.7 זרע למועד דשא מועדי שנים
4Q509 3 1.7 [ע]שב במועדי דשא ו[:]

5QJN 1 1.9 פותי<ה> די[דשי]א קנה[ ] :
5QJN 1 1.11 תר]י[פותי דשי[א] קנא חד

4Q499 10 1.3 ק]ק לקץ ˙[:]דשים [:

5QJN 1 1.9 כל תרע ותרע דשין תרין די
5QJN 1 1.17] אספא ית ד[שין ל]ה ומשח

1QH 2 1.13 ולוא להשיב :]דשכה הניפותה

1apGn 22.14 ומלכיצדק מלכא דשלם אנפק :

1Q34[b] 3 1.4 וצדיקים :]דשן בעדי שמים

4Q381 78 1.5]˙˙ הכ˙[:]דשנם שנת[:]ו

1QH 24 1.2 בשובך ˙˙[:]דת קדוש [:]ע
4Q178 1 1.3 למו בא[:]˙דת הארץ י˙[:
4Q499 15 1.3 [˙[:]מי[:]דת]
4Q502 38 1.1]דת[:]ה [:]

11tgJ 31.5 ולהנפקה צמחי דתאה האיתי

4Q502 74 1.1]˙דתו[:]˙ר[

4Amrm 3 1.2 וא]מר לי דתלתה שמה[תי

4Q511 52+ 1.1]דתם ואתה אלי[

ה

1Q23 9 1.1]˙ה רב[: ר]בה
1Q23 14 1.5]ימלו לפ[:]ה[
1Q23 28 1.1]ה ברה[
1Q24 4 1.1] מיא ה˙[
1Q25 4 1.1]ך ה[:
1Q26 1 1.5 ברז נהי[ה:]˙ה לכה השמר לכה
1Q30 1 1.1]ה[: מ]שיח
1Q34[b] 3 2.1 גדו[ל] למועד ה[:]]˙[
1Q35 1 1.2] למפוו:]˙ה בהשפפכה:]
1Q36 2 1.5]˙ רוחות פשע ה[:]לחם ˙[ ]
1Q36 4 1.2]כה מא˙[:]ה מש˙]
1Q36 21 1.1]ה ולהודיפו[:
1Q37 3 1.1]ם ה ˙[:]סוסי[
1Q47 1 1.2 ותים [:]שער ה[:] ˙ ˙]
1Q52 1 1.2 אותיכה ו ˙[:]ה]
1Q69 15 1.1]˙או בימי ה[
1Q70 21 1.1]ה[:]˙עו]

11QT 52.14 קרוב למקדשי דרך שלושת ימים
CD 1.9 וכימגששים דרך : שנים
CD 1.13 הם סרי דרך היא העת
CD 1.15 בתוהו לא דרך להשח גבהות
CD 2.6 חבל על סררי דרך ומתעבי חק
CD 7.19 כאשר כתוב דרך כוכב מיעקב

4pHs[a] 1.7 דרכ]ה בסירים
11QPs 21.13 ישמחו לב : דרכה רגלי

1QH 15.13]אדם : דרכו ולא יוכל
1QH 17.21] [דרכו ובשכל :
1QH 18.12 ליצר חמר דרכו ואשמות
1QNo 1 1.3 בארץ ו[: א]ת דרכו על הארץ[:
1QS 5.24 לפי שכלו ותום דרכו ולאחרו
1QS 8.25 ימים אם תתם דרכו : במושב
1QS 9.2 ימים לתמים דרכו ועצתו על
1QS 9.20 איש ולוא הסר דרכו : מכול
1QS 11.10 חושב כיא לאדם דרכו ואנוש לוא
1QS[a] 1.17 שכלו עם תום דרכו יחזק מתנו
4Q381 31 1.3 כל [: כ]ל דרכו תבואינא
4pPs[a] 1+ 1.25 תחר במצליח דרכו באיש :
4pPs[a] 1+ 4.10 י]הוה ושמור דרכו וירוממכה

1QS 3.6 עצת אמת אל דרכי איש
1QS 3.10 תמים : בכול דרכי אל כאשר
1QS 4.2 לפניו כול דרכי צדק אמת
1QS 4.11 לב ללכת בכול דרכי חושך
1QS 4.17 עולה כול דרכי אמת וקנאת
1QS 11.2 ובידו תום דרכי עם ישור
1QS[b] 5.22 תמים בכול דרכי]
4Q176 18 1.2 יצדק[:]למו דרכי כול ˙˙˙˙˙
4Q184 1 1.8 ראשית כול דרכי עול הוי
4Q184 1 1.9 בה כיא דרכיה דרכי מות
4Q497 6 1.2]לו ˙˙[:]˙ דרכי[:]שפמי˙[

1QS 4.1 תעב סודה וכול דרכיה שנא לנצח
4Q184 1 1.9 תומכי בה כיא דרכיה דרכי מות

1QS 5.4 לכת בכול דרכיהם אשר לוא
1QS 5.7 חוק ואלה תכון דרכיהם על כול
4Q370 1.3 יהוה כ[כ]ל דרכיהם
4Q405 20+ 2.12 קודש בהשיב דרכיהם בהרומם
4Q486 1 1.4]מ˙˙[ ]:]דרכיהם:
CD 8.11 [ויי]נם הוא : דרכיהם וראש
CD 19.23 ויינם הוא דרכיהם וראש

1QS 3.26 כול עבודה ועל דרכיהן [כו]ל [
1QS 4.2 לנצח : ואלה דרכיהן בתבל

1QS 1.13 לתכן : כתם דרכיו וכול
1QS 2.2 תמים בכול דרכיו ואומרים
2apDa 1 2.3 בכל <דברין> דרכיו ולא[:
11QPs 27.3 ותמים בכול דרכיו לפני אל
11QT 58.21 והצליח בכול דרכיו אשר יצא
CD 2.16 תמים : בכל דרכיו ולא לתור

1QH 7.31 עולם אתה וכול דרכיכה יכונו

4Q499 5 1.2]דיר אמ[:]ל דרכימ[:]חנון

4Q517 17 1.2]˙ דב[:]דרככמה[

1QS 9.9 לוא הזכו דרכם להבדל
1QS 10.21 בנכאים עד תום דרכם ובליעל

1apGn 22.5 למדינת דרמשק ובבא
1apGn 22.10 שימא על שמאל דרמשק ואצל

11tgJ 34.5 תזכא או: הא ד<ר>ע כאלה

]ה [	1Q70 31 1.1
[˙˙] [˙˙ה˙] ׃ [˙˙ה	1Myst 5 1.1
] [˙˙ה˙] ׃ [˙˙ה מתורה ע˙[׃]	1Myst 5 1.2
לפניו לכפר ה[׃]ימים י˙[	1Myst 6 1.3
[˙˙] ׃ [ה] ׃ [˙˙˙˙]	1Myst 8 1.2
] וג˙ [ ]לי ה[ ]˙ וריב ׃	1pHab 1.8
ם]ריבה וח[ ]ה היאה ׃]	1pHab 1.9
ה[ימים ׃]˙ה כבוד[׃ אש]ר	1pMic 6 1.3
]ה]	1pMic 17+ 1.1
ידו[דון׃] ה ל[ת]פארת]	1pPs 3 1.4
]˙ה ˙˙לת[[	1pPs 9 1.5
[ב˙˙]]ה בשנה]	1QDM 3.8
]ב˙הל˙ה[ ]ת	1QDM 3.9
עש]ור לחודש ה[	1QDM 3.10
]ה] ע]שר	1QDM 3.10
] ובשנה ה[	1QDM 4.10
]˙[׃ ב]רית ה[׃ כ]ול שנ[ה	1QDM 42 1.2
]מיד ה˙[׃]˙ בח˙	1QDM 46 1.1
ובחכמתכ[ה] ה[	1QH 1.7
[ ]ה ותפלג	1QH 1.18
[ ]ה ובהכמת דעתכה	1QH 1.19
סמוך אשר ׃ ה[	1QH 2.37
שמכה ביחד ר˙ה ולספר	1QH 3.23
]ס פאיר ˙˙ ה ˙˙[׃]˙˙˙˙	1QH 4.1
כי לאל עליון ה[ ]˙˙	1QH 6.33
]˙ה מטע ברוש	1QH 8.5
עמדי ולא ה˙[	1QH 9.19
בפח˙ ˙˙ה˙[	1QH 11.1
ובלשוני ׃]ה ומול שפתי	1QH 11.5
]ה וכלה בלוא	1QH 11.18
]תרה˙ נפש[׃]ה לבטח במעון	1QH 12.2
]˙יך ׃]ה לרוב חסד	1QH 12.14
]ה ׃]השכיל	1QH 12.19
]ה ומדור ׃ חושך	1QH 12.25
]ו במי ב[׃]˙ה קודש מקדם ע[	1QH 13.1
וכול צ˙˙˙ה בימים	1QH 13.9
[ ]ה סודו ערות	1QH 13.15
קל[ ]]˙ה ורוח נעוה	1QH 13.15
קו[ ]ה˙˙[	1QH 16.2
] מלוא ה[ ]˙ים ˙˙	1QH 16.3
ונפש עבדך ח˙ה כול ׃ מעשה	1QH 16.10
] בן אמת[׃]ה ואני על	1QH 16.19
ואש [ ]ה בשאול תחתיה	1QH 17.13
] במשפטיך ׃]˙ה לע<ו>בדיך	1QH 17.14
ובנס[ ]˙ה לבו ׃]עבדך	1QH 17.22
]ה ימצאוה ׃	1QH 17.27
יצר העפר˙[׃]ה אפתה[׃]˙צ[	1QH 18.32
משמר צדקכה ׃]ה תמיד עד פלט	1QH 2 1.6
]הוא [ ]˙ה נפתחה דרך ל[	1QH 3 1.2
ואני <י>צר ה[׃]מה יתחזק	1QH 3 1.11
והשכל[׃]˙ה בכוה גבורה	1QH 7 1.9
על אביונ[׃]ה ומי מתכן [׃	1QH 16 1.4
]ל אלה וא˙ה [׃]˙˙˙˙ק	1QH 27 1.2
]˙ לאנשי ˙ה˙[	1QH 28 1.3
]מו ויע[׃]ה למל[׃] ורזי	1QH 50 1.4
]˙˙ר˙[׃]ה ולהבי[׃]ד	1QH 58 1.4
ה[׃ כ˙[׃ ו˙[	1QH 60 1.1
ובעמוד ה[	1QM 5.16
אשמתם אלה המה ה˙[	1QM 6.17
[ ]אל על כול ה[מע]ט על	1QM 15.13
]ה עם עמכ[ה] א[	1QM33 1 1.1
ח[׃ א]ת כל ה[׃]ל ˙[	1QNo 5 1.2
הנכבד על כול ה[ ]	1QS 6.27
]ה מלוא[	1QSb 3.17
]˙[׃]˙ה[	1QSb 10 1.2
כו[ל ׃]˙ <]ה אפים [>	1QSb 16 1.2
]מי אנחנו ה[ ]ל[	2Q27 1 1.5
]ה יהוה[׃]וה[	2Q30 1 1.1
כול ˙[׃]ולא ה˙˙[׃]˙˙[	2Q33 5 1.2
]ה׃]לע[ ]ים	2apPr 2 1.1
]ר אמי[ן׃]ה ל[	2QJN 2 1.2
משחא חדא ׃]ה מן כאן ׃]˙א	2QJN 5+ 1.3
אבן חו[ר ׃]ה אחרניא מן בר	2QJN 8 1.4
]˙ יש[׃]˙ה˙[	3Q10 3 1.2
]אתון ˙ל˙[ ]ה[׃]לת ˙[	3Q14 5 1.3
]לתא [׃]ל ה[	3Q14 9 1.2
ככ ׃ [ ]ה בארבעת ׃	3Q15 10.17
תחת המסמא ה ׃ גדולא	3Q15 11.6
]כד[י]ה על בית קדשא	4Q156 2.4
]ה ˙˙[׃]˙תיו[	4Q176 25 1.1
[׃ לי בעבור ה[׃˙˙[ ]ל[	4Q176 28 1.2
[׃]˙˙ל[׃]ה וטרפה[׃]˙˙	4Q176 30 1.3
]רי ע˙[׃]˙˙ה˙[	4Q176 42 1.3
]ים ה[׃]˙יאים[	4Q176 43 1.1
בכנפיה [ ]ה תועפות לילה	4Q184 1 1.4
לבב ואף אף ה[	4Q184 2 1.6
]˙˙ה הוא ˙˙[	4Q185 1+ 2.7
VACAT ׃ ה˙˙[	4Q185 1+ 3.7
]˙˙[׃ ה[	4Q186 1 1.2
שור ׃ וא˙ה[׃ וראושו[׃	4Q186 1 3.1
[ ]ה ׃ על כן	4Q370 1.5
]˙ה בת˙[	4Q370 1.7
ובנדת מעשי ה[׃ ואין	4Q374 2 2.3
]בארק[׃]˙ה ˙[׃]˙ם[	4Q374 6 1.2
[׃]הרו מן ה˙[׃ כ]ל אשר	4Q374 9 1.4
הוא ולא בפעם ה˙[׃]ל עם ˙	4Q381 10+ 1.3
]˙˙ני לי ה[׃]חקתיך [	4Q381 20 1.1
[׃ כי[ ]ה˙˙<צ>[	4Q381 24 1.9
]˙˙[׃]˙ה ב˙[	4Q381 25 1.2
[׃]˙ פלאות ה[׃] שלמתי[׃	4Q381 38 1.2
]ה[׃]˙בו[	4Q381 68 1.1
יחד עמהם ה[׃ ל]א ישפט	4Q381 79 1.3
]˙ה כב˙[׃]כי˙˙	4Q381 101 1.1
העצמות ואמרת ה˙˙˙ עצם אל	4Q385 2 1.5
]ה אלוהי כול	4Q400 1 1.2
[ ]ה קודש קודש	4Q400 2 1.10
[׃ ה[	4Q400 3+ 2.10
]ם ׃]˙ה ׃ א]ל[ו]הים	4Q400 4 1.2
ק[׃]יר מ[׃]ה[	4Q400 7 1.7
[׃]תם ברוש ה˙[׃ תג]בר[	4Q401 3 1.2
אלוה[י ׃]˙ה˙[	4Q401 28 1.2
]בלשון ה[׃]ם	4Q401 29 1.1
ישפט[׃ ללוא ה˙[׃ אור	4Q402 3 2.6
עו]למים ה[ ]ע˙[׃	4Q404 2 1.10
]ה כו[ל]ור	4Q404 5 1.7
אז[׃ ה[	4Q405 1 1.2
]ת כול מחקת ה˙[ ]מה בדני	4Q405 15+ 1.4
פלא מביתה ליק˙ה הדביר[׃]	4Q405 15+ 1.6
] פלאים [ ]˙ה˙כ˙י˙[׃]יהם	4Q405 17 1.2
וחרת כבודוה ה[׃ קדוש מקדש	4Q405 23 2.3
]ה[׃]לשבעתת[׃	4Q405 34 1.1
]ה[׃]כל צבע[׃	4Q405 49 1.1
]רוחי [׃]˙ה[	4Q405 57 1.2
]ל[ ]ל ה˙˙[	4Q405 66 1.4
]י צד[ק ׃]ש ה[	4Q405 70 1.3
]אה ב˙˙[׃]ל ה˙[	4Q405 76 1.2
]˙˙ם[׃] ה˙[	4Q405 78 1.2
ה˙[׃ זמרי[׃	4Q405 83 1.1
[˙ ˙˙[׃]ציד ה˙[	4Q405 86 1.2
[˙˙ם[׃]˙˙˙˙ה ˙ל[׃]˙˙˙	4Q406 3 1.2
[˙˙˙˙ ׃]ה׃]ם˙˙˙[ ]׃	4Q486 1 1.2
]˙˙ור׃]ה ורומם׃]בכול	4Q487 1 1.3
˙˙ רוח [׃]˙ה חמתו ו[׃	4Q487 4 1.2
]תוצ˙[׃]ה ש˙[׃]ק וע˙[	4Q487 5 1.3
[׃]רק ו[׃]ה אותות[	4Q487 12 1.4
]˙[׃]˙ה מרפ[׃]ה	4Q487 13 1.2
]˙ה מרפ[׃]ה היות[׃]אל	4Q487 13 1.3
]ם [׃]ם אל ה[׃]שע איש[	4Q487 20 1.2
]ה [׃]וש˙[׃	4Q487 30 1.1
]˙[׃]˙ה [׃]מים˙[	4Q487 31 1.2
]˙ה[	4Q490 8 1.1
]˙ה [	4Q490 10 1.1

4Q490 14 1.1]ה[
4Q497 5 1.3]ה]רשון[: [
4Q497 10 1.3]˙ל ה˙˙˙[:]˙˙ רו˙
4Q497 31 1.2]˙[ ]˙[ ] ה˙[:]˙˙ [
4Q497 41 1.1] ה[
4Q498 2 1.4 [:]˙ כול ה˙[:]כ יוצר[
4Q498 3 1.2 :כול ה[:וה[
4Q498 4 1.1]הי [:]ה ציל[
4Q498 5 1.1]˙ר ה[<˙˙[>
4Q498 7 1.1]˙י[:]לגיר ה[
4Q499 33 1.1 [ ]˙[:]˙ ה˙[
4Q501 1 1.1 אל תתן <˙ה˙[>י[
4Q501 1 1.3 המנודבים ה[ ]
4Q501 1 1.5 ופארתכה ה[ ]
4Q502 5 1.4]מתהלך ה˙[:]יחד ל ת[
4Q502 6 1.1 :[שבות[:]ה ש[
4Q502 9 1.5 ונערים :]˙ה במקנינו
4Q502 9 1.10 אשישי צדק :]˙ה מודה לאל
4Q502 9 1.14 אל ישראל [ ]ה :]ודו כב[
4Q502 14 1.4 וג[ם]˙[:]ה אל ישראל אשר
4Q502 14 1.7]˙ גם ה[: י]שראל [
4Q502 24 1.2 מועדי[: [<]ה איש ה הודות>
4Q502 24 1.2 [<]ה איש ה הודות> ברוך
4Q502 25 1.3] שם[:]רי ה[:]˙ קוד[ש
4Q502 29 1.4]˙ודו :]ה
4Q502 32 1.1]ה אל [:]˙ו
4Q502 38 1.2]דת[:]ה [:]˙מו[: [
4Q502 45 1.2 ברכת אל ˙[:]ה לאלף פק[: [
4Q502 51 1.1]ה[ ] [:
4Q502 54 1.1]שך ˙ה[:]יהם
4Q502 71 1.2 ק]דוש[:]ה[
4Q502 75 1.1]ה ת[:]˙ של˙[
4Q502 76 1.2]וממשפט א[:]ה מועדי ק[ודש
4Q502 94 1.1]בבית ה[:] ומהללים
4Q502 98 1.3 לפניו כו[ל :]ה לשמחת[:
4Q502 121 1.2]˙[:]ה כ[:]˙ ו˙[
4Q502 199 1.1]ה א[:]ל[
4Q502 206 1.2]˙[:]אל ה˙[
4Q502 224 1.1]ה עומ[
4Q502 276 1.1]מ ה[:]אש[
4Q502 286 1.2]תומ[:]˙ה[
4Q502 297 1.1]ה˙[:]ים[
4Q503 14 1.4 [:]˙˙ק˙[ ]ה˙˙[
4Q503 17 1.2 [:]תולדות ה[: ש]נים
4Q503 33 2.8 ל˙[<]˙ה ל˙[>]˙˙
4Q503 39 1.1]˙ול˙ ˙˙˙˙˙ ה[:]˙ו <הואה
4Q503 39 1.2 לילת ה[ ]ולפו
4Q503 40 1.2]ה :]תה :]˙ :
4Q503 40 1.5]תה :]˙ :]ה:]ל : ואותו
4Q503 68 1.2]˙נו ב[:]ה אל יש[ראל :
4Q503 72 1.9] בערב [:]ה ל˙˙[:]˙˙[
4Q503 87 1.2 [˙]:]ה ˙[: יב]רכו[
4Q503 89 1.3 ב˙[:] מאו˙ ה˙[:] שלום [
4Q503 105 1.2 [ב[:]ה ˙[:]חי[
4Q503 114 1.2]מ [:]ה [
4Q503 135 1.2]˙[: י]שראל ה[
4Q503 137 1.1]ה˙ם[:]בצאת[
4Q503 138 1.1]ה [:]קדש[
4Q503 146 1.2]בלילי [:]˙ ה[
4Q503 157 1.1]ה [:]ילה˙[
4Q503 159 1.2]˙˙˙[:]˙˙ה[
4Q503 191 1.1]ר˙˙ה[:]˙[ ]ל[
4Q503 200 1.1]ה [
4Q503 218 1.3 [:]גורל[ ]˙ה הסב[:]יר
4Q503 224 1.1 [ה[
4Q504 1+R 3.1]˙[ ]ה : אוז[ ]˙˙
4Q504 1+R 4.15 [: [ ]ה והשל[<אש[>
4Q504 3 1.18 לעשו<ת> :]ב˙ה :]˙[:]מ˙[:
4Q504 4 1.3 ועבודת כול ה˙˙[
4Q504 6 1.3 מחשבת אש[:]ה להתבונן בכול
4Q504 6 1.13]כיא אתה ה[:]ה
4Q504 6 1.14 אתה ה[:]ה <ונקה>
4Q504 7 1.8]˙ה היאה : [
4Q504 8R 1.9 הואה ולעפר ה[:]תו
4Q504 13 1.3]ל מ˙[:]ה כיא[:]ר ד
4Q504 31 1.1]ה [:]אש[:]ן
4Q504 37 1.1]ה˙[:]בע˙˙[
4Q504 43 1.1 [ה]
4Q505 122 1.2 עב[דכה:]˙ה נקם ה[
4Q505 122 1.2]˙ה נקם ה[
4Q505 124 1.3]ל ה]א[רץ :]˙ה]ובעבור[:
4Q505 124 1.5 לנ[ו :]˙˙˙ה א˙[:]ולישחק
4Q505 124 1.6 לפנ[יכ]ה :]ה [
4Q505 126 1.3 קראתנ[ו :]כה ה˙˙˙˙˙[
4Q506 131 1.2 [ות[:]ה אנו ˙[:
4Q506 131 1.4 [מע]שי ידי˙ ה[: [נ]תתה
4Q506 134 1.1]˙ה [:]ל[ ]
4Q506 141 1.2]˙[ ]˙[:]ד ה[
4Q506 146 1.1]ה:]תינו:
4Q506 179 1.1 [ה]
4Q507 2 1.1 יב[:] כול ה[: ב]רוך
4Q508 3 1.4]˙[ ]ה זכרתה קצי[
4Q508 4 1.1]ה[ ]בנותיה
4Q508 42 1.1]˙ לוא ה[:]˙ ל[
4Q509 1+ 1.5]חנו בקץ ה[:]נ˙˙ב˙[ ]˙
4Q509 5+ 2.2 ˙˙˙יאים[:]ה דמנו בקצ [
4Q509 7 2.8 ב[:]ל˙[ ]˙˙ה˙[
4Q509 15 1.2]שכה :]˙ה :]˙בות : [
4Q509 17 1.3 מעולם[:]ה מעולם [: [
4Q509 22 1.1]ה [:]ו עמכה[
4Q509 28 1.2]˙˙מ˙[:]ה הע˙[: [
4Q509 33 1.2]˙ו [:]ה [:] ק<י[>
4Q509 36 1.2]משפח[:]ה ופ˙[:]ל[
4Q509 40 1.3]אתמ[:]ה˙˙[
4Q509 44 1.3 [: י]שרא[ל :]ה[
4Q509 45 1.2]˙ [:]ה[
4Q509 49 1.1]ה : לעול[מי
4Q509 58 1.3]˙˙˙[ ]˙[:]ה מן ˙˙˙[ ]ם [
4Q509 59 1.3 [:]˙[ ]˙˙˙ה[
4Q509 70 1.1]ה ב[:]ל[ ]ל[
4Q509 74 1.2]ה : י˙[: כ[
4Q509 77 1.2]˙˙˙[:]ה [:]ל[
4Q509 84 1.1]ה להב[:]לוא
4Q509 91 1.1]˙ הב˙˙[ ]˙ה[:]˙[ ]˙˙[
4Q509 103 1.2]ם[:]ה[
4Q509 114 1.1]ה ב[:]˙קו˙[
4Q509 115 1.2]˙[:]חנו ה[
4Q509 131+ 2.9]˙כה כי ביום ה˙[: א[
4Q509 136 1.3 [˙ [:]שח[:]ה [:] מע[
4Q509 138 1.2]לם[:]˙ה [:] נ˙[
4Q509 143 1.1]˙[ ]˙[ ]ה מועד ˙[: [
4Q509 158 1.2]˙[:]˙ה [:]תיח˙[:
4Q509 179 1.2]ו˙[:]ה [
4Q509 183 1.5 ניה ולי˙[:]ה וברוב [:
4Q509 184 1.5]כה ומעשי :]˙ה וכול בר˙˙ :
4Q509 187 1.1]ה ב[:]˙אש[:
4Q509 197 1.2]˙תה ˙[:]ה את[:]˙˙ ל˙[
4Q509 207 1.3 [:] דו˙[:]ה ה[
4Q509 207 1.3] דו˙[:]ה ה[
4Q509 210 1.2]ו˙[:]ה[:]˙˙[
4Q509 211 1.2]ים מר[:]ה מ[
4Q509 214 1.2]˙˙˙[:]˙ה אלוהינו[ ]˙˙
4Q509 222 1.1] ה[:]˙ה [
4Q509 222 1.2] ה[:]˙ה [
4Q509 229 1.1]ה˙˙נית : [
4Q509 231 1.1]˙ע ה[:]˙ ˙[
4Q509 256 1.2]˙ יורד˙˙[:]ה כ˙[
4Q509 257 1.2]יר[:]ה בם[ ]˙˙[
4Q509 302 1.1]ה ה˙[
4Q509 302 1.1]ה ה˙[
4Q511 2 1.7 מחנות קדוש[ ]ה לו : [
4Q511 11 1.3 צרות [:]ה ו[מ]קלל לכול

]˙ה[	4Q517 86 1.1
˙[ː] נחרץ[ː]ה הכינו[ː]	4Q518 1 1.3
]˙ ˙˙ה [	4Q518 4 1.1
]˙ן [ː]ה [	4Q518 7 1.2
]˙ה [ː]˙˙˙[ː]	4Q518 22 1.1
]˙˙˙[ː]˙˙ה[ː]˙˙˙[ː]˙	4Q518 22 1.5
]הː˙א[	4Q519 3 1.1
]ה	4Q519 5 1.1
]˙ה˙[	4Q519 17 1.1
]˙ה ˙[	4Q519 28 1.1
]ה˙[	4Q519 29 1.1
]˙ה ו˙˙[	4Q519 54 1.1
]˙[ː]˙ה ˙[	4Q520 40 1.2
ישחק את עשרים ה[	4AgCr 1 1.5
]חמאתמה ˙[ː]˙ה מא˙˙[ ]ה	4AgCr 2+ 2.6
˙ה מא˙˙[ ]ה נא ואר˙ה ˙	4AgCr 2+ 2.6
]ה נא ואר˙ה ˙˙עת˙[ː]שה	4AgCr 2+ 2.6
]ה <כ>אשת	4apLm 2 1.7
]פשר ה˙[ː]˙ח את	4pHs[b] 19 1.1
]סר ˙[ː]˙דה ה˙[ː]הוס˙[ː	4pHs[b] 19 1.6
]˙ם ː]ה	4pHs[b] 31 1.2
ובכול ערי ה˙[	4pIs[a] 2+ 2.28
]ה ולא[	4pIs[c] 2 1.7
] נפש[ː]ה ימית[ː] עש	4pIs[c] 5 1.2
] ː חקות עמים ה˙˙[	4pIs[c] 6+ 2.5
]ה עובדי ː [	4pIs[c] 11 1.2
בעי˙ ו˙[ː]˙ה˙[ ]הא[	4pIs[c] 12 1.10
]˙כול ˙[ ]˙ ה˙[	4pIs[c] 23 2.1
בירושלים ˙˙˙ ה˙[	4pIs[c] 23 2.11
]העתים ה˙[ː]ך העם	4pIs[c] 27 1.1
]˙ את ː]ה בבא ל ː	4pIs[c] 30 1.2
]ת ה˙[ː]כול[	4pIs[c] 41 1.1
]˙ה˙[ː]דה[ː]	4pIs[c] 42 1.1
[ː]˙ם˙[ː]ה ˙[	4pIs[c] 61 1.3
]ː ה[	4pN 1+ 2.2
מנשה נכבדי ה[	4pN 3+ 3.9
]˙ה ː לרעות כיא	4pPs[a] 1+ 2.23
]ץ ימים ˙[ː]ה בה הבש[ː	4pUn 5 1.2
]˙ה ˙[	4QBer 10 2.13
[ ]˙˙ה פוח[זים	4QCat[a] 2+ 1.7
יהודה[ː]אשר ה[ב]ליעל	4QCat[a] 2+ 1.10
גדולות על ה[ ]˙	4QCat[a] 2+ 1.15
]ה ההוללים אשר	4QCat[a] 5+ 1.1
עליה]ם בספר ה[ː]ץ לה איש	4QCat[a] 5+ 1.9
לב אנשי ː]˙ה˙מי[	4QCat[a] 10+ 1.10
כיא רוח אמת ה˙[כי]א	4QCat[a] 12+ 1.5
ידיהם[ː כיא ה[	4QCat[a] 15 1.2
]ם[ː]ה˙[	4QCat[a] 16 1.4
]˙˙[ː]שי נ˙ה ב˙˙˙ אלי ה˙[	4QCat[a] 19 1.2
נ˙ה ב˙˙˙ אלי ה˙[ː]˙	4QCat[a] 19 1.2
[ː]˙יתגוללו ה˙[ː]˙דריו	4QCat[a] 19 1.4
]˙[ː]לקח[ː]ה˙[	4QCat[a] 24 1.3
]˙נפשי[ː]ה[ ]˙ת[	4QCat[a] 26 1.2
על ( )[ː]ה אשר יקשו את	4QCat[b] 1 1.2
ירמ[יה ː]˙ה פ ˙˙˙˙˙˙[	4QCat[b] 1 1.5
הי[מי]ם[ː]˙ה להכותם ˙[	4QCat[b] 2 1.2
שם ː י˙[ ]ה[ ]עלום תמיד	4QFl 1+ 1.5
מושה היאה ה[אש]ר כתוב	4QFl 1+ 2.3
˙˙˙˙[ ]אחרי ה[ ]אשר	4QFl 1+ 2.4
יו˙[ː]ה ברדתו מ[ː	4QFl 1+ 2.5
]˙ה כאשר ה˙[ː	4QFl 5 1.1
]˙ה כאשר ה˙[ː י]שראל	4QFl 5 1.1
הואה מ˙[ː]ה בכול החוזים[	4QFl 5 1.4
[ː]ארץ כיא ה[ː אמ]ר ידיד	4QFl 8 1.2
]˙ה זבח הצד[ק ː	4QFl 9+ 1.1
לק˙[ː]לאחרית ה[ː]כיא המה[	4QFl 14 1.2
ומי (ה)עמי[ː]ה כיא זרע[	4QFl 15 1.3
]נ[ː]ה א[ː]במ˙[	4QFl 18 1.2
]ם ː]˙ה יחד	4QFl 22 1.2
ישבתי ב[ ]ה בשמים ואין ː	4QMl 11 1.13
]˙[ː]ה להודיע ידו	4QMl 11 1.23
]הפגועים ה˙[ː עו]למים	4Q511 11 1.8
לכל[ː א]לוהים ה˙[	4Q511 11 1.12
]˙˙[ː]˙˙ה רוחי הבלים	4Q511 15 1.5
רו]ח רעה ה[ ] בו[ː]ל[	4Q511 15 1.7
בינתי ו˙˙ה עבודת רשעה	4Q511 18 2.6
]ה	4Q511 22 1.6
]ה מ˙[ ]˙˙[ ]˙[	4Q511 26 1.1
מגב[לי]ה <>[˙˙וה>	4Q511 28+ 1.4
ויחפ[זו ː]ה תהום[	4Q511 37 1.6
והגבה[תה ː]ה ובגב[ורתכה ː	4Q511 40 1.3
˙[ ]˙[ ]˙[ ]<ה>[ש]לומי	4Q511 63+ 2.5
]גב[ː]ח ˙˙ה[ː]שר נע˙[	4Q511 68 1.2
]˙ה˙ ו˙˙[ː	4Q511 75 1.1
]רא[ː]ה˙[	4Q511 84 1.2
א]מן [ː]˙ ה[ː]˙˙[	4Q511 150 1.2
]ה[ː]הגבו[	4Q511 167 1.1
]את˙[ː]ה ˙[	4Q511 175 1.2
]קכה[ː]˙ה[	4Q511 202 1.2
] ה[	4Q511 206 1.1
כול לשונות[ː]ה לכה סוד	4Q512 36+ 1.13
<]ה[>]יכה ː	4Q512 33+ 1.7
מע[שי]כ[ה ː]˙ה מנגע הנדה [	4Q512 34 1.17
הנדה [ ]˙ה כיא[	4Q512 34 1.17
]˙ה˙[ː]וברך	4Q512 29+ 1.4
הרשונ[ים ː]את ה[	4Q512 23 1.3
א[ː]חטאתי ה˙[ː]להראות[	4Q512 28 1.4
של[ום ː]˙ה לכה ˙[	4Q512 17 1.3
ה]י[ו]ם[ː]˙ה˙[	4Q512 42+ 2.6
לכה לעם [ ]˙ ה˙[ː]˙˙ א[	4Q512 48+ 1.6
]˙ה[ː]ה ונ[ː	4Q512 64 1.1
]˙ה [ː]ה ונ[ː]˙	4Q512 64 1.2
אל יש[ראל ː]ה[ ]וחוקי	4Q512 64 1.6
עוד ולוא[ː ה˙[	4Q512 66 1.4
]ה [ː] ואפ˙[	4Q512 75 1.1
] ואפ˙[ː]ה לו[	4Q512 75 1.3
]ה במ[ː]לעם[	4Q512 80 1.1
]ה א[ː]הר [ː	4Q512 83 1.1
]מעונ[ו ː]ה ול˙[	4Q512 85 1.3
]˙[ ]ה[ː]˙[ ]מ[	4Q512 101 1.1
]˙ ה[ː]ש ˙[	4Q512 103 1.1
]ם שב[ː]ה˙[	4Q512 116 1.3
]בנו מ[ː]ה˙˙[	4Q512 122 1.2
]ה ל[ː]˙[	4Q512 125 1.1
] כ˙˙[ː]˙ה הי˙[	4Q512 135 1.2
ר]צונכ[ה ː]ם ה[	4Q512 136 1.3
]רב[ː]ה ו[ː]˙הל[	4Q512 140 1.2
]˙ה˙˙˙ [	4Q512 162 1.1
] [ː]˙ ה[	4Q512 167 1.2
]ה ˙[ː]ליו[	4Q512 180 1.1
]˙ם א[ː]רש <ה]>[	4Q512 185 1.2
] ה[	4Q512 206 1.1
] ה[	4Q512 208 1.1
] ה˙[ː]ל[	4Q512 209 1.1
]ל תעות עורון ה[ː]ולא מתורת	4Q513 4 1.4
בו[ː מש]פט ה˙[	4Q513 14 1.6
] בהת ה˙[ː]ש מהמה[	4Q513 20 1.1
]ול ה[ː]ל[	4Q513 21 1.1
בלוא[ː]מגשת ה[	4Q513 32 1.3
]א ה[ː]˙[	4Q513 33 1.1
]˙וא ה˙˙[ː]וש˙[	4Q513 38 1.1
ה[	4Q514 1 1.1
]˙י˙[ː]ה ו[ː]˙כ[	4Q515 8 1.2
]ש˙ ה˙˙[	4Q515 17 1.1
]˙ה[ː]˙˙י[	4Q517 6 1.1
˙[ː]שבו [ ]˙ה˙[	4Q517 18 1.2
]ה	4Q517 29 1.1
]ה ו[	4Q517 33 1.1
]ה ה˙[	4Q517 35 1.1
]ה ה˙[	4Q517 35 1.1
[ː]ב[ː]˙˙˙ה[	4Q517 52 1.4
]אדית˙[ː]ה˙ע[ ]ל[	4Q517 77 1.2

4QM1 12 1.4	] ואני הדר ה[: <כו]ל> [
4QM1 11 2.23	האשמה תרופת ה[
4QM1 11 2.23	]˙ל[ ]א˙ה˙˙[
4QM1 16 1.5	ירו[שלי]ם[:]ה ורוממו את
4QM1 25 1.1	ישר]אל מאל˙ה[:]ף ביד
4QM1 34 1.1	]˙ש˙ה ל[
4QM6 24 1.3	]: [ועמי[:]ה˙˙˙[
4QM6 26 1.2	]נברכ[: <[˙˙ה˙]>]וימא[:
4QM6 27 1.2	]˙[:]˙˙˙ה[:]˙˙[ ]ים[
4QM6 31 1.1	]ה החמ[:] ויש
4QM6 32 1.6	]: מ[לחמה ה˙˙[
4QM6 51 1.1	]˙˙ה˙ו˙[
4QM6 55 1.1	] ˙ת [ ]˙˙[ ]ה[
4QM6 58 1.5	]VACAT[:]ה וחצוצר[ו]ת [
4QM6 96 1.1	]ה [:]˙ה[
4QM6 96 1.2	]ה [:]˙ה[
4QM6 97 1.3	˙˙ת ע˙˙ הבע˙ה[ ]ל[:]˙[
4QMes 2.6	מו[ ]ה [: ורוח
4QTeb 1 1.2	] את [:]ה ולהבדיק[:
5Q13 1 1.3	הכול[:]˙ה ויוסד ע[ל:]
5Q13 1 1.7	ו˙[:]ה ובנוח רציתה
5Q13 2 1.7	אל :]ואת לוי ה[ ]˙תה ותתן
5Q13 2 1.10	לפניכה :]ה ואחר שני :
5Q13 3 1.1	]˙ה [:] חנוך]
5Q13 6 1.4	לוא [:]ולוא ה[
5Q13 10 1.2	]עושי[:]˙ה כפי[:]ל[
5Q16 5 1.2	]˙˙ [:]ה :]˙חיים:
5Q18 1 1.4	] ולוא˙[:]˙ל ה[
5Q18 3 1.3	] VACAT [:]ש ה[
5Q25 12 1.1	]בזי˙ ה[
5apMl 2 1.1	]ה˙[:] השבט[
6apGn 1 1.6	מה די[:]ה ע˙˙ תמהין
6apGn 15 1.1	]ה בל[:]ת[
6apGn 24 1.1	]ה ˙[:]˙[
6apGn 30 1.2	]ל דורו[:]˙ ה˙[
6apSK 7 1.2	]˙ ת[:]˙ה ˙[
6apSK 23 1.5	]ראוש[:]˙ה˙˙[:]ל[
6apSK 25 1.3	]קו אל[:]ה ו[
6apSK 37 1.3	]יו˙[:]בר ה[
6QAly 1 1.2	]˙ניות [:]ה עמ[:]ובקציר
6QApo 1 1.5	יפוק מן א˙[:]ה יבדה ע[:]
6QBen 5 1.1	]ה מ[
6QHym 15 1.3	]˙יח[:]ה ˙[
6QHym 20 1.1	]ה ותפארת [:
8QHym 1 1.2	אשר הוא מבני ה˙[:]הזה ומה
11Ap[a] 1.5	]ה[ ]ך :
11Ap[a] 2.8	]]ה אם לוא :]
11Ap[a] 3.13	]ה ה˙[:˙˙[
11Ap[a] 3.13	]ה ה˙[:˙˙[
11Ap[a] 4.8	]]˙ר ה˙ה יהוה [
11Ap[a] 4.8	[ ]˙ר ה˙ה יהוה [ ]ך
11Ap[a] 4.11	ו]אמרתה ה[: צ]דיק
11Mel 2 3.7	]בליעל ומרו ה[: במזמ[ות
11Mel 2 3.13	)[ ]ם וא˙[: ה[
11Mel 2 3.14	]סוף ה[יובל : ה [
11Mel 2 3.17	]בב[ ]˙ ה[:]מח[לקות
11QSS 2+ 1.6	]ה ולפתחי מבואי
11QSS f+ 1.7	]מוסדי[ ]ה˙˙[: [ ]ל[
11QSS 1 1.4	כבודו קול ה[
11QSS q 1.4	ברכות כבוד ה[ ] : [˙שי
11tgJ 1.1	]˙ה ומא אפו א[:
11tgJ 11.8	יסגא : ו]מ[ ]ה קש<י>פה יפלג
11tgJ 23.6	]ה : בנהור תחזא
11tgJ 29.9	[ ]˙ה עקה ינדע[
11tgJ 36.1	]˙ה˙˙˙[: לחדה
11QT 3.6	כי אם מן ה[: נחו]שת
11QT 4.4	(הי) בין ה[:]ין הששי
11QT 4.6	רובד ˙[:]˙ה [
11QT 4.7	[:]ה הרחב וקומת
11QT 5.5	]בה כמדת[:]ה בשמונה
11QT 5.6	ועשר[ים :]ה ומקראה גם
11QT 7.4	לוחות הע[:]ה אמה ועשר ˙[
11QT 7.11	˙˙[:]˙ה הקצה השני
11QT 7.12	כנפים[:]˙ה מלמעלה מן
11QT 8.9	]ות שני[:]˙˙ה על שתי
11QT 9.11	שלושה: [ ]ה ומלקחיה כולה
11QT 18.1	]ה א[:]
11QT 18.3	] היום ה זה ו[:]
11QT 24.2	]ת ואת ה˙[:]
11QT 24.3	]החזה עם ה[:]
11QT 27.1	]ל ה[: על <כול>
11QT 31.3	]˙˙˙˙ה˙ :]
11QT 32.5	]˙˙˙ה˙˙˙˙˙˙ עש[:
11QT 35.4	ק]ודש : [ ]ה מ˙˙˙˙ה וכול
11QT 35.4	[ ]ה מ˙˙˙˙ה וכול]
11QT 37.3	]]ה בין ˙˙˙˙[:
11QT 40.2	]ה להיות
11QT 43.1	]ה לשש[:]
11QT 47.3	וש[ ]ה לעולם והעיר
11QT 50.3	עו[ד]˙ה עד אשר יזו
CD 20.3	בתוך כור: ה בהופע מעשיו
CD 14.17	וזה פרוש מושב ה[
CD 15.14	[ ]ה והוא שוה בו
CD 16.17	יקדש ל[ ]ב ה[
TS 2 1.3	[: [ ]˙ה את הקיר שבע
TS 3 1.4	]ה מנחת

1Q20 1 1.4	ו˙˙˙˙ין:]וכען הא אניתי
1Q50 1 1.3	בה˙[: והל[: הא[: והאצ ˙[:
1apGn 2.1	˙˙˙: [ ]˙˙˙ן: הא באדין חשבת
1apGn 20.27	לי לאנתה הא אנתתך דברה
1apGn 20.30	די לא [ ]הא ו[ ]
1apGn 22.27	בחזוא ואמר לה הא עשר שנין :
4Q504 7 1.17	]ר ראו הא : [
4Q511 2 2.5	[א]ל[ו]הים הא˙[ ]ר בכוח˙[
4Q512 204 1.1	]הא˙[
4pIs[c] 12 1.10	]˙ה˙[ ]הא[ ]˙˙˙ :]˙
4pPs[a] 1+ 4.17	[ ]˙דם הא[
4pUn 2 1.2	]תוכן כבגד על הא[:]˙ו [
6apSK 50 1.1	]הא˙[
6apSK 56 1.1	] טמני הא[
11tgJ 23.7	בנהור תחזא הא [
11tgJ 28.3	] יבקון הא אלהא רב הוא
11tgJ 34.5	די תזכא או: הא ד<ר>ע כאלה

4QBer 10 2.7	השחת ורו[ח האב]דון בכו[ל]

11Ap[a] 3.10	]בקללת האב[ות :]חרון
11QT 42.14	לראשי בתי האבות לבני
11QT 60.15	לבד ממכר על האבות : כי
CD 8.18	ל[הם] : ברית האבות

4pPs[a] 1+ 2.10	פשרו על : עדת האביונים אשר
4pPs[a] 1+ 3.10	פשרו על עדת האביונים א[שר

11Mel 1+ 2.20	] : לנח[ם] ה[אבלים]

1Q29 1 1.2	]ת ˙˙[:] האבן כאשר [:
1Q29 2 1.2	]כל[: הא]בן הימנית
1pHab 13.2	אשר עבדו את האבן ואת העץ
1QH 18.26	יצר :]˙ר ולב האבן למי
3Q15 8.5	בתך חרה : על האבן חפור אמות
3Q15 12.2	מן המרב : תחת האבן השחורא
4pIs[c] 12 1.5	יותר [:] האבן אש[ר :

4pIs[d] 1 1.3	הספיר בתוך האבנים[

4Q403 1 1.28	] : למו ברוך [ה]אד[ו]ן מל[ך

4Q381 76+ 1.14	[:]אדני האדונים גבור

1QM 17.6	בגבורת מלאך האדיר למשרת

1Myst 1 1.5 וזה לכם האות <כי
1QM 3.13 למסורותם על האות הגדולה
4QM6 10 4.3] העדה[: ה]אות
11QT 54.9 ובא אליכה האות <א>ו

1QM 4.15 אל : [הא]ותות אות

11QPs 28.8 הוא שמע והוא האזין שלח

4QCat[a] 14 1.4]הקשיבה רנתי האזינה ל[תפלתי

1QH 4.17]כה ולא האזינו לדברכה

11QT 20.16] ואת האזרוע עד עצם

1QS[a] 1.6 העדה לכול האזרח בישראל

11tgJ 33.5 קרנא יאמר האח ומן : רחיק
CD 5.10 ואם תגלה בת האח את ערות

1QM 6.9 פרשים לעבר האחד ושבע מאות
1QM 7.12 יביאום הכוהן האחד יהיה מהלך
1QM 7.16 יצאו מן השער האחד ו[עמדו
4Q379 12 1.4 [הרי]שו[בשנת הא[חד ו]ארבעים
11QT 14.6 [ההי]ן לכבש האחד [: ניחוח
11QT 14.16 ההין לאיל ה[אחד : [ ]
11QT 14.18] האחד[ ]כבשים
11QT 15.4 לכול אי[לי> [ה]אחד וחצו את

1pHab 2.7 ע]ל הדור האחרון מפי :
1pHab 7.2 על : על הדור האחרון ואת גמר
1pHab 7.7 אשר יארוך הקץ האחרון ויתר על
1pHab 7.12 עליהם הקץ האחרון כיא :
1pMic 17+ 1.5] על הדור ה[א]חרו[ן
4pHs[b] 2 1.3 ע]ל כוהן האחרון אשר
4pN 3+ 4.3 על מנשה לקץ האחרון אשר
4QCat[a] 9 1.8 לישרם בדור הא[חרון

1pHab 9.5 ירושלם : האחרונים אשר

3Q15 3.5 תחת הפנא האחרת המזרח :

1QM 5.4 פנים למערכה האחת סדו(
1QM 6.11 חמשים למערכה [הא]חת ויהיו
11QT 18.15 תה[יה] החלה האחת : [

11QT 15.6 עולה מן האיל ו[את :
11QT 18.9 ואחר יעלו את האיל אחד פעם :
11QT 27.3 את הפר ואת ה[אי]ל ואת[

4Q381 15 1.6 אלהי ומי בבני האילים ובכל :
11QT 15.12 התרומה אש[ר : הא<י>לים ואת

4Q513 1+ 1.5 השמ]אה ומעשר האיפה
4QOrd 1 2.13 מחצ[ית :]הא<י>פה והבת

4Q511 18 2.8 שנתי כיא : האיר אלוהים

1QH 3.3 ˙˙˙˙[:]לי האירותה
1QH 4.5 אדוני כי<א> האירותה פני
1QH 4.27 פיכה ובי האירותה פני
1QH 9.27 מאור מחושך : האירותה ל˙˙]

1QS 6.11 הכתוב : לפניו האיש הנשאל
1QS 6.11 הרבים וכיא האיש : המבקר
1QS 6.12 אשר לוא במעמד האיש השואל את
1QS 6.13 היחד ועמד האיש על רגלוהי
1QS 6.14 היחד ידורשהו האיש הפקוד
1QS 6.19 מלאכתו אל יד האיש : המבקר
1QS[a] 2.10 ל]א יבוא האיש כיא מנוגע
4QFl 1+ 1.14 מדרש מאשרי [ה]איש אשר לוא

1Q34[b] 3 2.3 ולא הבין זרע האד[ם] בכל אשר
1QH 1.27 האמת ולבני האדם עבודת
1QS 5.17 חדלו לכם מן האדם אשר נשמה
1QS 11.20 אפ הואה בן <ה>אדם במעשי
1QS[a] 2.4 טמאו<ת> : האדם אל יבוא
4Q181 2 1.2]˙ ישחק[:]האדם וילד[ו]
4Q370 1.6 ב]חרבה וי[מ]ת האדם וה[בהמה
4Q385 3 1.3] [: האדם הלא
4Q504 6 1.17 וטהור[ים : ה]אדם וחי בם ב
4Q504 8R 1.13 חי וידכה[:]האדם בדרכי[:
4Q509 97+ 1.2 הבי]ן ז[רע]האדם : [
4pIs[c] 6+ 2.8 פשרו למטוע האדם[
11QT 50.8 טמאתו בו כול האדם אשר יגע
CD 3.16 אשר יעשה : האדם וחיה בהם
CD 10.8 העדה כי במעל האדם : מעטו
CD 12.4 כי על בני האדם : משמרו
CD 12.16 יגואלו בטמאת האדם לגאולי
CD 14.11 אשר יהיה לכל האדם לדבר

3Q15 4.9 כסף : בשית האדמא שבשולי

1QDM 1.6 המה [האד]מה [ ]
1QH 5 1.12 [: וביושבי האדמה על האדמה
1QH 5 1.12 האדמה על האדמה וגם[:
11QT 64.12 ולוא תטמא את האדמה אשר

4pUn 2 1.1]˙˙˙ אשר האו˙[:]תוכן
6Q20 1 1.4 נחל[י : בית האו[: התהמות]

CD 12.3 סרה כמשפט האוב והידעוני

4pPs[a] 1+ 3.8 יובדו כעשן האוב[ד ברו]ח
5QCD 5 1.5 וכול הא[ובד
CD 9.10 ידו לו וכל האובד : ולא
CD 10.22 אם המוכן ומן האובד : בשדה

1QM 3.7 לצאת למערכת האויב יכתובו
1QM 3.11 ממלחמת האויב לבוא אל
1QM 6.2 אל : מערכת האויב שבעה
1QM 8.8 למערכת האויב ונטו ידם
1QM 8.13 למערכת : האויב שבע
1QM 9.2 עד הנגף האויב והסבו
1QM 9.6 על כול האויב לרדף כלה
1QM 14.3 נפול חללי האויב וברכו שם
4QM1 1+ 1.5 ילכו למערכות האויב [ ]]
4QM1 1+ 1.14 למלחמת האו[יב
4QM6 11 4.2]אל [: האוי]ב לב[וא :

11QT 4.8 א]מה ובאתה את האולם[:]ב

CD 11.11 אל ישא האומן את היונק

4pMic 1+ 1.5] : [האו]מרים ת[חנף

4Q405 20+ 2.9 כבודו ובלכת האופנים ישובו

4Q185 1+ 1.13 כצל ˙˙˙˙ על האו[ר] ועתה
4Q186 1 2.7 רוח לו בבית האור שש ושלוש
4Q186 1 3.6 ואחת מבית האור ואיש :
4Q405 20+ 2.9 [והו]ד רקיע האור ירננו
4QCat[a] 10+ 1.7 את בני האור : יהו]ה
4QTeh 2 1.1 מתוך בני הא[ור
11QSS o 1.1] האור מ˙˙˙ פל[א
CD 13.12 היותו בגורל הא[ור]

4QM1 1+ 1.13 ואחר יקום הא[ו]רב ממקומו

4pIs[d] 1 1.5 מאירים במשפט האורים והתומים
11QT 58.18 ושאל לו במשפט האורים :
11QT 58.20 ישאל במשפט האורים :
CD 5.18 ואהרן ביד שר האורים ויקם

4QMl 24 1.3]ממשלת כול האל[י]ם[:]˙

1QM 4.1 אלפיו ועל אות הא[ל]ף יכתובו
1QM 4.2 ואת שם שר האלף ואת שמות
4QM6 16 5.5 תרומת[:]אות האלף[:
4QOrd 1 2.8 לשש מא[ו]ת האלף מאת ככר

1QS[a] 1.29 ושופריהם ושרי האלפים ושרי[:
11QT 22.2]ם שרי האלפ[ים :]
11QT 42.15 ישראל : ולשרי האלפים ולשרי
11QT 58.4 ושלח על שרי האלפים ועל שרי

11QT 65.4 לוא תקח את האם על הבנים
11QT 65.4 שלח תשלח את האם ואת הבנים

3Q15 1.11 גל פתחו בשולי האמא מן הצפון

1QM 5.7 והלוהב חצי האמה ובסגר

4apLm 1 2.10 וחפץ אין בו <ה>אמונים עלי

11QT 2.2] את הא[מורי :]
11QT 62.14 את החתי ואת האמורי והכנעני

1QH 8.14 ויחשוב בלא האמין למקור

1pHab 2.4 כ[י]א לוא : האמינו בברית
4Q504 7 1.16]ר ל[וא] האמינו :]

1Q30 3 1.3]˙ השמים האמ[ר :
4QFl 6+ 1.3 על מי מריבה הא[מר : יד]ע
4Tstm 1.15 על מי מריבה <ה>אמר לאביו (

4Q381 31 1.7 חרב ביום עברה האמרים פענה

1Myst 1 1.9 לאומים שמע האמת : היש שפה
1pHab 7.10 פשרו על אנשי האמת : עושי
1pHab 7.12 מעבודת : האמת בהמשך
1pHab 8.9 נקרא על שם האמת בתחלת
1QH 1.27 הצדקה : וסוד האמת ולבני
1QS 3.19 הנה רוחות : האמת והעול
1QS 3.19 אור תולדות האמת וממקור
1QS 5.6 באהרון ולבית האמת בישראל
1QS 8.4 כול ב( )מדת האמת ובתכון
4Q183 1 2.6 רוח ובלשון האמת ˙[:
4Q511 52+ 1.1 רב החסד יסוד הא[מת :]˙
4pPs[a] 1+ 4.4] האמת אשר דבר :
11QPs 24.6 ישיב מסני דין האמת 𐤉𐤄𐤅𐤄 : אל

4tgJ 1 2.2 אנ[כיר: האנש מא[לה:

4AgCr 2+ 2.3]שלושת האנשי[ם :]ם
4QCat[a] 7 1.5 עליה[ם :]עי האנשים אשר
11QT 61.8 סרה ועמדו שני האנשים אשר
CD 8.21 נערו כל האנשים אשר באו
CD 19.33 לבם [ ]ז כל האנשים אשר באו

3Q15 11.2 מתחת פנת האסמאן הדרומית

CD 20.14]ומיום : האסף יורה

1QH 12.7 בוקר ובקצ : האספו <א>ל
1QS 10.2 ובתקופתו עם האספו מפני אור

1QS 10.3 מזבול קודש עם האספם למעון

4QCat[a] 10+ 1.4 בליעל וכול האספסוף :]המה

11QT 53.18 נדרה או : את האסר אשר אסרה

2Q25 2 1 1.2 פיהם[:]˙י האסרים האלה[:

4Tstm 1.6 אצונו והיה <ה>איש : אשר
8QHym 1 1.2 ומע[:]˙ני האיש הזה אשר
11QT 27.6 [לה]מה וכול האיש : אשר
11QT 55.21 והוצאתה : את האיש ההוא או
11QT 56.10 השופט וימת האיש ההוא
11QT 62.3 העם ואמרו מי האיש הירא ורך
11QT 65.14 ההיא את האיש ההוא
11QT 66.3 בעיר ואת האיש על דבר
11QT 66.4 ואם בשדה מצאה האיש <את
11QT 66.5 עמה והומת האיש השוכב עמה
11QT 66.10 ונמצא ונתן האיש השוכב עמה
CD 20.3 ישרים : הוא האיש הנתך בתוך
CD 9.21 אחר והובדל האיש מן הטהרה
CD 9.22 הם וביום ראות האיש יודיעה
CD 16.1 על כן יקום האיש על נפשך
CD 16.4 אשר יקום האיש על נפשו

11tgJ 9.5 במרו]מה האיתי רחצן
11tgJ 31.5 צמחי דתאה האיתי למטרא אב

3Q15 11.3 צדוק תחת עמוד האכסדרן : כלי

4Q504 3 2.2 [:]ים ברוך הא[ל]הניחנו

1Q29 5+ 1.1 ה]דברים האלה על פי כול
1Q29 5+ 1.4 את הדברים האלה [:
1QDM 2.6 הדב]רים [הא]לה מפיה[ו]
1QDM 2.9 דברי הת[ורה] האלה הש[מרו
1QDM 3.3 ה]ברית [הא]ל[ה] :]
1QDM 4.10]ם האלה :]
1QM 17.10 ואחר הדברים האלה יתקעו
1QS 5.7 על כול החוקים האלה בהאספם
1QS 5.20 ככול החוקים האלה להיחד
1QS 8.13 <בתכונים האלה> יבדלו
1QS 9.3 ככול התכונים האלה ליסוד רוח
1QS 9.21 למשכיל בעתים האלה לאהבתו עם
2Q25 2 1 1.2]˙י האסרים האלה[:]כן
4Q504 3 2.14 והמשפטים הא[לה :
4Q509 188 1.4]מ[:]הרעות האלה ו˙[:
4Q512 24+ 1.4 ואחר הדבר[י]ם הא[לה :]ל[ ]
4pIs[b] 3.5 [: האלה]
4QMl 4 1.3 המשפט[י]ם האלה וא[:]
4QMl 11 2.19 ואחר הדבר[י]ם האלה יתקעו
4QMl 13 1.3]ברים האלה יתקעו[
4QOrd 2+ 1.4 שנים העשר האלה ˙[: דבר
5Q13 4 1.4] ׳[מי : ה]אלה יעשו שנה
5Q13 9 1.3 המש]פטים האלה[:]˙[
11QT 17.12 לשבעת הימים הא[לה] : עולה
11QT 36.13 כול השערים האלה אשר :
11QT 60.20 ובגלל התועבות האלה אנוכי
11QT 60.21 כי הגואים האלה אשר :
11QT 62.12 מערי הגואים האלה : המה רק
CD 4.9 הקץ השנים האלה כברית אשר
CD 4.11 למספר השנים : האלה אין עוד
CD 4.12 ובכל השנים האלה יהיה :
CD 8.15 את הגוים : האלה כי מאהבתו
CD 19.28 את הגוים : האלה כי מאהבתו
CD 20.27 במשפטים האלה ל[צ]את :
CD 9.12 בשבועת האלה והשומע אם
CD 12.19 על המשפטים האלה להבדיל

4Q381 24 1.4 תהלה לאיש האל[הי]ם יהוה

4Q511 8 1.12]אתה אל[וה]׳ ה[א]ל[והים :
4VSam 1 1.5 את מראה האלוהים אל˙[:

4Q504 26 1.8]לל[:]האלות:]מציתה
4Q509 5+ 2.5 כ]ול האלות[: [ב]נו

11QT 15.8 הכסלים ואת האלי[ה :
11QT 20.7 וא]ת האליה לעומת

4pPs[a] 1+ 2.11 [ ]˙י הארץ והתדשנו
4QFl 9+ 1.2 הצד]ק : טוב הא[רץ : ולגד
4QPs[f] 2 9.7 רשעים : מן הארץ [
6Q20 1 1.2 VACAT] : כי הא[רץ : ארץ
11Ap[a] 2.6]טים ו[ ]הארץ[ ]אשר
11Ap[a] 3.3 ו˙[:]כול הארץ [
11QT 22.16 [כו]ל [יצ]הר הארץ לפני יהוה
11QT 32.10 וגובהמה : מן הארץ ארבע
11QT 32.13 אל תוך הארץ אשר :
11QT 32.14 ואובדים בתוך הארץ ולוא :
11QT 48.5 לנתור בהמה על הארץ ולעוף
11QT 50.20 כול שרץ הארץ תטמאו
11QT 51.16 וירשתה : את הארץ אשר אנוכי
11QT 52.12 תואכל : על הארץ תשופכנו
11QT 53.5 אכול הדם על הארץ תשופכנו
11QT 56.12 כי תבוא אל הארץ אשר אנוכי
11QT 60.16 כי תבוא אל הארץ אשר אנוכי
11QT 65.2 בכול עץ או על הארץ : אפרוחים
11QT[b] 54.4 מט]כה מקצי הארץ ועד[:
CD 2.8 את פניו מן הארץ : מי עד
CD 4.14 ופח עליך יושב הארץ פשרו :
CD 5.20 ובקץ חרבן הארץ עמדו
CD 5.21 ישרא : ותישם הארץ כי דברו
CD 7.6 ישבו כסרך הארץ ולקחו :
CD 7.9 בפקד אל את הארץ להשיב
CD 19.3 ישבו כסרך : הארץ אשר היה
CD 19.6 בפקד אל את הארץ : בבוא
CD 10.9 אף אל ביושבי הארץ אמר לסור
TS 1 1.4 בבואכמה אל הארץ אש[ר :

1QH 4.26 ומפץ לכול עמי הארצות להכרית
1QM 10.9 לכה מכול עמי הארצות : עם
1QM 11.13 [או]יבי כול הארצות וביד
4Q374 2 2.5 בארץ חמדות כל הארצות בדי[:
4Q381 16 1.1]הארצות כי חמ[
4Q504 1+R 5.12 ישראל בכול : [ה]ארצות אשר
4Q504 1+R 6.13] : הארצות הקרובות

1apGn 10.12 חד מן טורי האררט˙˙˙ :

1pMic 1+ 1.4 [כדו]נג מפנ[י הא]ש כ[מים
11QT 34.12 אותמה על : האש אשר על

4Q178 7 1.1 האשה וש˙[:]
11QT 55.21 ההוא או את האשה ההיא
11QT 65.8 שם רע ואמר את האשה הזואת
11QT 66.4 האיש <את האשה> במקום
CD 16.10 [ע]ל שבועת האשה אשר אמ[ר

3Q15 7.4 קי˙[ ] : האשיח הצפו[ני

CD 9.14 לו לבד מאיל האשם הכל

1QM 14.3 מדם פגרי האשמה ושבו אל
4QM1 1+ 1.13 להפי]ל בחללי האשמה ואחר
4QM1 11 2.23 להפ]יל בחללי האשמה תרועת ה[

1apGn 22.19 מרי אברם : הב לי נפשא די
1QH 3.2] ובי [:] הב˙ לו ˙˙˙˙˙[
1QH 10.35 צבא קדושיכ <ה>ב[
2Q28 2 1.1]˙ר הב[:]ש מעמו
4Q509 16 4.8 [ ]˙[:]ואנו הב˙˙[
4Q509 91 1.1]˙הב˙˙[ ]˙ה[:]
4Q511 63+ 2.1 ˙˙די˙[ ]˙הב בסודי : [ ]
4pHs[b] 11+ 1.10 [: הב[
4pIs[c] 23 2.2 [:]]הב˙˙ל˙[ ]˙
4pN 1+ 2.6 רום רשעה כי הב[
4QM6 83 1.1]הב[:]חמ˙˙[

1QS 2.12 לבו לעבור : הבא בברית הזות
1QS 5.7 ליחד כול הבא לעצת היחד

11tgJ 34.3 והתיבני פתגם האף : תעדא

11QT 65.3 והאם רובצת על האפרוחים או על

4AgCr 5+ 1.2 [: כ]תוב על האר˙[:]דרך
4QM6 31 1.5] השש[:] האר˙[
11Ap[a] a 1.5]תני[ ] : [האר[:] מש˙[:

11QT 48.3]העוף תוכלו הארבה למינו

11QT 7.12]˙ה מלמעלה מן הארון ופניהם

1QH 1.36]א עני האריכו : אפים

1Q25 5 1.2] כפלא [:] הארץ [:]
1Q34[b] 2+ 1.3 לתקופ[: הארץ במוע[ד
1Q41 3 1.1]כל הארץ [:] הבי
1pHab 3.1 ולבוז את ערי הארץ : כיא הוא
1pHab 3.10 ידושו את הארץ בסוס[יהם]
1pHab 4.13 לשחית את הא[רץ]זה
1pHab 10.14 אל : כיא תמלא הארץ לדעת את
1pHab 13.4 ואת הרשעים מן הארץ
1pMic 1+ 1.3 במ]ותי האר[ץ
1pZ 1 1.2 יוש]בי ה[א]רץ
1QDM 1.9] רבה בקרב [ה]ארץ א[שר
1QDM 3.1 ה]אר[ץ
1QDM 4.1 ישר]אל ובעד הא[רץ] :
1QH 13.9 צבאותיו עם הארץ וכול צ˙˙˙
1QM 7.2 השלל ומטהרי הארץ ושומרי
1QNo 1 1.3 א]ת דרכו על הארץ[: צעק]תם
1QS 8.6 רצון לכפר בעד הארצ ולהשב :
1QS 8.10 לכפר בעד הארצ ולחרוצ
1QS[a] 1.3 לכפ[ר האר]ץ : בבואים
4Q176 1+ 1.10]י ה[א]רץ
4Q176 4+ 1.4 הב[יאי : הא]רץ :]כיא[
4Q176 8+ 1.7 א]ל[והי כו]ל [הא]רץ יקרא כיא
4Q178 1 1.3 למו בא[:]˙דת הארץ י˙[:]בקש
4Q381 24 1.10 ות]רעש הארץ [
4Q381 69 1.1 התעיבו עמי [הא]רץ :]כל
4Q381 69 1.2 [הא]רץ :]כל הארץ לנדת טמאה
4Q381 69 1.6]ישו שבו על הארץ אז תטהר
4Q381 76+ 1.16 על כל גוי הארץ ולהש˙[
4Q381 78 1.6]ו ורותה הא[רץ
4Q483 1 1.2 ע]ל הארץ[:]˙[ ]˙˙
4Q503 1+ 2.12]להאיר על הארץ יברכו
4Q503 10 1.1 השמש להאיר על האר[ץ :]עם
4Q503 24+ 1.3]על הארץ יברכו[
4Q503 29+ 2.7 ע]ל[הא]רץ יברכו[
4Q503 33 2.1 השמש על ה[ארץ
4Q503 33 2.10 הש]מש על ה[ארץ
4Q503 48+ 1.7 לה]איר על[ה]ארץ יברכו
4Q503 64 1.7] על הארץ יברכו[
4Q504 1+R 3.10]]הארץ עלכן
4Q504 1+R 4.3 בה מכול הארץ : להיות[
4Q504 1+R 7.7] : לשמים הארץ וכול
4Q504 3 2.11 הגדול[: ה]א]רץ התבו[:
4Q504 4 1.3 [ל]דורות[: ה]א]רץ ועבודת
4Q504 8R 1.14 בדרכי[: <ה]ארץ> ח]מס
4Q504 22 1.4]אשר גאלה[:]הארץ כ˙[
4Q505 124 1.2] :]˙[ ]˙[ ]ל ה]א]רץ :]˙ה
4Q506 132 1.2]˙˙[:]ה]א]רץ וע[בודת
4Q511 30 1.5] : יכול עפר הארץ וישק[ו]ל
4Q511 37 1.3 ותחול הארץ[: י]רועו
4Q511 42 1.6 ואל מוסדי הארץ[:]עפרה
4pHs[b] 2 1.6 מ]ן הא]ר[ץ [:
4pIs[a] 2+ 2.9 למט[ה]ארץ באמת
4pIs[b] 2.1 הימים לחובת הארץ מפני החרב
4pIs[b] 2.2 בעת פקדת הארץ הוי
4pIs[c] 8+ 1.5 [:] [הארץ וזואת היד
4pIs[e] 1+ 1.4]הארץ שקל[
4pN 1+ 2.10 [:]]הארץ ממנו

1pHab 11.3 אף שכר למען הבט אל מועדיהם
1QH 4.11 חומץ למע הבט אל ׃ תעותם

1QM 5.13 טפחים עד הבטן והבטן

4Q176 14 1.4 שברנו[׃]א הבטחה

1Q41 3 1.2]כל הארץ [׃] הבי ˙[
6QPro 16 1.2 ש]מואל ˙[׃] הבי˙[׃]˙˙[

1QH 13 1.2]ו ו˙[׃]שפת הביא במספר ׃
4Q497 2 1.5]˙˙ול˙[׃]הביא[׃]ספר[

1QH 6.12 כבודכה כי הביאותה [

4Q176 4+ 1.3] אל תכלאי הב[יאי ׃ הא]רץ

11QT 18.11 תמימות מיום הביאכמה את
11QT 19.11 לכמה מיום הביאכמה את

4QFl 4 1.6 לבורמה ׃]ר הביאמה להיות ׃

11tgJ 30.9 ג]ללי[ד] הביומיך מנית ׃

1QS 11.3 ובנפלאותיו הביטה עיני
1QS 11.6 בהויא עולם ׃ הביטה עיני
4Q501 1 1.5 לילוד אשה הביטה וראה

4Q509 16 4.6 בם ׃ ל]וא הביטו כי א[תה]
4pIs^{b} 2.4 פעל יהוה ׃ לא הביטו ומעשי

1Q34^{b} 3 2.3 בכל תבל ולא הבין זרע
4Q509 97+ 1.2 הבי]ן ז[רע

1Q34^{b} 3 2.4 מכול ולא הבינו בכוחך
4Q381 49 1.2]כא˙[׃]˙ הבינו ותהי לכם
4Q509 97+ 1.4 הב]ינו בכוחכה
CD 8.12 ובכל אלה לא הבינו בוני
CD 19.24 ובכל אלה לא הבינו בוני ׃

1QH 17.21 רשעים ואני הבינותי כי את

1QM 1.17]˙˙ הבינ]ים יתנו
1QM 6.9 מערכת אנשי הבינים וכן ׃
1QM 9.3 כול אנשי הבינים מתוך ׃
1QM 16.4 וי]צאו אנשי הבינים ועמדו
1QM 16.11 חושך וחללי הבינים יחלו
1QM 17.13 מלחמה ואנשי הבינים ישלחו
4QM1 1+ 1.12 אלה אנשי ה[בינ]ים
4QM1 10 2.9] ׃ יחלו אנשי הבינ[י]ם[
4QM1 11 2.9 חושך וחללי הבינים יחלו

3Q15 4.6 ככ׃ בין שני הבינין שבעמק

11QPs 24.8 כול חי ׃ הבינני 𐤉𐤄𐤅𐤄

1QNo 3 1.5]˙את חדרי הבית כחדודי
4QFl 1+ 1.2 ישראל הואה הבית אשר[
4QFl 1+ 1.3 עולם ועד הואה הבית אשר לוא
11QT 31.6 ובעלית הב[ית
11QT 32.8 ועשי[ת]ה בקיר הבית ׃ הזה
11QT 33.11 הכיור וכול הבית הזה כולו
11QT 49.6 וכול הבא אל הבית יטמא ׃
11QT 49.11 המת יכבדו את הבית מכול ׃
11QT 49.14 ממנו יטהרו את הבית ואת כול
11QT 49.17 אשר בא אל הבית ירחץ במים
11QT 50.13 ואם ׃ לתוך הבית יבוא עמה
11QT 51.14 גדולה ומטמא הבית בעוון ׃
CD 11.7 יוציא איש מן הבית ׃ לחוץ
TS 1 1.6 מ[לאכת] ׃ [הב]ית אשר תבנו
TS 1 1.8 ולכול מלאכת הבית יקר[יבו

1QS 8.21 את רעהו ׃ כול הבא בעצת הקודש
1QS^{a} 1.26 להיות כול הבא ׃ עת[יד
4Q502 94 1.4] שמחה [׃]הבא לש[׃]ו[
4QOrd 1 2.3 ממנה גורן וגת הבא לגור[ן ׃
11QT 49.6 אשר בבית וכול הבא אל הבית
CD 7.19 דורש התורה ׃ הבא דמשק כאשר
CD 8.11 ראש מלכי יון הבא לעשות ׃
CD 19.24 מלכי יון הבא עליהם לנקם
CD 11.21 רצון וכל הבא אל ׃ בית

3Q15 4.3] ׃ באמא הבא[ה]
4pIs^{c} 36 1.4 [׃]מים[׃]הבאה ˙[׃]˙
4pPs^{a} 1+ 2.19 בעת המצרף הבאה עליהם ואל
4QFl 1+ 2.1 היאה עת המצרף הב[אה י]הודה

1pHab 1.3 הבא]ות עליהם׃
1pHab 2.7 בשומעם את כול הבא[ות ע]ל
1pHab 2.10 אל את ׃ כול הבאות על עמו
1pHab 7.1 לכתוב את הבאות על ׃ על

1QS 1.16 ושמאול ׃ וכול הבאים בסרכ
1QS^{a} 1.4 יקהילו אתכול הבאים מטף עד
4pIs^{b} 3.6] ׃ הבאי[ם
11QT 36.7 והש[ע]רים הבאים במה ׃
CD 4.7 רשע וכל הבאים אחריהם ׃
CD 6.9 העם הם ׃ הבאים לכרות את
CD 8.17 אחריו אהב את הבאים אחריהם
CD 19.30 א ואהב את הבאים אחריהם

CD 6.3 ויחפורו את הבאר באר חפרוה
CD 6.4 העם במחוקק הבאר היא התורה
CD 6.9 לכרות את הבאר במחוקקות

11QT 15.16 לל[בו]ש את הבגדים תחת

11QT 40.1]ללבוש את הב[גלדים ׃]

11Ap^{a} 1.11 השמים׃ א]שר הבדיל[׃]˙
CD 7.4 קדשיו כאשר הבדיל אל להם

1QS^{b} 5.2 הבדלתה מ[׃ ו

11QT 51.9 בכול אשר הבדלתי להמה

11QT 52.16 שמי עליו וכול הבהמה ׃ הטהורה
CD 11.5 ילך איש אחר הבהמה לרעותה

1QH 15.9 ב˙[׃]הבו אותך כול
4Tstm 1.14 וללוי אמר הבו ללוי תמיך
CD 3.10 בו שממה בו הבו באי הברית

3Q15 1.2 תחת׃ המעלות הבואת למזרח

1pHab 2.1]הבוגדים עם איש
1pHab 2.3 מפיא ׃ אל ועל הבוג[דים
1pHab 2.5 פשר הדבר[הבו]גדים

1pHab 9.12 על בחירו הוי הבוצע בצע רע

1QM 19.9 ההוא למנות עד הבוקר ובבוקר
11QT 13.15 כמנח[ת ה]בוקר [

3Q15 12.3 בירדן תחת סף ׃ הבור כברין ׃

1QM 10.12 באפ]ל עבים הבורא ארץ

11QT 60.8 מן ׃ השלל ומן הבז ומן הציד

1QS 8.7 היאה חומת הבחן פנת יקר

1QS 10.12 לתפארת עולם הבחרה באשר ׃

TS 2 1.1 [ועשי]תה את הבית אשר תבנה[

11QT 52.7 כול הבכור אשר יולד

4Q509 131+ 2.5] :] ה]בכורים זכורה
11QT 11.11 [˙˙˙˙˙˙ הבכורים למנחת
11QT 19.6 חד]שה לחם הבכורים ואחר]
11QT 19.12] [לחם הבכורים שבעה
11QT 43.3]וביםי הבכורים לדגן
11QT 43.6 אותו : מחג הבכורים לדגן
11QT 43.7 עד יום חג הבכורים והיין
TS 3 1.2 ישראל וביום הבכורים :]

1QH 7.32 איש תהו ובעל הבל להתבונן
1QM 4.12 אל בכול גוי הבל ואת כול
1QM 6.6 רעתם לכול גוי הבל והיתה לאל
1QM 9.9 בדם : גוי הבל : סרך
1QM 11.9 שבעת : גוי הבל ביד אביוני
1QS 5.19 על כול מעשי : הבל כיא הבל
1QS 5.19 הבל כיא הבל כול אשר
4Q184 1 1.1 הזונ]ה תוציא הבל וב[ ]א
4QM6 15 1.5 ק[דושים : הב]ל[

1QM 14.12 יקום הבלי[הם

4Q511 15 1.5] :]˙˙ה רוחי הבלים ל[:]יר

4Q381 85 1.1]רי הבן[: ה]חרש

1QH 2 1.8]רצונכה ‹ו›על הבנים תבחנני
1QM 1.14 [חוש]ך רגלי הבנים יהיו
1QM 3.1 לצאת אנשי הבנים וחצוצרות
1QM 3.7 מקרא אנשי הבנים בהפתח
1QM 6.12 עם אנש[י] הבנים סוסים
4QM3 1 1.3 לאנשי : הבנים והכוהנים
4QM3 1 1.6 מערכות הבנים לוא יגשו
11QT 65.4 תקח את האם על הבנים שלח תשלח
11QT 65.4 את האם ואת הבנים : תקח

4QM6 97 1.3]כ˙ ˙˙˙ת ע˙˙ הבע˙ה[ ]ל[:

1QM 19.7 ב]נות [ע]מי הבענה בקול רנה
4QM2 1 1.7 ב]נות עמי הבענה[ב]קול

11QT 65.3 או על הבצים : לוא

6QAly 1 1.4 באת[י : הב]קר עד הערב

4Q184 3 1.2] :]תמיד הבר אליו ˙[:

4QCat[a] 9 1.3]יהם ברוב הברורי[ם :
11QT 57.8 הגואים וכול : הברורים אשר

4pIs[c] 8+ 1.3] [עלימו הברושים וארז[י

11QPs 21.17 אתבוננ כפי הברותי אל : ל

1QM 13.9 פלאכה אתה [הב]רותנו לכה

6Q15 1 1.3 הברי]אה זכר]
CD 4.21 בחייהם ויסוד הבריאה זכר

1pHab 2.6 המה עריצ[י הבר]ית אשר לוא
1QDM 1.8 קו]דש ושבת הברית]
1QDM 3.3 כו[ל ה]ברית
1QS 2.13 את דברי הברית הזות
1QS 2.16 בו כול : אלות הברית הזות
1QS 2.18 וכול באי הברית יענו
1QS 5.2 הכוהנים שומרי הברית ‹ו›על פי
1QS 5.9 הכוהנים שומרי הברית ודורשי
1QS[a] 1.5 [כ]ול חוקי הברית ולהבינם
1QS[a] 1.7 בחוקי הברית ול[קחת :
4Q385 2 1.1 עמי לתת להם הברית:]
4pPs[a] 1+ 2.14 פשרו על עריצי הברית אשר בבית
4pPs[a] 1+ 3.12 המה עריצי הב[רית ר]שעי
11Mel 1+ 2.24 מקימ[י] הברית הסרים
CD 3.10 בו הבו באי הברית הראשנים
CD 6.19 כמצאת באי הברית החדשה
CD 19.1 כב שומר הברית והחסד :
CD 20.25 התורה מבאי הברית בהופע :
CD 20.29 קרי בחקי הברית צדק :
CD 9.3 איש מביאו : הברית אשר יביא
CD 10.6 ההגו וביסודי הברית מבני
CD 15.2 באלות הברית ואת
CD 15.3 ואם באלות הברית [נ]ש[בע
CD 15.6 בשבועת הברית יקימו
CD 15.8 בשבועת הברית אשר כרת
CD 15.9 עם ישראל את הברית ל[שוב

3Q15 12.8 הגדולא של הברך כלבית
3Q15 12.8 של הברך כלבית הברך : הכל
4Q403 1 2.12] : וקול הברך נשמע נכבד
4Q403 1 2.13] [: הברך וכול

1QH 17.20 הצדקה ולשמך הברכה לעול[
11QPs[b] d 1.2 פי מד : וה את הברכה
11QT 29.9 כבודי עד יום הברכה אשר אברא

1QS 10.6)תרומת שפתים הברכנו כחוק

4pUn 5 1.2] :]ה בה הבש[:]כול

11QT 24.6] הבשר לריח [:
11QT 53.6 את הנפש עם הבשר למען :

1Q26 1 1.3] : [תבואתכה הג[:] כאשר

1QH 1.5 מ˙[: ומעין הגב[

11QPs 28.9 ויפי המראה הגבהים בקומתם

4Q511 167 1.2]ה[:]הגבו[

CD 5.20 עמדו מסיגי הגבול ויתעו את

1QM 11.4 המלחמה ומאתכה הגבורה : ולוא
1QM 18.13 לאין מעמד לכה הגבורה ובידכה
4Q402 8 1.3 תרוע[ה :]ם הגבורה ˙[:]˙ל

4Q511 3 1.4 ופ˙[:]˙ הגבורות

4pIs[a] 2+ 2.24 [י]ושבי הגבים העיזו

1QH 4.23]]ד הגבירכה בי
1QH 5.15 עבדכה ולמען הגבירכה ‹בי›

4Q511 40 1.1]˙ הגבל[תה :]ות

4pPs[b] 3 1.1 [˙˙ הגבר] : [
4Tstm 1.9 בנבעור ונאם הגבר : שהתם

4Q381 44 1.2]כי ארץ זו הגברת [:

1QH 1.34 נפלאותיכה אשר הגברתה]
1QH 4.28 ובסוד פלאכה הגברתה עמדי
1QH 8.35 מכשול ולשון הגברתה בפ˙ בלא
1QH 9.38] :]הגברתה עד אין
1QH 11.3 עפר וביצר חמר הגברתה מודה

11QT 39.2]מקרת הגג[:˙˙˙˙˙˙˙]
11QT 44.7 אשר מעל הגג ולבני

11QT 64.10 אל : תוך הגואים ויקלל

4Q385 2 1.1 [הגואל עמי לתת

1pHab 2.11 את : הכשדאים הגוי המר[

1QM 2.7 לכול ארצות הגוי<י>ם מכול
1QM 15.1 ( )<ב>כול הגויים וגורל
4QOrd 2+ 1.2 ל]וא יעבודו הגויים בזר[ים
11QT 48.11 תעשו כאשר הגויים עושים
11QT 57.16 מכול : בנות הגויים כי אם
11QT 60.17 כתועבות הגויים ההמה

1pHab 5.3 אל את עמו ביד הגוים : וביד
1pHab 5.4 את משפט כול הגוים ובתוכחתם
1pHab 8.5 אלו כול הגוים ויקבצו
1pHab 12.13 על כול : פסלי הגוים אשר
1pHab 13.1 פשרו על כול הגוים : אשר
1QDM 1.7 ה]גו[ים
1QM 11.15 לעיני שאר הגוים לדעת[ם]
1QM 19.10 אשור וחיל כול הגוים הנקהלים
4Q503 24+ 1.4 בנו מכול [ה]גוים ב[:]ק
4Q504 1+R 3.3]ש הן : כול הגוים[כא]ין
4Q504 1+R 3.5 לכה לעיני כול הגוים כיא קרתה
4Q504 1+R 4.8 הימים וכול הגוים ראו את
4Q504 1+R 5.10 הוצאתנו לעיני הגוים ולוא
4Q505 125 1.4] :]כול הגוים [ ]
4Q509 183 1.1] הגוים [:]
4pN 3+ 3.1] : הגוים בנדתם
4QM2 2 1.1 על כול[הג]וים [:
CD 8.14 בא לרשת את הגוים : האלה
CD 19.27 בא לרשת את הגוים : האלה
CD 9.1 מאדם בחוקי הגוים להמית
CD 12.6 דם לאיש מן הגוים : בעבור

6apSK 1 1.2 [:]ומה עד הגול[ה

1QS 5.3 פיהן יצא תכון הגורל לכול דבר
1QS 6.16 וכאשר יצא הגורל על עצת
1QS 6.18 ואם יצא לו הגורל : לקרוב
1QS 6.22 ואם יצא לו : הגורל לקרבו
1QS[a] 1.16 העדה אשר יצא הגורל להתי[צב
CD 13.4 באלה ויצא הג[ו]רל לצאת

1QM 10.1 דבר רע ואשר הגיד לנו כיא
4Q499 3 1.2]א טב[:]'הגיד[:
4pPs[a] 1+ 4.5]אליהם הגיד
4QCat[a] 2+ 1.10 וברכם[ה]גיד כיא

1Q39 10 1.1] הגיע:]טע

1QH 8.29 יחפש רוחי כי הגיעו לשחת ח[

4Q181 1 1.3 והפלא כבודו הגיש מבני תבל
4Q513 8 1.2]'ת'[:]הגיש[

1QS 11.13 פעמי ברחמיו הגישני ובחסדיו

11QT 34.4 '''ים אל בין הגלג[לים :]
11QT 34.5 וסוגרים את הגלגלים וא[:
11QT 34.9 ופותחים : את הגלגלים

1QH 5.12 [ ]ד קץ : הגלות ישעכה לי

4Q186 2 1.1 שחורות ובֹ[ין] הגמריות וזקנו

4Q511 180 1.2]ו'[:]הגע[

6QAly 1 1.6 ית[:]ואמרתה הגפן הנטעת

11QT 21.7 ב[ו]סר מן הגפנים [ ] :

1QH 5.25 הוות ובעבור הגד[ ]כי

1Q34[b] 3 2.4 הבינו בכוחך הגדול ותמאס בם
1QH 15.21 ואת כוחך : הגדול ומה אף
1QM 2.12 עד המדבר הגדול בשנה
1QM 11.2 כיא בטח בשמכה הגדול ולוא
1QM 11.5 ובעוז חילכה הגדול כא[שר]
3Q15 1.6 זהב בבור הגדול שבחצר:
3Q15 2.12 ב'אתו תחת הסף הגדול : בברכא
3Q15 4.1 ככ : בבור הגדול שב[ ]
3Q15 5.9 ו עד הרגם הגדול : אמות
3Q15 7.1 הכוהן : הגדול חפור [
3Q15 7.4 האשיח הצפו[ני הגד]ול : בארבע
3Q15 10.4 שרוו מהנחל : הגדול בקרקעו
4Q504 1+R 2.10 דעת את כוחכה הגדול ואת רוב
4Q504 1+R 4.10 ולשמכה : הגדול ויביאו
4Q504 3 2.10 נ'[: קו]דשכה הגדול[: ה]ארץ
4Q505 129 1.1 ולשמכ]ה הגדול[:]אשר[
11QT 15.15 ואם הכוהן הגדול יהיה
11QT 23.9 הכוהן הגד[ו]ל את[:
11QT 25.16 יקריב הכוהן הגדול עליו ועל
11QT 26.3 הכו]הן ה[גדול :]
11QT 31.5 הג]דול :
11QT 58.18 לפני הכוהן הגדול ושאל לו

3Q15 5.3 תח[ת] : הגדולא חפור
3Q15 12.8 מאות : בביבא הגדולא של הברך

1QM 1.14 השביעי יד אל הגדולה מכנעת :
1QM 3.13 על האות הגדולה אשר
1QM 18.1 יד אל הגדולה על
4Q503 51+ 1.13 במחשבת בינתו הגד[ולה] :]
4QCat[a] 12+ 1.9 ויד אל הגדולה עמהמה
11Ap[a] 2.10 ה]גדולה הזוא[ת

1Q35 1 1.6]א :]אכה הגדולים
1QH 10.11 מעשי פלאכה הגדולים יעצור
1QM 10.8 יעשה כמעשיכה הגדולים :
4pPs[a] 1+ 3.10 לה]ם נחלת כול הגדול[ים]

1QH 5.24 לחמי : עלי הגדילו עקב

4Q374 4 1.3 ויעשה[ו : הג]דילנ[ו

4Q381 33 1.9 על ח[ ]' כי הגדל[ת

1QM 18.7 [אלי]ם כיא : הגדלתה עם

CD 4.12 מצודו נבנתה הגדר רחק החוק

1QM 11.5 הגדול כא[שר] הגדתה : לנו
1QM 11.8 חוזי תעודות הגדתה לנו

4Q381 1 1.1 הגדתי ונפלאתו

1QH 11.21]ים ולהגות הגו : יגון
4Q509 232 1.2]וכ''[:] הגו[

1pHab 3.5 על כול : הגואים ובעצה
1QM 16.1 חרב על כול הגואים ובקדושי
4pHs[a] 2.13 וחרפה לעיני הגואים אשר
4pHs[a] 2.16 'וליכו במועדי הגואים
4pHs[b] 10+ 1.3] : [ר]שעי הגואי[ם
4pIs[a] 7+ 3.8]כול הגואים וגבורים
4pIs[a] 7+ 3.25] בידו ובכול הג[ואי]ם ימשול
4QM1 15 1.6 נטויה על כול הגואים לוא [:
11QT 51.19 בארצכמה כאשר הגו<א>ים עושים
11QT 56.13 עלי מלך בכול הגואים אשר
11QT 57.7 ויתפש ביד הגואים וכול :
11QT 60.21 אלוהיכה כי הגואים האלה
11QT 62.12 אשר לוא מערי הגואים האלה :

4Q512 24+ 1.4]ש ואחר הדבר[י]ם הא[לה
4Q512 7+ 1.1 את כול הד[ברים
4QMl 11 2.19] : ואחר הדבר[י]ם האלה
11QT 54.5 כול הדברים אשר :

11QT 60.9 ומעשר מן הדבש אחד מן

1QM 6.1 בין המערכות הדגל הראישון
1QM 6.4 שתי המערכות הדגל : הראישון

1QM 8.14 לשלושת הדגלים ועם :
11QT 21.5]ל נשיאי הדגלים

4Q513 1+ 1.4 ה]דגן בת היין
4pHs[a] 2.1 אנוכי נתתי לה הדגן [ ]
11QT 43.6 אוכלים את הדגן : עד השנה
11QT 60.6 וללויים מעשר הדגן והתירוש

4Q381 15 1.7]תפארת הדו ואני משיחך

1pHab 2.7 הבא[ות ע]ל הדור האחרון
1pHab 7.2 הבאות על : על הדור האחרון
1pMic 17+ 1.5] על הדור ה[א]חרו[ן
4Q176 20 1.2 גדול על מעשי הדור :]ולב˙[

1QS 8.12 ונמצאו לאיש : הדורש אל

4Q403 1 1.4 בש]ב[עה רב]רי הדות פלוא [

4Q509 183 1.6]ה וברוב [:]הדחתו ב[:]˙

4Q504 1+R 5.12 [ה]ארצות אשר הדחתם שמה

1QM 14.9 רזי שטמתו לוא הדיחונו :
4QMl 8+ 1.8 ה]ד[יחונ]ו

CD 6.13 מסגירי : הדלת אשר אמר

11QT 13.10] : הדם לעם [
11QT 16.2 ונ]תנו מן הדם [:]
11QT 52.11 כצבי וכאיל רק הדם לוא תואכל
11QT 53.5 לבלתי אכול הדם על הארץ
11QT 53.6 בעפר כי הדם הוא הנפש
11QT 63.6 לוא שפכו את הדם הזה
11QT 63.7 וכופר להמה הדם ואתה תבער
CD 3.6 ויאכלו את הדם ויכרת :

4QMl 11 1.16 [כו]ל רע הדמה ביא ואין

4pN 3+ 2.1 הוי עיר הדמים כולה[

3Q15 1.10 הכל של הדמע והאצרה

4Amrm 2 1.2 הוא ואמר לי הדן ע[ירא

11tgJ 10.4 ובמנדעה קטל : הד]נח חללת ידה

1QH 1.26 לכה אתה אל הדעות כול מעשי
1QH 12.10 עוד כי אל ה(י)ד(י)עות :
1QH 4 1.15 ברוך אתה אל הדעות אשר
1QH 8 1.9 ספרתי וע[: הדעות ˙פי[:
1QS 3.15 קצי שלומם מאל הדעות כול הויה
4Q504 4 1.4 כי]א[אתה אל הדעו]ת[ו]כול
4Q506 132 1.3 כי]א[הדעו]ת וכול<ם>

1pHab 11.1 ואחר תגלה להם הדעת כמי :
11QSS 2+ 1.5]למלאכי הדעת בכול מל[

1QH 12.15 והשב[:]˙ הדר כבודכה
1QS 4.8 כבוד : עם מדת הדר באור
1QS[b] 3.25 וישימכה מכלול הדר בתוך :

11QT 2.3 [הגרגש]י ואת

4Q520 45 1.3]ן אור[:]הגרים עזו[: [

1QH 12.23]כשכלם : הגשתם ולפי

4Q504 10 1.1]˙ הגשתנו [:] [

4QCat[a] 2+ 1.15 עומד על הגתות ושמח על

1QM 11.1 ואת גולית הגתי איש גבור

4Q185 5 1.3 ו˙[: מים[: הד˙[
4Q485 2 1.1]˙ הד˙[:]]ר אש˙[:
4Q511 110 1.2]ין ב[:]י הד[:]ל[
6QHym 6 1.2 ל]פני הד[:]מושלים[

1apGn 2.6 ולא בכדבין הדא ב[: במלך

4Q502 142 1.1 הדב[

CD 12.12 מהם מעגלי הדבורים עד כל

4Q403 1 2.13 וכול מחשבי הדביר יחושו
4Q405 15+ 1.6 מביתה ליק˙ה הדביר[: [ ]

CD 1.17 בנחלתם למען : הדבק בהם את

1Myst 1 1.8 אולת : נכון הדבר לבוא ואמת
1pHab 2.5]וכן פשר הדבר[
1pHab 5.3 תוכל : פשר הדבר אשר לוא
1pHab 9.16 [:] הדב]ר על
1pHab 10.9 ייעפו : פשר הדבר על מטיף
1pHab 10.15 [פשר הדבר[ ] :
1pHab 12.2 בה : פשר הדבר על הכוהן
1pHab 12.12 אלמים פשר הדבר על כול :
4pIs[b] 1.2 ושי]ת פשר הדבר אשר
4pIs[b] 2.1]עיניהם : פשר הדבר לאחרית
4pIs[c] 6+ 2.4 [: פשר הדבר על חבל
4pIs[c] 6+ 2.14]: פשר הדבר לאחרית
4pIs[c] 22 1.1]פשר הדבר[:]ם אשר
4pIs[c] 23 2.10 חוכי לו : פשר הדבר לאחרית
4pIs[e] 1+ 1.3]: פשר הדבר[
4pIs[e] 5 1.2 לכם]ה פשר הדבר ל[אחרית :
4pPs[a] 1+ 3.19] : הדבר על מו[רה
4QCat[a] 2+ 1.6 [:]˙ פשר הדבר אשר יעמוד
4QCat[a] 5+ 1.2 שפ[יח הדב]ר השפיח
4QCat[a] 10+ 1.9 פ]שר הדבר לנצח לב
4QFl 1+ 1.14 רשעים פשר הדב[ר]סרי
4QFl 1+ 1.19] פ]שר הדבר[
4QFl 13 1.3 ˙˙רו˙[: הקש[: הדבר[
4QOrd 5 1.5]יצאו שמה פשר הדבר[: ד]רוש
11Mel 1+ 2.6 ו[יעש]ה הדבר הזה :
11QT 55.5 והנה אמת נכון הדבר : נעשתה
11QT 55.19 ושמעתה את הדבר הזה
11QT 55.20 אמת נכון הדבר נעשתה
11QT 56.2 והג[ידו : הדבר אשר עליו
11QT 56.3 לכה ועל פי הדבר : אשר
11QT 61.2 נדע הדבר : אשר לוא
11QT 61.3 ולוא יהיה הדבר : ולוא
11QT 61.4 ולוא יבוא הוא הדבר אשר לוא
11QT 66.7 ורצחו נפש כן הדבר הזה כי
CD 7.10 עליהם בבוא הדבר אשר כתוב
CD 8.20 לבם : הוא הדבר אשר אמר
CD 19.7 הארץ : בבוא הדבר אשר כתוב

1Q29 5+ 1.1 ה]דברים האלה
1Q29 5+ 1.4 שמורו את הדברים האלה [
1QDM 2.6 הדב]רים [הא]לה
1QM 17.10 ואחר הדברים האלה
1QS 6.24 יחד על פי הדברים אם ימצא

11QT 48.4 העוף תואכלו ההול<כ>ים על

4QCat[a] 5+ 1.1]ה ההוללים אשר י[
4QCat[a] 5+ 1.4]אמרו ההוללי[ם ׃]

4pN 3+ 1.11]ופרפו הוא ההון אשר קב[צו
CD 9.22 למבקר ועל ההון יקבלו שני

11QT 55.7 יושבי ׃ העיר ההיא לפי חרב
11QT 55.21 או את האשה ההיא וסקלתמה
11QT 63.1]העיר ההיא את ׃
11QT 63.4 זקני העיר ההיא הקרובה אל
11QT 65.13 זקני העיר ההיא ולקחו
11QT 65.14 זקני העיר ׃ ההיא את האיש
11QT 66.1] העיר ההיא [׃

1QM 16.3 הזה יעשו [ה]היאה על
1QM 18.3 בליעל בעת ההיאה יריעו
1QS 9.5 מנחת רצון בעת ההיאה יבדילו

11QT 30.7 ורחוק מקיר ׃ [ה]היכל שבע
11QT 31.6 שע]ר פתוח לגג ההיכל ודרך
11QT 31.7 (א)לפתח[ה]היכל אשר
11QT 31.7 באים בו לעלית ההיכל ׃ [כו]ל
11QT 35.10 מקום למערב ההיכל סביב

11QT 14.3 [ח]צי ההין ל[פר ׃]
11QT 14.6 מנ[חה ׃ [ההי]ן לכבש
11QT 14.14 מחצית ההין]
11QT 14.16 של[ישית] ההין לאיל
11QT 18.6 לנסך רביעית ההין ׃]
11QT 19.15 ש[לישית] ההין על המטה
11QT 21.15 יש]ראל מחצית ההין אחד מן
11QT 1 28.10] ההין ונס[ך ׃]
CD 4.17 הזנות השנית ההין השלישית ׃

CD 19.32 אפו בם ובכל ׃ ההלכים אחריהם

4pIs[c] 46 1.4] מרה[׃] ההם[׃] בא˙[׃

11QT 60.17 הגויים ההמה לוא ימצא
11QT 61.9 יהיו בימים ההמה ודרשו

4pIs[c] 57 1.1] הור ההר ˙˙ הכל
4QCat[a] 8 1.4 עם מ[׃]סף ההר ספ˙[

1pMic 1+ 1.3 האר[ץ ההרי]ם תח[תיו
4Q176 8+ 1.12 ו<מ>געור בך ׃ ההר]ים ימושו
4pIs[b] 2.9 וירגזו ׃ ההרים ותהי
11Mel 1+ 2.16] נאוו ׃ על <ה>הרים רגלי
11Mel 1+ 2.17 אלוהיך ׃ פשרו ההרים [ ]
11QPs 28.5 אני בנפשי ההרים לוא

1apGn 20.29 על [ ]רפא ׃ הו וסמכת ידי
1Myst 1 1.12]˙˙˙הו ותוצאות ית
1Myst 9+ 1.6] [˙˙˙˙ ׃ [ ] הו ˙˙˙[
1QH 18.5 מזמה אשר הו[
1QH 2 1.1]˙ הו˙[׃]ים
1QJN 13 1.1]˙ הו[
1QM 19.11 הרו[אש]הו [
2Q29 2 1.4]את ג[׃]הו[
3Q15 10.10 בעזת שתין ׃ הו הפתח ככרין
3pIs 1 1.7] [ל]]הו[
4Q178 6 1.1 הו[׃ למעשי[׃
4Q381 14 1.3 וכל ˙[׃]הו ואין לעבור
4Q405 46 1.3 גור[ל ׃]˙הו מתחת כבודו
4Q502 241 1.1 [הו[
4Q502 329 1.1 [הו[
4Q509 157 1.4 [VACAT]׃]הו[
4Q515 9 1.2]˙ול˙[׃] הו[
4Q517 84 1.2]˙[׃]הו˙[

4Q401 32 1.2]בות[׃ ה]דר מל[כות ׃
4Q403 1 1.33 אלוהים עם הדר כול
4Q405 14+ 1.6 ב]תוך רוחי הדר מעשי
4Q405 23 2.7 פתוחי צורות הדר ׃ בתוך
4Q405 73 1.1]˙˙˙˙ הדר[׃]כבוד ב
4Q513 14 1.5 גבר[׃]הדר בו[׃
4QMI 12 1.4] ׃ [ואני הדר ה[׃
11QPs 26.9 ודור לפניו הדר ׃ ילך

4pIs[b] 2.6 חוק ׃ וירד הדרה והמנה

3Q15 3.1 יאמ תחת הפנא הדרו ׃ מית
11QSS 2+ 1.6 מר]כבות הדרו ולדבירי

3Q15 11.2 פנת האסטאן הדרומית ׃ בקבר

1Q30 2 1.2]ל˙ל[ ]פת הדרך[
1QDM 2.8 ולצוו[ת] הד[רך אש]ר
1QS 9.19 עת פנות הדרכ ׃ למדבר
1QS 9.21 ואלה תכוני הדרכ למשכיל
1QS 11.11 ומידו ׃ תום הדרכ ובדעתו
1QS[a] 1.28 והידעים תמימי הדרך ואנושי
11QT 54.17 להדיחכה מן הדרך אשר

11tgJ 12.4 הד]ר<כ>ה ׃

4Q503 170 1.1]הרש[׃]ל[

CD 10.6 מבוננים בספר ההגו וביסודי
CD 13.2 מבונן בספר ההגו על ׃ פיהו

1QS[a] 1.7 [לל]מדהו בספר ההגי וכפי

1QH 6.11]˙ההו ׃ לאין
4QCat[a] 5+ 1.5 הנב]יא תורת ההו[׃]קרא

1QM 19.9 [ב]ל[י]לה ההוא למנות עד
11QT 20.12 תאכל חמץ ביום ההוא תא[כל] ׃
11QT 54.11 אל דבר הנביא ההוא או לחולם
11QT 54.15 תדבקון והנביא ההוא או חולם
11QT 55.21 את האיש ההוא או את
11QT 56.10 וימת האיש ההוא ובערתה
11QT 61.2 והומת הנביא ההוא
11QT 64.11 ביום ההוא כי ׃
11QT 65.14 ההיא את האיש ההוא ויסרו
CD 20.15]] ובקץ ההוא יחרה ׃ אף

1QM 18.5 לבוא ביום ההואה יעמוד
4Q512 64 1.4]˙ לנו[׃]ההואה [׃]˙[
4pIs[c] 6+ 2.10 [׃ והיה ביום ההואה[
4pIs[c] 13 1.5 על [׃ ב]יום ה[הו]אה יבק[שו
4pIs[c] 22 1.5 תב[ואת׃]˙אם ההואה[׃]˙ ˙ל[
4QMI 1+ 1.9]] ׃ היום ההואה מכול
4QMI 1+ 1.10 בלי]לה ההואה לו[א
4QMI 1+ 1.11 למלחמת היום ההואה לעבור
6apPr 1 1.1 ההו]אה יהיה
11QT 54.11 לחולם החלום ההואה כי ׃

4Q403 1 1.38 הוד למ[ל]ך ההוד כיא

4Q502 8 1.6 [˙[ ]ש תעודת הה[ודות ׃]˙
4QMI 14 1.1 דב]רי הה[ודות ׃

1QH 3.33 תצרח על ההווה הנהיה

1QH 4.24 וישומעוני ההולכים בדרך
1QS 2.2 אנשי גורל אל ההולכים תמים
1QS 5.10 אנשי העול ההולכים ׃ בדרכ
1QS 8.21 בעצת הקודש ההולכים בתמים
1QS 9.6 יחד לישראל ההולכים בתמים
1QS 9.8 אנשי הקודש ההולכים בתמים

Left column

[הו ולוא שמעו] — 4pHs^b 2 1.7
[ ] [: ל]י[: ה]וא אל] — 4QOrd 1 2.1
[ו]א אל[ ] : — 5Q13 11 1.3
[ ]הו[: ש]י[ ] — 6apSK 71 1.2

ותתק ̇ ̇ים ומן הוא[:]ם חמת — 1Q20 1 1.1
ינדע בדי הוא רחים ור] : — 1apGn 2.20
ואמרת אנתה הוא : ל]י א[ל — 1apGn 19.7
די ס]בו]רא ה]וא[במצרין — 1apGn 19.10
עלי די אחי הוא ואחי — 1apGn 19.20
ומא רגג הוא לה אנפהא — 1apGn 20.3
למלכא דאחי הוא כדי הוית — 1apGn 20.10
לאסיותה ארי הוא רוחא כתש — 1apGn 20.20
מלך גוים די : הוא בין נהרין — 1apGn 21.24
די אברם די הוא יתב בסודם — 1apGn 22.1
ואברם באדין הוא : יתב — 1apGn 22.2
די עמה והוא כהן לאל — 1apGn 22.15
נ]נו מה הוא היותר ל] : — 1Myst 1 2.3
[כם מה הוא ב'[ ] : שמעו — 1Myst 9+ 1.2
[ ] [ל הוא ובר] : — 1Myst 9+ 1.4
[הוא מורה הצדק — 1pHab 1.13
הארץ : כיא הוא אשר אמר — 1pHab 3.2
איום : ונורא הוא ממנו משפטו — 1pHab 3.3
כי הוא אשר אמר — 1pHab 3.13
בצר למו כיא הוא אשר אמר — 1pHab 5.6
נפשכה : פשרו הוא בית המשפט — 1pHab 10.3
כיא הלבנון הוא עצת היחד — 1pHab 12.3
היום :] : הוא חי[יכה] — 1QDM 2.5
]דה להש[מר] : ה[וא נ'[— 1QDM 43 1.3
זולתכה ומה הוא איש תהו — 1QH 7.32
אדם ואדמה הוא :] — 1QH 10.3
כבוד אתה באפכה כול — 1QH 11.8
הגדול ומה אף הוא בשר כי — 1QH 15.21
[שה ̇ ̇ ̇ :] [ה]וא] : — 1QH 3 1.2
לרזי חפצו כיא הוא ידע למ] : — 1QH 3 1.7
עד אתה הוא [:] ̇וד — 1QH 17 1.4
בשר [:] הוא ותבן בעזו — 1QH 19 1.2
וי]לי הוא[:]רשעי ̇ם — 1QNo 1 1.1
כיא מנלוג ̇ ̇[הו]א[: מ]ו]שב — 1QSa 2.11
הוא בכל — 2apDa 1 2.3
[כיא הוא ברא את — 4Q176 22 1.2
̇ה ̇ הוא] : — 4Q185 1+ 2.7
[ ] [ל] : [הוא]: מ]ודרב : — 4Q186 2 2.1
ועד עולם הוא ירחם] : — 4Q370 2.6
אדם א'[:] כי הוא זה שמרו — 4Q380 1 2.2
נפלאות בימ]ו]י׳ — 4Q381 1 1.3
[:] רחמון הוא ולא בפסם ה. — 4Q381 10+ 1.3
וא[:]הוא הרימני — 4Q381 33 1.10
ואין כמהו הוא בחר בכ]ם : — 4Q381 76+ 1.14
מרומי רום כיא הו]א] : — 4Q403 1 1.34
[הוא]: [ ] [:] — 4Q502 279 1.1
א[ ] : י]ן [:] הוא אשר שכ] : — 4AgCr 2+ 2.1
[דן מ]ן הוא ואמר לי : — 4Amrm 2 1.2
ובחשובא הוא : [ ] — 4Amrm 2 1.4
[ ]הוא [: — 4pIs^b 3.4
[ ]ית ובמו[:]הוא אב['[: — 4pIs^c 14 1.3
[החב כי]: : הוא בי] — 4pIs^c 20 1.4
[ו]ורפו הוא ההון אשר — 4pN 3+ 1.11
משפטמו[: וזעום הוא במשרת — 4QBer 10 2.3
וסדר ל]ג>אם<י — 4QM1 1+ 1.13
ידמה ל]יא מיא הו]א[: לבבא]י ̇ים — 4QM1 11 1.15
בחיר אלהא הוא מולדה ורוח — 4QMes 1.10
כיא ת]ו]עבה הוא : כי יוצו — 4QOrd 2+ 1.7
[הוא זנה : מלט — 4QPs^f 2 8.2
הוא [— 4QPs^f 2 8.3
א[מר : א]שר הוא אל חי — 5apM 1 1.4
['[:]'אי : הוא ואמר למהוי — 6apGn 1 1.2
האיש הזה כיא אשר הוא מבני ה'[: — 8Qhym 1 1.2
[ ] ̇ן יהוה הוא [ ] ̇ף — 11Ap^a 2.3
אלוה : הכול הוא שמע והוא — 11QPs 28.8
[:]בה ארו הוא יצ[ף] — 11tgJ 13.4

Right column

ע]ני : [לא הוא לי צבין — 11tgJ 15.6
ובכ]פן רעין הוא ירק] : — 11tgJ 15.7
מלהת]בה : הוא איוב] — 11tgJ 20.4
ה]וא ארעא עבד — 11tgJ 24.7
הא אלהא רב הוא ויומוהי : — 11tgJ 26.3
א]רו הוא ידע מדע] — 11tgJ 29.8
תרין בכל די הוא לה ואתון — 11tgJ 38.4
[ ]חרם הוא ולוא — 11QT 2.11
[ ] אל קנא הוא השמר פן — 11QT 2.12
פ]בודה : לבד הוא יעשה לכפ]ר — 11QT 14.11
[פו]לה הוא אשה ריח — 11QT 16.10
חפא]את : הוא ויקח הפר — 11QT 16.14
חפאת קהל הוא] : — 11QT 16.18
ש]בועות הוא וחג בכורים — 11QT 19.9
יום כפורים הוא ותענו בו — 11QT 25.11
פרו] חמאת הקהל הוא ויכפר בו — 11QT 26.9
ריח ניחוח הוא ליהוה — 11QT 28.6
הוא אין : הוא — 11QT 35.4
[הוא אין : הוא בוהן — 11QT 35.5
והוא אין : הוא לבוש בג[די — 11QT 35.6
כי קודש הוא : ובימי — 11QT 43.16
הזואת פמא הוא עוד : — 11QT 50.7
הימים אשר : הוא בתוכה מת — 11QT 50.11
כי בשר פגול : הוא לוא תואכל — 11QT 52.19
בעפר כי הדם הנפש ולוא — 11QT 53.6
אשר לוא אחיכה הוא רק לוא — 11QT 56.15
ועל פיהו יבוא הוא וכול בני — 11QT 58.19
על מלכותו הוא ובניו — 11QT 59.21
ולברך בשמי הוא וכול בניו — 11QT 60.1
ישראל אשר : הוא גר שמה — 11QT 60.13
ולוא יבוא הוא הדבר אשר — 11QT 61.4
כבוד אדם להם הוא כאשר : — CD 3.20
בן יעקב : אשר הוא תפש בהם — CD 4.16
אחרי צו הצו הוא מטיף : אשר — CD 4.19
לזכרים : הוא כתוב וכהם — CD 5.10
לא עם בינות הוא : הם גוי — CD 5.16
והמחוקק הוא דורש התורה — CD 6.7
המלך : הוא הקהל — CD 7.17
והכוכב הוא דורש התורה — CD 7.18
מישראל השבט הוא נשיא כל — CD 7.20
ביד בליעל הוא היום : אשר — CD 8.2
[ויי]נם הוא : דרכיהם — CD 8.10
וראש הפתנים הוא ראש מלכי — CD 8.11
בשרירות לבם : הוא הדבר אשר — CD 6.20
ביד בליעל הוא היום אשר — CD 19.15
הפעם וייגם הוא דרכיהם — CD 19.23
וראש פתנים הוא ראש : מלכי — CD 19.23
פקודי ישרים : הוא האיש הנתך — CD 20.3
הגוים להמית הוא : ואשר אמר — CD 9.1
להבזותו נוקם הוא ונוטר : — CD 9.4
כי אם נוקם הוא לצריו — CD 9.5
לצריו ונוטר הוא לאויבו : — CD 9.5
כם יודע הוא ולא יגיד — CD 9.12
אם דבר מות הוא וידיעהו : — CD 9.16
השער מלואו כי הוא אשר אמר — CD 10.16
ת[: קודש הוא אל — CD 12.1
הם חי[ים] כי הוא משפט — CD 12.15
ואם אין : הוא בחון בכל — CD 13.3
ואם פתי הוא הוא — CD 13.6
ואם פתי הוא הוא יסגירנו כי — CD 13.6
אם עבר אשם הוא והתודה — CD 15....
מכל אלה הנה הוא מדוקדק על — CD 16.3
אם לעבור ברית הוא יניאה ואל — CD 16.12
[יהו אל]ל כי הוא אשר אמר — CD 16.15

הצדק אשר הואה:] — 1pMic 10 1.4
[הנפש אשר ה]ואה] : — 1QDM 4.7
ישראל כיא הוא יום יפוד — 1QM 1.10
משפטה וזעום הואה במשרת — 1QM 13.4
כיא במה נחשב הואה כיא : כול — 1QS 5.17
ושנה תמימה וגם הואה אל יתערב — 1QS 6.17

126

1QS 7.1 אשר לו (   ) הואה קורה בספר
1QS 7.16 ילכ רכיל לשלח הואה מאתם :
1QS 11.20 כבודכה ומה אפ הואה בן <ה>אדם
4Q186 1 2.8 החושך וזה הואה המולך אשר
4Q186 1 2.8 המולך אשר הואה ילוד עליו
4Q186 2 1.8]מולדו ילוד הו[אה : ה]ואה·
4Q186 2 1.9 ילוד הו[אה : ה]ואה בהבתו ˙˙
4Q502 39 1.3 ו כול חי ק[: ה]ואה אבי[נו
4Q503 1+ 2.19] : לילה אשר הו[אה
4Q503 39 1.2 ˙˙˙ה[:]˙ו <הואה לילת
4Q504 8R 1.9 ס[ור :]בשר הואה ולעפר ה[
4Q510 9 1.1]הואה[:]ם˙]
4Q511 22 1.4 כול לבב הואה :]
4Q511 48+ 1.6 ˙˙ות הואה : ידע
4Q511 111 1.2]˙ אדם :]˙ הוא[ה]
4pIs[a] 1 1.27 י]שראל הואה[
4pIs[a] 1 1.29 הכוהנים כיא הוא[ה
4pIs[c] 1 1.2 [ ] : כי]א הואה א[שר :
4pIs[c] 4,6+ 1.9]הואה הזנב :]
4pIs[c] 6+ 2.6 לבגוד רבים הוא[ה
4pIs[c] 8+ 1.7] ישי]בנה הואה ˙˙]
4pIs[c] 12 1.11 [˙˙˙ :]˙ הוא[ה
4pIs[c] 21 1.8] הואה :]
4pIs[c] 30 1.4 הרשע :]הואה :]ב˙
4pIs[e] 6 1.5]הואה זמות יעץ[
4QCat[a] 2+ 1.13 בגבעה השופר הואה ספר[:]
4QCat[a] 5+ 1.2 הדב]ר השפיח הו[אה :]רה עד
4QFl 1+ 1.2 על עמי ישראל הואה הבית אשר[
4QFl 1+ 1.3 עולם ועד הואה הבית אשר
4QFl 1+ 1.11 יהוה לי לבן הואה צמח דויד
4QFl 5 1.3 י]דע כיא הואה מ˙[:]ה
4VSam 3+ 2.3 ה]שמים הואה]   [
4VSam 3+ 2.6 רבים כיא עמכה הואה[:
11Mel 1+ 2.7 [הכפ]ורים ה[וא]ה ס[וף
11Mel 1+ 2.9 כיא : הואה הקץ לשנת
11Mel 1+ 2.15 הזואת הואה יום
11Mel 1+ 2.18] : והמבשר הו[אה] משיח
11Mel 1+ 2.19 משמי[ע] הואה הכ[תו]ב
11Mel 1+ 2.21 [˙] הו]אה א[שר
11Mel 1+ 2.24 העם ואל[ו]היך הואה :
11QPs 18.6 כי עליון הואה ארון :

1QS 8.13 שם את דרכ הואהא : כאשר

1QH 16.8 הכול הנה הואלתה לע˙˙˙]

1apGn 20.27 אחתי היא והיא הואת אנתתך
1apGn 22.25 וכול שביא די הואת עמה מן

CD 6.11 וכל אשר הובאו בברית :

4Q403 1 1.36 בלשון כול הוגי דעת רנות
4Q403 1 1.37 בפי כול הוגי]
4Q405 4+ 1.5] : ה[וגי

4Q504 1+R 5.19 כיא גם : [הו]געתנו <אל>

1QH 14.18 בעיניך וכן הוגשתי ביחד

1QH 10 1.8] וצאצאינו הוד[ ]˙
4Q400 2 1.3 ואנשים וספרו הוד מלכותו
4Q403 1 1.17 יברך בש[ם] הו[ד המ]לך
4Q403 1 1.17 ב[שב]עה דברי ה[וד] וברך
4Q403 1 1.20 בשבעה [דב]רי הוד : [ל]הודי[
4Q403 1 1.32 ת]שבחות הוד כי בהדר
4Q403 1 1.38 הודו כל אלי הוד למ[ל]ך
4Q404 5 1.3]ע פלא נפלא הוד : כ]בוד
4Q405 3 2.6 רוש יברך בשם ה[וד
4Q405 3 2.7 וברך ליסודי ה[ו]ד בשבע[ה :
4Q405 3 2.11 בשבעה [: הוד להודי פלא
4Q405 6 1.6]י פלא נפלא[ ]הוד [ ]ופלא
4Q405 13 1.4 כשבעה דברי הוד כבודו הששי
4Q405 19+ 1.6 למעשי ל[בנ]י הוד והד[י
4Q405 24 1.2] רוחי הוד והדר רא[שי
4Q510 1 1.4 משכיל משמיע הוד תפארתו
11QSS j+ 1.9 ם[:]פלאי הוד ו[הדר
11QSS 5+ 1.2 באור אור<י>ם הוד]

4Q401 37 1.1]הודו ד[:
4Q403 1 1.38 רוחי בין : הודו כל אלי
4Q404 4 1.6 לכו[ל : הודו כול אלי[
4Q405 15+ 1.7]˙˙˙ פלא[הו]דו למלך
4Q502 7 1.2]יש[:]הוד[ו :]˙ת
4Q502 13 1.2]את כו[ל :]הודו[:]בחן
4Q504 1+R 7.4 ביום השבת הודו[

1QH 11.4 ותתן בפי הודות ובלשוני
1QM 4.14 אל : שמחת אל הודות אל תהלת
4Q403 1 1.3 תה]לת [ה]ודות בלשון
4Q403 1 1.4 הכבוד : בשבעת הו[ד]ות פלאיה
4Q403 1 2.38] : הוד[ות] :
4Q404 20 1.2]ת א[ ]די[:]הודות˙]
4Q502 24 1.2] <]ה איש ה הודות> ברוך
4Q502 41 1.2]מ[:]הודות˙[:]י
4Q503 51+ 1.3 ˙] : [אחות הודות[
4Q504 1+R 7.4]] : הודות <˙˙י>
4Q510 1 1.1 הכבוד דברי הודות בתהלי : [
4Q511 48+ 1.2] : הודות צדקו ו˙]
4Q511 63+ 2.3 ואחורתם חוקי הודות כבודכה
4QMI 8+ 1.17 [:] הו]דות המלחמה
MasSS 2.21] : שבע תהלי הודות נפלאותיו

1QM 15.5 עם כול דברי הודותם וסדר שם

11QPs 21.15 למלמדי אתן : הודי זמותי

CD 13.15 ולמכר כי אם הודיע : למבקר

1pHab 7.4 מורה הצדק אשר הודיעו אל את :

4Q503 51+ 1.13 אל ישראל [: ה]ודיענו
4Q503 76 1.2] אשר הודיענו[:]
4Q504 4 1.14] אדוני אשר הודי[ענו :

4VSam 1 1.5 ויען עלי ו[: הו]דיעני את

4Q381 86 1.4 עוך [: הו]דך והדר[ך :

1pHab 7.2 גמר הקץ לוא הודעו : ואשר

1QH 10.14]חסד כי הודעת˙[ ]ל[

5Q13 2 1.6]אל יעקוב ה[ו]דעתה בבית

4Q381 15 1.8]עך <כי> הודעתי והשכיל

1QH 11.9 בני רצונכה כי הודעתם בסוד

4Q503 51+ 1.9 או[ר]˙[: הוד]עתנו בתהלי

1QH 4.27 לאין מספר כי הודעתני ברזי :
1QH 7.27 וברזי פלאכה הודעתני
1QH 11.16 ובהפלא[:]כי הודעתני סוד

4Q184 1 1.3 בעול נגעלי הוה תמכו שוח
4Q184 1 1.8 דרכי עול הוי הוה לכול
6apGn 1 1.4 ברקאל אבי עמי הוה :]

1apGn 21.26 עשרה שנין הווא : יהבין
1apGn 22.9 להון וכולהון הווא ערקין מן

1QH 12.9 מפי אל ותעודת הווה והיאה

11QT 32.13 והתעל[ה] : הולכת [ ]

1QH 4.20 עוד כי אין הולל בכול
4Q176 35 1.2]˙ת˙[:]˙ הולל[
4Q509 209 1.3]˙ם ˙בם˙[:]הולל˙˙[

4pPs[a] 1+ 1.22]ת הוללים בחרו :

4Q385 3 1.2] : הוטה את נפשי

1Myst 1 1.12 אשר לוא : גזל הו[ן] ל[אחר
1Myst 1 2.6 ברו[: בלוא הון ונמכר בלוא
1pHab 8.3 הצדק ואף כיא הון יבגוד גבר
1pHab 8.11 בעבור : הון ויגזול
1pHab 8.11 ויגזול ויקבוץ הון אנשי חמס
1pHab 9.5 אשר יקבוצו הון ובצע משלל
1pHab 12.10 אשר : גזל הון אביונים מה
1QH 15.23 לא ישוה כול הון באמתך
1QS 9.8 יתערב הונם עם הון אנשי הרמיה
1QS 9.22 לעזוב למו הון ועמל כפים
1QS 11.2 און ומקני הון כיא אני
1QS[b] 3.19] כול הון תבל
4Q183 1 2.5 ללכ[ת: כול הון רשעה
11tgJ 27.3 עבדיהו[ן]הון ארו
11QT 57.21 שדה וכרם וכול הון ובית וכול
CD 10.18 אל ישפוכו על הון ובצע : אל
CD 11.15 את השבת על הון ובצע בשבת
CD 12.7 הגוים : בעבור הון ובצע

1Myst 1 1.11 כי יגזל ברשע הונו מי גוי
1QS 6.19 גם את הונו ואת
1QS 6.22 ולערב את הונו ויה<י>
4pPs[a] 1+ 3.7 הר[ש]עה אשר הונו את עם :

1pHab 6.1 ויוסיפו את הונם עם כול
1pHab 9.6 הימים ינתן הונם עם שללם
1QS 1.13 דרכיו וכול הונם כעצת צדקו
1QS 5.20 וטמא בכול הונ(ו)ם וכיא
1QS 9.8 אל יתערב הונם עם הון

4pHs[b] 19 1.7]˙דה ה˙[:]הוס˙[:]ל ˙[

CD 7.13 וכל הנסוגים ה<ו>סגרו לחרב

1QH 1.35] הוסיפו ערמה :

11Mel 1+ 2.22 ˙˙˙[ ]ך הוסרה מבליעל

1pHab 12.10 אביונים מה הועיל פסל כיא

CD 8.17 הראשנים אשר הועירו אחריו

1pHab 11.7 יום הכפורים הופיע אליהם
1QH 5.32] לבם ויצרם : הופיע לי
1QH 9.26]ובכבודכה הופיע אורי כי
1QM 18.10 למועדנו והיום הופיע : לנו
4Q511 1 1.7 יתהלכו בם כיא הופיע כבוד

1QH 7.3 כי בליעל עם הופע יצר :

1QH 4.6 לאו[תרו]ם הופעתה לי והמה
1QH 9.31]˙ ומנעורי הופעתה לי בשכל

CD 11.5 הבהמה לרעותה הוץ מעירו כי :

4Q504 1+R 5.10 אשר הוצאתנו לעיני

11QT 65.15 לאבי הנערה כי הוציא שם רע על

11QT 54.16 אלוהיכה אשר הוציאכה מארץ

1QM 1.11 ואנשים ליום הווה והיאה עת
4Q381 76+ 1.3]היתה הווה ע[: ר]שף

1QH 2.6 [:]לים לכול הוות שמוע [
1QH 2.36 עבודתכה מפחד הוות ר˙˙ם
1QH 5.25 רכיל לבני הוות ובעבור
1QH 5.26 וסוד אמת והמה הוות לבם
1QH 7.11 ואין פה לרוח הוות ולא מענה

1QH 7.7 רשעה ובכול הותם : ל[א]
1QM 15.11 וכול יקום הוותם מהר ימלו

4Q512 1+ 1.7] : ואח[ר ה]ווותו את

1pHab 8.7 לו : ויומרו הוי המרבה ולוא
1pHab 9.12 על בחירו הוי הבוצע בצע
1pHab 10.5 גופרית ישפטנו הוי : בונה עיר
1pHab 11.2 הימים לרב הוי משקה רעיהו
1pHab 12.14 ביום המשפט הוי : הו[י
1pHab 12.15 המשפט הוי : הו[י]לעץ
4Q184 1 1.8 כול דרכי עול הוי הוה לכול
4Q378 6 1.7 א]שמכה הוי אחי עליכמה
4Q404 10 1.1]הוי˙[:]ול נ[
4Q511 63 3.5 בקול פחד הוי לכול מפריה
4apLm 1 1.10]˙ הוי כל
4pIs[b] 2.2 בעת פקדת הארץ הוי משכימי
4pN 3+ 2.1 עוד בגוים הוי עיר הדמים
6QHym 1 1.7 להכני[ע: הוי]
CD 2.10 קציהם לכל : הוי עולמים
MasSS 1.2 דעת נהיו כל הוי עד ומדעתו:

1QM 17.5 ישראל כול הויה ונהיה
1QS 3.15 מאל הדעות כול הויה ונהייה
1QS 11.11 נהיה כול ודול הויה במחשבתו

4Q403 1 1.22 עם כול הויי :
4Q405 13 1.6 לח]מיד עם כול הויי עולמים [

1apGn 20.10 דאחי הוא כדי הוית מתגר על
1apGn 21.7 ויתב בה ואנה הוית יתב בטורא
2QJN 4 1.15 לחמא די הי[: הוית עד חדא
2QJN 4 1.17 [חזי הוית עד די
4QNab 1+ 1.3]: כתיש הוית שנין שבע
4QNab 1+ 1.6] : כתיש הוית בשחנא
4QNab 1+ 1.7 שנין שבע מצלא הוית [ ]
6apGn 2 1.2] : הוית עד די
11tgJ 14.8 כפ]ם ארמלה הוית לצל[ו :
11tgJ 30.2)פתגם : אן הוית במעבדי

5QCD 5 1.2 אשר אמר לוא ה[וכח: על
CD 9.7 אל אשר אמר לו הוכח : תוכיח

1QH 9.23 כי ברז חכמתכה הוכחתה בי :

1QH 17 1.6] : [רע הוכמה ואול[:

1QNo 3 1.3 ב]כור הולד כי נכבדים

4AgCr 1 1.5 זה סרך מ:]˙ הוליד ישחק את

1QM 10.4 כיא אלוהיכם הולך עמכם
4Q504 6 1.11 ב[: קוד]שכה הולך לפנינו
11QT 10.10]ים[ ]˙ף הולך תולע :]
CD 19.25 ומחי תפל כי הולך רוח ושקל

1QS 4.6 ופקודת כול הולכי בה למרפא
1QS 4.12 ופקודת : כול הולכי בה לרוב
4Q403 1 1.17 המ]לך לכ[ול] הול[כי יו]שר
4Q405 3 2.6 הו]ל[כי : וברך
CD 1.20 נפש צדיק ובכל הולכי : תמים

יה]יה היום הזה להמה [:]	11QT 17.3
עשר לחודש הזה תקרא	11QT 17.10
[לאיל הזה] :]	11QT 18.2
על היין (הזה) ביום הזה	11QT 19.15
(הזה) ביום הזה :]	11QT 19.15
[לכמ]ה מים הזה שבעה שבעות	11QT 21.12
ואכלים ביום הזה בחצר	11QT 22.13
הזחתים כי ביום הזה יכפרו	11QT 22.15
תשמחו ביום הזה לוא תעשו	11QT 25.9
לכמה היום הזה	11QT 25.10
ובעשרה בחודש הזה : יום	11QT 25.10
בעצם היום הזה ונכרתה	11QT 25.12
יהיה היום הזה להמה	11QT 27.5
לכמה היום הזה : וקדשתמה	11QT 27.8
עשר יום לחודש	11QT 27.10
כתורת המשפט הזה : תמיד מאת	11QT 29.4
עשוי : בשער הזה (א)[לפתח]	11QT 31.7
בקיר הבית הזה בת]ים	11QT 32.9
וכול הבית הזה כולו קירו	11QT 33.11
ויל[י]מ[ין ה]שער הזה ...	11QT 38.9
(שמעו]ן) ⟨ הזה עד שער (`)	11QT 39.15
כחוק המשפט : הזה ואם לוא	11QT 50.7
מגיד לכה בהר הזה ולוא יטמאו	11QT 51.7
את הדבר הזה ודרשתה	11QT 55.19
לעשות כדבר הזה בקרבכה לוא	11QT 61.11
שפכו את הדם וסיניו	11QT 63.6
נתתי ⟨ל⟨איש הזה ⟨לאשה⟩	11QT 65.11
נפש כן הדבר הזה כי בשדה	11QT 66.7
אפו וכמשפט : הזה לכל המואס	CD 8.19
וכמשפט הזה לכל ה[מ]אס	CD 19.32
וכמשפט הזה לכל המאס	CD 20.8
ועת וכמשפט הזה יתהלכו זרע	CD 12.22
ולימין השער הזה :]	TS 3 1.5
את דמו בטזרק הזהב אשר בי]דו	11QT 26.6
לעשות בעת הזואת והברזל	1QS 9.20
[ב הזואת	4pIsᶜ 35 1.1
את[:] [א]ת[:] ה]זואת [:]ת	11APᵃ a 1.8
ה]גדולה הזואת : א]חד	11APᵃ 2.10
היס]וד : הזואת הואה יום	11Mel 1+ 2.15
ואחר העולה הזואת יעשה	11QT 24.10
החודש אחר] : ה]זואת	11QT 25.6
בית המסבה הזואת צפו זהב	11QT 31.8
[...]חצר הזואת : ש[	11QT 39.4
אשר ל[ח]צר הזואת על	11QT 39.11
החצר הזואת ל[:]ו[...	11QT 40.4
לוי : כמדה הז[ו]⟨א⟩את	11QT 40.15
יהודה כמדה הזואת ששים	11QT 40.15
ה]זואת : עד	11QT 41.2
ו[מ]ן הפנה הזואת עד : שער	11QT 41.7
כמשפט התורה הזואת ממא הוא	11QT 50.7
כמשפט התורה הזואת תעשו	11QT 50.17
נעשתה התועבה הזואת בישראל	11QT 55.6
נעשתה התועבה הזואת בישראל	11QT 55.20
לשוב בדרך הזואת עוד ולוא	11QT 56.18
לו את התורה הזואת על ספר	11QT 56.21
דברי התורה הזואת	11QT 59.10
ואמר את האשה הזואת לקחתי	11QT 65.8
באמה ומן הפנה הזואת עד שער	TS 3 2.2
הזונ]ה תוציא	4Q184 1 1.1
בשרו להזיר מן הזונות : כמשפט	CD 7.1
וכול : [אנשי ה]זונכה: [אדוני	1QH 14.7
הבא בברית הזות ומכשול	1QS 2.12
את דברי הברית הזות יתברך	1QS 2.13
אלות הברית הזות ויבדילהו	1QS 2.16
יבנה את העיר הזות בבכורו	4QTstm 1.22

הו]קות עולם	11QT 18.8
הור ההר ···	4pIsᶜ 57 1.1
קורב ומפיהם הורות כול	4Q400 1 1.17
עלי ומשדי הגו>רותי רחמיד	1QH 9.30
יעשה כול אתה הוריתה : כול	1QS 11.17
נעלמים לוא:]הוריתי בא[:]ם[	1Q35 1 1.9
כי דרשוהו ולא הושבה : פארתם	CD 6.6
[כי בסו]כות הושבתי את	TS 1 1.2
איש]: בבריתו הושיע	4Q183 1 2.3
או מאמרם הושיע ידו לו	CD 9.10
לפונהי : [הו]שיעה ידו	1QS 6.27
למנו הושיעה	4Q511 10 1.9
ביד מלכינו הושעתנו פעמים	1QM 11.3
לחמ[א די הות לבונתא [:]	11QJN 14 1.5
[לי הותנה :]ו[:]	4Q513 10 1.9
פיה משנא הכתב הוא : ופרושה	3Q15 12.11
ה]לבונה הזאות	11QT 8.10
רוח ורוח במדה הזאות : למזרח	11QT 40.8
בש]נה הזא[ת] [:]	1QDM 3.4
תד את הז[את] [:]	1QDM 3.7
את הע[י]ר[הזאת בבכר]ו	4Q379 22 2.8
א]ת[ה]זאת [:]	4Q379 22 2.12
ה]זאת ויציבו	4pIsᶜ 11 1.5
מן הפנה : הזאת עד שער יש	11QT 44.16
מאת זובחי הזבח והמכס מן	11QT 60.7
על העולות ועל הזבחים לערוד	1QM 2.5
[:] [מ]ה[:] הזבחים פ[	4Q405 94 1.2
ושמע [היו]ם הזה : לע[ם	1QDM 2.1
ביום הזה : [אלו]הי	1QDM 2.6
ת ביום הזה]	1QDM 3.9
סמוך כסרך הזה יתקעו	1QM 8.14
מלחמה היום הזה :] [א]ל על	1QM 15.12
את כול הסרך הזה יעשו	1QM 16.3
בתכונו וכמשפט הזה לכול הנוסף	1QS 8.19
כבודו וכחוק הזה יעש[ו]⟨ו⟩ :	1QSᵃ 2.21
ביום הזה [:]	4Q502 2 1.7
לשמחה [הזה להיות]	4Q502 22 1.4
[ו והי]ו]ם הזה חד[ש]	4Q503 1+ 2.2
[ה]זה ומל[:]ו	4Q503 60 1.2
היום הזה לנו :]	4Q503 70+ 1.4
הלילה הזה לנו :]	4Q503 76 1.3
אלה ועתה כיום הזה : אשר נכנס	4Q504 1+R 6.4
הזה ונ]ל	4Q509 286 1.1
העם הזה והמה אשר	4QFl 1+ 1.16
מל[ח]מ[ה היום הזה יבניעו אל	4QMᵃ 11 2.16
וככול הסרך הזה הל[ויים]	4QMᵇ 1 1.9
קול דברי העם הזה אשר דברו	4QTstm 1.2
[הזה]	6QHym 11 1.1
]ני האיש הזה אשר הוא	8QHym 1 1.2
מבני ה' [:] הזה ומה תשביתו	8QHym 1 1.3
וי]עש[ה הדבר הזה בשבוע	11Mel 1 2.6
ה]זה ה[ל]ח]ם הזה :]יבואו	11QT 8.13
כמשפט הזה [:]	11QT 15.3

4Q511 68 1.4]שר נע˙[:]הזיד ב˙[: [
4pPs[a] 1+ 4.15]הזיד ביד רמה :

4Q512 1+ 1.6 [: את מימי <ה[ז]יה> לטהרו

1QS 9.9 אשר : לוא הזכו דרכם

1QM 7.13 וחצוצרות הזכרון
1QM 16.4 בחצוצרות : הזכרון ופתחו
1QM 18.4 בחצוצר]ות הזכרון ונאספו
4QM3 1 1.2 בחצוצרות הזכרון ואחרי

11QT 52.8 ובצואנכה : הזכרים תקדיש
11QT 60.2 בבהם]תמה הזכרים וכול[:

4Q504 1+R 3.4 רק בשמכה[הז]כרנו

4pIs[c] 4,6+ 1.9]הואה הזנב: [

4Q513 2 2.2 הנכר ולכול הזנות אשר[
4Q513 2 2.5 [: הזנות מאכליהם
CD 4.17 הראשונה היא הזנות השנית

1QH 9.11 חיי ושלומי לא הזנחתה ולא

1QH 9.7 ולא הזנחתני

11QT 65.10 בתול הנערה אל הזקנים השער
11QT 65.11 הנערה : אל הזקנים את בתי

1QM 6.2 ועל לוהב הזרק יכתובו
1QM 6.3 באף אל ועל הזרק השלישי

11QT 22.15 השמן החדש ומן הזתים כי ביום

11QPs 18.1 לפאר עליון החבירו יחד :

CD 14.16 דורש כל עבודת החבר ולא : [

CD 12.14 [דמ]ם וכל החגבים במיניהם

TS 3 2.8 ת[עשה : רוחב ה<ח>דר עשר

4Q379 12 1.7 [ב]מימיו מן החדש הר[
11QT 22.15 מן השמן החדש ומן הזתים

1pHab 2.3]החדשה כ[י]א
CD 6.19 באי הברית החדשה בארץ
CD 8.21 אשר באו בברית החדשה בארץ
CD 19.34 באו בברית : החדשה בארץ
CD 20.12 והוא ברית החדשה: : ולא

11QT 25.7 התמיד [ועל]לת החודש אחר[:

11QPs 27.8 ראשי : החודשים ולכול

4pIs[c] 15+ 1.2] ר]אשיכמה הח[וזים]כסה
4QFl 5 1.4 מ˙[:]ה בכול החוזים[:]ל

4QNab 1+ 1.5 [: החוי וכתב
11QT 62.15 והכנעני : החוי והיבוסי

11tgJ 30.2 במעבדי ארעא החויני הן ידעת

5QCur 1 1.4 [ישמידוך מכול החול[:]מעט לו

11QT 50.20 הארץ תטמאו החולד והעכבר

11QT 54.15 ההוא או חולם החולם יומת כי

3Q15 2.10 בבור שתחת החומא מן המזרח

CD 8.12 לא הבינו בוני החוץ וטחי התפל
CD 11.8 לחוץ ומן החוץ אל בית

4pIs[b] 2.9 כסחה בקרב החוצות בכל זאת

11QT 66.9 רויה לו מן החוק ושכב עמה
CD 4.12 הגדר רחק החוק ובכל

1QS 5.7 דרכיהם על כול החוקים האלה
1QS 5.20 לעשות ככול החוקים האלה
1QS 9.12 וישראל : אלה החוקים למשכיל
4Q504 3 2.14 על כול החו[ק]ים

3Q15 9.7 ככ : בצריחי החורון בריח

4Q186 1 2.8 ושלוש בבור : החושך וזה הואה

11QT 20.15 שוק הימין ואת החזה ואת : [
11QT 24.3]החזה עם ה[:]

1QH 1.36 תמימי דרך החזיק[
1QM 17.3] : ואיתמר החזיק לו לברית
1QS[a] 2.5 באלה לבלתי : החזיק מעמד

1QH 4.36 ואקומה ורוחי החזיקה במעמד

4pMic 1+ 1.2]: כי ה[ח]זיקכה[

1QH 5.29 כוח לבלתי החזק מעמד
11Ap[a] 1.9 יש]ראל החזק :]את

1QM 10.9 וכגבורתכה החזקה ומיא

4Q176 1+ 1.10]הם אהבי אשר <ה>חזקתיכה[

1QH 1.22 העוון ומבנה החטאה רוח
11QT 51.15 הבית בעוון : החטאה צדק

11QT 37.14 זבחיהמה [ו]את החטאות : [

11QT 26.10 ואת רגליו מדם החטאת ובא אל :

11QT 11.11 הבכורים למנחת החטים:]˙ ˙ ˙ ˙
11QT 43.6 הבכורים לדגן החטים יהיו

4Q381 31 1.8] [מספר החי[ ]ם
11QT 26.11 אל : השעיר החי יהתודה על

1QS 6.3 אנשים מעצת החיד אל ימש

CD 12.12 את נפשו : בכל החיה והרמש
CD 12.13 עד כל נפש : החיה אשר תרמוש

1QH 2.20 נפשי בצרור החיים : ותשוך
1QH 4.29 לכול החיים
1QS 3.7 להביט באור החיים וברוח
4Q504 1+R 6.14 הכתוב בספר החיים[

1QS[a] 1.28 הדרך ואנושי החיל עם :
11QT 58.17 כול גבורי : החיל ונשמרו

1Q26 3 1.1] קדושי החים [:] כי

CD 4.19 בזה בוני החיץ אשר הלכו
CD 8.18 את בוני החיץ חרה אפו
CD 19.25 הבינו בוני : החיץ וטחי תפל
CD 19.31 א את בוני החיץ וחרה אפ

11QT 37.9 קיר [ ] החיצון :

3Q15 8.4 אל תבס : בגי החיצונא בתך

4Q378 3 2.7 המאיות שרי הח[מישים :

1QM 4.10 משפחות אל על החמישית דגלי

1QH 1.21 פלא ואני יצר החמר ומגבל
1QH 3.24 ואני יצר : החמר מה אני
1QH 1 1.8]געל ואני יצר החמר נשענתי :

1QM 4.3 ועל אות החמשים יכתובו
1QM 4.4 אל ואת שם שר החמשים ואת
11QT 60.9 הדבש אחד מן החמשים

4Q511 52+ 1.1 אפים רב החסד יסוד

1QM 14.8 ברו]ך שמכה אל החסדים השומר
4QM1 8+ 1.7 בר]ו]ך שמך אל ה[ח]סדים

4QM1 13 1.4] החצו]צרות

1QM 8.1 המל[ ] : החצוצרות
1QM 16.5 [נפשטי]ם לקול החצוצרות עד
1QM 17.10 נפשטים לקול החצוצרות : עד

11QT 36.14 פנימה אל תוך החצר :]
11QT 37.13 מקצועות החצר עשית[ה]
11QT 40.4 החצ]ר הזואת ל˙
11QT 41.12 השערים מקיר החצר לחוץ שבע
11QT 41.13 באים מקיר החצר שש
TS 3 2.5 <באים> מקיר החצר שש

CD 19.14 יחזיקו באלה החקים לפקדם
CD 12.20 ואלה החקים : למשכיל

4pIs[b] 2.1 הארץ מפני החרב והרעב
4QCat[a] 2+ 1.16 עצתו המה החרב ואשר אמר[

4pHs[b] 2 1.2]˙ כפיר החרון כי אנוכי
4pN 3+ 1.5] על כפיר החרון אשר יכה
4pN 3+ 1.6 פשרו על כפיר החרון :]

1QM 15.6 והתהלך הכוהן החרוץ למועד

4QM1 10 2.13 ונגש הכוהן החרוש למלחמה

3Q15 5.8 אצלם : מעל החריץ של שלום

CD 9.6 לאויביו : אם החריש לו מיום

1QM 9.7 ידי המלחמה עד החרם ובנפול
11QT 55.7 ההיא לפי חרב החרם אותה ואת
11QT 55.11 בידכה מאום מן החרם למען אשוב
11QT 62.14 כול נשמה כי החרם תחרים את

4QM3 1 1.5 למל˙ת : ליד החרף והמאבן

4Q381 85 1.2]רי הבן[: ה]חרש ושועתי
4QM1 1+ 1.7 המער]כה ואנשי החרש[

1QS 5.11 הרשעה כיא לוא החשבו בבריתו

4pIs[c] 15+ 1.3 [:] הח]תום אשר]
CD 5.2 בספר התורה החתום אשר :

11QT 62.14 החרם תחרים את החתי ואת

1QH 2.35 ובגדפותם לא החתיתני :

1QH 7.8 הוותם : ל[א] החתתה מבריתכה

11QPs 24.4 למעון קודשכה הט אוזנכה ותן

11QT 21.3 החיצו]נה לפני
11QT 22.13 ביום הזה בחצר החיצונה : לפני
11QT 46.3] [: לחצר החיצונה וכול[
11QT 46.5 לחוץ מחצר החיצונה רחב :

1QH 3.10 בהריתו החישו כול :

4Q380 4 1.3 תמאסו ב[: החכים ל[: וה˙

4Q374 16 1.3 עמו מא[:]˙ החל יא˙] :
4Q513 2 2.5 נשא עוון כי החל כו[
4Q514 1 1.4]אשר לא החל לטהור
4Q514 1 1.7 <ע>ם אשר לא החל לטהור

11QT 15.7 הכליות ואת [ה]חלב [:
11QT 16.7] [החלב אשר על
11QT 16.8 [הכל]יות ואת החלב אשר
11QT 20.5] ואת כול החל[ב] אשר על
11QT 20.6 יסירנה ואת החלב [ ]
11QT 23.14 יקטיר המזבח החלב המכסה את
11QT 23.16 יסירנה ואת החלב אשר

11QT 22.7 יקטירו על החלבי[ם :

11QT 18.15 סולת תה[יה] החלה האחת :]

1QS 9.10 הרשונים אשר החלו אנשי היחד

11QT 54.11 ההוא או לחולם החלום ההואה כי

1QH 4.7]˙]רים החליקו למו

11QT 63.4 הקרובה אל החלל : ירחצו

1QM 3.1 תרועות החללים
1QM 3.8 ועל חצוצרות החללים יכתובו
1QM 7.2 וכול מפשיטי החללים ושוללי
1QM 8.9 בשש חצוצרות : החללים קול חד
1QM 8.19 VACAT <[הח]ללים> :
1QM 9.2 בחצוצרות : החללים לנצח
1QM 9.7 החרם ובנפול החללים יהיו
1QM 9.8 אל תוך החללים להתגאל
1QM 14.2 העלותם מעל החללים לבוא
1QM 16.7 בח]צוצרות החללים קול חד
1QM 16.9 בחצוצרות החללים והמלחמה
1QM 17.13 בחצוצרות : החללים]
4QM1 11 2.21 בחצ[וצר]ות ה[חללים
4QM1 13 1.6 בח]צוצרות החללים קול חד
4QM3 1 1.4 יצאו מבין החללים ועמ[דו
4QM3 1 1.5 כהונתם[הח]ללי[ם] :

4pIs[c] 23 2.10 עדת ד[ורשי] החלקות : אשר
4pN 3+ 1.2 בעצת דורשי החלקות :]
4pN 3+ 1.7]מות בדורשי החלקות אשר
4pN 3+ 2.2 אפרים דורשי החלקות לאחרית
4pN 3+ 2.4 ממשלת דורשי החלקות : אשר
4pN 3+ 3.3 פשרו על דורשי החלקות אשר
4pN 3+ 3.7]דורשי : החלקות אשר
4QCat[a] 9 1.4 עדת דורשי ה[חלקות :

4QM6 31 1.1]ה החמ[:] ויש˙]

4Q401 3 1.5 תגבר[: ה]חמיש[י
4Q403 1 1.3 [ה]ודות בלשון החמיש[י]
4Q403 1 1.18 [כ]ב[ודו] החמיש[י] :
4Q405 11 1.4 שבעה בלשון החמישי לו
4Q405 11 1.4 לו ולשון החמישי תגבר
4Q405 13 1.2 כבודו [החמי]שי
11QT 24.15 לבד וביום החמישי : יעשה
MasSS 2.12] : בלשון החמישי ל[מלך

4Q514 1 1.2]˙ב לכל הט[ט]אים[

11tgJ 14.4 [קל סגנין הטרו לחנך

CD 4.20 אשר אמר הטף יטיפון הם

1Q25 13 1.2] בקרב [:] הי[
1QJN 12 1.2]˙[:]הי˙ [
2QJN 4 1.14 תרתי לחמא די הי[: הוית עד
4Q178 1 1.4 י˙[:]בקש הי˙[:]השלום
4Q498 4 1.2]ציל ה[:] הי[
4Q499 16 1.1 <[˙ם˙˙]>]הי[:]שיו[:
4Q502 111 1.3 [:]חנו˙[:]הי˙[
4Q502 233 1.1 ˙[הי[:]ל[
4Q504 17 2.4 וישט[: בדרכי הי[: ישר אמן
4Q512 135 1.2] כ˙˙˙[:]˙ה הי˙[
4Q512 150 1.2]˙[:]הי˙[
4Q520 12 1.1]הי [
6QPro 6 1.1]˙הי˙[:]ל[
11Mel 2 3.11]עטים[ ]ש הי[:]˙˙[
11QT 4.4]˙ים ורובד (הי) בין ה[:

1Q68 9 1.2]ש ˙˙[:]˙מי היא[
1apGn 2.1 ומן קדישין ה[י]א
1apGn 20.27 לי די אחתי היא והיא הואת
1apGn 22.13 ואתה לשלם היא ירושלם
1pHab 12.7 פשרו הקריה היא ירושלם :
1QH 4.13 בליעל ועצתכה היא תקום
4Q379 12 1.5 מצרים היא השנה
4Q380 1 1.2 [ ]˙ : ירו]שלם היא: [
4pIs[b] 2.10] היא עדת אנשי
4pIs[c] 2 1.5]ע[ ]ם התרה היא˙ צ˙ו ˙˙[
4pN 1+ 2.7 ופרח ל[ב]נון היא[
4pN 3+ 2.2 מלאה : פשרו היא עיר אפרים
4pN 3+ 4.1 על מנשה גם היא בגולה
4QCat[a] 5+ 1.10 [ ]˙˙ם היא[:]אשר
4QCat[a] 12+ 1.8 ציה ושממה <X> היא עת ענות
4QPBl 1 1.2 כי המחקק היא ברית
4QPBl 1 1.6] היא כנסת אנשי
5Q20 3 1.2]˙˙˙[:]˙ היא לה[:]הל˙[
11tgJ 18.4 הי]א עד :
11QT 66.13 בן אמו כי נדה היא : לוא יקח
11QT 66.14 בת אמו תועבה היא לוא : יקח
11QT 66.15 אמו כי זמה היא לוא :
11QT 66.17 כי תועבה היא לוא
CD 1.13 הם סרי דרך היא העת אשר
CD 3.18 ויאמרו כי לנו היא ואל ברזי
CD 4.17 הצדק הראשונה היא הזנות
CD 5.9 תקרב שאר אמך היא ומשפט
CD 6.4 במחוקק הבאר היא התורה
CD 11.7 אם : סוררת היא אל יוצאה
CD 16.11 אם להקים היא ואם

1pHab 1.9 וח[ ]ה היאה : [
1QH 4.18 ולדרך לבכה לא היאה כי אתה אל
1QM 2.9 שבת : מנוח היאה לישראל
1QM 15.1 לשרו[ף : כיא היאה עת צרה
1QS 8.7 גמולם היאה חומת הבחן
1QS 8.15 לאלוהינו : היאה מדרש
1QS 9.19 הנגלה להם (ה)היאה עת
1QS 11.4 כיא אמת אל היאה : סלע
4Q504 7 1.6]היאה לוא
4Q504 7 1.8]˙ה היאה : [
4pIs[c] 29 1.2 [˙ו בכה[:]לה היא[ה:]מה
4pUn 1 1.3 ואשר[: פש]רו היאה הצדק[ה:
4QFl 1+ 1.12 דויד הנופלת היאה סוכת :
4QFl 1+ 2.1 היאה עת המצרף
4QFl 1+ 2.3 התורה[: מושה היאה ה[אש]ר
4QFl 4 1.3 בקנאתמה :]היאה העת אשר
11Mel 1+ 2.23 אלוהיך [צ]יון ה[יאה :
11QT 57.18 אשה אחרת כי : היאה לבדה תהיה

4Q511 181 1.2]˙[: ה]טאות ˙[

3Q15 1.12 שש עד ניקרת הטבילה : בשוא

4Q185 1+ 2.1 נ]טשכם כחסדיו הטבים חקרו לכם

11QT 34.6 ראשי הפרים אל הטבעות ו[

4Q512 106 1.2] את[:] הטה[

4Q403 1 2.26 לאל אלים מלך הטהור ותרומת

11QT 52.17 וכול הבהמה : הטהורה אשר יש

4Q512 51+ 2.9 וענה ואמ[ר: הטהורים[

4Q512 181 1.3 [:]אר [:]הטהר[:]ם [
CD 10.10 את ימיהם על הטהר במים אל :

1QS 8.24 והובדל מן הטהרה ומן העצה
4Q514 1 1.6 את לחמם כמשפט ה[ט]הרה : ואל
CD 9.21 האיש מן הטהרה לבד
CD 9.23 אחד להבדיל הטהרה ואל

1QH 17.24 שנא[ת]הטוב בעיניך :
1QS 1.2 ב[ ]לעשות הטוב והישר
4Q178 9 1.3 ולוא[:]˙ו הטוב[:]ל[
4Q403 1 1.5 הששי לאל [ה]טוב בשבעה
4Q403 1 1.5 ו]רנן למ[לך ה]טוב שבעה
4Q502 163 1.2] וישרא[ל : הטו]ב והישר[:
11Ber 1 1.7 לכם את: אוצרו הטוב אשר בשמים
11QPs[b] c 1.3 הנה מה ט : הטוב על
MasSS 2.15] למלך הטוב שבע[ה

4Q400 3 1.2]לשון הטוהר : [
4Q405 23 1.7 רקי[ע]י : הטוהר יגילו
4Q511 52+ 1.2 מ]קור הטוהר מקוי
4Q512 16 1.4]ב :]˙ל הטוהר :] עוון
11QSS 8+ 1.3]ם הטוהר ברוח

3Q15 7.15 אמות שלוש עד הטור : כב

CD 1.14 איש הלצון אשר הטיף לישראל :
CD 8.13 רוח ומטיף כזב הטיף להם אשר

11QPs 21.13 מנעורי ידעתיה הטיתי כמעט :

1QM 8.15 הדגלים ועם : הטל הראישון
1QM 16.6 כתיים כדי הטל ירימו איש
1QM 17.12 כתי[ים] כדי הטל ירימו איש
4QM1 11 2.5 כד]י ה[ט]ל ירימ[ו
4QM1 11 2.21] : ה[ט]ל[ירי]מו
4QM1 13 1.5 כתיאים כדי הטל ירימו ידמה

4Q512 41 1.4 אל ישר[אל : הטמא לטהור[:
4Q512 51+ 2.4 [ ]ל[: הטמא[:
11QT 49.21 ובאדם אשר לוא הטמא על : [
11QT 52.11 תואכלנו הטמא והטהור
CD 6.15 מהון הרשעה הטמא בנדר
CD 6.17 ולהבדיל בין הטמא לטהור
CD 10.13 אשר נגע בו הטמא וטמא
CD 12.20 להבדיל בין : הטמא לטהור

4Q513 1+ 1.3]מהמה <וגם> הטמאה: [
4Q513 1+ 1.4 תכון <ם]המה הטמ[אה> א[חד [
4Q513 1+ 1.5 הטמ]אה ומעשר

11QT 51.6 ישראל מכול הטמ(ו)א<ו>ת
CD 7.3 ולהבדיל מכל הטמאות כמשפטם
CD 11.20 טמא באחת : מן הטמאות להרשותו

אשוחחה כול : היום תמיד 1QH 11.6
אתמה קרבים היום למלחמה על 1QM 10.3
<מועד> מלחמה היום הזה :] 1QM 15.12
נהיי עולמים היום מועדו 1QM 17.5
כלה ועתה היום אץ לנו 1QM 18.12
אשען כול היום ואדעה כיא 1QS 10.16
]יוצא[: ועתה היום[: ושמענו 4Q378 3 2.4
]קודש [: ה]יום אני [: 4Q502 10 1.2
י]שראל[:]ל היו[ם :]˙[4Q502 11 1.3
כלי אור[ ]היום ארבעה 4Q503 1+ 2.9
כ[בוד] : כיא ה[יו]ם[4Q503 1+ 2.14
לילה[:]˙ אנו היו[ם :] 4Q503 29+ 2.20
] היום[:]ולילה 4Q503 61 1.1
]ם עמנו ה[י]ום [: 4Q503 66 1.1
וקוד[ש :]היום הזה לנו 4Q503 70+ 1.4
]הקורא[:]י היום [:]˙ 4Q503 72 1.4
וקדוש[ים:] היום[4Q503 82 1.3
היום[: אשר[4Q503 133 1.1
רח[ץ] ואני[ה]י[ו]ם[:]˙ה 4Q512 42+ 2.5
[בוא ה]שמש היום ח[ ]˙[4Q512 48+ 1.5
בראישונה ולמן היום אשר: [4QFl 1+ 1.1
יום [ ] : היום ההואה 4QM1 1+ 1.9
הנצבה למלחמת היום ההואה 4QM1 1+ 1.11
ל[ב : מלח]מה היום הזה 4QM1 11 2.16
קויתי : כול היום ישמחו אחי 11QPs 19.17
יה]יה היום הזה להמה 11QT 17.3
] היום ה זה ו[: 11QT 18.3
ומלילות והיה היו[ם] : [11QT 19.7
בשלישי[ת] היום חוקות 11QT 25.8
יהיה : לכמה היום הזה 11QT 25.10
תתענה בעצם היום הזה 11QT 25.12
אחת בשנה יהיה היום הזה להמה 11QT 27.5
יהיה לכמה היום הזה : 11QT 27.8
<אותמה> היום תשמור 11QT 54.6
אנוכי מצוכה : היום לעשות 11QT 55.14
ביד בליעל הוא היום : אשר CD 8.2
בליעל : הוא היום אשר יפקד CD 19.15

מצותי כול היומים למעאן 4Tstm 1.4

ע[שר :] אור היומם ש[לום 4Q503 1+ 2.10
]אור היומם לדעתנו[4Q503 7+ 1.1
והיום ˙[:]היומם תשעה] 4Q503 10 1.3
או]ר היומם [: 4Q503 14 1.1
]בממשל אור היומם ברוך [: 4Q503 15+ 1.6
או]ר היומם: 4Q503 33 1.1
<]אור היומם שלום 4Q503 51+ 1.6

ולתורים ולבני היונה[11QT 38.10
המאה : ומבני היונה ומעשר מן 11QT 60.9
המאה מן בני היונה כי במה 11QT 60.10

ישא האומן את היונק לצאת CD 11.11

] היו]צא מהמ[ה 11QT 51.1
דבריו בכול היוצא מפיהו : 11QT 53.15

לשבט כול הרכב היוצאים : 1QM 6.11
שבי ישראל : היוצאים מארץ CD 4.3
שבי ישראל היוצאים מארץ CD 6.5

]היורדים ˙מוצ˙˙ 4Q379 12 1.1
]היורדים עמדו 4Q379 12 1.2

והרסום בעוון היושבים : בהם 1pHab 4.8

]היות לו מתחזק 1QH 18.9
]˙ה מרם[:]ה היות [:]אל 4Q487 13 1.3
]היות[: ו]אמר 4Q502 26 1.1
]˙ ק˙[:]היות[:]˙˙[4Q502 172 1.2
]כול היות ב˙[:]˙ 4Q509 198 1.2

מנחת הקורבנות היאה עליה : [TS 3 1.4

לנו כיא [היאי]תנו יד 1QM 18.11

ירוק : ירדף היבא ראמ[א 11tgJ 32.8

צדיק[ים :]היבי שמות וחרי 4pPs[b] 5 1.5

ל]מפלחך או היבית על : 11tgJ 32.8

מחניהמה למקום היד באלפים 1QM 7.7
] הארץ וזואת היד [4pIs[c] 8+ 1.5
[:] קודש[:]היד ˙˙] : [4pIs[c] 60 1.4

המלחמה ושתי הידות יהיו 11QT 58.8

]˙[:] היה יש[ראל : [1Q25 12 1.2
]]היה מעין אור 1QH 6.17
ומעוז מותני היה לבהלה 1QH 8.33
וזולתה לוא היה ולוא יהיה 1QH 12.10
כבודכה היה זכר [ ] 1QM 13.8
ומשענתם בלוא ה[יה] ולוא : 1QM 17.4
ערום ולוא היה אנוש ונענש 1QS 7.12
הנהיה ברצונכה היה ואין אחר 1QS 11.18
]ר˙[:]היה [:]קיר[: 4Q497 2 1.2
]˙שמ˙[ ]˙[ ]˙היה[4Q504 1+R 7.1
]במותו [:]ר היה[4Q512 77 1.4
אוי לנו[ ]:]היה לשרפת אש 4apLm 1 1.5
]כי שו[בבי]ם היה ע[גל 4pHs[b] 11+ 1.5
וא]שר אמר אם הי[ה 4pIs[a] 2+ 2.6
ג]ורל אור אשר היה מתאבל 4QCat[a] 2+ 1.8
]אשר היה מתאבל[4QCat[a] 2+ 1.8
לעמכה ועזרתה היה לו והעלהו 4VSam 3+ 2.2
]היה הפרוכ[ת : 11QT 7.14
והאדם כול אשר היה בבית : 11QT 49.16
היא העת אשר היה כתוב עליה CD 1.13
כל בשר אשר היה בחרבה כי CD 2.20
החתום אשר : היה בארון כי CD 5.3
הארץ אשר היה מקדם ולקחו CD 19.3
וישראל: כאשר היה בקץ פקדת CD 19.11
ישתה כי אם היה במחנה : CD 10.23

ה]יו שמים : [1QDM 3.9
נחשבו ע˙˙ :]היו ולא יעשה 1QH 13 1.6
[רצי]תה [היו] 4Q506 132 1.1
]היו˙[:]ל[4Q509 268 1.1
]מאז ב[:]היו ˙˙[:]˙[4Q511 154 1.2
]חצרות קודשנו היו :]˙כ˙[ ]˙ 4apLm 1 1.7
פ]שרו[א]שר היו בעמים[4pHs[b] 11+ 1.4
גוע ויהיו כלא היו בעשותם את CD 2.20
אשר יפקד אל היו שרי יהודה CD 8.3
א כאשר דבר היו שרי יהודה CD 19.15
[ומזמו]תיו היו כול תעודות MasSS 1.3

שבעת שופרות היובל ושלושה 1QM 7.14
אמר בשנת היובל[11Mel 1+ 2.2
הזה : בשבוע היובל הראישון 11Mel 1+ 2.7
ה[וא]ה ס[וף היו]בל העשירי 11Mel 1+ 2.7
]מה הי[ובל : את 11Mel 2 3.8
]סוף ה[יובל : ה] 11Mel 2 3.13

]יושב ואחר היובלים[: 6apPr 1 1.3
אחר תשע[ת ה]יובלים 11Mel 1+ 2.7

היום[1Myst 9+ 1.1
אנו[כי] מצוך היום [לע]שות 1QDM 1.9
[י]שראל ושמע [היו]ם הזה] 1QDM 2.1
[ ] מצוך [הי]ום אשר 1QDM 2.2
אנוכי [מצו]ך היום : [ ] 1QDM 2.4
במצוקותם וכול היום ידכאו 1QH 5.17
תשעשעני ועד היום[ ]˙˙˙הל 1QH 9.32

11QT 46.3 וכול[ ]היות בתוך
CD 13.10 קשריהם לבלתי היות עשוק

CD 13.12 במקומו כפי היותו בגורל
CD 15.15 על פי דעו[ת] היותו אויל

1QH 4 1.17 בכול היותי ושמכה
1QS 10.8 דרור ובכול היותי חוק חרות

1QH 1.11 בטרם : היותם למלאכי
1QH 1.20 בטרם : היותם ועל פי
1QH 1.28 שפתים בטרם היותם ותשם
1QH 7.4 עם הופע יצר : היותם וירועו
1QS 3.15 ונהייה ולפני היותם הכין כול
4Q502 42 1.3] לשון א[: ה]יותם ֹ[
MasSS 1.6 כבודו הם לפני היותם :

4Q507 1 1.3 בא[שמה: ועד היותנו צעדינו

1Myst 1 2.3]ֹנו מה הוא היותר ל[: כי

1Q31 1 1.1 [כ]ול אנשי היחד המתנדבי[ם
1pHab 12.4 הוא : עצת היחד והבהמות
1pMic 10 1.6]בעצת היחד אשר
1QS 1.1 לחיו [ ]כ היחד לדרוש:
1QS 1.16 הבאים בסרכ היחד יעבורו
1QS 5.1 הסרכ לאנשי היחד המתנדבים
1QS 5.3 פי רוב אנשי : היחד המחזקים
1QS 5.7 כול הבא לעצת היחד : יבוא
1QS 5.16 איש מאנש‹י› : היחד על פיהם
1QS 6.10 מרעו : לעצת היחד אל ידבר
1QS 6.13 את עצת : היחד ועמד האיש
1QS 6.14 להוסיפ על עצת היחד ידורשהו
1QS 6.15 בכול משפטי היחד ואחר
1QS 6.16 ובקורבו לעצת היחד לוא יגע
1QS 6.18 לו שנה בתוכ היחד ישאלו
1QS 6.19 לקרוב לסוד היחד על פי
1QS 6.21 בתוך אנשי היחד ובמולאת
1QS 7.2 עוד על עצת היחד ואם באחד
1QS 7.6 ואם בהון היחד יתרמה
1QS 7.17 ילון על יסוד היחד ישלחהו
1QS 7.18 רוחו מיסוד היחד לבגוד
1QS 7.20 ואחר כול אנשי היחד ישב
1QS 7.22 אשר יהיה בעצת היחד ( )
1QS 7.24 ישוב אל עצת היחד עוד ואיש
1QS 7.24 ואיש מאנשי היח[ד א]שר
1QS 8.1 לשל[ח : בעצת היחד שנים עשר
1QS 8.5 נכונה (ה)עצת היחד באמת (ל)
1QS 8.10 אלה ביסוד היחד שנתים
1QS 8.11 בתוכ עצת אנשי היחד וכול דבר
1QS 8.16 איש מאנשי היחד ברית :
1QS 8.17 היחד ברית : היחד אשר יסור
1QS 8.22 ישלחהו מעצת היחד : ולוא
1QS 9.6 יבדילו אנשי : היחד בית קודש
1QS 9.7 תכון אנשי היחד : והון
1QS 9.10 אשר החלו אנשי היחד לתיסר בם
1QS 9.19 בתוך : אנשי היחד לה( )לכ
1QS[a] 1.27 הנקראים לעצת היחד מבן עש
1QS[a] 2.2 הנועדים לעצת היחד בישראל :
1QS[a] 2.11]מועד לעצת היחד אם יוליד
1QS[a] 2.18 השולחן : היחד]
1QS[a] 2.21 כול עדת היחד א[יש]
1QS[b] 5.21 וברית ה[י]חד יחדש לו
4pIs[d] 1 1.2 יסדו את עצת היחד[ב]כוהנים
4pIs[e] 9 1.3 בֹ[:] אנשי היח[ד :]ֹיאֹ[
4pPs[a] 1+ 2.15 אשר בעצת היחד ואל לוא
4pPs[a] 1+ 4.19 מתוך עדת היחד ות[שועת
4QCat[a] 5+ 1.1]בא על אנשי הי[חד : הנ]ביא
4QCat[a] 5+ 1.16 ת התורה עושי היחד סֹ[
4QCat[a] 14 1.5]ר את עצת היחד והואה[:
4QFl 1+ 1.17 אחריהמה לעצת היחד : [

4QPBl 1 1.5 עם אנשי היחד כי : [

CD 20.1 דמשק : מורה היחיד עד עמוד
CD 20.14 האסף יורה היחיד עד תם כל
CD 20.32 נשפטו בם אנשי היחיד והאזינו

4QBer 10 2.1 עצת היחד יומרו

11QT 55.5 ודרשתה וחקרתה היטב והנה אמת
11QT 55.19 ודרשתה וחקרתה היטב והנה :

1QDM 1.5 את הכול : היט[יב] אשר

4Tstm 1.2 דברו אליכה היטיבו כול אשר

1pHab 11.2 הדעת כמי : היים לרב הוי

4Q513 1+ 1.4 ה]דגן בת היין והסאה : [
11QT 19.15 ויקריבו על היין (הזה)

1QH 3.37 אדוני כיא הייתה לי לחומת
4QTeh 1 1.3]ה ולהבדיק[:]הייתה לֹ[:]

1QH 2.11 שנים ואני הייתי נגינה
1QH 5.22 חסד ואני הייתי על ע]
1QH 8.14]ֹח עולם ואני הייתי לֹזאי(
4pPs[a] 1+ 3.17 לאמת [היי]תי וגם
11QPs 28.3 בן ישי קטן הייתי מ‹ן›אחי
11QPs 19.10 חקר למות : הייתי בחטאי

4Q176 22 1.3]נו טרם הייתם ובעֹ[:

11tgJ 7.6 ויחאכון ו[: היך לא [:

11tgJ 31.2 ואשתדו[ר : היכא יפק

11QJN 14 1.2]לברא מן היכלא לימין

1Q41 1 1.2 תמו ֹ[:]ֹ ות הים ֹ[
1pHab 3.11 יבואו מאיי הים לאכול[
1pHab 5.12 ותעש אדם כדגי הים : כרמש
1pHab 6.2 שללם : כדגת הים ואשר אמר
1pHab 10.15 יכסו על הים[ ]
3Q9 1 1.2] ברוח[:]ה[י]ם לנ[:
4Q381 15 1.4 בגא]ות הים ואתה תשבח
4Q511 144 1.1]הים ינוא[:
4Q513 2 2.7]ם [ ]הים ל[
4pN 1+ 2.3 פ]שרו הים הם כל

4Q511 30 1.4] : הימדו בשועל

1Q39 1 1.3] לפניכה כול הימ[ים:]ֹֹ[
1pHab 2.6 לאחרית א : הימים המה
1pHab 9.6 ולאחרית הימים ינתן
1pMic 6 1.2]ֹ[: ב]אחרית ה[ימים :]ֹֹה
1QDM 1.6 ובני[הם] הימים אשר המה
1QH 15.9]הבו אותך כול הימים וא[:
1QH 17.14 לפניך כול הימים ושמ[
1QS[a] 1.1 ישראל באחרית הימים בהספם[
4Q178 2 1.3]דבר בשֹ[:]ת הימים[:]תורה
4Q178 3 1.4 יֹ[: אחר]ית הימי[ם :]ֹדם[
4Q178 9 1.2]ֹ[:]הימים ולוא[: [
4Q385 3 1.2 נפשי ויתבהלו הימים מהר עד
4Q385 3 1.3 הלא ממהרים הימים למען
4Q385 3 1.5] : את הימים ואת
4Q504 1+R 3.14 הרעה באחרית : הימים כיא[
4Q504 1+R 4.8 לפניך : כול הימים וכול
4Q509 7 2.5 ֹ[: באחרית הימים[:]מ[
4Q511 1 1.4 בקציהם: הימים וכול
4Q514 1 1.5 וכול טמאי הימים ביום[
4pIs[a] 2+ 2.26 ה]פתגם לאחרית הימים לבוא ֹ[

4QMl 11 2.17 המלוכ]ה ולעמו הישוע[ה :]תו[
4QMl 15 1.7 המלוכה ולעמו הישועה ואת[מה

4Q378 14 1.2]ירחו בבית הישימות [

11QT 54.12 אתכמה לדעת הישכם אוהבים

3Q15 2.3 בית המרה הישן בדיבר :

11QT 53.7 עולם ועשיתה הישר והטוב :
11QT 55.14 היום לעשות הישר והטוב
11QT 59.17 ישמור ויעש : הישר והטוב
11QT 63.8 מישראל ועשיתה הישר והטוב
CD 3.6 אל ולעשות איש הישר בעיניו
CD 8.7 ויעשו איש הישר בעיניו :
CD 19.20 את : איש הישר בעי[נים]

1QH 14.27 שכליך כי מידך היתה זאת
4Q381 76+ 1.3 מחשב[ות :]היתה הווה פ[:
4Q509 131+ 1.18 ש]נאתה :] היתה :]לפני
4apLm 1 1.12 ערי :]נחלתנו היתה כמדבר ארץ
11QPs 21.14 לקח ועלה היתה לי למלמדי

11tgJ 38.7 באישתה די : היתי אלהא

1QDM 4.5 [:]]ל[ ]הכ[ ]ם יקח
1QH 13.7 ואלה אשר הכ[: את כול
1QJN 9 1.2]˙ א˙[:]ת הכ˙[
4Q381 78 1.4]הם וצ[ ]˙˙ הכ˙[:]רשנם
4Q509 254 1.2]˙ק[:]˙יל הכ[
11tgJ 22.2 לא תס[: י]קר הך אמרת באדני
CD 19.8 עמיתי נאם א הך את הרעה

11QT 23.15 ואת יותרת הכבד עם הכליות

1QH 2.24 על נפשי בעבור הכבדכה במשפט

1QM 12.8 אדוני ומלך הכבוד אתנו עם
1QM 19.1 אדירנו ומלך הכבוד אתנו
4Q403 1 1.3 ל[מ]ל[ך] הכבוד : בשבעת
4Q403 1 1.31 אלוהים למלך הכבוד המקדיש
4Q403 1 2.25 רומם למלך הכבוד ומגדל
4Q405 15+ 1.7 הו]דו למלך הכבו[ד] בקול
4Q405 18 1.4 ימהרו מקול הכבו[ד : ת]הלי
4Q405 20+ 2.7 ˙˙ הכבוד במשכ[ן
4Q405 50 1.2]˙ים ˙[:]הכבוד [:
4Q510 1 1.1 בר[כות למ]לך הכבוד דברי
4Q511 52+ 1.2 הטוהר מקוי הכבוד גדול
4Q511 52+ 1.4 את]ה אלי מלך הכב[ו]ד כיא
4Q511 90 1.1]˙ הכבו[ד :]ונה
4QCat[a] 14 1.1]ובחר[ ]הכבוד אשר
11QSS 5+ 1.6]˙ מלך הכבוד ˙[
11QSS 2+ 1.5 ק]ודש מלך : הכבוד לכול
MasSS 2.13] : יודו לאל הכבוד שבע[ה

1Q36 1 1.4 עו]לם הכביר המודיע

11QT 20.15]לם ומן הכבשים את שוק
11QT 28.1 [ה]כבשים[

11QT 55.6 הזואת בישראל הכה תכה את כול

CD 13.5 יהיה באיש ובא הכהן ועמד

CD 3.21 הנביא לאמר הכהנים והלוים
CD 4.2 לי חלב ודם הכהנים הם שבי
CD 14.3 כלם בשמותיהם הכ[הני]ם
CD 14.5 איש אחר אחיהו הכהנים לראשונה
CD 16.14 אנוס וגם : [הכ]הנים אל

1Q29 1 1.4 אש [: ל]כלות הכוהן לדבר [:

4pIs[b] 2.1 הדבר לאחרית הימים לחובת
4pIs[c] 6+ 2.14 הדבר לאחרית ה[ימים
4pIs[c] 13 1.4 [: לאחר]ית הימים על [:
4pIs[c] 23 2.10 הדבר לאחרית הימים על עדת
4pN 3+ 2.2 החלקות לאחרית הימים אשר בכחש
4QCat[a] 2+ 1.5]ו באחרית הימים בעת אשר
4QCat[a] 7 1.4 הנ[ביא :]הימים אשר
4QCat[a] 12+ 1.2]לאחרית ה[י]מים אשר
4QCat[b] 1 1.1]אחרית הימים על ( )[:
4QCat[b] 2 1.1]מיא לאחרית הי[מי]ם[:]˙ה
4QFl 1+ 1.2]ל[ב]אחרית הימים כאשר
4QFl 1+ 1.12 בא]חרית הימים כאשר
4QFl 1+ 1.15 הנביא לאחרית [ה]ימים ויהי
4QFl 1+ 1.19 ישראל באחרית הימים
11Mel 1+ 2.4 פש[רו] לאחרית הימים על
11QT 17.12 ויום לשבעת הימים הא[לה] :
11QT 29.10 להכינו לי כול הימים כברית
11QT 43.4 ה]עצים באלה הימים יאכל
11QT 46.4 ועד כול הימים אשר א[ני
11QT 50.10 במעיה כול הימים אשר :
11QT 51.16 לרשתה כול הימים והאיש :
11QT 59.15 אבותיו כול הימים כי לעולם
11QT 60.11 וכול בניו כול הימים : וכי
CD 4.4 העמדים באחרית הימים הנה פרוש
CD 6.11 הצדק באחרית הימים וכל

11QT 20.15 הכבשים את שוק הימין ואת החזה
11QT 22.9 מ[ן : את שוק הימין ואת חזי

11tgJ 35.5 תקוב לסתה הימלל : עמך

4Q514 1 1.8 וכל[ט]מאי הימם ביום :

1Q29 2 1.2]כל[: הא]בן הימנית בצאת
11QT 16.3] הימנית ויזו[:

11QT 19.14 לנסך ארבעה הינים מכול

11Mel 1+ 2.14 אל והפק[יד היס]וד : הזואת
TS 2 1.2 [:] כו]ל [הי]סוד גור<ו>ע

CD 19.4 התורה: וכמשפט היסודים כסרך

CD 7.8 וכמשפט : היסורים כסרך

4pIs[a] 7+ 3.10 וינקפו סובבי [ה]יער בברזל

11QPs 28.10 בקומתם : היפים בשערם

11QT 11.12]˙˙˙˙ ובמועד היצהר ובששת
TS 1 1.9 מ]ועד היצהר יקריבו

1QH 1 1.13 ובמה ית[:]היצר ˙˙˙˙[

11tgJ 35.6 בהתחננה לך היקים : קים

4apLm 1 2.13 בנו<ת> ציון היקרים הרכות

11QT 62.3 ואמרו מי האיש הירא ורך הלבב

1QDM 1.10 עוברים : את [הי]רדן שמה
1QDM 2.2 א[תה] עובר את ה[ירדן] ל[תת
5Q17 1 1.3 הער[ה: א]ת הירדן ב[:]שים

3Q15 11.9 בקבר בני העבט הירחי : בו כלי

1Myst 1 1.10 שמע האמת : היש שפה ולשון
1Myst 12 1.2 ˙[ ]˙˙˙ : היש ערב ˙[:
4Q186 1 1.6 ולוא שאר היש[:]ג טמא:
4Q381 76+ 1.13 בכם משפטי אמת היש בינה תלמדו
4Tstm 1.22 ויאמר ארור היש אשר יבנה

1QS[a] 1.16 בני : [אהר]ון הכוהנים וכול
1QS[a] 1.24 פי בני צדוק הכוהנים : [
1QS[a] 2.3 לפני בני צדוק הכוהנים וכול
1QS[a] 2.13] אהרון הכוהנים [
1QS[b] 3.22] את בני צדוק הכוהנים אשר :
4pIs[a] 1 1.29]˙ הכוהנים כיא
4QM1 1+ 1.9 י]צאו אליהמה ה[כוהנ]ים
4QM1 11 2.19 האלה יתקעו הכוהנים לסדר
4QM1 11 2.20 מצב[ו] יתקעו הכוהנים תרועה
4QM4 1 1.3] : הכוהנים וכן
11QT 9.13]ן וערכו הכוהנים בני :]
11QT 15.17 העו[ם] ואחר על הכוה[נים :
11QT 15.18 וסמכו זקני הכוהנ[ים
11QT 17.1] ה]כוהנים ויתנו
11QT 20.12] יא[וכ]לום הכוהנים לוא
11QT 34.13 עליו והקטירו הכוהנים בני
11QT 35.11 זה מזה לחטאת הכוהנים
11QT 35.14 לוא : ישוגו הכוהנים בכול
11QT 37.12 ישראל בזבחי הכוהנים :
11QT 56.21 על ספר מלפני הכוהנים :
11QT 57.1]הכוהנים [:
11QT 57.12 עמו עמו ומן הכוהנים שנים
11QT 61.8 לפני ולפני הכוהנים
11QT 63.3 ונגשו הכוהנים בני

4Q511 73 1.1]י הכווה גדול :

3Q15 7.14 יציאת המים של הכוז : בא חפור

1QDM 1.4 באוזניה[ם] את הכול : היט[יב]
1QH 1.23 בלא סופר הכול : חקוק
1QH 16.8 אשר מעשיך הכול הנה
1QM 6.10 ס[ב]רי המחנה הכול שש מאות
1QS 2.24 גורלו : כיא הכול יהיו ביחד
1QS 5.23 ומעשיו להשמע הכול איש לרעהו
1QS 6.16 ונשאלו : הכול על דבריו
4Q403 1 1.28 מל[ך ה]כול מעלה
4Q509 5+ 2.4]ם ידעתה הכול[: פלגתה
4AgCr 2+ 2.9]ואראה כיא הכול[:˙]
4QCat[a] 2+ 1.12]עתה הנה הכול כתוב
4QOrd 1 2.9 ו]חמשה שקל הכול[: המנה
5Q13 1 1.2]˙ [:]אלוהי הכול[:]˙ה
5apMl 1 1.5 ל]מנות [א]ת הכול [
11QPs 28.7 את מעשי אדון הכול ראה אלוה
11QPs 28.8 ראה אלוה : הכול הוא שמע
11QPs 27.10 ארבעה ויהי הכול ארבעת
11QT 23.17 ויקטר : הכול על המזבח
11QT 34.13 בני אהרון את הכול : על
11QT 58.14 מן המאה : מן הכול וחצו

1QS 10.20 ולוא ארצה עד הכון משפט לוא

1pHab 2.2 עם איש : הכזב כי לוא[
1pHab 5.11 עזרוהו על איש הכזב אשר
1pHab 10.9 הדבר על מטיף הכזב אשר התעה
1pHab 11.1] : הכזב ואחר תגלה
4pPs[a] 1+ 1.26 [פשר]ו על איש הכזב אשר התעה
4pPs[a] 1+ 4.14] על [א]יש הכזב[
CD 20.15 [ע]ם איש הכזב כשנים

4Q378 22 1.1]משה אלהי ולא הכחדתם באשמתם

1QH 12.34 דרך כיא אם הכי˙˙]]˙˙[

1QM 5.12 מזה אורך הכידן אמה :
1QM 5.14 טפחים ויד הכידן קרן

11QT 5.10]באמה וכול הכיו[ר :]תו[
11QT 6.5 אמות כול גובה הכיור והחל[:
11QT 32.13 הולכת [ ] הכיור למחלה
11QT 33.5]˙˙˙ בי[ת] הכיור ומ˙˙ש˙ם

1Q29 2 1.2 הימנית בצאת הכו[הן :]שלוש
1Q29 5+ 1.2 ואח]ר ידרוש הכוהן לכול
1Q29 10 1.1 הכו]הן
1pHab 2.8 האחרון מפי : הכוהן אשר נתן
1pHab 8.8 פשרו על הכוהן הרשע אשר
1pHab 8.16 פ[שר]על הכוהן אשר מרד
1pHab 9.9 בה : פשרו על הכוהן ה[ר]שע
1pHab 9.16 הדב]ר על הכ[והן] אשר ˙[
1pHab 11.4 פשרו על הכוהן הרשע אשר
1pHab 11.12 פשרו על הכוהן אשר גבר
1pHab 12.2 פשר הדבר על הכוהן הרשע
1pHab 12.8 אשר פעל בה הכוהן הרשע
1QDM 4.5]הכ[ ]ם יקח ה[כוהן
1QDM 4.8]אני הכוהן [ ] : [
1QM 7.12 לוא : יביאום הכוהן האחד
1QM 10.2 למלחמה ועמד הכוהן ודבר אל
1QM 10.18]ל˙˙ ביתו הכו[הן] : כיא
1QM 15.6 והתהלך הכוהן החרוץ
1QS 6.5 לשתות הכוהן ישלח ידו
1QS 6.5 התירוש לשתות הכוהן ישלח ידו
1QS[a] 2.19 לפני הכוהן כיא[
3Q15 6.14 ביגר שבמגזת הכוהן : הגדול
4pIs[c] 30 1.3]ה בכא ל : הכ]והן הרשע :
4pPs[a] 1+ 3.15]פשרו על הכוהן מורה
4pPs[a] 1+ 4.8 פשרו על [הכו]הן הרשע
4pPs[b] 1 1.5 מורה הצדק[: הכו]הן לאחרית
4QM1 10 2.13] : ונגש הכוהן החרוש
11QT 15.15 שב[עת : ואם הכוהן הגדול
11QT 23.9 וה[קרי]ב הכוהן הגד[ו]ל
11QT 25.16 אחד יקריב הכוהן הגדול
11QT 26.3 הכו]הן ה[גדול
11QT 31.4]הכוהן המשנה :
11QT 48.17 נתק ויטמאנו הכוהן :]
11QT 56.9 שמוע אל הכוהן העומד
11QT 58.18 עד יבוא לפני הכוהן הגדול
11QT 61.15 למלחמה : ונגש הכוהן וידבר אל

1QDM 1.3 ללו[י]ים וכול ה[כוהנים]
1QM 2.1 ואת ראשי הכוהנים יסרוכו
1QM 7.13 המאסף ובצאת הכוהנים : אל
1QM 7.15 הלויים לפני : הכוהנים
1QM 7.15 והלויים ותקעו הכוהנים בשתי
1QM 8.2 יתקעו להם הכוהנים
1QM 8.3 מעמדם ותקעו הכוהנים
1QM 8.5 ומשמאול ותקעו הכוהנים
1QM 8.7 יתקעו להם הכוהנים תרועה
1QM 8.12 יהיו : הכוהנים מריעים
1QM 8.13 יתקעו להם הכוהנים
1QM 8.14 הזה יתקעו ה[כו]הנים
1QM 8.15 הראישון יריעו ה[כוהנים
1QM 8.16] להם הכוהנים :
1QM 9.3 לפניהם יתקעו הכוהנים
1QM 9.6 ותקעו להמה הכוהנים
1QM 9.7 החללים יהיו הכ[והנ]ים
1QM 13.1 אדוני : ואחיו ה[כו]הנים
1QM 15.4 הראש ואחיו הכ[והנים]
1QM 16.3 יתקעו להמה הכוהנים
1QM 16.4 ותקעו להם הכוהנים :
1QM 16.6 ותקעו להם : הכוהנים תרועה
1QM 17.10 האלה יתקעו <הכוה[נ]ים>
1QM 17.11 מעמד[ו] ותקעו הכוהנים
1QM 18.3 ההיאה יריעו הכוהנים : [
1QS 1.18 בברית יהיו הכוהנים :
1QS 2.11 והוסיפו הכוהנים
1QS 2.19 ממשלת בליעל הכוהנים יעבורו
1QS 5.2 פי בני צדוק הכוהנים שומרי
1QS 5.9 לבני צדוק הכוהנים שומרי
1QS 6.8 איש בתכונו הכוהנים ישבו
1QS 6.19 היחד על פי הכוהנים ורוב
1QS 7.2 ואם באחד מן הכוהנים
1QS[a] 1.2 משפט בני צדוק הכוהנים ואנושי

11QT 33.8 בית למזרח בית ה[כ]יו[ר] כמדת
11QT 33.8 כמדת [הכי]ור :
11QT 33.9 ומקרותיו לבית הכיור : ושנים
11QT 33.11 שער[י] בית : הכיור וכול

1QS 3.15 ולפני היותם הכין כול
1QS[b] 3.20 דורשהו כיא אל הכין כול אושי
4Q499 29 1.2]˙[:]הכינ˙[:]ל˙
4AgCr 1 1.2 כטרם בראם הכין
11QPs 26.11 אור מאפלה שחר הכין בדעת :

1QH 12.11 ה(י)ד(י)עות : הכינה ואין אחר
4QM1 11 1.10 י]שראל הכינה מאז אמתו

4Q518 1 1.3] נחרץ[:]ה הכינו[:]˙ניו
4pPs[a] 1+ 3.16 לעמוד כ[יא]הכינו לבנות לו

1QH 1.14]ביהם הכינותה
1QH 1.19 ובהכמת דעתכה הכ[י]נותה
1QH 2.17 חיי גבר אשר הכינותה בפי
1QH 15.14]ו : הכינותה בטרם
1QH 15.22 רוח ופעולתה הכינו[תה
1QH 4 1.15 אל הדעות אשר הכינו[תה :

1QH 15.15 צדיק ומרחם הכינותו למועד

1QH 15.19]ך הכינותם לעשות

1QH 13.10 עד כי אתה הכינותמה מקדם

1QH 10.22]נכה הכינותני ולא

1QH 8.13 כי ראה בלא הכיר : ויחשוב
4Tstm 1.16 ואת אחיו לוא הכיר ואת בנו

1pPs 3 1.2]תר [:]˙˙ הכירו ב˙˙˙ [:

4QOrd 1 2.8 לשלישית מחצית הככר[:

3Q15 1.10 ואפודת : הכל של הדמע
3Q15 12.7 של דמע וכסף הכל ככרין שש
3Q15 12.9 כלבית הברך : הכל משקל ככרין
4pIs[c] 57 1.1 [הור ההר ˙˙˙ הכל
CD 9.14 האשם הכל וכן כל
CD 16.2 משה כי בה הכל מדוקדק

CD 10.13 מימיו במימי הכלי : על

11QT 15.7 האיל ו[את : הכליות ואת
11QT 16.8 הקרב וא[ת : [הכל]יות ואת
11QT 20.6]הכליות יסירנה
11QT 23.15 יותרת הכבד עם הכליות :

1QM 7.2 הארץ ושומרי הכלים : ועורך
11QT 49.19 סלמותמה : ואת הכלים אשר בבית
11QT 50.16 וכול הכלים ובגדים

4Q512 51+ 2.12 משפחות [: הכלמ[: תש˙[:

4pHs[a] 2.12 פשרו אשר הכם ברעב

1QS[a] 2.16 הע]דה עם הכמ[י

1QS 11.16 לב עבדכה הכן בצדק כול

3Q15 6.7 ככ : במערא של הכנא : של הרגם

1QM 11.3 ואת : פלשתיים הכנ[י]ע פעמים

11QT 15.8 [ה]חלב [: הכסלים ואת
11QT 16.9 אשר עליה[נה : הכסלים ואת
11QT 23.16 ואת אשר על הכסלים ויקטר :

11QT 33.14 ולכוננות הכסף אשר יהיו
11QT 43.14 והביאו את הכסף ולקחו בו

11tgJ 24.6]הכען צדא אלהא

3Q15 5.12 בקרב שבנחל הכפא : בביאה

1pHab 11.7 מנוחת: יום הכפורים הופיע
11Mel 1+ 2.7 וי[ו]ם [הכפ]ורים
11QPs 27.8 המועדות ולי ם הכפורים שלושים
11QT 25.14 לבד מחטאת הכפורים
11QT 25.15 ולשעיר ולחטאת הכפורים תקריבו

11QT 3.9 זהב טהו[ר : ה]כפרת אשר

4Q509 54 1.2 ˙ ˙[:]מעלת הכפרתה מ[

4Q405 20+ 2.7 יפולו לפנו ה[כרו]בים
4Q405 20+ 2.8 ממעל לרקיע הכרובים :

3Q15 10.5 באשיח שיבית הכרם בבואך :

11QT 24.4]י הכרעים
11QT 34.11 הקרבים ואת הכרעים ומולחים

1QH 5.13 ודנת יגוני הכרתה באנחתי
1QH 7.13 מענה לשון הכרתה ותכן לבי

4Q381 45 1.2 מתעבות הכרתי ואתן

1pHab 2.11 מקים את : הכשדאים הגוי

3Q15 12.11 על פיה משנא הכתב הזא :

1QS 6.10 לפני תכונו הכתוב : לפניו
1QS 6.26 את פי רעהו הכתוב לפונהי :
4Q504 1+R 6.14] : שם כול הכתוב בספר
11Mel 1+ 2.19] הואה הכ[תו]ב עליו

1QS 7.2 מן הכוהנים הכתובים בספר

1pHab 2.12 פשרו על הכתיאים א[שר
1pHab 2.14] בממשלת : הכתיאים
1pHab 3.4 יצא : פשרו על הכתיאים אשר
1pHab 3.9 פ[שר]ו על הכתיאים אשר :
1pHab 4.5 פשרו על מושלי הכתיאים אשר
1pHab 4.10 ע]ל מושלי הכתיאים : אשר
1pHab 6.1 [: הכתיאים
1pHab 6.10 פשרו על הכתיאים אשר
1pHab 9.7 ביד : חיל הכתיאים
4pIs[a] 7+ 3.7 ה]כתיאים אש[ר
4pIs[a] 7+ 3.12] ה]כתיאים אשר

1QM 1.4 וה[ ] הכתיים במצרים
1QM 15.2 וחנו נגד מלך הכתיים ונגד
1QM 17.14 ידם בחיל : הכתיים[
4pN 1+ 2.3 הים הם כל הכ[תיים

1QDM 3.9]ב˙הל˙ה[
1QH 9.32 היום[ ]˙˙הל˙י : ותוכחת
1QNo 4 1.1]˙ת הל[
4Q176 26 1.6]למס ˙[:]הל˙[:]˙˙˙[
4Q178 4 1.1]˙הל˙[:]˙ לאדם[
4Q185 1+ 3.11]ע [ ]˙˙ם[: הל˙˙˙[ ]ם[
4Q381 63 1.1]הל˙ [
4Q503 56 2.5 וכול [: [ ]הל[
4Q511 56 1.4 עוונותי[:]הל[
4Q512 140 1.3]ה ו[:]˙הל[
4QM1 10 2.7 הל[ ]˙[

5Q20 3 1.3	]˙ היא לה[:]הל˙[
4Q385 3 1.3	] : האדם הלא מטהרים
4tgJ 1 2.7	תבקה הלא סכל יק[פל
11tgJ 5.3	ירחוהי גזירין הלא[להא :
4QM6 31 1.3	] ויש˙[:] הלב˙[:] השש[
11QT 62.3	האיש הירא ורך הלבב ילך וישוב
11QT 8.10	המערכות[: ה]לבונה הזאות
4apLm 1 2.11	עדים נושאים הלבו[שים :
1pHab 12.3	אביונים כיא הלבנון הוא :
4pIs[c] 21 1.2	]יחשב הלבנון ˙[
11tgJ 14.9	הוית לצל[ו : הלבש]תני
1QM 5.10	זהב טהור בתוך הלהב ישיר אל :
6Q26 1 1.3	הן על[:˙לנ˙[: הלו ק[: נ[: ש
1Myst 1 1.8	לוא ישוב אחור הלוא כול :
1Myst 1 1.9	כולם[ה] יתהלך הלוא מפי כול
1pHab 8.6	כול העמים : הלוא כולם משל
1pHab 8.13	בכול נדת טמאה הלוא פת˙[ ]אום
1pHab 10.6	קריה בעולה הלוא : הנה מעם
1pMic 7 1.2	]ם [:]הלוא ˙[:]˙
4Q185 1+ 2.4	חקק לישחק הלוא ט<ו>ב יום
4Q381 13 1.2	ו˙˙[:]˙שנך הלוא תביר הלוא
4Q381 13 1.2	שנך הלוא תביר הלוא תדע כ[י :
4Q381 74 1.1	]הלוא [:
4pIs[d] 2 1.1	]˙ וכולם הלוא[:]ע˙[
11QT 7.1	˙˙˙ל˙˙˙˙[:]הלוח[:]˙˙˙
1pHab 6.15	ובא]ר על הלוחות למען
11QT 60.12	וכי יבוא הלוי מאחד
1QM 2.2	ואחריהם ראשי הלויים לשרת
1QM 7.14	שופרים מן הלויים לפני :
4QM3 1 1.9	הסרך הזה הל[ויים] : להם
11QT 24.11	עשה לעולת הלויים כן יעשה
11QT 24.11	בני יהודה אחר הלויים : וביום
11QT 44.14	קהת מ(ב)נ(י) הלויים :
11QT 57.12	שנים עשר ומן הלויים : שנים
11QT 60.14	שמי ככול אחיו הלויים ישרת
1QM 1.8	קצוות תבל הלוך ואור עד
11QT 60.4	כול קוד[ש] : הלוליהמה ומכס
11QT 22.10	ו]את : הלחיים ואת
1QS 6.5	להברך בראשית הלחם או התירוש
1QS 6.6	להברכ בראשית הלחם והתירוש
1QS[a] 2.19	את ידו ברשת : הלחם ו[התירוש]
1QS[a] 2.19	ם]ברך את רשית הלחם :
11QT 8.13	לדורתם וה[יה ה]ל[ח]ם הזה :
11QT 15.12	ואת סלי הלחם ת[נופה :
1QS[b] 4.4	]שתי[ ]הלי ˙˙˙[
4Q503 11 1.3	קודשו מרוממים הלילה[:]נו
4Q503 76 1.3	הודיענו[:] הלילה הזה לנו
4Q503 86 1.4	] : [˙מעו[: <]הליל[ה>
1apGn 21.13	לא יתמנה קום הלך ואזל :
4pN 3+ 1.1	גוים אשר הלך ארי לבוא
4QFl 1+ 1.14	אשר לוא הלך בעצת רשעים
CD 3.2	אברהם לא הלך בה ויע[ל
4pN 3+ 4.1	גם היא בגולה ה[לכה]
1QH 15.18	הרגה : כי הלכו בדרך לא
6Q15 1 1.1	הל]כו [:]
CD 3.5	ובניהם במצרים הלכו בשרירות
CD 4.19	בוני החיץ אשר הלכו אחרי צו
1QH 1.18	]ה ותפלג <ה>לכול צאצאיהם
4Q504 1+R 6.6	במעלנו ואשר הלכ<נ>ו בקרי
4Q504 12 1.3	]ך אותנ[ו :]ר הלכנו [:]
11tgJ 17.4	]˙ו ולא :]הלכת :]זעקת :
4Q509 30 1.3	˙[:]שר י[:]הלכ<ת>ה[:]שת
6QPro 1 2.3	˙[: ואחרי[: הלכתם [: לשפוך
1Q57 1 1.1	ה]לל[:]
4Q518 5 1.1	]הלל˙[
6QHym 6 1.5	]אמתו ל[:]הלל [illegible][
4Q400 1 1.1	לחודש הראישון הללו : [
4Q401 1+ 1.2	] : הללו לאל[והי
4Q401 19 1.1	]הללו [
4Q403 1 1.30	בשש עשר לחודש הללו אלוהי
4Q403 1 2.20	במנה פלאיו הללו[
4Q405 8+ 1.2	] : הללו לאלוהי
4QPs[f] 2 10.15	וע]ד : [ה]לל[ו
4Q401 16 1.5	באלה :]ב הללוהו קודש :
4Q405 23 1.6	]˙ כלילו הללוהו
11QPs 28.3	הללויה לדויד
4Q502 165 1.2	]ל ב[:]הלמ[:]˙˙[
4pIs[b] 2.6	אלה הם אנשי הלצון : אשר
4pIs[b] 2.10	היא עדת אנשי הלצון אשר
CD 1.14	בעמוד איש הלצון אשר הטיף
CD 20.11	שבו : עם אנשי הלצון ישפטו כי
5apMl 1 1.2	לא[דוני :]הלצים בבהמת[:
4Q176 21 1.5	]ל[ ]˙[ ]הלר[
1Q35 1 1.4	] לפני :]הם :]א [illegible] :
1pMic 19 1.1	]הם [
1QDM 4.1	]הם [
1QH 15.24	מכול : ולעד הם ישרתוך ולא
1QH 7 1.1	]˙הם[: רום לאין
1QM 7.2	יהיו גם הם מבן ארבעים
3Q8 2 1.2	]גשו ות[:]הם ונמס ש[
3Q15 3.12	אמות תחת הם : דף שלוש
4Q176 1+ 1.10	]]הם אהבי אשר
4Q370 1.2	[קדש]י והני הם אז עשו הרע
4Q374 8 1.3	] :]ת ב˙[:]הם ול˙[:]˙[
4Q381 78 1.4	ורמחים[:]הם וצ[ ]˙˙ הכ
4Q381 85 1.3	הקשב[:]˙הם ומרמה בלבבם
4Q405 43 1.3	רוח מרוח[:]הם מחוק[:
4Q406 1 1.5	הש[:]ר˙ים המ˙˙ים ב˙˙ : [˙
4Q406 4 1.2	˙˙˙ ˙˙˙[:]˙˙הם ˙˙˙ [:]˙[
4Q482 1 1.3	ו[לוא: ומ]מרא הם[:]ילוד
4Q499 8 1.5	]ל[:]הם ˙[:]מק[
4Q502 70 1.3	] : [˙ו יח[ד:]הם[
4Q502 173 1.2	]ם[:]הם [:]˙ול[
4Q503 147 1.1	]הם[:]˙ד˙[

CD 19.5 אב לבנו וכל המאסים במצות :

1QM 3.2 וחצו<צ>רות המאסף בשוב
1QM 7.13 וחצוצרות המאסף ובצאת
4QM3 1 1.12 [: המא]סף]כמש[פט

1QM 3.2 וחצוצרות : המארב וחצוצרות
1QM 3.8 ועל חצוצרות המארב יכתובו :

4Q504 8V 1.1 דברי המארות

4Q499 39 1.1 [המב[:]לה]

4Q370 1.8]מי המבול ל[שחת

3Q15 12.6 וכסף ככ : בפי המבוע של בית

4Q509 4 1.4]אדוני המבינני ב[:]

4QFl 4 1.1]המבלעים את

1QS 6.12 וכיא האיש : המבקר על הרבים
1QS 6.20 אל יד האיש : המבקר על מלאכת
5Q13 4 1.1 יע]מוד לפני המבקר [:]
CD 13.6 והבינו : המבקר בפרוש
CD 13.7 וזה סרך המבקר למחנה
CD 13.13 [למרו]ת פי המבקר אשר
CD 14.13 ונתנו על יד המבקר והשופטים
CD 15.8 דברו : עם המבקר אשר
CD 15.11 עד עמדו לפני המבקר ם יתפתה
CD 15.14 בו י[ ] המבקר אותו

1QS 2.10 אומרים אחר המברכים

1QM 9.13 מגן ומאה פני המגדל כי[א
1QM 9.13 כי[א י]סבו המגדל לשלושת

1QM 9.12 אויב ומגני המגדלות יהיו
1QM 9.14 ועל כול מגני המגדלות :

1QM 5.6 מחשבת אורך המגן אמתים

1Q29 1 1.5 הכוהן לדבר [: המד]בר אליכה
1Q29 1 1.6 והנג[ו :]ל[ ]המדבר שבה [:
1QM 1.2 בנימין גולת המדבר ילחמו בם
1QM 2.12 והקדמוני עד המדבר הגדול
4pPs[a] 1+ 3.1] : שבי המדבר אשר יחיו
11QT 26.13 לעזזאל המדבר ביד איש

1Q25 1 1.2]˙ : המ[ה: ויראו ˙]
1Q25 4 1.6]אשר לו אם[: ה]מ[ה ו]נאצו
1pHab 2.6 א : הימים המה עריצ[י
1pHab 2.12 הכתיאים א[שר המ]ה קלים
1pHab 6.3 פשרו אשר המה : זבחים
1pHab 6.4 וכלי מלחמותם המה × :
1pHab 6.6 ברי : פשרו אשר המה מחלקים את
1pHab 9.7 כיא המה יתר העמים
1pHab 12.4 היחד והבהמות המה פתאי יהודה
1pHab 12.9 אל וחמס ארץ המה ערי יהודה
1QDM 1.6 צויתי [ ] ה[מה] ובני[הם
1QDM 1.6] הימים אשר המה [
1QDM 1.9 [ה]ארץ א[שר המ]ה עוברים :
1QH 12.29 וגבו[ ] א˙ המה ל[ ]א :
1QM 6.8 יעמודו גם המה לימין
1QM 6.17 אשמתם אלה המה ה˙]
1QM 9.8 כיא קדושים המה [לו]א יחלו
1QM 13.5 רשעם וזעומים המה בכול עבודת
1QM 13.5 נדת טמאתם כיא המה גורל חושך
1QM 15.9 מפניה]ם כיא המה עדת רשעה
1QM 17.4 [כי]א המה לתהו ולבהו
1QS[a] 1.3 ב]דרך: העם המה אנושי עצתו

4Q503 169 1.2]˙[:]הם[:]ל[
4Q509 52 1.1]הם[:]˙ם[
4Q509 224 1.2] לוא[:]הם [
4Q511 2 1.9]]הם תכן למועדי
4Q511 63+ 2.2 מה רצ˙ ˙[ ]˙הם אברכה שמכה
4Q513 16 1.1]ברי הם[
4pHs[a] 1.10 י] הם דור הפקודה
4pHs[a] 2.18 אשר אמרה אתנם הם לי [
4pIs[b] 2.6 בא אלה הם אנשי הלצון
4pIs[b] 2.7 אשר בירושלים הם אשר מאסו את
4pN 1+ 2.3 פ]שרו הים הם כל הכ[תיים
4pN 3+ 1.10 פש]רו רובכה הם גדודי חילו
4pN 3+ 1.10 וכפריו הם : גדוליו[
4pN 3+ 2.1] : ומלאכיו הם צירו אשר לא
4pN 3+ 3.9 פשרו אמון הם מנשה
4pN 3+ 3.9 מנשה והיארים הם גד[ו]לי
4pN 3+ 3.11 [פ]שרו הם אנשי [ח]ילה
4pN 3+ 4.1] : פשרו הם רשע[י מנש]ה
4QCat[a] 12+ 1.5 ˙ח לבליעל :]˙הם עד עשרה
4QCat[a] 12+ 1.8 היא עת ענות המ˙[:]תמר
4QCat[a] 20 1.4]מזוקק[:]˙ות המ˙[:]˙ל ב[
4QFl 1+ 2.4 אלוה יחזיקו המ[> ˙ ˙ ˙ ˙]
4QMI 23 1.5]˙גלה המ[
4QMI 30 1.1] המ[
4QM6 25 1.2]˙ם ˙[:]הם[:]מ[
4QPs[f] 2 10.5]שה : ˙ ˙ ˙ הם אז יהללו
6QHym 20 1.2 [:]כיא לכה המ[:]˙ת]
11QSS 8+ 1.1]ת רצון המ˙]
11QSS m 1.4]בדני פ[לא :]הם וצורת [:
11QT 32.11 מעל לבית המ[: בבואם
CD 1.9 אנשים אשימים הם ויהיו
CD 1.13 בעדת בוגדים : הם סרי דרך היא
CD 2.4 ערמה ודעת הם ישרתוהו ארך
CD 3.1 ומשפחותיהם בה הם נכרתים :
CD 4.2 ישראל : מעלי הם יגישו לי
CD 4.2 ודם הכהנים הם שבי ישראל :
CD 4.3 ובני צדוק הם בחירי :
CD 4.20 הטף יטיפון הם ניתפשים
CD 5.6 אל וגם מטמאים הם את המקדש
CD 5.6 המקדש אשר אין הם : מבדיל
CD 5.13 ותו<עבה> : הם מדברים בם
CD 5.17 בינות הוא : הם גוי אבד
CD 6.4 וחופריה הם : שבי ישראל
CD 6.8 ונדיבי העם הם : הבאים
CD 7.15 ספרי התורה הם סוכת : המלך
CD 7.17 וכיון הצלמים הם ספרי
CD 8.10 התנינים הם מלכי העמים
CD 19.9 והשומרים אותו הם עניי הצאן :
CD 9.16 נמצא לה בעלים הם ישמרו כל
CD 9.20 ואם שנים הם והם מעידים
CD 9.22 אם נאמנים : הם וביום ראות
CD 12.15 או במים : עד הם חי[ים] כי
MasSS 1.6 ממעשי כבודו הם לפני היותם
TS 3 2.6 באמה עד ה(ארשכי)ם

1QM 4.2 ועל אות המאה יכתובו
1QM 4.3 עול ואת שם שר המאה ואת שמות
11QT 58.13 אחד מן המאה : מן הכול
11QT 60.8 ולדגים אחד מן המאה : ומבני
11QT 60.10 אחד מן המאה מן בני

11QT 66.8 זעקה : הנערה המאורשה ואין

4Q378 3 2.7 ישר וגדול[: המאיות שרי
11QT 42.15 האלפים ולשרי המאיות אשר

4pHs[a] 2.3 וישכחו את אל המא[כלם

CD 19.32 הזה לכל ה[מ]אס במצות א
CD 20.8 הזה לכל המאס בראשונים

4Q400 1 1.12	ה]מה שרי : [
4Q400 2 1.2	ק[דושים] : המה נכבדים
4Q401 14 1.8	קדושים : המה נכבדים
4Q402 4 1.15	לפני פ[שותו : ה]מה לפני[
4Q504 3 2.19	וימצאו[:]המה ביד<י>ו
4Q509 32 1.1	]המה ילכו [: [
4Q509 40 1.1	]המה[:]אתם[:
4Q511 52+ 1.6	ל [ ]˙ המה [:
4Q513 2 2.6	[: המה מ[ ] ור[
4Q513 5 1.2	] יצומ[ו : [המה[:]˙[
4Q513 15 1.3	]לארץ ˙[:] המה א˙[:]א
4Q513 19 1.1	]המה ש[
4Q513 26 1.1	]ת המה [:]קנה
4Q513 29 1.2	]˙˙מ[:]המ[ה
4AgCr 2+ 2.4	ממרה מלאכים המה[: יעמוד
4pIs[a] 7+ 3.9	]הקומה גדועים המה גבורי
4pIs[a] 7+ 3.10	[ה]יער בברזל ה[מה] : [
4pIs[c] 11 1.3	]˙ המה : [
4pIs[c] 25 1.3	כלי מלחמה המה[
4pPs[a] 1+ 2.4	וקואי 𐤉𐤄𐤅𐤄 המה ירשו ארץ
4pPs[a] 1+ 2.5	ארץ פשרו : המה עדת בחירו
4pPs[a] 1+ 3.12	יכרתו המה עריצי
4pPs[a] 1+ 4.1	]המה עריצי : [
4pPs[a] 1+ 4.23	ה]מה שבע
4QBer 10 2.4	וזעומים המה במחשבות
4QCat[a] 2+ 1.16	] לאנשי עצתו המה החרב ואשר
4QCat[a] 5+ 1.13	ה[שמינית :]המה העונה
4QCat[a] 5+ 1.14	א]ין שלום אשר המה ד˙[:
4QCat[a] 9 1.4	הברורי[ם :]המה עדת דורשי
4QCat[a] 10+ 1.5	האספסוף :]המה דורש התורה
4QCat[a] 14 1.2	]בא[רץ ה]מה ואדי[ר]י
4QFl 1+ 1.17	[בג]ל[ו]ליהמה המה בני צדוק
4QFl 14 1.3	ה[:]כיא המה[
4QFl 19 1.2	]רו ל˙[:]המה˙[
4QMl 1+ 1.15	]המה על מעמדמה
4QPBl 1 1.3	אל]פי ישראל המה הרגלים עד
4QPs[f] 2 7.7	[יק]ללו המה ואר[ה
11Mel 1+ 2.17	] הנביאי[ם] המה א[שר
11QT 35.7	את : ידיו גם המה יומתו ולוא
11QT 48.11	בכול מקום המה : קוברים
11QT 48.12	בתוך בתיהמה המה קוברים כי
11QT 50.18	כי טמאים המה ולוא יטהרו
11QT 51.19	בכול מקום המה : זובחים
11QT 52.4	רע כי תועבה המה : לי ולוא
11QT 52.5	כי תועבה המה לי : ושור
11QT 60.19	כי תועבה המה לפני כול
11QT 62.13	הגואים האלה : המה רק מערי
1QH 6.23	משבריהם עלי המו רוח
1QS 2.25	עולמים וכול המואס לבוא : [
4QTeh 2 1.7	אמ[תו וכ]ול המואס לבוא [
CD 8.19	הזה לכל המואס במצות אל
CD 7.9	אב : לבנו וכל המואסים בפקד
1Q36 1 1.4	עו]לם הכביר המודיע אלה[
CD 10.22	השבת כי אם המוכן ומן
4Q186 1 2.8	וזה הואה המולך אשר הואה
1QH 2.16	עלי יהמו בקול המון מים רבים
1QH 3.13	שחקים בקול המון ויושבי
1QH 4.36	כוח ידכה עם : המון רחמיכה
1QH 6.7	עול ואנחמה על המון עם ועל
1QH 10.21	] ה]מון רחמיכה
1QM 1.11	אל בקול המון גדול
1QM 12.12	ונחלתכה ברכה המון מקנה
1QM 18.3	ישראל על כול המון בליעל בעת
1QM 19.4	ונחלתכה ברכה ה[מון : [
4Q370 1.8	יפ]תחו המון מים : [
4Q402 4 1.9	וקול המו[ן :
4Q405 18 1.6	]ל[ ]המו[ן ˙[
4QNab 1+ 1.8	סב]ר די אלהין ה[מון]
11QPs 26.10	ילך ואחריו המון מים רבים
11QSS 5+ 1.6	לאלוהי : אלים המו[ן
11tgJ 25.2	עבדהון וירמא המון באת[ר:
11tgJ 28.2	] : חזו ה[מון כ]ל אנשא
11tgJ 34.9	ומטר : [ה]מון בעפר
4Q403 1 2.14	לדביר בקול המוני קודש כול
1QM 15.11	וכול קהל : [ה]מונם [
1QM 18.12	לנו [ל]רדוף המונם כיא אתה
CD 2.1	להשם את כל המונם ומעשיהם
11QT 40.10	מחוץ לעומת המוסד : עד
1QM 2.7	השם : קריאי המועד וכול
11QT 42.16	את עולת המועד אשר :
4pHs[a] 2.16	אשר : [המו]עדות
11QPs 27.8	ולכול ימי המועדות ולי ם
CD 6.18	כפרושה ואת המועדות : ואת
CD 12.4	את השבת ואת המועדות לא
11QT 43.15	ואכלוהו בימי המועדים ולוא :
11QT 54.9	האות <א>ו המופת אשר דבר
11Ap[a] 2.3	מי ע[: ואת המופ[תים
11QT 37.9	לפני המושבות בפרור
11QT 49.7	יטמא כול המושקה : יטמא
11QT 49.9	מישראל כול המושקה : אשר
4pPs[b] 5 1.3	מכשול [:]˙ת המזבח י˙[: [
11QPs 27.5	לשורר לפני המזבח על עולת
11QT 16.6	] המז]בח והקטיר
11QT 16.16	על קרנות ה[מזבח : דמו
11QT 16.17	פנות עזרת המזבח ואת[:
11QT 16.18	יקט[י]ר המזבח חטאת קהל
11QT 20.4	]יקטירו על המ[זבח : [
11QT 20.11	ויקטירו על המזבח ואת
11QT 23.8	]ם על ה[מ]זבח אחר
11QT 23.13	פנות עזרת המזבח וזרק את
11QT 23.14	יסו[ד] : עזרת המזבח סביב ואת
11QT 23.14	חלבו יקטיר המזבח החלב
11QT 23.17	הכול על המזבח עם מנחתו
11QT 28.2	]ד ומנח[תה : המזבח אשי ר[יח
11QT 32.7	˙ם ולהקטיר על המזבח : העו[לע
11QT 33.13	בתים לכלי המזבח למזרקים
11QT 33.15	הרגלים על המזבח
11QT 34.8	אותו על יסוד המזבח סביב
11QT 34.12	האש אשר על המזבח פר ופר
11QT 34.14	את הכול : על המזבח אשה ריח
11QT 35.15	והעוף על המזבח יעשה
11QT 37.4	הפנימית לעזרת ה[מז]בח אשר ˙˙
11QT 43.10	שמן חדש <ע>ל <ה>מזבח וכול
CD 11.20	לטמא את המזבח כי כתוב
1Q26 1 1.2	נה[יה:]לם המזו˙[: [
2apDa 1 1.2	ל]פי [: ק]לעו המזור עם קשתות
3Q15 2.10	שתחת החומא מן המזרח : בשן
3Q15 3.5	הפנא האחרת המזרח : ית חפר
4pN 3+ 2.12	]ערי המזרח כי
11QT 41.11	עד פנת (של) המזרח שלוש

2apPr 1 1.7 פנת: תחת]יות המלאה שעירים:

CD 10.19 אל ידבר בדברי המלאכה והעבודה

3Q15 2.1 [כ]כר : בבור המלה שתחת

1QM 15.6 ככו[ל המלה]מה והתהלך

1Q25 5 1.6 ביהו[דה :] המלוכה [
1QM 6.6 לאל ישראל המלוכה ובקדושי
1QM 19.8 במלכות : המל]וכה וישראל
4QM1 11 2.17 וה<י>תה לאל[המלוכ]ה ולעמו
4QM1 15 1.7 [: עלי]ון המלוכה ולעמו

1QM 1.1 למ[שכיל] המלחמה ראשית
1QM 1.3 ירושלים ואחר המלחמה יעלו
1QM 2.6 ושלושים שני המלחמה הנותרות
1QM 2.8 כפי תעודות המלחמה שנה
1QM 2.9 העבודה תערך המלחמה שש שנים
1QM 2.13 אחריהם תחלק המלחמה על כול
1QM 2.14 הנותרות תחלק המלחמה על כול
1QM 3.1 על ח[: (סדרי המלחמה
1QM 3.1 <סדרי המלחמה
1QM 3.1 בהפתח שערי המלחמה לצאת
1QM 3.2 המאסף בשוב המלחמה על
1QM 3.6 חצוצרות סדרי המלחמה יכתובו
1QM 3.7 בהפתח שערי המלחמה לצאת
1QM 3.10 ובשובם מן המלחמה לבוא
1QM 4.8 ובשובם מן המלחמה יכתובו
1QM 4.13 ובשובם מן המלחמה יכתובו
1QM 5.3 סרך לסדר דגלי המלחמה בהמלא
1QM 7.6 ממקורו ביום המלחמה לוא ירד
1QM 7.9 ובסדר מערכות המלחמה לקראת
1QM 7.15 המ]לחמה על
1QM 8.8 ו]נטו ידם בכלי המלחמה
1QM 8.11 יצאו : זרקות המלחמה להפיל
1QM 9.2 החללים לנצח המלחמה עד הנגף
1QM 9.7 משיבים על ידי המלחמה עד החרם
1QM 9.10 סדר דגלי המלחמה לערוך
1QM 10.5 לכול עתודי המלחמה נדיבי
1QM 11.1 כיא אם לכה המלחמה ובכוח
1QM 11.2 ו]חנית כיא לכה המלחמה ואת :
1QM 11.4 פשעינו לכה המלחמה ומאתכה
1QM 12.9 וגבור המלח[מה]
1QM 12.17 גבורי המלחמה
1QM 15.2 ו]כול ע[תודי] המלחמה ילכו
1QM 15.5 את תפלת מועד המלח[מה
1QM 16.4 ופתחו שערי המ[לחמה וי]צאו
1QM 16.11 בם כול חרוצי המלחמה :
1QM 18.4 כול מערכות המלחמה ונחלקו
1QM 18.13 הגבורה ובידכה המלחמה ואין :
1QM 19.12 ה]מלחמה וכול
4QM1 1+ 1.8 לערוך המלחמה
4QM1 1+ 1.11 לכול[ ]˙ ה[מל]חמה יעמדו
4QM1 1+ 1.13 יקו[מו :]המלחמה
4QM1 1+ 1.16]בערוך המלחמה ומלאה
4QM1 8+ 1.17 [הו]דות המלחמה יספרו
4QM1 10 2.10] : המלחמה
4QM1 11 2.2 המל]ח[מה
4QM1 19 1.2]˙ם ולמ[:]המלחמה [:]
4QM1 21 1.1]המלחמה[:
4QM1 21 1.2]המלחמה[: המלח]מה
4QM3 1 1.1 המלחמה
4QM3 1 1.3 בחצוצרות המלחמה[ ]
4QM3 1 1.7 לצאת אנ[שי] : המלחמה להתקרב
4QM6 4 2.2]˙[: ת]עורך המל[ח]מ[ה :
4QM6 13 3.2 א]חריהם תחלק המלחמ[ה :
4QM6 8 3.5 [VACAT] : המלח]מה
4QM6 12 4.2 אל [:]המלחמה [:
4QM6 12 4.4 חצוצ[רות : ה]מלחמה]
11QT 58.7 חמישית אנשי המלחמה ואם מלך

3Q15 2.7 שנגד השער המזרחי : רחוק

3Q15 4.11 מאתין : בשית המזרחית שבצפון
3Q15 7.12 פנת המשמרה : המזרחית חפור

CD 6.9 אשר חקק המחוקק :

CD 3.20 יועד : הנה המחזיקים בו
CD 20.27 וכל המחזיקים

1QS 5.3 אנשי : היחד המחזקים בברית
4pN 3+ 3.9 נכבדי ה[המחזק]ים את

1QM 2.10 יחד : ומלחמת המחלקות בפתש
4QM6 6+ 2.2] : המחלקו]ת בתשע

1QM 6.10 לכול ע[ב]רי המחנה הכול שש
1QM 14.2 החללים לבוא המחנה ירננו
1QM 19.9 המח]נה
4QM2 1 1.8 [ואחר יאספו המח]נה[
CD 20.26 יכרתו מק[רב] המחנה ועמהם כל
CD 9.11 מי גנבו ממאד המחנה אשר גנב
CD 13.4 פיהו כל באי המחנה
CD 13.13 איש : מבני המחנה להביא

1QM 3.4 ועל חצוצרות המחנות :
1QM 3.14 על אותות ראשי המחנות אשר
1QM 7.1 חמשים וסורכי המחנות יהיו
4QM1 1+ 1.7 אמה יהיה בין ה[מחנות
4QM1 1+ 1.9 וכול שרי המחנות ועברו
4QM1 1+ 1.19]שרי המחנות[: ל[ ]
CD 12.23 סרך מושב : [ה]מ[חנות]
CD 13.20 וזה מושב המחנות לכל[
CD 14.3 וסרך מושב כל המחנות יפקדו
CD 14.9 אשר : לכל המחנות מבן

4QPBl 1 1.2 בוא לדויד כי המחקק היא ברית

11QT 19.15 ההין על המטה ויקריבו
11QT 21.15 ההין אחד מן המטה שמן חדש
11QT 57.6 אלף אלף : מן המטה להיות עמו

11QT 18.16 ה]מט[ו]ת לשבטי
11QT 21.2 כבש אחד לכול המט[ות :]

1Myst 1 2.4 ל[: כי אם המטיב והמרע אם

4pHs[b] 38 1.7 [: מ˙[: ג˙[: המי˙[: טרף]

11QT 58.4 ועל שרי המ<י>אות

1QDM 2.10 מטר ואת ה[מים] למ[טה
1QH 1.21 החמר ומגבל המים : סוד
3Q15 5.1 ככ : ברוש אמת המים˙[ ] :
3Q15 7.14 על פי יציאת המים של הכוז :
3Q15 9.11 הרב : בקול המים הקרובין
3Q15 9.17 שבמצד באמת ה[מים] : דרום
11QT 32.14 אשר : יהיו המים נשפכים

CD 9.13 בעלים והתורה המישב לכהן :

11QT 23.14 המזבח החלב המכסה את :

4Q504 1+R 6.17 [: <ה>מכשילים ˙[
4QCat[a] 10+ 1.7 בעומדם :]המכשילים את
4QFl 1+ 1.8 בני בליעל המכשילים אותמה

11tgJ 2.6 ולא [: רוח המכת לאנתתי[:

1QM 7.18]י המל[ ] :

11QT 61.14 כי אנוכי עסכה המעלכה מארץ

1QM 9.10 המלחמה לערוך המעמד על רמ[ות

11QT 38.6 אצל שער המערב [׃]
11QT 41.1 המ]ער[ב ׃]
11QT 44.15 בנימין עד פנת המערב לבני
11QT 46.14 לחוץ לצפון המערב לעיר

3Q15 6.12 המלכא בצד ׃ המערבי חפר
3Q15 10.8 גי איך בצדו המערבי ׃ אבן
3Q15 10.13 מן הצד ׃ המערבי חפור
3Q15 11.16]בית המשכב המערבי ׃ סיף

3Q15 3.10 תחת הפנא המערבית ׃ בקבר

1QM 3.10 המלחמה לבוא המערכה יכתובו
1QM 5.3 אלפ איש תאסר המערכה ושבעה
1QM 6.8 גם המה לימין המערכה
1QM 7.12 פני כול אנשי המערכה לחזק
1QM 8.2 ובאו ליד המערכה ׃
1QM 9.11]מ[שנ]י עברי המערכה [לר]מוס
1QM 9.13 יוצאים מן המערכה מאה מגן
1QM 14.3 אשר סדרו שם המערכה לפני
1QM 16.13 ועמד לפני המערכה וחזק את
1QM 17.10 להם לסדר דגלי המערכה והראשים
1QM 19.9 יבואו עד מקום המערכה ׃]
1QM33 2 1.4 ל׳[׃]׳ים המערכה [׃
4QM1 1+ 1.7 איש מנו]גע ׃ המער]כה ואנשי
4QM1 1+ 1.7 ב[ ]׳ המערכה עד
4QM1 1+ 1.11 ובע]לות המערכה הנצבה
4QM1 1+ 1.15] ׃ אחד המערכה[
4QM1 1+ 1.16 המלחמה ומלאה המ[ע]רכה השנית
4QM1 11 2.11 וע[מד המער]כ[ה
4QM2 1 1.9 יבואו עד מקום המערכה [אשר
4QM3 1 1.9 השערים ויצאה המערכה השנית

1QM 5.16] יסדרו שבע המערכות מערכה
1QM 6.1 ועמדו בין המערכות הדגל
1QM 6.4 ועמדו בין שתי המערכות הדגל ׃
1QM 6.10 רכב לאנשי סרך המע<ר>כות ׃
1QM 7.9 התיכון אל בין המערכות שבעה ׃
1QM 7.14 אל בין המערכות יצאו
1QM 7.18 בין שתי המערכות וש[שת
1QM 8.4 ועמדו בין המערכות ולידם
1QM 15.6 שם ׃ את כול המערכות ככו[ל
1QM 16.4 ראשים בין המערכות ותקעו
1QM 16.12 ועמדו בין המערכות ׃
1QM 19.12 וכול ראשי [ה]מערכות
4QM1 1+ 1.11 ישימו בין המערכות[׃
4QM1 1+ 1.12 המע]רכות ואם
4QM1 1+ 1.14 כלה והיו כול המערכו[ת
4QM2 1 1.11 וכו]ל ראשי המערכות [
4QM3 1 1.1 יעמודו לפני [ה]מערכות׃
4QM3 1 1.7 להתקרב בין המערכות
4QM3 1 1.12]יתקעו לכ[ול המ]ערכות [
11QT 8.9]׳׳ה על שתי המערכות[׃

4Q509 8 1.1] המעשה[׃]כה
11QT 43.16 ממנו בימי המעשה לאונמה
11QT 43.17 יאכל בימי המעשה ׃]

4Q503 15+ 1.8 אל ישראל המפל[יא ׃]ארץ
4QM1 8+ 1.7 אל ה[ח]סדים המ[פ]ליא חסדיך

1QS 8.17 אשר יסור מכול המצוה דבר ביד
CD 10.3 עובר דבר מן המצוה ביד רמה

11QT 46.18 יהיו ׃ באים המצורעים

1Q25 1 1.4 [׃ חקקתי להם המ[צות׃ להמה

11QT 58.8 שלישית אנשי המלחמה ושתי
11QT 58.10 וכי אם תחזק המלחמה עליו
11QT 58.14 בין תופשי המלחמה לאחיהמה
11QT 58.16 העם אנשי המלחמה כול
CD 20.14 עד תם כל אנשי המלחמה אשר שבו

1QM 11.15]המלחמות

4Q400 1 2.8 מ[׃ כבוד המלך ש׳[׃
4Q403 1 1.13 ה]מלך בשבעת
4Q403 1 1.17 בש[ם] הו[ד המ]לך לכ[ול]
4Q403 1 2.24 וראשי ע<ד>ת המלך בקהל ׳]
4Q405 15+ 1.3 בפרוכת דביר המלך ׳׳] ׃
4Q405 19+ 1.8 [ ]׳׳׳ המלך ׳׳׳]
4Q405 23 1.9 משמיעים כבוד המלך מברכים
4Q405 56 1.1]ש המלך]
4pIs[c] 8+ 1.11] מו]ת המלך אח[ז
4QM1 11 1.18 עם בני המלך לוא [פ]ז
11QSS 2+ 1.7 מבואי ׃ [המל]ך עם כול
11QT 58.3)יה כי ישמע <המלך> על כול
CD 7.16 הם סוכת ׃ המלך כאשר
CD 7.16 דוד הנפלת המלך ׃ הוא

3Q15 6.11 ככ ׃ במשכן המלכא בצד ׃

4QPBl 1 1.2 היא ברית המלכות׃ אל]פי

4QM1 8+ 1.14 בעו[ז מלך המ[לכים

11QPs[b] e 1.4 שלום ע ׃ רי המלם ׃ בי ומעל

4pN 3+ 2.7 חן בעלת כשפים הממכרת גוים

6apSK 57 1.1]ת הממלכה[׃ א]שר

4pPs[a] 1+ 2.3 מרעתם כיא כול הממרים ׃ לשוב
11Mel 1+ 2.12 הממ]רים בסורמה

4Q509 206 1.1]ם ברוך אדוני המנ[
11tgJ 33.7 יחדה [ ] המן חכמתך

4QOrd 1 2.9 ולחמשים מחצית המ[נ]ה [
4QOrd 1 2.10 שקל הכול[׃ המנה ש[ ]מ[
4QOrd 1 2.11 כסף מעשר ה[מנה ׃ שק]ל

4Q501 1 1.3]]ה המנודבים תועים

4Q509 12i+ 1.1 המנודחים

11QT 19.11 הביאכמה את המנחה חדשה

4QOrd 1 2.10 של]וש לעשרת המנים[׃ חמ]שה

1QS[a] 1.22 ובעבודת המס יעשה

11QT 31.8 [כו]ל בית המסבה הזואת

1QM 3.3 ועל חצוצרות המסורות יכתובו

4apLm 1 2.9 ואין מגיר[׃ המסלאים [ ]׳׳ת

3Q15 11.6 גנת צדוק תחת המסמא ה ׃

4Q503 1+ 2.13 ועו[ד] ׃ המספ[ר

3Q15 1.13 השבילה ׃ בשוא המעבא של מנס

3Q15 12.4 גריזין תחת המעלהא של השית

3Q15 1.2 עכור תחת׃ המעלות הבואת
3Q15 2.1 המלה שתחת המעלות ׃ בכרין

4QM1 1+ 1.17 בכול עת <ה>מריעים

4Q511 132 1.3]˙ שרו [:]המש[

1Myst 1 1.8 לבוא ואמת המשא ומזה יודע
4VSam 1 1.4]להגיד את המשא לעלי ויען

1QM 3.10 על חצוצרות המשוב אסף אל
1QM 3.10 חצוצרות דרך המשוב : ממלחמת
1QM 8.2 בחצוצרות המשוב ובאו ליד
1QM 8.13 בחצוצרות המשוב : קול
1QM 14.2 כולם את תהלת המשוב ובבוקר
4QM3 1 1.8 בחצו[צ]רות המש[ו]ב : לבוא

CD 16.5 משה יסור מלאך המשטמה מאחריו

1QS[a] 2.12]]א[ת]המשיח אתם

3Q15 11.16 די[רת]בית המשכב המערבי :

4Q504 8R 1.6 עדן אשר נטעתה המשלת[ה :]˙ם

4Q509 191 1.4] שמכה[: ה]משלתנו [:]

3Q15 7.11 בדוק תחת פנת המשמרה :

1QM 2.2 לפני אל וראשי המשמרות ששה

11QT 31.4]הכוהן המשנה : אל

1Q29 5+ 1.6 כו[ל :]מספר המש[פחות :]˙˙

1pHab 1.14 ע]ל כן יצא המשפט :]
1pHab 8.2 יצילם אל מבית המשפט בעבור
1pHab 10.3 פשרו הוא בית המשפט אשר יתן
1pHab 12.14 יצילום ביום המשפט הוי :
1pHab 13.3 העץ וביום : המשפט יכלה אל
1QS 7.21 ואחר ישאל אל המשפט :)
1QS 8.24 העצה ודרשו המשפט : אשר
1QS 11.10 צעדו כיא לאל המשפט ומידו :
3pIs 1 1.6] : [י]ום המשפ[ט
11QT 29.4]ביומו כתורת המשפט הזה :
11QT 50.6 וטהר כחוק המשפט : הזה
11QT 56.2 לכה את המשפט : ועשיתה
11QT 56.6 יורוכה ועל פי המשפט אשר
11QT 58.21 אשר יצא על פי המשפט אשר :]
CD 8.16 השבועה : וכן המשפט לשבי
CD 20.1 ומישראל וכן המשפט : לכל
CD 13.7 כי להם : המשפט וזה
CD 15.7 וכן : המשפט בכל קץ
CD 16.12 וכן המשפט לאביה :

1QS 6.24 ואל<ה> המשפטים אשר
1QS 8.20 ליחד : ואלה המשפטים אשר
4QM1 4 1.3 לה[:]ככול המשפט[י]ם האלה
5Q13 9 1.3 אשר צו[ה : המש]פטים האלה[
CD 12.19 ערי ישראל על המשפטים האלה
CD 13.22 וא]לה ה[משפטי]ם
CD 14.18 וזה פרוש המשפטים אשר]
CD 15.11 איש את : המשפטים עד

11QT 36.9 מן הס(˙)ף עד המשקוף וגובה :
11QT 36.10 המקרה מן המשקוף ארבע
11QT 41.15 באמה עד המשקוף ומקורים
11QT 42.2] עד המשקוף ופ[תחה
TS 3 2.6 (וכן) המשקופ ומקורים

11QT 49.5 אשר ימות בו המת יטמא :
11QT 49.11 ממנו את המת יכבדו את
11QT 49.14 אשר : יצא המת ממנו יטהרו
11QT 50.2 ת]ערובת המת [: נטמאו

11QT 11.10]˙˙˙˙˙˙˙˙ ובחג המצות וביום

4Q504 1+R 5.18 ונסויים בחמת המציק כיא גם :

4pPs[a] 1+ 2.19 עצתו בעת המצרף הבאה
4QCat[a] 5+ 1.3]רה עד עת המצ[רף
4QFl 1+ 2.1 היאה עת המצרף הב[אה
4QM1 10 2.11 ˙] : חללי המצרף לנפול

4Q403 1 1.31 למלך הכבוד המקדיש בקודשו

1QM 2.3 תמיד בשערי המקדש : וראשי
1QM 7.11 מלחמה ואל המקדש לוא :
4Q512 56+ 1.3 א]ל המקדש וירד :]
4Q513 10 2.7 [: בטהרה ר[: המקדש[: מבני
4Q513 20 1.3]בה <את> המקדש[:]˙ר]
11QT 3.11] לוא ימוש מן המקדש קער[ותיו
11QT 43.12 במרחק מן המקדש דרך
11QT 45.8 יבוא אל : כול המקדש עד אשר
11QT 45.10 אחר : יבוא אל המקדש ולוא
11QT 45.12 אל כול עיר : המקדש אשר
11QT 45.17 יבוא אל עיר : המקדש וכול טמא
11QT 47.17 וכול טהרת המקדש בעורות
11QT 47.17 המקדש בעורות המקדש תביאו
CD 4.18 השלישית : טמא המקדש העולה
CD 5.6 מטמאים הם את המקדש אשר אין
CD 6.12 לבלתי בוא אל המקדש להאיר
CD 6.16 ובחרם : ובהון המקדש ולגזול
CD 20.23 ויטמאו את המקדש ושבו עד
CD 12.1 עם אשה בעיר המקדש לטמא :
CD 12.2 לטמא : את עיר המקדש בנדתם

11QT 53.9 תשא ובאתה אל המקום אשר
11QT 56.5 לכה באמת : מן המקום אשר אבחר
11QT 60.13 אות נפשו אל המקום אשר אבחר

11QT 36.3] מן המקצוע[:]
11QT 36.12 ומפנת השער עד המקצוע השני
11QT 44.11 ראובן : מן המקצוע אשר אצל

1pPs 8 1.3 אלוה[ים :]˙ת המקר[א] לברך
1QM 7.13 חצוצרות המקרא וחצוצרות
1QM 7.15 בשתי חצוצרות המק[רא
1QM 8.3 בחצוצרות המקרא ויצאו :
1QM 9.3 בחצוצרות המקרא ויצאו
1QM 16.12 בחצ[ו]צרות המקרא לצאת

11QT 36.10 וגובה : המקרה מן

TS 1 1.10 והי]ו המקריבים ביום

1pHab 2.11 הכשדאים הגוי המר[והנמ]הר :

11QPs 28.9 יפי התור ויפי המראה הגבהים

3Q15 12.1 ששין ביאתו מן המרב : תחת

1pHab 8.7 ויומרו הוי המרבה ולוא לו

1QM 9.6 בחצוצרות המרדוף

1QM 3.2 וחצוצרות המרדף בהנגף
1QM 3.9 ועל חצוצרות המרדף יכתובו
1QM 7.13 וחצוצרות המרדף וחצוצרות

3Q15 2.3 במערת בית המרה הישן

4Q504 7 1.14]בר אשר המרו :]

4Q509 131+ 1.15]שלחתנו : המ]רותם : [

Ref	
4Tstm 1.7	דברי אשר ידבר הנבי בשמי
4QCatᵃ 5+ 1.2	אנשי ה'[חד : הנ]ביא אכול
4QCatᵃ 5+ 1.5	הנב]יא תורת
4QCatᵃ 7 1.3	בספר יחזקאל הנ]ביא
4QFl 1+ 1.15	בספר ישעיה הנביא לאחרית
4QFl 1+ 1.16	בספר ישעיה הנביא לו]א
4QFl 1+ 2.3	בספר דניאל הנביא להרשי]ע
11Mel 1+ 2.15	ישע]יה הנביא אשר אמר
11QT 54.11	תשמע אל דבר הנביא ההוא או
11QT 61.2	והומת הנביא
11QT 61.3	ואשר ידבר הנביא בשם יהוה
11QT 61.4	בזדון דברו הנביא לוא
CD 3.21	ביד יחזקאל הנביא לאמר
CD 4.13	אל ביד ישעיה הנביא בן :
CD 7.10	ישעיה בן אמוץ הנביא : אשר
CD 19.7	ביד זכריה הנביא חרב עורי
1pHab 2.9	דברי עבדיו הנביאים]
1pHab 7.8	אשר דברו הנביאים כיא
1QS 1.3	כול עבדיו הנביאים ולאהוב
1QS 8.16	ולאשר גלו הנביאים ברוח
4Q504 1+R 3.13	ועבדיכה : הנביאים אש[ר
4QPsᵃ 2.5	: עבדיו הנביאים [
11Mel 1+ 2.17	ההרים [ם] המה : הנביאים [ ]
CD 7.17	הם ספרי הנביאים : אשר
1QS 5.9	נפש לכול הנגלה ממנה
1QS 8.1	תמימים בכול הנגלה מכול :
1QS 8.15	לעשות בכול הנגלה עת בעת
1QS 9.13	רצון אל כול הנגלה לעת בעת
1QS 9.19	את רעהו בכול הנגלה להם
1QS 1.9	תמים כול : הנגלות למועדי
1QM 9.2	המלחמה עד הנגף האויב
4QMl 1+ 1.14	כול המערכו[ת הנגשות למלחמת
CD 16.13	על משפט הנדבות אל ידור
1QS 1.7	ולהבי את כול הנדבים לעשות
1QS 1.11	ובנקמת אל וכול הנדבים לאמתו
1QH 1.22	הערוה ומקור הנדה כור העוון
4Q512 34 1.17	[ה מנגע הנדה [ ] ה
11QPs 18.6	מפתחיה : הנדחים
1QH 4.24	פני : כול הנדרש[ים] לי
1pHab 7.14	ברזי שרמתו הנה עופלה לוא
1pHab 10.7	בעולה הלוא : הנה מעם
1PMc 1+ 1.2	הנ]ה יה[וה
1QH 10.8	השכלתני : הנה אתה שר
1QH 16.8	מעשיך הכול הנה הואלתה לע'
1QS 2 1.7	אשר בידם לוא הנה ואתה
1QM 5.13	והבמן מרוגלת הנה : והנה
1QS 3.18	מועד פקודתו הנה רוחות :
1QS 4.23	מעשי רמיה עד הנה יריבו רוחי
2apPr 1 1.9	י]נו הנה ממזרח
4Q184 1 1.13	]עיניה הנה והנה
4Q185 1+ 1.9	אדם א[:]כי הנה : כח[צ]יר
4Q385 3 1.4	פניך יחזקאל הנ]ה[אמ]ר[ד]ר
4PHsᵇ 21 1.1	הנה :]וכול
4QCatᵃ 2+ 1.12	[פתה הנה הכול כתוב]אי
11QPs 18.13	זדים לדעתה הנה : עיני
11QPsᵇ c 1.2	ות לדויד הנה מה ם ם
CD 2.17	בם מלפנים ועד הנה בלכתם
CD 3.20	מלפנים ועד : הנה המחזיקים
CD 4.4	באחרית הימים הנה פרוש :

Ref	
CD 12.18	אשר יהיו עם המת בבית וטמאו
11QPs 22.4	תפארתך המתאוים ליום
CD 7.4	אל להם כל המתהלכים :
CD 12.23	[ה]ס[מ]חנות] המתהלכים באלה
CD 14.1	בקהל יהודה וכל המתהלכים באלה
4apLm 1 2.2	ונגוללה עם המתים '] :
11QT 60.19	ודורש אל המתים כי תועבה
4Q185 1+ 2.11	[אב] ' [ ]יאמר המת' ' ' בה
1Q31 1 1.1	אנשי היחד התנדרבי[ם]
1pMc 10 1.5	[ו ולכ[ו]ל המתנדבים ליסף
1QS 5.1	לאנשי היחד המתנדבים לשוב
1QS 5.6	לכפר לכול המתנדבים לקודש
1QS 5.8	אל לעיני כול המתנדבים ויקם
1QS 5.10	אנשי בריתם : המתנדבים יחד
1QS 5.21	פי בני אהרון המתנדבים ביחד
1QS 5.22	ר(י)ב ישראל המתנדבים לשוב
1QM 9.4	דגלים והרגל המתקרב כולם
1apGn 2.5	תחיינני הן[:]
1apGn 20.19	כול אסי מצרין הן יכולון
1QS 3.26	ל] הן כול עבודה
4Q176 50 1.2	[מלחמכי :]הן[' ']
4Q176 55 1.2	[ ]הן[:]הן'[
4Q482 3 1.3	לוא '[הן א]'[הן]א'[
4Q504 1+R 3.2	[חשב א[ש]הן : כול
4Q509 94 1.2	]ה[:]ת[
4Q512 108 1.1	]ה[
4pIsᵉ 1+ 1.1	הנ[ ] ' [או']
4QFl 15 1.1	]יה הנ'[:] ' ומי
6Q26 1 1.1	עלי[:]'לי'[:
6apGn 1 1.6	תמהין שמעת הן ילדת טר'[
6QHym 20 1.3	המ[ ]ת'[ ] : הן ל']
6QPro 4 1.2	'א[הן] ' : [' '[
11tgJ 10.9	[לנפש<י> : הן לכם]א[
11tgJ 10.10	לכם]א[: ב]אפי הן
11tgJ 11.4	[קדמוהי ינסון הן : חר]ב
11tgJ 18.5	אתקצרת:]הן
11tgJ 18.8	[: הן]א [
11tgJ 22.1	אף '] : ' [הן הרגתי לא
11tgJ 22.4	לי ונקא]ה :]ה[ן עולין השכח
11tgJ 26.9	[יצתנה הן תאמר]
11tgJ 27.4	]' [:]הן יתג<ו>בון מן
11tgJ 27.5	[מן]בא'שתהון : הן ישמעון
11tgJ 28.6	[עם סגיא הן ' :]מן
11tgJ 29.3	על אנפי תבל הן : למכתש
11tgJ 29.4	הן למכתש הן : לארעא הן
11tgJ 29.4	הן לארעא הן : לכפן וחסרנה
11tgJ 30.2	ארעא מן : הן שם משחתה
11tgJ 30.3	מן שם משחתה הן תנדע מן נגד
4QPsᶠ 2 10.11	תגבר ימינך הנא אואבים :
11QT 53.20	]יקומו : ואם הנא יאנה אביה
4Q385 2 1.6	[ב]' ויאמר שנית הנבא ויפלו
1pHab 7.5	דברי עבדיו הנבאים כיא עוד
4Q385 2 1.5	[בן אדם הנבה על העצמות
4Q402 8 1.5	['] ' [:]'יבאו[:] ' הנבוד]
4Q511 96 1.2	[']נבונ'[:] ' ' [: הנבון'[
4Q511 2 1.7	[אלוה]'ים הנבונה שם
4Q511 96 1.4	ב]רפתו הנבונה[:] ' [ ]

[ ] ביום הניפת העומר 11QT 18.10

]שר ˙[׃]הנכ˙[׃]לל [4Q512 26 1.3

יזכיר דבר בשם הנכבד על כול 1QS 6.27
יודה לאל הנ‹כ›בד ש[בעה 4Q403 1 1.4

[׃]רוב כוח הנכבד[ים ׃]ל[1Q29 3+ 1.5
] אלוהי ׃ הנכבד[ים 4Q400 3+ 2.9

]˙[׃ [ה]נלה שוכב עם 4Q509 5+ 2.7

בעלות לבני הנכר ולכול 4Q513 2 2.2
אל ישלח את בן הנכר לעשות את CD 11.2

מנש]ה בית פלג הנלוים על מנשה 4pN 3+ 4.1

מגוריהם כול הנמצא איש את 1QS 6.2
את כול השכל הנמצא לפי 1QS 9.13
ולהשכילם כול הנמצא לעשות 1QS 9.20
] ׃ נפש אל הנמצא לעשות CD 15.10

והיה כול העם הנמצאים בה 11QT 62.7

] ואנו הננו עומדים 4QMI 15 1.3

]כיא הנני מקים את ׃ 1pHab 2.10
ומה יעשה אנוש הנני ואיככה ׃ 4Q381 31 1.6
על העץ [י]קרא הנני אלי[כה] ׃ 4pN 3+ 1.8
הנני אליך נאם 4pN 3+ 2.10

מעל יהודה וכל הנסוגים CD 7.13

וכול דבר ‹ה›נסתר מישראל 1QS 8.11

בחוקוהי לדעת הנסתרות אשר 1QS 5.11
]ואתה ידעתה הנסתרות 4Q508 2 1.4
]הנסתרו[ת ׃]ל[4Q509 212 1.1

] ׃ הנעדרות מהמה 4pIs[d] 1 1.6

]˙˙˙ ׃ ולכול הנעזב ממנה[1QH 9.18

א]בי הנערה ו[׃]˙[4Q502 108 1.3
ולקח אבי הנערה או אמה 11QT 65.9
את בתול הנערה אל 11QT 65.10
ואמר אבי הנערה ׃ אל 11QT 65.10
ונתנו לאבי הנערה כי הוציא 11QT 65.15
ו]יומתו את הנערה על דבר 11QT 66.2
מצאה זעקה ׃ הנערה המאורשה 11QT 66.8
עמה לאבי הנערה חמשים 11QT 66.10

כאשר צוה וכול הנעשה בו ירצה 1QS 9.24

]יו[ ]˙[׃]הנף עמר [׃ 4Q513 4 1.2
המצות וביום הנף העומר ׃]˙ 11QT 11.10

ימים וכן לאיש הנפ( )‹מ›ר 1QS 7.10

הנפ]לאים אשר 4Q504 7 1.2

את סוכת דוד הנפלת המלך CD 7.16

]הנפש אשר 1QDM 4.7
כי כול הנפש אשר לוא ׃ 11QT 25.11
כי הדם הוא הנפש ולוא 11QT 53.6
ולוא תואכל את הנפש עם הבשר 11QT 53.6

המערכה הנצבה למלחמת 4QMI 1+ 1.11

ובכול קהלו הנק[ה]ל[ים 1QM 11.16

ישראל מכל אלה הנה הוא מדוקדק CD 16.3

תצרח על ההווה הנהיה בתבל 1QH 3.33
כול דעה וכול הנהיה ברצונכה 1QS 11.18

עליה[ם] את מי הנהר ה[עצומים 4pIs[c] 2 1.2

תחתיה ואת הנו[1QH 17.13
]הנו ל˙˙ת ˙[׃ 4Q504 18 1.1

[בא]שר [הנו]את[]נו] 4Q506 132 1.5

ימים וכול הנוגע בו טמא 11QT 50.12
מטאתם יטמא הנוגע בם וכל CD 12.17

]יענש ׃ הנודר[CD 16.18

אלוהיכ]ם את הנ[וכרי 1QDM 3.6

הזה לכול הנוסף ליחד ׃ 1QS 8.19
בעדתו ׃ וכל הנוסף לעדתו CD 13.11

הנדרש[ים] לי הנועדים ‹יחד› 1QH 4.24
חיל ׃ בליעל הנועדים עמו 1QM 15.3
קיראי מועד הנועדים לעצת 1QS[a] 2.2

כי יפול הנופל ׃ ממנו 11QT 65.6

[מ]בלי אומץ הנופלים מבלי[4Q509 12i+ 1.2
גת ועד [׃] הנופלים אשר [6apSK 30 1.2

את סוכת דויד הנופלת היאה 4QFl 1+ 1.12
סוכת ׃ דויד הנופל[ת א]שר 4QFl 1+ 1.13

] הנורא[׃]ל˙[4Q511 192 1.1

בכול ˙˙˙˙˙ הנוראים והוא ׃ 1QH 13.14

וטהר ׃ וכול הנושא מעצמותמה 11QT 51.4

]דניא[ל ׃] הנות˙[4Q178 12 1.2

]אדוני הנותן בלב עב˙˙ 1QH 14.8

על המזבח ואת הנותר מהמה 11QT 20.11

שני המלחמה הנותרות והיו 1QM 2.6
בפתש ועשרים הנותרות בשנה 1QM 2.10
ובעשר השנים הנותרות תחלק 1QM 2.14

הנ]חילנו[4Q502 314 1.1

[׃ י]ורשי הנחלה[4pPs[b] 1 1.7

בכל אשר הנחלתו ולא 1Q34[b] 3 2.3

]ואמרתה הגפן הנטעת אשמ[ר 6QAl y 1 1.6

בשובך שבשולי הנפף משח משולו 3Q15 9.1

אסלח לה כי הניאה ׃ ש[ומעו 11QT 53.21

לאחיהמה ׃ אשר הניחו בעריהמה 11QT 58.15

ברוך הא[ל]הניחנו ˙[׃ 4Q504 3 2.2

ורוח ׃ קודשכה הניפותה בי בל 1QH 7.7
]עבדך ׃]הניפותה רוח 1QH 17.26
ברי ועל עפר הניפותה רוח 1QH 2 1.9
להשיב ׃]דשכה הניפותה לכפר 1QH 2 1.13

3Q15 11.5 בהבסה <ר>אש הסלע הצופא

11QT 3.10] קטורת הסמים ואת

3Q15 2.12 ביאתו תחת הסף הגדול :
11QT 36.9 באמה מן הס( )ף עד

4QFl 11 1.1]הספון ס[:

4pIs^d 1 1.3 בחירו כאבן הספיר בתוך

4pIs^c 15+ 1.4] ונתן הספ[ר

2Q25 2 2 1.4]˙ בקס[:]˙ הספרים[:]ל[

1QH 6.18 עולם לאין הסר בשביבי
1QS 9.20 מכול איש ולוא הסר דרכו :

11Mel 1+ 2.24 מקימ[י] הברית הסרים מלכת

1QM 6.11 על רכב אנשי הסרך ששת אלפים
1QM 6.14 וארבעים ופרשי הסרך יהיו מבן
1QM 7.1] : ואנשי הסרך יהיו מבן
1QM 7.17 יצאו ככול הס[רך
1QM 13.1 וכול זקני הסרך עמו וברכו
1QM 15.4 וכול אנשי הסרך עמו וקרא
1QM 16.3 את כול הסרך הזה יעשו
1QM 18.6] הסרך וברכו שם
1QS 5.1 ה]פקודה : וזה הסרכ לאנשי
1QS 6.8 ביחד וזה הסרך למושב
1QS^a 1.1 וזה הסרך לכול עדת
1QS^a 1.6 וזה <ה>סרך לכול
4QM1 1+ 1.6] : וזה הסרך בחנותמה
4QM1 1+ 1.17 ואנ[שי הסר]ך והכוהנים
4QM1 1+ 1.19 ככול הסרך]
4QM3 1 1.9 השנית וככול הסרך הזה

CD 1.3 אשר עזבהו הסתיר פניו

11tgJ 7.7 היך לא [: הסתכל[: קבל[
11tgJ 29.5 דא איוב וקום הסתכל בגבורת

11tgJ 25.3 שבילוהי לא הסתכ[לו :

4Q503 75 1.1]הסתם[:]<[ ]˙˙<

1QS 9.22 אנשי שחת ברוח הסתר לעזוב למו
4Q381 62 1.1] הסתר[

1Q70 7R 1.2]ם ו[:]˙הע˙[:]˙ ˙[
4Q509 297 1.1]הע˙[
4Q512 48+ 1.4 קוד[ש : ומי הע[ ]˙˙[
4QCat^a 12+ 2.1 בני א[ור : הע˙[ ]ם[:
11QT 7.3 ˙[:]˙לוחות הע[:]ה אמה

4Q504 1+R 5.19 <אל> בעווננו העברנו צור

4Q504 1+R 5.20 [ ]העברתנו להועיל

1QM 2.9 ושלושים שני העבודה תערך
CD 11.23 ולא ישביתו את העבודה כולה]

3Q15 11.9 ככ : בקבר בני העבט הירחי :

CD 8.3 תשפוך עליהם העברה : כי

11QT 63.2 ההיא את : העגל[ה] אל נחל
11QT 63.2 וערפו שמה את העגלה : ונגשו
11QT 63.5 על ראוש העגלה)

1QDM 1.2] א]ת כול הע[ד]ה ועלה

1QM 19.10 כול הגוים הנקהלים אם]

4Q381 40 1.2]נע הש[:]הנקלי[ם:] ותש

1QS^a 1.27 אלה הנשים הנקראים לעצת

1QS 6.11 לפניו האיש הנשאל ידבר

4Q378 11 1.3 אשר דבר :]הנשבע לאברהם

4Q509 12i+ 1.3] : מבלי מבי[ן הנשברים מבלי[

CD 15.7 לכל השב מדרכו הנשחתה ביום

1QS 8.13 מתוך מושב הנשי העול ללכת
4QM6 10 4.3 ה[אות <הנ]שי>] אשר
4QM6 10 4.4 <ואת]]הנשי>

1QM 3.16 וא]ת שם הנשיא הרבוא
CD 5.1 התבה ועל הנשיא כתוב :

4QM1 1+ 1.5]העדה וכ[ול]הנשיא[ים

1QS^a 1.27 ל]הנה אלה הנשים הנקראים
11QT 62.10 לפי חרב רק : הנשים והטף
CD 5.10 הוא כתוב וכהם הנשים ואם תגלה

11QT 42.3] לכול הנשכות
11QT 45.6 ומטהרים את : הנשכות זואת
TS 3 2.9 ולחוצה מזה הנשכות] :

11QT 58.4 שרי המ<י>אות הנתונים בערי :

11QT 34.10 ומולחים את הנתחים במלח

CD 20.3 הוא האיש הנתך בתוך כור:

1pHab 13.1] : הס מלפניו כול
4pHs^b 11+ 1.9]הס[

4Q503 218 1.3]גורל[ ]˙ה הסב[:]יר

3Q15 11.8 ב : בקבר שתחת הסבין כב :

CD 8.1 והנסוגים הסגירו לחרב

1QM 5.7 שבע אמות מזה הסגר והלוהב

4Q512 67 1.2 י[מי :] ימי הסגר[ו :]
CD 19.13 והנשארים הסגרו לחרב

1QM 11.2 גבור חיל : הסגרתה ביד

11QPs^b a 1.7 [ע]זב הסדו מהם בר[וך

11QT 11.13 ימי : ובח]ג הסוכות ובעצרת
11QT 42.12 אטות והיו הסוכות : נעשות
11QT 42.13 שנה ושנה בחג הסוכות לזקני :
11QT 42.17 אשר : לחג הסוכות שנה

1QH 14.24 וגדול :]˙ים הסולח לשבי פשע

4Q503 1+ 2.7 א[ל] : הסותם[

11tgJ 18.9 ה]סיפת : דנח

3Q15 4.13 ביגר של גי הסככא חפור :

CD 15.1 כי אם שבועת ה[סכ]ם : באלות

3Q15 2.11 המזרח : בשן הסלע בדין של

1QM 2.5   אלה יתיצבו על העולות ועל

11Mel 1+ 2.20   בכול קצי הע[ו]לם   [

1QSi 1 1.4   [למו בשלום [ה]עולמ]ים

11QT 32.8   על המזבח : הע[ו]לע

4pIsᵃ 7+ 3.22   [דויד העומד באח]רית

4QFl 1+ 1.11   [הו]אה צמח דויד העומד עם דורש

11QT 56.9   ישמוע אל הכוהן העומד שמה לשרת

11QT 60.14   הלויים ישרת העומדים שמה

11QT 11.10   וביום הנף העומר : [......

11QT 18.10   [ביום הניפת העומר

11QT 18.11   הביאכמה את העומר : [

4QCatᵃ 5+ 1.13   המה העונה השמינית[

11QT 38.10   [העוף ולתורים]

11QT 48.3   [העוף תוכלו]

11QT 48.4   אלה משרץ העוף תואכלו

11QT 47.15   בשרו כן יפהרו העורות אם :

4Q509 28 1.2   [ ] [ ]ה הע[ו]'[ ] [ ]ל' [ ] [ ]קת'

11QT 23.11   לפניו את שעיר העזים לראישונה

11QT 61.9   והנה עד שקר העיד שקר : ענה

CD 19.30   אשר העידו על העם

4pIsᵃ 2+ 2.24   [י]ושבי הגבים העיזו עוד

4Tstm 1.10   הגבר : שהתם העין נואם שומע

4Q379 22 2.6   יב[נ]ה את [העי]ר הזאת

4apLm 2 1.4   [בדד העיר]

4Tstm 1.22   אשר יבנה את העיר הזות

11QT 44.2   [אשר בתוך העיר לס[ ] :]

11QT 45.13   ולוא יטמאו את העיר אשר אני

11QT 46.13   יד חוק מן העיר אשר יהיו

11QT 46.16   רחוק : מן העיר שלושת

11QT 46.17   מקומות למזרח העיר מובדלים

11QT 47.10   ולוא יטמאו את העיר אשר :

11QT 55.7   כול יושבי : העיר ההיא לפי

11QT 55.9   ושרפתה באש את העיר ואת כול

11QT 63.1   [העי]ר ההיא את :

11QT 63.4   ונגע וכול זקני העיר ההיא

11QT 65.13   לפני זקני העיר ההיא

11QT 65.13   ולקחו זקני העיר : ההיא את

11QT 66.1   [העיר ההיא]

4AMrm 1 1.14   בחזוה אנפיוה העכן ו[מכסה

11tgJ 1.7   דמינא[:] העל דב[רתה :]

11QT 42.16   שמה עד (ע)ה<עלות את

1QM 14.2   מצרים : ואחר העלותם מעל

3Q15 1.8   נגד הפתח העליון ככרין

11QPs 27.11   נתן לו מלפני העליון

3Q15 12.4   של השית העליונא : שדא

1QH 16.8   העליליה אשר [כו]ל [ור] [

1QH 3.20   אבדון : העליתני לרום

1QM 2.1   ובכ]ל[י] : אבות העדה שנים

1QM 2.3   השבטים ואבות העדה אחריהם

1QM 2.7   ראשי אבות העדה בחרים להם

1QM 2.9   יעורכוה כול העדה יחד :

1QM 3.2   חצוצרות מקרא העדה יכתובו

1QM 3.4   ראשי אבות העדה באספם

1QM 3.11   האויב לבוא אל העדה ירושלים

1QM 3.13   סרך אותות כול העדה למסורותם

1QM 4.9   סרך אותות העדה בצאתם

1QM 4.15   אות כול העדה אורך ארבע

1QM 5.1   מש נשיא כול העדה יכתובו

1QSᵃ 1.6   לכול צבאות העדה לכול

1QSᵃ 1.13   את עבודת העדה ובן

1QSᵃ 1.16   (ש)ר[ש]י אבות העדה אשר יצא

1QSᵃ 1.17   ולבוא לפני העדה ולפי שכלו

1QSᵃ 1.19   משאו ב[עבו]דת העדה וכול איש

1QSᵃ 1.23   ולהוציא אתכול העדה איש בסרכו

1QSᵃ 1.24   ראשי [א]בות העדה לשרים

1QSᵃ 1.25   ר]אשי העדה ואם תעודה

1QSᵃ 1.28   כול ח[כמי]העדה והנבונים

1QSᵃ 2.5   מעמד בתוך העדה וכול

1QSᵃ 2.7   התחזק בתוך : העדה

1QSᵃ 2.16   ראשי א[בות הע]דה עם הכה]י

1QSᵇ 5.20   לברך את נשיא העדה אשר [

4pIsᵃ 2+ 2.19   [נשיא העדה ואחר

4QMi 1+ 1.5   העדה וכ[ול

4QM1 16 1.2   [ו]בין כול העדה א'[:]ם

4QM6 10 4.2   העדה [:]ה[ ]אות

5Q17 1 1.2   [:]כול הע[דה :]ת[

11QT 42.14   לזקני העדה לנשיאים

CD 7.20   הוא נשיא כל העדה ובעמדו

CD 10.4   זה סרך לשפטי העדה עד עשרה

CD 10.5   ברורים : מן העדה לפי העת

CD 10.8   לשפוט את העדה כי במעל

CD 13.13   להביא איש אל העדה [למרו]ת

CD 14.10   ...פיהו יבאו באי העדה : איש

11tgJ 34.6   כותה תרעם : העדי נא גוה

11tgJ 34.7   ויקר תלבש : העדי נא חמת

11tgJ 9.10   תולע[ה :] הער]פ[ל]ת : [פ]ל

1QS 1.20   אמתו וכול העוברים בברית

1QS 1.24   בליעל [וכו]ל העוברים בברית

1QS 2.10   אבות : וכול העוברים בברית

1QH 1.22   הנדה כור העוון ומבנה

1QH 1.27   האדם עבודת העוון ומעשי

1QS 3.19   חושב תולדות העול : ביד שר

1QS 5.2   מסרת : אנשי העול להיות

1QS 8.13   מושב הנשי העול ללכת

1QS 9.17   בתוך אנשי העול ולהוכיח

4pUn 4 1.2   ...ויונו ענם] : [העול ברחו] :

11QT 3.14   וכול מזבח העול]ה :

11QT 13.14   [העו]לה] אשר לו

11QT 15.14   לפני יהו]ה העולה למלא על

11QT 20.3   העו]לה יעשום]

11QT 21.16   יצהר על מזבח העולה בכורים

11QT 22.6   על מזבח ה[עו]לה :

11QT 23.13   מזב[ח] העולה ועל ארבע

11QT 24.10   יהוה : ואחר העולה הזואת

11QT 26.8   יקטיר על מזבח העולה ואת בשרו

11QT 27.4   על מזבח העולה ונרצתה

11QT 27.4   העולה ונרצתה ה[ע]ולה לבני

11QT 32.15   אדם כי מדם העולה מתערב

11QT 52.21   על יסוד מזבח העולה ואת חלבו

CD 4.18   ממא המקדש מזה יתחש

TS 1 1.6   תתנו על מזבח העולה

TS 1 1.6   מ]זבח העולה את העול]ה

1QM 3.13 אשר בראש כול העם יכתובו עם
1QM 9.1 בחללים וכול העם יחשו מקול
1QM 10.2 הכוהן ודבר אל העם : לאמור
1QM 16.9 כתיים וכול : העם יחשו קול
1QM 17.14 בחלליהם וכול העם יניח[ו]
1QS 2.21 אחריהם : וכול העם ( ) יעבורו
1QS 6.9 ושאר : כול העם ישבו איש
1QS[a] 1.3 ב]דרך: העם המה אנושי
4pIs[c] 27 1.2 ה˙[:]ך העם וא[:]עה
4QFl 1+ 1.16 [: העם הזה והמה
4QMI 13 1.8]˙[ו]פנו כול העם והרימו
4QOrd 1 2.16 [: ע]ל העם ועל
4Tstm 1.2 את קול דברי: העם הזה אשר
11Mel 1+ 2.24 מלכת [בד]רך העם ואל[ו]היך
11QT 15.17] ע]ל כול הע[ם] ואחר על
11QT 21.6 ואחריהמה כול העם מגדו[ל
11QT 32.6 לכפר על העם ובעלות[ם]
11QT 35.12 ולחטאות העם ולאשמותמה
11QT 35.14 בכול חטאת העם ובכול אלו
11QT 51.11 ושפטו את העם : משפט צדק
11QT 56.11 מישראל וכול : העם ישמעו
11QT 56.16 ולוא ישיב את העם מצרים
11QT 58.5 עמו מעשר העם (העם) לצאת
11QT 58.5 עמו מעשר העם (העם) לצאת עמו
11QT 58.10 לו מחצית העם את אנשי :
11QT 58.11 הצבא ומחצית העם לוא יכרתו
11QT 58.16 עמו חמישית העם אנשי
11QT 61.15 וידבר אל העם ואמר
11QT 62.3 לדבר אל העם ואמרו מי
11QT 62.5 לדבר אל העם ופקדו שרי
11QT 62.5 בראוש העם כי :
11QT 62.7 לכה והיה כול העם הנמצאים בה
CD 6.4 כרוה : נדיבי העם במחוקק
CD 6.8 ונדיבי העם הם : הבאים
CD 8.16 סרו מדרך העם באהבת אל
CD 19.29 סרו מדרך העם באהבת אל:
CD 19.30 אשר העידו על העם אחרי א
CD 20.24 אל ו[יש]ך העם בדברים

4VSam 3+ 2.3]] ל[ו]העמד להמה סלע

CD 4.4 קריאי השם העמדים באחרית

4Q503 33 1.20 אל ישראל אשר העמדת[:]

1QH 9.12 ולפני נגע העמדתה רוחי

1QH 7.19]צדקתכה העמדתני :
1QH 10.6 מה אתחזק בלא העמדתני ואיכה
1QH 1 1.11]˙מה במעמד העמדתני כיא :

3Q15 6.1 כב : [ב]מערת העמוד של שני :
4Q186 1 2.6 והואה מן העמוד השני :
11QT 34.2]˙˙˙ ובין העמוד לע[מוד :

11QT 34.3]אשר בין העמודים [:]
11QT 34.15 מקרת שני עשר העמודים :]

11tgJ 1.2 ומא אפו א[:]העמי לשאול ת[:

4Q381 69 1.5 ומצות בברית העמיד ביד]

4Q381 1 1.7 א[שתו] וברוחו העמידם למשל

1Q34[b] 3 2.6 לך לקודש מכול העמים ותחדש
1Myst 1 1.9 הלוא כול : העמים שנאו עול
1Myst 1 2.10 VACAT : לכול העמים ונס˙[:
1pHab 3.6 ילכו עם כול העמים וקול
1pHab 3.11]כול העמים כנשר :
1pHab 4.6 על: מבצרי העמים ובלעג
1pHab 4.14 כו]ל העמים × :
1pHab 6.7 מאכלם על כול העמים שנה בשנה
1pHab 8.5 אלו כול העמים : הלוא
1pHab 9.5 הו]ן ובצע משלל העמים :
1pHab 9.7 כיא המה יתר העמים : מדמי
1QM 1.3 בני אור ממדבר העמים לחנות
4Q504 1+R 4.5 את ישראל מכול העמים ותבחר
4pIs[a] 2+ 2.18]בשובם ממדבר הע[מי]ם[ ]
4pIs[a] 7+ 3.26 כו]ל העמים תשפוט
4pIs[e] 5 1.6 [העמים והלחם[
4QCat[a] 9 1.6]מיהודה בכול העמ[י]ם[:]עם
11QT 62.13 המה רק מערי העמים אשר
CD 8.10 הם מלכי העמים
CD 19.23 מלכי העמים ויינם

TS 3 1.3] ה]ענבים

1QH 18.31]ואני יצר העפר˙[:]ה
1QH 3 1.14 ˙˙˙˙] : [˙˙ העפר ידעתי

1pHab 13.2 את האבן ואת העץ וביום :
3Q15 4.9 האדמא שבשולי העצ : לא כסף
4pN 3+ 1.8 לתלוי חי על העץ [י]קרא
11QT 64.8 אותו על העץ וימת על פי
11QT 64.9 יתלו אותו העץ כי יהיה
11QT 64.10 גם אותו על העץ : וימות
11QT 64.11 נבלתמה על העץ כי קבור
11QT 64.12 תלוי על העץ ולוא תטמא

1pHab 13.3 את כול עובדי העצבים : ואת

1QH 1.5]גדול העצה [
1QS 8.24 מן הטהרה ומן העצה ודרשו
11QT 20.7 האליה לעומת העצה ויק[טירו]
CD 13.17] ה]עצה וכל

4pIs[c] 2 1.2 את מי הנהר ה[עצומים

11QPs 28.6 לוא יגידו עלו העצים את דברי
11QT 43.4] ה]עצים באלה
CD 12.15 בריאתם וכל העצים והאבנים
TS 1 1.9 יקריבו את העצים שנים]

3Q15 2.5 שבחצר בתי העצי]ן ובתכו :

4Q385 2 1.5 אדם הנבה על העצמות ואמרת

11Mel 1+ 2.5 מחבאי העצרה ומנחלת

4Q176 1+ 1.8 ישפלו והיה העקוב

6QAly 1 1.4 הב]קר עד הערב ˙[: חב]לה
11QT 17.7 לפני מנחת הערב וזבחו[:
11QT 50.12 בו טמא עד הערב ואם :
11QT 51.3 יטמא : ע[ד ה]ערב ויכבס

11QT 13.14 הער]בים :

1QH 1.22 המים : סוד הערוה ומקור

11QT 63.5 ראוש העגלה (˙)הערופה בנחל

CD 5.9 אמך היא ומשפט העריות לזכרים

4Q513 17 1.3 ושנת[: הער]כים א[שר
4QOrd 1 2.6 ע]ל[ ] כסף הערכים אשר

11Mel 1+ 2.7 ס[וף היו]בל העשירי : לכפר
11Mel 2 3.14 העש]ירי[: בש]

4QOrd 2+ 1.4 לפני שנים העשר האלה ˙[:

1QM 5.18] לרגל הפנים והידים
1QM 9.4 מתוך : מערכות הפנים ועמדו
1QM 9.13 לשלושת רוחות הפנים : מגנים
3Q7 5 1.3 ש˚ יש[:]מלאך הפנים [:]˙[ ]
6apSK 29 1.2]נפש[:]˙ הפני[ם :

11QT 37.9 המושבות בפרור הפנימי אצל קיר

11QT 11.14 ˙˙˙˙˙[הפנ]ימית[
11QT 20.12 יוכלו בחצר : [הפני]מ[י]ת [
11QT 36.14 אשר : לחצר הפנימית
11QT 37.4 ˙˙˙[:] [ ] הפנימית לעזרת
11QT 38.12 סב[י]ב ל[חצר הפנ]ימית רחוב

CD 19.10 אלה ימלטו בקץ הפקדה והנשארים

1QH 16.5 א˙˙˙˙˙˙˙ אשר הפקדתה בו פ˙י˙

1QS 6.14 ידורשהו האיש הפקוד ברואש

1QS 4.26 רוחו ב[ה]פקודה : וזה
4pHs[a] 1.10] הם דור הפקודה : [
CD 7.21 אלה מלטו בקץ הפקודה הראשון

1QS[a] 1.9 שנ[ה : [ ] הפקודים לבוא
CD 10.2 לעבור : על הפקודים ירא את
CD 15.6 לעבור על הפקודים בשבועת

11QT 16.14 הוא ויקח הפר השני אשר
11QT 26.7 וע]שה לד[מו : הפר אשר לו
11QT 27.3 אחר יעשה את הפר ואת ה[אי]ל

11QT 59.8 רעתמה אשר הפרו בריתי :

11QT 7.14]היה הפרוכ[ת :]˙˙

11QT 37.6] פנות הפרור התחתון
11QT 42.8 השערים בתוך: הפרור עולים
11QT 42.8 מסבות לתוך הפרור השני

4Q512 42+ 2.6]˙ה˙[ ]ה[פ]רוש כפי[ם

11QT 2.3 הגרגש]י ואת הפ[רזי: [

1QH 5 1.2]˙ט צדק ˙[:]הפרידם מטעמד

11QT 34.6 את ראשי הפרים אל
11QT 34.9 את עורות הפרים מעל

3Q15 1.7 הגדול שבחצר: הפרסטלין בירך

1QM 6.11 [הא]חת ויהיו הפרשים על רכב

1pMic 10 1.3 הפ]תאים ומה
1pMic 7 1.3]הלוא ˙[:]˙ הפתא[ים:]צה
1pMic 20+ 1.1]˙˙[הפת]אים[:

4pIs[a] 2+ 2.26 [:] ה]פתגם לאחרית
4pPs[b] 2 1.1 [פשר הפת[גם : מ]ורה

3Q15 1.8 בחליא : נגד הפתח העליון
3Q15 10.10 שתין : הו הפתח ככרין שלש

3Q15 6.2 של שני : [ה]פתחין צופא

CD 8.11 דרכיהם וראש הפתנים הוא ראש

1QH 9.18] ואני בכה הצ[: עמדי ולא
4Q515 6 1.1]פת הצ[
6QPro 17 1.1 [הצ[:]˙ וא˙[

1QM 4.4 על אות העשרה יכתובו
1QM 4.5 ואת שם שר העשרה ואת שמות
1QM 4.17]נה אמות אות העשרה שבע [
1QS 6.6 אשר יהיו שם העשרה איש דורש

4Q513 1+ 1.5 ו[שלישת ה[עשרון

4QOrd 1 2.14 א[חד : ש]לושת העשרונים ˙[

4Q513 1+ 1.5] העש]רנים

CD 5.4 אשר עבדו את העשתרת ויטמון

1QS 8.4 האמת ובתכון העת בהיות אלה
1QS 9.14 ואת : חוק העת להבדיל
1QS 9.14 רוחום ובבחירי העת להחזיק על
1QS 9.18 כרוחו כתכון העת להנחותם
4QFl 4 1.3]היאה העת אשר יפתח
CD 1.13 סרי דרך היא העת אשר היה
CD 10.5 מן העדה לפי העת ארבעה למטה
CD 10.15 מלאכה מן העת אשר יהיה

1QS 9.13 הנמצא לפי העתים ואת :
4pIs[c] 27 1.1]העתים ה˙[:]ך
11Mel 2 3.18 הע]תים פש[רו :
CD 16.3 על ספר מחלקות העתים :

4Q511 11 1.8]לוא תראו[:]הפגועים ה˙˙[:
11QPs 27.10 לנגן על הפגועים ארבעה

1QS 11.15 ברוך אתה אלי הפותח לדעה :

4Q176 16 1.2 [˙˙˙˙[:]רזי הפיל גורל[
4Q181 1 1.5 לפי גורלו אשר הפ[י]ל[ ]ל[

1QM 18.10 הפלתה עמנו הפלא ופלא ומאז
1QM33 1 1.4]˙˙ל˙תה עמנו הפלא ˙[:]תנו
4Q400 3 1.1]בעד לרום הפלא : [
4Q403 1 2.27 רזי דעת ברז הפלא לשבעת
4Q403 1 2.32 פ]לא[ ] : הפלא]
4Q403 1 2.33] : הפלא והלל
4Q405 12 1.2 [בל]שון [: הפלא ˙[:
4Q405 15+ 1.5]פרכות דבירי הפלא וברכו ל[
4Q405 19+ 1.7 מתחת לד[בירי] הפלא קול דממת
4Q405 20+ 2.12 מרכבות : [ה]פלא וקול
11QSS 5+ 1.5 מוסדי רקיע : הפלא יש[מיע]ו

4QMI 11 1.8]˙˙[ ]]הפ‹ל›ה נוראות[

1QH 42 1.1]הפליא[:]ר

1QH 5.15 לנגד בני אדם הפלתה : באביון
1QH 7.34 כי לוא ‹הפלתה› גורלי
1QH 11.3 אודכה אלי כי הפלתה עם עפר
1QH 2 1.16 לחזקם[:]הפלתה אלה
1QM 14.9 כול דורותינו הפלתה חסדיכה
1QM 18.10] גבור]תכה הפלתה עמנו

1QM 13.9 ובגורל אור הפלתנו :

3Q15 3.1]˙יאט תחת הפנא הדרו :
3Q15 3.5 ותשעה : תחת הפנא האחרת
3Q15 3.10 ביאתא : תחת הפנא המערבית :

11QT 40.13 וששים באמה מן הפנה עד : שער
11QT 41.7] ו]מן הפנה הזואת עד
11QT 44.8 יהודה עד : הפנה ארבע
11QT 44.9 משער שמעון עד הפנה : השנית
11QT 44.15 בנימין מן הפנה : הזאת עד
TS 3 2.2 באמה ומן הפנה הזואת עד

1QM 5.8 מחשבת ומחברת הצ[ו]רה מזה

1QM 10.7 על הצר הצורר אתכמה

CD 2.3 חכמה ותושיה הציב לפניו :

11QT 60.8 ומן הבז ומן הציד לעוף

1QM 7.3 הכלים : ועורך הצידה כולם

4Q504 1+R 7.2] : אשר הצילנו מכול

CD 7.17 וכיניי הצלמים
CD 7.17 וכיון הצלמים הם ספרי

1pHab 11.14 למען ספות הצמאה וכום חמת
1QS 2.14 ונספתה רוחו הצמאה עם הרווה

1QM 5.9 מחורץ בין הצמידים כמעשי

1QM 1.4 להלחם במלכי הצפון ואפו
3Q15 1.11 בשולי האמא מן הצפון : אמות
3Q15 5.2] : סככא מן הצפון תח[ת

3Q15 6.3 מזרח : [ב]פתח הצפוני חפור :
3Q15 7.4] : האשיח הצפו[ני הגד]ול

3Q15 2.14 כחלת במקצע : הצפני חפור

1QM 10.7 בארצכמה על הצר הצורר

1QH 3.9 והרית גבר הצרה בחבליה

11QT 49.4 עריכמה בנגע הצרעת וטמאו :

11tgJ 23.9]˙ : חיין הצת דא]
11tgJ 29.5 להוא : עליה הצת דא איוב

1QH 15.11 ברר‌תי˙˙[: הק[ ]סור
4Q497 48 1.3]]תשו [:]˙הק˙˙˙]
5Q18 3 1.1]הק˙]
11QT 4.7]ה הרחב וקומת הק[: א]מה

11QT 22.10 הלחיים ואת הקבה לכוהנים

4Q381 76+ 1.1 אלי חיות ועוף הקבצו[:]ם

4Q403 1 1.7 ו]זמר [ל]מל[ך הק]דוש שבעה

4Q511 15 1.6]יר ומעשיו הקדושי[ם :

11QT 60.7 והיצהר אשר : הקדישו לי

11QT 38.13 ואורך לרוח הקדם שמונים

3Q15 8.8 של פי צוק הקדרוה : חפור

CD 20.2 עדת אנשי תמים הקדש ויקוץ
CD 20.7 בו אנשי תמים הקדש אל יבא
CD 20.22 אשר יצאו מעיר הקדש: וישענו
CD 20.25 ישפטו בעצת : הקדש: וכל

6Q15 4 1.1 [הקדשי]ם
CD 6.20 להרים את הקדשים

4Q509 131+ 2.10]ר הקדשת[:] את

4VSam 3+ 2.7 קדו]שיכה אשר הקדשת[ה : מחלה
11QT 53.10 שמה לפני כאשר הקדשתה או

1QH 15.17]ונכה ומרחם הקדשתם ליום

3Q15 9.6 שמונא : דמ הצא ככ :

CD 19.8 הרעה ותפוצינה הצאן :
CD 19.9 אותו הם עניי הצאן : אלה

1QS^{a} 1.21 גוים רק בסרך הצבא יכתוב
11QT 58.11 העם את אנשי : הצבא ומחצית

3Q15 10.12 יד אבשלום מן הצד : המערבי

1QS 9.14 ולשקול בני הצדוק לפי

1pHab 1.12 מכתי]ר את הצדיק :]
4Q512 34 1.16 אשמ[ה :]˙ הצדיק בכול
4QCat^{a} 12+ 1.9] :]תמר ידוד הצ[די]ק ויד אל

1Myst 1 1.5 הרשע מפני הצדק כגלות
1pHab 1.13] הוא מורה הצדק :]
1pHab 5.10 בתוכחת מורה הצדק : ולוא
1pHab 7.4 פשרו על מורה הצדק אשר
1pHab 8.3 במורה הצדק ואף כיא
1pHab 9.10 בעוון מורה : הצדק ואנשי
1pHab 11.5 רדף אחר מורה הצדק לבלעו
1pMic 10 1.4] מו[ר]ה הצדק אשר הואה:
1QH 1.26 כול משפט הצדק לכה אתה
1QH 11.18 ואדעה :] לכה הצדק ובחסדיכה
1QH 7 1.8 חסד[:] אל הצדק והשכל[:
1QM 18.8 בנו ואתה אל הצדק עשיתה
4Q511 52+ 1.2 הכבוד גדול הצד[ק :]עשה ל
4pIs^{e} 1+ 1.3 [גלה את תורת הצ[דק
4pPs^{a} 1+ 3.15 על הכוהן מורה ה[צדק] :
4pPs^{a} 1+ 4.8 צ[פה למור]ה הצד[ק
4pPs^{b} 1 1.4 נס]תרות מורה הצדק[: הכו]הן
4pPs^{b} 2 1.2 מ]ורה הצד[ק
4pUn 7 1.1]מורה ה[צדק :]ש
4QFl 9+ 1.1]˙ה זבח הצד[ק : טוב
4QPBl 1 1.3 עד בוא משיח הצדק צמח: דויד
11QT 51.13 ומסלף דברי הצדק ומעור :
CD 4.17 לשלושת מיני : הצדק הראשונה
CD 6.11 עד עמד : יורה הצדק באחרית
CD 20.11 תועה על חקי הצדק ומאסו :
CD 20.33 את חקי הצדק בשמעם אתם

1pHab 2.2] מורה הצדקה מפיא :
1QH 1.26 כול מעשי הצדקה : וסוד
1QH 16.9 כבודך לך אתה הצדקה כי אתה
1QH 17.20 תי :]לך אתה הצדקה ולשמך
4Q504 1+R 6.3 אתה <אדוני> הצדקה כיא :
4pUn 1 1.3 פש]רו היאה הצדק[ה: יא]ספו

CD 4.19 הלכו אחרי צו הצו הוא מטיף :

11QT 46.15 אשר תהיה הצואה יורדת אל

4pIs^{c} 21 1.7 כן עניי הצואן
11QPs 28.11 ויקחני : מאחר הצואן וימשחני

CD 1.19 ויבחרו בטוב הצואר ויצדיקו

1QDM 2.3 ובו]רות הצוב[ים א]שר

CD 19.9 ידי על הצוערים:

3Q15 6.8 של הרגם הצופא : למזרח
3Q15 8.10 בשלף של השוא הצופא : מערב
3Q15 8.12 בדרום בצריח : הצופא צפון
3Q15 9.4 השני גב צריח הצופא : מזרח
3Q15 9.7 החורון בריח הצופא ים :
3Q15 11.5 <ר>אש הסלע הצופא מערב :

3Q15 9.14 שיבצפון פי הצוק של בית :

CD 4.9 כברית אשר הקים אל
CD 9.7 בו יען אשר לא הקים את מצות

1QH 17.14 ושם[ ]הקימותה ׃]˙שע
1QM 14.10 פדותכה ואתה הקימותה ׃
4Q504 1+R 4.6 יאודה ובריתכה הקימותה לדויד
4QM1 8+ 1.9]פדותכה ועתה הקימות[ה

1QH 14.17 טובך ובשבועה הקימותי על

1QSb 5.27 חוצות כיא אל הקימכה לשבט ׃

1pHab 12.15]לעץ הקיצה ע[ורי

11QT 31.11 אמה ורחב ה[ק]יר שלוש
11QT 40.9 ורוחב הקיר שבע אמות
TS 2 1.3 [ ]˙ה את הקיר שבע א[מות
TS 3 2.9 עצ ארז ורחב הקיר שתרם אמות

1QDM 1.10 ע[לי]הם כול הקלל[ות]

1QM 8.1 לנצח אנשי הקלע עד כלותם

TS 3 1.5]˙ הקנאות ולימין

11QT 9.9]כול הקנה ׃ [

1pHab 7.2 ואת גמר הקץ לוא הודעו
1pHab 7.7 אשר יארוך הקץ האחרון
1pHab 7.12 בהמשך עליהם הקץ האחרון כיא
4pN 3+ 3.3 אשר באחרית הקץ יגלו
4pPsb 1 1.5 הכו]הן לאחרית הק[ץ
11Mel 1+ 2.9 כיא ׃ הואה הקץ לשנת הרצון
CD 4.9 עד שלים ׃ הקץ השנים האלה
CD 4.10 בעדם ובשלים הקץ למספר

11QT 7.11 ˙˙[׃]˙˙ה הקצה השני

4AgCr 1 1.1 פשר על הקצים אשר עשה

6Q15 2 1.2 [ביצי]הם הקרב אליה<ו>[ם
11QT 16.7]החלב אשר על הקרב וא[ת ׃
11QT 23.15 המכסה את ׃ הקרב ואת אשר
11QT 43.10 למועד יום הקרב שמן חדש

4Q400 1 1.20 מרומי רום ה[קר]בים ׃ [
11QT 20.5 החל[ב] אשר על הק[רבים] ׃ [
11QT 23.15 ואת אשר על הקרבים ואת
11QT 33.14 מעלים במה את הקרבים ואת ׃
11QT 34.11 ומרחצים את ׃ הקרבים ואת

CD 5.14 ביציהם הקרוב אליהם ׃

11QT 63.4 העיר ההיא הקרובה אל החלל

4Q504 1+R 6.13] ׃ הארצות הקרובות

3Q15 9.11 בקול המים הקרובין לכפר

1pHab 12.7 וחמס ארץ פשרו הקריה היא

1apGn 21.29 [ב]שוה הקריות ולחוריא

3Q15 1.14 סמל ׃ גבה מן הקרקע אמות

4QFl 13 1.2 ˙˙˙˙רו˙[׃ הקש[׃ הדבר]

4Q381 85 1.2 ה]חרש ושועתי הקשב[׃]˙הם

4Q504 1+R 5.21]בה[ו]לוא הקשבנו א[ל

1Q29 5+ 1.3 כ[ול ׃] הקהל
1QSa 1.25 תהיה לכול הקהל למשפט או
4pN 3+ 3.7 עוד לתעות[ה]קהל ופת[אים]
11QT 16.15 ויכפר בו ׃ הקהל בדמו
11QT 16.16 לפר הקהל ויתן מדמו
11QT 18.7 ע]ל עם הקהל מכול
11QT 26.7 בו על כול עם הקהל ואת חלבו
11QT 26.9 אצל פרו חטאת הקהל הוא ויכפר
11QT 26.9 בו על כול עם הקהל ׃ ונסלח
CD 7.17 המלך ׃ הוא הקהל וכיניי
CD 11.22 ובהרע חצוצרות הקהל ׃ יתקדם
CD 12.6 יב[ו]א אל הקהל אל

1QH 53 1.3 בשם˙ [׃]˙ן הקו˙ [

1Q30 1 1.2]ה[׃ מ]שיח הקודש [׃
1QNo 11 1.2 כ]ל בני[׃]ל הק<ו>ד[ש
1QS 5.13 בטהרת אנשי הקודש כיא לוא
1QS 5.18 ולוא ישען איש הקודש על כול
1QS 8.17 בטהרת אנשי הקודש ׃ ואל
1QS 8.21 כול הבא בעצת הקודש ההולכים
1QS 8.23 איש מאנשי הקודש בה<ו>נו
1QS 9.8 והון אנשי הקודש ההולכים
1QSa 1.13 ביסודות עדת ׃ הקודש לעבוד את
1QSa 2.9 לדבר אל עצת הקודש ׃
4Q176 8+ 1.2 י]רושלים עיר הקודש כיא ׃ [
4Q400 1 1.7 וממקור הקודש למקדשי
4Q401 15 1.2 ומ]מקור ה[קודש ׃]
4Q405 23 2.11 קדושים למלך הקודש בכול
4Q500 1 1.4] לשער מרום הקודש [׃
4Q502 64 1.1] הקוד[ש׃]˙˙˙[
4Q506 132 1.5 [ ] הק[ודש רחמנו ׃
4Q513 2 2.1 להגיעם בטהרת [הקו]דש כיא
4QM1 11 1.15 בכבוד ׃ מע]ון הקודש [מ]יא
4QM1 11 1.20]במעון הקודש ומרוה[ו
4QOrd 1 2.12 ה[מנה ׃ שק]ל הקודש מחצ[ית ׃
6Q15 3 1.4 וג[ם]במשיחי הקודש[׃]
11Apa 4.6 מ]אדם ומזרע הקו[דש כ]י
11QPs 28.11 וימשחני בשמן הקודש וישימני
11QT 17.9 בחצרות [ה]ק<ו>דש
11QT 33.7 את עמי בבגדי הקודש אשר [׃
11QT 43.17 הוא ׃ ובימי הקודש יאכל
11QT 46.10 בין מקדש הקודש לעיר
CD 4.6 מעשיהם הקודש שונים
CD 6.1 במשיחו הקודש וינבאו
CD 6.18 ולהודיע בין ׃ הקודש לחול
CD 12.20 ולהודיע בין הקודש לחול
MasSS 2.18] ׃ וזמר למלך הקודש שבעה

11QT 35.1 [קוד]ש הקודשי[ם ׃]

1QM 16.8 גדול ועם צאת הקול יחלו ידם
4QM1 11 2.7 ו[ע]ם צ[א]ת הקול יחלו

4pIsa 7+ 3.9]הקומה גדועים

1pHab 7.3 אמר למען ירוץ הקורא בו ׃
4Q503 72 1.3 ˙אל ˙˙˙[׃]הקורא[׃]י

TS 3 1.4]ה מנחת הקורבנות היאה

11QT 8.11]ל מזבח הקטורת

1QS 5.23 איש לרעהו הקטן לגדול
1QS 6.2 רעהו וישמעו הקטן לגדול
4QM1 13 1.2 אלים נש˙[׃]הקטן בכם ירדוף

11tgJ 30.4 או מן הקים אבן חזיתה
CD 2.11 עולם ׃ ובכולם הקים לו קריאי
CD 3.13 אשר נותרו מהם הקים אל את
CD 3.21 הוא כאשר ׃ הקים אל להם

CD 20.31 במשפטים הראשונים אשר :

CD 3.10 הבו באי הברית הראשנים ויסגרו
CD 4.8 אשר התוסרו בו הראשנים עד
CD 8.17 באהבת אל את : הראשנים אשר

3Q15 9.10 כף מנחס הרב : בקול

2apPr 1 1.3 והוי[:]ובשר הרבה אכלתמה:]
4pHs^{b} 15+ 2.2] : הרבה פרי[ם

4Q381 45 1.2] הרבו פשעה ועלי

1QM 3.16 וא]ת שם הנשיא הרבוא ואת שמות
1QM 4.16 עשרה אמה אות הרבוא עשתי
4QM6 57 1.4]˙ ושם] : [הרבוא] : [˙˙˙

4Q502 24 1.3 אשר עוז[: הר]בות חייך
11QT 56.17 למלחמה למען : הרבות לו סוס

1QS 6.1 רעהו דבר לפני הרבים אשר לוא
1QS 6.8 הסרך למושב הרבים איש
1QS 6.11 בתרו ובמושב הרבים אל ידבר
1QS 6.11 אשר לוא להפצ הרבים וכיא
1QS 6.12 המבקר על הרבים וכול איש
1QS 6.14 הפקוד ברואש הרבים לשכלו
1QS 6.15 לעמוד לפני הרבים ונשאלו :
1QS 6.16 הגורל על עצת הרבים יקרב או
1QS 6.17 יגע בטהרת : הרבים עד אשר
1QS 6.17 אל יתערב בהון הרבים :
1QS 6.18 היחד ישאלו הרבים על דבריו
1QS 6.20 על מלאכת הרבים וכתבו
1QS 6.20 בידו ועל הרבים לוא
1QS 6.20 אל יגע במשקה הרבים עד :
1QS 6.21 יפקודהו על פי הרבים ואם יצא
1QS 7.10 וישן במושב הרבים שלושים
1QS 7.10)<ט>ר במושב הרבים : אשר
1QS 7.13 אל תוך מושב הרבים ונענש
1QS 7.16 שנה אחת מטהרת הרבים ונענש
1QS 7.19 יגע בטהרת הרבים : (רְבִּיםְ)
1QS 7.20 (בטְהרְתְ)<משקה> הרבים ואחר כול
1QS 7.21 ימים ישאלו הרבים על
1QS 7.24 ויצא מלפני : הרבים ללכת
1QS 7.25 אש[ר] הרבים והיה
1QS 8.19 בעצה על פי הרבים ואחר
1QS 8.26 [ע]ל [ה]רבים אם לוא
1QS 9.2 ועצתו על פי הרבים ואחר
CD 13.7 ישכיל את הרבים במעשי :
CD 14.7 אשר יפקד : אש הרבים מבן
CD 14.12 ו[זה] סרך הרבים להכין כל

1QM 9.15] שריאל על הרביעי רפאל :
4Q403 1 1.2 שבח בלשון הרבי[עי] לגבור
4Q403 1 2.36 ב]לשון הרביע[י] :
4Q405 11 1.3 ה]רב[י]עי תגבר
4Q406 3 1.3]˙˙˙ בלשון הרביע[י] ל˙˙[
4Q504 3 2.5] ביו]ם הרביעי זכור
11QT 24.14 לבד וביום הרביעי : יעשה
11QT 28.9 וביום הר[בי]עי :
TS 1 1.11 [ובי]ום הר[ביעי

1QM 4.10 שבטי אל על הרביעית משפחות

1QH 10.28]ש הרביתה נ˙ לתו
1QH 16.4] באיש הרביתה˙˙˙[

4Q381 33 1.9]ואני הרביתי אשמה
]4pHs^{a} 2.2]הרביתי וזהב(˙˙

1QH 15.17 הקדשתם ליום הרגה : כי הלכו

4QCat^{a} 14 1.4 מת[ים :]הקשיבה רנתי
11QPs 24.3 קראתי אליכה הקשיבה אלי

4pIs^{a} 2+ 2.23 בת גלים הקשיב[י

1QH 17.26 עבדך [ ]הר מ[
4Q184 3 1.4 בתפ[לה :]הר מסכה עול צי
4Q379 12 1.7 מן החדש הר[ ]פי עד
4Q504 42 1.1]הר[
4Q506 124 1.5 ע]שות]הר[
4Q512 54 1.4]˙ : [˙˙ב:]הר א :]ק : [˙
4Q512 83 1.2]ה א[:]הר [:]ל[
4Q512 118 1.1]הר[:]˙[
4Q512 153 1.1 [הר˙ [:]ובי˙[
4Q515 12 1.1]הר י[:]ל[
4AgCr 5+ 1.4 ימים ˙[:]א הר ציון
4pIs^{a} 2+ 2.25 [ ]ידו הר בת ציון
4pIs^{c} 23 2.7 כתרן על רואש הר : וכנס על
4pPs^{a} 1+ 3.11] : ירשו את הר מרום ישר[אל

4Q513 3 1.5 ע[ל :]אשר הר[א]ה ענני[:

1QM 5.12 וספות ישר אל הראוש שתים מזה
11QT 24.1]את הראו[ש :]

4Q508 19 1.2]לבלתי הרא[ות

1QM 6.1 המערכות הדגל הראישון ישליך
1QM 6.5 הדגל : הראישון מחזיק
1QM 8.15 ועם : הטל הראישון יריעו
1QM 9.15 יכתובו על הראישון
4Q400 1 1.1 בארבעה לחודש הראישון הללו:
4pHs^{a} 1.15 הרא]ישון כיא :
11Mel 1 1.12 הראי]שון מושה
11Mel 1+ 2.7 בשבוע היובל הראישון אחר
11QT 14.9 ובאחד לחודש ה[ראישון :
11QT 16.15 כאשר עשה לפר הראישו[ן : לפר
11QT 17.6 עשר בחודש הראישון [:]
11QT 1 28.3]תם ביום ה[ראישון
11QT 45.9 ורחץ : ביום הראישון וביום
11QT 49.17 בגדיו ביום הראישון :
11QT 50.14 ורחץ ב(מ)ים הראישון וביום

1QM 2.10 הנותרות בשנה הראישונה ילחמו
1QM 4.9 יכתבו על אות הראישונה עדה
1QM 8.3 ליד המערכה : הראישונה
4Q400 1 1.1 השב]ת הראישונה
4QM1 1+ 1.15 אחר המערכה[הר]אישונה ת[צא
4QM1 10 2.12 ולמערכה הראיש[ונה
11QT 45.6 ל]עת תצא הראישונה ולוא

4QM1 1+ 1.15 עם טלא עונתם הראישונים

1QH 13.11 ממשלתך כי הראיתם את אשר

11QPs 26.12 וירננו כי הראם את אשר

4Q502 35 1.3 באל[ ]˙˙[: ה]ראנו[ ]˙˙[:
4Q502 100 1.3 קו[דשים : ה]ראנו שמ[חה :

1QM 2.1 אחר כוהן הראש ומשנהו
1QM 5.11 ישיר אל : הראש והכידנים
1QM 15.4 ועמד כוהן הראש ואחיו

CD 7.21 בקץ הפקודה הראשון :
CD 19.11 היה בקץ פקדת הראשון אשר אמר

CD 4.17 מיני : הצדק הראשונה היא
CD 5.19 ישראל את הראשונה : ובקץ

CD 19.29 באהבת אל: את הראשונים : אשר

4Q380 2 1.2]˙[׃]˙הרים וגבעות[׃
4Q511 30 1.5 בפלס[ ]הרים וגבעות
4pN 1+ 2.9 הר[ים
11QPs 26.13 ידעו ׃ מספר הרים תנובות

1QH 6.34 ׃ ושוכבי עפר הרימו תרן

4Q381 33 1.10 ה]וא הרימני למעלה

4Q370 1.5 וארבות השמים ה[רי]קו ממר[

4Q379 12 1.4 ביבשת בחדש׃ [הרי]שון בשנת
11QT 45.4 לשמאול[׃ יצא הרישון מימ[י]ן
TS 1 1.10 המקריבים ביום הריש[ון] לוי [

4Q514 1 1.5] ׃ בטמאתו הרישונה וכול

4Q514 1 1.7 וזעוד בטמאתו הרישנה <ע>ם
4Q514 1 1.8 עד בטמאתו הרישנה וכל[

4Q506 132 1.6]אבותינו הרישנים ׃

1QH 3.18 דלתי שחת בעד הרית עול

11tgJ 4.9 עליהו[ן ׃ הריתהון פל[טת

1QM 6.11 מאות לשבט כול הרכב היוצאים ׃
1QM 8.4 ולידם אנשי הרכב ׃ מימין

4apLm 1 2.13 ציון היקרים הרכות עמם ˙˙[

1QM 5.7 וכידן אורך הרמח שבע אמות

1QH 1.27 העוון ומעשי הרמיה אתה
1QS 9.8 עם הון אנשי הרמיה אשר ׃

4Q403 1 1.30 אלוהי מרומים הרמים בכול ׃

4Q504 1+R 7.11] ׃ קודשו הרננו לאל נ˙˙[

1QH 14.18 עשות מכול הרע בעיניך וכן
4Q370 1.2 הם אז עשו הרע בעיני אמר
4Q370 1.3 יצר לבם ה[רע]וירעם
4Q504 4 1.6 [בכו]ל גמו[לם הר[ע] ׃]
4Q504 5 2.7]׃ הרע בעיניכה
4Q509 28 1.5] והתו˙[׃]הרע˙[׃]ועל˙[׃
11Ap[a] 4.12 לבוא[ ]הרע לו מ[׃
11QPs 24.6 רשעים גמולי הרע ישיב ממני
11QT 54.18 בה ובערת ׃ הרע מקרבכה ׃
11QT 55.16 אשר יעשה את הרע בעיני ׃
11QT 56.10 ההוא ובערתה הרע מישראל
11QT 61.10 לאחיהו ובערתה הרע מקרבכה ׃
11QT 64.6 וימות ובערתה הרע מקרבכה
11QT 66.4 רעהו ובערתה ׃ הרע מקרבכה ואם

4Q504 1+R 3.13 ל[קר]תנו הרעה באחרית ׃
CD 19.8 נאם א הך את הרעה ותפוצינה

1QM 11.4 כמעשינו אשר הרעונו ועלילות

4Q509 188 1.4 [ ]מ[׃]הרעות האלה ו˙[

4pN 3+ 3.3 יגלו מעשיהם הרעים לכול

4pPs[a] 1+ 2.1 וברעב ובדבר הרף מאף ועזוב

1pHab 13.1 הם מלפניו כול הרץ פשרו על

11Mel 1+ 2.9 הואה הקץ לשנת הרצון למלכי

4Q374 2 1.4]˙[׃]כל הרצות׃]˙ תאמר

4QPBl 1 1.3 ישראל המה הרגלים עד בוא
11QT 33.15 הקרבים ואת ׃ הרגלים על

3Q15 5.9 שלום ׃ ו עד הרגם הגדול ׃
3Q15 6.8 של הכנא ׃ של הרגם הצופא ׃

11tgJ 22.1 אף ˙[׃]˙ הן הרגתי לא חס[׃

4Q374 9 1.4 אליו [׃]הרו מן ה˙[׃

CD 5.7 ושוכבים עם הרואה את דם

1QM 16.13 ונגש כוהן הרואש ועמד
1QM 18.5 יעמוד כוהן הרואש והכוהנים
1QM 19.11 ונגש שם כוהן הרו[אש]הו [
4QM4 1 1.4] ׃ כוהן הרואש ומשנהו
11QPs[b] c 1.3 ם ׃ הטוב על הרו[א]ש ׃ דיו
11QPs[b] e 1.1 הרו]א[ש ׃

4QCat[a] 5+ 1.15 המה ד˙[׃]הרוג בקר ושחוט

1QS 9.23 וענוה לפני ׃ הרודה בו

1QS 2.14 רוחו הצמאה עם הרווה לאין ׃

4Q178 1 1.6]השלום ו[׃]הרוח[
11Mel 1+ 2.18 הו[אה] משיח הרו[ח] אשר אמר

4QM1 1+ 1.14 א]רבעת הרוחו[ת
8QHym 2 1.6]וכול הרוחות לפניכה

1pHab 11.14 וילך בדרכי ׃ הרויה למען

1QH 1 1.5 ואני בקצי הרון ׃]תקומם

11QT 4.7 [׃]ה הרחב וקומת הק[

11QT 62.12 תעשה ׃ לערים הרחוקות ממכה

11QPs 18.5 לבב גדולתו הרחוקים מפתחיה

1pHab 8.4 ינוה אשר הרחיב כשאול

4pIs[b] 2.5 צחי צמא לכן הרחיבה שאול

1QH 10.14 אתה אדוני אל הרחמים[ ]חסד
1QH 11.29 ברוך אתה אל הרחמים
4QCat[a] 2+ 1.9] א]לוהי הרחמים ואל

11QPs 24.11 חטאת נעורי הרחק ממני

11tgJ 2.3 וכבשו[׃ הרחקו וידעי ב

4pIs[c] 13 1.3 [ ] ׃]˙˙ הרחקות ˙] ׃

4QCat[a] 14 1.6 והואה[׃] הרי ˙˙˙˙˙[ ]ל[

1apGn 2.1 די מן עירין הריאנתא ומן

11QT 61.8 אשר להמה <הריב> לפני

1QH 3.8 להחיל בכור הריה כיא באו
1QH 3.10 יגיח ׃ מכור הריה פלא יועץ
1QH 3.12 צירים ׃ בכור הריה והרית

1apGn 2.15 זרעא דן ומנך הריונא דן ומנך

1QH 3.31 יבשה יסודי הרים לשרפה
1QH 17.13 ומעל ׃]מוסדי הרים ואש [
4Q176 1+ 2.2 יש[ראל ׃ פצחו הרים כיא נחם
4Q370 1.1 [ו]יעשר הרים תנו[בה

4Q512 100 1.2 [˙] : [הרר] : [לׄ]

1QS 9.10 במשפטים הראשונים אשר
4Q512 23 1.2 [: עוו]נות הראשונ[ים :]את
4Q512 1+ 1.12 וברׄ[ית]הראשונים וׄ[

1pHab 9.11 בעבור [א]שר הרשיע : על
CD 6.10 במה בכל קץ הרשיע וזולתם

1QH 45 1.7 כול רוחות[:]הרשיעו בחייהם

1Myst 1 1.5 עולה וגלה הרשע מפני הצדק
1Myst 1 1.6 עוד כן יתם הרשע לעד והצדק
1pHab 8.8 פשרו על הכוהן הרשע אשר :
1pHab 9.9 פשרו על הכוהן ה[ר]שע אשר
1pHab 11.4 פשרו על הכוהן הרשע אשר : רדף
1pHab 12.2 הדבר על הכוהן הרשע לשלם לו
1pHab 12.8 פעל בה הכוהן הרשע מעשי
4pIs[c] 30 1.3 ל : הכ]והן הרשע :]הואה :
4pPs[a] 1+ 4.8 על [הכו]הן הרשע אשר צ[פה
4QBer 10 2.5 ואדור הרש]ע
CD 6.14 התורה לקץ הרשע ולהבדל :
CD 15.7 המשפט בכל קץ הרשע לכל השב

1pHab 5.8 עיניהם בקץ : הרשעה למה
1QS 5.11 בדרכ הרשעה כיא לוא
4Q509 205 1.2 לׄ[: ק]ץ הרשעה[:]˙˙˙
4pPs[a] 1+ 2.7 פשרו על כול הרשעה לסוף :
4pPs[a] 1+ 3.7 פשר על שרי הר[ש]עה אשר
CD 6.15 ולהנזר מהון הרשעה הטמא
CD 19.17 זנות ובהון הרשעה : ונקום
CD 12.23 באלה בקץ הרשעה עד עמוד

1pHab 13.4 העצבים : ואת הרשעים מן הארץ

1QS 1.25 [חט]אנו הרשענו אנו
4Q508 3 1.1]א הרשענו [:
4Q509 146 1.5]˙ להטו [: הר]שענו ב[:
4QM6 32 1.4 והמלחמה [:]הרשענו אשר [

1QDM 3.1 [הש] [:]
1QH 8.17 יכזב לפתוח : הש˙ים לא ימישו
1QH 10 1.5 [:] לאין הש˙˙˙˙˙˙ לקץ
1QJN 6 1.2 [:]˙˙˙ל הש]
1QS[b] 5.3 מ]ן : ו˙˙לא הש] : רואיכה
3Q7 2 1.1 הש] : עליו[: ו׳
4Q381 40 1.1]נע הש] :]הנקלי[ם
4Q406 1 1.4 שיר עולת השבת הש] :]ר˙ים המ˙
4Q502 85 1.2 [׳] : [הש]
4Q511 27 1.1]כו˙ ˙הש] : ע]ליה
4Q513 2 2.3 מכול תרומת הש˙]
4Q513 10 2.5 בט[: [ו]את הש˙] : בטהרה
11QT 37.2 מהגנות לכול הש] : [

CD 1.4 ברית ראשנים השאיר שאירית:

11QT 58.14 וחצו מחצית השאר בין תופשי

1QH 3.27 חצי שחת לאין השב ויפרו לאין
1QH 18.2 אורכה לאין השב] : כיא
11QT 64.14 והתעלמתה מהמה השב תשיבמה
CD 15.7 קץ הרשע לכל השב מדרכו

11Mel 1+ 2.4 הימים על השבויים אשר[

11Mel 2 3.17]ם באלה[: השבוע [

4Q504 6 1.18 וחי בם ב˙[: הש]ב[ו]עה אשר
5QCD 5 1.3 לוא ה[וכח: על השבועה אשר [:
CD 8.15 ומשמרו את השבועה : וכן
CD 19.28 ומשמרו את השבועה: כן :

CD 9.8 חטא על השבועה אשר :

1QM 3.15 ע]ל אות השבט יכתובו נס
1QM 3.15 אל ואת שם נשי הש[בט]
5apM 2 1.2]ה˙[:] השבט[
CD 7.20 שבט : מישראל השבט הוא נשיא

1QM 2.3 ישרתו וראשי השבטים ואבות
1QM 3.14 אשר לשלושת השבטים :
1QS[a] 1.29 החיל עם : השב]טים וכול
4QM4 1 1.1 [ה]שב[טי]ם ˙˙[
4QM4 1 1.2 והלויים וראשי ה[שבטים
4QM6 10 4.5 לשלושת הש[בט]י[ם :
4QM6 10 4.6 שמות ש[לו]שת ה[שבטים :]˙˙[

4pPs[a] 1+ 2.2 פשרו על כול השבים : לתורה

4Q181 2 1.3 ישראל בשבעים השביע ל[:
4Q370 1.1 ופרי טוב השביע כל נפש

1QM 1.14] ובגורל השביעי יד אל
4Q403 1 1.6 בל]שון השביעי לנש[יאי
4Q403 1 1.23] חסדיו [השב]יעי בנשיאי
4Q405 3 2.15 [: רחמי חסדו הש[ביעי : דעת
4Q405 11 1.5 שבעה בלשון ה[שב]יעי לו
4Q405 11 1.5 לו ובלשון השביעי ת[גבר
11QT 17.15 ולשעיר וביום השביעי :]
11QT 45.16 ויכבס ביום : השביעי בגדיו
11QT 49.19 וביום השביעי : יזו
11QT 50.4 ביום השביעי וטהר[ו
11QT 50.15 ורחץ : וביום השביעי יזה
MasSS 2.16 זמר בלשון השב[יעי

1QM 4.10 קהל אל על השביעית קריאי
4Q403 1 1.30 שיר עולת השבת השביעית בשש
11QT 18.12 ממוחרת השבת השביעית תספורו
11QT 19.13 ממוחרת השבת השביעית תספורו
11QT 21.14 ממוחרת השבת : השביעית תספורו

4Q511 2 1.3 ורוש ממשלות השבית לאין [

1QH 1.36 ערמה : צדיקים השביתו עולה

1QH 6.12]˙ההו : לאין השבת וידעו כול
1QH 9.40 מ˙[:]˙ן השבת˙[:]˙כלו
1QH 11.24 תהלה לאין : השבת ומי בכול
4Q400 1 1.1 השב]ת הראישונה
4Q403 1 1.30 שיר עולת השבת השביעית
4Q403 1 2.18 שיר עולת השבת השמינית
4Q405 8+ 1.1 ה]שבת השמינ[ית
4Q405 20+ 2.6 למש[כיל]ה[ש]בת שתים
4Q406 1 1.4 שיר עולת השבת הש[:]ר
4Q504 1+R 7.4 <˙˙׳> ביום השבת הודו[
11QT 18.12 עד ממוחרת השבת השביעית
11QT 19.13 ע]ד ממוחרת השבת השביעית
11QT 21.13 עד ממוחרת השבת : השביעית
CD 6.18 ולשמור את יום השבת כפרושה
CD 10.14 הכלי : על הש[ב]ת לשמרה
CD 10.17 שמור את : יום השבת לקדשו
CD 10.17 לקדשו וביום השבת אל ידבר
CD 10.21 עבודת חפצו : השבת אל
CD 10.22 יאכל איש ביום השבת כי אם
CD 11.2 את חפצו ביום השבת : אל יקח
CD 11.13 איש בהמה ביום השבת ואם
CD 11.15 אל יחל איש את השבת על הון
CD 11.18 כי אם עולת השבת כי כן
CD 12.4 לחלל את השבת ואת
MasSS 1.8 שי]ר עולת השבת הששית

1QH 18.28 ˙ז˙[:] השבתה להביא

1QS 9.16 עם אנשי השחת : ולסתר
4QBer 10 2.7 מלא]ך השחת ורו[ח
CD 6.15 ולהבדל : מבני השחת ולהנזר
CD 13.14 ואל יתן לבני השחת כ[י] : אם

11QPs 21.16 בה ופני לוא השיבותי פרתי

1QH 17.9]שר לא השיגום במ[:

11QPs 27.9 ויהי כול השיר אשר דבר

CD 10.15 איש ביום : על השישי מלאכה מן

3Q15 12.4 תחת המעלהא של השית העליונא :

11tgJ 22.4 ה]ן עולין השכח אחד לי ˙]

1QH 12.20]ה :]השכיל בכול
4Q381 24 1.11]ם השכיל ושכל

1QS 9.13 ולמוד את כול השכל הנמצא לפי

1QH 5 1.11 וקצ תעודה השכלתה לב˙[:

1QH 11.10 וברזי פלאכה השכלתם ולמען

1QH 7.26] כי השכלתני באמתכה
1QH 10.7 אשיב בלוא השכלתני : הנה
1QH 12.33 אבין כיא אם השכלתני ומה
4Q381 15 1.8 והשכיל כי השכלתני :]

11QT 20.16 האזרוע עד עצם השכם ויניפו
11QT 22.11 וללויים : את השכם אחר

4Q178 1 1.5]בקש הי˙[:]השלום ו[:
11Mel 1+ 2.15 הואה יום ה[שלום א]שר

4Q504 1+R 6.8 ‹אשר השלחתה בנו את

1QM 6.2 לגבורת אל ועל השלט השני

4pHs[a] 2.4] : מצוותיו השליכו אחרי

1QM 8.12 ידי מלחמה עד השליכם למערכת

1QM 6.3 אל ועל הזרק השלישי יכתובו
1QM 17.16 ובגורל השל[ישי
3Q15 2.4 הישן בדיבר : הש‹לי›שי עשתות
4Q401 13 1.3 שבעה ל[: השלי]שי בכוהני
4Q403 1 1.1 השלישי לנשיאי
4Q403 1 1.13]טהורי עולמים הש[לישי] :]
4Q403 1 2.28 ל[ו ולש]ון השל[ישי ת]גבר
4Q512 1+ 1.1 וביום השלישי]
11QSS 3+ 1.8] השלישי]
11QT 24.13 ומנשה וביום השלישי יעשה :
11QT 28.6 וביום השלישי :
11QT 45.9 הראישון וביום השלישי יכבס
11QT 49.18 וביום השלישי יזו
11QT 50.14 הראישון וביום השלישי יזה

1QM 4.9 מחני אל על השלישית : שבטי
4Q503 40 2.4]השלישית לר˙]
11QT 42.10 ועל גג השלישית : תעשה
CD 4.17 השנית ההין השלישית : טמא

1QM 7.2 החללים ושוללי השלל וטהרי
11QT 60.5 יחרימו ומכס השלל והבז :
11QT 60.8 והמכס מן : השלל ומן הבז

11QT 65.13 בתי ופרשו השלמה לפני

4QMš 1 1.13 על חצוצרו[ת]השבתות]
11QPs 27.7 מאות ולקורבן השבתות שנים
11QT 13.17 תא[: ובימי הש[בתות]
11QT 43.2]בימי השבתות ובימ[י

5Q16 2 1.2]אנשי ˙] :]ם השג˙[:]

11Ap[a] a 1.9 הזואת [:]˙ת השד[:]עשה]

4Q513 18 1.4]˙ מן השד[ה
4QOrd 1 2.5 לו ולב[יתו : השדה יאכל
5QCD 5 1.4 אשר [: על פני השדה א[שר :
11QT 50.5 יגע על פני השדה בעצם אדם
CD 9.9 ישביע על פני השדה : אשר לא

11Ap[a] 1.4] : [אלה [הש]דים ˙˙˙]

3Q15 8.10 ככ : בשלף של השוא הצופא :
3Q15 8.14 ככ : ברוי של השוא בצויה שבא

1QS 6.12 במעמד האיש השואל את עצת :

1QS 9.1 ישוב עוד אב השוגג : יבחן

11QT 51.13 יטו משפט כי השוחד מטה משפט

11QT 66.5 והומת האיש השוכב עמה לבדו
11QT 66.10 ונתן האיש השוכב עמה לאבי

1QS 6.4 כיא יערוכו השולחן לאכול
1QS[a] 2.17 הת]ירוש וערוך השולחן : היחד
11QT 3.10 הסמים ואת השולח[ן :]

4pN 3+ 2.12]ערי המזרח כי השול[י]ם[

4Q508 4 1.1]ה[ ]בנותיה השוממות[:]

4Q501 1 1.2 בני בריתכה השוממים:]
11QPs 19.17 עמי ובית אבי השוממים בחונכה

1QM 14.4 ברוך אל ישראל השומר חסד
1QM 14.8 אל החסדים השומר ברית
4QM1 8+ 1.3 א[ל]י[שראל ה]שומר חסד]

4pIs[c] 21 1.7 כ] ענוי הצואן ה[שומרים] :]

11QT 56.10 לפני או אל : השופט וימת

11QT 56.1 [א]ו אל ה[ש]ו[פטים
11QT 61.9 ולפני : השופטים אשר
11QT 61.9 ההמה ודרשו השופטים והנה
11QT 62.2 ה]שו[פטים :
11QT 62.4 ויהי ככלות השופטים : לדבר

4QCat[a] 2+ 1.13 שופר בגבעה השופר הואה

1QM 8.9 וכול עם השופרות יריעו
1QM 8.11 חללים קול השופרות יחישו
1QM 8.15 השופ]רות קול
1QM 16.8 וכול עם : השופרות יריע[ו
1QM 17.13 וכו]ל עם השופרות יריעו
4QM1 11 2.22]וכו]ל עם השופרות

4Q186 1 2.9 עליו : ברגל השור עני יהיה

4Q511 115 1.2 ובש[: השורק[:]]חל

3Q15 12.2 תחת האבן השחורא בידן

4Q381 10+ 1.2 בעיניו כי השחיתו מ˙[:]

1QM 18.5] ˙איץ השמש לבוא ביום
1QNo 3 1.5 הבית כחדודי השמש [:]ל
4Q503 1+ 2.4]˙וא חום ה[שמש
4Q503 10 1.1] השמש להאיר על
4Q503 18 1.2] לילה [:]השמש צ[:]ר
4Q503 33 2.1 ובצ[א]ת השמש על ה[ארץ
4Q503 33 2.10] הש]מש על ה[ארץ
4Q512 48+ 1.5 ואחר [בוא ה]שמש היום ח[
11QPs 27.2 חכם ואור כאור השמש ‹ו›סופר
11QT 20.13 [השמש ועל כול
11QT 45.9 ‹ורחץ› ובאה השמש אחר :
11QT 50.4 לע]רב כבוא השמש
11QT 50.15 ורחץ ובאה השמש : וטהר
11QT 51.3] [השמש וטהר :
11QT 51.5 במים ובאה השמש אחר יטהר
CD 10.15 אשר יהיה גלגל השמש : רחוק מן

4Q502 32 1.2]ה אל [:]˙ו השנ[: ס]פרם

1QDM 1.1] [השנה לצא[ת
1QM 2.4 ולכול ימי השנה מבן חמשים
1QS 6.7 כול לילות השנה לקרוא
1QS 6.21 ובמולאת לו השנה השנית
4Q379 12 1.5 מצרים היא השנה ליובלים
4pPs[a] 1+ 2.8 לסוף : ארבעים השנה אשר יתמו
4QCat[a] 5+ 1.2 הנ]ביא אכול השנה שפ[יח
11QPs 27.6 ויום לכול ימי השנה ארבעה
11QT 14.8 לחודשי השנה ˙˙[:
11QT 14.10 ה[ראישון : השנה כול מלאכת
11QT 43.7 את הדגן : עד השנה השנית עד
11QT 43.8 התירוש עד השנה השנית עד
11QT 43.9 מיום מועדו עד השנה השנית :

1QM 6.2 אל ועל השלט השני יכתובו :
1QM 6.5 ומגן והדגל השני מחזיקי
1QM 6.9 מאות לעבר השני מאתים
3Q15 9.4 ארבע : בתכלת השני גב צריח
4Q186 1 2.6 מן העמוד השני : רוח לו
4Q186 2 1.7 ל[ו :]עמוד השני שמונה
6QCal 1 1.1 ה]שני בו : [
11QT 7.11 [:]˙˙ה הקצה השני פורשים
11QT 16.14 הוא ויקח הפר השני אשר לעם
11QT 24.12 וביום השני יעשה עולת
11QT 28.3 אשי ר[יח : השני פרים שנים
11QT 36.12 עד המקצוע השני לחצר
11QT 42.8 לתוך הפרור השני ושלישי :
11QT 45.3]י ה]שני יהיה בא

1Q36 11 1.2]ם˙ [:]˙ות השנים[
1QM 2.13 וקטורה ובעשר השנים אשר
1QM 2.14 ובעשר השנים הנותרות
4Q385 3 1.5 את הימים ואת השני[ם]ל[
4QM6 13 3.3 ובעשר ה[שנים : כו]ל
CD 4.9 עד שלים : הקץ השנים האלה
CD 4.10 הקץ למספר השנים : האלה
CD 4.12 רחק החוק ובכל השנים האלה

1QM 4.9 עדה אל על אות השנית מחני אל
1QS 6.21 לו השנה השנית יפקודהו
3Q15 10.1 דרום בעליאה השנית ירידתו :
4QM1 1+ 1.16 [: השנ[ית
4QM1 1+ 1.16 המ[ע]רכה השנית את עונתה
4QM3 1 1.9 ויצאה המערכה השנית וככול
4QM6 32 1.2]מ[:]˙[ ]השנית[:]˙[
11QT 43.7 עד השנה השנית עד יום
11QT 43.8 עד השנה השנית עד יום
11QT 43.9 מועדו עד השנה השנית : למועד
11QT 44.10 עד הפנה : השנית נשכותמה
11QT 50.3 עד אשר יזו את הש[נית] : ביום
CD 4.17 היא הזנות השנית ההין

3Q15 1.5 בנפש בן רבה השלשי עשתות :

1QH 7.3 משמוע דמים השם לבבי
1QH 18.20 ואשמעה :]˙˙ השם [ ]בבי
1QM 2.6 והיו אנשי השם : קריאי
1QM 3.4 אנשי : השם יכתובו
1QS[a] 2.2 אלה : אנושי השם קיראי מועד
1QS[a] 2.8 עדת א[נ]ושי השם כיא מלאכי
1QS[a] 2.11 מו]שב אנשי השם [
1QS[a] 2.13]מועד אנושי השם וישבו :
4pIs[a] 7+ 3.29 אחד מכוהני השם ובידו בגדי
4QM1 19 1.4 זכר[: קרי]אי השם אנ[שי
4QM6 7 2.4 י]היו א[נ]שי ה[שם
CD 4.4 ישראל קריאי השם העמדים
CD 15.3 ועבר וחלל את השם ואם

1QDM 1.11 אובדם ועד : הש[מד]ם וידעו

4QFl 1+ 1.5 עוד זרים כאשר השמו בראישונה

1QM 2.6 במועד שנת השמטה ובשלוש
4Q513 18 1.3 יק]ריש השמט[ה :]˙ מן
4QM6 7 2.3 כב[ו]ר את[: הש]מ[טה]

1QM 2.8 בשנה ובשני השמטים לוא

1Q30 3 1.3 לפני[כה:]˙ השמים האמ[ר :
1QDM 1.5 ב]ם את [ה]שמים ואת [
1QDM 2.10 בכם [ו]עצר את השמים [מט]עלה
1QH 3.35 כבודו וצבא השמים יתנו
1QM 11.17 תלחם בם מן השמ[ים
1QM 12.18 רו]ם על השמים אדוני :
1QNo 2 1.1 קדוש]י הש[מים:
1QS[b] 1.4 יפתח לכה מן השמ[ים
3Q14 3 1.3 משכנ[י:] השמים [:]ל˙˙
4Q370 1.4 כל ארבות השמים נפתחו
4Q370 1.5 וארבות השמים ה[רי]קו
4Q385 2 1.7 ארבע רוחות השמים ויפחו
4Q503 1+ 2.1]רקיע השמ[י]ם יברכו
4Q511 30 1.2 ה]שמים ותהומות
4VSam 3+ 2.3 לו והעלהו : ה]שמים הואה [
8QHym 1 1.4 ל[:]למ[ז]לות השמ[ים:]וב[:
11Ap[a] 1.10 החזק :]את השמים: א]שר
11Ap[a] 3.3] ˙[השמים ו[:
11QT 55.18 או לכול צבא השמים והגידו
CD 2.18 לבם נפלו עידי השמים בה נאחזו

11QT 45.5 וזה יוצא ליום השמיני ומטהרים

1QM 2.12 הגדול בשנה השמינית ילחמו
1QM 4.11 קריאי : אל על השמינית צבאות
4Q403 1 2.18 שיר עולת השבת השמינית בשלושה
4Q405 8+ 1.1 ה]שבת השמינ[ית
4QCat[a] 5+ 1.12 למנצח על ה[שמינית :
4QCat[a] 5+ 1.13]המה העונה השמינית[:

4Q401 14 2.7 נשיאי מ[: השמיעו נסתרות
4Q402 9 1.3 אלי[ם : ה]שמיעו בדמ[מת
4QM1 11 1.21 זמרוה[ו : ה]שמיעו בהגיא

11QT 22.15 ויסוכו מן השמן החדש ומן

1Q26 1 1.5]˙ה לכה השמר לכה למה
11QT 2.4] הש]מר לכה פן
11QT 2.12] אל קנא הוא השמר פן תכרות[

1QDM 2.9 הת[ורה] האלה הש[מרו מא]דה

1QM 11.11 אשמה ומאז השמר[תה מ]ועד

1QH 8.22 על משקלת השמש לא[

[לו ולשון] השי תגב[ר]   4Q405 11 1.4
הוד כבודו השי במשני ;   4Q405 13 1.4
ח[ ] ומ[ ] ור[4Q503 216 1.2
בין ה[ ] י[ין] השי רובד ·[ ]   11QT 4.5
וביום השי[ ]   11QT 24.16
רנן בלשון השי ל[אל   MasSS 2.14

דגלי אל על השיח קהל אל   1QM 4.10
עולת השבח השיח בתשעה   MasSS 1.8

הבא אל ; בית השתחות אל יבא   CD 11.22

; כארחי ה[ש]תלמד פר[ק   11tgJ 23.6

; א[ ]·[ ]·ת[ ] השתמ[ו   1QNo 3 1.2

עולם ;]ה[ת··]·····[1QH 15 1.3
]הת[4Q490 15 1.1
]הת לס[4pIsᵇ 11+ 1.1

מחוק ובין התאו לתאו שלוש   11QT 38.15

·····יי]התב· א·[ ]]הוא   4pIsᶜ 20 1.3

אותם ; ובאי התבה שנים שנים   CD 5.1
שנים באו אל התבה ועל   CD 5.1

ה[א]רץ התבו[;   4Q504 3 2.11

לכם את]התבו[אה   1QDM 2.11

אוכלים את התבואות   TS 3 1.6

לוא התבוננו ולוא ;   1Myst 1 1.3

ש]התבל···[;   1QH 8.38

ובמל[חמה התגברת]ה[פ]ל   1QM 18.12
נפלאותיכה] התגברתה[;[ ]   4Q505 127 1.3

יזיב אפה התגד ; תנין   11tgJ 35.3

אמת תבל כיא התגוללה בדרכי   1QS 4.19

לא יחיה והם התגוללו בפשע   CD 3.17

ל·····כי בנדה התגוללתי ומסוד   1QH 17.19

ושני ; התגוררם ופירוש   CD 4.6

עלי]הם[ ]ה התד[בר] לפ[י   11Mel 1+ 2.8

]התה[4Q502 240 1.1

···[;]ספר התהלים ואה[ ]   4QMl 17 1.4

] התהלך ; בדרך   1QH 6.6

]הת[ ] ש]התהלכו ;   1QH 15 1.3

בית האו[ ]התהמות ; חרשה   6Q20 1 1.5

התורה אשר התוסרו בו   CD 4.8

הדבר ; נעשתה התועבה הזואת   11QT 55.6
הדבר נעשתה התועבה הזואת   11QT 55.20

אלה ובגלל התועבות האלה   11QT 60.20
לעשות בכול התועבות אשר   11QT 62.16

החמאה רוח התועה ונעוה   1QH 1.22

[ו]שחם את השעיר אשר על[ה   11QT 26.5
ובא אל ; השעיר החי   11QT 26.11
על ראש השעיר ושלחו ;   11QT 26.12
איש עתי ונשא השעיר את כול   11QT 26.13

[מן שני הש]עירים   1QDM 4.11

ויצאו מן השער התיכון אל   1QM 7.9
בינים יצאו מן השער האחד   1QM 7.16
בבור שנגד השער המזרחי ;   3Q15 2.7
המזבח י[ ]השער לאל   4pPsᵇ 5 1.4
שערים ;]ה[שער שתים   11QT 5.9
ועשי]תמה מעל השער ;   11QT 10.9
השער ; [ ]   11QT 31.2
פנ[א]ת ה[שער]   11QT 36.4
במה רוחב השער ארבע   11QT 36.8
טוב ; ולמפנת השער עד המקצוע   11QT 36.12
]השער ; [ ]משני   11QT 37.7
]ש[ער הזה]·····   11QT 38.9
אל הזקנים השער ואמר אבי   11QT 65.10
רחוק מן השער מלואו כי   CD 10.16
]הקנאות ולימין השער הזה ;[ ]   TS 3 1.5

[ ] בינים מן השערים ;   1QM 7.17
]דגלי בינים מן השערים ועמדו   1QM 8.4
השערי[ם ו]עמד ;   1QM 8.18
יפתחו א[ת] הש[ערי]ם לאנשי   4QMᵇ 1 1.2
לבוא השערים ויצאה   4QMᵇ 1 1.9
וריו[חב ארבע השערים   11QT 31.13
מלד[א]ת כול השערים האלה   11QT 36.13
ה[ש]ע[ר]ים משני] אצל   11QT 37.7
וה]יו שמ[ו]ת הש[ע]רים אשר   11QT 39.11
לצפון ולרוחב השערים חמשים   11QT 40.12
ויוצאים השערים מקיר   11QT 41.12
ורוחב פתחי השערים ארבע   11QT 41.14
אצל קירות השערים בתו[ר]   11QT 42.7
גגי השערים ; [ ]·····   11QT 46.2
על פי פתחי השערים כולמה   11QT 46.6
באמה ויוצאים ה]שערים ; שבע   TS 3 2.4
ורוחב פתחי השער[ים ; באמה   TS 3 2.5

ובא השפט] [ ]·   CD 15.16

אשר לא לפנים השפטים או   CD 9.10
אם   ] ; השפטים [CD 15.4

הדב]ר השפיח הו[א]ה ;   4QCatᵃ 5+ 1.2

; ומוקדש]י [ ]השפלתני ;   1Q38 4 1.3

קול גילות רנה השקים ודמ[ת]   4Q405 20+ 2.13

עשרים גרה השקל ב]שקל ;   4QOrd 1 2.7
ליהוה מחצית השקל חוק עולם   11QT 39.8
עשרים גרה השקל ;]וכאשר   11QT 39.9
]ממנו את מחצית הש[ק]ל [ ]   11QT 39.10

שלוחי לתחת השקט ;   3Q15 10.16

כב ;   קודש כ] [ ]השר מלאכי מלך   4Q403 1 2.23

חצוצרות מקרא ה( )שרים   1QM 3.3

]האר[ ] ; השש[י] ; הלב[·]   4QMᵇ 31 1.4

במלחמה וביד הששה יהיו ;   1QM 7.12

[רנן ; בלשון הששי לאל   4Q403 1 1.5
[ל]הודי ; הששי בנשיאי   4Q403 1 1.21
הששי לו ולשו[ן]   4Q403 1 2.29
הוד להודי פלא הששי   4Q405 3 2.11

1QS[a] 2.7 כושל לבלתי התחזק בתוך

1QM 15.12] התחזקו למלחמת
1QM 17.4 ואתם התחזקו ואל
1QM 17.9 בני בריתו : התחזקו במצרף

4Q184 2 1.4]לב נדבה התחנן לו[:

11QT 6.8]התחתון והכול [
11QT 37.6] פנות הפרור התחתון פשוים ˙

11QT 42.10 ושלישיות כמרת התחתונות ועל

11Ap[a] 3.8 לתהום רבה :] התחתיה ומי[

CD 19.12 ~~והתוי~~ להתות התיו על מצחות

4pN 3+ 3.8 עצתם התיטיבי מני

1QM 7.9 ויצאו מן השער התיכון אל בין

11QT 40.7 סביב לחצר התיכונה ש[:

1QS 3.6 אל לבלתי התיסר ביחד

1QM 16.5 החצוצרות עד התיצבם איש על
1QM 17.11 החצוצרות : עד התיצ[בם אי]ש

1QH 3.24 כוח לי כיא התיצבתי בגבול

CD 2.11 שם למען התיר פליטה

1QS 6.4 לאכול או התירוש : לשתות
1QS 6.5 הלחם או התירוש לשתות
1QS[a] 2.17 הת]ירוש וערוך
1QS[a] 2.18 היחד [ה]תירוש לשתות[
11QT 21.8] ה]תירוש וישמחו
11QT 43.8 מיום : מועד התירוש עד השנה
11QT 43.9 עד יום מועד : התירוש והיצהר

1QS 9.3 בישראל ככול התכונים האלה

11tgJ 16.3]באישה אתכפפת התכפפת : כ]רוח

4QCat[a] 19 1.3 אלי ה˙[:]˙ התלוננו יחד ול

5Q13 1 1.8 מ˙[:]˙ק התמותה ות˙[:

4QM3 1 1.14] התמיד ולעולות
11QPs 27.6 על עולת : התמיד לכול יום
11QT 23.8 אחר עולת הת[מיד :
11QT 25.7 מעול]ת התמיד [ועל]לת

1QS 8.20 ילכו בם אנשי התמים קודש איש

4Q511 18 3.9] : ועם התנגפי[

11tgJ 29.6 בגבורת אלהא : הת]נדע מא שויא
11tgJ 29.7 נהור עננה : התנ]דע להלבשא

11QT 22.9 הימין ואת חזי התנופה

CD 8.10 פתנים אכזר התנינים הם
CD 19.22 פתנים אכזר: התנינים : מלכי

11tgJ 30.6 מלאכי אלהא : התסוג בדשין

1pHab 10.9 מטיף הכזב אשר התעה רבים :
4pPs[a] 1+ 1.26 איש הכזב אשר התעה רבים
CD 2.13 ואת אשר שנא התעה : ועתה

4Q509 12i+ 1.1 המנודחים התועים מבלי[

11QPs 28.9 לקראתו יפי התור ויפי

1QS[a] 1.11 עליו משפטות התורא

1pHab 5.12 אשר מאס את : התורה בתוך כול
1pHab 7.11 האמת : עושי התורה אשר לוא
1pHab 8.1 על כול עושי התורה בבית
1pHab 12.5 יהודה עושה : התורה אשר
1QDM 1.4 ישרא[ל ד]ברי הת[ו]רה אשר
1QDM 2.9 [ ] כול דברי הת[ורה] האלה
1QS 8.2 הנגלה מכול : התורה לעשות
1QS 8.15 היאה מדרש התורה א[ש]ר
1QS 9.9 דרכ ומכול עצת התורה לוא יצאו
1QS 9.17 ולסתר את עצת התורה בתוכ
4Q176 17 1.7 ממ[: ע]שו התורה ו[:
4Q176 17 1.8 התורה ו[:]התורה[
4pIs[c] 23 2.14 [< התורה מאסו]
4pIs[e] 6 1.7]˙ את התורה[ ]שר
4pPs[a] 1+ 2.15 לכלות את עושי התורה אשר בעצת
4pPs[a] 1+ 2.23] : עושה התורה אשר לוא
4pPs[a] 1+ 4.2]התורה צדיק[ים
4QCat[a] 2+ 1.14]]אה ספר התורה שנית
4QCat[a] 5+ 1.16 א[כול :]˙ת התורה עושי
4QCat[a] 10+ 1.5]המה דורש התורה כיא אין
4QFl 1+ 1.11 העומד עם דורש התורה אשר :]
4QFl 1+ 2.2 ועשו את כול התורה[: מושה
4QOrd 5 1.6 הדבר[: ד]רוש התורה בצוקה ו
4QPBl 1 1.5]התורה עם אנשי
6apSK 21 1.3] : בס]פר התור[ה
11Mel 2 3.6]˙מ˙[: התורה
11QT 50.7 יטהר כמשפט התורה הזואת
11QT 50.17 עזים כמשפט התורה הזואת
11QT 56.3 ועשיתה על פי התורה אשר
11QT 56.4 לכה מספר התורה ויגידו
11QT 56.7 לוא תסור מן התורה אשר
11QT 56.21 וכתבו : לו את התורה הזואת על
11QT 57.1 וזואת התורה]
11QT 59.10 ככול דברי התורה הזואת :
CD 4.8 לעשות כפרוש התורה אשר
CD 5.2 לא קרא בספר התורה החתום
CD 6.4 הבאר היא התורה וחופריה
CD 6.7 הוא דורש התורה אשר :
CD 6.14 לעשות כפרוש התורה לקץ הרשע
CD 7.7 והתהלכו על פי התורה
CD 7.8 היסורים כסרך התורה כאשר אמר
CD 7.15 דמשק ספרי התורה הם סוכת
CD 7.18 הוא דורש התורה : הבא
CD 19.3 נשים כמנהג התורה והולידו
CD 19.4 ויתהלכו על פי התורה: וכמשפט
CD 19.4 היסודים כסרך התורה : כאשר
CD 20.6 כפי מדרש התורה אשר
CD 20.10 להם חלק בבית התורה:
CD 20.13 חלק בבית התור[ה
CD 20.25 פרצו את גבול התורה מבאי
CD 20.28 [ו]לבוא על פי התורה וישמעו
CD 13.6 המבקר בפרוש התורה ואם
CD 14.8] ובכל משפטי התורה לדברם
CD 15.13 אשר נגלה מן התורה לדע[ת] :
CD 16.8 דבר מן התורה עד מחיר
CD 16.9 נפשו לסור מ[ן התו]רה עד מחיר

11QT 35.15 על המזבח יעשה התורים :]

11tgJ 33.1] סגיא :] התזיענה בתקף[

4Q512 27 1.4 על עומד[ו :]התח[:]ל˙[

11tgJ 35.7 לעבד עלם התחאך : בה

1Q30 11 1.1	[˙ו ו˙]
1Q30 11 1.1	[˙ו ו˙]
1Q37 1 1.2	לנפשם רעה ו[:]בחירי
1Q51 1 1.2	בחוקי ב[ ]˙ו ולם[:]ם
1Q52 1 1.1	א ומה אותיכה ו ˙[:]ה
1Q53 1 1.3	ועין ˙˙˙[:]ו לש˙[
1Q67 5 1.3	] תליתי [:]ו אנון [
1Q70 7R 1.1	]ם ו[:]˙הע˙[: [˙
1apGn 19.30	] אכל[ ] ו[:]
1apGn 20.30	די לא [ ]הא ו[ ] והא
1Myst 1 2.2	[˙] : ו˙˙[ ]לו
1pMic 10 1.5	]ו ולכ[ו]ל
1pMic 11 1.5	]˙ יבגוד[ ]˙ו˙[:]˙ ˙[
1QH 1.30	מעשי אמתכה ו˙[ ]˙˙[
1QH 2.39	] בלמודיכה ו˙[:] ובי [
1QH 4.2	]˙˙˙ מו ˙˙˙˙ו מ ˙˙[:] על
1QH 5.23	לכול נועדי ו[ ]כלי
1QH 6.10	˙ל תורה ו[ ]ל˙˙ :
1QH 6.24	תהום לאנחתי ו˙[ ]עד
1QH 6.31	ויעצו[ ]ו מקצה עד˙˙˙ :
1QH 7.19	להעיז בכוח ו˙[
1QH 8.23	בצור חלמיש ו[
1QH 10.15	ולא להם יומם ו˙[ ]ל˙˙
1QH 10.29	ולפי דעתו ו˙ב[ ]˙
1QH 10.32	במעוז מרום ו˙˙˙˙˙˙˙˙˙ עמל
1QH 12.27	ומה ישיב עפר ו˙[
1QH 12.36	]ו במי ב[:]˙ה
1QH 15.2	]שב : ת[: ו[: תחת[: ק[
1QH 15.13	[ ]ו : הכינותה
1QH 16.1	] ל[:]˙יק ו˙[: ברוח קו[
1QH 16.9	ברוח רחמיך ו˙[ ]וד כבודך
1QH 16.15	˙[ ]ו ואל י[
1QH 18.29	אורתום עד נצח ו˙˙˙ חושך
1QH 3 1.9	צמי רשעה[:]ו בעול ותמו
1QH 4 1.8	אוזני כי[:]˙ו˙ אנוש וברית
1QH 5 1.10	בשר גליתה ו[: לבכה וקצ
1QH 7 1.4	וכ<ו>שלי ארצ ו[:]˙ ושמחת
1QH 7 1.6	להודיע גבורה ו˙˙˙[:]אל
1QH 7 1.13	ל[ ]פ ו[
1QH 8 1.4	יתרום[: עצה ו[: משרתים[:
1QH 10 1.2	כי גמלתנו ו[:]לא יעצרו
1QH 13 1.1	]˙ כול˙[ ]ו ו˙[:]שפת
1QH 13 1.1	]˙ כול˙[ ]ו ו˙[:]שפת
1QH 15 1.8	]˙ת כול בינה ו˙בינתך לא :
1QH 21 1.2	]ם [:]˙ו ו˙˙˙˙ר נדי[
1QH 21 1.2	]ם [:]˙ו ו˙˙˙˙ר נדי[:
1QH 24 1.4	מ˙˙[:]עים ו˙˙˙[
1QH 33 1.2	[:]וחיך ו[:]ל[
1QH 54 1.2	[:]בשמחה ו[:]וברכה ב[
1QH 57 1.1	ו[
1QH 60 1.3	ה[: כ˙[: ו˙[
1QH 63 1.1	]ו ול[ ]˙˙[
1QM33 1 1.2	א[:]˙ריתכה ו˙[ ]א כמוב[
1QNo 1 1.2	גברו בארץ ו[: א]ת דרכו
1QNo 1 1.4	לפני אל ו[:]ים א[:]ל
1QNo 13+ 1.3	[ש]מים ו[
1QS 10.26	חוק בקו עתים ו[ ]
1QS[b] 4.1	רגל]יכה ירצה ו[
1QS[b] 5.3	הבדלתה מ[ן : ו˙לא הש[:
2apPr 4 1.4	כיס [:]ו שו[
3Q7 1 1.1	ו˙[: ו˙ו[: יכ
3Q14 8 1.2	˙˙[: די סדום ו[
3Q14 12 1.2	[˙˙[:]ברך ו[
3Q15 5.9	של שלום : ו עד הרגם
4Q176 8+ 1.16	]י ישמח [ ]ו[ ] ארים[
4Q176 17 1.7	ע]שו התורה ו[:]התורה[
4Q176 21 1.1	]ו˙ ˙[:]בכול
4Q176 25 1.5	]מארץ[:]˙ו בת[:]˙ אש[
4Q176 27 1.4	]תוכה[:]ל˙ו[
4Q176 39 1.3	]˙ת ק[:]˙ו ˙˙[
4Q178 1 1.5	הי˙[:]השלום ו[:]הרוח[

1QH 4.36	המון רחמיכה התעודדתי
4QCat[a] 2+ 1.7	˙ה פוח[זים הת]עוללו
4Q381 69 1.1	]לם בראותו כי התעיבו עמי
11tgJ 5.8	ארו ידע[ת :] ה<ת>ע<י>ם˙˙[
4pPs[a] 1+ 2.10	יקבלו את מועד התענית ונצלו
4pPs[a] 1+ 3.3	ברעב במועד ה[תע]נית ורבים
CD 6.19	ואת יום התענית כמצאת
1QH 16.14	ד˙˙[ ]ע[ ]התערב ברוח
4QPs[f] 2 8.7	צריך ציון: התפזרו כול
CD 8.12	החוץ וטחי התפל כי : שוקל
4Q176 8+ 1.3	שובי ירושלם התפתחי :
1QM 17.2	בני אהרון אשר התקדש אל
1pZ 1 1.2	יוש]בי ה[א]רץ התקו[ש]ש[ו
11tgJ 32.9	על : אוריך התקפר[
11tgJ 25.6	אנש רשיעיא התקלו[:]˙י
1QM 16.6	שנית [התק]רב ובעומדם
1QM 17.11	שנית ידי התקרב ובהגיע :
4QM1 11 2.20	שנית על ידי התקרב ובהגיעם
11tgJ 31.7	כא[בן] מין התקרמו מנה
4Q512 64 1.7	]מ[ ]התקש בגור[ל :
4pIs[c] 2 1.5	]ע[ ]ם התרה היא˙ צ˙ו
11QT 15.11	עם שוק התרומה אש[ר :
11tgJ 27.3	]הון ארו התרוממו ויגלא
1QM 2.16	בחצוצר]ות התרועה לכול
1QM 7.13	וחצוצרות התרועה
1QM 8.10	אויב ועם קול התרועה יצאו :
1QM 9.1	העם יחשו מקול התרועה
1QM 16.9	העם יחשו קול התרועה
1QM 17.14	קו]ל [התר]ועה יחלו
1QM 17.14	יניח[ו] קול התרועה
4QM1 1+ 1.13	וחצוצרות התר[ועה
4QM3 1 1.11	]בחצוצרות התרועה[
4Q176 6+ 1.2	] א[לו]היך[: התר]עלה[
11tgJ 35.4	תחרז לשנה התשוא : זמם
1QM 4.16	[<ה>תשע אמות :]
11tgJ 32.10	יך ˙˙˙[ה]תרחץ ב[ה

ז

1Q20 1 1.3	וש˙ ליא דאלין ו˙˙˙ין :]וכען
1Q20 1 2.9	למק˙˙ ˙[: ו˙˙˙˙ל[
1Q25 1 1.3	[: המ[ה : וירא ו˙[: חקקתי להם
1Q25 3 1.2	[: י]הודה ו[
1Q25 6 1.2	[:]בבהמות ו[:] קומה
1Q26 1 1.5	תכבדכה ממני ו[:]˙ ונארותה
1Q26 2 1.4	] פרי בידכה ו[
1Q29 13 1.4	מחשבת זידה ו˙[:]בת ˙˙˙

4Q178 9 1.3	ולוא[:]˙ו הטוב[:]ל[
4Q181 2 1.8	תכנם באמתו ו[: בכול
4Q184 3 1.5	אישוני פחז ו˙[
4Q185 1+ 1.5	וקדוש[:]מתו ו˙˙˙˙[:]ש
4Q185 1+ 2.12	]שה : ומצאה ו˙[ ]˙בה יבילה
4Q185 1+ 2.13	ולא יאל על[ ]ו[ ] : מרמה לא
4Q185 1+ 2.15	כחו ובכל [ ]˙ו לאין חקר
4Q185 1+ 3.10	˙[: והוא[: ו˙א ע[ ]˙
4Q185 4 2.2	ונריבה ו˙[
4Q185 5 1.1	ו˙[: מים[:
4Q370 1.7	לוא נמלטו : ו[
4Q374 2 2.10	יבע[ ]ש˙˙ ו˙[
4Q374 13 1.2	]˙[:]ו[:]˙[
4Q381 6 1.2	]מני יג[:]˙ו בנהרי[ם :
4Q381 13 1.1	בעלת ומא נאצת ו˙˙[:]˙שנך
4Q381 31 1.8	ואין ˙˙כ˙ו :]נני שיר
4Q381 33 1.4	פשעי רבו ממני ו˙[
4Q381 46 1.4	עד א[ ]˙˙ני ו[ ]עת : לוא
4Q381 46 1.8	אדמה ירמסו ו˙˙[
4Q381 53 2.4	מש[: ו˙[
4Q381 58 1.1	]˙ ו˙[:]˙בות [
4Q381 67 1.1	]ו א˙[:]בר˙[
4Q381 78 1.6	]רשנם שנת[:]ו ורותה הא[רץ
4Q381 93 1.1	]ו אבתי במעשי ר
4Q381 106 1.1	]˙ו יא[:]ומ[
4Q400 1 2.17	קודשי[: אלים ו˙[: צדק [
4Q400 2 1.5	עומדם ו[: מה נתחשב
4Q401 4 1.3	]לכוהני:]˙ו :]ל:]תיו
4Q401 11 1.1	]˙ו כוהנ[י :
4Q404 12 1.1	]לך ו˙[:]ים [
4Q405 6 1.6	[ ]ופלא ו[ ]כבוד באור
4Q405 20+ 2.14	[ ]˙˙[ ]ו מבין כול
4Q405 25 1.1	]ו ˙[:]ורנן
4Q405 33 1.1	]ו בשב[עה :
4Q484 5 1.1	]ר ו[:] ויש[
4Q485 1 1.1	]ו תדורש[:
4Q485 5 1.2	]˙ר מ˙[:]ו בתור[
4Q487 3 1.1	]˙ו [˙:]ק ש[ ]ם
4Q487 4 1.2	[:]˙ה חמתו ו[:]בית נ[
4Q487 8 1.4	[אל:]˙ו <ב>מכול: [
4Q487 11 1.2	]˙ ופה[:]ו תוך ˙˙[:]ע
4Q487 12 1.3	[:]רץ ו[:]ה אותות[
4Q487 17 1.3	ת]בונן ב[:]˙ו ועש[:]˙ם
4Q487 20 1.4	]שע איש[:]˙ו בא˙˙[
4Q487 25 1.2	]תו ˙[:]ו צ˙ד[:]י˙˙[
4Q487 41 1.3	]גבור ˙[:]˙˙ו א˙˙[
4Q488 6 1.1	]א ו˙[
4Q489 4 1.2	]לכ˙[:]ו[
4Q490 1 1.2	]ם[:] ויק˙ו˙[
4Q490 7 1.1	]ג ו[
4Q497 9 1.3	]אור י[:]מת ו˙[:]<[>גד> גו
4Q497 11 1.1	]ו[:]ת [:
4Q497 13 1.1	]ו [:]לתם[:
4Q497 29 1.1	]˙ו ˙˙˙[:]ל [
4Q497 33 1.3	]˙איר[:]˙ו[:]˙[
4Q497 48 1.1	]ר˙ ˙˙˙ ˙˙ו˙[:]˙˙ים˙ [
4Q499 2 1.6	]רשעה[:]˙ו ור[:]˙[
4Q499 11 1.3	]ם[:]מה[:]ו[:]ש[:]˙[
4Q499 37 1.3	[<]˙ם> [ ] ו˙[
4Q499 40 1.1	]ו[:] וזכ[
4Q500 1 1.2	בב]איכה ינצו ו˙[ ]˙[ ]˙[:
4Q502 21 1.4	בתוך [: ישראל ו˙[: נחלתו
4Q502 24 1.5	] ימיכה שלום ו[: ב]תוך
4Q502 30 1.2	]מברכי[ם :]ו אנש[י :
4Q502 32 1.2	]ה אל [:]˙ו השנ[: ס]פרם
4Q502 39 1.2	]˙[:]˙ו כול חי ק[:
4Q502 46 1.1	]שר ו˙[:]˙ארב[:
4Q502 47 1.2	[:]ם לפניו ו[:]רא[
4Q502 60 1.2	[˙˙ע[:]ו מכול [
4Q502 70 1.2	]ל [:]˙ו יח[ד:]הם[
4Q502 77 1.1	]וב ו[:]חו ˙[
4Q502 94 1.5	]הבא לש[:]ו את א[:]ת[
4Q502 108 1.3	א]בי הנערה ו[:]˙[
4Q502 121 1.3	]ה כ[:]˙ ו˙[
4Q502 122 1.2	]בנ[:]˙ ו˙[:]˙˙[
4Q502 126 1.1	]דו ו[:] כול אש[ר
4Q502 129 1.3	]˙[:]ש[:]ו [
4Q502 136 1.2	]אנה [:]ו ת[
4Q502 145 1.2	]ורא :]ר ו[
4Q502 161 1.1	]˙ו בכ[:]יברכ[ו
4Q502 180 1.1	]ו ˙[:]במן ˙[
4Q502 184 1.2	]˙ר א[:]ו[
4Q502 259 1.1	]ו ק[:]ל˙˙[
4Q502 266 1.2	]˙לם[: ˙[ו[
4Q502 270 1.1	]ו [:]˙˙[
4Q502 332 1.1	]ו א[
4Q503 1+ 1.14	VACAT:]˙ו:]תיו
4Q503 1+ 2.2	]ל[ ]ו והי[ו]ם הזה
4Q503 15+ 1.4	]˙[ ]˙˙ו וכבוד בקוד[ש
4Q503 27 1.2	]˙[:] שמים ו[: אש]ר חשב
4Q503 39 1.2	˙˙˙˙˙ ה[:]˙ו <הואה
4Q503 39 1.2	עד אתחב˙˙ו˙> כיא שלושה
4Q503 60 1.3	]הזה ומל[:]˙ו ודור[:]ת
4Q503 88 1.5	]˙ת ד˙[:]˙ו ב˙[
4Q503 91 1.3	]בשמחת[:]˙ו להם[
4Q503 95 1.3	[:]איר [:]˙ו ם[:]וש ˙[
4Q503 96 1.1	]˙ו [:]ם ש[:
4Q503 100 1.2	]˙[ ]˙ב[:]˙ו עם דג[לי :
4Q503 111 1.2	] כם[:]אל ו˙[
4Q503 121 1.2	]˙˙כ˙[:]ו ב[
4Q503 164 1.1	]˙ו א[:]ק
4Q503 199 1.1	]ו[
4Q503 203 1.1	]ו ˙[
4Q503 216 1.1	]שר ת˙˙ו [:]˙ הששי
4Q503 217 1.4	]˙ תמי[:]ו שלו[ם
4Q504 1+R 1.8	]ו נפלאות: [
4Q504 1+R 7.6	רקיע קודש ו[ ]
4Q504 3 1.17	]˙חנו :]˙ו לעשו<ת> :]ב
4Q504 3 2.15	]˙ים וקדושים ו˙[: אשר [
4Q504 4 1.19	[ ]ם רב˙[:]˙ו פשע[ ]˙כ˙[
4Q504 24 1.2	בונ[:]כה˙ ו[:]למחשב[:
4Q504 28 1.2	]˙ח ˙[:]˙ו˙˙[:]ול ˙˙[
4Q506 125 1.3	בע[יניכה :]ו כול ˙˙[
4Q506 152 1.3	[:]˙ג˙[:]˙ ו[
4Q508 30 1.1	]˙ו לכה לכפר[
4Q509 1+ 1.7	]ל[ ]ל[:]˙ו ˙[ ]˙˙ ˙˙[
4Q509 3 1.7	במועדי דשא ו[: [
4Q509 7 2.6	]מן ק<ד>שא˙ם ו[:]תם להשמר
4Q509 22 1.2	]ה [:]ו עמכה[:
4Q509 31 1.1	]˙ו[:]˙˙˙ ש[:
4Q509 33 1.1	]˙ו [:]ה[:]
4Q509 63 1.1	]˙ו ˙[
4Q509 79 1.1	]˙ו˙[:]ל[
4Q509 135 1.2	]שות[:]ו ז˙[:]ו ב [
4Q509 135 1.3	]ו ז˙[:]ו ב [:]˙ ˙[
4Q509 145 1.1	]˙ו ˙˙[:]
4Q509 152 1.2	]˙ינו[:]ם ו˙[:]שם[
4Q509 153 1.2	]˙צר[:]ות ו˙[:]˙רו˙[
4Q509 166 1.2	]˙˙˙[:] ו˙[
4Q509 167 1.3	[:]˙ ב[:]˙ו˙[
4Q509 179 1.1	]˙ו[:]ה [
4Q509 182 1.1	]ו א˙[
4Q509 184 1.8	[˙˙ :]בל :]˙ו :]ש<י>ו: [
4Q509 184 2.7	[: א[: כ[:]˙ו :]ב
4Q509 188 1.4	]הרעות האלה ו˙[: ג]מול
4Q509 203 1.2	[שר˙[:]ו או[
4Q509 208 1.1	]˙ו˙[:]˙[:]˙[
4Q509 210 1.1	]˙ו[:]ה[:]˙˙[
4Q509 217 1.2	]חתומים[:]ו˙לות [
4Q509 288 1.1	]שפם ו[
4Q509 292 1.1	]˙יח ו˙[
4Q510 4 1.1	]˙ו בו˙[

4Q510 5 1.1	]ו
4Q511 5 1.1	]·בד ו·[:]רעתו ·[
4Q511 18 2.6	]ורוח בינתי ו··ה עבודת
4Q511 18 3.7	]··[ ]·ו[
4Q511 24 1.4	]גדופיה[ם:]ו כם [:]פחז
4Q511 24 1.5	כם [:]פחז ו[
4Q511 34 1.2	[כו[:] ו[
4Q511 48+ 1.2	הודות צדקו ו·[ ]עה
4Q511 60 1.2	ולישרים[:]ו כולכם רוח[י
4Q511 63 3.6	]]ש··[ ]ו[ ]ל כול[
4Q511 75 1.1	]·ה· ו··[: פתח]תה
4Q511 85 1.1	]·ו[:]· אליו
4Q511 113 1.2	]ש· :]·ו
4Q511 122 1.3	[:]· ·שמים ו·[:]·ל[
4Q511 128 1.3	]י כול י[:]·ו·[ ]···[
4Q511 136 1.1	]ועשו ו·[:]לב[
4Q511 146 1.1	]·ו·[:]ויז·[:
4Q511 147 1.2	ל מ·[:]·שו ו·[:]יע ל[
4Q511 155 1.1	]·ו·[:]· ··[:
4Q511 163 1.2	]רם ל[:]ע ו·[
4Q511 164 1.1	]וב ו·[:]· לא[
4Q511 180 1.1	]ו·[:]הגע[
4Q511 193 1.1	]·ים ו[:]·לל·[
4Q512 36+ 1.11	] את בגדיו ו[:]פו כול
4Q512 29+ 1.4	[: ב]מים ו[
4Q512 29+ 1.19	[:]ת צדק ו[
4Q512 1+ 1.10	להתקדש לכה ו[
4Q512 1+ 1.12	]הרשונים ו[ ]
4Q512 56+ 1.7	]ו
4Q512 82 1.1	]ל·· ··ו·[:]חוקי
4Q512 89 1.3	]טמאה[:]אכל ו·[<שב[>
4Q512 102 1.3	]בל[:]·ו[
4Q512 105 1.3	[:]ת[:] ו[
4Q512 132 1.1	]ו או[:]מאת [
4Q512 140 1.2	]רב[:]ה ו[:]·הל[
4Q512 151 1.2	]·ם[:] ו[
4Q512 160 1.2	]·[:]·ו[:] א[:]
4Q512 210 1.1	]·ו[
4Q513 4 1.6	משה[:]ים ו·[:]ל[
4Q513 9 2.5	[: ו[
4Q513 15 1.2	]מים אש[:]·ו לארק ·[:]
4Q513 27 1.2	כ]הונתו ו[
4Q513 37 1.1	]ו לאה·[:]·ל[
4Q515 8 1.2	]·י·[:]ה ו[:]·כ[
4Q515 21 1.1	ו·[
4Q517 20 1.1	]בנו ו·[ ]·לם כק·[
4Q517 33 1.1	]ה ו[
4Q518 8 1.1	]·ו [
4Q519 1 1.6	שבעה[:]<[·ו>·· ·[
4Q519 15 1.2	] ל·[:] ו[
4Q519 53 1.1	] ו[:]·ר·[
4Q519 54 1.1	]·ה ו··[
4Q519 60 1.2	]··[:] ו[
4Q520 14 1.2	]··[:]ו[
4Q520 38 1.2	]· ואנה אלי ב·ו ·[:]ל[
4apLm 2 1.4	העיר[ ]·ו·[ ]לים
4apLm 2 1.9	]ו על לחיה על
4pHs[b] 22 1.2	]·ו : [
4pIs[c] 2 1.5	התרה היא· צ·ו ··[
4pIs[c] 12 1.7	[:]· למשקלת ו ····[:
4pIs[c] 12 1.9	···[:] בעי· ו·[:]·ה·[
4pIs[c] 29 1.1	]·ו בכה[:]לה
4pIs[c] 31 1.4	]ים עש·[:]ו מוריש[: א]רץ
4pIs[c] 34 1.3	[:]ל·[:] ו·[
4pIs[c] 60 1.2	]··[:]ב ו·[:] קודש[:
4pUn 2 1.3	על הא[:]·ו [
4QCat[a] 2+ 1.5	]ל·תמה שמה[:]ו באחרית הימים
4QCat[a] 2+ 1.6	]בה מטנו ו·[: ו]היו
4QCat[a] 2+ 1.11	מעמדם י[ ]ו לשונם[:]א
4QCat[a] 12+ 1.11	אנשי גורלו ו·[ ] לעד
4QM1 11 2.8	בבתיאים ו[
4QM1 19 1.3	[:]··ו תרומה זכר[:
4QM1 37 1.2	]ם·[:]· ו[
4QM2 1 1.13	]·· לאל עליון ו[ ]ל··[ ]··[
4QM3 1 1.14	[: ו·[
4QM5 17 1.3	ב[:]·ת אל ו[:]רות
4QM5 20 1.1	[ו[:]·· מ·[
4QM5 21 1.2	]·[:]ול·ו[:]אי[
4QM5 30 1.2	]במ [:]<[··>·ו ב[:]מא·[:
4QM5 44 1.3	··[:]·מד[:]ו·[
4QM5 51 1.1	]··ה·ו·[
4QM5 80 1.1	]·ו·[
4QMes 1.1	]ו שוטה שב[ק]
4QOrd 2+ 1.3	מסכרת עבד ו·[
4QOrd 5 1.6	התורה בצוקה ו·[: אש]ר דבר
4VSam 1 1.4	לעלי ויען עלי ו[: הו]דיעני
5Q13 1 1.6	מבני א[לי]ם ו·[:]ה
5Q13 16 1.2	]···[:]·ו ל·[
5Q13 19 1.1	]ו שר[
5Q13 20 1.1	]ו א[
5Q25 9 1.2	]·ת[:]שמר ו·[:]··· [
5QTop 5 1.3	[ ]על מי דן ו·[
6Q20 1 1.6	[: חדשה ו[: והתנחל[תם:
6Q20 1 1.10	·[:]·ו[: חק[
6apGn 2 1.3	פרדסא דן בלה ו·[
6apGn 8 1.2	ימרון [:]]·ו ל[
6apGn 9 1.1	]ו ·ו[:]יפסל[
6apSK 25 1.3	]קו אל[:]ה ו[
6apSK 67 1.3	·[: י··[: ו··[: ומ[
6QHym 3 1.3	]בבליעל ו[
6QHym 13 1.1	]ו א[:]ת לע[
6QPro 9 1.1	]לאפל ו·[
6QPro 12 1.1	ו·[:]]ל[
11Ap[a] 2.6	]ת :]מים ו[ ] הארץ[
11Ap[a] 3.2	] תקיף ו·[: כול הארץ
11Ap[a] 3.3	]· השמים ו[: יככה יהוה
11Ap[a] 3.10	]עד עולם ו·[
11QSS j+ 1.8	]·ו במשני מ[:
11QSS 8+ 1.6	]··[ ]·ו לצורות[
11tgJ 7.5	ויחאכון ו[: היך לא [
11tgJ 17.3	]בדי:]·ו ולא :]הלכת
11tgJ 17.7	]· יענה :]ו מן :]י :
11tgJ 27.4	אדניהון למוסר ו·[
11tgJ 30.8	]ין ו[ ]· ואמרת
11tgJ 36.9	]· כאב[ן] ו[:]פח[
11QT 12.12	]····ו : וקר[ ]יו
11QT 18.3	] היום ה זה ו[:]
11QT 34.6	אל הטבעות ו[ ]
CD 20.13	[יה]יה להם + ולמשפחותיהם
MasSS 2.4	] : אמת ו[
1Q23 1 1.3	ברא מן צלחיה וא·[: על עוג
1Q40 9 1.3	]·[ב]ליעל וא·[
1Q66 2 1.1	[:] טלף וא ·[:]ל[
1QH 7.18	להנצל מפ[:]וא סליחה ואני
1QH 8.38	ממשל :]לים וא[
1QH 11.22	עד כלות עולה וא[ ]
1QH 11.38	ואתה[: אם[: וא[:]תרה·
1QH 15.9	כול הימים וא[: אם[
1QH 15.26	] עשה וא[ ]
1QH 16.16	כי[: כ·וד וא·[
1QH 2 1.4	מספר לוקחתי וא[:]·ודכה
1QH 27 1.2	עד [:]ל אלה וא·ה [:]···
2Q29 2 1.1	]וא לב[
4Q176 32 1.1	]שמ· וא·[:]אות
4Q184 4 1.3	]· כמים ימלא וא[:]בן אדם
4Q186 1 3.1	בהמתו שור : וא·ה[:
4Q381 10+ 1.5	]·בשאול תחתיה וא[:]ל[ ]·
4Q381 20 1.3	] : [·ד לי וא[:]·· ···[
4Q381 33 1.10	[ ]י גלו וא[
4Q381 34 1.1	]וא·] :]·רו [
4Q381 87 1.1	]בו וא[:] ומ[

4Q487 19 1.3]ובאחד[:]וא שנ˙[:]˙[ ]
4Q497 34 1.1 [וא]: [˙ב˙]
4Q502 10 1.4 ד[עת :]וא˙]
4Q502 28 1.1]כת וא[:]ידועים[
4Q502 113 1.2] ב[:]˙ וא[:]לן
4Q502 256 1.2 ר ב˙[:]˙תה וא[
4Q503 1+ 2.4]˙וא חום ה[שמש
4Q503 132 2.2] מים: וב[: וא[
4Q504 6 1.9 לוא נתחשב וא[:]˙ אתה
4Q504 14 1.2 [ ]˙אות[: וא˙˙] : בר[:
4Q509 90 1.2]ב[:]˙ וא˙] :]˙ל]
4Q509 148 1.4 א[:]˙חרו וא[
4Q509 204 1.3]עולמים :]˙ וא˙]
4Q509 258 1.1]˙˙וא[:]את ב[
4Q509 269 1.1]˙וא[:]˙˙י]
4Q511 6 1.1]וא˙ א˙] :]ג
4Q511 44+ 1.2 [ ] נצי˙[ ]ם וא[
4Q511 85 1.2 ו[:]˙ אליו וא[:]˙[ ]ל[
4Q511 130 1.2 ˙[:]כה אלי וא[:]˙˙˙˙[
4Q512 74 1.2 ˙[: וא[: ורח[ק :
4Q513 22 1.2]ככים[:]חפת וא[:] אשם˙[
4Q513 38 1.1]˙וא ה˙˙[:]וש˙[
4Q516 6 1.1]וא[:]לן
4Q517 41 1.1]˙וא[:]לן
4Q518 23 1.1]ב˙וא[:]˙ומש[
4pIs[c] 12 1.6 כ]והנים וא˙
4pIs[c] 27 1.2 ה˙[:]ך העם וא[:]עה מקנכה
4QMl 4 1.3 האלה וא[:]˙ין
4QMl 32 1.1 וא[: לה[
5Q13 11 1.2]כול ˙[:]וא אל[:]הו˙[
5QJN 1 1.7 [ ]˙ ˙רג[י]א וא[
5QTop 2 1.2 צידון [:]˙וא ואת ˙[:]˙[
6apSK 59 1.2]יפדכם[ה:]וא עודנו[
6QHym 1 1.2 ם[: וא[: אב[: יד˙[
6QHym 10 1.2]ם מצ˙[:]עד וא[:]ֿ[ֿ לה[
6QPro 17 1.2] הצ[:]˙ וא˙[
11Mel 2 3.12 [ס ( )]ם וא˙[: ה[
11QT 34.5 את הגלגלים וא[: ואוסרים

4pN 1+ 2.8] עצ]תם ואבדו מלפני[

4Q504 1+R 7.8] : רבה ואבדון והמים

4Q370 1.5 ה[רי]קו ספר[ו]אבדם במבול

1QM 2.3 וראשי השבטים ואבות העדה

1QS 1.25 הרשענו אנו [וא]בותינו

1QH 9.10 באמתכה ואבחרה במשפטי

1QM 17.2 משפח[ואבי]הוא בני
2apMo 1 1.1 ו]אב[י]הוא

4Q501 1 1.9 על עני ואביון
4pPs[a] 1+ 2.16 קשתם לפיל עני ואביון :
CD 6.21 ביד עני ואביון וגר
CD 14.14 ביד עני ואביון ולזקן

4pIs[c] 18+ 1.2 [:] ואב]יוני אדם

4pIs[c] 8+ 1.13]ואביונים :]

4Q508 21 1.2 ואורחינו ואביונינו ˙[:
4Q509 8 1.7 ˙˙˙˙[:]ואביונינו [:

1QH 11.17 גליתה לי ואבים [

4Q381 45 1.1 ואבינא ואין

1QH 18.15]˙אי רוח ואבלים לשמחת

1Q50 1 1.5 הא[: והאצ ˙[: ואבן ˙]
4Q504 1+R 4.10 כסף וזהב ואבן יקרה : עם
11QT 52.2 לכה מצבה [וא]בן :
11QT 59.3 ידי אדם עץ ואבן כסף :

4QMl 1+ 1.18] : ואבנט ב[ד

1QM 5.6 ממוזזים : ואבני חפץ
1QM 5.14 בזהב ובכסף ואבני חפץ
1QM 12.12 <כסף> וזהב ואבני : חפצ
11QT 3.7 נחו]שת וברזל ואבני גזית לב[

11QPs 27.9 אשר דבר ששה ואבעים וארבע

4pPs[a] 1+ 4.13 וה[נה אינ]נו וא[בקשהו] ולוא

1QS 10.14 ארננה לו ואברכנו תרומת

1apGn 22.2 שביא על אברם ואברם באדין
1apGn 22.13 היא ירושלם ואברם שרא בעמק

4Q381 33 1.5 א]רננה ואגילה בך נגד

CD 2.2 כל באי ברית ואגלה אזנכם
CD 2.14 בנים שמעו לי ואגלה עיניכם

4pIs[c] 4,6+ 1.8 ואגמו]ן ביום

4Q512 227 1.2]ם[:] ואד[:]באור]
4AgCr 2+ 2.6 ˙] [ה נא ואד˙ה ˙˙עת˙[:

1Q49 1 1.1]ים ואדברה [:]˙˙

1pMic 14 1.1]ואדון [:]יו
1QH 10.8 ומלך נכבדים ואדון לכול רוח
1QS[b] 5.8] :] ˙[ואדון]

4QBer 10 2.5 אמן אמן ואדור הרש[ע

1apGn 19.18 חלם : חלמת [וא]דחל [ ]

4QCat[a] 14 1.2]בא[רץ ה]מה ואדי[ר]י כול

11QPs 18.7 על כול מעשיו ואדם מפאר
11QT 49.5 הצרעת וטמאו : ואדם כי ימות

1QH 10.3 ומה אפהו אדם ואדמה הוא

4Q502 9 1.6 בשטי]נו ואדמתנו וכול

1QH 13.20 לחפציהם ואדע[: ורשע

1QH 3.20 לאין חקר ואדעה כיא יש
1QH 6.6] ˙ אשמה : ואדעה כי יש
1QH 9.14 פשע ראשון : ואדעה כ[י] יש
1QH 11.17]י חסד ואדעה :] לכה
1QH 15.13 להכין צעדו ואדעה כי בידך
1QH 15.23 ק]ודשך ואדעה כי בם
1QH 16.4 מלוא כ[: ואדעה כי ברצו[
1QH 16.11 מעשה עולה ואדעה כי לא
1QH 18.21 דבר ולב :]˙˙ ואדעה כיא לכה
1QH 1 1.9 נשענתי :]אלי ואדעה כיא אמת
1QS 10.16 אשען כול היום ואדעה כיא בידו
4Q511 42 1.7 הארץ[:]עפרה ואדעה מחשבתכה[

CD 19.30 על העם אחרי א ואהב את הבאים

1QH 14.26 כול דרך עולה ואהבכה נדבה
1QH 15.10 אמ[ ]ואהבכה בנדבה

1QS 2.24 אמת וענות טוב ואהבת חסד

1QS 5.4 צדקה ומשפט ואהבת חסד
1QS 5.25 בא[ ]ת וענוה ואהבת חסד לאיש
1QS 8.2 וצדקה ומשפט ואהבת חסד
4Q502 14 1.5]ל כבודכה ואהבת חסד [:

11tgJ 37.8 ואתמ‹ה›א ואהוא לספר :

1apGn 22.30 תרחל אנה עמך ואהוה לך : סעד

1QH 2.8 בגבול רשעה ואהיה פח
1QH 2.10 לישרי דרך ואהיה על עון
1QH 2.14 אוהבי מוסר ואהיה איש ריב
1QH 2.15 חוזי נכוחות ואהיה לרוח
1QH 6.24]עד שערי מות ואהיה : כבא
1QH 8.27 ל˙ : בנגיעים ואהיה כאיש
4Q381 74 1.2]הלוא [:]ואהיה [:]ל[

4Q381 47 1.2] :]מור ח˙˙˙ ואהלך באמתך ל[

1QH 12.3 ב˙˙˙ וישועה ואהללה שמכה

1QM 3.14 שם ישראל : ואהרון ושמות
1QM 5.1 ישראל ולוי ואהרון ושמות
4QFl 5 1.2 ה˙[: י]שראל ואהרון[: י]דע
6Q15 3 1.1 ו]אהרון ב[יד :

CD 5.18 עמד : משה ואהרן ביד שר
CD 10.5 למטה לוי ואהרן ומישראל

4Q176 29 1.1]ואו ˙[:]או ˙[

11QT 32.14 והולכים אליה ואובדים בתוך

1apGn 21.3 [א]להא ואודית תמן

4pPs[a]1+ 3.5 עדת בחירו ‹ואוהבי יהוה

1QH 17.28]יגיה ואוהביה [

1QH 5 1.10 משפט אמתכה ואוזן בשר

4pIs[c] 23 2.18] : ואוזניכה

4Q504 18 1.3] לראות ואוזנ[ים

1QH 5.33 בעדי בצלמות ואוכלה בלחם

1QH 17 1.6] רע הוכמה ואול[:]לת[

1QS 4.24 יתהלכו בחכמה ואולת וכפי

4QM1 8+ 1.5 חוזק מעמד ואומץ מ[תנים]

1QS 2.2 בכול דרכיו ואומרים יברככה

4Q509 3 1.1]ואונה ˙˙[:

11QT 34.6 הגלגלים וא[: ואוסרים את

4Q511 48+ 1.6 אל בלבבי ואועי[ל]על

4Q403 1 2.15 פלא כרוביהם ואופניה[ם]

1QH 1.12 לעבודתם ואוצרות :

1QM 1.8 תבל הלוך ואור עד תום
1QM 14.17 [ב]ני חושך ואור גודלכה י[
4Q380 7 2.3 ויבדלהו מאפלה ואור[:]˙˙˙[
4Q402 7 1.2]˙מ[:]ואור בדב[יר :
4Q405 6 1.3 פנו[ת :]דעת ואור למשא יח[ד
4QM1 8+ 1.14 בני חושך ואור גודל[כה

11QPs 27.2 בן ישי חכם ואור כאור השמש

4pIs[c] 11 2.1]הזאת : ואורגים[

11QPs 27.4 רוח נבונה ואורה ויכתוב

4Q184 1 1.9 דרכי מות ואורחותיה

4Q508 21 1.2]וב[ז]וינו ואורחינו

1QDM 2.5] הוא חי[יכה] ואורך ימ[יכה]
1QH 13.18 שלום : עולם ואורך ימים כי[
1QM 1.9 כבוד ושמחה ואורך ימים
1QS 4.3 אל ורוח ענוה וא‹ו›רכ אפים
4Tstm 1.14 הבו ללוי תמיך ואורך לאיש
11QT 38.13 מאה באמה : ואורך לרוח
11QT 38.13 וככה רוחב ואורך לכול :
TS 3 1.8 באמ]ה ואורך לרוח : [
TS 3 1.9 ואו]רך לכול

5QJN 1 2.1] : שבע וא[ור]כה על
5QJN 1 2.3] פותיה ואורכה משחה
5QJN 1 2.4 עלוהי פתיה ואו[רכה

5QJN 1 1.12 פותיהון ואורכהון [

TS 3 2.8 עשר באמה ואורכו עשרים

1QS 11.3 הביטה עיני ואורת לבבי ברז

1QH 7.9 סלע : מבניתי ואושי עולם

1Q54 1 1.3 כבודו [:] ואות[
1QS 10.4 לקודש קודשים ואות נ

4Q503 40 2.1 [˙ :]ה:]ל : ואותו [:
11QT 54.14 תלכון ואותו תעבודון
11QT 54.14 ואותו תעבודון ואותו תיראו

4Q509 198 1.1]˙˙[ ]ואותכ[:]כול

1QH 6.29 מלחמות רשעה ואז תחיש חרב
1QH 11.22 נגע להחלות ואז : אזמרה
1QS 4.19 ישמידנה לעד ואז תצא לנצח
1QS 4.20 משפט נחרצה ואז יברר אל
4Q381 36 1.2]נפלת[:]ואז[:]˙ל˙[

1apGn 2.23 [: רעותה ואזל לארך מת
1apGn 21.5 עובד רעותנא ואזל ויתב לה
1apGn 21.13 יתמנה קום הלך ואזל : וחזי

1apGn 22.4 ומחין וקטלין ואזלין :
11tgJ 29.2 אמר ישמעון לה ואזלין

1apGn 12.16 ואתכנשנא בחדא ואזלנה ˙˙˙˙ :

1apGn 20.33] : ואזלת אנה אברם
1apGn 21.15 כול עלמיא : ואזלת אנה אברם
1apGn 21.16 דן די מלחא ואזלת ליד טור
1apGn 21.19 כול אנשי שלם ואזלת ויתבת

1QH 11.5 במכון רנה ואזמרה בחסדיכה

1Q69 16 1.1]ת ואזני˙[

4QM1 17 1.4]˙ספר התהלים ואח[:]וברכה

3Q15 12.13 כל : אחד ואח[ד]
11QT 13.5 אחד˙ לימין ואחד ל[שמאול
11QT 15.17 ע]ל כול הע[ם] ואחד על

CD 12.5 עד שבע שנים ואחר : יב[ו]א

4Q511 11 1.10 אחר֯ו֯ן[:] ואחרון ט֯ו[:]

MasSS 1.4 [לתעודו]ת֯יהם ואחרונות

4QCat[a] 5+ 1.3 המצ[רף ו]אחרי כן
4QM1 1+ 1.5 [ואחרי˙]
4QM1 17 1.3 צבא[ות :]ם֯ ואחר֯י˙ ˙[:]
6QPro 1 2.2 ˙[: ואחרי[: הלכתם

11QT 23.10 לראישונה ואחריה יקט֯יר
11QT 24.12 לראישונה ואחריה֯ : יעשה

1QM 2.2 ישרתו ואחריהם ראשי
1QM 4.6 אל משפט אל ואחריהם כול
1QM 4.7 אל חללי אל ואחריהם כול
1QM 6.1 ושבו למעמדם ואחריהם יצאו
1QM 6.4 ושבו למעמדם ואחריהם יצאו
4QM4 1 1.6 [: [ואח]ריהם ראש֯[י

11QT 21.6]שם ואחריהמה כול

11QPs 26.10 הדר : ילך ואחריו המון

4QM3 1 1.2 הזכרון ואחרי˙כן יפתח֯ו

4pPs[a] 1+ 4.18 נשמדו יחד ואחר[ית]

2QJN 4 1.16 עמ֯ה ואחריתא[

3Q15 4.4 אמות ארבע[ין ואח]ת כסף : כב
4Q186 1 3.6 [ש]ט֯ונה ואחת מבית האור
4Q186 2 1.7 השני שמונ֯ה וא[חת :]מולדו

4Q381 45 1.1]י֯ ואפחד ממך ואפהר : מתעבות

1Q23 16 1.2 גוח[: ואי˙[:] [ל]
4Q503 123 1.1 [˙ו֯אי֯] : [˙]
4QM6 97 1.2 [˙] : [ו֯אי֯˙] [˙˙] [˙˙

1QH 15.23 הון באמתך ואיי˙]

2apMo 1 1.5 מה אבים אליך ואיך אש[א] פני

1QH 10.6 בלא העמדתני ואיכה אכ֯שיל
1QH 10.7 בלא פתחתה פי ואיכה אשיב
1QH 12.33 אם פתחתה פי ואיכה אבין כיא
1QH 12.34 גליתה לבי ואיכה אישר דרך
1QH 12.35]חזק בכ֯וח ואיכה אתקומם֯ [
1QH 15.14 בפרם בראתו ואיכה יוכל כול
4Q508 40 1.2 [:]ל משנאינ֯ו ו֯איכה֯[:]˙ם

4Q381 31 1.6 אנוש הנני ואיכ֯כה֯ :]לחכ֯י

1QH 13.4 [˙] [˙] ואיל˙[:]˙
11QT 17.13 פרים שנים ואיל וכבשים
11QT 24.7 ו]פר ולאיל ואיל ול֯[כבש :

1QS 1.17 מכול פחד ואימה ומצרפ :
1QS 10.15 תבל ברשית פחד ואימה ובמכון

1Q34[b] 3 2.2 [˙] [˙] ואין לעבור
1Myst 1 1.7 ודעה תמלא תבל ואין שם לע֯[ד]
1pHab 3.12 העמים כנשר : ואין שבעה
1QH 6.13 עם מלאכי פנים ואין מליץ בנים
1QH 6.23 להשיב נפש ואין : נתיבת
1QH 6.32 לכלה ירמוסו ואין ש˙˙]
1QH 7.11 כלמודיך : ואין פ֯ה֯ לר֯וח
1QH 7.28 בהשפטו ואין : להשיב
1QH 7.32 לנצח :˙צח˙˙ ואין זולתכה

4Amrm 1 1.11]: ואחרין עלי תגר

11tgJ 19.6]ברגזי : ואחרת א֯[

11tgJ 21.9 ימללון עו[ד : וא]ח֯וה מלי אף֯

4Q511 63+ 2.3 נ֯פלאותיכה ואחורתם חוקי

1apGn 20.14 לי דין מנה ואחזי ידך רבתא

5QJN 1 2.6 [ ] פרזיתא ואחזיאני בה

2QJN 8 1.7]פ֯זרתא [ו]אחזינ[י]˙[

1QH 15.11 אשר צויתה ואחז<י>קה על

1apGn 19.20 די אחי הוא ואחי בטליכי

1Q45 4 1.1 [ו֯אחיה֯]

4QCat[a] 12+ 1.6 אין :]˙מה ואחיהמה במחשבל

1QM 13.1 השמים אדוני : ואחיו
1QM 15.4 כוהן הראש ואחיו

1QH 16.11 איש מבלעדיך ואחלה פניך

1Q29 2 1.4 אש מ[:]ואחר יעלה
1Q29 5+ 1.2 פי כול ˙[: ואח]ר֯ ידרוש
1pHab 11.1 [: הכזב ואחר תגלה להם
1QM 1.3 במדבר ירושלים ואחר המלחמה
1QM 8.2 שבע : פעמים ואחר יתקעו להם
1QM 8.13 שבע פעמים ואחר יתקעו להם
1QM 14.2 מצרים : ואחר העלותם
1QM 16.3 מחני כתיים ואחר יתקעו
1QM 17.10 למעמדכם : ואחר הדברים
1QS 6.15 משפטי היחד ואחר בבואו
1QS 7.20 הרבים ואחר כול אנשי
1QS 7.21 ונכתב בתכונו ואחר ישאל אל
1QS 8.19 על פי הרבים ואחר יכת(̣)<ב>
1QS 9.2 על פי הרבים ואחר יכתוב
1QS[a] 2.14] לפי כבודו ואחר י֯[שב
1QS[a] 2.20 בלחם לפנים ואח[ר יש]ל֯ח
4Q502 19 1.5 [: ואח[ר]ידברו
4Q511 3 1.2 ו֯אח[ר : ק]צ֯י
4Q512 39 1.2 [˙˙ : ו]אחר֯: כפורי[ם
4Q512 24+ 1.4 בשמחה֯[:]ש ואחר הדבר֯[י]ם
4Q512 16 1.8 ט]הרתי֯:]רת ואחר :]ל[
4Q512 15 2.4 [˙[ ]צדק [: ואחר [:
4Q512 1+ 1.5]ב֯גדיו ואחר[
4Q512 1+ 1.7 [: ואח֯[ר ה]וזותו
4Q512 42+ 2.2 [: ואחר יבוא[
4Q512 48+ 1.5 [˙˙[ ]˙ות[: ואחר [בוא
4Q514 1 1.6 במים וטהרו ואחר יאכלו את
4Q514 1 1.9 במים וטהרו ואחר י֯אכלו את
4pIs[a] 2+ 2.19]נשיא העדה ואחר יס[ו]ר
4pN 3+ 1.3 מושלי כתיים ואחר תרמס :]
4pPs[a] 1+ 2.11 פחי : בליעל ואחר יתענגו
4pPs[a] 1+ 2.20 יפדם : מידם ואחר כן ינתנו
4QBer 10 2.1 אמן אמן ואח֯ר֯ יזעמ[ו]
4QM1 1+ 1.13 בחללי האשמה ואחר יקום
4QM1 8+ 1.17 יספרו שמה ואחר ישובו אל
4QM1 11 2.19 [: ואחר הד֯ב֯ר֯[י]ם֯
4QM1 18 1.3 ק]ול אח֯[ד : וא]חר֯ י֯תקע֯ו]
4QM2 1 1.8 עולמים]ואחר יאספו
5Q13 2 1.10 לפניכה :]ה֯ ואחר שני :
6Q23 1 1.2 עלמא[: ואחר֯[: רוח]
6apPr 1 1.3 [:]יושב ואחר היובלים[:
11QT 18.9 מושבותיה]מ֯ה ואחר יעלו את
11QT 19.6 לחם הבכורים ואחר֯ [:]
11QT 24.10 לפני יהוה : ואחר העולה

11QT 59.8 ולבז ולמשוסה ואין מושיע
11QT 66.8 הנערה המאורשה ואין מושיע לה
CD 20.16 אמר אין מלך ואין שר ואין
CD 20.16 מלך ואין שר ואין שופט
CD 20.16 שר ואין שופט ו[אי]ן : מוכיח
CD 9.5 הוא ונוטר : ואין כתוב כי
CD 9.14 אבדה נ[מצ]את ואין : לה
MasSS 1.4 למועדיהם ואין בידעים

1Myst 1 1.6 אור וכתום עשן וא[יננ]ו עוד
4pPs[a] 1+ 2.7 על מקומו ואיננו פשרו על

1QS 6.4 איש : כוהן ואיש כתכונו
1QS 7.13 ששה חודשים : ואיש אשר ירוק
1QS 7.16 הרבים ונענש ואיש ברבים ילכ
1QS 7.24 עצת היחד עוד ואיש מאנשי
1QS 9.12 ולמשכל איש ואיש : לעשות
1QS 9.15 כאשר צוה ואיש כרוחו כן
1QS 9.15 לעשות משפטו ואיש כבור כפיו
4Q184 1 1.14 צדיק ותשיגהו ואיש[ע]צום
4Q186 1 1.4 VACAT : ואיש אשר יהיה
4Q186 1 3.6 מבית האור ואיש :]שמה
4QCat[a] 2+ 1.11 בשמות לאיש ואיש ˙[
11QT 45.7 תערובת וא[יש] כי יהיה
11QT 45.11 מקדשי וטמאו : ואיש כיא ישכב
11QT 53.14 נדרתה ואיש כי ידור
CD 13.3 בחון בכל אלה ואיש מהלוים
CD 13.14 אשר למחנה : ואיש מכל באי

11QT 54.3 אישה יקי[מנו] ואישה [י]פרנו

1QM 17.3] : ואיתמר החזיק
4Q379 17 1.5 למשה : א]לעזר ואיתמר אגילה˙˙

1apGn 21.21 אמוראא רחמי ואכלו כחרא :
11tgJ 38.5 וכל ידעוהי ואכלו : עמה

11QT 17.8 יעשו אותו ואכלוהו בלילה
11QT 43.15 ובקר וצאון ואכלוהו בימי

11QT 22.13 אחר כבש אחד ואכלום ביום

1apGn 19.16 בלחודיהה : ואכליאת תמרתא

1apGn 21.20 לאל עליון ואכלת ואשתית

1QDM 2.4 [ח]צבתה ואכל[ת]ה
11QT 52.15 או זבח שלמים ואכלתה :
11QT 53.4 אשר אתן : לכה ואכלתה בשעריכה
11QT 62.11 תבוז : לכה ואכל<תה> את

4pHs[a] 2.19 ושמתים ליער ואכלתם ח[תי
11Ber 1 1.10 פרי : [ע]דנים ואכלתם והדשנתם

1Q25 4 1.3 [: יפ]תח ואל יעונו ב[:
1apGn 20.15 בה ובכול ביתה ואל ישלט
1QH 1.37 האריכו : אפים ואל תמאסו בכ˙
1QH 8.10 יתשגשגו : ואל יובל לא
1QH 16.15]ו ואל י[ ]
1QH 17.27]ת˙ לבו :]ש ואל כול ברית
1QM 7.11 בגדי מלחמה ואל המקדש לוא
1QM 10.3 אל תיראו ואל ירך לבבכמה
1QM 10.4 ירך לבבכמה : ואל תח[פזו
1QM 10.4 ואל תח[פזו וא]ל תערוצו
1QM 15.8 אל תיראו ואל תח[תו
1QM 15.8 לבבכ]מה ואל תחפזו ואל
1QM 15.8 ואל תחפזו ואל תערוצו
1QM 15.8 תערוצו מפניהם ואל : תשובו
1QM 15.9 תשובו אחור ואל]
1QM 17.4 ואתם התחזקו ואל תיראום]
1QS 3.24 בני אור ואל ישראל

1QH 8.34 כמים ברכי ואין לשלוח פעם
1QH 8.35 כפ˙ בלא נאספה ואין לה˙ים :
1QH 10.9 בלוא רצונכה ואין זולתך :
1QH 10.10 ואין זולתך : ואין עמכה בכוח
1QH 10.10 עמכה בכוח ואין לנגד
1QH 11.22 וא[ ] ואין נגע
1QH 11.26 בקול רנה ואין יגון
1QH 12.10 והיאה תהיה : ואין אפס
1QH 12.11 הכינה ואין אחר עמו
1QH 12.16]˙חד רשעה ואין רמיה[:]
1QH 12.19 אפ˙[:]חפזי ואין צדיק עמכה
1QH 12.30 לפני אפכה ואין להשיב :
1QH 12.31 כיא צדקתה ואין לנגדכה
1QH 15.16 עולם ושלום עד ואין מחסור
1QH 2 1.11 כיא[:]ולם ואין תש<ו>בת
1QM 1.6 יפת ונפל אשור ואין עוזר לו
1QM 18.13 ובידכה המלחמה ואין :]
1QS 3.10 ימין ושמאול ואין : לצעוד
1QS 3.16 ימלאו פעולתם ואין להשנות
1QS 4.23 כול כבוד אדם ואין עולה והיה
1QS 8.10 <(בתמים דרך) ואין עולה>
1QS 11.18 ברצונכה היה ואין אחר
1QS[b] 5.29]כה טרף ואין משי[ב]
3Q11 2 1.3]˙ן א˙[:]˙ ואין פלי[:]לן
4Q176 1+ 1.4 כ<ו>הניכה[: ואין קובר ומן
4Q184 1 1.7 מוקדי עולם ואין נחלתה
4Q184 1 1.12 קריות תתיצב ואין להרג[יעה]
4Q185 1+ 1.7 עשר פעמים[:]ואין כח לעמוד
4Q185 1+ 1.7 לעמוד לפניה ואין מקוה: ל˙
4Q185 1+ 1.12 ולא ימצאהו ואין מקוה :
4Q374 2 2.4 מעשי ה[: ואין ל[כם]
4Q374 10 1.3] אתה ואין כל[:
4Q381 14 1.3 וכל ˙[:]הו ואין לעבור
4Q381 24 1.2 ולשני כגמר ˙˙˙ ואין מכבה עד
4Q381 31 1.8 [ו]צררי יכלו ואין ˙˙כ˙ו :
4Q381 45 1.1 ואבינא ואין מבין
4Q381 76+ 1.4 ע[: ר]שף וכלה ואין ח[קר :
4Q381 76+ 1.11 רבים שפטיכם ואין מספר
4Q381 76+ 1.12 לשפט אמת ואין עולה[:
4Q381 76+ 1.14 גבור ונפלא ואין כמהו הוא
4Q400 1 1.14 נ[עוי] דרך וא[י]ן טמא
4Q405 23 1.10 בשע[ר]י קודש ואין במה דולג
4Q501 1 1.3 תועים ואין משיב
4Q501 1 1.3 משיב שבורים ואין חובש :]
4Q504 1+R 4.12 ובית תפארתכה ואין שטן :
4Q504 1+R 5.9 אל חי לבדכה ואין זולתכה
4Q508 21 1.3 [:]˙ ואין ˙˙˙˙ בכול
4Q509 12i+ 1.4]ן : בעונ[ו]אין רופא [
4Q509 83 1.2]˙ ב[ ]˙[:] ואין ל˙[
4Q511 3 1.5]˙˙ם ואין לכם[
4Q511 18 2.5]בדברי ואין ו[ב]מוצא
4Q511 30 1.3 בעד כולם ואין פותח
4Q513 10 2.3 ישראל [: [ו]אין לערב בם
4Q513 12 1.3 וללבנה ˙[:]ואין להט˙[:]
4apLm 1 1.2 כל עוונותינו ואין לאל ידנו
4apLm 1 1.9 עיר :]˙לחיה ואין ˙[
4apLm 1 2.8 [: שאלו מים ואין מגיר[:
4pIs[a] 2+ 2.28 [:]]דה ואין כמוה
4pIs[b] 3.1 [: ואין מצ[יל
4pN 3+ 2.4 חלל וכבוד פגר ואין קץ לגויה
4pN 3+ 2.6 יפולו בימיהם ואין קץ לכלל
4pPs[a] 1+ 2.5 ועוד מעט ואין רשע
4QM1 8+ 1.4]אסף לכלה ואין[שארי]ת
4QM1 11 1.13]ה בשמים ואין :]˙יבום
4QM1 11 1.16 רע הדמה ביא ואין נשניתי
4QM1 11 1.21]בשמחת עולמים ואין כ˙[:]ם
4QM1 13 1.7 וזאת אחר זואת ואין רוח
4QM1 15 1.1]וא[י]ן[:]
4QPs[f] 2 9.9 שמ[י]ם עלם : ואין שח]
5QCur 1 1.5]מעט לו ואין דיו כי˙]
11Ber 1 1.10 והדשנתם ואין משכלה

1QS 4.18	יחד יתהלכו ואל ברזי שכלו
1QS 5.26	] רוח רשע ואל ישנאהו [
1QS 6.6	הלחם והתירוש ואל ימש במקום
1QS 8.18	אנשי הקודש : ואל ידע בכול
1QS[a] 2.10	]מפיהו ואל תוך[
4Q185 1+ 2.9	]˙דם ואל יתהלל[ו]
4Q378 3 2.10	] : ואל תחת חזק
4Q381 15 1.9	אלהי נקרא ואל ישופתך : [
4Q381 45 1.4	]ל[: ואל תתנני
4Q381 69 1.8	לכם ולהנכר וא<ל> [:] על
4Q487 6 1.4	]לט לשל[:]ואל יגל[:]ב
4Q487 16 1.2	לא[:]מה ואל יפתח א[:
4Q487 16 1.3	]ישר ינחלנה ואל י˙[:]˙[
4Q501 1 1.7	] במצוותיכה ואל יהיה זרעמה
4Q504 7 1.10	]ש ואל תטושנ<ו> :
4Q511 42 1.6	אל [:]˙בותם ואל מוסדי
4Q514 1 1.7	ה[ט]הרה : ואל יאכל וזעוד
4Q514 1 1.10	יאכ]אל איש ואל י[ש]תה
4pIs[a] 7+ 3.23	או]יבו ואל יסומכנו
4pPs[a] 1+ 1.25	ו]התחולל לו ואל תחר במצליח
4pPs[a] 1+ 2.1	ועזוב חמה ואל : תחר אך
4pPs[a] 1+ 2.15	אשר בעצת היחד ואל לוא יעזבם
4pPs[a] 1+ 2.19	הבאה עליהם ואל יפדם :
4pPs[a] 1+ 4.9	אשר שלח אליו ואל לוא
4QCat[a] 2+ 1.9	א]לוהי הרחמים ואל ישרא[ל
4QFl 4 1.7	יה]ודה ואל י[שר]אל י
4QMl 11 2.13	ו]עמודו בפרץ ואל תי[רא]ו
4QOrd 1 2.5	יאכל בפיהו ואל ביתו לוא
4QOrd 2+ 1.7	בשלמות אשה ואל ילבש כתונת
11QPs 18.2	להודיע ישעו ואל תתעצלו
11QPs 24.5	ממני בנה נפשי ואל תמגרה ואל
11QPs 24.5	ואל תמגרה ואל תפרע לפני
11QPs 24.10	זכורני ואל תשכחני ואל
11QPs 24.10	ואל תשכחני ואל תביאני
11QPs 24.12	יהוה מנגע רע ואל יוסף לשוב
11QPs 24.13	ש<ו>רשיו ממני ואל ינצו ע[
11QT 47.9	לכול צורכיהמה ואל עיר מקדשי
11QT 63.7	פדיתה : יהוה ואל תתן דם נקי
11QT 64.4	זקני עירו ואל שער (˙˙˙)
CD 3.18	כי לנו היא ואל ברזי פלאו
CD 9.23	להבדיל הטהרה ואל יקובל :
CD 10.7	בני ששים שנה ואל יתיצב עוד
CD 10.23	בשדה ואל יאכל ואל
CD 10.23	ואל יאכל ואל ישתה כי אם
CD 11.1	עומדו ואל ישאב אל :
CD 11.9	יוצא ממנה : ואל יבא אליה
CD 11.14	תפיל אל בור : ואל פחת אל
CD 11.16	אל מקום מים ואל מקום : אל
CD 13.14	אל אל ישא ואל יתן לבני
CD 13.15	כף לכף ואל יעש איש
CD 15.10	ק]ץ [ ] ואל יודיעהו
CD 16.12	הוא יניאה ואל יקימנה
CD 16.15	חרם ואל : יקד[ש
1QH 13.7	ואלה אשר הכ[:
1QS 4.2	שנא לנצח : ואלה דרכיהן
1QS 5.7	כול עוברי חוק ואלה תכון
1QS 6.24	ליחד ומשפטו : ואל<ה> המשפטים
1QS 8.20	הנוסף ליחד : ואלה המשפטים
1QS 9.21	מכול עול ואלה תכוני
4Q385 2 1.3	בדרכי[וא]לה מתי יהיו
11QT 65.12	לבתכה בתולים ואלה בתולי :
CD 12.20	לחול ואלה החקים :
CD 13.22	] וא]לה
4Q381 33 1.2	רומה יהוה ואלה[י :
4Q403 1 1.33	מאלי רום ואלוהות כבודו
4Q511 18 3.7	] : [ו]אלוהי[ ]˙˙[
11Mel 1+ 2.24	[בד]רך העם ואל[ו]היך הואה
1QM 13.12	חושך יתהלכו ואליו
1QM 15.10	כול מעשיהם : ואליו תשוק[תם
CD 8.20	בן נריה ואלישע :
1QDM 1.3	[שם]ה אתה : ואלע[זר ב]ן
1QM 6.10	וארבעת אלפים ואלף וארבע
4QMl 1+ 1.7	עד שובמה ואלפים אמה
1QH 8.24	יעצור : מעוז ואם אשיב יד
1QH 9.20	]ואם לבושת פנים
1QH 13.16	משלה : בו ואם ירשע והיה[
1QS 6.14	לשכלו ולמעשיו ואם ישיג מוסר
1QS 6.18	ומעשיו בתורה ואם יצא לו
1QS 6.21	על פי הרבים ואם יצא לו :
1QS 7.1	] : ואם קלל או
1QS 7.2	על עצת היחד ואם באחד מן
1QS 7.3	מן טהרת רבים ואם בשגגה דבר
1QS 7.5	ששה חודשים ואם : ברעהו
1QS 7.6	חודשים ואם בהון היחד
1QS 7.8	) : ברושו : ואם לוא תשיג
1QS 7.11	עשרת ימים ואם יז( )<ק>פו
1QS 7.17	ולוא ישוב ואם על רעהו
1QS 7.21	על דבריו ואם יקרבהו
1QS 8.24	לכול : דבר ואם בשגגה יעשה
1QS 11.12	אל ישועתי לעד ואם אכשול
1QS 11.13	לנצחים : ואם יפתח צרתי
1QS[a] 1.25	אבות העדה ואם תעודה תהיה
1QS[a] 2.9	קודש [בעד]תם ואם יש דב[ר
1QS[a] 2.17	לפי : כבודו ו[אם לשול]חן
4Q185 1+ 3.14	ידים[:]טוב ואם ד˙[:
4Q381 69 1.7	אם תהיו לוא ואם [:
4Q511 30 1.4	אנשים מי רבה ואם בזרת[
4Q511 42 1.10	ינח[:]˙˙ין ואם[
4pHs[b] 18 1.1	]תו ואם[:]אשר
4QMl 1+ 1.12	המע]רכות ואם אורב ישימו
4QOrd 2+ 1.1	ואם[
4QOrd 2+ 1.9	נאמנות ואם לוא כחש
4QOrd 2+ 1.9	עליה והומתה ואם ב˙[ ]
5Q13 6 1.3	[:]תיכה ואם לוא [:
11QT 15.15	שב[עת : ואם הכוהן
11QT 43.13	להביא יביאו ואם לוא יוכלו
11QT 47.16	יטהר למקדשי ואם בעריכמה
11QT 50.7	המשפט : הזה ואם לוא יטהר
11QT 50.12	טמא עד הערב ואם : לתוך
11QT 52.9	אשר אבחר ואם יהיה : בו
11QT 53.12	בכה לחטאה ואם תחדל ולוא
11QT 53.19	נפשה יקומו ואם : הנא יאנה
11QT 54.19	הרע מקרבכה : ואם ישיתכה
11QT 57.18	כול ימי חייה ואם מתה ונשא :
11QT 58.6	ויצאו עמו ואם עם רב בא
11QT 58.7	אנשי המלחמה ואם מלך ורכב
11QT 58.15	ו(ע)<א>ם יצא
11QT 59.16	על ישראל : ואם בחוקותי
11QT 62.8	למס ועבדוכה ואם לוא תשלים
11QT 64.14	תשיבמה לאחיכה ואם לוא קרוב
11QT 66.4	הרע מקרבכה ואם בשדה מצאה
CD 5.10	וכהם הנשים ואם תגלה בת
CD 7.6	אלף דור ואם מחנות ישבו
CD 19.2	לאף דור: ואם מחנות ישבו
CD 9.20	שלם משפטו ואם שנים הם
CD 11.8	החוץ אל בית ואם בסוכה יהיה
CD 11.13	ביום השבת ואם תפיל אל
CD 12.5	האדם : משמרו ואם ירפא ממנה
CD 13.3	ישקו כולם ואם אין הוא
CD 13.4	המחנה ואם : משפט
CD 13.6	התורה ואם פתי הוא

גורלו וענו ואמרו ברוך אל 1QM 13.2
שמחה וענו ואמרו ברוך אל 1QM 14.4
אל ישראל וענו ואמרו ברוך 1QM 18.6
בליעל וענו ואמרו ארור אתה 1QS 2.5
והלויים ואמרו ארור 1QS 2.11
הברית יענו ואמרו אחריהם 1QS 2.18
] : [ ]ואמרו ברוך[4Q502 19 1.6
]VACAT[: ואם]רו ברו[ך 4Q502 125 1.4
יברכו וענו [וא]מרו ברוך 4Q503 1+ 2.6
וא]מרו בר[וך 4Q503 1+ 2.18
ואמר]ו ברוך אל 4Q503 7+ 1.6
וא]מרו ברוך[: 4Q503 19 1.1
י]ברכו וענו ואמרו ב[רוך 4Q503 29+ 2.22
יברכו וענו ואמר[ו 4Q503 33 1.18
יבר[כ]ו וענו ואמ[רו :]נו ת 4Q503 42+ 1.4
]> וא]מרו ברוך אל 4Q503 51+ 1.6
וענ]ו ואמרו ברוך אל 4Q503 51+ 1.12
]וענו ואמרו ב[רוך : 4Q503 65 1.1
ישראל [: וא]מרו[4Q503 66 1.4
וענ]ו ואמרו[:] 4Q503 84 1.3
]וענו וא[מרו :]˙פרי 4Q503 221 1.1
]ה˙˙נית :]˙ואמרו 4Q509 229 1.2
כול בני אדם ואמרו לי במן 4Amrm 1 1.12
על ˙[י]שראל ואמרו : שודדה 4pN 3+ 3.5
אשתו וענו ואמרו ארור[4QBer 10 2.2
] : [וע]נו ואמרו ברוך א[ל 4QMl 8+ 1.3
קול[אח]ד ואמרו[:]עול 4QMl 13 1.8
לדבר אל העם ואמרו מי האיש 11QT 62.3
בנחל וענו ואמרו ידינו : 11QT 63.5
(˙˙˙) מקומו ואמרו אל זקני 11QT 64.4

דאנין עלי ואמרין[4Amrm 1 1.10

מללת וב[: ואמרת יא אחי 1apGn 2.9
א]ל[הא] ואמרת אנתה הוא 1apGn 19.7
ואכליאת תמרתא ואמרת אל תקוצו 1apGn 19.16
מן שנתי ואמרת לשרי 1apGn 19.17
[ ] חלמא דן ואמרת לי אשתעי 1apGn 19.18
] חלמא [ ] וא[מר]ת ˙˙˙˙ 1apGn 19.19
ובעא למקטלני ואמרת שרי : 1apGn 20.9
ובעית ואתחננת ואמרת באתעצבא 1apGn 20.12
על העצמות ואמרת ה˙˙˙ 4Q385 2 1.5
ומלכי רשע ואמרת מראי מא 4Amrm 2 1.3
לא : ל]חם ואמרת :]˙פוהי 11tgJ 6.7
]ין ו[ ] ˙[ואמרת עד תנא : 11tgJ 30.8

חבל ילד ית[:]ואמרתה הגפן 6QAly 1 1.6
אליך בלי[לה וא]מרתה אליו : 11Ap[a] 4.5
להן[ו]אמרתה ה[: 11Ap[a] 4.11
וישבתה : בה ואמרתה אשים<ה> 11QT 56.13

הדבר לבוא ואמת המשא ומזה 1Myst 1 1.8
כי אתה צדיק ואמת כול 1QH 14.15
א[ ]ם ˙˙˙ חסד ואמת ונושא 1QH 16.16
ובית תמים ואמת בישראל : 1QS 8.9
ברזי פלא ואמת בתוך : 1QS 9.18
משפט : כול חי ואמת כול מעשיו 1QS 10.17
מים רבים חסד ואמת סביב פניו 11QPs 26.10
הברית צדק : ואמת משפטיך CD 20.30

]˙˙[:]ואמתו ש˙[:] 5Q17 5 1.2

לבי בבריתכה ואמתכ[ה] : 1QH 10.30
] ואמתכה תופיע : 1QH 11.26

אשר פחדם ואמתם על כול : 1pHab 3.4

]ואנ˙[4Q488 3 1.1

אשתעי לי חלמך ואנדע ושרית 1apGn 19.18

פ[ ] : ואם ישבע ועבר CD 15.3
את השם ואם באלות CD 15.3
היא ואם להניא : אם CD 16.11

תל]תת עשר ואמה חדה לאמין 5QJN 1 1.6
]˙˙אורכו ואמה[:]˙˙˙ 11QT 8.5
]פנה ואמה : [ ]˙˙ 11QT 12.9

בו אביהו ואמו והוציאוהו 11QT 64.3

אזור [ואמונ]ה אזור 1QS[b] 5.26
מ]תניו וא[מונה 4pIs[a] 7+ 3.20

מותנים : ואמוץ כוח 1QH 2.8
חזוק מעמד : ואמוץ מתנים 1QM 14.7

אבי לא ידעני ואמי עליכה 1QH 9.35

קנין תש[ע]ה ואמין א[ר]<ב>ע 5QJN 1 1.5
ואמ]ין חמש 5QJN 1 1.14

בברית א ואמנה אשר קימו CD 20.12

בעבור עמלם ואמנתם : במורה 1pHab 8.2

ואל תחת חזק וא[מץ את]ה 4Q378 3 2.10

ואמר חזקו ואמצו והיו 1QM 15.7
אליהמה חזקו ואמצו[:] אל 4QMl 15 1.5

פקד מ[שפטכה] ואמר לי אני 1Q26 1 1.7
[:] [ואמר] 1Q63 1 1.4
ל[חנוך : [ו]אמר לחנוך 1apGn 2.24
] [ל] [ואמר לך דאל 1apGn 2.25
בחלם [ ] ואמר לה לוט לא 1apGn 20.22
וקרא לי אלו ואמר לי מא 1apGn 20.26
די ליליא ואמר לי סלק לך 1apGn 21.8
ושניר עד פורת ואמר לי לזרעך 1apGn 21.12
וברך : לאברם ואמר בריך אברם 1apGn 22.16
מלכא די סודם ואמר לאברם מרי 1apGn 22.18
לאברם בחזוא ואמר לה הא עשר 1apGn 22.27
לחדא ואמר אברם מרי 1apGn 22.32
]לד˙רתני ואמר לה לא 1apGn 22.34
במלח]מה וענה ואמר חזקו 1QM 15.7
וענה ואמר] 1QM 16.15
על רגלוהי ואמר יש אתי 1QS 6.13
והואה :]˙ר ואמר :]ל[4Q176 15 1.5
ישראל וענה וא[מר : ק]ק 4Q502 9 1.2
]ריש ק[:] ואמר[4Q502 12 1.4
]היות[: ו]אמר [:] 4Q502 26 1.2
י[ברך] ואמר ברוך אתה 4Q512 33+ 1.6
וברך וענ[ה] ואמר ברוך אתה[4Q512 29+ 1.8
ובר]ך וענה ואמ[ר] : 4Q512 1+ 1.1
בו :]וענה ואמר : ותב]דל 4Q512 40 1.2
[: ואמר ברוך[4Q512 42+ 2.3
] : יברך וענה ואמ[ר: 4Q512 51+ 2.8
] דן מן הוא ואמר לי הדן 4Amrm 2 1.2
וא]מר לי דתלתה 4Amrm 3 1.2
]ואמר אויב 4QCat[a] 10+ 1.11
פלאו וענה ואמ[ר 4QMl 10 2.14
] : ו]ענה ואמר אליהמה 4QMl 15 1.5
]˙[:]˙אי הוא ואמר למהוי ˙[: 6apGn 1 1.2
VACAT : ו]אמר חי אלהא[11tgJ 10.8
באדי[ן :] ואמר לבני[: 11tgJ 13.9
לאיוב וענא ואמר לה אסר : 11tgJ 34.2
ענא איוב ואמר קדם אלהא 11tgJ 37.3
וידבר אל העם ואמר אליהמה 11QT 61.15
עליה שם רע ואמר את האשה 11QT 65.8
הזקנים השער ואמר אבי הנערה 11QT 65.10

ו]אמרה יהוה 4Q385 2 1.9

1QH 16.19 בן אמת[:]ה ואני על דבריך
1QH 17.21]תמו רשעים ואני הבינותי
1QH 18.25 לעומת רחמיכה ואני יצר :]˙ר
1QH 18.31 לאין ח[:]ואני יצר העפר
1QH 1 1.4]ב אל עפרו ואני איש פשע
1QH 1 1.5]אשמת רשעה ואני בקצי הרון
1QH 1 1.8 לאיש :]געל ואני יצר החמר
1QH 1 1.10 אמת :]אחור ואני בקצי
1QH 2 1.4 כול כבודכה ואני מה כיא
1QH 3 1.11 ואני <י>צר ה[
1QH 4 1.9]כחות לפניכה ואני פחדתי
1QH 52 1.3 ללוא מקו[:] ואני יצר [
1QS 11.9 כול : קצ נהיה ואני לאדם רשעה
1QS 11.11 לוא יעשה ואני אם : אמוט
4Q381 15 1.7]תפארת הדו ואני משיחך
4Q381 24 1.9]לעם ואני ש[
4Q381 33 1.9 פניך אקוה ואני אכחש
4Q381 33 1.9 הגדל[ת]ואני הרביתי
4Q381 33 1.11 על גוי [: ואני לאזכרתיך
4Q381 45 1.3 להסגירני ואני בך בפחתי[
4Q381 48 1.6 מטבטח[: ברכי ואני אדלג
4Q502 19 1.4 עם כולנו יחד ואני ת[רנן
4Q502 182 1.1 [ואני˙[:]ש˙
4Q510 1 1.4 מלכותו ואני משכיל
4Q511 28+ 1.2 באלוהים רנה וא[ני אודכ]ה
4Q511 28+ 1.3 לה[ללכה] ואני מצירוק
4Q511 35 1.6 נוראות : ואני מירא אל
4Q511 36 1.4 אלוהי[ם :]˙י וא[נ]י ל[
4Q511 63 3.1 ואני תרנן
4Q512 39 2.1 כפורי[ם]ואני אה[ל]לה
4Q512 33+ 1.8]יכה :]˙ות וא[ני
4Q512 42+ 2.5 במי רח[ק] ואני[ה]י[ו]ם[
4QM1 12 1.4] : [ואני הדר ה[:

11QT 64.5 סורר : ומורר ואננו שומע

11tgJ 31.7 התקרמו מנה ואנפי תה<ו>[מא

1pHab 5.10 בית אבשלום : ואנשי עצתם אשר
1pHab 9.10 מורה : הצדק ואנשי עצתו
1QH 5.24 נצמדי סודי ואנשי [ ]תי
1QH 14.14 כול פועלי רשע ואנשי רמיה כי
1QM 7.1] : ואנשי הסרך
1QM 17.13 תרועת מלחמה ואנשי הבינים
4pN 3+ 1.5 יכה בגדוליו ואנשי עצתו : [
4QFl 1+ 1.17 המה בני צדוק וא[נ]שי
4QM1 1+ 1.7 המער]כה ואנשי החרש[
4QM1 1+ 1.13 יש]מועו ואנשי[
4QM1 1+ 1.17 ו]הלויים ואנ[שי הסר]ך
11Mel 1+ 2.8 כול בני א[ל ו]אנש[י] גורל

1QM 1.11 ותרועת אלים ואנשים ליום
4Q381 75 1.2 ˙] : [˙עוף ואנשי[ם :
4Q400 2 1.3 מאלוהים ואנשים וספרו
4Q511 10 1.11 בסוד אילים ואנשים ישפוט :
4QM1 8+ 1.14] אל]ים ואנשים : [
11QPs 27.3 דרכיו לפני אל ואנשים ויתן :
11QT 64.12 מקוללי אלוהים ואנשים תלוי על

1apGn 20.22 על : מלכא ואסמוך ידי

4pIs^{e} 11 1.5 ואס]ף [

5QJN 2 1.3 תר]עא כולה ואספיא פת[יהון

11QT 49.13 ומזוזותיו ואספיו

1QH 11.6 אברכה שמכה ואספרה כבודכה

1apGn 22.31 ואנה מגן עליך ואספרך לך

1apGn 2.10 לגו נדנהא ואנה בקושט
1apGn 21.7 בי : ויתב בה ואנה הוית יתב
1apGn 22.31 לך : סעד ותקף ואנה מגן עליך
1apGn 22.33 כול [א]לן ואנה כדי אמות
4Q520 38 1.2 ˙[ ]˙˙[:]˙ ואנה אלי ב˙ו
4Amrm 2 1.5 כול חשוכא ואנה [
4QPs^{f} 2 7.3 כ[חש ואנ]ה: [ ]
4tgJ 1 2.8 סכל יק[של : ואנה חזית דרשע
4Tstm 1.23 יציב דלתיה ואנה <איש>
11tgJ 37.6 אוסף שמע נא ואנה אמלל

1Q34^{b} 3 1.6 בכל מעינו ואנו נודה לשמך
1QM 13.7 נברכה לעולמים ואנו עם [
1QM 13.12 [תשו]קתמה יחד ואנו בגורל
1QM 14.8 אין מעמד ואנו שא[רית
1QM 14.12 כא]ין ואנו עם קודשכה
4Q503 11 1.3 בערם [:]˙ים ואנו עם קודשו
4Q507 1 1.2]˙ינו ˙˙[: ואנו בעולה
4Q508 1 1.3]בכול מעינו ואנו נודה
4Q508 39 1.1] ואנו חיינו בלב
4Q509 16 4.8 ˙ל˙[ ]˙[:]ואנו הב˙˙[
4QM1 8+ 1.11 ו]אנו עמכה
4QM1 15 1.3 ותהלו[ה :] ואנו הננו

11QT 29.7 והיו לי לעם ואנוכי אהיה
11QT 53.21 לוא יקומו ואנוכי אסלח לה
11QT 54.3 ביום שומעו ואנוכי אסלח
11QT 56.17 וכסף וזהב ואנוכי אמרתי

1QS 11.10 כיא לאדם דרכו ואנוש לוא יכין

1QS^{a} 1.2 צדוק הכוהנים ואנושי בריתם
1QS^{a} 1.28 תמימי הדרך ואנושי החיל עם

1QH 11.22 הגו : יגון <ואנחה בכנור
1QH 11.26 רנה ואין יגון ואנחה ועולה [

1QH 6.7 לבכה לאין עול ואנחמה על המון
1QH 9.13 אשתעשע ואנחמה על פשע

1QH 10 1.6 ומי˙[:] ואנחנו ביחד

1QH 1.21 לרזי פלא ואני יצר החמר
1QH 2.11 שנים ואני הייתי
1QH 2.25 בחסדכה עמדי ואני אמרתי חנו
1QH 2.28 בהתרומם גליהם ואני במוס לבי
1QH 3.23 כול מעשיכה ואני יצר :
1QH 4.22 יכונו לנצח [וא]ני בתומכי
1QH 4.30 שבה באשמת מעל ואני ידעתי כי
1QH 4.33 בני : רצונו ואני רעד ורתת
1QH 4.35 על <כ>˙ברכה ואני אמרתי
1QH 5.22 אביוני חסד ואני הייתי על
1QH 7.18]וא סליחה ואני נשענתי ב
1QH 8.14 י˙[ ]˙ח עולם ואני הייתי ל
1QH 9.6 וחיי מצד ואני משאה
1QH 9.18] ואני בכה הצ[:
1QH 10.5 [: וודיענו ואני עפר ואפר
1QH 10.20]˙כה : ואני לפי דעתי
1QH 11.3 מודה <מודה> ואני מה כיא :
1QH 11.7 תשתעשע נפשי ואני ידעתי כי
1QH 11.19 בלוא רחמיך : ואני נפתח לי
1QH 12.11 אחר עמו ואני משכי˙ל
1QH 12.24 על דברכה ואני מעפר לק˙[
1QH 12.32 שב אל עפרו : ואני נאלמתי
1QH 13.18 ישוב אחור ואני עבדך
1QH 14.12]˙תם פעולתם ואני ידעתי
1QH 14.17 כול מעשיך : וא]ני ידעתי
1QH 14.25 עולה לעד ואני עבדך
1QH 15.12 חוקיך ואני ידעתי
1QH 15.22 דרך כול חי ואני ידעתי כיא
1QH 16.10 רוח צדיק ואני בחרתי

4Q511 42 1.5 ד]ורות אשמתי ואצפה אל [:]

11QT 30.1]ואקדש[

11QT 29.8 לעולם ועד ואקדשה [

1QH 4.22 בכה אתעודדה ואקומה על
1QH 4.36 התעודדתי ואקומה ורוחי

11QT 65.8 הזואת לקחתי ואקרבה : אליה

1apGn 21.2 תניאני : [ו]אקרבת עלוהי

4Q518 3 1.2]˙ ואתח˙[:]ר̊ ואר̊[:]˙ל ת˙[

4AgCr 2+ 2.9]ואראה כיא

4Q370 1.5 אדרי<ם> : וארבות השמים

11QT 24.8 ואיל ול[כבש : וארביה לבד

1QM 6.10 אלפים ואלף וארבע מאות רכב
3Q15 7.6 אמות עסרן [ואר]בע : כברין
3Q15 8.13 אמות : עשרין וארבע כב :
11QPs 27.9 ששה ואבעים וארבע מאות
11QT 38.13 הקדם שמונים וארבע מאות

1QM 5.13 ארבע גודלים וארבעה טפחים
11QJN 14 1.3]ג לתמנין וארבעה כהנין
11QT 5.8 [:]˙יכה וארבעה שערים
11QT 6.6 הכיור והחל[: וארבע]ה שערים

1QM 6.14 שנה עד בן חמש וארבעים ופרשי
4Q379 12 1.4 בשנת הא[חד ו]ארבעים שנה
11QT 21.13 פעמים תשעה : וארבעים יום

1QM 6.10 הכול שש מאות וארבעת אלפים
2QJN 4 1.13 שביא די בהון וארבעת עשר
4Q512 33+ 1.2]˙˙[ו]ארבעת מועדי
11QJN 14 1.4 פתורי> בה]ון וארבעת עשר

1apGn 20.31 שגי די בוץ וארגואן [

1QM 7.11 משוזר תכלת : וארגמן ותולעת
11QT 3.2 ב[:]˙ תכלת וארגמן[: כו]ל

4QPs[f] 2 7.7 יק]ללו המה ואר[ה

11tgJ 21.3 תחקרון סוף[: וארו לא איתי

1QH 1.6] וארוך אפים
1QH 17.17 לספר צדקותיך וארוך אפים : [
4Q511 52+ 1.1]וארוך אפים רב

4Q186 1 2.6 רגליו : דקות וארוכות והואה
4Q186 2 1.5 ידיו דקות : וארו[כ]ות

1QM 6.12 רגל ורכי פה וארוכי רוח

4QM6 10 4.4]הנשי> ו]ארו[ן :

1QM 13.4 באמונה : וא[רו]ר בליעל

1QM 13.4 במשרת אשמתו וארורים כול
4QBer 10 2.3 במשרת אשמתו וארורים כול
4QTeh 2 1.5 לאין פליטה וארורים עוש[י

4pIs[c] 8+ 1.3 עלימו הברושים וארז[י

11tgJ 31.3 למפרא זמן וארח לעננין

4Q509 3 1.3 מיגוננו ואספתה[:

11QT 64.15 ולוא ידעתו ואספתו אל תוך

1apGn 21.20 תמן מדבח ואסקת עלוהי

11QT 53.20 כול נדריה ואסריה : אשר

11QT 59.7 רוע מעלליהמה ואסתיר פני

4pPs[a] 1+ 4.13 ו]אעבור על

5QJN 1 1.18 [:] ואע]לנ[י ל]גוא
5QJN 1 2.6 עד] vac] : ואעלני [ ]

1QH 11.35 לי ˙עול [: ואעצו[ ]ל[

4Q381 15 1.3 א]להי עזרת לי ואערכה לך אלהי

1apGn 20.17 יכל למקרב בהא ואף לא ידעהא
1apGn 20.32] : קודמיהא ואף להגר
1apGn 20.33 שגיאין לחדא ואף בכסף ודהב
1apGn 20.34 בר אחי עמי ואף לוט קנה לה
1apGn 21.6 נכסוהי : עמה ואף אנה אוספת
1apGn 21.13 אנוש לממניה ואף זרעך לא
1apGn 22.11 וכול טבתהון ואף ללוט בר
1pHab 8.3 במורה הצדק ואף כיא הון
1QH 5.23 לרעי קנאה ואף לבאי בריתי
4Q184 2 1.6]ם רום לבב ואף אף ה[
4Q512 75 1.2]ה [:] ואפ˙[:]ה לו[
4pN 3+ 2.6 לכלל חלליהם ואף בגוית בשרם
11tgJ 20.8 זרע רום˙[: ואף ע[ל : מל˙[
11tgJ 27.2 לרחצן ירמון : ואף עם אסירין

1QM 1.4 במלכי הצפון ואפו להשמיד

3Q15 1.9 כלי דמע בלגין ואפודת : הכל

4Q381 45 1.1]י ואפחד ממך

1QH 10.34 שאול תחפש יחד ואפחדה בשומעי

1QS 10.19 <עד יום> נקם ואפיא לוא :

4Q381 1 1.4 ובדבר פיו [: ואפיקים שך אור

6QHym 2 1.3]ול חושך ואפ[לה: ח]ושך

1QH 3.36 ונחרצה לעד ואפס כמוה :
1QH 3 1.10 לא˙[:]לאין ואפס יצר עולה
4Q504 1+R 3.3 נגדכה[כ]תהו ואפס <נחשב[ו]>

1QH 10.5 ואני עפר ואפר מה אזום
4Q511 126 1.2]ים ת[: וא]פר מה אד[בר

1QH 10.31 תשעשע נפשי ואפרחה ˙˙˙שנ˙

4pIs[c] 4,6+ 1.20 א]ת אפרים ואפרי[ם] את

4Q186 1 2.5 ארוכות ודקות ואצבעות רגליו
4Q186 1 3.3 רומות לאבר ואצבעות : ידיו
4Q186 1 3.5 [ש]ער לאחת : ואצבעות רגליו
4Q186 2 1.4 והואה ממיל˙[ו]אצבעות ידיו

11QPs 28.4 ידי עשו עוגב ואצבעותי כנור:

1apGn 22.10 על שמאל דרמשק ואצל מנהון כול

1apGn 20.21 מני די אתה ואצלה על :

1pHab 6.13 על מצורי ואצפה לראות מה

1apGn 20.20 יכלו כול אסיא ואשפיא וכול

1pHab 6.2 כדגת הים ואשר אמר על כן
1pHab 7.3 לוא הודעו : ואשר אמר למען
1pHab 9.2 בגוית בשרו ואשר : אמר כי
1pHab 10.1 עיצה בגזל ואשר : אמר
1pHab 12.6 לכלות אביונים ואשר אמר מדמי
1QDM 3.5 ב]איש ו[אשר
1QH 4.21 [ב]מזמת לבבה ואשר כנפשכה
1QM 10.1 ערות דבר רע ואשר הגיד לנו
1QM 10.6 גבורי חיל ואשר ד[ובר]ה
1QS 5.10 ולהתלכ ברצונו ואשר יקים
1QS 5.14 עוברי דברו ואשר לוא ייחד
1QS 5.15 דבר שקר תרחק ואשר לוא ישוב
1QS 5.16 תורה ומשפט ואשר לוא יוכל
1QS 6.25 רביעית לחמו ואשר ישוב את :
1QS 6.27 אח[ת וא]שר יזכיר
1QS 7.3 ששה חודשים ואשר יכחס
1QS 7.5 אחת : ומובדל ואשר ידבר את
1QS 7.8 <ששים יום> ואשר יטו( )<ר>
1QS 7.9 לנפשו כול דבר ואשר ידבר
1QS 7.10 עשרת ימים ואשר ישכוב
1QS 7.12 שלושים יום ואשר יהלכ לפני
1QS 7.13 שלושים יום ואשר יוציא ידו
1QS 7.14 שלושים יום ואשר ישחק
1QS 9.16 עם שנאתו ואשר לוא
4Q183 1 2.9 [: ואשר אמר רד[:
4Q504 1+R 6.6 במעלנו ואשר הלכ<נ>ו
4pHs[b] 10+ 1.1 ואשר זמה [
4pHs[b] 10a+ 1.5]תו ואשר : [
4pIs[a] 2+ 2.6] עמו[וא]שר אמר אם
4pIs[a] 7+ 3.26 תשפוט חרבו ואשר אמר לוא :
4pIs[b] 1.3]ד ואשר
4pIs[b] 1.4]עת ואשר וְאֲשֶׁר :
4pIs[b] 1.4 ואשר וְאֲשֶׁר :]
4pIs[c] 6+ 2.7] : ישראל ואשר אמר[
4pIs[c] 8+ 1.4] [ואשר אמר זוא[ת
4pIs[c] 22 1.4 בני צדוק [: ואש]ר אמר לחם
4pIs[e] 1+ 1.2]ד ואשר כתוב[
4pIs[e] 6 1.2]עולם ואשר כ[תוב
4pIs[e] 8 1.2 בבל אשר י[: וא]שר כ[תוב
4pUn 1 1.2]בעת רעב ואשר[: פש]רו
4QCat[a] 2+ 1.16 עצתו המה החרב ואשר אמר[
4QFl 1+ 1.7 מעשי תורה ואשר אמר לדויד
4QOrd 2+ 1.5 על פיהם ישאלו ואשר יטרה[:
4QOrd 5 1.3 לו[י :]במשפט ואשר אמ[ר :
11Mel 1+ 2.2]ם: [ ]ואשר אמר בשנת
11Mel 1+ 2.4]ואשר :
11Mel 1+ 2.11 אל ידין עמים ואשר א[מר
11Mel 1+ 2.25 מי]ד בליעל ואשר אמר
11QT 39.13 לים דן נפתלי ואשר לצפון
11QT 61.1 צוי[תיו ל]דבר ואש[ר
11QT 61.3 לוא דברו יהוה ואשר ידבר
CD 8.14 אל בכל עדתו : ואשר אמר משה
CD 19.26 אל בכל עדתו : ואשר אמר משה :
CD 9.2 להמית הוא : ואשר אמר לא
CD 14.21 ימים ששה ואשר ידב[ר
CD 16.6 דעתו ואשר אמר מוצא

4Q176 8+ 1.8 קראך •••• ואשת נעורים

11tgJ 31.1]˙ ליום קרב ואשתדו[ר :

4Q502 1 1.3]ם חוק אל[:]ואשתו ל[:

1apGn 21.22 כחדא : עמי ואשתיו עמי :

1apGn 21.20 עליון ואכלת ואשתית תמן :

1Q36 7 1.3] נקרבכה ואת נרח[קכה
1pHab 6.6 את עולם ואת : מסם

1Q23 7 1.1] וארי[:]ל˙˙]

5QJN 1 2.15 אמ]ין תל[ת] וארבין [ע]שר]

11tgJ 11.6 ולא ישבעון :]וארמלתה לא :

1apGn 22.16 מרה שמיא וארעא ובריך אל
1apGn 22.21 מרה שמיא וארעא אן מן
3Q12 1 1.3 ולמחרת[: שמיא וארע[א: [ ]˙]

1QH 3.32 גורשי ר<פ>ש וארץ : תצרח על
1QM 10.13 למדבר וארץ ערבה וכול
4Q181 1 1.2 בני ש[מים] וארץ ליחד רשעה
4Q381 1 1.3 עשה שמים וארץ ובדבר פיו
4Q381 76+ 1.16 בכל[: שמ]ים וארץ ולעליון
4Q511 3 1.7] : שמי]ם וארץ ירועו מ[
4QPs[f] 2 10.5 אז יהללו שמים וארץ : יחד

1QS 10.13 באשר : יורני וארצה כאשר

4pN 1+ 2.2 ר[ ]עי שמיו וארצו אשר

CD 3.10 בו : אבדו וארצם בו שממה

1QH 9.9 בי תוכחת וארשיעה דינו

1QH 6.25 עד פלט ואש]
1QH 17.13]מוסדי הרים ואש]]ה
4Q381 46 1.3]˙תו בך ואש˙]
4Q381 46 1.9]]˙לה : [ ]˙ ואש בעור[ת
4Q511 44+ 1.3]ם ואש : גבור˙]

11tgJ 30.1 כ<ג>בר חל[ציך ואש]אלנך

1apGn 21.13 לכול עלמים : ואשגה זרעך

1QM 7.3 נער זעטוט ואשה לוא יבואו
4QM1 1+ 1.6]˙ [ואשה ונער
11QT 50.10 וטהר : לערב : ואשה כי תהיה
11QT 53.16 יעשה ואשה כי תדור
11QT 57.15 מהמה ואשה לוא ישא

11QPs 21.15 הודי זמותי ואשחקה קנאתי

1QH 9.8 בהמון רחמיכה ואשיבה למבלעי

11QPs 28.5 כנור: ואשימה ל[illegible]

1apGn 22.7 עשר וערנם : ואשכול וממרה

1apGn 22.7 עד דבק לדן ואשכח אנון :

1apGn 21.19 לי לביתי בשלם ואשכחת כול

4Q381 47 1.3 ל[:]טביניך ואשכילה]

1apGn 20.32 ˙אף להגר וא[ש]למה לי

CD 9.12 הוא ולא יגיד ואשם : כל אשם

11QT 58.17 ומכול עוון ואשמה : ולוא

1QH 18.12 ליצר חמר דרכו ואשמות ילוד

1QH 1.23 אדבר בלא נודע ואשמיעה בלא

1QH 18.19 גליתה עיני ואשמעה :]˙˙

1QH 11.11 תועבות נדה ואשמת מעל

1QS 3.22 ועוונותם ואשמתם ופשעי

Hebrew	Reference
אגאז בתורתכה ואת משפפטיכה	11QPs 24.8
הגרגש]י ואת הפ[רזי]	11QT 2.3
תברותון ואת פסילי	11QT 2.7
גזית לב[ ] ו(י')את כול	11QT 3.8
קטורת הסמים ואת השולחן[ ]	11QT 3.10
עולה מן האיל ו[את] הכליות	11QT 15.6
[את] הכליות ואת [ה]חלב [ ]	11QT 15.7
הכבלים ואת האלי[ה]	11QT 15.8
האלי<לים ואת סלי הלחם	11QT 15.12
אשר על הקרב וא[ת]	11QT 16.7
[הכל]יות ואת מנחתו אשר	11QT 16.8
הכבלים ואת מנחתו ואת	11QT 16.9
ואת מנחתו ואת נס[כו]	11QT 16.9
ניחוח ל[פ]ני ואת עורו עם	11QT 16.11
עורת המזבח ואת[ ] [מן]חתו	11QT 16.17
[מן]חתו נ[סכ]ו	11QT 16.18
[ ] ואת כול החל[ב]	11QT 20.5
יסירנה [ ]	11QT 20.6
וא[ת האליה]	11QT 20.7
על המזבח ואת הנותר מהמה	11QT 20.11
את שוק הימין ואת החזה ואת	11QT 20.15
ואת החזה [ ]	11QT 20.15
ואת האזרוע עד	11QT 20.16
[ ] וא[ת חלבמה	11QT 22.6
[ ] [ ]	11QT 22.6
את שוק הימין ואת חזי התנופה	11QT 22.9
ו[את] הלחיים	11QT 22.9
ואת[ ]את הלחיים ואת הקבה	11QT 22.10
המזבח סביב ואת חלבו יקטיר	11QT 23.14
את ! הקרב ואת על	11QT 23.15
אשר על הקרבה ואת יותרת הכבד	11QT 23.16
יסירנה ואת החלב אשר	11QT 23.16
אשר עליהמה ואת אשר על	11QT 23.17
ניחוח ליהוה [ ]	11QT 24.2
[ת] ואת ה'.[ ] [ ]	11QT 24.2
ראובן לבד ואת עולת שמעון	11QT 24.14
כול עם הקהל ואת חלבו ואת	11QT 26.7
הקהל ואת חלבו ואת מנחתו	11QT 26.7
על מזבח העולה ואת בשרו ואת	11QT 26.8
ואת בשרו ואת עורו ואת	11QT 26.8
בשרו ואת עורו ואת רגליו עם	11QT 26.10
ורחץ את הפר ואת ה[אי]ל	11QT 27.3
ואת ה[אי]ל ואת[ ]	11QT 27.3
[ ] ואת[ם]	11QT 33.3
...ובלמה את הקרבים ואת הרגלים	11QT 33.14
את ! הקרבים ואת הכרעים	11QT 34.11
את ובחיהמה [ו]את החטאות	11QT 37.11
את יינמה ואת שמנמה וכול	11QT 47.12
...יטהרו את הבית ואת כול כליו	11QT 49.14
סלמותמה ! ואת הכלים אשר	11QT 49.19
...וישר ושה אותו ואת בנו לוא	11QT 52.6
מזבח העולה ואת חלבו	11QT 52.21
...חרב החרם אותה ואת כול אשר בה	11QT 55.7
כול אשר בה ואת [ ] כול	11QT 55.7
תכה לפי חרב ואת כול שללה	11QT 55.9
באש את העיר ואת כול שללה	11QT 55.9
את עריהמה ואת גבולמה אשר	11QT 58.9
הפרו בריתי ואת תורתי גפלה	11QT 59.9
בחוקותי ילך ואת מצוותי	11QT 59.16
...תחרים את החתי ואת האמורי	11QT 62.14
...ובכתה את אביה ואת אמה חודש	11QT 63.13
...ויקלל את שמו ו<ו>את בני ישראל	11QT 64.10
תשלח את האם ואת הבים	11QT 65.4
...וע[ק](ה) ! בעיר ואת האיש על	11QT 66.3
שמו שמותיהם	CD 2.13
בת אחיה<ו> ! ואת אשר שנא	CD 5.8
בליעל אל יחנה ואת בת אחותו	CD 5.18
שללם ! אחיהו ! את יתומים	CD 6.17
השבת כפרושה ואת המועדות	CD 6.18
[ו]את המועדות ואת יום התענית	CD 6.19
סכות מלככם ואת כיון	CD 7.15

Hebrew	Reference
הדור האחרון ואת גמר הקץ	1pHab 7.2
עבדו את האבן ואת העץ וביום	1pHab 13.2
העצבים ! ואת הרשעים מן	1pHab 13.4
את [ה]שמים ! כ]'	1QDM 1.5
מש[פ]טיו ! וא[ת כול	1QDM 2.7
פ[ליכ]ם ממר ואת ה[מים]	1QDM 2.10
נהפך למשחור ואת אלי ! מרחב	1QH 5.32
באמתכה ואת[ ]	1QH 7.20
רזו [ ] ואת[ ] ל' שכתה	1QH 6.11
את כבודך ואת כוחך !	1QH 15.20
בשאול תחתיה !	1QH 17.13
נון] שנים וחמשים ואת ראשי	1QM 2.1
יכתובו עם אל ואת שם ישראל	1QM 3.13
יכתובו נס אל ואת שם נשי	1QM 3.15
הנשיא ! וא[ת שם הנשיא	1QM 3.16
הנשיא הרבוא ואת שמות שר[י]	1QM 3.16
תרומת אל ואת שם נשי	1QM 4.1
שם נשי מררי ואת שם נשי	1QM 4.1
לאין שארית ואת שמות שרי	1QM 4.2
שם שר האלף ואת שם שר האלף	1QM 4.2
בכול בשר עול ואת שם שר המאה	1QM 4.3
שם שר המאה ואת שם שרי	1QM 4.3
[ב]גבורת אל ואת שם שר	1QM 4.4
שם שר החמשים ואת שמות שרי	1QM 4.4
אל בנבל עשור ואת שם שר	1QM 4.5
שם שר העשרה ואת שמות תשעת	1QM 4.5
בכול גוי הבל ואת כול פרוש	1QM 4.12
לאין קובר ואת גולית הגתי	1QM 11.1
לכה המלחמה ! ואת	1QM 11.2
פלשתיים ! ואת כול מעשי	1QM 13.1
...שם את ב]לי[על ואת כול רוחי	1QM 13.2
את אל ישועות ואת כול מעשי	1QS 1.19
להבדיל אותם ואת כול אשר	1QS 5.18
גם את הונו ואת מלאכתו אל	1QS 6.19
לפי העתים ואת ! חוק העת	1QS 9.13
וא[ת קשתו נתן] אל [ ]	4Q370 1.7
לוי ידיד'.[ ] ו[את ראובן ואת	4Q379 1 1.3
ו[את ראובן ואת י']הודה [	4Q379 1 1.3
...ואת י'[הודה ! וא[ת גד ואת דן	4Q379 1 1.4
...וא[ת גד ואת דן ואת[!]שנים	4Q379 1 1.4
גד ואת דן ואת[ם !]שנים	4Q379 1 1.4
כל ע'[!] ואת חכמתו ואת	4Q380 6 1.2
[!] ואת חכמתו ואת ר[פאו !]	4Q380 6 1.2
[!] את הימים ואת השני[ם	4Q385 3 1.5
כוחבה הגדול ואת רוב	4Q504 1+R 2.10
לכבד את עמכה ואת ! ציון עיר	4Q504 1+R 4.11
את עוננו ! ואת עוון	4Q504 1+R 6.5
[!]אל[!]ם[ ] ואת	4Q509 58 1.1
למהרו ואת כול]	4Q512 1+ 1.6
[!]את מעשיהם ואת[!]	4Q512 1+ 1.15
[ ]ר[!]וא[ת בני ישראל	4Q513 2.6
אותם בם[!]וא[ת הש'[!]	4Q513 10 2.5
יין משתיהם ואת פעל יהוה	4pIsb 2.3
...ואת תורת יהוה ואת אמרת קדוש	4pIsb 2.7
[קד]וש ישראל ואת יהו[ה.	4pIsc 25 1.7
[!] ואת ! [ ]	4pPsa 1+ 3.20
[את בליעל !]ואת כול גורל	4QBer 10 2.2
[פם] וא[ת] <לאל>	4QMb 10 4.4
ו א[ת] <הנשי>	4QMb 10 4.4
ש[אר]י[ת ! ו]א[ת	4QM6 16 5.6
ליד[ע/כ]תיכהו ואת אחי לוא	4Tstm 1.16
אחיו לוא הכיר ואת בנו לוא	4Tstm 1.16
בבית אל !]וא[ת לוי ה]'	5Q13 2 1.7
יהיה ישוע [ ]ואת קרב את' [	5QTop 1 1.2
צידון ! [ ]וא[ת ! [!]	5QTop 2 1.1
א[ת כוכבא]ואת[!] ואת	5QTop 5 1.1
[ ]ואת שדי' ואת[	5QTop 5 1.2
[ ]ואת שדי' ואת[	5QTop 5 1.2
קטן'[!] ואת קטנ'[	5QTop 6 1.1
קטנ'[!]וד' ! ואת צדרה[	5QTop 6 1.2
[אר]ץ מי ע'[!] ואת המוף[ח]תים	11Apa 2.3

1pHab 6.13 × ׃ ואתיצבה על

1apGn 21.15 מן גיחון נהרא ואתית ליד ימא
1apGn 21.19 נהרא ותבת ואתית לי לביתי

1apGn 12.16 ולבנתהון ואתכנשנא בחדא

1QM 17.4 ע]ולמים ׃ ואתם התחזקו
1QM 17.8 בדעת עולמים ואתם בני בריתו
4Q185 1+ 1.9]י רוחתיו ואתם בני אדם

1apGn 20.9 דברהא וחזהא ואתמה על כול
1QM 17.2] ׃ רשע ואתמה זכורו
4Q185 1+ 2.7]יעי ידעתי ואתמה ׃ מה ת֯[
4QM1 15 1.7 ולעמו הישועה ואת[מה ׃

11tgJ 37.8 על כן אתנסך ואתמ<ה>א ואהוא

1QH 7.20 לבריתכה ואתמוכה באמתכה

4Q176 4+ 1.1 וא]ת֯ן אדם
4Q381 45 1.2 מתעבות הכרתי ואתן נפשי

1apGn 19.17 ואתעירת בליליא

1apGn 20.29 על [ראי]שה ואתפלי מנה

1Q20 2 1.4 ין מת֯ ת֯נין וב֯ ֯ ֯ ֯ ֯ ֯ ֯ ֯ ֯ ֯ל
1apGn 2.8 תקיף עמי מללת וב[׃ ואמרת יא
1QDM 4.1 קד]ושים וב[
1QH 9.27 גבורת פלא ור֯וב ׃ עולם בצרת
1QH 10.24]֯וב דגן תירוש
1QH 13.17 ותמ֯ ֯ ֯[ ] וב עדנים עם
1QH 14.2 ֯ ׃]אנשי אמת וב֯[׃]בי
1QH 17.22 מחטוא לך ול[ ]וב ל֯ו ענותו
2Q33 6 1.1]֯ ֯ וב֯[׃]אשר[׃
3Q11 1 1.2]֯ח֯[׃]צ֯י וב[׃]֯שרי כל
4Q184 1 1.1 תוציא הבל וב[ ]א
4Q401 31 1.1]֯ וב֯[׃]ת כב[וד
4Q487 18 1.2]איש ֯[׃]וב חיי[׃]ח
4Q497 38 1.1]וב[׃]ל֯א[
4Q498 14 1.1]֯וב [׃]יצ֯[
4Q502 77 1.1]וב ו֯[׃]חו֯ ֯[
4Q502 149 1.2] כול֯ [׃] וב֯ ֯[
4Q503 92 1.3 [׃ וב[
4Q503 132 2.1 [ ] ׃] מים׃ וב֯[׃ וא[
4Q503 225 1.1]וב[
4Q509 10 4.3 רח[׃ רעיתה וב֯[׃ בע[ ]תכה
4Q509 232 1.1]וב֯ ֯[׃] הג֯ו[
4Q511 11 1.1]֯[ ]֯ וב֯[׃ מו]ע֯די
4Q511 43 1.9 בת֯ ֯[׃]ם֯ וב֯[
4Q511 164 1.1]וב ו֯[׃]֯
4Q512 68 1.3]מה ב֯ ֯[׃]֯וב ח֯[
4QCat[a] 19 1.6]ישובון וב֯ ֯[
4QM1 1+ 1.6 הסר֯ך בחנותמה וב֯[
5Q25 2 1.1]שמ֯ים בעזרי וב֯[׃]֯ ֯ ֯א֯ז
6Q26 8 1.1]וב֯ ֯[׃]ל[
6apSK 45 1.3] וגבורא [׃]וב֯[
6QHym 15 1.1]וב֯[׃]֯יח[׃
8QHym 2 1.1 השמ֯[ים׃]וב֯[׃]֯ר
11QT 3.18]֯ף יעס[׃]֯וב ֯[׃]שמ֯[׃

11QT 26.10 מדם החטאת ובא אל ׃ השעיר
11QT 54.9 אות או ׃ מופת ובא אליכה האות
CD 13.5 נגע יהיה באיש ובא הכהן ועמד
CD 15.16 ו]מ[ש]גע ׃ ובא השפט[ ]ל[

4QMes 1.7 ובאוהי ובא[ב]התוהי ֯

4QMes 1.7 ארכובת[ה] ׃ ובאוהי

CD 11.12 איש את עבדו ואת אמתו ואת
CD 11.12 עבדו ואת אמתו ואת שוכרו בשבת
CD 12.4 לחלל את השבת ואת המועדות לא
CD 12.10 להם בכל מאדו ואת עבדו ואת
CD 12.10 מאדו ואת עבדו ואת אמתו אל
CD 13.19]שהם ואת אשר איננו
CD 15.2 הברית ואת תורת משה

4pPs[a] 1+ 2.7 VACAT ׃ ואתבוננה על

1apGn 21.32] די עמה ואתבר מלך

1apGn 20.29 מנה מכתשא ואתגערת [

1apGn 22.1 וכול נכסוהי ואתה חד מן רעה
1apGn 22.13 וסלק לעורעה ואתה לשלם היא
1QH 1.9 מעשיהם ואתה נטיתה
1QH 1.31 [ואתה ברחמיכה ׃
1QH 2.34 רמיה ואתה [illegible] עזרתה
1QH 5.14 בחרב לשונם ׃ ואתה אלי סגרתה
1QH 5.18 ידכאו נפשי ׃ ואתה אלי תשיב
1QH 6.20 בעבודת צדק ׃ ואתה אל צויתם
1QH 7.10 ׃ [ו]אתה אלי נתתו
1QH 7.16 להשבת לנצח ׃ ואתה ידעתה יצר
1QH 8.16 עלי רפשם ׃ ואתה אלי שמתה
1QH 9.21]֯ ֯ ׃ לי ואתה בר[
1QH 11.36]ל[ ]ב֯[׃ ואתה[׃ אמ[׃
1QH 13.12]֯ ֯[ ]ואתה תהיה ׃
1QH 2 1.7 בידם לוא הנה ואתה י֯[
1QH 4 1.7 ומר[׃]בה ואתה גליתה
1QH 9 1.7 במעון כבודכה ואתה ׃] אסיר
1QM 12.7 VACAT ׃ ואתה אל נ[ורא]
1QM 13.7 [עולמ]ים ׃ וא[ת]ה֯ אל
1QM 13.10 אמת בממשלתו ואתה ׃ עשיתה
1QM 14.10 נפש פדותכה ואתה הקימותה ׃
1QM 18.8 כטובכה בנו ואתה אל הצ֯דק
1QS[b] 1.6 ל]צמאים ואתה ת֯[היה] ׃
1QS[b] 4.24]ב֯איש לרעהו ואתה ׃ כמלאך
4Q176 1+ 1.9 כ]ב֯וד •••• ואתה ישראל
4Q381 15 1.4 בגא]ות הים ואתה תשבח גליו
4Q381 31 1.6 לידעי בינה ואתה להם תשחט
4Q381 33 1.2 ֯ת יכל֯ו ית֯[׃ ואתה תשיתני
4Q381 33 1.4]ל֯כל֯ני ואתה אלהי תשלח
4Q503 48+ 1.5 שמ]חתנו ואתה [׃
4Q504 8R 1.2 מ֯ע֯מ֯[׃]ק֯תנו ואתה ח֯י
4Q504 8R 1.10 ה[׃]ת֯ו֯ ואתה ידעתה ֯[
4Q508 2 1.4 חוק עו[לם ׃]ו֯אתה ידעתה
4Q508 5 1.1]ת֯נו ואתה [׃
4Q509 139 1.1 [ואתה֯[׃]֯
4Q509 144 1.1 [ואתה֯[׃]
4Q511 28+ 1.6]֯ ֯ ו֯אתה[ ]ל[
4Q511 52+ 1.1]ד֯תם ואתה אלי֯[
4QM5 2 1.3]׃ ואתה עשיתה֯[
4QPs[f] 2 10.13 פ֯ועלי ׃ און ואתה יהוה
4VSam 6 1.1]לכה֯ ואתה תהיה להמה
11QT 63.7 להמה הדם ואתה תבער ׃ את

1QH 3.20 לרום עולם ואתהלכה במישור

1apGn 19.26]תה ולא [ ] ואתון למקם עד
11tgJ 38.4 בכל די הוא לה ואתון לות ׃

4Q518 3 1.1]֯ ואתח֯[׃]ר֯

1apGn 21.8 מן לואתי ׃ ואתחזי לי אלהא

1apGn 22.5 לוט בר אחוהי ואתחלם אברם

1apGn 20.12 ד]ן צלית ובעית ואתחננת ואמרת

1apGn 22.24 למנתן לך ואתיב אברם כול

1QH 2 1.3 ובבני אלים ובבנ[

1QH 2 1.3]˙˙ ובארצכה ובבני אלים

1QH 21 1.4 אבל[:] נגע ובברכות ˙[:

1QH 6.11 נפלאותיכה ובגבורות[יכה
1QM 14.13 נהללה שמכה : ובגבורותיכה

1QS 10.16 בהפלא מודה ובגבורתו אשוחח

1QH 11.5 בחסדיכה ובגבורתכה

1QM 1.2] פלשת ובגדודי כתיי

4pIs[a] 7+ 3.24 נזר ק[ודש]ובגדי ריקמו[ת]

11QT 49.16 להמה טהרה : ובגדים ושקים
11QT 50.16 וכול הכלים ובגדים ועורות

1QH 2.35 מיד אדירים ובגדפותם לא

4Q504 6 1.9]˙[ש]כנו בדד ובגוים לוא
4Q505 123 1.1] ובגוים[

4Q511 48+ 1.4 יסוד ד˙[וב]גויתי

1Q36 1 1.3 עם קדושיכה ובגו[רל: עו]לם
1QH 6.13 אנשי עצתכה ובגורל יחד עם
1QH 11.11 [ ] בני אמתך ובגורל עם :
1QM 1.14 ל[בב] ובגורל השביעי
1QM 13.9 לכה עם עולמים ובגורל אור
1QM 17.16 לפניהם : ובגורל השל[ישי
4Q181 1 1.4 לחיי עולם ובגורל עם

4Q381 28 1.1]לפניו ו[ב]גחלי אש

11QT 60.20 עושה : אלה ובגלל התועבות

1QM 4.7 פרוש שמותם : ובגשתם למלחמה
1QM 4.11 עם כל סרכם ובגשתם למלחמה

4Q381 1 1.3 עשה שמים וארץ ובדבר פיו [:
4pPs[a] 1+ 2.1 בחרב וברעב ובדבר הרף מאף
4pPs[a] 1+ 3.4 יובדו ברעב ובדבר כול אשר

11tgJ 35.10 בארע[ ] : ובדגו]גין די

11QSS 2+ 1.4]ם אור וחושך ובדני[

1QS 11.11 תום הדרכ ובדעתו נהיה

1QH 5.3 והמו[: ובדעתי אלה
1QH 16.10 את כו[: ובדעתי כי אתה

1QS 3.21 ממשלת בני עול ובדרכי חושכ
CD 3.17 בפשע אנוש ובדרכי נדה :

1QS 4.15 לדורותם ובדרכיהן

1QH 10.23 משעני על בצע ובה˙˙[

4Q374 2 2.8 בכ˙[: ובהאירו פנו

1QS 10.1 אור עם תקופתו ובהאספו על

4QM1 8+ 1.11 נהלל[ה שמכ]ה ו[בהב]ורתכה

1QH 10.20]ובהבימי

1QH 10.21 נפלאותיכה ובהביני ב˙[

1QS 1.26]משפטו בנו ובאבותי[נו] :

11QT 49.21 בכול טהרתמה ובאדם אשר לוא

11QT 45.9 ‹ורחץ› ובאה השמש אחר
11QT 50.15 בגדיו ורחץ ובאה השמש :
11QT 51.5 ורחץ במים ובאה השמש אחר

CD 13.18 י]ענוהו ובאהבת חסד אל

1Q46 4 1.1]ת ובאו [
1QM 8.2 המשוב ובאו ליד
4QCat[a] 12+ 1.10 אל וקדושו שמו ובאו ציון

11QSS 2+ 1.3 כב]וד מעשיו ובאו[ר

11QT 49.3]ם ובעץ ארז ובאזוב ובח[:

11QT 14.9 השנה ˙˙[: ובאחד לחודש

4QM1 1+ 1.14 מימין ומשמאול ובא[חור

CD 20.9 בראשונים : ובאחרונים אשר

4apLm 1 1.11 שממו :]˙ ובאי מועד אין
CD 5.1 ברא אותם : ובאי התבה שנים

11tgJ 15.8 הוא ירק ˙[: ו]באישה די

4Q184 1 1.6 משכבי חושך ובאישני ליל[ה

11tgJ 15.6 הוא לי צבין ובאכפי[הון :

4Q400 1 1.2 קדושי קדושים ובאלוהות[:]

1pHab 4.7 יקיפום לתפושם ובאמה ופחד :

1QH 9.32 בשכל משפטכה : ובאמת נכון

1QH 7.14 לבי :]מודיכה ובאמתכה לישר

4pPs[a] 1+ 2.19 יד : בכוהן ובאנשי עצתו

4QM1 10 2.15 לאכול באלים ובאנשים כיא

5Q16 1 1.4 [:]בעד שאול ובאספיו יש[:

1pHab 6.15 ובא]ר על

11QT 37.13 הכוהנים : ובארבעת

1QH 13 1.3]תו בשמים ובארץ :]ות
1QM 10.8 ישראל בש[מי]ם ובארץ אשר יעשה
4Q504 5 1.7]ליכה בשמי[ם ובא]רץ :]˙רם

1apGn 21.7 די בית אל ובאש עלי די
1pHab 10.5 ירשיענו ובאש גופרית

11QT 4.8 הק[: א]מה ובאתה את
11QT 51.15 למען תחיה ובאתה וירשתה :
11QT 53.9 נדריכה תשא ובאתה אל המקום

11QT 48.6 נבלה בעוף ובבהמה לוא

1pHab 3.10 בסוס[יהם] ובבהמתם וממרחק

1QM 14.2 את תהלת המשוב ובבוקר יכבסו
1QM 19.9 עד הבוקר ובבוקר יבואו
4QM2 1 1.9] : [וב]בוקר יבואו

1QS 9.14 לפי רוחום ובבחירי העת

1QM 17.11 יידי התקרב ובהגיע : אנשי

4QM1 11 2.20 על ידי התקרב ובהגיעם
4QM1 13 1.5 [:] ובהגיע]ם

4pN 3+ 3.4 על זדון אשמתם ובה[ג]לות כבוד

4Q403 1 2.2 [: במותי דעת ובהדום רגליו

11QSS 2+ 1.3]מלה ובהדר :

1QH 6.21 מדרך לבבה ובהווה]

1QS 5.2 ליחד בתורה ובהון ומשובים
1QS 9.7 ימשלו במשפט ובהון ועל פיהם
CD 6.16 בנדר ובחרם : ובהון המקדש
CD 8.5 בדרכי זונות ובהון רשעה
CD 19.17 בדרכי זנות ובהון הרשעה :

1QS 5.14 עמו בעבודתו ובהו( )<נ>ו פן

CD 20.6 ~~גורלו בתוך א~~ ובהופע מעשיו

1QS 8.12 רוח נסוגה ובהיות אלה

1QS 3.16 כול מחשבתם : ובהיותם
1QS 10.10 אמר חוקיו ובהיותם אשים :

1QH 1.19]ה ובהכמת דעתכה

1QH 7.30 ברוב טובכה ובהמון
1QH 7.35] ובהמו]ן רחמיכה

1QM 9.3 לנצח מלחמה : ובהנגפם לפניהם

4Q511 63+ 2.4 מזל שפתי צדק ובהנכון לכול

1QM 18.1] ובה[נ]שא יד אל

1QH 11.15 ארומםכה צורי ובהפלא[:]כי
1QH 10 1.7]ח עם גבוריכה ובהפלא נספרה

1QS 10.17 כול מעשיו ובהפתח צרה

4Q378 11 1.5 בב]קעה ובהר ארץ חטה
4pPs[a] 1+ 3.11 מרום ישר[אל ובה]ר קודשו

CD 11.22 יבא טמא כבוס ובהרע חצוצרות

1QM 16.11 VACAT: ובהתאזר [ ]

1QH 3.16 בהמון קולם ובהתרגשם יפתחו

4QM1 8+ 1.8 מם][נו ובהתרשע אנ]שי

11QT 54.15 תשמעון : ובו תדבקו[ן

1QS 10.13 בראשית צאת ובוא : לשבת

1Q34[b] 3 1.5 [כ]ופרנו וב[וג]דים :

1QH 9.25 ע[ ]נצח ובוז צרי לי

11QT 51.21 עליהמה ובונים להמה :

1QH 4 1.3]˙ אשר[:]ב ובוקר עם ˙[:
1QM 14.14 ומוצאי ערב ובוקר כיא
1QS 10.10 ועם מוצא ערב ובוקר אמר
4Q502 27 1.2 תמיד> ע]רב ובוקר ע˙[:
4Q503 28 1.2 ב]ראם ערב ו[בוקר :]
4Q503 39 1.3 [: דג]לי ערב ובוקר מל˙

1QDM 2.3 ל[וא ובו]רות
11QT 46.14 בתים ומקורים ובורות בתוכמה

1QH 5.35 יסובבוני ובושת על פנים
4Q511 2 2.4 כ[ו]ל ˙˙[: ובושת פנים

1apGn 21.33] ובז מלך עילם
4pN 3+ 2.5 חרב גוים שבי ובז וחרחור

4Q514 2 1.3]מטמא˙[:]ובזבח[:]˙

1pHab 4.2 על רבים ובזו על נכבדים

4Q508 21 1.2]מו בכ˙[:]וב[ז]וינו

1QH 4.35 מבריתכה ובזוכרי כוח

1apGn 21.28 והווא מחין ובזין מן פורת
1apGn 22.4 למדיתון ושבין ובזין ומחין

CD 1.4 ויתנם לחרב ובזכרו ברית

4VSam 3+ 2.4]דש˙ ובזעם שונאי

4Q381 86 1.3 ים יהוה א[:]ובזרע עוך [:

4Q184 5 1.4]ל באזן ובח[: מש]פט
11QT 49.3 ארז ובאזוב ובח[: את

1QH 3.9 מות תמליט זכר ובחבלי שאול

11QT 11.10 [˙˙˙˙˙˙˙˙ ובחג המצות
11QT 11.13 ובששת ימי : ובח]ג הסוכות

1QH 10.34 תהום תבוא : ובחדרי שאול

11QT 25.2 [ובח[ודש :]

4Tstm 1.29 על חל בת ציון ובחוק : ירושלם

1QM 13.11 מלאך משטמה ובחוש[ך אשמ]תו
1QM 15.9 המה עדת רשעה ובחושך כול

1pMic 1+ 1.5 כול : [זאו]ת ובחט[אות

11tgJ 33.3 וירוט ויחדא : ובחיל ינפק

1QH 7.36]עולה ובחיק :]˙˙˙[
1QH 9.31 רחמיך : אלי ובחיק אומנתי[

4Q486 1 1.6]בסודכם:]˙ ובחיקכם:]עג:

1Q31 2 1.2 לאין כ˙[: ובחירי[:
1QM 12.1 לה[ודות שמ]כה ובחירי עם קודש
1QS 8.6 עדי אמת למשפט וב(ו)ח<י>רי
4QM1 5+ 1.1 אמ]תכה ובחירי

1QS 4.18 ואל ברזי שכלו ובחכמת כבודו

1QH 1.7 בכל מעשיכה : ובחכמתכ[ה] ה[

11QT 16.15 הקהל בדמו ובחלבו כאשר

4QM1 1+ 1.6 וב[וב]חלוקותמה מ[

11QT 50.5 בעצם אדם מת ובחלל חרב : או

1QM33 2 1.5 המערכה [:]ובחללים]

4Q185 1+ 2.14 לא יבקשנה ובחלקות לא

1QM 11.13 כול הארצות וביד כורעי עפר
1QS 1.3 צוה ביד מושה וביד כול עבדיו
1QS 3.20 אור יתהלכו וביד מלאך ׃
4Q511 18 2.10 אלוהים שופטי וביד זר לוא

1QM 13.10 פקדתה לעוזרנו ובי[דו
1QS 11.2 אני לאל משפטי ובידו תום דרכי
4pIs[a] 7+ 3.29 מכוהני השם ובידו בגדי

1Q26 1 1.7]ל ריבכה ובידי פקד
1QH 8.21 כבוד ופר[׃ ובידי פתחתה

1QH 13 1.4 ובארץ ׃]ות ובידך משפט

1QH 5.4 על פי רצונכה ובי[ד]כה משפט
1QH 11.7 כי אמת פיכה ובידכה צדקה
1QM 18.13 לכה הגבורה ובידכה המלחמה

1QM 5.6 אמה וחצי ובידם רמח ׃
1QM 7.14 שבעה לויים ובידם שבעת

4Tstm 1.27 באפרים וביהודה ׃

1pHab 13.2 האבן ואת העץ וביום ׃ המשפט
1QDM 3.11 ת]אסר וביום ע[שר
1QDM 4.4]את[ ] וביום [ ]
1QM 1.9 לכול בני אור וביום נפול בו
1QM 1.12 לפדות עולמים וביום מלחמתם
4Q503 37+ 1.23] ׃ וביום ששה
4Q503 174 1.1]ובי[ום ׃]למ˙[
4Q512 1+ 1.1 וביום
11QT 11.10 ˙˙ ובחג המצות וביום הנף
11QT 17.15 ולשעיר וביום השביעי ׃
11QT 24.12 אחר הלויים ׃ וביום השני
11QT 24.13 אפרים ומנשה וביום השלישי
11QT 24.14 שמעון לבד וביום הרביעי ׃
11QT 24.15 זבולון לבד וביום החמישי ׃
11QT 24.16 אשר לבד וביום הששי ׃]
11QT 28.6 וביום השלישי ׃
11QT 28.9 ולשעיר וביום הר[בי]עי
11QT 45.9 ביום הראישון וביום השלישי
11QT 49.11 אשר בהמה ׃ וביום אשר
11QT 49.18 הראישון ׃ וביום השלישי
11QT 49.19 וביום השביעי ׃
11QT 50.14 הראישון וביום השלישי
11QT 50.15 בגדיו ורחץ ׃ וביום השביעי
CD 9.22 נאמנים ׃ הם וביום ראות
CD 10.17 השבת לקדשו וביום השבת אל
CD 16.4 ובשבועותיהם וביום אשר יקום
TS 1 1.11 ושמעון [ובי]ום הר[ביעי
TS 3 1.2] בני ישראל וביום הבכורים

1QH 5 1.12 השכלתה לב˙[׃ ויושבי האדמה

CD 19.27 לא בצדקתך וביושר לבבך

4pPs[a] 1+ 3.2 עד עולם ובימי רעב
11QT 13.17 לוא תא[׃ ובימי הש[בתות]
11QT 43.2]בימי השבתות ובימ[י ׃]
11QT 43.3]ובימי הבכורים
11QT 43.17 כי קודש הוא ׃ ובימי הקודש

4VSam 3+ 2.4 בארצות ובימים[

4Q186 2 1.1 בין שחורות וב[ין] הגמריות
4QMl 16 1.2]ת˙[׃]ובין כול העדה
11QT 34.2]˙˙˙ ובין העמוד
11QT 38.15 לקיר מחוץ ובין התאו לתאו
11QT 39.13 ואשר לצפון ובין שער לשער
11QT 40.13 שבעים ׃ באמה ובין שער לשער
11QT 41.17 זהב טהור ובין (ע) שער

1pHab 3.12 ואין שבעה ובחמה יכ[מרו

11QT 52.13 תחרוש בשור ובחמור יחדיו

1QM 2.11 פורת ברביעית ובחמישית ילחמו
4QM6 6+ 2.5]בעוק ׃ ובחמי]שית ׃

11QT 17.10 איש לאוהלו[׃ ובחמשה עשר
11QT 27.10 מלאכה ובחמשה עשר יום

6apGn 26 1.3 ל˙˙ ח˙˙˙[׃ ובחן ˙[׃ בני ˙

4Q381 46 1.5 וב]חנת כל

4Q176 8+ 1.10] ׃ מ]מך ובחסדי עולם

1QS 11.13 ברחמיו הגישני ובחסדיו יביא ׃

1QH 6.9 מעשיהם באמתכה ובחסדיך תשפטם

1QH 2.23 מאתכה מעמדי ׃ ובחסדיכה תושיע
1QH 7.27 פלאכה הודעתני ובחסדיכה לאיש[
1QH 11.18] לכה הצדק ובחסדיכה יש[

11QT 59.3 ובעול כבד ׃ ובחסור כול

1QM 8.11 השופרות יחישו ובח[צו]צרות

CD 19.6 במצות ׃ ובחקים להשיב

1apGn 22.6 אברם וקם ׃ ובחר מן עבדוהי
4QCat[a] 14 1.1]ובחר[ ]הכבוד

11Ap[a] 3.5 אשר לאבדך [׃ ובחרון אפו [
CD 9.6 לו מיום ליום ובחרון אפו בו
CD 10.9 מעטו ימו ובחרון אף אל

4Q381 46 1.5 וב]חנת כל ובחרים כמנחת

CD 6.15 הטמא בנדר ובחרם ׃ ובהון

1pHab 3.12 ובחמה יכ[מרו וב]חרן אף וזעף

4VSam 7 1.4]˙דוני ובחרתי לשכוב

11tgJ 35.5 וסם באפה ובחרתך תקוב

4Amrm 2 1.4 עבדה ח[ש]יך ובחשוכא הוא

1Q24 1 1.2 ורוח[׃]˙שין ובחשין וה ˙[׃

1QH 11.9 משפטי נגע ׃ ובטובכה רוב

4pIs[c] 23 2.4] ׃ [בה]שקט ובטח תהיה

1QH 1.7]עולם ובטרם בראתם
1QS 10.15 אנשים ׃ ובטרם ארים ידי
CD 2.7 בהם מקדם עולם ובטרם נוסדו

1QH 3.1 ו˙[׃] ובי [׃] הב ˙
1QH 4.27 עוברי פיכה ובי האירותה
4Q499 28 1.1]ובי˙[׃]˙שע˙[
4Q512 153 1.2] הר ˙[׃]ובי˙[

1QH 11.32 פתחתה מש<ב>רי וביגוני נחמתני

1Q35 1 1.8]׃ [˙ וביד נעלמים
1Myst 1 1.9 שנאו עול וביד כולמ[ה]
1pHab 5.4 ביד הגוים ׃ וביד בחירו יתן
1QM 7.12 ידיהם במלחמה וביד הששה יהיו
1QM 11.7 עשה חיל וביד משיחיכה ׃

אל לו יחפצ : [ובכו]ל אמרי 1QS 9.25
יברכ עושיו ובכול אשר יהיה 1QS 9.26
למועד דרור ובכול היותי 1QS 10.8
[ ]כה ובכול ˙] 1QS[b] 2.27
וב]כ[ו]ל יושבי 1QS[b] 3.1
שמי מלכותו ובכול מרומי 4Q400 2 1.4
] : כבודו ובכול מהפכיהם 4Q403 1 2.4
בפתחי כבוד ובכול מוצאי 4Q405 23 1.8
כר˙˙˙˙] : [˙˙ ובכול [:]˙˙˙ 4Q497 47 1.2
]ובכול [4Q502 250 1.1
בינה ˙[:]˙ ובכול] 4Q503 216 1.4
]˙בנו בכול לב ובכול נפש 4Q504 1+R 2.13
[ו]בתהומות ובכול ˙[: כי 4Q509 7 2.2
]˙˙˙˙[:] ובכול [:]תכה 4Q509 37 1.2
בא]רץ ובכול: רוחות 4Q511 1 1.2
שמים תוכחתו ובכול מוסדי 4Q511 10 1.12
[ ]˙˙˙˙˙ובכול מה רצ˙˙[4Q511 63+ 2.2
אר˙[ ]מעשה ובכול 4Q511 63+ 2.5
]˙ל מש˙[:]ובכול גבר[: 4Q513 14 1.4
]דה ואין כמוה ובכול ערי ה˙[4pIs[a] 2+ 2.28
] בידו ובכול הג[ואי]ם 4pIs[a] 7+ 3.25
בלי[על] : [ובכו]ל[4QM1 8+ 1.8
]˙[:]אלים : ובכו]ל צרותם : 4QM6 2+1 1.3
בכול חמאת העם ובכול אלו 11QT 35.14
לקבור בהמה ובכול עיר ועיר 11QT 48.14
בכול לבבכם ובכול נפשכמה 11QT 54.13
כסף : וזהב ובכול זה יהיו 11QT 59.4
בכול לבבמה ובכול נפשמה 11QT 59.10

שני עולם : ובכולם הקים לו CD 2.11

תז]כור : יגון ובכי תתרפה 4Q509 12i+ 1.6
די כ[: א]כל ובכי [:]˙ 6QApo 2 1.3

ולא קמילת ובכית אנה : 1apGn 20.10
מלכי : ארעא ובכית וחשית 1apGn 20.16

בכל עוז כחו ובכל [ ]˙ו 4Q185 1+ 2.15
בכל אלה באדמה ובכל [: 4Q381 1 1.7
בבני האילים ובכל : [4Q381 15 1.6
]˙ בש˙[:]ובכל[:]יכ˙˙ 4Q518 33 1.2
באת[ר: אר]חה ובכל שבילוהי 11tgJ 25.3
על נפש צדיק ובכל הולכי : CD 1.20
הגדר רחק החוק ובכל השנים CD 4.12
בהם נקמה ובכל אלה לא CD 8.12
לנקם נקמה ובכל אלה לא CD 19.24
אם אפו בם ובכל : ההלכים CD 19.31
בספר : [ ] ובכל משפטי CD 14.8
משה בכל לב ובכל נפש : CD 15.12

ובכלותמה לקטיר 11QT 33.15

אלה באלה ו<ב>כליה[מה 11QT 45.4

בדעתו[: ורע ובכן תקבל 1QS[a] 1.11

]˙[ ]בתופים ובכנור[ו]ת[4pIs[c] 25 1.2

ריקמה בזהב ובכסף ואבני 1QM 5.14

ובאכפי[הון : ובכ]פן רעין 11tgJ 15.7

מני ולמקטלני ובכת שרי על 1apGn 19.21

וישבה בביתכה ובכתה את אביה 11QT 63.13

<יסודותיהו> ובל יחישו 1QS 8.8
עליהים :]˙ובל[ ]ל[4Q176 20 1.4
בנסתרות עד ובל: [MasSS 1.1

בלוא : נחשב ובלא נודע חותם 1QH 8.11

עשר באמות ובין שער : 11QT 42.4
בין איש לאשתו ובין אב : לבנו CD 7.8
איש לאשתו ובין אב לבנו CD 19.5
זהב מהוב ובין שער לשער TS 3 2.7

סוד אמת ובינה לישרי 1QH 2.10
עולמים ושכל ובינה וחכמת 1QS 4.3
ה˙[: אור ובינ[ה : מסיר 4Q402 3 2.7
]יהם רוחי דעת ובינה אמת : 4Q405 17 1.3
]לה שכל ובינה בתוך[: 4Q502 2 1.4
נ]פתחה באפו ובינה ודעת [: 4Q504 8R 1.5
]חוכמה ובינה רוח עצ[ה 4pIs[a] 7+ 3.16
]פלא דעת ובינ[ה 11QSS 5+ 1.1

כל יודעי צדק ובינו במעשי : CD 1.1

ק]ודש ובינתו מכול 4Q400 2 1.9

בספר ההגו וביסודי הברית CD 10.6

עכביש קוריהם וביצי צפעונים CD 5.14

הפלתה עם עפר וביצר חמר 1QH 11.3

צרה אהללנו ובישועתו ארננה 1QS 10.17

משה לא בצדקתך ובישר לבבך אתה CD 8.14

ישרים ביש[: ובישראל מ[4Q511 2 2.10

די ˙˙˙˙] : ובישתא למכ˙˙ 1Q20 1 2.8

<ריח> ניחוח ובית תמים ואמת 1QS 8.9
קודש קודשים ובית יחד 1QS 9.6
עיר קודשכה ובית תפארתכה 4Q504 1+R 4.12
ישמחו אחי עמי ובית אבי 11QPs 19.17
[: ובית מעלות 11QT 42.7
וכרם וכול הון ובית וכול חמוד 11QT 57.21

]ים וביתם[1pMic 17+ 1.6

[: [ ]˙ובך נחגה 4Q504 5 2.5

למדינת דרמשק ובכא אברם על 1apGn 22.5

[ ]ובכבודכה הופיע 1QH 9.26

]ש<י>ו :]˙תהו ובכה :]רתה : 4Q509 184 1.10

אם לכה המלחמה ובכוח ידכה 1QM 11.1
יר]וממו[:] ובכוח גב[ורתו 4Q511 81 1.2

כול דעה ובכוחכה כול 1QH 11.8
ב]ראתם ובכוחכה[:]˙˙ 4Q509 55 1.3

ושלים על כולא ובכול מלכי 1apGn 20.13
ירדף רבתא : בה ובכול ביתה ואל 1apGn 20.15
מלחמות רשעה ובכול הוותם : 1QH 7.7
ואהבכה נדבה ובכול לב[1QH 14.26
]ואהבכה בנדבה ובכול לב ובכול 1QH 15.10
ובכול לב ובכול נפש 1QH 15.10
ברוח עבדך ובכול מעש[ ]ל[1QH 16.14
עם פדות אל ובכול צרותמה 1QM 1.12
על : בליעל ובכול אנשי 1QM 4.2
שפטים בגוג ובכול קהלו 1QM 11.16
עולמים ובכול תעודות 1QM 13.8
בממשלת בליעל ובכול רזי 1QM 14.9
עולמים ובכול עלילותיה 1QS 4.1
צוה בכול : לב ובכול נפש לכול 1QS 5.9
ויחד יועצו ובכול מקום אשר 1QS 6.3
משלח כפים : ובכול ממשלו 1QS 9.24

4Q512 11 1.2]˙˙[ ]˙[ ] ׃ [ובמילא]ת לו

1pHab 3.1] ׃ ובמישור ילכו

1QS 10.15 פחד ואימה ובמכון צרה עם

4QM3 1 1.8 יד במלחמה ובמלא עונותם

1QS 3.21 חושכ יתהלכו ובמלאך חושך

4tgJ 1 2.3 האנש מא[לה׃ ובמלאכו[הי׃

4QM3 1 1.11] ׃ ובמל[אם

1QS[a] 1.12 משפטים ׃ ובמלוא בו

1QS 7.20 אנשי היחד ישב ובמלואת ׃ לו

1QM 18.12 ויד גבורתכה ׃ ובמל[חמה

4QMes 2.13]˙ם[ ] ובמלן יתבין די

4Q503 40 2.2 ואותו [׃ ובממש[ל ׃ שם

11tgJ 10.3 מן ׃]ימא ובמנדעה קטל ׃

11QPs 22.6 תזכורי ובמעשי חסידיך

1QS[b] 3.27] ׃ קודש ובמעשיכה

1QS 4.15 כול בני איש ובמפלגיהן

CD 13.2 ועשרות ובמקום עשרה אל

11Mel 1+ 2.8 מל[כי] צדק [ובמר]ום

4QCat[a] 9 1.5]בקנאתמה ובמשפט[תמה ׃

1QH 6 1.2 [˙˙˙˙˙ם ובמשפטים ׃

1apGn 19.27] במאכל שגי ובמשתה [ ]ל[

1QS[a] 1.8]כוא במב וב[ן] עשרים

1QS[a] 1.12 ובמלוא בו ובן חמש ועשרים

1QS[a] 1.13 את עבודת העדה ובן שלושים שנה

4QFl 1+ 1.4 ומואבי וממזר ובן נכר וגר עד

1QH 5.30 בכנור ריבי ובנגינות יחד

1QH 9.10 ואבחרה במשפטי ובנגיעי רציתי

4Q504 1+R 6.7 בנסוייכה ובנגיעיכה לוא

11QT 48.15 בצרעת ובנגע ובנתק

4Q374 2 2.3 במעלליהם ובנדת מעשי ה[

4Q176 3 1.3] ׃] אתך אני וב[נה]ר[ות

4Q379 22 2.11 כלי חמס ושבו ובנו א[ת] ׃]

4Tstm 1.25 בלי חמס ושבו ובנו את ׃

5Q13 1 1.7 ו˙[׃]ה ובנוח רציתה מ

4Q502 14 1.6 בנים <ככו[> וב[נות ׃]˙ גם

4Q400 1 1.13] בגבולם ובנחלתם ׃]

1apGn 12.13 [׃ שרית אנה ובני כולהון

1apGn 19.15 [יאי]א]]וב[ני] אנוש

1QM 1.1 אדום ומואב ובני עמון׃

1QH 10.18 מצב˙˙כה ובלא ˙]

4Q511 63 3.2 מקור ׃ תהלה ובלבי סוד

11QT 48.16 בנדת טמאתמה ובלדתמה אשר

1QS 11.17 לוא תתם דרכ ובלו רצונכה

1QH 10.2 לבכה ˙˙[׃]ל ובלוא רצונכה

1QH 14.27 מידך היתה זאת ובלוא[ ]ל[

6QPro 15 1.2]ם[׃] ובלות מ[׃

11tgJ 8.5 ל[׃ ומסכן ובלי[ליא ׃ קבל

1QS 10.21 עד תום דרכם ובליעל לוא

4Q405 20+ 2.9 מושב כבודו ובלכת האופנים

1QM 4.6 אנשי תעודתו ׃ ובלכתם למלחמה

4pIs[c] 1 1.3 הואה א[שר׃]ובלע דרך ˙[׃

1pHab 4.6 מבצרי העמים ובלעג ישח[קו

4Q183 1 2.6 תועי רוח ובלשון האמת ˙]

4Q405 11 1.5 ה[שב]יעי לו ובלשון השביעי

CD 5.11 קדשיהם טמאו ובלשון ׃

1QH 18.10 בפי עבדכה ובלשונו

1QH 11.4 בפי הודות ובלשוני ׃]ה

1QS[b] 5.7] ׃ [ ]˙˙כו ובמ˙[׃]

4Q405 3 2.1 ו]בם לידוע[י׃

4Q509 291 1.1 ובמ[

MasSS 2.26 וב]ם לידעי

4Q405 23 1.10 אלוהים בצאת ובמבוא בשע[ר]י

1QH 1 1.12]איש ותשיבהו ובמה ית[׃

4pIs[c] 14 1.2]˙ית ובמו[׃]הוא אב

1QS 6.18 בהון הרבים ׃ ובמולאת לו שנה

1QS 6.21 אנשי היחד ובמולאת לו

1QH 3.11 להורותם ובמולדיו יהפכו

1QM 1.8 מועדי חושך ובמועד אל יאור

1QS 4.18 קצ להיות עולה ובמועד ׃ פקודה

11QT 11.12 החטים׃]˙˙˙˙ ובמועד היצהר

1QS[b] 3.2 כול קודש[י]כה ובמו[עדי

4Q511 63+ 2.2 הם אברכה שמכה ובמועדי

4Q511 18 2.5]בדברי ואין ו[ב]מוצא שפתי

1QS 6.11 ידבר בתרו ובמושב הרבים

3Q15 2.9 בו כלין ׃ ובמזקא שבו

CD 3.12 את רצונו ובמחזיקים

4Q178 2 1.5 ינדפ[׃]ובמחשבו[ת

1QH 11.7 ובידכה צדקה ובמחשבתכה ׃

1QH 18.22 בשר ׃]˙ פליא ובמחשבתכה

4Q512 21+ 1.2 י]דו לש[׃ ו]במילא[ת

4Q512 27 1.1 ו]במילאת[׃

1QH 5.25 לבני הוות ובעבור הגד[
4Q504 3 2.12 התבו[:]ובעבור[נאמין
4Q505 124 1.3 ה]א[רץ :]˙ה]ובעבור[:

1QDM 4.1 ישר]אל ובעד הא[רץ] :

1QDM 4.1] : ובעדת אלים]

3Q9 3 1.4] אלה פת[:]ובעדתנו]

1QS 1.18 בממשלת בליעל ובעוברם בברית

1QM 11.5 כיא בכוחכה ובעוז חילכה

11QT 59.2]למשל ולשנניה ובעול כבד :

1QM 6.13 מלחמה : ובעולים לשמוע

1QM 8.6 איש למעמדו ובעומדם שלושה
1QM 16.6] התק]רב ובעומדם ליד
4QM1 13 1.4 החעו]צרות ובעומדם
4QM1 22 1.2] לק[ול : ו]בעומ[דם :

1QH 17 1.5]˙וד כבודך ובעומק [:]

1apGn 19.15 אנוש אתו ובעון למקץ

4pHs[a] 1.8]ובעורון

11Mel 1+ 2.14] : ובעזרו כול אלי

1apGn 20.12 דן צלית ובעית ואתחננת

1QH 7.32 הוא איש תהו ובעל הבל

11QT 65.7 יקה איש אשה ובעלה ושנאה

4QM1 1+ 1.11 יח[ד : ובע]לות המערכה

11QT 32.6 לכפר על העם ובעלות[ם] :]

1QH 7.22 אנשי מלחמתי ובעלי : רבי
CD 3.4 אוהבים : לאל ובעלי ברית

11QT 31.6 הג]דול : ובעלית הב[ית

11QT 63.14 תבוא אליה <ו>בעלתה והיתה

1pHab 4.7 עליהם : ובעם רב יקיפום

CD 7.20 נשיא כל העדה ובעמדו וקרקר :

1QM 5.16 VACAT : ובעמוד ה[

1QS 3.8 תכופר חמתו ובענות נפשו

1QM 14.7 לשכם מכים ובענ˙י רוח]

11QT 49.3]]ם ובעץ ארז

1pHab 3.5 כול : הגואים ובעצה כול
1QS 8.26 במושב במדרש ובעצה [ע]ל]

11QT 11.13 ובח]ג הסוכות ובעצרת :˙˙˙˙˙]

1QM 13.11 אשמ]תו ובעצתו להרשיע

4pHs[a] 2.12 אשר הכם ברעב ובערום להיות

1QS 10.25 אסת<פ>ר דעת : ובערמת דעת

1QM 1.2 ברית בני לוי ובני יהודה
1QM 1.2 ובני יהודה ובני בנימין
1QM 1.8]י חושך : ו[בני]דק
1QM 10.14 מעשי חיה ובני כנף תבנית
1QS 2.25 בעצת קודש ובני סוד
1QS[a] 1.22 כפי מעשו ובני לוי
4Q378 14 1.3]אבל מושה ובני יש[ראל:]
4QM6 3 1.7][בנ]י חושך ו[בני [צ]דק :
11QPs 18.8 כמקריב עתודים ובני בקר :
11QPs 24.15 ויתן לי : ובני אדם מה
11tgJ 28.2 עלוהי חזין ובני אנשא :
CD 3.21 הכהנים והלוים ובני : צדוק
CD 4.3 עמהם ובני צדוק הם
CD 14.4 והלוים שנים ובני ישראל
CD 14.5 והלוים שנים ובני ישראל :

1QDM 1.6]] ה[מה] ובני[הם]
CD 2.19 מצות אל : ובניהם אשר
CD 3.5 לפני : משגותם ובניהם במצרים
CD 3.9 אף אל : בעדתם ובניהם בו אבדו

11QT 59.21 על מלכותו הוא ובניו אחריו :

4Q504 1+R 3.4 ברתנו ובנים : שמתנו

11QT 39.12 [ר]אובן יוסף ובנימין לנגב :

1apGn 21.20 צפון חברון ובנית תמן מדבח
3Q14 3 1.2]˙[: ו]בנית משכנ[י:

1apGn 21.1 תמן בה מדבחא ובניתה תניאני

1pHab 3.5 מחשבתם להרע ובנכל ומרמה :

1QH 17.22 ענותו ביסוריך ובנס[ ]˙ה לבו

1QM 9.7 עד החרם ובנפול החללים

1QS 11.3 דעתו פתח אורי ובנפלאותיו

1QH 8.8 למקור עולם ובנצר עליו

4Q400 1 1.18 רחמי עולמים ובנקמת קנאתו :

1QH 4.4] דרך עולם ו<ב>נתיבות אשר

11QT 48.15 בצרעת ובנגע ובנתק אשר לוא

11tgJ 26.1 ˙˙] :] [ובסגיא עויתך

1QM 5.7 חצי האמה ובסגר שלושה

1QM 7.9 VACAT : ובסדר מערכות

1QH 4.28 ברזי : פלאכה ובסוד פלאכה
1QH 7.34 ב<ע>דת שו ובסוד נעלמים
1QH 10.4 בנפלאות כאלה ובסוד א˙[:
1QH 63 1.2]˙˙[:]ים ובסוד קד[:]˙

1QH 9.13 נחמתני ובסליחות

4Q176 22 1.3]נו טרם הייתם ובע˙[:]ל[
4pHs[b] 20 1.3] בנם ובע[

1apGn 20.9 לה לאנתא ובעא למקטלני
1apGn 20.21 עלי חרקנוש ובעא מני די

CD 20.7 איש עמו בהון ובעבודה : כי

1QS[a] 1.22 משפחתו : ובעבודת המס

1pHab 11.6 אבית גלותו ובקץ מועד
1QH 12.6 ל<פ>נות בוקר ובקצ ׃ האספו
1QH 12.22 וידעוכה ובקץ כבודכה
CD 1.5 ולא נתנם לכלה ובקץ חרון שנים
CD 5.20 את הראשונה ׃ ובקץ חרבן הארץ
CD 20.15 [ ] ובקץ ההוא יחרה

1QM 1.4 הכתיים במצרים ובקצו יצא בחמה

6QAly 1 1.3 [׃]ה סמ[׃]ובקציר באת[י ׃

11QT 43.15 ויין ושמן ובקר וצאון

4QOrd 2+ 1.8 אותה יואמר ובקרוה ׃

4QFl 4 1.5 לשוממם ׃]ובקש בכול כוחו

4pHs[b] 2 1.5 אשר [י]אשמו ובקשו פני

11QPs 24.4 לי את שאלתי ובקשתי ׃ אל

11QPs 21.11 בטרם תעיתי ובקשתיה באה לי

1Myst 9+ 1.4]ל הוא ובר[׃ [ ] ׳׳׳׳
11tgJ 9.9 וכוכביא לא[׃ וב]ר אנש

1apGn 22.23 עולימי די עמי וברא מן חולק

11QT 11.9 ׳׳׳׳׳׳ בשבתות ובראשי ׃ [

4Q381 14 1.2 עבים שלג [ ]וברד וכל ׳[׃

1QH 11.6 בתוך בני אדם וברוב טובכה ׃
1QH 13.17 יצדק איש וברוב רח[
1QS 11.14 אמתו שפטני וברוב טובו
4Q509 183 1.5 ולי׳[׃]ה וברוב [׃

1QS[a] 1.19 איש מרעהו ׃ וברובות שני

1QH 9.32 נכון סמכתני וברוח קודשכה
1QS 3.7 באור החיים וברוח קדושה
1QS 3.8 עוונותו וברוח יושר
1QS 11.1 לנגד רמי רוח וברוח נשברה
1QS[b] 5.24 ארץ וברוח שפתיכה ׃

4Q381 1 1.7 [׃ את א[שתו] וברוחו העמידם

4Q511 63 4.2 מעשיכה ׃ תמיד וברוך שמכה ׃
11Ber 2 1.3 א[תם ׃]וברוך שם

1QM 13.2 ומעשי אמתו וב[ר]וכים ׃
11Ber 1 1.4 א[׃ לעולמי עד וברוכים[׃
11Ber 2 1.4 קודש[ו ׃]תו וברוכים כול

1QH 10.30 ׳׳[׃ ובצע וברום עדנים לא
1QH 5 1.7 לדורי נצח וברום רשעה למ[

11QPs 21.16 טרתי נפשי בה וברומיה לוא ׃

1QH 18 1.4 [׃] עוני וברורי מצרף [

1QS 10.8 לשבועיהם ׃ וברוש שבועיהם

1QH 5.25 ומלינים סביב וברז חבתה בי

1QH 7.27 באמתכה ׃ וברזי פלאכה
1QH 11.10 בסוד אמתכה ׃ וברזי פלאכה
1QH 13.2 מקדם ע[׃]וברזי פלאך ׳׳
1QH 13.13 לעולמי עד וברזי שכלכה פל

4Q511 48+ 1.7 הואה ׃ ידע וברזיו ׳׳[

11QT 54.17 ללכת בה ובערת ׃ הרע

11QT 56.10 האיש ההוא ובערתה הרע
11QT 61.10 לעשות לאחיהו ובערתה הרע
11QT 64.6 וימות ובערתה הרע
11QT 66.3 את אשת רעהו ובערתה ׃ הרע

MasSS 1.5 לפני עשותו ובעשותו לא

1QM 2.13 ישמעאל וקטורה ובעשר השנים
1QM 2.14 במו]שבותם ובעשר השנים
4QM6 13 3.3 במוש]בותם ובעשר ה[שנים ׃

11QT 25.10 ובעשרה בחודש

1QH 8.23]׳ בארץ גזעם ובעת חום יעצור
11QT 33.2] [ובעת אש[ר ׃]

4Q511 48+ 1.2 ו׳[ ]עה ובפי יפחד [

1QH 37 1.1]ושיכה ובפק[׃]כה

CD 2.13 וחוזי ׃ אמת ובפרוש שמו

4Q504 1+R 2.15 נמכרנו ובפשעינו קרתנו

1QM 7.13 המאסף ובצאת הכוהנים
4Q503 1+ 2.1 VACAT ׃ ובצאת[
4Q503 1+ 2.12] ׃ [וב]צא[ת
4Q503 1+ 2.23]׃ וב[צאת
4Q503 33 2.1 ובצ[א]ת השמש
4Q503 40 2.4 [׃ ובצאת[
4Q503 56 2.3 ׳׳[׃ אור [׃ ובצ[את ׃ וכול
4Q503 215 1.6 א]ל ישראל[׃ [ובצא]ת מאור [

4QMl 1+ 1.8 סביבותיהמ[ה]ובצאתמה לערוך

1QH 11 1.6]׳תם ולך חמד ובצדק תשים[׃
1QS[b] 3.24] [ובצדק פקדו כול

1QS 11.3 ישור לבבי ׃ ובצדקותו ימח

1QS 11.14 כול עוונותי ובצדקתו יטהרני

11QT 52.7 יולד בבקריכה ובצואנכה ׃

1QH 9.13 ותדע מזמתי ׃ ובצוקותי

11QPs 19.12 שמכה אהבתי ובצלכה חסיתי

1pHab 9.5 יקבוצו הון ובצע משלל
1QH 10.30 תעבה׳׳[׃ ובצע וברום
CD 10.18 ישפוכו על הון ובצע ׃ אל ידבר
CD 11.15 השבת על הון ובצע בשבת ׃
CD 12.7 בעבור הון ובצע וגם

4Q379 22 2.9 [׃ וב[צ]עי[רו
4Tstm 1.23 ייסדנה ובצעירו יציב

1QM 6.6 ישראל המלוכה ובקדושי עמו
1QM 16.1 על כול הגואים ובקדושי עמו

4Q511 35 1.2 שבעתים ובקדושים

1Myst 1 1.3 ידעו רז נהיה ובקדמוניות לוא

11QT 64.2 בקול אביו ובקול אמו ׃

11QT 54.14 ואותו תיראו ובקולו תשמעון

1QS 6.16 יקרב או ירחק ובקורבו לעצת

4Q405 20+ 2.7 ה[כרו]בים וב[ר]כו בהרומם
4Q405 23 2.12 לשוני דעת[ו]ברכו לאלוהי
4Q502 284 1.2]˙[:]˙˙ וברכו א˙[:
11QSS 3+ 1.9 ו]ברכו בהרומם[

1QH 1.31 לפי שכלם וברכוכה

11QPs 22.13 עולמים תשיגי וברכות נכבדים

4QCat[a] 2+ 1.10 להם לעולם וברכם[ה]גיד
11Ber 2 1.1]וברכם בשם[:

1apGn 21.2 לשם אלהא וברכת : [א]להא

4Q509 10 3.2 ל]מפן ˙˙˙ :] וברכתה:]˙מה

4pPs[a] 1+ 2.1 יובדו בחרב וברעב ובדבר

4Q512 40 1.5 עבו]ד לכה:] וברצון

4pN 3+ 2.4 מעלה להוב : וברק חנית ורוב

1QH 3.31 חמר תאוכל : וברקוע יבשה

4QFl 16 1.3]˙יקים[:]וברקי[:]א˙[

1QH 1.12] למשאם זקים וברקים לעבודתם

4Q405 29 1.1]ם וברר: אלו]הים
11QT 57.5 בכול עריהמה וברר לו מהמה

4Q511 115 1.1 ובש[: השורק[:

1QH 14.17 ברוב טובך ובשבועה

CD 16.4 ליובליהם ובשבועותיהם

1QM 2.12 בששית ובשביעית ילחמו

1QM 3.10 עד כלותם : ובשובם מן
1QM 4.8 פרוש שמותם : ובשובם מן
1QM 4.13 יכתובו עליהם ובשובם מן
4QM3 1 1.11 התרועה[וב]שובם יתק[עו

1QH 14.20 בהון אמתך ובשוחד כול

4Q405 20+ 2.12 ירוממו פלא ובשוכן :

1Q25 1 1.6 להמה וישימ[ו: ובשומרון ישים

CD 8.18 ברית האבות ובשונאי את

4Q381 19 1.3 [:]˙ מעזי ובשחקיך :] פז

1QH 17.21 [ ] דרכו ובשכל :]שכהו
4Q405 23 2.13 ב]דעת בינתו ובשכל [כב]ודו

1QM 11.9 פדותכה [בנו]ח ובשלום לגבורת

1QM 13.13 בעז[רתכה ובש]לומכה מיא

1QM 2.6 שנת השממה ובשלוש ושלושים
4QM6 7 2.3 הש]מ[מה] ובשלו[ש : <]˙˙

CD 4.10 יכפר אל בעדם ובשלים הקץ

1QS[b] 5.28 יעובדוכה ובשם קודשו

4Q511 42 1.4]˙ ובשמיני אפצה[

4Q513 12 1.1]˙˙ וב[ש]מן [:

11QT 3.7 ה[: נחו]שת וברזל ואבני

11QPs 22.5 כבודך יינקו וברחובות

4Q504 7 1.11]רך וברחמיכה : [

4Q176 8+ 1.9] קטנה עזבתיך וברחמים גדולים

1QH 3.18 בעד'הרית עול ובריחי עולם
1QH 6.28 לאין : מבוא ובריחי עוז

1apGn 22.16 שמיא וארעא ובריך אל עליון

1QH 4 1.8]˙ו˙ אנוש וברית פותו בם
1QM 12.3 ברכו[ת] וברית שלומכה
1QM 13.7]]ל[ ]˙ וברית [כ]רתה
1QS[b] 2.25] : וברית עולם
1QS[b] 3.26 בתוך : קדושים וברית כהונת [
1QS[b] 5.21] : [גבור]תו וברית ה[י]חד
4Q512 1+ 1.12 ˙י]מי כבודכה : ובר[ית
4QM1 11 2.18 כ]מעט לבליעל וברית אל שלום

4Q508 4 1.2] אשר בחר בנו ובריתו [:]ל[

4Tstm 1.17 כי שמר אמרתכה ובריתך ינצר

1QM 18.7 מ]א[ז] להפליא ובריתכה שמרתה
4Q504 1+R 4.6 בשבט: יאודה ובריתכה
4QFl 6+ 1.4] [ובריתכה : [

1apGn 22.15 כהן לאל עליון וברך : לאברם
4Q403 1 1.16 דברי פלא וברך לכול[
4Q403 1 1.17 דברי ה[וד] וברך ליוסד[י
4Q403 1 1.18 דבר[י ו]ברך לכול
4Q403 1 1.20 וב]ר[ך]לכול
4Q403 1 1.22 גבורות פלאו וברך לכול
4Q403 1 1.23 [עול]מ[י]ם וברך לכול חוכי
4Q403 1 1.25 פלא למגני עוז וברך לכול
4Q403 1 1.29 בשם כבודו [וב]רך לכול
4Q404 2 1.1]דברי פלא וברך לכול[:
4Q404 2 1.3]פלאיו וברך לכול
4Q404 2 1.4 בשבע[ה :] וברך לכול חוכי
4Q404 2 1.6 יברך ב[שם :]וברך לכול
4Q405 3 2.2 ד]ברי פלא וברך בשבעה
4Q405 3 2.5 דברי פלא וברך לכול[
4Q405 3 2.7 הו]ל[כי : וברך ליסודי
4Q405 3 2.17 למגני עוז וב[רך : דברי
4Q405 13 1.3 <רום> טוהר[ו]ברך לכול
4Q405 13 1.6 פלאו : [וב]רך לכול
4Q502 139 1.2]˙˙[:]וברך[
4Q512 29+ 1.5]˙ה˙[:]וברך שם[:
4Q512 29+ 1.8]ועולתו וברך וענ[ה]
4Q512 16 1.6] עוון : וב]רך שם :
4Q512 11 1.4 וכסה את בגדיו וברך ע[ל : אל
4Q512 1+ 1.1] ובר]ך וענה
4Q512 72 1.6 [VACAT] : [˙[ו]ברך [:

1QH 54 1.3]בשמחה ו[:]וברכה ב[
1QM 1.9] לשלום וברכה כבוד
1QM 17.7 ישראל שלום וברכה לגורל אל
1QS[b] 15 1.2] שמכה [:] וברכה ˙[:]ול
4Q504 1+R 4.13 רע כיאם שלום וברכה מט[
4QM1 17 1.5 ואח[:]וברכה ככה ישעו

1QH 38 1.2]דושים [:]וברכו שמ˙˙[
1QM 13.1 וזקני הסרך עמו וברכו על עומדם
1QM 14.3 חללי האויב וברכו שם :
1QM 18.6] הסרך וברכו שם את אל
4Q403 1 1.27 ת[עודותם ו]ברכו לנועדי
4Q403 1 2.15 מרכבות דבירו וברכו פלא
4Q405 15+ 1.5 דבירי הפלא וברכו ל[:

4QMI 1+ 1.4]כמה ובשנ[

1QDM 4.10] ובשנה ה[

1QM 2.8 שנה בשנה ובשני השממים

4Q503 11 1.2 [: ובשני]ם עשר

1QM 2.10 בארם נהרים ובשנית בבני
1QS 7.20 (רבים) ובשנית לוא יגע
4QM6 6+ 2.3 בארם נ[הרים ו]בשנית :

1apGn 21.27 למלך עילם ובשנת תלת עשרה
1apGn 21.27 עשרה מרדו בה ובשנת ארבע

4Q184 1 1.12 עיר תתעלף ובשערי קריות

4Q511 63 3.1 כיא פתחתה ובשפתי שמחה

4pN 3+ 3.1 הגוים בנדתם [ובש]קוצי

4Q381 50 1.4 [:]ארץ וירה ובשקמה במקום [

1QH 9.16]˙ : ישכיל ובשר מיצר ˙[
1QM 7.5 ותמימי רוח ובשר ועתודים
2apPr 1 1.3 עליכה והוי[:]ובשר הרבה
11QT 51.4 ומנבלתמה עור ובשר וצפורן

4QPs[f] 2 7.3] : [ובשר]י כ[חש

4Q503 1+ 2.18] [: ובששה לחו[דש

11QT 11.12 ובמועד היצהר ובששת ימי :

4Q186 2 1.2]והיאה תרגל ובת קולו עניה
4apLm 1 2.4 [: לעוליהן ובת עמי

1QH 13.9 צ˙˙˙˙ה בימים ובתהומות[:
4Q509 7 2.2]˙[: [ו]בתהומות

4QMI 24 1.4 האל[י]ם[:]˙ ובתהל[ה] יחד

11QT 60.17 בכה מעביר בנו ובתו : באש

1pHab 5.4 כול הגוים ובתוכחתם :

11QT 32.9 בת[ים פני]מה ובתוכימה [

1pHab 10.5 יעלנו למשפט : ובתוכם ירשיענו

4Q504 10 1.2 הגשתנו [:] ובתוכנו עו[מד

4Q502 19 1.3] : ובתולות נערים

4Q184 2 1.2 [:]בכה ובתור[ה :]ב

1QM 6.15]חות ובתי ראשים

1QDM 2.3 [ומובו]ת ובת[י]ם מלאים

4Q502 53 1.2]מנים[:]˙ ובתינ[ו :]˙

3Q15 2.5 בתי העצין ובתכו : בור

1QS 8.4 ב( )מרת האמת ובתכון העת

3Q15 5.7 של : דמע ובתכן אצלם :

4pHs[a] 1.8]ובעורון ובתמהון : [

1QM 14.7]תם לבב קושי ובתמימי דרך

4QMI 8+ 1.6 לבב קושי ובתמימ[י] דרך

4Q498 9 1.2]˙[:]כול ובתע[

1QH 2.37]מו חוקים ובתעודות נ̇נתנו

1QS[b] 4.2 [א]נוש ובתענוג[ות

1QS 10.6 ( ) שנים ובתקופת

1QS 10.2]ישתהו עלת ובתקופתו עם

11tgJ 32.7 מורי[ן] למ˙[ו]בתר כל ירוק

5Q16 3 1.3]ם השג˙[:] ובתרביות[:

1pHab 1.8 [וג˙ [ ]לי ה[
4Q512 156 1.2]˙[:]וג˙[:]˙ת [
4Q517 21 1.2]˙פו˙ ˙[:]וג[
11QT 4.11 עשרה באמה וג[:] אחת

1QS 3.2 רשע מחרשו וג<א>ולים :

4Q176 8+ 1.7 •••• :] שמו וגאליכי קדוש

3Q15 9.2 רא שתין חפור וגב שעת שבע :

11QT 31.11 שלוש אמות וגבה : [ע]שרים

1QH 12.29 ומקור דעת וגבו[ ] א˙

1QH 7 1.3 שרית ˙˙[: וגבוה בקומה

1QM 12.9 בפקודינו : וגבור המלח[מה]
1QNo 2 1.5 [:] אדונים וגב[ור :]

6apSK 45 1.2]ם[:] וגבורא [:]וב[

CD 2.5 שבי פשע וכוח וגבורה וחמה

1QH 5.21 לאין מדה וגבורי פלא
11QT 57.9 שונאי בצע וגבורי חיל
CD 2.17 רבים : תעו בם וגבורי חיל

1pHab 2.12 המ]ה קלים וגבורים :
4pIs[a] 7+ 3.8]כול הגואים וגבורים יחתו

1QM 1.14 יהיו להמס לבב וגבורת אל
1QS 10.12 קודש רום כבוד וגבורת כול
1QS[b] 5.25 עצ]ה וגבורת עולם

1QS 11.5 סלע פעמי וגבורתו משענת
CD 13.11 וכוחו וגבורתו והונו

1QM 15.10 כו]ל מחסיהם וגבורתם כעשן

4Q176 1+ 1.8] וגב]עה ישפלו

4Q380 2 1.2]˙[:]˙הרים וגבעות[:
4Q511 30 1.5 כפלס[ ]הרים וגבעות

1QH 9.15 מאנוש יצדק וגבר[ ]˙ :
2QJN 4 1.18 חד לכול גבר וגבר[:]ל[
11tgJ 38.8 אמרה חדה : וגבר קדש חד די

1apGn 20.18 שנין תקפו וגברו עלוהי

1QM 9.16 רפאל : מיכאל וגבריאל ל[
1QNo 2 1.4] : רפ]אל וגבריאל [:]

11tgJ 14.2 עלומין משו וגברין ח[:

1QS 6.10	לדבר וגם אל ידבר
1QS 6.17	לו שנה תמימה וגם הואה אל
4Q176 22 1.1	[וגם אף
4Q381 1 1.9	לאכל חלבי כל וגם[:]מש בהם
4Q502 9 1.8	ם]ועד לשמחתנו וגם :] בתוך
4Q502 14 1.3	[:]תעודו[ת] וג[ם]˙[:]ה
4Q502 37 1.1	וג]ם אנ[י :
4Q504 1+R 5.3	אל נכר בארצם וגם ארצם :
4Q509 53 1.1	˙[וגם אנו מ[:]
4Q513 1+ 1.3	]טהמה <וגם> הטמאה:]
4Q514 1 1.8	לטהור ממקרו : וגם אל יאכל עד
4pPs[a] 1+ 3.17	] היי]תי וגם זקנתי
4pUn 4 1.4	]בוערת וגם כ˙[:
6Q15 3 1.4	מש]ה וג[ם]במשיחי
11QT 48.12	את מתיהמה וגם בתוך
11QT 48.15	וטמאום וגם לזבים :
CD 5.6	ויעזבם לו אל וגם מטמאים הם
CD 5.11	והיא שאר וגם את רוח
CD 5.21	אל ביד משה וגם : במשיחו
CD 12.7	הון ובצע וגם אל ישא
CD 15.1	] : [יש]בע וגם באלף ולמד
CD 15.1	וגם באלף ולמד וגם באלף ודלת
CD 16.13	מאום אנוס וגם : [הכ]הנים
1QM 18.14	לרצונכה וגמול]
4QFl 1+ 1.4	וממזר ובן נכר וגר עד עולם
CD 6.21	עני ואביון וגר ולדרוש
11QT 54.4	נדר אלמנה וגרושה כול אשר
4QOrd 1 2.3	איש ממנה גורן וגת הבא לגור[ן
1QH 13.19	כול מעשיך וד˙˙˙˙ לא ישוב
1QH 16.9	רחמיך ו˙[ ]וד כבודך לך
1QH 16.16	בריתך כי[: כ˙וד וא˙]
1QH 17 1.5	אתה הוא [:]˙וד כבודך
4Q405 89 1.1	]וד ˙[:]צדק
4Q502 65 1.1	]וד˙[:]כה [
4Q503 193 1.1	]˙וד˙[
4Q506 136 1.3	]˙[:]˙יר[:]וד[:]˙[
4Q506 167 1.1	]˙וד [:]לת [
4Q514 1 1.11	]וד ב[מע]מד א˙[
4pIs[d] 2 1.2	הלוא[:]ע˙[ ]וד כיא אל כול[
5QTop 6 1.2	[ואת קטנ˙[:]וד ואת צרדה[:
4Q499 4 1.3	יראו [:]יהם ודב[:]ל[
1apGn 21.6	רעה נכסוהי ודבק עד סודם
1QS 2.15	לכלת עולמים ודבקו בו כול :
1QM 10.2	ועמד הכוהן ודבר אל העם :
1QS 6.9	ולכול עצה ודבר אשר יהיה
1QS 6.26	בקשי עורף ודבר בקצור
4Q504 1+R 3.8	ורעב וצמא ודבר וחרב :]
CD 12.3	רוחות בליעל : ודבר סרה כמשפט
1Q34[b] 3 2.6	במראת כב[ו]ד ודברי :] [
4Q504 3 2.8	בקרבנו[:]א ודברי קודשך
4Q378 11 1.6	ו]דבש כי ארץ
4Q378 11 1.6	ארץ זבת חלב ודבש[ ] :]
1apGn 20.31	לה מלכא [וד]הב [ש]גיא
1apGn 20.33	לחדא ואף בכסף ודהב וסלקת מן
4QNab 1+ 1.7	] אלהי כספא ודהבא [
4Q502 9 1.15	ישראל [ ]ה :]ודו כב[
4Q502 29 1.3	]בורע :]˙ודו :]ה

11QT 31.8	ושעריו וגגו מבית :
11QT 39.13	יש שכר זבולון וגד לים דן
1QH 1.32	ברחמיכה : וגדול חסדיכה
1QH 14.23	[ ]ם וגדול :]˙ים
4Q378 3 2.6	[:י איש ישר וגדול[: המאיות
4Q405 3 1.11	]גדל[ ]:]וגדל:]~~ם אמת~~
4Q405 12 1.3	[: הפלא ˙[: וגדל[: תהלת ˙]
1QJN 2 1.2	]˙˙˙[:]וגוא[:]משח[ה
11QT 4.10	וקירות[:]˙ וגובה ששים
11QT 36.9	)ף עד המשקוף וגובה : המקרה
11QT 38.14	[אר]בע אמות וגובה שמונ[ה]
11QT 40.9	הקיר שבע אמות וגובה תשע :
11QT 6.7	[עשרה [באמ]ה ו[גוב]הו אחת]
11QT 36.6	שבע אמות : [וגוב]הו חמש]
TS 3 2.8	עשרים באמה וגובהו ארב[ע :
11QT 31.13	ארבע אמות וגובהמה שבע :
11QT 32.9	]רוחב [ב]אמה וגובהמה : מן
11QT 33.12	בשתי אמות וגובהמה ארבע
11QT 36.8	[עש]רה באמה וגובהמה :
11QT 40.12	חמשים באמה וגובהמה שבעים
11QT 41.14	עשרה באמה וגובהמה :
TS 3 2.6	באמה וגובהמה שמונה
5QJN 1 2.9	מצי]עת ביתא וגוהון די
4Q504 4 1.10	]כוהנים וגוי קדוש [ ]
4pN 3+ 2.4	לגויה וכשלו וגויתם פשרו
1QH 3.27	קו על משפט וגורל אף : על
1QM 1.11	אנשים בני אור וגורל חושך
1QM 13.5	המה גורל חושך וגורל אל לאור
1QM 15.1	הגויים וגורל אל בפדות
11QT 57.21	חמוד בישראל וגזל :]
1QH 8.7	למים חיים וגזעו : ויהי
CD 3.9	בו נכרתו וגיבוריהם בו :
4Q403 1 1.40	בשמחת אלוהים וגיל בכול
4QPs[f] 2 10.8	שמחה שמחתכה וגילה גילך :
4Q509 57 1.2	˙˙ב˙ ˙[: וגילו[:]ם ב[
4Q186 1 1.5	ק[: רחבים וגלגלים[:
1Myst 1 1.5	מולדי עולה וגלה הרשע מפני
4QCat[a] 5+ 1.9	כצ]פור ממקומו וגל[ה
4Tstm 1.11	שדי יחזה נופל וגלו עין אראנו
1QDM 1.7	ותו]עבותיהם [וגל]וליהם]
4pN 3+ 2.5	וחרחור בינותם וגלות מפחד
11QT 63.12	אל תוך ביתכה וגלחתה את
4pN 3+ 2.10	יהוה צ[באו]ת וגלית : שולי[ך
1QH 5 1.12	על האדמה וגם[: חושך
1QM 11.3	בשם קודשכה וגם ביד מלכינו
1QS 6.1	ישא עליו עוון וגם אל יביא

1apGn 20.12]אמרת באתעצבא ודמעי נחתן

1QH 9.5 כעש בכבשן ודמעתי כנחלי

1QH 5.13 במרורי נפשי ׃ ודנת יגוני

1Myst 1 1.7 פלא אינמה עוד ודעה תמלא תבל
4Q401 35 1.1 ש]כל ודעה יודעי[׃

11Mel 2 3.2]]ם ׃ ודעו דב[רי]ם ׳

4Q374 2 2.8 לב[ם] עוד ודעת[׃ וכל לא
4Q402 4 1.6 מחשב[תו] ודעת קדו[שי ׃
4Q403 1 2.23 במעוני פלא ודעת בינתם
4Q405 74 1.2 דעת[׃]יקדש ודעת מ[׃]׳׳
4Q504 8R 1.5 באפו ובינה ודעת [׃ בג]ן
11QPs 19.14 רוח אמונה ודעת חונני אל
CD 2.4 לפניו ׃ ערמה ודעת הם

1QS 3.2 לוא יתחשב ׃ ודעתו וכוחו

4Q186 1 2.5]שוקיו ארוכות ודקות ואצבעות

5QJN 1 2.5] ׃ מרבע ודרגא די סלק

1QH 8.25 יעל קוץ ודרדר לשמיר

4Q511 2 2.2 [ ]׳[ ]׳׳[׃ ודרושו למו כ[׃

1QH 4.31 כול מעשי צדקה ודרך אנוש
11QT 31.6 לגג ההיכל ודרך עשוי ׃

4pPs[a] 1+ 3.14]כוננ[ו וד]רכו יחפץ
4pPs[a] 1+ 3.17] ׃ [ודר]כו ישר

1pHab 8.12 עליו עון אשמה ודרכי ׃
1QS 4.10 ברוח זנות ודרכי נדה
CD 3.15 עידות צדקו ודרכי אמתו

1QS 5.20 לעדת קודש ודרשו ׃ את
1QS 8.24 ומן העצה ודרשו המשפט ׃
11QT 61.9 בימים ההמה ודרשו השופטים

11QT 55.5 ושאלתה ודרשתה וחקרתה
11QT 55.19 את הדבר הזה ודרשתה וחקרתה
11QT 56.1] ודרשתה והג[ידו

1QH 12.28]ודש ׃] עולם
5Q13 7 1.2 [׳׳]׃ [ ]ודש [׃]

4Q487 43 1.1]ודשי׳׳[׃]כ׳׳[

5QJN 1 1.19] שבע ודשין לה תרין

11tgJ 30.8 לה תחומין ודת[

4Q509 17 1.1]ודתם כיא[׃

1Q24 1 1.2]׳שין ובחשין וה ׳[׃]ל׳׳יא
1QH 7 1.9 בכוה גבורה וה[׃]מלכי׳דם
1QH 57 1.4 במשפטו [׃ בו וה[
1QM 1.4 יעלו משם ׃ וה[ ]
2Q28 3 1.1]וה איש[׃]ם
2Q30 1 1.2]ה יהוה[׃]וה[
4Q184 2 1.3 [ ]גול עליו וה[׃]לב נדבה
4Q185 6 1.2]׳מ׳[׃]וה׳ ׳אתי א׳[׃
4Q380 4 1.4 החכים ל[׃ וה׳׳[
4Q381 1 1.11 לאדם ולשרתו וה[׃]׳׳ל׳׳ [
4Q381 33 1.5 לעבד קרב לך וה[
4Q498 3 1.1]וה׃]ה כול׃
4Q502 41 1.3]הודות׳[׃]י וה[

4Q511 61 1.1]ודו[׃]ל[

CD 5.2 ירבה לו נשים ודויד לא קרא

1Q34[b] 2+ 1.4 עלי [׃ לדור ודור ברוך
1QH 1.17 לדור ודור ופקודת
4Q503 60 1.3 ועל[׃]׳ו ודור[׃]ת שמ[
4Q503 73 1.2]ם[׃]׳[ ] ודור[׃] באחד
4Q509 3 1.8]לדור ודו[ר ׃ ברו]ך
11QPs 22.3 לבוא דור ודור ידורו בך
11QPs 26.9 קדושים לדור ודור לפניו הדר

1QH 1.16 ימי עולם ׃ ודורות נצח למ[
11QPs 22.3]דור ידורו בך ודורות חסידים

4apLm 1 1.13 לוא נשמשעה בה ודורש ׃]ל איש
11QT 60.19 וידעונים ודורש אל המתים

1QS[a] 2.10 עצת הקודש ׃ [ו]דורש[והו

1QS 5.9 שומרי הברית ודורשי רצוננו

4Q502 162 1.2]׳[׃]׳ודות פ׳[׃]׳
4Q513 24 1.3] להקריב[׃]ודות ולוא

11tgJ 26.8 יש[מע וד]חלא ׃ [

11tgJ 33.2)רוהי אימה ודחלה יחפר

1apGn 21.3 די יהב לי ודי עבד עמי טב
1apGn 21.3 עבד עמי טב ודי אתיבני ׃
1apGn 21.33]נכסיא די סודם ודי ׃]
1apGn 22.3 ולא קטיל ודי ׃ נגדו
4Q511 153 1.2]׳[׃]ודי ׳] ׃]די׳[
11tgJ 26.5 די עבדנה ודי חלק לנא ל[

1Q20 1 1.8 ׳שא רבא ׃]׳׳ודיא כול ׃]׳׳

4Q509 247 1.2]ם ׳[׃]ודכ׳[

1QH 6.12]]׳ודכה ׃ לכול
1QH 2 1.5 וא[׃]׳ודכה עשיתה כול

11QPs[b] a 1.1] ודל אנוכי בי[׃

1apGn 20.7 שגיא עמהא ודלידיהא ׃ יאא

1QH 8.9 עוברי ׃ דרך ודליתו לכל עוף

CD 15.1]למד וגם באלף ודלת כי אם

1QH 5.37] בריחי ברזל ודלתו[׃]לאי

11QT 39.3]ודלתותיה

11QT 41.16 ומצופים זהב ודלתותיהמה
TS 3 2.7 ומצופים זהב ודלתותיהמה

11QT 13.4]׳׳׳׳[׃ ודלתו[תיו
11QT 36.11 זהב טהור ודלתותיו
11QT 49.12 וקירותיו ודלתותיו

4Q512 29+ 1.10] ׃ [׳ טוהר ודם עולת
CD 4.2 יגישו לי חלב ודם הכהנים

6apSK 17 1.2]עון ׳׳[׃]ודמו[

4Q405 14+ 1.5] עולמים ׃ [ודמו]ת אלוהים
4Q405 23 2.9 בתוך מראי חור ודמות רוח כבוד

4Q405 20+ 2.13 רנה השקיט ודממ[ת] ברך

11QT 59.11	מכף שונאיהמה והביאותים :
11QT 18.13	יום והביאותמה מנחה [ ]
11QT 19.14	חמשים יום : ו[הביאות]מה
1pHab 1.16	וה]בי[מו]
CD 13.5	ועמד במחנה והבינו : המבקר
1QH 3.8	]נהפכו ציר'' : והבל נמרק על
4Q513 1+ 1.4	המטמאה :]וה]בת תכון
4Qord 1 2.13	]האי>פה והבת תכון א[חד
4Q511 40 1.2	]ה]גבל[תה :]ות והגבה[תה : וה]'
4Q370 1.6	]צפר כל כנף והג[בור]ים לוא
1QH 2.24	במשפט רשעים והגבירכה בי
4Q176 8+ 1.12	]ההר[ים ימושו והגבעות
11QPs 28.6	יעידו : לו והגבעות לוא
11Ap^a 3.2	[מ]שביע] : והגדול ב]כם
4Q403 1 1.36	באלוהי פלא והגו כבודו
1QS 9.7	ועל פיהם יצא והגורל לכול
4QFl 1+ 1.10	א] [מה : וה]גיר לכה
11QT 55.18	צבא השמים והגידו לכה
11QT 56.1	[ורדשתה והג]ידו : הדבר
11QT 56.2	ב]אתה והגי]דו לכה את
6apSK 2 1.3	:] רה לצ'[:]והגל[:]לל]
CD 7.14	כאשר אמר והגליתי את
1QM 12.13	ברנות ירושלים והגלנה כול ערי
1QM 19.5	שמחי מואדה והגלנה כול ערי
CD 14.4	ישראל שלשתם והגר רביע
CD 14.6	שלושתם והגר רביע וכן
11QT 62.15	החוי והיבוסי והגרגשי והפרזי
4apLm 2 1.10	]ל[והגתה
4Q509 139 1.2	[ואתה: [ ] והד'[ ] [ ]'[ ]
CD 12.13	תרמוש במים והדגים אל
1QM 6.5	חנית ומגן והדגל השני
1QM 9.4	שה דגלים והדגל המתקרב
11QT 48.1	למי]נה והדוכ]יפת
4Q405 19+ 1.6	ל]בנ]י הוד והד]רי]אלוהים
4Q405 24 1.2	[רוחי הוד והדר רא]שי :
11QSS 8+ 1.4	]עולמים ב]הוד ו]הדר ל']
11QSS j+ 1.9	]פלאי הוד ו]הדר
11tgJ 34.6	ורם רוח וזוי והדר ויקר תלבש
1QS^b 5.19	שומטי שמעכה והדריכה]
4Q381 86 1.4	]וך] : הו]ל]ך והדר]ך :]ננ[י
11Ber 1 1.10	ואכלתם והדשנתם ואין

4Q503 109 1.2	ברו]ך [: וה']
4Q511 28+ 1.4	]ה <]וה> ופולה
4Q511 36 1.2	ומהרם וה']
4Q512 33+ 1.9	]לה :]וה בנד]ה:]ר
4Q517 40 1.2	פ] ל] :]וה[
4QFl 1+ 1.19	גו]ים וה' :]בחירי
4VSam 3+ 2.6	ארצותיכה] : וה'
11QPs^d 1.2	]רד על פי מ' : וה את הברכה
1apGn 20.30	]הא ו [ ] [: והא [
4Amrm 1 1.10	חזוה די חלמא והא תרין דאנין
4Amrm 1 1.14	]והא [
1QM 11.7	וירד סיקוב והאביד שריד
CD 12.15	וכל העצים והאבנים :
11QT 49.16	]עורות יתכבסו והאדם כול אשר
1pMc 22 1.2	]מתי 'שר[:]והאור[:]ם צ
CD 20.32	בם אנשי היחיד והאזינו לקול
1QS 7.4	ששה חודשים והאיש אשר יצחה
1QS 7.15	קשרת ימים והאיש אשר ילך
1QS 7.17	ישוב עוד והאיש אשר ילון
1QS 7.18	ששה חודשים והאיש אשר תזוע
11QT 51.16	כול הימים והאיש : אשר
11QT 56.8	]ימין והאיש אשר לוא
11QT 65.3	או בצים והאם רובצת על
11QT 46.18	והזבים והאנשים אשר
1Q50 1 1.4	]והל[:]האן[: והאצ '[:] ואב[
3Q15 1.10	הכל של הדמע והאצרה שבע
11QT 65.5	יומב לכה והארכתה ימים
4QPs^f 2 9.9	בגבו]ליהם והארץ : פריה [
11Ap^a 2.2	]תהום[ות : והארץ ר]
11Ber 1 1.9	ויצהר לרוב והארץ תנובב
4Q487 39 1.1	]והב[: פ]ולמים]
CD 15.5	י]מות והבא בברית לכל
4Q176 15 1.2	]'[:]והב[אית]'[:]
1QS 7.1	בספר או מברך והבדילהו :
1QS 7.16	רכיל ברעהו : והבדילהו שנה
1QS 9.20	בעת הזואת והבדל מכול איש
4Q370 1.6	וי]ס[מ]ח האדם וה]בהמה
11QT 62.10	הנשים והטף והבהמה וכול
1pHab 12.4	עצת היחד והבהמות המה
11QT 60.5	ומכס השלל והבז :
1pHab 5.2	מראות ברע והבט אל עמל
1QM 5.13	ארבע אצבעות והבמן ארבע
1QM 5.13	ומפחים עד הבמן והבמן מרוגלת
11QT 43.14	ימכרוהו בכסף והביאו את הכסף
CD 9.4	לפני עדים : והביאו בחרון
11QT 63.12	לכה לאשה : והביאותה אל

184

1apGn 21.28 ארחא די מדברא והווא מחין
1apGn 22.8 ארבע רוחיהון והווא קטל :

1QH 6.3 בנאצ˙ ˙˙[: והווה לאין חקר

1QH 3.25 עם מהומות רבה והוות מדהבה עם

2apPr 1 1.2]:]והוי עליכה
2apPr 1 1.2]והוי עליכה והוי[:]ובשר

1QS 11.4 ברז : נהיה והויא עולם

1Q23 3 1.2]כל מנה[:] והוית[:]א
1apGn 19.9]נגדת : ל[ ] והוית אזל
1apGn 20.34 בנת]] וה[וי]ת ש[רא
1apGn 21.17 שמוקא למדנחא והוית אתה לי
11tgJ 15.2]ין בחרת ארחי והוית] :]

1QH 18.4]והול[: מומה

CD 7.7 ולקחו : נשים והולידו בנים
CD 19.3 כמנהג התורה והולידו בנים :

1QS[b] 1.2 בב[רי]ת קודשו והולכום תמים]

1QH 4.21 לפניכה לעד והולכי בדרך
1QS 11.10 לסוד רמה והולכי חושב
4Q184 1 1.15]˙ להביל בפחז והולכי ישר

11QT 32.14 המים נשפכים והולכים אליה

11QT 61.2 אח]רים : והומת הנביא
11QT 66.5 בה ושכב עמה והומת האיש

4QOrd 2+ 1.9 לוא כחש עליה והומתה ואם ב˙]

1pHab 8.12 מרדו באל : והון עמים לקח
1QS 9.8 אנשי היחד : והון אנשי
4VSam 7 1.3 פניה רכוש והון ומחיר[:

1QS 3.2 ודעתו וכוחו והונו לוא
CD 13.11 וכוחו וגבורתו והונו :

1QS 1.12 דעתם וכוחם : והונם ביחד אל

4Q509 195 1.1] והוסי [:

1QS 2.11 אמן אמן : והוסיפו
4QBer 10 2.7] : ו[הוסיפו

1Q36 14 1.4]וכן ב[:]˙עו והופי[ע :]˙˙

1QM 12.13 שמחי מאדה והופיעי ברנות

11tgJ 29.6 עליה<ו>[ן והו]פע נהור

1QH 7.24 קרני : למעלה והופעתי בא˙˙

11QT 55.20 הזואת בישראל והוצאתה : את

11QT 65.8 עלות דברים : והוציא עליה שם

11QT 65.9 הנערה או אמה והוציאו : את

11QT 64.3 בו אביהו ואמו והוציאוהו אל :

4Q502 20 1.4 ב[מן :]מז והוצעת]

4QMl 11 1.16 ואין נשניתי והוריה לוא

4Q381 15 1.2] והושע לבן אמתך

4QFl 9+ 1.1 וההיד[ר

1apGn 19.10] [והוא כפנא
1apGn 19.11 ל[ ]והוא [דבק]ת
1apGn 20.17 ואף לא ידעהא והוא עמה :
1apGn 21.6 על דילה שגי והוא רעה
1apGn 22.7 ,נגדו עמה והוא רדף
1apGn 22.9 ותבר אנון והוא רדף להון
1apGn 22.14 בעמק : שוא והוא עמק מלכא
1apGn 22.15 אנשא די עמה והוא הוא כהן
1pHab 4.3 וקלסו בעם רב והוא : לכול
1pHab 8.4 כשאול נפשו והוא כמות לוא
1QH 4.29 להגדיל פלאות והוא בעוון :
1QH 13.14 ˙˙˙˙ הנוראים והוא : מבנה
4Q185 1+ 1.13 ואין מקוה : והוא כצל י˙˙˙
4Q185 1+ 3.9 ˙˙] : והוא[: ו˙א ע]
4AgCr 1 1.3 קץ לקצו והוא חרות ל[:
4Amrm 2 1.5 אנת]ה חזה והוא משלט על
4pHs[b] 11+ 1.3] והו]א חרש
4QFl 1+ 1.11 אהיה לוא לאב והוא יהוה לי
4QNab 1+ 1.4 שבק לה גזר והוא יהודי מ[ן
5apM 1 1.4 הוא אל חי והו[א: ל]מנות
11QPs 28.8 הכול הוא שמע והוא האזין שלח
11tgJ 5.4 הלא[להא : ו]הוא רמיא
11tgJ 18.4]˙א רגז : והוא חט[א
11tgJ 29.2 מן : ענן נורה והוא אמר
11tgJ 37.2] [: והוא מלך על כל
11QT 35.6 יבוא : א˙˙˙ והוא אין הוא
11QT 65.11 והנה שנאה והוא שם : לה
CD 20.12 בארץ דמשק והוא ברית
CD 9.17 וראה רעיהו והוא אחד אם
CD 13.17 וכל למגרש והוא יש]
CD 14.20]ק[ ] בממון והוא יודע ומ]
CD 15.14]]ה והוא שוה בו י]

1QB 1 1.2 בשמים :]דול והואה פלא והם
1QS 3.17 משפטי כול והואה יכלכלם
1QS 3.17 בכול חפציהם והואה ברא אנוש
1QS 3.25 בני אור והואה ברא
1QS 4.25 ועשות חדשה והואה ידע
1QS 6.25 ישקר : בהון והואה יודע
1QS 7.13 מתוחת בגדו והואה : פוח
1QS 10.18 משפט כול חי והואה ישלם
1QS 11.21 מה ישב לפניכה והואה מעפר
1QS 11.21 רמה מדורו והואה מצירוק :
4Q176 15 1.4 את:] עמי והואה :]˙ר
4Q186 1 2.6 דקות וארוכות והואה מן העמוד
4Q186 2 1.3 על סרכמה והואה לוא ארוך
4Q186 2 1.4 ולוא קצר והואה מטיל ˙]
4Q502 188 1.2]א[ש]ישי[:]והואה]
4pIs[c] 4,6+ 1.7]˙ור והואה :]
4QCat[a] 14 1.5 את עצת היחד והואה[:] הרי
11Mel 1+ 2.14 כול אלי] ו]הואה א[שר
11Mel 2 3.6 יד[י]והוא[ה] יגיד]

1apGn 20.17 רוח : באישא והואת כתשא לה

1QS 8.24 בשגגה יעשה והובדל מן
CD 9.21 על : דבר אחר והובדל האיש מן

4Q405 20+ 2.9 הכרובים : [והו]ד רקיע

4Q403 1 1.39 במשפטי פיהו והודותם במשוב

1QH 5.32 פני לאפלה והודי נהפך

CD 9.19 לפני אחד ושב והודיע למבקר

4Q381 46 1.3 <˙˙˙> חקיך והודך ותפארת[ך

1apGn 19.24 ועל אנתתי והווא יהבין :

4QM6 3 1.4 י[ש]ראל והי]אה עת[:

4pN 3+ 3.9 אמו]ן הם מנשה והיארים הם

11QT 62.15 החוי והיבוסי

1QM 5.18] לרגע הפנים והידים דר[:

CD 12.3 כמשפט האוב והידעוני ישפט

1QS[a] 1.28 והנבונים והידעים תמימי

1QDM 1.10 שמה [לרש]תה והיה [א]שר
1QH 6.16]ל[ ]ותיו והיה ל˙[: חקר
1QH 13.16 בו ואם ירשע והיה[
1QM 11.7 שריד [מ]עיר והיה אויב ירשה
1QS 2.12 להסוג בו והיה :
1QS 4.23 אדם ואין עולה והיה לבושת כול
1QS 6.4 לכול דבר והיה כיא
1QS 7.25] הרבים והיה משפטו
1QS[b] 5.25 דעת ויראת אל והיה : צדק
4Q176 1+ 1.8 וגב]עה ישפלו והיה העקוב
4Q512 41 1.2]˙[ ]˙[: [וה]יה <אי]ש
4Q512 74 1.4 וא[: ורח]ק : והי[ה
4pIs[b] 2.1 החרב והרעב והיה : בעת
4pIs[b] 2.3 יין : ידלקם והיה כנור ונבל
4pIs[c] 6+ 2.10] : והיה ביום
4pN 3+ 3.2 כאורה והיה כול רואיך
4pZ 1+ 1.1 יהוה ולוא ירע והיה[
4Tstm 1.6 כול אשר אצוננו והיה <ה>איש :
5QS 2 1.1 ארו]ר אתה: והי[ה: ב[לבבו:
5QTop 1 1.1] והיה ישוע[:]
6QPrPr 1 1.8 לי˙[: והיה בימ[ים :
11QT 8.13 עו]לם לדורתם וה[יה ה]ל[ח]ם
11QT 19.7 וטלילות והיה היו[ם
11QT 35.9 ולפרור והיה קודש
11QT 53.12 מידכה : והיה בכה לחטאה
11QT 56.20 לוא מואדה : והיה בשבתו על
11QT 58.3]אנשיהמה : וה(˙)יה כי
11QT 58.11 מעריהמה והיה אם נצחו :
11QT 61.14 מארץ מצרים והיה בקרובכמה
11QT 62.6 אליה לשלום והיה אם : שלום
11QT 62.7 ופתחה לכה והיה כול העם
11QT 64.15 אל תוך ביתכה והיה עמכה עד
CD 9.14 המישב לכהן : והיה לו לבד

1pZ 1 1.7]]והיו ל˙˙[ ]˙˙[
1QDM 1.8 את : אלי[לי]ם והיו לפ[ח
1QH 1.35 דעת ˙נטהרים והיו ליצר
1QH 8.6 כול עצי מים והיו להפריח
1QM 2.6 הנותרות והיו אנשי השם
1QM 9.17] : ו[היו] לארבע[ת
1QM 15.7 חזקו ואמצו והיו לבני חיל
1QS 8.10)<קו>ת עולם <והיו לרצון
4Q176 1+ 1.1 והצדק בעמכה והיו[: מקדשכה
4Q511 35 1.3 וטהרה בנברים והיו : כוהנים
4pIs[c] 2 1.4] וה]יו מפות
4QCat[a] 2+ 1.7 ממנו ו˙[: ו]היו כאש לכול
4QM1 1+ 1.14 במלחמות כלה והיו כול
11QT 29.7 ורציתים והיו לי לעם
11QT 39.11 עשרים [וה]יו שמ[ות
11QT 42.12 שמונה אמות והיו הסוכות :
11QT 51.8 ישראל וקדשתמה והיו קדושים
11QT 51.9 להמה לטמאה והיו : קדושים:
11QT 57.9 חיל למלחמה והיו עמו תמיד
11QT 59.2 בארצות רבות והיו[ל]ש[מה
11QT 59.4 ולחורבה והיו :
11QT 59.7 פני מהמה והיו לאוכלה :
TS 1 1.10 והי]ו המקריבים

1QM 18.10 ידעתה למועדנו והיום הופיע :

11QT 59.18 והיתי עמו והושעתיהו מיד

11QT 59.11 התורה הזואת : והושעתים מיד

1Q68 2 1.1]והות[

11QT 46.18 באים המצורעים והזבים והאנשים

11QT 51.5 השמש אחר יטהר והזהרתמה את :

11QT 2.15 אלוהיהנ]ה וה[זנו :]אשר

1QS 6.8 ישבו לרשונה והזקנים בשנית
4QTeh[b] 3 1.1 והזקנים עמו
CD 5.4 ויוש<ו>ע והזקנים אשר

11QT 48.4 למינו והחגב למינו

11QT 48.3 למינו והח<ו>רגול :

11QT 66.5 וסתר : מהעיר והחזיק בה ושכב

11QT 6.5 גובה הכיור והחל[:

4QM3 1 1.7]וה[ח]ל[ו] :

11QT 50.21 והלטאה : והכח והחמט והתנשמת

1QH 11.29 אתה אל הרחמים וה<ח>נינה

CD 19.1 כב שומר הברית והחסד : לאהב

4pIs[c] 21 1.13 והחסו]ת בצל

4pN 1+ 2.6] : [וה]חר[י]בו

11QT 53.18 אסרה על נפשה והחריש לה אביה

11tgJ 21.7 לא יתיבנה[: והחשיו ונטרת

11QT 52.11 תואכלנו הטמא והטהור בכה
11QT 53.4 בשעריכה והטהור והטמא

11QT 53.7 ועשיתה הישר והטוב : לפני
11QT 55.14 לעשות הישר והטוב לפני
11QT 59.17 ויעש : הישר והטוב לפני לוא
11QT 63.8 ועשיתה הישר והטוב לפני

4Q504 3 2.15 הא[לה : והטוב[ים]

11QT 53.4 והטהור והטמא בכה

11QT 62.10 רק : הנשים והטף והבהמה

11tgJ 34.8 רמת רוח תתבר והטפי רשיע[ין

4QMes 1.15]והי :]
11Ap[a] 1.6]˙גד[ ]והי :]˙˙[
11tgJ 27.1]]˙והי לרחצן

1apGn 20.27 די אחתי היא והיא הואת
4Q184 1 1.11 ירדו שחת וה[י]א במסתרים
4Q381 1 1.1 ונפלאתו אשיחה והיא תהיה לי
6apSK 38 1.2]˙˙[:]ח לו והיא מ[
11QT 66.9 אשר לוא אורשה והיא רויה לו
CD 5.11 אחי : אביה והיא שאר

1QH 12.9 ותעודת הווה והיאה תהיה :
1QM 1.11 ליום הווה והיאה עת : צרה
4Q184 1 1.8 מאזרי ( )נוגה והיאה ראשית
4Q186 2 1.2 ממ˙[ ]והיאה תרגל ובת

4Q503 1+ 2.2]ל[ ]ו והי[ו]ם הזה
4Q503 10 1.2]עם דגלי אור והיום ˙[:
4Q503 64 1.8 עולמים וה[יום :]דגל[
4Q512 1+ 1.9 טמאה והיום[

11QT 33.6]ם אליהמה והיוצאים מהמה
11QT 36.8 הבאים במה : וה[יו]צאים במה

4Q379 12 1.6 לארץ : כנען והיורדן מלא

11QT 43.12 עוד : כי קדש והיושבים במרחק

11QT 43.7 חג הבכורים והיין מיום :

1QSb 5.29 יגברכה : והייתה כא[ריה

11QT 59.13 עליהמה : והייתי להמה

4Q385 2 1.3 מתי יהיו והיככה ישתלמו

11QT 43.9 מועד : התירוש והיצהר מיום
11QT 60.6 הדגן והתירוש והיצהר אשר :

1QS 1.2]לעשות הטוב והישר לפניו
4Q502 163 1.2 הטו]ב והישר[:]˙

1pHab 8.14 מזעזיעיכה והיתה למשיסות
1QM 1.5 גורל בליעל והיתה מהומה :
1QM 6.6 לכול גוי הבל והיתה לאל
1QS 3.11 ניחוח לפני אל והיתה לו לברית
4Q402 4 1.10 במלחמת שחקים והיתה[:]מעשי
4QM1 11 2.17] לאין מעמד וה<י>תה לאל[
4QM1 14 1.3 אחור[:]ל והיתה[:]˙[
4QM1 36 1.1] והיתה צר[ה :]
4QM6 3 1.5 גור]ל בליעל והיתה מ[הומה:
11QT 55.10 אלוהיכה והיתה לתל עולם
11QT 63.14 אליה <ו>בעלתה והיתה לכה
CD 9.15 לה בעלים והיתה לכהנים

11QT 59.18 ישראל לעולם והיתי עמו

4Q403 1 1.45 והכ]בוד באור

CD 14.6 וכן ישאלו לכל והכהן אשר יפקד

1QM 8.8 בכלי המלחמה והכוהנים יריעו
1QM 9.1 מקול התרועה והכוהנים יהיו
1QM 9.2 והסבו עורפם והכוהנים
1QM 16.9 קול התרועה [והכוהני]ם יהיו
1QM 16.12 המלחמה : והכ[ו]הנים
1QM 17.12 בכלי מלחמתו והכוהנים יריעו
1QM 17.14 קול התרועה והכוהנים :
1QM 18.5 כוהן הרואש והכוהנים
1QS 1.21 אמן אמן : והכוהנים
1QS 2.1 ועד עולם והכוהנים
4QM1 1+ 1.17 ואנ[שי הסר]ך והכוהנים בכול
4QM1 10 2.11 ב[רזי] אל והכ[והנים
4QM1 11 2.4 והכו]הנים
4QM1 11 2.21 בכלי מלחמתו והכוהנים
4QM1 21 1.2 המלח]מה והכ[והנים :]ם
4QM3 1 1.1 המלחמה והכוהנים בני
4QM3 1 1.3 לאנשי : הבנים והכוהנים יריעו
4QM3 1 1.4 גויים והכוהנים יצאו
4QM4 1 1.2]: והכוהנים

CD 7.18 את דבריהם והכוכב הוא

11QT 5.11]תון והכול מצופה
11QT 6.8]התחתון והכול [:]˙˙˙

11QT 58.12 ושברום והכום לפי (

11QT 50.21 והלמאה : והכח והחמס

1QM 5.11 אל : הראש והכידנים ברזל

1QH 11.34 ומענה לשון והכינותה לי

4QFl 1+ 1.10 ורעכה אחריכה והכינותי את

1QH 8 1.6 משרתים[: והכירום[:

1QSb 5.24 בחומה : נשגבה וה[כיתה]
11QT 62.9 ונתתיה בידכה והכיתה את

11QT 62.14 ואת האמורי והכנעני : החוי

11QT 7.9]˙˙˙ קומתו והכפרת אשר

4pN 3+ 1.9 תאכל חרב והכר[תי

1Q50 1 1.2 בה˙[: והל[: הא[:

4pN 3+ 3.12]˙מ[פ]וט וה[לובים

1QM 5.7 אמות מזה הסגר והלוהב חצי
1QM 5.10 עמוד מחשבת והלוהב ברזל

4QM1 11 2.6 לנצח מלחמה והל[ויאים
4QM1 13 1.6 קול חד מרוד והלויאים וכול[

4QM1 1+ 1.9 ה[כוהנ]ים והלויי[י]ם
4QM1 1+ 1.17 ו]הלויים

1QM 7.15 הכוהנים והלויים ותקעו
1QM 8.9 לנצח מלחמה והלויים וכול
1QM 13.1 ה[כו]הנים והלויים וכול
1QM 15.4 הכ[והנים] והלויים וכול
1QM 18.5 והכוהנים וה[לויי]ם אשר
1QS 1.19 הכוהנים : והלויים מברכים
1QS 1.22 על ישראל והלויים מספרים
1QS 2.4 לשלום עולמים והלויים מקללים
1QS 2.11 הכוהנים והלויים ואמרו
1QS 2.20 זה אחר זה והלויים יעבורו
1QSa 2.1 ולעשרות והלויים בתו[ך
4QM4 1 1.2]: והכוהנים והלויים וראשי
11QT 21.4] ראישונים והלויים [ ]
11QT 61.8 ולפני הכוהנים והלויים ולפני

1QM 16.7 לנצח מלחמה והלוים וכול עם
4QM2 1 1.11] [והלוים]
CD 3.21 לאמר הכהנים והלוים ובני :
CD 14.4 לראשונה : והלוים שנים
CD 14.5 לראשונה והלוים שנים

4pIse 5 1.6] העמים והלחם[

11QT 50.20 והצב למינו והלמאה : והכח

4Q503 1+ 2.7 מפלג כבודו והלילה[:
4Q503 15+ 1.9]ארץ והלילה שמ[:
4Q503 29+ 2.4] : והלילה]
4Q503 29+ 2.23] : קו]דשים והלילה ˙[:]
4Q503 33 1.7 אשר : כ]בוד והלילה:
4Q503 33 1.19] :]˙[ ]והלילה לנו רוש
4Q503 42+ 1.5 כבודו ו[ה]ל[י]לה

4pIsc 2 1.3]על כל אפיקו והלך על כל
11QT 55.17 לעבור בריתי והלך ועבד

4Q405 23 1.13 א[מ]תו והלכו : [ ]ל[
11QT 17.9 והשכימו והלכו איש

11QT 3.15 נחו]שת טהור והמכבר א[שר]

11QT 60.7 זובחי הזבח והמכס מן :

4AgCr 1 1.7 פשר על עזזאל והמלאכים אש[ר

1QM 17.15] והמל[המ]ה

1QM 16.9 החללים והמלחמה מתנצחת
4QM1 11 2.8] : [ו]המלחמה
4QM6 32 1.3]השנית[:]˙ן והמלחמה [:

11QT 59.13 לי לעם והמלך אשר :

4pIs^b 2.6 וירד הדרה והמנה ושאנה

4pIs^b 2.5 מתי רעב : והמנו צחי צמא

11QT 3.13 בהמה אש פנימה והמנורה וכ[ול

4QM1 1+ 1.7 ואנשי החרש[וה]מ[צ]רף

4Q487 38 1.2] מ˙˙[:]˙ והמק[

1QS 2.10 אחר המברכים והמקללים אמן

1Myst 1 2.4 כי אם המטיב והמרע אם יו ˙]

4Q504 3 2.14 כול החו[ק]ים והמשפטים הא[לה
8QHym 2 1.5]˙מרדפות והמשפטים[:

4Q400 1 2.2 מרומים והנ[: תפארת
4Q502 34 1.4]טים והנ[
11tgJ 29.4 לכפן וחסרנה והן פתגם טב

1QS^a 1.28 ח[כמי]העדה והנבונים

11QT 54.15 ובו תדבקון והנביא ההוא או

1QS 5.12 בם לאשמה והנגלות עשו
4Q508 2 1.4 ידעתה הנסתרות והנגל[ות:

1QM 5.14 מרוגלת הנה : והנה חמשה
4Q184 1 1.13 ˙[ ]עיניה הנה והנה ישכילו
4Q186 1 2.4 עי[:]˙˙ות וה[נ]ה נצי[ו]ת
4Q379 22 2.9 דלתיה והנה [אר]ור [
4pPs^a 1+ 4.13 על מ[קו]מו וה[נה אינ]נו
11QT 55.5 וחקרתה היטב והנה אמת נכון
11QT 55.19 וחקרתה היטב והנה : אמת
11QT 61.9 ודרשו השופטים והנה עד שקר
11QT 65.11 הזה <לאשה> והנה שנאה והוא

4Q370 1.2 את שם [קדש]י והני הם אז עשו

4QFl 1+ 1.7 אמר לדויד ו[הניחו]תי לכה

11QT 19.4]כמשפט והניפ[ו :]

CD 4.18 מזה יתפש בזה והניצל מזה

1QS 5.6 האמת בישראל והנלוים עליהם
CD 4.3 מארץ יהודה והנלוים עמהם

1pHab 2.11 הגוי המר[והנמ]הר : פשרו

1Q29 1 1.5 המד]בר אליכה והנ[ו :]ל[
4Q502 34 1.2]˙[ ]ים והננו [ ]˙[ ]˙

CD 8.1 הראשון : והנסוגים

1QM 14.16 רומה אל אלים והנשא בעו[ז :

1QH 9.41 [:]˙כלו והלל[:]˙˙˙˙˙˙
4Q403 1 2.33] : הפלא והלל לאדון כול
4Q405 14+ 1.3 למלך מרוממים והלל פלאיהם

1QM 19.13 [ח]ללי כתי[ים וה]ללו שם [א]ת
4Q403 1 2.15] [: והללו יחד
4Q405 20+ 2.12 בהמון לכתם והללו קודש
4Q503 40 2.6] : והללו ל[כה

4Q403 1 2.16 תבנית אלוהים והללוהו בדביר

1apGn 21.2 בשם מרה עלמיא והללת לשם אלהא
11tgJ 19.3 וה]ללת : על

1QH 2.29 נפשי בבריתך : והם רשת פרשו
1QH 4.16 מפותי תעות והם [ב]ל[וע]ג
1QH 6.14]ל[ ]תר˙ בה והם ישובו בפי
1QH 1 1.2 והואה פלא והם לוא יוכלו
4Q509 219 1.1 והמ˙[: שם]
CD 3.17 לא יחיה והם התגוללו
CD 9.20 ואם שנים הם והם מעידים על

4QM3 1 1.5 ת : ליד החרף והמאבן ולוא

4QM1 1+ 1.14] : והמאסף מימין

4QTeh^b 3 1.3]: והמבקר יה[יה
CD 9.18 בהוכיח למבקר והמבקר יכתבהו
CD 14.8 כמשפטם והמבקר אשר :

11Mel 1+ 2.18 אש[ר] : והמבשר הו[אה]

1QM 9.12 שמונה אמות והמג[ד]לות :

1QM 5.5 מראת פנים והמגן מוסב

1pHab 12.14 להמה והמה לוא
1QH 2.22 בבריתךה והמה סוד שוא
1QH 2.23 מאתכה מצעדי והמה מאתכה גרו
1QH 4.6 הופעתה לי והמה עמכה[:˙
1QH 4.9 לכלי אובד והמה מליצי :
1QH 4.13 תכון לנצח והמה נעלמים
1QH 5.26 בינה וסוד אמת והמה הוות לבם
1QH 6.19 אשמה עד כלה והמה נצמדי
1QM 6.14 ועד בן חמשים והמה : ורכ[ב
4pHs^a 2.13 נשענו עליהם והמה : לוא
4QCat^a 2+ 1.7 כאש לכול תבל והמה אשר כתוב
4QFl 1+ 1.16] : העם הזה והמה אשר כתוב
11Mel 1+ 2.5 רוח]ותמה והמה נחל[ת
11QT 52.5 שור ושה ועז והמה מלאות כי
11QT 59.5 שוממים במה והמה בארצות
11QT 59.13 להמה לאלוהים והמה יהיו לי
11QT 59.20 בהמה : כרצוננו והמה לוא
11QT 64.9 עדים : יומת והמה יתלו אותו

1QH 4.37 בחסדיכה והמון רחמיכה
1QH 5.2] : סליחותיכה והמון [:
1QH 9.34 רוב סליחות והמון[רח]מים
1QH 11.29 ורוב אמתכה והמו[ן] :
1QM 19.10 ג]בורי כתיים והמון אשור
4Q405 20+ 2.8]]והמון רנה ברום
4QM2 1 1.9 כת[י]ים והמו[ן

1QS 7.15 שלושים : יום והמוציא את יד

CD 6.7 בפי אחד והמחוקק הוא

CD 7.13 ה<ו>סגרו לחרב והמחזיקים :

4Q504 1+R 7.8 רבה ואבדון והמים וכול

4QM1 8+ 1.14 רו]מה אל אלים והנשא בעו[ז

11QT 61.11 הרע מקרבכה : והנשארים ישמעו

CD 19.10 בקץ הפקדה והנשארים ימסרו

CD 19.13 ונאנקים : והנשארים הסגרו

4Q513 1+ 1.4 ה]דגן בת היין והסאה : [

1QM 9.2 עד הנגף האויב והסבו עורפם

11tgJ 4.6 אחר לי ˙[: והסגיו נכסין

1QM 5.9 מחשבת ושבולת והסגר מחורץ

11QT 44.8 נשכה וחדריהמה והסוכה : אשר

11QT 63.12 את צפורנ<י>ה והסירותה : את

11QT 48.3 הארבה למינו והס[ל]עם למינו

CD 10.19 בדברי המלאכה והעבודה לעשות

11Mel 1+ 2.25 ואשר אמר והעברתמה שו[פר

1QS 3.19 רוחות : האמת והעול במעון

4Q502 8 1.3 רו]מש בצלתנו והעוף[: וכו]ל

11QT 35.15 אשמה והעוף על המזבח

1QDM 1.5 א[עשו]ק מהם ו[העידותה ב]ם

11QT 47.3]ה לעולם והעיר : אשר

11QT 50.20 תטמאו החולד והעכבר והצב

11QT 23.11 לראישונה והעלה את : דמו

4VSam 3+ 2.2]עזרתה היה לו והעלהו :

4pIs^{d} 1 1.2 ב]כוהנים והע[ם

1QM 1.2 ובני עמון: והע[מלקי [

CD 12.16 והאבנים : והעפר אשר

4Q509 41 1.2]ן א[:]˙˙˙˙˙˙ והפ˙˙[:]˙˙[

4Q510 1 1.6 ו[ציים] : והפוגעים פתע

4apLm 1 1.5]היה לשרפת אש והפכה [ ] : [

1QH 4.28 הגברתה עמדי והפלא לנגד

4Q181 1 1.3 אל לפי טובו והפלא כבודו

4Q381 69 1.2 בנדת טמאה והפלא מראשונה

11Mel 1+ 2.14] כול בני אל והפק[יד הים]וד

11QT 62.15 והגרגשי והפרזי כאשר

11QT 49.9 טהור : יטמא והפתוחים יטמאו

11QT 50.20 החולד והעכבר והצב למינו

1Myst 1 1.6 יתם הרשע לפד והצדק יגלה

4Q176 1+ 1.1 ועשה פלאכה והצדק בעטכה

11QPs 28.6 העצים את דברי והצואן את מעשי

4Q504 1+R 6.12]עמלנו ולחצנו והצילה את עמכה

11QT 58.21 והתומים והצליח בכול

4Q381 48 1.3]בניך מן ˙[: והצליחני ברוח

4pHs^{a} 2.9] : והצלתי צמרי

4Q504 1+R 2.16]˙˙ והצלתנו מחטוא

1QS 4.5 כול גלולי נדה והצנע לכת :

1QS 5.4 ואהבת חסד והצנע לכת בכול

1QS 8.2 ואהבת חסד והצנע לכת איש

4Q502 16 1.3]חסדים ע[ל : והצנ]ע לכת

11QT 48.17 בנדת טמאתם והצרוע אשר בו

4Q512 51+ 2.9 הטהורים[ו]הקד[ושים :

4pIs^{c} 18+ 1.6]יקדיש[ו ש]מי וה[קדישו

1QM 2.12 בני אשור ופרס והקדמוני עד

11QT 13.9]˙˙˙˙[: והקור˙[

11QT 16.6 המז]בח והקטיר א[ת : [

11QT 34.13 וסמנו עליו והקטירו

4QFl 1+ 1.10 בית יבנה לכה והקימותי את

4QFl 1+ 1.12 כאשר כתוב והקימותי את

CD 7.16 כאשר אמר והקימותי את

TS 3 2.10 עשרים באמה והקיר שתים

1QS 11.16 כול מעשיו והקם לבן אמתכה

11QT 17.12 ימים : ליהוה והקרבתמה בכול

11QT 21.14 חמשים יום והקרבתמה שמן

11QT 25.4 ל]פני יהוה והק[רבתמה : [

11QT 25.12 ונכרתה מעמיה והקרבתמה בו

11QT 23.9 עולת הת[מיד : וה[קרי]ב הכוהן

11QT 45.18 וכאשר יטהר והקריב את : [

11QT 20.9]]והקריבו כול

4pN 3+ 2.11]על פניך והרא[י]ת גוים

1QM 8.6 סדר מלחמה : והראשים יהיו

1QM 16.5 תרועה סדר והראשים

1QM 17.10 דגלי המערכה והראשים נפשטים

11QPs 21.14 כמעט : אוזני והרבה מצאתי

1QS 6.7 איש לרעהו והרבים ישקודו

11QT 55.12 ורחמתיכה והרביתיכה כאשר

11QT 59.12 ופדיתים והרביתים וששתי

4Q185 1+ 2.11]וכל עמו גאל : והרג ש˙˙˙˙[

1QM 6.13 מראי דמיונים והרוכבים עליהם

1QM 9.5 אנשי מלחמה והרוכבים ששת

4Q504 1+R 6.13 הקרובות והרחוקות א[שר

4QM1 13 1.8]ענו]כול העם והרימו קול[

4QM3 1 1.2 [ה]מערכות: והריעו

1QM 10.7 הצורר אתכמה והריעות[מה]

1QH 3.9 משברי מות : והרית גבר הצרה

1QM 19.6 ישרתוך והשתחוו לך [
4QM2 1 1.6 ישרתוך ו[השתחוו

1Q36 25 2.2]מ]ן : למ[: והת[: וספ<ר>נו
4Q509 144 1.2] ואתה[: [ ] והת[
4pHs[b] 10a+ 1.7]יהם והת֯[ ]ל[ ]
4tgJ 1 2.9] : [מפ]רק[ו] והת֯[ ]֯֯֯[:

1QS 4.21 תועבות שקר והתגולל : ברוח

4pPs[a] 1+ 2.11 [ ]֯י הארץ והתדשנו בכול

1QM 15.6 המלה]מה והתהלך הכוהן

CD 7.7 והולידו בנים והתהלכו על פי

4Q509 28 1.4] זעקת[:] והתו֯[:]הרע

11QT 26.11 השעיר החי והתודה על
CD 15.4 עבר אשם הוא והתודה והשיב

CD 19.12 ביד יחזקאל ~~והתוג~~ להתות

4pIs[d] 1 1.5 במשפט האורים והתומים]
4QFl 6+ 1.7 א]ורים והתומים לאיש[:
11QT 58.19 האורים : והתומים על
11QT 58.21 האורים : והתומים והצליח

4pPs[a] 1+ 4.8]]ן והתורה : אשר
CD 9.13 אשר אין בעלים והתורה המישב

4pPs[a] 1+ 1.25 [דו]ם ל[יהוה ו]התחולל לו

1QH 12.4 ל<ה>תנ<פ>ל והתחנן תמיד

11tgJ 3.3 [VACAT : והתי]ב לכן

11tgJ 30.1 ואש]אלנך והתיבני (
11tgJ 34.3 חלציך אשאלנך והתיבני פתגם
11tgJ 37.7 אמלל אשאלנך: והתיבני למשמע

CD 20.31 ועדוות אמתו: והתיסרו

1QM 8.17 והתיצ]בו על

1QS 6.6 בראשית הלחם והתירוש ואל
1QSa 2.19 ברשת : הלחם ו[התירוש] לפני
1QSa 2.20 רשית הלחם : והתירו[ש
11QT 60.6 מעשר הדגן והתירוש והיצהר

11tgJ 9.1 להון[: והתכ]פפו כיבלא

6Q20 1 1.7 [: חדשה ו[: והתנחל[תם: ח]

11QT 50.21 והכח והחמט והתנשמת כול

11QT 32.12 אצל ביתו והתעל[ה] :

11QT 64.14 חמורו : נדחים והתעלמתה מהמה

4pPs[a] 1+ 2.9 ירשו ארץ והתענגו רוב

1QSb 4.2] : ימנה [ו]התערב לו

11QT 10.8]שער[ ]וו : [

11QT 63.15 עד : שבע שנים וזבח שלמים לוא

11QT 2.13 אל[והיהמה ו]זבחו
11QT 17.7] : [ ] וזבחו לפני
11QT 17.7 מנחת הערב וזבחו[: מב]

1QH 3.12 בכור הריה והרית אפעה

1QM 9.6 לרדף כלה והרכב : משיבים

TS 3 1.3 ה]ענבים והרמונים : [

CD 12.12 בכל החיה והרמש לאכל מהם

1pHab 4.8 ינתנו בידם והרסום בעוון

4pIs[b] 2.1 מפני החרב והרעב והיה :

1pHab 11.9 שתה גם אתה והרעל : תסוב

4Q509 107 1.1] והש֯[:] זרע

1QH 12.14 חסד וקנאת כלה והשב[:]֯

4Q405 13 1.7 והשבי]עי[

4pHs[a] 2.14 מצרותיהם והשבתי כול

11Ap[a] 1.3]חו֯[ ] והשדים [:]

1QM 7.1 ב] (   ) <ש>שים והשופרים :

CD 9.12 בשבועת האלה והשומע אם יודע

CD 19.9 על הצוערים: והשומרים אותו

CD 14.13 על יד המבקר והשופטים :

CD 15.4 הוא והתודה והשיב ולא ישא

CD 19.9 הצאן : והשיבותי ידי

1QDM 1.10 כול הקלל[ות] והשיגום ע[ד]

4Q381 15 1.8 <כי> הודעתי והשכיל כי

4Q185 1+ 1.13 שמעו נא עמי והשכילו : לי

11QT 17.9 ה]ק<ו>דש והשכימו והלכו

1QH 7 1.8 [אל הצדק והשכל[:]֯ה

11QT 60.7 לי לראישונה והשכם מאת

4Q504 1+R 4.15 [:]   ה] והשל] <אש]>

4QM1 1+ 1.17] : והש[לישית

4pN 3+ 3.1 תועבותיהם והשלכתי עליך

4pHs[a] 2.17 להם לאבל והשמותי]   [

4QM1 1+ 1.15 ת[צא   ]והשנית עומ[דת

11QT 36.4 ו]השער רחב
11QT 39.14 ותשעים באמה והשער : שמונה
11QT 39.16 ותשעים : באמה והשער שמונה

11QT 36.7 אל מקצוע והש[ע]רים
11QT 36.14 לחצר הפנימית והשערים באים

1Q25 4 1.7] : י]שחו והשפלה [:]֯[
11tgJ 34.7 וחזא כל גאה והשפלה וכל :

11QT 55.17 אלוהים אחרים והשתחוה להמה :

1QM 12.14 ישרתוך והשתחוו לך כול

1QS 2.7 כחושך מעשיכה וזעום אתה :
4QBer 10 2.3 משטמתו : וזעום הוא
4QBer 10 2.8 ועצת רשע[תכה וז]עום אתה
4QTeh 2 1.5 [: לאין שרית וזעום אתה לאין

1QM 13.5 במחשבת : רשעם וזעומים המה
4QBer 10 2.4 רשעטה : וזעומים המה
4QBer 10 2.5]ממשלותיו וזעומים : כול

1QM 13.1 כול מעשי אמתו וזעמו : שם את

1pHab 3.12 וב]חרן אף וזעף × : אפים

11QT 59.6 ולוא אשמע וזעקו ולוא

11tgJ 33.6 ולנקשת זין וזעקת אשתדור :

4pIs[c] 59 1.1]˙ וזפתו[:]מה ב

1QH 5.37 לאין נתק וזקים ללוא

4QMes 1.7]˙]חין וזקינה עמה

4Q186 2 1.1 הגמריות וזקנו : ממ˙[

4Q502 19 1.2 ברכה זקנים וזק[נות

1pHab 6.11 נערים אשישים וזקנים נשים

4pIs[c] 25 1.3 [:] ו]זרם כלי

4pPs[a] 1+ 4.1 לעו]לם נשמרו וזרע ר[שעים

4pPs[a] 1+ 3.18] : נעזב וזרעו מבקש
4pPs[a] 1+ 3.18] חונן ומלוה וזר[עו

11QT 23.13 עזרת המזבח וזרק את דמו על

11QT 22.5 לוי א[ת : [וזר]קו]
11QT 52.21 וזבחו שמה : וזרקו את דמו

1QM 6.16] וקשת וחצים וזרקות מלחמה

1pHab 1.9 מ]ריבה וח[ ]ה היאה
1QH 14.1 ש[:]בעמך וח˙˙[
1QH 12 1.6]˙ש[:]וח נעוה מעול[
4Q502 28 1.3]ידועים[:]רם וח[:
4Q511 124 1.2]לבודו וח˙[:]ל דעת
11tgJ 2.1 עלי רגזה וח[: י]תון

1QS 4.6 בערמת כול וחבא לאמת רזי

CD 11.17 איש בסולם וחבל וכלי

1QH 3.11 כול : משברים וחבלי מרץ
1QH 3.28 לכול בליעל וחבלי מות אפפו
11tgJ 32.1 : יעלי כפא וחב[לי

11tgJ 32.3 ויפלטן : וחבליהן תושר

1QH 5.30] [וחבלים כצירי :

1apGn 22.17 די מלך עילם וחברוהי :

4Q502 246 1.1] וחברת[

11QT 19.9 ש]בועות הוא וחג בכורים

1apGn 22.33 די לא בנין וחד מן בני
2QJN 1 1.2 ב]חמשין וח[ד: רו]ח
5QJN 1 1.12 חד מ[ן י]מינא וחד מן שמ[אל]א

11QT 52.20 לתוך מקדשי וזבחו שמה :

11QT 53.3 תואכל בש[ר וז]ב[חת]ה
11QT 53.10 שמי עליו וזבחתה שמה

1apGn 21.6 ודבק עד סודם וזבן לה בסודם

4Q514 1 1.7 ואל יאכל וזעוד בטמאתו

1Q34[b] 3 1.7 לזאת בראתנו וזה אש[ר
1Myst 1 1.5 מרז נהיה : וזה לכם האות
1QS 5.1 ה]פקודה : וזה הסרכ לאנשי
1QS 6.8 ביחד וזה הסרך למושב
1QS[a] 1.1 וזה הסרך לכול
1QS[a] 1.6 וזה <ה>סרך
4Q186 1 2.8 בבור : החושך וזה הואה המולך
4Q186 1 2.9 השור עני יהיה וזה בהמתו שור
4QM1 1+ 1.6 [ ] [: וזה הסרך
11QT 45.5 וחנו זה[ב]א וזה יוצא ליום
CD 10.4 עד זכו לשוב : וזה סרך לשפטי
CD 12.22 ולא יוארו וזה סרך מושב :
CD 13.7 המשפט וזה סרך המבקר
CD 13.20 [וזה מושב
CD 14.12 ומשפט ו[זה] סרך
CD 14.17]ם וזה פרוש מושב
CD 14.18 ק]הל וזה פרוש

1QM 12.12 <כסף> וזהב ואבני :
3Q15 3.2 תשע כלי כסף וזהב של : דמע
3Q15 8.7 תחתיה כסף : וזהב כב : ביגר
4Q504 1+R 4.10 מנחתם כסף וזהב ואבן יקרה
4pHs[a] 2.2]הרביתי וזהב(˙˙˙) עשו[
4QM2 1 1.5 [: [וזה]ב]
11QT 2.8 תחמודו כסף וזהב אש[ר :]
11QT 3.5] בו כסף וזהב מכול א[:
11QT 56.17 לו סוס וכסף וזהב ואנוכי
11QT 56.19 מאחרי וכסף וזהב לוא ירבה
11QT 59.4 עץ ואבן כסף : וזהב ובכול זה

4pIs[c] 8+ 1.5 [ ] הארץ וזואת היד]
11QT 57.1 הכוהנים : וזואת התורה]

1pMic 23 1.2]˙[:]˙ וזוחלי[

11tgJ 34.6 גוה ורם רוח וזוי והדר ויקר

1QS 9.24 בו ירצה בנדבה וזולת רצון אל

1QH 12.10 ואין אפס וזולתה לוא היה

CD 6.10 בכל קץ הרשיע וזולתם לא

11QT 34.8] במזרקות : וזורקים אותו

11tgJ 28.5 ענג[י]וזיקי מטר יהכן

11tgJ 36.6 גמרין תגסא וזיקין : יפקן

4Q499 40 1.2]ו[:] וזכ[

4Q512 29+ 1.10 עולת רצונכה וזכרון ניחו[ח

4Q504 1+R 2.11 כול חמ[אתם]> וזכרתה : את

4Q501 1 1.6]עורנו וזלעופות

4Q403 1 1.7 ותי[ה ו]זמר [ל]מל[ך
4Q404 1 1.2 נפלאו]תיה וזמר[: ת]הלי
MasSS 2.18 [: וזמר למלך

1QM 13.4 במחשבת משטמה וזעום הואה

4Q489 1 1.1] וחוותה ז˙[:]

1apGn 21.9 ושקול עיניך וחזי למדנחא
1apGn 21.9 ולצפונא וחזי כול :
1apGn 21.14 הלך ואזל : וחזי כמן ארכהא
1apGn 22.29 די איתי לך וחזי כמן כפלין

1apGn 19.14 לארע מצרין וחזית בחלמי [
1apGn 21.10 כן לרמת חצור וחזית ארעא מן
2QJN 4 1.11 ויתפלג[ון : וחזית עד די

4Q489 1 1.2 וחזותה ז˙[:] וחזיתה מ[

1QM 15.7 פי : כול אחיו וחזק את [
1QM 16.13 לפני המערכה וחזק את : לבבם
4QM1 10 2.14] : וחזק את ידיהמה

1QH 14.5]משפטיכה :] וחזקתה חוקיך[

1QH 17.12]˙עוון וחטאה ולכפר
1QH 4 1.14 ימס על פשע וחטאה :]תימה

4QNab 1+ 1.4] : וחטאי שבק לה

1QS 11.15 מנדת : אנוש וחטאת בני אדם

1QS 1.23 פשעי אשמתם וחטאתם בממשלת

1apGn 20.29] באישתא וחי וקם [או]דע
4Q176 42 1.1]וחי[:]רי ע˙[
4Q504 6 1.17 ה]אדם וחי בם ב˙[:

11Ber 1 1.12 בעדתכם וחיה רעה שבתה
CD 3.16 יעשה : האדם וחיה בהם

1QH 9.6 לי : מרחוק וחיי מצד ואני
4Q511 2 1.4] : [ע]ולמים וחיי נצח לאיר

1QH 33 1.2 להתבונן [:]וחיך ו[:]ל[

1QM 19.10 והמון אשור וחיל כול הגוים

4Q509 134 1.1]˙ ˙מ˙ם וחיק[:] פל˙˙

11tgJ 37.4 יתבצר מנך תקף וחכמה : חדה

1QH 3.14 מהמון מים וחכמיה <כו>למו

1QS 4.3 ושכל ובינה וחכמת גבורה
1QS 4.22 בדעת עליון וחכמת בני שמים

1apGn 19.25] טבתא וחכמתא וקושטא

4QCat[a] 14 1.3]פיק[ב]רכים וחלחלה בכול

11tgJ 12.2] : וחלי˙]

1QH 11.23]לה וחליל תהלה
1QS 10.9 לתכון קודשו וחליל שפתי אשא
4pIs[b] 2.3 ונבל ותוף וחליל יין

1QH 4.35 על בריתך : וחלכאים על <כ>

CD 15.3 ואם ישבע ועבר וחלל את השם

1QM 16.11 בני חושך וחללי הבינים
4QM1 11 2.9 [ב]ני חושך וחללי הבינים

11QPs 22.14 דובר עליך וחלמות נביאים

1apGn 19.14 לארע מצרין : וחלמת אנה אברם

1apGn 22.28 ושבע במצרין וחדא : מן די

1pHab 3.6 מנמרים סוסו וחדו : מזאבי

1apGn 7.7 ... ... וחדית למלי מרה

1QH 3 1.15 ורמיה יגורו וחדל זדון[:]

11QT 42.5] עשרה נשכה וחדריהמה :
11QT 42.9 ונשכות בנוית וחדריהמה
11QT 44.6 ומאה נשכה וחדריהמה ושתי
11QT 44.8 וחמשים נשכה וחדריהמה
11QT 44.10 השנית נשכותמה וחדריהמה
11QT 44.12 נשכ<ו>ת וחדריהמה

1QS[b] 5.5 רואיכה מ[: וחדש לכה[:

4Q509 38 1.3 [:]ת˙ [:]˙וחו [:]כו[
4Q509 147 1.3 ˙[:] אתה[:]וחו ˙[: ל]מען

4QMes 2.17 יסדון חטאה וחובתה :]

1QM 7.10 בד ומכנסי בד וחוגרים באבנט

1QH 4.10 מליצי : כזב וחוזי רמיה
1QH 4.20 כול אנשי מרמה וחוזי תעות לא
CD 2.12 רוח קדשו וחוזי : אמת

1pHab 9.14 עמים רבים וחוטי[נפ]שכה
1pHab 10.2 עמים רבים וחוטי נפשכה :

1apGn 22.3 יתב בחברון וחויה די שבי

4Q487 2 1.8 אשמה [:]אמת וחוכ[מה :]˙

4QMes 1.8 רזי אנשא וחוכמתה לכול

1QM 2.11 בני ארם בעוץ וחול תוגר ומשא

1QM 10.14 כנף תבנית אדם וחול[ק]פי

4apLm 2 1.6 כל ארמונתיה וחו[מותיה :

4Q176 1+ 2.5] : וחומותיך נג[די

1QH 5.37 ללוא ישוברו וחומת עו[

CD 6.4 היא התורה וחופריה הם

4Q184 5 1.5 ובח[: מש]פט וחוק[
4Q400 1 1.9] כבודו וחוק בחוק
4Q401 15 1.4 כבו]דו וחו[ק

4Q405 23 2.13 מעשי כבודו : [וחו]קות

1QH 18.23 גבור<ו>ת וחוקי נכונות
1QM 10.12 הבורא ארץ וחוקי מפלגיה :
4Q509 31 1.4]קודשכה[:] וחוקי[:]כול
4Q512 64 1.6]ה[ ]וחוקי קוד[שכה :

4pPs[a] 1+ 2.13 רשע לצדיק וחורק ע[ליו

1QS 3.3 שרירות לבו וחושכ יביט
1QS 3.25 ברא רוחות אור וחושכ ועליהון
11QSS 2+ 1.4]ם אור וחושך ובדני[

11tgJ 34.7 נא חמת רגזך וחזא כל גאה

1apGn 20.9 לשובע דברהא וחזהא ואתמה על

1QS 10.26 חסד לנוכנעים וחזוק ידים

1apGn 19.12] [ארענא [וח]לפת שבעת

11QT 44.3] [וחלקתה את [:

4Q381 78 1.2] :]˙ניו באף וחמה ˙[:]ר
CD 2.5 וכוח וגבורה וחמה גדולה

1apGn 20.5 כמא : כלילן ו[חמיד] כול

11QPs[b] a 1.6 בשר אתה [: וחמ]יכה וכרוב

1pHab 9.8 מדמי אדם וחמס ארץ קריה
1pHab 12.1 יחתה מדמי אדם וחמס ארץ קריה
1pHab 12.7 מדמי : קריה וחמס ארץ פשרו
1pHab 12.9 את : מקדש אל וחמס ארץ המה

3Q15 2.4 זהב ששין וחמש : בצריח

4QOrd 1 2.9 המ[נ]ה [ו]חמשה שקל

1QM 2.1 העדה שנים וחמשים ואת
1QM 7.16 חמשים מגן : וחמשים אנשי
1QS 2.22 ומאות : וחמשים ועשרות
11QPs 27.7 השבתות שנים וחמשים שיר
11QPs 27.10 ארבעת אלפים וחמשים : כול
11QT 44.8 הפנה ארבע וחמשים נשכה
11QT 44.12 ראובן : שתים וחמשים נשכ<ו>ת
CD 13.1 ומיאות וחמשים :

5QJN 1 1.1] ו]חמשין ושבע

4Q504 1+R 2.11 ישוב נא אפכה וחמתכה מעמכה
4Q504 1+R 6.11 ישוב נא אפכה וחמתכה ממנו

1QM 15.2] המלחמה ילכו וחנו נגד מלך
11QT 45.5 משמר אל מקומו וחנו זה[ב]א

4Q381 47 1.1 אלהי כי רחמון וחנון אתה [:

1QM 11.2 ולוא בחרב וחנית כיא לכה
2apPr 1 1.5 כל:]בחרב וחנית:

1QS 7.11 אשר לוא בעצה וחנם עד שלוש

11tgJ 32.4 פראה ברחרין וחנקי ערדא מן

1QS[b] 2.24 ברוח קודש וחס[ד

4Q380 1 2.9 ˙[: אמת בה וחסדו ˙˙[

1QH 13.5 ואיל˙[:]˙ וחסדי עולם
1QM 12.3 כבודכה : וחסדי ברכו[ת
4Q176 8+ 1.12 תתמוטטנה וחסדי מאתיכי

4Q185 1+ 2.13 לבב ע˙[: וחסדיו עלמיה

4Q381 33 1.5 לבן אמתך וחסדיך לעבד

4Q509 50 1.2]בקולכה [:] וחסיד [

11tgJ 29.4 לארעא הן לכפן וחסרנה והן

3Q14 7 1.1] וחפץ[:
4apLm 1 2.10] [˙˙ת˙˙] : וחפץ אין בו

CD 3.15 ודרכי אמתו וחפצי רצונו

11QT 15.4 [ה]אחד וחצו את כ[ול :
11QT 58.14 מן הכול וחצו מחצית

1QM 3.1 (סדרי המלחמה וחצוצרות)

1QM 3.1 <סדרי המלחמה וחצוצרות>
1QM 3.1 אנשי הבנים וחצוצרות
1QM 3.1 תרועות החללים וחצוצרות :
1QM 3.2 המארב וחצוצרות המרדף
1QM 3.2 בהנגף אויב וחצו<צ>רות
1QM 7.13 חצוצרות המקרא וחצוצרות
1QM 7.13 הזכרון וחצוצרות
1QM 7.13 התרועה וחצוצרות המרדף
1QM 7.13 המרדף וחצוצרות המאסף
4QM1 1+ 1.13]המלחמה וחצוצרות
4QM6 8 3.5 [: המלח]מה וחצ[וצרות :]
4QM6 8 3.6 וחצ[וצרות :] וחצוצר[ות :
4QM6 58 1.5 [VACAT] :]ה וחצוצר[ו]ת [:

1QM 5.6 המגן אמתים וחצי ורוחבו
1QM 5.6 ורוחבו אמה וחצי ובידם
1QM 5.13 הכידן אמה : וחצי ורוחבו
4pPs[a] 13 1.5 [גלע]ד וחצי שבט]
TS 3 1.11 לתו שלוש אמות וחצי : מאות

1QM 6.16 [וקשת וחצים וזרקות

4pPs[b] 4 1.1]מלא כפו קוצר ו[חצנו

1Myst 13 1.3]ם רזי תהום וחקר[י :]˙

11QT 55.5 ושאלתה ודרשתה וחקרתה היטב
11QT 55.19 הזה ודרשתה וחקרתה היטב

1QM 11.11 בחרב לוא איש וחרב : לוא אדם
4Q504 1+R 3.8 וצמא ודבר וחרב : [

1QM 19.4 צריכ]ה וחרבך תואכל
4QM2 1 1.4] : צריכ]ה וחרבך[

1QM 12.11 גוים צריכה וחרבכה : תואכל

1QDM 2.9 יב]ער וחרה אף : [
CD 19.31 את בוני החיץ וחרה אף אפו בם

1Q36 18 1.1]בם וחרון אפו ˙˙˙[

4Q504 1+R 5.5 [ש]פכה חמתך : וחר<ו>ני

4pN 3+ 2.5 גוים שבי ובז וחרחור בינותם

4pPs[b] 5 1.5]היבי שמות וחרי˙[:]ל

11tgJ 33.5 שנן ונזך וחרף סיף ולקל

1QH 2.34 לבוז : וחרפה בפי כל
4pHs[a] 2.13 לקלו[ן] : וחרפה לעיני

1QS 4.12 לזעות נצח וחרפת : עד עם
4Q176 8+ 1.6 תשכחי[וח]רפת ארמלותך

4Q405 23 2.3 לפ[ני : מלך וחרת כבודו ה[

4QM1 18 1.4 להפי]ל בחללים וח[שו : י]ם

4Amrm 1 1.13 צבענין וחשיך חשוך[

1apGn 20.16 ארעא ובכית וחשית בליליא

11Ap[a] 3.8 ת]שכב וחשך :]כה

11QT 63.11 אשה יפת תואר וחשקתה בה

4Q509 277 1.1]וחתם: לוא קש˙[

1QH 4 1.19]˙ וכבודכה ומ˙[:] על ˙[

4Q381 15 1.1]˙ לכבי תשיב וי[: [
4Q381 17 1.2 תשוף על יהודה וי[: א]להי
4Q381 28 1.2 אליהם ויהסם וי˙[:]מקוה
4Q381 29 1.2]וישלח מלאכיו וי˙˙[: מנש]מת
4Q381 43 1.2 תגפש[:]מני וי˙[
4Q381 72 1.1] י וי[:]˙ל˙[
4Q499 9 1.4 ל[:]לכה [:]וי כג[:]כה[
4Q502 164 1.2]חר˙[:]˙וי[:]ל א[
4Q503 125 1.1]וי˙[:]˙˙ [
4Q512 109 1.1 [וי˙˙ [:] ˙˙]
4Q516 8 1.1 [˙˙˙ וי˙]
4Q517 23 1.1]א וי˙[:]לא˙ [
6Q31 9 1.1 [˙וי˙]
6apGn 4 1.2]˙[: בה וי˙[: תמשכו]ן[
6apGn 28 1.1 [˙˙˙ וי˙]
11tgJ 9.2 יתיבנני פתגם וי˙[: ענא
CD 19.32 במצות א ~~וי וע~~ : ויעזבם

1apGn 2.9 ואמרת יא אחי ויא מרי דכרלך
1apGn 2.13 תאמר יא מרי ויא [: עדינתי
1apGn 2.24 אבוהי יא אבי ויא מרי די אנה
4Q381 69 1.6 הארץ אז תטהר ויא˙[:]
4Q489 6 1.1 [ויא˙]

11tgJ 27.7 בחרבא יפלון : ויאבדון מן ˙[

4Q511 149 1.2]˙˙[:]ויאי˙[:]ל[

4Tstm 1.17 ינצר משפטיך <ויאירו> ליעקוב

CD 3.6 הישר בעיניו ויאכלו את הדם

4Q379 17 1.3]בדבריו ויאמן בתורת[ו

1QDM 2.5] [מושה ו[יאמר
4Q381 24 1.8]שנאי ויאמר [: כי[
4Q385 2 1.3 ישתלמו חסדם ויאמר יהוה :
4Q385 2 1.6 ויה]י כן ויאמר שנית
4Q385 2 1.7 ויה]י כ[ן] ויאמר שוב אנבא
4Q385 2 1.9 מתי יהיו אלה ויאמר יהוה
4Q385 3 1.4] [: ויאמר יהוה אלי
4Tstm 1.9 וישא משלו ויאמר נאום
4Tstm 1.22 בתהלותיהו : ויאמר ארור היש
11tgJ 23.1]˙˙[: ויאמר פצהי מן
11tgJ 23.5 י]שלם לה ויאמ[ר

4Q370 1.2 אמר יהוה ויאמרו אל
4Q381 24 1.6 בחיניו ויאמרו קום
CD 3.18 ובדרכי נדה : ויאמרו כי לנו

1pHab 8.5 לוא ישבע : ויאספו אלו כול

1QS 2.3 מכול רע ויאר לבכה בשכל
11Ber 1 1.6 אתכם אל עליון ויאר פניו

11QT 59.21 ולוא לזנב ויארך ימים

4Q178 5 1.1 ויב[: פיתאו[ם:
4Q381 27 1.2]˙[:]ש ויב[

1QH 4.15 לנגד פניהם ויבאו :
5QTop 6 1.3 ואת צרדה[:] ויבאו כול [

1pHab 8.10 ויעזוב את אל ויבגוד בחוקים

1QS 2.16 הברית הזות ויבדילהו אל
1QS 6.25 והואה יודע ויבדילהו מתוב

4Q380 7 2.3 חכמ]ה : ויבדלהו מאפלה

1QH 5.35 לבעל מדנים ויבוא בעצ˙˙ :

4Q497 21 1.2]ח˙[:]ת וט[: [˙˙]
4Q512 29+ 1.17]˙[ ]˙[:]ר וט˙[:]חטתי
4Q519 10 1.1 [וט]

1apGn 21.3 על כול נכסיא וטבתא די יהב

11QT 47.4] תהיה קודש וטהורה : מכול

4Q504 6 1.16 קדו]שים וטהור[ים :

4Q512 64 1.8]˙[ ]יום וטה[ר
11QT 47.16 תזבחוהו וטהר : לעריכמה
11QT 50.6 מת או בקבר וטהר כחוק
11QT 50.8 בגדו ורחץ וטהר : לערב :
11QT 50.16 ובאה השמש : וטהר
11QT 51.3] השמש וטהר : וכול

4Q511 35 1.3 למקדש עולמים וטהרה בנברים

4Q514 1 1.6 וכבסו במים וטהרו ואחר
4Q514 1 1.9 וכבסו במים וטהרו ואחר
11QT 50.4 ביום השביעי וטהר[ו לע]רב

4Q511 36 1.2] :]חסד[י]ו וטהרם וה˙[:

1QH 11.30 עבדכה באמתכה וטהרני :
11QPs 19.14 יהוה לחטאתי : וטהרני מעווני

1QS 4.5 כול בני אמת וטהרת כבוד

1QS 4.3 ורוב רחמים וטוב עולמים

1QDM 2.3 גדולות : [וטובו]ת

CD 8.12 בוני החוץ וטחי התפל כי :
CD 19.25 בוני : החיץ וטחי תפל כי

4Q185 4 1.2]˙ לעול[ם :]˙וטי ˙˙˙ ויש˙˙[

1QH 2.13 גליהם רפש : וטיט יגרישו

4QMes 1.2]: שערה[ו]טלופחי]ן על [

1QH 6.20] בה וערל וטמא ופריץ
1QS 5.20 לנדה : לפניו וטמא בכול
CD 10.13 נגע בו הטמא וטמא מימיו

11QT 45.10 אל מקדשי וטמאו : ואיש
11QT 49.4 בנגע הצרעת וטמאו : ואדם
CD 12.18 עם המת בבית וטמאו בטמאת

11QT 48.15 יבואו לעריכמה וטמאום וגם

4Q511 2 2.8 ל[: כמוהם וטמאים כנדתם [

11tgJ 34.8 תחו]תיהון וטמר : [ה]מון

1pHab 6.11 וזקנים נשים וטף ועל פרי :

4pN 3+ 4.4 נשיו עילוליו וטפו ילכו בשבי

4pN 3+ 1.11]וטרפו הוא ההון

1QH 52 1.1]˙˙˙ עצמתה וי˙פה [:]
3Q7 1 1.2 ו˙[:]וי˙[: יק˙[
3Q7 2 1.3 הש[: עליו[:]וי˙[:]אשר[
4Q176 48 1.1]וי˙[:]ול[
4Q178 2 1.1]˙˙ם וי[:]דבר בש˙[
4Q185 1+ 3.11]ם עשה לביתו וי˙[: אל כל
4Q374 1 1.2]˙ ˙˙[:]ארצו וי[ ]˙˙[:
4Q381 1 1.4 וכל בלעה וי˙˙ר ל˙[:

4Q501 1 1.1 לזרים נחלתנו ויגיענו לבני

11tgJ 27.3 ארו התרוממו ויגלא :

1QH 11.21 ויבואו. בלבבי ויגעו בעצם[

6apSK 44 1.2 [˙ : וי]גף :]˙אבן :

1pHab 5.13 בח]כה יעלה ויגרהו בחרמו :

CD 8.7 בשאר בשרו : ויגשו לזמה
CD 19.19 בשאר בשרו ויגשו לזמה

1QM 5.14 חמשה טפחים ויד הכידן קרן
1QM 18.11 אויב לאין עוד ויד גבורתכה :
4QCat[a] 12+ 1.9 ידוד הצ[די]ק ויד אל הגדולה
4QMI 1+ 1.4 [: ויד אל תגוף]
11QT[b] 54.6 כהמיתו ויד[:

1pHab 7.1 [: וידבר אל אל
4Q381 69 1.5 מן שמים ירד וידבר עמכם
4Tstm 1.1 וידבר •••• אל
4Tstm 1.6 דברי : בפיהו וידבר אליהםה
11QT 61.15 ונגש הכוהן וידבר אל העם
TS 1 1.3 אלוה[יכם]: וידבר מושה את
TS 1 1.4 בני ישראל : וידבר יהוה אל

4QCat[a] 2+ 1.14 א]נשי עצתו וידברו עליו

1QH 4.22 על מנאצי וידי על כול
5Q25 1 1.2 חולה[: וידי˙]

11QPs 22.7 בניך בקרבך וידידיך אליך

1apGn 20.4 מא שפירן וידיהא כמא :

11QT 55.3 מקרבכה וידיחו את כול

4QMI 8+ 1.5 בגבור[ת אל[ויד]ם] רפות

4QCat[a] 2+ 1.12 אשר[ ]אל וידיעהו את
CD 9.17 דבר מות הוא וידיעהו :

4Q504 8R 1.12] אל חי וידכה[:]האדם

4Q156 2.3 [זמני]ן [ויד]כנה

4QMI 11 1.17 ומיא יועדני וידמה במשפטי :

4QMes 1.6 [בא]דין יערם וידע שנ[כלא
4QMes 1.8 וערמומ[ה] : [ו]ידע רזי אנשא
4QMes 1.8 עממיא תהך וידע רזי כול
4Tstm 1.10 שומע אמרי אל וידע דעת עליון
CD 2.9 מי עד תומם וידע את שני

1Q23 14 1.2]ף [:]וידעו ר[: [˙
1QDM 1.11 ועד : הש[מד]ם וידעו [ ] אמת
1QH 6.12 לאין השבת וידעו כול גוים
4Q385 2 1.4 את בני ישראל וידעו כי אני
4pIs[c] 11 2.5] : לכה[וי]דע[ו
4pIs[c] 21 1.7 וידע]ו כן ענוי
4QPs[f] 2 7.6 יה]וה: [ו]ידעו כי ידכה
4VSam 3+ 2.5]וממלכה וידעו כול עמי
CD 1.8 ויבינו בעונם וידעו כי :

1QH 1.31 בפה כול וידעוכה לפי
1QH 12.22 כי ‹א›בחס[: וידעוכה ובקץ

11QT 60.19 שואל אוב : וידעונים ודורש

11tgJ 2.3 הרחקו וידעי ב˙[:

1QH 4 1.8]וברית פותו בם ויבוא[:]כחות

1QH 11.21 ויגון : אשמה ויבואו בלבבי

1QH 10.32 ˙˙˙˙˙˙˙˙ עמל ויבול בנץ לפני

11QT 59.2 [˙˙] : [ו]יבזרום

1QS[b] 1.2 אם]תו ויבחר בם לברית
11tgJ 32.7 לא : ישמע ויבחר לה

1QH 15.19 אשר : צויתה ויבחרו באשר
CD 1.18 דרשו בחלקות ויבחרו במהתלות
CD 1.19 לפרצות ויבחרו בטוב
CD 3.11 את ברית אל ויבחרו ברצונם
CD 8.8 הישר בעיניו : ויבחרו איש
CD 19.20 הישר בעי[נים] ויבחרו איש

4Q504 1+R 4.10 הגדול ויביאו מנחתם

4Q381 1 1.2 [: פי ולפתאים ויבינו ולאין
CD 1.8 בטוב אדמתו ויבינו בעונם

CD 13.8 במעשי : אל ויבינם בגבורות

4Q378 14 1.1 [ ]ויבכו בני]

CD 1.10 שנים עשרים ויבן אל אל
CD 3.19 וישא לפשעם : ויבן להם בית

11Mel 1+ 2.13 ויבצ]ל[ו]

1QH 3.32 עד תהום : רבה ויבקעו לאבדון

4pPs[a] 1+ 4.14 בח[יר]י אל[ויב]קש לשבית

4Q504 2V 1.5] כי כול :]ויברא את :

11QT 64.9 משפט מות ויברח אל : תוך

4Q502 31 1.2]ברוך [:] ויבר[ך :

4Q370 1.2 אמר י[ה]וה: ויברכו את שם
4Q385 2 1.8 עם רב אנשים ויברכו את

1QH 3.30 כול עץ לח : ויבש מפלגיהם
1QH 8.19 ל˙˙˙ ˙[: לח ויבש מצולה
4Q185 1+ 1.11]רוחו : ויבש ˙˙˙ וציצו

1QH 8.20 ˙˙˙˙˙ אש ו‹י›בשו ומטע
4QPs[f] 2 7.8 [: [ויב]שו עבד[ך

1QH 11.1]˙מל מעיני ויג˙[ ]
4Q502 169 1.2]˙ ˙[:] [ויג[:]˙ ב[

4Q374 2 2.8 [ ]למרפא ויגבירו לב[ם]

CD 1.20 ויפירו חוק ויגודו על נפש

1QH 5.34 יום תח˙[ ] ויגון :
1QH 11.20] לחטאה ויגון : אשמה

CD 6.5 מארץ יהודה ויגורו בארץ

1pHab 8.11 בעבור : הון ויגזול ויקבוץ

11QT 56.4 מספר התורה ויגידו לכה

1pHab 5.15 על כן ישמח : [ויגי]ל[

4QMI 11 1.9]צד[יקי]ם ויגילו קדושים

1QM 13.3 משרתיו בצדק וידעיו באמונה

CD 8.4 כי יחלו למרפא וידקמום כל

1QH 6.30 לא יהיו עוד וידרוך גבור

4pPs[a] 1+ 2.16 פתחו רשעים וידרוכו קשתם

1QH 4.14 יחשובו וידרשוכה בלב
1QH 4.15 לכם יתורו וידרשוכה

4Q504 1+R 4.14 וישבעו וידשנו]

1apGn 20.31 ל[י] : לש[ר]י ויהב לה מלכא [
1apGn 22.17 שנאיך בידך ויהב לה מעשר
1apGn 22.25 וכול : שביתא ויהב למלך סודם
11tgJ 38.4 ברחמין : ויהב לה חד

11tgJ 38.7 אלהא עלוהי ויהבו לה גבר

4Q156 2.6 ח]יא: [ויהוד]א עלוהי

11QT 39.12 שמעון לוי ויהודה בקדם

1Q25 5 1.5]ל לעבדים [: ויה]וה ביהו[דה

CD 5.4 מות אעזר : ויהושע

1QDM 3.4] ו]יהי כי [
1QH 8.8 חיים וגזעו : ויהי למקור
1QNo 1 1.1 וי]הי הוא[:
1QS 6.22 ולערב את הונו ויה<י> עצתו :
4Q176 20 1.2 ולוא בצדקה :]ויהי קצף גדול
4Q385 2 1.6] ויה]י כן ויאמר
4Q385 2 1.7] ויה]י כ[ן]
4pIs[b] 1.1 פר]ץ גדרו ויהי
4QFl 1+ 1.15 [ה]ימים ויהי כחזקת[
5Q22 1 1.3 ˙˙[: יה[: ויהי ל˙[: א
6QHym 2 1.5]לחי עולמים ויהי[:]˙[ ]עד
11QPs 27.2 ויהי דויד בן
11QPs 27.9 שלושים שיר : ויהי כול השיר
11QPs 27.10 הפגועים ארבעה ויהי הכול
11QT 62.4 אחיו כלבבו ויהי ככלות

1QDM 2.7] ויהיה : [
1QM 17.5 הויה ונהיה ו[יהי]ה ט[ ]ל
4Tstm 1.3 דברו: מי ינתן ויהיה לבבם

1QH 6.14 בפי כבודכה ויהיו שריכה
1QH 8.17 ים לא ימישו ויהיו לנחל
1QH 8.18]˙ויהיו ל˙˙˙ ˙[
1QM 6.11 למערכה [הא]חת ויהיו הפרשים
4Q400 1 1.3 קדושי קדושים ויהיו לו
11QT 34.7 טובחים אותמה ויהיו כונסים
CD 1.9 אשימים הם ויהיו כעורים
CD 2.20 בחרבה כי גוע ויהיו כלא היו
CD 6.12 מזבחו חנם ויהיו מסגירי :

4Q381 1 1.5 וכסילים ויהיר ˙מר לאו[

1QS 3.9 במי דוכי ויהכין פעמיו

4Q381 24 1.6 [: דור ויהללהו בחיניו

4QPs[f] 2 9.4 רבים ˙[ ] ויהללו את : שם

5QJN 1 1.7 [שש ויהלם : [

1QH 3.34 אל בהמון כוחו ויהם זבול
1QH 6.24 על פני מים ויהם תהום
1QH 7.5 בזעף : חרישית ויהם לבי לכלה

1QH 4 1.13 על מובכה ויהם לבי˙[:

1QH 2.12 רשעים תתרגש ויהמו כנחשולי
1QH 3.13 על פני מים ויהמו שחקים
1QH 3.32 נחלי בליעל ויהמו מחשבי
1QH 5.29]פחות ויהמו : בכנור

4Q381 28 1.2]˙ אליהם ויהמם וי˙[:

1QH 2.17 [: מח]שבותם ויהפוכו לשוחה

1QH 5.35 ובושת על פנים ויהפך לי ל˙˙י

4Q381 10+ 1.5]כה [:] ויו˙[ ]

11QT 38.4 ושותים[: ויואכל[

4Q504 1+R 4.14] : ויוא[כ]לו

4QFl 1+ 1.6 בחפאתמה ויואמר לבנות

4pN 1+ 2.3 גוע[ר]בים ויוב[ישהו

CD 2.12 תבל מזרעם ויודיעם ביד

CD 1.11 בדרך לבו ויודע : לדורות

1Q29 12 1.1]ויום[
2QJN 8 1.6 עוד כול יום [ויו]ם[:
4Q503 218 1.4]יר לילה ויום[
11Mel 1+ 2.7 ה]יובלים וי[ו]ם
11QPs 27.6 לכול יום ויום לכול ימי
11QT 15.1 [בוו]ל יום ויום[: שנה
11QT 15.5 כ[ול : [ ] ויום
11QT 17.12 בכול יום ויום לשבעת

11tgJ 28.3 אלהא רב הוא ויומוהי :

1pHab 8.7 חידות לו : ויומרו הוי

11QT 66.2 באבנים[ו]יומתו את

5Q13 1 1.3 הכול[:]˙ה ויוסד ע[ל:]˙˙

1pHab 6.1] : הכתיאים ויוסיפו את

1QDM 2.11 [התבו]אה ו[יוסף לדב]ר

1QH 5.33 פתחתה בלבבי ויוספוה לצוקה

4Q501 1 1.4 בלשון שקרמה ויופכו : [

4Q378 3 2.3 ויוצא[: ועתה
11QPs 26.14 נמה שמים ויוצא : [ ]

11QT 41.12 וששים באמה : ויוצאים השערים
TS 3 2.4 וששים באמה ויוצאים

1QS 11.22 מה ישיב חמר ויוצר יד ולעצת

1QS[b] 1.5 ברכ[ות ויוריכ]ה בעדת

4Q185 1+ 2.15]˙ו לאין חקר ויורישנה

4Q186 2 1.3 ושניו : דקות ויושבות על

1QH 3.13 בקול המון ויושבי עפר :

11QT 42.16 יהיו עולים : ויושבים שמה עד

CD 5.4 אעזר : ויהושע וויש<ר>ע

3pIs 1 1.2 בן א[מוץ: ויותם אחז

1Q30 1 1.5 חומשים ˚[:]ויותר על ארבעת

1QS 4.21 עלילות רשעה ויז עליו רוח
4Q511 146 1.2]˚ו˚[:]ויז˚[:]טוט[

11QT 16.3] הימנית ויזו[:]

6Q15 3 1.5 אל[ויזכ<ו>ר אל

CD 6.2 מאחר : אל ויזכור אל ברית

4pUn 4 1.1]כן ויזנו עמם[:

11tgJ 30.5 כוכבי צפר ויזעק[ו]ן כחדה

4Q385 2 1.10 [ו]יכף עץ ויזקף [

11tgJ 7.5 רש[יעין : ויחאכון ו[:

1QS 6.2 למלאכה ולממון ויחד יואכלו :
1QS 6.3 ויחד יואכלו : ויחד יברכו
1QS 6.3 ויחד יברכו ויחד יועצו

11tgJ 33.2 בבקע וירוט ויחדא : ובחיל

1apGn 20.22 ידי עלוהי ויחה ארי בחלם
1apGn 20.23 ויצלה עלוהי ויחה : וכדי

11tgJ 27.3 מסכניא : ויחוא לה<ו>ן

1QS 2.3 בשכל חיים ויחונכה בדעת
1QS[b] 2.23 ישעשעכה ויחונכ[ה

1QS[b] 1.5 בידכה [ויחו]ננכה בכול
1QS[b] 2.26 [: ויחוננכה במשפט
1QS[b] 2.27 [: ויחוננכה בכול

11tgJ 23.4 ו]ישמענה : ויחזא אנפוהי

4QCat[a] 12+ 1.6 במחשבל בליעל ויחזק עליו[

3pIs 1 1.2 ויותם אחז וי[חזקיה

11tgJ 8.7 קבל למא[מר : ויחט<א> ח[:

4Q381 103 1.2]ם [:]ויחי בבל[:]ל

CD 6.3 חכמים וישמיעם ויחפורו את

4Q510 1 1.3 ויתפזרו כול ויחפזו מהדר
4Q511 37 1.5]יבהלו ויחפ[זו :]ה

CD 3.16 פתח לפניהם ויחפרו באר

4Q185 1+ 3.12 כל חדרי בטן ויחפש כלותו[:

CD 1.21 לריב עם ויחר אף : אל
CD 3.8 באהליהם ויחר אף אל :
CD 5.16 אל את מעשיהם ויחר אפו

4QMes 2.13 ומדינן ˚˚[: ויחרבון ת˚[

1pHab 10.13 אש אשר גדפו ויחרפו את

1QH 4.9 נדחו ממני ויחשבוני לכלי

1QH 8.14 בלא הכיר : ויחשוב בלא

1QH 5.32 לי למרורים ויחשך מאור פני

4pIs[b] 2.8 אף יהוה בעמו ויט ידו עליו

11QT 51.17 אשר יקח שוחד ויטה משפט צדק

4Q400 1 1.15 כול קדושי עד ויטהר טהורי :

11QT 49.20 וכליהמה ויטהרו לערב :

4Q370 2.3 יהוה ש[: ויטהרם מעונם [

2QJN 4 1.5 סאין סול[תא : ויטלון לחמא ˚[

1pHab 12.8 מעשי תועבות ויטמא את :

4Q183 1 2.1]ם: אויביהם ויטמאו את
CD 20.23 בקץ מעל ישראל ויטמאו את

11QT 48.17 נושנת או נתק ויטמאנו הכוהן

CD 5.4 את העשתרת ויטמון : נגלה

4Q374 2 2.5 מ˚[: ויטע ל[נ]ו

11QT 18.6 ו]יין לנסך
11QT 34.13 סולתו עליו : ויין נסכו אצלו
11QT 43.15 בו דגן : ויין ושמן ובקר
11QT 49.12 תגאולת שמן ויין ולחת מים

CD 8.10 העמים [ויי]נם הוא :
CD 19.23 מלכי העמים ויינם הוא

11Ap[a] 2.10 נפש :]יהוה ויירא[

4Q381 102 1.1]˚ ויכ[:]ן ביד

4pHs[a] 2.5 ולמתעיהם שמעו ויכבדום[

11QT 45.15 ימים לטהרתו ויכבס ביום :
11QT 49.17 ירחץ במים ויכבס בגדיו
11QT 50.14 השלישי יזה ויכבס בגדיו
11QT 51.3 ע[ד ה]ערב ויכבס בגדיו

11QT 49.18 מי נדה וירחצו ויכבסו סלמותמה
11QT 49.20 שנית וירחצו ויכבסו בגדיהמה

4pIs[b] 2.8 ויט ידו עליו ויכהו

1pHab 10.6 עיר בדמים ויכונן קריה

1QDM 4.3]]˚˚˚ צנה [ויכ]ופר להם בו

4QCat[a] 5+ 1.8 ביהוה[:]ויכינו חצים

1QS 11.13 יחלץ נפשי ויכן לדרכ פעמי

4Q156 1.7 דמא באצבעתה: ויכס : [

4Q156 1.4] ו]יכסה עננא [

4Q385 2 1.10] :]˚ים [ו]יכף עץ

11QT 16.14 השני אשר לעם ויכפר בו :
11QT 26.9 חטאת הקהל הוא ויכפר בו על
CD 14.19 אהרן וישראל ויכפר עונם [

4Q400 1 1.16 כול נעוי דרך ויכפרו רצונו

4Q381 4 1.1 מ]עלליה ויכר˚˚[:]˚˚ל

CD 3.6 ויאכלו את הדם ויכרת : זכורם

4Q504 7 1.15] וינ˚ס>כוה וימצאוכה : [

1Q41 1 1.1 [˙˙ וימרו תמו ˙] :

11QPs 28.11 מאחר הצואן וימשחני בשמן

4Q370 1.6 אש[ר ב]חרבה וי[מ]ת האדם
11QT 56.10 או אל : השופט וימת האיש ההוא
11QT 64.8 אותו על העץ וימת על פי

4Q504 7 1.15 [וינ˚ס>כוה

CD 6.1 הקודש וינבאו שקר

1QH 8.32 מעוזי מגויתי וינגר כמים לבי

1apGn 19.22 [וינדעו]

1apGn 20.15 אנתתי מני וי<נ>דעוך מרי

6apSK 33 1.3 ביד[:]וינוס משם אל

4Q183 1 2.5 כול הון רשעה וינזרו מדר[ך :

1QS 11.7 לאוחזת עולם וינחי( )<ל>ם

4QCat[a] 2+ 1.12 מספר ˙[ ]ת וינח[ילהו : [˙

1QS 4.26 לכול קצי :]ן וינחילן לבני

11QT 20.16 עד עצם השכם וניפו אותמה

4Q370 1.3 עליהם בבח[ו וי]נעו כל :

11tgJ 29.1 ימרק ענג[ין] וינפק מן : ענן

4pIs[a] 7+ 3.10]ד וינקפו סובבי

4Q381 69 1.4 עם :]בכם וינתם לכם

4Q156 1.5 ימות [ ] ויסב מן]
4Q156 2.1 עלו]הי : ו[יס]ב]

2QJN 4 1.9 לח[מא : לחמא ויסבון לחמ[א :

CD 15.14 וצוה עליו ויס[גר] : עד

1QH 3.18] מעשי אפעה : ויסגרו דלתי
CD 3.10 הברית הראשנים ויסגרו : לחרב

11tgJ 32.9 ב]ניריה ויס[דד] בבקעה

4pIs[d] 1 1.1 כפוך בעין ויסדתיך

4Q511 44+ 1.5]א למכותם : ויסוד]
CD 4.21 נשים בחייהם ויסוד הבריאה

11QT 22.15 אחר : יואכלו ויסוכו מן השמן

CD 1.21 וירדפום לחרב ויסיסו לריב עם

4Q156 2.5 צפיר[א] חיא: ויסמך אהרן

1pHab 5.14 בחרמו : ויספהו

CD 13.8 בגבורות פלאו ויספר לפניהם

11QT 64.3 ובקול אמו : ויסרו אותו
11QT 65.14 את האיש ההוא ויסרו אותו

CD 2.8 את דורות מדם ויסתר את פניו

CD 20.19 דבריהם וישמע ויכתב ספר

CD 3.3 וליעקב וישמרו ויכתבו אוהבים
CD 14.4 והגר רביע ויכתבו

11QPs 27.4 נבונה ואורה ויכתוב תהלים :

1QH 4.7 רמיה ˙˙˙˙ם וילבטו בלא

11QT 39.7 תבוא בה אשה וילד עד יום :

4Q181 2 1.2 ישחק[:]האדם וילד[ו] להמה
4AgCr 1 1.8 אש[ר : וי]לדו להם

1QS 11.21 במעשי פלאכה : וילוד אשה מה

4pHs[a] 1.5] וילוזו

1QH 5.24 הגדילו עקב ויליזו עלי

1pHab 11.13 את עור לת לבו וילך בדרכי :
4QCat[a] 5+ 1.10]ע לה איש וילך ד˙]

1pHab 4.4 ויצבור עפר וילכדהו : פשרו

1QH 3.29 לאין פלט : וילכו נחלי
1QH 4.33 מ(ל)פני אש וילכו ברכי :
1QH 8.34 בלכדה בבבל וילכו כמים
4Q385 2 1.2 אהבו את שמך וילכו: בדרכי[
4pHs[b] 7+ 1.2]עזבו את אל ו[י]לכו
CD 20.9 על לבם ~~וישוב~~ וילכו בשרירות

4QCat[a] 16 1.1]וילם[:]לעצ[

1QM 10.2 לפ[נינ]ו וילמדנו מאז

4Q502 216 1.1]וים[
4Q513 13 1.6 מטאתם ˙[:]˙וים למשק[ה :

1apGn 20.30 ˙אמנת ˙עות˙ וימא לי מלכא
4QM6 26 1.2 >[˙˙ה˙]<]וימא[:]˙ א[

1QH 15.18 בדרך לא טוב וימאסו בב˙˙˙]

1QH 5.17 לטהר שבעתים : וימהרו עלי

11tgJ 24.9 עלוהי יכלא : וימות]
11QT 50.10 כי תהיה מלאה וימות ילדה
11QT 64.6 עירו באבנים : וימות ובערתה
11QT 64.11 אותו על העץ : וימות ולוא

4QOrd 5 1.1]ם אל וימותו פשר[:

1QS 10.5 למועדיהם וימי קודש

1QH 2.18 לכול מבינים וימירום בערול

4Q183 1 2.3 הושיע ~~לא~~ וימלט[: רצון

4pPs[a] 1+ 4.20] : וימלטם ויפלטם

1QH 4.33 <גרמי> ירועו וימס לבבי
1QH 8.32 כמים לבי וימס : כדונג

4Q374 2 2.7 ויתנועעו לבם וימסו קרבי[ה]ם

CD 3.3 ברצון רוחו וימסור לישחק

4Q504 3 2.18]רציתו וימצאו[:]המה
4Q506 125 1.2 ˙[ ]רציתו[וימצ]או[חן

CD 19.19 להון ולבצע ויעשו את : איש

1QH 19 1.3 על כנפי רוח ויפ׳]

4Q385 2 1.7 רוחות השמים ויפחו רוח[ות]

11QPs 28.9 יפי התור ויפי המראה

CD 1.20 ויעבירו ברית ויפירו חוק

1QNo 12 1.1]ויפך]

4Q402 4 1.2]ם[:]ים ויפלג דעת[:

11tgJ 35.9]תין ויפלגון יתה

1QH 3.10 עם גבורתו ויפלט גבר

4pPs[a] 1+ 4.20] : וימלטם ויפלטם מרשעים[

11tgJ 32.2 ילדן בניהן ויפלטן :

CD 8.19 אל ויעזבם ויפנו בשרירות
CD 19.33 ~~וע~~ : ויעזבם ויפנו בשרירות

1QH 7.21 לאנשי מופת ויפצו פה כיונ[

4Q380 1 1.9 יהוה ברצנו ויפקדהו :

1QS 2.6 כול נוקמי נקם ויפקוד אחריכה
1QS[b] 3.2 יבחר ויפקוד כול
5QS 1 1.5 יתנכה: ויפקו]ד אחריכה

11tgJ 32.3 יקשן בניהן ויפק( )ן נפקו

1QH 2.26 כלי מלחמותם ויפרו חצים
1QH 3.27 שחת לאין השב ויפרו לאין

11tgJ 33.7 יסתער נצא ויפרוס :

1QH 8.30 לאין מנוח ויפרח כאש בוער

4QCat[b] 1 1.3 את עורפם[:]ויפרעו ביד רמה
CD 8.8 ולא נזרו מעם ויפרעו ביד רמה
CD 19.21 ומחטאתם: ויפ[רע]ו ביד

11tgJ 27.9 בממתין : ויפרק]

1QH 3.26 כל פחי שחת ויפרשו כול

1QH 6.30 גבור קשתו ויפתח מצור[:
1QH 8.7 ליוב[ל] ישלחו ויפתח למים
4VSam 1 1.3 עלי ויקום ויפתח את
11Ber 1 1.6 פניו אליכם ויפתח לכם את:

1QH 3.17 ישמיעו קולם ויפתחו שערי]

1Q24 5 1.2]׳[:]רוש ויצ׳[:]

1QS 7.23 לבגוד ביחד ויצא מלפני :
11QT 58.16 על : אויביו ויצא עמו
CD 13.4 בחון : באלה ויצא הג[ו]רל

4QM3 1 1.9 לבוא השערים ויצאה המערכה

1QM 7.9 לקראת מערכה ויצאו מן השער
1QM 8.3 המקרא ויצאו : שלושה
1QM 9.3 המקרא ויצאו אליהם
1QM 16.4 שערי המ[לחמה וי]צאו אנשי
4QM1 11 2.2 המל]ח[מה וי]צ[או
11QT 58.6 על : אויביהם ויצאו עמו ואם

1QH 50 1.3 יצר ב[:]מו ויע[:]ה למל[

11tgJ 27.5 הן ישמעון ויעב[דון]

4Q504 29 1.1]ויעבו[:]ם בא

4Q504 1+R 5.3]׳[ ]שם ׳׳׳ : ויעבודו אל נכר

CD 1.20 צדיק : ויעבירו ברית

1pHab 4.9 אז חלף רוח ויעבר וישם זה

1QDM 1.8 לפ[ח ו]מוקש ויע[ברו

CD 20.33 ישישו וישמחו ויעז לבם

CD 5.6 דם אוריה : ויעזבם לו אל
CD 8.19 במצות אל ויעזבם ויפנו
CD 19.33 א ~~וי וע~~ : ויעזבם ויפנו

1pHab 8.10 בישראל רם לבו ויעזוב את אל

4Q370 1.1 [ו]יעטר הרים

4pIs[a] 2+ 2.13] : [תבלית]ם ויע[יר

11QPs 26.15]ר עשה ויעל נשיא[
CD 3.2 לא הלך בה ויע[ל או]הב

4Q385 2 1.6 שנית הנבא ויעלו עליהם
CD 5.5 עד עמוד צדוק ויעלו מעשי

2QJN 4 1.3 רעוא[: [וי]עלון

4Q381 76+ 1.10 בכם ישיב דבר ויעמד בהתוכח
4Q385 2 1.8]ויעמד עם רב

4Q511 30 1.2] : ויעמקו[

4Q381 19 2.4 אלהי[: ויענ[ל]< :
4VSam 1 1.4 את המשא לעלי ויען עלי ו[:

1pHab 6.14 ע]ל תוכחתי ויענני יהוה :
4Q381 24 1.8 אקרא ליהוה ויענני אלהי
11QPs 24.16 קראתי יהוה ויענני]

CD 3.4 יעקב תעו בם ויענשו לפני :

1QH 6.21] יכמוא ויעץ בליעל :

1QH 6.31 כלי מלחמות ויעצו[ ]ו מקצה

1QH 4.11 לעמכה ויעצורו משקה

4pIs[c] 15+ 1.1] ת]רדמה ויעצם את[

4Q379 17 1.4]אברהם יצחק ויעקב למשה :

4QCat[a] 2+ 1.15 על ה[ ]׳ ויעקוב עומד על

1QH 4.24 בדרך לבבה ויערוכו לכה :

4Q370 1.7]׳ה בת׳[ ]ויעש אל [
11QT 56.8 אשר לוא ישמע ויעש בזדון
11QT 59.16 מצוותי ישמור ויעש : הישר

11Mel 1+ 2.6 עוונותיהמה ו[יעש]ה הדבר

4Q374 4 1.2]לאפיר ויעשה[ו :

CD 8.7 להין ולבצע ויעשו איש הישר

11QT 23.16 אשר על הכסלים ויקטר : הכול

11tgJ 25.1 די לא סוף ויקים א[חרנין

1QSb 3.24 כאשר צוה ויקימו באמת]

1pHab 8.14]נ[ש]כיך ויקיצו

11QT 64.10 תוך הגואים ויקלל את עמו

1QS 5.8 כול המתנדבים ויקם על נפשו
CD 1.11 שלם דרשוהו : ויקם להם מורה
CD 5.18 ביד שר האורים ויקם בליעל את
CD 6.2 ראשנים ויקם מאהרן

11tgJ 33.9 כ]כפא ישכון ויקנ[ ] : [

11tgJ 34.6 רוח וזוי והדר ויקר תלבש :

1QDM 1.11 ויקרא מושה
1QM 14.5 לעם פדותו ויקרא כושלים

11QT 18.16 לשבטי ישראל ויקריבו :]
11QT 19.15 ההי] על המטה ויקריבו על

4Q385 2 1.6 עליהם גדים ויקרמו עור :]

1QM 11.6 פאתי מואב ויקרקר כול בני

CD 20.18 צעדם בדרך אל ויקשב : אל אל

1Q25 1 1.3 ˙[: המ[ה: ויירא ו˙[:
6apSK 58 1.2]שבעו [: ו]ירא <את]>

11QT 46.11 את מקדשי ויראו ממקדשי :
11QT 56.11 העם ישמעו ויראו ולוא
11QT 61.11 ישמעו ויראו ולוא
11QT 64.6 ישראל ישמעו ויראו כי :

4Q381 46 1.6 מ]עלילם ויראיך לפניך

1QSb 5.25 דעת ויראת אל והיה

4Q378 14 1.5 [פח]דך ויראתך[

1QH 5.10 מזמותם לחתוף וירבו ולא :

4pIsb 2.8 ויכהו וירגזו : ההרים

CD 3.8 מצות יוריהם וירגנו באהליהם

1QM 11.7 כול בני שית : וירד מיעקוב
4Q512 58+ 1.3 א]ל המקדש וירד :]
4pIsb 2.6 לבלי חוק : וירד הדרה
CD 11.1 במחנה : בדרך וירד לרחוץ

4Q381 52 1.3]בשיבתם[:]וירדו]

6apSK 29 1.3]˙ הפני]ם : ו]ירדפו[

CD 1.21 תעבה נפשם וירדפום לחרב

4Q381 50 1.4 אתה˙ [:]ארץ וירה ובשקטה

11tgJ 33.2 יחפר בבקע וירוט ויחדא :

4Q374 2 2.2 יחדו ויח˙[: וירוממו גוים

4pPsa 1+ 4.10 ושמור דרכו וירוממכה לרשת

1QH 3.12 מעשי פלצות וירועו : אושי

1pHab 4.4 מבצר ישחק ויצבור עפר

CD 1.19 בטוב הצואר ויצדיקו רשע
CD 4.7 כפר : אל בעדם ויצדיקו צדיק

1QSb 4.22]כה ויצדיקכה מכול

1QH 10.24 וב דגן תירוש ויצהר :
4Q508 13 1.3 ד[גן ו]תירוש ויצהר : [ ]˙˙
11Ber 1 1.9 דגן תירוש ויצהר לרוב

4QOrd 2+ 1.3 מצרים ויצו עליהיהם

4QFl 1+ 2.4]יתלב]נו ויצטרפו ועם

4Q379 22 2.12] ה]זאת ויציבו לה חומה
4Tstm 1.26 ובנו את : ויצ]יבו לה

4pPsa 1+ 4.21]: יושיעם אל ו[י]צילם מיד

1QH 6.15 מטעת עולם ויצל צל על כול

1apGn 20.23 מנה לבעלהא ויצלה עלוהי

CD 1.7 בבל : פקדם ויצמח מישראל

CD 1.18 במהתלות ויצפו : לפרצות

1QH 2.9 ערמה לפתיים ויצר סמוך לכול
1QH 10.23]בי ויצר בשר לא
1QH 11 1.7]]תהו ויצר ח[:]
11QPs 19.15 טמאה מכאוב ויצר : רע אל

1QH 5.31 ˙[ ] לבם ויצרם : הופיע

4Q490 1 1.2]מ[:] ויק˙ו˙[
4QM6 22 1.3][˙˙ל[:] ויק[:]˙˙ת]

1pHab 8.11 הון ויגזול ויקבוץ הון

1pHab 8.5 אלו כול הגוים ויקבצו אלו כול

1QSb 3.4 בכבו[ד וי]קדש זרעכה

4Q156 2.3 [ויד]כנה ויקדשנה]

1QDM 3.12 וי]קהו]

4Q520 1 1.3]מו בכול:]˙˙ ויקוד:]עולמי

4QCata 2+ 1.13] [עולם ויקום משמה
4Tstm 1.12 כוכב מיעקוב <ויקום> שבט
4VSam 1 1.3 שכב לפני עלי ויקום ויפתח את

1pHab 8.13 פת˙[ ]אום ויקומו :
4Q183 1 2.2 מקדשם[: מהם ויקומו למלחמות

CD 20.2 תמים הקדש ויקוץ מעשות

2Q27 1 1.3 יומ[רו:]נם ויקח את[:]ולו
4Q504 6 1.8 יפרוש כנפיו ויקח וישאהו
11Apa 1.2 [:] שלומה[ ] ויקח[:]חו˙]
11QT 16.14 חט]את] : הוא ויקח הפר השני

11QPs 28.10 בם וישלח ויקחני : מאחר

11QT 20.7 לעומת העצה ויק[טירו] :]
11QT 20.11 את : [אזכר]תה ויקטירו על
11QT 24.4]י הכרעים ויק[טירו :]

1pHab 6.3 יזבח לחרמו : ויקטר למכמרתו

1QH 7.4 יצר ׃ היותם וירועו כול

4QCat^{a} 12+ 1.10 ציון בסמחה וירושלים[׃

4pIs^{e} 1+ 1.2]׃ וירושלם[

2apPr 3 1.2]מ˙[׃]מים וירח[׃] חולה

4Q374 2 2.7 קרבי[ה]ם [ו]ירחם בכ˙[׃
CD 13.9 עולם בפרתיה ׃ וירחם עליהם

11QT 49.18 עליהמה מי נדה וירחצו ויכבסו
11QT 49.20 יזו שנית וירחצו ויכבסו

4Q504 9 1.6 כ˙[׃ מ]שפטיו וירימ[׃]ת

11QT 20.14 [וירימו ליהוה
11QT 22.8 וירימו מ[ן ׃

11tgJ 25.2 יחכ]ם עבדהון וירמא המון

1QH 8.9 לכל עוף כנף וירמו עליו כול

1QS^{b} 2.25 עולם יחונכה וירנ[ינכה

11QPs 26.12 כול מלאכיו וירננו כי הראם

1QH 3.35 [ו]יתמוגגו וירעדו אושי

4Q370 1.3 יצר לבם ה[רע]וירעם עליהם

4Q183 1 2.7 האמת ˙[׃ וירצו את עוונם
4Q403 1 1.39 יודו באמתו ׃ וירצו דעתם
4pHs^{a} 1.4] וירצו׃]

11Ber 1 1.11 מוחלה שדפון וירקון לוא

4Q374 2 1.6]˙ תאמר ׃]וירש׃]סיני׃ [
4Q378 11 1.8 [׃]ין לחקיר וירש[׃]ים

1Q34^{b} 3 2.4 [בכ]ול דברך וירשיעו מכול
CD 1.19 ויצדיקו רשע וירשיעו צדיק ׃
CD 4.7 ויצדיקו צדיק וירשיעו רשע

11QT 51.15 תחיה ובאתה וירשתה ׃ את
11QT 56.12 נותן לכה וירשתה וישבתה

1apGn 21.12 כול ארעא דא וירתונה לכול

4Q185 4 1.2]˙ומי ˙˙˙ ויש˙[׃]קודש
4Q381 86 1.5 והדר[ך ׃]נני ויש [׃
4Q401 1+ 1.3 [׃ ויש]
4Q484 5 1.2]ך ו[׃] [ויש]
4QCat^{a} 2+ 1.14 עליו סרה ויש˙[׃
4QM6 31 1.2]ה החמ[׃] ויש˙[׃] הלב
11QT 17.4 וישמחו ויש]

1QS 2.4 בדעת עולמים ׃ וישא פני
4Q504 2V 1.8]קודשו וישא׃]בריתו
4Tstm 1.9 אדרוש מעמו ׃ וישא משלו
CD 3.18 כפר בעד עונם וישא לפשעם ׃

4Q504 6 1.8 כנפיו ויקח וישאהו על[

4Q502 19 1.1 וישב עמו בסוד
4Q504 1+R 4.7 נגיד על עמכה וישב על כסא
4Q504 2V 1.9 וישא׃]בריתו וישב׃]ל

11QT 63.13 שביה מעליה וישבה בביתכה

1QS^{a} 2.13 אנושי השם וישבו ׃ ל[פניו

1QS^{a} 2.14 מש]יח ישראל וישבו לפניו

4Q370 1.1 רצוני <יוכלו וישבעו> אמר
4Q504 1+R 4.14 [׃ ויוא[כ]לו וישבעו וידשנו[
4pHs^{a} 2.3 [׃ אשר אכל[ו וי]שבעו וישכחו
4QPs^{f} 2 9.14 יוכלו ׃ ענוים וישבעו [י]ראי

11QT 56.12 לכה וירשתה וישבתה ׃ בה

TS 1 1.5 לכמה לנחלה וישבתם עליה

11QT 62.3 ורך הלבב ילך וישוב אל ׃

4Q156 1.3 לפ]רכתא׃ וישוה [

1QH 5.33 ויוספוה לצוקה וישוכו בעדי

1QH 4.24 לבריתכה וישומעוני

1QH 12.3]אהלו ב˙˙˙ וישועה ואהללה

4Q185 1+ 2.13 וחסדיו עלמיה וישועות ˙[

4Q504 1+R 3.17] ׃ וישחיתו בח[

4Tstz 1 1.1 כל צדיקיא ויש[׃ עול וכל

CD 13.9 כאב לבניו ויש[יב] לכל

1QH 5.29 החזק מעמד וישיגוני

CD 20.9 גלולים על לבם ~~וישים~~ וילכו

1Q25 1 1.5 המ[צות׃ להמה וישימ[ו׃
1QH 3.6]˙ יחשיבוני וישימו נפש

1QH 2.33 מאתך מצעדי וישימוני לבוז

1QS^{b} 3.25 מ[מעון קו]דשו וישימכה מכלול
1QS^{b} 4.27 מ]שפטיו וישימכה קוד[ש]

11QPs 28.3 מבני אבי וישימני׃ רועה
11QPs 28.11 בשמן הקודש וישימני נגיד

11QPs 22.4 ליום ישעך וישישו ברוב

CD 20.24 ושבו עד ׃ אל ו[יש]ך העם

4Q381 48 1.5 ולבחן ש[׃ ויש<כ>בו

4pHs^{b} 15+ 2.1]ל ׃ [ישו]בו וישכ[ח

4pHs^{a} 2.3 אכל[ו וי]שבעו וישכחו את אל

1pHab 8.15 גוים רבים וישלוכה כול
1pHab 9.3 גוים רבים וישלוכה כול ׃

1apGn 20.23 אזל אמר למלכא וישלח אנתתה
1QM 17.6 ממשלת ׃ רשעה וישלח עזר
4Q381 29 1.2]˙כתו א[׃]וישלח מלאכיו
11QPs 28.10 אלוהים בם וישלח ויקחני ׃

1pHab 8.17 ויש]ללו בו ל[

1pHab 4.9 חלף רוח ויעבר וישם זה כוחו ׃
1QS 3.18 לממשלת ׃ תבל וישם לו שתי
1QS^{b} 5.26 אזור חלציכה [ו]ישם קרניכה
4Q504 17 2.3 [ ]לינו וישמ[׃ בדרכי

1QH 3 1.7 רוח סוע[׃]וישמורהו לרזי

CD 8.5 מדרך : בוגדים ויתגוללו בדרכי

CD 19.17 מדרך בוגדים ויתגללו בדרכי

1QH 10.33 לפני ׳[ ] : ויתהולל לבי

1QH 3.33 מחשביה ירועו ויתהוללו כול

1QS^{b} 3.24 כול חוקיו ויתהלכו כאש[ר]
CD 19.4 בנים : ויתהלכו על פי

CD 20.28 לקול מורה ויתודו לפני אל

1apGn 20.26 לאברם בעלה : ויתוך מנכה

CD 3.11 ויבחרו ברצונם ויתורו אחרי

11tgJ 10.2 חשוך : י]זיע ויתמהון מן :

1QH 3.34 אשר עליה : ויתמוגגו בהווה
1QH 3.35 יתנו <ב>קולם [ו]יתמוגגו
4Q374 2 2.9 וכל לא ידעוך ויתמוגגו

1QH 6.21 : בל יעוברנה ויתמוטטו מדרך

11tgJ 23.2 אשה ישנקנה ויתמלין]

1QH 8.14 למקור חיים ויתן י[ ]׳ח
1QS 4.17 עד קצ : אחרון ויתן איבת עולם
4Q183 1 2.4 וימלט[: רצון ויתן להם לב
11QPs 24.14 למי אזעקה ויתן לי : ובני
11QPs 27.3 אל ואנשים ויתן : לו
11QT 16.16 לפר הקהל ויתן מדמו

11QT 17.1 ה]כוהנים ויתנו עט[רות :

4Q374 2 2.7 [י]תמוגגו ויתנועעו לבב
4Q374 2 2.9 ויתמוגגו ויתנ[ו]עעו חגו

1QS^{b} 3.26 יח]דש לכה ויתנכה מקומכה

CD 1.4 וממקדשו : ויתנם לחרב
CD 4.16 בהם בישראל ויתנם פניהם

4Q374 2 2.6 בדי[: [ו]יתננו

2apMo 1 1.4 לפני יהוה ויתנפ[ל :]

CD 2.8 את מעשיהם ויתעב את דורות

6Q15 3 1.3 ו]יתעו את
CD 5.20 מסיגי הגבול ויתעו את ישרא

1QH 8.31 בשר עד מועדים ויתעופפו ׳ ׳ ׳

CD 8.6 איש את רעהו ויתעלמו איש
CD 19.18 איש את רעהו ויתעלמו איש :

CD 1.15 מימי כזב ויתעם בתוהו לא

1QH 7.22 על כול מנאצי ויתפ[

4pHs^{b} 16 1.2 פ]שרו אשר[: ו]יתפושו איש]

4Q510 1 1.3 יבהלו ויתפזרו כול
11QPs 22.11 צריך ציון ויתפזרו כול

2QJN 4 1.10 לחמ[א : מערבה ויתפלג[ון :

2apMo 1 1.4 מחו]ץ למחנה ויתפלל לפני

1QS 2.3 בכול : טוב וישמורכה מכול

11QT 17.2 [ ] וישמחו כי כופר
11QT 17.4 בכול מושבותמה וישמחו ויש]
11QT 21.8 ה]תירוש וישמחו בני
11QT 22.16 פעם אחת בשנה וישמחו :]
CD 20.33 אתם ישישו וישמחו ויעז

4Q503 21+ 1.1]באור כבודו וישמחנ[ו :]ל]
4Q509 4 1.3 ח׳[:]׳ עולם וישמחנו] :

CD 6.3 חכמים וישמיעם

11tgJ 19.5]׳א : לוטי וישמע]
CD 20.19 אל אל דבריהם וישמע ויכתב

1QS 6.2 איש את רעהו וישמעו הקטן
4Q380 1 1.8 את שם: יהוה וישמעו כל
11QPs 24.9 למדני : וישמעו רבים
CD 20.28 על פי התורה וישמעו לקול

11tgJ 23.3 ו]ישמענה :

CD 3.3 לישחק וליעקב וישמרו ויכתבו

1QS 7.10 ואשר ישכוב וישן במושב

CD 20.23 מעיר הקדש: : וישענו על אל

4Q370 1.3 במ[עלי]ליהם : וישפטם יהוה

1QDM 4.2 מן [וי]שפך בארץ]

4Q511 30 1.5 יכול עפר הארץ וישק[ו]ל בפלס]

1QM 11.7 אויב ירשה וישראל עשה
1QM 12.16 וי]שראל למלוך
1QM 19.8 המל]וכה וישראל למלכות
1QS 9.11 ומשיחי אהרון וישראל : אלה
4Q502 163 1.1 [וישרא[ל :
4QM2 1 1.8 [: למחנ]יכה וישראל למלכות
CD 19.11 משיח : אהרן וישראל: כאשר
CD 13.1 משוח אהרן : וישראל עד עשרה
CD 14.19 משי]ח אהרן וישראל ויכפר

4Tstz 1 1.1 זרעך וישתארון כל

1QS 10.2 יפתח אוצרו וישתהו עלת

1pMic 17+ 1.3 תשתה[י]ין וי[שתמר

4Q374 2 2.1]׳ל : יחדו ויתׄ[: וירוממו
11tgJ 35.8 בחוטא לבנתך ויתׄ[ ]ן :]

11QPs 22.8 קוו לישועתך ויתאבלו עליך

1apGn 21.5 רעותנא ואזל ויתב לה בבקעת
1apGn 21.7 לה בסודם בי : ויתב בה ואנה

4Q385 3 1.2 הומה את נפשי ויתבהלו הימים

1apGn 19.9 חברון ויתבת :]
1apGn 21.19 שלם ואזלת ויתבת באלוני

1QH 18.8]לשמכה ויתגבר בכבו[

4Q501 1 1.9 שמוכה לנגדמה ויתגברו על עני
CD 8.7 ויגשו לזמה ויתגברו להין
CD 20.33 ויעז לבם ויתגברו : על

CD 19.19 ויגשו לזמה ויתגברו להון

4QPs[f] 2 10.12 יובדו ויתפרדו כול

11QT 57.7 יעוזבוהו לבדו ויתפש ביד

6apSK 57 1.3 א]שר ידבר[׃ וית]קע נפש

1pHab 7.7 הקץ האחרון ויתר על כול ׃
4pIs[c] 12 1.4 די [׃] ויתר יותר]׃

1QH 10.25 תירוש ויצהר ׃ ויתרוממו אמקנה

4Q381 98 1.2]ראו[׃]י וכ˙[׃]ל ˙[
4Q401 11 1.2 א]לוהי דעת וכ[׃]צדק
4Q405 40 1.2 ומ˙[׃]ירומו וכ[׃]כנפיהם
4Q484 18 1.1]וכ˙[
4Q499 24 1.2]˙[׃]ם וכ[׃]א ˙[
4Q499 51 1.2]אל ˙[׃]וכ˙[
4Q502 167 1.3 ˙[׃] יבר[׃]וך א[
4Q502 296 1.1 וכ[׃ א[
4Q503 28 1.4 [׃] ישראל וכ[׃] אנו ˙
4Q504 3 2.16]מושה וכ˙מ˙[׃ בכול[
4Q504 5 2.9] ׃ לבינתכה וכ[
4Q504 6 1.1]דם וכ[׃]ת ופרי
4Q509 102 1.1]˙˙וכ[ ]˙[׃]˙˙
4Q509 199 1.1] וכ[׃]לבינת[׃
4Q512 27 1.2]בשרו וכ[׃ ועמ]ד על

1QH 7.21 אב לבני חסד ׃ וכאומן לאנשי
1QH 9.36 על עולה וכאומן בחיק

4Q487 19 1.2] מ˙[׃]וכאחד[׃]וא

1QH 8.28]עי ׃ למרורים וכאיב אנוש

11QT 52.11 יחדיו כצבי וכאיל רק הדם
11QT 53.5 יחדיו כצבי ׃ וכאיל רק חזק

4pHs[a] 2.6] ׃ וכאלים יפחדו

4pN 3+ 3.4 בעוונם ושנאום וכארום על זדון

1pHab 8.9 בתחלת עומדו וכאשר משל ׃
1QH 11 1.9 א[׃] קודש וכאשר בנפשך ˙[
1QNo 3 1.4 [׃]אביהו וכאשר ראה למך
1QS 6.16 הכול על דבריו וכאשר יצא
1QS 8.16 עת בעת ׃ וכאשר גלו
4Q504 5 2.8 [׃ וכאשר בנפש[כה
4pIs[a] 7+ 3.28]וכאשר יורוהו
11QT 23.10 מטה יהודה וכ[אשר ׃ מקטיר
11QT 39.10 גרה השקל ׃ וכאשר ישאו
11QT 45.3 שבעים[׃ וכאשר י[
11QT 45.18 עד אשר יטהרו וכאשר יטהר
CD 15.12 בדרשו אתו ׃ וכאשר יקים

4Q405 66 1.2]ת בשבעה[׃]וכבדו ˙[׃
4pIs[b] 2.4 עמי מבלי דעת וכבדו

1QH 57 1.3]˙ד קצ[׃ וכבוד [
1QS 4.11 עורון עינים וכבוד אוזן
4Q176 8+ 1.13 דברי תנחומים וכבוד רב כתוב
4Q503 15+ 1.4]˙[ ]˙˙ו וכבוד בקוד[ש ׃
4pN 3+ 2.4 חנית ורוב חלל וכבוד פגר ואין
6QHym 2 1.2]˙[׃]]חיי נצח וכב[וד׃]ול

4QM1 11 1.18 עם אלים אחש[ב ו]כבודי<א> עם

1QH 5.20] וכבודכה ׃ לאין
1QH 4 1.19 בקצי ׃]˙ וכבודכה ומ˙[׃
1QS[b] 5.18 כול קצי עד וכבודכה לוא
4Q504 6 1.11 הולך לפנינו וכבודכה

1Q20 1 1.3 רגזך׃]תיא וכביא וש˙ ליא

4Q512 11 1.3 טה[רתו ׃]˙[ו]כבס את בגדיו
4Q514 1 1.3 ר]חץ ורחץ וכבס בי[ו]ם
11QT 45.8 שלושת ימים וכבס בגדיו
11QT 50.13 שבעת ימים וכבס בגדיו ׃
11QT 50.15 יוה שנית וכבס בגדיו
11QT 51.4 ובשר וצפורן וכבס ׃ בגדיו

4Q514 1 1.6 ירחצו ׃ וכבסו במים
4Q514 1 1.9 ט[הרת]ם ירחצו וכבסו במים

11tgJ 2.2 י]תון חתפוהי וכבשו[׃ הרחקו

11QT 17.13 שנים ואיל וכבשים בני שנה
11QT 29 29.12 [׃] וכב]שים שב[עה

1QH 9.16 מרוח תגבר וכגב˙˙כה אין

1QM 10.9 הגדולים ׃ וכגבורתכה
4Q511 40 1.3 והגבה[תה ׃]ה וכגב[ורתכה ׃]

11tgJ 15.3] בראש חילה וכגבר די

1apGn 2.12 [׃ וכדי חזת
1apGn 2.21 מחוין כולא וכדי שמע
1apGn 5.7 ללמך ברך [׃ וכדי שמע
1apGn 5.9 ˙˙ מלל[׃ וכדי אנה למך [
1apGn 20.8 יאא וכדי שמע מלכא
1apGn 20.24 עלוהי ויחה ׃ וכדי שמע

2QJN 1 1.4 סח[ור]׃] וכדן אח[זי]נ[י
5QJN 1 1.2] [וכדן [
5QJN 1 2.8 ארבע עשרה וכדן כל תוניא

1QH 11.29 בגדו[ ]˙וכה ורוב אמתכה
4Q502 79 1.2]˙˙˙[׃]וכה[

CD 5.10 הוא כתוב וכהם הנשים ואם

1QH 2.27 אוכלת עצים ׃ וכהמון מים

CD 2.19 ארזים גבהם וכהרים

1Q40 6 1.2]˙˙[׃]ם וכו[׃] ועתה

1QS 4.11 קושי עורפ וכובוד לב ללכת

1QS 8.1 שנים עשר איש וכוהנים שלושה
4QOrd 2+ 1.4 עשר]ה אנשים ׃ וכוהנים שנים

4Q400 2 1.6 מה נתחשב [ב]ם וכוהנתנו מה

CD 2.5 בעד שבי פשע וכוח וגבורה

1QS 3.2 יתחשב ׃ ודעתו וכוחו והונו
CD 13.11 [ו]שוכלו וכוחו וגבורתו

1QS 1.11 כול דעתם וכוחם ׃ והונם
1QS 1.12 באמת חוקי אל וכוחם לתכן ׃

11tgJ 9.8 יצדק[׃]זכי וכוכביא לא[׃

1Q20 3 1.2 נא˙˙˙[׃]˙רו וכול ˙קבלא ˙ר[
1Q26 1 1.8 נגד כול[ו]כול [
1Q29 13 1.2]˙[׃]וכול בינות עד[
1apGn 7.1 ˙˙ ׃ ארעה וכול די עליהא
1apGn 20.3 הוא לה אנפהא וכול נץ ׃
1apGn 20.20 אסיא ואשפיא וכול חכימיא
1apGn 21.5 בבקעת ירדנא וכול נכסוהי ׃
1apGn 21.11 רבא עד חורן וכול ארע גבל

וכול

1apGn 21.11	גבל עד קדש וכול מדברא :
1apGn 21.21	תמן : אנה וכול אנש ביתי
1apGn 22.1	כחדא עמהון וכול נכסוהי
1apGn 22.3	לוט בר אחוהי וכול נכסוהי
1apGn 22.11	כול די שבוא : וכול די בזו
1apGn 22.11	וכול די בזו וכול טבתהון
1apGn 22.11	בר אחוהי פצא וכול נכסוהי
1apGn 22.11	וכול נכסוהי וכול : שביתא
1apGn 22.13	כול שביתא : וכול בזתא וסלק
1apGn 22.24	כול נכסיא וכול : שביתא
1apGn 22.25	למלך סודם וכול שביא די
1Myst 1 1.7	תכון : תבל וכול תומכי רזי
1Myst 1 2.8	כול [: דמי וכ̇[ול מח]יר
1pHab 9.8	וחמס ארץ קריה וכול יושבי בה
1pHab 12.1	וחמס ארץ קריה וכול יושבי בה
1QDM 1.3	ללו[י]ים וכול ה̇[כוהנים]
1QDM 4.6	] וכו]ל אשר [
1QH 1.14	בחוכמתכה וכ‹ו›ל אשר בם
1QH 1.36	השביתו עולה וכול תמימי דרך
1QH 3.33	הנהיה בתבל וכול מחשביה
1QH 3.38	]ל משחיתים וכול [
1QH 4.9	כצפור מקנה וכול רעי
1QH 4.33	ורתת אחזונני וכול ‹גרמי›
1QH 5.17	עזים במצוקותם וכול היום
1QH 6.12	גוים אמתכה וכול לאומים
1QH 6.16	עד תהום וכול נהרות
1QH 6.23	ימים גליהם וכול משבריהם
1QH 6.27	ללוא תתזעזע וכול באיה בל
1QH 6.29	אל בקץ משפט וכול בני
1QH 6.30	ל˙˙˙[: רשעה וכול בני אשמה
1QH 7.9	עולם לסודי וכול קירותי
1QH 7.13	כול יצר מעשה וכול מענה לשון
1QH 7.29	לפני ח( )מתךה וכול בני :
1QH 7.31	אל עולם אתה וכול דרכיכה
1QH 11.8	כול גבורה וכול כבוד אתכה
1QH 12.36	אתקוממ̇ [: וכול]
1QH 13.9	עם הארץ וכול צ˙˙˙˙ה
1QH 14.6	לדורות ע˙˙˙ וכול :]אנשי
1QH 14.15	לא ימרו פיך : וכ̇ול יודעיך לא
1QH 14.15	כול בחיריך וכול עולה :
1QH 15.25	אמת אתה וכול עולה ת]
1QM 2.7	קריאי המועד וכול ראשי אבות
1QM 7.2	ועד בן חמשים וכול מפשיטי
1QM 7.3	ועד בן שלושים וכול נער זעטוט
1QM 7.4	עד שובם וכול פסח או
1QM 7.5	ליום נקם וכול : איש אשר
1QM 7.7	כאלפים באמה וכול ערות דבר
1QM 8.9	מלחמה והלויים וכול עם
1QM 9.1	להפיל בחללים וכול העם יחשו
1QM 10.13	וארץ ערבה וכול צאצאיה עם
1QM 13.1	והלויים וכול זקני הסרך
1QM 13.10	צד]ק וכול רוחי אמת
1QM 13.11	ולהאשים וכול רוחי :
1QM 14.12	תשיב לבוז וכול יקום
1QM 15.2	לכול גוי רשעה וכול ע[תודי]
1QM 15.4	והלויים וכול אנשי הסרך
1QM 15.10	כעשן נמלח וכול קהל :
1QM 15.11	לוא ימצא וכול יקום
1QM 16.7	מלחמה והלוים וכול עם :
1QM 16.8	בחללי כתיים וכול : העם
1QM 17.8	צדק במרומים וכול בני אמתו
1QM 17.13	] וכו]ל עם
1QM 17.14	להפיל בחלליהם וכול העם
1QM 19.12	ה]מלחמה וכול ראשי
1QS 1.11	בנקמת אל וכול הנדבים
1QS 1.13	כתם דרכיו וכול הונם כעצת
1QS 1.16	ימין ושמאול : וכול הבאים
1QS 1.19	כול מעשי אמתו וכול : העוברים
1QS 1.23	בני ישראל וכול פשעי
1QS 1.24	בליעל [וכו]ל העוברים
1QS 2.10	אוחזי אבות : וכול העוברים
1QS 2.18	עולמים : וכול באי הברית
1QS 2.21	אחריהם : וכול העם (
1QS 2.25	סוד עולמים וכול המואס
1QS 3.22	כול בני צדק וכול חטאתם
1QS 3.23	רזי אל עד קצו וכול נגיעיהם
1QS 3.24	משטמתו : וכול רוחי
1QS 4.1	אחת תעב סודה וכול דרכיה שנא
1QS 4.13	באש מחשכים וכול קציהם
1QS 4.15	יתהלכו וכול פעולת :
1QS 5.19	ידעו את בריתו וכול מנאצי
1QS 5.19	ישמיד מתבל וכול מעשיהם
1QS 6.12	על הרבים וכול איש אשר
1QS 7.22	( ) ‹ו›כול איש אשר
1QS 8.11	עצת אנשי היחד וכול דבר
1QS 8.16	ברוח קודשו וכול איש מאנשי
1QS 9.24	כאשר צוה וכול הנעשה בו
1QS 10.9	) אזמרה בדעת וכול נגינתי
1QS 11.11	נהיה כול וךול הויה
1QS 11.18	כול דעה וכול הנהיה
1QSa 1.16	הכוהנים וכול (ש)ר‹ש›י
1QSa 1.19	ב[עבו]דת העדה וכול איש פותי
1QSa 1.29	עם : השב]טים וכול שופטיהם
1QSa 2.3	צדוק הכוהנים וכול איש מנוגע
1QSa 2.4	יבוא בקהל אלה וכול איש מנוגע
1QSa 2.5	בתוך העדה וכול מנוגע
1QSa 2.12	כול עדת ישראל וכול : א[בות
1QSa 2.15	וכמסעיהם וכול : ראשי
2QJN 7 1.2	מן כא̊[ן :]וכול מדבחא[
4Q184 1 1.11	]ישובון וכול נוחליה
4Q403 1 1.26	ל]שלום עולמים וכול נשיאי[
4Q403 1 1.27	לנועדי צ‹ד›ק וכול ברוכי˙[
4Q403 1 1.38	כול אילי דעת וכול רוחות צדק
4Q403 1 1.41	רום רומים וכול פנות
4Q403 1 2.13	[ ] : הברך וכול מחשבי
4Q404 4 1.7	[אי]לי דעת וכו[ל
4Q404 17 1.2	]ים לכ̇[:]וכ̇ול[
4Q405 6 1.2	רו̇[ם רום]ים̇ וכול פנו̇[ת :
4Q405 23 1.3	‹כ›בוד מלכותו וכול עדת משרתי
4Q405 23 1.6	[בתה]לת עומדם וכ̇ול ר̇[וחי]
4Q405 23 2.10	] : [או]ר̇ וכול מחשביהם
4Q502 8 1.4	והעוף̇[: וכו]ל פרי עצה
4Q502 9 1.6	ואדמתנו וכול יבולה :
4Q503 56 2.4	[: ובצ[את : וכול [: [ ]הל[
4Q504 1+R 4.8	כול הימים וכול הגוים ראו
4Q504 1+R 7.7	לשמים הארץ וכול מחשביה[
4Q504 1+R 7.8	ואבדון והמים וכול אשר̇[
4Q504 4 1.4	אל הדעו]ת̇[ו]כול [מח]שב̇[ת
4Q504 34 1.2	]ר̇נה זכ[:]ם̇ וכול י˙[
4Q509 184 1.5	ומעשי :]˙ה וכול בר̇˙˙ :]˙
4Q510 2 1.1	בגורל רשע וכול[: א]לוהי
4Q510 2 1.3	]ח̇ עולמים וכול רוחי [:
4Q511 1 1.2	[ ]˙˙˙ וכ̇ו[ל
4Q511 1 1.4	בקציהם: הימים וכול חיתם
4Q511 1 1.8	דעות באמריו וכול בני עולה
4Q511 3 1.8	מ̇[:]˙בו̇ וכ̇ול]
4Q511 18 2.7	ע ני וכול מעשי נדה
4Q511 26 1.2	]˙[:]חסדיו וכול מחש̇[בותיו
4Q511 37 1.4	כול מחשביה וכו̇[ל :]יבהלו
4Q512 139 1.1	]˙˙ם וכול̇[:]ק̇ שר̇[
4Q514 1 1.5	הרישונה וכול טמאי
4Amrm 2 1.6	כול נהירא וכו[ל
4pHs[a] 2.15	חד]שה ושבתה וכול מועדיה
4pHs[a] 2.16	הגואים ו[כול] : [
4pHs[b] 21 1.2	]הנה :]וכול
4pIs[d] 1 1.6	בכול אורו וכו[ל
4pN 1+ 2.9	] : [וכו]ל יושבי
4pN 1+ 2.10	ומלפני[ו וכו]ל[
4pN 3+ 4.2	יורו גורל וכול ג[דו]ל[יה
4QCat[a] 10+ 1.4	ל אנשי בליעל וכול האספסוף̇ :
4QCat[a] 12+ 1.11	ב]ל[יע]ל וכול אנשי
4QMI 1+ 1.5	]העדה וכ[ול

1QS 6.13 יומרו לו ידבר וכולה מתנדב

1apGn 22.9 והוא רדף להון וכולהון הווא

1Q34b 3 2.2 לעבור חוקיהם וכולם [;]
1QM 5.4 איש אחר איש וכולם מחזיקים
1QM 6.16 וזרקות מלחמה וכולם עתודים
4Q506 132 1.3 הדעו]ת וכול<ם> ;
4pIsd 2 1.1]˙ וכולם הלוא[;

1pHab 11.14 ספות הצמאה וכוס חמת ;

11QT 63.7 עמכה ישראל וכופר להמה הדם

1Q25 4 1.4 יעונו ב[;]וכופרם [;

1QH 7 1.4]˙ עולם וכ<ו>שלי ארצ

1QS 10.22 עוון ומרמות וכזבים לוא

1QH 5.27 פורחת לקצים וכזוחל<י> עפר

1QH 9.20]שי˙˙[; וכזוםם לי ת[

1QM 12.10 לכסות ארץ ; וכזרם רביבים
1QM 19.2 ל[כ]סות ארץ וכזרם רביבים

1QSa 2.21] כבודו וכחוק הזה

4Q511 3 1.4]˙ הגבורות וכחכום[;]˙˙ם

4Q381 33 1.6 עבדיך בצדקך וכחסדיך [

1QS 10.22 בפי ; נבלות וכחש עוון

11QT 53.11 נדרתה בפיכה ; וכי אם תדור
11QT 58.10 תוך ארצמה ; וכי אם תחזק
11QT 60.12 כול הימים ; וכי יבוא הלוי
11QT 61.2 ההוא וכי תואמר (אל)

1QS 5.20 בכול הונ(ו)ם וכיא יבוא
1QS 6.11 להפצ הרבים וכיא האיש ;

4Q483 1 1.1]וכיבשו[ה; ע]ל

1QM 5.7 ובידם רמח ; וכידן אורך
1QM 6.5 מחזיקי מגן וכידן להפיל

CD 7.17 הצלמים וכיון הצלמים

1QH 6.10 להורותם ; וכי<ו>שיר

4pIse 7 1.3] ענוי[ם;]וכילי[

CD 1.9 ויהיו כעורים וכימגששים דרך

CD 7.17 הוא הקהל וכיניי הצלמים

1QS 4.24 וכן ישנא עולה וכירשתו בגורל

4Q381 1 1.5 ˙ר ל˙[; לילה וככ[בי]ם

11QT 36.13 ומאה באמה וככה תהיה
11QT 38.13 מאות באמה וככה רוחב
11QT 41.8 וששים באמה וככה משער דן
TS 3 2.2] וששים באמה וככה ; שער

4QM3 1 1.9 המערכה השנית וככול הסרך הזה

1QH 5.16]˙ב במעשי אש וככסף מזוקק

4QM1 1+ 1.6 ונער זעטוט וכול איש
4QM1 1+ 1.9 והלויי[י]ם וכול שרי
4QM1 1+ 1.10 ולעוש[ר]ות וכול איש אשר
4QM1 8+ 1.10] לבוז וכול יק[ו]ם ;
4QM1 11 2.22]וכו]ל עם
4QM1 13 1.6 טרוד והלויאים וכול[
4QM1 15 1.10 מגר[יהמה ;]ש וכול רוחי
4QM2 1 1.11 [וכו]ל ראשי
4QMes 1.9 כול חייא ; [וכ]ול
4QTeh 2 1.7 חוזי אמ[תו וכ]ול המואס
5QCD 5 1.5 ל[ו] וכול הא[ובד
8QHym 2 1.6 והמשפטים[;]וכול הרוחות
11Mel 2 3.5]ל˙[ ]תים וכול[ ]מלכי
11QSS 5+ 1.7 י אלוהי[ ]וכול אושיהם [
11QSS 2+ 1.3 ת]עודותיו ; [ו]כול ברכות
11QT 3.13 פנימה והמנורה וכ[ול ;]ר
11QT 3.14 וכול מזבח
11QT 5.10]באמה וכול הכיו[ר ;
11QT 27.6 יהיה [לה]מה וכול האיש ;
11QT 33.9 שבע אמות ו[כ]ול בנינו
11QT 33.11 בית ; הכיור וכול הבית הזה
11QT 35.4 [ ]ה מ˙˙˙˙ה וכול]
11QT 35.5 כוהן י[ו]מת וכול איש אשר]
11QT 43.10 <ע>ל <ה>מזבח וכול אשר ;
11QT 44.5 [ ] ; וכ[ו]ל ימין
11QT 45.15 לעולם ועד ; וכול איש אשר
11QT 45.17 עיר ; המקדש וכול טמא
11QT 45.17 אשר יטהרו וכול צרוע ;
11QT 46.3 לחצר החיצונה וכול[
11QT 47.6 יהיה ; טהור וכול אשר יבוא
11QT 47.6 טהור יין ושמן וכול אוכל ;
11QT 47.7 וכול אוכל ; וכול מושקה
11QT 47.12 ואת שמנמה וכול ; אוכלמה
11QT 47.17 לעריכמה וכול טהרת
11QT 48.6 מכור לנוכרי וכול תועבה לוא
11QT 49.6 כול אשר בבית וכול הבא אל
11QT 49.7 שבעת ימים וכול אוכל אשר
11QT 49.8 חרש יטמאו וכול אשר בהמה
11QT 49.15 רחים ומדוכה ; וכול כלי עץ
11QT 49.15 ברזל ונחושת וכול כלים אשר
11QT 49.17 היה בבית ; וכול אשר בא אל
11QT 50.4 השמש וכול ; איש אשר
11QT 50.12 אליו יטמא ; וכול כליו שבעת
11QT 50.12 שבעת ימים וכול הנוגע בו
11QT 50.16 וטהר וכול הכלים
11QT 50.16 ובגדים ועורות וכול ; מעשה
11QT 50.17 תעשו להמה וכול כלי ; חרש
11QT 51.4] השמש וטהר ; וכול הנושא
11QT 52.16 לשום שמי עליו וכול הבהמה ;
11QT 53.9 רק קודשיכה וכול נדריכה
11QT 53.19 כול נדריה וכול אסרה אשר
11QT 54.4 אסלח [ל]ה ; וכול נדר אלמנה
11QT 56.10 הרע מישראל וכול ; העם
11QT 57.7 ביד הגואים וכול ; הברורים
11QT 57.21 שדה וכרם וכול הון ובית
11QT 57.21 וכול הון ובית וכול חמוד
11QT 58.19 פיהו יבוא הוא וכול בני ישראל
11QT 60.2]˙˙[ ] א˙[; וכול תנופותמה
11QT 60.2 וכול תנופותמה וכול בכור[
11QT 60.2 הזכרים וכול[;
11QT 60.3 לבהמתמה וכול קודשיהמה
11QT 60.5 א(˙)שר יצודו וכול אשר
11QT 60.11 בשמי הוא וכול בניו כול
11QT 62.10 והטף והבהמה וכול אשר יהיה
11QT 63.4 יהיה כול ריב וכול נגע וכול
11QT 63.4 ריב וכול נגע וכול זקני העיר
11QT 64.6 הרע מקרבכה וכול בני ישראל

1apGn 2.19 על מתושלח אבי וכולא לה [;
1apGn 2.20 לה [; אבוהי וכולא מנה

4Tstm 1.18 קעורה באפך וכל<י>ל על

3Q15 10.11 מאות : זהב וכלין כופרין

4Q502 133 1.1]˙ וכלית[:]˙ם

3Q15 12.5 שדא אחת וכלכליה וכסף

1QH 9.22 בו]שת פנים וכלמה לנרגני

1QM 1.5 אנשי גורלו וכלת עולמים

1apGn 20.2 לה צלם אנפיהא וכמא :]
1apGn 20.3 וכמא : [ו]כ[מא] רקיק
1apGn 20.4 יאא לה חדיה וכמא שפיר לה
1apGn 20.6 כמא שפירן וכמא שלמא להן
11tgJ 21.6 ולא ˙[: מלין וכמא לא

1QS[b] 5.23 לרום עולם וכמגדל עו[ז]

1Myst 9+ 1.3]רבו בו וכמוה[: עם

4Q370 1.3 כ[כ]ל דרכיהם וכמחשבות יצר

1apGn 21.14 כמן ארכהא וכמן פתיהא ארי

4apLm 2 1.7 כעקרה וכמסככה כול

1QS[a] 2.15 במחניהם וכמסעיהם וכול

4Q381 15 1.10]˙ וכמעיל ילבשוה

1QS 8.19)<ב> בתכונו וכמשפט הזה
CD 7.7 פי התורה וכמשפט :
CD 8.18 החיק חרה אפו וכמשפט : הזה
CD 19.4 על פי התורה: וכמשפט היסודים
CD 19.32 אחריהם וכמשפט הזה לכל
CD 20.8 קדושי עליון וכמשפט הזה לכל
CD 12.21 למשפט עת ועת וכמשפט : הזה

1Q36 14 1.3 בש[ר :]כה בי וכן ב[:]˙עו
1pHab 2.5 את שם קודשו : וכן פשר
1QH 10.28 [: איש מרעהו וכן לבן א˙]
1QH 14.13]˙ח קודשך וכן תגישני
1QH 14.18 הרע בעיניך וכן הוגשתי
1QM 6.9 אנשי הבינים וכן : יעמודו
1QS 4.24 איש באמת וצדק וכן ישנא עולה
1QS 4.24 עול ירשע בו וכן : יתעב אמת
1QS 6.4 ישבו לפניו וכן ישאלו
1QS 6.9 איש בתכונו וכן ישאלו
1QS 7.9 חודשים) : וכן לנוקם
1QS 7.10 שלושים ימים וכן לאיש הנפ(
1QS 9.16 שכלו : להגישו וכן אהבתו עם
1QS 9.18 להנחותם בדעה וכן להשכילם
4Q381 33 1.9 הרביתי אשמה וכן א[כרת :
4QM4 1 1.3]: הכוהנים וכן ללויים
CD 8.1 הסגירו לחרב וכן משפט כל
CD 8.16 את השבועה : וכן המשפט לשבי
CD 19.13 נקם ברית: וכן משפט לכל
CD 20.1 ומישראל וכן המשפט :
CD 9.14 האשם הכל וכן כל אבדה
CD 14.6 והגר רביע וכן ישבו וכן
CD 14.6 רביע וכן ישבו וכן ישאלו לכל
CD 15.6 עליהם וכן : המשפט
CD 16.12 יקימנה וכן המשפט
TS 3 2.6 עד ה(ארשכי)ם (וכן) המשקופ

1QS 10.9 לכבוד אל וכנור נבלי

4pIs[c] 23 2.8 על רואש הר : וכנס על גבעה
4QOrd 1 2.4 לו יאוכלנה וכנס לו

1QH 6.36]ל[ ]לתפל וככפים לא[:]

11tgJ 14.9 הלבש]תני וככתון לבשת]

1apGn 20.6 להן לה שקיהא וכל בתולן
2apDa 1 2.4 יתנם למשפט וכל]
4Q185 1+ 2.10 מ]ב ימדה וכל עמו גאל :
4Q374 2 2.9 עוד ודעת[: וכל לא ידעוך
4Q381 1 1.4 ותיה אגמים וכל בלעה וי˙˙ר
4Q381 1 1.6 מר לאו[: עץ וכל פר[י כר]ם
4Q381 1 1.6 וכל פר[י כר]ם וכל תבואות שדה
4Q381 1 1.9 ˙[ ]˙ ועוף וכל אשר להם
4Q381 1 1.10]מש בהם וכל צבאיו
4Q381 14 1.2 שלג [ ]וברד וכל ˙[:]הו
4Q514 1 1.8 בטמאתו הרישנה וכל[ט]מאי
4Amrm 2 1.4]יכה וכל עבדה
4apLm 2 1.5 שוממה כעזובה וכל [בנ]ותיה
4apLm 2 1.8 מרורים : וכל בנותיה
4Tstz 1 1.2 וישי[: עול וכל שקר לא עוד
4Tstz 1 1.4 לא[: כ]ל עקתי וכל די יתאעל[:
5QJN 1 1.6 ות[רתין] וכל [שוק]
11tgJ 34.7 כל גאה והשפלה וכל : רמת רוח
11tgJ 38.5 כל רחמוהי וכל אחוהי וכל
11tgJ 38.5 וכל אחוהי וכל ידעוהי
CD 3.20 בו לחיי נצח וכל כבוד אדם
CD 4.7 וירשיעו רשע וכל הבאים
CD 6.11 הימים וכל אשר הובאו
CD 7.9 אב : לבנו וכל המואסים
CD 7.13 מעל יהודה וכל הנסוגים
CD 19.5 ובין אב לבנו וכל המאסים
CD 20.25 הקדש: וכל אשר פרצו
CD 20.27 מצרפותיו וכל המחזיקים
CD 9.2 את בני עמך וכל איש מביאו
CD 9.10 הושיע ידו לו וכל האובד :
CD 10.12 יטהר במה כלי וכל גבא בסלע
CD 11.16 ובצע בשבת : וכל נפש אדם
CD 11.21 במנחת רצון וכל הבא אל :
CD 12.3 והידעוני ישפט וכל אשר יתעה :
CD 12.14 [דמ]ם וכל החגבים
CD 12.15 בריאתם וכל העצים
CD 12.17 הנוגע בם וכל כלי ~~מסמר~~
CD 13.11 ורצוץ בעדתו : וכל הנוסף
CD 13.17 ה]עצה וכל למגרש והוא
CD 14.1 מעל יהודה וכל המתהלכים
CD 15.13 אם ימ[ע]ל[ ] וכל אשר נגלה
CD 15.15 אויל ומשוגע וכל פת[י

1apGn 20.6 וכל בתולן וכלאן די יעלן

1QH 11.18]ה וכלה בלוא
1QH 3 1.16 ומשפטי נגע וכלה[:]˙˙ח]
1QM 15.2 עולמים : וכלה לכול גוי
4Q381 76+ 1.4 הווה ע[: ר]שף וכלה ואין ח]קר
4pIs[a] 2+ 2.12 מע[ט וכ]ל[ה

4QMes 2.16]˙]˙ וכל[ה]ן יתבנון

3Q15 1.3 שדת כסף וכלוה: משקל

1pHab 6.4 זבחים לאותותם וכלי מלחמותם
3Q15 12.6 בית שם כל כסף וכלי זהב : של
11QT 49.8 המושקה : יטמא וכלי חרש יטמאו
CD 11.17 בסולם וחבל וכלי אל

11QT 49.20 בגדיהמה וכליהמה ויטהרו

4Q184 1 1.2 לבה יכין פחוז וכליותיה מק[:

1QS 4.7 בחיי נצח וכליל כבוד :
1QS[b] 4.2 ו]התערב לו וכלי[ל]˙]
4QFl 6+ 1.5] באפכה וכליל על

1QH 4.19 [כ]גלוליהם וכרוב פשעיהם
1QH 14.19]כלו אגישנו וכרוב נחלתו
11QPs 19.5 כרוב רחמיכה וכרוב צדקותיכה
11QPs 19.11 כרוב רחמיכה וכרוב צדקותיכה
11QPs[b] a 1.6 [׃ וחם]יכה וכרוב

1QH 14.21]ש ׃]נו וכרחקך אותו כן

11QT 57.21 יחמוד ׃ שדה וכרם וכול הון

4pN 1+ 2.5 <[ ]]וכרמל ופרח

1QH 4.6] אדורשכה וכשחר נכון

4pN 3+ 2.4]ואין קץ לגויה וכשלו וגויתם

1QH 9.25]לי לכליל כבוד וכשלוני לגבורת

1QM 11.10]להמה כפרעוה ׃ וכשלישי

1QH 7.21]פה כיונ[ ]וכשעשע עולול

1Q34[b] 3 2.7 במעשי ידיך וכתב ימינך
4Q509 97+ 1.9 ב]מעשי ידיכה וכתב
4QNab 1+ 1.5] ׃ החוי וכתב למעבד יקר

1QS 6.20 מלאכת הרבים וכתבו בחשבון
11QT 56.20]על כסא ממלכתו וכתבו ׃ לו את

CD 13.12 והונו ׃ וכתבוהו במקומו

1QS 5.23]ביחד לבריתו ׃ וכתבם בסרכ איש

11QT 48.9 תתנו בבשרכמה וכתבת קעקע לוא

1Myst 1 1.6 מפנו ׃ אור וכתום עשן

1QM 18.2 יפת לאין קום וכתיים יכתו

4apLm 1 2.11 עלי תול[ע ׃ וכתם טוב עדים

1apGn 17.16 לטינה נהרא וכתרה ל[טג]וג

1Q24 1 1.4]תיא ולחבריא ו[ל׃]א
1Q53 1 1.1]לתולעת ול˙[׃]לו
1apGn 2.11]]ול˙א ושגי לבי
1QH 10.36 ומשפט ב[ ]ול מעשיכה וצדק
1QH 13.12]להפר קימי קדם ול[ ]ים נהיות
1QH 16.7 באמת בריתך ול˙˙˙˙ך באמת
1QH 17.22 מחפוא לך ול[ ]וב לו
1QH 63 1.1]ו ול[ ]˙˙[׃
1QJN 11 1.2]˙ם[׃]ול˙[
1QM 13.15 ולהגביר אור ול[ ]˙ם
1QS[b] 16 1.3]וברכה ˙[׃]ול˙[
3Q10 2 1.1]ול[׃]לכו ב[
4Q176 16 1.5 א˙ת בריתו ול˙[׃]לו[
4Q176 22 1.4 [׃]לו[ ]ול אמר[׃]˙˙[
4Q176 46 1.1]˙ול[
4Q176 48 1.2]וי˙[׃]ול[
4Q178 4 1.3]לאדם[׃]צדקה ול˙[׃]צאצאי
4Q374 8 1.3]ת ב˙[׃]הם ול˙[׃ [˙]
4Q381 46 1.2]ב ול[ ]˙˙
4Q381 48 1.1]˙ ול˙[׃]בניך מן
4Q381 75 1.3]יכנעו ול[
4Q404 10 1.2]הוי˙[׃]ול נ[
4Q405 7 1.6]˙[ ]˙[׃]ול סביב[ ]˙ל[
4Q405 44 1.2 קו[דש ׃]˙ול ירום ומד[׃
4Q497 2 1.4 [׃]קיר[׃]˙˙ול˙[׃]הביא[׃
4Q502 173 1.3]ם[׃]הם [׃]˙ול[
4Q502 225 1.1]˙ ול˙[
4Q502 229 1.1]ול˙[

1apGn 12.11 ˙˙ ׃˙˙˙ פום וכנען ˙˙˙ ˙˙˙ ...

1QM 9.11]וראשים יוצאים וכנפים [

4Q504 6 1.7]ותביאנו אליכה וכנשר יעיר

4Q512 11 1.4]בגדיו במ[ים ׃ וכסה את בגדיו

4Q381 15 1.10]ובמעיל ילבשוה וכסות ׃ [

4Q381 1 1.5]לילה וככ[בי]ם וכסילים ויהיר

11QT 52.12 תשופכנו כמים וכסיתו בעפר
11QT 53.5 תשופכנו כמים וכסיתו ׃ בעפר

1QM 5.5]מעשה חושב זהב וכסף ונחושת
1QM 5.8]גדיל שפה בזהב וכסף ונחושת
3Q15 2.6]בור ב[ו] כלין וכסף ככרין
3Q15 12.5 אחת וכלכליה וכסף כך ׃ בפי
3Q15 12.7 זהב ׃ של דמע וכסף הכל ככרין
11QT 56.17 הרבות לו סוס וכסף וזהב
11QT 56.19 לבבו מאחרי וכסף וזהב לוא

11tgJ 23.4] וכעבד ׃ כפוהי[

1QM 12.9 כ]ענני‌ם וכעבי טל לכסות

4apLm 2 1.6 כעצובה וכעזובת

1QH 3.7 ˙ ׃ וכעיר מבצר מלפ

1Q20 1 1.4 ו˙˙˙ין׃]וכען הא אנ׳תי
1apGn 5.5]מן למך ב[רך ׃ וכען לכא אנה
1apGn 20.13 בכולהון דין וכען ׃ קבלתך
1apGn 20.23 אנתתה עמה וכען אזל אמר
1apGn 20.28 מדינת מצרין וכען צלי עלי
1apGn 22.29 תבת מן מצרין וכען בקר ומני
1apGn 22.30 מפקך מן חרן וכען אל תדחל
4Tstz 1 1.3 עוד ישתכח[׃ וכען סב לוחיא
11tgJ 16.5 פרק]ני וכען עלי תתאשד
11tgJ 37.7 אדן שמעתך וכען עיני ׃

11tgJ 16.4 ו<ר>ב<ו>תי וכענן ׃ פרק]ני

4Q381 46 1.4 ותפארת[ך ׃ וכעננים יפרשו

11tgJ 14.3 חשו מללא וכף ישו[׃]

4Q186 2 1.5 ושוקיו חלקות וכפות רגליו ׃

1QH 10 1.4 לפי שכלם וכפי דעת˙[׃]
1QS 4.24 בחכמה ואולת וכפי נחלת איש
1QS[a] 1.7 בספר ההגי וכפי יומיו

1QH 6.9 ורוב סליחה וכפיכה להורותם

1pHab 9.15]מקיר תזעק [ו]כפים מעץ
1pHab 10.1 אבניה בעשק וכפים עיצה
1QH 6.26 סוד על סלע וכפים על קו

4pN 3+ 1.9 רובכ]ה וכפיריכה תאכל

11Mel 2 3.10 ולשית סמוך וכפר˙[
11QT 26.7 הפר אשר לו וכפר בו על כול
CD 20.34]על כל בני תבל וכפר אל בעדם

4pN 3+ 1.10 בירושלי]ם וכפריו הם ׃

4Q370 2.5 בי[ן׃ יצמחו וכצל ימיהם ע[ל

4Q500 4 1.1]וכר˙[׃]˙˙[

1QH 9.19 הצ[: עמדי ולא ה˙]
1QH 10.2 לא יהיה ולא יתבונן כול
1QH 10.9 לא יעשה כול ולא יודע בלוא
1QH 10.15 נפלאותכה ולא להם יומם ו
1QH 10.22 הכינותני ולא נתתה :
1QH 14.19 נחלתו אהבנו ולא אשא פני רע
1QH 14.21 אתעבנו ולא אביא בסוד
1QH 15.13]אדם : דרכו ולא יוכל אנוש
1QH 15.18]ך תעבה נפשם ולא רצו בכול
1QH 15.24 הם ישרתוך ולא תק˙ [
1QH 16.2 ˙[ולא יוכ] : רוח
1QH 17.19]]תי ולא נל˙תי :
1QH 13 1.6 ע˙˙ :]היו ולא יעשה כול :
1QNo 2 1.3 לפ[ני :]ולא תחתך [:
1QNo 21 1.1]ולא [
2Q33 5 1.2 כול ˙[:]ולא ה˙˙[:]˙
2apDa 1 1.2 עם קשתות ולא: מ]לחמה
2apDa 1 2.3 דרכיו ולא[: יתנם
2QJN 8 1.6 בה עלו[הי:]˙ ולא יתכלא עוד
4Q156 1.5] ו]לא ימות [ ]
4Q185 1+ 1.12 לע[ ]˙ד : ולא ימצא מרוח
4Q185 1+ 1.12 יבקשוהו ולא ימצאהו
4Q185 1+ 2.5]˙יראתו ולא לעתת מפחד
4Q185 1+ 2.10 לא ימנה : לי ולא[
4Q185 1+ 2.13 אדם יעשנה ולא יאל על[
4Q378 22 1.1]משה אלהי ולא הכחדתם
4Q381 10+ 1.3] רחמון הוא ולא בפעם ה˙[:
4Q381 33 1.10 משמחת עוד ולא תראה בטוב
4Q381 46 1.5 לוא יעז אנוש ולא ירום[
4Q513 4 1.5 עורון ה[:]ולא מתורת משה[
4pIs[c] 2 1.7]ה ולא[
4pN 3+ 1.10 ט]רפה : ולא י[שמע
4pN 3+ 3.7 ונפרדה כנסתם ולא יוסיפו עוד
4tgJ 1 2.6 מני[ח: ימותון ולא ב[חכ]מ[ה :
6apGn 1 1.3 למהוי ˙[:]ולא מרתת מן
6apGn 4 1.4 תמשכו[: ˙˙ ולא ˙]
6apSK 28 1.1 [ולא ת]
11tgJ 2.5 לעבדי קרית ולא [: רוח
11tgJ 11.5 חר]ב יפצון ולא ישבעון :
11tgJ 11.10 בקפותא : ש]כב ולא איתחד :
11tgJ 15.1] אחאך להון ולא יה[ימנון :
11tgJ 17.3]בדי:]˙ו ולא :]הלכת :
11tgJ 21.5 אלהא חיבנא ולא ˙[: טלין
11tgJ 21.8] : קמו ולא ימללון
11tgJ 22.3 וק[ל :]˙ אנה ולא חטא לי
11tgJ 23.5]ולא :
11tgJ 25.9 מ˙[: תב]חר ולא אנה [:
11tgJ 26.4 מן קדם סגיאין ולא אמר[ו
11tgJ 26.7 תמה יזעקון ול[א
11tgJ 30.9 עד תנא : ולא תוסף[
11tgJ 32.3 ויפק( )ן נפקו ולא תבוא :
11tgJ 33.3 יחאך על דחלה ולא : יזוע ולא
11tgJ 33.4 ולא : יזוע ולא יתוב מן
11tgJ 36.3 לחברתה חענן ולא יתפ[ר]שן
11tgJ 37.4 תכול למעבד ולא יתבצר מנך
11tgJ 37.5 חדה מללת ולא אתיב
CD 1.6 לישראל ולא נתנם לכלה
CD 2.16 בכל דרכיו ולא לתור
CD 2.21 את : רצונם ולא שמרו את
CD 3.2 בשמרו מצות אל ולא בחר :
CD 3.7 ורשו את רוחם ולא שמעו :
CD 6.6 כי דרשוהו ולא הושבה :
CD 6.13 יסגור דלתו ולא תאירו
CD 7.1 שלום : אחיהו ולא ימעל איש
CD 7.2 אחיהו כמצוה ולא לנטור :
CD 7.3 הטמאות כמשפטם ולא ישקץ : איש
CD 8.8 בשרירות לבו ולא נזרו מעם
CD 19.17 בברית תשובה : ולא סרו מדרך
CD 19.20 בשרירות לבו ולא נזרו מעם :
CD 20.13 ברית החדשה: : ולא [יה]יה להם
CD 20.30 משפטיך בנו: ולא ירימו יד

4Q503 39 1.1 ˙ ˙˙˙˙[ ]˙ול˙ ˙˙˙˙˙ ה[:
4Q503 212 1.1]ול˙[
4Q504 1+R 3.18] : בריתכה ול[
4Q504 1+R 7.12] : כבוד ול[ ]˙˙˙[
4Q504 28 1.3 [:]˙ו˙˙[:]ול˙˙ [:]˙˙[
4Q506 144 1.3 [ ]˙[: אש˙[:]ול[
4Q508 11 1.1]˙כה ול˙˙[:]ל˙
4Q509 31 1.7 ותצו,[:]מתה ול[
4Q510 1 1.9 תהלי]ול[
4Q511 22 1.5]ול˙[ ]˙ת : [
4Q511 137 1.4 מ]שפטיו ול[
4Q511 168 1.1]מו ול˙[:]˙[
4Q511 173 1.1]˙ון ול˙˙[:]˙מה [
4Q512 10 1.2 [: <] ˙˙ול˙[>]ל[
4Q512 85 1.3]מעונ[ו :]ה ול˙[
4Q513 21 1.1]ול ה[:]ל[
4Q515 3 2.1]קודשו: ול˙˙ם ˙˙[
4Q515 9 1.1]˙ול˙[:] הו[
4QBer 10 2.12 א]ל ול[
4QCat[a] 7 1.6 להמה טמא ול˙[
4QCat[a] 19 1.3 התלוננו יחד ול˙[:]
4QM6 16 5.2 [:]וצרות[ ]˙ול[ ]˙˙[:
4QM6 21 1.2]˙[:]ול˙ו[:]אי[
5Q16 1 1.6 ומש˙[:]˙˙˙ול˙[
5Q16 4 1.2]א ל˙[:]חבא ול˙[:]שונו
5Q19 1 1.2 [:]˙ר לפניך ול˙[:]˙י עלם
6apSK 33 1.4 מלך מואב[:]ול וש[
6QHym 2 1.3 נצח וכב[וד:]ול חושך ואפ[לה
6QPro 14 1.1 ול[: א[
11QT 38.8] עליה לבונה ול˙˙˙˙˙[:
TS 1 1.7 ולשלמים [ו]ל ˙˙˙˙˙
TS 1 1.8]ל[ ]ול ˙˙˙ ות

1Q34[b] 3 2.3 בכל תבל ולא הבין זרע
1Q34[b] 3 2.3 אשר הנחלתו ולא ידעוך :
1Q34[b] 3 2.4 וירשיעו מכול ולא הבינו
1apGn 2.6] תחוינני ולא בכדבין הדא
1apGn 2.7 עמי תמללין ולא בכדבין [:
1apGn 2.16 נצבת פריא[: ולא מן כול זר
1apGn 2.16 ולא מן כול זר ולא מן כול
1apGn 2.16 מן כול עירין ולא מן כול בני
1apGn 19.17 בטלל תמרתא : ולא [ ]
1apGn 19.26 די א[ ]תה ולא [ ]
1apGn 20.10 אברם בדילהא ולא קטילת
1apGn 20.17 אנש ביתה ולא יכל למקרב
1apGn 20.20 ולאנש : ביתה ולא יכלו כול
1apGn 22.3 וכול נכסוהי ולא קטיל ודי :
1QH 1.8] יעשה כול ולא יודע בלוא
1QH 1.25 ולוא נסתרו ולא נעדרו
1QH 3.36 תשוט בתבל ולא תשוב עד
1QH 4.8 כי נמאסו למו ולא יחשבוני
1QH 4.14 בלב ולב ולא נכונו
1QH 4.17]כה ולא האזינו
1QH 4.21 בכול מעשיך : ולא רמיה
1QH 4.23 לאורתום ולא טחתה בבושת
1QH 4.25 ולמישרים אמת ולא תתעם ביד
1QH 4.38 בצדקתכה : ולא לאדם [
1QH 5.6 שפטתני ולא עזבתני
1QH 5.10 לחתוף וירבו ולא : פצו עלי
1QH 5.20 לא עזבתה יתום ולא בזיתה רש
1QH 5.29 לאין מנום ולא בהב[
1QH 7.11 פה לרוח הוות ולא מענה לשון
1QH 7.29 ‹צב˙› רוח ולא יוכל כול
1QH 8.16 מים חיים ולא יכזב לפתוח
1QH 8.26 חום יבול עליו ולא נפתח עם מ˙
1QH 8.34 לשלוח פעם ולא מצעד לקול
1QH 9.7 בנפלאותיכה ולא הזנחתני
1QH 9.11 בפי עבדכה ולא גערתה חיי
1QH 9.11 לא הזנחתה ולא עזבתה :
1QH 9.15 כול במ[שפ]טכה ולא י˙[
1QH 9.17 אין מדה ולא˙˙[ ]˙˙˙

4Q513 2 2.4] : ולבג[מ]לאכי

4Q516 1 1.1]˙ולבה˙ [

1QM 17.4 כי]א המה לתהו ולבהו תשוקתם

4Q510 1 1.4 תפארתו לפחד ולב֯[הל] : כול

1QH 3.22 צבא קדושים ולבוא ביחד עם
1QS[a] 1.17 [לצא]ת ולבוא לפני
CD 20.28 ל[צ]את : [ו]לבוא על פי
CD 11.11 את היונק לצאת ולבוא בשבת :
CD 13.4 הג[ו]רל לצאת ולבוא על פיהו

1pHab 3.1 ילכו לכות ולבוז את ערי

CD 11.19 עולה ומנחה ולבונה ועץ ביד

1apGn 20.31 וד]הב [ש]גיא ולבוש שגי די

11QT 59.8 והיו לאוכלה : ולבז ולמשוסה

1QM 16.11 לנפול ברזי אל ולבחון בם כול
1QS[b] 3.23 בריתו ל[עולם ולב]חון כול

CD 2.15 במעשי : אל ולבחור את אשר

4Q184 1 1.14 להטות דרך ולבחורי צדק֯ :

4Q381 48 1.4 בי יראיך ולבחן ש֯[:

1apGn 2.2 ולנפיל[ין : ולבי עלי משתני
1QH 10.31 ואפרחה ˙˙˙שנ˙ ולבי נפתח

CD 11.10 סמנים לצאת ולביא בשבת

1QS 5.6 לקודש באהרון ולבית האמת

4QOrd 1 2.4 וכנס לו ולב[יתו : השדה

11QT 37.10 לז[ב]חיהמה ולבכו֯רים

4Q508 41 1.3]˙˙˙נו ולבמ[

4pIs[a] 7+ 3.6]בברזל ולבנון באדיר :
4pIs[a] 7+ 3.11 כתיאים ולבנון בא[דיר]

11QT 40.6 ו]לבנותיהמה

1apGn 12.16 ˙ : קרית לבני ולבני בני
1QH 1.27 וסוד האמת ולבני האדם
1QH 1.34 משפטי נגיעי : ולבני אנוש כול
1QH 10.27 כול מארץ : ולבני אמתכה
11QT 38.10 העוף֯ ולתורים ולבני היונה֯[
11QT 44.7 אשר מעל הגג ולבני יהודה
11QT 44.9 אשר מעלהמה ולבני שמעון
11QT 44.10 וסוכ<ו>ת<ה>מה ולבני ראובן :

4Tstm 1.4 למען יטב להם ולבניהם לעולם

4Q511 52+ 1.2]˙ לאדם ולבנ֯[יו

11QT 53.7 יוטב לכה ולבניכה אחריכה

1QDM 2.9 לבאר : [ולבני]כ֯ם֯ [ ]

1apGn 12.16 ולנשי כולנא ולבנתהון

4Q509 143 1.2 מ֯ו֯ס֯ד֯ ˙[:]˙ ולבער מ֯מ֯נ֯ו֯ [:

CD 8.7 ויתגברו להין ולבצע ויעשו

CD 20.32 מורה צדק: ולא ישיבו : את
CD 9.2 אמר לא תקום ולא תטור את
CD 9.8 תוכיח את רעיך ולא תשא עליו
CD 9.11 וכל האובד : ולא נודע מי
CD 9.12 אם יודע הוא ולא יגיד ואשם
CD 11.23 או יתאחר ולא ישביתו את
CD 12.22 זרע ישראל ולא יוארו
CD 13.16 ועשה אמנה ולא יש[
CD 14.16 כל עבודת החבר ולא :]
CD 15.4 והתודה והשיב ולא ישא]

4Q487 7 1.2]˙[:] ולאה[:]י

1QH 16.7 באמת ולב שלם ולאהוב את ˙˙˙[
1QS 1.3 עבדיו הנביאים ולאהוב כול:
1QS 1.9 תעודותם ולאהוב כול בני

1pHab 10.8 עמים בדי אש : ולאומים בדי
4QFl 1+ 1.18 רגש]ו גויים ולאומים יהג[ו

1QS 5.24 ותום דרכו ולאחרו כנעוותו

1pHab 9.6 משלל העמים : ולאחרית הימים

4Q176 20 1.3]ולב˙[ ] ולאיבו להב֯ער

11QT 24.7 ו]פ֯ר ולאיל ואיל

1apGn 21.29 די בעמן ולאימיא]

4Q381 1 1.2 ויבינו ולאין לב ידעון

CD 14.15 אשר : [יגו]ע ולאיש אשר ינוע

4Q512 7+ 1.3 ישר֯[אל] : ולאכול ולש[תות

1QS 10.11 כחוק חרות ולאל אומר צדקי
4Q509 221 1.1]˙ולאל[:]ק֯צ˙[

4Q374 4 1.1]˙ ולאלהים :

11QT 17.15 [כמש]פט לפרים ולאלים
11QT 22.4] ו]לאלים
11QT 28.5 כמשפטמה לפרים ולאל[ים]

4Tstm 1.16 ( ) : ( )ולאמו

1apGn 20.19 מן מכתשא דן ולאנש : ביתה

1apGn 21.21 לממרה ולערנם ולאשכול ת<ל>תת

11QT 35.11 לחטאת ולאשם מובדלים

11QT 35.12 ולחטאות העם ולאשמותמה ולוא

4Q511 30 1.3 ואין פותח ולאשר֯[
CD 14.15 אשר ינוע ולאשר ישבה

1QH 4.14 וידרשוכה בלב ולב ולא נכונו
1QH 16.7 ול˙˙˙˙ך באמת ולב שלם ולאהוב
1QH 16.17 אליך באמונה ולב שלם[:
1QH 18.20 אוזן נפתח דבר ולב :]˙˙
1QH 18.26 יצר :]˙ר ולב האבן למי
1QM 11.9 לגבורת פלא ולב נמס לפתח
1QM 18.13]ם֯ ולב גבורים
4Q176 20 1.3 מעשי הדור :]ולב˙[ ] ולאיבו
4QMl 11 2.12 [א]ל [ו]לב עמו יבחן

11tgJ 36.9 כפרזלא ולב֯[בה]

1QH 4 1.14 ויהם לבי˙[:]ולבבי כדונג

6Q30 1 1.5	ת`] [ פֿעים ולה ] [ `]
1QSb 4.27	לתבל בדעת ולהאיר פני :
1QM 13.11	ובעצמתו להרשיע ולהאשים וכול
CD 6.17	יתומים ירצחו ולהבדיל בין
4QTeh 1 1.2	את] [ה] ולהבדיקן :
CD 6.14	לקץ הרשע ולהבדל : מבני
CD 7.3	מיום ליום ולהבדל מכל
1QH 58 1.4	` ` ר] [ה ולהבין] [ר קץ
1QS 1.7	לעשות כול רע ולהבי את כול
1QS 11.19	מחשבת קודשכה ולהבים בעומק
1QH 15 1.4	ש[התהלכו] ולהבין
1QH 15 1.5	גבורתך] [ח ולהבין אנוש
CD 2.14	עיניכם לראות ולהבין במעשי :
1QSa 1.5	חוקי הברית ולהבינים בכול
4Q504 1+R 2.17	ת] ` ` ולהביננו
4VSam 2 1.1	אותם] ולהבר כפים ל[
1QM 13.15	להשפיל חושך ולהגביר אור
1QH 11.21	ים ולהגות הגו :
1QH 16.12	ברוח קודשך ולהגישני
11QSS 2+ 1.6	לכסאי כבודו ולההדום ר[גליו
1QH 10.26	אדם] ולהדשן כול
1QM 2.5	בעד כול עדתו ולהדשן לפניו
1QH 2.26	לאין מרפא ולהוב חנית באש
4Q379 22 2.7	יש]וע] לה]לל ולה]ור[ו]ת
4Q503 1+ 2.8	ע]ולם ולהודות לו
4Q504 1+R 6.15	:] לעובדכה ולהודות ל[שׁ
4Tstm 1.21	כלה ישוע להלל ולהודות
1QH 4.28	בעבור כבודכה ולהודיע : לכול
CD 6.17	המא לטהור ולהודיע בין :
CD 12.20	המא לטהור ולהודיע בין
1Q36 21 1.1	ה ולהודיעו] ` [
1QS 9.17	אנשי העול ולהוכיח דעת
1QSb 5.22	[ ] [ו]להוכיח
2apMo 1 1.2	לך משפט באמת ולהוכיח
1QS 5.3	דבר לתורה ולהון ולמשפט
1QS 10.19	ברוח : רשעה ולהון חמס לוא
1QSa 1.23	אהרון להביא ולהוציא אתכול
1QSb 3.23	בתוך עמו ולהורותם :
1QS 5.1	לשוב מכול רע ולהחזיק בכול
6Q15 4 1.2	] ול]החזיק] :
CD 6.21	אחיהו : כמהו ולהחזיק ביד
1QH 8.12	ורוחות קודש ולהם אש מתהפכת
4Q184 1 1.16	ענוים מאל ולהמות פעמיהם

CD 19.19	ויתגברו להון ולבצע ויעשו את
1QH 16.6	ל] פשעי ולבקש רוח] :
11tgJ 26.3	כות]ך חפיך : ולבר אנש צדקתך
1QH 13.11	שׁ]ר קדם ולברוא : חדשות
1QH 14.9	על עלי ` ` ` רשע ולברך :] ר
1QS 6.8	ולדרוש משפט : ולברכ ביחד
4Q502 30 1.4	אשׁר] [: ולברך]
4Q503 56+ 1.11	ולברך] [:]
11QT 60.11	לפני ולשרת ולברך בשמי הוא
11QT 63.3	לשרת לפני ולברך בשמי :
4Q511 116 1.2	י]ו ` ` [:] ולברכו :]שדי
1Q24 1 1.7	פ]יא ולמ] ` [:] א[ולברקיא [:]ל
CD 14.15	ישבה לגוי נכר ולבתולה אשר
1apGn 19.23	] ולבתר חמש שניא
4QMI 8+ 1.6	כ]ול גואי רשעה ולגבו[ריהמה] :
1QH 10.10	לנגד כבודכה ולגבורתכה אין
11QT 42.9	השני ושלישי : ולגג ונשכות
4QFI 9+ 1.3	טוב האׁ[ר]ק : ולגד א]מר
1QH 7.19	להציץ : ` ` שׁ ולגדל נצר
4Q517 31 1.1	ולגור]
CD 6.16	ובהון המקדש ולגזול את עניי
1QH 55 1.1	] ` ` [:]ים ולגלות נסתרות
11QT 40.6	ו]לבנותיהמה ולגרים אשר
1QH 16.7	ק] [:] ולדבוק באמת
1QS 1.5	מכול רע : ולדבוק בכול
11QSS 2+ 1.6	מר]כבות הדרו ולדבירי קו[דשו
11QT 60.4	לעוף ולחיה ולדגים אחד
11QT 60.8	לעוף ולחיה ולדגים אחד ס[ן
1QH 5 1.9	חסריכה ולדעת כול
11QT 40.9	הזאות : למזרח ולדרום ולים
1apGn 21.9	ולמערבא ולדרומא
1QS 6.7	לקרוא בספר ולדרוש משפט :
6Q15 4 1.3	] [:] ולדרוש איש :
CD 6.21	ו]לאביון וגר ולדרוש איש את
1QH 4.18	דעת לא נכון ולדרך לבבה לא
CD 1.8	את ארצו ולדשן בטוב
1apGn 2.21	ערבה פליג ולה מחוין כולא
1apGn 19.9	דבקת לחברון ול[ה [
1QH 15.15	ולתהלך בכול ולה ` ` ` ` עליו
1QH 16.6	לשון להתפל ולה]
1QH 17.18	פשעי ראשונים ולה] ל
1QH 22 1.5	[ ] ל אלה ולה] ` [ `]י
4Q185 1+ 2.6	יקוש :] ` ולה`] [:] מן
4Q487 7 1.6	[ ] עולמים ולה] ` [:] כול]

ולוא (right column)

ללבפר בעד הארץ ולהשב : לרשעים	1QS 8.6
רובנים בלקח ולהשיב ענוה	1QS 11.1
להשכיל אתכם ולהשיב מעפשי	4Q381 69 1.5
בכול אלה ולהשכיל בס׳]	1QH 13.14
רוח בינה ולהשכיל רובנים	1QS 11.1
על עצמכה ולהשכיל : בכול	1QS 11.18
הדרך : למדבר ולהשכילם כול	1QS 9.20
]׳שע ולהשליך כול ע׳	1QH 17.15
אלים ב] : [ ] ולהשליך כול	4QM1 15 1.9
רוח [בינה ולהשם לבבם ונ׳	4Q510 1 1.6
ל[גב]ור באמת ולהשמיד באשמה	1QM 13.15
לפני נגפי ולהשמר :]׳ענו	1QH 1 1.6
: מחנינו ולהשמר מבול [	1QM 10.1
לכה מספר : ולהשפיל מאלים	1QM 14.15
מועדו להבניע ולהשפיל שר	1QM 17.5
עב׳׳ בינה :]ולהתאפק מל פלי	1QH 14.9
בעומק רזיכה ולהתבונן בכול	1QS 11.19
הם]לחמות ולהתגדל	1QM 11.15
׳׳ ולמ[:] מ[:] ו[ל]ה[:]תהלך	1Q51 1 1.3
להיחד בעצת אל ולהתהלך לפניו	1QS 1.8
וצרת מצרף ולהתהלב עם כול	1QS 8.4
לפ[נו]י ארץ ולהתהלך לפניו	1QSb 5.22
]ולבקש רוח[:] ולהתחזק ברוח ק	1QH 16.7
ולה[:]ל ולהתחנן על [	1QH 17.18
נ]סוה לבינת] : ולהתיצב במעמד	1QH 11.13
וללה׳איצב לפני	1QH 12.30
]׳מתו ולהתיצב ׳עמם]	1QH 7 1.11
משפטות התורא ולהת]י׳צב	1QSa 1.11
]׳ריב : ולמ[ש]פם ולהתיצב בראשי	1QSa 1.14
משא עדה : ולהתיצב במלחמה	1QSa 1.21
יחד לאמתו ולהתלב ברצונו	1QS 5.10
]ולהבשיל[:] ולהתם : כוח	1QH 5.26
ולהתגדל ולהתקדש לקיני	1QM 11.15
ולהזות במי נדה ולהתקדש במי	1QS 3.9
לוא להוכיח ולהתרובב עם	1QS 9.16
]יהם מב[׳] : [מ]ולו יום[רו]	2Q27 1 1.2
ויקח את] :]ולו יבינו סוף[	2Q27 1 1.4
מבין אשכיל ולו : [ ] : [ ]	4Q381 45 1.1
בזרע יעקוב ולו געלתה את	4Q504 1+R 5.7
]׳]ולו׳׳ [	4Q515 23 1.1
הזואת] : ׳ש ולו]	11QT 39.5
ה[ב]ה ו[נ]אצו ולוא] : י [:]שחו	1Q25 4 1.6
]אב[ ] : ׳׳ ולוא ידעו רז	1Myst 1 1.3
לוא התבוננו ולוא : ידעו מה	1Myst 1 1.3
]שופתי :]ולוא! [	1pHab 1.1
]ולוא מ[:	1pHab 1.15
בברי]׳ת ולוא יאמינו :	1pHab 2.14
מורה הצדק : ולוא עזרוהו על	1pHab 5.11
להרוג גוים ולוא יחמל :	1pHab 6.9
יפיח לקק ולוא יבוב]	1pHab 7.6

ולהיון (left column)

[בל׳ [ ] ולהיון מכפריך	2QJN 8 1.5
כול מעשיך ולהיות לאות	1QH 15.20
הקטן לגדול ולהיות : פוקדם	1QS 5.23
הרודה בו ולהיות איש	1QS 9.23
]׳ר] ולהיותן]	4Q302 35 1.4
מושב[ותם] : ולהיות עם]	4Q512 7+ 1.4
ם]בי׳ב למזבח ולהיכל ולכיור	11QT 35.8
א]ל תופה ולהכ[ות : נ]פש	4pIs^e 6 1.4
להגביר ולהבין כול	1QH 18.22
במשפם אל ולהכניע	1QM 6.5
ואפו להשמיד ולהכרית את קרן	1QM 1.4
וקלס תחל[י]ק ולהליץ יחד	4Q184 1 1.2
]׳׳׳ [צ]׳דקבה ולהלל שמבה :	1QH 1.30
והבירום] : ולהלל ל] :	1QH 8 1.7
]ת׳יצבו [:] ולהלל [	4Q509 22 1.4
עולמים : ולהם כול כבוד	1QS 4.23
דור בישו[ע]ה ולהם כול נחלת	4pPs^a 1+ 3.1
הוות ר׳׳׳ ולהמיר בהולל	1QH 2.36
על רשעה ולהמיר דבריו	4Q381 69 1.9
אם[ח]תו ולהמיר את	4QBer 10 2.12
מבני השחת ולהנזר מהון	CD 6.15
]פולה ולהנחיל רשעה	4AgCr 1 1.9
כול ע׳׳׳׳׳ם ולהנחילם בכול	1QH 17.15
אל להפיק אויב ולהניס כול	1QM 3.5
ברית כרת לכם ולהנכר ואל<]	4Q381 69 1.8
שיחתא ושביקה : ולהנפשקה צמחי	11tgJ 31.5
בני]׳י אמת ולהס׳י׳ג לב נמס	4QM1 11 2.15
להרים ל] : ו]להפיז בכוח	1QH 7.17
לדעת פוב] ו/ל[ה]פיל	1QS 4.26
לוא ואם] :]ולהפיר ברית	4Q381 69 1.8
ברוש אש[מתם] ולהצדיק משפפ	1QM 11.14
]לב׳׳׳׳ם ולהקפיר על	11QT 32.7
] : ולהקים ברי[ת	1QSb 5.23
]דוק ולהרן] : ולוא	1QH 5 1.13
ם]תים לשת עלה : ולהרבות ענף כי	1QH 10.26
בעבודת שוו ולהרותם :	1pHab 10.11
אין שארית ולהרים במשפם :	1QM 14.5
אנשי ברית ולה[ר]ים בקול	4Q511 63 3.5
ואי[ן שאר]ית ו[להרי]ם]	4QM1 8+ 1.4
למלכי צדק ולהרן]ים בדי[ן	11Mel 1+ 2.9
צדיק באמתכה ולהרשיע רשע	4Q511 63 3.4
כל גוי הארץ ולהש׳[	4Q381 76+ 1.16

ולוא

1pHab 7.9	כיא בוא יבוא ולוא : יאחר
1pHab 7.16	] ו]לוא ירצו
1pHab 8.3	גבר יהיר ולוא : ינוה
1pHab 8.7	הוי המרבה ולוא לו עד מתי
1pMic 17+ 1.3	ולו]א תשתה[
1QDM 25 1.1	]˙ ולוא[:]˙ל :
1QH 1.25	מועדיהם : ולוא נסתרו ולא
1QH 4.30	לאנוש צדקה ול<ו>א לבן אדם
1QH 12.10	לוא היה ולוא יהיה עוד
1QH 1 1.3	יוכלו :]תיכה ולוא יעצורו
1QH 2 1.12	] ומאור גליתה ולוא להשיב :
1QH 5 1.14	]˙דוק ולהר[: ולוא להפרד [
1QH 6 1.9	ולכול מבים:]ולו<א> יכחד:
1QM 9.7	מריעים מרחוק ולוא יבואו :
1QM 11.2	בשמכה הגדול ולוא בחרב
1QM 11.4	בעבור רחמיכה ולוא כמעשינו
1QM 11.5	הגבורה : ולוא לנו ולוא
1QM 11.5	ולוא לנו ולוא כוחנו
1QM 16.15	יבחן במצרף ולוא [
1QM 17.1	כלי מלחמתה ולוא יכהו עד [
1QM 17.4	בלוא ה[יה] ולוא : ישראל
1QM 18.8	למע[ן ב]ריתכה ו[לו]א עיננו
1QS 1.6	ומשפט : בארצ ולוא ללכת עוד
1QS 1.13	כעצת צדקו ולוא לצעוד
1QS 1.14	אל בקציהם ולוא לקדם
1QS 1.14	לקדם עתיהם ולוא להתאחר :
1QS 1.15	מכול מועדיהם ולוא לסור
1QS 1.17	ככול אשר צוה ולוא לשוב
1QS 2.8	אל בקוראכה ולוא יסלח לכפר
1QS 2.9	אפו לנקמתכה ולוא יהיה לכה
1QS 2.23	לעצת עולמים ולוא ישפל איש
1QS 2.23	מבית מעמדו ולוא ירום
1QS 3.3	בשובתו ולוא יצדק
1QS 3.4	יזכה בכפורים ולוא יטהר במי
1QS 3.4	יטהר במי נדה ולוא יתקדש
1QS 3.5	ונהרות ולוא יטהר בכול
1QS 3.10	תעודתיו ולוא לסור ימין
1QS 5.11	כיא לוא בקשו ולוא דרשהו
1QS 5.16	מהונם כול ולוא ישתה ולוא
1QS 5.16	כול ולוא ישתה ולוא יקח מידם
1QS 5.18	כול אשר להם ולוא ישען איש
1QS 5.26	יוכיחנו ולוא : ישא
1QS 7.2	והבדילהו : ולוא ישוב עוד
1QS 7.12	רעהו ערום ולוא היה אנוש
1QS 7.17	הואה מאתם : ולוא ישוב עוד
1QS 7.17	היחד ישלחהו ולוא ישוב ואם
1QS 8.23	מעצת היחד : ולוא ישוב עוד
1QS 8.23	ולוא ישוב עוד ולוא יתערב איש
1QS 8.25	לוא ישפוט איש ולוא ישאל על
1QS 9.20	מכול איש ולוא הסר דרכו
1QS 9.25	פיהו ירצה ולוא יתאוה
1QS 10.20	מאנשי עולה ולוא ארצה עד
1QS 10.20	באפ לשבי פשע ולוא ארחם : על
1QS 10.21	אשמור בלבבי ולוא ישמע בפי
1QS[a] 1.9	בעד[ת] קודש ולוא י[קרב] :
1QS[b] 1.6	מקו]ר עולם ולוא י[עצור
1QS[b] 3.18	ר[ב]ים ולוא :]
1QS[b] 4.24	אנשי עצת אל ולוא ביד שר
4Q176 20 1.1	בא]מת ולוא בצדקה :
4Q178 9 1.2	]˙[:]הימים ולוא[:]˙ו
4Q186 1 1.6	מעורבים ולוא שאר היש[:
4Q186 2 1.4	לוא ארוך : ולוא קצר והואה
4Q378 3 2.9	ושמע ולוא]
4Q378 3 2.11	את [: ירפכה ולוא יעזב]
4Q402 4 1.5	˙˙] :]יה ולוא יהי[ו]ים
4Q405 23 1.10	דולג עלי חוק ולוא על אמרי :
4Q405 23 1.11	ירוצו מדרך ולוא יתמהמהו
4Q405 59 1.1	]˙ ולוא[:]פנים]
4Q482 1 1.2	עליו[ן: ל]כה ו[לוא: ומ]מרא
4Q487 13 1.4	היות [:]אל ולוא[:]˙חיו
4Q501 1 1.9	]כה ולוא שמוכה
4Q504 1+R 5.10	לעיני הגוים ולוא עזבתנו :
4Q504 1+R 5.21	]]כה[ו]לוא הקשבנו
4Q504 1+R 6.6	הלכ<נ>ו בקרי ולוא מאסנו :
4Q504 6 1.14	]ה <ונקה> ולוא תנק[ה :
4Q509 188 1.3	בריתכ[ה :]˙ ולוא [ ]מ[:
4Q510 1 1.7	]עוונות ולוא לכלת
4Q511 8 1.5	בתעניות ולוא לכל[ת :]
4Q511 18 2.5	ו[ב]מוצא שפתי ולוא בליעל :]
4Q511 74 1.1	]ולוא:]חדו[:
4Q512 1+ 1.11	]]נדה ולוא יוכ[ל
4Q512 66 1.3	עוד] : עוד ולוא[: ה˙]
4Q513 24 1.3	]ודות ולוא יו<א>כלו[
4Q518 37 1.1	]ולוא י˙[:]˙˙
4pHos[b] 2 1.7	]הו ולוא שמעו[
4pIs[a] 7+ 3.27	]ולוא למשמע
4pIs[c] 4,6+ 1.19	]שמאול ולוא
4pIs[c] 21 1.10	]ולוא רוחי למען
4pIs[c] 21 1.15	]ל[עז]ר ולוא ל[הועיל]
4pIs[c] 23 2.4	תהיה גבורתכמה ולוא אביתמה
4pIs[c] 23 2.12	] : בתורה ולוא יה[ ]˙˙[
4pIs[c] 23 2.17	] : ולוא יכניף
4pPs[a] 1+ 1.27	בחרו בקלות ולוא שמ[עו
4pPs[a] 1+ 2.8	השנה אשר יתמו ולוא ימצא בארץ
4pPs[a] 1+ 3.8	ברו]ח לוה רשע ולוא ישלם :
4pPs[a] 1+ 3.17	וגם זקנתי ולוא]
4pPs[a] 1+ 4.7	ו]ל[וא
4pPs[a] 1+ 4.9	יע[זבנו]ולוא]
4pPs[a] 1+ 4.13	וא[בקשהו] ולוא :]
4pZ 1+ 1.1	ימ]יב יהוה ולוא ירע והיה[
4QFl 1+ 1.5	עליו יראה ולוא ישמוהו
4QM1 1+ 1.12	יהי[ו מרח]וק ולוא יקו[מו :
4QM1 11 1.13	לוא ידמה ולוא ירומם
4QM1 11 1.13	ירומם זולתי ולוא יבוא ביא
4QM1 11 1.18	המלך לוא [פ]ז ולוא כתם
4QM1 12 1.5	<כו]ל>]˙וני˙ ולוא[:]˙[
4QM3 1 1.5	החרף והמאבן ולוא יחללו שמן
4QM6 15 1.3	מר]חוק ו[לוא : כי]אה
4QPs[f] 2 9.10	] [בעתה ולוא : תכחש
4QPs[f] 2 9.12	ב˙˙ גפניהם ולוא : יכזב[ו
4QTeh 2 1.4	] : לכה לזעמה ולוא יהיה לכה
4Tstm 1.11	עין אראנו ולוא עתהא :
4Tstm 1.12	עתהא : אשורנו ולוא קרוב דרך
5Q13 4 1.2	המבקר [:] ולוא יזכה
5Q13 5 1.2	]˙יד בליעל ולוא י[:
5Q13 6 1.4	ואם לוא [:]ולוא ה[
5Q18 1 1.3	[:] ולוא˙[:]˙ל ה[
11Ap[a] 4.7	] חושך אתה ולוא אור :
11Ap[a] 4.8	אור : עו]ל ולוא צדקה [
11Ap[a] 4.10	]א :] אור ולוא]
11Ber 1 1.11	בארצכם : [ו]לוא מוחלה
11QPs 19.1	רמה תודה לכה ולוא תספר
11QPs 19.6	אוהבי שמו ולוא עזב חסדו
11QPs 21.15	קנאתי בטוב ולוא אשוב
11QPs 22.9	תקותך : ציון ולוא תשכח
11QT 2.9	] תקח ממנו ולוא תב[יא :]
11QT 2.11	]]חרם הוא ולוא תשתחוה
11QT 3.6	מכול א[:] ולוא תטמאנו כי
11QT 20.13	תתנו מלח ולוא תשב[י]ת :
11QT 27.6	להמה לזכרון : ולוא יעשו בו
11QT 27.9	מושבותיכ<מ>ה ולוא תעשו כול
11QT 32.14	בתוך הארץ ולוא : יהיה
11QT 35.7	גם המה יומתו ולוא יחל[לו
11QT 35.12	העם ולאשמותמה ולוא יהיו
11QT 37.11	יהיו זובחים ולוא
11QT 40.3	]בני ישראל ולוא ימ[:]
11QT 43.4	הימים יאכל ולוא יני[חו] :
11QT 43.15	בימי המועדים ולוא : יואכלו
11QT 43.17	הקודש יאכל ולוא יאכל בימי
11QT 45.4	מימ[י]ן ולוא [יהי]ו
11QT 45.6	תצא הראישונה ולוא תהיה שמה
11QT 45.10	יבוא אל המקדש ולוא יבואו

4Q508 15 1.1] ולזבוח שו[

11QT 37.11 ולמעשרות : ולזבחי שלמיהמה

1apGn 21.29 דקרנין ולזו<ם>זמיא די

4Q511 35 1.1 לכל<ו>ת רשעה ולזע[ף] : אפי

CD 14.14 עני ואביון ולזקן אשר :

6apPr 1 1.4 בגויים ולזרות[ם:]˙˙˙

4QCat^{a} 2+ 1.13]˙˙[ ]ל[ו] ולזרעו [ ]
4QPBl 1 1.4 דויד כי לו ולזרעו נתנה

1apGn 21.10 די אנה יהב לך ולזרעך לכול
1apGn 21.14 פתיהא ארי לך ולזרעך אנתננה

4pPs^{a} 1+ 3.2 נחלת : אדם ולזרעם עד עולם

1Q24 1 1.4 ולנהן [:]תיא ולחבריא ו[ל:

11QT 42.3] לכול הנשכות ולחדריה[מה] :

TS 3 2.9 שתרם אמות ולחוצה מזה

11QT 59.4 לשומה ולשרקה ולחורבה והיו :

1apGn 21.29 ב]שוה הקריות ולחוריא די

CD 20.19] ליראי אל ולחושבי : שמו

1QM 10.6 כול : מסי לבב ולחזוק יחד

11QT 35.12 ולשעירים : ולחטאות העם

11QT 25.15 ולשעיר ולחטאת הכפורים

4Q504 4 1.7]לעווננו ולח][טתנו] :]

11QT 60.4 תרומתמה לעוף ולחיה ולדגים
11QT 60.8 ומן הציד לעוף ולחיה ולדגים

1Q25 6 1.3 ו[:] קומה ולחכו [:]

1Q68 3 1.1]להון ולחם וק˙[:]
1QS 11.21 מספר מגבלו ולחם רמה מדורו

1QS^{a} 2.1 ושרי[: ולחמשים
4QMl 1+ 1.10 ו<ל>מאיות ולחמשים
4QOrd 1 2.9 מחצית הככר[: ולחמשים מחצית

1QH 11.31 יחלתי לטובכה ולחסדיכה אקוה

4pIs^{c} 21 1.12 ולחס]ות בצל

4Q504 1+R 6.12 ועמלנו ולחצנו והצילה

1QS 8.*10* לכפר בעד הארצ ולחרוצ משפט

2apDa 1 1.3 ערי מבצרים ולחריד:]ל[

4QFl 1+ 1.9 ב[ני : או[ר] ולחשוב עליהמה

11QT 49.12 שמן ויין ולחת מים קרקעו

1QH 4.37 כי תכפר עוון ולט˙[ ] ˙˙˙ש

4pPs^{a} 1+ 2.17 עני ואביון : ולטבוח ישרי

1QH 65 1.3] : כיא מאו[: ולטהר פש[:

11QT 45.13 לה כול ימיהמה ולוא יטמאו את
11QT 46.10 הקודש לעיר ולוא יהיו באים
11QT 46.11 תוך : מקדשי ולוא יחללוהו
11QT 46.*15* אל תוכמה <ולוא> תהיה
11QT 47.2 [ ]מעלה ולוא למט[ה
11QT 47.10 תהיה טהרתמה ולוא תטמאו את
11QT 47.13 לעיר מקדשי ולוא יגאלו את
11QT 47.14 בתוך ארצמה ולוא תטהרו עיר
11QT 47.17 המקדש תביאו ולוא תטמאו :
11QT 48.8 לוא תתגדדו ולוא תשימו
11QT 48.10 אלוהיכה מה ולוא תטמאו את
11QT 48.11 ארצכמה ולוא תעשו כאשר
11QT 50.18 כי טמאים המה ולוא יטהרו עוד
11QT 51.6 ולוא יטמאו
11QT 51.7 לכה בהר הזה ולוא יטמאו
11QT 51.8 והיו קדושים ולוא ישקצו :
11QT 51.12 משפט צדק ולוא יכירו
11QT 51.12 פנים במשפט ולוא יקחו שוחד
11QT 51.12 יקחו שוחד ולוא : יטו
11QT 51.17 משפט צדק יומת ולוא תגורו
11QT 52.2 ל]כה ולוא תקים לכה
11QT 52.3 עליה ולוא : תזבח לי
11QT 52.5 המה : לי ולוא תזבח לי
11QT 52.6 תזבח ביום אחד ולוא תכה אם :
11QT 52.8 בבכור שורכה ולוא תגוז בכור
11QT 52.12 וכסיתו בעפר ולוא תחסום שור
11QT 52.13 שור על דישו : ולוא תחרוש
11QT 53.6 הדם הוא הנפש ולוא תואכל את
11QT 53.12 ואם תחדל ולוא תדור לוא
11QT 53.15 אסר על נפשו ולוא יחל דבריו
11QT 54.6 תוסיף עליהמה ולוא : תגרע
11QT 55.10 לוא תבנה עוד ולוא ידבק :
11QT 56.11 ישמעו ויראו ולוא יזידו עוד
11QT 56.16 ירבה לו סוס ולוא ישיב את
11QT 56.18 הזואת עוד ולוא ירבה לו
11QT 56.18 ירבה לו נשים ולוא : יסירו
11QT 57.14 ולתורה ולוא ירום לבבו
11QT 57.14 לבבו מהמה ולוא יעשה כול
11QT 57.17 ממשפחת אביהו ולוא יקח עליה
11QT 57.19 אביהו ממשפחתו ולוא יטה משפט
11QT 57.20 יטה משפט : ולוא יקח שוחד
11QT 57.20 משפט צדק ולוא יחמוד :
11QT 58.18 עוון ואשמה : ולוא יצא עד
11QT 59.6 עול כבד וקראו ולוא אשמע
11QT 59.6 אשמע וזעקו ולוא אענה :
11QT 59.20 ונתתיה למעלה ולוא למטה
11QT 59.21 למטה לראוש : ולוא לזנב
11QT 61.3 בשם יהוה ולוא יהיה הדבר
11QT 61.4 יהיה הדבר : ולוא יבוא הוא
11QT 61.11 ישמעו ויראו ולוא יוסיפו
11QT 63.2 אשר לוא יזרע ולוא יעבד
11QT 63.14 לכה <ל>אשה ולוא תגע לכה
11QT 64.3 ויסרו אותו ולוא[י]שמע
11QT 64.11 העץ : וימות ולוא תלין
11QT 64.12 תלוי על העץ ולוא תטמא את
11QT 64.15 אחיכה : אליכה ולוא ידעתו
11QT 65.6 מעקה לגגו ולוא תשום דמים
11QT 65.9 ואקרבה : אליה ולוא מצאתי לה
11QT 65.15 בתולת ישראל ולוא :]
11QT 66.10 חמשים כסף ולוא : תהיה
11QT 66.12 את אשת אביהו ולוא יגלה כנף
11QT 66.13 אשת : אחיהו ולוא יגלה כנף
11QT^{b} 54.5 עינ]כה עליו ולוא תחמל

1apGn 20.11 בכי תקיף אנה ולוט בר אחי

1QM 5.1 ו]שם ישראל ולוי ואהרון
3Q7 6 1.2]˙[:]ל ולוי]

CD 5.7 את דם זובה ולוקחים : איש

11QT 17.15	לפרים ולאלים ול[כב]שים
11QT 25.15	לפר לאיל ולכבשים ולשעיר
11QT 28.5	ולאל[ים] ולכבשים
11QT 28.9	לאילים ולכבשים ולשעיר
1QH 2 1.9	פ[:]גו ולכה[
11QPs 19.16	אתה יהוה שבחי ולכה קויתי :
11QT 37.5	ישראל ····· ולכ[והנים:]
11QT 58.13	למלך מעשרו ולכוהנים אחד
11QT 60.9	אחד מן החמשים ולכוהנים : אחד
1Q24 1 1.5	ו[ל:]א ולכול [:]·פיא
1Q24 3 1.2	]תא [: ו]לכול חש[וכיא
1Q24 5 1.3	[:]·רוהון ולכול[:]
1Q24 5 1.5	ולטל[א : ו]ל[כו]ל[
1Q36 7 1.2	בכול עוש[י :]ולכול אנשי
1apGn 20.16	מכדש למכתשה ולכול אנש ביתה
1apGn 20.17	והואת כתשא לה ולכול אנש ביתה
1apGn 20.19	] מצרין ולכול אשפיא עם
1apGn 21.26	עמה למלך סודם ולכול חברוהי
1apGn 22.15	ומשתה לאברם ולכול אנשא די
1pMic 10 1.5	]ו ולכ[ו]ל
1QH 1.19	דורות עולם : ולכול שני נצח
1QH 6.33	ברוב···· : ולכול גבורי
1QH 9.18	·[ ]··· : ולכול הנעזב
1QH 6 1.8	בקצ :]יה ולכול מביט :
1QM 1.15	מלאכי ממשלתו ולכול אנשי[
1QM 2.4	ולשבתות ולכול ימי השנה
1QM 6.13	לשמוע [ק]ולות ולכול מראי
1QM 14.8	גויי רשעה : ולכול גבוריהם
1QM 14.11	ו]לכול גבוריהם
1QS 6.9	ישאלו למשפט ולכול עצה ודבר
1QS[b] 4.26	] לעת עולם ולכול קצי נצח
4Q403 1 1.14	ד]ברי ר[ו]ם ולכול[ ]
4Q405 3 2.4	ד[ברי רו]ם ולכו[ל : י]ברך
4Q513 2 2.2	לבני הנכר ולכול הזנות
4QM1 17 1.2	] [:]מה ולכול צבא[ות :
4QM3 1 1.6	הח]ללי[ם] : [ו]לכול מערכות
4QM6 ·1 1.7	מ]משלתו ולכ[ול :] אמת
11QPs 27.8	החודשים ולכול ימי
11QSS 2+ 1.7	מב[נ]יתו ולכול ז[בולי
11QT 22.12	אחד כבש אחד ולכול מטה :
11QT 29.6	לכול נסכיהמה ולכול מתנותמה
11QT 61.6	לכול עוון ולכול חטא אשר
TS 1 1.5	עצים לעולה ולכול מ[לאכת]
TS 1 1.8	]ול··· ות ולכול מלאכת
11QT 33.14	ולמחתות : ולכוננות הכסף
1apGn 19.19	יבעון למקטלני ולכי למשבק [
11QT 35.8	למזבח ולהיכל ולכיור :
CD 14.10	סוד אנשים ולכל לשון
CD 14.11	איש בתרו ולכל דבר אשר
1QH 9.3	יעורר קנאה ולכלה [:
1QH 5.36	: להכשיל רוח ולכלות כוח
1QH 8.31	כוח לקצים ולכלות בשר עד
4pN 1+ 2.4	]בהם משפט ולכלותם מעל
4pIs[c] 23 2.8	לחנ[נכ]מה ולכן ירום :
1QH 17.12	]·עוון וחטאה ולכפר בע[
4Q513 2 2.4	ולבג[מ]לאכי ולכפר במה
4QOrd 1 2.2	ל את· [ ]ותיו ולכפר לכול
1pHab 11.8	אליהם לבלעם : ולכשילם ביום

1QS 4.21	מתכמי : בשרו ולטהרו ברוח
4Q181 2 1.6	יודעיו ··ש[: ולטובו אין
1QH 12.21	[:·תוכחתכה ולטובכה יצפו
1QS 6.22	לתורה ולמשפט ולטו<ה>רה
1Q24 5 1.4	]· ולטמרא ולטל[א :
4Q504 1+R 2.13	לב ובכול נפש ולטעת תורתכה
4tgJ 1 2.8	דרשע מ[ו]עה ולטת ל·[:
1apGn 2.13	ועמי תמלל ולי תאמר יא
4Q509 176 1.2	]אין [:]ולי[
4Q509 183 1.4	]·[:]·ניה ולי·[:]ה
11QPs 27.8	ימי המועדות ולי ם הכפורים
1QM 8.4	בין המערכות ולידם אנשי
1QH 8.29	נפשי יומם ולילה : לאין
1QM 14.13	מ[בו]א יומם ולילה : ומוצאי
1QS 6.6	בתורה יומם ולילה : תמיד
1QS 10.10	עם מבוא יום ולילה אבואה
4Q503 61 1.2	] היום[:]ולילה [
4Q508 41 1.2	]דה יומם ולילה[:]··
4QM1 8+ 1.12	] [ ] ולילה ומוצא[י
11QT 57.10	תמיד : יומם ולילה אשר יהיו
11QT 38.14	רוחותיה לנגב ולים ולצ צפון
11QT 40.9	למזרח ולדרום ולים ולצ[פו]ן
TS 2 1.4	] עשרה ולימה עש[ר
1QH 8.17	]מים ולימים לאין ח·
11QT 38.9	ול····· [: ולימ[ין ה]שער
TS 3 1.5	]· הקנאות ולימין השער
4Q502 147 1.2	]ם[:]ולינ[
6Q15 5 1.4	זכר משכבי [: ולי]עקב
CD 3.3	וימסור לישחק וליעקב וישמרו
4Q505 124 1.6	א·[:]ולישחק וליע[קוב :
4Q508 3 1.3	[: ליצ]חק וליעקוב
11QT 38.4	·לדגן לתירוש ול[יצהר
TS 3 1.1	]ם לדגן וליצהר :] בני
1QDM 1.12	בן : [ ] ולישו[ע
4Q505 124 1.6	]···ה א·[:]ולישחק
1QS 4.2	בלבב איש ולישר לפניו
4Q510 1 1.9	באלוהי פלא : ולישרים תהלי
4Q511 10 1.7	באלוהי פלא ולישרים תהלי
4Q511 60 1.1	]ם ולישרים[:]ו
1apGn 5.5	אנה אמר ··· ולך אנה מחוה [
1QH 11 1.6	אלה[:]·תם ולך חסד ובצדק
4Q381 88 1.1	]ולכ[
4Q506 148 1.3	ב[:] עשות[:]ולכ[
1QH 9.17	כה אין : בכוח ולכבודכה אין[
4Q504 1+R 3.4	הז]כרנו ולכבודכה ברתנו
11QT 24.7	ולאיל ואיל ול[כבש :

1QH 18.11 ליצר מבינתו ולמליץ באלה

1QS 6.2 לגדול למלאכה ולממון ויחד

CD 13.15 איש חבר למקח ולממכר כי אם

4QFl 1+ 1.1 באשר בראישונה ולמן היום אשר :

11QT 44.13 יוסף לאפרים ולמנשה : ומשער

1QH 5.15]תה נפש עבדכה ולמען הגבירכה
1QH 5.25 הגד˙[ ]כי ולמען : אשמתם
1QH 11.10 פלאכה השכלתם ולמען כבודכה
4Q504 1+R 2.9 באהבתכה אותם ולמען בריתכה
4Q504 1+R 2.10 בעד חטאתם ולמען דעת את
4Q504 1+R 6.9 את לבבנו ולמען נספר
4Q508 11 1.2 ול˙˙[:]ל˙ ולמען י˙[

1QH 6.10 לכבודכה ולמענכה

1apGn 19.15 ובעון למקץ ולמעקר ל[א]רזא

1apGn 21.9 וחזי למדנחא ולמערבא

4QM1 10 2.12 מלחמה בבתיאים ולמערכה

1QS 6.14 הרבים לשכלו ולמעשיו ואם

11QT 37.10 ולבכורים ולמעשרות :

1apGn 19.21 מני ולמקטלני ובכת

1apGn 19.15 ל[א]רזא ולמשבוק

11QT 59.8 לאוכלה : ולבז ולמשוסה ואין

CD 20.13 [יה]יה להם + ולמשפחותיהם

1QS 5.3 לתורה ולהון ולמשפט לעשות
1QS 5.6 ליחד ולריב ולמשפט :
1QS 6.22 אחיו לתורה ולמשפט
4Q176 19 1.2 בח[:]ם בחרב ולמשפט ˙[:

4Q181 1 1.1 בחטאת בני אדם ולמשפטים

1QS 9.12 לתכון עת ועת ולמשקל איש

1QH 9.9 למבלעי דבר : ולמשתוחיחי בי

4pHs[a] 2.5 עבדיו הנביאים ולמתעיהם שטעו

1QM 16.13 בין המערכות : ולמתקרבי[ם

TS 1 1.7 [ו]ל ˙˙˙˙˙ ולנדבות

1Q24 1 1.3 וה˙[:]ל˙˙יא ולנהן [:]תיא

4Q509 18 1.1 לעול]מי עד ולנו בוש[ת :

1QH 18 1.6] :]ט תבל ולנחול[:]

1QM 14.11 אין מנוס ולנכבדיהם :

4QM1 8+ 1.10 אין מנוס ולנכ[בדיהמה

4QM1 8+ 1.5 ללמד מלחמה ול<נ>מוגי

1QH 2.14 לבחון :] אמת ולנסות אוהבי

11QT 29.3] : לעלותיכמה ולנסכיכמה]

4pPs[a] 1+ 4.9 ב]השפטו ול[ל י]שלם[

4Q513 12 1.2] : למנ]חה וללבנה ˙[:

4Tstm 1.14 כול בני שית : וללוי אמר הבו

11QT 22.10 למנה כמשפטמה וללויים : את
11QT 22.12 אחד כבש אחד וללויים איל
11QT 58.13 אחד מאלף וללויים אחד מן
11QT 60.6 השלל והבז : וללויים מעשר

4Q504 1+R 5.17 בצר לנו : [ולל]חש בצקון

1QS 7.19 לבגוד באמת : וללכת בשרירות
1QS 9.9 להבדל מעול וללכת בתמים
4Q184 1 1.3 להרשיע ירדו וללכת באשמות[

1QS 3.13 למשכיל להבין וללמד את כול
4Q381 69 1.4 נביאים להשכיל וללמד אתכם :

1Q24 1 1.6 [:]˙פיא ולמ˙[:]א
1Q51 1 1.2 בחוקי ב[ ]˙ו ולמ[:]ם
1QH 14.11 לפי רוחות [ ]ולם בין : טוב
1QH 2 1.11 כיא[:]ולם ואין
4Q497 8 1.4 ˙ :]˙˙[:]ולם : [˙˙
4Q509 35 1.3]˙ אשר[:]˙ולם [
4QM1 19 1.1]˙ם ולם[:]המלחמה
4QM6 28 1.4]שות [:]˙ולם [:]ת[

1apGn 22.32 לי עתר ונכסין ולמא לי : כול

1QH 17.24 אשר אהבתה ולמאוס בכול
CD 2.15 את אשר רצה ולמאוס כאשר

1QS[b] 4.27 קוד[ש] בעמו ולמאור [

4QM1 1+ 1.10] : לא<ל>פים ו<ל>מאיות

CD 15.1 וגם באלף ולמד וגם באלף

1QS 7.9 שלושה חודשים ולמדבר בתוכ

4Q185 1+ 2.2 לבניכם אחריכם ולמה תתנו :]

4Q499 49 1.2]˙˙ש ˙[:]ולמו˙[

1QS 9.13 הנגלה לעת בעת ולמוד את כול

4Q512 33+ 1.1] ולמועד שבת

4pN 1+ 2.7] : [כר]מל ולמושליו לבנון

1apGn 21.15 אברם למסחר ולמחזה ארעא

3Q12 1 1.2]]יומ[: בת ולמחרת[: שמיא

11QT 33.13 ולקשוא<ות> ולמחתות :

1Q24 5 1.4 ולכול[:] ולמטרא ולטל[א

1QH 3.24 אני מגבל במים ולמי נחשבתי

4Q381 33 1.2 תשיתני לעתות ולמיש]

1QH 4.25 לנצח משפטם ולמישרים אמת

4Q487 21 1.2]˙[ ]˙[:] ולמכ˙[:]˙

1QH 9.27]ף מכתי ולמכשולי גבורת

CD 2.11 פליטה לארץ ולמלא : פני

11QT 66.6	עמה לבדו : ולנערה לוא
1apGn 2.1	קדישין ה[י]א ולנפיל[ין] :
1QS 5.12	אפ למשפט ולנקום נקם
11tgJ 33.6	יריח קרבה ולנקשת זין
1apGn 12.16	ולבני בני ולנשי כולנא
11QT 48.16	וגם לזבים : ולנשים בהיותמה
1QM 13.9	לבריתכה : ולס[דר] מעשי
11tgJ 19.1	ה]סיפת : דנח ולס[הר
1QS 11.9	לאדם רשעה ולסוד בשר עול
1apGn 20.18	תרתין שנין ולסוף תרתין
1QS 6.15	לשוב לאמת ולסור מכול עול
CD 1.15	גבהות עולם ולסור :
CD 1.16	מנתיבות צדק ולסיע גבול אשר
1QH 7.35	˙˙אני לחסדיכה ולסליח[
1QH 10.21	ה]מון רחמיכה ולסליחותיכה :
1QH 11.31	ולחסדיכה אקוה ולסליחות[יכה]
1Q30 4 1.1	]לכה ולספר רזי[:
1QH 1.30	כבודכה ולספר
1QH 3.23	שמכה ביחד ר˙ה ולספר
1QH 2 1.4	רוע[:]ללכה ולספר כול
1QH 36 1.2	נה [:] בנך ולספר [
4QM1 7 1.2	] ולספר[
11QPs 18.3	נתנה חוכמה ולספר : רוב
1QS 9.17	אנשי השחת : ולסתר את עצת
1QH 15.24	בחרתה מכול : ולעד הם ישרתוך
4Q503 39 1.2	ה[ ]ולעו עד
4QM3 1 1.14	] התמיד ולעולות כתוב
TS 1 1.7	˙˙˙˙ ולנדבות ולעולות
4Q181 1 1.2	לפי גבורות אל ולעומת רשעם
4QM1 1+ 1.12	אנשי ה[בינ]ים ולעומתמה אנש[י
11QT 48.5	בהמה על הארץ ולעוף בכנפיו
1QS 9.1	יענש שנתים ולעושה ביד רמה
4QM1 1+ 1.10	ולחמשים ולעוש[ר]ות
1QH 8.36	רוח כושלים ולעות לעאף דבר
1QS 10.12	אומר צדקי : ולעליון מכין
1QS 11.15	לאל צדקו ולעליון תפארתו
4Q381 76+ 1.16	שמ]ים וארץ ולעליון על כל
CD 14.16	] [לה גואל ולע[למה א]שר
4QM1 11 2.17	לאל[המלוכ]ה ולעמו הישוע[ה
4QM1 15 1.7	עלי]ון המלוכה ולעמו הישועה
1QH 18.28	בברית עמכה ולעמוד
4Q178 1 1.1	]˙˙˙ם ולע[מ]וד לפני

4Q185 4 2.1	˙[:]קודש : ולעמי[:
4Q512 45+ 2.4	[VACAT] : [ו]לעמכה[: כול
1QH 4.14	שורש פורה רוש ולענה במחשבותם
4Q178 11 1.2	]˙[:] ולענוי :]לו
1QH 10.4	[: קורץ ולעפר תשובתו
1QS 11.22	חמר קורצ ולעפר תשוקתו
4Q504 8R 1.9	]בשר הואה ולעפר ה[:]תו
1QS 11.22	חמר ויוצר יד ולעצת מה יבין
1QH 13 1.7	יעשה כול :]ולעצתך פקד א˙ :
1QS 6.22	ולטו<ה>רה ולערב את הונו
1apGn 21.21	קרית לממרה ולערנם ולאשכול
1QM 11.14	בכול בני איש ולעשות לכה שם
1QS 1.5	בכול מעשי טוב ולעשות אמת
4Q381 69 1.3	להשמידם מעליה ולעשות עליה עם
CD 3.6	על : מצות אל ולעשות איש
1QSa 2.1	ולחמשים ולעשרות
1QH 5 1.9	כול בכבודכה ולפ˙[: משפט
4Q509 39 1.2	] לזרע[:]ולפ˙[
4QCata 12+ 1.8	]]ולפזר[ם] בארץ
1QS 4.2	דרכי צדק אמת ולפחד לבבו
1QH 10.29	בדעת אמתכה ולפי דעתו ו˙ב
1QH 12.22	כבודכה יגילו ולפי˙[
1QH 12.23	הגשתם ולפי ממשלתם
1QH 14.13	תגישני לבינתך ולפי : קורבי
1QS 9.15	כפיו לקרבו ולפי שכלו :
1QSa 1.17	לפני העדה ולפי שכלו עם
4Q381 1 1.6	תבואות שדה ולפי דבריו ˙˙
4Q403 1 2.30	] : ולפי שבועי
1QH 9.12	עזבתה : תקותי ולפני נגע
1QS 3.15	הויה ונהייה ולפני היותם
11QT 61.8	<הריב> לפני ולפני הכוהנים
11QT 61.8	והלויים ולפני :
11QT 41.13	שבע אמות : ולפנימה באים
1QM 12.4	עולמים : ולפקוד צב[אות
1QS 5.22	את בריתו ולפקוד את כול
1QS 3.14	בדורותם ולפקודת
11QT 35.9	ולכיור : ולפרור והיה
4Q381 1 1.2	משפט [: פי ולפתאים ויבינו
1QH 15.16	בהמון רחמיך ולפתוח כול צרת
1QM 14.6	לב נמס ולפתוח פה
4Q184 1 1.17	בדרכי שוחה ולפתות בחלקות
1QH 18.13	אשה כמעשיו ולפתח מ[ ]
11QSS 2+ 1.6	]ה ולפתחי מבואי :
11QT 38.14	לנגב ולים ולצ צפון ורוחב
4Q374 2 2.4	שרית ופליטה ולצאאיהם מ˙[

1QS[a] 1.20 לרי[ב מ]שפט ולשאת משא עדה
1QS[b] 4.23 בכה [ ] ׃ ולשאת ברוש

1QM 2.4 לחודשיהם ולשבתות ולכול

1QM 10.5 בגבורת אל ולשוב כול ׃

1QS[a] 1.24 ולשופטים ‹ולשוטרים›
4Q378 3 2.8 הח[מישים ׃ ולשוטרים[׃

1QH 16.13]˙ לאוהביך ולשומרי מ[ ]˙

1Myst 1 1.10 היש שפה ולשון מחזקת בה
1QH 2.19 בערול שפה ׃ ולשון אחרת לעם
1QH 4.16 [ב]ל[וע]ג שפה ולשון אחרת
1QH 8.35 בזקי מכשול ולשון הגברתה
1QS 4.11 בעבודת טמאה ׃ ולשון גדופים
4Q403 1 2.28 משלישי ל[ו ולש]ון השל[ישי
4Q403 1 2.29] ׃ הששי לו ולשו[ן
4Q405 11 1.2 ולשו]ן ׃ משניו
4Q405 11 1.3 משלישי לו [ו]לשון שלישי
4Q405 11 1.4 החמישי לו ולשון החמישי
4Q405 11 1.4]לו ולשון הששי ׃
4pN 3+ 2.8 בתלמוד שקרם ולשון כזביהם

4pPs[a] 1+ 4.3 ח]וכמה ולשונו תדבר ׃

1QH 5.31 קדרות לבשתי ולשוני להך
1QH 7.10]˙ בריתכה ולשוני כלמודיך
4pPs[a] 1+ 4.26 ולשוני עט ׃]

1QS[a] 1.24 העדה לשרים ולשופטים

1QH 12.20 בכול רזיכה ולשיב דבר [׃

1QM 9.10 רמ[ות ו]ל[שי]ת גליל
11Mel 2 3.10 יר[ושלם ׃ גדר ולשית סמור

1QH 45 1.4]ברשתם ולשלחם גוי ב[

TS 1 1.7 [˙˙˙ לפסחים ולשלמים [ו]ל

1QM 6.8 לימין המערכה ולשמאולה מזה

4Q504 1+R 5.13 לשוב עודך ולשמוע בקולכה

1Q35 1 1.11 ועד׃]˙ לבבה ולשמועת[ ] ׃

4Tstm 1.3 להם לירא אותי ולשמור את כול׃
6apSK 21 1.1 לשמו]ע בקולו ול[שמור ׃
CD 6.18 הקודש לחול ולשמור את יום

1QH 17.20]לך אתה הצדקה ולשמך הברכה

4Q504 1+R 4.9 עמכה ישראל ולשמכה ׃ הגדול
4Q505 129 1.1 ולשמכ]ה הגדול[

CD 19.2 והחסד ׃ לאהב ולשמרי מצותיי

CD 20.22 לאהביו ׃ ולשמריו לאלף

4Q381 31 1.5 אתה ידעתם ולשנאי נפשי

1QS 1.4 כול׃ אשר בחר ולשנוא את כול
1QS 1.10 בעצת אל ולשנוא כול בני

4Q381 24 1.2]יכם ˙[׃ ולשני כגמר ˙˙

1apGn 12.13 ˙˙ בלובר טורא ולשנין ארבע

11QT 59.2 ל]ש[מה]למשל ולשנניה ובעול

1QDM 2.8 ל[ ]ברית ולצוו[ת [

4QCat[a] 10+ 1.10]לבוחנם ולצורפם ׃]˙˙

1QH 4.11 דעת מצמאים ולצמאם ישקום

11QT 40.9 ולדרום ולים ולצ[פו]ן ורוחב

1apGn 21.9 ולדרומא ולצפונא וחזי

4Q503 74 1.2] בח[׃]ולק˙[׃ בר]ך

4Q508 13 1.2 במועדי כבוד ולקד[ש] ׃]˙˙

5Q16 6 1.2 ש˙[׃]ל˙ ולקול[

11QPs 27.7 ושלוש ׃ מאות ולקורבן השבתות
11QPs 27.7 וחמשים שיר ולקורבן ראשי ׃

1QDM 4.2 הא[רץ] ׃ [ו]ל[קח] מן [
11QT 65.9 לה בתולים ולקח אבי הנערה

11QT 43.14 את הכסף ולקחו בו דגן ׃
11QT 65.13 העיר ההיא ולקחו זקני
CD 7.6 כסרך הארץ ולקחו ׃ נשים
CD 19.3 אשר היה מקדם ולקחו נשים

1QS[a] 1.7 בחוקי הברית ול[קחת ׃

11QT 2.14 ולק]חתה[׃]
11QT 63.11 וחשקתה בה ולקחתה לכה

4pHs[a] 2.8] ׃ לכן אשוב ולקחתי דגני

4QMl 8+ 1.10 אי]ן מציל ולקילתמה אין

1pHab 10.10 עיר שוו בדמים ולקים עדה בשקר

11tgJ 33.5 ונזך וחרף סיף ולקל קרנא יאמר

1QM 14.11 אין מציל ולקליהם אין

1QS 8.9 לברית משפט ולקריב ‹ריח›

11QT 33.13 המזבח למזרקים ולקשוא‹ות›

4Q504 5 1.4]שם עולם ולרא[ו]ת ׃

11QT 22.9 חזי התנופה ולראשית[

1QM 12.4 לאלפיהם ולרבואותם יחד

1QH 49 1.1]ולרהמ[׃]˙

1QS 5.9 ודורשי רצונו ולרוב אנשי

1QS 4.9 באור עולמים ׃ ולרוח עולה

1QS 5.6 עליהם ליחד ולריב ולמשפט ׃

4Q381 33 1.4 ל[שמחה ׃ עלם ולרמסך כי פשעי

1QS 9.4 פשע ומעל חטאת ולרצון לארצ

1QS 8.3 ורוח נשברה ולרצת עוון

11QSS 2+ 1.7]להיכלי כבודו ולרקיעי ׃]

1Q34[b] 3 1.2 בגורל צד[י]ק ולרשעים ג[ו]רל

4Q512 45+ 2.1]ופר[׃]שו ולש˙[׃]˙שון

4QMI 4 1.1]·   [··ומ[: מב]ן
4QMS 33 1.1 [·ום[:]···[
4VSam 5 1.2]עוז עמכה ומ[:]יראתכה
6apSK 67 1.4 ···[:]··ר : ומ[
6QHym 5 1.1]·[ ]ל ומ·[: מל]אכי
11tgJ 5.1 במפלתה ומ·[:]צבו
11tgJ 11.8 כמינא יסגא : ו]מ[ ]ה
11QT 33.5 ·בי[ת] הכיור ומ··ש··ם [
CD 14.20 והוא יודע ומ[

1apGn 20.3 לה עיניהא ומא רגג הוא לה
1apGn 20.5 כמא יאין כפיה ומא אריכן
4Q381 13 1.1]· מא בעלת ומא נאצת ו··[
11tgJ 1.1]·ה ומא אפו א[:
11tgJ 9.7] :]אלהא ומא יצדק[:
11tgJ 18.6 ו]מא אעבד :

1QM 9.13 מאה מגן ומאה פני המגדל
11QT 36.2]שערים ומאה [:]
11QT 36.13 לחצר עשרים : ומאה באמה וככה
11QT 44.6 שמונה ומאה נשכה

CD 1.7 ויצמח מישראל ומאהרן שורש

4pIs[c] 18+ 1.1]   [ומאופל ומח[ושך

1QH 2 1.12 כל[:] ומאור גליתה

1QS 2.21 אחר זה לאלפים ומאות : וחמשים

1QM 11.11 כלות אשמה ומאז השמר[תה
1QM 18.10 הפלא ופלא ומאז לוא נהיתה

1pHab 6.5 בהם שמן חלקו ומאכלו ברי:

1QH 2.6 למוס לבבי ומאמצי [:

CD 20.11 על חקי הצדק ומאסו : בברית

4Q381 24 1.5 ליהודה מכל צר ומאפרים [:

4Q176 1+ 1.10]י ה[א]רץ ומאציל‹הא› : [

1QH 15.22] ומאתך דרך כול

1QM 11.4 לכה המלחמה ומאתכה הגבורה
4Q511 52+ 1.5 ארו]רים ומאתכה סוד

1QH 12.7 למוצא לילה ומבוא יומם

1QH 8.4 נוזלים ביבשה ומבוע מים בארץ
1QH 8.16 לכול[ ]ומבוע מים חיים

11QT 31.9 וגגו מבית : [ומ]בחוץ ועמודו

4Q405 20+ 2.9 קודש יצא ומבין :
11QSS a 1.1]ומבין[ ] :

1QH 14.12 ואני ידעתי ומבינתך : כי

1QS 11.11 במחשבתו יכינו ומבלעדיו לוא

1QH 1.20]יה כול ומבלעדיך לא

1QH 10.9 בכל מעשה : ומבלעדיכה לא
1QH 3 1.13 ···] : [עשיתם ומבלעדיכה לוא

1QH 1.22 כור העוון ומבנה החטאה

11QT 60.9 אחד מן המאה : ומבני היונה

11QT 14.18]כבשים ולשע[יר :
11QT 17.15 ול[כב]שים ולשעיר וביום
11QT 25.15 לאיל ולכבשים ולשעיר ולחטאת
11QT 28.5 ולכבשים [ו]לשעיר אשה :
11QT 28.9 ולכבשים ולשעיר

11QT 35.11 לחטאת הכוהנים ולשעירים :

1QM 6.17 לפי]ל ולשפוך דם חללי
4Q504 8R 1.14 ‹ה]ארץ› ח]מס ולשפו[ך :]··[
4QMI 14 1.5 [ ]במ[מת :]ולשפוך[:

1QS 9.14 העת להבדיל ולשקול בני

11QT 42.15 לבני ישראל : ולשרי האלפים
11QT 42.15 ולשרי האלפים ולשרי המאיות

11QT 59.4 עריהמה לשומה ולשרקה ולחורבה

11QT 60.11 לעמוד לפני ולשרת ולברך

4Q381 1 1.11 [ ]·לעבד לאדם ולשרתו וה[:]
4Q511 2 1.10]לפי כבוד[ו ו]לשרתו בגורל

4Q512 7+ 1.3 ולאכול ולש[תות

1pHab 12.13 יצרום לעובדם ולשתחות : להמה

1QH 15.15 להשמר בבריתך ולתהלך בכול
4Q504 8R 1.7 המשלת[ה :]·ם ולתהלך בארץ

4Q504 5 2.6] : בפשעינו ולתור בש[

11QT 57.14 יחד למשפט : ולתורה ולוא

11QT 38.10] העוף ולתורים ולבני

11QPs 18.1 נפשתכמה ולתמימים לפאר

1QH 14.10]·ר אהבתה ולתעב את כול
1QH 14.26]מת :]ולתעב כול דרך

4Q176 16 1.3 [: ב]ית קודש ולתת מילת איש
11Ber 1 1.8 ומלקוש בעתו ולתת לכם פר[י

1apGn 19.19 למשבק [ ]ום דא כול
1QH 2.15 תעות ··· :]ום לכול חוזי
1QH 3.5 מ[ ]ומ[:] עתה
1QH 4.5 פני לבריתכה ומ[:]
1QH 8.26 עם חוליים ומ[ ]ע ל· :
1QH 66 1.2]··[:]ע ומ[:]של ע[:
1QS[b] 4.3 קוד[ש]·דיכה ומ·[
2Q30 2 1.2]ענכה:]ום
4Q185 1+ 3.3 ית·[: ומ·[
4Q381 87 1.2]בו וא[:] ומ[
4Q381 106 1.2]·ו יא[:]ומ[
4Q405 40 1.1]··ם ומ·[:]ירומו
4Q497 15 1.2]עד כ[:]·ן ומ[
4Q497 42 1.2 [·[:] ומ[
4Q499 17 1.2 [ב·[:] ומ[ ]ל[:]·א[
4Q502 133 1.2 וכלית[:]·ם ומ[
4Q502 143 1.2]···[:]ומ[ ]
4Q502 209 1.1]ומ[
4Q503 127 1.1 [ומ·[:]ם וש[
4Q503 216 1.2 ו[:]·[:]· הששי ומ[:]ר בינה
4Q509 1+ 1.2]·כנו [:]·ומ··[: ט]יט
4Q509 189 1.3]· צלמות ומ·[:]נו כי
4Q511 43 1.3 כ[: נחלה ומ·[: ומשפטי
4Q511 78 1.1 [ום
4Q512 232 1.1 [ומ[
4pUn 6 1.2]ים [:]שקר ומ[:]·[

1QH 5.23]דני לריב : ומדנים לרעי

MasSS 1.2 כל הוי עד ומדעתו :

11tgJ 32.5 דחשת ביתה ומדרה בא<ר>ע

11QT 33.10 לו מצפונו ומדרומו זה

1Q52 1 1.1]˙ א ומה אותיכה :
1pHab 6.14 מה ידבר : בי ומה[ע]ל
1pMic 10 1.3 הפ]תאים ומה במות יהודה
1QH 1.25 נעדרו מלפניכה ומה יספר אנוש
1QH 1.25 אנוש חטאתו ומה יוכיח על
1QH 1.26 על עוונותיו : ומה ישיב ע<ו>ל
1QH 3.24 ולמי נחשבתי ומה כוח לי כיא
1QH 4.29 מי בשר כזאת ומה יצר חמר
1QH 7.32 ˙ואין זולתכה ומה הוא איש
1QH 10.3 לא יבים כול ומה אפהו אדם
1QH 10.5 בלוא חפצתה ומה אתחשב :
1QH 10.7 יצרתה : לי ומה אדבר בלא
1QH 10.12 לפני כבודכה : ומה אפהוא שב
1QH 12.27 אשר לקח משם ומה ישיב עפר ו
1QH 12.28]יבין :]שיו ומה יתיצב לפני
1QH 12.31 ואין לנגדכה ומה אפהו שב אל
1QH 12.32 ואני נאלמתי ומה אדבר על
1QH 12.32 יצר חמר ומה : אדבר כיא
1QH 12.33 אם השכלתני ומה או[: בלוא
1QH 13.14]גדול ומה ילוד אשה
1QH 15.21 כוחך : הגדול ומה אף הוא בשר
1QH 18.21 עשיתה אלה אלי ומה בשר :]˙
1QH 4 1.10 יזכה במשפטכה ומה אפה[:
1QH 13 1.5 כולם :]דך ומה נחשבו ע˙˙
1QS 11.20 את כבודכה ומה אפ הואה בן
4Q380 5 1.3]מה ימישו ומה ˙]
4Q381 19 2.5 ויפנ[<[]> : ומה א[: כי עש]
4Q381 31 1.6 ימי עמדי ומה יעשה אנוש
6apSK 1 1.2]אחת עשרא [:]ומה עד הגול[ה
8QHym 1 1.3 ה˙[:]הזה ומה תשביתו

4Q503 40 2.6 ישרא]ל ומהולל שם[

4Q405 23 1.7 רקיעי כבודו ומהללים שעריו
4Q405 23 1.9 המלך מברכים ומהללים כול
4Q502 94 1.2]בבית ה[:] ומהללים [:]
4Q503 108 1.2]ב[:]ומהללי[ם
11QSS 5+ 1.5]קיר מברכים ומהללים לאלוהי

11QT 31.13 ומהצפון : ומהמערב

11QT 31.12 עשו לה מהמזרח ומהצפון :

4Q378 11 1.7 אב]ניה ברזל ומה[ר]יה נחושה

4Q511 105 1.1]˙ ומו[ ]˙[

1QM 1.1 בגדוד אדום ומואב ובני

4QFl 1+ 1.4]עולם ועמוני ומואבי וממזר

CD 3.17 למים רבים : ומואסיהם לא

1QS 7.3 שנה : אחת ומובדל על נפשו
1QS 7.5 שנה אחת : ומובדל ואשר

1QH 4.9 מקנה וכול רעי ומודעי נדחו

1QH 2 1.6 עם כול צעודי ומוכיחי אמת :
4Q511 18 2.8 בינה בלבבי ומוכיחי : צדק

1QH 11.5 ובלשוני :]ה ומול שפתי

1QH 1.29 דברים על קו : ומבע רוח שפתים

1QH 1.29 קוים לרזיהם ומבעי רוחות

6Q15 2 1.1 ק]ד[חי] אש ומ[בערי :
CD 5.13 כלם קדחי אש ומבערי זיקות

1QM 10.13 ומקוי נהרות ומבקע תה<ו>מות

11QT 53.3 מצואנכה ומבקריכה

4pPs[a] 1+ 4.7 רשע לצדיק ומבקש]

1QH 18 1.3] : [שכל ומבקשי בינה ˙]

4Q379 17 1.2]ים ומברכים[:
4Q502 34 1.3]אשישים ונשים ומבר[כים :

11QT 37.7 עשוים ˙˙˙˙ : ו[מב]שלות אצל

4Q513 13 1.3]˙ עושים ומגאלי[ם] :

1QH 12.25 קלון מקוי עפר ומגב]

1QH 1.21 ואני יצר החמר ומגבל המים :
1QH 13.15 מבנה עפר ומגבל מים˙]

4Q403 1 2.26 למלך הכבוד ומגדל [א]ל[והי

1QM 9.10 גליל כפים ומגדלות : וקשת
1QM 9.11 וקשת ומגדלות ועל

4Q379 22 2.12 לה חומה ומגדלים לעשות
4Tstm 1.26 לה חומה ומגדלים לעשות

4pIs[a] 7+ 3.25 ימשול ומגוג :]

4Q381 76+ 1.15 בכ[ם : ר]בים ומגויים גדולים

1QH 1 1.4 ואני איש פשע ומגולל :]אשמת

CD 12.9 יזבחום ומגורנו :

11tgJ 36.6 לכוש יקד ומגמר נפשה

1QM 6.5 מחזיק חנית ומגן והדגל

1QM 9.12 אויב ומגני המגדלות

4Q176 8+ 1.11 מקצוף עליך עד ו<מ>געור בך :

CD 12.10 ומגורנו : ומגתו אל ימכר

4Q405 44 1.2]˙ול ירום ומד[:]˙[
4Q520 19 1.1]ומד]

1QS 11.2 שולחי אצבע ומדברי און

11QT 49.14 כול כליו רחים ומדוכה : וכול

1QH 12.25]ה ומדור : חושך

6apSK 32 1.3 לפני[:]ל˙ומדים]

4QMes 2.12 :VACAT ומדינ[˙˙]:

11tgJ 27.8] ומ]דינתהון

4Q405 14+ 1.2 ל]שון ברך ומדמות :]
4Q405 14+ 1.7 א]ל[והים ומ]דמות ˙]

4Q511 63 3.2 כול מעשי איש ומולות פעולות

11QT 34.10 לנתחיהמה ומולחים את
11QT 34.11 ואת הכרעים ומולחים במלח

4Q403 1 2.12 למשמע אלוהים ומוסדי [ ] :

1QS 10.7 קציר לקיץ ומועד זרע
4Q512 33+ 1.2 לכול שבועי : ו]מוע[ד]·
4Q512 33+ 1.3 מועדי : ו]מועד ק[צ]יר

1QM 14.13] עתים ומועדי תעודות
1QS 3.23 וכול נגיעיהם ומועדי צרותם
4Q503 1+ 2.13 לחגי שמחה ומועדי כ[בוד]
4QM1 8+ 1.12 עתי]ם ומועדי תעודות
CD 3.14 שבתות קדשו ומועדי : כבודו

1QM 18.14]ל[ ]חיכה ומועדים

1QH 13.16]עולם ומופת דורות

4Q185 1+ 1.15 עשה : במצרים ומופתיו ·[
4Q511 26 1.4]גבורותיו ו[מ]ופת[יו :

1QH 12.5 כפנות ערב ומוצא : אור

1QM 14.14 יומם ולילה : ומוצאי ערב
4QM1 8+ 1.12] ולילה ומוצא[י]ע[רב]

1Q38 4 1.2]··ת·[:]כה ומוקדש[י :

1QDM 1.8 והיו לפ[ח ו]מוקש ויע[ברו

11QT 64.2 לאיש בן סורר ומורה איננו

11QT 64.5 זה סורר : ומורר ואננו

1QH 10.8 לכול רוח ומושל בכל מעשה
11QPs 28.4 רועה לצונו ומושל בגדיותיו
11QPs 28.11 נגיד לעמו <ומושל> בבני :

4pN 3+ 2.9 נ[כ]בדים ומוש[לים] :

1QH 10.33 לבי בחלחלה ומותני ברעדה

1Myst 1 1.8 ואמת המשא ומזה יודע לכמה
1QM 5.8 הצ[ו]רה מזה ומזה לצמיד :
1QM 6.8 ולשמאולה מזה ומזה יעמודו
4QM3 1 1.4 ועמ[דו ו]מזה לטל·ת :

11QT 49.13 ומנעוליו ומזוזותיו

4Q511 22 1.3 לש]ון ישמע ומזל :]
4QM1 11 1.17 בפת[חי]ומזל שפתי מיא

1QH 2.16 המון מים רבים ומזמות בליעל [

MasSS 1.3 עד ומדעתו : [ומזמו]תיו היו

1QS 11.6 מאנ<ו>ש דעה ומזמת ערמה

11QT 59.6 מתאנחים : ומזעיקים מפני

11Apa 4.6 [מ]אדם ומזרע הקו[דש

4Q503 1+ 2.22 [: ומח]
4Q513 2 2.7 [: ומח]

1QH 9.6 וממכאוב לנגע ומחבלים :

1QM 5.8 צורת מחשבת ומחברת הצ[ו]רה

1apGn 21.28 מן פורת נהרא ומחו לרפאיא די
1apGn 21.30 במדברא ותבו ומחו ל[

4Q511 28+ 1.4 [ ]קורצתי ומחושך
4pIsc 18+ 1.1] ומאופל ומח[ושך

1QM 6.15 ראשים ושוקים ומחזיקים בידם

1QSb 1.2 מצו<ו>תיו : ומחזקי בב[רי]ת

CD 19.21 נזרו מעם : ומחטאתם :

4Q374 2 2.6 על אדירים ומחיג[ה]לפרעה

1QM 13.8 לעזר שארית ומחיה לבריתכה

1apGn 22.4 ושבין ובזין ומחין וקטלין

4VSam 7 1.3 רכוש והון ומחיר[:]

1QS 9.4 מבשר עולות ומחלבי זבחי

4Q181 1 1.1 גדולים ומחלים רעים :

4pN 3+ 1.4 בדי גוריו ומחנק ללביותיו

1QH 7.17 [ו]להעיז בכוח ומחסי בשר אין

1QM 11.6 קם שבט מישראל ומחץ פאתי מואב
4Tstm 1.12 שבט מישראל ומחץ : פאתי

11QT 58.11 אנשי : הצבא ומחצית העם לוא

1QH 4.13 היא תקום ומחשבת לבבה
1QS 2.24 טוב ואהבת חסד ומחשבת צדק :
1QS 4.4 משפטי צדק ומחשבת : קודש
1QS 5.5 ועינוהי ומחשבת יצרו
4Q511 22 1.4 ומח]שבת כול

4Q511 30 1.2 ותהומות ומח[שכי

4Q379 22 2.10 פח יקוש לעמו ומחתה לכל
4Tstm 1.24 י]קוש לעמו ומחתה לכול

11QT 3.12 יהיו זהב טהור ומחת[ת :

11QT 22.13 ולכול מטה : ומטה איל אחד
11QT 23.7 [מ]טה ומטה [ש]נים

4pIsa 2+ 2.14 [: [עו]רב ומט[הו

1QM 7.2 ושוללי השלל ומטהרי הארץ

11QT 45.5 ליום השמיני ומטהרים את :

CD 8.13 כי : שוקל רוח ומטיף כזב הטיף
CD 19.25 ~~ספה~~ סופות ומטיף אדם :

11QT 51.14 אשמה גדולה ומטמא הבית

1QH 8.20 ·· אש ו<י>בשו ומטע פרי[
1QH 8.21 על קו נכון ומטע : עציהם

11Ber 1 1.8 גשמי ברכה טל ומטר יורה

1QH 7.28 באלים אדוני ומי כאמתכה ומי
1QH 7.28 ומי כאמתכה ומי יצ[ד]ק
1QH 10.10 אין מחיר ומי : בכול
1QH 11.24 לאין : השבת ומי בכול
1QH 4 1.10]יכה ומי יזכה
1QH 10 1.5 ·· לקץ ישמיעו ומי·[:]

1QH 16 1.4 אביונ[:]ה ומי מתכן [:]
1QH 16 1.5 מתכן [:] ומי מתכן גבור
1QS 11.20 כוח : גבורתכה ומי יכול להכיל
4Q185 1+ 1.8]˙]ומי יכלכל
4Q381 15 1.6] אלהי ומי בבני
4Q502 9 1.7 יבולה :]עם ומי תהומיה
4Q512 1+ 1.5 בלוחות עולם : ומי רחק לטהרת
4Q512 48+ 1.4 עם קוד[ש : ומי הע[ ]
4pIs[c] 17 1.1]]רואנו ומי[
4QFl 15 1.2]˙יה הנ˙[:]˙ומי (ה)עמי[:
11Ap[a] 3.8] התחתיה ומי[
11QPs 28.7 כי מי יגיד ומי ידבר ומי
11QPs 28.7 יגיד ומי ידבר ומי יספר את

1QM 10.9 החזקה ומיא ———
1QM 13.14 יד גבורתכה ומיא מלאך ושר
4QMl 11 1.15 לבוז נחשב ביא ומיא בכבודי
4QMl 11 1.16]צערים כמוני ומיא [כו]ל רע
4QMl 11 1.17]]˙ ומיא
4QMl 11 1.17 שפתי מיא יכיל ומיא יועדני

CD 13.1 למועט לאלפים ומיאיות וחמשים

11Mel 1+ 2.13] בליעל ומיד כול ר[וחי
11QT 59.18 מיד שונאיו ומיד : מבקשי

1QS 11.10 כיא לאל המשפט ומידו : תום

4Q509 56 1.1]דו ומידכה[:] ˙ב

1QH 5.9 אמצתה בלבבי ומיה ברית

CD 20.13 התור[ה]ומיום : האסף

4Q370 1.4 מוסדי אר[ץ ומ]ים נבקעו
4pN 3+ 3.10 אשר חילה ים ומים ח(ו)מותיה

4Q502 8 1.4 וכו]ל פרי עצה ומימינו[:

CD 6.2 מאהרן נבונים ומישראל :
CD 20.1 משיח מאהרן ומישראל וכן
CD 10.5 לוי ואהרן ומישראל : ששה

1Q69 5 1.1]ומכ[:]כה [

1pHab 11.15 ק]ל[ו]נו ומכאוב : [ ]ל[

4Q510 1 1.3 כול גבורי כוח ומכוח גבור[ת]ו

1QS 9.9 בתמים דרכ ומכול עצת
4Q504 17 2.2 [ ]א˙[:] [ ]ומכול[:]
11QT 58.17 מכול דבר טמאה ומכול ערוות
11QT 58.17 ומכול ערוות ומכול עוון

4pIs[e] 11 1.4]ומכוש[

1QH 3.26 מצודות רשעה ומכמרת חלכאים

1QM 7.10 לבן כתונת בד ומכנסי בד

11QT 60.4 הלוליהמה ומכס תרומתמה
11QT 60.5 אשר יחרימו ומכס השלל והבז

4Amrm 1 1.14 אנפיוה העכן ו[מכסה

4Q502 2 1.6 ל[:]אל ומכפר[:]ביום

1QH 17.4]ת ביבושה ומכש[:]

1QH 4.15 בגלולים ומכשול עוונם
1QH 17.23 מחטוא לך ומכשול בכול

1QS 2.12 בברית הזות ומכשול עוונו
1QS 2.17 אל בגלוליו ומכשול עוונו

11QT 60.18 ומעונן ומנחש ומכשף חובר חבר

4Q503 60 1.2 ˙˙ ˙˙[:]הזה ומל[:]˙ו
11QT 10.11]ומל[ ]עלה מזה

1QM 17.9 עד יניף ידו [ו]מלא מצרפיו
4Q381 1 1.10 בהם וכל צבאיו ומלא[ ]ר˙

4Q381 15 1.5 ו]מלאה אתה
4QMl 1+ 1.16]בערוך המלחמה ומלאה המ[ע]רכה

4Q186 1 3.4 ושוקיו עבות ומלאות [ש]ער

1QM 6.12 פה וארוכי רוח ומלאים בתכון

1QS 3.24 אור ואל ישראל ומלאכ אמתו עזר
4Q511 20 1.2 יפה[רני]:]ומלאך כבודו :

11Ber 1 1.13 כיא אל עמכם ומלאכי : [

4pN 3+ 2.1] : ומלאכיו הם

4Q509 10 4.5 בע[ ]תכה [: ומלאכיכה[:

4QMl 5+ 1.1 <צבא> ומ]ל[אכי]ם

4Amrm 1 1.13 [כפ]תן [ומ]ל[ב]ושה

4Q184 1 1.4 תועפות לילה ומלבשיה[:

4Q405 4+ 1.2 רא]שי מרומים ומל[ו

1QM 5.11 טהור בכור ומלובן כמראת

4pPs[a] 1+ 3.18] חונן ומלוה וזר[עו

1QM 10.10 עם קדושי ברית ומלומדי חוק
4QM5 1 1.2] [ברית ומ[לומדי

1QH 3.35 אושי עולם ומלחמת גבורי :
1QM 2.10 העדה יחד : ומלחמת המחלקות
4QM6 4 2.3 המל[ח]מ[ה : ו]מ[ל]חמת[

1apGn 20.8 מלי חרקנוש ומלי תרין

11QT 19.7 א]כיבות ומלילות והיה

1QH 5.25]תי סוררים : ומלינים סביב

1QH 2.13 נס לבחירי צדק ומליץ דעת ברזי

1pHab 8.6 משל עליו ישאו ומליצי חידות
1QH 4.7 החליקו למו ומליצי רמיה ˙˙
1QH 2 1.6 תמיד עד פלט ומליצי דעת עם

1apGn 21.31 סודם לעורעהון ומלך [
1apGn 21.31] ומ]לך אדמא
1apGn 21.31 ומ]לך אדמא ומלך צבואין
1apGn 21.31 ומלך צבואין ומלך בלע
1apGn 21.32 סודום ועדק ומלך עומרם :
1QH 10.8 אתה שר אלים ומלך נכבדים
1QM 12.8 קדוש אדוני ומלך הכבוד
1QM 19.1 קדוש אדירנו ומלך הכבוד
4Q403 1 1.34 ראשי מרומים ומלך מלכ[ים]

1QS[b] 3.5 יתן לכה ומלכות [

4Amrm 2 1.3] ומלכי רשע

4QNab 1+ 1.3	הוית שנין שבע ומן [ ] שוי
4tgJ 1 2.5	דבעפרא [: ומן בלי מני[ח :
11tgJ 24.5	מן שקר : ומן לחבל( )א
11tgJ 31.6	[ע]נני עלא ומן במן מן נפק
11tgJ 33.5	קרנא יאמר האח ומן : רחיק
11QT 20.15	]]לם ומן הכבשים את
11QT 22.15	מן השמן החדש ומן הזתים כי
11QT 41.7	] ו]מן הפנה
11QT 57.11	מכול דבר חמ : ומן גוי נכר
11QT 57.12	נשיי עמו עמו ומן הכוהנים
11QT 57.12	שנים עשר ומן הלויים :
11QT 60.8	מן : השלל ומן הבז ומן
11QT 60.8	השלל ומן הבז ומן הציד לעוף
CD 10.22	כי אם המוכן ומן האובד :
CD 11.8	הבית : לחוץ ומן החוץ אל
TS 3 2.2	וששים באמה ומן הפנה הזואת
11QT 51.4	מעצמותמה ומנבלתמה עור
4Q512 1+ 1.9	] : ומנדות טמאה
11QT 45.18	וכול צרוע : ומנוגע לוא
4Q503 37+ 1.15	] : קודש ומנוח לנ[ו
1apGn 21.20	עלוהי עלא ומנחא לאל
1apGn 21.2	עלוהי עלואן ומנחה לאל
11QT 14.2	] : [ומנ]חה סולת
CD 11.19	למזבח עולה ומנחה ולבונה
4Q508 9 1.1	]ומנחות[:]ל[
4Q181 2 1.4	אוהבי עולה ומנחילי אשמה
11Mel 1+ 2.5	מחבאי העצרה ומנחלת מלכי
11QT 60.18	קסמים ומעונן ומנחש ומכשף
11QT 34.12	ונתחיו אצלו ומנחת סולתו
11QT 24.8	לבד יהי[ו ומנח]תה ונסכה
11QT 28.1	]ר ומנח[תה :
11QT 15.9	ואת האלי[ה : ומנחתו ונסכו
11QT 28.8	אחד לחטאת ומנחתם ונסכם
11QT 17.14	אחד לחטאת ומנחתמה ונסכמה
11QT 23.5	] ומנחת]מה
11QT 25.6	] ו]מנחתמה
11QT 25.14	מחטאת הכפורים ומנחתמה ונסכמה
11QT 28.4	אחד [לחטא]ת [ומ]נ[חתמה
11QT 28.11	אחד לחטאת ומנחתמה ונסכמה
1apGn 20.32	וא[ש]למה לי ומני עמי אנוש
1apGn 22.29	וכען בקר ומני כול די
11QT 33.4	]אשר עליהמה ומני[חים :]
4Q504 9 1.7	וירים[:]ת ומנינ˙]
11tgJ 5.3	בביתה˙[: ומני]ן ירחוהי
11tgJ 28.4	נג]דע ומנין שנוהי די
1apGn 2.15	מנך זרעא דן ומנך הריונא דן
1apGn 2.15	הריונא דן ומנך נצבת
11QT 49.13	יגרודו : ומנעוליו
1QH 9.31	]˙ ומנעורי הופעתה

11Mel 1+ 2.13	אל ל[הרשיע] : ומלכי צדק יקום
1apGn 21.26	מלך : עילם ומלכיא די עמה
1QM 12.14	חיל גואים ומלכיהם ישרתוך
1QM 19.6	] חיל גוים ומלכיהם ישרתוך
4QM2 1 1.6	חיל גוים ומלכיהם ישרתוך
CD 3.9	בו אבדו ומלכיהם בו
4Q504 1+R 3.15	] : ומלכינו כיא[
1apGn 22.14	בקעת בית כרמא ומלכיצדק מלכא
4pN 1+ 2.10	]הארץ ממנו ומלפני[ו
11Ber 1 1.8	טל ומטר יורה ומלקוש בעתו
11QT 9.11	]]ה ומלקחיה כולה
4Q185 1+ 3.2	כי פני[: וממאורות ית˙]
4Q185 1+ 2.10	]לישראל וממד[ת מ]ב
1QS[b] 3.27	כו]ל נדיבים וממול שפתיכה
4QFl 1+ 1.4	ועמוני ומואבי וממזר ובן נכר
1QH 4 1.4	[:]עי גבר וממכ[:]ורת
1QH 9.6	משאה אלמשואה וממכאוב לנגע
4VSam 3+ 2.5	]וממלכה וידעו
4pN 3+ 2.11	גוים מער[ך] וממלכות (˙˙˙˙˙
11QT 34.13	נסכו אצלו וממנו עליו
CD 14.14	בעד [יתו]מים וממנו יחזיקו
CD 1.3	פניו מישראל וממקדשו : ויתנם
1QS 3.19	תולדות האמת וממקור חושב
1QS 11.5	משענת ימיני וממקור צדקתו
4Q400 1 1.7	]עולמים וממקור הקודש
4Q401 15 1.2	]כבודו[: ומ]מקור ה[קודש
4Q482 1 1.3	ל]כה ו[לוא: ומ]מרא המ[:
1apGn 22.7	ואשכול וממרה נגדו עמה
1pHab 3.10	ובבהמתם וממרחק : יבואו
1QM 10.12	ומשא רוחות וממשלת קודשים
1QM 17.7	משרת מיכאל וממשלת : ישראל
4Q511 2 1.9	למועדי שנה [ומ]משלת יחד
4Q510 1 1.2	לכול קדושים וממש[לתו] : על
1QH 7.23	כמוץ לפני רוח וממשלתי על ב˙˙
1Q34[b] 3 2.3	] :] [˙ וממשלתם בבל
1QH 17.10	השיגום במ[:]וממשפט קצ˙]
1QH 17.11	נער˙[:]ין וממשפט אח˙]
4Q502 76 1.1	]וממשפט א[:]ה
1Q20 1 1.1	תת˙ך ותתק˙˙ם ומן הוא:]ם
1apGn 2.1	עירין הריאנתא ומן קדישין
1apGn 21.11	עד לבנן ושניר ומן ימא רבא עד
1QS 8.24	מן המהרה ומן העצה ודרשו
1QS[a] 1.6	האזרח בישראל ומן נע[וריו :
4Q176 1+ 1.4	ואין קובר ומן ספר ישעיה

3Q15 1.10 והאצרה שבע ומעסר : שני

4Q513 13 1.1]ומערות .א<ב>יא

1QM 7.17 כול מערכה ומערכה יצאו

1QH 13.10 מקדם עולם ומעשה[: יספרו

1QS 6.17 ידרושהו לרוחו ומעשו עד

1QH 1.27 עבודת העוון ומעשי הרמיה
1QH 17.18 אפים :]׳ ומעשי ימין
1QH 3 1.10 ואפס יצר עולה ומעשי רמיה[:
1QM 13.2 מחשבת קודשו ומעשי אמתו
4Q405 20+ 2.10 אש בדמות חשמל ומעשי : [נ]וגה
4Q509 184 1.4 עמכה :]כה ומעשי :]׳ה
4pIs[b] 2.4 לא הבימו ומעשי ידו לא

1QS 5.24 פוקדם את רוחם ומעשיהם שנה
CD 2.1 את כל המונם ומעשיהם לנדה

1QS 5.21 לפי שכלו ומעשיו בתורה
1QS 5.23 רעהו לפי שכלו ומעשיו להשמע
1QS 6.18 לפי שכלו ומעשיו בתורה
4Q511 15 1.6 ל[:]יר ומעשיו

4Q513 1+ 1.5 הסמ]אה ומעשר האיפה
11QT 60.9 ומבני היונה ומעשר מן הדבש

4Q185 1+ 2.5 ולא לעתת מפחד ומפח יקוש :]׳

4Q400 1 1.17 בכוהני קורב ומפיהם הורות

1QS[b] 4.26 בהיכל : מלכות ומפיל גורל עם

11QPs[b] e 1.5 רי המלט : בי ומפל

4Q381 24 1.7 סלעי ומצודתי ומפלט[י

11QT 36.12 זהב טוב : ומפנת השער עד

1QH 4.26 מוראם על עמכה ומפץ לכול עמי

1QM 10.14]פי בלת לשון ומפרד עמים

1QH 8.10 לא ישלחו שורש ומפריח נצר

1QH 3 1.4 על מטוני פחיה ומפרש[:]אשמר

4Q185 1+ 2.12 ישאנה[ ]שה : ומצאה ו׳[ ]׳בה

4Q403 1 1.28 מברכ[יו ומצדי]קי[ו] :

1QH 2 1.8 י׳[:]חמר ומצו[

1QH 9.28 סלע עוזי ומצודתי בכה :
4Q381 24 1.7 שמך ישעי סלעי ומצודתי

1QDM 2.1] ועדוותי [ומצוו]תי]שר

11QT 41.16 עץ ארז ומצופים זהב
TS 3 2.7 ומקורים : ומצופים זהב

4Q381 69 1.5 ח]קים תורות ומצות בברית

11QT 2.6 תתוצון ומציבות[יהמה :

1QH 2 1.16 אלה לכבודכה ומצידוק

4Q381 44 1.3 [: ל]קויך ומציל לבמוחים[

11QT 3.12 קער[ותיו :]ומנקיותיו יהיו

4pPs[a] 1+ 2.18 על רשעי אפרים ומנשה אשר
11QT 24.13 יחד אפרים ומנשה וביום

1QS 10.8 לפרי תהלה ומנת שפתי

11QT 34.9 מעל לבשרמה ומנתחים :

1QH 6.5 מעדת [ ]א ומסוד חמס
1QH 17.19 בנדה התגוללתי ומסוד [
4Q511 26 1.3]מבני אדם ומסוד[:

11tgJ 13.10 ואמר לבני[: ומסמא[:

11tgJ 8.5 בשבילוהי ל[: ומסכן ובלי[ליא

11QT 51.13 מטה משפט ומסלף דברי

4Q511 2 1.6 דרך אלוהים ומסל[ת ק]ודשו

1QH 11.22 אבל יג[> ומספד מרורים

1QM 12.2 במעון קודשכה ומ[ספר נוצ]חים
CD 2.9 את שני מעמד ומספר ופרוש
CD 4.5 וקץ מעמדם ומספר צרותיהם

4QMes 1.9 עלוהי יסופו ומסרת כול חייא

8QHym 1 1.1 אני מירא ומע[:]׳ני

1QH 6.35 במלחמות זדים ומעביר שוט

1QH 2.32 מליצי כזב : ומעדת דורשי

1QH 8.33 כדונג בשרי ומעוז מותני

CD 10.11 במים צואים ומעוטים מדי

1QS 10.12 טובי מקור דעת ומעון קודש רום

4Q402 11 1.4] פלא ׳[:] ומעונ[י :]׳ק

11QT 60.18 קוסם קסמים ומעונן ומנחש

4pN 3+ 1.6]חורה ומעונתו טרפה

11QT 51.13 דברי הצדק ומעור : עיני

1QH 1.5]׳ ומקה ׳מ׳[: ומעין הגב[
1QH 12.13 דעת ברז שכלכה ומעין גבור[

1pHab 1.6] אל בעשק ומעל
1QH 17.12 בע[ ]׳ ומעל :]מוסדי
1QS 9.4 על אשמת פשע ומעל חטאת
1QS 10.23 לשוני תמיד ומעל אנשים עד

1QM 2.4 מבן חמשים שנה ומעלה : אלה
4Q374 7 1.3 לעמך[:]שחקים ומעלה[:]׳׳ם[
4QM1 4 1.2 עשרים [ש]נה [ו]מעלה לה[:
11QT 17.8 עשרי[ם] שנה ומעלה יעשו
CD 10.8 ששים שנה ומעלה לשפוט את

11QT 31.9 ועמודו ומעלותי ועשה

1Q34[b] 3 2.7 יסורי כבוד ומעלי עולם :]

1QH 16.5 אמתך בכול [: ומעמד צדק א׳׳׳

1QH 11.34 ׳׳׳ [: ותחנה ומענה לשון
4Q511 70 1.2 לו[:]אוזן ומענ[ה:]עם ל[

4pN 3+ 2.3 אופן וסוס דהר ומרכבה מרקדה

1pHab 3.5 להרע ובנכל ומרמה : ילכו
4Q381 85 1.3 הקשב[:]˙הם ומרמה בלבבם [

1QS 10.22 וכחש עוון ומרמות וכזבים

1QH 8.8]˙ יער ומרמס גיזעו

4Q502 9 1.5]˙ה במקנינו ומרמש :

1QH 2.8 פח לפושעים ומרפא לכול :

4Q176 30 1.3]˙˙ל[:]ה ומרפה[:]˙˙˙[

1QH 1.4 ˙˙˙˙˙˙˙ם[: בם ומש[
1QH 1.16 בכול דוריהם ומש[ ]ט :
4Q518 23 1.2]ב˙וא[:]˙ומש[
5Q16 1 1.5]פיו [ ]גפ ומש˙[:]˙˙˙ול

1QM 2.11 וחול תוגר ומשא אשר בעבר
1QM 10.12 צבא מאורות : ומשא רוחות

1QH 3.19 נפשי משחת ומשאול אבדון :

1QDM 2.7] מרחכם [ומש]א[כם

4Q504 1+R 5.6 מעובר ומשב בכול זואת

1QH 3.12 לחבל נמרץ ומשברי שחת
1QH 3.16 לרום גלים : ומשברי מים

CD 15.15 וכל פת[י ו]מ[ש]גע : ובא

1QH 9.30 גמלתה עלי ומשדי ה<ו>רותי

4Q507 1 1.2 בעולה מרחם ומשדים בא[שמה:

CD 5.8 בת אחותו ומשה אמר אל :

1QH 5.30 תלונתם עם שאה ומשואה ולעופות

1QM 3.6 משנאי : צדק ומשוב חסדים

1QS 5.2 בתורה ובהון ומשובים על פי

CD 15.15 היותו אויל ומשוגע וכל

2QJN 3 1.2]˙˙[: ו]משח עד תרע
5QJN 1 1.17 ית ד[שין ל]ה ומשח בגוא
5QJN 10 1.2]˙˙˙[:] ומשח

3Q15 12.12 הזא : ופרושה ומשחותיהם

1QH 45 1.3]˙ם כול שמן ומשחית[:

1QS 11.13 ואם יפתח צרתי ומשחת יחלצ

4Q511 52+ 1.3 למעשי כול ומשיב ברכות [

1QS 9.11 עד בוא נ<ב>יא ומשיחי אהרון

4Q512 226 1.3 אה]בתכה [:] ומשכו[:

4Q403 1 2.10] : רוחות פלא ומשכן רוש רום

11QT 59.19 אויביו לפניו ומשל בהמה :

11QT 64.7 איש רכיל בעמו ומשלים את עמו

1pHab 10.4 עמים רבים ומשם יעלנו

5QJN 1 1.5 שתין ושבע [ו]מצ[יעא

2apPr 1 1.9 הנה ממזרח ומצפון :

1QS 1.17 פחד ואימה ומצרפ : נסוים

11QT 47.4 לשכין שמי ומקד[שי]
11QT 47.11 משכן את שמי ומקדשי בתוכה

1QH 1.4]˙ ומקה ˙מ˙[:

11QPs 18.10 נשמע קולה ומקהל חסידים :

1QS 11.6 אדם מקור צדקה ומקוה : גבורה

1QH 12.29 ודש :] עולם ומקוי כבוד
1QM 10.13 חוג ימים ומקוי נהרות

4pPs[a] 1+ 3.9 יר]שו ארץ ומקוללו[
4pPs[a] 1+ 3.11 קודשו יתענגו ו[מקול]לו :

1QH 1.22 סוד הערוה ומקור הנדה כור
1QH 12.29 ומקוי כבוד ומקור דעת

11QT 36.10 עשרה באמה ומקורה כיור :

11QT 41.15 עד המשקוף ומקורים :
11QT 42.11 תעשה עמודים ומקורים בקורות
11QT 46.14 לעיר בתים ומקורים ובורות
TS 3 2.6 (וכן) המשקופ ומקורים :

11QT 34.11 ומולחים במלח ומקטירים אותמה

4QBer 10 2.11 רשע]תמה ומקימי מזמתכה[
4QTeh 2 1.6 [: ו[מ]קימי

11QT 51.20 להמה אשרות ומקימים להמה

4Q511 11 1.3 צרות [:]ה ו[מ]קלל לכול

1QS 11.2 ומדברי און ומקני הון כיא

11QT 6.4 בא[מ]ה ומקר[:] עשר

11QT 5.6 ועשר[ים :]ה ומקראה גם]

11QT 33.9 ו[כ]ול בנינו ומקרותיו כבית

1QH 4 1.6 שטן משחית ומר[:]בה
4Q510 8 1.2]וש ב[:]ומר ל[:]˙˙˙[

11tgJ 24.7 אלהא : ישקר ומרא[

1QM 5.11 חרש מ[ח]שבת ומראי שבולת :

4Q508 3 1.2 הרשענו [:]ומרבם[ו]תקם

11Mel 2 3.7 ˙˙˙[ ]בליעל ומרו ה[:

1QH 11.12 לסוד [ ] ומרוח נעוה

11QSS 5+ 1.4 [: [עול]מים ומרוממים

1QH 9.30 מאבי : ידעתני ומרחם [
1QH 15.15]תה : צדיק ומרחם הכינותו
1QH 15.17]ונכה ומרחם הקדשתם

11QT 34.10 הנתחים במלח ומרחצים את :

1pHab 12.11 יצרו : מסיכה ומרי שקר כיא

CD 20.30 על חקי קדשו ומשפטי : צדקו

4Q511 71 1.2]ם ˙[:]ומשפטיהם[: [

4Q511 63 3.3 תמימי דרך ומשפטים לכול

1QH 9.9 וארשיעה דינו ומשפטכה אצדיק

11QT 49.13 ואספיו ומשקופיו יכבסו

1QH 8.4 מים בארץ ציה ו[מ]שקי : גן[

1QH 6.26 על קו משפט ומשקלת א[

4Q511 35 1.4 עם צדקו צבאו ומשרתים מלאכי

4Q502 9 1.10]˙ה מודה לאל ומשתבח :]נים

1apGn 22.15 אנפק : מאכל ומשתה לאברם

4Q502 2 1.3]ת לו בת אמת ומתהל[כה :]לה

1QH 2 1.14 עם צבאכה ומתהלכים

1QH 3 1.5 עפר מהתפרר ומתוך דונג˙[:

11tgJ 24.1]א חטיא ומתחבר : לעבדי

1QH 3.28 על נעזבים ומתך חמה על

1QH 5.10 כחרב שניהם ומתלעותם כחנית

1Q20 2 1.2]˙מ˙[:]˙˙ ומתמהין מן

1apGn 20.25 אלן מתכתש ומתנגד מרי

CD 19.31 אבות ושונא ומתעב א את

CD 2.6 על סררי דרך ומתעבי חק לאין

4pPs[a] 1+ 1.23 א]והבי פרע ומתעים : [

4pPs[a] 1+ 4.13 רשע עריץ ומתע[רה

1Q51 1 1.1] עולם ונ[ ]אל˙ [
1QM 1.17]˙ון גדול˙˙˙[
4Q405 31 1.4] ממעלה[:]ון ˙ל[
4Q502 35 1.2]ור בשמח[ת :]ון באל[ ]˙˙[:
4Q503 73 1.4] באחד [:]ון ביו˙˙[: [
4Q503 144 1.1]˙ון ישן :]שן [
4Q509 286 1.1]הזה ונ[
4Q510 1 1.6 ולהשם לבבם ונ˙˙תם ב]קץ
4Q511 173 1.1]˙ון ול˙˙[:]˙מה
4Q512 64 1.2]˙ה [:]ה ונ[:]˙ לנו[
4Q512 227 1.4]באור [:]ון˙˙ [
4Q513 11 1.3 בני ישראל :]˙ון זמה :]לם
4Q513 44 1.1]ון ל˙[:]˙˙[
11tgJ 15.2 יה[ימנון :]ון בחרת ארחי

4Tstm 1.9 בלעם בנבעור ונאם הגבר :

1QH 12.12 אשר נתתה בי ונאמנה שמעתי

CD 19.12 מצחות נאנחים ונאנקים :

1QM 18.4 הזכרון ונאספו אליהם
4QCat[a] 12+ 1.11 ו˙[ ] לעד ונאספו כול בני

4Q379 22 2.14] בארץ ונאצה גדלה

1Q25 4 1.6 לו אם[: ה]מ[ה ו]נאצו ולוא [

1QM 8.5 הרכב : מימין ומשמאול ותקעו
4QM1 1+ 1.14 והמאסף מימין ומשמאול

1QH 2.5]ומשמיעי שמחה

1QS 1.22 גבורתום : ומשמיעים כול

1QH 9.33 ,עם ˙˙ותי ומשמר שלומכה

CD 8.15 את אבותך ומשמרו את
CD 19.28 את אבותיך ומשמרו את

4QM4 1 1.3 וכן ללויים ומשמרות[

4Tstm 1.19 <מתנים> קמו ומשנאו : בל

1QM 2.1 אחר כוהן הראש ומשנהו ראשים
4QM4 1 1.4 כוהן הרואש ומשנהו ראשים[

1QH 10.32 למקור עולם : ומשענתי במעוז

1QM 17.4 ולבהו תשוקתם ומשענתם בלוא

11QT 39.15 ועשרים באמה ומשער
11QT 39.16 ועשרים באמה ומשער לוי עד
11QT 40.14 מאות באמה ומשער שמעון עד
11QT 40.15 כמדה הז<ו>את ומשע[ר] לוי עד
11QT 41.3 ב]אמה ומשער : יש
11QT 41.5] מאות באמה : ומשער זב[ולון
11QT 41.6 מאות : באמה ומש[ער
11QT 41.9 מאות באמה ומשער נפתלי :
11QT 41.10 וששים באמה ומשער : אשר עד
11QT 44.12 וסוב<ו>תמה ומשער : ראובן
11QT 44.14 ולמנשה : ומשער יוסף עד
11QT 44.15 הלויים : ומשע<ר> בנימין
11QT 44.16 לבני יש שכר ומשער : ומש[ער
11QT 45.1 שכר ומשער : ומש[ער :
TS 3 2.1 מאות באמה ומשער זבולון
TS 3 2.1 ומש[ער] גד [
TS 3 2.3 מאות באמה ומשער נפתלי עד
TS 3 2.4 שלוש מאו[ת : ומשער אשר עד

4pN 3+ 2.7 גוים בזנותה ומשפחות
4pN 3+ 2.9 גר נלוה ערים ומשפחות יובדו

CD 3.1 בה תעי בני נח ומשפחותיהם בה

1QH 1.9 ע˙[ ] ומשפט לכול
1QH 10.36]שה : ומשפט ב[ ]ול
1QS 1.5 אמת וצדקה ומשפט : בארצ
1QS 5.4 וענוה : צדקה ומשפט ואהבת
1QS 5.16 לכול תורה ומשפט ואשר לוא
1QS 8.2 אמת וצדקה ומשפט ואהבת
1QS 9.17 דעת אמת ומשפט צדק
1QS 10.25 לשמור אמנים ומשפט עוז
1QS[a] 1.14 לריב ריב : ומ[ש]פט
4Q511 18 3.8 [:]ו[משפ]ט [ ]˙˙[
4Q511 35 1.1 בכול בשר ומשפט נקמות
4AgCr 1 1.10] : [˙ משפטים ומשפט סוד[ ]˙[
11QPs 26.11 פניו אמת : ומשפט וצדק
CD 1.2 לו עם כל בשר ומשפט יעשה בכל
CD 5.9 שאר אמך היא ומשפט העריות
CD 14.12 לכל ריב ומשפט

1QS 6.23 עצתו : ליחד ומשפטו :
1QS 10.11 לבלתי שוב ומשפטו אוכיח

1QH 3 1.16 נדה לתהלויים ומשפטי נגע
1QM 13.9 מעשי אמתכה ומשפטי גבורות
4Q400 1 1.5 לכול מעשי רוח ומשפטי : [
4Q511 43 1.4 נחלה ומ˙[: ומשפטי צד[ק :

1Q26 1 1.6	ממני ו[:]˙ ונארותה בכול
4Q504 1+R 5.17	מוסרכה ˙˙ונבואה בצרות :
11QPs 27.3	<ו>סופר : ונבון ותמים
1QH 11.23	בכנור ישועות ונבל שמ]
4pIs[b] 2.3	והיה כנור ונבל ותוף
4pN 3+ 3.1	עליך שקוצים [ונ]בלתיך
1QH 1.23	בלא : בינה ונבעתה במשפטי
1QH 5 1.8	אנינם לכלה ונגד כול
1QM 15.2	מלך הכתיים ונגד כול חיל :
1apGn 20.18	עלוהי מכתשיא ונגדיא ועל כול
1apGn 20.24	כול מכתשיא ונגדיא : אלן
1apGn 19.8	לטורא קדישא ונגדת : ל[ ]
1apGn 19.10	ה[וא] במצרין ונגדת : ל[מעל]
4apLm 1 2.2	אף אל עלה[: ונגוללה עם
4Q381 46 1.7	לנגח בה רבים ונגחו[
1QM 13.13	בישועתכה ונגילה
1QH 9.25	לשמחה וששון : ונגיעי למרפא
4Q504 1+R 5.18	בצרות : [ונגי]עים
1QH 14.16	]שע תשמיד לעד ונגלתה צדקתך
1QH 5.28	לכאיב אנוש ונגע נמאר
6apSK 32 1.2	˙[:]לכם ונגפו לפני[:
1QM 16.13	יתקעו לשוב ונגש כוהן
1QM 19.11	שם בחרב אל ונגש שם כוהן
4QM1 10 2.13	[: ונגש הכוהן
4QM1 11 2.11	[י]תקעו לשוב ונגש כוה[ן
11QT 61.15	למלחמה : ונגש הכוהן
11QT 63.3	את העגלה : ונגשו הכוהנים
11tgJ 32.6	מהמא תקף קריא ונגשת שליט לא
4Q509 131+ 2.6	]]ונדבות רצונכה
CD 6.8	למעשיהו ונדיבי העם הם
4QM1 11 1.12	כול מלכי קדם ונדיביהמה לו[א
4Q511 90 1.2	]˙ הכבו[ד :]ונה רם [:
1QM 17.5	כול הויה ונהיה ו[יהי]ה
4AgCr 1 1.2	קץ להתה[לך: ונהיה כטרם
1QH 18.27	באוזן עפר ונהיות עולם
1QS 3.15	כול הויה ונהייה ולפני
CD 2.10	הוי עולמים ונהיית עד מה
1QH 10.33	ומותני ברעדה ונהמתי עד תהום
1QS 3.5	יתקדש בימים : ונהרות ולוא
4Q405 15+ 1.2	גדיל שפה[: ונהרי אור]
4Q509 281 1.1	]ונו א˙˙[
4Q511 40 1.4	]˙ונו ˙[
4Q511 177 1.1	]˙ונו˙[:]ראי[
4Q381 50 1.5	] :]˙˙ם ונודך [:] אל
4Q381 48 1.7	אדלג כאי[ל : ונודעה אלהים
11QT 51.20	המה : זובחים ונוטעים להמה
CD 9.4	נוקם הוא ונוטר : ואין
CD 9.5	הוא לצריו ונוטר הוא
4QM1 23 1.3	נ[: מ]עפר ונופל[ים :]מי
1pHab 3.3	לוא לו איום : ונורא הוא ממנו
1QM 10.1	אל גדול ונורא לשול את
4Q504 8R 1.3	נפלאות מקדם ונוראות[:
4Q400 2 1.2	מחני אלוהים ונוראים למוסדי
4Q401 14 1.8	מחני אלוהים ונו[ראים
1QH 16.16	˙˙ חסד ואמת ונושא פשע[:
1QM 10.8	אלוהיכם : ונושעתם
1QM 14.6	ללמד מלחמה ונותן לנמוגי
4pPs[a] 1+ 3.9	וצדיק חונן ונותן כיא
11QT 51.21	להמה מצבות : ונותנים אבני
11tgJ 33.5	שלט : שנן ונזך וחרף סיף
1QM 10.7	בחצוצרות ונזכרתמה לפני
4pIs[a] 7+ 3.15	משו[רשיו ונח]ה עלו
1QM 5.5	חושב זהב וכסף ונחושת ממוזזים
1QM 5.8	שפה בזהב וכסף ונחושת ממוזזים
11QT 49.15	כלי עץ ברזל ונחושת וכול
4Q498 2 1.2	]מבק[:]ונחלי מ[ים:
1QM 9.6	המרדוף ונחל[קו] על
1QM 18.4	מערכות המלחמה ונחלקו על כול
1QM 10.15	מושב משפחות : ונחלת ארצות [
4Q511 2 1.5	רשית ביעקוב ונחלת
4Q511 38 1.1	]תו ונחלתו[:]˙
1QM 12.12	ארצכה כבוד ונחלתכה ברכה
1QM 19.4	ארצכה כבוד ונחלתכה ברכה
4Q509 10 4.6	ומלאכיכה[: ונחלתכה נ[:
1QH 16.17	ונושא פשע[: ונחם על]
11tgJ 38.6	עמה לחם בביתה ונחמוהי על כל
2Q29 1 1.2	תדבר ˙[:]ם ונחנו בל˙[:
1QH 3.36	תשוב עד כלה ונחרצה לעד
1QM 1.9	בו כתיים קרב ונחשיר חזק
4pIs[c] 23 2.3	ישראל בשובה ונ[ח]ת[
1QM 8.8	למערכת האויב ונטו ידם בכלי
CD 19.18	הרשעה : ונקום ונטור איש

11tgJ 21.7 והחשיו ונטרת מנהון [

4QMI 12 1.5 ה[: <כו]ל>]·וני· ולוא[: [

4Q503 77 1.4] :]ש:]· וניחות
4Q512 29+ 1.11 קודשכ[ה וני]ח[ו]ח
4apLm 1 1.6] :]·תפארתנו וניחוח אין בו

CD 8.5 רשעה ונקום וניטור : איש

1pMic 13 1.1]ונים[

CD 9.19 למבקר אם ישוב וניתפש לפני :

1QM 11.10 בים סו[ף] ונכאי רוח

1Q39 1 1.4]··]ם ונכבד ·[:]כה
4Q512 72 1.3]צדק בי·[:] ונכב[ד :]··א
4QMI 12 1.2]·[:]מעונתו ונכבד[:]ערים

4pN 3+ 4.4 בשבי גבוריו ונכבדיו בחרב [

4Q509 16 4.4 זקנינו ונכבד[ינו] :

1QH 15.17 ל[ ]ונכה ומרחם

1apGn 22.19 מן מלך עילם ונכסיא :

1apGn 22.31 ברא מנך עתרך ונכסיך : ישגון

1apGn 22.32 שגי לי עתר ונכסין ולמא לי

1QS 2.16 אל לרעה ונכרת מתוך כול

11QT 25.12 בעצם היום הזה ונכרתה מעמיה

4pPs^{a} 1+ 4.18]יובדו ונכרתו : מתוך
11QT 27.7 לוא יתענו בו ו[נ]כרתו מתוך

1QS 7.21 ואם יקרבהו ונכתב בתכונו

4pN 3+ 3.5 את מתעיהם ונלוו על ·[

4VSam 7 1.2 עמו מועדי ונלויתי <לו>

1Myst 1 2.6 בלוא הון ונמכר בלוא

3Q8 2 1.2]גשו ות[:]הם ונמס ש[
4pIs^{a} 7+ 3.8 וגבורים יחתו ונמס ל[כם] : [

11QT 66.10 ושכב עמה : ונמצא ונתן

1QS 8.11 מישראל ונמצאו לאיש :

11tgJ 16.9 לבו[שי :]ונני אחתוני ·[

1QS 6.27 ידו לוא ונ( )נעש שנה

1Q29 2 1.4]ואחר יעלה וננש[ל :]·א

1Myst 1 2.10 לכול העמים ונס·[: ידע

1apGn 20.34 נכסין שגיאין ונסב לה אנתה

1apGn 20.9 על כול שפרהא ונסבהא לה

1apGn 20.27 הואת אנתתך ונסבתהא לי

4Q504 1+R 5.18 [ונגי]עים ונסויים בחמת

11QT 24.5 מנ]חת שמנו ונסך [:]

11QT 1 28.10] ההין ונס[ך : [

11QT 24.8 יהי[ו ומנח]תה ונסכה עליה

11QT 13.13] : ליהוה <ונסכו יין
11QT 15.9 ומנחתו ונסכו כמ[שפט :
11QT 18.5 ונ]סכו כמשפט
11QT 23.17 עם מנחתו ונסכו אשי ריח

11QT 25.6 ו]מנחתמה ונסכיהמה

11QT 28.8 לחטאת ומנחתם ונסכם כמשפט

11QT 17.14 לחטאת ומנחתמה ונסכמה :
11QT 20.8]עם מנחתמה ונסכמה אשה ריח
11QT 22.7]]ונסכמה יקטירו
11QT 23.5 ומנחת]מה ונסכמה כמ[שפט
11QT 25.14 ומנחתמה ונסכמה :
11QT 28.11 לחטאת ומנחתמה ונסכמה לפרים
11QT 29.1 ונסכ[מה : אלה

4QCat^{a} 2+ 1.10 ה[ב]ליעל ונסלו להם

11QT 26.10 כול עם הקהל : ונסלח להמה
11QT 27.2 בני ישראל ונסלח להמה[:

1QS 2.14 לבי אלך ונספחה רוחו

11QT 54.10 לאמור : נלכה ונעבודה אלוהים
11QT 54.21 לאמור : נלכה ונעבודה אלוהים
11QT 55.4 לאמור נלכה ונעבודה אלוהים

1QH 1.22 רוח התועה ונעוה בלא :

1QH 6.25 כבא בעיר מצור ונעוז בחומה

1QH 17.19 על :]·· מעשי ונעוית ל··כי

1QS 7.2 בספר דבר בחמה ונענש שנה :
1QS 7.3 ואם בשגגה דבר ונענש ששה
1QS 7.4 יכחס במדעו : ונענש ששה
1QS 7.4 את רעהו בדעהא ונענש שנה אחת
1QS 7.5 רמיה במדעו ונענש ששה
1QS 7.6 <יתרמה> ונענש שלושה
1QS 7.8 ידו לשלמו ונענש <ששים
1QS 7.8 ( ) <ב>משפט ונענש <שנה
1QS 7.11 על מושב אחד ונענש עשרת
1QS 7.12 ונפטר ונענש שלושים
1QS 7.12 ולוא היה אנוש ונענש ששה
1QS 7.13 מושב הרבים ונענש שלושים
1QS 7.14 ונראתה ערותו ונענש שלושים
1QS 7.14 להשמיע קולו ונענש שלושים :
1QS 7.15 לשוח בה ונענש עשרת
1QS 7.16 מטהרת הרבים ונענש ואיש
1QS 7.18 אשר לוא במשפט ונענש ששה
1QS 7.19 לבו אם ישוב ונענש שתי שנים
4QOrd 2+ 1.9]] ענה בה ונענש שני מנים

1QS 6.25 רבים שנה אחת ונענשו את
CD 14.2 שחת כי פתאום ונענש[ו] :

4pIs^{c} 6+ 2.3] : [ ]ו[נע]ר יכת[בם
4QMI 1+ 1.6] ואשה ונער זעטוט

4Q502 19 1.3 ובתולות נערים ונע[רות

4Q502 9 1.4] אשישיהם ונערים :]·ה

4Q517 81 1.2]·· ··[:]··ונפ[

4Q509 3 1.4 ואספתה[:]ונפו] צות[י]נו

4Q502 34 1.3 ˙[:]אשישים ונשים ומבר[כים

1QM 13.13 ביד : גבורתכה ונשישה

11QT 42.9 ושלישי : ולגג ונשכות בנוית

4pPs[a] 1+ 3.12 אשר יכרתו ונשמד[ו] :

11QT 58.17 גבורי : החיל ונשמרו מכול

11tgJ 24.8 ונשמ]תה עלוהי

1apGn 2.10 [ ]ם ענתא ונשמתי לגו

1QS 4.4 מעשי אל ונשענת ברוב

1QS 9.10 שרירות לבם ונשפטו במשפטים
4QOrd 2+ 1.4 וכוהנים שנים ונשפטו לפני

1QDM 4.2]˙ ונש[פך
CD 12.14 נקרעו : חיים ונש[פ]ך [דמ]ם

11tgJ 19.2] : ונשקת ידי ˙[

4Q381 33 1.3 יהוה ואלה[י : ונתהלל בגברתך

4Q512 21+ 1.1]מה ונתון את[י]דו

11QT 34.12 המזבח פר ופר ונתחיו אצלו

4Q184 1 1.10 משגות : עול ונתיבו[תי]ה
4pHs[a] 1.7 דרכ]ה בסירים ונתיבותיה : [

4Q520 39 1.1]ונתן[ ]
4pIs[c] 15+ 1.4 ח[תום] ונתן הספ[ר
11QT 23.12 למזבח במזרק ונת[ן מ]דמו
11QT 54.8 או חולם חלום ונתן אליכה אות
11QT 66.10 עמה : ונמצא ונתן האיש

11QT 16.2 [ונ]תנו מן הדם
11QT 22.11 אל בני ישראל ונתנו בני
11QT 58.12 ונשא את שללמה ונתנו : ממנו
11QT 65.15 מאה כסף : ונתנו לאבי
CD 14.13 חדש למ[מ]עט ונתנו על יד

11QT 26.12 לכול חטאתמה ונתנמה על רואש

1Q34[b] 3 1.5 צד]יק לרשע ונתתה רשעים
4Q508 1 1.2 צד]יק לרשע ונתת[ה
11QT 9.12 כול נרותיה ונתתה : [

4Tstm 1.5 אחיהמה כמוכה ונתתי דברי :
11QT 55.11 מחרון אפי ונתתי לכה :
11QT 59.19 נפשו לשאתה ונתתי את כול
11QT 63.10 על אויביכה ונתתי אותמה

11QT 59.20 לוא ימשולו בו ונתתיה למעלה
11QT 62.9 וצרתה עליה ונתתיה בידכה

11QT 64.5 בקולנו זולל וסבא ורגמוהו

1QM 15.5 דברי הודותם וסדר שם : את
4QM1 1+ 1.13 ממקומו וסדר ‹ג›ם הוא

1QM 15.14 למלחמ[ה ו]סדר[י

11QT 34.5 [ ]ים וסוגרים את

1QH 1.27 מעשי הצדקה : וסוד האמת
1QH 5.9 יסדתני וסוד אמת אמצתה
1QH 5.26 מעין בינה וסוד אמת והמה

1QS 7.12 יז( )‹ק›פו : ונפטר ונענש

1Q36 16 1.3 [: מש]פט אפ ונפילי בש[

1QM 1.6]בבני יפת ונפל אשור ואין
1QM 11.11 בכתיים לאמור ונפל אשור בחרב

4Q381 76+ 1.14 האדונים גבור ונפלא ואין

4Q509 237 1.2]˙[ ]˙[:]ונפלאו[ת

4Q381 1 1.1 הגדתי ונפלאתו אשיחה

1QM 18.2 ברדף אשור ונפלו בני יפת

1apGn 21.31]בחצצן תמר : ונפק מלך סודם

4pN 3+ 3.7 אשר רובד עצתם ונפרדה כנסתם

1QH 5.18 סערה לדממה ונפש אביון
1QH 16.10 כפי כרצו[ ] ונפש עבדך ח˙ה

4pIs[e] 4 1.1]י[ריעו ו[נפשו :

1QH 5.34 מכעס עיני ונפשי במרורי
1QH 8.32 משברים : ונפשי עלי
4QCat[a] 12+ 1.3 אמלל אני :]ונפשי נבהלה

1Myst 1 1.4 יבוא עליהמה ונפשמה לוא

1QS 10.24 משפתי נדות ונפתלות מדעת

1apGn 12.13 למפלח בארעא ונצבת כרם ˙˙˙

4Tstm 1.28 חנופה בארץ ונצה גדולה

4pPs[a] 1+ 2.10 מועד התענית ונצלו מכול פחי

4pIs[a] 7+ 3.15 מגז]ע ישי ונצר משו[רשיו

11tgJ 22.3 ולא חטא לי ונקא[: ה]ן

CD 4.21 הבריאה זכר ונקבה ברא אותם

4pPs[a] 13 1.6]]ונקבצו[

4Q504 6 1.14 אתה ה[:]ה ‹ונקה› ולוא

CD 8.5 ובהון רשעה ונקום וניטור :
CD 19.18 ובהון הרשעה : ונקום ונטור

1Q26 1 1.6 בכול תבואתכה ונ[קלו]תה בכול

1pHab 9.2 רעים עשו בו ונקמות בגוית

1QH 34 1.1]דה ‹לכה› ונר[:]˙עד [

1QS 7.14 והואה : פוח ונראתה ערותו

4Q185 4 2.2 ולעמי[: ונריבה ו˙[

11QT 27.4 על מזבח העולה ונרצתה ה[ע]ולה

11QT 26.13 ביד איש עתי ונשא השעיר את
11QT 57.18 חייה ואם מתה ונשא : לו אחרת
11QT 58.12 לפי (˙)חרב ונשא את שללמה

1QS 6.15 לפני הרבים ונשאלו : הכול

4QFl 1+ 2.2 להתם[: בליעל ונשאר ש[ ]ם

4QM6 3 1.6	ט]הומה:]וסרה ממשלת [:
CD 14.3	ונענש[ו] : וסרך מושב כל
11QT 66.4	במקום רחוק וסתר : מהעיר
1QH 8.19	לכול חיה וע[
1QH 8 1.8	ל[: ספרתי וע[: הדעות
1QH 45 1.1	] צדקה וע[:]עב
1QH 45 1.5	במרבי מעל וע[:]בים
4Q487 5 1.4	]ה ש׳[:]ק וע׳[:]א
4Q503 86 1.2	[׳ [:]וע [:] ׳מעו[:
4Q509 28 1.6	[:]הרע׳[:]וע׳[:]׳בו[
4Q509 245 1.2	[׳[ ]׳[:]ך וע[
4QM6 61 1.1	]וע[
5QJN 4 1.2	[׳[:]ב וע׳׳[: מש]חה
CD 19.32	במצות א ~~ני וע~~ : ויעזבם
4pIs[c] 3 1.1	]ועב[
6Q31 4 1.2	]ם [:]ועב[
1Q68 12 1.1	]ועבד[
11tgJ 11.1	בי]ד אלהא ועבד : כ]לכון
11QT 55.17	בריתי והלך ועבד אלוהים
1apGn 21.24	הוא בין נהרין ועבדו קרב עם
1apGn 21.31	ומלך בלע ו[ע]בד[ו] קרבא
11QT 59.3	ובחסור כול ועבדו שמה
11QT 62.8	לכה למס ועבדוכה ואם
4Q504 1+R 3.12	אשר כתב מושה ועבדיכה :
4Q504 4 1.3	ה]א]רץ ועבודת כול ה׳
4Q506 132 1.2	׳[: [ה]א]רץ וע[בודת
1apGn 17.10	טור תורא דן ועבר חולקא דן
1pHab 8.17	אשר מרד : [ועב]ר חוקי[
CD 15.3	] : ואם ישבע ועבר וחלל את
4QM1 1+ 1.9	שרי המחנות ועברו שמה
1Q35 1 1.10	]מנעורי בדמים ועד:]׳ לבבה
1apGn 2.4	[ ]אנא ועד בעליא במרה
1QDM 1.10	ע[ד] אובדם ועד : הש[מד]ם
1QH 4.30	בעוון : מרחם ועד שבה באשמת
1QH 6.17	תבל לאין אפס ועד שאול [
1QH 9.32	תשעשעני ועד היום[ ]׳׳
1QH 9.34	בהשפטכה בי ועד שיבה אתה
1QH 14.23	מעולם ועד׳[ ]ם
1QM 6.14	ארבעים שנה ועד בן חמשים
1QM 7.1	ארבעים שנה ועד בן חמשים
1QM 7.1	)<ש>ים שנה ועד בן (
1QM 7.2	ארבעים שנה ועד בן חמשים
1QM 7.3	ועשרים שנה ועד בן שלושים
1QS 2.1	עלינו מעולם ועד עולם
4Q185 1+ 1.6	ו׳׳׳׳׳[:]ש ועד עשר פעמים[
4Q370 2.6	ימיהם ע[ל : ועד עולם הוא
4Q380 1 1.3	יה]וה מעולם ועד: [
4Q381 76+ 1.9	] ושפט אמת ועד נאמן אם
4Q504 1+R 6.10	נפלאות מעולם ועד : עולם
4Q506 151 1.2	]׳[:]]ועד [:]׳ט[
4Q507 1 1.3	בא[שמה: ועד היותנו
4Q511 121 1.2	] תעני<י>ות ועד תום[:
4pIs[a] 2+ 2.29	[: ועד גבול
4QFl 1+ 1.3	ימלוך עולם ועד הואה הבית
4QM1 10 2.17	[: ועד שאו<ל>
4QPs[f] 2 10.14	כבודכה לעול[ם וע]ד : [ה]לל[ו
6apSK 30 1.1	]עד גת ועד [:]
11QPs 21.11	באה לי בתרה ועד : סופה
11QT 21.6	העם מגדו[ל ו]עד [ ] : [

1QH 31 1.1	] בשר וסוד רוחו[:]
1QS 8.5	קודש לישראל וסוד קודש :
1QS 11.8	סודם לעצת יחד וסוד מבנית
4QM1 10 2.17	תוקף<כל> וסוד רשעה [
11QT 44.10	וחדריהמה וסוב<ו>ת<ה>מה
11QT 44.12	וחדריהמה וסוב<ו>תמה
4Q381 50 1.1	]וסוטי נכל׳[:
4pN 3+ 2.3	וקול רעש אופן וסוס דהר
11QT 58.7	ואם מלך ורכב וסוס ועם רב :
11QPs 27.2	כאור השמש <ו>סופר : ונבון
1QM 7.1	ועד בן חמשים וסורכי המחנות
5QJN 1 2.5	אמין ארבע וסחר [וס]ל[ק
1apGn 21.16	לטור תורא וסחרת מן ל[יד]
1apGn 21.17	לפורת נהרא וסחרת ליד פורת
1apGn 21.18	מן ימא שמוקא וסחרת לדרומא
11tgJ 22.5	בסדא רגלי וסכר כ[ל :]
4Q504 4 1.7	[אתה פדינו וסלח]
11QT 15.4	הזה [: <[ו]סלי לחם לכול
1apGn 22.13	וכול בזתא וסלק לעורעה
5QJN 1 2.4	די דרגא סח[ר ו]סל[ק] עלוהי
5QJN 1 2.5	ארבע וסחר [וס]ל[ק]רום
1apGn 21.28	לכול : חברוהי וסלקו ארחא די
1apGn 20.33	ואף בכסף ודהב וסלקת מן
1apGn 21.10	לכול עלמים וסלקת למחרתי
1QM 8.7	שנית קול נוח וסמוך ידי מפשע
1QDM 4.9	]וסמך את יד[יו
11QT 15.18	בריאש[ונה] וסמכו זקני
1apGn 20.29	[ ]דפא : הו וסמכת ידי על
1QM 5.12	בו לשני עבריו וספות ישר אל
1QM 12.2	לכה בי[תכה וס]פר שמות כול
11QT 45.15	יטהר מזובו וספר לו שבעת
4Q400 2 1.3	ואנשים וספרו הוד
3Q15 8.3	כלי דמע וספרין אל תבט
1Q36 25 2.3	למ[: והת[: וספ<ר>נו ׳[:
11QT 21.12	VACAT : וספר[ת מ]ה
11QT 18.10	וספרתה : [
11QT 19.11	VACAT: [וספר]תמה לכמה
11QT 66.2	ההיא [: וסקלום באבנים[
11QT 55.21	את האשה ההיא וסקלתמה באבנים
6Q23 2 1.3	מרא[:]לפא וסר[
1QM 1.6	ואין עוזר לו וסרה ממשלת

4Q504 1+R 2.14 משגעון <ועורון>

11QT 49.16 ובגדים ושקים ועורות יתכבסו
11QT 50.16 הכלים ובגדים ועורות וכול ׃

1QM 7.3 הכלים ׃ ועורך הצידה

1QS 5.5 עורלת יצר ועורף קשה ליסד

1QM 10.13 עם פר[ים ועו]שה חוג
11QT 51.14 עיני חכמים ועושה אשמה
11QT 64.7 עמו לגוי נכר ועושה רעה בעמו

1QM 2.17] ועושרות על ח[

11QT 52.5 לי שור ושה ועז והמה מלאות
11QT 52.13 תזבח שור ושה ועז טהורים ׃
11QT 52.19 שור <ושה> ועז בתוך עירי

4pN 3+ 3.5 מתוך קהלם ועזבו את

4pPs[a] 1+ 2.1 ובדבר הרף מאף ועזוב חמה ואל

4Q501 1 1.2 עצור]י עמכה ועזובי נחלתכה

4Q502 8 1.2]˙ותם [כ]בשים וע[זים ׃ רו]מש

4QMI 11 2.14]נאמן ועזר פדותו [

4VSam 3+ 2.2 אלוהי לעמכה ועזרתה היה לו

4Q512 18 1.2 ˙ם [׃ בג]דיו ועמ[מ ׃

11tgJ 7.4 לנא אלה[א׃ ועמת רש[יעין ׃

4Q381 31 1.7 נציב כבודם ועידם ׃]לם

1Q53 1 1.2 יל ˙[׃]לו ועין ˙˙˙[׃]ו
11tgJ 14.5 אדן שבחתני ועין ˙[׃ א]רו

11QT 59.14 אשר ׃ ונה לבו ועינו

1QS 5.5 אחר לבבו ׃ ועינוהי ומחשבת

1QS 1.6 לב אשמה ועיני זנות ׃
4Q503 45+ 1.3 [׃]˙כ˙ ועיני[׃]שי

11QT 63.6 את הדם הזה ועינינו לוא

11QT 48.14 ובכול עיר ועיר תעשו

11QT 47.18 את מקדשי ועירי בעורות

4QMes 2.18]˙ קדיש ועירי[ן

1Q26 2 1.3 [׃]˙ ארץ ועל פיהו [׃]
1apGn 17.11 דבק ˙˙˙ ׃˙˙˙ ועל ראיש תלתת
1apGn 19.24 על מל[י] ועל אנתתי
1apGn 20.6 לא ישפרן מנהא ועל כול ׃ נשין
1apGn 20.18 מכתשיא ונגדיא ועל כול אנש
1apGn 20.28 וכען צלי עלי ועל ביתי
1pHab 2.3 מפיא ׃ אל ועל הבוג[דים
1pHab 2.10 הבאות על עמו וע[ל]כיא
1pHab 6.11 נשים וטף ועל פרי ׃ בטן
1QH 1.20 בטרם ׃ היותם ועל פי ˙[
1QH 6.7 על המון עם ועל שאון מ[
1QH 2 1.8]רצונכה <ו>על הבנים
1QH 2 1.9]ל˙ברי ועל עפר
1QH 4 1.5]ורת יצפו ועל משמרתם[׃
1QM 2.5 על העולות ועל הזבחים
1QM 3.3 קרואי אל ׃ ועל חצוצרות

11QT 29.8 אתמה לעולם ועד ואקדשה [
11QT 35.9 קודשים לעולם ועד ׃ ועשיתה
11QT 45.14 ישראל לעולם ועד ׃ וכול איש
11QT 46.4 לעו[לם] ׃ ועד כול הימים
11QT 57.3 עשרים שנה ועד בן ששים
11QT[b] 54.4 מקצי הארץ ועד[׃ עינ]כה
CD 2.17 בם מלפנים ועד הנה בלכתם
CD 3.19 כמהוי למלפנים ועד ׃ הנה

CD 20.31 ומשפטי ׃ צדקו ועדוות אמתו ׃

1QDM 2.1 וש[מרתה] ועדוותי

1apGn 20.27 דברה אזל ועדי לך מן ׃

4Q184 1 1.5 אפלות נשף ועדיה נגועי

4Q503 11 1.4 הלילה[׃]נו ועדים עמנו
4Q503 13 1.2]˙י אור ועד[ים
4Q503 15+ 1.5 בקוד[ש ׃]ר ועדים לנו בקוד
4Q503 65 1.3 אלים[׃]אור ועדים עמ[נו ׃

1QH 5 1.7 יושדו לאבל[׃ ועדן לדורי נצח

11tgJ 27.6 ביקר ועדנין [

11tgJ 16.7] גרמי יקדון ועדק[י ׃]חיל

1QH 2.22 והמה סוד שוא ועדת בליעל לא
1QH 13.8 עם צבא רוחיך ועדת[׃
1QM 12.7 בכבוד מלכותכה ועדת קדושיכה
4Q511 2 2.3 למו כ[׃ ועדת מטורים

4QMI 1+ 1.1 קורח ועדתו לב[

5QJN 1 2.12]]ועובי פותי

4Q503 1+ 2.12 על הארץ יברכו ועו[ד] ׃
4pPs[a] 1+ 2.5 עושי רצוננו ועוד מעט ואין
5Q18 2 1.3]˙לי ˙[׃]˙ ועוד ˙˙לם˙[׃]

11QPs 19.10 הייתי בחטאי ועוונותי לשאול

1QS 3.22 וכול חטאתם ועוונותם

11tgJ 33.9 ˙[ ] ׃ ועוזא ירים

1QH 6.6 מקוה לשבי פשע ועוזבי חטאה

1QH 14.3]בי רחמים ועוזי רוח

1QS 4.23 רוחי אמת ועול בלבב גבר
11QPs 22.7 מגוף שקר ׃ ועול נכרתו ממך

1QH 11.26 יגון ואנחה ועולה [
4Q511 28+ 1.4]ה <>[˙˙וה> ועולה בתכמי

4Q508 24 1.2 מ˙[׃]בארתנו ועולי˙[

4Q509 155 1.1]ועולמים[׃]ק

11QT 24.15 יש שכר לבד ועולת זבולון
11QT 24.16 עולת גד לבד ועולת אשר לבד

4Q512 29+ 1.8 תני לטהרת[׃]ועולתו וברך

1QH 18.10 בשר ב[׃ ועומד לפניכה [

4Q381 1 1.9 [˙˙ ˙[ ]˙ ועוף ובל אשר
4Q381 76+ 1.1] אלי חיות ועוף הקבצו[׃
CD 12.9 איש בהמה ׃ ועוף טהורים

1QM 3.3	נשיאי אל ועל חצוצרות
1QM 3.3	יכתובו סרך אל ועל חצוצרות
1QM 3.4	אל לעצת קודש ועל חצוצרות
1QM 3.5	במחני קדושיו ועל חצוצרות
1QM 3.6	במשנאי אל ועל חצוצרות
1QM 3.7	בני חושך ׃ ועל חצוצרות
1QM 3.8	במועד ׃ אל ועל חצוצרות
1QM 3.8	כול חללי מעל ועל חצוצרות
1QM 3.9	אל לשחת רשעה ועל חצוצרות
1QM 3.10	המשוב אסף אל ועל חצוצרות
1QM 3.17	] מאיותיו ועל אות[
1QM 4.1	] ׃ ועל אות מררי
1QM 4.1	שרי אלפיו ועל אות הא[ל]ף
1QM 4.2	שרי מאיותיו ועל אות המאה
1QM 4.3	שרי עשרותיו ועל אות החמשים
1QM 5.1	] ׃ ועל מט נשיא
1QM 6.2	זרקות מלחמה ועל לוהב הזרק
1QM 6.2	לגבורת אל ועל השלט השני
1QM 6.3	חללים באף אל ועל הזרק
1QM 9.11	וקשת ומגדלות ועל דרוך מעט
1QM 9.14	א]חד לשמאול ועל כול מגני
1QM 18.1	על בליעל ועל כול ׳[ ]ל
1QS 3.26	]הן כול עבודה ועל דרכיהן
1QS 5.2	שומרי הברית <ו>על פי רוב
1QS 5.22	אשר צוה לעשות ועל פי ר(ו)ב
1QS 6.20	בחשבון בידו ועל הרבים לוא
1QS 9.7	במשפט ובהון ועל פיהם יצא
1QS 10.16	אשוחח ועל חסדיו אשען
2Q33 2 1.2	]על נינו[ה׃]ועל ׳׳[
4Q156 2.4	] משכן זמנא ו[על] ׃ [
4Q176 16 1.4	]׳ר על אוהבו ועל שומרי
4Q504 4 1.17	]׳׳ר למענכה ועל דבר[׃]׳
4Q512 1+ 1.12	] אשמתם ועל ח[ ] ׃
4AgCr 1 1.8	להם גברים ועל עזזאל[׃
4pIs^{a} 7+ 3.28	כן ישפוט ועל פיהם ׃ [
4pIs^{c} 23 2.5	על כן תנוסון ועל קל נרכב על
4pIs^{c} 25 1.6	] ׃ [כ]יא רב ועל פרשים כיא
4pN 3+ 4.2	בראש כל חוצות ועל נכבדיה
4QFl 1+ 1.18	יחד על יהוה ועל ׃ [
4QM6 12 4.3	]המלחמה [׃ וע]ל חצוצ[רות
4QM6 17 1.1	]או וע[ל ׃
4QOrd 1 2.16	] ׃ ע]ל העם ועל ב[ג]די[הם
5QCur 1 1.1	]ים ועל ימים גם על
5QJN 1 2.2	תרעא בריא ועל שמאל מעלה
11Ap^{a} 2.7	]על ׃] חטא ועל כול א[לה
11Mel 1+ 2.12	פשרו על בליעל ועל רוחי גורלו
11QPs 18.11	בשבע נאמרה ועל שתותמה
11QPs 18.14	על טובים תחמל ועל מפאריו
11QPs 19.13	יתקף ׃ לבי ועל חסדיכה אני
11QT 20.13	] השמש ועל כול
11QT 23.13	העולה ועל ארבע פנות
11QT 25.16	הגדול עליו ועל בית אביהו
11QT 42.10	כמדת התחתונות ועל גג השלישית
11QT 56.3	אשר יגידו לכה ועל פי הדבר ׃
11QT 56.6	אשר יורוכה ועל פי המשפט
11QT 58.4	על שרי האלפים ועל שרי
11QT 58.19	על פיהו יצא ועל פיהו יבוא
11QT 63.4	ולברך בשמי ׃ ועל פיהמה יהיה
11QT 64.8	פי שנים עדים ועל פי שלושה
CD 5.1	אל התבה ועל הנשיא כתוב
CD 7.11	אמר יבוא עליך ועל עמך ועל
CD 7.11	עליך ועל עמך ועל בית אביך
CD 19.8	על ׃ רועי ועל גבר עמיתי
CD 9.22	יודיעה למבקר ועל ההון יקבלו
CD 9.23	נאמנים ועל אחד להבדיל

1QDM 1.2	כול הע[ד]ה ועלה א[ל
4pIs^{b} 1.3	אמר ועלה שמיר׃ [
11QPs 21.14	מצאתי לקח ועלה היתה לי

1Q23 17 1.1	ועלו [׃
1Q65 1 1.1	]בדקו ועלו[׃]מין

1QH 2.12	לפושעים ׃ ועלי קהלת
4Q381 45 1.2	] הרבו פשעה ועלי יזמו ׃

1apGn 20.7	שופר שפרה ועליא שפרהא

11Mel 1+ 2.10	ועליו אמ[ר ו]עליה ׃ למרום

1QS 3.25	אור וחושך ועליהון יסד

11tgJ 37.5	אתיב ותרתין ועליהן לא ׃

11Mel 1+ 2.10	אלוהים ישפוט ועליו אמ[ר

1QM 11.4	אשר הרעונו ועלילות פשעינו

11QT 25.7	מעול]ת התמיד [ועל]לת החודש

1apGn 19.13	חלפנא ארענא ועלנא לארע בני

1apGn 2.3	למך אתבהלת ועלת על בתאנוש

1Q38 1 1.2	נגף [ו]עם ל׳׳ים ׳׳׳
1apGn 1.1	]׳׳׳׳׳׳׳ ועם נצבתא׃]׳׳
1apGn 5.8	מתושלח [׃ ועם למך ברה ׳׳
1apGn 20.7	לעלא מן כולהן ועם כול שפרא
1apGn 21.24	ברע מלך סודם ועם ברשע מלך
1apGn 21.24	מלך עומרם ועם שנאב מלך
1apGn 21.25	מלך אדמא ׃ ועם שמיאבד מלך
1apGn 21.25	מלך צבוין ועם מלך בלע
1QH 3.25	בגבול רשעה ׃ ועם חלכאים
1QH 4.15	במחשבותם ׃ ועם שרירות לבם
1QH 5.21	פלא משריתיכה ועם ענוים
1QH 8.12	]מעין חיים ועם עצי עולם ׃
1QH 8.28	כיורדי שאול ועם ׃ מתים
1QH 9.33	לפלט נפשי ועם מצעדי ׃
1QH 11.14	עם כול ׃ נהיה ועם ידעים ביחד
1QH 3 1.3	]נתיבות שלום ועם בשר
1QH 7 1.3	וגבוה בקומה ועם[׃]׳
1QH 10 1.6	ביחד נועדנו ועם ׳דעים [׃
1QM 7.16	לויים שוטרים ועם ׃ כול
1QM 8.10	להמס לב אויב ועם קול התרועה
1QM 8.14	לשלושת הדגלים ועם ׃ הטל
1QM 12.5	ברוב משפטיכה ועם בחירי שמים
1QM 13.13	בכוח אל ישראל ועם ׃ אביונים
1QM 14.8	ברית לאבותינו ועם ׃ כול
1QM 16.8	ב]קול גדול ועם צאת הקול
1QS 3.1	חזק למשוב חיו ועם ישרים לוא
1QS 8.23	הקודש בה<ו>נו ועם עצתו לכול
1QS 10.10	בברית אל ועם מוצא ערב
1QS 10.14	לשבת וקום ועם משכב יצועי
1QS 11.8	קדושים ועם בני שמים
1QS^{b} 3.6	]]ם מבשר ועם מלאכי
1QS^{b} 5.18	[ע]ם עת ע[ולם ו]עם כול קצי
4Q402 10 1.2	]׳[׃] ועם[׃]תו ימ[
4Q502 138 1.1	]ם ועם[׃]ל[
4Q511 18 3.9	] ׃ ועם התנגפי[
4Q511 63+ 2.4	עבודת אמת ועם כול ׃
4pN 3+ 2.9	]שרים כוהנים ועם עם גר נלוה
4pPs^{a} 1+ 4.11	במשפט רשעה ועם] [׃
4QBer 10 2.9	ג[לולי שאו]ל וע[ם
4QFl 1+ 2.4	ויצמרפו ועם יודעי אלוה
4QM1 11 2.7	[ב]קול גדול ו[ע]ם צ[א]ת
11QT 58.3	על כול גוי ועם מבקש לגזול
11QT 58.7	מלך ורכב וסוס ועם רב ׃ ושלחו
11QT 61.13	סוס ורכב ועם רב ממכה
CD 16.1	עמכם ברית ועם כל ישראל

1QM 8.18	השערי]ם ועמד ׃ VACAT
1QM 10.2	בקרבכם למלחמה ועמד הכוהן

1QM 13.2 רוחי גורלו וענו ואמרו
1QM 14.4 שמו ביחד שמחה וענו ואמרו
1QM 18.6 את אל ישראל וענו ואמרו
1QS 2.5 גורל בליעל וענו ואמרו
4Q502 101 1.1 ישר]אל וע[נו :]אד מ[
4Q503 1+ 2.1 השמ[י]ם יברכו וענ[ו [:
4Q503 1+ 2.6 בע]רב יברכו וענו [וא]מרו
4Q503 17 1.1 יבר]כו וענו [:
4Q503 29+ 2.12 ב]ערב יברכו וענו[
4Q503 29+ 2.22 י]ברכו וענו ואמרו
4Q503 33 1.18 ב[ע]רב יברכו וענו ואמר[ו
4Q503 42+ 1.4 יבר[כ]ו וענו ואמ[רו :
4Q503 45+ 1.6] [ ]׳[:]וענו [
4Q503 48+ 1.7 ה]ארץ יברכו וענו או[מרו]
4Q503 51+ 1.12 וענ]ו ואמרו
4Q503 51+ 1.17 ישר]אל וענו[: כ]בודו
4Q503 65 1.1]וענו ואמרו
4Q503 68 1.4 מר[: יב]רכו ו[ענו :]
4Q503 74 1.5 יש]ראל וע[נו
4Q503 84 1.3]VACAT[: וענ]ו ואמרו[:
4Q503 152 1.3 [: יבר]כו וענו]
4Q503 221 1.1]וענו וא[מרו :
4QBer 10 2.2 גורל אשמתו וענו ואמרו
4QM1 8+ 1.3 [: [וע]נו ואמרו
4QM1 13 1.8] :]ל[ ]׳[ו]ענו כול העם
4QM2 1 1.12 אל [ישראל ו[ענו :]׳׳
11QT 63.5)הערופה בנחל וענו ואמרו

1QS 3.8 וברוח יושר וענוה תכופר
1QS 5.3 לעשות אמת יחד וענוה : צדקה
1QS 5.25 רעהו בא[ ]ת וענוה ואהבת
1QS 9.22 כעבד למושל בו וענוה לפני :

4pIs[a] 7+ 3.7 ביד ישראל וענוי :]

4pPs[a] 1+ 2.9 איש : [ר]שע וענוים ירשו

1QS 2.24 יהיו ביחד אמת וענות טוב
4Q178 6 1.3 הו[: למעשי[: וענות]

CD 2.16 יצר אשמה ועני זנות כי

4Q504 6 1.10 בעמוד אש וענן ב[:
4pN 1+ 2.1 ו]ענן א[בק

11tgJ 34.2 אלהא לאיוב וענא ואמר לה

11tgJ 28.5 מטר יהכן ועננוהי

11QT 65.14 ויסרו אותו וענשו אותו מאה

4Q509 225 1.1 וענשתי׳[

4Q184 1 1.13 והנה ישכילו ועפעפיה בפחז

1QM 12.14 לך כול מעניך ועפר :]
CD 11.11 מושבת : סלע ועפר אל

CD 11.19 ומנחה ולבונה ועץ ביד איש

4Q515 1 1.2]׳׳ך את[:]ועצה׳]

1QM 11.5 ולוא כוחנו ועצום ידינו

1QH 7.4 אושי מבניתי ועצמי יתפרדו

1QDM 2.10] בכם [ו]עצר את השמים

1QS[b] 3.28] מעד]נים ועצת כול בשר
1QS[b] 4.26 עם מלאכי פנים ועצת יחד]
4Q511 23 1.1]דו ועצת[:]ורות

1QM 15.4] בחרב אל : ועמד כוהן הראש
1QM 16.13 כוהן הרואש ועמד לפני
1QS 6.13 את עצת : היחד ועמד האיש על
4Q379 22 2.10 לכל שכנ[י]ו ועמ[ד] :]
4Q512 27 1.3]בשרו וכ[: ועמ]ד על
4QM1 10 2.13 החרוש למלחמה ועמד [ל]פני]
4QM1 11 2.11 כוה[ן כוה]וש וע[מד
4Tstm 1.24 לכול שכניו ועמד :]׳מ[
CD 13.5 באיש ובא הכהן ועמד במחנה

4Q502 24 1.4 עם עולמי[ם : ו]עמדה בסוד

1QM 6.1 דגלי בינים ועמדו בין
1QM 6.4 דגלי בינים ועמדו בין שתי
1QM 7.16 מן השער האחד ו[עמדו
1QM 7.18 מן השערים : [ועמ]דו בין שתי
1QM 8.4 מן השערים ועמדו בין
1QM 9.4 מערכות הפנים ועמדו ששה
1QM 16.4 אנשי הבינים ועמדו ראשים
1QM 16.12 חליפה למלחמה ועמדו בין
4QM3 1 1.4 מבין החללים ועמ[דו
11QT 61.8 בו סרה ועמדו שני

4Q503 33 1.16 [: וע]מדנו

1QDM 1.2 א[ל] ועמדתה [שמ]ה

4Q185 1+ 2.12 [ ]׳בה יכילה ועמה[ ]מים

1QM 1.2 כתיי אשור ועמהם בעזר
CD 20.26 מק[רב] המחנה ועמהם כל

5QJN 1 2.4 תרעין כמשחה ועמוד בגוא גוא
11QT 30.9 עשר[ה] ועמוד בתוך

4QM1 11 2.13 ו]עמודו בפרץ
11QT 31.9 [ומ]בחוץ ועמודו

4QFl 1+ 1.4]עולם ועמוני ומואבי

1apGn 2.13 אנסת רוחהא ועמי תמלל ולי
4Q381 79 1.3]על[: א]שמה ועמי יאשמו יחד
4QM6 24 1.2]׳[:] ועמי[:]ה׳׳׳]

11QPs 24.9 רבים מעשיכה ועמים יהדרו את

1QS[b] 4.23 ברוש קדושים ועמכה לב[רך

1pHab 1.5 וע]מל תביט :]
1QS 9.22 לעזוב למו הון ועמל כפים כעבד

4Q504 1+R 6.12 ע[ונינו] : ועמלנו ולחצנו

4Q503 29+ 2.10]שערי אור ועמנ[ו] ברנות

1QM 15.7 במלח]מה וענה ואמר חזקו
1QM 16.15 במלחמתו : וענה ואמר]
4Q502 9 1.2]אל ישראל וענה וא[מר :
4Q502 96 1.4]ד לקום:] וענה :]בשמחת
4Q512 29+ 1.8]עולתו וברך וענ[ה] ואמר
4Q512 1+ 1.1 ובר]ך וענה ואמ[ר
4Q512 40 1.2 י]טמא בו :]וענה ואמר :
4Q512 48+ 1.2 [: וענה] : עם
4Q512 51+ 2.8 במים [: יברך וענה ואמ[ר:
4Q512 192 1.1 [וענ]ה
4QM1 10 2.14 בגבורות פלאו וענה ואמ[ר
4QM1 11 2.12 במלחמתו ו[ענה
4QM1 15 1.5] : ו]ענה ואמר
6Q24 4 1.2]׳[:]ל וענה
11Ber 1 1.2 [ ] : [י]שראל וענה [: בשם אל

11QT 61.10 ענה באחיהו ועשיתה לו כאשר
11QT 63.8 דם נקי מישראל ועשיתה הישר
11QT 63.12 את ראושה ועשיתה את
11QT 65.6 בית חדש ׃ ועשיתה מעקה
TS 2 1.1 [ועשי]תה את

11QT 10.9 ועשי]תמה מעל
11QT 33.8 ועשיתמה בית
11QT 37.8] השער ׃ וע[ש]יתמה]

2QJN 8 1.8 מן[׃]˙ מאה ועשר]
11QT 7.4 הע[׃]ה אמה ועשר ˙[׃]˙˙
11QT 13.2]˙˙˙˙[׃]ו[ועשר א[מות

1QS 2.22 וחמשים ועשרות לדעת
CD 13.2 וחמשים ׃ ועשרות ובמקום

1QM 2.2 המשמרות ששה ועשרים
1QM 2.10 המחלקות בעתש ועשרים הנותרות
1QM 7.3 יהיו מבן חמש ועשרים שנה ועד
1QM 9.4 מערכות שמונה ועשרים אלף ׃
1QS[a] 1.12 בו ובן חמש ועשרים שנה
4Q401 1+ 1.1]ועשרים בח[ודש
4Q403 1 2.18 בשלושה וע[שרים
4Q503 33 2.6] שני]ם וע[שרים
4Q503 33 2.12 א[שר ׃] וע]שרים ש[ערי
4Q503 33 2.14] ו]עש[רים
4Q503 37+ 1.13]׃ ביום חמשה ו[עשרים
4Q503 37+ 1.20 [׃]ו]עשרים שערי[
4Q503 37+ 1.23]׃ וביום ששה ו[עשרים
4Q503 79 1.3 שמו]נה ו[עשרים ׃ ב]ני
4QM4 1 1.5 [׃]וע]שרים
4QM6 6+ 2.2 המחלקו]ת בתשע וע[שרים ׃
11QT 4.12 וג[׃] אחת ועשרים אמה [׃
11QT 5.5]ה בשמונה ועשר[ים ׃]ה
11QT 6.3]˙ם ש[מונה ועשרי]ם באמ[׃
11QT 31.10 רוחותיו אחת ועשרים ׃ אמה
11QT 36.7 ת[איו] שש ׃ ועשרים באמה
11QT 36.9 שמונה ו[ע]שרים באמה
11QT 38.15 שמונ[ה] ׃ ועשרים באמה
11QT 39.15 והשער ׃ שמונה ועשרים באמה
11QT 39.16 והשער שמונה ועשרים באמה
11QT 41.15 שמונה ועשרים באמה עד
CD 10.7 מבני חמשה ׃ ועשרים שנה עד
TS 3 2.6 וגובהמה שמונה ועשרים באמה עד

5QJN 1 1.4 אמין מא[ה ועשרי]ן [ו]שת

11QT 62.8 תשלים עמכה ועשתה עמכה

1QS 9.12 חי לתכון עת ועת ולמשקל איש
4Q508 2 1.2 מ[ועד רחמיך ועת שוב[׃]
CD 12.21 חי למשפט עת ועת וכמשפט ׃

1Q40 6 1.3 [׃]ם וכו[׃] ועתה א[ל
1QM 18.12 למגפת כלה ועתה היום אץ
2apDa 1 1.4]ל[ ]ל[ו]עתה׃˙[ ]שרים
4Q185 1+ 1.13 ˙˙על האו[ר] ועתה שמעו נא
4Q378 3 2.4 ויוצא[׃ ועתה היום[׃
4Q504 1+R 6.4 את כול אלה ועתה כיום הזה
4pHs[a] 2.10 את[ ] ׃ ועתה אגלה את
4QCat[a] 12+ 1.3 נבהלה מאדה ועתה יהוה עד
4QM1 8+ 1.9]פדותכה ועתה הקימות[ה
CD 1.1 ועתה שמעו כל
CD 2.2 לנדה לפניו ׃ ועתה שמעו אלי
CD 2.14 שנא התעה ׃ ועתה בנים שמעו

1QM 7.5 רוח ובשר ועתודים ליום

1QS 9.23 איש מקנא לחוק ועתי ליום נקם

4QBer 10 2.8 תוע]בה ועצת רשע[תכה
4QM1 11 1.11]˙[ ]מים ועצת אביונים

1QS 9.2 לתמים דרכו ועצתו על פי

1QM 4.13 מחשבת ׃ בליעל ועצתכה היא

1QS[a] 2.17 הת]ירוש וערוך השולחן ׃

1pMic 11 1.2]אויביו שלל וע[רום ׃ ע]ד

1QH 12.25 י ׃ למקור נדה וערות קלון

11QT 9.13]]ן וערכו הכוהנים

1QH 6.20] בה וערל וטמא

4QMes 1.7 לה[ו]ן מלכה וערמומ[ה] ׃

1QS 4.11 דרכי חושך וערמת רוע

1apGn 22.6 ותמניאת עשר וערנם ׃ ואשכול

11QT 63.2 ולוא יעבד וערפו שמה את

11tgJ 30.7 ענני[ן] [לבו]שה וערפלין

1apGn 21.32 מלך סודום וערק ומלך

1apGn 20.21 בחש לכולהון ׃ וערקו

4Q487 17 1.3 ב[׃]˙ו ועש[׃]˙ם ינ

4Q176 1+ 1.1 ועשה פלאכה
4Q380 1 2.1 לש[׃]ו]עשה לכם אדם
4Q501 1 1.8 בהמון כוחכה ועשה בהמה נקמה
4QOrd 1 2.3 לכול פשעיה[ם׃ ו]עשה איש מטנה
11QT 26.6 אשר בי[דו וע]שה לד[מו ׃
11QT 31.9 ומעלותיו ועשה בכול אשר
CD 20.21 לא עבדו׃ ועשה חסד
CD 13.16 אשר במחנה ועשה אמנה ולא

4Q185 1+ 2.1 מפני פחדו ׃ ועשו ר˙[
4Q511 136 1.1]ועשו ו˙[׃
4QFl 1+ 2.2]ם ˙[ג]ורל ועשו את כול
4Tstm 1.28 וביהודה ׃ וע]שו חנופה
11QT 17.6 [VACAT ׃ [ועש]ו [בארב]עה

1QS 4.25 עד קץ נחרצה ועשות חדשה

11QT 5.13 [׃]ת ועשית[ ]
11QT 8.6 ואמה[׃]˙˙˙ ועשית[׃]ל מ˙

11QT 7.13 [ועש[י]תה פרוכת
11QT 12.15 [מ]נקיו ˙˙˙˙˙˙ ועשיתה ע˙˙˙
11QT 30.3]עשות ועשי[תה ׃
11QT 30.5 עלי˙[ועשי]תה את
11QT 30.7 במערב צפונו ועשיתה רוחב
11QT 31.10 מדבר אליכה ׃ ועשיתה בית
11QT 32.8]˙˙˙˙˙˙˙ ועשי[ת]ה בקיר
11QT 32.12 לשרת בקודש [ו]עשיתה תעלה
11QT 34.15 לפני יהוה ׃ ועשיתה שלשלות
11QT 35.10 לעולם ועד ׃ ועשיתה מקום
11QT 38.12 VACAT ׃ ועשיתה [ח]צר
11QT 40.5 [ועשיתה חצר
11QT 46.5 בתוכם ׃ ועשיתה רובד
11QT 46.9 אל מקדשי ׃ ועשיתה חיל
11QT 46.13 שוכן בתוכמה ׃ ועשיתה להמה
11QT 46.16 אמה ועשיתה ׃ שלושה
11QT 53.7 עד עולם ועשיתה הישר
11QT 56.3 את המשפט ׃ ועשיתה על פי

4Q509 36 1.2]משפח[:]ה ופ˙[:]לן
4Q511 3 1.3 ק]צי רשעתה ופ˙[:]˙
4Q511 13 1.1 [ופ י[:]˙˙[
4QM6 53 1.1]ופ˙˙ [
5QJN 3 1.5 [VACAT] : [ופ˙]
6QPro 18 1.2 [˙] : [˙ ופ] : [ים א] :

4Q501 1 1.5]ה ופארתכה לילוד

11Ap^a 4.2]]ופגוע[:

4Q504 1+R 4.13 ואין שטן : ופגע רע ביאם

1QH 17.20]צדקתך ופדה :]תמו

4Q503 1+ 2.8 ולהודות לו[ו]פדותנו

11QT 54.16 מארץ מצרים ופדיתיכה :

11QT 59.11 מיד אויביהמה ופדיתים מכף
11QT 59.12 לארץ אבותיהמה ופדיתים

4Q487 11 1.1]˙ ופה[:]ו תוך

4pIs^a 1 1.28]לו אנשי חילו ופו[

4Q374 1 1.5 ל˙[:]˙ ופוע[:]ש<ד>[

1QH 14.24 לשבי פשע ופוקד עו(ו)ן

4Q511 16 1.5 אל[ים :]תיהם ופוקח או[זנים

11QT 34.9 את הגלגלים ופושטים את

11QT 32.13 למחלה יורדת [ופוש]טת אל תוך

4pPs^a 1+ 4.17]ת שלו[ם] ופושעים :

11QT 34.8 סביב ופותחים : את

5QJN 1 1.4 ועשרי]ן [ו]שת ופו[תי [
5QJN 1 1.15 ארב[ע] עש[רה ופו]ת[י
5QJN 8 1.1] ופותי[

2QJN 5+ 1.2]מים[ ] : ופו]תיה משחא
2QJN 5+ 1.6 מדבח]א :]מא ופותיה :

2QJN 7 1.1]ופותיהון מן
5QJN 1 2.13] תשע עשרה ופות[יהון

1QH 3 1.8 למ[:]ר כלה ופח לפח יטמונו
CD 4.14 פחד ופחת ופח עליך יושב

1pHab 4.7 לתפושם ובאמה ופחד : ינתנו

4Q511 3 1.6] :]מלונו ופחדו כול ˙[:

4Q374 10 1.2] : [˙ ממך ופחדך[:] אתה

1QH 2.29 לי תלכוד רגלם ופחים טמנו

CD 4.14 אמוץ לאמר פחד ופחת ופח
CD 4.14 לאמר פחד ופחת ופח עליך

4Q186 3 1.3 בכת[:]˙[ ]ופי[
4pIs^c 21 1.11 לר]דת מצרים ופי ל[וא]

4QCat^a 14 1.3 כול חפצי[: ו]פיק[ב]רכים

CD 4.6 התגוררם ופירוש מעשיהם

4pIs^a 2.9 והצלתי צמרי ופישתי מלכסות

1QM 18.10 עמנו הפלא ופלא ומאז לוא
4Q405 6 1.6]הוד [ ]ופלא ו[ ]כבוד

4Q402 3 2.9 שנ[: מרום ופל[ג : גבורתו
5QJN 1 1.11 רשי[א] קנא חד ופלג אמי[ן
5QJN 1 1.11 אמי[ן ע]שר ופלג]

4Q500 1 1.5 [:]מטעכה ופלגי כבודכה

1QH 8.24 כחרלים במלחה ופלגיו : יעל

1QM 1.6 לאין שארית ופלטה לוא תהיה

1QS 4.14 לאין שרית ופליטה למו :
4Q374 2 2.4 ל[כם] שרית ופליטה
CD 2.7 לאין שאירית : ופליטה למו כי

1QH 3.11 מרץ במולדיהם ופלצות להורותם

11QT 12.13 וקר[ ]יו ופנו[תיו

11Mel 1+ 2.11 ת]שפוטו עוול ופני רשעים
11QPs 21.16 נפשי בה ופני לוא

11QT 7.12 מן הארון ופניהם אי[:]

1QH 15.22 אתה יצרתה רוח ופעולתה

4Q504 1+R 2.19]˙ם ופעולתם

4Tstm 1.19 ברך •••• חילו ופעל ידו תרצה

1QH 3 1.4 להפליא[:]ופעמי על מטוני
1QS^b 4.1 בידכה יברך : ופע[מי רגל]יכה

4pIs^b 2.5 שאול נפשה ופערה פיה לבלי

1QH 9 1.5]להשנות:]ופפו בה כול :

11tgJ 16.1]˙רי יתון ופצא לא :

4Q370 1.4 השמים נפתחו ופצו כל תהמו[ת

11QT 57.3 שנה לדגליהמה ופקד(ו) :

11QT 62.5 לדבר אל העם ופקדו שרי

1QM 19.12 [ה]מערכות ופקוד[

4QM1 1+ 1.7 וה]מ[צ]רף ופקודים להיות

1QH 1.17 ˙˙˙ לדור ודור ופקודת שלומם
1QH 13.10 ובתהומות[: ופקודת עד כי
1QS 4.6 לבני אמת תבל ופקודת כול
1QS 4.11 וערמת רוע ופקודת : כול
4Q502 16 1.4 [: תב]ל[ופקו]דת כול[

4QBer 10 2.4 גור]ל חושך ופקודתמה :

1QH 8.20 לעדן כבוד ופר[: ובידי
4Q512 45+ 1.5]לכול[:]ופר[:]שו ולש
4QM6 23 1.1 [ופר˙˙נו]
11QT 24.7] ו]פר ולאיל
11QT 34.12 על המזבח פר ופר ונתחיו

3Q15 12.12 ומשחותיהם ופרום כל : אחד

11QT 42.4 ולחדריה[מה] : ופרו[ר

11QT 42.9 וחדריהמה ופרוריהמה

1QM 4.11 צבאות אל ופרוש שמותם
CD 2.9 מעמד ומספר ופרוש קציהם
CD 16.2 מדוקדק ופרוש קציהם

3Q15 12.12 הכתב הזא : ופרושה

1QS 4.7 באורכ ימים ופרות זרע עם

4Q185 1+ 1.10 יצמח מארצו ופרח כציץ חסדו
4pN 1+ 2.5]וכרמל ופרח לבנן אמלל
4pN 1+ 2.7 לבנון ופרח ל[ב]נון
11QT 9.5 [˙˙˙ ופרח :]

11QT 9.2 [˙˙˙˙יה ופרחי] :]

1QM 7.11 מעשה חושב ופרי מגבעות
1QS 10.22 ימצאו בשפתי ופרי קודש
4Q370 1.1 אכל על פניהם ופרי טוב השביע
4Q504 6 1.2]דם וכ[:]ת ופרי מחשבת אש[

4pIs^{c} 8+ 1.13 יצ[א] : [ופ]ר[יו]ש[רף

1QH 6.20 בה וערל וטמא ופריץ :

1QM 2.12 בכול בני אשור ופרס והקדמוני
11tgJ 28.7]˙תה מן טלל ופרס נה[ורה

1QS^{b} 5.26 קרניכה ברזל ופרסותיכה

4Q381 46 1.7]קוה ופרסותם תשים

4Q385 2 1.5 עצם אל עצמו ופרק : [

1pHab 3.7 פשו ופרשו פרשו
1QS^{b} 5.29 ואין משי[ב] ופרשו [ק]ליכה
11QT 65.13 בתולי : בתי ופרשו השלמה

1QM 6.14 חמש וארבעים ופרשי הסרך

4QM1 1+ 1.3]קוה לרכב ולפר[שים [

1QM 12.9 עם צעדינו ופרשינ[ו

1QS 3.22 ואשמתם ופשעי מעשיהם
1QS 10.11 אוכיח כנעוותי ופשעי לנגד
11QPs 24.11 הרחק ממני ופשעי אל יזכרו

4Q381 46 1.7 תשים נחשה ופשעים כדמן :

1Q30 1 1.6 ארבעת ˙[:] ופשריהם לפי[

6apGn 14 1.1 [ופת]

4pN 3+ 3.7 ה]קהל ופת[אים] : לא

11QT 42.2] פר המשקוף ופ[תחה :]
11QT 62.7 שלום תענכה ופתחה לכה והיה
TS 3 2.11 [: עצי ארז ופתחה שלוש

1QM 16.4 הזכרון ופתחו שערי

4QCat^{a} 9 1.7 ורשע אויל ופת[י :]˙רי

4Q381 78 1.4 ורמחים[:]הם וצ[ ]˙˙ הכ˙[:
5Q16 2 1.2]זדון פרשיו וצ[:]שלחניו

11QT 43.15 ושמן ובקר וצאון ואכלוהו

1QH 10 1.8 יחד בדע[:] וצאצאינו הוד[

1QH 3.35 באמת : כבודו וצבא השמים
1QM 12.9 בעדתנו וצבא רוחיו עם
1QM 19.1 הכבוד אתנו וצ[בא :]

1QM 12.1 [ע]לה בשמים וצבאות מלאכים

1QS 1.26]] אמת וצדי[ק
4pPs^{a} 1+ 3.9 ולוא ישלם : וצדיק חונן

1Q34^{b} 3 1.3 חרפה לכל בשר וצדיקים :]דשן
4QFl 1+ 2.4 להרשי[ע : ‹וצדיקים [

1Q36 15 1.2 [:]˙גתה אמת וצדק[:
1QH 4.40 כי אמת אתה וצדק כול˙[:
1QH 10.36 ב[ ]ול מעשיכה וצדק˙[
1QH 13.19]וצדק כול מעשיך
1QS 4.24 נחלת איש באמת וצדק וכן ישנא
4Q404 5 1.6]מלך אמת [ו]צדק כול
4Q405 19+ 1.4 דעת אמת[ו]צדק בקודש[
4Q405 20+ 2.5] : אמת וצדק עולמ[י
4Q405 72 1.2]י צדק[:]וצדק לנה˙[:
4Q503 48+ 1.8 ע]ם בני צדק וצדק[ ]אל על
4Q511 157 1.1]וצדק[:]תיר [
11QPs 26.11 אמת : ומשפט וצדק מכון כסאו
11QSS j+ 1.4]וצדק[
11QSS 3+ 1.6 פלא[: [ו]צדק עולמ[י

1QS 1.5 ולעשות אמת וצדקה ומשפט :
1QS 8.2 לעשות אמת וצדקה ומשפט
4Q504 11 1.4]תה לכפר :] וצדקה
CD 20.20 עד יגלה צ ישע וצדקה ליראי [

1QS 10.23 אפתח פי וצדקות אל תספר

11QPs 19.3 חסדכה להמה וצדקתכה תשכילם
11QPs^{b} a 1.4 [: חסדכה להם וצדקתכ[ה: ח]י

1Q34^{b} 3 1.1] וצו[ה [
CD 15.14] המבקר אותו וצוה עליו

1QDM 1.3 ה[כוהנים] וציתה [א]ת

1QH 18 1.5 מצרף [:] וצופים לישועתך

1pHab 5.1 למשפט שמתו וצור למוכיחו

4Q405 19+ 1.7 כול מעשיהם : וצורות בדניהם
11QSS j+ 1.6 וצור]ות בדניהם

1QM 5.5 מעשי גדיל שפה וצורת מחברת
1QM 7.11 ותולעת שני וצורת ריקמה
11QSS m 1.4 פ[לא :]הם וצורת [:

1QH 5.8 על פני מים וצידים לבני

4Q380 1 1.7 על ירושלם: [ו]ציון מי ימלל

4Q510 1 1.5 לילי[ת אחים ו[ציים] :

4Q185 1+ 1.11 ויבש ˙˙˙ וציצו תשא רוח

1apGn 20.28 דא באישתא וצלית על]

4Q504 1+R 3.8 ‹רעים› ורעב וצמא ודבר וחרב

11QPs 28.3 הייתי מ‹ן›אחי וצעיר מבני אבי

11QT 51.4 עור ובשר וצפורן וכבס :

4QM6 16 5.2 [˙]˙˙˙[:]וצרות[ ]˙ול[

11QT 4.7 [׃]ה הרחב וקומת הק[׃

1pZ 1 1.2 התקו[ש]ש[ו ו]ק[ושו

1apGn 6.2 וקושטא כול

1apGn 19.25] טבתא וחכמתא וקושטא וקרית

4Q511 138 1.1]וׄקות [׃]˙ בׄג]

1QM 2.13 בבני ישמעאל וקטורה ובעשר

4QM6 13 3.1 בב[נ]י אשמעל וק[טורה ׃

1apGn 20.5 ומא אריכן וקטינן כול

1apGn 22.4 ובזין וטחין וקטלין ואזלין

11tgJ 37.9 ואהוא לעפׄרׄ ׃ וקטם VACAT]

4Q512 33+ 1.3 ק[צ]יר ‹וקיק› ור]אש

1pHab 11.10 כוס ימין 𐤉𐤄𐤅𐤄 וקיקלון ׃ על

11QT 4.9]בׄ עשר באמה וקירותׄ[׃]˙

4Q403 1 1.43 כול קׄ[ורותו] וקירותו כׄ[ו]ל

11QT 49.12 מים קרקעו וקירותיו

11tgJ 22.2 הך אמרת באדני וקׄ[ל ׃]˙ אנה

1QH 2.10 חרפה ׃ וקלס לבוגדים

1QM 12.8 למלכים לעג ׃ וקלס לגבורים

4Q184 1 1.2 ל]שנן דברׄי[ה׃ וקלס תחל[י]ק

1pHab 4.3 ושרים יתעתעו וקלסו בעם רב

1apGn 20.29] באישתא וחי וקם [או]דע ׃

1apGn 22.5 ואתחלם אברם וקם ׃ ובחר מן

CD 7.19 כוכב מיעקב וקם שבט ׃

4QMI 1+ 1.15 ישובו וקׄ[מו

11QT 53.18 לה אביה וקמו ׃ כול

1QH 3 1.17]לכה חמה וקנאה נו[׃

1QH 12.14]ה לרוב חסד וקנאת כלה

1QH 17 1.2 רוחב [׃]אחך וקנאת משפ[׃]

1QS 2.15 סליחה אפ אל וקנאת משפטיו

1QS 4.4 מחשבת מעשה וקנאת משפטי

1QS 4.10 ורוב אולת וקנאת זדון

1QS 4.17 כול דרכי אמת וקנאת ׃ ריב על

1QH 1.5] אין מספר וקנאתכ[ה] ׃

1QH 10.25 אמקנה וקנין]

1QH 3.28 חמה על נעלמים וקץ חרון לכול

1QH 5 1.11 ו[׃ לבבה וקצ תעודה

1QM 1.5 ישועה לעם אל וקץ ממשל לכול

4pHs[a] 1.9]ר וקץ מועלם לוא

4QCat[a] 2+ 1.11 ש]נׄותיהם וקץ מעמדם י]

CD 4.5 לתולדותם וקץ מעמדם

1QH 18.30 כבר˙[׃]˙סוף וקצי שלום לאין

1QM 10.15 ותקופות שנים וקצי ׃ עד ועׄ]

4Q186 1 3.5 רגליו עבות וקצרות ורוח לו

11QT 12.13]˙˙˙˙ו ׃ וקר[ ]יׄוׄ

1apGn 20.26 ורוח שחלניא וקרא לי אלו

4Q374 12 1.2]˙ על˙[׃]וצרפנו רׄ]

4Q381 31 1.8]מפחדי יתמו [ו]צׄררי יכׄלו

1QS 8.4 בעושי משפט ׃ וצרת מצרפ

11QT 62.9 עמכה מלחמה ׃ וצרתה עליה

1Q23 9 1.2 ה רׄבׄ[׃ ר]בׄה וק[׃]גברין

1Q68 3 1.1]לׄהון ולחׄם וׄק˙[׃]˙תע]

4Q502 288 1.2]מך רׄ[׃]˙ וׄקׄ]

11tgJ 25.4]מסכנין וקבילת ענין

3Q15 12.11 פתחא צפון ׃ וקברין על פיה

4Q185 1+ 1.4]כׄיׄ ˙[׃]טׄהור וקדוש[׃]מתו ו

11QPs 26.9 גדול וקדוש 𐤉𐤄𐤅𐤄

4QCat[a] 12+ 1.10]˙אׄו אל וקדושו שמו

1QS[b] 4.1]אנוש וקדוש[י

4Q510 2 1.2 א]לוהי ישע וקדושי[׃]חׄ

4Q503 82 1.2 ˙˙˙˙˙[׃]יׄם וקדוש[ים׃]

4Q504 3 2.15]˙יׄם וקדושיׄם וׄ˙[׃

4Q156 1.6 ע]ל כׄסיא׃ וקדם כׄסיא׃

11tgJ 36.7 יבית תקפה וקדמוהי ׃ תרומ

4Q403 1 2.11 דׄבׄיׄרׄ[ ] ׃ וקדש[ ]לׄשבעת

11QT 46.11 ולוא יחללוהו וקדשו את מקדשי

1QS[a] 1.26 לתעודת מלחמה וקדשום שלושת

11QT 35.8 אשמה למות וקדשת(מ)ה את

11QT 27.9 היום הזה ׃ וקדשתמה אותו

11QT 51.8 בני ישראל וקדשתמה והיו

1QM 14.5 ל[גבור]ות פלא וקהל גויים אספ

4QMI 8+ 1.4 פלא וקהל גוׄ[אים

1QM 1.10 גדול עדת אלים וקהלת ׃ אנשים

4pPs[a] 1+ 2.4 מעונם יברתו וקואי 𐤉𐤄𐤅𐤄 המה

5QJN 1 1.19]וׄדשין לה תרין וקודם [ת]רׄעא

4Q503 70+ 1.3 [׃]˙ מועׄדׄים וקודׄ[ש ׃]היום

1QS[b] 4.28 לו ותכבד שמו וקודשיו

4Q400 2 1.6 מה במעוניהם וק[ודשנו ׃

1pHab 3.6 עם כול העמים וקול מנמרים

4Q402 4 1.9 לפקודׄ[תו] וקול המוׄ[׃

4Q403 1 2.11 קׄודשי רום וקול ברך מראשי

4Q403 1 2.12 דבירו[ ] ׃ וקול הברך נשמׄע

4Q405 20+ 2.12 [ה]פלא וקול דממת ברכ

4Q405 20+ 2.13 מחני אלוהיׄם [ו]קׄול

4Q405 23 1.7 יגילו בכבודו וקול ברך מכול

4pN 3+ 2.3 לא ימוש טרף וקול שוט וקול

4pN 3+ 2.3 טרף וקול שוט וקול רעש אופן

4Q381 24 1.10 באזניו תבוׄא ׃ וקׄוׄ[לי

1QS 10.14 ובוא ׃ לשבת וקום ועם משכב

11tgJ 29.5 הצת דא איוב וקום הסתכל

CD 19.23 הוא דרכיהם וראש פתנים הוא

11tgJ 3.8 תערא [: וראש]ה לענניא[

1QM 2.2 בתמיד לפני אל וראשי המשמרות
1QM 2.3 אחד : לשבט וראשי משמרותם
1QM 2.3 במעמדו ישרתו וראשי השבטים
1QM 2.4 בשערי המקדש : וראשי משמרותם
1QM 18.6 אשר : אתו ורא[שי
4Q403 1 2.24 מבוהן קורב וראשי ע<ד>ת
4Q503 70+ 1.2]˙˙[:]˙ים [ו]ראשי˙ [:]˙
4QM4 1 1.2 והלויים וראשי ה[שבטים
11QT 10.12 ארגמן אדום וראשי :]

1QM 9.11 ועל דרוך טעם וראשים יוצאים

4QNab 1+ 1.5 למעבד יקר ור[ב]ו לשם
11tgJ 9.4 בלד[ד : ש]לטן ורבו עם אלהא

11tgJ 16.4 כ]רוח טבתי ו<ר>ב<ו>תי

4pIs[a] 2+ 2.8 בי˙ [ ]גה ורבים
4pN 3+ 3.4 לכול ישראל : ורבים יבינו
4pPs[a] 1+ 3.3 ה[תע]נית ורבים : יובדו

11QT 40.10 וגובה תשע : ורבעים באמה

1QH 2.29 נפלו בם ורגלי עמדה
1QS 10.13)שית משלח ידי ורגלי אברכ שמו

11tgJ 14.10 לבשת [: ו]רגלין

1QM 19.3 בעורף אויביך ורג[ל]ך [:]

1QM 12.11 בעורף אויביכה ורגלכה על

11QT 64.5 זולל וסבא ורגמוהו כול

1QH 5.23 לבאי בריתי ורגן ותלונה

1QM 12.15 עדי כבוד ורדינה
1QM 19.7 עדי כבוד ור[ד]ינה

4Q511 68 1.5]הזיד ב˙[:]˙ורו[

1QM 10.10 קול נכבד ורואי : מלאכי

1QH 4.32 בכוח גבורתו ורוב רחמיו על
1QH 6.9 בהמון רחמים ורוב סליחה
1QH 11.29 בגדו[ ]˙וכה ורוב אמתכה
1QH 14.23 כגדול כוחך ורוב נפלאותיך
1QH 9 1.9]רמות כוח ורוב בשר
1QS 4.3 וא<ו>רכ אפים ורוב רחמים
1QS 4.5 ביצר סמוכ ורוב חסדים על
1QS 4.7 בה למרפא : ורוב שלום
1QS 4.10 ורמיה אכזרי : ורוב חנפ קצור
1QS 4.10 חנפ קצור אפים ורוב אולת
1QS 6.19 על פי הכוהנים ורוב אנשי
4pN 3+ 2.4 וברק חנית ורוב חלל וכבוד
4pN 3+ 2.5 מפחד אויב ורוב : פגרי
11Mel 2 3.4 אל יאו[סיפו : ורוב[:]ל˙[
CD 2.4 ארך אפים עמו ורוב סליחות :

11QT 4.4 אר[:]˙ים ורובד (הי) בין

4QFl 1+ 1.18 ור]וזנים נוסדו

1Q24 1 1.1][ורוח[:]˙שי[
1Q29 14 1.1 [ורוח זידות[:
1apGn 20.26 מנכה מכתשא דן ורוח שחלניא
1QH 3.21 לסוד עולם ורוח נעוה

1QM 15.4 אנשי הסרך עמו וקרא באוזניהם
11Ap[a] 1.8]שמך נשען וקר[א : יש]ראל
11Mel 1+ 2.6 ישיבמה אליהמה וקרא להמה דרור

1QS[a] 1.4 מטף עד נשים וקראו
4Q176 1+ 1.5 על לב ירושלים וק[ראו
11QSS 5+ 1.9] רוש[ם] : וקרא[ו
11QT 59.6 מפני עול כבד וקראו ולוא

11QT 62.6 להלחם עליה וקראתה אליה

1QS 8.18 בתמים דרכ וקרבהו : בעצה

1apGn 19.25 וחכמתא וקושטא וקרית קודמיהון
1apGn 21.2 לאל עליון וקרית תמן בשם

11Ap[a] 4.7 פני : תוה]ו וקרנ˙ך קרני

4Tstm 1.13 פאתי מואב וקרקר את כול
CD 7.20 העדה ובעמדו וקרקר : את כל

11tgJ 24.8 ארעא עבד : וקשט תב[ל

1QM 6.16] וקשת וחצים
1QM 9.11 ומגדלות : וקשת ומגדלות

4pPs[a] 1+ 2.17 תבוא בלבם וקשתותיהם

1Q34[b] 3 2.8]]ש עני ור[ ]מים
1apGn 2.20 בדי הוא רחים ור[: עדבה
1QH 9.27 גבורת פלא ור˙וב : עולם
1QH 10.16 בגדול טובכה ור[: כי
1QH 16.8] [כו[ ] ור[ ] העליליה
1QH 18.10]ור פתחתה בפי
4Q402 2 1.1 פ[ל]א ור[: [פ]לא פ[
4Q404 5 1.7]ה כו[ל]ור :] תבני[ת
4Q487 1 1.2]˙˙ור:]ה ורומם:
4Q488 5 1.1]ור [:]˙שור[
4Q499 1 1.3]˙ים ˙˙[:]˙˙ור <]לשלמ˙[>
4Q499 2 1.6]רשעה[:]˙ו ור[:]˙[
4Q502 35 1.1]ור בשמח[ת :
4Q502 300 1.1]˙ור[:]˙כו[
4Q503 7+ 1.5]ור]
4Q504 6 1.5 להתבו[נן :]˙ור ˙א[ ]ת
4Q506 147 1.3 תש˙[: ימי[: ור˙[
4Q506 158 1.2]ש[:]˙ור[:]כה[
4Q511 79 1.1]˙ור˙[
4Q513 2 2.6 [: המה מ[ ] ור[ ]˙ אשמה
4Q518 6 1.1]ור[
4pIs[c] 4,6+ 1.7]˙ור והואה :]
4QM6 98 1.3] :]ל ˙מדה ור˙[

4Q502 56 1.1]ורא[:]ת ת[:
4Q502 145 1.1]ורא[:]ר ו[

4Q176 1+ 1.3 דמ[: ירושלים וראה נבלת
4Q501 1 1.5 אשה הביטה וראה חרפת בני
4Q504 1+R 6.11 וחמתכה ממנו וראה ע[ונינו]
CD 9.17 איש בתורה וראה רעיהו

CD 20.34 וכפר אל בעדם וראו בישועתו

4Q186 1 3.2 שור : וא˙ה[: וראושו[:

11QT 61.13 על אויביכה וראיתה סוס
11QT 63.11 את שביו : וראיתה בשביה

4Q512 33+ 1.3 <וקיק> ור[אש ח]ודש א
CD 8.10 תנינים יינם : וראש פתנים
CD 8.11 הוא : דרכיהם וראש הפתנים
CD 19.22 תנינים יינם וראש פתנים

1QH 7.5	ויהם לבי לכלה ורוח עועים
1QH 7.6	סמכתני בעוזכה ורוח ׃ קודשכה
1QH 9.16	] יכבד ורוח מרוח תגבר
1QH 13.15	] [˙˙ה ורוח נעוה משלה
1QH 12 1.4	˙מל˙[׃]˙לם ורוח עורף ק˙˙
1QM 5.17	אחר מערכה ׃ ורוח[
1QM 7.6	עם צבאותם יחד ורוח יהיה ׃
1QS 4.3	במשפטי ׃ אל ורוח ענוה
1QS 4.4	ברוב חסדו ורוח דעת בכול
1QS 8.3	ביצר סמוך ורוח נשברה
4Q186 1 3.5	עבות וקצרות ורוח לו בבית ׃
4Q186 2 1.6	על סרכמה ורוח ל[ו ׃
4Q381 46 1.6	כנדה תזנזח ורוח סוערת]
4Q502 238 1.1	[ורוח]
4Q511 18 2.6	]]ורוח בינתי ו˙
4QBer 10 2.7	מלא]ך השחת ורו[ח האב]דון
4QM1 1+ 1.11	אחר מערכה ורוח ישימו בין
4QMes 1.10	הוא מולדה ורוח נשמוהי ׃
4QMes 2.7	מו[ ]ה [׃ ורוח נש[מוהי
6QHym 21 1.2	[˙˙˙˙˙] ׃ [˙י ורוח]
11QPs 19.15	תשלט בי שטן ורוח טמאה
11tgJ 3.4	כמ]לתי אשמע ורו[ח ׃ יד]עת
11tgJ 36.2	לחדה ידבקן ורוח [ ]
11QT 36.5	] לכול רוח ורוח [
11QT 40.8	לפנה לכול רוח ורוח כמדה
11QT 31.13	ומהמערב ור‹ו›חב השערים
11QT 36.5	] [ו[רו]חב קי[רו]
11QT 36.6	מק]רת גג[ו ורוח]ב ת[איו]
11QT 38.14	ולים ולצ צפון ורוחב קירה
11QT 40.9	ולים ולצ[פו]ן ורוחב הקיר שבע
11QT 40.12	ושלושה לצפון ורוחב השערים
11QT 41.14	באמה ׃ ורוחב פתחי
TS 3 2.5	ושלושים באמה ורוחב פתחי
1QM 5.6	אמתים וחצי ורוחבו אמה
1QM 5.13	אמה ׃ וחצי ורוחבו ארבע
4Q184 4 1.4	וא[׃]בן אדם ורוחו ˙[׃
1QH 1.10	]תה לרצונכה ורוחות עוז
1QH 8.12	גבורי כוח ׃ ורוחות קודש
1QH 5 1.4	]ד ע[ו]לם ורוחות רשעה
4Q403 1 2.9	עו[למים] ׃ ורוחות אלוהים
4Q510 1 1.5	מלאכי חבל ורוחות ממזרים
4Q176 21 1.3	קללת[׃]ורוחותיהם ˙[׃
1QH 4.36	ואקומה ורוחי החזיקה
1QH 11.13	עם צבא עד ורוחי[
1QM 14.10	מבריתכה ורוחי [ח]בלו
4Q405 17 1.5	מלאכי תפארת ורוחי ׃]ק˙ש
4Q511 1 1.6	בגבוליהם ורוחי רשע ׃ לו
1apGn 2.17	עליך שנא ושחת ורוחך כדן
4Q381 46 1.8	ב˙˙[ ] כם ורוחך ˙˙[ ]˙לה
1QS 4.9	רשע ושקר גוה ורום לבב כחש
4Q184 2 1.5	התחנן לו[׃ ורום עינים לב
5QJN 1 2.1	א[ר]בע עשרה ורומה קנין
5QJN 1 2.14	[˙[ ]˙ ורו[מהון
4Q487 1 1.3	[˙˙ור׃]ה ורומם׃]בכול
1QM 14.4	את אל ישראל ורוממו שמו
4Q400 1 2.13	עולמים [׃ ורוממו כבודו
4Q400 2 1.3	מלכותו כדעתם ורוממו[׃ שמי
4Q401 27 1.1	]ורוממו[
4Q403 1 1.33	כול מלכ[ותו ו]רוממו רוממו
4QM1 16 1.5	]ה ורוממו את
MasSS 1.10	ק]ודש קדשים ורוממו כבודו ׃
4Q403 1 2.20	] ׃ עולמים ורוממוהו ראשי
4Q405 8+ 1.4	[ע]ולמים ורוממ[והו
4Q405 20+ 2.7	[׃] פ]לא ורוממ[ו]הו ˙˙˙
4Q511 2 1.2	] ׃ קודשו ורוממוהו כול
11QSS 3+ 1.9	]שני] [׃ [ורו]ממוהו]
4Q511 2 1.3	] ׃ ורוש ממשלות
4Q511 23 1.2	]דו ועצת[׃]ורות מצ[׃
4Q511 103 1.2	[˙˙˙˙ ׃]ורות עד׃]˙
4Q381 78 1.6	שנת[׃]ו ורותה הא[רץ
1QH 17 1.3	] ורזי מחשבת ורז˙˙[׃
1apGn 1.3	די׃]˙תין ורזא די׃]˙˙ל˙
1QH 17 1.3	משפ[׃] ורזי מחשבת ורז
1QH 50 1.5	]ה למל[׃] ורזי פשע˙[׃
1QM 14.14	כבו]דכה ורזי נפלאותיכה
4Q401 17 1.6	[˙] [˙ ורזי˙]
4QM1 8+ 1.13	כבו]דכה ורזי
4QM1 11 1.10	מאז אמתו ורזי ערמתו
1pHab 4.1	] ׃ יקלס ורזנים משחק לו
4Q502 118 1.2	] לב[׃]˙ ורח˙[׃]˙ ˙˙]
11QT 31.11	חמשים אמה ורחב ה[ק]יר
TS 3 2.9	עצ ארז ורחב הקיר שתרם
4Q378 11 1.4	לתת ׃]טובה ורחבה ארץ נחלי
4QPs[f] 2 8.14	תתבעך רומי ורחבי ׃]
11QPs 22.14	תתבעך רומי ורחבי ציון ׃
4apLm 1 1.9	ואין ˙]]ורחובותיה ׃]˙
1QH 16.16	] ורחום א[ ]ך א]
11QT 30.6	ארבע פנותיו ורחוק מקיר ׃
11QT 33.9	הכי]ור ׃ [ו]ר[ח]וק קירו
1QS 2.1	ובאבותי[נו] ׃ ורחמי חסדו גמל
1QH 11.9	רוב סליחות ורחמיכה לכול
11QPs 19.8	חסידיו ׃ חסד ורחמים שאגה
11QPs[b] a 1.8	בר[וך ׃ חסד ורחמים שאג[ה ׃
11QT 55.12	לכה ׃ רחמים ורחמתיכה
4Q512 15 1.3	]במימי׃]ורחץ ׃] לו
4Q512 19 1.1	ור]חץ
4Q512 74 1.3	˙[׃ וא[׃ ורח[ץ ׃ והי[ה
4Q514 1 1.3	ר]חץ ורחץ וכבס
11QT 26.10	ונסלח להמה ורחץ את ידיו
11QT 45.8	וכבס בגדיו ורחץ ׃ ביום
11QT 45.9	יכבס בגדיו ‹ורחץ› ובאה
11QT 45.16	השביעי בגדיו ורחץ את כול
11QT 50.8	בו יכבס בגדו ורחץ וטהר ׃
11QT 50.14	וכבס בגדיו ׃ ורחץ ב(מ)ים
11QT 50.14	ויכבס בגדיו ורחץ ׃ וביום
11QT 50.15	וכבס בגדיו ורחץ ובאה השמש
11QT 51.3	ויכבס בגדיו ורחץ]
11QT 51.5	וכבס ׃ בגדיו ורחץ במים ובאה
1QM 14.2	יכבסו בגדיהם ורחצו ׃ מדם

1Q34b 3 2.5 בפ[ול]ה ורשע לא יכון
1QH 4.38 בראתה צדיק ורשע [:] ׳ ׳
1QH 13.21 ואדע[: ורשע ש[:]בעמך
4QCata 9 1.7]עם צדיק ורשע אויל
CD 20.21] בין צדיק : ורשע בין עבד

1pHab 2.14 הכתיאים ורש[עים
1QH 15.17 מבשר כבודו ורשעים בראתה
4Q381 50 1.2 נכל׳ [:]לכל ורשעים יכב[ו :

4Q185 1+ 2.12 ועמה[ ]מים ורשף עינים

1QH 4 1.5 גבר וממכ[:]ורת יצפו ועל

1QH 4.33 ואני רעד ורתת אחזוני

1Q20 1 1.3]תיא וכביא וש׳ ליא דאלין
1QH 14.19 אשא פני רע וש[ ]לא
1QM 10.16 וקצי : עד וש[
2apPr 1 1.10 יכ]שלון ברכים וש[ ][:
4Q178 7 1.1 האשה וש׳[:]׳ת׳ ׳ ׳]
4Q378 11 1.9 וירש[:]ים וש[
4Q405 7 1.8]׳ ׳[כ]הונתו וש[:]׳ל׳ ׳ ׳ ׳]
4Q405 11 1.5]׳וש מקדש : ׳ ׳ל׳]
4Q487 30 1.2]ה [:]וש׳[:]ם [:
4Q503 15+ 1.1]וש כ[: קו]דשים
4Q503 48+ 1.4] שמחתנו וש׳[:]שלישי
4Q503 95 1.4 [:]׳ו מ[:]וש׳]
4Q503 127 1.2] ומ׳[:]ם וש[
4Q509 12 4.5 אותכ[ה : וש׳]
4Q509 29 1.2 ׳ בבו׳[:]ל׳ וש[:]א ל׳]
4Q509 151 1.3] מבית[:]׳וש[
4Q510 8 1.1]וש ב[:]ומר ל[
4Q511 24 1.1]וש[:]רוחות ׳]
4Q511 131 1.3] דעת ׳ ׳[:]׳וש אל׳ ׳]
4Q512 161 1.2 [׳ ׳[:]וש׳]
4Q513 38 1.2]׳וא ה׳ ׳[:]וש׳]
4QM6 42 1.1]וש[:]בה[
6apSK 33 1.4 מואב[:]ול וש[ ]מה[
6QPrPr 1 1.4]: מבני פינחס וש[
6QPro 19 1.1]וש׳[:]׳ל׳ל[
11QT 47.3 טהורות וש[ ]ה

5Q25 10 1.1]ושא [:]׳ ׳ק[

1QH 9.4]: משברי מות ושאול על יצועי

11QT 58.18 הכוהן הגדול ושאל לו במשפט

1apGn 19.25] ושא]לו ל[י

4Amrm 1 1.11 עלי תגר רב ושאלת אנון

4Amrm 3 1.1 נהו]רא אשלטת ושאלתה [
11QT 55.5 לוא ידעתמה : ושאלתה ודרשתה

4pIsb 2.6 הדרה והמנה ושאנה עליז בא

1QS 6.8 והזקנים בשנית ושאר : כול העם

1QH 6.8 מחיה בעמכה ושארית בנחלתכה
4QM1 17 1.7 כ[לה :]ושאר[ית :

4pIsc 8+ 1.14 ושארית]ך יהרוג

1pHab 3.3 ממנו משפטו ושאתו יצא :

1QH 4 1.11]אני במשפט ושב אל עפרו מה
4Q485 1 1.4 ליו ושפט[:] ושב שבות׳[:]׳
4Q512 65 1.2]׳פ׳[: ושב מכול[:
4Q512 91 1.1 [ושב׳[:]מס ׳]

1pHab 1.8]לי ה[ ]׳ וריב : [
1QS 10.19 לוא תאוה נפשי וריב אנש <ש>חת

4Q176 1+ 1.2 והיו[: מקדשכה וריבה עם

1QH 10.35 גבורי : כוח וריבכה עם צבא

1QSb 3.1 פנ]ו אליכה וריח ני[חוח
11QSS 8+ 1.3 ׳[ ] :]לם ור[י]ח נסכיהם

11QT 62.3 מי האיש הירא ורך הלבב ילך

1QM 6.15 חמשים והמה : ורכ[ב
11QT 58.7 ואם מלך ורכב וסוס ועם
11QT 61.13 וראיתה סוס ורכב ועם רב

1QM 6.12 זכרים קלי רגל ורכי פה וארוכי

4Q176 27 1.2]שפטו[:]׳ורם[:]תוכה[
11tgJ 34.6 העדי נא גוה ורם רוח וזוי

1apGn 22.8 שרין בבקעת דן ורמה עליהון

1QM 6.15 מגני עגלה ורמח ארוך

1QM 9.12 שלוש אמות ורמחיהם א[ור]ך

4Q381 78 1.3 [:]ר חרבות ורמחים[:]הם

1QM 14.11 נופלים בעוזכה ורמי קומה
4QM1 8+ 1.9 בעוז]כה ורמי קומה

1QH 3 1.15]מה[ ]ל עולה ורמיה יגורו
1QS 4.9 ורום לבב כחש ורמיה אכזרי :

6QHym 13 1.3]ת לע[:] ורני א[ל

4Q403 1 1.5 רנות[ו]רנן למ[לך
4Q405 25 1.2]ו ׳[:]ורנן ברוחי[:

4Q405 14+ 1.3]׳ רוקמותם ורננו : [
4Q405 20+ 2.14 בעבר[ו]רננו כול

1QSa 1.11 שנה בדעתו[: ורע ובכן תקבל
4Q381 10+ 1.2]׳ לוא[:]ורע בעיניו כי

4Q504 1+R 3.8 <רעים> ורעב וצמא ודבר

4pIsc 8+ 1.13]ש[רף]מעופף ו[רעו

1QS 4.13 באבל יגון ורעת מרורים

4QCata 10+ 1.3 עליהם כתוב ורפאתי את : [

4Q511 20 1.4 ביד אשמה:]׳ ורפואות

CD 13.10 היות עשוק ורצוץ בעדתו :

11QT 66.7 איש על רעהו ורצחו נפש כן

11QT 29.7 לה[מה] : ורציתים והיו

CD 10.18 איש דבר : נבל ורק אל ישה

11QT 15.10 לחם שמן אחת ורק[יק : עם

1QH 2.34 עזרתה נפש עני ורש : מיד חזק
1QH 5.14 נפש(י) עני ורש ותוסף
4Q512 88 1.1 [׳ורש[:]שתה[:

CD 3.7 להם בקדש עלו ורשו את רוחם

11QT 52.19 בשר שור ‹ושה› ועז בתוך

4Q178 8 1.2]˙ותיהם ˙[:]ושו להשם[:]

1QH 2.28 יבקעו : אפעה ושוא בהתרומם

4pIs[a] 2+ 2.7 כ[ליון חר]וץ ושוטף

4Q379 12 1.6 על כל גדותיו ושוטק :

1QS[a] 1.29 וכול שופטיהם ושוטריהם ושרי

1QS[a] 1.15 עשרות שופטים ושוטרים
11QT 51.11 שופטים ושוטרים תתן

1QM 10.5 אתכמה ו[ש]וטרינו

1apGn 21.26 ולכול חברוהי ושויו עליהון

1QH 6.34]˙˙˙ר˙˙˙˙˙ : ושוכבי עפר

CD 5.7 מבדיל כתורה ושוכבים עם

4Q508 2 1.6 מ[: קומנ]ו ושוכבנו תח[

CD 13.11 למעשיו [ו]שוכלו וכוחו

1QM 12.10 איש כבוד ושול : שללכה
1QM 19.3 ושו]ל שללכה

11QT 37.8 לכוהנים ושולחנות :

1QM 7.2 מפשיטי החללים ושוללי השלל

4QMes 1.3]: ושומן זועירן

1QM 10.10 בי[נה]˙ ושומעי קול
1QM 10.11 מגולי אוזן ושומעי עמוקות

1QH 16.17] ושומרי מצו[
1QM 7.2 וממהרי הארץ ושומרי הכלים :

CD 19.31 ברית אבות ושונא ומתעב א

1QH 5.12 לא עזבתני ושועתי שמעתה
4Q381 85 1.2 הבן[: ה]חרש ושועתי הקשב[:

4Q403 1 1.37 מרנני דעת עד ושופט בגבורתו
4Q511 10 1.10 לכול מעשיו ושופט בצד[ק
11QPs 18.16]קוב ושופט

4Q511 18 2.9 צדק עם נעוותי ושופטי אמונה

5QJN 1 1.3 ותרתין : [ושוק]יא רברביא

4Q186 1 2.5 נצי[ו]ת : ושוקיו ארוכות
4Q186 1 3.4 ידיו עבות ושוקיו עבות
4Q186 2 1.5 וארו[כ]ות ושוקיו חלקות

1QM 6.15 ובתי ראשים ושוקים

11QT 52.6 המה לי : ושור ושה אותו

1QH 3.31 הרים לשרפה ושורשי חלמיש

1QH 8.7 טרם יפריחו ושורשיהם

1QH 5.7 עצם אדירים ושותי ד[ם]

11QT 38.3]יהיו אוכלים ושותים[:

CD 9.19 עוד לפני אחד ושב והודיע

1QS 7.23 (ושבה רוחו

1apGn 21.34] ושבו לוט בר
1QM 6.1 שבע פעמים ושבו למעמדם
1QM 6.4 שבע פעמים ושבו למעמדם
1QM 14.3 פגרי האשמה ושבו אל מקום
4Q379 22 2.11 שניהם כלי חמס ושבו ובנו א[ת]
4pIs[c] 21 1.3]ל לכרמל ושבו ˙[
4QMI 1+ 1.16 את עונתה ושבו עו[מדו
4Tstm 1.25 כלי חמס ושבו ובנו את :
CD 20.23 את המקדש ושבו עד : אל

1QM 5.9 חרש מחשבת ושבולת והסגר
1QM 5.10 חרש מחשבת ושבולת זהב

4Q403 1 1.2 גבורות פלאה ושבח לאלוהי :

4Q405 19+ 1.2]מ[: ושבחהו בדני

4Q403 1 1.43 קודש[ו] : [ושבחוה]ו רוחי

4QMI 1+ 1.8 בג[ו]רל לשבט ‹ו›שבט לפיא

4Q178 3 1.3 כתוב[:]לם ושבי י˙[:
CD 20.17 מוכיח בצדק ל ושבי פשע

1apGn 22.4 רבתא למדיתון ושבין ובזין

1apGn 19.16 מן שדא [ארז]א ושביק ארזא

11tgJ 31.4 להסבעה שיתא ושביקה :

1apGn 20.10 מתגר על דילהא ושביקת אנה

11QT 63.10 אותמה בידכה ושביתה את שביו

1apGn 22.28 עבדתה תנה ושבע במצרין
1QM 6.9 לעבר האחד ושבע מאות לעבר
5QJN 1 1.1 ו]חמשין ושבע לכל [רו]ח
5QJN 1 1.5 אמי[ן] שתין ושבע [ו]מצ[יעא

1QM 5.3 תאסר המערכה ושבעה סדרי :
1QM 6.8 VACAT : ושבעה סדרי
4Q400 3+ 2.4 [: ושבעה דברי[
4Q405 32 1.1]ושב[עה :
5QJN 1 2.7 [: [וש]בעה מן

1QDM 2.4 ואכל[ת]ה ושבעתה [ ]

2QJN 1 1.3 וח[ד: רו]ח ושבק סחור
5QJN 1 1.1 לכל [רו]ח ושבק סוחר סחור
11tgJ 38.2 בקלה די איוב ושבק : להון

11QT 58.12 את אויביהמה ושברום והכום

1QDM 1.8 קו]דש ושבת הברית]

4pHs[a] 2.15 ח[גה חד]שה ושבתה וכול

CD 20.20 ליראי [ו]שבתם]

1apGn 2.11]ול˙א ושגי לבי עלי

4Q184 1 1.8 לכול נוחליה ושדדה לכ[ול] :

11QT 52.4 תזבח לי שור ושה אשר יהיה
11QT 52.5 תזבח לי שור ושה ועז והמה
11QT 52.6 המה לי : ושור ושה אותו ואת
11QT 52.13 לוא תזבח שור ושה ועז טהורים

1apGn 20.8 שגי רחמה ושלח : לעובע
1apGn 20.18 כול אנש ביתה ושלח : קרא
1apGn 22.26 ארעא דא שבק : ושלח כולהון :
4Q503 215 1.8]אורים[:]ושלח של[ום
4QOrd 2+ 1.10 שני מנים : ושלח כול ימיו
11QT 58.4 יש : לישראל ושלח על שרי

11QT 26.12 על רואש השעיר ושלחו : לעזזאל
11QT 58.5 בערי : ישראל ושלחו עמו מעשר
11QT 58.6 בא לארץ ישראל ושלחו : עמו
11QT 58.8 וסוס ועם רב : ושלחו עמו
11QT 58.10 המלחמה עליו ושלחו לו מחצית

1apGn 21.21 וכול אנש ביתי ושלחת קרית

1apGn 20.13 די אנתה מרה ושליט על כולא

4Amrm 1 1.12] : [משת]לטין ושליטין על כול

11QT 42.8 הפרור השני ושלישי : ולגג

11QT 42.10 שניות ושלישיות כמדת

4Q513 1+ 1.5 העש]רנים ו[שלישת

1QH 2 1.2]˙ הו˙[:]ים ושללכה[:]˙˙

1QS 7.6 יתרמה לאבדו ושלמו (ב

4Q515 20 1.1] ושלש[

1QH 5.8 לבני עולה ושם למשפט :
1QH 17.14 כול הימים ושם[
1QM 5.1 יכתבו שמו[ו]שם ישראל
1QM 17.1 לג˙˙˙ : ושם שלומם בדלק
4QM6 57 1.3 ˙[:]˙ ש[:]˙ ושם [:]
11Ber 1 1.14] בעדתכם ושם קודשו נקרא
11QT 65.7 ובעלה ושנאה ושם לה עלות

1QS 1.15 ללכת ימין ושמאול : וכול
1QS 3.10 לסור ימין ושמאול ואין :
4Q504 1+R 2.14]מימין ושמאול כיא
11QT 56.8 לכה ימין : ושמאול והאיש

11QT 44.5 ימין שער לוי ושמאולו לבני

4Q509 183 1.2] הגוים [:] ושמה[:]˙ן דר[

4pPs[a] 1+ 4.10 י]הוה ושמור דרכו

1QM 3.14 ואהרון ושמות שנים עשר
1QM 5.1 ולוי ואהרון ושמות שנים עשר
1QM 5.2 כתול[ד]ותם : ושמות שנים עשר

1QM 17.8 בכול בשר ושמח צדק
4QCat[a] 2+ 1.15 עומד על הגתות ושמח על רדת[:

1QM 1.9 וברכה כבוד ושמחה ואורך
1QM 13.16 כול בני חושך ושמחה ל[כו]ל [
4QM6 3 1.9]כבוד [ו]שמ[חה

11QT 21.9 מושבותיהמה ושמחו בי[ום] :

1QH 7 1.5 ארצ ו[:]˙ ושמחת עולם
1QS 4.7 כול ברכות עד ושמחת עולמים
4Q185 1+ 2.12 ורשף עינים ושמחת לבב ע˙[
4Q502 105+ 1.2 אל ישראל[:] ושמחת י[ח]ד ל[

11QT 52.16 ואכלתה : ושמחתה לפני

1QDM 3.4] ושמטתה [

4QCat[a] 5+ 1.15] :]הרוג בקר ושחוט צואן

11QT 26.5 גורל א[חד : [ו]שחט את השעיר

11QT 22.4 ו]לאלים ושחטו בני לוי
11QT 23.11 מקטיר ושחטו לפניו את

1Q23 3 1.3] והוית[:]א ושחי˙[
1QH 1.35 שמעו : חכמים ושחי דעת

4Q370 1.9]ם <]פשו> ושחקים[

1apGn 2.17 כדנא עליך שנא ושחת ורוחך כדן
1QH 13.5 ˙˙˙ לשלום ושחת˙[:]שיהם

1QH 37 1.1]ושיכה ובעק[:

11tgJ 31.6 מן נפק גלידא ושיק˙[:

11QPs 27.5 ושש מאות ושיר לשורר
11QPs 27.9 וארבע מאות ושיר : לנגן על

3QHym 1 1.2 אשר ישמחו[:] ושירם יערב

1QH 8.25 ודרדר לשמיר ושית˙[
4pIs[b] 1.2 ושי]ת פשר הדבר

4Q487 1 2.5 אש מו[: בהפכה ושכ[: איש אשר

11QT 66.5 והחזיק בה ושכב עמה והומת
11QT 66.9 לו מן החוק ושכב עמה :

1QDM 2.4 ירום [לב]בכה ושכ[חתה א]שר

1QS 4.3 וטוב עולמים ושכל ובינה
4Q381 24 1.11]ם השכיל ושכל

4Q508 2 1.1]˙ ושכנתה בתוכנו[

11QT 29.7 להם לעולם [ו]שכנתי : אתמה

1QH 12.2 ק[ ]˙˙קט ושלוה :]אהלו

1QH 7.15 כבוד (וְחַיִּם) ושלום לאין ˙[
1QH 11.27 לכבוד עד ושלום עולום
1QH 15.16 לישועת עולם ושלום עד ואין
4Q503 29+ 2.1]˙ ל[: ושלום [
4Q503 152 1.1]ושלום עלי[כה
11QPs 22.2 תקותך ציון ושלום : ותוחלת

1QH 9.11 ולא גערתה חיי ושלומי לא

4Q186 1 2.7 בבית האור שש ושלוש בבור :
11QPs 27.6 ארבעה וששים ושלוש : מאות
11QT 40.14 שמעון ששים ושלוש מאות
11QT 40.15 הזואת ששים ושלוש : [
11QT 41.5 ו]שלוש מאות :
11QT 41.9 נפתלי ששים ושלוש מאות
TS 3 2.3 נפתלי ששים ושלוש מאות

1QM 1.13 לנגוף רשעה ושלושה יתאזרו
1QM 7.14 שופרות היובל ושלושה שוטרים
4QM6 2+1 1.5 מלח]מתם : ושלו]שה יתאזרו
11QT 40.11 שערים במזרח ושלושה בדרום
11QT 40.11 ושלושה בדרום ושלושה : לים
11QT 40.12 ושלושה : לים ושלושה לצפון

1QM 2.6 השמטה ובשלוש ושלושים שני
1QM 2.9 לישראל בחמש ושלושים שני
11QT 41.13 מקיר החצר שש ושלושים באמה :
TS 3 2.5 מקיר החצר שש ושלושים באמה

Reference	Text
4Q378 11 1.5	[:]ובהר ארץ חמה ושער[ה
4Q379 22 2.13	גדלה ליבשראל ושערוריה
4Tstm 1.27	רשע :]בישראל ושערוריה
1pHab 9.1	במשפטי רשעה ושערוריות
1QH 6.31	למרחב אין קץ ושערי עולם
1QH 18.7	שמרתה לנו מאז ושערי ישועות
4Q405 23 1.9	פתחי מבואי ושערי מוצא
11QT 31.8	זהב קירותיו ושערי1 וגגו
1QM 9.14	שלוש מאות ושערים שנים
11QT 31.12	[ושערים עשו לה
1QS 4.9	עולה רחוב נפש ושפול ידים
4Q381 76+ 1.9	ותבי1ג]ו : [: ושפט אמת ועד
4pIsa 7+ 3.18	יוכי]ח ושפט]
11QT 51.11	בכול שעריכה ושפטו את העם :
1apGn 20.2	כמה נצי1]ח ושפיר לה צלם
4Q370 1.1	הרים תנו1]בה ו]שפך אכל על
4Q379 22 2.13	בבני יעקב וש[פכו] : [:]
4Q379 22 2.14	*בבני יעקב וש[פכו]*
4pN 3+ 2.8	ולשון כזביהם ושפת מרמה יתעו
1QH 5.34	בלחם אנחה : ושקוי בדמעות
1QH 5.35	לי ל` `י לריב ושקוי לבעל
1apGn 21.9	די אנתה יתב ושקול עיניך
1QS 10.22	קודש בלשוני ושקוצים : לוא
11QT 49.16	טהרה : ובגדים ושקים ועורות
CD 19.25	כי הולך רוח ושקל ספה סופות
1QS 4.9	צדק רשע ושקר גוה ורום
4pN 3+ 2.2	אשר בכחש ושקר]ים
1Q29 13 1.3	עד] :]רשע ושר גוה] : [
1QM 13.10	לאמתכה ושר מאור מאז
1QM 13.14	ומיא מלאך ושר כעזרת
4Q499 50 1.1	[:]ושר[:] : [
4Q511 144 1.2	ינוא] :]יתן :]ושר[:]אלהים]
4QM1 1+ 1.3	[:]ושר מלאכיו פם]
1Q23 17 1.3	בידוהון] :]ושרו ל]
11QT 48.9	פינ`כמה : למת ושרטת על נפש
1apGn 20.23	על : מלכא ושרי אנתתה פמה
1QSa 1.29	ושומריהם ושרי האלפים
1QSa 1.29	שרי האלפים ושרי] : [
11QT 57.4	שרי אלפים ושרי מאיות
11QT 57.4	ושרי מאיות ושרי חמשים :
11QT 57.5	ושרי חמשים : ושרי ס]ו[שרות
1pHab 4.3	במלכים : ושרים יתחתעו
4pPsa 1+ 3.5	אשר יהיו רשים ושרים ע]ל
1apGn 12.15	[:]ושרית למשתיה
1apGn 19.18	לי חלמך ואנדע ושרית לאשתיא
1apGn 21.15	ולמחזה ארעא ושרית למסחר מן

Reference	Text
4pIse 1+ 1.4	[:] : ושמים ב]זרת
1QH 4 1.17	בכול היותי ושמכה אברכה
4QCat^a 12+ 1.8	בארץ ציה ושממה <א> היא
11QT 43.15	תבו דגן : ויין ושמן ובקר
11QT 47.6	יהיה מהור יין- ושמן וכול אובל
1apGn 22.12	די שבאו אתיב ושמם מלך סודם
1QDM 2.1	[:]י]שראל ושמע [היו]ם
4Q378 3 2.9	ולשומרים] : [: ושמע ולוא]
11tgJ 38.2	[ ] : [:]י` אלהא ושמע א]ל[הא
11QT 53.17	בנעוריה ושמע אביה את
TS 1 1.11	ראו]בן ושמעון]
4Q378 3 2.5	ועתה היום]:]ושמענו למושה
1apGn 19.10	באארפא דא כולא ושמעת די
4Q485 1 1.3	כ`` [:]`ליו] :]ושמעת] : [ושב
11QT 55.19	לכה עליו : ושמעתה את הדבר
CD 12.5	]ואם ירפא ממנה ושמרוהו עד שבע
1QDM 2.1	[אלוהי]ך] : וש]מרתה [
11QT 56.5	שמי עליו : ושמרתה לעשות :
4pN 3+ 3.1	[ונ]בלתיך ושמתיך : כאורה
4pHsa 2.19	[:]מאהב]י ושמתים ליער
CD 19.18	איש לאחיהו ושנא איש את
11QT 65.7	אAיש אשה ובעלה ושנאה ושם לה
4pN 3+ 3.4	יבינו בעוונם ושנאום וכארום
4Q380 1 2.5	פושה טוב]ה[ושנאי רעים ער]
4Q381 46 1.5	תפהר לפניך ושנא`]ם : כנדה
11QT 42.13	בכול שנה ושנה בחג
CD 8.6	איש לאחיו ושנוא איש את
CD 4.5	]ומספר צרותיהם ושני : התגוררם
11tgJ 27.5	[בטב ימהון ושניהון : ביקר
4Q186 1 3.3	[ ]ושניו רומות
4Q186 2 1.2	]ובת קולו פניה ושניו : דקות
11QT 7.10	[` `]` רוחבה ושנים כרובים `
11QT 33.10	כבית הכיור : ושנים שערים לו
11QT 57.11	יתפש בידמה ושנים עשר :
3Q15 10.7	כברין ששין ושנין : בים של
1apGn 21.11	מצרין עד לבנן ושניר ומן ימא
1apGn 21.12	די מדנח חורן ושניר עד פורת
4Q513 17 1.2	[ ]`[ : ] : ]בפי`הו ושנת]
11QT 15.2	שנה שבעה וש]עיר : במשפט
11QT 17.14	שבעה` ושעיר תמימים : עזים אחד
11QT 28.4	עשר : ושעיר עזים אחד
11QT 28.8	רבעה עשר[א] ושעיר עזים אחד
11QT 28.11	ארבעה עשר : ושעיר עזים אחד

4Q381 33 1.1] ושרית לו ימצא

11QT 16.13 עם כול קרביו ושרפו כולו שמה

11QT 55.9 תוך : רחובה ושרפתה באש את

11QPs 27.5 שלושת אלפים ושש מאות ושיר
11QT 40.8 באורך באלף ושש]

1QH 9.24 לי לשמחה וששון : ונגיעי

11QPs 27.6 השנה ארבעה וששים ושלוש :
11QT 40.13] שלוש מאות וששים באמה מן
11QT 41.7] שלוש מאות : וששים באמה
11QT 41.8 דן שלוש מאות וששים באמה
11QT 41.10 אשר שלוש מאות וששים באמה
11QT 41.11 שלוש מאות וששים באמה :
TS 3 2.2] : וששים באמה ומן
TS 3 2.2 ש[לוש] וששים באמה
TS 3 2.4 שלוש מאות וששים באמה

1QM 7.18 שתי המערכות וש[שת
1QM 16.7 בבלי : מלחמתו וששת]

11QT 59.12 והרביתים וששתי עליהמה :

5QJN 1 1.4 מא[ה ועשרי]ן [ו]שת ופו[תי

11QT 44.6 נשכה וחדריהמה ושתי סוכותיהמה
11QT 58.8 אנשי המלחמה ושתי הידות

1QM 5.12 שתים מזה ושתים מזה אורך
11QT 46.6 השערים כולמה ושתים : עשרה

1Q36 5 1.1]˙ות עג[
1Q36 11 1.2]ם˙ [:]˙ות השנים[
1Q41 1 1.2 תמו˙[:]˙ות הים˙[
1Myst 3 1.2 מכולמה [:]˙ות לו לכוהנים
1Myst 6 1.1 [˙˙˙˙˙ות[:]שיהמה
1Myst 13 1.2]מביא [ל]מתים ות˙[:]ם רזי
1QH 6.26 א[ ]ל[ ]˙ות אבני בחן לב
1QH 7.10 לעצת קודש ות[ ]˙
1QH 14.28]ש ות˙˙[
1QH 17.18 עוזך ˙˙˙˙˙ות על פשעי
1QH 5 1.3 ממעמד˙[:]ות עם עדת
1QH 13 1.4 ובארץ :]ות ובידך משפט
1QH 44 1.3] צדק כי [:]ות [:]כן [:
1QH 61 1.3 ˙[:] תהמ[:]ות˙[
3Q8 2 1.1]גשו ות[:]הם ונמס
4Q176 25 1.3]˙תיו[:]˙ות[:]מארץ[:]
4Q186 1 2.4]איש עי[:]˙˙ות וה[נ]ה
4Q381 31 1.2 מאהלי מות ות[ ]˙ לנפי
4Q400 1 1.19]˙ות יסד לו
4Q404 14 1.1]ות[:]ל[
4Q487 2 1.6 בתורת[:]ות נפלאות צ[:
4Q487 2 1.7 נפלאות צ[:]ות לב אשמה [:
4Q487 7 1.4]י איש[:]ות חד˙[:]˙[
4Q487 24 1.3 לב˙[:]˙ות טוב[
4Q502 78 1.2]שו˙א[:]ות˙[ ]ל[
4Q502 162 1.3 ודות פ˙[:]˙˙ות במל[
4Q502 291 1.2]˙˙[:]ש[ ]ות [
4Q503 1+ 1.4 :VACAT]˙ות
4Q503 149 1.2]ם˙ [:] ות[
4Q504 1+R 3.21] : ות˙[
4Q506 131 1.1] ות[:]ה אנו
4Q508 30 1.2 ˙˙ :]מלפניכה ות ˙˙˙ ארץ
4Q509 8 1.2 המעשה[:]כה˙ות[:]˙˙[:]
4Q509 19 1.2]˙[:]˙˙ות[
4Q509 153 1.2]˙צר[:]ות ו˙[:]˙רו
4Q511 40 1.2]˙ הגבל[תה :]ות והגבה[תה :
4Q511 48+ 1.6]אל ˙˙˙ות הואה :

4Q511 63 3.6]ל[ ]˙[ ]א[ ]ות ח˙[ ] :
4Q511 122 1.2]˙˙˙˙˙ [:]˙ות בכול ב˙[:
4Q511 151 1.1]˙ מ˙[ ]ות[:]˙ בצד[ק
4Q512 33+ 1.8]יכה :]˙ות וא[ני
4Q512 48+ 1.4]˙˙[ ]˙ות[: ואחר
4Q512 212 1.1]˙ות[
4Q517 1 1.2]ם˙ [:]˙ות˙]
4Q519 49 1.1]˙˙˙ות [:]˙ א˙˙
4QCat[a] 20 1.4]מזוקק[:]˙ות המ˙[:]˙ל
4QM1 20 1.5]שמחת˙ [:]ות כ˙[
4QM6 34 1.1]ות˙[
4VSam 6 1.1 תהיה להמה ות˙[: כי]א
5Q13 1 1.8 :[ ]˙ק התמותה ות˙[:]˙ל
5Q16 1 1.2]ר˙[:]˙˙ות˙˙[:]אררות
6Q23 4 1.1]ות במ[
11QPs[b] c 1.2 אעבור: ות לדויד הנה
11QT 8.8]ל פ˙˙˙[:]ות שני[:]˙˙ה
TS 1 1.8]ול ˙˙˙ ות ולכול מלאכת

1QH 3.31 לנחלי זפת ותאוכל עד תהום

11QT 38.15 ועשרים באמה ותאים עשוים
11QT 40.10 ורבעים באמה ותאים [ע]שוים

4Q381 17 1.3 באפך תבלעם ותא[כלם :]ל[

1QH 18.5] אפו ע˙ך ותאמנה בא[:

1apGn 20.26 לי בדיל [שר]י ותאמר : לי די

11tgJ 23.3]מן : עולים ותב ליומי
11tgJ 38.3 חטאיהון בדילה ותב אלהא

4Q509 213 1.2]כי לכה [:] ותבדילנ[ו

4Q512 40 1.3]ועגה ואמר : ותב]דל לנו בין

1apGn 21.30 פרן די במדברא ותבו ומחו ל[

1Q34[b] 3 2.5 לא יכון לפניך ותבחר לך עם
4Q504 1+R 4.5 מכול העמים ותבחר בשבט:

1QDM 1.7 אשר יעובו[ני ותב]חר[ו

1QH 5.16 באביון ותביאהו במצ˙[

4Q504 6 1.7]נשרים ותביאנו אליכה

1QH 6.5]א ומסוד חמס ותביאני בעצת [
4Q512 39 2.2 כיא טהרתני ותביאני ב[

4Q381 76+ 1.8 לחכמה מפי תצא ותבינ[ו :]

1QH 19 1.2] :]˙ הוא ותבן בעזר את ˙

11QSS 8+ 1.4]˙ פלא ותבנית חשני[ ]

1QM 18.14]יכה ותבצור מם˙˙ :

1apGn 22.9 בהון בליליא ותבר אנון והוא

4Q503 222 1.1]ותברכנ[ו

1apGn 21.19 גחון : נהרא ותבת ואתית לי

1QH 4.27 פני רבים ותגבר עד לאין

4Q509 5+ 2.5 הכול[: פלגתה ותגד[

1QH 3.25 חלכאים בגורל ותגור נפש

1Myst 1 1.12	]˙˙˙הו ותוצאות ית˙[
1QH 5.11	נגד בני אדם ותורתכה חבתה
CD 2.3	אהב דעת חכמה ותושיה הציב
4Q504 1+R 5.9	ואין זולתכה ותזכור
1QH 6.8	בנחלתכה ותזקקם להטהר
1QH 9.24	הוכחתה בי ׃ ותחבא אמת לק[
1Q34^{b} 3 2.6	מכול העמים ותחדש בריתך
4Q511 37 1.3	[׃ ים]ודותם ותחול הארץ[׃
4Q504 1+R 5.11	בגוים ותחון את עמכה
1QH 16.9	לע˙˙˙˙[׃ חסד ותחונני ברוח
1QH 2.28	במוס לבי כמים ותחזק נפשי
1QH 7.7	כי בל אמוט ותחזקני לפני
11tgJ 34.4	תעדא דינה ותחיבנני על
1QH 11.34	˙˙˙˙˙˙˙˙˙˙[׃ ותחנה ומענה
4Q504 1+R 2.8	בם להשמידם ותחס ׃ עליהמה
1pHab 5.8	תביטו בוגדים ותחריש בבלע ׃
1QH 7.2	נשברת מקניה ותטבע בבבץ
4Q504 1+R 6.2	כול פשעי[נו] ות[ט]הרנו ׃
4Q512 29+ 1.9	מכו]ל פשעי ותטהרני מערות
1QH 9.33	צדקכה עם ˙˙ותי ומשמר
3Q9 3 1.1	]˙ותי[׃ אש]מת
4Q184 5 1.2	]˙˙[׃]˙ותיה[ ]מע˙[׃
4Q381 1 1.4	שך אור ותיה אגמים וכל
4Q403 1 1.7	] ׃ נ[פ]ל[א] ותי[ה ו]זמר
4Q178 8 1.1	]˙ותיהם ˙[׃]ושו
1QH 6.16	]ל[ ]ותיו והיה ל˙[
4QOrd 1 2.2	]˙ל את ˙[ ]ותיו ולכפר
4Q504 1+R 3.12	]˙[ ]˙˙[ ]˙ותיכה אשר כתב
4Q506 133 1.2	]˙[׃]˙[ ]˙ותיכה[
1Q47 1 1.1	]˙ותים [׃]שער
4Q508 29 1.1	]˙ותינו[׃]מ˙ל[
4Q504 1+R 3.6	בני בכורי ותיסרנו כיסר
4Q508 13 1.3	]˙˙ ד[גן ו]תירוש ויצהר
4pHs^{a} 2.8	דגני בעתו ותירושי[
6Q15 3 1.3	את ישראל ותי[שם ׃]
CD 5.21	את ישרא ׃ ותישם הארץ כי
1QS^{b} 4.28	]תק]דש לו ותכבד שמו
1QM 6.13	מלומדי רכב ותכון ׃ ימיהם
1QH 47 1.5	[׃ כמבניתי ותכם[

1QH 9.35	˙˙אמתכה ותגל ׃ עליהם
1QH 18.4	אתכה אור ל[׃ ותגל אוזן עפר[
1QH 4 1.12	לבבי לבינתכה ותגל או[׃
1QH 18.24	בברית עמכה ותגלה לב עפר
4Q504 1+R 3.11	חרון אפכה ותדבק בנו ׃ [
4Q509 1+ 1.8	˙˙[׃] מושה ותדבר אל[יו ׃
11tgJ 35.7	קים עמך ותדברנה לעבד
1QH 8.5	]˙˙ה מטע ברוש ותדהר עם תאשור
1QH 1.28	רוח בלשון ותדע דבריה
1QH 9.12	יסדתה רוחי ותדע מזמתי ׃
1QH 1.14	בכוחכה ׃ ימים ותהומות ˙[
4Q511 30 1.2	ה]שמים ותהומות
1QH 5.28	לאין חבר ותהי לכאיב
1QH 9.24	]מועדו ותהי תוכחתכה
4Q381 33 1.3	ת]ש[י]מני ותהי לי תכחתך
4Q381 49 1.2	[׃]˙ הבינו ותהי לכם [׃]
4pIs^{b} 2.9	ההרים ותהי נבלתם
4pIs^{c} 15+ 1.2	הח[וזים]כסה ותהי לכמה
4pN 3+ 4.5	] ׃ ותהי נעלמה
1QS^{b} 4.25	ות]היה סבים
4QM1 15 1.2	]˙עזה ותהלוכ[ה ׃]
4QM6 54 1.1	]ותו[
4pIs^{c} 23 2.4	ולוא אביתמה ות[ואמרו] ׃
1QH 35 1.3	אין כ[׃]˙ ותוד[
4Q381 31 1.9	˙ו ׃]נני שיר ותוד[ה
1QH 9.14	ב[ח]סדיכה ותוחלה ברוב
4QPs^{f} 2 7.17	[׃] ותו]חל[ת
11QPs 22.3	ציון ושלום ׃ ותוחלת ישועתך
11QT 30.8	]כהיכל ותוכו ממקצוע
1QH 9.33	]˙˙˙הל˙י ׃ ותוכחת צדקכה
11QT 10.14	א]רגמן ותול[ע
1QH 6.34	עפר הרימו תרן ותולעת מתים
1QM 7.11	תכלת ׃ וארגמן ותולעת שני
1QS 5.24	איש לפי שכלו ותום דרכו
1QH 5.14	עני ורש ותוסף לשונם ׃
CD 5.12	לאמר לא נכונו ותו<עבה> ׃ הם
1QDM 1.7	ה]גו[ים ותו]עבותיהם
1QS 4.17	עלילות עולה ותועבת עולה
4pIs^{b} 2.3	כנור ונבל ותוף וחליל יין
1QH 4.23	]ר הגבירכה בי ותופע לי
1QH 1.29	שפתים במדה ותוצא קוים
1QH 4.25	בסוד קדושים ותוצא לנצח

1QH 7.4 ועצמי יתפרדו ותכמי עלו

1QH 1.28 ותדע דבריה ותכן פרי שפתים
1QH 7.8 כחומה נשגבה ותכן על סלע :
1QH 7.13 לשון הכרתה ותכן לבי :
1QH 7.25 למאור [עו]לם ותכן רגלי ב˙˙]
3Q15 11.4 סוח דמע סנה ותכן אצלם :

1QH 9 1.6 ם בעבותי רוח ותכנע :]יכה

4Q512 29+ 1.9 טהרות נדה <ותכפר> לבוא]

4Q504 3 2.13 [: לעול]ם ותכרות אתנ[ו

1QH 4.20 מבריתכה : ותכרת במ[שפ]ט

4Q184 1 1.14 ואיש[ע]צום ותכשילהו ישרים

1QH 5.23 בריתי ורגן ותלונה לכול

5QJN 1 1.3 תרי]ן מנהון ותליתיא :]

11QT 64.8 רעה בעמו : ותליתמה אותו
11QT 64.10 בני ישראל ותליתמה גם

1pMic 17+ 1.4 ותל]כו

1QH 2.17 הכינותה בפי ותלמד(נ)ו בינה

1QH 13.17]בהדרך תפארנו ותמ˙˙[ ] וב
4Q502 5 1.1]ותם לה˙[:
4Q502 8 1.2]˙[:]˙ותם [כ]בשים
4Q511 36 1.1]ותם [:
4Q511 39 1.2]רון א˙˙[:]˙˙ותם [:]˙˙˙
6QCal 1 1.2]ותם ימי :]

1Q34b 3 2.4 בכוחך הגדול ותמאס בם כי לא

11tgJ 4.5 ידיכון על [: ותמהא אחד לי

4Q504 1+R 2.14 <ועורון> ותמהון :]

1QH 3 1.9]ו בעול ותמו כול יצר

1QS 9.5 כניחוח צדק ותמים דרכ
11QPs 27.3 ונבון ותמים בכול

1QM 7.5 נדבת מלחמה ותמימי רוח

1apGn 2.23 מת לפרוין ותמן אשכחה

1apGn 22.6 לקרב תלת מאא ותמניאת עשר

1apGn 19.14 [ ]א ארז חד ותמרא : חדא

11QPs 24.4 הט אוזנכה ותן לי את

11tgJ 32.2 שלמין ותנדע עדן

1Q34b 3 1.4 בעדי שמים ותנובת ארץ

4Q381 26 1.1]פתנים ותנ[ינים :]ל

4Q381 46 1.2]ב ול[ ]˙˙ ותנתן לי קרן[

1QH 5.9 ברית לדורשיה ותסגור פי

1QH 2.7 לע[ ] שפתי ותסמוך נפשי

1QM 14.4 חסד לבריתו ותעודות :
4Q510 1 1.7 רשעה [ותעודות תעניות

1QH 12.9 נאמנה מפי אל ותעודת הווה
1QM 15.1 צרה לישר[אל ותעו]דת מלחמה

1QH 5.6 בזמות יצרי ותעזור משחת

4Q381 31 1.2] תושיעני ותעלני מאהלי

1QH 2.8 ואמוץ כוח ותעמד פעמי
1QH 18.1 עד : אורכה ותעמד מא[:

11QT 25.11 כפורים הוא ותענו בו את

4Q503 24+ 1.5]מנוח ותענוג[:

1pHab 5.12 בתוך כול עצתם ותעש אדם כדגי
1QM 11.9 נמס לפתח תקוה ותעש להמה

1QNo 13+ 1.2 בהדר כבוד ותפארת[
6QHym 20 1.1]ה ותפארת [:

11QPs 18.2 להודיע עוזו ותפארתו : לכול
11QPs 18.7 אדון : יעקוב ותפארתו על כול

4Q381 46 1.3 <חקיך והודך ותפארת[ך :

1QH 4 1.16 הכינו[תה :]ותפגע בעברכה

1QH 2.35 מיד חזק ממנו ותפד נפשי מיד

CD 19.8 הך את הרעה ותפוצינה הצאן

1QH 3.22 עדת בני שמים ותפל לאיש גורל

1QH 1.18]ה ותפלג <ה>לכול

1QH 12.4]˙דור ותפלה

1apGn 19.20 ואחי בטליכי ותפלט נפשי

CD 11.21 רשעים תועבה ותפלת צדקם

11QT 64.3 י]שמע אליהמה ותפשו בו אביהו

1QH 18.12 לעפר כמוני ותפתח מק[

4Q509 66 1.2]˙[:] [ותצ˙]

1QH 3.5 [:]˙ פיכה ותצו לנו מ[
4Q509 31 1.6 אשר[:] לנו ותצו[:]מתה

4Q512 69 1.2 [ ]˙[ ]˙מ[: ותצונו להנזר

1QH 2.31 [ ] על נפשי ותצילני מקנאת
11QPs 19.10 לשאול מכרוני ותצילני : 𐤉𐤄𐤅𐤄

4pIsc 4,6+ 1.16 תו]אכל ותצית :]

1QH 5.13 הכרתה באנחתי ותצל נפש עני

4Q512 1+ 1.13]ר ותקדשהו [ ]

1QH 1.24 לכול קצי נצח ותקופות מספר
1QM 10.15] מועדי קודש ותקופות שנים

1QH 12.8 עת יסודי קצ ותקופת מועדים

11tgJ 35.8 בה כצ[פרא ו]תקטרנה בחוטא

1QM 13.7 לאבותינו ותקימה לזרעם :

4Q508 2 1.3 ועת שוב[:] ותקימם<הו>

1QH 11.20 יצרי גבר ותשובת אנוש [
1QH 12.26 ומדור : חושך ותשובת עפר

11tgJ 30.7 חותלוהי ותשוה : לה

1QH 3.30 ויבש מפלגיהם ותשוט בשביבי

1QH 2.21 בצרור החיים : ותשוך בעדי

4pPs^a 1+ 4.19 מתוך עדת היחד ות[שועת

1QH 1 1.12 כיא :]איש ותשיבהו ובמה

4Q184 1 1.14 לא]יש : צדיק ותשיגהו ואיש[

4Q499 48 1.1 ותשים˙ לכ[:

1QH 2.9 לכול נמהרי לב ותשימני חרפה :
1QH 2.13 וטיט יגרישו ותשימני נס
1QH 7.8 החתתה מבריתכה ותשימני כמגדל
1QH 7.20 ואת[ ]ותשימני אב

4Q184 1 1.7 תאהל שבת ותשכון באהלי

4Q381 76+ 1.8 [:]˙˙ דברי ותשכילו לחכמה

1QH 11.4 בסוד אמתכה ותשכילני במעשי

4Q504 1+R 6.2 [:] [˙] ותשלי]ך

1QH 1.28 בטרם היותם ותשם דברים על
1QH 11.33 אתה פעלתה אלה ותשם בפי עבדכה
1QH 5 1.5 לוא יהיו עוד ותשם מקום ר[:

4Q370 2.8 מפני פחדו ותשמח נפ[שכם :

4Q379 1 1.1]ותשמחהו בשנים[

1QH 5.7 ד[ם] גבורים ותשמני : במגור

4Q381 84 1.2 עם יה˙[:]˙ ותשמ[ע :]˙ד

1QH 14.25]בנדבת :]ותשנא עולה לעד

1QJN 16 1.2 ˙˙˙ בעת[:]˙ ותשע[
4Q504 18 1.4] :]לאחרון ותשע[

3Q15 3.4 כל שש מאות ותשעה : תחת

11QT 39.14 שער שמעון תשע ותשעים באמה
11QT 39.15 ˙˙˙˙) לוי תשע ותשעים : באמה
CD 1.6 שלוש מאות : ותשעים לתיתו

4Q504 1+R 2.8 את פיכה ותתאנף בם

1apGn 20.28 עלי ועל ביתי ותתגער מננה

1QH 2.7 לפני [ ]ע ותתן מענה לשון
1QH 4.26 כזומם למו ותתן מוראם על
1QH 5.6 משחת חיי ותתן [
1QH 9.10 יחלתי לחסדיכה ותתן : תחנה
1QH 11.4 במעשי פלאכה ותתן בפי הודות
4Q381 19 1.4] פז ותתן לי :
4Q381 33 1.4 תשלח רו[ח]ך ו[תתן : לבן
5Q13 2 1.7 לוי ה[ ]˙תה ותתן לו לאגוד

1Q34^b 3 2.6 זכרת בריתך : ות[תנ]ם להבדל

4Q512 1+ 1.14]˙[ ]תם ותתעבם לכ[:]

1Q20 1 1.1]ם רגזך תת˙ך ותתק˙˙ם ומן

4Q504 8R 1.8 א˙] :]א שמר ותקם עליו
4Q505 124 1.4 לעול]ם ותקם לנ[ו :]˙
4Q508 3 1.2] :]ומרבם[ו]תקם לנוח ˙]

1QM 7.15 והלויים ותקעו הכוהנים
1QM 8.3 על מעמדם ותקעו הכוהנים
1QM 8.5 מימין ומשמאול ותקעו הכוהנים
1QM 9.6 לכלת : עולמים ותקעו להמה
1QM 16.4 בין המערכות ותקעו להם
1QM 16.5 איש על מעמדו ותקעו להם :
1QM 17.11 על מעמד[ו] ותקעו הכוהנים
4QM3 1 1.6 לוא יגשו ותקעו בקול חד

1apGn 21.25 לעמקא די סדיא ותקף מלך :
1apGn 22.31 לך : סעד ותקף ואנה מגן
11tgJ 2.1] מן את[רה : ותק]ף עלי רגזה

4Q504 1+R 3.7 איש את : בנו ות<ר>ב~~רנו~~

4Tstm 1.15 נסיתו במסה ותרבהו על מי

4Q508 17 1.1]נו ותרומ[ותינו :

4Q403 1 2.26 מלך הטהור ותרומת לשוניהם
4Q511 63+ 2.4 לבב : דעת ותרומת מזל

1QM 1.11 המון גדול ותרועת אלים
1QM 18.2] ותרועת קדושים

1QH 7.22 אומניו ותרם קרני על
1QH 7.23 עזרתה נפשי ותרם קרני :
1QH 15.16 עד ואין מחסור ותרם : מבשר

5QJN 1 1.9 ע]ל כל תרע ותרע רשין תרין

5QJN 1 1.18] אסף אוחרן ותרעא ליד

5QJN 1 2.3 ארבע עשרה ותר[עין [

4Q381 24 1.10 ות]רעש הארץ]

5QJN 6 1.1] ותרתי[:]˙שק[
5QJN 11 1.1]˙ ותרת[י :]˙˙˙[

2QJN 1 1.5] ארבעין ותרתין
5QJN 1 1.2 אמין ארבעין ותרתין :
5QJN 1 1.6 לאמין תשע[י]ן ות[רתין] וכל
5QJN 1 2.11 בית [ע]שרין ות[ר]תין
11tgJ 37.5 מללת ולא אתיב ותרתין ועליהן

1Q25 15 1.2] נכרתה ותש[:]ל˙˙[
1Q40 9 1.2]עולמים ותש[:]א[ ]˙[
4Q381 40 1.3]הנקלי[ם:] ותש˙[:]˙[

4Q509 53 1.2 אנו מ[:] ותשא ל˙[

4Q504 6 1.6 עמכה כולנו ותשאנו פלא[י]ם

4Q400 2 1.1 פלא באלי דעת ותשבוחות

4Q403 1 1.28 לכול ברכה ות[שבחות
4Q403 1 2.25 בקהל ˙[ ] : ותשבחות רומם

8QHym 2 1.2]וב[:]˙ר ותשבי[:]˙לת

1QH 8.33 היה לבהלה ותשבר זרועי
4Q381 48 1.8 קדשך ותשבר א˙[:

11Mel 1+ 2.22 הוסרה מבליעל ותש[וב
11tgJ 31.2 היכא יפק ותשוב קדמוהי

ז

1QH 18.27 בלב ˙ז˙[׃] השבתה
4Q487 14 1.2 י]קוש ללכוד ז˙[׃]ים רע
4Q489 1 1.1] וחזותה ז˙[׃] וחזיתה
4Q499 2 1.4]איר˙[׃]ם ז˙[׃]רשעה[׃
4Q502 27 1.1]רוחי עולמים ז˙˙[׃
4Q503 113 1.1]˙ז נ[׃]ר [
4Q509 96 1.3] ׃]ל ל[׃]ם ז˙[
4Q509 135 1.2]שות[׃]ו ז˙[׃]ו ב [׃
4Q520 30 1.1]˙ז˙[׃]ל[
CD 19.33 לבם [ ]ז כל האנשים

1pMic 1+ 1.5 יעקו]ב כול ׃ [זאו]ת ובחמ[אות
11QT 45.6 זואת אחרי זאות[ל]עת תצא

1QH 8.14 ואני הייתי ל˙זאי( ) <נ>הרות

1QH 14.27 כי מידך היתה זאת ובלוא[
4pIs[b] 2.9 החוצות בכל זאת לא שב ׃ [
4QPs[f] 2 7.6 כי ידכה [זא]ת ׃ [

1Q66 1 1.2]˙ ˙[׃] זבדתון [׃]

3Q7 3 1.2]˙שמ[׃]˙ל זבו˙[׃]ם א˙[

1QH 3.34 כוחו ויהם זבול קודשו
4Q405 81 1.2] מלאכי זב[ול ׃]ים

11QT 24.15 שכר לבד ועולת זבולון לבד
11QT 39.13 דרום יש שכר זבולון וגד לים
11QT 41.5 באמה ׃ ומשער זב[ולון
TS 3 2.1 באמה ומשער זבולון עד שער

11QSS 2+ 1.7 ולכול ז[בולי

4QFl 9+ 1.1]˙ה זבח הצד[ק ׃
11QT 52.15 אותו עולה או זבח שלמים
CD 11.20 המזבח כי כתוב זבח ׃ רשעים

1QS 9.4 עולות ומחלבי זבחי תרומת ׃
11QT 37.5 ˙˙˙[׃ [א]ת זבחי שלמי בני
11QT 37.11 [י]תע[רבו] זבחי ׃ שלמי
11QT 47.13 מקדשי בעורות זבחי ׃

11QT 37.14 מבשלים שמה את זבחיהמה [ו]את

1pHab 6.4 אשר המה ׃ זבחים לאותותם

4Q378 11 1.6 ו]דבש כי ארץ זבת חלב ודבש[

1QH 3 1.15 יגורו וחדל זדו[ן ׃]˙עשי
1QS 4.10 אולת וקנאת זדון מעשי
4Q184 1 1.16 צדק להביא זד[ו]ן ˙[
4pN 3+ 3.4 וכארום על זדון אשמתם
5Q16 2 1.2]ם כל בא[׃]זדון ערשיו וצ[

1QH 6.35 ˙˙˙ ׃ במלחמות זדים ומעביר
11QPs 18.13 אמרה מכול זדים לדעתה הנה

1pHab 4.9 ויעבר וישם זה כוחו ׃
1pHab 4.12 מושלי[הם ז]ה אחר זה
1pHab 4.12 ז]ה אחר זה יבואו ׃
1pHab 4.13 הא[רץ]זה כוחו לאלוהו
1QS 2.20 לפי רוחותם זה אחר זה
1QS 2.20 רוחותם זה אחר זה והלויים
1QS 2.21 בשלישית בסרכ זה אחר זה
1QS 2.21 בסרכ זה אחר זה לאלפים
1QS 10.4 עם ׃ מסרותם זה לזה בהתחדשם
1QS 10.7 יום משפטו זה לזה מועד

1QS[a] 1.18 למועט [ ] זה יכבדו איש
4Q380 1 2.2 א˙[׃ כי הוא זה שמרו אמ[ריו
4AgCr 1 1.4 קצי ממשלותם זה סרך ט׃]˙
4QMes 2.21]˙זה ׃]מגלין[
4Tstm 1.3 ויהיה לבבם <זה> להם לירא
11Mel 1+ 2.2 ז]ה ׃ [ד]בר[
11QPs 22.9 תוחלתך מי זה אבד צדק או
11QPs 22.9 אבד צדק או מי זה מלט ׃ בעולו
11QT 18.3] היום ה זה ו[׃]
11QT 18.8 עולם יהיה זה להמה ׃]
11QT 33.10 ומדרומו זה נוכח זה
11QT 33.10 זה נוכח זה כמדת שער[י]
11QT 35.11 ולאשם מובדלים זה מזה לחטאת
11QT 35.13 יהיו מקומותמה זה מזה למען
11QT 45.5 אל מקומו וחנו זה[כ]א וזה
11QT 46.17 העיר מובדלים זה מזה אשר
11QT 59.4 וזהב ובכול זה יהיו עריהמה
11QT 64.4 עירו בננו זה סורר ׃

1QM 5.5 מעשה חושב זהב וכסף
1QM 5.10 מחשבת ושבולת זהב טהור בתוך
1QM 5.12 ומראי שבולת ׃ זהב טהור חוברת
3Q15 1.6 השלשי עשתות׃ זהב בבור
3Q15 2.4 עשתות זהב ששין וחמש
3Q15 7.16 הטור ׃ כב זהב ככרין שתים
3Q15 10.11 שלש מאות ׃ זהב וכלין
3Q15 11.1 מקצועות זהב כלי דמע
3Q15 12.1] תשע מאות ׃ זהב כב
3Q15 12.6 כל כסף וכלי זהב ׃ של דמע
11QT 3.8 כול כליו יעשו זהב טהו[ר ׃
11QT 3.9 אשר עליו זהב טהור[׃]
11QT 3.12 יהיו זהב טהור
11QT 4.14 מרבע [׃ צ]ף [זה]ב ׃
11QT 7.13 פרוכת זהב[׃ מ]עשי
11QT 31.8 הזואת צפו זהב קירותיו
11QT 32.10 אמ[ות מצופו]ת זהב [ ] יהיו
11QT 36.11 ארז מצופה זהב טהור
11QT 36.11 מצופות זהב טוב ׃
11QT 39.3 מצופו[ת ז]הב ׃˙˙שפ[
11QT 41.16 ארז ומצופים זהב ודלתותיהמה
11QT 41.17 מצופות ׃ זהב טהור ובין
TS 3 2.7 ומצופים זהב ודלתותיהמה
TS 3 2.7 מצופות זהב טהוב ובין

4Q381 31 1.1] ברשת זו טמ[נו]˙˙[
4Q381 44 1.2 ת[׃]כי ארץ זו הגברת [׃
4Q403 1 1.42 יחד רקיע זו טוהר טהורים

4Q504 1+R 5.6 ומשב בכול זואת לוא מאסתה
4Q509 183 1.8 יה[ודה ׃] זואת ב[׃
4pIs[c] 4,6+ 1.12 זוא]ת
4pIs[c] 8+ 1.4 ואשר אמר זוא[ת
4QMI 13 1.7]נלח]מים זואת אחר זואת
4QMI 13 1.7 זואת אחר זואת ואין רוח
4VSam 3+ 2.1 עצרתי כוח עד זואת כיא ׃
11QT 45.6 את ׃ הנשכות זואת אחרי

4Q512 10 1.1]˙זוב טמאתו [׃

CD 5.7 הרואה את דם זובה ולוקחים ׃

11QT 60.7 והשכם מאת זובחי הזובח

11QT 37.11 אשר יהיו זובחים ולוא
11QT 51.20 מקום המה ׃ זובחים ונוטעים

1QH 45 1.5 גוי ב[׃]איש זודן במרבי מעל

11tgJ 11.7 לא ׃]זוזיא כמינא

4Q513 1+ 1.3]עשרה זוזי[ם

CD 3.7 הדם ויכרת : זכורם במדבר

11QPs 24.10 את כבודכה : זכורני ואל

11tgJ 9.8 ומא יצדק[:]זכי וכוכביא

1QH 3.9 מות תמליט זכר ובחבלי
1QM 13.8 כבודכה היה זכר [ ]
1QSa 1.10 לדעתה למשכבי זכר כיאם לפי
4QMI 19 1.3]˙˙ו תרומה זכר[: קרי]אי
6Q15 1 1.3 הברי]אה זכר [
6Q15 5 1.3 ישכב עם[:] זכר משכבי [:
CD 4.21 ויסוד הבריאה זכר ונקבה ברא

4Q370 2.7 גבורת יהוה זכרו נפל[אות :
4Q380 1 1.9 כל תהלת[ו : [זכ]רו יהוה

1QH 1.24 לפניכה בחרת זכרון לכול קצי
1QM 3.7 האויב יכתובו זכרון נקם
4Q513 3 1.4 ˙] : [לעשות זכרון ע[ל :
11QT 25.3 זכ]רון תרועה
CD 20.19 ויכתב ספר זכרון [ ]

4pIsc 8+ 1.8 כת]וב בספר זכריה מפי[
CD 19.7 אשר כתוב ביד זכריה הנביא

1QM 6.12 הבנים סוסים זכרים קלי רגל

11QPs 22.2 ברוך לעולמים זכרך גדולה

1Q34b 3 2.5 בקץ רצונך כי זכרת בריתך :

4Q508 3 1.4]˙[ ]ה זכרתה קצי[

1QH 4.34 במורד כי זכרתי אשמותי

1QH 5.30 עם שאה ומשואה זלעופות [ ]

4Q513 11 1.3 ישראל :]˙ון זמה :]לם
4pHsb 10+ 1.1 ואשר זמה [
11QT 66.15 אחות אמו כי זמה היא לוא

1QH 4.13 והמה נעלמים זמות בליעל :
4pIse 6 1.5]הואה זמות יעץ[
4QCata 5+ 1.6 כאשר [ז]מות יעץ

11QPs 21.15 אתן : הודי זמותי ואשחקה

4Q403 1 1.9 שבע[זמירו]ת קודשו
MasSS 2.22 [שב]ע תהלי זמיר[ו]ת קודשו

1pHab 12.6 לכלה : כאשר זמם לכלות
11tgJ 35.5 לשנה התשוא : זמם באפה
11QT 61.10 לו כאשר זמם לעשות

1QH 4.10 וחוזי רמיה זממו עלי (בנ)

11tgJ 23.8 ג]בר : זמן תרין תלתה
11tgJ 31.3 שויא : לממרא זמן וארח

4Q156 2.4 [ ] משכן זמנא ו[על] : [

4Q156 2.3 ש]בעה [זמני]ן

4Q403 1 1.6 לנש[יאי] זמר עוז
4Q404 1 1.1 תהל]ת זמר בל[שון]:
MasSS 2.16 ש[לא תה]לת זמר בלשון
MasSS 2.17 [: זמר עוז לאלוהי

4Q403 1 1.39 למשפטי שלומים זמרו לאלוהי עז
4Q403 1 1.41 פנות מבניתו זמ[רו] :

5QJN 1 2.7 [וש]בעה מן ז[ו]יתא עד

1QNo 13+ 1.1]˙ כי כבוד זוך ˙[[

11QT 64.5 שומע בקולנו זולל וסבא

4QMI 11 1.13 ולוא ירומם זולתי ולוא

1QH 10.9 רצונכה ואין זולתך : ואין

1QH 7.32 ˙צח˙˙ ואין זולתכה ומה הוא
1QS 11.18 היה ואין אחר זולתכה להשיב
4Q504 1+R 5.9 חי לבדכה ואין זולתכה ותזכור

4pPsa 1+ 2.13 ˙] [: בשר : זומם רשע לצדיק

4pN 3+ 2.7 מרוב זנוני זונה טובת חן

CD 8.5 בדרכי זונות ובהון

4QMes 1.3]: ושומן זועירן על

4pIsc 23 2.16 [: זועקכה כשמ[עתו

4Q501 1 1.4] זו]קף סבבוננו

1QH 12.32 ומה אדבר על זות <דברתי>
1QH 18.18]˙א ראיתי זות :]˙ אביט
1QH 18.26 למי נחשבתי עד זות כיא :]תתה
1QH 4 1.16]ותפגע בעבדכה זות לטענכה כיא
4Q176 8+ 1.10 •••• כימי נוח זות לי אשר :
4Q186 2 1.10 ˙˙] : [˙ני זות] : [˙˙˙]

4Q489 5 1.1 [˙˙זי] : [˙]

1Q29 13 1.4 [:]בה מחשבת זידה ו ˙] :

1Q29 14 1.1] ורוח זידות[:]עברם

11QPs 22.4 ברוב כבודך זיז : כבודך

11tgJ 33.6 קרבה ולנקשת זין וזעקת

CD 5.13 אש ומבערי זיקות קורי :

1QM 6.3 השני יכתובו : זיקי דם להפיל

4Q503 29+ 2.4]ל עם זכ[:]˙ת ˙]
4Q504 34 1.1]רנה זכ[:]ם וכול ˙
4Q505 125 1.1]שמורים זכ˙[ ] :

CD 10.3 ביד רמה עד זכו לשוב : ווה

1Q34b 2+ 1.6 ליום כפורים זכו[ר א]דוני
4Q501 1 1.1 לבני נכר זכור כיא:]
4Q501 1 1.2 ועזובי נחלתכה זכור בני
4Q502 120 1.2]˙ ע] : [זכו[ר :]שים[
4Q504 3 2.5 ביו]ם הרביעי זכור אדוני[:
4Q504 5 2.4 [: [ז]כור אדוני
4Q504 6 1.6 תמיד[: ז]כור נא כיא
4Q504 8R 1.1 זכו]ר אד[ו]נ[י
4Q507 3 1.3 אמן[:]˙˙ זכ[ור
4Q509 25 1.1 ˙[זכ[ור :]˙ לנו

4Q506 124 1.3 [: [ ] ˙[ ]זכורה[
4Q508 2 1.2 כפורי]ם זכו[רה א]דוני
4Q509 131+ 2.5 ה]בכורים זכורה א[דו]ני
11QT 62.9 והכיתה את זכורה לפי חרב

1QM 17.2 [: רשע ואתמה זכורו משפח[

4Q502 95 1.1]אשר חבב[:]חת

CD 12.8 כי אם בעצת חבור ישראל

4Q185 1+ 1.14 תמו מן [ח]בורת אלהים

1QM 13.12 גורלו מלאכי חבל בחוקי חושך
1QS 4.12 ביד כול מלאכי חבל לשחת
4Q510 1 1.5 רוחי מלאכי חבל ורוחות
4Q511 43 1.6 א˙[: רוחי חבל למל[:
4pIs^{c} 6+ 2.4 פשר הדבר על חבל בבל[
4QM5 2 1.4] : מלאכי ח[בל
6QAly 1 1.5 [: חב]לה ילדה חבל ילד ית[:
11tgJ 23.1 ויאמר פצהי מן חב[ל
CD 2.6 כי כל מלאכי חבל על סררי

6QAly 1 1.5 עד הערב ˙[: חב]לה ילדה חבל

1QM 14.10 ורוחי [ח]בלו גערתה
6QHym 19 1.1]חבלו[

1pHab 7.1 וידבר אל אל חבקוק לכתוב את

1QH 5.28 פתנים : לאין חבר ותהי לכאיב
1QS 11.8 ועם בני שמים חבר סודם לעצת
11QT 60.18 ומכשף חובר חבר שואל אוב :
CD 13.15 ואל יעש איש חבר למקח

1apGn 20.8 ומלי תרין חברוהי די פם
1apGn 21.26 סודם ולכול חברוהי ושויו
1apGn 21.28 עילם לכול : חברוהי וסלקו

1apGn 19.9] אתב[נ]יאת חברון ויתבת :
1apGn 21.20 כלמדנח צפון חברון ובנית

1QH 5.11 אדם ותורתכה חבתה ˙[ ]ד
1QH 5.25 סביב וברז חבתה בי ילכו

4QPs^{f} 2 10.9 וגילה גילך : חג חגיך נדריך
6QPro 25 1.1]חג˙[
11QT 17.11 לוא תעשו בו חג מצות שבעת
11QT 43.7 השנית עד יום חג הבכורים

4pHs^{a} 2.15 כול משושה : ח[גה חד]שה

4Q374 2 2.9 ויתנ[ו]עפו חגו לק[ול :]

4QPs^{f} 2 10.9 גילך : חג חגיך נדריך שלם

1QM 7.4 פסח או עור או חגר או איש אשר

1apGn 10.12 ˙˙ תבותא נחת חד מן טורי
1apGn 12.15 למשתיה ביום חד לשתא
1apGn 19.11 לכרמונא נהרא חד מן : ראשי
1apGn 19.14 [ ]א ארז חד ותמרא : חדא
1apGn 20.8 חברוהי די פם חד תלתהון
1apGn 22.1 נכסוהי ואתה חד מן רעה :
1QH 5.1 [: ליום עם חד˙˙[:
1QH 12.16 לאור ע[:]˙חד רשעה ואין
1QJN 22 1.1]חד ע˙˙[:]˙
1QM 8.9 החללים קול חד טרוד לנצח
1QM 8.12 מריעים קול חד טרוד לנצח
1QM 16.7 החללים קול חד טרוד לנצח
2QJN 3 1.1]חד[ ]˙˙[:
2QJN 4 1.18]ל די איל עז חד לכול גבר
2QJN 4 1.20 די יתבו [: ח]ד בכול [:
4Q487 6 1.2]שוב מד˙[:]חד עריצים[:
4Q487 7 1.4]י איש[:]ות חד˙[:]˙[ ]
4Q499 14 1.3 ˙] :]˙˙ ˙[:]חד בו ˙[:]˙כ
4Q502 292 1.1]חד[:]˙[
4QCat^{a} 8 1.2]˙˙[:]חד ערומי ˙[:

1QH 8.29]כי הגיעו לשחת ח[
1QH 14.13]˙ח קודשך וכן
1QH 16.10] ונפש עבדך ח˙ה כול :
1QH 18.30 שלום לאין ח[:]ואני יצר
1QH 3 1.17 וכלה[:]˙˙ח[ ]˙ש[
1QH 10 1.7 דעים [:]ח עם גבוריכה
1QH 11 1.4 איש לפי שכלו ˙ח[:]˙˙ מלכותו
1QH 11 1.7 י]תהו ויצר ח[:] יענה
1QH 47 1.1]ח נשמח [:
1QM 2.17] ועושרות על ח[: (סדרי
1QNo 5 1.1]˙ ח[: א]ת כל ה[
3Q11 1 1.1]˙ח˙[:]צי וב[:
4Q381 33 1.9 אכחש לפניך על ח[ ]י כי
4Q381 47 1.2 אתה [:]מור ח˙˙˙ ואהלך
4Q381 73 1.1]ח ע˙[:]˙˙˙[
4Q400 3 1.8]ח : [
4Q402 2 1.5 מלך ˙[: ח[ ]˙א ˙[
4Q405 27 1.1]ח[:]קודך<ש>[
4Q487 18 1.3]וב חיי[:]ח עורף [:]
4Q497 21 1.1]ח˙[:]ת וט[:
4Q502 112 1.2]תו [:]˙ח˙[:]ח [
4Q502 112 1.3] :]˙ח˙[:]ח [
4Q502 150 1.1]˙ח [:]˙מי[
4Q502 159 1.1]ח˙[:]לחן [:
4Q502 263 1.2]˙[:]ח [
4Q502 321 1.1]ח˙[
4Q503 1+ 2.7]ח לפניו בכול
4Q503 33 2.3 שמ[ ]נו ח˙[ ]כיום[:
4Q504 6 1.19 בפניכה[ ]˙ח˙[:] ברוך
4Q504 28 1.1]˙ח ˙[:]˙ו˙˙[
4Q506 140 1.2]˙˙[:]ח[
4Q509 4 1.2 ˙[:]ילו לכול ח˙[:]˙ עולם
4Q509 18 1.4 אשר[:]ח˙[
4Q509 180 1.1]ת ח[
4Q510 2 1.3 וקדושי[:]ח עולמים וכול
4Q511 63 3.6]˙[ ]א[ ]ות ח˙[ ] : יברכו
4Q511 68 1.2]גב[:]ח˙ ˙ה[:]שר
4Q511 73 1.4]ים מיסודו :]ח
4Q512 1+ 1.4] : כב[ ]˙ח˙ במי דוכ[י]˙
4Q512 1+ 1.12] אשמתם ועל ח[ ] : כול מ[
4Q512 1+ 1.15 לכ[:]˙ח˙[
4Q512 48+ 1.5 ה]שמש היום ח[ ]˙[:
4Q512 68 1.3 כ˙[:]˙וב ח[
4Q512 98 1.2]VACAT[:]ח[
4Q512 142 1.3] : [א˙[: <ח>[
4Q512 214 1.1]˙ח˙[
4Q513 12 1.4 להט˙[:]˙ח יזבח[ ]ל[
4Q520 10 1.1]ח [:]ל [
4pHs^{b} 19 1.2]פשר ה˙[:]˙ח את ˙[:
4pIs^{c} 52 1.1]˙˙˙ח[:]˙קי[
4QCat^{a} 12+ 1.4 ל[ ]˙˙ח לבליעל : [
4QM1 28 1.2 ˙[:]ל בו˙ח[:]˙[
4QM6 77 1.2]˙[:]ח˙[
5Q19 3 1.2]˙[:]˙ח צדק[:]ל[
6Q19 1 1.3 [ ]א ח˙[
6Q20 1 1.8 והתנחל[תם : ח[
6apGn 26 1.2 ל˙[: ל˙˙ ח˙˙˙[: ובחן
6apSK 19 1.2]˙[:]ח˙˙[
6apSK 38 1.2]˙˙[:]ח לו והיא מ[
6QBen 2 1.1]˙[ ]ח[: פו]עלי
6QHym 26 1.1]˙ח[
11tgJ 8.7 ויחט<א> ח[: כבאיש[:
11tgJ 14.2 טשו וגברין ח[:]רבר<ב>ין
CD 13.16 יש[ ]ח אש[
TS 2 1.5]]˙˙ח ב[

6Q23 3 1.1]רו˙˙חא[

11tgJ 15.4 די א[בלין : ח]אכו עלי

5Q16 4 1.2]א ל˙[:]חבא ול˙[:

4QM1 13 1.6 החללים קול חד טרוד
4QM3 1 1.6 ותקפו בקול חד לצאת אנ[שי]
5QJN 1 1.5 א[ר]‹ב›ע לשוק חד אמי[ן] שתין
5QJN 1 1.11 רשי[א] קנא חד ופלג אמי[ן
5QJN 1 1.12 מגד]לין חד מ[ן י]מינא
6Q22 1 1.2]ים[:]˙ת י˙˙חד˙[:]˙ אל
11tgJ 38.4 ויהב לה חד תרין בכל די
11tgJ 38.8 וגבר קדש חד די דהב

1apGn 19.15 חד ותמרא : חדא [יאי]א [
2QJN 4 1.15 הוית עד חדא מן תרתי
2QJN 5+ 1.2 ופו]תיה משחא חדא :]ה מן

1QH 5.10 כתנית חדה חמת תנינים
5QJN 1 1.6 עשר ואמה חדה לאמין
5QJN 1 2.3 ואורכה משחה חדה קנין תרין
11tgJ 37.5 תקף וחכמה : חדה מללת ולא
11tgJ 38.7 לה גבר אמרה חדה : וגבר קדש

4Q517 54 1.1]חדו :]˙ערו

4QMes 2.18]]˙˙[ ]חדוה[י

4Q511 74 1.2]ולוא:]חדו[:]˙˙[

1apGn 20.4] כמא יאא לה חדיה וכמא שפיר

1QM 4.3 החמשים יכתובו חדל : מעמד

1QS 5.17 כאשר כתוב חדלו לכם מן

1QNo 3 1.5 את[:]˙את חדרי הבית
4Q185 1+ 3.12 וי˙[: אל כל חדרי בטן ויחפש

4Q379 12 1.7]עי עד חדש קציר חטים
4Q503 1+ 2.2 והי[ו]ם הזה חדש[
11QT 18.14 סו]ל[ת] חמץ חדש בכורים
11QT 19.14 יין חדש לנסך ארבעה
11QT 21.10 נסך שכר יין חדש על מזבח
11QT 21.14 והקרבתמה שמן חדש ממשבות :
11QT 21.15 מן המטה שמן חדש כתית : [
11QT 37.2]חדש מהגנות
11QT 43.10 יום הקרב שמן חדש ‹ע›ל
11QT 65.5 כי תבנה בית חדש : ועשיתה
CD 14.13 ימים לכל חדש למ[מ]עט

1QS 4.25 נחרצה ועשות חדשה והואה ידע
4pHs^{a} 2.15 משושה : ח[גה חד]שה ושבתה
6Q20 1 1.6 התהמות [: חדשה ו[:
11QT 18.13 מנחה חדשה ליהוה
11QT 19.6] חד]שה לחם
11QT 19.11 את המנחה חדשה ליהו[ה] :

1QH 13.12 קדם ולברוא : חדשות להפר
4Q402 4 1.11]מעשי חדשות פל[א]

4Q503 29+ 2.9 אור[י]ם אשר חדשתה ˙[
4Q503 33 2.2 [: חדש[תה] שמחתנו

1QM 13.12 אמתכה נשמ חה ביד :

4Q502 77 1.2]וב ו[:]חו ˙[
4Q503 166 1.2]בם˙˙[:]חו˙[
11Ap^{a} 1.3 [ויקח[:]חו˙[ ] והשדים

4Q502 128 1.2]רש[:]כה ‹חוב[› [

4Q498 1 1.1 חו]בב בנפשי : [

11QT 60.18 ומנחש ומכשף חובר חבר שואל

1QM 5.12 זהב טהור חוברת בו לשני

4Q501 1 1.3 שבורים ואין חובש : [

1QM 10.13 פר[ים ועו]שה חוג ימים ומקוי

1QS 10.3 מועדים לימי חודש יחד
4Q503 219 1.1]חודש[:]˙ק מס
4Q512 33+ 1.3 ‹וקיק› ור[אש ח]ודש א
11QT 63.13 אביה ואת אמה חודש : ימים

1QS 7.3 דבר ונענש ששה חודשים ואשר
1QS 7.4 ונענש ששה חודשים והאיש
1QS 7.5 ונענש ששה חודשים ואם :
1QS 7.6 ונענש שלושה חודשים ואם
1QS 7.8 אחת› (ששה חודשים) : וכן
1QS 7.9 דבר נבל שלושה חודשים ולמדבר
1QS 7.12 ונענש ששה חודשים : ואיש
1QS 7.18 ונענש ששה חודשים והאיש
4Q508 32 1.2]˙ים [:]ראשי חודש[ים :

1QH 2.15 ˙˙ :]ום לכול חוזי נכוחות
1QM 11.8 משיחיכה : חוזי תעודות
4QTeh 2 1.7 [דבר]י כול חוזי אמ]תו

4QM1 8+ 1.5 בורכים חוזק מעמד

1apGn 22.21 וארעא אן מן חוט עד ערקא

11tgJ 30.3 מן נגד עליה חוטא או : על

1Q42 1 1.2]˙ דבקת[:]˙א חוית[:]ג˙[

4Q403 1 1.23 וברך לכול חוכי לו בשבעה
4Q404 2 1.4] וברך לכול חוכי לו
4Q405 13 1.6 [ ] לכול ח[וכי]ל[ו
4pIs^{c} 23 2.9 יהוה אשרי כול חוכי לו : פשר

4pIs^{a} 7+ 3.16]]חוכמה ובינה
4pPs^{a} 1+ 4.3 ח]וכמה ולשוננו
11QPs 18.3 𐤉𐤄𐤅𐤄 נתנה חוכמה ולספר :

2apPr 3 1.3 וירח[:] חולה כ˙[
5Q25 1 1.1 חולה[: וידי˙[

1QH 8.26]מגור עם חוליים ומ[
4Q504 1+R 3.8]]חוליים ‹רעים›

11QT 54.8 נביא או חולם חלום ונתן
11QT 54.15 ההוא או חולם החולם

1apGn 22.23 עמי וברא מן חולק תלתת

1apGn 17.10 תורא דן ועבר חולקא דן

1apGn 17.11 ועל ראיש תלתת חולקיא ˙˙˙

1QH 8.23 גזעם ובעת חום יעצור :
1QH 8.26 באושים לפני : חום יבול עליו
4Q503 1+ 2.4]˙וא חום ה[שמש

4Q379 22 2.12 ויציבו לה חומה ומגדלים
4Tstm 1.26 ויצ]יבו לה חומה ומגדלים

11Mel 2 3.9 הי[ובל : את חומ[ו]ת יהודה

1QH 4.11 ולצמאם ישקום חומץ למע הבט

1Q30 1 1.4 כול[: ס]פרים חומשים ˙[:

1QS 8.7 היאה חומת הבחן פנת

[מו חוקים ובתעודות　　1QH 2.37

כותלי[א אבן חו]ר :]ה　　2QJN 8 1.3
[בתוך מראי חור ודמות רוח　　4Q405 23 2.9
[חו]ר[:]　　4QM8 90 1.2
ר]ציפין באבן חור :]　　5QJN 1 1.6

[חורה ומעונתו　　4pN 3+ 1.6

ימא רבא עד חורן וכול ארע　　1apGn 21.11
רבא די מדנה חורן ושניר עד　　1apGn 21.12

[: סלפני חורף בדל　　4apLm 1 2.6

[עולם מי חוש]　[　　1QH 16 1.6

מחברת מעשה חושב זהב וכסף　　1QM 5.5
ברורה מעשה חושב צורת　　1QM 5.14
ריקמה מעשה חושב ופרי　　1QM 7.11
זהב] : מ]עשי חוש]ב　　11QT 7.14

הצדק כגלות [ח]ושך מפנו :　　1Myst 1 1.5
ברשית ממשלת חושך למועד　　1QH 12.6
]ה ומדור : חושך ותשובת　　1QH 12.26
עד נצח ו'''' חושך　　1QH 18.29
ואין תש]ו[בת חושך כיא　　1QH 2 1.11
האדמה וגם] : חושך תריב　　1QH 5 1.13
בגורל בני חושך בחיל　　1QM 1.1
ל[כול]'י חושך : ובני　　1QM 1.7
...תום כול מועדי חושך ובמועד אל　　1QM 1.8
כלה לבני חושך בו יתקרבו　　1QM 1.10
...בני אור וגורל חושך נלחמים　　1QM 1.11
...למשלב גורל : [חושך]ר דגלי　　1QM 1.14
אמת לכבת בני חושך או :]　　1QM 1.16
אפו בכול בני חושך : ועל　　1QM 3.6
אל כול בני חושך לוא ישוב　　1QM 3.9
כיא המה גורל חושך וגורל אל　　1QM 13.5
חבל בחוקי חושך יתהלכו　　1QM 13.12
באשמה להשפיל חושך ולהגביר　　1QM 13.15
...לכלות כול בני חושך ושמחה　　1QM 13.16
[כו]ל [ב]ני חושך ואור　　1QM 14.17
[לפגש$ בני חושך וחללי　　1QM 16.11
כול בני חושך איש　　1QS 1.10
האמת וממקור חושך כול ממשלת　　1QS 3.19
וביד מלאך : חושך כול ממשלת　　1QS 3.21
עול ובדרכי חושך יתהלכו　　1QS 3.21
...יתהלכו ובמלאך חושך תעות :　　1QS 3.21
בכול דרכי חושך וערמת רוח　　1QS 4.11
...מרורים בהויות חושך עד :　　1QS 4.13
אשמורי חושך כיא יפתח　　1QS 10.2
רמה והולדי חושך כיא לאדם　　1QS 11.10
מוסדי חושך רוב פשעים　　4Q184 1 1.4
משכבי חושך ובאישני　　4Q184 1 1.6
לנו רוש ממשל ח]ושך : ברו]ך　　4Q503 33 1.19
עש]ר [גורלות חושך :]　　4Q503 39 1.2
[ג.]ורלי חושך]　　4Q503 76 1.4
[.גורלי חושך　　4Q503 215 1.4
גור.]ל חושך ופקודתמה　　4QBer 10 2.4
[כול] בני חושך ואור　　4QM1 8+ 1.14
[: [ב]ני חושך וחללי　　4QM1 11 2.9
אל<כול> [ב]ני חושך ובני　　4QM5 3 1.7
כו]ל מועדי חושך : [בכוד　　4QM5 3 1.8
וכב]ו[ד:]ל חושך ואם]לה:　　6QHym 2 1.3
חושך ואם]לה: ח]ושך תשוקתנ]ו　　6QHym 2 1.4
[:] ב'.]　　11Ap³ 3.11
קרני חל] [חושך אתה ולוא　　11Ap³ 4.7

'''בע' [:]'''[פתה ל'חות[　　1QH 64 1.2
ל]ו]בשים חות ובתי ראשים　　1QM 6.15
ים עד :]'חות]　　4Q502 109 1.3
פ [:] כול חות ב]רא:　　6QApo 1 1.6

כפר עמ'] [:חומת יר]ושלם :　　11Mel 2 3.9

ישלם : וצדיק חונן ונותן כיא　　4pPs³ 1+ 3.9
[חונן ומלוה　　4pPs³ 1+ 3.18

יהוה עד מתי חונני חלצה　　4QCat³ 12+ 1.3
אמונה ורעת חונני אל אתקלה　　11QPs 19.14
ל[חמאתי ח]ונני אל　　11QPs^b 1.3

להמה מקום יד חוק מן העיר　　11QT 46.13
לכול עצה חוק מהמה　　11QT 57.15
אל יתהלך חוק לפירו אעל　　CD 10.21

עמ]ים כטמים חוצות כיא אל　　1QS^b 5.27
[ו'מ' [:]מ' [ ]'ים חוצות　　4Q509 1+ 1.3
בראש כל חוצות ועל　　4pN 3+ 4.2

דברי רצונך חוק מ]　[ד　　1QH 17.23
ברית ולמודי חוק משכילי　　1QM 10.10
כול עוברי חוק ואלה תכון　　1QS 5.7
העתים ואת : חוק העת להבדיל　　1QS 9.14
...מועדיהם בשלום חוק : תכונם　　1QS 10.6
ובכול היותי חוק חרות　　1QS 10.8
אל אחלקה : חוק בקו עתים　　1QS 10.26
ישר להשיות חו]ק] להפשיע :　　4Q184 1 1.15
[חוק :]'ים　　4Q381 86 1.1
במה דולג עלי חוק ולוא על　　4Q405 23 1.10
ולמכ'[:] חוק]　　4Q487 21 1.3
מכירן[:]ם חוק אל:　　4Q502 1 1.2
מועד תעגית חוק עו]לם :　　4Q508 2 1.3
עול]ם [חוק]　['''' כי　　4Q511 10 1.5
פיה לבלי חוק : וירד　　4pIs^b 2.5
אשר ישלים חוק :　　11QT 39.8
מחצית השקל חוק עולם :　　11QT 39.8
ברית ויפירו חוק ויגודו על　　CD 1.20

על מעון חוקו ברשית :　　1QS 10.1

[ ]ם חוקו]ת עול]ם　　1QDM 4.4
בני]　[חוקות עולם　　11QT 9.14
לפני יהוה חוקות עולם　　11QT 22.14
ונסכה עליה חוקות] [:　　11QT 24.8
היום חוקות עולם　　11QT 25.8
לבני ישראל חוקות עולם :　　11QT 27.4

מרד : וע]ב]ר חוקי　　1pHab 8.17
לא שמתה חוקי'''אני　　1QH 7.34
הנדבים לעשות חוקי אל :　　1QS 1.7
דעתם באמת חוקי אל ובוחם　　1QS 1.12
נפשו לכול חוקי אל ישהר :　　1QS 3.8
[את : כ]ול חוקי הברית　　1QS^a 1.5
ריפת''' חוקי' :]　　4Q400 2 1.11
להתבונן בכול חוקי' :]שר　　4Q504 6 1.3
...פלחמות חוקי]' : אל　　4Q511 48+ 1.4
ואחורתם חוקי הודות　　4Q511 63+ 2.3
ל'''''''[:]אחוקי פיב]ה : [　　4Q512 82 1.2
פתחו פה על חוקי ברית אל　　CD 5.12

[ואין לעבור חוקיהם וכולם　　1Q34^b 3 2.2

...ולפקוד את כול חוקיו אשר צוה　　1QS 5.22
...ערב ובוקר אמר חוקיו ובהיותם　　1QS 10.10
פקדו כול חוקיו ויתהלכו　　1QS^b 3.24
[אלוהים חרת חוקיו לכול　　4Q400 1 1.5
ורומם] : בכול חוקיו :ו]　　4Q487 1 1.4

[וחזקתה חוקיד]　　1QH 14.5
עזוב מכול חוקיד :　　1QH 15.12

יה לוא עזבו [ח]וקיכה]　　1Q38 2,12 1.1

11QT 64.9 כי יהיה באיש חט<א> משפט מות
11QT 66.6 דבר אין לנערה חטא מות כיא
CD 9.8 ולא תשא עליו חטא על

1QH 6.6 פשע ועוזבי חטאה בה[
4QMes 2.17 עלוהי יסדון חטאה וחובתה :
11QT 53.12 לוא יהיה בכה חטאה : מוצא

1QDM 12 1.5 [:] עמה[ם: חט]אותיך [:

4apLm 1 1.15 י˙]]חטאותינו : אוי

4Q156 2.7 לכ[ל חטאי]הו[ן
11tgJ 38.3 ושבק : להון חטאיהון בדילה

1QS 1.25 [פ]שענו [חט]אנו הרשענו
4Q503 81 1.3]כהונת[: ח]טאנו ל[כה

1QS 9.4 אשמת פשע ומעל חטאת ולרצון
4Q184 1 1.9 שבילי חטאת מעגלותיה
11QPs 24.11 בקשות ממני : חטאת נעורי
11QT 16.13 שמה לבד מחלבו חט[את] : הוא
11QT 16.18 יקט[י]ר המזבח חטאת קהל הוא :
11QT 26.9 אצל פרו חטאת הקהל הוא
11QT 35.14 הכוהנים בכול חטאת העם ובכול

1QH 1.25 ומה יספר אנוש חטאתו ומה

1QS 11.9 עוונותי פשעי חטאתי (˙ ˙ ˙)עם
4Q512 28 1.4 לפניכה א[:]חטאתי ה˙[:

4Q378 6 1.4]א תפלה על חטאתינו :]לים

1QS 3.22 בני צדק וכול חטאתם ועוונותם
4Q504 1+R 2.10 מושה : בעד חטאתם ולמען
4Q504 1+R 2.11 <על כול חט[אתם]>

4AgCr 2+ 2.5 ˙˙]]חטאתמה ˙[: ˙˙ה
11QT 26.12 אשמתמה לכול חטאתמה ונתנמה

4Q508 41 1.1] נגד כול חטאתנו[:]דה

4Q378 11 1.5 ובהר ארץ חטה ושער[ה

1QH 14.17 על נפשי לבלתי חטוא לך :

4Q176 1+ 1.6 כפלים בכול חטותיהא קול

11tgJ 24.1]א חטיא ומתחבר :

11tgJ 26.2 כות]ך חטיך : ולבר

4Q379 12 1.7 עד חרש קציר חטים :]ל˙˙˙
11QT 18.14 ליהוה לחם חטים שתים :]

4Q512 99 1.2]נא בר[:]˙ חטת[
4Q513 22 1.2]כבים[:]חטת וא[: [

1QS 3.8 ועונוה תכופר חטתו ובענות
4Q487 4 1.2 ˙רוח [:]˙ה חטתו ו[:]בית

4Q512 29+ 1.18]ר ומ˙[:]חטתי ˙[:]ת

4Q508 5 1.2 ואתה [:]חטתנ[ו

1QH 2.4]חי <צדק> אמת
1QH 15.22 ומאתך דרך כול חי ואני ידעתי
1QS 4.26 גורלות לכול חי לפי רוחו ב[
1QS 9.12 בם עם כול חי לתכון עת
1QS 10.17 משפט : כול חי ואמת כול
1QS 10.18 אל משפט כול חי והואה ישלם

11tgJ 30.7 וערפלין חותלוהי ותשוה

1QH 8.11 ובלא נודע חותם רזו
1QH 11 1.3]מ˙ר כול חותם נפ˙˙ש [

4Amrm 2 1.5 אנת]ה חזה והוא משלט

11tgJ 28.2 ר[י] : חזו ה[מון כ]ל

4Amrm 1 1.10]: בחזוי חזוה די חלמא
4Amrm 1 1.13] [מנהון חזוה דח[י]ל

1pHab 7.5 כיא עוד חזון : למועד
3pIs 1 1.1 חזון ישעיה בן
4QMes 1.6]שן חזון למאתה לה
4QPs[f] 2 8.13 תקבלי : קחי חזון [נ]אטר
11QPs 22.13 תקבלי קחי חזון : דובר

1QH 29 1.2]ב[:]˙ חזונו [:

11tgJ 14.2 בשוק[א :]חזוני עלומין

1QM 14.6 לנמוגי ברכים חזוק מעמד :

4pIs[c] 15+ 1.2 ותהי לכמה ח[זות

2QJN 4 1.17] [חזי הוית עד די
4Q517 15 1.1]חזי ב[
11QT 22.9 שוק הימין ואת חזי התנופה

4Q518 2 1.1] חזים[

11tgJ 28.2 אנשא עלוהי חזין ובני אנשא

4tgJ 1 2.8 יק[טל : ואנה חזית דרשע

11tgJ 30.4 מן הקים אבן חזיתה במוהר :

11tgJ 11.2 ועבד : כ]לכון חזיתון למה :

1Myst 1 1.10 אשר יעושקנו חזק ממנו מי :
1QH 2.35 עני ורש : מיד חזק ממנו ותפד
1QH 12.35 פ˙]]חזק בכוח ואיכה
1QM 1.9 קרב ונחשיר חזק לפני אל :
1QS 3.1 משפטי צדק לוא חזק למשוב חיו
4Q378 3 2.10] : ואל תחת חזק וא[מץ
4Q504 4 1.12]˙ר˙˙ עוד חזק לבנו
11QT 53.5 וכאיל רק חזק לבלתי אכול

1QM 15.7 וענה ואמר חזקו ואמצו
4QM1 15 1.5 ואמר אליהמה חזקו ואמצו[:

1QH 2.6 שמוע] [חזקים למוס

1QH 1.32 וגדול חסדיכה חזקתה רוח אנוש
4Q504 1+R 6.9 כיא אתה : חזקתה את לבבנו

1apGn 2.12] : וכדי חזת בתאנוש

11tgJ 37.8 וכען עיני : חזתך על כן

4pUn 1 1.5 את צ˙[:]חט[
11QT 57.10 אותו מכול דבר חט : ומן גוי

11Ap[a] 2.7 י˙ [ ]על : [ ] חטא ועל כול
11tgJ 18.4 א רגז : והוא חט[א
11tgJ 20.1] : תחות חטא[: באשושה
11tgJ 22.3]˙ אנה ולא חטא לי ונקא[:
11tgJ 24.1] : מן חטא מ[ן
11QT 35.15 אשמות לשאת : חטא אשמה
11QT 61.6 עוון ולכול חטא אשר יחטא

4Q381 61 1.1]חׄי מספר [׃ [
4Q502 39 1.2]˙[׃]˙ו כול חי ק[׃ ה]ואה
4Q503 105 1.3 [ב[׃]ה˙[׃]חׄיׄ[
4Q504 1+R 5.9 כיא אתה ׃ אל חי לבדכה ואין
4Q504 6 1.22]רׄוח כול חיׄ[
4Q504 8R 1.2]קׄתנו ואתה חׄי עולׄ[מים ׃ [
4Q504 8R 1.12 עולם[׃] אל חי ויׄדכהׄ[׃
4Q511 60 1.3 רוח[י ׃]חי כלא[׃ [
4pN 3+ 1.8 כי לתלוי חי על העץ
4QM6 81 1.3 [׃]ך [׃]חׄיׄ˙[
5apM 1 1.4 א]שר הוא אל חי והׄו[א׃
11QPs 24.7 לפניכה כול חי ׃ הבינני
11QPs 19.2 חסדכה תולעה ׃ חי חי יודה לכה
11QPs 19.2 תולעה ׃ חי חי יודה לכה
11QPs 19.4 נפש כול ׃ חי נשמת כול
11QPs 26.13 אוכל טוב לכול חי ברוך עושה ׃
11QPs[b] a 1.3 תודה ל[כה׃] חי יודכה לכה
11QPs[b] a 1.5 להם וצדקתכׄ[ה׃ ח]י נשמת כול
11tgJ 10.8 VACAT ׃ ו]אמר חי אלהאׄ[׃
CD 12.21 בם עם כל חי למשפט עת

4Q156 2.5] צׄפׄירׄ[א] חיא׃ ויסמך
4Q156 2.6 צ]פׄירׄ[א ח]יא׃ [ויהוד]א

11tgJ 21.5 להן אלהא חיבנא ולא ˙[׃

1pHab 8.6 ישאו ומליצי חידות לו ׃

1QH 8.19 מצולה לכול חיה וע[
1QM 10.14 מעשי חיה ובני כנף

1QS 3.1 לוא חזק למשוב חיו ועם ישרים
4Q487 13 1.5]אל ולוא[׃]˙חיו ˙[׃]לׄ[
4Q513 31 1.3]מרוח בׄ[׃]חׄיו[׃]מׄ[

4Q381 76+ 1.1] אלי חיות ועוף

1QH 2.17 ויהפוכו לשוחה חיי גֶבר אשר
1QH 5.6 ותעזור משחת חיי ותתׄן [
1QH 9.11 ולא גערתה חיי ושלומי לא
4Q487 18 1.2]איש ˙[׃]וׄב חיׄי[׃]ח עורף
6QHym 2 1.2]˙[׃]חׄיׄי נצח וכבׄ[וד

4QMes 1.8 וידע רזי כול חייא ׃ [וכ]ול
4QMes 1.9 ומסרׄת כול חייא שגיא תהוא

11QT 57.18 עמו כול ימי חייה ואם מתה

4Q502 24 1.3 עזרׄ[׃ הר]בׄות חייך בתוך עם

1QDM 2.5] [הוא חי[יכה] ואורך

1Q35 2 1.1]˙˙ במעין חיים ׃] עׄצי
1QH 8.6 עצי ׃ חיים במעין רז
1QH 8.7 ויפתח למים חיים וגזעו ׃
1QH 8.12]מׄעין חיים ועם עצי
1QH 8.14 האמין למקור חיים ויתן י[
1QH 8.16]ומבוע מים חיים ולא יכזב
1QM 12.3 חרתה למו בחרט חיים למלוך ˙[
1QS 2.3 לבכה בשכל חיים ויחוננכה
4Q403 1 1.44 קודשים אלוהים חיים[רו]חׄי
4Q405 6 1.5]אלוהים ‹חיים› רו[חי
4Q405 14+ 1.5 אלוהים חיים מפותח
4Q405 14+ 1.6 בדני אלוהים חיים ˙[
4Q405 19+ 1.4 אלוהים חיים צוריׄ
4Q405 19+ 1.6 והד[י]אלוהים חיים כול
4Q405 20+ 2.11 [א]לוהים חיים מתהלכים
4Q504 1+R 5.2 [׃ מׄקור מים חיים אׄ[ ]˙[
4pN 3+ 1.7 יתלה אנשים חיים ׃ [
5Q16 5 1.3 [˙˙ ׃ [ה ׃]˙חיים׃]תו
11QSS j+ 1.4 אלוהי]ם חיים [

11QT 45.16 כול בשרו במים חיים אחר יבוא
CD 12.14 כי אם נקרעו ׃ חיים ונש[פ]ך
CD 12.15 במים ׃ עד הם חי[ים] כי הוא

11tgJ 23.9]˙ ׃ חיׄין הצת דא [

4Q508 39 1.1] ואנו חיינו בלב יגון

1pPs 9 1.3]כסף פשרו חיית ק[נה

4Q405 51 1.1]חׄיך בת˙[׃]˙ר

1QM 18.14]ל[ ]חׄיכה ומׄועדים

1pHab 9.7 עם שללם ביד ׃ חיל הכתיאים
1QH 10.24 לי מעוז ׃ חיל גבורים על
1QM 1.13 ושלושה יתאזרו חיל בליעל
1QM 2.8 להם אנשי חיל לצאת לצבא
1QM 6.6 עמו יעשה חיל
1QM 6.13 עליהם אנשי חיל למלחמה
1QM 10.6 בכול גבורי חיל ואשר
1QM 11.1 הגתי איש גבור חיל ׃ הסגרתׄה
1QM 11.5 ידינו עשה חיל כיא בכוחכה
1QM 11.7 עשה חיל וביד
1QM 12.11 שללכה עושי חיל תן ידכה
1QM 12.14 להביא אליך חיל גואים
1QM 15.2 ונגד כול חיל ׃ בליעל
1QM 15.7 והיו לבני חיל ׃ אל תיראו
1QM 19.3 שללכה עושי חיל תן ידכה
1QM 19.6] חׄיל גוים
4QM1 11 1.10]חיל ׃]ם[[
4QM2 1 1.6 להביא אל[יך]] חיל גוים
11tgJ 16.8 ועדקׄ[י ׃]חיל יאחדון
11QT 46.9 ועשיתה חיל סביב למקדש
11QT 57.9 בצע וגבורי חיל למלחמה
CD 2.17 תעו בם וגבורי חיל נכשלו בם

4pN 3+ 3.10 סביב לה אשר חילה ים ומים
4pN 3+ 3.11 הם אנשי [ח]ילה גבור[י
11tgJ 15.3] ׃ [בראש חילה וכגבר די

4pIs[a] 1 1.28]לו אנשי חילו ופו[
4pN 3+ 1.10 הם גדודי חילו א[שר
4Tstm 1.19 ברך •••• חילו ופעל ידו

1Q49 2 1.2]˙˙ ם [׃]˙ חילכהׄ [
1QM 11.5 בכוחכה ובעוז חילכה הגדול

4Q501 1 1.4 זו]קׄת סבבוננו חילכיא עמכה

1QH 7.15 לשביל‹י› כבוד (וְחיִים) ושלום

4QMes 1.7 ˙[ ]חין וזקינה עמה

4Q402 4 1.3 כ]בׄינתו חרת ח[יקי ׃

11QT 54.20 בתכה ׃ או אשת חיקכה או

4Q511 1 1.4 הימים וכול חיתם ישמיעׄו[

4Q482 4 1.2]בׄרׄי˙[׃]ל חכ˙[׃]˙דפו ד

1pHab 7.9 אם יתמהמה חכה לו כיא בוא

11tgJ 19.7 למחמ]א ׃ חכי למש[אל

1apGn 20.20 ואשפיא וכול חכימיא למקם

11QPs 27.2 דויד בן ישי חכם ואור כאור

1apGn 20.7 כול שפרא דן חכמא שגיא עמהא

4Q380 7 2.2 בגבורת חכמ[ה :
11tgJ 30.2 הן ידעת חכמה : מן שם
CD 2.3 אל אהב דעת חכמה ותושיה

1QS[a] 1.28 עש כול : ח[כמי]העדה

1QH 1.35 ˙˙ שמעו : חכמים ושחי דעת
11QT 51.14 ומעור : עיני חכמים ועושה
CD 6.3 ומישראל : חכמים וישמיעם

11tgJ 26.7] צפריא : חכמנה תמה

4Q380 6 1.2 ע˙˙[:] ואת חכמתו ואת

11tgJ 33.7 [ ] המן חכמתך יסתער

1QH 9.23 ריבי כי ברז חכמתכה הוכחתה
4Q509 55 1.2]˙[ ]˙[:] חכמתכה[:

1QH 3.15 תתבלע : כול חכמתם בהמות

4Q509 16 4.7 כי א[תה] :]חכמתנו ˙˙ל˙[ ]

1QH 2.15 כל דורשי חל[:] אנשי
4Q511 115 1.3 השורק[: [ ]חל˙[
4Tstm 1.29 ד]ם כמים על חל בת ציון
6apGn 19 1.1]חל[
11Ap[a] 4.7 וקרניך קרני חל[ ] חושך אתה

4Q378 11 1.6 כי ארץ זבת חלב ודבש[ ]
CD 4.2 הם יגישו לי חלב ודם

11QT 23.14 סביב ואת חלבו יקטיר
11QT 26.7 עם הקהל ואת חלבו ואת מנחת
11QT 52.21 העולה ואת חלבו יקטירו :

4Q381 1 1.9 אשר להם לאכל חלבי כל וגם[:

11QT 22.6] וא]ת חלבמה יקטירו

11QT 54.8 נביא או חולם חלום ונתן

11QT 33.11 קירו עשוי חלונים פנימה

4QCat[a] 2+ 1.2] מטבה כול חלי [:]˙ נהיה

1QM 16.12 מערכה אחרת חליפה למלחמה
4QM1 11 2.10 מערכה אחרת חליפה למ[לחמה

4QM1 1+ 1.12 המערכות[:]חליפות למלחמה

1QH 3.25 רשעה : ועם חלכאים בגורל
1QH 3.26 רשעה ומכמרת חלכאים על פני
1QH 4.25 ולא תתעם ביד חלכאים : כזומם

1QM 12.11 על במותי חלל מחץ גוים
4pN 3+ 2.4 חנית ורוב חלל וכבוד פגר

4apLm 3 1.2]˙מ˙˙[:]חללו[:]ל[ ]

1QM 3.8 להפיל כול חללי מעל ועל
1QM 4.7 אל מהומת אל חללי אל
1QM 6.3 חרב אוכלת חללי און במשפט
1QM 6.17 ולשפוך דם חללי אשמתם אלה
1QM 14.3 לפני נפול חללי האויב
1QM 19.13 נפו]ל [ח]ללי כתי[ים
4QM1 10 2.11] : חללי המצרף
4QM2 1 1.12 בעומדם ע]ל[ח]ללי[

4pN 3+ 2.6 ואין קץ לכלל חלליהם ואף

1QM 16.15] [חלליכם כיא מאז

1QM 6.3]יקי דם להפיל חללים באף אל
1QM 6.5 ובידן להפיל חללים במשפט אל
1QM 8.11 המלחמה להפיל חללים קול
1QM 17.16] ל[הפ]יל חללים : [ ]
1QM 19.10] ˙[חללים : [
2apPr 1 1.11 וש[ ][:]חללים רבים]
4QM2 1 1.10 [מ[תו] רוב חלל[י]ם [לאין

11tgJ 10.4 קפל : הד]נח חללת ידה תנין

1apGn 19.14 אנה אברם חלם בלילה מעלי
1apGn 19.17 לשרי אנתתי חלם : חלמת

1apGn 19.18 [וא]דחל [ ] חלמא דן ואמרת
1apGn 19.18 לאשתעיא לה חלמא דן : [
1apGn 19.19] ל]ה [חלמא [ ]
4Amrm 1 1.10 בחזוי חזוה די חלמא והא תרין

1QH 3.31 לשרפה ושורשי חלמיש לנחלי
1QH 8.23 שרשיו בצור חלמיש ו[

1apGn 19.18 לי אשתעי לי חלמך ואנדע

1apGn 19.18 אנתתי חלם : חלמת [וא]דחל [
4QPs[f] 2 8.13 [נ]אמר עליכי חלמת :

11QPs 24.17]]שנה חלמתי גם[

1pHab 4.9 בהם אז חלף רוח ויעבר
4QMes 2.17 עובדה : חלף קלה [

1apGn 19.13]א[ ]א כען חלפנא ארענא

4QCat[a] 12+ 1.3 עד מתי חונני חלצה נפ[שי

11tgJ 30.1 אסר נא כ<ג>בר חל[ציך
11tgJ 34.3 אסר : נא כגבר חלציך אשאלנך

1QS[b] 5.26 ואמונ]ה אזור חלציכה [ו]ישם

4Q505 125 1.3] [:] לוא חלצכ[ ] :

6QBen 1 1.2 [:]לכול אנשי חל[ק:]גמולים
11tgJ 26.5 די עבדנה ודי חלק לנא ל[
11QT 60.14 שמה לפני חלק כחלק :
CD 20.10 אין להם חלק בבית התורה
CD 20.13 + ולמשפחותיהם חלק בבית

1pHab 5.15] שמן חלקו
1pHab 6.5 כיא בהם שמן חלקו ומאכלו

1QH 2.32 ומעדת דורשי חלקות פדית[ח]
4Q186 2 1.5 ושוקיו חלקות וכפות

1Q26 1 1.7 ואמר לי אני חל[קכה :]˙˙[

1apGn 22.4 מלכיא ארחא חלתא רבתא

4pIs[a] 2+ 2.22 גבע מלון למו חל[תה

1apGn 19.13 לארע בני חם לארע מצרין
1QM 2.13 על כול בני חם : למ[שפחותם
2apPr 6 1.4 בכל [:]חם בדר[:]
4Q381 16 1.1]הארצות כי חמ[:]˙˙˙[ ]˙
4Q497 4 1.2]˙[:]˙חם במ[ ]˙[:]
4Q502 341 1.1]חם [
4Q503 94 1.2]˙˙[:] חם[:]ל˙[
4QM6 83 1.2]הב[:]חמ˙˙[
6Q19 1 1.1 די בני חם[: [ע]מטיא[

מפני גערת : חמשה תנוסון עד 4pIs[c] 23 2.7
המנים[: חמ]שה כסף מעשר 4QOrd 1 2.11
הברית מבני חמשה : ועשרים CD 10.6

ימי השנה מבן חמשים שנה 1QM 2.4
המע‹ר›כות : חמשים למערכה 1QM 6.11
שנה ועד בן חמשים והמה : 1QM 6.14
שנה ועד בן חמשים וסורכי 1QM 7.1
יהיו מבן ( )חמ( )‹ש›ים 1QM 7.1
שנה ועד בן חמשים וכול 1QM 7.2
המ]לחמה על חמשים מגן : 1QM 7.15
לשרי מאות שרי ח[מ]שים :] 1QS[a] 1.14
תספורו חמשים יום : 11QT 19.13
תספורו חמשים יום 11QT 21.14
רחוק מהמזבח חמשים אמה ורחב 11QT 31.11
ורוחב השערים חמשים באמה 11QT 40.12
מאיות ושרי חמשים : ושרי 11QT 57.4
לאבי הנערה חמשים כסף ולוא 11QT 66.10
שנה עד בן חמשים שנה בעול CD 14.9

] וחמץ[:]חמשין[:]˙[3Q14 7 1.2

ם ומן הוא:]ם חמת רגזך:]תיא 1Q20 1 1.2
הצמאה וכוס חמת : [א]ל 1pHab 11.14
כחנית חדה חמת תנינים כול 1QH 5.10
העדי נא חמת רגזך וחזא 11tgJ 34.7
אמר אל עליהם חמת תנינים CD 8.9
אמר אל עליהם חמת תנינים CD 19.22

רעיהו מספח : חמתו אף שכר 1pHab 11.3
לבלעו בכעס : חמתו אבית 1pHab 11.6
]בחרון אפו ח[מתו 4pN 1+ 2.11

קבע]ת כוס ח[מתי :] ביד 4Q176 6+ 1.2
[: לשפוך ח[מתי: בגוי[ם: 6QPro 1 2.4

כיא[נש]פכה חמתך : 4Q504 1+R 5.4

להתיצב לפני ח( )מתךה וכול 1QH 7.29
אלינו את חמתכה :] 4Q504 1+R 3.10

]חן[:]˙[ ] 4Q502 277 1.1
וימצ]או[חן בע[יניכה : 4Q506 125 1.2
]˙ מוצא חן : [ ]˙[ ]˙[ ] 4Q509 99 1.1
[˙]:]חן א] 4Q516 2 1.2
זונה טובת חן בעלת כשפים 4pN 3+ 2.7
]˙חן ˙˙] 4QMI 4 1.1

ואני אמרתי חנו עלי גבורים 1QH 2.25
]˙ ˙]:]חנו˙] :]הי˙] 4Q502 111 1.2
]˙ינו :]˙חנו :]˙ו 4Q504 3 1.16
]חנו בקץ ה[:]נ 4Q509 1+ 1.5
]˙]:]חנו ה] 4Q509 115 1.2

ידענו [בא]שר [חנו]את[]נו 4Q504 4 1.5

אנה חנוך[:] שמין 1apGn 5.3
ל[כתב] מלי חנוך :] 1apGn 19.25
]˙ה [:] חנוך [:]˙[5Q13 3 1.2

]ל דרכים[:]חנון אב] 4Q499 5 1.3

וע]שו חנופה בארץ 4Tstm 1.28

לעד ואני עבדך חנותני ברוח 1QH 14.25

[: חני˙] 1QS[b] 3.5

מרפא ולהוב חנית באש אוכלת 1QH 2.26
יכתובו ברקת חנית לגבורת אל 1QM 6.2
הראישון מחזיק חנית ומגן 1QM 6.5

]˙תם ולך חמר ובצדק 1QH 11 1.6

בחירו בארץ חמדות כל 4Q374 2 2.5

עם כו‹ל› חמדת ארצם לכבד 4Q504 1+R 4.11

נעזבים ומתך חמה על נעלמים 1QH 3.28
]˙ש]]לכה חמה וקנאה נו[1QH 3 1.17
הרף מאף ועזוב חמה ואל : תחר 4pPs[a] 1+ 2.1

] יתן לו :]חמו על : [4Q487 8 1.2

הון ובית וכול חמוד בישראל 11QT 57.21

את שיו או את חמורו : נדחים 11QT 64.13

חילה ים ומים ח(ו)מותיה : 4pN 3+ 3.10

[שוקים ˙[:]חמיו על אביונ[1QH 16 1.3

]]חמיך :]ברתה 1QH 17.11

ככ: בי‹ם› בית חמים שלוחי 3Q15 10.15

כ]בודו [: ח]מישי] 4Q503 51+ 1.19

ושלחו : עמו חמישית אנשי 11QT 58.7
ויצא עמו חמישית העם 11QT 58.16

ביום חד לשתא חמישיתא ˙˙˙ : 1apGn 12.15

הון אנשי חמס אשר מרדו 1pHab 8.11
[ ]א ומסוד חמס ותביאני 1QH 6.5
רשעה ולהון חמס לוא תאוה 1QS 10.19
שניהם כלי חמס ושבו ובנו 4Q379 22 2.11
‹ה]ארץ› ח]מס ולשפו[ך : 4Q504 8R 1.14
שניהמה כלי חמס ושבו ובנו 4Tstm 1.25
תתפארי טהר חמס מגוך שקר : 11QPs 22.6
אם יקום עד חמס באיש לענות 11QT 61.7

[סו]ל[ת] חמץ חדש בכורים 11QT 18.14
לוא תאכל חמץ ביום ההוא 11QT 20.12

ארבע עבד לי חמר ˙˙˙ 1apGn 12.13
שותיהם באושי חמר תאוכל : 1QH 3.30
כזאת ומה יצר חמר להגדיל 1QH 4.29
עם עפר וביצר חמר הגברתה 1QH 11.3
עפר ליצר חמר בקצ ע[1QH 12.26
מצידוק יצר חמר ומה : אדבר 1QH 12.32
]להוכיח ליצר חמר דרכו 1QH 18.12
י˙[:]חמר ומצו[1QH 2 1.8
מצירוק : חמר קורצ ולעפר 1QS 11.22
מה ישיב חמר ויוצר יד 1QS 11.22

]ל[ ]חמרא 1apGn 19.27

חמרין מאתין 1Q23 1 1.1

]ולבתר חמש שניא אלן : 1apGn 19.23
ששת אלפים חמש מאות לשבט 1QM 6.11
שנה עד בן חמש וארבעים 1QM 6.14
כולם יהיו מבן חמש ועשרים שנה 1QM 7.3
בו ובן חמש ועשרים שנה 1QS[a] 1.12
[בו חמש] 4Q503 1+ 2.20
ואם]ין חמש ל[אמין 5QJN 1 1.14
[˙˙˙˙˙˙ כולו חמש אמ[כת :]˙ 11QT 7.8
[וגוב]הו חמש] 11QT 36.6

הנה : והנה חמשה טפחים ויד 1QM 5.14
[: חמש[ה גור]ל[ות 4Q503 1+ 2.21
]: ביום חמשה ו[עשרים 4Q503 37+ 1.13

1QM33 1 1.5 [׃]תנו יד חסדיכה[׃]˙[

4Q509 3 1.5 ת]ק[בץ ׃ ח]סדיכה על

11QPs 19.9 להודות ברנה ׃ חסדיכה להגיד

11QPs 19.13 לבי ועל חסדיכה אני

11QPs[b] a 1.9 שאג[ה ׃ ברנה חסדיכה לה[גיד

1QM 3.6 צדק ומשוב חסדים במשנאי

1QS 4.5 סמוכ ורוב חסדים על כול

4Q502 16 1.2]מעשה [׃]חסדים ע[ל ׃

1QH 7.18] [חסדכה אוחיל

4Q504 1+R 2.10 הגדול ואת רוב חסדכ[ה] ׃

11QPs 19.1 לכה ולוא תספר חסדכה תולעה ׃

11QPs 19.3 בהודיעכה ׃ חסדכה להמה

11QPs[b] a 1.4 לכה יודו [׃ חסדכה להם

4Q385 2 1.3 והיככה ישתלמו חסדם ויאמר

CD 20.34 בישועתו כי חסו בשם קדשו

11QPs 19.7 צדקות מעשר חסידיו ׃ חסד

11QPs 22.6 תזכורי ובמעשי חסידיך תתפארי

11QPs 18.10 קולה ומקהל חסידים ׃ זמרתה

11QPs 22.3 בך ודורות חסידים ׃

4Tstm 1.14 ואורך לאיש חסידך אשר ׃

11QPs 19.12 אהבתי ובצלכה חסיתי בזוכרי

11QPs[b] b 1.1 חסיתי בזוכ[רי

4QNab 1+ 1.8] ׃ אעא אבנא חספא מן די [

11tgJ 36.3 אנתה ׃ לחברתה חענן ולא

3Q15 2.14 במקצע ׃ הצפני חפור אמות ˙˙˙

3Q15 4.7 עכון ׃ באמצען חפור אמות שלוש

3Q15 4.13 של גי הסככא חפור ׃ אמת כסף

3Q15 5.3] ׃ הגדולא חפור אמ[ות]

3Q15 5.10 אמות ששין חפור אמות ׃

3Q15 5.14 מירחו לסככא ׃ חפור אמות שבע

3Q15 6.3 [ב]פתח הצפוני חפור ׃ [א]מות

3Q15 7.1 הכוהן ׃ הגדול חפור [ ] ׃

3Q15 7.12 המזרחית חפור אמות שבע

3Q15 7.15 של הכוז ׃ בא חפור אמות שלוש

3Q15 8.5 חרה ׃ על האבן חפור אמות שבע

3Q15 8.9 צוק הקדרוה ׃ חפור אמות שלוש

3Q15 8.12 הצופא צפון חפור אמות ׃

3Q15 8.14 בצויה שבא חפור ׃ אמות

3Q15 9.2 שלוש רא שתין חפור וגב שעת

3Q15 9.5 הצופא ׃ מזרח חפור אמות

3Q15 9.8 ים ׃ בזרב חפור אמות שש

3Q15 9.12 מרח כלפיהם חפור אמות ׃

3Q15 10.13 הצד ׃ המערבי חפור רגמות

1QH 12.19 לפני אפ˙[׃]חפזי ואין צדיק

4Q156 1.2] [חפנוה[י] כש[

1Myst 1 1.10 בה מי גוי חפץ אשר

1QM 5.6 ואבני חפץ אבדני

1QM 5.9 סביב אבני חפצ ברני ריקמה

1QM 5.14 ובכסף ואבני חפץ

1QM 12.13 וזהב ואבני ׃ חפצ

1QH 3 1.7 לרזי חפצו כיא הוא

CD 10.20 את עבודת חפצו ׃ השבת

CD 11.2 הנכר לעשות את חפצו ביום השבת

4QCat[a] 14 1.2 וארי[ר]י כול חפצי[׃ ו]פיק[

4pN 3+ 2.4 להוב ׃ וברק חנית ורוב חלל

CD 6.12 להאיר מזבחו חנם ויהיו

CD 6.14 תאירו מזבחי ׃ חנם אם לא

4pIs[c] 21 1.14]חנם יגיעו כ[ול

1QS 4.10 אכזרי ׃ ורוב חנפ קצור אפים

4Q490 5 1.1]חס [

11tgJ 24.4]חס לאלהא מן

1pPs 2 1.2 א]מתו במר[ם׃]חסד [

1QH 5.22 (גמה) אביוני חסד ואני הייתי

1QH 7.20 אב לבני חסד ׃ וכאומן

1QH 10.14 אל הרחמים[ ]חסד כי הודעת˙[

1QH 11.17]י חסד ואדעה ׃ [

1QH 12.14 יך ׃]ה לרוב חסד וקנאת כלה

1QH 16.9 לע˙˙˙˙[׃ חסד ותחונני

1QH 16.16]ך א[ ]ם ˙˙˙ חסד ואמת ונושא

1QH 7 1.7 בדעתם ברית חסד[׃] אל

1QM 14.4 ישראל השומר חסד לבריתו

1QS 1.8 אל ׃ בברית חסד להיחד בעצת

1QS 2.24 טוב ואהבת חסד ומחשבת צדק

1QS 5.4 ומשפט ואהבת חסד והצנע לכת

1QS 5.25 וענוה ואהבת חסד לאיש

1QS 8.2 ומשפט ואהבת חסד והצנע לכת

1QS 10.26] צדק אהבת חסד לנוכנעים

4Q378 22 1.5 עם אברהם ׃]חסד לאלפים

4Q502 14 1.5 ואהבת חסד [׃]ת

4Q511 10 1.10] חס]ד באמת לכול

4Q512 56+ 1.6]י חסד ׃]

4QM1 8+ 1.3 ה]שומר חסד [

11QPs 19.8 מעטר חסידיו ׃ חסד ורחמים

11QPs 26.10 המון מים רבים חסד ואמת סביב

11QPs[b] a 1.8 מהם בר[וך ׃ חסד ורחמים

CD 20.21 עבדו׃ ועשה חסד ל[אלפים]

CD 13.18 ובאהבת חסד אל יטור

1QS 2.1 ורחמי חסדו גמל עלינו

1QS 4.4 ונשענת ברוב חסדו ורוח דעת

4Q185 1+ 1.10 ופרח כציץ חסדו נשב[ה

4Q405 3 2.15 כול [׃ רחמי חסדו הש[ביעי ׃

4Q511 148 1.3 א]מתו א[׃]חסדו [

11QPs 18.14 מפאריו יגדל חסדו ׃ מעת רעה

11QPs 19.6 שמו ולוא עזב חסדו מהמה ׃

1QS 1.22 ומשמיעים כול חסדי רחמים על

1QS 11.12 אם ׃ אמוט חסדי אל ישועתי

4Q400 1 2.20 כוהונו[ת ׃ חסדי אלו[הים ׃

11QPs 22.5 תפארתך יעכסו חסדי נביאיך ׃

1QS 2.4 וישא פני חסדיו לכה

1QS 10.4 נ לםפתח חסדיו עולם

1QS 10.16 אשוחח ועל חסדיו אשען כול

4Q400 1 1.18 [˙˙] ח]סדיו לסליחות

4Q403 1 1.23 ר[חמי] חסדיו [השב]יעי

4Q511 26 1.2 [ ]˙˙[ ]˙[׃]חסדיו וכול

4Q511 36 1.2]ותם [׃]חסד[י]ו וטהרם

1QH 16.12 ברצונך כגדול חסדיך [

4Q381 46 1.2]עלי [׃ ר]ב חסדיך[

4QM1 8+ 1.7 המ[פ]ליא חסדיך בנו

1QH 1.32 וגדול חסדיכה חוזקתה

1QH 11.28]ספר ברוב חסדיכה ׃ ברוך

1QH 11.30 והמו[ן] ׃ חסדיכה בכול

1QH 2 1.5 כול אלה כרוב חסדיכה תן משטר

1QH 5 1.9 מעש<י>כ[׃ חסדיכה ולדעת

1QM 14.9 הפלתה חסדיכה לשאר[ית

1QM 18.11 [היאי]תנו יד חסדיכה עמנו

1QS 3.17 יכלכלם בכול חפציהם והואה
CD 14.12 להכין כל חפציהם שכר :

1QH 10.5 מה אזום בלוא חפצתה ומה

3Q15 3.6 המזרח : ית חפר אמות שש
3Q15 6.9 הצופא : למזרח חפר בפתח :
3Q15 6.12 בצד : המערבי חפר אמות :
3Q15 7.9 ל : בית חקץ חפר אמות שש :

CD 6.3 את הבאר באר חפרוה שרים

4Q510 11 1.1] חצ˙ם[:]בלת[

1QDM 2.4 א]שר לו[א] : [ח]צבתה

1QM 3.2 המלחמה על חצוצרות מקרא
1QM 3.3 אל : ועל חצוצרות מקרא
1QM 3.3 נשיאי אל ועל חצוצרות
1QM 3.3 סרך אל ועל חצוצרות אנשי :
1QM 3.4 לעצת קודש ועל חצוצרות המחנות
1QM 3.5 קדושיו ועל חצוצרות מסעיהם
1QM 3.6 במשנאי אל ועל חצוצרות סדרי
1QM 3.7 חושך : ועל חצוצרות מקרא
1QM 3.8 אל ועל חצוצרות החללים
1QM 3.8 חללי מעל ועל חצוצרות המארב
1QM 3.9 לשחת רשעה ועל חצוצרות המרדף
1QM 3.10 יכתובו על חצוצרות המשוב
1QM 3.10 אסף אל ועל חצוצרות דרך
1QM 7.13 הששה יהיו : חצוצרות המקרא
1QM 7.15 הכוהנים בשתי חצוצרות המק[רא
1QM 8.8 יריעו בשש חצוצרות :
4QM3 1 1.13]ת[ ] על חצוצרו[ת
4QM6 9 3.2]˙[: ע]ל חצו[צרות
4QM6 12 4.3] : וע]ל חצוצ[רות :
4QM6 11 4.3 לב[וא : חצ]וצרו[ת :
4QM6 17 1.2]או וע[ל : חצו]צרות ב[:
CD 11.22 כבוס ובהרע חצוצרות הקהל :

1apGn 21.8 סלק לך לרמת חצור די על
1apGn 21.10 כן לרמת חצור וחזית

1QH 3.16]˙[ ]ל חצי שחת : עם
1QH 3.27 בהתעופף כול חצי שחת לאין
1QM 5.7 הסגר והלוהב חצי האמה ובסגר
11QT 14.3 בלול[ה : [ח]צי ההין ל[פר

1QH 2.26 מלחמותם ויפרו חצים לאין מרפא
4QCat[a] 5+ 1.8]ויכינו חצים ע[ל

11QT 38.12 ועשיתה [ח]צר שנית
11QT 39.4]˙˙˙ חצר הזואת [:
11QT 40.5] ועשיתה חצר שליש[י]ת [

4apLm 1 1.7 בו במ˙[ ] :]חצרות קודשנו

4Q381 71 1.1] חק[:]˙˙[
4Q509 199 1.4]ת ש˙[:]˙חק מ˙[
6Q20 1 1.11 ˙] : ו˙[: חק[
CD 2.6 דרך ומתעבי חק לאין שאירית

4Q503 68 1.3 אל יש[ראל :]חקו מר[:

1QH 1.24 סופר הכול : חקוק לפניכה

4pIs[c] 6+ 2.5] : חקות עמים ה˙˙

1QH 18.27 ונהיות עולם חקותה בלב

1pPs 12 1.1] חקי[
CD 20.11 דברו תועה על חקי הצדק ומאסו

CD 20.30 ירימו יד על חקי קדשו
CD 20.33 ישיבו : את חקי הצדק בשמעם

4Q381 46 1.3 >˙˙˙< חקיך והודך

4Q381 69 1.5 ממעשי ישבי< ח]קים תורות

3Q15 7.9 ל : בית חקץ חפר אמות

1pHab 7.13 לתכונם כאשר חקק : להם ברזי
4Q185 1+ 2.4 י]עקב חתימה חקק לישחק הלוא
CD 6.9 במחוקקות אשר חקק המחוקק :

1QS 10.1 עם קצים אשר חקקא ברשית

4Q515 2 1.1] חקקי[:]ל[

1QH 18.11 מלאכי ש˙[: חקקתה על קו[

1Q25 1 1.4 ויראו˙[: חקקתי להם

1QH 3.20 במישור לאין חקר ואדעה כיא
1QH 6.3 והווה לאין חקר כלה לאין[
1QH 6.17 והיה ל˙[: חקר ˙˙˙˙˙˙על
1QH 15 1.5 ת ולהבין אנוש חקר כול :
4Q181 2 1.6 ולטובו אין חקר[: אלה
4Q185 1+ 2.15] [ ]˙ו לאין חקר ויורישנה
4Q381 33 1.3 בגברתך כי אין חקר[
4Q381 76+ 1.4 וכלה ואין ח[קר : ישרא]ל
11QPs 19.9 לתהלתכה אין חקר למות :

4Q185 1+ 2.1 כחסדיו הטבים חקרו לכם דרך :

4Q381 20 1.2 ˙ני לי ה[:]חקתיך [:]˙ך

4Q381 30 1.1]חר[:]שמה˙[
4Q502 164 1.1]חר˙[:]˙ויי[:
4Q509 172 1.1]חר[:]˙˙[
4Q509 226 1.1]חר יב[
4QM1 10 2.16 עפח כיא עתה חר[

1Q38 10 1.1 א]ל חרב[:]אין כי
1QH 6.29 רשעה ואז תחיש חרב אל בקץ
1QM 6.3 יכתובו שלהובת חרב אוכלת חללי
1QM 16.1 אל ישראל קרא חרב על כול
2Q31 1 1.1]חרב א[:]˙˙[
4Q381 31 1.7]לחכי עלידי חרב ביום עברה
4pIs[e] 5 1.5 חרבות נדד<]חרב נטושה
4pN 3+ 1.9 וכפיריכה תאכל חרב והכר[תי
4pN 3+ 2.5 מקרב עדתם חרב גוים שבי
4pPs[a] 1+ 2.16 יעזבם : בידם חרב פתחו רשעים
4QM1 24 1.2]˙˙[:]חרב˙[:
11tgJ 11.5 ינסון הן : חר]ב יפצון ולא
11tgJ 33.3 ינפק לאנפי חרב יחאך על
11tgJ 33.4 יתוב מן אנפי חרב עלוהי יתלה
11QT 50.5 אדם מת ובחלל חרב : או במת
11QT 55.7 העיר ההיא לפי חרב החרם אותה
11QT 55.8 בהמתה תכה לפי חרב ואת כול
11QT 58.12 והכום לפי (˙)חרב ונשא את
11QT 62.9 את זכורה לפי חרב רק : הנשים
CD 19.7 זכריה הנביא חרב עורי על :

11QT 20.10 עליה לבונה או חרבה יקמוצו

1pHab 6.8 על כן יריק חרבו תמיד :
4pIs[a] 7+ 3.26 העמים תשפוט חרבו ואשר אמר

4Q381 78 1.3 וחמה ˙[:]ר חרבות ורמחים[
4pIs[e] 5 1.5 >[מפ]ני חרבות נדד<

5Q21 1 1.2 חרבבה

4pPs[a] 1+ 2.17 ישרי דרך חרבם תבוא בלבם

CD 5.20 ובקץ חרבן הארץ עמדו

6apSK 26 1.1]חרבש [

4Q381 75 1.1]חרבת ˙˙[:]

3Q15 8.4 החיצונא בתך חרה : על האבן
4Q381 24 1.10]˙ת כי חרה לו עלה :
4pIs[b] 2.8 נאצו על כן חרה אף יהוה
CD 2.21 עשיהם עד אשר חרה אפו בם :
CD 8.13 הטיף להם אשר חרה אף אל בכל
CD 8.18 את בוני החיץ חרה אפו וכמשפט
CD 19.26 לכזב אשר חרה אף אל בכל

4Q509 148 1.4]שובו א[:]˙חרו וא[

1pZ 1 1.4 עליכ]ם חרון
1QH 3.28 על נעלמים וקץ חרון לכול
4Q504 1+R 3.11 קנא]תכה בכול חרון אפכה
4pHs[a] 1.12 ל]אסף בקצי חרון כיא
4QCat[a] 19 1.5]˙דריו אקבוץ חרו[ן :]ישובון
11Ap[a] 3.11 האב[ות :]חרון אף˙ [
CD 1.5 לכלה ובקץ חרון שנים שלוש

4Q405 23 1.12 עברת כל[ת חרו]נו לוא

4pIs[a] 2+ 2.7] כ[ליון חר]וץ ושוטף

1QM 16.11 ולבחון בם כול חרוצי המלחמה :

1QS 10.6 הברכנו כחוק חרות לעד בראשי
1QS 10.8 היותי חוק חרות בלשוני
1QS 10.11 עיני כחוק חרות ולאל אומר
4AgCr 1 1.3 קץ לקצו והוא חרות ל[:]

1QH 7.5 כאוניה בזעף : חרישית ויהם

11QPs 21.15 ולוא אשוב חריתי : נפשי

3Q15 9.16 סלע : כל שבה חרם : בשובך
3Q15 11.7 שבשילוחו חרם ב : בקבר
11QT 2.10 [ ]חרם כמוהו שקץ
11QT 2.11 [ ]חרם הוא ולוא
CD 16.15 רעיהו יצ[ו]דו חרם ואל :

11QPs[b] e 1.2 הרו]א[ש : חרמון שיור :

1apGn 22.28 די נפקתה מן חרן תרתין
1apGn 22.30 ביום מפקך מן חרן וכען אל
4Q516 9 1.1]חרן [:]˙ א[

1Q34[b] 3 1.3]ם בעצמותם חרפה לכל בשר
1QH 2.9 לב ותשימני חרפה : וקלס
4QPs[f] 2 7.4 ואנ]ה : [ ] חרפה]

4Q501 1 1.5 הביטה וראה חרפת בני : [

CD 13.10 עדרו : יתר כל חרצובות קשריהם

1apGn 20.8 שמע מלכא מלי חרקנוש ומלי
1apGn 20.21 באדין אתה עלי חרקנוש ובעא
1apGn 20.24 וכדי שמע חרקנוש מלי לוט

1QM 5.6 ריקמה מעשה חרש מחשבת אורך
1QM 5.9 ריקמה מעשי חרש מחשבת
1QM 5.10 לבן מאיר מעשי חרש מחשבת
1QM 5.11 פנים מעשי חרש מ[ח]שבת
1QS[a] 2.6 פסח או עור או חרש או אלם או
4pHs[b] 11+ 1.3 והו]א חרש עשה[ו

5Q20 1 1.1]בנת חרש נ˙[:]
11QT 49.8 יטמא וכלי חרש יטמאו וכול
11QT 50.18 וכול כלי : חרש ישברו כי

4Q400 1 1.5]אלוהים חרת חוקיו לכול
4Q400 1 1.15 קוד]שים חרת למו בם
4Q402 4 1.3 כ]בינתו חרת ח[יקי :

1QM 12.3 וברית שלומכה חרתה למו בחרט

1pHab 3.8 יעופו כנשר חש לאכול כולו
3Q15 2.8 רחוק אמות חש עסרא בו
4Q502 1 1.5] א[ ]אשר חש[:]לו מהיות
4Q502 54 1.3 ˙˙רש[ו :]ל חש˙[

4Q405 23 2.10 מטולח טוהר חשב במעשי אורג
4Q503 27 1.3 ו[: אש]ר חשב לו[:
4Q504 1+R 3.2]˙˙[ ]חשב א[ ]ש הן :
4Q509 141 1.1]חשב [:]˙תו
4pHs[b] 14 1.2]˙˙˙[:]חשב[

1QH 2.32 נפש אביון אשר חשבו להתם דמו

4QMes 1.13]ת חשב[ון :]

4QMes 1.10] ח]שבונהי בדי
4QMes 1.11] ח]שבונהי

1Myst 1 2.2]לו שוו חשבונו[ת : מנכ

4QMes 1.9 חייא : [וכ]ול חשבוניהון

1apGn 2.1 ˙ן : הא באדין חשבת בלבי די

11tgJ 14.3]רבר<ב>ין חשו מללא וכף

4Amrm 1 1.13 צבענין וחשיך חשוך[
11tgJ 10.1] ע[ל אנ]פי חשוך : י]זיע

4Amrm 2 1.5 משלט על כול חשוכא ואנה

1Q24 3 1.2 [: ו]לכול חש[וכיא

4Amrm 2 1.4]יכה וכל עבדה ח[ש]יך ובחשוכא

4Q185 1+ 2.6 מלאכיו כי אין חשך : י˙˙˙]

4Q405 41 1.2 נפל]אות חשני ב[:
11QSS 8+ 1.4]˙ פלא ותבנית חשני[ ] :

1QH 2.38 לאוזנים :]˙חת לכול
4Q502 95 1.2]אשר חבב[:]חת כבוד[

4pIs[c] 15+ 1.4 כ]יא ח[תום [

4Q509 217 1.1]חתומים[:]ו

4pHs[a] 2.19 ליער ואכלתם ח[תי [

4Q185 1+ 2.4 י]עקב חתימה חקק

4Q511 30 1.1 חתמתה[
4Q511 30 1.3] : אתה אלי חתמתה בעד כולם

11tgJ 2.2 וח[: י]תון חתפוהי וכבשו[

ט

1Q68 7 1.1]˙ט[:]˙ליהון[:
1QH 1.16 דוריהם ומש[ ]ט : במועדיה

11QT 47.7 מושקה יהיו טהורים כול עור
11QT 52.13 שור ושה ועז טהורים : בכול
CD 12.9 בהמה : ועוף טהורים לגוים

4Q509 307 1.1 [ ]טהר[
11QPs 22.6 חסידיך תתפארי טהר חמס מגוך

11QT 49.15 אשר יש להמה טהרה : ובגדים
11QT 50.2]אל[: כי מי טהר[ה

11QPs 24.12 אל יזכרו לי : טהרני 𐤉𐤄𐤅𐤄

1QS 6.25 ויבדילהו מתוך טהרת רבים שנה
1QS 7.3 על נפשו מן טהרת רבים ואם
4Q512 7+ 1.2 ט]הרת ישר[אל]
4Q512 42+ 2.4 פיכה נפרשה טהרת כול [
11QT 47.17 לעריכמה וכול טהרת המקדש

1QH 3.21 ורוח נעוה טהרתה מפשע רב
1QH 11.10 ולמען כבודכה טהרתה אנוש

4Q512 11 1.2 לו שבעת ימי טה[רתו :]˙[
4Q514 1 1.3 וכבס בי[ו]ם טהרת[ו]

4Q512 16 1.7 וב]רך שם : ט]הרתי :]רת

4Q514 1 1.5 הימים ביום[ט]הרתם ירחצו :
4Q514 1 1.9 הימם ביום : ט[הרת]ם ירחצו

11QT 47.10 כבשרמה תהיה טהרתמה ולוא
11QT 49.21 לגעת בכול טהרתמה ובאדם

4Q512 39 2.2 ש]מכה: כיא טהרתני ותביאני

1Myst 1 2.5 יצלח לכול כן טוב ממונו ברו[
1QH 14.12 [ ]ולם בין : טוב לרשע [
1QH 15.18 הלכו בדרך לא טוב וימאסו בב˙
1QH 16.18] טוב בעיניך אל
1QH 15 1.7]˙ד עם רוב טוב קדושים
1QS 1.5 בכול מעשי טוב ולעשות אמת
1QS 2.3 יברככה בכול : טוב וישמורכה
1QS 2.24 אמת וענות טוב ואהבת חסד
1QS 4.26 לבני איש לדעת טוב [
4Q185 1+ 2.4 לישחק הלוא ט<ו>ב יום :
4Q185 1+ 3.14 עשה ידים[:]טוב ואם ד˙[:
4Q370 1.1 על פניהם ופרי טוב השביע כל
4Q405 13 1.2 דב]רי טוב לרחמי
4Q487 24 1.3 לב˙[:]˙ות טוב[
4apLm 1 2.11 תול[ע : וכתם טוב עדים
4pPs[a] 1+ 2.22 VACAT : טוב מעט לצדיק
4pPs[a] 1+ 4.24 ל[ב]י דבר טוב : או[מר
4QFl 9+ 1.2 ה זבח הצד[ק : טוב הא[רץ :
11Mel 1+ 2.19] : טוב משמי[ע
11QPs 26.13 אוכל טוב לכול חי
11QT 36.11 מצופות זהב טוב : ומפנת

1Q35 1 1.12 [:]ת טובה [
4Q378 11 1.4 לאברהם לתת :]טובה ורחבה ארץ
4Q380 1 2.5 אלה[יך : עושה טוב[ה] ושנאי

1QS 11.14 שפטני וברוב טובו יכפר בעד
4Q181 1 1.3 רחמי אל לפי טובו והפלא

11QT 34.7 אחר יהיו טובחים אותמה

1QS 10.12 ולעליון מכין טובי מקור דעת

11QPs 18.14 עיני 𐤉𐤄𐤅𐤄 על טובים תחמל ועל

1QH 14.17 ידעתי ברוב טובך ובשבועה

1QH 5 1.1]˙ט צדק ˙[:
1QH 18 1.6 לישועתך [:]ט תבל ולנחול[
1QH 24 1.3 [:]ע בין ט˙˙[:]עים ו˙
4Q406 3 1.1]˙˙ ט[:]˙˙˙˙ה ˙ל[
4Q506 151 1.3 [:]ועד [:]˙ט[
4Q511 44+ 1.3 סודי : ˙ית ט˙˙[
4Q512 45+ 2.5 כול ט[
4Q512 95 1.2 ˙]˙˙˙[:]ן ט[:]˙[
4Q512 158 1.1]˙ט˙[
4Q512 175 1.1]˙˙˙ט ˙˙[:]˙˙[
4Q512 201 1.2]עם[:]ך ט[:]˙ [
4Q516 7 1.2]˙א˙˙ת˙ :]˙˙˙˙ט
4Q518 36 1.2]˙[:] ט[
4AgCr 1 1.4 זה סרך ט:]˙ הוליד
4pHs[a] 1.17]ט˙ פ˙˙
4QM6 43 1.1]<[ט˙]>ע˙[
4QM6 105 1.1]ט˙[:]˙˙˙[
4QOrd 1 1.1]ט:]א
5Q17 2 1.3]לקח בע[:]אם ט˙י˙[
11QPs[b] c 1.2 לדויד הנה מה ט : הטוב על
11QSS t 1.1]ט˙[
11QT 8.7 ˙ועשית[:]ל ט˙˙˙[:]ות
CD 15.16]עד[ ]ט אל : יבוא

1apGn 21.3 ודי עבד עמי טב ודי אתיבני
4Q185 1+ 2.10 וממר[ת ט]ב ימדה וכל
11tgJ 29.4 והן פתגם טב להוא : עליה

1Q70 13 1.1]טבא[:]˙ין [

1apGn 19.19]ום דא כול טבותא : [

1apGn 19.25 ל[י] טבתא וחכמתא

1apGn 22.11 די בזו וכול טבתהון ואף

11tgJ 16.4 כ]רוח טבתי

1QH 1.32 [ ]טה ˙˙˙ מרוב

TS 3 2.7 מצופות זהב טהוב ובין שער

1pHab 5.1 למוכיחו יסדתו טהור עינים :
1pHab 5.6 הוא אשר אמר טהור עינים
1QM 5.10 ושבולת זהב טהור בתוך הלהב
1QM 5.11 ברזל ברור טהור בכור
1QM 5.12 שבולת : זהב טהור חוברת בו
1QM 7.6 אשר לוא יהיה טהור ממקורו
4Q185 1+ 1.4]כי ˙[:]טהור וקדוש[:
4Q512 133 1.2]ן בט[:]˙ טהור[:]˙˙[
11QT 3.8 כליו יעשו זהב טהו[ר : ה]כפרת
11QT 3.9 אשר עליו זהב טהור[:]
11QT 3.12 יהיו זהב טהור ומחתו[ת :
11QT 3.15 נחו]שת טהור והמכבר
11QT 36.11 ארז מצופה זהב טהור ודלתותיו
11QT 41.17 מצופות : זהב טהור ובין (ע)
11QT 47.6 בתוכה יהיה : טהור וכול אשר
11QT 47.6 יבוא לה יהיה טהור יין ושמן
11QT 49.8 בהמה לכול איש טהור : יטמא

11QT 47.7 כול עור בהמה טהורה אשר

11QT 47.3 [ ]עריהמה טהורות וש[

4Q400 1 1.15 עד ויטהר טהורי : [
4Q403 1 1.13]נ[פלאות]טהורי עולמים
4Q405 3 2.3 נפלאותו לכול טהו[רי : רום

4Q403 1 1.42 רקיע זו טוהר טהורים למקדש
4Q504 9 1.3]צובי[:]˙ים טהורים[:]
4Q512 15 2.5 [: ואחר [: טהורי[ם

1QH 7.30 מפשעיהם ברוב טובכה ובהמון
1QH 10.16 לחסדכה בגדול טובכה ור[׃ כי
1QH 11.6 בני אדם וברוב טובכה ׃ תשתעשע
1QH 18.14 מבשר[ ]˙ טובכה לבשר
1QH 4 1.13]להשען על טובכה ויהם לבי
4Q512 41 1.6 צדק[׃ [טו]בכה ב˙˙ק[

4pN 3+ 2.7 זנוני זונה טובת חן בעלת

4Q405 20+ 2.11 פלא ממולח טוה רוחות

4Q403 1 1.19]˙ טוהר בשבעה
4Q403 1 1.42 יחד רקיע זו טוהר טהורים
4Q405 6 1.3 יח[ד רקי]ע טוהר[׃]˙
4Q405 13 1.3]טוהר בשבעה
4Q405 13 1.3 דברי ‹רום› טוהר[ו]ברך
4Q405 17 1.4 ובינה אמת ׃]טוהר מלאכי
4Q405 19+ 1.4 פלא ׃ ממולח טוהר [רו]חי
4Q405 23 2.10 מחשביהם ממולח טוהר חשב כמעשי
4Q512 33+ 1.10 וה בנד[ה׃]ר טוהר[׃]˙˙˙[
4Q512 29+ 1.10 לבוא [׃]˙ טוהר ודם עולת
11QSS j+ 1.4 פלא מ[מולח] ׃ טוה[ר
11QSS 3+ 1.4]טוהר בד[׃]
11QSS 8+ 1.5]ממולח טוהר צבעי ׃]˙
11QSS f+ 1.4]˙י טוה[ר]ם

CD 11.9 אל פתח כלי טוח בשבת

4Q511 146 1.3] ׃]ויז˙[׃]טומ[

1QS 10.19 לוא א‹תפוש›(טור באפ לשבי)
1apGn 17.10 לראיש ˙˙˙ ׃ טור תורא דן
1apGn 21.16 ואזלת ליד טור תורא

1apGn 12.13 כרם ˙˙˙ בלובר טורא ולשנין

1apGn 10.12 נחת חד מן טורי האררט˙˙˙

11tgJ 32.7 ישמע ויבחר לה טורי[ן] למ˙[

4pN 3+ 1.4] ארי טורף בדי גוריו

6QHym 18 1.1]טח [׃]ל[

1QH 4.23 לאורתום ולא טחתה בבושת פני

4Q511 48+ 1.3 להכניע[ ]טי טמאה כיא

4Q509 1+ 1.3 [׃]˙ומ˙˙[׃ ט]יט חוצות [׃

4Q502 22 1.3 כבודם א[׃]טים לשמחת [׃
4Q502 34 1.4 ומכר[כים ׃]טים והנ[

1apGn 16.16 ˙˙˙ טינה נהרא [

3Q15 11.17 המערבי ׃ טיף על ט[

1QM 12.9 כ]עננים וכעבי טל לכסות ארץ ׃
1QM 19.2] ט]ל ל[כ]סות
11Ber 1 1.8 גשמי ברכה טל ומטר יורה

11tgJ 31.6 ילד [ע]נני טלא ומן בטן מן

4QMes 2.2]˙˙תא באיש טלופחא ל˙˙[׃

11tgJ 28.7]˙תה מן טלל ופרס

4QPs[f] 2 9.8] שמ[י]ם טלם ׃ ואין שח[

1QS 3.5 בכול מי רחצ טמא טמא יהיה
1QS 3.5 מי רחצ טמא טמא יהיה כול
1QS 5.14 שבו מרעתם כיא טמא בכול עוברי
4Q186 1 2.1 שאר היש[׃]ג טמא׃]אבן צונם
4Q400 1 1.14] דרך וא[י]ן טמא בקודשיהם ׃
4Q402 4 1.4 ב]היותו טמא[ ]ת לוא ˙
4Q512 61 1.2 [˙˙˙˙]׃]ד טמא[
4Q512 86 1.2]˙˙[׃]טמ[א׃]˙תנו[
4Q513 36 1.1]טמא[
4QCat[a] 7 1.6 [ ]לאשר להמה טמא ול˙[
5Q13 4 1.3 בכפור[ים ׃]טמא טמא יהיה[
5Q13 4 1.3]טמא טמא יהיה[ ]
11QT 45.17 המקדש וכול טמא לנ‹פ›ש לוא
11QT 46.2] [׃ עוף טמא על מקד[שי
11QT 50.7 התורה הזואת טמא הוא עוד ׃
11QT 50.12 וכול הנוגע בו טמא עד הערב
CD 4.18 השלישית ׃ טמא המקדש
CD 11.19 ועץ ביד איש טמא באחת ׃ מן
CD 11.22 השתחות אל יבא טמא כבוס ובהרע

1pHab 8.13 פעל בכול נדת טמאה הלוא פת˙[
1QS 4.10 נדה בעבודת טמאה ׃ ולשון
4Q381 69 1.2]כל הארץ לנדת טמאה בנדת טמאה
4Q381 69 1.2 טמאה בנדת טמאה והפלא
4Q509 193 1.1] טמאה[׃]˙כל
4Q511 48+ 1.3]טי טמאה כיא בתכמי
4Q512 1+ 1.9] ׃ ומנדות טמאה והיום[
4Q512 73 1.4] מושב ב[׃]טמאה ˙[׃]אתה
4Q512 89 1.2]שכה מ[׃]טמאה[׃]אכל ו
11QPs 19.15 בי שטן ורוח טמאה מכאוב
11QT 47.5 מכול דבר לכול טמאה אשר יטמאו
11QT 58.17 מכול דבר טמאה ומכול

CD 5.11 את רוח קדשיהם טמאו ובלשון ׃

1QS[a] 2.3 באחת מכול טמאו‹ת› ׃ האדם

4Q514 1 1.5 וכול טמאי הימים
4Q514 1 1.8 הרישנה וכל[ט]מאי הימם

4Q513 2 2.1 [הקו]דש כיא טמאים[
11QT 50.18 חרש ישברו כי טמאים המה ולוא
11QT 51.1 יהי]ו טמאים ׃]

4Q504 25 1.2]תים [׃]טמאת[׃
4Q509 238 1.1]טמאת˙[׃]ל[
4Q512 152 1.2 ברש[׃]כול טמאת[

4Q156 2.3 ויקדשנה [ט]מאת[הו]ן [

4Q512 10 1.1]˙זוב טמאתו [׃ ‹] ˙
4QM1 15 1.8 ואת[מה ׃ ט]מאתו יתקרבו
11QT 50.8 טמא הוא עוד ׃ טמאתו בו כול

1QM 9.8 להתגאל בדם טמאתם כיא
1QM 13.5 עבודת נדת טמאתם כיא המה
4Q513 13 1.5 בשמן ˙[׃] טמאתם ˙[׃]
11QT 48.17 בתוכם ׃ בנדת טמאתם והצרוע
CD 12.17 שמו כהם כפי ׃ טמאתם יטמא

4QBer 10 2.4 במחשבות נדת [ט]מאתמה כיא[
11QT 45.10 יבואו בנדת טמאתמה אל
11QT 48.16 בהיותמה בנדת טמאתמה ובלדתמה

4Q381 31 1.1] ברשת זו טמ[נו]˙˙[

4Q509 7 2.6 הימים[׃]טן ק‹ד›שא˙ם ו[

1Q39 10 1.2] הגיע׃]טע רוזנים ׃][
6Q30 1 1.4 בוגד[ים׃]טע ת˙[׃] טעים

6Q30 1 1.2]˙˙[׃]˙טעה[׃ עד]ת

4Q185 1+ 1.9	להבה ישפט[ו]י רוחתיו ואתם
4Q185 1+ 1.13	והוא כצל י˙˙˙ על האו[ר
4Q185 1+ 2.7	כי אין חשך : י˙˙˙]
4Q374 3 1.2	] [˙˙] : [˙י לפדותך] : [
4Q374 3 1.3	˙י לפדותך] : [˙י בצו<ק>] :
4Q381 7 1.2	]˙˙ם [:]י˙ [ ]תו בכל]
4Q381 24 1.2	˙ואין מכבה עד י] : עד לכלה
4Q381 33 1.9	לפניך על ח]]י כי הגדל]ת
4Q381 33 1.10	]נפשי כי]]י גלו וא]
4Q381 45 1.1	˙]]י ואפחד ממך
4Q381 66 1.1	[˙י כ] :]י ן]
4Q381 72 1.1	[י וי] : [ ]˙ל˙]
4Q381 76+ 1.12	כי אם] : [˙י יהוה ישב
4Q381 83 1.2	]˙ני] : [י קדם] : [˙רתך
4Q381 98 1.2	]ראו] : [י וכ˙] :]ל ˙]
4Q400 3 1.4	]לת] [י :]
4Q400 7 1.2	]נועד[י :]˙י נק] : [לכול]
4Q400 7 1.4	] לכול] : [י קו] :]עת ק]
4Q401 1+ 1.2	[˙י ברו]
4Q401 4 1.1	[˙י פלא:]לכוהני
4Q401 6 1.3	]˙˙ [ ]שבעה:]י כבוד :]שרי
4Q401 31 1.3	]ת כב]וד :]י קו]דש
4Q401 36 1.2	] :]בהדר י˙] : [˙ ˙]
4Q402 3 2.4	י] : ישפט] :
4Q405 6 1.6	]ק]ודש :]י פלא נפלא]
4Q405 17 1.2	פלאים]]˙ה˙כ˙י] : [ ]יהם
4Q405 70 1.2	[˙]˙ : [י צד]ק :]ש ה]
4Q405 72 1.1	]י צדק] :]וצדק
4Q482 6 1.2	]גבולי י]
4Q487 7 1.3	] ולאה] : [י איש] :]ות חד
4Q487 8 1.5	<ב>מכול:] אל י˙]
4Q487 16 1.3	ינחלנה ואל י˙] : [˙]
4Q487 25 1.3	] : [ו צ˙ד] : [י˙˙]
4Q487 26 1.3	]מרמ] : [˙י ד˙
4Q487 27 1.3	או אש] :]לוא י]
4Q497 3 1.1	י˙] : ר˙]: כ˙]
4Q497 9 1.2	[˙] :]אור י] :]מת ו˙]:
4Q497 27 1.1	]י : [˙
4Q498 7 1.2	]ה לגיר] : [י˙]
4Q499 13 1.3	] : [˙˙] : [˙ י˙] :]ם ק˙˙]
4Q501 1 1.1	] [י<]˙ה˙> אל תתן
4Q502 12 1.2	צ]דק :]י ישמ] :]ריש
4Q502 19 1.7	] : ע]ונתם י] : [˙˙]
4Q502 22 1.1	[˙ך י˙] : [˙˙] [˙
4Q502 41 1.3	]הודות˙] : [י וה]
4Q502 44 1.1	[˙˙י˙] :]אתרפ˙] :
4Q502 72 1.2	[˙˙] : [ ]י] : [˙˙]
4Q502 85 1.1	[ ]י : [הש]
4Q502 105+ 1.3	י]ח[ד ל] : [י עולם] [˙]
4Q502 166 1.1	[י] : [ך י] :
4Q502 166 1.2	]י] : [ך י] :]ל יע]
4Q502 294 1.1	]ת י˙] : [˙ כ˙˙]
4Q502 336 1.1	[י]
4Q503 13 1.2	אורים] : [˙י אור ועד]ים
4Q503 40 2.7	] קודשים י˙]
4Q503 42+ 1.2	]]ם ˙] : [י לילה לאו]:
4Q503 42+ 1.6	˙]]אשר י]]לי
4Q503 56+ 1.3	[˙י מועדים :]
4Q503 72 1.4	]הקורא] : [י היום] : [˙
4Q503 74 1.4	אל י]ראל : [י קוד]ש :
4Q503 99 1.4	] : ב] : ש] : י]
4Q503 112 1.2	[˙ ˙] : [י בר]
4Q503 151 1.2	[˙ ˙] : [י]
4Q503 175 1.2	[˙˙] : [˙לוא י˙] : [˙ מ]
4Q503 213 1.1	[˙י ק]
4Q503 217 1.1	]י יום] :
4Q504 1+R 5.1	] [˙˙] [˙י ירי]
4Q504 1+R 7.4	: הודות <˙˙י> ביום השבת
4Q504 34 1.2	זכ] :]ם וכול י˙]
4Q506 156 1.1	[˙י˙] :]עש] : [
VACAT 4Q507 2 1.4	] : [˙י ˙˙˙ ˙כ˙] :

6Q30 1 1.5	]טע ת˙] : [טעים ולה] : [˙

1QM 5.13	גודלים וארבעה טפחים עד הבטן
1QM 5.14	והנה חמשה טפחים ויד

1QM 8.9	החללים קול חד טרוד לנצח
1QM 8.12	טריעים קול חד טרוד לנצח ידי
1QM 16.7	החללים קול חד טרוד לנצח
4QMl 11 2.6	ט]ר[ו]ד לנצח
4QMl 13 1.6	החללים קול חד טרוד והלויאים

1QDM 2.7	] [טרחכם

1QH 8.7	עולם : להשריש טרם יפריחו
1QS 6.10	דברי רעהו טרם יכלה אחיהו
4Q176 22 1.3	את כול] :]נו טרם היותם ובע

1Q55 1 1.3	˙˙ ימיש ממנו טרף]
1QH 5.18	] ˙טרף מכה :
1QSb 5.29	]כה טרף ואין
4pHsb 38 1.8	ג˙] : המי˙] : טרף] : מש˙] :
4pN 3+ 1.4	ללביותיו טרף :]
4pN 3+ 2.3	לא ימוש טרף וקול שוט

4pN 3+ 1.6	]חורה ומעונתו טרפה פשרו על
4pN 3+ 1.9	והכר]תי ט]רפה : ולא

11QPs 21.16	לוא השיבותי טרתי נפשי בה

11tgJ 14.2	]חזוני עלומין טשו וגברין ח]

1Q30 2 1.2	לתת] :]ל˙ל]]טת הדרך]

1pMic 22 1.1	]טתי ˙שר] : [

4Q506 132 1.8	]]טתנו[

י

1Q25 9 1.2	] ציון] : [י˙]
1Q70 5v 1.1	] קת י˙]
1Q70 20 1.1	]ם י˙] :]א˙]
1Myst 6 1.4	ה] :]ימים י˙] : [˙˙]
1pMic 22 1.4	ם צ˙ב˙] :]בל י˙˙]
1QH 5.35	ויהפך לי ל˙˙י לריב ושקוי
1QH 6.26	אבני בחן לב˙י ˙] : עוז
1QH 8.12	אש מתהפכת בל י]
1QH 8.14	חיים ויתן י]]˙ח עולם
1QH 9.15	במ[שפ]טכה ולא י˙]
1QH 9.32	היום]]˙˙הל˙י : ותוכחת
1QH 11.17	]י חסד ואדעה :
1QH 12.24	]רצ˙י : למקור נדה
1QH 16.5	הפקדתה בו פ˙י˙˙˙]
1QH 16.5	]˙˙י כשול בכול מ]
1QH 16.15	]ו ואל י] [
1QH 2 1.7	ואתה י˙] :]חמר
1QH 22 1.6	אלה ולה˙] :]י רצונך] :]ל
1QM 1.7	ל]כול]י חושך : ו]בני
1QM 7.18	]י המל] [:
1QM 14.17	ואור גודלכה י] :] [
2Q25 2 1 1.2	פיהם] : [˙י האסרים האלה]
2apMo 2 1.1	]י לבך ˙]
3Q14 4 1.6	בכול] : בכול י˙]
4Q176 1+ 1.10	]י ה]א[רץ
4Q176 6+ 1.3	[˙ימי י˙˙]
4Q176 8+ 1.15	[˙ת י˙] : [י ישמח
4Q176 8+ 1.16	[˙ת י˙] : [י ישמח] [ו]
4Q176 19 1.3	]שים עליהמה י]
4Q178 1 1.3	[˙דת הארץ י˙] :]בקש הי˙]
4Q178 3 1.3	]לם ושבי י˙] : אחר]ית

4apLm 1 1.15	פ]שעינו י˙]
4pHs^a 1.11	]מן מ[ ]˙י [אח]רית :]
4pHs^b 38 1.4	]: ע[: י˙[: ס˙[: ג˙]
4pIs^c 23 3.3	]: י˙]
4pIs^c 28 1.2	]:]כו אשר י[:]˙˙]
4pIs^c 43 1.1	]˙י˙ [:]מה[:
4pIs^e 1+ 1.1	]ש י]
4pIs^e 8 1.1	טל]ך בבל אשר י[: וא]שר
4pPs^a 1+ 2.11	[ב]כול ˙[ ]˙י הארץ והתדשנו
4pPs^a 1+ 2.23	התורה אשר לוא י]
4pPs^b 5 1.3	] :]˙ת המזבח י˙[:] השער
4QCat^a 2+ 1.11	וקץ מעמדם י[ ]ו לשונם]
4QCat^a 5+ 1.1	ההוללים אשר י[ ]בא על
4QCat^a 5+ 1.5	] עליהם בספר י[הנב]יא
4QCat^a 12+ 2.2	]]ם[: בליעל י[: לאחרית[:
4QFl 1+ 1.5	קדושי שם : י˙[ ]ה[ ]עלום
4QFl 1+ 1.17	רו˙[ ]י˙ אחריהמה
4QFl 4 1.7	ואל י[שר]אל י˙]
5Q13 5 1.2	˙יד בליעל ולוא י[: י]שראל
5Q17 2 1.3	בע[:]אם ט˙י˙]
5Q19 1 1.3	לפניך ול˙[:]˙י עלם ˙˙]
5Q23 1 1.1	]˙י ארץ ˙]
5Q25 3 1.2	]˙ר ˙˙רה [:]י בני יעקוב]
5QJN 1 2.12	]˙˙י כותא רומה
6Q22 1 1.2	]ים[:]˙ת י˙˙חד˙[:]˙ אל
6Q24 7 1.2	]˙ן[:]י
6apSK 6 1.1	]˙י˙[:]˙א˙]
6apSK 8 1.1	]˙˙י[:]ת˙]
6apSK 13 1.1	]י[:]˙˙]
6apSK 22 1.1	]י על˙[:]בבל ד
6apSK 62 1.2	]˙[:]˙גים י]
6apSK 67 1.2	˙[: י˙˙[: ו˙˙[:
6QHym 21 1.2	]˙˙˙˙˙[:]˙י ורוח]
11Ap^a 2.6	הארץ[ ]אשר י˙[ ]על[:]
11QSS 5+ 1.7	]˙י אלוהי]
11QSS f+ 1.4	]˙י טוה[ר
11QSS e 1.6	קודשים :]˙י רוקמה
11tgJ 3.3	לכן לבבי י[: כמ]לתי
11tgJ 13.5	לקצוי ארעא י˙[: במעבדה
11tgJ 17.8	]ו מן :]י[:]לא: יא[כל
11tgJ 25.7	התקלו[:]˙י לה איחל
11QT 12.16	]˙˙˙˙י˙[: למען]
11QT 24.4	]י הכרעים
11QT 30.4	תבנה [ ]י : עלי˙]
11QT 45.3	וכאשר י]
CD 15.14	והוא שוה בו י[ ] המבקר
MasSS 1.17	]י˙[ ]יו[:]
1Q24 1 1.3	וה˙ [:]ל˙˙יא ולנהן [:
1Q36 12 1.2	]ם ת[:]˙יא ממעון דעת]
1Q51 1 1.1	]אל˙ [ ] יא[: מ]אור
1apGn 2.9	וב[: ואמרת יא אחי ויא מרי
1apGn 2.13	תמלל ולי תאמר יא מרי ויא [:
1apGn 2.24	לחנוך אבוהי יא אבי ויא מרי
2Q33 9 1.3	] : [˙˙[:]יא]
4Q374 16 1.3	מא[:]˙ החל יא˙[:
4Q381 106 1.1	]˙ו יא[:]ומ]
4Q502 23 1.1	]יא[:]˙ א[:
4Q503 48+ 1.1	]יא ב[: יש]ראל
4Q508 34 1.1	]˙[ ]יא[:]˙י˙˙˙˙]
4Q509 58 1.7	]˙˙[: ג]אונו יא[ ]˙[:
4Q519 22 1.6	]ר עם[:]˙יא˙˙˙]
4AgCr 2+ 1.4	:VACAT]יא :]מה :]˙˙
4pIs^e 9 1.4	היח[ד :]˙יא˙[:]˙˙]
4QCat^a 23 1.1	]˙יא[:]אסף[:]
5QJN 1 1.6	ובל [שוק] <י>[א
5QJN 1 1.10	]יא תרי עשר
6QApo 1 1.4	כפיל[:]יא יפוק מן א˙]
6QApo 1 1.8	]עמין מן ˙[:]יא]
1apGn 20.4	] [כמא יאא לה חדיה
4Q508 11 1.2	] :]ל˙ ולמען י˙]
4Q508 31 1.1	]˙י טיו˙[:]אמ˙
4Q508 32 1.1	]י ˙[ ]˙ים [:
4Q508 34 1.2	]˙[ ]יא[:]˙י˙˙˙˙]
4Q509 30 1.2	]˙˙[:]שר י[:]הלכ<ת>ה]
4Q509 48 1.3	]˙ כ˙[:]˙˙י]
4Q509 58 1.6	˙[ ]˙˙[:]˙י קוד[ש]˙˙[:
4Q509 64 1.1	]˙י[:]˙ ר˙]
4Q509 74 2.1	]ה : י˙[:]כ]
4Q509 97+ 2.8	˙א על˙יכ[: ˙˙י˙[ ]˙שוב˙]
4Q509 112 1.2	]˙ מר˙[:]ק י˙]
4Q509 131+ 2.20	˙[: ל˙[:]˙י]
4Q509 161 1.2	]˙רינו ˙[:]˙י לוא נ[:
4Q509 184 1.13	]מאכל ל[:]י נדה
4Q509 184 2.11	˙[: י]
4Q509 200 1.3	]˙˙ל י]
4Q509 202 1.1	]˙י[:]˙ב[:]ש
4Q509 257 1.1	]י ר[:]ה בם]
4Q509 263 1.2	]ת [:]˙י˙]
4Q509 269 1.2	]˙וא[:]˙˙י]
4Q509 304 1.1	]˙י ד˙]
4Q511 1 1.4	ישמיעו[ ]י תפארת: כולם
4Q511 2 1.1	שיר[ ]י]
4Q511 7 1.4	] לכול בשר :]י
4Q511 8 1.6	לכל[ת :]˙˙י אל בסתר שדי
4Q511 13 1.1	] ופ י[:]˙˙]
4Q511 14 1.2	]מוד˙[:]י עול[ם :]˙˙˙
4Q511 17 1.4	רוב אונים לוא י[:]˙˙מ˙]
4Q511 18 1.8	]י :]
4Q511 18 2.1	]˙י :]
4Q511 18 2.4	]י :]
4Q511 36 1.4	אלוהי[ם :]˙י וא[נ]י ל]
4Q511 37 1.2	]ם[:]˙י ˙[ ]˙ במקום
4Q511 42 1.3	כול [:]˙י תעודתי פלגתה
4Q511 52+ 1.7	]מגערתכה י [ ] ברוב
4Q511 63 1.6	] VACAT:]˙י ברזי :]נו
4Q511 73 1.1	]י הכווה גדול :
4Q511 88 1.1	]˙י[:]כול מ˙]
4Q511 92 1.2	]איו[:]י כ˙]
4Q511 97 1.1	]צפור כנף י[:]לב[ ]ל]
4Q511 102 1.1	]˙י ˙[:]בלוא]
4Q511 110 1.2	]ין ב[:]י הד[:]ל]
4Q511 111 1.5	]בקצו:]י כבוד :
4Q511 118 1.1	י˙˙]
4Q511 122 1.1	]˙ י˙˙˙ ˙[:]˙ות
4Q511 128 1.2	]˙[:]י כול י[:]˙ו
4Q511 128 1.2	]˙[:]י כול י[:]˙ו˙[ ]˙˙
4Q511 137 1.3	]ים ב[:]˙י עולמי[:
4Q511 176 1.2	א]לוהי[:]י˙˙]
4Q511 190 1.1	]˙י ˙˙[:]˙ם]
4Q512 28 1.3	לשונ[י :]י לפניכה א[:
4Q512 56+ 1.6	]י חסד :]
4Q512 111 1.1	]י˙˙[:]עם כ]
4Q512 115 1.1	]י ד˙[:]˙ת<ל>י
4Q512 129 1.1	]˙י ˙[:]˙]
4Q512 134 1.1	]˙ ˙י[:]˙ק ˙˙]
4Q512 195 1.1	]י]
4Q513 10 2.10	אה[רון : נ[: י]
4Q513 23 1.1	]י מכו[:]צדק]
4Q513 28 1.1	]י[:]ש כה [:
4Q515 8 1.1	]˙י˙[:]ה ו[:]
4Q515 12 1.1	]הר י[:]ל]
4Q517 6 1.2	]˙ה[:]˙˙י]
4Q517 24 1.1	]י צ[:]ש כ]
4Q517 37 1.1	]˙ ˙י]
4Q517 50 1.2	ל˙˙˙ :]י˙ר˙˙]
4Q517 76 1.1	]˙˙˙י[:]לוה]
4Q518 37 1.1	]ולוא י˙[:]˙˙˙]
4Q519 55 1.2	]˙˙[:]י˙[:]˙[ ]˙
4Q520 5 1.2	]˙˙˙˙ ˙˙[:]י˙˙˙ע[ ]˙˙]
4Q520 28 1.2	]:]˙י : ב[: ב]

1apGn 20.8 ודלידיהא : יאא וכדי שמע

1QS 5.5 ומחשבת יצרו יאאם למול ביחד

1pHab 6.10 הכתיאים אשר יאבדו רבים
4Q381 29 1.3 רוח אפך ‹יאבדו› כל

4Q381 51 1.1]ת יאג˙[:]˙תני

2Q26 1 1.1 י]אדיחו לוחא

1QDM 1.5 כ]י לוא [יא]הבו :

4Q489 8 1.1]˙יאו[

4Q504 1+R 4.6 ותבחר בשבט : יאודה ובריתכה

4Q513 11 1.1]אם יאוכלו מהמה :
11QT 21.7 [:] יאוכ]ל[ו] כול

11QT 20.12] [יא[וכ]לום

4QOrd 1 2.4 אשר אין לו יאוכלנה וכנס

11Mel 2 3.3] : אל יאו[סיפו :

1QM 1.8 ובמועד אל יאור רום גודלו

1QM 1.8 ו[בני]דק יאורו לכול

CD 20.7 הקדש אל בת יאות איש עמו

11tgJ 16.8 ועדק[י :]חיל יאחדון לבו[שי

1pHab 7.10 יבוא ולוא : יאחר

3Q15 3.1 בחצ[ר]˙יאט תחת הפנא

1apGn 19.15 ותמרא : חדא [יאי]א [

4QM1 1+ 1.7]ממ[ ]˙יאיהם

4Q176 43 1.2]ים ה[:]˙יאים[
4Q509 5+ 2.1]ם :]ש˙˙ יאים[:]ה

1apGn 20.3 שער ראישה כמא יאין להין לה
1apGn 20.5 ידיהא כמא יאין כפיה ומא

11QT 9.12 כברים : [י]אירו כול

4Q514 1 1.10 כמ[שפט יאכ]אל איש ואל

4Q514 1 1.2] [: אל יאכל[
4Q514 1 1.4 [: יאכל[ ]אשר
4Q514 1 1.7 ה[ט]הרה : ואל יאכל וזעוד
4Q514 1 1.8 וגם אל יאכל עד בטמאתו
4QOrd 1 2.5 השדה יאכל בפיהו ואל
11tgJ 18.1]י :]לא: יא[כל
11QT 43.4 באלה הימים יאכל ולוא
11QT 43.11 באש ישרף לוא יאכל עוד : כי
11QT 43.17 ובימי הקודש יאכל ולוא יאכל
11QT 43.17 יאכל ולוא יאכל בימי
CD 10.22 אלף באמה : אל יאכל איש ביום
CD 10.23 בשדה ואל יאכל ואל ישתה

4Q514 1 1.6 וטהרו ואחר יאכלו את לחמם
4Q514 1 1.9 וטהרו ואחר יאכלו את לחמם
CD 12.13 והדגים אל יאכלו כי אם

4Q185 1+ 2.13 אדם יעשנה ולא יאל על[ ]ו[ ]

6QPro 4 1.3]ה[א˙[:]˙˙יאם˙[:]מהו[[

1apGn 2.14 [: עדינתי יאמיא אנה לך

1pHab 2.14 בברי]ת ולוא יאמינו :

1pHab 2.6 אשר לוא יאמינוא :

CD 10.2 את אל אל יאמן איש על

4Q185 1+ 2.11]אב[ ]יאמר המתמ˙˙בה
4pIs^{e} 6 1.3]]לא יאמר שוע כי
11tgJ 33.5 סיף ולקל קרנא יאמר האח ומן :

4Q385 3 1.2 מהר עד אשר יאמרו [

11QT 53.20 ואם : הנא יאנה אביה אותה

1QDM 3.3 י]אסוף ל[ו

4pUn 1 1.4 היאה הצדק[ה: יא]ספו את צ˙[:
4QM2 1 1.8 [ואחר יאספו המח]נה[

4Q517 72 1.1]יאפ[

4QM1 1+ 1.9 מכול שבטיהמה[י]אצאו מחוצה

11tgJ 16.6 י]ומי תשב‹ר›א יאקפוני : [

1pHab 7.7 פשרו אשר יארוך הקץ

CD 5.15 ינקה כהר ביתו יאשם כי אם

1pHab 5.5 ובתוכחתם : יאשמו כל רשעי
4Q381 79 1.3 א]שמה ועמי יאשמו יחד עמהם
4pHs^{b} 2 1.5 ע]ד אשר [י]אשמו ובקשו
11QT 59.9 געלה נפשמה עד יאשמו כול אשמה

4Q176 52 1.2]˙[:]אין יב[
4Q507 1 1.3 צעדינו עם נדה יב[:] כול ה[:
4Q509 185 1.4 ˙[: יב˙˙˙˙[: ת˙[
4Q509 226 1.1]חר יב[

CD 11.9 ממנה : ואל יבא אליה אל
CD 11.22 בית השתחות אל יבא טמא כבוס

CD 12.14 במיניהם יבאו באש או
CD 14.10 על פיהו יבאו באי העדה

1pHab 8.3 ואף כיא הון יבגוד גבר יהיר
1pMic 11 1.5 אויבי[ו :]˙ יבגוד[ ]˙ו˙[:

6QApo 1 1.5 מן א˙[:]ה יבדה ע[:] כול

1QS 9.5 בעת ההיאה יבדילו אנשי :

1QS 8.11 בתמים דרך : ‹יבדלו› קודש
1QS 8.13 האלה› יבדלו מתוך

4Q510 1 1.3 גבור[ת]ו יבהלו ויתפזרו
4Q511 37 1.5 וכו[ל :]יבהלו ויחפ[זו

1Myst 1 1.4 ידעו מה אשר יבוא עליהמה
1pHab 3.8 כולו לחמס יבוא מגמת :
1pHab 7.9 לו כיא בוא יבוא ולוא :
1QH 3.39]ל בל יבוא ˙˙˙ ב[:
1QH 6.27 ימוטו כי לא יבוא זר˙[ ]
1QH 6.28 ישוברו בל יבוא גדוד בכלי
1QH 6.35 שוט שוטף בל יבוא במבצר [:
1QH 47 1.4 ל[: לוא יבוא כי˙[:
1QH 57 1.2 [˙˙שם [: יבוא [

1QS 5.8	לעצת היחד : יבוא בברית אל
1QS 5.13	שרית אל יבוא במים לגעת
1QS 5.20	הונ(ו)ם וכיא יבוא בברית
1QS[a] 1.12	ועשרים שנה יבוא להת[יצ]ב
1QS[a] 1.20	איש פותי : אל יבוא בגורל
1QS[a] 2.4	האדם אל יבוא בקהל אלה
1QS[a] 2.10	תוך[ל]א יבוא האיש כיא
1QS[a] 2.12	]המשיח אתם יבוא[
4Q176 12+ 1.2	לוא[יוסי]ף יבוא[: מע]פר
4Q512 42+ 2.2	] : ואחר יבוא[
4QFl 1+ 1.3	הבית אשר לוא יבוא שמה :]
4QM1 1+ 1.10	ההואה לו[א יב]וא אתמה
4QM1 11 1.13	זולתי ולוא יבוא ביא כיא
4QOrd 1 2.5	ואל ביתו לוא יבוא להניחו[:
11Ap[a] 4.5	רשפ[ ]יבוא אליך
11QT 35.5	כו]הן אשר יבוא : א˙˙˙˙
11QT 38.7	]כול עץ אשר יבוא ל˙˙[:]
11QT 45.7	מקרה לילה לוא יבוא אל : כול
11QT 45.10	השמש אחר : יבוא אל המקדש
11QT 45.11	שכבת זרע לוא יבוא אל כול
11QT 45.16	במים חיים אחר יבוא אל עיר :
11QT 47.6	טהור וכול אשר יבוא לה יהיה
11QT 50.13	לתוך הבית יבוא עמה יטמא
11QT 52.20	בתוכה אשר לוא יבוא לתוך
11QT 58.9	אשר לוא יבוא גדוד אל
11QT 58.18	ולוא יצא עד יבוא לפני
11QT 58.19	יצא ועל פיהו יבוא הוא וכול
11QT 60.12	הימים : וכי יבוא הלוי מאחד
11QT 61.4	הדבר : ולוא יבוא הוא הדבר
CD 2.10	ונהיית עד מה יבוא בקציהם
CD 7.11	אשר אמר יבוא עליך ועל
CD 12.6	שנים ואחר : יב[ו]א אל הקהל
CD 15.17	]ט אל : יבוא א[ל
1pHab 3.11	וממרחק : יבואו מאיי הים
1pHab 4.12	ז]ה אחר זה יבואו : לשחית
1pHab 7.13	כול קיצי אל יבואו לתכונם
1pHab 10.12	לריק בעבור יבואו : למשפטי
1QDM 1.10	והיה [א]שר יבואו ע[לי]הם
1QM 7.3	ואשה לוא יבואו למחנותם
1QM 9.7	מרחוק ולוא יבואו : אל תוך
1QM 19.9	הבוקר ובבוקר יבואו עד מקום
1QS 3.2	והונו לוא יבואו בעצת יחד
1QS[a] 2.8	העדה : אל יב[ואו]אלה
4Q402 8 1.4	[:]˙ל יבואו ˙[:]˙
4QM2 1 1.9	] : [וב]בוקר יבואו עד מקום
11QT 8.14	הזה :]יבואו א[
11QT 39.10	] לי אחר יבואו מבן :
11QT 45.10	אל המקדש ולוא יבואו בנדת
11QT 45.13	איש עור : לוא יבואו לה כול
11QT 45.17	לנ<פ>ש לוא יבואו לה עד
11QT 45.18	ומנוגע לוא יבואו לה עד
11QT 48.15	ובנתק אשר לוא יבואו לעריכמה
1QH 8.26	לפני : חום יבול עליו ולא
4Q502 9 1.6	ואדמתנו וכול יבולה :]עם
4QM1 11 1.14	ואין :]˙יבום אני עם
3Q14 11 1.1	]יבון ידע[:]ש[
11QT 57.8	הברורים אשר יבור יהיו אנשי
4pIs[c] 18+ 1.5	יבו]ש יעקוב[
4pPs[a] 1+ 2.27	] : ל[וא י]בושו ב[עת
4pPs[b] 3 1.3	ק[:]לוא יבושו]
1pHab 4.5	הכתיאים אשר יבזו על: מבצרי
1QM 16.15	] ל[ב]ב עמו יבחן במצרף
1QS 9.2	אב השוגג : יבחן שנתים
4Q185 3 1.2	כ˙[: אל]הים יבחן כל˙˙[:]
4QM1 11 2.12	[ו]לב עמו יבחן במצרף לוא
1QS[b] 3.2	לכה[ונתב]ה : יבחר ויפקוד
4pIs[c] 25 1.8	]˙˙˙˙ אשר יב[טחו] [
11QT 23.2	]אשר יבי[:]
1QS 6.1	עוון וגם אל יביא איש על
1QS 11.13	ובחסדיו יביא : משפטי
CD 9.3	הברית אשר יביא על רעהו
1QS 6.14	ואם ישיג מוסר יביאהו : בברית
1QS 1.11	הנדבים לאמתו יביאו כול דעתם
11QT 29.6	מתנותמה אשר יביאו לי לרצון
11QT 43.13	יוכלו להביא יביאו ואם לוא
11QT 47.8	עריהמה לוא יביאו לה כי
11QT 47.9	עיר מקדשי לוא יביאו : כי
1QM 7.12	המקדש לוא : יביאום הכוהן
4Q511 21 1.1	י]ביאום[:]פט
1QS[b] 1.26	] עולם יביאכה [:]
1QH 10.3	[:]˙יכה לא יביט כול ומה
1QS 3.3	לבו וחושכ יביט לדרכי אור
1QH 12.27	]יבין :]שיו
1QS 11.22	יד ולעצת מה יבין
4Q381 31 1.5	מח]שבתיך מי יבין להמא כי
4Q401 16 1.4	כבו]דו מי יבין באלה :]ב
4Q485 1 1.6	כתוב[:]˙ אשר יבי[ן]
1QH 1.37	]ילי לב לא יבינו : אלה ˙
2Q27 1 1.4	את[:]ולו יבינו מוע[:
4pN 3+ 3.4	ישראל : ורבים יבינו בעוונם
4VSam 3+ 2.6	] י]בינו רבים
1QH 8.18	ח˙ : פיתאום יביעו מחובאים
4QPs[f] 2 7.5	]: [יביעו]ן ראשם
11tgJ 36.7	מן פמה בצורה יבית תקפה
4pHs[b] 11+ 1.7	יעש]ה זרים יבלעוה[ו
4Q379 22 2.8	א]יש אשר יב[נ]ה את
4QFl 1+ 1.10	יהוה כיא בית יבנה לכה
4Tstm 1.22	ארור היש אשר יבנה את העיר
4Q374 2 2.10	]]ל˙להושיע יבע[ ]ש˙˙ ו˙[
1apGn 19.19	˙˙˙ די יבעון למקטלני
1QDM 2.9	] יב]ער וחרה אף
1QH 6.18	בשביבי נוגהו יבערו כול ב˙[
1QS 2.15	וקנאת משפטיו יבערו בו לכלת
4pIs[c] 6+ 2.1	] [כיא יבצע[
4Q504 7 1.7	יב]צר מטכה כול
11tgJ 28.3	מרחי[ק] יבקון הא אלהא
1QH 2.27	רבים למזורות יבקעו : אפעה

4QCat[a] 2+ 1.5 הימים בעת אשר יבקש˙[:]˙
4QCat[a] 21 1.2]˙˙[:]אשר יבקש˙[: ב]קש

4pIs[c] 13 1.5 ב]יום ה[הו]אה יבק[שו :]˙צי
4pPs[a] 1+ 2.18 ומנשה אשר יבקשו לשלוח יד
4pPs[b] 1 1.3]א לכ˙[: א]שר יבקשו[:
4QCat[a] 7 1.2]˙˙[:]ד אשר יבקשו לחבל[:

4Q185 1+ 1.12 ימצא מרוח יבקשוהו ולא

4Q185 1+ 2.14] : מרמה לא יבקשנה ובחלקות

4Q502 167 1.2]˙˙[:] יבר[:]וך א[

1QS 9.26 תמיד :]קה יברכ עושיו
1QS[b] 3.28 כול בשר בידכה יברך : ופע[מי
4Q403 1 1.16 דעת[ ]יברכ בשב[ע]ה
4Q403 1 1.17 בנש[יאי רו]ש יברך בש[ם]
4Q403 1 1.19 בנש[יאי] יברך בשם [
4Q403 1 1.21 בנשיאי רוש יברך בשם[
4Q403 1 1.24 בנשיאי רוש : יברך בשם קודשו
4Q404 2 1.2 לכול[:]רוש יברך בשם
4Q404 2 1.5 פ]לא : ר]וש יברך ב[שם :
4Q405 3 2.5 רו]ם ולכו[ל : י]ברך בשבעה
4Q405 3 2.6 בנשיאי רוש יברך בשם ה[וד
4Q405 13 1.3]]פלא יברך בשם[
4Q405 13 1.5 [נשי]אי פלא יברך בשם
4Q502 97 1.1 יבר]ך להם[:
4Q503 29+ 2.6 של[ו]ם[: א]ל יברך ישורו[ן :
4Q512 33+ 1.6]להתקדש :]שר י[ברך]
4Q512 17 1.1 י]ברך את[:
4Q512 51+ 2.8 במים [: יברך וענה
4Q512 78 1.2]במ[: י]ברך[:]˙תנ[
11Ber 1 1.6 מלאכי קודשו : יברך אתכם אל
11QSS b+ 1.9 לברך [:]לא [י]ברך ב˙[:]
MasSS 2.24] יבר]ך בשם כבוד

1QS 6.3 יואכלו : ויחד יברכו ויחד
1QS[a] 2.21 בלחם [יבר]כו כול עדת
4Q502 105+ 1.1 יב]רכו את אל
4Q502 161 1.2]˙ו בכ[:]יברכ[ו
4Q503 1+ 2.1]רקיע השמ[י]ם יברכו וענ[ו
4Q503 1+ 2.6 בע]רב יברכו וענו
4Q503 1+ 2.12 על הארץ יברכו ועו[ד] :
4Q503 17 1.1 יבר]כו וענו [
4Q503 24+ 1.3]על הארץ יברכו[
4Q503 27 1.4 חשב לו[:]יברכו את[:
4Q503 29+ 2.7 ע]ל[הא]רץ יברכו[
4Q503 29+ 2.12 לחו[דש ב]ערב יברכו וענו[
4Q503 29+ 2.22 י]ברכו וענו
4Q503 33 1.18 ל]חודש ב[ע]רב יברכו וענו
4Q503 42+ 1.4 ל]חודש[ב]ערב יבר[כ]ו וענו
4Q503 48+ 1.7 על[ה]ארץ יברכו וענו
4Q503 64 1.7] על הארץ יברכו[
4Q503 68 1.4]חקו מר[: יב]רכו ו[ענו :
4Q503 76 1.1 בע]רב יברכ[ו
4Q503 87 1.3]˙[:]ה[˙] : יב]רכו[:
4Q503 152 1.3] VACAT [: יבר]כו וענו [
4Q503 163 1.3]VAC[: י]ברכו[:]˙˙[
4Q503 223 1.1]יבר[כו
4Q511 63 4.1]ות ח˙[ ] : יברכו כול

4Q511 1 1.3 ממשלתה תמיד יב[רכו]הו

1QH 11.25 לעולמי עד יברכוכה בפי

1QS 2.2 דרכיו ואומרים יברככה בכול :
1QS[b] 1.3 ת]עמוד לעד יב~~רכבה~~<רככה>
1QS[b] 3.25 כאש[ר] : בחר יברככה אדוני

4QCat[a] 2+ 1.10 כיא לעולם יברכם[

1QS 9.26] שפתים יברכנו : עם

1QS 4.20 נחרצה ואז יברר אל באמתו

11QPs 24.12 לשוב אל<י> יבש : ש<ו>רשיו

1QH 3.31 וברקוע יבשה יסודי

4Q381 39 1.2 יכנעו [:]יבשו[

1QH 2.5 שמחה לאבל יג[:]לים
1QH 11.22 קינה לכול אבל יג[> ומספד
4Q381 6 1.1]מני יג[:]˙ו

11QT 47.13 מקדשי ולוא יגאלו את מקדשי

4pMic 1+ 1.4] : [יגא]לך[י]הוה

4Q401 14 2.5 לוא יכול[ו : יגבר א[לוהים:

4Q400 1 1.9 וחוק בחוק יגברו לשבעה :

1QS[b] 5.28 ובשם קודשו יגברכה :

11QPs 18.14 ועל מפאריו יגדל חסדו :

CD 12.8 אשר לא : יגדפו כי אם

CD 12.16 והעפר אשר יגואלו בטמאת

4QMl 11 1.17]˙ ומיא יג<ו>דוניא

1QH 11.22 ולהגות הגו : יגון <ואנחה
1QH 11.26 בקול רנה ואין יגון ואנחה
1QS 4.13 לדורותם באבל יגון ורעת
4Q508 39 1.1 חיינו בלב יגון י[ומם :
4Q509 12i+ 1.6 תז]כור : יגון ובכי
4Q509 16 4.4 על תעניתם :]יגון זקנינו

1QH 5.13 נפשי : ודנת יגוני הכרתה

CD 14.15 ולזקן אשר : [יגו]ע ולאיש

1QH 3 1.15]ל עולה ורמיה יגורו וחדל

1Myst 1 1.11 מי : יחפץ כי יגזל ברשע הונו

11Mel 2 3.6]והוא[ה] יגיד[:
11QPs 28.7 מעשי : כי מי יגיד ומי ידבר
CD 9.12 יודע הוא ולא יגיד ואשם : כל

11QPs 28.6 והגבעות לוא יגידו עלו
11QT 56.3 פי התורה אשר יגידו לכה ועל
11QT 56.7 מן התורה אשר יגידו לכה ימין

1QH 17.28]ה ימצאוה :]יגיה ואוהביה [

1QH 3.9 ובחבלי שאול יגיח : מכור

1QH 12.22 ובקץ כבודכה יגילו ולפי˙[
1QM 17.8 וכול בני אמתו יגילו בדעת
4Q405 23 1.7 הטוהר יגילו בכבודו
4Q511 1 1.5 תפארת: כולם יגילו לאלוהי
4Q511 8 1.2]ם כ˙˙[:]יגילו באלוהים[
4Q511 27 1.2 ˙הש[: ע]ליה יגיל[ו :]ם
4Q511 28+ 1.2 מגויים : [י]גילו באלוהים
4Q511 140 1.3]ת˙˙לא [:]יגילו [:]˙ל[
11QPs 22.7 נכרתו ממך יגילו בניך

4pIs[c] 21 1.14]חנם יגיעו כ[ול
CD 15.5 את בניהם אשר יגיעו : לעבור

11QT 55.10 תבנה עוד ולוא ידבק : בידכה

11tgJ 36.2 ה˙˙[: לחדה ידבקן ורוח [

1pHab 6.13 לראות מה ידבר : בי ומה]
1QS 5.25 לאיש אל ידבר אלוהיהי
1QS 6.10 לעצת היחד אל ידבר איש בתוך
1QS 6.10 וגם אל ידבר לפני
1QS 6.11 האיש הנשאל ידבר בתרו
1QS 6.11 הרבים אל ידבר איש כול
1QS 6.13 אם יומרו לו ידבר וכולה
1QS 7.5 ומובדל ואשר ידבר את רעהו
1QS 7.9 כול דבר ואשר ידבר בפיהו דבר
4Q381 92 1.1]ידבר [:]˙[ ]
4pIs[e] 7 1.1]ת ידב[ר: [
4Tstm 1.7 אל דברי אשר ידבר הנבי בשמי
5Q21 2 1.2 ידבר
6apSK 57 1.2 א]שר ידבר[: וית]קע
11QPs 28.7 מי יגיד ומי ידבר ומי יספר
11QT 61.3 יהוה ואשר ידבר הנביא בשם
CD 20.17 ברית אל אז יד[בר] איש :
CD 10.17 וביום השבת אל ידבר איש דבר :
CD 10.19 הון ובצע : אל ידבר בדברי
CD 14.11 לדבר למבקר ידבר : לכל ריב
CD 14.21 ימים ששה ואשר ידב[ר

1pHab 3.13 × : אפים ידברו עם כול]
1QH 4.16 ולשון אחרת ידברו לעמך :
1QM 10.5 ו[ש]וטרינו ידברו לכול
4Q502 19 1.5] : ואח[ר]ידברו אנשי [

11tgJ 10.4 הד]נח חללת ידה תנין ערק :

1QM 15.13 אל ישראל מרים ידו ב[גבול]ת
1QM 16.6 הטל ירימו איש ידו בכלי :
1QM 17.9 אל עד יניף ידו [ו]מלא
1QM 17.12 הטל ירימו איש ידו בכלי
1QS 6.5 הכוהן ישלח ידו לרשונה
1QS 6.5 הכוהן ישלח ידו לרשונה :
1QS 6.27 [הו]שיעה ידו לוא ונ(
1QS 7.8 ואם לוא תשיג ידו לשלמו
1QS 7.13 ואשר יוציא ידו מתוחת בגדו
1QS[a] 2.18]איש את ידו ברשת :
1QS[a] 2.20 והתירו[ש]ידו בלחם לפנים
4Q176 18 1.1]נחלת ידו כי לוא
4Q512 21+ 1.1]מה ונתון את[י]דו לש[:
4pHs[b] 2 1.3 אשר ישלח ידו להכות
4pIs[a] 2+ 2.25 [:]]ידו הר בת ציון
4pIs[b] 2.4 הביטו ומעשי ידו לא ראו לכן
4pIs[b] 2.8 יהוה בעמו ויט ידו עליו ויכהו
4QM1 11 1.23 [:]ה להודיע ידו בכוח[:
4QM1 11 2.5 ירימ[ו אי]ש ידו בכלי
4QM1 28 1.1]ידו˙[:]ל בו
4Tstm 1.19 חילו ופעל ידו תרצה מחץ
11QT 15.16] מלא : י[דו] לל[בו]ש
CD 9.10 מאמרם הושיע ידו לו וכל
CD 11.6 אל ירם את ידו להכותה
CD 12.6 אל ישלח את ידו לשפוך דם

4QCat[a] 12+ 1.9 המ˙[:]תמד ידוד הצ[די]ק

4pN 3+ 3.2 כול רואיך ידודו ממך :
4pN 3+ 3.5 כבוד יהודה : ידודו פתאי

1pPs 3 1.3 מלכי צבאות ידו[דון:] ה

4Q156 2.5 אהרן ת[רתין ידו]ה[י ע]ל :

11tgJ 28.8 כ]מי ארו בהון ידון ע[ממין :

4Q405 8+ 1.3]בכול ידועי :

CD 4.2 מעלי הם יגישו לי חלב

4Q487 6 1.4 לשל[:]ואל יגל[:]ב לבו

1Myst 1 1.6 לעד והצדק יגלה כשמש תכון
11QT 66.12 אביהו ולוא יגלה כנף אביהו
11QT 66.13 אחיהו ולוא יגלה כנף אחיהו
CD 20.20 שמו עד יגלה צ ישע

4pN 3+ 3.3 באחרית הקץ יגלו מעשיהם

1QS 6.16 לעצת היחד לוא יגע בטהרת :
1QS 6.20 יוציאנו אל יגע במשקה
1QS 7.19 ברשונה ( )לוא יגע בטהרת
1QS 7.20 ובשנית לוא יגע
1QS 8.17 ביד רמה אל יגע בטהרת אנשי
11QT 50.5 איש אשר יגע על פני
11QT 50.8 כול האדם אשר יגע בו יכבס
11QT 50.21 כול איש אשר יגע בהמה

1pHab 10.7 יהוה צבאות יגעו עמים בדי

11QT 49.12 ודלתותיו יגרודו :

1QH 2.13 רפש : וטיט יגרישו ותשימני

1QS[a] 1.13 שלושים שנה יגש לריב ריב :

4QM3 1 1.6 הבנים לוא יגשו ותקעו

1apGn 21.17 ליד פורת עד יד דבקת לימא
1QH 8.22 כבוד בהניפי יד לעזוק :
1QH 8.24 מעוז ואם אשיב יד יהיה כער ˙[
1QH 8.33 [ ]ן להניף יד :]לי בלכדה
1QM 1.1 ראשית משלוח יד בני אור
1QM 1.14 ובגורל השביעי יד אל הגדולה
1QM 1.17 הבינ]ים יתנו יד בכל[י] :
1QM 3.8 החללים יכתובו יד גבורת אל
1QM 4.3 מאת : אל יד מלחמה בכול
1QM 12.4 מלאכיכה לרשות יד : במלחמה [
1QM 13.14 ועם : אביונים יד גבורתכה
1QM 18.1] ובה[נ]שא יד אל הגדולה
1QM 18.3 סו]ר משאת יד אל ישראל על
1QM 18.11 כיא [היאי]תנו יד חסדיכה עמנו
1QM33 1 1.5 הפלא˙[:]תנו יד חסדיכה[:]
1QS 6.19 ואת מלאכתו אל יד האיש :
1QS 7.15 והמוציא את יד שמאולו לשוח
1QS 11.22 חמר ויוצר יד ולעצת מה
1QS[a] 1.23 איש בסרכו על יד ראשי :
1QS[b] 4.24 ולוא ביד שר יד]
3Q15 10.12 עסרין : תחת יד אבשלום מן
4Q380 3 1.1]ת לויתן יד תמי˙[:]ק
4Q381 18 1.3]מבר[:]ב על יד[:]לת כבוד
4Q381 37 1.1]יד :]מכל :
4Q403 1 1.39 והודותם במשוב יד גבורתו
4Q503 1+ 2.5 בכו]ח יד גבורת[ו
4Q512 203 1.1]יד[
4pPs[a] 1+ 2.18 יבקשו לשלוח יד : בכוהן
4QM1 1+ 1.3 לרשות יד[ב]מלחמ[ה
4QM3 1 1.3] יד במערכות :
4QM3 1 1.8 לשלוח יד במלחמה
5Q13 5 1.2 ˙˙˙מה [:]˙יד בליעל ולוא
6QHym 1 1.4 מ[: וא[: אב[: יד˙[: תרוע[ה:
11Mel 1+ 2.3 כול בעל משה יד אשר ישה]
11QPs 28.13 גב[ ]רה ל[ ]יד משמשחו נביא
11QT 46.13 להמה מקום יד חוץ מן העיר
11QT 61.12 בעין שן בשן יד ביד רגל
CD 20.30 ולא ירימו יד על חקי קדשו
CD 14.13 ונתנו על יד המבקר

4QMes 1.1 די ידא תרתין א[ ]

11tgJ 4.4 לא ת] : סימו ידיכון על [:

1QS 4.9 נפש ושפול ידים בעבודת
1QS 10.26 וחזוק ידים לנמה[רי :
1QS[a] 2.6 רגלים או : ידים פסח או
4Q185 1+ 3.13 אלהים עשה ידים[:]טוב

1pMic 11 1.4 שער עמי ע[ד : י]דין אויבי[ו
11Mel 1+ 2.11 למרום שובה אל ידין עמים ואשר

1QM 11.5 כוחנו ועצום ידינו עשה חיל
11QT 63.5 וענו ואמרו ידינו : לוא

1apGn 20.14 דין מנה ואחזי ידך רבתא : בה
4Q380 1 2.4 [: תושעך ידך כי כח
4Q381 29 1.4]אלהי תשלח ידך [:]˙˙
4QPs[f] 2 10.10 בליעל תרם ידך : תגבר
CD 9.9 אמר לא תושיעך ידך לך איש אשר

1QH 5.17 וכול היום ידכאו נפשי :

1QH 4.35 ובזוכרי כוח ידכה עם : המון
1QH 13.3]אתה גליתה ידכה [ ]
1QH 18.9 ˙[: אל תשב ידכה]
1QM 11.1 המלחמה ובכוח ידכה רוטשו
1QM 11.11 מ]ועד גבורת ידכה בכתיים
1QM 12.11 עושי חיל תן ידכה בעורף
1QM 19.3 עושי חיל תן ידכה בעורף
4QPs[f] 2 7.6 ו]ידעו כי ידכה [זא]ת :]

4pIs[b] 2.3 בנשף יין : ידלקם והיה

1QM 8.8 האויב ונטו ידם בכלי
1QM 9.1 : יחלו ידם להפיל
1QM 16.8 צאת הקול יחלו ידם להפיל
1QM 17.13 הבינים ישלחו ידם בחיל :
4Q502 99 1.1]ידם[:
4QM1 11 2.21 ה[ט]ל[ירי]מו ידם איש בכלי

4QM1 11 1.13]כבודי לוא ידמה ולוא
4QM1 11 1.15 ומיא בכבודי ידמה ליא מיא
4QM1 11 2.7 הקול יחלו ידמ[ה
4QM1 13 1.5 כדי הטל ירימו ידמה]

4apLm 1 1.2 ואין לאל ידנו כי לוא

1Myst 1 2.11 ונס˙[: [illegible] ידע כול מ[:]
1QH 3 1.7 חפצו כיא הוא ידע למ[:]ר
1QS 4.25 חדשה והואה ידע פעולת
1QS 8.18 הקודש : ואל ידע בכול עצתם
3Q14 11 1.1]יבון ידע[:]ש[
4Q511 2 2.6 אלוהים מיא ידע[: אלוהי
4Q511 48+ 1.7]ת הואה : ידע וברזיו ˙˙[
4AgCr 2+ 2.10]בטרם בראם ידע מחשב[ותיהם
4QFl 5 1.3 ואהרון[: י]דע כיא הואה
4QFl 6+ 1.4 מריבה הא[מר : יד]ע כיא]
4QMes 1.3 שנין דן מן דן ידע ˙˙ליה :
4QMes 1.4 כאנ]וש די לא ידע מדע[ם [
4Tstm 1.17]את בנו לוא : ידע כי שמר
11tgJ 29.8 א]רו הוא ידע מדע[
CD 2.7 ובטרם נוסדו ידע : את
CD 9.15 לכהנים כי לא ידע מוצאיה את

1apGn 20.17 בהא ואף לא ידעהא והוא עמה

1Myst 1 1.3]אפ[ ]˙˙ ולוא ידעו רז נהיה
1Myst 1 1.4 ולוא : ידעו מה אשר
1QH 2.22]עדת בליעל לא ידעו כיא מאתכה
1QH 2.33 אפס כי [יד]עו כי מאתך
1QH 4.32 לבני אדם למען ידעו כול מעשיו
1QS 5.19 כול אשר לוא ידעו את בריתו

4Q502 28 1.2]בת וא[:]ידועים[:]דם

11QT 53.14 ואיש כי ידור נדר לי או
CD 16.13 הנדבות אל ידור א[יש]

11QPs 22.3 לבוא דור ודור ידורו בך

1QS 6.14 על עצת היחד ידורשהו האיש

1pHab 3.10 הכתיאים אשר : ידושו את הארץ

4QCat[a] 29 1.3]תח˙[:]ירח˙[

1apGn 20.22 מלכא ואסמוך ידי עלוהי ויחה
1apGn 20.29 הו וסמכת ידי על [ראי]שה
1apGn 22.21 מרים אנה : ידי יומא דן
1QH 48 1.4 או˙[:]דש על ידי גבורת[:
1QM 8.5 קול מרודד ידי סדר מלחמה
1QM 8.7 קול נוח וסמוך ידי מפשע עד
1QM 8.12 חד טרוד לנצח ידי מלחמה עד
1QM 9.7 משיבים על ידי המלחמה עד
1QS 10.13 בר( )שית משלח ידי ורגלי אברכ
1QS 10.15 ובטרם ארים ידי להדשן
4Q506 131 1.4]אשה[: [מע]שי ידי˙ ה[:
4apLm 1 2.12 ימשו תכלת ידי קמה מפ[ני
4QM1 11 2.20 תרועה שנית על ידי התקרב
11Mel 2 3.6 יר]תקו יד[י
11QPs 28.4 בגדיותיו ידי עשו עוגב
11QPs 21.17 לוא : אשלה ידי פרש]
11tgJ 19.2] : ונשקת ידי˙]
11QT 59.3 אלוהים מעשי ידי אדם עץ
CD 19.9 והשיבותי ידי על הצוערים

4Q379 1 1.2 את לוי ידיד˙[: ו]את
4QFl 8 1.3 כיא ה[: אמ]ר ידיד י[הוה

1apGn 20.5 כול מחזה ידיהא כמא יאין
1apGn 20.5 כול אצבעת ידיהא רגליהא :

1pHab 7.11 אשר לוא ירפו ידיהם מעבודת :
1QM 7.12 המערכה לחזק ידיהם במלחמה
1QM 16.14 [ידיהם במלחמתו
4Q401 22 1.2 ˙] :]ש מלו ידיהם[:]כי
4QCat[a] 15 1.1 ידיהם[: כיא

4QM1 10 2.14] : וחזק את ידיהמה בגבורות
4QM1 11 2.12] : [א]ת ידיהמה במלחמתו
11QT 63.5 ירחצו את ידיהמה על ראוש

4apLm 1 2.6 חורף בדל ידיהן[:

1QDM 4.9]וסמך את יד[יו
1QS[a] 2.20 משיח ישראל ידיו : בלחם [
4Q186 1 3.4 ואצבעות : ידיו עבות
4Q186 2 1.4 [ו]אצבעות ידיו דקות :
4Q378 3 2.11 ת]חזקנה ידיו[: למסע
11QT 26.10 להמה ורחץ את ידיו ואת רגליו
11QT 35.7 מלא את : ידיו גם המה

4Q513 18 1.2]זר[:]˙[י]דיחנ[ו :

1QH 4.8 בי כי<א> ידיחני מארצי :

1Q34[b] 3 2.7]קודשך במעשי ידיך וכתב

1QM 11.8 ק[צי] מלחמות ידיכה
1QS[b] 5.17 א]שר מלא י[דיכה
4Q504 7 1.4]מעשי ידיכה :]
4Q509 97+ 1.9 ב]מעשי ידיכה וכתב
4QFl 1+ 1.3 כ]וננו ידיכה יהוה

Right column

הרבים עד אשר ידרושהו לרוחו   1QS 6.17
פה לרחמי אל ידרושו למנו   4Q511 10 1.9
[...] : מעון ידרשו ס]   4Q370 2.1

]יה לוא עזבו   1Q38 2,12 1.1
]ל[:]יה[ל]   1QDM 25 1.3
]יה כול   1QH 1.20
]יביא זר[:]יה דלתי מגן   1QH 6.27
סולה בקצ :]יה ולכול מבים   1QH 6 1.8
]בסתר ממנו יה] :]מה   4Q380 5 1.2
[:]ס ם יה]   4Q381 84 1.1
]לוא :]יה ולוא יהי[ו   4Q402 4 1.5
עלינ]ו :]ח[יה ירא]   4Q504 10 1.4
]מ[...]ינ[...] :]יה[...]   4Q507 1 1.1
]מחתם[ם] :]יה[4Q512 93 1.3
]יה כמשכלות   4apLm 2 1.8
בתורה ולוא יה] :]יה[4pIsc 23 2.12
]יה הנ[...]   4QFl 15 1.1
]יה[:]ויהי ל[5Q22 1 1.2
]יה[11Apa 5.2
]יה[11Apa 5.2
]יה[...] :]ם יה[...]   11QT 6.1
]יה ופרחי[11QT 9.2

...לגמר יהב לקדמין   1apGn 17.16
ומבתא די יהב לי ודי עבד   1apGn 21.3
דא די אנה יהב לך לזרעך   1apGn 21.10
רעה : עניה די יהב אברם ללום   1apGn 22.2

אנתתי והוא יהבין] :   1apGn 19.24
שנין הוא : יהבין מדתהון   1apGn 21.27

מכול פול י]ה<בינה>בכל   1QS 6.15

גוייים ולאומים יהג]ו   4QFl 1+ 1.18

מעשיכה ועמים יהדרו את   11QPs 24.9

[תשחו [: י]הודה ו]   1Q25 3 1.2
התורה בבית יהודה אשר × :   1pHab 8.1
המה פתאי יהודה עושה :   1pHab 12.4
ארץ המה ערי יהודה אשר   1pHab 12.9
ומה במות יהודה [:   1pMic 10 1.3
]ארץ יהודה אש]ר   1pZ 1 1.6
בני לוי ובני יהודה   1QM 11.6
כול פרי יהודה   1QM 12.13
כול פרי יהודה[:]   1QM 19.5
ל]עוי]ה מלך יהודה   3pIs 1 1.4
ראובן ואת י]הודה וא]ת   4Q379 1 1.3
]בהדר תשוף על יהודה וי]   4Q381 17 1.2
מ]לך יהודה שמע   4Q381 31 1.4
למנשה מלך יהודה בכלו אתו   4Q381 33 1.8
]ב] :] לבנ י]הודה [:   4Q509 183 1.7
]לוא שמעני[ו] :]יהודה לקרותנו   4apLm 1 1.3
]יהודה[:]ל   4pHsb 25 1.1
כבוד יהודה ידרו   4pN 3+ 3.4
אשר בבית יהודה אשר :   4pPsa 1+ 2.14
ג]סול נבי]אי יהודה[:]אשר   4QCata 2+ 1.9
]המצרף הב]אה :]יהודה להתם[:   4QFl 1+ 2.1
]בליעל :]לבית יהודה קשות   4QFl 4 1.4
להיות : יה]ודה ואל   4QFl 4 1.7
שלים משבט יהודה בהיות   4QPBl 1 1.1
נשף : שמחה יהודה שמחתכה   4QPsf 2 10 1.3
את חומ]ו]ת יהודה כפר סם]   11Mel 2 3.9
את עולת מטה יהודה וב]אשר   11QT 23.10
]עשה עולת מטה יהודה לבד   11QT 24.10
לעולת בני יהודה אחר   11QT 24.11
לוי עד שער יהודה[:]   11QT 39.16
לוי עד שער יהודה כמדה   11QT 40.15

Left column

את אשר לוא ידעו : מספר   11QPs 26.12
]ובכל אחוהי וכל ידעוהי ואכלו :   11tgJ 38.5
הנחלתו ולא ידעוך :]בכ]ול   1Q34b 3 2.3
ולכל לא ידעוך ויחמוגגו   4Q374 2 2.9
ולאין לב ידעון יהוה   4Q381 1 1.2
ובינתו מכול ידע]י :]   4Q400 2 1.9

נהיה וקם ידעים ביחד רנה   1QH 11.14

]דענה אם [י]שבועה אשר לא   CD 16.11

יכ]ה אלה ידענו מבינתכה   1QM 10.16
כו]ל[ל א]לה ידענו ב] :   4Q503 7+ 1.7
]לם[ניכ]ה אלה ידענו [בא]שר   4Q504 4 1.5
]לם[ניכ]ה אלה ידענו [בא]שר   4Q506 132 1.4

כיא אבי לא ידעני ואמי   1QH 9.35

]רדעת יצרנו ס[:]והנגל[ות]   4Q508 2 1.5
אשמע ורו[ח : יד]עת מן פלמא   11tgJ 3.5
ס]עליהון ארו]תע[:]   11tgJ 5.7
לחגיר]א[:]תע]ת ידעת[: אחאך   11tgJ 14.11
החוינ]י הן ידעת חכמה : מן   11tgJ 30.2
ואמר קדם אלהא ידעת די כלא :   11tgJ 37.3

ובפרם בראתם ידעתה ב]ול   1QH 1.7
לרשע : כי אתה ידעתה כול יצר   1QH 7.13
לנצח : ואתה ידעתה יצר   1QH 7.16
נגע בלוא ידעתה   1QH 10.19
כ<י>ו<לא> אתה ידעתה למועדנו   1QH 18.10
ח]ו[:]ואתה ידעתה [4Q504 8R 1.10
]ולם :]ואתה ידעתה הנסתרות   4Q508 2 1.4
]ם[:]ידעתה הכול]   4Q509 5+ 2.4

אליכה ולוא ידעתו ואספתו   11QT 64.15

]לוא יעשה : אלה ידעתי מבינתכה   1QH 1.21
מעל ואני ידעתי כי ל<ו>א   1QH 4.30
אצדיק כי ידעתי : באמתכה   1QH 9.9
נפשי ואני ידעתי כי אמת   1QH 11.7
ואנ י עבדך ידעתי : ברוח   1QH 13.18
פעולתם ואני ידעתי ומבינתך   1QH 14.12
]מעשיך : ואנ]י ידעתי ברוב   1QH 14.17
ואנ י בבינתך ידעתי :   1QH 15.12
כול חי ואני ידעתי כיא לא   1QH 15.22
לפניך אני ידעתי] :]ה לך   1QH 15.25
העפר ידעתי ברוח אשר   1QH 3 1.14
למסנכה כיא ידעתי :]כה   1QH 4 1.16
]אני לבשר ידעתי :]ם   1QH 6 1.6
במכונו :]ידעתי : להו]דיע   2apDa 1 2.1
]שרים כי ידעתה]   4Q185 1+ 2.7
לצאצאיו ידעתי לעם]   4Q185 1+ 2.15

כי מנעורי ידעתיה המתי   11QPs 21.13

ואני משכי]ל ידעתיכה אלי   1QH 12.11

צררי נגדך אתה ידעתם ולשנאי   4Q381 31 1.5

אחרים אשר לוא ידעתה לוא   11QT 54.10
אחרים אשר לוא ידעתה אתה   11QT 54.21
אשר לוא ידעתמה :   11QT 55.4

כי אתה מאבי ידעתני ומרחם]   1QH 9.30

[:]ואח[ר ידרוש הכוהן   1Q29 5+ 1.2

עד שער יהודה יהיו 11QT 44.4
מעל הגג ולבני יהודה משער 11QT 44.7
יהודה משער יהודה עד : 11QT 44.7
אשר אצל בני יהודה עד שער 11QT 44.11
היוצאים מארץ יהודה והנלוים CD 4.3
להשתפח לבית יהודה כי אם CD 4.11
היוצאים מארץ יהודה ויגורו CD 6.5
סור אפרים מעל יהודה בהפרד CD 7.12
שר אפהים מעל יהודה וכל CD 7.13
אל היו שרי יהודה אשר CD 8.3
דבר היו שרי יהודה כמשיגי : CD 19.15
כל מרשיעי : יהודה בימי CD 20.27
סור אפרים מעל יהודה וכל CD 14.1

לה גזר והוא יהודי מ[ן 4QNab 1+ 1.4

שבה [:]ל[י]הוה אל[1Q29 1 1.7
]˙[: י]הוה אלוהיכמה 1Q29 3+ 1.2
י]הוה[1pMic 1+ 1.1
הנ]ה יה[וה 1pMic 1+ 1.2
אף י[הוה [: 1pZ 1 1.4
א]ף יהוה פשר [1pZ 1 1.5
]ה יהוה[:]וה[2Q30 1 1.1
י]הוה אלהינ[ו 2apDa 1 1.1
ויתפלל לפני יהוה ויתנפ[ל : 2apMo 1 1.4
כ]וא אמר יה[וה : תיר]א 4Q176 3 1.1
יצל תמרו דברי יהוה : אל 4Q185 1+ 2.3
וישבעו> אמר י[ה]וה: ויברכו 4Q370 1.1
הרע בעיני אמר יהוה ויאמרו אל 4Q370 1.2
וישפטם יהוה כ[כ]ל 4Q370 1.3
מ[: יצדיק יהוה ש[: 4Q370 2.2
[: גבורת יהוה זכרו 4Q370 2.7
[:]באמר יהוה אליו [: 4Q374 9 1.3
א]שר כרת יהוה ל˙[:] 4Q378 14 1.4
]כי יהוה[ ]מה 4Q378 11 1.1
ברוך יהוה אלהי 4Q379 22 2.5
] יה]וה מעולם 4Q380 1 1.3
] ש]ם יהוה נקרא עליה 4Q380 1 1.5
ימלל את שם: יהוה וישמעו כל 4Q380 1 1.8
[זכ]רו יהוה ברצנו 4Q380 1 1.9
יוסדו בו[:]יהוה בצר <ל>הם 4Q380 2 1.4
יחנן יהוה ˙˙[: 4Q380 2 1.5
לב ידעון יהוה כמה גב[ור 4Q381 1 1.2
לאיש האל[הי]ם יהוה אלהים[: 4Q381 24 1.4
שמי]ם רומה יהוה ואלה[י : 4Q381 33 1.2
כי אם[:]˙י יהוה ישב 4Q381 76+ 1.12
חוק [:]˙ים יהוה א[: 4Q381 86 1.2
חסדם ויאמר יהוה : אלי אני 4Q385 2 1.3
וידעו כי אני יהוה :] [4Q385 2 1.4
ויברכו את יהוה צבאות 4Q385 2 1.8
ו]אמרה יהוה מתי יהיו 4Q385 2 1.9
אלה ויאמר יהוה אל[י 4Q385 2 1.9
[: ויאמר יהוה אלי לא 4Q385 3 1.4
[:]]פי יהוה דבר אלה [4Q385 3 1.7
]יהוה[4pIs[a] 7+ 3.17
ואת פעל יהוה : לא 4pIs[b] 2.3
מאסו את תורת יהוה ואת אמרת 4pIs[b] 2.7
על כן חרה אף יהוה בעמו ויט 4pIs[b] 2.8
[: אדוני יהוה צ[באות 4pIs[c] 6+ 2.19
כוה אמר אדוני י[הוה 4pIs[c] 6+ 2.21
[:] יהו]ה צבאות 4pIs[c] 8+ 1.6
[עליכ]מה יהוה] 4pIs[c] 15+ 1.1
[יהוה לעשות 4pIs[c] 21 1.9
כ[ו]ה אמר יהוה קודש 4pIs[c] 23 2.3
אלוהי משפט יהוה אשרי כול 4pIs[c] 23 2.9
] בהר י[הוה:] אשר 4pIs[c] 24 1.1
ישראל ואת יהו[ה 4pIs[c] 25 1.7
[: [יגא]לך[י]הוה מ[כף 4pMic 1+ 1.4
הנני אליך נאם יהוה צ[באו]ת 4pN 3+ 2.10
ע[ליו]יהוה ישחק לו 4pPs[a] 1+ 2.13
[: יה[וה 4pPs[a] 1+ 2.25
רצונ[ו]י[הוה 4pPs[a] 1+ 2.26
<ואוהבי יהוה כיקר 4pPs[a] 1+ 3.5
יוטל כיא י[הוה 4pPs[a] 1+ 3.15
ומבקש[יה]וה[4pPs[a] 1+ 4.7
] י]הוה ושמור 4pPs[a] 1+ 4.10
[:] י]הוה על[יכ]ם 4pPs[b] 4 1.2
] ייט]יב יהוה ולוא ירע 4pZ 1+ 1.1
פתוחה נואם יהוה אשר : 4QCat[a] 10+ 1.2
את בני האור : יהו]ה תשכח[ני 4QCat[a] 10+ 1.8
אשר אמר דויד יה[ו]ה אל 4QCat[a] 12+ 1.2
מאדה ועתה יהוה עד מתי 4QCat[a] 12+ 1.3
כ]ונני ידיכה יהוה ימלוך 4QFl 1+ 1.3
וה]גיד לכה יהוה כיא בית 4QFl 1+ 1.10
לוא לאב והוא יהוה לי לבן 4QFl 1+ 1.11
נוסדו יחד על יהוה ועל :] 4QFl 1+ 1.18
אמ]ר ידיד י[הוה 4QFl 8 1.3
]יהוה ב[:]˙[4QFl 21 1.1
ראשם עוזרנ[י יה]וה:] 4QPs[f] 2 7.5
את : שם יהוה [כ]י בא 4QPs[f] 2 9.5
וישבעו [י]ראי יהוה :]ל˙[ ]˙ 4QPs[f] 2 9.14
און ואתה יהוה לעול[ם] : 4QPs[f] 2 10.13
ותשבי[:]˙לת יהוה ˙] : 8QHym 2 1.3
]ק יהוה הוא] : 11Ap[a] 2.3
לוא :] מלפני יהוה ל[11Ap[a] 2.9
]להרוג נפש :]יהוה ויירא[11Ap[a] 2.10
]˙עבדו יהו[ה : ג]דולה 11Ap[a] 2.11
ו[: יככה יהוה מ[כה 11Ap[a] 3.4
]ש בשם יהו[ה]˙ 11Ap[a] 4.4
]˙ר ה˙˙ה יהוה [ ]ד : 11Ap[a] 4.8
נסמכת]י סלחה יהוה ל[חטאתי : 11QPs[b] b 1.2
ניחוח לפני יהוה[: העולה 11QT 15.13
החיצו]נה לפני יהוה :] 11QT 21.3
ישראל לפ[ני] יהוה :] [11QT 21.8
חדש על מזבח יהוה שנה 11QT 21.10
בכורים לפני יהוה :] 11QT 21.16
לפני יהוה חוקות 11QT 22.14
הארץ לפני יהוה פעם אחת 11QT 22.16
לפני יהוה : ואחר 11QT 24.9
ל]פני יהוה והק[רבתמה 11QT 25.4
ניחוח לפני יהוה : ועשיתה 11QT 34.14
בתוכה כי אני יהוה שוכן בתוך 11QT 45.14
כי אני יהוה שוכן : 11QT 51.7
לפני אני יהוה אלוהיכה : 11QT 53.8
אוהבים את יהוה : אלוהי 11QT 54.12
נפשכמה אחרי יהוה : 11QT 54.13
דבר סרה : על יהוה אלוהיכה 11QT 54.16
והטוב לפני יהוה אלוהיכה : 11QT 55.14
תמים תהיה עם יהוה אלוהיכה 11QT 60.21
אשר לוא דברו יהוה ואשר ידבר 11QT 61.3
הנביא בשם יהוה ולוא יהיה 11QT 61.3
אשר פדיתה : יהוה ואל תתן 11QT 63.7
והטוב לפני יהוה אלוהיכה 11QT 63.8
מצר[ים] אני יהוה אלוה[יכם] TS 1 1.2
מושה את מועדי יהוה אל בני TS 1 1.3
ישראל : וידבר יהוה אל מושה TS 1 1.4

]כה בפי כולם יהולל : שמכה 1QH 11.24

יעשה עולת בני י<ה>וסף יחד 11QT 24.13

לאמור שלום יהי לי : כיא 1QS 2.13
]פני יהי ע[:] 4VSam 7 1.1

הוית עד די יהיב לכ[ול : 2QJN 4 1.17

מן תרתי לחמא יהיבת [ל]כ[הן 2QJN 4 1.15
ואחריתא[י]היבת לתנינה 2QJN 4 1.16
לבונתא [: י]היבת לכהנא [11QJN 14 1.6

]כי יהיה[1Q69 33 1.1
לכם האות <כי יהיה> בהסגר 1Myst 1 1.5

1pMic 1+ 1.1	י]הוה[יהי]ה בכם: [
1QH 8.24	ואם אשיב יד יהיה כפר ̇ [
1QH 10.2	רצונכה לא יהיה ולא
1QH 12.10	לוא היה ולוא יהיה עוד כי אל
1QM 7.6	איש אשר לוא יהיה טהור
1QM 7.6	יחד ורוח יהיה ׃ בין כול
1QM 7.12	הכוהן האחד יהיה מהלך על
1QS 2.9	לנקמתכה ולוא יהיה לכה שלום
1QS 3.5	רחצ טמא טמא יהיה כול יומי
1QS 6.3	מקום אשר יהיה שם עשרה
1QS 6.9	עצה ודבר אשר יהיה לרבים
1QS 7.22	איש אשר יהיה בעצת היחד
1QS 9.26	ובכול אשר יהיה יס[
4Q186 1 1.4	ואיש אשר יהיה ק[׃ רחבים
4Q186 1 2.9	ברגל השור עני יהיה וזה בהמתו
4Q186 1 4.2	]שמה אלה ׃]יהיה תוך׃]ל
4Q501 1 1.7	במצוותיכה ואל יהיה זרעמה
4pIs^{c} 6+ 2.13	] ׃ כי אם יהיה עמכה
4pIs^{c} 31 1.1	[יהיה[׃] אדם [
4QM1 1+ 1.7	ואלפים אמה יהיה בין
4QM1 1+ 1.10	איש אשר לוא יהיה[
4QTeh 2 1.4	לזעמה ולוא יהיה לכה שלום
4QTeh^{b} 3 1.3	]׃ והמבקר יה[יה
5Q13 4 1.3	]טמא טמא יהיה[ ]
6apPr 1 1.1	ההו]אה יהיה ישראל ע ̇
11QT 15.15	הכוהן הגדול יהיה עומד[
11QT 16.4	] י]היה כול
11QT 17.3	[יה]יה היום הזה
11QT 18.8	הו]קות עולם יהיה זה להמה ׃
11QT 22.10	הקבה לכוהנים יהיה למנה
11QT 25.9	עב[וזה] שבתון יהיה ׃ לכמה
11QT 27.5	פעם אחת בשנה יהיה היום הזה
11QT 27.6	כי שבת שבתון יהיה [לה]מה
11QT 27.8	מקרא קודש יהיה לכמה היום
11QT 32.15	הארץ ולוא ׃ יהיה נוגעים
11QT 45.3	ה]שני יהיה בא
11QT 45.7	וא[יש] כי יהיה לו מקרה
11QT 46.9	מאה באמה אשר יהיה ׃ מבדיל
11QT 46.18	והאנשים אשר יהיה להמה מקרה
11QT 47.5	כול אשר בתוכה יהיה ׃ טהור
11QT 47.6	אשר יבוא לה יהיה טהור יין
11QT 52.4	שור ושה אשר יהיה בו כול
11QT 52.9	אשר אבחר ואם יהיה ׃ בו מום
11QT 53.12	ולוא תדור לוא יהיה בכה חטאה
11QT 61.3	בשם יהוה ולוא יהיה הדבר ׃
11QT 62.10	וכול אשר יהיה בעיר כול
11QT 63.4	ועל פיהמה יהיה כול ריב
11QT 64.2	] VACAT ׃ כי יהיה לאיש בן
11QT 64.7	ויראו כי ׃ יהיה איש רכיל
11QT 64.9	העץ כי יהיה באיש
CD 4.12	השנים האלה יהיה ׃ בליעל
CD 20.13	החדשה׃ ׃ ולא [יה]יה להם +
CD 10.15	מן העת אשר יהיה גלגל השמש
CD 11.8	בית ואם בסוכה יהיה אל יוצא
CD 13.5	לתורת נגע יהיה באיש ובא
CD 14.11	ולכל דבר אשר יהיה לכל הארם

1QH 6.30	בני אשמה לא יהיו עוד
1QH 5 1.5	מא[׃ ̇ ̇ לוא יהיו עוד ותשם
1QM 1.14	דגלי הבנים יהיו להמס לבב
1QM 6.14	ופרשי הסרך יהיו מבן
1QM 7.1	ואנשי הסרך יהיו מבן
1QM 7.1	וסורכי המחנות יהיו מבן (
1QM 7.2	והשוטרים ׃ יהיו גם הם מבן
1QM 7.3	הצידה כולם יהיו מבן חמש
1QM 7.5	למלחמה כולם יהיו אנשי נדבת
1QM 7.12	וביד הששה יהיו ׃ חצוצרות
1QM 8.6	והראשים יהיו נפשטים
1QM 8.11	וכח[צו]צרות יהיו ׃ הכוהנים
1QM 9.1	והכוהנים יהיו מריעים
1QM 9.7	ובנפול החללים יהיו הכ[והנ]ים
1QM 9.12	ומגני המגדלות יהיו ארוכים
1QM 16.9	[והכוהני]ם יהיו מריעים
1QM 17.15	והכוהנים ׃ יהיו מריעים
1QS 1.18	ובעוברם בברית יהיו הכוהנים ׃
1QS 2.24	כיא הכול יהיו ביחד אמת
1QS 6.6	ימש במקום אשר יהיו שם העשרה
4Q385 2 1.3	וא]לה מתי יהיו והיככה
4Q385 2 1.9	יהוה מתי יהיו אלה
4Q402 4 1.5	̇[׃]יה ולוא יהי[ו]ים ליחד
4Q403 1 1.35	לאמרי פיהו יהיו כ[ול
4Q404 4 1.1	[פיה]ו יה[יו ׃
4Q405 4+ 1.3	] ׃ פיהו יהי[ו
4pPs^{a} 1+ 3.5	]< אשר יהיו רשים
4pPs^{b} 3 1.2	[׃] אשר יהיו ק[׃]לוא
4QM1 1+ 1.12	מערכות אורבים יהי[ו מרח]וק
4QM6 7 2.4	<[̇ ̇ ̇ > י]היו א[נ]שי
4QOrd 2+ 1.6	ביד רמה אל יהיו כלי גבר
5QCD 5 1.1	יהיו נק[׃ אשר
11QT 2.5	]בא אליהים פן יהיו למו[קש ׃
11QT 3.12	]ומנקיותיו יהיו זהב טהור
11QT 12.8	̇ ̇ ̇ ̇ ל מרותיו יהיו ׃] ̇ ̇ ̇ [
11QT 19.5	]כוהנים יה[יו ׃]
11QT 24.8	וארביה לבד יהי[ו ומנח]תה
11QT 31.7	ה]היכל אשר יהיו באים בו
11QT 32.10	זהב [ ] יהיו מניחים
11QT 32.11	בגדיהמה אשר יהי[ו באי]ם
11QT 32.14	הארץ אשר ׃ יהיו המים
11QT 33.7	מהמה אל[׃ יהיו מקדשים את
11QT 33.14	הכסף אשר יהיו מעלים במה
11QT 34.7	בטבעות ׃ אחר יהיו טובחים
11QT 35.12	ולוא יהיו מערבים
11QT 35.13	כי מובדלים יהיו מקומותמה
11QT 37.11	שלמיהמה אשר יהיו זובחים
11QT 37.14	מקום [׃ אשר יהיו מבשלים
11QT 38.1	[יהיו אוכלים[׃
11QT 38.3	̇[׃]]יהיו אוכלים
11QT 38.10	̇ ̇ ̇ ̇ ̇ ̇ ̇ שמה יהיו אוכלים [
11QT 42.15	המאיות אשר יהיו עולים ׃
11QT 42.17	בין שער לשער יהיו ׃]
11QT 43.5	אחרת כי ככה יהיו אוכלים
11QT 43.6	לדגן החטים יהיו אוכלים את
11QT 44.4	עד שער יהודה יהיו לכוהנים [
11QT 45.4	טים[י]ן ולוא [יהי]ו מתערבים
11QT 46.7	תעשה לו אשר יהיו עולים בני
11QT 46.10	לעיר ולוא יהיו באים בלע
11QT 46.13	מן העיר אשר יהיו יוצאים
11QT 46.17	זה מזה אשר יהיו ׃ באים
11QT 47.7	וכול מושקה יהיו טהורים
11QT 47.8	לה כי בעריהמה יהיו עושים ׃
11QT 47.12	במקדש בהמה יהיו מביאים את
11QT 51.1	יהי]ו טמאים ׃
11QT 57.8	אשר יבור יהיו אנשי אמת
11QT 57.10	ולילה אשר יהיו שומרים
11QT 57.13	שנים עשר אשר יהיו יושבים
11QT 58.8	ושתי הידות יהיו שומרים ׃
11QT 59.4	וזהב ובכול זה יהיו עריהמה
11QT 59.13	לאלוהים והמה יהיו לי לעם
11QT 61.9	השופטים אשר יהיו בימים
11QT 62.7	הנמצאים בה יהיו ׃ לכה למס
CD 12.18	בכותל ׃ אשר יהיו עם המת
TS 3 1.6	]יהיו אוכלים את

11tgJ 15.1	אחאך להון ולא יה[ימנון ׃]ון

1pHab 8.3	הון יבגוד גבר יהיר ולוא ׃

4QMes 2.14	יחרבן כול אלן יהכ[ון] ׃ ית ̇]

11tgJ 28.5	]וזיקי מטר יהכן ועננוהי

4Q511 188 1.2	] ̇[׃] יהל[׃] ̇ ̇[

11QT 56.4 פי הדבר : אשר יואמרו לכה
11QT 56.6 פי המשפט אשר יואמרו לכה :

CD 12.22 זרע ישראל ולא יוארו   וזה

4Q380 1 2.6 רעה פן יובד עו[ל

4pIs[a] 2+ 2.8 ורבים   יוב[דו] : [
4pN 3+ 2.9 ערים ומשפחות יובדו בעצתם
4pPs[a] 1+ 2.1 דעת למען : יובדו בחרב
4pPs[a] 1+ 3.3 כיא רשעים : יובדו פשרו
4pPs[a] 1+ 3.4 ורבים : יובדו ברעב
4pPs[a] 1+ 3.8 קודשו אשר יובדו כעשן
4pPs[a] 1+ 4.18]יובדו ונכרתו :
4QPs[f] 2 10.12 הנא אואבים : יובדו ויתפרדו

1QH 8.10 יתשגשגו : ואל יובל לא ישלחו

1Q30 7 1.2 [˙˙˙˙] : [כי יוגד] : [˙˙˙˙˙

4Q511 10 1.12 ארץ משפטי יוד
4Q517 26 1.1 [˙˙˙ יוד] : [˙]

4Q403 1 1.4 הו[ד]ות פלאיה יודה לאל
11QPs 19.2 תולעה : חי חי יודה לכה יודו

4Q403 1 1.38 כיא לכבודו יודו כול אילי
4Q403 1 1.38 רוחות צדק יודו באמתו :
11QPs 19.2 חי יודה לכה יודו לכה כול
11QPs[b] a 1.3 חי יודכה לכה יודו [: חסדכה
MasSS 2.13 [: יודו לאל הכבוד

CD 9.22 ראות האיש יודיעה למבקר

CD 15.10 [   ] ואל יודיעהו איש את

11QPs[b] a 1.3 ל[כה:] חי יודכה לכה יודו

1Myst 1 1.8 המשא ומזה יודע לכמה כי
1QH 1.8 יעשה כול ולא יודע בלוא
1QH 10.9 יעשה כול ולא יודע בלוא
1QS 6.25 בהון והואה יודע ויבדילהו
4Q185 1+ 3.13 כלותו[: לשון יודע דברה
4Q511 2 2.9 כנדתם [: יודע יושר
4pIs[c] 15+ 1.3 א]ותו אל יודע ספר
CD 9.12 והשומע אם יודע הוא ולא
CD 14.20] בממון והוא יודע ומ[

4Q401 17 1.4 כ[:]ת יו[ד]עי בבינת
4Q401 35 1.1 ש]כל ודעה יודעי[: ק]ודש
4Q405 3 2.9 נפלאותו לכול יודעי רזי ˙[:
4Q511 2 1.2 ורוממוהו כול יודעי [
4QFl 1+ 2.4 ויצרפו ועם יודעי אלוה
CD 1.1 ועתה שמעו כל יודעי צדק

4Q181 2 1.5 [: לעיני כול יודעיו ˙˙ש[:

1QH 14.15 פיך : וכול יודעיך לא ישנו

11Ap[a] 2.7 א[לה   א]תם יודעים :]או

11QT 53.7 הבשר למען : יוטב לכה
11QT 65.5 לכה ל[מ]ען יוטב לכה

4pPs[a] 1+ 3.15 כיא י[פו]ל[: יוטל כיא י[הוה

1QH 16.2]˙ ולא יוכ[: רוח

1QH 1.25 חטאתו ומה יוכיח על
4pIs[a] 7+ 3.18 יוכי]ח ושפט[
4pIs[a] 7+ 3.27 למשמע אוזניו יוכיח פשרו אשר

1QS 7.12 יום ואשר יהלכ לפני רעהו

4Q401 13 1.2 ש]בוע שני יהלל שבעה ל[:

4Q401 33 1.1]שם יהל[לו:]בדני[
4Q403 1 1.41 באלה יהללו כול
4QPs[f] 2 10.5 ˙˙˙ הם אז יהללו שמים
4QPs[f] 2 10.6 י וארץ : יחד יהללו <נא>

4Q511 35 1.5 מלאכי כבודו : יהללוהו בהפלא
11QSS 2+ 1.5 יהללו]הו משאי

3QHym 1 1.3 ל]עולם יהללוכ[ה

1Q29 5+ 1.7 [˙˙˙˙ יהם]
1Q37 1 1.2 [˙˙]]מיהו[:]יהם אשר גמלו
1QH 1.17 [˙˙ יהם ˙˙˙˙˙˙˙
1QM 16.16]יהם ליח<ו>ם :
2Q27 1 1.1]˙יהם מב[:]ם
4Q402 1 1.6 פשע:]˙˙[ ]יהם:]ת
4Q402 4 1.7 קדו[שי :]יהם מלחמת
4Q405 17 1.3]˙ה˙כ˙י˙[:]יהם רוחי דעת
4Q499 4 1.3 בל יראו [:]יהם ודב[:]ל[
4Q502 6 1.3 ה[:]שבות[:]יהם [
4Q502 54 1.2]שך ˙ה[:]יהם יירש[ו:]ל
4Q509 89 1.1]˙יהם[:] ל˙[
4Q511 7 1.1]˙יהם :]כול : [
4Q517 58 1.1] יהם[:]˙ ˙[
4pHs[b] 10a+ 1.7]יהם והת˙[ ]ל[
4QCat[a] 9 1.3 באחרי[ת :]יהם ברוב
11QSS f+ 1.6]˙יהם כבו[ד]˙˙˙

1QH 2.16 אנשי רמיה עלי יהמו בקול המון

1QH 3.11 ובמולדיו יהפכו כול
1QH 8.25]שפתו יהפכו כעצי

4pIs[c] 8+ 1.14 ושארית]ך יהרוג

1Myst 1 2.4 והמרע אם יו ˙[: לוא
1pMic 14 1.2]ואדון [:]יו˙[
1QM 3.4 אנשי : השם יכתובו ראשי
2Q33 10 1.1]יו
4Q401 9 1.2]לנפלאותי[:]יו שובועיה[ם:
4Q500 7 1.2 [˙] : [˙יו לן
4Q502 152 1.2 [˙] : [˙יו]
4Q502 154 1.4 [:]˙ אב˙[:]יו ב[:]˙ ע˙[
4Q502 178 1.2 [VACAT] : [˙יו א˙[:]˙˙ד [
4Q502 274 1.2]ל˙˙[:]יו[
4Q509 131+ 1.7]לית :]יו: כ]ול ירחי
4Q511 44+ 1.1]יו במקור :˙[ ]
4Q511 116 1.1]˙יו :]˙˙
4Q513 4 1.1]יו[ ]˙[:]הנף
4pIs[c] 20 1.2 [˙] : [˙ ˙˙˙יו ˙[:]˙התב˙
4pIs[c] 23 2.1 [:]   ]˙יו˙˙˙˙[   ]˙
4QFl 1+ 2.4]אשר אליהמה יו˙[:]ה
6apSK 37 1.2]תרו˙[:]יו˙[:]בר ה[
11QPs 24.13 ואל ינצו ע[ ]יו בי כבוד אתה
11QT 12.13 ˙˙ו : וקר[ ]יו ופנו[תיו
MasSS 1.17]˙י[ ]יו : [
TS 3 2.5 שבע אמות (יו) לפנימה

1QS 6.2 ולממון ויחד יואכלו : ויחד
4Q513 24 1.3]ודות ולוא יו<א>כלו[:
11QT 22.15 בשנה אחר : יואכלו ויסוכו
11QT 43.16 ולוא : יואכלו ממנו
11QT 60.15 חלק כחלק : יואכלו לבד

4QCat[a] 14 1.1]הכבוד אשר יואמ[ר :
4QOrd 2+ 1.8] קחתו אותה יואמר ובקרוה :

11QT 27.10 ובחמשה עשר יום לחודש הזה
11QT 29.9 את כבודי עד יום הברכה אשר
11QT 39.7 אשה וילד עד יום : אשר
11QT 43.7 השנה השנית עד יום חג הבכורים
11QT 43.8 השנה השנית עד יום מועד :
11QT 43.10 השנית : למועד יום הקרב שמן
11QT 54.1] י̇ו[ם] שו[מעו :
CD 6.18 ולשמור את יום השבת
CD 6.19 המועדות : ואת יום התענית
CD 20.5 דעות עד יום ישוב לעמד
CD 10.17 אמר שמור את : יום השבת לקדשו

1apGn 21.5 רא בשלם : בתר יומא דן פרש
1apGn 22.21 אנה : ידי יומא דן לאל

4pPs[a] 1+ 2.14 ראה : כיא בא יומו פשרו על

1apGn 6.2 וקושטא כול יומי דברת ˙˙˙
1QS 2.19 שנה בשנה כול יומי ממשלת
1QS 3.5 טמא יהיה כול יומי מואסו
11tgJ 16.6 עלי תתאשד : י]ומי תשב<ר>א

1apGn 21.23 עמי : קדמת יומיא אלן אתה

1QS[a] 1.7 ההגי וכפי יומיו ישכילוהו

1QH 8.29] תתעטף נפשי יומם ולילה :
1QH 10.15 ולא להם יומם ו˙]
1QH 12.7 לילה ומבוא יומם תמיד בכו
1QM 14.13 עם מ[בו]א יומם ולילה :
1QS 6.6 דורש בתורה יומם ולילה :
4Q503 11 1.4 במעמד כבוד יומם[:]ל[
4Q508 39 1.1 בלב יגון י̇[ומם :]לוא
4Q508 41 1.2 חטאתנו[:]דה יומם ולילה[:
4Q512 51+ 2.14 הכלם[: תש˙[: יומם] : ˙˙לב
11QT 57.10 עמו תמיד : יומם ולילה אשר

4Q176 1+ 1.5] : יומר אלוהיכם

1QS 6.13 לדבר לרבים אם יומרו לו ידבר
2Q27 1 1.2 מב[:]ם ולו יומ[רו :]נם
4QBer 10 2.1 עצת היחר יומרו כולמה

4QOrd 2+ 1.6 ואשר ימרה[: יומת אשר עשה
11QT 35.5 הוא כוהן י̇[ו]מת וכול
11QT 51.17 ויטה משפט צדק יומת ולוא
11QT 54.15 או חולם החולם יומת כי דבר
11QT 64.9 שלושה עדים : יומת והמה יתלו
CD 12.4 המועדות לא יומת כי על בני

11QT 35.7 י̇דיו גם המה יומתו ולוא

4pN 3+ 1.2 דמי]טרוס מלך יון אשר בקש
4pN 3+ 1.3]ביד מלכי יון מאנתיכוס
4VSam 5 1.1]מפים יון[:]עוז
CD 8.11 הוא ראש מלכי יון הבא לעשות
CD 19.24 ראש : מלכי יון הבא עליהם

4Q176 34 1.2]כאפס[:]יונים[

4Q380 2 1.3]יחרדו כל י̇וסדו בו[:

4Q176 12+ 1.2 [:]כי לוא[יוסי]ף יבוא[:
4QFl 1+ 1.1 ד אוי̇ב[יוסי]ף בן
11QPs 24.15 ובני ארם מה יוסיף אומ[

4pN 3+ 3.7 כנסתם ולא יוסיפו עוד
11QT 61.11 ויראו ולוא יוסיפו <עוד>

11QPs 24.12 מנגע רע ואל יוסף לשוב
11QT 39.12 מזרח [ר]אובן יוסף ובנימין

CD 20.4 כפי מעלו ־יה יוכיחוהו אנשי

1QS 5.26 כיא ביום(ור) יוכיחנו ולוא :

1QH 7.29 > רוח ולא יוכל כול
1QH 11.24 בכול מעשיכה יוכל לספר [
1QH 15.13 דרכו ולא יוכל אנוש
1QH 15.14 בראתו ואיכה יוכל כול
1QH 15.21] עפר איך יוכל להכין
1QS 5.16 ואשר לוא יוכל מהונם כול
4Q511 30 1.6]אדם[ ]י̇וכל איש לתכן
4Q512 1+ 1.11]נדה ולוא יוכ[ל
4pZ 1+ 1.2] לוא יוכל[
11QT 66.11 אשר ענה לוא יוכל לשלחה כול

1QH 1 1.2 פלא והם לוא יוכלו :]תיכה
4Q370 1.1 עשה רצוני <יוכלו וישבעו>
4QPs[f] 2 9.13 עינו]תיה יוכלו : ענוים
11QT 20.11 הנותר מהמה יוכלו בחצר :
11QT 43.13 ימים כול אשר יוכלו להביא
11QT 43.13 יביאו ואם לוא יוכלו : לשאתו

4Q508 37 1.2]˙˙˙[:] י̇ול[

11QT 52.7 כול הבכור אשר יולד בבקריכה

1QH 5.31 כצירי : יולדה גיהם עלי

1QS[a] 2.11 לעצת היחד אם יולי̇ד : [

4pHs[a] 2.16] המו]עדות יוליכו במועדי

1Q20 1 2.3 ˙] : ˙ ל[: יום ˙[: כול ˙
1Q24 7 1.1]˙ יום לקץ [:
1apGn 22.28 שלמא מן יום די נפקתה
1pHab 11.7 מועד מנוחת: יום הכפורים
1pZ 1 1.3]כנץ[ ]עבר [י]ום ˙ :]
1QDM 3.10 אבו]תיכם עד יומ[עש]ור
1QH 5.34 ונפשי במרורי יום תח˙[ ]
1QH 12.5 [ ]בתקופות יום לתכונו
1QM 1.10 כיא הואה יום יעוד לו
1QM 13.14 מאז יעדתה לכה יום קרב
1QS 7.8 ונענש <ששים יום> ואשר
1QS 7.12 ונענש שלושים יום ואשר יהלכ
1QS 7.13 ונענש שלושים יום ואשר
1QS 7.14 ונענש שלושים יום ואשר ישחק
1QS 7.15 שלושים : יום והמוציא את
1QS 10.4 לוה בהתחדשם י̇ום גדול לקודש
1QS 10.7 חוק : תכונם יום משפטו זה
1QS 10.10 עם מבוא יום ולילה
1QS 10.19 באפ לשבי) <עד יום> נקם
2QJN 8 1.6 יתכלא עוד כול יום [ויו]ם[:
3Q12 1 1.1 ל˙[ ]י̇ום[: בת
3pIs 1 1.6 [: [י]ום המשפ[ט
4Q185 1+ 2.4 הלוא ט<ו>ב יום : אחד[ ]˙
4Q380 7 1.4]ל[ ]יום: [˙[:
4Q503 33 2.20 [: יו]ם ששי̇ :
4Q503 217 1.1]י̇ יום[: ישרא]ל
4Q512 64 1.8]˙[ ]י̇ום ושה[ר
4pHs[b] 25 1.2 י]הודה[:]ל יום[
4QM1 1+ 1.8 פקודיו לדבר יום [ ] :
11Mel 1+ 2.15 הזואת הואה יום ה[שלום
11QJN 14 1.1 כו]ל יום שביעי קודם
11QPs 27.6 התמיד לכול יום ויום לכול
11QT 15.1 [בוו]ל יום ויום[:
11QT 17.12 והקרבתמה בכול יום ויום לשבעת
11QT 18.13] [יום והביאותמה
11QT 19.13 תספורו חמשים יום :
11QT 21.13 וארבעים יום שבע שבתות
11QT 21.14 תספורו חמשים יום והקרבתמה
11QT 25.11 בחודש הזה : יום כפורים הוא

11QT 44.13 ראובן עד שער יוסף לבני יוסף
11QT 44.13 שער יוסף לבני יוסף לאפרים
11QT 44.14 ומשער יוסף עד שער

1QSa 2.17 לשול]חן יחד יועד[ו
1QSa 2.22 מע[רכת יו]עדו עד עשרא

4QMI 11 1.17 מיא יכיל ומיא יועדני וידמה

1QH 3.10 מכור הריה פלא יועץ עם גבורתו

1QS 6.3 יברכו ויחד יועצו ובכול

1QM 1.16]˙ קדושים יופיע בעזרת [

11QT 45.5 זה[ב]א וזה יוצא ליום
CD 11.8 בסוכה יהיה אל יוצא ממנה :

1QM 9.11 מעט וראשים יוצאים וכנפים
1QM 9.13 והמג[ד]לות : יוצאים מן
11QT 4.2 וב˙[:]שמ[:]יוצאים ל˙[:
11QT 46.13 העיר אשר יהיו יוצאים שמה :

6QPrPr 1 1.5]: בן יוצדק אשר[:

4QOrd 2+ 1.8 הוא : כי יוצו איש שם רע

1QS 7.13 יום ואשר יוציא ידו
CD 11.7 מביתו אל יוציא איש מן

CD 11.7 סוררת היא אל יוציאה מביתו

11QT 49.11 וביום אשר יוציאו ממנו את

11QT 22.11 את השכם אחר יוציאום אל בני

1QS 6.20 ועל הרבים לוא יוציאנו אל יגע

11QT 49.7 וכול אוכל אשר יוצק עליו

1QH 16.8 אתה אדוני יוצר [ ] כו[
4Q498 2 1.3]ונחלי מ[ים:]יוצר כ[:]˙ה

4Q509 256 1.1]˙ יורד˙˙[:]ה כ

11QT 34.15 ועשיתה שלשלות יורדות מן מקרת

4Q378 6 1.5 אל תדמו לאחי [י]ורדי :]עולם

11QT 32.13]הכיור למחלה יורדת [ופוש]טת
11QT 46.15 תהיה הצואה יורדת אל תוכמה

11Ber 1 1.8 ברכה טל ומטר יורה ומלקוש
CD 6.11 עד עמד : יורה הצדק
CD 20.14]ומיום : האסף יורה היחיד עד

1QH 5.27 וכזוחל<י> עפר יורו לח˙˙ [
4pN 3+ 4.2 ועל נכבדיה יורו גורל וכול

4pIsa 7+ 3.28]וכאשר יורוהו כן

11QT 56.6 ככול אשר יורוכה ועל פי

CD 3.8 עשיהם מצות יוריהם וירגנו

1QS 10.13 הבחרה באשר : יורני וארצה

4pPsb 1 1.7]: י]ורשי הנחלה[

2apPr 1 1.1]יושב[
4pIsa 2+ 2.11 יוש]ב ציו[ן

4QPBl 1 1.2 ממשל: י]כרת יושב כוא לדויד
6apPr 1 1.3 VACAT [:]יושב ואחר
11QT 59.14 ימצא לו איש יושב על כסא :
11QT 59.17 יכרת לו איש יושב מבניו על
CD 4.14 ופחת ופח עליך יושב הארץ

4Q186 2 1.6]ל[ ]יושבות על

1pHab 9.8 ארץ קריה וכול יושבי בה :
1pHab 12.1 ארץ קריה וכול יושבי בה : פשר
1pZ 1 1.2 [יוש]בי ה[א]רץ
1QSb 3.1 וב]כ[ו]ל יושבי
4pIsa 2+ 2.24 [ ]מדמנה [י]ושבי הגבים
4pN 1+ 2.9 [: [וכו]ל יושבי תבל
11QT 55.3 את כול [י]ושבי : עירמה
11QT 55.6 תכה את כול יושבי : העיר
MasSS 1.9 א]ל[וה]י אלים יושבי מרומי

11QT 44.1]יושבים[:]
11QT 57.13 עשר אשר יהיו יושבים עמו יחד

4Q176 8+ 1.16]ו[ ] ארים[ ]יושבת[:]˙בת[

1QH 5 1.6 עולה אשר יושדו לאבל[:

4pHsa 2.14 והמה : לוא יושיעום

4pPsa 1+ 4.21]: יושיעם אל

1QS 3.8 ענוותו וברוח יושר וענוה
4Q184 1 1.17 במעגלי יושר להשגות
4Q403 1 1.17 לכ[ול] הול[כי יו]שר ב[שב]עה
4Q511 2 2.9 [: יודע יושר ישרים

1pHab 7.14 הנה עופלה לוא יושרה : [

1QH 17.14 באמונה [ ]˙יות זרעם לפניך
4Q498 2 1.5]˙ה כול ˙[:]˙יות ל˙˙[
4Q502 117 1.1]יות[:]˙תש˙[:
4QMI 25 1.3 רשע[:]כוחו יות[

4QCata 12+ 1.4 אשר לוא יותיר ל[ ]

1QDM 3.2 לאכו]ל [יו]תר
4pIsc 12 1.4 [: [ויתר יותר [:]

11QT 23.15 על הקרבים ואת יותרת הכבד עם

4Q509 23 1.1]יו :]למחשב<ות>

1pHab 5.14 יזב]ח לחרמו על
1pHab 6.2 אמר על כן יזבח לחרמו :
4Q513 12 1.4 להט˙[:]˙ח יזבח[ ]ל[

11QT 47.7 טהורה אשר יזבחו : בתוך
11QT 47.11 כי בעורות אשר יזבחו : במקדש
11QT 47.14 פגוליהמה אשר יזבחו בתוך

CD 12.9 בעבור אשר לא יזבחום

1QS 11.4 מפני כול לוא יזד עורע כיא

1QS 8.8 פנת יקר בל : יזדעזעו

11QT 50.14 וביום השלישי יזה ויכבס
11QT 50.15 וביום השביעי יזה שנית וכבס

11QT 49.18 וביום השלישי יזו עליהמה מי
11QT 49.20 השביעי : יזו שנית
11QT 50.3]˙ה עד אשר יזו את הש[נית]

1QH 8.5	עם תאשור יחד לכבודכה
1QH 10.34	שאול תחפש יחד ואפחדה
1QH 11.25	]ים ישמיעו יחד : בקול רנה
1QH 10 1.7	ובהפלא נספרה יחד בדע[:]
1QM 1.11	חושך נלחמים יחד לגבורת אל
1QM 2.9	כול העדה יחד : ומלחמת
1QM 7.6	עם צבאותם יחד ורוח יהיה
1QM 10.6	לבב ולחזוק יחד בכול גבורי
1QM 12.4	ולרבואותם יחד עם קדושיכה
1QM 13.12	[תשו]קתמה יחד ואנו בגורל
1QS 3.2	יבואו בעצת יחד כיא בסאון
1QS 3.12	לו לברית : יחד עולמים :
1QS 4.18	כיא לוא יחד יתהלכו ואל
1QS 5.3	לעשות אמת יחד וענוה :
1QS 5.10	המתנדבים יחד לאמתו
1QS 6.24	בם במדרש יחד על פי
1QS 9.6	קודשים ובית יחד לישראל
1QS 10.3	לימי חודש יחד תקופתם עם
1QS 10.17	ארננה יחד לוא אשיב
1QS 11.8	חבר סודם לעצת יחד וסוד מבנית
1QS[a] 1.26	או : לעצת יחד או לתעודת
1QS[a] 2.17	ו[אם לשול]חן יחד יועד[ו
1QS[b] 4.26	פנים ועצת יחד]
4Q184 1 1.2	ולהליץ יחד בש[וא] עול
4Q381 79 1.3	ועמי יאשמו יחד עמהם ה[:
4Q403 1 1.26	יח]ד
4Q403 1 1.42	]ל[מש]א יחד רקיע זו
4Q403 1 2.15	[ ] : והללו יחד מרכבות
4Q405 6 1.3	ואור למשא יח[ד רקי]ע
4Q405 36 1.1	]ים יחד[:] ברוש[
4Q502 2 1.5	ובינה בתוך[: י]חד להיות ל[
4Q502 4 1.3	א[: ש]מחת יח[ד :]משיל˙]
4Q502 5 1.3	צוה לנ[ו :]ת יחד ל[:]˙ה
4Q502 7 1.3	]הוד[ו :]˙ת יחד]
4Q502 19 1.4	] : עם כולנו יחד ואני ת[רנן
4Q502 21 1.3	אל] : יחד בתוך [:
4Q502 70 1.2	]ל [:]˙ו יח[ד:]הם[
4Q502 105+ 1.2	] ושמחת י[ח]ד ל[:]י
4Q502 260 1.2	]עת[:]יחד[
4Q511 2 1.9	שנה [ום]משלת יחד להתהלך[
4pPs[a] 1+ 4.18	נשמדו יחד ואחר[ית]
4pPs[a] 11 1.1	]לשוב יחד לתורה ב[:
4QCat[a] 19 1.3	]˙ התלוננו יחד ול˙[:]
4QFl 1+ 1.18	נוסדו יחד על יהוה
4QFl 22 1.2	]ם:]˙ה יחד
4QM1 1+ 1.10	במערכותמה יח[ד : ובע]לות
4QM1 15 1.11	] עולמים יחד ע[ם :
4QM1 24 1.4	]˙ ובתהל[ה] יחד עם בני
4QM2 1 1.12	] : [ ]˙ יחד בעומדם
4QPs[f] 2 10.6	שמים וארץ : יחד יהללו
11QPs 18.1	עליון החבירו יחד : להודיע
11QT 24.13	בני י<ה>וסף יחד אפרים
11QT 57.13	יושבים עמו יחד למשפט :
4Q511 8 1.9	ני בקדושיו[: יחד]ד עם
11tgJ 33.7	אשתדור : יחדה [ ]
4Q374 2 2.1	]סיני :]˙ל : יחדו ויתֿ[:
4pIs[c] 4,6+ 1.21	] מנש]ה יחדיו [
11QPs 18.12	שתותמה בחבר : יחדיו שיחתם
11QT 52.11	והטהור בכה יחדיו כצבי
11QT 52.13	בשור ובחמור יחדיו לוא תזבח
11QT 53.4	והטמא בכה יחדיו כצבי :
1QS[b] 3.26	כהונת [יח]דש לכה
1QS[b] 5.21	וברית ה[י]חד יחדש לו להקים
1QS 2.8	אש עולמים לוא יחונכה אל
1QS[b] 2.22	[ ]יחונכה ארוני

Mas55 1.6	] צד]ק מה יזום כיא ממעשי
4pPs[a] 1+ 2.15	יהודה אשר : יזומו לכלות את
11tgJ 33.4	על דחלה ולא : יזוע ולא יתוב
11tgJ 35.3	יכלנה כבחכה יזיב אפה התגד
11QT 56.11	ויראו ולוא יזידו עוד
11tgJ 10.2	אנ]פי חשוך : י]זיע ויתמהון
1QH 4 1.10	]יכה ומי יזכה במשפטכה
1QS 3.4	לוא יתחשב לוא יזכה בכפורים
5Q13 4 1.2	] : [ולוא יזכה בכפור[ים
1QS 8.18	עצתם עד אשר יזכו מעשיו
4Q370 1.7	ל]מען יזכור ברית :]
CD 15.2	תורת משה אל יזכור כי בת˙ל
1QS 6.27	וא]שר יזכיר דבר בשם
4Q185 1+ 1.14	ח]בורת אלהים יזכרו נפלאים
4Q381 50 1.3	]לפניו יזכרו כי נורא
11QPs 24.11	ממני ופשעי אל יזכרו לי :
4Q381 45 1.2	פשעה ועלי יזמו :
1QDM 3.2	] יזמור אי[ש] :
4Q401 25 1.1	]יזמרו[
4QBer 10 2.1	אמן ואחר יזעמ[ו] את
4Q518 31 1.2	] מקק[:] יזעק[:]˙ד
1pHab 1.4	יז]עקו על:]
11tgJ 26.3	מן סגיא[יז]עקון יצוחון
11tgJ 26.7	חכמנה תמה יזעקון ול[א
1QS 7.11	עשרת ימים ואם יז( )<ק>פו :
1QS 4.20	כול מעשי גבר יזקק לו מבני
11QT 16.17	ה[מזבח : דמו יזרוק ע[ל
1QDM 3.2	לו]א יז[רע
11QT 63.2	אשר לוא יזרע ולוא יעבד
4pHs[b] 11+ 1.6	]אל[ ]רוח יזרעו סופות[
4Q487 42 1.2	]˙מ˙[:]˙יח˙˙]
4Q509 292 1.1	]˙יח ו˙]
6QHym 15 1.2	]וב[:]˙יח[:]ה˙]
CD 20.4	אל כפי מעלו ~~יח~~ יוכיחוהו
4Q489 2 1.1	יחא]
11tgJ 32.6	מליחה : יחאך על מהמא
11tgJ 33.3	לאנפי חרב יחאך על דחלה
4Q511 8 1.7	] :]לשיו יחביאני [ ]ל[
4Q511 8 1.11	ב]בתי כבודם יחברו[:]אתה
1QH 4.24	לי הנועדים <יחד> לבריתכה
1QH 5.22	להעלות משאון יחד כול (גמה)
1QH 5.30	ריבי ובנגינות יחד תלונתם עם
1QH 6.13	עצתכה ובגורל יחד עם מלאכי

1QS^{b} 2.24] : יחונכה ברוח
1QS^{b} 2.25 וברית עולם יחונכה
4QTeh 2 1.3]וקמי נקם לוא יחונכה אל

1QS^{b} 2.3]יכה ישא : י]חוננכה יש[א]

4Q403 1 2.13 מחשבי הדביר יחושו בתהלי

4Tstm 1.11 מחזה שדי יחזה נופל וגלו

4QFl 1+ 2.4 יודעי אלוה יחזיקו המ[>
CD 8.2 אשר : לא יחזיקו באלה
CD 19.14 בריתו אשר לא יחזיקו באלה
CD 14.14 וממנו יחזיקו ביד עני

4Q185 1+ 2.14 ובחלקות לא יחזיקנה כן תתן

1apGn 19.23 בנפשה די לא יחזנה כול]

1QS^{a} 1.17 עם תום דרכו יחזק מתנו

4Q385 3 1.4 אש[י]ב פניך יחזקאל ה[נ]ה
4QCat^{a} 7 1.3 כתוב בספר יחזקאל הנ[ביא
4QFl 1+ 1.16 עליהמה בספר יחזקאל הנביא
CD 3.21 אל להם ביד יחזקאל הנביא
CD 19.11 אשר אמר ~~יחזקא~~ : ביד
CD 19.12 ~~יחזקא~~ : ביד יחזקאל ~~והתוי~~

1QM 1.13 שלושה גורלות יחזקו בני אור
4pN 3+ 3.8 ופת[אים] : לא יחזקו עוד את
6QHym 5 1.3 צדק במע[: י]חזקו ברוח

11QT 61.6 ולכול חטא אשר יחטא על פי

1Q26 3 1.2 כי אתה לי לבן י[חיד
4Q509 7 2.4 שנאתה [:]יחיד מלפניכה

CD 3.17 ומואסיהם לא יחיה והם

4pPs^{a} 1+ 3.1 שבי המדבר אשר יחיו אלף דור

4pPs^{a} 1+ 3.3 פשרו א[שר]יחים ברעב

1QM 8.11 קול השופרות יחישו
1QS 8.8 ובל יחישו ממקומם

4pIs^{c} 23 2.8 על גבעה לכן יחכה אדוני

11tgJ 25.2 א[חרנין : יחכ]ם עבדהון

11QT 53.15 על נפשו ולוא יחל דבריו ככול
CD 11.15 בשבת אל יחל איש את

1QM 9.1 <[הח]ללים> : יחלו ידם להפיל
1QM 9.8 המה [לו]א יחלו שמן משיחת
1QM 16.8 ועם צאת הקול יחלו ידם להפיל
1QM 16.11 וחללי הבינים יחלו לנפול
1QM 17.14 קו]ל [התר]ועה יחלו להפיל
4QM1 10 2.9 [: יחלו אנשי
4QM1 11 2.7 צ[א]ת הקול יחלו ידמ[ה
4QM1 11 2.9 וחללי הבינים יחלו לנפול[
4QM1 20 1.3] שנה יחל[ו :]שמחת
CD 8.4 העברה : כי יחלו למרפא

1QM 2.7 שבטי ישראל יחלוצו : להם
1QM 2.8 השטפים לוא יחלוצו לצאת

4QM3 1 1.5 והמאבן ולוא יחללו שמן
11QT 35.7 יומתו ולוא יחל[לו

11QT 46.11 מקדשי ולוא יחללוהו וקדשו

1QS 11.13 צרתי ומשחת יחלץ נפשי ויכן

1pPs 3 1.5 [:] אשר יחלקו[:]

1QH 9.10 רציתי כי יחלתי לחסדיכה
1QH 11.31 בצדקתכה כאשר יחלתי לטובכה
4VSam 7 1.3 <לו> מ :]יחלתי פניה

11QT 57.20 משפט צדק ולוא יחמוד : שדה

1pHab 6.9 גוים ולוא יחמל : פשרו על

CD 5.18 ויקם בליעל את יחנה ואת :

4Q381 79 1.2 זקו לוא יחנו[ ]פל[:

4Q380 2 1.5]ל[ח]סד<י> יחנן יהוה [

1Myst 1 1.11 חזק ממנו מי : יחפץ כי יגזל
1QS 9.24 רצון אל לו יחפצ : [ובכו]ל
4pPs^{a} 1+ 3.14 וד]רכו יחפץ כיא

11tgJ 33.2 אימה ודחלה יחפר בבקע

1QH 8.29 ועם : מתים יחפש רוחי כי

4Q402 1 1.3 עם אלוה[י]: [יחר לכול

4QMes 2.14]מ[ ]כב[יחרבן כול אלן

4Q380 2 1.3 וגבעות[:]יחרדו כל יוסדו

CD 20.15] ובקץ ההוא יחרה : אף אל

1QH 1.39 ד אמ[:]יצים יחרו[:]

1QH 2.11 עריצים לצים יחרוקו שנים

4Q482 2 1.1]יחרוש[:]שמים[

CD 9.1 כל אדם אשר יחרים אדם מאדם

11QT 60.5 וכול אשר יחרימו ומכס

4pIs^{c} 21 1.2]יחשב הלבנון [

1QH 4.23 בוזי כיא : לא יחשבו[ ]ד

1QH 4.8 נמאסו למו ולא יחשבוני

1QM 9.1 וכול העם יחשו מקול
1QM 16.9 וכול : העם יחשו קול

4Q487 14 1.3 ו[:]ים רע יחשוב[

1QH 4.14 זמות בליעל : יחשובו
1QH 5.26 והמה הוות לבם יחשובו[

1QH 3.6] יחשיבוני

1pHab 12.1] : יחתה מדמי אדם

4pIs^{a} 7+ 3.8 וגבורים יחתו ונמס

4Tstm 1.4 היומים למעאן יטב להמ

1QH 12 1.1]קדש בל יטה[ ] לאש[
11QT 57.19 ממשפחתו ולוא יטה משפט :

1QS 3.4 בכפורים ולוא יטהר במי נדה
1QS 3.5 ונהרות ולוא יטהר בכול מי

4pIs[b] 2.2 מאחרי בנשף יין : ידלקם
4pIs[b] 2.3 ותוף וחליל יין משתיהם ואת
11QT 13.13 <ונסכו יין רב[יעית]>
11QT 19.14 ו[הביאות]מה יין חדש לנסך
11QT 21.10 לנסך נסך שכר יין חדש על
11QT 47.6 לה יהיה טהור יין ושמן וכול

4Q509 195 1.2] והוסי[:]ייננו[:]˙[

CD 8.9 חמת תנינים יינם : וראש
CD 19.22 חמת תנינים יינם וראש

11QT 47.12 מביאים את יינמה ואת

11QPs 22.5 זיז : כבודך יינקו וברחובות

4Tstm 1.23 הזות בבכורו : ייסדנה ובצעירו

1pHab 10.8 בדי ריק ייעפו : פשר

4Q487 5 1.5]ק וע˙[:]א יירא[:]ת נפש

4Q385 3 1.3 הימים למען יירשו בני
4Q502 54 1.2 ה[:]יהם יירש[ו :]ל חש

1QH 12.13]˙יך :]ה לרוב
1QH 10 1.8]˙ בני איש ב˙יך[:]פלא
3Q10 4 1.1]˙יכ˙[
4Q497 14 1.1]יכ˙[:
4Q497 18 1.1]ת יכ[:]˙תו ב[:
4Q497 30 1.2]˙ת[:]יכ[
4Q509 97+ 2.7 ˙]:˙˙א על˙יכ[:˙˙י˙[ ]
4Q509 106 1.1]˙יכ˙[:]˙מ˙[
4Q518 33 1.3 [:]ובכל[:]יכ˙˙[
6apSK 53 1.1]˙יד˙[:]˙˙
11tgJ 32.10 בבקעה :]˙יד˙˙˙[

4Q518 24 1.2]˙˙˙˙[:]יכב˙[

1QH 9.16] [יכבד ורוח מרוח
1QH 10.27 עד ˙לפי דעתם יכבד˙[: איש
1QNo 13+ 1.3]ר[:]˙ יכבד בתוך[

1QS[a] 1.18] [זה יכבדו איש
11QT 49.11 ממנו את המת יכבדו את הבית

4Q381 50 1.2]לכל ורשעים יכב[ו :]לפניו

1pHab 8.7 לו עד מתי יכביד עלו :

4Q512 51+ 2.7]˙˙ משפ[: יכ<ב>ס בגדי[ו]
11QT 45.9 וביום השלישי יכבס בגדיו
11QT 50.8 אשר יגע בו יכבס בגדו ורחץ

1QM 14.2 המשוב ובבוקר יכבסו בגדיהם
11QT 49.13 ומשקופיו יכבסו במים

1Q36 16 1.3 בש[ ]ל˙יכה [:
1QH 4.40 עד [:]יכה כי אמת אתה
1QH 10.3 כול בחו˙[:]˙יכה לא יביט
1QH 4 1.10 ממשפטכה[:]יכה ומי יזכה
1QH 9 1.7 רוח ותכנע :]יכה במעון
1QM 10.16 יכ]ה אלה ידענו
1QM 18.14] [יכה ותבצור מט˙
1QS[b] 2.2 א]בותיכה:]יכה ישא :
4Q503 85 1.2]להאיר [:]˙יכה נש[:]ל[
4Q509 10 4.9 למועד[:]˙יכה אש[ר:]ים
4Q511 126 1.3 מה אד[בר :]יכה לוא[
4Q512 33+ 1.7 <ה[>]יכה :]˙ות
4Q517 4 1.1]˙˙יכה[
4Amrm 2 1.4]יכה וכל עבדה

1QS 3.7 ליחד באמתו יטהר מכול :
1QS 3.8 לכול חוקי אל יטהר : בשרו
11QT 45.15 וכול איש אשר יטהר מזובו
11QT 45.18 יטהרו וכאשר יטהר והקריב את
11QT 47.16 תזבחוהו יטהר למקדשי
11QT 50.7 הזה ואם לוא יטהר כמשפט
11QT 51.5 ובאה השמש אחר יטהר והזהרתמה
CD 10.12 איש : אל יטהר במה כלי

1QS 5.13 הקודש כיא לוא יטהרו : כי אם
4Q512 42+ 2.5] : כל יטהרו במי רח[ץ
11QT 45.17 לה עד אשר יטהרו וכול
11QT 45.18 לה עד אשר יטהרו וכאשר
11QT 47.15 כטהרת בשרו כן יטהרו העורות
11QT 49.14 יצא המת ממנו יטהרו את הבית
11QT 50.18 המה ולוא יטהרו עוד עד :

1QS 11.14 ובצדקתו יטהרני מנדת :
4Q511 20 1.1 בצד]קתו יטה[רני]:

11QT 51.13 שוחד ולוא : יטו משפט כי

CD 11.10 בשבת אל יטול בבית

1QS 7.8 יום> ואשר יטו( )<ר>
CD 13.18 ובאהבת חסד אל יטור להם[

1QM 6.4 אל : כול אלה יטילו שבע

CD 4.20 אשר אמר הטף יטיפון הם

1Q23 14 1.4]˙ באר[:]יטלו לע[:]ה[

4Q512 40 1.1 י]טמא בו :
11QT 16.5] יטמא כי קדו[ש
11QT 49.5 ימות בו המת יטמא : שבעת
11QT 49.6 הבא אל הבית יטמא : שבעת
11QT 49.7 עליו מ[י]ם יטמא כול
11QT 49.8 כול המושקה : יטמא וכלי חרש
11QT 49.9 איש טהור : יטמא והפתוחים
11QT 50.11 אשר תבוא אליו יטמא : וכול
11QT 50.13 הבית יבוא עמה יטמא שבעת ימים
11QT 51.2 ב]מותמה יטמא : ע[ד
CD 12.17 כפי : טמאתם יטמא הנוגע בם

11QT 45.13 ימיהמה ולוא יטמאו את העיר
11QT 47.5 לכול טמאה אשר יטמאו בה כול
11QT 48.16 אשר לוא יטמאו בתוכם :
11QT 49.8 יטמא וכלי חרש יטמאו וכול אשר
11QT 49.9 יטמא והפתוחים יטמאו לכול אדם
11QT 51.6 ולוא יטמאו בהמה אשר
11QT 51.7 בהר הזה ולוא יטמאו כי

1QH 3 1.8 כלה ופח לפח יטמונו צמי

1QH 5.14 בעד שניהם פן יטרפו נפש(י)

4Q506 169 1.1]יי˙[

1QM 17.11 תרועה שנית יידי התקרב

1QS 5.14 דברו ואשר לוא ייחד עמו

4pZ 1+ 1.1] ייט]יב יהוה

CD 11.13 בשבת : אל אל יילד איש בהמה

4Q176 8+ 1.1 ייט[
4Q511 135 1.1]˙יים [:]שמים[

1pMic 17+ 1.3 ולו]א תשתה[י]ין וי[שתמר

4pN 3+ 1.5 החרון אשר יכה בגדוליו
11QPs 24.15 אומ[ ]מלפ[ ]יכה 𐤉𐤄𐤅𐤄 מבטחי
11QT 5.8 גובה [፡]˙יכה וארבעה

1QM 17.1 מלחמתה ולוא יכהו עד]

1QH 8.23 לעזוק ፡ פלגיו יכו שרשיו בצור

1apGn 20.22 לה לוט לא יכול אברם דדי
1QS 11.20 גבורתכה ומי יכול להכיל את
4Q511 30 1.5] ፡ יכול עפר הארץ

4Q401 14 2.4 רנות[፡ לוא יכול[ו ፡ יגבר

1apGn 20.19 אסי מצרין הן יכולון לאסיותה

1Q34[b] 3 2.5 ורשע לא יכון לפניך

1QH 4.22 בדרך לבכה ፡ יכונו לנצח
1QH 7.31 וכול דרכיכה יכונו לנצח ፡

1QDM 3.11 ע[שר ל]חודש יכופר[

1QS 3.6 אל דרכי איש יכופרו כול ፡

1pHab 7.6 יפיח לקץ ולוא יכזב ፡ פשרו
1QH 8.16 מים חיים ולא יכזב לפתוח ፡
1QS[b] 1.4 אשר ל[וא יכז]ב יפתח לכה

4QPs[f] 2 9.13 גפניהם ולוא ፡ יכזב[ו

1QH 6 1.9 מביט ፡]ולו<א> יכחד ፡]בדתה

1QS 7.3 חודשים ואשר יכחס במדעו ፡

4Q381 95 1.1]ני יכיל[፡]˙ ˙]
4QMl 11 1.17 שפתי מיא יכיל ומיא

4Q185 1+ 2.12 ו˙ [ ]˙בה יכילה ועמה[

1QS 11.10 ואנוש לוא יכין צעדו כיא
4Q184 1 1.2 עול לבה יכין פחוז

1QS 11.11 הויה במחשבתו יכינו ומבלעדיו

11QT 51.12 משפט צדק ולוא יכירו פנים

11Ap[a] 3.4 [˙ השמים ו[፡ יככה יהוה מ[כה

1apGn 20.17 אנש ביתה ולא יכל למקרב בהא

11tgJ 24.8 ונשמ]תה עלוהי יכלא ፡ וימות [

1pHab 5.3 הדבר אשר לוא יכלה אל את עמו
1pHab 13.3 וביום ፡ המשפט יכלה אל את כול
1QS 6.10 דברי רעהו טרם יכלה אחיהו

1apGn 20.20 ביתה ולא יכלו כול אסיא
4Q381 31 1.8 יתמו [ו]צררי יכלו ואין˙ ˙כ
4Q381 33 1.1]˙ ˙ת יכלו ית[፡
6QHym 5 1.4 לעו]למים לוא יכלו[

4Q185 1+ 1.8]ומי יכלכל לעמוד

4Q400 1 1.14] [ ]˙ ˙ ˙לך לוא יכלכלו כול
4Q402 6 1.3] צורות[፡ יכל]כלו אלי]

1QS 3.17 כול והואה יכלכלם בכול

11tgJ 35.3 במטל עינוהי יכלנה כבחכה

4Q381 24 1.1]˙]יכם˙ [፡ ולשני
4Q502 298 1.1]˙יכם[፡]˙[

1QH 6.21] יכמוא ויעץ

1pHab 3.12 שבעה ובחמה יכ[מרו וב]חרן

4QMl 11 2.16 היום הזה יכניענו אל

4pIs[c] 23 2.17] ፡ ולוא יכניף ע[וד

4Q381 39 1.1]˙ יכנעו [፡
4Q381 75 1.3 ואנשי[ם ፡]יכנעו ול[

4QOrd 2+ 1.7 אשה כול [፡ יכס בשלמות אשה

1pHab 10.15 𐤉𐤄𐤅𐤄 כמים ፡ יכסו על הים[

1pHab 7.15 פשרו אשר יכפלו עליהם ፡

1Myst 6 1.2 ות[፡]שיהמה [י]כפר על שגג˙ ˙
1QS 11.14 וברוב טובו יכפר בעד כול
CD 4.10 עונותיהם כן יכפר אל בעדם

4QMl 1+ 1.4]˙ יכפרו בעדכמ[ה
11QT 22.15 כי ביום הזה יכפרו ፡ [ע]ל

4QPBl 1 1.2 לישראל ממשל ፡ י]כרת יושב בוא
11QT 59.17 לפני לוא יכרת לו איש

4Q381 28 1.3]מקוה לאיביך יכרתו [፡]˙ ˙
4pPs[a] 1+ 2.2 כיא מרעים יכרתו פשרו על
4pPs[a] 1+ 2.4 לשוב מעונם יכרתו וקואי
4pPs[a] 1+ 3.9 ארץ ומקוללו[יכ]רתו ፡ פשרו
4pPs[a] 1+ 3.12 ו[מקול]לו ፡ יכרתו המה
4pPs[a] 1+ 3.12 ישראל אשר יכרתו ונשמד[ו]
11QT 58.11 העם לוא יכרתו מעריהמה
CD 20.26 אל לישראל יכרתו מק[רב]

4pN 3+ 2.6 בגוית בשרם יכשולו בעצת

2apPr 1 1.10 ומצפון ፡ יכ]שלון ברכים

1QS 8.19 פי הרבים ואחר יכת(̣)<ב>

CD 9.18 למבקר והמבקר יכתבהו בידו עד

1QM 4.9 בצאתם למלחמה יכתבו על אות
1QM 5.1 נשיא כול העדה יכתבו שמו[

4pIs[c] 6+ 2.3]]ו[נע]ר יכת[בם

1QM 18.2 קום וכתיים יכתו לאין ፡]

1QS 9.2 פי הרבים ואחר יכתוב בתכונו
1QS[a] 1.21 רק בסרך הצבא יכתוב משפחתו ፡

1QS 6.22 לקרבו ליחד יכתובהו בסרך

1QM 3.2 מקרא העדה יכתובו קרואי
1QM 3.3 מקרא ה( )שרים יכתובו נשיאי
1QM 3.3 המסורות יכתובו סרך אל
1QM 3.4 לבית מועד יכתובו תעודות
1QM 3.5 המחנות ፡ יכתובו שלום אל
1QM 3.5 מסעיהם יכתובו גבורות
1QM 3.6 סדרי המלחמה יכתובו סדרי
1QM 3.7 למערכת האויב יכתובו זכרון
1QM 3.8 החללים יכתובו יד
1QM 3.8 חצוצרות המארב יכתובו ፡ רזי
1QM 3.9 חצוצרות המרדף יכתובו נגף אל
1QM 3.10 לבוא המערכה יכתובו על

1QM 3.11 העדה ירושלים יכתובו גילות
1QM 3.13 בראש כול העם יכתובו עם אל
1QM 3.15 השבטים : יכתובו ברזי[
1QM 3.15 ע]ל אות השבט יכתובו נס אל
1QM 4.1 ועל אות מררי יכתובו תרומת
1QM 4.1 אות הא[ל]ף יכתובו אף אל
1QM 4.2 ועל אות המאה יכתובו מאת :
1QM 4.3 אות החמשים יכתובו חדל :
1QM 4.4 על אות העשרה יכתובו רנות :
1QM 4.6 למלחמה יכתובו על
1QM 4.7 ובגשתם למלחמה יכתובו על
1QM 4.8 מן המלחמה יכתובו על
1QM 4.11 ופרוש שמותם יכתובו עם כל
1QM 4.11 ובגשתם למלחמה יכתובו על
1QM 4.13 פרוש : שמותם יכתובו עליהם
1QM 4.13 מן המלחמה יכתובו על
1QM 6.2 ועל לוהב הזרק יכתובו ברקת
1QM 6.2 ועל השלט השני יכתובו : זיקי
1QM 6.3 הזרק השלישי יכתובו שלהובת
1QM 9.15 המגדלות : יכתובו על
4QM6 8 3.3]אשר בר[: י]כתובו ת[
4QM6 8 3.9 [VACAT] : יכתו]בו קרו[אי
4QM6 16 5.4 [ ]שוב[: י]כתובו תרומת[
4QM6 18 1.1]˙ יכתובו ˙[:
4QM6 35 1.1 יכ]תובו[:
4QM6 35 1.3 למלחמ]ה יכת[ובו :]˙[

4Q506 154 1.1]יל˙[:]ינ˙[
4Q509 254 1.2]˙ק[:]˙יל הכ[

4QOrd 2+ 1.7 אשה ואל ילבש כתונת אשה

4Q381 15 1.10]˙ ובמעיל ילבשוה וכסות :

6QAly 1 1.5 ילדה חבל ילד ית[:
11tgJ 31.6 אב או מן : ילד [ע]נני טלא

6QAly 1 1.5 [: חב]לה ילדה חבל ילד
11tgJ 31.7 [: מ[ן ילד]ה כא[בן]
11QT 50.10 מלאה וימות ילדה במעיה כול

4QCat[a] 5+ 1.4]כיא כולם ילדים[

11tgJ 32.2 עדן מולדהין ילדן בניהן

6apGn 1 1.6 תמהין שמעת הן ילדת מר˙[

4Q503 157 1.2]ה[:]ילה˙[

4Q509 4 1.2]˙[ ]˙˙[:]ילו לכול ח˙[:

1QH 13.14]גדול ומה ילוד אשה בכול
1QH 18.12 דרכו ואשמות ילוד
1QH 18.16]ל[ ]שע ילוד א[:]˙כה
4Q186 1 2.8 אשר הואה ילוד עליו :
4Q186 2 1.8]מולדו ילוד הו[אה :
4Q482 1 1.4 וט]מרא הם[:]ילוד אש[ה:]די

1QS 7.17 והאיש אשר ילון על יסוד
1QS 7.17 ואם על רעהו ילון : אשר לוא

4QM2 1 1.7] : רגליך ילחכו

1QS[b] 3.7 [: ילחם] [

1QM 1.2 גולת המדבר ילחמו בם : כ˙[
1QM 2.10 בשנה הראישונה ילחמו בארם
1QM 2.11 לוד בשלישית : ילחמו בשאר בני
1QM 2.11 ובחמישית ילחמו בבני
1QM 2.12 ובשביעית ילחמו בכול בני
1QM 2.12 בשנה השמינית ילחמו בבני :
1QM 2.13 עילם בתשיעית ילחמו בבני
4QM6 6+ 2.3 וע[שרים : ילח]מו בארם
4QM6 13 3.1 יל]חמו בב[נ]י

1QH 1.37]ילי לב לא

1QM 11.18]יליהם למהמה :

1QS 5.4 אשר לוא ילכ איש
1QS 7.15 והאיש אשר ילכ רכיל ברעהו
1QS 7.16 ואיש ברבים ילכ רכיל לשלח
11QPs 26.10 לפניו הדר : ילך ואחריו
11QT 59.16 ואם בחוקותי ילך ואת מצוותי
11QT 62.3 הירא ורך הלבב ילך וישוב אל :
CD 11.5 בשבת אל ילך איש אחר

1pHab 3.1] : ובמישור ילכו לכות
1pHab 3.6 ובנכל ומרמה : ילכו עם כול
1QH 5.25 וברז חבתה בי ילכו רכיל לבני
1QM 7.5 כול אלה לוא ילכו אתם
1QM 15.2] המלחמה ילכו וחנו נגד
1QS 8.20 המשפטים אשר ילכו בם אנשי
4Q509 32 1.1]המה ילכו [:]
4pIs[c] 6+ 2.15 [: ילכו בש[בי
4pN 3+ 4.4 עילוליו וטפו ילכו בשבי
4QM1 1+ 1.5]˙˙[לו]א ילכו למערכות

6Q23 2 1.1]ילל[:]רבו

11QT 62.16 אשר : לוא ילמדוכה לעשות

1pHab 4.2 פשרו אשר : ילעיגו על רבים

1Q25 14 1.1]ים [
1Q38 1 1.2 [ו]עם ל˙˙ים ˙˙˙˙[
1Q39 1 1.6 ב[י]ן [:]˙ים ברוח קודשכה
1Q49 1 1.1]ים ואדברה [:]
1apGn 21.18 די דבקת ללשן ים סוף די נפק
1pMic 17+ 1.6]ים וביתם[
1QDM 4.7]ים לשנה [
1QH 8.17 לפתוח : הש˙ים לא ימישו
1QH 8.35 נאספה ואין לה˙ים : קול[
1QH 11.21]ים ולהגות הגו
1QH 11.25]ים ישמיעו יחד
1QH 13.12 קדם ול[ ]ים נהיות עולם
1QH 14.24]ם וגדול :]˙ים הסולח לשבי
1QH 16.3] מלוא ה[ ]˙ים ˙˙ ˙ארץ
1QH 2 1.2]˙ הו˙[:]ים ושללכה[:]
1QH 51 1.3]אהש[ ]ים ת[:]
1QH 55 1.1 [ ]˙˙[ ]ים ולגלות
1QH 59 1.4] קצ תפי[:]˙ים למ˙[
1QH 63 1.2 [˙˙[:]ים ובסוד קד[:
1QM33 2 1.4 ל˙[:]˙ים המערכה [
1QNo 1 1.5 לפני אל ו[:]ים א[:]ל א[
1QNo 6 1.1 [˙ ים[:]שת[:]
2Q33 4 1.2]מ[:]˙ים כ[:]˙מה ע
2Q33 7 1.1]ים כי לא[
2apPr 2 1.2]ה:]לפ[ ]ים :]ר שוממים
3Q14 10 1.2]א :]ים
3Q14 13 1.2 [VACAT] :]ים [
3Q15 9.7 בריח הצופא ים : בזרב חפור
4Q176 43 1.1]ים ה[:]
4Q178 8 1.3 [ ]˙[ ]˙ים
4Q183 2 1.2 [illegible] ˙[:]ים ˙˙˙[:]שמ[
4Q370 1.5 [ ]˙ים כלם כיעבר [
4Q378 11 1.9 וירש[:]ים וש[
4Q379 17 1.2]ים ומברכים[:
4Q381 14 1.2 [˙[:]˙ים עננים עבים
4Q381 86 1.2]מי חוק [:]˙ים יהוה א[:
4Q385 2 1.10 [:]˙ים [ו]יכף עק
4Q402 4 1.2]מ[:]ים ויפלג דעת[

11QSS 3+ 1.3] : [ ]ים בחוק
11QT 4.4 רחבים אר] :]˙ים ורובד (הי)
11QT 10.10]ים[ ]˙ף
11QT 10.12]ים ארגמן אדום
11QT 11.8]˙ים: [
11QT 33.1]]ים באים [: [
11QT 34.4]˙˙˙˙ים אל בין
11QT 34.5]]ים וסוגרים את
11QT 39.1]˙˙˙˙ים ˙˙˙˙˙˙˙˙˙˙˙
11QT 40.3 ישראל ולוא ים] :]

1apGn 16.12 ˙תחומא דן מי ימא רבא ˙˙˙ ˙˙
1apGn 21.11 ושניר ומן ימא רבא עד
1apGn 21.15 ואתית ליד ימא עד די :
1apGn 21.16 מן ל[יד] ימא רבא דן די
1apGn 21.18 אתה לי ליד : ימא שמוקא עד
1apGn 21.18 סוף די נפק מן ימא שמוקא
11tgJ 10.3]ויתמהון מן :]ימא ובמנדעה
11tgJ 30.6 התסוג בדשין ימא ב[ה]גחותה

4pPs[a] 1+ 2.3 לתורה אשר לוא ימאנו לשוב

4Q185 1+ 2.10 וממר[ת מ]ב ימדה וכל עמו

11tgJ 27.5]במב ימהון ושניהון

4Q405 18 1.4]דביר ימהרו מקול

CD 10.9 האדם : מעמו ימו ובחרון אף

1QH 6.27 וכול באיה בל ימוטו כי לא
4Q405 23 1.4]˙ פלא בל ימוטו לעולמים

4Q176 8+ 1.12 מאתיכי לוא ימוש[: נ]ואש
4pN 3+ 2.3 י]תהלכו : לא ימוש טרף וקול
4pN 3+ 2.5 אשר לא ימוש מקרב עדתם
11QT 3.11] לוא ימוש מן המקדש

4Q176 8+ 1.12 בך : ההר]ים ימושו והגבעות

4Q156 1.5 ו]לא ימות[ ] ויסב
11tgJ 5.5]˙ גרמוהי דן ימות בנפ[ש :]
11QT 49.5 ואדם כי ימות בעריכמה
11QT 49.5 כול בית אשר ימות בו המת
CD 15.5] [:]י]מות והבא

4Q509 32 1.2 ילכו [:] ימותו בטמא[תם

4tgJ 1 2.6 בלי מני[ח: ימותון ולא

1QS 11.3 ובצדקותו ימח פשעי כיא

1QH 1.15 בתבל לכ<ו>ל ימי עולם :
1QM 2.4 ולשבתות ולכול ימי השנה מבן
4Q176 6+ 1.3 מוגיך[ ]˙ימי ˙˙[
4Q381 31 1.6 ישעי צפנים ימי עמדי ומה
4Q506 147 1.2 חש˙[: ימי[: ור˙[
4Q512 11 1.2 לו שבעת ימי מה[רתו :]
4Q512 1+ 1.11 יוכ[ל י]מי כבודכה :
4Q512 67 1.1]˙כלם כול י[מי :] ימי
4Q512 67 1.2 כול י[מי :] ימי הסגר[ו :]
5Q13 4 1.3 יהיה[ ] י[מי : ה]אלה
6QCal 1 1.2]ותם ימי:]
11QPs 27.6 יום ויום לכול ימי השנה ארבעה
11QPs 27.8 החודשים ולכול ימי המועדות
11QT 11.12 היצהר ובששת ימי : ובח]ג
11QT 57.18 תהיה עמו כול ימי חייה ואם

1QM 6.12 ומלאים בתכון ימיהם מלומדי
1QM 6.14 רכב ותכון : ימיהם מבן
4Q370 2.5 יצמחו וכצל ימיהם פ[ל :

4Q402 4 1.5 ולוא יהי[ו]ים ליחד כ[ ]˙[
4Q402 10 1.3] ועם[:]תו ים[:]עד מ[
4Q404 12 1.2]לך ו˙[:]ים [
4Q404 17 1.1]ים לכ[:
4Q405 36 1.1]ים יחד[:]
4Q405 50 1.1]˙ים ˙[:]הכבוד
4Q405 81 1.3 זב[ול :]ים למשא[
4Q406 1 1.5 השבת הש[:]ר˙ים המ˙˙ים ב˙˙ :
4Q406 1 1.5]ר˙ים המ˙˙ים ב˙˙ :]˙˙˙ל[
4Q487 14 1.3 ללכוד ז˙[:]ים רע יחשוב[
4Q497 48 1.2 ˙˙ ˙˙ו˙[:]˙˙ים ˙[ ]תשו [:
4Q499 1 1.2]˙˙ ˙[:]˙ים ˙˙[:]˙˙ור
4Q499 27 1.2]˙˙˙[:]ין ים[
4Q502 9 1.17]ל[ ]ים :]א˙ל
4Q502 34 1.2 מנע[:]˙[ ]ים והננו [ ]˙[
4Q502 104 1.1]˙ים שמ[:]
4Q502 109 1.2]מ [:]˙ים עד ˙[:]
4Q502 193 1.2]˙[:]˙ים [
4Q502 297 1.2]ה˙[:]ים[
4Q502 302 1.1]˙ים בשלו[ם :
4Q502 304 1.1]ים[:] ˙[
4Q502 337 1.1] ים[
4Q503 11 1.1]ים
4Q503 11 1.3 בערם [:]˙ים ואנו עם
4Q503 70+ 1.2]˙˙[:]˙ים [ו]ראשי ˙[
4Q503 82 1.2]˙˙˙˙˙˙[:]ים וקדוש[ים:]
4Q503 118 1.1]ים[:]צ[
4Q503 136 1.1]ים[:]לילה[
4Q503 141 1.1]ים [:]בח˙[
4Q504 3 2.2]˙ :]מ˙[:]ים ברוך הא[ל
4Q504 3 2.15]˙ים וקדושים ו˙[
4Q504 6 1.19 נשב[עתה :]˙ים בפניכה[
4Q504 9 1.3]צובי[:]˙ים טהורים[:]
4Q504 17 1.7]˙ :]˙ים : [ ]א˙[:
4Q508 32 1.1]י ˙[ ]˙ים [:]ראשי
4Q509 10 4.10]˙יכה אש[ר:]ים יעד˙[:]ך
4Q509 164 1.2]להבל[:]ים[
4Q509 211 1.1]ים מר[:]ה מ[
4Q510 3 1.1]ים ˙[
4Q511 66 1.1]˙ים כש[:]˙ו
4Q511 73 1.2 הכווה גדול :]ים פני אלוהים
4Q511 73 1.3 פני אלוהים :]ים מיסודו :]ח
4Q511 95 1.2]˙בו שמ[:]ים בכבוד [:
4Q511 126 1.1]ים ת[: וא]פר
4Q511 137 1.2]˙מ[:]ים ב[:]˙י
4Q511 141 1.2]˙˙[:]˙ים[:]מש[ ]
4Q511 183 1.1]˙ ים˙ ˙[:]˙[
4Q511 193 1.1]˙ים ו[:]˙לל˙[
4Q513 4 1.6 מתורת משה[:]ים ו˙[:]ל[
4Q514 3 1.1]ים א[:]לע ˙[
4Q517 28 1.1]ים [
4Q519 22 1.3]˙ כ˙˙[:]˙˙˙ים[:]˙ג˙˙˙[
4apLm 2 1.5]לים ˙[:]˙ים שרתי כל
4pIs[a] 7+ 3.13]ים בברחו
4pIs[c] 31 1.3] אדם [:]ים עש˙[:]ו
4pN 3+ 3.10 לה אשר חילה ים ומים
4pN 5 1.1]˙ים ˙[
4pUn 6 1.1]ים [:]שקר ומ[
4QCat[a] 30 1.3]ספסוף ˙˙[:]ים לשל[
4QM1 1+ 1.3]˙[ ]ים[
4QM1 11 1.15 הו[א]כבאי ים ישובו <ספ>ר
4QM1 18 1.5 וח[שו : י]ם סוף ˙[:]
4QM1 27 1.1]˙ים [:]˙˙ בכ
4QM6 27 1.3 ˙˙ה[:]˙˙[ ]ים[:]ל˙[
5QCur 1 1.1]ים ועל ימים גם
6Q22 1 1.1]ים[:]˙ת י˙˙חד
6apSK 16 1.1]˙ים[
6apSK 52 1.1]ים[
6apSK 68 1.2]˙˙[:]˙ים :]˙˙˙˙˙˙˙
6apSK 69 1.2]ל:]˙ים
6QPro 18 1.3] :]˙ ופ[:]ים א[:]ל˙[

CD 10.10 לא ישלימו את ימיהם על המהר

11QT 45.13 יבואו לה כול ימיהמה ולוא

4Q502 102 1.1 י]טלאו ימיו לב[ו]א
4QOrd 1 2.7 אחת יתננו כול ימיו עשרים גרה
4QOrd 2+ 1.10 ושלח כול ימיו כול[
11QT 16.4 י]היה כול ימיו[:]
11QT 66.11 לשלחה כול ימיו לוא יקח :
CD 10.1 אשר לא מלאו ימיו לעבור :

1QDM 2.5 חי[יכה] ואורך ימ[יכה]
4Q502 24 1.5 זקנו[ת :] ימיכה שלום ו[

1Myst 6 1.4 לכפר ה[:]ימים י˙[:]˙
1QH 1.14 ארץ בכוחכה : ימים ותהומות
1QH 2.12 ויהמו כנחשולי ימים בהרגש
1QH 3.14 עפר : כיורדי ימים נבעתים
1QH 3.15 חכמתם בהמות ימים ברתוח
1QH 6.23 באוניה בזעף : ימים גליהם
1QH 13.18 עולם ואורך ימים כי[
1QH 17.15 אדם[ ]רוב ימים
1QM 1.9 ושמחה ואורך ימים לכול בני
1QM 10.13 ועו]שה חוג ימים ומקוי
1QM 13.15]˙ם מכול ימ[ים] : [
1QS 4.7 שלום באורכ ימים ופרות זרע
1QS 7.10 רעהו : עשרת ימים ואשר
1QS 7.10 הרבים שלושים ימים וכן לאיש
1QS 7.11 ונענש עשרת ימים ואם יז(
1QS 7.15 בה ונענש עשרת ימים והאיש אשר
1QS 7.21 לו שנתים ימים ישאלו
1QS 8.10 היחד שנתים ימים <(בתמים
1QS 8.25 כול עצה שנתים ימים אם תתם
1QS 8.27 לו שנתים : ימים : כיא על
1QS 9.2 יבחן שנתים ימים לתמים
1QS[a] 1.26 וקדשום שלושת ימים להיות כול
4Q502 20 1.2 ל˙[: אור]ך ימים [: מ]עיו
4Q502 97 1.2 להם [:]שבעת ימי[ם : קו]דש
4Q502 156 1.1]ימים[:
4Q509 255 1.1]˙ ימים[:]˙[
4Q511 143 1.1]ימים[:]דעות
4AgCr 5+ 1.3 [:]דרך שני ימים ˙[:]א
4pIs[c] 49 1.2 [˙˙˙˙[:]ימים ב[:]ל[
4pUn 5 1.1]ץ ימים ˙[:]ה
5QCur 1 1.1]ים ועל ימים גם על ˙[:
11QT 17.11 חג מצות שבעת ימים : ליהוה
11QT 43.13 דרך שלושת : ימים כול אשר
11QT 45.8 [יש]לים שלושת ימים וכבס
11QT 45.12 שמי בה שלושת ימים כול איש
11QT 45.15 וספר לו שבעת ימים לטהרתו
11QT 49.6 יטמא : שבעת ימים כול אשר
11QT 49.7 יטמא : שבעת ימים וכול אוכל
11QT 50.12 כליו שבעת ימים וכול
11QT 50.13 עמה יטמא שבעת ימים וכבס
11QT 52.14 דרך שלושת ימים כי אם
11QT 59.21 לזנב ויארך ימים רבים על
11QT 63.14 אמה חודש : ימים אחר תבוא
11QT 65.5 לכה והארכתה ימים כי תבנה
CD 7.11 ועל בית אביך ימים אשר : באו
CD 14.13 שכר : [ש]ני ימים לכל חדש
CD 14.21 י]ענש ימים ששה ואשר
TS 1 1.1 תשבו שבעת ימים כול אזרח

1QH 8.30 ב˙[ ]עד ימימה תואכל

1pHab 11.10 עליכה כוס ימין יהוה
1QH 17.18]˙ ומעשי ימין עוזך ˙˙˙˙
1QM 4.7 על אותותם ימין אל מועד
1QS 1.15 אמתו ללכת ימין ושמאול :
1QS 3.10 ולוא לסור ימין ושמאול
5QJN 1 1.13 בגוא על [ימי]ן מגדליא
11QT 44.5] [: וכ[ו]ל ימין שער לוי
11QT 56.7 אשר יגידו לכה ימין : ושמאול

5QJN 1 1.12 חד מ[ן י]מינא וחד מן

1QS 11.4 עולם משען ימיני בסלע עוז
1QS 11.5 ולגבורתו משענת ימיני וממקור

1Q34[b] 3 2.7 ידיך וכתב ימינך להודיעם
4QPs[f] 2 10.11 ידך : תגבר ימינך הנא

1Q55 1 1.3 א˙[:]ל ˙˙˙ ימיש ממנו טרף

1QH 8.17 הש˙ים לא ימישו ויהיו
4Q380 5 1.3 יה[:]מה ימישו ומה ˙[
4Q487 12 1.2]˙[:]˙ ימישו ˙[:]רק

4pIs[c] 5 1.2 [נפש[:]ה ימית[:] עש [

CD 12.10 ואת אמתו אל ימכור : להם

4QOrd 2+ 1.3 עליהיהם לבלתי ימכר ממכרת עבד
CD 12.8 אל ימכר איש בהמה
CD 12.10 ומגתו אל ימכר להם בכל

11QT 43.14 יוכלו : לשאתו ימכרוהו בכסף

1QNo 9 1.1]ימל ˙[

2Q25 2 1 1.1 ימ]לא פיהם[:]
4Q184 4 1.3]˙ כמים ימלא וא[:]בן

1QS 3.16 כמחשבת כבודו ימלאו פעולתם
4Q502 102 1.1 י]מלאו ימיו
4QCat[a] 2+ 1.10 יברכם[ימ]לאו קצים[:

1QM 15.11 הותם מהר ימלו : [ ]ק

4QFl 1+ 1.3 ידיכה יהוה ימלוך עולם ועד

4pIs[a] 2+ 2.9 ימ]לטו למט[
CD 19.10 הצאן : אלה ימלטו בקץ

11QT 57.2 [: ביום אשר ימליכו או[תו

4Q380 1 1.7 [ו]ציון מי ימלל את שם:
11tgJ 22.8 [: א]רו בחדא ימלל אלה[א :
11tgJ 35.6 עמך בניח או ימלל עמך

11tgJ 21.8 [: קמו ולא ימללון עו[ד :

11tgJ 10.10 ב]אפי הן ימל[לן : בי]ד

1QS[b] 4.2 [: ימנה]
4Q185 1+ 2.9 לאמור לא ימנה : לי ולא[

1QH 4 1.14]ולבבי כדונג ימס על פשע
4Q511 161 1.1]ימס˙[:]בוד[
11QT 3.17]˙ף ימס[:]˙וב ˙[
11QT 62.4 אל : ביתו פן ימס את לבב

CD 19.10 והנשארים ימסרו לחרב

CD 7.1 אחיהו ולא ימעל איש בשאר
CD 9.16 כל דבר אשר ימעל : איש
CD 15.13 א[נו] ממנו אם ימ[ע]ל[ ] וכל

1QM 15.11 ש]מה לוא ימצא וכול יקום
1QS 6.24 פי הדברים אם ימצא בם איש
1QS 10.23 ושקוצים : לוא ימצא בה בהודות
4Q185 1+ 1.12]˙ד : ולא ימצא מרוח

11tgJ 15.9 די אכל[ין :]ין לחמהו[ן :]
11tgJ 30.8 ודת[ ]ין ו[ ]˙
11QT 4.5 בין ה[:]ין הששי רובד

1apGn 2.20 מנה ביצבא ינדע בדי הוא
4QMes 1.5 עדן די : [י]נדע תלתת
11tgJ 29.9]˙ה עקה ינדע[

4Q178 2 1.4]תורה ינדפ[:

]4Q381 46 1.8]ינדפו [מ]לפני

2apPr 1 1.9 בעצביכם :]ינו הנה מזורח
4Q502 316 1.1]ינו [:]ל[
4Q504 3 1.15]אז :]˙ינו :]˙חנו :
4Q507 1 1.1 ˙˙˙[ ]˙יה[ ]˙ינו ˙˙[: ואנו
4Q509 72 1.1]˙ינו[:]˙נ[
4Q509 152 1.1]˙ינו[:]ם ו˙[:

4Q511 144 1.1]הים ינוא[:]יתן

1QH 8.13 מי קודש בל ינובב פריו עם[

4pN 3+ 3.6 נינוה מי ינוד לה מאין

4QCat[a] 5+ 1.8 א]שר ינודו אנ[שי :

1pHab 8.4 יהיר ולוא : ינוה אשר הרחיב

CD 14.15 ולאיש אשר ינוע ולאשר

4Q511 42 1.9]לעין־ לוא ינח[:]˙˙ין

1QS[b] 3.28] [: עמים ינחילכה רשית]

1QS 4.15 איש ובמפלגיהן ינחלו כול

4Q487 16 1.3 א[:]ישר ינחלנה ואל י˙]

11tgJ 28.5 יהכן ועננוהי י‹נ›חתון : ˙]

2Q26 1 1.3]]˙˙א[:]˙א ינטלו לוחא מן

4Q502 252 1.2]תו ב[:]ינ˙י˙]

CD 16.11 שבועתה אל : יניא איש שבועה

CD 16.12 ברית הוא יניאה ואל

4QFl 1+ 1.7 אויביכה אשר יניח להמה

1QM 17.14 וכול העם יניח[ו] קול
11QT 43.4 יאכל ולוא יני[חו] : ממנו

5QCur 1 1.2 גם על ˙[:]˙יניך מעליך

4Q499 1 1.4]› כגב˙[:]יניגו ב[:]

1QM 17.9 במצרף אל עד יניף ידו

11tgJ 11.4]קדמוהי ינסון הן :

11QT 28.4 [ומ]נ[חתמה ינסכ]מה :

11tgJ 33.3 ויחדא : ובחיל ינפק לאנפי חרב

1apGn 20.32 עמי אנוש די ינפק[וני

4Q500 1 1.2]˙[: בב]איכה ינצו ו˙[ ]˙[
11QPs 24.13 ממני ואל ינצו ע[ ]יו בי

4Q381 33 1.1] ושרית לו ימצא לה [
4pPs[a] 1+ 2.8 אשר יתמו ולוא ימצא בארץ כול
11QT 55.15 אלוהיכה : אם ימצא בקרבכה
11QT 59.14 ממצו‹ו›תי לוא ימצא לו איש
11QT 60.17 ההמה לוא ימצא בכה מעביר

4Q185 1+ 1.12 יבקשוהו ולא ימצאהו ואין

1QH 4.20 וחוזי תעות לא ימצאו עוד כי
1QS 10.22 וכזבים לוא ימצאו בשפתי
4QPs[f] 2 9.8]עולה לוא : ימצאו [ ]

1QH 17.27]ה ימצאוה :]יגיה

CD 11.12 בשבת : אל ימרא איש את

4QOrd 2+ 1.5 ישאלו ואשר ימרה[: יומת

1QH 14.14 כול קרוביך לא ימרו פיך :

6apGn 8 1.1 ימרון [:] [

11tgJ 29.1 מין אף בהון ימרק ענג[ין]

1QS 6.3 מעצת היחיד אל ימש מאתם איש :
1QS 6.6 והתירוש ואל ימש במקום אשר
CD 13.2 עשרה אל ימש איש כהן

4apLm 1 2.12 הלבו[שים : ימשו תכלת ידי

1QH 19 1.1] כה ימשול בשר [:
4pIs[a] 7+ 3.25 הג[ואי]ם ימשול ומגוג :
CD 13.12 אל ימשול איש :

11QT 59.20 והמה לוא ימשולו בו

1QS 9.7 רק בני אהרון ימשלו במשפט
CD 12.2 כל ‹איש› אשר ימשלו בו רוחות

1Q20 1 1.3 ליא דאלין ו˙˙˙ין :]וכען הא
1Q20 1 2.4] : כול ˙˙˙ין ˙[: ˙˙˙ין ˙
1Q20 1 2.5 ˙˙ין ˙] : ˙˙˙˙ין ˙˙˙ין ˙˙] :
1Q20 1 2.5] :˙˙˙ין ˙˙˙ין ˙˙] : ארע˙
1Q20 2 1.4] : [˙ ין מת˙ תנין וב
1Q29 2 1.5 וננש[ל :]˙א ינ˙]
1Q63 1 1.3 בדגליהון [:]ין [:] ˙
1Q69 38 1.1]ין אמר[
1Q70 1v 1.2][:]ין לכו[
1Q70 6v 1.1]ין כום[
1Q70 13 1.2]טבא[:]˙ין]
1QH 12.18 כיא אין ע[:]ין עוד מדהבה
1QH 17.11 רשעה נער˙[:]ין וממשפט אח˙]
1QJN 5 1.1]ין ת˙[:]˙ד[
1QJN 7 1.2] כותל[א :]ין ˙]
4Q374 13 2.2]ינ[
4Q378 11 1.8 נחושה [:]ין לחקיר וירש[
4Q381 66 1.2]˙י כ[:]ין[
4Q487 17 1.4 ו ועש[:]˙ם ינ˙]
4Q487 28 1.2] של˙[:]ין פלי[:]ל
4Q499 27 1.2]˙˙˙[:]ין ימ[
4Q506 154 1.2]יל˙[:]ינ˙]
4Q511 42 1.10 לוא ינח[:]˙˙ין ואם[
4Q511 110 1.1]ין ב[:]י הד[
4Q512 14 1.2]˙ [:]˙ין
4Q512 143 1.1]ינ˙[:]ם[ ]
4Q517 59 1.1]ין מ˙[:]˙˙˙[
4Q518 63 1.1]ין
4AgCr 2+ 2.1 אשר א[ ]˙ין הוא אשר שכן
4pIs[c] 21 1.6]˙˙˙ין[ ]מורה[
4QMl 4 1.4 האלה וא[:]˙ין אויב להן[ ]˙
11tgJ 12.6]ין: ב[

1pMic 10 1.6 היחד אשר ינצל[ו] מיום :

4Tstm 1.17 אמרתכה ובריתך ינצר משפטיך

CD 5.15 אליהם : לא ינקה כהר ביתו

1QNo 13+ 1.2 אל ב˙[: י]נשא בהדר
4Q176 1+ 1.7 כול גיא ינשא :]

1pHab 9.6 ולאחרית הימים ינתן הונם עם
4pN 3+ 1.12 א]פרים ינתן ישראל [
4Tstm 1.3 אשר דברו : מי ינתן ויהיה

1pHab 4.8 ובאמה ופחד : ינתנו בידם
4pIs[a] 7+ 3.12 ה]כתיאים אשר ינת[נו] ביד
4pPs[a] 1+ 2.20 מידם ואחר כן ינתנו ביד

1QS 9.26 אשר יהיה יס] [

1QM 9.13 המגדל כי[א י]סבו המגדל
11QSS 3+ 1.6 י]סבו לכול פ]

11tgJ 11.7]זויא כמינא יסגא : ו]מ[ ]ה

CD 6.13 אמר אל מי בכם יסגור דלתו

CD 13.6 פתי הוא הוא יסגירנו כי להם

11tgJ 2.7 רשיעין יסגפ[ונני : כל

1QS 3.25 וחושב ועליהון יסד כול מעשה :
1QS[b] 3.21] יסד שלומכה
4Q400 1 1.19]˙ות יסד לו כוהני

4pIs[d] 1 1.2] : [אש]ר יסדו את עצת

4QMes 2.17 [יסודה עלוהי יסדון חטאה

4Q400 1 1.10 י]סדם [ל]ו
4Q401 17 1.5 נס[תרות :]˙ת יסדם לו לקרו[ב

1QM 5.16] יסדרו שבע

1QH 9.12 כי אתה יסדתה רוחי

1pHab 5.1 וצור למוכיחו יסדתו טהור

4Q381 15 1.5 ו]מלאה אתה [י]סדתם לך זרע

1QH 5.9 ושם למשפט : יסדתני וסוד

1Q39 1 1.5 [:]כה כאשר יסו˙ ב[י]ן [:

1QH 5.35 [ ] ויגון : יסובבוני ובושת

1QS 6.26 אפים לפרוע את יסוד עמיתו
1QS 7.17 אשר ילון על יסוד היחד
4Q511 48+ 1.4 בתכמי : בשרי יסוד ד˙]
4Q511 52+ 1.1 אפים רב החסד יסוד הא[מת :]
11QT 23.13 את דמו על יסו[ד] : עזרת
11QT 34.8 אותו על יסוד המזבח
11QT 52.21 את דמו על יסוד מזבח

4QMes 2.17] [יסודה עלוהי

1QS 8.8 יזדעזעו <יסודותיהו>

4Q511 37 1.3]˙ במקום ˙[: יס]ודותם ותחול

1QH 3.31 וברקוע יבשה יסודי הרים
1QH 12.8 מולדי עת יסודי קצ

4Q402 1 1.5 עוז :]˙ לכול יסודי פשע :]˙
4Q403 1 1.41 יהללו כול י[סודי קוד]ש

4pIs[a] 7+ 3.23 או]יבו ואל יסומכנו ב[רוח

4QMes 1.9 עלוהי יסופו ומסרת

4QMes 2.14 די ל˙[: מין יסופון ת˙[

1pHab 2.1] : יסופר [

1QS 8.17 היחד אשר יסור מכול
4Q487 14 1.1] יסור מש˙[:
4pIs[a] 2+ 2.15] : יסור סב[לו
4pIs[a] 2+ 2.19 העדה ואחר יס[ו]ר
4QPBl 1 1.1] יסור שליט משבט
CD 16.5 אל תורת משה יסור מלאך

CD 7.5 קדש על פי כל יסורו ברית אל

1Q34[b] 3 2.7 ימינך להודיעם יסורי כבוד

11QT 56.19 נשים ולוא : יסירו לכבו

11QT 20.6]הכליות יסירנה ואת
11QT 23.16 עם הכליות : יסירנה ואת

1QS 2.8 בקוראכה ולוא יסלח לכפר

2Q26 1 1.2 לוחא למ˙[:]יסלקו מיא עלא

1QH 1.25 מלפניכה ומה יספר אנוש
4Q509 192 1.1]יספר˙ ˙[:
11QPs 28.7 ומי ידבר ומי יספר את מעשי

1QH 13.11 עולם ומעשה[: יספרו כבודך
4Q400 2 1.5 מלך אלוהים יספרו במעוני
4QM1 8+ 1.17 הו]דות המלחמה יספרו שמה ואחר

1QM 2.1 ראשי הכוהנים יסרוכו אחר
1QM 2.6 כול <אלה> יסרוכו במועד

4pHs[b] 2 1.6 יסתי]ר אל את

11tgJ 10.6 מלא נש[מע :]יסתכל

11tgJ 33.7] המן חכמתך יסתער נצא

1QS 8.12 הדורש אל יסתרהו מאלה

4Q487 2 1.4 ב˙˙[:]גם אל יסתת[ר :]˙

2Q33 3 1.1]רי יע[:]˙בה אל
4Q502 38 1.4 [:]˙מו[:]˙יע]
4Q502 166 1.3 [:]ך י[:]ל יע]
4Q509 110 1.2]ם˙˙[:]ר יע]
4Q509 305 1.2]˙[:]˙ר יע]
4Q511 147 1.3]˙שו ו˙[:]יע ל]
6apGn 16 1.2]˙ל[:]יע]

11QT 63.2 לוא יזרע ולוא יעבד וערפו שמה

4QOrd 2+ 1.2 ישר[אל ל]וא יעבודו הגויים

1pHab 4.11 בית אשמ[תם]יעבורו איש
1QS 1.16 בסרך היחד יעבורו בברית
1QS 2.19 בליעל הכוהנים יעבורו :
1QS 2.20 זה והלויים יעבורו אחריהם
1QS 2.21 וכול העם ( )יעבורו
11QT 63.15 לוא תואכל עד יעבורו שבע

יעקוב

2Q33 1 1.2   קצו] : [לוא יעם] :] `[
4QM1 33 1.2   [שם] : [יעם] : [ל]
4Q381 8 1.2   [ם]`` : `[: ב יעמדו] : [
4QM1 1+ 1.11   `[ה]טל]החמה יעמדו שלוש
1QM 18.5   ביום ההואה יעמוד כוהן
1QSb 1.9   יע]מוד קודש[ו]
4QAgCr 2+ 2.5   מלאכים המה] : יעמוד ```]
4QCata 2+ 1.6   פשר הדבר אשר יעמוד איש מב`]
4QCata 5+ 1.3   ו[אחרי כן יעמוד] : כיא
4QF1 1+ 1.13   הנופל[ת א]שר יעמוד להושיע
5Q13 4 1.1   יע]מוד לפני]

1QH 4.21   ואשר כנפשכה יעמודו לפניכה
1QM 5.17   באמה אשר יעמודו שם
1QM 6.8   סדרי פרשים יעמודו גם המה
1QM 6.8   מזה ומזה יעמודו סדריהם
1QM 6.10   הבינים וכן : יעמודו לכול
1QSa 1.22   ומעשיו ובני לוי יעמודו איש
4Q405 20+ 2.13   לא ובשוכן : [יעמ]ודו קול
4QM3 1 1.1   בני אהרון יעמודו לפני

2Q29 4 1.2   [נה :] : יעף]
CD 9.7   מות : ענה בו יען אשר לא

1QH 11 1.6   ויצר ח[:] יענה נכבדתה
4Q511 38 1.3   [:י]שופתו יענה] : [ ] : `[
11tgJ 17.6   [זעקת :] : יענה :] `[מן :

1QS 2.18   באי הברית יענו ואמרו
4Q511 123 1.3   או ממ`] : [יענו למ] : [ל]

CD 13.16   י]ענוהו ובאהבת]

1pHab 9.15   [ו]כפיס מעץ יע]ננה : [

1QS 9.1   ( ) שגגה אחת יענש שנתים
CD 14.21   י]ענש ימים ששה]
CD 16.17   [יענש : הנודר]

4QIsc 8+ 1.6   יהו]ה צבאות יע]ץ
4QIse 6 1.5   [הואה זמות יעץ]
4QCata 5+ 1.6   ז]מות יעץ לח[בל :

1QH 8.23   ג]זעם ובקת חום יעצור : מעוז
1QH 10.11   ופלאכה הגדולים יעצור כוח
1QH 10.12   שב לעפרו כי יעצור]]רק
1QSb 1.6   עולם ולוא י]עצור

1QH 1 1.3   [תיכה ולוא יעצורו לדעת

1QH 10 1.3   ו] : [לא יעצרו כוח לדעת

1pHab 9.13   לנצל מכף רק יעצתה בשת

4Q185 1+ 2.4   י]עקב חתימה
4Q379 22 2.14   גדלה לבבני יעקב וש]פכו<
4Q379 22 2.13   בבני יעקב וש]פכו : <[
4Q379 22 2.14   גדלה *בבני יעקב וש]פכו*
CD 3.4   לעולם בני יעקב תעו בם
CD 4.15   שליהם לוי בן יעקב : אשר הוא
CD 20.17   ל ושבי פשע יע]ק[ב] שמרו

1pMc 1+ 1.4   יעקו]ב כול :
4Q176 1+ 1.9   ישראל עב]די י]עקב[ו]ב]
4Q504 1+R 5.7   מאסתה : בזרע יעקוב ולו
4pIsc 6+ 2.11   [בית יעקוב להש]ן
4pIsc 18+ 1.5   יבו]ש יעקוב]
5Q13 2 1.6   באברהם : [אל יעקוב ה]ו[ ]דעתה
5Q25 3 1.2   `רה : ] `י בני יעקוב]

יעבר

1QS 8.22   מהמה : אשר יעבר דבר מתורת
4Q509 10 4.10   יבכה אש[ר :]`ים יעד`] :]ד כול
4Q511 2 2.7   אלוהי גבורות יעדם ל]
1QM 13.14   כי]א מאז יעדתה לכה יום
1QM 13.18   כ]יא אתה יעדתנו למו]עד
1QSb 5.28   לא]ומים יעובדוכה ובשם
1QDM 1.7   אנו[כי] אשר יעובונ]ני
1QH 6.21   : בל יעוברנה
1QM 1.10   כי הואה יום יעוד לו מאז
11QT 57.7   אשר לוא יעוזבוהו לבדו
1Q25 4 1.3   [ים ואל יעונו ב] :]וח[ת
11QT 46.1   לו]א י]עוף [ ] :
1pHab 3.8   פרשו מרחוק : יעופו כנשר חש
1QH 6.29   בני א]מ[תו יעורו ל`` ` :
1QM 2.9   שש שנים יעורכוה כול
4QM6 6+ 2.1   שנ]ים י]עורכוה
1QH 9.3   רחמים באף יעורר קנאה
1Myst 1 1.10   גוי חפץ אשר יעושקנו חזק
4Q381 46 1.5   [ו] : [לא יעז אנוש ולא
4Q378 3 2.11   ירפכה ולוא יעזב]
4pPsa 1+ 2.15   היחד ואל לוא יעזבם : בידם
4pPsa 1+ 4.9   אליו ואל לוא יע]זובנו
4QCata 12+ 1.7   מלאך אמת]ו יעזור לכול בני
4Q185 1+ 2.7   ] : [הוא ``` [ ] :]יעי ידעתי
11QPs 28.5   ההרים לוא יעידו : לו
4Q504 6 1.7   אליכה וכנשר יעיר קנ]ו [
11QPs 22.5   תפארתך יעכסו חסדי
1QH 8.25   ופלגיו : יעל קוץ ודרדר
11tgJ 6.3   [ארחך : י]על עפר : ל]א
CD 11.17   וכלי אל יעל איש למזבח
1Q29 2 1.4   אש מ] : [:ואחר יעלה ונני]ל :
1pHab 5.13   כול]ה בח]כה יעלה ויגרהו
4pIse 4 1.2   [ב]בכי יעלה ב]ו :]
CD 11.17   וא]ל מקום : אל יעלה איש בסולם
1QM 1.3   ואחר המלחמה יעלו משם : וה:]
4QTehb 3 1.2   :[יעלו ביחש]
11QT 18.9   ואחר יעלו את האיל
11tgJ 32.1   ] : יעלי כפא`
1apGn 20.6   וכלא] די יעלן לגנון לא
1pHab 10.4   רבים ומשם יעלנו למשפט :

CD 16.8 מחיר מות אל יפדהו כל

6apSK 59 1.1]יפדכם[ה:]וא

4pPs[a] 1+ 2.19 עליהם ואל יפדם : מידם

4AgCr 2+ 2.2 ארעֿ [ ]ת יפה א˙[ ]יפ˙[

4pPs[a] 1+ 3.14 יחפץ כיא י[פו]ל[: יופל
11QT 65.6 בביתכה כי יפול הנופל :

4Q405 20+ 2.7] דעת יפולו לפנו
4pN 3+ 2.6 פגרי אשמה יפולו בימיהם
4pN 3+ 2.10 ומוש[לים] : יפולו [מז]עם

4Q381 46 1.4]˙ת לאבתינא יפוצו לרב עד
4QMI 8+ 1.14 מ]עליכה יפו]צו [כול]

1apGn 22.34 דן להן די יפוק
6QApo 1 1.4 כפיל[:]יא יפוק מן א˙[:

1QS 6.7 תמיד על יפות איש לרעהו

4Q381 28 1.1 ו[ב]גחלי אש יפזר[:]˙

4Q511 48+ 1.2]עה ובפי יפחד]

4pHs[a] 2.6] : וכאלים יפחדו מהם

11QPs 28.9 אחי לקראתו יפי התור ויפי

1pHab 7.6 חזון : למועד יפיח לקץ ולוא

4Q484 11 1.1 [יפל]
4Q502 88 1.2] ב˙˙˙˙[:] יפל˙]

11tgJ 11.8]ה קש<י>טה יפלג :]˙˙ן

4pIs[a] 7+ 3.7 אש[ר]יפ[לו] ביד
5QCur 1 1.2]˙יניך מעליך יפלו [:]תיכם
6QHym 4 1.3 לוא [:]ל[ ]יפלו ל]

11tgJ 27.6 ישמ]עון בחרבא יפלון :

1QS[b] 1.7] יפ]לטכה מכול]

6apGn 9 1.2]ן ו˙[:]יפסל]

4Q176 17 1.6 [שמונה ש[:]יפע לנו מט[:

11tgJ 11.5 הן : חר]ב יפצון ולא

11tgJ 31.2 היכא יפק ותשוב
11tgJ 36.5 מן נחירוה יפק תנן : לכוש

CD 8.3 היום : אשר יפקד אל היו
CD 19.15 הוא היום אשר יפקד א באשר
CD 14.6 לכל והכהן אשר יפקד : איש

CD 13.11 הנוסף לעדתו יפקדהו למעשיו

CD 14.3 כל המחנות יפקדו כלם

CD 15.8 אשר לרבים יפקדוהו בשבועת

11tgJ 29.3 על כל די ברא יפקדנון על

1QS 6.21 לו השנה השנית יפקודהו על פי

11tgJ 36.5 פמה לפידין : יפקון בלשני

11QPs 18.7 הואה אדון : יעקוב ותפארתו
11QT 23.7 עשר בני יעקו[ב :]
11QT 29.10 אשר כרתי עם יעקוב בבית אל

1QH 8.8 כול[ ]˙ יער ומרמס

3QHym 1 1.2] ושירם יערב על[יכה:

4Q514 1 1.10 אי[ש]אשר יערוך :]

1QS 6.4 דבר והיה כיא יערוכו השולחן

4QMes 1.6] : [בא]דין יערם וידע

4Q185 1+ 1.15]]˙יערץ לבבכם

CD 10.14 אל יעש איש ביום :
CD 13.15 לכף ואל יעש איש חבר

1QH 1.8] [יעשה כול ולא
1QH 1.20 ומבלעדיך לא יעשה : אלה
1QH 10.9 ומבלעדיכה לא יעשה כול ולא
1QH 13 1.6 ˙ :]היו ולא יעשה כול :
1QM 6.6 ובקדושי עמו יעשה חיל
1QM 10.8 ובארץ אשר יעשה כמעשיכה
1QM 16.1 ובקדושי עמו יעשה גבורה
1QS 7.5 רעהו במרום או יעשה רמיה
1QS 8.24 דבר ואם בשגגה יעשה והובדל מן
1QS 11.11 ומבלעדיו לוא יעשה ואני אם
1QS 11.17 רצונכה לוא יעשה כול אתה
1QS[a] 1.22 ובעבודת המס יעשה עבודתו
4Q381 31 1.6 ימי עמדי ומה יעשה אנוש הנני
4Q511 30 1.6 את אלה לוא יעשה[ ]אדם[
4Q511 42 1.2]˙[: י]עשה כול [:]
4pHs[b] 11+ 1.7 [:] יעש]ה זרים
11QT 14.11 לבד הוא יעשה לכפ[ר :
11QT 24.10 העולה הזואת יעשה עולת מטה
11QT 24.11 הלויים כן יעשה לעולת בני
11QT 24.12 וביום השני יעשה עולת
11QT 24.13 ואחריה : יעשה עולת בני
11QT 24.13 וביום השלישי יעשה : את עולת
11QT 24.15 הרביעי : יעשה עולת יש
11QT 24.16 החמישי : יעשה עולת גד
11QT 27.3 להמה[: אחר יעשה את הפר
11QT 27.7 האיש : אשר יעשה בו מלאכה
11QT 35.15 על המזבח יעשה התורים :
11QT 53.16 היוצא מפיהו : יעשה
11QT 55.16 או אשה אשר יעשה את הרע
11QT 57.14 מהמה ולוא יעשה כול דבר :
CD 1.2 כל בשר ומשפט יעשה בכל
CD 3.15 רצונו אשר יעשה : האדם

1QDM 2.8 י]עשו לבאר :]
1QM 16.3 כול הסרך הזה יעשו]
1QS 2.19 אמן : ככה יעשו שנה בשנה
1QS[a] 2.21 וכחוק הזה יעש<[ו]> :
4QMI 17 1.5]וברכה ככה יעשו ע[ל :
5Q13 4 1.4 [מי : ה]אלה יעשו שנה בשנה
11QT 3.8 כול כליו יעשו זהב טהו[ר
11QT 17.8 שנה ומעלה יעשו אותו
11QT 27.6 לזכרון : ולוא יעשו בו כול
11QT 1 28.11 כ]כה יעשו ל]

11QT 20.3 העו]לה יעשום [:]

4Q185 1+ 2.13]˙˙ אשרי אדם יעשנה ולא יאל

4Q509 97+ 2.3 כתר צד[ק: נזר יפ˙[: צדק ל˙˙]
4AgCr 2+ 2.2]ת יפה א˙[ ]יפ˙[ ]˙ש˙]

4Q511 11 1.4 לכול ˙[:]יפגעו לענות ב]

11QPs 28.9 לגדלני יצאו אחי
11QT 55.3] : לאמור יצאו אנש[י]ם
CD 20.22 בית פלג אשר יצאו מעיר הקדש

1QM 1.13 בכתיים : יצב[א]ו

4Q370 2.2 ידרשו מ[: יצדיק יהוה ש]

1QH 7.28 כאמתכה ומי יצ[ד]ק לפניכה
1QH 9.14 כוחכה כי לא יצדק : כול
1QH 9.15 אנוש מאנוש יצדק וגבר]
1QH 13.17 רק בטובך : יצדק איש וברוב
1QH 16.11 ואדעה כי לא יצדק איש
1QS 3.3 בשובתו ולוא יצדק במתור
4Q176 18 1.1 ידו כי לוא יצדק[:]למו
4Q512 51+ 2.2]ק כ˙[: א[יצ]דק עם [:˙]
11QPs 24.7 כחטאתי כי לוא יצדק לפניכה
11tgJ 9.7] :]אלהא ומא יצדק[:]זכי

11QT 21.16]]יצהר על מזבח
11QT 22.16 [ע]ל [כו]ל [יצ]הר הארץ

6apGn 1 1.5 [:]ל[ ]לא[ ]יצו מהו˙]

11QT 60.5 מאלף : א(˙)שר יצודו וכול אשר
CD 16.15 איש את רעיהו יצ[ו]דו חרם

11tgJ 26.3 יז]עקון יצוחון : מן

4Q513 5 1.1] יצומ[ו : [

1QH 9.4 מות ושאול על יצועי ערשי
1QS 10.14 וקום ועם משכב יצועי ארננה לו
4Q184 1 1.5 ערשיה יצועיה יצועי שחת[:

4Q184 1 1.5 שחת ערשיה יצועיה יצועי

4VSam 7 1.4 לשכוב לפני יצוצ]

1QS 7.4 והאיש אשר יצחה בלו משפט

4Q379 17 1.4]אברהם יצחק ויעקב

3Q15 7.14 ככ : על פי יציאת המים של

4Q379 22 2.9 וב[צ]עי[רו י]ציב דלתיה
4Tstm 1.23 ובצעירו יציב דלתיה

11QPs 18.15 מעת רעה יציל נפש]

1pHab 12.14 להמה והמה לוא יצילום ביום

1pHab 8.2 אשר × : יצילם אל מבית

11Mel 1+ 2.25 הואה : יצי]ל[מה מי]ד

4pHsa 2.11] : לוא יצילנה מידי :

1QH 1.39 ˙ ˙ ד אמ[:]יצים יחרו˙˙[:

4Q185 1+ 2.3 שמעתי בני יצל תמרו דברי

1Myst 1 2.5 י˙ ˙] : לוא יצלח לכול כן

CD 13.21 בא]לה לא יצליחו לשבת

4Q185 1+ 1.10 הנה : כח[צ]יר יצמח מארצו

4Q370 2.5 בדעתם בי[ן : יצמחו וכצל

11tgJ 13.4 בה ארו הוא יצ[ף : לקצוי

11tgJ 36.7 תגסא וזיקין : יפקן מן פמה

4Q509 300 1.1]יפר [

4Q504 6 1.8]]ירחף יפרוש כנפיו

1QH 8.7 להשריש טרם יפריחו

4Q405 23 2.5 [: אפודיהם יפריש[ו :

11QT 54.3 ואישה [י]פרנו ביום

4Q381 46 1.4 וכעננים יפרשו על פ[ני

1QM 1.6] בבני יפת ונפל אשור
1QM 2.14 על כול [יפ]ת
1QM 18.2 ונפלו בני יפת לאין קום
4QM6 13 3.4 כו]ל בני יפת
11QT 63.11 בשביה אשה יפת תואר

11QT 66.8 לה כי יפתה איש נערה

1Q25 4 1.3] : יפ]תח ואל
1QS 10.2 חושכ כיא יפתח אוצרו
1QS 11.13 לנצחים : ואם יפתח צרתי
1QSb 1.4 ל[וא יכז]ב יפתח לכה מן
4Q487 16 1.2 לא[:]מה ואל יפתח א[:]ישר
4QFl 4 1.3]היאה העת אשר יפתח בליעל :

1QH 3.16 קולם ובהתרגשם יפתחו ש]
4Q370 1.8 ל[שחת יפ]תחו המון
4Q511 10 1.9 ישועות : [יפת]חו פה
4QM3 1 1.2 ואחרי כן יפתחו א[ת]

4Q498 14 1.2]˙וב [:]יצ˙]

1pHab 1.14 ע]ל כן יצא המשפט :]
1pHab 3.3 משפטו ושאתו יצא : פשרו על
1pMic 12 1.3 משעיר[: כי]א יצא אל מ[:]˙
1QM 1.4 במצרים ובקצו יצא בחמה גדולה
1QS 5.3 בברית על פיהן יצא תכון הגורל
1QS 6.16 דבריו וכאשר יצא הגורל על
1QS 6.18 בתורה ואם יצא לו הגורל :
1QS 6.21 פי הרבים ואם יצא לו : הגורל
1QS 9.7 ועל פיהם יצא והגורל
1QSa 1.16 אבות העדה אשר יצא הגורל
4Q405 20+ 2.9 מלאכי קודש יצא ומבין :
4pIsa 7+ 3.29]עמו יצא אחד מכוהני
4pIsc 8+ 1.12]נחש יצ[א] :]
11QT 45.4 בא לשמאול[: יצא הרישון
11QT 49.14 ביום אשר : יצא המת ממנו
11QT 54.5 עליה ככול אשר יצא מפיה
11QT 58.15 ו(ע)<א>ם יצא למלחמה על
11QT 58.18 ואשמה : ולוא יצא עד יבוא
11QT 58.19 על פיהו יצא ועל פיהו
11QT 58.20 אשר : אתו לוא יצא מעצת לבו
11QT 58.21 דרכיו אשר יצא על פי

1QM 6.1 ואחריהם יצאו שלושה
1QM 6.4 ואחריהם יצאו שני דגלי
1QM 6.9 מאתים פרשים יצאו עם אלף
1QM 7.14 בין המערכות יצאו עמהמה
1QM 7.16 אנשי בינים יצאו מן השער
1QM 7.17 מערכה ומערכה יצאו ככול
1QM 8.10 קול התרועה יצאו : זרקות
1QS 9.9 עצת התורה לוא יצאו ללכת :
4Q176 1+ 2.6] : ממך יצ[או
4pPsa 1+ 3.4 כול אשר לוא יצא[ו
4QM1 1+ 1.9 י]צאו אליהמה
4QM3 1 1.4 והכוהנים יצאו מבין
4QOrd 5 1.5 מושה את [:]יצאו שמה פשר

11tgJ 35.2 גאפה יתרחץ די יקבלנה א[ ]˙˙

4QCat[a] 7 1.4]הימים אשר יקבצו עליה[ם :
4QMl 16 1.4 כו[הנים : יקב]צו כול

11tgJ 36.6 תנן : לכוש יקד ומגמר נפשה

11tgJ 16.7] גרמי יקדון ועדק[י :

4Q403 1 1.31 אלי דעת יקדילו קדושי

4Q511 35 1.2 ובקדושים יקדי[ש] :
4Q513 18 1.3 [י]דיחנ[ו : יק]דיש השמט[ה

4pIs[c] 18+ 1.6]יקדיש[ו ש]מי
11QT 60.3 קודשיהמה אשר יקדישו לי עם

1Q69 41 1.1 יקדש]
4Q405 74 1.2 בשבע דעת[:]יקדש ודעת מ[:
11QT 43.11 ממועדיהמה יקדש באש ישרף
CD 16.14] [יקדש איש את
CD 16.16 חרם ואל : יקד[ש אי]ש
CD 16.17]אחזתו : יקדש ל[ ]ב ה[

11QT 65.7 ממנו כי יקה איש אשה

1QS[a] 1.4 בבואים יקהילו אתכול

4Q518 26 1.1]˙יקו˙[:]ל˙[

CD 9.23 הטהרה ואל יקובל : עוד

1QM 14.12 לבוז וכול יקום
1QM 15.11 לוא ימצא וכול יקום הוותם מהר
4QMl 1+ 1.13 האשמה ואחר יקום הא[ו]רב
4QMl 8+ 1.10] לבוז וכול יק[ו]ם :]
6QApo 2 1.1]פק יקום [:]עד
11Mel 1+ 2.13 ומלכי צדק יקום נקם משפטי
11tgJ 18.7 אעבד : כדי יק[ום
11QT 54.8 מהמה : אם יקום בקרבכה
11QT 61.6 ממנו : לוא יקום עד אחד
11QT 61.7 פי שלושה עדים יקום דבר אם
11QT 61.7 יקום דבר אם יקום עד חמס
11QT 66.6 מות כיא כאשר יקום : איש על
CD 16.1 ישראל על כן יקום האיש על
CD 16.4 וביום אשר יקום האיש על
CD 16.7 שבועת אסר אשר יקום איש על

4QMl 1+ 1.12 מרח]וק ולוא יקו[מו :
4Tstm 1.20 ומשנאו : בל יקומו : בעת
11QT 53.19 אסרה על נפשה יקומו ואם :
11QT 53.21 על נפשה לוא יקומו ואנוכי
11QT 54.5 על נפשה : יקומו עליה

4QFl 6+ 1.6 על מזבחכה[: י]קומון :

4Q185 1+ 2.5 מפחד ומפח יקוש :]˙˙ולה˙
4Q379 22 2.10] לה[יו]ת פח יקוש לעמו
4Q487 14 1.2] יסור מש˙[: י]קוש ללכוד ז
4Tstm 1.24 להיות פ[ח י]קוש לעמו

1QDM 4.5]ל[ ]הכ[ ]ם יקח ה[כוהן
1QS 5.16 ישתה ולוא יקח מידם כול
11QT 51.17 והאיש : אשר יקח שוחד ויטה
11QT 57.16 אם מבית אביהו יקח לו אשה :
11QT 57.17 אביהו ולוא יקח עליה אשה
11QT 57.20 משפט : ולוא יקח שוחד להטות
11QT 66.11 כול ימיו לוא יקח : איש את
11QT 66.12 כנף אביהו לוא יקח איש את אשת
11QT 66.14 נדה היא : לוא יקח איש את
11QT 66.15 היא לוא : יקח איש את

1QS 9.25 למשפט אל יצפה תמיד :

1QH 12.21 ולטובכה יצפו כי
1QH 4 1.5 וממכ[:]ורת יצפו ועל

4Q504 1+R 5.15 עבדכה : [כי]א יצקתה את רוח

1pHab 12.11 שקר כיא בטח יצר יצריו
1QH 1.21 לרזי פלא ואני יצר החמר ומגבל
1QH 2.36 ולהמיר בהולל יצר סמוך אשר :
1QH 3.23 מעשיכה ואני יצר : החמר מה
1QH 4.29 בשר כזאת ומה יצר חמר להגדיל
1QH 4.31 כי אם ברוח יצר אל לו :
1QH 7.3 בליעל עם הופע יצר : היותם
1QH 7.13 אתה ידעתה כול יצר מעשה וכול
1QH 7.16 ואתה ידעתה יצר עבדכה כי
1QH 12.32 כדעתי מצידוק יצר חמר ומה :
1QH 15.13 ואדעה כי בידך יצר כול רוח]
1QH 18.25 רחמיכה ואני יצר :]˙ר ולב
1QH 18.31 ח[:]ואני יצר העפר˙[:
1QH 1 1.8]געל ואני יצר החמר
1QH 2 1.17]ל˙˙ל עול יצר נתעב
1QH 3 1.9 בעול ותמו כול יצר רמיה כיא
1QH 3 1.10]לאין ואפס יצר עולה ומעשי
1QH 3 1.11 ואני <י>צר ה[:]מה
1QH 3 1.18 וקנאה נו[:]יצר˙˙]
1QH 50 1.2 [˙˙[:] יצר ב[:]מו
1QH 52 1.3 מקו[:] ואני יצר]
1QS 5.5 ביחד עורלת יצר ועורפ קשה
4Q370 1.3 ובמחשבות יצר לבם ה[רע
4Q511 28+ 1.3] ואני מצירוק יצר :]
4QBer 10 2.7 בכו[ל] מחשבות יצר : א[שמתכה
CD 2.16 לתור במחשבות יצר אשמה ועני

1pHab 12.10 פסל כיא פסל יצרו : מסיכה
1QS 5.5 ומחשבת יצרו יאם למול

1pHab 12.13 הגוים אשר יצרום לעובדם

1QH 5.6 עזבתני בזמות יצרי ותעזור
1QH 11.20 מעיני : בדעתי יצרי גבר

1pHab 12.11 כיא בטח יצר יצריו עליהו :

4Q508 2 1.5 י]דעת יצרנו מ[:

1QH 1.15 לרוח אדם אשר יצרת בתבל

1QH 1.8 רצונכה אתה יצרתה : כול
1QH 3.21 מקוה לאשר : יצרתה מעפר
1QH 10.6 אכשיל בלא יצרתה : לי
1QH 10.22 אקוה כי אתה יצרתה˙]
1QH 15.22 צעדו : אתה יצרתה רוח
4Q504 8R 1.4 א]בינו יצרתה בדמות

11tgJ 26.9 וד]חלא :] יצתנה הן תאמר[

1QH 16.1] ל[:]˙יק ו˙[: ברוח
3Q7 1 1.3 ו˙[: ו˙˙[: יק˙]
4Q497 1 1.6]ר ברית[:]˙יק˙]
4Q509 162 1.2]˙מים [:]˙יק]
5Q13 15 1.2 [˙[:]יק˙˙]

4Q500 1 1.3] [˙] [˙ :]יקב תירושכה

1pHab 9.5 האחרונים אשר יקבוצו הון

11tgJ 26.2 לה או מא מידך יקבל[כות]ך

4pPs[a] 1+ 2.10 האביונים אשר יקבלו את מועד
CD 9.22 ועל ההון יקבלו שני :

11QT 66.16 היא לוא : יקח איש את :
11QT 66.17 היא לוא יקח
CD 11.3 השבת : אל יקח איש עליו

11QT 51.12 במשפט ולוא יקחו שוחד ולוא
CD 16.14 [הכ]הנים אל יקחו מאת ישראל

11QT 16.18 ואת נ[סכ]ו יקט[י]ר המזבח
11QT 23.10 ואחריה יקטיר את עולת
11QT 23.14 סביב ואת חלבו יקטיר המזבח
11QT 26.8 מנחת : נסכו יקטיר על מזבח

11QT 20.4]יקטירו על
11QT 22.6 וא]ת חלבמה יקטירו על מזבח
11QT 22.7]ונסכמה יקטירו על
11QT 52.21 ואת חלבו יקטירו :]

4tgJ 1 2.7 הלא סבל יק[טל : ואנה

1QS 5.10 ברצונו ואשר יקים בברית על
4QFl 16 1.2]א[:]˙יקים[:
CD 15.12 אתו : וכאשר יקים אותו עליו
CD 16.5 מאחריו אם יקים את דבריו
CD 16.9 כל אשר : [יקי]ם איש על

CD 11.14 ואל פחת אל יקימה בשבת

CD 16.9 מחיר מות אל יקימהו : [ע]ל

CD 15.6 בשבועת הברית יקימו עליהם

CD 16.12 הוא יניאה ואל יקימנה

11QT 54.3 א[סר : אישה יקי[מנו] ואישה

1pHab 4.7 ובעם רב יקיפום לתפושם

4Q503 29+ 2.5 ת ˙] י]קיר לנו

4pIs^{c} 23 2.6 נרכב על כן: יקלו רודפיכמה

4QPs^{f} 2 7.7 [וא]ת :] יק]ללו המה

1pHab 4.1] : יקלס ורזנים

11QT 20.10 לבונה או חרבה יקמוצו ממנה את

1QS 8.7 חומת הבחן פנת יקר בל :
4pIs^{c} 26 1.1] יקר[:]נבלות[
4QM1 11 1.14 תאו[תי]כול יקר לי בכבוד :
4QNab 1+ 1.5 וכתב למעבד יקר ור[ב]ו לשם
11tgJ 22.2 לא תס[: י]קר הך אטרת

4Q176 8+ 1.7 כו]ל [הא]רץ יקרא כיא כאשה
4pN 3+ 1.8 חי על העץ [י]קרא הנני
11QT 65.2] : [כ]י יקר[א]צפור

1QS 6.16 על עצת הרבים יקרב או ירחק
1QS^{a} 1.9 קודש ולוא י[קרב] : אל

1QS 7.21 על דבריו ואם יקרבהו ונכתב

1QS 6.19 אנשי בריתם יקר(!)בו גם את

4Q504 1+R 4.10 כסף וזהב ואבן יקרה : עם כול

4Tstz 1 1.3 ובען סב לוחיא יקריא כי לא[:

11QT 25.1] יקריב ע[:]
11QT 25.16 לעולה אחד יקריב הכוהן

11QT 29.5 לכול אשר יקריבו : לכול
TS 1 1.8 מלאכת הבית יקר[יבו
TS 1 1.9 מ]ועד היצהר יקריבו את

4QCat^{b} 1 1.2 ( )[:]ה אשר יקשו את עורפם[

11tgJ 32.3 וחבליהן תושר יקשן בניהן

1QS^{b} 1.8 ק]ודש יר[ ] : [ ]
4Q176 33 1.1 יר[: ל[
4Q381 22 1.2]תבאר[:]ר יר[
4Q400 7 1.6]עת ק[:]יר מ[:]ה[
4Q405 11 1.6 [˙] [ ]יר
4Q503 176 1.2]עמי[:]יר˙[
4Q503 192 1.1 [˙יר]
4Q503 218 1.4]˙ה הסב[:]יר לילה ויום[
4Q506 136 1.2]˙[:]˙יר[:]ור[:]
4Q508 43 1.2]נו א[:]˙יר˙[
4Q509 261 1.1]יר˙[:] ר˙]
4Q511 15 1.6 הבלים ל[:]יר ומעשיו

4Q504 10 1.4]ת˙יה ירא[
4pHs^{b} 34 1.1]˙ ירא˙[
CD 10.2 על הפקודים ירא את אל

1QM 7.7 דבר רע לוא יראה סביבות
4QFl 1+ 1.5 תמיד עליו יראה ולוא
4QM1 1+ 1.8] : ערוה לוא יראה
11Ber 1 1.11 וירקון לוא יראה בתבואתיה

4Q499 4 1.2]˙˙[:]ל בל יראו [:]יהם
4pPs^{a} 1+ 4.11]אשר יראו במשפט

1QS^{b} 1.1 לברך את ירא[י
4QPs^{f} 2 9.14 ענוים וישבעו [י]ראי יהוה :
11QT 57.8 יהיו אנשי אמת יראי אלוהים :

4Q381 31 1.4 תך אספרה נגד יראיך [ ]
4Q381 33 1.5 ואגילה בך נגד ירא[יך] כי [:
4Q381 48 1.4 פי[ך : בי יראיך ולבחן ש]

1QH 12.3 שמכה בתוך יראיכה :]˙דור
4Q511 52+ 1.5 סוד לכול יראיכה ב[:

4Q503 74 1.3 [: בר]ך אל י[ראל :]י

4Q185 1+ 2.5]˙יראתו ולא לעתת

4VSam 5 1.3 עמכה ומ[:]יראתכה על ˙˙ל[

11QT 56.16 הוא רק לוא : ירבה לו סוס
11QT 56.18 עוד ולוא ירבה לו נשים
11QT 56.19 וכסף וזהב לוא ירבה לוא מואדה
CD 5.2 כתוב : לא ירבה לו נשים

1apGn 3.3 ארי ביומי ירד אבי]
1QM 7.6 המלחמה לוא ירד אתם כיא
4Q381 69 1.5 ‹] כם מן שמים ירד וידברעמכם
6apGn 18 1.1]˙ירד] :]˙[

4Q184 1 1.3 רגליה להרשיע ירדו וללכת
4Q184 1 1.11 וכול נוחליה ירדו שחת

4QM1 13 1.2] :]הקטן בכם ירדוף אל[ף :

1QM 9.5 אלפים כול אלה ירדופו להשמיד

1apGn 21.5 ויתב לה בבקעת ירדנא וכול
11tgJ 35.2 ירדנא גאפה

11tgJ 32.8 כל ירוק : ירדף היבא

ציון ובחוק : ירושלם 4Tstm 1.30
עמ׳ [ ]חומת ירושלם : גדר 11Mel 2 3.9

]ירותו ל[: 4Q405 2 1.1

[:]]ירחו בבית 4Q378 14 1.2

[: ומני]ן ירחוהי גזירין 11tgJ 5.3

]יו : כ]ול ירחי : ל]שונו: 4Q509 131+ 1.8

י]רח<י>הין : 11tgJ 32.1

נהיה ברשית ירחים למועדיהם 1QS 10.5
]עם כול דגלי יר[חים :] עם 4Q502 27 1.3

ועד עולם הוא ירחם [: גבורת 4Q370 2.6
ישפל[ו] כ[י]א ירחם בממשלת 4Q405 23 1.12
אל]מנותו לוא ירחם :] 4pIs^{c} 4,6+ 1.11

פרי : במן לוא ירחמו על 1pHab 6.12

[:]]ירחף יפרוש 4Q504 6 1.8

בא אל הבית ירחץ במים 11QT 49.17
במים אל : ירחץ איש במים CD 10.11

ביום[ט]הרתם ירחצו : וכבסו 4Q514 1 1.5
ט[הרת]ם ירחצו וכבסו 4Q514 1 1.9
אל החלל : ירחצו את 11QT 63.5

עוון אשמה כיא ירחק ממנו בכול 1QS 5.15
הרבים יקרב או ירחק ובקורבו 1QS 6.16
ירח]ק [:] 11QT 53.1

בלשני אשה ירטון מן 11tgJ 36.5

[ ]״[ ]׳י ירי] 4Q504 1+R 5.1
]׳ירי :] 4pHs^{b} 15+ 1.1

רמיה עד הנה יריבו רוחי אמת 1QS 4.23

בעליאה השנית ירידתו : 3Q15 10.1

ומן : רחיק יריח קרבה 11tgJ 33.6

]׳ירים : עורי] 4Q176 8+ 1.1
]׳ [ ] : ועוזא ירים קנ[ה 11tgJ 33.9

כתיים כדי הטל ירימו איש ידו 1QM 16.6
כדי הטל ירימו איש ידו 1QM 17.12
כד]י ה[ט]ל ירימ[ו אי]ש 4QM1 11 2.5
] : ה[ט]ל[ירי]מו ידם איש 4QM1 11 2.21
כדי הטל ירימו ידמה] 4QM1 13 1.5
בנו: ולא ירימו יד על CD 20.30

והכוהנים יריעו בשש 1QM 8.8
עם השופרות יריעו : קול 1QM 8.9
הטל הראישון יריעו ה[כוהנים 1QM 8.15
עם : השופרות יריע[ו תרוע]ת 1QM 16.8
והכוהנים יריעו בחצוצרות 1QM 17.12
עם השופרות יריעו תרועת 1QM 17.13
בעת ההיאה יריעו הכוהנים 1QM 18.3
[י]ריעו ו[נפשו 4pIs^{e} 4 1.1
והכוהנים יר[יע]ו 4QM1 11 2.21
עם השופרות יר[י]עו בק[ול 4QM1 11 2.22
ו]בעומ[דם : י]ריעו] 4QM1 22 1.3
והכוהנים יריעו בחצוצרות 4QM3 1 1.3

רבות על כן יריק חרבו תמיד 1pHab 6.8

בבקר שכר ירדפו מאחרי 4pIs^{b} 2.2

]׳של [:]ירו בשמ׳ [:] 1QH 53 1.2
]׳ירו] 2Q32 2 1.1

ירוא ׳] : 4Q511 20 2.2

] : עילוליה ירוטשו בראש כל 4pN 3+ 4.2

] [למה ירום [לב]בכה 1QDM 2.4
מעמדו ולוא ירום ממקום 1QS 2.23
יעז אנוש ולא ירום] 4Q381 46 1.5
ק]ודש קודשים ירום] 4Q401 35 1.2
קו[דש :]׳ול ירום ומר[:] 4Q405 44 1.2
ולכן ירום : לרחמכמה 4pIs^{c} 23 2.8
ולתורה ולוא ירום לבבו מהמה 11QT 57.14

מגבולו לוא ירומו ממשלוחתו 4Q405 23 1.11
]״ם ומ׳[:]ירומו וכ[: 4Q405 40 1.2

לוא ידמה ולוא ירומם זולתי 4QM1 11 1.13

אלי]ם ירומ[מו] : 4Q401 16 1.1
דרכיהם בהרומם ירוממו פלא 4Q405 20+ 2.12
]נדיבים:] ירוממו: דב]רי 4Q504 2V 1.2
יגיל[ו:]ם ירוממו[:]ר 4Q511 27 1.3
יר]וממו[: [4Q511 81 1.1

] י]]רוממו[ה]ו 4Q511 10 1.8
]ירוממוה[ו : 4Q511 124 1.1

וכול מחשביה ירועו ויתהוללו 1QH 3.33
וכול <גרמי> ירועו וימס 1QH 4.33
שמי]ם וארץ ירועו מ[:] 4Q511 3 1.7
ירוא ׳[: ירועו ׳] : 4Q511 20 2.3
ותחול הארץ[: י]רועו כול 4Q511 37 1.4

הלוחות למען ירוץ :] 1pHab 6.15
ואשר אמר למען ירוץ הקורא בו 1pHab 7.3

]אלוהים ירוצו 4Q402 4 1.9
] : מבינותם ירוצו א[לו]הים 4Q403 1 2.6
יתכו נו לוא ירוצו מדרך 4Q405 23 1.11

ואיש אשר ירוק אל תוכ 1QS 7.13
למ׳[ו]בתר כל ירוק : ירדף 11tgJ 32.7

לחנות במדבר ירושלים ואחר 1QM 1.3
לבוא אל העדה ירושלים יכתובו 1QM 3.11
והופיעי ברנות ירושלים והגלנה 1QM 12.13
על דמ[: ירושלים וראה 4Q176 1+ 1.3
דברו על לב ירושלים וק[ראו 4Q176 1+ 1.5
י]רושלים עיר 4Q176 8+ 1.2
]א הר ציון ירושלי[ם : 4AgCr 5+ 1.4
]׳כ׳[ ]״תים ירושלים עיר : 4apLm 1 1.8
בכו תבכה ירו[שלים 4apLm 2 1.9
בת ציון גבעת ירושלים] 4pIs^{a} 2+ 2.25
[: ועד גבול ירושלים] 4pIs^{a} 2+ 2.29
] ירוש]ל[י]ם[4pMic 1+ 1.1
אשר בקש לבוא ירושלים בעצת 4pN 3+ 1.2
קב[צו כוה]ני ירושלים אשר : 4pN 3+ 1.11
כול ישראל ירו[שלי]ם : 4QM1 16 1.4

גבורי המלחמה ירושלים[ה] 1QM 12.17

ואתה לשלם היא ירושלם ואברם 1apGn 22.13
פשרו על כוהני ירושלם : 1pHab 9.4
הקריה היא ירושלם : אשר 1pHab 12.7
קומ]י שובי ירושלם התפתחי 4Q176 8+ 1.3
]׳[ ]׳ : ירו]שלם היא:] 4Q380 1 1.2
] נראה על ירושלם: 4Q380 1 1.6

ואדעה כ]י[יש מקוה   1QH 9.14
הצדק ובחסדיכה יש]   1QH 11.18
פנו אלה כיא : יש מקוה לאיש   1QH 1 1.7
רומם][: [יש במזמת   1QM 46 1.3
וכול איש אשר יש אתו דבר   1QS 6.12
רגלוהי ואמר יש אתי דבר   1QS 6.13
[בכד]חם ואם יש דב]ר   1QS 2.9
[ש][: יש]י][ש :]מלאך   3Q7 5 1.2
[ ]ה [:]יש : [ ]ה [3Q10 3 1.1
][: יש אל עושה] :   4Q176 21 1.4
]לי[ש][:]ל[י   4Q176 53 1.1
]בו יש :][:   4Q178 13 1.1
עד נאמן אם <יש> בכם כח   4Q381 76+ 1.9
]הודו[:][יש : [4Q502 7 1.1
[ ]יש [:]שם [:   4Q502 168 1.1
]יש[:]קודש[4Q502 191 1.1
[ ]יל][יש]][של[ ]   4Q503 144 1.1
]נכבד[: יש א[י][ ]ויו[4Q512 72 1.4
[ ]א [:]יש[: [4Q512 229 1.2
כמשונאה יש[: לעוליהן   4apLm 1 2.3
את[ ]קנים יש[:]אשר   4pHs(b) 19 1.3
יש[4pHs(b) 36 1.1
[או מיא יש[:]צערים   4QMI 11 1.16
שאול ובאספיו יש[:]פיו [5Q16 1 1.4
יששה עולת יש שכר לבד   11QT 24.15
לנגב : דרום יש שכר זבולון   11QT 39.13
]אמה ומשער : יש שכר]   11QT 41.4
הזאת עד שער יש שכר לבני יש   11QT 44.16
יש שכר לבני : יש שכר ומשער   11QT 44.16
]של ארבע אשר : יש לו כרעים   11QT 48.5
]וכול כלים אשר יש להמה מהרה :   11QT 49.15
הטהורה אשר יש בה מום   11QT 52.17
מבול אשר יש : לישראל   11QT 58.3
]עשה אמנה ולא יש[:]ח   CD 13.16
למגרש והוא יש]   CD 13.17

לכפר עווניך : ישא פני אפו   1QS 2.9
ולוא : ישא עליו עוון   1QS 6.1
]יכה ישא :]חו[נ]כה   1QS(b) 2.2
י]חונכה יש[א[:]על[י]   1QS(b) 2.3
[: ישא אדוני פניו   1QS(b) 3.1
[כול זרעכה]יש[א : פניו אל   1QS(b) 3.2
אל כול פדתכה ישא ברושכה]   1QS(b) 3.3
בכבוד עולם יש[א]   1QS(b) 3.4
[ ][:]א א[:]ישא[ ]'''   4Q520 5 1.1
ואשה לוא ישא מכול :   11QT 57.15
בשבת עליו : איש אל ישא   CD 11.9
]סר אל ישא האומן את   CD 11.11
וגם אל ישא מהונם כל   CD 12.7
ברית אל אל ישא ואל יתן   CD 13.14
[והשיב ולא ישא :]   CD 15.4

ואל ישאב אל : כל   CD 11.1

כולם משל עליו ישאו ומליצי   1pHab 8.6
השקל : וכאשר ישאו ממנו את   11QT 39.10
]בצר לדורשי]ו [יש]אכ[ה אדוני   1QS(b) 5.23

בתכונו ואחר ישאל אל המשפט   1QS 7.21
איש ולוא ישאל על כול   1QS 8.25
לבו עד אשר ישאל במשפט   11QT 58.20

לפניו וכן ישאלו לעצתם   1QS 6.4
בתכונו וכן ישאלו למשפט   1QS 6.9
שנה בתוך היחד ישאלו הרבים על   1QS 6.18
]לו שנתים ימים ישאלו הרבים   1QS 7.21
נפש על פיהם ישאלו ואשר   4Qord 2+ 1.5
וכן ישבו וכן ישאלו לכל   CD 14.6

המתמ]'''בה ישא]נה] : שה[4Q185 1+ 2.11

אל תיראו ואל ירך לבבכמה :   1QM 10.3
זו'ירן על ירכתה]   4QHm? 1.3
באמה אל ירם את ידו   CD 11.6
]והיי לרחצן ירמון : ואף עם   11tgJ 27.1
אשמה לכלה ירמוסו ואין ש'   1QH 6.32
עליהם בספר ירמ]יה:]ה ע   4QCat(b) 1 1.4
הדבר אשר אמר ירמיהו לברוד   CD 8.20
פלפני אלמה ירמסו ו'']   4Q381 46 1.8
לבוא המחנה ירננו כולם את   1QM 14.2
רקיע האור ירננו ממתחת   4Q405 20+ 2.9
בכו]ח גבורתו ירננו]   4QMI 11 1.9
יהוה ולוא ירע והיה]   4pZ 1+ 1.1
ובנצר עליו ירפו כול[[1QH 8.6
ג]דו]לה כיא ירפם אל בהמון   1QH 3.34
משמרו ואם ירפא ממנה   CD 12.5
התורה אשר לוא ירפו ידיהם   1pHab 7.11
תנחיל את] : ירפכה ולוא   4Q378 3 2.11
מכול דבריו אז ירצה בכפורי   1QS 3.11
עלילותיה ירצה לעד אחת   1QS 4.1
וכול הנעשה בו ירצה בנדבה   1QS 9.24
אמרי פיהו ירצה ולוא   1QS 9.25
רגל]יכה ירצה ו]   1QS(b) 4.1
מפאר עליון : ירצה כמגיש   11QPs 18.6
]ולוא ירצו במשפטם   ]1pHab 7.16
ואת יתומים ירצחו ולהבדיל   CD 6.17
רקיע הוא ירק '] :   11tgJ 15.7
והיה אויב ירשה וישראל   1QM 11.7
'''המה ירשו ארץ פשרו   4pPs(a) 1+ 2.4
]שע ועניים ירשו ארץ   4pPs(a) 1+ 2.9
כיא מבורכ]ו יר]שו ארץ   4pPs(a) 1+ 3.9
[ ] : ירשו את הר   4pPs(a) 1+ 3.11
ויצר : רע אל ירשו בעצמי כי   11QPs 19.16
ובתוכם ירשיענו ובאש   1pHab 10.5
ו]ל[וא י]רשיענו   4pPs(a) 1+ 4.7
תתן לאבתיו כן ירשנה] [ ]'''[ ]   4Q185 1+ 2.14
בו ואם ירשע והיה]   1QH 13.16
בגורל עול ירשע בו וכן :   1QS 4.24
ואמר לה לא ירתנך דן להן   1apGn 22.34
מן בני ביתי ירתנני :   1apGn 22.33
[ע]ליהמה] יר]תקו ידי   11Mel 2 3.6
[ששי ''][:]יש מכ'] :]בות]   1QS0 2 1.2
]יש [1QDM 3.5
חקר ואדעה כיא יש מקוה לאשר   1QH 3.20
ואדעה כי יש מקוה לשבי   1QH 6.6

4QMI 1+ 1.15	הראישונים ישובו וק[מו
4QMI 8+ 1.17	שמה ואחר ישובו אל
4QMI 11 1.15	הו[א]כבאי ים ישובו <ספ>ר :
11QT 59.9	כול אשמה אחר ישובו : אלי
4Q184 1 1.11	כ[ו]ל[ ]ישובון וכול
4QCat[a] 19 1.6	אקבוץ חרו[ן:]ישובון וב׳׳[
1QH 5.37	וזקים ללוא ישוברו וחומת
1QH 6.28	עוז ללוא ישוברו בל יבוא
11QT 35.14	למען לוא : ישוגו הכוהנים
1Myst 1 2.8	מח]יר לוא ישוה ב׳[
1QH 15.23	כיא : לא ישוה בול הון
CD 20.3	ה בהופע מעשיו יש<ו>לח מעדה :
11tgJ 14.3	חשו מללא וכף ישו[:] קל
4Q378 22 1.2	]עמך ביד ישוע משרת עבדך
4Q378 22 1.3	ביד משא אל ישוע למען עמך
4Q379 22 2.7	בעת אשר כ[ל]ת יש[וע] לה[לל
4Tstm 1.21	בעת אשר כלה ישוע להלל
5QTop 1 1.1	] והיה ישוע[:] ואת
1QM 1.5	]אה עת ישועה לעם אל
1QM 14.5	ותעודות : ישועה לעם
11Mel 1+ 2.16	ישוע]ה [א]ומר
4Q509 157 1.2	]׳׳׳ב׳׳ם[: י]שועו עיני[
1QH 11.23	אזמרה בכנור ישועות ונבל
1QM 4.13	על אותותם ישועות אל נצח
1QM 18.7	לנו מאז ושערי ישועות פתחתה
1QS 1.19	מברכים את אל ישועות ואת כול
4Q511 1 1.5	צדק ברנ[ות]ישועות : כיא
4Q511 10 1.8	דרך [בכנור ישועות :
4Q511 38 1.3	]׳ בפחתי[: י]שועתו יענה[
1QS 11.12	אמוט חסדי אל ישועתי לעד ואם
4Q381 15 1.9	אלהי נקרא ואל ישועתך : [
11QPs 22.3	ותוחלת ישועתך לבוא
4Q503 48+ 1.6	ואתה [:]ישו[ע]תכה שלום
1pHab 12.5	התורה אשר ישופטנו אל
1QS 10.13	וארצה כאשר ישופטני בר(
1QS 11.2	תום דרכי עם ישור לבבי :
4Q503 29+ 2.6	א]ל יברך ישורו[ן:]
1Q25 4 1.7	ולוא [: י]שחו והשפלה [
1pHab 4.4	לכול מבצר ישחק ויצבור
1QS 7.14	יום ואשר ישחק בסכלות
4Q181 2 1.1	[׳] [׳]ישחק[:]האדם
4Q380 3 1.2	יד תמי׳[:]ק ישחק[:]ל[
4Q509 24 1.2	]עולמי ׳[:]׳ישחק[:]לכול
4AgCr 1 1.5	ם:]׳ הוליד ישחק את עשרים
4pPs[a] 1+ 2.13	]יהוה ישחק לו כיא
6QHym 2 1.7	שמח[:]מר בן ישחק [:
1pHab 4.6	העמים ובלעג ישחקו עליהם :
4pHs[b] 18 1.2	ואם[:]אשר ישי׳[:]ל[
4pIs[a] 7+ 3.15	מגז]ע ישי ונצר

1QS 7.20	כול אנשי היחד ישב ובמלואת :
1QS 11.21	וילוד אשה מה ישב לפניכה
1QS[a] 2.14	כבודו ואחר י[שב מש]יח
4Q381 76+ 1.12	]׳י יהוה ישב במשפטיכם
TS 1 1.1	אזרח בישראל ישב בסוכות
CD 14.15	ינוע ולאשר ישבה לגוי נכר
1QS 6.4	ואיש כתכונו ישבו לפניו וכן
1QS 6.8	הכוהנים ישבו לרשונה
1QS 6.9	כול העם ישבו איש
1QS[a] 2.16	]ישבו לפניהם
4Q502 23 1.4	]אשישי ש[: י]שבו בסו[ד :
4QMI 11 1.12	בעדת אלים בל ישבו בו כול
11QSS 3+ 1.3	כבודו לוא ישב[ו :
CD 7.6	ואם מחנות ישבו כסרך הארץ
CD 19.2	ואם מחנות ישבו כסרך :
CD 14.6	והגר רביע וכן ישבו וכן ישאלו
4Q381 69 1.5	ולהשיב ממעשי ישבי> ח]קים
CD 9.9	לך איש אשר ישביע על פני
CD 9.11	אשר גנב בו ישביע בעליו :
CD 11.14	בשבת אל ישבית [א]יש
CD 11.23	או יתאחר ולא ישביתו את
1pHab 8.4	והוא כמות לוא ישבע : ויאספו
11QT 53.14	נדר לי או ישבע : שבועה
CD 15.1	] : [יש]בע וגם באלף
CD 15.3	] : ואם ישבע ועבר וחלל
4pPs[a] 1+ 3.2	ובימי רעב יש[בע]ו כיא
11tgJ 11.5	יפצון ולא ישבעון :
11QT 50.18	כלי : חרש ישברו כי טמאים
4QMI 11 1.13	ביא כיא אני ישבתי ב[ ]ה
1QS[a] 1.5	משפטיהמה פן ישגו
1apGn 22.32	עתרך ונכסיך : ישגון לחדא
11Mel 1+ 2.3	משה יד אשר ישה[
CD 10.18	נבל ורק אל ישה ברעהו כל
4Q381 69 1.6	[׳׳׳ :]ישו שבו על
1Myst 1 1.8	לכמה כי לוא ישוב אחור הלוא
1QH 13.18	]דברך לא ישוב אחור
1QH 13.19	וד׳׳׳׳ לא ישוב אחור ׳[
1QM 3.9	בני חושך לוא ישוב אפו עד
1QS 5.15	תרחק ואשר לוא ישוב איש
1QS 6.25	לחמו ואשר ישוב את : רעהו
1QS 7.2	ולוא ישוב עוד על
1QS 7.17	מאתם : ולוא ישוב עוד
1QS 7.17	ישלחהו ולוא ישוב ואם על
1QS 7.19	לבו אם ישוב ונענש שתי
1QS 7.24	לבו לוא ישוב אל עצת
1QS 8.23	היחד : ולוא ישוב עוד ולוא
1QS 9.1	ביד רמה לוא ישוב עוד אב
4Q504 1+R 2.11	לדורות עולם ישוב נא אפכה
4Q504 1+R 6.11	ועד : עולם ישוב נא אפכה
CD 20.5	דעות עד יום ישוב לעמד
CD 9.19	למבקר אם ישוב וניתפש
1QH 6.14	]תד׳ בה והם ישובו בפי
4Q405 20+ 2.9	ובלכת האופנים ישובו מלאכי
4pHs[b] 15+ 2.1	]ל : [ישו]בו וישב[ח

1QH 8.7 ליוב[ל] ישלחו ויפתח
1QH 8.10 ואל יובל לא ישלחו שורש
1QM 17.13 ואנשי הבינים ישלחו ידם בחיל

1apGn 20.15 ביתה ואל ישלט בליליא דן

1QM 6.1 הדגל הראישון ישליך אל :

11QT 39.8 עד יום : אשר ישלים חוק [
11QT 45.8 המקדש עד אשר [יש]לים שלושת

CD 10.10 דעתם עד לא ישלימו את

1QS 10.18 כול חי והואה ישלם לאיש
4Q503 1+ 2.16] : ישלם כב[ודו
4pPs[a] 1+ 3.8 לוה רשע ולוא ישלם : וצדיק
4pPs[a] 1+ 4.9 ב]השפטו ול[ל י]שלם[ ]
11tgJ 23.5 כפוהי[י]שלם לה
11tgJ 24.5]אנש ישלם לה :)

4Q502 12 1.2 צ[דק :]י ישמ[:]ריש ק[
4Q511 132 1.1]ישמ[:]˙ שרו]

4QFl 1+ 1.5 יראה ולוא ישמוהו עוד

4QMl 1+ 1.13 התר[ועה יש]מיעו ואנשי[

11QT 59.16 ואת מצוותי ישמור ויעש :

1pHab 5.14 לחרמו על כן ישמח :
4Q176 8+ 1.16]˙ת י˙] : [י ישמח [ ]ו[ ]

3QHym 1 1.1]כול אשר ישמחו[:]
4Q503 29+ 2.8]ם[ ]אור ישמחו ב[:
4pPs[a] 1+ 4.12] [: בחירו ישמחו בנחלת
11QPs 19.17 כול היום ישמחו אחי עמי
11QPs 21.12 בבשול ענבים ישמחו לב :

1QS 5.19 מנאצי דברו ישמיד מתבל

5QCur 1 1.4 בכול תפל[:]ישמידוך מכול

1QS 4.19 פקודה ישמידנה לעד

11QSS b 1.3 ˙[:]מעש[י : י]שמיע[:]˙˙ך

1QH 3.17 מצעדם לתהום ישמיעו קולם
1QH 11.25]ים ישמיעו יחד :
1QH 10 1.5 הש˙˙˙˙˙˙ לקץ ישמיעו ומי˙[:
4Q401 16 1.2 ירומ[מו] : י]שמיעו בדממת
4Q405 6 1.11]ת קול :]ישמיעו
4Q405 15+ 1.6 ל[: עבריהם ישמיעו [ ]˙
4Q405 91 1.1 ישמיע[ו : מה˙]
4Q511 1 1.4 וכול חיתם ישמיעו[ ]י
11QSS 5+ 1.5 רקיע : הפלא יש[מיע]ו מקול
11QSS f+ 1.4]ם ישמיעו[:
11QSS o 1.3 מבני אל[ים : ישמי]עו תהלי

1QS 10.21 בלבבי ולוא ישמע בפי :
4Q511 22 1.3 לש]ון ישמע ומזל :]
4pN 3+ 1.10 מ]רפה : ולא י[שמע
4pN 3+ 2.1 צירו אשר לא ישמע קולם עוד
4Tstm 1.7 אשר לוא ישמע אל דברי
11tgJ 25.4 וקבילת ענין ישמע [:]˙
11tgJ 26.8 ארו שוא יש[מע
11tgJ 32.7 שליט לא : ישמע ויבחר לה
11QT 56.8 והאיש אשר לוא ישמע ויעש
11QT 58.3 וה(˙)יה כי ישמע <המלך>
11QT 64.3 אותו ולוא[י]שמע אליהמה

1QM 2.13 ילחמו בבני ישמעאל וקטורה

11QPs 28.3 לדויד בן ישי קטן הייתי
11QPs 27.2 ויהי דויד בן ישי חכם ואור

1QS 5.14)<נ>ו פן ישיאנו : עוון

1QH 1.26 ומה ישיב ע<ו>ל כול
1QH 12.27 לקח משם ומה ישיב עפר ו˙]
1QS 11.22 תשוקתו מה ישיב חמר ויוצר
4Q381 76+ 1.10]לשמיע מי בכם ישיב דבר ויעמד
4pHs[b] 10a+ 1.6]אשר ישיב[ ]:]
11QPs 24.6 גמולי הרע ישיב ממני דין
11QT 56.16 לו סוס ולוא ישיב את העם

CD 20.32 צדק: ולא ישיבו : את חקי

11Mel 1+ 2.6 צ]דק אשר : ישיבמה אליהמה

4pIs[c] 8+ 1.7 [:] ישי]בנה הואה ˙

1QS 6.14 ולמעשיו ואם ישיג מוסר

CD 6.10 וזולתם לא ישיגו עד עמד :

11tgJ 28.10 י]ש<י>ח על[והי

1Q25 1 1.6 ובשומרון ישים [: בוז על
1QS 2.12 ומכשול עוונו ישים לפניו
4Tstm 1.18 תורתכה לישראל יש<י>ם(ו)

1QM 9.17] אורב ישימ[ו]ל[
4Q504 9 1.4 טהורים[:] ישימו ק[:
4QMl 1+ 1.11 מערכה ורוח ישימו בין
4QMl 1+ 1.12 ואם אורב ישימו למערכת

CD 20.33 בשמעם אתם ישישו וישמחו

11QT 54.19 מקרבכה : ואם ישיתכה אחיכה

6Q15 5 1.2]˙˙[: אש]ר ישכב עמ[:]
11QT 45.11 ואיש כיא ישכב עם אשתו
CD 12.1 הוא אל ישכב איש עם

11tgJ 24.9]ישכבון :]

1QS 7.10 ימים ואשר ישכוב וישן

5Q25 2 1.2 וב˙[:]˙˙˙אז ישכון[
11tgJ 33.9 קנ[ה כ]כפא ישכון ויקנן[:

1apGn 21.13 ארעא די לא ישכח כול בר

1QH 9.16 [˙ : ישכיל ובשר
1QH 15.21 אף הוא בשר כי ישכיל[
CD 13.7 המבקר למחנה ישכיל את הרבים

4Q184 1 1.13 הנה והנה ישכילו ועפעפיה
MasSS 1.5 ובעשותו לא ישכילו כול :]

1QS[a] 1.7 וכפי יומיו ישכילוהו בחוקי

1QS 6.5 לשתות הכוהן ישלח ידו
1QS 6.5 לשתות הכוהן ישלח ידו
1QS[a] 2.20 לפנים ואח[ר יש]לח משיח
4pHs[b] 2 1.3 האחרון אשר ישלח ידו להכות
CD 11.2 כל כל אל ישלח את בן
CD 11.18 אל ישלח : איש
CD 12.6 הקהל אל ישלח את ידו

1QS 7.17 על יסוד היחד ישלחהו ולוא
1QS 8.22 רמה או ברמיה ישלחהו מעצת

11QT 56.11 וכול : העם ישמעו ויראו
11QT 61.11 והנשארים ישמעו ויראו
11QT 64.6 בני ישראל ישמעו ויראו

11tgJ 27.5 באישתהון : הן ישמעון
11tgJ 27.6 ועדנין [ישמ]עון בחרבא
11tgJ 29.2 נורה והוא אמר ישמעון לה

CD 6.14 חנם אם לא ישמרו לעשות
CD 9.16 לה בעלים הם ישמרו כל

1QS 4.24 באמת וצדק וכן ישנא עולה
11tgJ 24.3 ארו אמר לא : ישנא גבר מ[

1QS 5.26] רוח רשע ואל ישנאהו [ ]ל[

1QH 14.15 יודעיך לא ישנו דבריך כי

1QM 17.1] בחוני מצרף ישנן כלי

11tgJ 23.2]ת : אשה ישנקנה ויתמלין

4Q510 2 1.2 א]לוהי ישע וקדושי[:
CD 20.20 שמו עד יגלה * ישע וצדקה

11QPs 18.2 יחד : להודיע ישעו ואל

4Q381 24 1.7]אג[: שמך ישעי סלעי
4Q381 31 1.6 להם תשחט אלהי ישעי צפנים ימי
4Q381 33 1.8]קרוב ישעי לנגד

3pIs 1 1.1 חזון ישעיה בן א[מוץ
3pIs 1 1.3] : [י]שע[יה]נבא
4Q176 1+ 1.4 קובר ומן ספר ישעיה תנחומים[
4QFl 1+ 1.15 אשר כתוב בספר ישעיה הנביא
11Mel 1+ 2.15 ישע]יה הנביא
CD 4.13 דבר אל ביד ישעיה הנביא בן
CD 6.8 אשר : אמר ישעיה מוציא
CD 7.10 כתוב בדברי ישעיה בן אמוץ

11QPs 22.4 המתאוים ליום ישעך וישישו

1QH 5.12]ד קץ : הגלות ישעכה לי כי

1QS 5.18 אשר להם ולוא ישען איש הקודש

1QS[b] 2.23] : [גמו]לים ישעשעכה

1QS 8.25 אשר לוא ישפוט איש ולוא
1QS[b] 3.27 ובמעשיכה יש[פוט כו]ל
4Q405 23 1.12 חרו]נו לוא ישפוט במושבי
4Q511 10 1.11 אילים ואנשים ישפוט : ברום
4pIs[a] 7+ 3.28 יורוהו כן ישפוט ועל פיהם
11Mel 1+ 2.10 בקרוב אלוהים ישפוט ועליו

CD 10.18 ברעהו כל אל ישפוכו על הון

4Q381 79 1.4 עמהם ה[: ל]א ישפט עולה כי
4Q402 3 2.5 י[: ישפט[: ללוא ה
CD 12.3 האוב והידעוני ישפט וכל אשר

1QS 6.24 המשפטים אשר ישפטו בם במדרש
4Q185 1+ 1.9 כי כאש : להבה ישפטו[ ]י
CD 20.11 עם אנשי הלצון ישפטו כי דברו
CD 20.24 לפי רוחו ישפטו בעצת :

1pHab 10.5 ובאש גופרית ישפטנו הוי :

1QS 2.23 עולמים ולוא ישפל איש מבית

4Q176 1+ 1.8 וגב]עה ישפלו והיה

4Q405 23 1.12 לוא ישפל[ו] כ[י]א
4pIs[a] 7 1.2]ברי ל[: י]שפלו[

1apGn 20.6 יעלן לגנון לא ישפרן מנהא ועל

1Q31 1 1.2 פיהם ישקו כול ˙˙[:
CD 13.3 על : פיהו ישקו כולם

1QS 6.7 לרעהו והרבים ישקודו ביחד את

1QH 4.11 מצמאים ולצמאם ישקום חומץ למע

CD 7.3 כמשפטם ולא ישקץ : איש את
CD 12.11 אל ישקץ איש את

11QT 51.8 קדושים ולוא ישקצו : את

1QS 6.24 בם איש אשר ישקר : בהון
11tgJ 24.7 צדא אלהא : ישקר ומרא[

1QM 5.10 בתוך הלהב ישר אל : הראש
1QM 5.12 עבריו וספות ישר אל הראוש
4Q176 1+ 1.7 פנו דרך •••• ישר ב[ערבה]
4Q176 38 1.1]ישר[
4Q184 1 1.15 בפחז והולכי ישר להשנות
4Q378 3 2.6 [: איש ישר וגדול[:
4Q487 16 1.3 יפתח א[:]ישר ינחלנה ואל
4Q504 17 2.5 בדרכי הי[: ישר אמן [
4pPs[a] 1+ 3.17] : [ודר]כו ישר לאמת [
4pPs[a] 1+ 4.16]ישר[

1Q25 12 1.2]˙[:] היה יש[ראל : [
1Q29 3+ 1.3 [: קה]ל ישראל [:]˙
1Q29 5+ 1.4 [: י]ש[רא]ל שמורו
1Q37 1 1.1]עה בו ישרא[ל
1Q37 1 1.3 ו[:]בחירי ישראל למל[:
1Q58 1 1.3 [:]כי ˙[: יש]ראל [:] על
1Q65 1 1.3 זקפין ˙[: י]שראל [
1QDM 1.1 לצא[ת י]שר[אל
1QDM 1.4 [א]ת בני : ישרא[ל ד]ברי
1QDM 2.1] : [י]שראל ושמע
1QDM 2.5 ו[יאמר י]שראל [ ]
1QDM 2.11 מושה אל בנ[י ישרא]ל אל[ה]
1QDM 4.1]הם [ישר]אל ובער
1QDM 4.5]בני ישר[אל] : [
1QDM 45 1.1 י]שראל ק[:
1QM 1.10 חזק לפני אל : ישראל כיא הואה
1QM 2.7 מכול שבטי ישראל יחלוצו :
1QM 3.13 עם אל ואת שם ישראל : ואהרון
1QM 3.14 עשר ש[בטי ישרא]ל
1QM 5.1 שמו[ו]שם ישראל ולוי
1QM 5.1 שנים עשר שבטי ישראל
1QM 6.6 הבל והיתה לאל ישראל המלוכה
1QM 10.3 לאמור שמעה ישראל אתמה
1QM 10.8 מיא כמוכה אל ישראל בש[מי]ם
1QM 10.9 ——— בעמכה ישראל אשר
1QM 13.1 עומדם את אל ישראל ואת כול
1QM 13.2 ואמרו ברוך אל ישראל בכול
1QM 13.13 כמוכה בכוח אל ישראל ועם :
1QM 14.4 כולם את אל ישראל ורוממו
1QM 14.4 ואמרו ברוך אל ישראל השומר
1QM 15.13 על כול בשר אל ישראל מרים ידו
1QM 16.1] אל ישראל קרא חרב
1QM 17.5 ה[יה] ולוא : ישראל כול הויה
1QM 17.7 בשמחה ברית ישראל שלום
1QM 17.8 וממשלת : ישראל בכול בשר
1QM 18.3 משאת יד אל ישראל על כול
1QM 18.6 שם את אל ישראל וענו
1QS 1.22 חסדי רחמים על ישראל והלויים
1QS 1.23 את עוונות בני ישראל וכול
1QS 2.22 לדעת כול איש ישראל איש בית

4Q503 67 1.1	יש]ראל אשר [:
4Q503 68 1.2	נו ב[:]ה אל יש[ראל :]חקו
4Q503 69 1.2	]˙טו ברוך אל ישר[אל :]
4Q503 74 1.5	]י קוד[ש : יש]ראל וע[נו
4Q503 79 1.4	ב]ני יש[ראל
4Q503 90 1.2	]ם כל[:]אל יש[ראל :]
4Q503 92 1.2	[: יש[ראל
4Q503 131 1.2	]˙˙[ ]˙[:]ישר[אל
4Q503 135 1.2	]˙[: י]שראל ה[
4Q503 184 1.1	]אל יש[ראל
4Q503 215 1.5	[:] א]ל ישראל[:
4Q503 217 1.2	]י יום[: ישרא]ל אשר[:]
4Q503 218 1.2	]˙[: י]שרא[ל אש]ר
4Q504 1+R 2.11	וחמתכה מעמכה ישראל <על כול
4Q504 1+R 3.19	] : זרע ישראל[
4Q504 1+R 4.5	אהבתה : את ישראל מכול
4Q504 1+R 4.7	וישב על כסא ישראל לפניך :
4Q504 1+R 4.9	בתוך עמכה ישראל ולשמכה :
4Q504 1+R 5.7	ולו געלתה את ישראל : לכלותם
4Q504 1+R 5.11	ותחון את עמכה ישראל בכול :
4Q504 1+R 6.12	את עמכה ישר[אל] :
4Q504 7 1.3	[<י]שראל> לספר
4Q509 26 1.1	]ישרא[ל :
4Q509 44 1.2	]ם ˙[: י]שרא[ל :]ה[
4Q511 2 1.5	]˙ל˙˙[ ]ישרא[ל]˙[ ]
4Q511 2 1.7	הנבונה שם [י]שראל [בש]נים
4Q511 76 1.2	]שפט˙[: י]שראל ˙[:
4Q512 29+ 1.20	י]שראל אש[ר :
4Q512 29+ 1.21	]אתה אל יש[ראל
4Q512 11 1.5	וברך ע[ל : אל ישר[א]ל[
4Q512 7+ 1.2	ט]הרת ישר[אל] :
4Q512 1+ 1.2	[: [את]ה אל ישראל [
4Q512 1+ 1.8	[: א[ל ישרא]ל אשר
4Q512 41 1.3	<את> אל ישר[אל : הטמא
4Q512 42+ 2.3	א]תה[י]ש[ראל
4Q512 64 1.5	]˙[ ]אתה אל יש[ראל :]ה[
4Q513 2 2.4	לרצון על י[שראל [
4Q513 10 2.2	[וא]ת בני ישראל [:
4Q513 11 1.2	טהמה :]ת בני ישראל :]˙ון
4pHs[b] 9 1.1	]את יש[רא]ל[
4pHs[b] 10+ 1.2	[: ישראל פש]רו
4pHs[b] 20 1.2	[:]ם במקדש יש[ראל :] בנם
4pIs[a] 1 1.27	י]שראל הואה[
4pIs[a] 7+ 3.7	]יפ[לו] ביד ישראל וענוי :
4pIs[a] 7+ 3.13	בברחו מלפ[ני יש]ראל ˙[ ]ם[
4pIs[b] 2.8	אמרת קדוש : ישראל נאצו על
4pIs[c] 4,6+ 1.6	א]ת[י]שראל בכול :
4pIs[c] 6+ 2.7	[: ישראל ואשר
4pIs[c] 6+ 2.12	[: [יש]ראל באמת
4pIs[c] 6+ 2.13	אם יהיה עמכה י[שראל
4pIs[c] 6+ 2.15	ילכו בש[בי ישרא]ל[
4pIs[c] 23 2.3	אמר יהוה קודש ישראל בשובה
4pIs[c] 25 1.7	[: [קד]וש ישראל ואת
4pIs[d] 1 1.1	[ ]ך כול ישראל כפוך
4pIs[d] 1 1.7	על ראשי שבטי ישראל לא[חרית
4pIs[e] 6 1.1	ב]חירי ישראל ˙[
4pN 3+ 1.12	א]פרים ינתן ישראל [
4pN 3+ 3.3	הרעים לכול ישראל : ורבים
4pN 3+ 3.5	ונלוו על ˙[י]שראל ואמרו :
4pN 5 1.2	]˙ל גבל ישרא[ל] ˙˙ם[
4pPs[a] 1+ 3.11	את הר מרום ישר[אל ובה]ר
4pPs[a] 1+ 3.12	הב[רית ר]שעי ישראל אשר
4pPs[a] 1+ 4.24	מחלקות : שבי יש[ראל
4pPs[a] 11 1.2	ב[:]בחיר[י] ישראל[ ]˙א˙[
4QCat[a] 2+ 1.9	הרחמים ואל ישרא[ל ג]מול
4QCat[a] 5+ 1.7	ל]הלעין את ישרא[ל [
4QFl 1+ 1.2	] על עמי ישראל הואה
4QFl 1+ 1.6	את מקד[ש י]שראל בחטאתמה
4QFl 1+ 1.13	להושיע את ישראל : מדרש
4QFl 1+ 1.19	וה[ ]בחירי ישראל באחרית
4QFl 4 1.7	יה]ודה ואל י[שר]אל י˙[

1QS 3.24	בני אור ואל ישראל ומלאכ
1QS 5.22	ועל פי ר(י)ב ישראל המתנדבים
1QS[a] 1.1	הסרך לכול עדת ישראל באחרית
1QS[a] 1.14	ברואשי אלפי ישראל לשרי
1QS[a] 1.20	להתיצב על עדת ישראל לרי[ב
1QS[a] 2.12	]רואש כול עדת ישראל וכול :
1QS[a] 2.14	י[שב מש]יח ישראל וישבו
1QS[a] 2.20	יש]לח משיח ישראל ידיו :
2apDa 1 2.2	כי רחמיו על ישרא[ל
3Q14 14 1.2	]˙[:]ישרא[ל:]˙ שמ[
4Q176 1+ 1.9	•••• ואתה ישראל עב[די
4Q176 1+ 2.1	נ]אמן קדוש יש[ראל : פצחו
4Q176 8+ 1.7	וגאליכי קדוש יש[ראל א]ל[והי
4Q181 2 1.3	גבור[ים : א]ת ישראל בשבעים
4Q378 14 1.3	מושה ובני יש[ראל:]
4Q379 12 1.8	]ל˙˙ ישראל[
4Q379 22 2.5	יהוה אלהי י[שראל : אל˙˙
4Q380 1 2.3	אשר לכל ב[נ]י ישראל [:
4Q381 76+ 1.5	ואין ח[קר : ישרא]ל עם
4Q385 2 1.4	אראה את בני ישראל וידעו כי
4Q385 3 1.3	יירשו בני ישראל [
4Q502 8 1.5	שם אל ישראל א[שר :]
4Q502 9 1.2	]שים[:]אל ישראל וענה
4Q502 9 1.14	]את אל ישראל [ ]ה :
4Q502 11 1.2	[˙ א[: י]שראל[:]ל
4Q502 14 1.4	]˙[:]ה אל ישראל אשר צוה
4Q502 14 1.8	]˙ גם ה[: י]שראל]
4Q502 21 1.4	יחד בתוך [: ישראל ו˙[:
4Q502 24 1.2	ברוך אל ישראל אשר עזר[
4Q502 30 1.3	]ו אנש[י : יש]ראל אשר[:
4Q502 47 1.1	יש]ראל [:]ם
4Q502 101 1.1	ישר]אל וע[נו :
4Q502 104 1.4	[VACAT]: י]שראל אש[ר :
4Q502 105+ 1.1	יב]רכו את אל ישראל[:]
4Q502 242 1.1	י]שרא[ל
4Q502 255 1.2	]˙כ[: י]שראל]
4Q502 289 1.1	יש]ראל] :]˙
4Q503 1+ 2.6	] : בחמשה[<ישראל[>
4Q503 1+ 2.10	ש[לום עלי]כה ישראל
4Q503 1+ 2.17	] [: ישראל[
4Q503 1+ 2.18	בר[וך]ישראל[[:
4Q503 7+ 1.6	ברוך אל יש[ראל [:
4Q503 14 1.2	[: ש]מכה אל ישראל בכ[ול
4Q503 15+ 1.8	ברו]ך אל ישראל המפל[יא
4Q503 15+ 1.12	לו [:] אל ישרא[ל :
4Q503 15+ 1.16	]שנים עשר[: י]שראל [:
4Q503 15+ 1.17	י]שראל [:]ישראל [:
4Q503 28 1.4	] : [ישראל וכ[:]
4Q503 29+ 2.11	אל[ע]ליכה ישראל בצא[ת
4Q503 29+ 2.21	יש]ראל בכול
4Q503 33 1.6	ישר]אל אשר :
4Q503 33 1.17	ישר]אל
4Q503 33 1.20	ברו]ך אתה אל ישראל אשר
4Q503 33 2.5	של[ום] עליכה ישראל[:]
4Q503 33 2.9	ל˙˙[ ]˙ ישר[אל :]
4Q503 33 2.13	] עליכה י[שראל :]
4Q503 40 2.3	י]שראל בכול
4Q503 40 2.6	ישרא]ל ומהולל
4Q503 42+ 1.3	עלי[כ]ה[ישרא]ל בפי כול
4Q503 48+ 1.2	]יא ב[: יש]ראל] :
4Q503 48+ 1.3	] אל ישראל אש[ר] :
4Q503 48+ 1.6	שלום ע[ליכה י]שראל] :
4Q503 48+ 1.7	ברוך אל יש[ראל] :]
4Q503 51+ 1.6	ברוך אל יש[ראל :]˙[
4Q503 51+ 1.12	ואמרו ברוך אל ישראל [:
4Q503 51+ 1.15	ישר]אל אש[ר [
4Q503 51+ 1.17	ישר]אל וענו[:
4Q503 62 1.1	] אל יש[ראל:
4Q503 65 1.5	[: ע]ליכה [ישרא]ל[
4Q503 66 1.2	[: ש]מכה אל ישרא[ל :
4Q503 66 1.3	עלי]כה ישראל [:

4QFl 5 1.2 ה כאשר ה˙[: י]שראל ואהרון[
4QMl 8+ 1.3 ברוך א[ל]י[שראל ה]שומר
4QMl 11 1.10]בצדק : י]שראל הכינה
4QMl 11 2.16 יכניענו אל ישר[אל
4QMl 16 1.4 יקב]צו כול ישראל
4QMl 20 1.2]שי מק[: י]שראל לפיא
4QMl 25 1.1 ישר]אל מאל˙ה[
4QM2 1 1.12][א]ת אל [ישראל ו[ענו :
4QM5 1 1.1]]ישר[אל
4QM6 3 1.4 ב[מלכי : י[ש]ראל והי]אה
4QOrd 1 2.17 ב[ג]די[הם : י]שראל שרף
4QOrd 2+ 1.2 לעיני ישר[אל ל]וא
4QOrd 2+ 1.8 רע על בתולת ישראל אם ב[
4QOrd 9 1.1 י]שרא[ל
4QPBl 1 1.3 המלכות: אל]פי ישראל המה
5Q13 1 1.13]לכול איש ישראל ˙[:]ל
5Q13 5 1.3 ולוא י[: י]שראל בהקימו
6Q15 3 1.2 בהושע ישר[אל :]
6Q15 3 1.3 ו]יתעו את ישראל ותי[שם :
6apPr 1 1.1 ההו]אה יהיה ישראל ע˙˙]
6apSK 58 1.3 <את[ ]> ד[: י]שרא[ל :]ל˙ל
6QHym 8 1.1]ב[illegible] ישר[אל :]˙ם
11Ap[a] 1.9 נשען וקר[א : יש]ראל החזק :
11Ber 1 1.2] [ ]: [י]שראל וענה [:
11Ber 2 1.2 בשם [: י]שראל ברוכים
11QT 18.16 לשבטי ישראל ויקריבו
11QT 19.14 מכול מטות ישראל :
11QT 19.16 כול ראשי אלפי ישראל :]
11QT 21.8 וישמחו בני ישראל לפ[ני]
11QT 21.15 [מ]טות ב[ני יש]ראל מחצית
11QT 22.11 אל בני ישראל ונתנו
11QT 22.11 ונתנו בני ישראל
11QT 26.11 עוונות בני ישראל עם : כול
11QT 27.2 <כול> בני ישראל ונסלח
11QT 27.4 ה[ע]ולה לבני ישראל חוקות
11QT 29.5 תמיד מאת בני ישראל לבד
11QT 37.5 ובחי שלמי בני ישראל ˙˙˙˙˙
11QT 37.12 שלמי בני ישראל בזבחי
11QT 39.6 רבי[עי] בן: ישראל [
11QT 39.7 ע[ד]ת בני : ישראל ˙˙˙˙]
11QT 39.12 שמ[ות] : בני יש[ר]אל שמעון
11QT 40.3]בני ישראל ולוא ימ[
11QT 42.14 האבות לבני ישראל : ולשרי
11QT 45.14 שוכן בתוך בני ישראל לעולם
11QT 46.7 עולים בני ישראל אליו :
11QT 51.6 את : בני ישראל מכול
11QT 51.8 בתוך בני ישראל וקדשתמה
11QT 57.2] בני ישראל מבן :
11QT 58.5 בערי : ישראל ושלחו
11QT 58.6 עם רב בא לארץ ישראל ושלחו :
11QT 58.19 הוא וכול בני ישראל אשר :
11QT 59.15 ממשול עוד על ישראל : ואם
11QT 59.18 כסא מלכות : ישראל לעולם
11QT 60.12 שעריכה מכול ישראל אשר :
11QT 61.15 אליהמה שמע ישראל אתמה
11QT 63.6 ראו כפר לעמכה ישראל אשר
11QT 63.7 נקי בקרב עמכה ישראל וכופר
11QT 64.6 וכול בני ישראל ישמעו
11QT 64.10 עמו <ו>את בני ישראל ותליתמה
11QT 65.15 רע על בתולת ישראל ולוא :]
CD 1.14 כן סרר ישרא בעמוד איש
CD 3.14 אשר תעו בם כל ישראל שבתות
CD 4.1 בתעות בני ישראל : מעלי
CD 4.2 הכהנים הם שבי ישראל :
CD 4.4 הם בחירי : ישראל קריאי
CD 5.19 במזמתו בהושע ישראל את
CD 5.20 ויתעו את ישרא : ותישם
CD 6.1 שקר להשיב את ישראל מאחר :
CD 6.5 הם : שבי ישראל היוצאים
CD 7.12 בהפרד שני בתי ישראל : שר
CD 7.18 אשר בזה ישראל את
CD 8.16 המשפט לשבי ישראל סרו מדרך
CD 19.29 מ[שפ]ט לשבי ישראל סרו מדרך
CD 20.23 על אל בקץ מעל ישראל ויטמאו
CD 12.8 אם בעצת חבור ישראל אל
CD 12.19 סרך מושב ערי ישראל על
CD 12.22 יתהלכו זרע ישראל ולא
CD 14.4 שנים ובני ישראל שלשתם
CD 14.5 שנים ובני ישראל : שלושתם
CD 15.5 בברית לכל ישראל לחוק
CD 15.9 כרת : משה עם ישראל את הברית
CD 16.1 ברית ועם כל ישראל על כן
CD 16.3 לעורון : ישראל מכל אלה
CD 16.14 אל יקחו מאת ישראל [
TS 1 1.3 יהוה אל בני ישראל : וידבר
TS 1 1.4 צו את בני ישראל לאמור
TS 3 1.2] בני ישראל וביום

1QS 8.14 פנו דרך •••• ישרו בערבה
11QSS 3+ 1.6 ע[י]שרו ל˙[

11QT 16.11 עורו עם פרשו ישרופו מחו[ץ :
11QT 16.12 לחטאות שמה ישר[ופו : עם
11QT 26.9 ואת פרשו : ישרופו אצל פרו

4pPs[a] 1+ 2.17 ולטבוח ישרי דרך חרבם

1QS 3.1 למשוב חיו ועם ישרים לוא
1QS 4.22 נדה להבין ישרים בדעת
4Q184 1 1.14 ותכשילהו ישרים להטות
4Q511 2 2.9 [: יודע יושר ישרים ביש[:
CD 20.2 מעשות פקודי ישרים : הוא

11QT 43.11 יקדש באש ישרף לוא יאכל

11QT 60.14 אחיו הלויים ישרת העומדים

1QM 2.2 במשמרותם ישרתו ואחריהם
1QM 2.3 איש במעמדו ישרתו וראשי
4QM4 1 1.5 במשמרותם [י]ש[רתו

CD 2.4 ערמה ודעת הם ישרתוהו ארך

1QH 15.24 ולעד הם ישרתוך ולא תק
1QM 12.14 גואים ומלכיהם ישרתוך והשתחוו
1QM 19.6 גוים ומלכיהם ישרתוך והשתחוו
4QM2 1 1.6 גוים ומלכיהם ישרתוך

1QH 12.23 ולפי ממשלתם ישרתוכה למפלג[

4Q484 1 1.1 [יששכר

1Q35 2 1.2 ע[ו]לם לוא ישתה
1QH 8.13 עצי עולם : לא ישתה מי קודש
1QS 5.16 כול ולוא ישתה ולוא יקח
4Q514 1 1.10 איש ואל י[ש]תה עמכול
CD 10.23 ואל יאכל ואל ישתה כי אם היה
CD 11.1 וירד לרחוץ ישתה על עומדו

4Tstz 1 1.2 שקר לא עוד ישתכח[: וכען

4QPs[f] 2 8.5 אנוש כמ[עשיו י]שתלם : סביב
11QPs 22.10 איש כמעשיו ישתלם סביב

4Q385 2 1.3 יהיו והיכבה ישתלמו חסדם

1Myst 1 1.12 ˙˙הו ותוצאות ית˙[
1QH 1 1.12 ותשיבהו ובמה ית[:]היצר˙˙
3Q15 3.6 האחרת המזרח : ית חפר אמות שש
4Q185 1+ 3.2 וממאורות ית˙[: ומ˙[
4Q381 33 1.1]˙˙ת יכלו ית[: ואתה
4Q509 236 1.2]אל˙[:]נו ית˙[

11tgJ 27.4]הן ית‹ו›בון מן

1Q69 7 1.1]יתום[
1QH 5.20 כי לא עזבתה יתום ולא בזיתה
4Q487 47 1.1]יתום[

CD 6.17 שללם ׃ ואת יתומים ירצחו
CD 14.14 יתנו בעד [יתו]מים וממנו

11tgJ 2.2 רגזה וח[׃ י]תון חתפוהי
11tgJ 16.1]˙רי יתון ופצא לא ׃
11tgJ 16.2 בתקף שחני יתון ׃]באישה

1QH 4.15 שרירות לבם יתורו וידרשוכה

1QH 3 1.12 ה[׃]מה יתחזק לכה אתה

1QS 3.1 ועם ישרים לוא יתחשב ׃ ודעתו
1QS 3.4 תמימים ׃ לוא יתחשב לוא יזכה

1apGn 20.25 שרי אנתת אברם יתיבו נה לשרי

11tgJ 21.6 מלין וכמא לא יתיבנה[׃
11tgJ 25.5]˙ אנפוהי מן יתיבנה על עם[

11tgJ 9.2 א[׃ מ]ן אפו יתיבנני פתגם

1QH 11.17 סוד אמת [׃]יתי[כ]ה גליתה

1QH 12.28]שיו ומה יתיצב לפני
CD 10.7 ששים שנה ואל יתיצב עוד מבן

1QM 2.4 עם פקודיהם יתיצבו
1QM 2.5 ומעלה ׃ אלה יתיצבו על
4Q509 22 1.3]ו עמכה[׃ י]תיצבו [׃]
4QFl 1+ 1.18 יהג[ו ית]יצבו[

1apGn 19.23] י]תירא בנפשה

1QH 14.22]]שבי ׃]יתך׃]ך אדוני

11QT 49.16 ושקים ועורות יתכבסו והאדם

4Q405 23 1.11 מלך בלי יתכו נו לוא

2QJN 8 1.6]˙ ולא יתכלא עוד כול

4Q405 20+ 2.2] ׃ בח[וק ית]כלכלו לש[רת
4Q511 1 1.8 בני עולה לוא יתכלכלו
11QSS 3+ 1.3]ים בחוק יתכל[כ]לו לשרת

4QFl 1+ 2.4] יתלב]נו

4pN 3+ 1.7 החלקות אשר יתלה אנשים
11tgJ 33.4 חרב עלוהי יתלה שלט ׃ שנן

11QT 64.9 יומת והמה יתלו אותו העץ

1Myst 1 1.6 עוד כן יתם הרשע לעד
4QM1 8+ 1.6 ובתמימ[י] דרך יתם כול גואי

1pHab 7.9 אל להפלה ׃ אם יתמהמה חכה לו

4Q405 23 1.11 מדרך ולוא יתמהמהו מגבולו
11QSS 3+ 1.2] לו]א יתמהמהו בעומדם

1QM 14.7 ובתמימי דרך יתמו כול גויי
4Q381 31 1.8]ם[ ]מפחדי יתמו [ו]צררי
4pPs[a] 1+ 2.8 השנה אשר יתמו ולוא ימצא

4Q374 2 2.7]לפרעה עב[׃ [י]תמוגגו

4Q511 44+ 1.3 כ]ול סודי ׃˙ית ש˙˙]
4pIs[c] 14 1.2]תומים[׃]˙ית ובמו[׃]הוא
4QMes 2.15 אלן יהב[ון] ׃ ית˙[׃]]
4QOrd 2+ 1.10]ל˙˙ית ˙˙˙]
5QJN 1 1.17 [אספא ית ד[שין ל]ה
6Q31 15 1.1]ית[
6QAly 1 1.5 ילדה חבל ילד ית[׃]ואמרתה
CD 20.7 תמים הקדש אל ~~ית~~ יאות איש

1QS 9.25 ירצה ולוא יתאוה בכול אשר

1QM 1.13 רשעה ושלושה יתאזרו חיל
4QM6 2+1 1.5 ושלו]שה יתאזרו ׃

CD 11.23 יתקדם או יתאחר ולא

4Tstz 1 1.4 עקתי וכל די יתאעל[׃]לוחא

1apGn 21.7 בה ואנה הוית יתב בטורא די
1apGn 21.9 אתר די אנתה יתב ושקול
1apGn 22.1 אברם די הוא יתב בסודם כחדא
1apGn 22.3 באדין הוא ׃ יתב בחברון

2QJN 4 1.19]עד עדן די יתבו [׃ ח]ד
11tgJ 27.1] ׃ למלכין יתבו ˙]

1QH 10.2 לא יהיה ולא יתבונן כול בחו
4Q380 7 2.2]יום׃]˙[׃ י]תבונן בגבורת

4QMes 2.13 ם[ ] ובמלן יתבין די ל˙[׃

4QMes 2.16]˙ וכל[ה]ן יתבנון בעירין

11tgJ 37.4 למעבד ולא יתבצר מנך תקף

1pMic 1+ 1.3 ית]בקע[ו] ׃

1QS 2.13 הברית הזות יתברכ בלבבו

11tgJ 33.8 או על מאמרך יתגב[ה] ˙˙[ ]

1QH 6.22 ˙ מחשבת רשעה יתגוללו באשמה[
4QCat[a] 19 1.4 יחד ול˙[׃]˙יתגוללו ה˙[׃

CD 12.17 ~~מסמר~~ מסמר או יתד בכותל ׃

1Q58 1 1.1]˙יתה [׃]כי ˙[׃
11tgJ 35.9]תין ויפלגון יתה בארע[ ]

4Q511 95 1.3 בכבוד [׃]אשר יתהל[

1Myst 1 1.9 וביד כולמ[ה] יתהלך הלוא מפי
CD 10.20 למשכים ׃ אל יתהלך איש בשדה
CD 10.21 השבת אל יתהלך חוץ

1QM 13.12 בחוקי חושך יתהלכו ואליו
1QS 3.20 צדק בדרכי אור יתהלכו וביד
1QS 3.21 ובדרכי חושכ יתהלכו ובמלאך
1QS 4.15 ובדרכיהן יתהלכו וכול
1QS 4.18 כיא לוא יחד יתהלכו ואל
1QS 4.24 בלבב גבר ׃ יתהלכו בחכמה
1QS 6.2 ב( )‹א›לה ׃ יתהלכו בכול
4Q511 1 1.7 רשע ׃ לו יתהלכו בם כיא
4pN 3+ 2.2 בכחש ושקר[ים י]תהלכו ׃ לא
CD 20.6 התורה אשר יתהלכו ׃ בו
CD 12.22 וכמשפט ׃ הזה יתהלכו זרע

4Q185 1+ 2.9]˙דם ואל יתהלל[ו] רשעים

11tgJ 33.4 יזוע ולא יתוב מן אנפי

1QS 3.4 בםי נדה ולוא יתקדש בימים ׃
4Q504 3 2.6]˙ליכה יתקדש בכבוד[׃

4Q400 1 1.15 חרת למו בם יתקדשו כול

1QM 8.2 פעמים ואחר יתקעו להם
1QM 8.7 שלושה סדרים ׃ יתקעו להם
1QM 8.13 פעמים ואחר יתקעו להם
1QM 8.14 סמוך כסרך הזה יתקעו
1QM 9.3 לפניהם יתקעו הכוהנים
1QM 16.3 כתיים ואחר יתקעו להמה
1QM 16.12 והכ[ו]הנים יתק[עו]
1QM 16.13 במ]לחמה יתקעו לשוב
1QM 17.10 הדברים האלה יתקעו
4QM1 11 2.4 והכו]הנים יתקעו[
4QM1 11 2.10] ׃ [י]תק[עו] לצאת
4QM1 11 2.11] ׃ [י]תקעו לשוב
4QM1 11 2.19 הדבר[י]ם האלה יתקעו הכוהנים
4QM1 11 2.20] ׃ על מצב[ו] יתקעו הכוהנים
4QM1 13 1.3]ברים האלה יתקעו[
4QM1 18 1.3 אח[ד ׃ וא]חר יתקעו [׃
4QM3 1 1.8 ובמלא עונותם יתקעו להם
4QM3 1 1.10 בעונותה בצאתם יתקע[ו]להם
4QM3 1 1.11 וב]שובם יתק[עו
4QM3 1 1.12]כמש[פט]יתקעו לכ[ול

11QPs 19.12 בזוכרי עוזכה יתקף ׃ לבי ועל

11tgJ 9.1 כיבלא יתק<פ>צון א[׃

1QM 1.10 לבני חושך בו יתקרבו לנחשיר
4QM1 15 1.8 ט]מאתו יתקרבו אליכ[ם]

1pHab 8.15 וישלוכה כול יתר עמים ׃
1pHab 9.4 וישלוכה כול ׃ יתר עמים
1pHab 9.7 כיא המה יתר העמים ׃
4Q487 1 2.3 ברהו לספר כ[׃ יתר בשירות[׃
CD 13.10 כרועה עדרו ׃ יתר כל חרצובות

1QH 8 1.3 ל˙[׃ מענ[׃ יתרום[׃ עצה ו[

11tgJ 35.2 ירדנא גאפה יתרחץ די

1QS 7.6 ברעהו <יתרמה> ונענש
1QS 7.6 ואם בהון היחד יתרמה לאבדו

1QH 8.9 כי במטעתם יתשגשגו ׃ ואל

כ

1Q20 1 1.1]ם רגזך תת˙ך ותתק˙˙ם ומן
1Q20 4 1.1]˙˙ך ˙[׃]א די א
1Q25 4 1.1]ך ה[׃
1Q31 2 1.1 לאין כ˙[׃ ובחירי[׃
1pPs 5 1.1]˙ ˙˙ ˙כ[׃]˙ל˙˙˙ ˙
1QH 4.35 וחלכאים על <כ>˙ברכה ואני
1QH 5.18 אביון פלטתה כ[ ]
1QH 14.23]שבי ׃]יתך׃]ך אדוני כגדול
1QH 14.26 לב[ ]ך ׃ [˙ ˙שכליך
1QH 15.18 בכ˙˙˙[ ]ך תעבה נפשם
1QH 15.19 כול[ ]ך הכינותם
1QH 16.3]בודך מלוא כ[׃ ואדעה כי
1QH 16.7 בריתך ול˙˙˙˙ך באמת ולב שלם
1QH 16.16 בריתך כי[׃ כ˙וד וא˙[
1QH 16.16] ורחום א[ ]ך א[ ]ם ˙˙˙
1QH 18.5] אפו פ˙ך ותאמנה בא[׃
1QH 35 1.2 ˙[׃]כי אין כ[׃ [˙ ותוד[
1QH 40 1.1]ך א˙תן[׃ [
1QH 47 1.2]נדיבים לוא כ[׃ לי מאז
1QH 60 1.2 ה[׃ כ˙[׃ ו˙[

4Q511 20 2.4 ירועו ˙[׃ יתמוגג[ו׃ תתע[

2apPr 6 1.1 מכ]מרם יתמל[א ׃]כל

11Mel 2 3.7 יגיד[׃ יתמט[ו] בליעל

1apGn 21.13 ואף זרעך לא יתמנה קום הלך

1pHab 5.4 וביד בחירו יתן אל את משפט
1pHab 10.3 בית המשפט אשר יתן אל את ×
1QS 2.17 ומכשול עוונו יתן גורלו בתוך
1QS^{b} 3.5 שלו]ם ע[ו]לם יתן לכה ומלכות
1QS^{b} 5.18 וכבודכה לוא י[תן
4Q487 8 1.1] יתן לו ׃]חמו
4Q511 144 1.2]הים ינוא[׃]יתן ושר[׃
CD 13.14 אל אל ישא ואל יתן לבני השחת

1QH 3.35 וצבא השמים יתנו <ב>קולם
1QM 1.17 הבינ]ים יתנו יד בכל[י]
1QS^{a} 1.19 איש לפי כוחו יתנו משאו
CD 14.14 ממנו יתנו בעד

4pN 3+ 1.12 אשר ׃ [י]תנוהו ע[

1QS 2.5 רשע אשמתכה יתנכה ׃ אל
5QS 1 1.4 אתה׃ אשמת]כה יתנכה׃ ויפקו]ד

2apDa 1 2.4 דרכיו ולא[׃ יתנם למשפט

4QOrd 1 2.7 רק פ[עם] אחת יתננו כול ימיו

1QS 4.25 ירשע בו וכן ׃ יתעב אמת כיא

CD 12.3 ישפט וכל אשר יתעה ׃ לחלל את

1pMic 11 1.1]˙[ ]ם אשר יתע[ו ׃
4pN 3+ 2.8 ושפת מרמה יתעו רבים ׃

4Q512 65 1.1 יתעב[ל]˙ע˙[׃

4pPs^{a} 1+ 2.11 בליעל ואחר יתענגו [ב]כול
4pPs^{a} 1+ 3.11 ובה]ר קודשו יתענגו

11QT 27.7 או אשר לוא יתענו בו

1QS 6.17 וגם הואה אל יתערב בהון
1QS 7.24 היח[ד א]שר יתערב ׃ עמו
1QS 8.23 ישוב עוד ולוא יתערב איש
1QS 9.8 בתמים אל יתערב הונם עם
CD 11.4 אל יתערב איש

11QT 37.11 זובחים ולוא [י]תע[רבו] זבחי

1pHab 4.3 ושרים יתעתעו וקלסו

4Q511 12 1.2]˙די רשע[ה ׃ י]תפחדו כול [

1QH 7.4 מבניתי ועצמי יתפרדו ותכמי

11tgJ 36.3 חענן ולא יתפ[ר]שן

11QT 57.11 נכר אשר לוא יתפש בידמה
CD 4.18 העולה מזה יתפש בזה
CD 4.18 והניצל מזה יתפש ׃ בזה

1QH 4.19 פשעיהם למען יתפשו במחשבותם

CD 15.11 לפני המבקר מ יתפתה בו בדרשו

CD 11.23 הקהל ׃ יתקדם או יתאחר

Reference	Text
1QM 1.3	ילחמו בם : כ·] [
1QM33 2 1.1	]·ד [:]·נה
1QS 1.1	לחיו [ ]כ היחד לדרוש:
1QSb 4.2	]ד : ברכות
2Q33 4 1.2	]ם[:]·ים כ[:]·מה ע·[
2apPr 3 1.3	] חולה כ·[
2QJN 4 1.12	ל[: ר<ו>שמתא כ[ ] ע·[
3Q14 18 1.2	]··[:]·ד [:]··ל·
4Q185 3 1.1	]·[ ]ם כ·[: אל]הים
4Q379 22 2.11	[ ]ד להיות שניהם
4Q381 20 1.3	]חקתיך [:]·ד לי וא[:]··
4Q381 31 1.8	יכלו ואין ··כ··ו :]נני
4Q381 54 1.1	]·ד [:]נו [
4Q381 66 1.1	]·י כ[:]ין[
4Q401 13 1.1	]··[ ]ת מלך כ[: ש]בוע שני
4Q401 17 1.3	א[: קו]דשים כ[:]ת
4Q402 4 1.5	]ים ליחד כ[ ]·[:
4Q403 1 2.22	סודי קודש כ[ ] : השר
4Q405 17 1.2	] פלאים [ ]·ה·כ·י·[:]יהם
4Q405 31 1.2	פ]לא רוחי כ[:] ממלה[
4Q484 5 1.1	]ד ו[:] ויש[
4Q485 1 1.2	תדורש[:]איכה כ·[:]·ליו
4Q487 1 2.2	] : ברהו לספר כ[: יתר
4Q487 43 1.2	]ודשי··[:]כ··[
4Q497 1 1.1	] כ·[
4Q497 3 1.3	י·] : ר·[: כ·[
4Q497 15 1.1	]עד כ[:]·ן ומ[
4Q497 40 1.2	]·[:]כ·[:]·[
4Q498 2 1.3	מ[ים:]יוצר כ[:]·ה כול ·[
4Q498 3 2.2	]: כ·[:]·[
4Q499 14 1.4	]חד בו ·[:]·כ·[
4Q499 18 1.1	]·כ[ ]ב[:]·ת·
4Q499 37 1.2	] : [ ] [···כ[:] <[·ם> [
4Q502 22 1.1	]·ד י·[:]··[ ]·
4Q502 108 1.1	]ד[: כב]ודכה
4Q502 121 1.2	]·[:]ה כ[:]·ו·[
4Q502 146 1.1	]ד[:]בהודו[ת
4Q502 158 1.4	] : [לבב[:]ד ב[
4Q502 166 1.2	]י[:]ד י[:]ל יע[
4Q502 253 1.1	]ד[:]אחד [:
4Q502 255 1.1	]·כ[: י]שראל [
4Q502 261 1.1	]·· כ[:]לנו[
4Q502 278 1.1	]ק·ד[:] בו·[
4Q502 285 1.1	]ד[:] עם [
4Q502 287 1.1	]·[ ]כ[: כ]בוד[
4Q502 294 1.2	]ת י·[:]·כ··[
4Q502 303 1.1	]ד[:]··[
4Q503 7+ 1.4	דעת ברך ··כ[ ] : אור
4Q503 15+ 1.1	]וש כ[: קו]דשים
4Q503 33 1.5	מועדי:]··[ ]ד : [
4Q503 45+ 1.3	]במועדי [:]·כ· ועיני[:
4Q503 80 1.1	]ד[:] ברוך[:
4Q503 93 1.1	]ד[ ]·[:
4Q503 121 1.1	]··כ·[:]ו ב[
4Q503 165 1.1	]כ·[:]קוד[ש:
4Q504 4 1.18	ועל דבר[:]··ד ··[ ]ם רב·[
4Q504 9 1.5	]רצה פריל כ·[: מ]שפטיו
4Q504 12 1.2	]·[ ]·[ ]·[:]ד אותנ[ו :]ר
4Q504 22 1.4	גאלה[:]הארץ כ·[
4Q504 27 1.3	]· צל[:]ד ·[: [
4Q505 127 1.1	[ ]כ·ן בר[:
4Q505 127 1.4	התגברתה[: [ ]·כ·ל[
4Q506 126 1.1	]·ת[ ]·[ ]·כ·[: בע]מוד
4Q506 150 1.3	[ ]:]כ[
4Q506 160 1.3	]·· ב[:]· כ[
4Q507 2 1.4	[:]·י· ···כ·[:]כה[
4Q509 10 3.6	]תו א[:]כ·[:]··[:
4Q509 10 4.11	]ים יעד·[:]ד כול [:]··
4Q509 32 1.4	]·[ ] קודש עם כ[:]לתו [ ]
4Q509 47 1.1	]לכנו כ[:]···[
4Q509 48 1.2	]··[:]· כ·[:]··י[
4Q509 60 1.1	כ[
4Q509 68 1.1	[כ·[:]···[
4Q509 74 2.2	]ה : י·[: כ[
4Q509 109 1.1	[כ·[
4Q509 146 1.3	]לאהב[:]ד שמכה [:
4Q509 148 1.2	]·ב·[:]·כה כ[:]שובו א[
4Q509 174 1.2	]· ת[:]· כ[:]·[
4Q509 184 2.6	]· [: א[: כ[: ו·[: ב[
4Q509 201 1.2	]·[:]מאן כ[:]·ש·[
4Q509 209 1.1	]··ד··[:]·ם ·בם
4Q509 233 1.1	]כ[: מ]רדנו
4Q509 245 1.2	]·[ ]·[:]ד וע[
4Q509 256 1.2	יורד··[:]ה כ·[
4Q509 265 1.2	[: כ[
4Q509 274 1.1	]כ·[:]·ר[
4Q511 2 2.2	ודרושו למו כ[: ועדת
4Q511 43 1.2	·א··[: בדעת כ[: נחלה ומ·[
4Q511 86 1.2	]מתוך[:]·ני כ·[:]לבב·[
4Q511 92 1.2	]איו[:]י כ·[
4Q511 203 1.1	]כול כ[:]·מ·[
4Q512 26 1.1	]כ[:]שר ·[:
4Q512 51+ 2.1	·[ ]ק כ·[: א[יצ]דק
4Q512 79 1.2	]ע[:]ם כ[:]מר <א>ל
4Q512 85 1.1	]ד[:]מעוננ[ו :
4Q512 111 1.2	]י··[:]עם כ[
4Q512 135 1.1	[כ··[:]·ה הי
4Q512 141 1.1	]·· כ[:]ד··[: [
4Q512 157 1.1	]כ··[:]·פש[:
4Q512 160 1.4	[:]א [:]·כ[
4Q512 194 1.1	]·כ[:]·מ·[
4Q512 197 1.1	]ד עם[:]שב[
4Q512 201 1.2	]עם[:]ד ט[:]· [
4Q513 43 1.1	]ם כ[:]ל[
4Q514 2 1.1	דגן ·[ ]ק זרע כ[:]מטמא·[:
4Q515 1 1.1	]··ד את[:]ועצה
4Q515 8 1.3	[:]ה ו[:]·כ[
4Q517 24 1.2	]י צ[:]ש כ[
4Q517 63 1.1	]·ל כ·[
4Q518 68 1.1	]·כ·[:]··[
4Q519 22 1.2	]··[:]· כ··[:]···ים[
4Q519 65 1.1	]ד [
4Q520 41 1.1	]כ[
4apLm 1 1.8	היו :]·כ·[ ]··תים
4apLm 2 1.1	]ד[:]·[
4pIsc 27 1.2	]העתים ה·[:]ד העם וא[:]עה
4pIsd 1 1.1	[ ]ד כול ישראל
4pUn 4 1.4	]בוערת וגם כ·[:]לבבם
4QCata 5+ 1.12	בספר[:]ד ראו
4QM1 11 1.21	עולמים ואין כ·[:]ם להקים
4QM1 20 1.5	[:]ות כ·[
4QM6 81 1.2	]·[:]ד [:]חי·[
4QM6 97 1.2	··בת·[ ]··[ ]כ·[:]כ··
4QM6 97 1.3	]··[ ]כ·[:]כ· ···ת ע··
6Q31 10 1.1	[כ[
6apGn 21 1.1	]כ·[
6apGn 29 1.1	]ד דן[:]ל[
6apSK 10 1.1	]·כ[
6apSK 11 1.3	[:] ת[:]·ד[
6QApo 2 1.2	[:]עד די כ[: א]בל ובכי
6QApo 2 1.4	[:]··בלא כ[
11Apa 1.5	]ה[ ]ד :]לש[
11Apa 3.7	אשר [ ]ד לתהום רבה :
11Apa 4.8	·ה יהוה [ ]ד : בשאו]ל
11Mel 1+ 2.22	[: ···[ ]ד הוסרה מבליעל
11QSS f+ 1.5	[כס]אי פלא כ[
11QSS b 1.4	י]שמיע[:]··ד :]ר
11QT 13.7	···[: לו שער כ[
4Q381 49 1.1	]כא·[:]·
4Q519 21 1.5	]ש· ···[:] כא··[:]··[

1Q29 1 1.2 ˙[:] האבן כאשר [:]תמו
1Q39 1 1.5]ונכבד ˙[:]כה כאשר יסו˙
1pHab 7.13 יבואו לתכונם כאשר חקק : להם
1pHab 12.6 אל לכלה : כאשר זמם לכלות
1QDM 1.6 לוא [יא]הבו : כאש[ר] צויתי [
1QDM 2.2 ת[עשה כא]שר א[תה]
1QH 11.31 בצדקתכה כאשר יחלתי
1QM 11.5 חילכה הגדול כא[שר] הגדתה :
1QS 1.2 והישר לפניו כאשר: צוה ביד
1QS 3.10 בכול דרכי אל כאשר צוה
1QS 5.17 אשר לוא במחיר כאשר כתוב חדלו
1QS 8.14 דרכ הואהא : כאשר כתוב
1QS 8.21 בתמים דרכ כאשר צוה כול
1QS 9.15 על פי : רצונו כאשר צוה ואיש
1QS 9.24 ובכול ממשלו כאשר צוה וכול
1QS 10.13 יורני וארצה כאשר ישופטני
1QS 11.16 לבן אמתכה כאשר רציתה
1QSb 3.24 ולהורותם : כאשר צוה
1QSb 3.24 חוקיו ויתהלכו כאש[ר] : בחר
4Q178 3 1.2]˙[:]˙ כאשר כתוב[:
4Q365 3 1.6] : מצער כאשר אמרת ל[
4Q509 5+ 2.6 [ב]נו כאשר דברתה[
4Q512 48+ 1.6 ח[ ]˙[: כאשר [לקח]תנו
4pIsc 6+ 2.18 [: כאשר כתוב [
4pIsc 21 1.4]˙ בחרב כאשר[
4pIsc 47 1.2]שבר ˙[: כא]שר כתו[ב
4QCata 5+ 1.6]קרא להם כאשר [
4QCata 10+ 1.1 מזק]ק שבעתים כאשר כתוב :
4QFl 1+ 1.1 עולה[לענות]ו כאשר בראישונה
4QFl 1+ 1.2 ב]אחרית הימים כאשר כתוב בספר
4QFl 1+ 1.5 עוד זרים כאשר השמו
4QFl 1+ 1.8]מה כאשר באו
4QFl 1+ 1.12 בא]חרית הימים כאשר כתוב
4QFl 5 1.1]˙ה כאשר ה˙[:
5Q13 1 1.5 [:]לבדם כאשר עש[:
11Mel 1+ 2.9 לממשלת משפט כאשר כתוב :
11Mel 1+ 2.23]במשפט[י] אל כאשר כתוב עליו
11QT 16.15 בדמו ובחלבו כאשר עשה לפר
11QT 24.10 מטה יהודה לבד כאש[ר] : עשה
11QT 48.11 ולוא תעשו כאשר הגויים
11QT 51.19 תעשו בארצכמה כאשר הגו<א>ים
11QT 53.10 שמה לפני כאשר הקדשתה או
11QT 53.13 שפתיכה תשמור כאשר נדרתה
11QT 53.14 בפיכה לעשות : כאשר נדרתה
11QT 55.12 והרביתיכה כאשר דברתי
11QT 61.10 ועשיתה לו כאשר זמם לעשות
11QT 62.15 והפרזי כאשר צויתיכה
11QT 66.6 חטא מות כיא כאשר יקום :
CD 2.15 רצה ולמאוס כאשר שנא
CD 3.20 אדם להם הוא כאשר : הקים אל
CD 4.13 משולח בישראל כאשר דבר אל
CD 7.4 את רוח קדשיו כאשר הבדיל אל
CD 7.8 כסרך התורה כאשר אמר בין
CD 7.14 לארץ צפון כאשר אמר
CD 7.16 המלך כאשר אמר
CD 7.19 הבא דמשק כאשר כתוב דרך
CD 19.5 כסרך התורה : כאשר אמר <בין>
CD 19.11 אהרן וישראל: כאשר היה בקץ
CD 19.15 אשר יפקד א כאשר דבר היו
CD 20.16 אף אל בישראל כאשר אמר אין

4apLm 2 1.7]ה <כ>אשת מרורים :

1Q36 2 1.6 [ ]˙[ ]ם כב[
4Q381 101 1.1]˙ה כב˙[:]כי˙˙
4Q502 9 1.15 [ ]ה :]ודו כב[ ]לם
4Q502 53 1.3 ובתינ[ו :]˙ כב˙[ ]˙[
4Q502 230 1.2]˙[:]כב[
4Q502 326 1.1] כב[
4Q503 78 1.1]כב[:]עמנו[:
4Q503 126 1.1] כב[:]ל[

CD 13.9 וירחם עליהם כאב לבניו

4apLm 2 1.8 וכל בנותיה כאבלות על על

4pIsd 1 1.3]: עדת בחירו כאבן הספיר
11tgJ 31.7 : מ[ן ילד]ה כא[בן] טין
11tgJ 36.9]˙ כאב[ן] ו[:

1QH 3.13 אושי קיר כאוניה על פני
1QH 7.4 ותכמי עלו כאוניה בזעף :

11QPs 27.2 ישי חכם ואור כאור השמש

4pN 3+ 3.2 ושמתיך : כאורה והיה כול

4Q484 3 1.1] כאח˙[

4Q381 48 1.6 ואני ארלג כאי[ל : ונודעה

1QH 8.39 ˙˙ :] נאלמו כאין :]אנוש
1QM 14.12 הבלי[הם כא]ין ואנו עם
4Q504 1+R 3.3 כול הגוים[כא]ין נגדכה[

1QH 8.27 בנגיעים ואהיה כאיש נעזב ב˙[

1QH 10.4 בנפלאות כאלה ובסוד א˙[
11tgJ 34.5 או: הא ד<ר>ע כאלה איתי לך

3Q15 5.6 אשיח שלומו כאלין של : דמע

11QT 40.8 ש[: באורך כאלף ושש [

1QM 7.7 למקום היד כאלפים באמה

4Q513 13 1.7 למשק[ה :]ל כאם א[:]מכול
4QMl 10 2.16] : בשר כאם עפח כיא

4Q509 252 1.1]˙כאמרי [:]˙ד

1QH 7.28 אדוני ומי כאמתכה ומי
1QH 18.14] : ל[ ] כאמתכה מבשר[

2QJN 5+ 1.3 חדא :]ה מן כאן :]˙א מן
2QJN 7 1.1]ופותיהון מן כא[ן :]וכול

4QMes 1.4] כאנ]וש די לא

4Q176 34 1.1]כאפס[:]יונים[

11tgJ 23.6]ולא : כארחי ה[ש]תלמת

1QSb 5.29 והייתה כא[ריה

4Q176 8+ 1.1]כאר[ץ

1QH 3.29 כול אגפי רום כאש אוכלת בכול
1QH 8.30 מנוח ויפרח כאש בוער עצור
1QM 14.1 למו[עד : כאש עברתו
4Q185 1+ 1.8 מלאכיו כי כאש : להבה
4QCata 2+ 1.7 ו˙[: ו]היו כאש לכול תבל

4Q176 8+ 1.7 יקרא כיא כאשה עזובה :
4apLm 2 1.6 עזוב[ות : כ]אשה עז[ו]בה

4Q511 99 1.1 כאשמ[ת : מלך

1QS 1.10 בני חושכ איש כאשמתו : בנקמת

1QH 5.5]כאשמתי :

1Q26 1 1.4 הג[:] כאשר גלה

4Q503 188 1.1]ככ˙[
4Q503 189 1.1] ככ˙[
4Q512 1+ 1.4 קודש [ ] : כב[ ]˙ח˙ במי
4Q512 114 1.1]כב[:]בי[ ] : [
4Q512 131 1.2]ם[:]ת כב[:]˙[
11QSS j+ 1.2]˙[ ]כב[
11QSS a 1.2]רוקמה כב[: ד]רך

1QH 6.25 מות ואהיה : כבא בעיר מצור

4QM1 11 1.15 ליא מיא הו[א]כבאי ים ישובו

11tgJ 8.8 ויחט<א> ח[:]כבאיש[:]להו[ן]

4pUn 2 1.2 האו˙[:]תוכן כבגד על הא[:]

11QT 59.2 ולשנניה ובעול כבד : ובחסור
11QT 59.6 מפני עול כבד וקראו ולוא

4Q502 14 1.6] :]ת בנים <כבו[ ]> וב[נות
4Q504 3 2.18 אות[ו : כבו[

11QT 50.4 וטהר[ו לע]רב כבוא השמש

1Q34b 3 2.6 להם במראת כב[ו]ד ודברי :
1Q34b 3 2.7 להודיעם יסורי כבוד ומעלי
1pHab 10.14 הארץ לדעת את כבוד 𐤉𐤄𐤅𐤄 כמים
1pMic 6 1.3 ה[ימים :]˙˙ה כבוד[: אש]ר
1QH 7.15]ם לשביל<י> כבוד (חיים)
1QH 8.20]˙ר עולם לעדן כבוד ופר[:
1QH 8.22]נו לפארת כבוד בהניפי יד
1QH 9.25 צרי לי לכליל כבוד וכשלוני
1QH 11.8 גבורה וכול כבוד אתכה הוא
1QH 12.29] עולם ומקוי כבוד ומקור דעת
1QH 13.6 [:]שיהם כבוד עולם ˙[
1QH 17.15 ולהנחילם בכול כבוד אדם[ ]רוב
1QM 1.9] לשלום וברכה כבוד ושמחה
1QM 2.6 תמיד : בשולחן כבוד את כול
1QM 4.6 אמת אל צדק אל כבוד אל משפט
1QM 4.8 אל תשבוחת אל כבוד אל עם כול
1QM 12.10 שבה שביכה איש כבוד ושול :
1QM 12.12 מלא ארצכה כבוד ונחלתכה
1QM 12.15 רנה עדינה עדי כבוד ורדינה
1QM 19.4 בשר מלא ארצכה כבוד ונחלתכה
1QM 19.7 רנה עדינה עדי כבוד ור[ד]ינה
1QNo 13+ 1.1]˙ כי כבוד זוך ˙[
1QNo 13+ 1.2 י]נשא בהדר כבוד ותפארת[
1QS 4.5 בני אמת וטהרת כבוד מתעב כול
1QS 4.7 נצח וכליל כבוד : עם מדת
1QS 4.23 ולהם כול כבוד אדם ואין
1QS 10.3 האספם למעון כבוד במבוא
1QS 10.12 קודש רום כבוד וגבורת
1QS 11.7 גבורה עם מעין כבוד מסוד בשר
4Q176 1+ 1.9 לב]קעה : כ]בוד ••••
4Q381 18 1.4 על יד[:]לת כבוד [:]˙
4Q400 1 2.8 לשבעת מ[: כבוד המלך
4Q400 2 1.5 לפי כול[: כבוד מלך
4Q400 2 1.12]ת כבו[ד :]
4Q401 6 1.3 ˙[ ]שבעה:]י כבוד :]שרי
4Q401 31 1.2]˙ וב[:]ת כב[וד :]י
4Q402 3 1.3] :]אלוהי :]כבוד : א]לוהי
4Q403 1 1.10]בשם כ[בו]ד אלוהים
4Q403 1 1.13 ד[ברי]כ[ב]ו[ד
4Q403 1 1.32 בהדר תשבחות כבוד מלכותו בה
4Q403 1 2.3 מראי תבנית כבוד לראשי
4Q403 1 2.10 ומשכן רוש רום כבוד מלכותו
4Q404 5 1.4 נפלא הוד : כ]בוד באור
4Q405 3 2.3 דבר[י : דברי כבוד נפלאותו
4Q405 6 1.6]]ופלא ו[ ]כבוד באור :]ל
4Q405 14+ 1.1 ר]וח כב[וד
4Q405 14+ 1.5 ברני א[ור] כבוד רוחי :]
4Q405 14+ 1.6] בר]בירי כבוד מבנית : [
4Q405 15+ 1.5 אלו[הים : כבוד משני
4Q405 17 1.4]טוהר מלאכי כבוד בגבורת :
4Q405 17 1.8]ת מעשי :]כבוד : [˙˙
4Q405 19+ 1.2]כבוד מדרס :
4Q405 19+ 1.6 [כ]בודם צורות כבוד למעשי
4Q405 20+ 2.4]ממלכות מושבי כבוד למרכבו[ת
4Q405 20+ 2.11 [נ]וגה ברוקמת כבוד צבעי פלא
4Q405 20+ 2.11 תמיד עם כבוד מרכבות :
4Q405 23 1.3]כסאיכה <כ>בוד מלכותו
4Q405 23 1.8 אלי דעת בפתחי כבוד ובכול
4Q405 23 1.9 מוצא משמיעים כבוד המלך
4Q405 23 2.8 הדר : בתוך כבוד מראי שני
4Q405 23 2.9 חור ודמות רוח כבוד כמעשי
4Q405 24 1.3]מלכות כבוד מלך כול
4Q405 46 1.1]כבוד[ ]פ[ ]ל
4Q405 73 1.2]˙˙˙˙ הדר[:]כבוד ב˙[ ]ל[
4Q502 57 1.1]כבוד[:
4Q502 95 1.2 חכב[:]חת כבוד[
4Q502 99 1.5]לו לכו[:]כבוד [:]ל˙[
4Q502 155 1.5] : [˙ ש[:]כבוד[:]ם[
4Q502 195 1.1]כבו[ד
4Q502 287 1.2]˙[ ]כ[: כ]בוד[
4Q503 1+ 2.13 שמחה ומועדי כ[בוד] : כיא
4Q503 1+ 2.15] : מועדי כב[וד
4Q503 33 1.7 ישר]אל אשר : כ]בוד והלילה:
4Q503 33 2.23 אל :] בחג כבוד:]˙˙˙
4Q503 40 2.8 [: כבוד[
4Q503 45+ 1.4 ועיני[:]שי כבוד[: [
4Q503 51+ 1.5]עשר שערי כבו[ד :]
4Q504 1+R 7.12 [: כבוד ול[ ]˙˙˙[
4Q504 2V 1.3 ירוממו : דב]רי כבוד:] כי כול
4Q504 8R 1.7 ם ולתהלך בארץ כבוד א˙[:]א
4Q508 13 1.2]מכה במועדי כבוד ולקד[ש] :
4Q509 108 1.2]˙כת[:]כב[וד
4Q509 278 1.1 [כבוד ל˙[
4Q510 1 1.4 מהדר מע[ו]ן : כבוד מלכותו
4Q511 1 1.7 בם כיא הופיע כבוד אלוהי :
4Q511 111 1.5]בקצו:]י כבוד : מי]ראיו
4Q511 208 1.1]כבוד[
4pIsa 7+ 3.24 כ]סא כבוד נזר ק[ודש
4pN 3+ 3.4 ובה[ג]לות כבוד יהודה :
4QM2 1 1.3 [: כבוד ש]ול [
4QM6 3 1.9 חושך :]כבוד [ו]שמ[חה
4QM6 7 2.2 לרצ[ו]ן [:] כב[ו]ד את[:
6apSK 24 2.2]לגדלו: את[: כב[וד: פ˙[
6apSK 66 1.2]כ[: כ]בוד[
6QHym 12 1.1]ע כבו[ד :]˙שכה[
11QPs 28.5 ואשימה 𐤋𐤉𐤄𐤅𐤄 כבוד אמרתי אני
11QPs 18.3 כי להודיע כבוד 𐤉𐤄𐤅𐤄 נתנה
11QPs 24.13 ע[ ]יו בי כבוד אתה 𐤉𐤄𐤅𐤄
11QSS j+ 1.2 ב]דני כב[וד : [
11QSS 2+ 1.3 כב]וד מעשיו
11QSS f+ 1.6]˙יהם כבו[ד]˙˙˙˙[:
11QSS q 1.4 ת]הלי ברכות כבוד ה[ ] :
11QSS s 1.1]˙˙ כבוד ˙[:]˙˙
CD 3.20 לחיי נצח וכל כבוד אדם להם
CD 20.26 הברית בהופע : כבוד אל לישראל
MasSS 2.24 יבר]ך בשם כבוד אלוהים

1pHab 10.11 בשקר : בעבור כבודה לוגיע

1Q54 1 1.2 ˙דך [: ב]רית כבודו [:]
1pMic 12 1.2]˙ [:]˙ כבודו משעיר[:
1QH 3.35 קודשו באמת : כבודו וצבא
1QH 15.17 ותרם : מבשר כבודו ורשעים
1QM 10.12 קודשים אוצרות כב[ודו באפ]ל
1QS 3.16 כמחשבת כבודו ימלאו
1QS 4.18 שכלו ובחכמת כבודו נתן קץ
1QSa 2.14] לפי כבודו ואחר
1QSa 2.15 אי]ש לפי כבודו כמ[עמדו]

Right column

Reference	Text
11QPs 22.5	כבודך זיז : כבודך יינקו
1pHab 11.11	וקיקלון : על כבודכה : פשרו
1QH 1.30	להודיע : כבודכה ולספר
1QH 4.28	רבים בעבור כבודכה ולהודיע
1QH 6.12	וכול לאומים כבודכה כי
1QH 6.14	והם ישובו כפי כבודכה ויהיו
1QH 10.10	ואין לנגד כבודכה
1QH 10.11	להתיצב לפני כבודכה : ומה
1QH 11.6	]שמכה ואספרה בתוך
1QH 11.10	השכלתם ולמען כבודכה מהרתה
1QH 12.15	הדר כבודכה לאור ע[
1QH 12.22	וידעובה ובקץ כבודכה יגילו
1QH 12.30	] לספר כול כבודכה
1QH 2 1.4	ולספר כול כבודכה ואני מה
1QH 9 1.7	]יכה במעון כבודכה ואתה :
1QH 12.2	נוצ]חים בזבול כבודכה : וחסדי
1QH 13.8	ובכבוד תעודות כבודכה היה
1QH 14.14	גדולה מ[חשמת כבו]דכה ורזי
1QS 11.20	יכול להכיל את כבודכה ומה אף
4Q400 2 1.1	להלל כבו[וד]כה פלא
4Q401 14 1.6	]שמי מלכות כבו[וד]כה :
4Q401 14 1.7	להלל כבודכה פלא]
4Q500 1 1.5	]מטפכה ופלגי כבודכה ב[:
4Q502 14 1.5	]ר[:]כבודכה ב[
4Q502 108 1.2	]ל[: כבו]דכה
4Q503 29+ 2.10	עמנ[ו]ברנות כבודכה ב[:
4Q503 51+ 1.9	בתהלי כבודכה :
4Q504 1+R 4.8	הגוים ראו את כבודכה : אשר
4Q504 8R 1.4	יצרתה ברמות כבוד]כה
4Q509 131+ 2.2	]כ[בו]דכה [ ] [ ] [ ]
4Q511 28+ 1.2	כיא למען כבודכה :
4Q511 63+ 2.1	חוקי הודות כבודכה ברישית
4Q512 1+ 1.11	י]מי כבודכה
4Q512 51+ 2.5	]ל[ה]מא[: כבו]דכה[
4QM1 28+ 1.13	מ[חשבת לכו]דכה ורזי
4QPs f 2 10.14	תהיה כבודכה לעולם
11QPs 24.9	יהדרו את כבודכה
4Q381 31 1.7	כי אדר נציב כבודם ועילם
4Q405 19+ 1.6	סביב ללבני כ[בודם צורות
4Q405 20 1.3	פל[אי]הם :]כבודם : [
4Q502 122 2.1	] [ ] : כבודם א[:]
4Q503 20 1.1	]לכ[וד]ם[:
4Q511 8 1.11	כיא : כ]לחי כבודם יחברו[:
11QSS f+ 1.4	]לל[בני כבודם
4Q503 37+ 1.22	] : כבודנו שלום
4Q503 40 2.5	] : כבודנו [
4Q504 47 1.1	]כבודנו ל[:
CD 11.22	אל יבא ממא כבוס ובהרק
1QS 9.15	משפטו ואיש כבור כפיו
1Q44 1 1.2	] : [ ]בכוא[: כ]בורך לו[:]
4Q176 15 1.3	[ ] כבחון את[
11tgJ 35.3	סינוהי יכלנה כבחכה יזיב אפה
4Q405 92 1.1	]לכי [ ] [
4Q513 22 1.1	]כבים[:]חמת
1Q40 1 1.3	פ רזיכה :]כבינת [: [ ]' [
4Q402 4 1.3	וי]פלג דעת] : כ]בינתו חרת
11QT 33.9	ומקרותיו כבית הכיור

Left column

Reference	Text
1QSa 2.17	איש לפי : כבודו ו]אם
1QSa 2.21	א]יש [: כבודו ובחוק
4Q181 1 1.3	טובו והפלא כבודו הגיש
4Q400 1 1.4	פנים בדביר בעדה
4Q400 1 1.6	דעת עם בינות כבודו אלוהים
4Q400 1 1.9	כבודו וחוק [
4Q400 1 2.9	ש] [: כבודו בסוד
4Q400 1 2.13	] : ורוממו כבודו]' : מלך
4Q401 6 1.6	קודשים :]כבודו
4Q401 15 1.1	:]כבודו[
4Q401 15 1.4	קורב מש[רתי : כבו]דו וחו[ק
4Q401 16 1.4	קדושי קורב : כבו]דו מי יבין
4Q401 34 1.2	עו]לם : כבו]דו : כ]ול
4Q402 3 2.13	]מזמת כבודו[
4Q402 9 1.5	קו]רב : כבוד]ו ל[י
4Q403 1 1.18	צדק לרחמי כ[ב]ודו [
4Q403 1 1.25	מה]ללי מלכות כבודו
4Q403 1 1.29	בשם כבודו וב]רך
4Q403 1 1.33	רום ואלוהות כבודו מעל
4Q403 1 1.36	פלא והגו כבודו בלשון
4Q403 1 2.4	רוח]י וכבודו
4Q405 13 1.1	טוב לרחמי כבודו
4Q405 13 1.4	דברי הוד כבודו השש
4Q405 20+ 2.3	] : מרכבות כבודו [
4Q405 20+ 2.5	מרכבות כבודו בלכתמה]
4Q405 20+ 2.9	מתחת מושב כבודו ובלכת
4Q405 20+ 2.10	]ג[לגלי כבודו כמראי אש
4Q405 23 1.7	מספרה רקיקי כבודו ומהללים
4Q405 23 1.12	במושבי אפ כבודו : מורא
4Q405 23 2.3	מלך וחרת כבודוה ה[:
4Q405 23 2.12	מקדשי מלכות כבודו :
4Q405 23 2.12	רקמת בכול מעשי כבודו
4Q405 23 2.13	בינה ובשכל כבו]דו [ ]
4Q405 35 1.2	]ת רוחי[:]ת כבודו< ת[
4Q405 46 1.3	]הו מתחת כבודו [בכו]ל]
4Q408 18 1.1	עו]למים : כ]בודו [
4Q502 156 1.3	ע]ולמים : [כ]בודו[
4Q503 1+ 2.7	בכול מפלג כבודו והלילה]
4Q503 1+ 2.16	] : שלם כבודו
4Q503 21+ 1.1	ב]אור כבודו וישמחנ]ו
4Q503 24+ 1.2	קו]דשים : כ]בו]דו
4Q503 42+ 1.5	שבועות]כבודו
4Q503 59+ 1.18	וענו [:]ל[
4Q511 2 1.8	מאורות כבודו בשמו
4Q511 2 1.10	]לפי כבודו ו]לשרתו
4Q511 10 1.7	לישרים תהלי כבודו[:
4Q511 20 1.1	]ומלאך כבודו[:]ביד
4Q511 35 1.4	ומשרתים מלאכי כבודו
4Q511 124 1.2	ירומסוה[:]ו [כבודו וח[:
11QSS 3+ 1.3	בדבירי כבודו לוא
11QSS 3+ 1.4	]מרכבו[ת כבודו [
11QSS 3+ 1.6	כבודו]
11QSS 2+ 1.1	]מרומי כבודו [
11QSS 2+ 1.1	כב]ודו בא[
11QSS 2+ 1.6	קודש : לכסאי כבודו ולהדום
11QSS 2+ 1.7	]להיכלי כבודו ולרקיעי
11QSS 1+ 1.4	ברנות כו]ל : כבודו קול ה[
CD 3.15	]קדשו ומועדי : כבודו עירות
MasSS 1.6	כיא ממשי כבודו הם לפני
MasSS 1.10	]קדשים ורוממו כבודו :
4QM1 11 1.13	]א דומי[:]כבודי לוא ידמה
11QT 29.9	עליו את כבודי עד יום
1QH 13.11	יספרו כבודך בכול
1QH 13.13	אלה להודיע כבודך [
1QH 15.20	לדעת ''' את כבודך וכוח
1QH 16.9	]רחמיך ו' [:]וד כבודך לך אתה
1QH 17 1.5	הוא] :]וד כבודך ובפומק]
11QPs 22.4	וישישו ברוב כבודך זיז :

1QM 16.6 מערכת כתיים כדי הטל ירימו
1QM 17.12 כתי[ים] כדי הטל ירימו
4Q156 2.4 [:]]כד[י]ה
4QM1 11 2.5] כד]י ה[ט]ל
4QM1 13 1.5 למערכת כתיאים כדי הטל ירימו
11tgJ 18.7 ו]מא אעבד : כדי יק[ום

1QM 17.1 ˙˙ : ושם שלומם כדלק ˙[

4Q381 46 1.7 נחשה ופשעים כדמן : עלפני

1apGn 2.17 ושחת ורוחך כדן עליבא[:
4Amrm 1 1.11 אנתון מן די כדן מש[לטין

1apGn 2.17 שמ[ין : אנפיך כדנא עליך שנא

1QH 12.32 זות <דברתי> כדעתי מצידוק
4Q511 19 1.3]˙ עמו [:] כדעתי [:]˙

4Q400 2 1.3 הוד מלכותו כדעתם ורוממו[

4QPsf 2 8.4 אד]ם כדרכו : אנוש
11QPs 22.10 נבחן אדם כדרכו איש

1apGn 21.23 יומיא אלן אתה כדרלעומר מלך
1apGn 21.32] לקובלי כדרלע[ומר

1Q36 4 1.1]כה מא˙[:]ה
1Q36 14 1.3 בתכמי בש[ר :]כה בי וכן ב[:
1Q38 4 1.2]˙˙ת˙[:]כה ומוקדש[י :
1Q39 1 1.2]ם [:]כה[:] לפניכה
1Q39 1 1.5]ם ונכבד ˙[:]כה כאשר יסו˙
1Q69 5 1.2]ומכ[:]כה [
1QH 4.17]]כה ולא האזינו
1QH 9.16 תגבר וכגב˙˙˙כה אין : בכוח
1QH 10.18 באמתכה[: מצב˙˙כה ובלא ˙[
1QH 10.19]˙כה : ואני לפי
1QH 11.24 לספר [ ]כה בפי כולם
1QH 18.17 ילוד א[:]˙כה˙ צדקתכה : [
1QH 4 1.17 כיא ידעתי :]כה א<ו>ח<י>ל
1QH 19 1.1] כה ימשול בשר [
1QH 21 1.5 ובברכות ˙[:]כה אל[[
1QH 37 1.2 ובפק[:]כה בני ˙[
1QSb 2.27 מעשיכה [ ]כה ובכול ˙[
1QSb 4.22]כה ויצדיקכה
1QSb 4.23]כה ˙˙˙ברית
1QSb 5.29]כה טרף ואין
1QSb 12 1.1]˙כ[ה
3Q14 20 1.2]˙כה ˙[:]˙כה ל[
4Q176 14 1.5 אל<י>נו[:]כה על מכה בו[
4Q381 10+ 1.4 עם ˙˙ל˙[ ]כה [:] ויו˙[
4Q497 28 1.3] בשמי [:]כה א[
4Q499 9 1.5]וי כג[:]כה[
4Q501 1 1.9]כה ולוא שמוכה
4Q502 29 1.1]˙˙כה :]בזרע : [
4Q502 65 1.2]וד˙[:]כה [
4Q502 128 1.2]ריש[:]כה <חוב[> [
4Q503 155 1.2]˙ם[:]כה [:]˙[ ]ל[
4Q504 3 2.9 שמענ[ו :]כה עלפנינו
4Q504 24 1.2]ל בונ[:]כה˙ ו[:
4Q505 126 1.1]˙שמ[ ]˙כה [:]בנים
4Q505 126 1.3 קראתנ[ו :]כה ה˙˙˙˙[
4Q506 124 1.1]]כה כול מח˙[
4Q506 158 1.3]ש[:]˙ור[:]כה[
4Q507 3 1.1 ˙˙˙ ˙כ˙[:]כה[ב]רוך
4Q508 11 1.1]˙כה ול˙˙[:]ל˙
4Q509 1+ 1.11 צויתו אל[:]כה עמכה ב[:]
4Q509 8 1.2] המעשה[:]כה ˙ות[:]˙˙[
4Q509 131+ 2.9]˙˙ ˙[ ]˙כה כי ביום ה˙
4Q509 148 1.2]˙ב˙[:]˙כה כ[:]שובו
4Q509 183 1.10 א מא˙[:]˙כה <אתנ> ˙[:

4Q176 8+ 1.6]כבעלך עושיך

1apGn 22.23 מן די אכלו כבר עולימי די

4Q403 1 1.25 משפטיו בשב[עה כב]רי פלא

11QT 29.10 לי כול הימים כברית אשר כרתי
CD 4.9 השנים האלה כברית אשר הקים

11QT 53.3 ומבקריכה כברכתי אשר אתן

1QH 57 1.4]˙˙ כבש[:] מח[
11QT 21.2 אח]ד כבש אחד לכול
11QT 22.12 איל אחד כבש אחד
11QT 22.12 איל אחד כבש אחד ולכול
11QT 22.13 ומטה איל אחד כבש אחד ואכלום
11QT 23.6 אחד> איל אחד כב[ש :]

4Q502 8 1.2]˙[:]˙ותם [כ]בשים וע[זים
11QT 14.12 איל אחד כבשים בנ[י :
11QT 14.18] האחד[ ]כבשים ולשע[יר
11QT 22.3] כבשי]ם ב[ני
11QT 25.5 כבשי]ם ב[ני]
11QT 25.13 אחד איל אחד כבשים בני שנה
11QT 28.7 עשר אלים שנים כבשים [א]רבעה
11QT 28.10 אלים שנים כבשים בני שנה

4QM1 11 1.14 בעדת קודש לוא כבשר תאו[תי

11QT 47.10 יביאו : כי כבשרמה תהיה

1QM 16.17 ליח<ו>ם : כג˙˙˙ : ושם
4Q499 9 1.4]לכה [:]וי כג[:]כה[

4Q499 1 1.3 ˙ור <]לשלם˙[> כגב˙[:]יגינו

11tgJ 30.1] : אסר נא כ<ג>בר חל[ציך
11tgJ 34.3 לה אסר : נא כגבר חלציך

1QH 14.23]ך אדוני כגדול כוחך
1QH 16.12 ברצונך כגדול חסדיך [
4Q504 1+R 2.7 עשה נא כמוכה כגדול כוחכה

1QS 1.10 בני אור איש : כגורלו בעצת אל

1QH 4.19 בגבורתכה [כ]גלוליהם

1Myst 1 1.5 מפני הצדק כגלות [ח]ושך

4Q381 24 1.2] : ולשני כגמר ˙˙˙ואין

4Q502 271 1.2]˙˙[:]כד[

11QT 61.11 <עוד> לעשות כדבר הזה

11tgJ 19.2 כד]בת : לאלהא

1pHab 5.12 עצתם ותעש אדם כדגי הים :

1pHab 6.2 עם כול שללם : כדגת הים ואשר

1QH 14 1.4]לוא משפ˙ :] כדונ[:]נת˙˙˙

1pMic 1+ 1.4 ית]בקע[ו] : [כדו]נג מפנ[י
1QH 4.33 וימס לבבי כדונג מ(ל)פני
1QH 8.33 לבי וימס : כדונג בשרי
1QH 4 1.14] :]ולבבי כדונג ימס על

1apGn 20.10 דאחי הוא כדי הוית מתגר
1apGn 20.11 עמי בליליא כדי דבירת מני
1apGn 22.33 [א]לן ואנה כדי אמות ערטלי

4pIs[c] 28 1.2]מצרים [:]כו אשר י[:] ˙˙

4Q176 3 1.1 כ]וא אמר יה[וה
1QM 18.10 נהיתה כמוהה ‹כ›ו‹א› אתה

4pIs[a] 2+ 2.10] [: לכן כ[וה אמ]ר
4pIs[c] 6+ 2.21]: לכן כוה אמר אדוני
4pIs[c] 18+ 1.4]לכן כוה א[מר
4pIs[c] 23 2.3] : [כי]א כ[ו]ה אמר יהוה
4pIs[c] 58 1.1]לכן כוה [

4Q400 1 2.19] : צדק [: כוהונו[ת :

4QM1 11 2.11 ונגש כוה[ן כוה]וש וע[מד

1QM 2.1 יסרוכו אחר כוהן הראש
1QM 15.4 אל : ועמד כוהן הראש
1QM 16.13 לשוב ונגש כוהן הרואש
1QM 18.5 ההואה יעמוד כוהן הרואש
1QM 19.11 אל ונגש שם כוהן הרו[אש
1QS 6.4 מאתם איש : כוהן ואיש
4Q401 11 1.3 וכ[:]צדק כוהן בעד[ת
4Q512 116 1.1]כוהן[:]ם שב[
4pHs[b] 2 1.3 ע]ל כוהן האחרון
4QM1 11 2.11 לשוב ונגש כוה[ן כוה]וש
4QM4 1 1.4] : כוהן הרואש
11QT 35.5 אין : הוא כוהן י[ו]מת
11QT 35.5 אשר [כו]הן אשר יבוא

4Q403 1 2.22] : כוה[נות]שבע
4Q405 8+ 1.7] [˙ל כוה[נות

1pHab 9.4 פשרו על כוהני ירושלם :
4Q400 1 1.8]כוה[ני] קורב
4Q400 1 1.12]קודש קודשים כו[הני
4Q400 1 1.19]˙ות יסד לו כוהני קורב
4Q400 1 1.20 א]ל[והי] אלים כוהני מרומי
4Q401 11 1.1]˙ו כוהנ[י :
4Q405 20+ 2.1 דב]ירי כול כוהני קורב [
4pN 3+ 1.11 אשר קב[צו כוה]ני ירושלים

4Q176 1+ 1.3 וראה נבלת כ‹ו›הניכה[:

1QM 7.10 שבעה : כוהנים מבני
4Q504 4 1.10]בכ[ו]ל[:]כוהנים וגוי
4Q511 35 1.4 בנברים והיו : כוהנים עם צדקו
4pIs[c] 12 1.6] האבן אש[ר : כ]והנים וא˙
4pN 3+ 2.9 מלכיה[ם]שרים כוהנים ועם עם
4QM1 16 1.3 קודשו ממלכות כו[הנים :
11QT 19.5]בכורים[ ]כוהנים יה[יו :

1Q29 3+ 1.5 שמכה [:]רוב כוח הנכבד[ים :
1QH 2.8 ואמוץ כוח ותעמד פעמי
1QH 3.24 נחשבתי ומה כוח לי כיא
1QH 4.35 ובזוכרי כוח ידכה עם :
1QH 5.29] ולהתם : כוח לבלתי החזק
1QH 5.36 רוח ולכלות כוח כרזי פשע
1QH 8.11 ברז גבורי כוח : ורוחות
1QH 8.31 שלבתה : להתם כוח לקצים
1QH 10.11 הגדולים יעצור כוח להתיצב
1QH 10.35 עם גבורי : כוח וריבכה עם
1QH 9 1.9]רמות כוח ורוב בשר
1QH 10 1.3]לא יעצרו כוח לדעת
1QM 4.12 אל גמול אל כוח אל שלומי
1QS 11.19 נפלאותיכה עם כוח : גבורתכה
4Q403 1 1.42 אלו[הים נ]ורא כוח[
4Q510 1 1.3 על כול גבורי כוח ומכוח
4VSam 3+ 2.1 לוא עצרתי כוח עד זואת
11QSS 5+ 1.3]אלוהים נוראי כוח כול [

1pHab 4.9 ויעבר וישם זה כוחו : לאלוהו

4Q509 184 1.4 לעיני עמכה :]כה ומעשי :]˙ה
4Q509 194 1.3 תרצ[:]˙כה בקרבנ[ו
4Q511 28+ 1.1]]כה כ˙˙[
4Q511 130 1.2]˙˙˙ [:]כה אלי וא[:]
4Q512 68 1.1]כה כ˙[:]מה כ
4Q512 110 1.1]כה[: [
4Q512 165 1.2]˙[ו] ˙כה [
4Q513 28 1.2]י[:]ש כה [:]˙ נתנ
4QBer 10 2.9 כ]ה עם כול
6apSK 65 1.1]כה [:]˙ת[
6QHym 25 1.2]˙[:]כה˙[
8QHym 2 1.4 יהוה ˙[:]כה רבה למעלה
11Ap[a] 3.9 ת]שכב וחשך :]כה מואדה [

4pIs[c] 53 1.1]כהו[

4Q405 7 1.7 שב]עת דבירי כהונו[ת :]˙
4Q405 8+ 1.6 נשיאי : [כ]ה‹ו›נ‹ו›ת

1QS[b] 3.26 קדושים וברית כהונת [
4Q405 8+ 1.5]˙ שבע : [כהו]נת קורבו [
4Q503 64 1.3]עדנו [:]˙כהונת ˙[ ]˙˙[
4Q503 72 1.6]˙ ארק ˙[:]כהונת˙ [:]אל
4Q503 81 1.2]ו[:]כהונת[:

4Q405 7 1.8 כהונו[ת :]˙˙[כ]הונתו וש[:
4Q513 27 1.2]אש[: כ]הונתו ו[

1QM 9.8 שמן משיחת כהונתם בדם :
4QM3 1 1.5 יחללו שמן כהונתם[

4Q502 3 1.1]כהוסיפ[כם :

11QT 30.8]כהיכל ותוכו

CD 12.16 לגאולי שמו כהם כפי :

11QT[b] 54.6 ברא]ישונה כהמיתו ויד[:

1apGn 22.15 עמה והוא הוא כהן לאל עליון
4Q517 22 1.1] כהנ˙[:]רוא [
4pIs[c] 45 1.2]˙ מ[:]כהן[:]ש˙[
CD 13.2 אל ימש איש כהן מבונן בספר

2QJN 4 1.14 עשר כה[נין : כהניא

2QJN 4 1.13 וארבעת עשר כה[נין : כהניא
11QJN 14 1.3 לחמנין וארבעה כהנין ש[:
11QJN 14 1.4 וארבעת עשר כה[נין : לחם]א

CD 5.15 לא ינקה כהר ביתו יאשם

1QH 9.20 לבושת פנים כו[ ]˙˙
1QH 16.8 יוצר [ ] כו[ ] ור[ ]
1QH 16.9 אתה עשיתה את כו[: ובדעתי
1QH 17.7] מצוה מרוח כו[:]˙
1QS[b] 5.7] : [ ]˙˙כו ובמ˙[:]
4Q403 1 2.47]ל˙˙ ˙כו[ ] : [
4Q499 25 1.1]כו˙[:]˙ד [:
4Q502 135 1.2]ש נו˙[:]˙כו[
4Q502 198 1.1]כו ˙[
4Q502 300 1.2]˙ור[:]˙כו[
4Q504 26 1.1]כו˙[:]תכה:
4Q506 131 1.5 [נ]תתה לנו כו˙[: [א]דם
4Q509 38 1.4 [:]˙וחו [:]כו[
4Q509 311 1.1]כו ˙[
4Q511 27 1.1]כו˙ ˙הש[:
4Q511 34 1.1] כו[:] ו[
4Q511 179 1.2 ג]בורת[:]˙ כו[
4Q513 2 2.5 עוון כי החל כו[
4Q517 45 1.1]כו לז˙[:]די

1pHab 4.13]זה כוחו לאלוהו :
1QH 3.34 ירעם אל בהמון כוחו ויהם זבול
1QS[a] 1.19 שני איש לפי כוחו יתנו משאו
4QFl 4 1.5]ובקש בכול כוחו לבזרמה :
4QMl 25 1.3 ביד רשע[:]כוחו יות[

1QH 14.23 אדוני כגדול כוחך ורוב
1QH 15.20 את כבודך ואת כוחך : הגדול

1QH 9.14 ותוחלה ברוב כוחכה כי לא
4Q501 1 1.8 אליהמה בהמון כוחכה ועשה
4Q504 1+R 2.7 כטובה כגדול כוחכה אש[ר
4Q504 1+R 2.10 ולמען דעת את כוחכה הגדול

1QM 11.5 ולוא לנו ולוא כוחנו ועצום

5QJN 1 2.11] עשרה כוין אמין עלא
5QJN 2 1.1]˙א כוין [:] כל

1QM 11.6 מאז לאמור דרך כוכב מיעקוב קם
4Tstm 1.12 ולוא קרוב דרך כוכב מיעקוב
CD 7.19 כאשר כתוב דרך כוכב מיעקב וקם

5QTop 5 1.1 א]ת כוכבה ואת[:]

4Q502 27 1.4 יר[חים :] עם כוכב[י :
4QPs[f] 2 10.6 <נא> כל כוכבי נשף :
11tgJ 30.5 במזהר : כחדא כוכבי צפר

1QH 1.12 לרזיהם : כוכבים

1Q20 1 1.8 רבא :]˙˙ודיא כול :]˙˙˙˙
1Q20 1 2.4 ל[: יום ˙[: כול ˙˙˙ין ˙[:
1Q24 6 1.2] לכול ˙[: כו]ל ˙גי פו[
1Q26 1 1.8 ת]גדלכה נגד כול[ו]כול
1Q26 2 1.2]ם ˙[:] כול תבואתכה [
1Q29 5+ 1.1 האלה על פי כול ˙[: ואח]ר
1Q29 5+ 1.2 לכול רצוננו כ[ול :] הקהל
1Q29 5+ 1.5 [: לע]שות כו[ל :]מספר
1Q30 1 1.3 ב]שלישית את כול[: ס]פרים
1Q31 1 1.1 [כ]ול אנשי היחד
1Q31 1 1.2 פיהם ישקו כול ˙˙[: [ ]˙ל
1Q39 1 1.3] לפניכה כול הימ[ים :]˙
1Q43 1 1.2 עבו]דת כול מלאכ[ה
1apGn 2.4 רבותא במלך כול ע[למים : [
1apGn 2.7 הדא ב[: במלך כול עלמים עד
1apGn 2.16 ולא מן כול זר ולא מן
1apGn 2.16 כול זר ולא מן כול עירין ולא
1apGn 2.16 עירין ולא מן כול בני שמ[ין
1apGn 6.2 וקושטא כול יומי דברת
1apGn 11.17 כול דם לא
1apGn 12.10 בתר מבולא ˙˙˙ כול בני שם
1apGn 16.11 ˙˙˙ כול ארע צפונא
1apGn 19.19 [ ]ום דא כול טבותא : [
1apGn 19.23 די לא יחזונה כול [
1apGn 20.4 וכמא שפיר לה כול לבנהא
1apGn 20.5 כלילן ו[חמיד] כול מחזה ידיהא
1apGn 20.5 אריכן וקטינן כול אצבעת
1apGn 20.6 מנהא ועל כול : נשין
1apGn 20.7 מן כולהן ועם כול שפרא דן
1apGn 20.9 ואתמה על כול שפרהא
1apGn 20.18 ונגדיא ועל כול אנש ביתה
1apGn 20.19 אשפיא עם כול אסי מצרין
1apGn 20.20 ביתה ולא יכלו כול אסיא
1apGn 20.24 אזל אמר למלכא כול מכתשיא
1apGn 20.28 ועדי לך מן : כול מדינת
1apGn 21.3 קודם אלהא על כול נכסיא
1apGn 21.9 ולצפונא וחזי כול : ארעא דא
1apGn 21.12 לי לזרעך אנתן כול ארעא דא
1apGn 21.13 די לא ישכח כול בר אנוש
1apGn 21.14 אחריך עד כול עלמיא :
1apGn 21.19 בשלם ואשכחת כול אנשי שלם
1apGn 21.25 ועם מלך בלע כול אלן אזדמנו
1apGn 21.33 ובז מלך עילם כול נכסיא די
1apGn 22.10 ואצל מנהון כול די שבוא :
1apGn 22.12 די אתיב אברם כול שביתא :
1apGn 22.17 לה מעשר מן כול <נ>כסיא די
1apGn 22.22 אן אסב מן כול די איתי לך
1apGn 22.22 דמן נכסי כול עתרה די :
1apGn 22.24 לך ואתיב אברם כול נכסיא וכול
1apGn 22.29 וכען בקר וסני כול די איתי לך
1apGn 22.30 שגיו מן : כול די נפקו
1apGn 22.33 ולמא לי : כול [א]לן ואנה
1Myst 1 1.1]כול ˙[
1Myst 1 1.8 אחור הלוא כול : העמים
1Myst 1 1.9 הלוא מפי כול לאומים שמע
1Myst 1 2.7]מחים כי אם כול [: דמי
1Myst 1 2.11 [: vac ידע כול מ[:]
1Myst 2 1.2 לב[:]לקץ כול די˙[: [ ]˙[
1Myst 3 1.3 [:]אשר כול ˙˙˙[: [
1Myst 9+ 1.4 וכמוה[: עם כול שפטי[
1pHab 2.7 בשומעם את כול הבא[ות ע]ל
1pHab 2.8 לפשור את כול : דברי
1pHab 2.10 ספר אל את : כול הבאות על
1pHab 3.4 פחדם ואמתם על כול : הגואים
1pHab 3.5 הגואים ובעצה כול מחשבתם
1pHab 3.6 ילכו עם כול העמים וקול
1pHab 3.11 לאכול[ ]כול העמים כנשר
1pHab 3.13 אפים ידברו עם כול[
1pHab 4.14 כו]ל העמים
1pHab 5.4 אל את משפט כול הגוים
1pHab 5.12 התורה בתוך כול עצתם ותעש
1pHab 6.1 את הונם עם כול שללם :
1pHab 6.7 מסם מאכלם על כול העמים שנה
1pHab 7.5 הודיעו אל את: כול רזי דברי
1pHab 7.7 ויתר על כול : אשר דברו
1pHab 7.13 האחרון כיא : כול קיצי אל
1pHab 8.1] : פשרו על כול עושי התורה
1pHab 8.5 ויאספו אלו כול הגוים
1pHab 8.5 ויקבצו אלו כול העמים :
1pHab 8.15 רבים וישלוכה כול יתר עמים :
1pHab 9.3 רבים וישלוכה כול : יתר עמים
1pHab 12.12 פשר הדבר על כול : פסלי
1pHab 13.1 [: הס מלפניו כול הרץ פשרו
1pHab 13.1 הרץ פשרו על כול הגוים :
1pHab 13.3 יכלה אל את כול עובדי
1pMic 1+ 1.4 יעקו]ב כול : [זאו]ת
1pPs 9 1.1 שי פשרו על כול
1QDM 1.2 [א]ת כול הע[ד]ה
1QDM 1.10 יבואו ע[לי]הם כול הקלל[ות]
1QDM 2.3 ובת[י]ם מלאים כו[ל
1QDM 2.7 מש]פטיו [וא]ת כול מש[פטיו
1QDM 2.9 ולבני]כם [ ] כול דברי
1QDM 3.3 א]ת כו[ל
1QDM 4.9]˙ את כול אלה :]
1QDM 42 1.3 [: ב]רית ה[: כ]ול שנ[ה :]˙
1QH 1.7 בראתם ידעתה כול מעשיהם :
1QH 1.8] יעשה כול ולא יודע
1QH 1.9 אתה יצרתה : כול רוחו˙ ע˙[
1QH 1.10 לכבודכה כול [
1QH 1.18 שלומם עם : עם כול נגיעיהם [
1QH 1.20]יה כול ומבלעדיך
1QH 1.26 ישיב ע<ו>ל כול משפט הצדק
1QH 1.26 אתה vac הדעות כול מעשי הצדקה
1QH 1.31 שמכה : בפה כול וידעוכה
1QH 1.33 לנגד כול מעשיכה ˙
1QH 1.34 ולבני אנוש כול נפלאותיכה
1QH 2.3 עזי ˙ע˙[:] כול מעשי עול ˙
1QH 3.4 בכבוד עולם עם כול [:]˙
1QH 3.10 בהריתו החישו כול : משברים
1QH 3.11 יהפכו כול צירים :
1QH 3.15 כי תתבלע : כול חכמתם

1QH 18.7 לעיני כול ש<ו>מעי[
1QH 18.22 להגביר ולהכין כול לכבודכה ׃
1QH 2 1.4]ללכה ולספר כול כבודכה
1QH 2 1.5]˙ודכה עשיתה כול אלה כרוב
1QH 2 1.6 ומליצי דעת עם כול צעודי
1QH 2 1.17 כול מכ[׃]˙ר
1QH 3 1.9]ו בעול ותמו כול יצר רמיה
1QH 5 1.8 לכלה ונגד כול מעש<י>כ[׃
1QH 5 1.9 חסדיכה ולדעת כול בכבודכה
1QH 9 1.5]ועפו בה כול ׃]˙ם
1QH 9 1.11] ממזרים כול [׃] גדו[
1QH 11 1.3 עו[׃]מ˙ר כול חותם נפ˙˙
1QH 11 1.5 מלכותו מי עשה כול אלה[׃]
1QH 13 1.1]˙ כול˙ [ ]ו ו˙[
1QH 13 1.6]היו ולא יעשה כול ׃]ולעצתך
1QH 15 1.5 אנוש חקר כול ׃]אתה
1QH 15 1.8 שום[׃]˙ת כול בינה ו
1QH 20 1.4 קודשך [׃]כול מחשבותך
1QH 45 1.3 עוונו˙[׃]˙ם כול שמן
1QH 45 1.6]כים בבסר כי כול רוחות[׃
1QH 56 1.2] ׃] כול
1QJN 14 1.1]˙ כול ˙[׃]˙˙
1QM 1.8 ואור עד תום כול מועדי חושך
1QM 1.12 עת ׃ צרה ע[ל כו]ל עם פדות
1QM 2.5 אל לכפר בעד כול עדתו
1QM 2.6 כבוד את כול <אלה>
1QM 2.9 שנים יעורכוה כול העדה יחד ׃
1QM 2.13 המלחמה על כול בני חם ׃
1QM 2.14 המלחמה על כול [יפ]ת
1QM 3.5 אויב ולהנים כול משנאי ׃
1QM 3.8 במלחמה להפיל כול חללי מעל
1QM 3.9 יכתובו נגף אל כול בני חושך
1QM 3.13 סרך אותות כול העדה
1QM 3.13 אשר בראש כול העם יכתובו
1QM 4.6 אל ואחריהם כול סרך פרוש
1QM 4.7 אל ואחריהם כול פרוש שמותם
1QM 4.8 אל כבוד אל עם כול פרוש שמותם
1QM 4.12 גוי הבל ואת כול פרוש ׃
1QM 4.15 הא]ותות אות כול העדה אורך
1QM 5.1 ועל מט נשיא כול העדה יכתבו
1QM 6.4 במשפט אל ׃ כול אלה יפילו
1QM 6.11 חמש מאות לשבט כול הרכב
1QM 7.5 בטמאת ׃ בשרו כול אלה לוא
1QM 7.7 יהיה ׃ בין כול מחניהמה
1QM 7.7 יראה סביבות כול מחניהם
1QM 7.12 מהלך על פני כול אנשי
1QM 7.17 שופרים ועם ׃ כול מערכה
1QM 9.3 ויצאו אליהם כול אנשי
1QM 9.5 ששת אלפים כול אלה ירדופו
1QM 9.6 ונחל[קו] על כול האויב לרדף
1QM 9.14 לשמאול ועל כול מגני
1QM 10.1 ונורא לשול את כול ׃ אויבינו
1QM 10.5 אל ולשוב כול ׃ מסי לבב
1QM 11.6 מואב ויקרקר כול בני שית ׃
1QM 11.13 תסגיר [או]יבי כול הארצות
1QM 12.2 וס]פר שמות כול צבאם אתכה
1QM 12.13 והגלנה כול ערי יהודה
1QM 12.14 והשתחוו לך כול מעניך ועפר
1QM 13.1 אל ישראל ואת כול מעשי אמתו
1QM 13.2 ב[לי]על ואת כול רוחי גורלו
1QM 13.3 וב[ר]וכים ׃ כול משרתיו
1QM 13.4 אשמתו וארורים כול רוחי גורלו
1QM 13.16 עולמים לכלות כול בני חושך
1QM 14.7 דרך יתמו כול גויי רשעה
1QM 14.9 ועם ׃ כול דורותינו
1QM 14.17 בעו[ז ׃ [כו]ל [ב]ני
1QM 15.2 הכתיים ונגד כול חיל ׃
1QM 15.5 סרך עתו עם כול דברי
1QM 15.6 וסדר שם ׃ את כול המערכות
1QM 15.7 נקם על פי ׃ כול אחיו וחזק
1QM 15.9 רשעה ובחושך כול מעשיהם ׃

כול

1QH 3.18 עולם בעד כול רוחי אפעה
1QH 3.23 לנגד כול מעשיכה
1QH 3.26 שחת ויפרשו כול מצודות
1QH 3.27 מים ׃ בהתעופף כול חצי שחת
1QH 3.29 בליעל <על> כול אגפי רום
1QH 3.29 שנאביהם להתם כול עץ לח ׃
1QH 3.30 להוב עד אפס כול שותיהם
1QH 3.33 ויתהוללו כול אשר עליה ׃
1QH 4.17 להולל ברמיה כול מעשיהם כי
1QH 4.20 ותכרת במ[שפ]ט כול אנשי מרמה
1QH 4.22 מנאצי וידי על כול בוזי כיא ׃
1QH 4.24 בבושת פני ׃ כול הנדרש[ים]
1QH 4.26 להכרית במשפט כול ׃ עוברי
1QH 4.31 דרך לאל עליון כול מעשי צדקה
1QH 4.32 אדם למען ידעו כול מעשיו בכוח
1QH 4.32 ורוב רחמיו על כול בני ׃
1QH 4.40 אמת אתה וצדק כול˙[׃ ליום
1QH 5.10 חמת תנינים כול מזמותם
1QH 5.22 משאון יחד כול (גמה)
1QH 5.24 עלי בשפת עול כול נצמדי סודי
1QH 6.8 מאשמה כיא כול ׃ מעשיהם
1QH 6.12 השבת וידעו כול גוים אמתכה
1QH 6.15 ויצל צל על כול˙˙[
1QH 6.18 נוגהו יבערו כול ב˙[
1QH 6.28 מלחמתו עם תום כול ח[׃
1QH 7.4 היותם וירועו כול אושי
1QH 7.12 שפתי שקר כי כול גרי למשפט
1QH 7.13 כי אתה ידעתה כול יצר מעשה
1QH 7.22 ותרם קרני על כול מנאצי
1QH 7.29 על תוכחתכה כול <צב˙>
1QH 7.29 רוח ולא יוכל כול להתיצב
1QH 8.6 מחובאים בתוך כול עצי מים
1QH 8.8 עליו ירעו כול[ ]˙ יער
1QH 8.9 וירמו עליו כול ע[ ]מים כי
1QH 8.36 לעאף דבר נאלם כול שפתי ׃ מפ˙
1QH 9.15 כי לא יצדק ׃ כול במ[שפ]טכה
1QH 10.2 ולא יתבוננו כול בחו˙[׃]
1QH 10.3]˙יכה לא יביט כול ומה אפהו
1QH 10.9 לא יעשה כול ולא יודע
1QH 10.12 לכבודכה עשיתה כול אלה
1QH 10.26]אדם ולהדשן כול מארץ ׃
1QH 11.5 אשוחחה כול ׃ היום
1QH 11.8 ובמחשבתכה ׃ כול דעה
1QH 11.8 דעה ובכוחכה כול גבורה וכול
1QH 11.8 הוא באפכה כול משפטי נגע
1QH 11.13] להתחדש עם כול ׃ נהיה ועם
1QH 12.30]א ׃]˙ לספר כול כבודכה
1QH 13.8 אשר הכ[׃ את כול מעשיך בטרם
1QH 13.13 שכלכה על˙[ ]כול אלה להודיע
1QH 13.19]וצדק כול מעשיך וד˙˙
1QH 14.10 ולתעב את כול אשר ׃]ת
1QH 14.14 קנאתי על כול פועלי רשע
1QH 14.14 ואנשי רמיה כי כול קרוביך לא
1QH 14.15 אתה צדיק ואמת כול בחיריך
1QH 14.16 צדקתך לעיני כול מעשיך ׃
1QH 14.18 הוגשתי ביחד כול אנשי סודי
1QH 14.20 אמתך ובשוחד כול משפטיך כי
1QH 14.26]מת ׃]ולתעב כול דרך עולה
1QH 15.9 [׃]הבו אותך כול הימים וא[
1QH 15.13 כי בידך יצר כול רוח [
1QH 15.14 ואיכה יוכל כול להשנות את
1QH 15.16 רחמיך ולפתוח כול צרת נפשו
1QH 15.19 באשר שנאתה כול[ ]ד
1QH 15.20 לעיני כול מעשיך
1QH 15.22] ומאתך דרך כול חי ואני
1QH 15.23 כיא ׃ לא ישוה כול הון באמתך
1QH 16.10 עבדך ח˙ה כול ׃ מעשה
1QH 16.15] לפניו כול נגע מכשול
1QH 17.14 זרעם לפניך כול הימים ושמ[
1QH 17.15]˙שע ולהשליך כול ע˙˙˙˙ם
1QH 17.27 לבו ׃]ש ואל כול ברית אדם

1QM 15.10	כו]ל מחסיהם
1QM 15.13	[ ]אל על כול ה[
1QM 15.13	מע]ש על כול בשר אל
1QM 15.14	פלאו : [ ] כול רוחי רש]עה
1QM 16.1	עד תום כול מקוד[שי
1QM 16.1	קרא חרב על כול הגואים
1QM 16.3	VACAT : את כול הסרך הזה
1QM 16.11	אל ולבחון בם כול חרוצי
1QM 17.5	ולוא : ישראל כול הויה ונהיה
1QM 17.15	כו]ל [נ]גפים
1QM 18.1	על בליעל ועל כול ˙[ ]ל
1QM 18.3	אל ישראל על כול המון בליעל
1QM 18.4	ונאספו אליהם כול מערכות
1QM 18.4	ונחלקו על כול מ[חני
1QM 19.5	מואדה והגלנה כול ערי יהו[דה
1QM 19.10	אשור וחיל כול הגוים
1QS 1.3	ביד מושה וביד כול עבדיו
1QS 1.3	ולאהוב כול: אשר בחר
1QS 1.4	בחר ולשנוא את כול אשר מאס
1QS 1.7	זנות : לעשות כול רע ולהבי
1QS 1.7	רע ולהבי את כול הנדבים
1QS 1.8	לפניו תמים כול : הנגלות
1QS 1.9	ולאהוב כול בני אור
1QS 1.10	אל ולשנוא כול בני חושכ
1QS 1.11	לאמתו יביאו כול דעתם וכוחם
1QS 1.19	אל ישועות ואת כול מעשי אמתו
1QS 1.22	ומשמיעים כול חסדי רחמים
1QS 2.1	מברכים את כול : אנשי
1QS 2.4	מקללים את כול אנשי :
1QS 2.6	אל זעוה ביד כול נוקמי נקם
1QS 2.6	כלה ביד כול משלמי :
1QS 2.9	לכה שלום בפי כול אוחזי אבות
1QS 2.15	ודבקו בו כול : אלות
1QS 2.16	ונכרת מתוכ כול בני אור
1QS 2.19	יעשו שנה בשנה כול יומי ממשלת
1QS 2.22	ועשרות לדעת כול איש ישראל
1QS 3.5	טמא טמא יהיה כול יומי מואסו
1QS 3.6	איש יכופרו כול : עוונותו
1QS 3.13	וללמד את כול בני אור
1QS 3.13	אור בתולדות כול בני איש :
1QS 3.15	מאל הדעות כול הויה
1QS 3.15	היותם הכין כול מחשבתם :
1QS 3.17	בידו : משפטי כול והואה
1QS 3.20	אורים ממשלת כול בני צדק
1QS 3.21	מלאך : חושכ כול ממשלת בני
1QS 3.22	חושך תעות : כול בני צדק
1QS 3.25	ועליהון יסד כול מעשה : ל[
1QS 3.26	ל[ ]הן כול עבודה ועל
1QS 3.26	ועל דרכיהן [כו]ל [ ]דה
1QS 4.2	ולישר לפניו כול דרכי צדק
1QS 4.5	ורוב חסדים על כול בני אמת
1QS 4.5	כבוד מתעב כול גלולי נדה
1QS 4.6	לכת : בערמת כול וחבא לאמת
1QS 4.6	תבל ופקודת כול הולכי בה
1QS 4.7	ופרות זרע עם כול ברכות עד
1QS 4.12	רוע ופקודת : כול הולכי בה
1QS 4.12	נגיעים ביד כול מלאכי חבל
1QS 4.15	באלה תולדות כול בני איש
1QS 4.15	ינחלו כול צבאותם
1QS 4.17	ותועבת עולה כול דרכי אמת
1QS 4.18	ריב על כול משפטיהן
1QS 4.20	יברר אל באמתו כול מעשי גבר
1QS 4.20	מבני איש להתם כול רוח עולה
1QS 4.23	עולמים : ולהם כול כבוד אדם
1QS 4.23	והיה לבושת כול מעשי רמיה
1QS 5.7	להרשיע כול עוברי חוק
1QS 5.7	דרכיהם על כול החוקים
1QS 5.7	בהאספם ליחד כול הבא לעצת
1QS 5.8	אל לעיני כול המתנדבים
1QS 5.16	יוכל מהונם כול ולוא ישתה
1QS 5.16	ולוא יקח מידם כול מאומה :
1QS 5.18	הואה כיא : כול אשר לוא
1QS 5.18	אותם ואת כול אשר להם
1QS 5.18	איש הקודש על כול מעשי : הבל
1QS 5.19	הבל כיא הבל כול אשר לוא
1QS 5.22	ולפקוד את כול חוקיו אשר
1QS 6.2	בכול מגוריהם כול הנמצא איש
1QS 6.7	את שלישית כול לילות השנה
1QS 6.9	בשנית ושאר : כול העם ישבו
1QS 6.11	אל ידבר איש כול דבר אשר
1QS 6.27	בשם הנכבד על כול ה[
1QS 7.9	לנוקם לנפשו כול דבר ואשר
1QS 7.20	הרבים ואחר כול אנשי היחד
1QS 8.4	ולהתהלכ עם כול ב( )מדת
1QS 8.21	איש את רעהו : כול הבא בעצת
1QS 8.21	דרכ כאשר צוה כול איש מהמה :
1QS 8.25	ולוא ישאל על כול עצה שנתים
1QS 9.12	להתהלכ בם עם כול חי לתכון
1QS 9.13	בעת ולמוד את כול השכל הנמצא
1QS 9.20	ולהשכילם כול הנמצא
1QS 10.12	כבוד וגבורת כול לתפארת
1QS 10.16	חסדיו אשען כול היום וארעה
1QS 10.17	בידו משפט : כול חי ואמת
1QS 10.17	כול חי ואמת כול מעשיו
1QS 10.18	את אל משפט כול חי והואה
1QS 10.21	ארחם : על כול סוררי דרכ
1QS 11.4	דרכ פעמי מפני כול לוא יזד
1QS 11.8	למטעת עולם עם כול : קצ נהיה
1QS 11.11	ובדעתו נהיה כול ודול הויה
1QS 11.14	טובו יכפר בעד כול עוונותי
1QS 11.16	הכן בצדק כול מעשיו והקם
1QS 11.17	לוא יעשה כול אתה הוריתה
1QS 11.18	אתה הוריתה : כול דעה וכול
1QS[a] 1.5	]את : [כ]ול חוקי
1QS[a] 1.24	למספר כול צבאותם על
1QS[a] 1.26	ימים להיות כול הבא :
1QS[a] 1.27	מבן עש כול : ח[כמי
1QS[a] 2.12	]רואש כול עדת ישראל
1QS[a] 2.21	[יבר]כו כול עדת היחד
1QS[b] 1.27	כו]ל קצי
1QS[b] 2.28	[ ] על כול צאצ[איכה
1QS[b] 3.2	יבחר ויפקוד כול קודש[י]כה
1QS[b] 3.2	]כול זרעכה
1QS[b] 3.3	פניו אל כול עדתכה ישא
1QS[b] 3.19	] כול הון תבל
1QS[b] 3.20	כיא אל הכין כול אושי : [
1QS[b] 3.23	ולב]חון כול משפטיו
1QS[b] 3.24	] ובצדק פקדו כול חוקיו
1QS[b] 3.27	יש[פוט כו]ל נדיבים
1QS[b] 3.27	וממזול שפתיכה כול [ ] :
1QS[b] 3.28	מעד]נים ועצת כול בשר בידכה
1QS[b] 5.18	עת ע[ולם ו]עם כול קצי עד
1QS[b] 5.19	פחדכה [ ] כול שומעי
1QS[b] 16 1.1	] קצי כו[ל :] ˙ ‹]ה
2Q25 2 3 1.2	]לי מצ˙[: כ]ול[
2Q33 5 1.1	]מהון כול ˙[:]ולא
2QJN 1 1.4	אח[זי]נ[י]כול משחת: [
2QJN 8 1.6	ולא יתכלא עוד כול יום [
2QJN 9 1.2	]˙עת[:]אשי כול [:]ק[
3Q10 1 1.2	תם[: ע]ל פני כו[ל
3QHym 1 1.1	]כול אשר ישמחו[
4Q176 1+ 1.7	לאלוהינ[ו] כול גיא ינשא :
4Q176 8+ 1.7	א]ל[והי כו]ל [הא]רץ
4Q176 17 1.3	[:]˙ על כול א[יש :
4Q176 18 1.2	]למו דרכי כול ˙˙˙˙˙˙[
4Q176 22 1.2	הוא ברא את כול[:]נו טרם
4Q176 54 1.1	]כול[:]˙[
4Q181 2 1.5	[: לעיני כול יודעיו ˙
4Q183 1 2.5	לב אחד ללכ[ת: כול הון רשעה
4Q184 1 1.8	והיאה ראשית כול דרכי עול
4Q184 1 1.11	שאו[לה] : כ[ו]ל[
4Q184 1 1.12	תארוב ˙[ ] : כול[

[ ]˙[: ל]פני כול מ[	4Q502 87 1.2
[:]ד לפניו כו[ל :]ה	4Q502 98 1.2
]דו ו[:] כול אש[ר :]˙[	4Q502 126 1.2
] כול [:] וב˙˙[	4Q502 149 1.1
]כול [	4Q502 200 1.1
]כול [:]˙˙[	4Q502 280 1.1
] : עם כול דגלי [	4Q503 7+ 1.4
כו]ל לשוני דעת	4Q503 7+ 1.4
כו]ל[א]לה	4Q503 7+ 1.7
לנו[:]כול מפלגו לו [	4Q503 15+ 1.11
] : אלוהי כול קודש[ים	4Q503 37+ 1.14
] : כול קדו[שים	4Q503 40 2.7
ישרא]ל בפי כול לש[וני : [	4Q503 42+ 1.3
]אל על כו[ל	4Q503 48+ 1.8
ישראל ‹על כול חמ[אתם]›	4Q504 1+R 2.11
א[ ]ש הן : כול הגוים[	4Q504 1+R 3.3
לכה לעיני כול הגוים כיא	4Q504 1+R 3.5
ישראל לפניך : כול הימים וכול	4Q504 1+R 4.8
יקרה : עם כולל חמדת ארצם	4Q504 1+R 4.11
מ[ע]לינו כול פשעינ[ו]	4Q504 1+R 6.2
אתה עשיתה את כול אלה ועתה	4Q504 1+R 6.4
] : שם כול הכתוב בספר	4Q504 1+R 6.14
] : כול מלאכים	4Q504 1+R 7.6
] : כול בריאותיו	4Q504 1+R 7.9
כבוד :] כי כול :]ויברא	4Q504 2V 1.4
בחו[רב : על כול החו[ק]ים	4Q504 3 2.14
ה]א]רץ ועבודת כול ה˙[	4Q504 4 1.3
]רוח כול חי[	4Q504 6 1.22
יב]צר מטכה כול : [	4Q504 7 1.7
]לש[:]כול [:]˙˙[	4Q504 32 1.2
חלצכ[ ] :]כול הגוים [	4Q505 125 1.4
]]כה כול מח˙[	4Q506 124 1.1
בע[יניכה :]ו כול ˙˙[	4Q506 125 1.3
עם נדה יב[:] כול ה[: ב]רוך	4Q507 2 1.1
על]יו ע[ל]כול ˙˙˙ :	4Q508 30 1.1
ואיכה[:]˙ם כול ˙˙[	4Q508 40 1.3
] נגד כול חטאתנו[:	4Q508 41 1.1
˙בנו לקראתנו כול[: ב[ ]˙˙	4Q509 5+ 2.3
ותגד[כ]ול האלות[:	4Q509 5+ 2.5
יעד˙[:]ך כול [:]˙˙	4Q509 10 4.11
] וחוקי[:]כול אשר[:]	4Q509 31 1.5
]˙[:]גדולים כול א˙[:]ל[	4Q509 58 1.8
]˙ש[:] כול[:]ש˙˙[:	4Q509 100 1.2
]לית :]יו : כ]ול ירחי :	4Q509 131+ 1.8
]ת[:]כול ר˙ב[	4Q509 177 1.2
˙[ ]ואותכ[:]כול היות ב˙[:	4Q509 198 1.2
וממש[לתו] : על כול גבורי כוח	4Q510 1 1.3
יבהלו ויתפזרו כול ויחפזו	4Q510 1 1.3
ולב[הל] : כול רוחי מלאכי	4Q510 1 1.5
]רוממו[ה]ו כ[ו]ל תמימי	4Q510 1 1.9
ורוממוהו כול יודעי [	4Q511 2 1.2
ועדת ממזרים כ[ו]ל ˙˙[:	4Q511 2 2.3
]מלונו ופחדו כול ˙[: שמי]ם	4Q511 3 1.6
]˙יהם :]כול :] לכול	4Q511 7 1.2
י]רוממו[ה]ו כ[ו]ל תמימי	4Q511 10 1.8
י]תפחדו כול [:	4Q511 12 1.2
]˙˙˙˙[:]כול משלוחותיו	4Q511 16 1.2
]אמונת[ ]כול[:]˙דל	4Q511 17 1.1
] כיא עם כול : [	4Q511 22 1.2
ומח]שבת כול לבב הואה :	4Q511 22 1.4
]עולמים [: כו]ל מחשב[:	4Q511 23 1.4
] : בגבורתו כו[ל]רוחי	4Q511 35 1.7
י]רועו כול מחשביה	4Q511 37 1.4
]˙[: י]עשה כול [:]˙י	4Q511 42 1.2
כ]ול סודי :˙ית	4Q511 44+ 1.2
ואוטי[ל]על כול מופתי גבר	4Q511 48+ 1.5
]˙˙˙˙ ריבי כול : רוחי ˙˙[	4Q511 48+ 1.7
משפטים למעשי כול ומשיב	4Q511 52+ 1.3
כ]ול קצוו[ת]	4Q511 63 1.4
כבודכה ברישית כול מחשבת לבב	4Q511 63+ 2.3
עבודת אמת ועם כול : [אנ]שי	4Q511 63+ 2.4

]ה אלוהי כול קדושי	4Q400 1 1.2
לך לוא יכלכלו כול נ[עוי]	4Q400 1 1.14
למו בם יתקדשו כול קדושי עד	4Q400 1 1.15
לגמו]ל כול נעוי דרך	4Q400 1 1.16
רצונו בעד כול שבי פשע :	4Q400 1 1.16
ומפיהם הורות כול קדושים עם	4Q400 1 1.17
ב˙ [ ]˙˙ רוח כול ר˙[:	4Q400 1 2.5
תהלי פלא לפי כול[: כבוד	4Q400 2 1.4
א[לוהים : כול ממלכו[ת :	4Q401 5 1.5
כבו]דו : כ]ול	4Q401 34 1.3
]ברכו[:]כול[	4Q401 38 1.2
חדשות פל[א] כ[ו]ל אלה עשה	4Q402 4 1.11
דעת נהיו כול [:	4Q402 4 1.12
לגבור על כול[ ]	4Q403 1 1.2
ל[ת]מיד עם כול הויי :	4Q403 1 1.22
תושבחות : כול אלוהים	4Q403 1 1.32
בה תשבחות כול : אלוהים	4Q403 1 1.32
אלוהים עם הדר כול מלכ[ותו	4Q403 1 1.33
פיהו יהיו כ[ול	4Q403 1 1.35
]למוצא שפתיו כול רוחי	4Q403 1 1.35
[בר]צון דעתו כול מעשיו :	4Q403 1 1.35
כבודו בלשון כול הוגי דעת	4Q403 1 1.36
פלאו : בפי כול הוגי [	4Q403 1 1.37
לכבודו יודו כול אילי דעת	4Q403 1 1.38
באלה יהללו כול י[סודי	4Q403 1 1.41
רוש מרו[מ]ים כול ק[ורותו]	4Q403 1 1.43
] וקירותו כ[ו]ל :	4Q403 1 1.43
המוני קודש כול מחשביהם [	4Q403 1 2.14
והלל לאדון כול איל[י]	4Q403 1 2.33
לכו[ל : הודו כול אלי[:	4Q404 4 1.6
אמת [ו]צדק כול קירותו :	4Q404 5 1.6
]ה כו[ל]ור :	4Q404 5 1.7
[:]מלך כול[:]רגליו	4Q404 6 1.2
] כול א[:] ˙ת[	4Q404 15 1.1
לתמיד עם כול [: רחמי	4Q405 3 2.14
הללו לאלוהי כול מ[	4Q405 8+ 1.2
מ[כו]ל קדושי[	4Q405 8+ 1.2
לת]מיד עם כול הויי	4Q405 13 1.6
רוקמת[ ]ת כול מחקת ה˙[	4Q405 15+ 1.4
[ ]˙˙[ ]לם כול[	4Q405 15+ 1.8
אלי עולמים כול[ ]˙˙˙[	4Q405 19+ 1.3
מאירים כ[ו]ל[מעשי]הם	4Q405 19+ 1.5
]אלוהים חיים כול מעשיהם :	4Q405 19+ 1.6
דב]ירי כול כוהני קורב	4Q405 20+ 2.1
]˙˙[ ]ו מבין כול דגליה[ם]	4Q405 20+ 2.14
ו]רננו כול פקודיהם	4Q405 20+ 2.14
לכ]לכלם משאי כול כיא אלוהי	4Q405 23 1.5
ומהללים כול רוחות :	4Q405 23 1.9
נורא על [כו]ל אלוהים [	4Q405 23 1.13
קדוש מקדש כול [:	4Q405 23 2.4
כבוד מלך כול א[לוהים :	4Q405 24 1.3
]˙[:]ר כו[ל :]˙˙[	4Q405 39 1.2
]כול רמ[:]˙˙˙[	4Q405 84 1.1
] ב˙˙[:]כול [:]ל[	4Q482 5 1.2
ולה[:]˙ כול[	4Q487 7 1.7
]˙˙˙[:]˙ כול[	4Q487 35 1.2
]עם כול[:] באור[	4Q487 37 1.1
]רית[:]כול[:]ל[	4Q487 40 1.2
]יוצר כ[:]˙ה כול ˙[:]˙יות	4Q498 2 1.4
]וה:]ה כול:]מחשב‹ת›	4Q498 3 1.2
]˙[:]כול ובתע[	4Q498 9 1.2
[:]מספר כול[	4Q499 10 1.4
]את כו[ל :]הודו[	4Q502 13 1.1
תב]ל[ופקו]דת כול[	4Q502 16 1.4
]˙[ ]˙˙[ ]כול מועדי[:]	4Q502 24 1.1
ע˙[:]עם כול דגלי	4Q502 27 1.3
השנ[: ס]פרם כול[:]˙[ ]ל[	4Q502 32 1.3
]˙[:]˙ו כול חי ק[:	4Q502 39 1.2
]מ[:]˙ על כול בני[:]	4Q502 48 1.2
כול בני[:] כול	4Q502 48 1.3
]כול[:]ל[	4Q502 84 1.1

כול

4Q511 63 3.2	סוד רישית כול מעשי איש
4Q511 63 3.6	]ו[ ]ל כול[ ]ל[ ]˙[
4Q511 63 4.1	[ ] : יברכו כול מעשיכה :
4Q511 83 1.3	]˙ת גבור[:] כול ג[
4Q511 88 1.2	]י˙[:]כול מ˙[
4Q511 99 1.4	[: על ב˙˙[: כול[
4Q511 108 1.2	,אפים רוב:]˙כול בדבריכה
4Q511 121 1.3	]מיראיו כול ˙[:]ל[
4Q511 125 1.2	]˙[:] כול[:]עזר ע˙
4Q511 127 1.3	תכיר ˙˙[:]כול נעדר˙[:
4Q511 128 1.2	]˙[:]י כול י[:]˙ו˙[
4Q511 203 1.1	]כול כ[:]˙מ˙[
4Q512 36+ 1.12	בגדיו ו[:]פו כול לשונות[:
4Q512 34 1.15	[:]תחנן על כול נסתר[ו]ת
4Q512 16 1.1	]את כול :]ק למלא
4Q512 7+ 1.1	את כול הד[ברים
4Q512 1+ 1.6	לטהרו ואת כול[
4Q512 1+ 1.13	ועל ח[ ] : כול מ[ ]˙˙
4Q512 42+ 2.4	נפרשה טהרת כול]
4Q512 45+ 2.5	[ו]לעמכה[: כול ט[
4Q512 51+ 2.11	ל[כה: [ ]כול משפחות [:
4Q512 67 1.1	]˙כלם כול י[מי :]
4Q512 76 1.2	[:]ם לפני כול שמ[:]˙ל
4Q512 152 1.2	]אשו ברש[:]כול טמאת[
4Q513 24 1.4	יו‹א›כלו[:]כול נש[
4Q513 30 1.1	]כול נדתם [:]
4Q517 30 1.1	]כול[:]ד[
4Q517 36 1.1	]כול[:]ל[
4Amrm 1 1.12	ושליטין על כול בני אדם
4Amrm 2 1.5	והוא משלט על כול חשוכא
4Amrm 2 1.6	אנה שליט על כול נהירא
4apLm 1 1.14	]כול איבינו :
4apLm 2 1.7	בעקרה וכמסכבה כול
4pHs[a] 2.14	והשבתי כול משושה :
4pHs[b] 10+ 1.4	[: כול מכ˙[
4pIs[a] 7+ 3.8	]כול הגואים
4pIs[a] 7+ 3.26	]כו]ל העמים
4pIs[c] 18+ 1.3	[:] כו]ל שוקדי און
4pIs[c] 21 1.14	]חנס יגיעו כ[ול] :
4pIs[c] 23 2.1	יו˙˙˙˙[ ]˙ כול ˙[ ]˙ ה˙[
4pIs[c] 23 2.9	יהוה אשרי כול חוכי לו :
4pIs[c] 41 1.2	]ת ה˙[:]כול[
4pIs[d] 1 1.1	[ ]ך כול ישראל כפוך
4pIs[d] 1 1.4	[: כול שמשותיך
4pIs[d] 2 1.2	[ ]וד כיא אל כול[:]ל[
4pN 3+ 3.2	כאורה והיה כול רואיך
4pPs[a] 1+ 2.2	יכרתו פשרו על כול השבים :
4pPs[a] 1+ 2.3	מרעתם כיא כול הממרים :
4pPs[a] 1+ 2.7	פשרו על כול הרשעה לסוף
4pPs[a] 1+ 2.8	ימצא בארץ כול איש :
4pPs[a] 1+ 3.1	בישו[ע]ה ולהם כול נחלת : אדם
4pPs[a] 1+ 3.4	ברעב ובדבר כול אשר לוא
4pPs[a] 1+ 3.10	לה]ם נחלת כול הגדול[ים
4pUn 1 1.1	א]מר כול[:]בעת רעב
4pUn 5 1.3	]ה בה הבש[:]כול בה[
4pUn 7 1.2	ה[צדק :]ש כול[
4pUn 12 1.1	]כול[
4QBer 10 2.2	את בליעל: ואת כול גורל אשמתו
4QBer 10 2.3	אשמתו וארורים כול רו[חי
4QBer 10 2.6	וזעומים : כול בני
4QBer 10 2.9	כ]ה עם כול ג[לולי
4QBer 10 2.11	] כ]ול עוש[י
4QCat[a] 2+ 1.2	] מטכה כול חלי [:]˙
4QCat[a] 12+ 1.11	] לעד ונאספו כול בני א[ור :
4QCat[a] 14 1.2	ה]מה ואדי[ר]י כול חפצי[:
4QFl 1+ 2.2	ועשו את כול התורה[:
4QFl 11 1.2	]הספון ע[:]כול אשר צונו
4QFl 11 1.2	צונו עשו את כול[
4QFl 12 1.2	]˙ :]כול[:]אמם[:
4QM1 1+ 1.2	]: לעיני כול קהל ל[
4QM1 1+ 1.4	]כול נש[יאי
4QM1 1+ 1.14	כלה והיו כול המערכו[ת
4QM1 1+ 1.20	ל[ ] כול ˙˙[
4QM1 8+ 1.6	דרך יתם כול גואי רשעה
4QM1 8+ 1.14	יפו]צו [כול] בני חושך
4QM1 11 1.12	בל ישבו בו כול מלכי קדם
4QM1 11 1.14	כבשר תאו[תי]כול יקר לי
4QM1 11 1.16	כמוני ומיא [כו]ל רע הדמה
4QM1 12 1.5	הדר ה[: ‹כו]ל›]˙וני˙
4QM1 13 1.8	]ל[ ]˙[ו]פנו כול העם והרימו
4QM1 15 1.6	] אל נטויה על כול הגואים לוא
4QM1 15 1.9	] ולהשליך כול פגר[יהמה :
4QM1 16 1.2	]ת˙[:]וכין כול העדה א˙[:
4QM1 16 1.4	יקב]צו כול ישראל
4QM1 24 1.3	[:]ממשלת כול האל[י]ם[:
4QM2 2 1.1	ג]בורתו על כול[הג]וים [
4QM6 3 1.7	ממשלת [: ל ‹כול›][בנ]י
4QM6 3 1.8	ו[בני [צ]דק : כו]ל מועדי
4QM6 13 3.4	ה[שנים : כו]ל בני יפת
4QMes 1.8	תהך וידע רזי כול חייא :
4QMes 1.9	יסופו ומסרת כול חייא שגיא
4QMes 2.14	[ ]כבן יחרבן כול אלן
4QOrd 1 2.7	אחת יתננו כול ימיו עשרים
4QOrd 2+ 1.6	גבר על אשה כול [: יכם
4QOrd 2+ 1.10	מנים : ושלח כול ימיו כול[
4QOrd 2+ 1.10	ושלח כול ימיו כול[ ]אשר[
4QOrd 5 1.8	דבר מושה[:]כול[
4QPs[f] 2 8.7	ציון: התפזרו כול מסנאיך
4QPs[f] 2 10.12	יובדו ויתפרדו כול פועלי :
4QTeh 2 1.4	לכה שלום בפי כול אוחזי
4QTeh 2 1.7	] : [דבר]י כול חוזי אמ[תו
4Tstm 1.2	אליכה היטיבו כול אשר דברו:
4Tstm 1.3	ולשמור את כול: מצותי כול
4Tstm 1.4	את כול: מצותי כול היומים
4Tstm 1.6	אליהמה את כול אשר אצוננו
4Tstm 1.13	מואב וקרקר את כול בני שית :
4VSam 3+ 2.5	]וממלכה וידעו כול עמי
5Q13 4 1.4	יעשו שנה בשנה כ[ול :]ל[ ]
5Q13 11 1.1	]כול ˙[:]וא
5Q17 1 1.2	]ם [:]כול הער[ה: א]ת
5Q22 1 1.4	ויהי ל˙[: א כול א[: אברה[ם
5apMl 3 1.1	[כול[:]ת]
5QTop 6 1.3	] ויבאו כול [
6QApo 1 1.6	]ה יבדה ע[:] כול חות ב[רא:
6QHym 8 1.4	]˙ל עלינו[: כ]ול מו[:]˙
11Ap[a] 2.5	לכול ˙[:]˙ כול זר[
11Ap[a] 2.7	] חטא ועל כול א[לה
11Ap[a] 3.3	] תקיף ו˙[: כול הארץ [
11Ap[a] 3.7	אש[ר :]על כול אלה אשר [
11Ber 2 1.4	]תו וברוכים כול
11Mel 1+ 2.3	] שמוט כול בעל משה יד
11Mel 1+ 2.6	להמה[ ]כול עוונותיהמה
11Mel 1+ 2.8	לכפר בו על כול בני א[ל
11Mel 1+ 2.13	] בליעל ומיד כול ר[וחי
11Mel 1+ 2.14	] : ובעזרו כול אלי [
11Mel 1+ 2.14	] כול בני אל
11QJN 14 1.1	כו]ל יום שביעי
11QJN 14 1.4	ש[: ‹]מן כול שבעת פלוגת
11QPs 18.7	ותפארתו על כול מעשיו ואדם
11QPs 24.7	יצדק לפניכה כול חי :
11QPs 19.2	לכה יודו לכה כול מוטטי רגל
11QPs 19.3	כי בידכה נפש כול : חי נשמת
11QPs 19.4	כול : חי נשמת כול בשר אתה
11QPs 19.17	ולכה קויתי : כול היום ישמחו
11QPs 22.11	ציון ויתפזרו כול משנאיך
11QPs 26.12	לבו אזראו כול מלאכיו
11QPs 27.9	שיר : ויהי כול השיר אשר
11QPs 27.11	וחמשים : כול אלה דבר
11QPs[b] a 1.5	ח]י נשמת כול בשר אתה [:
11QSS j+ 1.4	מאיר]ים כול : מע[שיהם
11QSS 5+ 1.2	]כול תבנית רוחי
11QSS 5+ 1.3	נוראי כוח כול]

11QSS 8+ 1.1]כול מעשיה[ם :
11QSS 2+ 1.7 [המל]ך עם כול מוצאי [
11QSS h+ 1.6 בש[בעה :]מלך כ[ו]ל א[לוהי :
11QSS 1 1.3 ברנות כו[ל : כבודו
11QSS m 1.1]כול מ[:
11QSS m 1.2 מ[: א]לוהי כול[:]בדני
11QSS n 1.3]פלאיהם כול[: [
11QSS q 1.3 ·· :]מלך כול קדושי עד :
11QSS s 1.2]···די מלך כו[ל : [······
11QT 3.3 וארגמן[: כו]ל אויביכה
11QT 3.4 לשום שמי עליו כ[ול :] בו
11QT 3.8] ו(י)את כול כליו יעשו
11QT 5.7 [:]אמות כול גובה [:
11QT 6.5] עשר אמות כול גובה הכיור
11QT 7.6 לו[:]עלה מעל כול ·[:]···
11QT 9.9]כול הקנה : [
11QT 9.12 [י]אירו כול נרותיה
11QT 12.11 [······ [ת]עשה כול : שורות ·ב
11QT 14.10 השנה כול מלאכת
11QT 15.4 וחצו את כ[ול :] [
11QT 15.17 [ע]ל כול הע[ם] ואחר
11QT 16.4 י]היה כול ימיו[:]
11QT 16.13 ישר[ופו : עם כול קרביו
11QT 17.11 מקרא קו[דש] : כול מלאכת
11QT 17.16] ל[יה]וה כול מלאכת
11QT 19.8 עו]לם לדורותם כול מלאכת
11QT 19.16] עשר א<י>לים כול ראשי אלפי
11QT 20.5] ואת כול החל[ב] אשר
11QT 20.9]והקריבו כול מנחה אשר
11QT 20.13] השמש ועל כול קורבנכמה
11QT 21.6]שם ואחריהמה כול העם מגדו[ל
11QT 21.7 יאוכ]ל[ו] כול ענב פר[י]
11QT 22.16 יכפרו : [ע]ל [כו]ל [יצ]הר
11QT 25.9 לוא תעשו בו כול מלאכת
11QT 25.11 נפשותיכמה כי כול הנפש אשר
11QT 26.7 לו וכפר בו על כול עם הקהל
11QT 26.9 ויכפר בו על כול עם הקהל :
11QT 26.11 על רואשו את כול עוונות בני
11QT 26.12 ישראל עם : כול אשמתמה
11QT 26.13 ונשא השעיר את כול עוונות : [
11QT 27.2]ל ה[: על <כול> בני
11QT 27.6 ולוא יעשו בו כול מלאכה כי
11QT 27.9 ולוא תעשו כול : מלאכה
11QT 29.10 להכינו לי כול הימים
11QT 31.8 ההיכל : [כו]ל בית המסבה
11QT 32.15 נוגעים בהמה כול אדם כי מדם
11QT 35.2] ·[כול איש אשר
11QT 35.3 לוא[:]]א כול איש אשר
11QT 36.13 תהיה מ<ד>ת כול השערים
11QT 38.7 [:]]כול עץ אשר
11QT 39.6 לפני כול ע[ד]ת בני
11QT 43.13 שלושת : ימים כול אשר יוכלו
11QT 45.8 לוא יבוא אל : כול המקדש עד
11QT 45.11 לוא יבוא אל כול עיר :
11QT 45.12 שלושת ימים כול איש עור :
11QT 45.13 לוא יבואו לה כול ימיהמה
11QT 45.16 בגדיו ורחץ את כול בשרו במים
11QT 46.4 לעו[לם] : ועד כול הימים אשר
11QT 47.5 אשר יטמאו בה כול אשר בתוכה
11QT 47.7 יהיו טהורים כול עור בהמה
11QT 48.5 ולעוף בכנפיו כול : נבלה
11QT 49.5 ימות בעריכמה כול בית אשר
11QT 49.6 שבעת ימים כול אשר בבית
11QT 49.7 מ[י]ם יטמא כול המושקה :
11QT 49.9 אדם מישראל כול המושקה :
11QT 49.14 את הבית ואת כול כליו רחים
11QT 49.16 יתכבסו והאדם כול אשר היה
11QT 50.8 טמאתו בו כול האדם אשר
11QT 50.10 ילדה במעיה כול הימים אשר
11QT 50.11 מת תטמא כקבר כול בית אשר
11QT 50.20 עד : לעולם : כול שרץ הארץ
11QT 50.21 והחמס והתנשמת כול איש אשר
11QT 51.16 לכמה לרשתה כול הימים
11QT 52.4 אשר יהיה בו כול מום רע כי
11QT 52.7 בנים כול הבכור אשר
11QT 52.10 פסח או עור או כול מום רע לוא
11QT 53.19 אביה וקמו : כול נדריה וכול
11QT 53.20 ביום שומעו כול נדריה
11QT 54.2] או כול שבועת א[סר
11QT 54.4 אלמנה וגרושה כול אשר אסרה
11QT 54.5 מפיה כול הדברים אשר
11QT 55.3 וידיחו את כול [י]ושבי :
11QT 55.6 הכה תכה את כול יושבי :
11QT 55.7 החרם אותה ואת כול אשר בה ואת
11QT 55.8 אשר בה ואת : כול בהמתה תכה
11QT 55.8 לפי חרב ואת כול שללה תקבוץ
11QT 55.9 את העיר ואת כול שללה כליל
11QT 55.13 בקולי לשמור כול מצוותי אשר
11QT 57.14 ולוא יעשה כול דבר : לכול
11QT 57.18 לבדה תהיה עמו כול ימי חייה
11QT 58.3 <המלך> על כול גוי ועם
11QT 58.16 אנשי המלחמה כול גבורי :
11QT 59.3 כבד : ובחסור כול ועבדו שמה
11QT 59.9 עד יאשמו כול אשמה אחר
11QT 59.15 כסא : אבותיו כול הימים כי
11QT 59.19 ונתתי את כול אויביו
11QT 60.3 יקדישו לי עם כול קוד[ש] :
11QT 60.10 בחרתי מ<ן> כול שבטיכה :
11QT 60.11 הוא וכול בניו כול הימים :
11QT 60.19 המה לפני כול עושה : אלה
11QT 62.7 לכה והיה כול העם
11QT 62.10 אשר יהיה בעיר כול שללה תבוז
11QT 62.14 לוא תחיה : כול נשמה כי
11QT 63.4 פיהמה יהיה כול ריב וכול
11QT 64.5 וסבא ורגמוהו כול אנשי עירו
11QT 66.11 יוכל לשלחה כול ימיו לוא
MasSS 1.2]· כול דברי דעת
MasSS 1.3 היו כול תעודות
MasSS 1.5 לא ישכילו כול :]
MasSS 2.5 [: כול אל]
MasSS 2.25 פלא לברך כול סודי[הם
TS 1 1.1 שבעת ימים כול אזרח
TS 2 1.2 [:] כו]ל [הי]סוד

1Q24 7 1.2 יום לקץ [:]כולא גמורו[ת :
1apGn 2.5] בני שמין עד כולא בקושטא
1apGn 2.10 ואנה בקושט כול[א :]
1apGn 2.21 ולה מחוין כולא וכדי
1apGn 2.22 למנדע מנה כולא בקושטא [
1apGn 19.10 כפנא בארעא דא כולא ושמעת די
1apGn 20.13 מרה ושליט על כולא ובכול

1pHab 5.13 כרמש למשל בו כול[ה בח]כה
4pN 3+ 2.1 הוי עיר הדמים כולה[פר]ק
5QJN 2 1.3 [: תר]עא כולה ואספיא
11QT 9.11]ה ומלקחיה כולה ככרים : [
CD 11.23 את העבודה כולה [ ]ת :

1apGn 10.13 · : לכול ארעא כולהא כפרת ···
1apGn 16.11 כול ארע צפונא כולהא עד די

1apGn 12.10 ·· כול בני שם כולהון ··· : ··
1apGn 12.13 שרית אנה ובני כולהון למפלח
1apGn 22.20 עילם ונכסיא : כולהון שביקין
1apGn 22.26 דא שבק : ושלח כולהון : בתר

1apGn 20.7 שפרהא לעלא מן כולהן ועם כול

1pHab 3.8 כנשר חש לאכול כולו לחמס יבוא
4pPs[a] 1+ 3.7 כלו כעשן כולו פשר על
11QT 7.8 ע[:]······ כולו חמש אמ[ות
11QT 12.10]····ם בנוי כולו : [א]בנ[ים

1QS[a] 2.7 או איש זקן כושל לבלתי

1QH 8.36 ˙ לחיות רוח כושלים ולעות
1QM 14.5 פדותו ויקרא כושלים

1QH 6.7 ועל שאון מ̊[ ]כות בהאספם [
4Q405 48 1.2 מ]שפט עמ̊[:]כות[
4Q520 2 1.2]˙˙˙˙ :]כות̊:]איש
4pUn 3 1.1]כות ביד[:

5QJN 1 2.12]˙˙י כותא רומה̊

11tgJ 34.5 לך או בקל כותה תר̊עם :

11tgJ 26.2 מידך יקבל̊[כות]ך̊ חמיך :

1QJN 7 1.1] כותל̊[א :]ין
5QJN 1 1.18 ותרעא ליד כותלא גויה̊ [
5QJN 1 2.12]ועובי פותי כותלא[

2QJN 8 1.3 ארב̊[עא :] כותליא˙ אבן

1QH 4.29 מי בשר כזאת ומה יצר

1QH 2.31 מקנאת מליצי כזב : ומעדת
1QH 4.10 והמה מליצי : כזב וחוזי רמיה
1QH 4.16 מפי נביאי כזב מפותי תעות
CD 1.15 לישראל : מימי כזב ויתעם
CD 8.13 רוח ומטיף כזב הטיף להם

4pN 3+ 2.8 שקרם ולשון כוביהם ושפת

4Q511 43 1.8 תו̊ע̊[בותיהם : כ̊זדון לבבם ב̊ת̊˙

4QMI 17 1.8 מלח]מה כז̊ו̊[את

1QH 4.26 ביד חלכאים : כוומם למו ותתן

3Q14 19 1.1]כח בהיו˙ [
3Q15 4.11 שבצפון כח : לת כסף כב
4Q185 1+ 1.7 פ̊ע̊מים̊[:]ואין כח לעמוד לפניה
4Q380 1 2.4 תושעך ידך̊ כי כח̊ אלה̊[יך :
4Q381 53 1.4]גדלות : א]ין כח
4Q381 76+ 1.9 אם <יש> בכם כח להשיבני ˙[
4Q502 22 1.5 להיות ˙[: כח

1apGn 21.21 רחמי ואכלו כחדא : עמי
1apGn 21.25 אלן אודמנו כחדא לקרב
1apGn 22.1 הוא יתב בסודם כחדא עמהון
11tgJ 30.5 חזיתה במזהר : כחדא כוכבי צפר
11tgJ 34.9 בעפר כח̊[דא

11tgJ 5.6]˙ אכל כחדה על [:
11tgJ 30.5 צפר ויזעק̊[ו]ן̊ כ̊חדה כל מלאכי

1QNo 3 1.5 את חדרי הבית כחדודי השמש [

4Q185 1+ 2.15] [ ] : בכל עוז כחו ובכל [[

1pHab 3.14 כח]ול שבי × :

1QH 7.8 כמגדל עוז כ̊חומה נשגבה

1QS 10.6 שפתים הברכנו כחוק חרות לעד
1QS 10.11 לנגד עיני כחוק חרות ולאל
11QT 50.6 או בקבר ומהר כחוק המשפט :

1QS 2.7 לאין רחמים כחושך מעשיכה

1QH 4 1.9 בם ויבוא[:]כ̊חות לפניכה

11QT 16.13 קרביו ושרפו כולו שמה לבד
11QT 33.11 וכול הבית הזה כולו קירו עשוי
11QT 35.12 יהיו מערבים כולו אלה :

4pIs[c] 8+ 1.12 [כו]לך כיא נשבר

4Q511 60 1.2 ולישרים[:]ו̊ כולכם רוח[י :

1pHab 8.6 העמים : הלוא כולם משל עליו
1QH 5.4 ובי[ד]כה משפט כולם [:
1QH 11.24]כה בפ̊י כולם יהולל :
1QH 13 1.4 ובידך משפט כול̊ם̊ :]דך ומה
1QM 7.3 ועורך הצידה כולם יהיו מבן
1QM 7.5 אתם למלחמה כולם יהיו אנשי
1QM 9.4 והדגל המתקרב כולם שבע
1QM 14.2 המחנה ירננו כולם את תהלת
1QM 14.4 וברכו שם : כולם את אל
1QS 8.9 לאהרון בדעת כולם לברית
4Q509 204 1.1]כ̊ול̊ם̊:]ע̊ולמים
4Q511 1 1.5]י תפארת: כולם יגילו
4Q511 30 1.3 אלי חתמתה בעד כולם ואין פותח
4QCat[a] 5+ 1.4 יעמוד[:]כ̊יא כולם ילדים[
CD 6.6 אשר קרא אל את כולם שרים כי
CD 20.24 בדברים מעט[ים כו]לם <איש>
CD 13.3 פיהו ישקו כולם ואם אין

1Myst 1 1.9 שנאו עול וביד כולם[ה] יתהלך
4QBer 10 2.1 היחר יומרו כולמה ביחד אמן
11QT 46.6 פתחי השערים כולמה ושתים :

1QH 3.14 מים וחכמיה <כו>למו כמלחים

1apGn 12.16 בני ולנשי כולנא ולבנתהון

4Q502 9 1.7 ומי תהומיה כולנו : מ]ועד
4Q502 19 1.4] : עם כולנו יחד ואני
4Q504 6 1.6 נא כיא עמכה כולנו ותשאנו

1Q70 6v 1.1]י̊ן כומ[

1QNo 15 1.2 ב]חירי כי אל כונן [:]˙ל˙˙

4pPs[a] 1+ 3.14]כוננ[ו וד]רכו
4QFl 1+ 1.3 כ]וננו ידיכה

1QH 47 1.3 כ̊[: לי מאז כוננתי ל[:

11QT 34.7 אותמה ויהיו כונסים א[ת

1pHab 11.10 תסוב עליכה כוס ימין 𐤉𐤄𐤅𐤄
4Q176 6+ 1.2 קבע]ת̊ כוס ח[מתי : [

3Q15 3.3 דמע מזרקות כוסות מנקיאות

4pN 3+ 4.6 [: אשר תבוא כוסם אחר מנשה[

1QH 15.24]˙לא תקח כופר לעלילות
11QT 17.2] ו̊ישמחו כי כופר עליהמה[:

3Q15 10.11 זהב וכלין כופרין עסרין :

1Q34[b] 3 1.5 ונתתה רשעים [כ]ופרנו

1QH 1.22 ומקור הנדה כור העוון
CD 20.3 הנתך בתוך כור: ה בהופע

4pPs[a] 1+ 3.5 יהוה כיקר כורים פשר[ו

1QM 11.13 הארצות וביד כורעי עפר

4pN 3+ 3.11 מ]לחמתה (ע) כוש עוצמה[

4QFl 1+ 1.15 [ה]ימים ויהי כחזקת[

11QPs 24.7 אל תשפטני כחטאתי כי לוא

11QT 60.14 שמה לפני חלק כחלק ׃ יואכלו

3Q15 1.9 מאת ׃ בתל של כחלת כלי דמע
3Q15 2.13 בברכא שבמזרח כחלת במקצע ׃
3Q15 12.10 שבצח בצפון כחלת פתחא צפון

1QH 5.27 לשון שקר כחמת תנינים

1QH 5.10 ומתלעותם כחנית חדה חמת

4Q185 1+ 2.1 נ]פשכם כחסדיו הטבים

4Q185 1+ 1.10]כי הנה ׃ כח[צ]יר יצמח
4pPs[a] 1+ 1.13 כחצ]יר

1QH 5.10 כפירים אשר ׃ כחרב שניהם
1QH 5.13 אשר שננו כחרב לשונם ׃
1QH 5.15 ותוסף לשונם ׃ כחרב אל תערה

1QH 8.24] גזעו כחרלים במלחה

1QS 4.9 גוה ורום לבב כחש ורמיה
4QOrd 2+ 1.9 ואם לוא כחש עליה
4QPs[f] 2 7.3]׃ [ובשר]י כ[חש

11QT 47.15 לעירי כי כטהרת בשרו כן

1QM33 1 1.2 ריתכה ו˙[ ]א כטוב[

1QM 18.8 ו[לו]א עינינו כטובכה בנו
11QPs 19.5 עמנו 𐤉𐤄𐤅𐤄 ׃ כטובכה כרוב

1QS[b] 5.27 עמ]ים כטיט חוצות כיא

11tgJ 11.7 לא ׃]זוזיא כטינא יסגא ׃

11QPs[b] c 1.4 הרו[א]ש ׃ דיו כטל

4AgCr 1 1.2 ונהיה כטרם בראם הכין

1Q23 27 1.5 [׃] עד [׃]כי[
1Q25 8 1.1]כי מכרם[
1Q26 3 1.2 החים [׃] כי אתה לי לבן
1Q30 7 1.2]˙˙˙[׃] כי יוגד[׃]˙˙
1Q34[b] 3 1.7 לשמך לעולם ׃]כי לזאת בראתנו
1Q34[b] 3 2.4 ותמאס בם כי לא תחפץ ׃
1Q34[b] 3 2.5 עם בקץ רצונך כי זכרת בריתך
1Q38 10 1.2 חרב[׃]אין כי לא˙]
1Q58 1 1.2]˙יתה [׃]כי ˙[׃ יש]ראל
1Q69 33 1.1]כי יהיה[
1Myst 1 1.5 לכם האות <כי יהיה>
1Myst 1 1.8 יודע לכמה כי לוא ישוב
1Myst 1 1.11 מי ׃ יחפץ כי יגזל ברשע
1Myst 1 2.4 היותר ל[׃ כי אם המטיב
1Myst 1 2.6 בלוא מחיר כי ˙ת˙[׃ מה
1Myst 1 2.7 מה מ[ ]מחים כי אם כול [׃
1Myst 9+ 1.2 [˙˙] ׃ כי אם ˙]
1pHab 2.2 עם איש ׃ הכזב כי לוא[
1pHab 8.15 למשיסות למו ׃ כי אתה שלותה
1pHab 9.3 ואשר ׃ אמר כי אתה שלותה
1QDM 1.5 ואת [כ]י לוא
1QDM 3.4 ו]יהי כי] [
1QDM 3.5 בר]עהו כי ׃]
1QDM 3.6] [כי בשנ[ה] ׃]
1QDM 12 1.6 חט]אותיך [׃]כי]
1QDM 24 1.2 בעד [׃]כי ת[׃]אלה[׃
1QH 2.20 אודכה אדוני כי שמתה נפשי

1QH 2.33 עבודתכה אפס כי [יד]עו
1QH 2.33 כי [יד]עו כי מאתך מצעדי
1QH 3.14 במצולות כי תתבלע ׃ כול
1QH 3.19 אודכה אדוני כי פדיתה נפשי
1QH 4.8 בהולל מעשיהם כי נמאסו למו
1QH 4.12 במצודותם כי אתה אל תנאץ
1QH 4.17 כול מעשיהם כי לא [
1QH 4.17 האזינו לדברכה כי אמרו ׃
1QH 4.18 לבכה לא היאה כי אתה אל תענה
1QH 4.20 לא ימצאו עוד כי אין הולל
1QH 4.27 עד לאין מספר כי הודעתני
1QH 4.30 ואני ידעתי כי ל<ו>א לאנוש
1QH 4.31 ל<ו>א תכון כי אם ברוח יצר
1QH 4.34 מוגרים במורד כי זכרתי
1QH 4.36 לפני נגע כי נשענ[תי] ׃
1QH 4.37 והמון רחמיכה כי תכפר עוון
1QH 4.38]˙˙ פשיתה כי אתה בראתה
1QH 4.40 עד [׃]יכה כי אמת אתה
1QH 5.5 אודכה אדוני כי לא עזבתני
1QH 5.11 פצו עלי פיהם כי אתה אלי
1QH 5.12 ישעכה לי כי בצרת נפשי
1QH 5.20 אודכה אדוני כי לא עזבתה
1QH 5.20 ולא בזיתה רש כי גבורתכה[
1QH 5.25 הגד[ ]כי ולמען ׃
1QH 5.34 אין כלה כי עשש מכעס
1QH 5.36 אל באשמתם כי נאסר˙˙
1QH 6.6 אשמה ׃ ואדעה כי יש מקוה
1QH 6.12 לאומים כבודכה כי הביאותה [
1QH 6.14]שיב ׃ כרו˙ כי ˙[ ]ל[ ]תד
1QH 6.25]אמתכה אלי כי אתה ׃ תשים
1QH 6.27 באיה בל ימופו כי לא יבוא זר
1QH 6.33 אין מנום כי לאל עליון
1QH 7.3 ממחשבת רוע כי בליעל עם
1QH 7.6 אודכה אדוני כי סמכתני
1QH 7.11 [ב]ני אשמה כי תאלמנה שפתי
1QH 7.12 שפתי שקר כי כול גרי
1QH 7.13 צדיק לרשע ׃ כי אתה ידעתה
1QH 7.16 יצר עבדכה כי לא˙ [
1QH 7.25 לכבודכה ׃ כי אתה לי
1QH 7.26 או[דכה] כי השכלתני
1QH 7.31 לעולמי עד כי אל עולם אתה
1QH 7.34 [אודכ]ה אדוני כי לוא
1QH 8.2 תכון לעד כי לא ׃]תה ׃
1QH 8.9 כול ע[ ]מים כי במטעתם
1QH 8.13]ע שחקים כי ראה בלא
1QH 8.15 שוטפים כי גרשו עלי
1QH 8.27 ˙אין מעוז לי כי פ˙ח נ˙[ ]פי
1QH 8.29 יחפש רוחי כי הגיעו לשחת
1QH 8.32 תשתוחח לכלה כי נשבת מעוזי
1QH 9.9 ומשפטכה אצדיק כי ידעתי ׃
1QH 9.10 ובנגיעי רציתי כי יחלתי
1QH 9.12 רוחי כי אתה יסדתה
1QH 9.14 ראשון ׃ ואדעה כ[י] יש מקוה
1QH 9.14 ברוב כוחכה כי לא יצדק ׃
1QH 9.23 לנרגני בי ׃ כי אתה אלי
1QH 9.23]תריב ריבי כי ברז חכמתכה
1QH 9.26 לגבורת ׃ עולם כי בש˙[
1QH 9.26 הופיע אורי כי מאור מחושך
1QH 9.29 עד עולם כי אתה מאבי ׃
1QH 9.35 עליכה עזבתני כי אתה אב לכול
1QH 10.4 ולספר תשובתו כי תשכילנו
1QH 10.12 שב לעפרו כי יעצור[ ]רק
1QH 10.14]חסד כי הודעת˙[
1QH 10.17 טובכה ור[׃ כי נשענתי
1QH 10.22 אקוה כי אתה יצרתה˙ [
1QH 10.26 ולהרבות ענף כי בה˙˙[
1QH 11.3 אודכה אלי כי הפלתה עם
1QH 11.7 ואני ידעתי כי אמת פיכה
1QH 11.9 בני רצונכה כי הודעתם בסוד
1QH 11.16 ובהפלא[׃]כי הודעתני סוד
1QH 11.33 את[ה] ׃ אדוני כי אתה פעלתה

כי

1QH 12.10	ולוא יהיה עוד כי אל
1QH 12.21	ולטובכה יצפו כי <א>בחס[:
1QH 13.10	ופקודת עד כי אתה
1QH 13.11	בכול ממשלתך כי הראיתם את
1QH 13.12	נהיות עולם כי א˙˙˙˙[
1QH 13.18	ואורך ימים כי[
1QH 14.11	אשה :]ת אנוש כי לפי רוחות [
1QH 14.13	ומבינתך : כי ברצונכה בא[
1QH 14.14	ואנשי רמיה כי כול קרוביך
1QH 14.15	ישנו דבריך כי אתה צדיק
1QH 14.20	כול משפטיך כי אם לפ[
1QH 14.27	]˙˙ שכליך כי מידך היתה
1QH 15.13	צעדו ואדעה כי בידך יצר
1QH 15.18	ליום הרגה : כי הלכו בדרך
1QH 15.21	אף הוא בשר כי ישכיל[
1QH 15.23	ק]ודשך ואדעה כי בם בחרתה
1QH 15.26	אני ידעת[י : כי לך [
1QH 16.4	כ[: ואדעה כי ברצו[[
1QH 16.9	לך אתה הצדקה כי אתה עשיתה
1QH 16.10	כו[: ובדעתי כי אתה רשמתה
1QH 16.11	עולה ואדעה כי לא יצדק איש
1QH 16.15	מחוקי בריתך כי[: כ˙וד וא
1QH 17.19	ונעוית ל˙˙˙כי בנדה
1QH 17.21	ואני הבינותי כי את אשר
1QH 17.25	]לתם בתכמי כי רוח בש[
1QH 4 1.7	גליתה אוזני כי[:]˙ו˙
1QH 10 1.2	]אכה מה נשיב כי גמלתנו ו[:
1QH 23 1.1	]˙תי˙[ ]˙ כי[:]˙˙א
1QH 32 1.2	] קודשך [:]כי ב˙˙[
1QH 35 1.2	] עוון ˙˙[:]כי אין כ[:]˙
1QH 44 1.2	]שם [:] צדק כי [:]ות [:
1QH 45 1.6	]בים בבסר כי כול רוחות[
1QH 47 1.4	ל[: לוא יבוא כי˙[: כמבניתי
1QNo 3 1.3	ב]כור הולד כי נכבדים [:
1QNo 13+ 1.1	]˙ כי כבוד זוך ˙[
1QNo 15 1.2	]˙ [: ב]חירי כי אל כונ[[:
1QS 5.14	לוא יטהרו : כי אם שבו
1QSb 28 1.1	]כי ע[
2Q33 7 1.1	]ים כי לא[
2apDa 1 2.1	[ ]שרים כי ידעת[י
2apDa 1 2.2	[: כי רחמיו על
4Q176 12+ 1.2	]˙[:]כי לוא[יוסי]ף
4Q176 18 1.1	]נחלת ידו כי לוא יצדק[:
4Q176 32 1.2	וא˙[:]אות כי[:]˙[
4Q185 1+ 1.3	]כי ˙[:]טהור
4Q185 1+ 1.8	לפני מלאכיו כי כאש : להבה
4Q185 1+ 1.9	בני אדם א[ ]כי הנה :
4Q185 1+ 2.6	] מן מלאכיו כי אין חשך : י
4Q185 1+ 3.1	ש]וב : אליה כי פני[:
4Q378 6 1.6	עלילותיו כי לעלמיה :
4Q378 11 1.1	]כי יהוה[
4Q378 11 1.6	ו]דבש כי ארץ זבת חלב
4Q380 1 2.2	לכם אדם א˙[: כי הוא זה שמרו
4Q380 1 2.4	] : תושעך ידך כי כח אלה[יך :
4Q381 10+ 1.2	]ורע בעיניו כי השחיתו מ˙[
4Q381 13 1.2	תכיר הלוא תדע כ[י :]˙˙˙ ˙˙[
4Q381 15 1.8	]עך <כי> הודעתי
4Q381 15 1.8	הודעתי והשכיל כי השכלתני : [
4Q381 15 1.9	]כי בשמך אלהי
4Q381 16 1.1	]הארצות כי חמ[:]˙˙˙[
4Q381 19 2.6	: ומה א[: כי עש[
4Q381 24 1.9	ויאמר [: כי[ ]ה˙˙<צ>[
4Q381 24 1.10	]˙ת כי חרה לו עלה
4Q381 31 1.2	בנפלאתיך כי אל [
4Q381 31 1.5	מי יבין להמא כי רבו צררי
4Q381 31 1.5	ע[יני]ך כפיתה כי אחיה [:
4Q381 31 1.7	עפרת ראשי כי אדר נציב
4Q381 33 1.3	ונתהלל בגברתך כי אין חקר[
4Q381 33 1.4	עלם ולרממך כי פשעי רבו
4Q381 33 1.5	נגד ירא[יך] כי [: עבדיך
4Q381 33 1.9	על ח[ ]י כי הגדל[ת
4Q381 33 1.10	בטוב נפשי כי [ ]י גלו
4Q381 44 1.2	]˙ ת[:]כי ארץ זו
4Q381 44 1.4	] תשכילה בו כי אין כמ[וך :
4Q381 47 1.1	]ם אלהי כי רחמון וחנון
4Q381 50 1.3	]לפניו יזכרו כי נורא אתה ˙[
4Q381 69 1.1	]לכם כי ת˙[ ]לם
4Q381 69 1.1	]לם בראותו כי התעיבו עמי
4Q381 76+ 1.11	ע[מו :] כי רבים שפטיכם
4Q381 76+ 1.11	מספר לעדיכם כי אם[:]˙י
4Q381 79 1.4	ל]א ישפט עולה כי נדחתי ˙˙˙[
4Q381 97 1.2	]תם ˙[:]ני כי כל[: [
4Q381 101 1.2	]˙ה כב˙[:]כי˙˙ <ל˙>˙˙[
4Q385 2 1.4	ישראל וידעו כי אני יהוה :
4Q401 22 1.3	מלו ידיהם[:]כי צדק[
4Q403 1 1.32	ת]שבחות הוד כי בהדר תשבחות
4Q482 3 1.2	]פני אל ˙[:]כי לוא [:]ל
4Q503 142 1.2	]כי[:]כי˙[
4Q504 2V 1.4	דב]רי כבוד:] כי כול :
4Q504 15 2.1	]דו : כי[: כלי[
4Q508 13 1.1	א]דוני כי באהבתכה :
4Q509 7 2.3	ובכול ˙[: כי מעולם שנאתה
4Q509 16 4.6	ל]וא הביטו כי א[תה] :
4Q509 12 4.2	נדע˙[: כי נ˙[:
4Q509 131+ 2.9	]˙˙]˙ [ ]˙כה כי ביום ה˙˙[:
4Q509 133 1.2	לכ[:]עמוד כי לכ[
4Q509 189 1.4	ומ˙[:]נו כי תניח[:
4Q509 213 1.1	]כי לכה [: [
4Q510 1 1.8	לכלת עול]ם : [כי א]ם לקץ
4Q511 10 1.5	[˙חוק[ ]˙˙ כי א]ם לקץ
4Q512 94 1.1	] כי[:]˙בר[
4Q513 2 2.5	נשא עוון כי החל כו[
4Q515 7 1.2	]˙[:]˙ר כי ˙[
4apLm 1 1.2	ואין לאל ידנו כי לוא שמענ[ו :
4apLm 1 2.1	אוי לנו כי אף אל עלה[
4pHsb 2 1.2	]˙ כפיר החרון כי אנוכי כשח[ל
4pHsb 11+ 1.5	]]כי שו[בבי]ם
4pIsc 6+ 2.13	[: כי אם יהיה
4pIse 6 1.3	]לא יאמר שוע כי נ[בל
4pMic 1+ 1.2	]: כי ה[ח]זיקכה[
4pN 1+ 2.6	רבים רום רשעה כי הב[
4pN 3+ 1.8	מלפנים כי לתלוי חי על
4pN 3+ 2.12	]ערי המזרח כי השול[י]ם[
4QM6 52 1.2	]˙˙ [:]כי˙[:]א[
4QM6 88 1.2	]˙ [:]˙כי ˙˙˙[
4QOrd 2+ 1.8	[ת]ועבה הוא : כי יוצו איש שם
4QPBl 1 1.2	בוא לדויד כי המחקק היא
4QPBl 1 1.4	צמח: דויד כי לו ולזרעו
4QPBl 1 1.5	עם אנשי היחד כי : [
4QPsf 2 7.6	[ו]ידעו כי ידכה [זא]ת
4QPsf 2 9.5	את : שם יהוה [כ]י בא לשפט את
4QPsf 2 10.9	נדריך שלם כי אין : בקרבך
4Tstm 1.17	בנו לוא : ידע כי שמר אמרתכה
4Tstz 1 1.3	לוחיא יקריא כי לא[: כ]ל
5Q19 2 1.1	]˙˙א כי תזכ[ר:] כי
5Q19 2 1.2	א כי תזכ[ר:] כי ת[נ]קו ˙˙[
5QCur 1 1.5	לו ואין דיו כי ˙[
6Q20 1 1.2	VACAT [: כי הא[רץ: ארץ
6apSK 36 1.2	]ם[:]עון כי כל[:]שתי[
6apSK 72 1.1	]˙כי:]ם
11Apa 4.6	ומורע הקו[דש כ]י פניך פני :
11QPs 28.7	את מעשי : כי מי יגיד ומי
11QPs 18.3	לכול פותאים כי להודיע כבוד
11QPs 18.6	ממבואיה כי עליון הואה
11QPs 24.7	תשפטני כחטאתי כי לוא יצדק
11QPs 19.1	כי לוא רמה
11QPs 19.3	תשכילם כי בידכה נפש
11QPs 19.16	אל ירשו בעצמי כי אתה יהוה
11QPs 21.13	רגלי במישור כי מנעורי
11QPs 26.12	מלאכיו וירננו כי הראם את אשר
11QPsb a 1.1	] ודל אנוכי כי[:] לוא רמה
11QT 3.6	[ולוא תטמאנו כי אם מן ה[:

CD 2.7	ופליטה למו כי לא בחר אל
CD 2.16	ועיני זנות כי רבים ׃ תעו
CD 2.19	גויותיהם כי נפלו ׃ כל
CD 2.20	אשר היה בחרבה כי גוע ויהיו
CD 3.18	נדה ׃ ויאמרו כי לנו היא ואל
CD 4.11	לבית יהודה כי אם לעמוד
CD 5.3	היה בארון כי לא ~~נפתח~~
CD 5.15	כהר ביתו יאשם כי אם נלחץ כי
CD 5.15	כי אם נלחץ כי אם למילפנים
CD 5.16	בעלילותיהם כי לא עם בינות
CD 5.17	אין בהם בינה כי מלפנים עמד
CD 5.21	ותישם הארץ כי דברו סרה על
CD 6.6	את כולם שרים כי דרשוהו ולא
CD 8.4	עליהם העברה ׃ כי יחלו למרפא
CD 8.12	וטחי התפל כי ׃ שוקל רוח
CD 8.15	הגוים ׃ האלה כי מאהבתו את
CD 8.17	הבאים אחריהם כי ל[הם] ׃
CD 19.16	כמ[ים] עברה׃ כי באו ~~בסו~~
CD 19.25	החיץ וטחי תפל כי הולך רוח
CD 19.28	הגוים ׃ האלה כי מאהבתו את
CD 19.30	הבאים אחריהם כי להם ׃ ברית
CD 20.8	ובעבודה ׃ כי אררוהו כל
CD 20.11	הלצון ישפטו כי דברו תועה
CD 20.28	לפני אל כי אנו ׃ רשענו
CD 20.34	וראו בישועתו כי חסו בשם
CD 9.5	ואין כתוב כי אם נוקם הוא
CD 9.15	והיתה לכהנים כי לא ידע
CD 10.8	לשפוט את העדה כי במעל האדם ׃
CD 10.16	מן השער מלואו כי הוא אשר אמר
CD 10.22	איש ביום השבת כי אם המוכן
CD 10.23	יאכל ואל ישתה כי אם היה
CD 11.3	או טובאים בגז כי אם ׃ כיבסו
CD 11.5	הוץ מעירו כי ׃ אם אלפים
CD 11.18	למזבח בשבת ׃ כי אם עולת
CD 11.18	אם עולת השבת כי כן כתוב
CD 11.20	לטמא את המזבח כי כתוב זבח ׃
CD 12.4	לא יומת כי על בני האדם
CD 12.8	לא ׃ יגדפו כי אם בעצת
CD 12.13	אל יאכלו כי אם נקרעו ׃
CD 12.15	עד הם חי[ים] כי הוא משפט
CD 13.6	הוא יסגירנו כי להם ׃ המשפט
CD 13.14	יתן לבני השחת כ[י] ׃ אם כף
CD 13.15	למקח ולממכר כי אם הודיע ׃
CD 14.2	מכל מוקשי שחת כי פתאום
CD 15.1	וגם באלף ודלת כי אם שבועת
CD 15.2	משה אל יזכור כי בת˙˙ל פ[
CD 16.2	אל ׃ תורת משה כי בה הכל
CD 16.15	פ[יהו אל]ל כי הוא אשר אמר
TS 1 1.2	]׃ [כי בסו]כות
1Q30 9 1.1	]כיא ˙[
1pHab 2.3	]החדשה כ[י]א לוא ׃
1pHab 2.10	וע[ל]כיא הנני מקים
1pHab 3.2	את ערי הארץ ׃ כיא הוא אשר
1pHab 3.13	עם כול[כי]א הוא אשר ׃
1pHab 5.6	בצר למו כיא הוא אשר
1pHab 6.5	× ׃ מוראם כיא בהם שמן
1pHab 7.5	עבדיו הנבאים כיא עוד חזון ׃
1pHab 7.8	דברו הנביאים כיא רזי אל
1pHab 7.9	יתמהמה חכה לו כיא בוא יבוא
1pHab 7.12	הקץ האחרון כיא ׃ כול קיצי
1pHab 8.3	הצדק ואף כיא הון יבגוד
1pHab 9.7	כיא המה יתר
1pHab 9.14	וחוטי[נפ]שכה כיא ׃ אב[ן
1pHab 10.14	את בחירי אל ׃ כיא תמלא הארץ
1pHab 11.13	מכבודו ׃ כיא לוא מל את
1pHab 12.3	על אביונים כיא הלבנון הוא
1pHab 12.10	מה הועיל פסל כיא פסל יצרו ׃
1pHab 12.11	ומרי שקר כיא בטח יצר
1pMic 12 1.3	משעיר[׃ כי]א יצא אל מ[
1QH 1.4	]˙ם כיא[

11QT 16.5	] יטמא כי קדו[ש ׃ [
11QT 17.2	] וישמחו כי כופר
11QT 22.15	ומן הזתים כי ביום הזה
11QT 25.11	את נפשותיכמה כי כול הנפש
11QT 27.6	בו כול מלאכה כי שבת שבתון
11QT 32.15	בהמה כול אדם כי מדם העולה
11QT 35.13	אלה ׃ באלה כי מובדלים
11QT 43.5	שנה לשנה אחרת כי ככה יהיו
11QT 43.12	יאכל עוד ׃ כי קדש
11QT 43.16	המעשה לאונמה כי קודש הוא ׃
11QT 45.7	וא[יש] כי יהיה לו
11QT 45.14	שוכן ׃ בתוכה כי אני יהוה
11QT 47.8	לוא יביאו לה כי בעריהמה
11QT 47.10	לוא יביאו ׃ כי בבשרמה תהיה
11QT 47.11	ומקדשי בתוכה כי בעורות אשר
11QT 47.15	עריכמה לעירי כי בטהרת בשרו
11QT 48.6	לוא תואכלו כי מכור לנוכרי
11QT 48.7	לוא ׃ תואכלו כי עם קדוש אתה
11QT 48.10	תכתובו ׃ בכמה כי עם קדוש אתה
11QT 48.12	המה קוברים כי אם מקומות ׃
11QT 49.5	וטמאו ׃ ואדם כי ימות
11QT 50.2	]ש˙[ ]אל[׃ כי מי טהר[ה
11QT 50.10	לערב ׃ ואשה כי תהיה מלאה
11QT 50.18	חרש ישברו כי טמאים המה
11QT 51.7	יטמאו כי אני יהוה
11QT 51.13	יטו משפט כי השוחד מטה
11QT 52.4	בו כול מום רע כי תועבה המה ׃
11QT 52.5	והמה מלאות כי תועבה המה
11QT 52.14	שלושת ימים כי אם בתוך ׃
11QT 52.18	קרוב למקדשי כי בשר פגול ׃
11QT 53.6	וכסיתו ׃ בעפר כי הדם הוא
11QT 53.11	תאחר לשלמו כי דרוש
11QT 53.14	ואיש כי ידור נדר לי
11QT 53.16	ואשה כי תדור נדר לי
11QT 53.21	אסלח לה כי הניאה ׃
11QT 54.11	החלום ההואה כי ׃ מנשה
11QT 54.15	החולם יומת כי דבר סרה ׃
11QT 56.12	עוד בישראל ׃ כי תבוא אל
11QT 57.16	בנות הגויים כי אם מבית
11QT 57.17	עליה אשה אחרת כי ׃ היאה לבדה
11QT 58.3	וה(˙)יה כי ישמע
11QT 59.15	כול הימים כי לעולם אכרית
11QT 60.10	מן בני היונה כי במה בחרתי
11QT 60.16	על האבות ׃ כי תבוא אל
11QT 60.19	אל המתים כי תועבה המה
11QT 60.21	אלוהיכה כי הגואים האלה
11QT 61.12	רגל ברגל כי ׃ תצא
11QT 61.14	תירא ׃ מהמה כי אנוכי עמכה
11QT 62.5	בראוש העם כי ׃ תקרב אל
11QT 62.14	כול נשמה כי החרם תחרים
11QT 63.3	בני לוי כי בהמה בחרתי
11QT 63.10	VACAT ׃ כי תצא למלחמה
11QT 64.2	[VACAT ׃ כי יהיה לאיש
11QT 64.6	ישמעו ויראו כי ׃ יהיה איש
11QT 64.9	אותו העץ כי יהיה באיש
11QT 64.11	נבלתמה על העץ כי קבור
11QT 64.11	ביום ההוא כי ׃ מקוללי
11QT 65.2	[׃ [כ]י יקר[א
11QT 65.5	והארכתה ימים כי תבנה בית
11QT 65.6	דמים בביתכה כי יפול הנופל
11QT 65.7	הנופל ׃ ממנו כי יקח איש אשה
11QT 65.15	לאבי הנערה כי הוציא שם רע
11QT 66.7	כן הדבר הזה כי בשדה מצאה
11QT 66.8	לה כי יפתה איש
11QT 66.13	או בן אמו כי נדה היא ׃
11QT 66.15	את אחות אמו כי זמה היא
11QT 66.17	או בת אחותו כי תועבה היא
CD 1.2	במעשי ׃ אל כי ריב לו עם
CD 1.3	בכל מנאציו ׃ כי במועלם אשר
CD 1.8	בעונם וידעו כי ׃ אנשים
CD 1.10	אל אל מעשיהם כי בלבב שלם

1QH 1.21 ידעתי מבינתכה כיא גליתה
1QH 2.22 בליעל לא ידעו כיא מאתכה
1QH 2.23 תושיע נפשי כיא מאתכה
1QH 2.25 נגד בני : אדם כיא בחסדכה
1QH 2.31 אודכה אדוני כיא עינכה ע˙[
1QH 3.7 לדה מבכריה כיא נהפכו ציר˙
1QH 3.8 בכור הריה כיא באו בנים
1QH 3.9 ˙ הצרה בחבליה כיא במשברי מות
1QH 3.20 חקר ואדעה כיא יש מקוה
1QH 3.24 ומה כוח לי כיא התיצבתי
1QH 3.34 בהווה ג[דו]לה כיא ירעם אל
1QH 3.37 אודכה אדוני כיא היתה לי
1QH 4.5 אודכה אדוני כי<א> האירותה
1QH 4.7 בלא בינה כיא[: בהולל
1QH 4.8 בהגבירכה בי כי<א> ידיחני
1QH 4.22 על כול בוזי כיא : לא יחשבו
1QH 6.8 מאשמה כיא כול :
1QH 9.34 אתה תכלכלני כיא : אבי לא
1QH 11.3 ואני מה כיא :]˙תני
1QH 11.32 נחמתני כיא נשנתי
1QH 12.17]˙עדי שממה כיא אין ע[:
1QH 12.18]ין עוד מדהבה כיא לפני אפ˙[
1QH 12.31 על תוכחתכה כיא צדקתה ואין
1QH 12.33 ומה : אדבר כיא אם פתחתה
1QH 12.33 פי ואיכה אבין כיא אם השכלתני
1QH 12.34 אישר דרך כיא אם הכי˙˙[
1QH 15.7 רחמי[: בעד[: כי<א>[: ב˙[:
1QH 15.12 ידעתי בבינתך כיא לא ביד בשר
1QH 15.22 חי ואני ידעתי כיא : לא ישוה
1QH 15.24 לעלילות רשעה כיא : [illegible] אמת
1QH 18.3 לאין השב[: כיא אתכה אור
1QH 18.20 ˙השם [ ]בבי כיא לערל אוזן
1QH 18.21]˙˙ ואדעה כיא לכה עשיתה
1QH 18.26 נחשבתי עד זות כיא :]תתה
1QH 1 1.7]˙ענו אלה כיא יש מקוה
1QH 1 1.9]אלי ואדעה כיא אמת :
1QH 1 1.11 במעמד העמדתני כיא :]איש
1QH 2 1.4 ואני מה כיא מספר
1QH 2 1.7 אמת :]˙˙ כיא מה ספר בכ
1QH 2 1.10 כיא[:]ולם
1QH 2 1.11 תש<ו>בת חושך כיא
1QH 2 1.15]˙בות מלפניכה כיא נכוננו
1QH 3 1.7 לרזי חפצו כיא הוא ידע
1QH 3 1.9 כול יצר רמיה כיא לא˙[:
1QH 4 1.16 זות למענכה כיא ידעתי :
1QH 8 1.11 למשכיל מ˙˙[: כיא[
1QH 51 1.5]˙ש[:]כיא אין מ[: [
1QH 65 1.2]˙˙˙˙[: כיא מאו[:
1QJN 14 1.3 ˙ גלגל[א :] כיא גלגלא [
1QM 1.10 אל : ישראל כיא הואה יום
1QM 2.8 לצאת לצבא כיא שבת : מנוח
1QM 7.6 לוא ירד אתם כיא מלאכי קודש
1QM 9.8 בדם טמאתם כיא קדושים המה
1QM 9.13 פני המגדל כי[א י]סבו
1QM 10.1 ואשר הגיד לנו כיא אתה בקרבנו
1QM 10.4 תערוצו מפניהם כיא אלוהיכם
1QM 10.6 מושה לאמור כיא תבוא מלחמה
1QM 10.17 אל שועתנו כיא˙[ ] : [
1QM 11.1 הכו[הן] : כיא אם לכה
1QM 11.2 דויד עבדכה כיא בטח בשמכה
1QM 11.2 בחרב וחנית כיא לכה המלחמה
1QM 11.5 ידינו עשה חיל כיא בכוחכה
1QM 11.13 אדם תואכלנו : כיא ביד
1QM 11.17] כיא תלחם בם מן
1QM 12.1 למהמה : כיא רוב קדושים
1QM 12.8 וקלס לגבורים כיא קדוש אדוני
1QM 13.5 נדת טמאתם כיא המה גורל
1QM 13.14 פר[ותכה כי]א מאז יעדתה
1QM 13.18] כ]יא אתה
1QM 14.14 ערב ובוקר כיא גדולה
1QM 15.1 תוקד לשרו[ף : כיא היאה עת

1QM 15.9 ספניה]ם כיא המה עדת
1QM 15.12 למלחמת אל כיא ( )
1QM 16.15] חלליכם כיא מאז שמעתם
1QM 17.4 תיראום [כי]א המה לתהו
1QM 18.6 אל [אלי]ם כיא : הגדלתה
1QM 18.11 הופיע : לנו כיא [היאי]תנו
1QM 18.12 [ל]רדוף המונם כיא אתה : [
1QM 19.1 לג]בורים כיא קדוש
1QS 2.14 שלום יהי לי : כיא בשרירות
1QS 2.24 ממקום גורלו : כיא הכול יהיו
1QS 2.26 בי]חד אמתו כיא געלה :
1QS 3.2 בעצת יחד כיא בסאון רשע
1QS 3.6 ביחד עצתו כיא ברוח עצת
1QS 4.16 קצי עולמים כיא אל שמן בד
1QS 4.18 כול משפטיהן כיא לוא יחד
1QS 4.19 לנצח אמת תבל כיא התגוללה
1QS 4.22 תמימי דרכ כיא בם בחר אל
1QS 4.25 יתעב אמת כיא בד בבד שמן
1QS 5.11 בדרכ הרשעה כיא לוא החשבו
1QS 5.11 החשבו בבריתו כיא לוא בקשו
1QS 5.13 אנשי הקודש כיא לוא יטהרו
1QS 5.14 אם שבו מרעתם כיא טמא בכול
1QS 5.15 עוון אשמה כיא ירחק ממנו
1QS 5.15 ממנו בכול דבר כיא כן כתוב
1QS 5.17 אשר נשמה באפו כיא במה נחשב
1QS 5.17 במה נחשב הואה כיא : כול אשר
1QS 5.19 מעשי : הבל כיא הבל כול
1QS 5.26 [ ]ל[ ]לבבו כיא ביום(ור)
1QS 6.4 לכול דבר והיה כיא יערוכו
1QS 9.1 ימים : כיא על ( )
1QS 10.2 אשמורי חושכ כיא יפתח אוצרו
1QS 10.16 היום ואדעה כיא בידו משפט
1QS 10.18 בטוב ארדפ גבר כיא את אל משפט
1QS 11.2 ומקני הון כיא אני לאל
1QS 11.3 ימח פשעי כיא ממקור דעתו
1QS 11.4 לוא יזד עזרע כיא אמת אל
1QS 11.10 והולדי חושכ כיא לאדם דרכו
1QS 11.10 לוא יכין צעדו כיא לאל המשפט
1QS 11.17 לפניכה לעד כיא מבלעדיכה
1QSa 2.8 א[נ]ושי השם כיא מלאכי :
1QSa 2.10 ל]א יבוא האיש כיא מנוגע :
1QSa 2.19 לפני הכוהן כיא[מ]ברך
1QSb 3.20] דורשהו כיא אל הכין
1QSb 4.26 ולכול קצי נצח כיא : [
1QSb 4.28 לקודש קודשים כיא [תק]דש
1QSb 5.27 כטיט חוצות כיא אל הקימכה
3Q9 1 1.4 אשמ[:] כיא[
4Q176 1+ 1.5 צבא]ה כיא : נרצה
4Q176 1+ 1.6 נרצה עוונה כיא לקחה מיד
4Q176 1+ 2.2 פצחו הרים כיא נחם אלה[ים
4Q176 3 1.2 יה[וה : תיר]א כיא גאלתיך [:
4Q176 4+ 1.5 הא]רץ :]כיא[
4Q176 8+ 1.2 עיר הקודש כיא : [
4Q176 8+ 1.5 כי]א לא תחפירי
4Q176 8+ 1.5 לא תחפירי כיא בשת :
4Q176 8+ 1.7 [הא]רץ יקרא כיא כאשה עזובה
4Q176 8+ 1.8 ואשת נעורים כיא[ת]מאס אמר
4Q176 22 1.2 ב<מ>קדוש[:]כיא הוא ברא את
4Q176 41 1.1 כיא[:]ל[
4Q184 1 1.9 תומכי בה כיא דרכיה דרכי
4Q401 14 1.5 [:] [כיא נכבדת ב[
4Q402 4 1.8 בק[:] כיא לאלוהי
4Q402 4 1.12 עשה פל[א :]כיא מאלוהי דעת
4Q403 1 1.34 מרומי רום כיא הו[א
4Q403 1 1.38 למ[ל]ך ההוד כיא לכבודו
4Q405 23 1.5 משאי כול כיא אלוהי
4Q405 23 1.12 לוא ישפל[ו] כ[י]א ירחם
4Q406 1 1.2]ם כיא ממעונ[
4Q501 1 1.1 לבני נכר זכור כיא: [
4Q503 1+ 2.14 כ[בוד] : כיא ה[יו]ם[
4Q503 39 1.2 אתחב˙˙ו˙> כיא שלושה עש[ר

4Q504 1+R 2.9 ולמען בריתכה כיא כפר מושה :
4Q504 1+R 2.12 לעני גוים כיא נקר<א>
4Q504 1+R 2.14]מימין ושמאול כיא תרפאנו
4Q504 1+R 3.5 כול הגוים כיא קרתה :
4Q504 1+R 3.9]מת בריתכה כיא אותנו
4Q504 1+R 3.14 הימים כיא]
4Q504 1+R 3.15] : ומלכינו כיא]
4Q504 1+R 4.4 שם לעולם כיא אהבתה : את
4Q504 1+R 5.4 על אויביהמה כיא] נש]פכה
4Q504 1+R 5.8 בריתכה אתם כיא אתה : אל
4Q504 1+R 5.15 מושה עבדכה : [כי]א יצקתה את
4Q504 1+R 5.18 בחמת המציק כיא גם :
4Q504 1+R 6.3 הצדקה כיא : אתה
4Q504 1+R 6.8 את אויבינו> כיא אתה :
4Q504 4 1.4] כי]א] אתה אל
4Q504 5 2.4 [ז]כור אדוני כיא ש˙[
4Q504 6 1.6 ז]כור נא כיא עמכה כולנו
4Q504 6 1.13 עב[דכה :]כיא אתה ה[:
4Q504 8R 1.1 אד[ו]נ[י]כיא מעמ[:
4Q504 13 1.3]ל מ˙[:]ה כיא[:]ר ד˙[
4Q506 132 1.3 [לב]בם כי]א[
4Q509 17 1.1]ורתם כיא[: ר]חמנו
4Q511 1 1.6]ישועות : כיא א[ין]
4Q511 1 1.7 לו יתהלכו בם כיא הופיע כבוד
4Q511 2 1.10 בגורל עם כמאו כיא אלוהי : [
4Q511 3 1.1]בעולמ[י]ם כיא[:
4Q511 8 1.10 [ל]אל כיא [: ב]בתי
4Q511 11 1.9 ˙[: עו]למים כיא אחרו[[:]
4Q511 15 1.3 מ]אודם כיא ˙[: ל]פני
4Q511 18 2.6 ˙ה עבודת רשעה כיא : א[לו]הים
4Q511 18 2.7 מעשי נדה שנתי כיא : האיר
4Q511 18 2.10 פשעי : אשמתי כיא אלוהים
4Q511 22 1.2 [כיא עם כול :]
4Q511 28+ 1.2 וא[ני אורכ]ה כיא למען
4Q511 36 1.3 [:]לפדויים כיא אלוהי[ם :
4Q511 42 1.8 מחשבתכה[:]˙ כיא בידכה
4Q511 44+ 1.1 כיא לצדיקים [
4Q511 48+ 1.1 בעצת אל כיא[ ]ת
4Q511 48+ 1.3]פי טמאה כיא בתכמי :
4Q511 52+ 1.4 מלך הכב[ו]ד כיא מאתכה
4Q511 56 1.2 ˙˙˙˙[:]רתי כיא[:]˙
4Q511 63 3.1 לשוני צדקכה כיא פתחתה
4Q511 133 1.1]כיא אל[:]˙
4Q512 39 2.2 ש[מכה: כיא טהרתני
4Q512 34 1.17 הנדה [ ]˙ה כיא[
4Q512 1+ 1.10 ע]ולמ[ים] כיא : [
4Q513 2 2.1 בטהרת [הקו]דש כיא טמאים[
4Q513 32 1.2]נחלת[:]כיא בלוא[:
4AgCr 2+ 2.9]וארא̇ה כיא הכול[:˙[
4pHs[a] 1.12 בקצי חרון כיא
4pHs[a] 1.15 הרא]ישון כיא : [
4pIs[a] 1 1.29]˙ הכוהנים כיא הוא[ה
4pIs[a] 2+ 2.5]כיא[ ]בי
4pIs[c] 1 1.2 [ ]: כי]א הואה א[שר
4pIs[c] 6+ 2.1] [כיא יבצע[
4pIs[c] 8+ 1.12] כו]לך כיא נשבר שבט[
4pIs[c] 15+ 1.4 כ]יא ח[תום
4pIs[c] 23 2.3 [: [כי]א כ[ו]ה אמר
4pIs[c] 23 2.5 לוא כיא על סוס
4pIs[c] 23 2.9 לרחמכמה כיא אלוהי משפט
4pIs[c] 23 2.13 [: לב כיא לדוש˙]
4pIs[c] 23 2.15 [: כיא עם בציון [
4pIs[c] 23 2.19 [: כיא תימ[ינו
4pIs[c] 25 1.6 [: [כ]יא רב ועל
4pIs[c] 25 1.6 רב ועל פרשים כיא עצמ[ו
4pIs[d] 2 1.2]ע˙[ ]וד כיא אל כול[:
4pPs[a] 1+ 1.27 באמרי : שקר כיא בחרו בקלות
4pPs[a] 1+ 2.2 תחר אך להרע כיא מרעים
4pPs[a] 1+ 2.3 לשוב מרעתם כיא כול הממרים
4pPs[a] 1+ 2.13]יהוה ישחק לו כיא ראה : כיא
4pPs[a] 1+ 2.14 לו כיא ראה : כיא בא יומו

4pPs[a] 1+ 2.24]˙ה : לרעות כיא אזרוע[ות
4pPs[a] 1+ 3.2 רעב יש[בע]ו כיא רשעים :
4pPs[a] 1+ 3.9 חונן ונותן כיא מבורכ[ו
4pPs[a] 1+ 3.14 לעולם : כיא מיהו[ה
4pPs[a] 1+ 3.14 וד]רכו יחפץ כיא י[פו]ל[:
4pPs[a] 1+ 3.15 יוטל כיא י[הוה
4pPs[a] 1+ 3.16 בו אל לעמוד כ[יא]הכינו
4pPs[a] 1+ 4.25]˙˙ קודש כיא : [
4QBer 10 2.4 נדת [ט]מאתמה כיא[גור]ל
4QCat[a] 2+ 1.10 ה]גיד כיא לעולם
4QCat[a] 5+ 1.4 כן יעמוד[:]כיא כולם
4QCat[a] 8 1.3 ערומי ˙[:] כיא לוא עם מ[
4QCat[a] 10+ 1.5 דורש התורה כיא אין :]איש
4QCat[a] 12+ 1.2 תו[כיחני כי]א אמלל אני
4QCat[a] 12+ 1.5 צדיקים בעיר כיא רוח אמת ה
4QCat[a] 12+ 1.5 אמת ה˙[כי]א אין : [
4QCat[a] 15 1.2 ידיהם[: כיא ה[
4QCat[a] 20 1.2]˙[:]ם כיא[:]מזוקק[:
4QFl 1+ 1.4 וגר עד עולם כיא קדושי שם :
4QFl 1+ 1.10 לכה יהוה כיא בית יבנה
4QFl 5 1.3 י]דע כיא הואה מ˙[:
4QFl 6+ 1.4 הא[מר : יד]ע כיא [
4QFl 8 1.2 [:]ארץ כיא ה[: אמ]ר
4QFl 14 1.3]לאחרית ה[:]כיא המה[
4QFl 15 1.3 (ה)עמי[:]ה כיא זרע[
4QM1 1+ 1.10 אתמה למלחמה כיא מלאכי קודש
4QM1 1+ 1.18]כ[יא]אלה
4QM1 10 2.15 באלים ובאנשים כיא לוא ˙[
4QM1 10 2.16 בשר כאם עפה כיא עתה חר[
4QM1 11 1.13 ולוא יבוא ביא כיא אני ישבתי
4QM1 11 1.18 במשפטי : כ]יא אניא עם
4QM1 11 2.13 [: כיא מאז שמעתם
4QM1 13 1.7 רוח ביניהמה כיא [:]ל[ ]
4QM2 1 1.1 [לג]בורים כי[א
4QOrd 2+ 1.7 כתונת אשה כיא [ת]ועבה
4VSam 1 1.1 כ]יא נשב[עתי
4VSam 3+ 2.1 כוח עד זואת כיא :]קוו
4VSam 3+ 2.3 סלע למרואש כיא תהלתכה :
4VSam 3+ 2.6 י]בינו רבים כיא עמכה הואה[
4VSam 6 1.2 להמה ות˙[: כי]א אתה
5apMl 1 1.3 בבהמת[:]כיא מלך גדול
6QHym 16 1.2]ד˙[:]˙ כיא[
6QHym 20 1.2 ותפארת [:]כיא לכה המ[:
11Ber 1 1.13 בארצכם כיא אל עמכם
11Mel 1 1.12 מושה כיא ד[בר]˙[
11Mel 1+ 2.5 מלכי צדק כי[א
11Mel 1+ 2.8 גורל]ותמה כיא : הואה הקץ
11QT 45.11 וטמאו : ואיש כיא ישכב עם
11QT 66.6 לנערה חטא מות כיא כאשר יקום
MasSS 1.6 צד]ק מה יזום כיא ממעשי

4QM6 15 1.4 ו[לוא : כי]אה ק[דושים

1QS[a] 1.10 למשכבי זכר כיאם לפי
4Q504 1+R 4.13 שמ] : ופגע רע כיאם שלום

4Q487 24 1.2]˙[: כי]בוד לב ˙[:

11tgJ 9.1 והתכ]פפו כיבלא

CD 11.4 בגז כי אם : כיבסו במים או

4Q503 33 2.3]נו ח˙[ ]כיום[: בשמחתו
4Q504 1+R 6.4 כול אלה ועתה כיום הזה : אשר

1QH 7.21 מופת ויפצו פה כיונ[
CD 7.15 מלככם : ואת כיון צלמיכם

11QT 36.10 באמה ומקורה כיור : ארז

1QH 3.14 ויושבי עפר : כיורדי ימים

1QS 8.15 מושה לעשות ככול הנגלה עת
1QS 9.3 אלה בישראל ככול התכונים
1QS 9.13 את רצון אל ככול הנגלה לעת
4Q503 153 1.2]בודו[: כ]כול ·[
4Q504 1+R 5.14 בקולכה : [כ]כול אשר
4QM1 1+ 1.19 מל[חמה] : ככול הסרך [
4QM1 4 1.3 לה[:]ככול המשפט[י]ם
11QT 31.9 ומעלותיו ועשה ככול אשר אנוכי
11QT 53.15 יחל דבריו ככול היוצא
11QT 54.5 יקומו עליה ככול אשר יצא
11QT 56.6 לעשות : ככול אשר
11QT 56.13 עלי מלך ככול הגואים
11QT 59.10 ובכול נפשמה ככול דברי
11QT 60.14 לשכן : שמי ככול אחיו
11QT 62.16 ילמדוכה לעשות ככול התועבות

4Q370 1.3 וישפטם יהוה כ[כ]ל דרכיהם

11QT 62.4 כלבבו ויהי ככלות השופטים

4Q405 20+ 2.2]·[ ] מושב ככסא מלכותו

11tgJ 33.9 ירים קנ[ה כ]כפא ישכון

3Q15 1.15 ארבעין : [כ]כר : בבור
4QOrd 1 2.8 האלף מאת ככר לשלישית

11QT 9.11 ומלקחיה כולה ככרים : [

3Q15 1.4 וכלוה: משקל ככרין שבעשרה:
3Q15 1.8 הפתח העליון ככרין תשע מאת
3Q15 2.2 שתחת המעלות : ככרין : במערת
3Q15 2.6 כלין וכסף ככרין שבעין :
3Q15 2.9 ובמזקא שבו ככרין עסר :
3Q15 2.15 ·· ארבע : ככרין : בחצ[ר
3Q15 7.7 [ואר]בע : ככרין ארבע
3Q15 7.16 כב זהב ככרין שתים :
3Q15 10.7 עסר כסף : ככרין ששין
3Q15 10.10 הו הפתח ככרין שלש מאות
3Q15 12.1 זהב כב ככרין ששין
3Q15 12.3 תחת סף : הבור ככרין : בהר
3Q15 12.7 דמע וכסף הכל ככרין שש מאות
3Q15 12.9 הכל משקל ככרין

1Q23 3 1.1]כל מנה[:]
1Q23 15 1.3]שגי[א : כ]ל די[
1Q23 20 1.4 עלמין ·[:] כל בני [:]תו
1Q29 2 1.1]כל[: הא]בן
1Q38 4 1.4 [: עש]יתה כל אל[ה :
1Q41 3 1.1]כל הארץ [:]
1pHab 5.5 יאשמו כל רשעי עמו
1QH 2.15 קנאה לנגד כל דורשי חל[
1QH 2.34 וחרפה בפי כל דורשי רמיה
1QH 3.26 מצעדי : בהפתח כל פחי שחת
1QH 4.12 אתה אל תנאץ כל מחשבת :
1QH 2 1.11 כל[:] ומאור
1QH 12 1.3]·להק ·ש· בפי כל מעש·· ·מל·[
1QM 4.11 יכתובו עם כל סרכם ובגשתם
1QNo 5 1.2]· ח[: א]ת כל ה[:]ל·[
1QNo 11 1.1 כ]ל בני[:]ל
2apPr 1 1.4]·ר תעשו כל:]בחרב
2apPr 6 1.2 יתמל[א :]כל מסלות[:
3Q11 1 1.3 וב[:]·שרי כל א·[:]ל[
3Q15 3.4 קסאות כל שש מאות
3Q15 9.16 גר פלע : כל שבה חרם :
3Q15 12.6 של בית שם כל כסף וכלי
3Q15 12.12 ופרוט כל : אחד
4Q156 2.6 עלוהי כל[[
4Q185 1+ 3.12 וי·[: אל כל חדרי בטן
4Q185 3 1.2 אל]הים יבחן כל··[:]·עשה
4Q370 1.1 טוב השביע כל נפש כל אשר

1QH 8.28]מה עלי כיורדי שאול

1QH 8.16 אלי שמתה בפי כיורה גשם

4pIs[c] 23 2.14 [: <כיחכה איש

4Q502 59 1.1]כים לה[:]·ל[

11tgJ 31.8]ע·[ ]כימא או סיג

4Q176 8+ 1.10 גואלך ···· כימי נוח זות
4Q487 1 1.5 חוקיו:]עו כימי:]ל[: מ·[

4Q487 16 1.1]··[ ]כין לא[:]מה
5Q13 2 1.1]·כין

1QH 15 1.6 אדוני א[ ]כינותה ש

2apPr 4 1.3 [: א]ויב כים [:]ו שו[

4Q504 1+R 3.6 בכורי ותיסרנו כיסר איש את :
4Q504 6 1.15 ולוא תנק[ה :]כיסר איש[:

4Q370 1.5]·ים כלם כיעבר [

4Q381 76+ 1.2]ם לבני אדם כיצר מחשב[ות :

4pPs[a] 1+ 3.5 <ואוהבי יהוה כיקר כורים

3Q15 3.7 שש עסרה כסף : כב: בשית שבמלה
3Q15 3.13 המ : דף שלוש כב : בבור
3Q15 4.2 בצפונו כב[ ] : באמא
3Q15 4.5 ואח]ת כסף : כב: בין שני
3Q15 4.10 העצ : לא כסף כב מאתין :
3Q15 4.12 כח : לת כסף כב שבעין :
3Q15 4.14 אמת כסף כב : ברוש אמת
3Q15 5.4] : ש כסף כב : בסדק
3Q15 5.11 שלוש כסף כב : בקרב
3Q15 5.14 חפור אמות שבע כב : [ב]מערת
3Q15 6.6 אחד תחתו : כב : במערא של
3Q15 6.10 אמות תשע כב : במשכן
3Q15 6.13 שתים עסרה כב : ביגר
3Q15 7.2] : תשע כב[ ] : באמא
3Q15 7.13 אמות שבע : כב : על פי
3Q15 7.16 עד המור : כב זהב
3Q15 8.7 כסף : וזהב כב : ביגר של
3Q15 8.9 אמות שלוש כב : בשלף של
3Q15 8.13 עשרין וארבע כב : ברוי של
3Q15 8.16 עסרה : כסף כב : בשובך
3Q15 9.6 דם הצא כב : בצריחי
3Q15 9.9 שש עסרה : כב: בקובעה כף
3Q15 9.13 שבע כב : בשית
3Q15 10.2 מלמעלא כב : בכירגר
3Q15 10.4 הגדול בקרקעו כב : באשיח
3Q15 10.14 שתין עסרה : כב: בי<ם> בית
3Q15 10.16 השקת כב : [ ]ה
3Q15 11.8 שתחת הסבין כב : בקבר בני
3Q15 12.1 מאות : זהב כב ככרין
3Q15 12.5 וכלכליה וכסף כב : בפי המבוע
CD 19.1 לאלפי דורות: כב שומר הברית

1QS 2.19 אמן אמן : ככה יעשו שנה
4QM1 17 1.5 ואח[:]וברכה ככה יעשו ע[ל :
11QT 1 28.11 כ]כה יעשו ל[
11QT 43.5 לשנה אחרת כי ככה יהיו

1QM 7.17 ומערכה יצאו ככול הס[רך
1QM 15.6 כול המערכות ככו[ל
1QS 1.17 אל לעשות : ככול אשר צוה
1QS 5.8 אל תורת מושה ככול אשר צוה
1QS 5.20 בברית לעשות ככול החוקים

CD 1.1 ועתה שמעו כל יודעי צדק
CD 1.2 כי ריב לו עם כל בשר ומשפט
CD 2.1 בעדתם להשם את כל המונם
CD 2.2 ועתה שמעו אלי כל באי ברית
CD 2.6 בלהבי אש : בי כל מלאכי חבל
CD 2.20 כי נפלו : כל בשר אשר היה
CD 3.14 אשר תעו בם כל ישראל
CD 7.4 הבדיל אל להם כל המתהלכים :
CD 7.5 קדש על פי כל יסורו ברית
CD 7.20 השבט הוא נשיא כל העדה ובעמדו
CD 7.21 וקרקר : את כל בני שת
CD 8.1 לחרב וכן משפט כל באי בריתו
CD 8.4 למרפא וידקמום כל מורדים מאשר
CD 8.21 נערו כל האנשים אשר
CD 19.33 לבם [ ]ז כל האנשים אשר
CD 20.8 כי ארורהו כל קדושי עליון
CD 20.14 היחיד עד תם כל אנשי המלחמה
CD 20.26 המחנה ועמהם כל מרשיעי :
CD 20.34 ויתגברו : על כל בני תבל
CD 9.1 כל אדם אשר
CD 9.13 יגיד ואשם : כל אשם מושב
CD 9.14 הכל וכן כל אבדה
CD 9.16 הם ישמרו כל דבר אשר
CD 10.18 אל ישה ברעהו כל אל ישפוכו
CD 11.2 ואל ישאב אל : כל כל אל
CD 11.2 ישאב אל : כל כל אל ישלח
CD 12.2 בנדתם כל <איש> אשר
CD 12.7 אל ישא מהונם כל בעבור אשר
CD 12.12 הדבורים עד כל נפש : החיה
CD 12.21 להתהלך בם עם כל חי למשפט עת
CD 13.4 ולבוא על פיהו כל באי המחנה
CD 13.10 עדרו : יתר כל חרצובות
CD 14.3 וסרך מושב כל המחנות
CD 14.12 הרבים להכין כל חפציהם שכר
CD 14.16 אין לה דורש כל עבודת החבר
CD 16.1 עמכם ברית ועם כל ישראל על כן
CD 16.7 להקים כל שבועת אסר
CD 16.8 אל יפדהו כל אשר :
MasSS 1.2 דברי דעת נהיו כל הוי עד

4Q511 60 1.3 רוח[י :]חי כלא[:]˙את]
11tgJ 37.3 אלהא ידעת די כלא : תכול
CD 2.20 כי גוע ויהיו כלא היו בעשותם

11QT 62.4 את לבב אחיו כלבבו ויהי

11tgJ 15.5 מלמהוא עם כלבי ע[ני :

3Q15 12.8 של הברך כלבית הברך :

1Q34b 3 1.6 וב[וג]דים :]כלה בכל מענינו
1QH 3.36 ולא תשוב עד כלה ונחרצה לעד
1QH 5.34 בדמעות אין כלה כי עששו
1QH 6.3 לאין חקר כלה לאי[ן :
1QH 6.19 אשמה עד כלה והמה נצמדי
1QH 12.14 חסד וקנאת כלה והשב[:]˙
1QH 3 1.8 ידע למ[:]ר כלה ופח לפח
1QM 1.10 לו מאז למלחמת כלה לבני חושך
1QM 9.6 האויב לרדף כלה והרכב :
1QM 18.12 אויבינו למגפת כלה ועתה היום
1QS 2.6 ויפקוד אחריכה כלה ביד כול
1QS 4.13 עד עם כלמת כלה באש מחשכים
4Q379 12 1.8 חמים :]ל˙˙˙כלה[ ]ל˙
4QBer 10 2.10] כל]מות כלה ל[אין
4QMl 1+ 1.14]ם במלחמות כלה והיו כול
4QMl 17 1.6 ע[ל :]לשרפת כ[לה :
4QTehb 3 1.6] : בפקדו כל[ה
4Tstm 1.21 בעת אשר כלה ישוע להלל

4QMes 1.4 בעלימותה להוה כלהו[ן]

4Q370 1.1 השביע כל נפש כל אשר עשה
4Q370 1.3 בכח[ו וי]נעו כל : מוסדי
4Q370 1.4 נבקעו מתהמות כל ארבות השמים
4Q370 1.4 נפתחו ופצו כל תהמו[ת
4Q370 1.6 על כן נ[מחו] כל אש[ר ב]חרבה
4Q370 1.6]צפר כל כנף
4Q374 2 1.4]˙[:]כל הרצות:]˙
4Q374 2 2.5 בארץ חטרות כל הארצות בדי[
4Q374 9 1.5]הרו מן ה˙[: כ]ל אשר ˙[
4Q374 10 1.3] אתה ואין כל[:]מחלבי
4Q379 12 1.6 מלא מי[ם] על כל גדותיו
4Q380 1 1.8 יהוה וישמעו כל תהלת[ו :
4Q380 2 1.3]יחרדו כל יוסדו בו[:
4Q380 6 1.1] נחל כל ע˙˙[:]
4Q381 1 1.6 ולפי דבריו ˙˙˙כל [: את
4Q381 1 1.9 להם לאכל חלבי כל וגם[:]מש
4Q381 24 1.11]˙[ ]˙˙˙כל [.
4Q381 29 1.3 אפך <יאבדו> כל בש[ר :
4Q381 31 1.2]˙ לנפי כל [: כ]ל
4Q381 31 1.3 לנפי כל [: כ]ל דרכו
4Q381 31 1.9]כל עמך לג[
4Q381 46 1.5 וב]חנת כל ובחרים
4Q381 48 1.9 [:]לב נמגו כל [:]עבד[
4Q381 69 1.2 עמי [הא]רץ :]כל הארץ לנדת
4Q381 76+ 1.16 ולעליון על כל גוי הארץ
4Q381 97 1.2 [:]ני כי כל[:]
4Q403 1 1.10 ל[ול]˙כל[
4Q403 1 1.38 בין : הודו כל אלי הוד
4Q404 21 1.1]כל ב[:]˙˙˙[
4Q405 49 1.2]ה[:]כל צבע[:
4Q503 90 1.1]ם כל[:]אל
4Q509 193 1.2] טמאה [:]˙כל בא [
4Q512 205 1.1]כל א[
4AgCr 1 1.9 ולהנחיל רשעה כל˙[:]˙
4AgCr 2+ 2.7 ˙עת˙[:]שה כל ˙˙˙˙לא אד˙[
4apLm 1 1.2]˙[:]שר כל עוונותינו
4apLm 1 1.3 יהודה לקרותנו כל אלה ברוע [
4apLm 1 1.10]˙ הוי כל ארמונותיה
4apLm 1 1.11 מועד אין בם כל ערי :
4apLm 2 1.5] :]˙ים שרתי כל לאומ[ים]
4apLm 2 1.6 [בע]ל[ה] כל ארמונתיה
4pIsc 2 1.3] על כל אפיקו והלך
4pIsc 2 1.3 אפיקו והלך על כל גדו[תו
4pN 1+ 2.3 פ]שרו הים הם כל הכ[תיים
4pN 3+ 4.2 ירוטשו בראש כל חוצות ועל
4QFl 20 1.1]˙את כל[
4QM6 99 1.2]˙˙˙[:]˙ל כל˙ל[ ]˙˙[
4QPsf 2 8.8 ציון מעל כל: תבל פעמים
4QPsf 2 9.6 בא לשפט את : כל מע[ש]ה
4QPsf 2 10.6 יהללו <נא> כל כוכבי נשף :
4Tstz 1 1.1 זרעך וישתארון כל צדיקיא
4Tstz 1 1.4 יקריא כי לא[: כ]ל עקתי וכל
5Q16 2 1.1]ם כל בא[:]זדון
5QJN 1 1.9 ע]ל כל תרע ותרע
5QJN 1 2.8 עשרה וכדן כל תוניא [
5QJN 2 1.2]˙א כוין [:] כל בתיא די
5QJN 5 1.2]˙˙[:]כל ת˙[:
6apSK 36 1.2]ם[:]עון כי כל[:]שתי[
6apSK 40 1.2]˙˙ ש˙[:] כל ˙[
6QHym 7 1.4]ם ל[:]כל [:]ל[
6QPro 13 1.2]ן לו [:] כל˙[
11tgJ 2.8 יסגא[ונני : כל אנש די[:
11tgJ 22.5 רגלי וסכר כ[ל :] ארו רב
11tgJ 28.2] : חזו ה[מון כ]ל אנשא עלוהי
11tgJ 29.3 לעבדיהון : על כל די ברא
11tgJ 30.5 כחדה כל מלאכי אלהא
11tgJ 32.7 למ˙[ו]בתר כל ירוק : ירדף
11tgJ 34.7 חמת רגזך וחזא כל גאה והשפלה
11tgJ 37.2 והוא מלך על כל רחש : ענא
11tgJ 38.5 לות : איוב כל רחמוהי וכל
11tgJ 38.6 ונחמוהי על כל באישתה די :

4QBer 10 2.10 שח]ת : [כל]מות כלה

1QS 4.13 וחרפת : עד עם כלמת כלה באש

1QM 11.10 רוח תבעיר כלפיד אש בעמיר

3Q15 9.12 נכו ב : מרח כלפיהם חפור

1QM 4.12 אל גבורת אל כלת אל בכול
4Q379 22 2.7 ˙˙[: בעת אשר כ[ל]ת יש[וע]
4Q405 23 1.12 במסשלת עברת כל[ת חרו]נו

1Myst 9+ 1.2]כם מה הוא ב˙[
1QS[b] 3.3]˙˙ כמ˙[ ]בו :
4Q185 1+ 2.3 תתנו : [ ]כם לשא˙[
4Q381 69 1.5 אתכם : <] כם מן שמים ירד

1apGn 20.3 לה שער ראישה כמא יאין להין
1apGn 20.4 אנפיהא [ ] כמא יאא לה
1apGn 20.4 שפירן וידיהא כמא : כלילן
1apGn 20.5 מחזה ידיהא כמא יאין כפיה
1apGn 20.6 רגליהא : כמא שפירן וכמא

4Q511 158 1.2]שו ת[:]פר כמב[

1QH 47 1.5 יבוא כי˙[: כמבניתי ותכמ[

1QH 7.8 ותשימני כמגדל עוז

11QPs 18.8 עליון : ירצה כמגיש מנחה

4apLm 1 1.12]נחלתנו היתה כמדבר ארץ לוא

11QT 40.8 לכול רוח ורוח כמדה הזאות :
11QT 40.15 עד שער לוי : כמדה הז<ו>את
11QT 40.15 עד שער יהודה כמדה הזואת

11QPs 18.9 ובני בקר : כמדשן מזבח

11QT 5.4 שלוש[:]בה כמדת[:]ה
11QT 33.8 בית ה[כ]יו[ר] כמדת [
11QT 33.10 זה נוכח זה כמדת שער[י]
11QT 42.10 ושלישיות כמדת התחתונות

1apGn 20.2] כמה נצ[י]ח
4Q381 1 1.2 ידעון יהוה כמה גב[ור:
4QMl 1+ 1.4]כמה ובשנ[
11QPs 18.13 להודיע עוזו : כמה רחקה
11QPs 22.8 אליך נלוו : כמה קוו

4Q381 76+ 1.14 ונפלא ואין כמהו הוא בחר
CD 3.19 אשר לא עמד כמהו למלפנים
CD 6.21 את אחיהו : כמהו ולהחזיק

1QH 3.7]אהיה בצוקה כמו אשת לדה

1QH 3.36 לעד ואפס כמוה : אודכה
1QM 1.12 לוא נהיתה כמוה מחושה עד
4pIs[a] 2+ 2.28 [ ]דה ואין כמוה ובכול ערי

1QM 18.10 לוא נהיתה כמוהה <כ>ו<א>

1QS 7.25 והיה משפטו כמוהו לשל[ח :
11QT 2.10 [ ]חרם כמוהו שקץ

4Q511 2 2.8 יעדם ל[: כמוהם וטמאים

4Q381 44 1.4 בו כי אין כמ[וך :]ל

1QH 7.28 לנעוי לב : מי כמוכה באלים
1QM 10.8 מאויביכם מיא כמוכה אל ישראל

1QH 9.5 כנחלי מים כלו למנוח
1QH 9.41] השבת˙[:]˙כלו והלל[:]˙
1QH 14.19 סודי לפי :]כלו אגישנו
4pPs[a] 1+ 3.7 בתוך עדריהם : כלו בעשן כולו

1QH 11.22 מרורים עד כלות עולה וא[
1QM 11.11 לוא תשוב עד : כלות אשמה ומאז

4Q185 1+ 3.12 בפן ויחפש כלותו[: לשון

1QM 3.9 ישוב אפו עד כלותם : ובשובם
1QM 8.1 אנשי הקלע עד כלותם להשליך
1QS 4.14 חושב עד : כלותם לאין
4Q176 23 1.3 להיות[:]כלותם[ ]ל[ ]

1QH 2.26 סבבום בכל : כלי מלחמותם
1QH 5.23 ו[ ]כלי לחמי : עלי
1QH 6.31 עולם להוציא כלי מלחמות
1QM 17.1 מצרף ישנן כלי מלחמתה
3Q15 1.9 בתל של כחלת כלי דמע בלגין
3Q15 3.2 מית אמות תשע כלי כסף וזהב
3Q15 3.9 מבצפונו : כלי דמע לכושי
3Q15 8.3 שמזרח אחזר : כלי דמע וספרין
3Q15 11.1 מקצועות זהב כלי דמע בתכן
3Q15 11.4 האכסדרן : כלי דמע סוח
3Q15 11.10 הירחי : בו כלי דמע אז דמע
3Q15 11.14 לימומית : שלו כלי דם לאה
4Q379 22 2.11 להיות שניהם כלי חמס ושבו
4Q402 4 1.8 לאלוהי אלים [כל]י מ[ל]חמו[ת
4Q503 1+ 2.9]תסוב<ו>ת כלי אור[
4Q504 15 2.2]רו : כי[: כלי[
4pIs[c] 25 1.3 ו]זרם כלי מלחמה המה[
4QOrd 2+ 1.6 רמה אל יהיו כלי גבר על אשה
4Tstm 1.25 לה]יות שניהמה כלי חמס ושבו
6QPro 1 1.1]כלי
11QT 49.15 ומדוכה : וכול כלי עץ ברזל
11QT 50.17 להמה וכול כלי : חרש
CD 6.8 ישעיה מוציא כלי למעשיהו
CD 10.12 אל יטהר במה כלי וכל גבא
CD 11.9 אליה אל פתח כלי טוח בשבת
CD 12.17 בם וכל כלי ~~טמפר~~ מסמר
CD 12.18 בטמאת אחד כלי מעשה : סרך

11QT 3.8] ו(י)את כול כליו יעשו זהב
11QT 49.14 הבית ואת כול כליו רחים
11QT 50.12 יטמא : וכול כליו שבעת ימים

4pIs[a] 2+ 2.7] כ[ליון חר]וץ

11QT 55.9 ואת כול שללה כליל ליהוה :

4Q405 23 1.5 בול כיא אלוהי כלילו : [
4Q405 23 1.6]˙ כלילו הללוהו

1apGn 20.5 וידיהא כמא : כלילן ו[חמיד]

11QT 49.15 ונחושת וכול כלים אשר יש

3Q15 2.6 בור ב[ו] כלין וכסף
3Q15 2.8 חש עסרא בו כלין : ובמזקא

11tgJ 11.2 אלהא ועבד : כ]לכון חזיתון

4Q370 1.5 [ ]˙ים כלם כיעבר [
4Q512 67 1.1]˙כלם כול י[מי :
CD 5.13 הם מדברים בם כלם קדחי אש
CD 14.3 המחנות יפקדו כלם בשמותיהם

1apGn 21.20 די בחברון : כלמדנח צפון

1QH 7.10 בריתכה ולשוני כלמודיך : ואין

1QH 18.13 על֯[: אשה כמעשיו ולפתח
4QPs[f] 2 8.5 כדרכו : אנוש כמ[עשיו י]שתלם
11QPs 22.10 אדם כדרכו איש כמעשיו ישתלם

1QM 10.8 אשר יעשה כמעשיכה

1QM 11.4 רחמיכה ולוא כמעשינו אשר

CD 6.19 יום התענית כמצאת באי

CD 7.2 איש את אחיהו כמצוה ולא

11QPs 18.8 כמגיש מנחה כמקריב עתודים

4Q403 1 2.6 א[לו]הים <כ>מראי גחלי[
4Q405 20+ 2.10 [ג]לגלי כבודו כמראי אש רוחות

1QM 5.11 בכור ומלובן כמראת פנים

1QH 9.36 ותגל : עליהם כמרחמת על עולה

4apLm 1 2.3 עם המתים ֯[: כמשונאה יש֯[:

5QJN 1 2.4] : תרעין כמשחה ועמוד

5QJN 1 2.2 לגוא פרזיתא כמשחת תרעא

CD 19.15 היו שרי יהודה כמשיגי : גבול

4apLm 2 1.8]֯יה כמשכלות :

4Q514 1 1.10 את לחמם : כמ[שפה

4QCat[a] 2+ 1.3 [:]֯ נהיה כמש[פחות:]֯

4Q514 1 1.6 יאכלו את לחמם כמשפט ה[ט]הרה
4Q514 1 1.10 את לחמם : כמ[שפט
4QM3 1 1.12] : המא[סף]כמש[פט
11QT 15.3 שבעה וש[עיר : כמשפט הזה [:
11QT 15.9 ומנחתו ונסכו כמ[שפט : לחם
11QT 17.15 ונסכמה : [כמש]פט לפרים
11QT 18.5 ונ]סכו כמשפט עשרון
11QT 19.4]כמשפט והניפ[ו
11QT 20.9 קרב עמה נסך כ[משפט] :]
11QT 28.8 ומנחתם ונסכם כמשפט לפרים :
11QT 50.7 ואם לוא יטהר כמשפט התורה
11QT 50.17 מעשה עזים כמשפט התורה
CD 7.2 מן הזונות : כמשפט להוכיח
CD 20.10 התורה: כמשפט רעיהם
CD 12.3 ודבר סרה כמשפט האוב

CD 10.14 הש[ב]ת לשמרה כמשפטה

CD 7.3 מכל הטמאות כמשפטם ולא
CD 14.8 התורה לדברם כמשפטם

11QT 22.10 יהיה למנה כמשפטמה
11QT 25.6 ונסכיהמה כמשפטמ[ה :]
11QT 25.15 ונסכמה : כמשפטמה לפר
11QT 27.3 ואת[כמש]פטמה : על
11QT 28.5 ינסכ]מה : כמשפטמה לפרים

11QT 23.5 ונסכמה כמ[שפש :]

4pIs[c] 39 1.1]כמתם[:]שלת֯]

1apGn 21.10 וסלקת למחרתי כן לרמת חצור
1Myst 1 1.6 וא[יננ]ו עוד כן יתם הרשע
1Myst 1 2.5 לוא יצלח לכול כן טוב ממונו
1pHab 1.10]על כן תפוג תורה :
1pHab 1.14 ע]ל כן יצא המשפט :

1QM 13.13 ובש]לוטכה מיא כמוכה בכוח אל
4Q504 1+R 2.7 אדני עשה נא כמוכה כגדול
4Tstm 1.5 מקרב אחיהמה כמוכה ונתתי

1QH 18.12 ממכון[: לעפר כמוני ותפתח
1QH 48 1.1]֯ר כמוני [:
4QM1 11 1.16 יש[ ]צערים כמוני ומיא [

1QH 7.23 ובעלי : רבי כמוץ לפני רוח

1pHab 8.4 נפשו והוא כמות לוא ישבע

11QT 15.5] [ויום כמחלקו[תיהמה :

1QS 3.16 לתעודותם כמחשבת כבודו

1pHab 11.1 תגלה להם הדעת כמי : הים לרב
1QS 4.21 עליו רוח אמת כמי נדה מכול
CD 20.4 מעדה : כמי שלא נפל

1pHab 10.14 את כבוד יהוה כמים : יכסו על
1pMic 1+ 1.4 מפנ[י הא]ש כ[מים
1QH 2.28 ואני במוס לבי כמים ותחזק
1QH 4.34 וילכו ברכי : כמים מוגרים
1QH 8.32 מגויתי וינגר כמים לבי וימס
1QH 8.34 בכבל וילכו כמים ברכי ואין
4Q184 4 1.3 ע]מוקי[:]֯ כמים ימלא וא[
4Q379 22 2.14 וש[פכו]* כמי[ם
4Tstm 1.29 ד]ם כמים על חל בת
11QT 52.12 הארץ תשופכנו כמים וכסיתו
11QT 53.5 הארץ תשופכנו כמים וכסיתו :
CD 19.16 עליהם אשפך כמ[ים] עברה:

11tgJ 11.11 ולא איתחד :]כמין באיש[:

1QS[b] 4.25 לרעהו ואתה : כמלאך פנים

1QH 6.22 באשמה[ ]תי כמלה באוניה

1QH 3.14 <כו>למו כמלחים במצולות

11tgJ 3.4 לכן לבבי י[: כמ]לתי אשמע

11tgJ 36.4 בין עינוהי כממחפ[ר]א מן

1apGn 21.14 ואזל : וחזי כמן ארכהא וכמן
1apGn 22.29 איתי לך וחזי כמן כפלין שגיו

CD 19.3 ולקחו נשים כמנהג התורה

4Q381 46 1.5 כל ובחרים כמנחת טהר
11QT 13.15 הער]בים : כמנח[ת ה]בוקר
CD 11.21 ותפלת צדקם כמנחת רצון

4QM1 11 2.18]תו[כ]מעט לבליעל
11QPs 21.13 ידעתיה הטיתי כמעט : אוזני

1QS[a] 2.15 לפי כבודו כמ[עמדו]

1QM 5.4 נחושת מרוקה כמעשה : מראת

1QM 5.7 מפותחים כמעשי : גדיל
1QM 5.8 ממוזזים כמעשי צורת
1QM 5.9 בין הצמידים כמעשי : עמוד
4Q402 2 1.3 [פ]לא פ[: [כ]מעשי רוק[מה
4Q405 23 2.7 רוחות רוקמה כמעשי אורג
4Q405 23 2.9 רוח כבוד כמעשי אופירים
4Q405 23 2.10 טוהר חשב כמעשי אורג אלה
11QSS 8+ 1.5]רוקמה כמ[עשי
11QSS f+ 1.3 אול[מי : [כ]מעשי לב[ני

4Q379 12 1.6 בואתם לארץ : כנען והיורדן

1QH 8.9 לכל עוף כנף וירמו עליו
1QM 10.14 מעשי חיה ובני כנף תבנית אדם
4Q370 1.6]צפר כל כנף והג[בור]ים
4Q511 97 1.1]צפור כנף י[:]לב[
11QT 66.12 ולוא יגלה כנף אביהו לוא
11QT 66.13 ולוא יגלה כנף אחיהו בן

4pIs[c] 2 1.4 וה]יו מטות כנפו מלא רחב

11tgJ 33.8 נצא ויפרוס : כנפוה[י]

1QH 19 1.3 ˙[:]רקיע על כנפי רוח ויפ˙[
4Q511 18 3.10] : כנפי אליכה ˙[
11QSS 3+ 1.5]כנפי דעת [

4Q405 20+ 2.8 רנה ברום כנפיהם קול[
4Q405 40 1.3]ירומו וכ[:]כנפיהם מ[:
11QSS 5+ 1.8 במשא [כ]נפיהם

4Q504 6 1.8]ירחף יפרוש כנפיו ויקח

11QT 7.11 השני פורשים כנפים[:]˙ה

4Q498 1 1.1 חו]בב כנפשי :]˙ת : ˙[

1QH 4.21 לבכה ואשר כנפשכה יעמודו
11QT 54.20 או ריעיכה אשר כנפשכה בסתר
11QT[b] 54.2 או[: א]שר כנפשכה בסד[:

1pZ 1 1.3]כנק[ ]עבר

1pHab 3.8 מרחוק : יעופו כנשר חש לאכול
1pHab 3.11]כול העמים כנשר : ואין

4Q503 111 1.1] כמ[:]אל ו˙[

4Q405 20+ 2.8 אלוהים תבנית כסא מרכבה
4Q504 1+R 4.7 עמכה וישב על כסא ישראל
4pIs[a] 7+ 3.24 כ]סא כבוד נזר
4QFl 1+ 1.10 והכינותי את כסא ממלכתו :
4QMl 11 1.12 עו]למים כסא עוז בעדת
11QSS 3+ 1.1]על מרום כסא[:]
11QT 56.20 והיה בשבתו על כסא ממלכתו
11QT 59.14 איש יושב על כסא : אבותיו
11QT 59.17 יושב מבניו על כסא מלכות :

4Q511 2 1.10 בגורל עם כסאו כיא אלוהי
11QPs 26.11 וצדק מכון כסאו מבדיל אור

4Q405 23 1.3]כסאיכה <כ>בוד
11QSS f+ 1.5]ם ישמיעו[: [כס]אי פלא כ[
11QSS f+ 1.5]]כסאי עולמים [

4pIs[c] 15+ 1.2 הח[וזים]כסה ותהי לכמה

4pIs[b] 2.9 ותהי נבלתם כסחה בקרב

11tgJ 28.8] כ]סי ארו בהון

4Q156 1.6 ע]ל כסיא: וקדם
4Q156 1.6 כסיא: וקדם כסיא: למדנחא :

4Q381 46 1.3 כ]סילים <˙˙˙>

1pPs 9 1.3]כסף פשרו חיית
1QM 12.12 בחלקותיכה <כסף> וזהב
3Q15 1.3 ארבעין שדת כסף וכלוה:
3Q15 1.14 אמות שלוש [כ]סף ארבעין :
3Q15 2.11 הסלע בדין של כסף שש : ביאתו

1pHab 5.14 לחרמו על כן ישמח :
1pHab 6.2 ואשר אמר על כן יזבח לחרמו
1pHab 6.8 ארצות רבות על כן יריק חרבו
1QH 14.21 וכרחקך אותו כן אתעבנו
1QH 6 1.4 בבשר :]כן רוחם להושיע
1QH 44 1.4 [:]ות [:]כן [:]שה [
1QS 5.15 בכול דבר כיא כן כתוב מכול
1QS 9.15 ואיש כרוחו כן לעשות משפטו
2Q25 2 1 1.3 האלה[:]כן כתוב בספר
4Q176 8+ 1.11] נוח אל ארץ כן נשבעתי
4Q185 1+ 2.14 לא יחזיקנה כן תתן לאבתיו
4Q185 1+ 2.14 כן תתן לאבתיו כן ירשנה[ ]˙
4Q370 1.6]ה : על כן נ[מחו] כל
4Q385 2 1.6 ויה]י כן ויאמר שנית
4Q385 2 1.7 ויה]י כ[ן] ויאמר שוב
4pIs[a] 7+ 3.28]וכאשר יורוהו כן ישפוט ועל
4pIs[b] 2.8 ישראל נאצו על כן חרה אף יהוה
4pIs[c] 4,6+ 1.10 מב]לעים על כן : [
4pIs[c] 21 1.7 וידע]ו כן ענוי הצואן
4pIs[c] 23 2.5 סוס ננוס על כן תנוסון ועל
4pIs[c] 23 2.5 קל נרכב על כן: יקלו
4pPs[a] 1+ 2.20 מידם ואחר כן ינתנו ביד
4pUn 4 1.1]כן ויזנו עמם[
4QCat[a] 5+ 1.3 ו]אחרי כן יעמוד[:
5Q21 1 1.5 כן
11QPs 24.14 אתה יהוה : על כן שאלתי
11tgJ 37.8 חזתך על כן אתנסך
11QT 24.11 לעולת הלויים כן יעשה לעולת
11QT 47.15 כי כטהרת בשרו כן יטהרו
11QT 62.11 נותן לכה כן תעשה :
11QT 66.7 ורצחו נפש כן הדבר הזה כי
CD 1.14 כפרה סורירה : כן סרר ישרא
CD 4.10 על עונותיהם כן יכפר אל
CD 19.28 את השבועה: כן : מ[שפ]ט
CD 11.18 עולת השבת כי כן כתוב מלבד
CD 16.1 כל ישראל על כן יקום האיש
CD 16.6 את דבריו : על כן נימול ב

1QS 9.5 צדק ותמים דרכ כנדבת מנחת

4Q381 46 1.6 ושנאי[ם : כנדה תזנוח

4Q511 43 1.7 לטל[: לבבם כנדת

4Q511 2 2.8 כמוהם וטמאים כנדתם [: יודע

4pIs[b] 3.2] : כנהמ[ת

4Q509 1+ 1.1]˙כנו [:]˙ומ˙˙[

4pIs[b] 2.3 ידלקם והיה כנור ונבל ותוף
11QPs 28.4 עוגב ואצבעותי כנור: ואשימה

4Q512 79 1.4]טר <א>ל˙[:]כנות[

1QH 9.5 בכבשן ודמעתי כנחלי מים כלו

1QH 2.12 תתרגש ויהמו כנחשולי ימים

1QS 9.5 שפתים למשפט כניחוח צדק
6QBen 1 1.1] כניחוח ˙[:

4pIs[c] 55 1.1] כנס˙[

4QPBl 1 1.6] היא כנסת אנשי :

4pN 3+ 3.7 עצתם ונפרדה כנסתם ולא

1QS 5.24 דרכו ולאחרו כנעוותו

1QS 10.11 ומשפטו אוכיח כנעוותי ופשעי

3Q15 9.10 ככ: בקובעה כף מנחס הרב :

4Q176 30 1.1]כפ˙[: [˙˙ל[:

4Q499 12 1.3 [:]˙ם[:]˙˙ כפ[

4QM6 28 1.2]מח˙[:]˙˙כפ˙[:]שות [

CD 13.15 כ[י] : אם כף לכף

11tgJ 32.1 : יעלי כפא וחב[לי

4pIs^{e} 3 1.1]בור כפגר[:]ל ל[

4pPs^{b} 4 1.1]]מלא כפו קוצר

11tgJ 23.5] וכעבד : כפוהי[י]שלם

4pIs^{d} 1 1.1]ך כול ישראל כפוך בעין

4Q512 1+ 1.14] [: כפור[י

1Q34^{b} 2+ 1.6 [: תפלה ליום כפורים זכו[ר

4Q508 2 1.2 בתוכנו[: כפורי]ם זכו[רה

4Q512 39 2.1 [˙˙ : ו]אחר: כפורי[ם]ואני

4Q513 6 1.1 כ]פורים[: [˙]

11QT 25.11 הזה : יום כפורים הוא

4Q500 1 1.6 כבודכה ב[:]˙כפות שעשועיכה

1QH 16.10 בחרתי להבר כפי כרצו[ ]

1QM 2.8 חיל לצאת לצבא כפי תעודות

1QS^{a} 1.22 יעשה עבודתו כפי מעשו ובני

11QPs 24.3 אלי פרשתי כפי : למעון

11QPs 21.17 אתבונן כפי הברותי אל

CD 20.4 למודי אל כפי מעלו יח

CD 20.6 ובהופע מעשיו כפי מדרש התורה

CD 12.16 שמו כהם כפי : טמאתם

CD 13.12 במקומו כפי היותו

1apGn 20.5 כמא יאין כפיה ומא אריכן

1QS 9.15 ואיש כבור כפיו לקרבו

4Q184 3 1.3 פ]רוש אליו כפיכה בתפ[לה :

6QApo 1 1.3 [:]פה לגב[ה] כפיל[:]יא

1QM 9.10 ו]ל[שי]ת גליל כפים ומגדלות :

1QS 9.22 למו הון ועמל כפים כעבד

1QS 9.23 בכול משלח כפים : ובכול

4Q512 42+ 2.6]ה[פ]רוש כפי[ם]אזי לה[

4VSam 2 1.1]אותם ולהבר כפים ל[

4pHs^{b} 2 1.2]˙ כפיר החרון כי

4pIs^{c} 14 1.5 לוא תי[:]˙מה כפיר[:]בה א

4pN 3+ 1.5] על כפיר החרון אשר

4pN 3+ 1.6 טרפה פשרו על כפיר החרון :]

CD 6.20 את הקדשים כפירושיהם

1QH 5.9 ותסגור פי כפירים אשר :

4Q381 31 1.5 לנגד ע[יני]ך כפיתה כי אחיה

1Q25 5 1.1] כפלא [: [

4Q176 1+ 1.6 לקחה מיד •••• כפלים בכול

1apGn 22.29 לך וחזי כמן כפלין שגיו מן

1apGn 19.10 [והוא כפנא בארעא דא

1QS^{b} 5.27 נחושה : תנכח כפ[ר

4Q504 1+R 2.9 בריתכה כיא כפר מושה : בעד

3Q15 3.2 אמות תשע כלי כסף וזהב של :

3Q15 3.6 אמות שש עסרה כסף : ככ: בשית

3Q15 4.4 ארבע[ין ואח]ת כסף : ככ: בין

3Q15 4.8 דודין מלאין כסף : בשית

3Q15 4.10 העצ : לא כסף כב מאתין :

3Q15 4.12 כח : לת כסף ככ שבעין :

3Q15 4.14 חפור : אמת כסף כב : ברוש

3Q15 5.4 אמ[ות] : ש כסף כב : בסדק

3Q15 5.11 אמות : שלוש כסף כב : בקרב

3Q15 7.10 שש : בדין של כסף שש : בדוק

3Q15 8.6 עסרא תחתיה כסף : וזהב כב

3Q15 8.16 אחת עסרה : כסף כב : בשובך

3Q15 10.6 רגמות עסר כסף : כברין

3Q15 12.6 של בית שם כל כסף וכלי זהב :

4Q504 1+R 4.10 ויביאו מנחתם כסף וזהב ואבן

4QOrd 1 2.6 ע]ל[ ] כסף הערכים אשר

4QOrd 1 2.11 חמ]שה כסף מעשר ה[מנה

11QT 2.8 ל]וא תחמודו כסף וזהב אש[ר

11QT 3.5 כ[ול :] בו כסף וזהב מכול

11QT 59.3 אדם עץ ואבן כסף : וזהב

11QT 65.14 אותו מאה כסף : ונתנו

11QT 66.10 הנערה חמשים כסף ולוא :

4QNab 1+ 1.7] [אלהי כספא ודהבא]

1QM 8.14 מרודד סמוך כסרך הזה יתקעו

CD 7.6 מחנות ישבו כסרך הארץ

CD 7.8 היסורים כסרך התורה

CD 19.2 מחנות ישבו כסרך : הארץ

CD 19.4 היסודים כסרך התורה :

4Q503 202 1.1] כע[

1QS 9.22 הון ועמל כפים כעבד למושל בו

CD 1.9 הם ויהיו כעורים

4apLm 2 1.5 שוממה כעזובה וכל

1QM 13.14 ומיא מלאך ושר כעזרת פד[ותכה

4QMes 2.16 יתבננון כעירין עובדה :

1QM 10.9 ומיא ——— כעמכה ישראל

1apGn 19.8]]ם עד כען לא דבקתה

1apGn 19.12 עלא[ ]ל[ ] כען אנחנא [ ]

1apGn 19.13]א[ ]א כען חלפנא

11tgJ 24.4 ב]תר אלהא : כען אנש[

1QM 12.9 ופרשינ[ו כ]עננים וכעבי

1apGn 21.13 ואשגה זרעך כעפר ארעא די

4apLm 2 1.6 כ]אשה עז[ו]בה כעצובה וכעזובת

1QH 8.25]שפתו יהפכו כעצי באושים

1QS 1.13 וכול הונם כעצת צדקו ולוא

4apLm 2 1.7 וחו[מותיה : כעקרה וכמסככה

1QH 8.24 אשיב יד יהיה כער ˙[

1QH 9.5 אנחה : עיני כעש בכבשן

4Q504 1+R 6.10 אנא אדוני כעשותכה נפלאות

1QM 15.10 וגבורתם כעשן נמלח וכול

4pPs^{a} 1+ 3.7 עדריהם : כלו כעשן כולו פשר

4pPs^{a} 1+ 3.8 אשר יובדו כעשן האוב[ד

11QT 7.10 ˙רוחבה ושנים כרובים ˙˙˙[׃

CD 6.3 חפרוה שרים כרוה ׃ נדיבי

11tgJ 16.4 התכפפת ׃ כ]רוח מבתי

1QS 9.15 כאשר צוה ואיש כרוחו כן לעשות
1QS 9.18 דרכ איש כרוחו כתכון

CD 2.19 ובניהם אשר כרום ארזים

CD 13.9 לכל מדהובם כרועה עדרו ׃

1QH 5.36 ולכלות כוח כרזי פשע משנים

1QDM 12 1.3 [ ] ׃]אל כרל [׃] עמה[ם

1apGn 12.13 בארעא ונצבת כרם ˙˙˙ בלובר
4Q381 1 1.6 עץ וכל פר[י כר]ם וכל

1apGn 22.14 מלכא בקעת בית כרמא ומלכיצדק

4pN 1+ 2.7] ׃ [כר]מל ולמושליו

1pHab 5.13 כדגי הים ׃ כרמש למשל בו

4Q504 1+R 4.7 לדויד להיות ׃ כרעי נגיד על

11QT 48.5 אשר ׃ יש לו כרעים מעל

1QH 16.10 להבר כפי כרצו[ ] ונפש

11QT 59.20 ומשל בהמה ׃ כרצונו והמה

4Q378 14 1.4 [א]שר כרת יהוה ל˙[׃
4Q381 69 1.8]ולהפיר ברית כרת לכם ולהנכר
CD 15.8 הברית אשר כרת ׃ משה עם

1QM 13.7]˙ וברית [כ]רתה לאבותינו
4Q378 22 1.4 עמך ׃]˙˙אשר כ[רת]ה עם
4Q499 1 1.6] פתחתה[׃] כרתה[

1QH 6.34 לח˙[ ]כרתו˙˙˙˙ ׃

11QT 29.10 כברית אשר כרתי עם יעקוב

4Q156 1.2] חפנוה[י] כש[
4Q502 86 1.1] כש˙[׃
4Q511 66 1.1]˙ים כש[׃]˙ן צדק

1pHab 8.4 אשר הרחיב כשאול נפשו

1QH 16.5]˙˙י כשול בכול מ[׃

4pHs[b] 2 1.2 כי אנוכי כשח[ל

1QH 12.22]כשכלם ׃ הגשתם

1QM 5.17 כש]לושים באמה

4pIs[c] 23 2.16] ׃ זועקכה כשמ[עתו

1Myst 1 1.6 והצדק יגלה כשמש תכון ׃
4pIs[d] 1 1.6 הנעדרות מהמה כשמש(ל) בכול

11QT 52.9 תואכלנו שנה כשנה במקום אשר

CD 20.15 [ע]ם איש הכזב כשנים ארבעים׃

4Q509 3 1.5 על עדתנו כש[עירים]

4Q508 7 1.1]כפר ע[ל ׃]
4Qord 1 2.6 אשר נתנו איש <כ>פר נפשו
11Mel 2 3.9 חומ[ו]ת יהודה כפר עמ˙[
11QT 63.6 לוא ראו כפר לעמכה
CD 3.18 ואל ברזי פלאו כפר בעד עונם
CD 4.6 שונים אשר כפר ׃ אל בעדם

CD 1.13 היה כתגב עליה כפרה סורירה ׃

CD 4.8 לעשות כפרוש התורה
CD 6.14 ישמרו לעשות כפרוש התורה

CD 6.18 את יום השבת כפרושה ואת

6Q15 4 1.1 [הקרשי]ם כפרו[שיהם ׃]

11tgJ 36.9 נסיכי[ן ׃ כפרזלא ולב[בה

1QM 11.9 ותעש להמה כפרעוה ׃

1apGn 10.13 ארעא כולהא כפרת ˙˙˙ ˙˙˙ ˙

1apGn 21.23 בבל אריוך מלך כפתוך תדעל מלך

4Amrm 1 1.13 חזוה דח[י]ל [כפ]תן

1QH 6.15 בגור[׃ פרח כצ˙[ ]ד

11QT 52.11 ככה יחדיו כצבי וכאיל רק
11QT 53.4 ככה יחדיו כצבי ׃ וכאיל

4pPs[a] 1+ 1.20 כצ]הרים ׃]

4Q185 1+ 1.10 מארצו ופרח כציץ חסדו

1QH 5.30 [ ] וחבלים כצירי ׃ יולדה

4Q185 1+ 1.13 מקוה ׃ והוא כצל י˙˙˙ על

1QH 4.9 מארצי ׃ כצפור מקנה
4QCat[a] 5+ 1.9 ינודו אנ[שי ׃ כצ]פור ממקומו

11tgJ 35.8 התחאך ׃ בה כצ[פרא

4Q517 20 1.1]בנו ו˙[ ]˙לם כק˙[

11QT 50.11 בתוכה מת תטמא כקבר כול בית

1QH 2.16 רמיה עלי יהמו כקול המון מים

11QPs 18.9 ברוב עולות כקטורת

11tgJ 11.9 יפלג ׃]˙˙ן כקטותא ׃ ש]כב

11QT 61.14 מצרים והיה כקרובכמה

4Q497 47 1.1]ת<]˙˙>˙כר˙˙˙˙[׃]˙˙

1Q34[b] 2+ 1.3]כרביבים עלי [׃

1QH 6.14]שיב ׃ כרו˙ כי˙[ ]ל[

1QH 2 1.5 עשיתה כול אלה כרוב חסדיכה תן
11QPs 19.5 יהוה ׃ כטובכה כרוב רחמיכה
11QPs 19.11 יהוה כרוב רחמיכה

4Q405 20+ 2.3 [ ]כרובי קודש
11QSS 3+ 1.4 [כרו]בי קוד[ש

4Q403 1 2.15 וברכו פלא כרוביהם

]כתי˙[: [˙˙˙] 4QM6 120 1.1

כ]תיאים ל˙˙] 1pPs 9 1.4
המה גבורי כת[יאים] : [4pIs[a] 7+ 3.9
]˙ם למלחמת כתיאים 4pIs[a] 7+ 3.11
מלחמה שנית עם כתי[אים 4QM1 11 2.19
למערכת כתיאים כדי הפל 4QM1 13 1.5

פלשת ובגדודי כתיי אשור 1QM 1.2

לו וסרה ממשלת כתיים להכניע 1QM 1.6
וביום נפול בו כתיים קרב 1QM 1.9
נגד מחני כתיים ואחר 1QM 16.3
ליד מערכת כתיים כדי הפל 1QM 16.6
להפיל בחללי כתיים וכול : 1QM 16.8
מע]רכת כתי[ים] כדי 1QM 17.12
על כול מ[חני כת]יים : 1QM 18.4
ג]בורי כתיים והמון 1QM 19.10
נפו]ל [ח]ללי כתי[ים וה]ללו 1QM 19.13
עד עמוד מושלי כתיים ואחר 4pN 3+ 1.3
בם ג]בורי כת[י]ים והמו[ן 4QM2 1 1.9

]: כתיש הוית שנין 4QNab 1+ 1.3
] : כתיש הוית 4QNab 1+ 1.6

המטה שמן חרש כתית :] 11QT 21.15

דרכ איש כרוחו כתכון העת 1QS 9.18

כוהן ואיש כתכונו ישבו 1QS 6.4

וכוחם לתכן : כתם דרכיו וכול 1QS 1.13
לוא [פ]ז ולוא כתם אופירים 4QM1 11 1.18

]˙˙[: כתר צד[ק: נזר 4Q509 97+ 2.2

עד אם נותרתמה כתרן על רואש 4pIs[c] 23 2.7

ארי הוא רוחא כתש לכולהון : 1apGn 20.20

באישא והואת כתשא לה ולכול 1apGn 20.17

ל

אסירין:]ל˙˙ ˙˙˙˙א 1Q20 1 1.5
˙[: ˙ל[: יום ˙[: 1Q20 1 2.7
ארע˙ ת˙˙˙ע ל[: עובוג די 1Q20 1 2.6
˙ ˙[: ו˙˙˙˙ל[1Q20 1 2.9
וב ˙˙˙˙˙˙˙˙˙ל ˙[:]˙ קודם 1Q20 2 1.4
[:]תקרב[:]ל[1Q23 4 1.3
] וארי[:]ל˙˙[1Q23 7 1.2
מא[:]˙ ˙ל[ ]ל[1Q23 9 1.4
מא[:]˙ ˙ל[ ]ל[1Q23 9 1.4
ואי ˙[: [ ]ל[1Q23 16 1.3
[: ושרו ל[1Q23 17 1.3
]תאברת[:]˙ל[1Q23 18 1.3
בכל די[:]ל˙˙˙˙˙˙[1Q23 21 1.3
]מן א[:]ל˙˙ ˙[1Q23 23 1.2
˙[:]˙בו [:]ל˙˙˙˙ ˙[1Q23 25 1.5
וה ˙[:]ל˙˙יא ולנהן [: 1Q24 1 1.3
ולברקיא [:]ל ˙[ ] ˙[1Q24 1 1.8
[:]על אר[:]ל[1Q24 2 1.3
נדיבים [:]]ל˙ר בציו[ן:] 1Q25 1 1.8
] לשמיע ˙[:]ל לעבדים [: 1Q25 5 1.4
]˙˙ ציו[ן :]ל [1Q25 11 1.2
] ספר [ ]ל[1Q25 12 1.4
נכרתה ותש[:]ל˙˙[1Q25 15 1.3
מעשיכה במ[:]ל ריבכה ובידי 1Q26 1 1.7
והנ[ו:]ל[ ]המדבר שבה 1Q29 1 1.6
שבה [:]ל[י]הוה אל[1Q29 1 1.7

טובת חן בעלת כשפים הממכרת 4pN 3+ 2.7

[: לנ[: כת[2Q28 1 1.6
]˙כת[:]כב[וד 4Q509 108 1.1
]מ[:]כת˙[:]˙˙[4Q509 248 1.2
]˙˙כת [:]˙˙ 4Q511 178 1.1
]כת˙˙[4Q519 25 1.1

[ ]˙ותיכה אשר כתב מושה 4Q504 1+R 3.12

כא]ין נגדכה[כ]תהו ואפס 4Q504 1+R 3.3

דבר כיא כן כתוב מכול דבר 1QS 5.15
במחיר כאשר כתוב חדלו לכם 1QS 5.17
הואהא : כאשר כתוב במדבר פנו 1QS 8.14
האלה[:]כן כתוב בספר 2Q25 2 1 1.3
וכבוד רב כתוב ב[: 4Q176 8+ 1.13
[˙[:]˙ כאשר כתוב[:]לם 4Q178 3 1.2
]˙כתוב לכ[:]˙˙ 4Q381 70 1.1
[:]˙˙˙ם אחר כתוב[:]˙ אשר 4Q485 1 1.5
]לם [: כ]תוב על האר˙[4AgCr 5+ 1.2
אש]ר כתוב על פרעה[: 4AgCr 5+ 1.5
]ובלע דרך ˙[: כ]תוב עליו 4pIs[c] 1 1.4
כ]תוב ב[4pIs[c] 2 1.6
[כתוב : [4pIs[c] 4,6+ 1.4
] : כאשר כתוב [4pIs[c] 6+ 2.18
[:] כת]וב בספר 4pIs[c] 8+ 1.8
[: כא]שר כתו[ב 4pIs[c] 47 1.2
]ד ואשר כתוב[4pIs[e] 1+ 1.2
]עולם ואשר כ[תוב 4pIs[e] 6 1.2
י[: וא]שר כ[תוב 4pIs[e] 8 1.2
תבל והמה אשר כתוב עליהם 4QCat[a] 2+ 1.7
]עתה הנה הכול כתוב בלוחות 4QCat[a] 2+ 1.12
ם היא[:]אשר כתוב עליהם 4QCat[a] 5+ 1.11
לחבל[: אש]ר כתוב בספר 4QCat[a] 7 1.3
שבעתים כאשר כתוב : ממ]תחת 4QCat[a] 10+ 1.1
א]שר עליהם כתוב ורפאתי את 4QCat[a] 10+ 1.3
רמה להחל[: כ]תוב עליהם 4QCat[b] 1 1.4
הימים כאשר כתוב בספר: [4QFl 1+ 1.2
הימים כאשר כתוב והקימותי 4QFl 1+ 1.12
] : אשר כתוב בספר 4QFl 1+ 1.15
הזה והמה אשר כתוב עליהמה 4QFl 1+ 1.16
ה[אש]ר כתוב בספר 4QFl 1+ 2.3
התמיד ולעולות כתוב תבו[4QM3 1 1.14
משפט כאשר כתוב : עליו 11Mel 1+ 2.9
אל כאשר כתוב עליו [11Mel 1+ 2.23
העת אשר היה כתוב עליה כפרה CD 1.13
ועל הנשיא כתוב : לא ירבה CD 5.1
לזכרים : הוא כתוב וכהם CD 5.10
בבוא הדבר אשר כתוב בדברי CD 7.10
הבא דמשק כאשר כתוב דרך כוכב CD 7.19
בבוא הדבר אשר כתוב ביד זכריה CD 19.7
ונוטר : ואין כתוב כי אם CD 9.5
השבת כי כן כתוב מלבד CD 11.18
את המזבח כי כתוב זבח : CD 11.20

ל[מרא :]˙כתול ת[2QJN 3 1.4

ש[בטי ישרא]ל כתולדותם על 1QM 3.14
שבטי ישראל כתול[ד]ותם : 1QM 5.1

בגדי שש לבן כתונת בד 1QM 7.10
אשה ואל ילבש כתונת אשה כיא 4QOrd 2+ 1.7

תלמד לעשות : כתועבות הגויים 11QT 60.17

הם : מבדיל כתורה ושוכבים CD 5.7

] ביומו כתורת המשפט 11QT 29.4

ופרוריהמה כתחתונות : 11QT 42.9

1Q29 3+ 1.6 הנכבד[ים :]ל[ ]ל[
1Q29 3+ 1.6]ל[ ]ל[
1Q29 9 1.2 [˙] :]ל[
1Q29 13 1.5]בת ˙˙˙˙˙]ל[
1Q29 14 1.3]עברם ˙] :]˙ל[
1Q29 15 1.2 [˙˙˙˙] :]ל[
1Q30 2 1.2 לתת[:]ל˙ל[ ]מת הדרך[
1Q30 2 1.2 לתת[:]ל˙ל[ ]מת הדרך[
1Q30 3 1.1 דב]רתה ל[:]מרננים
1Q31 1 1.3 כול ˙˙[:] [ ]˙ל˙˙ל˙˙]
1Q31 1 1.3 ˙[:] [ ]˙ל˙˙ל˙˙]
1Q34ᵇ 2+ 1.7]]ל[ ]ל[ ]˙[
1Q34ᵇ 2+ 1.7]ל[ ]ל[ ]˙[
1Q36 15 1.4 אמתכ[ה :]ל עבודת ˙] :
1Q36 16 1.3 ונפילי בש[ ]ל˙יכה [:
1Q36 21 1.2 [˙ ל]
1Q37 1 1.4 ישראל למל[:]ל[
1Q38 1 1.2 [ו]עם ל˙˙ים ˙˙˙˙]
1Q46 1 1.3 ˙[: אבני ˙[:]ל[
1Q55 1 1.3 או גוים א˙[:]ל ˙˙˙ ימיש
1Q66 2 1.2] מלף וא ˙[:]ל[
1Q67 1 1.3] בריחוהי :]ל
1Q68 1 1.3 תן לה נפש[:]ל ˙]
1Q68 15 1.2]למפל[:]˙ל[
1Q70 1R 1.1]ל˙ [:] [˙˙]
1apGn 1.4 ורזא די :]˙ל˙ מדעין :]˙ :
1apGn 2.25 לך [:] [ל] [ואמר לך
1apGn 16.11 עד די דבק ל˙˙˙ : ˙˙˙
1apGn 19.8]לל[ ]ל[ ] למאלם [
1apGn 19.9 קדישא ונגדת : ל[ ] והוית
1apGn 19.11]א די ˙ל[
1apGn 19.12 אם[ ] עלא[ ]ל[ ] כען
1apGn 19.22 דן : [ ]ל ˙ל[
1apGn 19.22 דן : [ ]ל ˙ל[
1apGn 19.22]]ל[[
1apGn 19.27]ל [
1apGn 19.27 ובמשתה [ ]ל[
1apGn 19.30 [:]]ל[ ]ל[[
1apGn 19.30]]ל[ ]ל[ ] אכל[
1apGn 20.2 [:]]ל[
1apGn 21.30 ותבו ומחו ל[
1Myst 1 1.2 [˙˙ם ל˙] א]מת ˙
1Myst 1 2.3 מה הוא היותר ל[: כי אם
1Myst 1 2.12 מ[:] [˙ל[
1Myst 6 1.2 על שגג˙˙˙˙ל [:]עד עולם
1Myst 9+ 1.4]ל הוא ובר[: [
1pHab 4.15 העמים × : ל[
1pHab 4.15]ל
1pHab 7.16 במשפטם ˙[ ]ל[[
1pHab 8.17 ויש]ללו בו ל[[:
1pHab 10.16]ל[[
1pHab 11.16 ומכאוב : [ ]ל[ ]ל[
1pHab 11.16 [ ]ל[ ]ל[
1pHab 11.16]ל[[
1pMic 10 1.7]ל˙] [˙˙]
1pMic 10 1.9]ל[ ]ל[[
1pMic 10 1.9]ל[ ]ל[[
1pMic 7 1.5]צה בו[:]˙ ל[
1pPs 3 1.3 ב˙˙˙ [:]˙ל˙ מלכי צבאות
1pPs 3 1.4 ידו[דו[:] ה ל[ת]פארת [:
1pPs 5 1.2 [˙ ˙˙ ˙כ[:]˙ל˙˙˙ ˙]
1pPs 9 1.4 כ]תיאים ל˙˙] [:]
1pPs 9 1.7]ל[[
1pPs 11 1.2]ם ב[:]ל את ˙]
1pZ 1 1.7]והיו ל˙˙] [˙˙]
1QDM 2.8 בכלו]תני ל[ ]ברית
1QDM 4.5 [:]]ל[ ]הכ[ ]ם יקח
1QDM 25 1.2 ˙[ולוא [:]˙ל :]יה]
1QDM 41 1.4] מקד[ש :]ל[
1QH 3.16 יפתחו ש[ ]ל[ ]˙[ ]ל
1QH 3.16]ל[ ]˙[ ]ל חצי שחת : עם
1QH 3.38 לחומת עוז :]ל משחיתים וכול
1QH 3.39 א˙˙ ד ˙˙˙ :]ל[
1QH 3.39]ל כל יבוא ˙˙˙
1QH 5.35 פנים ויהפך לי ל˙˙י לריב
1QH 5.39 אפפו נפשי ל[
1QH 6.10 עשי[תה]ל˙˙ל תורה ו[ ]ל˙
1QH 6.10 ˙ל תורה ו[ ]ל˙˙ : אנשי
1QH 6.14 כרו˙ כי ˙[ ]ל[ ]תד˙ בה
1QH 6.16 עדן[ ]ל[ ]ותיו והיה
1QH 6.16]ותיו והיה ל˙[: חקר ˙˙˙
1QH 6.26 א[ ]ל[ ]˙ות אבני
1QH 6.29 א[מ]תו יעורו ל˙˙˙[: רשעה
1QH 6.36]ל[ ]לתפל
1QH 7.16 ˙ ענתי להרים ל[: [ו]להעיז
1QH 7.33 פלאך : ˙˙˙˙˙ל˙ם : [אודכ]ה
1QH 8.11 ואת[ ]ל שכתה בעד
1QH 8.14 ואני הייתי ל˙זאי(
1QH 8.18]˙ויהיו ל˙˙˙ ˙[: לח
1QH 8.26 ומ[ ]ע ל˙ : בנגיעים
1QH 8.36 קול[ ]˙ן ל˙מודי ˙˙
1QH 8.37] בזקי משפט ל˙˙לבי פות˙[ ]
1QH 9.21 עלי למכשול ל˙[: אנשי
1QH 9.27 האירותה ל˙˙˙]
1QH 10.2 לבכה ˙˙[:]ל ובלוא רצונכה
1QH 10.14 כי הודעת˙[ ]ל[ ]ל[:
1QH 10.14 [ ]ל[ ]ל[: נפלאותכה
1QH 10.15 ו˙[ ]ל˙˙˙ל[ ]˙˙ל[:
1QH 10.15]]ל˙˙˙ל[ ]˙˙ל[:
1QH 10.15]ל˙˙˙ל[ ]˙˙ל[: לחסדכה
1QH 10.36]ל
1QH 11.27]שר נתתה ל˙˙˙ : שכל דעה
1QH 11.35 ואעצו[ ]ל[ ]ב[: ואתה[
1QH 12.11 ואני משכי˙ל ידעתיכה אלי
1QH 12.29] א˙ המה ל[ ]א : [˙
1QH 13.20 קציך מוע˙[ ]ל[
1QH 14.27 ובלוא[ ]ל[ ]ל :
1QH 14.27]ל[ ]ל :]ל[
1QH 14.28]ל :]ל[
1QH 15.17 ורשעים בראתה ל[
1QH 15.26 לך [ ]ל˙˙˙]
1QH 15.26 וא[ ] ל[:]˙יק ו˙[
1QH 16.6]ל פשעי ולבקש
1QH 16.12 עם עב[ ] ל[ ] לטהרני
1QH 16.14 ובכול מעש[ ]ל[: ˙˙עיה ל˙˙[
1QH 16.15]ל[: ˙˙עיה ל˙˙]
1QH 16.18 עבדך [ ]ל[ ] בן אמת[
1QH 17.18 ראשונים ולה[ ]ל ולהתחנן על :
1QH 17.19 ˙ מעשי ונעוית ל˙˙˙כי בנדה
1QH 18.3 כיא אתכה אור ל[: ותגל אוזן
1QH 18.7 עוזכה לנהל ˙ל[: בכוח
1QH 18.14 ˙לשל˙[: ל[[
1QH 18.16 עולם :]תים ל[ ]ל[
1QH 18.16]תים ל[ ]ל[ ]שע
1QH 2 1.9]ל˙ברי ועל עפר
1QH 2 1.17 בנחלתו [:]ל˙˙˙ל עול יצר
1QH 2 1.17 [:]ל˙˙˙ל עול יצר נתעב
1QH 3 1.2]˙ה נפתחה דרך ל[:]נתיבות
1QH 3 1.15 ˙[:]מה[ ]ל עולה ורמיה
1QH 4 1.12 מה ˙˙[:]ל˙ פתחתה לבבי
1QH 4 1.18 תמיד :]קיה ל[ ]דכה אל
1QH 7 1.6 [:]ידעתי להודיע גבורה ו
1QH 7 1.13 דבר ב[: ל[ ]פ ו]
1QH 8 1.1 ל˙[: מען[:
1QH 8 1.7 ולהלל ל[: ספרתי וע[
1QH 9 1.12] גרו[ ]ל[
1QH 12 1.1 לאש[ ]˙ר ל˙[:]עד
1QH 21 1.5 אל[ ] ל[
1QH 22 1.5 [:]ל אלה ולה˙[:
1QH 22 1.7]י רצונך [:]ל ˙ברך]
1QH 23 1.4]נכה [ ]ל[
1QH 27 1.2] עד [:]ל אלה וא˙˙ה]

1QH 33 1.3	]וחיך ו[:]ל[
1QH 45 1.8	בחייהם [:]ל[
1QH 47 1.3	לי מאז כוננתי ל[: לוא יבוא
1QH 48 1.5	]]ל[
1QH 50 1.6	]צוי ע[ ]ל[
1QH 55 1.3	רום גא˙[:]ל[ ]ל[
1QH 55 1.3	[:]ל[ ]ל[
1QH 64 1.2	]˙˙˙˙[:]פתה ל˙חות[:] ˙בע
1QJN 6 1.2	]לדה ˙[:]˙˙˙ל השן
1QM 1.15	[ ]ל מלאכי ממשלתו
1QM 2.16	לכול עבודתם ל[
1QM 9.16	מיכאל וגבריאל ל[
1QM 9.17	אורב ישימ[ו]ל[ ] :
1QM 10.18	]ל˙˙ ביתו
1QM 13.7	ואנו עם [ ]ל[ ]˙ וברית
1QM 14.18	] [˙˙ל תוקד לשרו[ף
1QM 15.15	] ל[ ] ל[
1QM 15.15	] ל[ ] ל[[
1QM 17.5	ו[יהי]ה מ[ ]ל בכול נהיי
1QM 18.1	ועל כול ˙[ ]ל ממשלתו במגפת
1QM 18.14	]]ל[ ]חיכה
1QM 18.15	]ל[
1QM33 1 1.4	[:]˙˙˙[ ]˙˙ל˙תה עמנו הפלא
1QM33 1 1.6	חסדיכה[:]˙[ ]ל[
1QM33 2 1.3	[ל˙[:]˙ים
1QNo 1 1.6	ו[:]ים א[:]ל א[
1QNo 3 1.6	השמש [:]ל לבעת את [:
1QNo 5 1.3	א]ת כל ה[:]ל ˙[
1QNo 8 1.3	]מתושל[ח :]ל[
1QNo 11 1.2	כ]ל בני[:]ל הק<ו>ד[ש
1QNo 15 1.3	אל כונן [:]˙ל˙˙ם לכל[
1QNo 17 1.2	]˙ ˙[:]ל [
1QNo 18 1.1	]ל מ˙[
1QS 1.1	ל[ ]שים
1QS 3.26	כול מעשה : ל[ ]הן
1QS 5.26	ישנאהו [ ]ל[ ]לבבו כיא
1QS 8.5	היחד באמת (ל) למ<ט>עת
1QS^b 1.8	]ל שמן [
1QS^b 3.9	]]ל[
1QS^b 4.4	[: ל˙˙[
2Q25 2 2 1.5	]˙ הספרים[:]ל[
2Q27 1 1.5	]מי אנחנו ה[ ]ל[
2Q33 6 1.3	וב[:]אשר[:]ל[
2apDa 1 1.4	ולחריד:]ל[ ]ל[
2apDa 1 1.4	]ל[ ]ל[ו]עתה:˙[
2QJN 2 1.2	]ר אמי[ן :]ה ל[
2QJN 4 1.11	וחזית עד די ˙ל[: ר<ו>שמתא
2QJN 4 1.18	יהיב לכ[ול :]ל די איל ען חד
2QJN 4 1.19	גבר וגבר[:]ל[ ]עד
2QJN 4 1.21	בכול [:]ל[
3Q7 3 1.2	]˙שמ[:]˙ל זבו˙[:]ם א
3Q7 6 1.2	]˙[:]ל ולוי [
3Q11 1 1.4	שרי כל א˙[:]ל[
3Q11 2 1.2	]לעשות מ[:]ל[ ]˙ן א˙[:]˙
3Q11 2 1.4	ואין פלי[:]ל[
3Q12 1 1.1	ל˙[ ]יומ[: בת
3Q14 3 1.4	] השמים [:]ל˙˙˙˙[
3Q14 5 1.3	[:]אתו[˙ל˙[ ]ה[:]לת
3Q14 9 1.2	]לתא [:]ל ה[
3Q14 18 1.3	]˙ד [:]˙˙ל˙˙[
3Q14 20 1.2	בה ˙[:]˙כה ל[
3Q14 21 1.3	[:]את[:]ל[
3Q15 7.8	שאצלה בקר[ב]ו ל : בית חקץ
3pIs 1 1.7	[:]]ל[ ]הו[
4Q176 14 1.7	]˙ א<ו>בדה ˙ל[
4Q176 15 1.6	]˙ר ואמר :]ל[
4Q176 16 1.3	ולתת מילת איש ל[:]˙ר על
4Q176 16 1.6	ול˙[:]ל[ ]ל[
4Q176 16 1.6	ול˙[:]ל[ ]ל[
4Q176 20 1.4	]˙ובל[ ]ל[ ]שאו[ ]ליאי
4Q176 21 1.5	אל עושה˙[:]ל[ ]˙[ ]הלר[
4Q176 22 1.4	ובע˙[:]ל[ ]ול אמר[
4Q176 23 1.3	]כלותם[ ]ל[ ]˙[:]˙[
4Q176 27 1.4	]תוכה[:]ל˙ו[
4Q176 28 1.3	בעבור ה[:˙˙[ ]ל[
4Q176 30 1.2	]כפ˙[:]˙˙ל[:]ה וטרפה[
4Q176 33 1.2	יר[: ל[
4Q176 37 1.3	]˙ לש˙˙[:]ל[
4Q176 41 1.2	כיא[:]ל[
4Q176 44 1.2	]˙תם[:]ל[
4Q176 51 1.3	]˙[:]בר˙[:]ל[
4Q176 53 1.2	]˙˙˙[:]ל˙יש[
4Q176 56 1.3	]˙[:]שב[:]ל[
4Q178 9 1.4	]˙ו הטוב[:]ל[
4Q178 11 1.3	] ולענוי :]ל[
4Q181 1 1.1	עם ס˙[ ]ע˙[ ]ל ˙˙[ ]ל בחטאת
4Q181 1 1.1	]ע˙[ ]ל ˙˙[ ]ל בחטאת בני
4Q181 1 1.5	אשר הפ[י]ל[ ]ל[
4Q181 2 1.3	בשבעים השביע ל[: אוהבי
4Q184 5 1.4	אל תלח[:]ל באזן ובח[:
4Q185 1+ 1.8	ואין מקוה: ל˙˙[
4Q186 1 4.3	]יהיה תוך:]ל
4Q186 2 1.6	[ ]ל[ ]יושבות
4Q186 2 1.11	זות[:]˙˙˙[ ]ל[:]הוא:
4Q374 1 1.3	]˙˙[:]ל ם ענוה[
4Q374 1 1.4	]להיות ל˙[:]˙ ופוע[:
4Q374 2 1.8	]סיני:]˙ל : יחדו וית˙[
4Q374 2 2.10	[ ]להם [ ]ל˙להושיע יבע[
4Q374 5 1.2	]ק[:]שי ל˙[
4Q374 11 1.2	]שי בני ל˙[
4Q378 14 1.4	א]שר כרת יהוה ל˙[: [
4Q379 12 1.8	קציר חטים :]ל˙˙˙כלה[
4Q379 12 1.8	˙˙כלה[ ]ל˙˙˙ ישראל[
4Q380 2 1.7	]לאיש [:]˙ל[
4Q380 3 1.3	]ק ישחק[:]ל[
4Q380 4 1.1	תהלה ל[: תמאסו ב[
4Q380 4 1.3	ב[: החכים ל[: וה˙[
4Q380 6 1.3	ואת דעת[ו :]ל[
4Q380 7 1.4	ביומצרה :]ל[ ]יומ:]˙[
4Q380 7 2.4	]˙˙˙[ ]ל[ ]ל ל[
4Q380 7 2.4	˙˙[ ]ל[ ]ל ל[
4Q380 7 2.4	[ ]ל[ ]ל ל[
4Q381 1 1.4	בלעה וי˙˙ר ל˙[: לילה
4Q381 1 1.12	וה[:]˙˙ל˙˙ [
4Q381 2 1.2	]טו[:]ל[
4Q381 4 1.2	ויכר˙˙[:]˙˙ל˙˙˙˙˙˙[
4Q381 6 1.3	ו בנהרי[ם :]ל[
4Q381 7 1.3	[ ]תו בכל[:]ל˙˙ [ ]ל˙˙[
4Q381 7 1.3	]ל˙˙ [ ]ל˙˙[
4Q381 10+ 1.4	בפעם ה˙[:]ל עם ˙˙ל˙[
4Q381 10+ 1.4	ה˙[:]ל עם ˙˙ל˙[ ]כה [
4Q381 10+ 1.6	תחתיה וא[:]ל[ ]˙˙[
4Q381 13 1.3	]˙˙˙ ˙˙[ ]ל[ ]לוא אתה[
4Q381 14 1.4	˙לאין ˙˙˙ [ ]ל[
4Q381 15 1.11	]˙ל[
4Q381 17 1.4	ותא[כלם :]ל[ ]ל[
4Q381 17 1.4	]ל[ ]ל[
4Q381 19 1.7	]נאצו [:]˙ל[
4Q381 26 1.2	ותנ[ינים :]ל ˙˙[
4Q381 33 1.8	עיניך מה[ ]ל[: לישע פניך
4Q381 34 1.3	[:]˙רו [:]ל [
4Q381 36 1.3	]ואז[:]˙ל˙[
4Q381 37 1.4	]בסררי :]ל[
4Q381 41 1.4	]˙˙˙ בי[:]ל[
4Q381 44 1.5	אין כמ[וך :]ל]˙˙[
4Q381 45 1.3	במחתי[ ]ל[
4Q381 45 1.3	[ ]ל[: ואל תתנני
4Q381 46 1.9	˙[ ]˙ל[ ]˙˙[
4Q381 46 1.9	[ ]ל
4Q381 47 1.2	˙ואהלך באמתך ל[:]מביניך
4Q381 49 1.3	לכם [:]˙˙ ˙ל˙ ל˙ל˙[
4Q381 49 1.3	[:]˙˙ ˙ל˙ ל˙ל˙[

326

4Q502 54 1.3	]יהם יירש[ו:]ל חש˙]
4Q502 55 1.4	]ת [:]קמ[ו:]ל[
4Q502 59 1.2	]כים לה[:]˙ל[
4Q502 67 1.3	]˙˙[:]א [:]ל˙]
4Q502 70 1.1	]ל [:]˙ו יח[ד:
4Q502 78 1.2	א[:]ות˙]ל[
4Q502 80 1.1	]ל[:]רו ב]
4Q502 81 1.2	]˙ם [:]ל[
4Q502 84 1.2	]כול[:]ל[
4Q502 89 1.3	˙[:]טים [:]ל[
4Q502 91 1.3	]˙[:]תי[:]ל[
4Q502 99 1.6	]כבוד [:]ל˙]
4Q502 101 1.4	]ברוך [:]ל[
4Q502 104 1.5	אש[ר :]˙ל לו[: [אל[:
4Q502 104 1.7	לו[:] אל[:]ל[
4Q502 105+ 1.2	] ושמחת י[ח]ד ל[:]י עולם[
4Q502 107 1.2	]זקנ[ים :]ל[
4Q502 113 1.3	ב[:]˙ וא[:]ל[
4Q502 117 1.3	]˙תש˙[:]ל[
4Q502 119 1.4	[:]מבש[:]˙ ל[
4Q502 124 1.2	]˙˙[:]פ ששי ל˙]
4Q502 131 1.2	[ ]˙[:]דות ל˙]
4Q502 138 1.2	]ם ועם[:]ל[
4Q502 159 1.4	ת]עודו[ת :]ל[
4Q502 160 1.5	ר [:]לש[:]ל[
4Q502 164 1.3	[:]˙וי[:]ל א]
4Q502 165 1.1	]ל ב[:]הלמ[:
4Q502 166 1.3	[:]ר י[:]ל יע]
4Q502 174 1.1	]˙˙[ ]ל[ ]ם[:]˙טלים
4Q502 199 1.2	]ה א[:]ל[
4Q502 213 1.1	]˙˙ל˙]
4Q502 222 1.1	]ל לבנ]
4Q502 233 1.2	]˙ הי[:]ל[
4Q502 254 1.2	] לחסדי[:]ל[ ]˙ל ע]
4Q502 254 1.2	]ל[ ]˙ל ע]
4Q502 259 1.2	]ו ק[:]ל˙˙]
4Q502 262 1.2	]ב˙˙[:]ל[
4Q502 274 1.1	]ל˙˙[:]יו]
4Q502 284 1.3	וברכו א˙[:]ל[ ]ר˙]
4Q502 302 1.2	ים בשלו[ם :]ל[
4Q502 306 1.1	]˙ל ששי]
4Q502 316 1.2	]ינו [:]ל[
4Q502 324 1.1	]ם ל˙]
4Q502 328 1.1	]ל˙˙]
4Q502 342 1.2	]בו [:]ל[
4Q503 1+ 2.2	]ל[ ]ו והי[ו]ם
4Q503 1+ 2.21	]ל[
4Q503 11 1.5	בפפ יומם[:]ל[ ]ל[
4Q503 11 1.5	יומם[:]ל[ ]ל[ ]
4Q503 21+ 1.2	וישמחנ[ו :]ל[ ] לאמור לנו
4Q503 24+ 1.6	שמ]חים ל [: או]רים[
4Q503 26 1.4	קו]דשו [:]ל[
4Q503 29+ 1.23	˙[ ]ל : ושלום]
4Q503 29+ 2.4	]ל עם זכ[:]˙ת
4Q503 29+ 2.13	[:]ל[ה]לל[ ]ל[
4Q503 29+ 2.24	[:] ש˙ל[
4Q503 33 2.8	א]ל אש[ר : ל˙] <]˙ה
4Q503 33 2.8	ל˙] <]˙ה ל˙[>]˙˙˙]
4Q503 33 2.9	<]]˙˙˙[: ל˙˙] ˙[
4Q503 37+ 1.24	[:]ל[ ]˙רו צד[ק
4Q503 40 1.6	]˙ :]ה:]ל : ואותו [:
4Q503 42+ 1.6	]אשר י[ ]ל[
4Q503 42+ 1.6	]ל[ ]˙[:]ל[
4Q503 42+ 1.7	]ל[ ]˙[:]ל[
4Q503 51+ 1.8	]˙˙[:]ל דקלי או[ר]
4Q503 62 1.3	[:]˙קודש ל[
4Q503 68 1.6	] קודש[:]ל[
4Q503 72 1.9	] בערב [:]ה ל˙˙˙[:]˙˙]
4Q503 85 1.3	]˙יכה נש[:]ל[
4Q503 94 1.3	˙[:] חם[:]ל˙]
4Q503 102 1.2	]ש[:]˙ ל[:]ק]
4Q503 106 1.2	]˙˙[:]בוד ל[:]˙˙˙ ל˙]
4Q503 106 1.3	ל[:]˙˙˙ ל˙]
4Q503 126 1.2	] כב[:]ל[
4Q503 128 1.1	]ל[:]ר]
4Q503 129 1.2	]ם] : [˙ ל[
4Q503 134 1.2	ב[: ל˙]
4Q503 155 1.3	]כה [:]˙[ ]ל[
4Q503 158 1.2	]˙˙פע[:]ל[
4Q503 165 1.3	[:]קוד[ש:]ל[ ]ל[
4Q503 165 1.3	]קוד[ש:]ל[ ]ל[
4Q503 169 1.3	]˙[:]הם[:]ל[
4Q503 170 1.2	]הרש[:]ל[
4Q503 173 1.1	]ל ט]
4Q503 191 1.2	]ר˙˙ה[:]˙[ ]ל[
4Q503 215 1.13	] עמו ˙[:]ל[
4Q503 217 1.6	[VACAT] :]ל[
4Q503 219 1.3	]˙ק מס˙[:]ל[
4Q504 1+R 2.13	]]ל[ ]˙בנו בכול
4Q504 1+R 6.19	[: ל[
4Q504 2V 1.10	]בריתו וישב:]ל תהליהמה
4Q504 4 1.9	]ביד מוש[ד :]ל[ ]˙ אשר ˙
4Q504 5 2.2	בזרעם אחריהם ל˙]
4Q504 7 1.18	]ל[ ]עינים :]
4Q504 8R 1.15	]˙˙[ ]ל[
4Q504 13 1.2	]ם[:]ל ט˙[:]ה
4Q504 18 1.1	]הנו ל˙˙ת ˙[: נ]תתה
4Q504 24 1.1	]ל בונ[:]כה˙
4Q504 27 1.1	]ל מלכ[:]˙
4Q504 30 1.3	]נו בר˙[:]ל טו[
4Q504 39 1.2	]א[:]תה ל[
4Q504 47 1.1	]כבודנו ל[:] את מנו[
4Q505 124 1.2	[:]˙[ ]˙[ ]ל ה]א[רץ :]˙ה
4Q505 127 1.4	[ ]˙כ˙ל[
4Q506 124 1.2	] אח]ריהם ל˙[˙]
4Q506 124 1.6	]]ל[
4Q506 134 1.2	]˙ה [:]ל[ ]˙תח[
4Q506 137 1.2	]˙בא[:] ל˙]
4Q506 145 1.1	]˙[ ]ל˙] : [˙˙]
4Q506 153 1.2	]רב˙[:]˙ל ע[
4Q506 164 1.4	]בוכצ˙[:]ל[
4Q506 168 1.2	] פש[:]ל[
4Q506 172 1.2	]˙˙[:]˙ל]
4Q508 4 1.3	ובריתו [:]ל[
4Q508 6 1.2	] שגג[:]ל[
4Q508 9 1.2	]ומנחות[:]ל[
4Q508 11 1.2	]˙כה ול˙˙[:]ל˙ ולמפו י˙]
4Q508 12 1.1	]ר ל˙[:]ל[
4Q508 12 1.2	]ר ל˙[:]ל[
4Q508 16 1.2	]תו [:]ל[
4Q508 17 1.2	]ל[
4Q508 26 1.2	]ו ˙˙[ ]נו[:]ל[
4Q508 27 1.2	]˙תה [:]ל[
4Q508 28 1.2	]כ˙[:]˙˙˙ל[
4Q508 29 1.2	]˙ותינו[:]ט˙ל[
4Q508 30 1.3	]˙˙˙˙˙[ ]ל
4Q508 31 1.2	[:]אמ˙˙[ ]ל[
4Q508 32 1.4	לזכר[ו[:]ל[
4Q508 33 1.2	[:]˙תה ˙˙˙ל˙˙]
4Q508 36 1.2	]ברדתנו[:]ל[
4Q508 39 1.3	בחיינו [:]ל[
4Q508 40 1.2	נתתה לה˙[:]ל משנאינו
4Q508 42 1.2	לוא ה[:]˙ ל[
4Q509 1+ 1.6	˙[ ]ל[ ]ל[:]˙ו
4Q509 1+ 1.6	]ל[ ]ל[:]˙ו ˙[ ]
4Q509 5+ 2.8	אב[ותיכה :]ל[
4Q509 7 2.8	להשמר ב[:]ל˙[ ]˙˙ה˙]
4Q509 10 3.8	]כ˙[:]˙˙[:]ל[
4Q509 16 4.7	]חכמתנו ˙˙ל˙[ ]˙ :]ואנו
4Q509 23 2.3	ברוך [:]ל[
4Q509 25 1.3	]˙ לנו ˙[:]ל[
4Q509 29 1.2	]˙˙ בבו˙[:]ל˙ וש[:]א ל

4Q509 29 1.3	]ל˙ וש[:]א ל˙ [
4Q509 36 1.3	]ה ופ˙[:]ל[
4Q509 43 1.2	]˙שי˙[:]ל[
4Q509 53 1.2	ם[:] ותשא ל˙ [
4Q509 55 1.4	]˙˙˙[ ]˙˙ל ל<ב>[
4Q509 58 1.9	כול א˙[:]ל[
4Q509 65 1.3	]VACAT[:]ל[
4Q509 70 1.2	]ה ב[:]ל[ ]ל[
4Q509 70 1.2	]ה ב[:]ל[ ]ל[
4Q509 77 1.3	[:]ה [:]ל[
4Q509 79 1.2	]˙ו˙[:]ל[
4Q509 81 1.4	]מוד[:]ל[
4Q509 83 1.2	]˙[:] ואין ל˙ [
4Q509 89 1.2	]˙יהם[:] ל˙ [
4Q509 90 1.3	]˙ וא˙[:]˙ל [
4Q509 96 1.2	]˙[:]ל ל[:]ם ז˙[
4Q509 96 1.2	]˙[:]ל ל[:]ם ז˙[
4Q509 97+ 2.4	]זר יפ˙[: צדק ל˙˙[:]ל[
4Q509 97+ 2.5	צדק ל˙˙[:]ל[
4Q509 101 1.2	]˙[:]˙˙ל˙˙[:]˙א˙˙[:
4Q509 113 1.2	]˙ב˙[:]ל ˙[
4Q509 131+ 2.19	˙[:]ל˙[:]י˙ [
4Q509 143 1.4	[:]את ˙˙[:]ל א[
4Q509 146 1.4	]ך שמכה [:]ל[ ]˙ להטו [:
4Q509 146 1.8	] לקדו˙ [:]ל[
4Q509 154 1.3	]˙[:]˙ ש[:]ל˙˙˙[
4Q509 155 1.2	]ק ל˙ש˙[
4Q509 156 1.3	]ם לב[:]˙ ל[
4Q509 175 1.2	ני˙ב˙[:]בק˙ל˙[
4Q509 178 1.2	]דש[:]ל˙˙[
4Q509 184 1.12	]רתה :]מאכל ל[ ] :]י נדה
4Q509 190 1.2	]˙ם [:]ל לש˙[:]ל˙[
4Q509 190 1.3	]ל לש˙[:]ל˙[
4Q509 197 1.3	]ה את[:]˙˙ ל˙[
4Q509 198 1.3	ב˙[:]˙ תצדק ל˙[
4Q509 200 1.3	]˙˙ל י[
4Q509 205 1.1	ר]שפה ל[: ק]ץ
4Q509 212 1.2	]הנסתרו[ת :]ל[
4Q509 228 1.3	]בפיה מן ˙[:]ל[
4Q509 238 1.2	]טמאת˙[:]ל[
4Q509 242 1.2	]בכליון [:]ל[ ]ל[
4Q509 242 1.2	] :]ל[ ]ל[
4Q509 251 1.2	]ק˙˙˙˙ :]ל˙˙˙בה
4Q509 255 1.2	ימים[:]˙[ ]ל[
4Q509 268 1.2	]היו˙[:]ל[
4Q509 278 1.1	[כבוד ל˙ [
4Q510 2 1.5	]˙˙[ ]ל˙˙ בגו[
4Q510 7 1.2	מ˙[:]תאומרו ל˙[:]תשבבה[
4Q510 8 1.2	]וש ב[:]ומר ל[:]˙˙˙[
4Q511 2 1.5	אל[והי]ם[ ]ל˙˙[ ]ישרא[ל]
4Q511 2 2.7	גבורות יפדם ל[: כמוהם
4Q511 2 2.10	מ[ ]רים ב˙ל[
4Q511 5 1.3	]רפתו ˙[:]ל[
4Q511 8 1.7	יחביאני [ ]ל[:]˙ני
4Q511 8 1.13	ה[א]ל[והים :]ל[
4Q511 12 1.3	[:]באלוהים ל[:]ל[
4Q511 12 1.4	ל[:]ל[
4Q511 15 1.5	˙ה רוחי הבלים ל[:]יר
4Q511 15 1.8	ה[ ] בו[:]ל[
4Q511 25 1.2	]˙רו מחני[:]ל˙˙ לם<ל>א[
4Q511 27 1.5	]ר לרשעה[:]ל˙[
4Q511 28+ 1.6	[ ]˙˙[ ]ל[ ]˙˙[
4Q511 28+ 1.6	]˙˙ ואתה[ ]ל[
4Q511 36 1.4	]˙י וא[נ]י ל[
4Q511 48+ 1.8	]מים˙[ ]ל
4Q511 52+ 1.3	הצד[ק :]עשה ל˙[
4Q511 52+ 1.6	בר]וכים ל [ ]˙ המה
4Q511 52+ 1.8	[ברוב [:]ל[ ]ל[
4Q511 52+ 1.8	[:]ל[ ]ל[
4Q511 61 1.2	]ודו :]ל[
4Q511 63 3.6	[ ]ו[ ]ל כול[ ]ל[ ]˙[
4Q511 63 3.6	]ל כול[ ]ל[ ]˙[ ]א [
4Q511 65 1.2	[:]ניתו ל[
4Q511 70 1.3	וטענ[ה :]עם ל[
4Q511 71 1.5	]דעת ˙˙[:]ל[
4Q511 72 1.2	]אה [:]ל[
4Q511 76 1.3	י]שראל ˙[:]ל[ ]ל[
4Q511 76 1.3	[:]ל[ ]ל[
4Q511 81 1.4	רעה[:]לכם ל[:]בכבודו [
4Q511 82 1.3	]בכם [:]ל˙[
4Q511 85 1.3	וא[:]˙[ ]ל[
4Q511 87 1.1	]לי ל˙[:]˙תי[
4Q511 97 1.2	י[:]לב[ ]ל[
4Q511 98 1.1	]ברנה[ ]ל[ ]ל[
4Q511 98 1.1	]ברנה[ ]ל[ ]ל[
4Q511 109 1.2	א˙[: פלץ ל[: עם ˙ל[
4Q511 109 1.3	פלץ ל[: עם ˙ל[
4Q511 110 1.3	]י הד[:]ל[
4Q511 117 1.2	]˙ם עם :]ל[
4Q511 120 1.1	]˙[ ]˙ל : ע]ולמים
4Q511 121 1.4	כול ˙[:]ל[
4Q511 122 1.4	˙שמים ו˙[:]˙ל[
4Q511 123 1.4	יענו למ[:]ל[ ]ר[
4Q511 124 1.3	וח˙[:]ל דעת [
4Q511 127 1.4	נעדר˙[:]ל[
4Q511 134 1.3	]לכול [:]ל[
4Q511 139 1.1	]ל אל˙[:]˙ תוע
4Q511 140 1.4	]יגילו [:]˙ל[
4Q511 142 1.3	]˙˙[ ]מאו[:]˙ל [:]
4Q511 147 1.1	]˙ל מ˙[:]˙שו ו
4Q511 147 1.3	]˙שו ו˙[:]יע ל[
4Q511 149 1.3	]ויאי˙[:]ל[
4Q511 156 1.3	] :]פתח פ[:]ל[
4Q511 163 1.1	]רם ל[:]ע ו˙[
4Q511 165 1.2	˙זרעם[:]בם ל˙[
4Q511 182 1.2	טמזרי[ם :]ל[ ]ם[
4Q511 183 1.2	ימ˙˙ [:]˙[ ]ל[
4Q511 184 1.2	]בענ˙˙[:]˙ ˙ל˙[
4Q511 191 1.1	]ל˙[ ]לוא[:
4Q511 192 1.2	] הנורא[:]ל˙[
4Q511 194 1.2	]˙אור [:]ל˙˙מ[
4Q511 197 1.2	]˙ עמ[:]ל[
4Q512 24+ 1.5	הא[לה :]ל[ ]˙ נר[
4Q512 27 1.5	]התח[:]ל˙[
4Q512 16 1.4	לטלא :]ב :]˙ל הטוהר :]
4Q512 16 1.9	]רת ואחר :]ל[
4Q512 10 1.2	<]˙˙ול˙[>]ל[
4Q512 1+ 1.4	˙[ ]ל בלוחות עולם
4Q512 40 1.7	] VACAT :]ל[
4Q512 51+ 2.3	[: ˙[ ]ל[: הטמא[:
4Q512 56+ 1.4	]ל[ ]ל[: [
4Q512 56+ 1.4	]ל[ ]ל[: [
4Q512 76 1.3	כול שמ[:]˙ל נפשו עד[
4Q512 82 1.1	]ל˙˙ ˙˙ו˙[:
4Q512 83 1.3	א[:]הר [:]ל[
4Q512 100 1.3	]˙[:]הרר[:]ל[
4Q512 104 1.2	]˙[:]ל˙˙ [
4Q512 112 1.2	[במ˙[:] ל˙˙[
4Q512 125 1.1	]ה ל[:]˙[ ]<לנ[>
4Q512 144 1.2	]˙[:]˙לך ל[
4Q512 145 1.3	˙˙[:]אתה[:]ל במ[
4Q512 147 1.3	]גת[:]ת [:]ל˙[
4Q512 157 1.3	˙[:]˙פש[:]ל[
4Q512 164 1.3	]˙˙˙ק [:]ל[
4Q512 178 1.1	]ל[
4Q512 182 1.1	]ל [
4Q512 183 1.2	]בשם ˙˙[:]ל[
4Q512 187 1.2	]˙ש[:]ל [
4Q512 202 1.1	]˙ ל˙[
4Q512 209 1.2	[ה˙[:]ל[
4Q513 2 2.7	]ם [ ]הים ל[
4Q513 3 1.3	[:]ביום שבת ל˙˙[:] לעשות

Reference	Text
4pIs[c] 21 1.3	]ל לכרמל ושבו
4pIs[c] 22 1.6	ההואה[:]˙ ˙ל[
4pIs[c] 23 2.2	[:]]הב˙ ˙ל˙[ ]˙ ˙[ ]˙
4pIs[c] 23 3.2	[: ל[
4pIs[c] 30 1.2	את :]ה בבא ל : הכ]והן
4pIs[c] 34 1.2	]˙ם [:] ל˙[: [ו˙]
4pIs[c] 49 1.3	]ימים ב[:]ל[
4pIs[d] 2 1.3	אל כול[:]ל[
4pIs[e] 3 1.2	]בור כפגר[:]ל ל[
4pIs[e] 3 1.2	כפגר[:]ל ל[
4pIs[e] 4 1.3	]]ב˙ל[
4pN 3+ 4.6	מנשה[ ]ל[
4pN 5 1.2	]˙ל גבל ישרא[ל]
4pPs[a] 1+ 4.14	]˙ל˙[ ] על
4pPs[a] 1+ 4.16	]]ל˙ל˙ ˙[
4pPs[a] 1+ 4.16	]]ל˙ל˙ ˙[
4pPs[a] 12 1.2	]בשפת ע[:]ל[
4pPs[b] 4 1.3	]˙שע[ ]ל[
4pPs[b] 5 1.6	וחרי˙[:]ל ליעקוב[
4QCat[a] 2+ 1.4	]˙ ˙ד[ ]˙[ ]ל˙תמה שמה[:]ו
4QCat[a] 10+ 1.4	ורפאתי את :]˙ל אנשי בליעל
4QCat[a] 12+ 1.4	אשר לוא יותיר ל[ ]˙ ˙ח
4QCat[a] 12+ 1.6	עליו[ ]˙ ˙ ˙ל˙ ˙ ˙[:]מלאך
4QCat[a] 14 1.6	]הרי ˙ ˙ ˙ ˙ ˙[ ]ל[
4QCat[a] 20 1.5	]˙ות המ˙[:]˙ל ב[
4QCat[a] 21 1.3	יבקש˙[: ב]קש ל[
4QCat[b] 1 1.5	ה ע ˙ ˙ ˙ ˙ ˙ ˙[ ]ל[:]מיא
4QFl 1+ 1.2	הבית אשר[ ]ל[ב]אחרית
4QFl 1+ 2.6	ברדתו מ[:]ל˙ ˙ ˙ ˙ ˙[
4QFl 5 1.5	החוזים[:]ל˙[
4QFl 6+ 1.1	]ל להאביד את
4QFl 6+ 1.8	לאיש[:]ל[
4QFl 17 1.4	]בתו עליה[:]ל[
4QFl 19 1.1	]רו ל˙[:]המה˙[
4QM1 1+ 1.2	לעיני כול קהל ל[ ]˙ ˙[
4QM1 1+ 1.2	]˙ש˙[ ]˙ם ל˙[מש]פט
4QM1 1+ 1.20	המחנות[: ל[ ] כול ˙ ˙[
4QM1 11 1.24	ידו בכוח[:]ל[
4QM1 11 2.14	פדותו [ ]ל[: בני]י אמת
4QM1 11 2.22	בכ[ול]˙ל[
4QM1 11 2.23	]˙ל[ ]א˙ה˙ ˙[
4QM1 13 1.8	כיא [:]ל[ ]˙[ו]ענו
4QM1 14 1.3	אחור[:]ל והיתה[:]˙[
4QM1 18 1.6	סוף˙[:]˙ל[
4QM1 24 1.5	בני אלים[:]˙ל[ ]ל
4QM1 24 1.5	]˙ל[ ]ל ממשלתמה[ ]˙[
4QM1 28 1.2	]ידו˙ ˙[:]ל בו˙ח[:]˙[
4QM1 33 1.3	]יעם[:]ל[
4QM1 34 1.1	]˙ש˙ה ל[
4QM2 1 1.13	לאל עליון ו[ ]ל˙ ˙[ ]˙ ˙[ ][ ]
4QM2 1 1.13	]]ל[ ]˙[ ]˙[
4QM2 1 1.13	[ ]˙[ ]˙ ˙[ ]ל[
4QM6 2+1 1.9	אמת לכלת :]˙ל˙[ ]˙ת:]ב[:
4QM6 18 1.3	שרית[:]˙ ˙ ˙ל[
4QM6 19 1.3	[˙ ˙[:]˙ ˙[:]ל[
4QM6 22 1.2	]˙ ˙[:]ן ˙ ˙ל[:] ויק[:
4QM6 27 1.4	]˙ ˙[ ]ים[:]ל˙[
4QM6 56 1.3	˙ ˙[ ]ש ˙ ˙[:]ל [
4QM6 65 1.2	]˙[:]˙ ˙ ל[
4QM6 68 1.2	] ט[:]ל [
4QM6 74 1.2	]בגו˙[:]ל אי[
4QM6 97 1.3	ע˙ ˙ הבע˙ה[ ]ל[:]˙[ ]ל[
4QM6 97 1.4	]ל[:]˙[ ]ל[
4QM6 98 1.3	[:]ל ˙מדה ור˙[
4QM6 99 1.2	]˙ ˙ ˙[:]˙ל כל˙ל[ ]˙ ˙[
4QM6 99 1.2	˙ ˙[:]˙ל כל˙ל[ ]˙ ˙[
4QM6 107 1.2	]˙בו ˙[:]ל[ ]˙[
4QM6 121 1.1	˙ל˙[: א˙[
4QMes 1.12	]א די ל[
4QMes 2.2	באיש פלופחא ל˙ ˙[: [
4QMes 2.13	יתבין די ל˙[: מין
4Q513 4 1.4	שבתות[:]ל תעות עורון
4Q513 4 1.7	]ים ו˙[:]ל[
4Q513 12 1.4	]˙ח יזבח[ ]ל[
4Q513 13 1.7	]ים למשק[ה :]ל כאם א[:
4Q513 14 1.3	] ברוך[:]˙ל מש˙[:
4Q513 21 1.2	]ול ה[:]ל[
4Q513 25 1.2	[:]איש ל[:]˙ ˙[
4Q513 31 1.1	]מה ל˙[:]מרוח ב[
4Q513 37 1.2	]ו לאה˙[:]˙ל[
4Q513 42 1.2	]˙בב˙[:]ל[
4Q513 43 1.2	]ם כ[:]ל[
4Q513 44 1.1	]ון ל˙[:]˙ ˙[
4Q514 1 1.11	א˙[ ]ל[
4Q514 3 1.3	א[:]לק ˙[:]ל[
4Q515 2 1.2	] חקקי[:]ל[
4Q515 12 1.2	]הר י[:]ל[
4Q516 6 1.2	]וא[:]ל[
4Q517 16 1.3	]אור :]ל˙
4Q517 36 1.2	]כול[:]ל[
4Q517 40 1.1	]ע ל[:]˙וה[
4Q517 41 1.2	]˙וא[:]ל[
4Q517 42 1.3	]להמת˙[:]ל ˙ ˙ ˙[
4Q517 50 1.1	ל˙ ˙ ˙[: י˙ר˙ ˙[
4Q517 51 1.1	]ל או[:]˙ ˙בל א
4Q517 56 1.1	]ל מוק[
4Q517 60 1.1	]˙ל נה˙[:]˙[
4Q517 63 1.1	]˙ל כ˙[
4Q517 77 1.2	[:]ה˙ע[ ]ל[
4Q517 85 1.2	] אמ˙[:]ל[
4Q518 3 1.3	[:]ר ואר[:]˙ל ת˙[
4Q518 26 1.2	]˙יקו˙[:]ל˙[
4Q518 38 1.2	]˙ ˙[:]תא ל[
4Q518 66 1.3	[:]ר מבל[:]ל˙ ˙[
4Q519 6 1.1	]ל [
4Q519 13 1.1	]ל[:]בק[
4Q519 15 1.1	] ל˙[: [ו[
4Q519 16 1.2	]˙ ˙[:]ל ל[
4Q519 16 1.2	]˙ ˙[:]ל ל[
4Q519 51 1.2	ד[: ל[
4Q519 57 1.1	]ל [
4Q519 61 1.1	]ל˙[
4Q520 3 1.2	]ם שו[:]ל[
4Q520 4 1.4	]VACAT[:]ל[
4Q520 8 1.2	]˙[ ]˙[:]˙[ ]ל ˙ ˙[
4Q520 9 1.2	]רצה[:]ל[
4Q520 10 1.2	]ח[:]ל [
4Q520 22 1.1	[ל˙[
4Q520 23 1.2	[˙ ˙ן ד[:]ל[
4Q520 24 1.3	לב˙[:] ב[:]ל[
4Q520 27 1.2	]˙ ˙ם[:]˙דו ל[:]˙ ˙[
4Q520 30 1.2	]˙ז˙[:]ל[
4Q520 32 1.2	]˙ ˙ ˙[:]ל[
4Q520 38 1.3	אלי ב˙ו ˙[:]ל[
4Q520 45 1.4	]˙רמיהם ל[
4AgCr 1 1.3	והוא חרות ל[:] [
4AgCr 1 1.4	ל[:] [<]ל> קצי ממשלותם
4Amrm 1 1.14	]ל[[
4apLm 1 1.14	בה ודורש :]ל איש
4apLm 2 1.10	]ל˙ והגתה
4apLm 3 1.3	[:]חללו[:]ל[ ]˙[
4pHs[b] 10+ 1.5	[:]]ל[
4pHs[b] 10a+ 1.7	]יהם והת˙[ ]ל[ ]
4pHs[b] 15+ 1.2	]ל : [ישו]בו
4pHs[b] 17 1.2	]˙ ˙ ˙[ ]ל[
4pHs[b] 18 1.3	]אשר ישי˙[:]ל[
4pHs[b] 19 1.8	[:]הוס˙[:]ל˙ [
4pHs[b] 25 1.2	י]הודה[:]ל יום[
4pIs[a] 7 1.1	]ברי ל[: י]שפלו[
4pIs[b] 2.11	]ל[ ]ל[
4pIs[b] 2.11	]ל[ ]ל[
4pIs[c] 14 1.11	]תו˙[:]˙ ל[

4QOrd 1 1.4 [ ]:[ ]˙ל: [הו אל ˙]
4QOrd 1 2.2 [נחל לי]: [˙ל את ˙] [ותיו
4QOrd 1 2.10 ש[ ]ם[ ]ל[של]וש
4QOrd 2+ 1.10 [ל˙ ˙ית ˙˙˙]
4QOrd 8 1.2 [שה א]: [ל]
4QPs^{f} 2 9.15 יהוה: [ל˙[ ]˙
4QTeh 1 1.3 [היתה ל˙]: [
4tgJ 1 2.8 מנו[עה ולעת ל˙] :
4tgJ 1 2.10] [ל]
4VSam 2 1.1 ולהבר כפים ל[
4VSam 5 1.3 [יראתכה על ˙˙ל[
5Q13 1 1.9 ות˙[:]˙ל להבין במעש[י
5Q13 1 1.14 ישראל ˙[:]ל עלי[
5Q13 4 1.5 בשנה כ[ול :]ל[ ] לרוח˙[
5Q13 8 1.4 [בשפטכה[:]ל[
5Q13 10 1.3 [˙ה בפי[:]ל[
5Q13 16 1.2 [˙˙˙[:]˙ו ל˙[
5Q16 4 1.1 [א ל˙[:]חבא ול
5Q16 6 1.2 מלאו ש˙[:]ל˙ ולקול[
5Q17 6 1.2 [עוד ˙[:]ר ל[
5Q18 1 1.4 [ולוא˙[:]˙ל ה[
5Q18 4 1.3 ˙[:]להיות[:]ל[
5Q19 3 1.3 [:]˙ח צדק[:]ל[
5Q22 1 1.3 ˙[: יה[: ויהי ל˙[: א כול א[:
5Q25 6 1.2 ב˙[: ל[
5QJN 9 1.3 די [:]ל[
6Q21 1 1.3 עמי [: לקצור ל[
6Q24 4 1.2 ˙[:]ל וענה
6Q26 8 1.2 [וב˙[:]ל[
6Q30 1 1.6 ולה [:]˙˙[ ]ל[
6Q31 12 1.2 [ם [:]ל[
6apGn 1 1.5 הוה [:]ל[ ]לא[ ]יצו
6apGn 5 1.2 פלגנני˙[:]˙ל[
6apGn 8 1.2 [: [ ]˙ו ל[
6apGn 11 1.1]ל˙[
6apGn 16 1.1]˙ל[:]יע[
6apGn 26 1.1 לובר ל˙[: ל˙˙ ח˙˙
6apGn 26 1.2 לובר ל˙[: ל˙˙ ח˙˙˙[:
6apGn 29 1.2 [ר דן[:]ל[
6apGn 30 1.1]ל דורו[:]˙ ה
6apGn 31 1.2]˙ רג[:]˙ע ל˙[
6apGn 33 1.2]˙ :]ל˙˙
6apSK 2 1.4 [:]והגל˙[:]ל[
6apSK 23 1.6]˙˙ה˙[:]ל[
6apSK 32 1.3 לפני[:]ל˙ומרים[
6apSK 47 1.3]˙ני[:]ל˙˙[
6apSK 57 1.4 נפש שניה[:]ל[
6apSK 58 1.4 י[שרא]ל :]ל˙ל˙[
6apSK 58 1.4 י[שרא]ל :]ל˙ל˙[
6apSK 60 1.3 נער [:]˙˙ל[
6apSK 69 1.1]ל: [ ]˙ים
6QCal 1 1.3]ל˙˙
6QHym 2 1.9 ע[ולמים :]ל[
6QHym 4 1.3 [רלי לוא [:]ל[ ]יפלו ל[
6QHym 4 1.3 [:]ל[ ]יפלו ל[
6QHym 5 1.1]˙[ ]ל ומ˙[:
6QHym 6 1.4]אטתו ל[:]הלל [
6QHym 7 1.3 [:]את[:]ם ל[:]כל [:
6QHym 7 1.5 ל[:]כל [:]ל[
6QHym 8 1.3 [˙ם ביום[:]˙ל עלינו[:
6QHym 12 1.3 [˙שכה[:]ל[
6QHym 18 1.2 [טח [:]ל[
6QHym 20 1.3]˙ת˙[ ]הן ל˙[
6QPro 1 2.7 בגוי[ם: שמי[: ל˙[
6QPro 4 1.5 [מהון[:]˙ ת˙ל˙˙[
6QPro 6 1.2]˙הי˙[:]ל[
6QPro 12 1.2 ו˙[: [ ]ל[
6QPro 18 1.4 [ים א[:]ל ˙[
6QPro 19 1.2 [וש˙[:]˙ל˙ל[
6QPro 19 1.2 [וש˙[:]˙ל˙ל[
6QPro 20 1.1 [ל˙לם [:]לפנ˙[

8QHym 1 1.3 אורו לה[ ]˙˙ל[:]לט[ו]לות
11Ap^{a} 2.9 [מלפני יהוה ל[
11Ap^{a} 4.13 צ[דקה ל˙[:]˙˙[
11Ap^{a} 4.14]ל[:]ג[
11Ap^{a} 5.1]ל[ ]
11Mel 2 3.5 ורוב[:]ל˙[ ]תים
11QJN 14 1.3 מערב[ה :]ל[ ]ג לתמנין
11QJN 14 1.7 לכהנא [:]ל ˙˙˙ פנכד ˙[
11QPs 28.13 תחלת גב[ ]רה ל[ ]יד משמשחו
11QPs 18.16 זר[ ]ל [
11QPs 21.18 הברותי אל : ל : שכרכם בעתו
11QSS 3+ 1.3 לשרת ל˙[
11QSS 3+ 1.6 י[שרו ל˙[
11QSS 8+ 1.4 ב[הוד ו]הדר ל˙[
11QSS f+ 1.8 [ה˙˙[: [ ]ל[
11QSS r 1.2 [˙[:]ת עוז ל˙[:]רות
11tgJ 7.2 [: אמרין ל[: לנא אלה[א :
11tgJ 8.4 בשבילוהי ל[: ומסכן
11tgJ 23.8 זמן תרין תלתה ל˙[
11tgJ 26.5 ודי חלק לנא ל[ ]ר
11tgJ 29.9 ינדע[ ]ל[[:
11tgJ 33.10 [ ]ל[: [ ]˙סוף
11QT 3.15 א[שר] מלמעלה ל[:]שת נחושת
11QT 4.2 [שם[:]יוצאים ל˙[:]בית
11QT 6.2 [˙˙˙˙ למעלה ל˙[:]˙ם
11QT 6.9 [˙˙˙˙˙ל˙˙˙˙[:
11QT 8.7 ˙˙ ועשית[:]ל ט˙˙˙[:]ות
11QT 8.11 לאזכרה :]ל מזבח הקטורת
11QT 11.16 [: ל˙˙˙˙[
11QT 12.8 ˙˙˙˙˙[:]˙˙˙˙ל מדותיו יהיו
11QT 12.14 ˙˙˙˙[ ]ל א˙˙˙˙[:
11QT 18.4 [עזים לחטאת ל[: [
11QT 21.5]ל נשיאי הדגלים
11QT 27.1]ל ה[: על
11QT 1 28.11 כ[כה יעשו ל[
11QT 38.7 עץ אשר יבוא ל˙˙[: [
11QT 40.4 החצ[ר הזואת ל˙˙[: [
CD 20.17 מוכיח בצדק ל ושבי פשע
CD 15.2 יזכור כי בת˙ל פ[[:
CD 15.16 ובא השפט[ ]ל[ ]ל[
CD 15.16 השפט[ ]ל[ ]ל[
CD 16.17 [אחזתו : יקדש ל[ ]ב ה[
MasSS 1.18]ל
TS 1 1.8 [ ]ל[ ]ל[
TS 1 1.8]ל[ ]ל[ ]ול

1Q23 24 1.1 לא[: תוב[:
1Q23 29 1.2 [אהוא ב[:]לא שיצו[
1Q24 8 1.2]˙ן[:] לא שלם לבון [
1Q26 1 1.8]˙˙[ ]ל[א ת]גדלכה
1Q34^{b} 3 2.4 ותמאס בם כי לא תחפץ :
1Q34^{b} 3 2.5 ורשע לא יכון לפניך
1Q38 10 1.2 [אין כי לא ˙[
1Q40 2 1.2 [גבור [:]לא לכו[
1Q57 1 1.3 [בחקתיך [:]לא [
1apGn 11.17 כול דם לא תאכלון ˙˙˙
1apGn 19.8 [ ]ם עד כען לא דבקתה
1apGn 19.23 בנפשה די לא יחזנה כול [
1apGn 20.6 די יעלן לגנון לא ישפרן מנהא
1apGn 20.17 למקרב בהא ואף לא ידעהא והוא
1apGn 20.22 [ואמר לה לוט לא יכול אברם
1apGn 20.30 מלכא במומה די לא [ ]הא ו[
1apGn 21.13 בעפר ארעא די לא ישכח כול בר
1apGn 21.13 ואף זרעך לא יתמנה קום
1apGn 22.33 ערטלי אהך די לא בנין וחד מן
1apGn 22.34 רתני ואמר לה לא ירתנך דן
1pMic 9 1.2]˙˙ע[:]˙לא[
1QH 1.20 כול ומבלעדיך לא יעשה : אלה
1QH 1.37 [ילי לב לא יבינו : אלה
1QH 2.19 אחרת לעם לא בינות להלבט
1QH 2.22 ועדת בליעל לא ידעו כיא

4AgCr 2+ 2.7	]שה כל ˙˙˙˙לא אר˙[: ב˙ [
4pIs[b] 2.4	פעל יהוה : לא הביטו ומעשי
4pIs[b] 2.4	ומעשי ידו לא ראו לכן גלה
4pIs[b] 2.9	בכל זאת לא שב :]
4pIs[c] 50 1.2	]˙˙˙[:] לא˙˙˙]
4pIs[e] 6 1.3	[:]]לא יאמר שוע כי
4pN 3+ 2.1	הם צירו אשר לא ישמע קולם
4pN 3+ 2.3	י]תהלכו : לא ימוש טרף
4pN 3+ 2.5	החלקות : אשר לא ימוש מקרב
4pN 3+ 3.8	ופת[אים] : לא יחזקו עוד
4QMes 1.4	כאנ]וש די לא ידע מדע[ם
4Tstz 1 1.2	עול וכל שקר לא עוד ישתכח[:
4Tstz 1 1.3	יקריא כי לא[: כ]ל עקתי
6apGn 1 1.5	[:]ל[ ]לא[ ]יצו מהו˙]
6QPro 11 1.1	]˙לא]
11QSS h+ 1.9	לברך [:]לא [י]ברך ב˙]
11tgJ 4.3	ארו אפו לא ת[: סימו
11tgJ 6.4	י]על עמך : ל]א איתי :
11tgJ 6.6	מגן : ל]צהא לא : ל]חם
11tgJ 7.6	ו[: היך לא [: הסתכל]
11tgJ 9.6	] או על מן לא תקום [:
11tgJ 9.8	]וכי וכוכביא לא[: וב]ר אנש
11tgJ 11.6	]וארמלתה לא :]זוזיא
11tgJ 12.4	[˙ : לא˙]
11tgJ 12.7	]לא : ˙]
11tgJ 14.7	מן ˙[: ד]י לא עדר לה<ו>ן
11tgJ 15.6	כלבי ע[ני :]לא הוא לי צבין
11tgJ 16.1	רי יתון ופצא לא : להו][
11tgJ 17.9	]ן מן :]י :]לא: יא[כל
11tgJ 19.9	[: לא]
11tgJ 21.3	סוף[: וארו לא איתי מנכון
11tgJ 21.6	[: מלין וכמא לא יתיבנה[:
11tgJ 22.1	]˙ הן הרגתי לא תס[: י]קר
11tgJ 24.2	רש]ע ארו אמר לא : ישנא גבר
11tgJ 25.1	ר]ברבין די לא סוף ויקים
11tgJ 25.3	ובכל שבילוהי לא הסתכ[לו :
11tgJ 25.8	בלחודוהי[:]לא אוסף ארו מ
11tgJ 25.10	ולא אנה [:]לא ˙˙˙[:] [
11tgJ 27.10	]לא] [: ע]
11tgJ 28.4	שנוהי די לא סוף ארו :
11tgJ 31.4	ארע : מדבר די לא אנש בה
11tgJ 32.6	ונגשת שליט לא : ישמע
11tgJ 37.5	ותרתין ועליהן לא : אוסף שמע
CD 1.15	ויתעם בתוהו לא דרך להשח
CD 2.7	ופליטה למו כי לא בחר אל בהם
CD 2.18	בה נאחזו אשר לא שמרו מצות
CD 3.2	אברהם לא הלך בה
CD 3.17	ומואסיהם לא יחיה והם
CD 3.19	בישראל אשר לא עמד כמהו
CD 5.2	הנשיא כתוב : לא ירבה לו
CD 5.2	לו נשים ודויד לא קרא בספר
CD 5.3	היה בארון כי לא ~~נפתח~~ נפתח
CD 5.9	אל : אחות אמך לא תקרב שאר
CD 5.12	ברית אל לאמר לא נכונו
CD 5.15	הקרוב אליהם : לא ינקה כהר
CD 5.16	בעלילותיהם כי לא עם בינות
CD 6.10	הרשיע וזולתם לא ישיגו עד
CD 6.14	חנם אם לא ישמרו לעשות
CD 8.2	בריתו אשר : לא יחזיקו באלה
CD 8.4	מורדים מאשר לא סרו מדרך :
CD 8.12	נקמה ובכל אלה לא הבינו בוני
CD 8.14	ואשר אמר משה לא בצדקתך
CD 19.14	בריתו אשר לא יחזיקו באלה
CD 19.24	נקמה ובכל אלה לא הבינו בוני
CD 19.27	משה : לישראל לא בצדקתך
CD 20.21	עבד [א]ל לאשר לא עבדו : ועשה
CD 9.2	ואשר אמר לא תקום ולא
CD 9.3	רעהו דבר אשר לא בהוכח לפני
CD 9.7	בו יען אשר לא הקים את
CD 9.9	אשר : אמר לא תושיעך ידך
CD 9.10	השדה : אשר לא לפנים
1QH 2.35	ובגדפותם לא החתיתני :
1QH 4.17	כול מעשיהם כי לא [
1QH 4.18	לחזון דעת לא נכון ולדרך
1QH 4.18	ולדרך לבכה לא היאה כי אתה
1QH 4.20	וחוזי תעות לא ימצאו עוד
1QH 4.23	בוזי כיא : לא יחשבו˙]
1QH 5.5	ארוני כי לא עזבתני
1QH 5.12	כי בצרת נפשי לא עזבתני
1QH 5.20	אדוני כי לא עזבתה יתום
1QH 6.27	בל ימוטו כי לא יבוא זר˙]
1QH 6.30	וכול בני אשמה לא יהיו עוד
1QH 6.36	]לתפל וכבפים לא[:] אני
1QH 7.8	ובכול הוותם : ל[א] החתתה
1QH 7.16	יצר עבדכה כי לא˙] [˙
1QH 7.34	ובסוד נעלמים לא שמתה חוקי :
1QH 8.2	תכון לעד כי לא :]תה :
1QH 8.10	ואל יובל לא ישלחו שורש
1QH 8.13	עצי עולם : לא ישתה מי
1QH 8.17	לפתוח : הש˙ים לא ימישו ויהיו
1QH 8.22	על משקלת השמש לא]
1QH 8.40	כאין :]אנוש לא[:]אפ˙˙[:
1QH 9.11	חיי ושלומי לא הזנחתה ולא
1QH 9.14	ברוב כוחכה כי לא יצדק : כול
1QH 9.35	כיא : אבי לא ידעני ואמי
1QH 10.2	ובלוא רצונכה לא יהיה ולא
1QH 10.3	בחו˙[:]˙יכה לא יביט כול
1QH 10.9	ומבלעדיכה לא יעשה כול
1QH 10.23	]בי ויצר בשר לא שמתה לי
1QH 10.30	וברום עדנים לא˙ [ ]שש
1QH 11.19	]לא נסתר עמל
1QH 13.11	הראיתם את אשר לא˙]
1QH 13.18	]דברך לא ישוב אחור
1QH 13.19	מעשיך וד˙˙˙˙ לא ישוב אחור
1QH 14.14	כי כול קרוביך לא ימרו פיך :
1QH 14.15	וכול יודעיך לא ישנו דבריך
1QH 14.19	רע וש[ ]לא אביר :
1QH 15.12	בבינתך כיא לא ביד בשר [
1QH 15.18	כי הלכו בדרך לא טוב וימאסו
1QH 15.23	ידעתי כיא : לא ישוה כול
1QH 15.24	]˙לא תקח כופר
1QH 15.25	]˙˙ לא תהיה לפניך
1QH 16.11	עולה ואדעה כי לא יצדק איש
1QH 17.9	]שר לא השיגום במ[
1QH 3 1.9	יצר רמיה כיא לא ˙[:]לאין
1QH 6 1.5	להושיע :]לא רזיכה גליתה
1QH 10 1.3	גמלתנו ו[:]לא יעצרו כוח
1QH 15 1.8	בינה ו˙בינתך לא :]צדק
1QH 51 1.2	] עד˙[:] לא [:]אהש[
1QJN 15 1.3	תלת ˙˙[:]די לא ˙˙]
1QS[a] 2.10	ואל תוך[ל]א יבוא האיש
1QS[b] 5.3	מ[ן : ו˙˙לא הש[:
2Q33 7 1.1	]ים כי לא[
3Q7 4 1.2	]˙מי˙[:]˙לד˙לא[
3Q15 4.10	שבשולי העצ : לא כסף ככ
4Q176 8+ 1.5	כי]א לא תחפירי כיא
4Q185 1+ 2.9	רשעים לאמור לא ימנה : לי
4Q185 1+ 2.14	]˙[ ] : מרמה לא יבקשנה
4Q185 1+ 2.14	ובחלקות לא יחזיקנה כן
4Q374 2 2.9	ודעת[: וכל לא ידעוך
4Q381 33 1.11	ק[דשך] לא עבדת[יך
4Q381 79 1.4	יחד עמהם ה[: ל]א ישפט עולה
4Q381 96 1.3	]עליך:]לא
4Q385 3 1.4	יהוה אלי לא אש[י]ב
4Q405 35 1.3	ת[:]אלוהים לא˙[: מ]לכות[
4Q487 16 1.1	[˙˙]]כין לא[:]מה ואל
4Q497 38 1.2	]וב[:]לא[
4Q511 140 1.2	]˙ם [:]ת ˙˙לא [:]יגילו
4Q511 164 1.2	]וב ו˙[:]˙ לא[
4Q514 1 1.4	]אשר לא החל לטהור
4Q514 1 1.7	<ע>ם אשר לא החל לטהור
4Q517 23 1.2	]א וי˙[:]לא˙]

CD 9.15 לכהנים כי לא ידע מוצאיה
CD 9.16 את משפטה ׃ אם לא נמצא לה
CD 10.1 על פיהו אשר לא מלאו ימיו
CD 10.10 את ׃ דעתם עד לא ישלימו את
CD 12.4 ואת המועדות לא יומת כי על
CD 12.7 כל בעבור אשר לא ׃ יגדפו כי
CD 12.9 בעבור אשר לא יזבחום
CD 13.21 , בא]לה לא יצליחו לשבת
CD 14.1 [׃ אשר לא באו מיום
CD 14.22 [לא במשפט]
CD 16.11 איש שבועה אשר לא [י]דענה אם
MasSS 1.5 עשותו ובעשותו לא ישכילו כול

4QFl 1+ 1.11 אני אהיה לוא לאב והוא יהוה

1pHab 2.13 במלחמה לאבד רבים]

1QS 7.6 היחד יתרמה לאבדו ושלמו (ב

1QH 3.32 רבה ויבקעו לאבדון נחלי

11Ap[a] 3.4 גדול]ה אשר לאבדך [׃

11QT 55.12 כאשר דברתי לאבותיכה ׃ אם

1QM 13.7 וברית [כ]רתה לאבותינו
1QM 14.8 השומר ברית לאבותינו ועם ׃
4Q504 1+R 2.8 נ]שאת[ה] ׃ לאבותינו

11QT 65.15 כסף ׃ ונתנו לאבי הנערה כי
11QT 66.10 השוכב עמה לאבי הנערה

CD 16.12 וכן המשפט לאביה ׃ על

4Tstm 1.15 מריבה <ה>אמר לאביו ( ) ׃

1QDM 3.2] יו]תר ל[אביונים

1QH 2.5]ומשמיעי שמחה לאבל יג [׃
1QH 11.19 נפתח לי מקור לאבל מרורים]
1QH 5 1.6 אשר יושדו לאבל[׃ ועדן
4pHs[a] 2.17]נהפכה להם לאבל והשמותי]

1pHab 12.15 הקיצה ע[ורי]ל[א]בן דומם

4Q186 1 3.3]ושניו רומות לאבר ואצבעות ׃

4Q378 11 1.3 דבר ׃]הנשבע לאברהם לתת ׃

1apGn 20.25 יתיבו נה לשרי לאברם בעלה ׃
1apGn 22.15 מאכל ומשתה לאברם ולכול
1apGn 22.16 עליון וברך ׃ לאברם ואמר
1apGn 22.18 די סודם ואמר לאברם מרי אברם
1apGn 22.27 אתחזי֯ אלהא לאברם בחזוא

4Q185 1+ 2.14 כן תתן לאבתיו כן

4Q381 46 1.4]˙ת לאבתינא יפוצו

5Q13 2 1.7]˙תה ותתן לו לאגוד ׃]

4Q403 1 2.33] ׃ הפלא והלל לאדון כול

5apMl 1 1.1] משוחת לא[דוני ׃

1QH 4.38 בצדקתכה ׃ ולא לאדם]]˙
1QS 11.9 קץ נהיה ואני לאדם רשעה
1QS 11.10 חושב כיא לאדם דרכו
4Q178 4 1.2]˙הל˙[׃]˙ לאדם[׃]צדקה
4Q381 1 1.11]˙[ ]˙לעבד לאדם ולשרתו
4Q511 52+ 1.2 הא[מת ׃]˙ לאדם ולבנ[יו

11QPs 18.4 מעשיו נודעה לאדם להודיע

3Q15 11.14 שלו כלי דמ לאה דמ<ע> סירא
4Q502 31 1.4]ת לאה[׃]לן
4Q505 120 1.3]לבלתי[׃]מ לאה]
4Q513 37 1.1]ו לאה˙[׃]˙ל]
4QCat[a] 12+ 1.1]לאה˙[

4Q509 146 1.2]שתנו[׃]לאהב[׃]ך
CD 19.2 הברית והחסד ׃ לאהב ולשמרי

CD 20.21 חסד ל[אלפים] לאהביו ׃

1QS 9.21 בעתים האלה לאהבתו עם

CD 6.20 כפירושיהם לאהוב איש את

4Tstm 1.5 נבי אקים לאהמה מקרב

1QS 8.6 קודש ׃ קודשים לאהרון עדי אמת
1QS 8.9 קודש קודשים ׃ לאהרון בדעת
1QS 9.6 היחד בית קודש לאהרון להיחד

4Q381 1 1.5 ויהיר ˙מר לאו[׃ עץ ובכל
4Q503 42+ 1.2] ׃]י לילה לאו[׃ שלו]ם

1QH 16.13] אשר בח[ ]˙ לאוהביך

11QT 17.9 והלכו איש לאוהלו[׃

1QS 11.7 בחר אל נתנם לאוחזת עולם

CD 9.5 ונוטר הוא לאויביו ׃ אם

11QT 59.7 פני מהמה והיו לאוכלה ׃ ולבז

1Myst 1 1.9 הלוא מפי כול לאומים שמע
1QH 6.12 אמתכה וכול לאומים כבודכה
1QS[b] 3.18 להכנ]יע לכה לא[ומי]ם
1QS[b] 5.28 לא]ומים
4apLm 2 1.5]˙ים שרתי כל לאומ[ים] שוממה

11QT 43.16 בימי המעשה לאונמה כי קודש

1QH 12.15 הדר כבודכה לאור ע[׃]˙חד
1QH 18.29]במכון עולם לאור אורתום עד
1QM 13.5 חושך וגורל אל לאור ׃

1QH 4.23 לי בכוחכה לאורתום ולא

1QH 15.20 מעשיך ולהיות לאות ˙˙]

4QMI 1+ 1.2 ם ל˙[מש]פט לאות[ות

1pHab 6.4 המה ׃ זבחים לאותותם וכלי

1QH 4.6 וכשחר נכון לאו[תרו]ם

11QT 8.10 הזאות ללחם לאזכרה ׃]ל

4Q381 33 1.11 גוי [׃ ואני לאזכרתיך

1QH 2.37 נתנו לאזנים ׃]˙חת

4Q378 6 1.5]לים אל תדמו לאחי [י]ורדי ׃

4Q485 3 1.1] לאחיה[׃]תגלה

11QT 61.10 זמם לעשות לאחיהו ובערתה
CD 19.18 ונטור איש לאחיהו ושנא

11QT 58.14 תופשי המלחמה לאחיהמה : אשר

CD 8.6 וניטור : איש לאחיו ושנוא

4Q502 96 1.1]לאחיות:]ברוך

11tgJ 6.5 ל]א איתי : לא]חיך מגן :

11QT 64.14 השב תשיבמה לאחיכה ואם לוא

1Myst 1 1.12 גזל הו[ן] ל[אחר

4Q504 18 1.4] :]לאחרון ותשע]

1pHab 2.5 הבו]גדים לאחרית א :
4pIs[a] 2+ 2.26] ה]פתגם לאחרית הימים
4pIs[b] 2.1 פשר הדבר לאחרית הימים
4pIs[c] 6+ 2.14]: פשר הדבר לאחרית ה[ימים
4pIs[c] 13 1.4 הרחקות [: לאחר]ית הימים
4pIs[c] 23 2.10 לו : פשר הדבר לאחרית הימים
4pIs[d] 1 1.7 שבטי ישראל לא[חרית
4pIs[e] 5 1.2 פשר הדבר ל[אחרית :
4pN 3+ 2.2 דורשי החלקות לאחרית הימים
4pPs[b] 1 1.5 הצדק[: הכו]הן לאחרית הק]ץ
4QCat[a] 12+ 1.2] מנביא :]לאחרית ה[י]מים
4QCat[a] 12+ 2.3 בליעל י[: לאחרית[: שופר
4QCat[b] 2 1.1]]ל[:]מיא לאחרית
4QFl 1+ 1.15 ישעיה הנביא לאחרית [ה]ימים
4QFl 14 1.2]בה לק[:]לאחרית ה] :
11Mel 1+ 2.4 פש[רו] לאחרית הימים

4Q186 1 3.4 ומלאות [ש]ער לאחת : ואצבעות

1QH 5.38 ודלתו[:]לאי עם תהום

4Q381 28 1.3 וי[:]מקוה לאיביך יכרתו]

11tgJ 21.3 לא איתי מנכון לא[יוב :
11tgJ 34.2] : ענא אלהא לאיוב וענא
11tgJ 38.3 ותב אלהא ‹לאיוב› ברחמין

1apGn 21.29 גבל עד דבקו לאיל : פרן די
11QT 14.16 של[ישית] ההין לאיל ה[אחד :]
11QT 18.2] לאיל הזה] :]
11QT 25.15 כמשפטמה לפר לאיל ולכבשים

11QT 28.9 כמשפט לפרים : לאילים ולכבשים

1Q31 2 1.1 לאין כ[:
1QH 2.26 ויפרו חצים לאין מרפא
1QH 3.20 במישור לאין חקר ואדעה
1QH 3.27 כול חצי שחת לאין השב ויפרו
1QH 3.27 השב ויפרו לאין תקוה
1QH 3.28 מות אפפו לאין פלט :
1QH 4.27 רבים ותגבר עד לאין מספר כי
1QH 5.21] וכבודכה : לאין מדה
1QH 5.28] פתנים : לאין חבר ותהי
1QH 5.29 במצרים לאין מנום ולא
1QH 5.37 בעבותים : לאין נתק וזקים
1QH 5.38 תהום נחשב( ) לאין [:]לעל
1QH 6.3 [: והווה לאין חקר כלה
1QH 6.3 לאין חקר כלה לאי]ן : גליתה
1QH 6.7 בדרך לבכה לאין עול
1QH 6.12]ההו : לאין השבת
1QH 6.17 על תבל לאין אפס ועד
1QH 6.18 למקור : עולם לאין הסר
1QH 6.27]יה דלתי מגן לאין : מבוא
1QH 7.15 (וחיים) ושלום לאין]
1QH 8.17]מים ולימים לאין ח :
1QH 8.28 וכאיב אנוש לאין עצור]
1QH 8.30 יומם ולילה : לאין מנוח

1QH 9.3 בלילה [:]לאין רחמים באף
1QH 11.23 וחליל תהלה לאין : השבת
1QH 18.2 מא[: אורכה לאין השב[:
1QH 18.30 סוף וקצי שלום לאין ח[:
1QH 3 1.10 כיא לא [:]לאין ואפס יצר
1QH 7 1.2]הם[: רום לאין שרית]
1QH 10 1.5 דעת [:] לאין הש
1QM 1.6 להכניע רשעה לאין שארית
1QM 4.2 אנשי גורלו לאין שארית ואת
1QM 11.1 רוטשו פגריהם לאין קובר ואת
1QM 18.2 ונפלו בני יפת לאין קום
1QM 18.2 וכתיים יכתו לאין :]
1QM 18.11 אויב לאין עוד ויד
1QM 18.13 גבורים מגנתה לאין מעמד לכה
1QS 2.7 ארור אתה לאין רחמים
1QS 2.14 עם הרווה לאין : סליחה
1QS 4.14 עד : כלותם לאין שרית
1QS 5.13 לכלת עולם לאין שרית
4Q185 1+ 2.15 ובכל [ ]ו לאין חקר
4Q381 14 1.4 בש[:] לאין]]ל[
4Q381 18 1.5 כבוד [:] לאין]
4Q511 2 1.3 ממשלות השבית לאין]
4QBer 10 2.10 כל]מות כלה ל[אין
4QM1 11 2.17 ל]כ[ו]ל[:] לאין מעמד
4QM2 1 1.10 רוב חלל[י]ם [לאין מ[קב]ר
4QM6 18 1.2 יכתובו [:]לאין שרית[:]
4QTeh 2 1.5] : לאין שרית
4QTeh 2 1.5 וזעום אתה לאין פליטה
CD 2.6 דרך ומתעבי חק לאין שאירית :

4Q511 2 1.4 וחיי נצח לאיר אור]

1Q36 15 1.3 אמת וצדק[:]ל[א]יש גמולי
1QH 3.22 בני שמים ותפל לאיש גורל עולם
1QH 7.27 ובחסדיכה לאיש]]ברוב
1QH 1 1.7 כיא יש מקוה לאיש :]געל
1QS 5.25 ואהבת חסד לאיש אל
1QS 7.10 ימים וכן לאיש הנפ(
1QS 8.11 מישראל ונמצאו לאיש : הדורש
1QS 10.17 יחד לוא אשיב לאיש גמול : רע
1QS 10.18 חי והואה ישלם לאיש גמולו לוא
4Q184 1 1.13 תרים לראו[ת לא]יש : צדיק
4Q380 2 1.6 יהוה [:]לאיש [:]ל]
4Q381 24 1.4 סלה: תהלה לאיש האל[הי]ם
4pPs[a] 1+ 4.16 אח]ר[ית לאי]ש שלום
4QCat[a] 2+ 1.11 בשמות לאיש ואיש]
4QFl 6+ 1.7 והתומים לאיש[:]ל]
4Tstm 1.14 תמיך ואורך לאיש חסידך אשר
11QT 64.2 כי יהיה לאיש בן סורר
11QT 65.11 את בתי נתתי ‹ל›איש הזה
CD 12.6 ידו לשפוך דם לאיש מן הגוים

CD 16.10 האשה אשר אמ[ר ל]אישה להניא

1pHab 3.8 יעופו כנשר חש לאכול כולו
1pHab 3.11 מאיי הים לאכול[ ]כול
1QDM 3.2 [:] לאכו]ל]
1QS 6.4 יערוכו השולחן לאכול או
4QM1 10 2.15] : נקם לאכול באלים
11QT 53.2 א]ותה נפשכה לאכול ב[שר :

4Q381 1 1.8 ליום ביום לאכל פריה
4Q381 1 1.9 ובל אשר להם לאכל חלבי כל
CD 12.12 החיה והרמש לאכל מהם מעגלי

1QDM 3.1] לאכלה ל[כה

1apGn 12.17 : למרה שמיא לאל עליון
1apGn 21.2 עלואן ומנחה לאל עליון
1apGn 21.20 עלא ומנחא לאל עליון
1apGn 22.15 והוא הוא כהן לאל עליון וברך

1apGn 22.16 בריך אברם לאל עליון מרה
1apGn 22.21 ידי יומא דן לאל עליון מרה
1QH 4.31 אדם תום : דרך לאל עליון כול
1QH 6.33 מנום כי לאל עליון ה]
1QM 6.6 גוי הבל והיתה לאל ישראל
1QS 11.2 הון כיא אני לאל משפטי
1QS 11.10 יכין צעדו כיא לאל המשפט
1QS 11.15 אדם להודות לאל צדקו
4Q403 1 1.4 פלאיה יודה לאל הנ<כ>בד
4Q403 1 1.5 בלשון הששי לאל [ה]טוב
4Q403 1 2.26] : לאל אלים מלך
4Q405 6 1.9]˙סי :]ל[ ]˙לאל[ ]˙ אפסי
4Q405 14+ 1.3 והלל פלאיהם לאל אלים[
4Q502 2 1.2 קו]דשים מודה לאל[:]ת לו
4Q502 9 1.10]˙ה מודה לאל ומשתבח :
4Q504 1+R 7.11 קודשו הרננו לאל נ˙˙]
4Q511 8 1.10 מ]ודים [ל]אל כיא]
4apLm 1 1.2 ואין לאל ידנו כי
4pPs[b] 5 1.4 י˙[:] השער לאל צדיק[ים :
4QM1 11 2.17 טעמד וה<י>תה לאל[המלוכ]ה
4QM2 1 1.13 ו[ענו :]˙˙ לאל עליון ו]
11Mel 1+ 2.4]שמטה : לאל פש[רו]
11QT 2.11 ולוא תשתחוה לא[ל :] [
CD 3.4 אוהבים : לאל ובעלי ברית
MasSS 2.13] : יודו לאל הכבוד
MasSS 2.14 בלשון הששי ל[אל

1QH 7 1.10 דם מה בשר לאלה[:]˙˙מתו

11tgJ 5.2 ומ˙[:]צבו לאלהא בביתה˙]
11tgJ 6.1 ˙] : לא]להא :]ארחך
11tgJ 19.3 כד]בת : לאלהא מעל[א
11tgJ 24.4]חס לאלהא מן שקר :

1pHab 4.10 זה כוחו : לאלוהו
1pHab 4.13]זה כוחו לאלוהו : פשרו]

1QDM 2.1] לע]ם לאלוהי
1QDM 3.6] [ל[א]ל[והי
4Q400 2 1.8 נרוממה לאלוהי דעת[:
4Q401 1+ 1.2]: הללו לאל[והי
4Q402 4 1.8 בק[:] כיא לאלוהי אלים
4Q403 1 1.1 רוש רוםם לאלוהי[מ]לאכי
4Q403 1 1.2 פלאה ושבח לאלוהי :
4Q403 1 1.6] זמר עוז [לאלו]הי קו[דש]
4Q403 1 1.26 יח]ד ל[א]ל[ו]הי
4Q403 1 1.32 אלוהים שבחו לאלוה[י
4Q403 1 1.39 שלומים זמרו לאלוהי עז :
4Q405 3 1.14]בשבעה˙ :]מטו לאלוהי : ש]בעה
4Q405 8+ 1.2] : הללו לאלוהי כול מ]
4Q405 23 2.12 דעת[ו]ברכו לאלוהי דעת
4Q510 1 1.2 בתהלי: [ ] לאלוהי דעות
4Q511 1 1.5 כולם יגילו לאלוהי צדק
11QSS 5+ 1.5 ומהללים לאלוהי : אלים
11QSS o 1.4 תהלי לש[:]לאלוהי[:]משני
MasSS 2.1]ת : ל[א]לוה[י
MasSS 2.17] : זמר עוז לאלוהי קודש

11QT 62.16 אשר עשו לאלוהיהם : עבד

11QT 2.13 ו]זבחו ל[אלוהיהמה :]

4Q374 2 2.6 [ו]יתננו לאלוהים על
11QT 59.13 והייתי להמה לאלוהים והמה

1QS 8.14 בערבה מסלה לאלוהינו :
4Q176 1+ 1.7 ב[ערבה] מסלה לאלוהי[נ]ו] כול

1QDM 1.11 ויקרא מושה לאלעזר בן :]

4Q502 45 1.2 אל˙[:]ה לאלף פק[:] ˙˙

CD 19.2 ולשמרי מצותיי לאף דור: ואם
CD 20.22 ולשמריו לאלף דור:

CD 19.1 להם לחיותם לאלפי דורות:

1QM 12.4 גב]וריכה לאלפיהם

1QS 2.21 זה אחר זה לאלפים ומאות :
4Q378 22 1.5 אברהם :]חסד לאלפים
4QM1 1+ 1.10 לפני[ ] : לא<ל>פים
CD 20.21 ועשה חסד ל[אלפים]
CD 13.1 אנשים למועט לאלפים ומיאיות

1QDM 1.2 באחר ל[חו]דש לאמור]
1QM 10.2 מאז לדורותינו לאמור בקרבכם
1QM 10.3 ודבר אל העם : לאמור שמעה
1QM 10.6 ביד מושה לאמור כיא תבוא
1QM 11.6 לנו מאז לאמור דרך כוכב
1QM 11.11 ידכה בכתיים לאמור ונפל
1QS 1.24 מודים אחריהם לאמור נעוינו :
1QS 2.13 יתברכ בלבבו לאמור שלום יהי
4Q185 1+ 2.9 רשעים לאמור לא ימנה
4Q503 21+ 1.2]ל[ ] לאמור לנו]
4pIs[c] 15+ 1.3 אל יודע ספר לא[מור
4Tstm 1.1 •••• אל מושה לאמור שמעת את
11QT 54.9 אשר דבר אליכה לאמור : נלכה
11QT 54.20 בנפשכה בסתר לאמור : נלכה
11QT 55.3 לש[בת] : לאמור יצאו
11QT 55.4 עירמה לאמור נלכה
11QT 65.12 לה עלות דברים לאמור לוא
TS 1 1.4 יהוה אל מושה לאמור צו את
TS 1 1.4 את בני ישראל לאמור בבואכמה

5QJN 1 1.6 עשר ואמה חדה לאמין תשע[י]ן
5QJN 1 1.14 ואמ]ין חמש ל[אמין א]רבעין

CD 3.21 יחזקאל הנביא לאמר הכהנים
CD 4.14 בן : אמוץ לאמר פחד ופחת
CD 5.12 חוקי ברית אל לאמר לא נכונו

4Q403 1 1.35 ברצון : דעת לאמרי פיהו

1QS 4.6 כול וחבא לאמת רזי דעת
1QS 6.15 בברית לשוב לאמת ולסור
1QS 9.3 רוח קודש לאמת : עולם
4pPs[a] 1+ 3.17 [ודר]כו ישר לאמת]

1QS 1.11 וכול הנדבים לאמתו יביאו
1QS 5.10 המתנדבים יחד לאמתו ולהתלכ

1QM 13.10 אור הפלתנו : לאמתכה ושר

1QH 4.30 כי ל<ו>א לאנוש צדקה

1QH 6.24 מים ויהם תהום לאנחתי ו˙]

11tgJ 33.3 ובחיל ינפק לאנפי חרב יחאך

1QH 7.21 חסד : וכאומן לאנשי מופת
1QH 28 1.3 בתבל[:] ˙ לאנשי ˙ה˙]
1QM 6.10 מאות רכב לאנשי סרך
1QS 5.1 וזה הסרכ לאנשי היחד
1QS 11.1 וברוח נשברה לאנשי : מטה
4QCat[a] 2+ 1.16 איב[יהם] לאנשי עצתו המה
4QM3 1 1.2 א[ת] הש[ערי]ם לאנשי: הבנים

1apGn 20.9 ונסבהא לה לאנתא ובעא

1apGn 20.27 ונסבתהא לי לאנתה הא אנתתך

11tgJ 2.6] : רוח המכת לאנתתי] :

CD 7.8 אמר בין איש לאשתו ובין אב
CD 19.5 אמר <בין> איש לאשתו ובין אב

1apGn 19.18 ואנדע ושרית לאשתעיא לה

6apGn 1 1.5]יצו מהו˙[לא]שתעיה מה

1apGn 21.1 דבקת לבית אל לאתרא די בנית

1Myst 2 1.1]אל גלה לב[:]לקץ כול
1QH 1.37]ילי לב לא יבינו :
1QH 2.9 לכול נמהרי לב ותשימני
1QH 6.26]˙ות אבני בחן לב˙י ˙[: עוז
1QH 7.27 רחמיכה לנעוי לב : טי בטובה
1QH 14.26 נדבה ובכול לב[ ]ך :
1QH 15.10 בנדבה ובכול לב ובכול נפש
1QH 18.24 עמכה ותגלה לב עפר להשמר :
1QH 2 1.9 לב[:]בטיט[
1QH 5 1.11 תעודה השכלתה לב˙[: וביושבי
1QM 8.10 גדולה להמס לב אויב ועם
1QM 10.5 המלחמה נדיבי לב להחזיק
1QM 14.6 במשפט : לב נמס ולפתוח
1QS 1.6 עוד בשרירות לב אשמה ועיני
1QS 4.11 עורף וכובוד לב ללכת בכול
1QS 5.9 צוה בכול : לב ובכול נפש
1QS 11.16 הפותח לדעה : לב עבדכה הכן
2Q29 2 1.1]וא לב[
4Q176 1+ 1.5 דברו על לב ירושלים
4Q183 1 2.4 רצון ויתן להם לב אחד ללכ[ת:
4Q184 2 1.4 עליו וה[:]לב נדבה התחנן
4Q184 2 1.5 ורום עינים לב ערל[:]ם
4Q381 1 1.2 ויבינו ולאין לב ידעון יהוה
4Q400 4 2.4 ˙[: לב[: ל[
4Q487 2 1.7 צ[:]ות לב אשמה [:
4Q487 24 1.2]˙[: כי]בוד לב ˙[:]˙ות
4Q502 118 1.1 [לב[:]˙ ורח˙[
4Q504 1+R 2.13]˙בנו בכול לב ובכול נפש
4Q504 18 1.2 [: נ]תתה להסה לב[ ] :]
4Q509 55 1.4]˙˙[ ]˙˙ל ל<ב>[
4Q509 131+ 2.8 מעשי[כה : לב[ ]˙ם
4Q509 156 1.2] אר[:]ם לב[:]˙ ל[
4Q511 97 1.2 כנף י[:]לב[ ]ל[
4Q511 136 1.2]ועשו ו˙[:]לב[
4Q511 211 1.1 [לב˙[
4Q512 51+ 2.15 [: יומם[: ˙˙לב
4Q520 24 1.1 [לב˙[:] ב[:
4pIs[c] 23 2.13 [: לב כיא לדוש˙[
4QCat[a] 10+ 1.9 הדבר לנצח לב אנשי :]˙ה
4QMI 1+ 1.1 קורח ועדתו לב[
4QMI 11 2.15 אמת ולהשיג לב נמס לחזק
4QMI 11 2.15 לב נמס לחזק ל[ב : מלח]מה
11QPs 21.12 ענבים ישמחו לב : דרכה רגלי
11QT 3.7 ואבני גזית לב[:] ו(י)את
CD 15.9 תורת משה בכל לב [ ] :
CD 15.12 תורת משה בכל לב ובכל נפש :

1QH 5.23 לרעי קנאה ואף לבאי בריתי

1QDM 2.8 י]עשו לבאר :]

1QH 8.37 במרורי[ ]לבב ˙˙˙רים
1QM 1.14 יהיו להמס לבב וגבורת אל
1QM 1.14 אל מאמצת ל[בב [
1QM 10.6 כול : מסי לבב ולחזוק יחד
1QM 14.7]]סם לבב קושי
1QM 16.15] ל[ב]ב עמו יבחן
1QS 4.9 ושקר גוה ורום לבב כחש ורמיה
4Q184 2 1.6 ערל[:]ם רום לבב ואף אף ה[
4Q185 1+ 2.12 עינים ושמחת לבב ע˙[:
4Q497 1 1.4 ˙˙˙˙[: קו]שי לבב[:]ר ברית[
4Q502 158 1.3 ˙[:] א˙[:] לבב[:]ך ב[

11QT 53.15 ישבע : שבועה לאסור אסר על

1apGn 20.19 הן יכולון לאסיותה מן
1apGn 20.20 חכימיא למקם לאסיותה ארי

4pHs[a] 1.12 ל]אסף בקצי

1apGn 19.21] לאע[ד]יותכי

4Q374 4 1.2]˙ ולאלהים :]לאפיר ויעשה[ו

6QPro 9 1.1]לאפל ו˙[

1QH 5.32 מאור פני לאפלה והודי

4pHs[b] 2 1.2 לא]פ[רי]ם[
11QT 44.13 לבני יוסף לאפרים ולמנשה

1QH 5 1.13 חושך תריב לאצו[[

4Q176 26 1.2]˙[:]לאר[:]באש[:]

1Q23 13 1.1]לארב[ע : ע]תק
11QT 6.6 שערים לעליה לארבע [:]

1QM 9.17] : ו[היו] לארבע[ת

1apGn 19.15 למקץ ולמעקר ל[א]רזא
1apGn 19.16 אל תקוצו ל[א]רזא ארי

1apGn 2.23 רעותה ואזל לארך מת לפרוין

1apGn 17.9 לחדקל ˙˙˙ : לארם ארעא די˙

1apGn 19.11 ל[מעל] לארע מצרין [
1apGn 19.13 ארענא ועלנא לארע בני חם
1apGn 19.13 לארע בני חם לארע מצרין :
1apGn 19.14 בלילה מעלי לארע מצרין

1apGn 21.4 ודי אתיבני : לארעא דא בשלם
11tgJ 29.4 הן למכתש : הן לארעא הן לכפן

1apGn 17.11 חולקיא ˙˙˙ לארפכשד ˙˙˙

1QS 9.4 חטאת ולרצון לארצ מבשר
4Q379 12 1.5 לתחלת בואתם לארץ : כנען
4Q513 15 1.2 אש[:]˙ו לארץ ˙[:]
11QT 58.6 ואם עם רב בא לארץ ישראל
11QT 59.12 והביאותים : לארץ אבותיהמה
CD 2.11 התיר פליטה לארץ ולמלא :
CD 7.14 נמלטו לארץ צפון

1QH 6.18]]לאש בוערת בכול
1QH 12 1.1 בל יטה[ ] לאש[ ]˙ר

11QT 63.11 בה ולקחתה לכה לאשה :
11QT 63.14 והיתה לכה <ל>אשה ולוא תגע
11QT 65.11 <ל>איש הזה <לאשה> והנה
11QT 66.11 ולוא : תהיה לאשה תחת אשר

1apGn 17.8 ˙˙˙ למערבא לאשור עד דבק

4Q181 1 1.1 לאשמה ביחד עם

1QH 3.20 כיא יש מקוה לאשר : יצרתה
1QS 11.7 כבוד מסוד בשר לאש( )<ר> בחר
4QCat[a] 7 1.6]˙˙[ ]˙[ ]לאשר להמה טמא
CD 20.21 בין עבד [א]ל לאשר לא עבדו :

1QS 5.12 אשר תעו : בם לאששמה והנגלות

4Q511 22 1.4 ומח]שבת כול לבב הואה : [
4Q511 63+ 2.3 כול מחשבת לבב : דעת
4pIs[c] 6+ 2.2 [: [גוד]ל לבב מלך אש[ור
4QM1 8+ 1.6 [ר]שות] לבב קושי
4QM6 2+1 1.6 מאמ]צת לבב ב[ני :
11QPs 18.5 להשכיל לחסרי לבב גדולתו
11QT 62.4 פן ימס את לבב אחיו כלבבו

11tgJ 27.7] ל]בבהון לרגז :

1QS 4.2 צדק אמת ולפחד לבבו במשפטי :
1QS 5.4 לבו לתעות אחר לבבו : ועינוהי
1QS 5.26 [ ]ל[ ]לבבו כיא
11QT 56.19 ולוא : יסירו לבבו מאחרי
11QT 57.14 ולוא ירום לבבו מהמה ולוא

1QH 2.6] חזקים למום לבבי ומאמצי [
1QH 4.33 ירועו וימס לבבי כדונג
1QH 7.3 דמים השם לבבי ממחשבת
1QH 4 1.12 [:]ל˙ פתחתה לבבי לבינתכה
1QS 11.2 דרכי עם ישור לבבי :
1QS 11.3 עיני ואורת לבבי ברז :
1QS 11.9 (. . .)עם נעוות לבבי : לסוד
4Q381 15 1.1 [˙ לבבי תשיב וי[
11QPs 22.12 לברכה בכול לבבי אברכך :
11tgJ 3.3 והתי]ב לכן לבבי י[:

CD 8.14 בצדקתך ובישר לבבך אתה בא
CD 19.27 בצדקתך וביושר לבבך אתה בא

1QDM 2.4] למה ירום [לב]בכה ושכ[חתה
4Q498 6 1.1] בכול לבבכה [:]˙[

4Q185 1+ 1.15]˙יערץ לבבכם מפני
11QT 54.13 אבותיכמה בכול לבבכם ובכול

1QM 10.3 תיראו ואל ירך לבבכמה : ואל
1QM 15.8 תח[תו לבבכ]מה ואל

1QH 6.22 בליעל : עם לבבם[ ]˙˙
1QM 16.14 וחזק את : לבבם ב[נקמת
4Q504 1+R 5.13 להשיב : אל לבבם לשוב עודך
4Q506 132 1.3 לו במ[וב] : [לב]בם כי]א[
4Q510 1 1.6 [בינה ולהשם לבבם ונ˙˙תם
4Q511 43 1.7 חבל למל[: לבבם כנדת
4Q511 43 1.8 בזדון לבבם בת˙˙[:
4pUn 4 1.5 וגם כ˙[:]לבבם [:
4Tstm 1.3 מי ינתן ויהיה לבבם <זה> להם
11Mel 2 3.8 ה[: במזמ[ות ל]בבם ת[

11QT 59.10 אלי בכול לבבמה ובכול

4Q504 1+R 6.9 חזקתה את לבבנו ולמען

4Q503 154 1.2 [˙˙˙[:]לבגו˙]

1QS 7.18 מיסוד היחד לבגוד באמת :
1QS 7.23 ושבה רוחו לבגוד ביחד
4pIs[c] 6+ 2.6 [: לבגוד רבים

11QT 14.11 ע[בודה : לבד הוא יעשה
11QT 16.13 כולו שמה לבד מחלבו
11QT 24.8 וארביה לבד יהי[ו
11QT 24.10 מטה יהודה לבד כאש[ר] :
11QT 24.14 את עולת ראובן לבד ואת עולת
11QT 24.14 עולת שמעון לבד וביום
11QT 24.15 עולת יש שכר לבד ועולת
11QT 24.15 ועולת זבולון לבד וביום
11QT 24.16 יעשה עולת גד לבד ועולת אשר
11QT 24.16 לבד ועולת אשר לבד וביום
11QT 25.14 אחר לחטאת לבד מחטאת
11QT 29.5 מאת בני ישראל לבד מנדבותמה
11QT 60.15 כחלק : יואכלו לבד ממכר על
CD 9.14 והיה לו לבד מאיל האשם
CD 9.21 האיש מן הטהרה לבד אם

11QT 57.18 כי : היאה לבדה תהיה עמו

4Q511 96 1.3 [:] אדם לבד[ו : ב]דעתו
11QT 57.7 לוא יעוזבוהו לבדו ויתפש ביד
11QT 66.5 השוכב עמה לבדו : ולנערה

4Q504 1+R 5.9 אתה : אל חי לבדכה ואין

5Q13 1 1.5 ˙ אוצרות˙[:]לבדם כאשר עש[:

4Q184 1 1.2 בש[וא] עול לבה יכין פחוז
4Q509 294 1.1]ם לבה [

1QH 8.33 מותני היה לבהלה ותשבר

11QT 60.3 וכול[: לבהמתמה וכול

1pHab 8.10 בישראל רם לבו ויעזוב את
1pHab 11.13 מל את עור לת לבו וילך בדרכי
1QH 17.22 ובנס[ ]˙ה לבו :]עבדך
1QH 17.26]ת˙ לבו :]ש ואל
1QS 2.11 ארור בגלולי לבו לעבור :
1QS 2.26 ללכת בשרירות לבו לוא [
1QS 3.3 במתור שרירות לבו וחושכ יביט
1QS 5.4 איש בשרירות לבו לתעות אחר
1QS 7.19 וללכת בשרירות לבו אם ישוב
1QS 7.24 ללכת בשרירות לבו לוא ישוב
4Q381 69 1.3 נ]ועץ אל לבו להשמידם
4Q487 6 1.5 ׳גל[:]ב לבו <מת˙˙]>
11QPs 26.12 הכין בדעת : לבו אזראו כול
11QT 58.20 לוא יצא מעצת לבו עד אשר
11QT 59.14 אשר : זנה לבו ועינו
CD 1.11 להדריכם בדרך לבו ויודע
CD 8.8 איש בשרירות לבו ולא נזרו
CD 19.20 איש בשרירות לבו ולא נזרו

1Myst 1 1.8 נכון הדבר לבוא ואמת המשא
1QM 3.10 מן המלחמה לבוא המערכה
1QM 3.11 ממלחמת האויב לבוא אל העדה
1QM 14.2 מעל החללים לבוא המחנה
1QM 18.5] ˙איץ השמש לבוא ביום
1QS 2.25 וכול המואס לבוא :]
1QS[a] 1.9 [ ] הפקודים לבוא בגורל
4Q502 102 1.1 י]מלאו ימיו לב[ו]א במ[
4Q512 29+ 1.9 נדה <ותכפר> לבוא [:]˙
4pIs[a] 2+ 2.26 לאחרית הימים לבוא ˙]
4pN 3+ 1.1 אשר הלך ארי לבוא שם גור
4pN 3+ 1.2 יון אשר בקש לבוא ירושלים
4QM3 1 1.9 המש[ו]ב : לבוא השערים
4QM6 11 4.2 [: האוי]ב לב[וא :
4QTeh 2 1.7 וכ]ול המואס לבוא [
11Ap[a] 4.12 ה[: צ]דיק לבוא[
11QPs 22.3 ותוחלת ישועתך לבוא דור ודור
11QT 46.8 ישראל אליו : לבוא אל מקדשי

1QH 2.10 חרפה : וקלס לבוגדים סוד

1QH 2.33 וישימוני לבוז : וחרפה
1QM 14.12 תשיב לבוז וכול יקום
4Q487 10 1.4 נ]פלאות[:]לבוז א[:
4QM1 8+ 1.10] לבוז וכול
4QM1 11 1.15 הקודש [מ]יא לבוז נחשב ביא

4QCat[a] 10+ 1.10]לבוחנם ולצורפם

1QS 9.17 אמת ומשפט צדק לבוחרי : דרכ

1apGn 21.19 ותבת ואתית לי לביתי בשלם

1pHab 9.14 בשת × ׃ לביתכה קצוות

2apMo 2 1.1]י לבך ˙[
4Q511 86 1.3]˙ני כ˙[׃]לבב˙[

1Q35 1 1.11 בדמים ועד׃]˙ לבבה ולשמועת[
1QH 4.13 תקום ומחשבת לבבה תכון לנצח
1QH 4.18 לא נכון ולדרך לבבה לא היאה
1QH 4.21 רמיה [ב]מזמת לבבה ואשר
1QH 4.21 והולכי בדרך לבבה ׃ יכונו
1QH 4.24 ההולכים בדרך לבבה ויערוכו
1QH 6.7 התהלך ׃ בדרך לבבה לאין עול
1QH 6.21 ויתמוטטו מדרך לבבה ובהווה [
1QH 10.1]˙]זמת לבבה ˙˙[׃]ל
1QH 5 1.11 גליתה ו[׃ לבבה וקצ תעודה
1QS 2.3 מכול רע ויאר לבבה בשכל חיים

4pIs[b] 2.5 ופערה פיה לבלי חוק ׃

4QCat[a] 12+ 1.4 ל[ ]˙˙ח לבליעל ׃]˙הם
4QFl 1+ 1.9 למ[נ]פשו לבליעל במשגת
4QMl 11 2.18]תו[כ]משמ לבליעל וברית

1pHab 11.5 אחר מורה הצדק לבלעו בכעס ׃

1pHab 11.7 הופיע אליהם לבלעם ׃

1QH 5.29] ולהתם ׃ כוח לבלתי החזק
1QH 14.17 על נפשי לבלתי חטוא לך
1QS 3.6 במשפטי ׃ אל לבלתי התיסר
1QS 10.11 אשים ׃ גבולי לבלתי שוב
1QS[a] 2.4 מנוגע באלה לבלתי ׃ החזיק
1QS[a] 2.7 איש זקן כושל לבלתי התחזק
4Q504 3 2.9]כה עלפנינו לבלתי נ˙[׃
4Q504 8R 1.8 שמר ותקם עליו לבלתי ס[ור ׃
4Q505 120 1.2]ת נפש[׃]לבלתי[׃]ם
4Q508 19 1.2]בטמא[ת ׃]לבלתי הרא[ות
4QOrd 2+ 1.3 ויצו עליהם לבלתי ימכר
11QT 53.5 וכאיל רק חזק לבלתי אכול הדם
11QT 56.8 ויעש בזדון לבלתי ׃ שמוע
CD 6.12 הובאו בברית ׃ לבלתי בוא אל
CD 13.10 קשריהם לבלתי היות

1QH 4.15 ועם שרירות לבם יתורו
1QH 5.26 אמת והמה הוות לבם יחשובו˙[
1QH 5.31 ˙נב˙[ ] לבם ויצרם ׃
1QS 9.10 בכול שרירות לבם ונשפטו
2Q28 2 1.4]שרירות לגש לבם[
4Q370 1.3 ובמחשבות יצר לבם ה[רע
4Q374 2 2.7 ויתנועעו לבם וימסו
4Q374 2 2.8 ויגבירו לב[ם] עוד
4Q517 13 1.2]˙[׃]˙ לבם[
6apSK 32 1.2 ˙[׃]לבם ונגפו
CD 2.18 בשרירות ׃ לבם נפלו עידי
CD 3.5 הלכו בשרירות לבם להיעץ על ׃
CD 3.12 אחרי שרירות ׃ לבם לעשות איש
CD 8.19 ויפנו בשרירות לבם ׃ הוא הדבר
CD 19.33 ויפנו בשרירות לבם [ ]ז כל
CD 20.9 שמו גלולים על לבם ~~וישים~~
CD 20.10 בשרירות ׃ לבם אין להם
CD 20.33 וישמחו ויעז לבם ויתגברו ׃

1Q26 3 1.2] כי אתה לי לבן י[חיד
1QH 4.30 צדקה ול<ו>א לבן אדם תום ׃
1QH 10.28 איש מרעהו וכן לבן א˙[
1QM 5.10 והלוהב ברזל לבן מאיר מעשי
1QM 7.10 בגדי שש לבן כתונת בד
1QS 11.16 מעשיו והקם לבן אמתכה כאשר
4Q381 15 1.2] והושע לבן אמתך עשה

11QT 8.12]לחם תתן עליו לבונה לוא[׃
11QT 20.10 א]שר קרב עליה לבונה או חרבה
11QT 38.8 [ ] עליה לבונה ול˙˙˙˙˙[

11QJN 14 1.5 לחם]א די הות לבונתא [׃

11QT 35.6 והוא אין הוא לבוש בג[די

11tgJ 30.7 בשוית ענני̇ן [לבו]שה וערפלין

4Q405 23 2.10 אורג אלה ראשי לבושי פלא
11tgJ 16.8]חיל יאחדון לבו[שי ׃]ונני

11tgJ 29.7 ב]דיל די לבושך ׃ [

1QH 9.20]ואם לבושת פנים כו[
1QS 4.23 עולה והיה לבושת כול מעשי

4QFl 4 1.5 בכול כוחו לבזרמה ׃]ר

1QH 2.13 דעת ברזי פלא לבחון ׃] אמת
1QS[b] 4.20]לו לבחון [

1QH 2.13 ותשימני נס לבחירי צדק
1QS 11.16 כאשר רציתה לבחירי אדם

4Q381 44 1.3 ל]קויך ומציל לבטוחים[׃]

1QH 12.2 נפש[׃]ה לבטח במעון ק[
TS 1 1.5 וישכתם עליה לבטח תקריבו

1apGn 2.11]ול˙א ושגי לבי עלי אדין
1QH 2.28 ואני במוס לבי כמים ותחזק
1QH 5.31 גיהם עלי לבי קדרות
1QH 6.2 ˙˙˙˙˙˙ [׃ לבי בנאצ˙˙ ˙
1QH 7.5 חרישית ויהם לבי לכלה ורוח
1QH 7.13 הכרתה ותכן לבי ׃]מודיכה
1QH 8.32 וינגר כמים לבי וימס ׃
1QH 8.37 בזקי משפט ל˙לבי פות˙[ ]˙˙
1QH 10.30 לא˙[ ]שש לבי בבריתכה
1QH 10.33 [ ] ׃ ויתהולל לבי בחלחלה
1QH 11.2 ˙˙˙˙˙[׃ בהגו לבי׃ אודכה אלי
1QH 12.34 בלוא גליתה לבי ואיכה אישר
1QH 4 1.13 על טובכה ויהם לבי˙[׃]ולבבי
1QS 2.14 כיא בשרירות לבי אלכ ונספתה
1QS 10.24 ונפתלות מדעת לבי בעצת תושיה
4pPs[a] 1+ 4.24 רח]ש ל[ב]י דבר טוב
6apGn 10 1.2 [ ]˙[׃]פין לבי˙[
11QPs 24.16 [ ] שבר לבי נמתי ׃ [
11QPs 19.13 עוזכה יתקף ׃ לבי ועל חסדיכה
11tgJ 18.2]˙א ׃ לבי בא[נתה

1QH 5.7]˙˙ בתוך ׃ לביאים מועדים

1QH 11.12] ומרוח נעוה לבינת[׃
4Q509 199 1.2] וב[׃]לבינת[׃]ת ש

1QH 14.13 וכן תגישני לבינתך ולפי ׃

1QH 4 1.12 פתחתה לבבי לבינתכה ותגל
4Q504 5 2.9 [׃ לבינתכה וב]

1apGn 21.1 עד די דבקת לבית אל לאתרא
1QM 3.4 העדה בהאספם לבית מועד
4QFl 4 1.4 יפתח בליעל ׃]לבית יהודה
4VSam 1 1.1 כ]יא נשב[עתי ל]בית [׃]˙[
11QT 32.11 למעלה מעל לבית המ[׃
CD 4.11 עוד להשתפח לבית יהודה כי

1pHab 9.12 הבוצע בצע רע לביתו לשום ׃
4Q185 1+ 3.11 ˙˙[ ]ם עשה לביתו וי˙[׃

ו[תתן ׃ לבן אמתך	4Q381 33 1.5
]ל לבנ[	4Q502 222 1.1
והוא יהוה לי לבן הואה צמח	4QFl 1+ 1.11
שפיר לה כול לבנהא דרעיהא	1apGn 20.4
אשר נכנע לבנו רצינו את	4Q504 1+R 6.5
ר˙˙ עוד חזק לבנו לעשות[׃	4Q504 4 1.12
ובין אב ׃ לבנו וכל	CD 7.9
לאשתו ובין אב לבנו וכל	CD 19.5
ל]כה ארזי לבנון מאז [	4pIs^{c} 8+ 1.2
ולמושליו לבנון ופרח	4pN 1+ 2.7
לבנון ופרח ל[ב]נון היא[	4pN 1+ 2.7
[˙˙˙] ׃ [לבנון ˙[	5Q20 2 1.2
התעה רבים ׃ לבנות עיר שוו	1pHab 10.10
כ[יא]הכינו לבנות לו עדת[	4pPs^{a} 1+ 3.16
ויואמר לבנות לוא מקדש	4QFl 1+ 1.6
˙˙ ׃ קרית לבני ולבני בני	1apGn 12.16
לו ׃ להתם דרך לבני אדם למען	1QH 4.32
לביאים מועדים לבני אשמה	1QH 5.7
מים וצידים לבני עולה ושם	1QH 5.8
בי ילכו רכיל לבני הוות	1QH 5.25
]ותשימני אב לבני חסד ׃	1QH 7.20
למלחמת כלה לבני חושך בו	1QM 1.10
ואמצו והיו לבני חיל ׃ אל	1QM 15.7
אלה סודי רוח לבני אמת תבל	1QS 4.6
]ן וינחילן לבני איש לדעת	1QS 4.26
הנגלה ממנה לבני צדוק	1QS 5.9
הקבצו[׃]ם לבני אדם כיצר	4Q381 76+ 1.2
כבוד למעשי ל[בנ]י הוד	4Q405 19+ 1.6
ויגיענו לבני נכר זכור	4Q501 1 1.1
עונת ש˙[׃]ם לבני צד[ק ׃	4Q502 1 1.10
ישראל אשר צוה לבני [׃]ר[	4Q502 14 1.4
[˙] ׃ [לבני]	4Q502 267 1.2
ב[׃]˙ לבני יה[ודה ׃	4Q509 183 1.7
] ׃ בעלות לבני הנכר	4Q513 2 2.2
] ׃]ודש [׃] לבני[׃]˙˙[	5Q13 7 1.3
חרש נ˙[׃] לבני אהרון [	5Q20 1 1.2
[כ]מעשי לב[ני	11QSS f+ 1.3
]ם לבני[	11QSS f+ 1.3
] אלוהים[׃ [ל]בני כבודם [	11QSS f+ 1.4
באדין[׃ ואמר לבני[׃ ומסטא[	11tgJ 13.9
ה[ע]ולה לבני ישראל	11QT 27.4
בתי האבות לבני ישראל ׃	11QT 42.14
לוי ושמאולו לבני אהרון	11QT 44.5
עד שער יוסף לבני יוסף	11QT 44.13
עד שער בנימין לבני קהת	11QT 44.14
עד פנת המערב לבני בנימין מן	11QT 44.15
עד שער יש שכר לבני יש שכר	11QT 44.16
ישא ואל יתן לבני השחת כ[י]	CD 13.14
עליהם כאב לבניו ויש[יב]	CD 13.9
]לשארית לבניכם אחריכם	4Q185 1+ 2.2
נהר מצרין עד לבנן ושניר ומן	1apGn 21.11
]וכרמל ופרח לבנן אמלל	4pN 1+ 2.5
בחוטא לבנתך ויה[ ]ן	11tgJ 35.8
סוף לטל[ין ׃ לב]עירא דמינא[	11tgJ 1.6
˙י לריב ושקוי לבעל מדנים	1QH 5.35
אנתתה מנה לבעלהא ויצלה	1apGn 20.23
השמש [׃]ל לבעת את [׃]˙	1QNo 3 1.6

לב]קעה ׃ כ]בוד	4Q176 1+ 1.8
אל דכ[רנא ׃]לברא מן היכלא	11QJN 14 1.2
ולעולות לבר[א]ש[י	TS 1 1.7
אמר ירמיהו לברוך בן נריה	CD 8.20
החזיק לו לברית [	1QM 17.3
אל והיתה לו לברית ׃ יחד	1QS 3.11
כיא בם בחר אל לברית עולמים ׃	1QS 4.22
בדעת כולם לברית משפט	1QS 8.9
ויבחר בם לברית ׃ עולם	1QS^{b} 1.2
השומר חסד לבריתו ותעודות	1QM 14.4
לשוב ביחד לבריתו ׃ וכתבם	1QS 5.22
האירותה פני לבריתכה ומ[׃	1QH 4.5
<יחד> לבריתכה	1QH 4.24
העמדתני ׃ לבריתכה	1QH 7.20
שארית ומחיה לבריתכה ׃	1QM 13.8
]˙ת המקר[א] לברך את ש[	1pPs 8 1.3
ברכ[ה] למשכיל לברך את ירא[י	1QS^{b} 1.1
קדושים ועמכה לב[רך	1QS^{b} 4.23
] ׃ למשכיל לברך את נשיא	1QS^{b} 5.20
]˙[ ] ׃ לברך לידעי [	4Q400 3+ 2.5
]פלא לברך [׃]לא	11QSS b+ 1.8
ד]ברי פלא לברך כול	MasSS 2.25
[׃ [אז]כרך לברכה [	4QPs^{f} 2 7.14
רבות אזכרך ׃ [לברכ]ה ציון	4QPs^{f} 2 8.10
אזכירך לברכה ציון	11QPs 22.1
רבות אזכירך לברכה בכול	11QPs 22.12
והונם ביחד אל לברר דעתם באמת	1QS 1.12
] ציון לב[שי	4Q176 8+ 1.2
]˙ מובכה לבשר ענוים	1QH 18.14
]צבא דעת לספר ל<ב>שר	1QH 18.23
גליתה ׃]אני לבשר ידעתי ׃	1QH 6 1.6
הפרים מעל לבשרמה ומנתחים	11QT 34.9
וככתון לבשת [׃	11tgJ 14.9
עלי לבי קדרות לבשתי ולשוני	1QH 5.31
לוא מצאתי לבתכה בתולים	11QT 65.12
]כל עמך לג[	4Q381 31 1.9
]לג˙[	6QHym 22 1.1
בטמאת האדם לגאולי שמו כהם	CD 12.16
די ˙[׃]פה לגב[ה] כפיל[׃	6QApo 1 1.3
] [ל[גב]ור באמת	1QM 13.15
הרבי[עי] לגבור על כול[	4Q403 1 1.2
כושלים ל[גבור]ות פלא	1QM 14.5
[׃ [ל][גבור]ות פלא	4QMl 8+ 1.4
גבו]רתם לגבורי עוז ׃ [˙	4Q402 1 1.4
לעג ׃ וקלס לגבורים כיא	1QM 12.8
ת ׃ [לג]בורים כיא	1QM 19.1
[לג]בורים כי[א	4QM2 1 1.1
כבוד וכשלוני לגבורת ׃ עולם	1QH 9.25

1QS 6.10 יכלה אחיהו לדבר וגם
1QS 6.12 יש אתו דבר לדבר לרבים אשר
1QS 6.13 יש אתי דבר לדבר לרבים אם
1QS^{a} 2.9 מ]אלה לדבר אל עצת
4QMI 1+ 1.8 לפיא פקודיו לדבר יום [
11QT 61.1 האלה אשר : לד[בר]
11QT 61.1 ל]וא צוי[תיו ל]דבר ואש[ר
11QT 62.3 ה]שו[פטים : לדבר אל העם
11QT 62.5 השופטים : לדבר אל העם
CD 14.11 יהיה לכל האדם לדבר למבקר

4QCat^{a} 2+ 1.1]לדבריהם[:]

1QH 4.17 ולא האזינו לדברכה כי אמרו

CD 14.8 משפטי התורה לדברם כמשפטם

4QMI 13 1.4 ובעומדם לדגליהמה אי[ש]
11QT 57.3 בן ששים שנה לדגליהמה

11QT 38.4]˙˙˙˙ לדגן לתירוש
11QT 43.3 הבכורים לדגן לת[ירוש :
11QT 43.6 מחג הבכורים לדגן החטים
TS 3 1.1]ם לדגן וליצהר :

1QH 3.7 בצוקה כמו אשת לדה מבכריה כיא
1QJN 6 1.1]לדה ˙[:]˙˙ל

4Q504 1+R 4.6 הקימותה לדויד להיות :
4QCat^{a} 5+ 1.7 ישרא[ל] לדויד ביהוה[:
4QFl 1+ 1.7 תורה ואשר אמר לדויד
4QPBl 1 1.2 יושב בוא לדויד כי המחקק
11Ap^{a} 4.4]אל שלם[: לדויד ע[ל
11QPs 28.3 הללויה לדויד בן ישי
11QPs^{b} c 1.2 אעבור: ות לדויד הנה מה ט

1Q34^{b} 2+ 1.4 עלי [: לדור ודור ברוך
1QH 1.17 ˙יהם ˙˙˙˙˙˙ לדור ודור
4Q509 3 1.8 נ]פלא[ו]תיכה]לדור ודו[ר :
11QPs 26.9 קדוש קדושים לדור ודור

1QH 6.11 בני אדם לספר לדורות עולם
1QH 14.6 לעשות :]קודש לדורות ע˙˙
4Q504 1+R 2.11 רוב חסדכ[ה] : לדורות עולם
4Q504 1+R 6.9 נספר גבורתכה לדורו<ת> :
4Q504 4 1.2 א]שר רצי]תה [[ל]דורות[:
4Q504 5 1.5 גב]ורתכה לדורות[ ]
4Q504 8R 1.11 ידעתה ˙[:] לדורות עולם[:
CD 1.12 ויודע : לדורות אחרונים

11QT 21.9 [ ] עולם לדורותי<ה>מה
11QT 22.14 חוקות עולם לדורותיהמה שנה
11QT 27.5 חוקות עולם : לדורות<יה>מה

1QDM 4.4 חוקו[ת עול]ם לדורות[יכם

11QT 24.9] : לדורותיכמה
11QT 25.8 חוקות עולם לדורותיכ[מה :

1QM 10.2 וילמדנו מאז לדורותינו

1QS 4.13 וכול קציהם לדורותם באבל
1QS 4.15 כול צבאותם לדורותם
11QT 19.8 עו]לם לדורותם כול

11QT 9.14 חוקות עול[ם לדורו]תמה :]

1QH 5 1.7 לאבל[: ועדן לדורי נצח

1QH 5.9 ומיה ברית לדורשיה ותסגור

1QM 1.11 נלחמים יחד לגבורת אל בקול
1QM 6.2 ברקת חנית לגבורת אל ועל
1QM 11.9 [בנו]ח ובשלום לגבורת פלא ולב

1Q36 17 1.2]דע רוחיכה לגבר אושי[:]

11QT 31.6 שע]ר פתוח לגג ההיכל ודרך

11QT 65.6 ועשיתה מעקה לגגו ולוא תשום

1QS 5.23 לרעהו הקטן לגדול ולהיות :
1QS 6.2 וישמעו הקטן לגדול למלאכה

1QH 6.15]ר עולם לג<ד>ל נצר

6apSK 24 1.1]לגדלו: את[:

11QPs 28.9 את שמואל : לגדלני יצאו

1apGn 2.10 ענתא ונשמתי לגו נדנהא ואנה

5QJN 1 1.18 ואע]לנ[י ל]גוא אספא [
5QJN 1 2.2 תר]ע פתיח לגוא פרזיתא

11QT 64.7 ומשלים את עמו לגוי נכר ועושה
CD 14.15 ולאשר ישבה לגוי נכר

4pN 3+ 2.4 פגר ואין קץ לגויה וכשלו

CD 11.15 קרוב : לגוים בשבת
CD 12.9 ועוף טהורים לגוים בעבור

1QM 17.6 עזר עולמים לגורל [פ]דותו
1QM 17.7 שלום וברכה לגורל אל להרים

4Q503 33 1.16] : וע]מדנו לגו[רלנו :]

4QOrd 1 2.3 גורן וגת הבא לגור[ן: אשר

11QT 58.3 גוי ועם מבקש לגזול מכול אשר

CD 8.21 ואלישע : לגח[ז]י נערו

4Q498 7 1.1]ה לגיר[:]י˙]

CD 3.13 עד עולם לגלות : להם

4Q400 1 1.16] לגמו]ל כול

1apGn 17.16 ˙˙˙ לגמר יהב

1apGn 20.6 וכלאן די יעלן לגנון לא ישפרן

1QS 5.13 אל יבוא במים לגעת בטהרת
11QT 49.21 לערב : מהמת לגעת בכול

4pHs^{b} 3 1.4 בטרפ[ו :]לגרנו[ת

1apGn 22.34 בר [ ]לד˙רתני ואמר
3Q7 4 1.2]˙מי˙[:]˙לד˙לא[
4Q176 36 1.2]˙ מים[:]˙לד˙[

4Q502 179 1.2]˙[:] לדב[

4Q403 1 2.14] : פלא דביר לדביר בקול

4Q405 19+ 1.7 קודש מתחת לד[בירי] הפלא
11QSS j+ 1.6 לדב]ירי [ ]

1Q29 1 1.4 ל]כלות הכוהן לדבר [: המד]בר
1QDM 2.11 ו[יוסף לדב]ר מושה אל

1QS[b] 5.23 ב]צר לדורשי[ו

1QH 4.16 פניהם ויבאו : לדורשכה מפי

11QT 8.13 לוא[: עו]לם לדורתם וה[יה

4Q403 1 2.5]ל֯[ ]לה לדוש אלוהי[
4pIs[c] 23 2.13] : לב כיא לדוש˙[

6apGn 22 1.2]˙ר֯ג˙[:]˙לדח֯[

1Q20 3 1.4 ר[:]˙ד:]˙ לדיתמ֯[:]˙˙˙[

11QT 26.6 בי[דו וע]שה לד[מו : הפר

1QH 12 1.4 ורוח עורף ק˙˙ לדמם˙[:]

1QH 5.18 נ֯פ֯ש֯י֯ סערה לדממה ונפש

1apGn 22.7 בתרהון עד דבק לדן ואשכח אנון

1QS 11.15 אתה אלי הפותח לדעה : לב

1pHab 10.14 כיא תמלא הארץ לדעת את כבוד
1QH 15.20]עולם לדעת ˙˙˙ את
1QH 1 1.3 ולוא יעצורו לדעת בכול :]ב
1QH 10 1.3]לא יעצרו כוח לדעת בכבוד[:
1QS 2.22 וחמשים ועשרות לדעת כול איש
1QS 4.26 לבני איש לדעת טוב [
1QS 5.11 דרשהו בחוקוהי לדעת הנסתרות
4Q508 1 1.2] : [ ] לד[ע]]ת֯ [בין
11QT 54.12 אנוכי אתכמה לדעת הישכם
CD 15.13 נגלה מן התורה לדע[ת] :]

1QS[a] 1.10 אל אשה לדעתה למשכבי
11QPs 18.13 מכול זדים לדעתה הנה :

1QM 11.15 שאר הגוים לדעת֯[ם] :]

4Q503 7+ 1.1]אור היומם לדעתנו[:]˙

1apGn 19.9] והוית אזל לדרומא [ ]א[
1apGn 21.18 שמוקא וסחרת לדרומא עד די

1QS 1.1 [ ]כ היחד לדרוש: אל ב֯[

1QS 11.13 נפשי ויכן לדרכ פעמי

1QS 3.3 וחושכ יביט לדרכי אור בעין

4Q509 105 1.2]מ֯[:]˙ל<ד>ת˙[

1Q68 1 1.2 ש שיצ[א:]˙תן לה נפש[:]ל
1apGn 2.19 אבי וכולא לה [: אבוהי
1apGn 19.18 ושרית לאשתעיא לה חלמא דן : [
1apGn 19.19 דן : [ ] ל[ה] חלמא
1apGn 20.2 נצ[י]ח ושפיר לה צלם אנפיהא
1apGn 20.3 ו]כ[מא] רקיק לה שער ראישה
1apGn 20.3 כמא יאין להין לה עיניהא ומא
1apGn 20.3 ומא רגג הוא לה אנפהא וכול
1apGn 20.4 [ ] כמא יאא לה חדיה וכמא
1apGn 20.4 וכמא שפיר לה כול לבנהא
1apGn 20.6 וכמא שלמא להן לה שקיהא וכל
1apGn 20.9 שפרהא ונסבהא לה לאנתא ובעא
1apGn 20.16 בליליא דן שלח לה אל עליון
1apGn 20.17 והואת כתשא לה ולכול אנש
1apGn 20.22] [ואמר לה לוט לא יכול
1apGn 20.31 לש[ר]י ויהב לה מלכא [
1apGn 20.34 ואף לוט קנה לה נכסין
1apGn 20.34 שגיאין ונסב לה אנתה מן בנת
1apGn 21.5 ואזל ויתב לה בבקעת ירדנא

1apGn 21.6 ואף אנה אוספת לה על דילה שגי
1apGn 21.6 עד סודם וזבן לה בסודם בי :
1apGn 22.17 בידך ויהב לה מעשר מן כול
1apGn 22.27 בחזוא ואמר לה הא עשר שנין
1apGn 22.34]לד˙רתני ואמר לה לא ירתנך דן
1QDM 48 1.1] לה [
1QH 8.35 נאספה ואין לה֯˙ים : ק֯ול[
1QH 11.23]לה וחליל תהלה
2Q26 1 1.4 ד˙[:]˙אחר˙ לה˙ ˙אל˙[
2apMo 1 1.7 ב֯[מ]עשיך[:]לה֯[
4Q379 22 2.12 ה]זאת ויציבו לה חומה
4Q381 33 1.1 ושר֯י֯ת֯ לו ימצא ל֯ה֯ [
4Q381 45 1.7 [ ]˙˙˙ ˙˙[:]לה˙˙ ˙˙[
4Q381 46 1.8 ו֯ר֯וחך ˙˙[ ]˙לה : [ ]˙ ואש
4Q381 99 1.1]לה[:]ל˙[
4Q381 100 1.2]˙˙[:]ע˙לה˙ [
4Q403 1 2.5 ר֯קי֯[ ]ל֯[ ]לה לדוש אלוהי[
4Q405 29 1.2 אלו]הים לה˙[
4Q405 75 1.1]לה֯[:]˙עמ֯[:
4Q497 17 1.2]˙ר˙[:] לה[:]˙[
4Q497 20 1.3]˙צו֯ה֯[:]˙ לה[
4Q499 39 1.2] המב֯[:]לה֯ [
4Q502 2 1.4 ומתהל[כה :]לה שכל ובינה
4Q502 5 1.1]ותם לה˙[: א]שר
4Q502 59 1.1]כ֯ים לה[:]˙ל[
4Q503 201 1.1]˙לה֯ [
4Q508 40 1.1]אשר נתתה לה˙[:]ל
4Q509 99 2.2]]˙[ ]˙[: לה֯˙˙˙ [
4Q509 104 1.2]˙ מו֯עד֯[:] ל֯ה˙[
4Q509 192 1.3 בש[:]שכה לה[:]עה ב˙[
4Q509 293 1.1] לה[
4Q512 33+ 1.8]לה :]˙וה
4Q512 42+ 2.6 כפי[ם]אז֯י לה[
4Q512 117 1.1 לה[
4pHs[a] 2.1] אנוכי נתתי לה הדגן [
4pIs[c] 26 1.3]נבלות[:]˙לה [
4pIs[c] 29 1.2]˙ו בכה[:]לה היא[ה:]מה
4pN 3+ 3.6 נינוה מי ינוד לה מאין אבקשה
4pN 3+ 3.10 מים סביב לה אשר חילה ים
4QCat[a] 5+ 1.10 בספר ה[:]ץ לה איש וילך ר֯
4QCat[a] 28 1.3]:]שר א˙[:]לה˙[
4QMl 4 1.2 [ש]נה [ו]מעלה לה֯[:]ככול
4QMl 4 1.4]˙י֯ן אויב לה[ ]˙˙ קרן
4QMl 32 1.2 וא[: לה֯[
4QMes 1.6 ח֯זון למאתה לה֯ על
4QNab 1+ 1.4] : וחטאי שבק לה גזר והוא
4Tstm 1.26 את : ויצ]יבו לה חומה
5Q20 3 1.2]˙˙˙[:]˙ היא לה[:]הל˙[
5QJN 1 1.17 אספא֯ ית ד֯[שין ל]ה֯ ומשח בגוא
5QJN 1 1.19] שבע ו֯דשין לה֯ תרין וקודם
6QHym 10 1.3]עד וא[:]˙ לה֯[
8QHym 1 1.3 תשבית֯ו֯ אורו֯ לה[ ]˙˙ל[:
11Ap[a] 4.11 אש֯[ר :]צ֯דיק לה[
11tgJ 23.5 כפוהי[י]שלם לה ויאמ[ר
11tgJ 24.5]אנש ישלם לה :)
11tgJ 25.7 התקלו[:]˙י לה איחל
11tgJ 26.2]ת֯ מא : תתן לה או מא מידך
11tgJ 26.10 [:]˙ לה˙]
11tgJ 29.2 אמר ישמעון לה ואזלין
11tgJ 30.8 ותשוה : לה תחומין ודת֯[
11tgJ 32.7 ישמע ויבחר לה טורי[ן] ל֯ט֯
11tgJ 34.2 וענ֯נ֯א ו֯אמר לה אסר : נא
11tgJ 38.4 ברחמין : ויהב לה חד תרין בכל
11tgJ 38.4 בכל די הוא לה ואתון לות :
11tgJ 38.7 עלוהי ויהבו לה גבר אמרה
11QT 31.12] ושערים עשו לה מהמזרח
11QT 45.13 לוא יבואו לה כול ימיהמה
11QT 45.17 לוא יבואו לה עד אשר
11QT 45.18 לוא יבואו לה עד אשר
11QT 47.6 וכול אשר יבוא לה יהיה טהור
11QT 47.8 לוא יביאו לה כי בעריהמה

11QT 53.18 נפשה והחריש לה אביה וקמו :
11QT 53.21 ואנוכי אסלח לה כי הניאה :
11QT 54.3 ואנוכי אסלח [ל]ה : וכול
11QT 65.7 ושנאה ושם לה עלות דברים
11QT 65.9 ולוא מצאתי לה בתולים ולקח
11QT 65.12 והוא שם : לה עלות דברים
11QT 66.8 ואין מושיע לה כי
CD 9.15 ואין : לה בעלים והיתה
CD 9.16 אם לא נמצא לה בעלים הם
CD 14.16 אשר : [ ] לה גואל
CD 14.16 א]שר אין לה דורש כל

4QFl 6+ 1.1]ל להאביד את קרן

6apPr 1 1.4 היובלים[: להאבי]דם

4QCat[a] 12+ 1.4 על : ב]ליעל להאבידמה

1QH 12 1.5 ˙ לדמט˙[:] להאזין קול

1QM 17.7 באור עולמים : להאיר בשמחה
1QS 4.2 דרכיהן בתבל להאיר בלבב איש
4Q503 1+ 2.12]להאיר על הארץ
4Q503 10 1.1] השמש להאיר על האר[ץ
4Q503 48+ 1.7] לה]איר על[
4Q503 78 1.4]מה˙[:]להא[יר
4Q503 85 1.1]להאיר [:]
CD 6.12 בוא אל המקדש להאיר מזבחו

4Q513 2 2.3] : רא[ה]לו להאכילם מכול

4Q502 299 1.2 [˙] [˙] :]להב[
4Q509 84 1.1]ה להב[:]לוא טל[

1QH 7.12 למשפט תרשיע [ל]הבדיל בי בין
1QS 5.18 נחשבו בבריתו להבדיל אותם
1QS 9.14 ואת : חוק העת להבדיל ולשקול
CD 9.23 ועל אחד להבדיל הטהרה
CD 12.19 המשפטים האלה להבדיל בין :

1Q34[b] 3 2.6 ות[תנ]ם להבדל לך לקודש
1QS 5.1 צוה לרצונו להבדל מעדת :
1QS 5.10 בברית על נפשו להבדל מכול
1QS 9.9 לוא הזכו דרכם להבדל מעול
4Q512 1+ 1.16] בנגע נדה להבדל[ ] : [

4Q185 1+ 1.9 כי כאש : להבה ישפט[ו]י

CD 9.4 או ספר לזקניו להבזותו נוקם

4Q405 15+ 1.3]˙[: מראי להבי אש[
4Q502 205 1.1]להבי[

1Q25 6 1.4 ולחכו [:] להביא מ[:] לח
1QH 18.28 ז˙[:] השבתה להביא בברית
1QM 12.14 שער[י]ם תמיד להביא אליך חיל
1QS[a] 1.23 פי בני אהרון להביא ולהוציא
4Q184 1 1.16 מדרכי צדק להביא זד[ו]ן
4QM2 1 1.6 שעריך תמיד להביא אל[יך]]
11QT 3.13 ומחתו[ת : לה]ביא בהמה אש
11QT 43.13 כול אשר יוכלו להביא יביאו
CD 13.13 מבני המחנה להביא איש אל
4Q504 1+R 5.16 עלינו : [לה]ביא

1QS 3.7 כול : עוונותו להביט באור

4Q184 1 1.15 סמוכי ˙[ ]˙ להביל בפחז

1QH 11.28 ˙˙ : שכל דעה להבין
1QH 13.13]˙א רוח בשר להבין : בכול
1QS 3.13 למשכיל להבין וללמד את

1QS 4.22 ברוח נדה להבין ישרים
4Q402 4 1.14 [:]להבין לפני
5Q13 1 1.9 ות˙[:]˙ל להבין במעש[י :
MasSS 1.5 נגלי : [ ]להבין לפני

4Q509 164 1.1]להבל[:]ים[

6Q15 5 1.4 [: ולי]עקב להבעיר[:

4Q176 20 1.3 [ ] ולאיבו להבער עליהים :

1QS 7.1 ואם קלל או להבעת מצרה או

1QH 16.10 ואני בחרתי להבר כפי כרצו[

1QS 6.5 ידו לרשונה להברך בראשית
1QS 6.6 ידו לרשונה : להברכ בראשית

4Q403 1 2.9 אלוהים בדני להבת אש סביבה

1QH 18.22 ובמחשבתכה להגביר ולהכין
4Q503 67 1.3]ליל̇ה להגביר[

1QH 4.29 ומה יצר חמר להגדיל פלאות

4VSam 1 1.4 את ד[לתות:]להגיד את המשא
11QPs 19.9 ברנה : חסדיכה להגיד אמונתכה
11QPs[b] a 1.9 ברנה חסדיכה לה[גיד

1Q25 2 1.1 ˙[לה]גיע [:

4Q513 2 2.1 להגיעם בטהרת

1QS 9.16 ולפי שכלו : להגישו וכן

1apGn 20.32 קודמיהא ואף להגר וא[ש]למה

11QT 54.17 מבית עבדים להדיחכה מן
11QT[b] 54.7 כהמיתו ויד[: לה]דיחכה[

CD 1.11 להם מורה צדק להדריכם בדרך

1QS 10.15 ארים ידי להדשן בעדני

1apGn 19.26 די[ ]צ להה[ ]מלי

11tgJ 29.4 והן פתגם טב להוא : עליה

1QH 3.30 ותשוט בשביבי להוב עד אפס
4pN 3+ 2.3 פרש מעלה להוב : וברק

1QM 12.1 בזבול קודשכה לה[ודות שמ]כה
1QS 11.15 וחטאת בני אדם להודות לאל
4Q403 1 1.43 רוחי אלוה[ים]להוד[ות
11QPs 19.8 <את> שמכה להודות ברנה :

4Q403 1 1.21 [דב]רי הוד : [ל]הודי[ ]
4Q405 3 2.11 בשבעה [: הוד להודי פלא

1QH 1.29 רוחות לחשבונם להודיע :
1QH 13.13 [ ]כול אלה להודיע כבודך [
4QMI 11 1.23]˙[:]ה להודיע ידו
5Q13 1 1.11 עבודת[:]˙˙[להו]דיע
11QPs 18.2 החבירו יחד : להודיע ישעו
11QPs 18.2 ואל תתעצלו להודיע עוזו
11QPs 18.3 פותאים כי להודיע כבוד
11QPs 18.4 נודעה לאדם להודיע לפותאים
11QPs 18.12 עליון אמריהמה להודיע עוזו :

1Q34[b] 3 2.7 וכתב ימינך להודיעם יסורי

בעלימותה להוה כלהון]	4QMes 1.4
וזקינה עמה לה[וו]ן מלכה	4QMes 1.7
ח]שבונוהי להוון לעלמין	4QMes 1.11
כנעוותו להוכ‹ח›י : איש	1QS 5.24
ותפתח מק[ ]להוכיח ליצר	1QH 18.12
ואשר לוא להוכיח	1QS 9.16
כמשפט להוכיח איש את	CD 7.2
ידברו לעמך : להולל ברמיה	1QH 4.17
]להון ולחם וק˙[	1Q68 3 1.1
אנון והוא רדף להון וכולהון	1apGn 22.9
]להון במס˙[	6apGn 6 1.1
ח[: כבאיש[: להון[:	11tgJ 8.9
ד]י לא עדר לה‹ו›ן ברכת˙[	11tgJ 14.7
] אחאך להון ולא	11tgJ 15.1
ופצא לא : להו]ן בתקף	11tgJ 16.2
ויחוא לה‹ו›ן	11tgJ 27.3
איוב ושבק : להון חטאיהון	11tgJ 38.3
לזמה ויתגברו להון ולבצע	CD 19.19
מישראל : להוסיף על עצת	1QS 6.14
והלילה שמ[:]להוסיף לנו[:	4Q503 15+ 1.10
ואתה אל צויתם להועיל מדרכיהם	1QH 6.20
]העבדתנו להועיל	4Q504 1+R 5.20
]ל[עז]ר ולוא ל[הועיל]	4pIs[c] 21 1.15
]מועות פלאכה להופיע : לעיני	1QH 18.6
קץ ושערי עולם להוציא כלי	1QH 6.31
יום לתכונו להוקות מאור	1QH 12.5
ופלצות להורותם	1QH 3.11
סליחה וכפיכה להורותם :	1QH 6.9
אשר בשמים להוריד על	11Ber 1 1.7
]כן רוחם להושיע :]לא	1QH 6 1.4
עם אויביכם להושיע : אתכמה	1QM 10.4
]להם [ ]ל˙להושיע יבע[	4Q374 2 2.10
ת]למד בניך[:]להושיע לע[:]	4Q381 42 1.2
]להושי[ע :]ד[	4pUn 8 1.1
א]שר יעמוד להושיע את	4QFl 1+ 1.13
]˙ לי להות˙˙[:	11tgJ 4.1
]בשנה תצוהו להזד[:]לכול	5Q13 1 1.12
יטהר : בשרו להזות במי נדה	1QS 3.9
בש]ר[ו]ל[הזיר	6Q15 4 1.4
איש בשאר בשרו להזיר מן	CD 7.1
]אשור [:]ר להזע˙[	4pIs[c] 40 1.2
נדיבי לב להחזיק בגבורת	1QM 10.5
ובבחירי העת להחזיק על פי :	1QS 9.14
]˙ אלים להחיד עם בני	1QH 2 1.10
על משבריה להחיל בכור	1QH 3.8
יד בני אור להחל בגורל בני	1QM 1.1
ביד רמה להחל[: כ]תוב	4QCat[b] 1 1.3
] ואין נגע להחלות ואז :	1QH 11.22
באש קנאתכה להחריבה :	4Q504 1+R 5.5
כת]יים : להחרימם [	1QM 18.5
[:]ואין להמ˙[:]˙ח	4Q513 12 1.3
ותזקקם להטהר מאשמה	1QH 6.8
ע]תים להטהר מ[נדת] :	4Q512 1+ 1.2
[:]ל[ ]˙ להטו [:	4Q509 146 1.4
ישרים להטות דרך	4Q184 1 1.14
ולוא יקח שוחד להטות משפט צדק	11QT 57.20
]שר [:] להי[	4Q503 168 1.2
] : להיות אבניה	1pHab 10.1
במ[ע]שי שקר להיות עמלם	1pHab 10.12
שנים עשר להיות משרתים :	1QM 2.1
כבודו נתן קצ להיות עולה	1QS 4.18
אנשי העול להיות ליחד	1QS 5.2
שלושת ימים להיות כול הבא	1QS[a] 1.26
]˙[:]שמתיה להיות[:	4Q176 23 1.2
]בהתחברו[:]להיות ל˙[:]˙	4Q374 1 1.4
] : [ ] לה[יו]ת פח	4Q379 22 2.10
]]ך להיות שניהם	4Q379 22 2.11
גדולים להיות לוא לעם	4Q381 76+ 1.15
בתוך[: י]חד להיות ל[:]אל	4Q502 2 1.5
בתע[ודת]להיות :]מפני[	4Q502 9 1.16
[:]הזה להיות ˙[: כח	4Q502 22 1.4
]להיות[	4Q502 312 1.1
] לילה להיות	4Q503 64 1.5
מכול הארץ : להיות[שמכ]ה	4Q504 1+R 4.4
הקימותה לדויד להיות : כרעי	4Q504 1+R 4.6
]˙ם עלי ארץ להיות ק˙[:]	4Q509 131+ 2.8
]להיות[	4Q512 62 1.1
ברעב ובערום להיות לקלו[ן]	4pHs[a] 2.12
] : להיו[ת	4pHs[b] 15+ 2.4
יצא[ו]להיות[ע]ם :	4pPs[a] 1+ 3.4
לוא מקדש אדם להיות מקטירים	4QFl 1+ 1.6
]ר הביאמה להיות : יה]ודה	4QFl 4 1.6
ופקודים להיות אנ[שי	4QMl 1+ 1.7
בליעל : עומד להיות פ[ח	4Tstm 1.24
]˙מ˙[לה]יות שניהמה	4Tstm 1.25
]˙˙˙[:]להיות[:]ל[	5Q18 4 1.2
]ה להיות משרת[ים	11QT 40.2
אלף : מן המטה להיות עמו שנים	11QT 57.6
את עניי עמו להיות אלמ[נו]ת	CD 6.16
]˙נת [:]להיו[	4Q381 91 1.2
נדה ואשמת מעל להיחד [ ] בני	1QH 11.11
בברית חסד להיחד בעצת אל	1QS 1.8
החוקים האלה להיחד לעדת	1QS 5.20
קודש לאהרון להיחד קודש	1QS 9.6
את מסבה צפון להיכל בית	11QT 30.5
[וי]עלון להיכלא[: תמנא	2QJN 4 1.3
]להיכלי כבודו	11QSS 2+ 1.7
כמא יאין להין לה עיניהא	1apGn 20.3
לזמה ויתגברו להין ולבצע	CD 8.7
בשרירות לבם להיעץ על :	CD 3.5
לבשתי ולשוני להך תדבק ˙˙נב˙	1QH 5.31
תרגז עלי די להכא אתית לך[	1apGn 2.25

שאגה נפשי להלל <את> שטכה 11QPs 19.8

דעת בסוד עפרי לה[ללכה] ואני 4Q511 28+ 1.3

יעץ לח[בל : ל]הלעין את 4QCat[a] 5+ 1.7

ו˙[: חקקתי להם המ[צות: 1Q25 1 1.4
ותחדש בריתך להם במראת 1Q34[b] 3 2.6
]ל[ה]ם רועה 1Q34[b] 3 2.8
כאשר חקק : להם ברזי ערמתו 1pHab 7.14
ואחר תגלה להם הדעת כמי : 1pHab 11.1
צנה [ויכ]ופר להם בו [1QDM 4.3
לק]הו להם [1QDM 12 1.1
אתה אל תענה להם לשופטם : 1QH 4.18
נפלאותכה ולא להם יומם ו˙[1QH 10.15
העדה בחרים להם אנשי מלחמה 1QM 2.7
יחלוצו : להם אנשי חיל 1QM 2.8
ואחר יתקעו להם הכוהנים 1QM 8.2
סדרים : יתקעו להם הכוהנים 1QM 8.7
ואחר יתקעו להם הכוהנים 1QM 8.13
] להם הכוהנים : 1QM 8.16
המערכות ותקעו להם הכוהנים : 1QM 16.4
מעמדו ותקעו להם : הכוהנים 1QM 16.5
<הכוה[נ]ים> להם לסדר דגלי 1QM 17.10
ואת כול אשר להם ולוא ישען 1QS 5.18
בכול הנגלה להם (ה)היאה עת 1QS 9.19
רצון ויתן להם לב אחד 4Q183 1 2.4
לק[ול : [ ]להם [ ]ל 4Q374 2 2.10
]יהוה בצר <ל>הם 4Q380 2 1.4
ועוף וכל אשר להם לאכל חלבי 4Q381 1 1.9
בינה ואתה להם תשחט אלהי 4Q381 31 1.6
הגואל עמי לתת להם הברית: [4Q385 2 1.1
יבר]ך להם [:]שבעת 4Q502 97 1.1
]בשמחת[:]˙ו להם[4Q503 91 1.3
ברי]תכה להם במראת: [4Q509 97+ 1.8
אש[ר : וי]לדו להם גברים ועל 4AgCr 1 1.8
[ ]נהפכה להם לאבל 4pHs[a] 2.17
א[שר לה]ם נחלת כול 4pPs[a] 1+ 3.10
ב]ליעל ונסלו להם לעולם 4QCat[a] 2+ 1.10
ההו[:]קרא להם כאשר [4QCat[a] 5+ 1.6
עונותם יתקעו להם בחצו[צ]רות 4QM3 1 1.8
הל[ויים] : להם מר[י]עים 4QM3 1 1.10
בצאתם יתקע[ו]להם בח[צוצרות 4QM3 1 1.10
לבבם <זה> להם ליראה אותי 4Tstm 1.3
למען יטב להם ולבניהם 4Tstm 1.4
יודו [: חסדכה להם וצדקתכ[ה: 11QPs[b] a 1.4
ואנוכי אהיה להם לעולם 11QT 29.7
דרשוהו : ויקם להם מורה צדק CD 1.11
זכורם במדבר להם בקדש עלו CD 3.7
עולם לגלות : להם נסתרות אשר CD 3.14
לפשעם : ויבן להם בית נאמן CD 3.19
וכל כבוד אדם להם הוא כאשר : CD 3.20
הקים אל להם ביד יחזקאל CD 3.21
כאשר הבדיל אל להם כל CD 7.4
אל נאמנות להם : לחיותם CD 7.5
כזב המיף להם אשר חרה אף CD 8.13
אחריהם כי ל[הם] : ברית CD 8.17
נאמנות להם לחיותם CD 19.1
אחריהם כי להם : ברית CD 19.30
לכם אין להם חלק בבית CD 20.10
: ולא [יה]יה להם + CD 20.13
ומגתו אל ימכר להם בכל מאדו CD 12.10
אל ימכור : להם אשר באו CD 12.11
יסגירנו כי להם : המשפט CD 13.6
חסד אל יפור להם[CD 13.18
אל נאמנות להם להנצילם CD 14.2
אמ]ר להם : [CD 15.18

מי יבין להמא כי רבו 4Q381 31 1.5

להם המ[צות: להמה וישמ[ו: 1Q25 1 1.5

מלחמות ידיכה להלחם<כבד> 1QM 11.8

[לע]שות אותם [להכו]ת אותם [1QDM 1.9
אשר ישלח ידו להכות 4pHs[b] 2 1.3

אל ירם את ידו להכותה באגרוף CD 11.6

]˙ה להכותם ˙[4QCat[b] 2 1.2

ומי יכול להכיל את 1QS 11.20

ולא יוכל אנוש להכין צעדו 1QH 15.13
עפר איך יוכל להכין צעדו : 1QH 15.21
להרשיע :]א להכין בסוד 1QH 9 1.10
סרך הרבים להכין כל CD 14.12

את מקדשי : להכינו לי כול 11QT 29.10

אמתכה להכינם בעצתכה 1QH 6.10

] כול הון תבל להכ[י]רכה 1QS[b] 3.19

] להכמתכה אין 1QH 9.17

ממשלת כתיים להכניע רשעה 1QM 1.6
היום מועדו להכניע ולהשפיל 1QM 17.5
במלחמה להכניע גוים רק 1QS[a] 1.21
להכנ]יע לכה 1QS[b] 3.18
] : ממזרים להכניע[4Q511 48+ 1.3
[:]אשר [:] להכנ[יע 4Q511 145 1.3
לערוך המלחמה [להכ]ניע[4QM1 1+ 1.8
יד˙[: תרוע[ה: להכני[ע: הוי[6QHym 1 1.6

]רוחי ממזרים להכניעם 4Q511 35 1.7

ואתן נפשי להכנע מלפנ[יך 4Q381 45 1.2

]את ארצכה :]להכעים[ ]לל[: 4Q504 26 1.7

עמי הארצות להכרית במשפט 1QH 4.26

בתכמי עבדכה להכשיל [ ] 1QH 5.28
ויבוא בעצ˙˙ : להכשיל רוח 1QH 5.36
רוחי גורלו להכשיל בני אור 1QS 3.24
ב]ל[י]על להכשיל ב[ני : 4QFl 1+ 1.8

בלבבי מרוקים להל[:]באבן 1Q38 1 1.1
]שים להל˙[:]˙˙˙[4Q517 49 1.1

לעם לא בינות להלבט במשגתם : 1QH 2.19

ענגה : התנ]דע להלבשא ענגה 11tgJ 29.7

בחמה גדולה להלחם במלכי 1QM 1.4
הולך עמכם להלחם לכם עם 1QM 10.4
]˙˙[:]גדולה ל[ה]ל[ח]ם 4QM6 3 1.3
ונקרב אל עיר להלחם עליה 11QT 62.6

מכול עול להלכ בתמים דרכ 1QS 8.18
אנשי היחד לה( )לכ תמים 1QS 9.19

ויהכין פעמיו להלכת תמים : 1QS 3.9

רוחות : דעת להלל שמכה ביחד 1QH 3.23
כ[ל]ת יש[וע] לה[לל 4Q379 22 2.7
להלל כבודכה 4Q400 2 1.1
כב[וד]כה : להלל כבודכה 4Q401 14 1.7
ראוש פלאיו להלל גדול[[4Q403 1 2.34
ק]ק שמחה להלל שמו : [4Q502 9 1.3
[:]ל[ה]לל[ ]ל[4Q503 29+ 2.13
אשר כלה ישוע להלל ולהודות 4Tstm 1.21

1pHab 12.14 ולשתחות : להמה והמה לוא
1QM 9.6 עולמים ותקעו להמה הכוהנים
1QM 11.9 תקוה ותעש להמה כפרעוה :
1QM 16.3 ואחר יתקעו להמה הכוהנים
4Q181 2 1.2]האדם וילד[ו] להמה גבור[ים :
4Q504 18 1.2 ˙ת ˙[: נ]תתה להמה לב[ ]
4QCat[a] 7 1.6 ˙] [˙] [לאשר להמה טמא ול˙]
4QFl 1+ 1.7 אשר יניח להמה מכ[ול :
4QFl 4 1.2 נ]זרים להמה בקנאתמה :
4VSam 3+ 2.3] ל[ו]העמר להמה סלע
4VSam 6 1.1 ואתה תהיה להמה ות˙[:
11Mel 1+ 2.6 אליהמה וקרא להמה דרור
11Mel 1+ 2.6 דרור לעזוב להמה[ ]כול
11QPs 19.3 חסדכה להמה וצדקתכה
11QT 17.3 היום הזה להמה [:]
11QT 18.8 עולם יהיה זה להמה :]
11QT 26.10 הקהל : ונסלח להמה ורחץ את
11QT 27.2 ישראל ונסלח להמה[: אחר
11QT 27.5 יהיה היום הזה להמה לזכרון :
11QT 27.6 שבתון יהיה [לה]מה וכול
11QT 29.6 לי לרצון לה[מה] :
11QT 37.13 החצר עשית[ה] להמה מקום [:
11QT 46.13 ועשיתה להמה מקום יד
11QT 46.18 אשר יהיה להמה מקרה :]
11QT 49.15 כלים אשר יש להמה טהרה :
11QT 50.17 הזואת תעשו להמה וכול כלי
11QT 51.9 אשר הבדלתי להמה לטמאה
11QT 51.20 ונוטעים להמה אשרות
11QT 51.20 אשרות ומקימים להמה מצבות :
11QT 51.21 עליהמה ובונים להמה :]
11QT 55.17 אחרים והשתחוה להמה : או לשמש
11QT 59.13 והייתי להמה לאלוהים
11QT 61.8 האנשים אשר להמה <הריב>
11QT 63.7 ישראל וכופר להמה הדם ואתה

1QDM 2.10 השמים [מט]עלה להמטר ע[ליכ]ם

1QH 4.10 (בנ) בליעל להמיר תורתכה

CD 9.1 בחוקי הגוים להמית הוא :
CD 10.1 עוד לשופטים להמית על פיהו

4pPs[a] 1+ 4.8 הצד[ק ל]המיתו [
11QT 51.18 תגורו ממנו : להמיתו : לוא

1QM 1.14 הבנים יהיו להמס לבב
1QM 8.10 מלחמה גדולה להמס לב אויב

4Q517 42 1.2]˙[:]להמת˙[:]ל ˙˙

1apGn 5.4] שמין להן מן למך
1apGn 20.6 וכמא שלמא להן לה שקיהא
1apGn 22.34 לא ירתנך דן להן די יפוק
6apGn 17 1.1]להן[: [˙ ˙]
11tgJ 21.5 למה תאמרו[ן : להן אלהא חיבנא

1QS[a] 1.27 הבא : עת[יד ל]הנה אלה

4Q512 69 1.2 [˙ם[: ותצונו להנזר מן[: ב

1QS 9.18 כתכון העת להנחותם בדעה

11tgJ 31.3 לענני[ן] קלילין להנחתה על ארע

CD 16.10 אמ[ר ל]אישה להניא את
CD 16.11 היא ואם להניא : אם

4QOrd 1 2.5 ביתו לוא יבוא להניחו[: ע]ל[

1QH 8.33 מקניה [ ]ן להניף יד :]לי

CD 14.2 אל נאמנות להם להנצילם מכל

1QH 7.17] אין צדקות להנצל מפ[:

11tgJ 31.4 די לא אנש בה להסבעה שיתא

CD 1.17 את אלות בריתו להסגירם לחרב

4Q381 45 1.3 ועלי יזמו : להסגירני ואני

1QS 2.12 ישים לפניו להסוג בו והיה

1QM 18.11 בפדות עולמים להסיר
1QM 18.16] : להסיר ב[:

1QS[a] 1.11 ורע ובכן תקבל להעיד עליו

1QH 7.19 ˙שע ולגדל נצר להעיז בכוח ו˙[

1QH 5.22 נמהרי : צדק להעלות משאון
1QS 5.24 שנה בשנה להעלות איש לפי

4Q520 1 1.1]להעמ<ד>י :]מו

4Q378 11 1.2]מה˙˙[ ] : לה]עמיד דבריו

1QH 7.31 ר[ח]מיכה : להעמידם לפניכה

1QH 58 1.2] אב[:] להפ[:]˙˙ר˙[

1QM 3.8 אל במלחמה להפיל כול חללי
1QM 6.3 זיקי דם להפיל חללים
1QM 6.5 מגן וכידן להפיל חללים
1QM 8.11 זרקות המלחמה להפיל חללים
1QM 9.1 : יחלו ידם להפיל בחללים
1QM 11.8 באויבינו להפיל גדודי
1QM 16.8 הקול יחלו ידם להפיל בחללי
1QM 17.14 [התר]ועה יחלו להפיל בחלליהם
1QM 17.16] ל[הפ]יל חללים
4QMl 1+ 1.13 להפי]ל בחללי
4QMl 11 2.23 להפ]יל בחללי
4QMl 18 1.4 יתקעו [: להפי]ל בחללים

1QM 3.5 גבורות אל להפיץ אויב

1pHab 7.8 כיא רזי אל להפלה : אם

1QH 3 1.3 שלום ועם בשר להפליא[:
1QM 18.7 עמכ[ה מ]א[ז] להפליא ובריתכה

1QS 6.11 דבר אשר לוא להפץ הרבים

1QH 13.12 חדשות להפר קימי קדם
4Q504 1+R 5.8 לכלותם להפר בריתכה
4Q504 1+R 6.7 געלה נפשנו להפר : את

1QH 5 1.14 ולהר[: ולוא להפרד [

1QH 8.6 עצי מים והיו להפריח נצר

4Q184 1 1.15 להשנות ח[וק] להפשיע : ענוים

4Q487 7 1.5] :]˙[ ]˙עיל להצ[: [

4Q511 63 3.3 עבודת מעשיהם להצדיק : צדיק
CD 20.18 איש : אל רעהו להצדיק איש את

4Q381 33 1.6 וכחסדיך [ ]להציל אצ[
4QFl 9+ 1.6] : על שבי[: להציל[

1QH 7.18] חסדכה אוחיל להציק : ˙˙שע

4Q381 69 1.4 ברוחו נביאים להשכיל וללמד
4Q381 69 1.5 וידבר עמכם להשכיל אתכם
4Q381 69 1.7 ויא˙˙[׃] להשכיל בכם אם
4Q381 79 1.5 [׃]˙ת תפואת להשכיל ל[׃
11QPs 18.5 עוזו ׃ להשכיל לחסרי

1QS 9.18 בדעה וכן להשכילם ברזי

11Mel 1+ 2.20 ה[אבלים] ל[ה]שכילמה

1QM 8.1 הקלע עד כלותם להשליך שבע ׃

1QH 16.11 אשר נתתה ˙˙ להשלים ׃]
1QM 5.3 בהמלא צבאם להשלים מ<ער>כת

4Q178 8 1.2 [׃]ושו להשם[׃] ˙[ ]
CD 2.1 אף ׃ אל בערתם להשם את כל

1QM 1.4 הצפון ואפו להשמיד ולהכרית
1QM 9.5 אלה ירדופו להשמיד אויב

4Q381 69 1.3 נ]ועץ אל לבו להשמידם מעליה
4Q504 1+R 2.8 ותתאנף בם להשמידם ותחס ׃

1QS 7.14 ישחק בסכלות להשמיע קולו
4Q511 63 3.4 רשע באשמתו להשמיע שלום ׃

1QS 5.23 שכלו ומעשיו להשמע הכול איש

1QDM 43 1.2]ב[׃ מא]דה להש[מר׃ ה]וא נ
1QH 15.15 למועד רצון להשמר בבריתך
1QH 18.24 ותגלה לב עפר להשמר ׃] מפחי
4Q509 7 2.7 ם ו[׃]תם להשמר ב[׃]ל

1QH 15.14 יוכל כול להשנות את
1QH 9 1.4]אבי ׃]להשנות׃]ופפו
1QS 3.16 פעולתם ואין להשנות בידו ׃
4Q184 1 1.15 והולכי ישר להשנות ח[וק]

1QH 4 1.13 ותגל או[׃]להשען על טובכה
4pIsc 6+ 2.11 [׃ בית יעקוב להש[ען

1QM 11.13 כורעי עפר להשפיל גבורי
1QM 13.15 ולהשמיד באשמה להשפיל חושך

4QMI 8+ 1.9 קומה תגד[ע ל[השפילם] ׃]

1QM 12.10 וכורם רביבים להשקות משפט
1QM 19.2 וכורם רביבים להשקות משפט

1QH 8.7 למטעת עולם ׃ להשריש פרם

11QT 39.6]להשתחוות לפני
11QT 52.3 בכול ארצכה להשתחו[ות]

11QT 51.21 אבני משכיות להשתחות עליהמה

CD 4.11 האלה אין עוד להשתפח לבית

1QS 1.14 עתיהם ולוא להתאחר ׃ מכול

1QH 7.32 תהו ובעל הבל להתבונן במעשי
1QH 33 1.1]ק להתבונן [׃
4Q504 6 1.3 אש[׃]ה להתבונן בכול
4Q504 6 1.4]שר תבואתה להתבו[נן ׃]

1QM 9.8 אל תוך החללים להתגאל בדם

1QH 4.12 אל ׃ תעותם להתהולל

1QH 7.14 לנתיבות צדקה להתהלך לפניך

1QH 12 1.3 או[˙˙˙[׃]˙להק ˙ש˙ בפי כל
4QOrd 6 1.1]להק[

1QS 5.21 המתנדבים ביחד להקים ׃ את
1QSb 5.21 יחדש לו להקים מלכות
2Q28 1 1.3 ש[׃ ליש[ ]˙[׃ להקים ˙]
4QMI 11 1.22 ואין כ˙[׃]ם להקים קרן מע[
CD 16.7 שפתיך ׃ תשמור להקים
CD 16.11 לא [י]דענה אם להקים היא

1QS 8.10 ‹(   )› להקם ברית לחו(

4Q513 24 1.2]˙א[׃] להקריב[׃

4Q380 1 1.10 ויפקדהו ׃ להראות בטוב׃
4Q512 28 1.5]חטאתי ה˙[׃]להראות[

4Q184 1 1.12 תתיצב ואין להרג[יעה] ׃

1pHab 6.9 חרבו תמיד ׃ להרוג גוים
11Apa 2.9 ל[ ]להרוג נפש ׃

1QH 7.16]˙˙ ענתי להרים ל[׃
1QH 11.12 עם ׃ קדושיכה להרים מעפר
1QM 14.14 במרומי[ ]ל[הרי]ם לכה
1QM 17.7 לגורל אל להרים באלים
4QMI 8+ 1.13 במ[רומי[כה]] לה[רי]ם ל[כה
CD 6.20 בארץ דמשק ׃ להרים את

1pHab 3.5 כול מחשבתם להרע ובנכל
4pPsa 1+ 2.2 ואל ׃ תחר אך להרע כיא מרעים

CD 11.20 מן הטמאות להרשותו לטמא

1QH 6 1.3]ממזרים להרשיע בבשר ׃
1QH 9 1.9 כוח ורוב בשר להרשיע ׃]א
1QM 13.11 אשמ]תו ובעצתו להרשיע ולהאשים
1QS 5.7 ולמשפט ׃ להרשיע כול
4Q184 1 1.3 שוח רגליה להרשיע ירדו
4QFl 1+ 2.3 דניאל הנביא להרשי[ע ׃
11Mel 1+ 2.12 מחוקי אל ל[הרשיע] ׃

11tgJ 9.5 האיתי רחצן להש[׃] או על

4QPsf 2 9.6 כל מע[ש]ה להשבית רשעים ׃

1QH 7.15 [ ] להשבת לנצח ׃

4Q184 1 1.17 במעגלי יושר להשגות אנוש

CD 1.15 בתוהו לא דרך להשח גבהות

1QH 2.27 קולם נפץ זרם להשחית רבים

1QH 6.23]דממה להשיב נפש ואין
1QH 7.29 ואין ׃ להשיב על
1QH 12.30 אפכה ואין להשיב ׃ על
1QH 2 1.12 גליתה ולוא להשיב ׃]רשכה
1QH 7 1.12 [׃]רוםם להשיב דבר ב[׃
1QM 11.13 גבורי עמים להשיב גמול ׃
1QS 6.9 יהיה לרבים להשיב איש את
1QS 11.18 אחר זולתכה להשיב על עצתכה
3Q9 1 1.3]ה[י]ם לנ[׃]להשיב אשמ[׃]
4Q504 1+R 5.12 אשר הדחתם שמה להשיב ׃ אל
CD 6.1 וינבאו שקר להשיב את ישראל
CD 7.9 אל את הארץ להשיב גמול
CD 19.6 ובחקים להשיב גמול

4Q381 76+ 1.9 <יש> בכם כח להשיבני ˙] ׃

1QS 4.22 בני שמים להשכיל תמימי

1QS 3.18 לו שתי רוחות להתהלכ בם עד
1QS 9.12 החוקים למשכיל להתהלכ בם עם
1QSa 1.1 בהספם[להתה]לך: על פי
4Q511 2 1.9 [ומ]משלת יחד להתהלך[ב]גורל
4AgCr 1 1.1 אשר עשה קץ להתה[לך: ונהיה
CD 2.15 כאשר שנא להתהלך תמים :
CD 6.10 חקק המחוקק : להתהלך במה בכל
CD 12.21 למשכיל להתהלך בם עם

CD 19.12 ~~והתוו~~ להתות התיו על

1QH 11.13 [להתחדש עם כול

4Q181 1 1.3 תבל להתחשב עמו

1QH 3.21 מהרתה מפשע רב להתיצב במעמד
1QH 7.29 ולא יוכל כול להתיצב לפני ח(
1QH 10.11 יעצור כוח להתיצב לפני
1QM 2.3 העדה אחריהם להתיצב תמיד
1QM 8.3 הראישונה להתיצב על
1QS 11.16 לבחירי אדם להתיצב :
1QSa 1.12 שנה יבוא להת[יצ]ב
1QSa 1.16 אשר יצא הגורל להתי[צב
1QSa 1.20 אל יבוא בגורל להתיצב על עדת
1QSa 2.8 יב[ואו]אלה להתיצב [ב]תוך

1QH 2.32 אשר חשבו להתם דמו :
1QH 3.29 בכול שנאביהם להתם כול עץ לח
1QH 4.32 יצר אל לו : להתם דרך לבני
1QH 8.31 שלבתה : להתם כוח לקצים
1QS 4.20 לו מבני איש להתם כול רוח
4QFl 1+ 2.1 י]הודה להתם[: בליעל

1QH 12.4]˙דור ותפלה ל<ה>תנ<פ>ל

1QH 16.6 מענה לשון להתפל ולה[

1QH 4.12 במועדיה<מ> להתפש במצודותם

1QH 11.10 אנוש מפשע להתקדש : לכה
4Q400 1 2.21 אלו[הים : להתקדש בא[
4Q512 33+ 1.5]]להתקדש :]שר
4Q512 1+ 1.10 ˙[ ] : נדה להתקדש לכה

4QM1 15 1.3 הננו עומדים להתקרב [
4QM3 1 1.7 המלחמה להתקרב בין

1Q25 4 1.5 [:]אשר לו אם[: ה]מ[ה
1Q44 1 1.2 בבוא[: כ]בורך לו[:]˙ ˙[
1Q53 1 1.2 ול˙[:]לו ועין ˙˙˙[:
1Q70 3R 1.1]לו ˙˙[
1Myst 1 2.2 ו˙˙[ ]לו שוו
1Myst 3 1.2 [:]˙ות לו לכוהנים [:
1pHab 3.2 משכנות לוא לו איום :
1pHab 4.1 ורזנים משחק לו פשרו
1pHab 7.9 אם יתמהמה חכה לו כיא בוא
1pHab 8.6 ומליצי חידות לו : ויומרו
1pHab 8.7 המרבה ולוא לו עד מתי
1pHab 12.2 הרשע לשלם לו את × :
1QDM 3.3 י]אסוף ל[ו
1QH 3.2 [: [הב˙ לו ˙˙˙˙˙[:
1QH 4.31 ברוח יצר אל לו : להתם דרך
1QH 17.22 לך ול[ ]וב לו ענותו
1QH 18.9]היות לו מתחזק
1QM 1.6 ואין עוזר לו וסרה ממשלת
1QM 1.10 הואה יום יעוד לו מאז למלחמת
1QM 17.3 ואיתמר החזיק לו לברית [
1QS 3.11 לפני אל והיתה לו לברית : יחד
1QS 3.18 תבל וישם לו שתי רוחות
1QS 4.20 מעשי גבר יזקק לו מבני איש
1QS 6.13 אם יומרו לו ידבר וכולה

1QS 6.17 עד מ<ו>לאת לו שנה תמימה
1QS 6.18 ובמולאת לו שנה בתוכ
1QS 6.18 בתורה ואם יצא לו הגורל :
1QS 6.21 עד : מולאת לו שנה שנית
1QS 6.21 היחד ובמולאת לו השנה השנית
1QS 6.21 הרבים ואם יצא לו : הגורל
1QS 7.1 לכול דבר אשר לו ( ) הואה
1QS 7.21 ישב ובמלואת : לו שנתים ימים
1QS 8.26 עוד עד מולאת לו שנתים :
1QS 9.24]וזולת רצון אל לו יחפצ :
1QS 10.14 יצועי ארננה לו ואברכנו
1QSa 1.10 לפי מילואת לו עש[רי]ם שנה
1QSb 1.9]לו˙[
1QSb 4.2] ו]התערב לו וכלי[ל]˙[
1QSb 4.20]לו לבחון [
1QSb 4.21 סב]יב לו על פנ[יהם
1QSb 4.28] תק]דש לו ותכבד שמו
1QSb 5.21 ה[י]חד יחדש לו להקים מלכות
2apPr 2 1.4]ר שוממים :]˙לו
4Q184 2 1.4 נדכה התחנן לו[: ורום
4Q185 1+ 2.8 אשרי אדם נתנה לו : מן א˙[
4Q186 1 2.7 השני : רוח לו בבית האור
4Q186 1 3.5 וקצרות ורוח לו בבית : [
4Q186 2 1.6 על סרכמה ורוח ל[ו :]עמוד
4Q381 24 1.10]˙ת כי חרה לו עלה : באפ[ו
4Q381 33 1.1] ושרית לו ימצא לה [
4Q400 1 1.3 קדושים ויהיו לו לכוהני : [
4Q400 1 1.10 י]סדם [ל]ו לקר[ושי
4Q400 1 1.19]˙ות יסד לו כוהני קורב
4Q401 17 1.5]˙ת יסדם לו לקרו[ב :]
4Q403 1 1.20]לכול מודי לו בשבעה
4Q403 1 1.23 לכול חוכי לו בשבעה דבר[י
4Q403 1 2.28 שבע משלישי ל[ו ולש]ון
4Q403 1 2.29 [: הששי לו ולשו[ן
4Q404 2 1.4 לכול חוכי לו [בש]בעה
4Q404 9 1.1]ם[ ]ל[ ]לו[
4Q405 11 1.3 תגבר משלישי לו [ו]לשון
4Q405 11 1.4 בלשון החמישי לו ולשון
4Q405 11 1.4]לו ולשון הששי
4Q405 11 1.5 ה[שב]יעי לו ובלשון
4Q405 13 1.4]לו בשבעה דברי
4Q405 13 1.6] לכול ח[וכי]ל[ו]בשב[עה] :
4Q405 82 1.1]˙ לו[:]˙רי[: [
4Q487 3 1.3 ש[ ]ם[:]ת לו אלו[
4Q487 8 1.1] יתן לו :]חמו על :
4Q497 6 1.1]לו ˙˙[:]˙
4Q502 1 1.6 א[ ]אשר חש[:]לו מהיות קוד[ש
4Q502 2 1.3 לאל[:]ת לו בת אמת
4Q502 99 1.4]שלום [:]לו לכו[:
4Q502 104 1.5 אש[ר :]˙ל לו[:] אל[:
4Q502 140 1.1]לו א[:]אשר [
4Q503 1+ 2.8 ע]ולם ולהודות לו[ו]פדותנו
4Q503 15+ 1.11]כול מפלגו לו [:] אל
4Q503 27 1.3 ו[: אש]ר חשב לו[:]יברכו
4Q503 29+ 2.3 [: קדש לו[
4Q506 132 1.2 [נת]תה לו במ[וב] :
4Q511 1 1.7 ורוחי רשע : לו יתהלכו בם
4Q511 2 1.7 קדוש[ ]ה לו : [
4Q511 35 1.3 אלוהים לו למקדש
4Q511 70 1.1]א לו[:]אוזן
4Q511 89 1.1]לו[
4Q512 15 1.4]ורחץ :] לו בשלושת
4Q512 11 1.2 [: [ובמילא]ת לו שבעת ימי
4Q512 75 1.3 [ואם˙[:]ה לו[
4Q513 2 2.3 [: רא[ה]לו להאכילם
4Q513 41 1.1]לו[
4Q514 1 1.3]: לספור ל[ו
4Q518 27 1.1]˙לו [
4pIsa 1 1.28 [ ]לו אנשי חילו
4pIsc 23 2.9 אשרי כול חוכי לו : פשר הדבר
4pPsa 1+ 1.25 ו]התחולל לו ואל תחר

4pPs[a] 1+ 2.13]יהוה ישחק לו כיא ראה :
4pPs[a] 1+ 3.16]הכינו לבנות לו עדת[
4QCat[a] 2+ 1.13 [˙ ˙]]ל[ו] ולזרעו [
4QOrd 1 2.4 אשר אין לו יאוכלנה
4QOrd 1 2.4 יאוכלנה וכנס לו ולב[יתו :
4QPBl 1 1.4 צמח: דויד כי לו ולזרעו נתנה
4VSam 3+ 2.2 ועזרתה היה לו והעלהו :
4VSam 3+ 2.3 הואה [ ] ל[ו]העמד להמה
4VSam 7 1.2 ונלויתי <לו> מ˙ :
5Q13 2 1.7 ה[ ]˙תה ותתן לו לאגוד : [
5QCD 5 1.5 השדה א[שר: ל[ו] וכול
5QCur 1 1.5 החול[:]מעט לו ואין דיו כי
6apSK 38 1.2 [˙ ˙] :]ח לו והיא מ[
6QPro 13 1.1][לו [:] כל˙ [
11Ap[a] 4.12]הרע לו מ[:]מת
11QPs 28.6 לוא יעידו : לו והגבעות לוא
11QPs 27.4 ואנשים ויתן : לו יהוה רוח
11QPs 27.11 אשר נתן לו מלפני
11QT 7.2]הלוח[:]˙ ˙ ˙ לו˙ נ˙] : [
11QT 7.5]˙ ˙ שמונים לו[:]עלה מעל
11QT 12.13 תע]שה לו : ˙ ˙ ˙ ˙]
11QT 13.7 [˙ ˙ ˙ ˙] : לו שער כ[
11QT 13.14 העו[לה] אשר לו לו [
11QT 13.14 אשר לו לו [
11QT 26.7 הפר אשר לו וכפר בו על
11QT 33.10 ושנים שערים לו מצפונו
11QT 45.7 כי יהיה לו מקרה לילה
11QT 45.15 מזובו וספר לו שבעת ימים
11QT 46.7 מעלה תעשה לו אשר יהיו
11QT 48.5 ארבע אשר : יש לו כרעים מעל
11QT 56.16 רק לוא : ירבה לו סוס ולוא
11QT 56.17 למען : הרבות לו סוס וכסף
11QT 56.18 עוד ולוא ירבה לו נשים ולוא :
11QT 56.21 וכתבו : לו את התורה
11QT 57.5 עריהמה וברר לו מהמה אלף
11QT 57.16 אביהו יקח לו אשה :
11QT 57.19 מתה ונשא : לו אחרת מבית
11QT 58.10 עליו ושלחו לו מחצית העם
11QT 58.18 הגדול ושאל לו במשפט
11QT 59.14 לוא ימצא לו איש יושב על
11QT 59.17 לפני לוא יכרת לו איש יושב
11QT 61.10 באחיהו ועשיתה לו כאשר זמם
11QT 66.9 והיא רויה לו מן החוק
CD 1.2 אל כי ריב לו עם כל בשר
CD 2.11 ובכולם הקים לו קריאי שם
CD 5.2 לא ירבה לו נשים ודויד
CD 5.6 ויעזבם לו אל וגם
CD 9.6 אם החריש לו מיום ליום
CD 9.7 אל אשר אמר לו הוכח :
CD 9.10 הושיע ידו לו וכל האובד :
CD 9.14 לכהן : והיה לו לבד מאיל

1Q35 1 1.8 וביד נעלמים לוא:]הוריתי
1Q35 2 1.2] עצי ע[ו]לם לוא ישתה
1Q38 2,12 1.1]˙יה לוא עזבו
1Q46 3 1.2]˙ גיא ג[:]ל[ו]א˙ [
1Myst 1 1.3 ובקדמוניות לוא התבוננו
1Myst 1 1.4 עליהמה ונפשמה לוא מלטו מרז
1Myst 1 1.8 יודע לכמה כי לוא ישוב אחור
1Myst 1 1.11 מי גוי אשר לוא עשק רעה[ו]
1Myst 1 1.11 איפה עם אשר לוא : גזל
1Myst 1 2.5 אם יו˙] : לוא יצלח לכול
1Myst 1 2.8 וכ[ול מח]יר לוא ישוה ב˙ [
1pHab 2.2 איש : הכזב כי לוא[
1pHab 2.3]החדשה כ[י]א לוא : האמינו
1pHab 2.6 הבר]ית אשר לוא יאמינוא :
1pHab 3.2 לרשת משכנות לוא לו איום :
1pHab 5.2 והבט אל עמל לוא תוכל : פשר
1pHab 5.3 פשר הדבר אשר לוא יכלה אל את
1pHab 5.7 פשרו אשר לוא זנו אחר
1pHab 6.12 ועל פרי : בטן לוא ירחמו על

1pHab 7.2 ואת גמר הקץ לוא הודעו :
1pHab 7.11 התורה אשר לוא ירפו ידיהם
1pHab 7.14 הנה עופלה לוא יושרה : [
1pHab 8.4 והוא כמות לוא ישבע :
1pHab 11.13 מכבודו : כיא לוא מל את עור
1pHab 12.14 להמה והמה לוא יצילום
1QDM 1.5 ואת [כ]י לוא [יא]הבו :
1QDM 2.3] אשר ל[וא
1QDM 2.3 הצוב[ים א]שר לו[א] :
1QDM 3.2 ב[ארץ לו]א יז[רע
1QDM 3.6 [ל[ו]א]
1QH 4.30 ואני ידעתי כי ל<ו>א לאנוש
1QH 4.31 ודרך אנוש ל<ו>א תכון כי
1QH 7.34 אדוני כי לוא <הפלתה>
1QH 12.10 אפס וזולתה לוא היה ולוא
1QH 12.24]ב מטכה : לוא לעבור על
1QH 1 1.2 והואה פלא והם לוא יוכלו :
1QH 2 1.7]שה אפר בידם לוא הנה ואתה
1QH 3 1.13 ומבלעדיכה לוא ˙ ˙ ˙ ˙] : [
1QH 5 1.5 תבית מא[:˙ ˙ לוא יהיו עוד
1QH 14 1.3]תאוה בלוא :]לוא משפ˙ :]
1QH 47 1.2 [:]נדיבים לוא כ[: לי
1QH 47 1.4 כוננתי ל[: לוא יבוא כי˙ [
1QM 1.6 שארית ופלטה לוא תהיה :
1QM 1.12 ובכול צרותמה לוא נהיתה כמוה
1QM 2.8 ובשני השמטים לוא יחלוצו
1QM 3.9 כול בני חושך לוא ישוב אפו
1QM 7.3 זעטוט ואשה לוא יבואו
1QM 7.5 בשרו כול אלה לוא ילכו אתם
1QM 7.6 איש אשר לוא יהיה טהור
1QM 7.6 ביום המלחמה לוא ירד אתם
1QM 7.7 ערות דבר רע לוא יראה
1QM 7.11 ואל המקדש לוא : יביאום
1QM 9.8 קדושים המה [לו]א יחלו שמן
1QM 11.10 אוכלת רשעה לוא תשוב עד :
1QM 11.11 אשור בחרב לוא איש וחרב :
1QM 11.12 איש וחרב : לוא אדם
1QM 14.9 רזי שטמתו לוא הדיחוני :
1QM 15.11 ש]טמה לוא ימצא וכול
1QM 18.10 ופלא ומאז לוא נהיתה
1QS 2.8 אש עולמים לוא יחונכה אל
1QS 2.26 בשרירות לבו לוא [
1QS 3.1 דעת משפטי צדק לוא חזק למשוב
1QS 3.1 חיו ועם ישרים לוא יתחשב :
1QS 3.2 וכוחו והונו לוא יבואו בעצת
1QS 3.4 בעין תמימים : לוא יתחשב לוא
1QS 3.4 לוא יתחשב לוא יזכה
1QS 4.18 משפטיהן כיא לוא יחד יתהלכו
1QS 5.4 דרכיהם אשר לוא ילכ איש
1QS 5.11 הרשעה כיא לוא החשבו
1QS 5.11 בבריתו כיא לוא בקשו ולוא
1QS 5.13 הקודש כיא לוא יטהרו : כי
1QS 5.14 דברו ואשר לוא יייחד עמו
1QS 5.15 שקר תרחק ואשר לוא ישוב איש
1QS 5.16 ומשפט ואשר לוא יוכל מהונם
1QS 5.17 מאומה : אשר לוא במחיר כאשר
1QS 5.18 כיא : כול אשר לוא נחשבו
1QS 5.19 הבל כול אשר לוא ידעו את
1QS 6.1 הרבים אשר לוא בתוכחת
1QS 6.11 כול דבר אשר לוא להפצ הרבים
1QS 6.12 לרבים אשר לוא במעמד האיש
1QS 6.16 לעצת היחד לוא יגע בטהרת
1QS 6.20 ועל הרבים לוא יוציאנו אל
1QS 6.27 [הו]שיעה ידו לוא ונ( )נעש
1QS 7.8 ברושו : ואם לוא תשיג ידו
1QS 7.8 לרעהו אשר לוא ( )<ב>משפט
1QS 7.11 הרבים : אשר לוא בעצה וחנם
1QS 7.18 ילון : אשר לוא במשפט
1QS 7.19 שנים ברשונה ( )לוא יגע בטהרת
1QS 7.20 (רבים) ובשנית לוא יגע (
1QS 7.24 בשרירות לבו לוא ישוב אל

לוא

1QS 8.25	המשפט : אשר לוא ישפוט איש
1QS 8.26	[ה]רבים אם לוא שגג עוד עד
1QS 9.1	ביד רמה לוא ישוב עוד
1QS 9.9	הרמיה אשר : לוא הזכו דרכם
1QS 9.9	עצת התורה לוא יצאו ללכת
1QS 9.16	שנאתו ואשר לוא להוכיח
1QS 9.25	בכול אשר לוא צו[הו]
1QS 10.17	ארננה יחד לוא אשיב לאיש
1QS 10.18	לאיש גמולו לוא אקנא ברוח
1QS 10.19	ולהון חמס לוא תאוה נפשי
1QS 10.19	אנש <ש>חת לוא
1QS 10.19	נקם ואפיא לוא : אשיב
1QS 10.20	עד הכון משפט לוא אטור באפ
1QS 10.21	כול סוררי דרכ לוא אנחם
1QS 10.21	דרכם ובליעל לוא אשמור
1QS 10.22	ומרמות וכזבים לוא ימצאו
1QS 10.23	ושקוצים : לוא ימצא בה
1QS 11.4	פעמי מפני כול לוא יזד עורע
1QS 11.10	דרכו ואנוש לוא יכין צעדו
1QS 11.11	ומבלעדיו לוא יעשה ואני
1QS 11.17	כיא מבלעדיכה לוא תתם דרכ
1QS 11.17	ובלו רצונכה לוא יעשה כול
1QS[b] 1.4	ע[ו]לם : אשר ל[וא יכז]ב
1QS[b] 5.18	עד וכבודכה לוא י[תן
2Q33 1 1.2	]ם קצו [:]לוא יעמ[:]˙[
4Q176 8+ 1.5	תיר[אי] לוא ( ) תבושי[
4Q176 8+ 1.6	ארמלותך לוא[
4Q176 8+ 1.12	וחסדי מאתיכי לוא ימוש[:
4Q176 12+ 1.2	]˙[:]כי לוא[יוסי]ף
4Q176 14 1.6	בו[:]אין לוא דורש[:]˙
4Q176 18 1.1	]נחלת ידו כי לוא יצדק[:
4Q184 4 1.5	ורוחו ˙[:]לוא באשמות
4Q186 2 1.3	סרכמה והואה לוא ארוך :
4Q370 1.6	והג[בור]ים לוא נמלטו : ו[
4Q381 10+ 1.1	]˙ לוא[:]ורע
4Q381 13 1.3	˙˙[ ]ל[ ]לוא אתה[
4Q381 46 1.5	˙ני ו[ ]עת : לוא יעז אנוש
4Q381 69 1.7	בכם אם תהיו לוא ואם [:
4Q381 76+ 1.15	גדולים להיות לוא לעם למשל
4Q381 79 1.2	[זקו לוא יחנו[ ]על[
4Q400 1 1.14	]˙[ ]˙˙˙לך לוא יכלכלו כול
4Q401 14 2.4	קול רנות[: לוא יכול[ו :
4Q402 4 1.4	טמא[ ]ת לוא ˙˙˙[:]יה
4Q402 5 1.1	]לוא[:
4Q402 5 1.3	]בקדו[שי :]ם לוא[
4Q405 23 1.11	בלי יתבו נו לוא ירוצו מדרך
4Q405 23 1.11	מגבולו לוא ירומו
4Q405 23 1.12	ממשלוחתו : לוא ישפל[ו]
4Q405 23 1.12	כל[ת חרו]נו לוא ישפוט
4Q482 3 1.2	אל ˙[:]כי לוא [:]ל ה[
4Q487 27 1.3	]˙או אש[:]לוא י[
4Q503 175 1.2	]˙˙[:]˙לוא י˙[:]˙ מ[
4Q504 1+R 5.6	בכול זואת לוא מאסתה :
4Q504 1+R 6.7	ובנגיעיכה לוא געלה נפשנו
4Q504 6 1.9	בדד ובגוים לוא נתחשב וא[
4Q504 7 1.6	]היאה לוא תקצ<ר> :]
4Q504 7 1.16	]ר ל[וא] האמינו :
4Q504 21 1.3	]רגליכה[:]לוא ˙א[
4Q505 125 1.3	] [:] לוא חלצב[ ] :
4Q508 39 1.2	יגון י[ומם :]לוא נאמי[
4Q508 42 1.1	]˙ לוא ה[:]˙ ל[
4Q509 16 4.6	תעתעו בם : ל]וא הביטו כי
4Q509 84 1.2	]ה להב[:]לוא טל[
4Q509 161 1.2	רינו ˙[:]˙י לוא נ[:]אחר[
4Q509 224 1.1	[לוא[:]הם]
4Q509 277 2.1	]וחתם: לוא קש˙[
4Q511 1 1.8	וכול בני עולה לוא יתכלכלו
4Q511 11 1.7	מתוך מ˙[:]לוא תראו[:
4Q511 17 1.4	] רוב אונים לוא י[:]˙˙מ
4Q511 18 2.10	שופטי וביד זר לוא
4Q511 30 1.6	] : את אלה לוא יעשה[
4Q511 42 1.9	]לעין־ לוא ינח[:]˙
4Q511 75 1.3	מה [:]˙ם לוא[:]˙ ˙[
4Q511 126 1.3	אר[בר :]יכה לוא[
4Q511 127 1.2	]אבינו[: ל]וא תכיר ˙˙[
4Q511 191 1.1	]ל˙[ ]לוא[:]טירא[
4Q512 66 1.2	]˙[: לוא עור[: עוד
4Q512 199 1.2	]˙˙[:]ד לוא[
4Q517 27 1.1	]˙ לוא ˙[
4Q517 65 1.1	]לוא[
4Q519 50 1.1	]רו לוא [
4apLm 1 1.2	לאל ידנו כי לוא שמענ[ו :]
4apLm 1 1.12	כמדבר ארץ לוא :]שמ[ח]ה
4apLm 1 1.13	לוא :]שמ[ח]ה לוא נשמעה בה
4pHs[a] 1.9	]ר וקץ מועלם לוא :]
4pHs[a] 2.11	] : לוא יצילנה
4pHs[a] 2.14	עליהם והמה : לוא יושיעום
4pHs[b] 16 1.3	איש [:]אל ל[וא]רצה[
4pHs[b] 28 1.1	]לוא ˙˙[
4pIs[a] 7+ 3.26	חרבו ואשר אמר לוא :]
4pIs[c] 4,6+ 1.11	אל]מנותו לוא ירחם :]
4pIs[c] 4,6+ 1.18	איש אל אחי[ו ל]וא :]
4pIs[c] 14 1.4	אב˙˙˙[:]מה לוא תי[:]˙מה
4pIs[c] 21 1.11	מצרים ופי ל[וא] :]
4pIs[c] 23 2.5	ות[ואמרו] : לוא כיא על סוס
4pIs[c] 37 1.3	]˙ר[:]˙מ˙[:]לוא[:]ש˙[
4pPs[a] 1+ 2.3	לתורה אשר לוא ימאנו לשוב
4pPs[a] 1+ 2.15	בעצת היחד ואל לוא יעזובם :
4pPs[a] 1+ 2.23	התורה אשר לוא י[
4pPs[a] 1+ 2.27	] : ל[וא י]בושו
4pPs[a] 1+ 3.4	ובדבר כול אשר לוא יצא[ו
4pPs[a] 1+ 4.9	שלח אליו ואל לוא יע[זבנו
4pPs[b] 3 1.3	יהיו ק[:]לוא יבושו [
4pZ 1+ 1.2	]˙˙[ ] לוא יוכל[
4QCat[a] 8 1.3	] : [כיא לוא עם מ[:
4QCat[a] 12+ 1.4	בחרוננו אשר לוא יותיר ל[
4QFl 1+ 1.3	הואה הבית אשר לוא יבוא שמה :
4QFl 1+ 1.6	ויואמר לבנות לוא מקדש אדם
4QFl 1+ 1.6	מקטירים בוא לוא : לפניו
4QFl 1+ 1.11	אני אהיה לוא לאב והוא
4QFl 1+ 1.14	[ה]איש אשר לוא הלך בעצת
4QFl 1+ 1.16	הנביא אשר לו[א
4QFl 12 1.4	]אמם[:]לוא[:]בק˙[
4QM1 1+ 1.5	]˙˙[לו]א ילכו
4QM1 1+ 1.8	] : ערוה לוא יראה
4QM1 1+ 1.10	וכול איש אשר לוא יהיה[
4QM1 1+ 1.10	בלי]לה ההואה לו[א יב]וא
4QM1 10 2.15	ובאנשים כיא לוא ˙[
4QM1 11 1.12	קדם ונדיביהמה לו[א]˙א
4QM1 11 1.13	דומי :]כבודי לוא ידמה ולוא
4QM1 11 1.14	בעדת קודש לוא כבשר
4QM1 11 1.16	נשניתי והוריה לוא תדמה :]
4QM1 11 1.18	עם בני המלך לוא [פ]ז ולוא
4QM1 11 2.12	יבחן במצרף לוא [מ]
4QM1 15 1.6	על כול הגואים לוא [: עלי]ון
4QM1 35 1.1	]לוא ד˙[ ]˙
4QM3 1 1.6	מערכות הבנים לוא יגשו ותקעו
4QOrd 1 2.5	ואל ביתו לוא יבוא
4QOrd 2+ 1.2	לעיני ישר[אל ל]וא יעבודו
4QOrd 2+ 1.9	נאמנות ואם לוא כחש עליה
4QPs[f] 2 9.7	]]עולח לוא : ימצאו [
4QTeh 2 1.3	ביד נוקמי נקם לוא יחונכה אל
4Tstm 1.7	<ה>איש : אשר לוא ישמע אל
4Tstm 1.16	ואת אחיו לוא הכיר ואת
4Tstm 1.16	הכיר ואת בנו לוא : ידע כי
4VSam 3+ 2.1	]עבדכה לוא עצרתי כוח
5Q13 6 1.3	] :]תיכה ואם לוא [:]ולוא
5Q13 13 1.1	]˙ לוא[
5QCD 5 1.2	נק[: אשר אמר לוא ה[וכח: על
6QHym 4 1.2	א[:]רלי לוא [:]ל[
6QHym 5 1.4	לעו]למים לוא יכלו[
6QHym 23 1.1	]לוא [

11Ap[a] 2.8]ה אם לוא :] מלפני
11Ber 1 1.11 שלפון וירקון לוא יראה
11QPs 28.5 בנפשי ההרים לוא יעידו : לו
11QPs 28.6 לו והגבעות לוא יגידו עלו
11QPs 28.10 היפים בשערם לוא בחר [illegible]
11QPs 24.7 כחטאתי כי לוא יצדק
11QPs 19.1 כי לוא רמה תודה
11QPs 21.16 נפשי בה ופני לוא השיבותי
11QPs 21.16 בה וברומיה לוא : אשלה ידי
11QPs 22.8 עליך תמיד לוא תובד תקותך
11QPs 26.12 הראם את אשר לוא ידעו :
11QPs[b] a 1.2 אנוכי כי[:] לוא רמה תודה
11QSS 3+ 1.2 כסא[:] לו]א יתמהמהו
11QSS 3+ 1.3 בדבירי כבודו לוא ישב[ו :
11QT 2.8] ל]וא תחמודו
11QT 3.11 השולח[ן :] לוא ימוש מן
11QT 8.12 עליו לבונה לוא[: עו]לם
11QT 13.16] ל[יהוה : לוא תא[: ובימי
11QT 17.11 מלאכת עבודה לוא תעשו בו חג
11QT 17.16 מלאכת עבודה לוא תעשו בו :
11QT 20.12 הכוהנים לוא תאכל חמץ
11QT 25.9 ביום הזה לוא תעשו בו
11QT 25.11 כול הנפש אשר לוא : תתענה
11QT 27.7 מלאכה או אשר לוא יתענו בו
11QT 35.2 כול איש אשר לוא[:]]א
11QT 35.3 כול איש אשר לוא[
11QT 35.13 זה מזה למען לוא : ישוגו
11QT 39.7]לוא תבוא בה
11QT 43.11 יקדש באש ישרף לוא יאכל עוד :
11QT 43.13 יביאו ואם לוא יוכלו :
11QT 45.7 לו מקרה לילה לוא יבוא אל :
11QT 45.11 אשתו שכבת זרע לוא יבוא אל
11QT 45.13 כול איש עור : לוא יבואו לה
11QT 45.17 טמא לנ<פ>ש לוא יבואו לה
11QT 45.18 צרוע : ומנוגע לוא יבואו לה
11QT 46.1 לו]א יעוף]
11QT 47.8 בתוך עריהמה לוא יביאו לה
11QT 47.9 ואל עיר מקדשי לוא יביאו : כי
11QT 48.6 בעוף ובבהמה לוא תואכלו כי
11QT 48.6 וכול תועבה לוא : תואכלו
11QT 48.8 אלוהיכמה לוא תתגדדו
11QT 48.9 ושרטת על נפש לוא תתנו
11QT 48.9 וכתבת קעקע לוא תכתובו :
11QT 48.15 ובנתק אשר לוא יבואו
11QT 48.16 ובלדתמה אשר לוא יטמאו
11QT 49.21 ובאדם אשר לוא הטמא על :
11QT 50.7 הזה ואם לוא יטהר כמשפט
11QT 51.19 להמיתו : לוא תעשו
11QT 52.1]··· לוא תטע [:]
11QT 52.3 [מ]שכית [לו]א תעשה לכה
11QT 52.6 אותו ואת בנו לוא תזבח ביום
11QT 52.8 תקדיש לי לוא תעבוד
11QT 52.10 או כול מום רע לוא תזבחנו לי
11QT 52.11 וכאיל רק הדם לוא תואכל : על
11QT 52.13 ובחמור יחדיו לוא תזבח שור
11QT 52.18 שלושים רס לוא תזבח
11QT 52.19 פגול : הוא לוא תואכל בשר
11QT 52.20 שמי בתוכה אשר לוא יבוא לתוך
11QT 53.11 אם תדור נדר לוא תאחר לשלמו
11QT 53.12 ולוא תדור לוא יהיה בכה
11QT 53.21 אסרה על נפשה לוא יקומו
11QT 54.6 תשמור לעשות לוא תוסיף
11QT 54.10 אחרים אשר לוא ידעתמה לוא
11QT 54.10 לוא ידעתמה לוא : תשמע אל
11QT 54.21 אחרים אשר לוא ידעתמה אתה
11QT 55.4 אלוהים אשר לוא ידעתמה :
11QT 55.10 לתל עולם לוא תבנה עוד
11QT 56.7 לכה : תעשה לוא תסור מן
11QT 56.8 והאיש אשר לוא ישמע ויעש
11QT 56.15 עליך מלך : לוא תתן עליכה
11QT 56.15 איש נוכרי אשר לוא אחיכה הוא
11QT 56.15 אחיכה הוא רק לוא : ירבה לו
11QT 56.17 אמרתי לכה לוא : תוסיף
11QT 56.19 וכסף וזהב לוא ירבה לוא
11QT 56.19 ו]זהב לוא ירבה לוא מואדה :
11QT 57.7 מלחמה : אשר לוא יעוזבוהו
11QT 57.11 גוי נכר אשר לוא יתפש בידמה
11QT 57.15 ואשה לוא ישא מכול :
11QT 58.9 גבולמה אשר לוא יבוא גדוד
11QT 58.11 ומחצית העם לוא יכרתו
11QT 58.20 אשר : אתו לוא יצא מעצת
11QT 59.14 ממצו<ו>תי לוא ימצא לו
11QT 59.17 והטוב לפני לוא יכרת לו
11QT 59.20 כרצוננו והמה לוא ימשולו בו
11QT 60.16 נותן לכה לוא תלמד לעשות
11QT 60.17 הגויים ההמה לוא ימצא בכה
11QT 61.1] בש[מי ל]וא צוי[תיו
11QT 61.3 הדבר : אשר לוא דברו יהוה
11QT 61.4 הוא הדבר אשר לוא דברתי
11QT 61.4 דברו הנביא לוא תגורו :
11QT 61.6 תגורו : ממנו: לוא יקום עד
11QT 61.11 הזה בקרבכה לוא : תחוס
11QT 61.13 ועם רב ממכה לוא תירא :
11QT 62.8 ועבדוכה ואם לוא תשלים עמכה
11QT 62.12 מאודה אשר לוא מערי
11QT 62.13 נותן לכה נחלה לוא תחיה : כול
11QT 62.16 למען אשר : לוא ילמדוכה
11QT 63.2 איתן אשר לוא יזרע ולוא
11QT 63.6 ואמרו ידינו : לוא שפכו את
11QT 63.6 הזה ועינינו לוא ראו כפר
11QT 63.15 וזבח שלמים לוא תואכל עד
11QT 64.13 נחלה לוא תראה את
11QT 64.14 לאחיכה ואם לוא קרוב אחיכה
11QT 65.4 או על הבצים : לוא תקח את האם
11QT 65.12 דברים לאמור לוא מצאתי
11QT 66.2 על דבר אשר לוא זעק[ה] :
11QT 66.6 לבדו : ולנערה לוא תעשו דבר
11QT 66.9 בתולה אשר לוא אורשה והיא
11QT 66.11 תחת אשר ענה לוא יוכל לשלחה
11QT 66.11 כול ימיו לוא יקח : איש
11QT 66.12 כנף אביהו לוא יקח איש את
11QT 66.14 כי נדה היא : לוא יקח איש את
11QT 66.14 תועבה היא לוא : יקח איש
11QT 66.15 כי זמה היא לוא : יקח איש
11QT 66.17 היא לוא יקח

1apGn 21.5 דן פרש לוט מן לואתי מן עובד
1apGn 21.7 לוט בר אחי מן לואתי : ואתחזי

6apGn 26 1.1 לובר ל·[: ל··

1QM 7.10 מבני אהרון לובשים בגדי שש

1pHab 10.11 בעבור כבודה לוגיע רבים

1QM 2.10 ובשנית בבני לוד בשלישית :

1Q23 18 1.1]לודו ·[:

4Q517 76 1.2]···י[:]לוה[
4pPs[a] 1+ 3.8 האוב[ד ברו]ח לוה רשע ולוא
6apSK 5 1.2]··[:]·לוה[

1QM 6.2 מלחמה ועל לוהב הזרק

1Q23 31 1.2]··ת ח[:]לוחא ·[
2Q26 1 1.1 י]אריחו לוחא למ·[:
2Q26 1 1.3 א[:]·א ינטלו לוחא מן מיא
2Q26 1 1.3 לוחא מן מיא לוחא ד·[:]
4Tstz 1 1.5 די יתאפל[:]לוחא מן ·[

11QT 7.3 לו· נ··[:]·לוחות הע[:]ה

4Tstz 1 1.3 וכען סב לוחיא יקריא כי

1apGn 20.22] ואמר לה לוט לא יכול
1apGn 20.24 חרקנוש מלי לוט אזל אמר
1apGn 20.34 אחי עמי ואף לוט קנה לה
1apGn 21.5 יומא דן פרש לוט מן לואתי
1apGn 21.7 עלי די פרש לוט בר אחי מן
1apGn 21.34] ושבו לוט בר אחוי ׃
1apGn 22.3 וחויה די שבי לוט בר אחוהי
1apGn 22.5 ובכא אברם על לוט בר אחוהי

11tgJ 19.5]˙א ׃ לוטי וישמט[

1QM 1.2 ברית בני לוי ובני יהודה
1QS[a] 1.22 כפי מעשו ובני לוי יעמודו איש
4Q379 1 1.2]עולמים את לוי ידיד˙[׃
4QOrd 5 1.2 פשר[׃ בני לו[י ׃]במשפט
5Q13 2 1.7 אל ׃]ואת לוי ה[ ]˙תה
5Q13 2 1.8] בחרתה [ ] לוי לצאת ׃
11QT 22.4 ושחטו בני לוי א[ת ׃
11QT 39.12 יש[ר]אל שמעון לוי ויהודה
11QT 39.15 שער (˙˙˙˙˙) לוי תשע ותשעים
11QT 39.16 באמה ומשער לוי עד שער
11QT 40.14 שמעון עד שער לוי ׃ במדה
11QT 40.15 ומשע[ר] לוי עד שער
11QT 44.5 ימין שער לוי ושמאולו
11QT 63.3 הכוהנים בני לוי כי בהמה
CD 4.15 אשר אמר עליהם לוי בן יעקב ׃
CD 10.5 ארבעה למטה לוי ואהרן
TS 1 1.10 ביום הריש[ון] לוי]

1QM 7.14 עמהמה שבעה לויים ובידם
1QM 7.16] לויים שוטרים

4Q511 159 1.1]לויר[׃]ם]

4Q380 3 1.1]ת לויתן יד תמי˙]

4Q403 1 1.10 כ[בו]ד אלוהים ל[ול]˙כל[

4Q502 99 1.2]ידם[׃]לולבי[ם ׃

4Q503 205 1.1] לולהי]

3Q14 15 1.2]אדום [׃]לום]

4Q184 5 1.3]מע˙[׃]לונ˙ אל תלח[׃

1pHab 8.12 והון עמים לקח לוסיף עליו עון
1pHab 11.15 [א]ל תבלענו לוסיף[ע]ל[

1pMic 10 1.5 המתנדבים לוסף על בחירי

1QH 2 1.4 מה כיא מעפר לוקחתי וא[׃]

4Q504 1+R 2.18]לות אתה עשיתם
4Q509 217 1.2]חתומים[׃]ו˙לות]
4pIs[a] 2+ 2.8]לות בי˙]
11tgJ 38.4 הוא לה ואתון לות ׃ איוב כל

4Q517 45 1.1]כו לז˙[׃]די א[

1Q34[b] 3 1.7 לעולם ׃]כי לזאת בראתנו

4Q403 1 1.41 עמודי משא לזבול רום
4Q405 6 1.2] [משא[ל]זבול רו[ם

11QSS 8+ 1.2 מעשיה[ם] ׃]˙ לזבחי קדושים

11QT 37.10 עשוים לכוהנים לז[ב]חיהמה

11QT 48.15 ומטאום וגם לזבים ׃ ולנשים

1QS 10.4 מסרותם זה לזה בהתחדשם
1QS 10.7 יום משפטו זה לזה מועד קציר

4QTeh 2 1.6 מ[ו]מתכה בלכבמה לזום על ברית

1QS 10.5 קודש בתכונם לזכרון
4Q508 32 1.3 לכ]מה לזכר[ון ׃]ל[
11QT 10.5]לזכרון ׃]
11QT 19.9 וחג בכורים לזכרון לעול[ם]
11QT 27.5 היום הזה להמה לזכרון ׃ ולוא
11QT 27.9 וקדשתמה אותו לזכרון בכול
11QT 39.9 חוק עולם ׃ לזכרון

CD 5.9 ומשפט העריות לזכרים ׃ הוא

CD 8.7 בשרו ׃ ויגשו לזמה ויתגברו
CD 19.19 בשרו ויגשו לזמה ויתגברו

1Q70 18 1.1]לזמי]

4Q403 1 1.40 בכול קדושים לזמרות פלא

11QT 59.21 לראוש ׃ ולוא לזנב ויארך

4QTeh 2 1.3] ׃ אל לזעוה ביד

1QS 4.12 עברת אל נקמה לזעות נצח

4QTeh 2 1.4] ׃ לכה לזעמה ולוא

11QT 42.13 בחג הסוכות לזקני ׃ העדה

CD 9.4 אפו או ספר לזקניו להבזותו

4Q501 1 1.1 ה˙ > אל תתן לזרים נחלתנו

4Q509 39 1.1] לזרע[׃]ולפ˙]

1apGn 21.12 פורת ואמר לי לזרעך אנתן כול

1QM 13.7 ותקימה לזרעם ׃

1Q25 6 1.5] להביא מ[׃] לח˙˙]
1QH 3.29 להתם כול עץ לח ׃ ויבש
1QH 5.27 עפר יורו לח˙˙] [
1QH 6.34 מתים נשאו נס לח˙]
1QH 8.19 ל˙˙˙ ˙[׃ לח ויבש מצולה
4Q502 220 1.1]אם לח]
4Q503 100 1.3 ו עם דג[לי ׃]לח]
4Q503 115 1.3]˙[׃]לח˙]
4Q508 25 1.2]קוד[ש ׃]לח˙]
4Q512 36+ 1.17 ערו[ת]בשרנו לח]

4Q502 96 1.6]בשמחת ׃]˙ לחבב

1QH 3.12 והרית אפעה לחבל נמרץ
4QCat[a] 5+ 1.6 ז]מות יעץ לח[בל ׃
4QCat[a] 7 1.2]ד אשר יבקשו לחבל[׃ אש]ר

11tgJ 24.5 מן שקר ׃ ומן לחבל( )א]

1apGn 19.9]עד די דבקת לחברון ול[ה

11tgJ 36.3)ן אנתה ׃ לחברתה חען

11QT 42.17 המועד אשר ׃ לחג הסוכות שנה

4Q503 1+ 2.13 ע]שר לחגי שמחה

1QH 11.20] לחטאה ויגון :
11QT 53.12 והיה בכה לחטאה ואם תחדל

11QT 16.12 במקום מובדל לחטאות שמה

11QT 17.14 עזים אחד לחטאת ומנחתמה
11QT 18.4]עזים לחטאת ל[:]
11QT 25.14 עזים אחד לחטאת לבד
11QT 28.4 עזים אחד [לחטא]ת
11QT 28.8 עזים אחד לחטאת ומנחתם
11QT 28.11 עזים אחד לחטאת ומנחתמה
11QT 35.11 עומדים : לחטאת ולאשם
11QT 35.11 זה מזה לחטאת הכוהנים

11QPs 19.13 סלחה יהוה לחטאתי :
11QPs^{b} b 1.2 סלחה יהוה ל[חטאתי :

6QHym 2 1.5 תשוקתנ[ו :]לחי עולמים

4apLm 1 1.9 עיר :]˙לחיה ואין ˙[
4apLm 2 1.9]ו על לחיה על בניה :

1QS 1.1 ל[ ]שים לחיו [ ]כ

1QH 8.36]˙ן ל˙מודי ˙˙ לחיות רוח

CD 7.6 נאמנות להם : לחיותם אלף דור
CD 19.1 נאמנות להם לחיותם לאלפי

4Q181 1 1.4 קודש במעמד לחיי עולם
4Q181 1 1.6] :]לחיי ע[ו]ל[ם
CD 3.20 המחזיקים בו לחיי נצח וכל

4Q185 1+ 2.2 לכם דרך : לחיים מסלה[

1Q34^{b} 3 1.4 ותנובת ארץ לח[י]ת : צד]יק

4Q381 31 1.7 ואיככה :]לחכי עלידי חרב

4Q381 76+ 1.8 דברי ותשכילו לחכמה מפי תצא

1apGn 22.10 עד דבקו לחלבון די שימא

CD 12.4 אשר יתעה : לחלל את השבת

1Q36 2 1.6 פשע ה[:]לחם ˙[ ]˙[ ]ם
4Q517 44 1.2]באת [:]לחם[
4pIs^{c} 22 1.4] : ואש]ר אמר לחם תב[ואת:]
4pPs^{a} 1+ 3.18 וזרעו מבקש לח]ם [
11tgJ 6.7 ל]צהא לא : ל]חם ואמרת :]
11tgJ 38.6 ואכלו : עמה לחם בביתה
11QT 8.12 בהסירכ[ה :]לחם תתן עליו
11QT 15.4] : <[ו]סלי לחם לכול
11QT 15.10 כמ[שפט : לחם שמן אחת
11QT 18.14 בכורים ליהוה לחם חטים שתים
11QT 19.6 חד]שה לחם הבכורים
11QT 19.12] [לחם הבכורים

2QJN 4 1.5 ויטלון לחמא ˙[:
2QJN 4 1.8 תרי סדרי לח[מא : לחמא
2QJN 4 1.9 סדרי לח[מא : לחמא ויסבון
2QJN 4 1.9 לחמא ויסבון לחמ[א : מערבה
2QJN 4 1.14 תרתי לחמא די הי[:
2QJN 4 1.15 חדא מן תרתי לחמא יהיבת
11QJN 14 1.5 עשר כה[נין : לחמ]א די הות

11tgJ 15.9 אכל[ין :]ין לחמהו[ן :]˙רי

1QS 6.25 את רביעית לחמו ואשר ישוב

1QH 5.23]כלי לחמי : עלי

11tgJ 14.10 [: ו]רגלין לחגיר[א :]

1apGn 20.33 בנכסין שגיאין לחדא ואף בכסף
1apGn 22.32 ישגון לחדא

11tgJ 36.2]˙ה˙˙˙[: לחדה ידבקן

1apGn 17.8 לאשור עד דבק לחדקל ˙˙˙ :

4Q381 23 1.2]ם[:]לחדרי ˙[

4Q381 1 1.8 ובכל [: [לח]דש ב[ח]דש

4pIs^{b} 2.1 לאחרית הימים לחובת הארץ

1QDM 1.2 עש[ר] באחד ל[חו]דש לאמור
1QDM 3.8] לחודש :]
1QDM 3.10 יום[עש]ור לחודש ה[
1QDM 3.10]ה [ע]שר לחודש :]
1QDM 3.11 וביום ע[שר ל]חודש יכופר[
1QDM 3.11] לחודש :]
4Q400 1 1.1 בארבעה לחודש הראישון
4Q403 1 1.30 בשש עשר לחודש הללו
4Q404 3AB 1.2]˙˙[: עש]ר לחוד[ש :
4Q503 1+ 2.18] : ובששה לחו[דש
4Q503 7+ 1.6] : בשבעה ל[חודש
4Q503 11 1.2 ובשני]ם עשר לחודש בערם [:
4Q503 29+ 2.12 [בש]בעה עשר לחו[דש ב]ערב
4Q503 33 1.18 ל]חודש ב[ע]רב
4Q503 33 2.6 וע[שרים]ל[חודש
4Q503 42+ 1.4 ל]חודש[ב]ערב
4Q503 215 1.2]˙[:] לח]ודש[
4Q503 215 1.11 [:] [לחוד[ש
11QT 14.9 ˙[: ובאחד לחודש ה[ראישון
11QT 17.10 ובחמשה עשר לחודש הזה מקרא
11QT 27.10 עשר יום לחודש הזה
MasSS 1.8 הששית בתשעה לחודש :]

11QT 14.8 ברא[שי : לחודשי השנה ˙

1QM 2.4 למועדיהם לחודשיהם

CD 6.18 בין : הקודש לחול ולשמור את
CD 12.20 בין הקודש לחול ואלה

11QT 54.11 הנביא ההוא או לחולם החלום

1QH 3.37 כיא הייתה לי לחומת עוז :]ל
1QH 7.9 וכול קירותי לחומת בחן ללוא

11QT 41.12 מקיר החצר לחוץ שבע אמות
11QT 46.5 רובד סביב לחוץ מחצר
11QT 46.14 יוצאים שמה : לחוץ לצפון
CD 11.8 איש מן הבית : לחוץ ומן החוץ

1QS 9.23 איש מקנא לחוק ועתי ליום
CD 15.5 לכל ישראל לחוק עולם את

1QS 8.10 <) להקם ברית לחו( )<קו>ת

1QH 1.10 ורוחות עוז לחוקיהם בטרם

1QH 4.18 כי אמרו : לחזון דעת לא

1QM 15.15] ל[חזו]ק : עד

1QM 7.12 אנשי המערכה לחזק ידיהם
1QS^{b} 3.23 בחר בם אל לחזק בריתו
4QMl 11 2.15 ולהשיג לב נמס לחזק ל[ב :

1QH 2 1.15 לחזקם[:

1QH 5.16 בכור נופחים למהר שבעתים :

4Q512 1+ 1.6 <ה[ו]יה> למהרו ואת כול[

1QH 16.12 עב[ ] ל[ ] למהרני ברוח

4Q512 29+ 1.7]˙תני למהרת[:
4Q512 1+ 1.5 ומי רחק למהרת עתים[

11QT 45.15 לו שבעת ימים למהרתו ויכבס

4Q176 18 1.2 לוא יצדק[:]למו דרכי כול ˙

11QPs 18.1 למובים נפשתכמה

1QH 11.31 כאשר יחלתי למובכה
4Q509 215 1.2]˙˙˙˙[:] למובכה]

1apGn 21.16 עד די : דבקת למור תורא

1apGn 19.8 כען לא דבקתה למורא קדישא

1apGn 17.16 עד די דבק למינה נהרא

4Q176 26 1.5]˙אא פת[:]לממ ˙[:]הל˙[

CD 11.20 להרשותו לממא את המזבח
CD 12.1 בעיר המקדש לממא : את עיר

11QT 51.9 הבדלתי להמה לממאה והיו :

1apGn 20.15 בליליא דן לממיא אנתתי

5Q16 3 1.4 ובתרביות[:]למרוף צד[ה :

1Q26 1 1.7 מ[שממכה] ואמר לי אני חל[קכה
1Q26 3 1.2 [:] כי אתה לי לבן י[חיד
1apGn 12.13 ארבע עבד לי חמר ˙˙˙
1apGn 19.8 אנתה הוא : ל[י א]ל
1apGn 19.18 חלמא דן ואמרת לי אשתעי לי
1apGn 19.18 לי אשתעי לי חלמך ואנדע
1apGn 19.25 ושא]לו ל[י] מבתא
1apGn 20.14 מני בתוקף עבד לי דין מנה
1apGn 20.26 שחלניא וקרא לי אלו ואמר לי
1apGn 20.26 לי אלו ואמר לי מא עבדתה לי
1apGn 20.26 לי מא עבדתה לי בדיל [שר]י
1apGn 20.27 [שר]י ותאמר : לי די אחתי היא
1apGn 20.27 אנתתך ונסבתהא לי לאנתה הא
1apGn 20.30 וקם [או]דע : לי מלכא ב˙[
1apGn 20.30 עות˙ וימא לי מלכא במומה
1apGn 20.30]והא [ ] ל[י] : לש[ר]י
1apGn 20.32 להגר וא[ש]למה לי ומני עמי
1apGn 21.3 ומבתא די יהב לי ודי עבד עמי
1apGn 21.8 ואתחזי לי אלהא בחזוא
1apGn 21.8 די ליליא ואמר לי סלק לך לרמת
1apGn 21.12 עד פורת ואמר לי לזרעך אנתן
1apGn 21.17 והוית אתה לי ליד : ימא
1apGn 21.19 ותבת ואתית לי לביתי בשלם
1apGn 22.19 מרי אברם : הב לי נפשא די
1apGn 22.19 די א<י>תי לי די שביא עמך
1apGn 22.32 מרי אלהא שגי לי עתר ונכסין
1apGn 22.32 ונכסין ולמא לי : כול [א]לן
1pHab 1.8] וג˙]]לי ה[ ]˙
1QH 2.29 והם רשת פרשו לי תלכוד רגלם
1QH 3.3 לו ˙˙˙˙˙[:]לי האירותה
1QH 3.24 ומה כוח לי כיא התיצבתי
1QH 3.37 כיא היתה לי לחומת עוז :
1QH 4.6 הופעתה לי והמה עמכה[
1QH 4.23 בי ותופע לי בכוחכה
1QH 4.24 כול הנדרש[ים] לי הנועדים
1QH 5.12 הגלות ישעכה לי כי בצרת

4Q405 13 1.6 לח]מיד עם כול

4Q514 1 1.6 ואחר יאכלו את לחמם כמשפמ
4Q514 1 1.9 ואחר יאכלו את לחמם : כמ[שפמ

1pHab 3.8 חש לאכול כולו לחמס יבוא מגמת

4Q502 159 1.2]ח˙[:]לחן[ ] :

1apGn 2.23 ותמן אשכחה ל[חנוך :

1apGn 2.22 [ ] לחנוך אבוהי
1apGn 2.24 [ו]אמר לחנוך אבוהי יא

1QM 1.3 ממדבר העמים לחנות במדבר

11tgJ 14.4 סגנין הממרו לחנך דב[ק :

4pIs^{c} 23 2.8 יחכה אדוני לחנ[נכ]מה ולכן

4Q380 2 1.5]ל[ח]סד<י> יחנן
4Q502 254 1.1 [לחסדי[:]ל[ ]

1QH 7.35 חוקי :˙˙˙אני לחסדיכה
1QH 9.10 כי יחלתי לחסדיכה ותתן :

1QH 10.16 ˙˙ל[ ]˙˙ל[: לחסדכה בגדול

4Q502 3 1.2]כהוסיפ[כם :]לחסר[:

11QPs 18.5 עוזו : להשכיל לחסרי לבב

1QH 1.13 מחשבת לחפציה[ם
1QH 13.20]רורים לחפציהם ואדע[

11QT 36.12 המקצוע השני לחצר עשרים :
11QT 36.14 האלה אשר : לחצר הפנימית
11QT 38.12 שנית סב[י]ב ל[חצר הפנ]ימית
11QT 39.11 הש]ערים אשר ל[ח]צר הזואת
11QT 40.7 רו]חב סביב לחצר התיכונה
11QT 46.3 [ ] : לחצר החיצונה

4Q378 11 1.8 נחושה [:]ין לחקיר וירש[:

CD 1.4 ויתנם לחרב ובזכרו
CD 1.17 בריתו להסגירם לחרב נקמת נקם
CD 1.21 נפשם וירדפום לחרב ויסיסו
CD 3.11 ויסגרו : לחרב בעזבם את
CD 7.13 ה<ו>סגרו לחרב והמחזיקים
CD 8.1 הסגירו לחרב וכן משפמ
CD 19.10 ימסרו לחרב בבוא משיח
CD 19.13 הסגרו לחרב נוקמת נקם

1pHab 6.8 שנה בשנה : לחריב ארצות

1pHab 5.14 יזב]ח לחרמו על כן
1pHab 6.2 על כן יזבח לחרמו : ויקמר

1QH 1.29 ומבעי רוחות לחשבונם להודיע

1QH 5.10 כול מזמותם לחתוף וירבו

1QH 6.32 עד˙˙˙ :˙˙˙˙˙˙˙למ ליצר אשמה
4Q487 6 1.3 עריצים[:]למ לשל[:]ואל

4Q512 41 1.4 הממא למהור[:
4Q514 1 1.4]אשר לא החל למהור ממק[ר]ו
4Q514 1 1.7 אשר לא החל למהור ממקרו :
CD 6.17 בין הממא למהור ולהודיע
CD 12.20 בין : הממא למהור ולהודיע

1QH 5.32 ו יצרם : הופיע לי למרורים
1QH 5.35 על פנים ויהפך לי ל˙˙י לריב
1QH 7.17 ומחסי בשר אין לי[ ]
1QH 7.23 ב˙˙ ˙[ ]לי עזרתה נפשי
1QH 7.25 כי אתה לי למאור
1QH 8.27]˙˙ אין מעוז לי כי פ˙ח נ˙[
1QH 8.34 להניף יד :]לי בלכדה בכבל
1QH 9.5]עמד לי : מרחוק
1QH 9.20 ˙[: וכזומם לי ת[
1QH 9.21]˙˙ : לי ואתה בר[
1QH 9.24 ותהי תוכחתכה לי לשמחה וששון
1QH 9.25]נצח ובוז צרי לי לכליל כבוד
1QH 9.29]לי לפלט עד
1QH 9.31 הופעתה לי בשכל משפטכה
1QH 10.7 בלא יצרתה : לי ומה אדבר
1QH 10.23 בשר לא שמתה לי מעוז : חיל
1QH 11.17 גליתה לי ואבים [
1QH 11.19 ואני נפתח לי מקור לאבל
1QH 11.34 לשון והכינותה לי ˙עול [:
1QH 47 1.3 לוא ב[: לי מאז כוננתי
1QS 2.13 שלום יהי לי : כיא
2Q25 2 3 1.1]לי מצ˙[: כ]ול[
4Q176 8+ 1.10 כימי נוח זות לי אשר :
4Q176 28 1.2]˙[: לי בעבור ה[:˙
4Q185 1+ 1.14 עמי והשכילו : לי פתאום ˙תמו
4Q185 1+ 2.10 לא ימנה : לי ולא[
4Q381 1 1.1 והיא תהיה לי לטורה משפט
4Q381 3 1.1]בינות לי [:]לל˙
4Q381 8 1.3 ב[:]˙˙˙ לי˙˙[
4Q381 15 1.3 א]להי עזרת לי ואערכה לך
4Q381 19 1.4] פז ותתן לי :]מלכותך
4Q381 20 1.1]˙˙ני לי ה[:]חקתיך
4Q381 20 1.3] :]˙ך לי וא[:]˙˙
4Q381 33 1.3 ותהי לי תכחתך
4Q381 33 1.11 עבדת[יך]לי [
4Q381 45 1.6 לשן שק[: לי מעשי ש˙˙[
4Q381 46 1.2]˙˙ ותנתן לי קרן[:]˙תו
4Q484 8 1.2]˙˙[:]לי[
4Q487 32 1.3 [:]˙ר˙]:]לי[
4Q498 10 1.1]˙˙לי˙˙[
4Q502 9 1.11]נים אחים לי אשישים :
4Q502 338 1.1 [לי[
4Q509 220 1.2]מועדים[:] לי˙[
4Q511 87 1.1]לי ל˙[:]˙תי[
4Amrm 1 1.12 בני אדם ואמרו לי במן מננא
4Amrm 2 1.2 מן הוא ואמר לי הדן ע[ירא
4Amrm 3 1.2 וא]מר לי דתלתה
4pHs[a] 2.18 אמרה אתנם הם לי [ ]
4pPs[a] 13 1.4 סכ]ות אמדדה לי [
4QFl 1+ 1.11 לאב והוא יהוה לי לבן הואה
4QMl 11 1.14]כול יקר לי בכבוד :
4QM6 38 1.1]לי˙[
4QOrd 1 2.1 [ ]נחל לי[:]˙ל את˙ [
5Q18 2 1.2]˙˙˙[:]˙לי˙[:]˙ ועוד
6QPrPr 1 1.7 [ש]ניבצר לי˙[: והיה
11QPs 24.4 הט אוזנכה ותן לי את שאלתי
11QPs 24.11 אל יזכרו לי : טהרני
11QPs 24.14 אזעקה ויתן לי : ובני אדם
11QPs 21.11 ובקשתיה באה לי בתרה ועד :
11QPs 21.14 לקח ועלה היתה לי למלמדי אתן
11tgJ 4.1 לענניא[:]˙ לי להות˙˙˙[:
11tgJ 4.5] : ותמהא אחד לי ˙[: והסגיו
11tgJ 15.6]לא הוא לי צבין
11tgJ 22.3 אנה ולא חטא לי ונקא[: ה]ן
11tgJ 22.4 השכח אחד לי ˙[:]שוא
11QT 29.6 אשר יביאו לי לרצון
11QT 29.7 ורציתים והיו לי לעם ואנוכי
11QT 29.10 להכינו לי כול הימים
11QT 39.10 [ ] לי אחר יבואו
11QT 52.4 ולוא : תזבח לי שור ושה אשר
11QT 52.5 תועבה המה : לי ולוא תזבח
11QT 52.5 לי ולוא תזבח לי שור ושה ועז
11QT 52.5 כי תועבה המה לי : ושור ושה
11QT 52.8 הזכרים תקדיש לי לוא תעבוד
11QT 52.10 רע לוא תזבחנו לי בשעריכה :
11QT 53.14 כי ידור נדר לי או ישבע :
11QT 53.16 כי תדור נדר לי או אסרה אסר
11QT 59.13 והמה יהיו לי לעם
11QT 60.3 אשר יקדישו לי עם כול
11QT 60.7 אשר : הקדישו לי לראישונה
CD 2.14 בנים שמעו לי ואגלה
CD 4.2 מעלי הם יגישו לי חלב ודם
TS 1 1.6 אשר תבנו לי בארצ ˙˙˙ [

1Q20 1 1.3 וכביא וש˙ ליא דאלין ו˙˙
4Q511 42 1.3 תעודתי פלגתה ליא[:]˙
4QMl 11 1.15 בכבודי ידמה ליא מיא הו[א

4Q176 20 1.4]ל[ ]שאו[ ]ליאי

1apGn 21.15 נהרא ואתית ליד ימא עד די
1apGn 21.16 תורא וסחרת מן ל[יד] ימא רבא
1apGn 21.16 די מלחא ואזלת ליד טור תורא
1apGn 21.17 נהרא וסחרת ליד פורת עד יד
1apGn 21.17 והוית אתה לי ליד : ימא
1QM 8.2 המשוב ובאו ליד המערכה :
1QM 16.6 ובעומדם ליד מערכת
4QM3 1 1.5]מזה לטל˙ת : ליד החרף
5QJN 1 1.18 אוחרן ותרעא ליד כותלא גויה
5QJN 16 1.2]˙[: ד]י לי[ד

5QJN 1 2.5 ודרגא די סלק לידה פתיה אמין

4Q403 1 1.11 פל[א לידו]עי
4Q405 3 2.1 ו]בם לידוע[י: ד]ברי

4Q381 31 1.6]תכחד עוני לידעי בינה
4Q400 3+ 2.5] [ ] : לברך לידעי [
MasSS 2.26 וב]ם לידעי עולמים[

4Q499 3 1.3]˙הגיד[:]לידעים[:]˙

4Tstm 1.16 ( )ולאמו ליד<ע>תיכהו

1Q23 25 1.2]ן[:]˙ ליה˙[:]˙˙˙[
1QDM 44 1.1]ליה ב[: א]ת
4Q509 137 1.2]˙˙˙ם[:]˙ליה˙[
4QMes 1.3 מן דן ידע ˙˙ליה : בעלימותה

4Q381 24 1.5 אלהים[: גאל ליהודה מכל צר

1Q25 2 1.4 [: תפלה [: ליהו[ה
4Q381 24 1.8 א[ידי : אקרא ליהוה ויענני
4Q381 31 1.1]˙ אזמרה ל[יהו]ה[ ]ני ע
4pPs[a] 1+ 1.25 [דו]ם ל[יהוה
11QT 13.13 [: ליהוה <ונסכו
11QT 13.15 רי]ח [ ] ל[יהוה : לוא
11QT 14.7 [: ניחוח ליהוה ברא[שי :
11QT 17.12 שבעת ימים : ליהוה והקרבתמה
11QT 17.13 הא[לה] : עולה ליה<ו>ה פרים
11QT 17.16 [ ] ל[יה]וה כול
11QT 18.13 מנחה חרשה ליהוה
11QT 18.14 חרש בכורים ליהוה לחם חטים
11QT 19.11 את המנחה חרשה ליהו[ה] : [ ]
11QT 20.14 וירימו ליהוה תרומה :
11QT 22.8 ניחוח[ל]יהוה
11QT 23.3]ם עולה ליה[וה :]
11QT 23.17 אשי ריח ניחוח ליהוה ואת :]
11QT 25.13 בו עולה : ליהוה פר אחד
11QT 28.6 ריח ניחוח הוא ליהוה
11QT 39.8]נפשו ליהוה מחצית
11QT 48.7 עם קדוש אתה ליהוה אלוהיכה

4Q503 29+ 2.11 בׄ[: [ד]גלי לילה שלום אל]
4Q503 29+ 2.19]דׄגלי לילהׄ[:] ׳ אנו
4Q503 33 1.21 בכול מועדׄ[י] לילה]
4Q503 42+ 1.2]]ם ׳[:]י לילה לאוׄ[:
4Q503 42+ 1.6 לנו[: ל]ילה ׳ ׳]
4Q503 51+ 1.10 [:]מועדי לילה שלום
4Q503 56+ 1.5] לילה אשר
4Q503 64 1.5 בׄמוׄעׄ[ד :] לילה להיות
4Q503 67 1.3 שמיני[:]לׄילה להגביׄר[
4Q503 136 1.2]ים[:]לילהׄ[
4Q503 218 1.4 ה הסבׄ[:]יר לילה ויום[
4pHs^b 3 1.2]נה ע[:]לילה לשח[ר :
11QT 45.7 יהיה לו מקרה לילה לוא יבוא

1QH 18.23 וחוקי נכונות לילוד :]אותה
4Q501 1 1.5]הׄ ופארתכה לילוד אשה

1QS 6.7 את שלישית כול לילות השנה

1apGn 21.8 אלהא בחזוא די ליליא ואמר לי

4Q510 1 1.5 שד אים] לילי[ת אחים
4Q511 10 1.1] לילי[ת] :]

4Q503 39 1.2]׳ו <הואה לילתׄ הׄ[

1QH 2.6 לאבל יג[:]לים לכול הוות
1QH 8.38 ׳ ׳רים ממשל :]לים וא[
4Q378 6 1.5 על חטאתׄינו :]לים אל תדמו
4apLm 2 1.4]׳ו׳[ ]לים ׳[:]׳ים
4pHs^b 7+ 1.2]לים [א]ותם
11QT 39.13 זבולון וגד לים דן נפתליׄ
11QT 40.12 ושלושה : לים ושלושה

1apGn 21.17 עד יד דבקת לימא שמוקא

3Q15 11.13 בביאתך לימומית : שלו

1QS 10.3 במבוא מועדים לימי חודש יחד

1QM 6.8 יעמודו גם המה לימין המערכה
1QM 9.14 למ[ג]דׄל אחדׄ ל[ימין א]חד
11QJN 14 1.2 מן היכלא לימין מערב[ה :
11QT 13.5]׳ ׳ ׳ ׳[: אחדׄ לימין ואחד

4QMes 1.12]׳ ׳[ ]לין : [

4Q504 17 2.3]וׄמכול[:]לינו וישמׄ[:
4Q509 171 1.1]׳לינוׄ[

1QS 5.5 יצר ועורפ קשה ליסד מוסד אמת

1QS 9.3 התכונים האלה ליסוד רוח קודש

4Q405 3 2.7 וברך ליסודי ה[ו]דׄ

4pPs^b 5 1.6 וחרי׳[:]ל ליעקוב[
4Tstm 1.17 <ויאירו> ליעקוב :

4pHs^a 2.19 מאהב]י ושמתים ליער ואכלתם

4Q508 3 1.3 לנוח ׳[: ליצ]חק וליעקוב

1QH 1.35 נׄטהרים והיו ליצר סמוך[
1QH 6.32 ׳ ׳ : ׳ ׳ ׳ ׳ ׳ ׳ ׳לט ליצר אשמה לכלה
1QH 12.26 ותשובת עפר ליצר חמר בקצ
1QH 18.11]שמיע ליצר מבינתו
1QH 18.12 מׄק[ ]להוכיח ליצר חמר דרכו
1QH 18.13]׳ אמתכה ליצר אשר סמכתה

4Q405 15+ 1.6]׳ פלא מביתה ליק׳הׄ הדביר[:

11QT 48.8 בנ·ים אתמה : ליהוה אלוהיכמה
11QT 48.10 עם קדוש אתה ליהוה אלוהיכה
11QT 55.9 כול שללה כליל ליהוה :

1Q68 7 1.2]׳טׄ[:]׳ליהו[:]׳[

4Q485 1 1.3]איכׄהׄ כׄ׳[:]׳ליו ושמעת[:]
4Q487 5 1.7]ת נפש מעמׄ[:]ליוׄ׳[
4Q512 180 1.2]הׄ ׳[:]ליוׄ[

1QH 8.7 ושורשיהם ליובׄ[ל] ישלחו

CD 16.4 העתים : ליובליהם

4Q379 12 1.5 היׄא השנה ליובלים לתחלת

1Q34^b 2+ 1.6 [: תפלה ליום כפורים
1QH 5.1 וצדק כולׄ ׳[: ליום עם חד׳ ׳]
1QH 15.17 ומרחם הקדשתם ליום הרגה : כי
1QM 1.11 אלים ואנשים ליום הווה
1QM 7.5 ובשר ועתודים ליום נקם וכול
1QM 15.3 הנועדים עמו ליום ׳[ ]
1QM 15.15 [מתפ]קׄדים ליום]
1QS 9.23 לחוק ועתי ליום נקם לעשות
4Q381 1 1.8 למועד במועׄד ליום ביום לאכל
11QPs 22.4 המתאוים ליום ישעך
11tgJ 31.1]׳ ׳ ׳[ ]׳ ליום קרב
11QT 45.5 ב]א וזה יוׄצא ליום השמיני
CD 7.3 לנטור : מיום ליום ולהבדל
CD 9.6 החריש לו מיום ליום ובחרון

11tgJ 23.3 עולים ותב ליומי עלימ[ותה

4Q403 1 1.17 הׄ[וד] ובׄרׄך ליוסדׄ[י

1QS 3.7 וברוח קדושה ליחד באמתו
1QS 5.2 העול להיות ליחד בתורה
1QS 5.5 אמת לישראל ליחד ברית :
1QS 5.6 והנלוים עליהם ליחד ולריב
1QS 5.7 האלה בהאספם ליחד כול הבא
1QS 6.22 הגורל לקרבו ליחד יכתובהו
1QS 6.23 ויה<י> עצתו : ליחד ומשפטו :
1QS 8.*12* ובהיות אלה <ליחד> בישראל
1QS 8.19 לכול הנוסף ליחד : ואלה
1QS 9.2 יכתוב בתכונו ליחד קודש :
1QS^a 1.9 בתוך משפ[ח]תו ליחד בעד[ת]
4Q181 1 1.2 שׄ[מים] וארץ ליחד רשעה עד :
4Q402 4 1.5 יהיׄ[ו]ים ליחד כׄ[ ]׳[:

1QM 16.16]יהם ליח<ו>מׄ : כׄג׳ ׳

4apLm 2 1.9 יה כמשכלות : ליחידיהן בכו

4QM6 98 1.1]נו ׳ליך ׳ ׳ ׳[:]׳םׄ

4Q504 3 2.6 אדוני[:]׳ליכה יתקדש
4Q504 5 1.7 VACAT [:]לׄיכה בשמיׄ[ם

4Q512 88 1.3]שתהׄ[:]ליל[

11tgJ 22.9 בחדידי לילא[:]מׄה על

1Myst 13 1.4 וחקרׄ[י :]׳ ליל[ה
1QH 12.6 חושך למועד לילה בתקופתו
1QH 12.7 אור למוצא לילה ומבוא
4Q184 1 1.4 [ ]ה תועפות לילה ומלבשיה[
4Q184 1 1.6 חושך ובאישני ליל[ה
4Q381 1 1.5 ו׳ ׳ר ל׳[: לילה וכׄכׄ[בי]םׄ
4Q503 1+ 2.15]בׄגורלות לילהׄ[
4Q503 1+ 2.19 [: לילה אשר הוׄ[אה
4Q503 18 1.1 [לילה [:]השמש

1QH 17.23]עבדך מחטוא לך ומכשול בכול
1QH 20 1.1] שים לכ[:] לשפוט
1QM 12.14 והשתחוו לך כול מעניך
1QM 19.6 והשתחוו לך [מעני]ך
2Q25 2 2 1.2]˙מע[:]˙ לכ[:]˙ בקע[:
2apMo 1 1.2] לך משפט באמת
4Q381 15 1.3 לי ואערכה לך אלהי :]
4Q381 15 1.5 אתה [י]סדתם לך זרע עם :]
4Q381 33 1.5 לעבד קרב לך וה]
4Q381 70 1.1]˙כתוב לכ[:]˙˙˙ ˙]
4Q381 80 1.2 אלי[:]לכ[
4Q400 1 1.14]˙[ ]˙˙˙לך לוא יכלכלו
4Q404 12 1.1]לך ו˙[:]ים]
4Q404 17 1.1]ים לכ[:]וכול[
4Q489 4 1.1]לכ˙[:]ו]
4Q499 48 1.1 ותשים˙˙ לכ[: בכול תבל
4Q509 10 4.12 כול [:]˙˙ לכ[
4Q509 133 1.1]˙˙˙פו לכ[:]עמוד כי
4Q509 133 1.2]עמוד כי לכ[
4Q512 1+ 1.14 [ ]תם ותתעבם לכ[:]˙ח˙]
4Q512 144 1.2]˙[:]˙לך ל]
4pN 3+ 3.6 אבקשה מנחמים לך פשרו]
4pPs[b] 1 1.2]˙[:]א לכ˙[: א]שר
11tgJ 25.6 על עם[:]לך אנש רשיעיא
11tgJ 34.5 באלה איתי לך או בקל כותה
11tgJ 35.6 עמך בהתחננה לך היקים : קים
11QT 32.7] לכ˙˙˙ם
CD 9.9 לא תושיעך ידך לך איש אשר

1QH 5.28 לאין חבר ותהי לכאיב אנוש

4Q504 1+R 4.11 חמדת ארצם לכבד את עמכה

1Q38 2,12 1.2 [ח]וקיכה [:]לכבוד רב[
1QH 11.27 תופיע : לכבוד עד ושלום
1QNo 13+ 1.1 זוך˙ [ ] לכבוד אל ב˙]
1QS 10.9 וכול נגינתי לכבוד אל וכנור
1QS[b] 4.25 במעון קודש לכבוד אלוהי
4Q404 11 1.3 בשובוע[:]ם לכבוד˙[:

4Q403 1 1.38 ההוד כיא לכבודו יודו

1QH 1.10 נטיתה שמים : לכבודכה כול [
1QH 6.10 להכינם בעצתכה לכבודכה
1QH 7.24]˙נותה לכבודכה : כי
1QH 8.5 עם תאשור יחד לכבודכה עצי
1QH 10.12 יעצור[ ]רק לכבודכה עשיתה
1QH 18.22 ולהכין כול לכבודכה :]צבא
1QH 2 1.16]הפלתה אלה לכבודכה
4Q504 7 1.5]˙ר לכבודכה :]

11QT 14.6 [ההי]ן לכבש האחד [:

1Q26 1 1.5 נהי[ה:]˙ה לכה השמר לכה
1Q26 1 1.5]˙ה לכה השמר לכה למה תכבדכה
1Q30 4 1.1]לכה ולספר רזי]
1QDM 2.2 ה[ירדן] ל[תת] לכה [ער]ים
1QDM 3.1] לאכלה ל[כה
1QH 1.26 משפט הצדק לכה אתה
1QH 3.4 ˙˙˙˙] : [לכה בכבוד עולם
1QH 4.24 לבכה ויערובו לכה : בסוד
1QH 11.11 מפשע להתקדש : לכה מכול
1QH 11.18 חסד ואדעה :] לכה הצדק
1QH 18.21]˙˙ ואדעה כיא לכה עשיתה אלה
1QH 3 1.12]מה יתחזק לכה אתה אל ˙˙˙
1QH 3 1.17]˙ש[ ]לכה חמה וקנאה
1QH 34 1.1]דה <לכה> ונר[:]
1QM 10.9 אשר בחרתה לכה מכול עמי
1QM 11.1 כיא אם לכה המלחמה
1QM 11.2 וחנית כיא לכה המלחמה ואת
1QM 11.4 פשעינו לכה המלחמה

4Tstm 1.3 לבבם <זה> להם לירא אותי

CD 20.19 זכרון [ ] ליראי אל
CD 20.20 ✱ ישע וצדקה ליראי]

CD 1.7 שורש מטעת לירוש : את

11QT 55.10 או לשמש או לירח או לכול

2Q28 1 1.2 ש[: ליש[ ]˙[:
2Q28 2 1.4 ת˙[:]שרירות ליש לבם[

1QH 15.16 כול צרת נפשו לישועת עולם

1QH 18 1.5 [:] וצופים לישועתך [:]ט
11QPs 22.8 כמה קוו לישועתך

4Q185 1+ 2.4 חתימה חקק לישחק הלוא
CD 3.3 רוחו וימסור לישחק וליעקב

4Q381 33 1.9 מה[ ]ל[: לישע פניך אקוה

1QH 6.24 ואין : נתיבת לישר דרך על
1QH 7.14 ובאמתכה לישר פעמי

1QM 2.9 מנוח היאה לישראל בחמש
1QM 15.1 היאה עת צרה לישר[אל
1QS 5.5 ליסד מוסד אמת לישראל ליחד
1QS 8.5 עולם בית קודש לישראל וסוד
1QS 9.6 ובית יחד לישראל ההולכים
4Q185 1+ 2.10]לישראל וממד[ת
4Q504 1+R 3.6 כיא קרתה : [לי]שראל בני
4QMI 11 2.18 אל שלום [לי]שראל בכול
4QPBI 1 1.1 יהודה בהיות לישראל ממשל:
4Tstm 1.18 תורתכה לישראל
11QT 58.4 מכול אשר יש : לישראל ושלח על
CD 1.5 השאיר שאירית: לישראל ולא
CD 1.14 אשר הטיף לישראל : מימי
CD 3.13 אל את בריתו לישראל עד עולם
CD 19.27 אמר משה : לישראל לא
CD 20.26 כבוד אל לישראל יכרתו

1QH 2.10 סוד אמת ובינה לישרי דרך

4QCat[a] 9 1.8]˙רי ערלות לישרם בדור

4Q509 131+ 1.6]קודשכ[ה]:]לית :]יו:

1Q34[b] 3 1.7 וזה אש[ר]לך ברוך
1Q34[b] 3 2.5 לפניך ותבחר לך עם בקץ
1Q34[b] 3 2.6 ות[תנ]ם להבדל לך לקודש מכול
1apGn 2.14 יאמיא אנה לך בקדישא רבא
1apGn 2.24 מרי די אנה לך [:] ל
1apGn 2.25] ל [ ] ואמר לך דאל תרגז
1apGn 2.25 די להכא אתית ל[ך : דחיל
1apGn 5.5 ב[רך : ובען לכא אנה אמר ˙˙
1apGn 20.27 דברה אזל ועדי לך מן : כול
1apGn 21.8 ואמר לי סלק לך לרמת חצור
1apGn 21.10 דא די אנה יהב לך ולזרעך לכול
1apGn 21.14 פתיהא ארי לך ולזרעך
1apGn 22.20 כולהון שביקין לך
1apGn 22.22 כול די איתי לך דל<מ>א תהוה
1apGn 22.24 למנתן לך ואתיב אברם
1apGn 22.29 כול די איתי לך וחזי כמן
1apGn 22.30 אנה עמך ואהוה לך : סעד ותקף
1apGn 22.31 עליך ואספרך לך לתקיף ברא
1QH 14.17 לבלתי חטוא לך :]בלתי
1QH 15.26 ידעת[י : כי לך [ ]ל
1QH 16.9 ו˙[ ]וד כבודך לך אתה הצדקה
1QH 17.20 ולא נל˙תי :]לך אתה הצדקה
1QH 17.22]שכהו מחטוא לך ול[ ]וב לו

1QM 11.14 איש ולעשות לכה שם עולם
1QM 12.2 קודש : שמתה לכה בי[תכה
1QM 13.9 אתה [הב]רותנו לכה עם עולמים
1QM 13.14 מאז יעדתה לכה יום קרב
1QM 14.14]ל[הרי]ם לכה מספר :
1QM 18.13 לאין מעמד לכה הגבורה
1QS 2.4 פני חסדיו לכה לשלום
1QS 2.9 ולוא יהיה לכה שלום בפי
1QS^b 1.4 יכז]ב יפתח לכה מן השמ[ים
1QS^b 3.5 ע[ו]לם יתן לכה ומלכות]
1QS^b 3.18 להכנ]יע לכה לא[ומי]ם
1QS^b 3.26] יח]דש לכה ויתנכה
1QS^b 5.5 ם[: וחדש לכה[: ביחד
4Q176 1+ 1.11] לכה עבדי אתה[
4Q381 33 1.6]˙[ ] לכה סלה
4Q482 1 1.2]˙עליו[ן: ל]כה ו[לוא:
4Q499 9 1.3]˙[:]˙ ל[:]לכה [:]וי
4Q502 27 1.2] : <משרתי]ם לכה תמיד>
4Q503 40 2.6] : והללו ל[כה
4Q503 81 1.3 ח]טאנו ל[כה
4Q504 1+R 2.16 והצלתנו מחטוא לכה :]
4Q504 1+R 3.5 ובנים : שמתנו לכה לעיני כול
4Q504 1+R 3.9 אותנו בחרתה לכה :]
4Q504 1+R 6.3 מחטתנו למענכה לכה אתה
4Q508 1 1.4 ˙]ש[ר נשיב]לכה]
4Q508 30 1.1]˙ו לכה לכפר[
4Q509 97+ 1.7 ל]כה לקודש :]
4Q509 213 1.1]כי לכה [:]
4Q512 36+ 1.13 לשונות[:]ה לכה סוד אנש[ים
4Q512 17 1.3 של[ום:]˙ה לכה ˙]
4Q512 1+ 1.10 להתקדש לכה ו[
4Q512 40 1.4 בי[ן: עבו]ד לכה:] וברצו[ן
4Q512 48+ 1.6 כאשר [לקח]תנו לכה לעם [ ]˙ ה
4Q512 51+ 2.10 אתה קדשתה ל[כה: [ ]כול
4pHs^b 5+ 1.3]על[: א]עשה לכה[
4pHs^b 10a+ 1.1 ק]ציר לכה :]
4pIs^c 8+ 1.2 [:] ל]כה ארזי
4pIs^c 11 2.5 [: לכה[וי]דע[ו
4QFl 1+ 1.7 ו[הניחו]תי לכה ˙מכול
4QFl 1+ 1.10 מה : וה]גיד לכה יהוה כיא
4QFl 1+ 1.10 כיא בית יבנה לכה והקימותי
4QMl 8+ 1.13 לה[רי]ם ל[כה
4QM5 2 1.1 [ ]אל ב]רתנו לכ[ה
4QTeh 2 1.4 [: לכה לזעמה ולוא
4QTeh 2 1.4 ולוא יהיה לכה שלום בפי
4VSam 6 1.1]לכה ואתה תהיה
6QHym 20 1.2 [:]כיא לכה המ[:]˙ת
11QPs 19.1 לוא רמה תודה לכה ולוא תספר
11QPs 19.2 חי חי יודה לכה יודו לכה
11QPs 19.2 יודה לכה יודו לכה כול מוטטי
11QPs^b a 1.2 לוא רמה תודה ל[כה:] חי
11QPs^b a 1.3] חי יודכה לכה יודו [:
11QT 2.4 [הש]מר לכה פן תכרות
11QT 51.7 אני מגיד לכה בהר הזה
11QT 51.11 ושוטרים תתן לכה בכול
11QT 52.2 [:] ל]כה ולוא תקים
11QT 52.2 ולוא תקים לכה מצבה]
11QT 52.3 [לו]א תעשה לכה בכול ארצכה
11QT 53.4 אשר אתן : לכה ואכלתה
11QT 53.7 למען : יוטב לכה ולבניכה
11QT 55.2 א]נוכי נותן לכה לש[בת]
11QT 55.11 אפי ונתתי לכה : רחמים
11QT 55.16 אנוכי נותן לכה איש או אשה
11QT 55.18 השמים והגידו לכה עליו :
11QT 56.2 והגי]דו לכה את המשפט :
11QT 56.3 אשר יגידו לכה ועל פי
11QT 56.4 אשר יואמרו לכה מספר
11QT 56.4 התורה ויגידו לכה באמת : מן
11QT 56.6 אשר יואמרו לכה : תעשה לוא
11QT 56.7 אשר יגידו לכה ימין :
11QT 56.12 אנוכי נותן לכה וירשתה

11QT 56.17 ואנוכי אמרתי לכה לוא :
11QT 60.16 אנוכי נותן לכה לוא תלמד
11QT 62.7 תענכה ופתחה לכה והיה כול
11QT 62.8 בה יהיו : לכה למס
11QT 62.11 שללה תבוז : לכה ואכל<תה>
11QT 62.11 אנוכי נותן לכה כן תעשה :
11QT 62.13 אנוכי נותן לכה נחלה לוא
11QT 63.11 בה ולקחתה לכה לאשה :
11QT 63.14 והיתה לכה <ל>אשה
11QT 63.14 ולוא תגע לכה בטהרה עד :
11QT 64.13 אנוכי : נותן לכה נחלה
11QT 65.5 הבנים : תקח לכה ל[מ]ען
11QT 65.5 ל[מ]ען יוטב לכה והארכתה

1QS^b 3.1 יושבי לכה[ונתכ]ה :

2QJN 4 1.15 לחמא יהיבת [ל]כ[הן : עמה
CD 9.13 והתורה המישב לכהן : והיה לו

11QJN 14 1.6] : י]היבת לכהנא [:]ל ˙

CD 9.15 בעלים והיתה לכהנים כי לא

1Q40 2 1.2] גבור [:]לא לכו[
1Q70 1v 1.2]ו[:]ין לכו[
3Q10 2 1.2]ול[:]לכו ב[
4Q502 99 1.4]שלום [:]לו לכו[:]כבוד [
4Q502 258 1.2] ˙˙[:]לכו[
6QHym 17 1.2]˙ עי[:]לכו[

4Q400 1 1.3 ויהיו לו לכוהני :]
4Q401 4 1.2]˙י פלא:]לכוהני:]˙ו :

1Myst 3 1.2] :]˙ות לו לכוהנים [:
11QT 15.18 הכוה[נים : [לכוהני]ם
11QT 22.10 ואת הקבה לכוהנים יהיה
11QT 22.11 בני ישראל לכוה[נ]ים :
11QT 37.8 מ[ו]שבות לכוהנים
11QT 37.10 מקומות עשוים לכוהנים
11QT 44.4 יהודה יהיו לכוהנים [ ] :

1Q24 6 1.1] לכול ˙[: כו]ל
1Q29 5+ 1.2 ידרוש הכוהן לכול רצוננו
1Q36 15 1.5 עבודת ˙[:]לכול רוח[:]˙
1apGn 10.13 הארעא˙˙˙ : לכול ארעא
1apGn 20.12 אל עליון מרי לכול : עלמים
1apGn 20.15 די אנתה מרה לכול מלכי :
1apGn 20.19 ושלח : קרא לכול [ ]
1apGn 21.10 יהב לך ולזרעך לכול עלמים
1apGn 21.12 דא וירתונה לכול עלמים :
1apGn 21.27 דבר מלך עילם לכול : חברוהי
1Myst 1 2.5 [: לוא יצלח לכול כן טוב
1Myst 1 2.10 VACAT : לכול העמים ונס
1Myst 12 1.3 היש ערב ˙[: ל[כו]ל]
1pHab 4.4 בעם רב והוא : לכול מבצר ישחק
1QDM 4.6]שמם לכ[ול] :]
1QH 1.9] ומשפט לכול מעשיהם
1QH 1.15 אשר יצרת בתבל לכ<ו>ל ימי
1QH 1.24 בחרת זכרון לכול קצי נצח
1QH 2.6 יג [:]לים לכול הוות שמוע
1QH 2.8 לפושעים ומרפא לכול : שבי פשע
1QH 2.9 ויצר סמוך לכול נמהרי לב
1QH 2.15 ˙˙ :]ום לכול חוזי
1QH 2.18 מקור דעת לכול מבינים
1QH 2.38 לאזנים :]˙חת לכול צאצאי[הם]
1QH 3.12 ומשברי שחת לכול מעשי
1QH 3.28 וקץ חרון לכול בליעל
1QH 4.26 על עמכה ומפק לכול עמי
1QH 4.29 ולהודיע : לכול החיים
1QH 5.23 ורגן ותלונה לכול נועדי ו[
1QH 6.13]˙ודכה : לכול אנשי

לכול

4Q403 1 1.24	בשם קודשו לכול קדושים
4Q403 1 1.24	פלא[ו ל]כול מרימי :
4Q403 1 1.25	עוז וברך לכול נו[עדי
4Q403 1 1.28	ה]כול מעלה לכול ברכה
4Q403 1 1.29	כבודו [וב]רך לכול ברוכי עד
4Q403 1 1.31	המקדיש בקודשו לכול קדושו
4Q403 1 1.34	כבודו מעל : לכול מרומי רום
4Q403 1 1.34	הו[א]לכול ראשי
4Q403 1 1.34	ומלך מלכ[ים] לכול סודי
4Q403 1 1.37	]אלוהים לכול מרנני דעת
4Q403 1 1.37	ושופט בגבורתו לכול רוחי בין
4Q404 2 1.1	פלא וברך לכול[:]רוש
4Q404 2 1.2	אל[ים ל]כ[ול:]פלאיו
4Q404 2 1.3	]פלאיו וברך לכול תמימ[י]
4Q404 2 1.4	] וברך לכול חוכי לו
4Q404 2 1.6	ב[שם :]וברך לכול מ[רימי :
4Q404 4 1.5	רנות[: אלוהים לכו[ל : הודו
4Q405 3 2.3	כבוד נפלאותו לכול מהו[רי :
4Q405 3 2.4	רום מלכותו לכול רומי דעת
4Q405 3 2.5	דברי פלא וברך לכול[
4Q405 3 2.9	נפלאותו לכול יודעי רזי
4Q405 4+ 1.2	] : [לכו]ל מרומי[
4Q405 13 1.2	] : [ל]כול איל[י
4Q405 13 1.3	טוהר[ו]ברך לכול נמהרי :
4Q405 13 1.6	פלאו : [וב]רך לכול תמימי
4Q405 13 1.6	] [לכול ח[וכי
4Q405 23 1.13	]]לכול משלחותו
4Q405 33 1.2	]ו בשב[עה :]לכול מעש[י :
4Q497 8 1.2	]˙ל˙[ ]˙ :]לכול ˙˙ : [˙˙]
4Q509 4 1.2	] [˙˙[:]ילו לכול ח˙[:]˙
4Q509 24 1.3	]˙ישחק[:]לכול ˙˙[
4Q510 1 1.2	אל אלים אדון לכול קדושים
4Q511 7 1.3	]כול :] לכול בשר :]י
4Q511 10 1.10	חס]ד באמת לכול מעשיו
4Q511 11 1.3	]ה ו[מ]קלל לכול ˙[:
4Q511 52+ 1.5	ומאתכה סוד לכול יראיכה ב[
4Q511 63+ 2.4	צדק ובהנכון לכול עבודת אמת
4Q511 63 3.3	דרך ומשפטים לכול עבודת
4Q511 63 3.5	להשמיע שלום : לכול אנשי ברית
4Q511 63 3.5	בקול פחד הוי לכול מפריה : [
4Q511 134 1.2	]שר[:]לכול [:]ל[
4Q512 33+ 1.1	שבת בש[בתו]ת לכול שבועי :
4Q512 45+ 1.4	]לכול[:]ופר[:
4Q512 81 1.2	במ˙[: לכול[
4pN 3+ 3.3	מעשיהם הרעים לכול ישראל :
4QBer 10 2.10	באף עברת[לכו]ל [
4QCat^{a} 2+ 1.7	[: ו]היו כאש לכול תבל והמה
4QCat^{a} 12+ 1.7	אמתו יעזור לכול בני אור
4QM1 1+ 1.11	ההואה לעבור לכול[ ]˙
4QM1 11 2.16	אל ישר[אל ל]כ[ו]ל[:]
4QM3 1 1.12	]יתקעו לכ[ול המ]ערכות
4QM6 3 1.7	ממשלת [: ל<כול>
4QMes 1.8	אנשא וחוכמתה לכול עממיא תהך
4QOrd 1 2.2	[ ]ותיו ולכפר לכול פשעיה[ם :
4Tstm 1.24	לעמו ומחתה לכול שכניו
5Q13 1 1.13	להזר[:]לכול איש ישראל
6QBen 1 1.2	כניחות ˙[:]לכול אנשי חל[ק
6QBen 1 1.3	חל[ק :]גמולים לכו[ל:]ל[כו]ל
6QBen 1 1.4	לכו[ל:]ל[כו]ל ב[
11Ap^{a} 2.4	]תו משביע לכול ˙[:]˙
11Mel 1+ 2.17	ב]תמ[ה] לכול אש[ר [
11QPs 18.3	ותפארתו : לכול פותאים כי
11QPs 22.12	ציון : מעלה לכול תבל פעמים
11QPs 26.13	אוכל טוב לכול חי ברוך
11QPs 27.6	עולת : התמיד לכול יום ויום
11QPs 27.6	לכול יום ויום לכול ימי השנה
11QSS 3+ 1.6	י]סבו לכול ע[
11QSS 2+ 1.5	מלך : הכבוד לכול מעשי
11QSS 2+ 1.8	]]לכול ד˙[
11QT 15.4	<[ו]סלי לחם לכול אי[לי>
11QT 21.2	אח]ד כבש אחד לכול המט[ות :
1QH 7.11	ולא מענה לשון לכול [ב]ני
1QH 7.35	ובהמו[ן] רחמיכה לכול משפטי :
1QH 8.16	בפי כיורה גשם לכול[
1QH 8.19	לח ויבש מצולה לכול חיה וע[
1QH 9.35	כי אתה אב לכול ˙˙˙ אמתכה
1QH 9.36	בחיק תכלכל לכול מעש[י]כה
1QH 10.8	נכבדים ואדון לכול רוח ומושל
1QH 11.9	ורחמיכה לכול בני
1QH 11.22	בכנור קינה לכול אבל יג[>
1QH 12.8	באותותם לכול : ממשלתם
1QH 13.5	]˙ וחסדי עולם לכול ˙˙˙˙
1QH 11 1.2	˙˙˙[:]˙מדה לכול שני עו[:
1QH 20 1.4	]כול מחשבותך לכול קצי עו˙˙[
1QM 1.3	כ˙[ ] לכול גדודיהם
1QM 1.5	אל וקץ ממשל לכול אנשי
1QM 1.5	וכלת עולמים לכול גורל
1QM 1.7	לוא תהיה : ל[כול]י
1QM 1.8	]דק יאורו לכול קצוות תבל
1QM 1.8	רום גודלו לכול קצי :
1QM 1.9	ואורך ימים לכול בני אור
1QM 2.7	אנשי מלחמה לכול ארצות
1QM 2.16	התרועה לכול עבודתם ל[
1QM 6.6	גמול רעתם לכול גוי הבל
1QM 6.10	וכן : יעמודו לכול ע[ב]רי
1QM 10.5	ידברו לכול עתודי
1QM 12.10	להשקות משפט לכול צאצאיה
1QM 13.16	חושך ושמחה ל[כו]ל [
1QM 15.2	עולמים : וכלה לכול גוי רשעה
1QM 19.2	להשקות משפט לכ[ול :]
1QS 3.8	ובענות נפשו לכול חוקי אל
1QS 3.14	כול בני איש : לכול מיני
1QS 3.24	אמתו עזר לכול : בני אור
1QS 3.26	אחת אהב אל לכול : [מו]עדי
1QS 4.16	בין רוב למועט לכול קצי
1QS 4.25	פעולת מעשיהן לכול קצי :][
1QS 4.26	גורלות לכול חי לפי
1QS 5.3	תכון הגורל לכול דבר לתורה
1QS 5.6	עולם לכפר לכול המתנדבים
1QS 5.9	לב ובכול נפש לכול הנגלה
1QS 5.16	היחד על פיהם לכול תורה
1QS 6.4	ישאלו לעצתם לכול דבר והיה
1QS 7.1	להבעת מצרה או לכול דבר אשר
1QS 8.19	וכמשפט הזה לכול הנוסף
1QS 8.23	ועם עצתו לכול : דבר ואם
1QS 9.7	יצא והגורל לכול תכון אנשי
1QS^{a} 1.1	וזה הסרך לכול עדת ישראל
1QS^{a} 1.6	וזה <ה>סרך לכול צבאות
1QS^{a} 1.6	צבאות העדה לכול האזרח
1QS^{a} 1.25	תעודה תהיה לכול הקהל
1QS^{a} 2.22	יעש<[ו]> : לכול מע[רכת
2QJN 4 1.17	עד די יהיב לכ[ול :]ל די
2QJN 4 1.18	די איל ען חד לכול גבר וגבר[
2QJN 5+ 1.7	]מא ופותיה :]לכ[ו]ל :]˙˙
4Q184 1 1.8	עול הוי הוה לכול נוחליה
4Q184 1 1.8	נוחליה ושדדה לכ[ול] : תומכי
4Q400 1 1.4	כבודו בעדה לכול אלי :]
4Q400 1 1.5	חרת חוקיו לכול מעשי רוח
4Q400 7 1.3	]˙י נק[:] לכול[:]י קו[
4Q402 1 1.3	] יחר לכול תעודות
4Q402 1 1.5	עוז:]˙ לכול יסודי פשע
4Q403 1 1.12	] אמתו לכול מע[מדיהם
4Q403 1 1.14	] רום מלכותו [לכול רו]מי
4Q403 1 1.16	דברי פלא וברך לכול[נועד]י
4Q403 1 1.17	הו[ד המ]לך לכ[ול] הול[כי
4Q403 1 1.18	ו]ברך לכול אי[לי
4Q403 1 1.19	]נפ<ל>אותיו ל[כו]ל[
4Q403 1 1.20	אמת[ו] לכול נמהרי
4Q403 1 1.20	וב]ר[ך]לכול מודי לו
4Q403 1 1.21	] אלים לכול גבורי שכל
4Q403 1 1.22	פלאו וברך לכול תמימי דרך
4Q403 1 1.23	וברך לכול חוכי לו

1pHab 12.5	ישופטנו אל לכלה : באשר
1QH 6.32	˙לט ליצר אשמה לכלה ירמוסו
1QH 7.5	ויהם לבי לכלה ורוח
1QH 8.32	עלי תשתוחח לכלה כי נשבת
1QH 5 1.8	רבה אנינם לכלה ונגד כול
1QM 14.5	גויים אסף לכלה אין שארית
4Q381 24 1.3	עד י[: עד לכלה סלה: תהלה
4QM1 8+ 1.4	גו[אים]אסף לכלה ואין[
CD 1.5	ולא נתנם לכלה ובקץ חרון
CD 8.2	באלה לפוקדם לכלה ביד בליעל
CD 19.14	החקים לפקדם לכלה ביד בליעל
1Q29 1 1.4	בלשונות אש [: ל]כלות הכוהן
1pHab 12.6	כאשר זמם לכלות אביונים
1QDM 1.12	] לכלות א[ותם
1QM 13.16	למעמד עולמים לכלות כול בני
4Q511 35 1.1	ומשפט נקמות לכל<ו>ת רשעה
4pPs[a] 1+ 2.15	אשר : יזומו לכלות את עושי
4Q504 1+R 5.8	את ישראל : לכלותם להפר
4QFl 1+ 1.8	אותמה לכלותמ[ה
5Q13 6 1.2	˙ ˙[:]תמה לכלותמה [:
1QH 4.9	ממני ויחשבוני לכלי אובד והמה
11QT 33.13	מדולתים בתים לכלי המזבח
1QH 9.25	ובוז צרי לי לכליל כבוד
4Q405 18 1.2	]רוחות[:]לכלכל קדושים
4Q405 23 1.5	לכ]לכלם משאי
4pN 3+ 2.6	ואין קץ לכלל חלליהם
4Q381 33 1.4	]לכלני ואתה
1QM 1.16	]˙ אמת לכלת בני חושך
1QM 9.5	במלחמת אל לכלת : עולמים
1QS 2.15	יבערו בו לכלת עולמים
1QS 5.13	גדולים לכלת עולם לאין
4Q510 1 1.7	[עוונות ולוא לכלת עול]ם :
4Q511 8 1.5	בתעניות ולוא לכל[ת :]˙˙י
4QM1 1+ 1.4	]]˙[לש]מחת לכלת עולמים[
4QM1 1+ 1.20	]˙˙מלאו לכלת[
4QM6 2+1 1.8	] אמת לכלת :]˙ל˙[ ]
4QM6 15 1.2	]˙ ˙[:]אל לכלת[: מר]חוק
1Myst 1 1.5	נהיה : וזה לכם האות <כי
1QDM 2.10	ל]תת לכם את :
1QM 10.4	עמכם להלחם לכם עם אויביכם
1QS 5.17	כתוב חדלו לכם מן האדם
4Q185 1+ 2.1	הטבים חקרו לכם דרך :
4Q374 2 2.4	ה[: ואין ל[כם] שרית
4Q380 1 2.1	לש[: [ו]עשה לכם אדם א˙[:
4Q381 49 1.2	]˙הבינו ותהי לכם [:]˙˙
4Q381 69 1.1	]לכם כי ת˙[
4Q381 69 1.4	]בכם וינתם לכם ברוחו
4Q381 69 1.8	ברית כרת לכם ולהנכר
4Q511 3 1.5	]˙˙ם ואין לכם[ש]לום [
4Q511 81 1.4	ר]וח רעה[:]לכם ל[:
4pIs[a] 7+ 3.8	יחתו ונמס ל[כם] : [
11Ber 1 1.6	אליכם ויפתח לכם את: אוצרו
11Ber 1 1.8	בעתו ולתת לכם פר[י :
11Ber 1 1.9	והארץ תנובב לכם פרי :
11tgJ 10.9	]לנפש<י> הן לכמ[א : ב]אפי
1Myst 1 1.8	ומזה יודע לכמה כי לוא
4Q508 32 1.3	חודש]ים : לכ]מה לזכר[ון
4pIs[c] 15+ 1.2	]כסה ותהי לכמה ח[זות

11QT 26.12	כול אשמתמה לכול חטאתמה
11QT 29.5	לבד מנדבותמה לכול אשר
11QT 29.6	אשר יקריבו : לכול נסכיהמה
11QT 30.10	ארבע : אמות לכול רוחותיו[
11QT 31.10	מזרח מרובע לכול רוחותיו
11QT 36.5	] [לכול רוח ורוח
11QT 37.2	]חרש מהגנות לכול הש[:]
11QT 38.13	רוחב ואורך לכול : רוחותיה
11QT 40.8	מפנה לפנה לכול רוח ורוח
11QT 42.3	] לכול הנשכות
11QT 46.15	תהיה נראה לכול רחוק : מן
11QT 47.5	מכול דבר לכול טמאה אשר
11QT 47.9	בהמה מלאכתמה לכול צורכיהמה
11QT 49.8	וכול אשר בהמה לכול איש טהור
11QT 49.9	יטמאו לכול אדם
11QT 55.18	או לירח או לכול צבא השמים
11QT 57.15	כול דבר : לכול עצה חוץ
11QT 61.6	עד אחד באיש לכול עוון
MasSS 2.24	כבוד אלוהים לכ[ול] :]
TS 3 1.9	ואו]רך לכול רוחותיה
1apGn 20.20	הוא רוחא כתש לכולהון :
1Q24 8 1.2	] : [לא שלם לכון]
11tgJ 36.6	יפק תנן : לכוש יקד ומגמר
3Q15 3.9	כלי דמע לכושי ביאתא :
1pHab 3.1	ובמישור ילכו לכות ולבוז את
CD 19.26	ומטיף אדם : לכזב אשר חרה
4Q487 22 1.2	]˙ב˙ [:]לכי [:]את˙ [
11QT 31.10	ועשיתה בית לכיור נגב מזרח
11QT 32.12	תעלה סביב לכיור אצל ביתו
11QT 33.5	] [לכיו[ר :]
1Q34[b] 3 1.3	בעצמותם חרפה לכל בשר
1QH 8.8	ומרמס גיזעו לכל עוברי :
1QH 8.9	דרך ודליתו לכל עוף כנף
1QNo 15 1.3	[:]˙ל˙˙ם לכל[
4Q156 2.7	לכ[ל חטאי]הון[
4Q185 1+ 2.8	תצא רעה לכל עם אשרי
4Q379 22 2.10	לעמו ומחתה לכל שכנ[י]ו
4Q380 1 2.3	אמ[ריו : אשר לכל ב[נ]י
4Q381 50 1.2	נכל˙[:]לכל ורשעים
4Q381 94 1.1	]לכל אל˙ ב[:
4Q511 11 1.11	מו[:] בחר לכל[: א]לוהים
4Q514 1 1.2	]˙ב לכל הט[מ]אים[
4QM1 14 1.6	בליע]ל לכל[
5QJN 1 1.1	ו]חמשין ושבע לכל [רו]ח ושבק
CD 2.9	ופרוש קציהם לכל : הוי
CD 2.10	יבוא בקציהם לכל שני עולם :
CD 8.19	וכמשפט : הזה לכל המואס
CD 19.13	וכן משפט לכל באי :
CD 19.32	וכמשפט הזה לכל ה[מ]אס
CD 20.2	וכן המשפט : לכל באי עדת
CD 20.8	וכמשפט הזה לכל המאס
CD 13.9	לבניו ויש[יב] לכל מדהובם
CD 13.20	מושב המחנות לכל[
CD 14.6	וכן ישאלו לכל והכהן אשר
CD 14.9	והמבקר אשר : לכל המחנות מבן
CD 14.11	דבר אשר יהיה לכל האדם לדבר
CD 14.12	למבקר ידבר : לכל ריב ומשפט
CD 14.13	[ש]ני ימים לכל חדש
CD 15.5	והבא בברית לכל ישראל לחוק
CD 15.7	בכל קץ הרשע לכל השב מדרכו
1pHab 9.11	לענותו : בנגע לכלה במרורי

א]ל [ע]ל]מא]לל[ ]ל[[1apGn 19.8
דן די ׃ [ ]לל[ ]מ[1apGn 19.13
לי [׃]לל˙ ˙<ם> ˙˙ [4Q381 3 1.2
]˙˙[ ]˙[׃]לל˙ ש˙[4Q502 187 1.2
]שה [׃]לל[4Q502 244 1.2
]להכעים[ ]לל[׃]האלות׃ 4Q504 26 1.7
] מגוי ˙[׃]˙ לל[4Q504 48 1.2
]˙˙˙[׃]לל[4Q509 214 1.3
]˙ים ו[׃]˙לל˙[4Q511 193 1.2
[׃]הנכ˙[׃]לל [4Q512 26 1.4
נש˙[׃]˙תאל לל[5Q16 4 1.5

] מלא ׃ י[דו] לל[בו]ש את 11QT 15.16
]ללבוש את 11QT 40.1

גוריו ומחנק ללביותיו טרף ׃ 4pN 3+ 1.4

מחוקקי ׃ סביב ללבני [כ]בודם 4Q405 19+ 1.6

נתק וזקים ללוא ישוברו 1QH 5.37
לב˙י ˙[׃ עוז ללוא תתזעזע 1QH 6.27
ובריחי עוז ללוא ישוברו בל 1QH 6.28
לחומת בחן ללוא 1QH 7.9
[׃] ביש˙ ללוא מקו[׃] 1QH 52 1.2
י[׃ ישפט[׃ ללוא ה˙[׃ אור 4Q402 3 2.6

די יהב אברם ללוט די פלט מן 1apGn 22.2
טבתהון ואף ללוט בר אחוהי 1apGn 22.11

וללוי אמר הבו ללוי תמיך 4Tstm 1.14

א]בות ללו[י]ים וכול 1QDM 1.3
הכוהנים וכן ללויים 4QM4 1 1.3

מבקעת עבו ללחם בפל[שת 4pIs[a] 2+ 2.27
ה]לבונה הזאות ללחם לאזכרה ׃ 11QT 8.10

בכבוד[׃]לליה לפי שכלם 1QH 10 1.4

˙[׃]אות לנו ללילה במוע[ד ׃ 4Q503 64 1.4

]˙רוע[׃]ללכה ולספר כול 1QH 2 1.4

מש˙[׃ י]קוש ללכוד ז˙[׃ 4Q487 14 1.2

מירושלים ללכת למלחמה עד 1QM 7.4
בארצ ולוא ללכת עוד 1QS 1.6
מחוקי אמתו ללכת ימין 1QS 1.15
[א]ל ללכת בשרירות 1QS 2.26
וכובוד לב ללכת בכול דרכי 1QS 4.11
מלפני ׃ הרבים ללכת בשרירות 1QS 7.24
הנשי העול ללכת למדבר 1QS 8.13
לוא יצאו ללכת ׃ בכול 1QS 9.9
להם לב אחד ללכ[ת׃ כול הון 4Q183 1 2.4
לבנו לפשות[׃ ל]לכת בדרכיכה 4Q504 4 1.13
ויקום משמה ללכת[ ]תקפו 4QCat[a] 2+ 1.13
אשר צויתכה ללכת בה ובערת 11QT 54.17
ביד רמה ׃ ללכת בדרך CD 8.9
ביד רמה ללכת בדרכי CD 19.21

] רפות ללמד מלחמה 1QM 14.6
וידי]ם] רפות ללמד מלחמה 4QM1 8+ 1.5

נע[וריו ׃ [לל]מדהו בספר 1QS[a] 1.7

[׃ אזל אמר ללמך ברך [׃ 1apGn 5.6

עד די דבקת ללשן ים סוף די 1apGn 21.18

]ברז נה[יה׃]לם המז˙[׃] 1Q26 1 1.2
]˙˙נות[׃]˙[ ]לם תעודות שלום ׃ 1Q36 1 1.2

]˙א˙[׃ לכמ]ה פשר 4pIs[e] 5 1.2
[וספר]תמה לכמה מיום 11QT 19.11
וספר[ת מ]ה [לכמ]ה מיום הזה 11QT 21.12
שבתון יהיה ׃ לכמה היום הזה 11QT 25.10
קודש יהיה לכמה היום הזה 11QT 27.8
אנוכי נותן לכמה לרשתה כול 11QT 51.16
[אנ]וכי נותן לכמה לנחלה TS 1 1.5

] ׃ לכן אשוב 4pHs[a] 2.8
] [׃ לכן כ[וה אמ]ר 4pIs[a] 2+ 2.10
ידו לא ראו לכן גלה עמי 4pIs[b] 2.4
והמנו צחי צמא לכן הרחיבה 4pIs[b] 2.5
]׃ לכן כוה אמר 4pIs[c] 6+ 2.21
]לכן כוה א[מר 4pIs[c] 18+ 1.4
וכנס על גבעה לכן יחכה אדוני 4pIs[c] 23 2.8
]לכן כוה [4pIs[c] 58 1.1
והתי]ב לכן לבבי י[׃ 11tgJ 3.3

]לכנו כ[׃]˙˙˙ 4Q509 47 1.1

משאי קודש ׃ לכסאי כבודו 11QSS 2+ 1.6

וכעבי טל לכסות ארץ ׃ 1QM 12.9
ט]ל ל[כ]סות ארץ 1QM 19.2
]׃ לכסות א[רץ 4QM2 1 1.2

כ[י] ׃ אם כף לכף ואל CD 13.15

]לכפורי[׃]˙˙ 4Q512 29+ 1.21
א<ב>יא ׃] לכפורי רצון ׃ 4Q513 13 1.2

הן לארעא הן לכפן וחסרנה 11tgJ 29.4

עולם לפניו לכפר ה[׃ 1Myst 6 1.3
לכפ]ר בעד [׃ 1QDM 24 1.1
]דשכה הניפותה לכפר אשמה 1QH 2 1.13
לרצון אל לכפר בעד כול 1QM 2.5
ולוא יסלח לכפר עווניך ׃ 1QS 2.8
ברית ׃ עולם לכפר לכול 1QS 5.6
רצון לכפר בעד הארצ 1QS 8.6
<והיו לרצון לכפר בעד הארצ 1QS 8.10
לאמת ׃ עולם לכפר על אשמת 1QS 9.4
בתוך רשעה לכפ[ר 1QS[a] 1.3
המים הקרובין לכפר נבו ב ׃ 3Q15 9.11
]ת רצון׃]תה לכפר ׃] וצדקה 4Q504 11 1.3
]˙ו לכה לכפר[על]יו 4Q508 30 1.1
העשירי ׃ לכפר בו על כול 11Mel 1+ 2.8
לבד הוא יעשה לכפ[ר ׃ איל 11QT 14.11
]אשמתם לכפר על העם 11QT 32.6
ורוב סליחות ׃ לכפר בעד שבי CD 2.5
אל לראשנים לכפר ׃ על CD 4.9

מעון ש˙[׃]ת לכרובי קודש[4Q511 41 1.2

הם ׃ הבאים לכרות את הבאר CD 6.9

]׃הוא [דבק]ת לכרמונא נהרא 1apGn 19.11

]ל לכרמל ושבו ˙[4pIs[c] 21 1.3

נדה והצנע לכת ׃ בערמת 1QS 4.5
חסד והצנע לכת בכול 1QS 5.4
חסד והצנע לכת איש אם 1QS 8.2
שערי ˙[ ] ׃ לכת ˙רקי[ ]לי[4Q403 1 2.5
ע[ל ׃ והצנ]ע לכת בערמת [׃ 4Q502 16 1.3

קודמיהון ל[כתב] מלי 1apGn 19.25

אל אל חבקוק לכתוב את הבאות 1pHab 7.1

ברכ בהמון לכתם והללו 4Q405 20+ 2.12

מפלגיה ׃ למדבר וארץ 1QM 10.13
העול ללכת למדבר לפנות שם 1QS 8.13
פנות הדרך ׃ למדבר ולהשכילם 1QS 9.20

ואזלין ׃ למדינת דרמשק 1apGn 22.5

חלתא רבתא למדיתון ושבין 1apGn 22.4

עיניך וחזי למדנחא ולמערבא 1apGn 21.9
ליד טור תורא למדנחא לפותי 1apGn 21.16
לימא שמוקא למדנחא והוית 1apGn 21.17
וקדם כסיא׃ למדנחא ׃] 4Q156 1.6

ואת משפטיכה למדני ׃ וישמעו 11QPs 24.8

לכה השמר לכה למה תכבדכה 1Q26 1 1.5
בקץ ׃ הרשעה למה תביטו 1pHab 5.8
למה ירום [ ] 1QDM 2.4
]׳את אשם ׃]׳למה ביוםצרה ׃ 4Q380 7 1.3
כ]לכון חזיתון למה ׃]אנש 11tgJ 11.2
למלוהי די למה תאמרו[ן ׃ 11tgJ 21.4

]׳אי הוא ואמר למהוי ׳[׃]ולא 6apGn 1 1.2

]יליהם למהמה ׃ כיא 1QM 11.18

בכול [׃]למו בשלום 1Q51 1 1.4
מצוותו ׃ בצר למו כיא הוא 1pHab 5.6
והיתה למשיסות למו ׃ כי אתה 1pHab 8.14
]רים החליקו למו ומליצי 1QH 4.7
כי נמאסו למו ולא 1QH 4.8
כזומם למו ותתן מוראם 1QH 4.26
שלוטכה חרתה למו בחרט חיים 1QM 12.3
שרית ופליטה למו ׃ באלה 1QS 4.14
הסתר לעזוב למו הון ועמל 1QS 9.22
]אשר צוה בצר למו בא[׃]׳דת 4Q178 1 1.2
קוד]שים חרת למו בם יתקדשו 4Q400 1 1.15
׃ [למו ברוך 4Q403 1 1.28
]׳׳[׃ ודרושו למו ב[׃ ועדת 4Q511 2 2.2
גבע מלון למו חל[תה 4pIs[a] 2+ 2.22
ופליטה למו כי לא בחר CD 2.7

גורלו בתוך למודי אל כפי CD 20.4

שמתו וצור למוכיחו יסדתו 1pHab 5.1

יצרו ׳ואם למול ביחד 1QS 5.5

] חזקים למוס לכבי 1QH 2.6

ונוראים למוסדי אנשים 4Q400 2 1.2
ונו[ראים למו]סדי אנשים 4Q401 14 1.8
]למוסדי פלא ׃] 11QSS 5+ 1.6

אדניהון למוסר ו׳[11tgJ 27.4

]מועד שלומ[נו׃ למועד [1Q34[b] 2+ 1.2
]מאור גדו[ל] למועד ה[׃] 1Q34[b] 3 2.1
עוד חזון ׃ למועד יפיח לקץ 1pHab 7.6
ממשלת חושך למועד לילה 1QH 12.6
ומרחם הכינותו למועד רצון 1QH 15.15
אתה יעדתנו למו[עד ׃ כאש 1QM 13.18
הכוהן החרוץ למועד נקם על 1QM 15.6
ומועד זרע למועד דשא 1QS 10.7
וברוש שבועיהם למועד דרור 1QS 10.8
לח]דש ב[ח]דש למועד במועד 4Q381 1 1.8
] מועד למועד[׃]ל[׃ 4Q499 8 1.3
]למוע[ד ׃]אשר 4Q502 103 1.1
ב[׃]ע למו[עד]מנוח 4Q503 24+ 1.5
[תפ]לה למועד[׃]׳יכה 4Q509 10 4.8
השנה השנית ׃ למועד יום הקרב 11QT 43.10

א]שר ׃]מ[ן׃ למ[׃ והת[׃ 1Q36 25 2.1
]לם משה [1Q62 2 1.1
ודורות נצח לם] 1QH 1.16
כי אתה אלי ‹ל›ם׳[1QH 9.23
לפניך [ ]לם ׳[ ] 1QH 16.14
כיא הוא ידע למ[׃]ר כלה 1QH 3 1.7
וברום רשעה למ[׃ רבה 1QH 5 1.7
׳מל׳[׃]׳לם ורוח עורף ק 1QH 12 1.4
קץ תפי[׃]׳ים למ׳[1QH 59 1.4
וינחי( )‹ל›ם בגורל 1QS 11.7
י]אדיחו לוחא למ׳[׃]יסלקו 2Q26 1 1.1
כאשר כתוב[׃]לם ושבי י׳[׃ 4Q178 3 1.3
ועידם ׃]לם שפתי שאלה 4Q381 31 1.8
כי ת׳[ ]לם בראותו כי 4Q381 69 1.1
[ ]׳׳[ ]לם כול[4Q405 15+ 1.8
]׳׳׳[ ]׳׳ למ׳[׃]ל [4Q499 31 1.1
כב[ ]לם ׃ שמ]חנו 4Q502 9 1.15
]׳למ[׃]׳[ו[4Q502 266 1.1
]ובי[ום ׃]למ׳[4Q503 174 1.2
] ׃ תצדק למ׳[4Q504 1+R 3.20
]למ[׃]׳ה [׃ 4Q509 138 1.1
]וא׳ א׳[׃]ג׳למ[4Q511 6 1.2
[׃]׳ יענו למ[׃]ל[ ]ר[4Q511 123 1.3
]לם [׃] דעת ׳ 4Q511 131 1.1
]דעות [׃]למ׳[׃]׳[ ] 4Q511 143 1.3
]׳ון זמה ׃]לם ב[כו]ל 4Q513 11 1.4
]בנו ו׳[ ]׳לם כק׳[4Q517 20 1.1
]למ[4Q520 15 1.1
]לם [׃ כ]תוב 4AgCr 5+ 1.1
]לם ׃ אל[4pHs[b] 22 1.3
]למ[׃]ע׳[4pIs[d] 3 1.1
מחשבות און למ[נ]פשו 4QFl 1+ 1.9
[׃]׳ ועוד ׳׳למ׳[׃] צדקת [5Q18 2 1.3
]למ[6apGn 23 1.1
]ל׳לם [׃]לפנ׳[6QPro 20 1.1
]׳לם אשמחה בכה 11QPs 19.16
חרמון שיור ׃ לם שלום ע ׃ ר׳י 11QPs[b] e 1.3
׳ [ ] ׃]לם ור[י]ח 11QSS 8+ 1.3
לה טורי[ן] למ׳ ו[בתר כל 11tgJ 32.7
]]לם ומן הכבשים 11QT 20.15
בתוך העיר למ׳[׃] [11QT 44.2

כי אתה לי למאור [עו]לם 1QH 7.25

גדול[ ] ׃ למאירי דעת 4Q403 1 2.35

]לל[ ]ל[ ] למאלם [ ]ם עד 1apGn 19.8

קבל למא[מר ׃ 11tgJ 8.6

]שן חזון למאתה לה על 4QMes 1.6

רחמיכה ואשיבה למבלעי דבר ׃ 1QH 9.8

בהוכיח למבקר והמבקר CD 9.18
ושב והודיע למבקר אם ישוב CD 9.19
האיש יודיעה למבקר ועל ההון[CD 9.22
כי אם הודיע ׃ למבקר אשר CD 13.16
לכל האדם לדבר למבקר ידבר ׃ CD 14.11

ושערים שנים למ[ג]דל אחד 1QM 9.14

נהרא וכתרה ל[מג]וג ׳׳׳ 1apGn 17.16

כב]די פלא למגני עוז וברך 4Q403 1 1.25
בשבעה ד]ברי ׃ למגני עוז 4Q405 3 2.17

[ע]ל אויבינו למגפת כלה ועתה 1QM 18.12

ה]עצה וכל למגרש והוא יש[CD 13.17

4QM2 1 1.8] : למחנ]יכה

1apGn 21.10 עלמים וסלקת למחרתי כן לרמת

4Q504 24 1.3]כה׳ ו[:]למחשב[:] ׳ ר]

4Q509 23 1.2]י ו :]למחשב<תו> :

4pIs[a] 2+ 2.9 ים]לטו למט[ה]ארץ

1QDM 2.10 ואת ה[מים] למ[טה
11QT 47.2]מעלה ולוא לממ[ה
11QT 59.20 למעלה ולוא לממה לראוש :
CD 10.5 לפי העת ארבעה לממה לוי ואהרן

1QH 8.6 להפריח נצר למטעת עולם :
1QH 8.10 נצר ק[ד]ריש למטעת אמת סותר
1QS 8.5 באמת (ל) למ<ט>עת עולם
1QS 11.8 מבנית קודש למטעת עולם עם

11tgJ 31.3 מן שויא : למטרא זמן וארח
11tgJ 31.5 דתאה האיתי למטרא אב או מן

1QH 18.26]׳ר ולב האבן למי נחשבתי עד
11QPs 24.14 מלפניכה שלמה למי אזעקה ויתן

CD 5.15 אם נלחץ כי אם למילפנים פקד :

1QH 8.7 ישלחו ויפתח למים חיים
4Q370 1.9]למים [ ]
4QCat[a] 12+ 1.3 נפ[שי]למים על :
CD 3.16 ויחפרו באר למים רבים :

11QT 48.1] למי]נה

11QT 48.3 תוכלו הארבה למינו והס[ל]עם
11QT 48.3 והס[ל]עם למינו
11QT 48.4 והח<ו>רגול : למינו והחגב
11QT 48.4 למינו והחגב למינו אלה משרץ
11QT 50.20 והעכבר והצב למינו והלטאה :

4Q176 1+ 1.8 והיה העקוב ל[מי]שור[

1apGn 2.3 באדין אנה למך אתבהלת
1apGn 2.19] : באדין אנה למך <רטת> על
1apGn 5.4] שמין להן מן למך ב[רך :
1apGn 5.8] : ועם למך ברה ׳׳׳
1apGn 5.9 וכדי אנה למך [: די מני
1QNo 3 1.4 וכאשר ראה למך את[:]׳את

4Q511 44+ 1.4]א למכותם : ויסוד

1pHab 6.3 לחרמו : ויקטר למכמרתו

4pIs[a] 2+ 2.21 עבר [ ]למכמ[ש] : [

1QH 9.21]תגבר צרי עלי למכשול ל׳[:

4apLm 1 1.14]ל איש למכאוב<תי>נו[

11tgJ 29.3 אנפי תבל הן למכתש : הן

1apGn 20.16 רוח מכדש למכתשה ולכול

1Q37 1 1.3]בחירי ישראל למל[:]ל[
1QH 50 1.4]מו ויע[:]ה למל[:] ורזי
4Q511 43 1.6] : רוחי חבל למל[: לבבם
4QM3 1 1.4 ו]מזה למל׳ת : ליד

4Q511 25 1.2 מחני[:]ל׳׳ למ<ל>א[
4Q512 16 1.2]את כול :]ק למלא :]ב : [

1QM 13.8 לזרעם : למוע[ד]י
1QS 1.9 כול : הנגלות למועדי תעודותם
1QS 3.10 אל כאשר צוה למועדי תעודתיו
4Q511 2 1.9]הם תכן למועדי שנה

1QM 2.4 יתיצבו למועדיהם
1QS 10.5 ברשית ירחים למועדיהם וימי
MasSS 1.4 ואחרונות למועדיהם ואין

1QM 18.10 אתה ידעתה למועדנו והיום

1QS 4.16 איש בין רוב למועט לכול קצי
1QS[a] 1.18 בי]ן רוב למועט [ ]
4pIs[c] 6+ 2.17] : פשרו למועט[
CD 13.1 עד עשרה אנשים למועט לאלפים

1QH 12.7 מפני(ת) אור למוצא לילה
4Q401 14 2.8 נסתרות [: למוצא שפתי מלך
4Q403 1 1.35 ב[ול]למוצא שפתיו

11QT 2.5 פן יהיו למו[קש :]

4Q381 1 1.1 והיא תהיה לי למורה משפט [:
4pPs[a] 1+ 4.8 הרשע אשר צ[פה למור]ה הצד[ק

1QS 6.8 וזה הסרך למושב הרבים

4Q378 3 2.5 היום[: ושמענו למושה ׳[: איש

11QPs 28.8 שלח נביאו למושחני את

1QS 9.22 כפים כעבד למושל בו וענוה

1Q36 13 1.2]׳׳׳[:]למות[
11QPs 19.9 אין חקר למות : הייתי
11QT 35.8 עוון אשמה למות וקדשת(מ)ה

11QT 23.12 את : דמו למזבח במזרק
11QT 35.8 את ס[בי]ב למזבח ולהיכל
CD 11.17 אל יעל איש למזבח בשבת :
CD 11.19 אל ישלח : איש למזבח עולה
CD 16.13 אל ידור א[יש] למזבח מאום

1QH 2.27 להשחית רבים למזורות יבקעו

8QHym 1 1.4 לה[ ]׳׳ל[:]למ[ז]לות

4Q403 1 1.40 במנת רוח רוש ל[מזמו]ר בשמחת

4Q504 19 1.2]ם אל תר[:]למזמר׳[:]שם

3Q15 1.2 המעלות הבואת למזרח אמות :
3Q15 6.9 הרגם הצופא : למזרח חפר בפתח
11QT 33.8 ועשיתמה בית למזרח בית
11QT 39.14 מדה מן פנה למזרח צפון עד
11QT 40.9 כמדה הזאות : למזרח ולדרום
11QT 46.17 שלושה מקומות למזרח העיר

11QT 33.13 לכלי המזבח למזרקים

11tgJ 19.6 למחמ]א : חכי

11QT 32.13] [הכיור למחלה יורדת

2apMo 1 1.4 מחו]ץ למחנה ויתפלל
CD 13.7 וזה סרך המבקר למחנה ישכיל את
CD 13.13 פי המבקר אשר למחנה : ואיש

4QM1 1+ 1.9 י]אצאו מחוצה למחנות אל בית

1QM 7.3 לוא יבואו למחנותם בצאתם

MasSS 2.2] : למל[ך
MasSS 2.12 בלשון החמישי ל[מלך
MasSS 2.15] [למלך הטוב
MasSS 2.18] : וזמר למלך הקודש

1apGn 20.10 ואמרת שרי : למלכא דאחי הוא
1apGn 20.23 וכען אזל אמר למלכא וישלח
1apGn 20.24 לוט אזל אמר למלכא כול

1QM 19.8 וישראל למלכות
4QM2 1 1.8 וישראל למלכות עולמים

11Mel 1+ 2.9 לשנת הרצון למלכי צדק

1QM 12.7 עמ]נו בוז למלכים לעג :

11tgJ 27.1] : למלכין יתבו ˙]

11QPs 21.14 ועלה היתה לי למלמדי אתן :

CD 3.19 לא עמד כמהו למלפנים ועד :

4Q503 33 1.8 והלילה:]לממלכות :

1apGn 21.13 כול בר אנוש לממניה ואף

CD 14.13 ימים לכל חדש למ[ס]עט ונתנו

1apGn 21.21 ושלחת קרית לממרה ולערנם

1QH 1.17]ט : במועדיה לממש]

1QS 3.17 ברא אנוש לממשלת : תבל
11Mel 1+ 2.9 קדושי אל לממשלת משפט

4Q405 23 1.8 מלאכי קודש לממשלתם : פתחי

1apGn 2.22] לחנוך אבוהי למנדע מנה כולא

11QT 22.10 לכוהנים יהיה למנה כמשפטה

4Q511 10 1.9 אל ידרושו למנו

11QT 48.14 תעשו מקומות למנוגעים :

1QH 9.5 כנחלי מים כלו למנוח ע<י>ני]
1QM 19.9 ההוא למנוח עד הבוקר

5apM 1 1.5 אל חי והו[א: ל]מנות [א]ת

4Q513 12 1.2 ˙וב[ש]מן [: למנ]חה וללבנה

11QT 11.11 ˙˙˙˙ הבכורים למנחת החטים:]

4pPs[a] 1+ 4.23 למנצח על] :VACAT
4QCat[a] 5+ 1.12]ך ראו למנצח על

4Q381 33 1.8 VACAT : תפלה למנשה מלך

1apGn 22.24 בחולקהון למנתן לך ואתיב

6Q22 1 1.4 [˙ אל מוש[ה:]למס]
11QT 62.8 בה יהיו : לכה למס ועבדוכה

1QM 3.13 כול העדה למסורותם על

1apGn 21.15 אנה אברם למסחר ולמחזה
1apGn 21.15 ארעא ושרית למסחר מן גיחון

4Q378 3 2.12 ידיו] : למסע ל[פני

11QT 15.14 יהוה[: העולה למלא על

1QS 6.2 הקטן לגדול למלאכה ולממון

1QH 1.11 בטרם : היותם למלאכי ˙]
11QSS 2+ 1.5]למלאכי הדעת

11tgJ 21.4 לא[יוב : למלוהי די למה

1QM 12.3 למו בחרט חיים למלוך ˙]]
1QM 12.16 וי]שראל למלוך עולמים :

1Q31 2 1.4 במחנים[: למלח[מה
1QM 4.6 ובבלכתם למלחמה יכתובו
1QM 4.7 ובגשתם למלחמה יכתובו
1QM 4.9 העדה בצאתם למלחמה יכתבו
1QM 4.11 סרכם ובגשתם למלחמה יכתובו
1QM 6.12 היוצאים : למלחמה עם
1QM 6.13 אנשי חיל למלחמה מלומדי
1QM 7.4 מירושלים ללכת למלחמה עד שובם
1QM 7.5 לוא ילכו אתם למלחמה כולם
1QM 10.2 לאמור בקרבכם למלחמה ועמד
1QM 10.3 קרבים היום למלחמה על
1QM 15.14 אלים מתאזרים למלחמ[ה
1QM 16.12 אחרת חליפה למלחמה ועמדו
4QM1 1+ 1.10 יב]וא אתמה למלחמה כיא
4QM1 1+ 1.12]חליפות למלחמה אלה
4QM1 10 2.13 הכוהן החרוש למלחמה ועמד
4QM1 11 2.10 אחרת חליפה למ[לחמה
4QM6 35 1.3]משפ[ט : למלחמ]ה
11QT 56.16 את העם מצרים למלחמה למען :
11QT 57.9 וגבורי חיל למלחמה והיו
11QT 58.5 לצאת עמו למלחמה על :
11QT 58.15 ו(ע)<א>ם יצא למלחמה על :
11QT 61.13 כי : תצא למלחמה על
11QT 61.14 והיה כקרובכמה למלחמה : ונגש
11QT 63.10 כי תצא למלחמה על

4Q183 1 2.2 מהם ויקומו למלחמות איש[:

1QM 1.10 יעוד לו מאז למלחמת כלה
1QM 15.12] התחזקו למלחמת אל כיא
4pIs[a] 7+ 3.11]˙ם למלחמת כתיאים
4QM1 1+ 1.11 המערכה הנצבה למלחמת היום
4QM1 1+ 1.14]הנגשות למלחמת האו[יב

1apGn 7.7 ˙˙˙˙ וחדית למלי מרה שמיא

11tgJ 1.5]˙ תשוא סוף למל[ין :

4pPs[a] 1+ 1.27 ולוא שמ[עו]למליץ דעת למען

1QH 2.14 ואהיה איש ריב למליצי תעות ˙˙

1apGn 21.26 ומלכיא די עמה למלך סודם
1apGn 21.27 יהבין מדתהון למלך עילם
1apGn 22.20 אדין אמר אברם למלך סודם מרים
1apGn 22.25 שביתא ויהב למלך סודם וכול
4Q402 3 2.12]אלוהים ב[:]למלך אלוהי[:
4Q403 1 1.3 החמיש[י] ל[מ]ל[ך]
4Q403 1 1.5 ו]רנן למ[לך ה]טוב
4Q403 1 1.7 ותי[ה ו]זמר [ל]מל[ך הק]דוש
4Q403 1 1.31 קדושי אלוהים למלך הכבוד
4Q403 1 1.38 כל אלי הוד למ[ל]ך ההוד
4Q403 1 2.25 ותשבחות רומם למלך הכבוד
4Q404 3AB 1.3 אלו]הים למ[לך
4Q405 14+ 1.3 ק]ול ברך למלך מרוממים
4Q405 15+ 1.7 פלא[הו]דו למלך הכבו[ד]
4Q405 23 2.11 ממלכות קדושים למלך הקודש
4Q510 1 1.1 בר[כות למ]לך הכבוד
11QT 58.13 ונתנו : ממנו למלך מעשרו

תקח לכה ל[מ]ען יוטב 11QT 65.5
ראשנים בנחלתם למען ׃ הדבק CD 1.16
לו קריאי שם למען התיר CD 2.11
ישב בסוכות ל[מען TS 1 1.1

בעבדכה זות למענכה כיא 1QH 4 1.16
מחשתנו למענכה לכה אתה 4Q504 1+R 6.3
]˙˙ר למענכה ועל 4Q504 4 1.17

ועשיתה מקום למערב ההיכל 11QT 35.10

... למערבא לאשור 1apGn 17.8
ועבר חולקא דן למערבא עד דבק 1apGn 17.10

סדרי ׃ פנים למערכה האחת 1QM 5.4
חמשים למערכה [הא]חת 1QM 6.11

[˙˙[לו]א ילכו למערכות האויב 4QM1 1+ 1.5

המלחמה לצאת למערכת האויב 1QM 3.7
עד קורבם ׃ למערכת האויב 1QM 8.8
עד השליכם למערכת ׃ האויב 1QM 8.12
אורב ישימו למערכת שלוש 4QM1 1+ 1.12
ובהגיעם [למ[ע]רכת 4QM1 11 2.20
ובהגיע]ם למערכת כתיאים 4QM1 13 1.5

]מחת עד למעשה[׃]ע 1QH 13.6[

הו[׃ למעשי[׃ ועונות] 4Q178 6 1.2
צורות כבוד למעשי ל[בנ]י 4Q405 19+ 1.6
] משפטים למעשי כול 4Q511 52+ 1.3
] ׃ למע[שי 11QSS j+ 1.6

מוציא כלי למעשיהו CD 6.8

באותותם למעשיהם 1QS 3.14

לעדתו יפקדהו למעשיו CD 13.11

]למפל[׃]˙ל] 1Q68 15 1.1

ישרתוכה למפלג] 1QH 12.23

זבדתון [׃] למפלה [׃] מלף 1Q66 1 1.3

ובני כולהון למפלח בארעא 1apGn 12.13

היבא ראמ[א ל]מפלחך או 11tgJ 32.8

] שרי למפנה לצען ׃] 1apGn 19.22

רחם תהומא ׃ למפק בשוית 11tgJ 30.7

ואות נ למפתח חסדיו 1QS 10.4

אשר ׃ תרים למצער מחיה 1QH 6.8

˙˙˙] ׃ ובישתא למך˙˙ ˙] ׃ ו˙˙ 1Q20 1 2.8

טוהר טהורים למקדש קודש[ו] 4Q403 1 1.42
אלוהים לו למקדש עולמים 4Q511 35 1.3
המה א˙[׃]א למקד[ש 4Q513 15 1.4
חיל סביב למקדש רחב מאה 11QT 46.9

וממקור הקודש למקדשי קודש ׃ 4Q400 1 1.7
תזבחוהו יטהר למקדשי ואם 11QT 47.16
שעריכה קרוב למקדשי דרך 11QT 52.14
תזבח קרוב למקדשי כי בשר 11QT 52.18

כול מחניהמה למקום היד 1QM 7.7

צאצאיהם למספר דורות 1QH 1.18
<ולשוטרים> למספר כול 1QS[a] 1.24
ובושת פנים למספר אב[׃ 4Q511 2 2.4
ור[י]ח נסכיהם למס[פר 11QSS 8+ 1.3
ובשלים הקץ למספר השנים ׃ CD 4.10

ישקום חומץ למע הבט אל ׃ 1QH 4.11

˙ כול היומים למעאן יטב להם 4Tstm 1.4

אנתה שליט למעבד בכולהון 1apGn 20.13
[׃ החוי וכתב למעבד יקר 4QNab 1+ 1.5
די כלא ׃ תכול למעבד ולא 11tgJ 37.4

] למעוז ׃]˙ה 1Q35 1 1.1

] ׃ פשרו למעוט האדם[4pIs[c] 6+ 2.8

קודש עם האספם למעון כבוד 1QS 10.3
אלוהים סביבה למעון ׃]˙˙˙ 4Q405 6 1.7
פרשתי כפי ׃ למעון קודשכה 11QPs 24.4

ונגדת ׃ ל[מעל] לארע 1apGn 19.11

ותרם קרני ׃ למעלה והופעתי 1QH 7.24
ה]וא הרימני למעלה על גוי] 4Q381 33 1.10
] ׃]כה רבה למעלה מכול[׃ 8QHym 2 1.4
ם יה[׃]˙˙˙˙ למעלה ל˙[׃] 11QT 6.2
] ל[מ]עלה ׃] 11QT 10.13
באי]ם [בה]ם למעלה מעל לבית 11QT 32.11
בו ונתתיה למעלה ולוא 11QT 59.20

ועשי[תה ׃ למעלות מס[בה 11QT 30.4

] בליע]ל למעמד עולמים 1QM 13.16
יחזק מתנו למעמ[ד לצב]ואת 1QS[a] 1.17

לסדריהם איש למעמדו ובעומדם 1QM 8.6

מצרפיו רזיו למעמדכם ׃ ואחר 1QM 17.9

פעמים ושבו למעמדם ואחריהם 1QM 6.1
פעמים ושבו למעמדם ואחריהם 1QM 6.4

על הלוחות למען ירוץ ׃] 1pHab 6.15
ואשר אמר למען ירוץ 1pHab 7.3
חמתו אף שכר למען הבט אל 1pHab 11.3
בדרכי ׃ הרויה למען ספות 1pHab 11.14
במועצותם ל[מען 1pMic 17+ 1.4
וכרוב פשעיהם למען יתפשו 1QH 4.19
דרך לבני אדם למען ידעו כול 1QH 4.32
רבות ׃ למע[ן ב]ריתכה 1QM 18.8
אל הצדק עשיתה למען שמכה 1QM 18.8
נתן[ל]מען יזכור 4Q370 1.7
משא אל ישוע למען עמך ׃]˙ 4Q378 22 1.3
מטהרים הימים למען יירשו 4Q385 3 1.3
] גורלות אור למען נדע 4Q503 51+ 1.14
]vac[׃] למענ[׃]˙ת ד 4Q503 88 1.3
ל]מען ˙˙˙ ׃] 4Q509 10 3.1
]וחו ˙[׃ ל]מען [׃] 4Q509 147 1.4
אורכ]ה כיא למען כבודכה ׃ 4Q511 28+ 1.2
]ולוא רוחי למען ס[פות 4pIs[c] 21 1.10
]למליץ דעת למען ׃ יובדו 4pPs[a] 1+ 1.27
] למען ת[חיה 6apSK 27 1.1
]˙˙˙˙י˙[׃ למען] 11QT 13.1
זה מזה למען לוא ׃ 11QT 35.13
צדק צדק תרדוף למען תחיה 11QT 51.15
הנפש עם הבשר למען ׃ יוטב 11QT 53.6
מאום מן החרם למען אשוב 11QT 55.11
מצרים למלחמה למען ׃ הרבות 11QT 56.16
כאשר צויתיכה למען אשר ׃ לוא 11QT 62.15

4pZ 1+ 1.3 לם]שוסה [

1QH 5.32 והודי נהפך למשחור ואת

1pHab 8.14 והיתה למשיסות למו :

1QS[a] 1.10 אל אשה לדעתה למשכבי זכר

1QH 8 1.10 הדעות ˙פי] : למשכיל מ˙˙[:
1QM 1.1 לם[שכיל]
1QS 3.13 יחד עולמים : למשכיל להבין
1QS 9.12 אלה החוקים למשכיל להתהלכ
1QS 9.21 תכוני הדרכ למשכיל בעתים
1QS[b] 1.1 דברי ברכ[ה] למשכיל לברך את
1QS[b] 3.22 דברי ברכה לם[שכיל]
1QS[b] 5.20 [: למשכיל לברך את
4Q400 3+ 2.8 [: למשכיל ש[יר
4Q401 1+ 1.1 למשכיל ש[יר
4Q403 1 1.30 ברוכי עד : למשכיל שיר
4Q403 1 2.18] [: למשכיל שיר
4Q405 20+ 2.6 [: למש]כיל
4Q406 1 1.4 :VACAT למשכיל שיר
4Q511 2 1.1 למשכיל שיר]
11QSS 3+ 1.8 [ ] : [למש]כיל שיר]
CD 12.21 ואלה החקים : למשכיל להתהלך
CD 13.22 ה[משפטי]ם למשכיל[

CD 10.19 והעבודה לעשות למשכים : אל

1pHab 5.13 הים : כרמש למשל בו כול[ה
4Q381 1 1.7 וברוחו העמידם למשל בכל אלה
4Q381 76+ 1.15 להיות לוא לעם למשל בכל[:
11QT 59.2 והיו[ל]ש[מה]למשל ולשנניה

4Q403 1 2.12 נשמע נכבד למשמע אלוהים
4pIs[a] 7+ 3.27]ולוא למשמע אוזניו
11tgJ 37.7 והתיבני למשמע ארן

4QMI 1+ 1.7]˙יאיהם למשמרותמה ב[

1QM 2.14 כול בני חם : לם[שפחותם
CD 14.10 ולכל לשון למשפחותם על

1pHab 5.1 [: למשפט שמתו
1pHab 10.4 ומשם יעלנו למשפט : ובתוכם
1QH 5.8 לבני עולה ושם למשפט : יסדתני
1QH 7.12 כי כול גרי למשפט תרשיע
1QS 5.12 רמה לעלות אפ למשפט ולנקום
1QS 6.9 וכן ישאלו למשפט ולכול
1QS 8.6 עדי אמת למשפט
1QS 9.5 תרומת : שפתים למשפט כניחוח
1QS 9.25 לוא צו[הו] למשפט אל יצפה
1QS[a] 1.25 לכול הקהל למשפט או :
2apDa 1 2.4 ולא[: יתנם למשפט וכל[
4pPs[a] 1+ 2.20 עריצי גואים למשפט
11Mel 1+ 2.21 [: באמת לם[שפט]˙[
11QT 57.13 עמו יחד למשפט : ולתורה
CD 12.21 בם עם כל חי למשפט עת ועת

1pHab 10.13 בעבור יבואו : למשפטי אש אשר
4Q400 1 2.11 נתיבות[: למשפטי שקט ב[
4Q403 1 1.39 יד גבורתו למשפטי שלומים

4Q513 13 1.6] : [˙וים למשק[ה :]ל

4pIs[c] 12 1.7] : [˙ למשקלת ו

1QM 17.6 מלאך האדיר למשרת מיכאל

1apGn 12.15 [: ושרית למשתיה ביום חד

1QH 6.17]היה מעין אור למקור : עולם
1QH 8.8 וגזעו : ויהי למקור עולם
1QH 8.14 בלא האמין למקור חיים
1QH 10.31 שנ˙ ולבי נפתח למקור עולם :
1QH 12.25]רצ˙י : למקור נדה

CD 13.15 יעש איש חבר למקח ולממכר כי

1apGn 19.19 ˙˙˙ די יבעון למקטלני ולכי
1apGn 20.9 לה לאנתא ובעא למקטלני ואמרת

1apGn 19.26] [ואתון למקם עד די[
1apGn 20.20 וכול חכימיא למקם לאסיותה

1apGn 19.15 אתו ובעון למקץ ולמעקר

1apGn 20.17 ביתה ולא יכל למקרב בהא ואף

2QJN 3 1.3 די קומוהי ל[מרא :]˙כתול

4pIs[a] 7+ 3.17]יהוה[ ]למראה ע[יניו]

1apGn 12.17 ואזלנה ˙˙˙˙ : למרה שמיא לאל

4VSam 3+ 2.3 להמה סלע למרואש כיא

4Q403 1 1.33]רוממו רוממו למרום אלוהים
4Q405 4+ 1.1 ל]מרום אלוה[ים
11Mel 1+ 2.11 אמ[ר ו]עליה : למרום שובה אל

1QH 5.32 הופיע לי למרורים ויחשך
1QH 8.28 פ˙ח נ˙[ ]עי : למרורים וכאיב

CD 13.13 איש אל העדה [למרו]ת פי

1QH 6.31 ויפתח מצור[: למרחב אין קץ

4VSam 6 1.2 [: כי]א אתה למרישונה ב˙[

4Q405 20+ 2.4 מושבי כבוד למרכבו[ת

4pIs[b] 1.1 ויהי למרמס אשר: [

1QH 9.25 ונגיעי למרפא ע[
1QS 4.6 כול הולכי בה למרפא : ורוב
4Q374 2 2.8 פנו אליהם [ ]למרפא ויגבירו
CD 8.4 כי יחלו למרפא וידקמום

1QH 10 1.10 [˙˙ב ‹מבין› למש[

4Q403 1 1.42]ל[מש]א יחד
4Q405 6 1.3]דעת ואור למשא יח[ד
4Q405 81 1.3 זב[ול :]ים למשא[
11QSS 5+ 1.7]למוסדי פלא : למשא מ[

1QH 9.6 מצד ואני משאה אלמשואה

11tgJ 19.7 למחט]א : חכי למש[אל

1QH 1.12] למשאם זקים

1apGn 19.19 למקטלני ולכי למשבק [ ]ום

1QH 9.7 ומחבלים : למשברים תשוחח

4Q379 17 1.4 יצחק ויעקב למשה : א]לעזר

1QM 1.13 חיל בליעל למשוב גורל :
1QS 3.1 צדק לוא חזק למשוב חיו ועם
4Q403 1 1.23 דבר[י]פלא ל[מ]שוב ר[חמי
4Q405 13 1.7 [ד]בר[י למשו]ב[

11QT 48.9 בין עיניכמה : למת ושרפת על

1Myst 13 1.2 ˙˙˙˙[:]מביא [ל]מתים ות˙[:

2Q28 1 1.5 [: לנ[: כת]
3Q9 1 1.2 ברוח[:]ה[י]ם לנ[:]להשיב
4Q402 12 1.1]אור לנ[:] מאורי[
4Q512 125 1.2]ה ל[:]˙[<לנ]>
6Q26 1 1.2 הן על[: ˙לנ˙[: הלו ק[:

11tgJ 7.3 [: אמרין ל[: לנא אלה[א :
11tgJ 26.5 עבדנה ודי חלק לנא ל[ ]ר

1QM 14.6 נמס ולפתוח פה לנאלמים לרנן

11QT 38.14 רוחותיה לנגב ולים ולצ
11QT 39.12 יוסף ובנימין לנגב : דרום יש

1QH 1.33 נפלאותיכה לנגד כול
1QH 2.15 לרוח קנאה לנגד כל דורשי
1QH 3.23 נפלאותיכה לנגד כול
1QH 4.15 עוונם שמו לנגד פניהם
1QH 4.28 עמדי והפלא לנגד רבים
1QH 5.15 <בי> לנגד בני אדם
1QH 10.10 בכוח ואין לנגד כבודכה
1QS 10.11 כנעוותי ופשעי לנגד עיני כחוק
1QS 11.1 ולהשיב ענוה לנגד רמי רוח
4Q381 31 1.5 ולשנאי נפשי לנגד ע[יני]ך
4Q381 33 1.8]קרוב ישעי לנגד עיניך מה[

1QH 12.31 צדקתה ואין לנגדכה ומה

4Q501 1 1.9 ולוא שמוכה לנגדמה ויתגברו

1QM 1.13 יחזקו בני אור לנגוף רשעה

4Q381 46 1.7 קרנים : ברזל לנגח בה רבים

11QPs 27.10 מאות ושיר : לנגן על

1QH 9.6 וממכאוב לנגע ומחבלים :

1QS 5.19 וכול מעשיהם לנדה : לפניו
CD 2.1 המונם ומעשיהם לנדה לפניו :

4Q381 69 1.2]כל הארץ לנדת טמאה בנדת

4Q405 72 1.2 צדק[:]וצדק לנה˙[:]ל[

1QH 18.7] בימין עוזכה לנהל ˙ל[:

1QH 3.5]˙ פיכה ותצו לנו ט[
1QM 10.1 רע ואשר הגיד לנו כיא אתה
1QM 11.5 הגבורה : ולוא לנו ולוא כוחנו
1QM 11.6 הגדתה : לנו מאז לאמור
1QM 11.8 תעודות הגדתה לנו ק[צי]
1QM 18.7 ובריתכה שמרתה לנו מאז ושערי
1QM 18.7 ישועות פתחתה לנו פעמ[י]ם
1QM 18.11 והיום הופיע : לנו כיא
1QM 18.12 ועתה היום אץ לנו [ל]רדוף
4Q176 17 1.6 ש[:]יפע לנו ממ[: ע]שו
4Q374 2 2.5 מ˙[: ויטע ל[נ]ו בחירו
4Q502 5 1.2 [: א]שר צוה לנ[ו :]ת יחד
4Q502 261 1.2]˙˙ כ[:]לנו[
4Q503 1+ 2.3 [לנו ממשל˙[
4Q503 15+ 1.5]ר ועדים לנו בקוד
4Q503 15+ 1.10 שמ[:]להוסיף לנו[:]כול
4Q503 21+ 1.2]ל[ ] לאמור לנו [
4Q503 29+ 2.5 י]קיר לנו של[ו]ם[:
4Q503 33 1.19]˙[ ]והלילה לנו רוש ממשל
4Q503 37+ 1.15 קודש ומנוח לנ[ו

4Q503 42+ 1.5 ו[ה]ל[י]לה לנו[: ל]ילה ˙
4Q503 64 1.4 [ ]˙˙[:]אות לנו ללילה
4Q503 70+ 1.4]היום הזה לנו ˙[
4Q503 76 1.3] הלילה הזה לנו [: ג]ורלי
4Q503 120 1.2]˙[:] לנ[ו
4Q504 1+R 5.16 ברכ<ו>תיכה לנו לפקודכה
4Q504 1+R 5.16 לפקודכה בצר לנו : [וולל]חש
4Q504 4 1.6 [תז]כור לנו עוונות
4Q505 124 1.4 לעול]ם ותקם לנ[ו :]˙˙˙ה א
4Q506 131 1.5 ה[: [נ]תתה לנו כו˙[:
4Q509 25 1.2 זכ[ור :]˙ לנו ˙[:]ל[
4Q509 31 1.6]כול אשר[:] לנו ותצו[:
4Q512 1+ 1.8 אשר נתתה ל[נו
4Q512 40 1.3 ואמר : ותב]דל לנו בין : עבו]ר
4Q512 64 1.3]ה ונ[:]˙ לנו[:]ההואה
4apLm 1 1.4 אוי לנו[ ]:]היה
4apLm 1 2.1 אוי לנו כי אף אל
4pHs[b] 10a+ 1.3]ם לנו
CD 3.18 ויאמרו כי לנו היא ואל

4Q508 3 1.2]וטרבמ[ו]תקם לנוח ˙[:

4Q512 110 1.2]כה[:] לנו<כ[>[:]˙[

1QS 10.26 צדק אהבת חסד לנוכנעים וחזוק

11QT 48.6 כי מכור לנוכרי וכול

4Q403 1 1.27 ו]ברכו לנועדי צ<ד>ק

1QS 7.9 חודשים) : וכן לנוקם לנפשו

11tgJ 8.3 קדמוהי לנור[א :

1QH 8.17 ימישו ויהיו לנחל שוטף ע[

TS 1 1.5 נותן לכמה לנחלה וישבתם

1QH 3.31 ושורשי חלמיש לנחלי זפת

11Mel 1+ 2.20] : לנח[ם] ה[אבלים

1QM 1.10 בו יתקרבו לנחשיר
1QM 1.13 יצב[א]ו [ל]נחשיר במלחמה

CD 7.2 כמצוה ולא לנטור : מיום

11tgJ 2.4 [: ביתי אמתי לנכר[י : לעבדי

1QS 10.26 וחזוק ידים לנמה[רי :

1QM 14.6 מלחמה ונותן לנמוגי ברכים

11QT 14.14 [ ]ן לנסך[:
11QT 18.6 ו]יין לנסך רביעית
11QT 19.14 יין חדש לנסך ארבעה
11QT 21.10] [לנסך נסך שכר

1QH 7.27]ברוב רחמיכה לנעוי לב : מי

11QT 66.6 תעשו דבר אין לנערה חטא מות

1QM 16.11 הבינים יחלו לנפול ברזי אל
4QM1 10 2.11 חללי המצרף לנפול ב[רזי]
4QM1 11 2.9 הבינים יחלו לנפול[

4Q381 31 1.2 מות ות[ ]˙ לנפי כל [:

4Q401 29 1.2 ה[:]ם לנפלאות[

4Q401 9 1.1]לנפלאותי[:

6Q26 4 1.2]גם[:]˙ לנפש[:]˙ ם]
11QT 45.17 וכול טמא לנ<פ>ש לוא

1QS 7.9 וכן לנוקם לנפשו כול דבר

1QDM 2.9 הש[מרו מא]דה לנפשותיכם

1QH 2.29 ופחים טמנו לנפשי נפלו בם
11tgJ 10.9 חי אלהא[:]לנפש<י> הן

1Q37 1 1.2]יהם אשר גמלו לנפשם רעה ו[:

11tgJ 26.5 ל[ ]ר לנצבתנא :

1QH 4.13 לבכה תכון לנצח והמה
1QH 4.22 לבכה : יכונו לנצח [וא]ני
1QH 4.25 קדושיכ ותוצא לנצח משפטם
1QH 7.15] להשבת לנצח : ואתה
1QH 7.31 דרכיכה יכונו לנצח : ˙צח˙˙
1QM 8.1 תהיינה מריעות לנצח אנשי הקלע
1QM 8.9 קול חד טרוד לנצח מלחמה
1QM 8.12 קול חד טרוד לנצח ידי מלחמה
1QM 8.16 תרועה : גדולה לנצח מל[חמה
1QM 9.2 החללים לנצח המלחמה עד
1QM 9.2 מריעים לנצח מלחמה :
1QM 16.7 קול חד טרוד לנצח מלחמה
1QS 4.1 דרכיה שנא לנצח : ואלה
1QS 4.19 לעד ואז תצא לנצח אמת תבל
4QCat[a] 10+ 1.9 פ]שר הדבר לנצח לב אנשי :
4QM1 11 2.6 ט]ר[ו]ד לנצח מלחמה

1QS 11.12 אל תעמוד לנצחים : ואם

1pHab 9.13 במרום קנו לנצל מכף רע

CD 19.24 יון הבא עליהם לנקם נקמה ובכל

1QM 3.6 סדרי דגלי אל לנקמת אפו בכול

1QS 2.9 ישא פני אפו לנקמתכה ולוא

1QH 9.22 פנים וכלמה לנרגני בי : כי

4Q400 3+ 2.2]: לנשיאי משנה ˙[
4Q401 3 1.3 תג]בר[ ]שבע לנשיא[י :
4Q403 1 1.1 השלישי לנשיאי רוש
4Q403 1 1.6 בל]שון השביעי לנש[יאי]
4Q403 1 1.10]ם לנשיאי ר[וש
4Q405 3 1.12]~~ם אמתו~~ <]לנשיאי רוש>:

11QT 42.14 לזקני : העדה לנשיאים לראשי

11QT 48.5 מעל רגליו לנתור בהמה על

11QT 34.10 אותמה לנתחיהמה

1QH 7.14 לישר פעמי לנתיבות צדקה

1QH 1.12 כוכבים לנתיבות[ם

4pHs[b] 11+ 1.1]הת לס[

1QM 5.3 שבטיהם : סרך לסדר דגלי
1QM 17.10 להם לסדר דגלי
4QM1 11 2.19 יתקעו הכוהנים לסדר מלחמה

1QM 8.6 יהיו נפשטים לסדריהם איש

4Q512 70+ 1.2 ˙[: ש]בי פשע לסו[

1QH 3.21 יצרתה מעפר לסוד עולם ורוח

1QH 11.12 תולעת מתים לסוד [ ]
1QH 12.12 ונאמנה שמעתי לסוד פלאכה
1QS 6.19 הגורל : לקרוב לסוד היחד על
1QS 11.10 נעוות לבבי : לסוד רמה

1QH 7.9 ואושי עולם לסודי וכול

11QT 42.12 עמוד : מקום לסוכות גבהים

4pPs[a] 1+ 2.7 על כול הרשעה לסוף : ארבעים

1QS 1.15 מועדיהם ולוא לסור מחוקי
1QS 3.10 תעודתיו ולוא לסור ימין
CD 10.9 הארץ אמר לסור את : דעתם
CD 16.9 איש על נפשו לסור מ[נ

3Q15 5.13 בביאה מירחו לסככא : חפור

4Q400 1 1.18 ˙[ח]סדיו לסליחות רחמי

3Q15 10.6 הכרם בבואך : לסמול רגמות

4Q514 1 1.3]: לספור ל[ו

1QH 1.33 ˙מרוב עוון : לספר נפלאותיכה
1QH 6.11 בתוך בני אדם לספר לדורות
1QH 11.24 מעשיכה יוכל לספר [
1QH 12.30 ל[ ]א[:]˙ לספר כול
1QH 17.17 ˙אה מענה לשון לספר צדקותיך
1QH 18.23]צבא דעת לספר ל<ב>שר
4Q504 7 1.3 [<י]שראל> לספר דורות
4Q511 26 1.5 ו[מ]ופת[יו :]לספר ˙[

4QM1 8+ 1.17]שמה לסרך

11tgJ 35.5 ובחרתך תקוב לסתה הימלל :

1Q23 14 1.4 באר[:]יעלו לע[:]ה[
1QH 2.7 מענה לשון לע[ ] שפתי
1QH 16.8 הנה הואלתה לע˙˙˙˙[: חסד
2apPr 2 1.2]ה :]לע[ ]ים :
4Q185 1+ 1.11 עד אי<י>קום לע[ ]˙ד :
4Q381 42 1.2]להושיע לע[:]˙˙[
6QHym 13 1.2]ו א[:]ת לע[:] ורני

1QH 8.36 כושלים ולעות לעאף דבר נאלם

4Q381 1 1.11]ר˙ [:]˙[ ]˙לעבד לאדם
4Q381 33 1.5 אמתך וחסדיך לעבד קרב לך
11tgJ 35.7 עמך ותדברנה לעבד עלם התחאך

11tgJ 2.5 אמתי לנכר[י : לעבדי קרית ולא
11tgJ 24.2 חטיא ומתחבר : לעבדי שקר [

4Q380 1 2.8 VACAT : תהלה לעבדיה

11tgJ 29.2 לה ואזלין לעבדיהון : על

1Q25 5 1.4 לשמיע ˙[:]ל לעבדים [:

4Q381 19 1.5 לי :]מלכותך לעבדך :]נאצו

1QS[a] 1.13 עדת : הקודש לעבוד את עבודת

1QH 1.12 זקים וברקים לעבודתם

1Q34[b] 3 2.2 [ ]˙ ואין לעבור חוקיהם
1QH 12.24]ב מטכה : לוא לעבור על דברכה
1QS 2.11 בגלולי לבו לעבור : הבא
4Q381 14 1.3 [:]הו ואין לעבור פיהו
4QM1 1+ 1.11 היום ההואה לעבור לכול[

11QT 55.17 הרע בעיני : לעבור בריתי
CD 10.1 לא מלאו ימיו לעבור : על
CD 15.6 אשר יגיעו : לעבור על
CD 16.12 להניא : אם לעבור ברית הוא

11tgJ 3.7 רשיע[ין :]לעבע תעדא [:

1QM 6.9 מאות : פרשים לעבר האחד ושבע
1QM 6.9 ושבע מאות לעבר השני

1QM 12.7 בוז למלכים לעג : וקלס

1Myst 1 1.6 כן יתם הרשע לעד והצדק יגלה
1Myst 1 1.7 תבל ואין שם לע[ד] אולת :
1QH 3.36 עד כלה ונחרצה לעד ואפס כמוה
1QH 4.21 יעמודו לפניכה לעד והולכי
1QH 8.2]צדקתכה תכון לעד כי לא :
1QH 14.16]שע תשמיד לעד ונגלתה
1QH 14.25]ותשנא עולה לעד ואני עבדך
1QS 4.1 עלילותיה ירצה לעד אחת תעב
1QS 4.19 פקודה ישמידנה לעד ואז תצא
1QS 10.6 כחוק חרות לעד בראשי ( )
1QS 11.12 אל ישועתי לעד ואם אכשול
1QS 11.17 לפניכה לעד כיא
1QS[b] 1.3 א[שר ת]עמוד לעד
4pPs[a] 1+ 4.2 ל]עד עליה :]
4QCat[a] 12+ 1.11 גורלו ו˙[ ] לעד ונאספו כול
5Q13 2 1.4]:]לעד :]באברהם
CD 10.3 איש על רעהו : לעד עובר דבר

4Q381 76+ 1.11 ואין מספר לעדיכם כי אם[

1QH 8.20]˙ר עולם לעדן כבוד ופר[

3Q14 4 1.4 רע˙[: דר[: לעדני[א :

1QS 5.20 האלה להיחד לעדת קודש
4Q181 1 1.4 ב[סוד : א]לים לעדת קודש
4QMl 11 1.11 ועצת אביונים לעדת עולמים ˙[

CD 13.11 וכל הנוסף לעדתו יפקדהו

1QH 17.14 במשפטיך :]˙ה לע‹ו›בדיך

1QH 16.18 ולב שלם[: לעובדך [

4Q504 1+R 6.15 [: לעובדכה

1pHab 12.13 אשר יצרום לעובדם ולשתחות

1apGn 20.9 רחמה ושלח : לעובע דברהא

4Q504 4 1.7 וסלח[ ]לעווננו

4Tstm 1.26 ומגדלים לעשות לעוז רשע :

4QCat[a] 12+ 1.9 הגדולה עמהמה לעוזרם מכול

1QM 13.10 מאז פקדתה לעוזרנו ובי[דו

1QH 17.20 ולשמך הברכה לעול[

11QT 25.16 אלים שנים לעולה אחד
TS 1 1.5 תקריבו עצים לעולה ולכול

4apLm 1 2.4 יש˙[: לעוליהן ובת

1Q34[b] 3 1.6 נודה לשמך לעולם :]כי
1QS[b] 3.23 אל לחזק בריתו ל[עולם ולב]חון
1QS[b] 5.21 מלכות עמו לעול[ם
3QHym 1 1.3 יערב על[יכה: ל]עולם

4Q185 4 1.1]˙ לעול[ם :]˙ומי
4Q504 1+R 4.4 שמכ]ה שם לעולם כיא
4Q504 3 2.13 נאמין ˙[: לעול]ם ותכרות
4Q505 124 1.4 ה]ובעבור[: לעול]ם ותקם
4pPs[a] 1+ 3.13 ונשמד[ו] : לעולם : כיא
4pPs[a] 1+ 4.1 לעו]לם נשמרו
4QCat[a] 2+ 1.10 ונסלו להם לעולם וברכם[
4QCat[a] 2+ 1.10 ה]גיד כיא לעולם יברכם[
4QFl 1+ 1.11 כסא ממלכתו : [לעו]לם אני
4QPs[f] 2 10.13 און ואתה יהוה לעול[ם] : תהיה
4QPs[f] 2 10.14 תהיה כבודכה לעול[ם וע]ד :
4QTeh[b] 3 1.5]: מנחלתו לע[ולם
4Tstm 1.4 להם ולבניהם לעולם : נבי
11QT 19.9 בכורים לזכרון לעול[ם]
11QT 29.7 אהיה להם לעולם [ו]שכנתי
11QT 29.8 אתמה לעולם ועד
11QT 35.9 קודש קודשים לעולם ועד :
11QT 45.14 בני ישראל לעולם ועד :
11QT 46.3 בתוך מקדשי לעו[לם] : ועד
11QT 47.3]ה לעולם והעיר :
11QT 50.19 עוד עד : לעולם : כול
11QT 59.15 כול הימים כי לעולם אכרית
11QT 59.18 מלכות : ישראל לעולם והיתי
CD 3.4 ובעלי ברית לעולם בני

1QH 1.8 כול מעשיהם : לעולמי עד [
1QH 1.31 שכלם וברכוכה לעולמי[
1QH 7.31 לפניכה לעולמי עד
1QH 11.25 יהולל : שמכה לעולמי עד
1QH 13.13]ואתה תהיה : לעולמי עד
1QH 17 1.4 ורז˙˙[:]לעולמי עד אתה
1QS[b] 3.21] יסד שלומכה לעולמי עד :
4Q504 1+R 7.9 בריאותיו תמיד לעולמ[י
4Q509 18 1.1 לעול]מי עד
4Q509 49 2.1]ה : לעול[מי
4Q511 63 4.3 וברוך שמכה : לעולמי עד אמן
11Ber 1 1.4 אל עליון א[: לעולמי עד

1QM 13.7 שמכה נברכה לעולמים ואנו
4Q405 23 1.4 פלא בל ימוטו לעולמים אלוהי
6QHym 5 1.4 ברוח דעת[: לעו]למים לוא
11QPs 22.2 אהבתיך ברוך לעולמים זכרך

11QT 24.11 כאש[ר] : עשה לעולת הלויים
11QT 24.11 כן יעשה לעולת בני

1QH 18.25] מפחי משפט לעומת רחמיכה
4Q181 1 1.3 רשעה עד : קצה לעומת רחמי אל
11QT 20.7 וא]ת האליה לעומת העצה
11QT 30.6 עשרים באמה לעומת ארבע
11QT 40.10 לשעריו מחוץ לעומת המוסד :

11QT 60.4 ומכס תרומתמה לעוף ולחיה
11QT 60.8 הבז ומן הציד לעוף ולחיה

1QH 6.15 לג‹ד›ל נצר לעופי מטעת

CD 16.2 ופרוש קציהם לעורון : ישראל

1apGn 22.13 בזתא וסלק לעורעה ואתה

1apGn 21.31 ונפק מלך סודם לעורעהון ומלך

4pIs[c] 17 1.2] [מעשה ל[עושהו

1QH 2.36 לא החתיתני : לעזוב עבודתכה
1QS 9.22 שחת ברוח הסתר לעזוב למו הון
11Mel 1+ 2.6 להמה דרור לעזוב להמה[

1QH 8.22 בהניפי יד לעזוק : פלגיו

11QT 26.13 השעיר ושלחו : לעזאזל המדבר

3pIs 1 1.4] : ל[עזי]ה מלך

1QM 12.7 בתוכנו לעזר עולמי[ם
1QM 13.8 <מ>כה בקרבנו לעזר שארית
4pIs[c] 21 1.15]ל[עז]ר ולוא

4QMS 2 1.2 [: פקדתה לעזרנו]

11QT 37.4 [הפנימית לעזרת ה[מז]בח

1pMic 10 1.8 ל]עי שדה :]

4Q511 42 1.9 לפתו[ח :]לעין־ לוא ינח[

1QH 14.16 ונגלתה צדקתך לעיני כול
1QH 15.20 גדולים : לעיני כול
1QH 18.7 להופיע : לעיני כול
1QM 11.15 ולהתקדש לעיני שאר
1QM 17.2 אל במשפטם לעיני]
1QS 5.8 יבוא בברית אל לעיני כול
4Q181 2 1.5 אשמה ׳[: לעיני כול
4Q504 1+R 3.5 שמתנו לכה לעיני כול
4Q504 1+R 5.10 אשר הוצאתנו לעיני הגוים
4Q509 184 1.3 ... :]את:] לעיני עמכה :
4pHs[a] 2.10 את נבלותה לעיני מאה[ביה
4pHs[a] 2.13 וחרפה לעיני הגואים
4QM1 1+ 1.2]: לעיני כול קהל
4QOrd 2+ 1.2 שוקד משפח[ה : לעיני ישר[אל

11tgJ 4.7 זרע[יהון : לעיניהון

CD 9.18 הוא וידיעהו : לעיניו

4Q504 3 2.19]המה ביד<י>ו לעינינו[

11QT 46.10 מקדש הקודש לעיר ולוא יהיו
11QT 46.14 לצפון המערב לעיר בתים
11QT 47.13 וכול : אוכלמה לעיר מקדשי

CD 10.21 אל יתהלך חוץ לעירו אעל אלף

11QT 47.15 מתוך עריכמה לעירי כי כטהרת

1QH 5.39) לאין [:]לעל אפפו נפשי

1apGn 20.7 ועליא שפרהא לעלא מן כולהן

1QS 5.12 עשו ביד רמה לעלות אפ למשפט

11QT 29.3 אלה [: לעלותיכמה

4VSam 1 1.4 את המשא לעלי ויען עלי

11QT 6.6 וארבע]ה שערים לעליה לארבע [

1apGn 2.26 ל[ך : דחיל לעליך [

1QH 15.24]׳לא תקח כופר לעלילות רשעה

11QT 31.7 יהיו באים בו לעלית ההיכל :

4Q378 6 1.6 עלילותיו כי לעלמיה :

4QMes 1.11 להוון לעלמין]
4QMes 2.8 [: לעלמין]

1QDM 2.1 הזה] לע]ם לאלוהי
1QH 2.19 ולשון אחרת לעם לא בינות
1QM 1.5]אה עת ישועה לעם אל וקץ

1QM 14.5 ישועה לעם פדותו
4Q185 1+ 2.15 לצאצאיו ידעתי לעמ[ש]וב :
4Q381 24 1.9 ׳<צ>[ ]לעם ואני ש[
4Q381 76+ 1.15 להיות לוא לעם למשל בכל[
4Q512 48+ 1.6 [לקח]תנו לכה לעם [ ]׳ ה׳[:
4Q512 80 1.2]ה במ[:]לעם[
11QT 13.10 [: הדם לעם]
11QT 16.14 הפר השני אשר לעם ויכפר בו :
11QT 29.7 והיו לי לעם ואנוכי
11QT 59.13 והמה יהיו לי לעם והמלך

CD 20.5 עד יום ישוב לעמד במעמד

4Q379 22 2.10 פח יקוש לעמו ומחתה לכל
4Tstm 1.24 פ[ח י]קוש לעמו ומחתה
11QPs 28.11 וישימני נגיד לעמו <ומושל>

1QS 6.15 ואחר בבואו לעמוד לפני
4Q185 1+ 1.7]ואין כח לעמוד לפניה
4Q185 1+ 1.8]ומי יכלכל לעמוד לפני
4pPs[a] 1+ 3.16 [ב]חר בו אל לעמוד כ[יא
5QJN 2 1.5 [:]׳ עמוד לעמוד]
11QT 34.2 ׳׳ ובין העמוד לע[מוד :]
11QT 60.11 כול שבטיכה : לעמוד לפני
CD 4.11 יהודה כי אם לעמוד איש על :

1QJN 1 1.2 עמוד[א: ממע]ל לעמוד[א

1QH 4.16 אהרת ידברו לעמך : להולל
4Q374 7 1.2 [:]ם מליץ לעמך[:]שחקים

1QH 4.11 בחלקות : לעמכה ויעצורו
4VSam 3+ 2.2]קוו אלוהי לעמכה ועזרתה
11QT 63.6 לוא ראו כפר לעמכה ישראל

1apGn 21.25 כחדא לקרב לעמקא די סדיא

11tgJ 14.6 אנה ש<י>זבת לענא מן ׳[:

1QS[b] 5.22 במי[שור לע]נוי ארץ

4Q176 8+ 1.15 מעת[: בלי]על לענות את עבדיו
4Q511 11 1.4 [:]יפגעו לענות ב[:
11QT 61.7 עד חמס באיש לענות : בו סרה

1pHab 9.10 אל ביד אויביו לענותו : בנגע
4QFl 1+ 1.1 בן עולה[לענות]ו כאשר

4Q504 1+R 2.12 אשר עשיתה לעני גוים כיא

11tgJ 3.8 [: וראש]ה לענניא[:]׳

11tgJ 31.3 זמן וארח לעננין קלילין

1QH 7.10 אלי נתתו לעפים לעצת

1QH 18.12 אלים מטכון[: לעפר כמוני
4Q487 1 2.2 מ׳[: ברהו לעפר ב[: יתר
11tgJ 37.8 ואהוא לעפר : וקטם

1QH 10.12 ומה אפהוא שב לעפרו כי

1pHab 12.15 הו[י]לעץ הקיצה
4QCat[a] 16 1.2]וילם[:]לעצ[:]ם[:

1QH 7.10 נתתו לעפים לעצת קודש ות[
1QM 3.4 תעודות אל לעצת קודש ועל
1QS 2.23 ביחד אל : לעצת עולמים
1QS 5.7 ליחד כול הבא לעצת היחד :
1QS 6.10 איש את מרעו : לעצת היחד אל
1QS 6.16 ירחק ובקורבו לעצת היחד לוא

<עוד> לעשות כדבר הזה 11QT 61.11
לוא ילמדוכה לעשות ככול 11QT 62.16
שרירות ׃ לכם לעשות איש את CD 3.12
אחריהם ׃ לעשות כפרוש CD 4.8
אם לא ישמרו לעשות כפרוש CD 6.14
מלכי יון הבא לעשות ׃ בהם CD 8.11
והעבודה לעשות למשכים ׃ CD 10.19
איש בשדה לעשות את עבודת CD 10.20
את בן הנכר לעשות את חפצו CD 11.2
נפש אל הנמצא לעשות בכ[ל ק]ץ CD 15.10
איש על נפשו ׃ ל[עש]ות דבר מן CD 16.8

של]וש לעשרת המנים[׃ 4QOrd 1 2.10

אל ככול הנגלה לעת בעת ולמוד 1QS 9.13
[ ] לעת עולם ולכול 1QSb 4.26
אחרי זאות[ל]עת תצא 11QT 45.6

ואתה תשיתני לעתות ולמיש] 4Q381 33 1.2

]˙יראתו ולא לעתת מפחד ומפח 4Q185 1+ 2.5

משפטיך כי אם לפ[ ]ש ׃ 1QH 14.20

]רבו מרא[׃]לפא וסר[6Q23 2 1.3

ולתמימים לפאר עליון 11QPs 18.1

]נו לפארת כבוד 1QH 8.22

[ ] לפגשת בני חושך 1QM 16.11

ומהרם וה˙[׃]לפדויים כיא 4Q511 36 1.3

מחושה עד תומה לפדות עולמים 1QM 1.12

[ ]˙˙[׃]˙י לפדותך[׃]˙י 4Q374 3 1.2

פי רעהו הכתוב לפונהי ׃ 1QS 6.26

יחזיקו באלה לפוקדם לכלה CD 8.2

עד די דבקת לפורת נהרא 1apGn 21.17

ואהיה פח לפושעים ומרפא 1QH 2.8
הייתי נגינה לפושעים ׃ ועלי 1QH 2.11

לאדם להודיע לפותאים עוזו ׃ 11QPs 18.4

תורא למדנחא לפותי ארעא ׃ 1apGn 21.16

אלי[לי]ם והיו לפ[ח ו]מוקש 1QDM 1.8
]ר כלה ופח לפח יטמונו צמי 1QH 3 1.8

הוד תפארתו לפחד ולב[הל] ׃ 4Q510 1 1.4
[׃ ש]יר שני לפחד מיראיו[׃ 4Q511 8 1.4

[׃] ופשריהם לפי[1Q30 1 1.6
כול וידעוכה לפי שכלם 1QH 1.31
]˙כה ׃ ואני לפי דעתי באמ[1QH 10.20
]˙ עד ˙לפי דעתם יכבד 1QH 10.27
]ת אנוש כי לפי רוחות [1QH 14.11
כול אנשי סודי לפי ׃]כלו 1QH 14.18
]לליה לפי שכלם וכפי 1QH 10 1.4
˙רוחם בני איש לפי שכלו ˙ח[׃ 1QH 11 1.4
ברשונה בסרכ לפי רוחותם זה 1QS 2.20
בממשלתו ׃ לפי רזי אל עד 1QS 3.23
במפלגיהן לפי נחלת איש 1QS 4.16
לכול חי לפי רוחו ב[1QS 4.26
בין איש לרעהו לפי שכלו 1QS 5.21
איש לפני רעהו לפי שכלו 1QS 5.23

שמים חבר סודם לעצת יחד וסוד 1QS 11.8
למשפט או ׃ לעצת יחד או 1QSa 1.26
הנשים הנקראים לעצת היחד מבן 1QSa 1.27
מועד הנועדים לעצת היחד 1QSa 2.2
[ ]מועד לעצת היחד אם 1QSa 2.11
]י˙ אחריהמה לעצת היחד ׃ [4QFl 1+ 1.17

וכן ישאלו לעצתם לכול דבר 1QS 6.4

[׃ [ו]אין לערב במ˙[׃ 4Q513 10 2.3
ויטהרו לערב ׃ מהמת 11QT 49.20
השביעי וטהר[ו לע]רב כבוא 11QT 50.4
ורחץ וטהר ׃ לערב ׃ ואשה כי 11QT 50.9

ועל הזבחים לערוך מקטרת 1QM 2.5
דגלי המלחמה לערוך המעמד על 1QM 9.10
]ובצאתמה לערוך המלחמה 4QMl 1+ 1.8

וטהר ׃ לעריכמה וכול 11QT 47.17
אשר לוא יבואו לעריכמה וטמאום 11QT 48.15

לכה כן תעשה ׃ לערים הרחוקות 11QT 62.12

[ ]בבי כיא לערל אוזן נפתח 1QH 18.20

האלה [׃ לע]שות כו[ל ׃ 1Q29 5+ 1.5
יצריו עליהו ׃ לעשות אלילים 1pHab 12.12
מצוך היום [לע]שות אותם 1QDM 1.9
לנפשותיכם [לעשו]ת [1QDM 2.9
צוה [ ] לעשות אותם 1QDM 2.11
[ ] לעשות [1QDM 3.4
חוקיך[ ] לעשות ׃]קודש 1QH 14.5
]ך הכינותם לעשות בם שפטים 1QH 15.19
אל ב[ ]לעשות הטוב 1QS 1.2
ועיני זנות ׃ לעשות כול רע 1QS 1.7
את כול הנדבים לעשות חוקי אל 1QS 1.7
(א)לפני אל לעשות ׃ ככול 1QS 1.16
ולהון ולמשפט לעשות אמת יחד 1QS 5.3
באלות ברית לעשות בם 1QS 5.12
יבוא בברית לעשות ככול 1QS 5.20
חוקיו אשר צוה לעשות ועל פי 1QS 5.22
מכול ׃ התורה לעשות אמת 1QS 8.2
צוה ביד מושה לעשות ככול 1QS 8.15
איש ואיש ׃ לעשות את רצון 1QS 9.13
ואיש כרוחו כן לעשות משפטו 1QS 9.15
כול הנמצא לעשות בעת 1QS 9.20
ועתי ליום נקם לעשות רצון 1QS 9.23
]ל[עשו]ת עם אחד 2apMo 1 1.6
]חם בדר[׃] לעשות[2apPr 6 1.5
]לעשות מ[׃]ל[3Q11 2 1.1
חומה ומגדלים לעשות [4Q379 22 2.12
עד[׃ תחפצו לעש[ו]ת רעה פן 4Q380 1 2.6
]רוחיו לעשות בכם 4Q381 76+ 1.13
]ואשתו ל[׃]לעשות זרע[׃ [4Q502 1 1.4
]˙חנו ׃]˙ו לעשו<ת> ׃]ב˙ה 4Q504 3 1.17
עוד חזק לבנו לעשות[׃ ל]לכת 4Q504 4 1.12
]][לעשו]]ת ~~לעשות~~ 4Q509 97+ 1.3
]][לעשו]]ת ~~לעשות~~ ׃ [4Q509 97+ 1.3
שבת ל˙˙[׃] לעשות זכרון 4Q513 3 1.4
] יהוה לעשות עצ[ה 4pIsc 21 1.9
[׃ לעש[ות]בהם 4pN 1+ 2.4
עריצי גואים לעשות בו [4pPsa 1+ 4.10
[לעשות[ ]˙עי 4pPsa 1+ 4.15
חומה ומגדלים לעשות לעוז רשע 4Tstm 1.26
מקדשי תזבחנו לעשות אותו 11QT 52.15
נדבה בפיכה לעשות ׃ כאשר 11QT 53.13
היום תשמור לעשות לוא 11QT 54.6
מצוכה ׃ היום לעשות הישר 11QT 55.14
עליו ושמרתה לעשות ׃ ככול 11QT 56.5
לכה לוא תלמד לעשות ׃ 11QT 60.16
לו כאשר זמם לעשות לאחיהו 11QT 61.10

1QS 3.11 בכפורי ניחוח לפני אל והיתה
1QS 5.23 בסרכ איש לפני רעהו לפי
1QS 6.1 על רעהו דבר לפני הרבים אשר
1QS 6.1 לוא בתוכחת לפני עדים ב(
1QS 6.10 וגם אל ידבר לפני תכונו
1QS 6.15 בבואו לעמוד לפני הרבים
1QS 7.12 יום ואשר יהלכ לפני רעהו ערום
1QS 9.22 כו וענוה לפני : הרודה
1QS[a] 1.17 [לצא]ת ולבוא לפני העדה ולפי
1QS[a] 2.3 הי̇חד בישראל : לפני בני צדוק
1QS[a] 2.19 ו[התירוש] לפני הכוהן
2Q29 3 1.1 לפני[: בפ̇[
2apMo 1 1.4 למחנה ויתפלל לפני יהוה
4Q178 1 1.1 ˙˙ם ולע[ם]וד לפני˙[:]אשר
4Q185 1+ 1.8 יכלכל לעמוד לפני מלאכיו כי
4Q378 3 2.12 ידיו[: למסע ל[פני
4Q401 1+ 1.3] עמדו לפני[[
4Q401 12 1.3 קוד]ש קודשים לפ̇[ני
4Q402 4 1.14 [:]להבין לפני ע̇[שותו :
4Q402 4 1.15 ע̇[שותו : ה]מ̇ה לפ̇נ̇י[
4Q405 23 2.2 ˙בו מלכ בשרתם לפ̇[ני : מלך
4Q405 23 2.8 מעמד קודשם לפני[ ] :
4Q502 58 1.2]שם [:] לפני [:]˙[˙]
4Q502 87 1.2 ˙] ˙[ ] ˙[: ל]פ̇ני כול מ̇[
4Q509 131+ 1.19] היתה :]לפני
4Q511 15 1.4 כ̇יא ˙[: ל]פ̇ני גבורתו[
4Q512 76 1.2]ם [:]מ̇ לפני כול שמ̇[:
4Q518 31 1.3] יזעק[:]˙ד̇ לפני[
4pHs[b] 15+ 2.5]: לפנ[י
4pPs[a] 1+ 4.27 לפ]ני אל במעני
4QM1 1+ 1.9 ועברו שמה לפני[ ] :
4QM1 10 2.13 למלחמה ועמד [ל]פ̇נ̇י[
4QM3 1 1.1 אהרו̇ן יעמודו̇ לפנ̇י [ה]מערכ̇ות
4QOrd 2+ 1.4 שנים ונשפטו לפני שנים העשר
4VSam 1 1.3]שמואל שכב לפני עלי ויקום
4VSam 7 1.4 ובחרתי לשכוב לפני יצוצ̇[
5Q13 4 1.1 יע]מ̇וד̇ ל̇פ̇נ̇י המבקר [:
6apSK 32 1.2]לכם ונגפו לפ̇נ̇י[:]ל
6QHym 6 1.2 ˙] [ ]עליו̇[: ל]פני הד[:
11Ap[a] 2.5]אשר ˙˙˙בו לפנ̇י[ ]ת :
11QPs 24.5 ואל תפרע לפני : רשעים
11QPs 27.3 בכול דרכיו לפני אל ואנשים
11QPs 27.5 ושיר לשורר לפני המזבח על
11QT 15.13 אשה ריח ניחוח לפני י̇הו̇ה[:
11QT 16.10 אשה ריח ניחוח ל̇[פני : ואת
11QT 17.7] וזבחו לפני מנחת הערב
11QT 21.3 החיצו]נה לפני יהו̇ה̇ : [
11QT 21.8 בני ישראל לפ[ני] י̇הוה :
11QT 21.16 העולה בכורים לפני יהוה : [
11QT 22.14 החיצונה : לפני יהוה
11QT 22.16 [יצ]הר הארץ לפני יהוה פעם
11QT 24.9 לדורותיכמה לפני יהוה :
11QT 25.4 ל]פני יהוה
11QT 34.14 אשה ריח ניחוח לפני יהוה :
11QT 37.9 ושולחנות : ל̇פ̇נ̇י המושבות
11QT 39.6]להשתחוות לפני כול ע̇[ד]ת
11QT 52.9 בכור : צואנכה לפני תואכלנו
11QT 52.16 ושמחתה לפני במקום אשר
11QT 53.8 הישר והטוב : לפני אני יהוה
11QT 53.10 וזבחתה שמה לפני כאשר
11QT 55.14 הישר והטוב לפני יהוה
11QT 56.9 שמה לשרת לפני או אל :
11QT 58.18 יצא עד יבוא לפני הכוהן
11QT 59.17 הישר והטוב לפני לוא יכרת
11QT 60.11 לעמוד לפני ולשרת
11QT 60.14 העומדים שמה לפני חלק בחלק
11QT 60.19 כי תועבה המה לפני כול עושה
11QT 61.8 להמה <הריב> לפני ולפני
11QT 63.3 בחרתי לשרת לפני ולברך
11QT 63.8 הישר והטוב לפני יהוה
11QT 65.13 ופרשו השלמה לפני זקני העיר

1QS 5.24 להעלות איש לפי שכלו ותום
1QS 6.18 על דבריו לפי שכלו
1QS 9.13 השכל הנמצא לפי העתים ואת
1QS 9.14 בני הצדוק לפי רוחום
1QS[a] 1.10 זכר כיאם לפי מילואת לו
1QS[a] 1.19 שני איש לפי כוחו יתנו
1QS[a] 2.14 ל[פניו] לפי כבודו ואחר
1QS[a] 2.15 אי]ש לפי כבודו
1QS[a] 2.16 לפניהם איש לפי : כבודו
2apDa 1 1.1 י]הוה אלהינ̇[ו ל]פי [: ק]לעו
4Q181 1 1.2 רעים: בבשר לפי גבורות אל
4Q181 1 1.2 ולעומ̇ת רשעם לפי <א> מ̇ר̇דתם
4Q181 1 1.3 לעומת רחמי אל לפי טובו והפלא
4Q181 1 1.5 [: מ]לאו איש לפי גורלו אשר
4Q400 1 1.11]ר̇בו בם לפי סוד̇[
4Q400 2 1.4 רום תהלי פלא לפי כול[:
4Q511 2 1.10]]ל̇פ̇י כבוד̇[ו
11Mel 1+ 2.8 התד[בר] לפ[י גורל]ו̇ת̇מ̇ה̇
11QT 55.7 העיר ההיא לפי חרב החרם
11QT 55.8 כול בהמתה תכה לפי חרב ואת
11QT 58.12 ושברום והכום לפי (˙)חרב
11QT 62.9 את זכורה לפי חרב רק :
CD 20.24 כו]לם <איש> לפי רוחו ישפטו
CD 10.5 מן העדה לפי העת ארבעה

4QM1 1+ 1.8 ל̇שבט <ו>שבט לפיא פקודיו
4QM1 20 1.2 מ̇ק̇[: י]שראל לפיא פק[ודיהמה

11tgJ 36.4 מן פמה לפידין : יפקון

1QM 6.17] לפי]ל ולשפוך
4pPs[a] 1+ 2.16 וידרוכו קשתם לפיל עני

1QH 9.29]לי לפלט עד עולם
1QH 9.33 ומשמר שלומכה לפלט נ̇פ̇שי ועם

6QPro 20 1.2]ל̇˙לם [:]לפ̇נ̇˙[

11QT 40.8 ב]א̇מ̇ה̇ מפנה לפנה לכול ר̇וח

4Q405 20+ 2.7] ד̇עת יפ̇ולו לפנ̇ו̇ ה̇[כרו]ב̇ים

1QH 8.21]ם לפנות על קו
1QH 12.6 לילה בתקופתו ל<פ>נות בוקר
1QS 8.13 ללכת למדבר לפנות שם את

1Q35 1 1.3 ה בהשפטכה:] לפני :]הם:]א
1QH 1.6 וקנאתכ[ה] : לפני ח˙ ˙מ˙[
1QH 1.32 רוח אנוש לפני נגע ˙[
1QH 2.7 ומאמצי [: לפני [ ]ע
1QH 4.36 החזיקה במעמד לפני נגע כי
1QH 7.7 אמוט ותחזקני לפני מלחמות
1QH 7.23 רבי כמוץ לפני רוח
1QH 7.29 כול להתיצב לפני ח( )מתךה
1QH 8.25 כעצי באושים לפני : חום
1QH 10.11 כוח להתיצב לפני כבודכה :
1QH 10.32 עמל ויבול בנק לפני˙[ ] :
1QH 12.18 עוד מדהבה כיא לפני אפ˙[:
1QH 12.28 ומה יתיצב לפני מוכיח בו
1QH 12.30 ול<ה>תיצב לפני אפכה ואין
1QH 1 1.6 הרו[:]ת̇קומם לפני נגעי
1QH 3 1.6 איכה אעמוד לפני רוח סוע[
1QM 1.9 ונחשיר חזק לפני אל :
1QM 2.2 בתמיד לפני אל וראשי
1QM 7.14 מן הלויים לפני : הכוהנים
1QM 10.7 ונזכרתמה לפני אלוהיכם :
1QM 14.3 שם המערכה לפני נפול חללי
1QM 16.13 הרואש ועמד לפני המערכה
1QNo 1 1.4 הארץ̇[: צעק]ת̇ם̇ לפ̇ני אל ו[:
1QNo 2 1.2 מש]פ̇טנו לפ̇[ני :]ולא
1QS 1.16 יעבורו בברית (א̇)לפני אל

CD 3.4 תעו בם ויענשו לפני : משגותם
CD 20.28 מורה ויתודו לפני אל כי אנו
CD 9.3 אשר לא בהוכח לפני עדים :
CD 9.19 עשותו : עוד לפני אחד ושב
CD 9.19 ישוב וניתפש לפני : אחד שלם
CD 15.11 עד עמדו לפני המבקר ם
MasSS 1.5]]להבין לפני עשותו
MasSS 1.6 לבודו הם לפני היותם :

4Q185 1+ 1.7 כח לעמוד לפניה ואין

1QM 9.3 ובהנגפם לפניהם יתקעו
1QM 17.15 כו]ל [נ]גפים לפניהם :
1QS[a] 2.16]ישבו לפניהם איש לפי
CD 3.16 בהם פתח לפניהם ויחפרו
CD 13.8 פלאו ויספר לפניהם נהיות

1Myst 6 1.3 [:]עד עולם לפניו לכפר ה[
1pPs 9 1.2]לפניו בירושלים
1QH 16.15 ואל י[ ] לפניו כול נגע
1QM 2.5 עדתו ולהדשן לפניו תמיד :
1QS 1.2 הטוב והישר לפניו כאשר:
1QS 1.8 אל ולהתהלכ לפניו תמים כול
1QS 2.12 עוונו ישים לפניו להסוג בו
1QS 4.2 איש ולישר לפניו כול דרכי
1QS 5.20 מעשיהם לנדה : לפניו וטמא
1QS 6.4 כתכונו ישבו לפניו וכן
1QS 6.11 תכונו הכתוב : לפניו האיש
1QS[a] 2.14 השם וישבו : ל[פניו]
1QS[a] 2.14 ישראל וישבו לפניו ראש<י> :
1QS[b] 5.22 ארץ ולהתהלך לפניו תמים
4Q185 1+ 2.8]לפניו תצא רעה
4Q381 24 1.9 ל]פניו באוניו
4Q381 28 1.1]לפניו ו[ב]גחלי
4Q381 50 1.3 יכב[ו :]לפניו יזכרו כי
4Q502 47 1.2 יש]ראל [:]ם לפניו ו[:
4Q502 98 1.2]˙ם [:]ר לפניו כו[ל :
4Q503 1+ 2.7]ח לפניו בכול
4Q503 1+ 2.19]שן לפניו[ ]˙ם
4QFl 1+ 1.7 בוא לוא : לפניו מעשי
11QPs 26.9 לדור ודור לפניו הדר :
11QT 23.11 מקטיר ושחטו לפניו את שעיר
11QT 59.19 את כול אויביו לפניו ומשל
CD 2.1 ומעשיהם לנדה לפניו : ועתה
CD 2.3 ותושיה הציב לפניו : ערמה

1Q34[b] 3 2.5 לא יכון לפניך ותבחר לך
1QH 7.14 צדקה להתהלך לפניך בגבול :
1QH 15.25 לא תהיה לפניך אני
1QH 16.14 מ[ ]˙ת[: לפניך [ ]לם
1QH 17.14 [ ]˙יות זרעם לפניך כול
1QH 11 1.7 תשים[:] לפניך [
4Q381 31 1.2] [לפניך תש[
4Q381 33 1.9 ואני אכחש לפניך על ח[
4Q381 46 1.5 כמנחת תטהר לפניך ושנאי[ם
4Q381 46 1.6 ויראיך לפניך תמיד
4Q504 1+R 4.7 על כסא ישראל לפניך : כול
5Q19 1 1.2]˙שא ˙[:]˙ר לפניך ול˙[:]

1Q30 2 1.1]לפניכה לתת[:
1Q30 3 1.2 ל[:]מרננים לפני[כה:]˙
1Q39 1 1.3]ם [:]כה[:] לפניכה כול
1QH 1.24 הכול : חקוק לפניכה בחרת
1QH 4.21 כנפשכה יעמודו לפניכה לעד
1QH 7.28 ומי יצ[ד]ק לפניכה בהשפטו
1QH 7.30 בסליחות לפניכה ˙˙רם
1QH 7.31 להעמידם לפניכה לעולמי
1QH 11.13 ולהתיצב במעמד לפניכה עם צבא
1QH 18.10 ב[: ועומד לפניכה]
1QH 4 1.9]כחות לפניכה ואני
1QS 11.17 אדם להתיצב : לפניכה לעד כיא
1QS 11.21 אשה מה ישב לפניכה והואה
1QS[b] 5.28 לשבט : מושלים לפ[ניכה
4Q504 1+R 3.3 <נחשב[ו]> לפניכה : רק
4Q504 4 1.5] : [לפ]ניכ]ה אלה
4Q504 5 2.3] : קודש עומד לפנ]יכ[ה
4Q505 124 1.7]קדוש עומד לפנ[יכ]ה :]ה
4Q508 20 1.2 [:]נו לשטח לפני[כה :]˙˙]
4Q509 1+ 1.4 ם]ים חוצות [: לפניכ]ה נשפוך
4Q509 21 1.1]ב לפניכה[
4Q509 131+ 2.7]גיש לפניכה רשית
4Q509 191 1.2]˙˙˙[:]לפניכה[:]
4Q512 29+ 1.6]וברך שם[:]לפניכה במוע[ד
4Q512 28 1.3 לשונ[י:]י לפניכה א[:
5Q13 2 1.9]ברוחמה לפניכה :]ה
8QHym 2 1.6]וכול הרוחות לפניכה ע[ומדות
11QPs 24.7 כי לוא יצדק לפניכה כול חי
11QT 65.2]צפור לפניכה בדרך

1QS[a] 2.20]ידו בלחם לפנים ואח[ר
CD 9.10 השדה : אשר לא לפנים השפטים

TS 3 2.5 שבע אמות (יו) לפנימה <באים>

1QM 10.2 כול : אויבינו לפ[נינ]ו
4Q504 6 1.11 קוד]שכה הולך לפנינו וכבודכה

4Q506 132 1.4] לפנ]ניכ]ה אלה

TS 1 1.7 [:] [˙˙˙ לפסחים ולשלמים

CD 19.14 באלה החקים לפקדם לכלה ביד

1QM 2.16] לפקודיהם :]

4Q504 1+R 5.16 לנו לפקודכה בצר

4Q402 4 1.9]אלוהים ירוצו לפקוד[תו] וקול

11QT 14.3 [ח]צי ההין ל[פר :]
11QT 16.15 כאשר עשה לפר הראישו[ן :
11QT 16.16 הראישו[ן : לפר הקהל ויתן
11QT 25.15 כמשפטמה לפר לאיל

1apGn 2.23 ואזל לארך מת לפרוין ותמן

1QS 6.26 בקצור אפים לפרוע את יסוד

5QJN 1 1.1 סוחר סחור לפרז<י>תא ברית

1QS 10.8 חרות בלשוני לפרי תהלה ומנת
4Q502 20 1.3 [: מ]עיו לפרי ב[טן :

11QT 17.13 [כמש]פט לפרים ולאלים
11QT 28.5 כמשפטמה לפרים ולאל[ים]
11QT 28.8 ונסכם כמשפט לפרים : לאילים
11QT 28.11 ונסכמה לפרים

4Q156 1.3] לפ]רכתא: וישוה

4Q374 2 2.6 ומחיג[ה]לפרעה עב[:

CD 1.19 ויצפו : לפרצות ויבחרו

1pHab 2.8 ב[לבו בינ]ה לפשור את כול :

CD 3.18 בעד עונם וישא לפשעם : ויבן

1QH 2.18 שמתה בלבבו לפתוח מקור דעת
1QH 8.16 חיים ולא יכזב לפתוח : השׄ˙ים
4Q511 42 1.8]˙ כיא בידכה לפתו[ח :

4Q176 4+ 1.3 אבי[א : אמ]ר לצפון [
11QT 39.13 ד] נפתלי ואשר לצפון ובין שער
11QT 40.12 לים ושלושה לצפון ורוחב
11QT 46.14 שמה : לחוץ לצפון המערב

CD 9.5 אם נוקם הוא לצריו ונוטר

1QH 6.13 מליץ בנים לק[
1QH 9.24 ותחבא אמת לק[
1QH 12.24 ואני מספר לק˙[
4Q514 1 2.9 [: לק[: מ[
4QFl 14 1.1]˙בה לק˙[:]לאחרית

11QT 48.14 תתנו מקום לקבור בהמה

5QJN 1 2.2 ע[שרה] : ל[קבל תר]ע

4Q509 146 1.7 נ]שחתות[:] לקדו˙[:]ל[

4Q400 1 1.10 י]סדם [ל]ו לקד[ושי
4Q511 2 1.6 ומסל[ת ק]ודשו לקדושי עמו

1apGn 12.17 לאל עליון לקדישא רבא די

1QS 1.14 בקציהם ולוא לקדם עתיהם

1apGn 17.16 ... לגמר יהב לקדמין בצפונא
2QJN 4 1.6 לחמא˙[: לקדמין על
4QMes 2.1 מ[ ] נפל לקדמין בני

CD 10.17 את : יום השבת לקדשו וביום

1QDM 12 1.1 לק]הו להם [

1apGn 21.32 ד[י] לקובלי

1Q34^{b} 3 2.6 להבדל לך לקודש מכול
1QS 5.6 לכול המתנדבים לקודש באהרון
1QS 10.4 יום גדול לקודש קודשים
1QS^{b} 4.28] נזר לקודש קודשים
4Q509 97+ 1.7 ל]כה לקודש :]

4Q381 44 1.3 זו הגברת [: ל]קויך ומציל

1QH 8.34 פעם ולא מצעד לקול רגלי :˙˙˙
1QM 16.5 [נפשטי]ם לקול החצוצרות
1QM 17.10 נפשטים לקול החצוצרות
4Q374 2 2.9 חגו לק[ול :]
4QMl 22 1.1] לק[ול :
CD 3.8 ולא שמעו : לקול עשיהם
CD 20.28 התורה וישמעו לקול מורה
CD 20.32 היחיד והאזינו לקול מורה צדק:

4Q502 96 1.3]ברוך אל :]ר לקום:] וענה :

2QJN 4 1.2 בשרהון [: לקורבן רעוא[:

1pHab 8.12 והון עמים לקח לוסיף עליו
1QH 12.27 בעפר : אל אשר לקח משם ומה
4QCat^{a} 24 1.2]˙[:]לקח[:]ה˙[
5Q17 2 1.2]˙˙[:]לקח בע[:]אם מ
11QPs 21.14 והרבה מצאתי לקח ועלה היתה

4Q176 1+ 1.6 עוונה כיא לקחה מיד ····

4Q504 1+R 3.16] : לקחת בנות[
CD 4.20 בשתים בזנות לקחת : שתי

11QT 65.8 את האשה הזואת לקחתי ואקרבה :

4Q512 48+ 1.6]˙[: כאשר [לקח]תנו לכה

4Q405 23 2.1 [ ]ם תפארת לפתוחי [:˙

1QM 11.9 פלא ולב נמס לפתח תקוה ותעש
11QT 31.7 בשער הזה (א)לפתח[

1QH 2.9 שבי פשע ערמה לפתיים ויצר

4Q514 3 1.2]ים א[:]לע˙] :]ל[
6apSK 2 1.2]˙ ˙[:]רה לצ˙[:]והגל˙[:

4Q185 1+ 2.15 חקר ויורישנה לצאצאיו ידעתי

1QDM 1.1] השנה לצא[ת
1QM 2.8 להם אנשי חיל לצאת לצבא כפי
1QM 2.8 לוא יחלוצו לצאת לצבא כיא
1QM 3.1 שערי המלחמה לצאת אנשי
1QM 3.7 שערי המלחמה לצאת למערכת
1QM 16.12 המקרא לצאת מערכה
1QS^{a} 1.17]בעבוד<ו>ת : [לצא]ת ולבוא
4QMl 11 2.10 [: [י]תק[עו] לצאת מערכה
4QM3 1 1.6 ותקעו בקול חד לצאת אנ[שי] :
5Q13 2 1.8 [ ] לוי לצאת :]ברוחמה
11QT 58.5 העם (העם) לצאת עמו
CD 20.27 במשפטים האלה ל[צ]את :
CD 11.10 עליו סמנים לצאת ולביא
CD 11.11 את היונק לצאת ולבוא
CD 13.4 ויצא הג[ו]רל לצאת ולבוא על

4Q379 12 1.4 ו]ארבעים שנה לצאתם מאר[ץ] :

1QM 2.8 אנשי חיל לצאת לצבא כפי
1QM 2.8 יחלוצו לצאת לצבא כיא שבת :

1QS^{a} 1.17 מתנו למעמ[ד לצב]ואת :

4pPs^{a} 1+ 2.13 זומם רשע לצדיק וחורק
4pPs^{a} 1+ 2.22 טוב מעט לצדיק מהמון
4pPs^{a} 1+ 4.7 צופה רשע לצדיק ומבקש[

4Q511 44+ 1.1 כיא לצדיקים [

1QS 10.25 ומשפט עוז לצדקת אל אחלקה

11tgJ 6.6 לא]חיך מגן : ל]צהא לא :

1QDM 1.4] בהר ס[י]ני לצוות א[ותם]

11QPs 28.4 וישימני: רועה לצונו ומושל

1QH 5.33 בלבבי ויוספוה לצוקה וישוכו

11QSS 8+ 1.6]˙ [ ]˙ו לצורות[

11Mel 1+ 2.16 ישוע]ה [א]ומר לציון [ ]
11Mel 1+ 2.23 עליו [לצי]ון מלך

1QH 2.11 בשפת עריצים לצים יחרוקו

11tgJ 14.8 ארמלה הוית לצל[ו :

1apGn 20.22 יכול אברם דדי לצליא על :

1QS^{b} 1.6 ל]צמאים ואתה

1QM 5.8 מזה ומזה לצמיד : סביב

1QS 1.13 צדקו ולוא לצעוד בכול אחד
1QS 3.11 ושמאול ואין : לצעוד על אחד

1apGn 19.22] שרי למפנה לצען :]

11QT 33.15 ובכלותמה לקפיר :]

1QS 10.7 לזה מועד קציר לקיץ ומועד

11QT 38.15 ותאים עשוים לקיר מחוץ ובין

4pHs[a] 2.12 ובערום להיות לקלו[ן] :

1Q24 7 1.1]· יום לקץ [:]כולא
1Myst 2 1.2 גלה לב[:]לקץ כול די·[:
1pHab 7.6 למועד יפיח לקץ ולוא יכזב
1QH 9.8 [מ]קץ : לקץ תשת שע
1QH 12.4 תמיד מקצ לקצ עם מבוא
1QH 10 1.5 לאין הש······ לקץ ישמיעו ומי
4Q499 10 1.2]·[: ק]ץ לקץ ·[:]דשים
4Q510 1 1.8 [כי א]ם לקץ [תעניות
4Q511 10 1.5]·· כי א]ם לקץ
4Q511 35 1.8 ל]קץ ממשלתם[:
4pN 3+ 4.3 פשרו על מנשה לקץ האחרון אשר
CD 6.14 כפרוש התורה לקץ הרשע

4AgCr 1 1.3 קץ לקצו והוא חרות

11tgJ 13.5 ארו הוא יצ[ף: לקצוי ארעא י·]

6Q21 1 1.3 את עמי [: לקצור ל]

1QH 5.27 תנינים פורחת לקצים
1QH 8.31 להתם כוח לקצים ולכלות

1QM 7.9 מערכות המלחמה לקראת אויב
1QM 7.9 אויב מערכה לקראת מערכה

11QPs 28.9 יצאו אחי לקראתו יפי

4Q509 5+ 2.3]·[:]··בנו לקראתנו כול[:

1apGn 21.25 אזדמנו כחדא לקרב לעמקא די
1apGn 22.6 גברין בחירין לקרב תלת מאא

1QS 6.22 לו : הגורל לקרבו ליחד
1QS 9.15 כבור כפיו לקרבו ולפי

1QS 6.7 לילות השנה לקרוא בספר

1QS 6.19 לו הגורל : לקרוב לסוד
4Q401 17 1.5]·ת יסדם לו לקרו[ב :]·[

4Q400 1 1.6 אלוהים לקרובי דעת :]

4apLm 1 1.3]·יהודה לקרותנו כל אלה

4Q504 1+R 3.13 אש[ר ש]לחתה ל[קר]תנו הרעה

4Q401 14 1.5]אלי אלים לר[ ] :
4Q503 40 2.4]השלישית לר·[

11QT 59.20 ולוא למטה לראוש : ולוא

1pHab 6.13 מצורי ואצפה לראות מה ידבר
1QS[a] 2.7 מנוגע בבשרו : לראות עינים או
4Q184 1 1.13 בפחז תרים לראו[ת לא]יש :
4Q504 18 1.3 [:] [לראות ואוזנ[ים
11QT 3.16] [לראות פ[:]·
CD 2.14 ואגלה עיניכם לראות ולהבין

1apGn 17.9 ·· עד די דבק לראיש ··· :

11QT 23.10 הגד[ו]ל את[: לראישונה
11QT 23.11 את שעיר העזים לראישונה והעלה
11QT 24.12 עולת בנימין לראישונה

11QT 60.7 הקדישו לי לראישונה והשכם

CD 14.3 הכ[הני]ם לראשונה :
CD 14.5 אחיהו הכהנים לראשונה והלוים

1QS 10.4 חסדיו עולם לראשי : מועדים
4Q381 17 1.1]ת ת לראשי [:
4Q401 14 1.6 לר[ ] : לראשי ממשלות
4Q403 1 2.3 תבנית כבוד לראשי ממלכות
4QCat[a] 2+ 1.9 שמות[:]לראשי אבל שוב
11QT 42.14 העדה לנשיאים לראשי בתי

CD 4.9 אשר הקים אל לראשנים לכפר :

1pHab 11.2 כמי : הים לרב הוי משקה
4Q381 46 1.4 לאבתינא יפוצו לרב עד א[ ]·

1QS 6.9 ודבר אשר יהיה לרבים להשיב
1QS 6.12 אתו דבר לדבר לרבים אשר לוא
1QS 6.13 אתי דבר לדבר לרבים אם יומרו
CD 15.8 עם המבקר אשר לרבים יפקדוהו

11tgJ 27.7 ל]בבהון לרגז : עליהון

1QM 5.18] לרגע הפנים

1QM 18.12 היום אץ לנו [ל]רדוף המונם

1QM 9.6 על כול האויב לרדף כלה והרכב

4pIs[c] 21 1.11 לר]דת מצרים

1QH 12.14]·יך :]ה לרוב חסד וקנאת
1QH 18.14 לבשר ענוים לרוב רחמיכה
1QS 4.12 כול הולכי בה לרוב נגיעים
4Q512 24+ 1.2]תכה[:]·לתם לרוב ··[ ]ם[:
11Ber 1 1.9 תירוש ויצהר לרוב והארץ

1QH 58 1.6 קצ משפטכ[:] לרוות בשמ[

1QH 1.15] לרוח אדם אשר
1QH 2.15 ואהיה לרוח קנאה לנגד
1QH 7.11 ואין פה לרוח הוות ולא
5Q13 4 1.5 כ[ול :]ל[ ] לרוח·[
11QT 38.13 באמה : ואורך לרוח הקדם
TS 3 1.8 באמ]ה ואורך לרוח : [

11tgJ 13.6 י·[: במעבדה לרוחא[:

1QS 6.17 אשר ידרושהו לרוחו ומעשו עד

1QH 1.11] [לרוחות עולם

11tgJ 33.8 כנפוה[י] לרוחין או על

1QH 3.15 מים ····שו לרום גלים :
1QH 3.20 העליתני לרום עולם
1QS[b] 5.23 אדוני לרום עולם
4Q400 3 1.1]בעד לרום הפלא :]

4Q511 35 1.6 בקצי דורותי לרומם שם

1QH 1.21 גליתה אוזני לרזי פלא ואני
1QH 3 1.7]וישמורהו לרזי חפצו כיא

1QH 1.11 מאורות לרזיהם :
1QH 1.13] לרזיהם אתה
1QH 1.29 ותוצא קוים לרזיהם ומבעי

1Q36 16 1.2 א]נשי משמרת לרזיכה [:

4Q405 20+ 2.8 מברכים מטעל לרקיע הכרובים

1QS 6.5 ישלח ידו לרשונה להברך
1QS 6.5 ישלח ידו לרשונה : להברכ
1QS 6.8 הכוהנים ישבו לרשונה והזקנים

1QM 12.4 [ ] מלאכיכה לרשות יד :
4QM1 1+ 1.3 עם[צבאות]מה לרשות יד[

1Q34^{b} 3 1.5 צד]יק לרשע ונתתה
1QH 7.12 כי בין צדיק לרשע : כי אתה
1QH 14.12 בין : טוב לרשע [
4Q508 1 1.2 [בין צד]יק לרשע ונתת[ה

4Q511 27 1.4 ירוטמו[:]ר לרשעה[:]ל˙[

4pN 3+ 1.1]מדור לרשעי גוים אשר

1QS 8.7 הארץ ולהשב : לרשעים גמולם

1pHab 3.2 הוא אשר אמר לרשת משכנות
4pPs^{a} 1+ 4.10 דרכו וירוטמכה לרשת : ארץ
CD 8.14 לבבך אתה בא לרשת את הגוים
CD 19.27 לבבך אתה בא לרשת את הגוים

1QDM 1.10 [הי]רדן שמה [לרש]תה והיה
11QT 51.16 נותן לכמה לרשתה כול

2Q28 2 1.2]ש טעמו דין לרתוק ב[:]ש˙

1Q53 1 1.3 ועין ˙˙˙[:]ו לש˙[
4Q176 37 1.2]˙[:]˙ לש˙˙[:]ל[
4Q380 1 1.11 [בח]יריו לש[: [ו]עשה
4Q497 26 1.1]עה לש˙[ ]˙[: [˙
4Q497 44 1.2]˙[:]לש[
4Q502 94 1.4 [:]הבא לש[:]ו את א[
4Q502 144 1.2]בשם [:] לש[
4Q502 160 1.4 טב[:]˙ר [:]לש[:]ל[
4Q502 171 1.3]˙ם[:]אל[:]לש˙[
4Q504 32 1.1]לש[:]כול [: [
4Q509 134 1.2] פל˙˙[ ] לש[
4Q509 190 1.2]˙ם [:]ל לש˙[:]ל˙[
4Q512 21+ 1.1 את[י]רו לש[:
5Q25 5 1.1]לש˙[:]˙נ˙[
11Ap^{a} 1.6]ה[ ]ך :]לש[[
11QSS o 1.3 ישמי]עו תהלי לש[:]לאלוהי[

4Q185 1+ 2.3 תתנו : [ ]כם לשא˙[

11QPs 19.10 ועוונותי לשאול מכרוני
11tgJ 1.2 אפו א[:]העמי לשאול ת[:]שכב

1QM 14.9 הפלתה חסדיכה לשאר[ית
4Q185 1+ 2.2]לשארית לבניכם

11QT 35.7 אלוהיהמה לשאת : עוון
11QT 35.14 אלו אשמות לשאת : חטא

11QT 59.19 מבקשי נפשו לשאתה ונתתי את

11QT 43.14 לוא יוכלו : לשאתו ימכרוהו

1QS 10.7 מועדי שנים לשבועיהם :

1QM 2.3 עשר אחד : לשבט וראשי
1QM 6.11 חמש מאות לשבט כול הרכב
1QS^{b} 5.27 כיא אל הקימכה לשבט : מושלים

11QT 18.16 ה]מט[ו]ת לשבטי ישראל

1QS^{a} 1.15 ושוטרים לשבטיהם בכול

4Q517 19 1.1]לרחב[

4QM1 12 1.3]ערים לרח<ו>בי [:]

CD 11.1 בדרך וירד לרחוץ ישתה על

1QS 1.4 כול אשר מאס לרחוק מכול רע :

4Q403 1 1.18 דברי צדק לרחמי [כ]ב[ודו
4Q405 3 2.8 דברי צדק לרח[מי :
4Q405 13 1.2 דב]רי טוב לרחמי כבודו
4Q511 10 1.9 [יפת]חו פה לרחמי אל

4Q512 33+ 1.7 ברוך אתה :] לרחמ[יכה

4pIs^{c} 23 2.9 ולכן ירום : לרחמכמה כיא

11tgJ 27.1]˙והי לרחצן ירמון :

1QH 5.22]דני לריב : ומדנים
1QH 5.35 ויהפך לי ל˙˙י לריב ושקוי
1QS^{a} 1.13 שנה יגש לריב ריב :
1QS^{a} 1.20 על עדת ישראל לרי[ב מ]שפט
CD 1.21 לחרב ויסיסו לריב עם ויחר

11QT 24.6] הבשר לריח [:]

1pHab 10.12 להיות עמלם לריק בעבור

4QM1 1+ 1.3]קזה לרכב ולפר[שים

1QM 9.11 עברי המערכה [לר]מוס : אויב

1apGn 21.8 לי סלק לך לרמת חצור די
1apGn 21.10 למחרתי כן לרמת חצור

1QM 14.6 פה לנאלמים לרנן בגבור[ות

4Q400 2 1.8]]ל[ר]נתנו

4Q485 2 1.3 [:]ר אש˙[:]לרע ל˙[:]מה

1QS 2.16 ויבדילהו אל לרעה ונכרת
4QTeh 2 1.1]לרעה מתוך בני

1QS 2.25 צדק : [אי]ש לרעהו בעצת
1QS 5.21 ביחד בין איש לרעהו לפי שכלו
1QS 5.23 הכול איש לרעהו הקטן
1QS 6.7 על יפות איש לרעהו והרבים
1QS 7.8 יטו ( )<ר> לרעהו אשר לוא
1QS^{b} 4.24]באיש לרעהו ואתה :

4pPs^{a} 1+ 2.24]˙ה : לרעות כיא

CD 11.5 איש אחר הבהמה לרעותה הוץ

1QH 5.23 לריב : ומדנים לרעי קנאה ואף

1apGn 21.28 נהרא ומחו לרפאיא די

1QM 2.5 מקטרת ניחוח לרצון אל לכפר
1QS 8.10 עולם <והיו לרצון לכפר בעד
4Q513 2 2.4 במה <בהם> לרצון על
4QM6 7 2.1 נ]י[חו]ח לרצ[ו]ן [:]
11QT 29.6 אשר יביאו לי לרצון לה[מה] :

1QS 5.1 בכול אשר צוה לרצונו להבדל

1QH 1.10]תה לרצונכה ורוחות
1QH 1.15 בם : תכ˙תה לרצונכ[ה
1QM 18.14]חיכה ומועדים לרצונכה וגמול

[פי בלת לשון ומארד	1QM 10.14
כלותו[: לשון יודע דברה	4Q185 1+ 3.13
] תרומת לשון ספרנו	4Q400 2 1.7
[לשון הטוהר :]	4Q400 3 1.2
ש[...][:]לש[ון][ ]	4Q405 11 1.2
מפות[ח : ל]שון ברך	4Q405 14+ 1.2
אחזונו מלפני לשון גדופיהם	4Q501 1 1.6
[:]ל[:] לשון א[:]	4Q502 42 1.2
לש[ון ישמע	4Q511 22 1.3
אל במפני לשון	4pPsᵃ 1+ 4.27
אנשים ולכל לשון למשפחותם	CD 14.10
כ[ו]ל ירחי : ל[ש]ונו : [']	4Q509 131+ 1.9
[שלוש לשונות אש מ]	1Q29 2 1.3
ו[:]פו כול לשונות[ה]	4Q512 36+ 1.12
אל תספר לשוני תמיד	1QS 10.23
[רו לש]וני] דעת ...	4Q400 2 1.11
בראשי תרומות לשוני דעת]	4Q405 23 2.12
כו]ל לשוני דעת ברך	4Q503 7+ 1.4
בפי כול לש[וני :]	4Q503 42+ 1.3
ואני תרנן לשוני צדקכה	4Q511 63 3.1
[טודה לשוני]י[']	4Q512 28 1.2
המהור ותרומת לשוני]הם ['']]	4Q403 1 2.26
אשר שננו כחרב לשונם : ואתה	1QH 5.13
ועני ורש ותוסף לשונם : כחרב	1QH 5.14
יפולו [מז]עם לשונם	4pN 3+ 2.10
[ו לשונם] : א[את	4QCatᵃ 2+ 1.11
יקובל : סוד לשומפים להמית	CD 10.1
אל תענה להם לשומפם :	1QH 4.18
א[ר]<ב>< לשוק חד אמי]ן]	5QJN 1 1.5
ו]שש מאות ושיר לשורר לפני	11QPs 27.5
זה יבואו : לשחית את הא[רץ	1pHab 4.13
[:] לשחר [	4Q487 36 1.1
נה ק[:]לילה לשח[ר :]מסך	4pPsᵇ 3 1.2
רוחי כי הגיעו לשחת ח[	1QH 8.29
וק] :]עב ל/שׁ<חת בעת	1QH 45 1.2
רזי אל לשחת רשעה ופל	1QM 3.9
עשיתה בליעל לשחת מלאך	1QM 13.11
כול מלאכי חבל לשחת עולמים	1QS 4.12
[מי המבול ל]שחת	4Q370 1.8
ופקודתמה : לשחת עולמים	4QBer 10 2.5
שדי :] : לש[יו יחביאני]	4Q511 8 1.7
[דוני ובחרתי לשכוב לפני	4VSam 7 1.4
[לשכיל אלי :]	4Q381 80 1.1
אשר אקדיש לשכין שמי	11QT 47.4
אשר אבחר לשכין שמי עליו	11QT 56.5
ברואש הרבים לשכלו ולמעשיו	1QS 6.14
ואמוק מתנים לשכם טכים	1QM 14.7
מ[תנים] : לשכבם טכי]ם]	4QMl 8+ 1.6
אשר אבחר לשכן : שמי	11QT 60.13
לשל[' : ל]	1QH 18.13
עריצים] :]לם לשל[:]ואל	4Q487 6 1.3

כי יש מקוה לשבי פשע	1QH 6.6
י]ם הסולח לשבי פשע ופוקד	1QH 14.24
באם לשבי) <עד יום>	1QS 10.19
לוא אפור באם לשבי פשע ולוא	1QS 10.20
ובן המשפט לשבי ישראל סרו	CD 8.16
כן : ט[שפ]ם לשבי ישראל סרו	CD 19.29
ב]גבול :]ם לשביל<י> כבוד	1QH 7.15
אל[: ויב]קש לשבית את [:]	4pPsᵃ 1+ 4.14
בסוד אל[י]ם : לשבע נתיבות[	4Q400 1 2.10
ודעת בינתם לשבע[:]	4Q403 1 2.23
בחוק יגברו לשבעה :]	4Q400 1 1.9
מלך אלוהים לשבעת מ[:]	4Q400 1 2.7
[:]וקדש[ה] לשבעת קודשי	4Q403 1 2.11
במקדש פלא לשבעת סודי	4Q403 1 2.22
דעת ברז הפלא לשבעת גבולי	4Q403 1 2.27
בכול יום ויום לשבעת הימים	11QT 17.12
[:]ה[:]לשבעתתם[:]	4Q405 34 1.2
צאת ובוא : לשבת וקום וסם	1QS 10.14
נותן לכה לש[ב]ת [	11QT 55.2
לא יצליחו לשבת בארץ]	CD 13.21
ובמ לחמה יתקעו לשוב ונגש כוהן	1QM 16.13
אשר צוה ולוא לשוב מאחרו	1QS 1.17
היחד המתנדבים לשוב מכול רע	1QS 5.1
בשבועת אסר לשוב אל תורת	1QS 5.8
המתנדבים לשוב ביחד	1QS 5.22
בברית לשוב לאמת	1QS 6.15
אל לבבם לשוב	4Q504 1+R 5.13
אשר לוא ימאנו לשוב מרעתם כיא	4pPsᵃ 1+ 2.3
כול המארים : לשוב מעונם	4pPsᵃ 1+ 2.4
[לשוב יחד לתורה	4pPsᵃ 11 1.1
[י]תקעו לשוב ונגש	4QMl 11 2.11
רע ואל יוסף לשוב אל<י> יבש	11QPs 24.12
לוא : תוסיף לשוב בדרך	11QT 56.18
רמה עד זבו : וזה סרך	CD 10.3
את הברית ל[שוב א]ל תורת	CD 15.9
אותו עליו לשוב אל תורת	CD 15.12
האיש על נפשך לשוב אל תורת	CD 16.1
האיש על נפשו לשוב אל תורת	CD 16.4
את יד שמאולו לשוח בה ונענש	1QS 7.15
ויהפוכו לשוחה חיי גבר	1QH 2.17
יהודה קשות לשומפם :]ובקש	4QFl 4 1.4
אל גדול ונורא לשול את כול :	1QM 10.1
כבודו ו[אם לשול]חן יחד	1QSᵃ 2.17
בצע רע לביתם לשום : במרום	1pHab 9.12
מסי[: בי]ח לשום שמי עליו	11QT 3.4
אשר אבח<ר> לשום שמי עליו	11QT 52.16
אנוכי מקדש : לשום שמי בתוכה	11QT 52.20
יהיו עריהמה לשומה ולשרקה	11QT 59.4
ותתן מענה לשון לע[	1QH 2.7
ב]ליעל פתחו : לשון שקר כחמת	1QH 5.27
הוות ולא מענה לשון לבול	1QH 7.11
וכול מענה לשון הכרתה	1QH 7.13
ותחנה ומענה לשון והכינותה	1QH 11.34
מפנה מענה לשון להתפל	1QH 16.6
א[... א]ה מענה לשון לספר	1QH 17.17

1Q25 5 1.3] הארץ [:] לשמיע ˙[:]ל
4Q381 16 1.2]˙˙˙[ ]˙[לשמיע[
4Q381 76+ 1.10 להשיבני ˙[:]לשמיע מי בכם

1QH 8.25 יעל קוץ ודרדר לשמיר ושית˙[

1Q34[b] 3 1.6 ואנו נודה לשמך לעולם :
1QH 11 1.10 בנפשך ˙[:]לשמך תב[ ]

1QH 18.8]לשמכה ויתגבר
4Q508 1 1.3 ואנו נודה ל[ש]מכ[ה

CD 10.14 על הש[ב]ת לשמרה כמשפטה

11QT 55.18 להמה : או לשמש או לירח

4Q381 45 1.5 עלי פתחו לשן שק[: לי

1QDM 4.7]ים לשנה [
4Q381 94 1.2 אל˙ ב[:]אתה לשנה[
11tgJ 35.4 או בחבל תחרז לשנה התשוא :
11QT 43.5 ממנו שנה לשנה אחרת כי

1QM 9.10 גוי הבל : סרך לשנות סדר דגלי

1QM 5.12 טהור חוברת בו לשני עבריו

4Q184 1 1.1 תשחר תמיד[ל]שנן דברי[ה:

11Mel 1+ 2.9 הואה הקץ לשנת הרצון

4Q500 1 1.4 באבני[:] לשער מרום
11QT 39.13 ובין שער לשער : מדה מן
11QT 40.13 באמה ובין שער לשער [ ]
11QT 41.17 ובין (ע) שער לשער תעשה
11QT 42.5 ובין שער : לשער [ ]
11QT 42.17 בשנה בין שער לשער יהיו : [
TS 3 2.7 טהוב ובין שער לשער ת[עשה :

11QT 40.10 [ע]שוים בין לשעריו מחוץ

1QH 20 1.2] שים לכ[:] לשפוט בם [:]
CD 10.8 שנה ומעלה לשפוט את העדה

1QH 2.33 להתם דמו : לשפוך על
6QPro 1 2.4 הלכתם [: לשפוך ח[מתי:
CD 12.6 ישלח את ידו לשפוך דם לאיש

4Q381 76+ 1.12 ישב במשפטיכם לשפט אמת ואין
4QPs[f] 2 9.5 יהוה [כ]י בא לשפט את : כל
CD 16.19 [: לשפט]

CD 10.4 וזה סרך לשפטי העדה עד

1QM 14.18 [˙˙ל תוקד לשרו[ף : כיא

1apGn 19.17 מן שנתי ואמרת לשרי אנתתי חלם
1apGn 20.25 אברם יתיבו נה לשרי לאברם
1apGn 20.31] ל[י] : לש[ר]י ויהב לה
1QS[a] 1.14 אלפי ישראל לשרי מאות שרי

1QS[a] 1.24 [א]בות העדה לשרים ולשופטים

1QH 3.31 יסודי הרים לשרפה ושורשי

4apLm 1 1.5 לנו[ ]:]היה לשרפת אש והפכה
4QM1 17 1.6 יעשו ע[ל :]לשרפת כ[לה :

1QM 2.2 ראשי הלויים לשרת תמיד שנים
4Q405 20+ 2.2 ית]כלכלו לש[רת]˙[ ] [
4Q405 23 2.10 לבושי פלא לשרת[ ] : ראשי

4QCat[a] 30 1.3 ˙[:]ים לשל[

1QH 8.34 ברכי ואין לשלוח פעם ולא
4pPs[a] 1+ 2.18 אשר יבקשו לשלוח יד :
4QM3 1 1.8]וה[ח]ל[ו] : לשלוח יד

1QH 13.5 לכול ˙˙˙˙ לשלום ושחת˙[:
1QM 1.9 ע[ולמים] לשלום וברכה
1QS 2.4 פני חסדיו לכה לשלום עולמים
4Q403 1 1.26 ד[ברי ל]שלום עולמים
4Q404 2 1.8 מהללי[:]ל[שלו]ם[
4Q405 3 2.18 דברי פלא לש[לום :
11QT 62.6 וקראתה אליה לשלום והיה אם

1QM 3.14 המחנות אשר לשלושת השבטים
1QM 8.14 ה[כו]הנים לשלושת הדגלים
1QM 9.13 י]סבו המגדל לשלושת רוחות
4QM6 10 4.5 ו]ארו[ן : לשלושת
CD 4.16 ויתנם פניהם לשלושת מיני :

1QS 7.16 ילכ רכיל לשלח הואה מאתם
1QS 7.25 משפטו כמוהו לשל[ח : בעצת

11QT 66.11 ענה לוא יוכל לשלחה כול ימיו

4QOrd 1 2.8 האלף מאת ככר לשלישית מחצית

1apGn 22.13 לעורעה ואתה לשלם היא
1pHab 12.2 על הכוהן הרשע לשלם לו את
1QM 6.6 בגבורת אל לשלם גמול רעתם
4Q499 1 1.3 ˙[:]˙˙ור <]לשלם˙[> כגב˙[:

1QS 7.8 לוא תשיג ידו לשלמו ונענש
11QT 53.11 נדר לוא תאחר לשלמו כי דרוש

1apGn 21.2 עלמיא והללת לשם אלהא וברכת
4Q502 36 1.2]˙˙˙[:]לשם[:]ביא[:
4Q504 1+R 6.15 ולהודות ל[שם
4QNab 1+ 1.5 יקר ור[ב]ו לשם א[להא

1QM 9.14 ל[ימין א]חד לשמאול ועל כול
11QT 13.5 לימין ואחד ל[שמאול]
11QT 45.3 ה]שני יהיה בא לשמאול[: יצא

11QT 59.2 רבות והיו[ל]ש[מה]למשל

4QFl 25 1.2]ש[:]לשמו[:]ש[

1QM 6.13 ובעולים לשמוע [ק]ולות
4Q499 7 1.3]כו אם לשמ[ו]ע
4Q509 131+ 1.10 ל]שונו:]˙ לשמוע :]בכול:
6apSK 21 1.1 לשמו]ע בקולו

1QS 8.3 איש אם רעהו : לשמור אמונה
1QS 10.25 גבול סמוכ לשמור אמנים
4Q502 98 1.5 שם[:]ך לשמור ˙[
11QT 55.13 אם תשמע בקולי לשמור כול

4Q508 20 1.2 אמן [:]נו לשמח לפני[כה :

1QH 9.24 תוכחתכה לי לשמחה וששון :
4Q381 33 1.3 ותהי לי תכחתך ל[שמחה : עלם

1QH 18.15 אי רוח ואבלים לשמחת עולם :
4Q502 22 1.3 א[:]פים לשמחת [:]הזה
4Q502 98 1.3 כו[ל :]ה לשמחת[:]ברכת
4QM1 1+ 1.4 תגוף [ ]˙[לש]מחת לכלת

4Q502 9 1.8 כולנו : מ]ועד לשמחתנו וגם :

4Q504 1+R 7.7] : לשמים הארץ

Reference	Text
4Q379 12 1.5	השנה ליובלים לתחלת בואתם
3Q15 10.15	חמים שלוחי לתחת : השקת
1Q23 10 1.2	]רב [:]לתיו [
1QS 9.10	אנשי היחד לתיסר בם : עד
11QT 38.4	[....] לדגן לתירוש ול]יצהר
11QT 43.3	הבכורים לדגן לת]ירוש [
CD 1.6	מאות : ותשעים לתיתו אותם ביד
1QS 9.12	בם עם כול חי לתכון את ועת
1QS 10.9	אל וכנור נבלי לתכון קודשו
1QH 12.5	בתקופות יום לתכונו להוקות
1pHab 7.13	קיצי אל יבואו לתכונם כאשר
1QS 1.12	חוקי אל וכוחם לתכן : כתם
4Q511 30 1.6	]יוכל איש לתכן את ריח[
11QT 55.10	אלוהיכה והיתה לתל עולם לוא
4pN 3+ 1.8	מלפנים כי לתלוי חי על
1QH 17.25	בעיניך :]לתם בתכמי כי
4Q497 13 1.2	]ו [ ] [:]לתם[ם ב]
4Q512 24+ 1.2	]תכה: [ ]]לתם לרוב [
4Q403 1 1.22	דברי פלא ל]ת[מיד עם כול
4Q405 3 2.14	בשבעה דב]רי : לתמיד עם כול
1QS 9.2	שנתים ימים לתמים דרכו
CD 20.18	איש את אחיו לתמך צעדם בדרך
11QJN 14 1.3	]ל[ ]ג לתמנין וארבעה
4Q508 22+ 1.3	ח]בואת ארצנו לתנו]פה
4Q509 8 1.4	אר]צנו לתנו]פ[ה :[
2QJN 4 1.16	י]היבת לתנינה די קאם
4Q504 1+R 2.17	]ת [ולהבינו לתעודות :
MasSS 1.4	ראישונות :]לתעודו[ת]יהם
1QS 3.16	ובהיותם לתעודותם
1QSa 1.26	לעצת יחד או לתעודת מלחמה
1QS 5.4	בשרירות לבו לתעות אחר לבבו
4Q510 1 1.6	פתע פתאום ל]תעות רוח
4Q511 10 1.2	ל]תעות רוח : [
4pN 3+ 3.7	יוסיפו עוד לתעות[
1QS 10.12	וגבורת כול לתפארת עולם
1pHab 4.7	רב יקימום לתפושם ובאמה
1QH 6.36	]ל[ ]לתפל וכבפים
4QCata 14 1.4	רנתי האזינה ל]תפלתי :]ר
2apDa 1 1.3	ולא : מ]לחמה לתפש ערי
4Q504 4 1.22	טורה: [ ]]ם לתפש ב]
2apPr 5 1.2	[אש] : לת]פ[שם[:]ר

Reference	Text
11QSS 3+ 1.3	יתכל]כ[לו לשרת ל [
11QT 32.12	]הם [: בבואם לשרת בקודש
11QT 56.9	העומד שמה לשרת לפני או
11QT 63.3	כי בהמה בחרתי לשרת לפני
4Qord 1 2.8	השקל ב]שקל : לשש מא]ו[ת
11QT 43.1	]ה [: לשש] :
4Q405 28 1.2	]ס[:]לששי [שבע] :
1QH 10.25	על פלגי מים לשת עלה :
1apGn 12.15	ביום חד לשתא חמישיתא
1QS 6.5	או התירוש : לשתות הכוהן
1QS 6.5	או התירוש לשתות הכוהן
1QSa 2.18	ה]תירוש לשתות[
1pHab 11.13	לוא מל את עור לת לבו וילך
1pPs 9 1.5	]ה [:]לת[ה :[
1QH 17 1.7	]ואול[ם :]לת[
3Q14 5 1.4	ל[ ]ה[:]לת[ם :[
3Q15 4.12	שבצפון כח : לת כסף כב
4Q381 18 1.4	]ב על יד] :]לת כבוד :[
4Q400 3 1.4	]י :]לת[
4Q506 135 1.2	]ר[:]לת[
4Q506 167 1.2	]וד[:]לת[
4Q519 66 1.1	]ל[:]לת[
6QHym 2 1.3	ר ותשבי] :]לת יהוה [
3Q14 9 1.1	]לתא [:]לל ה[
11QT 38.15	ובין התאו לתאו שלוש [
4Q509 17 1.4	מעולם [:]לתבואת [:]אשר
1QSb 4.27	[ ] לתבל בדעת
1QM 17.4	כי]א המה לתהו ולבהו
1QH 3.17	עם מצעדם לתהום ישמיעו
11AP a 3.7	]ך אשר [:]לתהום רבה : [
1QH 3 1.16	]פשי נדה לתהלויים
11QPs 19.9	להגיד אמונתכה לתהלתכה אין
1QH 10.28	]ש הרביתה נ]לת[ו : ברדעת
4Q509 32 1.5	קודש עם ב] :]לת[ו [ ]ק[:[
TS 3 1.11	]ב]ין תו לת[ו שלוש אמות
11QT 42.8	עולים מסבות לתוך הפרור
11QT 50.13	עד הערב ואם : לתוך הבית יבוא
11QT 52.20	אשר לוא יבוא לתוך מקדשי
1QH 12.13	]פ[תחתה לתוכי דעת ברז
CD 4.5	שמותיהם לתולדותם וקץ
1QS3 1 1.1	]לתולקת ול [
1QS 11.1	לנמה]רי : לתוקי רוח בינה
CD 2.16	בכל דרכיו ולא לתור במחשבות
1QS 5.3	לכול דבר לתורה ולהון
1QS 6.22	בתוך אחיו לתורה ולמשפט
4pPs a 1+ 2.3	כול השבים לתורה אשר לוא
4pPs a 11 1.1	]לשוב יחד לתורה ב]
CD 13.5	ואם : משפט לתורת נגע יהיה

1Q34^{b} 2+ 1.2 נפ]שותינו לתקופ[: הארץ

1apGn 22.31 ואספרך לך לתקיף ברא מנך

5QJN 1 2.6 באתין מן תרע לתר[ע

1QJN 4 1.2]˙ ˙[:]לתרע[א

1Q30 2 1.1]לפניכה לתת[:]ל˙ל[
1QDM 2.2 את ה[ירדן] ל[תת] לכה
1QDM 2.10 למ[שה ל]תת לכם את :
4Q378 11 1.3]הנשבע לאברהם לתת :]טובה
4Q385 2 1.1 [הגואל עמי לתת להם הברית:

4pPs^{a} 1+ 4.9] גמולו לתתו : ביד

מ

1Q20 1 1.1]ם רגזך תת˙ך
1Q20 1 1.1 תת˙ך ותתק˙ם ומן הוא:]ם
1Q20 1 1.2 ˙ם ומן הוא:]ם חמת רגזך:
1Q20 2 1.1 ˙ ˙[ ]˙ם[:]˙˙
1Q23 21 1.1]˙[ ]ם[:]תמכין
1Q25 6 1.4 [:] להביא מ[:] לח˙˙[
1Q26 2 1.1]ם ˙[:] כול
1Q29 2 1.3 לשונות אש מ[:]ואחר
1Q34^{b} 3 1.3 ג[ו]רל :]ם בעצמותם חרפה
1Q34^{b} 3 2.8 רועה נאמן מ˙[ ]ש
1Q35 1 1.9]הוריתי בא[ ]ם:]מנעורי
1Q36 2 1.6]לחם ˙[ ]˙[ ]ם כב[
1Q36 11 1.1]ם ˙[:]˙ות
1Q36 12 1.1]ם ת[:]˙יא
1Q36 17 1.3 אושי[:]˙אבו˙ם אל עבדיו בבו
1Q37 3 1.1]ם ה ˙[:]סוסי[
1Q39 1 1.1]ם [:]כה[:]
1Q39 1 1.4]˙˙[ ]ם ונכבד ˙[:
1Q40 6 1.2]˙ ˙[:]ם וכו[:] ועתה
1Q47 2 1.2]˙ ˙[:]ם נשי[
1Q49 2 1.1 ואדברה [:]˙˙ם [:]˙ חילכה
1Q51 1 1.3 ב[ ]˙ו ולמ[:]ם [ו]ל[ה]תהלך
1Q69 4 1.1]ם [:]רעים [
1Q69 26 1.1]ם בין[
1Q70 7R 1.1]ם ו[:]˙הע˙[:
1Q70 20 1.1]ם י˙[:]א˙[
1apGn 2.10 א[:]]ם ענתא ונשמתי
1apGn 19.8] למאלם [ ]ם עד כען לא
1apGn 19.13 [ ]לל[ ]מ[ ]מל[
1Myst 1 1.2]˙˙ם ל˙[א]מת
1Myst 1 2.7 כי ˙ת˙[: מה מ[ ]מחים כי
1Myst 1 2.11 ידע כול מ[:] [
1Myst 11 1.1]ם
1Myst 13 1.3 ות˙[:]ם רזי תהום
1pHab 1.15]ולוא מ[ ] : [
1pMic 10 1.2]פשרו על מ˙˙[ ]˙˙[:]
1pMic 7 1.1]ם [:]הלוא ˙[
1pMic 11 1.1]˙[ ]ם אשר יתע[ו :
1pMic 12 1.3 כי]א יצא אל מ[:]˙ ˙[
1pMic 22 1.3] והאור[:]˙ם צ˙ב˙[:]בל
1pPs 9 1.6]˙ם ב[ ] :
1pPs 11 1.1]ם ב[:]ל את ˙[
1QDM 4.4 [:]]ם חוקו[ת עול]ם
1QDM 4.5]ל[ ]הכ[ ]ם יקח ה[כוהן
1QDM 4.10]ם האלה : [
1QH 1.3]˙˙˙˙˙˙˙ם[: בם ומש[
1QH 1.4]˙ם כיא[
1QH 1.4]˙ ומקה ˙מ˙[: ומעין
1QH 1.6 לפני ח˙˙מ˙[
1QH 2.5 ח[:] מחץ מ ˙ ˙ [
1QH 2.36 מפחד הוות ר˙˙ם ולהמיר בהולל
1QH 3.5 פיכה ותצו לנו מ[ ]ומ[
1QH 4.2 ˙˙˙ מו ˙˙˙˙ו מ ˙˙[:] על
1QH 4.4 אשר בחרתה מ˙˙˙[: אודכה
1QH 4.7 רמיה ˙˙˙ם וילבטו בלא
1QH 6.7 עם ועל שאון מ[ ]כות בהאספם
1QH 7.15 בגבול :]ם לשביל<י>
1QH 7.33 פלאך :˙˙˙˙˙ל˙ם : [אודכ]ה
1QH 8.21]ם לפנות על קו
1QH 8.26 ולא נפתח עם מ˙˙[
1QH 9.29 אחסיה מכול מ˙˙[
1QH 9.39]שמכה בהפלא מ˙[:]˙ן השבת
1QH 14.23 ועד˙[ ]ם וגדול :]˙ים
1QH 15.11 על רבים מ˙[ ]˙[:
1QH 16.5 ˙י כשול בכול מ[: בדעתי
1QH 16.13 ולשומרי מ[ ]˙˙ת[:
1QH 16.16 א[ ]ך א[ ]ם ˙˙˙ חסד ואמת
1QH 17.1] משפלת מדה מ˙[:]מגולה
1QH 17.2]מגולה בלוא מ˙עופ[:]בים
1QH 17.15 כול ע˙˙˙˙ם ולהנחילם
1QH 17.23 רצונך חוק מ[ ]ד על
1QH 17.26 [ ]הר מ[ ]ת˙
1QH 18.13 כמעשיו ולפתח מ[ ]˙
1QH 6 1.2 רשע : [˙˙˙˙˙˙ם ובמשפטים :
1QH 6 1.7 לבשר ידעתי :]ם עולה בקצ :
1QH 8 1.10 פי[: למשכיל מ˙˙[: כיא[
1QH 9 1.6 בה כול :]˙ם בעבותי רוח
1QH 11 1.3 שני עו[:]מ˙ר כול חותם
1QH 12 1.7 נעוה מעול[:]מ ˙˙˙˙˙˙[
1QH 14 1.6]נת˙˙˙ :]מ˙˙˙˙
1QH 21 1.1]ם [:]˙ו ו˙˙˙
1QH 22 1.3] בכול [:]˙ם עם תענ[
1QH 25 1.2 ברזי [:]˙ם בסביביה פן
1QH 26 1.1 מ˙˙[: אמת ˙
1QH 45 1.3 עוונו˙[:]˙ם כול שמן
1QH 51 1.5 ש[:]כיא אין מ[:]˙ת˙[
1QJN 11 1.1]˙ם[:]ול ˙[
1QM 13.15 ול[ ]˙ם מכול ימ[ים]
1QM 17.5 ונהיה ו[יהי]ה מ[ ]ל בכול
1QM 18.13]ם ולב גבורים
1QNo 15 1.3 כונן [:]˙ל˙˙ם לכל[
1QNo 18 1.1]ל מ˙[
1QS^{b} 3.6 [:˙˙˙˙[ ]ם מבשר ועם
1QS^{b} 5.4 השן : רואיכה מ[: וחדש לכה[
2Q27 1 1.2]˙יהם מב[:]ם ולו יומ[רו:
2Q28 3 1.2]וה איש[:]ם עלה[
2Q29 1 1.2]˙ תדבר ˙[:]ם ונחנו בל˙[:
2Q33 1 1.1]ם קצו [:]לוא
2Q33 3 1.2]˙בה אל פי מ[
2Q33 4 1.1]מ[:]˙ים כ[: [
2apPr 3 1.1]מ˙[:]מים
2apPr 4 1.1]מ[:]ריד [:
3Q7 3 1.3]˙ל זבו˙[:]ם א˙[
3Q7 5 1.4 [:]˙[ ]מ˙˙[
3Q11 2 1.1]לעשות מ[:]ל[ ]˙ן א
3Q14 2 1.5 [:]פדו[:]מ[
3Q15 11.17 מיף על מ[ ]
4Q176 14 1.2]בכשו[:]˙ם שנאית ˙[:
4Q176 19 1.2]א בח[:]ם בחרב ולמשפט
4Q176 24 1.1]מ˙ ˙˙[:]˙ק
4Q176 45 1.1]מ[:]˙סו˙[
4Q178 1 1.1]˙˙˙ם ולע[מ]וד
4Q178 2 1.1]˙˙ם וי[:]דבר בש
4Q183 1 1.1]ם: אויביהם
4Q184 2 1.6 לב ערל[:]ם רום לבב ואף
4Q185 1+ 3.10 ו˙א ע[ ]˙˙ם[: הל˙˙˙[
4Q185 1+ 3.11 הל˙˙˙[ ]ם עשה לביתו וי
4Q185 3 1.1]˙[ ]ם כ˙[: אל]הים
4Q185 6 1.1]˙מ˙[:]וה˙אתי
4Q370 1.9]ם <]עשו>
4Q370 2.1 מעון ידרשו מ[: יצדיק
4Q374 1 1.3]˙˙[:]ל ם ענוה[
4Q374 2 2.4 ולצאצאיהם מ˙[: וימע

מ

4Q374 6 1.3	]˙ה ˙[:]˙ם[
4Q374 7 1.2	]בך [:]ם מליץ לעמך[:
4Q374 7 1.4	ומעלה[:]˙˙ם[
4Q374 16 1.1	]ם[:]ת עמו מא[
4Q381 3 1.2	לי[:]לל˙˙ <ם> ˙˙[
4Q381 7 1.1	]˙˙ם [:]י ˙[
4Q381 8 1.1	]ם[:]˙ יעמדו
4Q381 10+ 1.2	כי השחיתו מ˙[:] רחמון
4Q381 12 1.1	]˙ם א[
4Q381 23 1.1	]ם[:]לחדרי ˙[
4Q381 24 1.11	]ם השכיל ושכל
4Q381 28 1.4	[:]˙˙ ם˙ ˙˙˙˙ ˙˙[
4Q381 31 1.4	]˙שיך מ˙ת עזי[ ]
4Q381 31 1.8	מספר החי[ ]ם[ ]מפחדי יתמו
4Q381 47 1.1	]ם אלהי כי
4Q381 50 1.5	במקום [:]˙˙ם ונודך [:]
4Q381 76+ 1.2	הקבצו[:]ם לבני אדם
4Q381 103 1.1	]ם [:] ויחי
4Q381 104 1.1	]ם[
4Q400 1 2.7	אלוהים לשבעת מ[: כבוד המלך
4Q400 4 1.1	]ם :]˙ה :
4Q400 7 1.6	]עת ק[:]יר מ[:]ה[
4Q401 8 1.2	]עולמי[:]ם שב[עה
4Q401 14 1.2	]ם
4Q401 14 2.6	נשיאי מ[: השמיעו
4Q401 24 1.3	]˙ בכול מ˙[
4Q401 29 1.2	]בלשון ה[:]ם לנפלאות[
4Q402 1 1.1	]˙ם במב[וא
4Q402 3 1.8	]:]ם
4Q402 4 1.1	]ם[:]ים ויפלג
4Q402 5 1.3	]בקדו[שי :]ם לוא[
4Q402 6 1.1	]ם [:] צורות[
4Q402 7 1.1	]˙ם[:]ואור
4Q402 8 1.3	תרוע[ה :]ם הגבורה ˙[:]
4Q402 10 1.4	]תו ים[:]עד מ[
4Q402 11 1.2	]ן[:]˙ם בש[:] פלא
4Q403 1 1.9	ת[ולדות]ם[ ]
4Q403 1 1.10	]ם לנשיאי ר[וש
4Q404 8 1.1	]˙ ם :]צדק:]אי
4Q404 9 1.1	]ם[ ]ל[ ]לו[
4Q404 11 1.3	]˙ בשבוע[:]ם לכבוד ˙[:
4Q404 19 1.1	]רתו מ[:]ש
4Q405 3 1.12	]:]וגדל:]~~ם אמת~~
4Q405 7 1.1	]˙˙ם[:]ת[ ]
4Q405 7 1.3	]בשבעת מ˙[ ]˙[ ]ם
4Q405 7 1.3	מ˙[ ]˙[ ]ם מלכות[:
4Q405 7 1.4	]רא[שי]ם במעמד ˙[:]
4Q405 8+ 1.2	לאלוהי כול מ[
4Q405 10 1.2	רנה[: מ˙[: ש[
4Q405 18 1.2	קדושים דביר מ˙[: קו]דשים
4Q405 19+ 1.1	[ ]ם[: ושבחהו
4Q405 20 1.4	]כבודם :]˙˙ם
4Q405 23 2.1	[ ]ם תפארת לפתוחי
4Q405 27 1.3	] [ ] <ר>˙˙ם[
4Q405 28 1.1	]ם[:]לשש[י
4Q405 29 1.1	]ם ובר[ר:
4Q405 40 1.1	]˙˙ם ומ˙[:
4Q405 40 1.3	וכ[:]כנפיהם מ[:]אי[˙˙[
4Q405 43 1.2	]˙[:]ם רוח מרוח[:
4Q405 46 1.1	]פ[ ]ל מ[:]אלוהי
4Q405 60 1.1	]˙ מ˙[
4Q405 68 1.2	] שבע[:]ם בחוד[ש
4Q405 74 1.2	]יקדש ודעת מ[:]˙˙ קודש[
4Q405 78 1.1	]˙˙ מ[:] ה˙[
4Q405 85 1.2	קו[דשים :]ם מ˙[
4Q405 85 1.2	קו[דשים :]ם מ˙[
4Q405 90 1.2	˙[:] ה<רו> ם ק[
4Q406 1 1.2	]ם כיא מעון[
4Q406 4 1.1	]˙ם ˙˙˙˙ ˙˙˙[:
4Q482 7 1.2	]˙˙˙˙ ˙[:]˙ם ב[:]עלי[
4Q485 1 1.5	שבות˙[:]˙˙˙ם אחר כתוב[:]
4Q485 5 1.1	]˙ר מ˙[:]ו בתור[
4Q486 1 1.3	]˙˙˙˙ :]ה:]ם˙˙˙[ ]:
4Q486 1 1.8	]עג:]ם:]˙ם
4Q486 1 1.9	]עג:]ם:]˙ם
4Q487 1 2.1	כימי:]ל[: מ˙[: ברהו לעפר
4Q487 2 1.3	בה˙[:]˙˙ם˙ דגלי ב˙˙[:
4Q487 3 1.2	ו[:]ק ש[ ]ם[:]ת לו
4Q487 17 1.4	]˙ו ועש[:]˙ם ינ˙[
4Q487 19 1.1	] מ˙[:]ולאחר[
4Q487 20 1.1	]ם [:]ם אל ה[
4Q487 20 1.2	]ם [:]ם אל ה[:]שע
4Q487 30 1.3	] :]וש˙[:]ם [:]ל˙˙[
4Q487 38 1.1	] מ˙˙[:]˙ והמק[
4Q487 42 1.1	]˙ מ˙[:]˙יח˙˙[
4Q488 4 1.1	]מ˙צר מ˙[:]במח
4Q488 4 1.1	]מ˙צר מ˙[:]במח˙[
4Q489 1 1.2	ו˙[:] וחזיתה מ[
4Q490 1 1.1	]ם[:] ויק˙ו˙[
4Q497 13 1.3	] :]לתם[:]ם ב[
4Q497 28 1.1	]מ˙[:] בשמי [
4Q497 45 1.1	]מ˙[
4Q497 52 1.1	]מ˙[:]˙˙[:]ל
4Q499 2 1.4	]איר˙[:]ם ז˙[:
4Q499 8 1.1	]˙˙ם [:]בחוצות[
4Q499 11 1.1	]ם[:]מה[:]ו
4Q499 12 1.2	]˙[:]ם˙[:]˙˙ כמ[
4Q499 13 1.4	[:]˙ ˙י [:]ם ק˙˙[
4Q499 16 1.1	<]˙ם˙˙[>]הי[:
4Q499 24 1.2	]˙[:]ם ול[:]א ˙[
4Q499 30 1.1	]˙מ[:]בני[
4Q499 37 1.3	]˙˙˙כ[:] <]˙ם> [ ] ו˙[
4Q499 44 1.2	]˙[:]ם[
4Q499 47 1.2	נפש[:]˙˙ם נבו˙˙[:
4Q499 53 1.3	˙˙[:]א˙[:]ם ˙[:]˙[
4Q502 1 1.2	א]דם מכיר[:]ם חוק אל[:
4Q502 1 1.10	]˙ עונת ש˙[:]ם לבני צד[ק :
4Q502 14 1.2	]˙˙˙[:]˙מוד מ˙ק ˙[:
4Q502 20 1.1	]ם ל˙[: אור]ך
4Q502 41 1.1	]ם[:]הודות˙[
4Q502 47 1.2	יש]ראל [:]ם לפניו ו[:
4Q502 48 1.1	]ם[:]˙ על כול
4Q502 66 1.1	]ם[:]˙שנו [
4Q502 69 1.1	]מ[:]שמח[:]ב[
4Q502 73 1.1	]ם [:] ש˙[
4Q502 81 1.1	]˙ם [:] ל[
4Q502 87 1.2	[: ל]פני כול מ[
4Q502 98 1.1	]ם[ ]˙˙ם [:]ד
4Q502 98 1.1	]ם[ ]˙˙ם [:]ד לפניו
4Q502 101 1.2	וע[נו :]אר מ[:]ברוך [:
4Q502 109 1.1	]ם [:]˙ים עד
4Q502 115 1.2	]˙˙[:]ם[:]סי[
4Q502 116 1.2	<]שו בש[> מ[
4Q502 125 1.1	]˙[ ]ם[:]ביכה [
4Q502 127 1.1	]ם[:]ם א[:]˙
4Q502 127 1.2	]ם[:]ם א[:]˙˙[
4Q502 133 1.2	]˙ וכלית[:]˙ם ומ[
4Q502 138 1.1	]ם ועם[:]ל[
4Q502 147 1.1	]ם[:]ולינ[
4Q502 151 1.1	] מ[:] א˙[
4Q502 154 1.1	]ם[:] עמ˙[:]
4Q502 155 1.6	ש[:]כבוד[:]ם[
4Q502 171 1.1	]˙ם[:]אל[:]לש
4Q502 173 1.1	]ם[:]הם [:] [
4Q502 174 1.1	]˙˙[ ]ל[ ]ם[:]˙מלים בש[
4Q502 177 1.2	] בסו[ד:]˙ מ˙[
4Q502 228 1.1	]ם ˙[
4Q502 253 1.3	]אחר [:] ת מ˙[
4Q502 265 1.1	]מ˙[:] שי [
4Q502 269 1.2	]בנ [:]ם ˙[
4Q502 272 1.2	]˙˙[:]ם ב[
4Q502 273 1.1	]ם [:]עת[

]אש[:]ה ם[	4Q502 276 1.1
]ם ם[:]ק[	4Q502 282 1.2
]ם ם[:]ק[	4Q502 282 1.2
]˙ם˙ת[	4Q502 315 1.1
]˙ל ם[	4Q502 324 1.1
[ ]˙עדנ ם˙[ ]לפניו]ש	4Q503 1+ 2.19
]ם גדול]ר[:]צ	4Q503 18 1.3
]מעונו ם[ ]˙[:]	4Q503 20 1.3
אור[ ]ם[: [	4Q503 29+ 2.8
]ם˙˙ דשים]קו[ ]:[	4Q503 37+ 1.19
]...... ם[	4Q503 39 1.1
י[:]˙ ם[ ]˙במע[	4Q503 42+ 1.1
] במועדי[:]ם[ ]˙˙[	4Q503 45+ 1.1
]ם[:] ברוך[	4Q503 45+ 1.7
] ם[	4Q503 51+ 1.1
ום]י[ה עמנו ם[	4Q503 66 1.1
[ ]˙[:]ם[	4Q503 73 1.1
]ם[	4Q503 88 1.1
אל[:]כל ם[	4Q503 90 1.1
]˙ וש[:]ם ו˙[:] איר[	4Q503 95 1.3
] שי[:]ש ם[:] ו˙[	4Q503 96 1.2
] ה[:] ם[	4Q503 114 1.1
]מקום[:]ם[	4Q503 122 1.1
]˙ ם[:]עד[	4Q503 124 1.2
]וש ם[:]˙ום]	4Q503 127 1.2
]ל ˙[:] ם[	4Q503 129 1.1
]בצאת[:]ם˙ה[	4Q503 137 1.1
]ות [:]˙ ם[	4Q503 149 1.1
]˙צ[:]ם˙[	4Q503 150 1.1
[:] כה[:]ם˙[	4Q503 155 1.1
]ם ל[	4Q503 173 1.1
]ם ˙[:]˙ לוא י˙]	4Q503 175 1.3
]ם[	4Q503 177 1.1
ם˙[	4Q503 180 1.1
]˙ם˙[	4Q503 210 1.1
ופעולתם ם˙[	4Q504 1+R 2.19
ברוך]ים :]˙ם[:˙[: ה˙ב[	4Q504 3 2.1
]בכול :]˙ם˙וכ משה[	4Q504 3 2.16
ו˙[:]˙רב ם[ ]˙˙ ך˙[	4Q504 4 1.18
]˙ב לתפש ם˙[:]מודה	4Q504 4 1.22
בארץ ולתהלך ם˙[:]ה המשלת	4Q504 8R 1.7
:]˙ל ם[:]ם[	4Q504 13 1.1
]ה כיא[:]˙ל ם[:]ם[	4Q504 13 1.2
:]אל תר ם[	4Q504 19 1.1
]˙[ ]˙[:]˙ם˙[	4Q504 22 1.1
בעסו[:]˙בא ם[:]ויעבו[	4Q504 29 1.2
]˙וכול י ם[:]זכ רנה[	4Q504 34 1.2
]ם ˙[:]בוא[	4Q504 38 1.2
]לאה ם[:]לבלתי[	4Q505 120 1.3
]ם[:] ם[	4Q506 138 1.1
]ם[:] ם[	4Q506 138 1.2
˙[:]˙ג˙[:] ם[	4Q506 152 1.1
]˙[:]˙ם[	4Q506 181 1.1
ו]קומנ :]ם יצרנו דעת[י	4Q508 2 1.5
קודש ˙[:]ם˙[ ]˙˙[	4Q508 18 1.1
בארתנו[:]˙ם˙[ ]˙ ˙[	4Q508 24 1.1
]ל˙ם[:]ותינו˙[	4Q508 29 1.2
]˙ם[:] ב[	4Q508 38 1.2
]˙˙ כול ם˙[:]ואיכה	4Q508 40 1.3
˙˙˙ש[: ם[	4Q509 5+ 1.4#
]הכול ידעתה ם[ ]˙˙˙	4Q509 5+ 2.4
תם[:]ו ם˙שא<ד>ק ם[	4Q509 7 2.6
את ש[: ם˙[:]בות˙ : ה	4Q509 15 1.4
]˙העז ה[:]˙ם˙˙[	4Q509 28 1.1
]˙ם	4Q509 34 1.1
ל]ישרא[י :]˙ ם[	4Q509 44 1.1
]ם˙[:]המ[	4Q509 52 1.2
ל ותשא] : [ם אנו וגם ˙]	4Q509 53 1.1
]ם הכפרתה מעלת[	4Q509 54 1.2
]ב ם[:]ויגילו :]	4Q509 57 1.3
ואת ˙א[:] ם[ ]˙˙˙ מן ה[	4Q509 58 1.3

]צ[:]ם[	4Q509 61 1.1
: עולם[:ם[	4Q509 73 1.1
]ע ם[:]˙[	4Q509 95 1.2
]˙ז ם[:]ל ל[:]˙[	4Q509 96 1.3
]ה[:]ם[	4Q509 103 1.1
]˙ל<ד>ת˙[:]ם[	4Q509 105 1.1
]˙ם˙[:]˙יכ˙[	4Q509 106 1.2
]יע ר[:]˙˙ ם[	4Q509 110 1.1
]˙ר ˙[:] ם˙[	4Q509 111 1.1
] ם[	4Q509 118 1.1
ארץ עלי ם˙[ ]לב	4Q509 131+ 2.8
[:]וחיק ם˙ם˙ ˙[	4Q509 134 1.1
על [:]וחיק ם˙ם˙ ˙[	4Q509 134 1.1
]˙ליה˙[:]ם˙˙˙[	4Q509 137 1.1
]שם[:]˙ו ם[:]ינו˙[	4Q509 152 1.2
]ל ˙[:]לב ם[:]אר]	4Q509 156 1.2
שועו[י :]ם˙˙ב˙˙˙[	4Q509 157 1.1
]ם[:]ק˙[:]	4Q509 159 1.3
הרעות[:]ם[ ] ולוא ˙[	4Q509 188 1.3
]˙לש ל[:] ם˙[	4Q509 190 1.1
מלך˙[:]˙˙ם ˙[	4Q509 196 1.1
]˙ם חק˙[:]˙ש ת[	4Q509 199 1.4
אדוני ברוך ם[	4Q509 206 1.1
:]˙במ˙ ם˙[:]˙˙ ך˙˙[	4Q509 209 1.2
]ם ה[:]מר ים]	4Q509 211 1.2
בפיה[:] ˙ם˙[	4Q509 228 1.1
]˙ורכ[:]˙ ם[	4Q509 247 1.1
˙[:]˙כת[:]ם[	4Q509 248 1.1
]ב ם[:]שע[	4Q509 267 1.2
] לכה ם[	4Q509 294 1.1
]˙˙ ם[	4Q509 298 1.1
]˙אשי ם˙[	4Q509 299 1.1
תאומרו[:]˙ם תוש[	4Q510 7 1.1
] ˙ ם[:]הואה[	4Q510 9 1.2
]בלת[:]ם˙חצ]	4Q510 11 1.1
]ל˙ב רים[ ]ם ובישראל	4Q511 2 2.10
]לכם ואין ם˙˙[:]וכחכום	4Q511 3 1.5
]בו˙[:]ם ירועו וארץ	4Q511 3 1.7
יגילו[:]˙˙ב ם[	4Q511 8 1.1
]ם[:] [	4Q511 9 1.3
:]˙מ מתוך ם[:] מיראיו	4Q511 11 1.6
לוא[:]˙מ מתוך ם[:]	4Q511 11 1.6
:]ם ם[	4Q511 15 1.1
:]עולמים[:]ם ם[	4Q511 15 1.1
]˙ם˙˙[:]י לוא	4Q511 17 1.5
:]˙[ ]˙˙[ ]˙ם ה[	4Q511 26 1.1
ר[:]ירוממו ם[:ו]יגיל	4Q511 27 1.3
˙[ ]˙ י˙[:]ם[	4Q511 37 1.1
]˙וכ ם[:]˙˙בת לבבם	4Q511 43 1.9
]וא ם[ ]˙נצי [ ] ˙	4Q511 44+ 1.2
: ואש ם[	4Q511 44+ 1.3
˙˙[: ם˙[	4Q511 44+ 1.7
]˙מים[ ]ם[ ]˙[ ]˙[	4Q511 48+ 1.8
:]ולישרים ם[	4Q511 60 1.1
:]˙ ם[	4Q511 71 1.1
]˙ ˙[:]לוא ם˙˙[:] מה פי	4Q511 75 1.3
]˙˙ ם[:]ברורי[	4Q511 80 1.2
]˙ם כול[:]˙י[	4Q511 88 1.2
]ע [:]˙ ם˙[:] תו˙[	4Q511 94 1.2
˙ם נעו˙[	4Q511 103 1.5
˙[:ם[:ם[	4Q511 114 1.1
˙[:ם[:ם[	4Q511 114 1.2
]ל[: עם ם˙[	4Q511 117 1.1
]˙ממ עו˙[:]ם˙[	4Q511 123 1.1
[:]ב ים[:]ם˙[	4Q511 137 1.1
לא˙ ת[:] ם˙[	4Q511 140 1.1
] ם[ ]˙˙[:] [	4Q511 141 1.4
]˙ו שו˙[:]˙ם ל˙[	4Q511 147 1.1
˙[:]ות[ ]˙ם ˙[	4Q511 151 1.1
] ם[:]לויר[	4Q511 159 1.2
]דם˙[:]˙ם˙[	4Q511 162 1.1

Reference	Text
4Q511 182 1.2	]ל[ ]מ[
4Q511 190 1.2	]˙י ˙˙[:]˙ם [
4Q511 194 1.2	]˙אור· [:]ל˙˙˙מ[
4Q511 200 1.1	]ת מ[:]˙ם [
4Q511 200 1.2	]ת מ[:]˙ם [
4Q511 203 1.2	]כול כ[:]˙מ˙[
4Q512 24+ 1.2	לתמ לרוב ˙˙[ ]מ[:]˙ שמכה
4Q512 18 1.1	]˙˙ם [: בג]ריו
4Q512 1+ 1.13	ח] [: כול מ[ ]˙˙˙מ[
4Q512 1+ 1.13	כול מ[ ]˙˙˙מ[
4Q512 64 1.7	קור[שכה:]מ[ ]התקש
4Q512 69 1.1	]˙[ ]˙[ ]˙מ[: ותצוננו
4Q512 76 1.1	]ם [:]מ לפני
4Q512 76 1.2	]ם [:]מ לפני כול שמ[
4Q512 77 1.2	]שכ˙ ˙[:]מ רשו[ן :
4Q512 79 1.2	]ע[:]ם כ[:]מר
4Q512 89 1.1	]שכה מ[:]טמאה[:
4Q512 101 1.2	]ה [:]˙[ ]מ[
4Q512 116 1.2	]כוהן[:]מ שב[:]ה˙[
4Q512 119 1.2	]˙[:]מ [
4Q512 122 1.1	]בנו מ[:]ה˙˙[
4Q512 131 1.1	]מ[:]ת כב[:]
4Q512 136 1.3	ר]צונכ[ה:]מ ה[
4Q512 137 1.1	]˙ם [
4Q512 139 1.1	]˙˙מ וכול[:]ק
4Q512 143 1.2	]ינ˙[:]מ [
4Q512 148 1.2	]א[:]מ˙[
4Q512 149 1.1	] מ˙[:]˙˙[
4Q512 151 1.1	]˙ם[:] ו[
4Q512 163 1.2	]˙ [:]˙מ˙[:]˙א[
4Q512 166 1.1	]ם [
4Q512 172 1.1	]מ [
4Q512 181 1.4	[:]הטהר[:]ם [
4Q512 184 1.1	]ם [
4Q512 193 1.1	] מ[:]˙ [
4Q512 194 1.2	]˙כ[:]˙מ˙[
4Q512 227 1.1	]מ[:] ואר[:
4Q513 2 2.6	[: המה מ[ ] ור[ ]˙
4Q513 2 2.7	]ם [ ]הים ל[
4Q513 9 1.5	]שאת :]˙ם[:]˙˙
4Q513 29 1.1	]˙˙מ[:]המ[ה
4Q513 30 1.2	נדתם [:]˙ם ע˙[
4Q513 31 1.4	ב[:]חיו[:]מ[
4Q513 43 1.1	]ם כ[:]ל[
4Q514 1 2.6	מ˙[
4Q514 1 2.10	[: לק[:]מ[
4Q515 3 2.1	]קודשו: ול˙˙מ˙˙[
4Q517 1 1.1	]מ˙]: [˙ות˙[
4Q517 7 1.1	]מ מ[
4Q517 7 1.1	]ם מ[
4Q517 9 1.1	]עמנו ב˙מ˙ת[
4Q517 59 1.1	]ין מ˙[:]˙˙˙[
4Q517 66 1.2	]˙[:]ם ק˙[
4Q517 68 1.1	]ם מ[
4Q517 68 1.1	]ם מ[
4Q518 1 1.1	]˙מ ˙˙[:] נחרק[
4Q518 21 1.4	]˙את ˙[:]˙˙מ˙מ[:]˙˙[
4Q518 21 1.4	את ˙[:]˙˙מ˙מ[:]˙˙[
4Q518 32 1.1	]מ [ ]˙[:] בק
4Q519 1 1.2	]˙[:]ע[ ]ם ˙[:
4Q519 58 1.1	] מ[
4Q520 3 1.1	]ם שו[:]ל[
4Q520 4 1.1	]מ[:]˙˙[
4Q520 7 1.1	]את מ[
4Q520 11 1.1	]ם[:]נ[
4Q520 16 1.1	]מ˙[
4Q520 27 1.1	]˙˙מ[:]˙דו ל[:
4Q520 34 1.1	]˙ם ˙[
4Q520 36 1.1	]˙˙מ[
4AgCr 2+ 2.4	האנשי[ם :]ם מאלוני ממרה
4apLm 3 1.1	]˙מ˙˙[:]חללו[
4pHs[a] 1.11	]מן מ[ ]˙י
4pHs[b] 10a+ 1.3	]ם לנו
4pHs[b] 20 1.2	˙[ ]˙[:]ם במקדש יש[ראל
4pHs[b] 27 1.1	]ם
4pHs[b] 30 1.1	]˙ם [:]˙ [
4pHs[b] 31 1.1	]˙ם :]ה
4pHs[b] 38 1.5	[: ע[: י˙[: מ˙[: ג˙[: המי
4pIs[a] 7+ 3.5	]˙˙ [ ]ם[ ] : [
4pIs[a] 7+ 3.11	]˙ם למלחמת
4pIs[a] 7+ 3.13	יש]ראל ˙[ ]ם[ ]
4pIs[c] 2 1.5	]ע[ ]ם התרה היא˙ צ
4pIs[c] 11 1.4	]˙˙˙צי˙˙ם : [
4pIs[c] 21 1.5	]צ˙ם ˙˙[ ]˙[
4pIs[c] 22 1.2	]פשר הדבר[:]ם אשר דרך[:]
4pIs[c] 34 1.1	]˙ם [:] ל˙[:]
4pIs[c] 36 1.1	]ם [:]תעו [:
4pIs[c] 37 1.2	]˙ר[:]˙מ[:]לוא[:
4pIs[c] 45 1.1	]˙ מ[:]כהן[:]ש
4pIs[c] 61 1.2	]˙˙ [:]˙מ˙[:]ה˙ [
4pN 3+ 3.12	...[ ]˙מ[פ]וט
4pN 5 1.2	גבל ישרא[ל] ˙˙ם[ ]
4pPs[a] 1+ 3.19	] אל מ[
4pPs[a] 1+ 4.15	[ ]˙˙מ˙[
4pPs[b] 5 1.1	]ברו מ˙˙[:]בית
4QCat[a] 2+ 1.8	ברוחי[:]מ ˙˙[ג]ורל
4QCat[a] 5+ 1.10	]˙ד [ ]˙˙ם היא[:]אשר
4QCat[a] 8 1.3	[כיא לוא עם מ[:]סף ההר
4QCat[a] 12+ 2.1	א[ור : הפ˙[ ]מ[: בליעל י[
4QCat[a] 16 1.3	]לעצ[:]ם[:]ה˙[
4QCat[a] 18 1.1	]מ˙˙[:]ספר[:
4QCat[a] 20 1.2	]˙[:]ם כיא[:
4QFl 1+ 2.2	ונשאר ש[ ]ם ˙[ג]ורל ועשו
4QFl 1+ 2.5	[:]ה ברדתו מ[:]ל˙˙˙˙˙[
4QFl 5 1.3	י]דע כיא הואה מ˙[:]ה בכול
4QFl 22 1.1	]ם: [˙ה יחד
4QM1 1+ 1.2	[ ]˙ש˙[ ]˙ם ל˙[מש]פט
4QM1 1+ 1.6	וב]חלוקותמה מ[ ]מים
4QM1 1+ 1.14	]מ במלחמות כלה
4QM1 11 1.11	]חיל :]ם[ ]˙[
4QM1 11 1.22	ואין כ˙[:]ם להקים קרן
4QM1 11 2.12	במצרף לוא [מ]
4QM1 17 1.3	צבא[ות :]מ ואחרי ˙˙[
4QM1 18 1.1	]מ˙˙[: ק]ול
4QM1 19 1.1	]˙ם ולמ[:
4QM1 21 1.3	והכ[והנים :]ם ביו˙[
4QM1 37 1.1	]מ˙[:]˙ ו[
4QM6 20 1.2	[ו[:]˙˙מ˙[
4QM6 25 1.1	]˙מ ˙[:]הם [:
4QM6 25 1.3	[:]הם [:]מ[
4QM6 32 1.1	]מ[:]˙[
4QM6 39 1.1	]ם [
4QM6 68 1.1	] מ[:]ל [
4QM6 70 1.2	]˙ע[:]מ˙[
4QM6 71 1.1	]ם ˙[
4QM6 79 1.1	]˙מ[:]˙[
4QM6 92 1.1	]˙ מ[
4QM6 98 1.2	ליך ˙˙˙[:]˙ם [
4QMes 2.1	ש : [ ] די מ[ ] נפל
4QMes 2.13	ת˙[ ]˙מ[ ] ובמלן
4QOrd 1 2.10	המנה ש[ ]מ[ ]ל[
4QOrd 5 1.1	]מ אל וימותו
4Tstm 1.25	ועמד :]˙מ˙[
4VSam 7 1.2	<לו> מ˙ :]יחלתי
5Q13 1 1.7	ובנוח רציתה מ˙[:]˙ק
5Q16 2 1.1	]מ כל בא[:
5Q16 3 1.2	]אנשי ˙[:]מ השג˙[:]
5Q16 6 1.1	]מ מלאו ש˙[:
5Q17 1 1.1	]מ [:]כול
6Q26 4 1.3	לנפש[:]˙ מ[
6Q26 5 1.1	]˙מ[:]˙˙[
6Q31 4 1.1	]ם [:]ועב[

] ˙מא[4Q509 303 1.1
]ה　　] ˙ ˙מא ה ˙ : [4AgCr 2+ 2.6
ואמרת מראי מא ש]ולםן 4Amrm 2 1.3
] ˙[:]˙מא[:]ב ו˙ ˙< 4QM6 30 1.3
ערך : אר]חי מא עםר מלא 11tgJ 10.5
ובסגיא עויתך מא ˙] 11tgJ 26.1
]ת מא : תתן לה או 11tgJ 26.1
תתן לה או מא מידך יקבל] 11tgJ 26.2
אלהא : הת]נדע מא שויא אלהא 11tgJ 29.6
חוטא או : על מא אשיה 11tgJ 30.4

לקרב תלת מאא ותמניאת 1apGn 22.6

כי אתה מאבי : ידעתני 1QH 9.29

]תדוחו[ן] מאבן פנת: 2apPr 1 1.6

האלה הש[מרו מא]דה 1QDM 2.9
]ב[: מא]דה להש[מר: 1QDM 43 1.2
ב˙יך[:]פלא מאדה[1QH 10 1.9
ציון שמחי מאדה והופיעי 1QM 12.13
]ונפשי נבהלה מאדה ועתה יהוה 4QCat[a] 12+ 1.3

ימכר להם בכל מאדו ואת עבדו CD 12.10

מי אתה [　　　מ]אדם ומזרע 11Ap[a] 4.6
אשר יחרים אדם מאדם בחוקי CD 9.1

מן המערכה מאה מגן ומאה 1QM 9.13
בר מן[:]˙ מאה ועשר[2QJN 8 1.8
פותי אמין מא[ה ועשרי]ן 5QJN 1 1.4
כול ˙] : [˙ ˙ ˙ מאה ˙ע[:] ˙ ˙ ˙ ˙ 11QT 7.7
[ע]שרים מ<א>ה[　　　] 11QT 31.12
הפנ]ימית רחוב מאה באמה : 11QT 38.12
למקדש רחב מאה באמה אשר 11QT 46.9
וענשו אותו מאה כסף : 11QT 65.14

[:]　　　מאהב]י ושמתים 4pHs[a] 2.19

נבלותה לעיני מאה[ביה 4pHs[a] 2.10

האלה כי מאהבתו את CD 8.15
האלה כי מאהבתו את CD 19.28

ותעלני מאהלי מות ות[4Q381 31 1.2
כיון צלמיכם מאהלי דמשק CD 7.15

ויקם מאהרן נבונים CD 6.2
עד עמוד משיח מאהרן ומישראל CD 20.1

] ˙ ˙ ˙ ˙[: כיא מאו[: ולטהר 1QH 65 1.2
ב˙[:] מאו˙ ה˙[:] 4Q503 89 1.3
]תב[:] ˙ ˙[ ]מאו[:] ˙ל 4Q511 142 1.2
] ˙ ˙[:]מאו[:] ˙ס] 4Q519 23 1.2
ויוצא : [ ] מאו[11QPs 26.15

]אל ˙[ ] יא[: מ]אור בחוקי ב[1Q51 1 1.2
<ק[ן]>ד[: מ]אוד ˙ ˙ ˙ ˙ ˙[: 4Q509 8 1.6
]ציון שמחי מאוד [4QM2 1 1.5

הרחוקות מטכה מאודה אשר לוא 11QT 62.12

]עולמים[: מ]אודם כיא ˙[: 4Q511 15 1.3

[: מעוז בעיר מאויב　פש[רו 4pN 3+ 4.7

ונושעתם מאויביכם מיא 1QM 10.8

ידבק : בידכה מאום מן החרם 11QT 55.11
א[יש] למזבח מאום אנוס וגם CD 16.13

[: ˙ ˙[˙ ˙ ˙ם 6Q31 7 1.2
]ם[:]ל[6Q31 12 1.1
]מ˙ [6Q31 13 1.1
[˙]: [˙ם] 6Q31 17 1.2
]ש ˙[:]ם ש˙ [6apGn 12 1.2
[˙רעי מ[:] ˙ ˙ ˙ ˙ ˙ ˙ [6apGn 27 1.1
] מ˙ [:]קו אל[6apSK 25 1.1
]ם[:]עון כי 6apSK 36 1.1
]ח לו והיא מ[6apSK 38 1.2
[˙ם [:]ם [6apSK 39 1.1
[˙ם [:]ם [6apSK 39 1.2
]מ[:] וגבורא 6apSK 45 1.1
[˙תר[:]˙ם˙ [6apSK 61 1.2
[˙כי:.]ם 6apSK 72 1.2
]ה מ[6QBen 5 1.1
מ[: וא[: אב[: 6QHym 1 1.1
[˙] :]את[:]ם ל[:]כל [: 6QHym 7 1.3
ישר[אל :]˙ם ביום[:]˙ל 6QHym 8 1.2
]מ מצ˙[:]עד 6QHym 10 1.1
[˙ ˙ ˙ם　] :]קהלנו 6QHym 14 1.1
]ם[:] ובלות 6QPro 15 1.1
]ם[:] ובלות מ[:]סוסיהם[6QPro 15 1.2
]הרע לו מ[:]מת מד[11Ap[a] 4.12
˙[　　　]ם: [　　　]ואשר 11Mel 1+ 2.1
[א]רץ : [　　]ם[: ודעו 11Mel 2 3.1
[˙ם˙] : התורה 11Mel 2 3.5
[ס ( )[　]ם וא˙[: ה[11Mel 2 3.12
]ם באלה[: 11Mel 2 3.16
המועדות ולי ם הכפורים 11QPs 27.8
[˙ו במשני מ[:]פלאי הוד 11QSS j+ 1.8
פלא : למשא מ[11QSS 5+ 1.7
]מ הטוהר ברוח 11QSS 8+ 1.3
]ם אור וחושך 11QSS 2+ 1.4
]מ לבני[11QSS f+ 1.3
טוה[ר　　]ם ישמיעו[: 11QSS f+ 1.4
[האור מ˙ ˙ ˙ פל[א : 11QSS o 1.1
]כול מ[: א]לוהי 11QSS m 1.1
לא : ישנא גבר מ[11tgJ 24.3
]לא אוסף ארו מ˙[: תב]חר 11tgJ 25.8
]על מאמרה מ[:] 11tgJ 28.9
בכול [:]˙ ˙ם יה[:] ˙ ˙ ˙ ˙ 11QT 6.1
ל˙ ˙[:]˙ם ש[מונה 11QT 6.3
[　　]˙ ˙ ˙ ˙ם בנוי כולו: 11QT 12.10
[　　]ם שרי האלפ[ים 11QT 22.2
[˙מ[:] 11QT 23.1
]מ עולה ליה[וה 11QT 23.3
[　　]ם על ה[מ]זבח 11QT 23.8
[לכ˙ ˙ ˙ ˙ם ולהקטיר על 11QT 32.7
הכיור ומ˙ש˙ ˙מ [11QT 33.5
[　　]ם אליהמה 11QT 33.6
ק]ודש : [　]ה מ˙ ˙ ˙ ˙ה וכול [11QT 35.4
[　　]ם ובעץ ארז 11QT 49.3
]ם　　　וזה CD 14.17
לפני המבקר ם יתפתה בו CD 15.11
]ם לדגן וליצהר TS 3 1.1

[˙] : [˙ מא˙] 1Q23 6 1.2
וק[:]גברין מא[:]˙ ˙ל[1Q23 9 1.3
]כה מא˙[:]ה מש˙ [1Q36 4 1.1
לבנהא דרעיהא מא שפירן 1apGn 20.4
אלו ואמר לי מא עבדתה לי 1apGn 20.26
אורכה ותעמד מא[: אורכה 1QH 18.1
רשעה תבית מא[:˙ ˙ לוא 1QH 5 1.4
[˙ ˙] : [˙מא נ˙] 1QJN 18 1.2
מרבח]א :]מא ופותיה : 2QJN 5+ 1.6
]ם[:]ת עמו מא[:]˙ החל 4Q374 16 1.2
[˙ מא בעלת ומא 4Q381 13 1.1
[˙ מא] 4Q489 7 1.1
הלבנו [:]˙מא] 4Q504 12 1.4
]מא[:]א˙] 4Q506 170 1.1
ב[:]<[ת<ב˙א מא˙ [:]˙כה 4Q509 183 1.9

1QS 2.17	אור בהסוגו : מאחרי אל
4pIs^b 2.2	שכר ירדפו מאחרי בנשף יין
11QT 56.19	יסירו לבבו מאחרי וכסף
CD 16.5	טלאך המשמטה מאחריו אם יקים
4Q509 26 1.2	[ישרא]ל : מ[אה :]פתה]
11QT 57.4	אלפים ושרי מאיות ושרי
1QM 3.17	מאיותיו ועל [
1QM 4.2	ואת שמות שרי מאיותיו ועל
1pHab 3.11	יבואו מאיי הים
CD 9.14	והיה לו לבד מאיל האשם
4pN 3+ 3.6	מי ינוד לה מאין אבקשה
1QM 5.10	ברזל לבן מאיר מעשי חרש
4Q405 23 2.9	כמעשי אופירים מאיר[י : [ ]
4Q405 19+ 1.5	צורי רוחות מאירים כ[ו]ל[ל]
4pIs^d 1 1.5	מאירים במשפט : [
11QSS j+ 1.4	מאיר]ים כול :]
1apGn 22.15	דשלם אנפק : מאכל ומשתה
4Q509 184 1.12	[רתה : מ]אכל ל[:]' [']
CD 16.14	יקדש איש את מאכל : פ]יהו
4Q513 2 2.5	: הזנות מאכליהם נשא
1pHab 6.7	ואת מסם מאכלם על כול
1QS 3.15	קצי שלומם מאל הדעות כול
4Q184 1 1.16	עניים מאל ולהמות
4QM1 25 1.1	ישר]אל מאל[ה] :]ף
1QS 8.12	אל יסתרהו מאלה מיראת רוח
1QS^a 2.9	מ]אלה לדבר אל
4tgJ 1 2.2	אנ[כיר: האנש מא]לה]
4Q402 4 1.12	פל[א] : [כיא מאלוהי דעת
11QT^b 54.3	אב[ו]תיכה מאלוהי : מם]כה
4Q400 2 1.3	אנשים פ]לא[: מאלוהימים
4AgCr 2+ 2.4	האנש[י]ם] : [ם מאלוני ממרה
4Q403 1 1.33	למרום אלוהים מאלי רום
1QM 14.15	ולהשפיל מאלים : רומה
11QT 58.13	ולכוהנים אחד מאלף וללויים
11QT 60.4	ולדגים אחד מאלף : א('()שר
1QS 4.3	וחכמת גבורה מאמנת בכול :
1QM 1.14	ולכב וגבורת אל מאמצ(ח ל)לבב
4QM6 2+1 1.6	יתאורו : מאמ(צ(ח לבב
4QMes 2.16	ועירי]ן] [מ]אמר[:]
11tgJ 28.9	[על מאמרה ס[:]
11tgJ 33.8	לרוחין או על מאמרד יתגב[ה]
CD 9.10	המשפטים או מאמרם הושיע
4Q499 6 1.2	[ ]'ת[:] [:]' מא[ן :]'רל

1QS 5.16	יקח מידם כול מאומה : אשר
1Q34^b 3 2.1	[מאור גדו]ל[ ]
1QH 5.32	[ ]למרורים ויחשך פני לאפלה
1QH 9.26	הופיע אורי כי מאור מחושך :
1QH 12.5	ולתכנו להוקח מאור גדול
1QM 13.10	לאמתכה ושר מאז פקדתה
4Q503 215 1.6	[ובצא]ת מאור]
1QH 1.11	[ ]עולם במטשלותם מאורות לרזיהם
1QM 10.11	שחקים צבא מאורות : ומשא
1QS 10.3	אור באופיע : מאורות מובול
4Q511 2 1.8	עם מלא[כי]כי מאורות כבודו
4Q402 12 1.2	[אור לנ[:]] מאורי' [ ]
1QM 6.8	סדריהם שבע מאות : פרשים
1QM 6.9	האחד ושבע מאות לעבר השני
1QM 6.10	המחנה הכול שש מאות וארבעת
1QM 6.10	ואלף וארבע מאות רכב לאנשי
1QM 6.11	ששת אלפים חמש מאות לשבט כול
1QM 9.14	מגנים שרי מאות
1QS^a 1.14	ישראל לשרי מאות שרי
3Q15 3.4	קסאות כל שש מאות ותשעה :
3Q15 7.7	ככרין שבע מאות : במסרא
3Q15 10.10	ככרין שלש מאות : זהב
3Q15 11.17	חשע מאות : זהב כב [
3Q15 12.7	הכל ככרין שש מאות : בביבא
4Qord 1 2.8	ב]שקל : לשש מא[ו]ת האלף
11QPs 27.5	אלפים ושש מאות וש[
11QPs 27.7	ששים ושלוש מאות ולקרבן
11QPs 27.9	ואבעים וארבע מאות : ושיר
11QT 38.13	שמונים וארבע מאות באמה : ובכה
11QT 40.13	שלוש [ ] מאות באמה
11QT 40.14	ששים ושלוש מאות באמה
11QT 41.4	[מאות באמה :
11QT 41.6	ו]שלוש מאות : באמה
11QT 41.6	שלוש מאות וששים
11QT 41.8	שער דן שלוש מאות וששים
11QT 41.9	שלוש מאות : באמה
11QT 41.10	שער אשר שלוש מאות וששים
11QT 41.11	המזרח שלוש מאות וששים
CD 1.5	שנים שלש מאות ותשעים
TS 3 2.1	אמות וחצי : מאות באמה
TS 3 2.3	ששים ושלוש מאות באמה
TS 3 2.3	שער אשר שלוש מא[ו]ת : ומשער
TS 3 2.4	מזרח(ה) שלוש מאות וששים
1QH 47 1.3	לוא כ[: לי מאז כוננתי ל]
1QM 1.10	יום יקוד לו מאז למלחמת כלה
1QM 10.2	וילמדנו מאז לדורותינו
1QM 11.6	הגדתה : לנו מאז לאמור דרך
1QM 13.10	ושר מאור מאז פקדתה
1QM 13.14	[ותבא מאז כי :]פד
1QM 16.15	חלליכם כיא מאז שמעתם : [
1QM 18.7	עם סמכ[ה מ]אז[ן]להפליא
1QM 18.7	שמרתה לנו מאז ושערי'
4Q511 154 1.1	מא[ן ב]': [היו
4pIs^c 8+ 1.2	ארזי לבנון מאז
4QM1 11 1.10	[י]שראל הכינה מאז אלמו ורזי
4QM1 11 2.13	[: כיא מאז שמפתם
4Q184 1 1.8	בתוך בכול : מאזרי ( )נוגה
11QT 60.12	[ו]כי יבוא הלוי מאחד שעריכה
11QPs 28.11	ויקחני : מאחר הצואן
CD 6.1	את ישראל מאחר : אל
1QS 1.17	צוה ולוא לשוב מאחרו מכול פחד

4Q509 201 1.2	]˙[:]מאן כ[:]˙ש˙[
4apLm 4 1.2	]של˙[:]מאנו[
1QH 9.15	]ר<י>בכה אנוש מאנוש יצדק
1QS 11.6	אשר נסתרה מאנ<ו>ש דעה
1QS 5.15	לוא ישוב איש מאנש<י> : היחד
1QS 7.24	עוד ואיש מאנשי היח[ד
1QS 8.16	וכול איש מאנשי היחד
1QS 8.23	יתערב איש מאנשי הקודש
1QS 10.20	לוא : אשיב מאנשי עולה
4pN 3+ 1.3	]ביד מלכי יון מאנתיכוס עד
1pHab 5.11	הכזב אשר מאס את : התורה
1QS 1.4	את כול אשר מאס לרחוק מכול
4pIs[b] 2.7	הם אשר מאסו את תורת
4pIs[c] 23 2.14	]< התורה מאסו [
4Q504 1+R 6.6	בקרי ולוא מאסנו :
4Q504 1+R 5.6	בכול זואת לוא מאסתה : בזרע
4Q176 1+ 1.11	מאסת]יך :
4pPs[a] 1+ 2.1	ובדבר הרף מאף ועזוב חמה
4Q380 7 2.3	ויבדלהו מאפלה ואור[:
11QPs 26.11	מבדיל אור מאפלה שחר הכין
11QSS 5+ 1.4	] מארבעת מוסדי
1QDM 2.6	מ]יום צ[את]נו מארץ [
1QH 10.26	ולהדשן כול מארץ : ולבני
4Q176 25 1.4	]˙ות[:]מארץ[:]˙ו בת[
4Q379 12 1.4	שנה לצאתם מאר[ץ] : מצרים
11QT 54.16	אשר הוציאכה מארץ מצרים
11QT 61.14	עמכה המעלכה מארץ מצרים
CD 4.3	היוצאים מארץ יהודה
CD 6.5	ישראל היוצאים מארץ יהודה
TS 1 1.2	בהוציאי אותך מארצ מצר[ים]
4Q185 1+ 1.10	כח[צ]יר יצמח מארצו ופרח
1QH 4.8	כי<א> ידיחני מארצי : כצפור
1pHab 1.11	]אשר מאשו בתורת אל
1QH 4.37	ולמ˙[ ] ˙˙˙ש מאשמה בצדקתכה
1QH 6.8	ותזקקם להטהר מאשמה כיא
CD 5.17	גוי אבד עצות מאשר אין בהם
CD 8.4	כל מורדים מאשר לא סרו
4QFl 1+ 1.14	ישראל : מדרש מאשרי [ה]איש
1QM 4.2	המאה יכתובו מאת : אל יד
3Q15 1.8	ככרין תשע מאת : בתל של
4Q511 139 1.4	[VACAT] :]מאת ˙[
4Q512 132 1.2	]ן או[:]מאת [
4QOrd 1 2.8	מא[ו]ת האלף מאת ככר
11QT 29.5	הזה : תמיד מאת בני ישראל
11QT 60.7	והשכם מאת זובחי הזבח
CD 16.14	אל יקחו מאת ישראל [
4QMes 2.4	]מאתה[:]
4Q176 8+ 1.12	וחסדי מאתיבי לוא
1QM 6.9	לעבר השני מאתים פרשים
11Mel 2 3.16	]]ש˙[: מאתים[
1Q23 1 1.1	חמרין מאתין ערדי[ן :
1Q23 1 1.2	ערדי[ן : ען מאתין תישין
1Q23 1 1.2	מאתין תישין מאת[ין : ברא מן
3Q15 4.10	לא כסף כב מאתין : בשית
1QH 2.33	] יד]עו כי מאתך מצעדי
1QH 2.22	לא ידעו כיא מאתכה מעמדי :
1QH 2.23	נפשי כיא מאתכה מצעדי
1QH 2.23	מצעדי והמה מאתכה גרו : על
4Q511 52+ 1.4	הכב[ו]ד כיא מאתכה משפט[:
1QS 6.3	היחיד אל ימש מאתם איש :
1QS 7.16	לשלח הואה מאתם : ולוא
2Q27 1 1.1	]˙יהם מב[:]ם ולו
4Q499 3 1.1	]א מב[:]˙הגיד[
4Q502 160 1.2	]˙˙[:]ד מב[:]˙ר [:
4Q502 320 1.1	]˙ מב[
4Q503 197 1.1	] מב˙[
4QCat[a] 2+ 1.6	אשר יעמוד איש מב˙[
CD 20.25	את גבול התורה מבאי הברית
11QPs 26.11	מכון כסאו מבדיל אור
11QT 46.10	אשר יהיה : מבדיל בין מקדש
CD 5.7	אשר אין הם : מבדיל כתורה
1QH 6.28	מגן לאין : מבוא ובריחי
1QH 12.4	מקץ לקץ עם מבוא אור : ממ
1QM 14.13	עולמים עם מ[בו]א יומם
1QS 10.10	משפטו : עם מבוא יום ולילה
4Q405 14+ 1.5	מפותח באלמי מבואי מלך בדני
4Q405 23 1.9	פתחי מבואי ושערי
11QSS 2+ 1.6	]ה ולפתחי מבואי : [המל]ך
11QSS f+ 1.2	]אולמי מ[בואי
4Q405 14+ 1.4	]˙ אולמי מבואיהם רוחי
1pHab 11.9	שבעתה : קלון מבוד שתה גם
1apGn 12.10	שנין בתר מבולא ˙˙˙ כול
CD 13.2	ימש איש כהן מבונן בספר
CD 14.7	עד בן ששים מבונן בספר : [
CD 10.6	ומישראל : ששה מבוננים בספר
4pPs[a] 1+ 3.9	ונותן כיא מבורכ[ו יר]שו
11QPs 24.15	]יכה 𐤉𐤄𐤅𐤄 מבטחי : קראתי
4Q186 3 1.1	מבי] : בכת[:
1Myst 13 1.2	]˙˙˙˙˙[:]מביא [ל]מתים
CD 9.2	עמך וכל איש מביאו : הברית
11QT 47.12	בהמה יהיו מביאים את
1QH 6 1.8	]יה ולכול מבים:]ולו<א>
1QH 10 1.10	] :]˙˙ב <מבין> למש[
4Q381 45 1.1	ואבינא ואין מבין אשכיל ולו
4Q405 20+ 2.14	]]˙˙[ ]ן מבין כול
4Q509 12i+ 1.3	] : מבלי מבין הנשברים
4QM3 1 1.4	והכוהנים יצאו מבין החללים

4Q403 1 2.6 אלוהי[ ] : מבינותם ירוצו

4Q381 47 1.3 באמתך ל[:]מבינך ואשכילה

1QH 2.18 מקור דעת לכול מבינים וימירום

1QH 18.11]שמיע ליצר מבינתו ולמליץ

1QH 1.21 אלה ידעתי מבינתכה כיא
1QM 10.16 אלה ידענו מבינתכה אשר

1pHab 8.2 × : יצילם אל מבית המשפט
1QS 2.23 ולוא ישפל איש מבית מעמדו
4Q186 1 3.6 ש]מונה ואחת מבית האור ואיש
4Q509 151 1.2]תנו[:] מבית[:]˙ וש]
11QT 31.8 ושעריו וגגו מבית :
11QT 54.17 ופדיתיכה : מבית עבדים
11QT 57.16 הגויים כי אם מבית אביהו יקח
11QT 57.19 לו אחרת מבית אביהו

4Q405 15+ 1.6 [ ]˙ פלא מביתה ליק˙ה

CD 11.7 היא אל יוציאה מביתו אל

1QH 3.7 כמו אשת לדה מבכריה כיא

4Q518 66 1.2 א˙˙ על˙[:]ר מבל[:]ל˙]

4Q509 12i+ 1.1 התועים מבלי[
4Q509 12i+ 1.2] : [מ]בלי אומק
4Q509 12i+ 1.2 אומק הנופלים מבלי[ ]
4Q509 12i+ 1.3] : מבלי מבי[
4Q509 12i+ 1.3 מבי[הנשברים מבלי[
4pIs[b] 2.4 לכן גלה עמי מבלי דעת וכבדו

11Mel 1+ 2.22]ך הוסרה מבליעל ותש[וב

1QH 16.11 לא יצדק איש מבלעדיך ואחלה

1QS 11.17 לעד כיא מבלעדיכה לוא

4pIs[c] 4,6+ 1.10 מב]לעים על כן

1QM 2.4 ימי השנה מבן חמשים שנה
1QM 6.14 ותכון : ימיהם מבן שלושים שנה
1QM 6.14 הסרך יהיו מבן ארבעים שנה
1QM 7.1 הסרך יהיו מבן ארבעים שנה
1QM 7.1 המחנות יהיו מבן ( )חמ(
1QM 7.2 יהיו גם הם מבן ארבעים שנה
1QM 7.3 כולם יהיו מבן חמש ועשרים
1QS[a] 1.27 לעצת היחד מבן עש
4QM1 4 1.2]˙˙ומ[: מב]ן עשרים
11QT 17.8 הערב וזבחו[: מבן עשרי[ם]
11QT 39.10 לי אחר יבואו מבן : עשרים]
11QT 57.2] בני ישראל מבן : עשרים
CD 10.7 ואל יתיצב עוד מבן : ששים שנה
CD 14.7 אש הרבים מבן שלושים שנה
CD 14.9 לכל המחנות מבן שלשים שנה

1QH 13.15 והוא : מבנה עפר ומגבל

1Q46 5 1.1]מבני א[
1QH 6 1.10 יכחד:]בדתה מבני :]בולות
1QM 7.10 שבעה : כוהנים מבני אהרון
1QS 4.20 גבר יזקק לו מבני איש להתם
1QS 11.6 ומזמת ערמה מבני אדם מקור
4Q181 1 1.3 כבודו הגיש מבני תבל
4Q511 26 1.3 מחש[בותיו :]מבני אדם
4Q513 10 2.8 ר[: המקדש[: מבני אה[רון :
5Q13 1 1.6 עש[:]בחרתה מבני א[לי]ם ו
6QPrPr 1 1.4]בל ˙[: מבני פינחס וש]

8QHym 1 1.2 הזה אשר הוא מבני ה˙[:]הזה
11QPs 28.3 מ<ן>אחי וצעיר מבני אבי
11QSS o 1.2 ˙פל[א :]תיו מבני אל[ים :
CD 6.15 הרשע ולהבדל : מבני השחת
CD 10.6 וביסודי הברית מבני חמשה :
CD 13.13 ימשול איש : מבני המחנה

11QT 59.17 לו איש יושב מבניו על כסא

1QS 11.8 לעצת יחד וסוד מבנית קודש
4Q405 14+ 1.6 בד]בירי כבוד מבנית : [
4Q511 111 1.8 מ]יראיו:]מבנית[ ]: [

4Q403 1 1.41 וכול פנות מבניתו זמ[רו]
4Q403 1 1.44 כ[ו]ל : [מבנ]יתו מעשי
11QSS 2+ 1.7 נפ]ות מב[נ]יתו ולכול

1QH 7.4 כול אושי מבניתי ועצמי
1QH 7.9 ותכן על סלע : מבניתי ואושי

11tgJ 3.6 ד[י :]˙ ארו מבע רשיע[ין :

3Q15 3.8 בשית שבמלה מבצפוננו : כלי

1pHab 4.4 והוא : לכול מבצר ישחק
1QH 3.7 ˙ : וכעיר מבצר מלפ˙ [

1pHab 4.6 אשר יבזו על: מבצרי העמים

2apDa 1 1.3 לתפש ערי מבצרים ולחריד:

4Q498 2 1.1]מבק[:]ונחלי

4pIs[a] 2+ 2.27]רה בעלותו מבקעת עכו ללחם

4pPs[a] 1+ 3.18 נעזב וזרעו מבקש לח[ם
11QT 58.3 כול גוי ועם מבקש לגזול

11QT 59.19 שונאיו ומיד : מבקשי נפשו

4Q381 18 1.2]נא[:]מבר[:]ב על

4Q501 1 1.7 יהיה ורעמה מבני ברית : [

4QM1 8+ 1.8 ה]ד[יחונ]ו מבריתך [

1QH 4.19 אשר נזורו מבריתכה :
1QH 4.35 בפשעי נעזבתי מבריתכה
1QH 7.8 ל[א] החתתה מבריתכה
1QM 14.10 לוא הדיחונו : מבריתכה ורוחי

1QS 7.1 קורה בספר או מברכ והבדילהו
1QS[a] 2.19 הכוהן כיא[מ]ברך את רשית
4Q401 13 1.3 בכוהני רוש <מ>בר[ך

4Q403 1 1.28 קדו]שים מברכ[יו
4Q404 2 1.11 ה[ ]ע˙[: מ]ברכיו[:]ל[

1QS 1.19 והלויים מברכים את אל
1QS 2.1 והכוהנים מברכים את כול
4Q405 19+ 1.7 שקט אל[והי]ם <מ>ברכים : [ ]˙
4Q405 20+ 2.8 כסא מרכבה מברכים ממעל
4Q405 23 1.9 כבוד המלך מברכים ומהללים
4Q502 8 1.5 ומימינו[: [מברכי]ם שם אל
4Q502 9 1.12 לי אשישים : מב]רכים בתוכנו
4Q502 30 1.1]מברכי[ם :]ו
11QSS 5+ 1.5]קיר מברכים ומהללים

4Q502 119 1.3]˙ן[:]מבש[:]˙ ל]

11QT 37.14 [: אשר יהיו מבשלים שמה את

4Q511 52+ 1.7 המה [:]מגערתכה י [

4Q513 32 1.3]כיא בלוא[:]מגשת ה[

4Q487 6 1.1]שוב מד˙[:]חר
4Q497 43 1.1]מד˙ [
4Q502 49 1.3 [:]˙ר ל˙[:]מד˙ [
4QM6 44 1.2 [˙˙˙[:]˙מד[:]ו˙ [
11Ap[a] 4.13 לו מ[:]מת מד[
11QPs[b] d 1.1 רד על פי מד : וה את

1apGn 21.26 ושויו עליהון מדא תרתי עשרה

1apGn 21.20 ובנית תמן מדבח ואסקת

1apGn 10.15]: ˙˙˙ ˙˙˙ על מדבחא אקטרת ˙˙
1apGn 19.7 מדבח]א [ ]
1apGn 21.1 בנית תמן בה מדבחא ובניתה
2QJN 4 1.6]: לקדמין על מד[בחא : סדרין
2QJN 5+ 1.5 מן דן : ק]רן[מדבח]א :]מא
2QJN 7 1.2 כא[ן :]וכול מדבחא[
4Q156 2.2] קרנ[י] מ[ד]ב[ח]א

1Q42 6 1.3 [ ]: [ ]מדבר]
4Q504 1+R 1.10 מ]דבר
11tgJ 31.4 על ארע : מדבר די לא אנש
11QT 31.9 אשר אנוכי מדבר אליכה :

1apGn 21.11 עד קדש וכול מדברא : רבא די
1apGn 21.28 וסלקו ארחא די מדברא והווא

CD 5.13 ותו <עבה> : הם מדברים בם כלם

1QH 5.21 לאין מדה וגבורי פלא
1QH 9.17]להכמתכה אין מדה ולא˙˙ [
1QH 17.1 ˙˙[:] משפלת מדה מ˙[:
1QH 11 1.2 [˙˙˙˙[:]˙מדה לכול שני
4QM6 98 1.3 [:]ל ˙מדה ור˙ [
11QT 39.14 שער לשער : מדה מן פנה

1QH 3.25 רבה והוות מדהבה עם מצעדי
1QH 12.18 ע[:]ין עוד מדהבה כיא לפני

CD 13.9 ויש[יב] לכל מדהובם כרועה

11QT 33.13 ארבע אמות : מדולתים בתים

CD 16.2 משה כי בה הכל מדוקדק
CD 16.3 אלה הנה הוא מדוקדק על ספר

4apLm 1 2.7 אשפותות מדור בית ˙[:
4pN 3+ 1.1]מדור לרשעי

1QS 11.21 ולחם רמה מדורו והואה

11QT 12.8 ˙˙˙[:]˙˙˙˙ל מדותיו יהיו :

CD 10.11 צואים ומעוטים מדי מרעיל איש

11tgJ 5.4 ו]הוא רמיא מדין אב˙[:]˙

1apGn 20.28 לך מן : כול מדינת מצרין

1QM 14.3 ורחצו : מדם פגרי האשמה
11QT 26.10 ואת רגליו מדם החטאת ובא
11QT 32.15 כול אדם כי מדם העולה
CD 2.8 את דורות מדם ויסתר את

11QT 16.16 לפר הקהל ויתן מדמו באצבעו על
11QT 23.12 במזרק ונת[ן מ]דמו באצבעו

1QH 15.17 מחסור ותרם : מבשר בבודו
1QH 18.14] כאמתכה מבשר[ ]˙
1QS 9.4 ולרצון לארץ מבשר עולות
1QS[b] 3.6 ˙˙˙˙[ ]ם מבשר ועם מלאכי
11Mel 1+ 2.16 <ה>הרים רגלי מבש[ר מ]שמיע
11Mel 1+ 2.16 מ]שמיע שלום מב[שר

4Q405 23 1.11 ולוא יתמהמהו מגבולו לוא

1QH 3.24 החמר מה אני מגבל במים ולמי

1QS 11.21 והואה מעפר מגבלו ולחם רמה

4Q511 28+ 1.4 ומחושך מגב[לי]ה <]

1QM 7.11 חושב ופרי מגבעות בראשיהם
4QM1 1+ 1.18 מג]בעות [

11QT 21.6 כול העם מגדו[ל ו]עד [

5QJN 1 1.13 על [ימי]ן מגדליא ברום
5QJN 1 1.13 מגדליא ברום מג[דליא] : [

5QJN 1 1.12 מגד]לין חד מ[ן

4Q513 13 1.4 ומגאלי[ם] : מגו]אלים בשמן

4Q504 48 1.1] מגוי ˙[:]˙

4Q511 28+ 1.1]˙ מגויים : [

1QH 8.32 כי נשבת מעוזי מגויתי וינגר

11QPs 22.6 טהר חמס מגוד שקר :

1QH 17.2 מדה מ˙[:]מגולה בלוא מ

1QM 10.11 מלאכי קדוש מגולי אוזן

1QH 8.26 [ ]מגור עם חוליים

1QS 6.2 יתהלכו בכול מגוריהם כול

4Q503 37+ 1.16 [: מגורל ממשלתו[

4pIs[a] 7+ 3.15 [מגז]ע ישי ונצר

1QDM 1.6 האד]מה [ ] מגיד : אנו[כי]
11QT 51.7 אשר : אני מגיד לכה בהר

4apLm 1 2.8 שאלו מים ואין מגיר[:

4QMes 3.1]˙זה :]מגלין[

1pHab 3.8 לחמס יבוא מגמת : פניהם
1pHab 3.14 הוא אשר : אמר מגמ[ת

1apGn 22.31 סעד ותקף ואנה מגן עליך
1QH 6.27 [ ]˙יה דלתי מגן לאין :
1QM 6.5 השני מחזיקי מגן וכידן
1QM 7.15 על חמשים מגן : וחמשים
1QM 9.13 מן המערכה מאה מגן ומאה פני
11tgJ 6.5 איתי : לא]חיך מגן : ל]צהא לא

1QM 5.4 וכולם מחזיקים מגני נחושת
1QM 6.15 ומחזיקים בידם מגני עגלה ורמח
1QM 9.14 ועל כול מגני המגדלות :

1QM 9.14 רוחות הפנים : מגנים שלוש

1QM 18.13]ם ולב גבורים מגנתה לאין

1pHab 9.8	יתר העמים : מדמי אדם וחמס
1pHab 12.1	] : יחתה מדמי אדם וחמס
1pHab 12.6	ואשר אמר מדמי : קריה

4pIs[a] 2+ 2.24	[:]]מדמנה [י]ושבי

1apGn 21.12	רבא די מדנח חורן
4tgJ 1 1.5	שנה:]˙˙˙: מדנ]ח: אנ[כיר:

5QJN 1 1.3	] נפקי[ן] מן מדנחא] [

1QH 5.35	ושקוי לבעל מדנים ויבוא

4Q181 2 1.7	אלה נפלאי מדע[: תכנם
11tgJ 29.8	א]רו הוא ידע מדע[

1QS 6.9	להשיב איש את מדעו : לעצת

1apGn 1.4	די:]˙˙ל˙ מדעין:]˙: [˙˙

4QMes 1.4	די לא ידע מדע[ם] עדן

1QS 10.24	נדות ונפתלות מדעת לבי בעצת
4Q400 1 1.11	]˙˙˙ מדעת : [
4Q401 18 1.1	]מדעת :]ל
4Q401 26 1.1	] מדעת[:]רום

1QH 6.21	ויתמוטטו מדרך לבבה
4Q183 1 2.5	רשעה וינזרו מדר[ך: תועי
4Q405 23 1.11	נו לוא ירוצו מדרך ולוא
4QFl 1+ 1.14	הדב[ר]סרי מדרך[ ]
CD 8.4	מאשר לא סרו מדרך : בוגדים
CD 8.16	ישראל סרו מדרך העם באהבת
CD 19.17	ולא סרו מדרך בוגדים
CD 19.29	ישראל סרו מדרך העם באהבת

CD 15.7	הרשע לכל השב מדרכו הנשחתה

4Q184 1 1.16	ולהטות פעמיהם מדרכי צדק

1QH 6.20	צויתם להועיל מדרכיהם בדרך ק

4Q504 1+R 5.20	להועיל מדרכי[נו
4Q505 121 1.1	מד]רכינו [:

4Q405 19+ 1.2	]כבוד מדרס : דבירי

1QS 8.15	היאה מדרש התורה
4QFl 1+ 1.14	את ישראל : מדרש מאשרי
CD 20.6	מעשיו כפי מדרש התורה אשר

1QS 4.8	כבוד : עם מדת הדר באור
11QT 36.13	וככה תהיה מ<ד>ת כול

4Q512 72 1.7	[ו]ברך [:]מדתה[:]נ˙˙˙]

1apGn 21.27	הווא : יהבין מדתהון למלך

1Myst 1 1.4	ולוא : ידעו מה אשר יבוא
1Myst 1 2.3	מנכ ˙[ ]˙נו מה הוא היותר
1Myst 1 2.7	כי ˙ת˙[: מה מ[ ]מחים
1Myst 9+ 1.2	]כם מה הוא ב˙[:
1pHab 6.13	ואצפה לראות מה ידבר : בי
1pHab 12.10	הון אביונים מה הועיל פסל
1QH 1.23	במשפטי צדק מה אדבר בלא
1QH 3.24	יצר : החמר מה אני מגבל
1QH 8.28	]מה עלי כיורדי
1QH 10.5	ואני עפר ואפר מה אזום בלוא
1QH 10.6	באין רצונכה מה אתחזק בלא
1QH 11.3	<מודה> ואני מה כיא : [
1QH 1 1.11	אתמוכה :]˙מה במעמר
1QH 2 1.4	כבודכה ואני מה כיא מעפר
1QH 2 1.7	אמת :]˙˙ כיא מה עפר בכ˙[
1QH 3 1.12	<י>צר ה[:]מה יתחזק לכה
1QH 3 1.15	בי ˙˙[:]מה[ ]ל עולה
1QH 4 1.11	ושב אל עפרו מה ˙˙[:]ל˙
1QH 7 1.10	]מלכי˙דם מה בשר לאלה[:
1QH 10 1.2	]אכה מה נשיב כי
1QS 11.21	וילוד אשה מה ישב לפניכה
1QS 11.22	ולעפר תשוקתו מה ישיב חמר
1QS 11.22	יד ולעצת מה יבין
2Q33 4 1.3	]˙ים כ[:]˙מה ע˙[
2apMo 1 1.5	אלוהי]ם מה אביט אליך
3Q14 21 1.1	]מה [:]את[:
4Q176 31 1.1	]˙מה [:]
4Q184 1 1.13	להרג[יעה] : מה[ ]ת ת˙˙˙[
4Q185 1+ 2.8	ואתמה : מה ת˙[ ]˙˙[
4Q378 11 1.1	יהוה[ ]מה˙˙[ ] :
4Q380 5 1.3	מסנו יה[:]מה ימישו ומה
4Q381 33 1.8	לנגד עיניך מה[ ]ל[:
4Q400 2 1.6	ו[: מה נתחשב [ב]ם
4Q400 2 1.6	[ב]ם וכוהנתנו מה במעוניהם
4Q405 15+ 1.4	כול מחקת ה˙[ ]מה בדני
4Q405 69 1.2	]צדק[:]מה [
4Q405 91 1.2	ישמיע[ו : מה˙[
4Q405 94 1.1	]˙[ ]מה[:]הזבחים
4Q485 2 1.4	]לרע ל˙[:]מה ל˙[
4Q487 16 1.2	[ ]כין לא[:]מה ואל יפתח א[
4Q499 11 1.2	]ם[:]מה[:]ו[:
4Q503 78 1.3	]עמנו[:]מה˙[:]להא[יר
4Q509 10 3.3	] וברכתה:]˙מה אשר :]תכה
4Q511 63+ 2.2	]˙˙˙˙˙וככול מה רצ˙[ ]˙הם
4Q511 75 1.2	[: פתח]תה פי מה [:]˙˙ם
4Q511 126 1.2	ת[: וא]פר מה אד[בר :
4Q511 173 1.2	]˙ון ול˙˙[:]˙מה [
4Q512 21+ 1.1	]מה ונתון את[
4Q512 68 1.2	]כה ב˙[:]מה ב˙[:]˙וב
4Q513 31 1.1	]מה ל˙[:]מרוח
4Q513 35 1.1	]מה ב[
4AgCr 2+ 1.5	VACAT:]יא :]מה :]˙˙ ˙ :
4pHs[b] 5+ 1.3	לכה[ ]מה[
4pIs[c] 14 1.4	אב˙˙˙[:]מה לוא תי[: [
4pIs[c] 14 1.5	לוא תי[:]˙מה כפיר[:]בה
4pIs[c] 29 1.3	]לה היא[ה:]מה פשרו[
4pIs[c] 43 1.2	]˙י˙[:]מה[:]בב˙[
4pIs[c] 59 1.2	]˙ וזפתו[:]מה ב˙[:]˙˙ [
4pIs[e] 5 1.3	משעיר שומר מה מ[לילה :
4QCat[a] 12+ 1.6	כי]א אין :]˙מה ואחיהמה
4QCat[a] 22 1.1	]מה[:]˙נו[:
4QFl 1+ 1.8	לכלותמ[ה]מה כאשר באו
4QFl 1+ 1.9	במשגת א[ ]˙ מה : וה]גיד
4QFl 17 1.2	]גורל[:]מה את פ[:
4QMl 17 1.2	[ ] :]מה ולכול
5Q13 5 1.1	]˙מעולתמה ˙˙˙מה [:]˙יד
5Q17 3 1.2	]עין ˙[:]מה את[:]˙˙[
6apGn 1 1.5	[לא]שתעיה מה די[:]ה ע˙˙
6apSK 33 1.4	]ול וש[ ]מה[
11Ap[a] 1.4	]˙˙˙]מה :]שר[
11Mel 2 3.8	]מה הי[ובל : את
11QPs 24.15	לי : ובני אדם מה יוסיף אומ[
11QPs[b] c 1.2	ות לדויד הנה מה ט : הטוב על
11tgJ 22.10	לילא[:]מה על משכבה[:
11QT 21.12	וספר[ת מ]ה [לכמ]ה
11QT 39.5	]˙˙מה דור רבי[עי]
11QT 48.10	ליהוה אלוהיכה מה ולוא
CD 2.10	ונהיית עד מה יבוא בקציהם
MasSS 1.6	] צד]ק מה יזום כיא
TS 3 1.3	[מה]

11QT 37.2	]חדש מהגנות לכול

4Q510 1 1.3	כול ויחפזו מהדר מע[ון] :

6apGn 1 1.5 ל[ ]לא[ ]יצו מהו˙[לא]שתעיה

1QH 3.38]˙˙ תסתירני מהוות מהומה א

1QH 7.5 עועיים תבלעני מהוות פשעם :

1Q23 27 1.2]˙אלף א[:]מהוי[:]˙בין [

4Q511 10 1.10 ושופט בצד[ק מ]הויי עד :

1QH 3.38 מהוות מהומה א˙˙ ד˙
1QM 1.5 בליעל והיתה מהומה : ג[דולה
4QM6 3 1.5 בליעל והיתה מ[הומה:]וסרה

1QH 3.25 נפש אביון עם מהומות רבה

1QM 4.7 אל מועד אל מהומת אל חללי

2Q33 5 1.1]מהון כול ˙[:
6QPro 4 1.4]˙˙יאם˙[:]מהו[:]˙ ת˙ל
CD 6.15 השחת ולהנזר מהון הרשעה

1QS 5.16 ואשר לוא יוכל מהונם כול ולוא
CD 12.7 וגם אל ישא מהונם כל בעבור

4pUn 10 1.1]מהותלות[

4Q502 1 1.6]אשר חש[:]לו מהיות קוד[ש:]

CD 13.3 בכל אלה ואיש מהלוים בחון :

1QM 7.12 האחד יהיה מהלך על פני

4Q403 1 1.25 נו[עדי]צד[ק מה]ללי מלכות
4Q404 2 1.7 מ[רימי : צד]ק מהללי[:

4Q503 29+ 2.9 ישמחו ב[: [מהל]לים שמכה
4Q503 37+ 1.21] : [מ]הללים עמנו
4Q503 64 1.5] לילה להיות <מהללים[> עמנו[
4Q503 143 1.1]מהל[לים: ע]רב
11QSS j+ 1.7 מהל]לים תמיד

1QDM 1.5 אשר א[עשו]ק מהם ו[העידותה
4Q183 1 2.2 את מקדשם[: מהם ויקומו
4pHs[a] 2.6 וכאלים יפחדו מהם בעורונם
11QPs[b] a 1.7 [ע]זב הסדו מהם בר[וך :
CD 3.13 אשר נותרו מהם הקים אל את
CD 12.12 והרמש לאכל מהם מעגלי

11tgJ 32.6 יחאך על מהמא תקף קריא

1QS 8.21 צוה כול איש מהמה : אשר
4Q513 1+ 1.3]מהמה <וגם>
4Q513 1+ 1.4 וה]בת תכון <מ]המה המט[אה>
4Q513 11 1.1]אם יאוכלו מהמה :]ת בני
4Q513 20 1.2 בהת ה˙[:]ש מהמה[:]בה
4pIs[d] 1 1.6] : הנעדרות מהמה כשמש(ל)
4QM1 1+ 1.8 [מהמה פטורי[ם
11QPs 19.6 ולוא עזב חסדו מהמה : ברוך
11QT 20.11 ואת הנותר מהמה יוכלו
11QT 33.6 והיוצאים מהמה אל[:
11QT 51.1 היו]צא מהמ[ה
11QT 54.7 ולוא : תגרע מהמה : אם יקום
11QT 57.5 וברר לו מהמה אלף אלף :
11QT 57.14 ירום לבבו מהמה ולוא יעשה
11QT 57.15 לכול עצה חוץ מהמה
11QT 59.7 ואסתיר פני מהמה והיו
11QT 61.14 לוא תירא : מהמה כי אנוכי
11QT 64.14 והתעלמתה מהמה השב

1QH 3.14 ימים נבעתים מהמון מים

4pPs[a] 1+ 2.22 טוב מעט לצדיק מהמון רשעים

11QT 31.11 אמה רחוק מהמזבח חמשים

11QT 31.12 ושערים עשו לה מהמזרח ומהצפון

11QT 49.21 ויטהרו לערב : מהמת לגעת בכול

3Q15 10.3 מזקות שרוו מהנחל : הגדול

11QT 66.5 רחוק וסתר : מהעיר והחזיק

4Q403 1 2.4 כבודו ובכול מהפכיהם שערי

1QM 15.11 יקום הותם מהר ימלו :]
4Q385 3 1.2 ויתבהלו הימים מהר עד אשר

1QH 3 1.5 ביצר עפר מהתפרר ומתוך

1QH 2.37]מו חוקים
1QH 4.2 ה˙˙] : [˙˙˙˙ מו ˙˙˙˙ו מ˙˙]
1QH 50 1.3] יצר ב[:]מו ויע[:]ה
4Q381 2 1.1]מו[:]ל[
4Q487 1 2.4 בלהבי אש מו[: בהפכה
4Q497 4 1.3]˙[:] אלי ˙מו˙[:]ל[
4Q500 5 1.1]מו˙[:] ב˙[
4Q502 38 1.3]ה [:]˙מו[:]˙יע[
4Q503 69 1.2 שלות שק[ם :]˙מו ברוך אל
4Q504 30 1.3]נו בר˙[:]ל מו[
4Q504 40 1.1]מו˙˙[:]˙ ˙[
4Q508 21 1.1]מו בכ˙[:
4Q509 273 1.1]מו˙[:] ש[
4Q509 312 1.2]˙[:]מו˙[
4Q511 11 1.10] ואחרון מו[:] בחר
4Q511 129 1.1]˙מו ˙˙˙[:
4Q511 168 1.1]מו ול˙[:]˙[
4Q511 174 1.1]מו[:]שפט[
4Q512 213 1.2]בי˙[:]מו [
4Q516 3 1.2]˙[:]˙מו[
4Q517 14 1.1]מו[
4Q520 1 1.2]להעמ<ד>י :]מו בכול:]˙˙
4QMes 2.6]בש[רא : מו[ ]ה[:
6QHym 8 1.4 עלינו[: כ]ול מו[:]˙˙[
11QSS q 1.1]מו˙˙˙ בשבעה :

1QM 11.6 ומחץ פאתי מואב ויקרקר
4Tstm 1.13 ומחץ : פאתי מואב וקרקר את
6apSK 33 1.3 משם אל מלך מואב[:]ול

1QM 19.5 ציון שמחי מואדה והגלנה
4Q504 25 1.3 [:]טמאת[:]מואדה[:]אה
11Ap[a] 3.9 וחשך :]כה מואדה [
11QT 56.19 לוא ירבה לוא מואדה : והיה

1QS 3.5 יהיה כול יומי מואסו במשפטי :

4Q381 97 1.3 כי כל[:] מ<ו>אש[:]˙˙

CD 11.3 צואים או מובאים בגז כי

11QT 16.12 מחו[ץ : במקום מובדל לחטאות

11QT 35.11 לחטאת ולאשם מובדלים זה מזה
11QT 35.13 אלה : באלה כי מובדלים יהיו
11QT 46.17 למזרח העיר מובדלים זה מזה

4Q176 6+ 1.3 ח[מתי :] ביד מוגיך[ ]˙ימי

1QH 4.34 ברכי : כמים מוגרים במורד

4Q502 14 1.2]˙˙˙[:]˙מוד מ˙ק ˙[:

1QS 6.14 ואם ישיג מוסר יביאהו :

1QS^{a} 1.8 ול[קחת : [מו]סרו

4Q504 1+R 5.17 [ולל]חש בצקון מוסרכה ˙

1QH 13.20 [: קציך מופ˙[ ]ל[
2Q27 1 1.4]ולו יבינו מופ[:]מי

1Q34^{b} 2+ 1.1] מועד שלומ[נו:
1pHab 11.6 גלותו ובקץ מועד מנוחת:
1QM 3.4 בהאספם לבית מועד יכתובו
1QM 4.7 ימין אל מועד אל מהומת
1QM 11.11 ומאז השמר[תה מ]ועד גבורת
1QH 15.5 את תפלת מועד המלח[מה
1QM 15.12 אל כיא ( ) ‹מועד› מלחמה
1QS 3.18 להתהלכ בם עד מועד פקודתו
1QS 4.20 עולה עד : מועד משפט
1QS 10.7 משפטו זה לוה מועד קציר לקיצ
1QS^{a} 2.2 השם קיראי מועד הנועדים
1QS^{a} 2.11 השם [ ]מועד לעצת היחד
1QS^{a} 2.13 [ ]מועד אנושי השם
4Q401 9 1.3]רו מועד[:]שים[
4Q499 8 1.3]בחוצות[:] מועד למועד[:
4Q499 23 1.2]בוד˙[:]מועד[
4Q502 9 1.8 כולנו : מ]ועד לשמחתנו
4Q502 183 1.2]ברך[:]מועד[
4Q502 192 1.2]קר˙ [: מ]ועד [
4Q503 69 1.3 אל ישר[אל :]˙מועד[
4Q508 2 1.2 זכו[רה א]דוני מ]ועד רחמיך
4Q508 2 1.3 עלינו מועד תענית חוק
4Q509 3 1.2 ˙[:]תה]מועד שלומ[נו[
4Q509 104 1.1]˙ מועד[:] לה˙[
4Q509 131+ 2.5 זכורה א[דו]ני מועד : [
4Q509 143 1.1]˙[ ]˙[ ]ה מועד ˙[:]˙
4apLm 1 1.11]˙ ובאי מועד אין בם כל
4pPs^{a} 1+ 2.10 אשר יקבלו את מועד התענית
4QM1 1+ 1.9 למחנות אל בית מו[עד
11QT 43.8 והיין מיום : מועד התירוש עד
11QT 43.8 השנית עד יום מועד : התירוש
TS 1 1.9 מ]ועד היצהר

1QH 9.24 לק[ ]מועדו ותהי
1QM 17.5 עולמים היום מועדו להכניע
11QT 43.9 והיצהר מיום מועדו עד השנה

1QM 1.8 עד תום כול מועדי חושך
1QM 10.15] מועדי קודש
1QM 12.3 [ ] בכול מועדי עולמים :
1QS 4.1 אל לכול : [מו]עדי עולמים
1QS 10.7 זרע למועד דשא מועדי שנים
4Q502 24 1.1 [ ]˙˙[ ]כול מועדי[:]
4Q502 76 1.2 א[:]ה מועדי ק[ודש
4Q503 1+ 2.15] : מועדי כב[וד
4Q503 29+ 2.21 יש]ראל בכול מו[עדי
4Q503 33 1.4] קודש:] מועדי:]˙˙[ ]ך
4Q503 33 1.21] בכול מועד[י] לילה
4Q503 40 2.3 י]שראל בכול מ[ועדי
4Q503 51+ 1.10 כבודכה [:]מועדי לילה
4Q503 64 1.8]מ[ו]ע[ד]י
4Q503 93 1.2]ך[ ]˙[: מו]עדי]
4Q511 11 1.2]˙[ ]˙ וכ[: מו]עדי צרות]
4Q511 35 1.8 [: [מ]ועדי]
4Q512 33+ 1.2 ˙[ו]ארבעת מועדי : ו]מועד
4Q512 17 1.2 י]ברך את[: מ]ועדי של[ום:
4QM1 8+ 1.16 [ ]בכול מועדי עולמים
4QM1 11 2.18 [לי]שראל בכול מועדי]
4QM6 3 1.8 [צ]דק : כו]ל מועדי חוש[ך :
4VSam 7 1.2]˙גרתי עמו מועדי ונלויתי
TS 1 1.3 וידבר מושה את מועדי יהוה אל

4Q509 81 1.3 [:]ארצ[:]מוד[:]ל[
4Q511 14 1.1]מוד˙[:]י

1QH 11.3 חמר הגברתה מודה ‹מודה›
1QH 11.3 הגברתה מודה ‹מודה› ואני מה
1QS 10.16 אברכנו בהפלא מודה ובגבורתו
4Q374 14 1.2]˙[:]רתם מודה קדקד[
4Q502 2 1.2 [: קו]דשים מודה לאל[:]ת
4Q502 9 1.10 , צדק :]˙ה מודה לאל
4Q504 4 1.21 [: ב]ועדת מודה[:]˙ם
4Q510 12 1.1]מודה
4Q512 28 1.2 עב[רכה :]מודה לשונ[י :

1QH 8.36]˙ן ל˙מודי ˙˙ לחיות
4Q403 1 1.20 וב]ר[ך]לכול מודי לו בשבעה
4QPs^{f} 2 8.10 ציון בכול מודי אני :
11QPs 22.1 ציון בכול מודי : אני

1QH 7.14 ותכן לבי :]מודיכה ובאמתכה

1QS 1.24 העוברים בברית מודים אחריהם
4Q511 8 1.10 עם קדוש[יו : מ]ודים [ל]אל

11Ber 1 1.11 [ו]לוא מוחלה שלפון

11QPs 19.2 יודו לכה כול מוטטי רגל

4Q487 6 1.6 ˙]‹ ממח[:]מוים בתפ[:]

1QH 12.28 יתיצב לפני מוכיח בו˙[
CD 20.17 שופט ו[אי]ן : מוכיח בצדק ל

1QH 6.4 אוזני [ ]ס˙ מוכיחי צדק עם

1QS 6.17 ומעשו עד מ‹ו›לאת לו שנה
1QS 6.21 הרבים עד : מולאת לו שנה
1QS 8.26 שגג עוד עד מולאת לו שנתים

4QMes 1.10 בחיר אלהא הוא מולדה ורוח

11tgJ 32.2 ותנדע עדן מולדהין ילדן

4Q186 2 1.8 וא[חת :]מולדו ילוד

1Myst 1 1.5 יהיה› בהסגר מולדי עולה
1QH 12.8 תמיד בכו : מולדי עת יסודי

4Q504 4 1.11 [: א]שר בחרת מולה עורלת[:
4Q509 287 1.1]מולה ע[ורלת

1QM 7.4 או איש אשר מום עולם בבשרו
1QS^{a} 2.6 חרש או אלם או מום מנוגע
11QT 52.4 יהיה בו כול מום רע כי
11QT 52.10 ואם יהיה : בו מום פסח או עור
11QT 52.10 או עור או כול מום רע לוא
11QT 52.17 אשר יש בה מום בשעריכה

1QM 5.5 פנים והמגן מוסב מעשי גדיל

1QS 5.5 קשה ליסד מוסד אמת

1QH 17.13]˙ ומעל :]מוסדי הרים ואש
4Q184 1 1.4 באשמות[: מוסדי חושך רוב
4Q370 1.4 וי]נעו כל : מוסדי אר[ץ
4Q401 37 1.2]הודו ד[: מו]סדי פ[לא:
4Q511 10 1.12 תוכחתו ובכול מוסדי ארץ
4Q511 42 1.6]˙בותם ואל מוסדי הארץ[:
11QSS 5+ 1.4] מארבעת מוסדי רקיע :
11QSS f+ 1.7]מוסדי[ ]ה˙

1QH 2.14 ולנסות אוהבי מוסר ואהיה איש

4pHs[a] 2.15 ושבתה וכול מועדיה פשרו

1pHab 11.3 למען הבט אל מועדיהם ׃ פשרו
1QH 1.24 שני עולם בכול מועדיהם ׃ ולוא
1QS 1.15 להתאחר ׃ מכול מועדיהם ולוא
1QS 10.6 שנים ובתקופת מועדיהם בהשלם
4Q519 1 1.3]׃]ע[ ]ם ׳[׃ מ]ועדיהם[׃ [׳

1QH 5.7 בתוך ׃ לביאים מועדים לבני
1QH 8.31 ולכלות בשר עד מועדים
1QH 12.8 קץ ותקופת מועדים בתכונם
1QS 10.3 כבוד במבוא מועדים לימי
1QS 10.5 עולם לראשי ׃ מועדים בכול קץ
4Q503 56+ 1.3]׳י מועדים ׃ [
4Q503 70+ 1.3] ׃ [׳ מועדים וקוד[ש
4Q509 220 1.1]מועדים[׃] לי

4tgJ 1 2.8 חזית דרשע מ[ו]עה ולטת ל

1QH 18.6]מועות פלאכה

4pHs[a] 1.9]ר וקץ מועלם לוא ׃ [

1QH 7.21 וכאומן לאנשי מופת ויפצו פה
11QT 54.9 אות או ׃ מופת ובא אליכה

4Q511 48+ 1.5]על כול מופתי גבר מעשי

4Q379 12 1.1]היורדים ׳מוצ׳׳ ׃ [

1QS 10.10 בברית אל ועם מוצא ערב ובוקר
1QS 10.14 ואברכנו תרומת מוצא שפתי
4Q405 23 1.9 מבואי ושערי מוצא משמיעים
4Q509 99 1.1]׳ מוצא חן ׃ [ ]
11QSS f+ 1.2 מו]צא אול[מי ׃
11QT 53.13 בכה חטאה ׃ מוצא שפתיכה
CD 16.6 ואשר אמר מוצא שפתיך ׃

4Q405 23 1.8 כבוד ובכול מוצאי מלאכי
11QSS 2+ 1.7 [המל]ך עם כול מוצאי [

CD 9.15 כי לא ידע מוצאיה את

CD 6.8 אמר ישעיה מוציא כלי

4Q517 56 1.1]ל מוק[

4Q184 1 1.7 דומה בתוך מוקדי עולם

1QH 2.21 בעדי מכול מוקשי שחת [ ]
CD 14.2 להנצילם מכל מוקשי שחת כי

4Q381 47 1.2 אתה [׃]מור ח׳׳׳ ואהלך
4Q504 2V 1.6]ויברא את ׃]מור את׳׳ ׃]׳׳

4Q405 23 1.13 אפ כבודו ׃ מורא מלך

1pHab 6.5 המה × ׃ מוראם כיא בהם
1QH 4.26 למו ותתן מוראם על עמכה

CD 8.4 וידקמום כל מורדים מאשר לא

1pHab 1.13] הוא מורה הצדק ׃ [
1pHab 2.2] מורה הצדקה
1pHab 5.10 נדמו בתוכחת מורה הצדק ׃
1pHab 7.4 בו ׃ פשרו על מורה הצדק אשר
1pHab 9.9 אשר בעוון מורה ׃ הצדק
1pHab 11.5 אשר ׃ רדף אחר מורה הצדק
1pMic 10 1.4] מו[ר]ה הצדק
4pIs[c] 21 1.6 [׳׳׳ין[ ]מורה[[
4pPs[a] 1+ 3.15 על הכוהן מורה ה]צדק
4pPs[a] 1+ 3.19] ׃ הדבר על מו[רה
4pPs[a] 1+ 4.27]על מורה[
4pPs[b] 1 1.4 נס]תרות מורה הצדק[׃
4pPs[b] 2 1.2 פשר הפת[גם ׃ מ]ורה הצד[ק
4pUn 7 1.1]מורה ה[צדק ׃
CD 1.11 ויקם להם מורה צדק
CD 20.1 בארץ דמשק ׃ מורה היחיד עד
CD 20.28 וישמעו לקול מורה ויתודו
CD 20.32 והאזינו לקול מורה צדק׃ ולא

4pHs[b] 5+ 1.2]אנשי [׃] ׳ מוריהם[

4pIs[c] 31 1.4 [ים עש׳] ׃]ו מוריש[׃ א]רץ

11QT 60.20 האלה אנוכי מורישם מלפניכה

1QM 10.14 ומפרד עמים מושב משפחות ׃
1QS 7.11 שלוש פעמים על מושב אחד ונענש
1QS 7.13 ירוק אל תוכ מושב הרבים
1QS 8.13 יבדלו מתוך מושב הנשי העול
1QS[a] 2.11 [ה]וא [מו]שב אנשי השם
4Q405 20+ 2.2 [׳] [מושב ככסא
4Q405 20+ 2.9 ירננו מתחת מושב כבודו
4Q512 73 1.3]שי צ[׃] מושב ב[׃]טמאה
CD 9.13 ואשם ׃ כל אשם מושב אשר אין
CD 12.19 מעשה ׃ סרך מושב ערי ישראל
CD 12.22 וזה סרך מושב ׃
CD 13.20 [וזה מושב המחנות
CD 14.3 וסרך מושב כל המחנות
CD 14.17 וזה פרוש מושב ה[

11QT 37.8 פ]נימה ב[י]ת מ[ו]שבות

11QT 18.9 להמה ׃ [מושבותיה]מה
11QT 21.9 בכול מושבותיהמה

11QT 27.9 לזכרון בכול מושבותיכ<מ>ה

4Q512 7+ 1.3 בע]רי מושב[ותם] ׃

11QT 17.4] בכול מושבותמה

4Q405 17 1.6]ק׳ש׳בי קודש מושבי ׃]ת
4Q405 20+ 2.4]ממלכות מושבי כבוד
11QSS 3+ 1.5 ממלכו]ת מוש[בי

CD 11.10 אל יטול בבית מושבת ׃ סלע

4Q504 4 1.8 צו[יתה]ביד מוש[ה ׃]ל[

1QDM 1.1 [ ] על מושה [אלוהי]ם
1QDM 1.11 ויקרא מושה לאלעזר בן
1QDM 2.5 [ ] מושה ו[יאמר
1QDM 2.11 ו[יוסף לדב]ר מושה אל בנ[י
1QDM 4.3 [מושה [ ]
1QH 17.12]ברתה ביד מושה [
1QM 10.6 ד[ובר]ה ביד מושה לאמור כיא
1QS 1.3 כאשר׃ צוה ביד מושה וביד כול
1QS 5.8 לשוב אל תורת מושה ככול אשר
1QS 8.15 א[ש]ר צוה ביד מושה לעשות
1QS 8.22 דבר מתורת מושה ביד רמה
2Q25 2 1 1.3]כן כתוב בספר מוש[ה
4Q378 14 1.3 [ ]אבל מושה ובני
4Q504 1+R 2.9 כיא כפר מושה ׃ בעד
4Q504 1+R 3.12 ות׳יכה אשר כתב מושה ועבדיכה ׃
4Q504 1+R 5.14 אשר צויתה ביד מושה עבדכה ׃
4Q504 3 2.16 [ ]מושה וכ׳מ׳[׃
4Q504 6 1.12 [׳[ ]׳[ ]פני מושה עב[דכה ׃
4Q505 122 1.1]מושה עב[דכה׃ [
4Q509 1+ 1.8 [׳׳ ׳׳[׃] מושה ותדבר
4QFl 1+ 2.3 כול התורה[׃ מושה היאה ה[

4Qord 1 2.17 י]שראל שרף מוש[ה
4Qord 5 1.4 אמ[ר :]בקחת מושה את [:
4Qord 5 1.7 [: אש]ר דבר מושה[:]כול[
4Tstm 1.1 וידבר •••• אל מושה לאמור
6Q22 1 1.3 ˙חד˙[:] ˙ אל מוש[ה:]למס[
11Mel 1 1.12 הראי]שון מושה כיא ד[בר
TS 1 1.3 וידבר מושה את מועדי
TS 1 1.4 וידבר יהוה אל מושה לאמור צו

11QT 59.8 ולמשוסה ואין מושיע מפני
11QT 66.8 המאורשה ואין מושיע לה

1pHab 4.5 פשרו על מושלי הכתיאים
1pHab 4.10 פשרו[ע]ל מושלי הכתיאים
4pN 3+ 1.3 עד עמוד מושלי כתיים

1pHab 4.12 מלפני רעיהו מושלי[הם ז]ה
4pN 1+ 2.5 [: ‹עם[מו]שליהם אשר

1QS[b] 5.28 הקימכה לשבט : מושלים לפ[ניכה
6QHym 6 1.3 ל]פני הד[:]מושלים[:

11QT 47.7 אוכל : וכול מושקה יהיו

1QH 3.8 בנים עד משברי מות : והרית
1QH 3.9 כיא במשברי מות תמליט זכר
1QH 3.28 בליעל וחבלי מות אפפו לאין
1QH 6.24]עד שערי מות ואהיה :
1QH 9.4 [: משברי מות ושאול על
4Q184 1 1.9 דרכיה דרכי מות ואורחותיה
4Q184 1 1.10 שעריה שערי מות בפתח ביתה
4Q381 31 1.2 ותעלני מאהלי מות ות[ ]˙
4Q511 201 1.1]˙מות[:]ת˙]
4pIs[c] 8+ 1.11] [:] מו]ת המלך אח[ז
4pN 3+ 1.7]מות בדורשי
11QT 64.9 חט‹א› משפט מות ויברח אל :
11QT 66.6 אין לנערה חטא מות כיא כאשר
CD 5.3 בישראל מיום מות אעזור :
CD 9.6 דבר בו בדבר מות : ענה בו
CD 9.17 אחר אם דבר מות הוא
CD 16.8 התורה עד מחיר מות אל יפדהו
CD 16.9 עד מחיר מות אל יקימהו

4Q502 31 1.3] ויבר[ך : מו]תאמות[:]ת

4pIs[e] 9 1.1]מותי תחלת[:

1QH 8.33 בשרי ומעוז מותני היה

1QH 2.7 נפשי בחזוק מותנים : ואמוץ

4Q502 20 1.4 לפרי ב[טן :]מז והוצעת[
4Q517 34 1.1]מז˙[

1pHab 3.7 סוסו וחדו : מזאבי ערב

1QS 10.3 מאורות מזבול קודש עם

11QPs 18.9 בקר : כמדשן מזבח ברוב
11QT 3.14 וכול מזבח העול[ה :
11QT 8.11 לאזכרה :]ל מזבח הקטורת
11QT 21.10 יין חדש על מזבח יהוה שנה
11QT 21.16]יצהר על מזבח העולה
11QT 22.6 יקטירו על מזבח ה[עולה :
11QT 23.12 על ארבע קרנות מזב[ח] : העולה
11QT 26.8 נסכו יקטיר על מזבח העולה ואת
11QT 27.4 כמש]פטמה : על מזבח העולה
11QT 52.21 דמו על יסוד מזבח העולה ואת
TS 1 1.6 [ ] תתנו על מזבח העולה את

CD 6.12 המקדש להאיר מזבחו חנם

11QT 2.6 למו[קש : [מזבחו]תיהמה

CD 6.13 ולא תאירו מזבחי : חנם אם

4Tstm 1.18 וכל‹י›ל על מזבחך : ברך

4QFl 6+ 1.5 וכליל על מזבחכה[:

1QM 5.7 הרמח שבע אמות מזה הסגר
1QM 5.8 הצ[ו]רה מזה ומזה לצמיד
1QM 5.12 אל הראוש שתים מזה ושתים מזה
1QM 5.12 מזה ושתים מזה אורך הכידן
1QM 6.8 ולשמאולה מזה ומזה
11QT 10.11]ומל[ ]עלה מזה עמודים : [
11QT 35.11 מובדלים זה מזה לחטאת
11QT 35.13 מקומותמה זה מזה למען לוא :
11QT 46.17 מובדלים זה מזה אשר יהיו :
CD 4.18 המקדש העולה מזה יתפש בזה
CD 4.18 בזה והניצל מזה יתפש : בזה
TS 3 2.9 אמות ולחוצה מזה הנשכות[:

4Q512 7+ 1.2] : במוהרו מז[ובו
11QT 45.15 איש אשר יטהר מזובו וספר לו

1QH 5.16 אש וככסף מזוקק בכור
4QCat[a] 20 1.3 [:]ם כיא[:]מזוקק[:]˙ות

1QH 14.3 ועוזי רוח מזוקקי :

4pHs[b] 2 1.1 מכ]ם מזור פ[שר

4Q511 63+ 2.4 דעת ותרומת מזל שפתי צדק

1QH 18.5]והול[: מזמה אשר הו[

4pPs[a] 1+ 1.26 באיש : [עוש]ה מזמות [פשר]ו

1QH 5.10 תנינים כול מזמותם לחתוף

4Q402 3 2.13 אלוהי[:]מזמת כבוד[ו

1QH 9.12 רוחי ותדע מזמתי :

4QBer 10 2.11 ומקימי מזמתכה[
4QTeh 2 1.6 [: ו[מ]קימי מזמתכה בלבבמה

1pHab 8.14 ויקיצו מזעזיעיכה

4pN 3+ 2.10 יפולו [מז]עם לשונם

3Q15 10.3 ככ : בכירגר מזקות שרוו

4QCat[a] 10+ 1.1 מזק]ק שבעתים

3Q15 5.5 בסדק שבסככא מזר[ח] : אשיח
3Q15 6.2 [ה]פתחין צופא מזרח : [ב]פתח
3Q15 8.1 [בא]מא שבדרך מזרח בית :
3Q15 9.5 צריח הצופא : מזרח חפור אמות
11QT 31.10 בית לכיור נגב מזרח מרובע
11QT 39.12 ויהודה בקדם מזרח [ר]אובן
TS 3 2.4 אשר עד פנת מזרח(ה) שלוש

CD 2.12 פני תבל מזרעם

3Q15 3.3 וזהב של : דמע מזרקות כוסות

1pMic 15 1.1]מח˙[: א]שר [
1QH 57 1.5 [˙˙ כבש[: [מח[
4Q502 52 1.3]א˙[:]מח[
4Q502 157 1.3 [: [˙ד˙[:]מח[:]שי˙[
4Q506 124 1.1]כה כול מח˙[

4QM6 28 1.1	]מח˙[:]˙˙כפ˙[
6apSK 23 1.2	]˙ ˙[:]בכל מח[
11Mel 1+ 2.5	מ(ו)ריהמה מחבאי העצרה
1QM 5.5	שפה וצורת מחברת מעשה
11QT 43.6	אוכלים אותו : מחג הבכורים
1QH 8.6	חיים במעין רז מחובאים בתוך
1QH 8.18	פיתאום יביעו מחובאים בסתר[
1apGn 5.5	˙˙ ולך אנה מחוה [: אזל
1apGn 2.21	עדבה פליג ולה מחוין כולא
2apMo 1 1.4	מחו]ץ למחנה
4QM1 1+ 1.6	]מים סביבה מחוץ˙[
11QT 16.11	פרשו ישרופו מחו[ץ : במקום
11QT 38.15	עשוים לקיר מחוץ ובין התאו
11QT 40.10	בי]ן לשעריו מחוץ לעומת
4QM1 1+ 1.9	י]אצאו מחוצה למחנות
4Q405 43 1.3	מרות[:]הם מחוק[:]קוד[ש
1QH 16.15	כול נגע מכשול מחוקי בריתך
1QS 1.15	ולוא לסור מחוקי אמתו
11Mel 1+ 2.12	בסורמה מחוקי אל
11QSS j+ 1.5	מ]חוקק סב[י]ב
4Q405 19+ 1.5	צורות אלוהים מחוקקי : סביב
1QM 5.9	ושבולת והסגר מחורץ בין
1QM 1.12	נהיתה כמוה מחושה עד תומה
1QH 9.26	אורי כי מאור מחושך :
1apGn 20.5	ו[חמיד] כול מחזה ידיהא כמא
4Tstm 1.11	עליון אשר : מחזה שדי יחזה
3Q14 5 1.1	]מחזורית[א : [
1QM 6.5	הראישון מחזיק חנית
1QM 6.5	והדגל השני מחזיקי מגן
1QM 5.4	אחר איש וכולם מחזיקים מגני
4Q405 23 2.8	קודש קדשים מחזקות מעמד
1Myst 1 1.10	היש שפה ולשון מחזקת בה מי
11QT 25.14	אחד לחטאת לבד מחטאת הכפורים
1QH 17.22	ובשכל :]שכהו מחטוא לך ול[
1QH 17.23	ה לבו :]עבדך מחטוא לך
4Q504 1+R 2.16	]˙˙ והצלתנו מחטוא לכה : [
4pIs[c] 18+ 1.3	שוקדי און מ[חטיאי
4Q504 1+R 6.3	ות[מ]הרנו : מחטתנו למענכה
2Q33 8 1.1	]מחי [
1QH 6.8	תרים למצער מחיה בעמכה
1Myst 1 2.7	[: מה מ[ ]מחים כי אם כול
1apGn 21.28	מדברא והווא מחין ובזין מן
1Myst 1 3.6	ונסכר בלוא מחיר כי ˙ת˙[:
1Myst 1 2.8	[: דמי וכ[ול מח]יר לוא ישוה
1QH 10.10	ולגבורתכה אין מחיר ומי :
CD 16.8	מן התורה עד מחיר מות אל
CD 16.9	מ[ן התו]רה עד מחיר מות אל
11QT 16.13	כולו שמה לבד מחלבו חט[את] :
4Q374 10 1.4	ואין כל[:]מחלבי מריא[ים
4VSam 3+ 3.1	אשר הקדשת[ה : מחלה את[:
1pHab 9.1	ושערוריות מחלים × :
4pPs[a] 1+ 4.23	ה]מה שבע מחלקות : שבי
11Mel 2 3.18	]˙ ה[: [מח]לקות [
CD 16.3	מדוקדק על ספר מחלקות העתים :
1pHab 6.6	פשרו אשר המה מחלקים את עולם
1QS[a] 2.1	והלויים בתו[ך מחל]קת עבודתו
4pIs[c] 32 1.2	]˙[:] מחמד [:]˙ד˙˙
4Q511 2 1.7	[בש]נים עשר מחנות קדוש[ ]ה
CD 7.6	דור ואם מחנות ישבו
CD 19.2	לאף דור: ואם מחנות ישבו
4QM1 8+ 1.17	ואחר ישובו אל מח[נותמה
1QM 4.9	על אות השנית מחני אל על
1QM 16.3	על עומדם נגד מחני כתיים
1QM 18.4	ונחלקו על כול מ[חני כת]יים :
4Q400 2 1.2	נכבדים בכול מחני אלוהים
4Q401 14 1.8	נכבדים בכול מחני אלוהים
4Q405 20+ 2.13	אלוהים בכול מחני אלוהים
4Q511 25 1.1	]˙רו מחני[:]ל˙˙
1QM 7.7	סביבות כול מחניהם
1QM 7.7	בין כול מחניהמה למקום
1QS[b] 28 1.3	˙˙] : [˙˙˙] :]מחנים [:]שמ[
1QM 10.1	] : מחנינו ולהשמר
1QH 15.16	ושלום עד ואין מחסור ותרם :
1QM 15.10	כו]ל מחסיהם וגבורתם
1Q67 1 1.1	] מחעך: [
1QH 2.5	בכל ח[:] מחץ מ ˙ ˙ [
1QM 12.11	על במותי חלל מחץ גוים צריכה
4Tstm 1.19	ופעל ידו תרצה מחץ <מתנים>
4Q513 1+ 1.2	]מחצית: [[
4QOrd 1 2.6	<כ>פר נפשו מחצית[: רק
4QOrd 1 2.8	ככר לשלישית מחצית הככר[:
4QOrd 1 2.9	ולחמשים מחצית המ[נ]ה [
4QOrd 1 2.12	שק]ל הקודש מחצ[ית :
11QT 14.14	עו]לת : מחצית ההין [
11QT 21.15	ב[ני יש]ראל מחצית ההין אחד
11QT 39.8	]נפשו ליהוה מחצית השקל חוק
11QT 39.10	ישאו ממנו את מחצית הש[ק]ל [
11QT 58.10	עליו ושלחו לו מחצית העם את
11QT 58.14	מן הכול וחצו מחצית השאר בין
11QT 4.15	צ]ף [זה]ב :]מחציתו[: [

11QT 46.5	סביב לחוץ מחצר החיצונה
4Q381 59 1.1	]מחק[:]מן[
4QFl 9+ 1.4	] : מחקק[
4Q405 15+ 1.4	]ת כול מחקת ה˙[ ]מה
11QT 55.11	למען אשוב מחרון אפי
11QPs 28.14	]תי פלשתי : מחרף ממ[
1QS 3.2	כיא בסאון רשע מחרשו
4Q511 23 1.4	[: כו]ל מחשב[:]תהל[
4Q381 76+ 1.2	לבני אדם כיצר מחשב[ות :
4Q511 100 1.2	]גדול ˙[: מח]שבות˙[
4QBer 10 2.7	בכו[ל] מחשבות יצר :
4QFl 1+ 1.9	ולחשוב עליהמה מחשבות און למ[
4QTeh 2 1.2	מלכי רשע בכול מח[שבות
4AgCr 2+ 2.10	בראם ידע מחשב[ותיהם
4Q511 26 1.2	]חסדיו וכול מחש[בותיו :
1QH 20 1.4	[:]כול מחשבותך לכול
1QH 2.17	בליעל [: מח]שבותם
1QH 3.32	בליעל ויהמו מחשבי תהום
4Q403 1 2.13	] : הברך וכול מחשבי הדביר
1QH 3.33	בתבל וכול מחשביה ירועו
4Q504 1+R 7.7	הארץ וכול מחשביה[
4Q511 37 1.4	י]רועו כול מחשביה וכו[ל :
4Q403 1 2.14	קודש כול מחשביהם [ ]
4Q405 23 2.10	[או]ר וכול מחשביהם ממולח
1Q29 13 1.4	גוה [:]בה מחשבת זידה ו
1QH 1.13	ואוצרות : מחשבת לחפציה[ם
1QH 4.12	אל תנאץ כל מחשבת : בליעל
1QH 6.22	לבבם[ ]˙˙ מחשבת רשעה
1QH 17 1.3	משפ[:] ורזי מחשבת ורז˙˙[:
1QM 5.6	מעשה חרש מחשבת אורך
1QM 5.8	כמעשי צורת מחשבת ומחברת
1QM 5.9	מעשי חרש מחשבת ושבולת
1QM 5.10	כמעשי : עמוד מחשבת והלוהב
1QM 5.10	מאיר מעשי חרש מחשבת ושבולת
1QM 5.11	פנים מעשי חרש מ[ח]שבת ומראי
1QM 13.2	אל ישראל בכול מחשבת קודשו
1QS 4.4	ורוח דעת בכול מחשבת מעשה
1QS 11.19	בכול מחשבת קודשכה
4Q498 3 1.3	]וה:]ה כול:]מחשב<ת>
4Q503 215 1.3	[:]מחשב[ת :
4Q504 4 1.4	ו]כול [מח]שב[ת] :
4Q504 6 1.2	ולכ[:]ת ופרי מחשבת אש[:]ה
4Q506 132 1.4	וכול<מ> : [מח]שב[ת˙]
4Q511 63+ 2.3	ברישית כול מחשבת לבב :
4QMl 8+ 1.13	]מ[חשבת כבו]דכה
4Q402 4 1.6	]˙[: מכ]לכלי מחשב[תו] ודעת
4Q381 31 1.5	]עמדי [: מח]שבתיך מי
4Q511 42 1.7	]עפרה ואדעה מחשבתכה[:]˙
1pHab 3.5	ובעצה כול מחשבתם להרע
1QS 3.15	הכין כול מחשבתם :

1QS 4.13	כלמת כלה באש מחשכים וכול
1QM 14.14	כיא גדולה מ[חשבת כבו]דכה
1QH 13.6	עולם ˙[ ]מחת עד למעשה[
4Q512 93 1.2	]˙˙[:]מחתם[:]יה[
1QM 5.1	] : ועל מט נשיא כול
4Q499 21 1.1	]˙מט[:]עת[:]˙
1QS 11.2	נשברה לאנשי : מטה שולחי אצבע
11QT 22.12	כבש אחד ולכול מטה : ומטה איל
11QT 23.7	כב[ש : [מ]טה ומטה
11QT 23.10	יקטיר את עולת מטה יהודה
11QT 24.10	יעשה עולת מטה יהודה לבד
11QT 51.13	משפט כי השוחד מטה משפט ומסלף
1QS 7.10	שנה אחת מטהרת הרבים
1QH 3 1.4	]ופעמי על מטוני פחיה
4Q379 1 1.5	]שנים עשר מטות[
4pIs[c] 2 1.4	וה]יו מטות כנפו מלא
11QT 19.14	הינים מכול מטות ישראל :
11QT 21.15	חדש ממשבות : [מ]טות ב[ני
4VSam 5 1.1	]מטיט יון[:
1pHab 10.9	פשר הדבר על מטיף הכזב אשר
CD 4.19	צו הצו הוא מטיף : אשר אמר
4Q513 22 1.4	] אשמ˙[:]מטמא[
4Q514 2 1.2	]ק זרע כ[:]מטמא˙[:
CD 5.6	לו אל וגם מטמאים הם את
1QH 8.5	]˙˙ה מטע ברוש ותדהר
4Q500 1 1.5	הקודש [:]מטעכה ופלגי
4Q502 27 1.5	עם כוכב[י :]מטעכה [
1QH 6.15	נצר לעופי מטעת עולם ויצל
CD 1.7	ומאהרן שורש מטעת לירוש :
1QSa 1.4	אתכול הבאים מטף עד נשים
1QDM 2.10	להמטר ע[ליכ]ם מטר ואת ה[מים]
4Q370 1.5	השמים ה[רי]קו מטר[ו]אבדם
11tgJ 28.5	]וזיקי מטר יהכן
1Q68 9 1.2	]ש˙˙[:]˙מי היא[
1apGn 16.12	... תחומא דן מי ימא רבא ...
1Myst 1 1.10	מחזקת בה מי גוי חפץ אשר
1Myst 1 1.10	חזק ממנו מי : יחפץ כי
1Myst 1 1.11	ברשע הונו מי גוי אשר לוא
1QH 4.29	גבורותיכה מי בשר כזאת
1QH 7.28	לנעוי לב : מי כמוכה באלים
1QH 8.13	לא ישתה מי קודש בל
1QH 11 1.5	]˙˙ מלכותו מי עשה כול
1QH 16 1.6	[:]˙ עולם מי חוש[:]
1QS 3.5	יטהר בכול מי רחץ טמא טמא
2Q27 1 1.5	יבינו מוע[:]מי אנחנו ה[
3Q7 4 1.1	]˙מי˙[:]˙לד˙לא[
4Q370 1.8	]מי המבול ל[שחת
4Q380 1 1.7	[ו]ציון מי ימלל את שם:
4Q381 31 1.5	[: מח]שבתיך מי יבין להמא
4Q381 76+ 1.10	[:]לשמיע מי בכם ישיב
4Q381 86 1.1	]מי חוק [:]
4Q401 16 1.4	קורב : כבו]דו מי יבין באלה :
4Q402 9 1.5	כבוד]ו מ[י

4Q508 31 1.1]·י מיו·[:]אמ··[

1pMic 10 1.6 אשר ינצל[ו] מיום : [
1QDM 2.6] מ]יום צ[את]נו
11QT 18.11 שבתות תמימות מיום הביאכמה
11QT 19.11 לכמה מיום הביאכמה
11QT 21.12 מ]ה [לכמ]ה מיום הזה שבעה
11QT 43.7 הבכורים והיין מיום : מועד
11QT 43.9 התירוש והיצהר מיום מועדו עד
CD 5.3 נפתח בישראל מיום מות אלעזר
CD 7.3 ולא לנטור : מיום ליום
CD 7.12 אשר : באו מיום סור אפרים
CD 9.6 אם החריש לו מיום ליום
CD 14.1 אשר לא באו מיום סור אפרים

4Q512 84 1.2 ב]רוך א[:]מיחד צ[:]בפ[

1QM 9.15 על הראישון מי[כא]ל[
1QM 9.16 הרביעי רפאל : מיכאל וגבריאל
1QM 17.6 האדיר למשרת מיכאל באור
1QM 17.7 באלים משרת מיכאל וממשלת :

1QS[a] 1.10 זכר כיאם לפי מילואת לו

4Q176 16 1.3 קודש ולתת מילת איש ל[:

1Q34[b] 3 2.8]ש עני ור[ ]מים
1QH 2.16 כקול המון מים רבים
1QH 2.27 עצים : וכהמון מים רבים שאון
1QH 3.13 כאוניה על פני מים ויהמו
1QH 3.14 נבעתים מהמון מים וחכמיה
1QH 3.15 על נבוכי מים ···שו
1QH 3.16 גלים : ומשברי מים בהמון קולם
1QH 3.26 חלכאים על פני מים : בהתעופף
1QH 5.8 מכמרת על פני מים וצידים
1QH 6.24 דרך על פני מים ויהם תהום
1QH 8.4 ביבשה ומבוע מים בארץ ציה
1QH 8.6 בתוך כול עצי מים והיו
1QH 8.9 עליו כול ע[ ]מים כי במטעתם
1QH 8.16]ומבוע מים חיים ולא
1QH 8.17 פ[ ]מים ולימים
1QH 9.5 ודמעתי כנחלי מים כלו למנוח
1QH 10.25]ענן על פלגי מים לשת עלה :
1QH 13.15 עפר ומגבל מים·[
2apPr 3 1.2]מ·[:]מים וירח[:]
2QJN 5+ 1.1]מים[ ] :
4Q176 36 1.1]· מים[:]·לד·[
4Q185 1+ 2.12 ועמה[ ]מים ורשף עינים
4Q370 1.8 יפ]תחו המון מים : [
4Q378 11 1.4 ארץ נחלי מים : [
4Q379 12 1.6 והיורדן מלא מי[ם] על כל
4Q487 31 1.3] : [·ה [:]מים·[
4Q498 2 1.2]מבק[:]ונחלי מ[ים:]יוצר כ[
4Q502 89 1.2]··[:]מים [:]ל[
4Q503 116 1.2] קוד[ש :]מים [
4Q503 132 1.2]]: [מים: וב[: וא[
4Q504 1+R 5.2] : מקור מים חיים א[ ]
4Q509 162 1.1]·מים [:]·יק [
4Q511 48+ 1.8]·[ ]·[ ]מ[ ]מים·[ ]ל
4Q511 172 1.2]···[:]מים ש·[
4Q513 15 1.1]מים אש[:]·ו
4apLm 1 2.8 בית · [: שאלו מים ואין מגיר[
4pIs[c] 36 1.3] :]תעו [:]מים[:]הבאה · [
4pN 3+ 3.10 את מ[נשה] : מים סביב לה
4QMl 1+ 1.6 מ[ ]מים סביבה מחוץ
4QMl 11 1.11]ם[ ]·[ ]מים ועצת
11Ap[a] 2.6]ת :]מים ו[[
11QPs 26.10 ואחריו המון מים רבים חסד
11QT 20.1]מים[[
11QT 49.7 אשר יוצק עליו מ[י]ם יטמא כול
11QT 49.12 שמן ויין ולחת מים קרקעו

4Q499 15 1.2 [·[:]מי[:]דת [
4Q502 150 1.2]·ח [:]·מי[
4Q503 98 1.2]עמנ[ו :]מי·[:]עלי[
4Q511 30 1.4 בשועל אנשים מי רבה ואם
4Q512 229 1.3] <]מימי[> מי[
4Q513 10 1.9]מי הותנה :]ן:
4pIs[c] 2 1.2 עליה[ם] את מי הנהר
4pN 3+ 3.6 שודדה נינוה מי ינוד לה
4QCat[a] 10+ 1.10 לב אנשי :]·ה·מי[
4QFl 6+ 1.3 תרי]בהו על מי מריבה הא[מר
4QMl 23 1.4 ונופל[ים :]מי סליחו[ת :]
4QMes 2.20]···[ ]·ב מי[ ]פון :
4Tstm 1.3 כול אשר דברו: מי ינתן ויהיה
4Tstm 1.15 ותרבהו על מי מריבה
5QTop 5 1.3]·[ ]על מי דן ו·[
6apGn 13 1.1]מי [
11Ap[a] 2.2]ארץ מי ע[: ואת
11Ap[a] 4.6 אליו : מי אתה [
11QPs 28.7 את מעשי : כי מי יגיד ומי
11QPs 22.9 תשכח תוחלתך מי זה אבד צדק
11QPs 22.9 זה אבד צדק או מי זה מלט :
11QT 49.18 יזו עליהמה מי נדה וירחצו
11QT 50.2 [ ]אל[: כי מי טהר[ה
11QT 62.3 אל העם ואמרו מי האיש הירא
CD 2.9 מן הארץ : מי עד תומם
CD 6.13 אשר אמר אל מי בכם יסגור
CD 9.11 ולא נודע מי גנבו ממאד

1Q24 4 1.1] מיא ה·[
1QM 10.8 מאויביכם מיא כמוכה אל
1QM 13.13 ובש]לומכה מיא כמוכה בכוח
2Q26 1 1.2 למ·[:]יסלקו מיא עלא מן [ ]
2Q26 1 1.3 ינטלו לוחא מן מיא לוחא ד·[:
4Q511 2 2.6 [רז]י אלוהים מיא ידע[:
4QCat[b] 2 1.1 ····[ ]ל[:]מיא לאחרית
4QMl 11 1.15 מע]ון הקודש [מ]יא לבוז נחשב
4QMl 11 1.15 ידמה ליא מיא הו[א]כבאי
4QMl 11 1.16 <ספ>ר :]תו מיא יש[ ]צערים
4QMl 11 1.17]ומזל שפתי מיא יכיל ומיא

4Q509 3 1.3 שמחת]נו מיגוננו

1QDM 46 1.1]מיד ה·[:]·
1QH 2.35 נפש עני ורש : מיד חזק ממנו
1QH 2.35 ותפד נפשי מיד אדירים
4Q176 1+ 1.6 כיא לקחה מיד •••• כפלים
4pPs[a] 1+ 4.21 אל ו[י]צילם מיד ר[שעי
4QCat[a] 12+ 1.7 לכול בני אור מיד בליעל[:]
11Mel 1+ 2.25 יצי]ל[מה מי]ד בליעל
11QPs 18.9 ניחוח מיד : צדיקים
11QPs 18.15 𐤉𐤄𐤅𐤄 גואל עני מיד : זר[
11QT 59.11 והושעתים מיד אויביהמה
11QT 59.18 עמו והושעתיהו מיד שונאיו

1Q25 7 1.2]בן [:] מידה נע[:]·

4pHs[a] 2.11 לוא יצילנה מידי: פשרו אשר

1QH 14.27]·· שכליך כי מידך היתה זאת
11tgJ 26.2 תתן לה או מא מידך יקבל[

11QT 53.11 דרוש אדורשנו מידכה : והיה

1QS 5.16 ישתה ולוא יקח מידם כול מאומה
4pPs[a] 1+ 2.20 ואל יפדם : מידם ואחר כן

1Q37 1 1.1]··[ ]מיהו[:]יהם

4QCat[a] 9 1.6 ובמשפט[תמה :]מיהודה בכול

4pPs[a] 1+ 3.14 לעולם : כיא מיהו[ה

CD 1.7 פקדם ויצמח מישראל ומאהרן
CD 7.20 וקם שבט ׃ מישראל השבט

3Q15 3.2 הפנא הדרו ׃ מית אמות תשע

11tgJ 7.1 רי]קנה ׃ די מיתו [׃ אמרין

1Q50 2 1.2]ששי ˙[׃]יש מכ[׃]בות [׃
1QH 2 1.17 כול מכ[׃]˙ר נתעב
4Q374 11 1.1]מך[׃]שי בני
4Q502 288 1.1]מך ר[׃]˙ וק[
4Q504 18 1.6 ב˙[׃]ר מכ˙[
4pHs[b] 10+ 1.4] ׃ כול מכ˙[

11QPs 19.15 שטן ורוח טמאה מכאוב ויצר ׃

4Q381 24 1.2 כגמר ˙˙˙ואין מכבה עד י[׃

1pHab 11.12 אשר גבר קלונו מכבודו ׃ כיא

1apGn 20.16 אל עליון רוח מכדש למכתשה

1QH 5.18] ˙טרף מכה ׃ <אריות>
1QH 48 1.3]בודלה ˙[׃]מכה ב<ב>הל או
1QM 13.8 זכר [ ] <מ>כה בקרבנו
4Q176 14 1.5]כה על מכה בו[׃]אין
4Q500 1 1.7] ׃ [˙מכה
4Q508 13 1.2 כי באהבתכה ׃]מכה במועדי
11Ap[a] 3.4 יככה יהוה מ[כה גדול]ה

4Q503 80 1.3] ברוך[׃]מכו [
4Q513 23 1.1]י מכו[׃]צדק[

4Q403 1 2.24] ׃ רוש מכוהן קורב
4QCat[a] 12+ 1.1]]תורה מכ[והן

4pIs[a] 7+ 3.29]עמו יצא אחד מכוהני השם

1Q34[b] 3 2.4 דברך וירשיעו מכול ולא הבינו
1Q34[b] 3 2.6 לך לקודש מכול העמים
1QH 2.21 ותשוך בעדי מכול מוקשי שחת
1QH 9.29 בכה ׃ אחסיה מכול מ˙ ˙[
1QH 11.11 להתקדש ׃ לכה מכול תועבות
1QH 14.18]בלתי עשות מכול הרע
1QH 15.11]סור מכול אשר צויתה
1QH 15.12]˙[׃ עזוב מכול חוקיך
1QH 15.23 כי בם בחרתה מכול ׃ ולעד הם
1QH 17.11] עבדך מכול פשעיו [
1QH 11 1.8] יענה נכבדתה מכול א[׃]
1QM 2.7 הגוי<י>ם מכול שבטי
1QM 10.1 מחנינו ולהשמר מכול ערות דבר
1QM 10.9 אשר בחרתה לכה מכול עמי
1QM 13.15 ולו[ ]˙ם מכול ימ[ים] ׃
1QS 1.4 אשר מאס לרחוק מכול רע׃
1QS 1.14 בכול אחד ׃ מכול דברי אל
1QS 1.15 ולוא להתאחר ׃ מכול מועדיהם
1QS 1.17 לשוב מאחרו מכול פחד ואימה
1QS 2.3 טוב וישמורכה מכול רע ויאר
1QS 3.7 באמתו יטהר מכול ׃ עוונותו
1QS 3.11 לצעוד על אחד מכול דבריו אז
1QS 4.21 ברוח קודש מכול עלילות
1QS 4.21 אמת כמי נדה מכול תועבות
1QS 5.1 המתנדבים לשוב מכול רע
1QS 5.10 על נפשו להבדל מכול אנשי העול
1QS 5.15 כיא כן כתוב מכול דבר שקר
1QS 6.15 לאמת ולסור מכול עול
1QS 8.1 בכול הנגלה מכול ׃ התורה
1QS 8.17 היחד אשר יסור מכול המצוה דבר
1QS 8.18 יזכו מעשיו מכול עול להלכ
1QS 9.20 הזואת והבדל מכול איש ולוא
1QS 9.21 הסר דרכו ׃ מכול עול ואלה

CD 11.16 תפול אל מקום מים ואל מקום ׃

4Q512 1+ 1.6] ׃ את מימי <ה[ז]יה>
4Q512 1+ 1.7 ה]וזותו את מימ[י
4Q512 229 1.3]יש˙[׃] <]מימי[> מי[
CD 1.15 הטיף לישראל ׃ מימי כזב ויתעם

CD 10.13 בו הטמא וטמא מימיו במימי

3Q14 1 1.2 פתח˙[׃ מימימ[׃ בכל[

1QM 8.5 אנשי הרכב ׃ מימין ומשמאול
4Q504 1+R 2.14]מימין ושמאול
4QMl 1+ 1.14] ׃ והמאסף מימין ומשמאול
11QT 45.4 יצא הרישון מימ[י]ן ולוא

1Q23 24 1.3 לא[׃ תוב[׃ מין[
1Q65 1 1.2]בדקו ועלו[׃]מין זקפין ˙[׃
1QJN 19 1.1]˙˙˙ מין[
4QMes 2.14 די ל˙[׃ מין יסופון ת˙[
11tgJ 29.1 ׃ על אנפי מין אף בהון
11tgJ 31.7 ילד]ה כא[בן] מין התקרמו מנה

1QS 3.14 איש ׃ לכול מיני רוחותם
CD 4.16 פניהם לשלושת מיני ׃ הצדק

1QS 7.18 אשר תזוע רוחו מיסוד היחד

4Q511 73 1.3 אלוהים ׃]ים מיסודו ׃]ח

CD 7.19 כתוב דרך כוכב מיעקב וקם שבט

1QM 11.6 דרך כוכב מיעקוב קם שבט
1QM 11.7 שית ׃ וירד מיעקוב והאביד
4Tstm 1.12 קרוב דרך כוכב מיעקוב <ויקום>

4Q185 5 1.2 ו˙[׃ מיפ[׃ הד˙[

1QH 9.16 ׃ ישכיל ובשר מיצר ˙[

4Q511 35 1.6 נוראות ׃ ואני מירא אל בקצי
4Q511 191 1.2]ל˙[ ]לוא[׃]מירא[
8QHym 1 1.1 ג]בור אני מירא ומט[׃]

4Q186 1 3.3 וראושו[׃ מיראות[

4Q511 8 1.4 ש]יר שני לפחד מיראיו[׃
4Q511 11 1.5 ב[׃]ערו מיראיו [׃]ם
4Q511 111 1.6]י כבוד ׃ מי]ראיו ׃
4Q511 111 1.7 מי]ראיו ׃ מ]יראיו׃
4Q511 121 1.3 ועד תום[׃]מיראיו כול

1QS 8.12 יסתרהו מאלה מיראת רוח

4Q511 35 1.7 להכניעם מירא[תו

1QM 7.4 בצאתם ׃ מירושלים ללכת

3Q15 5.13 הכפא ׃ בביאה מירחו לסככא ׃

4Q504 7 1.1]תה מישר את ׃]

1QM 11.6 מיעקוב קם שבט מישראל ומחץ
1QS 6.13 וכולה מתנדב מישראל ׃
1QS 8.11 דבר <ה>נסתר מישראל ונמצאו
4Q385 2 1.2 [ראיתי רבים מישראל אשר
4Tstm 1.12 <ויקום> שבט מישראל ומחץ ׃
11QT 49.9 לכול אדם מישראל כול
11QT 56.10 ובערתה הרע מישראל וכול ׃
11QT 63.8 את דם נקי מישראל ועשיתה
CD 1.3 הסתיר פניו מישראל וממקדשו

1QS^{a} 2.3 מנוגע באחת מכול טמאו<ת> :
1QS^{b} 1.7 יפ]למכה מכול [
1QS^{b} 4.22]כה ויצדיקכה מכול ˙ ˙ ˙[
4Q400 2 1.9 ק]ודש ובינתו מכול ידע[י : [
4Q403 1 1.45 ממעל : [מ]כול קדו[שים
4Q405 23 1.7 וקול ברך מכול מפלגיו
4Q502 60 1.2 [˙ ˙ע :]ו מכול [
4Q503 24+ 1.4 בח[ר] בנו מכול [ה]גוים
4Q504 1+R 4.3 בח]רתה בה מכול הארץ :
4Q504 1+R 4.5 את ישראל מכול העמים
4Q504 1+R 6.16 [: מכול צורריהמה[
4Q504 1+R 7.2 אשר הצילנו מכול צרה אמן[
4Q509 276 1.1]מכול רע ˙[
4Q512 36+ 1.17]˙שה[:]נכה מכול ערו[ת
4Q512 29+ 1.9] מכו]ל פשעי
4Q512 65 1.2]˙ע˙[: ושב מכול[: תפלה
4Q512 67 1.3 הסגר[ו :] מכול אוכל[
4Q513 2 2.3]לו להאכילם מכול תרומת הש
4Q513 13 1.8]ל כאם א[:]מכול ש[
4pPs^{a} 1+ 2.10 התענית ונצלו מכול פחי :
4QCat^{a} 12+ 1.9 עמהמה לעוזרם מכול רוחו[ת :
4QFl 1+ 1.7 לכה מכול אויביכה
4QFl 1+ 1.7 אשר יניח להמה מכ[ול : בני
4QM1 1+ 1.9 היום ההואה מכול שבטיהמה[
5QCur 1 1.4]ישמידוך מכול החול[:
8QHym 2 1.4]כה רבה למעלה מכול[:]
11QPs 18.13 מרשעים אמרה מכול זדים
11QT 3.5]בו כסף וזהב מכול א[:]
11QT 18.7 ע]ל עם הקהל מכול אשמת[ ] :
11QT 19.14 ארבעה הינים מכול מטות
11QT 47.5 קודש וטהורה : מכול דבר לכול
11QT 49.11 יכבדו את הבית מכול : תגאולת
11QT 51.6 בני ישראל מכול
11QT 57.10 שומרים אותו מכול דבר חט :
11QT 57.15 ואשה לוא ישא מכול : בנות
11QT 58.3 מבקש לגזול מכול אשר יש :
11QT 58.17 החיל ונשמרו מכול דבר טמאה
11QT 60.12 מאחד שעריכה מכול ישראל אשר

1QS^{b} 3.8 [: ˙ ˙[ ] מכולם [

1Myst 3 1.1]רע מכולמה [:]

11QPs 26.11 ומשפט וצדק מכון כסאו

1QH 3.10 שאול יגיח : מכור הריה פלא
11QT 48.6 לוא תואכלו כי מכור לנוכרי

3Q8 1 1.1]מכות [:]מלאך

1QM 14.7 מתנים לשכם מכים ובעניי
4QM1 8+ 1.6 לשכם[מכי]ם [

1QS 10.12 ולעליון מכין טובי מקור
11QPs 26.14 ארץ בכוחו מכין תבל

4Q502 1 1.1 א]דם מכיר[:]ם חוק

4Q381 24 1.5 גאל ליהודה מכל צר ומאפרים
4Q381 37 1.2]יד :]מכל :]בסררי :
6QPro 22 1.1]מכל˙[
CD 7.3 ליום ולהבדל מכל הטמאות
CD 13.14 למחנה : ואיש מכל באי ברית
CD 14.2 להם להנצילם מכל מוקשי שחת
CD 16.3 ישראל מכל אלה הנה
CD 16.16 יקד[ש אי]ש מכל[

1QS^{b} 3.25 וישימכה מכלול הדר בתוך

4Q402 4 1.6 ליחד כ[ ]˙[: מכ]לכלי

4pHs^{b} 2 1.1 מכ]ם מזור פ[שר
11Ap^{a} 2.11 הזואת[: א]חר מכם א[לף

2apPr 6 1.1 מכ]מרם יתמל[א

1QH 5.8 רבים פורשי מכמרת על פני

1QM 1.14 יד אל הגדולה מכנעת : [

4Q184 1 1.5 ומלבשיה[: מכסיה אפלות

1QH 5.34 כלה כי עששו מכעס עיני

1pHab 9.13 קנו לנצל מכף רע יעצתה
4pMic 1+ 1.4 י]הוה מ[כף
11QT 59.11 ופדיתים מכף שונאיהמה

2QJN 8 1.5 [ ] ולהיון מכפרין בה

4pN 5 1.3 מכצ]ריך באי

11QPs 19.10 לשאול מכרוני ותצילני

1Q25 8 1.1]כי מכרם[

1QH 8.35 ˙ ˙תקו בזקי מכשול ולשון
1QH 10.18]גערתכה אין מכשול[: נגע
1QH 16.15 לפניו כול נגע מכשול מחוקי
4pPs^{b} 5 1.2 מ˙ ˙[:]בית מכשול [:]˙ת
11Ber 1 1.12 ש]כול [מ]כשול

1QH 9.27]ק מכתי ולמכשולי

1pHab 1.12 מכתי]ר את

1apGn 20.19 לאסיותה מן מכתשא דן ולאנש
1apGn 20.26 ויתוך מנכה מכתשא דן ורוח
1apGn 20.29 ואתפלי מנה מכתשא ואתגערת

1apGn 20.18 וגברו עלוהי מכתשיא ונגדיא
1apGn 20.24 אמר למלכא כול מכתשיא ונגדיא

1apGn 19.13]לל[ ]מ[ ]מל[ ]א[ ]א
1pHab 11.13 כיא לוא מל את עור לת
1QH 11.1]˙מל מעיני ויג˙[
1QH 12 1.3 כפי כל מעש˙ ˙ ˙מל˙[:]˙לם
2apPr 5 1.4 עם שמ[:]ת מל[
4Q503 39 1.3 ערב ובוקר מל˙ שלומנו
4Q509 84 1.2 להב[:]לוא מל[
4Q511 44+ 1.7 פלאו : [ ]˙א מל[
4Q517 38 1.2]אמיו[:]מל[
4QPs^{f} 2 9.2 ˙ ˙[:]מל[: ˙ ˙]
11Mel 1+ 2.1 אלוהיך מלך מל˙ ˙[
11QSS 8+ 1.7 [˙ ˙ אפוד : [ ]מל˙[
11QSS 2+ 1.5 הדעת בכול מל[
11tgJ 20.9 [: ואף ע[ל: מל˙[: מלי אף
CD 10.15 איש ביום : על השישי מלאכה

1QM 12.12 בשר אשמה מלא ארצכה כבוד
1QM 19.4 תואכל בשר מלא ארצכה כבוד
1QS^{b} 5.17 א]שר מלא י[דיכה
4Q379 12 1.6 כנען והיורדן מלא מי[ם] על
4pIs^{c} 2 1.4 מטות כנפו מלא רחב ארצכ[ה
4pPs^{b} 4 1.1]]מלא כפו קוצר
4QM1 1+ 1.15 על מעמדמה עם מלא עונתם
4QM2 1 1.4 ב]שר מ[ל]א [
5Q16 2 1.3]צ[:]שלחניו מלא[
11tgJ 10.5 אר]חי מא עפר מלא נש[מע :
11QT 15.15 [מלא : י[דו]
11QT 35.6 בה]מה מלא את : ידיו

1QM 12.1 בשמים וצבאות מלאכים בזבול
1QM 12.8 גבו[רות] צבא מלאכים
4AgCr 2+ 2.4 מאלוני מטרה מלאכים המה[:

1QS 6.20 המבקר על מלאכת הרבים
11QT 14.10 השנה כול מלאכת ע[בודה :
11QT 17.11 קו[דש] : כול מלאכת עבודה
11QT 17.16]ל[יה]וה כול מלאכת עבודה
11QT 19.8 לדורותם כול מלאכת עבו[דה
11QT 25.9 תעשו בו כול מלאכת עב[ודה]
11QT 29 29.10]מל[א]כ[ת
TS 1 1.5 לעולה ולכול מ[לאכת] :
TS 1 1.8 ˙˙ ות ולכול מלאכת הבית

1QS 6.19 את הונו ואת מלאכתו אל יד

11QT 47.9 עושים : בהמה מלאכתמה לכול

1QDM 47 1.2]˙ ˙[:]מלב[

4Q513 4 1.3] : [<]א> מלבד שבתות[:
11QT 14.13 כבשים בנ[י : [מ]ל[בד עו]ל[ת
CD 5.5 מעשי דויד מלבד דם אוריה
CD 11.18 כי כן כתוב מלבד שבתותיכם

11QSS 2+ 1.3]מלה ובהדר :

11tgJ 20.3 סב[ו : אלין מלהת[בה : הוא

4Q401 22 1.2 ˙] :]ש מלו ידיהם[:

1QH 16.3] מלוא ה[ ]˙ים ˙
1QH 16.3]בודך מלוא כ[:
1QS[b] 3.17]ה מלוא[

CD 10.16 רחוק מן השער מלואו כי הוא

1QS 7.22 ( ) על מלואת עשר שנים

1QM 6.15 והמה : ורכ[ב מ]ל[ובשים

1QM 6.12 בתכון ימיהם מלומדי מלחמה :
1QM 6.13 חיל למלחמה מלומדי רכב

4pIs[a] 2+ 2.22]מעברה גבע מלון למו חל[תה

4Q511 3 1.6 ש]לום [:]מלונו ופחרו

4Q184 1 1.6 מעמקי בור מלונותיה משכבי

11QT 20.13 קורבנכמה תתנו מלח ולוא

1apGn 21.16 ימא רבא דן די מלחא ואזלת ליד

1QH 9.22 ל˙[: אנשי מלחמ[

1QM 2.7 להם אנשי מלחמה לכול
1QM 4.3 מאת : אל יד מלחמה בכול בשר
1QM 6.2 שבעה זרקות מלחמה ועל לוהב
1QM 6.12 ימיהם מלומדי מלחמה :
1QM 6.16 וחצים וזרקות מלחמה וכולם
1QM 7.5 אנשי נדבת מלחמה ותמימי
1QM 7.11 בראשיהם בגדי מלחמה ואל
1QM 8.5 טרודד ידי סדר מלחמה :
1QM 8.9 חד טרוד לנצח מלחמה והלויים
1QM 8.10 קול אחד תרועת מלחמה גדולה
1QM 8.12 טרוד לנצח ידי מלחמה עד
1QM 9.2 מריעים לנצח מלחמה :
1QM 9.5 אלף : אנשי מלחמה והרוכבים
1QM 10.6 כיא תבוא מלחמה :
1QM 14.6] רפות ללמד מלחמה ונותן

4pN 3+ 2.1 פר]ק מלאה : פשרו
11QT 50.10 ואשה כי תהיה מלאה וימות

4Q181 1 1.5] : מ]לאו איש לפי
4QM1 1+ 1.20]˙˙מלאו לכלת[
5Q16 6 1.1]ם מלאו ש˙[:]ל˙
CD 10.1 פיהו אשר לא מלאו ימיו

11QT 52.5 ושה ועז והמה מלאות כי תועבה

1QDM 2.3 ובת[י]ם מלאים כו[ל

3Q15 4.8 שם שני דודין מלאין כסף :

1QM 13.11 בליעל לשחת מלאך משטמה
1QM 13.14 גבורתכה ומיא מלאך ושר בעזרת
1QM 17.6 בגבורת מלאך האדיר
1QS 3.20 יתהלכו וביד מלאך : חושך
3Q7 5 1.3]˙שי יש[:]מלאך הפנים [:
3Q8 1 1.2]מכות [:]מלאך שלו[ם
4QBer 10 2.7 מלא]ך השחת
4QCat[a] 12+ 1.7]˙˙˙ל˙˙˙[:]מלאך אמתו
11Ap[a] 3.5] [עליך מלאך תקיף [:
CD 16.5 תורת משה יסור מלאך המשטמה

1Q43 1 1.2 עבו]דת כול מלאכ[ה
11QT 27.6 יעשו בו כול מלאכה כי שבת
11QT 27.7 אשר יעשה בו מלאכה או אשר
11QT 27.10 תעשו כול : מלאכה
CD 10.15 על השישי מלאכה מן העת

1QH 6.13 ובגורל יחד עם מלאכי פנים
1QH 18.10 מלאכי ש˙[:
1QM 1.15]]ל מלאכי ממשלתו
1QM 7.6 ירד אתם כיא מלאכי קודש עם
1QM 10.11 נכבד ורואי : מלאכי קדוש
1QM 13.12 רוחי : גורלו מלאכי חבל
1QS 4.12 ביד כול מלאכי חבל לשחת
1QS[a] 2.8 השם כיא מלאכי : קודש
1QS[b] 3.6]ם מבשר ועם מלאכי ק[ודש
1QS[b] 4.26 ומפיל גורל עם מלאכי פנים
4Q403 1 1.1 רומם לאלוהי[מ]לאכי רום
4Q403 1 2.23 כ[ ] : השר מלאכי מלך
4Q405 17 1.4 אמת :]טוהר מלאכי כבוד
4Q405 17 1.5 נפל]אות מלאכי תפארת
4Q405 19+ 1.7 וצורות בדניהם מלאכי קודש
4Q405 20+ 2.9 האופנים ישובו מלאכי קודש יצא
4Q405 23 1.8 ובכול מוצאי מלאכי קודש
4Q405 49 1.3]כל צבע[:]מלאכי[
4Q405 81 1.2]ראשי[:] מלאכי זב[ול :
4Q407 1 1.3 א:]קודשיהם: מ]לאכי קודש:
4Q504 1+R 7.6] : כול מלאכים רקיע
4Q510 1 1.5 כול רוחי מלאכי חבל
4Q511 2 1.8 אלוהים עם מלא[כי]מאורות
4Q511 35 1.4 צבאו ומשרתים מלאכי כבודו :
4Q513 2 2.4] : ולבג[מ]לאכי ולכפר
4QM1 1+ 1.10 למלחמה כיא מלאכי קודש
4QM5 2 1.4 [: מלאכי ח[בל
6QHym 5 1.2 [˙] [ ]ל ומ˙[: מל]אכי צדק
11Ber 1 1.5 עד וברוכים[: מלאכי קודשו :
11QSS j+ 1.6 בדניהם מ[לאכי
11tgJ 30.5 כחדה כל מלאכי אלהא :
CD 2.6 אש : בי כל מלאכי חבל על

4Q185 1+ 1.8 לעמוד לפני מלאכיו כי באש
4Q185 1+ 2.6 ולה˙˙[ ] מן מלאכיו כי אין
4Q381 29 1.2 א[:]וישלח מלאכיו וי˙˙[:
4QM1 1+ 1.3 [: ושר מלאכיו עם[
11QPs 26.12 לבו אזראו כול מלאכיו וירננו

1QM 12.4 קדושיכה [ ] מלאכיכה לרשות

4pIs[e] 5 1.3 משעיר שומר מה מ[לילה :]ביער

4Q502 174 1.2]˙]לׄ]מׄ[:]˙מלים בש[:]

11tgJ 21.6 ולא ˙] : מלין וכמא לא

1QH 6.13 פנים ואין מליץ בנים לק[
4Q374 7 1.2] :]מׄ מליץ לעמך[:

1QH 2.31 ותצילני מקנאת מליצי כזב :
1QH 4.9 אובד והמה מליצי : כזב

1Q36 14 1.1]˙˙ דה מלכׄ[:]˙אים
1apGn 20.14 על פרעו צען מלך מצרין די
1apGn 21.23 אתה כדרלעומר מלך עילם אמרפל
1apGn 21.23 עילם אמרפל מלך בבל אריוך
1apGn 21.23 מלך בבל אריוך מלך כפתוך תדעל
1apGn 21.23 כפתוך תדעל מלך גוים די :
1apGn 21.24 קרב עם ברע מלך סודם ועם
1apGn 21.24 סודם ועם ברשע מלך עומרם ועם
1apGn 21.24 ועם שנאב מלך אדמא : ועם
1apGn 21.25 ועם שמיאבד מלך צבוין ועם
1apGn 21.25 מלך צבוין ועם מלך בלע כול
1apGn 21.25 די סדיא ותקף מלך : עילם
1apGn 21.27 ארבע עשרה דבר מלך עילם לכול
1apGn 21.31 תמר : ונפק מלך סודם
1apGn 21.32 די עמה ואתבר מלך סודום וערק
1apGn 21.33] ובז מלך עילם כול
1apGn 22.12 אתיב ושמע מלך סודם די
1apGn 22.17 <נ>כסיא די מלך עילם
1apGn 22.19 די אצלתה מן מלך עילם
1QM 15.2 ילכו ותנו נגד מלך הכתיים
3pIs 1 1.4] : ל[עזי]ה מלך יהו[דה
4Q381 31 1.4] מ]לך יהודה שמע
4Q381 33 1.8 תפלה למנשה מלך יהודה בכׄלו
4Q381 33 1.8 בכׄלו אתו מלך אשור [
4Q381 76+ 1.7 קדושים גורל מלך מלכים ˙] :
4Q400 1 1.8 משרתי פני מלך קודש :]
4Q400 1 1.13 בהיכלי מלך]
4Q400 1 2.7 קודש קודש[ים: מלך אלוהים
4Q400 1 2.14 כבודו ˙] : מלך נשיאי[:
4Q400 2 1.5 כול[: כבוד מלך אלוהים
4Q401 1+ 1.5] : מלך אל[והים
4Q401 5 1.7 בתעודו[ת : מׄלׄ[ך
4Q401 13 1.1]˙˙[ ]ת מלך כׄ[: ש]בׄוע
4Q401 14 2.8 למוצא שפתי מלך בׄ[
4Q402 2 1.4 בדביר מלך ˙] : חׄ[ ]
4Q403 1 1.28 [ה]אדׄ[ו]ןׄ מלׄ[ך ה]כול
4Q403 1 2.23] : השר מלאכי מלך במעוני פלא
4Q403 1 2.26] : לאל אלים מלך הטהור
4Q404 5 1.6 אלוהיםׄ :]מׄלך אמת [ו]צדק
4Q404 6 1.2]מתוך ˙] :]מלך כולׄ[:
4Q405 14+ 1.5 באלמי מבואי מלך בׄדני רוח
4Q405 14+ 1.5 רוח אורים[מ]לך בדני
4Q405 14+ 1.7 קודשים בדבירי מלך בדׄנׄ[י
4Q405 19+ 1.3]בׄדׄ[ני דב]יר מלך מעשי
4Q405 23 1.11 על אמרי : מלך בלי יתכו
4Q405 23 1.13 כׄבוׄדו : מורא מלך אלוׄהים
4Q405 23 2.2] :˙˙בו מלכ בשרתם
4Q405 23 2.3 בשרתם לפׄ[ני : מלך וחרת
4Q405 23 2.9 לפני[ ] : [מ]לכ רוחי צבעי
4Q405 24 1.3]מׄלכות כׄבוד מלך כול
4Q504 27 1.1]לׄ מלכׄ[:]˙ צל[
4Q509 196 1.2 [˙ מׄ˙˙] :]˙מלׄךׄ˙]
4Q511 52+ 1.4] : את]ה אלי מׄלׄך הכבׄ[ו]דׄ
4Q511 99 1.2 כאשמׄ[ת : מלך ˙]: על ב˙
4pIs[c] 6+ 2.2 [גוד]ל לבב מלך אש[ור
4pIs[c] 8+ 1.1]]˙ על מלך בבל]
4pIs[c] 25 1.1]˙ מלך בבל ˙]
4pIs[e] 8 1.1 מל]ך בבל אשר
4pIs[e] 9 1.2 תחלת[:]אשר מלך ב˙[:]

1QM 15.1 . ותעו]דת מלחמה (
1QM 15.12 (   ) <מועד> מלחמה היום הזה
1QM 16.7 חד טרוד לנצח מלחמה והלוים
1QM 16.8 יריע[ו תרוע]תׄ מׄ[לחמה ב]קול
1QM 17.13 יריעו תרועת מלחמה ואנשי
1QS[a] 1.26 יחד או לתעודת מלחמה וקדשום
2apDa 1 1.3 עם קשתות ולא: מ]לחמה לתפש
4pIs[c] 25 1.3 ו]זרם כלי מלחמה המה[
4QM1 1+ 1.18]אלה בגדי מל[חמה] : ככול
4QM1 8+ 1.5 רפות ללמד מלחמה
4QM1 10 2.12] : מלחמה בכתיאים
4QM1 11 2.6 מ]רׄ[ו]דׄ לנצח מלחמה
4QM1 11 2.16 לחזק לׄ[ב : מלח]מׄה היום
4QM1 11 2.19 הכוהנים לסדר מלחׄמה שנית עם
4QM1 15 1.12 יחד עׄ[ם :]מׄלחמה ˙]
4QM1 17 1.8]ושארׄ[ית : מלח]מׄה כזׄוׄ[את
4QM6 32 1.6 [VACAT]: מ]לחמׄה ה˙˙]
11QT 57.6 עשר אלף איש מלחמה : אשר
11QT 62.8 ועשתה עמכה מלחמה : וצרתה

1QH 6.29 תום כול ח] : מלחמות רשעה
1QH 6.31 להוציא כלי מלחמות ויעצו[
1QH 6.33 ולכול גבׄוׄרי מלחמ<ו>ת אין
1QH 7.7 ותחזקני לפני מלחמות רשעה
1QM 11.8 לנו ק[צי] מלחמות ידיכה
4Q402 4 1.8 אלים [כל]י מ[ל]חׄמוׄ[ת :
4Q511 48+ 1.4 דׄ˙] וב]גויתי מׄלחמׄוׄתׄ חוקי :

1Q36 8 1.2 פתי ˙] :]תׄי מלחמותכה]

1pHab 6.4 לאותותם וכלי מלחמותם המה
1QH 2.26 בכל : כלי מלחמותם ויפרו

4Q176 50 1.1]מלׄחׄמׄכי[:]הׄןׄ

1QM 4.12 על אותותם : מלחמת אל נקמת
4Q402 4 1.7 קדו[שי :]יהם מלחמת אלוהים

1QM 17.1 מצרף ישנן כלי מלחמתה ולוא
4pN 3+ 3.11 [ח]ילה גבור[י מ]לחמתה (ע)

1QH 6.28 גדוד בכלי מלחמתו עם תום
1QM 16.7 ידו בכלי : מלחמתו וששת]
1QM 17.12 איש ידו בכלי מלחמתו
4QM1 11 2.5 אי]שׄ ידו בכלי מׄ[לחמתו
4QM1 11 2.21 ידׄם איׄש בכלי מלחמתו

1QH 7.22]ארות אנשי מלחמתי ובעלי :

1QM 1.12 עולמים וביום מלחמתם בכתיים
4QM6 2+1 1.4 צרותם : מלח]מׄתׄםׄ :

4QPs[f] 2 8.4] הׄוא זנה : מלט]
11QPs 22.9 צדק או מי זה מלט : בעולו

1Myst 1 1.4 ונפשמה לוא מלטו מרז נהיה
CD 7.21 בני שת אלה מלטו בקץ

1apGn 19.21 ובכת שרי על מלי בליליא דן
1apGn 19.24 צע[ן] על מל[י] ועל
1apGn 19.25 ל[כתב] מלי חנוך :]
1apGn 19.26]צ להה[ ]מלי :]
1apGn 20.8 וכדי שמע מלכא מלי חרקנוש
1apGn 20.24 שמע חרקנוש מלי לוט אזל
4QNab 1+ 1.1 מלי צ[ל]תא די
11tgJ 21.1 עׄ[ל: מל˙] : מלי אף אנה ארו
11tgJ 21.9 עו[ד : וא]חׄוה מלי אף ˙] :]˙
11tgJ 24.10 מ]לׄיׄ ˙˙שקׄ[י :

11tgJ 32.5 ומדרה בא<ר>ע מליחה : יחאך

נ]ורא[בכבוד מלכותכה ועדת   1QM 12.7
רום מלכות[כה :   4Q400 1 2.1
והג]ל : תפארת מלכותכה : בשערי   4Q400 1 2.3
דעת ותשבוחות מלכותכה בקדושי   4Q401 14 1.7
מלכותכה בקדשי
ש[: מלכותכה[:   4Q509 51 1.1
על כולא ובכול מלכי ארעא אנתה   1apGn 20.13
אנתה מרה לכול מלכי : ארעא   1apGn 20.15
ב : [שמעו מלכי עמים   1Myst 9+ 1.3
ל'ל' מלכי צבאות   1pPs 3 1.3
גבורה וה] : מלכי'דם מה   1QH 7 1.10
[: אנו בני מל]כי   4pIs^c 11 2.4
הואה : [ב' מ]ל[כי   4pIs^c 30 1.5
ביד מלכי יון   4pN 3+ 1.3
ישבו בו כול מלכי קדם   4QMl 11 1.12
אר]ור אתה מלכי רשע בכול   4QTeb 2 1.2
הקצרה ומנחלת מלכי צדק כי]א   11Mel 1+ 2.5
והמה נחל]ת מלכי צ]דק אשר   11Mel 1+ 2.5
[אנש]י גורל מל]כי[צדק   11Mel 1+ 2.8
[תים וכול] [מלכי צדק   11Mel 2 3.5
התנינים הם מלכי העמים   CD 8.10
הוא ראש מלכי יון הבא   CD 8.11
התנינים : מלכי העמים   CD 19.23
הוא ראש מלכי יון הבא   CD 19.24

ורי : נגדו מלכיא ארחא   1apGn 22.4

יתעו רבים : מלכיה[ם]שרים   4pN 3+ 2.9

מלכי]ם שי פשרו   1pPs 9 1.1
גורל מלך מלכים :] [:   4Q381 76+ 1.7
מרומים ומלך מלכ]ים [לכול   4Q403 1 1.34

וגם ביד מלכינו הושעתנו   1QM 11.3

את סכות מלככם : ואת   CD 7.14

צמרי ופישתי מלכסות את]   4pHs^a 2.9

הברית הסרים מלכת [בד]רך   11Mel 1+ 2.24

למך ברה ''' מלל[: וכדי   1apGn 5.8

]לבר<ב>ין חשו מללא וכף ישו[ן   11tgJ 14.3

בחלק תקיף פמי מללת ובן :   1apGn 2.8
וחכמה : חדה מללת ולא אתיב   11tgJ 27.5

אבה]תהון מלמהוא עם כלבי   11tgJ 15.5

ירידתו : מלמעלא כב :   3Q15 10.2

ו]ה]כבר אשר[מלמעלה ל[:   11QT 3.15
והכברת אשר מלמ[עלה :]לה :   11QT 7.9
כנפים] : [ ]ה מלמעלה מן   11QT 7.12

[מלף וא :] [ל[1Q66 2 1.1
: וכעיר מבצר מלפ] [אהיה   1QH 3.7
יוסיף אוס] [מלפ] [יכה   11QPs 24.15

איש מלפני : X   1pHab 4.12
ב]בורחו מלפני[ ]   1pPs 1 1.1
ביחד ויצא מלפני הרבים   1QS 7.23
]ינדפו [מ]לפני ב' : [4Q381 46 1.8
אחוזנו מלפני לשון   4Q501 1 1.6
בני :] מלפני חורף בדל   4apLm 1 2.6
]ים בברחו מלפ[ני יש]ראל   4pIs^a 7+ 3.13
עצ]תם ואבדו מלפני[4pN 1+ 2.8
]ה אם לוא [מלפני יהוה ל[11AP^a 2.9
אשר נתן לו מלפני העליון   11QPs 27.11

דמי]מרוס מלך יון אשר   4pN 3+ 1.2
והנשא בעו]ן מלך הם[לכים   4QMl 8+ 1.14
די נבני מלך[( ) [ב]בל   4QNab 1+ 1.1
בבהמ]ת[:]כיא מלך גדול א[ני]   5apM 1 1.3
]וינום משם אל מלך סואב[:   5apSK 33 1.3
]עשם אלוהיך מלך ט'''[ ]   11Mel 1+ 2.1
לצי]ון[מלך אלוהיך   11Mel 1+ 2.23
מל]ך מעשי'   11QSS j+ 1.3
[מלך הכבוד [11QSS 5+ 1.6
ק]ודש מלך : הכבוד   11QSS 2+ 1.4
בש[בעה מלך כ]ו]ל[11QSS h+ 1.6
[:] מלך[11QSS n 1.1
משמיעי [מלך כול קדושי   11QSS q 1.3
]ירי מלך כול ה[11QSS s 1.2
והוא מלך על כל רחש   11tgJ 37.2
אשים<יה> עלי מלך ככול   11QT 56.13
שם תשים עליכה מלך <אשר אבחר   11QT 56.14
תשים עליך מלך : לוא תתן   11QT 56.14
המלחמה ואם מלך ורכב וסוס   11QT 58.7
ביד נבוכדנאצר מלך בבל : פקדם   CD 1.6
כאשר אמר אין מלך ואין שר   CD 20.16

יא וכדי שמע מלכא מלי   1apGn 20.8
ואצלה על : מלכא ואסתוך   1apGn 20.22
לצליא על : מלכא ושרי   1apGn 20.23
ומתנגד מרי מלכא בדיל שרי   1apGn 20.25
[או]דע לי מלכא ב' [ ]   1apGn 20.30
פות : וימא לי מלכא במומה די   1apGn 20.30
ויהב לה מלכא   1apGn 20.31
שוא והוא עסק מלכא בקעת בית   1apGn 22.14
כרמא ומלכיצדק מלכא דשלם אנפק   1apGn 22.14
באדין קרב מלכא די סודם   1apGn 22.16
מלכ[א   4QNab 1+ 1.1
]מלכא דכא אמי[ן   5QJN 2 1.10

עמה לה:[וו]ן מלכה וערמומ[ה]   4QMes 1.7

משרת בהיכל : מלכות ומפיל   1QSb 4.26
]חדש לו להקים מלכות עמו   1QSb 5.21
מלכו[ת   4Q401 1 1.4
]שמי מלכות כבו]וד[כה   4Q401 14 1.6
[ב]ות :]ה]דר מל]כות :   4Q401 32 1.2
[צ]ר]ק מה]ללי מלכותו   4Q403 1 1.25
[:]'[: מלכות[4Q405 7 1.3
מרומי מקדשי מלכות : כבודו   4Q405 23 2.11
]פלא מלכות[:   4Q405 24 1.1
]והדר רא[שי : מלכות כבוד מלך   4Q405 24 1.3
לא[ ] : מ]לכות[4Q405 35 1.4
נתנה ברית מלכות עמו עד   4QPBl 1 1.4
מבניו על כסא מלכות : ישראל   11QT 59.17

]שכלו [ח]ן :] [מלכותו   1QH 11 1.5
וספרו הוד מלכותו כדעתם   4Q400 2 1.3
]ורוממו[: שמי מלכותו ובכול   4Q400 2 1.4
[רום מלכ[ו]תו   4Q403 1 1.8
[רום מלכותו [לכול   4Q403 1 1.14
תשבחות כבוד מלכותו בה   4Q403 1 1.32
עם הדר כול מלכ]ותו   4Q403 1 1.33
רוש רום כבוד מלכותו דביר]   4Q403 2 2.10
מהו]רי : רום מלכותו לכול   4Q405 3 2.4
מושב ככסא מלכותו בדביר]י   4Q405 20+ 2.2
<כ>בוד מלכותו וכול   4Q405 23 1.3
[וו]] [: כבוד מלכותו   4Q510 1 1.4
אשר תשפל מלכותו ביש]ראל   4pN 3+ 4.3
[בי]ד :]תרבות מלכותו :   11QSS 3+ 1.3
ימים רבים על מלכותו רום   11QT 59.21
שבע תהלי רום מלכותו שבע   MasSS 2.20

]ז ותתן לי :]מלכותך לעבדך   4Q381 19 1.5

2apPr 1 1.9]ינו הנה ממזרח ומצפון :
4Q176 4+ 1.2] א]ני ממזרח אבי[א :

3Q15 3.11 בקבר שבמלה ממזרחו : בצפון

1QH 6 1.3 ם ובמשפטים :]ממזרים להרשיע
1QH 9 1.11 בסוד עמכה :] ממזרים כול [:
4Q510 1 1.5 חבל ורוחות ממזרים שד אים]
4Q511 2 2.3 למו כ[: ועדת ממזרים כ[ו]ל ˙
4Q511 35 1.7 כו[ל]רוחי ממזרים להכניעם
4Q511 48+ 1.3] [: ממזרים להכניע[
4Q511 182 1.1 רוח]י ממזרי[ם :]ל[

4Q487 6 1.5 לבו <מת˙ ˙]> ממח[:]מוים

1QH 7.3 דמים השם לבבי ממחשבת רוע כי

MasSS 1.7 לפני היותם : [ממחשב]תו :]

4Q186 2 1.4 קצר והואה ממיל ˙]

4Q370 1.4 כל תהמו[ת מ]מים אדרי<ם>

4Q403 1 1.24 לכול קדושים ממיסדי ד[עת]

4Q176 1+ 2.6 [: ממך יצ[או
4Q176 8+ 1.10 ˙] [: מ]מך ובחסדי
4Q374 10 1.2]רי˙] : [˙ ממך ופחדך[:]
4Q381 45 1.1]י ואפחד ממך ואטהר :
4pN 3+ 3.2 רואיך ידודו ממך : פשרו על
11QPs 22.7 ועול נכרתו ממך יגילו בניך

1QH 12.23]ב ממכה : לוא
4Q184 3 1.4 בתפ[לה :]הר ממכה עול צי˙[
4Q504 7 1.7 יב]צר ממכה כול :]
4QCat[a] 2+ 1.2]לדבריהם[:] ממכה כול חלי]
11QT 61.13 ורכב ועם רב ממכה לוא תירא
11QT 62.12 לערים הרחוקות ממכה מאודה אשר
11QT[b] 54.4 מאלוהי[: ממ]כה מקצי

1QH 18.11 אלים ממכון[: לעפר

11QT 60.15 יואכלו לבד ממכר על האבות

4QOrd 2+ 1.3 לבלתי ימכר ממכרת עבד ו˙[

1QM 3.11 דרך המשוב : ממלחמת האויב

4Q176 1+ 1.2 וריבה עם ממלכות על דמ[:
4Q401 5 1.5 א[לוהים : כול ממלכו[ת :
4Q401 21 1.2]˙[:] ממלכו[ת :] ל[
4Q403 1 2.3 כבוד לראשי ממלכות רוח[י
4Q405 20+ 2.4]ממלכות מושבי
4Q405 23 2.11] : ראשי ממלכות ממלכות
4Q405 23 2.11 ראשי ממלכות קדושים
4QM1 16 1.3] : ע]ם קודשו ממלכות כו[הנים
11QSS 3+ 1.5 ממלכו]ת מוש[בי

4QFl 1+ 1.10 את כסא ממלכתו :
11QT 56.20 בשבתו על כסא ממלכתו וכתבו :

1apGn 2.18 בקושט ממלא עמך

1apGn 20.8 פם חד תלתהון ממלין שגי

1QH 9.18 ולכול הנעזב ממנה[
1QS 5.9 לכול הנגלה ממנה לבני צדוק
4QOrd 1 2.3 ו]עשה איש ממנה גורן וגת
11QT 20.10 חרבה יקמוצו ממנה את :
CD 11.8 יהיה אל יוצא ממנה : ואל יבא
CD 12.5 ואם ירפא ממנה ושמרוהו

11QT 56.21 הזואת על ספר מלפני הכוהנים

1pHab 13.1] : הס מלפניו כול הרץ

4Q381 45 1.2 נפשי להכנע מלפנ[יך

1QH 1.25 ולא נעדרו מלפניכה ומה
1QH 2 1.15 ש˙] :]˙בות מלפניכה כיא
4Q508 30 1.2]כול ˙˙˙ :]מלפניכה ות˙˙˙
4Q509 7 2.4] :]יחיד מלפניכה ˙˙] :
11QPs 24.14 על כן שאלתי מלפניכה שלמה
11QT 60.20 אנוכי מורישם מלפניכה : תמים

4pN 3+ 1.8]בישראל מלפנים כי
CD 2.17 חיל נכשלו בם מלפנים ועד הנה
CD 5.17 בהם בינה כי מלפנים עמד :

1QS 1.25 [וא]בותינו מלפנינו

4Q517 67 1.1]˙ מלפפ˙[

4Q405 14+ 1.8 ˙˙] ד]ביר מל[ר]

1Q45 2 1.1]מלתי [:]˙ת

1QM 8.16 גדולה לנצח מל[חמה

1QH 12.5 עם מבוא אור : ממ˙]
1QM 18.14]יכה ותבצור ממ˙˙ : אל ˙]
4Q176 17 1.6 ש] :]יפע לנו ממ[: ע]שו
4Q186 2 1.2 וזקנו : ממ˙[ ]והיאה
4Q504 1+R 4.13 שלום וברכה ממ[
4Q511 123 1.2]˙מ[:]˙עו ממ˙[:]˙ יענו
4Q512 92 1.2]עת ˙[:] ממ˙[
4QM1 1+ 1.7 להיות אנ[שי]ממ[[
11QPs 28.14 פלשתי : מחרף ממ[
11QT 33.3]]מם ואת[:]

CD 9.11 נודע מי גנבו ממאד המחנה אשר

11QPs 18.6 ממבואיה כי

4Q381 48 1.5 ש] : ויש<כ>בו ממבטח[: ברכי

1QM 1.3 גולת בני אור ממדבר העמים
4pIs[a] 2+ 2.18]בשובם ממדבר הע[מי]ם[

4Q385 3 1.3] : האדם הלא ממהרים הימים

4Q405 3 1.14]בשבעה :]ממו לאלוהי :

1QM 5.5 וכסף ונחושת ממוזזים :
1QM 5.8 וכסף ונחושת ממוזזים במעשי

11QT 18.12 תס]פורו עד ממוחרת השבת
11QT 19.13] ע]ד ממוחרת השבת
11QT 21.12 תהיינה עד ממוחרת השבת :

4Q405 19+ 1.4 רקיע פלא : ממולח טוהר
4Q405 20+ 2.11 כבוד צבעי פלא ממולח טוה
4Q405 23 2.10 וכול מחשביהם ממולח טוהר חשב
11QSS j+ 1.3 רקיע פלא מ[מולח] :
11QSS 8+ 1.5]ממולח טוהר

1Myst 1 2.5 לכול כן טוב ממונו ברו[:

4Q184 1 1.6 ממ]שלותיה ממוסדי אפלות :

11QT 43.11 אשר : נותר ממועדיהמה יקדש

11QT 18.13 חדשה ליהוה ממושבותיכמה :

1Q55 1 1.3]ל ˙ ˙ ˙ ימיש ממנו טרף [
1Myst 1 1.10 יעושקנו חזק ממנו מי ׃ יחפץ
1pHab 3.3 ונורא הוא ממנו משפטו
1pHab 5.9 רשע צדיק ממנו
1QH 2.29 רגלם ופחים ממנו לנפשי
1QH 2.35 ורש ׃ מיד חזק ממנו ותפד
1QS 5.15 אשמה כיא ירחק ממנו בכול דבר
4Q380 5 1.2] ˙[׃]בסתר ממנו יה[׃]מה
4Q504 1+R 6.11 אפכה וחמתכה ממנו וראה
4Q509 143 1.2 [׃] ˙ ולבער ממנו [׃]את ˙
4pN 1+ 2.10]]הארץ ממנו ומלפני[ו
4QCat[a] 2+ 1.6]בה ממנו ו ˙[׃
4QM1 8+ 1.8]גפרתה[ממ]נו ובהתרשע
11QT 2.9] [תקח ממנו ולוא
11QT 39.10 וכאשר ישאו ממנו את מחצית
11QT 43.5 יני[חו] ׃ ממנו שנה לשנה
11QT 43.16 ולוא ׃ יואכלו ממנו בימי
11QT 49.11 אשר יוציאו ממנו את המת
11QT 49.14 אשר ׃ יצא המת ממנו יטהרו את
11QT 51.17 ולוא תגורו ממנו ׃ להמיתו
11QT 58.13 שללמה ונתנו ׃ ממנו למלך
11QT 61.5 לוא תגורו ׃ ממנו׃ לוא יקום
11QT 65.7 יפול הנופל ׃ ממנו כי יקה
CD 14.14 והשופטים ׃ ממנו יתנו בעד
CD 15.13 א[נו] ממנו אם

1Q26 1 1.5 למה תכבדכה ממני ו[׃] ˙
1QH 4.9 ומודעי נדחו ממני ויחשבוני
4Q381 33 1.4 כי פשעי רבו ממני ו ˙]
4QCat[a] 10+ 1.8 תסת]יר פניכה ממני עד אנה
4VSam 1 1.6 [׃]אם תכחד ממני ד[בר ׃
6apSK 56 1.1 [ממני הא]
11QPs 24.5 אל תמנע ממני בנה נפשי
11QPs 24.6 הרע ישיב ממני דין האמת
11QPs 24.10 תביאני בקשות ממני ׃ חטאת
11QPs 24.11 נעורי הרחק ממני ופשעי אל
11QPs 24.13 ש<ו>רשיו ממני ואל ינצו

1Q36 12 1.2]ם ת[׃] ˙יא ממעון דעת[
1QS[b] 3.25 יברככה אדוני מ[מעון קו]דשו
4Q406 1 1.2]ם כיא ממעונ[

1QJN 1 1.2 תשוית עמוד[א׃ ממע]ל לעמוד[א
4Q403 1 1.44 קוד[ש עו]למים ממעל ׃ [מ]כול
4Q404 5 1.2]קודש עולמים ממעל ׃]ע פלא
4Q405 20+ 2.8 מרכבה מברכים ממעל לרקיע

1QDM 2.10 את השמים [ממ]עלה להמטר
4Q405 31 1.3 רוחי כ[׃] ממעלה[׃]ון

1QH 5 1.2 [׃]הפרידם ממעמד ˙[׃]ות

4Q381 69 1.5 אתכם ולהשיב ממעשי ישבי>
Mas33 1.6 מה יזום כיא ממעשי כבודו הם

11QT 59.14 זנה לבו ועינו ממצו<ו>תי לוא

1Q25 4 1.2]ך ה[׃]ממצוקותיהם [׃
4Q380 2 1.4 בצר <ל>הם ממצ[וקותיהם ׃

3Q14 17 1.2] ˙אש[׃]ממצרי[ם
4Q504 1+R 1.9] ˙ממצרים ׃]

11QT 46.11 מקדשי ויראו ממקדשי ׃ אשר
11QT 52.17 תואכלנה רחוק ממקדשי ׃ סביב

1QS 2.23 ולוא ירום ממקום גורלו ׃

1pMic 1+ 1.2 יה[וה מ]מקומו ׃]
4QCat[a] 5+ 1.9 כצ]פור ממקומו וגל[ה
4QM1 1+ 1.13 יקום הא[ו]רב ממקומו וסדר

1QS 8.8 ובל יחישו ממקומם

1QH 18.15 בק ˙[׃] ˙ע ממקור ˙]
1QS 11.3 ימח פשעי כיא ממקור דעתו פתח
1QS[b] 3.19 תבל להב[י]רכה ממקור ׃]

1QM 7.6 לוא יהיה טהור ממקורו ביום

11QT 30.8]בהיכל ותוכו ממקצוע אל
11QT 36.7 ושרים באמה ממקצוע אל

4Q514 1 1.4 לא החל לטהור ממק[ר]ו [
4Q514 1 1.7 לא החל לטהור ממקרו ׃ וגם אל

1apGn 21.19 ויתבת באלוני ממרה די בחברון
4AgCr 2+ 2.4]ם מאלוני ממרה מלאכים

11QT 21.14 שמ]ן חדש ממשבות ׃

1QH 3.10 ויפלט גבר ממשברים בהריתו

11QT 59.15 אכרית זרעו ממשול עוד על

1QH 8.37]לבב ˙ ˙ ˙רים ממשל ׃]לים
1QM 1.5 לעם אל וקץ ממשל לכול אנשי
4Q503 1+ 2.3] לנו ממשל ˙]
4Q503 33 1.19 לנו רוש ממשל ח[ושך ׃
4QPBl 1 1.1 בהיות לישראל ממשל׃ י]כרת

1QS 9.24 כפים ׃ ובכול ממשלו כאשר צוה

4Q405 23 1.11 לוא ירומו ממשלוחתו ׃ לוא

4Q401 14 1.6] ׃ לראשי ממשלות ˙]
4Q511 2 1.3] ׃ ורוש ממשלות השבית

4Q184 1 1.6 ובאישני ליל[ה ממ]שלותיה

4QBer 10 2.5]ממשלותיו

4Q511 1 1.1 מ]משלותם׃ [ ]
4AgCr 1 1.4] <]ל> קצי ממשלותם זה סרך

1QH 12.6 אור ברשית ממשלת חושך
1QM 1.6 עוזר לו וסרה ממשלת כתיים
1QM 17.5 ולהשפיל שר ממשלת ׃ רשעה
1QM 18.11 עולמים להסיר ממ[ש]ל[ת] אויב
1QS 2.19 בשנה כול יומי ממשלת בליעל
1QS 3.20 ביד שר אורים ממשלת כול בני
1QS 3.21 חושכ כול ממשלת בני עול
1QS 10.1 חקקא ברשית ממשלת אור עם
4Q509 8 1.8 [׃ מ]משלת נב ˙[׃]
4Q510 1 1.6 ונ ˙ ˙תם ב]קץ ממשל[ת] ׃ רשעה
4Q511 10 1.3 ב]קץ ממשל[ת] רשעה ׃
4pN 3+ 2.4 פשרו על ממשלת דורשי
4QM1 24 1.3]חרב ˙[׃]ממשלת כול
4QM6 3 1.6 מ[הומה׃]וסרה ממשלת [׃
6QBen 2 1.3 רשע [׃]ממשלת]

4Q511 1 1.3 ובכול׃ רוחות ממשלתה תמיד

1QM 1.15]ל מלאכי ממשלתו ולכול
1QM 14.10 אנ]שי ממשלתו שמ<ר>תה
1QM 18.1 כול ˙[ ]ל ממשלתו במגפת
4Q503 37+ 1.16] ׃ מגורל ממשלתו[׃] ˙[
4QM6 2+1 1.7 לבב ב[ני ׃ מ]משלתו ולכ[ול

1QH 13.11 כבודך בכול ממשלתך כי

1QH 12.9 לכול ׃ ממשלתם בתכון
1QH 12.23 הגשתם ולפי ממשלתם ישרתוכה

4Q511 35 1.8	ל]קץ ממשלתם[:
4pN 1+ 2.5	אשר תתם ממשלתם]
4QM1 24 1.5	]˙ל[ ]ל ממשלתמה[ ]˙[
11QT 57.17	יקח לו אשה : ממשפחת אביהו
11QT 57.19	מבות אביהו ממשפחתו ולוא
1QH 4 1.9	ואני פחדתי ממשפטכה[:
1Q20 2 1.2	]˙˙ ומתמחין מן אחרהון ˙˙˙˙
1Q23 1 1.3	מאת[ין: ברא מן צלחיה וא˙[:
1Q23 22 1.2	]ן [: א]לפין מן ˙[:]באדין
1Q23 23 1.1	]מן א[:]ל˙˙]
1Q23 26 1.1	]˙˙ מן ˙ע˙[:]˙˙[
1Q36 25 1.5	]: א]שר :]מן: למ[: והת[
1apGn 2.1	חשבת בלבי די מן עירין
1apGn 2.16	פריא[: ולא מן כול זר ולא
1apGn 2.16	מן כול זר ולא מן כול עירין
1apGn 2.16	כול עירין ולא מן כול בני
1apGn 5.4	] שמין להן מן למך ב[רך :
1apGn 10.12	תבותא נחת חד מן טורי הררט˙
1apGn 12.17	רבא די פלטנא מן אבדנא˙˙˙
1apGn 19.11	נהרא חד מן : ראשי נהרא
1apGn 19.16	ארי תריפא מן שדא [ארז]א
1apGn 19.17	בליליא מן שנתי ואמרת
1apGn 19.24	] תלתת גברין מן רברבי
1apGn 20.7	שפרהא לעלא מן כולהן ועם
1apGn 20.19	לאסיותה מן מכתשא דן
1apGn 20.27	אזל ועדי לך מן : כול מדינת
1apGn 20.33	ודהב וסלקת מן [מצרי]ן [
1apGn 20.34	ונסב לה אנתה מן בנת [ ]
1apGn 21.5	דן פרש לוט מן לואתי מן
1apGn 21.5	לוט מן לואתי מן עובד רעותנא
1apGn 21.7	לוט בר אחי מן לואתי :
1apGn 21.10	וחזית ארעא מן : רמתא דא
1apGn 21.11	מן : רמתא דא מן נהר מצרין
1apGn 21.15	ושרית למסחר מן גיחון נהרא
1apGn 21.16	תורא וסחרת מן ל[יד] ימא
1apGn 21.18	ים סוף די נפק מן ימא שמוקא
1apGn 21.28	מחין ובזין מן פורת נהרא
1apGn 22.1	ואתה חד מן רעה : ענה
1apGn 22.2	ללוט די פלט מן שביא על
1apGn 22.6	וקם : ובחר מן עבדוהי
1apGn 22.8	עליהון בליליא מן ארבע
1apGn 22.9	הווא ערקין מן קודמוהי :
1apGn 22.17	ויהב לה מעשר מן כול <נ>כסיא
1apGn 22.19	עמך די אצלתה מן מלך עילם
1apGn 22.21	שמיא וארעא אן מן חוט עד ערקא
1apGn 22.22	אן אסב מן כול די איתי
1apGn 22.23	די : אברם ברא מן די אכלו כבר
1apGn 22.23	די עמי וברא מן חולק תלתת
1apGn 22.25	די הואת עמה מן ארעא דא שבק
1apGn 22.28	שנין : שלמא מן יום די
1apGn 22.28	יום די נפקתה מן חרן תרתין
1apGn 22.29	במצרין וחדא : מן די תבת מן
1apGn 22.29	מן די תבת מן מצרין וכען
1apGn 22.29	כפלין שגיו מן : כול די
1apGn 22.30	עמך ביום מפקך מן חרן וכען אל
1apGn 22.33	לא בנין וחד מן בני ביתי
1pHab 13.4	ואת הרשעים מן הארץ
1QDM 4.2	[ו]ל[קח] מן]
1QDM 4.11	]מן שני
1QM 3.10	ובשובם מן המלחמה לבוא
1QM 4.8	ובשובם מן המלחמה
1QM 4.13	עליהם ובשובם מן המלחמה
1QM 7.9	מערכה ויצאו מן השער התיכון
1QM 7.14	ושלושה שופרים מן הלויים לפני
1QM 7.16	בינים יצאו מן השער האחד
1QM 7.17	] בינים מן השערים :
1QM 8.4	דגלי בינים מן השערים
1QM 9.13	יוצאים מן המערכה מאה
1QM 11.17	]כיא תלחם בם מן השמ[ים
1QS 5.17	כתוב חדלו לכם מן האדם אשר
1QS 7.2	ואם באחד מן הכוהנים
1QS 7.3	על נפשו מן טהרת רבים
1QS 8.24	יעשה והובדל מן הטהרה ומן
1QSb 1.4	יפתח לכה מן השמ[ים
1QSb 5.2	הבדלתה מ[ן : ו˙לא
2Q26 1 1.2	מיא עלא מן [ ]˙˙א[:]
2Q26 1 1.3	א ינטלו לוחא מן מיא לוחא ד
2QJN 4 1.15	הוית עד חרא מן תרתי לחמא
2QJN 5+ 1.3	משחא חדא :]ה מן כאן :]˙א
2QJN 5+ 1.4	מן כאן :]˙א מן דן : ק]רן[
2QJN 7 1.1	]ופותיהון מן כא[ן :
2QJN 8 1.4	]ה אחרניא מן בר עשר[י]ן[
2QJN 8 1.7	]˙[ ]אוחרי בר מן[:]˙ מאה
3Q15 1.11	בשולי האמא מן הצפון :
3Q15 1.14	אל סמל : גבה מן הקרקע אמות
3Q15 2.10	שתחת החומא מן המזרח : בשן
3Q15 5.2	] [: סככא מן הצפון תח[ת
3Q15 10.12	תחת יד אבשלום מן הצד :
3Q15 12.1	ששין ביאתו מן המרב : תחת
4Q156 1.5	[ ] ויסב מן [ ] :
4Q156 1.7	מ]ן דמא
4Q185 1+ 1.14	לי פתאום ˙תמו מן [ח]בורת
4Q185 1+ 2.6	]˙ולה˙˙[ ] מן מלאכיו כי
4Q185 1+ 2.9	אדם נתנה לו : מן א˙[
4Q186 1 2.6	וארוכות והואה מן העמוד השני
4Q374 9 1.4	אליו [:]הרו מן ה˙[: כ]ל
4Q379 12 1.7	[ב]מימיו מן החדש הר[
4Q381 19 1.1	]בניך בי מן [:]משפטיך
4Q381 48 1.2	ול˙[:]בניך מן ˙[:
4Q381 59 1.2	]מחק[:]מן[
4Q381 69 1.5	אתכם : <] כם מן שמים ירד
4Q509 58 1.3	˙˙[ ]˙[:]ה מן ˙˙[ ]ם[:
4Q509 117 1.1	]מן ˙[:]˙[
4Q509 228 1.2	מ˙ [:]בפיה מן ˙[:]ל[
4Q512 69 1.2	ותצוננו להנזר מן[: כ˙[ ]˙
4Q512 159 1.1	[מן[:]באו˙[
4Q513 18 1.4	השמש[ה :]˙ מן השד[ה
4Q519 63 1.1	]מן ˙[:]
4Q519 67 1.1	]מן [
4Q520 13 1.1	]˙ מן[
4Amrm 1 1.11	אנון אנתון מן די כדן
4Amrm 2 1.2	] דן מן הוא ואמר לי
4pHsa 1.11	]מן מ[ ]˙י
4pHsb 2 1.6	אל את פניו מ[ן
4QMes 1.1	]ו שומה שב[ק] מן[ ]: שערה[
4QMes 1.3	שנין דן מן דן ידע˙
4QMes 2.14	ת˙[ ]מן[ ]בבן
4QNab 1+ 1.4	והוא יהודי מ[ן
4QNab 1+ 1.8	אעא אבנא חספא מן די [
4QPsf 2 9.7	רשעים : מן הארץ [
4Tstz 1 1.5	יתאעל[:]לוחא מן ˙[
5QJN 1 1.3	[ ] נפקי[ן] מן מדנחא [
5QJN 1 1.4	[די נפקין מן דרומ[א] : [
5QJN 1 1.12	מגד]לין חד מ[ן י]מינא וחד
5QJN 1 1.12	י]מינא וחד מן שמ[אל]א
5QJN 1 2.6	בה באתין מן תרע לתר[ע
5QJN 1 2.7	[: [וש]בעה מן ז[ו]יתא עד
5QJN 1 2.11	אמימן עלא מ[ן [:]
6Q31 3 1.1	[˙ מן]
6apGn 1 1.3	[:]ולא מרתת מן אחזיך פלא
6QApo 1 1.2	]כלל˙[:]מן די ˙[:]פה
6QApo 1 1.4	]יא יפוק מן א˙[:]ה
6QApo 1 1.7	ב[רא:]עמין מן ˙[:]יא[
6QPro 3 1.1	מן[: א[
11Ber 1 1.12	וחיה רעה שבתה מן [:]
11QJN 14 1.2	דכ[רנא:]לברא מן היכלא לימין
11QJN 14 1.4	כהנין ש[: <]מן כול שבעת

11tgJ 1.8 העל דב[רתך:] מן את[רה :
11tgJ 3.5 ורו[ח : יד]עת מן עלמא מן ד[י
11tgJ 3.5 יד]עת מן עלמא מן ד[י :]˙
11tgJ 8.1 ˙[: מן קריהו[[:
11tgJ 9.2 א[: מ]ן אפו
11tgJ 9.6] או על מן לא תקום]
11tgJ 10.2 י]זיע ויתמהון מן :]ימא
11tgJ 14.6 ש‹י›זבת לענא מן ˙[: ד]י לא
11tgJ 17.7]˙ יענה :]ן מן :]י :]לא:
11tgJ 19.8 א]נש : ביתי מ[ן
11tgJ 22.6] ארו רב אלהא מן אנשא[:
11tgJ 23.1 ויאמר פצהי מן חב[ל
11tgJ 23.2]מן : עולים ותב
11tgJ 24.1] : מן חטא מ[ן
11tgJ 24.1] : מן חטא מ[ן
11tgJ 24.4]חס לאלהא מן שקר : ומן
11tgJ 25.5 [:]˙ אנפוהי מן יתיבנה על
11tgJ 26.3 אנש צדקתך מן סגיא[
11tgJ 26.4 יצוחון : מן קדם סגיאי[ן
11tgJ 26.6 די פרשנא מן בע[ירי
11tgJ 27.4]הן ית‹ו›בון מן באישתהון :
11tgJ 27.7 ויאבדון מן ˙[
11tgJ 28.6 סגיא הן מן פרס :˙[
11tgJ 28.7]˙תה מן טלל ופרס
11tgJ 29.1 ענ[ן] וינפק מן : ענן נורה
11tgJ 30.3 ידעת חכמה : מן שם משחתה הן
11tgJ 30.3 משחתה הן תנדע מן נגד עליה
11tgJ 30.4 אח‹י›דין או מן הקים אבן
11tgJ 30.6 ימא ב[ה]גחותה מן רחם תהומא :
11tgJ 31.2 על ארעא מן שויא :
11tgJ 31.5 למטרא אב או מן : ילד
11tgJ 31.6 טלא ומן בטן מן נפק גלידא
11tgJ 31.7] : מ[ן ילד]ה
11tgJ 32.4 תבוא : עליהן מן שלח פראה
11tgJ 32.4 וחנקי ערדא מן : שרא די
11tgJ 33.4 יזוע ולא יתוב מן אנפי חרב
11tgJ 34.1 [ ]˙סוף מן˙ [
11tgJ 36.4 כמטחפ[ר]א מן פמה לפידין
11tgJ 36.5 אשה ירטון מן נחירוה יפק
11tgJ 36.7 וזיקין : יפקן מן פמה בצורה
11QT 3.6 תטמאנו כי אם מן ה[: נחו]שת
11QT 3.11] לוא ימוש מן המקדש
11QT 7.12]˙ה מלמעלה מן הארון
11QT 15.6 עולה מן האיל ו[את :
11QT 16.2 ונ]תנו מן הדם [:]
11QT 21.7 פר[י] ב[ו]סר מן הגפנים [ ]
11QT 21.15 ההין אחד מן המטה שמן
11QT 22.8 וירימו מ[ן : את שוק
11QT 22.15 יואכלו ויסובו מן השמן החדש
11QT 32.10 וגובהטה : מן הארץ ארבע
11QT 34.15 שלשלות יורדות מן מקרת שני
11QT 36.3 [מן המקצוע[. :]
11QT 36.9 ו[ע]שרים באמה מן הס(˙)ף עד
11QT 36.10 וגובה : המקרה מן המשקוף ארבע
11QT 39.14 לשער : מדה מן פנה למזרח
11QT 40.13 וששים באמה מן הפנה עד :
11QT 43.12 במרחק מן המקדש דרך
11QT 44.11 ולבני ראובן : מן המקצוע אשר
11QT 44.14 לבני קהת מ(ב)נ(י)
11QT 44.15 לבני בנימין מן הפנה : הזאת
11QT 46.13 מקום יד חוץ מן העיר אשר
11QT 46.16 לכול רחוק : מן העיר שלושת
11QT 54.17 עבדים להדיחכה מן הדרך אשר
11QT 55.11 בידכה מאום מן החרם למען
11QT 56.5 לכה באמת : מן המקום אשר
11QT 56.7 תעשה לוא תסור מן התורה אשר
11QT 57.6 אלף אלף : מן המטה להיות
11QT 58.13 וללויים אחד מן המאה : מן
11QT 58.14 אחד מן המאה : מן הכול וחצו
11QT 60.7 הזבח והמכס מן : השלל ומן
11QT 60.8 ולדגים אחד מן המאה :
11QT 60.9 היונה ומעשר מן הדבש אחד מן
11QT 60.9 מן הדבש אחד מן החמשים
11QT 60.10 אחד מן המאה מן בני
11QT 60.10 אחד מן המאה מן בני היונה
11QT 60.10 כי במה בחרתי מ‹ן› כול
11QT 66.9 והיא רויה לו מן החוק ושכב
CD 2.8 ויסתר את פניו מן הארץ : מי
CD 7.1 בשרו להזיר מן הזונות :
CD 9.21 והובדל האיש מן הטהרה לבד
CD 10.3 לעד עובר דבר מן המצוה ביד
CD 10.5 ברורים : מן העדה לפי
CD 10.15 השישי מלאכה מן העת אשר
CD 10.16 השמש : רחוק מן השער מלואו
CD 11.7 אל יוציא איש מן הבית : לחוץ
CD 11.20 טמא באחת : מן הטמאות
CD 12.6 לשפוך דם לאיש מן הגוים :
CD 15.13 וכל אשר נגלה מן התורה
CD 16.8 ל[עש]ות דבר מן התורה עד
CD 16.9 על נפשו לסור מ[ן התו]רה עד

11QPs 28.3 ישי קטן הייתי מ‹ן›אחי וצעיר

1QH 4.22 ואקומה על מנאצי וידי על
1QH 7.22 קרני על כול מנאצי ויתפ[
1QS 5.19 את בריתו וכול מנאצי דברו

CD 1.2 יעשה בכל מנאציו: כי

4QCat[a] 12+ 1.1] מנביא :

4Q512 34 1.17]˙ה מנגע הנדה [ ]
11QPs 24.12 טהרני יהוה מנגע רע ואל

11QT 29.5 בני ישראל לבד מנדבותמה לכול

11tgJ 4.2 לי להות˙˙[: מ]נדעי תמיך[:

1QS 11.14 יטהרני מנדת : אנוש
4Q512 1+ 1.2 ע]תים להטהר מ[נדת] :]

1Q23 3 1.1]כל מנה[:]
1apGn 2.20 אבוהי וכולא מנה ביצבא ינדע
1apGn 2.22 אבוהי למנדע מנה כולא
1apGn 20.14 עבד לי דין מנה ואחזי ידך
1apGn 20.23 וישלח אנתתה מנה לבעלהא
1apGn 20.29 ואתפלי מנה מכתשא
4Q509 280 1.1]אי[ן] מנה[
11tgJ 31.7 מין התקרמו מנה ואנפי

1apGn 20.6 לא ישפרן מנהא ועל כול :

1apGn 22.10 דרמשק ואצל מנהון כול די
4Amrm 1 1.13 [:] [ ] מנהון חזוה
5QJN 1 1.3 שב[עין תרי]ן מנהון ותליתיא
5QJN 1 1.5] תרי]ן מ[נהון] קנין
11tgJ 21.7 והחשיו ונטרת מנהון [: קמו

1QH 21 1.3 נדי[:] אתה מנהם אבל[:]

4Q504 47 1.2 ל[:] את מנו[

1QM 7.4 בבשרו או איש מנוגע בטמאת :
1QS[a] 2.3 וכול איש מנוגע באחת
1QS[a] 2.4 אלה וכול איש מנוגע באלה
1QS[a] 2.5 העדה וכול מנוגע בבשרו
1QS[a] 2.6 או אלם או מום מנוגע בבשרו :
1QS[a] 2.10 יבוא האיש כיא מנוגע : [ה]וא
4QM1 1+ 1.6 וכול איש מנו[גע :

4Q512 1+ 1.17] :]˙ מנודה

1QH 8.30 ולילה : לאין מנוח ויפרח כאש
1QM 2.9 כיא שבת : מנוח היאה
4Q503 24+ 1.5]ץ למו[עד]מנוח ותפנוג[
4Q503 40 2.5]מנוח קודש [

4Q504 1+R 4.2]˙מנוחה :

1Q56 1 1.2 ˙[˙[:]˙[מנוחת [
1pHab 11.6 ובקץ מועד מנוחת: יום

1pHab 11.8 ביום צום שבת מנוחתם שבעתה :

1QH 5.29 במצרים לאין מנום ולא בהב[
1QH 6.33 מלחמ<ו>ת אין מנום כי לאל

1QM 14.11 ולקליהם אין מנוס ולנכבדיהם
4QM1 8+ 1.10 ולקילתמה אין מנוס

1QH 9.28]מנוסי משגבי

1QM 12.5 במלחמה [מנו]קמי ארץ

11QPs 18.8 ירצה כמגיש מנחה כמקריב
11QT 14.5] עשרון מנ[חה : [ההי]ן
11QT 14.15 עשרונים סולת מנחה בלולה[:
11QT 14.17] [מנח]ה : [
11QT 18.13 יום והביאותמה מנחה חדשה
11QT 20.9]והקריבו כול מנחה אשר קרב

11QSS 8+ 1.2]ריח מנחותם ˙˙[ ] :

4QTeh[b] 3 1.5]: מנחלתו לע[ולם

4Q509 12i+ 1.5] : מנחם נכשלים

4pN 3+ 3.6 לה מאין אבקשה מנחמים לך

3Q15 9.10 ככ: בקובעה כף מנחס הרב :

1QS 9.5 דרכ כנדבת מנחת רצון בעת
11QT 17.7] וזבחו לפני מנחת הערב
11QT 24.5 [מנ]חת שמנו
11QT 26.7 ואת חלבו ואת מנחת : נסכו
TS 3 1.4]ה מנחת הקורבנות

11QT 16.9 הכסלים ואת מנחתו ואת
11QT 16.18 המזבח ואת[: [מנ]חתו ואת
11QT 23.17 על המזבח עם מנחתו ונסכו

4Q504 1+R 4.10 הגדול ויביאו מנחתם כסף וזהב

11QT 20.8]עם מנחתמה ונסכמה

1Q64 1 1.3 בתמריותא [:]מני אל ˙˙[
1apGn 5.10 למך [: די מני אנפק ˙˙˙
1apGn 19.21] לאע[ד]יותכי מני ולמקטלני
1apGn 20.11 כדי דבירת מני שרי באונס
1apGn 20.14 די דברת אנתתי מני בתוקף עבד
1apGn 20.15 לשמיא אנתתי מני וי<נ>רעוך
1apGn 20.21 חרקנוש ובעא מני די אתה
4Q381 6 1.1]מני יג[:]˙ו
4Q381 43 1.2] תגעש[:]מני וי˙[
4pN 3+ 3.8 התיטיבי מני אמ[ו]ן
11tgJ 15.4 עלי זערין מני ביומי[ן :

4tgJ 1 2.5 [: ומן בלי מני[ח: ימותון

11QT 32.10] [יהיו מניחים [ש]ם

4Q502 53 1.1]מנים[:]˙
4QOrd 2+ 1.9 בה ונענש שני מנים : ושלח

3Q15 12.9 ככרין מנין עסרין :

11tgJ 30.9 הביומיך מנית : ב]כנפ[י

1apGn 2.15 ש[מיא : די מנך זרעא דן
1apGn 22.31 לך לתקיף ברא מנך עתרך
1Myst 1 2.3 חשבונו[ת : מנכ ˙[ ]˙נו
11tgJ 37.4 ולא יתבצר מנך תקף וחכמה

1apGn 20.26 בעלה : ויתוך מנכה מכתשא דן

11tgJ 21.3 וארו לא איתי מנכון לא[יוב :

1pHab 3.6 העמים וקול מנמרים סוסו

4Amrm 1 1.12 ואמרו לי במן מננא אנת[ה

1apGn 20.28 ביתי ותתגער מננה רוחא דא

3Q15 1.13 בשוא המעבא של מנס בירד אל

1QH 17.9] :]מנסתרות אש[

4Q502 34 1.1 ˙[מנע[:]˙[ ]ים

1Q35 1 1.10 בא[ ]מ:]מנעורי בדמים
11QPs 21.13 במישור כי מנעורי ידעתיה

4Q184 1 1.15 ולבחורי צדק : מנצור מצוה

3Q15 3.3 מזרקות כוסות מנקיאות :

11QT 12.15]ל א˙˙˙˙˙[: [מ]נקיו ˙˙˙˙˙˙

4pIs[c] 4,6+ 1.21 את : [מנש]ה יחדיו [
4pN 3+ 3.9 פשרו אמון הם מנשה והיארים
4pN 3+ 3.9 הם גד[ו]לי מנשה נכבדי ה[
4pN 3+ 3.9 המחזק]ים את מ[נשה] : מים
4pN 3+ 4.1 פשרו הם רשע[י מנש]ה בית פלג
4pN 3+ 4.1 פלג הנלוים על מנשה גם היא
4pN 3+ 4.3 בזקים פשרו על מנשה לקץ
4pN 3+ 4.6 תבוא כוסם אחר מנשה[
11QT 54.12 ההואה כי : מנשה אנוכי

4Q381 29 1.3 וי˙˙[: מנש]מת רוח אפך

CD 1.16 עולם ולסור : מנתיבות צדק

1QH 9.38 עד אין מס[:]שמכה
4Q502 175 1.2]˙˙[:]מס˙[
4Q503 219 1.2]חודש[:]˙ק מס˙[:]ל[
4Q506 143 1.3 ˙˙[:]˙[:]˙מס[ ]˙˙[:]˙[
4Q512 91 1.2] ושב˙[:]מס ˙[:]˙[

11QT 30.4 למעלות מס[בה
11QT 30.5 ועשי]תה את מסבה צפון

11QT 42.8 הפרור עולים מסבות לתוך

11QT 30.10]ת אשר מסביב עולה

CD 6.12 חנם ויהיו מסגירי : הדלת

4Q405 50 1.3]הכבוד [:]מס<ד>˙[:]ל[

1QS 11.7 עם מעין כבוד מסוד בשר לאש(
4Q181 1 1.2 לפי <א> מרדתם מסוד בני

1QM 10.6 ולשוב כול : מסי לבב ולחזוק
11QT 3.3 כו]ל אויביכה מסי[: בי]ת

CD 5.20 הארץ עמדו מסיגי הגבול

1pHab 12.11 פסל יצרו : מסיכה ומרי שקר

4Q402 3 2.8 אור ובינ[ה : מסיר שנ[: מרום

4pHs^{b} 3 1.3 לשח[ר :]מסך בטרפ[ו :

11tgJ 27.2 א]חידין בחבלי מסכניא : ויחוא

11tgJ 25.4 לא הסתכ[לו :]מסכנין וקבילת

1QS 8.14 ישרו בערבה מסלה לאלוהינו
4Q176 1+ 1.7 ישר ב[ערבה] מסלה
4Q185 1+ 2.2 דרך : לחיים מסלה[

2apPr 6 1.2 יתמל[א :]כל מסלות[:]משול

1pHab 6.7 את עולם ואת : מסם מאכלם על

CD 12.17 בם וכל כלי ~~מסמר~~ מסמר או
CD 12.17 וכל כלי ~~מסמר~~ מסמר או יתד

4QPs^{f} 2 8.7 התפזרו כול מסנאיך ערבה :

1QM 3.5 ועל חצוצרות מסעיהם יכתובו

4QM6 84 1.1]מספ˙[

1pHab 11.2 משקה רעיהו מספח : חמתו אף

1Q29 5+ 1.6 כו[ל :]מספר המש[פחות
1QH 1.5] אין מספר וקנאתכ[ה]
1QH 1.24 נצח ותקופות מספר שני עולם
1QH 4.27 ותגבר עד לאין מספר כי
4Q381 31 1.8 [ ] [מספר החי[ ]ם[
4Q381 61 1.1]חי מספר [:]˙ל[
4Q381 76+ 1.11 שפטיכם ואין מספר לעדיכם כי
4Q499 10 1.4]דשים [:]מספר כול[
4QCat^{a} 2+ 1.12 וידיעהו את מספר ˙[ ]ת
11QT 56.4 יואמרו לכה מספר התורה

4Q405 23 1.7 מכול מפלגיו מספרה רקיעי

1QS 1.21 והכוהנים מספרים את
1QS 1.22 ישראל והלויים מספרים : את

1QS 10.4 תקופתם עם : מסרותם זה לזה
4Q405 23 2.13 [וחו]קות מסר‹ו›תם בכול

1QH 49 1.4] עותמד˙[:]מע[
2Q25 2 2 1.1]˙מע[:]˙ לכ[:]
4Q184 5 1.2 ˙[:]˙ותיה[ ]מע˙[:]לונ˙
4Q509 136 1.4]ה [:] מע[
4Q511 16 1.2 משלוחותיו ˙מע˙˙[:]אוכלת
4QMI 11 1.22]ם להקים קרן מע[

1pHab 7.11 ירפו ידיהם מעבודת : האמת

4Q176 8+ 1.11 זות לי אשר : מ]עב[ור]

11QT 60.17 לוא ימצא בכה מעביר בנו ובתו

4pIs^{a} 2+ 2.22]מעברה גבע מלון

4Q184 1 1.9 שבילי חטאת מעגלותיה משגות

CD 12.12 לאכל מהם מעגלי הדבורים

CD 20.3 מעשיו יש‹ו›לח מעדה : כמי שלא

1QS^{b} 3.28 רשית[מעד]נים ועצת

1QH 6.5 צדק עם : מעדת [ ]א
1QS 5.1 לרצונו להבדל מעדת : אנשי

4Q503 86 1.3 [:]וע[:]˙מעו[:

4Q504 1+R 5.6 להחריבה : מעובר ומשב

4Q186 2 2.2 [ ]ל[:]הוא: מ]עודב :]שלוג

11QPs 19.14 וטהרני מעווני רוח

1QH 8.24 חום יעצור : מעוז ואם אשיב
1QH 8.27]˙˙ אין מעוז לי כי פ˙ח
1QH 10.23 לא שמחה לי מעוז : חיל
4pN 3+ 4.7] : מעוז בעיר

1QH 8.32 לכלה כי נשבת מעוזי מגויתי

1QH 12 1.6 ש[:]וח נעוה מעול[:]ם ˙˙˙
1QS 9.9 דרכם להבדל מעול וללכת
1QS^{b} 16 1.2 ‹]ה אפים [› מעול[
4Q509 295 1.1]˙ מעול˙[

1QH 14.23 ורוב נפלאותיך מעולם ועד˙[
1QS 2.1 גמל עלינו מעולם ועד עולם
4Q380 1 1.3 יה]וה מעולם ועד: [
4Q504 1+R 6.10 נפלאות מעולם ועד :
4Q509 7 2.3 ובכול˙[: כי מעולם שנאתה ˙[
4Q509 17 1.2 כיא[: ר]חמנו מעולם[:]ה
4Q509 17 1.3 מעולם[:]ה מעולם [:]

11QT 25.7] מעול]ת התמיד

1QS 8.8 מעון קודש
1QS 10.1 ובהאספו על מעון חוקו
4Q370 2.1]˙˙˙[: מעון ידרשו מ[
4Q510 1 1.3 ויחפזו מהדר מע[ון] : כבוד
4Q511 41 1.1]במרומי רום מעון ש˙[:]ת
4QMI 11 1.15 לי בכבוד : מע]ון הקודש

4Q503 20 1.3] :]˙[ ]ם מעונו[

4Q403 1 2.45]מעונ[י] : [

4Q370 2.3 ש[: ויטהרם מעונם [: רעתם
4pPs^{a} 1+ 2.4 הממרים : לשוב מעונם יכרתו

4Q512 85 1.2]ך[:]מעונ[ו :]ה

1QH 12.7 האספו ‹א›ל מ‹ע›ונתו
4QMI 12 1.2]˙[:]מעונתו ונכבד[

4pIs^{c} 8+ 1.13]ש[רף]מעופף ו[רעו

4Q186 1 1.6 וגלגלים[: מעורבים ולוא

4Q381 19 1.3] : [˙ מעזי ובשחקיך :

1QM 9.11 ועל דרוך מעט וראשים
1QM 15.13 על כול ה[מע]ט על כול
4pIs^{a} 2+ 2.12]עוד מע[ט
4pPs^{a} 1+ 2.5 רצוננו ועוד מעט ואין רשע
4pPs^{a} 1+ 2.22 VACAT : טוב מעט לצדיק
5QCur 1 1.5 מכול החול[:]מעט לו ואין

CD 10.9 במעל האדם : מעטו ימו

CD 20.24 העם בדברים מעט[ים כו]לם

11QPs 19.7 עושה צדקות מעטר חסידיו :
11QPs 26.13 לוא ידעו : מעטר הרים

CD 9.20 שנים הם והם מעידים על :

4Q502 20 1.3 ימים [: מ]עיו לפרי

1QH 5.26 אשמתם סתרת מעין בינה וסוד
1QH 6.17]היה מעין אור למקור
1QH 8.12 י[ ]מעין חיים ועם
1QS 11.7 גבורה עם מעין כבוד מסוד

1QH 11.1]˙מל מעיני ויג˙[
1QH 11.19]לא נסתר עמל מעיני : בדעתי

1QM 11.7 והאביד שריד [מ]עיר והיה
CD 20.22 פלג אשר יצאו מעיר הקדש: :

CD 11.5 לרעותה הוץ מעירו כי : אם

1QH 4.30 ועד שבה באשמת מעל ואני ידעתי
1QH 4.34 אשמותי עם מעל אבותי בקום
1QH 11.11 נדה ואשמת מעל להיחד [ ]
1QH 45 1.5 זודן במרבי מעל וע[:]בים
1QM 3.8 כול חללי מעל ועל
1QM 14.2 ואחר העלותם מעל החללים
3Q14 5 1.2]˙רו˙[ ]מעל [:]אתון
3Q15 5.8 ובתכן אצלם : מעל החריץ של
4Q184 4 1.5]לוא באשמות מע[ל
4Q403 1 1.33 ואלוהות כבודו מעל : לכול
4Q509 54 1.2]˙ ˙˙ ˙[:]מעלת הכפרתה מ[
4pN 1+ 2.4 משפט ולכלותם מעל פני]
4QPs[f] 2 8.8 תשבוחתך ציון מעל כל: תבל
11QT 7.6 לו[:]עלה מעל כול ˙[:]
11QT 10.9 ועשי]תמה מעל השער :]
11QT 32.11 [בה]ם למעלה מעל לבית המ[:
11QT 34.9 עורות הפרים מעל לבשרמה
11QT 44.7 אשר מעל הגג ולבני
11QT 48.5 יש לו כרעים מעל רגליו
CD 7.12 סור אפרים מעל יהודה
CD 7.13 שר אפרים מעל יהודה וכל
CD 20.23 על אל בקץ מעל ישראל
CD 14.1 סור אפרים מעל יהודה וכל

4Q381 69 1.9 דבריו פיהו מעלא :]˙˙[
11tgJ 19.3 כד]בת : לאלהא מעל[א

4Q403 1 1.28 מל[ך ה]כול מעלה לכול ברכה
4Q405 2 1.2]ירותו ל[: מ]עלה בכו[ל:
4pIs[c] 2 1.2 מ]עלה עליה[ם]
4pN 3+ 2.3 מרקדה פרש מעלה להוב :
5QJN 1 2.2 בריא ועל שמאל מעלה רן
11QPs 22.12 תשבחתך ציון : מעלה לכול תבל
11QT 46.7 ושתים : עשרה מעלה תעשה לו
11QT 47.2 ˙[:]]מעלה ולוא

11QT 44.9 והסוכה : אשר מעלהמה ולבני

CD 20.4 אל כפי מעלו גח

11QT 30.10 מסביב עולה מעלות א[:]
11QT 42.7] : ובית מעלות תעשה אצל

1apGn 19.14 חלם בלילה מעלי לארע
CD 4.2 בני ישראל : מעלי הם יגישו

4Q381 69 1.3 לבו להשמידם מעליה ולעשות
11QT 63.13 את שלמות שביה מעליה וישבה

4pIs[a] 2+ 2.19 מעלי[הם]

5QCur 1 1.2 על˙[:]˙יניך מעליך יפלו [:

4QMl 8+ 1.14 על[מ]עליכה יפו]צו

4Q381 46 1.6] מ]עלילם ויראיך

11QT 33.14 הכסף אשר יהיו מעלים במה את

4Q504 1+R 6.2]˙[ותשלי]ך מ[ע]לינו כול

4Q381 4 1.1 מ]עלליה ויבר˙

11QT 59.7 מפני רוע מעלליהמה

1pHab 10.7 הלוא : הנה מעם יהוה צבאות
1QH 7 1.11 ולהתיצב ˙מעם˙[:]רומם
4Q487 5 1.6]ת נפש מעמ[:]ליו˙[
4Q504 8R 1.1 אד[ו]נ[י]כיא מעמ[:]קתנו
CD 8.8 לבו ולא נזרו מעם ויפרעו ביד
CD 19.20 לבו ולא נזרו מעם : ומחטאתם:

1QH 5.29 לבלתי החזק מעמד וישיגוני
1QH 16.13]˙˙˙ מעמד רצ[ ] אשר
1QM 4.4 יכתובו חרל : מעמד רשעים
1QM 5.4)<ר>ים בסרך מעמד איש אחר
1QM 14.6 ברכים חזוק מעמד : ואמוץ
1QM 14.8 גבוריהם אין מעמד ואנו
1QM 18.13 מגנתה לאין מעמד לכה
1QS[a] 2.5 לבלתי : החזיק מעמד בתוך העדה
4Q405 23 2.8 קדשים מחזקות מעמד קודשם
4QMl 8+ 1.5 בורכים חוזק מעמד ואומץ
4QMl 8+ 1.7 אין מע[מד
4QMl 11 2.17] לאין מעמד וה<י>תה
CD 2.9 וידע את שני מעמד ומספר

1QM 16.5 התיצבם איש על מעמדו ותקעו
1QM 17.11 אי]ש על מעמד[ו] ותקעו
1QS 2.22 ישראל איש בית מעמדו ביחד אל
1QS 2.23 ישפל איש מבית מעמדו ולוא

1QH 2.22 כיא מאתכה מעמדי :
4pIs[d] 1 1.8] : גורלו מעמדי ˙[
11QSS 5+ 1.9]מעמדי[

4Q403 1 1.12] אמתו לכול מע[מדיהם

1QM 8.3 להתיצב על מעמדם ותקעו
1QM 8.17 והתיצ]בו על מעמדם (במערכת)
4QCat[a] 2+ 1.11 ש]נותיהם וקץ מעמדם י[ ]ו
CD 4.5 לתולדותם וקץ מעמדם ומספר

4QBer 10 2.6 בכול עונות מעמדמה עד
4QMl 1+ 1.15]המה על מעמדמה עם מלא

4Q405 37 1.2 מר]כבות [: מע]מדיה[ם :]

2Q28 2 1.2]˙ר הב[:]ש מעמו דין לרתוק
4Tstm 1.8 אנוכי : אדרוש מעמו : וישא

11QT 42.11 בקורות מעמוד אל עמוד

11QT 25.12 הזה ונכרתה מעמיה והקרבתמה

4Q504 1+R 2.11 אפכה וחמתכה מעמכה ישראל

4Q184 1 1.6 יצועי שחת[: מעמקי בור

1QH 8 1.2 ל˙[: מענ[: יתרום[:

1QH 2.7] [ע ותתן מענה לשון לע[
1QH 7.11 לרוח הוות ולא מענה לשון לכול

1QM 6.9 יצאו עם אלף מערכת אנשי
1QM 16.6 ובעומדם ליד מערכת כתיים
1QM 17.12] מע]רכת כתי[ים]
1QS[a] 2.22 לכול מע[רכת

11QPs 21.17 פרש[ ]מערמיה אתבונן

1QH 16.14 עבדך ובכול מעש[ ]ל[: ׳
1QH 12 1.3 ש׳ בפי כל מעש׳ ׳מל׳[:
4pHs[b] 35 1.1]מעש[

1QH 7.13 ידעתה כול יצר מעשה וכול מענה
1QH 10.8 רוח ומושל בכל מעשה :
1QH 16.11 ח׳ ׳ה כול : מעשה עולה
1QM 5.5 וצורת מחברת מעשה חושב זהב
1QM 5.6 אבדני ריקמה מעשה חרש מחשבת
1QM 5.14 קרן ברורה מעשה חושב צורת
1QM 7.11 וצורת ריקמה מעשה חושב ופרי
1QS 3.25 יסד כול מעשה : ל[
1QS 4.4 בכול מחשבת מעשה וקנאת
4Q502 16 1.1]מעשה [:]חסדים
4Q511 63+ 2.5 בתודה אר׳[ ]מעשה ובכול
4pIs[c] 17 1.2 [:] [ ] מעשה ל[עושהו
4QPs[f] 2 9.6 לשפט את : כל מע[ש]ה להשבית
11QT 50.17 ועורות וכול : מעשה עזים
CD 12.18 בטמאת אחד כלי מעשה : סרך

1QS[a] 1.18 עבודת מעשו בתוך
1QS[a] 1.22 עבודתו כפי מעשו ובני לוי

CD 20.2 הקדש ויקוץ מעשות פקודי

1pHab 12.8 בה הכוהן הרשע מעשי תועבות
1QH 1.26 הדעות כול מעשי הצדקה :
1QH 1.30 בכול מעשי אמתכה ו׳[
1QH 2.3 ע׳[:] כול מעשי עול ׳]
1QH 3.12 שחת לכול מעשי פלצות
1QH 3.17] מעשי אפעה :
1QH 4.31 לאל עליון כול מעשי צדקה ודרך
1QH 5.36 פשע משנים מעשי אל באשמתם
1QH 10.11 ומי : בכול מעשי פלאכה
1QH 13.3 ידכה [ ] מעשי[:
1QH 17.19 על :]׳ ׳ מעשי ונעוית ל׳
1QM 5.5 והמגן מוסב מעשי גדיל שפה
1QM 5.9 בדני ריקמה מעשי חרש מחשבת
1QM 5.10 ברזל לבן מאיר מעשי חרש מחשבת
1QM 5.11 כמראת פנים מעשי חרש
1QM 10.14 תה<ו>מות : מעשי חיה ובני
1QM 13.1 ישראל ואת כול מעשי אמתו
1QM 13.9 ולפ[דר] מעשי אמתכה
1QS 1.5 ולדבוק בכול מעשי טוב
1QS 1.19 ואת כול מעשי אמתו וכול
1QS 2.5 ארור אתה בכול מעשי רשע
1QS 4.4 מאמנת בכול : מעשי אל ונשענת
1QS 4.10 וקנאת זדון מעשי תועבה
1QS 4.20 אל באמתו כול מעשי גבר יזקק
1QS 4.23 לבושת כול מעשי רמיה עד
1QS 5.18 הקודש על כול מעשי : הבל כיא
4Q176 20 1.2 קצף גדול על מעשי הדור :
4Q374 2 2.3 ובנדת מעשי ה[: ואין
4Q381 45 1.6 לשן שק[: לי מעשי ש׳ ׳[ ] ׳ ׳
4Q400 1 1.5 חוקיו לכול מעשי רוח
4Q402 4 1.11 והיתה[:]מעשי חדשות
4Q403 1 1.44 [מבנ]יתו מעשי תבנ[יתו
4Q405 7 1.10 ל׳ ׳ ׳ ׳[:]בו מעש[י :]דה
4Q405 14+ 1.6 רוחי הדר מעשי רוקמות
4Q405 17 1.7 מושבי :]ת מעשי :]כבוד :
4Q405 19+ 1.3 דב]יר מלך מעשי רו[חות]
4Q405 20+ 2.4] : קודש מעשי פנו[תו
4Q405 23 2.12 דעת בכול מעשי כבודו :
4Q405 33 1.2]לכול מעש[י : ד]ברי

1QH 7.13 יצר מעשה וכול מענה לשון
1QH 16.6 בכול אלה ׳ ׳ מענה מענה לשון
1QH 16.6 אלה ׳ ׳ מענה לשון
1QH 17.17 בי א׳ ׳ ׳אה מענה לשון לספר
1QH 40 1.2]ך א׳ ׳תן[:] מענה]

1QM 12.14 לך כול מעניך ועפר :]
1QM 19.6 לך [מעני]ך :]

1Q34[b] 3 1.6]כלה בכל מענינו ואנו
4Q508 1 1.3]בכול מענינו ואנו

1QH 3.21 לאשר : יצרתה מעפר לסוד עולם
1QH 11.12 קדושיכה להרים מעפר תולעת
1QH 12.24 על דברכה ואני מעפר לק׳]
1QH 2 1.4 ואני מה כיא מעפר לוקחתי
1QM 14.14]ל[הרי]ם לכה מעפר : ולהשפיל
1QS 11.21 לפניכה והואה מעפר מגבלו
4Q176 12+ 1.3 יבוא[: מע]פר ק[ו]מי
4QM1 23 1.3 קצים נ[: מ]עפר ונופל[ים

1pHab 9.15 תזעק [ו]כפים מעץ יע[ננה

11QT 51.4 וכול הנושא מעצמותמה

1QS 6.3 שם עשרה אנשים מעצת החיד אל
1QS 8.22 ברמיה ישלחהו מעצת היחד :
11QT 58.20 אתו לוא יצא מעצת לבו עד

11QT 65.6 חדש : ועשיתה מעקה לגגו ולוא

3Q15 8.11 השוא הצופא : מערב בדרום
3Q15 11.5 הסלע הצופא מערב : נגד גנת

2QJN 4 1.10 לחמ[א : מערבה
11QJN 14 1.2 היכלא לימין מערב[ה:]ל[

11QT 35.12 ולוא יהיו מערבים כולו

4Q512 29+ 1.9 פשעי ותטהרני מערות נדה

11QT 62.12 מאודה אשר לוא מערי הגואים
11QT 62.13 האלה : המה רק מערי העמים אשר

11QT 58.11 העם לוא יכרתו מעריהמה

4pN 3+ 2.11 והרא[י]ת גוים מער[ך] וממלכות

1QM 5.16 שבע המערכות מערכה אחר
1QM 5.16 מערכה אחר מערכה : ורוח[
1QM 7.9 לקראת אויב מערכה לקראת
1QM 7.9 מערכה לקראת מערכה ויצאו מן
1QM 7.17 ועם : כול מערכה ומערכה
1QM 16.12 המקרא לצאת מערכה אחרת
4QM1 1+ 1.11 שלוש מערכות מערכה אחר
4QM1 1+ 1.11 מערכה אחר מערכה ורוח
4QM1 11 2.10 לצאת מערכה אחרת

1QM 7.9 VACAT : ובסדר מערכות המלחמה
1QM 9.4 הבינים מתוך : מערכות הפנים
1QM 9.4 כולם שבע מערכות שמונה
1QM 18.4 אליהם כול מערכות המלחמה
4QM1 1+ 1.11 יעמדו שלוש מערכות מערכה
4QM1 1+ 1.12 למערכת שלוש מערכות אורבים
4QM3 1 1.6 [ו]לכול מערכות הבנים

4QM1 1+ 1.13 <ג>ם הוא [מער]כותיו[ ]

1QM 5.3 צבאם להשלים מ<ער>כת פנים
1QM 6.2 ישליך אל : מערכת האויב
1QM 6.5 אל ולהכניע מ<ער>כת : אויב

4Q405 61 1.1]מעשי[:]˙˙˙˙[

4Q504 7 1.4]מעשי ידיכה : [

4Q506 131 1.4 [:]אשה[: [מע]שי ידי˙ ה[

4Q511 18 2.7 ע ני וכול מעשי נדה שנתי

4Q511 48+ 1.5 כול מופתי גבר מעשי : אשמה

4Q511 63+ 2.1 מ]עשי אלוהי

4Q511 63 3.2 סוד רישית כול מעשי איש

4QFl 1+ 1.7 לוא : לפניו מעשי תורה ואשר

11QPs 28.6 והצואן את מעשי : כי מי

11QPs 28.7 ומי יספר את מעשי אדון הכול

11QSS j+ 1.3 מל]ך מעש[י רוחו]ת

11QSS 3+ 1.5 בד[: [מ]עשי פנותו[

11QSS 2+ 1.5 הכבוד לכול מעשי אמת[ו

11QSS b 1.2]˙כ˙˙[:]מעש[י :

11QT 7.14 פרוכת זהב[: מ]עשי חוש[ב

11QT 59.3 שמה אלוהים מעשי ידי אדם

CD 5.5 צדוק ויעלו מעשי דויד מלבד

1QH 1.7 ידעתה כול מעשיהם :

1QH 1.9] ומשפט לכול מעשיהם

1QH 4.8 כיא[: בהולל מעשיהם כי

1QH 4.17 ברמיה כול מעשיהם כי לא [

1QH 6.9 כיא כול : מעשיהם באמתכה

1QH 13.4 [ ] מעשי[:]מעשיהם אמת[

1QM 15.9 ובחושך כול מעשיהם : ואליו

1QS 3.22 ואשמתם ופשעי מעשיהם בממשלתו

1QS 4.16 וכול פעולת : מעשיהם

1QS 5.19 מתבל וכול מעשיהם לנדה :

4Q405 19+ 1.5 מאירים כ[ו]ל[מעשי]הם

4Q405 19+ 1.6 חיים כול מעשיהם :

4Q511 63 3.3 לכול עבודת מעשיהם להצדיק

4Q512 1+ 1.15]את מעשיהם ואת[:

4pN 3+ 3.3 הקץ יגלו מעשיהם הרעים

11QSS j+ 1.5 מאיר]ים כול : מע[שיהם

11QSS 8+ 1.1]כול מעשיה[ם] : [˙

CD 1.10 ויבן אל אל מעשיהם כי בלב

CD 2.8 ידע : את מעשיהם ויתעב

CD 4.6 ופירוש מעשיהם

CD 5.16 פקד : אל את מעשיהם ויחר

1QS 4.25 ידע פעולת מעשיהן לכול

1QH 4.32 למען ידעו כול מעשיו בכוח

1QS 8.18 עד אשר יזכו מעשיו מכול עול

1QS 10.17 חי ואמת כול מעשיו ובהפתח

1QS 11.16 הכן בצדק כול מעשיו והקם לבן

4Q403 1 1.35 דעתו כול מעשיו : במשלחם

4Q487 15 1.2]ק˙[:]ר אש מעשיו [:

4Q511 10 1.10 באמת לכול מעשיו ושופט

11QPs 18.4 ולספר : רוב מעשיו נודעה

11QPs 18.7 על כול מעשיו ואדם

11QSS 2+ 1.3 כב]וד מעשיו ובאו[ר

CD 20.3 ה בהופע מעשיו יש<ו>לח

CD 20.6 ~~בתוך א~~ ובהופע מעשיו כפי מדרש

1QH 4.20 אין הולל בכול מעשיך : ולא

1QH 13.8 הכ[: את כול מעשיך בטרם

1QH 13.19]וצדק כול מעשיך וד˙˙˙˙

1QH 14.16 לעיני כול מעשיך : וא]ני

1QH 15.20 לעיני כול מעשיך ולהיות

1QH 16.8 העליליליה אשר מעשיך הכול הנה

1QH 5 1.8 לכלה ונגד כול מעש<י>כ[:

1Q26 1 1.6 בכול מעשיכה במ[:

1QH 1.6] צדקתה בכל מעשיכה :

1QH 1.33 לנגד כול מעשיכה ˙˙[

1QH 3.23 לנגד כול מעשיכה ואני

1QH 9.36 תכלכל לכול מעש[י]כה

1QH 10.36 ומשפט כ[ ]ול מעשיכה וצדק˙[

1QH 11.24 השבת ומי בכול מעשיכה יוכל

1QH 11.30 חסדיכה בכול מעשיכה שמח נפש

1QS 2.7 רחמים כחושך מעשיכה וזעום

1QS^{b} 2.27 ויחוננכה בכול מעשיכה [

4Q509 131+ 2.7 לפניכה רשית מעשי[כה : לב[

4Q511 63 4.1] : יברכו כול מעשיכה : ˙תמיד

4Q512 34 1.16]˙ הצדיק בכול מע[שי]כ[ה :]

11QPs 24.9 וישמעו רבים מעשיכה ועמים

4Q503 26 1.2]את[: מ]עשים[:

4Q513 25 1.1 מ]עשים [:]איש

1apGn 22.17 בידך ויהב לה מעשר מן כול

4QOrd 1 2.11 חמ]שה כסף מעשר ה[מנה :

11QT 58.5 ושלחו עמו מעשר העם (העם)

11QT 60.6 וללויים מעשר הדגן

4Q185 1+ 2.5 אחד[ ]˙˙˙ מעשר[ה

11QT 58.13 ממנו למלך מעשרו ולכוהנים

4Q176 8+ 1.14]אין עוד מעת[: בלי]על

11QPs 18.15 יגדל חסדו : מעת רעה יציל

1QH 7.17 צדקות להנצל מפ[:]וא

1QH 8.37 כול שפתי : מפ˙˙[ ] בזקי

11QPs 18.7 מעשיו ואדם מפאר עליון :

11QPs 18.14 תחמל ועל מפאריו יגדל

4QCat^{a} 2+ 1.11]˙ת אבותם[ ]מפורשים בשמות

4Q405 14+ 1.2 קוד[ש]קודשים מפות[ח

4Q405 14+ 1.5 אלוהים חיים מפותח באלמי

1QM 5.7 שלושה צמידים מפותחים כמעשי

1QH 4.16 מפי נביאי כזב מפותי תעות והם

1QH 2.36 לעזוב עבודתכה מפחד הוות ר˙˙

4Q185 1+ 2.5 ולא לעתת מפחד ומפח יקוש

4pN 3+ 2.5 בינותם וגלות מפחד אויב ורוב

4Q381 31 1.8 החי[ ]ם[ ]מפחדי יתמו

1QH 18.25 עפר להשמר :] מפחי משפט

1Myst 1 1.9 יתהלך הלוא מפי כול לאומים

1pHab 2.7 הדור האחרון מפי : הכוהן

1QH 4.16 לדורשכה מפי נביאי כזב

1QH 12.9 בתכון נאמנה מפי אל ותעודת

3Q15 1.11 ומעסר : שני מפי גל פתחו

4Q381 76+ 1.8 ותשכילו לחכמה מפי תצא

4pIs^{c} 8+ 1.8 בספר זכריה מפי[

1pHab 2.2] מורה הצדקה מפיא : אל ועל

11QT 54.5 ככול אשר יצא מפיה כול

1QDM 2.6 [הא]לה מפיה[ו] :]

1QS^{a} 2.10 [ו]דורש[והו]מפיהו ואל תוך[

11QT 53.15 ככול היוצא מפיהו : יעשה

4Q503 1+ 2.7]ח לפניו בכול מפלג כבודו

4Q503 15+ 1.11 לנו[:]כול מפלגו לו [: [

1QS 4.17 איבת עולם בין מפלגות<ם>

1QH 8.21 מקורם עם <מ>פלגי[

1QM 10.12 ארץ וחוקי מפלגיה : למדבר

1QH 10.18 באמתכה[: מצב˙ ˙כה ובלא

11QT 52.2 ולוא תקים לכה מצבה [

4QMl 11 2.20] : על מצב[ו] יתקעו

11QT 51.20 ומקימים להמה מצבות :

1QH 9.6 מרחוק וחיי מצד ואני משאה

6QBen 3 1.3]מצות[:] מצר[ק :

1QH 16.17] ושומרי מצו[

11QT 53.3 וז]ב[חת]ה מצואנכה

CD 4.12 איש על : מצודו נבנתה

1QH 3.26 ויפרשו כול מצודות רשעה
CD 4.15 פשרו : שלושת מצודות בליעל

1QH 17.7] מצוה מרוח
4Q184 1 1.15 צדק : מנצור מצוה סמוכי ˙[

1QDM 2.11 ישרא]ל אל[ה] מצ[וות [
4Q381 86 1.6]נני ויש [:]מצוות[
4pHs[b] 23 1.1]מצוות[

1pHab 5.5 אשר שמרו את מצוותו : בצר

11QT 55.13 לשמור כול מצוותי אשר
11QT 59.16 ילך ואת מצוותי ישמור

1QS[b] 1.1] רצונו שומרי מצו<ו>תיו :
4pHs[a] 2.4] : מצוותיו השליכו

4Q505 121 1.2 מר]רכינו [: מצו]ותיכה[

1QDM 1.9 אשר : אנו[כי] מצוך היום
1QDM 2.2]שר : [ ] מצוך [הי]ום
1QDM 2.4 א]שר אנוכי [מצו]ך היום : [

11QT 54.6 אשר : אנוכי מצוכה <אותמה>
11QT 55.13 אשר אנוכי מצוכה : היום

1QH 8.19 ˙[: לח ויבש מצולה לכול חיה

11QT 5.11]תו[והכול מצופה [
11QT 36.11 כיור : ארז מצופה זהב טהור

11QT 32.10 ארבע אמ[ות מצופו]ת זהב [
11QT 36.11 טהור ודלתותיו מצופות זהב טוב
11QT 39.3]ודלתותיה מצופו[ת ז]הב :
11QT 41.16 ודלתותיהמה מצופות : זהב
TS 3 2.7 ודלתותיהמה מצופות זהב

11QT 13.6]˙ ˙ ˙ ˙[: מצופים [

1QH 6.25 כבא בעיר מצור ונעוז
1QH 6.30 קשתו ויפתח מצור[: למרחב

4QCat[a] 10+ 1.6 אי[:]איש על מצורו בעומדם :

1pHab 6.13 ואתיצבה על מצורי ואצפה

6QBen 3 1.2]ברית[:]מצות[:] מצד[ק
11QT 17.11 תעשו בו חג מצות שבעת ימים
CD 2.18 אשר לא שמרו מצות אל :
CD 2.21 ולא שמרו את מצות עשיהם עד
CD 3.2 או]הב בשמרו מצות אל ולא
CD 3.6 להיעץ על : מצות אל ולעשות

1QH 3.30 עץ לח : ויבש מפלגיהם ותשוט

4Q405 23 1.7 וקול ברך מכול מפלגיו מספרה

11QT 30.6 בית מרובע : מפנה אל פנה
11QT 40.8] ב]אמה מפנה לפנה לכול

1Myst 1 1.5 בגלות [ח]ושך מפנו : אור

1Myst 1 1.5 וגלה הרשע מפני הצדק
1pMic 1+ 1.4 [כדו]נג מפנ[י הא]ש
1QH 4.33 לבבי כדונג מ(ל)פני אש
1QH 12.7 <א>ל מ<ע>ונתו מפני(ת) אור
1QS 10.2 עם האספו מפני אור
1QS 11.4 עוז דרכ פעמי מפני כול לוא
4Q185 1+ 1.15]˙ יערץ לבבכם מפני פחדו :
4Q370 2.8 נפל[אות : מפני פחדו
4Q502 9 1.17]להיות :]מפני[ ]ל[
4apLm 1 2.12 תכלת ידי קמה מפ[ני : בנו<ת>
4pIs[b] 2.1 לחובת הארץ מפני החרב
4pIs[c] 23 2.6 אלף אחר מפני גערת אחד
4pIs[c] 23 2.6 מפני גערת אחד מפני גערת :
4pIs[e] 5 1.5 א[ורחות : <[מפ]ני חרבות
4pIs[e] 5 1.5]חרב נטושה <מפני[]> מפ[ני
4pIs[e] 5 1.5 <מפני[]> מפ[ני :]
11QT 59.6 ומזעיקים מפני עול כבד
11QT 59.7 אענה : אותמה מפני רוע
11QT 59.8 ואין מושיע מפני רעתמה אשר

1QM 10.4 וא]ל תערוצו מפניהם כיא
1QM 15.8 ואל תערוצו מפניהם ואל :
1QM 15.9 ואל [מפניה]ם כיא

1apGn 22.30 נפקו עמך ביום מפקך מן חרן

4Q511 63 3.5 פחד הוי לכול מפריה : [ ]ש˙

4tgJ 1 2.9 ולמת ל˙[: [מפ]רק[ן] והת˙

1QM 10.11] מפרש שחקים צבא

1QM 7.2 בן חמשים וכול מפשיטי החללים

1QH 3.21 נעוה טהרתה מפשע רב להתיצב
1QH 11.10 טהרתה אנוש מפשע להתקדש :
1QM 8.7 נוח וסמוך ידי מפשע עד קורבם

1QH 7.30 לפניכה ˙ ˙ ˙רם מפשעיהם ברוב

11QPs 18.10 מיד : צדיקים מפתחי צדיקים

11QPs 18.5 הרחוקים מפתחיה :

4QCat[a] 10+ 1.2 כאשר כתוב : מפ]תחת פתוחה

2Q25 2 3 1.1]לי מצ˙[: כ]ול[
4Q381 60 1.1 [מצ] :]ל[
4Q484 16 1.1]מצ[
4Q511 23 1.2 ועצת[:]ורות מצ] :]עולמים
4QMl 11 2.14 באמץ[:]מצ[ ]˙[
6QHym 10 1.1]ם מצ˙[:]עד וא[

11QT 66.4 ואם בשדה מצאה האיש <את
11QT 66.7 הזה כי בשדה מצאה זעקה :

4Q509 59 1.2]˙ ˙ ˙[:]מצאונו [:]˙[

11QPs 21.14 אוזני והרבה מצאתי לקח ועלה
11QT 65.9 אליה ולוא מצאתי לה
11QT 65.12 לאמור לוא מצאתי לבתכה

1apGn 22.29 מן די תבת מן מצרין וכען בקר

1QH 18 1.4]עוני וברורי מצרף [:]
1QM 17.1] בחוני מצרף ישנן כלי
1QS 8.4 משפט : וצרת מצרפ ולהתהלכ
4QFl 24 1.2 [ ]˙[:]מצרף[

CD 20.27 יהודה בימי מצרפותיו

1QM 17.9 ידו [ו]מלא מצרפיו רזיו

1QH 18.12 כמוני ותפתח מק[ ]להוכיח
4Q184 1 1.2 פחוז וכליותיה מק[: בעול
4Q499 8 1.6]הם˙ [:]מק[
4Q508 10 1.1 [מק˙˙]
4QMl 20 1.1]שי מק[: י]שראל
11Mel 2 3.19]ב מק[:]˙˙[

4QM2 1 1.10 חלל[י]ם [לאין מ]קב]ר אשר

1QH 13.1 ב[:]˙ה קודש מקדם ע[:
1QH 13.10 אתה הכינותמה מקדם עולם
4Q504 8R 1.3 <א˙> נפלאות מקדם ונוראות[
CD 2.7 לא בחר אל בהם מקדם עולם
CD 19.3 הארץ אשר היה מקדם ולקחו

1pHab 12.9 ויטמא את : מקדש אל וחמס
1QDM 41 1.3 ש]בועות [:] מקד[ש :]ל[
4Q405 11 1.5]˙וש מקדש :˙˙ל˙[
4Q405 23 2.4 ה[: קדוש מקדש כול [:
4Q405 41 1.1]˙ מקדש[: נפל]אות
4QFl 1+ 1.6 בראישונה : את מקד[ש י]שראל
4QFl 1+ 1.6 לבנות לוא מקדש אדם להיות
11QT 35.7 יחל[לו מק]דש אלוהיהמה
11QT 46.10 מבדיל בין מקדש הקודש
11QT 52.19 אשר אנוכי מקדש : לשום

5QJN 1 1.4] ש[מא]ל מק[דשא מ]שח

1Q39 10 1.3 רוזנים :]ן מקדשו

4Q404 5 1.5 אורותם דעת :]מקדשי פלא
4Q405 6 1.7 באור :]ל מקדש[י]פלא
4Q405 8+ 1.6]˙ מקדשי : [ ]˙
4Q405 23 2.11 בכול מרומי מקדשי מלכות :
11QT 29.8 ואקדשה [מ]קדשי בכבודי
11QT 29.9 אברא אני את מקדשי : להכינו
11QT 45.10 טמאתמה אל מקדשי וטמאו :
11QT 46.2 עוף טמא על מקד[שי
11QT 46.3]היות בתוך מקדשי לעו[לם]
11QT 46.8 לבוא אל מקדשי : ועשיתה
11QT 46.11 בלע אל תוך : מקדשי ולוא
11QT 46.11 וקדשו את מקדשי ויראו
11QT 47.9 ואל עיר מקדשי לוא
11QT 47.13 אוכלמה לעיר מקדשי ולוא
11QT 47.13 ולוא יגאלו את מקדשי בעורות
11QT 47.18 תטמאו : את מקדשי ועירי
11QT 52.15 כי אם בתוך : מקדשי תזבחנו
11QT 52.20 לוא יבוא לתוך מקדשי וזבחו
CD 4.1 שמרו את משמרת מקדשי בתעות

4Q403 1 2.21 פלא בחוקות מקדשיו ראשי

11QT 33.7 אל[: יהיו מקדשים את עמי

4Q176 1+ 1.2 בעמכה והיו[: מקדשכה וריבה

4Q183 1 2.1 ויטמאו את מקדשם[: מהם

1QH 2.30 עמדה במישור : מקהלם אברכה

CD 3.8 לקול עשיהם מצות יוריהם
CD 5.21 דברו סרה על מצות אל ביד
CD 9.7 לא הקים את מצות אל אשר

4Q176 16 1.4 ועל שומרי מצ[ותו :]ש˙א

4Tstm 1.4 את כול: מצותי כול

CD 19.2 לאהב ולשמרי מצותיי לאף דור

CD 19.12 להתות התיו על מצחות נאנחים

1QH 12.32 כדעתי מצידוק יצר חמר

1QM 14.11 גבוריהם אין מציל ולקליהם
4pIs[b] 3.1] : ואין מצ[יל
4QMl 8+ 1.10 אי]ן מציל ולקילתמה

5QJN 1 2.9 מצי]עת ביתא

1QS 11.21 מדורו והואה מצירוק : חמר
4Q511 28+ 1.3] ואני מצירוק יצר : [

4Q504 26 1.9]האלות:]מציתה

4QNab 1+ 1.7] : שנין שבע מצלא הוית [

1QH 4.11 משקה דעת מצמאים ולצמאם

1QH 8.34 לשלוח פעם ולא מצעד לקול רגלי

1QH 2.23 כיא מאתכה מצעדי והמה
1QH 2.33 כי מאתך מצעדי וישימוני
1QH 3.25 מרהבה עם מצעדי : בהפתח
1QH 9.33 לפלט נפשי ועם מצעדי : רוב

1QH 3.17 חצי שחת : עם מצעדם לתהום

4Q385 3 1.6] : מצער כאשר אמרת

11QT 33.10 שערים לו מצפונו ומדרומו

1QS 7.1 קלל או להבעת מצרה או לכול

4pHs[a] 2.14 לוא יושיעום מצרותיהם

1QDM 1.1 י]שר[אל מ]צרים בחו[דש
1QM 14.1 עברתו באלילי מצרים : ואחר
4Q379 12 1.5 מאר[ץ] : מצרים היא השנה
4pHs[b] 17 1.1 פשר]ו על מצרים[:]˙˙˙[
4pIs[c] 21 1.11 לר]דת מצרים ופי ל[וא
4pIs[c] 21 1.12 ולחס]ות בצל מצ[רים
4pIs[c] 21 1.13 והחסו]ת בצל מצרי[ם
4pIs[c] 25 1.5]]מצרים על סוסים
4pIs[c] 28 1.1]מצרים [:]כו
4QOrd 2+ 1.3 בזר[ים : מצרים ויצו
11QT 54.16 הוציאכה מארץ מצרים ופדיתיכה
11QT 56.16 ישיב את העם מצרים למלחמה
11QT 61.14 המעלכה מארץ מצרים והיה
TS 1 1.2 אותך מארצ מצר[ים] אני

1apGn 19.11 ל[מעל] לארע מצרין [
1apGn 19.13 בני חם לארע מצרין : וחלמת
1apGn 19.14 מעלי לארע מצרין וחזית
1apGn 19.24 מן רברבי מצרי[ן]
1apGn 20.14 פרעו צען מלך מצרין די דברת
1apGn 20.19 לכול [ ] מצרין ולכול
1apGn 20.19 עם כול אסי מצרין הן
1apGn 20.28 כול מדינת מצרין וכען צלי
1apGn 20.33 וסלקת מן [מצרי]ן [ ]
1apGn 21.11 דא מן נהר מצרין עד לבנן

1QH 52 1.2] ביש˙ ˙ ללוא מקו[:] ואני

1QM 16.1 עד תום כול מקוד[שי

1QH 3.20 ואדעה כיא יש מקוה לאשר :
1QH 6.6 ואדעה כי יש מקוה לשבי פשע
1QH 9.14 ו]אדעה כ[י] יש מקוה ב[ח]סדיכה
1QH 1 1.7 אלה כיא יש מקוה לאיש :
4Q185 1+ 1.7 לפניה ואין מקוה: ל˙ ˙]
4Q185 1+ 1.12 ימצאהו ואין מקוה : והוא
4Q381 28 1.3]יהמם וי˙[:]מקוה לאיביך

1QH 12.25 ועדות קלון מקוי עפר ומגב[
1QH 3 1.6 דונג˙[:]מקוי אפר איכה
4Q511 52+ 1.2 מ]קור הטוהר מקוי הכבוד

1QM 9.1 ו]כול העם יחשו מקול התרועה
4Q405 18 1.4]דביר ימהרו מקול הכבו[ד :
11QSS 5+ 1.5 ה]פלא יש]מיע[ו מקול משא

11QT 64.12 ההוא כי : מקוללי אלוהים

1QH 5 1.5]יהיו עוד ותשם מקום ר[:
1QM 14.3 ה]אשמה ושבו אל מקום עומדם אשר
1QM 19.9 יבואו עד מקום המערכה :
1QS 6.3 יועצו ובכול מקום אשר יהיה
4Q503 122 1.2]ם[:]מקומ[
4QM2 1 1.9 יבואו עד מקום המערכה
11QT 35.10 ועד : ועשיתה מקום למערב
11QT 37.13 עשית[ה] להמה מקום [: אשר
11QT 42.12 אל עמוד : מקום לסוכות
11QT 46.13 ועשיתה להמה מקום יד חוץ מן
11QT 48.11 עושים בכול מקום המה :
11QT 48.14 ערים תתנו מקום לקבור
11QT 51.19 עושים בכול מקום המה :
CD 11.16 אשר תפול אל מקום מים ואל
CD 11.16 מקום מים ואל מקום : אל יעלה

4pPs[a] 1+ 2.7 ואתבוננה על מקומו ואיננו
4pPs[a] 1+ 4.13 ו]אעבור על מ[קו]מו וה[נה
11QT 45.5]א : משמר אל מקומו וחנו זה[
11QT 64.4 ו]אל שער (˙ ˙ ˙) מקומו ואמרו אל

11QT 37.10] החיצון : מקומות עשוים
11QT 46.17 שלושה מקומות למזרח
11QT 48.12 קוברים כי אם מקומות :
11QT 48.14 ע]יר ועיר תעשו מקומות

11QT 35.13 מובדלים יהיו מקומותמה זה

1QS[b] 3.26 לכה ויתנכה מקומכה [ ]

1QH 2.18 בלבבו לפתוח מקור דעת לכול
1QH 11.19 ואני נפתח לי מקור לאבל
1QS 10.12 מכין טובי מקור דעת ומעון
1QS 11.6 ע]רמה מבני אדם מקור צדקה
1QS[b] 1.3 [מקור ע[ו]לם :
1QS[b] 1.6] מקו]ר עולם
4Q504 1+R 5.2 [: מקור מים חיים
4Q511 52+ 1.2 מ]קור הטוהר
4Q511 63 3.1 ובשפתי שמחה מקור : תהלה

1QH 8.21 ובידי פתחתה מקורם עם

11QT 23.11 וכ[אשר : מקטיר ושחטו

4QFl 1+ 1.6 אדם להיות מקטירים בוא

1QM 2.5 הזבחים לערוך מקטרת ניחוח
4Q512 29+ 1.11 ניחו[ח :]מקטרת קודשכ[ה

1pHab 2.10]כיא הנני מקים את :

11Mel 1+ 2.24 ה[יאה : מקימ[י] הברית

1pHab 9.15 כיא : אב[ן]מקיר תזעק
11QT 30.6 פנותיו ורחוק מקיר : [ה]היכל
11QT 41.12 השערים מקיר החצר לחוץ
11QT 41.13 ולפנימה באים מקיר החצר שש
TS 3 2.5 ‹באים› מקיר החצר שש

11QT 33.9 קירו מק[י]רו שבע

1QS 2.4 והלויים מקללים את כול
5QS 1 1.2]: מקל]לים:] אתה

1QS 9.23 ב]ו ולהיות איש מקנא לחוק ועתי

1QH 2.31 נפשי ותצילני מקנאת מליצי

1QH 4.9 מ]ארצי : כצפור מקנה וכול רעי
1QM 12.12 ברכה המון מקנה בחלקותיכה

1QH 7.2 ˙ ˙ :]ע נשברת מקניה ותטבע
1QH 8.33 ותשבר זרועי מקניה [ ][

4pIs[c] 27 1.3 העם וא[:]עה מקנכה [

1QH 9.7 בחסדיכה [מ]קץ : לקץ תשת
1QH 12.4 והתחנן תמיד מקץ לקץ עם
4Q518 31 1.1] מקץ[:] יזעק[

1QH 6.31 ויעצו[ ]ו מקצה עד˙ ˙ ˙ : ˙ ˙

11QT 30.8 ממקצוע אל מקצוע : שתים
11QT 36.7 ממקצוע אל מקצוע

3Q15 11.1]ה בארבעת : מקצועות זהב
11QT 37.13 ובארבעת מקצועות החצר

4Q176 8+ 1.11 א]רץ כן נשבעתי מקצוף עליך עד

11QT[b] 54.4 ממ]כה מקצי הארץ ועד[

1QM 3.2 על חצוצרות מקרא העדה
1QM 3.3 ועל חצוצרות מקרא ה( )שרים
1QM 3.7 ועל חצוצרות מקרא אנשי
4Q513 3 1.2]מקרא [:]ביום
11QT 17.10 ע]שר לחודש הזה מקרא קו[דש] :
11QT 25.3 זכ]רון תרועה מ[קרא :]
11QT 27.8 שבת שבתון מקרא קודש יהיה

1QM 3.1 וחצוצרות› מקראם בהפתח

4pN 3+ 2.5 אשר לא ימוש מקרב עדתם חרב
4Tstm 1.5 אקים לאהמה מקרב אחיהמה
11QT 56.14 אבחר בו› מקרב אחיכה
CD 20.26 לישראל יכרתו מק[רב] המחנה

11QT 54.18 ובערת : הרע מקרבכה : ואם
11QT 55.3 [ב]ני [בלי]על מקרבכה וידיחו
11QT 61.10 ובערתה הרע מקרבכה :
11QT 64.6 ובערתה הרע מקרבכה וכול
11QT 66.4 ובערתה : הרע מקרבכה ואם

11QT 45.7 כי יהיה לו מקרה לילה לוא
11QT 46.18 א]שר יהיה להמה מקרה :]

4pMic 1+ 1.3]: עתה תצאי מקר[יה

11QT 34.15 יורדות מן מקרת שני עשר
11QT 36.6 מק]רת גג[ו

1QM 5.13 עד הבטן והבטן מרוגלת הנה :

1QM 8.5 בחצוצרות קול מרודד ידי סדר
1QM 8.14 קול נוח מרודד סמוך

1QH 9.16] יכבד ורוח מרוח תגבר וכגב
1QH 17.6] משפט מרוח דורש] : [
1QH 17.7] מצוה מרוח כו] : [˙
1QH 14 1.1]מרוח :]תאוה
4Q185 1+ 1.12 ד : ולא ימצא מרוח
4Q405 43 1.2 [˙] :]ם רוח מרוח] :]הם
4Q513 31 1.2]מה ל˙] :]מרוח ב] :]חיו[

1QH 17.17] :]˙ מרוחות אשר

1QH 10.32 ומשענתי במעוז מרום ו˙˙˙˙˙˙˙˙˙
4Q402 3 2.9 מסיר שנ] : מרום ופל]ג :
4Q500 1 1.4] לשער מרום הקודש] :
4pPs[a] 1+ 3.11 ירשו את הר מרום ישר]אל
11QSS 3+ 1.1]על מרום כסא] : [

4Q400 1 1.20 אלים כוהני מרומי רום
4Q400 1 2.4 בשערי מרומי רום] : ב
4Q400 2 1.4 מלכותו ובכול מרומי רום תהלי
4Q403 1 1.34 מעל : לכול מרומי רום כיא
4Q405 4+ 1.2] :]לכו]ל מרומי[
4Q405 23 2.11 הקודש בכול מרומי מקדשי
11QSS 5+ 1.6] מרומי[[
11QSS 2+ 1.1]]מרומי כ]בודו
MasSS 1.9 אלים יושבי מרומי רומים :

4Q400 1 2.2 מלכות]כה : מרומים והנ] :
4Q401 23 1.2 קו]דש :]ל מרומים] :
4Q403 1 1.30 הללו אלוהי מרומים הרמים
4Q403 1 1.34]לכול ראשי מרומים ומלך
4Q403 1 1.43 רקיע רוש מרו]מ[ים כול
4Q405 4+ 1.2 רא]שי מרומים ומל]ו
4Q405 6 1.4 רקי]ע ר]אשי מרומ]ים :

4Q405 14+ 1.3 ק]ול ברך למלך מרוממים והלל
4Q503 11 1.3 ואנו עם קודשו מרוממים הלילה[
4Q503 33 1.2 או]ר היומם: מרו]ממים : [
11QSS 5+ 1.8 כ]נפיהם מר]וממים

1QM 5.4 מגני נחושת מרוקה כמעשה :

1Q38 1 1.1 בלבבי מרוקים להל] :

1QH 11.19 לי מקור לאבל מרורים]
1QH 11.22 יג]< ומספד מרורים עד כלות
1QS 4.13 יגון ורעת מרורים בהויות
4apLm 2 1.7]ה <כ>אשת מרורים : וכל

1QH 16 1.1] מרות] : [

1Myst 1 1.4 לוא מלטו מרז נהיה : וזה

1QM 14.10 [ח]בלו גערתה מר]זו

1QS 11.5 אור בלבבי מרזי פלאו

3Q15 9.12 לכפר נבו ב : מרח כלפיהם

1QH 5.33 ואת אלי : מרחב פתחתה

1pHab 3.7 ופרשו פרשו מרחוק : יעופו
1QH 9.6]עמד לי : מרחוק וחיי מצר
1QM 9.7 מריעים מרחוק ולוא
4QM1 1+ 1.12 אורבים יהי]ו מרח]וק ולוא
4QM6 15 1.3]אל לכלת] : מר]חוק ו]לוא :

11QT 39.2]מקרת הגג] :˙˙˙

1QH 66 1.4]של ע] : [˙מר] : [נע[
4Q381 1 1.5 ויהיר ˙מר לאו] : עק
4Q503 68 1.3 יש]ראל :]חקו מר] : יב]רכו
4Q509 112 1.1]˙ מר˙] :[ק ˙י[
4Q509 211 1.1]ים מר] :]ה מ[
4Q512 79 1.3]ע] :]ם כ] :]מר <א>ל˙] :
4Q517 71 1.1]מר˙[
4QM6 36 1.2]˙ ˙] :]מר˙[
6apGn 1 1.6 שמעת הן ילדת מר˙[
6QHym 2 1.7]]עד שמח] :]מר בן ישחק] :

6Q23 2 1.2]יילל] :]רבו מרא] :]לפא

4VSam 1 1.5 הו]דיעני את מראה האלוהים
4VSam 3+ 1.6 מ]ראה : [

1pHab 5.2 טהור עינים : מראות ברע והבט
1pHab 5.6 טהור עינים מראות : ברע
1QH 7.2 רגלי שעו עיני מראות : רע

1QM 6.13 [ק]ולות ולכול מראי דמיונים
4Q403 1 2.3 ג] [: מראי תבנית
4Q403 1 2.8 רוחות אלוהים מראי עו]למים
4Q405 15+ 1.3]˙˙]˙[: מראי להבי אש[
4Q405 20+ 2.10 קדשים סביב מראי שבולי אש
4Q405 23 2.8 בתוך כבוד מראי שני צבעי
4Q405 23 2.9 [ ] בתוך מראי חור ודמות
4Amrm 2 1.3 רשע ואמרת מראי מא ש]ולטן

4Q381 69 1.2 טמאה והפלא מראשונה :

4Q403 1 2.11 רום וקול ברך מראשי דבירו[

1QM 5.5 מרוקה כמעשה : מראת פנים

4Q487 52 1.1]ל מרב[

5QJN 1 2.5] : מרבע ודרגא די
11QT 4.13 ˙ עשרים באמה מרבע] : צ]ה

1pHab 8.16]על הכוהן אשר מרד : [ועב]ר

1apGn 21.27 תלת עשרה מרדו בה ובשנת
1pHab 8.11 אנשי חמס אשר מרדו באל :

4Q509 233 1.2]כ] : מ]רדנו בכה[

8QHym 2 1.5 מכול] : [˙מרדפות

4Q181 1 1.2 רשעם לפי <א> מרדתם מסוד בני

1Q20 2 1.5] : [˙ קודם מרה עלמא
1apGn 7.7 ˙˙ וחדית למלי מרה שמיא]
1apGn 20.13 עלמים די אנתה מרה ושליט על
1apGn 20.15 מרי די אנתה מרה לכול מלכי
1apGn 21.2 וקרית תמן בשם מרה עלמיא
1apGn 22.16 לאל עליון מרה שמיא וארעא
1apGn 22.21 דן לאל עליון מרה שמיא וארעא
4pIs[c] 46 1.3] : [זרם] : [מרה] : [ההמ] :

4Q503 181 1.1]מרו
4Q509 282 1.1]מרו˙[

1QH 1.32]מה ˙˙˙ מרוב עוון :
4pN 3+ 2.7 בעצת אשמתם : מרוב זנוני

11QT 30.5 להיכל בית מרובע : מפנה
11QT 30.9 בתוך באמצעו מרובע רוחבו
11QT 31.10 נגב מזרח מרובע לכול

4Q405 4+ 1.4] : רננו מר]ננר

1QH 10.28 יכבד˙[: איש מרעהו וכן לבן
1QS[a] 1.18 זה יכבדו איש מרעהו :

CD 10.11 ומפופים מדי מרעיל איש : אל
CD 10.11 אין בו די : מרעיל אשר נגע

4pPs[a] 1+ 2.2 אך להרע כיא מרעים יכרתו

1QS 5.14 כי אם שבו מרעתם כיא טמא
4pPs[a] 1+ 2.3 ימאנו לשוב מרעתם כיא כול

4Q487 13 1.2]˙[:]˙ה מרפ[:]ה היות
4Q509 41 1.3]˙[:]˙˙[ ]˙מרפ[

1QH 2.26 חצים לאין מרפא ולהוב

1QH 3.11 משברים וחבלי מרץ במולדיהם

CD 11.4 אל יתערב איש מרצונו : בשבת

4pN 3+ 2.3 דהר ומרכבה מרקדה פרש מעלה

1QM 4.1] : ועל אות מררי יכתובו
1QM 4.1 אל ואת שם נשי מררי ואת שמות

1QM 1.2 ועמהם בעזר מרשיעי ברית
CD 20.26 ועמהם כל מרשיעי : יהודה

4pPs[a] 1+ 4.20 ויפלטם ויפלטם מרשעים[
11QPs 18.13 כמה רחקה מרשעים אמרה

1Myst 7 1.1]˙˙˙מרת[:]˙ אש˙
4Q503 51+ 1.15 אש[ר]˙מרת[

6apGn 1 1.3 [:]ולא מרתת מן אחויך

1Q36 4 1.2]כה מא˙[:]ה מש˙[
4Q381 1 1.10 כל וגם[:]מש בהם וכל
4Q381 53 2.3 מש[: ו˙[
4Q401 24 1.1]˙ מש˙[:] ˙ שלום[
4Q487 14 1.1 [יסור מש˙[: י]קוש
4Q499 38 1.1]מש˙[:]שוע˙[
4Q503 194 1.1]˙מש[
4Q511 141 1.3]˙ :]˙ים[:]מש[ ] [:]˙
4Q511 212 1.1]בו מש[
4Q513 14 1.3 ברוך [:]˙ל מש˙[:]ובכול
4pHs[b] 38 1.9 [: פרף [: מש˙[: א˙[
11Ap[a] a 1.6 [:] הא[ר : [מש˙[:]את˙ [:

1QS[a] 1.20 מ]שפט ולשאת משא עדה :
4Q378 22 1.3 משה :]דך ביד משא אל ישוע
4Q403 1 1.41 קודשים עמודי משא לזבול רום
4Q405 6 1.2] [משא[ל]זבול
4Q511 17 1.3]גבורה אין משא[:] רוב
11QSS 5+ 1.5 יש[מיע]ו מקול משא אלוהים[

1QH 9.6]חיי מצד ואני משאה אלמשואה

1QS[a] 1.19 לפי כוחו יתנו משאו ב[עבו]דת

1QH 5.22 צדק להעלות משאון יחד כול

4Q405 23 1.5 לכ]לכלם משאי כול כיא
11QSS 2+ 1.5 יהללו]הו משאי קודש :

4Q405 23 1.1]משאיה[ם

1QM 18.3 סו]ר משאת יד אל

11tgJ 28.3 ובני אנשא : מרחי[ק]

1QH 4.30 והוא בעוון : מרחם ועד שבה
4Q507 1 1.2 [: ואנו בעולה מרחם ומשדים

4Q402 7 1.3]ואור בדב[יר: מ]רחפות במ˙[:

1apGn 2.9 יא אחי ויא מרי דכרלך על
1apGn 2.13 ולי תאמר יא מרי ויא] :
1apGn 2.24 יא אבי ויא מרי די אנה לך
1apGn 20.12 אנתה אל עליון מרי לכול :
1apGn 20.14 וכען : קבלתך מרי על פרעו
1apGn 20.15 מני וי<נ>דעוך מרי די אנתה
1apGn 20.25 מתכתש ומתנגד מרי מלכא בדיל
1apGn 22.18 ואמר לאברם מרי אברם : הב
1apGn 22.32 ואמר אברם מרי אלהא שגי
4Q490 3 1.1]מרי˙[
4Q511 160 1.2]צו [:]מרי˙[

4Q374 10 1.4 כל[:]מחלבי מריא[ים

1pHab 1.9 מ]ריבה וח[
4QFl 6+ 1.3 תרי]בהו על מי מריבה הא[מר :
4Tstm 1.15 ותרבהו על מי מריבה <ה>אמר

11Mel 1+ 2.5]ואשר : מ(ו)ריהמה

1apGn 22.20 למלך סודם מרים אנה : ידי
1QM 15.13 בשר אל ישראל מרים ידו

4Q403 1 1.24 ל]כול מרימי : משפטיו
4Q404 2 1.6]וברך לכול מ[רימי : צד]ק

4Q402 8 1.2]˙[: מרי]מים תרוע[ה

1QM 8.1 תהיינה מריעות לנצח

1QM 8.12 הכוהנים מריעים קול חד
1QM 9.1 והכוהנים יהיו מריעים
1QM 9.2 והכוהנים מריעים לנצח
1QM 9.7 הכ[והנ]ים מריעים מרחוק
1QM 16.9 יהיו מריעים
1QM 17.15 יהיו מריעים
4QM3 1 1.10 להם מר[י]עים

4Q405 20+ 2.8 תבנית כסא מרכבה מברכים

4Q403 1 2.15 [: והללו יחד מרכבות דבירו
4Q405 20+ 2.3] : מרכבות כבודו]
4Q405 20+ 2.5] מרכבות כבודו
4Q405 20+ 2.11 תמיד עם כבוד מרכבות :
4Q405 37 1.1 מר]כבות [:
4Q405 47 1.1 מ]רכבו[ת
11QSS 3+ 1.4 לוא ישב[ו : [מרכבו]ת כבודו
11QSS 2+ 1.6 ר[גליו מר]כבות הדרו

1QM 11.10 ובשלישי מרכבותיו בים

4Q487 26 1.2]˙[ ]ש[:]מרמ[:]˙י ד˙

1QH 4.20 כול אנשי מרמה וחוזי
4Q185 1+ 2.14 על[ ]ו[ ] : מרמה לא יבקשנה
4pN 3+ 2.8 כזביהם ושפת מרמה יתעו רבים

4QCat[a] 7 1.1]מרנ[ ]˙˙[ ] :

4Q403 1 1.36 במשלחם רננו מרנני]
4Q403 1 1.37]אלוהים לכול מרנני דעת עד

1Q30 3 1.2 דב]רתה ל[:]מרננים לפני[כה

4QPBl 1 1.1	] יסור שליט משבט יהודה
11Ap^{a} 2.4	]]ת̇ו משביע לכול ˙[
11Ap^{a} 3.1	]מ̇שבי̇ע̇[:
1QH 3.8	באו בנים עד משברי מות :
1QH 9.4	ולכלה [: משברי מות
1QH 11.32	פתחתה מש<ב>רי
1QH 3.8	והבל נמרץ על משבריה להחיל
1QH 6.23	גליהם וכול משבריהם עלי
1QH 3.11	החישו כול : משברים וחבלי
1QH 8.31	ויתעופפו ˙˙˙ משברים : ונפשי
1QH 9.28	]מ̇נוסי משגבי סלע עוזי
4Q512 29+ 1.3	] משגה [: ב]מים
4Q184 1 1.9	חטאת מעגלותיה משגות : עול
CD 3.5	ויענשו לפני : משגותם ובניהם
4Q504 1+R 2.14	כיא תרפאנו משגעון
1Q62 2 1.1	]לם משה [
4Q378 22 1.1	]משה אלהי ולא
4Q378 22 1.2	משרת עבדך משה :]דך ביד
4Q513 4 1.5	]ולא מתורת משה[:]י̇ם ו˙ [
6Q15 3 1.4	מש]ה ו̇ג[ם
11Mel 1+ 2.3	שמוט כול בעל משה יד אשר
CD 5.18	מלפנים עמד : משה ואהרן ביד
CD 5.21	מצות אל ביד משה וגם :
CD 8.14	ואשר אמר משה לא בצדקתך
CD 19.26	ואשר אמר משה : לישראל
CD 15.2	ואת תורת משה אל יזכור
CD 15.9	אשר כרת : משה עם ישראל
CD 15.9	א]ל תורת משה בכל לב [
CD 15.12	לשוב אל תורת משה בכל לב
CD 16.2	אל : תורת משה כי בה הכל
CD 16.5	אל תורת משה יסור מלאך
1QM 7.10	באבנט בד שש משוזר תכלת :
CD 12.23	הרשעה עד עמוד משוח אהרן :
5apM 1 1.1	] משוחת לא̇[דוני :
2apPr 6 1.3	]כל מסלות[:]משול בכל [:
3Q15 9.1	הנטף משח משולו : אמות
CD 4.13	יהיה : בליעל משולח בישראל
4pIs^{a} 7+ 3.15	ישי ונצר משו[רשיו
4pHs^{a} 2.14	והשבתי כול משושה : ח[גה
3Q15 7.6	רוח[ות] : משח אמות עסרן
3Q15 9.1	שבשולי הנטף משח משולו :
5QJN 1 1.4	ש̇[מא]ל מק̇[דשא מ]שח קנין
5QJN 13 1.1	]מש[ח
2QJN 5+ 1.2	] : ופו]תיה משחא חדא :]ה
1QJN 2 1.3	˙˙[:]וגוא[:]משח̇[ה
5QJN 1 2.3	פותיה ואורכה משחה חדה קנין
5QJN 4 1.3	]ב וע˙˙[: מש]חה ק̇נ̇ין [
1QH 4 1.6	בכול שטן משחית ומר[:

4Q511 1 1.6	כיא א[ין] משחית בגבוליהם
1QH 3.38	עוז :]ל משחיתים וכול [
4Q509 200 1.2	[˙˙] : מש]ח̇ית̇ים̇ : [˙
1pHab 4.1	יקלס ורזנים משחק לו
1QH 3.19	כי פדיתה נפשי משחת ומשאול
1QH 5.6	יצרי ותעזור משחת חיי ותת̇ן
2QJN 1 1.4	]כול משחת:] ארבעין
5QJN 1 1.2	וכדן [מ]שחת פ̇ר̇[זיא
11tgJ 30.3	חכמה : מן שם משחתה הן תנדע
1QM 13.4	בליעל במחשבת משטמה וזעום
1QM 13.11	לשחת מלאך משטמה ובחוש[ך
6QHym 9 1.1	]משטמה ב˙ [
1QS 3.23	צרותם בממשלת משטמתו : וכול
4QBer 10 2.2	ב̇[מ]חשבת משט̇מתו : וזעום
1QS^{b} 5.29	]כה טרף ואין משי[ב] ופרשו
4Q501 1 1.3	תועים ואין משיב שבורים
1QM 9.7	כלה והרכב : משיבים על ידי
1Q30 1 1.2	]ה̇[: מ]שיח הקודש [:
1QS^{a} 2.14	ואחר י[שב מש]יח ישראל
1QS^{a} 2.20	ואח[ר יש]ל̇ח משיח ישראל
4QPBl 1 1.3	עד בוא משיח הצדק צמח :
11Mel 1+ 2.18	והמבשר הו[אה] משיח הרו[ח]
CD 19.10	לחרב בבוא משיח : אהרן
CD 20.1	היחיד עד עמוד משיח מאהרן
CD 14.19	משי]ח אהרן
CD 2.12	ויודיעם ביד משיחו רוח קדשו
1QM 11.7	עשה חיל וביד משיחיכה : חוזי
4Q381 15 1.7	הדו ואני משיחך אתבננתי
1QM 9.8	יחלו שמן משיחת כהונתם
4Q502 4 1.4	ש[מחת יח̇[ד :]מ̇שי˙ל [:]ל[
1QS 10.14	לשבת וקום ועם משכב יצועי
11tgJ 22.10	]מ̇ה על משכבה[:]˙˙[
4Q184 1 1.6	בור מלונותיה משכבי חושך
6Q15 5 1.3	עמ̇[:] זכר משכבי [:
1QH 12.11	עמו ואני משכי˙ל ידעתיכה
11QT 51.21	ונותנים אבני משכיות להשתחות
4Q510 1 1.4	ואני משכיל משמיע
1QM 10.10	ומלומדי חוק משכילי בי[נה
4pIs^{b} 2.2	פקדת הארץ הוי משכימי בבקר
11QT 52.3	] וא]ב̇ן : [מ]שכית [לו]א̇
11Ber 1 1.10	והדשנתם ואין משכלה בארצכם :
4Q156 2.4	קדשא [ ] משכן ז̇מנא
11QT 47.11	אשר : אנוכי משכן את שמי
1pHab 3.2	אשר אמר לרשת משכנות לוא לו

11QPs 28.13]רה ל[ ]יד משמשחו נביא

3Q15 12.11 וקברין על פיה משנא הכתב הזא

1QM 3.5 ולהנים כול משנאי : צדק

11QPs 22.11 ויתפזרו כול משנאיך ערבה

4Q508 40 1.2]נתתה לה˙[:]ל משנאינו ואיבה[

4Q400 3+ 2.2]: לנשיאי משנה ˙[

1QM 9.11] [מ]שנ[י עברי
4Q405 13 1.7 ב]נשיאי מש[ני
4Q405 15+ 1.5 כבוד משני עבריהם[
11QSS o 1.5]לאלוהי[:]משני ר[:
11QT 9.3] משני צדיה : [
11QT 37.7 ה]ש[ע]רים משני] [

4Q401 3 1.4 לנשיא[י : מ]שניהו תגבר[

4Q405 11 1.3 ולשו]ן : משניו תגבר

4Q370 2.9 נפ[שכם : משניכם אל תמרו

1QH 5.36 כוח כרזי פשע משנים מעשי אל

1pMic 12 1.2 [:]˙ כבודו משעיר[: כי]א
4pIs[e] 5 1.3 קור]א משעיר שומר מה

1QS 11.4 והויא עולם משען ימיני

1QH 10.23 ולא נתתה : משעני על בצע

1QM 4.13 נצח אל עזר אל משענת אל :
1QS 11.5 פעמי וגבורתו משענת ימיני

11QT 41.8 באמה וכבה משער דן עד :
11QT 44.7 ולבני יהודה משער יהודה עד
11QT 44.9 ולבני שמעון משער שמעון עד

1QH 14 1.3 בלוא :]לוא משפ˙ : [כדונ[
1QH 17 1.2 [:]אחך וקנאת משפ[:] ורזי
4Q512 51+ 2.6] [˙] ˙˙[משפ[: יכ<ב>ם

1QM 17.2 ואתמה זכורו משפח[
4Q509 36 1.1]משפח[:]ה ופ

4QOrd 2+ 1.1]גדאו שוקד משפח[ה : לעיני

1QM 4.10 אל על הרביעית משפחות אל על
1QM 10.14 עמים מושב משפחות : ונחלת
4Q512 51+ 2.11 ל[כה: [ ]כול משפחות [:

1QM 3.16] : משפח[ותיך

1QS[a] 1.15 לשבטיהם בכול משפחותם [

1QS[a] 1.9 בגורל בתוך משפ[ח]תו ליחד
1QS[a] 1.21 הצבא יכתוב משפחתו :

1Q36 16 1.3 לרזיכה [: מש]פט אפ
1pHab 5.4 יתן אל את משפט כול הגוים
1QH 1.26 ע<ו>ל כול משפט הצדק לכה
1QH 3.27 בנפול קו על משפט וגורל אף
1QH 5.4 ובי[ד]כה משפט כולם [:
1QH 6.26 וכפים על קו משפט ומשקלת א[
1QH 6.29 חרב אל בקץ משפט וכול בני
1QH 8.37 מפ˙˙[ ] בזקי משפט ל˙לבי
1QH 17.6 פתע פתאו[:] משפט מרוח
1QH 18.25] מפחי משפט לעוטת

3Q14 3 1.2]˙[: ו]בנית משכנ[י : [

4Q504 1+R 4.2]˙ : מ[ש]כנכה[

1pHab 8.6 הלוא כולם משל עליו ישאו
1pHab 8.9 עומדו וכאשר משל : בישראל

1QH 13.15 ˙ה ורוח נעוה משלה : בו ואם

4Tstm 1.9 מעמו : וישא משלו ויאמר

1QM 1.1 המלחמה ראשית משלוח יד בני

4Q511 16 1.2 [˙˙˙˙] :]כול משלוחותיו ˙מע˙

1QS 9.23 רצון בכול משלח כפים :
1QS 10.13 בר( )שית משלח ידי ורגלי

1Q40 8 1.1 מ]שלחות או˙[:
11QSS e 1.2 רק]יע : מש]לחות :

4Q405 23 1.13]לכול משלחותו בתכון

4Amrm 2 1.1 מ]שלט עליד[
4Amrm 2 1.5 חזה והוא משלט על כול

4Amrm 1 1.11 מן די כדן מש[לטין

1pPs 9 1.1 על כול מש[לי] : [

4Q403 1 2.28] : שבע משלישי ל[ו
4Q405 11 1.3 משניו תגבר משלישי לו

1pHab 9.5 הון ובצע משלל העמים :

1QS 2.6 כלה ביד כול משלמי : גמולים

1QH 12.27 אל אשר לקח משם ומה ישיב
1QM 1.3 המלחמה יעלו משם : וה[
6apSK 33 1.3 ביד[:]וינוס משם אל מלך

4QCat[a] 2+ 1.13] עולם ויקום משמה ללכת[

1QH 7.3 רע אוזני משמוע דמים השם

4Q381 33 1.10 וכן א[כרת : משמחת עוד ולא

4Q510 1 1.4 ואני משכיל משמיע הוד
11Mel 1+ 2.16 רגלי מבש[ר מ]שמיע שלום
11Mel 1+ 2.19] : טוב משמי[ע [

11QSS q 1.2 בשבעה :]˙בר משמיעי ˙˙˙ :

4Q405 23 1.9 ושערי מוצא משמיעים כבוד

4Q487 10 1.6 א[:]רקים[:]משמע[

1QH 2 1.5 חסדיכה תן משמר צדקכה :
11QT 45.5]א : משמר אל מקומו

CD 12.5 על בני האדם : משמרו ואם ירפא

1QM 2.3 לשבט וראשי משמרותם איש
1QM 2.4 המקדש : וראשי משמרותם עם

1Q36 16 1.2 [˙ ˙] : א]נשי משמרת לרזיכה [
CD 4.1 אשר שמרו את משמרת מקדשי

1pHab 6.12 לוא ירחמו על משמרתי אעמודה

1QH 4 1.5 [ורת יצפו ועל משמרתם[:

1QH 5 1.10 ולפ˙[: משפט אמתכה
1QH 13 1.4]ות ובידך משפט כולם :
1QM 4.6 אל כבוד אל משפט אל
1QM 11.14 ולהצדיק משפט אמתכה
1QM 12.10 רביבים להשקות משפט לכול
1QM 19.2 רביבים להשקות משפט לכ[ול :]
1QS 4.20 עד : מועד משפט נחרצה ואז
1QS 6.7 בספר ולדרוש משפט : ולברכ
1QS 7.4 אשר יצחה בלו משפט את רעהו
1QS 8.3 עוון בעושי משפט : וצרת
1QS 8.9 כולם לברית משפט ולקריב
1QS 8.*10* הארצ ולחרוצ משפט רשעה>
1QS 10.16 כיא בידו משפט : כול חי
1QS 10.18 גבר כיא את אל משפט כול חי
1QS 10.20 ארצה עד הכון משפט לוא אפור
1QS^a 1.2 על פי משפט בני צדוק
1QS^a 1.20 ישראל לרי[ב מ]שפט ולשאת
2apMo 1 1.2] לך משפט באמת
4Q184 5 1.5 באזן ובח[: מש]פט וחוק[
4Q185 1+ 2.3] מ]שפט שמעתי
4Q381 1 1.1 תהיה לי למורה משפט [: פי
4Q405 48 1.1 מ]שפט עמ[:
4Q511 52+ 1.4 כיא מאתכה משפט[:
4Q512 29+ 1.20] :] תנקה עד משפט[
4Q513 14 1.6]הדר בו[: מש]פט ה˙]
4Q513 39 1.1 [משפט ˙]
4pIs^c 23 2.9 כיא אלוהי משפט יהוה אשרי
4pIs^e 6 1.6 [:] מ]שפט
4pN 1+ 2.4 לעש[ות]בהם משפט ולכלותם
4pPs^a 1+ 4.1 [: מש[פט
4pPs^a 1+ 4.15 לעשות[ ]˙עי משפט]
4QM1 1+ 1.1]˙ש משפט[
4QM1 1+ 1.2]˙ם ל˙[מש]פט לאות[ות
4QM6 35 1.2 יכ]תובו[:]משפ[ט :
11Mel 1+ 2.9 אל לממשלת משפט כאשר כתוב
11QT 51.12 את העם : משפט צדק ולוא
11QT 51.13 ולוא : יטו משפט כי השוחד
11QT 51.13 כי השוחד מטה משפט ומסלף
11QT 51.17 יקח שוחד ויטה משפט צדק יומת
11QT 57.19 ולוא יטה משפט : ולוא
11QT 57.20 שוחד להטות משפט צדק ולוא
11QT 64.9 באיש חט<א> משפט מות ויברח
CD 8.1 לחרב וכן משפט כל באי
CD 19.13 נקם ברית: וכן משפט לכל באי :
CD 19.29 השבועה: כן : מ[שפ]ט לשבי
CD 12.15 חי[ים] כי הוא משפט בריאתם
CD 13.5 ואם : משפט לתורת נגע
CD 16.13 לאביה : על משפט הנדבות אל

CD 9.15 ידע מוציאיה את משפטה : אם לא

1pHab 3.3 הוא ממנו משפטו ושאתו
1pHab 10.4 אל את × : משפטו בתוך
1QS 1.26 וצדי[ק]משפטו בנו
1QS 7.25] הרבים והיה משפטו כמוהו
1QS 9.15 כן לעשות משפטו ואיש
1QS 10.7 תכונם יום משפטו זה לזה
1QS 10.9 שפתי אשא בקו משפטו : עם
6apSK 21 1.2 ול[שמור :]משפטו ˙] :
CD 9.20 אחד שלם משפטו ואם

1QS^a 1.11 להעיד עליו משפטות התורא

1QH 1.33]˙˙˙ משפטי נגיעי :
1QH 7.35 רחמיכה לכול משפטי :]שר[
1QH 11.8 הוא באפכה כול משפטי נגע :
1QS 3.1 ביסורי דעת משפטי צדק לוא
1QS 3.17 להשנות בידו : משפטי כול
1QS 4.4 מעשה וקנאת משפטי צדק
1QS 6.15 בכול משפטי היחד
1QS 11.2 כיא אני לאל משפטי ובידו
1QS 11.5 וממקור צדקתו משפטי אור
1QS 11.12 בעוון בשר משפטי בצדקת אל
1QS 11.14 יביא : משפטי בצדקת
4Q381 76+ 1.13 לעשות בכם משפטי אמת היש
4Q400 1 1.17 כול קדושים עם משפטי :]
4Q511 10 1.12 מוסדי ארץ משפטי יוד
4QBer 10 2.12 ולהמיר את משפ[טי
11Mel 1+ 2.13 צדק יקום נקם משפטי א[ל
11QSS 1 1.2 ק[: משפ[טי : ברנות
CD 14.8] [ובכל משפטי התורה

1QS^a 1.5 ולהבינם בכול משפטיהמה פן

1QS 4.18 ריב על כול משפטיהן כיא

1QDM 2.7] מש]פטיו [וא]ת
1QDM 2.7 [וא]ת כול מש[פטיו אי]לה
1QS 2.15 אפ אל וקנאת משפטיו יבערו
1QS^b 3.23 ולב]חון כול משפטיו בתוך
1QS^b 4.27] מ]שפטיו
4Q403 1 1.25 ל]כול מרימי : משפטיו בשב[עה
4Q504 9 1.6 פריל כ˙[: מ]שפטיו ויריים]
4Q511 137 1.4]˙י עולמי[: מ]שפטיו ול[

1QH 14.20 ובשוחד כול משפטיך כי אם
4Q381 19 1.2 בי מן[:]משפטיך [:
4Tstm 1.17 ובריתך ינצר משפטיך
CD 20.30 צדק : ואמת משפטיך בנו:

1Q36 16 1.4]ל˙יכה [: מ]שפטיכה[
1QH 10.34 ואפחדה בשומעי משפטיכה עם
1QH 14.4 עד[ ] משפטיכה :]
1QM 12.5 ארץ ברוב משפטיכה ועם
4Q511 67 1.2] אמונים [: מ]שפטיכה]
11QPs 24.8 בתורתכה ואת משפטיכה למדני

1QS^a 1.11 במשמע משפטים :
4Q511 52+ 1.3] משפטים למעשי
4AgCr 1 1.10 כל˙[:]˙ משפטים ומשפט

1QH 58 1.5]ך קצ משפטכ[:]

1Q26 1 1.7 ובידי פקד מ[שפטכה] ואמר
1QH 9.31 לי בשכל משפטכה : ובאמת

1QH 4.25 ותוצא לנצח משפטם ולמישרים

1QNo 2 1.2 הש[מים: מש]פטנו לפ[ני

1QH 17.1]˙ [:]˙˙˙[:] משפלת מדה מ˙[

1QS 10.24 רקים אשבית משפתי נדות

4Q405 51 1.2 בת˙[:]˙ר משקד[

1pHab 11.2 היים לרב הוי משקה רעיהו
1QH 4.11 לעמכה ויעצורו משקה דעת
1QS 7.20 לוא יגע (בטהרת)<משקה>

3Q15 1.4 כסף וכלוה: משקל ככרין
3Q15 12.9 הבדך : הכל משקל ככרין

1QH 8.22 עציהם על משקלת השמש לא[

1apGn 21.1] : [ב]כל אתר משריאתי עד די

1QH 5.21 וגבורי פלא משריתיכה ועם

11QT 48.4 למינו אלה משרץ העוף

1QM 17.7 להרים באלים משרת מיכאל

1QS^{b} 4.25 ות]היה סבים משרת בהיכל ׃
4Q378 22 1.2]עמך ביד ישוע משרת עבדך משה

4Q400 1 1.4] משרתי פנים
4Q400 1 1.8]כוה[ני] קורב משרתי פני מלך
4Q401 15 1.3] קורב מש[רתי׃ כבו]דו
4Q405 23 1.3 וכול עדת משרתי ׃]

1QM 13.3 כול משרתיו בצדק

1QH 8 1.5 עצה ו[׃ משרתים[׃
1QM 2.1 עשר להיות משרתים ׃ בתמיד
4Q502 27 1.2 ז˙˙[׃ <משרתי]ם לכה
4Q503 20 1.2]כב[ו]דם[׃ מ]שרתים [׃
11QT 40.2]ה להיות משרת[ים ׃]

4pIs^{b} 2.3 וחליל יין משתיהם ואת פעל

4Amrm 1 1.12] ׃ [משת]לטין

1apGn 2.2 ולבי עלי משתני על

1Q20 2 1.4] ׃ [˙ ין מת˙ תניו וב˙˙
1apGn 2.23 ואזל לארך מת לפרוין ותמן
1QH 14.25 דעה[ ]מת ׃]ולתעב
4Q487 6 1.5]ב לבו <מת˙˙[> ממח[׃
4Q497 9 1.3]אור י[׃]מת ו˙[׃]<[גד>
4Q504 1+R 3.9]]מת בריתכה כיא
4Q507 1 1.1 ˙]]מת ˙˙˙˙ [ ]˙יה[
4Q512 228 1.2 [˙׃]מת ׃]˙ת
11Ap^{a} 4.13]הרע לו מ[׃]מת מד[
11QSS 2+ 1.1]מת ׃
11QT 50.5 השדה בעצם אדם מת ובחלל חרב ׃
11QT 50.6 או בדם אדם מת או בקבר
11QT 50.11 הוא בתוכה מת תטמא כקבר

4QCat^{a} 2+ 1.8 אור אשר היה מתאבל בממשלת
4QCat^{a} 2+ 1.8]אשר היה מתאבל[

1QM 15.14 ג]בורי אלים מתאזרים

11QT 59.5 אויביהמה מתאנחים ׃

1QH 14.4 רוח מזוקקי ׃ מ]תאפקים עד[

1QS 5.19 דברו ישמיד מתבל וכול

1apGn 20.10 הוא כדי הוית מתגר על דילהא

4Q509 31 1.7 לנו ותצו[׃]מתה ול[
11QT 57.18 ימי חייה ואם מתה ונשא ׃ לו

4Q403 1 2.7] ׃ מתהלך סביב
4Q502 5 1.4 יחד לו[׃]˙ה מתהלך[

4Q405 20+ 2.11 [א]לוהים חיים מתהלכים תמיד
4Q405 25 1.3]מתהלכים[

4Q370 1.4 ומ]ים נבקעו מתהמות כל

1QH 8.12 קודש ולהט אש מתהפכת בל י[

1QH 7 1.11 לאלה[׃]˙˙מתו ולהתיצב
4Q185 1+ 1.5 וקדוש[׃]מתו ו˙˙˙˙˙[׃
4Q487 33 1.2 [˙]׃]מתו[׃]˙[
4Q511 138 1.3 [׃]˙ בג[׃]מתו ˙[׃]˙˙˙[
4QM2 1 1.10] [מ]תו] רוב

1QS 7.13 יוציא ידו מתוחת בגדו

1QM 9.3 אנשי הבינים מתוך ׃ מערכות

1QS 2.16 אל לרעה ונכרת מתוכ כול בני
1QS 6.25 יודע ויבדילהו מתוכ טהרת רבים
1QS 8.13 האלה> יבדלו מתוך מושב הנשי
4Q404 6 1.1]מתוך ˙[׃]מלך
4Q511 11 1.6 מיראיו [׃]ם מתוך מ˙[׃
4Q511 86 1.1]מתוך[׃]˙ני כ
4pN 3+ 3.5 פתאי אפרים מתוך קהלם
4pPs^{a} 1+ 4.19 ונכרתו ׃ מתוך עדת היחד
4QTeh 2 1.1]לרעה מתוך בני הא[ור
11QT 27.7 בו ו[נ]כרתו מתוך ׃ עממה
11QT 47.15 תטהרו עיר ׃ מתוך עריכמה

1Myst 5 1.2 ˙ה ˙[׃]˙˙ה מתורה ע˙[׃]˙

1QS 8.22 אשר יעבר דבר מתורת מושה ביד
4Q513 4 1.5 ה[׃]ולא מתורת משה[׃

1apGn 2.19 למך <רשת> על מתושלח אבי
1apGn 2.21 וכדי שמע מתושל[ח ׃ [ ]
1apGn 5.7 [׃ וכדי שמע מתושלח [׃ ועם
1QNo 8 1.2] ˙עבם[׃]מתושל[ח ׃]ל[

1QH 18.9]היות לו מתחזק בבריתכה

3Q15 11.2 בתכן אצלם ׃ מתחת פנת
4Q405 19+ 1.7 מלאכי קודש מתחת לד[בירי]
4Q405 20+ 2.9 האור ירננו מתחת מושב
4Q405 46 1.3 גור[ל ׃]˙הו מתחת כבודו

1Q46 2 1.1 [˙ מתי]
1pHab 8.7 ולוא לו עד מתי יכביד עלו
4Q385 2 1.3 וא]לה מתי יהיו
4Q385 2 1.9 ו]אמרה יהוה מתי יהיו אלה
4pIs^{b} 2.4 וכבדו מתי רעב ׃
4QCat^{a} 12+ 1.3 ועתה יהוה עד מתי חונני חלצה

11QT 48.12 קוברים את מתיהמה וגם

11QT 48.13 קוברים את מתיכמה בהמה

1QH 6.34 תרן ותולעת מתים נשאו נס
1QH 8.29 שאול ועם ׃ מתים יחפש רוחי
1QH 11.12 מעפר תולעת מתים לסוד [

4Q381 45 1.5 עמך אלהי [׃ מתיעצים עלי

4Q400 1 1.13 מתיצ]בים

1QS 4.20 כול רוח עולה מתכמי ׃ בשרו

1QH 16 1.4]ה ומי מתכן [׃] ומי
1QH 16 1.5 [׃] ומי מתכן גבור˙[׃

1apGn 20.25 ונגדיא ׃ אלן מתכתש ומתנגד

1QS 6.13 לו ידבר וכולה מתנדב מישראל ׃

1QS^{a} 1.17 תום דרכו יחזק מתנו למעמ[ד

11QT 29.6 נסכיהמה ולכול מתנותמה אשר

4pIs^{a} 7+ 3.20 מ]תניו וא[מונה

1QM 14.7 מעמד ׃ ואמוץ מתנים לשכם
4QCat^{a} 14 1.3 וחלחלה בכול מתנ[ים ׃
4QM1 8+ 1.5 מעמד ואומץ מ[תנים] ׃
4Tstm 1.19 ידו תרצה מחץ <מתנים> קמו

1QM 16.9 והמלחמה מתנצחת בכתיים
1QM 17.15] והמל[המ]ה מ[תנצח]ת
4QM1 11 2.8 [׃ [ו]המלחמה מתנצחת בכתיאים

11Ap[a] 3.12	] מתנתך : [˙]
1QS 4.5	וטהרת כבוד מתעב כול גלולי
4Q381 45 1.2	ממך ואטהר : מתעבות הכרתי
4pN 3+ 2.8	פשר[ו ע]ל מתעי אפרים אשר
4pN 3+ 3.5	קהלם ועזבו את מתעיהם ונלוו
11QT 32.15	כי מדם העולה מתערב במה :]
11QT 45.4	ולוא [יהי]ו מתערבים אלה
1QM 15.15	קד]ושים : [מתפ]קדים ליום
4Q405 53 1.2	]ש[:]מתר[

נ

1Q23 8 1.1	]ן[:]דן[:]˙
1Q23 12 1.1	]ן[:]די
1Q23 20 1.1	]ן[:]אבוהן
1Q23 22 1.1	]ן [: א]לפין מן
1Q23 25 1.1	]ן [:]˙ ליה˙[
1Q24 1 1.1	]ן ורוח[:]˙שין
1Q24 8 1.1	]˙ן [:] לא שלם
1Q38 8 1.1	]ן בסוד עצתכה [
1Q39 10 1.3	]עם רוזנים :]ן מקדשו
1Q70 1v 1.1	]ן[:]ין לכו[
1Q70 7v 1.1	]ן[:]˙˙ עם [
1Q70 19 1.1	]ן[:]תהיב[
1apGn 1.7	]˙˙˙˙ :]˙˙ ˙ן : הא בארין
1QDM 43 1.3	להש[מר : ה]וא נ˙[
1QH 8.27	לי כי פ˙ח נ˙[ ]עי :
1QH 8.33	מקניה [ ]ן להניף יד :
1QH 8.36	קול[ ]˙ן ל˙מודי ˙˙
1QH 9.40	בהפלא מ˙[:]˙ן השבת˙[:]
1QH 10.28	]ש הרביתה נ˙ לתו : בדעת
1QH 53 1.3	בשמ˙ [:]˙ן הקו˙ [
1QJN 3 1.1	]ן [:]בחר[
1QJN 16 1.1	]נ˙˙˙˙ בעת[:]˙
1QJN 18 1.2	]˙ ˙[:]˙מא נ˙[
1QS 4.26	לכול קצי :]ן וינחילן לבני
1QS 10.4	קודשים ואות נ למפתח
2apPr 1 1.10	ברכים וש[ ]ן :]חללים
3Q11 2 1.2	מ[:]ל[ ]˙ן א˙[:]˙ ואין
4Q381 102 1.2	]˙ ויכ[:]ן ביד ˙[:]˙ל
4Q402 11 1.1	]ן[:]˙ם בש[: [
4Q404 10 1.2	]הוי˙[:]ול נ[
4Q484 6 1.1	]˙ן [:]ב˙˙[
4Q487 4 1.3	ו[:]בית נ[
4Q487 10 1.2	]א˙[:]ן עונ[:
4Q497 15 1.2	]עד כ[:]˙ן ומ[
4Q502 119 1.2	]דרכ[:]˙ן [:]מבש[: [
4Q502 176 1.1	]נ[:]רי ש[
4Q503 81 1.1	]ן[:]כהונת[:
4Q503 113 1.1	]˙ן נ[:]ד [
4Q504 1+R 7.11	הרננו לאל נ˙˙[
4Q504 3 2.9	עלפנינו לבלתי נ˙[: קו]דשכה
4Q504 31 1.3	]ה [:]אש[:]ן עמ[
4Q505 127 1.1	[ ]כ˙ן בד[:
4Q508 26 1.1	]ן ˙˙ [ ]נו[:
4Q509 1+ 1.6	]חנו בקץ ה[:]נ˙˙ב˙[ ]˙˙[
4Q509 12i+ 1.3	]ן : בעונ[
4Q509 10 4.6	ונחלתכה נ[: אדוני[:
4Q509 12 4.2	נדע˙[: כי נ˙[: עשית[ה :
4Q509 41 1.1	]ן א[:]˙˙˙˙˙
4Q509 72 1.2	]˙ינו[:]˙נ[
4Q509 138 1.3	]˙ה [:] נ˙[
4Q509 161 1.2	[:]˙י לוא נ[:]אחר[
4Q509 183 1.3	] ושמה[:]˙ן דר[ ]˙[: [
4Q509 253 1.1	] ב˙נ˙˙˙ [:]˙[
4Q511 66 1.2	]˙ים כש[:]˙ן צדק˙[
4Q512 72 1.8	[:]מדתה[:]נ˙˙˙[
4Q512 95 1.2	]˙˙˙[:]ן מ[:]˙[
4Q512 133 1.1	]ן כמ[:]˙
4Q513 10 1.10	]מי הותנה :]ן[:]רון :]א [
4Q513 10 2.9	מבני אה[רון : נ[: י[
4Q513 40 1.1	]שך נ˙[
4Q517 25 1.1	]˙ן עליו˙[
4Q517 79 1.1	]ן ˙[:]רמ[
4Q517 87 1.1	]˙˙ן [
4Q518 7 1.1	]˙ן [:]ה [
4Q520 11 1.2	]ם[:]נ[
4Q520 23 1.1	[˙˙ן ד[:]ל[
4Q520 45 1.2	]˙רי [:]ן אוד[:
4pPs[a] 1+ 4.8	ל]המיתו [ ]ן והתורה : אשר
4QCat[a] 19 1.2	]˙˙[:]שי נ˙ה ב˙˙ אלי ה
4QFl 18 1.1	]נ[:]ה א[:
4QM1 23 1.2	[: בכו]ל קצים נ[: מ]ספר
4QM6 22 1.2	]˙ ˙[:]ן ˙˙ל[:]
4QM6 32 1.3	]השנית[:]˙ן והמלחמה [:
5Q20 1 1.1	]בנת חרש נ˙[:] לבני
5Q25 5 1.2	]לש˙[:]˙נ˙[
6Q24 7 1.1	]˙ן :]י
6Q26 1 1.4	לנ˙[: הלו ק[: נ[: ש˙[
6Q26 7 1.1	]נ˙[:]˙˙[
6apGn 5 1.1	]ן פלגנני˙[:]
6apGn 9 1.1	]ן ו˙[:]יפסל[
6apSK 51 1.1	]˙נ˙[
6QPro 13 1.1	]ן לו [:] כל
11Ap[a] 5.1	]˙ן :]ת˙[
11QSS f+ 1.2	]דביר[:]נ˙[
11tgJ 11.9	יפלג :]˙˙ן בקשותא :
11tgJ 35.8	לבנתך וית[ ]ן : [
11QT 7.2	]˙˙˙ לו˙ נ˙˙[:]˙לוחות
11QT 9.13	[ ]ן וערכו
11QT 14.14	[ ]ן לנסך[:

1Q20 3 1.1	]˙˙˙˙[ ]˙נא˙˙˙[:]˙רו
4Q185 1+ 1.13	] ועתה שמעו נא עמי והשכילו
4Q381 18 1.1	]נא[:]מבר[:
4Q504 1+R 2.7	אנא אדני עשה נא כמוכה כגדול
4Q504 1+R 2.11	עולם ישוב נא אפכה וחמתכה
4Q504 1+R 6.11	עולם ישוב נא אפכה וחמתכה
4Q504 6 1.6	תמיד[: ז]כור נא כיא עמכה
4Q512 99 1.1	]נא בר[:]˙
4AgCr 2+ 2.6	מא˙˙[ ]ה נא ואד˙ה ˙˙עת
4QPs[f] 2 10.6	יחד יהללו <נא> כל כוכבי
11tgJ 30.1	] : אסר נא כ<ג>בר
11tgJ 34.3	ואמר לה אסר : נא כגבר חלציך
11tgJ 34.6	תרעם : העדי נא גוה ורם רוח
11tgJ 34.7	תלבש : העדי נא חמת רגזך
11tgJ 37.6	לא : אוסף שמע נא ואנה אמלל

11Mel 1+ 2.15	אשר אמר [ ] נאוו : על

4Tstm 1.9	משלו ויאמר נאום בלעם

11QT 9.10	]˙˙נאות שלושה: [

CD 2.18	עידי השמים בה נאחזו אשר לא

1QH 8.36	לעאף דבר נאלם כול שפתי

1QH 8.39	התבל˙˙ :] נאלמו כאין :

4QM1 8+ 1.5	[: נאלמים בגבור]ת

1QH 7.1	לא[:] אני נאלמתי˙ [

4QCat[a] 2+ 1.9	ג]מול נביאי יהודה[:
11QPs 22.5	יעכסו חסדי נביאיך :
4Q381 69 1.4	לכם ברוחו נביאים להשכיל
4QPs[f] 2 8.14	עליכי חלמת : נבי[א]ים תתבעך
11QPs 22.14	עליך וחלמות נביאים תתבעך
1QS 7.9	בפיהו דבר נבל שלושה
4pIs[e] 6 1.3	יאמר שוע כי נ]בל
CD 10.18	איש דבר : נבל ורק אל ישה
11QT 48.6	בכנפיו כול : נבלה בעוף
1QS 10.22	ישמע בפי : נבלות וכחש
4pIs[c] 26 1.2	] יקר[:]נבלות[:]˙לה
4pHs[a] 2.10	ועתה אגלה את נבלותה לעיני
1QS 10.9	אל וכנור נבלי לתכון
4Q176 1+ 1.3	ירושלים וראה נבלת
4pIs[b] 2.9	ההרים ותהי נבלתם כסחה
11QT 64.11	ולוא תלין נבלתמה על העץ
4QNab 1+ 1.1	מלי צ[ל]תא די נבני מלך( )
CD 4.12	על : מצודו נבנתה הגדר רחק
1QH 3.14	כיורדי ימים נבעתים מהמון
4Q370 1.4	אר[ץ ומ]ים נבקעו מתהמות
4QM6 26 1.1	]נברכ[: <]˙ ˙ה
1QM 13.7	אבותינו שמכה נברכה לעולמים
11QT 31.10	בית לכיור נגב מזרח מרובע
1Q26 1 1.8	]ל[א ת]גדלכה נגד כולו
1QH 2.24	והגבירכה בי נגד בני : אדם
1QH 5.11	אלי סתרתני נגד בני אדם
1QM 15.2	ילכו וחנו נגד מלך הכתיים
1QM 16.3	על עומדם נגד מחני כתיים
3Q15 1.8	סתום בחליא : נגד הפתח
3Q15 11.6	הצופא מערב : נגד גנת צדוק
4Q381 31 1.4	]˙תך אספרה נגד יראיך]
4Q381 33 1.5	ואגילה בך נגד ירא[יך] כי
4Q508 41 1.1	] נגד כול
4pHs[b] 1 1.2	]עמק [:]נגד˙]
11tgJ 30.3	הן תנדע מן נגד עליה חוטא
1apGn 22.4	קטיל ודי : נגדו מלכיא
1apGn 22.7	ואשכול וממרה נגדו עמה והוא
4Q176 1+ 2.5	] : וחומותיך נג[די
4Q381 31 1.5	כי רבו צררי נגדך אתה ידעתם
4Q504 1+R 3.3	הגוים[כא]ין נגדכה[כ]תהוו
1pHab 9.1	בו ל[ ] : נגועו במשפטי
4Q184 1 1.5	נשף ועדיה נגועי שחת
4Q510 1 1.7	באשמ]ת קצי <נגוע[י]>
4Q511 10 1.4	באשמ]ת קצי נגוע[י] :]
4Q504 1+R 4.7	להיות : כרעי נגיד על עמכה
11QPs 28.11	הקודש וישימני נגיד לעמו

1QH 12.32	עפרו : ואני נאלמתי ומה
4pN 3+ 1.9	אלי[כה] : נא[ם
4pN 3+ 2.10	הנני אליך נאם יהוה
CD 19.8	ועל גבר עמיתי נאם א הך את
4Q504 3 2.12	]ובעבור] נאמין ˙[:
4Q508 39 1.2	י[ומם :]לוא נאמין] בחיינו
1Q34[b] 3 2.8	]ל[ה]ם רועה נאמן מ˙]
4Q176 1+ 2.1	מאסת]יך : נ]אמן קדוש
4Q381 76+ 1.9	ושפט אמת ועד נאמן אם <יש>
4QM1 11 2.14	]]נאמן ועזר
CD 3.19	ויבן להם בית נאמן בישראל
1QH 12.9	ממשלתם בתכון נאמנה מפי אל
4QOrd 2+ 1.9	ובקרוה : נאמנות ואם לוא
CD 7.5	יסורו ברית אל נאמנות להם :
CD 19.1	נאמנות להם
CD 14.2	ברית אל נאמנות להם
CD 9.21	לבד אם נאמנים : הם
CD 9.23	שני : עידים נאמנים ועל
4QPs[f] 2 8.13	קחי חזון [נ]אמר עליכי
11QPs 18.11	אוכלמה בשבע נאמרה ועל
CD 19.12	התיו על מצחות נאנחים ונאנקים
1QH 8.35	בפ˙ בלא נאספה ואין לה
1QH 5.36	אל באשמתם כי נאסר בעבותים
4Q381 19 1.6	לעבדך :]נאצו [:]˙לן
4pIs[b] 2.8	קדוש : ישראל נאצו על כן חרה
4Q381 13 1.1	מא בעלת ומא נאצת ו˙ ˙] : [
1QH 5.31	להך תדבק ˙ ˙נב˙ ˙]] לבם
4Q509 8 1.8	[: מ]משלת נב˙[:]˙ ˙ ˙ ˙]
3pIs 1 1.3	]: [י]שע[יה]נבא ע[ל
4QCat[a] 12+ 1.3	אני :]ונפשי נבהלה מאדה
3Q15 9.11	הקרובין לכפר נבו ב : מרח
4Q499 47 1.2	נפש[:]˙ם נבו˙ ˙[:]שנתו
CD 1.6	אותם ביד נבוכדנאצר מלך
1QH 3.15	תהומות על נבוכי מים ˙ ˙
4Q401 20 1.2	א˙[:]נבון במע[שי
11QPs 27.4	לו 𐤉𐤄𐤅𐤄 רוח נבונה ואורה
CD 6.2	ויקם מאהרן נבונים ומישראל
11QPs 22.10	מלט : בעולו נבחן אדם בדרכו
4Tstm 1.5	לעולם : נבי אקים לאהםה
1QS 9.11	בם : עד בוא נ<ב>יא ומשיחי
11QPs 28.13	]יד משמשחו נביא אלוהים
11QT 54.8	יקום בקרבכה נביא או חולם
11QPs 28.8	האזין שלח נביאו למושחני
1QH 4.16	לדורשכה מפי נביאי כזב

1QH 2.11 ואני הייתי נגינה לפושעים

1QS 10.9 בדעת וכול נגינתי לכבוד

1QH 1.33]˙˙˙ משפטי נגיעי : ולבני

1QH 1.18 עם : עם כול נגיעיהם [
1QS 3.14 ולפקודת נגיעיהם עם :
1QS 3.23 עד קצו וכול נגיעיהם ומועדי

1QS 4.12 הולכי בה לרוב נגיעים ביד כול

CD 5.5 ויטמון : נגלה עד עמוד
CD 15.13] וכל אשר נגלה מן התורה

MasSS 1.4 ואין בידעים נגלי : [

1QH 1.32 רוח אנוש לפני נגע ˙[
1QH 4.36 במעמד לפני נגע כי
1QH 9.12 תקותי ולפני נגע העמדתה
1QH 10.19 אין מכשול[: נגע בלוא ידעתה
1QH 11.8 כול משפטי נגע : ובמובכה
1QH 11.22] ואין נגע להחלות ואז
1QH 16.15] לפניו כול נגע מכשול
1QH 3 1.16 ומשפטי נגע וכלה[:]˙
1QH 21 1.4 מנהם אבל[:] נגע ובברכות ˙[
11QT 63.4 כול ריב וכול נגע וכול זקני
CD 10.13 מרעיל אשר נגע בו הטמא
CD 13.5 משפט לתורת נגע יהיה באיש

1QH 1 1.6]תקומם לפני נגעי ולהשמר :

4Q184 1 1.3 מק[: בעול נגעלי הוה תמכו

1Q38 1 1.2 להל[:]באבן נגף
1QM 3.9 המרדף יכתובו נגף אל כול בני

1QM 17.15 כו]ל [נ]גפים לפניהם

4Q517 47 1.2 [˙] [ ]˙[:]ר נד˙[:]˙[

1QH 25 1.2 ם בסביביה פן ˙נדב[

1QH 14.26 עולה ואהבכה נדבה ובכול לב[
11QT 53.13 כאשר נדרתה נדבה בפיכה

11Ap^{a} 4.3]ופגוע[: נדביא[

1QM 7.5 יהיו אנשי נדבת מלחמה

4pIs^{e} 5 1.5 <[מפ]ני חרבות נדד>]חרב

1QH 11.11 מכול תועבות נדה ואשמת מעל
1QH 12.25]רצ˙י : למקור נדה וערות קלון
1QH 3 1.16 זדון[:]˙עשי נדה לתהלויים
1QS 3.4 ולוא יטהר במי נדה ולוא יתקדש
1QS 3.9 להזות במי נדה ולהתקדש
1QS 4.5 כול גלולי נדה והצנע לכת
1QS 4.10 זנות ודרכי נדה בעבודת
1QS 4.21 רוח אמת כמי נדה מכול
1QS 4.22 ברוח נדה להבין
4Q502 295 1.2]צ[:]נדה ˙[
4Q507 1 1.3 צעדינו עם נדה יב[:] כול
4Q509 184 1.13 ל[ ]: [ ]י נדה
4Q511 18 2.7 וכול מעשי נדה שנתי כיא :
4Q512 29+ 1.9 ותטהרני מערות נדה <ותכפר>
4Q512 1+ 1.10]˙˙קד˙˙[ ] : נדה להתקדש
4Q512 1+ 1.11] [נדה ולוא יוכ[ל
4Q512 1+ 1.16 ואת[:] בנגע נדה להבדל[ ]
11QT 49.18 יזו עליהמה מי נדה וירחצו
11QT 66.13 או בן אמו כי נדה היא : לוא

CD 3.17 אנוש ובדרכי נדה : ויאמרו

1QS 10.24 אשבית משפתי נדות ונפתלות

1QH 4.9 רעי ומודעי נדחו ממני

11QT 64.14 או את חמורו : נדחים והתעלמתה

4Q381 79 1.4 ישפט עולה כי נדחתי ˙˙˙[:]

1QH 21 1.2]: [ ]˙ו ו˙˙˙˙ר נדי[:] אתה

1QM 10.5 עתודי המלחמה נדיבי לב
CD 6.4 שרים כרוה : נדיבי העם

1Q25 1 1.7 [: בוז על נדיבים [:]
1QH 47 1.2]ח נשמח [:]נדיבים לוא כ[
1QS^{b} 3.27 יש]פוט כו]ל נדיבים וממזל
4Q504 2V 1.1]נדיבים: [

4Q487 2 1.2]ש[ ]˙[:]ש נדכא בה˙[:]˙

4Q184 2 1.4 וה[:]לב נדכה התחנן לו[

1pHab 5.10 עצתם אשר נדמו בתוכחת

1apGn 2.10 ונשמתי לגו נדנהא ואנה

4Q503 51+ 1.14 אור למען נדע באותו[ת] :
4Q509 12 4.1 נדע˙[: כי נ˙[
11QT 61.2 בלבבכה [א]יך נדע הדבר

11QT 53.11 וכי אם תדור נדר לוא תאחר
11QT 53.14 ואיש כי ידור נדר לי או ישבע
11QT 53.16 ואשה כי תדור נדר לי או אסרה
11QT 54.4 [ל]ה : וכול נדר אלמנה

11QT 53.17 ושמע אביה את נדרה או : את

11QT 53.19 וקמו : כול נדריה וכול
11QT 53.20 שומעו כול נדריה ואסריה :

4QPs^{f} 2 10.9 חג חגיך נדריך שלם כי

11QT 53.9 קודשיכה וכול נדריכה תשא

11QT 53.10 הקדשתה או נדרתה בפיכה :
11QT 53.13 תשמור כאשר נדרתה נדבה
11QT 53.14 לעשות : כאשר נדרתה

1pHab 8.13 פעל בכול נדת טמאה הלוא
1QM 13.5 בכול עבודת נדת טמאתם כיא
4QBer 10 2.4 המה במחשבות נדת [ט]מאתמה

4Q513 30 1.1]כול נדתם [:]˙ם ע

1Q25 15 1.1]נה[:] נכרתה
1Q70 29 1.1]˙נה[
1apGn 20.25 אברם יתיבו נה לשרי לאברם
1QH 36 1.1]˙נה [:] בנך
1QM 4.17]נה אמות אות
1QM33 2 1.2 [˙ך] : [˙נה במלכות
2Q29 4 1.1]נה [:]˙ יען[
4Q509 131+ 2.15 ברו˙[: עם נה[: קוד[ש :
4Q517 60 1.1]˙ל נה˙[:]˙[
4pHs^{b} 3 1.1]נה ע[:]לילה
11QT 12.9 ˙˙˙רים[ ]נה[ ]פנה

11tgJ 29.6 והו]פע נהור ענגה :

4Amrm 3 1.1 נהו]רא אשלמת

ואמ[רו :]נו ת˙[4Q503 42+ 1.5
]˙נו ב[:]ה אל 4Q503 68 1.1
] ברו[:]נו בר˙[:]ל 4Q504 30 1.2
]נו ותרום[ותינו 4Q508 17 1.1
]נו אמן אמן [: 4Q508 20 1.1
אמן אמן [:]נו לשמח 4Q508 20 1.2
]ו˙ ˙[ ]נו[:]ל[4Q508 26 1.1
ולילה[:]˙ ˙נו ולבמ[4Q508 41 1.3
]נו א[:]˙יר˙[4Q508 43 1.1
]˙נו [:]דבר[4Q509 42 1.1
צלמות ומ˙[:]נו כי תניח[: 4Q509 189 1.4
]˙ ˙ ˙ ˙נו[:]ב˙רו[4Q509 230 1.1
]אל˙[:]נו ית˙[4Q509 236 1.2
]˙נו ב[4Q509 289 1.1
]˙י ברזי :]נו 4Q511 63 1.7
]˙ ˙נו[:]˙ ˙ ˙[4apLm 2 1.2
]מה[:]˙נו[:]בח˙[4QCat[a] 22 1.2
] ופר˙ ˙נו [4QM6 23 1.1
]נו ˙ליך ˙ ˙ ˙[: 4QM6 98 1.1

מפ]תחת פתוחה נואם יהוה אשר 4QCat[a] 10+ 1.2
שהתם העין נואם שומע אמרי 4Tstm 1.10

לוא ימוש[: נ]ואש עד דברי 4Q176 8+ 1.13

˙[:] ר˙[:]נוג˙[:]˙ד[4Q509 20 1.3

מאורי ( )נוגה והיאה 4Q184 1 1.8
חשמל ומעשי : [נ]וגה ברוקמת 4Q405 20+ 2.11

הסר בשביבי נוגהו יבערו 1QH 6.18

ולוא : יהיה נוגעים בהמה 11QT 32.15

מענינו ואנו נודה לשמך 1Q34[b] 3 1.6
מענינו ואנו נודה ל[ש]מכ[ה 4Q508 1 1.3

מה אדבר בלא נודע ואשמיעה 1QH 1.23
נחשב ובלא נודע חותם רזו 1QH 8.11
האובד : ולא נודע מי גנבו CD 9.11

רוב מעשיו נודעה לאדם 11QPs 18.4

נ]תתני במקור נוזלים ביבשה 1QH 8.4

˙ ˙ ˙ אנה נוח גבר ˙ ˙ ˙ : 1apGn 6.6
שנית קול נוח וסמוך ידי 1QM 8.7
המשוב : קול נוח מרודד סמוך 1QM 8.14
•••• כימי נוח זות לי אשר 4Q176 8+ 1.10
מ]עב[ור] נוח אל ארץ כן 4Q176 8+ 1.11
]˙ ˙ ˙ :]אמר נוח : [˙ ˙ ˙ : 4AgCr 2+ 1.7

הוי הוה לכול נוחליה ושדדה 4Q184 1 1.8
]ישובון וכול נוחליה ירדו 4Q184 1 1.11

את צאצאי : נ]וטרים להמה 4QFl 4 1.2

˙[:]נוי˙[: תב[: 4pIs[e] 10 1.2

]נוכ[:]אור : 4Q517 16 1.1

[:]˙ ˙ ˙ ˙ ˙[:]נוכח אר˙ ˙[:] 11QT 8.2
ומדרומו זה נוכח זה כמדת 11QT 33.10

תתן עליכה איש נוכרי אשר לוא 11QT 56.15

כו˙[: [א]דם נולד ב˙[4Q506 131 1.6

ולגרים אשר נולד[ו :] 11QT 40.6

˙[:]ע[ ] ˙נום בלילה˙ ˙[: 1QH 9.2

מן טלל ופרס נה[ורה :] 11tgJ 28.7

ב]רז נה[יה:]לם 1Q26 1 1.1
אוזנכה ברז נהי[ה:]˙ה לכה 1Q26 1 1.4
ולוא ידעו רז נהיה 1Myst 1 1.3
לוא מלטו מרז נהיה : וזה לכם 1Myst 1 1.4
עם כול : נהיה ועם ידעים 1QH 11.14
[˙ ˙[:]˙ נהיה בתבל [: 1QH 28 1.2
˙ בכול קצ נהיה ברשית 1QS 10.5
לבבי ברז : נהיה והויא 1QS 11.4
עם כול : קצ נהיה ואני לאדם 1QS 11.9
הדרכ ובדעתו נהיה כול ודול 1QS 11.11
כול חלי [:] ˙ נהיה כמש[פחות: 4QCat[a] 2+ 1.3

מאלוהי דעת נהיו כול [: 4Q402 4 1.12
כול דברי דעת נהיו כל הוי עד MasSS 1.2

קדם ול[ ]ים נהיות עולם כי 1QH 13.12
ויספר לפניהם נהיות עולם CD 13.8

מ[ ]ל בכול נהיי עולמים 1QM 17.5
עד : [ע]ד נהיי עולמים 4Q511 10 1.11

על כול נהירא וכו[ל 4Amrm 2 1.6

צרותמה לוא נהיתה כמוה 1QM 1.12
ופלא ומאז לוא נהיתה כמוהה 1QM 18.10

במעשי אמתכה נהללה שמכה : 1QM 14.12
]בני בריתכה נהלל[ה] : 4Q503 7+ 1.3
[ב]מעשי אמתכה נהלל[ה שמכ]ה 4QM1 8+ 1.11

לאפלה והודי נהפך למשחור 1QH 5.32

[ ]נהפכה להם לאבל 4pHs[a] 2.17

מבכריה כיא נהפכו ציר˙ : 1QH 3.7

רמתא דא מן נהר מצרין עד 1apGn 21.11

ע]תק נהר[א :]˙ 1Q23 13 1.2
˙ ˙ ˙ טינה נהרא [1apGn 16.16
די דבק לטינה נהרא וכתרה 1apGn 17.16
לכרמונא נהרא חד מן : 1apGn 19.11
חד מן : ראשי נהרא אמ[ ] 1apGn 19.12
שבעת ראשי נהרא דן די :] 1apGn 19.12
מן גיחון נהרא ואתית ליד 1apGn 21.15
די דבקת לפורת נהרא וסחרת ליד 1apGn 21.17
דבקת גחון : נהרא ותבת 1apGn 21.19
ובזין מן פורת נהרא ומחו 1apGn 21.28

עד תהום וכול נהרות עדן[1QH 6.16
ל˙זאי( ) <נ>הרות : 1QH 8.14
ימים ומקוי נהרות ומבקע 1QM 10.13

ילחמו בארם נהרים ובשנית 1QM 2.10
ילח]מו בארם נ[הרים ו]בשנית 4QM6 6+ 2.3

די : הוא בין נהרין ועבדו 1apGn 21.24

מנכ ˙[ ]˙נו מה הוא 1Myst 1 2.3
]נו לפארת כבוד 1QH 8.22
]ש :]נו וכרחקך אותו 1QH 14.21
חמה וקנאה נו[:]יצר ˙ ˙[1QH 3 1.17
את כול[:]נו טרם הייתם 4Q176 22 1.3
]˙ך [:]נו [4Q381 54 1.2
מלך בלי יתכו נו לוא ירוצו 4Q405 23 1.11
]ר דב[:]נו איש ˙[: 4Q487 23 1.2
]ש נו˙[:]˙כו[4Q502 135 1.1
הלילה[:]נו ועדים עמנו 4Q503 11 1.4
שמ[ ]נו ח˙[ ]ביום[4Q503 33 2.3

CD 3.13 אל : אשר נותרו מהם הקים

4pIs^{c} 23 2.7 תנוסון עד אם נותרתמה כתרן

1QH 4.19 במחשבותם אשר נזורו מבריתכה

1QS^{b} 4.28] נזר לקודש
4Q509 97+ 2.3 ˙[: כתר צד[ק: נזר יפ˙[: צדק
4pIs^{a} 7+ 3.24 כ]סא כבוד נזר ק[ודש

CD 8.8 לבו ולא נזרו מעם
CD 19.20 לבו ולא נזרו מעם :

5Q25 8 1.2]˙[:]˙[נח]
CD 3.1 בה תעי בני נח ומשפחותיהם

4Q504 5 2.5] : [ ]˙ובך נחגה גאל[תנו
4Q506 124 1.4]: [נחג]ה גאל[תנו]

1QS^{b} 5.26 ופרסותיכה נחושה : תנכח
4Q378 11 1.7 ברזל ומה[ר]יה נחושה [:]ין

1QM 5.4 מחזיקים מגני נחושת מרוקה
11Ap^{a} 4.9] בדל]תי נחושת [
11QT 3.7 כי אם מן ה[: נחו]שת וברזל
11QT 3.15 מזבח העול[ה : נחו]שת טהור
11QT 3.16 ל[:]שת נחושת ˙[
11QT 3.17 לראות פ[:]˙ נחו[שת
11QT 34.1]נים בלוח נחו[שת : [

11tgJ 36.5 אשה ירטון מן נחירוה יפק תנן

4Q380 6 1.1] נחל כל ע˙˙] :
4QOrd 1 2.1 אל ˙[ ]נחל לי[:]˙ל
11QT 63.2 העגל[ה] אל נחל איתן אשר

4Q511 43 1.3] : בדעת כ[: נחלה ומ˙[:
11QT 62.13 נותן לכה נחלה לוא תחיה
11QT 64.13 נותן לכה נחלה לוא

1QH 3.29 פלט : וילכו נחלי בליעל
1QH 3.32 ויבקעו לאבדון נחלי בליעל
4Q378 11 1.4 ורחבה ארץ נחלי מים : [
6Q20 1 1.3 כי הא[רץ: ארץ נחל[י: בית

1QS 4.16 במפלגיהן לפי נחלת איש בין
1QS 4.24 ואולת וכפי נחלת איש באמת
4Q176 18 1.1]נחלת ידו כי
4Q487 23 1.3 איש ˙[:]אל נחלת˙[
4Q513 32 1.1]נחלת[:]כיא
4pPs^{a} 1+ 3.1 ולהם כול נחלת : אדם
4pPs^{a} 1+ 3.10 א[שר לה]ם נחלת כול
11Mel 1+ 2.5 רוח]ותמה והמה נחל[ת מלכי

4Q184 1 1.7 עולם ואין נחלתה בתוך

1QH 14.19 אגישנו וברוב נחלתו אהבנו
4Q502 21 1.5 [: ישראל ו˙[: נחלתו בעצ[

4Q501 1 1.2 עמכה ועזובי נחלתכה זכור

4Q501 1 1.1 אל תתן לזרים נחלתנו ויגיענו
4apLm 1 1.12 בם כל ערי :]נחלתנו היתה

1QH 5.3 ובדעתי אלה נחמ[ ]
4Q176 1+ 2.2 פצחו הרים כיא נחם אלה[ים

1QH 9.13 ובצוקותי נחמתני
1QH 11.32 וביגוני נחמתני כיא

4Q519 24 1.1]נחנו ˙˙[

11tgJ 35.10 ובדגו]גין די נונין[: [

4QFl 1+ 1.18 ור]וזנים נוסדו יחד על
CD 2.7 עולם ובטרם נוסדו ידע : את

4Q509 271 1.1]ש˙˙˙˙נוע [

1QH 5.23 ותלונה לכול נועדי ו[
4Q400 7 1.1]נועד[י :]˙י
4Q403 1 1.16 וברך לכול[נועד]י צדק[
4Q403 1 1.25 עוז וברך לכול נו[עדי]צד[ק

1QH 10 1.6] ואנחנו ביחד נועדנו ועם

4Q381 69 1.3 מראשונה : נ]ועץ אל לבו

1QH 5.16 מוקק בכור נופחים לטהר

4Tstm 1.11 מחזה שדי יחזה נופל וגלו עין

1QM 14.11 הקימותה : נופלים בעוזכה

1QM 12.5 בחירי שמים נוצ[הים]

1QM 12.2 קודשכה ומ[ספר נוצ]חים בזבול

CD 9.4 להבזותו נוקם הוא ונוטר
CD 9.5 כתוב כי אם נוקם הוא לצריו

1QS 2.6 זעוה ביד כול נוקמי נקם
4QTeb 2 1.3 אל לזעוה ביד נוקמי נקם לוא

CD 19.13 הסגרו לחרב נוקמת נקם ברית

1QM 12.7 ואתה אל נ[ורא] בכבוד
4Q381 50 1.3 יזכרו כי נורא אתה ˙[:
4Q403 1 1.42 אלו[הים נ]ורא כוח[
4Q405 23 1.13 מלך אלוהים נורא על [כו]ל
4Q405 58 1.2] ק[:]נורא[
11tgJ 36.4 עטישתה תדלק : נורא בין

4Q511 35 1.5 יהללוהו בהפלא נוראות : ואני
4QMI 11 1.8]הפ<ל>ה נוראות[:

11QS5 5+ 1.3] :]אלוהים נוראי כוח כול

11tgJ 29.2 מן : ענן נורה והוא אמר

4apLm 1 2.11 וכתם טוב עדים נושאים

11QT 48.17 אשר בו צרעת נושנת או נתק

1Q36 1 1.1 [˙˙נות[:]˙[ ]לם
4Q403 1 2.21 נשיאי כוה[נות] :
4Q405 26 1.2]˙ קוד[ש :]נות ˙[:] ˙˙˙
6QHym 24 1.1]נות [

1QH 7.24 ב˙[ ] ˙נותה לכבודכה :

11QT 51.16 אשר אנוכי נותן לכמה
11QT 55.2 א]נוכי נותן לכה לש[בת
11QT 55.16 אשר : אנוכי נותן לכה איש
11QT 56.12 אשר אנוכי נותן לכה
11QT 60.16 אשר אנוכי נותן לכה לוא
11QT 62.11 אשר אנוכי נותן לכה כן
11QT 62.13 אשר אנוכי נותן לכה נחלה
11QT 64.13 אשר אנוכי : נותן לכה נחלה
TS 1 1.5 [אנ]וכי נותן לכמה

11QT 43.11 וכול אשר : נותר טמועדיהמה

1QM 2.5 לערוך מקטרת ניחוח לרצון אל
1QS 3.11 ירצה בכפורי ניחוח לפני אל
1QS 8.9 <ריח> ניחוח ובית
1QSb 3.1 אליכה וריח ני[חוח
4Q512 29+ 1.10 רצונכה וזכרון ניחו[ח :
4QM6 7 2.1 נ]י[חו]ח
11QPs 18.9 כקטורת ניחוח מיד :
11QT 14.7 לכבש האחד [: ניחוח ליהוה
11QT 15.13 אשה ריח ניחוח לפני
11QT 16.10 הוא אשה ריח ניחוח ל[פני :
11QT 20.8 אשה ריח ני[ח]ו[ח] :]
11QT 22.8 על החלבי[ם : ניחוח[ל]יהוה
11QT 23.17 ונסכו אשי ריח ניחוח ליהוה
11QT 1 28.2]˙[: אשי ריח ניחו[ח :]
11QT 28.6 אשה : ריח ניחוח הוא
11QT 34.14 המזבח אשה ריח ניחוח לפני

4Q502 9 1.11 לאל ומשתבח :]נים אחים לי
11QT 34.1]נים בלוח

CD 16.6 דבריו : על כן נימול ב אברהם

2Q33 2 1.1]על נינו[ה:]ועל ˙
4pN 3+ 3.6 ואמרו : שודדה נינוה מי ינוד

3Q15 1.12 אמות שש עד ניקרת הטבילה :

4Q509 229 1.1]ה˙˙נית :]˙ואמרו

4Q511 65 1.2] צומחי [:]ניתו ל[

CD 4.20 הטף יטיפון הם ניתפשים בשתים

1QSa 2.5 מנוגע בבשרו נכאה רגלים או

1QH 12 1.5] להאזין קול נכבד[[
1QM 10.10]˙ ושומעי קול נכבד ורואי :
4Q403 1 2.12 הברך נשמע נכבד למשמע

4pN 3+ 3.9 גד[ו]לי מנשה נכבדי ה[

4pN 3+ 4.2 כל חוצות ועל נכבדיה יורו

1pHab 4.2 רבים ובזו על נכבדים במלכים
1QH 10.8 שר אלים ומלך נכבדים ואדון
1QNo 3 1.3 ב]כור הולד כי נכבדים [:
4Q400 2 1.2 המה נכבדים בכול
4Q401 14 1.8 קדושים : המה נכבדים בכול
4pN 3+ 2.9 יובדו בעצתם נ[כ]בדים
4QPsf 2 8.12]˙[ ]˙˙ ברכות נכבדים תקבלי :
11QPs 22.13 תשיגי וברכות נכבדים תקבלי

4Q401 14 1.5] [כיא נכבדת ב[

1QH 11 1.8 ח[:] יענה נכבדתה מכול א[

1QH 10.22]נכה הכינותני
1QH 10 1.1]נכה [ ]שכלתי[
1QH 23 1.4 רנה [:]נכה [
4Q512 36+ 1.17]˙שה[:]נכה מכול ערו[ת

1QH 2.15]ום לכול חוזי נכוחות ואהיה

1Myst 1 1.8 לע[ד] אולת : נכון הדבר לבוא
1QH 4.6 אדורשכה וכשחר נכון לאו[תרו]ם
1QH 4.18 לחזון דעת לא נכון ולדרך
1QH 8.21 לפנות על קו נכון ומטע :
1QH 9.32 ובאמת נכון סמכתני
11QT 55.5 היטב והנה אמת נכון הדבר :
11QT 55.20 והנה : אמת נכון הדבר

4Q504 6 1.21 אדוני[:]נחקר

4pIsc 56 1.1]˙עב נחרו[

4Q518 1 1.2]˙ם ˙˙[:] נחרץ[:]ה

1QS 4.20 מועד משפט נחרצה ואז יברר
1QS 4.25 שמן· אל עד קצ נחרצה ועשות

4pIsc 8+ 1.12]נחש יצ[א] :]

1QH 5.38]לאי עם תהום נחשב( ) לאין [
1QH 8.11 סותר בלוא : נחשב ובלא נודע
1QS 5.17 באפו כיא במה נחשב הואה כיא
4QMI 11 1.15 [מ]יא לבוז נחשב ביא ומיא

1QH 13 1.5]דך ומה נחשבו ע˙˙ :
1QS 5.18 כול אשר לוא נחשבו בבריתו
4Q504 1+R 3.3 כ]תהוו ואפס <נחשב[ו]>

1QH 3.24 במים ולמי נחשבתי ומה כוח
1QH 18.26 ולב האבן למי נחשבתי עד זות

4Q381 46 1.7 ופרסותם חשים נחשה ופשעים

1apGn 10.12 ˙˙˙ תבותא נחת חד מן טורי

1apGn 20.12 באתעצבא ודמעי נחתן בריך אנתה

11QPs 26.14 בתבונתו נטה שמים ויוצא

4QMI 15 1.6 ואמצו[:] אל נטויה על כול

4pIse 5 1.5 <נדד>]חרב נטושה <מפני[>

1QH 1.9 ואתה נטיתה שמים :

11QT 50.3 המת [: נטמאו אין עו[ד

4Q504 8R 1.6 בג]ן עדן אשר נטעתה המשלת[ה

6Q31 1 1.1]נטר עמא[

1QH 25 1.1]ני ברזי [:]
4Q186 2 1.10 ˙˙[:]˙ני זות[:]˙˙
4Q381 20 1.1]˙˙ני לי ה[:
4Q381 31 1.1 ל[יהו]ה[ ]ני ע˙[ ]ב˙[
4Q381 46 1.4 לרב עד א[ ]˙˙ני ו[ ]עת :
4Q381 83 1.1]˙ני [:]י
4Q381 95 1.1]ני יכיל[:]˙˙
4Q381 97 1.2]תם ˙[:]ני כי כל[:]
4Q402 3 1.10]:]ני
4Q502 335 1.1]ני [
4Q509 175 1.1]˙ני˙ב˙[:]בק˙ל
4Q511 8 1.8 [ ]ל[:]˙ני בקדושיו[:
4Q511 18 2.7 א[לו]הים ע ני וכול מעשי
4Q511 86 1.2]מתוך[:]˙ני כ˙[:]לבב
4QM6 91 1.1]ני˙ [ ]˙[ ]
5Q13 18 1.1]ני [
6Q24 6 1.1]˙ני
6apSK 47 1.2]בה[:]˙ני[:]ל˙˙[
8QHym 1 1.2 מירא ומע[:]˙ני האיש הזה

4Q379 12 1.2]היורדים עמדו ניד: [

4Q509 183 1.4 דרך [ ]˙[:]˙ניה ולי˙[:

4Q381 78 1.2]˙˙˙[:]˙ניו באף וחמה
4Q518 1 1.4]ה הכינו[:]˙ניו ˙[

6QAly 1 1.1]˙ניות[:]ה עם[

1QH 2.9 סמוך לכול נמהרי לב
1QH 5.21] עם נמהרי ׃ צדק
4Q403 1 1.20] לכול נמהרי רצוננו
4Q405 3 2.10 רזי ˙[׃ נמהרי רצוננו
4Q405 13 1.3 ו]ב֯רך לכול נמהר֯י ׃ [רצו]ן֯

1QH 1.35 ושחי ד֯עת ˙נמהרים והיו

4Q370 1.6]ה ׃ על כן נ[מחו] כל אש[ר

4Q504 1+R 2.15 בע]ו֯ו֯נותינו נמכרנו

1QM 15.10 וגבורתם כעשן נמלח וכול קהל

4Q370 1.6 לוא נמלטו ׃ ו֯[
CD 7.14 והמחזיקים ׃ נמלטו לארץ

1QM 11.9 פלא ולב נמס לפתח תקוה
1QM 14.6 במשפט ׃ לב נמס ולפתוח פה
4QM1 8+ 1.4]נמ֯[ס
4QM1 11 2.15 אמת ולהשי֯ג לב֯ נמס לחזק ל֯[ב ׃

CD 9.16 משפטה ׃ אם לא נמצא לה בעלים

CD 9.14 וכן כל אבדה נ[מצ]את ואין ׃

1QH 3.8 ציר˙˙ ׃ והבל נמרץ על משבריה
1QH 3.12 אפעה לחבל נמרץ ומשברי

11QPs 24.16] שבר לבי נמתי ׃ [

11tgJ 28.4 סגיא[יא נג]דע ומנין

4pIs[c] 23 2.5 כיא על סוס ננוס על כן

4Q381 31 1.9 ˙כ˙˙ו ׃]נ֯נ֯י שיר ותוד֯[ה
4Q381 86 1.5 והדר[ך ׃]ננני ויש [׃

1QH 2.37 ובתעודות ננתנו לאזנים ׃

1QH 2.13 ותשימני נס לבחירי צדק
1QH 6.34 מתים נשאו נס לח֯˙[
1QM 3.15 השבט יכתובו נס אל ואת שם

1QS 8.12 מיראת רוח נסוגה

1QS 1.18 ואימה ומצרפ ׃ נס֯וים בממשלת

11tgJ 36.8 בשרה דבקין נסיכ֯[ן ׃

4QFl 6+ 1.3 [׃ נס]יתו[
4Tstm 1.15 חסידך אשר ׃ נסיתו במסה

11QT 20.9 אשר קרב עמה נסך כ[משפט] ׃
11QT 21.10] לנסך נסך שכר יין

11QT 16.9 ואת מנחתו ואת נס֯[כו ׃ [עו]לה
11QT 16.18 [מנ]ח֯תו ואת נ֯[סכ]ו יקט[י]ר֯
11QT 26.8 ואת מנחת ׃ נסכו יקטיר על
11QT 34.13 עליו ׃ ויין נסכו אצלו

11QSS 8+ 1.3]ל֯ם ור֯[י]ח נסכיהם למס[פר

11QT 29.6 יקרי֯בו֯ ׃ לכול נסכיהמה ו֯ל֯כול

11QPs 19.13 חסדיכה אני נסמכתי סלחה
11QPs[b] b 1.2 בזוכ֯[רי ׃ נסמכת]י סלחה

4Q504 1+R 6.9 לבבנו ולמען נספר גבורתכה

1QH 10 1.7 ובהפלא נספרה יחד בדע[

1QS 8.5 אלה בישראל ׃ נכונה (ה)עצת

1QH 4.14 בלב ולב ולא נכוננו באמתכה
1QH 2 1.15 מלפניכה כיא נכוננו באמתכה
CD 5.12 אל לאמר לא נכוננו ותו<עבה>

1QH 18.23 וחוקי נכוננות לילוד ׃

4Q381 50 1.1]ו֯ס֯ו֯ט֯י נכ֯ל֯˙[׃]ל֯כל

4Q504 1+R 6.5 הזה ׃ אשר נכנע לבנו

1apGn 21.5 ירדנא וכול נכסוהי ׃ עמה
1apGn 21.6 שגי והוא רעה נכסוהי ודבק עד
1apGn 22.1 עמהון וכול נכסוהי ואתה חד
1apGn 22.3 בר אחוהי וכול נכסוהי ולא
1apGn 22.11 פצא וכול נכסוהי וכול ׃

1apGn 22.22 אמר דמן נכסי כול עתרה

1apGn 21.3 אלהא על כול נכסיא וטבתא די
1apGn 21.33 מלך עילם כול נכסיא די סודם
1apGn 22.17 מעשר מן כול <נ>כסיא די מלך
1apGn 22.24 אברם כול נכסיא וכול ׃

1apGn 20.34 לוט קנה לה נכסין שגיאין
11tgJ 4.6 [׃ והסגיו נכסין זרע֯[יהון

4Q501 1 1.1 ויגיענו לבני נכר זכור כיא׃
4Q504 1+R 5.3 ׃ ו֯יעבו֯דו֯ אל נכר בא֯רצם ו֯גם
4QFl 1+ 1.4 וממזר ובן נכר וגר עד
11QT 57.11 חמ ׃ ומן גוי נכר אשר לוא
11QT 64.7 את עמו לגוי נכר ועושה רעה
CD 14.15 ישבה לגוי נכר ולבתולה

1Q25 15 1.2]נ֯ה֯[׃] נכרתה ותש[׃]ל

4QPs[f] 2 8.6 ˙]ש֯ת֯ל֯ם ׃ סביב נכרתו צריך
11QPs 22.7 שקר ׃ ועול נכרתו ממך
11QPs 22.10 ישתלם סביב נכרתו ׃ צריך
CD 3.9 ומלכיהם בו נכרתו

CD 3.1 בה הם נכרתים ׃ אברהם

CD 2.17 בם וגבורי חיל נכשלו בם

4Q509 12i+ 1.5] ׃ מנח֯ם נכשלים

1QH 17.19]תי ולא נל˙תי ׃]לך

4pN 3+ 2.9 ועם עם גר נלוה ערים

1Q25 12 1.3 יש[ראל ׃] נלוו עלי[הם ׃
11QPs 22.7 וידידיך אליך נלוו ׃ בכה קוו

1QM 1.11 וגורל חושך נלחמים יחד
4QM1 13 1.7 [׃] נלח]מ֯ים ו֯ו֯את

CD 5.15 יאשם כי אם נלחץ כי אם

11QT 54.10 אליכה לאמור ׃ נלכה ונעבודה
11QT 54.21 בסתר לאמור ׃ נלכה ונעבודה
11QT 55.4 עירמה לאמור נלכה ונעבודה

2Q27 1 1.3 ו֯ל֯ו֯ יומ[רו ׃]נ֯ם ויקח את[׃

1QH 4.8 מעשיהם כי נמאסו למו ולא

1QH 5.28 אנוש ונגע נמאר בתכמי

4Q381 48 1.9 א˙[׃]לב נמגו כל֯ [׃

1QH 11.19]לא נסתר עמל מעיני

1QS 11.6 תושיה אשר נסתרה מאנ<ו>ש

1QH 1.25 ולוא נסתרו ולא

1QH 55 1.1]ים ולגלות נסתרות ˙˙[:
4Q401 14 2.7 ט[: השמיעו נסתרות [:
4Q401 17 1.4 יו[ד]עי בבינת נס[תרות :]˙ת
4Q512 34 1.15]תחנן על כול נסתר[ו]ת אשמ[ה
4pPs[b] 1 1.4 א]שר יבקשו[: נס]תרות מורה
5Q13 1 1.11]˙˙[להו]דיע נסתר[ות :
CD 3.14 לגלות : להם נסתרות אשר תעו

1Q25 7 1.2]בן [:] מידה נע[:]˙˙[
1QH 66 1.5] ˙מר [:] נע[
4Q381 40 1.1]נע הש[:
4Q502 264 1.2]˙[:]˙נע[
4Q511 68 1.3]ח ˙˙ה[:]שר נע˙[:]הזיד ב

4Q511 127 1.3 ˙[:]כול נעדר˙[:]ל[

1QH 1.25 נסתרו ולא נעדרו מלפניכה

4Q511 103 1.5]בליעל :]˙נעו מ˙

1QH 3.21 עולם ורוח נעוה טהרתה
1QH 11.12]] ומרוח נעוה לבינת[:
1QH 13.15]˙ה ורוח נעוה משלה : בו
1QH 12 1.6]˙ש[:]וח נעוה מעול[:

1QS 11.9 חטאתי (....)עם נעוות לבבי :

4Q511 18 2.9 צדק עם נעוותי ושופטי

4Q400 1 1.14 יכלכלו כול נ[עוי] דרך
4Q400 1 1.16 לגמו]ל כול נעוי דרך

1QS 1.24 אחריהם לאמור נעוינו :

3Q9 2 1.3]עושא אלה:]נעויתם

11QPs 24.11 ממני : חטאת נעורי הרחק

1QS[a] 1.6 בישראל ומן נע[וריו :

4Q176 8+ 1.8 •••• ואשת נעורים כיא[

1QH 8.27 ואהיה כאיש נעזב ב˙[
4pPs[a] 1+ 3.18] : נעזב וזרעו

1QH 3.28 ולגורל אף : על נעזבים ומתך

1QH 4.35 אמרתי בפשעי נעזבתי מבריתכה

4pN 3+ 4.5] : ותהי נעלמה

1Q35 1 1.8]:]˙ וביד נעלמים לוא:
1QH 3.28 ומתך חמה על נעלמים וקץ
1QH 4.13 לנצח והמה נעלמים זמות
1QH 7.34 שו ובסוד נעלמים לא שמתה

1QH 17.10]שבות רשעה נער˙[:]ין
1QM 7.3 שלושים וכול נער זעטוט ואשה
6apSK 60 1.2]˙ש ע[:]תו נער [:]˙˙ל[
11QPs 21.11 אני נער בטרם תעיתי

11QT 66.8 כי יפתה איש נערה : בתולה

CD 8.21 לגח[ז]י נערו כל

1pHab 6.11 רבים בחרב : נערים אשישים
4Q502 19 1.3] : ובתולות נערים ונע[רות
4Q509 16 4.5 ו]נכבד[ינו] :]נערים תעתעו בם

11QT 42.13 והיו הסוכות : נעשות עליהמה

1QDM 1.11] [אמת נע[שתה] עמהם
11QT 55.6 נכון הדבר : נעשתה התועבה
11QT 55.20 אמת נכון הדבר נעשתה התועבה

1QH 11 1.3 ˙ר כול חותם נפ˙˙ש [:]˙

1QM 1.9 בני אור וביום נפול בו כתיים
1QM 14.3 המערכה לפני נפול חללי
1QM 19.13 נפו]ל [ח]ללי

4Q509 82 1.2]˙˙[:]˙נפות˙[
11QSS 2+ 1.7 נפ]ות טב[נ]יתו

11tgJ 29.8 טרפ[ ]נפח ערפלא : [

CD 5.3 בארון כי לא ~~נפתח~~ נפתח

4Q504 8R 1.5 כבוד[כה : נ]פחתה באפו

11tgJ 31.8]כימא או סיג נפילא[: [

4Q504 1+R 6.8 בכול צרת נ<פ>ישנו <אשר

1apGn 21.33 ומלך עומרם : נפל בעגיאין [
1QH 9.28 עולם בצרת נפל[
4QMes 2.1] די ט[ ] נפל לקדמין בני
CD 20.4 כמי שלא נפל גורלו בתוך

1QH 42 1.2]הפליא[:]ר נפלא[:]בודכה
4Q403 1 1.7] : נ[פ]ל[א] ותי[ה
4Q404 5 1.3 ממעל :]ע פלא נפלא הוד :
4Q405 6 1.6]י פלא נפלא[ ]הוד [

4Q370 2.7 יהוה זכרו נפל[אות : מפני
4Q381 1 1.3 כמה גב[ור: נפלאות הוא
4Q403 1 1.13]כ[ב]ו[ד]נ[פלאות
4Q405 17 1.5 כבוד בגבורת : נפל]אות מלאכי
4Q405 41 1.2]˙ מקדש[: נפל]אות חשני
4Q487 2 1.6 בתורת[:]ות נפלאות צ[:
4Q487 10 1.3 [:]ן עונ[: נ]פלאות[:
4Q504 1+R 1.8]ו נפלאות: [
4Q504 1+R 6.10 אדוני בעשותכה נפלאות מעולם
4Q504 8R 1.3]˙ <א˙> נפלאות מקדם
4Q509 147 1.5 ל]מען [:]˙נפלאות[:]˙˙

4Q405 3 2.3 דברי כבוד נפלאותו לכול
4Q405 3 2.9 צדק לרח[מי : נפלאותו לכול

4Q404 1 1.2 זמר בל[שון: נפלאו]תיה
4Q401 14 2.2]ש˙˙[: רז[ז] נפלאותיה[: קול
11QSS b+ 1.1 נפל]אותיה [:]

11QSS b+ 1.4]תהלי רנ[ות : נפל]אותיהם[:

4Q403 1 1.19 בשם [ ]נפ<ל>אותיו
4Q503 139 1.2]ברוך אל[:] נפלאותיו[
MasSS 2.21 תהלי הודות נפלאותיו שבע

1QH 14.23 כוחך ורוב נפלאותיך מעולם

1QH 1.30 כבודכה ולספר נפלאותיכה בכול
1QH 1.33 עוון : לספר נפלאותיכה לנגד
1QH 1.34 אנוש כול נפלאותיכה אשר
1QH 3.23 ר˙ה ולספר נפלאותיכה לנגד
1QH 6.11 לדורות עולם נפלאותיכה

1QH 10.21 אספרה : נפלאותיכה
1QM 14.14 כבו]דכה ורזי נפלאותיכה
1QS 11.19 ולהתבונן בכול נפלאותיכה עם
4Q504 1+R 2.12 וזכרתה : את נפלאותיכה אשר
4Q504 26 1.3]כוֹ ׳[:]תכה: נפ]לאותיכה:
4Q505 127 1.2 [ ]כ׳ן בד֯[: נפלאותיכה[:
4Q509 3 1.8] נ]פ֯לא[ו]ת֯יכה
4Q509 131+ 1.13]שינו : נפ]לאותיכה :
4Q511 63+ 2.3 אספרה : נ֯פלאותיכה

1QH 10.15]ל[ ]ל[: נפלאותכה ולא

4Q181 2 1.7 אין חקר֯[: אלה נפלאי מדע֯[:

4Q185 1+ 1.14 אלהים ׳זכרו נפלאים עשה :

1QH 2.29 ממנו לנפשי נפלו בם
1QM 19.11] [נ֯פלו שם בחרב
4QM2 1 1.9 המערכה [אשר נפלו בם ג]בורי
4QM2 1 1.10 מ֯[קב]ר֯ אשר]נפלו ש֯ם ב֯ח֯ר[ב
CD 2.18 בשרירות : לבם נפלו עירי
CD 2.19 גויותיהם כי נפלו : כל בשר

4Q381 36 1.1]נ֯פלת[:]ואז֯[

1QH 2.27 שאון קולם נפץ זרם להשחית

1apGn 21.18 ים סוף די נפק מן ימא
11tgJ 31.6 ומן בטן מן נפק גלידא ושיק

1apGn 22.30 מן : כול די נפקו עמך ביום
11tgJ 32.3 ויפק( )ן נפקו ולא תבוא

5QJN 1 1.3 רברביא [ ] נפקי֯[ן] מן
5QJN 1 1.4] די נפקין מן

1apGn 22.28 מן יום די נפקתה מן חרן

CD 15.13 ובכל נפש : [נפרע]ים א[נו]

4Q512 42+ 2.4] : פיכה נפרשה טהרת כול

1Q68 1 1.2]׳תן לה נפש[:]ל ׳]
1pHab 9.11 לכלה במרורי נפש בעבור
1QH 2.32 חלקות פדית[ח] נ֯פ֯ש אביון אשר
1QH 2.34 עזרתה נפש עני ורש :
1QH 3.6]ומ[:] עתה נפש֯[
1QH 3.6 וישימו נפש באוניה
1QH 3.25 בגורל ותגור נפש אביון עם
1QH 5.13 באנחתי ותצל נפש עני במעון
1QH 5.14 פן יטרפו נפש(י) עני ורש
1QH 5.15 בלי [ ]תה נפש עבדכה
1QH 6.23]רממה להשיב נפש ואין :
1QH 11.30 מעשיכה שמח נפש עבדכה
1QH 12.1 וא[:]תרה׳ נפש[:]ה לבטח
1QH 15.10 לב ובכול נפש ברר֯תי׳׳[:
1QM 14.10 שמ<ר>תה נפש פדותכה
1QS 4.9 עולה רחוב נפש ושפול ידים
1QS 5.9 לב ובכול נפש לכול הנגלה
4Q370 1.1 טוב השביע כל נפש כל אשר עשה
4Q487 5 1.6]א֯ ׳ירא[:]ת נפש מעמ֯[:]ל׳ו֯
4Q499 47 1.1]ד֯בק֯ נפש[:]׳׳ם
4Q504 1+R 2.13 בכול לב ובכול נפש ולטעת
4Q505 120 1.1]ת֯ נפש[:]לבלתי[:
4Q512 1+ 1.3]]נפש בכפו֯[רי
4pIs[c] 5 1.1 [נפש[:]ה ימית]
4pIs[e] 6 1.4 תועה ולהב[ות]נ[פש
4QOrd 2+ 1.5 דבר בישראל על נפש על פיהם
6apSK 29 1.1]נ֯פ֯ש֯[:]׳
6apSK 57 1.3 וית]קע נפש שניה[:
11Ap[a] 2.9]להרוג נפש :]יהוה

11QPs 18.15 מעת רעה יציל נפש[ ]
11QPs 19.3 כי בידכה נפש כול : חי
11QT 48.9 למת ושרטת על נפש לוא תתנו
11QT 61.12 עינכה עליו נפש בנפש עין
11QT 66.7 על רעהו ורצחו נפש כן הדבר
CD 1.20 חוק ויגודו על נפש צדיק ובכל
CD 11.18 בשבת : וכל נפש אדם אשר
CD 12.12 הדבורים עד כל נפש : החיה אשר
CD 15.10 לב [ ] : נפש אל הנמצא
CD 15.12 בכל לב ובכל נפש : [נפרע]ים

1apGn 22.19 אברם : הב לי נפשא די א<י>תי

4pIs[b] 2.5 הרחיבה שאול נפשה ופערה פיה
11tgJ 36.6 יקד ומגמר נפשה גמ֯רין
11QT 53.16 אסרה אסר על נפשה : בבית
11QT 53.18 אשר אסרה על נפשה והחריש לה
11QT 53.19 אשר אסרה על נפשה יקומו
11QT 53.21 אשר אסרה על נפשה לוא יקומו
11QT 54.4 אשר אסרה על נפשה : יקומו

1pHab 8.4 הרחיב כשאול נפשו והוא כמות
1QH 15.16 כול צרת נפשו לישועת
1QS 3.1 כיא געלה : נפשו ביסורי
1QS 3.8 חטתו ובענות נפשו לכול חוקי
1QS 5.8 ויקם על נפשו בשבועת
1QS 5.10 יקים בברית על נפשו להבדל
1QS 7.3 אחת ומובדל על נפשו מן טהרת
4Q512 76 1.3 כול שמ֯[:]׳ל נפשו עד[
4pIs[c] 14 1.7 א׳רי׳[:]את נפשו]
4QFl 1+ 1.9 און למ֯[נ]פשו לבליעל
4QOrd 1 2.6 איש <כ>פר נפשו מחצית[:
11QT 39.8]נ֯פ֯שו֯ ליהוה
11QT 53.15 לאסור אסר על נפשו ולוא יחל
11QT 59.19 ומיד : מבקשי נפשו לשאתה
11QT 60.13 שמה בכול אות נפשו אל המקום
CD 12.11 ישקץ איש את נפשו : בכל
CD 16.4 יקום האיש על נפשו לשוב : אל
CD 16.7 יקום איש על נפשו : ל[עש]ות
CD 16.9 [יקי]ם איש על נפשו לסור מ[נ

6Q21 1 1.1 נפשו֯תי[: את

11QT 25.11 ותענו בו את נפשותיכמה כי

1Q34[b] 2+ 1.2 נפ]שותינו

11QT 15.14 העולה למלא על נפשותמה שב[עת
11QT 51.9 ישקצו : את נפשותמה בכול

1QM 8.6 והראשים יהיו נפשטים לסדריהם
1QM 16.5 סדר והראשי֯ם֯ [נפשטי]ם לקול
1QM 17.10 והראשים נפשטים לקול

1apGn 19.20 בטליכי ותפלט נפשי בדיליכי :
1QH 2.7] שפתי ותסמוך נפשי בחזוק
1QH 2.20 אדו֯ני כי שמתה נפשי בצרור
1QH 2.21] עריצים בקשו נפשי בתומכי :
1QH 2.23 תושיע נפשי כיא מאתכה
1QH 2.24 גרו : על נפשי בעבור
1QH 2.28 כמים ותחזק נפשי בבריתך :
1QH 2.31 ע׳[ ] ע֯ל נפשי ותצילני
1QH 2.35 ממנו ותפד נפשי מיד
1QH 3.19 כי פדיתה נפשי משחת
1QH 5.12 לי כי בצרת נפשי לא עזבתני
1QH 5.12 שמעתה במרורי נפשי : ודנת
1QH 5.17 היום ידכאו נפשי : ואתה
1QH 5.18 ואתה אלי תשיב נ֯פ֯ש֯י֯ ספרה
1QH 5.39] :]לעל אפפו נפשי ל[
1QH 7.23]לי עזרתה נפשי ותרם קרני
1QH 8.29] ת֯תעטף֯ נפשי יומם

1QH 1.19 ולכול שני נצח ˙]
1QH 1.24 לכול קצי נצח ותקופות
1QH 9.25 ע[ ]נצח ובוז צרי
1QH 18.29 אורתום עד נצח ו˙˙˙ חושך
1QH 5 1.7 ועדן לדורי נצח וברום רשעה
1QM 4.13 ישועות אל נצח אל עזר אל
1QS 4.7 עולמים בחיי נצח וכליל כבוד
1QS 4.12 אל נקמה לזעות נצח וחרפת : עד
1QS[b] 4.26 ולכול קצי נצח כיא :]
4Q403 1 1.25]נצח : בשבעה
4Q511 2 1.4 [ע]ולמים וחיי נצח לאיר אור]
5Q16 1 1.3 ות˙˙[:]ארורות נצח ˙˙] [
6QHym 2 1.2]˙[:]חיי נצח וכב[וד:
CD 3.20 בו לחיי נצח וכל כבוד

11QT 58.11 והיה אם נצחו : את

4Q511 44+ 1.2 במקור :˙[ ] נצי˙[ ]ם וא[

4Q381 31 1.7 ראשי כי אדר נציב כבודם

4Q186 1 2.4]˙˙ות וה[נ]ה נצי[ו]ת :

1apGn 20.2] כמה נצ[י]ח ושפיר

1QH 5.24 בשפת עול כול נצמדי סודי
1QH 6.19 עד כלה והמה נצמדי תעודתי

1QH 6.15 עולם לג<ד>ל נצר לעופי מטעת
1QH 7.19 ˙˙שע ולגדל נצר להעיז בכוח
1QH 8.6 והיו להפריח נצר למטעת עולם
1QH 8.10 שורש ומפריח נצר ק[ד]ש

4Q400 7 1.2]נועד[י :]˙י נק[:] לכול[:
5QCD 5 1.1 יהיו נק[: אשר אמר

4Q512 14 2.1 נקבה[: ברצונו[

4Q504 1+R 4.9 כבודכה : אשר נקדשתה בתוך

11QT 63.7 ואל תתן דם נקי בקרב עמכה
11QT 63.8 תבער : את דם נקי מישראל

1QM 3.7 יכתובו זכרון נקם במועד : אל
1QM 7.5 ועתודים ליום נקם וכול : איש
1QM 15.6 החרוץ למועד נקם על פי :
1QS 2.6 ביד כול נוקמי נקם ויפקוד
1QS 5.12 למשפט ולנקום נקם באלות ברית
1QS 9.23 ועתי ליום נקם לעשות רצון
1QS 10.19 <עד יום> נקם ואפיא לוא
4Q505 122 1.2 עב[רכה:]˙ה נקם ה[
4QMI 10 2.15] : נקם לאכול
4QTeh 2 1.3 ביד נוקמי נקם לוא יחונכה
11Mel 1+ 2.13 צדק יקום נקם משפטי א[ל
11Mel 1+ 2.22]נק[ם :
CD 1.17 לחרב נקמת נקם : ברית
CD 19.13 לחרב נוקמת נקם ברית: וכן

1QS 4.12 באף עברת אל נקמה לזעות נצח
4Q501 1 1.8 ועשה בהמה נקמה :]
CD 8.12 לעשות : בהם נקמה ובכל אלה
CD 19.24 עליהם לנקם נקמה ובכל אלה

4Q511 35 1.1 בשר ומשפט נקמות לכל<ו>ת

1QM 4.12 מלחמת אל נקמת אל ריב אל
CD 1.17 להסגירם לחרב נקמת נקם :

1pHab 8.9 הרשע אשר : נקרא על שם
4Q380 1 1.5] ש]ם יהוה נקרא עליה:]
4Q381 15 1.9]כי בשמך אלהי נקרא ואל

1QH 9.7 למשברים תשוחח נפשי
1QH 9.8 לקץ תשת שע נפשי בהמון
1QH 9.33 שלומכה לפלט נפשי ועם מצעדי
1QH 10.31 תשעשע נפשי ואפרחה ˙˙
1QH 11.7 תשתעשע נפשי ואני
1QH 14.17 הקימותי על נפשי לבלתי
1QS 10.19 חמס לוא תאוה נפשי וריב אנש
1QS 11.13 ומשחת יחלצ נפשי ויכן לדרכ
4Q381 31 1.5 ידעתם ולשנאי נפשי לנגד
4Q381 33 1.10 ולא תראה בטוב נפשי כי]
4Q381 45 1.2 הכרתי ואתן נפשי להכנע
4Q385 3 1.2] : הומה את נפשי ויתבהלו
4QCat[a] 12+ 1.3 חונני חלצה נפ[שי
4QCat[a] 26 1.1]˙נפשי[:]ה[[
11QPs 24.5 תמנע ממני בנה נפשי ואל תמגרה
11QPs 19.8 ורחמים שאגה נפשי להלל <את
11QPs 21.16 אשוב חריתי : נפשי בה ופני
11QPs 21.16 השיבותי פרתי נפשי בה
11QPs 22.15 פודך תשמח נפשי בכבודך

6Q26 3 1.2]˙˙˙תע˙[:]נפשך ˙[:]˙˙˙
CD 16.1 יקום האיש על נפשך לשוב אל :

1pHab 9.14 רבים וחוטי[נפ]שכה כיא :
1pHab 10.2 רבים וחוטי נפשכה : פשרו
4Q184 2 1.1]נפשכה ˙[:
11QT 53.2 א]ותה נפשכה לאכול

4Q185 1+ 2.1 נ]פשכם כחסדיו
4Q370 2.8 פחדו ותשמח נפ[שכם :

11QT 54.13 לבבכם ובכול נפשכמה אחרי

1QH 15.18]ך תעבה נפשם ולא רצו
CD 1.21 תמים תעבה נפשם וירדפום

11QT 59.9 תורתי געלה נפשמה עד יאשמו
11QT 59.10 לבבמה ובכול נפשמה ככול

4Q504 1+R 6.7 לוא געלה נפשנו להפר :

11QPs 18.1 לטובים נפשתכמה

1QH 8.26 יכול עליו ולא נפתח עם מ˙˙]
1QH 10.31 ˙˙שנ˙ ולבי נפתח למקור
1QH 11.19 רחמיך : ואני נפתח לי מקור
1QH 18.20 כיא לערל אוזן נפתח דבר ולב :
CD 5.3 כי לא ~~נפתח~~ נפתח בישראל

1QH 3 1.2]]˙ה נפתחה דרך ל[:

4Q370 1.4 ארבות השמים נפתחו ופצו כל

11QT 39.13 וגד לים דן נפתלי ואשר
11QT 41.9 דן עד : שער נפתלי ששים
11QT 41.9 באמה ומשער נפתלי : עד שער
TS 3 2.3 וככה : שער נפתלי ששים
TS 3 2.3 באמה ומשער נפתלי עד שער

1apGn 20.3 לה אנפהא וכול נץ : אנפיהא]
11QPs 21.12 גם גרע נץ בבשול ענבים

11tgJ 33.7 חכמתך יסתער נצא ויפרוס :

11Mel 1+ 2.10 אמר אלוהים [נ]צב בע[דתאל]

1apGn 2.15 דן ומנך נצבת פריא[:

1apGn 1.1]˙˙˙˙˙˙ ועם נצבתא:]˙˙ אף

1QH 1.16 עולם : ודורות נצח לט[

4Q504 1+R 2.12 לענ׳י גוים כיא נקר<א> שמכה
11Ber 1 1.14 ושם קודשו נקרא עליכם

1Q36 7 1.3 בריתׄ[׃] נׄקרבכה ואת

CD 12.13 יאכלו כי אם נקרעו ׃ חיים

CD 13.19 ואת אשר איננו נקשר ב[

4Q512 24+ 1.5]לׄ[ ]˙[נׄר[ ]בשערו[׃
4Q520 17 1.2 [עׄ[׃]˙נׄרׄ[

4Q380 1 1.6 עליה׃ [ ] נראה על ירושלם
4Q504 10 1.3 עו[מד ׃]˙˙ נראה עלינׄ[ו ׃
11QT 46.15 <ולוא> תהיה נראה לכול רחוק

4Q504 3 2.7]בעׄיׄן נראׄיתה בקרבנו[

1QM 14.13 ובגבורותיכה נרוממה
4Q400 2 1.8]ל[ר]נתנו נרוממה לאלוהי
4QMI 8+ 1.11 ו[בהב]וׄרׄתכהׄ נרוׄמׄמׄ[ה] ׃]

11QT 9.12 י]אירו כול נרותיה ונתתה ׃

1Q36 7 1.3] נׄקרבכה ואת נׄרחׄ[קכה

CD 8.20 לברוך בן נריה ואלישע

4pIsc 23 2.5 תנוסון ועל קל נרכב על כן׃

4Q176 1+ 1.6 צבא]הׄ כיא ׃ נרצה עוונה כיא

4Q502 185 1.2]גבוׄ[׃]נׄש[
4Q503 85 1.2 [׃]˙יכה נש[׃]ל[
4Q513 24 1.4]כׄול נש[
4QMI 13 1.1 ע]ם אלים נש˙[׃]הׄקטׄ[
5Q16 4 1.4 פׄחז ˙[׃]˙˙ר נש˙[׃]˙תאל

4Q513 2 2.5 הזׄנות מאכׄליהם נשא עוון כי

1QH 6.34 ותולעת מתים נשאו נס לח˙[

4Q504 1+R 2.7 כוחכה אש[ר נ]שאׄתׄ[ה] ׃
4Q504 7 1.13 א]שר נשאתה ׃]

4Q185 1+ 1.10 כציץ חסדו נשׄבׄ[ה]רוחו ׃

CD 15.3 באלות הברית [נ]ש[בע] ׃

4Q504 6 1.18 הש]בׄ[ו]עׄה אשׄר נשב[עתה ׃]˙ׄים

4Q176 8+ 1.11 נׄוח אל ארץ כׄן נשבעתי מׄקצוף
4VSam 1 1.1 כ]ׄיא נשב[עתי ל]בׄית

4pIsc 8+ 1.12 כו]לך כיא נשבר שבט[

1QS 8.3 טוב ורוח נשברה ולרצת
1QS 11.1 רמי רוח וברוח נשברה לאנשי ׃

1QH 7.2 אלׄהׄ ˙˙˙˙ ׃]ע נשברת מקניה

1QH 8.32 לכלה כי נשבת מעוזי

1QH 6.25 ונעוז בחומה נ(ס)<ש>גבה עד
1QH 7.8 עוז בׄחומה נשגבה ותכן על
1QSb 5.24 עוׄ[ז] בחומה ׃ נשגבה וה[כיתה

4Q509 146 1.6 הר]שענו ב[׃ נ]שחתות[׃]

1Q47 2 1.2 [˙ ˙] ׃[ ]ם נשׄי[
1QM 3.15 נס אל ואת שם נשי הש[בט

1QM 4.1 אל ואת שם נשי מררי ואת

1QM 5.1 [׃ ועל מׄטׄ נשיא כול העדה
1QSb 5.20 לברך את נשיא העדה אשר
4Q401 23 1.1]˙ נשיא קוׄ[דש ׃
4pIsa 2+ 2.19]נשיא העדה ואחר
11QPs 26.15]רׄ עשה ויעל נׄשיאׄ[ ]קׄצה
CD 7.20 השבט הוא נשיא כל העדה

1QM 3.3)שרים יכתובו נשיאי אל ועל
4Q400 1 2.14 [׃ מלך נשיאי[׃
4Q401 14 2.6 יגבר א[לוהים׃ נשיאי מׄ[׃
4Q403 1 1.26 עולמים וכול נשיאי[
4Q403 1 2.21 מקדשיו רׄאשׄי נׄשיׄאׄי כׄוׄה[נות
4Q405 8+ 1.5 ראש]י נשיאי ׃
4Q405 13 1.5 הששי במשני ׃ [נשי]אי פלא
4QMI 1+ 1.4]כׄול נש[יאי
11QT 21.5]לׄ נׄשיאי הדגלים

4Q403 1 2.20 ורוממוהו רׄאשי נשיאים במנה

1QH 10 1.2]אכה מה נשיב כי גמלתנו
4Q508 1 1.4 ˙]ש[ר נשיב]לכהׄ [

4pN 3+ 4.4 [׃ נשיו עילוליו

11QT 57.12 ושנים עשר ׃ נשיי עמו עמו

1pHab 6.11 אשישים וזקנים נשים וטף ועל
1QSa 1.4 הבאים מטף עד נשים וקראו
11QT 56.18 ולוא ירבה לו נשים ולוא ׃
CD 4.21 לקחת ׃ שתי נשים בחייהם
CD 5.2 לא ירבה לו נשים ודויד לא
CD 7.7 הארץ ולקחו ׃ נשים והולידו
CD 19.3 מקדם ולקחו נשים כמנהג

1apGn 20.7 ועל כול ׃ נשין שופר שפרה

11QT 42.5] עשׄרׄה נשכה וחדריהמה
11QT 44.6 שמונה ומאה נשכה וחדריהמה
11QT 44.8 ארבע וחמשים נשכה וחדריהמה

11QT 41.17 תעשה פנימה נשכות
11QT 44.12 שתים וחמשים נשכ<ו>ת

11QT 44.10 הפנה ׃ השנית נשכותמה

1pHab 8.14]אום ויקומו ׃ וׄנׄ[ש]כיך

1pPs 16 1.1 [נשמ[
1QM 13.12 בׄגורל אמתכה נשמ חה ביד ׃

4pPsa 1+ 4.18 ופושעים ׃ נשמדו יחד

1QS 5.17 מן האדם אשר נשמה באפו כיא
11QT 62.14 תחיה ׃ כול נשמה כי החרם

4QMes 1.10 מולדה ורוח נשמוהי ׃]
4QMes 2.7]ה] ׃ ורוח נׄש[מוהי

4Q401 3 1.1 [נשׄמׄוׄת[׃]תם

1QH 47 1.1]חׄ נשמח] ׃

4Q403 1 2.12 [׃ וקול הברך נׄשׄמׄע נכבד
11QPs 18.10 מפתחי צדיקים נשמע קולה
11tgJ 10.5 מא עטר מלא נש[מע ׃]יסתכל

4pPsa 1+ 4.1 לעו]לם נשמרו וזרע

4apLm 1 1.13]שמ[ח]הׄ לוא נשמשעה בה

11QT 48.17 צרעת נושנת או נתק ויטמאנו

1QH 10.22 ולא נתתה ׃ משעני
1QH 10.27 ולבני אמתכה נתתה ש˙˙]
1QH 11.27]שר נתתה ל˙˙˙ ׃
1QH 12.12 ברוח ׃ אשר נתתה בי ונאמנה
1QH 13.19 ברוח אשר נתתה בי]
1QH 16.11 פניך ברוח אשר נתתה ˙˙ להשלים
1QH 17.17]˙ מרוחות אשר נתתה בי א˙˙˙אה
1QH 3 1.14 ברוח אשר נתתה בי ˙˙] ׃
4Q504 18 1.2]הנו ל˙˙ת ˙[׃ נ]תתה להמה לב[
4Q506 131 1.5 ידי˙ ה[׃ [נ]תתה לנו כו˙]
4Q506 132 1.2 [נת]תה לו
4Q508 40 1.1]אשר נתתה לה˙[׃]ל
4Q509 78 1.2]˙ר˙[׃ נ]תתה ב˙]
4Q512 1+ 1.8 ישרא]ל אשר נתתה ל[נו
11QPs 19.4 כול בשר אתה נתתה עשה עמנו

1QH 7.10 [ו]אתה אלי נתתו לעפים

4pHs[a] 2.1] אנוכי נתתי לה הדגן]
11QT 65.11 הזקנים את בתי נתתי ‹ל›איש

1QH 8.4 נ]תתני במקור

ס

1QH 4.1 ˙˙ ב[׃]ס פאיר ˙˙ ה ˙
1QH 6.4 אוזני [ ]ס˙ מוכיחי צדק
4Q181 1 1.1 לאשמה ביחד עם ס˙[ ]ע˙[ ]ל ˙
4Q381 31 1.8]לם שפתי שאלה ס[ ] [ ]
4Q401 5 1.2 ל[׃ ס˙[׃ שבע
4Q502 322 1.1 ˙[ס]
4Q512 185 1.1]˙ס א[׃]רש
4Q519 23 1.3 [׃]סאו [׃]˙ס]
4QCat[a] 5+ 1.16 עושי היחד ס˙]
11Mel 2 3.12 [ס ( )[ ]ם וא

2QJN 4 1.4 תמנא סאין סול[תא ׃

4Tstz 1 1.3 ישתכח[׃ וכען סב לוחיא יקריא

1QH 2.25 עלי גבורים סבבום בכל ׃

4Q501 1 1.4 זו]קף סבבונו חילכיא

1QH 5.25 ומלינים סביב וברז חבתה
1QM 5.9 ומוה לצמיד ׃ סביב אבני חפצ
1QS[b] 4.21 סב]יב לו על
4Q403 1 2.7] ׃ מתהלך סביב רוחות
4Q405 7 1.6]˙[׃]ול סביב[ ]˙ל[׃
4Q405 19+ 1.6 מחוקקי ׃ סביב ללבני
4Q405 20+ 2.10 קודש קדשים סביב מראי
4pN 3+ 3.10 מ[נשה] ׃ מים סביב לה אשר
4QPs[f] 2 8.6 י]שתלם ׃ סביב נכרתו
11QPs 22.10 במעשיו ישתלם סביב נכרתו ׃
11QPs 26.10 רבים חסד ואמת סביב פניו אמת
11QSS j+ 1.5 מ]חוקק סב[י]ב]
11QT 23.14 עזרת המזבח סביב ואת חלבו
11QT 32.12 [ו]עשיתה תעלה סביב לכיור אצל
11QT 34.8 על יסוד המזבח סביב
11QT 35.8 וקדשת(מ)ה את ס[בי]ב למזבח
11QT 35.10 למערב ההיכל סביב פרור
11QT 38.12 [ח]צר שנית סב[י]ב ל[חצר
11QT 40.7 רו]חב סביב לחצר
11QT 46.5 ועשיתה רובד סביב לחוץ מחצר
11QT 46.9 ועשיתה חיל סביב למקדש רחב
11QT 52.18 רחוק ממקדשי ׃ סביב שלושים רס

4Q403 1 2.9 בדני להבת אש סביבה ל[ ] ׃

11QPs 19.4 נפש כול ׃ חי נשמת כול בשר
11QPs[b] a 1.5 וצדקתכ[ה׃ ח]י נשמת כול בשר

4QMI 11 1.16 הדמה ביא ואין נשניתי והוריה

1QH 11.32 נחמתני כיא נשנתי ברחמיכה

11Ap[a] 1.8 רפואה ׃]שמך נשען וקר[א ׃

4pHs[a] 2.13 הגואים אשר נשענו עליהם

1QH 4.36 לפני נגע כי נשענ[תי] ׃
1QH 7.18 סליחה ואני נשענתי ב˙]
1QH 10.17 ור[׃ כי נשענתי באמתכה[
1QH 1 1.8 ואני יצר החמר נשענתי ׃]אלי

4Q184 1 1.5 מכסיה אפלות נשף ועדיה
4QPs[f] 2 10.6 כל כוכבי נשף ׃ שמחה

4Q509 1+ 1.4 [׃ לפניכ]ה נשפוך ש[יחנו ׃

CD 20.32 אשר ׃ נשפטו בם אנשי

4Q504 1+R 5.4 אויביהמה כיא[נש]פכה חמתך ׃

11QT 32.14 יהיו המים נשפכים והולכים

4Q504 6 1.7]]נשרים ותביאנו

1QH 14 1.5 ׃] כדונ[׃]נת˙˙ ׃]מ˙˙˙˙
4Q381 91 1.1]˙נת [׃]להיו[
4pIs[b] 1.5]˙נת דרך ׃]

4Q400 2 1.6 ו[׃ מה נתחשב [ב]ם
4Q504 6 1.9 ובגוים לוא נתחשב וא[׃]˙

1Q26 4 1.1]נתי ˙[׃] אחד

1QH 3 1.3 דרך ל[׃]נתיבות שלום
4Q400 1 2.10 אל[ים ׃ לשבע נתיבות[׃

1QH 6.24 נפש ואין ׃ נתיבת לישר דרך

1pHab 2.8 הכוהן אשר נתן אל ב[לבו
1QS 4.18 ובחכמת כבודו נתן קץ להיות
4Q370 1.7 וא]ת קשתו נתן]
4Q511 48+ 1.1]ת בינתו נתן [ב]לב[בי
4Q513 28 1.3]ש לה [׃]˙ נתנ˙[׃]אמ˙]
4QPBl 1 1.7 כנסת אנשי ׃]נתן
11QPs 27.11 בנבואה אשר נתן לו מלפני

4Q185 1+ 2.8 עם אשרי אדם נתנה לו ׃ מן א
4QPBl 1 1.4 כי לו ולזרעו נתנה ברית
11QPs 18.3 כבוד 𐤉𐤄𐤅𐤄 נתנה חוכמה

1pHab 9.10 ואנשי עצתו נתנו אל ביד
4QOrd 1 2.6 הערכים אשר נתנו איש ‹כ›פר

6apSK 33 1.2 [˙[ ]˙˙[ ]]נתנוהו ביד[׃

1QS 11.7)‹ר› בחר אל נתנם לאוחזת
CD 1.5 לישראל ולא נתנם לכלה ובקץ

1QH 2 1.17 ˙˙ל עול יצר נתעב
1QH 2 1.18 כול מכ[׃]˙ר נתעב

4pIs[c] 4,6+ 1.17]צבאות [נת]עם ׃]

6Q15 1 1.2 נת]עשים [׃]

1QH 5.37 לאין נתק וזקים ללוא

4Q405 6 1.7 רוחות אלוהים סביבה למעון :
4QMI 1+ 1.6 מ]ים סביבה מחוץ˙ [ ]˙

1QM 7.7 רע לוא יראה סביבות כול

11QT 56.13 הגואים אשר סביבותי : שם

4QMI 1+ 1.8 ערוה לוא יראה סביבותיהמ[ה

1QS[b] 4.25 ות]היה סבים משרת

4pIs[a] 2+ 2.15] : יסור סב[לו

4QNab 1+ 1.8 מן די [סב]ר די אלהין

11tgJ 21.1 אף אנה ארו סברת[: תסיפון

11tgJ 26.3 אנש צדקתך מן סגיא]
11tgJ 28.6]˙]עם סגיא ה[
11tgJ 32.10 ב[ה] סגיא : [

11tgJ 28.4 הוא ויומוהי : סגיא[יא

11tgJ 26.4 מן קדם סגיאין ולא

4Q381 76+ 1.5 ישרא]ל עם סגלתו [:]˙ק

11tgJ 14.4 ישו]ן[:] קל סגנין המטרו

1apGn 22.17 אל עליון : די סגר שנאיך בידך

1QH 5.14 ואתה אלי סגרתה בעד

4Q497 24 1.1]סדו[:]ל˙]

3Q14 8 1.2 ˙˙]: די סדום ו[

1QM 5.4 למערכה האחת סדו( )<ר>ים

1apGn 21.25 לקרב לעמקא די סדיא ותקף מלך

1QM 8.5 קול מרודד ידי סדר מלחמה :
1QM 9.10 סרך לשנות סדר דגלי
1QM 16.5 תרועה סדר והראשים
4QMI 11 2.3 תרו]עות סד[ר

1QM 14.3 עומדם אשר סדרו שם המערכה

1QM 3.1 על ח[: (סדרי המלחמה
1QM 3.1 וחצוצרות) <סדרי המלחמה
1QM 3.6 ועל חצוצרות סדרי המלחמה
1QM 3.6 המלחמה יכתובו סדרי דגלי אל
1QM 5.3 המערכה ושבעה סדרי : פנים
1QM 6.8 VACAT : ושבעה סדרי פרשים
2QJN 4 1.8 פת[ורא : תרי סדרי לח[מא :
4Q404 7 1.2]˙˙˙[:]ל סדרי[:]ל

1QM 6.8 ומזה יעמודו סדריהם שבע

1QM 8.6 ובעומדם שלושה סדרים : יתקעו

2QJN 4 1.7 על מד[בחא : סדרין על

4Q511 205 1.2]˙[:]˙˙˙ סה[

4Q176 45 1.2]ם[:]˙סו˙[
4Q484 13 1.1]˙סו˙˙[
4Q487 51 1.1]סו[
4Q502 325 1.1]סו[

4pIs[a] 7+ 3.6 ס]ובבי[

4pIs[a] 7+ 3.10]ד וינקפו סובבי [ה]יער

1Q46 1 1.1 סוד ˙˙]: אבני
1QH 1.22 ומגבל המים : סוד הערוה
1QH 2.10 וקלס לבוגדים סוד אמת ובינה
1QH 2.22 בבריתךה והמה סוד שוא ועדת
1QH 6.26 כי אתה : תשים סוד על סלע
1QH 11.16]כי הודעתני סוד אמת [:
1QS 2.25 קודש ובני סוד עולמים
4Q400 1 1.11]רבו בם לפי סוד[
4Q403 1 2.19 בכוהני קורב סוד שני במעון
4Q405 8+ 1.2 ק]ור[ב סו]ד : שני
4Q502 116 1.2]או ק[:]סוד <]שן בש[>
4Q511 52+ 1.5 ומאתכה סוד לכול
4Q511 63 3.2 תהלה ובלבי סוד רישית כול
4Q512 36+ 1.13]ה לכה סוד אנש[ים
4AgCr 1 1.10 משפטים ומשפט סוד[ ]˙[
CD 14.10 בעול בכל : סוד אנשים ולכל

1QS 4.1 לעד אחת תעב סודה וכול

1QH 13.15 [ ]ה סודו ערות קלן

1apGn 21.32 עמה ואתבר מלך סודום וערק

1QH 5.24 עול כול נצמדי סודי ואנשי [
1QH 14.18 ביחד כול אנשי סודי לפי :
1QS 4.6 דעת אלה סודי רוח לבני
4Q401 36 1.1]סודי [:]בהדר
4Q403 1 1.34 מלכ[ים] לכול סודי עולמים
4Q403 1 2.22 פלא לשבעת סודי קודש כ[
4Q511 44+ 1.2 כ]ול סודי :˙ית ם˙˙ [

4Q403 1 1.11 סודיה]ם במקדש[
MasSS 2.25 פלא לברך כול סודי[הם]

1apGn 21.6 ודבק עד סודם וזבן לה
1apGn 21.24 עם ברע מלך סודם ועם ברשע
1apGn 21.26 די עמה למלך סודם ולכול
1apGn 21.31 ונפק מלך סודם לעורעהון
1apGn 21.33 כול נכסיא די סודם ודי : [
1apGn 22.12 אתיב ושמע מלך סודם די אתיב
1apGn 22.18 קרב מלכא די סודם ואמר
1apGn 22.20 אמר אברם למלך סודם מרים אנה
1apGn 22.25 ויהב למלך סודם וכול שביא
1QS 11.8 בני שמים חבר סודם לעצת יחד

3Q15 11.4 כלי דמע סוח דמע סנה
3Q15 11.10 דמע אז דמע סוח : בתכן

5QJN 1 1.1 [רו]ח ושבק סוחר סחור

11QT 44.6 וחדריהמה ושתי סוכותיהמה :

4QFl 1+ 1.12 והקימותי את סוכת דויד
4QFl 1+ 1.12 הנופלת היאה סוכת : דויד
CD 7.15 ספרי התורה הם סוכת : המלך
CD 7.16 והקימותי את סוכת דוד הנפלת

11QT 13.12 עש]רון : סולת בלולה [
11QT 14.2] : [ומנ]חה סולת בלול[ה :
11QT 14.15 עשרונים סולת מנחה
11QT 18.5 כמשפט עשרון סולת :]
11QT 18.14] סו]ל[ת] חמץ
11QT 18.15]עשרונים סולת תה[יה]

2QJN 4 1.4 תמנא סאין סול[תא :

11QT 34.12 אצלו ומנחת סולתו עליו :

4pIs[c] 23 2.5 לוא כיא על סוס ננוס על כן

11QT 56.16 לוא : ירבה לו סוס ולוא ישיב
11QT 56.17 הרבות לו סוס וכסף וזהב
11QT 61.13 וראיתה סוס ורכב ועם

1pHab 3.6 וקול מנמרים סוסו וחדו :

1Q37 3 1.2]ם ה ˙[:]סוסי[

6QPro 15 1.3 [ובלות מ̇ן :]סוסיהם[: [˙˙

1QM 6.12 אנש[י] הבנים סוסים זכרים
4pIs[c] 25 1.5]מצרים על סוסים [

1QH 3 1.6 לפני רוח סוע[:

4Q381 46 1.6 תזנזח ורוח סוערת [

1apGn 21.18 דבקת ללשן ים סוף די נפק מן
1QH 18.30 בבר˙[:]˙סוף וקצי שלום
1QM 11.10 מרכבותיו בים סו[ף] ונכאי
4QMI 18 1.5 ו̇ח[שו : י]ם̇ סוף ˙[:]˙ל[
11Mel 1+ 2.7 ה[וא]ה ס[וף היו]בל
11Mel 2 3.13]סוף ה[יובל : ה
11tgJ 1.5]˙ תשוא סוף לטל[ין] :
11tgJ 21.2 עד תחקרון סוף[: וארו לא
11tgJ 25.1 ר]ברבין די לא סוף ויקים
11tgJ 28.4 שנוהי די לא סוף ארו :
11tgJ 34.1]ל[:] ˙סוף מן˙[

11QPs 21.12 לי בתרה ועד : סופה אדורשנה

4pHs[b] 11+ 1.6]רוח יזרעו סופות[
CD 19.25 רוח ושקל ~~ספת~~ סופות ומטיף

1QH 1.23 ואשמיעה בלא סופר הכול :

1QH 15.11 הק[ ]סור מכול אשר
1QM 18.3 סו]ר משאת יד
4Q504 8R 1.8 עליו לבלתי ס[ור :]בשר
CD 7.12 באו מיום סור אפרים מעל
CD 14.1 לא באו מיום סור אפרים מעל

CD 1.13 עליה כפרה סורירה : כן

11QT 64.2 יהיה לאיש בן סורר ומורה
11QT 64.4 עירו בננו זה סורר : ומורר

1QS 10.21 ארחם : על כול סוררי דרכ לוא

1QH 5.24 ואנשי [ ]תי סוררים :

CD 11.7 אם : סוררת היא אל

1QH 8.10 למטעת אמת סותר בלוא :

2QJN 1 1.3 רו]ח ושבק סחור סח[ור]: [
2QJN 1 1.3 ושבק סחור סח[ור]:] וכדן
4Q156 2.2 מ̇[ד]ב[ח]א סח[ור
5QJN 1 1.1 ושבק סוחר סחור לפרז<י>תא

5QJN 1 2.3] : סחר[[
5QJN 1 2.4 גוא די דרגא סח̇[ר ו]סל[ק]

4Q405 6 1.8 קדשים ˙˙[ ]˙סי :]ל[[
4Q502 115 1.3 [˙˙]:]ם[:]סי[

11tgJ 31.8 [ ]כימא או סיג נפילא[: [

11tgJ 4.4 אפו לא ת[: סימו ידיכון על

1QDM 1.4] בהר ס[י]ני לצוות

4Q374 2 1.7]וירש:]סיני:]˙ל :

11tgJ 33.5 שנן ונזך וחרף סיף ולקל קרנא

3Q15 11.14 דמ לאה דמ<ע> סירא : בתכך

4Q509 85 1.2]חם[:]˙סכ[

4Q504 7 1.15] וינ<ס>כוה וימצאוכה

4pPs[a] 13 1.4 [:] סכ]ות אמרדה לי
CD 7.14 והגליתי את סכות מלככם :

3Q15 5.2 המים ˙[ ] : סככא מן הצפון

4tgJ 1 2.7 תבקה הלא סכל יק[טל :

4Q381 21 1.2]˙˙[:]ב סלה [
4Q381 24 1.3 י[: ער לכלה סלה: תהלה לאיש
4Q381 33 1.6]˙[ ] לכה סלה
11Ap[a] 5.3] סלה [[
11Mel 1+ 2.11 רשעים תש[או ס]לה : פשרו על

11QPs 19.13 אני נסמכתי סלחה 𐤉𐤄𐤅𐤄
11QPs[b] b 1.2 נסמכת]י סלחה יהוה

11QT 15.12 הא<י>לים ואת סלי הלחם

1QH 6.9 רחמים ורוב סליחה וכפיכה
1QH 7.18 מפ[:]וא סליחה ואני
1QS 2.15 הרווה לאין : סליחה אפ אל

1QH 9.34 מצעדי : רוב סליחות והמון[
1QH 11.9 ובטובכה רוב סליחות ורחמיכה
4QBer 10 2.10 סלי]חות באף
4QMI 23 1.4]מי סליחו[ת : [
CD 2.4 אפים עמו ורוב סליחות : לכפר

1QH 5.2 עם חר˙[: סליחותיכה

11QT 49.18 וירחצו ויכבסו סלמותמה : ואת

1QH 4.3 מ ˙˙[:] על סלע רגלי ˙˙˙˙
1QH 6.26 תשים סוד על סלע וכפיס על
1QH 7.8 נשגבה ותכן על סלע : מבניתי
1QH 9.28]מנוסי משגבי סלע עוזי
1QS 11.5 אמת אל היאה : סלע פעמי
4VSam 3+ 2.3]העמד להמה סלע למרואש כיא
CD 11.11 בבית מושבת : סלע ועפר

4Q381 24 1.7 שמך ישעי סלעי ומצודתי

1apGn 21.8 ליליא ואמר לי סלק לך לרמת
5QJN 1 2.5 מרבע ודרגא די סלק לידה פתיה

1QM 14.7 [ ]סם לבב קושי

1QH 1.35 והיו ליצר סמוך[
1QH 2.9 לפתיים ויצר סמוך לכול
1QH 2.36 בהולל יצר סמוך אשר : ה[
1QM 8.14 קול נוח מרודד סמוך כסרך הזה
1QS 4.5 קודש ביצר סמוכ ורוב
1QS 8.3 בארצ ביצר סמוכ ורוח
1QS 10.25 [בע]דה גבול סמוכ לשמור

4Q184 1 1.15 מנצור מצוה סמוכי ˙[ ]˙

1QH 18.13 ליצר אשר סמכתה בעוזכה

1QH 7.6 אדוני כי סמכתני בעוזכה
1QH 9.32 ובאמת נכון סמכתני וברוח

מנס בירד אל סמל ׃ גבה מן 3Q15 1.13

איש ׃ עליו סמנים לצאת CD 11.10

]סנ˙ [׃] ˙˙ [׃] 4pIs[c] 51 1.3

מבינתכה אשר סנה ׃] 1QM 10.16
דמע סוח דמע סנה ותכן 3Q15 11.4

ואהוה לך ׃ סעד ותקף ואנה 1apGn 22.31

אלי תשיב נפשי סערה לדממה 1QH 5.18

בידן תחת סף ׃ הבור 3Q15 12.2
לוא עם מ[׃]סף ההר ספ˙] 4QCat[a] 8 1.4
מ[׃]סף ההר ספ˙] 4QCat[a] 8 1.4

חמא[׃ באשושה ספ[ו ׃ אלין 11tgJ 20.2

הרויה למען ספות הצמאה 1pHab 11.14
רוחי למען ס[פות] ׃ 4pIs[c] 21 1.10

]רי ׃ ספיר˙] 11tgJ 12.3

ו]משח עד תרע ספי[רא ׃ 2QJN 3 1.2

[˙˙˙˙˙˙˙˙] ׃]מספוף ˙˙] ׃ 4QCat[a] 30 1.2

עלי[הם ׃] ספר [ ]ל[1Q25 12 1.4
]בידם ספר אל את ׃ 1pHab 2.9
] על ספר] 1QDM 4.8
]ספר ברוב 1QH 11.28
המלח[מה ס]פר סרך עתו 1QM 15.5
שם קלל ׃ בו ספר אחד תחתו ׃ 3Q15 6.5
ואין קובר ומן ספר ישעיה 4Q176 1+ 1.4
]˙ו השנ[׃ ס]פרם כול[׃] 4Q502 32 1.3
א]ותו אל יודע ספר לא[מור 4pIs[c] 15+ 1.3
השופר הואה ספר[׃]˙[4QCat[a] 2+ 1.13
]˙[ ]אה ספר התורה שנית 4QCat[a] 2+ 1.14
]מ˙˙[׃]ספר[׃]בב˙[׃ 4QCat[a] 18 1.2
ים ישובו ‹ספ›ר ׃]תו מיא 4QMI 11 1.15
ואחרי ˙˙[׃]˙ספר התהלים 4QMI 17 1.4
הזואת על ספר מלפני 11QT 56.21
וישמע ויכתב ספר זכרון] CD 20.19
בחרון אפו או ספר לזקניו CD 9.4
הוא מדוקדק על ספר מחלקות CD 16.3

]ספרי[ ] 4pPs[a] 1+ 4.26
מאהלי דמשק ספרי התורה הם CD 7.15
הצלמים הם ספרי הנביאים ׃ CD 7.17

[י]נדע תלתת ספריא] 4QMes 1.5

את כול[׃ ס]פרים חומשים 1Q30 1 1.4

ולהלל ל[׃ ספרתי וע[׃ 1QH 8 1.8

הולך רוח ושקל ספת סופות CD 19.25

]˙ אשר ˙[׃]סר ˙[׃]˙דה ה 4pHs[b] 19 1.5

וידברו עליו סרה ויש˙˙[׃ 4QCat[a] 2+ 1.14
יומת כי דבר סרה ׃ על יהוה 11QT 54.15
לענות ׃ בו סרה ועמדו שני 11QT 61.8
הארץ כי דברו סרה על מצות אל CD 5.21
בליעל ׃ ודבר סרה במשפט האוב CD 12.3

בריתם אשר סר[ו ב]דרך ׃ 1QS[a] 1.2
מאשר לא סרו מדרך ׃ CD 8.4
לשבי ישראל סרו מדרך העם CD 8.16
תשובה ׃ ולא סרו מדרך CD 19.17
לשבי ישראל סרו מדרך העם CD 19.29

פשר הדב[ר]סרי מדרך[4QFl 1+ 1.14
בוגדים ׃ הם סרי דרך היא CD 1.13

יכתובו סרך אל ועל 1QM 3.3
VACAT ׃ סרך אותות כול 1QM 3.13
ואחריהם כול סרך פרוש שמותם 1QM 4.6
פרוש שמותם ׃ סרך אותות העדה 1QM 4.9
שרי שבטיהם ׃ סרך לסדר דגלי 1QM 5.3
רכב לאנשי סרך המע‹ר›כות 1QM 6.10
גוי הבל ׃ סרך לשנות סדר 1QM 9.10
ס]פר סרך עתו עם כול 1QM 15.5
סרכ˙[ע]יניו 4Q186 2 1.1
ממשלותם וה סרך מ ׃]˙ 4AgCr 1 1.4
]˙[ ]˙˙[׃ ס[רך 4QM6 10 4.2
לשוב ׃ וזה סרך לשפטי העדה CD 10.4
כלי מעשה ׃ סרך מושב ערי CD 12.19
יוארו וזה סרך מושב ׃ CD 12.22
המשפט וזה סרך המבקר CD 13.7
ו[זה] סרך הרבים CD 14.12

יכתובו עם כל סרכם ובגשתם 1QM 4.11

ויושבות על סרכמה והואה 4Q186 2 1.3
]יושבות על סרכמה ורוח ל[ו 4Q186 2 1.6

סורירה ׃ כן סרר ישרא בעמוד CD 1.14

מלאכי חבל על סררי דרך CD 2.6

]ם [׃]סת[4Q502 273 1.2

בירך קרקעו סתום בחליא ׃ 3Q15 1.7

] סתרין [׃ 3Q14 6 1.1

ולמען ׃ אשמתם סתרת מעין בינה 1QH 5.26

כי אתה אלי סתרתני נגד בני 1QH 5.11

ע

]׃ ארע˙ ת˙˙˙ע לן ׃ עזבוג 1Q20 1 2.6
]בארא[׃]תב ע[1Q23 19 1.2
]˙˙ מן ˙ע˙[׃]˙˙[1Q23 26 1.1
]˙בי שמוע[׃]ע רזיכה [׃] 1Q40 1 1.2
]˙[׃]ע[׃]˙[1Q70 26 1.2
]˙˙ה מתורה ע˙[׃]˙˙[1Myst 5 1.2
]˙˙ע[׃]˙לא[1pMic 9 1.1
כול רוחו˙ ע˙[ ] 1QH 1.9
דו [׃] עזי ˙ע˙[׃] כול 1QH 2.2
] ׃ לפני [ ]ע ותתן מענה 1QH 2.7
כיא עינכה ע˙[ ] על נפשי 1QH 2.31
ואני הייתי על ע[1QH 5.22
ץ אלה ˙˙˙˙ ׃]ע נשברת מקניה 1QH 7.2
עליו כול ע[ ]מים כי 1QH 8.9
פריו עם[ ]ע שחקים כי ראה 1QH 8.13
לנחל שוטף ע[1QH 8.17
חוליים ומ[ ]ע ל˙ ׃ בנגיעים 1QH 8.26
רגלי ׃ ˙˙˙˙ע˙˙ ˙˙תקו בזקי 1QH 8.35
]אפ˙˙[׃]ע[ ] ˙נום 1QH 9.2
ונגיעי למרפא ע[ ]נצח 1QH 9.25
כבודכה לאור ע[׃]˙חד רשעה 1QH 12.15
שממה כיא אין ע[׃]ין עוד 1QH 12.17
ליצר חמר בקצ ע[1QH 12.26
]˙ה קודש מקדם ע[׃]וברזי 1QH 13.1
עד למעשה[׃]ע 1QH 13.7
]קודש לדורות ע˙˙ וכול ׃ 1QH 14.6
]˙ד˙˙[ ]ע[ ]התערב ברוח 1QH 16.14

1QH 17.15	ולהשליך כול ע˙˙˙˙ם
1QH 18.5	] אפו ע˙ך ותאמנה בא[
1QH 18.15	בק˙[:]˙ע ממקור ˙[
1QH 2 1.8	ע[:]גו ולכה[
1QH 13 1.5	]דך ומה נחשבו ע˙˙ :]היו ולא
1QH 24 1.3	]דת קדוש [:]ע בין ט˙˙[:
1QH 50 1.6	פשע; [:]צוי ע[ ]ל[
1QH 66 1.2	]˙˙[:]ע ומ[:]של ע[
1QH 66 1.3	]ע ומ[:]של ע[:] ˙מר [:
1QJN 22 1.1	]חד ע˙˙[:]˙
1QS^{b} 13 1.1	]ע˙[
1QS^{b} 28 1.1	]כי ע[
2Q33 4 1.3	]˙ים כ[:]˙מה ע˙[
2QJN 4 1.12	ר<ו>שמתא כ[ ] ע˙[ ]˙[
3Q14 16 1.1	]ע בני [
3QHym 2 1.2	˙[:]ע˙[
4Q176 42 1.2	]וחי[:]רי ע˙[:]˙˙ה˙[
4Q176 47 1.1	]ע א[
4Q181 1 1.1	ביחד עם ס˙[ ]ע˙[ ]ל˙˙[ ]ל
4Q185 1+ 2.12	ושמחת לבב ע˙[: וחסדיו
4Q185 1+ 3.10	והוא[: ו˙א˙ע[ ]˙˙ם[:
4Q380 6 1.1	] נחל כל ע˙˙[:] ואת
4Q381 31 1.1	ל[יהו]ה[ ]ני ע˙[ ]ב˙[:
4Q381 73 1.1	]ח ע˙[:]˙˙[
4Q381 76+ 1.3	]היתה הווה ע[: ר]שף וכלה
4Q381 100 1.2	]˙˙[:]ע˙לה˙[
4Q381 105 1.1	]ע שו˙[
4Q401 6 1.1	]ע : [˙˙[ ]שבעה
4Q404 2 1.10	עו]למים ה[ ]ע˙[: מ]ברכיו[
4Q404 5 1.3	ממעל :]ע פלא נפלא הוד
4Q405 74 1.1	]ע בשבע דעת[:
4Q405 94 1.2	]הזבחים ע[
4Q487 11 1.3	]ו תוך ˙˙[:]ע דבר˙[:]צים
4Q487 17 1.1	]ע ש[: ת]בונו
4Q499 2 1.1	]ע[:]שיכה[:
4Q499 7 1.1	]˙תוע ע˙˙[
4Q500 3 1.2	]ת˙[:]ע[ ]
4Q502 27 1.2	ע]רב ובוקר ע˙[:]עם כול
4Q502 60 1.1	]˙˙ע[:]ו מכול[
4Q502 120 1.1	]˙ע[:] זכו]ר :
4Q502 124 1.2	]˙תא[ ]˙˙[:]ע ששי ל˙[
4Q502 154 1.5	]יו ב[:]˙ע˙[
4Q502 170 1.3	]ש˙[:]שר[:]˙ע˙[
4Q502 239 1.1	] ע[ ]ת[
4Q502 254 1.2	]ל[ ]˙ל ע[
4Q503 167 1.2	]ת [:]ע˙[
4Q503 214 1.1	]˙ע˙[
4Q506 153 1.2	]רב˙[:]˙ל ע[
4Q509 95 1.2	]˙[:]ם ע[
4Q509 158 1.4	[:]תיח˙[:]ע [
4Q509 231 1.1	]˙ע ה[:]˙[ ]
4Q509 250 1.1	] את ע˙[:]אורה[
4Q509 264 1.1	]ע˙[:]ר˙[
4Q511 18 2.7	א[לו]הים ע ני וכול
4Q511 94 1.3	[:]˙ם˙[:] ע[
4Q511 125 1.3	] כול[:]עזר ע˙˙[:]בקשו א
4Q511 163 1.2	]רם ל[:]ע ו˙[
4Q512 65 1.1	יתעב[ל]˙ע˙[: ושב
4Q512 79 1.1	]ע[:]ם כ[:
4Q512 124 1.1	]ע [
4Q512 128 1.1	] ע˙[:]˙[ ]˙[
4Q513 30 1.2	נדתם [:]˙ם ע˙[
4Q517 10 1.3	ק[:]דש[:]˙ע˙[
4Q517 40 1.1	]ע ל[:]˙וה[
4Q517 64 1.1	]˙ע[
4Q517 77 1.2	]אדית˙[:]ה˙ע[ ]ל[
4Q519 1 1.2	]˙[:]ע[ ]ם˙[:
4Q520 5 1.2	˙˙ ˙˙[:]י˙˙˙ע[ ]˙˙[
4Q520 17 1.1	] ע[:]˙נר[
4Q520 26 1.1	˙˙ע[: בא[
4apLm 2 1.3	]ע באהלך[:]

4pHs^{b} 3 1.1	]נה ע[:]לילה
4pHs^{b} 38 1.3	]: ע[: י˙[: מ˙[
4pIs^{c} 2 1.5	]ע[ ]ם התרה
4pIs^{c} 23 3.1	] : ע[
4pIs^{d} 2 1.2	הלוא[:]ע˙[ ]וד כיא אל
4pIs^{d} 3 1.2	]לם[:]ע˙[
4pIs^{e} 5 1.7	]שודד ע[
4pN 3+ 1.12	[י]תנוהו ע[
4pN 3+ 3.11	מ]לחמתה (ע) כוש עוצמה[
4pPs^{a} 12 1.1	]בשפת ע[:]ל[
4QCat^{b} 1 1.5	ירמ[יה:]˙ה ע˙˙˙˙˙˙[ ]ל[
4QFl 11 1.1	]הספון ע[:]כול אשר
4QM1 1+ 1.8	עטורי[ם ~~להבני~~]~~ע אוי~~ בג[ו]רל
4QM6 43 1.1	]<]ט˙[>ע˙[
4QM6 70 1.1	]˙ע[:]ט˙[
4QM6 97 1.3	] :]כ˙ ˙˙˙ת ע˙˙ הבע˙ה[
4VSam 7 1.1	]פני יהי ע[:]˙גרתי
6apGn 1 1.6	מה די[:]ה ע˙˙ תמהין שמעת
6apGn 3 1.2	] רבה : <[˙ע>]ע˙˙תה
6apGn 3 1.2	רבה : <[˙ע>]ע˙˙תה
6apGn 31 1.2	]˙רג[:]˙ע ל˙[
6apPr 1 1.1	יהיה ישראל ע˙˙[
6apSK 3 1.2	]˙˙[:]שכה ע[:]˙˙˙˙[
6apSK 46 1.2	]˙[: אל]הים ע[
6apSK 60 1.1	]˙ש ע[:]תו נער[
6QApo 1 1.5	א˙[:]ה יבדה ע[:] כול חות
6QHym 12 1.1	]ע כבו[ד :]
11Ap^{a} 2.2	]ארק מי ע[: ואת
11QPs 24.13	ממני ואל ינצו ע[ ]יו בי כבוד
11QPs^{b} e 1.3	לם שלום ע : ˙רי המלט :
11QSS 3+ 1.6	י]סבו לכול ע[
11tgJ 28.1	]לא[ ] : ע[
11tgJ 31.8	]]ע˙[ ]כימא או
11tgJ 31.10	]˙ע˙[:
11QT 7.7	] : [˙˙˙ מאה ˙ע[:]˙˙˙˙˙˙
11QT 12.15	˙˙˙˙ ופשיתה ע˙˙˙ ˙˙[:
11QT 25.1	] יקריב ע[:]
11QT 41.17	זהב טהור ובין (ע) שער לשער

1Q23 15 1.1	]עא[:]שגי[א :
1Q70 12v 1.1	]˙עא[

1QH 14.8	הנותן בלב עב˙˙ בינה :
1QH 16.12	[ ]דיך עם עב[ ] ל[ ]
1QH 45 1.2	] צדקה וע[:]עב ל<ש>חת בעת
4Q374 2 2.6	]לפרעה עב[:
4Q381 90 1.1	]עב˙˙[
4Q509 76 1.2	]שים [:]˙ עב[
4Q511 209 1.1	]עב[
4pIs^{c} 56 1.1	]˙עב נחרו[

1apGn 12.13	ולשנין ארבע עבד לי חמר ˙˙˙
1apGn 20.14	מני בתוקף עבד לי דין מנה
1apGn 21.3	די יהב לי ודי עבד עמי טב ודי
4Q381 48 1.10	נמגו כל [:]עבד[
4QOrd 2+ 1.3	ימכר ממכרת עבד ו˙[
11tgJ 9.4	ורבו עם אלהא ע[בד : במרו]מה
11tgJ 24.7	ה]וא ארעא עבד : וקשט
11QT 63.1	לאלוהיהם : עבד בה אשר[
CD 20.21	ורשע בין עבד [א]ל לאשר

4Amrm 2 1.4	]יכה וכל עבדה ח[ש]יך

11tgJ 25.2	: יחכ]ם עבדהון וירמא

1pHab 13.2	הגוים : אשר עבדו את האבן
4QCat^{a} 7 1.5	האנשים אשר עבדו אל[הים :
11Ap^{a} 2.11	]˙עבדו יהו[ה :
CD 5.4	והזקנים אשר עבדו את העשתרת
CD 20.21	[א]ל לאשר לא עבדו : ועשה
CD 11.12	ימרא איש את עבדו ואת אמתו

1Q36 15 1.4 אמתכ[ה :]ל עבודת ˙[:
1Q43 1 1.2 עבו]דת כול
1QH 1.27 ולבני האדם עבודת העוון
1QM 13.5 המה בכול עבודת נדת
1QS[a] 1.13 לעבוד את עבודת העדה ובן
1QS[a] 1.18 לצב]ואת : עבודת מעשו
4Q511 18 2.6 בינתי ו˙˙ה עבודת רשעה כיא
4Q511 63+ 2.4 ובהנכון לכול עבודת אמת ועם
4Q511 63 3.3 ומשפטים לכול עבודת מעשיהם
5Q13 1 1.10 במעש[י :]בת עבודת[:]˙
CD 10.20 בשדה לעשות את עבודת חפצו :
CD 14.16 לה דורש כל עבודת החבר ולא

1QS[a] 1.22 המס יעשה עבודתו כפי
1QS[a] 2.1 בתו[ך מחל]קת עבודתו אלה :

1QH 2.33 לשפוך על עבודתכה אפס כי
1QH 2.36 לעזוב עבודתכה מפחד

1QH 1.16 בקציהם פלגתה עבודתם בכול
1QM 2.16 התרועה לכול עבודתם ל[

11QT 25.9 בו כול מלאכת עב[ו]ה] שבתון

1apGn 19.10 כולא ושמעת די ע[בו]רא ה[וא]

4Q186 1 3.4 ידיו עבות ושוקיו
4Q186 1 3.4 עבות ושוקיו עבות ומלאות
4Q186 1 3.5 ואצבעות רגליו עבות וקצרות

1pHab 8.8 יכביד עלו : עבטט

1QM 10.12 כב[ודו באפ]ל עבים הבורא ארץ
4Q381 14 1.2]˙ים עננים עבים שלג [

1QNo 8 1.1]˙ עבם[:

1pZ 1 1.3]כנץ[ ]עבר [י]ום ˙ :
4Q498 13 1.1]עבר[
4Q502 148 1.1]עבר [
4pIs[a] 2+ 2.21]בא אל עיתה עבר [
CD 15.4 השפטים אם עבר אשם הוא

4Q381 31 1.7 חרב ביום עברה האטרים
CD 19.16 אשפך כמ[ים] עברה: כי באו

1pMic 6 1.4 כבוד[: אש]ר עברו [
4Q379 12 1.3]ע]ברו ביבשת
4pHs[b] 7+ 1.1]]עברו ברית

1QM 6.10 יעמודו לכול ע[ב]רי המחנה
1QM 9.11] מ[שנ]י עברי המערכה

4Q405 15+ 1.5 כבוד משני עבריהם[
4Q405 15+ 1.6 וברכו ל[: עבריהם ישמיעו
4Q405 80 1.2]˙˙[:]עבריהם[

1QM 5.12 חוברת בו לשני עבריו וספות

1Q29 14 1.2 זידות[:]עברם ˙[:]˙ל[

1QS 4.12 עולמים באפ עברת אל נקמה
4Q405 23 1.12 ירחם בממשלת עברת כל[ת
4QBer 10 2.10 סלי]חות באף עברת[לכו]ל

1QM 14.1 למו[עד : כאש עברתו באלילי

1Q36 5 1.1]˙ות עג[
4Q486 1 1.7]˙ ובחיקכם:]עג:]ם:]˙ם

4pHs[b] 11+ 1.5 שו[בבי]ם היה ע[גל

CD 12.10 בכל מאדו ואת עבדו ואת אמתו

1apGn 22.6 וקם : ובחר מן עבדוהי גברין
11tgJ 28.1]ארו רברבין עבדוהי ד[י

4Q176 1+ 1.9 ואתה ישראל עב[די י]עק[ו]ב
4Q176 1+ 1.11] לכה עבדי אתה[
11tgJ 18.6 אתקצרת: בדין עב[די

11tgJ 27.3 ויחוא לה<ו>ן עבדיהו[ן

1Q36 17 1.3]˙אבו˙ם אל עבדיו בבו˙˙ [
1pHab 2.9 את כול : דברי עבדיו הנביאים[
1pHab 7.5 כול רזי דברי עבדיו הנבאים
1QS 1.3 מושה וביד כול עבדיו הנביאים
4Q176 8+ 1.15 לענות את עבדיו בו[
4pHs[a] 2.5 אליהם[ ] : עבדיו הנביאים
1QS[b] 1.27 כו]ל קצי עב<ב>ד[יו

4Q381 33 1.6 כי [: עבדיך בצדקך

11QT 54.17 מבית עבדים להדיחכה

1QH 13.18 אחור ואני עבדך ידעתי :
1QH 14.25 עולה לעד ואני עבדך חנותני
1QH 16.10 כרצו[ ] ונפש עבדך ח˙ה כול
1QH 16.14]התערב ברוח עבדך ובכול
1QH 16.18 אל תשב פני עבדך [ ]ל[
1QH 17.11] עבדך מכול
1QH 17.23]˙ה לבו :]עבדך מחטוא לך
1QH 17.25 כי רוח בש[ ]עבדך :
1QH 17.26 קודש[ ] על עבדך [
4Q378 22 1.2 ביד ישוע משרת עבדך משה :]דך
4QPs[f] 2 7.8 [: [ויב]שו עבד[ך

1QH 5.15 [ ]תה נפש עבדכה ולמען
1QH 5.28 נמאר בתכמי עבדכה להכשיל [
1QH 7.16 ידעתה יצר עבדכה כי לא˙[
1QH 9.11 תחנה בפי עבדכה ולא
1QH 10.29]]˙˙ש עבדכה תעבה˙˙˙[
1QH 11.30 שמח נפש עבדכה באמתכה
1QH 11.33 אלה ותשם בפי עבדכה ˙˙˙˙˙˙˙˙
1QH 18.6 ותאמנה בא[: עבדכה עד עולם
1QH 18.10]ור פתחתה בפי עבדכה ובלשונו
1QM 11.2 ביד דויד עבדכה כיא בטח
1QS 11.16 לדעה : לב עבדכה הכן בצדק
4Q504 1+R 5.14 ביד מושה עבדכה : [כי]א
4Q504 6 1.12 [˙[ ]פני מושה עב[דכה :]כיא
4Q505 122 1.1]מושה עב[דכה:]˙ה
4Q512 28 1.1 א]ני עב[דכה :]מודה
4Q512 70+ 1.1]˙ עבדכ[ה]˙˙˙[:
4VSam 3+ 2.1]עבדכה לוא

11tgJ 26.5]אלהא : די עבדנה ודי חלק

11tgJ 18.8]ארו : עבד[ני

1apGn 20.26 ואמר לי מא עבדתה לי בדיל
1apGn 22.28 מן חרן תרתין עבדתה תנה ושבע

4Q381 33 1.11 ק[דשך] לא עבדת[יך]לי

4Q509 140 1.2]˙[:]ש עבוד˙[
4Q509 279 1.1]˙בר עבוד[
4Q512 40 1.4 לנו בין: עבו]ד לכה: [

1QS 3.26]הן כול עבודה ועל
11QT 14.10 כול מלאכת ע[בודה : לבד
11QT 17.11 כול מלאכת עבודה לוא תעשו
11QT 17.16 כול מלאכת עבודה לוא תעשו
11QT 19.8 כול מלאכת עבו[דה] :

1QM 6.15	בידם מגני עגלה ורמח ארוך

1Q23 27 1.4	]˙בין [:] עד [:]כי[
1Q29 13 1.2	]וכול בינות עד[:]רשע ושר
1apGn 2.5	[ ] בני שמין עד כולא בקושטא
1apGn 2.7	כול עלמים עד בקושט עמי
1apGn 16.11	צפונא כולהא עד די דבק ל˙˙˙
1apGn 17.8	למערבא לאשור עד דבק לחדקל ˙
1apGn 17.9	ארעא די˙˙˙˙ עד די דבק
1apGn 17.10	דן למערבא עד דבק ˙˙˙ : ˙˙
1apGn 17.16	לקדמין בצפונא עד די דבק
1apGn 19.8	] למאלם [ ]ם עד כען לא
1apGn 19.9	[ ]א[ ]עד די דבקת
1apGn 19.26	] ואתון למקם עד די[ ]צ
1apGn 21.1	אתר משריאתי עד די דבקת
1apGn 21.6	נכסוהי ודבק עד סודם וזבן
1apGn 21.11	מן נהר מצרין עד לבנן ושניר
1apGn 21.11	ומן ימא רבא עד חורן וכול
1apGn 21.11	וכול ארע גבל עד קדש וכול
1apGn 21.12	חורן ושניר עד פורת ואטר
1apGn 21.14	אנתננה אחריך עד כול עלמיא :
1apGn 21.15	ואתית ליד ימא עד די : דבקת
1apGn 21.17	לפותי ארעא : עד די דבקת
1apGn 21.17	ליד פורת עד יד דבקת
1apGn 21.18	ימא שמוקא עד די דבקת
1apGn 21.18	וסחרת לדרומא עד די דבקת
1apGn 21.29	די בטורי גבל עד דבקו לאיל :
1apGn 22.7	רדף בתרהון עד דבק לדן
1apGn 22.10	מן קודמוהי : עד דבקו לחלבון
1apGn 22.21	אן מן חוט עד ערקא דמסאן
1Myst 6 1.3	שגג˙˙˙˙ל [:]עד עולם לפניו
1pHab 8.7	המרבה ולוא לו עד מתי יכביד
1pMic 11 1.3	שלל וע[רום : ע]ד שער עמי
1pMic 11 1.3	ע]ד שער עמי ע[ד : י]דין
1QDM 1.10	והשיגום ע[ד] אובדם ועד
1QDM 3.10	אבו]תיכם עד יום[עש]ור
1QH 1.8	לעולמי עד] [
1QH 3.8	כיא באו בנים עד משברי מות :
1QH 3.30	בשביבי להוב עד אפס כול
1QH 3.31	זפת ותאוכל עד תהום : רבה
1QH 3.36	בתבל ולא תשוב עד כלה ונחרצה
1QH 4.27	רבים ותגבר עד לאין מספר
1QH 4.39	בבריתכה עד [:]יכה כי
1QH 6.16	˙[: עד ש˙˙˙[
1QH 6.16	˙˙[ ]שרשיו עד תהום וכול
1QH 6.19	אנשי : אשמה עד כלה והמה
1QH 6.24	ו˙[ ]עד שערי מות
1QH 6.25	נ(ס)<ש>גבה עד פלט ואש [
1QH 6.31	]ו מקצה עד˙˙˙˙ : ˙˙˙˙˙
1QH 7.31	לפניכה לעולמי עד כי אל
1QH 8.30	ב˙[ ]עד ימימה תואכל
1QH 8.31	ולכלות בשר עד מועדים
1QH 9.29	]לי לפלט עד עולם כי
1QH 9.38	] :]הגברתה עד אין מס[:
1QH 10.24	גבורים על רוב עד˙˙[
1QH 10.27	]˙ עד ˙לפי דעתם
1QH 10.33	ברעדה ונהמתי עד תהום תבוא :
1QH 11.13	לפניכה עם צבא עד ורוחי[
1QH 11.22	ומספד מרורים עד כלות עולה
1QH 11.25	שמכה לעולמי עד יברכוכה בפי
1QH 11.27	תופיע : לכבוד עד ושלום עולום
1QH 13.6	]]מחת עד למעשה[:]ע
1QH 13.10	ופקודת עד כי אתה
1QH 13.13	תהיה : לעולמי עד וברזי שכלכה
1QH 14.4	מ]תאפקים עד[ ] משפטיכה
1QH 15.16	עולם ושלום עד ואין מחסור
1QH 17.28	]עולמי עד : אורכה
1QH 18.6	בא[: עבדכה עד עולם [
1QH 18.26	למי נחשבתי עד זות כיא :
1QH 18.29	לאור אורתום עד נצח ו˙˙˙
1QH 2 1.6	]ה תמיד עד פלט ומליצי

1QH 9 1.8	ואתה :] אסיר עד קץ רצונכה :
1QH 12 1.2	]˙ר ל˙[:]עד עולם[[
1QH 17 1.4	˙[:]לעולמי עד אתה הוא [:
1QH 27 1.1	] עד [:]ל אלה
1QH 34 1.2	ונר[:]˙עד [:]אדם [
1QH 51 1.1	] עד˙˙[:] לא [
1QJN 17 1.3	]דין˙ [:]עד[
1QM 1.8	תבל הלוך ואור עד תום כול
1QM 1.12	כמוה מחושה עד תומה לפדות
1QM 2.12	ופרס והקדמוני עד המדבר הגדול
1QM 3.9	לוא ישוב אפו עד כלותם :
1QM 5.13	וארבעה טפחים עד הבטן והבטן
1QM 6.14	שלושים שנה עד בן חמש
1QM 7.4	ללכת למלחמה עד שובם וכול
1QM 8.1	אנשי הקלע עד כלותם
1QM 8.7	ידי מפשע עד קורבם :
1QM 8.12	ידי מלחמה עד השליכם
1QM 9.2	לנצח המלחמה עד הנגף האויב
1QM 9.7	על ידי המלחמה עד החרם ובנפול
1QM 10.16	שנים וקצי : עד וש[
1QM 11.10	רשעה לוא תשוב עד : כלות אשמה
1QM 16.1	] ל[חזו]ק : עד תום כול
1QM 16.5	לקול החצוצרות עד התיצבם איש
1QM 17.1	ולוא יכהו עד]
1QM 17.9	במצרף אל עד יניף ידו
1QM 17.11	החצוצרות : עד התיצ[בם
1QM 19.9	ההוא למנוח עד הבוקר
1QM 19.9	ובבוקר יבואו עד מקום המערכה
1QS 3.18	להתהלכ בם עד מועד פקודתו
1QS 3.23	לפי רזי אל עד קצו וכול
1QS 4.7	עם כול ברכות עד ושמחת
1QS 4.13	נצח וחרפת : עד עם כלמת כלה
1QS 4.13	בהויות חושכ עד : כלותם
1QS 4.16	אל שמן בד בבד עד קץ : אחרון
1QS 4.19	בממשלת עולה עד : מועד משפט
1QS 4.23	כול מעשי רמיה עד הנה יריבו
1QS 4.25	בד בבד שמן אל עד קץ נחרצה
1QS 6.17	בטהרת : הרבים עד אשר ידרושהו
1QS 6.17	לרוחו ומעשו עד מ<ו>לאת לו
1QS 6.20	במשקה הרבים עד : מולאת לו
1QS 7.11	לוא בעצה וחנם עד שלוש פעמים
1QS 8.18	ידע בכול עצתם עד אשר יזכו
1QS 8.26	לוא שגג עוד עד מולאת לו
1QS 9.11	לתיסר בם : עד בוא נ<ב>יא
1QS 10.*19*	באפ לשבי) <עד יום> נקם
1QS 10.20	ולוא ארצה עד הכון משפט
1QS 10.21	אנחם בנכאים עד תום דרכם
1QS 10.23	ומעל אנשים עד תום : פשעם
1QS[a] 1.4	הבאים מטף עד נשים וקראו
1QS[a] 2.22	יו]עדו עד עשרא
1QS[b] 3.21	שלומכה לעולמי עד : דברי ברכה
1QS[b] 5.18	ו]עם כול קצי עד וכבודכה לוא
1QS[b] 14 1.2	]שיכה[:] עד ˙[
2QJN 3 1.2	]˙˙[: ו]משח עד תרע ספי[רא
2QJN 4 1.11	וחזית עד די ˙ל[:
2QJN 4 1.15	די הי[: הוית עד חדא מן
2QJN 4 1.17	חזי הוית עד די יהיב
2QJN 4 1.19	]ל[ ]עד עדן די יתבו
3Q15 1.12	אמות שש עד ניקרת
3Q15 5.9	של שלום : ו עד הרגם הגדול
3Q15 7.15	אמות שלוש עד הטור : ככ
4Q176 8+ 1.11	מקצוף עליך עד ו<מ>געור בך
4Q176 8+ 1.13	ימוש[: נ]ואש עד דברי
4Q181 1 1.2	ליחד רשעה עד : קצה לעומת
4Q185 1+ 1.11	וציצו תשא רוח עד אי<י>קום
4Q379 12 1.7	הר[ ]פי עד חדש קציר
4Q380 1 2.5	ושנאי רעים עד[: תחפצו
4Q381 24 1.2	˙˙ואין מכבה עד י[: עד
4Q381 24 1.3	מכבה עד י[: עד לכלה סלה:
4Q381 46 1.4	יפוצו לרב עד א[ ]˙˙ני ו[
4Q381 56 1.2	]עמי[:]עד ש[

11QT 41.3] הזואת : עד ש[ער
11QT 41.7 הפנה הזואת עד : שער דן
11QT 41.8 וכבה משער דן עד : שער נפתלי
11QT 41.10 ומשער נפתלי : עד שער אשר
11QT 41.11 ומשער : אשר עד פנת (של)
11QT 41.15 ועשרים באמה עד המשקוף
11QT 42.2] עד המשקוף
11QT 42.16 ויושבים שמה עד (ע)ה<ע>לות
11QT 43.7 את הדגן : עד השנה השנית
11QT 43.7 עד השנה השנית עד יום חג
11QT 43.8 מועד התירוש עד השנה השנית
11QT 43.8 עד השנה השנית עד יום מועד :
11QT 43.9 מיום מועדו עד השנה השנית
11QT 44.4 [: [שמעו]ן עד שער יהודה
11QT 44.7 משער יהודה עד : הפנה ארבע
11QT 44.9 משער שמעון עד הפנה :
11QT 44.11 אצל בני יהודה עד שער ראובן :
11QT 44.13 ומשער : ראובן עד שער יוסף
11QT 44.14 ומשער יוסף עד שער בנימין
11QT 44.15 בנימין עד פנת המערב
11QT 44.16 הפנה : הזאת עד שער יש שכר
11QT 45.8 כול המקדש עד אשר [יש]לים
11QT 45.17 לוא יבואו לה עד אשר יטהרו
11QT 45.18 לוא יבואו לה עד אשר יטהרו
11QT 50.3]˙ה עד אשר יזו את
11QT 50.12 הנוגע בו טמא עד הערב ואם :
11QT 50.18 יטהרו עוד עד : לעולם :
11QT 51.3 יטמא : ע[ד ה]ערב
11QT 53.7 אחריכה עד עולם ועשיתה
11QT 58.18 ולוא יצא עד יבוא לפני
11QT 58.20 יצא מעצת לבו עד אשר ישאל
11QT 59.9 געלה נפשמה עד יאשמו כול
11QT 61.6 לוא יקום עד אחד באיש
11QT 61.7 דבר אם יקום עד חמס באיש
11QT 61.9 השופטים והנה עד שקר העיד
11QT 63.14 תגע לכה בטהרה עד : שבע שנים
11QT 63.15 לוא תואכל עד יעבורו שבע
11QT 64.15 והיה עמכה עד דרוש
CD 2.9 מן הארץ : מי עד תומם וידע
CD 2.10 עולמים ונהיית עד מה יבוא
CD 2.21 את מצות עשיהם עד אשר חרה אפו
CD 3.13 בריתו לישראל עד עולם לגלות
CD 4.8 בו הראשנים עד שלים : הקץ
CD 5.5 ויטמון : נגלה עד עמוד צדוק
CD 6.10 לא ישיגו עד עמד : יורה
CD 20.1 מורה היחיד עד עמוד משיח
CD 20.5 אנשי : דעות עד יום ישוב
CD 20.14 יורה היחיד עד תם כל אנשי
CD 20.20 ולחושבי : שמו עד יגלה צ ישע
CD 20.23 את המקדש ושבו עד : אל ו[יש]ר
CD 9.18 יכתבהו בידו עד עשותו : עוד
CD 10.3 המצוה ביד רמה עד זכו לשוב :
CD 10.4 לשפטי העדה עד עשרה אנשים
CD 10.7 ועשרים שנה עד בני ששים
CD 10.10 את : דעתם עד לא ישלימו
CD 12.5 ממנה ושמרוהו עד שבע שנים
CD 12.12 מעגלי הדבורים עד כל נפש :
CD 12.15 באש או במים : עד הם חי[ים]
CD 12.23 בקץ הרשעה עד עמוד משוח
CD 13.1 אהרן : וישראל עד עשרה אנשים
CD 14.7 שלושים שנה עד בן ששים
CD 14.9 מבן שלשים שנה עד בן חמשים
CD 15.11 את : המשפטים עד עמדו לפני
CD 15.15 וים[גר] : עד שנה תמומה
CD 15.16]עד[ ]ט
CD 16.8 דבר מן התורה עד מחיר מות אל
CD 16.9 מ[ן התו]רה עד מחיר מות אל
MasSS 1.1 פלא בנסתרות עד ובל:]
MasSS 1.2 נהיו כל הוי עד ומדעתו:
TS 3 2.1 ומשער זבולון עד שער גד
TS 3 2.2 הפנה הזואת עד שער דן

4Q385 3 1.2 הימים מהר עד אשר יאמרו
4Q400 1 1.3]בקדושי עד קדושי
4Q400 1 1.15 כול קדושי עד ויטהר טהורי
4Q402 10 1.4]תו ים[:]עד מ[
4Q403 1 1.29 לכול ברוכי עד : למשכיל
4Q403 1 1.37 מרנני דעת עד ושופט
4Q497 15 1.1]עד כ[:]˙ן
4Q502 109 1.2]מ [:]˙ים עד ˙[:]˙חות[
4Q503 39 1.2]ולעו עד אתחב˙˙ו˙>
4Q503 51+ 1.2]]עד ˙˙[:]
4Q503 124 1.1]עד[:]מ˙]
4Q509 4 1.5 ב[:] עד אמן אמן]
4Q509 18 1.1 לעול]מי עד ולנו בוש[ת
4Q511 10 1.10 בצד[ק מ]הויי עד : [ע]ד נהיי
4Q511 10 1.11 מ]הויי עד : [ע]ד נהיי
4Q511 63 4.3 שמכה : לעולמי עד אמן אמן
4Q511 103 1.2]˙˙˙˙ :]ורות עד:]˙ גבורתו
4Q512 29+ 1.20 ˙˙˙] :] תנקה עד משפט[
4Q512 65 1.3 מכול[: תפלה עד ˙˙[:] [
4Q512 76 1.3]˙ל נפשו עד[
4Q514 1 1.8 וגם אל יאכל עד בטמאתו
4Amrm 2 1.6]צליא עד ארעיא אנה
4pHs[b] 2 1.5 א]ל[ע]ד אשר
4pIs[c] 23 2.7 חמשה תנוסון עד אם נותרתמה
4pN 3+ 1.3 יון מאנתיכוס עד עמוד מושלי
4pPs[a] 1+ 3.2 ארם ולזרעם עד עולם וביטי
4QBer 10 2.6 עונות מעמדמה עד תוממה]
4QCat[a] 5+ 1.3 הו[אה :]רה עד עת המצ[רף
4QCat[a] 10+ 1.8 פניכה ממני עד אנה אשיתה :
4QCat[a] 10+ 1.9 אנה אשיתה :] עד אנה[
4QCat[a] 12+ 1.3 ועתה יהוה עד מתי חונני
4QCat[a] 12+ 1.5 לבליעל :]˙הם עד עשרה צדיקים
4QFl 1+ 1.4 ובן נכר וגר עד עולם כיא
4QM1 1+ 1.7]˙ המערכה עד שובמה
4QM2 1 1.9 יבואו עד מקום המערכה
4QM6 66 1.1]עד ˙[
4QPBl 1 1.3 המה הרגלים עד בוא משיח
4QPBl 1 1.4 מלכות עמו עד דורות עולם
4QTeh[b] 3 1.1 והזקנים עמו עד[
4VSam 3+ 2.1 לוא עצרתי כוח עד זואת כיא :
5QJN 1 2.5 ק[נין תרי]ן עד[vac] :
5QJN 1 2.7 מן ז[ו]יתא עד תרעא אחרנא
6apGn 2 1.2] : הוית עד די אתת[
6apSK 1 1.2 עשרא [:]ומה עד הגול[ה
6apSK 30 1.1]עד גת ועד [:
6QAly 1 1.4 באת[י : הב]קר עד הערב ˙[:
6QApo 2 1.2]עק יקום [:]עד די כ[: א]בל
6QHym 2 1.6 ויהי[:]˙[ ]עד שמח[:]מר
6QHym 10 1.2]מ מצ˙[:]עד וא[:]ל
11Ap[a] 1.12 הבדיל[:]˙ עד[:]תה[
11Ap[a] 3.10]˙ד בארץ :]עד עולם ו˙[
11Ber 1 1.4 א[: לעולמי עד וברוכים[:
11QSS q 1.3 כול קדושי עד : ת]הלי
11tgJ 18.4 הי]א עד : אבדון
11tgJ 21.2 סברת[: תסיפון עד תחקרון סוף[
11tgJ 30.8]˙ ואמרת עד תנא : ולא
11QT 18.12 תס]פורו עד ממוחרת השבת
11QT 19.13] ע]ד ממוחרת
11QT 20.16] ואת האזרוע עד עצם השכם
11QT 21.13 תמימות תהיינה עד ממוחרת השבת
11QT 29.9 עליו את כבודי עד יום הברכה
11QT 36.9 מן הס(˙)ף עד המשקוף
11QT 36.12 ומפנת השער עד המקצוע השני
11QT 39.7 בה אשה וילד עד יום : אשר
11QT 39.14 למזרח צפון עד שער שמעון
11QT 39.15 הזה עד שער (˙˙˙˙˙)
11QT 39.16 ומשער לוי עד שער יהודה :
11QT 40.11 לעומת המוסד : עד עפרותיו
11QT 40.13 באמה מן הפנה עד : שער שמעון
11QT 40.14 ומשער שמעון עד שער לוי :
11QT 40.15 ומשע[ר] לוי עד שער יהודה

4pPs[a] 1+ 2.10 פשרו על : עדת האביונים
4pPs[a] 1+ 3.5]להיות[ע]ם : עדת בחירו אשר
4pPs[a] 1+ 3.10 פשרו על עדת האביונים
4pPs[a] 1+ 3.16 לבנות לו עדת[
4pPs[a] 1+ 4.19]נכרתו : מתוך עדת היחד
4QCat[a] 9 1.4]המה עדת דורשי
6Q30 1 1.3]˙˙[:] ˙עה[: עד]ת בוגד[ים :
11Mel 2 3.7 בליעל באש[ ]עדת[ ]˙˙˙
11QT 39.6 לפני כול ע[ד]ת בני :
CD 20.2 לכל באי עדת אנשי תמים

1QM 2.5 לכפר בעד כול עדתו ולהדשן
CD 8.13 חרה אף אל בכל עדתו : ואשר
CD 19.26 חרה אף אל בכל עדתו : ואשר אמר

1QS[b] 3.3 פניו אל כול עדתכה ישא

4pN 3+ 2.5 לא ימוש מקרב עדתם חרב גוים

4Q509 3 1.5 ח]סריכה על עדתנו כש[עירים

1Q37 1 1.1]עה בו ישרא[ל
4Q497 26 1.1]עה לש˙[ ]˙[ ] :
4Q509 181 1.1]עה[
4Q509 192 1.4]שכה לה[:]עה ב˙[
4Q511 48+ 1.2 צדקו ו˙[ ]עה ובפי יפחד [
4pIs[c] 27 1.3]ך העם וא[:]עה מקנכה [
6Q26 9 1.2]˙ [:]˙עה[

1Q36 14 1.4 בי וכן ב[:]˙עו והופי[ע :]
1Q70 21 1.2]ה[:]˙עו [
1QH 5.37 ישוברו וחומת עו[ ]
1QH 11 1.2 מדה לכול שני עו[:]מ˙ר
1QH 18 1.1]˙עו˙˙[:]
1QH 20 1.4 לכול קצי עו˙˙[:]˙[
4Q178 10 1.2]בליעל[:]˙עו[
4Q381 31 1.3 תבואינא אל עו˙[
4Q404 16 1.4 [:]שבעה [<עו[>
4Q487 1 1.5]בכול חוקיו :]עו כימי :]ל[:
4Q502 26 1.3 ו]אמר [:]˙עו[
4Q502 61 1.1 [עו˙[:] תמ˙[
4Q502 174 1.3 בש[:]˙קד ˙עו[
4Q502 251 1.2] את[:]ב עו[
4Q503 207 1.1]˙עו[
4Q509 133 1.1]˙˙˙עו לב[:]עמוד
4Q511 123 1.2]˙ם[:]˙עו ממ˙[:]˙
4Q512 188 1.2]˙[:]עו[
4Q517 21 1.1]˙עו˙ ˙[:]וג[
4Q517 48 1.1]עו ˙˙[:]

1apGn 21.5 מן לואתי מן עובד רעותנא

4QMes 2.16 יתבנון בעירין עובדה : חלף

1pHab 13.3 אל את כול עובדי העצבים :
4pIs[c] 11 1.2]ה עובדי : [

4Q509 189 1.5 כי תניח[: ע]ובדכה בא[

11QT 5.3]אמה ש[:]עובי שלוש[:

1QDM 2.2 כא]שר א[תה] עובר את
CD 10.3 על רעהו : לעד עובר דבר מן

1QH 4.27 במשפט כול : עוברי פיכה ובי
1QH 8.8 גיזעו לכל עוברי : דרך
1QS 5.7 להרשיע כול עוברי חוק ואלה
1QS 5.14 כיא טמא בכול עוברי דברו

1QDM 1.9 א[שר המ]ה עוברים : את

TS 3 2.3 ומשער נפתלי עד שער אשר
TS 3 2.4 ומשער אשר עד פנת מזרח(ה)
TS 3 2.6 ועשרים באמה עד ה(אדשכי)ם

1apGn 2.21 רחים ור[: עדבה פליג ולה

1pHab 10.10 בדמים ולקים עדה בשקר :
1QM 4.9 אות הראישונה עדה אל על אות
1QS[a] 1.20 ולשאת משא עדה : ולהתיצב

1QH 12.17 רמיה[:]˙עדי שממה כיא
1QM 12.15 רנה עדינה עדי כבוד
1QM 19.7 רנה עדינה עדי כבוד
1QS 8.6 קודשים לאהרון עדי אמת למשפט
4Q381 57 1.1]עדי [:]בשר ˙[

1QS 6.1 בתוכחת לפני עדים ב( )<א>לה
4apLm 1 2.11 וכתם טוב עדים נושאים
11QT 61.7 על פי שנים : עדים או על פי
11QT 61.7 על פי שלושה עדים יקום דבר
11QT 64.8 על פי שנים עדים ועל פי
11QT 64.8 ועל פי שלושה עדים : יומת
CD 9.3 לא בהוכח לפני עדים : והביאו

1QM 12.15 בקול רנה עדינה עדי כבוד
1QM 19.7 בקול רנה עדינה עדי כבוד
4QM2 1 1.7 ב]קול רנה עדינה [

1apGn 2.9 מרי דכרלך על עדינתי א[:]
1apGn 2.14 מרי ויא [: עדינתי יאמיא

1pPs 17 1.2 [˙[:]עדמ[

1QH 6.16 וכול נהרות עדן[ ]ל[
2QJN 4 1.19]ל[ ]עד עדן די יתבו [
4Q484 7 1.1]עדן[
4Q503 1+ 2.19 לפניו[ ]˙ם עדנ˙[ ] :
4Q504 8R 1.6 ודעת [: בג]ן עדן אשר נטעתה
4QMes 1.4 ידע מדע[ם] עדן די :
11tgJ 32.2 שלמין ותנדע עדן מולדהין

4Q503 64 1.2]עדנו [:]

1QH 10.30 ובצע וברום עדנים לא˙[
1QH 13.17 ותמ˙˙[ ] וב עדנים עם שלום
11Ber 1 1.10 לכם פרי : [ע]דנים ואכלתם

11tgJ 14.7 [: ד]י לא עדר לה<ו>ן

CD 13.9 מדהובם כרועה עדרו : יתר כל

4pPs[a] 1+ 3.6 [: צון בתוך עדריהם : כלו

1QH 3.22 ולבוא ביחד עם עדת בני שמים
1QH 5 1.3 [:]ות עם עדת קדושיכה
1QH 55 1.2 ˙[:]פילנו עדת רום גא˙[:
1QM 1.10 גדול עדת אלים וקהלת
1QM 15.9 כיא המה עדת רשעה
1QS[a] 1.1 וזה הסרך לכול עדת ישראל
1QS[a] 1.12 ביסודות עדת : הקודש
1QS[a] 1.20 להתיצב על עדת ישראל
1QS[a] 2.8 להתיצב [ב]תוך עדת א[נ]ושי
1QS[a] 2.12]רואש כול עדת ישראל וכול
1QS[a] 2.21 יבר]כו כול עדת היחד א[יש
4Q381 76+ 1.7 [ ] : עד]ת קדוש
4Q403 1 2.24 קורב וראשי ע<ד>ת המלך
4Q405 23 1.3 מלכותו וכול עדת משרתי : [
4pIs[b] 2.10] היא עדת אנשי הלצון
4pIs[c] 23 2.10 הימים על עדת ד[ורשי]
4pIs[d] 1 1.3]: עדת בחירו כאבן
4pPs[a] 1+ 2.5 פשרו : המה עדת בחירו עושי

Reference	Text
1Q23 1 1.4	וא˙[: על עוג ˙]
11QPs 28.4	ידי עשו עוגב ואצבעותי
1Myst 1 1.6	עשן וא[יננ]ו עוד כן יתם
1Myst 1 1.7	רזי פלא אינמה עוד ודעה תמלא
1pHab 7.5	הנבאים כיא עוד חזון :
1QH 4.20	תעות לא ימצאו עוד כי אין
1QH 6.30	אשמה לא יהיו עוד וידרוך
1QH 12.10	היה ולוא יהיה עוד כי אל
1QH 12.18	אין ע[:]ין עוד מדהבה כיא
1QH 5 1.5	˙˙ לוא יהיו עוד ותשם מקום
1QH 7 1.1	עוד]
1QH 30 1.2	ברתכ[:]שתע˙˙ עוד ב]
1QM 18.11	אויב לאין עוד ויד
1QS 1.6	ולוא ללכת עוד בשרירות לב
1QS 7.2	ולוא ישוב עוד על עצת
1QS 7.17	ולוא ישוב עוד והאיש אשר
1QS 7.24	אל עצת היחד עוד ואיש
1QS 8.23	ולוא ישוב עוד ולוא יתערב
1QS 8.26	אם לוא שגג עוד עד מולאת
1QS 9.1	רמה לוא ישוב עוד אכ השוגג :
2QJN 8 1.6	]˙ ולא יתכלא עוד כול יום [
4Q176 8+ 1.14	]אין עוד מעת[:
4Q374 2 2.8	ויגבירו לב[ם] עוד ודעת[:
4Q381 33 1.10	א[כרת : משמחת עוד ולא תראה
4Q504 4 1.12	]˙ר˙˙ עוד חזק לבנו
4Q512 66 1.2	]˙[: לוא עוד[: עוד
4Q512 66 1.3	[: לוא עוד[: עוד ולוא[: ה˙]
4pIs[a] 2+ 2.12	]עוד מע[ט
4pIs[a] 2+ 2.24	הגבים העיזו עוד]
4pIs[c] 23 2.17	ולוא יכניף ע[וד
4pN 3+ 2.1	לא ישמע קולם עוד בגוים
4pN 3+ 3.7	ולא יוסיפו עוד לתעות]
4pN 3+ 3.8	לא יחזקו עוד את עצתם
4QFl 1+ 1.5	ולוא ישמוהו עוד זרים כאשר
4Tstz 1 1.2	וכל שקר לא עוד ישתכח[:
5Q17 6 1.1	]עוד ˙[:]ר ל]
11tgJ 21.8	ולא ימללון עו[ד : וא]חוה
11QT 43.11	ישרף לוא יאכל עוד : כי קדש
11QT 50.3	[: נטמאו אין עו[ד]˙ה
11QT 50.7	הזואת טמא הוא עוד : טמאתו בו
11QT 50.18	ולוא יטהרו עוד עד : לעולם
11QT 55.10	עולם לוא תבנה עוד ולוא ידבק
11QT 56.11	ולוא יזידו עוד בישראל :
11QT 56.18	בדרך הזואת עוד ולוא ירבה
11QT 59.15	זרעו ממשול עוד על ישראל :
11QT 61.11	ולוא יוסיפו <עוד> לעשות
CD 4.11	האלה אין עוד להשתפח
CD 9.19	עד עשותו : עוד לפני אחד
CD 10.1	ואל יקובל : עוד לשופטים
CD 10.7	שנה ואל יתיצב עוד מבן : ששים
4Q504 1+R 5.13	אל לבבם לשוב עודך ולשמוע
6apSK 59 1.2	[יפדכם[ה:]וא עודנו]
11Mel 1+ 2.11	ת]שפוטו עוול ופני
1QH 1.32	]מה ˙˙˙ מרוב עוון : לספר
1QH 4.37	כי תכפר עוון ולט˙[ ] ˙
1QH 17.12	] [˙עוון וחטאה
1QH 35 1.1	[עוון ˙˙[:]כי
1QS 5.15	פן ישיאנו : עוון אשמה כיא
1QS 6.1	ישא עליו עוון וגם אל
1QS 8.3	נשברה ולרצת עוון בעושי
1QS 10.22	נבלות וכחש עוון ומרמות
4Q504 1+R 6.5	את עווננו ואת עוון : אבותינו
4Q512 15 1.1	[˙עוון אשמה :
4Q512 16 1.5	[˙ל הטוהר :] עוון : וב]רך
4Q513 2 2.5	מאכליהם נשא עוון כי החל
11QT 35.8	לשאת : עוון אשמה למות
11QT 58.17	ערוות ומכול עוון ואשמה :
11QT 61.6	אחד באיש לכול עוון ולכול חטא
4Q176 1+ 1.6	כיא : נרצה עוונה כיא לקחה
1QH 45 1.2	ל<ש>חת בעת עוונו˙[:]˙ם
1QS 2.12	הזות ומכשול עוונו ישים
1QS 2.17	ומכשול עוונו יתן
1QS 1.23	מספרים : את עוונות בני
4Q504 4 1.6	תז]כו[ר לנו עוונות]רשונים
4Q510 1 1.7	<נגוע[י]> [עוונות ולוא
4Q512 23 1.2	]˙˙או [: עוו]נות
11QT 26.11	רואשו את כול עוונות בני
11QT 26.13	השעיר את כול עוונות :]
1QS 3.7	יכופרו כול : עוונותו להבים
1QS 3.8	יטהר מכול : עוונותו וברוח
1QS 11.9	ולסוד בשר עול עוונותי פשעי
1QS 11.14	יכפר בעד כול עוונותי
4Q511 56 1.3	כיא[:]˙ עוונותי[:
11Mel 1+ 2.6	]כול עוונותיהמה
1QH 1.25	ומה יוכיח על עוונותיו : ומה
1QDM 3.7	] את עוונ[ותיכם
4apLm 1 1.2	]˙[:]שר כל עוונותינו ואין
1QS 2.8	יסלח לכפר עווניך : ישא
1QH 4.15	ומכשול עוונם שמו לנגד
4Q183 1 2.7	[: וירצו את עוונם
4Q183 1 2.8	בנגיעי[הם : עוונם
4Q504 1+R 6.5	לבנו רצינו את עווננו ואת
4Q502 19 1.7	[: ע]וונתם י[:]˙
1Myst 4 1.1	]עוז שבת [:]
1QH 1.10	ורוחות עוז לחוקיהם
1QH 3.37	לי לחומת עוז :]ל
1QH 6.27	בחן לב˙י ˙[: עוז ללוא
1QH 6.28	מבוא ובריחי עוז ללוא
1QH 7.8	ותשימני כמגדל עוז כחומה
1QS 10.25	אמנים ומשפט עוז לצדקת אל
1QS 11.4	ימיני בסלע עוז דרכ פעמי
1QS[b] 5.23	עולם וכמגדל עו[ז] בחומה :
4Q185 1+ 2.15	]˙˙[ ] : בכל עוז כחו ובכל]
4Q402 1 1.4	לגבורי עוז:]˙ לכול
4Q403 1 1.6	] זמר עוז [לאלו]הי
4Q403 1 1.25	פלא למגני עוז וברך לכול
4Q405 3 2.17	ד[ברי : למגני עוז וב[רך :
4Q405 67 1.1	פל]או זמרת ע[וז :]בשבעה
4QM1 11 1.12	עו]למים כסא עוז בעדת אלים
4VSam 5 1.2	]מטיט יון[:]עוז עמכה ומ[:
11QSS r 1.2	]˙[:]ת עוז ל˙[:]רות
MasSS 2.17	] : זמר עוז לאלוהי
4Q403 1 1.9	ר]נ[ו]ת עוזו שבע]
11QPs 18.2	התעצלו להודיע עוזו ותפארתו :
11QPs 18.4	לפותאים עוזו : להשכיל
11QPs 18.12	להודיע עוזו : כמה
1QH 9.28	משגבי סלע עוזי ומצודתי
1QH 17.18	[˙ ומעשי ימין עוזך ˙˙˙˙˙ות

11QT 23.3]ם עולה ליה[וה :
11QT 25.12 והקרבתמה בו עולה : ליהוה
11QT 30.10]ת אשר מסביב עולה מעלות א[
11QT 52.15 לעשות אותו עולה או זבח
CD 11.19 איש למזבח עולה ומנחה

1QH 7.21]וכשעשע עולול בח<י>ק :

1QH 11.27 עד ושלום עולום ברוך

1QS 9.4 לארצ מבשר עולות ומחלבי
11QPs 18.9 מזבח ברוב עולות כקטורת
11QT 29.4] [עולות]

4QPs[f] 2 9.7 הארץ [ ]עולח לוא :

11tgJ 23.3]מן : עולים ותב
11QT 42.8 בתוך: הפרור עולים מסבות
11QT 42.15 אשר יהיו עולים :
11QT 46.7 לו אשר יהיו עולים בני

1apGn 2.2 עלי משתני על עולימא דנא :

1apGn 22.23 די אכלו כבר עולימי די עמי

11tgJ 22.4 ונקא[: ה]ן עולין השכח אחד

1Q34[b] 3 2.7 כבוד ומעלי עולם : [
1Q35 2 1.2 חיים :] עצי ע[ו]לם לוא
1Q36 1 1.3 שלום [:]˙ עולם עם
1Q36 1 1.4 ובגו[רל: עו]לם הכביר
1Q51 1 1.1 [עולם ונ]
1Myst 6 1.3 ˙˙˙ל [:]עד עולם לפניו
1pHab 6.6 המה מחלקים את עולם ואת : מסם
1QDM 4.4]ם חוקו[ת עול]ם
1QH 1.3]˙[:] עולם א˙]
1QH 1.7]עולם ובטרם
1QH 1.11] לרוחות עולם בממשלותם
1QH 1.15 לכ<ו>ל ימי עולם : ודורות
1QH 1.18 למספר דורות עולם : ולכול
1QH 1.24 מספר שני עולם בכול
1QH 3.4] לכה בכבוד עולם עם כול [
1QH 3.18 עול ובריחי עולם בעד כול
1QH 3.20 העליתני לרום עולם ואתהלכה
1QH 3.21 מעפר לסוד עולם ורוח נעוה
1QH 3.22 לאיש גורל עולם עם רוחות
1QH 3.35 וירעדו אושי עולם ומלחמת
1QH 4.4 ˙ [:] דרך עולם
1QH 6.11 לספר לדורות עולם נפלאותיכה
1QH 6.15 כצ˙ [ ]ד עולם לג<ד>ל
1QH 6.15 לעופי מטעת עולם ויצל צל
1QH 6.18 אור למקור : עולם לאין הסר
1QH 6.31 אין קץ ושערי עולם להוציא
1QH 7.9 מבניתי ואושי עולם לסודי
1QH 7.25 אתה לי למאור [עו]לם ותכן
1QH 7.31 עד כי אל עולם אתה וכול
1QH 8.6 נצר למטעת עולם : להשריש
1QH 8.8 ויהי למקור עולם ובנצר
1QH 8.12 חיים ועם עצי עולם : לא ישתה
1QH 8.14 ויתן י[ ]˙ח עולם ואני
1QH 8.20]˙ר עולם לעדן כבוד
1QH 9.26 לגבורת : עולם כי בש˙]
1QH 9.28 פלא ור˙וב : עולם בצרת נפל[
1QH 9.29]לי לפלט עד עולם כי אתה
1QH 10.31 נפתח למקור עולם : ומשענתי
1QH 12.29]ודש :] עולם ומקוי
1QH 13.5] : [˙ וחסדי עולם לכול ˙˙˙˙
1QH 13.6]שיהם כבוד עולם ˙]
1QH 13.10 הכינותמה מקדם עולם ומעשה[:
1QH 13.12]ים נהיות עולם כי א˙˙˙]
1QH 13.16]עולם ומופת

1QH 18.7] בימין עוזבה לנהל ˙ל[
11QPs 19.12 חסיתי בזוכרי עוזבה יתקף :

1QM 1.6 אשור ואין עוזר לו וסרה

4QPs[f] 2 7.5 [יביעו]ן ראשם עוזרנ[י יה]וה:

11tgJ 26.1 [,] ובסגיא עויתך מא ˙]

1Myst 1 1.9 העמים שנאו עול וביד
1QH 1.26 ומה ישיב ע<ו>ל כול משפט
1QH 2.3] כול מעשי עול ˙ ˙ [:]˙
1QH 3.18 שחת בעד הרית עול ובריחי
1QH 5.24 עלי בשפת עול כול נצמדי
1QH 6.7 לבכה לאין עול ואנחמה על
1QH 11.34 לי ˙עול [: ואעצו[
1QH 2 1.17 [:]ל˙˙ל עול יצר נתעב
1QM 4.3 בכול בשר עול ואת שם שר
1QS 3.21 כול ממשלת בני עול ובדרכי
1QS 4.24 וכירשתו בגורל עול ירשע בו
1QS 5.10 מכול אנשי העול ההולכים :
1QS 6.15 ולסור מכול עול י<ה>בינהו
1QS 8.18 מעשיו מכול עול להלכ בתמים
1QS 9.21 דרכו : מכול עול ואלה
1QS 11.9 ולסוד בשר עול עוונותי
4Q184 1 1.2 יחד בש[וא] עול לבה יכין
4Q184 1 1.8 כול דרכי עול הוי הוה
4Q184 1 1.10 משגות : עול
4Q184 3 1.4]הר ממכה עול צי˙[:]עם
4Q380 1 2.6 רעה פן יובד עו[ל
4QMl 13 1.9 ואמרו[:]עול˙]
4Tstz 1 1.2 צדיקיא וישי[: עול וכל שקר לא
5QTop 1 1.3 ואת קדה את[:]עול[
11Ap[a] 4.8 ולוא אור : עו]ל ולוא צדקה
11QT 59.6 ומזעיקים מפני עול כבד וקראו

1Myst 1 1.5 בהסגר מולדי עולה וגלה הרשע
1QH 1.36 צדיקים השביתו עולה וכול
1QH 5.8 וצידים לבני עולה ושם למשפט
1QH 7.36]עולה ובחיק : [
1QH 9.36 כמרחמת על עולה וכאומן
1QH 11.22 עד כלות עולה וא[
1QH 14.15 בחיריך וכול עולה :]שע
1QH 14.25]ותשנא עולה לעד ואני
1QH 14.26 כול דרך עולה ואהבכה
1QH 15.25 אמת אתה וכול עולה ת[
1QH 16.11 ˙ה כול : מעשה עולה ואדעה כי
1QH 3 1.10 ואפס יצר עולה ומעשי
1QH 3 1.15 ˙[:]מה[ ]ל עולה ורמיה
1QH 5 1.6 ר[: רוחות עולה אשר יושדו
1QH 6 1.7 ידעתי :]ם עולה בקצ :]יה
1QS 4.9 ולרוח עולה רחוב נפש
1QS 4.17 אמת עלילות עולה ותועבת
1QS 4.17 עולה ותועבת עולה כול דרכי
1QS 4.18 נתן קצ להיות עולה ובמועד :
1QS 4.19 רשע בממשלת עולה עד : מועד
1QS 4.20 להתם כול רוח עולה מתכמי :
1QS 4.23 כבוד אדם ואין עולה והיה
1QS 4.24 וצדק וכן ישנא עולה וכירשתו
1QS 8.10 דרך) ואין עולה> בתמים
1QS 10.20 אשיב מאנשי עולה ולוא ארצה
1QS[b] 3.7 [ ]דור עול]ה
4Q181 2 1.4 ל[: אוהבי עולה ומנחילי
4Q381 76+ 1.12 לשפט אמת ואין עולה[:]רוחיו
4Q381 79 1.4 ה[: ל]א ישפט עולה כי נדחתי
4Q511 1 1.8 וכול בני עולה לוא
4AgCr 1 1.9 ועל עזזאל[:]עולה ולהנחיל
4QFl 1+ 1.1 יוסי]ף בן עולה[לענות]ו
11QT 15.6 עולה מן האיל
11QT 16.10 ואת נס[כו : [עו]לה הוא אשה
11QT 17.13 הא[לה] : עולה ליה<ו>ה

1QH 13.18	עם שלום : עולם ואורך
1QH 15.16	נפשו לישועת עולם ושלום עד
1QH 15.20	]˙ [ ]עולם לדעת ˙˙˙
1QH 18.6	עבדכה עד עולם [
1QH 18.15	ואבלים לשמחת עולם :]תים ל[
1QH 18.27	עפר ונהיות עולם חקותה בלב
1QH 18.29	]במכון עולם לאור
1QH 5 1.4	בהפלא[:]ד ע[ו]לם ורוחות
1QH 7 1.4	ועם[: [˙ עולם וכ‹ו›שלי
1QH 7 1.5	]˙ ושמחת עולם במכונו ˙[
1QH 12 1.2	[˙ר ל˙[:]עד עולם[ ]˙קור
1QH 15 1.2	[˙˙˙˙˙˙ :]שי עולם :]˙˙˙˙הת
1QH 16 1.6	גבור˙[:]˙ עולם מי חוש[:
1QM 7.4	איש אשר מום עולם בבשרו או
1QM 11.14	ולעשות לכה שם עולם בעם : [
1QS 2.1	מעולם ועד עולם
1QS 4.17	ויתן איבת עולם בין
1QS 5.6	ליחד ברית : עולם לכפר לכול
1QS 5.13	גדולים לכלת עולם לאין שרית
1QS 8.5	(ל) למ‹ט›עת עולם בית קודש
1QS 8.10	לחו ( )‹קו›ת עולם ‹והיו
1QS 9.4	קודש לאמת : עולם לכפר על
1QS 9.21	עם שנאתו שנאת עולם : עם אנשי
1QS 10.4	למפתח חסדיו עולם לראשי :
1QS 10.12	כול לתפארת עולם הבחרה
1QS 11.4	נהיה והויא עולם משען
1QS 11.5	פלאו בהויא עולם : הביטה
1QS 11.7	נתנם לאוחזת עולם וינחי(
1QS 11.8	קודש למטעת עולם עם כול :
1QS[b] 1.3	בם לברית: עולם א[שר
1QS[b] 1.3	] מקור ע[ו]לם : אשר
1QS[b] 1.6	מקו]ר עולם ולוא
1QS[b] 1.26	] עולם יביאכה [
1QS[b] 1.28	]עולם ˙[:
1QS[b] 2.25	] : וברית עולם יחונכה
1QS[b] 2.28	] : [ב]אמת עולם [ ]
1QS[b] 3.4	זרעכה בכבוד עולם יש[א
1QS[b] 3.5	] שלו]ם ע[ו]לם יתן לכה
1QS[b] 4.3	]ך : ברכות [עול]ם עטרת
1QS[b] 4.26	] לעת עולם ולכול קצי
1QS[b] 5.18	] : [ע]ם עת ע[ולם ו]עם כול
1QS[b] 5.23	אדוני לרום עולם וכמגדל
1QS[b] 5.25	עצ]ה וגבורת עולם רוח
4Q176 8+ 1.10	ם]עך ובחסדי עולם רחמתיכה
4Q181 1 1.4	במעמד לחיי עולם ובגורל עם
4Q181 1 1.6	[:]לחיי ע[ו]ל[ם
4Q184 1 1.7	בתוך מוקדי עולם ואין
4Q370 2.6	ע]ל : ועד עולם הוא ירחם
4Q378 6 1.6	[י]ורדי :]עולם עלילותיו
4Q401 34 1.1	עו]לם : כבו]דו
4Q502 105+ 1.3	י[ח]ד ל[:]י עולם[ ] ˙[
4Q503 1+ 2.8	והלילה[: ע]ולם ולהודות
4Q503 1+ 2.16	]˙[ע]ולם [ ]
4Q503 37+ 1.12	[: [ע]ולם]
4Q504 1+R 2.11	לדורות עולם ישוב נא
4Q504 1+R 6.10	לדורו‹ת› : עולם אנא אדוני
4Q504 1+R 6.11	מעולם ועד : עולם ישוב נא
4Q504 5 1.4	עשיתה :]שם עולם ולרא[ו]ת
4Q504 7 1.3	לספר דורות עולם : [
4Q504 8R 1.11	] : [לדורות עולם[:] אל
4Q507 3 1.2	דו]רות עולם אמן אמן[
4Q508 2 1.3	תענית חוק עו[לם :]ואתה
4Q509 4 1.3	לכול ח˙[:]˙ עולם וישמחנו[
4Q509 73 1.2	[ם:]עולם : עלי[
4Q510 1 1.7	ולוא לכלת עול]ם : [כי
4Q511 10 1.5	עול]ם [˙חוק[
4Q511 14 1.2	]מוד˙[:]י עול[ם :]˙˙˙˙[
4Q512 1+ 1.4	]ל בלוחות עולם : ומי רחק
4pIs[e] 6 1.2	]עולם ואשר
4pPs[a] 1+ 3.2	אדם ולזרעם עד עולם ובימי רעב
4QCat[a] 2+ 1.13	ולזרעו [ ] עולם ויקום

4QFl 1+ 1.3	יהוה ימלוך עולם ועד הואה
4QFl 1+ 1.4	]עולם ועמוני
4QFl 1+ 1.4	נכר וגר עד עולם כיא קדושי
4QMI 1+ 1.5	קודשו בש[מ]חת עולם[
4QPBl 1 1.4	עמו עד דורות עולם אשר :
11Ap[a] 3.10	ד בארץ :]עד עולם ו˙[
11Ap[a] 5.2	]יה[ ]עולם :]בני
11QT 8.13	לבונה לוא[: עו]לם לדורותם
11QT 9.14	[ ]ר חוקות עול[ם
11QT 18.8	הו]קות עולם יהיה זה
11QT 19.8	עו]לם לדורותם
11QT 21.9	יהוה : [ ] עולם
11QT 22.14	יהוה חוקות עולם
11QT 25.8	היום חוקות עולם
11QT 27.4	ישראל חוקות עולם :
11QT 39.8	השקל חוק עולם : לזכרון
11QT 53.7	אחריכה עד עולם ועשיתה
11QT 55.10	והיתה לתל עולם לוא תבנה
CD 1.15	להשח גבהות עולם ולסור :
CD 2.7	אל בהם מקדם עולם ובטרם
CD 2.10	לכל שני עולם : ובכולם
CD 3.13	לישראל עד עולם לגלות :
CD 13.8	לפניהם נהיות עולם בפרתיה :
CD 15.5	ישראל לחוק עולם את בניהם

1QH 17.28	]עולמי עד :
1QH 23 1.2	כי[:]˙˙א ˙עולמי [:]˙
4Q401 7 1.1	]˙ עולמי[
4Q401 8 1.1	]עולמי[:]ם
4Q405 6 1.4	טוהר[:]˙ עולמי עולמים
4Q405 20+ 2.5	] : אמת וצדק עולמ[י
4Q405 66 1.3	[: שב]עת עולמי[:]ל[
4Q509 24 1.1	]עולמי ˙[:]
4Q511 137 1.3	]ים ב[:]˙י עולמי[:
4Q520 1 1.4	]˙˙ ויקוד:]עולמי
4Q520 18 1.1	]˙עולמי[
4QMI 26 1.1	עול]מי עולמים
11QSS 3+ 1.6	] ו]צדק עולמ[י

1Q36 2 1.3	]קצכה[:]עולמים [
1Q40 8 1.2	ם]שלחות או˙[: עו]למים [
1Q40 9 1.2	] במעש[:]עולמים ותש[:
1QM 1.5	גורלו וכלת עולמים לכול
1QM 1.9	לכול קצי : ע[ולמים]
1QM 1.12	עד תומה לפדות עולמים וביום
1QM 9.6	אל לכלת : עולמים ותקעו
1QM 12.3	] בכול מועדי עולמים :
1QM 12.7	בתוכנו לעזר עולמי[ם עם]נו
1QM 12.16	וי]שראל למלוך עולמים : [
1QM 13.6	אל לאור : [עולמ]ים :
1QM 13.8	למוע[ד]י עולמים ובכול
1QM 13.9	לכה עם עולמים ובגורל
1QM 13.16	בליע]ל למעמד עולמים לכלות
1QM 14.13	ומועדי תעודות עולמים עם
1QM 15.1	אל בפדות עולמים : וכלה
1QM 17.3	לברית [ע]ולמים : ואתם
1QM 17.5	]ל בכול נהיי עולמים היום
1QM 17.6	וישלח עזר עולמים לגורל
1QM 17.6	מיכאל באור עולמים : להאיר
1QM 17.8	יגילו בדעת עולמים ואתם
1QM 18.1	ממשלתו במגפת עולמים : [
1QM 18.11	עמנו בפדות עולמים להסיר
1QM 19.8	למלכות [ע]ולמים : [
1QS 2.3	ויחונכה בדעת עולמים : וישא
1QS 2.4	לכה לשלום עולמים
1QS 2.8	באפלת אש עולמים לוא
1QS 2.15	יבערו בו לכלת עולמים ודבקו
1QS 2.17	בתוך ארורי עולמים : וכול
1QS 2.23	אל : לעצת עולמים ולוא
1QS 2.25	קודש ובני סוד עולמים וכול
1QS 3.12	לברית : יחד עולמים :

1QS 4.1	[מו]עדי עולמים ובכול
1QS 4.3	רחמים וטוב עולמים ושכל
1QS 4.7	עד ושמחת עולמים בחיי
1QS 4.8	מדת הדר באור עולמים : ולרוח
1QS 4.12	חבל לשחת עולמים באפ
1QS 4.16	לכול קצי עולמים כיא אל
1QS 4.22	בחר אל לברית עולמים : ולהם
4Q176 17 1.2	]˙[: דור]ות עולמים ˙[:]˙
4Q379 1 1.2	בשנים[:]עולמים את לוי
4Q400 1 1.7	]עולמים וממקור
4Q400 1 1.18	לסליחות רחמי עולמים ובנקמת
4Q400 1 2.12	שקט ב[: עולמים [:
4Q401 12 1.2	שב]עה בחוקי עולמ[ים :
4Q401 17 1.2	]˙[: עו]למים א[:
4Q401 23 1.3	]ל מרומים[:]עולמים[
4Q402 4 1.13	נהיו כול [: עולמ]ים עושה
4Q403 1 1.11	לידו]עי עולמ[י]ם[
4Q403 1 1.13	]טהורי עולמים
4Q403 1 1.23	כול הויי : [עול]מ[י]ם וברך
4Q403 1 1.26	ל]שלום עולמים וכול
4Q403 1 1.27	ברו]כי עו[ל]מ[ים
4Q403 1 1.34	] לכול סודי עולמים ברצון :
4Q403 1 1.35	כול רוחי עולמים [בר]צון
4Q403 1 1.40	פלא בשמחת עול[מים] :
4Q403 1 1.43	ע]ולמים רקיע
4Q403 1 1.44	רו]חי קוד[ש עו]למים ממעל :
4Q403 1 2.8	אלוהים מראי עו[למים] :
4Q403 1 2.19	] : עולמים שניים
4Q403 1 2.20	] : עולמים
4Q404 2 1.8	]ל[שלו]ם[ ]עולמים[:
4Q404 2 1.10	תעודו[תם : עו]למים ה[ ]ע
4Q404 5 1.2	]קודש עולמים ממעל :
4Q405 4+ 1.3	רוח]י עולמים ברצ[ון
4Q405 6 1.4	]˙ עולמי עולמים רקי[ע
4Q405 8+ 1.4	ידועי : [ע]ולמים
4Q405 13 1.5	שכל בדעת עולמים בשבעה
4Q405 13 1.6	עם כול הויי עולמים [ ]
4Q405 14+ 1.4	ב[ ] עולמים :
4Q405 19+ 1.3	פלא רוחי אלי עולמים כול[ ]˙
4Q487 7 1.6	עיל להצ[:] עולמים ולה[:
4Q487 39 1.2	]והב[: ע]ולמים[:]˙[
4Q502 24 1.3	חייך בתוך עם עולמי[ם :
4Q502 27 1.1	]רוחי עולמים ז˙˙[:
4Q502 51 1.2	]ה[ ] [: עו]למים[:]˙
4Q502 63 1.2	]˙ ˙[:]ת עולמים[:]˙[
4Q502 156 1.2	]ימים[: ע]ולמים[:
4Q503 28 1.3	ו[בוקר :] עולמים [:]
4Q503 51+ 1.3	הודות[ע]ולמים [:
4Q503 64 1.8	]מ[ו]ע[ד]י עולמים וה[יום
4Q504 8R 1.2	]קתנו ואתה חי עול[מים :]˙
4Q509 204 1.2	]כולם:]עולמים :]˙ וא
4Q510 2 1.3	וקדושי[:]ח עולמים וכול
4Q510 2 1.4	רוחי [: א]ש עולמים בוערת
4Q511 2 1.4	] : [ע]ולמים וחיי
4Q511 10 1.11	[ע]ד נהיי עולמים בסוד
4Q511 11 1.9	ה˙˙[: עו]למים כיא
4Q511 15 1.2	]ם מ[:]עולמים[:
4Q511 23 1.3	]ורות מצ[:]עולמים [: כו]ל
4Q511 35 1.3	לו למקדש עולמים וטהרה
4Q511 101 1.1	]רומם עולמ[ים
4Q511 120 1.2	]˙[ ]˙ל : ע]ולמים
4Q512 1+ 1.10	לכה ו[ע]ולמ[ים] כיא
4Q512 226 1.4	] ומשכו[:]עולמים [
4QBer 10 2.5	לשחת עולמים אמן אמן
4QBer 10 2.10	לכו]ל [עולמי]ם אמן
4QM1 1+ 1.4	[לש]מחת לכלת עולמים[
4QM1 7 1.1	עולמי]ם[
4QM1 8+ 1.12	ומועדי תעודות עולמים עם [
4QM1 8+ 1.16	]בכול מועדי עולמים
4QM1 11 1.11	אביונים לעדת עולמים ˙[
4QM1 11 1.12	]תמימי : עו]למים כסא
4QM1 11 1.21	[ ]בשמחת עולמים ואין כ
4QM1 13 1.3	ירדוף אל[ף : עול]מ[י]ם[
4QM1 15 1.11	גורל[ו :] עולמים יחד ע[ם
4QM1 26 1.1	עול]מי עולמים ˙[:
4QM2 1 1.8	ו]ישראל למלכות עולמים
4QPs[f] 2 8.11	[אה]בתיך צדק עולמים תסיגי :
6QHym 2 1.5	]לחי עולמים ויהי[:
6QHym 2 1.8	]בתשב<ו>חות ע[ולמים :]ל[
6QHym 3 1.2	]˙[:]ת עולמים[:
11QPs 22.13	אברכך : צדק עולמים תשיגי
11QSS j+ 1.3	א]ל[י] עולמים[
11QSS 5+ 1.4	אלוהי[ ] : [עול]מים
11QSS 8+ 1.4	קוד[ש] :]עולמים ב[הוד
11QSS f+ 1.5	]כסאי עולמים [:
CD 2.10	לכל : הוי עולמים ונהיית
MasSS 1.3	כול תעודות עולמים עושה
MasSS 1.11	ד]עת אלי עולמים :]
MasSS 2.26	וב]ם לידעי עולמים[ ]

4Q403 1 1.30	למשכיל שיר עולת השבת
4Q403 1 2.18	למשכיל שיר עולת השבת
4Q406 1 1.4	למשכיל שיר עולת השבת הש[:
4Q512 29+ 1.10	]˙ טוהר ודם עולת רצונכה
11QPs 27.5	לפני המזבח על עולת : התמיד
11QT 14.13	[מ]ל[בד עו]ל[ת : מחצית
11QT 19.2	] את עול[ת : [
11QT 23.8	ה[מ]זבח אחר עולת הת[מיד :
11QT 23.10	יקטיר את עולת מטה יהודה
11QT 24.10	הזואת יעשה עולת מטה יהודה
11QT 24.12	השני יעשה עולת בנימין
11QT 24.13	ואחריה : יעשה עולת בני
11QT 24.14	יעשה : את עולת ראובן לבד
11QT 24.14	ראובן לבד ואת עולת שמעון לבד
11QT 24.15	הרביעי : יעשה עולת יש שכר
11QT 24.16	החמישי : יעשה עולת גד לבד
11QT 42.16	(ע)ה<ע>לות את עולת המועד אשר
CD 11.18	בשבת : כי אם עולת השבת כי
MasSS 1.8	] שי]ר עולת השבת

4Q502 224 1.1	]ה עומ[
4Q515 5 1.1	]˙˙עומ[

4Q502 223 1.1	]עומד[
4Q504 5 2.3	] : קודש עומד לפנ[יכ]ה
4Q504 10 1.2	[:] ובתוכנו עו[מד :]˙˙
4Q505 124 1.7	]קדוש עומד לפנ[יכ]ה
4QCat[a] 2+ 1.15	]˙ ויעקוב עומד על הגתות
4Tstm 1.24	אחד בליעל : עומד להיות פ[ח
11QT 15.15	הגדול יהיה עומד[

1pHab 8.9	שם האמת בתחלת עומדו וכאשר
4Q512 27 1.3	ו]כ[: ועמ]ד על עומד[ו :]התח[
4QM1 1+ 1.16	את עונתה ושבו עו[מדו
CD 11.1	לרחוק ישתה על עומדו

8QHym 2 1.6	הרוחות לפניכה ע[ומדות

4Q503 33 2.4	בשמחתו ע[ומ]דים [:
4QM1 15 1.3	] ואנו הננו עומדים להתקרב
11QT 35.10	פרור עמודים עומדים : לחטאת

1QM 13.1	עמו וברכו על עומדם את אל
1QM 14.3	ושבו אל מקום עומדם אשר סדרו
1QM 16.3	ה]היאה על עומדם נגד מחני
4Q400 2 1.5	יספרו במעוני עומדם ו[
4Q405 23 1.6	[בתה]לת עומדם וכול
4QM1 11 2.1	עו]מ[דם
4QM1 26 1.2	] : ע[ל עומדם [

4QM1 1+ 1.15	]והשנית עומ[דת

1apGn 21.24 ועם ברשע מלך עומרם ועם שנאב
1apGn 21.32 וערק ומלך עומרם : נפל

1pHab 8.12 לוסיף עליו עון אשמה ודרכי
1QH 2.10 דרך ואהיה על עון רשעים :
1QH 14.24 פשע ופוקד עו(ו)ן רשעים[
4Q487 10 1.2]א˙[:]ן עונ[: נ]פלאות[
4pIs[c] 23 2.20 [: על עון ˙]
6apSK 17 1.1]עון ˙˙[:
6apSK 36 1.2]ם[:]עון כי כל[:

11QT 54.2 שו]טעו : עונה א[ישה

4QBer 10 2.6 בלי[על] בכול עונות מעמדמה

CD 4.10 לכפר : על עונותיהם כן

4QM3 1 1.8 במלחמה ובמלא עונותם יתקעו

1QH 18 1.4 בינה ˙[:] עוני וברורי
4Q381 31 1.6 [:]תכחד עוני לידעי

4Q504 1+R 6.11 ממנו וראה ע[ונינו] :

CD 3.18 פלאו כפר בעד עונם וישא
CD 14.19 וישראל ויכפר עונם]

4Q502 1 1.9 אב˙[ ]˙[:]˙ עונת ש˙[:]ם

4QM1 1+ 1.16 השנית את עונתה ושבו

4QM1 1+ 1.15 מעמדמה עם מלא עונתם

1QH 6.23 עלי המו רוח עועים[
1QH 7.5 לבי לכלה ורוח עועים תבלעני

1QH 8.9 ודליתו לכל עוף כנף וירמו
1QH 17.2]מגולה בלוא מ˙עוף[:]בים
4Q381 75 1.2]חרבת ˙˙[:]˙עוף ואנשי[ם :
11QT 46.2 יעוף [ ] : עוף טמא על

1pHab 7.14 ערמתו הנה עופלה לוא

1QH 8.19]עופרת במים

4pN 3+ 3.11 (ע) כוש עוצמה[

1pHab 11.13 כיא לוא מל את עור לת לבו
1QM 7.4 וכול פסח או עור או חגר או
1QS[a] 2.6 ידים פסח או עור או חרש או
4Q385 2 1.6 גדים ויקרמו עור :]
11QT 45.12 כול איש עור : לוא
11QT 47.7 טהורים כול עור בהמה טהורה
11QT 51.4 ומנבלתמה עור ובשר
11QT 52.10 בו מום פסח או עור או כול מום

4pIs[a] 2+ 2.14] : [עו]רב וטמ[הו

11QT 16.11 ל[פני : ואת עורו עם פרשו
11QT 26.8 ואת בשרו ואת עורו ואת פרשו

1QS 4.11 ולשון גדופים עורון עינים
4Q513 4 1.4]ל תעות עורון ה[:]ולא

11QT 34.9 ופושטים את עורות הפרים

1pHab 12.15]לעץ הקיצה ע[ורי]ל[א]בן
4Q176 8+ 1.2]˙ירים : עורי[
CD 19.7 הנביא חרב עורי על : רועי

4Q506 155 1.1] עורכי[:]˙˙˙[

1QS 5.5 למול ביחד עורלת יצר
4Q504 4 1.11 בחרת מולה עורלת[:]˙ר˙
4Q509 287 1.1]מולה ע[ורלת

4Q501 1 1.6]עורנו וזלעופות

1QH 12 1.4 [:]˙לם ורוח עורף ק˙˙ לדמם
1QS 4.11 אוזן קושי עורף וכובוד לב
1QS 6.26 רעהו בקשי עורף ודבר
4Q487 18 1.3]וב חי׳[:]ח עורף [:] עתה

1QM 9.2 האויב והסבו עורפם והכוהנים
4QCat[b] 1 1.2 אשר יקשו את עורפם[:

3Q9 2 1.2]˙[:]עושא אלה:

1pHab 12.4 פתאי יהודה עושה : התורה
4Q176 21 1.4 [:]יש אל עושה˙[:]ל[
4Q380 1 2.5 כח אלה[יך : עושה טוב[ה]
4Q402 4 1.13 [: עולם]ים עושה
4pPs[a] 1+ 1.26 דרכו באיש : [עוש]ה מזמות
4pPs[a] 1+ 2.23 [: עושה התורה אשר
11QPs 19.7 ברוך 𐤉𐤄𐤅𐤄 עושה צדקות
11QPs 26.13 לכול חי ברוך עושה : ארץ
11QT 2.1 אנ]י עוש[ה:]
11QT 60.19 המה לפני כול עושה : אלה
MasSS 1.3 תעודות עולמים עושה ראישונות

1Q36 7 1.1]˙[ ]˙צה בכול עוש[י :]ולכול
1pHab 7.11 אנשי האמת : עושי התורה אשר
1pHab 8.1 פשרו על כול עושי התורה
1QM 12.11 ושול : שללכה עושי חיל תן
1QM 19.3 ושו]ל שללכה עושי חיל תן
4pPs[a] 1+ 2.5 המה עדת בחירו עושי רצונו
4pPs[a] 1+ 2.15 לכלות את עושי התורה אשר
4QBer 10 2.11] כ]ול עוש[י
4QCat[a] 5+ 1.16]˙ת התורה עושי היחד ס˙[
4QTeh 2 1.5 פליטה וארורים עוש[י
5Q13 10 1.1]עושי[:]˙ה

1QS 9.26]קה יברכ עושיו ובכול

4Q176 8+ 1.6]כבעלך עושיך •••• : [

4Q513 13 1.3 רצון :]˙ עושים
11QT 47.8 בעריהמה יהיו עושים : בהמה
11QT 48.11 כאשר הגויים עושים בכול
11QT 51.19 כאשר הגו‹א›ים עושים בכול

11QT 57.5 חמשים : ושרי ע‹ו›שרות בכול

1QM 4.4 ואת שמות שרי עושרותיו על

1apGn 20.30]˙ ˙אמנת ˙עות˙ ויטא לי

1QH 49 1.3 [˙ עתה א[:] עותמר˙[:]טע[

4Q403 1 1.39 זמרו לאלוהי עז : במנת רוח
4QM1 31 1.1 עז˙[

6QPro 21 1.2 [˙ אש[:]אשר עזב[
11QPs 19.6 שמו ולוא עזב חסדו מהמה
11QPs[b] a 1.7 צדקותיכ[ה: [ע]זב הסדו מהם

CD 1.3 כי במועלם אשר עזבהו הסתיר

1Q38 2,12 1.1]˙יה לוא עזבו [ח]וקיכה
4pHs[b] 7+ 1.2 [: [ ]עזבו את אל

1Q20 1 2.7 ת˙˙˙ע ל[: עזבוג די ˙˙˙˙[

4pIs[b] 1.2 הדבר אשר עזבם: [

4Q176 1+ 2.3] : עזבני •••• [

1QH 5.20 אדוני כי לא עזבתה יתום ולא
1QH 9.11 לא הזנחתה ולא עזבתה : תקותי

4Q176 8+ 1.9 [קטנה עזבתיך וברחמים

1QH 6 1.13]רבות אשמה :]עזבתם ביד :]א

4Q504 1+R 5.10 הגוים ולוא עזבתנו : בגוים

1QH 5.5 אדוני כי לא עזבתני בגורי
1QH 5.6 שפטתני ולא עזבתני בזמות
1QH 5.12 בצרת נפשי לא עזבתני ושועתי
1QH 9.35 ואמי עליכה עזבתני כי אתה

4QMI 15 1.2]ואי[ן :]˙עזה ותהלוכ[ה :

4Q520 45 1.3 אור˙[:]הגרים עזו[:]˙רמיהם

1QH 15.12 מ˙[ ]˙[: עזוב מכול

4Q176 8+ 1.7 יקרא כיא כאשה עזובה :]רוח
4apLm 2 1.6 כ]אשה עז[ו]בה בעצובה

4apLm 2 1.5 וכל [בנ]ותיה עזוב[ות :

4AgCr 1 1.7 VACAT: פשר על עזזאל והמלאכים
4AgCr 1 1.8 להם גברים ועל עזזאל[:]עולה

1QH 2.2] דו [:] עזי ˙ע˙[: [
4Q381 31 1.4]˙שיך מ˙ת עזי[ ]˙תך

1QH 5.17 עלי רשעי עזים במצוקותם
11QT 17.14 תמימים ושעיר עזים אחד לחטאת
11QT 18.4]עזים לחטאת ל[
11QT 23.4 ש]עירי עזים שנ[ים :]
11QT 25.14 ( ) שעיר : עזים אחד לחטאת
11QT 28.4 [: עשר ושעיר עזים אחד
11QT 28.8 עשר : ושעיר עזים אחד לחטאת
11QT 28.11 עשר : ושעיר עזים אחד לחטאת
11QT 50.17 וכול : מעשה עזים במשפט

4Q381 86 1.3 א[:]ובזרע עזך [: הו]דך

1QM 4.13 אל נצח אל עזר אל משענת
1QM 17.6 רשעה וישלח עזר עולמים
1QS 3.24 ומלאכ אמתו עזר לכול : בני
4Q502 24 1.2 אל ישראל אשר עזר[: הר]בות
4Q511 125 1.3 [:] כול[:]עזר ע˙˙[:

1pHab 5.11 הצדק : ולוא עזרוהו על איש

1QS 11.4 כול לוא יזד עזרע כיא אמת

4Q381 15 1.3 א]להי עזרת לי ואערכה
11QT 16.17 אר]בע פנות עזרת המזבח
11QT 23.13 ועל ארבע פנות עזרת המזבח
11QT 23.14 על יסו[ד] : עזרת המזבח

2QJN 8 1.7 [ויו]ם[:]עזרתא

1QH 2.34 ואתה עזרתה נפש עני
1QH 7.23 ˙ ˙[ ]לי עזרתה נפשי

4Q381 24 1.8 ויענני אלהי עזרתי[

4pPs[a] 1+ 4.26 ולשוני עט : [

4Q503 176 1.1]עטי[:]יר˙[

11tgJ 36.3 ולא יתפ[ר]שן עטישתה תדלק :

11tgJ 10.5 אר]חי מא עטר טלא נש[מע

11QT 17.1 ויתנו עט[רות :]

11QT 40.11 המוסד : עד עטרותיו שלושה

1QS[b] 4.3 ברכות [עול]ם עטרת רואשכה
4Q381 31 1.7 פענה שרגו עטרת ראשי כי

1QH 8.27 כי פ˙ח נ˙[ ]עי : למרורים
1QH 4 1.4 עם ˙[:]עי גבר וממכ[:
1QM 10.14 וחול[ק]עי בלת לשון
4Q186 1 2.3 צונם:]איש עי[:]˙˙ות
4Q379 12 1.7 החדש הר˙[ ]עי עד חדש קציר
4Q497 12 1.2]ת ˙[:]˙עי ˙[
4pN 1+ 2.2]ת ר[ ]עי שמיו וארצו
4pPs[a] 1+ 4.15 [לעשות[ ]˙עי משפט [
4QCat[a] 7 1.5 עליה[ם :]עי האנשים אשר
6QHym 17 1.1]˙ עי[:]לבו[

CD 3.15 כבודו עידות צדקו

CD 2.18 לכם נפלו עידי השמים בה

CD 9.23 יקבלו שני : עידים נאמנים

1QH 16.15 מעש]ל[:˙˙עיה ל˙˙[

4Q509 131+ 2.3 ˙[:]עיו אמן א[מן

4Q487 7 1.5 חד˙[:]˙[ ]˙עיל להצ[:]

4pN 3+ 4.2 [: עילוליה ירוטשו

4pN 3+ 4.4 [: נשיו עילוליו וטפו

1apGn 21.23 כדרלעומר מלך עילם אמרפל מלך
1apGn 21.26 ותקף מלך : עילם ומלכיא די
1apGn 21.27 מדתהון למלך עילם ובשנת תלת
1apGn 21.27 עשרה דבר מלך עילם לכול :
1apGn 21.33 [ובז מלך עילם כול נכסיא
1apGn 22.17 די מלך עילם וחברוהי :
1apGn 22.19 אצלתה מן מלך עילם ונכסיא :
1QM 2.13 ילחמו בבני : עילם בתשיעית

1QH 24 1.4 בין מ˙˙[:]עים ו˙˙˙[

4Q502 319 1.2]˙[:] עין[
4Tstm 1.11 נופל וגלו עין אראנו ולוא
5Q17 3 1.1]עין ˙[:]טה
5QTop 4 1.1 א]ת עין צידון [:]
11QT 61.12 עליו נפש בנפש עין בעין שן

11tgJ 5.1 פל[טת : עינו]הי במפלתה
11tgJ 35.3 א[ ]˙˙ : במטל עינוהי יכלנה
11tgJ 36.4 נורא בין עינוהי

4QPs[f] 2 9.13 ולוא : יכזב[ו עינו]תיה

1QH 5.34 כי עששו מכעס עיני ונפשי
1QH 7.2 בבבץ רגלי שעו עיני מראות :
1QH 9.5]בקול אנחה : עיני כעש בכבשן
1QH 9.5 מים כלו למנוח ע<י>ני [ ]עמד
1QH 18.19 בלוא גליתה עיני ואשמעה :
1QS 10.11 ופשעי לנגד עיני כחוק חרות
1QS 11.3 הביטה עיני ואורת
1QS 11.6 עולם : הביטה עיני תושיה אשר

4Q381 15 1.8]עד <כי>

CD 5.14 זיקות קורי : עכביש קוריהם

4pIs[a] 2+ 2.27 בעלותו מבקעת עכו ללחם

3Q15 4.6 הבינין שבעמק עכון : באמצען

3Q15 1.1 בחריבה שבעמק עכור תחת:

1Q23 1 1.4 צלחיה וא˙[: על עוג ˙]
1Q24 2 1.2]˙[:]על אר[:]ל[
1Q25 1 1.7 ישים [: בוז על נדיבים [:]
1Q29 5+ 1.1 ה]דברים האלה על פי כול ˙[:
1Q30 1 1.5 [:]ויותר על ארבעת ˙[:]
1Q58 2 1.1 יש]ראל [:] על [:]
1apGn 2.2 עלי משתני על עולימא דנא
1apGn 2.3 אתבהלת ועלת על בתאנוש
1apGn 2.9 ויא מרי דכרלך על עדינתי א[:
1apGn 2.19 אנה למך <רשת> על מתושלח אבי
1apGn 10.15] : ˙˙˙ ˙˙˙ על מדבחא אקטרת
1apGn 19.21 ובכת שרי על מלי בליליא
1apGn 19.24 פרע[ו] צע[ן] על מל[י] ועל
1apGn 20.9 וחזהא ואתמה על כול שפרהא
1apGn 20.10 כדי הוית מתגר על דילהא
1apGn 20.13 מרה ושליט על כולא ובכול
1apGn 20.14 קבלתך מרי על פרעו צען
1apGn 20.21 די אתה ואצלה על : מלכא
1apGn 20.22 דדי לצליא על : מלכא ושרי
1apGn 20.28 באישתא וצלית על [ ]דפא :
1apGn 20.29 הו וסמכת ידי על [ראי]שה
1apGn 21.3 תמן קודם אלהא על כול נכסיא
1apGn 21.6 אנה אוספת לה על דילה שגי
1apGn 21.8 לרמת חצור די על שמאל :
1apGn 22.2 פלט מן שביא על אברם ואברם
1apGn 22.5 ובכא אברם על לוט בר
1apGn 22.10 די שימא על שמאל דרמשק
1Myst 6 1.2]שיהמה [י]כפר על שגג˙˙˙˙ל [
1pHab 1.4 יז]עקו על:]
1pHab 1.10]על כן תפוג
1pHab 1.14 ע]ל כן יצא
1pHab 2.7 את כול הבא[ות ע]ל הדור
1pHab 2.10 כול הבאות על עמו וע[ל
1pHab 2.12 פשרו על הכתיאים
1pHab 2.16]˙[ ] : על]
1pHab 3.4 יצא : פשרו על הכתיאים אשר
1pHab 3.4 פחדם ואמתם על כול :
1pHab 3.9 פ[שר]ו על הכתיאים אשר
1pHab 4.2 אשר : ילעיגו על רבים ובזו
1pHab 4.2 על רבים ובזו על נכבדים
1pHab 4.5 פשרו על מושלי
1pHab 4.5 אשר יבזו על: מבצרי
1pHab 4.10 פשרו[ע]ל מושלי
1pHab 5.9 פשרו על בית אבשלום
1pHab 5.11 ולוא עזרוהו על איש הכזב
1pHab 5.14 יזב]ח לחרמו על כן ישמח :
1pHab 6.2 הים ואשר אמר על כן יזבח
1pHab 6.7 מסם מאכלם על כול העמים
1pHab 6.8 ארצות רבות על כן יריק
1pHab 6.10 יחמל : פשרו על הכתיאים אשר
1pHab 6.12 במן לוא ירחמו על משמרתי
1pHab 6.13 × : ואתיצבה על מצורי ואצפה
1pHab 6.14 בי ומה] ע]ל תוכחתי
1pHab 6.15 ובא]ר על הלוחות למען
1pHab 7.1 את הבאות על : על הדור
1pHab 7.2 את הבאות על : על הדור האחרון
1pHab 7.4 בו : פשרו על מורה הצדק
1pHab 7.7 האחרון ויתר על כול : אשר
1pHab 7.10 פשרו על אנשי האמת :
1pHab 8.1] : פשרו על כול עושי
1pHab 8.8 פשרו על הכוהן הרשע

4Q509 157 1.2 ב˙˙ם[: י]שופו עיני]
11QPs 18.14 לדעתה הנה : עיני [illegible] על
11tgJ 37.7 שמעתך וכען עיני : חזתך על
11QT 51.14 הצדק ומעור : עיני חכמים

4Q184 1 1.13]ת ת˙˙˙[ ]עיניה הנה והנה

1apGn 20.3 יאין להין לה עיניהא ומא רגג

1pHab 5.7 לוא זנו אחר עיניהם בקץ :
4pIs[b] 1.6]עיניהם : פשר

4Q186 2 1.1 סרב˙[ע]יניו בין
4pIs[a] 7+ 3.17]למראה ע[יניו] :]

1apGn 21.9 יתב ושקול עיניך וחזי
4Q381 31 1.5 נפשי לנגד ע[יני]ך כפיתה
4Q381 33 1.8 ישעי לנגד עיניך מה[ ]ל[

CD 2.14 שמעו לי ואגלה עיניכם לראות

11QT 48.8 קורחה בין עיניכמה : למת

1pHab 5.1 יסדתו טהור עינים : מראות
1pHab 5.6 אשר אמר טהור עינים מראות :
1QS 4.11 גדופים עורון עינים וכבוד
1QS[a] 2.7 בבשרו : לראות עינים או איש
4Q184 2 1.5 לו[: ורום עינים לב ערל[
4Q185 1+ 2.12]מים ורשף עינים ושמחת
4Q504 7 1.18]ל[ ]עינים :]
4Q511 195 1.1]עינים[:]˙[

1QH 2.31 אדוני כיא עינכה ע˙[ ]
11QT 61.12 לוא : תחוס עינכה עליו נפש
11QT[b] 54.5 הארץ ועד[: עינ]כה עליו

1pHab 10.1 בעשק וכפים עיצה בגזול ואשר

4Q176 24 1.2]מ˙ ˙˙[:]˙ק עיצים ˙[:

1pHab 10.6 הוי : בונה עיר בדמים
1pHab 10.10 רבים : לבנות עיר שוו בדמים
4Q176 8+ 1.2 י]רושלים עיר הקודש כיא
4Q184 1 1.12]ברחובות עיר תתעלף
4Q504 1+R 4.12 ואת : ציון עיר קודשכה
4apLm 1 1.8 ˙תים ירושלים עיר :]˙לחיה
4pN 3+ 2.1 בגוים הוי עיר הדמים
4pN 3+ 2.2 פשרו היא עיר אפרים
11QT 45.11 יבוא אל כול עיר : המקדש
11QT 45.16 אחר יבוא אל עיר : המקדש
11QT 47.9 צורכיהמה ואל עיר מקדשי לוא
11QT 47.14 ולוא תטהרו עיר : מתוך
11QT 48.14 בהמה ובכול עיר ועיר תעשו
11QT 62.6 כי : תקרב אל עיר להלחם עליה
CD 12.2 לטמא : את עיר המקדש

4Amrm 2 1.2 ואמר לי הדן ע[ירא

11QT 64.4 אל : זקני עירו ואל שער (
11QT 64.4 ואמרו אל זקני עירו בננו זה
11QT 64.5 כול אנשי עירו באבנים :

11QT 52.19 ועז בתוך עירי אשר אנוכי

1apGn 2.1 בלבי די מן עירין הריאנתא
1apGn 2.16 זר ולא מן כול עירין ולא מן

11QT 55.4 כול [י]ושבי : עירמה לאמור

4pIs[a] 2+ 2.21]בא אל עיתה עבר]

1QH 14.17	הקימותי על נפשי לבלתי
1QH 15.11	ואחז‹י›קה על רבים מ˙ [
1QH 16.17	פשע[׃ ונחם על [
1QH 16.19	]ה ואני על דבריך קר˙˙ [
1QH 17.18	עוזך ˙˙˙˙˙ות על פשעי
1QH 17.18	]ל ולהתחנן על ׃]˙˙ מעשי
1QH 17.23	חוק מ[ ]ד על רוחות ׃
1QH 17.26	רוח קודש[ ] על עבדך [
1QH 18.11	ש˙[׃ חקקתה על קו[
1QH 18.12	אדם על˙[׃ אשה
1QH 2 1.19	תב˙[׃ על[
1QH 3 1.4	]ופעמי על מטוני פחיה
1QH 4 1.13	או[׃]להשען על טובכה ויהם
1QH 4 1.14	כדונג ימס על פשע וחטאה ׃
1QH 4 1.20	ומ˙[׃] על ˙]
1QH 5 1.12	וביושבי האדמה על האדמה וגם[
1QH 16 1.3	[׃]חמיו על אביונ[׃]ה
1QH 19 1.3	˙[׃]רקיע על כנפי רוח
1QH 48 1.4	או˙[׃]דש על ידי גבורת[
1QM 1.12	עת ׃ צרה ע[ל כו]ל עם
1QM 2.5	אלה יתיצבו על העולות ועל
1QM 2.13	תחלק המלחמה על כול בני חם
1QM 2.14	תחלק המלחמה על כול [
1QM 2.17	] ועושרות על ח[׃ (סדרי
1QM 3.2	בשוב המלחמה על חצוצרות
1QM 3.10	המערכה יכתובו על חצוצרות
1QM 3.13	העדה למסורותם על האות הגדולה
1QM 3.14	כתולדותם על אותות ראשי
1QM 3.15	ע]ל אות השבט
1QM 4.1	אף אל בעברה על ׃ בליעל
1QM 4.4	שרי עושרותיו על אות העשרה
1QM 4.6	למלחמה יכתובו על אותותם אמת
1QM 4.7	למלחמה יכתובו על אותותם ימין
1QM 4.8	המלחמה יכתובו על אותותם רומם
1QM 4.9	למלחמה יכתבו על אות
1QM 4.9	עדה אל על אות השנית
1QM 4.9	השנית מחני אל על השלישית ׃
1QM 4.10	שבטי אל על הרביעית
1QM 4.10	משפחות אל על החמישית
1QM 4.10	דגלי אל על הששית קהל
1QM 4.10	הששית קהל אל על השביעית
1QM 4.11	קריאי ׃ אל על השמינית
1QM 4.11	למלחמה יכתובו על אותותם ׃
1QM 4.13	המלחמה יכתובו על אותותם
1QM 5.3	מ‹ער›כת פנים על אלף איש
1QM 6.11	ויהיו הפרשים על רכב אנשי
1QM 7.12	יהיה מהלך על פני כול
1QM 7.15	הם]לחמה על חמשים מגן ׃
1QM 8.3	להתיצב על מעמדם ותקעו
1QM 8.17	והתיצ]בו על מעמדם
1QM 9.6	ונחל[קו] על כול האויב
1QM 9.7	משיבים על ידי המלחמה
1QM 9.10	לערוך המעמד על רמ[ות
1QM 9.15	יכתובו על הראישון
1QM 9.15	] שריאל על הרביעי רפאל
1QM 10.3	היום למלחמה על אויביכמה אל
1QM 10.7	בארצכמה על הצר הצורר
1QM 12.11	ורגלכה על במותי חלל
1QM 12.18	רו]ם על השמים אדוני
1QM 13.1	עמו וברכו על עומדם את אל
1QM 15.6	למועד נקם על פי ׃ כול
1QM 15.13	הזה ׃ [ ]אל על כול ה[
1QM 15.13	ה[מע]מ על כול בשר אל
1QM 16.1	ישראל קרא חרב על כול הגואים
1QM 16.3	[ה]היאה על עומדם נגד
1QM 16.5	עד התיצבם איש על מעמדו ותקעו
1QM 17.11	התיצ[בם אי]ש על מעמד[ו]
1QM 18.1	יד אל הגדולה על בליעל ועל
1QM 18.3	יד אל ישראל על כול המון
1QM 18.4	המלחמה ונחלקו על כול מ[חני
1QM 18.12	התגברת]ה [ע]ל אויבינו

1pHab 8.9	אשר ׃ נקרא על שם האמת
1pHab 8.16	פ[שר]על הכוהן אשר
1pHab 9.4	פשרו על כוהני
1pHab 9.9	בה ׃ פשרו על הכוהן
1pHab 9.12	[א]שר הרשיע ׃ על בחירו הוי
1pHab 9.16	[הדב]ר על הכ[והן] אשר
1pHab 10.9	פשר הדבר על מטיף הכזב
1pHab 10.15	כמים ׃ יכסו על הים[
1pHab 11.4	פשרו על הכוהן הרשע
1pHab 11.11	וקיקלון ׃ על כבודכה ׃
1pHab 11.12	כבודכה ׃ פשרו על הכוהן אשר
1pHab 11.15	תבלענו לוסיף[ע]ל[
1pHab 12.2	בה ׃ פשר הדבר על הכוהן הרשע
1pHab 12.3	גמולו אשר גמל על אביונים כיא
1pHab 12.12	פשר הדבר על כול ׃ פסלי
1pHab 13.1	כול הרץ פשרו על כול הגוים ׃
1pMic 10 1.2	]פשרו על מ˙[ ]˙˙ ׃
1pMic 10 1.5	המתנדבים לוסף על בחירי ׃ [
1pMic 17+ 1.5	[על הדור
1pPs 9 1.1	שי פשרו על כול
1QDM 1.1	[ ] על מושה
1QDM 4.8	[על ספר]
1QH 1.25	ומה יוכיח על עוונותיו ׃
1QH 1.28	ותשם דברים על קו ׃ ומבע
1QH 2.10	דרך ואהיה על עון רשעים ׃
1QH 2.24	מאתכה גרו ׃ על נפשי בעבור
1QH 2.31	עינכה ע˙[ ] על נפשי
1QH 2.33	דמו ׃ לשפוך על עבודתכה אפס
1QH 3.8	˙ ׃ והבל נמרץ על משבריה
1QH 3.13	קיר באוניה על פני מים
1QH 3.15	ברתוח תהומות על נבוכי מים
1QH 3.26	ומכמרת חלכאים על פני מים ׃
1QH 3.27	תקוה בנפול קו על משפט וגורל
1QH 3.28	וגורל אף ׃ על נעזבים ומתך
1QH 3.28	ומתך חמה על נעלמים וקץ
1QH 3.29	נחלי בליעל ‹על› כול אגפי
1QH 3.33	וארץ ׃ תצרח על ההווה הנהיה
1QH 4.3	˙˙ו מ˙˙[׃] על סלע רגלי ˙˙
1QH 4.22	ואקומה על מנאצי וידי
1QH 4.22	על מנאצי וידי על כול בוזי
1QH 4.26	ותתן מוראם על עמכה ומפץ
1QH 4.32	ורוב רחמיו על כול בני ׃
1QH 4.34	בקום רשעים על בריתך ׃
1QH 4.35	וחלכאים על ‹כ›˙ברכה
1QH 5.4	]˙˙[׃ על פי רצונכה
1QH 5.8	פורשי מכמרת על פני מים
1QH 5.22	ואני הייתי על ע[
1QH 5.35	ובושת על פנים ויהפך
1QH 6.7	עול ואנחמה על המון עם ועל
1QH 6.15	עולם ויצל צל על כול˙ [
1QH 6.17	חקר ˙˙˙˙˙ על תבל לאין
1QH 6.24	לישר דרך על פני מים
1QH 6.26	תשים סוד על סלע וכפים
1QH 6.26	על סלע וכפים על קו משפט
1QH 7.8	נשגבה ותכן על סלע ׃
1QH 7.22	ותרם קרני על כול מנאצי
1QH 7.23	רוח וממשלתי על ב˙˙ [
1QH 7.29	ואין ׃ להשיב על תוכחתכה כול
1QH 8.21	]ם לפנות על קו נכון
1QH 8.22	ומטע ׃ עציהם על משקלת השמש
1QH 9.4	מות ושאול על יצועי ערשי
1QH 9.13	אשתעשע ואנחמה על פשע ראשון ׃
1QH 9.36	עליהם כמרחמת על עולה וכאומן
1QH 10.23	נתתה ׃ משעני על בצע ובה˙ [
1QH 10.24	חיל גבורים על רוב עד˙ [
1QH 10.25	]ענן על פלגי מים
1QH 12.24	לוא לעבור על דברכה ואני
1QH 12.31	ואין להשיב ׃ על תוכחתכה כיא
1QH 12.32	ומה אדבר על זות
1QH 14.9	]ולהתאפק על עלי˙˙˙ רשע
1QH 14.14	קורבי קנאתי על כול פועלי

4Q176 20 1.2	קצף גדול על מעשי הדור :
4Q185 1+ 1.13	והוא כצל י˙˙˙ על האו[ר]
4Q185 1+ 2.13	יעשנה ולא יאל על[ ]ו[ ] :
4Q186 2 1.3	דקות ויושבות על סרכמה והואה
4Q186 2 1.6	]ל[ ]יושבות על סרכמה ורוח
4Q370 1.1	ו]שפך אכל על פניהם ופרי
4Q370 1.6	]ה : על כן נ[מחו]
4Q370 2.5	וכצל ימיהם ע[ל : ועד עולם
4Q374 2 2.6	לאלוהים על אדירים
4Q374 12 1.1	]˙ על˙[:]וצרפנו
4Q378 6 1.4	]א תפלה על חטאתינו :
4Q379 12 1.6	מלא מי[ם] על כל גדותיו
4Q380 1 1.6	] [נראה על ירושלם:
4Q381 17 1.2	]בהדר תשוף על יהודה וי[:
4Q381 18 1.3	]מבר[:]ב על יד[:]לת
4Q381 33 1.9	אכחש לפניך על ח[ ]י כי
4Q381 33 1.10	הרימני למעלה על גוי [:
4Q381 46 1.4	וכעננים יפרשו על פ[ני
4Q381 52 1.1	]˙ על˙[:
4Q381 53 1.1	]על[ ] :]˙קים:
4Q381 69 1.6	˙˙ :]ישו שבו על הארץ אז
4Q381 69 1.9	וא<ל> [:] על רשעה ולהמיר
4Q381 76+ 1.16	וארץ ולעליון על כל גוי הארץ
4Q381 79 1.2	לוא יחנו[ ]על[: א]שמה
4Q385 2 1.5	] בן אדם הנבא על העצמות
4Q385 2 1.7	שוב אנבא על ארבע רוחות
4Q401 14 1.4	] רומה רם על[
4Q403 1 1.2	לגבור על כול[
4Q405 23 1.10	עלי חוק ולוא על אמרי : מלך
4Q405 23 1.13	אלוהים נורא על [כו]ל
4Q483 1 1.2	]וכיבשו[ה: ע]ל הארץ[:]˙[
4Q487 8 1.2	יתן לו :]חמו על : [אל:
4Q501 1 1.9	ויתגברו על עני ואביון
4Q502 16 1.2	[:]חסדים ע[ל : והצנ]ע
4Q502 48 1.2	]ם[:]˙ על כול בני[:]
4Q502 132 1.1	]דק על [:]˙˙˙[
4Q503 1+ 2.12	]להאיר על הארץ יברכו
4Q503 10 1.1	] השמש להאיר על האר[ץ :]עם
4Q503 24+ 1.3	]על הארץ יברכו[
4Q503 29+ 2.7	ע]ל[הא]רץ
4Q503 33 2.1	ובצ[א]ת השמש על ה[ארץ
4Q503 33 2.10	] הש]מש על ה[ארץ
4Q503 48+ 1.7	לה]איר על[ה]ארץ
4Q503 48+ 1.8	וצדק[ ]אל על כו[ל
4Q503 64 1.7	] על הארץ יברכו[
4Q504 1+R 2.11	מעמכה ישראל <על כול
4Q504 1+R 4.7	ברעי נגיד על עמכה וישב
4Q504 1+R 4.7	על עמכה וישב על כסא ישראל
4Q504 1+R 5.4	ארצם : שממה על אויביהמה
4Q504 3 2.14	ברית בחו[רב : על כול
4Q504 6 1.8	ויקח וישאהו על[ ] : [
4Q508 7 1.1	]כפר ע[ל :] גם[
4Q508 30 1.1	לכפר[על]יו ע[ל]כול ˙˙˙ :
4Q509 1+ 1.9	˙˙˙˙˙ בים אשר על [: א]שר
4Q509 3 1.5	ח]סדיכה על עדתנו
4Q509 16 4.3	]רחמהם על תעניתם :
4Q509 97+ 2.7	˙[: ˙˙א על˙ יכ[: ˙˙י˙]
4Q509 275 1.1	א]פקוד על פרי ג[ודל
4Q510 1 1.3	וממש[לתו] : על כול גבורי
4Q511 44+ 1.5	]אדם על : צדיק ב[
4Q511 48+ 1.5	ואופי[ל]על כול מופתי
4Q511 99 1.3	מלך ˙[: על ב˙˙[: כול[
4Q511 213 1.1	]˙על˙[
4Q512 34 1.15	עמו [:]תחנן על כול
4Q512 27 1.3	וכ[: ועמ]ד על עומד[ו :
4Q512 11 1.4	את בגדיו וברך ע[ל : אל
4Q512 231 1.2	]˙˙ ˙[:] על˙[:]˙˙ ˙[
4Q513 2 2.4	<בהם> לרצון על י[שראל
4Q513 3 1.4	] לעשות זכרון ע[ל :]אשר
4Q517 73 1.1	]על[
4Q518 66 1.1	]˙א˙˙ על˙[:]ר מבל[

1QNo 1 1.3	ו[: א]ת דרכו על הארץ[:
1QS 1.22	חסדי רחמים על ישראל
1QS 3.11	ואין : לצעוד על אחד מכול
1QS 4.5	ורוב חסדים על כול בני אמת
1QS 4.18	וקנאת : ריב על כול משפטיהן
1QS 5.2	ובהון ומשובים על פי בני צדוק
1QS 5.3	המחזקים בברית על פיהן יצא
1QS 5.7	תכון דרכיהם על כול החוקים
1QS 5.8	המתנדבים ויקם על נפשו בשבועת
1QS 5.10	יקים בברית על נפשו להבדל
1QS 5.16	היחד על פיהם לכול
1QS 5.18	איש הקודש על כול מעשי :
1QS 5.21	ומעשיו בתורה על פי בני
1QS 6.1	אל יביא איש על רעהו דבר
1QS 6.7	ולילה : תמיד על יפות איש
1QS 6.12	האיש : המבקר על הרבים וכול
1QS 6.13	ועמד האיש על רגלוהי ואמר
1QS 6.14	להוסיפ על עצת היחד
1QS 6.16	ונשאלו : הכול על דבריו וכאשר
1QS 6.16	יצא הגורל על עצת הרבים
1QS 6.18	ישאלו הרבים על דבריו לפי
1QS 6.19	לסוד היחד על פי הכוהנים
1QS 6.20	האיש : המבקר על מלאכת הרבים
1QS 6.21	השנית יפקודהו על פי הרבים
1QS 6.24	בם במדרש יחד על פי הדברים
1QS 6.27	דבר בשם הנכבד על כול ה[
1QS 7.2	ולוא ישוב עוד על עצת היחד
1QS 7.3	אחת ומובדל על נפשו מן
1QS 7.11	עד שלוש פעמים על מושב אחד
1QS 7.17	אשר ילון על יסוד היחד
1QS 7.17	ולוא ישוב ואם על רעהו ילון :
1QS 7.21	ישאלו הרבים על דבריו ואם
1QS 7.22	היחד ( ) על מלואת עשר
1QS 8.19	וקרבהו : בעצה על פי הרבים
1QS 8.25	איש ולוא ישאל על כול עצה
1QS 8.26	במדרש ובעצה [ע]ל [ה]רבים
1QS 9.1	ימים : כיא על ( ) שגגה
1QS 9.2	דרכו ועצתו על פי הרבים
1QS 9.4	עולם לכפר על אשמת פשע
1QS 9.14	העת להחזיק על פי : רצוננו
1QS 10.1	ובהאספו על מעון חוקו
1QS 10.21	ולוא ארחם : על כול סוררי
1QS 11.18	זולתכה להשיב על עצתכה
1QSa 1.2	להתה]לך: על פי משפט בני
1QSa 1.20	בגורל להתיצב על עדת ישראל
1QSa 1.23	איש במעמדו : על פי בני
1QSa 1.23	איש בסרכו על יד ראשי :
1QSa 1.24	כול צבאותם על פי בני צדוק
1QSh 2.4	יש[א]:]˙על˙ :]˙ אלים
1QSb 2.28	עולם [ ] על כול
1QSb 4.21	סב]יב לו על פנ[יהם
1QSb 5.29	ופרשו [ק]ליכה על
2Q32 1 1.2	˙[: על˙]
2Q33 2 1.1	]על נינו[ה:
2apDa 1 2.2	[: כי רחמיו על ישרא[ל
2QJN 4 1.6	[: לקדמין על מד[בחא :
2QJN 4 1.7	סדרין על פת[ורא :
3Q10 1 1.2	]˙תם[: ע]ל פני כו[ל
3Q15 7.14	שבע : ככ : על פי יציאת
3Q15 8.5	בתך חרה : על האבן חפור
3Q15 11.17	המערבי : טיף על מ[
3Q15 12.11	צפון : וקברין על פיה משנא
3pIs 1 1.3	[י]שע[יה]נבא ע[ל
4Q156 1.6	] ע]ל כסיא: וקדם
4Q156 2.4	]כד[י]ה על בית קדשא [
4Q156 2.5	ידו]ה[י ע]ל :]
4Q176 1+ 1.2	עם ממלכות על דם[:
4Q176 1+ 1.5	אלוהיכם דברו על לב ירושלים
4Q176 14 1.5	]כה על מכה בו[:
4Q176 16 1.4	איש ל[:]˙ר על אוהבו ועל
4Q176 17 1.3	] : [˙ על כול א[יש :

4AgCr 1 1.1	פשר על הקצים אשר
4AgCr 1 1.7	VACAT : פשר על עזזאל
4AgCr 2+ 1.2	]דרך :]על פניו
4AgCr 5+ 1.2	]לם [: כ]תוב על האר˙[:
4AgCr 5+ 1.5	אש]ר כתוב על פרעה[:]˙˙˙
4Amrm 1 1.12	ושליטין על כול בני אדם
4Amrm 2 1.5	חזה והוא משלט על כול חשוכא
4Amrm 2 1.6	אנה שליט על כול
4apLm 2 1.8	בנותיה כאבלות על על בע[לן
4apLm 2 1.8	כאבלות על על בע[לן
4apLm 2 1.9	]ו על לחיה על
4apLm 2 1.9	]ו על לחיה על בניה :]˙[
4pHs[b] 2 1.3	ע]ל כוהן
4pHs[b] 5+ 1.2	מוריהם[ ]על[: א]עשה
4pHs[b] 17 1.1	פשר]ו על מצרים[:]˙˙
4pIs[b] 2.8	ישראל נאצו על כן חרה אף
4pIs[c] 2 1.3	] על כל אפיקו
4pIs[c] 2 1.3	כל אפיקו והלך על כל גדו[תו
4pIs[c] 4,6+ 1.10	טב]לים על כן :]
4pIs[c] 6+ 2.4	] : פשר הדבר על חבל בבל[
4pIs[c] 8+ 1.1	] ˙[על מלך בבל]
4pIs[c] 8+ 1.10	] [ ]: על[
4pIs[c] 13 1.4	לאחר]ית הימים על [: ב]יום
4pIs[c] 23 2.5	לוא כיא על סוס ננוס על
4pIs[c] 23 2.5	על סוס ננוס על כן תנוסון
4pIs[c] 23 2.5	ועל קל נרכב על כן : יקלו
4pIs[c] 23 2.7	נותרתמה כתרן על רואש הר :
4pIs[c] 23 2.8	הר : וכנס על גבעה לכן
4pIs[c] 23 2.10	לאחרית הימים על עדת ד[ורשי]
4pIs[c] 23 2.20	[: על עון ˙]
4pIs[c] 25 1.5	]מצרים על סוסים [
4pIs[d] 1 1.4	שמשותיך פשרו על שנים עשר [
4pIs[d] 1 1.7	] : פשרו על ראשי שבטי
4pIs[e] 6 1.6	פשרו על[ ]˙[
4pN 3+ 1.5	] על כפיר החרון
4pN 3+ 1.6	טרפה פשרו על כפיר החרון
4pN 3+ 1.8	כי לתלוי חי על העץ [י]קרא
4pN 3+ 2.4	וגויתם פשרו על ממשלת דורשי
4pN 3+ 2.8	פשר[ו ע]ל מתעי אפרים
4pN 3+ 2.11	שולי[ך]על פניך
4pN 3+ 3.3	ממך : פשרו על דורשי
4pN 3+ 3.4	ושנאום וכארום על זדון אשמתם
4pN 3+ 3.5	מתעיהם ונלוו על ˙[י]שראל
4pN 3+ 4.1	פלג הנלוים על מנשה גם היא
4pN 3+ 4.3	בזקים פשרו על מנשה לקץ
4pN 3+ 4.5	פשרו על רשעי א[פרים
4pN 3+ 4.7	מאויב פש[רו ע]ל
4pPs[a] 1+ 1.26	מזמות [פשר]ו על איש הכזב
4pPs[a] 1+ 2.2	יכרתו פשרו על כול השבים :
4pPs[a] 1+ 2.7	ואתבוננה על מקומו
4pPs[a] 1+ 2.7	ואיננו פשרו על כול הרשעה
4pPs[a] 1+ 2.9	רוב שלום פשרו על : עדת
4pPs[a] 1+ 2.14	בא יומו פשרו על עריצי הברית
4pPs[a] 1+ 2.18	תשברנה : פשרו על רשעי אפרים
4pPs[a] 1+ 3.5	רשים ושרים ע[ל
4pPs[a] 1+ 3.7	כעשן כולו פשר על שרי הר[ש]עה
4pPs[a] 1+ 3.10	יכ]רתו : פשרו על עדת
4pPs[a] 1+ 3.15	]פשרו על הכוהן מורה
4pPs[a] 1+ 3.19	] : הדבר על מו[רה
4pPs[a] 1+ 4.8	פשרו על [הכו]הן
4pPs[a] 1+ 4.13	ו]אעבור על מ[קו]מו
4pPs[a] 1+ 4.14	[ ] על [א]יש הכזב]
4pPs[a] 1+ 4.14	]˙ל˙[ ] על בח[יר]י אל[
4pPs[a] 1+ 4.16	שלום פשרו ע[ל] : [
4pPs[a] 1+ 4.23	VACAT : למנצח על[שושנ]ים [
4pPs[a] 1+ 4.27	]על מורה[
4pUn 2 1.2	[:]תוכן כבגד על הא[:]˙ו [
4pUn 14 1.2	[פשר[:]על[
4pZ 1+ 1.4	]פשרו[ע]ל[
4QCat[a] 2+ 1.15	גדולות על ה[ ]˙
4QCat[a] 2+ 1.15	ויעקוב עומד על הגתות ושמח
4QCat[a] 2+ 1.15	על הגתות ושמח על רדת[:]ת
4QCat[a] 5+ 1.1	אשר י[ ]בא על אנשי הי[חד
4QCat[a] 5+ 1.8	]ויכינו חצים ע[ל
4QCat[a] 5+ 1.12	למנצח על ה[שמינית :
4QCat[a] 10+ 1.6	אין :]איש על מצורו
4QCat[a] 12+ 1.3	]למים על : ב]ליעל
4QCat[b] 1 1.1	]אחרית הימים על ( )[:]ה
4QFl 1+ 1.2	[על עמי ישראל
4QFl 1+ 1.18	נוסדו יחד על יהוה ועל :
4QFl 6+ 1.3	תרי]בהו על מי מריבה
4QFl 6+ 1.5	] באפכה וכליל על מזבחכה[:
4QFl 9+ 1.5	[: על שבי[:
4QM1 1+ 1.15	]המה על מעמדמה עם
4QM1 8+ 1.14	ש]מתה על[
4QM1 11 2.20	[: על מצב[ו]
4QM1 11 2.20	תרועה שנית על ידי התקרב
4QM1 13 1.4	אי[ש] על]
4QM1 15 1.6	] אל נטויה על כול הגואים
4QM1 17 1.5	ככה יעשו ע[ל :]לשרפת
4QM1 26 1.2	עולמים ˙[: ע]ל עומדם]
4QM2 1 1.12	]˙ יחד בעומדם ע[ל ח]ללי[
4QM2 2 1.1	ג]בורתו על כול[הג]וים
4QM3 1 1.13	]ת[ ] על חצוצרו[ת
4QM6 9 3.2	]˙[: ע]ל חצו[צרות
4QMes 1.2	ו]טלופחי[ן על]
4QMes 1.3	ושומן זועירן על ירכתה [
4QMes 1.6	חזון למאתה לה על ארכובת[ה] :
4QOrd 1 2.6	להניחו[: ע]ל[ ] כסף
4QOrd 1 2.16	[: ע]ל העם ועל
4QOrd 2+ 1.5	דבר בישראל על נפש על פיהם
4QOrd 2+ 1.5	בישראל על נפש על פיהם ישאלו
4QOrd 2+ 1.6	יהיו כלי גבר על אשה כול [:
4QOrd 2+ 1.8	איש שם רע על בתולת ישראל
4QTeb 2 1.6	כלבבמה לזום על ברית אל[ול
4Tstm 1.15	במסה ותרבהו על מי מריבה
4Tstm 1.18	באפך וכל<י>ל על מזבחך : ברך
4Tstm 1.29	ד]ם כמים על חל בת ציון
4VSam 5 1.3	ומ[:]יראתכה על ˙ל[
5Q13 1 1.3	]˙ה ויוסר ע[ל:]˙˙
5Q13 2 1.11	שני :]שבועה על :]את
5QCD 5 1.3	לוא ה[וכח: על השבועה אשר
5QCD 5 1.4	השבועה אשר [: על פני השדה
5QCur 1 1.1	ועל ימים גם על ˙[:]˙יניך
5QJN 1 1.9	ע]ל כל תרע
5QJN 1 1.13	]תרעא בגוא על [ימי]ן
5QTop 5 1.3	ואת[:]˙[ ]על מי דן ו˙[
6Q26 1 1.1	הן על[:˙לנ˙[: הלו
6apSK 22 1.1	]י על˙[:]בכל ד˙[
6QPrPr 1 1.1	]˙[ ]על[:]
11Ap[a] 2.6	]אשר י˙[ ]על :] חטא ועל
11Ap[a] 3.7	עליך אש[ר :]על כול אלה אשר
11Ap[a] 4.4	שלמ[: לדויד ע[ל]ש
11Ber 1 1.7	בשמים להוריד על ארצכמה :
11Mel 1+ 2.4	לאחרית הימים על השבויים
11Mel 1+ 2.8	לכפר בו על כול בני א[ל
11Mel 1+ 2.12	ס]לה : פשרו על בליעל ועל
11Mel 1+ 2.16	] [נאוו : על <ה>הרים
11QPs 18.7	יעקוב ותפארתו על כול מעשיו
11QPs 18.11	זמרתה על אוכלמה בשבע
11QPs 18.14	עיני 𐤉𐤄𐤅𐤄 על טובים תחמל
11QPs 24.14	אתה 𐤉𐤄𐤅𐤄 : על כן שאלתי
11QPs 27.5	לפני המזבח על עולת :
11QPs 27.10	ושיר : לנגן על הפגועים
11QPs[b] c 1.3	מה ט : הטוב על הרו[א]ש :
11QPs[b] d 1.1	רד על פי מד : וה
11QSS 3+ 1.1	]על מרום כסא[:
11tgJ 4.4	סימו ידיכון על [: ותמהא
11tgJ 5.6	]˙ אכל כחדה על [: ע]ליהון
11tgJ 9.6	להש[:] או על מן לא תקום
11tgJ 10.1	] הפד[רת :] ע[ל אנ]פי חשוך
11tgJ 19.4	וה]ללת : על באישתה[

11QT 53.5	אכול הדם על הארץ
11QT 53.15	לאסור אסר על נפשו ולוא
11QT 53.16	או אסרה אסר על נפשה : בבית
11QT 53.18	האסר אשר אסרה על נפשה והחריש
11QT 53.19	אסרה אשר אסרה על נפשה יקומו
11QT 53.21	אשר אסרה על נפשה לוא
11QT 54.4	כול אשר אסרה על נפשה :
11QT 54.16	כי דבר סרה : על יהוה
11QT 56.3	ועשיתה על פי התורה
11QT 56.20	והיה בשבתו על כסא ממלכתו
11QT 56.21	התורה הזואת על ספר מלפני
11QT 58.3	ישמע ‹המלך› על כול גוי ועם
11QT 58.4	לישראל ושלח על שרי האלפים
11QT 58.5	עמו למלחמה על : אויביהם
11QT 58.15	יצא למלחמה על : אויביו
11QT 58.19	והתומים על פיהו יצא
11QT 58.21	דרכיו אשר יצא על פי המשפט
11QT 59.14	לו איש יושב על כסא :
11QT 59.15	ממשול עוד על ישראל :
11QT 59.17	יושב מבניו על כסא מלכות :
11QT 59.21	ימים רבים על מלכותו הוא
11QT 60.15	לבד ממכר על האבות : כי
11QT 61.6	חטא אשר יחטא על פי שנים :
11QT 61.7	עדים או על פי שלושה
11QT 61.13	תצא למלחמה על אויביכה
11QT 63.5	את ידיהמה על ראוש העגלה
11QT 63.10	כי תצא למלחמה על אויביכה
11QT 64.8	ותליתמה אותו על העץ וימת על
11QT 64.8	על העץ וימת על פי שנים
11QT 64.10	גם אותו על העץ : וימות
11QT 64.11	תלין נבלתמה על העץ כי קבור
11QT 64.12	ואנשים תלוי על העץ ולוא
11QT 65.2	בכול עץ או על הארץ :
11QT 65.3	והאם רובצת על האפרוחים או
11QT 65.3	האפרוחים או על הבצים : לוא
11QT 65.4	תקח את האם על הבנים שלח
11QT 65.15	הוציא שם רע על בתולת ישראל
11QT 66.2	את הנערה על דבר אשר לוא
11QT 66.3	בעיר ואת האיש על דבר אשר ענה
11QT 66.7	יקום : איש על רעהו ורצחו
CD 1.20	חוק ויגודו על נפש צדיק
CD 2.6	כל מלאכי חבל על סררי דרך
CD 3.5	לבם להיעץ על : מצות אל
CD 4.10	לכפר : על עונותיהם כן
CD 4.11	אם לעמוד איש על : מצודו
CD 5.12	פתחו פה על חוקי ברית
CD 5.21	כי דברו סרה על מצות אל ביד
CD 7.5	בתמים קדש על פי כל יסורו
CD 7.7	בנים והתהלכו על פי התורה
CD 19.4	ויתהלכו על פי התורה:
CD 19.7	חרב עורי על : רועי ועל
CD 19.9	והשיבותי ידי על הצוערים:
CD 19.12	להתות התיו על מצחות
CD 19.30	אשר העידו על העם אחרי צ
CD 20.9	שמו גלולים על לבם ~~וישים~~
CD 20.11	כי דברו תועה על חקי הצדק
CD 20.23	: וישענו על אל בקץ מעל
CD 20.28	[ו]לבוא על פי התורה
CD 20.30	ולא ירימו יד על חקי קדשו
CD 20.34	לבם ויתגברו : על כל בני תבל
CD 9.3	אשר יביא על רעהו דבר
CD 9.8	עליו חטא על השבועה אשר
CD 9.9	איש אשר ישביע על פני השדה :
CD 9.20	הם והם מעידים על : דבר אחר
CD 10.1	לשופטים להמית על פיהו אשר לא
CD 10.2	ימיו לעבור : על הפקודים ירא
CD 10.2	אל יאמן איש על רעהו : לעד
CD 10.10	את ימיהם על הטהר במים
CD 10.14	במימי הכלי : על הש[ב]ת
CD 10.18	כל אל ישפוכו על הון ובצע :
CD 10.21	חוץ לעירו אעל אלף באמה :

11tgJ 20.8	רום˙[: ואף ע[ל: מל˙[:
11tgJ 22.10	לילא[:]מה על משכבה[:]˙
11tgJ 25.5	מן יתיבנה על עם[:]לך
11tgJ 28.9	]על מאמרה מ[:
11tgJ 29.1	על[והי : על אנפי מין אף
11tgJ 29.3	לעבדיהון : על כל די ברא
11tgJ 29.3	ברא יפקדנון על אנפי תבל הן
11tgJ 30.4	חוטא או : על מא אשיה
11tgJ 31.2	ותשוב קדמוהי על ארעא מן
11tgJ 31.3	קלילין להנחתה על ארע : מדבר
11tgJ 31.9	]˙˙˙א על בניה תיאש[
11tgJ 32.6	מליחה : יחאך על מהמא תקף
11tgJ 32.8	או היבית על : אוריך
11tgJ 33.3	חרב יחאך על דחלה ולא :
11tgJ 33.8	לרוחין או על מאמרך
11tgJ 34.4	דינה ותחיבנני על דברת די
11tgJ 37.2	] : והוא מלך על כל רחש :
11tgJ 37.8	עיני : חזתך על כן אתנסך
11tgJ 38.6	בביתה ונחמוהי על כל באישתה
11QT 8.9	שני[:]˙˙ה על שתי
11QT 15.14	העולה למלא על נפשותמה
11QT 15.17	אבי[הו :] ע]ל כול הע[ם]
11QT 15.17	הע[ם] ואחר על הכוה[נים :
11QT 16.7	] החלב אשר על הקרב וא[ת :
11QT 16.16	מדמו באצבעו על קרנות
11QT 16.17	דמו יזרוק ע[ל אר]בע פנות
11QT 18.7	ע]ל עם הקהל
11QT 19.15	ש[לישית] ההי[ן על המטה
11QT 19.15	המטה ויקריבו על היין (הזה)
11QT 20.4	]יקטירו על המ[זבח : [
11QT 20.5	החל[ב] אשר על הק[רבים] :
11QT 20.11	ויקטירו על המזבח ואת
11QT 21.10	שכר יין חדש על מזבח יהוה
11QT 21.16	]יצהר על מזבח העולה
11QT 22.6	חלבמה יקטירו על מזבח ה[עולה
11QT 22.7	יקטירו על החלבי[ם :
11QT 22.16	הזה יכפרו : [ע]ל [כו]ל
11QT 23.8	[ ]ם על ה[מ]זבח אחר
11QT 23.12	מ]דמו באצבעו על ארבע קרנות
11QT 23.13	וזרק את דמו על יסו[ד] :
11QT 23.15	הקרב ואת אשר על הקרבים ואת
11QT 23.16	ואת אשר על הכסלים
11QT 23.17	ויקטר : הכול על המזבח עם
11QT 26.7	לו וכפר בו על כול עם הקהל
11QT 26.8	נסכו יקטיר על מזבח העולה
11QT 26.9	הוא ויכפר בו על כול עם הקהל
11QT 26.11	החי והתודה על רואשו את
11QT 26.12	חטאתמה ונתנמה על רואש השעיר
11QT 27.2	]ל ה[: על ‹כול› בני
11QT 27.4	כמש]פטמה : על מזבח העולה
11QT 32.6	]אשמתם לכפר על העם
11QT 32.7	˙˙˙ם ולהקטיר על המזבח :
11QT 33.15	ואת : הרגלים על המזבח
11QT 34.8	וזורקים אותו על יסוד המזבח
11QT 34.11	אותמה על : האש אשר
11QT 34.12	על : האש אשר על המזבח פר
11QT 34.14	את הכול : על המזבח אשה
11QT 35.15	והעוף על המזבח יעשה
11QT 39.11	ל[ח]צר הזואת על שמ[ות] :
11QT 43.10	הקרב שמן חדש ‹ע›ל ‹ה›מזבח
11QT 46.2	] : עוף טמא על מקד[שי
11QT 46.6	עשרה באמה על פי פתחי
11QT 48.4	ההול‹כ›ים על ארבע אשר :
11QT 48.5	לנתור בהמה על הארץ ולעוף
11QT 48.9	למת ושרפת על נפש לוא
11QT 49.21	אשר לוא הטמא על :]
11QT 50.5	איש אשר יגע על פני השדה
11QT 52.7	ולוא תכה אם : על בנים
11QT 52.12	לוא תואכל : על הארץ
11QT 52.12	תחסום שור על דישו : ולוא
11QT 52.21	וזרקו את דמו על יסוד מזבח

4Q176 8+ 1.6 כיא בשת ׃ עלומי]כי

11tgJ 14.2]חזוני עלומין משו

11QT 65.7 ושנאה ושם לה עלות דברים ׃
11QT 65.12 והוא שם ׃ לה עלות דברים

1Q34[b] 2+ 1.3]ברביבים עלי [׃ לדור
1apGn 2.2 ולבי עלי משתני על
1apGn 2.11 א ושגי לבי עלי אדין אשתני
1apGn 2.12 די אשתני אנפי עלי[׃ באדין
1apGn 2.25 לך דאל תרגז עלי די להכא
1apGn 19.20] עלי די אחי הוא
1apGn 20.21 באדין אתה עלי חרקנוש
1apGn 20.28 וכען צלי עלי ועל ביתי
1apGn 21.7 בית אל ובאש עלי די פרש לוט
1QH 2.16] אנשי רמיה עלי יהמו בקול
1QH 2.25 אמרתי חנו עלי גבורים
1QH 4.10 רמיה וזממו עלי (בנ) בליעל
1QH 5.11 ולא ׃ פצו עלי פיהם כי
1QH 5.17 ויסהרו עלי רשעי עזים
1QH 5.24]כלי לחמי ׃ עלי הגדילו עקב
1QH 5.24 עקב ויליזו עלי בשפת עול
1QH 5.31 יולדה גיהם עלי לבי קדרות
1QH 6.23 וכול משבריהם עלי המו רוח
1QH 8.15 כי גרשו עלי רפשם ׃
1QH 8.28]מה עלי כיורדי
1QH 8.32 ונפשי עלי תשתוחח
1QH 9.21]תגבר צרי עלי למכשול ל˙[
1QH 9.30]אמי גמלתה עלי ומשדי
1QH 14.9]ולהתאפק על עלי˙˙˙ רשע
4Q381 9 1.2 בח˙[׃ עלי˙[׃ ˙]
4Q381 45 1.5 [׃ מתיעצים עלי פתחו לשן
4Q381 46 1.1]עלי [׃ ר]ב
4Q405 23 1.10 ואין במה דולג עלי חוק ולוא
4Q482 7 1.3 [׃]˙ם ב[׃]עלי[
4Q503 98 1.3]מי˙[׃]עלי[
4Q503 187 1.1 [עלי˙[
4Q509 73 2.1]ם׃]עולם ׃ עלי[
4Q509 131+ 2.6 לב[ ]˙ם עלי ארץ להיות
4Q511 210 1.1]עלי [
4Amrm 1 1.10 תרין דאנין עלי ואמרין[
4Amrm 1 1.11]׃ ואחדין עלי תגר רב
4apLm 1 2.10 בו <ה>אמונים עלי תול[ע ׃
4VSam 1 1.3 שכב לפני עלי ויקום
4VSam 1 1.4 לעלי ויען עלי ו[׃
5Q13 1 1.14 ישראל ˙[׃]ל עלי[
6apSK 22 1.3] דויד[׃]עלי[׃ [˙˙]
11tgJ 2.1 את[רה ׃ ותק]ף עלי רגזה וח[׃
11tgJ 15.4 ח]אכו עלי זערין מני
11tgJ 16.5 פרק]ני וכען עלי תתאשד ׃
11QT 30.5] [י ׃ עלי˙[
11QT 56.13 אשים<ה> עלי מלך ככול

1apGn 2.17 ורוחך כדן עליבא[׃ בקושט

4Q381 31 1.7]לחבי עלידי חרב ביום

1QH 3.33 כול אשר עליה ׃
4Q380 1 1.5 ש]ם יהוה נקרא עליה׃ [ ]
4Q381 69 1.3 מעליה ולעשות עליה עם ׃]בכם
4Q511 27 1.2]כו˙ ˙הש[׃ ע]ליה יגיל[ו׃
4pPs[a] 1+ 4.2 ל]עד עליה ׃ [
4QFl 17 1.3 את פ[׃]בתו עליה[׃]ל[
4QOrd 2+ 1.9 ואם לוא כחש עליה והומתה
11tgJ 29.5 סב להוא ׃ עליה הצת דא
11tgJ 30.3 תנדע מן נגד עליה חוטא או ׃
11QT 20.10 א]שר קרב עליה לבונה או
11QT 24.8 ומנח]תה ונסכה עליה חוקות[
11QT 38.8 ˙˙[׃] [עליה לבונה ול˙
11QT 52.3 להשתחו[ות] עליה ולוא ׃

CD 11.1 לרחוק ישתה על עומדו
CD 11.15 איש את השבת על הון ובצע
CD 12.4 לא יומת כי על בני האדם ׃
CD 12.19 ערי ישראל על המשפטים
CD 13.2 בספר ההגו על ׃ פיהו ישקו
CD 13.4 לצאת ולבוא על פיהו כל באי
CD 14.10 לשון למשפחותם על פיהו יבאו
CD 14.13 לם[ם]עם ונתנו על יד המבקר
CD 15.6 יגיעו ׳׃ לעבור על הפקודים
CD 15.15 עד שנה תמומה על פי דעו[ת]
CD 16.1 ועם כל ישראל על כן יקום
CD 16.1 כן יקום האיש על נפשך לשוב
CD 16.3 הוא מדוקדק על ספר מחלקות
CD 16.4 אשר יקום האיש על נפשו לשוב ׃
CD 16.6 את דבריו ׃ על כן נימול ב
CD 16.7 אשר יקום איש על נפשו ׃
CD 16.9 [יקי]ם איש על נפשו לסור
CD 16.10 אל יקימהו ׃ [ע]ל שבועת האשה
CD 16.13 המשפט לאביה ׃ על משפט הנדבות
TS 1 1.6 ˙˙[ ] תתנו על מזבח העולה

1apGn 19.12 נהרא אמ[ ] עלא[ ]ל[ ]
1apGn 21.20 ואסקת עלוהי עלא ומנחא לאל
2Q26 1 1.2]׃]יסלקו מיא עלא מן [ ]˙˙א[
5QJN 1 2.11 כוין אטימן עלא מ[ ]

4Q505 125 1.2 [ ] ׃ פסחת]ה עלבתינו [ ] ׃

1QH 10.25 פלגי מים לשת עלה ׃ ולהרבות
1QM 12.1 רוב קדושים [ע]לה בשמים
2Q28 3 1.2]וה איש[׃]ם עלה[
4Q381 24 1.10]˙ת כי חרה לו עלה ׃ באפ[ו
4Q381 41 1.2]˙˙˙ ˙[׃]עלה בעת [׃]˙
4Q513 9 1.3 אשר ׃]˙[ ]עלה ׃]שאת ׃]
4apLm 1 2.1 לנו כי אף אל עלה[׃ ונגוללה
11QT 7.6 שמונים לו[׃]עלה מעל כול ˙[
11QT 10.11]ומל[ ]עלה מזה עמודים
11QT 26.5 את השעיר אשר על[ה ׃ את דמו

1pHab 8.7 עד מתי יכביד עלו ׃ עבטט
1QH 7.4 יתפרדו ותכמי עלו כאוניה
4pIs[a] 7+ 3.15 ונח]ה עלו ר[וח] ׃ [
11QPs 28.6 לוא יגידו עלו העצים את
CD 3.7 להם בקדש עלו ורשו את

1apGn 21.2 עלוהי עלואן ומנחה

1Q24 7 1.3 גמורו[ת ׃ ע]לוהון די[

1apGn 20.18 תקפו וגברו עלוהי מכתשיא
1apGn 20.22 ואסמוך ידי עלוהי ויחה ארי
1apGn 20.23 לבעלהא ויצלה עלוהי ויחה ׃
1apGn 21.2 [ו]אקרבת עלוהי עלואן
1apGn 21.20 מדבח ואסקת עלוהי עלא
2QJN 8 1.5 מכפרין בה עלו[הי׃]˙ ולא
4Q156 2.1] עלו]הי׃ ו[יס]ב
4Q156 2.6 [ויהוד]א עלוהי כל[
4QMes 1.9 חשבוניהון עלוהי יסופו
4QMes 2.17 [יסודה עלוהי יסדון
4QMes 2.19 א]מרו עלוהי [
4tgJ 1 1.2]׃ עלו]הי ענגא׃
5QJN 1 2.4 סח[ר ו]סל[ק] עלוהי פתיה
11tgJ 24.8 ונשמ]תה עלוהי יכלא ׃
11tgJ 28.2 כ]ל אנשא עלוהי חזין
11tgJ 28.10 י]ש<י>ח על[והי ׃ על
11tgJ 33.4 מן אנפי חרב עלוהי יתלה שלט
11tgJ 38.7 היתי אלהא עלוהי ויהבו לה

4QFl 1+ 1.5 י˙[ ]ה[ ]עלום תמיד עליו

4apLm 1 2.5 עמי אכזריה[׃ עלומיה שוממו

11QT 54.5 נפשה : יקומו עליה בכול אשר
11QT 57.17 ולוא יקח עליה אשה אחרת
11QT 62.6 אל עיר להלחם עליה וקראתה
11QT 62.9 מלחמה : וצרתה עליה ונתתיה
11QT 65.8 והוציא עליה שם רע
CD 1.13 אשר היה כתוב עליה כפרה
TS 1 1.5 לנחלה וישבתם עליה לבטח
TS 3 1.4 הקורבנות היאה עליה :]

1apGn 7.1 ארעה וכול די עליהא בימיא ˙˙

1pHab 12.11 בטח יצר יצריו עליהו : לעשות

1apGn 21.26 חברוהי ושויו עליהון מדא
1apGn 22.8 בבקעת דן ורמה עליהון בליליא
11tgJ 4.8 אלהא עליהו֯[ן :
11tgJ 5.7 כחדה על [: ע]ליהון ארו
11tgJ 27.8 לרגז : עליהון ˙]
11tgJ 29.6 מא שויא אלהא עליה<ו>[ן

4QOrd 2+ 1.3 מצרים ויצו עליהיהם לבלתי

4Q176 20 1.3 ולאיבו להבער עליהים :]

1Q25 12 1.3] נלוו עלי[הם :] ספר
1pHab 1.3 הבא]ות עליהם:]
1pHab 4.6 ובלעג ישחקו עליהם : ובעם
1pHab 7.12 האמת בהמשך עליהם הקץ
1pHab 7.15 אשר יכפלו עליהם :]
1QDM 1.10 [א]שר יבואו ע[לי]הם כול
1QH 9.36 אמתכה ותגל : עליהם כמרחמת
1QM 4.13 שמותם יכתובו עליהם ובשובם
1QM 6.13 והרוכבים עליהם אנשי חיל
1QS 5.6 והנלוים עליהם ליחד
4Q370 1.3 ה[רע]וירעם עליהם בבח[ו
4Q385 2 1.6 הנבא ויעלו עליהם גדים
4pHs[a] 2.13 אשר נשענו עליהם והמה :
4pIs[c] 2 1.2 מ]עלה עליה[ם] את מ֯י֯
4pPs[a] 1+ 2.19 המצרף הבאה עליהם ואל יפדם
4QCat[a] 2+ 1.7 והמה אשר כתוב עליהם באחרית]
4QCat[a] 5+ 1.5 ההוללי[ם :] עליהם בספר י]
4QCat[a] 5+ 1.9 וגל[ה עליה]ם בספר ה[
4QCat[a] 5+ 1.11]אשר כתוב עליהם בספר[:
4QCat[a] 7 1.4 אשר יקבצו עליה[ם :]עי
4QCat[a] 10+ 1.3 אשר : א]שר עליהם כתוב
4QCat[b] 1 1.4 להחל[: כ]תוב עליהם בספר
CD 4.15 בליעל אשר אמר עליהם לוי בן
CD 7.10 גמול רשעים : עליהם בבוא
CD 8.3 אשר תשפוך עליהם העברה :
CD 8.9 אשר אמר אל עליהם חמת
CD 19.6 גמול רשעים עליהם בפקד אל
CD 19.16 כמשיגי : גבול עליהם אשפך
CD 19.22 אשר : אמר אל עליהם חמת
CD 19.24 מלכי יון הבא עליהם לנקם
CD 13.9 וירחם עליהם כאב
CD 15.6 הברית יקימו עליהם וכן

1Myst 1 1.4 מה אשר יבוא עליהמה ונפשמה
4Q176 19 1.3] :]שים עליהמה י]
4Q504 1+R 2.9 ותחס : עליהמה באהבתכה
4pIs[c] 4,6+ 1.5 [ ] ע]ליהמה :]
4QCat[a] 9 1.2 [˙˙˙˙˙] : עליה]מה
4QFl 1+ 1.9 או[ר] ולחשוב עליהמה מחשבות
4QFl 1+ 1.16 והמה אשר כתוב עליהמה בספר
11Mel 1+ 2.8 צדק [ובמר]ום עלי[המ]ה
11Mel 2 3.6 מ˙[: התורה [ע]ליהמה[
11QT 17.2 כי כופר עליהמה[:]
11QT 23.16 ואת החלב אשר עליהמה ואת אשר
11QT 32.10 מניחים [ש]ם עליהמה : את
11QT 33.4]]אשר עליהמה
11QT 42.13 נעשות עליהמה בכול
11QT 49.18 השלישי יזו עליהמה מי נדה
11QT 51.21 להשתחות עליהמה ובונים
11QT 54.6 לוא תוסיף עליהמה ולוא :
11QT 59.12 וששתי עליהמה :

11tgJ 32.4 ולא תבוא : עליהן מן שלח

11QT 16.8 ואת החלב אשר עליה[נה :
11QT 20.6 החלב [ ] ע[ליהנה] :]

1pHab 8.6 הלוא כולם משל עליו ישאו
1pHab 8.12 לקח לוסיף עליו עון אשמה
1QH 8.8 עולם ובנצר עליו ירעו כול[
1QH 8.9 עוף כנף וירמו עליו כול ע]
1QH 8.26 חום יבול עליו ולא נפתח
1QH 15.15 בכול ולה ˙˙˙˙ עליו : בהמון
1QM 11.16 הנק[ה]ל[ים ע]ל[יו] :]
1QS 4.21 רשעה ויז עליו רוח אמת
1QS 6.1 ולוא : ישא עליו עוון וגם
1QS[a] 1.11 תקבל להעיד עליו משפטות
3Q7 2 1.2 הש[: עליו[: י˙]:
4Q184 2 1.3]ב˙ [ ]גול עליו וה[:]לב
4Q186 1 2.8 אשר הואה ילוד עליו : ברגל
4Q504 8R 1.8]א שמר ותקם עליו לבלתי
4Q508 30 1.1]˙ו לכה לכפר[על]יו ע[ל]כול
4Q517 25 1.1]˙ן עליו˙]
4pIs[b] 2.8 בעמו ויט ידו עליו ויכהו
4pIs[c] 1 1.4 דרך ˙[: כ]תוב עליו ביר[מיה
4pPs[a] 1+ 1.19 עלי]ו :]
4pPs[a] 1+ 2.13 לצדיק וחורק ע[ליו
4QCat[a] 2+ 1.14 עצתו וידברו עליו סרה ויש˙
4QCat[a] 12+ 1.6 בליעל ויחזק עליו[ ]˙˙
4QFl 1+ 1.5]עלום תמיד עליו יראה ולוא
6QHym 6 1.1]˙[ ]עליו[: ל]פני
11Mel 1+ 2.10 כאשר כתוב : עליו בשירי
11Mel 1+ 2.19 הואה הכ[תו]ב עליו אשר]
11Mel 1+ 2.23 אל כאשר כתוב עליו]
11QT 3.4 בי]ת לשום שמי עליו כ[ול :]
11QT 3.9 ה]כפרת אשר עליו זהב טהור[
11QT 8.12]לחם תתן עליו לבונה
11QT 25.16 הכוהן הגדול עליו ועל בית
11QT 29.4 א[ ] : שמי עליו]
11QT 29.9 אשר אשכין : עליו את כבודי
11QT 34.12 ומנחת סולתו עליו : ויין
11QT 34.13 אצלו וטמנו עליו והקטירו
11QT 49.7 אוכל אשר יוצק עליו מ[י]ם
11QT 52.16 לשום שמי עליו וכול
11QT 53.10 אשכין : שמי עליו וזבחתה
11QT 55.18 והגידו לכה עליו : ושמעתה
11QT 56.2 הדבר אשר עליו ב[אתה
11QT 56.5 לשכין שמי עליו ושמרתה
11QT 58.10 תחזק המלחמה עליו ושלחו לו
11QT 61.12 תחוס עינכה עליו נפש בנפש
11QT[b] 54.5 ועד[: עינ]כה עליו ולוא תחמל
11QT[b] 54.5 ולוא תחמל ע[ליו:
CD 9.8 רעיך ולא תשא עליו חטא
CD 11.3 אל יקח איש עליו בגדים
CD 11.10 אל ישא איש : עליו סמנים
CD 15.12 יקים אותו עליו לשוב אל
CD 15.14 אותו וצוה עליו ויס[גר] :

1apGn 12.17 למרה שמיא לאל עליון לקדישא
1apGn 20.12 בריך אנתה אל עליון מרי לכול
1apGn 20.16 דן שלח לה אל עליון רוח מכדש
1apGn 21.2 ומנחה לאל עליון וקרית
1apGn 21.20 עלא ומנחא לאל עליון ואכלת
1apGn 22.15 הוא כהן לאל עליון וברך :
1apGn 22.16 בריך אברם לאל עליון מרה שמיא
1apGn 22.16 ובריך אל עליון : די סגר
1apGn 22.21 יומא דן לאל עליון מרה שמיא
1QH 4.31 תום : דרך לאל עליון כול מעשי

1QH 6.33 כי לאל עליון ה]
1QS 4.22 ישרים בדעת עליון וחכמת
4Q482 1 1.1]˙עליו[ן : ל]כה
4Q482 8 1.2]˙[: א]ל עליו[ן]
4QM1 15 1.7 לוא [: עלי]ו[ן המלוכה
4QM2 1 1.13]˙˙ לאל עליון ו[ ]ל˙˙[
4QPs^f 2 8.15] ע]ל[יון
4Tstm 1.10 אל וידע דעת עליון אשר :
11Ber 1 1.3 [: בשם אל עליון א[:
11Ber 1 1.6 יברך אתכם אל עליון ויאר
11QPs 18.1 ולתמימים לפאר עליון החבירו
11QPs 18.6 ממבואיה כי עליון הואה
11QPs 18.7 ואדם מפאר עליון : ירצה
11QPs 18.12 שיחתם בתורת עליון אמריהמה
11QPs 22.15 ציון : שבחי עליון פודך
CD 20.8 כל קדושי עליון וכמשפט

4pIs^b 2.6 והמנה ושאנה עליו בא

1apGn 2.17 אנפיך כדנא עליך שנא ושחת
1apGn 22.31 ותקף ואנה מגן עליך ואספרך לך
4Q176 8+ 1.11 נשבעתי מקצוף עליך עד
4Q381 96 1.2]תם פיהם :]עליך:]לא
4Amrm 2 1.1 מ]שלט עליך[
4pN 3+ 3.1 והשלכתי עליך שקוצים
11Ap^a 3.5 אפו [ ] עליך מלאך תקיף
11Ap^a 3.6 [ ] רחמ[ים] עליך אש[ר :
11QPs 22.8 ויתאבלו עליך תמיד לוא
11QPs 22.14 חזון : דובר עליך וחלמות
11tgJ 16.10 אחתוני ˙[: ע]ליך ˙[:
11QT 56.14 אחיכה תשים עליך מלך : לוא
CD 4.14 ופחת ופח עליך יושב הארץ
CD 7.11 אשר אמר יבוא עליך ועל עמך

1pHab 11.10 והרעל : תסוב עליכה כוס ימין
1QH 9.35 לא ידעני ואמי עליכה עזבתני
1QS^b 5.6 לכה[: ביחד עליכה [:] [
2apPr 1 1.2 [:]והוי עליכה והוי[:
3QHym 1 1.2] ושירם יערב על[יכה: ל]עולם
4Q503 1+ 2.10 היומם ש[לום עלי]כה ישראל
4Q503 15+ 1.7 [: ש]לום עליכה[: ברו]ך
4Q503 29+ 2.11 לילה שלום אל[ע]ליכה ישראל
4Q503 33 2.5 [: של[ום] עליכה ישראל[
4Q503 33 2.13 ש[רי :] עליכה י[שראל :
4Q503 39 1.3 שלומנו שלום עליכה[
4Q503 42+ 1.3 לאו[: שלו]ם עלי[כ]ה[
4Q503 48+ 1.6 שלום ע[ליכה י]שראל
4Q503 51+ 1.6 היומם שלום על[יכה [<
4Q503 51+ 1.10 לילה שלום עליכה] [
4Q503 56+ 1.12] שלום עליכה
4Q503 65 1.5 ברוך אל [: ע]ליכה
4Q503 66 1.3 אל ישרא[ל : עלי]כה ישראל
4Q503 152 1.1]ושלום עלי[כה
6QHym 14 1.3]קהלנו ב[:]עליכה[
11QT 56.14 שם תשים עליכה מלך
11QT 56.15 מלך : לוא תתן עליכה איש

5Q24 1 1.3 [:]˙בא ת˙[:]עליכון [

4QPs^f 2 8.13 חזון [נ]אמר עליכי חלמת :

1pZ 1 1.4 עליכ]ם חרון
1QDM 2.10 [מס]עלה להמפר ע[ליכ]ם ממר
4pPs^b 4 1.2] י]הוה על[יכ]ם בר[כנו
11Ber 1 1.14 קודשו נקרא עליכם

4Q378 6 1.7 הוי אחי עליכמה
4pIs^c 15+ 1.1 [עליכ]מה יהוה [

1Q30 4 1.2 רזי[:]ברית עליל˙[

1QS 4.17 תועבת אמת עלילות עולה
1QS 4.21 קודש מכול עלילות רשעה

1QS 4.1 עולמים ובכול עלילותיה ירצה

4Q378 6 1.6]עולם עלילותיו כי

4pIs^c 8+ 1.3 [:] [ ] עלימו הברושים
11tgJ 36.8 תרום עלימו קפלי

11tgJ 23.3 ותב ליומי עלימ[ותה

1QS 2.1 חסדו גמל עלינו מעולם
4Q504 1+R 2.12 נקר<א> שמכה עלינו : [
4Q504 1+R 5.15 את רוח קודשכה עלינו :
4Q504 10 1.3]˙˙ נראה עלינ[ו :]ת˙יה
4Q508 2 1.3] ותקימם<הו> עלינו מועד
4Q509 183 1.11 <אתנ> ˙[:]˙עלינו[
6QHym 8 1.3 ם ביום[:]˙ל עלינו[: כ]ול

4Q504 1+R 3.10]הארץ עלכן שפכתה

5QJN 1 2.1 שבע וא[ור]כה עלל קנין תרין

4Q381 33 1.4 ל[שמחה : עלם ולרממך כי
5Q19 1 1.3 ול˙[:]˙י עלם ˙˙[
11tgJ 35.7 ותדברנה לעבד עלם התחאך : בה

1Q20 2 1.5]˙ קודם מרה עלמא
1apGn 19.8 ל[י א]ל [ע]ל[מא]לל[
6Q23 1 1.1 עלמא[: ואחר[:
11tgJ 3.5 יד]עת מן עלמא מן ד[י :

1apGn 21.2 תמן בשם מרה עלמיא והללת
1apGn 21.14 אחריך עד כול עלמיא : ואזלת

4Q185 1+ 2.13 ע˙[: וחסדיו עלמיה וישועות

1apGn 2.4 במלך כול ע[למים : [ ]
1apGn 2.7 ב[: במלך כול עלמים עד בקושט
1apGn 20.13 מרי לכול : עלמים די אנתה
1apGn 21.10 ולזרעך לכול עלמים וסלקת
1apGn 21.12 וירתונה לכול עלמים : ואשגה
1QNo 2 1.6 וגב[ור :] עלמי[ם

1Q23 20 1.3 באדין[:]˙ עלמין ˙[:]

4Q381 46 1.8 ופשעים כדמן : עלפני ארמה

4Q504 3 2.9 שמענ[ו :]כה עלפנינו לבלתי

4Q511 109 1.2 א˙[: עלק ל[: עם

1QS 10.2 אוצרו וישתהו עלת

1Q34^b 3 2.5 ותבחר לך עם בקץ רצונך
1Q36 1 1.3 [:]˙ עולם עם קדושיכה
1Q36 20 1.1] אדם עם[
1Q70 7v 1.2 []ו[:]˙˙ עם]
1apGn 20.19 ולכול אשפיא עם כול אסי
1apGn 21.24 ועבדו קרב עם ברע מלך
1Myst 1 1.11 רעה[ו] איפה עם אשר לוא :
1Myst 9+ 1.4 בו וכמוה[: עם כול שפטי[
1pHab 2.1]הבוגדים עם איש : הכזב
1pHab 3.6 ומרמה : ילכו עם כול העמים
1pHab 3.13 אפים ידברו עם כול[
1pHab 6.1 את הונם עם כול שללם :
1pHab 9.6 ינתן הונם עם שללם ביד :
1QH 1.17 ופקודת שלומם עם : עם כול
1QH 1.18 שלומם עם : עם כול נגיעיהם
1QH 3.4 בכבוד עולם עם כול [:]˙

עם

1QS 2.14	רוחו הצמאה עם הרווה לאין
1QS 3.14	נגיעיהם עם ׃ קצי שלומם
1QS 4.7	ופרות זרע עם כול ברכות
1QS 4.8	וכליל כבוד ׃ עם מדת הדר
1QS 4.13	וחרפת ׃ עד עם כלמת כלה
1QS 8.4	מצרפ ולהתהלכ עם כול ב( )מדת
1QS 9.8	אל יתערב הונם עם הון אנשי
1QS 9.12	להתהלכ בם עם כול חי
1QS 9.16	וכן אהבתו עם שנאתו
1QS 9.16	ולהתרובב עם אנשי השחת ׃
1QS 9.21	האלה לאהבתו עם שנאתו שנאת
1QS 9.22	שנאת עולם ׃ עם אנשי שחת
1QS 10.1	יברכנו ׃ עם קצים אשר
1QS 10.1	ממשלת אור עם תקופתו
1QS 10.2	ובתקופתו עם האספו מפני
1QS 10.3	מזבול קודש עם האספם למעון
1QS 10.3	יחד תקופתם עם ׃ מסרותם זה
1QS 10.10	בקו משפטו ׃ עם מבוא יום
1QS 10.15	ובמכון צרה עם בוקה ׃
1QS 11.2	תום דרכי עם ישור לבבי ׃
1QS 11.7	ומקוה ׃ גבורה עם מעין כבוד
1QS 11.8	למטעת עולם עם כול ׃ קצ
1QS 11.9	חטאתי (. . .)עם נעוות לבבי
1QS 11.19	נפלאותיכה עם כוח ׃
1QSa 1.17	ולפי שכלו עם תום דרכו
1QSa 1.28	ואנושי החיל עם ׃ השב]טים
1QSa 2.16	א[בות הע]דה עם הכמ[י
1QSb 4.26	ומפיל גורל עם מלאכי פנים
1QSb 5.18	] ׃ [ע]ם עת ע[ולם
2apDa 1 1.2	ק]לעו המזור עם קשתות ולא׃
2apMo 1 1.6	]ל[עשו]ת עם אחד
2apPr 5 1.3	]ר עם שמ[׃]ת
4Q176 1+ 1.2	מקדשכה וריבה עם ממלכות על
4Q181 1 1.1	לאשמה ביחד עם ס˙[ ]ע˙[ ]ל
4Q181 1 1.4	עולם ובגורל עם קדושיו ב[
4Q184 3 1.5	עול צי˙[׃]עם אישוני פחז
4Q185 1+ 2.8	תצא רעה לכל עם אשרי אדם
4Q378 22 1.4	]˙˙אשר ב[רת]ה עם אברהם ׃
4Q381 10+ 1.4	בפעם ה˙[׃]ל עם ˙˙ל˙[
4Q381 15 1.5	לך זרע עם ׃ [
4Q381 69 1.3	ולעשות עליה עם ׃]בכם
4Q381 76+ 1.5	ישרא]ל עם סגלתו [׃]
4Q381 84 1.1	[עם יה˙[׃]˙
4Q385 2 1.8	]ויעמד עם רב אנשים
4Q400 1 1.6	]דעת עם בינות כבודו
4Q400 1 1.17	כול קדושים עם משפטי ׃ [
4Q402 1 1.2	]׃ [בבואם עם אלוה[י] ׃ [
4Q403 1 1.22	פלא ל[ת]מיד עם כול הויי ׃
4Q403 1 1.33	כול ׃ אלוהים עם הדר כול
4Q405 3 2.14	דב[רי ׃ לתמיד עם כול [׃
4Q405 13 1.6	לח]מיד עם כול הויי
4Q405 20+ 2.11	מתהלכים תמיד עם כבוד מרכבות
4Q405 48 1.1	מ]שפט עם[׃]כות[
4Q405 75 1.2	]לה[׃]˙עם[׃]ל[
4Q487 37 1.1	]עם כול[׃ [
4Q489 3 1.1	]עם[׃]שם[
4Q497 11 1.4	[׃]תם [׃]˙עם[׃]תב[
4Q499 26 1.1	]˙עם [׃]˙ת ק˙[
4Q500 2 1.1	]עם [׃]אר[
4Q502 9 1.7	וכול יבולה ׃]עם ומי תהומיה
4Q502 19 1.4	[׃ עם כולנו יחד
4Q502 24 1.3	חייך בתוך עם עולמי[ם ׃
4Q502 27 1.3	ע˙[׃]עם כול דגלי
4Q502 27 1.4	יר[חים ׃] עם כוכב[י ׃
4Q502 52 1.1	]עם[׃]א˙[׃
4Q502 110 1.1	]עם זקני [׃]ד
4Q502 154 1.2	]מ[׃] עם˙[׃]˙ אב˙[
4Q502 212 1.1	˙[עם ˙˙[
4Q502 285 1.2	]ד[׃] עם [
4Q503 1+ 2.20	[ ] ׃ אנו עם קודשו[
4Q503 7+ 1.4	נהלל[ה] ׃ עם כול דגלי [
1QH 3.10	הריה פלא יועץ עם גבורתו
1QH 3.17	]ל חצי שחת ׃ עם מצעדם לתהום
1QH 3.21	להתיצב במעמד עם ׃ צבא
1QH 3.22	ולבוא ביחד עם עדת בני
1QH 3.22	גורל עולם עם רוחות ׃ דעת
1QH 3.25	נפש אביון עם מהומות רבה
1QH 3.25	והוות מדהבה עם מצעדי ׃
1QH 4.34	זכרתי אשמותי עם מעל אבותי
1QH 4.35	כוח ידכה עם ׃ המון
1QH 5.1	כול˙[׃ ליום עם חד˙˙[׃
1QH 5.8	במגור עם דיגים רבים
1QH 5.21	] [עם נמהרי ׃ צדק
1QH 5.30	יחד תלונתם עם שאה ומשואה
1QH 5.38	ודלתו[׃]לאי עם תהום נחשב(
1QH 6.4	מוכיחי צדק עם ׃ מעדת [ ]א
1QH 6.7	על המון עם ועל שאון מ[
1QH 6.13	ובגורל יחד עם מלאכי פנים
1QH 6.22	ויעק בליעל ׃ עם לבבם[ ]˙˙
1QH 6.28	בכלי מלחמתו עם תום כול ח[
1QH 7.3	רוע כי בליעל עם הופע יצר ׃
1QH 8.5	ברוש ותדהר עם תאשור יחד
1QH 8.13	בל ינובב פריו עם[ ]ע שחקים
1QH 8.21	פתחתה מקורם עם <מ>פלגי[
1QH 8.26	עליו ולא נפתח עם מ˙˙[
1QH 8.26	]מגור עם חוליים ומ[
1QH 9.33	ותוכחת צדקכה עם ˙˙ותי ומשמר
1QH 10.34	משפטיכה עם גבורי ׃ כוח
1QH 10.35	כוח וריבכה עם צבא קדושיכ
1QH 11.3	אלי כי הפלתה עם עפר וביצר
1QH 11.11	אמתך ובגורל עם ׃ קדושיכה
1QH 11.13	במעמד לפניכה עם צבא עד
1QH 11.13	] להתחדש עם כול ׃ נהיה
1QH 12.4	תמיד מקצ לקצ עם מבוא אור ׃
1QH 13.8	בטרם בראתם עם צבא רוחיך
1QH 13.9	צבאותיו עם הארץ וכול צ
1QH 13.17	[ ] וב עדנים עם שלום ׃ עולם
1QH 16.12	[ ]דיך עם עב[ ] ל[
1QH 2 1.6	ומליצי דעת עם כול צעודי
1QH 2 1.10	]˙אלים להחיד עם בני שמים
1QH 2 1.14	˙˙[׃]רתים עם צבאכה
1QH 4 1.3	]ב ובוקר עם ˙[׃]עי
1QH 5 1.3	[׃]ות עם עדת קדושיכה
1QH 10 1.7	דעים [׃]ח עם גבוריכה
1QH 13 1.8	פקד א˙ ׃ [˙˙ עם ˙˙א ׃] אל[
1QH 15 1.7	ש˙[׃]˙ד עם רוב טוב
1QH 22 1.3	בכול [׃]˙ם עם תענ[
1QM 1.12	צרה ע[ל כו]ל עם פדות אל
1QM 2.4	וראשי משמרותם עם פקודיהם
1QM 3.13	העם יכתובו עם אל ואת שם
1QM 4.8	אל כבוד אל עם כול פרוש
1QM 4.11	שמותם יכתובו עם כל סרכם
1QM 6.9	פרשים יצאו עם אלף מערכת
1QM 6.12	למלחמה עם אנש[י]
1QM 7.6	מלאכי קודש עם צבאותם יחד
1QM 8.9	והלויים וכול עם השופרות
1QM 10.4	להלחם לכם עם אויביכם
1QM 10.10	עמי הארצות ׃ עם קדושי ברית
1QM 10.13	וכול צאצאיה עם פר[ים
1QM 12.1	שמ]כה ובחירי עם קודש ׃ שמתה
1QM 12.4	ולרבואותם יחד עם קדושיכה [
1QM 12.8	הכבוד אתנו עם קדושים
1QM 12.9	וצבא רוחיו עם צעדינו
1QM 13.7	לעולמים ואנו עם [ ]ל[ ]
1QM 13.9	[הב]רותנו לכה עם עולמים
1QM 14.12	כא]ין ואנו עם קודשכה
1QM 14.13	תעודות עולמים עם מ[בו]א יומם
1QM 15.5	ס]פר סרך עתו עם כול דברי
1QM 16.7	והלוים וכול עם ׃ השופרות
1QM 17.13	וכו]ל עם השופרות
1QM 18.7	כיא ׃ הגדלתה עם עמכ[ה
1QM33 1 1.1	]ה עם עמכ[ה] א[׃

4Q503 10 1.2 על האר[ץ :]עם דגלי אור
4Q503 11 1.3 [:]˙ים ואנו עם קודשו
4Q503 29+ 2.4]ל עם זב[:]˙ת
4Q503 48+ 1.8 אל]ים אשר[ע]ם בני צדק
4Q503 100 1.2 [ ]˙ב[:]˙ו עם דג[לי :
4Q503 119 1.2]ק˙[:]עם [
4Q503 178 1.1]רנות עם ˙[
4Q503 215 1.9 [,:] [עם תק[ופת
4Q504 1+R 4.11 ואבן יקרה : עם כול חמדת
4Q504 31 1.3 [:]אש[:]ן עם[
4Q507 1 1.3 היותנו צעדינו עם נדה יב[:]
4Q509 5+ 2.7 [ה]נכה שוכב עם אב[ותיכה :
4Q509 32 1.4]˙[ ] קודש עם כ[:]לתו [
4Q509 131+ 2.15 א[: ברו˙[: עם נה[: קוד[ש
4Q509 186 1.3] [:]עם˙ ˙[:]˙א[
4Q511 2 1.8]גורל אלוהים עם מלא[כי
4Q511 2 1.10 ו]לשרתו בגורל עם כמאו כיא
4Q511 8 1.9 יחד]ד עם קדוש[יו :
4Q511 18 2.9 ומוכיחי : צדק עם נעותי
4Q511 22 1.2] כיא עם כול : [
4Q511 35 1.4 והיו : כוהנים עם צדקו צבאו
4Q511 70 1.3 ומענ[ה:]עם ל[
4Q511 109 1.3 א˙[: פלץ ל[: עם ˙ל[
4Q511 117 1.1]˙ם עם :]ל[
4Q511 197 1.1]˙ עם[:]ל[
4Q512 29+ 1.2]ברוך א[תה:]עם קודש[:]ת[
4Q512 7+ 1.4 ולהיות עם[
4Q512 48+ 1.3] : וענה[: עם קוד[ש : ומי
4Q512 51+ 2.2 [: א[יצ]דק עם [:˙[
4Q512 111 1.2]י˙ ˙[:]עם כ[
4Q512 197 1.1]ך עם[:]שכ[
4Q512 201 1.1]עם[:]ך ט[:]
4Q514 1 1.7 הרישנה <פ>ם אשר לא החל
4Q517 39 1.1] עם
4Q519 22 1.5]˙ג˙ ˙ ˙[:]ר עם[:]˙יא˙ ˙[
4apLm 1 2.2 ונגוללה עם המתים ˙[:
4pIs[c] 23 2.15] : כיא עם בציון [
4pN 1+ 2.5] : <עם[
4pN 3+ 2.9 כוהנים ועם עם גר נלוה
4pN 3+ 4.9] : תאנים ע[ם
4pPs[a] 1+ 3.4]להיות[ע]ם : עדת
4pPs[a] 1+ 3.7 אשר הונו את עם : קודשו אשר
4QBer 10 2.9 כ]ה עם כול ג[לולי
4QCat[a] 8 1.3] :] כיא לוא עם מ[:]סף
4QCat[a] 9 1.7 העם[י]ם[:]עם צדיק ורשע
4QFl 1+ 1.11 דויד העומד עם דורש התורה
4QMl 1+ 1.3 ושר מלאכיו עם[צבאות]מה
4QMl 1+ 1.15 על מעמדמה עם מלא עונתם
4QMl 8+ 1.12 תעודות עולמים עם [ ]
4QMl 11 1.14]˙יבום אני עם אלים
4QMl 11 1.18 כ]יא אניא עם אלים אחש[ב
4QMl 11 1.18 ו]כבודי<א> עם בני המלך
4QMl 11 2.19 מלחמה שנית עם כתי[אים
4QMl 11 2.22]וכו]ל עם השופרות
4QMl 13 1.1 ע]ם אלים נש˙[
4QMl 15 1.11] עולמים יחד ע[ם :]מלחמה
4QMl 16 1.3 העדה א˙[: ע]ם קודשו
4QMl 24 1.4 ובתהל[ה] יחד עם בני אלים[:
4QM6 10 4.4] אשר ברוש[: עם[ו]א[ת
4QM6 120 1.3 [:] ˙ ˙ ˙[:]˙עם[
4QPBl 1 1.5]התורה עם אנשי היחד
5QS 2 1.3 ב[לבבו: עם [
6Q15 5 1.2 ˙[: אש]ר ישכב עם[:] זכר
6QAly 1 1.2]˙ניות [:]ה עם[:]ובקציר
11Mel 2 3.9 יהודה כפר עם˙[ ]חומת
11QSS 2+ 1.7 [המל]ך עם כול מוצאי [
11tgJ 9.4 ש]למן ורבו עם אלהא ע[בד :
11tgJ 15.5 מלמהוא עם כלבי ע[ני :
11tgJ 25.5 מן יתיבנה על עם[:]לך אנש
11tgJ 27.2 ירמון : ואף עם אסירין [
11tgJ 28.6 ˙[ ]עם סגיא הן

11QT 15.11 אחת ורק[יק : עם שוק התרומה
11QT 16.11 ואת עורו עם פרשו ישרופו
11QT 16.13 שמה ישר[ופו : עם כול קרביו
11QT 18.7 ע]ל עם הקהל מכול
11QT 20.8]]עם מנחתמה
11QT 23.15 יותרת הכבד עם הכליות :
11QT 23.17 הכול על המזבח עם מנחתו ונסכו
11QT 24.3]החזה עם ה[:]
11QT 26.7 בו על כול עם הקהל ואת
11QT 26.9 בו על כול עם הקהל :
11QT 26.11 בני ישראל עם : כול
11QT 29.10 אשר כרתי עם יעקוב בבית
11QT 45.11 ואיש כיא ישכב עם אשתו שכבת
11QT 48.7 תואכלו כי עם קדוש אתה
11QT 48.10 בכמה כי עם קדוש אתה
11QT 53.6 תואכל את הנפש עם הבשר למען :
11QT 58.6 ויצאו עמו ואם עם רב בא לארץ
11QT 60.3 אשר יקדישו לי עם כול קוד[ש]
11QT 60.21 תמים תהיה עם יהוה
CD 1.2 אל כי ריב לו עם כל בשר
CD 1.21 ויסיסו לריב עם ויחר אף :
CD 5.7 כתורה ושוכבים עם הרואה את דם
CD 5.16 כי לא עם בינות הוא :
CD 20.11 אשר שבו : עם אנשי הלצון
CD 20.15 אשר שבו : [ע]ם איש הכזב
CD 12.1 אל ישכב איש עם אשה בעיר
CD 12.18 אשר יהיו עם המת בבית
CD 12.21 להתהלך בם עם כל חי למשפט
CD 15.8 ביום דברו : עם המבקר אשר
CD 15.9 אשר כרת : משה עם ישראל את

6Q31 1 1.1]נמר עמא[

1QH 9.5 ע<י>ני[ ]עמד לי : מרחוק
1QH 16.13 [ ]בשות[: עמד˙ ˙[
CD 3.19 בישראל אשר לא עמד כמהו
CD 5.17 כי מלפנים עמד : משה
CD 6.10 לא ישיגו עד עמד : יורה

1QH 2.29 בם ורגלי עמדה במישור :

4Q379 12 1.2]היורדים עמדו ניד: [
4Q401 1+ 1.3] עמדו לפני[
CD 5.20 חרבן הארץ עמדו מסיגי
CD 15.11 המשפטים עד עמדו לפני

1QH 2.25 כיא בחסדכה עמדי ואני
1QH 4.28 פלאכה הגברתה עמדי והפלא
1QH 9.19 בכה הצ[: עמדי ולא ה˙[
4Q381 31 1.4] [ ]]עמדי [:
4Q381 31 1.6 צפנים ימי עמדי ומה יעשה

1apGn 20.17 לא ידעהא והוא עמה : תרתין
1apGn 20.23 ושרי אנתתה עמה וכען אזל
1apGn 21.6 וכול נכסוהי : עמה ואף אנה
1apGn 21.26 ומלכיא די עמה למלך סודם
1apGn 21.32] די עמה ואתבר מלך
1apGn 22.7 וממרה נגדו עמה והוא רדף
1apGn 22.15 ולכול אנשא די עמה והוא הוא
1apGn 22.25 שביא די הואת עמה מן ארעא דא
2QJN 4 1.16 [ל]כ[הן : עמה
4QMes 1.7]חין וזקינה עמה לה[וו]ן
11tgJ 38.6 ואכלו : עמה לחם בביתה
11QT 20.9 מנחה אשר קרב עמה נסך
11QT 50.13 הבית יבוא עמה יטמא שבעת
11QT 66.5 בה ושכב עמה והומת האיש
11QT 66.5 האיש השוכב עמה לבדו :
11QT 66.9 מן החוק ושכב עמה : ונמצא
11QT 66.10 האיש השוכב עמה לאבי הנערה

1apGn 20.7 דן חכמא שגיא עמהא ודלידיהא

CD 12.23 בקץ הרשעה עד עמוד משוח אהרן

1QJN 1 1.1]˙ תשוית עמוד[א: ממע]ל

4Q403 1 1.41 קוד]ש קודשים עמודי משא

5QJN 2 1.4 פת[יהון : ע]מודיא אמין

11QT 10.11]עלה מזה עמודים : [
11QT 35.10 סביב פרור עמודים עומדים
11QT 42.11 תעשה עמודים ומקורים

1QJN 5 1.2 ת˙[:]˙ד[<עמו]דין תר[ין

1QM 1.1 ומואב ובני עמון: והע[מלקי

1QM 10.11 אוזן ושומעי עמוקות [

4Q184 4 1.2]˙[:]˙˙[ע]מוקי[:]˙

4pUn 4 1.3 ברחו[:]פחז עמורה[:

1apGn 2.7 עד בקושט עמי תמללין ולא
1apGn 2.8 בחלץ תקיף עמי מללת וב[:
1apGn 20.11 ולוט בר אחי עמי בליליא כדי
1apGn 20.32 לי ומני עמי אנוש די
1apGn 20.34] : בר אחי עמי ואף לוט
1apGn 21.3 לי ודי עבד עמי טב ודי
1apGn 21.22 ואכלו כחדא : עמי ואשתיו עמי
1apGn 21.22 עמי ואשתיו עמי : קדמת
1apGn 22.23 כבר עולימי די עמי וברא מן
1apGn 22.24 די : אזלו עמי אנון
1pMic 11 1.3 ע]ד שער עמי ע[ד :
1QH 4.26 ומפץ לכול עמי הארצות
1QM 10.9 לכה מכול עמי הארצות :
1QM 12.15] עמי צרחנה בקול
1QM 19.7 ב]נות [ע]מי הבענה
4Q176 15 1.4]כבחון את:] עמי והואה : [
4Q185 1+ 1.13 ועתה שמעו נא עמי והשכילו :
4Q381 15 1.2 לבן אמתך עשה עמי : [
4Q381 56 1.1]עמי[:]עד ש[
4Q381 69 1.1 כי התעיבו עמי [הא]רץ :
4Q385 2 1.1] הגואל עמי לתת להם
4apLm 1 2.4 לעוליהן ובת עמי אכזריה[:
4pIs[b] 2.4 ראו לכן גלה עמי מבלי דעת
4QFl 1+ 1.2] על עמי ישראל הואה
4QFl 15 1.2 הנ˙[:]˙ומי (ה)עמי[:]ה
4QM2 1 1.7 ב]נות עמי הבענה[
4VSam 3+ 2.5 וידעו כול עמי ארצותיכה[
6Q21 1 1.2 נפשותי[: את עמי [: לקצור
6apGn 1 1.4]˙ ברקאל אבי עמי הוה [
11Ap[a] 1.7]˙]עמי ת˙˙ רפואה
11QPs 19.17 ישמחו אחי עמי ובית אבי
11QT 33.7 מקדשים את עמי בבגדי

1Myst 9+ 1.3 [: שמעו מלכי עמ[ים
1pHab 8.12 באל : והון עמים לקח לוסיף
1pHab 8.15 כול יתר עמים : פ[שר
1pHab 9.4 כול : יתר עמים
1pHab 9.14 לביתכה קצוות עמים רבים
1pHab 10.2 אמר קצות עמים רבים
1pHab 10.4 משפטו בתוך עמים רבים ומשם
1pHab 10.7 צבאות יגעו עמים בדי אש :
1QH 6 1.11 מבני :]בולות עמים :]רבות
1QM 10.14 לשון ומפרד עמים מושב
1QM 11.13 להשפיל גבורי עמים להשיב
1QS[b] 3.28 כול [ ] : עמים ינחילכה
1QS[b] 5.27 כפ[ר עמ]ים כטיט
4pIs[c] 6+ 2.5] : חקות עמים ה˙˙[
11Mel 1+ 2.11 שובה אל ידין עמים ואשר א[מר
11Mel 2 3.11]עמים[ ]ש הי[:

1apGn 22.1 בסודם כחדא עמהון וכול

1QDM 1.11] אמת נע[שתה] עמהם
1QDM 12 1.4]אל כרל [:] עמה[ם:
4Q381 79 1.3 יאשמו יחד עמהם ה[: ל]א
CD 4.3 יהודה והנלוים עמהם ובני

1QM 7.14 המערכות יצאו עמהמה שבעה
4QCat[a] 12+ 1.9 ליד אל הגדולה עמהמה לעוזרם

1pHab 2.10 כול הבאות על עמו וע[ל
1pHab 5.3 יכלה אל את עמו ביד הגוים
1pHab 5.5 יאשמו כל רשעי עמו אשר שמרו
1QH 12.11 ואין אחר עמו ואני
1QM 6.6 ובקדושי עמו יעשה חיל
1QM 13.1 זקני הסרך עמו וברכו על
1QM 15.3 בליעל הנועדים עמו ליום ˙[ ]
1QM 15.4 אנשי הסרך עמו וקרא
1QM 16.1 ובקדושי עמו יעשה גבורה
1QM 16.15] ל[ב]ב עמו יבחן במצרף
1QS 5.14 ואשר לוא ייחד עמו בעבודתו
1QS 7.25 א]שר יתערב : עמו בטהרתו או
1QS[b] 3.23 משפטיו בתוך עמו ולהורותם :
1QS[b] 5.21 להקים מלכות עמו לעול[ם
4Q181 1 1.3 להתחשב עמו ב[סוד :
4Q185 1+ 2.10 ט]ב ימדה וכל עמו גאל : והרג
4Q374 16 1.2]ם[:]ת עמו מא[:]˙
4Q381 76+ 1.10 ויעמד בהתוכח ע[מו :] כי
4Q502 19 1.1 וישב עמו בסוד
4Q503 215 1.12 [: [עמו ˙[:]ל[
4Q506 125 1.1 ד]בר[ת]ה עמ[ו :]˙
4Q511 2 1.6 ק]ודשו לקדושי עמו בדע[ת] :
4Q511 19 1.2]˙ב˙[:]˙ עמו [:]
4Q512 34 1.14 [ ]˙[:]תוך עמו [:]תחנן
4pIs[a] 2+ 2.6 [עמו[וא]שר
4pIs[a] 7+ 3.29]עמו יצא אחד
4QMl 11 2.12 [א]ל [ו]לב עמו יבחן במצרף
4QPBl 1 1.4 ברית מלכות עמו עד דורות
4QTeh[b] 3 1.1 והזקנים עמו עד[
4VSam 7 1.2 ע[:]˙גרתי עמו מועדי
11QT 57.6 מן המטה להיות עמו שנים עשר
11QT 57.9 למלחמה והיו עמו תמיד :
11QT 57.12 עשר : נשיי עמו ומן
11QT 57.12 נשיי עמו ומן
11QT 57.13 יהיו יושבים עמו יחד למשפט
11QT 57.18 לבדה תהיה עמו כול ימי
11QT 58.5 ישראל ושלחו עמו מעשר העם
11QT 58.5 (העם) לצאת עמו למלחמה על
11QT 58.6 אויביהם ויצאו עמו ואם עם רב
11QT 58.7 ישראל ושלחו : עמו חמישית
11QT 58.8 רב : ושלחו עמו שלישית
11QT 58.16 אויביו ויצא עמו חמישית העם
11QT 59.18 לעולם והיתי עמו והושעתיהו
11QT 64.7 ומשלים את עמו לגוי נכר
11QT 64.10 ויקלל את עמו <ו>את בני
CD 2.4 ארך אפים עמו ורוב
CD 6.16 את עניי עמו להיות
CD 20.7 ~~ת~~ יאות איש עמו בהון
CD 12.11 להם אשר באו עמו בברית

1QM 5.10 כמעשי : עמוד מחשבת
3Q15 11.3 בקבר צדוק תחת עמוד האכסדרן :
4Q186 2 1.7 ורוח ל[ו :]עמוד השני
4Q509 133 1.2 [˙˙˙עו לכ[:]עמוד כי לכ[
4pN 3+ 1.3 מאנתיכוס עד עמוד מושלי
5QJN 2 1.5 עשרה [:]˙ עמוד לעמוד]
11Mel 2 3.10 גדר ולשית עמוד וכפר˙ [
11QT 10.4]עמוד : [
11QT 42.11 מעמוד אל עמוד : מקום
CD 5.5 נגלה עד עמוד צדוק
CD 20.1 מורה היחיד עד עמוד משיח

11QT 27.8 מתוך ׃ עממה שבת שבתון

4QMes 1.8 וחוכמתה לכול עממיא תהך וידע
6Q19 1 1.2 די בני חם[׃ [ע]ממיא[׃ [ ]א

11tgJ 28.8 ארו בהון ידון ע[ממין ׃ [

1QM 12.7 לעזר עולמי[ם עם]נו בוז
1QM 18.10 הפלתה עמנו הפלא ופלא
1QM 18.11 יד חסדיכה עמנו בפדות
1QM33 1 1.4 [˙˙˙[ ]˙˙ל˙תה עמנו הפלא ˙[׃
4Q503 11 1.4]נו ועדים עמנו במעמד בפפ
4Q503 37+ 1.21 [׃ [ם]הללים עמנו ˙]
4Q503 64 1.5 ‹מהללים[› עמנו[׃ [˙
4Q503 65 1.3]אור ועדים עמ[נו ׃ ש]מש
4Q503 66 1.1]ם עמנו ה[י]ום [
4Q503 78 1.2]כב[׃]עמנו[׃]מה˙[׃
4Q503 98 1.1]עמנ[ו ׃]מי˙[׃
4Q503 164 1.2]˙ו א[׃]ק עמנ[ו
4Q517 9 1.1]עמנו ב˙מ˙ת[
11QPs 19.4 אתה נתתה עשה עמנו [illegible] ׃

1apGn 22.14 שוא והוא עמק מלכא בקעת
4pHs[b] 1 1.1]עמק [׃]נגד ˙[

4Q513 4 1.2]˙[׃]הנף עמר [׃]‹[א›

1Q23 1 1.2 מאתין עדרי[ן ׃ ען מאתין תישין
2QJN 4 1.18]ל די איל ען חד לכול גבר
4Q497 35 1.2]˙[׃]ענ˙[
6apSK 48 1.2]˙[׃]ענ˙[

11tgJ 1.4 ת[׃]שבב׃ ענ]א בלדד
11tgJ 9.3 פתגם וי˙[׃ ענא בלד[ד ׃
11tgJ 34.2 [׃ ענא אלהא לאיוב
11tgJ 37.3 על כל רחש ׃ ענא איוב ואמר

11QT 21.7 יאוב]ל[ו] כול ענב פר[י]

11QPs 21.12 גרע נץ בבשול ענבים ישמחו לב

1apGn 22.2 חד מן רעה ׃ ענה די יהב
4QOrd 2+ 1.9 ואם ב˙[ ] ענה בה ונענש
11QT 61.10 העיד שקר ׃ ענה באחיהו
11QT 66.3 על דבר אשר ענה את אשת
11QT 66.11 לאשה תחת אשר ענה לוא יוכל
CD 9.7 בו בדבר מות ׃ ענה בו יען אשר

1QH 1 1.7 ולהשמר ׃]˙ענו אלה כיא יש

1QS 4.3 אל ורוח ענוה וא‹ו›רכ
1QS 11.1 בלקח ולהשיב ענוה לנגד רמי
4Q374 1 1.3]˙˙[׃]ל ם ענוה[

4pIs[c] 21 1.7 וידע]ו כן ענוי הצואן

1QH 5.21 משריתיכה ועם ענוים בטאטאיי
1QH 18.14]˙ טובכה לבשר ענוים לרוב
4Q184 1 1.16 להפשיע ׃ ענוים מאל
4pIs[e] 7 1.2]ת ידב[ר׃] ענוי[ם׃
4QPs[f] 2 9.14 יוכלו ׃ ענוים וישבעו

4QCat[a] 12+ 1.8 ‹×› היא עת ענות המ˙[׃

1QH 17.22 לך ול[ ]וב לו ענותו ביסוריך

1Q34[b] 3 2.8 מ˙[ ]ש עני ור[ ]מים
1Q45 1 1.1]˙ עני ˙[׃]
1Q45 2 1.2]מלתי [׃]˙ת עני ˙[
1QH 1.36]א עני האריכו ׃
1QH 2.34 [illegible] עזרתה נפש עני ורש ׃ מיד

6QApo 1 1.7 חות ב[רא׃]עמין מן ˙[׃

1QS 6.26 לפרוע את יסוד עמיתו באמרות

CD 19.8 רועי ועל גבר עמיתי נאם א

1apGn 2.18 בקושט ממללא עמך
1apGn 22.19 לי די שביא עמך די אצלתה
1apGn 22.30 כול די נפקו עמך ביום מפקך
1apGn 22.30 אל תרחל אנה עמך ואהוה לך ׃
4Q378 22 1.2 באשמתם ׃]עמך ביד ישוע
4Q378 22 1.3 אל ישוע למען עמך ׃]˙˙אשר
4Q381 31 1.9]כל עמך לג[
4Q381 45 1.4 תתנני במשפט עמך אלהי [׃
4QMl 8+ 1.7 שאר[ית עמך בר]ו]ך שמך
11tgJ 6.3]ארחך ׃ י]על עמך ׃ ל]א איתי
11tgJ 35.6 לסתה הימלל ׃ עמך בניח או
11tgJ 35.6 בניח או ימלל עמך בהתחננה לך
11tgJ 35.7 היקים ׃ קים עמך ותדברנה
CD 7.11 יבוא עליך ועל עמך ועל בית
CD 9.2 תטור את בני עמך וכל איש

1QH 4.6 לי והמה עמכה[׃˙˙]
1QH 4.26 ותתן מוראם על עמכה ומפץ לכול
1QH 10.10 זולתך ׃ ואין עמכה בכוח ואין
1QH 12.19 ואין צדיק עמכה [
1QH 18.24]אותה בברית עמכה ותגלה לב
1QH 18.28 להביא בברית עמכה ולעמוד
1QH 9 1.10]א להכין בסוד עמכה ׃]
1QM 18.7 הגדלתה עם עמכ[ה מ]א[וד]
1QM33 1 1.1]ה עם עמכ[ה] א[׃]
4Q501 1 1.2 עצור]י עמכה ועזובי
4Q501 1 1.4 סבבוננו חילכיא עמכה בלשון
4Q502 104 1.2]˙ים שם[׃] עמכה [
4Q504 1+R 4.7 כרעי נגיד על עמכה וישב על
4Q504 1+R 4.9 נקרשתה בתוך עמכה ישראל
4Q504 1+R 4.11 ארצם לכבד את עמכה ואת ׃
4Q504 1+R 5.11 ותחון את עמכה ישראל
4Q504 1+R 6.12 והצילה את עמכה ישר[אל
4Q504 6 1.6 ז]כור נא כיא עמכה כולנו
4Q509 1+ 1.11 אל[׃]כה עמכה ב[׃]˙˙[
4Q509 22 1.2]ה [׃]ו עמכה[׃
4Q509 184 1.3]את׃] לעיני עמכה ׃]כה
4pIs[c] 6+ 2.13 כי אם יהיה עמכה י[שראל
4QMl 8+ 1.11 ו]אנו עמכה [ב]מעשי
4VSam 3+ 2.4 ובזעם שונאי עמכה תגביר
4VSam 3+ 2.6 רבים כיא עמכה הואה[׃
4VSam 5 1.2 יון[׃]עוז עמכה ומ[׃
11QT 61.14 מהמה כי אנוכי עמכה המעלכה
11QT 62.8 ואם לוא תשלים עמכה ועשתה
11QT 62.8 עמכה ועשתה עמכה מלחמה ׃
11QT 63.7 דם נקי בקרב עמכה ישראל
11QT 64.15 ביתכה והיה עמכה עד דרוש

4Q508 18 1.2 ם[׃]˙ קודש עמכול [
4Q514 1 1.10 ואל י[ש]תה עמכול אי[ש

1QM 10.4 אלוהיכם הולך עמכם להלחם לכם
4Q381 69 1.5 ירד וידבר עמכם להשכיל
11Ber 1 1.13 כיא אל עמכם ומלאכי ׃
CD 16.1] דור ׃ עמכם ברית ועם

1pHab 5.2 ברע והבט אל עמל לוא תוכל ׃
1QH 10.32 ו˙˙˙˙˙˙˙˙˙˙ עמל ויבול בנץ
1QH 11.19]לא נסתר עמל מעיני ׃

1pHab 8.2 המשפט בעבור עמלם ואמנתם ׃
1pHab 10.12 שקר להיות עמלם לריק

4apLm 1 2.13 היקרים הרכות עמם ˙˙[
4pUn 4 1.1]כן ויזנו עמם[׃]העול

1QH 6.34 ····˙ ׃ ושוכבי עפר הרימו תרן
1QH 10.5 תודיענו ואני עפר ואפר מה
1QH 11.3 כי הפלתה עם עפר וביצר חמר
1QH 12.25 קלון מקוי עפר ומגב[
1QH 12.26 חושך ותשובת עפר ליצר חמר
1QH 12.27 משם ומה ישיב עפר ו˙[
1QH 13.15 והוא ׃ מבנה עפר ומגבל מים
1QH 15.21] עפר איך יוכל
1QH 18.4 ותגל אוזן עפר[
1QH 18.24 עמכה ותגלה לב עפר להשמר ׃ [
1QH 18.27]תתה באוזן עפר ונהיות
1QH 2 1.7]˙˙ כיא מה עפר בכ˙[
1QH 2 1.9]ל˙ברי ועל עפר הניפותה
1QH 3 1.5]אשמר ביצר עפר מהתפרר
1QM 11.13 וביד כורעי עפר להשפיל
4Q497 2 1.6 [׃]הביא[׃]עפר[
4Q511 30 1.5] ׃ יכול עפר הארץ

4Q511 42 1.7 הארץ[׃]עפרה ואדעה

1QH 12.31 אפהו שב אל עפרו ׃ ואני
1QH 1 1.4 בכול ׃]ב אל עפרו ואני איש
1QH 4 1.11 במשפט ושב אל עפרו מה ˙˙[׃
4Q511 16 1.3]אוכלת במוסדי עפרו[׃ בר]וך

4Q511 28+ 1.3 דעת בסוד עפרי לה[ללכה]

4Q400 2 1.7] תרומת לשון עפרנו בדעת

1QH 3.29 להתם כול עץ לח ׃ ויבש
4Q381 1 1.6 טר לאו[׃ עץ וכל פר[י
4Q385 2 1.10]˙ים [ו]יכף עץ ויזקף [
11QT 38.7 [ ]כול עץ אשר יבוא ל˙
11QT 41.16 באדשכים עץ ארז ומצופים
11QT 49.15 וכול כלי עץ ברזל ונחושת
11QT 59.3 מעשי ידי אדם עץ ואבן כסף ׃
11QT 65.2 בדרך בכול עץ או על הארץ
TS 3 2.9 ארב[ע ׃ עצ ארז ורחב

4Q509 16 4.2 [ ]˙[׃]בכול עצב[יהם ׃

1QH 8 1.4 יתרום[׃ עצה ו[׃
1QS 6.9 למשפט ולכול עצה ודבר אשר
1QS 8.25 ישאל על כול עצה שנתים ימים
1QS[b] 5.25 רשע[ים עצ]ה וגבורת
4Q502 8 1.4 וכו]ל פרי עצה ומימינו[׃
4pIs[a] 7+ 3.16 ובינה רוח עצ[ה]
4pIs[c] 11 2.3] ׃ פרעוה עצ[ה
4pIs[c] 21 1.9] יהוה לעשות עצ[ה] ׃ [
11QT 57.15 דבר ׃ לכול עצה חוץ מהמה

4Q184 1 1.14 ותשיגהו ואיש[ע]צום ותכשילהו

1QH 8.28 אנוש לאין עצור[
1QH 8.30 כאש בוער עצור ב˙[

4Q501 1 1.2 כיא׃ [עצור]י עמכה

CD 5.17 הם גוי אבד עצות מאשר אין

1Q35 2 1.2 חיים ׃] עצי ע[ו]לם לוא
1QH 8.5 לכבודכה עצי ׃ חיים
1QH 8.6 בתוך כול עצי מים והיו
1QH 8.12 חיים ועם עצי עולם ׃ לא
4QPs[f] 2 9.11 [תבו]אותיה עצי ׃ פרי ב˙˙
TS 3 2.11 אמות רוחב [׃ עצי ארז ופתחה

1QH 8.22 נכון וממע ׃ עציהם על משקלת

1QH 2.26 באש אוכלת עצים ׃ וכהמון
TS 1 1.5 לבמח תקריבו עצים לעולה

1QH 5.13 ותצל נפש עני במעון
1QH 5.14 ימרפו נפש(י) עני ורש ותוסף
4Q186 1 2.9 ברגל השור עני יהיה וזה
4Q501 1 1.9 ויתגברו על עני ואביון
4pPs[a] 1+ 2.16 קשתם לפיל עני ואביון ׃
11QPs 18.15] 𐤉𐤄𐤅𐤄 גואל עני מיד ׃ זר[
11tgJ 15.5 עם כלבי ע[ני ׃]לא הוא
CD 6.21 ולהחזיק ביד עני ואביון וגר
CD 14.14 יחזיקו ביד עני ואביון

4Q186 2 1.2 תרגל ובת קולו עניה ושניו ׃

11Ap[a] 3.12]חושך ב˙[׃] עניות [

CD 6.16 ולגזול את עניי עמו להיות
CD 19.9 אותו הם עניי הצאן ׃

11tgJ 25.4 וקבילת ענין ישמע [׃

1QM 18.8 ו[לו]א ענינו כעובכה

2Q30 2 1.1]ענכה׃]ום

1QH 10.25]ענן על פלגי
4Q506 126 1.2 כ˙[׃ בע]מוד ענן בוע[׃
4Q515 11 1.1]עננ˙[
11tgJ 29.2 וינפק מן ׃ ענן נורה והוא

4Q156 1.4 ו]יכסה עננא [ ]
4tgJ 1 1.2]׃ עלו]הי עננא׃ ביו]מי

11tgJ 29.6 והו]פע נהור עננה ׃ התנ]דע
11tgJ 29.7 התנ]דע להלבשא עננה גב[ורה

4Q513 3 1.5]אשר הר[א]ה ענני[׃]˙[
11tgJ 28.5 לא סוף ארו ׃ עננ[י
11tgJ 31.6 או מן ׃ ילד [ע]נני טלא ומן

4Q381 14 1.2]˙[׃]˙ים עננים עבים שלג

11tgJ 29.1 אף בהון ימרק עננ[ין] וינפק
11tgJ 30.7 למפק בשוית עננין [לבו]שה

1QH 10.26 עלה ׃ ולהרבות ענף כי בה˙˙˙[

1apGn 2.10 א[׃]]ם ענתא ונשמתי

1QH 7.16]]˙˙ ענתי להרים ל[

3Q15 2.9 שבו בכרין עסר ׃ בבור
3Q15 10.6 לסמול רגמות עסר כסף ׃

3Q15 2.8 רחוק אמות חש עסרא בו כלין ׃
3Q15 8.6 אמות שבע ׃ עסרא תחתיה כסף

3Q15 3.6 חפר אמות שש עסרה כסף ׃ ככ׃
3Q15 6.13 אמות ׃ שתים עסרה ככ ׃ ביגר
3Q15 8.15 אמות אחת עסרה ׃ כסף כב
3Q15 9.8 חפור אמות שש עסרה ׃ ככ׃
3Q15 10.13 רגמות שתין עסרה ׃ ככ׃

3Q15 10.11 וכלין כופרין עסרין ׃ תחת יד
3Q15 12.9 מנין עסרין ׃ בשית

3Q15 7.6] ׃ משח אמות עסרן [ואר]בע ׃

4QMl 10 2.16] ׃ בשר כאם עפה כיא עתה

1pHab 4.4 ישחק ויצבור עפר וילכדהו ׃
1QH 3.13 המון ויושבי עפר ׃ כיורדי
1QH 5.27 ובזוחל<י> עפר יורו לח˙˙

1QH 12.5 גדול בפנות ערב ומוצא :
1QM 14.14 ומוצאי ערב ובוקר כיא
1QS 10.10 אל ועם מוצא ערב ובוקר אומר
4Q502 27 1.2 לכה תמיד> ע]רב ובוקר ע
4Q503 28 1.2 רשו][: ב]ראם ערב ו[בוקר :]
4Q503 39 1.3 [: דג]לי ערב ובוקר סל׳
4Q503 143 1.2]תהל[לים: ע]רב]
4QMl 8+ 1.12 ומוצא[י]ע[רב] :]

1QM 10.13 למדבר וארץ ערבה וכול
4QPs[f] 2 8.7 כול מסנאיך ערבה : באף
11QPs 22.11 כול משנאיך ערבה באף

11tgJ 32.4 ברחרין וחנקי ערדא מן : שרא

1Q23 1 1.1 חמרין מאתין ערדי[ן: ען

4Q511 11 1.5 לענות ב[:]ערו מיראיו [:
4Q511 82 1.1]״ ערו[:]בכם [:
4Q517 54 1.2]חדו:]׳ערו

4QMl 1+ 1.8] : ערוה לוא יראה

11QT 58.17 טמאה ומכול ערוות ומכול

4Q184 1 1.16 [ ]במה בל ערוכי[ם :

1QS 7.12 לפני רעהו ערום ולוא היה

4QCat[a] 8 1.2]״] :]חד ערומי ׳] : [

1QH 13.15]ה סודו ערות קלן]
1QM 7.7 באמה וכול ערות דבר רע
1QM 10.1 ולהשמר מכול ערות דבר רע
4Q512 36+ 1.17]נכה מכול ערו[ת]בשרנו
CD 5.10 בת האח את ערות אחי :

1QS 7.14 פוח ונראתה ערותו ונענש

1apGn 22.33 ואנה כדי אמות ערטלי אהך די

1pHab 3.1 לכות ולבוז את ערי הארץ : כיא
1pHab 12.9 וחמס ארץ המה ערי יהודה אשר
1QM 12.13 והגלנה כול ערי יהודה פתחי
1QM 19.5 והגלנה כול ערי יהו[דה :]
2apDa 1 1.3 מ]לחמה לתפש ערי מבצרים
4apLm 1 1.11 אין כם כל ערי :]נחלתנו
4pIs[a] 2+ 2.28 כמוה ובכול ערי ה׳]
4pN 3+ 2.12 :]]ערי המזרח כי
CD 12.19 סרך מושב ערי ישראל על

11QT 47.3 [:]]עריהמה טהורות
11QT 47.8 יזבחו : בתוך עריהמה לוא
11QT 57.5 ע<ו>שרות בכול עריהמה וברר לו
11QT 58.9 שומרים : את עריהמה ואת
11QT 59.4 ובכול זה יהיו עריהמה לשומה

11QT 47.15 עיר : מתוך עריכמה לעירי
11QT 49.4 ובח[: את עריכמה בנגע

1QDM 2.2 ל[תת] לכה [ער]ים גדולות :
4pHs[b] 15+ 2.2] : הרבה ערי[ם
4pN 3+ 2.9 עם גר נלוה ערים ומשפחות
4QMl 12 1.3 ונכבד[:]ערים לרח<ו>בי
11QT 48.14 בין ארבע : ערים תתנו מקום

11tgJ 13.1 אנ]ש : אתר ערימותא ׳] :

4pPs[a] 1+ 4.13 [ראי]תי רשע עריץ ומתע[רה

1pHab 2.6 א : הימים המה עריצ[י הבר]ית

1QH 5.7 אריות שוברי עצם אדירים
4Q385 2 1.5 ואמרת ה׳״ עצם אל עצמו
11QT 20.16 ואת האזרוע עד עצם השכם

4Q385 2 1.5 ה׳״ עצם אל עצמו ופרק :]
4pIs[c] 25 1.6 ועל פרשים כיא עצמ[ו

1QH 52 1.1]״׳ עצמתה וי׳פה]

4VSam 3+ 2.1]עברכה לוא עצרתי כוח עד

1pHab 12.4 הלבנון הוא : עצת היחד
1QS 3.6 עצתו כיא ברוח עצת אמת אל
1QS 6.12 האיש השואל את עצת : היחד
1QS 6.14 להוסיפ על עצת היחד
1QS 6.16 יצא הגורל על עצת הרבים יקרב
1QS 7.2 ישוב עוד על עצת היחד ואם
1QS 7.24 לוא ישוב אל עצת היחד עוד
1QS 8.5 נכונה (ה)עצת היחד
1QS 8.11 קודש בתוכ עצת אנשי היחד
1QS 9.9 דרכ ומכול עצת התורה לוא
1QS 9.17 ולסתר את עצת התורה בתוכ
1QS[a] 2.9 ם]אלה לדבר אל עצת הקודש :
1QS[b] 4.24 בידכה : אנשי עצת אל ולוא
4Q502 305 1.1]שו עצת]
4pIs[d] 1 1.2 [אש]ר יסדו את עצת היחד]
4QBer 10 2.1 עצת היחד יומרו
4QCat[a] 14 1.5]ר את עצת היחד

1pHab 9.10 הצדק ואנשי עצתו נתנו אל
1QS 3.6 התיסר ביחד עצתו כיא ברוח
1QS 6.22 הונו ויה<י> עצתו : ליחד
1QS 8.23 בה<ו>נו ועם עצתו לכול :
1QS[a] 1.3 העם המה אנושי עצתו אשר שמרו
4pMi c 1+ 1.6]עצתו]
4pN 3+ 1.5 בגדוליו ואנשי עצתו :]
4pPs[a] 1+ 2.19 בכוהן ובאנשי עצתו בעת המצרף
4QCat[a] 2+ 1.14 אשר[א]נשי עצתו וידברו
4QCat[a] 2+ 1.16] לאנשי עצתו המה החרב

1Q38 8 1.1]ן בסוד עצתכה]
1QH 6.11]ל׳״ : אנשי עצתכה בתוך בני
1QH 6.13 לכול אנשי עצתכה ובגורל
1QS 11.18 להשיב על עצתכה ולהשכיל

1pHab 5.10 ואנשי עצתם אשר נדמו
1pHab 5.12 בתוך כול עצתם ותפש אדם
1QS 8.18 ואל ידע בכול עצתם עד אשר
4pN 1+ 2.8 [:] עצ]תם ואבדו
4pN 3+ 3.7 אשר רובד עצתם ונפרדה
4pN 3+ 3.8 יחזקו עוד את עצתם

4QFl 1+ 1.17 צדוק וא[נ]שי עצת[מ]ה רו׳]

6QApo 2 1.1]עק יקום] :

1QH 5.24 עלי הגדילו עקב ויליזו עלי

11tgJ 29.9]]׳ה עקה ינדע]

11tgJ 12.6]׳ : עק[ר

4Q509 283 1.1]׳עקרה]

6apSK 31 1.2]׳] : ע]קרן ׳]

4Tstz 1 1.4 כי לא[: כ]ל עקתי וכל די

4Q518 25 1.2]׳[:] ער׳]

1pHab 3.7 וחדו : מזאבי ערב

4pPs^{a} 1+ 2.14 יומו פשרו על עריצי הברית
4pPs^{a} 1+ 2.20 כן ינתנו ביד עריצי גואים
4pPs^{a} 1+ 3.12 יכרתו המה עריצי הב[רית
4pPs^{a} 1+ 4.1]המה עריצי :]
4pPs^{a} 1+ 4.10 לתתו : ביד עריצי גואים

1QH 2.11 דבה בשפת עריצים לצים
1QH 2.21 מוקשי שחת [ ] עריצים בקשו
4Q487 6 1.2 מד˙[:]חר עריצים[:]למ

1Myst 12 1.2 ˙] [˙˙˙ : היש ערב ˙] :

4Q184 2 1.5 ורום עינים לב ערל[:]ם רום

4QCat^{a} 9 1.8 ופת[י :]˙רי ערלות לישרם

1QH 1.35] הוסיפו ערמה : צדיקים
1QH 2.9 שבי פשע ערמה לפתיים
1QS 11.6 דעה ומזמת ערמה מבני אדם
CD 2.4 הציב לפניו : ערמה ודעת הם

1pHab 7.14 להם ברזי ערמתו הנה
4QMl 11 1.10 מאז אמתו ורזי ערמתו בכו[ל

11tgJ 29.8]נפח ערפלא : [

11tgJ 10.4 חללת ידה תנין ערק : אר]חי מא

1apGn 22.21 אן מן חוט עד ערקא דמסאן :

1apGn 22.9 וכולהון הווא ערקין מן

1QH 9.4 על יצועי ערשי בקינה תשא

4Q184 1 1.5 נגועי שחת ערשיה יצועיה

5Q16 2 1.2 כל בא[:]זדון ערשיו וצ[:

5QJN 1 2.11 ות[ר]תין ערש[ין [

1QS^{a} 1.27 לעצת היחד מבן עש כול :
4Q381 19 2.6 : ומה א[: כי עש]
4Q506 156 1.2 [˙י˙] :]עש[:]˙˙[
4Q509 119 1.1]עש[
4Q510 10 1.1]עש[:]תת˙[
4pIs^{c} 5 1.3]ה ימית[:] עש]
4pIs^{c} 31 1.3 [אדם [:]ים עש˙[:]ו
5Q13 1 1.5 [:]לברם כאשר עש[:]בחרתה
11QT 32.5 [˙˙ה˙˙˙˙˙˙ עש] :]
11QT 37.6 [ ] עש] [

4Q504 16 1.2 [˙˙] :]˙אכל עשב [:]˙˙˙[
4Q509 3 1.7] [ע]שב במועדי

1QH 15.26 [עשה וא]
1QH 11 1.5 [˙˙ מלכותו מי עשה כול אלה[:
1QM 11.5 ועצום ידינו עשה חיל כיא
1QM 11.7 וישראל עשה חיל וביד
4Q185 1+ 1.14 יזכרו נפלאים עשה : במצרים
4Q185 1+ 3.11 הל˙˙˙ [ ]ם עשה לביתו וי˙[
4Q185 1+ 3.13 דברה אלהים עשה ידים[:
4Q185 3 1.3 כל˙˙[:]˙עשה דברי ברי[ת
4Q370 1.1 כל נפש כל אשר עשה רצוני
4Q381 1 1.3 הוא בימ<ו>י עשה שמים וארץ
4Q381 15 1.2 לבן אמתך עשה עמי :]
4Q402 4 1.11 כ[ו]ל אלה עשה פל[א :
4Q504 1+R 2.7 [: אנא אדני עשה נא כמוכה
4Q511 52+ 1.3 גדול הצד[ק :]עשה ל˙[
4AgCr 1 1.1 על הקצים אשר עשה אל קץ
4QOrd 2+ 1.6 יומת אשר עשה ביד רמה אל
11Ap^{a} a 1.10 [:]˙ת השד[:]עשה]

11Ap^{a} 2.4 יהוה הוא [: עשה את ˙]
11QPs 19.4 בשר אתה נתתה עשה עמנו 𐤉𐤄𐤅𐤄
11QPs 26.15]ר עשה ויפל נשיא[
11QT 16.15 ובחלבו כאשר עשה לפר
11QT 24.11 לבד כאש[ר] : עשה לעולת
CD 1.12 את אשר עשה בדור אחרון
MasSS 1.1]עשה פלא

4pIs^{b} 11+ 1.3 והו]א חרש עשה[ו

1pHab 9.2 × : רעים עשו בו ונקמות
1QS 5.12 והנגלות עשו ביד רמה
4Q176 17 1.7 לנו מם[: ע]שו התורה ו[
4Q370 1.2 והני הם אז עשו הרע בעיני
4Q370 1.9]ם <]עשו> ושחקים[
4pIs^{a} 2.2 וזהב(˙˙˙) עשו]
4QFl 11 1.2]כול אשר צונו עשו את כול[
11QPs 28.4 בגדיותיו ידי עשו עוגב
11QT 31.12] ושערים עשו לה מהמזרח
11QT 62.16 התועבות אשר עשו לאלוהיהם :

11QT 31.6 ההיכל ודרך עשוי : בשער
11QT 33.11 הזה כולו קירו עשוי חלונים

11QT 37.6 הפרור התחתון עשוים ˙˙˙˙ :
11QT 37.10 מקומות עשוים לכוהנים
11QT 38.15 באמה ותאים עשוים לקיר
11QT 40.10 באמה ותאים [ע]שוים בין

CD 13.10 לבלתי היות עשוק ורצוץ

1QDM 3.10 עד יום[עש]ור לחודש
1QM 4.5 אל בנבל עשור ואת שם שר

1QH 14.18 לך :]בלתי עשות מכול הרע
4Q506 124 1.5 [:] ע]שות]הר[
4Q506 148 1.2]א˙ ב[:] עשות[:]ולכ[
11QT 30.3]עשות ועשי[תה :

4Q402 4 1.14]להבין לפני ע[שותו : ה]מה
CD 9.18 בידו עד עשותו : עוד
MasSS 1.5]להבין לפני עשותו ובעשותו

1QM 11.16 ע]שותכה שפטים

1QH 3 1.16 זדון[:]˙עשי נדה
1QH 18 1.7 ולנחול[:]˙עשי˙]

CD 2.21 שמרו את מצות עשיהם עד אשר
CD 3.8 שמעו : לקול עשיהם מצות

1Q36 22 1.1]ר עשיתה[
1Q38 4 1.4]השפלתני ˙[: עש]יתה כל אל[ה
1QH 4.38] [˙˙ עשיתה כי אתה
1QH 10.12]רק לכבודכה עשיתה כול אלה
1QH 16.9 הצדקה כי אתה עשיתה את כו[:
1QH 18.21 ואדעה כיא לכה עשיתה אלה אלי
1QH 2 1.5 וא[:]˙ודכה עשיתה כול אלה
1QM 13.11 ואתה : עשיתה בליעל
1QM 18.8 ואתה אל הצדק עשיתה למען
4Q504 1+R 2.12 נפלאותיכה אשר עשיתה לעיני
4Q504 1+R 6.4 כיא : אתה עשיתה את כול
4Q504 5 1.3]שלמניכה :]ת עשיתה :]שם
4Q504 7 1.2 הנפ]לאים אשר עשיתה :]
4Q509 12 4.3 [: כי נ˙] : עשית[ה :
4QMS 2 1.3]: ואתה עשיתה[
11QT 37.13 מקצועות החצר עשית[ה] להמה

1QH 6.10 ולמענכה עשי[תה]ל˙˙ל

1QH 3 1.13 אל ˙˙˙˙˙] :]עשיתם

2QJN 8 1.2]˙[: ע]שרא שורא
4Q405 20+ 2.6]ה[ש]בת שתים עשרא[
6apSK 1 1.1]אחת עשרא [:]ומה

1apGn 21.26 מרא תרתי עשרה שנין הווא
1apGn 21.27 ובשנת תלת עשרה מרדו בה
1apGn 21.27 בה ובשנת ארבע עשרה דבר מלך
1QM 4.15 אורך ארבע עשרה אמה אות
1QM 4.15 ע]שרה אמה : [
1QM 4.16] שתים עשרה אמה אות
1QM 4.16 הרבוא עשתי עש[רה
1QS 6.3 אשר יהיה שם עשרה אנשים
4Q513 1+ 1.3]עשרה זוזי[ם
4QCat[a] 12+ 1.5]˙הם עד עשרה צדיקים
4QOrd 2+ 1.3 ו˙[עשר]ה אנשים :
5QJN 1 1.3 [ ] קנין עשרה פות[י
5QJN 1 1.15 אמין ארב[ע] עש[רה ופו]ת[י
5QJN 1 1.16 אמין ארבע עשרה [
5QJN 1 2.1 אמין א[ר]בע עשרה ורומה
5QJN 1 2.1 אמין ארבע ע[שרה] :
5QJN 1 2.3 אמין ארבע עשרה ותר[עין
5QJN 1 2.8 אמין ארבע עשרה וכדן כל
5QJN 1 2.8 א[מי]ן ארבע ע[שרה] : [
5QJN 1 2.9 אמין ארבע עש[רה
5QJN 1 2.10 דכא אמין תשע ע[שרה]
5QJN 1 2.11 תר]תי עשרה בית
5QJN 1 2.11 פרש[ין] עשרה כוין
5QJN 1 2.13] תשע עשרה ופות[יהון
5QJN 2 1.4 אמין תרתי עשרה [:]˙
11QT 4.11 באמ[ה : ש]תים עשרה באמה וג[
11QT 5.9]השער שתים עשרה[:]באמה
11QT 6.7 לארבע [:] עשרה [באמ]ה
11QT 28.10 פרים עשר[ה] אלים
11QT 30.9 מקצוע : שתים עשר[ה]
11QT 36.8 השער ארבע [עש]רה באמה
11QT 36.10 המשקוף ארבע עשרה באמה
11QT 41.14 השערים ארבע עשרה באמה
11QT 42.5] [עשרה נשכה
11QT 46.6 רחב : ארבע עשרה באמה על
11QT 46.7 כולמה ושתים : עשרה מעלה תעשה
CD 10.4 לשפטי העדה עד עשרה אנשים
CD 13.1 וישראל עד עשרה אנשים
TS 2 1.4] עשרה ולימה

11QT 13.11 עש]רון : סולת
11QT 14.5 [:] [עשרון מנ[חה :
11QT 18.5 ונ]סכו כמשפט עשרון סולת : [

11QT 14.15]ן לנסך[: עשרונים סולת
11QT 18.15]עשרונים סולת

1QS[a] 1.15] [עשרות שופטים

1QM 4.3 ואת שמות שרי עשרותיו ועל

CD 13.2 ועשרות ובמקום עשרה אל ימש

1QS[a] 1.8 במב וב[ן] עשרים שנ[ה :]
1QS[a] 1.10 לפי מילואת לו עש[רי]ם שנה
4Q513 1+ 1.2] עש]רים בשק[ל
4AgCr 1 1.5 הוליד ישחק את עשרים ה[
4QMi 4 1.2]˙˙ומ[: מב]ן עשרים [ש]נה
4QOrd 1 2.7 כול ימיו עשרים גרה השקל
11QT 4.13 אמה [:]˙˙ עשרים באמה
11QT 17.8 וזבחו[: מב]ן עשרי[ם] שנה
11QT 30.6 מפנה אל פנה עשרים באמה
11QT 31.12 אמות וגבה : [ע]שרים מ<א>ה[
11QT 36.12 השני לחצר עשרים : ומאה
11QT 39.9 במושבותיהמה עשרים גרה השקל
11QT 39.11 יבואו מבן : עשרים [
11QT 57.3 ישראל מבן : עשרים שנה ועד

4Q504 1+R 2.18]לות אתה עשיתם : [

11Mel 1+ 2.1 ˙[ ]ש[:]˙˙עשם אלוהיך מלך

1Myst 1 1.6 אור וכתום עשן וא[יננ]ו

1Myst 1 1.11 גוי אשר לוא עשק רעה[ו]

1apGn 22.6 מאא ותמניאת עשר ועדנם :
1apGn 22.27 ואמר לה הא עשר שנין :
1QDM 1.2 בחו[דש ע]שתי : עש[ר] באחד
1QDM 3.10]ה [ע]שר לחודש : [
1QDM 3.11 ת]אסר וביום ע[שר ל]חודש
1QM 2.1 ראשים שנים עשר להיות
1QM 2.2 תמיד שנים עשר אחד : לשבט
1QM 3.14 ושמות שנים עשר ש[בטי
1QM 5.1 ושמות שנים עשר שבטי ישראל
1QM 5.2 ושמות שנים עשר שרי שבטיהם
1QS 7.22) על מלואת עשר שנים : (
1QS 8.1 היחד שנים עשר איש
1QS[a] 1.8 במשפטיהמה עשר שנים[
2QJN 4 1.13 בהון וארבעת עשר כה[נין :
4Q185 1+ 1.6 ˙˙˙˙[:]ש ועד עשר פעמים[:
4Q379 1 1.5 וא[ת :]שנים עשר מטות[
4Q403 1 1.30 השביעית בשש עשר לחודש הללו
4Q404 3AB 1.2]˙˙[: עש]ר לחוד[ש :
4Q503 1+ 2.4] : עשר דג[לי
4Q503 1+ 2.9]היום ארבעה ע[שר :] אור
4Q503 1+ 2.13 ע]שר לחגי שמחה
4Q503 1+ 2.14 בח]משה עשר שער[י
4Q503 11 1.2] : ובשני]ם עשר לחודש בערב
4Q503 15+ 1.15] :]שנים עשר[: י]שראל
4Q503 17 1.3 ה[: ש]נים עשר[
4Q503 19 1.2 ברוך[: ע]שר שערי אור
4Q503 29+ 2.12] : [בש]בעה עשר לחו[דש
4Q503 39 1.2 ו˙> כיא שלושה עש[ר]גורלות
4Q503 51+ 1.5] :]תנו[:]עשר שערי
4Q511 2 1.7 [בש]נים עשר מחנות
4pIs[d] 1 1.4 פשרו על שנים עשר]
5QJN 1 1.4 קנין תמנית עש[ר] פותי
5QJN 1 1.6 קנ[ין תל]תת עשר ואמה חדה
5QJN 1 1.10]יא תרי עשר פותי
5QJN 1 1.11 חד ופלג אמי[ן ע]שר ופלג [
5QJN 1 2.15 תל[ת] וארבין [ע]שר[
5QJN 5 1.3]כל ת˙[:]עשר[
11QJN 14 1.4 בה]ון וארבעת עשר כה[נין :
11QT 4.9 האולם[:]ב עשר באמה
11QT 6.5 ומקר[:] עשר אמות כול
11QT 17.6 [בארב]עה עשר בחודש
11QT 17.10 ובחמשה עשר לחודש הזה
11QT 19.3]שנים עש[ר :]
11QT 19.16] [עשר א<י>לים
11QT 20.2 ארב]עה עשר[:]
11QT 22.3] ארבעה עש[ר :]
11QT 23.7 וממה [ש]נים עשר בני יעקו[ב
11QT 27.10 ובחמשה עשר יום לחודש
11QT 28.3 פרים שנים עשר [: עשר
11QT 28.4 שנים עשר [: עשר ושעיר עזים
11QT 28.7 [פ]רים עשתי עשר אלים שנים
11QT 28.7 כבשים [א]רבעה עשר : ושעיר
11QT 28.10 בני שנה ארבעה עשר : ושעיר
11QT 34.15 מן מקרת שני עשר העמודים :
11QT 42.4 רו]חב עשר באמות ובין
11QT 57.6 עמו שנים עשר אלף איש
11QT 57.11 בידמה ושנים עשר : נשיי עמו
11QT 57.12 הכוהנים שנים עשר ומן הלויים
11QT 57.13 הלויים : שנים עשר אשר יהיו
TS 2 1.4] עשרה ולימה עש[ר
TS 3 2.8 רוחב ה<ח>דר עשר באמה

1QS[a] 2.22 יו]עדו עד עשרא אנש[ים]

CD 1.10 דרך : שנים עשרים ויבן אל
TS 3 2.8 באמה ואורכו עשרים באמה
TS 3 2.10 הנשכות [: עשרים באמה

2QJN 8 1.4 אחרניא מן בר עשר[י]ן[:]בל
3Q15 8.13 חפור אמות : עשרין וארבע ככ
5QJN 1 1.1 א]מין עשרין: [ ]
5QJN 1 2.7] עשרי]ן [:
5QJN 1 2.11 עשרה בית [ע]שרין

1QS 7.10 דברי רעהו : עשרת ימים ואשר
1QS 7.11 אחד ונענש עשרת ימים ואם
1QS 7.15 לשוח בה ונענש עשרת ימים

1QH 5.34 אין כלה כי עששו מכעס עיני

3Q15 1.5 בן רבה השלשי עשתות: זהב
3Q15 2.4 הש<לי>שי עשתות זהב ששין

1QDM 1.1 מ]צרים בחו[דש ע]שתי: עש[ר]
1QM 4.16 אות הרבוא עשתי עש]רה
11QT 28.7 [פ]רים עשתי עשר אלים

1QH 12.8 בכו : מולדי עת יסודי קצ
1QM 1.5 ˙]]אה עת ישועה לעם
1QM 1.11 הווה והיאה עת : צרה ע[ל
1QM 15.1 כיא היאה עת צרה לישר[אל
1QS 8.15 ככול הנגלה עת בעת : וכאשר
1QS 9.12 כול חי לתכון עת ועת ולמשקל
1QS 9.19 להם (ה)היאה עת פנות הדרכ :
1QS[b] 5.18 [: [ע]ם עת ע[ולם ו]עם
2QJN 9 1.1 ˙]עת[:]אשי כול
4Q381 46 1.4 א[ ]˙˙ני ו[ ]עת : לוא יעז
4Q381 81 1.2 ˙˙[ ]˙˙[:]עת ב˙˙˙[
4Q400 7 1.5]י קו[:]עת ק[:]יר מ[
4Q499 21 1.2 ˙]מט[:]עת[:]˙˙ש[
4Q502 260 1.1]עת[:]יחד[
4Q512 92 1.1]עת ˙[:] מט˙[
4Q515 6 1.1]עת הצ[
4Q520 25 1.2 [˙˙[:]˙עת[
4AgCr 2+ 2.6]ה נא ואד˙ה ˙˙עת˙[:]שה כל
4pIs[b] 1.4]עת ואשר
4pIs[c] 48 1.3 ˙[:]˙ג˙[:]עת [
4QCat[a] 5+ 1.3]רה עד עת המצ[רף
4QCat[a] 12+ 1.8 ושממה <X> היא עת ענות המ˙[
4QFl 1+ 2.1 היאה עת המצרף הב[אה
4QM1 1+ 1.17 והכוהנים בכול עת <ה>מריעים
4QM6 3 1.4 והי]אה עת[: גור]ל
11Ap[a] 4.4 ˙[עת : אל רשפ[
CD 12.21 כל חי למשפט עת ועת וכמשפט

1QH 3.6]ומ[:] עתה נפש[
1QH 49 1.2]ולרהמ[:]˙ עתה א[:]
4Q487 18 1.4]ח עורף [:] עתה א[
4Q509 26 1.3]מאיה[:]עתה [
4pMc 1+ 1.3]: עתה תצאי
4QCat[a] 2+ 1.12 את צאצ[אי]עתה הנה הכול
4QM1 10 2.16 כאם עפח כיא עתה חר[

4Tstm 1.11 אראנו ולוא עתהא : אשורנו

1QM 15.5 ס]פר סרך עתו עם כול

1QM 10.5 ידברו לכול עתודי המלחמה
1QM 15.2 גוי רשעה וכול ע[תודי]

1QM 6.16 מלחמה וכולם עתודים במ[
11QPs 18.8 מנחה כמקריב עתודים ובני

1QH 6.7 בהאספם [ ]עתי אשר : תרים
1QH 10.39 [:]תי :]עתי : בפח˙

11QT 26.13 המדבר ביד איש עתי ונשא השעיר

1QS[a] 1.27 כול הבא : עת[יד ל]הנה

1QS 1.14 ולוא לקדם עתיהם ולוא

1QM 14.13 תפ[ארתכה] עתים ומועדי
1QS 10.26 חוק בקו עתים ו[
4Q512 1+ 1.2 ע]תים להטהר
4Q512 1+ 1.5 ומי רחק לטהרת עתים[
4QM1 8+ 1.12 עתי]ם ומועדי

4Q517 57 1.2 ˙˙[:]עתמ[

1Q23 13 1.2]לארב[ע : ע]תק נהר[א :]

1apGn 22.32 אלהא שגי לי עתר ונכסין

1apGn 22.22 דמן נכסי כול עתרה די : אברם

1apGn 22.31 לתקיף ברא מנך עתרך ונכסיך :

פ

1Q23 14 1.1]ף [:]וידעו
1QH 8.27 מעוז לי כי פ˙ח נ˙[ ]פי :
1QH 12.35 ˙˙[ ] : תעמוד פ˙[ ]חזק
1QH 16.5 אשר הפקדתה בו פ˙י˙˙˙[
1QH 7 1.13 ב[: ל[ ]פ ו[
4Q176 17 1.4 א[יש :]במלאך פ˙[:] שמונה
4Q176 39 1.2]רי[:]˙ף ק[:]˙ו ˙˙[
4Q402 2 1.2 ור[: [פ]לא פ[: [כ]מעשי
4Q404 24 1.1]פ[
4Q405 45 1.1 ˙[פ[:]˙ קדושי[
4Q405 46 1.1]כבוד[ ]פ[ ]ל מ[:
4Q502 50 1.3]פריו[:]˙פ˙[
4Q502 162 1.2 ˙[:]˙ודות פ˙[:]˙˙ות
4Q509 310 1.1]פ˙[
4Q511 156 1.2]בכ˙[:]פתח פ[:]ל[
4Q519 30 1.1 [פ˙˙[
4Q519 56 1.2 ˙[: פ[
4pHs[a] 1.17]ט˙˙פ˙˙
4QFl 17 1.2]מה את פ[:]בתו
4QM1 25 1.2 מאל˙ה[:]ף ביד רשע[:
4QM6 56 1.1 ˙˙[פ˙ [:]˙˙˙[
6apSK 24 2.3 את[: כב[וד: פ˙[
11QT 3.16 [לראות פ[:]˙ נחו[שת
11QT 3.17]˙ף ימס[:]˙וב
11QT 10.10]ימ[ ]˙ף הולך תולע :
CD 15.2 כי בת˙ל פ[[:

1Q42 2 1.1]פאה[

1QH 4.1 ˙˙ ב[:]ס פאיר ˙˙ ה ˙˙[

CD 6.7 ולא הושבה : פארתם בפי אחד

1QM 11.6 מישראל ומחץ פאתי מואב
4Tstm 1.13 מישראל ומחץ : פאתי מואב

11QT 52.18 למקדשי כי בשר פגול : הוא לוא

11QT 47.14 בעורות זבחי : פגוליהמה אשר

11QT 47.18 ועירי בעורות פגוליכמה אשר

4pN 3+ 2.4 חלל וכבוד פגר ואין קץ

1QM 14.3 ורחצו : מדם פגרי האשמה
4pN 3+ 2.6 אויב ורוב : פגרי אשמה

1QM 11.1 ידכה רומשו פגריהם לאין

4QM1 15 1.9]ולהשליך כול פגר[יהמה :]ש

3Q14 2 1.4] פיכה [:]פדו[:]מ

1QM 1.12 ע[ל כו]ל עם פדות אל ובכול

1QM 14.5 ישועה לעם פדותו ויקרא
1QM 17.6 עולמים לגורל [פ]דותו בגבורת
4QM1 11 2.14]נאמן ועזר פדותו [

4Q511 63+ 2.1 מ]עשי אלוהי פדותי ˙˙די˙[

1QM 11.9 ביד אביוני פדותכה [בנו]ח
1QM 13.14 ושר בעזרת פד[ותכה כי]א
1QM 14.10 שמ‹ר›תה נפש פדותכה ואתה
4QM1 8+ 1.9]פדותכה ועתה

4Q504 4 1.7]בעורפם [אתה פדינו וסלח[

1Q45 1 1.2]˙ עני ˙[:] פדית[ה
1QH 3.19 אדוני כי פדיתה נפשי
11QT 63.6 ישראל אשר פדיתה : יהוה

1QH 2.32 דורשי חלקות פדית[ה] נפש

1QH 7.11 ואין פה לרוח הוות
1QH 7.21 מופת ויפצו פה כיונ[
1QH 52 1.1]˙˙˙ עצמתה וי˙פה [:] ביש˙
1QM 6.12 קלי רגל ורכי פה וארוכי רוח
1QM 14.6 לב נמס ולפתוח פה לנאלמים
4Q511 10 1.9 [יפת]חו פה לרחמי אל
6QApo 1 1.3]מן די ˙[:]פה לגב[ה]
CD 5.12 גדופים פתחו פה על חוקי

1Q24 6 1.2 [: כו]ל ˙גי פו[
4Q512 36+ 1.12 את בגדיו ו[:]פו כול לשונות[

1QH 17.5 ומכש[:] פוגעות פתע

11QPs 22.15 שבחי עליון פודך תשמח נפשי

11tgJ 6.8 ואמרת :]˙פוהי : רי]קנה

1QS 7.14 בגדו והואה : פוח ונראתה

4QCat[a] 2+ 1.7] [˙˙ה פוח[זים

1apGn 12.11 ˙˙ :˙˙˙ פוט וכנען ˙˙˙
4pN 3+ 3.12]˙מ[פ]וט וה[לובים

4QMes 2.20]˙ב מי[ ]פון : [

1QH 14.14 קנאתי על כול פועלי רשע
4QPs[f] 2 10.12 ויתפרדו כול פועלי : און
6QBen 2 1.2]˙[ ]ח [: פו]עלי רשע [:

1QS 5.24 ולהיות : פוקדם את רוחם

1QH 4.14 באמתכה שורש פורה רוש ולענה

1QH 5.27 כחמת תנינים פורחת לקצים

1QH 5.8 עם דיגים רבים פורשי מכמרת על

11QT 7.11 ˙ה הקצה השני פורשים כנפים[

1apGn 21.12 חורן ושניר עד פורת ואמר לי
1apGn 21.17 וסחרת ליד פורת עד יד
1apGn 21.28 מחין ובזין מן פורת נהרא ומחו

1QM 2.11 ומשא אשר בעבר פורת ברביעית

4QM1 8+ 1.15] פ]ושעים :]

1QH 8.37 משפט ל˙˙לבי פות˙[ ]˙˙˙[

5QJN 1 2.7 עד תרעא אחרנא פותאהון ארוך

1QH 15 1.4]ולהבין פ‹ו›תאים בכוח
11QPs 18.3 לכול פותאים כי

5QJN 1 1.8 ת]מנין פות[היון]

1QH 6.19 נצמדי תעודתי פותו במ˙[
1QH 4 1.8]˙ אנוש וברית פותו בם ויבוא[

4Q511 30 1.3 בעד כולם ואין פותח ולאשר[

1QS[a] 1.19 העדה וכול איש פותי : אל יבוא
5QJN 1 1.3] קנין עשרה פות[י
5QJN 1 1.4 תמנית עש[ר] פותי אמין מא[ה
5QJN 1 1.10]יא תרי עשר פותי תרעיהון
5QJN 1 1.11 תר]ין פותי דשי[א]
5QJN 1 2.9 [:] פות]י קנין
5QJN 1 2.12]ועובי פותי כותלא[
5QJN 9 1.1 פ]ותי ˙[:

5QJN 1 1.6 קריתא : [פותי]ה קנ[ין
5QJN 1 1.9 תרין די אבן פותי‹ה› די[
5QJN 1 1.16]פות[יה
5QJN 1 2.3 סחר[ ] פותיה ואורכה

5QJN 1 1.12 מן שמ[אל]א פותיהון

4Q381 19 1.4 ובשחקיך :] פז ותתן לי :
4QM1 11 1.18 בני המלך לוא [פ]ז ולוא כתם

1QH 2.8 רשעה ואהיה פח לפושעים
4Q379 22 2.10] לה[יו]ת פח יקוש לעמו
4Tstm 1.24 עומד להיות פ[ח י]קוש לעמו
11tgJ 36.10 כאב[ן] ו[:]פח[ ]˙˙[

1QS 1.17 מאחרו מכול פחד ואימה
1QS 10.15 תבל ברשית פחד ואימה
4Q511 63 3.5 ולה[ר]ים בקול פחד הוי לכול
CD 4.14 אמוץ לאמר פחד ופחת ופחת

4Q185 1+ 1.15 לבבכם מפני פחדו : ועשו ר
4Q370 2.8 מפני פחדו ותשמח

4Q378 14 1.5 ל˙[:] פח]דך ויראתך[

1QS[b] 5.19 [: [א]ל פחדכה [ ] כול

1pHab 3.4 הכתיאים אשר פחדם ואמתם על

1QH 4 1.9 לפניכה ואני פחדתי ממשפטכה[

4Q184 1 1.2 עול לבה יכין פחוז וכליותיה

1QH 5.29 בהב[ ]פחות ויהמו :

4Q184 3 1.5]עם אישוני פחז ו˙[
4Q511 24 1.5]ו בם [:]פחז ו[
4pUn 4 1.3 ברחו[:]פחז עמורה[:
5Q16 4 1.3 ול˙[:]שונו פחז ˙[:]˙˙ר

1QH 3.26 בהפתח כל פחי שחת ויפרשו
4pPs[a] 1+ 2.10 ונצלו מכול פחי : בליעל

1QH 3 1.4 על מטוני פחיה ומפרש[:

11QT 58.19	פיהו יצא ועל פיהו יבוא הוא
CD 10.1	להמית על פיהו אשר לא
CD 13.3	ההגו על פיהו ישקו כולם
CD 13.4	כלצאת ולבוא על פיהו כל באי
CD 14.10	למשפחותם על פיהו יבאו באי
CD 16.15	איש את מאכל פ[יהו אל]ל כי
1Q31 1 1.2	המתנדבי[ם פיהם ישקו כול
1QS 5.11	ולא פצו עלי פיהם כי אתה
1QS 5.16	היחד על פיהם לכול תורה
1QS 9.7	ובהון ועל פיהם יצא
2Q25 2 1.1	ים[לא פיהם]י ' ['
4Q381 96 1.1	[חם פיהם :]עליד:
4pIsa 7+ 3.28	כן] ישפום ועל פיהם [
4Qord 2+ 1.5	על נפש על פיהם ישאלו
11QT 63.4	בשמי : ועל פיהמה יהיה כול
1QS 5.3	בברית על פיהן יצא תכון
4Q381 1 1.3	וארץ ובדבר פיו :] ואפיקים
5Q16 1 1.5	ובאאספיו יש[:]פיו[ ]
1QH 14.14	לא ימרו פיך : ולכול
4Q381 48 1.3	והצליחני ברוח פי]ד : בי
1QH 3.5	פם כול] :] פיכה ותצו לנו
1QH 4.27	כול : סוברי פיכה ובי
1QH 11.7	ידעתי כי אמת פיכה ובידכה
1QH 18.28	פיכה :]בסכון
1QSb 5.24	[בעז]פי]כה בשבטמכה
3Q14 21 1.3	אחיר] : [פדו] : [
4Q499 22 1.1	רי : פיכה[:]ל'
4Q504 1+R 2.8	בהמרותם את פיכה ותתאנף בם
4Q512 42+ 2.4	:] פיכה נפרשה[
4Q512 82 1.2	'י' :]חוקי פיכ]ה : [
1QH 55 1.2	נ]סתרות '' [:]פילנו עדת רום
6apGn 10 1.2	[:]פין לבי'
6QPrPr 1 1.4	[כל :] סבני פינחס וש[
1Q30 3 1.4	האמ]ר : [פישים
1QH 8.18	לאין ח' : פיתאום יביעו
4Q178 5 1.2	ויב]: פיתאו[ם: בא']
4Q502 62 1.2	[ב :]'פך [
1QH 13.13	וברזי שכלכה פל' [:]כול אלה
4Q509 134 1.2	'מ]ם וחיק] :]פל' ' ' [: לש[
1Myst 1 1.7	תומכי רזי פלא אינמה עוד
1QH 1.21	אוזני לרזי פלא ואני יצר
1QH 2.13	דעת ברזי פלא לבחון [
1QH 3.10	מכור הריה פלא יועק עם
1QH 5.1	מרה וגבורי פלא משריתיכה
1QH 9.27	גבורת פלא ורי' וב :
1QH 1 1.2	[דול והואה פלא והם לוא
1QH 10 1.9	איש ב'יד] : [פלא מאדה]
1QH 11.9	ובשלום לגבורת פלא ולב נסס
1QH 14.5	ל[גבור]ות פלא וקהל גויים
1QS 9.18	להשכילם ברזי פלא ואמת בתוך
4Q400 2 1.1	להלל כבודכה פלא באלי דעת
4Q400 2 1.2	למוסדי אנשים פ]לא[
4Q400 2 1.4	רום תהלי פלא לפי כול :
4Q400 3+ 2.6	שב'[פה :]פלא : דברי פלא[
4Q401 14 1.1	פלא[:]לכוהני'
4Q401 14 1.7	להלל כבודכה פלא
4Q401 14 1.8	לם]סדי אנשים פלא

CD 11.14	אל בור : ואל פחת אל יקימה
4Q511 21 1.2	י[ב'אום] : [פם ש']
4QM1 1+ 1.8	[מהמה ספורי]ם
4Q509 100 1.4	ש[:] :]פמכה [
1Q29 5+ 1.1	האלה על פי כול :]
1QH 1.20	היותם ועל פי' '']
1QS 5.4	:]על פי רצונכה
1QH 5.9	ותסגור פי כפירים אשר
1QH 10.7	בלא פתחתה פי ואיכה אשיב
1QH 12.33	כיא אם פתחתה פי ואיכה אבין
1QH 8 1.9	ופן] הדעות פ'[: למשכיל ם
1QH 15.6	למועד נקם על פי : כול אחיו
1QS 5.2	ומשובים על פי בני צדוק
1QS 5.9	הברית וי<על פי רוב אנשי :
1QS 5.21	בתורה על פי בני אהרון
1QS 5.22	צוה לעשות ועל פי ר(ו)ב ישראל
1QS 6.19	לסוד היחד על פי הכוהנים
1QS 6.21	יפקודהו על פי הרבים ואם
1QS 6.24	במדרש יחד על פי הדברים אם
1QS 6.26	באמרות את רעהו הכתוב
1QS 9.2	בעצה על פי הרבים ואחר
1QS 9.2	'דרכו ועצתו על פי הרבים ואחר
1QS 9.14	והעת להחזיק על פי : רצונו
1QS 10.23	בהודות אפתח פי וצדקות אל
1QSa 1.2	להתם]לך: על פי משפט בני
1QSa 1.15	משפחותם [פ]י בני :
1QSa 1.23	במעמדו : על פי בני אהרון
1QSa 1.24	וכול צבאותם על פי בני צדוק
2Q33 3 1.2	יפ]י :]בה אל פי ש[
3Q15 7.14	שבע : כב : על פי יציאת המים
3Q15 8.8	כב : ביגר של צוק הקדרוה.
3Q15 9.1	בשיח שיבצפון : פי
4Q381 1 1.2	ולפמאהי למורא משפט [:]פי
4Q385 3 1.7	יהוה דבר [פי] : [
4Q487 15 1.3	[:]רחוב פי אשמ[ת :]
4Q511 75 1.3	פתח]תה פי מה[:]
11QPsb d 1.1	רד על פי מד : וה את
11QT 46.6	עשרה באמה על פי פתחי השערים
11QT 56.3	ועשיתה על פי התורה אשר
11QT 56.3	יגידו לכה ועל פי הדבר : אשר
11QT 56.6	ירוכה ועל פי המשפט אשר
11QT 58.21	אשר יצא על פי המשפט אשר :
11QT 61.6	אשר יחמא על פי שנים : עדים
11QT 61.7	עדים או על פי שלושה עדים
11QT 64.8	הקם ויומת על פי שנים עדים
11QT 64.8	ועל פי שלושה עדים
CD 7.5	בתמים קדש על פי : כל יסורו
CD 7.7	והתהלכו על פי התורה :
CD 19.4	ויתהלכו על פי התורה :
CD 20.28	ולבוא על פי התורה:
CD 13.13	הערה [למרו]ת פי המבקר אשר
CD 15.15	שנה תמומה על פי דעו[ת]
1Q24 1 1.6	ולכול [:]פיא ולמ'[:]א[
3Q15 12.11	וקברין על פיה משנא הכתב
4pIsb 2.5	נפשה ופערה פיה לבלי חוק :
1Q26 2 1.3	'[: ארץ ועל פיהו] : פרי
1QS 9.25	[ובכו]ל אמרי פיהו ירצה ולוא
4Q381 14 1.3	ואין לעבור פיהו ארבע
4Q381 69 1.9	ולהמיר דבריו פיהו מפלא : ['
4Q403 1 1.35	דעת לאמרי פיהו יהיו כ]ול
4Q403 1 1.39	דעתם במשפט] פי : הודותם
4Q404 4 1.1	פיה]ו יה]י'ו :
4Q405 4+ 1.3	:] פיה יהי'ו [
11QT 58.19	והתומים על פיהו יצא ועל

4Q401 37 1.2 ד[: מו]סדי פ[לא:]בהוד[:
4Q402 1 1.3 לכול תעודות פ[לא]: גבו]רתם
4Q402 2 1.1 פ[ל]א ור[:
4Q402 2 1.2 פ[ל]א ור[: [פ]לא פ[:
4Q402 4 1.11]מעשי חדשות פל[א] כ[ו]ל
4Q402 4 1.11 כ[ו]ל אלה עשה פל[א :]כיא
4Q402 7 1.4 במ˙[: פ]לא˙]
4Q402 11 1.3]˙ם כש[:] פלא ˙[:]
4Q403 1 1.1 דברי רומי פלא: תהלת שבח
4Q403 1 1.4 דב]רי הדות פלוא]
4Q403 1 1.6] רנות : פלא תהלת[
4Q403 1 1.11 בשב]עה ד[ב]רי פל[א
4Q403 1 1.16 בשב[ע]ה דברי פלא וברך לכול[
4Q403 1 1.16 ד]ברי פלא[ ] :
4Q403 1 1.22 ב[ש]בעה דברי פלא ל[ת]מיד עם
4Q403 1 1.23 בשבעה דבר[י]פלא ל[מ]שוב
4Q403 1 1.25 בשב[עה כב]רי פלא למגני עוז
4Q403 1 1.36 ב]רונן באלוהי פלא והגו כבודו
4Q403 1 1.40 קדושים לזמרות פלא בשמחת
4Q403 1 2.10] : רוחות פלא ומשכן רוש
4Q403 1 2.13 יחושו בתהלי פלא בדבי[ר]
4Q403 1 2.14 בדבי[ר] : פלא דביר לדביר
4Q403 1 2.15 דבירו וברכו פלא כרוביהם
4Q403 1 2.19 סוד שני במעון פלא בשבע[
4Q403 1 2.21 שבעת גבולי פלא בחוקות
4Q403 1 2.22]שבע במקדש פלא לשבעת סודי
4Q403 1 2.23 מלך במעוני פלא ודעת בינתם
4Q403 1 2.31]: בתהלי פלא בדב[רי
4Q403 1 2.31 פלא בדב[רי פ]לא[ ] :
4Q403 1 2.37 הרביע[י] : פלא ת[הלת
4Q404 2 1.1]דברי פלא וברך לכול[
4Q404 2 1.4 [בש]בעה דברי פ[לא : ר]וש
4Q404 5 1.3 ממעל :]ע פלא נפלא הוד :
4Q404 5 1.5 דעת :]מקדשי פלא רוחות
4Q404 6 1.4 ג[:] פלא [:]
4Q405 3 2.2 ד]ברי פלא וברך בשבעה
4Q405 3 2.5 בשבעה דברי פלא וברך לכול[
4Q405 3 2.11 [: הוד להודי פלא הששי[
4Q405 3 2.18 וב[רך : דברי פלא לש[לום :
4Q405 6 1.1 פל]א בשמח[ת:
4Q405 6 1.6]ק[ודש :]י פלא נפלא[ ]הוד
4Q405 6 1.7]ל מקדש[י]פלא רוחות
4Q405 8+ 1.3 שני במעוני פלא ב[שבע
4Q405 8+ 1.6 [כ]ה<ו>נ<ו>ת פל[א] ש[
4Q405 13 1.3 [ ]פלא יברך בשם[
4Q405 13 1.5 [נשי]אי פלא יברך בשם
4Q405 14+ 1.2]דמות פלא רוח קוד[ש
4Q405 14+ 1.6 מעשי רוקמות פלא בדני
4Q405 15+ 1.6 ישמיעו [ ]˙ פלא מביתה ליק
4Q405 15+ 1.7 [ ]˙˙˙ פלא[הו]דו
4Q405 18 1.5 ת]הלי פלא בדממת ק[ול
4Q405 19+ 1.3 מדרס : דבירי פלא רוחי אלי
4Q405 19+ 1.3 רו[חות] רקיע פלא : ממולח
4Q405 19+ 1.5 ק[וד]שי דבקי פלא[
4Q405 20+ 2.7 [:] פ]לא
4Q405 20+ 2.11 כבוד צבעי פלא ממולח טוה
4Q405 20+ 2.12 בהרומם ירוממו פלא ובשוכן :
4Q405 23 1.4]˙ פלא בל ימוטו
4Q405 23 2.10 ראשי לבושי פלא לשרת[ ] :
4Q405 24 1.1]פלא מלכות[:]
4Q405 31 1.2]˙˙ קו[: פ]לא רוחי כ[:
4Q406 2 1.3]˙[ ]˙ת פלא ˙˙˙ל˙˙]
4Q510 1 1.8 באלוהי פלא : ולישרים
4Q511 10 1.7] באלוהי פלא ולישרים
4Q511 166 1.2] א˙[:]פלא˙ [:]˙[
4QM1 8+ 1.4 [ל][גבור]ות פלא וקהל
6apGn 1 1.3 מרתת מן אחזיך פלא א[:]˙
6QPro 26 1.2]˙[:]פלא˙]
11QSS j+ 1.3 רוחו]ת רקיע פלא מ[מולח] :
11QSS 3+ 1.5 ג]בורת פלא[:]
11QSS 5+ 1.1]פלא דעת ובינ[ה
11QSS 5+ 1.1]רקיעי פל[א] : [˙
11QSS 5+ 1.2 תבנית רוחי פל[א] :
11QSS 5+ 1.6]למוסדי פלא : למשא מ[
11QSS 8+ 1.4]˙ פלא ותבנית
11QSS f+ 1.5 [כס]אי פלא כ[
11QSS h+ 1.8 במע[מדי :]פלא לברך [:
11QSS o 1.1] האור מ˙˙ פל[א :]תיו
11QSS m 1.3 כול[:]בדני פ[לא :]הם
11QSS r 1.3 ל˙[:]רות פל[א: שב]ע
MasSS 1.1]עשה פלא בנסתרות עד
MasSS 2.9 [: פלא]
MasSS 2.16 [: פ[לא תה]לת זמר
MasSS 2.19 [: פלא שבע תהלי
MasSS 2.23 בש<ב>עה דברי פלא דב[רי
MasSS 2.25 ד]ברי פלא לברך כול

4Q403 1 1.2] בשבע גבורות פלאה ושבח

1QM 15.13 ידו ב[גבול]ת פלאו : [ ]
1QS 11.5 בלבבי מרזי פלאו בהויא
4Q403 1 1.22 [ד]ברי גבורות פלאו וברך לכול
4Q403 1 1.24]דברי קודש פלא[ו
4Q403 1 1.36 הוגי דעת רנות פלאו : בפי כול
4Q404 13 1.1]פלאו[
4Q405 13 1.5 דברי גבורות פלאו : [וב]רך
4Q405 30 1.3 אלוהי[:]˙ל פלאו]
4Q405 67 1.1 פל]או זמרת
4Q511 19 1.5] :]גבורות פלאו[:]˙[ ]˙[
4Q511 44+ 1.6]רזי פלאו : [ ]˙א
4QM1 10 2.14 בגבורות פלאו ופנה
CD 3.18 היא ואל ברזי פלאו כפר בעד
CD 13.8 בגבורות פלאו ויספר

1QH 4.29 חמר להגדיל פלאות והוא
4Q381 38 1.2]˙[ ]˙[:]˙ פלאות ה[:]

4QM1 8+ 1.13 כבו]דכה ורזי פל[א<ו>ת<י>]כה

11QSS j+ 1.9 ו במשני מ[:]פלאי הוד ו[הדר
11QSS 5+ 1.3 פל]אי פלאיהם

4Q403 1 1.4 בשבעת הו[ד]ות פלאיה יודה לאל

4Q405 14+ 1.3 מרוממים והלל פלאיהם לאל
4Q405 20 1.2]צדק : פל]איהם :
4Q405 23 2.7 במעמד פלאיהם רוחות
11QSS 5+ 1.3 פל]אי פלאיהם בכוח
11QSS n 1.3] רוחות[:]פלאיהם כול[:

4Q403 1 2.20 נשיאים במנה פלאיו הללו[
4Q403 1 2.34] : ראוש פלאיו להלל
4Q404 2 1.3 ל]כ[ול:]פלאיו וברך

4Q405 17 1.2]˙[:] פלאים [ ]˙ה˙כ
4Q504 6 1.6 כולנו ותשאנו פלא[י]ם :]

1QH 7.32 להתבונן במעשי פלאך :˙˙˙˙˙ל˙ם
1QH 13.2 ע[:]וברזי פלאך ˙˙˙[:

1QH 4.28 ברזי : פלאכה ובסוד
1QH 4.28 פלאכה ובסוד פלאכה הגברתה
1QH 7.27 וברזי פלאכה הודעתני
1QH 10.11 בכול מעשי פלאכה הגדולים
1QH 11.4 במעשי פלאכה ותתן בפי
1QH 11.10 אמתכה : וברזי פלאכה השכלתם
1QH 12.12 שמעתי לסוד פלאכה ברוח
1QH 18.6]מועות פלאכה להופיע :
1QM 13.9 ומשפטי גבורות פלאכה אתה
1QS 11.20 <ה>אדם במעשי פלאכה : וילוד
4Q176 1+ 1.1 ועשה פלאכה והצדק

1QS 8.14 כתוב במדבר פנו דרך ••••
4Q176 1+ 1.7 קורה ׃ במדבר פנו דרך ••••
4Q374 2 2.8] ׃ ובהאירו פנו אליהם [
4Q405 15+ 1.4]˙ ׃ בדביר פנו רוקמת[

1QS 9.19 (ה)היאה עת פנות הדרכ ׃
4Q403 1 1.41 רומים וכול פנות מבניתו
4Q405 6 1.2 רום]ים וכול פנו[ת ׃]דעת
11QT 16.17 ע[ל אר]בע פנות עזרת
11QT 23.13 ועל ארבע פנות עזרת
11QT 37.6 עש] [פנות הפרור

4Q405 20+ 2.4 [׃ קודש מעשי פנו[תו
11QSS 3+ 1.5] מ]עשי פנותו[

11QT 30.6 לעומת ארבע פנותיו ורחוק

1QH 3.3 האירותה <פני> ·····
1QH 3.13 קיר כאוניה על פני מים ויהמו
1QH 3.26 חלכאים על פני מים ׃
1QH 4.5 כי<א> האירותה פני לבריתכה
1QH 4.23 שחתה בבושת פני ׃ כול
1QH 4.27 ובי האירותה פני רבים ותגבר
1QH 5.8 מכמרת על פני מים וצידים
1QH 5.32 ויחשך מאור פני לאפלה
1QH 6.24 לישר דרך על פני מים ויהם
1QH 14.19 ולא אשא פני רע וש[
1QH 16.18 בעיניך אל תשב פני עבדך [
1QM 7.12 יהיה מהלך על פני כול אנשי
1QM 9.13 מאה מגן ומאה פני המגדל כי[א
1QS 2.4 וישא פני חסדיו לכה
1QS 2.9 עוניך ׃ ישא פני אפו
1QSb 4.27 בדעת ולהאיר פני רבים ׃ [
2apMo 1 1.5 ואיך אש[א] פני [׃]
3Q10 1 1.2]˙תם[׃ ע]ל פני כו[ל
4Q185 1+ 3.1 אליה כי פני[׃
4Q381 46 1.4 יפרשו על פ[ני
4Q400 1 1.8 קורב משרתי פני מלך קודש ׃
4Q482 3 1.1]פני אל ˙[׃]כי
4Q504 6 1.12] [ ]˙[ ]˙[ ]פני מושה
4Q504 14 1.4 וא˙˙[׃ בר[׃ פני [׃ ב]
4Q511 73 1.2 גדול ׃]ים פני אלוהים ׃
4pHsb 2 1.5 ובקשו פני בצר ׃ [
4pN 1+ 2.4 ולכלותם מעל פני]
4VSam 7 1.1]פני יהי ע[׃]
5QCD 5 1.4 אשר [׃ על פני השדה א[שר ׃
11Apa 4.6 כ]י פניך פני ׃ תוה]ו
11QT 50.5 אשר יגע על פני השדה בעצם
11QT 59.7 ואסתיר פני מהמה והיו
CD 2.12 לארץ ולמלא ׃ פני תבל מזרעם
CD 9.9 אשר ישביע על פני השדה ׃ אשר

6Q31 6 1.1]פניא

4VSam 7 1.3 מ˙ ׃]יחלתי פניה רכוש והון

1pHab 3.9 יבוא מגמת ׃ פניהם קדים
1QH 4.15 שמו לנגד פניהם ויבאו ׃
1QSb 4.21 סב]יב לו על פנ[יהם
4Q370 1.1 ו]שפך אכל על פניהם ופרי טוב
CD 4.16 בישראל ויתנם פניהם לשלושת

1QSb 3.1 [׃ ישא אדוני פניו אליכה
1QSb :.3]רעכה [יש]א ׃ פניו אל כול
4AgCr 2+ 1.2]דרך ׃]על פניו
4pHsb 2 1.6 יסתי]ר אל את פניו מ[ן
11Ber 1 1.6 אל עליון ויאר פניו אליכם
11QPs 26.10 חסד ואמת סביב פניו אמת ׃
11QSS 3+ 1.1]א פניו]
CD 1.3 עזבהו הסתיר פניו מישראל
CD 2.8 מדם ויסתר את פניו מן הארץ ׃

4pN 3+ 4.1 מנש]ה בית פלג הנלוים על
CD 20.22 בית פלג אשר יצאו

1QH 10.25]ענן על פלגי מים לשת

1QH 8.23 יד לעזוק ׃ פלגיו יכו

6apGn 5 1.1]ן פלגני˙[׃]

1QH 1.16] בקציהם פלגתה עבודתם
4Q509 5+ 2.5 ידעתה הכול[׃ פלגתה ותגד[
4Q511 42 1.3]׃ [ ]˙י תעודתי פלגתה ליא[׃]

11QJN 14 1.4 <]מן כול שבעת פלוגת פתורי>

1apGn 22.2 אברם ללוט די פלט מן שביא על
1QH 3.28 מות אפפו לאין פלט ׃ וילכו
1QH 6.25](ס)<ש>גבה עד פלט ואש]
1QH 2 1.6]ה תמיד עד פלט ומליצי דעת

1apGn 12.17 לקדישא רבא די פלטנא מן אבדנא

11tgJ 4.9 הריתהו] פל[טת ׃

1QH 5.18 ונפש אביון פלטתה כ[

3Q11 2 1.3 א˙[׃]˙ ואין פלי[׃]ל[
4Q487 28 1.2] של˙[׃]ין פלי[׃]ל ל[

1QH 18.22 ומה בשר ׃]˙ פליא ובמחשבתכה

1apGn 2.21 ור[׃ עדבה פליג ולה מחוין

4QTeh 2 1.5 אתה לאין פליטה וארורים
CD 2.11 שם למען התיר פליטה לארץ

3Q15 9.15 בצחיאת גר פלע ׃ כל שבה

1QH 3.12 שחת לכול מעשי פלצות וירועו ׃

6apSK 35 1.1]פלשי]

1QM 1.2 והע[מלקי] פלשת ובגדודי

11QPs 28.13 אזי רא[ ]תי פלשתי ׃ מחרף

1QM 11.3 המלחמה ואת ׃ פלשתיים
6apSK 32 1.1 א]ת פלשתיים ˙˙[׃

1apGn 20.8 חברוהי די פם חד תלתהון

11tgJ 36.4 כממחפ[ר]א מן פמה לפידין ׃
11tgJ 36.7 יפקן מן פמה בצורה יבית

1QH 5.14 בעד שניהם פן יטרפו
1QH 25 1.2]˙ם בסביביה פן ˙נדב[
1QS 5.14 ובהו( ) <נ>ו פן ישיאנו ׃
1QSa 1.5 בכול משפטיהמה פן ישגו
4Q380 1 2.6 לעש[ו]ת רעה פן יובד עו[ל
4Q405 34 1.3]רואש פנ˙]
11QT 2.4 הש]מר לכה פן תכרות בר[ית
11QT 2.5]בא אליהים פן יהיו למו[קש
11QT 2.12 קנא הוא השמר פן תכרות[׃]
11QT 62.4 אל ׃ ביתו פן ימס את לבב

2QJN 4 1.16 לתנינה די קאם פנבד [׃]א˙[
11QJN 14 1.7] ׃]ל ˙˙˙ פנבד ˙]

11QT 12.9]נה[ ]פנה ואמה ׃]
11QT 30.6 מפנה אל פנה עשרים באמה
11QT 39.14 לשער ׃ מדה מן פנה למזרח צפון

ירושלם : אשר פעל בה הכוהן	1pHab 12.8
משתיהם ואת פעל יהוה : לא	4pIs^b 2.3
אדוני כי אתה פעלתה אלה ותשם	1QH 11.33
ואין לשלוח פעם ולא מצער	1QH 8.34
מחצית[: רק פ]עם [פ]עם אחת	4QOrd 1 2.7
את האיל אחד פעם [	11QT 18.9
לפני יהוה פעם אחת בשנה	11QT 22.16
ולדורות^(ה/י)^מה פעם אחת בשנה	11QT 27.5
כוח ותעמד פעמי בגבול	1QH 2.8
ובאמתכה לישר פעמי לנתיבות	1QH 7.14
בסלע עוז דרך פעמי מפני כול	1QS 11.4
אל היאה : סלע פעמי וגבורתו	1QS 11.5
ויכן לדרך פעמי ברחמיו	1QS 11.13
מאל ולהפות פעמיהם מדרכי	4Q184 1 1.16
דוכי ויהכין פעמיו להלכת	1QS 3.9
דר[ך : שבע פעמים ושבו	1QM 6.1
אלה ימילו שבע פעמים ושבו	1QM 6.4
להשליך שבע : פעמים ואחר	1QM 8.2
האויב שבע פעמים ואחר	1QM 8.13
הכנ[י]ע פעמים רבות בשם	1QM 11.3
הושענו פעמים רבות :	1QM 11.3
פתחתה לנו פעמי[]ם רבות :	1QM 18.7
וחנם עד שלוש פעמים על מושב	1QS 7.11
[ש ועד עשר פעמ[ים :]ו[ואין	4Q185 1+ 1.6
פעל כל : חבל פעמים רבות	4QPs^f 2 8.9
מעלה לכול חבל פעמים רבות	11QPs 22.12
שבעות שבע פעמים תשעה :	11QT 21.12
עברה האמרים פענה שרגו עטרת	4Q381 31 1.7
ללום בר אחוהי פצא וכול	1apGn 22.11
[: וייאמר פצהי מן חב]ל	11tgJ 23.1
וירבו ולא פצו עלי פיהם	1QH 5.11
קדוש יש[ראל : פצחו הרים כיא	4Q176 1+ 2.2
[:]ה לאלף פק[: [	4Q502 45 1.2
ריבכה ובידי פקד מ[שפפכה]	1Q26 1 1.7
[כ]ול :]ולקצתך פקד א'[ ]'' עם	1QH 13 1.7
אם למילפנים פקד : אל את	CD 5.15
ובצדק פקדו כול חוקיו [	1QS^b 3.24
מלך בבל : פקדם ויצמח	CD 1.7
והיה : בעת פקדת הארץ הוי	4pIs^b 2.2
כאשר היה בקץ פקדת הראשון	CD 19.11
ושר מאור מאז פקדתה לעוזרנו	1QM 13.10
[: פקדתה לעוזרנו]	1QM5 2 1.2
עולה ובמועד : פקודה ישמידנה	1QS 4.19
ויקוק מעשות פקודי ישרים :	CD 20.2
[:]ק [ ]'' [: פקודיה[ ]'' [	4Q504 23 1.2
משמרותם עם פקודיהם יתיצבו	1QM 2.4
ור]נ'נ'ו כול פקודיהם אחד	4Q405 20+ 2.14
י]שראל לפיא פק[ו]דיהמה : [	4QM1 20 1.2

מ]בלעדיך ואחלה פניך ברוח אשר	1QH 16.11
[ל] : לישע פניך אקוה ואני	4Q381 33 1.9
לא אש[י]ב פניך יחזקאל	4Q385 3 1.4
שולי]ך [על פניך והראו]ת	4pN 3+ 2.11
הקו[דש כ]י' פניך פני :	11Ap^a 4.6
תסת]יר פניכה מטני עד	4QCat^a 10+ 1.8
ובושת על פנים ויהפך לי	1QH 5.35
יחד עם מלאכי פנים ואין מליץ	1QH 6.13
[ואם לבושת פנים כו]	1QH 9.20
בו]שת פנים וכלמה	1QH 9.22
מער<כ>ת פנים על אלף	1QM 5.3
ושבעה סדרי : פנים למערכה	1QM 5.4
כמעשה : מראת פנים והמגן	1QM 5.5
ומלובן כמראת פנים מעשי חרש	1QM 5.11
ואתה : כמלאך פנים במעון	1QS^b 4.25
גורל עם מלאכי פנים יחד	1QS^b 4.26
משרתי פנים בדביר	4Q400 1 1.4
[: ולוא]פנים[: [	4Q405 59 1.2
בכול[:]פנים אל פנים	4Q504 3 2.17
[פנים אל פנים <דבר>[ה]<ה>	4Q504 3 2.17
פנ]ים אל פני[ם	4Q506 125 1.1
פנ]ים אל פני[ם ד]בר[ת]ה	4Q506 125 1.1
[:]ובושח פנים למספר אב]	4Q511 2 2.4
ולוא יכירו פנים במשפט	11QT 51.12
בהמה אש פנימה והמנורה	11QT 3.13
הזה בת]ים פנימה	11QT 32.9
עשו' חלונים פנימה אפומים :	11QT 33.11
והשקרים באים פנימה אל תוך	11QT 36.14
בח[צר פ]נימה בין[ ]א	11QT 37.8
שער לשער תעשה פנימה נשכות	11QT 41.17
חומת הבחן פנת יקר בל :	1QS 8.7
מאבן : פנת]ות	2apPr 1 6
בדוק תחת פנת המשמרה :	3Q15 7.11
אצלם : מתחת פנת האסמאן	3Q15 11.2
המקצצול]פ[: פנ]ת [של]פ[ר	11QT 36.4
אשר עד פנת המזרח	11QT 41.11
בנימין עד פנת המערב לבני	11QT 44.15
ומשעער אשר עד פנת מזרח(ה)	TS 3 2.4
עד שובם וכול פסח או עור או	1QH 7.4
או : ידים פסח או עור או	1QS^a 2.6
יהיה : בו סום פסח או עור או	11QT 52.10
זכ[ ] [: פסחת]ה קלבתי'נו	4Q505 125 1.2
תכרותון ואת פסילי	11QT 2.7
מה הועיל פסל כיא פסל	1pHab 12.10
הועיל פסל כיא פסל יצרו :	1pHab 12.10
הדבר על כול : פסלי הגוים אשר	1pHab 12.13
[: פס[ ] [ל]	4Q503 158 1.1
איש ומולות פעולות : תמיטי	4Q511 63 3.2
בראם הכין פעולות[יהם: ק]ץ	4AgCr 1 1.2
יתהלכו וכול פעולת : מעשיהם	1QS 4.15
והואה ידע פעולת מעשיהן	1QS 4.25
[תם פעולתם ואני	1QH 14.12
כבודו ימלאו פעולתם ואין	1QS 3.16
[פעולתמה מה	5Q13 5 1.1
ת]ו]עבות פעל בכול נדת	1pHab 8.13

4QM1 1+ 1.8 <ו>שבם לפיא פקודיו לדבר

1QS 3.18 כם עד מועד פקודתו הנה

4Q511 158 1.2]שו ת[׃]פר כמב[
11QT 23.6] [<פר אחד> איל
11QT 25.13 עולה ׃ ליהוה פר אחד איל אחד
11QT 34.12 אשר על המזבח פר ופר ונתחיו

11tgJ 32.4 עליהן מן שלח פראה ברחרין

6apGn 2 1.3] ׃ פרדסא דן בלה ו

11QT 26.9 ישרופו אצל פרו חטאת הקהל

11QT 7.13 ועש[י]תה פרוכת זהב[׃

11QT 5.13 ועשית[ ] פרור] ׃ [
11QT 35.10 ההיכל סביב פרור עמודים

1QM 4.6 כול סרך פרוש שמותם ׃
1QM 4.7 ואחריהם כול פרוש שמותם ׃
1QM 4.8 אל עם כול פרוש שמותם ׃
1QM 4.12 הבל ואת כול פרוש ׃ שמותם
4Q184 3 1.3 הבר אליו ˙[׃ פ]רוש אליו
CD 4.4 הימים הנה פרוש ׃ שמותיהם
CD 14.17]ם וזה פרוש מושב ה[
CD 14.18 וזה פרוש המשפטים

5QJN 1 1.2 מ]שחת פר[זיא

5QJN 1 2.2 פתיח לגוא פרזיתא כמשחת
5QJN 1 2.6 ואעלני [ ] פרזיתא

1QH 6.15 שריכה בגור[׃ פרח כצ˙[

1Q26 2 1.4 פיהו [׃] פרי בידכה ו[
1pHab 6.11 נשים וטף ועל פרי ׃ בטן לוא
1QH 1.28 דבריה ותכן פרי שפתים בטרם
1QH 8.20 ו<י>בשו ומטע פרי[
4Q381 1 1.6 לאו[׃ עץ וכל פר[י כר]ם וכל
4Q502 8 1.4 וכו]ל פרי עצה
4Q503 183 1.1]פרי בטנ[
4Q503 221 1.2 וא[מרו ׃]˙פרי בט[נ
4Q509 275 1.1 א]פקוד על פרי ג[ודל
4Q517 16 1.5 [VACAT ׃] ˙פרי
4QPs[f] 2 9.12 עצי ׃ פרי ב˙˙ גפניהם
11Ber 1 1.8 בעתו ולתת לכם פר[י ׃
11Ber 1 1.9 תנובב לכם פרי ׃ [ע]דנים
11QT 21.7 כול ענב פר[י] ב[ו]סר

1apGn 2.15 דן ומנך נצבת פריא[׃ ולא מן

4Q381 1 1.8 ביום לאכל פריה תנובב[׃
4QPs[f] 2 9.10 והארץ ׃ פריה [ ]

1QH 8.11]ל שכתה בעד פריו ברז גבורי
1QH 8.13 קודש בל ינובב פריו עם[ ]ע
4Q502 50 1.2 [˙] ׃]פריו[׃]˙פ˙[

4Q504 9 1.5 ק[׃]רצה פריל כ˙[׃

1QM 10.13 צאצאיה עם פר[ים ועו]שה
11QT 17.13 עולה ליה<ו>ה פרים שנים ואיל
11QT 28.3 ר[יח ׃ השני פרים שנים עשר
11QT 28.7 השלישי ׃ [פ]רים עשתי עשר
11QT 28.10 הר[בי]עי ׃ פרים עשר[ה]

4Q405 15+ 1.5 עבריהם[ ]פרכות דבירי

1apGn 21.30 דבקו לאיל ׃ פרן די במדברא

11tgJ 28.6 הן מן פרס ׃˙]

4pPs[a] 1+ 1.23 א]והבי פרע ומתעים ׃]

4AgCr 5+ 1.5 אש]ר כתוב על פרעה[׃]˙˙˙˙]

1apGn 19.24] די פרע[ו] צע[ן]
1apGn 20.14 קבלתך מרי על פרעו צען מלך

4pIs[c] 11 2.3] ׃ פרעוה עצ[ה

4pIs[b] 1.1 פר]ץ גדרו ויהי

CD 20.25 וכל אשר פרצו את גבול

4pN 3+ 2.1 כולה[פר]ק מלאה ׃
11tgJ 23.6 ה[ש]תלמת פר[ק

11tgJ 16.5 וכענן ׃ פרק]ני וכען

1apGn 21.5 בתר יומא דן פרש לוט מן
1apGn 21.7 ובאש עלי די פרש לוט בר אחי
4pN 3+ 2.3 ומרכבה מרקדה פרש מעלה להוב
11QPs 21.17 אשלה ידי פרש[

1pHab 3.7 פשו ופרשו פרשו מרחוק ׃
1QH 2.29 והם רשת פרשו לי תלכוד
11QT 16.11 ואת עורו עם פרשו ישרופו
11QT 26.8 ואת עורו ואת פרשו ׃ ישרופו

1QM 6.8 ושבעה סדרי פרשים יעמודו
1QM 6.9 שבע מאות ׃ פרשים לעבר
1QM 6.9 השני מאתים פרשים יצאו עם
4pIs[c] 25 1.6 [כ]יא רב ועל פרשים כיא

11tgJ 26.6 בליליא די פרשנא מן

11QPs 24.3 הקשיבה אלי פרשתי כפי ׃

1QH 65 1.3 מאו[׃ ולטהר פש[׃ ברצונכ[
4Q506 168 1.1] פש[׃]ל[
4Q512 157 1.2]כ˙˙[׃]˙פש[׃]ל[

1pHab 3.7 ערב פשו ופרשו פרשו

1QDM 1.3 ב]ן אהר[ון] פש[ור

1Q36 2 1.5 [׃]˙ רוחות פשע ה[׃]לחם
1Myst 1 1.2 א]מת ˙˙˙רזי פשע׃]
1QH 2.9 לכול ׃ שבי פשע ערמה
1QH 5.36 כוח ברזי פשע משנים מעשי
1QH 6.6 יש מקוה לשבי פשע ועוזבי
1QH 9.13 ואנחמה על פשע ראשון ׃
1QH 14.24 ים הסולח לשבי פשע ופוקד
1QH 16.16 ואמת ונושא פשע[׃ ונחם על
1QH 1 1.4 עפרו ואני איש פשע ומגולל ׃
1QH 4 1.14 כדונג ימס על פשע וחטאה ׃
1QH 50 1.5 למל[׃] ורזי פשע˙[׃]צוי
1QS 9.4 לכפר על אשמת פשע ומעל חטאת
1QS 10.20 אטור באף לשבי פשע ולוא ארחם
3Q9 3 1.2]˙ותי[׃ אש]מת פשע[׃] אלה
4Q184 1 1.10 אשמות פשע שעריה שערי
4Q400 1 1.16 בעד כול שבי פשע ׃]
4Q402 1 1.5]˙ לכול יסודי פשע׃]˙˙[ ]יהם
4Q504 4 1.19]ם רב˙[׃]˙ו פשע[ ]˙ב˙[׃
4Q510 1 1.8 לקץ [תעניות פשע]
4Q512 70+ 1.2 ˙˙[׃ ש]בי פשע לסו[
CD 2.5 לכפר בעד שבי פשע וכוח
CD 20.17 בצדק ל ושבי פשע י[ע]ק[ב]

4Q381 45 1.2] הרבו פשעה ועלי יזמו

1QH 16.6]ל פשעי ולבקש רוח
1QH 17.18 ····ות על פשעי ראשונים
1QS 1.23 ישראל וכול פשעי אשמתם
1QS 11.3 ובצדקותו ימח פשעי כיא ממקור
1QS 11.9 עול עוונותי פשעי חטאתי (. .
4Q381 33 1.4 עלם ולרממך כי פשעי רבו ממני
4Q511 18 2.9 אמונה בכול פשעי : אשמתי
4Q512 29+ 1.9 י מכו]ל פשעי ותטהרני

1QH 4.19 וכרוב פשעיהם למען
4QOrd 1 2.2 ולכפר לכול פשעיה[ם: ו]עשה

1QH 17.11] עבדך מכול פשעיו [

4Q184 1 1.4 חושך רוב פשעים בכנפיה [

1QM 11.1 ועלילות פשעינו לכה
4Q504 1:R 6.2 מ[ע]לינו כול פשעינ[ו]
4apLm 1 1.15]כול איבינו : פ]שעינו י˙ [

1QH 7.5 תבלעני מהוות פשעם : אודכה
1QS 10.24 עד תום : פשעם רקים

1QS 1.25 נעוינו : [פ]שענו [חט]אנו

1pHab 2.5 וכן פשר הדבר]
1pHab 5.3 לוא תוכל : פשר הדבר אשר
1pHab 8.16 יתר עמים : פ[שר]על
1pHab 10.9 ריק ייעפו : פשר הדבר על
1pHab 10.15 [פשר הדבר] [
1pHab 12.2 יושבי בה : פשר הדבר על
1pHab 12.12 אלילים אלמים פשר הדבר על
1pZ 1 1.5 א]ף יהוה פשר]
4AgCr 1 1.1 פשר על הקצים
4AgCr 1 1.7 VACAT: פשר על עזזאל
4pHs[b] 2 1.1 מכ]ם מזור פ[שר
4pHs[b] 19 1.1]פשר ה˙[:]˙ח
4pIs[b] 1.2 ושי]ת פשר הדבר
4pIs[b] 2.1]עיניהם : פשר הדבר
4pIs[c] 6+ 2.4 [: פשר הדבר על
4pIs[c] 6+ 2.14 [: פשר הדבר
4pIs[c] 22 1.1]פשר הדבר[:]ם
4pIs[c] 23 2.10 כול חוכי לו : פשר הדבר
4pIs[e] 1+ 1.3 [: פשר הדבר]
4pIs[e] 5 1.2 [: לכמ]ה פשר הדבר
4pPs[a] 1+ 3.7 כלו בעשן כולו פשר על שרי
4pPs[b] 2 1.1 [פשר הפת[גם :
4pUn 14 1.1 [פשר[:]על]
4QCat[a] 2+ 1.6 יבקש ˙[:]˙ פשר הדבר אשר
4QCat[a] 10+ 1.9 פ]שר הדבר לנצח
4QFl 1+ 1.14 בעצת רשעים פשר הדב[ר
4QFl 1+ 1.19 ועל : [פ]שר הדבר]
4QOrd 5 1.1]ם אל וימותו פשר[: בני
4QOrd 5 1.5 [:]יצאו שמה פשר הדבר[:

1pHab 2.12 והנמ]הר : פשרו על
1pHab 3.4 ושאתו יצא : פשרו על
1pHab 3.9 קדים פ[שר]ו על
1pHab 3.15 שבי × : [פש]רו]
1pHab 4.1 לו פשרו אשר :
1pHab 4.5 עפר וילכדהו : פשרו על מושלי
1pHab 4.10 לאלוהו פשרו[ע]ל
1pHab 4.14 כוחו לאלוהו : פשרו]
1pHab 5.7 ברע פשרו אשר לוא
1pHab 5.9 ממנו פשרו על בית
1pHab 6.3 פשרו אשר המה :
1pHab 6.6 ומאכלו ברי: פשרו אשר המה
1pHab 6.10 ולוא יחמל : פשרו על
1pHab 7.4 הקורא בו : פשרו על מורה
1pHab 7.7 ולוא יכזב : פשרו אשר יארוך
1pHab 7.10 יאחר פשרו על אנשי
1pHab 7.15] [פשרו אשר יכפלו
1pHab 8.1 [: פשרו על כול
1pHab 8.8 פשרו על הכוהן
1pHab 9.4 פשרו על כוהני
1pHab 9.9 יושבי בה : פשרו על הכוהן
1pHab 10.3 וחופי נפשכה : פשרו הוא בית
1pHab 11.4 אל מועדיהם : פשרו על הכוהן
1pHab 11.12 על כבודכה : פשרו על הכוהן
1pHab 12.7 קריה וחמס ארץ פשרו הקריה היא
1pHab 13.1 כול הרץ פשרו על כול
1pMic 10 1.2]פשרו על מ˙˙]
1pPs 4 1.2]שמרו[:]˙ פשרו כ˙]
1pPs 9 1.1 מלכי]ם שי פשרו על כול
1pPs 9 1.3]כסף פשרו חיית
4pHs[a] 2.12 יצילנה מידי: פשרו אשר הכם
4pHs[a] 2.15 וכול מועדיה פשרו אשר :]
4pHs[b] 7+ 1.1]עברו ברית פשר[ו
4pHs[b] 10+ 1.2] : ישראל פש[רו
4pHs[b] 11+ 1.4 [:] פ]שרו[א]שר
4pHs[b] 11+ 1.9 [: פשר[ו
4pHs[b] 16 1.1 פ]שרו אשר[:
4pHs[b] 17 1.1 פשר]ו על
4pIs[a] 7+ 3.27 אוזניו יוכיח פשרו אשר :]
4pIs[c] 6+ 2.8 [: פשרו למעוט
4pIs[c] 6+ 2.17 [: פשרו למועט]
4pIs[c] 29 1.3 היא[ה:]מה פשרו]
4pIs[d] 1 1.4 כול שמשותיך פשרו על שנים
4pIs[d] 1 1.7 [: פשרו על ראשי
4pIs[e] 6 1.6 מ]שפט פשרו על[ ]˙]
4pN 1+ 2.3 ויוב[ישהו פ]שרו הים הם
4pN 1+ 2.5 לבנן אמלל פ[שרו
4pN 3+ 1.6 ומעונתו טרפה פשרו על כפיר
4pN 3+ 1.10 פש]רו רובכה הם
4pN 3+ 2.2 פר]ק מלאה : פשרו היא עיר
4pN 3+ 2.4 וגויתם פשרו על ממשלת
4pN 3+ 2.8 ב[כש]פיה : פשר[ו ע]ל מתעי
4pN 3+ 2.11 ˙˙) קלונך פשרו˙[ ]˙
4pN 3+ 3.3 ידודו ממך : פשרו על דורשי
4pN 3+ 3.6 מנחמים לך פשרו]
4pN 3+ 3.9 ב]יארים : פשרו אמון הם
4pN 3+ 3.11 ח(ו)מותיה : [פ]שרו הם אנשי
4pN 3+ 4.1 [: פשרו הם רשע[י
4pN 3+ 4.3] : בזקים פשרו על מנשה
4pN 3+ 4.5 פשרו על רשעי
4pN 3+ 4.7 בעיר מאויב פש[רו ע]ל]
4pPs[a] 1+ 1.26 [עוש]ה מזמות [פשר]ו על איש
4pPs[a] 1+ 2.2 מרעים יכרתו פשרו על כול
4pPs[a] 1+ 2.4 המה ירשו ארץ פשרו : המה עדת
4pPs[a] 1+ 2.7 מקומו ואיננו פשרו על כול
4pPs[a] 1+ 2.9 רוב שלום פשרו על : עדת
4pPs[a] 1+ 2.14 כיא בא יומו פשרו על עריצי
4pPs[a] 1+ 2.18 תשברנה : פשרו על רשעי
4pPs[a] 1+ 3.3 רשעים : יובדו פשרו א[שר
4pPs[a] 1+ 3.5 כיקר כורים פשריו
4pPs[a] 1+ 3.10 יכ]רתו : פשר על עדת
4pPs[a] 1+ 3.15]פשו על הכוהן
4pPs[a] 1+ 4.8 (ו)בהשפטו : פשו . על
4pPs[a] 1+ 4.16 לאי]ש שלום פשו ו ע[ל] :]
4pUn 1 1.3 רעב ואשר[: פש רו היאה
4pZ 1+ 1.4]פש ו[ע]ל]
11Mel 1+ 2.4 לאל פש[רו] לאחרית
11Mel 1+ 2.12 תש[או ס]לה : פשרו על בליעל
11Mel 1+ 2.17] אלוהיך : פשרו ההרים [
11Mel 2 3.18 הע]תים פש[רו :]כ˙]
CD 4.14 יושב הארץ פשרו : שלושת

1pHab 8.13 נדת טמאה הלוא פת˙[ ]אום
3Q9 3 1.3 פשע[:] אלה פת[:]ובעדתנו
4Q176 26 1.4]באש[:]˙אֹ פת[:]לטמ˙[:

1QH 17.5] פוגעות פתע פתאו[:] משפט

4Q185 1+ 1.14 והשכילו : לי פתאום ˙תמו מן
4Q510 1 1.6 והפוגעים פתע פתאום ל]תעות
CD 14.2 מוקשי שחת כי פתאום ונענש[ו]

1pHab 12.4 והבהמות המה פתאי יהודה
4pN 3+ 3.5 יהודה : ידודו פתאי אפרים

11tgJ 9.2 אפו יתיבנני פתגם וי˙[:
11tgJ 29.4 וחסרנה והן פתגם טב להוא :
11tgJ 30.1 והתיבני( )פתגם : אן
11tgJ 34.3 והתיבני פתגם האף :

1apGn 22.27 כולהון : בתר פתגמיא אלן

1QH 64 1.2 [˙˙˙˙[:]פתה ל˙חות[:]
5QJN 1 1.2] פתה קנין שת[ה]

11QT 31.6 שע]ר פתוח לגג ההיכל

4QCat[a] 10+ 1.2 כתוב : מפ]תחת פתוחה נואם

4Q405 23 2.7 כמעשי אורג פתוחי צורות

2QJN 3 1.3 תרע ספי[רא : פתו]רא די
2QJN 4 1.7 סדרין על פת[ורא : תרי

11QJN 14 1.4 שבעת פלוגת פתורי> בה]ון

1QS 11.3 ממקור דעתו פתח אורי
3Q14 1 1.1 פתח˙[: מימים[:
4Q511 156 1.2]בכ˙[:]פתח פ[:]ל[
CD 3.16]חיה בהם פתח לפניהם
CD 11.9 יבא אליה אל פתח כלי טוח

3Q15 12.10 בצפון כחלת פתחא צפון :

1QH 5.26] ב]ליעל פתחו : לשון
3Q15 1.11 שני מפי גל פתחו בשולי
4Q381 45 1.5 מתיעצים עלי פתחו לשון שק[:
4pPs[a] 1+ 2.16 בידם חרב פתחו רשעים
CD 5.12 גדופים פתחו פה על

1QM 12.13 כול ערי יהודה פתחי : שער[י]ם
4Q405 23 1.9 לממשלתם : פתחי מבואי
11QT 41.14 באמה : ורוחב פתחי השערים
11QT 46.6 באמה על פי פתחי השערים
TS 3 2.5 באמה ורוחב פתחי השער[ים :

1QH 5.33 אלי : מרחב פתחתה בלבבי
1QH 8.21 ופר[: ובידי פתחתה מקורם עם
1QH 10.7 ומה אדבר בלא פתחתה פי ואיכה
1QH 11.32 פתחתה מש<ב>רי
1QH 12.13 ק<ו>דשכה : [פ]תחתה לתוכי
1QH 12.33 אדבר כיא אם פתחתה פי ואיכה
1QH 18.10]ור פתחתה בפי
1QH 4 1.12 מה ˙˙[:]ל˙ פתחתה לבבי
1QM 18.7 ושערי ישועות פתחתה לנו
4Q499 1 1.5]ינינו ב[:] פתחתה[:]
4Q511 63 3.1 צדקכה כיא פתחתה ובשפתי
4Q511 75 1.2]˙ה˙ ו˙˙[: פתח]תה פי מה]

1Q36 8 1.1]˙ פתי ˙[:]תי
CD 13.6 התורה ואם פתי הוא הוא
CD 15.15 ומשוגע וכל פת[י ו]מ[ש]גע

5QJN 1 2.4 ו]סל[ק] עלוהי פתיה ואו[רכה
5QJN 1 2.5 די סלק לידה פתיה אמין ארבע

1apGn 21.14 ארכהא וכמן פתיהא ארי לך

5QJN 2 1.3 כולה ואספיא פת[יהון :

5QJN 1 2.2 ל[קבל תר]ע פתיח לגוא

5QJN 1 2.14] פתיח[ב˙]

1QH 5.27 ˙] [פתנים : לאין
4Q381 26 1.1]פתנים ותנ[ינים
CD 8.10 יינם : וראש פתנים אכזר
CD 19.22 יינם וראש פתנים אכזר:
CD 19.23 דרכיהם וראש פתנים הוא ראש

1QH 17.5] פוגעות פתע פתאו[:]
4Q510 1 1.6] : והפוגעים פתע פתאום

צ

1apGn 19.26 עד די[ ]צ להה[
1pMic 22 1.3] והאור[:]˙ם צ˙ב˙[:]בל י˙
1QH 13.9 עם הארץ וכול צ˙˙˙˙ה בימים
1QH 18.33]ה אפתה[:]˙צ[
4Q381 24 1.9 [: כי[ ]ה˙˙<צ>[ ]לעם
4Q402 3 2.10 גבורתו צ[:]אלוהים
4Q487 2 1.6]ות נפלאות צ[:]ות לב
4Q487 25 1.2]תו˙[:]ו צ˙ד[:]י˙˙[
4Q502 295 1.1]צ[:]נדה ˙[
4Q503 18 1.2] :]השמש צ[:]ר גדול
4Q503 118 1.2]ים[:]צ[
4Q503 150 1.2]˙ם[:]צ˙[
4Q504 41 1.1]צ˙˙[
4Q509 61 1.2]ם[:]צ[
4Q509 80 1.1 [צ[
4Q509 131+ 2.12] את שגר [: צ[: א[: ברו˙[
4Q511 215 1.1 [˙צ˙[
4Q512 73 1.2]˙˙[:]שי צ[:] מושב ב[
4Q512 84 1.2 א[:]מיחד צ[:]במ[
4Q512 87 1.4]תיכ[:]˙צ˙[
4Q517 24 1.1]י צ[:]ש כ[
4pIs[c] 2 1.5]ם התרה היא˙ צ˙ו ˙˙[
4pIs[c] 21 1.5]צ˙ם ˙˙[ ]˙[
4pUn 1 1.4 יא]ספו את צ˙[:]חמ[
4QFl 26 1.2 [˙˙[:]˙ צ˙[
CD 20.20 שמו עד יגלה צ ישע וצדקה

4Q178 4 1.4 ול˙˙[:]צאצאי˙[
4QCat[a] 2+ 1.12]א את צאצ[אי]פתה
4QFl 4 1.1]המבלעים את צאצאי :

1QM 10.13 ערבה וכול צאצאיה עם
1QM 12.10 משפט לכול צאצאיה קומה

1QH 1.18 ותפלג <ה>לכול צאצאיהם למספר
1QH 2.38]˙חת לכול צאצאי[הם] : [

1QS[b] 2.28] על כול צאצ[איכה

1QM 16.8 גדול ועם צאת הקול יחלו
1QS 10.13 שמו בראשית צאת ובוא :
4QM1 11 2.7 גדול ו[ע]ם צ[א]ת הקול

1QDM 2.6] מ]יום צ[את]נו מארץ [

1QH 7.29 תוכחתכה כול <צב˙> רוח ולא

1QH 3.22 במעמד עם : צבא קדושים
1QH 10.35 כוח וריבכה עם צבא קדושיכ
1QH 11.13 לפניכה עם צבא עד ורוחי[
1QH 13.8 בטרם בראתם עם צבא רוחיך
1QH 18.23 לכבודכה :]צבא דעת לספר
1QM 10.11] מפרש שחקים צבא מאורות :
1QM 12.8 גבו[רות] צבא מלאכים
4QM1 5+ 1.1 <צבא>

11QT 9.3] משני צדיה : [

1Q34[b] 3 1.2 :]˙˙ בגורל צד[י]ק ולרשעים
1Q34[b] 3 1.5 ארץ לח[י]ת : צד]יק לרשע
1Q51 1 1.3 [ו]ל[ה]תהלך [צד]יק בכול [:
1pHab 5.9 בבלע : רשע צדיק ממנו
1QH 4.38 כי אתה בראתה צדיק ורשע [:
1QH 7.12 בי בין צדיק לרשע : כי
1QH 12.19]חפזי ואין צדיק עמכה [
1QH 14.15 דבריך כי אתה צדיק ואמת כול
1QH 15.15]]תה : צדיק ומרחם
1QH 16.10 אתה רשמתה רוח צדיק ואני
4Q184 1 1.14 לא]יש : צדיק ותשיגהו
4Q508 1 1.2 לד[ע]]ת [בין צד]יק לרשע
4Q511 44+ 1.6]אדם על : צדיק ב[
4Q511 63 3.4 להצדיק : צדיק באמתכה
4QCat[a] 9 1.7]עם צדיק ורשע אויל
11Ap[a] 4.11]שמש אש[ר :]צדיק לה[
11Ap[a] 4.12 ו]אמרתה ה[: צ]דיק לבוא[
CD 1.19 רשע וירשיעו צדיק : ויעבירו
CD 1.20 ויגודו על נפש צדיק ובכל
CD 4.7 בעדם ויצדיקו צדיק וירשיעו
CD 20.20]] בין צדיק : ורשע

4Tstz 1 1.1 וישתארון כל צדיקיא וישי[:

1QH 1.36 הוסיפו ערמה : צדיקים השביתו
4Q510 1 1.8] רננו צדיקים] באלוהי
4pPs[a] 1+ 4.2]התורה צדיק[ים
4pPs[b] 5 1.4 [:] השער לאל צדיק[ים :
4QCat[a] 12+ 1.5]˙הם עד עשרה צדיקים בעיר
4QMl 11 1.9 ירננ[ו]צד[יקי]ם
4QMl 11 1.20 [:]צדיקים באלוהי
11QPs 18.10 ניחוח מיד : צדיקים מפתחי
11QPs 18.10 צדיקים מפתחי צדיקים נשמע

1QH 1.23 ונבעתה במשפטי צדק מה אדבר
1QH 2.4]חי ‹צדק› אמת בכל
1QH 2.13 נס לבחירי צדק ומליץ דעת
1QH 5.22] עם נמהרי : צדק להעלות
1QH 6.4]ס˙ מוכיחי צדק עם : מעדת
1QH 6.19]˙˙ בעבודת צדק : ואתה אל
1QH 16.5] : ומעמד צדק א˙˙˙˙˙˙˙
1QH 5 1.1]˙ט צדק ˙[:
1QH 15 1.9 ו˙בינתך לא :]צדק
1QH 44 1.2]שם [:] צדק כי [:]ות
1QM 3.6 כול משנאי : צדק ומשוב
1QM 4.6 אותותם אמת אל צדק אל כבוד אל
1QM 13.10 צד]ק וכול רוחי
1QM 17.8 בכול בשר ושמח צדק במרומים
1QS 2.24 חסד ומחשבת צדק : [אי]ש
1QS 3.1 דעת משפטי צדק לוא חזק
1QS 3.20 ממשלת כול בני צדק בדרכי אור
1QS 3.22 כול בני צדק וכול חטאתם
1QS 4.2 כול דרכי צדק אמת ולפחד
1QS 4.4 וקנאת משפטי צדק ומחשבת :
1QS 4.9 ידים בעבודת צדק רשע ושקר
1QS 9.5 למשפט כניחוח צדק ותמים דרכ
1QS 9.17 דעת אמת ומשפט צדק לבוחרי :
1QS 10.26 ו[ ] צדק אהבת חסד
1QS[b] 2.26 במשפט צדק [
1QS[b] 5.26 אל והיה : צדק אזור [
4Q184 1 1.14 דרך ולבחורי צדק : מנצור
4Q184 1 1.16 פעמיהם מדרכי צדק להביא
4Q381 84 1.3 ותשמ[ע:]˙ר צדק[
4Q400 1 2.18 אלים ו˙[: צדק] :
4Q401 10 1.1]צדק
4Q401 11 1.3 דעת וכ[:]צדק כוהן בעד[ת
4Q401 22 1.3 ידיהם[:]כי צדק[
4Q403 1 1.16 לכול[נועד]י צדק[
4Q403 1 1.18 בשבע]ה דברי צדק לרחמי

11QT 55.18 לירח או לכול צבא השמים

4Q176 1+ 1.5 צבא]ה כיא :

4Q511 35 1.4 עם צדקו צבאו ומשרתים

1pHab 10.7 הנה מעם יהוה צבאות יגעו
1pPs 3 1.3 [:]˙ל מלכי צבאות ידו[דון] :
1QM 4.11 אל על השמינית צבאות אל ופרוש
1QM 12.4 ולפקוד צב[אות
1QS[a] 1.6 ‹ה›סרך לכול צבאות העדה
1QS[b] 4.25 לכבוד אלוהי צבא[ות
4Q385 2 1.8 את יהוה צבאות אש[ר
4Q503 65 1.2 ב[רוך :]צבאות אלים[:
4pIs[c] 4,6+ 1.17]צבאות [נת]עם :
4pIs[c] 6+ 2.19 אדוני יהוה צ[באות
4pIs[c] 8+ 1.6 [יהו]ה צבאות יע[ץ
4pN 3+ 2.10 אליך נאם יהוה צ[באו]ת וגלית
4QMl 17 1.2 [:]מה ולכול צבא[ות :]ם
11QT 62.5 העם ופקדו שרי צב(ו)אות בראוש

1QH 13.9 רוחיך ועדת[: צבאותיו עם

1QM 7.6 מלאכי קודש עם צבאותם יחד
1QS 4.15 ינחלו כול צבאותם לדורותם
1QS[a] 1.24 למספר כול צבאותם על פי

4QMl 1+ 1.3 מלאכיו עם[צבאות]מה לרשות

4Q381 1 1.10]מש בהם וכל צבאיו ומלא[

1QH 2 1.14 ˙[:]רתים עם צבאכה ומתהלכים

1QM 5.3 המלחמה בהמלא צבאם להשלים
1QM 12.2 שמות כול צבאם אתכה

11tgJ 5.2 ומ˙[:]צבו לאלהא

1apGn 21.31 אדמא ומלך צבואין ומלך

1apGn 21.25 שמיאבד מלך צבוין ועם מלך

11tgJ 15.6]לא הוא לי צבין

4Q405 49 1.2]ה[:]כל צבע[:]מלאכי[

4Q405 20+ 2.11 ברוקמת כבוד צבעי פלא ממולח
4Q405 23 2.8 כבוד מראי שני צבעי אור רוח
4Q405 23 2.9 [מ]לכ רוחי צבעי [ ]
11QSS 8+ 1.5]ממולח טוהר צבעי : [˙˙]

4Amrm 1 1.13 [ומ]ל[ב]ושה צבענין וחשיך

11tgJ 24.6]הכען צדא אלהא :

5Q16 3 1.4]לטרוף צד[ה :]קץ

1QS 5.2 על פי בני צדוק הכוהנים
1QS 5.9 ממנה לבני צדוק הכוהנים
1QS[a] 1.2 פי משפט בני צדוק הכוהנים
1QS[a] 1.24 על פי בני צדוק הכוהנים :
1QS[a] 2.3 לפני בני צדוק הכוהנים
1QS[b] 3.22] את בני צדוק הכוהנים
3Q15 11.3 בקבר צדוק תחת עמוד
3Q15 11.6 נגד גנת צדוק תחת המסמא
4pIs[c] 22 1.3 דרך[:] בני צדוק [: ואש]ר
4QFl 1+ 1.17 המה בני צדוק וא[נ]שי
CD 4.1 והלוים ובני : צדוק אשר שמרו
CD 4.3 עמהם ובני צדוק הם בחירי
CD 5.5 נגלה עד עמוד צדוק ויעלו

כוהנים עם צדקו צבאו	4Q511 35 1.4
] : הודות צדקו ו˙]	4Q511 48+ 1.2
כבודו עידות צדקו ודרכי	CD 3.15
קדשו ומשפטי : צדקו ועדוות	CD 20.31
] אין צדקות להנצל	1QH 7.17
מספרים את צדקות אל במעשי	1QS 1.21
יהוה עושה צדקות מספר	11QPs 19.7
לשון לספר צדקותיך וארוך	1QH 17.17
רחמיכה וכרוב צדקותיכה שמע :	11QPs 19.5
רחמיכה וכרוב צדקותיכה גם	11QPs 19.11
וחמ]יכה וכרוב צדקותיכ[ה:	11QPs[b] a 1.6
ולאל אומר צדקי : ולעליון	1QS 10.11
וספ<ר>נו ˙[: צדקכה [: בבני	1Q36 25 2.4
ו˙] [ ]˙˙[צ]דקכה ולהלל	1QH 1.30
הל˙י : ותוכחת צדקכה עם ˙˙ותי	1QH 9.33
תן משמר צדקכה :]ה	1QH 2 1.5
תרנן לשוני צדקכה כיא	4Q511 63 3.1
תועבה ותפלת צדקם כמנחת	CD 11.21
˙למ˙[:] צדקת [:]˙˙˙[	5Q18 2 1.4
במשפ[ט] צדקתה בכל	1QH 1.6
תוכחתכה כיא צדקתה ואין	1QH 12.31
ימיני וממקור צדקתו משפטי	1QS 11.5
לעד ונגלתה צדקתך לעיני	1QH 14.16
לעול[ ]צדקתך ופדה :	1QH 17.20
ולבר אנש צדקתך מן סגיא[	11tgJ 26.3
]צדקתכה העמדתני	1QH 7.19
[˙˙˙] :]צדקתכה תכון	1QH 8.2
א[:]˙כה˙ צדקתכה :]˙א	1QH 18.17
[˙]]˙צה בכול עוש[י	1Q36 7 1.1
]˙ הפתא[ים:]צה בו[:]˙ ל[	1pMic 7 1.4
]צו[:]מרי˙[	4Q511 160 1.1
]˙ צו˙[:]אתגא[	6Q31 21 V.1
אשר הלכו אחרי צו הצו הוא	CD 4.19
אל מושה לאמור צו את בני	TS 1 1.4
ירחץ איש במים צואים ומעוטים	CD 10.11
עליו בגדים צואים או	CD 11.3
בקר ושחוט צואן א[כול :]	4QCat[a] 5+ 1.15
תגוז בכור : צואנכה לפני	11QT 52.9
]ב˙[:]צובי[:]˙ים	4Q504 9 1.2
מצ[וות] צוה [ ]	1QDM 2.11
ק[:]אשר צ[וה	1QDM 45 1.2
לפניו כאשר: צוה ביד מושה	1QS 1.3
ככול אשר צוה ולוא לשוב	1QS 1.17
דרכי אל כאשר צוה למועדי	1QS 3.10
בכול אשר צוה לרצונו	1QS 5.1
מושה ככול אשר צוה בכול : לב	1QS 5.8
כול חוקיו אשר צוה לעשות ועל	1QS 5.22
התורה א[ש]ר צוה ביד מושה	1QS 8.15
דרכ כאשר צוה כול איש	1QS 8.21
רצונו כאשר צוה ואיש ברוחו	1QS 9.15
ממשלו כאשר צוה וכול הנעשה	1QS 9.24
כאשר צוה ויקימו	1QS[b] 3.24
לפני˙[:]אשר צוה בצר למו	4Q178 1 1.2

לכול נו[עדי]צד[ק מה]ללי	4Q403 1 1.25
ו]ברכו לנועדי צ<ד>ק וכול	4Q403 1 1.27
וכול רוחות צדק יודו באמתו	4Q403 1 1.38
לכול מ[רימי : צד]ק מהללי[: .	4Q404 2 1.7
]˙ מ :]צדק:]אי צדק	4Q404 8 1.2
מ :]צדק:]אי צדק	4Q404 8 1.3
לכול[צ]דק בש[בעה :	4Q405 3 2.5
בשבעה דברי צדק לרח[מי :	4Q405 3 2.8
]צדק : פל]איהם	4Q405 20 1.1
]צדק[:]מה [	4Q405 69 1.1
]˙ ˙[:]י צד[ק :]ש ה[	4Q405 70 1.2
]י צדק[:]וצדק	4Q405 72 1.1
]וד ˙[:]צדק ק[	4Q405 89 1.2
ש˙[:]ם לבני צד[ק :]ל[	4Q502 1 1.10
] בתוך אשישי צדק :]˙ה מודה	4Q502 9 1.9
אשי]שי צ[דק :]י ישמ[	4Q502 12 1.1
יש[ראל] : צדק [	4Q503 7+ 1.7
יו]ם ששי : צ]דק : [	4Q503 33 2.21
] :]ל[ ]˙רן צד[ק	4Q503 37+ 1.24
אשר[ע]ם בני צדק וצדק[	4Q503 48+ 1.8
]˙˙[: כתר צד[ק: נזר יפ˙[	4Q509 97+ 2.2
נזר יפ˙[: צדק ל˙˙[:]ל[	4Q509 97+ 2.4
יגילו לאלוהי צדק ברנ[ות	4Q511 1 1.5
]צדק[	4Q511 9 1.1
ומוכיחי : צדק עם נעוותי	4Q511 18 2.9
ומ˙[: ומשפטי צד[ק : תעב	4Q511 43 1.4
מזל שפתי צדק ובהנכון	4Q511 63+ 2.4
ים כש[:]˙ן צדק˙[	4Q511 66 1.2
]חטתי ˙[:]ת צדק ו[	4Q512 29+ 1.19
]˙[ ]צדק [: ואחר [	4Q512 15 2.3
[ב]טהרת צדק[: [טו]בכה	4Q512 41 1.5
]˙[ ]˙[:]צדק בי˙[: [	4Q512 72 1.2
]י מכו[:]צדק[	4Q513 23 1.2
חושך ו[בני [צ]דק : כו]ל	4QM6 3 1.7
[אה]בתיך צדק עולמים	4QPs[f] 2 8.11
]˙[:]˙ח צדק[:]ל[	5Q19 3 1.2
ומ˙[: מל]אכי צדק במע[:	6QHym 5 1.2
ומנחלת מלכי צדק כי[א	11Mel 1+ 2.5
נחל[ת מלכי צ]דק אשר :	11Mel 1+ 2.5
גורל מל[כי] צדק [ובמר]ום	11Mel 1+ 2.8
הרצון למלכי צדק ולהר[ים	11Mel 1+ 2.9
ומלכי צדק יקום נקם	11Mel 1+ 2.13
]מלכי [צדק [	11Mel 2 3.5
מי זה אבד צדק או מי זה	11QPs 22.9
לבבי אברכך : צדק עולמים	11QPs 22.13
את העם : משפט צדק ולוא יכירו	11QT 51.12
בעוון : החטאה צדק צדק תרדוף	11QT 51.15
החטאה צדק תרדוף למען	11QT 51.15
ויטה משפט צדק יומת ולוא	11QT 51.17
להטות משפט צדק ולוא יחמוד	11QT 57.20
שמעו כל יודעי צדק ובינו	CD 1.1
ויקם להם מורה צדק להדריכם	CD 1.11
מנתיבות צדק ולסיע גבול	CD 1.16
בחקי הברית צדק : ואמת	CD 20.29
לקול מורה צדק: ולא	CD 20.32
כול : [צד]ק מה יזום	MasSS 1.6
ל<ו>א לאנוש צדקה ול<ו>א	1QH 4.30
כול מעשי צדקה ודרך אנוש	1QH 4.31
פעמי לנתיבות צדקה להתהלך	1QH 7.14
פיכה ובידכה צדקה ובמחשבתכה	1QH 11.7
] צדקה וע[:]עב	1QH 45 1.1
יחד וענוה : צדקה ומשפט	1QS 5.4
מבני אדם מקור צדקה ומקוה :	1QS 11.6
]˙ לאדם[:]צדקה ול˙˙[:	4Q178 4 1.3
צד[קה] :]	4pIs[a] 2+ 2.7
עו]ל ולוא צדקה [ ]	11Ap[a] 4.8
מר[צ]דקה ל˙[:]˙	11Ap[a] 4.13
הונם בעצת צדקו ולוא	1QS 1.13
להודות לאל צדקו ולעליון	1QS 11.15

4Q497 20 1.2]תה [:]˙צוה[:]˙ לה[
4Q502 5 1.2 לה˙[: א]שר צוה לנ[ו :]ת
4Q502 14 1.4 אל ישראל אשר צוה לבני [: ..
4pIs[c] 12 1.8 ˙˙˙[: א]שר צוה
5Q13 9 1.2 ˙˙[: א]ת אשר צו[ה :

1QS 9.25 בכול, אשר לוא צו[הו] למשפט

1QH 50 1.6]ורוי פשע˙[:]צוי ע[

4Q505 124 1.1] צויכ˙[:]˙[ ] [

4Q504 5 2.7 הרע בעיניכה צוית[

1QH 15.11]סור מכול אשר צויתה
1QH 15.19 בכול אשר : צויתה ויבחרו
4Q504 1+R 5.14 [כ]כול אשר צויתה ביד מושה
4Q504 4 1.8 תורה אשר צו[יתה]ביד
4Q506 129 1.2]˙˙[: א]שר צוית[ה
4Q509 131+ 2.6 רצונכה אשר צויתה :˙[

4Q509 1+ 1.10 על [: א]שר צויתו אל[:]כה

1QDM 1.4 הת[ו]רה אשר צוית[י]
1QDM 1.6 כאש[ר] צויתי [ ]

11QT 61.1 ל]וא צוי[תיו ל]דבר

11QT 62.15 והפרזי כאשר צויתיכה למען

11QT 54.17 מן הדרך אשר צויתכה ללכת בה

1QH 6.20 צדק : ואתה אל צויתם להועיל

1pHab 11.8 ולכשילם ביום צום שבת מנוחתם

4Q511 65 1.1] צומחי [:

4pPs[a] 1+ 3.6] : צון בתוך

4QFl 11 1.2 ע[:]כול אשר צונו עשו את

4Q186 1 2.2]ג טמא:]אבן צונם:]איש עי[

3Q15 6.2 [ה]פתחין צופא מזרח :

4pPs[a] 1+ 4.7 VACAT: צופה רשע לצדיק

3Q15 8.8 ביגר של פי צוק הקדרוה :

4Q504 1+R 5.19 העבדנו צור בחמ[תנו] :
4pHs[a] 1.3]˙צור: [

4Q402 6 1.2]ם [:] צורות[:
4Q405 19+ 1.4 ק]ודשים [צ]ורות אלוהים
4Q405 19+ 1.5 ב]דני צורות אלוהים
4Q405 19+ 1.6 ללבני [כ]בודם צורות כבוד
4Q405 23 2.7 אורג פתוחי צורות הדר :
11QSS j+ 1.5]צורות[ ] :

1QH 11.15 אלי ארוממכה צורי ובהפלא[:
4Q400 3+ 2.3] : אמתו צורי ˙˙˙[
4Q405 19+ 1.4 אלוהים חיים צורי רוחות :

11QT 47.9 מלאכתמה לכול צורכיהמה ואל

4Q504 1+R 6.16] : מכול צורריהמה[

1QM 5.8 ממוזזים במעשי צורת מחשבת
1QM 5.14 מעשה חושב צורת ריקמה

4Q509 3 1.4]ונפו] צות[י]נו

1QH 7.32 יכונו לנצח :˙צח˙˙ ואין

4pIs[b] 2.5 רעב : והמנו צחי צמא לכן

3Q11 1 1.2]˙ח˙[:]צי וב[:]˙שרי
4Q184 3 1.4]הר ממכה עול צי˙[:]עם
4pIs[c] 11 1.4]˙˙˙צי˙˙ם : [
4pIs[c] 13 1.6 יבק[שו :]˙צי˙ [

4Q405 86 1.2]˙ ˙˙[:]ציד ה˙[

5QTop 2 1.1]את צידון [:]˙וא
5QTop 4 1.1 א]ת עין צידון [:]˙דדו

1QH 8.4 מים בארץ ציה ו[מ]שקי :
4QCat[a] 12+ 1.8 בארץ ציה ושממה <×>

1Q25 9 1.1] ציון [:]י˙ [
1Q25 11 1.1]˙˙ ציו[ן :]ל [
1QM 12.13 בהיכל[ו]תיכה ציון שמחי מאדה
1QM 19.5] בהיכלותיך ציון שמחי
4Q176 8+ 1.2] ציון לב[שי
4Q176 24 1.3 ע עיצים˙[:]ציון ˙˙[
4Q504 1+R 4.12 את עמכה ואת : ציון עיר
4AgCr 5+ 1.4 [:]א הר ציון ירושלי[ם
4apLm 1 2.13 בנו<ת> ציון היקרים
4pIs[a] 2+ 2.11 יוש]ב ציו[ן
4pIs[a] 2+ 2.25]ידו הר בת ציון גבעת
4QCat[a] 12+ 1.10 שמו ובאו ציון בשמחה
4QM2 1 1.5 [ ]ציון שמחי מאוד
4QPs[f] 2 8.6 נכרתו צריך ציון: התפזרו
4QPs[f] 2 8.8 באף תשבוחתך ציון מעל כל:
4QPs[f] 2 8.10 [לברכ]ה ציון בכול מודי
4Tstm 1.29 כמים על חל בת ציון ובחוק :
11Mel 1+ 2.23 מלך אלוהיך [צ]יון ה[יאה :
11QPs 22.1 אזכירך לברכה ציון בכול מודי
11QPs 22.2 גדולה תקותך ציון ושלום :
11QPs 22.9 תובר תקותך : ציון ולוא תשכח
11QPs 22.11 נכרתו : צריך ציון ויתפזרו
11QPs 22.11 באף תשבחתך ציון : מעלה
11QPs 22.14 רומי ורחבי ציון : שבחי

4Q498 4 1.1]ציל ה[:] הי[

4Q487 11 1.4]ע דבר˙[:]צים ל˙[:]ל[
4Q499 32 1.1]צים[
4pMic 4 1.1]˙צים[

1QH 3.7 כיא נהפכו ציר˙˙ : והבל

4pN 3+ 2.1 ומלאכיו הם צירו אשר לא

1QH 3.11 יהפכו כול צירים : בכור

4Q381 55 1.1]צך˙[:]זרע
4QM6 58 1.6 [:]צכ˙˙[ ]˙[ ]ב[

4Q511 171 1.1]צכם[:]שר[

1QH 6.15 עולם ויצל צל על כול˙˙[
4Q504 27 1.2]ל מלכ[:]˙ צל[:]ך ˙[

1Q23 1 1.3 ברא מן צלחיה וא˙[: על

1apGn 20.28 מצרין וכען צלי עלי ועל

4Amrm 2 1.6 [ ]צליא עד ארעיא

1apGn 20.12 בליליא דן צלית ובעית

1apGn 20.2 ושפיר לה צלם אנפיהא

4Q509 189 1.3 ארצנו[:]˙ צלמות ומ˙[:

CD 7.15 ואת כיון צלמיכם מאהלי

4QNab 1+ 1.1 מלי צ[ל]תא די נבני

4pIs[b] 2.5 והמנו צחי צמא לכן הרחיבה

4QFl 1+ 1.11 לי לבן הואה צמח דויד העומד
4QPBl 1 1.3 בוא משיח הצדק צמח: דויד כי

11tgJ 31.5 ולהנפקה צמחי דתאה

1QH 3 1.8 לפח יטמונו צמי רשעה[:]ו

1QM 5.7 ובסגר שלושה צמידים מפותחים

4pHs[a] 2.9] : והצלתי צמרי ופישתי

1QDM 4.3 [:]]˙˙˙ צנה [ויכ]ופר

4Q381 38 1.4] שלמתי[:]צע]

1QH 15.13 אנוש להכין צעדו ואדעה כי
1QH 15.21 יוכל להכין צעדו : אתה
1QS 11.10 לוא יכין צעדו כיא לאל

1QM 12.9 וצבא רוחיו עם צעדינו
4Q507 1 1.3 ועד היותנו צעדינו עם נדה

CD 20.18 את אחיו לתמך צעדם בדרך אל

1QH 2 1.6 דעת עם כול צעודי ומוכיחי

1apGn 19.24] די פרע[ו] צע[ן] על מל[י]
1apGn 20.14 מרי על פרעו צען מלך מצרין

1QNo 1 1.4 על הארץ[: צעק]תם לפני אל

4QMl 11 1.16]תו מיא יש[ ]צערים כמוני

11QT 4.14 באמה מרבע [: צ]ף [זה]ב :

4pPs[a] 1+ 4.8 הרשע אשר צ[פה למור]ה

11QT 31.8 המסבה הזואת צפו זהב

1apGn 21.20 כלמדנח צפון חברון
3Q15 8.12 בצריח : הצופא צפון חפור אמות
3Q15 12.10 כחלת פתחא צפון : וקברין
11QT 30.5 את מסבה צפון להיכל בית
11QT 38.14 לנגב ולים ולצ צפון ורוחב
11QT 39.14 מן פנה למזרח צפון עד שער
CD 7.14 נמלטו לארץ צפון כאשר

1apGn 16.11 ˙˙˙ כול ארע צפונא כולהא עד

11QT 30.7 אמות במערב צפונו ועשיתה

4Q511 97 1.1]צפור כנף י[:
11QT 65.2 יקר[א]צפור לפניכה

11QT 63.12 ועשיתה את צפורנ<י>ה

4Q156 2.5] [צפיר[א] חיא:
4Q156 2.6 ע]ל : [צ]פיר[א ח]יא

4Q381 31 1.6 אלהי ישעי צפנים ימי עמדי

CD 5.14 קוריהם וביצי צפעונים ביציהם

4Q370 1.6 וה[בהמה]צפר כל כנף
11tgJ 30.5 כחרא כוכבי צפר ויזעק[ו]ן

11tgJ 13.2 ערימותא ˙[: צפרי שמיא

11tgJ 26.6] צפריא : חכמנה

4Q381 24 1.5 ליהודה מכל צר ומאפרים [
4Q488 4 1.1]מ˙צר מ˙[:]במח˙[
4Q509 153 1.1]˙צר[:]ות ו˙[

5QTop 6 1.2] :]וד ואת צרדה[: [

1QM 1.12 והיאה עת : צרה ע[ל כו]ל
1QM 15.1 כיא היאה עת צרה לישר[אל
1QS 10.15 ואימה ובמכון צרה עם בוקה :
1QS 10.17 מעשיו ובהפתח צרה אהללנו
4Q504 1+R 7.2 הצילנו מכול צרה אמן[
4QMl 36 1.1] והיתה צר[ה :]˙[ ]˙

11QT 45.17 יטהרו וכול צרוע : ומנוגע

4Q487 2 1.5 יסתת[ר :]˙ צרוף בתורת[:

4Q511 11 1.2 וב[: מו]עדי צרות [:]ה

CD 4.5 מעמדם ומספר צרותיהם ושני :

1QS 3.23 ומועדי צרותם בממשלת
4QM6 2+1 1.3 ובכו]ל צרותם :

1QM 1.12 פדות אל ובכול צרותמה לוא

1QM 12.15] עמי צרחנה בקול רנה

1QH 9.21]תגבר צרי עלי למכשול
1QH 9.25]נצח ובוז צרי לי לכליל

3Q15 9.4 בתכלת השני גב צריח הצופא :

4QPs[f] 2 8.6 סביב נכרתו צריך ציון:
11QPs 22.11 סביב נכרתו : צריך ציון

1QM 12.11 חלל מחץ גוים צריכה וחרבכה :
1QM 19.4] צריכ]ה וחרבך
4QM2 1 1.4] : צריכ]ה וחרבך[

11QT 48.17 והצרוע אשר בו צרעת נושנת או

4Q381 31 1.5 להמא כי רבו צררי נגדך אתה

1QH 15.16 ולפתוח כול צרת נפשו
4Q504 1+R 6.8 בריתכה בכול צרת נ<פ>ישנו

1QS 11.13 ואם יפתח צרתי ומשחת

ק

1Q23 11 1.1]קם ק˙[:]˙˙
1QDM 45 1.1 י]שראל ק[:]אשר צ[וה
1QH 6.20 מדרכיהם בדרך ק˙[
1QH 12.2]ה לבטח במעון ק[ ]˙˙קמ
1QH 15.4 ו[: תחת[: ק[: רחמי[:
1QH 16.7 ולהתחזק ברוח ק˙[[
1QH 12 1.4 לם ורוח עורף ק˙˙ לדמם˙[: [
1QH 33 1.1]ק להתבונן [:
1QJN 17 1.1]ק˙[:]דין˙ [
2QJN 9 1.3]אשי כול [:]ק[

[: הסתכל[: קבל] 11tgJ 7.8
ובלי]ליא : קבל למא[מר : 11tgJ 8.6

]˙רו וכול ˙קבלא ˙ר[:]˙ד 1Q20 3 1.2

דין וכען : קבלתך מרי על 1apGn 20.14

התר]עלה[קבע]ת כוס 4Q176 6+ 1.2

]˙˙˙˙ קבצו ˙[4Q515 19 1.1
הוא ההון אשר קב[צו כוה]ני 4pN 3+ 1.11

[:]ים ובסוד קד[:]˙˙˙[1QH 63 1.2
טלים בש[:]˙קד ˙עו[4Q502 174 1.3
]˙˙קד˙˙[ ] : נדה 4Q512 1+ 1.9

ומפריח נצר ק[ד]ש למטעת 1QH 8.10

ישוע[:] ואת קדה את[:]עול[5QTop 1 1.2

מי חוש[:] קדומים ˙˙[: 1QH 16 1.7

˙[:]דת קדוש [:]ע 1QH 24 1.2
ורואי : מלאכי קדוש מגולי 1QM 10.11
לגבורים כיא קדוש אדוני 1QM 12.8
לג]בורים כיא קדוש אדירנו 1QM 19.1
נ]אמן קדוש יש[ראל : 4Q176 1+ 2.1
]שמו וגאליכי קדוש יש[ראל 4Q176 8+ 1.7
[ ] : עד]ת קדוש קדושים 4Q381 76+ 1.7
כבודוה ה[: קדוש מקדש כול 4Q405 23 2.4
ק]דוש[:]ה[4Q502 71 1.1
]כוהנים וגוי קדוש [ ]˙[: 4Q504 4 1.10
וליע[קוב :]קדוש עומד 4Q505 124 1.7
ק]דוש[4Q509 168 1.1
] בכול:]קדוש 4Q509 218 1.2
עשר מחנות קדוש[ ]ה לו : 4Q511 2 1.7
צד[ק : תעב קדוש א˙[: 4Q511 43 1.5
יהוה ואת אמרת קדוש : ישראל 4pIs[b] 2.7
] : [קד]וש ישראל 4pIs[c] 25 1.7
וקדוש 𐤉𐤄𐤅𐤄 קדוש קדושים 11QPs 26.9
] יטמא כי קדו[ש :] 11QT 16.5
תואכלו כי עם קדוש אתה ליהוה 11QT 48.7
בכמה כי עם קדוש אתה ליהוה 11QT 48.10

החיים וברוח קדושה ליחד 1QS 3.7

בקודעו לכול קדושו ראשי 4Q403 1 1.31

] קדושי החים [: 1Q26 3 1.1
הארצות : עם קדושי ברית 1QM 10.10
קדוש]י הש[מים: 1QNo 2 1.1
]ה אלוהי כול קדושי קדושים 4Q400 1 1.2
]בקדושי עד קדושים 4Q400 1 1.3
בם יתקדשו כול קדושי עד ויטהר 4Q400 1 1.15
לו כוהני קורב קדושי קדושים : 4Q400 1 1.19
רוח כול ר˙[: קדושי קודש 4Q400 1 2.6
בדממת :]קדושי קורב : 4Q401 16 1.3
]קדושי ˙˙[:]ש 4Q401 22 1.1
מחשב[תו] ודעת קדו[שי :]יהם 4Q402 4 1.6
בדמ[מת : קדו]שי קו[רב : 4Q402 9 1.4
דעת יקדילו קדושי אלוהים 4Q403 1 1.31
כו]ל קדושי[4Q405 8+ 1.2
] [˙] [ ]רוחות קד[ושי 4Q405 23 2.6
]˙פ [:]˙ קדושי[4Q405 45 1.2
עד עולם כיא קדושי שם : י˙[4QFl 1+ 1.4
ולהר[ים בדי]ן קדושי אל 11Mel 1+ 2.9
˙˙ :]מלך כול קדושי עד : 11QSS q 1.3
כי ארדוהו כל קדושי עליון CD 20.8

שלום אל במחני קדושיו ועל 1QM 3.5
ובגורל עם קדושיו ב[4Q181 1 1.4

]רי[:]˙ת ק[:]˙ו ˙˙[4Q176 39 1.2
]איש אשר יהיה ק[: רחבים 4Q186 1 1.4
יד תמי˙[:]ק ישחק[:]ל[4Q380 3 1.2
יאג˙[:]˙תני ק[:]˙ ˙[4Q381 51 1.2
]ק א˙[4Q381 82 1.1
]י קו[:]עת ק[:]יר ט[: 4Q400 7 1.5
] ומעונ[י :]˙ק˙[4Q402 11 1.5
ורוחי :]ק˙ש˙בי קודש 4Q405 17 1.6
]ק˙[ ]לי[4Q405 19+ 1.8
[ק[:]נורא[4Q405 58 1.1
]ק:]˙ 4Q405 63 1.1
]וד ˙[:]צדק ק[4Q405 89 1.2
]˙ק ˙˙[:] 4Q405 90 1.1
] : [ה<רו> ם ק[4Q405 90 1.2
]˙ו [:]ק ש[ ]ם [:]ת 4Q487 3 1.2
[:]ה ש˙[:]ק וע˙[:]א 4Q487 5 1.4
]ק˙[:]ר אש 4Q487 15 1.1
]˙ ˙י˙[:]ם ק˙˙[4Q499 13 1.4
]˙עם [:]˙ת ק˙[4Q499 26 1.2
ישמ[:]ריש ק[:] ואמר[4Q502 12 1.3
˙˙[:]˙מור מ˙ק ˙[: 4Q502 14 1.2
[:]˙ו כול חי ק[: ה]ואה 4Q502 39 1.2
]˙˙[ ]˙ק˙[4Q502 39 1.4
]ברכת שם[:]ק לשמור ˙[4Q502 98 1.5
[:]ד בתוך ק[:]˙[4Q502 110 1.2
]או ק[:]סוד <]שן 4Q502 116 1.1
˙[:]במח[:]˙ק˙[4Q502 130 1.3
]˙ק˙[:]היות[: 4Q502 172 1.1
]ק˙[4Q502 208 1.1
] ק˙˙[4Q502 245 1.1
]˙ק˙[4Q502 249 1.1
]ו ק[:]ל˙˙[4Q502 259 1.1
]ק˙ד[:] בו˙[4Q502 278 1.1
]ק[:]ם ט[4Q502 282 1.1
[:]˙˙ק˙[ ]ה˙˙[4Q503 14 1.4
[: ק[4Q503 77 2.4
]ש[:]˙ ל[:]ק [4Q503 102 1.3
]ק˙[:]עם [4Q503 119 1.1
]˙י ק[4Q503 213 1.1
]חודש[:]˙ק מס˙[:]ל[4Q503 219 1.2
] ישימו ק[:]רצה פריל 4Q504 9 1.4
]˙˙ק ˙[:]˙[4Q504 23 1.1
כ[:]לתו [ ]˙ק˙[4Q509 32 1.5
] :]ק[:]˙[ ]˙[ ] 4Q509 131+ 1.21
עלי ארץ להיות ק˙[:] 4Q509 131+ 2.8
]ועולמים[:]ק ל˙ש˙[4Q509 155 1.2
]˙ [:]˙ק[:]ם[4Q509 159 1.2
]ק˙˙˙˙ :]ל˙˙˙בה 4Q509 251 1.1
]את כול :]ק למלא :]ב : 4Q512 16 1.2
[טו]בכה ב˙ק[4Q512 41 1.6
˙[ ]ק כ˙[: א[4Q512 51+ 2.1
˙ב:]הר א :]ק :]˙ 4Q512 54 1.5
]ק[:]בל [:] 4Q512 102 1.1
]˙ ˙י˙[:]˙ק ˙˙[4Q512 134 1.2
]˙ [:]˙ק˙[4Q512 176 1.2
]˙ ק[:]דש[:]˙ע 4Q517 10 1.1
]ק˙[4Q517 46 1.1
]˙[:]ם ק˙[4Q517 66 1.2
]˙˙ק˙˙[ ]˙˙[ ]˙˙[4Q520 38 1.1
] אשר יהיו ק[:]לוא 4pPs[b] 3 1.2
רציתה מ˙[:]˙ק התמותה ות˙[5Q13 1 1.8
]ושא [:]˙˙ק[5Q25 10 1.2
לנ˙[: הלו ק[: נ[: ש˙[6Q26 1 1.3
]ק˙[6Q31 16 1.1
]ק [:] ת[:] 6apSK 11 1.1
ק[: משפ[טי : 11QSS 1 1.1
] א[ ]ר[ ]ק[ ] בממון CD 14.20

לתנינה די קאם פנבד [: 2QJN 4 1.16

על העץ כי קבור תקוברם(ה) 11QT 64.11

11tgJ 11.4 רשיעין :]קדמוהי ינסון
11tgJ 31.2 ותשוב קדמוהי על ארעא

4Q504 7 1.12]שות קדמנו :]

1apGn 21.23 ואשתיו עמי : קדמת יומיא אלן

4Q374 14 1.2] :]רתם מודה קדקד[

1QH 5.31 גיהם עלי לבי קדרות לבשתי

1apGn 21.11 ארע גבל עד קדש וכול מדברא
1QH 12 1.1]קדש בל ימה[ ]
4Q381 31 1.3]˙במקם קדש[ ] :]
4Q503 29+ 2.3] : קדש לו[
4Q503 138 1.2]ה [:]קדש[
11tgJ 38.8 חדה : וגבר קדש חד די דהב
11QT 43.12 יאכל עוד : כי קדש והיושבים
CD 7.5 באלה בתמים קדש על פי כל
CD 20.5 אנשי תמים קדש אשר ~~אין~~ :

4Q156 2.4]ה על בית קדשא [ ]
4Q509 7 2.6 הימים[:]מן ק‹ד›שא˙ם ו[:

CD 2.12 ביד משיחו רוח קדשו וחוזי :
CD 3.14 שבתות קדשו ומועדי :
CD 20.30 יד על חקי קדשו ומשפטי :
CD 20.34 כי חסו בשם קדשו

4Q370 1.2 ויברכו את שם [קדש]י והני הם

4Q405 23 2.7]˙[ ]˙ : קדשיהם
CD 5.11 וגם את רוח קדשיהם טמאו

CD 7.4 איש את רוח קדשיו באשר

4Q380 1 1.4] קדשים: [ש]ם
4Q405 6 1.5]רוחי קוד[ש]קדשים[ ]אלוהים
4Q405 6 1.8]˙˙˙ בקדש קדשים ˙˙[ ]˙סי
4Q405 11 1.2 [ ]ש קדשים ש[ ]˙˙
4Q405 20+ 2.10 אש רוחות קודש קדשים סביב
4Q405 23 2.8 אור רוח קודש קדשים מחוקות
MasSS 1.10 ק]ודש קדשים ורוממו

4Q381 33 1.11 [במקו]ם ק[דשך] לא
4Q381 48 1.8 ביהו[דה : קדשך ותשבר א˙[

4Q512 51+ 2.10 אתה קדשתה ל[כה:]

1QS 9.26 יצפה תמיד :]קה יברכ עושיו
3Q15 4.1 הגדול שב[ ]˙קה בעמוד :

1Q29 3+ 1.3 אלוהיכמה [: קה]ל ישראל [:
1QM 4.10 אל על הששית קהל אל על
1QM 15.10 נמלח וכול קהל : [ה]מונם
4QM1 1+ 1.2]: לעיני כול קהל ל[ ]
11QT 16.18 המזבח חטאת קהל הוא :]
CD 14.18] ק]הל וזה

1QM 11.16 בגוג ובכול קהלו

4pN 3+ 3.5 אפרים מתוך קהלם ועזבו את

6QHym 14 1.2]˙˙˙ם [:]קהלנו ב[:

1QH 2.12 ועלי קהלת רשעים

11QT 44.14 בנימין לבני קהת מ(ב)נ(י)

1QH 1.28 ותשם דברים על קו : ומבע רוח
1QH 3.27 תקוה בנפול קו על משפט

4Q511 8 1.9 יחד]ד עם קדוש[יו :

1QH 10.35 וריבכה עם צבא קדושיכ ‹ה›ב[

1Q36 1 1.3 [:]˙ עולם עם קדושיכה
1QH 11.12 ובגורל עם : קדושיכה להרים
1QH 5 1.3]ות עם עדת קדושיכה בהפלא[
1QM 12.4 יחד עם קדושיכה [ ]
1QM 12.7 מלכותכה ועדת קדושיכה בתוכנו
4VSam 3+ 2.7 עמכה הואה[: קדו]שיכה אשר

1QDM 4.1 אלים [קד]ושים וב[
1QH 3.22 עם : צבא קדושים ולבוא
1QH 4.25 לכה : בסוד קדושים ותוצא
1QH 15 1.7 ד עם רוב טוב קדושים
1QM 1.16]˙ קדושים יופיע
1QM 9.8 בדם טמאתם כיא קדושים המה
1QM 12.1 כיא רוב קדושים [ע]לה
1QM 12.8 הכבוד אתנו עם קדושים
1QM 15.14 ו]סדר[י קד]ושים :
1QM 18.2] ותרועת קדושים ברדף
1QS 11.8)‹ל›ם בגורל : קדושים ועם בני
1QS^b 1.5 ויוריב]ה בעדת קדוש[ים] : [
1QS^b 3.26 הדר בתוך : קדושים וברית
1QS^b 4.23 ולשאת ברוש קדושים ועמכה
4Q381 76+ 1.7 [: עד]ת קדוש קדושים גורל
4Q400 1 1.2 כול קדושי קדושים
4Q400 1 1.3 עד קדושי קדושים ויהיו
4Q400 1 1.17 הורות כול קדושים עם
4Q400 1 1.19 קורב קדושי קדושים :]
4Q400 1 2.15 מלך נשיאי[: קדושים[:
4Q400 2 1.1 בקדושי ק[דושים] : המה
4Q401 14 1.7 בקדשי קדושים : המה
4Q403 1 1.24 קודשו לכול קדושים ממיסדי
4Q403 1 1.28 קדו]שים
4Q403 1 1.40 וגיל בכול קדושים לזמרות
4Q403 1 1.45 ממעל : [מ]כול קדו[שים
4Q404 19 1.2]רתו מ[:]ש קדו[שים
4Q405 18 1.2]לכלכל קדושים דביר מ
4Q405 23 2.6 יפריש[ו : קדושים רצון [
4Q405 23 2.11 ממלכות ממלכות קדושים למלך
4Q502 19 1.1 וישב עמו בסוד ק[דושים
4Q503 40 2.7] : כול קדו[שים
4Q504 6 1.16]כיסר איש[: קדו]שים
4Q510 1 1.2 אדון לכול קדושים
4QM1 11 1.9 ויגילו קדושים ב[
4QM6 15 1.4 ו[לוא : כי]אה ק[דושים :
11QPs 26.9 𐤉𐤄𐤅𐤄 קדוש קדושים לדור
11QSS 8+ 1.2]˙ לזבחי קדושים ˙[
11QT 51.8 וקדשתמה והיו קדושים ולוא
11QT 51.10 לטמאה והיו : קדושים: שופטים

6Q15 2 1.1] ק]ד[חי] אש
CD 5.13 מדברים בם כלם קדחי אש ומבערי

1pHab 3.9 מגמת : פניהם קדים

4QMes 2.18]˙ קדיש ועירי[ן

1apGn 19.8 דבקתה לטורא קדישא ונגדת :

1apGn 2.1 הריאנתא ומן קדישין ה[י]א

1QH 13.11]שר קדם ולברוא :
1QH 13.12 להפר קימי קדם ול[ ]ים
4Q381 83 1.2]˙ני [:]י קדם[:]˙רתך
4QM1 11 1.12 בו כול מלכי קדם ונדיביהמה
11tgJ 26.4 יצוחון : מן קדם סגיאין ולא
11tgJ 37.3 ענא איוב ואמר קדם אלהא ידעת

11tgJ 8.3 תקבל אלהא[: קדמוהי לנור[א

1QH 6.26	סלע וכפים על קו משפט ומשקלת
1QH 8.21	]ם לפנות על קו נכון ומטע
1QH 16.2	׳יק ו׳[: ברוח קו]
1QH 18.11	[: חקקתה על קו]
4Q400 7 1.4	] לכול[:]י קו[:]עת ק[:
4Q405 31 1.1	[׳׳ קו[: פ]לא רוחי
4Q502 123 1.1	] קו]
4Q503 206 1.1	,]קו[:]׳[
4Q509 114 1.2	]ה ב[:]׳קו׳[
4Q509 170 1.3	׳[:]׳ ׳[:]קו׳[
6apSK 25 1.2	] ם׳[:]קו אל[:]ה ו[

11QPs 18.16	]קוב ושופט

1QM 11.1	פגריהם לאין קובר ואת גולית
4Q176 1+ 1.4	ואין קובר ומן ספר

11QT 48.12	מקום המה : קוברים את
11QT 48.12	בתיהמה המה קוברים כי אם
11QT 48.13	אשר תהיו קוברים את

1QH 16.3	יוכ[: רוח קוד] [
4Q509 8 1.5	]בראשית <קו[>ר[: ם]אוד

1Q20 2 1.5	׳׳׳׳ל ׳[:]׳ קודם מרה עלמא
1apGn 21.3	ואודית תמן קודם אלהא על
1QJN 22 1.2	]חד ע׳׳[:]׳ קודם[:]׳׳׳׳
11QJN 14 1.1	יום שביעי קודם אל דכ[רנא

1apGn 22.9	הווא ערקין מן קודמוהי : עד

1apGn 20.32	] : קודמיהא ואף

1apGn 19.25	וקושטא וקרית קודמיהון

1QDM 1.8	קו]דש ושבת
1QH 7.10	לעפים לעצת קודש ות[
1QH 8.12	כוח : ורוחות קודש ולהט אש
1QH 8.13	לא ישתה מי קודש בל ינובב
1QH 13.1	במי ב[:]׳ה קודש מקדם ע[:
1QH 14.6	] לעשות :]קודש לדורות ע׳
1QH 17.26	]הניפותה רוח קודש[ ] על
1QH 11 1.9	מכול א[:] קודש וכאשר
1QM 3.4	אל לעצת קודש ועל
1QM 7.6	אתם כיא מלאכי קודש עם צבאותם
1QM 10.15	] מועדי קודש ותקופות
1QM 12.1	ובחירי עם קודש : שמתה
1QS 2.25	לרעהו בעצת קודש ובני סוד
1QS 4.5	צדק ומחשבת : קודש ביצר סמוכ
1QS 4.21	ולטהרו ברוח קודש מכול
1QS 5.20	להיחד לעדת קודש ודרשו :
1QS 8.5	עולם בית קודש לישראל
1QS 8.5	לישראל וסוד קודש : קודשים
1QS 8.8	מעון קודש קודשים :
1QS 8.11	<יבדלו> קודש בתוכ עצת
1QS 8.20	בם אנשי התמים קודש איש את
1QS 9.2	בתכוננו ליחד קודש : בהיות
1QS 9.3	ליסוד רוח קודש לאמת :
1QS 9.6	היחד בית קודש לאהרון
1QS 9.6	לאהרון להיחד קודש קודשים
1QS 10.3	מאורות מזבול קודש עם האספם
1QS 10.5	למועדיהם וימי קודש בתכונם
1QS 10.12	דעת ומעון קודש רום כבוד
1QS 10.22	בשפתי ופרי קודש בלשוני
1QS 11.8	וסוד מבנית קודש למטעת
1QSa 1.9	ליחד בעד[ת] קודש ולוא
1QSa 2.9	כיא מלאכי : קודש [בעד]תם
1QSb 1.8	] ק]ודש יר[[
1QSb 2.24	יחונכה ברוח קודש וחס[ד
1QSb 3.6	ועם מלאכי ק[ודש
1QSb 3.27	] [: קודש ובמעשיכה
1QSb 4.3	עפרת רואשכה קוד[ש]׳ריכה
1QSb 4.25	פנים במעון קודש לכבוד
1QSb 4.27	וישימכה קוד[ש] בעמו
4Q176 16 1.3	׳׳׳[: ב]ית קודש ולתת מילת
4Q181 1 1.4	א]לים לעדת קודש במעמד
4Q185 4 1.3	׳׳ ויש׳[:]קודש : ולעמי[
4Q400 1 1.7	הקודש למקדשי קודש : [
4Q400 1 1.8	משרתי פני מלך קודש : [
4Q400 1 1.12	]קודש קודשים
4Q400 1 2.6	ר׳[: קדושי קודש קודש[ים :
4Q400 2 1.9	[ק]ודש ובינתו
4Q400 2 1.10	]ה קודש קודש
4Q400 2 1.10	]ה קודש קודש ראיש[ון :
4Q401 6 1.4	כבוד :]שרי קודש : קוד]ש
4Q401 6 1.5	]שרי קודש : קוד]ש קודשים :
4Q401 12 1.3	עולמ[ים : קוד]ש קודשים
4Q401 16 1.5	]ב הללוהו קודש :]ל[
4Q401 23 1.1	]׳ נשיא קו[דש :]ל
4Q401 31 1.3	]ת כב[וד :]י קו[דש
4Q401 32 1.3	מל[כות :]קודש[
4Q401 35 1.2	ודעה יודעי[: ק]ודש קודשים
4Q403 1 1.6	עוז [לאלו]הי קו[דש] בש[בעה
4Q403 1 1.24	בשב[עה]דברי קודש פלא[ו
4Q403 1 1.41	כול י[סודי קוד]ש קודשים
4Q403 1 1.44	תבנ[יתו רו]חי קוד[ש] קודשים
4Q403 1 1.44	חיים[רו]חי קוד[ש עו]למים
4Q403 1 2.1	רוקמת רוח קודש קודשי[ם
4Q403 1 2.7	סביב רוחות קודש קודשים ׳[
4Q403 1 2.8	[ ] : קודש ק[וד]שים
4Q403 1 2.14	בקול המוני קודש כול
4Q403 1 2.22	לשבעת סודי קודש ב[ ] :
4Q403 1 2.27	לשבעת גבולי קוד[ש
4Q404 5 1.1	] רוח קודש קודשים :
4Q404 5 1.2	קודשים :]קודש עולמים
4Q405 6 1.5	]רוחי קוד[ש]קדשים[
4Q405 6 1.5	רו[חי]ק[ודש :]י פלא
4Q405 7 1.2	׳ם[:]ת[ ] קוד[ש :]בשבעת
4Q405 14+ 1.2	]דמות פלא רוח קוד[ש]קודשים
4Q405 14+ 1.4	רוחי קורב קודש קודשים ב[
4Q405 14+ 1.7	מבנית : [קו]דש קודשים
4Q405 14+ 1.7	[ ] קודש קודשים :
4Q405 17 1.6	]ק׳ש׳בי קודש מושבי :
4Q405 19+ 1.2	אלוהים רוחי ק[ודש
4Q405 19+ 1.7	בדניהם מלאכי קודש מתחת
4Q405 20+ 2.3	]כרובי קודש אופני אור
4Q405 20+ 2.4	[: קודש מעשי
4Q405 20+ 2.9	ישובו מלאכי קודש יצא ומבין
4Q405 20+ 2.10	אש רוחות קודש קדשים
4Q405 20+ 2.12	לכתם והללו קודש בהשיב
4Q405 23 1.8	מוצאי מלאכי קודש לממשלתם :
4Q405 23 1.10	בשע[ר]י קודש ואין במה
4Q405 23 2.8	צבעי אור רוח קודש קדשים
4Q405 23 2.13	[דבי]ר[י] קוד[ש
4Q405 26 1.1	׳[קוד[ש :]נות
4Q405 27 1.2	]ת[:]קודך<ש>[: [ ]
4Q405 41 1.3	חשני ב[: קו]דש[
4Q405 43 1.4	]הם מחוק[:]קוד[ש
4Q405 44 1.1	שב]עת גבולי קו[דש :]׳ול
4Q405 74 1.3	ודעת מ[:]׳׳ קודש[
4Q405 85 1.1	קוד]ש קו[דשים
4Q407 1 1.3	מ]לאכי קודש:]בקרו[אי
4Q407 2 1.2	]׳ רנ׳[:]קודש [:]׳׳ קר
4Q502 1 1.6	]לו מהיות קוד[ש: [
4Q502 9 1.13	]אשישי [קו]דש קודשים :
4Q502 10 1.1	]קודש [: ה]יום
4Q502 25 1.4	]רי ה[:]׳ קוד[ש
4Q502 33 1.1	] קודש[: אש]ר
4Q502 44 1.3	]אתרפ׳[:]ת קודש[
4Q502 51 1.3	עו]למים[:]׳ קוד[ש
4Q502 76 1.2	א[:]ה מועדי ק[ודש
4Q502 97 1.3	]שבעת ימי[ם : קו]דש קודשי[ם

4Q502 97 1.4	קודשי[ם : קוד]ש קודשים[
4Q502 100 1.2	[˙˙˙˙] :]קודש קו[דשים :
4Q502 191 1.2	]יש[: ק]ודש [
4Q502 196 1.1	]קודש˙ [
4Q502 211 1.1	ק]ודש[
4Q503 24+ 1.1	קוד]ש ק[ודשים
4Q503 27 1.5	]יברכו את[: קוד]ש קו[דשים
4Q503 33 1.3	מרו]ממים : [קודש:] מועדי :
4Q503 37+ 1.15	[: קודש ומנוח
4Q503 40 2.5	]מנוח קודש [
4Q503 62 1.3	]בשבתות [:]˙קודש ל[
4Q503 68 1.5	ו[ענו :] קודש[:]ל[
4Q503 74 1.4	אל י[ראל :]י קוד[ש : יש]ראל
4Q503 116 1.1	[קוד[ש :]מים [
4Q503 162 1.1	[ק[ו]דש[: [א
4Q503 165 1.2	]כ˙ [:]קוד[ש:]ל[ ]ל[
4Q504 1+R 7.6	מלאכים רקיע קודש ו[
4Q504 4 1.5	]רוח] ק[ודש [
4Q504 5 2.3	[: קודש עומד
4Q508 18 1.2	˙[ ]˙ם[:]˙ קודש עםכול [
4Q508 25 1.1	]קוד[ש :]לח˙ [
4Q509 27 1.3	]אשר ד[:] קוד[ש
4Q509 32 1.4	[˙] [קודש עם כ[:
4Q509 58 1.6	˙[ ]˙˙[:]˙י קוד[ש]˙˙[:
4Q509 131+ 2.16	[: עם נה[: קוד[ש : בכול [
4Q511 41 1.2	[:]ת לכרובי קודש[
4Q512 29+ 1.2	א[תה:]עם קודש[:]ת[
4Q512 1+ 1.3	]אפר קודש [ ] :
4Q512 48+ 1.3	וענה[: עם קוד[ש : ומי
4Q518 32 1.3	[:] בק˙[:]קודש [
4pIs[a] 7+ 3.24	כ]סא כבוד נזר ק[ודש]ובגדי
4pIs[c] 23 2.3	אמר יהוה קודש ישראל
4pIs[c] 60 1.3	[:]ב ו˙[:] קודש[:]היד ˙
4pPs[a] 1+ 4.25	[˙˙ קודש כיא : [
4QM1 1+ 1.10	כיא מלאכי קודש במערכותמה
4QM1 11 1.14	ומכוני בעדת קודש לוא כבשר
11QSS 3+ 1.4	כרו]בי קוד[ש
11QSS 5+ 1.7	[ ]קודש : קודשי[ם
11QSS 8+ 1.3	]ם הטוהר ברוח קוד[ש] :
11QSS 2+ 1.4	ק]ודש מלך :
11QSS 2+ 1.5	יהללו]הו משאי קודש : לכסאי
11QSS e 1.5	]תשבוחות : קו]דש קודשים :
11QSS n 1.4	כול[:] <]קודש קודש[ים>
11QSS n 1.4	קודש]ים> קודש קוד[שים :
11QT 17.10	הזה מקרא קו[דש] : כול
11QT 27.8	שבתון מקרא קודש יהיה לכמה
11QT 35.1	[קוד]ש הקודשי[ם
11QT 35.3	ק]ודש : [ ]ה
11QT 35.9	ולפרוד והיה קודש קודשים
11QT 43.16	לאונמה כי קודש הוא :
11QT 47.4	] תהיה קודש וטהורה :
11QT 60.3	לי עם כול קוד[ש] :
CD 12.1	[ ]ת : קודש הוא
MasSS 1.10	ק]ודש קדשים
MasSS 1.13	]בכ<ו>ל קודש
MasSS 2.17	עוז לאלוהי קודש בשבע[ה
1pHab 2.4	] את שם קודשו : וכן
1QH 3.34	ויהם זבול קודשו באמת :
1QM 13.2	בכול מחשבת קודשו ומעשי
1QS 8.16	הנביאים ברוח קודשו וכול
1QS 10.9	נבלי לתכון קודשו וחליל
1QS[b] 1.2	בב[רי]ת קודשו והולכום
1QS[b] 1.9	יע]מוד קודש[ו] : [
1QS[b] 1.10	]קודשו˙ [ ]
1QS[b] 3.25	אדוני מ[מעון קו]דשו וישימכה
1QS[b] 5.28	יעובדוכה ובשם קודשו יגברכה :
4Q400 3+ 2.1	זמרות קודשו[
4Q403 1 1.9	זמירו]ת קודשו ת[ולדות
4Q403 1 1.24	יברך בשם קודשו לכול
4Q403 1 1.42	טהורים למקדש קודש[ו] :
4Q403 1 2.16	והללוהו בדביר קודשו
4Q502 97 1.5	קודשים[:]˙ קודשו [
4Q503 1+ 2.20	] : אנו עם קודשו[
4Q503 11 1.3	]˙ים ואנו עם קודשו מרוממים
4Q503 15+ 1.3	ש]ם קודשו [:]˙[
4Q503 26 1.3	מ]עשים[: קו]דשו [:]ל[
4Q504 1+R 7.5	] : את שם קודשו תמיד
4Q504 1+R 7.11	[: קודשו הרננו
4Q504 2V 1.8	אל קודשיהם :]קודשו וישא:
4Q511 2 1.2	[: קודשו ורוממוהו
4Q511 2 1.6	אלוהים ומסל[ת ק]ודשו לקדושי
4Q515 3 1.1	]קודשו: ול˙˙ם ˙
4pPs[a] 1+ 3.8	הונו את עם : קודשו אשר
4pPs[a] 1+ 3.11	ישר[אל ובה]ר קודשו יתענגו
4QM1 1+ 1.5	[: קודשו בש[מ]חת
4QM1 16 1.3	א˙[: ע]ם קודשו ממלכות
11Ber 1 1.5	מלאכי קודשו: יברך
11Ber 1 1.14	בעדתכם ושם קודשו נקרא
11Ber 2 1.3	]וברוך שם קודש[ו :]תו
11QSS 2+ 1.6	הדרו ולדבירי קו[דשו
MasSS 2.22	תהלי זמיר[ו]ת קודשו תולדות ˙
4Q400 1 2.16	קדושים[: קודשי[: אלים
4Q403 1 2.11	וקדש[ ]לשבעת קודשי רום וקול
4Q405 19+ 1.5	מעשי]הם ק[וד]שי דבקי
4Q405 32 1.2	]ושב[עה : קוד]שי רום[:
4Q400 2 1.7	וק[ודשנו : קודש[י]הם [ ]
4Q407 1 1.2	]˙א:]קודשיהם:
4Q504 2V 1.7	˙ : [˙˙˙˙ אל קודשיהם :
11QT 60.3	לבהמתמה וכול קודשיהמה אשר
1QS[b] 3.2	ויפקוד כול קודש[י]כה
11QT 53.9	אלוהיכה : רק קודשיכה וכול
1QM 10.12	רוחות וממשלת קודשים אוצרות
1QS 8.6	וסוד קודש : קודשים לאהרון
1QS 8.8	מעון קודש קודשים :
1QS 9.6	להיחד קודש קודשים ובית
1QS 10.4	גדול לקודש קודשים ואות נ
1QS[b] 4.28	] נזר לקודש קודשים כיא [
4Q400 1 1.10	בק]ודש קודשים : [
4Q400 1 1.12	]קודש קודשים כו[הני
4Q400 1 1.15	] קוד]שים חרת
4Q400 1 2.6	קדושי קודש קודש[ים: מלך
4Q401 6 1.5	קודש : קוד]ש קודשים :
4Q401 12 1.3	קוד]ש קודשים לפ[ני
4Q401 17 1.3	עו]למים א[: קו]דשים כ[:
4Q401 35 1.2	ק]ודש קודשים ירום[
4Q403 1 1.41	י[סודי קוד]ש קודשים עמודי
4Q403 1 1.44	רו]חי קוד[ש] קודשים אלוהים
4Q403 1 2.1	רוח קודש קודשי[ם] :
4Q403 1 2.7	רוחות קודש קודשים ˙[ ]
4Q403 1 2.8	[ ] : קודש ק[וד]שים רוחות
4Q404 5 1.1	] רוח קודש קודשים :]קודש
4Q405 6 1.2	פל]א בשמח[ת: קודש]ים [
4Q405 14+ 1.2	רוח קוד[ש]קודשים מפות[ח
4Q405 14+ 1.4	קורב קודש קודשים כ[
4Q405 14+ 1.7	[קו]דש קודשים בדבירי
4Q405 14+ 1.7	[ ] קודש קודשים : [
4Q405 18 1.3	דביר מ˙[: קו]דשים ברוח
4Q405 19+ 1.4	ו]צדק בקודש[ק]ודשים
4Q405 41 1.3	כ[: קו]דש[ק]ודשי[ם
4Q405 85 1.1	קוד]ש קו[דשים :]ם מ
4Q502 2 1.2	[ ]˙ אלה [: קו]דשים מודה
4Q502 9 1.13	]אשישי [קו]דש קודשים :]את
4Q502 97 1.3	ימי[ם : קו]דש קודשי[ם :
4Q502 97 1.4	קוד]ש קודשים[:]˙
4Q502 100 1.2	˙˙˙[:]קודש קו[דשים :
4Q503 15+ 1.2	]וש כ[: קו]דשים

4Q503 15+ 1.5 לנו בקוד קודשים[:
4Q503 23 1.1]קודשים[
4Q503 24+ 1.1 קוד]ש ק[ודשים :
4Q503 27 1.5 את[: קוד]ש קו[דשים
4Q503 29+ 2.23] : קו]דשים והלילה
4Q503 37+ 1.14] : אלוהי כול קודש[ים
4Q503 37+ 1.19]: [קו]דשים ˙˙מ[
4Q503 40 2.7] קודשים י˙[
11QSS 5+ 1.8]קודש : קודשי[ם
11QSS e 1.5 קו]דש קודשים :]˙י
11QSS n 1.4] <]קודש קודש[ים> קודש
11QSS n 1.4 קודש קוד[שים :]˙˙[
11QT 35.9 והיה קודש קודשים לעולם

1Q34[b] 3 2.7 ודברי : [ ] קודשך במעשי
1QH 14.13]˙ח קודשך וכן
1QH 15.23] ק]ודשך ואדעה
1QH 16.12]לטהרני ברוח קודשך ולהגישני
1QH 20 1.3 [:]˙ רקיע קודשך [:]כול
1QH 32 1.1] קודשך [:]כי
4Q504 3 2.8]א ודברי קודשך שמע[ו :

1Q39 1 1.6 [:]˙ים ברוח קודשכה [
1QH 7.7 בעוזכה ורוח : קודשכה הניפותה
1QH 9.32 סמכתני וברוח קודשכה תשעשעני
1QH 12.12 פלאכה ברוח ק<ו>דשכה :
1QM 11.3 רבות בשם קודשכה וגם ביד
1QM 12.1 מלאכים בזבול קודשכה לה[ודות
1QM 12.2 אתכה במעון קודשכה ומ[ספר
1QM 14.12 כא]ין ואנו עם קודשכה במעשי
1QS 11.19 בכול מחשבת קודשכה ולהביט
4Q497 14 1.3 ˙[: קו]דשכה [:]
4Q503 15+ 1.13 אל ישרא[ל :]קודשכה [:
4Q503 15+ 1.18]ישראל [: קוד]שכה[
4Q504 1+R 4.12 ציון עיר קודשכה ובית
4Q504 1+R 5.15 יצקתה את רוח קודשכה עלינו :
4Q504 3 2.10 לבלתי נ˙[: קו]דשכה הגדול[
4Q504 4 1.16 [:]אדוני שם קודשכ[ה :]˙ר
4Q504 6 1.11 אש וענן ב[: קוד]שכה הולך
4Q509 31 1.3]˙˙˙ ש[:]קודשכה[:]
4Q509 131+ 1.5]בות:]קודשכ[ה] :]לית
4Q512 29+ 1.11]מקטרת קודשכ[ה
4Q512 64 1.6]ה[ ]וחוקי קוד[שכה:]מ[
4QM1 5+ 1.1 בזבול קוד[שכה
11QPs 24.4 כפי : למעון קודשכה הט

4Q405 23 2.8 מחזקות מעמד קודשם לפני[ ]

4apLm 1 1.7 [ ] :]חצרות קודשנו היו :]

4Q381 46 1.7]קוה ופרסותם

4VSam 3+ 2.2 וזאת כיא :]קוו אלוהי
11QPs 22.8 נלוו : כמה קוו לישועתך

1QH 1.29 במדה ותוצא קוים לרזיהם

11QPs 19.16 שבחי ולכה קויתי : כול

1QH 8.36 ואין לה˙ים : קול[ ]˙ן
1QH 12 1.5 [:] להאזין קול נכבד[
1QM 8.5 בחצוצרות קול מרודד ידי
1QM 8.7 תרועה שנית קול נוח וסמוך
1QM 8.9 החללים קול חד מרוד
1QM 8.10 יריעו : קול אחד תרועת
1QM 8.10 לב אויב ועם קול התרועה
1QM 8.11 להפיל חללים קול השופרות
1QM 8.12 מריעים קול חד מרוד
1QM 8.14 המשוב : קול נוח מרודד
1QM 8.15 השופ]רות קול תרועה :
1QM 10.10]˙ ושומעי קול נכבד ורואי
1QM 16.7 החללים קול חד מרוד
1QM 16.9 העם יחשו קול התרועה
1QM 17.14 קו]ל [התר]ועה
1QM 17.14 העם יניח[ו] קול התרועה
4Q176 1+ 1.6 בכול חפותיהא קול קורה :
4Q401 14 2.3 נפלאותיה[: קול רנות[: לוא
4Q405 6 1.10]˙ אפסי :]ת קול :]ישמיעו
4Q405 14+ 1.3 ק]ול ברך למלך
4Q405 18 1.5 פלא בדממת ק[ול :]ל[
4Q405 19+ 1.7 לך[בירי] הפלא קול דממת שקט
4Q405 20+ 2.7 בהרומם קול דממת
4Q405 20+ 2.8 ברום כנפיהם קול[דממ]ת
4Q405 20+ 2.13 [יעמ]ודו קול גילות רנה
4QM1 13 1.6 החללים קול חד מרוד
4QM1 13 1.8 העם והרימו קול[אח]ד
4QM1 18 1.2]מ˙˙[: ק]ול אח[ד :
4Tstm 1.1 לאמור שמעת את קול דברי : העם
11QSS j+ 1.7] [: קול]
11QSS 1 1.4 כו[ל : כבודו קול ה[

4Q374 15 1.1]קולה vac[
11QPs 18.10 צדיקים נשמע קולה ומקהל

1QS 7.14 בסכלות להשמיע קולו ונענש
4Q186 2 1.2 תרגל ובת קולו עניה

1QM 6.13 לשמוע [ק]ולות ולכול

4pIs[a] 2+ 2.23]קולכי בת גלים

1QH 2.27 מים רבים שאון קולם נפץ זרם
1QH 3.16 מים בהמון קולם ובהתרגשם
1QH 3.17 לתהום ישמיעו קולם ויפתחו
4pN 3+ 2.1 אשר לא ישמע קולם עוד בגוים

1apGn 21.13 זרעך לא יתמנה קום הלך ואזל :
1QM 18.2 בני יפת לאין קום וכתיים
4Q381 24 1.6 בחיניו ויאמרו קום א[להי
4Q484 19 1.1] קום [
4Q490 12 1.1]קום [
4Q511 119 1.1] קום[

1Q25 6 1.3]בבהמות ו[:] קומה ולחכו [:
1QM 12.10 לכול צאצאיה קומה גבור שבה
1QM 14.11 בעוזכה ורמי קומה תגד[ע
4QM1 8+ 1.9 בעוז]כה ורמי קומה תגד[ע

2QJN 3 1.3 פתו]רא די קומוהי ל[מרא :

4Q176 8+ 1.3 קומ]י שובי
4Q176 12+ 1.3 יבוא[: מע]פר ק[ו]מי

4Q508 2 1.6 יצרנו מ[: קומנ]ו ושוכבנו

11QT 7.9 אמ[כת :]˙˙˙ קומתו והכפרת

4Q497 9 1.4 [:]<]גד> גו קונ˙[:]˙ל˙ [

4Q374 9 1.2 ˙[: ק]ינה אשר קונן ˙[:

11QT 60.18 ובתו : באש קוסם קסמים

1QH 8.25 ופלגיו : יעל קוץ ודרדר

4pPs[b] 4 1.1]מלא כפו קוצר ו[חצנו

1QH 12 1.2 עולם[ ]˙קור און ˙˙˙[:

4pIs[e] 5 1.3 ל[אחרית : קור]א משעיר

4Q400 1 1.8]כוה[ני] קורב משרתי פני

4Q509 33 1.3	[:]ה̊ [:] ק<י[>]
4pIsc 52 1.2	]˙˙ח[:]˙קי[
6Q31 2 1.2	]˙˙[:]˙קי˙[
1QH 4 1.18	אברכה תמיד :]ק̊יה̊ לו[ ]דכה̊
4Q504 4 1.8	]]ק̊יכ̊ה תורה̊ אשר
4Q381 53 1.2	]על̊[ ] :]˙קים:]גדלות :
11tgJ 35.7	לך היקים : קים עמך
CD 20.12	א̊ ואמנה אשר קימו בארץ דמשק
1QH 13.12	חדשות להפר קימי קדם ול̊[
1QH 11.22	<ואנחה בכנור קינה לכול אבל
4Q374 9 1.2	]˙˙ ˙[: ק]ינה אשר קונן
1pHab 7.13	כיא : כול קיצי אל יבואו
1QH 3.13	ו̊ירועו : אושי קיר כאוניה על
4Q497 2 1.3	[:]ה̊י̊ה̊ [:]קיר[:]˙˙ול˙[:
11QSS 5+ 1.5	]קיר מברכים
11QT 37.9	הפנימי אצל קיר [ ]
1QSa 2.2	אנושי השם קיראי מועד
11QT 38.14	צפון ו̊רוחב קירה̊ [אר]ב̊ע
11QT 30.7	ועשיתה רוחב ק̊יר̊ו̊ ארבע :
11QT 33.9	[ו]ר[ח]וק קירו̊ מק[י]ר̊ו
11QT 33.11	הבית הזה כולו קירו עשו̊י
11QT 36.5	] ו̊[רו]חב קי[רו] שב̊ע
11QT 42.7	ת̊עשה אצל קירות השערים
4Q404 5 1.6	[ו]צדק כול קירותו :
1QH 7.9	לסודי וכול קירותי לח̊ומת
11QT 31.8	הזואת צפו זהב קירותיו ושער̊י̊ו̊
4Q511 202 1.1	]ק̊בה[:]˙ה̊[
4pIsc 23 2.5	כן תנוסון ועל קל נרכב על כן :
4QOrd 7 1.1	]˙ קל˙ [
11tgJ 14.4	ישו̊[:] ק̊ל סגנין המטרו
4QMes 2.17	עובדה : חל̊ף̊ קלה̊ [
1pHab 11.9	שבעתה : קלון מכוד שתה
1QH 12.25	נדה וערות קלון מקוי עפר
1pHab 11.12	הכוהן אשר גבר קלונו מכבודו :
1pHab 11.15	ע]ל[ק]ל[ו]נו
4pN 3+ 2.11	(˙˙˙˙˙˙) קלונך פשרו
1QM 6.12	סוסים זכרים קלי רגל ורכי
1QSb 5.29	משי[ב] ופרשו [ק]ליכה̊ על
11tgJ 13.8	במעבד[ה: קלילין באדי̊[ן :
11tgJ 31.3	וארח לעננין קלילין להנחתה
1pHab 2.12	א[שר המ]ה קלים וגבורים :
1QS 7.1	] : ואם קלל או להבעת
3Q15 6.4	שלוש שם קלל : בו ספר
4Q176 21 1.2	˙˙[:]בכול קללת̊[:

4Q400 1 1.17	] דעת בכוהני קורב ומפיהם
4Q400 1 1.19	יסד לו כוהני קורב קדושי
4Q401 15 1.3	ה[קודש :] קורב מש[רתי :
4Q401 16 1.3	]קדושי קורב : כבו]דו
4Q402 9 1.4	קדו]שי̊ קו̊[רב : כבוד]ו̊
4Q403 1 2.19	שניים בכוהני קורב סוד שני
4Q403 1 2.24	] : רוש מכוהן קורב וראשי
4Q405 8+ 1.2	ק]ו̊ר̊[ב סו]ד̊
4Q405 14+ 1.4	מבואיהם רוחי קורב קודש
4Q405 20+ 2.1	כול כוהני קור̊ב̊ [
11QSS h+ 1.7	א[לוהי :]קורב במע̊[מדי :
4Q405 8+ 1.5	שבע : [כהו]נת קורבו [
1QH 14.14	לבינתך̊ ולפי : ק̊ורבי קנאתי על
1QM 8.7	ידי מפשע עד קורבם : למערכת
11QT 20.13	השמש ועל כול קורבנכמה תתנו
1QS 7.1	לו ( ) הואה קורה בספר או
4Q176 1+ 1.6	חטותיהא קול קורה : במדבר
4Q403 1 1.43	מרו̊[מ]ים כול ק̊[ורותו [
4QMl 1+ 1.1	קורח ועדתו ל̊כ̊[
11QT 48.8	ולוא תשימו קורחה בין
CD 5.13	ומבערי זיקות קורי : עכביש
CD 5.14	קורי : עכביש קוריהם וביצי
1QH 10.4	הוא [: קורץ ולעפר
1QS 11.22	מצירוק : חמר קורץ ולעפר
4Q511 28+ 1.4	יצר : [ ]ק̊ו̊ר̊צתי ומחושך
1QM 14.7	]ס̊ם לבב קושי ובתמימי
1QS 4.11	וכבוד אוזן קושי עורפ
4Q497 1 1.4	[˙˙˙˙ ˙˙˙˙[: קו]שי̊ לבב[:]ר̊
4QMl 8+ 1.6	[ר]שות] לבב קושי ובת̊מ̊ימ̊[י
4QMl 1+ 1.3	ב]מ̊לחמ[ה]ק̊זה לרכב
4QPsf 2 8.13	תקבלי : קחי ח̊זו̊ן̊
11QPs 22.13	נכבדים תקבלי קחי חזון :
4QOrd 2+ 1.8	אם ב[ ] קחתו אותה
1QH 12.2	ק[ ]˙˙קט ושלוה :
4Tstm 1.18	יש<י>ם(ו) קטורה באפך
11QT 3.10	זהב טהור[:] ק̊טורת הסמים
1apGn 22.3	נ̊נסוהי ולא קטיל ודי :
1apGn 20.10	בדילהא ולא קטילת ובכית
1apGn 22.8	רוחיהון והווא קטל : בהון
11tgJ 10.3	]ימא ובמנדעה קטל : הד]נח
4Q502 55 1.3	]˙[:]ת[:]קט̊[:]ל[
5QTop 6 1.1	]ו̊את קטנ˙[:]ו̊ד
11QPs 28.3	לדויד בן ישי קטן הייתי
4Q176 8+ 1.9	אלוהיך̊ :] קטנה עזבתיך
3Q15 7.3	] : באמא של קי˙[ ] :
4Q502 156 1.4	כ]ב̊ודו[:]ק̊י̊ [

1QH 17.10 בם[:]וממשפט קצ˙[
1QH 9 1.8]אסיר עד קצ רצונכה :
1QH 57 1.2]˙ד קצ[: וכבוד[
1QH 58 1.5 ולהבי[:]ד קצ משפטכ[:]
1QH 59 1.3]˙˙˙ את[:]קצ תפי[:]˙ים
1QS 4.16 שמן בד בבד עד קצ : אחרון
1QS 4.18 כבודו נתן קצ להיות עולה
1QS 4.25 כבד שמן אל עד קצ נחרצה ועשות
1QS 10.5 מועדים בכול קצ נהיה ברשית
1QS 11.9 עולם עם כול : קצ נהיה ואני
4Q499 10 1.2]˙[: ק]ץ לקץ˙[:
4Q502 9 1.3 וענה וא[מר : ק]ץ שמחה להלל
4Q509 205 1.2 ר]שעה ל[: ק]ץ הרשעה[:]
4Q509 221 1.2]˙ולאל[:]קצ˙[
4AgCr 1 1.1 אשר עשה אל קץ להתה[לך :
4AgCr 1 1.3 פעולות[יהם :]קץ לקצו והוא
4pN 3+ 2.4 פגר ואין קץ לגויה וכשלו
4pN 3+ 2.6 בימיהם ואין קץ לכלל חלליהם
5Q16 3 1.5 צד[ה :]קץ אחרית[
CD 6.10 במה בכל קץ הרשיע
CD 15.7 המשפט בכל קץ הרשע לכל
CD 15.10 לעשות בכ[ל ק]ץ [ ] ואל

4Q181 1 1.3 רשעה עד : קצה לעומת רחמי
11QPs 26.15 נשיא[ ]קצה [ ]

1QS 3.23 לפי רזי אל עד קצו וכול
2Q33 1 1.1]ם קצו [:]לוא

1pHab 9.14 × : לביתכה קצות עמים
1QM 1.8 יאורו לכול קצות תבל הלוך
4Q511 63 1.4 כ]ול קצוו[ת]

1QS 4.10 ורוב חנפ קצור אפים ורוב

1pHab 10.2 ואשר : אמר קצות עמים רבים

4Q181 2 1.9 ו[: בכול קצותם[:

1QH 1.24 זכרון לכול קצי נצח
1QH 20 1.4 מחשבותך לכול קצי עו˙[:]
1QM 1.8 גודלו לכול קצי : ע[ולמים
1QM 11.8 הגדתה לנו ק[צי] מלחמות
1QS 3.15 נגיעיהם עם : קצי שלומם מאל
1QS 4.16 למועט לכול קצי עולמים כיא
1QS 4.25 מעשיהן לכול קצי :]ן
$1QS^{b}$ 1.27 כו]ל קצי עב<ב>ד[יו
$1QS^{b}$ 4.26 עולם ולכול קצי נצח כיא :
$1QS^{b}$ 5.18 ו]עם כול קצי עד וכבודכה
$1QS^{b}$ 16 1.1]קצי כו[ל :]˙
4Q508 3 1.4]˙[ ]ה זכרתה קצי[
4Q510 1 1.7 או[ר] באשמ]ת קצי <נגוע[י]>
4Q511 3 1.3 ואח[ר : ק]צי רשעתה ופ
4Q511 10 1.4 באשמ]ת קצי נגוע[י] :
4AgCr 1 1.4] [<]ל> קצי ממשלותם זה
11Mel 1+ 2.20 בכול קצי הע[ולם

1QS 4.13 מחשכים וכול קציהם לדורותם
CD 2.9 ומספר ופרוש קציהם לכל :
CD 16.2 ופרוש קציהם לעורון :

1QH 13.20 אחור˙[: קציך מוע˙[

1QS 10.1 יברכנו : עם קצים אשר חקקא
$4QCat^{a}$ 2+ 1.10 ימ]לאו קצים[:]˙ת
4QM1 23 1.2]˙[: בכו]ל קצים נ[:

1QS 10.7 זה לזה מועד קציר לקיצ
4Q379 12 1.7]עי עד חודש קציר חטים :]ל
4Q512 33+ 1.3 ו]מועד ק[צ]יר <וקיץ>
$4pHs^{b}$ 10a+ 1.1 ק]ציר לכה :]

1QH 13.15]ה סודו ערות קלן [ ]˙

2apDa 1 1.2 ל]פי [: ק]לעו המזור עם

1Q23 11 1.1]קם ק˙[:]˙˙
1QM 11.6 כוכב מיעקוב קם שבט מישראל
4Q502 190 1.1]קם[:]אל[

4apLm 1 2.12 ימשו תכלת ידי קמה מפ[ני :

4Tstm 1.19 מחץ <מתנים> קמו ומשנאו :
11tgJ 21.8 מנהון [:]קמו ולא ימללון

4Q513 7 1.1]קן[

5QJN 1 1.11 פותי דשי[א] קנא חד ופלג
11QT 2.12] [אל קנא הוא השמר

1QH 2.15 ואהיה לרוח קנאה לנגד כל
1QH 5.23 ומדנים לרעי קנאה ואף לבאי
1QH 9.3 באף יעורר קנאה ולכלה[:

1pZ 1 1.1 קנ]אתו תאכ[ל
4Q400 1 1.18 עולמים ובנקמת קנאתו :]

1QH 14.14 ולפי : קורבי קנאתי על כול
11QPs 21.15 זמותי ואשחקה קנאתי בטוב

4Q504 1+R 3.11 חמתכה : [קנא]תכה בכול
4Q504 1+R 5.5 אפכ<ה> באש קנאתכה להחריבה

1apGn 20.34 עמי ואף לוט קנה לה נכסין
1pPs 9 1.3 חיית ק[נה] : [
4Q513 26 1.2]ת המה [:]קנה א[
5QJN 1 1.9 די[דשי]א קנה[ ] : [
11tgJ 33.9 ועוזא ירים קנ[ה כ]כפא

1pHab 9.13 לשום : במרום קנו לנצל מכף
4Q504 6 1.7 וכנשר יעיר קנו[ ] : [

5QJN 1 1.2]פתה קנין שת[ה]
5QJN 1 1.3] [קנין עשרה
5QJN 1 1.4 מק[דשא מ]שח קנין תמנית
5QJN 1 1.5 תרי]ן מ[נהון] קנין תש[ע]ה
5QJN 1 1.6] פותי]ה קנ[ין תל]תת
5QJN 1 1.8]שפשיא קנין תרין [ ]
5QJN 1 1.10 פותי תרעיהון קנין תלתה
5QJN 1 1.15]קנין תרין אמין
5QJN 1 1.16 א]ספא קנין תרין אמין
5QJN 1 2.1 וא[ור]כה על קנין תרין אמין
5QJN 1 2.1 עשרה ורומה קנין תרין אמין
5QJN 1 2.3 משחה חדה קנין תרין
5QJN 1 2.5 [וס]ל[ק]רום ק[נין תרי]ן
5QJN 1 2.8] : [קני]ן תרין
5QJN 1 2.9 פות]י קנין ת[רי]ן
5QJN 4 1.3]ע˙˙[: מש]חה קנין [
5QJN 15 1.1 <ק]נ[ין> ת]רין[

3Q15 3.4 מנקיאות : קסאות כל שש

11QT 60.18 באש קוסם קסמים ומעונן

11QT 48.9 בבשרכמה וכתבת קעקע לוא

11QT 3.11 ימוש מן המקדש קער[ותיו :

11tgJ 36.8 תרוט עלימו קפלי בשרה

1QH 5.11 [ ]ר קץ : הגלות
1QH 6.31 למרחב אין קץ ושערי עולם
1QH 12.8 עת יסודי קצ ותקופת

אדם וחמס ארץ קריה וכול   1pHab 9.8
בדמים ויכונן קריה בעולה   1pHab 10.6
אדם וחמס ארץ קריה וכול   1pHab 12.1
אמר סדמי ؛ קריה וחמס ארץ   1pHab 12.7

[ ]'' מן קריהו[ן ؛]   11tgJ 8.1

תתפלף ובשפרי קריות תתיצב   4Q184 1 1.12

חמי[שי]תא קרית לבני   1apGn 12.16
ביתי ושלחת קרית למטרה   1apGn 21.21
לעבדי קרית ולא ؛ [11tgJ 2.5

במצ[ע]ת קריתא ؛ [5QJN 1 1.5

ולהכרית את קרן ؛ [ ]''   1QM 1.4
ויד הכידן קרן ברורה מעשה   1QM 5.14
[א ום] דן ؛ ק[רן] סרבח[א   2QJN 5+ 1.5
[ותנתן לי קרן] ؛ [ ]חו בך   4Q381 46 1.2
[ל להאביד את קרן]   4QFl 8+ 1.1
אויב לה[ ] ؛ [ ]'' קרן אש[מה   4QM1 4 1.4
[؛] ם להקים קרן מ[ף]   4QM1 11 1.22

וחרף סיף ולקל קרנא יאמר האח   11tgJ 33.5

באצבעו על קרנות ה[מזבח   11QT 16.16
על ארבע קרנות סוב[ח]   11QT 23.12

אומינו ותרם קרני על כול   1QH 7.22
נפשי ותרם קרני ؛ למעלה   1QH 7.23
[ ] קרנ[י]   4Q156 2.2
תוה[ ]ו וקרני[ך קרני חל[11QPsᵃ 4.7

חלציכה[ו]יש קרניכה ברזל   1QSᵇ 5.26

לפניך תמיד קרנים קרנים ؛   4Q381 46 1.6
תמיד קרנים קרנים ؛ ברזל   4Q381 46 1.6

הפרספלין בירך קרקעו סתום   3Q15 1.7
ויין ולחת סים קרקעו וקירותיו   11QT 49.12

כול הגוים כיא קרתה   4Q504 1+R 3.5

ובפשעינו קרתנו ؛ [4Q504 1+R 2.15

[וח]תם؛ לוא קש'[4Q509 277 2.1

יצר ועורם קשה ליסד מוסד   1QS 5.5

ק[שו] בעורפם ؛   4Q506 132 1.7

]לבית יהודה קשות לשוממם ؛   4QFl 4 1.4

ו[ס] [ה קש<י>פה יפלג ؛   11tgJ 11.8

כל חרצובות קשריהם לבלתי   CD 13.10

וידרוך גבור קשתו ויפתח   1QH 6.30
וא]ת קשתו נתן[ ]אל   4Q370 1.7

המזור עם קשתות ולא؛   2apDa 1 1.2

רשעים וידרוכו קשתם לפיל פני   4pPsᵃ 1+ 2.16

[קת י'[1Q70 5v 1.1

[כיא מפם] ؛]לתנו ואתה חי   4Q504 8R 1.2

[תריבו[؛]קצבה[؛]עולמים   1Q36 2 1.2

אקבצך בשצף קצף [ ]'' [4Q176 8+ 1.9
ובצדקה ؛ [ויהי קצף גדול על   4Q176 20 1.2

ארוך ؛ ולוא קצר והואה ממיל   4Q186 2 1.4

]ואני על דבריך קר''[؛ [1QH 16.19
[קו]דש [؛] קר'' [؛ [בקן]   4Q407 2 1.3
ער[؛]קר''[؛]מ[ועד   4Q502 192 1.1
]ת א[؛] קר [؛]מ[4QMᵇ 29 1.1
[קר [؛ [11QT 19.1

ביתה ושלח ؛ קרא לכול[1apGn 20.19
אל ישראל קרא חרב על כול   1QM 16.1
תורת ההו[ן ؛]קרא להם כאשר[4QCatᵃ 5+ 1.6
נשים ודויד לא קרא בספר התורה   CD 5.2
דמשק ؛ אשר קרא אל את כולם   CD 6.6

עזובה ؛ [רוח קראך '''' ואשת   4Q176 8+ 1.8

קראתי אליכה   11QPs 24.3
קראתי מבמחי   11QPs 24.16

]כה[؛ [בנים קראתנ[ו ؛]כה   4Q505 126 1.2

נהרין ועבדו קרב עם ברע מלך   1apGn 21.24
באדין קרב סלכא די   1apGn 22.18
]נפול בו כתיאים קרב ונחשיר חזק   1QM 1.9
יעדתה לכה יום קרב   1QM 13.14
וחסדיך לעבד קרב לך וה]   4Q381 33 1.5
]ליום קרב פמה עמ]ר ؛   11tgJ 31.1
כול מנחה אשר קרב עליה נסך   11QT 20.9
א]שר קרב עליה לבונה   11QT 20.10

]בלע ؛ ו[ע]בד[ו]ן קרבא ؛ בעמקא   1apGn 21.31

רחיק יריח קרבה ולנקשת   11tgJ 33.6

לבם ויסטו קרבי[ה]ם   4Q374 2 2.7

עם כול קרביו ושרפו   11QT 16.13

ישראל אתמה קרבים היום   1QM 10.3
ישראל אתמה קרבים   11QT 61.15

העדה יכתובו קרואי אל ؛ ועל   1QM 3.2
[؛] יכתו[בו קרו]אי   4QMᵇ 8 3.9
]קרואי רום   MasSS 1.12

]קרוב ישעי לנגד   4Q381 33 1.8
אשורנו ולוא קרוב דרך כוכב   4Tstm 1.12
בכול שפריכה קרוב למקדשי   11QT 52.14
לוא תזבח קרוב למקדשי כי   11QT 52.18
ואם לוא קרוב אחיכה ؛   11QT 64.11
יש [ב]מקום קרוב ؛ לגוים   CD 11.14

לכול אי[ו]לי קרו]בים דעת   4Q403 1 1.18

רמיה כי כול קרוביך לא ימרו   1QH 14.14

בלכתנו קרי בחקי הברית   CD 20.29

צפרין בתרעי קריא בשוק[א ؛   11tgJ 14.1
על מהמא תקף קריא ונגשת   11tgJ 32.6

אנשי השם ؛ קריאי המועד   1QM 2.7
אל על השביעית קריאי ؛ אל על   1QM 4.10
תרומה זכר] ؛ קרי[אי השם   4QM1 19 1.4
הקים לו קריאי שם למען   CD 2.11
בחירי ؛ ישראל קריאי השם   CD 4.4

ר

1Q20 3 1.2	וכול ˙קבלא ˙ר[:]˙ד[:]˙
1Q23 14 1.2	]ת[:]וידעו ר[:]˙ באר[:
1Q25 1 1.8	[:]]ל˙ר בציו[ן :]
1Q36 22 1.1	]ר עשיתה[
1Q67 5 1.1	,]ר˙[:] תליתי
1QH 2.36	מפחד הוות ר˙˙˙ם ולהמיר
1QH 3.23	שמכה ביחד ר˙ה ולספר
1QH 6.33	ה[ ]˙˙˙ר˙˙˙˙˙˙ :
1QH 8.20	]˙ר עולם לעדן
1QH 14.10	רשע ולברך :]˙ר אהבתה ולתעב
1QH 18.26	ואני יצר :]˙ר ולב האבן למי
1QH 2 1.18	כול מכ[:]˙ר נתעב
1QH 3 1.8	ידע למ[:]ר כלה ופח לפח
1QH 5 1.5	עוד ותשם מקום ר[:]רוחות
1QH 11 1.3	שני עו[:]מ˙ר כול חותם נפ˙
1QH 12 1.1	לאש[ ]˙ר ל˙[:]עד
1QH 21 1.2	[:]˙ו ו˙˙˙ר נדי[:] אתה
1QH 42 1.2	]הפליא[:]ר נפלא[:
1QH 48 1.1	]˙ר כמוני [:
1QH 58 1.3	] להם[:]˙ר˙[:]ה
1QNo 13+ 1.2	ותפארת[ ]ר[:]˙ יכבר
2Q28 2 1.1	]˙ר הב[:]ש טעמו
2apPr 1 1.4	אכלתמה :]˙ר תעשו כל:
2apPr 5 1.3	]לת[פ]שם[:]ר עם שמ[:]ת
2QJN 2 1.1	]ר אמי[ן :]ה ל[
4Q176 15 1.5	עמי והואה :]˙ר ואמר :]ל[
4Q176 16 1.4	איש ל[:]˙ר על אוהבו ועל
4Q185 1+ 2.1	פחדו : ועשו ר˙[
4Q374 12 1.2	[:]וצרפנו ר[
4Q381 1 1.4	וכל בלעה וי˙˙ר ל˙[: לילה
4Q381 1 1.10	ומלא[ ]ר˙ [:]˙[ ]
4Q381 22 1.2	]תבאר[:]ר יר[
4Q381 78 1.3	וחמה ˙[:]ר חרבות
4Q381 89 1.1	]ר א˙[:]˙[
4Q400 1 2.5	[ ]˙˙ רוח כול ר˙[: קדושי
4Q405 27 1.3	[ ] [ ] <ר>˙˙ם[
4Q405 39 1.2	]˙[:]ר כו[ל :]˙˙[
4Q405 51 1.2	]חיך בת˙[:]˙ר משקד[
4Q405 54 1.1	]˙ ר[
4Q406 1 1.5	השבת הש[:]ר˙ים המ˙˙ים ב˙
4Q485 2 1.2	]˙ הד˙[:]ר אש˙[:]לרע ל
4Q485 5 1.1	]˙ר מ˙[:]ו
4Q487 15 1.2	]ק˙[:]ר אש מעשיו [:
4Q487 23 1.1	]ר דב[:]נו איש
4Q487 27 1.1	]˙˙[ ]ר˙˙[:]˙או
4Q487 32 1.2	]˙[:]˙ר ˙[:]לי[
4Q487 44 1.2	˙ב[: ר˙[
4Q488 2 1.1	]ר˙[:]˙[
4Q490 9 1.1	]˙˙˙ר˙[
4Q497 1 1.5	קו]שי לבב[:]ר ברית[:]˙יק
4Q497 2 1.1	]ר˙[:]היה [:
4Q497 3 1.2	י˙[: ר˙[: כ˙[
4Q497 19 1.1	[˙˙ר˙[:]˙[ ]˙˙
4Q497 22 1.3	בר˙[ ]˙[:] ר˙[
4Q498 5 1.1	<[˙˙]>ה ר˙[
4Q499 43 1.2	]˙[:]ש ר[
4Q502 14 1.5	צוה לבני [:]ר[ ]ל כבודכה
4Q502 35 1.4	]˙˙[:]ר ולהיות[
4Q502 49 1.2	]˙˙˙[:]˙ר ל˙[:]מד ˙[
4Q502 74 1.2	]˙דתו[:]˙ר[
4Q502 145 1.2	]ורא[:]ר ו[
4Q502 160 1.3	˙[:]ד מב[:]˙ר [:]לש[:
4Q502 184 1.1	]˙ר א[:]ו[
4Q502 256 1.1	]˙ר ב˙[:]˙תה
4Q502 284 1.3	א˙[:]ל[ ]ר˙[
4Q502 288 1.1	]מד ר[:]˙ וק[
4Q503 1+ 1.6	ר˙[:VACAT
4Q503 15+ 1.5	בקוד[ש :]ר ועדים לנו
4Q503 18 1.3	]השמש צ[:]ר גדול מ[
4Q503 103 1.3	]ק[:]ר[
4Q503 128 1.2	]ל[:]ר[
4Q503 191 1.1	]ר˙˙ה[:]˙[
4Q503 216 1.3	הששי ומ[:]ר בינה ˙[:]˙
4Q504 4 1.12	עורלת[:]˙ר ˙˙ עוד חזק
4Q504 4 1.17	קודשכ]ה :]˙˙ר למענכה ועל
4Q504 7 1.5	]˙ר לכבודכה : [
4Q504 7 1.16	]ר ל[וא] האמינו
4Q504 7 1.17	]ר ראו הא : [
4Q504 12 1.3	]ר אותנ[ו :]ר הלכנו [: [
4Q504 13 1.4	]ה כיא[:]ר ד˙[
4Q504 18 1.6	]ארוח ב˙[:]ר מכ˙[
4Q504 24 1.4	]למחשב[:]˙ ר[
4Q504 25 1.5	]אה ˙[:]ר[
4Q504 35 1.1	]˙ר[:]בכת˙[
4Q506 128 1.1	]˙ר[ ]ש˙[
4Q506 135 1.1	]˙ר [:]˙לת [
4Q508 8 1.1	]ר א˙[
4Q508 12 1.1	]ר ל˙[:]ל[
4Q509 9 3.9	]ר בת[:
4Q509 12i+ 1.6	]ר
4Q509 20 1.2	]˙˙ ˙˙[:] ר˙[:]נוג˙[:
4Q509 64 1.2	] י˙[:]˙ ר˙˙[
4Q509 78 1.1	]˙ר˙[: נ]תתה ב
4Q509 111 1.2	]˙ם [:]˙ ר˙[
4Q509 131+ 2.10	]ר הקדשת[: [
4Q509 177 1.2	]ת[:]כול ר˙ב[
4Q509 216 1.3	˙[:]ת ˙[:]˙ר ˙[
4Q509 249 1.2	]רו [:]˙ר[
4Q509 257 1.1	]י ר[:]ה בם[ ]˙
4Q509 261 1.2	]יר˙[:] ר˙[
4Q509 264 1.2	]ע˙[:]ר˙[
4Q509 274 1.2	]כ˙[:]˙ר[
4Q509 305 1.2	]˙[:]˙ר יע[
4Q511 27 1.4	]ם ירוממו[:]ר לרשעה[:]ל
4Q511 77 1.2	]בה˙˙ ˙[:]˙ר דב˙[
4Q511 112 1.1	]˙ר: [˙
4Q511 123 1.4	למ[:]ל[ ]ר[
4Q512 33+ 1.10	]˙וה בנד[ה :]ר טוהר[:]˙˙
4Q512 29+ 1.17	]˙[ ]˙[:]ר ומ˙[:]חטתי
4Q512 1+ 1.13	]ר ותקדשהו [
4Q512 56+ 1.5	]ר: [
4Q512 77 1.4	]במותו [:]ר היה[
4Q512 127 1.1	]˙ר˙˙[
4Q512 142 1.1	]ר [:] א˙[:
4Q512 174 1.3	˙[:]רכה[:]ר˙˙[
4Q513 10 2.6	הש˙[: בטהרה ר[: המקדש[:
4Q513 20 1.4	המקדש[:]˙ר [
4Q514 2 1.1	]ר דגן ˙[ ]ק
4Q515 7 1.2	]˙[:]˙ר כי ˙[
4Q516 4 1.1	]˙˙˙ב ר[
4Q517 32 1.1	]ר ר[
4Q517 32 1.1	]ר ר[
4Q517 47 1.2	[ ]˙[ ]˙[:]ר נד˙[:]˙[
4Q517 50 1.2	ל˙˙˙ [: י˙ר˙˙[
4Q517 82 1.2	]˙[:]˙ר˙[
4Q518 3 1.2	]˙ ואתח˙[:]ר ואר[:]˙ל ת
4Q518 30 1.1	]ר˙˙[
4Q518 66 1.2	]˙א˙˙ על˙[:]ר מבל[:]ל˙ ˙[
4Q519 22 1.5	]˙ג˙˙˙[:]ר עם[:]˙יא˙˙
4Q519 53 1.2	] ו[:]˙ר˙[
4pHs[a] 1.9	]ר וקץ מועלם
4pIs[c] 12 1.1	]ר בואו[: [
4pIs[c] 37 1.1	]˙ר[:]˙ם˙[:
4pIs[c] 40 1.2	]אשור [:]ר להזע˙[
4pN 1+ 2.2	]ת ר[ ]עי שמיו
4pPs[a] 1+ 1.15	]ר: [
4pPs[a] 1+ 1.16	]˙ר: [
4QCat[a] 14 1.5	ל[תפלתי :]ר את עצת היחד
4QFl 4 1.6	לבורמה :]ר הביאמה להיות

4Q402 4 1.13 עולמ]ים עושה ראי[שונ]ות [:
MasSS 1.3 עולמים עושה ראישונות :

11QT 21.4] ראישונים

1QH 18.18 צדקתכה :]˙א ראיתי זות : [˙
4Q385 2 1.2] [ראיתי רבים
4pPs[a] 1+ 4.13 [: [ראי]תי רשע

11tgJ 32.8 ירדף היבא ראמ[א ל]מפלחך

3Q15 11.5 אצלם : בהבסה <ר>אש הסלע
CD 8.11 הפתנים הוא ראש מלכי יון
CD 19.23 פתנים הוא ראש : מלכי יון

1QH 9.13 ואנחמה על פשע ראשון : ואדעה
4Q509 160 1.2]˙[: ר]אשו[˙] : [˙

1QH 17.18 ˙˙˙ות על פשעי ראשונים ולה[

1apGn 19.12 נהרא חד מן : ראשי נהרא אמ[
1apGn 19.12 [וח]לפת שבעת ראשי נהרא דן
1QM 2.1 וחמשים ואת ראשי הכוהנים
1QM 2.2 ישרתו ואחריהם ראשי הלויים
1QM 2.7 המועד וכול ראשי אבות העדה
1QM 3.4 השם יכתובו ראשי אבות העדה
1QM 3.14 על אותות ראשי המחנות
1QM 19.12 ה]מלחמה וכול ראשי [ה]מערכות
1QS[a] 1.23 בסרכו על יד ראשי : [א]בות
1QS[a] 1.25] ר]אשי אבות
1QS[a] 2.14 וישבו לפניו ראש<י> : א[לפי
1QS[a] 2.16 וכול : ראשי א[בות
4Q381 31 1.7 שרגו עפרת ראשי כי אדר
4Q401 1+ 1.4]בכול רא[שי] :
4Q403 1 1.31 לכול קדושו ראשי תושבחות :
4Q403 1 1.34]לכול ראשי מרומים
4Q403 1 2.16] : ראשי תבנית
4Q403 1 2.20 ורוממוהו ראשי נשיאים
4Q403 1 2.21 בחוקות מקדשיו ראשי נשיאי
4Q405 4+ 1.2 רא]שי מרומים
4Q405 6 1.4 עולמים רקי[ע ר]אשי מרומ[ים
4Q405 7 1.4]ם מלכות[:]רא[שי]ם
4Q405 8+ 1.5 ראש]י נשיאי :
4Q405 23 2.10 אורג אלה ראשי לבושי פלא
4Q405 23 2.11 פלא לשרת[ ] : ראשי ממלכות
4Q405 24 1.2 רוחי הוד והדר רא[שי :]מלכות
4Q405 81 1.1]ראשי[:] מלאכי
4Q508 32 1.2 [ ]˙ים [:]ראשי חודש[ים :
4pIs[d] 1 1.7 [: פשרו על ראשי שבטי
4QM2 1 1.11 [וכו]ל ראשי המערכות]
4QM4 1 1.6 [: [ואח]ריהם ראש[י
11QPs 27.7 שיר ולקורבן ראשי : החודשים
11QT 19.16 א<י>לים כול ראשי אלפי
11QT 34.6 ואוסרים את ראשי הפרים אל

4pIs[c] 15+ 1.2 [:] ר]אשיכמה

1QM 2.1 הראש ומשנהו ראשים שנים עשר
1QM 6.15]חות ובתי ראשים ושוקים
1QM 16.4 הבינים ועמדו ראשים בין
4QM4 1 1.4 הרואש ומשנהו ראשים[

1QM 1.1] המלחמה ראשית משלוח יד
4Q184 1 1.8 ( )נוגה והיאה ראשית כול דרכי

4QPs[f] 2 7.5]: [יביעו]ן ראשם עוזרנ[י

CD 1.4 ובזכרו ברית ראשנים השאיר
CD 1.16 גבול אשר גבלו ראשנים בנחלתם
CD 6.2 ויזכר אל ברית ראשנים ויקם

4QM1 29 1.2]ת˙[:]˙ ר˙[
4QM1 35 1.1 ד˙[ ]˙ אמר ר˙˙˙[
4QM6 50 1.1]˙ר˙˙˙ [:]˙˙[
4QM6 59 1.1]˙˙˙ ר[
4QM6 69 1.1]ר ˙[
4QM6 73 1.1]˙ר˙ [
4QM6 108 1.1]˙ר [:]˙[
5Q16 1 1.1]ר˙[:]˙˙ות˙˙[:
5Q16 4 1.4 פחז ˙[:]˙˙ר נש˙[:]˙תאל
5Q17 6 1.2]עוד ˙[:]ר ל[
5Q19 1 1.2]˙שא ˙[:]˙ר לפניך ול˙[:
5Q25 3 1.1]˙ר ˙˙רה [:]י
8QHym 2 1.2]וב[:]˙ר ותשבי[:]
11Ap[a] 2.2 והארץ ר[
11Ap[a] 4.8 צדקה]]˙ר ה˙˙ה יהוה]
11QPs 26.15]ר עשה ויעל
11QSS o 1.5]משני ר[: א]לוהים[
11QSS b 1.5]˙˙ך :]ר
11tgJ 26.5 לנא ל[ ]ר לנצבתנא :
11QT 3.14 וכ]ול :]ר
CD 14.20] א[ ]ר[ ]ק[ ] בממון

3Q15 9.2 אמות שלוש רא שתין חפור
4Q502 1 1.8 רעייתו אש[ר:]רא אב˙[ ]˙[:
4Q502 47 1.3 לפניו ו[:]רא[
4Q502 237 1.1]רא[
4Q511 84 1.1]רא[:]ה˙[
4Q515 16 1.1]רא[
4QCat[a] 18 1.4]בב˙[:]˙רא˙[:]˙[
11QPs 28.13 אלוהים אזי רא[ ]תי פלשתי

1QH 8.13]ע שחקים כי ראה בלא הכיר :
1QNo 3 1.4]אביהו וכאשר ראה למך את[:
4Q513 2 2.3 [: רא[ה]לו
4pPs[a] 1+ 2.13 ישחק לו כיא ראה : כיא בא
11QPs 28.7 אדון הכול ראה אלוה :

4Q381 98 1.1]ראו[:]י וכ˙[
4Q504 1+R 4.8 וכול הגוים ראו את כבודכה
4Q504 7 1.17]ר ראו הא : [
4pIs[b] 2.4 ומעשי ידו לא ראו לכן גלה
4pIs[b] 3.8 [: ראו ר[או
4pIs[b] 3.8 [: ראו ר[או
11QT 63.6 ועינינו לוא ראו כפר לעמכה

4Q379 1 1.3 ידיד˙[: ו]את ראובן ואת
11QT 24.14 את עולת ראובן לבד ואת
11QT 39.12 בקדם מזרח [ר]אובן יוסף
11QT 44.10 ולבני ראובן : מן
11QT 44.11 יהודה עד שער ראובן : שתים
11QT 44.13 ומשער : ראובן עד שער
TS 1 1.11 ראו]בן ושמעון

4Q403 1 2.34 איל[י] : ראוש פלאיו
6apSK 23 1.4]VACAT[:]ראוש[:]˙˙ה˙
11QT 63.5 את ידיהמה על ראוש העגלה (

11QT 63.12 וגלחתה את ראושה ועשיתה

CD 9.22 הם וביום ראות האיש

4Q511 177 1.2]˙ונו˙[:]ראי[

4Q504 21 1.1]ראינו א[:

1apGn 17.11 ˙˙ : ˙˙˙ ועל ראיש תלתת

1apGn 20.3 רקיק לה שער ראישה כמא יאין
1apGn 20.29 וסמכת ידי על [ראי]שה ואתפלי

4Q400 2 1.10]ה קודש ראיש[ון :]

במלחמה לאבד רבים[1pHab 2.13
ילעיגו על רבים ובזו על 1pHab 4.2
אשר יאבדו רבים בחרב : 1pHab 6.10
שלותה גוים רבים וישלוכה 1pHab 8.15
שלותה גוים רבים וישלוכה 1pHab 9.3
קצוות עמים רבים וחוטי[1pHab 9.14
אמר קצות עמים רבים וחוטי 1pHab 10.2
בתוך עמים רבים ומשם 1pHab 10.4
הכזב אשר התעה רבים : לבנות 1pHab 10.9
כבודה לוגיע רבים בעבודת 1pHab 10.11
כקול המון מים רבים ומזמות 1QH 2.16
וכהמון מים רבים שאון קולם 1QH 2.27
זרם להשחית רבים למזורות 1QH 2.27
האירותה פני רבים ·ותגבר עד 1QH 4.27
והפלא לנגד רבים בעבור 1QH 4.28
עם דיגים רבים פורשי 1QH 5.8
ואחז<י>קה על רבים מ˙[ ] 1QH 15.11
מתוכ טהרת רבים שנה אחת 1QS 6.25
נפשו מן טהרת רבים ואם בשגגה 1QS 7.3
לכה לא[ומי]ם ר[ב]ים ולוא : 1QS^{b} 3.18
ולהאיר פני רבים :] 1QS^{b} 4.27
]ן :]חללים רבים [ ] 2apPr 1 1.11
ברזל לנגח בה רבים ונגחו[4Q381 46 1.7
ע[מו :] כי רבים שפטיכם 4Q381 76+ 1.11
בחר בכ[ם : ר]בים ומגויים 4Q381 76+ 1.15
] ראיתי רבים מישראל 4Q385 2 1.2
] : לבגוד רבים הוא[ה 4pIs^{c} 6+ 2.6
[וה]חר[י]בו רבים רום רשעה 4pN 1+ 2.6
מרמה יתעו רבים : מלכיה[ם 4pN 3+ 2.8
הכזב אשר התעה רבים באמרי : 4pPs^{a} 1+ 1.26
מהמון רשעים רבי[ם 4pPs^{a} 1+ 2.22
]˙ :]˙ רבים ˙[ ] 4QPs^{f} 2 9.4
י]בינו רבים כיא עמכה 4VSam 3+ 2.6
וישמעו רבים מעשיכה 11QPs 24.9
המון מים רבים חסד ואמת 11QPs 26.10
ויארך ימים רבים על מלכותו 11QT 59.21
ועני זנות כי רבים : תעו בם CD 2.16
באר למים רבים : CD 3.16

שלשתם והגר רביע ויכתבו CD 14.4
שלושתם והגר רביע וכן ישבו CD 14.6

]˙˙˙˙[:]רביעי[4Q506 157 1.2
]˙˙מה דור רבי[עי] בן: 11QT 39.5

אחת ונענשו את רביעית לחמו 1QS 6.25
<ונסכו יין רב[יעית]> 11QT 13.13
ו]יין לנסך רביעית ההין : 11QT 18.6

תלתת גברין מן רברבי מצרי[ן 1apGn 19.24

[ושוק]יא רברביא [ ] 5QJN 1 1.3
]˙˙˙[: תר]עיא רבר[ביא:] שתה 5QJN 3 1.2

וגברין ח[:]רבר<ב>ין חשו 11tgJ 14.3
ם]לי ˙˙שק[י : ר]ברבין די לא 11tgJ 25.1
]ארו רברבין עבדוהי 11tgJ 28.1

מנה ואחזי ידך רבתא : בה 1apGn 20.14
ארחא חלתא רבתא למדיתון 1apGn 22.4

]˙רג˙[:]˙לרח[6apGn 22 1.1
]˙ רג[:]˙ע ל˙[6apGn 31 1.1

לה עיניהא ומא רגג הוא לה 1apGn 20.3

]˙א רגז : והוא 11tgJ 18.3
VACAT : אדין רגז[: זרע רום 11tgJ 20.6

ותק]ף עלי רגזה וח[: 11tgJ 2.1

המ]רותם :]˙ראתך : ש]נאתה 4Q509 131+ 1.16

]˙ה רב[: ר]בה וק[1Q23 9 1.1
]רב ˙[:]לתיו 1Q23 10 1.1
[:]לכבוד רב[1Q38 2,12 1.2
וקלסו בעם רב והוא : לכול 1pHab 4.3
עליהם : ובעם רב יקיפום 1pHab 4.7
טהרתה מפשע רב להתיצב 1QH 3.21
לעשות ועל פי ר(ו)ב ישראל 1QS 5.22
תנחומים וכבוד רב כתוב ב[: 4Q176 8+ 1.13
]עלי [: ר]ב חסדיך[4Q381 46 1.2
]ויעמד עם רב אנשים 4Q385 2 1.8
]˙˙ך˙˙[ ]ם רב˙[:]˙ו 4Q504 4 1.18
]רב˙[:]˙ל ע[4Q506 153 1.1
]˙ רב˙[4Q509 65 1.1
]וארוך אפים רב החסד יסוד 4Q511 52+ 1.1
[רב] 4Q517 75 1.1
עלי תגר רב ושאלת אנון 4Amrm 1 1.11
[: [כ]יא רב ועל פרשים 4pIs^{c} 25 1.6
כ[ל :] ארו רב אלהא מן 11tgJ 22.6
יבקון הא אלהא רב הוא ויומוהי 11tgJ 28.3
עמו ואם עם רב בא לארץ 11QT 58.6
ורכב וסוס ועם רב : ושלחו עמו 11QT 58.7
סוס ורכב ועם רב ממכה לוא 11QT 61.13

VACAT :[ ]˙˙שא רבא :]˙˙ודיא 1Q20 1 1.7
אנה לך בקדישא רבא במלך ש[מיא 1apGn 2.14
עליון לקדישא רבא די פלטנא 1apGn 12.17
דן מי ימא רבא ˙˙˙ ˙˙˙ 1apGn 16.12
ושניר ומן ימא רבא עד חורן 1apGn 21.11
וכול מדברא : רבא די מדנח 1apGn 21.12
מן ל[יד] ימא רבא דן די טלחא 1apGn 21.16

מן אנשא[:]רבברן תמלל ארו 11tgJ 22.7

]˙ה רב[: ר]בה וק[: 1Q23 9 1.2
אותם [ ] רבה בקרב 1QDM 1.9
עם מהומות רבה והוות 1QH 3.25
עד תהום : רבה ויבקעו 1QH 3.32
רשעה למ[: רבה אנינם לכלה 1QH 5 1.8
בנפש בן רבה השלשי 3Q15 1.5
[: רבה ואבדון 4Q504 1+R 7.8
אנשים מי רבה ואם בזרת[4Q511 30 1.4
] רבה : <[˙ע>]ע 6apGn 3 1.1
[:]בה רבה למעלה 8QHym 2 1.4
]ך לתהום רבה :] התחתיה 11Ap^{a} 3.7

]רבו בו וכמוה[1Myst 9+ 1.3
יבין להמא כי רבו צררי נגדך 4Q381 31 1.5
כי פשעי רבו ממני ו˙[4Q381 33 1.4
]רבו בם לפי 4Q400 1 1.11
]ילל[:]רבו מרא[:]לפא 6Q23 2 1.2

לכה יום קרב רב[ואו]תיכה : 1QM 13.14

לחריב ארצות רבות על כן 1pHab 6.8
עמים :]רבות אשמה : 1QH 6 1.12
הכנ[י]ע פעמים רבות בשם 1QM 11.3
הושעתנו פעמים רבות : בעבור 1QM 11.3
לנו פעמ[י]ם רבות : למע[ן 1QM 18.7
כל: תבל פעמים רבות אזכרך : 4QPs^{f} 2 8.9
תבל פעמים רבות אזכירך 11QPs 22.12
בארצות רבות והיו[11QT 59.2

בעליא במרה רבותא במלך כול 1apGn 2.4

ובעלי : רבי כמוץ לפני 1QH 7.23

ארץ : וכזרם רביבים להשקות 1QM 12.10
ארץ וכזרם רביבים להשקות 1QM 19.2

4Q400 2 1.11]]רו לש[וני] דעת
4Q401 9 1.3 שובועיה[ם:]רו מועד[:
4Q405 90 1.2]˙ק ˙˙[:] ה<רו> ם ק[
4Q490 16 1.1]˙רו[
4Q497 10 1.2]˙[ ]˙[:]˙רו ˙˙[:]˙˙˙ה
4Q502 80 1.2]ל[:]רו ב[
4Q502 327 1.1]רו[
4Q509 153 1.3]ות ו˙[:]˙רו˙[
4Q509 230 1.2 ˙˙˙נו[:]ב˙רו[
4Q509 249 1.1]רו [:]˙ר[
4Q511 18 2.2]˙רו : [
4Q511 25 1.1]˙רו מחני[:]ל˙˙
4Q512 155 1.2]˙˙:[ ]רו [:]˙[
4Q519 50 1.1]רו לוא [
4QFl 1+ 1.17 עצת[מ]ה רו˙[ ]י˙
4QFl 13 1.1 ˙˙˙˙רו˙[: הקש[:
4QFl 19 1.1]רו ל˙[:]המה
4QM6 72 1.1]רו[
6Q23 3 1.1]רו˙חא[
6apSK 42 1.1]רו˙[
11Ap[a] 3.6 תקיף [:]רו אשר [[

4Q517 22 1.2] כהנ˙[:]רוא [

4pN 3+ 3.2 והיה כול רואיך ידודו

1QS[b] 5.4 ו˙˙לא הש[: רואיכה מ[:

4pIs[c] 17 1.1]]רואנו ומי[

1QS[a] 2.12 יבוא[ ]רואש כול עדת
4Q405 34 1.3]לשבעתת[:]רואש פנ˙[
4pIs[c] 23 2.7 כתרן על רואש הר : וכנס
11QT 26.12 ונתנמה על רואש השעיר

11QT 26.11 החי והתודה על רואשו את כול

1QS[b] 4.3 [עול]ם עטרת רואשכה קוד[ש

1Q29 3+ 1.5 שטכה [:]רוב כוח
1QH 9.34 ועם מצעדי : רוב סליחות
1QH 10.24 חיל גבורים על רוב עד˙˙[
1QH 11.9 נגע : ובטובכה רוב סליחות
1QH 17.15 כבוד אדם[ ]רוב ימים
1QH 15 1.7 ש˙[:]˙ד עם רוב טוב קדושים
1QM 12.1 למהמה : כיא רוב קדושים
1QS 4.16 נחלת איש בין רוב למועט לכול
1QS 5.2 <ו>על פי רוב אנשי :
1QS[a] 1.18 אחיו[בי]ן רוב למועט [
4Q184 1 1.4 מוסדי חושך רוב פשעים
4Q504 1+R 2.10 הגדול ואת רוב חסדכ[ה] :
4Q508 22+ 1.2 רחמנו בע˙[: ר]וב רחמיכה[:
4Q511 17 1.4 אין משא[:] רוב אונים לוא
4Q511 108 1.1 אור]ך אפים רוב:]˙כול
4pPs[a] 1+ 2.9 ארץ והתענגו רוב שלום פשרו
4QM2 1 1.10 [מ]תו] רוב חלל[י]ם
11QPs 18.4 חוכמה ולספר : רוב מעשיו

4pN 3+ 3.7 החלקות אשר רובד עצתם
11QT 4.5 ה[:]ין הששי רובד ˙[:]˙ה
11QT 46.5 ועשיתה רובד סביב לחוץ

4pN 3+ 1.9 רובכ]ה
4pN 3+ 1.10 פש]רו רובכה הם גדודי

11QT 65.3 או בצים והאם רובצת על

4Q502 340 1.1]רוד[

4pIs[c] 23 2.6 על כן: יקלו רודפיכמה אלף

1Q20 1 1.1]ם רגזך תת˙ך ותתק
1Q20 1 1.2 הוא:]ם חמת רגזך:]תיא
11tgJ 34.7 העדי נא חמת רגזך וחזא כל

5QJN 1 1.7]ב˙[ ]˙ ˙רג[י]א וא[

1QM 6.12 זכרים קלי רגל ורכי פה
11QPs 19.2 לכה כול מוטטי רגל בהודיעכה :
11tgJ 12.1]כמין באיש[: רגל[
11QT 61.12 שן בשן יד ביד רגל ברגל כי

1QS 6.13 ועמד האיש על רגלוהי ואמר יש

1QH 4.3 ˙[:] על סלע רגלי ˙˙˙˙ בעם
1QH 5.21 ענוים במאטאיי רגלי [
1QH 7.2 ותטבע בבבץ רגלי שעו עיני
1QH 7.25 [עו]לם ותכן רגלי ב˙˙[ ]
1QH 8.34 ולא מצעד לקול רגלי : ˙˙˙˙ ˙˙ע
11Mel 1+ 2.16 על <ה>הרים רגלי מבש[ר
11QPs 21.13 לב : דרכה רגלי במישור כי
11tgJ 22.5 [:]שוא בסדא רגלי וסבר כ[ל

4Q184 1 1.3 הוה תמכו שוח רגליה להרשיע

1apGn 20.5 אצבעת ידיהא רגליהא : כמא

4Q186 1 2.5 ודקות ואצבעות רגליו : דקות
4Q186 1 3.5 ואצבעות רגליו עבות
4Q186 2 1.5 חלקות וכפות רגליו :]
4Q403 1 2.2 דעת ובהדום רגליו ג[ ] :
4Q404 6 1.3]מלך כול[:]רגליו ג[:]
11QSS 2+ 1.6 כבודו ולהדום ר[גליו
11QT 26.10 את ידיו ואת רגליו מדם
11QT 48.5 לו כרעים מעל רגליו לנתור

4QM2 1 1.7] : רגליך ילחכו

1QS[b] 4.1 יברך : ועפ[מי רגל]יכה ירצה
4Q504 21 1.2]ראינו א[:]רגליכה[:]לוא

1QS[a] 2.5 בבשרו נכאה רגלים או :

1QH 2.29 פרשו לי תלכוד רגלם ופחים

3Q15 10.6 בבואך : לסמול רגמות עסר כסף
3Q15 10.13 המערבי חפור רגמות שתין

4QFl 1+ 1.18 היחד : [רגש]ו גויים

4Q183 1 2.9 [: ואשר אמר רד[:]˙˙[ ]˙[
11QPs[b] d 1.1 רד על פי מד :

1apGn 22.7 נגדו עמה והוא רדף בתרהון עד
1apGn 22.9 אנון והוא רדף להון
1pHab 11.5 הרשע אשר : רדף אחר מורה

4QCat[a] 2+ 1.15 הגתות ושמח על רדת[:]ת בחרב

4Q497 25 1.1]רה [:]אית[:
4Q510 7 1.4]תשבכה[:]˙רה א[:]˙ש[
4pIs[a] 2+ 2.27 [: [ ]רה בעלותו
4QCat[a] 5+ 1.3 הו[אה :]רה עד עת
5Q25 3 1.1]˙ר ˙˙רה [:]]י בני
6apSK 2 1.2]˙ ˙[:]רה לצ˙[:]והגל
11QPs 28.13 תחלת גב[ ]רה ל[ ]יד

1Q20 3 1.2]˙נא˙˙˙[:]˙רו וכול ˙קבלא
1Q30 10 1.1]˙ רו ˙[
1Q36 6 1.1]דל רו[
3Q14 5 1.2]˙רו˙[ ]מעל] :
4Q381 34 1.2]וא˙ [:]˙רו [:]ל [

4pHs[b] 11+ 1.6]אל[ ]רוח יזרעו
4pIs[a] 7+ 3.15 ונח]ה עלו ר[וח] : [
4pIs[a] 7+ 3.16]חוכמה ובינה רוח עצ[ה
4pIs[a] 7+ 3.16 עצ[ה] רוח דע[ת] : [
4QCat[a] 12+ 1.5 בעיר כיא רוח אמת ה˙[
4QMI 13 1.7 אחר זואת ואין רוח ביניהמה
5QJN 1 1.1 ושבע לכל [רו]ח ושבק סוחר
5QJN 1 1.14 א]רבעין בכל רוח תרע[א
6Q23 1 1.3 עלמא[: ואחר[: רוח [
11QPs 19.14 וטהרני מעווני רוח אמונה ודעת
11QPs 27.4 לו 𐤉𐤄𐤅𐤄 רוח נבונה
11tgJ 2.6 קרית ולא [: רוח הטכת
11tgJ 34.6 נא גוה ורם רוח וזוי והדר
11tgJ 34.8 וכל : רמת רוח תתבר והטפי
11QT 36.5]] לכול רוח ורוח [
11QT 40.8 לפנה לכול רוח ורוח כמדה
CD 2.12 ביד משיחו רוח קדשו וחוזי
CD 5.11 שאר וגם את רוח קדשיהם
CD 7.4 ישקץ : איש את רוח קדשיו כאשר
CD 8.13 כי : שוקל רוח ומטיף כזב
CD 19.25 תפל כי הולך רוח ושקל ספת

1apGn 20.20 ארי הוא רוחא כתש
1apGn 20.28 ותתגער מנה רוחא דא באישתא

1QH 17 1.1]ש˙˙ רוחב [:]אחך
11QT 30.7 צפונו ועשיתה רוחב קירו ארבע
11QT 32.9 [ ]רוחב [ב]אמה
11QT 36.8 במה רוחב השער ארבע
11QT 38.13 באמה ובבה רוחב ואורך
11QT 40.7 רו]חב סביב
11QT 42.4 ופרו[ר רו]חב עשר
TS 3 2.8 לשער ת[עשה : רוחב ה<ח>דר
TS 3 2.10 שתים אמות רוחב [: עצי
TS 3 2.11 שלוש אמות רוחב [

11QT 7.10]˙˙˙ רוחבה ושנים

11QT 30.9 באמצעו מרובע רוחבו ארבע :

11QT 33.12 שתי אמות רוחבמה בשתי

1apGn 2.13 באדין אנסת רוחהא ועמי

1QH 1.9 יצרתה : כול רוחו˙ ע˙[
1QH 31 1.1] בשר וסוד רוחו[:] שר
1QS 2.14 אלב ונספתה רוחו הצמאה עם
1QS 4.26 לכול חי לפי רוחו ב[
1QS 7.18 אשר תזוע רוחו מיסוד
(1QS 7.23 ושבה רוחו לבגוד
4Q185 1+ 1.10 חסדו נשב[ה]רוחו : ויבש˙˙
CD 3.3 בחר : ברצון רוחו וימסור
CD 20.24 <איש> לפי רוחו ישפטו

1QS 5.21 ודרשו : את רוחום ביחד בין
1QS 9.14 הצדוק לפי רוחום ובבחירי

1Q36 2 1.5 [[:]˙ רוחות פשע ה[:
1QH 1.29 לרזיהם ומבעי רוחות לחשבונם
1QH 3.22 גורל עולם עם רוחות : דעת
1QH 14.11 אנוש כי לפי רוחות [ ]ולם
1QH 17.23 מ[ ]ד על רוחות :]תהלך
1QH 5 1.6 מקום ר[: רוחות עולה אשר
1QH 45 1.6 בבסר כי כול רוחות[:
1QM 9.13 המגדל לשלושת רוחות הפנים :
1QM 10.12 מאורות : ומשא רוחות וממשלת
1QS 3.18 וישם לו שתי רוחות להתהלכ
1QS 3.18 פקודתו הנה רוחות : האמת
1QS 3.25 אור והואה ברא רוחות אור
3Q15 7.5 בארבע רוח[ות] :
4Q381 14 1.3 פיהו ארבע רוחות בש[:]˙

1Q24 5 1.3 ויצ˙[:]˙רוהון ולכול[:

1Q39 10 1.2] הגיעו]מע רוזנים :][

1Q36 15 1.5 [:]לכול רוח[:]˙˙˙ ש[
1apGn 20.16 לה אל עליון רוח מכדש
1apGn 20.16 אנש ביתה רוח : באישא
1pHab 4.9 בהם אז חלף רוח ויעבר וישם
1QH 1.22 ומבנה החטאה רוח התועה
1QH 1.28 אתה בראתה : רוח בלשון ותדע
1QH 1.29 על קו : ומבע רוח שפתים במדה
1QH 1.32 חסדיכה חזקתה רוח אנוש לפני
1QH 5.36 ˙ : להכשיל רוח ולכלות כוח
1QH 6.23 עלי המו רוח עועיים[
1QH 7.23 רבי כמוץ לפני רוח וממשלתי על
1QH 7.29 כול <צב˙> רוח ולא יוכל
1QH 8.36 מודי ˙˙ לחיות רוח כושלים
1QH 10.8 ואדון לכול רוח ומושל בכל
1QH 13.13 [ ]˙א רוח בשר להבין
1QH 14.3 רחמים ועוזי רוח מזוקקי :.
1QH 15.13 בידך יצר כול רוח [
1QH 15.22 אתה יצרתה רוח ופעולתה
1QH 16.3]˙ ולא יוכ[: רוח קוד[
1QH 16.6]ל פשעי ולבקש רוח˙[:
1QH 16.10 כי אתה רשמתה רוח צדיק ואני
1QH 17.25]לתם בתכמי כי רוח בש[
1QH 17.26]הניפותה רוח קודש[ ]
1QH 18.15 [ ]˙אי רוח ואבלים
1QH 2 1.9 עפר הניפותה רוח
1QH 3 1.6 אעמוד לפני רוח סוע[:
1QH 9 1.6]˙ם בעבותי רוח ותכנע :
1QH 19 1.3]רקיע על כנפי רוח ויפ˙[
1QM 6.12 פה וארוכי רוח ומלאים
1QM 7.5 מלחמה ותמימי רוח ובשר
1QM 11.10 סו[ף] ונכאי רוח תבעיר
1QM 14.7 מכים ובעניי רוח [
1QS 4.6 אלה סודי רוח לבני אמת
1QS 4.20 איש להתם כול רוח עולה מתכמי
1QS 4.21 רשעה ויז עליו רוח אמת כמי
1QS 5.26 [ ] רוח רשע ואל
1QS 8.12 מאלה מיראת רוח נסוגה
1QS 9.3 האלה ליסוד רוח קודש לאמת
1QS 11.1 לתועי רוח בינה
1QS 11.1 ענוה לנגד רמי רוח וברוח
1QS[b] 5.25 וגבורת עולם רוח
2QJN 1 1.3 וח[ד: רו]ח ושבק
4Q176 8+ 1.8 כאשה עזובה :]רוח קראך ˙˙˙˙
4Q183 1 2.6 מדר[ך: תועי רוח ובלשון
4Q185 1+ 1.11 ˙˙ וציצו תשא רוח עד
4Q186 1 2.7 העמוד השני : רוח לו בבית
4Q381 29 1.3 ˙[: מנש]מת רוח אפך
4Q400 1 1.5 לכול מעשי רוח ומשפטי : [
4Q400 1 2.5 כ˙ [ ]˙˙ רוח כול ר˙[:
4Q403 1 1.40 עז : במנת רוח רוש
4Q403 1 2.1 אורתום רוקמת רוח קודש
4Q404 5 1.1 [רוח קודש
4Q405 14+ 1.1 ר]וח כב[וד
4Q405 14+ 1.2]דמות פלא רוח קוד[ש
4Q405 14+ 1.5 מלך בדני רוח אורים[
4Q405 23 2.8 שני צבעי אור רוח קודש קדשים
4Q405 23 2.9 חור ודמות רוח כבוד כמעשי
4Q405 43 1.2]˙[:]ם רוח מרוח[:
4Q487 4 1.1]˙˙˙ רוח [:]˙ה
4Q504 1+R 5.15 יצקתה את רוח קודשכה
4Q504 4 1.5 [חנו]את[[נו]רוח] ק[ודש
4Q504 4 1.20]˙ב˙[:]את רוח [: ב]וערת
4Q504 6 1.22 גדולות[יכה :]רוח כול חי[
4Q510 1 1.6 פתאום ל]תעות רוח [בינה
4Q511 10 1.2 ל]תעות רוח : [
4Q511 15 1.7 הקדושי[ם : רו]ח רעה ה[ ]
4Q511 81 1.3 גב[ורתו : ר]וח רעה[:

עולמים וכול רוחי א[ש	4Q510 2 1.3
[ ] ל'[ ]'ה רוחי הבלים ל	4Q511 15 1.5
בגבורתו כו[ל]רוחי ממזרים	4Q511 35 1.7
קדוש א' : [רוחי חבל למל[	4Q511 43 1.6
ריבי כול ו[רוחי	4Q511 48+ 1.8
[ו כולכם רוח[י :]חי	4Q511 60 1.2
רוח[י ממזרי[ם	4Q511 182 1.1
[ולוא רוחי למען	4pIs^c 21 1.10
וארורים כול ר[וחי ג][ו]ר[ל]ו	4QBer 10 2.3
[ש וכול רוחי גורל[ו :	4QM1 15 1.10
על בליעל וכל ר]וחי גורלו	11Mel 1+ 2.12
ומיד כול ר]וחי [	11Mel 1+ 2.13
[כול תבנית רוחי פלא [	11QSS 5+ 1.2
מן ארבע רוחיהון והוא	1apGn 22.6
בקדתנו וצבא רוחיו עם	1QM 12.9
[ואין עולה] : [ ]רוחיו לקשות	4Q381 76+ 1.13
בראתם עם צבא רוחיך ופדת] :	1QH 13.8
[ ] [:]דע רוחיכה לגבר	1Q36 17 1.2
אלהי תשלח רו[ח]ך ו]תתן :	4Q381 33 1.4
בבשר : [כן רוחם להושיע :	1QH 6 1.4
נ]גמ'''' : [ ]'רוחם בני איש	1QH 11 1.4
פוקדם את רוחם ומעשיהם	1QS 5.24
עלו ורשו את רוחם ולא שמעו	CD 3.7
ישפ]ט[ו]י רוחתיו ואתם	4Q185 1+ 1.9
ובכוח ידכה רומשו פגריהם	1QM 11.1
אורשה והיא רויה לו מן	11QT 66.9
בינה ולהשכיל רובנים בלקח	1QS 11.1
כול אגפי רום באש אוכלת	1QH 3.29
[המ] : רום לאין שרית	1QH 7 1.2
פ]ילונו קדת רום גא'[:]ל[	1QH 55 1.2
אל יאור רום גודלו לכול	1QM 1.8
רו[ם על השמים	1QM 12.16
ומעון קודש רום כבוד	1QS 10.12
לב ערל[:]ם רום לבב ואף אף	4Q184 2 1.6
כוהני מרומי רום ה'[קר]ובים :	4Q400 1 1.20
רום מלכ[ות]כה	4Q400 1 2.1
בשרתי מרומי רום] : ב'[ ]	4Q400 1 2.4
ובכול מרומי רום תהלי פלא	4Q400 2 1.4
מדעת[ ]רום]	4Q401 26 1.2
מ]לאבי רום שבעה בשבעה	4Q403 1 1.1
רום מלכו[תו	4Q403 1 1.8
רום מלכותו	4Q403 1 1.14
בש[בעת ד]ברי רו[ו]ם ולכ[ול]	4Q403 1 1.14
בשבעה ר]ברי [רום : אמת]ו	4Q403 1 1.19
אלוהים מאלי רום ואלוהות	4Q403 1 1.33
לכול מרום רום כיא הו[א	4Q403 1 1.34
משא לזבול רום רומים וכול	4Q403 1 1.41
פלא ומשכן רוש רום כבוד	4Q403 1 2.10
[לשבעת קולשי רום וקול ברך	4Q403 1 2.11
: רום שבעת גבולי	4Q403 1 2.21
[:]ש'[: רום]'[	4Q404 18 1.2
מ]עלה בכו[ל]: [רום'[	4Q405 2 1.3
[לבול מהו[רי : רום מלכותו	4Q405 3 2.4
בשבעה ר]ברי רו[ם ולכו]ל	4Q405 3 2.4
[משא] ל[זבול רו[ם רומ]ים	4Q405 6 1.2
בשבעה דברי <רום> טוהר]	4Q405 13 1.3
קודשי רום] : [:]ם	4Q405 32 1.2
[במרומי רום מעון ש'[:	4Q511 41 1.1
רבים רום רשעה כי	4pN 1+ 2.6
ו]סחר[וס]ל[ק]רום ק[נין	1QpN 1 2.5

אנבא על ארבע רוחות השמים	4Q385 2 1.7
השמים ויפחו רוח[ות :]	4Q385 2 1.7
אילי דעת וכול רוחות צדק יודו	4Q403 1 1.38
מתהלך סביב רוחות קודש	4Q403 1 2.7
קודש ק[וד]שים רוחות אלוהים	4Q403 1 2.8
ל[:] רוחות פלא	4Q403 1 2.10
[מקדשי פלא רוחות אלוהים :	4Q404 5 1.5
מקדש]י [פלא רוחות אלוהים	4Q404 6 1.7
[רוחות] :	4Q405 18 1.1
מלך מעשי רו[חות] רקיע	4Q405 19+ 1.3
חיים צורי רוחות מאירים	4Q405 19+ 1.4
כמראי אש רוחות קודש	4Q405 20+ 2.10
פלא ממולח פוה רוחות [א]לוהים	4Q405 20+ 2.11
ומהללים כול רוחות אלוהים	4Q405 23 1.9
[רו]חות קד[ושי	4Q405 23 2.6
במעמד פלאיהם רוחות רוקמה	4Q405 23 2.7
א] רוחות ב'[:	4Q406 5 1.2
בא]רץ ובכול: רוחות ממשלתה	4Q511 1 1.3
[וש] :[רוחות :	4Q511 24 1.2
לעוזרם מכול רוחי[ת :]או	4QCat^a 12+ 1.9
מל[ך] מעשי רוח[ו רקיע	11QSS j+ 1.3
[רוחי אל[וה]י	11QSS 3+ 1.4
ס]לך :] רוחות[י :	11QSS n 1.2
אשר ימשלו בו רוחות בליעל :	CD 12.2
ואורך לכול : רוחותיה לנגב	11QT 38.14
ואו]רך לכול רוחותיה	TS 3 1.9
אמות לכול רוחותיו[ ] [ת	11QT 30.10
סרובע לכול רוחותיו אחת	11QT 31.10
בסרך לפי רוחותם זה אחר	1QS 2.20
לכול מיני רוחותם באותותם	1QS 3.14
צדק כי[א רוח]ואמ'ה והמה	11Mel 1+ 2.5
עולם בעד כול רוחי אפעה :	1QH 3.18
מתים יחמש רוחי כי הגיעו	1QH 8.29
נגע העטרתה רוחי	1QH 9.12
כי אתה יסדתה רוחי ותדע	1QH 9.12
ואת כול רוחי גורלו	1QM 13.2
וארורים כול רוחי גורלו	1QM 13.4
צד]ק רוחי אמת	1QM 13.10
ולהאשים וכול רוחי : גורלו	1QM 13.11
[ ] כול רוחי רש]עה	1QM 15.14
ומשפטמו : וכול רוחי גורלו	1QS 3.24
עד הנה יריבו רוחי אמת ועול	1QS 4.23
שפתיו כול רוחי עולמים	4Q403 1 1.35
בגבורתו לכול רוחי בין :	4Q403 1 1.37
[ושבחה]ו רוחי אלוה]ים	4Q403 1 1.43
מטשי תבנ[ית]יתו רו[חי קול]ש	4Q403 1 1.44
אלוהים חיים רו[חי קול]ש	4Q403 1 1.44
לראשי ממלכות רוח[י :	4Q403 1 2.3
רוח[י עולמים	4Q405 4+ 1.5
מרום]ים : [רוחי קודש	4Q405 6 1.5
<חיים> רו[חי :]קו[דש :	4Q405 6 1.5
אולמי מבואיהם רוחי קורב קודש	4Q405 14+ 1.4
א[ור] כבוד רוחי :	4Q405 14+ 1.4
ב]אור רוחי הדר מעשי	4Q405 14+ 1.6
ב'''[:]'יהם רוחי דעת ובינה	4Q405 17 1.3
בדני אלוהים רו[ודש	4Q405 19+ 1.2
דבירי פלא רוחי אלי	4Q405 19+ 1.4
מטולח פוה טהר [רו]חי דעת אמת]	4Q405 19+ 1.4
עומדם וכול ר[וחי רקי[ע]י'	4Q405 23 1.6
[:]מ]לב רוחי צבעי	4Q405 23 2.9
מלכות[:] רוחי הוד והדר	4Q405 24 1.2
קו]ל פ[ל]א רוחי כו'[	4Q405 31 1.2
[ת] רוחי	4Q405 35 1.1
[רוחי :	4Q405 57 1.1
[רוחי עולמים	4Q502 27 1.1
ו]לב[ה]הל[: כול רוחי מלאבי חבל	4Q510 1 1.5

11tgJ 20.7 רגז[: זרע רום˙[: ואף פ[ל
MasSS 1.12]קרואי רום רומים : [
MasSS 2.20 [: שבע תהלי רום מלכותו שבע

1QM 14.16 מאלים : רומה רומה אל
1QM 14.16 מאלים : רומה רומה אל אלים
4Q381 33 1.2 שמי]ם רומה יהוה
4Q401 14 1.4 [:] [רומה רם על[
4QM1 8+ 1.14] רו]מה אל אלים
5QJN 1 1.19 אמ]ין ארבע רומ[ה [
5QJN 1 2.12]˙˙י כותא רומה [אמ]ין

4Q186 1 3.3]ושניו רומות לאבר

4Q403 1 1.1 בשבעה דברי רומי פלא: תהלת
4Q403 1 1.14 מלכותו [לכול רו]מי [ד]עת
4Q405 3 2.4 מלכותו לכול רומי דעת בשבעת
4QPs[f] 2 8.14 תתבעך רומי ורחבי : [
11QPs 22.14 נביאים תתבעך רומי ורחבי

4Q403 1 1.41 משא לזבול רום רומים וכול
4Q405 6 1.2 ל]זבול רו[ם רומ]ים וכול
MasSS 1.9 יושבי מרומי רומים : [
MasSS 1.12]קרואי רום רומים : [

1QH 7 1.12 מעמ˙[:]רומם להשיב
1QH 46 1.2]דעתה רומם ˙[:]˙
1QM 4.8 על אותותם רומם אל גדל אל
4Q403 1 1.1 לנשיאי רוש רומם לאלוהי[
4Q403 1 2.25] : ותשבחות רומם למלך
4Q511 101 1.1]רומם עולמ[ים
MasSS 2.8] : רומ[ם

4Q403 1 1.33 ו]רוממו רוממו למרום

4Q510 1 1.9]רוממו[ה]ו

4Q502 8 1.3 וע[זים : רו]מש בצלתנו

4Q511 39 1.1]˙רון א˙˙[:]˙
4Q513 10 1.11 הותנה :]ן:]רון :]א [ ]

1QH 7.3 לבבי ממחשבת רוע כי בליעל
1QH 2 1.3]˙רוע[:]ללכה
1QS 4.11 חושב וערמת רוע ופקודת :
11QT 59.7 אותמה מפני רוע מעליהמה

1Q34[b] 3 2.8]ל[ה]ם רועה נאמן מ˙[
11QPs 28.4 אבי וישימני: רועה לצונו

CD 19.8 חרב עורי על : רועי ועל גבר

4Q509 12i+ 1.4 בעונ[ו]אין רופא [

4Q402 2 1.3 פ[: [כ]מעשי רוק[מה : בדביר
4Q405 19+ 1.5 פלא[ ]רוקמ~~ות~~<ה>[
4Q405 23 2.7 פלאיהם רוחות רוקמה כמעשי
11QSS j+ 1.5]רוק[מה
11QSS 8+ 1.5]רוקמה כמ[עשי
11QSS a 1.2]ומבין[:]רוקמה כב[:
11QSS e 1.6 קודשים :]˙י רוקמה

4Q405 14+ 1.6 רוחי הדר מעשי רוקמות פלא

4Q405 14+ 1.3 אלים[ ]˙ רוקמותם ורננו

4Q403 1 2.1 אורתום רוקמת רוח קודש
4Q405 15+ 1.4] : בדביר פני רוקמת[ ]ת

1QH 13.20]רורים לחפציהם

1Q24 5 1.2]˙[:]רוש ויצ˙[: [
1QH 4.14 שורש פורה רוש ולענה
4Q401 13 1.3 בכוהני רוש <מ>בר[ך
4Q403 1 1.1 השלישי לנשיאי רוש רומם
4Q403 1 1.10]ם לנשיאי ר[וש]בשם
4Q403 1 1.17] : בנש[יאי רו]ש יברך
4Q403 1 1.21] הששי בנשיאי רוש יברך בשם[
4Q403 1 1.23 בנשיאי רוש : יברך בשם
4Q403 1 1.40 עז : במנת רוח רוש ל[מזמו]ר
4Q403 1 1.43 ע]ולמים רקיע רוש מרו[מ]ים
4Q403 1 2.10 פלא ומשכן רוש רום כבוד
4Q403 1 2.24 לשבע[ ] : רוש מכוהן קורב
4Q404 2 1.2 וברך לכול[:]רוש יברך בשם
4Q404 2 1.5 דברי פ[לא : ר]וש יברך ב[שם
4Q405 3 1.12 ~~אמת~~ <]לנשיאי רוש>:]בשבעה˙ :
4Q405 3 2.6 בנשיאי רוש יברך בשם
4Q503 33 1.19 [ ]והלילה לנו רוש ממשל ח[ושך
4Q511 71 1.3]˙שי רוש בב[:]דעת
MasSS 2.7 [: רוש]

11QSS 5+ 1.8] רוש[ם] :

2QJN 4 1.12 עד די ˙ל[: ר<ו>שמתא כ[ ]

4Q509 173 1.1]רות ˙]
4Q509 266 1.1]רות ˙[:]˙[ ]
4QM6 17 1.4]˙ת אל ו[:]רות בלוא[
11QSS r 1.3]ת עוז ל˙[:]רות פל[א: שב]ע
11QT 22.1]רות בה[מה :]

1apGn 1.2 נצבתא:]˙˙ אף רז רשעא די :]
1Myst 1 1.3]˙˙ ולוא ידעו רז נהיה
1QH 8.6 חיים במעין רז מחובאים

1QH 8.11 נודע חותם רזו ואת[

1Q30 4 1.1]לכה ולספר רזי[:]ברית
1Myst 1 1.2] א]מת ˙˙˙רזי פשע:]
1Myst 1 1.7 וכול תומכי רזי פלא אינמה
1Myst 13 1.3 ות˙[:]ם רזי תהום
1pHab 7.5 אל את: כול רזי דברי עבדיו
1pHab 7.8 הנביאים כיא רזי אל להפלה :
1QM 3.9 יכתובו : רזי אל לשחת
1QM 14.9 בליעל ובכול רזי שטמתו לוא
1QS 3.23 בממשלתו : לפי רזי אל עד קצו
1QS 4.6 כול וחבא לאמת רזי דעת
4Q176 16 1.2 [˙˙˙˙[:]רזי הפיל גורל[
4Q401 14 2.2]]ש˙˙[: רז[י]
4Q403 1 2.27 ˙] [: שבע רזי דעת ברז
4Q405 3 2.9 לכול יודעי רזי ˙[: נמהרי
4Q511 2 2.6]ד בכוח˙[: [רז]י אלוהים
4Q511 44+ 1.6]רזי פלאו : [ ]
4QMes 1.8 [ו]ידע רזי אנשא
4QMes 1.8 תהך וידע רזי כול חייא :

1QM 17.9 [ו]מלא מצרפיו רזיו למעמדכם :

1Q40 1 1.2 בי שמוע[:]ע רזיכה [:]
1QH 12.20]השכיל בכול רזיכה ולשיב
1QH 6 1.5 להושיע :]לא רזיכה גליתה :
1QS 11.19 ולהבים בעומק רזיכה ולהתבונן

4Q517 11 1.1]רזת[

1QH 13.17 איש וברוב רח[
4Q509 10 4.2 רח[: רעיתה וב[

4pIs[c] 2 1.4 מטות כנפו מלא רחב ארצכ[ה
11QT 36.4 ו]השער רחב ארבעים : [
11QT 46.5 מחצר החיצונה רחב : ארבע
11QT 46.9 סביב למקדש רחב מאה באמה

4Q186 1 1.5 אשר יהיה ק[: רחבים וגלגלים[
11QT 4.3 ל˙[:]בית רחבים אר[:]

1QS 4.9 ולרוח עולה רחוב נפש ושפול
4Q487 15 1.3 אש מעשיו [:]רחוב פי אשמת˙]
11QT 38.12 הפנ]ימית רחוב מאה באמה

11QT 55.9 אל תוך : רחובה ושרפתה

3Q15 2.8 השער המזרחי : רחוק אמות חש
11QT 31.11 ועשרים : אמה רחוק מהמזבח
11QT 46.15 נראה לכול רחוק : מן העיר
11QT 52.17 תואכלנה רחוק ממקדשי :
11QT 66.4 האשה› במקום רחוק וסתר :
CD 10.16 גלגל השמש : רחוק מן השער

1apGn 2.20 ינדע בדי הוא רחים ור[:
11QT 49.14 ואת כול כליו רחים ומדוכה :

11tgJ 33.6 האח ומן : רחיק יריח קרבה

4Q509 227 1.2]˙[:]ש רחמ˙˙]
11tgJ 30.6 ב[ה]גחותה מן רחם תהומא :

1apGn 20.8 מללין שגי רחמה ושלח :

4Q509 16 4.3 עצב[יהם :]רחמהם על

11tgJ 38.5 לות : איוב כל רחמוהי וכל

4Q381 10+ 1.3 מ˙[:] רחמון הוא ולא
4Q381 47 1.1]ם אלהי כי רחמון וחנון

1apGn 21.21 אחיא אמוראא רחמי ואכלו
1QH 15.5 תחת[: ק[: רחמי[: בעד[:
4Q181 1 1.3 קצה לעומת רחמי אל לפי
4Q400 1 1.18 לסליחות רחמי עולמים
4Q403 1 1.23]פלא ל[מ]שוב ר[חמי] חסדיו
4Q405 3 2.15 עם כול [: רחמי חסדו

1QH 4.32 גבורתו ורוב רחמיו על כול
2apDa 1 2.2] : כי רחמיו על
11QSS 2+ 1.2]רחמיו ביקר ˙]

1QH 9.30 ה‹ו›רותי רחמיך : אלי
1QH 11.18]ה וכלה בלוא רחמיך : ואני
1QH 15.16 עליו : בהמון רחמיך ולפתוח
1QH 16.9 ותחונני ברוח רחמיך ו˙[ ]וד
4Q508 2 1.2 א]דוני מ[ועד רחמיך ועת שוב[

1QH 4.36 עם : המון רחמיכה
1QH 4.37 בחסדיכה והמון רחמיכה כי תכפר
1QH 7.27 לאיש[ ]ברוב רחמיכה לנעוי
1QH 7.30 טובכה ובהמון ר[ח]מיכה :
1QH 7.35] ובהמון רחמיכה לכול
1QH 9.8 שע נפשי בהמון רחמיכה ואשיבה
1QH 10.21 ה]מון רחמיכה
1QH 18.14 ענוים לרוב רחמיכה
1QH 18.25 משפט לעומת רחמיכה ואני
1QM 11.4 רבות : בעבור רחמיכה ולוא
4Q508 22+ 1.2 בע˙[: ר]וב רחמיכה[:
4Q509 145 1.2 [˙ו ˙˙] :]˙[ר]חמיכה[:]˙]
11QPs 19.5 כטובכה כרוב רחמיכה וכרוב
11QPs 19.11 𐤉𐤄𐤅𐤄 כרוב רחמיכה וכרוב

1QH 6.9 תשפטם בהמון רחמים ורוב
1QH 9.3 ˙[:]לאין רחמים באף
1QH 9.34 סליחות והמון[רח]מים בהשפטכה
1QH 14.3 אמת וב[:]בי רחמים ועוזי
1QS 1.22 כול חסדי רחמים על ישראל
1QS 2.7 ארור אתה לאין רחמים כחושך

1QS 4.3 אפים ורוב רחמים וטוב
4QTeh[b] 3 1.4]: רחמים ארו[ר
11Ap[a] 3.6]רו אשר [ ] רחמ[ים] עליך
11QT 55.12 ונתתי לכה : רחמים ורחמתיכה

4Q509 9 3.10]ר בת[:]רחמינו[

4Q508 132 1.5 [ ] הק[ודש רחמנו :]
4Q508 22+ 1.1 א]שר רחמנו בע˙[:
4Q509 17 1.2]ורתם כיא[: ר]חמנו מעולם[

4Q176 8+ 1.10 ובחסדי עולם רחמתיכה אמר

1QS 3.5 יטהר בכול מי רחצ טמא טמא
4Q512 1+ 1.5 עולם : ומי רחץ לטהרת
4Q512 42+ 2.5 בל יטהרו במי רח[ץ] ואני[
4Q514 1 1.3 ל[ו ר]חץ ורחץ וכבס

11tgJ 9.5 במרו]מה האיתי רחצן להש[:]

4Q512 56+ 1.1 רח]צתני במי]

CD 4.12 נבנתה הגדר רחק החוק ובכל

11QPs 18.13 עוזו : כמה רחקה מרשעים

4pPs[a] 1+ 4.24 רח]ש ל[ב]י דבר
11tgJ 37.2 מלך על כל רחש : ענא איוב

1apGn 2.19 אנה למך ‹רטת› על מתושלח

2Q33 3 1.1]רי יע[:]˙בה
4Q176 39 1.1]רי[:]˙ת ק[:]
4Q176 42 1.2]וחי[:]רי ע˙[:]˙˙ה˙]
4Q374 10 1.1]רי˙] :]˙ ממך
4Q381 85 1.1]רי הב[:
4Q405 82 1.2]˙ לו[:]˙רי[:]˙˙]
4Q487 5 1.1]˙רי[:]תוצ˙] :
4Q499 22 1.1]רי פיכה[:]ל
4Q502 25 1.3 א[:] שמ[:]רי ה[:]˙
4Q502 176 1.2]נ[:]רי ש]
4Q511 69 1.1]˙רי[:]אותם]
4Q512 211 1.1]רי˙]
4Q518 28 1.2]˙[:]˙רי]
4Q520 45 1.1]˙רי] :]ן אור[
4pIs[c] 14 1.6 כפיר[:]בה א˙רי˙[:]את
4QCat[a] 9 1.8 ופת[י :]˙רי ערלות לישרם
6QPro 23 1.1]רי˙]
11QPs[b] e 1.4 לם שלום ע : רי המלמ : בי
11QSS s 1.2 כבוד ˙[:]˙˙רי מלך כו[ל :
11tgJ 12.2]רי : ספיר˙]
11tgJ 16.1 לחמהו[ן :]˙רי יתון ופצא

6Q15 3 1.5 𐤀𐤋 ברית רי‹א›שונים[ם

1QH 2.14 ואהיה איש ריב למליצי
1QM 4.12 אל נקמת אל ריב אל גמול אל
1QS 4.18 אמת וקנאת : ריב על כול
1QS[a] 1.13 שנה יגש לריב ריב : ומ[ש]פט
11QT 63.4 יהיה כול ריב וכול נגע
CD 1.2 במעשי : אל כי ריב לו עם כל
CD 14.12 ידבר : לכל ריב ומשפט

1QH 5.30 ויהמו : בכנור ריבי ובנגינות
1QH 9.23]תריב ריבי כי ברז
4Q511 48+ 1.7]]˙˙˙˙ ריבי כול :

1Q26 1 1.7 במ[:]ל ריבכה ובידי
1QH 9.15 ולא י˙[ ]ר‹י›בכה אנוש

2apPr 4 1.2]מ[:]ריד [: א]ויב

4Q502 18 1.2]כבודו[:]רידו<י˙> [:

1QS 8.9 משפט ולקריב <ריח> ניחוח
4Q499 6 1.3 מאן[:]˙רל ריח[
4Q511 30 1.6 איש לתכן את ריח[ ]
11QSS 8+ 1.2]ריח מנחותם ˙˙[
11QT 13.15 רי]ח [ ]
11QT 15.13 ת[נופה : אשה ריח ניחוח לפני
11QT 16.10 ˙הוא אשה ריח ניחוח
11QT 20.8 ונסכמה אשה ריח ני[ח]ו[ח]
11QT 23.17 ונסכו אשי ריח ניחוח
11QT 1 28.2]˙[: אשי ריח ניחו[ח : [
11QT 28.2 המזבח אשי ר[יח : השני
11QT 28.6 אשה : ריח ניחוח הוא
11QT 34.14 על המזבח אשה ריח ניחוח לפני

1QH 4.7 ˙˙[ ]רים החליקו למו
1QH 8.37]לבב ˙˙˙רים ממשל :
4Q511 2 2.10 ובישראל מ[ ]רים ב˙ל[
4QM6 47 1.1]רים[:]רה[
5Q25 4 1.1]רים [
11QT 12.9 יהיו : [˙˙˙˙רים[ ]נה[

4Q509 161 1.1]˙רינו ˙[: [˙י

11QT 54.20 אשת חיקכה או ריעיכה אשר

1pHab 10.8 ולאומים בדי ריק ייעפו :

1QM 5.6 חפץ אבדני ריקמה מעשה חרש
1QM 5.9 אבני חפצ בדני ריקמה מעשי חרש
1QM 5.14 חושב צורת ריקמה בזהב
1QM 7.11 שני וצורת ריקמה מעשה

4pIs[a] 7+ 3.24 ק[ודש]ובגדי ריקמו[ת] : [

11tgJ 6.9]˙פוהי : רי]קנה : די

4Q502 12 1.3]י ישמ[:]ריש ק[: [

1Q30 5 1.2]בבשול [:]רישוני[ם

4Q511 63 3.2 ובלבי סוד רישית כול מעשי

4Q487 40 1.1]רית[:]כול[:
4Q497 23 1.2]˙˙[:]˙רית[
4Q499 41 1.2]˙[:]רית[

1QM33 1 1.2 עמכ[ה] א[:]˙ריתכה ו˙[ ]א

4Q504 7 1.11]רך וברחמיכה :
4Q517 74 1.1]רד[:]˙˙[

1QM 6.10 וארבע מאות רכב לאנשי סרך
1QM 6.11 הפרשים על רכב אנשי הסרך
1QM 6.13 למלחמה מלומדי רכב ותכון :
4Q509 243 1.1]רכב[:

4Q512 174 1.2]˙˙[:]רכה[:]ר˙˙[

4Q503 172 1.2]˙[:]רכו[

3Q12 2 1.2]˙˙תה [:]˙רכוך [

4VSam 7 1.3]יחלתי פניה רכוש והון

1QH 5.25 חבתה בי ילכו רכיל לבני הוות
1QS 7.15 והאיש אשר ילכ רכיל ברעהו :
1QS 7.16 ברבים ילכ רכיל לשלח הואה
11QT 64.7 כי : יהיה איש רכיל בעמו

4Q487 29 1.2]בע˙[:]˙רל ˙[:]ל[
4Q499 6 1.3]˙ מאן[:]˙רל ריח[

6QHym 4 1.2]אילים א[:]רלי לוא [:

1pHab 8.10 משל : בישראל רם לבו ויעזוב
1QH 7.30 לפניכה ˙˙˙רם מפשעיהם
4Q401 14 1.4 [ ] רומה רם על[
4Q405 77 1.1]רם ˙[
4Q405 84 1.1]כול רם[:]˙˙˙[
4Q502 46 1.3 [:]˙ארב[:]רם[
4Q511 90 1.2 הכבו[ד :]ונה רם [:
4Q511 163 1.1]רם ל[:]ע ו˙[
4Q517 79 1.2]ן ˙[:]רם[
4pIs[c] 33 1.2] ת˙[:]רם [:]˙[
6apSK 33 1.1]רם [:]˙[ ]˙

1QS 5.12 עשו ביד רמה לעלות אפ
1QS 8.17 המצוה דבר ביד רמה אל יגע
1QS 8.22 מושה ביד רמה או ברמיה
1QS 9.1 ולעושה ביד רמה לוא ישוב
1QS 11.10 לבבי : לסוד רמה והולדי
1QS 11.21 מגבלו ולחם רמה מדורו
4pPs[a] 1+ 4.15]הזיד ביד רמה : [
4QCat[b] 1 1.3]ויפרעו ביד רמה להחל[:
4QOrd 2+ 1.6 אשר עשה ביד רמה אל יהיו
11QPs 19.1 כי לוא רמה תודה לכה
11QPs[b] a 1.2 כי[:] לוא רמה תודה ל[כה:
CD 8.8 ויפרעו ביד רמה : ללכת
CD 19.21 ויפ[רע]ו ביד רמה ללכת בדרכי
CD 10.3 מן המצוה ביד רמה עד זכו

1QH 9 1.9 קצ רצונכה :]רמות כוח ורוב
1QM 9.10 המעמד על רמ[ות

1QM 5.6 וחצי ובידם רמח : וכידן

1QS 11.1 ענוה לנגד רמי רוח וברוח

11tgJ 5.4 ו]הוא רמיא מדין אב˙[

1QH 2.16 חל[:] אנשי רמיה עלי יהמו
1QH 2.34 בפי כל דורשי רמיה ואתה
1QH 4.7 למו ומליצי רמיה ˙˙˙˙ם
1QH 4.10 כזב וחוזי רמיה זממו עלי
1QH 4.21 מעשיך : ולא רמיה [ב]מזמת
1QH 12.16 חד רשעה ואין רמיה[:]˙עדי
1QH 14.14 רשע ואנשי רמיה כי כול
1QH 3 1.9 ותמו כול יצר רמיה כיא לא ˙[
1QH 3 1.10 עולה ומעשי רמיה[:]
1QS 4.23 כול מעשי רמיה עד הנה
1QS 7.5 במרום או יעשה רמיה במדעו

4Q520 45 1.4 עזו[:]˙רמיהם ל[

11tgJ 34.8 והשפלה וכל : רמת רוח תתבר

1apGn 21.11 ארעא מן : רמתא דא מן נהר

1Q20 4 1.2] :]א די א˙˙רנ ˙[:]˙˙˙˙˙
4Q407 2 1.1]˙ רנ˙[:]קודש [:
4QM2 2 1.2 הג]וים [:]רן[

1QH 11.5 שפתי במכון רנה ואזמרה
1QH 11.14 ידעים ביחד רנה
1QH 11.26 יחד : בקול רנה ואין יגון
1QH 10 1.10]רנה[
1QH 23 1.3] : [˙ בהמון רנה [:]נכה [
1QM 12.15 צרחנה בקול רנה עדינה עדי
1QM 19.7 הבענה בקול רנה עדינה עדי
4Q405 10 1.1 רנה[: מ˙[: ש]

4Q405 15+ 1.7 הכבו[ד] בקול רנה[: [ ]˙
4Q405 20+ 2.8 [ ]והמון רנה ברום
4Q405 20+ 2.13 קול גילות רנה השקים
4Q405 23 1.8 שעריו : בקול רנה במבואי אלי
4Q504 34 1.1]רנה זכ[:]ם
4Q511 28+ 1.2 באלוהים רנה וא[ני
4QMI 11 1.21 ה]שמיעו בהגיא רנה [
4QM2 1 1.7 הבענה[ב]קול רנה עדינה [

1QM 4.4 העשרה יכתובו רנות : אל בנבל
4Q401 14 2.3 קול רנות[: לוא
4Q403 1 1.5 [ה]טוב בשבעה רנות[
4Q403 1 1.5 בש[בעה] רנות : פלא
4Q403 1 1.9 [:] ר]נ[ו]ת עוזו
4Q403 1 1.36 כול הוגי דעת רנות פלאו :
4Q404 4 1.4 [דע]ת רנות[: אלוהים
4Q503 178 1.1]רנות עם ˙[
11QSS b+ 1.3 ת[הלי :]תהלי רנ[ות :

4Q403 1 1.4 פלוא [ ]רנן : בלשון
MasSS 2.14 [: [תה]לת רנן בלשון הששי

4Q403 1 1.36 במשלחם רננו מרנני [
4Q404 4 1.2]רננו[:
4Q405 4+ 1.4 [: רננו מר[ננר
4Q510 1 1.8 [רננו צדיקים]

4QCat[a] 14 1.4]הקשיבה רנתי האזינה

11QT 52.18 סביב שלושים רס לוא תזבח

1Myst 3 1.1]רע מכולמה [:
1pHab 9.12 הוי הבוצע בצע רע לביתו לשום
1pHab 9.13 קנו לנצל מכף רע יעצתה בשת
1QH 7.3 עיני מראות : רע אוזני משמוע
1QH 14.19 ולא אשא פני רע וש[
1QH 17 1.6 ובעומק [:] רע הוכמה ואול[
1QM 7.7 וכול ערות דבר רע לוא יראה
1QM 10.1 מכול ערות דבר רע ואשר הגיד
1QS 1.4 לרחוק מכול רע: ולדבוק
1QS 1.7 לעשות כול רע ולהבי את
1QS 2.3 וישמורכה מכול רע ויאר לבכה
1QS 5.1 לשוב מכול רע ולהחויק
1QS 10.18 לאיש גמול : רע בטוב ארדפ
3Q14 4 1.2 בש[: רע˙[: דר[:
4Q487 14 1.3 ו˙[:]ים רע יחשוב[
4Q504 1+R 4.13 שטן : ופגע רע כיאם שלום
4Q509 276 1.1]מכול רע ˙[
4QMI 11 1.16 ומיא [כו]ל רע הדמה ביא
4QOrd 2+ 1.8 יוצו איש שם רע על בתולת
11QPs 24.12 יהוה מנגע רע ואל יוסף
11QPs 19.16 מכאוב ויצר : רע אל ירשו
11QT 52.4 בו כול מום רע כי תועבה
11QT 52.10 או כול מום רע לוא תזבחנו
11QT 65.8 עליה שם רע ואמר את
11QT 65.15 כי הוציא שם רע על בתולת

4pIs[b] 2.4 מתי רעב : והמנו
4pPs[a] 1+ 3.2 עד עולם ובימי רעב יש[בע]ו
4pUn 1 1.2 כול[:]בעת רעב ואשר[:

1Q42 6 1.1 ב]ימי רעבות[

1QH 4.33 רצונו ואני רעד ורתת

1Q37 1 1.2 גמלו לנפשם רעה ו[:]בחירי
1apGn 21.6 דילה שגי והוא רעה נכסוהי
1apGn 22.1 ואתה חד מן רעה : ענה די
4Q185 1+ 2.8]לפניו תצא רעה לכל עם
4Q380 1 2.6 תחפצו לעש[ו]ת רעה פן יוכד
4Q511 15 1.7 רו]ח רעה ה[ ] בו[:
4Q511 81 1.3 ר]וח רעה[:]לכם ל[
11Ber 1 1.12 בעדתכם וחיה רעה שבתה מן [
11QPs 18.15 חסדו : מעת רעה יציל נפש[
11QT 64.7 נכר ועושה רעה בעמו :

1Myst 1 1.11 אשר לוא עשק רעה[ו] איפה עם
1QS 5.23 בסרכ איש לפני רעהו לפי שכלו
1QS 5.25 איש את רעהו בא[ ]ת
1QS 6.1 יביא איש על רעהו דבר לפני
1QS 6.2 הנמצא איש את רעהו וישמעו
1QS 6.10 איש בתוכ דברי רעהו טרם יכלה
1QS 6.26 ישוב את : רעהו בקשי עורפ
1QS 6.26 באמרות את פי רעהו הכתוב
1QS 7.4 בלו משפט את רעהו בדעהא
1QS 7.5 ואשר ידבר את רעהו במרום או
1QS 7.9 בתוכ דברי רעהו : עשרת
1QS 7.12 יהלכ לפני רעהו ערום ולוא
1QS 7.17 ישוב ואם על רעהו ילון :
1QS 8.2 לכת איש אם רעהו : לשמור
1QS 8.20 קודש איש את רעהו : כול הבא
1QS 9.19 תמים איש את רעהו בכול
11QT 66.3 ענה את אשת רעהו ובערתה :
11QT 66.7 יקום : איש על רעהו ורצחו נפש
CD 8.6 ושנוא איש את רעהו ויתעלמו
CD 19.18 ושנא איש את רעהו ויתעלמו
CD 20.18 איש : אל רעהו להצדיק
CD 9.3 אשר יביא על רעהו דבר אשר
CD 10.2 יאמן איש על רעהו : לעד

2QJN 4 1.2 [: לקורבן רעוא[:

1apGn 2.23 בקושטא [: רעותה ואזל

1apGn 21.5 לואתי מן עובד רעותנא ואזל

1QH 4.9 מקנה וכול רעי ומודעי
6apGn 27 1.1]˙רעי מ[:]˙ ˙ ˙ ˙

1pHab 4.12 × : מלפני רעיהו מושלי[הם
1pHab 11.2 לרב הוי משקה רעיהו מספח :
CD 9.17 בתורה וראה רעיהו והוא אחד
CD 16.15 אמר איש את רעיהו יצ[ו]דו

CD 20.10 כמשפט רעיהם אשר שבו

4Q502 1 1.7 קוד[ש:] רעייתו אש[ר:

CD 9.8 תוכיח את רעיך ולא תשא

4QCat[a] 29 1.1]רעיכה[:]תת˙ [

1Q69 4 1.2]ם [:]רעים]
1pHab 9.2 מחלים × : רעים עשו בו
4Q181 1 1.1 גדולים ומחלים רעים: בבשר לפי
4Q380 1 2.5 טוב[ה] ושנאי רעים עד[:
4Q504 1+R 3.8]חוליים <רעים> ורעב

11tgJ 15.7 ובכ]פן רעין הוא ירק

4Q509 10 4.3 רח[: רעיתה וב[:

4pN 3+ 2.3 וקול שוט וקול רעש אופן וסוס

4Q517 3 1.1]˙רעת ב[

4Q511 5 1.2]˙בר ו˙[:]רעתו ˙[:]ל[

1QM 6.6 אל לשלם גמול רעתם לכול גוי
4Q370 2.4 מעונם [: רעתם בדעתם

11QT 59.8 מושיע מפני רעתמה אשר הפרו

´´´[ ] [	1QH 5.4	על פי רצונכה
1QH 10.2	´´ :]ל ובלוא רצונכה לא יהיה
1QH 10.6	אתחשב : באין רצונכה מה
1QH 10.9	ולא יודע בלוא רצונכה ואין
1QH 11.9	לכול בני רצונכה כי
1QH 2 1.8	רצונכה <ו>פל
1QS 9 1.8	אסיר עד קץ רצונכה]רמות
1QS 11.17	תחם דרב ובלו רצונכה לוא
4Q509 131+ 2.6	]נדבות רצונכה אשר
4Q512 29+ 1.10	...ר דם עולת רצונכה וזכרון
4Q512 29+ 1.11	וני]א[ו]ח רצונכה]
4Q512 1+ 1.14	כפור]י : רצונכה]
4Q512 136 1.2	ם] : ר]צונכ[ה:]´´´[

CD 2.21 — בעשותם את : רצונם ולא שמרו

4Q504 1+R 6.5 — אשר נכנע לבנו רצ]ינו את

5QJN 1 1.6 — ר]צימין באבן   א]<י>

1QS 11.16	אמתכה כאשר רציתה לבחירי
4Q504 4 1.2	]או[: א]שר רצי]תה
4Q506 132 1.1	רצי]תה]היו[
5Q13 1 1.7	]ה ובנוח רציתה ט ´[ ]: [ ]ק

4Q504 3 2.18 — ...כבו]ן רציתו וימצאו]
4Q506 125 1.2 — עמו] : [ ]רצי]תו[

1QH 9.10 — ובנגיעי רצי כי יחלתי

1QH 10.12	כי יעצור] [רק לכבודכה
1QH 13.16	[בשר רק בפוזבך :
1QH 15.14	את דבריכה רק אתה]
1QS 9.7	בתמים : רק בני אהרון
1QSa 1.21	להכניס גוים רק בסרך הצבא
4Q504 1+R 3.4	לפני]כה : רק בשמכה]
4QOrd 1 2.7	נפשו מחצית] : רק פ]עם] אחת
11QT 52.11	כצבי וכאיל רק הדם לוא
11QT 53.5	כצבי : ואיל רק חזק לבלתי
11QT 53.7	אלויכה : רק קודשיכה
11QT 56.15	...לוא אחיכה הוא רק לוא : ירבה
11QT 62.9	...ובורה לפי חרב רק : הנשים
11QT 62.13	האלה : המה רק מערי העמים

4Q403 1 2.5 — [ל] : לכת]רקי[[

1QS 10.24 — עד תום : פשעם רקים אשבית
4Q487 10 1.5 — לכוד א[:]רקים[:]משמע[

1QH 19 1.3	את ´´´[:]רקיע על כנפי
1QH 20 1.3	בם : [ ] רקיע קודשך]
4Q403 1 1.42	[ל]מש[א יחד רקיע זו טוהר
4Q403 1 1.43	פ]ולמים רקיע רוש
4Q405 6 1.3	למשא יח]ד רקי]ע טוהר]
4Q405 6 1.4	פולמי פולמים רקי]ע ר]אשי
4Q405 19+ 1.3	מעשי רו]חות] רקיע פלא :
4Q405 20+ 2.9	[והו]ר רקיע האור
4Q503 1+ 2.1	רקיע השמי]ים
4Q504 1+R 7.6	כול מלאכים רקיע קודש ו]
11QSS j+ 1.3	מעשי רוחו]ת רקיע פלא
11QSS 5+ 1.4	מארבעת מוסדי רקיע : הפלא
11QSS e 1.1	רק]יע פ

4Q405 23 1.6 — וכול ר]וחי[ ]רקי[ע]י
4Q405 23 1.7 — מפלגיו מספרה רקיעי כבודו
11QSS 5+ 1.1 —]רקיעי פלא
11QSS 2+ 1.4 — תשבוחותו בכול רקיע]י

1apGn 20.3 — [ו]כ[מא] רקיק לה שער

1QH 5.20 — ולא בזיתה רש כי גבורתכה]

4Q509 188 1.5	ו[ ] : ג]טול רעתנו אשר]

1QM 9.15	על הרביעי רפאל : מיכאל
1QNo 2 1.4	תחתך [ ] : רפ]אל וגבריאל

11Apa 1.7 — [פמי ת ´´ רפואה :]שמך

1QM 14.6 — רפות ללמד [
4QM1 8+ 1.5 — אל]וידי[ם] רפות ללמד

1QH 2.12	בהרגש גליהם רפש : ומים
1QH 3.32	בהמון גורשי רפ<ש>ש וארץ :
1QH 8.15	כי גרשו עלי רפשם : ואתה

4Q511 152 1.2 — שב´[:] רפת[:]שמט]
6QBen 4 1.1 — רפת[

1QH 12.24	] רצ´´´ : למקור
1QH 16.13	[ ] מעמד רצ]]אשר בח[
4Q482 1 1.5	רצ[ה]ה:]רי רצ]
4Q487 12 1.3	ימישו : [ ]ה[: רק]ץ : [ה
4Q499 54 1.2	רק[: [ ]]
4Q506 166 1.1	]רצ[
4Q511 63+ 2.2	...ובכול מה]הם
4Q512 87 1.2	רצ]ל[: [חיל]ב :

4Q504 9 1.5 — ישימו ק]ה :]רצה פריל כ´]
4Q520 9 1.1 — רצ]לי[
4pHsb 16 1.3 —]:]אל ל]וא רצה]
CD 2.15 — ...ולבחור את אשר רצה ולמאוס

1QH 15.18 — ...תועבה נפשם ולא רצו בכול אשר
1QH 62 1.2 — שד[ ] : רצו :]בל[

1QH 15.15	הכינותו למועד רצון להשמר
1QS 8.6	וב(ו)חיירי רצון לכפר בעד
1QS 9.5	כנדבת מנחת רצון בקת ההיאה
1QS 9.13	לעשות את רצון כ ככול
1QS 9.23	נקם לעשות רצון בכול משלח
1QS 9.24	בנדבה וזולת רצון אל לו
4Q183 1 2.4	וימלא]ל[ויתן להם
4Q405 13 1.4	לכול רצו]ן[אמתו
4Q405 23 2.6	קדושים רצון [ ]´´´
4Q504 11 1.2	שים [ ]ת רצון :]תה לכפר
4Q509 32 1.3	ש]מחי רצון במועדי]
4Q513 13 1.2	לכפורי רצון]
4pPsb 1+ J.21	א[ ]ת רצון]
11QSS 8+ 1.1	]ת רצון המ]
CD 11.21	וכל צדקם כמנחת רצון

1Q29 5+ 1.2	[:]ול רצונו כ]ול [
1QH 4.33	על כול בני : רצונו ואני רפד
1QS 5.9	הברית ודורשי רצונו ולרוב
1QS 9.15	על פי רצונו כאשר צוה
1QSb 1.1	[רצונו שומרי
4Q400 1 1.16	דרך ויבארו רצונו בעד כול
4Q403 1 1.20	לכול נמהרי רצונו בשבקה]
4Q405 3 2.10	] נמהרי רצונו בשבכה [
4pPsa 1+ 2.5	בחירו עושי רצונו ועוד מעט
4pPsa 1+ 2.26	רצונו]
CD 3.12	לעשות איש את רצונו
CD 3.15	אמתו וחפצי רצונו אשר יעשה

4Q370 1.1 — כל אשר עשה רצוני ייבלו

1Q34b 3 2.5	לך עם בקק רצונך כי זברת
1QH 17.23	בכול דברי רצונך חוק מ]
1QH 22 1.6	ולה´´]:]י רצונך]:]ל

1QH 1.8 — ולא יודע בלוא רצונכה אתה

1QH 12.16 ע[:]˙חד רשעה ואין
1QH 15.24 כופר לעלילות רשעה כיא :
1QH 17.10]שבות רשעה נער˙[:
1QH 1 1.5]אשמת רשעה ואני בקצי
1QH 3 1.8 יםמונו צמי רשעה[:]ו
1QH 5 1.4 ע[ו]לם ורוחות רשעה תבית מא[
1QH 5 1.7 נצח וברום רשעה לם[: רבה
1QM 1.6 כתיים להכניע רשעה לאין
1QM 1.13 בני אור לנגוף רשעה ושלושה
1QM 3.9 רזי אל לשחת רשעה ועל
1QM 11.10 בעמיר אוכלת רשעה לוא תשוב
1QM 14.7 יתמו כול גויי רשעה : ולכול
1QM 15.2 וכלה לכול גוי רשעה וכול
1QM 15.9 כיא המה עדת רשעה ובחושך
1QM 15.14 [ ] כול רוחי רש[עה ג]בורי
1QM 17.6 שר ממשלת : רשעה וישלח עזר
1QS 4.21 מכול עלילות רשעה ויז עליו
1QS 8.*10* ולחרוץ משפט רשעה> בהכון
1QS 10.19 אקנא ברוח : רשעה ולהו]ן חמס
1QS 11.9 ואני לאדם רשעה ולסוד בשר
1QS[a] 1.3 בריתו בתוך רשעה לכפ[ר
4Q181 1 1.2 וארץ ליחד רשעה עד : קצה
4Q183 1 2.5 כול הון רשעה וינזרו
4Q379 22 2.13 [:] ר]שעה גדלה
4Q381 69 1.9 [:] על רשעה ולהמיר
4Q499 2 1.5 [:]ם ז˙[:]רשעה[:]˙ו
4Q509 205 1.1 ר]שעה ל[: ק]ץ
4Q510 1 1.7 ממשל[ת] : רשעה [ותעודות
4Q511 10 1.3 ב]קץ ממשל[ת] רשעה : [
4Q511 12 1.1]˙די רשע[ה :
4Q511 18 2.6 ו˙˙ה עבודת רשעה כיא :
4Q511 35 1.1 נקמות לכל<ו>ת רשעה ולזע[ף] :
4Q511 35 1.9 ממשלתם[: ר]שע[ה
4Q518 40 1.1]רשעה [
4AgCr 1 1.9]עולה ולהנחיל רשעה כל˙[:]˙
4pN 1+ 2.6 רבים רום רשעה כי הב[
4pPs[a] 1+ 1.24]]רשעה ביד
4pPs[a] 1+ 4.11 יראו במשפט רשעה ועם [ ]
4QM1 8+ 1.6 יתם כול גואי רשעה
4QM1 10 2.17 תוקד<כל> וסוד רשעה [
CD 8.5 זונות ובהון רשעה ונקום

1pHab 5.5 יאשמו כל רשעי עמו אשר
1QH 5.17 וימהרו עלי רשעי עזים
4pHs[b] 10+ 1.3] : [ר]שעי הגואי[ם
4pN 3+ 4.1] : פשרו הם רשע[י מנש]ה
4pN 3+ 4.5 פשרו על רשעי א[פרים
4pPs[a] 1+ 2.18 פשרו על רשעי אפרים
4pPs[a] 1+ 3.12 עריצי הב[רית ר]שעי ישראל
4pPs[a] 1+ 4.21 ו[י]צילם מיד ר[שעי

1Q34[b] 3 1.5 לרשע ונתתה רשעים [כ]ופרנו
1QH 2.10 ואהיה על עון רשעים : דבה
1QH 2.12 ועלי קהלת רשעים תתרגש
1QH 2.24 הכבדכה במשפט רשעים והגבירכה
1QH 4.34 אבותי בקום רשעים על בריתך
1QH 14.24 ופוקד עו(ו)ן רשעים[
1QH 17.21 ופדה :]תמו רשעים ואני
1QM 4.4 חדל : מעמד רשעים [ב]גבורת
1QM 11.14 להשיב גמול : רשעים ברהש
1QNo 1 1.2 וי]הי הוא[: רשעי]ם גברו
1QS[b] 5.25 שפתיכה : תמית רשע[ים
4Q185 1+ 2.9 ואל יתהלל[ו] רשעים לאמור לא
4pPs[a] 1+ 2.16 בידם חרב פתחו רשעים וידרוכו
4pPs[a] 1+ 2.22 לצדיק מהמון רשעים רבי[ם
4pPs[a] 1+ 3.2 יש[בע]ו כיא רשעים : יובדו
4pPs[a] 1+ 4.1 נשמרו וזרע ר[שעים
4pPs[a] 1+ 4.11 ארץ בהכרת רשעים תר[אה
4pPs[a] 1+ 4.18 יחד ואחר[ית] ר[שעים
4QFl 1+ 1.14 לוא הלך בעצת רשעים פשר
4QPs[f] 2 9.6 מע[ש]ה להשבית רשעים : מן

4Q499 3 1.4]לידעים[:]˙ רש]
4Q500 6 1.1 [רש] :]˙˙[
4Q502 128 1.1]רש] :]כה
4Q512 185 1.2]˙ם א[:]רש <ה]>[

4Q497 5 1.3]באילות [:]רשו]ן ה]
4Q503 28 1.1]˙[ ] רשו]ן[: ב]ראם
4Q512 77 1.2]שב˙ ˙[:]ם רשו]ן[:]במותו

4Q504 4 1.6 לנו עוונות]רשונים [בכו]ל

4QM1 8+ 1.6] [ר]שות] לבב

1QS[a] 1.16 הכוהנים וכול (ש)ר<ש>י אבות

4pPs[a] 1+ 3.5]> אשר יהיו רשים ושרים ע[ל

11tgJ 25.6 עם[:]לך אנש רשיעיא התקלו[

11tgJ 2.7 לאנתתי[: רשיעין
11tgJ 3.6]˙ ארו טבע רשיע[ין :
11tgJ 7.4 אלה[א: ועפת רש[יעין :
11tgJ 11.3 למה :]אנש רשיעין :
11tgJ 34.8 תתבר והשפי רשיע[ין

1QS[a] 2.19 מ]ברך את רשית הלחם :
1QS[b] 3.28 עמים ינחילכה רשית]
4Q509 131+ 2.7]גיש לפניכה רשית מעשי[כה :
4Q511 2 1.5] : [ג]ורלו רשית ביעקוב

1QH 16.10 ובדעתי כי אתה רשמתה רוח צדיק

1Q29 13 1.3 בינות עד[:]רשע ושר גוה [
1pHab 5.9 ותחריש בבלע : רשע צדיק ממנו
1QH 14.9 על עלי˙˙˙ רשע ולברך : [
1QH 14.14 על כול פועלי רשע ואנשי רמיה
1QH 6 1.1]˙˙˙ רשע : [˙˙˙˙˙˙ם
1QM 17.2] : רשע ואתמה
1QS 2.5 אתה בכול מעשי רשע אשמתכה
1QS 3.2 יחד כיא בסאון רשע מחרשו
1QS 4.9 בעבודת צדק רשע ושקר גוה
1QS 4.19 התגוללה בדרכי רשע בממשלת
1QS 5.26 [ ] רוח רשע ואל ישנאהו
4Q510 2 1.1]דם בגורל רשע וכול[:
4Q511 1 1.6 ורוחי רשע : לו
4Q511 63 3.4 ולהרשיע רשע באשמתו
4Amrm 2 1.3] ומלכי רשע ואמרת
4pPs[a] 1+ 2.5 ועוד מעט ואין רשע
4pPs[a] 1+ 2.9 כול איש : [ר]שע וענוים
4pPs[a] 1+ 2.13 בשר : זומם רשע לצדיק
4pPs[a] 1+ 3.8 ברו]ח לוה רשע ולוא ישלם
4pPs[a] 1+ 4.7 VACAT: צופה רשע לצדיק
4pPs[a] 1+ 4.13] : [ראי]תי רשע עריץ
4QM1 25 1.2 ה[:]ף ביד רשע[:]כוחו
4QTeh 2 1.2 אתה מלכי רשע בכול
4Tstm 1.26 לעשות לעוז רשע :]בישראל
6QBen 2 1.2]ח[: פו]עלי רשע [:]ממשלת
11tgJ 24.2 רש]ע ארו אמר
CD 1.19 הצואר ויצדיקו רשע וירשיעו
CD 4.7 צדיק וירשיעו רשע וכל הבאים

1apGn 1.2]˙˙ אף רז רשעא די :]˙תין

1pHab 9.1 נגועו במשפטי רשעה ושערוריות
1QH 2.8 פעמי בגבול רשעה ואהיה פח
1QH 3.24 התיצבתי בגבול רשעה : ועם
1QH 3.26 כול מצודות רשעה ומכמרת
1QH 6.22]˙˙ מחשבת רשעה יתגוללו
1QH 6.29 ח[: מלחמות רשעה ואז תחיש
1QH 6.30 יעורו ל˙˙˙[: רשעה וכול בני
1QH 7.7 לפני מלחמות רשעה ובכול

11Mel 1+ 2.11	עוול ופני רשעים תש[או
11QPs 24.6	תפרע לפני : רשעים גמולי
CD 2.3	אזנכם בדרכי : רשעים אל אהב
CD 7.9	להשיב גמול רשעים : עליהם
CD 8.9	ללכת בדרך רשעים אשר אמר
CD 19.6	להשיב גמול רשעים עליהם
CD 19.21	ללכת בדרכי רשעים: אשר :
CD 11.21	כי כתוב זבח : רשעים תועבה
1QM 13.5	במחשבת : רשעם וזעומים
4Q181 1 1.2	אל ולעוטת רשעם לפי <א>
4QBer 10 2.3	במחשבת רשעתה :
CD 20.29	אל כי אנו : רשענו גם אנחנו
4QM6 8 3.7	]וחצוצר[ות : ר]שעת[
4Q511 3 1.3	ואח[ר : ק]צי רשעתה ופ˙[:]
4QBer 10 2.8	תוע]בה ועצת רשע[תכה וז]עום
4QBer 10 2.11	עוש[י רשע]תמה ומקימי
4Q381 76+ 1.4	הווה ע[: ר]שף וכלה ואין
11Ap[a] 4.5	]˙ עת : אל רשפ[
1QH 2.29	בבריתך : והם רשת פרשו לי
1Q20 2 1.1	]˙˙˙˙רת[ ]˙ ˙˙ ˙[
4Q401 28 1.1	]רת אלוה[י :]
4Q512 16 1.8	שם : ט]הרתי:]רת ואחר :]ל[
4Q518 29 1.1	]˙רת˙[
4Q509 184 1.11	]˙תהו ובבה :]רתה :]מאכל ל[
4Q404 19 1.1	]רתו מ[:]ש
4Q511 56 1.2	]˙˙˙˙˙[:]רתי כיא[:]˙
1QH 2 1.14	˙˙[:]רתים עם צבאכה
4Q381 83 1.3	]י קדם[:]˙רתך אלה[י
1QH 16 1.8	˙[:] ˙רתכה [
4Q374 14 1.2	]˙[:]רתם מודה קדקד[
4Q509 145 1.4	]˙[:]˙[ ]˙רתנו[:]˙[
1apGn 22.34	]]לד˙רתני ואמר לה

ש

1Q34[b] 3 2.8	מ˙[ ]ש עני ור[ ]מים
1Q36 3 1.3	[[:]שפים ש[
1Q36 15 1.6	רוח[:]˙˙˙ ש[
1Q36 23 1.1	]˙ש˙אי[
1Q68 1 1.1	]˙ש שיצ[א:]˙תן
1Q68 9 1.1	]ש ˙˙[:]˙מי
1apGn 21.34	]]ש[
1pMic 10 1.1	]ש[
1pPs 8 1.3	לברך את ש[
1QH 3.16	יפתחו ש[ ]ל[ ]
1QH 4.37	ולט˙[ ] ˙˙˙ש מאשמה
1QH 6.16	: עד ש˙˙˙[ ]שרשיו
1QH 6.32	ירמוסו ואין ש˙˙[ ]
1QH 8.38	]ש התבל˙˙˙ :]
1QH 10.27	אמתכה נתתה ש˙˙[
1QH 10.28	]ש הרביתה נ˙
1QH 10.29	ב˙[ ]˙˙ש עבדכה תעבה˙˙
1QH 13.21	ואדע[: ורשע ש[:]בעמך וח˙
1QH 14.20	אם לפ[ ]ש :]נו וכרחקך
1QH 14.28	]ש ות˙˙˙[
1QH 17.3	]בים אוכלת ˙ש[:]ת ביבושה
1QH 17.27	]ת˙ לבו :]ש ואל כול ברית
1QH 18.10	מלאכי ש˙[: חקקתה על
1QH 2 1.14	אל ש˙[:]˙בות
1QH 3 1.17	]˙˙ח[ ]˙ש[ ]לכה חמה
1QH 11 1.3	כול חותם נפ˙˙ש [:]˙˙רוחם
1QH 12 1.3	˙˙[:]˙להק ˙ש˙ בפי כל מעש˙
1QH 12 1.5	נכבד[ ]˙ש[:]וח נעוה
1QH 15 1.3	˙˙הת˙˙[ ]ש התהלכו :
1QH 15 1.6	]כינותה ש˙[:]˙ד עם
1QH 17 1.1	]ש˙˙ רוחב [:
1QH 51 1.4	]˙ש[:]כיא אין
1QS[b] 9 1.1	]˙ש[
2Q28 1 1.1	ש[: ליש[ ]˙[:
2Q28 2 1.2	]˙ר הב[:]ש טעמו דין
2Q28 2 1.3	לרתוק ב[:]ש˙ תולע[י]ם ת
3Q7 5 1.1	]ש [:]˙שי יש[
3Q8 2 1.2	ות[:]הם ונמס ש[
3Q14 11 1.2	]יבו[ידע[:]ש[
3Q15 5.4	אמ[ות] : ש כסף ככ :
4Q176 16 1.5	מצ[ותו :]ש˙א˙ת בריתו
4Q176 17 1.5	פ˙[:] שמונה ש[:]יפע לנו
4Q181 2 1.5	כול יודעיו ˙˙ש[: ולטובו
4Q185 1+ 1.6	ו˙˙˙˙˙[:]ש ועד עשר
4Q185 1+ 2.11	גאל : והרג ש˙˙˙˙[
4Q370 2.2	יצדיק יהוה ש[: וישהרם
4Q374 2 2.10	להושיע יבע[ ]ש˙˙ ו˙[
4Q381 24 1.1	˙˙ש˙˙[
4Q381 24 1.9	]לעם ואני ש[
4Q381 27 1.2	]˙[:]ש ויב[
4Q381 45 1.6	שק[: לי מעשי ש˙˙[ ]˙˙˙[ ]˙˙ ˙[
4Q381 48 1.4	יראיך ולבחן ש[: ויש<כ>בו
4Q381 56 1.2	]עמי[:]עד ש[
4Q400 1 2.8	כבוד המלך ש˙[: כבודו
4Q400 6 1.2	]אש˙˙[:]את ש˙[
4Q401 12 1.1	]˙ש בקודש[:
4Q401 14 2.1	[ ]ש˙˙[: רז[י]
4Q401 22 1.2	]קדושי ˙˙[:]ש טלו ידיהם[:
4Q401 30 1.2	אלי[:]˙תם ש[
4Q404 18 1.1	]˙ש[:] רום[:
4Q404 19 1.2	]רתו מ[:]ש קדו[שים
4Q405 8+ 1.6	פל[א] ש[
4Q405 10 1.3	רנה[: מ˙[: ש[
4Q405 11 1.2	]]ש קדשים ש[ ]˙
4Q405 11 1.2	]ש קדשים ש[ ]˙˙˙[
4Q405 17 1.6	ורוחי :]ק˙ש˙בי קודש
4Q405 53 1.1	]ש[:]מתר[
4Q405 55 1.2	ג]בולם [:]˙ ש˙[
4Q405 56 1.1	]ש המלך [
4Q405 64 1.1	]ש˙˙[:]˙ תהלי
4Q405 70 1.3	]י צד[ק :]ש ה[
4Q485 4 1.2	אף שמע[: <]˙˙ש>]˙˙בוק[
4Q487 2 1.1	]˙˙[ ]ש[ ]˙[:]ש
4Q487 2 1.2	˙[ ]ש[ ]˙[:]ש נדכא בה˙[:
4Q487 3 1.2	]˙ו[:]ק ש[ ]ם [:]ת
4Q487 5 1.3	]תוצ˙[:]ה ש˙[:]ק וע˙[:
4Q487 17 1.1	]ע ש[: ת]בונן ב[
4Q487 26 1.1	]˙[ ]ש[:]מרמ[:]
4Q487 45 1.3	[:]˙˙בב[:]ש ˙[
4Q497 5 1.1	]˙ ש˙[ ]˙[:
4Q498 12 1.1	]ב˙ ש[
4Q499 11 1.4	]מה[:]ו[:]]ש[:]˙[
4Q499 21 1.3	מש[:]עת[:]˙˙ש[
4Q499 43 1.2	]˙[:]ש ר[
4Q499 49 1.1	]˙˙ש ˙[:]ולמו˙[
4Q502 1 1.9	]˙[:]˙ עונת ש˙[:]ם לבני
4Q502 6 1.1	]ש ה[:]שבות[:

Text	Reference
א]שר :]˙[ ]ש תעודת	4Q502 8 1.6
> [:]ל ש˙[	4Q502 16 1.3
אל בכול ש˙[: אל	4Q502 21 1.1
א[:]אשישי ש[: י]שבו	4Q502 23 1.3
]ם [:]ש˙[	4Q502 73 1.2
]˙[:]ש[:]ו [	4Q502 129 1.2
]ש נו˙[:]˙כו[	4Q502 135 1.1
]אל ˙[:]˙ש[:]כבוד[:	4Q502 155 1.4
]ש˙[:]שר[:] ס	4Q502 170 1.1
]נ[:]רי ש[	4Q502 176 1.2
] ואני ˙[:]ש ˙˙˙[	4Q502 182 1.2
˙[ ]˙[:]לל˙ ש˙[	4Q502 187 1.2
]ש˙[:]א[	4Q502 194 1.1
]ש [	4Q502 231 1.1
]ש[:]˙˙[	4Q502 283 1.1
]˙˙[:]ש[ ]ות [	4Q502 291 1.2
]ש[ ]˙ש[	4Q502 310 1.1
]ש[ ]˙ש[	4Q502 310 1.1
]˙ש[	4Q502 323 1.1
ש˙[	4Q503 7+ 1.1
והלילה ˙[:] ש˙˙ל[	4Q503 29+ 2.24
] :]ש: [˙ וניחות	4Q503 77 1.3
[:] שמ[:]˙ש [	4Q503 83 1.3
]˙ו [:]ם ש[:]שי [	4Q503 96 1.2
˙[: ב[:]ש : י[	4Q503 99 1.3
]ש[:]˙ ל[:]ק	4Q503 102 1.1
]ש[	4Q503 103 1.1
]שר˙[:]˙ ש˙[	4Q503 110 1.2
ש˙[: בי]ום	4Q503 140 1.1
˙[ ]חשב א[ ]ש הן : כול	4Q504 1+R 3.2
] : ש˙˙[	4Q504 1+R 6.18
אדוני כיא ש˙[ ] :	4Q504 5 2.4
-]ש ואל תטושנ<ו>	4Q504 7 1.10
]˙ר[ ]ש˙[	4Q506 128 1.1
]ש[:]˙ור[:	4Q506 158 1.1
]ש [	4Q506 171 1.1
]˙ ˙[:] ש˙[	4Q506 180 1.2
]ם :]ש˙˙ ˙˙יאים[:	4Q509 5+ 2.1
בות :]˙ם :]ש את	4Q509 15 1.5
]˙ו[:]˙˙˙ ש[:]קודשכה[	4Q509 31 1.2
] מלכותכה[:]ש˙[ ]˙˙[	4Q509 51 1.2
]˙ש˙[:] כול[:	4Q509 100 1.1
[:] כול[:]ש˙˙[:]˙פטכה	4Q509 100 1.3
]˙[:]ש עבוד˙[	4Q509 140 1.2
]˙˙˙[:]˙ש˙[:]˙˙˙[	4Q509 150 1.2
]˙[:]˙ ש[:]ל˙˙˙[	4Q509 154 1.2
]ק ל˙ש˙[	4Q509 155 1.2
]לבינת[:]ת ש˙[:]˙חק מ˙[	4Q509 199 1.3
]מאן כ[:]˙ש˙[	4Q509 201 1.3
˙י[:]˙ב[:]ש˙[	4Q509 202 1.3
]˙[:]ש רחמ˙[	4Q509 227 1.2
]ש˙˙˙˙נוף [	4Q509 271 1.1
]מו˙[:] ש[	4Q509 273 1.2
]˙רה א[:]˙ש[	4Q510 7 1.5
]פפ ש˙[	4Q511 21 1.2
רום מעון ש˙[:]ת לכרובי	4Q511 41 1.1
מפריה : [ ]ש˙˙[ ]ו[	4Q511 63 3.6
]ש˙ :]˙ו	4Q511 113 1.1
]ש [:]אשר [:	4Q511 145 1.1
]˙˙˙[:]מים ש˙[	4Q511 172 1.2
בשמחה[:]ש ואחר	4Q512 24+ 1.4
]˙ ה[:]ש ˙[	4Q512 103 1.2
]˙˙[:]ש˙[	4Q512 121 1.2
]˙ש[:]ל [	4Q512 187 1.1
] ש[:]ב[	4Q512 230 1.1
]ש [:]גוים	4Q513 9 1.1
א[:]מכול ש[	4Q513 13 1.8
]המה ש[	4Q513 19 1.1
] בהת ה˙[:]ש מהמה[:]בה	4Q513 20 1.2
]י[:]ש כה [:]˙	4Q513 28 1.2
]ש˙[	4Q515 14 1.1
]ש˙ ה˙˙[	4Q515 17 1.1
]ש ˙˙˙ת ב[	4Q515 18 1.1
]י צ[:]ש כ[	4Q517 24 1.2
[ ]˙ ˙˙[:]˙ש˙[	4Q517 80 1.2
]VACAT[:] ש[	4Q519 11 1.3
]ש[	4Q519 12 1.1
שנת[:]˙ש˙ ˙˙˙[:] כא	4Q519 21 1.4
]ש˙ [	4Q519 62 1.1
[ ]יפ˙[ ]˙ש˙[:]˙[	4AgCr 2+ 2.2
מ˙[:]לוא[:]ש˙[	4pIs[c] 37 1.4
מ[:]כהן[:]ש˙[	4pIs[c] 45 1.3
]ש י[	4pIs[e] 1+ 1.1
ה[צדק :]ש כול[	4pUn 7 1.2
]ש˙[:]בחירי[	4QCat[a] 27 1.1
בליעל ונשאר ש[ ]ם	4QFl 1+ 2.2
]ש[:]לשמו[:	4QFl 25 1.1
]לשמו[:]ש[	4QFl 25 1.3
]˙ש משפט[	4QM1 1+ 1.1
]˙˙[ ]˙ש˙[ ]˙ם ל	4QM1 1+ 1.2
פגר[יהמה :]ש וכול רוחי	4QM1 15 1.10
]˙ש˙ה ל[	4QM1 34 1.1
פ˙ [:]˙˙˙[ ]ש ˙˙[:]ל [	4QM6 56 1.2
]˙˙[:]˙ ש[:]˙ ושם [:	4QM6 57 1.2
]˙˙[:]ש˙[	4QM6 82 1.2
]˙[ ]ש [	4QM6 87 1.1
]˙ש : [ ] די	4QMes 1.17
הכול[: המנה ש[ ]ם[ ]ל[	4QOrd 1 2.10
]˙[:]ש א[ ]˙[:	5Q13 8 1.2
]ם מלאו ש˙[:]ל˙	5Q16 6 1.1
]˙˙[:]ואמתו ש˙[: [	5Q17 5 1.2
] VACAT [:] ש ה[	5Q18 3 1.3
הלו ק[: נ[: ש˙[	6Q26 1 1.5
]ש ˙[:]ם ש˙[	6apGn 12 1.1
]ש ˙[:]ם ש˙[	6apGn 12 1.2
]ת ש[	6apSK 20 1.1
]˙˙ ˙ש[:] כל ˙[	6apSK 40 1.1
]˙ש פ[:]תו	6apSK 60 1.1
] ש[:]˙הו[	6apSK 71 1.1
]˙ש[	6QPro 24 1.1
]˙ש˙[:] שלומה[	11Ap[a] 1.1
פ[ל]ש בשם יהו[ה	11Ap[a] 4.4
]˙[ ]˙˙[ ]ש[:]˙˙עשם	11Mel 1 1.12
]עמים[ ]ש הי[:]˙˙[	11Mel 2 3.11
]שאנו [ ]ש˙[: מאתים[	11Mel 2 3.15
וארבעה כהנין ש[: <]מן כול	11QJN 14 1.3
[:]אמה ש[:]עובי	11QT 5.2
]ש של[	11QT 10.13
[ ]ש˙˙[:]	11QT 16.1
הכיור ומ˙ש˙˙ם [	11QT 33.5
חצר הזואת [:˙ש ולו[	11QT 39.5
לחצר התיכונה ש[: באורך	11QT 40.7
]תמה אותמה ש[:]	11QT 49.2
]ש˙[ ]אל[: כי	11QT 50.1
[ ]ש˙˙ [	11QT 60.1

Text	Reference
VACAT:]˙˙שא רבא : [˙	1Q20 1 1.7
]שא[	4Q502 339 1.1
]˙שא ˙[:]˙ר	5Q19 1 1.1

Text	Reference
חסד ורחמים שאגה נפשי להלל	11QPs 19.8
חסד ורחמים שאג[ה : ברנה	11QPs[b] a 1.8

Text	Reference
יחד תלונתם עם שאה ומשואה	1QH 5.30

Text	Reference
]ל[ ]שאו[ ]ליאי	4Q176 20 1.4
]שאו[ ]˙[:]˙	4Q178 3 1.1

Text	Reference
זכר ובחבלי שאול יגיח :	1QH 3.9
לאין אפס ועד שאול [	1QH 6.17
עלי כיורדי שאול ועם :	1QH 8.28
תבוא : ובחדרי שאול תחפש יחד	1QH 10.34

4Q517 18 1.2]שלח ˙˙˙[:]שבו [ ]˙ה˙[
CD 20.10 רעיהם אשר שבו : עם אנשי
CD 20.14 המלחמה אשר שבו : [ע]ם איש

1apGn 22.10 מנהון כול די שבוא : וכול די

4Q405 20+ 2.10 סביב מראי שבולי אש בדמות

1QM 5.11 ט[ח]שבת ומראי שבולת : זהב

4Q401 13 1.2]ת מלך כ[: ש]בוע שני יהלל
4Q502 23 1.5 י]שבו בסו[ד : ש]בוע[

5Q13 2 1.11 ואחר שני :]שבועה על :]את
11Ap[a] a 1.2]˙בוכ˙˙ :]שבועה:] ביהוה
11QT 53.15 לי או ישבע : שבועה לאסור
CD 16.11 אל : יניא איש שבועה אשר לא

1QDM 41 1.2] את [: ש]בועות [:]
4Q503 42+ 1.5 ת˙[ ]שבועות לבודו
11QT 19.9 [:] ש]בועות הוא
11QT 19.12 הבכורים שבעה שבועות שבע

4Q512 33+ 1.1 בש[בתו]ת לכול שבועי :
4Q519 21 1.3]˙˙ ב˙˙˙[: ש]בועי שנת[:

1QS 10.8 וברוש שבועיהם למועד

11QT 54.2] או כול שבועת א[סר :
CD 15.1 ודלת כי אם שבועת ה[סכ]ם :
CD 16.7 כל שבועת אסר אשר
CD 16.10 יקימהו : [ע]ל שבועת האשה אשר

CD 16.10 להניא את שבועתה אל :

4Q501 1 1.3 ואין משיב שבורים ואין

1QH 17.10]שבות רשעה נער
4Q485 1 1.4 ושמעת[:] ושב שבות˙[:]˙˙ם
4Q502 6 1.2]ש ה[:]שבות[:]יהם [

4Q403 1 1.2 פלא: תהלת שבח בלשון

4Q403 1 1.32 כול אלוהים שבחו לאלוה[י

11QPs 19.16 כי אתה יהוה שבחי ולכה
11QPs 22.15 ורחבי ציון : שבחי עליון

3Q15 1.6 בבור הגדול שבחצר:
3Q15 2.5 וחמש : בצריח שבחצר בתי

11tgJ 14.5]שמע ארן שבחתני ועין ˙[

1QM 11.6 מיעקוב קם שבט מישראל
4pIs[c] 8+ 1.12 כיא נשבר שבט[
4pPs[a] 13 1.5 גלע]ד וחצי שבט [
4QM1 1+ 1.8 ~~אוו~~ בג[ו]רל לשבט ‹ו›שבט
4Tstm 1.12 ‹ויקום› שבט מישראל
CD 7.19 מיעקב וקם שבט : מישראל

1QM 2.7 הגוי‹י›ם מכול שבטי ישראל
1QM 3.14 שנים עשר ש[בטי ישרא]ל
1QM 4.10 על השלישית : שבטי אל על
1QM 5.1 שנים עשר שבטי ישראל
4pIs[d] 1 1.7 פשרו על ראשי שבטי ישראל

1QM 5.2 שנים עשר שרי שבטיהם : סרך

4QM1 1+ 1.9 ההואה מכול שבטיהמה[

11QT 60.10 מ‹ן› כול שבטיכה : לעמוד

4pIs[b] 2.5 לכן הרחיבה שאול נפשה
4QBer 10 2.9 עם כול ג[לולי שאו]ל ועו[ם
4QM1 8+ 1.15 באבדו‹ני› ש]אול תוק[ד
4QM1 10 2.17] : ועד שאו‹ל›
5Q16 1 1.4]˙[:]בעד שאול ובאספיו

4Q184 1 1.10 ביתה תצעד שאו[לה] :

1QH 2.27 מים רבים שאון קולם נפץ
1QH 6.7 המון עם ועל שאון מ[ ]כות

CD 1.4 ראשנים השאיר שאירית: לישראל
CD 2.6 חק לאין שאירית :

4Q381 31 1.8]לם שפתי שאלה ס[ ] [ ]

4apLm 1 2.8 מדור בית ˙[: שאלו מים ואין

11QPs 24.4 ותן לי את שאלתי ובקשתי :
11QPs 24.14 יהוה : על כן שאלתי מלפניכה

11Mel 2 3.15]שאנו [ ]ש˙[:

3Q15 7.8 מאות : במערא שאצלה בקר[ב]ו

1QM 11.15 ולהתקדש לעיני שאר הגוים
4Q186 1 1.6 מעורבים ולוא שאר היש[:]ג
4pIs[c] 6+ 2.12 [יש]ראל באמת ש[א]ר[
CD 5.9 אמך לא תקרב שאר אמך היא
CD 5.11 אביה והיא שאר וגם את

1QM 1.6 רשעה לאין שארית ופלטה
1QM 4.2 גורלו לאין שארית ואת שם
1QM 13.8 בקרבנו לעזר שארית ומחיה
1QM 14.5 אסף לכלה אין שארית ולהרים
1QM 14.8 אין מעמד ואנו שא[רית
1QS[b] 1.7]שנאתה אין ש[ארית] : [
4QM1 8+ 1.4 לכלה ואין[שארי]ת
4QM1 8+ 1.7 מע[מד שאר]ית עמך
4QM6 16 5.6]אות האלף[: ש]ארי[ת ו]את[

4Q513 9 1.4]˙[ ]עלה :]שאת :]˙ם: [˙˙
4pIs[e] 11 1.3]שאת [

1QH 10.12 ומה אפהוא שב לעפרו כי
1QH 12.31 ומה אפהו שב אל עפרו :
1QH 14.28]שב : ת[: ו[:
3Q15 4.1 בבור הגדול שב[ ]˙קה
4Q176 56 1.2]˙[:]שב[:]ל[
4Q497 32 1.1]שב [
4Q502 215 1.1]שב[
4Q511 152 1.1]שב˙[:]רפת[:
4Q512 89 1.3]אכל ו˙[‹שב[›
4Q512 116 1.2]כוהן[:]ם שב[:]ה˙[
4pIs[b] 2.9 בכל זאת לא שב : [
4pIs[c] 4,6+ 1.21]שב אפו[ ]

3Q15 8.14 של השוא בצויה שבא חפור :

1apGn 22.12 שביתא די שבאו אתיב ושמע

3Q15 8.1 שתים : [בא]מא שבדרך מזרח בית

1Q29 1 1.6]ל[ ]המדבר שבה [:]ל[
1QH 4.30 מרחם ועד שבה באשמת מעל
1QM 12.10 קומה גבור שבה שביכה איש
3Q15 9.16 גר פלע : כל שבה חרם :

1QS 5.14 יטהרו : כי אם שבו מרעתם כיא
3Q15 2.9 כלין : ובמזקא שבו כברין עסר
4Q381 69 1.6 [˙˙˙ :]ישו שבו על הארץ או

1apGn 22.3 וחויה די שבי לוט בר
1pHab 3.14 כח]ול שבי × :
1QH 2.9 ומרפא לכול : שבי פשע ערמה
1QH 14.21 בסוד˙[ ]שבי :]יתד:]ד
4Q400 1 1.16 רצוננו בעד כול שבי פשע : [
4Q512 70+ 1.2 עבדכ[ה]˙˙˙[: ש]בי פשע לסו[
4Q517 43 1.2]ד :]שבי
4pHs[a] 1.16]בשוב שבי : [
4pN 3+ 2.5 עדתם חרב גוים שבי ובז וחרחור
4pPs[a] 1+ 3.1 [: שבי המדבר אשר
4pPs[a] 1+ 4.24 שבע מחלקות : שבי יש[ראל
4QFl 9+ 1.5] : על שבי[: להציל[
CD 2.5 לכפר בעד שבי פשע וכוח
CD 4.2 הכהנים הם שבי ישראל :
CD 6.5 הם : שבי ישראל

1apGn 22.2 די פלט מן שביא על אברם
1apGn 22.19 א<י>תי לי די שביא עמך די
1apGn 22.25 סודם וכול שביא די הואת
]2QJN 4 1.13]˙[: שביא די בהון

4Q176 8+ 1.4 התפתחי : ש]ביה[
11QT 63.13 את שלמות שביה מעליה

11QT 63.10 ושביתה את שביו : וראיתה

1QM 12.10 קומה גבור שבה שביכה איש כבוד

11tgJ 25.3 אר]חה ובכל שבילוהי לא

4Q184 1 1.9 מות ואורחותיה שבילי חטאת

1QH 16.17 מצו[ ]שבים אליך

4Q502 40 1.2]אל˙[:]שביע[:]דעה[:

11QJN 14 1.1 כו]ל יום שביעי קודם אל

1apGn 22.20 כולהון שביקין לך

1apGn 22.12 נכסוהי וכול : שביתא די שבאו
1apGn 22.12 אתיב אברם כול שביתא : וכול
1apGn 22.25 נכסיא וכול : שביתא ויהב

3Q15 6.14 ככ : ביגר שבמגזת הכוהן :

3Q15 2.13 הגדול : בברכא שבמזרח כחלת

3Q15 3.8 ככ: בשית שבמלה מבצפונו
3Q15 3.11 בקבר שבמלה ממזרחו :

3Q15 9.17 חרם : בשובך שבמצד באמת

3Q15 5.12 כסף ככ : בקרב שבנחל הכפא :

3Q15 5.5 כסף ככ : בסדק שבסככא מזר[ח]

1QM 4.17 אות העשרה שבע [
1QM 5.7 אורך הרמח שבע אמות מזה
1QM 5.16] יסדרו שבע המערכות
1QM 6.1 והידים דר[: שבע פעמים ושבו
1QM 6.4 כול אלה יפילו שבע פעמים ושבו
1QM 6.8 יעמודו סדריהם שבע מאות :
1QM 8.1 כלותם להשליך שבע : פעמים
1QM 8.13 האויב שבע פעמים ואחר
1QM 9.4 המתקרב כולם שבע מערכות
3Q15 1.10 הרמע והאצרה שבע ומעסר :
3Q15 5.14 חפור אמות שבע ככ :
3Q15 7.12 חפור אמות שבע : ככ : על
3Q15 8.5 חפור אמות שבע : עסרא
3Q15 9.2 חפור וגב שעת שבע : בדין
3Q15 9.13 חפור אמות : שבע ככ :
4Q400 3 1.12 ש]בע
4Q401 3 1.3 ה˙[: תג]בר[ ]שבע לנשיא[י :
4Q401 5 1.3 ל[: ס˙[: שבע בש[בעה :
4Q403 1 1.7 זמ[רי שב]ע תה[לי
4Q403 1 1.7 תה[לי שב]ע : [תהל]י
4Q403 1 1.8 שב]ע ת[הלי
4Q403 1 1.9 ר]נ[ו]ת עוזו שבע[
4Q403 1 2.22] : כוה[נות]שבע במקדש פלא
4Q403 1 2.27]˙ [: שבע רזי דעת
4Q403 1 2.28 [: שבע משלישי ל[ו
4Q405 3 1.16 בשבעה : <ש]בע ג[בורות>
4Q405 7 1.11 מעש[י :]דה שב[ע :]˙ל[
4Q405 8+ 1.4]˙ שבע : [כהו]נת
4Q405 28 1.2]מ[:]לשש[י]שבע[:]ל[ ]ל[
4Q405 64 1.3 תהלי גד[ל:]שבע[
4Q405 67 1.3 זמר[י :]שבע[
4Q405 68 1.1] שבע[:]מ
4pPs[a] 1+ 4.23 ה]מה שבע מחלקות :
4QNab 1+ 1.3 הוית שנין שבע ומן [ ]
4QNab 1+ 1.7] : שנין שבע מצלא הוית
5QJN 1 1.19 רומ[ה] שבע ורשין לה
5QJN 1 2.1] [: שבע וא[ור]כה
11QSS h+ 1.2 [:]˙ שבע ת[הלי :
11QSS q 1.5]˙שי ˙˙˙˙˙ שבע[ ]
11QSS r 1.4]רות פל[א: שב]ע תה[לי
11QT 8.3 אר˙˙[:]˙˙˙ שבע[
11QT 18.11] [שבע שבתות
11QT 19.12 שבעה שבועות שבע שבתות
11QT 21.12 שבעה שבעות שבע פעמים תשעה
11QT 21.13 וארבעים יום שבע שבתות
11QT 30.7 [ה]היכל שבע אמות במערב
11QT 31.13 אמות וגובהמה שבע :]
11QT 33.9 קירו מק[י]רו שבע אמות
11QT 36.5 קי[רו] שבע אמות :
11QT 40.9 ורוחב הקיר שבע אמות וגובה
11QT 41.12 החצר לחוץ שבע אמות :
11QT 63.15 בטהרה עד : שבע שנים וזבח
11QT 63.15 עד יעבורו שבע שנים אחר
CD 12.5 ושמרוהו עד שבע שנים ואחר
MasSS 2.19] : פלא שבע תהלי
MasSS 2.19 תהלי ברכותיו שבע ת[הלי
MasSS 2.20 [: שבע תהלי רום
MasSS 2.20 רום מלכותו שבע תהלי
MasSS 2.21 [: שבע תהלי הודות
MasSS 2.21 נפלאותיו שבע תה[לי
MasSS 2.22 [: [שב]ע תהלי
TS 2 1.3]˙ה את הקיר שבע א[מות
TS 3 2.5 ה[שערים : שבע אמות (יו)

1pHab 3.12 כנשר : ואין שבעה וכחמה
1QM 6.2 מערכת האויב שבעה זרקות
1QM 7.9 בין המערכות שבעה : כוהנים
1QM 7.14 יצאו עמהמה שבעה לויים
4Q156 2.3 [:] ש]בעה [זמני]ן
4Q400 3 1.3]ל אלוהים שבעה :]
4Q400 3+ 2.5]˙ שב[עה] : דברי
4Q401 6 1.2]ע :]˙˙[ ]שבעה:]י כבוד
4Q401 8 1.2]עולמי[:]מ שב[עה
4Q401 12 1.2]˙ש בקודש[: שב]עה בחוקי
4Q401 13 1.2 שני יהלל שבעה ל[:
4Q403 1 1.1 מ]לאכי רום שבעה בשבעה
4Q403 1 1.3 גבורות שבעה בשבע[ה
4Q403 1 1.4 לאל הנ<כ>בד ש[בעה בש]ב[עה
4Q403 1 1.5 למ[לך ה]טוב שבעה בש[בעה
4Q403 1 1.7 הק]דוש שבעה ב[שבעה
4Q403 1 2.28 השל[ישי ת]גבר שבע[ה
4Q404 16 1.3 ב]רך [: ש]בעה] :
4Q404 16 1.4] :]שבעה [<עו]>
4Q405 3 1.15]מו לאלוהי : ש]בעה בשבעה :
4Q405 11 1.4 תגבר : שבעה בלשון

4Q405 11 1.4	החמישי תגבר ש[בעה
4Q405 11 1.5	הששי : תגב[ר] שבעה בלשון
4Q405 71 1.1	ש]בעה]
4Q519 1 1.5	ברו[ך :]אור [:]ל[ו]⟨'⟩
11QSS b+ 1.5	נפל[אותיהם]ה[:]שבעה בש[בעה
11QT 15.2	ויו[ם] : שנה שבעה וש[עיר
11QT 17.13	בני שנה שבעה תמימים
11QT 19.12	לחם הבכורים שבעה שבועות
11QT 21.12	מיום הזה שבעה שבעות שבע
11QT 25.5	ב[נ]י שנה שבע[ה :]
11QT 25.13	כבשים בני שנה שבעה ( )
11QT 29 29.12	וכב[ש]ים שב[ע]ה
MasSS 2.11	לאל הכבוד שבעה : [
MasSS 2.13	למלד השב ועה[
MasSS 2.15	למלד הקודש שבעה בש[בעה
MasSS 2.18	ש[בעה בש⟨ב⟩עה
MasSS 2.23	[:]

6apSK 58 1.1	[שבעו :] ו [:]ירא

11QT 21.12	מיום הזה שבעה שבעות שבע

11QT 40.12	באמה וגובהמה שבעים : באמה
11QT 45.2	ומש[ער : שבעים] : וכאשר

3Q15 2.6	וכסף ככרין שבעין : בבור
3Q15 4.12	לת כסף כל שבעין : ביגר
5QJN 1 1.3	[שב[עין תרי]]

3Q15 1.1	בחריבה שבפמק עבור חחת
3Q15 4.6	שני הביאין שבפמק פכון :

3Q15 1.4	משקל ככרין שבפשרה: בנפש

1apGn 19.12	ארעא [וח]לפת שבעת ראשי נהרא
1QM 7.14	לויים וביד ם שבעת שופרות
1QM 11.8	גדודי בליעל שבעת : גוי הבל
4Q403 1 2.21	[: רום שבעת גבולי פלא
4Q405 7 1.7	סביב]ל[:]ל[: שבעת דברי
4Q405 44 1.1	שב[עת גבולי
4Q405 66 1.3	]וכבדו [:] שב[עת עולמי] :
4Q406 2 1.2	[שבעת]ל[:] ׳[ ]׳ת
4Q502 97 1.2	להם : שבעת ימי[ם] :
4Q512 11 1.2	ובמילא[לו שבעת ימי
11QJN 14 1.4	וש[:]מן כול שבעת פלוגת
11QT 15.14	על נפשותמה שב[עת :] ואם
11QT 17.11	בו חג מצות שבעת ימים :
11QT 45.15	]זובו וספר לו שבעת ימים
11QT 49.6	יבו המת יטמא : שבעת ימים כול
11QT 49.7	הבית יטמא : שבעת ימים וכול
11QT 50.12	וכול כליו שבעת ימים וכול
11QT 50.13	יבוא עמה שבעת ימים וכבס
TS 1 1.1	בסוכ]ות תשבו שבעת ימים כול

1pHab 11.8	שבת מנוחם שבעתה : קלון

1QH 5.16	נופחים למהר שבעתים :
1QH 7.24	בא ׳׳ שבעתים ב׳]
4Q511 35 1.2	במזוקקי שבעתים
4QCat a 10+ 1.1	מזק[ק שבעתים כאשר

3Q15 12.10	עסרין : בשית שבצח בצפון

3Q15 4.11	בשית המזרחית שבצפון כח : לת

1apGn 22.25	מן ארעא דא שבק : ושלח
4QMes 1.1	]ו שוטה שב[ק] מן[:]
4QNab 1+ 1.4	:] וחטאי שבק לה גזר

4pIs c 47 1.1	]שבר [:] כא]שר
11QPs 24.16	[ ] שבר לבי נמתי :

4Q176 14 1.3	[ ] [שונאנו שברנו] : א[
3Q15 4.9	בשית הארמא שבשולי הקצ :
3Q15 9.1	כב : בשובך שבשולי הנמף
3Q15 11.7	ה : גדולא שבשילוחו חרם ב

1Myst 4 1.1	ועוז שבת[:] ׳[ ]ח[
1pHab 11.8	ביום צום שבת מנוחם
1QDM 3.1	ש]נים את שבת [
2.8	]לצאת לצבא כיא : מנוח
4Q184 1 1.7	אפ]לות תאהל שבת ותשכון
4Q405 23 1.2	בעומדם : [שבת]
4Q512 33+ 1.1	ולמועד שבת בש[בתו]ת[
4Q513 3 1.3	[:]בים שבת ל[׳]׳[:]
4pIs c 46 1.6	[בא [׳ :] שבת]
11QT 27.6	כול מלאכה כי שבת שבתון יהיה
11QT 27.8	מתוך : עצמה שבת שבתון מקרא

11Ber 1 1.12	וחיה רעה שבתה מן [:]

11QT 25.9	מלאכת עב[ודה]שבתון יהיה :
11QT 27.6	מלאכה כי שבת שבתון יהיה
11QT 27.8	עצמה שבת שבתון מקרא

4Q513 4 1.3	ל[:]א⟨> מלבד שבתות[:]ל
11QT 18.11	[ ] שבע שבתות תמימות
11QT 19.12	שבועות שבע שבתות תמימות :
11QT 21.13	יום שבע שבתות תמימות
CD 3.14	כל ישראל שבתות קדשו

CD 11.18	כן כתוב מלבד שבתותיכם

1Myst 6 1.2	[י]כפר על שגג ׳׳׳ל[:]
1QS 8.26	ה]רבים אם לוא שגג עוד פד
4Q506 6 1.1	[שגג[:] ל[

1QS 9.1	כיא על ( ) שגגה אחת יענש

1apGn 19.27	[במאכל שגי ובמשתה]
1apGn 20.8	תלתהון ממללין שגי רחמה ושלח
1apGn 20.31	[ש]גיא ולבוש שגי די בוק
1apGn 21.6	לה על דילה שגי והוא רעה
1apGn 22.32	אברם מרי אלהא שגי לי עתר

1Q23 15 1.2	פא]א[:]שגי[א : כ]ל
1apGn 20.7	שפרא דן חכמא שגיא פמאא
1apGn 20.31	וד[הב :]ש[גיא ולבוש
4QMes 1.9	[כול חייא שגיא תהוא :

1apGn 20.33	אברם בנכסין שגיאין לחדא
1apGn 20.34	קנה לה נכסין שגיאין ונסב לה

1apGn 22.29	כמן כפלין שגיו מן : כול

4Q509 131+ 2.11	הקדש[:]ת[:] את שגר [:]צ[:]א[

1QH 62 1.1	[שד[:]רצו [:]
4Q374 1 1.6	[:] ופוק[:]ש⟨ד⟩[
4Q510 1 1.5	]ורוחות ממזרים שד אים[:]לילי[ת

1apGn 19.16	ארי תרימא מן שדא]ארז[א
3Q15 12.5	העליונא : שדא אחת

1pMic 10 1.8	ל[פי שדה] :
4Q381 1 1.6	וכל תבואות שדה ולפי דבריו
11QT 57.21	ולוא יחמוד : שדה וכרם וכול

4Q511 8 1.6	[׳׳׳ אל בסתר שדי [:]ל[שיו
4Q511 116 1.3	[ ]ולברכו :]שדי
4Tstm 1.11	אשר : מחזה שדי יחזה נופל

[ ] שדי	11Ap[a] 5.3
[ו]לוא מוחלה שדפון וירקון	11Ber 1 1.11
ארוה ארבעין שדת כסף וכלוה:	3Q15 1.3
]שה : ומשפט כ[	1QH 10.35
בכ˙[ ]שה אפר בידם	1QH 2 1.7
]שה ˙˙˙[:]הוא	1QH 3 1.1
[:]כן[:]שה[	1QH 44 1.5
˙˙בה ישאנה[ ]שה : ומצאה ו˙[	4Q185 1+ 2.11
רוש>:]בשבעה˙ :]טמו	4Q405 3 1.13
]שה[:]ללי[	4Q502 244 1.1
]שה[	4Q503 208 1.1
]˙[ ]˙שה[:]נכה	4Q512 36+ 1.16
ה˙˙עת˙[:]שה כל ˙˙˙˙לא	4AgCr 2+ 2.7
]˙שה	4pIs[c] 4,6+ 1.14
]שה א[:]ל[	4QOrd 8 1.1
]שה : ˙˙˙ הם אז	4QPs[f] 2 10.4
]˙˙שה שלושה : [	11QT 9.4
המערבי : אבן שהזדוגא בעזת	3Q15 10.9
[ ]שהם ואת אשר	CD 13.19
ונאם הגבר : שהתם העין נואם	4Tstm 1.10
נבוכי מים ˙˙˙˙שו לרום גלים :	1QH 3.15
גורלי ב<ע>דת שו ובסוד	1QH 7.34
כים [:]ו שו[	2apPr 4 1.4
]ע שו˙[	4Q381 105 1.1
]˙˙˙[:]שו˙[:]˙˙˙[	4Q499 20 1.2
]שו˙א[:]ות˙[	4Q502 78 1.1
]שו[	4Q502 248 1.1
]שו עצת[	4Q502 305 1.1
˙<˙א [:]˙שו [:] בשט[	4Q503 75 1.3
]שו[:]˙˙[	4Q503 156 1.1
] ולזבוח שו[	4Q508 15 1.1
]˙ל ט˙[:]˙שו ו˙[:]יע ל[	4Q511 147 1.2
]שו ת[:]פר	4Q511 158 1.1
]ופר[:]שו ולש˙[:]	4Q512 45+ 2.1
]שו[	4Q512 198 1.1
]ם שו[:]ל[	4Q520 3 1.1
שרא בעמק : שוא והוא עמק	1apGn 22.14
והמה סוד שוא ועדת בליעל	1QH 2.22
אחד לי ˙[:]שוא בסדא רגלי	11tgJ 22.5
ב]אישין ארו שוא יש[טע	11tgJ 26.8
]שובם[:]שואגים[:]דם[	4pUn 9 1.2
חובר חבר שואל אוב :	11QT 60.18
גבולי לבלתי שוב ומשפטו	1QS 10.11
ידעתי לעם[ש]וב : אליה כי	4Q185 1+ 2.15
כ[ן] ויאמר שוב אנבא על	4Q385 2 1.7
]שוב טר˙[:]חר	4Q487 6 1.1
רחמיך ועת שוב[:]	4Q508 2 1.2
יכ[: ˙˙י˙[ ]˙שוב˙[	4Q509 97+ 2.8
]לראשי אבל שוב ת˙[	4QCat[a] 2+ 1.9
] :]בדים ˙[ ]שוב[: י]כתובו	4QM6 16 5.3
]]כי שו[בבי]ם היה	4pHs[b] 11+ 1.5
למרום שובה אל ידין	11Mel 1+ 2.11
]˙כה כ[:]שובו א[:]	4Q509 148 1.3
ב]כול : שובועי	4Q403 1 1.27
] : ולפי שובועי ד[ברי	4Q403 1 2.30
ב]כול שובועי	4Q404 2 1.9

ב[כול] [שו]בועי	4Q405 3 2.19
]יו שובועיה[ם :]רו	4Q401 9 1.2
קום]י שובי ירושלם	4Q176 8+ 1.3
למלחמה עד שובם וכול פסח	1QM 7.4
]שובם[:	4pUn 9 1.1
]˙ המערכה עד שובמה ואלפים	4QM1 1+ 1.7
אשמה אריות שוברי עצם	1QH 5.7
]ור[:]˙שוד[	4Q488 5 1.2
]שודד ע[	4pIs[e] 5 1.7
ואמרו : שודדה נינוה מי	4pN 3+ 3.6
]שוה[	4Q512 189 1.1
]ה והוא שוה בו י[ ]	CD 15.14
˙˙[ ]לו שוו חשבונו[ת :	1Myst 1 2.2
לבנות עיר שוו בדמים	1pHab 10.10
רבים בעבודת שוו ולהרותם :	1pHab 10.11
הוה תמכו שוח רגליה	4Q184 1 1.3
ען]א בלדד שוח[אה :]˙	11tgJ 1.4
ולוא יקחו שוחד ולוא :	11QT 51.12
אשר יקח שוחד ויטה משפט	11QT 51.17
ולוא יקח שוחד להטות	11QT 57.20
אנוש בדרכי שוחה ולפתות	4Q184 1 1.17
זדים ומעביר שוט שוטף בל	1QH 6.35
ימוש טרף וקול שוט וקול רעש	4pN 3+ 2.3
ומעביר שוט שוטף בל יבוא	1QH 6.35
ויהיו לנחל שוטף ע[	1QH 8.17
)<נ>הרות : שוטפים כי גרשו	1QH 8.15
היובל ושלושה שוטרים מן	1QM 7.14
] לויים שוטרים ועם :	1QM 7.16
שבע ומן [ ] שוי א[נה	4QNab 1+ 1.3
הת]נדע מא שויא אלהא	11tgJ 29.6
על ארעא מן שויא : למטרא	11tgJ 31.2
מן : שרא די שוית דחשת ביתה	11tgJ 32.5
]שוכ˙[:] ˙˙˙[	4Q509 272 1.1
]˙[: ה]נכה שוכב עם	4Q509 5+ 2.7
העיר אשר אני שוכן : בתוכה	11QT 45.13
כי אני יהוה שוכן בתוך בני	11QT 45.14
אשר א[ני שוכ]ן בתוכם :	11QT 46.4
אשר אנוכי שוכן בתוכמה :	11QT 46.12
אשר אנוכי שוכן בתוכה : [	11QT 47.18
כי אני יהוה שוכן : בתוך	11QT 51.7
ואת אמתו ואת שוכרו בשבת :	CD 11.12
]: כבוד ש]ול [	4QM2 1 1.3
לאנשי : מטה שולחי אצבע	1QS 11.2

4Amrm 2 1.3 ואמרת מראי מא ש[ולטן

4pN 3+ 2.11 וגלית : שולי[ך]על

1QH 15 1.7 שום[:]ת כול

4QMes 1.1]ו שומה שב[ק] מן[

4apLm 2 1.5 כל לאומ[ים] שוממה כעזובה

4apLm 1 2.5 עלומיה שוממו בני ·[:

2apPr 2 1.3]ים :]ד שוממים : [ ]לו
11QT 59.5 אויביהמה שוממים במה

4Tstm 1.10 העין נואם שומע אמרי אל
11QT 64.2 ומורה איננו שומע בקול אביו
11QT 64.5 ומורר ואיננו שומע בקולנו

11QT 53.20 אותה ביום שומעו כול
11QT 54.1 לה כי הניאה : ש[ומעו
11QT 54.1] יו[ם] שו[מעו : עונה
11QT 54.3 [י]פרנו ביום שומעו ואנוכי

1QH 18.7 לעיני כול ש<ו>מעי [
1QS[b] 5.19 [ ] כול שומעי שמעכה

4pIs[e] 5 1.3 קור]א משעיר שומר מה מ[לילה
CD 19.1 דורות: כב שומר הברית

1QS 5.2 צדוק הכוהנים שומרי הברית
1QS 5.9 צדוק הכוהנים שומרי הברית
1QS[b] 1.1] רצונו שומרי
4Q176 16 1.4 על אוהבו ועל שומרי מצ[ותו :
4Q511 2 1.6]·[ ] : [שומ]רי דרך

11QT 57.10 אשר יהיו שומרים אותו
11QT 58.8 הידות יהיו שומרים : את

4Q512 45+ 2.2]שו ולש·[:]·שון בו·[

4VSam 3+ 2.4]רש· ובזעם שונאי עמכה
11QT 57.9 יראי אלוהים : שונאי בצע

11QT 59.11 ופדיתים מכף שונאיהמה

11QT 59.18 והושעתיהו מיד שונאיו ומיד :

5Q16 4 1.3]חבא ול·[:]שונו פחז ·[:

CD 4.6 הקודש שונים אשר כפר

4Q499 38 1.2]מש·[:]שוע·[
4pIs[e] 6 1.3]לא יאמר שוע כי נ[בל

1pHab 1.1]שועתי ולוא: [

1QM 10.17 אוזני]כה אל שועתנו כיא ·[

CD 20.16 ואין שר ואין שופט ו[אי]ן :

4Q511 18 2.10 כיא אלוהים שופטי וביד זר
4Q511 22 1.1 שו]פטי : [

1QS[a] 1.29 השב]טים וכול שופטיהם

1QS[a] 1.15 [ ] עשרות שופטים ושוטרים
11QT 51.11 קדושים: שופטים ושוטרים

CD 11.4 כיבסו במים או שופים בלבונה

1apGn 20.7 כול : נשין שופר שפרה
4QCat[a] 2+ 1.13 ללכת[ ]תקעו שופר בגבעה
4QCat[a] 12+ 2.4 לאחרית[: שופר ב·[:
11Mel 1+ 2.25 אמר והעברתמה שו[פר ב]כול

1QM 7.14 ובידם שבעת שופרות היובל

5QJN 1 1.1 ברית שוק[
5QJN 1 1.6 ות[רתין] וכל [שוק] <י>[א
11QT 15.11 ורק[יק : עם שוק התרומה
11QT 20.15 ומן הכבשים את שוק הימין ואת
11QT 22.9 מ[ן : את שוק הימין ואת

4QOrd 2+ 1.1]גדאו שוקד משפח[ה :

4pIs[c] 18+ 1.3] כו]ל שוקדי און

1QH 16 1.2] מרות [:] שוקים ·[:

CD 8.13 התפל כי : שוקל רוח ומטיף

4Q186 1 2.9 וזה בהמתו שור : וא·ה[:
11QT 52.4 תזבח לי שור ושה אשר
11QT 52.5 ולוא תזבח לי שור ושה ועז
11QT 52.12 ולוא תחסום שור על דישו :
11QT 52.13 לוא תזבח שור ושה ועז
11QT 52.19 לוא תואכל בשר שור <ושה>
11QT 64.13 לוא תראה את שור אחיכה או

2QJN 8 1.2]·[: ע]שרא שורא ארב[עא :

11QT 12.12 [ת]עשה כול : שורות ·ב···[

11QT 52.8 תעבוד בבכור שורכה ולוא

1QH 4.14 נכונו באמתכה שורש פורה רוש
1QH 8.10 יובל לא ישלחו שורש ומפריח
CD 1.7 מישראל ומאהרן שורש מטעת

11QPs 24.13 אל<י> יבש : ש<ו>רשיו ממני

4pPs[a] 1+ 4.23 למנצח על[שושנ]ים [

4Q504 7 1.12]שות קדמנו : [
4Q509 135 1.1]שות[:][·[
4QM6 28 1.3 [:]··כפ·[:]שות [:]·ולם

1QH 3.30 עד אפס כול שותיהם באושי

4Q499 48 1.3 [:] [··] [ ]ד שח[
4Q509 71 1.2]·די·] :]שח·[
4Q509 136 1.2 [·] :]שח[:]ה [:]
4QPs[f] 2 9.9 טלם : ואין שח[בגבו]ליהם

4QMes 2.1 לקדמין בני שחוה [:]

4Q186 2 1.1 [ע]יניו בין שחורות וב[ין]

1apGn 20.26 מכתשא דן ורוח שחלניא וקרא לי

11tgJ 16.2 להו]ן בתקף שחני יתון :

1QH 3.13 פני מים ויהמו שחקים בקול
1QH 8.13 פריו עם[ ]ע שחקים כי ראה
1QM 10.11] מפרש שחקים צבא
4Q374 7 1.3 מליץ לעמך[:]שחקים ומעלה[:
4Q402 4 1.10 במלחמת שחקים והיתה[:

11QPs 26.11 אור מאפלה שחר הכין בדעת

1QH 2.21 מכול מוקשי שחת [ ] עריצים

1QS^{b} 14 1.1	]שיכה[:] עד
4Q499 2 1.2	]ע[:]שיכה[:]איר˙[:
6apSK 15 1.1	]שילו ב[
1QH 20 1.1	] שים לכ[: [
1QS 1.1	ל[ ]שים לחיו [
4Q176 19 1.3	ולמשפט ˙[:]שים עליהמה י[
4Q401 9 1.4	]רו מועד[:]שים[
4Q502 9 1.1	]שים[:]אל
4Q502 120 1.3	] זכו[ר :]שים[
4Q502 257 1.1	]שים[:] בל[
4Q504 11 1.1	]שים :]ת רצון:
4Q509 76 1.1	]שים [:] ˙[עב[
4Q509 239 1.1	]שים [:] ˙˙[
4Q512 56+ 1.9	]שים
4Q517 49 1.1	]שים להל˙[:]˙
5Q17 1 1.4	הירדן ב[:]שים [
1apGn 22.10	לחלבון די שימא על שמאל
4Q504 7 1.9	]שמתה שימה : [
1Q24 1 1.2	][ורוח[:]˙שין ובחשין וה
4Q509 131+ 1.12	]בכול:]שינו :
1Q68 1 1.1	]˙ש שיצ[א:]˙תן לה
1Q23 29 1.2	ב[:]לא שיצו[
4Q381 31 1.9	˙כ˙˙ו :]נני שיר ותוד[ה
4Q400 3+ 2.8	] : למשכיל ש[יר
4Q401 1+ 1.1	למשכיל ש[יר
4Q403 1 1.30	עד : למשכיל שיר עולת השבת
4Q403 1 2.18	] : למשכיל שיר עולת השבת
4Q406 1 1.4	VACAT: למשכיל שיר עולת השבת
4Q511 2 1.1	למשכיל שיר[ ]י[
4Q511 8 1.4	VACAT] : ש]יר שני לפחד
11QPs 27.7	שנים וחמשים שיר ולקורבן
11QPs 27.8	שלושים שיר : ויהי כול
11QSS 3+ 1.8	] : [למש]כיל שיר[
MasSS 1.8	] שי]ר עולת השבת
1QM 11.6	כול בני שית : וירד
4Tstm 1.13	את כול בני שית : וללוי
11tgJ 31.4	אנש בה להסבעה שיתא ושביקה :
11QT 38.2	[˙˙˙˙]]שיתמה ˙˙˙˙] :
4Q381 1 1.4	] : ואפיקים שך אור ותיה
4Q502 54 1.1	]שך ˙ה[:]יהם
4Q512 77 1.1	]שכ˙ ˙[:]ם
4Q512 197 1.2	]ך עם[:]שכ[
4Q513 40 1.1	]שך נ˙[
4QM6 111 1.2	[˙˙˙] :]שכ[
4VSam 1 1.3	דב[רי :]שמואל שכב לפני עלי
11tgJ 1.3	לשאול ת[:]שכב: ענ]א
11tgJ 11.10	]˙˙ן בקפותא : ש]כב ולא איתחד
11QT 45.11	ישכב עם אשתו שכבת זרע לוא
4Q502 207 1.1	]שכה[
4Q509 15 1.1	]שכה :]˙ה : [
4Q509 192 1.3	]בעמים בש[:]שכה לה[:]עה
4Q512 89 1.1	]שכה מ[:
6apSK 3 1.2	[˙˙] :]שכה ע[:]˙˙˙˙[
6QHym 12 1.2	]ע כבו[ד :]˙שכה[:]ל[

1QH 3.12	נמרץ ומשברי שחת לכול מעשי
1QH 3.16	[˙[ ]ל חצי שחת : עם מצעדם
1QH 3.18	ויסגרו דלתי שחת בעד הרית
1QH 3.26	בהפתח כל פחי שחת ויפרשו כול
1QH 3.27	כול חצי שחת לאין השב
1QS 9.22	עם אנשי שחת ברוח הסתר
1QS 10.19	וריב אנש <ש>חת לוא
4Q184 1 1.5	ועדיה נגועי שחת ערשיה
4Q184 1 1.5	יצועיה יצועי שחת[: מעמקי
4Q184 1 1.11	נוחליה ירדו שחת וה[י]א
4QBer 10 2.9	וע[ם שח]ת : [
CD 14.2	מכל מוקשי שחת כי פתאום
1QS^{b} 28 1.4	]מחנים [:]שט[
4Q176 32 1.1	]שט˙ וא˙[:
1QDM 3.9	ה]יו שטים : [
4Q511 152 1.3	[:]רפת[:]שטמ[
1QM 14.9	ובכול רזי שטמתו לוא
1QH 4 1.6	]תג<ע>ר בכול שטן משחית ומר[
1QS^{b} 1.8	]ל שטן [
4Q504 1+R 4.12	תפארתכה ואין שטן : ופגע רע
11QPs 19.15	אל תשלט בי שטן ורוח טמאה
1pPs 9 1.1	מלכי]ם שי פשרו על כול
1QH 9.19	]שי˙˙[: וכזומם
1QH 15 1.2	[˙˙˙˙˙˙ :]שי עולם : [˙˙˙
3Q7 5 1.2	]ש [:]˙שי יש[:]מלאך
4Q374 5 1.2	]ק[:]שי ל˙[
4Q374 11 1.2	]מך[:]שי בני ל˙[
4Q502 157 1.4	ד˙[:]מח[:]שי˙[
4Q502 265 1.2	]מ˙[:]שי [
4Q502 281 1.1	]שי ˙[:] ˙˙[
4Q503 45+ 1.4	כ˙ ועיני[:]שי כבוד[: [
4Q503 96 1.3	ו[:]ם ש[:]שי [
4Q509 43 1.1	]˙שי˙[:]ל[
4Q511 71 1.3	]ומשפטיהם[:]˙שי רוש בב[:
4Q512 73 1.2	[˙˙] :]שי צ[:] מושב
4QCat^{a} 19 1.2	[˙˙] :]שי נ˙ה ב˙˙˙
4QM1 20 1.1	]שי מק[:
11QSS q 1.5	ה[ ] : [˙שי ˙˙˙˙˙ שבע[
1QH 6.13	לק[ ]שיב : כרו˙ כי
1QH 9.34	כי ועד שיבה אתה
3Q15 10.5	ככ : באשיח שיבית הכרם
3Q15 9.14	ככ : בשית שיבצפון פי
1QH 13.6	ושחת˙[:]שיהם כבוד עולם
1Myst 6 1.2	[˙˙˙˙˙˙ות[:]שיהמה [י]כפר
1QH 12.28	]יבין :]שיו ומה יתיצב
4Q499 16 1.2	ם˙˙[<]]הי[:]שיו[:]˙˙˙[
4Q509 184 1.9	]בל :]˙ו :]ש<י>ו:]˙תהו
11QT 64.13	אחיכה או את שיו או את
11QPs^{b} e 1.2	חרמון שיור : לם שלום
11tgJ 14.6	] : א]רו אנה ש<י>זבת לענא
4Q509 1+ 1.4	לפניכ]ה נשפוך ש[יחנו: [ ]
11QPs 18.12	בחבר : יחדיו שיחתם בתורת
4Q381 31 1.4	אל[הי]˙שיך מ˙ת עזי[

1QH 17.22 דרכו ובשכל :]שכהו מחפוא לך

11Ber 1 1.12] ש]כול [

4Q509 18 1.2 ולנו בוש[ת :]שכחנו בריתכ[ה

4Q512 20 1.2]˙[:]שכים

1QH 11.28 נתתה ל˙˙˙ : שכל דעה להבין
1QH 18 1.3 אוזננו [:] שכל ומבקשי
4Q401 35 1.1 ש]כל ודעה
4Q403 1 1.21 לכול גבורי שכל בשבעה :
4Q405 3 2.13 VACAT : שכל בשבעה
4Q405 13 1.5 ג]בורי שכל בדעת
4Q502 2 1.4]לה שכל ובינה

1QH 11 1.4 בני איש לפי שכלו ˙ח[:]˙˙
1QS 4.18 ואל ברזי שכלו ובחכמת
1QS 5.21 איש לרעהו לפי שכלו ומעשיו
1QS 5.23 לפני רעהו לפי שכלו ומעשיו
1QS 5.24 איש לפי שכלו ותום דרכו
1QS 6.18 על דבריו לפי שכלו ומעשיו
1QS 9.15 לקרבו ולפי שכלו : להגישו
1QS[a] 1.17 העדה ולפי שכלו עם תום

1QH 14.27]ך :]˙˙ שכליך כי מידך

1QH 12.13 לתוכי דעת ברז שכלכה ומעין
1QH 13.13 עד וברזי שכלכה פל˙[

1QH 1.31 וידעוכה לפי שכלם וברכוכה
1QH 10 1.4]לליה לפי שכלם וכפי דעת

1QH 10 1.1]נכה [ ]שכלתי[:]אכה

4AgCr 2+ 2.1]˙ין הוא אשר שכן ˙[ ]˙ ק[

4Q504 6 1.9] :]˙[ש]כנו ברד

4Q379 22 2.10 ומחתה לכל שכנ[י]ו ועמ[ד]
4Tstm 1.24 ומחתה לכול שכניו ועמד :]

1pHab 11.3 חמתו אף שכר למען הבט
4pIs[b] 2.2 משכימי בבקר שכר ירדפו
4pIs[c] 11 2.2] : שכר אגמ[י
11QT 21.10] לנסך נסך שכר יין חדש על
11QT 24.15 יעשה עולת יש שכר לבד ועולת
11QT 39.13 דרום יש שכר זבולון וגד
11QT 41.4 ומשער : יש שכר]
11QT 44.16 עד שער יש שכר לבני יש
11QT 44.16 שכר לבני יש שכר ומשער :
CD 14.12 כל חפציהם שכר : [ש]ני

11QPs 22.1 אל : ל : שכרכם בעתו

1QH 8.11 ואת[ ]ל שכתה בעד פריו

1QH 53 1.1]˙של [:]ירו בשם
1QH 66 1.3 ˙[:]ע וט[:]של ע[:] ˙מר
3Q15 1.9 תשע מאת : בתל של כחלת כלי
3Q15 1.10 ואפודת : הכל של הדמע והאצרה
3Q15 1.13 בשוא המעבא של מנס בירד אל
3Q15 2.11 בשן הסלע בדין של כסף שש :
3Q15 3.2 כלי כסף וזהב של : דמע
3Q15 4 13 שבעין : ביגר של גי הסככא
3Q15 5.6 שלומו באלין של : דמע
3Q15 5.8 מעל החריץ של שלום : ו עד
3Q15 6.1 [ב]מערת העמוד של שני :
3Q15 6.7 ככ : במערא של הבנא : של
3Q15 6.8 של הבנא : של הרגם הצופא
3Q15 7.3 ככ[ ] : באמא של קי˙[ ]
3Q15 7.10 שש : בדין של כסף שש :
3Q15 7.14 פי יציאת המים של הכוז : בא
3Q15 8.8 ככ : ביגר של פי צוק
3Q15 8.10 ככ : בשלף של השוא הצופא
3Q15 8.14 ככ : ברוי של השוא בצויה
3Q15 9.14 פי הצוק של בית : תמר
3Q15 10.8 ושנין : בים של גי איך בצדו
3Q15 12.4 תחת המעלהא של השית
3Q15 12.6 בפי המבוע של בית שם כל
3Q15 12.7 וכלי זהב : של דמע וכסף
3Q15 12.8 בביבא הגדולא של הברך כלבית
4Q487 28 1.1 [של˙[:]ין פלי]
4Q502 75 1.2]ה ת[:]˙ של˙]
4Q503 148 1.2]VAC :]של[:]˙˙[
4apLm 4 1.1]של ˙[:]מאנו[
4pIs[c] 54 1.1 [של]
5Q13 17 1.1 ˙[של˙[:]˙˙˙[
11QT 10.13]ש של] [
11QT 41.11 אשר עד פנת (של) המזרח

CD 20.4 מעדה : כמי שלא נפל גורלו

1QH 8.30 ימימה תואכל שלבתה : להתם

4Q381 14 1.2 ים ענגים עבים שלג [ ]וברד

1QM 6.3 השלישי יכתובו שלהובת חרב

4Q487 9 1.1 שלו[: אל [:
4Q503 83 1.1]שלו [:] שמ]
4Q509 86 1.2]˙[:]שלו בנ˙[
3Q15 11.14 לימומית : שלו כלי דמ לאה

4Q186 2 2.3 מ]עודב :]שלוג

3Q15 10.15 בית חמים שלוחי לתחת :

1Q36 1 1.2 [ ]לם תעודות שלום [:]˙
1QH 13.17]וב עדנים עם שלום : עולם
1QH 18.30]˙סוף וקצי שלום לאין ח[:
1QH 3 1.3 ל[:]נתיבות שלום ועם בשר
1QM 3.5 יכתובו שלום אל במחני
1QM 3.11 אל במשוב שלום
1QM 4.14 אל תהלת אל שלום אל :]
1QM 17.7 ברית ישראל שלום וברכה
1QS 2.9 ולוא יהיה לכה שלום בפי כול
1QS 2.13 בלבבו לאמור שלום יהי לי :
1QS 4.7 למרפא : ורוב שלום באורכ
1QS[b] 3.5] : חני˙[שלו]ם ע[ו]לם
3Q8 1 1.2 [:]מלאך שלו[ם
3Q15 5.8 מעל החריץ של שלום : ו עד
4Q401 24 1.2]˙ מש˙[:]˙ שלום[:]˙
4Q502 24 1.5] ימיכה שלום ו[:
4Q502 99 1.3]לולבי[ם :]שלום [:]לו
4Q503 1+ 2.10] אור היומם ש[לום עלי]כה
4Q503 7+ 1.5 ˙כ[ ] : אור שלום]
4Q503 15+ 1.7 ברוך [: ש]לום עליכה[:
4Q503 29+ 2.5 י]קיר לנו של[ו]ם[: א]ל
4Q503 29+ 2.11 [ד]גלי לילה שלום אל[
4Q503 33 1.10]במסב:]של[ו]ם
4Q503 33 2.5 ע[ומ]דים [: של[ום] עליכה
4Q503 37+ 1.22] : כבודנו שלום]
4Q503 39 1.3 על˙ שלומנו שלום עליכה[
4Q503 42+ 1.3 לילה לאו[: שלו]ם עלי[כ]ה[
4Q503 48+ 1.6]ישו[ע]תכה שלום ע[ליכה
4Q503 51+ 1.6 היומם שלום על[יכה
4Q503 51+ 1.10]מועדי לילה שלום עליכה]
4Q503 56+ 1.12 [שלום עליכה
4Q503 89 1.4]מאו˙ ה˙[:] שלום]
4Q503 90 1.3 יש[ראל :] שלום]
4Q503 215 1.8]ושלח של[ום

Right column

פנח מזרח(ה) שלוש מאות	TS 3 2.4
עצי ארז ופתחה שלוש אמות רוחב	TS 3 2.11
במלחמה שלושה גורלות	1QM 1.13
האמה ובסגר שלושה צמידים	1QM 5.7
ואחריהם יצאו שלושה דגלי	1QM 6.1
המקרא ויצאו שלושה דגלי	1QM 8.4
ובעומדם שלושה סדרים :	1QM 8.6
ונענש שלושה חודשים	1QS 7.6
בפיהו דבר נבל שלושה חודשים	1QS 7.9
איש וכוהנים שלושה תמימים	1QS 8.1
אתחב<י'י'> כיא שלושה אש[ר	4QS503 39 1.2
[''']שה :]	11QT 9.4
[''' [שלושה :]	11QT 9.8
[נאות שלושה:]	11QT 9.10
ער עמרותי' שלושה ב[ו]	11QT 40.11
ועשיתה : שלושה מקומות	11QT 46.17
ערים או על פי שלושה עדים	11QT 61.7
ערים ועל פי שלושה עדים :	11QT 64.8
ימיהם מבן שלושים שנה עד	1QM 6.14
שנה ועד בן שלושים וכול	1QM 7.3
במושב הרבים שלושים ימים	1QS 7.10
ונפטר ונענש שלושים יום	1QS 7.12
הרבים ונענש שלושים יום	1QS 7.13
סרתו ונענש שלושים יום	1QS 7.14
קולו ונענש שלושים : יום	1QS 7.14
הסדר ובן שנה יגש שלושים	1QSa 1.13
]ולי ם הכפורים שלושים שיר	11QPs 27.8
]מטקדשי : סביב שלושים רס לוא	11QT 52.18
אש]הרבים מבן שלושים שנה עד	CD 14.7
עשרה אמה אות של[ושת	1QM 4.15
מלחמה וקדשום שלושת ימים	1QSa 1.26
שלושת האנש[י]ם	4AgCr 2+ 2.3
שמות ש]לו[שת	4QMb 10 4.6
תכון א]חד : ש]לושת	4QOrd 1 2.14
תהלים : שלושת אלפים	11QPs 27.5
מן המקדש דרך שלושת : ימים	11QT 43.12
אשר [יש]לי ם שלושת ימים	11QT 45.8
אשכין שמי בה שלושת ימים	11QT 45.12
מן העיר שלושת אלפים	11QT 46.16
למקדשי דרך שלושת ימים כי	11QT 52.14
פשרו : שלושת מצודות	CD 4.15
ובני ישראל : שלושתם והגר	CD 14.6
] שלות שק[ם[	4QS503 69 1.1
למו : כי אתה שלותה גוים	1pHab 8.15
אמר כי אתה שלותה גוים	1pHab 9.3
בליליא דן שלח לה אל	1apGn 20.16
]שלח [''' :	4Q517 18 1.1
אחרי גום אשר שלח אליהם]	4pHsa 2.4
והתורה : אשר שלח אליו ואל	4pPsa 1+ 4.9
והוא האויך שלח נביאו	11QPs 28.8
עליהן מן שלח פראה	11tgJ 32.4
האם על הבנים שלח תשלח את	11QT 65.4
פרשיו וצ : [ש]לחניו מלא[	5Q16 2 1.3
הנביאים אש[ר ש]לחתה	4QS504 1+R 3.13
]נם[:]לאותיכה :]שלחתנו[	4QS509 131+ 1.14
עלוהי יתלה שלם : שנן ונזך	11tgJ 33.4
ענא בלד[ר : ש]למן ורבו פם	11tgJ 9.4
ארפא אנתה שלים למעבד	1apGn 20.13

Left column

[תמ'] ' [ ]ו שלו]ם[	4Q503 217 1.4
ופגע רע כיאם שלום וברכה מט]	4Q504 1+R 4.13
]שלום [	4Q509 284 1.1
] ש[לו]ם לכם[וא]ין 'ם	4Q511 3 1.5
באשמתו להשמיע שלום : לכול	4Q511 63 3.4
את[: מ]וקרי של[ום] :]ה' לפה	4Q512 17 1.2
והתענגו רוב שלום פשרו על :	4pPsa 1+ 2.9
אח]רית לאי]ש שלום פשרו פ[של	4pPsa 1+ 4.16
ת[שלו]ם[ופושעים	4pPsa 1+ 4.17
א]ין שלום אשר המה ד	4QCat a 5+ 1.14
וברית אל שלום ל[י]שראל	4QMI 11 2.18
ולוא יהיה לכה שלום בפי כול	4QTeh 2 1.4
מבש[ר מ]שמי]ע שלום מבש[ר	11Mel 1+ 2.16
שיור : לם שלום פ רי	11QPsb e 1.3
והיה אם : שלום תענבה	11QT 62.7
ולדרוש איש את שלום : אחיהו	CD 6.21
' ש' : [ש] : [שלומה] ויקח[	11Ap a 1.2
]מזר[ח] : אשיח שלומו כאלין של	3Q15 5.6
[ו]כול ברכות שלומו[	11QSS 2+ 1.3
אל כוח אל שלומי אל גבורת	1QM 4.12
]'[ ] [<ה>] ש]לומי בתורה	4Q511 63+ 2.5
מ]ח : ש]ל[ו]מיו	11QSS 2+ 1.2
גבורתו למשפטי שלומים זמרו	4Q403 1 1.39
]ותי ומשטר שלומכה לפלט	1QH 9.33
וברית שלומכה חרתה [	1QM 12.3
יסד שלומכה לעולמי [	1QSb 3.21
ודור ופקודת שלומם עם : עם	1QH 1.17
בג' ''] שם שלומם בדלק '[	1QM 17.1
עם : קצי שלומם מאל	1QS 3.15
] [:] ש]לומם[	4Q404 4 1.9
מ]ועד שלומ]נו[: למועד	1Q34b 2+ 1.1
ערב ובוקר מ['] שלומנו שלום	4Q503 39 1.3
אה]מועד שלומ[נ]ו :	4Q509 3 1.2
הכו[הן] : [ש]לוש לשונות אש	1Q29 2 1.3
יהיו ארוכים שלוש אמות	1QM 9.12
הפנים : סגנים שלוש מאות	1QM 9.14
בצעה וחנם עד שפעתים על	1QS 7.11
הקרקע אמות שלוש [ב]כ]סף	3Q15 1.14
תחת הם : דף שלוש ככ : בבור	3Q15 3.13
חפור אמות שלוש : שם שני	3Q15 4.7
חפור אמות שלוש כסף ככ :	3Q15 5.11
חפ[ור [א]מות שלוש שם קלל :	3Q15 6.4
בא חפור אמות שלוש עד הפור :	3Q15 7.15
חפור אמות שלוש : בשלף	3Q15 8.9
משלו : אמות שלוש רא שתין	3Q15 9.2
יעמדו שלוש מערכות	4QMI 1+ 1.11
ישימו למערכת שלוש מערכות	4QMI 1+ 1.12
של[ו]ש לפשרות	4QOrd 1 2.10
ש[ ] [ ]בה ש]לו[ב] [ש] : [	11QT 5.3
ורחב ה[ק]י[ר שלוש אמות וגבה	11QT 31.11
שלוש אמות[:	11QT 32.1
התאו לתאו שלוש[	11QT 38.15
לשער [ ] שלוש מאות	11QT 40.13
[שלוש מאות :	11QT 41.6
שלוש מאות	11QT 41.8
עד שער דן שלוש מאות	11QT 41.10
עד שער אשר שלוש מאות	11QT 41.11
(של) המזרח שלוש מאות	CD 1.5
חרון שנים שלוש מאות	TS 2 1.2
גור]וא[שלוש אמות	TS 3 1.11
בין תו לתו שלוש אמות וחצי[	TS 3 2.2
עד שער אשר שלוש מאו[ת :	TS 3 2.3

502

4Q503 190 1.1]שלת[
4pIs[c] 39 1.2]כמתם[:]שלת̇ [

1apGn 12.10 ·· כול בני שם כולהון ···
1Myst 1 1.7 תמלא תבל ואין שם לפ[ד] אולת
1pHab 2.4 [ ] את שם קודשו : וכן
1pHab 8.9 אשר : נקרא על שם האמת בתחלת
1QH 2.4 ̇ [:] ̇ שם[
1QH 11.23 ישועות ונבל שם[
1QH 38 1.2 [:]וברכו שם̇ ̇]
1QH 44 1.1]שם [:] צדק כי
1QH 57 1.1 [···שם [: יבוא]
1QM 3.13 עם אל ואת שם ישראל :
1QM 3.15 נס אל ואת שם נשי הש]בט
1QM 3.16 וא]ת שם הנשיא הרבוא
1QM 4.1 תרומת אל ואת שם נשי מררי
1QM 4.2 שארית ואת שם שר האלף ואת
1QM 4.3 בשר עול ואת שם שר המאה ואת
1QM 4.4 אל ואת שם שר החמשים
1QM 4.5 בנבל עשור ואת שם שר העשרה
1QM 5.17 אשר יעמודו שם אנש[י] :]
1QM 11.14 ולעשות לכה שם עולם בעם :
1QM 13.2 אמתו וזעמו : שם את ב[לי]על
1QM 14.3 אשר סדרו שם המערכה לפני
1QM 14.3 האויב וברכו שם : כולם את
1QM 15.5 הודותם וסדר שם : את כול
1QM 18.6] הסרך וברכו שם את אל ישראל
1QM 19.11] נפלו שם בחרב אל
1QM 19.11 בחרב אל ונגש שם כוהן הרו[אש
1QM 19.13 כתי[ים וה]ללו שם [א]ת אל]
1QS 6.3 מקום אשר יהיה שם עשרה אנשים
1QS 6.6 אשר יהיו שם העשרה איש
1QS 8.13 למדבר לפנות שם את דרך
2apPr 5 1.3]ר עם שם[:]ת מל[
3Q7 3 1.1] ̇שם[:] ̇ל זבו ̇]
3Q14 14 1.3]ישרא[ל:] ̇ שם[
3Q15 4.8 אמות שלוש : שם שני דודין
3Q15 6.4 [א]מות שלוש שם קלל : בו
3Q15 12.6 המבוע של בית שם כל כסף וכלי
4Q183 2 1.3]ים ··· [:]שם[
4Q370 1.2 ויברכו את שם [קדש]י והני
4Q380 1 1.5] קדשים: [ש]ם יהוה נקרא
4Q380 1 1.7 מי ימלל את שם: יהוה
4Q401 33 1.1]שם יהל[לו:
4Q489 3 1.2]עם[:]שם[
4Q502 8 1.5 [מברכי]ם שם אל ישראל
4Q502 25 1.2] ̇א[:] שם[:]רי ה[:
4Q502 58 1.1]שם [:] לפני]
4Q502 98 1.4]ברכת שם[:]ך לשמור
4Q502 104 1.1] ̇ים שם[:] עמכה]
4Q502 168 1.2 [יש[:]שם[:] את]
4Q503 15+ 1.3 במרומ[ים : ש]ם קודשו [:
4Q503 15+ 1.9]ארץ והלילה שם[:]להוסיף
4Q503 33 2.3 באור[: שם[ ]נו ח ̇]
4Q503 40 2.3 [: ובממש[ל : שם אל]
4Q503 40 2.6 ישרא]ל ומהולל שם[
4Q503 60 1.4] ̇ו ודור[:]ת שם[
4Q503 83 1.2]שלו [:] שם[:] ̇ש]
4Q503 211 1.1]שם[
4Q504 1+R 4.4 להיות[שמכ]ה שם לעולם כיא
4Q504 1+R 5.2 חיים א[ ] ̇[ ]שם ··· :
4Q504 1+R 6.14 א[שר] : שם כול הכתוב
4Q504 1+R 7.1 [:] ̇שם ̇[ ] ̇[ ]
4Q504 1+R 7.5] : את שם קודשו תמיד
4Q504 4 1.16 [:]אדוני שם קודשכ[ה :]
4Q504 5 1.4]ת עשיתה :]שם עולם
4Q504 19 1.3]למזמר ̇[:]שם תשפ[
4Q505 126 1.1] ̇שם[ ] ̇כה [:
4Q509 152 1.3]ם ו ̇[:]שם[
4Q509 219 1.2 והמ ̇ ̇[: שם]
4Q511 2 1.7 הנבונה שם [י]שראל

4Amrm 2 1.6 עד ארעיא אנה שליט על כול
4QPBl 1 1.1] יסור שליט משבט
11tgJ 32.6 קריא ונגשת שליט לא : ישמע

1apGn 22.24 אזלו עמי אנון שליטין

CD 4.8 בו הראשנים עד שלים : הקץ

4Q405 11 1.3 לו̇ [ו]לשון שלישי תגבר [
4Q503 48+ 1.5 וש̇[:]שלישי במו[עדי
4Q503 84 1.4 ואמרו[:] שלישי [:]

1QS 6.7 ביחד את שלישית כול
11QT 14.16 מנחה בלולה[: של[ישית] ההין
11QT 19.15 מטות ישראל : ש[לישית] ההין
11QT 40.5] ועשיתה חצר שליש[י]ת [:]
11QT 58.8 ושלחו עמו שלישית אנשי

1pMic 11 1.2]אויביו שלל וע[רום :
11QT 62.11 ואכל<תה> את שלל אויביכה

11QT 55.8 חרב ואת כול שללה תקבוץ אל
11QT 55.9 העיר ואת כול שללה כליל
11QT 62.10 יהיה בעיר כול שללה תבוז :

1QM 12.11 כבוד ושול : שללכה עושי חיל
1QM 19.3 ושו]ל שללכה עושי חיל

1pHab 6.1 הונם עם כול שללם : כדגת
1pHab 9.6 ינתן הונם עם שללם ביד : חיל
CD 6.16 אלמ[נו]ת שללם : ואת

11QT 58.12)חרב ונשא את שללמה ונתנו :

1Q24 8 1.2] ̇ן [:] לא שלם לכון]
1apGn 21.19 כול אנשי שלם ואזלת
1QH 16.7 ···ך באמת ולב שלם ולאהוב את
1QH 16.17 באמונה ולב שלם[: לעובדך
4QPs[f] 2 10.9 חג חגיך נדריך שלם כי אין :
11Ap[a] 4.3]אל שלם[: לדויד
CD 1.10 מעשיהם כי בלב שלם דרשוהו :
CD 9.20 לפני : אחד שלם משפטו

1apGn 20.6 שפירן וכמא שלמא להן לה
1apGn 22.28 הא עשר שנין : שלמא מן יום די

11QPs 24.14 שאלתי מלפניכה שלמה למי אזעקה

11QT 63.13 והסירותה : את שלמות שביה

11QT 37.5] : [א]ת זבחי שלמי בני ישראל
11QT 37.12 זבחי : שלמי בני ישראל

11QT 37.11 ולזבחי שלמיהמה אשר

11QT 52.15 עולה או זבח שלמים ואכלתה :
11QT 63.15 שבע שנים וזבח שלמים לוא

11tgJ 32.2 י]רח<י>הין : שלמין ותנדע

4Q504 5 1.2]שלמניכה :]ת

4Q381 38 1.3 פלאות ה[:] שלמתי[:]צע]

3Q15 10.10 הו הפתח ככרין שלש מאות : זהב

CD 14.9 המחנות מבן שלשים שנה עד

11QT 34.15 יהוה : ועשיתה שלשלות יורדות

CD 14.4 ובני ישראל שלשתם והגר

4Q511 35 1.6 דורותי לרומם שם דבר[תי
4Q511 95 1.1]˙בו שם[:]ים
4Q512 29+ 1.5]˙ה˙[:]וברך שם[:]לפניכה
4Q512 16 1.6 עוו[: וב]רך שם : ט]הרתי :
4Q512 76 1.2]ם לפני כול שם[:]˙ל נפשו
4Q512 154 1.1]שם˙[:]]אמר[
4Q516 5 1.1]שם[
4pIs[e] 10 1.4 נוי˙[: תב[: שם[
4pN 3+ 1.1 הלך ארי לבוא שם גור ארי[ ]˙
4QFl 1+ 1.4 כיא קדושי שם : י˙[ ]ה[
4QM1 33 1.1]שם[:]יעם[:
4QM2 1 1.10 אשר]נפלו שם בחר[ב]אל[
4QOrd 2+ 1.8 כי יוצו איש שם רע על בתולת
4QPs[f] 2 9.5]ויהללו את : שם יהוה [כ]י
5Q17 4 1.3]אשר תק[:]˙ שם א[:]שם[
5Q17 4 1.4]˙ שם א[:]שם[
11Ber 2 1.3 א[תם :]וברוך שם קודש[ו :
11tgJ 30.3 חכמה : מן שם משחתה הן
11QT 4.1]˙וב˙[:]]שם[:]]יוצאים ל
11QT 21.6]]שם ואחריהמה
11QT 32.10 יהיו מניחים [ש]ם עליהמה :
11QT 56.14 אשר סביבותי : שם תשים עליכה
11QT 65.8 והוציא עליה שם רע ואמר את
11QT 65.11 שנאה והוא שם : לה עלות
11QT 65.15 כי הוציא שם רע על בתולת
CD 2.11 לו קריאי שם למען התיר

4pIs[c] 4,6+ 1.19]שמאול ולוא

1QS 7.15 והמוציא את יד שמאולו לשוח בה

1apGn 21.8 חצור די על שמאל : ביתאל
1apGn 22.10 די שימא על שמאל דרמשק
5QJN 1 1.4] [ש[מא]ל מק[דשא
5QJN 1 2.2 תרעא בריא ועל שמאל מעלה דן

5QJN 1 1.12 י]מינא וחד מן שמ[אל]א

1QDM 1.2] ועמדתה [שם]ה אתה :
1QDM 1.10 את [הי]רדן שמה [לרש]תה
4Q186 1 4.1 האור ואיש :]שמה אלה :
4Q381 30 1.2]חר[:]שמה˙[
4Q504 1+R 5.12 אשר הדחתם שמה להשיב : אל
4QCat[a] 2+ 1.4]˙[ ]ל˙תמה שמה[:]ו
4QFl 1+ 1.3 אשר לוא יבוא שמה : [
4QM1 1+ 1.9 המחנות ועברו שמה לפני[
4QM1 8+ 1.17 המלחמה יספרו שמה ואחר ישובו
4QM1 8+ 1.17]שמה לסרך
4QOrd 5 1.5 את[:]יצאו שמה פשר הדבר[
11QT 16.12 מובדל לחטאות שמה ישר[ופו :
11QT 16.13 ושרפו כולו שמה לבד מחלבו
11QT 37.14 יהיו מבשלים שמה את זבחיהמה
11QT 38.10 ˙˙[: ˙˙˙˙˙˙˙ שמה יהיו
11QT 42.16 ויושבים שמה עד
11QT 45.6 ולוא תהיה שמה : תערובת
11QT 46.13 יהיו יוצאים שמה : לחוץ
11QT 52.20 מקדשי וזבחו שמה : וזרקו את
11QT 53.10 עליו וזבחתה שמה לפני כאשר
11QT 56.9 הכוהן העומד שמה לשרת לפני
11QT 59.3 כול ועבדו שמה אלוהים
11QT 60.13 אשר : הוא גר שמה בכול אות
11QT 60.14 ישרת העומדים שמה לפני חלק
11QT 63.2 יעבד וערפו שמה את העגלה :

4Amrm 3 1.2 לי דתלתה שמה[תי

1QH 4.15 ומכשול עוונם שמו לנגד פניהם
1QM 5.1 העדה יכתבו שמו[ו]שם
1QM 14.4 ישראל ורוממו שמו ביחד שמחה
1QS 10.13 ורגלי אברכ שמו בראשית צאת
1QS[b] 4.28 לו ותכבד שמו וקודשיו

4Q176 8+ 1.7 •••• :] שמו וגאליכי
4Q502 9 1.3 ק]ף שמחה להלל שמו : [
4QCat[a] 12+ 1.10 או אל וקדושו שמו ובאו ציון
4VSam 3+ 3.2 מחלה את[: שמו[
11QPs 19.6 בקול אוהבי שמו ולוא עזב
CD 2.13 אמת ובפרוש שמו שמותיהם
CD 20.9 ובאחרונים אשר שמו גלולים על
CD 20.20 אל ולחושבי : שמו עד יגלה *
CD 12.16 האדם לגאולי שמו כהם כפי :

4VSam 1 1.2]שמע שמוא[ל א]ת
4VSam 1 1.3 א]ת דב[רי :]שמואל שכב לפני
4VSam 1 1.7 ממני ד[בר :]שמואל ˙[
6QPro 16 1.1 ש]מואל ˙[: [
11QPs 28.8 למושחני את שמואל : לגדלני

11Mel 1+ 2.3 [ד]בר[ ] שמוט כול בעל

4Q501 1 1.9]כה ולוא שמוכה לנגדמה

3Q15 9.5 חפור אמות שמונא : דמ הצא

1QM 6.15 ורמח ארוך שמונה [ ] :
1QM 9.4 שבע מערכות שמונה ועשרים
1QM 9.12 א[ור]ך שמונה אמות
4Q176 17 1.5 פ˙[:] שמונה ש[:
4Q186 1 3.6 בבית : [ש]מונה לאחת
4Q186 2 1.7]עמוד השני שמונה וא[חת :
4Q503 79 1.3]vac[: שמו]נה ו[עשרים
11QT 6.3 ל˙˙[:]˙ם ש[מונה ועשרי]ם
11QT 36.9 וגובהמה : שמונה ו[ע]שרים
11QT 38.14 אמות וגובה שמונ[ה] :
11QT 39.15 באמה והשער : שמונה ועשרים
11QT 39.16 באמה והשער שמונה ועשרים
11QT 41.15 וגובהמה : שמונה ועשרים
11QT 42.6 וחדריהמה : שמונה[
11QT 42.12 לסוכות גבהים שמונה אמות
11QT 44.6 תח[לק] : שמונה ומאה
TS 3 2.6 באמה וגובהמה שמונה ועשרים

11QT 7.5 ועשר ˙[:]˙˙ שמונים לו[:
11QT 38.13 לרוח הקדם שמונים וארבע

4Q503 56+ 1.7]שמונת : [

1Q40 1 1.1]˙בי שמוע[:]ע
1QH 2.6 לכול הוות שמוע [ ]
11QT 56.9 בזדון לבלתי : שמוע אל הכוהן

1apGn 21.17 יד דבקת לימא שמוקא למדנחא
1apGn 21.18 ־לי ליד : ימא שמוקא עד די
1apGn 21.18 די נפק מן ימא שמוקא וסחרת

CD 10.16 הוא אשר אמר שמור את : יום

1Q29 5+ 1.4 [: י]ש[רא]ל שמורו את

4Q505 125 1.1]שמורים זב˙[ ]

1QM 3.16 הרבוא ואת שמות שר[י
1QM 4.1 נשי מררי ואת שמות שרי אלפיו
1QM 4.2 שר האלף ואת שמות שרי
1QM 4.3 שר המאה ואת שמות שרי
1QM 4.4 שר החמשים ואת שמות שרי
1QM 4.5 שר העשרה ואת שמות תשעת אנשי
1QM 12.2 בי[תכה וס]פר שמות כול צבאם
4pPs[b] 5 1.5]היבי שמות וחרי˙[:
4QCat[a] 2+ 1.8]במספר שמות[:]לראשי
4QM6 10 4.6 הש[בט]י[ם : שמות ש[לו]שת
11QT 39.11] וה]יו שמ[ות הש]ערים
11QT 39.11 הזואת על שמ[ות] : בני

CD 2.13 ובפרוש שמו שמותיהם ואת
CD 4.5 הנה פרוש : שמותיהם

1QM 4.6 כול סרך פרוש שמותם : ובגשתם
1QM 4.7 כול פרוש שמותם : ובשובם
1QM 4.8 עם כול פרוש שמותם : סרך
1QM 4.11 אל ופרוש שמותם יכתובו
1QM 4.13 כהל פרוש : שמותם יכתובו

3Q15 8.2 בית : אחצר שמזרח אחזר :

1QH 11.30 בכול מעשיכה שמח נפש עבדכה
4Q502 69 1.2]מ[:]שמח[:]ב[
6QHym 2 1.6]˙[ ]עד שמח[:]מר בן

1QH 2.5]ומשמיעי שמחה לאבל יג [
1QM 14.4 שמו ביחד שמחה וענו
4Q502 9 1.3 וא[מר : ק]ץ שמחה להלל שמו
4Q502 94 1.3 ומהללים [:] שמחה [:]הבא
4Q502 100 1.3 ה]ראנו שמ[חה :]אר ˙˙
4Q503 1+ 2.13 ע]שר לחגי שמחה ומועדי
4apLm 1 1.13 ארץ לוא :]שמ[ח]ה לוא
4QPs^{f} 2 10.7 כוכבי נשף : שמחה יהודה
4QPs^{f} 2 10.8 שמחתכה : שמחה שמחתכה

1QM 12.13 ציון שמחי מאדה
1QM 19.5 ציון שמחי מואדה
4Q502 43 1.2 ת]עודת[: ש]מחי [:
4Q509 32 1.3 בטמא[תם : ש]מחי רצון
4QM2 1 1.5 [ ]ציון שמחי מאוד [

4Q503 24+ 1.6 ותענוג[: שמ]חים ל [:

1Q34^{b} 2+ 1.4 אדוני אשר שמחנ[ו
4Q502 9 1.16]לם : שמ]חנו בתע[ודת
4Q502 33 1.2 קודש[: אש]ר שמחנו[
4Q509 3 1.9 אדוני אשר שמח[נ]ו :]˙˙

1QM 4.14 אל משענת אל : שמחת אל הודות
4Q502 4 1.3 א]ביהו א[: ש]מחת יח[ד :
4Q502 43 1.3 ש]מחי [:]שמחת[:]˙[
4Q502 307 1.1] שמחת[
4QM1 20 1.4 שנה יחל[ו :]שמחת ˙[:]ות

4QPs^{f} 2 10.7 שמחה יהודה שמחתכה : שמחה
4QPs^{f} 2 10.8 שמחתכה : שמחה שמחתכה וגילה

4Q502 86 1.2] כש˙[: שמ]חתנו[
4Q503 29+ 2.18 [ ] : ש]מחת[נו :
4Q503 33 2.2] : חדש[תה] שמחתנו באור[:
4Q503 48+ 1.4 אש[ר] : [שמחתנו וש˙[:
4Q503 48+ 1.5 במו[עדי שמ]חתנו ואתה [
4Q503 56+ 1.4 ש]מחתנו : [
4Q509 3 1.3 שלום[נו] : שמחת]נו

11Mel 1+ 2.3]שממה : לאל

1Q69 50 1.1 [שמי]
1pPs 13 1.2]˙[:]שמי˙[
4Q400 2 1.4 ורוממו[: שמי מלכותו
4Q401 14 1.6]שמי מלכות
4Q511 199 1.1]שמי[:]˙˙[
4pIs^{c} 18+ 1.6]יקדיש[ו ש]מי וה[קדישו
6QPro 1 2.6 בגוי[ם: שמי[: ל˙[
11QT 3.4 בי]ת לשום שמי עליו כ[ול
11QT 29.4 אשר א[ ] : שמי עליו [
11QT 45.12 אשר אשכין שמי בה שלושת
11QT 47.4 אקדיש לשכין שמי ומקד[שי
11QT 47.11 אנוכי משכן את שמי ומקדשי
11QT 52.16 אבח‹ר› לשום שמי עליו וכול
11QT 52.20 מקדש : לשום שמי בתוכה אשר
11QT 53.10 אשר אשכין : שמי עליו
11QT 56.5 אבחר לשכין שמי עליו
11QT 60.14 אבחר לשכן : שמי בכול אחיו

1apGn 2.14 רבא במלך ש[מיא : די מנך
1apGn 7.7 למלי מרה שמיא [
1apGn 12.17 ˙˙˙ : למרה שמיא לאל עליון
1apGn 22.16 לאל עליון מרה שמיא וארעא
1apGn 22.21 לאל עליון מרה שמיא וארעא אן
3Q12 1 1.3 בת ולמחרת[: שמיא וארע[א : [
11tgJ 13.2 [: צפרי שמיא אסת[תרת :

1apGn 21.25 אדמא : ועם שמיאבד מלך

4pN 1+ 2.2]ת ר[ ]עי שמיו וארצו אשר

1Q34^{b} 3 1.4]דשן בעדי שמים ותנובת
1QH 1.9 ואתה נטיתה שמים : לכבודכה
1QH 3.22 עם עדת בני שמים ותפל לאיש
1QH 3.36 גבורי : שמים תשוט בתבל
1QH 2 1.10 להחיד עם בני שמים
1QM 12.5 ועם בחירי שמים נוצ[הים
1QNo 13+ 1.3 בתוך [ש]מים ו[
1QS 4.22 וחכמת בני שמים להשכיל
1QS 11.8 ועם בני שמים חבר סודם
4Q181 1 1.2 מסוד בני ש[מים] וארץ
4Q381 1 1.3 בימ‹ו›י עשה שמים וארץ
4Q381 33 1.2 שמי]ם רומה
4Q381 69 1.5 ‹] כם מן שמים ירד וידבר
4Q381 76+ 1.16 למשל בכל[: שמ]ים וארץ
4Q482 2 1.2]יחרוש[:]שמים[:]ל[
4Q482 6 1.1] שמים[:]גבולי
4Q503 27 1.2]˙[:] שמים ו[: אש]ר
4Q511 3 1.7 כול ˙[: שמי]ם וארץ
4Q511 10 1.12 ישפוט : ברום שמים תוכחתו
4Q511 122 1.3 ב˙[:]˙ ˙שמים ו˙[:]
4Q511 135 1.2]˙ים [:]שמים[
4QPs^{f} 2 9.8 ימצאו [ ] שמ[י]ם טלם :
4QPs^{f} 2 10.5 הם אז יהללו שמים וארץ :
5Q25 2 1.1]שמים בעזרי וב
11QPs 26.14 בתבונתו נטה שמים ויוצא : [

1apGn 2.5 [ ] בני שמין עד כולא
1apGn 2.16 מן כול בני שמ[ין : אנפיך
1apGn 5.4 אנה חנוך[:] שמין להן מן

4Q503 67 1.2 אשר [:]דגל שמיני[:]לילה

1QH 18.11]שמיע ליצר

4pIs^{b} 1.3 אמר ועלה שמיר: [

4Q381 24 1.7]אג[: שמך ישעי סלעי
4Q385 2 1.2 אשר אהבו את שמך וילכו:
4QM1 8+ 1.7 עמך בר]ו[ך שמך אל
4QM6 58 1.3] [ ] :]שמכ˙[
11Ap^{a} 1.8 ת˙˙ רפואה :]שמך נשען וקר[א

1Q25 2 1.2 [לה]גיע [: שמכה ˙[: תפלה
1Q29 3+ 1.4 [:] ˙ בכולם שמכה [:]רוב
1QH 1.30 צ]דקכה ולהלל שמכה : בפה כול
1QH 2.30 מקהלם אברכה שמכה : אודכה
1QH 3.23 דעת להלל שמכה ביחד ר˙ה
1QH 9.39 עד אין מס[:]שמכה בהפלא מ˙[
1QH 11.6 תמיד אברכה שמכה ואספרה
1QH 11.25 כולם יהולל : שמכה לעולמי עד
1QH 12.3 ישועה ואהללה שמכה בתוך
1QM 12.1 לה[ודות שמ]כה ובחירי
1QM 13.7 אל אבותינו שמכה נברכה
1QM 14.8 ברו]ך שמכה אל החסדים
1QM 14.12 אמתכה נהללה שמכה :

1QM 18.6 ואמרו ברוך שמכה אל [אלי]ם
1QM 18.8 עשיתה למען שמכה
1QS^{b} 15 1.1] שמכה [:]
4Q503 14 1.2 היומם [: ש]מכה אל ישראל
4Q503 29+ 2.9 ב[: [מהל]לים שמכה אל
4Q503 66 1.2 ה[י]ום [: ש]מכה אל
4Q504 1+R 2.12 כיא נקר‹א› שמכה עלינו : [
4Q504 1+R 4.4 הארץ : להיות[שמכ]ה שם לעולם
4Q509 146 1.3]לאהב[:]ך שמכה [:]ל[ ]
4Q509 191 1.3]לפניכה[:] שמכה[:
4Q511 63+ 2.2 ˙[ ]˙הם אברכה שמכה ובמועדי
4Q511 63 4.2 ˙תמיד וברוך שמכה : לעולמי
4Q512 39 2.1]ואני אה[ל]לה ש[מכה: כיא
4Q512 24+ 1.3 ˙[ ]ם[:]˙ שמכה בשמחה[:
4Q519 4 1.2 [˙˙˙[:]שמכה[
4QM1 8+ 1.11 אמתכה נהלל[ה שמכ]ה
11QPs 19.8 להלל ‹את› שמכה להודות
11QPs 19.12 גם אני את : שמכה אהבתי

1QDM 4.6]שמם לכ[ול] : [

1QH 12.17 רמיה[:]˙עדי שממה כיא אין
1QM 15.11] ש]ממה לוא ימצא
4Q504 1+R 5.4 וגם ארצם : שממה על
CD 3.10 אבדו וארצם בו שממה בו הבו

4apLm 1 1.10 כל ארמונותיה שממו :]˙ ובאי

1pHab 5.15] שמן חלקו
1pHab 6.5 מוראם כיא בהם שמן חלקו
1QH 45 1.3] :]˙ם כול שמן ומשחית[:
1QM 9.8 [לו]א יחלו שמן משיחת
1QS 4.16 עולמים כיא אל שמן בד בבד עד
1QS 4.25 כיא בד בבד שמן אל עד קץ
4QM3 1 1.5 ולוא יחללו שמן כהונתם[
11QT 15.10 כמ[שפט : לחם שמן אחת ורק[יק
11QT 21.14 יום והקרבתמה שמן חדש ממשבות
11QT 21.15 אחד מן המטה שמן חדש כתית :
11QT 43.10 יום הקרב שמן חדש ‹ע›ל
11QT 49.12 מכול : תגאולת שמן ויין ולחת

11QT 24.5 מנ]חת שמנו ונסך [:

11QT 47.12 את יינמה ואת שמנמה וכול :

1apGn 2.21 כולא וכדי שמע מתושל[ח :
1apGn 5.7 ברך [: וכדי שמע מתושלח [:
1apGn 20.8 יאא וכדי שמע מלכא מלי
1apGn 20.24 ויחה : וכדי שמע חרקנוש מלי
1Myst 1 1.9 כול לאומים שמע האמת : היש
4Q381 31 1.4 מ]לך יהודה שמע אל[הי]
4Q485 4 1.1]˙אף שמע[: ‹]˙˙ש›
4VSam 1 1.2]˙[ ]שמע שמוא[ל א]ת
11QPs 28.8 הכול הוא שמע והוא האזין
11QPs 19.5 צדקותיכה שמע : 𐤉𐤄𐤅𐤄
11tgJ 14.5 לחנך דב[ק :]שמע ארן שבחתני
11tgJ 37.6 לא : אוסף שמע נא ואנה
11QT 61.15 ואמר אליהמה שמע ישראל אתמה

1QM 10.3 העם : לאמור שמעה ישראל

1Myst 9+ 1.3 מה הוא ב˙[: שמעו מלכי
1QH 1.34 [˙˙˙ שמעו : חכמים
4Q185 1+ 1.13 האו[ר] ועתה שמעו נא עמי
4Q498 11 1.1]שמעו ל˙[:]˙˙
4pHs^{a} 2.5 ולמתעיהם שמעו ויכבדום[
4pHs^{b} 2 1.7]הו ולוא שמעו[ ]
4pPs^{a} 1+ 1.27 בקלות ולוא שמ[עו]למליץ
CD 1.1 ועתה שמעו כל יודעי
CD 2.2 לפניו : ועתה שמעו אלי כל
CD 2.14 ועתה בנים שמעו לי ואגלה

CD 3.7 את רוחם ולא שמעו : לקול

11QT 24.14 לבד ואת עולת שמעון לבד
11QT 39.12 בני יש[ר]אל שמעון לוי
11QT 39.14 צפון עד שער שמעון תשע
11QT 39.15 באמה ומשער ‹(שמעון)› הזה
11QT 40.14 הפנה עד : שער שמעון ששים
11QT 40.14 באמה ומשער שמעון עד שער
11QT 44.4 את [: [שמעו]ן עד שער
11QT 44.9 מעלהמה ולבני שמעון משער
11QT 44.9 שמעון משער שמעון עד הפנה

1QS^{b} 5.19] כול שומעי שמעכה והדריכה

11tgJ 13.3 בארנינא שמענא ˙[: בה

4Q504 3 2.8 ודברי קודשך שמענ[ו :]כה
4apLm 1 1.2 ידנו כי לוא שמענ[ו:]

4Tstm 1.1 אל מושה לאמור שמעת את קול
6apGn 1 1.6]ה ע˙˙ תמהין שמעת הן ילדת

1QH 5.12 עזבתני ושועתי שמעתה במרורי

1QH 12.12 בי ונאמנה שמעתי לסוד
4Q185 1+ 2.3 מ]שפט שמעתי בני יצל

11tgJ 37.7 למשמע ארן שמעתך וכען

1QM 16.15 כיא מאז שמעתם : ברזי
4QM1 11 2.13] : כיא מאז שמעתם ברז[י

4Q504 8R 1.8 כבוד א˙[:]א שמר ותקם עליו
4Tstm 1.17 לוא : ידע כי שמר אמרתכה
5Q25 9 1.2]˙ת[:]שמר ו˙[: [˙˙˙

4QPBl 1 1.5 עולם אשר : שמרה[

1pHab 5.5 רשעי עמו אשר שמרו את מצוותו
1pPs 4 1.1]שמרו[: [˙ פשרו
1QS^{a} 1.3 עצתו אשר שמרו בריתו
4Q380 1 2.2 [: כי הוא זה שמרו אמ[ריו :
CD 2.18 נאחזו אשר לא שמרו מצות אל :
CD 2.21 רצונם ולא שמרו את מצות
CD 4.1 צדוק אשר שמרו את משמרת
CD 20.17 פשע י[ע]ק[ב] שמרו ברית אל

1QM 14.10 אנ]שי ממשלתו שמ‹ר›תה נפש
1QM 18.7 ובריתכה שמרתה לנו מאז

4Q503 65 1.4 ועדים עמ[נו: ש]מש ברוך אל [
11Ap^{a} 4.10]]שמש אש[ר :

4pIs^{d} 1 1.4] : כול שמשותיך פשרו

1QH 2.18 בינה : שמתה בלבבו
1QH 2.20 אדוני כי שמתה נפשי
1QH 7.34 נעלמים לא שמתה חוקי :˙˙
1QH 8.16 ואתה אלי שמתה בפי כיורה
1QH 10.23 ויצר בשר לא שמתה לי מעוז :
1QM 12.2 עם קודש : שמתה לכה
4Q504 7 1.9]שמתה שימה : [
4Q511 28+ 1.3 כבודכה : [ש]מתה דעת בסוד
4Q511 63 3.1 פתחתה ובשפתי שמתה מקור :
4QM1 8+ 1.14 ש]מתה על[

1pHab 5.1] : למשפט שמתו וצור

4Q176 23 1.2]˙[:]שמתיה להיות[:

4Q504 1+R 3.5 ברתנו ובנים : שמתנו לכה

מב]ן עשרים [ש]נה [ו]מעלה 4QM1 4 1.2
פק[ודיהמה :] שנה יחל[ו : 4QM1 20 1.3
עננא: ביו]מי שנה:]˙˙˙ : 4tgJ 1 1.3
ה]אלה יעשו שנה בשנה כ[ול 5Q13 4 1.4
]שנה [5Q25 11 1.1
נמתי : [ ]שנה חלמתי גם[11QPs 24.17
] ש]נה : תמימים 11QT 13.10
יום ויומ[: שנה שבעה 11QT 15.2
מב]ן עשרי[ם] שנה ומעלה יעשו 11QT 17.8
וכבשים בני שנה שבעה : 11QT 17.13
על מזבח יהוה שנה בשנ[ה] 11QT 21.10
לדורותיהמה שנה בשנה אחר : 11QT 22.14
כבשי]ם ב[ני] שנה שבע[ה :] 11QT 25.5
אחד כבשים בני שנה שבעה ( ) 11QT 25.13
כבשים בני שנה ארבעה עשר 11QT 28.10
עליהמה בכול שנה ושנה בחג 11QT 42.13
לחג הסוכות שנה בשנה בין 11QT 42.17
ממנו שנה לשנה אחרת 11QT 43.5
לפני תואכלנו שנה כשנה במקום 11QT 52.9
מבן : עשרים שנה ועד בן 11QT 57.3
ועד בן ששים שנה לדגליהמה 11QT 57.3
חמשה : ועשרים שנה עד בני CD 10.7
עד בני ששים שנה ואל יתיצב CD 10.7
מבן : ששים שנה ומעלה CD 10.8
מבן שלושים שנה עד בן ששים CD 14.7
מבן שלשים שנה עד בן CD 14.9
עד בן חמשים שנה בעול בכל : CD 14.9
במשפט [ ] שנה [CD 14.22
ויס[גר] : עד שנה תמומה על CD 15.15

]מ[:]˙שנו [4Q502 66 1.2

נ נ]דע ומנין שנוהי די לא 11tgJ 28.4

ואיש ˙[ש]נותיהם וקץ 4QCat[a] 2+ 1.11

]מן שני הש[עירים 1QDM 4.11
עולם : ולכול שני נצח ˙[1QH 1.19
ותקופות מספר שני עולם בכול 1QH 1.24
]˙מדה לכול שני עו[:]מ˙ 1QH 11 1.2
ושלושים שני המלחמה 1QM 2.6
בחמש ושלושים שני העבודה 1QM 2.9
ואחריהם יצאו שני דגלי בינים 1QM 6.4
וארגמן ותולעת שני וצורת 1QM 7.11
וברובות שני איש לפי 1QS[a] 1.19
שבע ומעסר : שני מפי גל 3Q15 1.11
כסף : ככ: בין שני הבינין 3Q15 4.6
שלוש : שם שני דודין 3Q15 4.8
העמוד של שני : [ה]פתחין 3Q15 6.1
כ[: ש]בוע שני יהלל שבעה 4Q401 13 1.2
קורב סוד שני במעון פלא 4Q403 1 2.19
סו]ד : שני במעוני פלא 4Q405 8+ 1.3
כבוד מראי שני צבעי אור 4Q405 23 2.8
[: ש]יר שני לפחד 4Q511 8 1.4
האר˙[:]דרך שני ימים ˙[: 4AgCr 5+ 1.3
ענה בה ונענש שני מנים : 4QOrd 2+ 1.9
]ה ואחר שני :]שבועה 5Q13 2 1.10
]שני [ ] : 11QSS 3+ 1.8
]ל מ˙˙˙[:]ות שני[:]˙˙ה על 11QT 8.8
תקריבו שני [11QT 13.17
מן מקרת שני עשר 11QT 34.15
בו סרה ועמדו שני האנשים אשר 11QT 61.8
תומם וידע את שני מעמד ומספר CD 2.9
בקציהם לכל שני עולם : CD 2.10
יהודה בהפרד שני בתי ישראל CD 7.12
ההון יקבלו שני : עידים CD 9.22
חפציהם שכר : [ש]ני ימים לכל CD 14.13

]ולבתר חמש שניא אלן : [1apGn 19.23

ביום[: [ש]ניבצר לי˙[: 6QPrPr 1 1.7

ואפרחה ˙˙˙שנ˙ ולבי נפתח 1QH 10.31
ובינ[ה : מסיר שנ[: מרום 4Q402 3 2.8
]ובאחר[:]וא שנ˙[: [ ]˙[4Q487 19 1.3
ק[:]סוד <]שן בש[> מ[4Q502 116 1.2
]שן לפניו[ ]˙ם 4Q503 1+ 2.19
]˙ון יש[:]שן [4Q503 144 1.2
]שן חזון למאתה 4QMes 1.6
בנפש עין בעין שן בשן יד ביד 11QT 61.12

כדנא עליך שנא ושחת ורוחך 1apGn 2.17
וכול דרכיה שנא לנצח : 1QS 4.1
]˙ שנא[:]אדם [: 4Q176 40 1.1
ואת אשר שנא התעה : CD 2.13
ולמאוס באשר שנא להתהלך CD 2.15

מלך עומרם ועם שנאב מלך ארמא 1apGn 21.24

אוכלת בכול שנאביהם להתם 1QH 3.29

<לאשה> והנה שנאה והוא שם : 11QT 65.11

כול : העמים שנאו עול וביד 1Myst 1 1.9

]שנאי ויאמר [: 4Q381 24 1.8

די סגר שנאיך בידך 1apGn 22.17

]כבשו[:]˙ם שנאית ˙[: 4Q176 14 1.2

ם שנאית ˙[:]שונאנו שברנו[4Q176 14 1.3

בכול אשר שנא[ת 1QH 17.24
עם שנאתו שנאת עולם : עם 1QS 9.21

ויבחרו באשר שנאתה כול[1QH 15.19
]]שנאתה אין 1QS[b] 1.7
[: כי מעולם שנאתה ˙[: 4Q509 7 2.3
]˙ראתך : ש]נאתה : [4Q509 131+ 1.17

וכן אהבתו עם שנאתו ואשר 1QS 9.16
לאהבתו עם שנאתו שנאת 1QS 9.21

שבעין : בבור שנגד השער 3Q15 2.7

על כול העמים שנה בשנה : 1pHab 6.7
ה[: כ]ול שנ[ה :]˙˙[1QDM 42 1.3
מבן חמשים שנה ומעלה : 1QM 2.4
תעודות המלחמה שנה בשנה ובשני 1QM 2.8
מבן שלושים שנה עד בן חמש 1QM 6.14
מבן ארבעים שנה ועד בן 1QM 6.14
מבן ארבעים שנה ועד בן 1QM 7.1
( )חמ( )<ש>ים שנה ועד בן (1QM 7.1
הם מבן ארבעים שנה ועד בן 1QM 7.2
חמש ועשרים שנה ועד בן 1QM 7.3
ככה יעשו שנה בשנה כול 1QS 2.19
רוחם ומעשיהם שנה בשנה 1QS 5.24
עד מ<ו>לאת לו שנה תמימה וגם 1QS 6.17
ובמולאת לו שנה בתוך היחד 1QS 6.18
עד : מולאת לו שנה שנית בתוך 1QS 6.21
טהרת רבים שנה אחת ונענשו 1QS 6.25
לוא ונ( )נעש שנה אח[ת 1QS 6.27
בחמה ונענש שנה : אחת 1QS 7.2
בדעהא ונענש שנה אחת : 1QS 7.4
ונענש <שנה אחת> (ששה 1QS 7.8
והבדילהו שנה אחת מטהרת 1QS 7.16
וב[ן] עשרים שנ[ה :] [1QS[a] 1.8
לו עש[רי]ם שנה בדעתו[: 1QS[a] 1.10
חמש ועשרים שנה יבוא 1QS[a] 1.12
ובן שלושים שנה יגש לריב 1QS[a] 1.13
ו]ארבעים שנה לצאתם 4Q379 12 1.4
תכן למועדי שנה [ומ]משלת 4Q511 2 1.9

4QNab 1+ 1.3]: כתיש הוית שנין שבע ומן [
4QNab 1+ 1.7] : שנין שבע מצלא

1QM 8.7 הכוהנים תרועה שנית קול נוח
1QM 16.6 הכוהנים תרועה שנית]
1QM 17.11 תרועה שנית ידי
1QS 6.21 מולאת לו שנה שנית בתוך אנשי
4Q385 2 1.6 כן ויאמר שנית הנבא
4QCat[a] 2+ 1.14]אה ספר התורה שנית אשר[
4QM1 11 2.19 לסדר מלחמה שנית עם
4QM1 11 2.20 הכוהנים תרועה שנית על ידי
11QT 38.12 ועשיתה [ח]צר שנית סב[י]ב
11QT 49.20 השביעי : יזו שנית וירחצו
11QT 50.15 השביעי יזה שנית וכבס

4Q381 13 1.2]אצת ו˙˙[:]˙שנך הלוא תביר

4QMes 1.6 יערם וידע שנ[כלא

11tgJ 33.5 יתלה שלט : שנן ונזך וחרף

1QH 5.13 אריות אשר שננו כחרב

1QH 4.10 תורתכה אשר שננתה בלבבי

1QM 2.6 יסרוכו במועד שנת השמטה
4Q381 78 1.5 הכ˙[:]דשנם שנת[:]ו
4Q519 21 1.3 ˙˙[: ש]בועי שנת[:]˙ש˙ ˙˙

4Q499 47 1.3]˙˙ם נבו˙˙[:]שנתו תם[

1apGn 19.17 בליליא מן שנתי ואמרת
4Q511 18 2.7 וכול מעשי נדה שנתי כיא :

1QS 7.21 ובמלואת : לו שנתים ימים
1QS 8.10 ביסוד היחד שנתים ימים
1QS 8.25 על כול עצה שנתים ימים אם
1QS 8.26 עד מולאת לו שנתים : ימים :
1QS 9.1 שגגה אחת יענש שנתים ולעושה
1QS 9.2 השוגג : יבחן שנתים ימים

1QH 7.19 להציק : ˙˙שע ולגדל נצר
1QH 9.8 לקץ תשת שע נפשי בהמון
1QH 14.16 וכול עולה :]שע תשמיד לעד
1QH 17.15]הקימותה :]˙שע ולהשליך כול
1QH 18.16]ל[ ]שע ילוד א[:]
4Q487 20 1.3]ם אל ה[:]שע איש[:]˙ו
4Q499 28 1.2]ובי˙[:]˙שע˙[
4Q509 267 1.1]שע[:]ם ב[
4pPs[b] 4 1.3 [:] [˙שע] [ל]

1QH 7.2 בבבק רגלי שעו עיני מראות

11QT 23.11 לפניו את שעיר העזים
11QT 25.13 שבעה (   ) שעיר : עזים

11QT 23.4] ש]עירי עזים

2apPr 1 1.7 תחת]יות המלאה שעירים:

1Q47 1 1.2]˙ותים [:]שער ה[:]˙ ˙[
1apGn 20.3 רקיק לה שער ראישה כמא
1pMic 11 1.3 וע[רום : ע]ד שער עמי ע[ד :
4Q186 1 3.4 עבות ומלאות [ש]ער לאחת :
11QT 10.8]שער[ ]וו :
11QT 13.7]˙˙˙˙[: לו שער כ[
11QT 31.6 שע]ר פתוח לגג
11QT 38.6 אוכלים אצל שער המערב [:
11QT 39.13 לצפון ובין שער לשער : מדה
11QT 39.14 למזרח צפון עד שער שמעון תשע
11QT 39.15 הזה עד שער (˙˙˙˙˙)

6apSK 57 1.3 ו̇ית]קע נפש שניה[:]ל[

1QH 5.10 אשר : כחרב שניהם ומתלעותם
1QH 5.14 סגרתה בעד שניהם פן ימרפו
4Q379 22 2.11]ך להיות שניהם כלי חמס

4Tstm 1.25 לה]יות שניהמה כלי

11QT 42.10 כתחתונות : שניות ושלישיות

4Q403 1 2.19] : עולמים שניים בכוהני

1QDM 3.1] : [ש]נים את שבת [
1QH 2.11 לצים יחרוקו שנים ואני
1QM 2.1 אבות העדה שנים וחמשים
1QM 2.1 ומשנהו ראשים שנים עשר להיות
1QM 2.2 לשרת תמיד שנים עשר אחד :
1QM 2.9 המלחמה שש שנים יעורכוה
1QM 3.14 ואהרון ושמות שנים עשר ש[בטי
1QM 5.1 ואהרון ושמות שנים עשר שבטי
1QM 5.2 ושמות שנים עשר שרי
1QM 9.14 מאות ושערים שנים למ[ג]דל
1QM 10.15 קודש ותקופות שנים וקצי : עד
1QS 7.19 ונענש שתי שנים ברשונה (
1QS 7.22 על מלואת עשר שנים : (
1QS 8.1 בעצת היחד שנים עשר איש
1QS 10.6 לעד בראשי ( ) שנים ובתקופת
1QS 10.7 דשא מועדי שנים לשבועיהם
1QS[a] 1.8 במשפטיהמה עשר שנים[ ]בוא
4Q379 1 1.5 דן וא[ת :]שנים עשר מטות[
4Q503 15+ 1.15] :]שנים עשר[:
4Q503 17 1.3]תולדות ה[: ש]נים עשר[
4Q503 33 2.6] שני]ם וע[שרים
4pIs[d] 1 1.4 פשרו על שנים עשר]
4QM6 6+ 2.1 שנ]ים י[עורכוה
4QOrd 2+ 1.4 וכוהנים שנים ונשפטו
4QOrd 2+ 1.4 ונשפטו לפני שנים העשר האלה
11QPs 27.7 השבתות שנים וחמשים
11QT 13.11 ש]נה : תמימים ש[נים
11QT 17.13 ליה<ו>ה פרים שנים ואיל
11QT 19.3]שנים עש[ר :]
11QT 23.4 ש]עירי עזים שנ[ים :]
11QT 23.7 מ]טה ומטה [ש]נים עשר בני
11QT 25.16 תקריבו : אלים שנים לעולה אחד
11QT 28.3 השני פרים שנים עשר [:
11QT 28.7 עשתי עשר אלים שנים כבשים
11QT 28.10 עשר[ה] אלים שנים כבשים בני
11QT 57.6 להיות עמו שנים עשר אלף
11QT 57.12 ומן הכוהנים שנים עשר ומן
11QT 57.13 ומן הלויים : שנים עשר אשר
11QT 61.6 יחטא על פי שנים : עדים או
11QT 63.15 עד : שבע שנים וזבח
11QT 63.15 עד יעבורו שבע שנים אחר תואכל
11QT 64.8 ויומת על פי שנים עדים ועל
CD 1.5 ובקץ חרון שנים שלוש מאות
CD 1.10 דרך : שנים עשרים
CD 5.1 ובאי התבה שנים שנים באו
CD 5.1 התבה שנים שנים באו אל
CD 9.20 משפטו ואם שנים הם והם
CD 12.5 עד שבע שנים ואחר :
CD 14.4 והלוים שנים ובני
CD 14.5 והלוים שנים ובני
TS 1 1.9 את העצים שנים]

1apGn 12.10 ארפכשד תרתין שנין בתר מבולא
1apGn 19.10] שנ]ין [ ] [
1apGn 20.18 עמה : תרתין שנין ולסוף
1apGn 20.18 ולסוף תרתין שנין תקפו
1apGn 21.26 מדא תרתי עשרה שנין הווא :
1apGn 22.27 לה הא עשר שנין : שלמא מן
4QMes 1.3 תרת]ין שנין דן מן דן

1QH 4.16 והם [ב]ל[וע]ג שפה ולשון אהרת
1QM 5.5 מעשי גדיל שפה וצורת
1QM 5.8 כמעשי : גדיל שפה בזהב וכסף
4Q405 15+ 1.1 גדיל שפה[: ונהרי

1QH 46 1.4 [:]שפוט במרום

4Q185 3 1.4 דברי ברי[ת : ש]פט במסורת[
4Q509 288 1.1]שפט ו[
4Q511 76 1.1]שפט֯[: י]שראל
4Q511 174 1.2]מו[:]שפט[

4Q176 27 1.1]שפטו[:]֯ורם[

1Myst 9+ 1.4 עם כול שפטי[
4Q497 6 1.3]֯ דרכי[:]שפטי֯[

4Q381 76+ 1.11] כי רבים שפטיכם ואין

1QH 15.19 לעשות בם שפטים גדולים :
1QM 11.16 ע]שותכה שפטים בגוג
1QS 5.12 ברית לעשות בם (מ)שפטים :

1QH 39 1.1]שפטכ[

1QS 11.14 בצדקת אמתו שפטני וברוב

1QH 5.6]באשמתי : שפטתני ולא

4QCat[a] 5+ 1.2 אכול השנה שפ[יח

1Q36 3 1.3 [ ] :]שפים ש[

1apGn 20.4 לה חדיה וכמא שפיר לה כול

1apGn 20.4 דרעיהא מא שפירן וידיהא
1apGn 20.6 רגליהא : כמא שפירן וכמא

11QT 63.6 ידינו : לוא שפכו את הדם

4Q504 1+R 3.10]הארץ עלכן שפכתה אלינו את

1apGn 20.7 כולהן ועם כול שפרא דן חכמא

1apGn 20.7 נשין שופר שפרה ועליא

1apGn 20.7 שפרה ועליא שפרהא לעלא מן
1apGn 20.9 ואתמה על כול שפרהא ונסבהא

5QJN 1 1.8 פות[היון] שפשיא קנין

1QH 13 1.2 [ ]ו ו֯[:]שפת הביא במספר

1QH 8.25]שפתו יהפכו

1QH 2.7 לשון לע[ ] שפתי ותסמוך
1QH 7.11 כי תאלמנה שפתי : שפתי
1QH 7.12 תאלמנה שפתי : שפתי שקר כי
1QH 8.36 דבר נאלם כול שפתי : מפ֯֯[
1QH 11.5]ה ומול שפתי במכון רנה
1QS 10.8 תהלה ומנת שפתי (אשא) : (
1QS 10.9 קודשו וחליל שפתי אשא בקו
1QS 10.14 תרומת מוצא שפתי במערכת
4Q381 31 1.8 ועידם :]לם שפתי שאלה ס[ ]
4Q401 14 2.8 [: למוצא שפתי מלך ב[
4Q511 18 2.5 ואין ו[ב]מוצא שפתי ולוא
4Q511 63+ 2.4 ותרומת מזל שפתי צדק
4QM1 11 1.17]ומזל שפתי מיא יביל

4Q403 1 1.35]למוצא שפתיו כול רוחי

11QT 39.16 ומשער לוי עד שער יהודה : [
11QT 40.13 באמה ובין שער לשער [ ]
11QT 40.14 מן הפנה עד : שער שמעון ששים
11QT 40.14 שמעון עד שער לוי : כמדה
11QT 40.15 לוי עד שער יהודה כמדה
11QT 41.3] הזואת : עד ש[ער
11QT 41.8 הזואת עד : שער דן שלוש
11QT 41.9 משער דן עד : שער נפתלי ששים
11QT 41.10 נפתלי : עד שער אשר שלוש
11QT 41.17 טהור ובין (ע) שער לשער תעשה
11QT 42.4 באמות ובין שער : לשער [
11QT 42.17 שנה בשנה בין שער לשער יהיו
11QT 44.4 [שמעו]ן עד שער יהודה יהיו
11QT 44.5 וב[ו]ל ימין שער לוי
11QT 44.11 בני יהודה עד שער ראובן :
11QT 44.13 ראובן עד שער יוסף לבני
11QT 44.14 ומשער יוסף עד שער בנימין
11QT 44.16 הזאת עד שער יש שכר
11QT 64.4 זקני עירו ואל שער (֯֯֯)
TS 3 2.1 זבולון עד שער גד ששי[ם
TS 3 2.2 הפנה הזואת עד שער דן ש[לוש
TS 3 2.3 באמה וככה : שער נפתלי ששים
TS 3 2.3 נפתלי עד שער אשר שלוש
TS 3 2.7 זהב טהוב ובין שער לשער ת[עשה

4QMes 1.2 מן[ ] : שערה[

1QH 3.17 קולם ויפתחו שערי [
1QH 6.24 ו֯[ ]עד שערי מות ואהיה
1QM 3.1 מקראם בהפתח שערי המלחמה
1QM 3.7 הבנים בהפתח שערי המלחמה
1QM 16.4 הזכרון ופתחו שערי המ[לחמה
4Q184 1 1.10 פשע שעריה שערי מות בפתח
4Q403 1 2.4 ובכול מהפכיהם שערי ֯[ ] :
4Q503 1+ 2.14 בח]משה עשר שער[י
4Q503 7+ 1.2]֯ בששה שערי או[ר :
4Q503 19 1.2 ברוך[: ע]שר שערי אור [
4Q503 29+ 2.10] : [ ]שערי אור
4Q503 33 2.12 וע]שרים ש[ערי :]
4Q503 37+ 1.20] : [ו]עשרים שערי[
4Q503 51+ 1.5]תנו[:]עשר שערי כבו[ד :
11QT 33.10 נוכח זה כמדת שער[י] בית :

4Q184 1 1.10 אשמות פשע שעריה שערי מות

4Q405 23 1.7 כבודו ומהללים שעריו : בקול

4QM2 1 1.6] : שעריך תמיד

11QT 51.11 תתן לכה בכול שעריכה ושפטו
11QT 52.14 טהורים : בכול שעריכה קרוב
11QT 55.15 בקרבכה באחד שעריכה אשר :
11QT 60.12 הלוי מאחד שעריכה מכול

1QM 12.14 יהודה פתחי : שער[י]ם תמיד
11QT 5.8 יכה וארבעה שערים [:
11QT 6.6 וארבע]ה שערים לעליה
11QT 33.10 הכיור : ושנים שערים לו
11QT 36.2]שערים ומאה [:
11QT 40.11 שלושה ב[ו] שערים במזרח

4Q500 1 1.6 ב[:]֯כפות שעשועיכה ֯[:

3Q15 9.2 שתין חפור וגב שעת שבע : בדין

1QH 11.25 יברכוכה בפי שפ[
4Q511 196 1.2]֯[:]שפ֯[
11QT 39.4 ז]הב : ֯֯שפ[

1Myst 1 1.10 האמת : היש שפה ולשון
1QH 2.18 וימירום בערול שפה : ולשון

CD 16.6 ואשר אמר מוצא שפתיך : תשמור

1QS[b] 3.27 נדיבים ומזול שפתיכה כול [
1QS[b] 5.24 ארץ וברוח שפתיכה : תמית
11QT 53.13 חפאה : מוצא שפתיכה תשמור

1QH 1.28 ותכן פרי שפתים בפרם
1QH 1.29 קו : ומבע רוח שפתים במדה
1QS 9.5 זבחי תרומת : שפתים למשפט
1QS 9.26] שפתים יברכנו :
1QS 10.6 (   )תרומת שפתים הברכנו

4Q381 45 1.5 עלי פתחו לשון שק[: לי מעשי
5QJN 6 1.2] ותרתי[:]˙שק[:]˙[

4pN 3+ 3.1 והשלכתי עליך שקוצים

4Q400 1 2.11 למשפטי שקט ב[:
4Q405 19+ 1.7 הפלא קול דממת שקט אל[והי]ם
4Q503 69 1.1] שלות שק[ט:]˙מו

11tgJ 24.10 מ]לי ˙˙שק[י : ר]ברבין

1apGn 20.6 שלמא להן לה שקיהא וכל

4pIs[e] 1+ 1.4]הארץ שקל[
4QOrd 1 2.9] ו]חמשה שקל הכול[:
4QOrd 1 2.12 מעשר ה[מנה : שק]ל הקודש

11QT 2.10]חרם כמוהו שקץ תשק[צנו :

1pHab 10.12 במ[ע]שי שקר להיות עמלם
1pHab 12.11 מסיכה ומרי שקר כיא בטח
1QH 5.27 פתחו : לשון שקר כחמת
1QH 7.12 שפתי : שפתי שקר כי כול גרי
1QS 4.21 מכול תועבות שקר והתגולל :
1QS 5.15 כתוב מכול דבר שקר תרחק ואשר
4pPs[a] 1+ 1.27 רבים באמרי : שקר כיא בחרו
4pUn 6 1.2]ים [:]שקר ומ[:]˙[
4Tstz 1 1.2 עול וכל שקר לא עוד
11QPs 22.6 טהר חמס מגוד שקר : ועול
11tgJ 24.2 לעבדי שקר [
11tgJ 24.4]חס לאלהא מן שקר : ומן
11QT 61.9 והנה עד שקר העיד שקר :
11QT 61.9 עד שקר העיד שקר : ענה
CD 6.1 הקודש וינבאו שקר להשיב את

4pN 3+ 2.8 אשר בתלמוד שקרם ולשון

4Q501 1 1.4 עמכה בלשון שקרמה ויופכו :

1pMic 22 1.1]פתי ˙שר[:] והאור[:
1QDM 2.1 [ומצוו]תי]שר :] [
1QH 7.36 לכול משפטי :]שר[
1QH 10.8 הנה אתה שר אלים ומלך
1QH 11.27]שר נתתה ל˙˙˙ :
1QH 13.11]]שר קדם ולברוא
1QH 17.9]שר לא השיגום
1QH 9 1.1]שר :]דכה :
1QH 31 1.2 רוחו[:] שר בד˙[
1QM 4.2 שארית ואת שם שר האלף ואת
1QM 4.3 עול ואת שם שר המאה ואת
1QM 4.4 אל ואת שם שר החמשים ואת
1QM 4.5 עשור ואת שם שר העשרה ואת
1QM 17.5 ולהשפיל שר ממשלת :
1QS 3.20 העול : ביד שר אורים ממשלת
1QS[b] 4.24 אל ולוא ביד שר יד[
4Q497 36 1.2]˙[:]שר [:]ל[
4Q502 46 1.1]שר ו˙[:]˙ארב[
4Q502 92 1.1]שר [:]˙˙[
4Q502 170 1.2]ש˙[:]שר[:] ע˙[
4Q503 104 1.3 [:] בחו[:]שר [
4Q503 110 1.1]שר˙[:]˙ ש˙[
4Q503 168 1.1]שר[:] להי[
4Q503 185 1.1]שר˙˙[
4Q503 216 1.1]שר ת˙˙ו [:]˙
4Q504 6 1.4 בכול חוק[י :]שר תבואתה
4Q508 1 1.4 ˙]ש[ר נשיב]לכה
4Q509 30 1.2 [˙˙[:]שר י[:
4Q509 203 1.1 [שר˙[:]ו או[
4Q511 68 1.3]ח ˙˙ה[:]שר נע˙[:
4Q511 134 1.1]שר[:]לכול [:
4Q511 171 1.2]צכם[:]שר[
4Q512 33+ 1.6]להתקדש :]שר י[ברך [
4Q512 26 1.2]כ[:]שר ˙[:]הנכ˙[
4Q512 139 1.2 ˙ם וכול[:]ק שר[ ]˙[
4Q512 146 1.1 [˙שר [:]ברך [
4apLm 1 1.2 [˙[:]שר כל
4pIs[e] 6 1.7 התורה[ ]שר˙[
4QCat[a] 28 1.2]ת˙[:]שר א˙[:]לה˙[
5Q13 19 1.1]ו שר[
11Ap[a] 1.5 [˙]מה :]שר[
CD 5.18 משה ואהרן ביד שר האורים ויקם
CD 7.13 בתי ישראל : שר אפרים מעל
CD 20.16 אין מלך ואין שר ואין שופט

1apGn 20.34] וה[וי]ת ש[רא] :
1apGn 22.13 ירושלם ואברם שרא בעמק : שוא
4Q509 243 1.2]רכב[:]<[ש>רא[
11tgJ 32.5 ערדא מן : שרא די שוית

4Q381 31 1.7 האמרים פענה שרגו עפרת ראשי

5QTop 5 1.2 ואת[:] ואת שרדי ואת[:]

1Q23 30 1.1]שרה[:]בין [

1pPs 14 1.1]שרו[:]˙ ˙[
1pPs 15 1.1]שרו [
4Q511 132 1.2]ישמ[:]˙ שרו [:]המש[

3Q15 10.3 בכירגר מזקות שרוו מהנחל :

4Q509 234 1.1] שרח[:] אוק˙[

1apGn 19.21 ולמקפלני ובכת שרי על מלי
1apGn 19.22]ל[ ] שרי למפנה לצען
1apGn 20.9 למקפלני ואמרת שרי : למלכא
1apGn 20.11 בדי דבירת מני שרי באונס :
1apGn 20.25 מרי מלכא בדיל שרי אנתת אברם
1apGn 20.26 לי בדיל [שר]י ותאמר :
1QM 3.16 ואת שמות שר[י]
1QM 4.1 מררי ואת שמות שרי אלפיו ועל
1QM 4.2 האלף ואת שמות שרי מאיותיו
1QM 4.3 המאה ואת שמות שרי עשרותיו
1QM 4.4 ואת שמות שרי עושרותיו
1QM 5.2 שנים עשר שרי שבטיהם :
1QS[a] 1.14 לשרי מאות שרי ח[מ]שים :
3Q11 1 1.3 [:]צי וב[:]˙שרי כל א˙[:
4Q378 3 2.7 המאיות שרי הח[מישים :
4Q400 1 1.12 ה]מה שרי :]
4Q401 6 1.4]י כבוד :]שרי קודש :
4pPs[a] 1+ 3.7 כולו פשר על שרי הר[ש]עה
4QMI 1+ 1.9 וכול שרי המחנות
4QMI 1+ 1.19]שרי המחנות[:
11QT 22.2]]ם שרי האלפ[ים :
11QT 57.4 בראשיהמה שרי אלפים ושרי
11QT 58.4 ושלח על שרי האלפים ועל
11QT 58.4 האלפים ועל שרי המ<י>אות
11QT 62.5 אל העם ופקדו שרי צב(ו)אות
CD 8.3 יפקד אל היו שרי יהודה אשר
CD 19.15 כאשר דבר היו שרי יהודה

CD 10.6 ומישראל : ששה מבוננים
CD 14.21 י]ענש ימים ששה ואשר ידב[ר

1Q50 2 1.1]ששי ׳ [:] יש
4Q502 124 1.2 תא[ ] ׳׳[:]ע ששי ל׳ [
4Q502 306 1.1]׳ל ששי [
4Q303 33 2.20] : יו]ם ששי : צ]דק : [

1QM 7.1 שנה ועד בן (   )<ש>שים
1QS 7.8 לשלמו ונענש <ששים יום>
11QT 4.10]׳ וגובה ששים באמ[ה :
11QT 40.14 שער שמעון ששים ושלוש
11QT 40.15 כמדה הזואת ששים ושלוש : [
11QT 41.9 שער נפתלי ששים ושלוש
11QT 57.3 שנה ועד בן ששים שנה
CD 10.7 שנה עד בני ששים שנה ואל
CD 10.8 עוד מבן : ששים שנה ומעלה
CD 14.7 שנה עד בן ששים מבונן
TS 3 2.1 עד שער גד ששי[ם
TS 3 2.3 שער נפתלי ששים ושלוש

3Q15 2.4 עשתות זהב ששין וחמש :
3Q15 5.10 הגדול : אמות ששין חפור אמות
3Q15 10.7 כסף : ככרין ששין ושנין :
3Q15 12.1 כב   ככרין ששין ביאתו מן

1QM 6.11 רכב אנשי הסרך ששת אלפים חמש
1QM 9.5 והרוכבים ששת אלפים כול

1QNo 6 1.2]׳ ים[:]שת[:]׳ [׳ [
4Q509 30 1.4]הלכ<ת>ה[:]שת׳ [
11QT 3.16 טלמעלה ל[:]שת נחושת ׳[
CD 7.21 את כל בני שת   אלה מלטו

1pHab 11.9 קלון מכוד שתה גם אתה
4Q512 88 1.2]׳ורש[:]שתה[:]לילן
5QJN 1 1.2] פתה קנין שת[ה] אמין
5QJN 3 1.3 רבר[ביא:] שתה בשת[ה

11QPs 18.11 נאמרה ועל שתותמה בחבר :

3Q15 2.1 בבור המלה שתחת המעלות :
3Q15 2.10 עסר : בבור שתחת החומא מן
3Q15 11.8 חרם ב : בקבר שתחת הסבין כב

1QM 6.4 ועמדו בין שתי המערכות
1QM 7.18 [ועמ]דו בין שתי המערכות
1QS 3.18 תבל וישם לו שתי רוחות
1QS 7.19 אם ישוב ונענש שתי שנים
1QS[b] 4.4 ל׳׳ [ ]שתי [
6apSK 36 1.3]עון כי כל[:]שתי [
11QT 8.9 שני[:]׳׳ה על שתי המערכות[:
11QT 33.12 אפומים : שתי אמות
CD 4.21 בזנות לקחת : שתי נשים

1QM 4.16] [שתים עשרה אמה
1QM 5.12 ישר אל הראוש שתים מזה ושתים
3Q15 6.13 חפר אמות : שתים עסרה כב :
3Q15 7.16 זהב ככרין שתים : [בא]מא
4Q405 20+ 2.6]ה[ש]בת שתים עשרא[
11QT 4.11 ששים באמ[ה : ש]תים עשרה
11QT 5.9 [:]השער שתים עשרה[:
11QT 18.14 לחם חמים שתים : [
11QT 30.9 אל מקצוע : שתים עשר[ה
11QT 44.12 שער ראובן : שתים וחמשים
TS 3 2.10 באמה והקיר שתים אמות רוחב

3Q15 9.2 אמות שלוש רא שתין חפור וגב
3Q15 10.9 שהזדוגא בעזת שתין : הו הפתח
3Q15 10.13 חפור רגמות שתין עסרה : כב
5QJN 1 1.5 חד אמי[ן] שתין ושבע

1QM 9.15] שריאל על

1Q69 56 1.1]שריג[

1QM 11.7 מיעקוב והאביד שריד [מ]עיר

1QH 6.14 כבודכה ויהיו שריכה בגור[:

1Q30 12 1.1]שרים[
2apDa 1 2.1 ו]פתה:׳[ ]שרים כי ידעת[י
4pN 3+ 2.9 מלכיה[ם]שרים כוהנים
CD 6.3 באר חפרוה שרים כרוה :
CD 6.6 אל את כולם שרים כי דרשוהו

1apGn 22.8 ואשכח אנון : שרין בבקעת דן

1QH 4.15 ועם שרירות לבם
1QS 3.3 יצדק במתור שרירות לבו
1QS 9.10 ללכת : בכול שרירות לבם
2Q28 2 1.4 ת׳[:]שרירות לבש
CD 3.11 ויתורו אחרי שרירות : לבם

1apGn 12.13 [: שרית אנה ובני
1QH 7 1.2 רום לאין שרית ׳׳[:
1QS 4.14 כלותם לאין שרית ופליטה
1QS 5.13 עולם לאין שרית   אל
4Q374 2 2.4 ואין ל[כם] שרית ופליטה
4QM6 18 1.2 [:]לאין שרית[:]׳׳ל[
4QTeh 2 1.5] : לאין שרית וזעום אתה

4pIs[c] 8+ 1.13] ופ]ר[יו]ש[רף]מעופף
4QOrd 1 2.17 י]שראל שרף מוש[ה

11QT 50.20 לעולם : כול שרץ הארץ תטמאו

6apGn 2 1.1 תלתת שרשוהי[

1QH 6.16 עד ש׳׳׳[ ]שרשיו עד תהום
1QH 8.23 פלגיו יכו שרשיו בצור

4apLm 2 1.5] : [׳ים שרתי כל

1QH 10.30 לא׳[ ]שש לבי בבריתכה
1QM 2.9 תערך המלחמה שש שנים
1QM 6.10 המחנה הכול שש מאות וארבעת
1QM 7.10 לובשים בגדי שש לבן כתונת
1QM 7.10 באבנט בד שש משוזר תכלת
3Q15 1.12 הצפון : אמות שש עד ניקרת
3Q15 2.11 בדין של כסף שש : ביאתו תחת
3Q15 3.4 קסאות כל שש מאות ותשעה
3Q15 3.6 ית חפר אמות שש עסרה כסף :
3Q15 7.9 חקק חפר אמות שש : בדין של
3Q15 7.10 בדין של כסף שש : בדוק תחת
3Q15 9.8 חפור אמות שש עסרה : כב:
3Q15 12.7 הכל ככרין שש מאות :
4Q186 1 2.7 לו בבית האור שש ושלוש בבור
5QJN 1 1.7 [שש ויהלם :]
11QT 36.6 ורוח]ב ת[איו] שש : ועשרים
11QT 41.13 מקיר החצר שש ושלושים
TS 3 2.5 מקיר החצר שש ושלושים

1QM 2.2 וראשי המשמרות ששה ועשרים
1QM 9.4 הפנים ועמדו ששה דגלים
1QS 7.3 דבר ונענש ששה חודשים
1QS 7.4 במדעו : ונענש ששה חודשים
1QS 7.5 במדעו ונענש ששה חודשים ואם
1QS 7.8 <שנה אחת> (ששה חודשים) :
1QS 7.12 אנוש ונענש ששה חודשים :
1QS 7.18 במשפט ונענש ששה חודשים
4Q503 37+ 1.23]: וביום ששה ו[עשרים
11QPs 27.9 השיר אשר דבר ששה ואבעים

4Q509 146 1.1]שתנו[:]לאהב[

1QH 30 1.2] ברתב[:]שתע˙˙ עוד ב[

TS 3 2.9 ארז ורחב הקיר שתרם אמות

ת

1Q20 1 2.6 י] ˙˙[: ארע˙ ת˙˙˙˙פ ל[:
1Q23 31 1.1]˙˙ת ח[:]לוחא
1Q29 1 1.1]ת ˙˙[:] האבן
1Q35 1 1.12 ולשמועת[ ] :]ת טובה [
1Q36 12 1.1]ם ת[:]˙יא
1Q38 4 1.1]˙˙ת˙[:]כה
1Q45 2 1.2]מלתי [:]˙ת עני ˙[
1Q46 4 1.1]ת ובאו [
1Q69 16 1.1]ת ואזני˙[
1Q70 24 1.1]˙ת[
1Myst 1 2.6 בלוא מחיר כי ˙ת˙[: מה מ[
1Myst 4 1.2 שבת [:]˙ת[
1pHab 6.16]ת˙[[
1pPs 8 1.3 אלוה[ים :]˙ת המקר[א] לברך
1QDM 3.9 ה[ ]ת ביום הזה[
1QDM 24 1.2 בעד [:]כי ת[:]אלה[:]˙[
1QH 9.20 [: וכזומם לי ת[
1QH 14.11 את כול אשר :]ת אנוש כי לפי
1QH 15.1]שב : ת[:]ו[: תחת[
1QH 15.25 אתה וכול עולה ת[[
1QH 16.13 ולשומרי מ[ ]˙˙ת[: לפניך [
1QH 17.4 אוכלת ˙ש[:]ת ביבושה ומכש[
1QH 17.26 מ[ ]ת˙ לבו :]ש
1QH 15 1.5 גבורתך :]˙ת ולהבין אנוש
1QH 15 1.8 שום[:]˙ת כול בינה ו
1QH 51 1.3]ים ת[:] תהתיה[
1QH 51 1.6 אין מ[:]˙ת˙[
1QJN 5 1.1]ין ת˙[:]˙ד[
1QJN 8 1.1]ץ ת˙[
1QJN 9 1.2]˙ א˙˙[:]ת הכ˙[
1QM 18.17 ב[: באבדונו ת : [
1QNo 3 1.2]א˙˙[:]˙ת˙ השתמ[מו :
1QNo 4 1.1]˙ת הל[
1QNo 20 1.1]ת[
1QS 5.25 את רעהו בא[ ]ת וענוה ואהבת
2Q28 2 1.3]ש˙ תולע[י]ם ת˙[:]שרירות
2apPr 5 1.4]ר עם שמ[:]ת מל[
2QJN 3 1.4]˙כתול ת[
4Q176 8+ 1.15]˙ת י˙[:]י
4Q176 16 1.5 מצ[ותו :]ש˙א˙ת בריתו ול
4Q176 35 1.1]˙ת[:]˙ הולל[
4Q178 2 1.3]דבר בש˙[:]ת היטים[:
4Q178 7 1.2 האשה וש˙[:]˙ת˙˙˙[
4Q184 1 1.13 מה[ ]ת ת˙˙˙[ ]עיניה
4Q184 1 1.13 מה[ ]ת ת˙˙˙[ ]עיניה
4Q185 1+ 2.8 ואתמה : מה ת˙[ ]˙˙[
4Q374 8 1.2]˙[:]ת ב˙[:]הם ול
4Q374 16 1.2]ם[:]ת עמו מא[:]˙
4Q380 3 1.1]ת לויתן יד תמי
4Q381 17 1.1]ת ת לראשי
4Q381 17 1.1]ת ת לראשי [:
4Q381 24 1.10]˙ת כי חרה לו
4Q381 31 1.4]˙שיך מ˙ת עזי[ ]˙תך
4Q381 33 1.1]˙˙ת יכלו ית[:
4Q381 44 1.1]˙ ת[:]כי ארץ זו
4Q381 46 1.4]˙ת לאבתינא
4Q381 51 1.1]ת יאג˙[:]
4Q381 69 1.1]לכם כי ת˙[ ]לם
4Q381 79 1.5 ˙˙[:]˙ת תעואת להשכיל
4Q400 2 1.12 [ ]ת כבו[ד : [
4Q401 13 1.1]˙˙[ ]ת מלך כ[:
4Q401 17 1.4 קו]דשים כ[:]ת יו[ד]עי
4Q401 17 1.5 נס[תרות :]˙ת יסדם לו
4Q401 31 1.2]˙ וב[:]ת כב[וד :]י
4Q402 1 1.7]˙˙[ ]יהם:]ת
4Q402 4 1.4 טמא[ ]ת לוא ˙˙˙[:
4Q404 15 1.2] כול א[:] ˙ ת[
4Q404 20 1.1]ת א[ ]די[:
4Q405 6 1.10]˙ אפסי :]ת קול :
4Q405 7 1.2]˙˙ם[:]ת[ ] קוד[ש :
4Q405 12 1.5 תהלת ˙[: ˙˙[ ]ת[
4Q405 15+ 1.4 פנו רוקמת[ ]ת כול מחקת ה˙[
4Q405 17 1.7 קודש מושבי :]ת מעשי:]כבוד
4Q405 35 1.1]ת רוחי[:]ת
4Q405 35 1.2]ת רוחי[:]ת כבוד<ו> ת[:
4Q405 35 1.2]ת כבוד<ו> ת[:]אלוהים
4Q405 62 1.1]˙ת כ[
4Q405 65 1.2]˙[:]ת ˙[:]˙[
4Q405 66 1.1]ת בשבעה[:
4Q405 87 1.1]˙ת כ˙[:]˙[
4Q406 2 1.3]שבעת[:]˙[ ]˙ת פלא ˙˙˙ל˙˙[
4Q406 5 1.2]˙[:]ת רוחות ב˙˙[:
4Q406 5 1.3 רוחות ב˙˙[:]ת˙ ˙[
4Q487 3 1.3]ק ש[ ]ם [:]ת לו אלו[
4Q487 5 1.6]א יירא[:]ת נפש מעט[:
4Q490 2 1.2 [˙[:]˙ת [
4Q497 11 1.2]ו[:]ת [:]תם [:]
4Q497 12 1.1]ת ˙[:]˙עי ˙[
4Q497 18 1.1]ת יכ[:]˙תו
4Q497 21 1.2]ח˙[:]ת וט[:]˙˙ [
4Q497 30 1.1]˙ת[:] יכ[
4Q497 39 1.1]ת כל˙[:]˙˙[
4Q497 47 1.1]ת<]˙˙>˙כר˙˙˙˙[
4Q498 1 1.2 כנפשי :]˙ת: ˙[
4Q499 6 1.1]˙ת [:]˙ מאן[
4Q499 18 1.2]˙כ[ ]כ[:]˙ת˙˙[
4Q499 26 1.2]˙עם [:]˙ת ק˙[
4Q499 46 1.1]˙ת˙[
4Q500 3 1.1] ת˙[:]ע [
4Q502 2 1.3 מודה לאל[:]ת לו בת אמת
4Q502 5 1.3 צוה לנ[ו :]ת יחד ל[:]˙ה
4Q502 7 1.3]הוד[ו :]˙ת יחד [
4Q502 14 1.6 חסד [:]ת בנים <כבו[>
4Q502 31 1.4 מו]תאמות[:]ת לאה[:]ל[
4Q502 44 1.3 [:]אתרפ˙[:]ת קודש[
4Q502 55 1.2]˙[:]ת [:]קטן[:
4Q502 56 1.2]ורא[:]ת ת[:]˙[
4Q502 56 1.2]ורא[:]ת ת[:]˙[
4Q502 63 1.2]˙ ˙[:]ת עולמים[:]˙[
4Q502 75 1.1]ה ת[:]˙ של˙[
4Q502 94 1.6]ו את א[:]ת[
4Q502 136 1.2]אנה [:]ו ת[
4Q502 157 1.1]˙ת [:]˙ד˙[:
4Q502 201 1.1]ת [
4Q502 239 1.1 [ע[ ]ת[
4Q502 253 1.3]אחד [:]ת מ˙[
4Q502 294 1.1]ת י˙[:]˙ כ˙
4Q502 308 1.1]˙ת בניהם [
4Q502 315 1.1]ת˙מ˙[
4Q502 334 1.1]˙ת˙[
4Q503 29+ 2.5]ל עם וכ[:]˙ת˙ [
4Q503 42+ 1.5 ואמ[רו :]נו ת˙[
4Q503 60 1.4]˙ו ודור[:]ת שמ[
4Q503 88 1.4] למענ[:]˙ת ד˙[:]˙ו ב
4Q503 167 1.1]ת [:]ע˙[
4Q503 216 1.1]שר ת˙˙ו [:]˙
4Q504 1+R 2.17]˙ת ולהבינכו
4Q504 2V 1.1 [˙ת]
4Q504 5 1.3]שלמניכה :]ת עשיתה :]שם
4Q504 6 1.2]דם וכ[:]ת ופרי מחשבת
4Q504 6 1.5]˙ור ˙א[ ]ת בעלילותיכה
4Q504 9 1.7 ויורים[:]ת ומניג˙[
4Q504 10 1.4 עלינ[ו :]ת˙יה ירא[

]שים :]ת רצון:]תה	4Q504 11 1.2
]הנו ל˙˙ת ˙]: נ]תתה	4Q504 18 1.1
]˙˙˙] :]ת גדו] :]˙˙˙	4Q504 33 1.2
]ת נפש]:	4Q505 120 1.1
]˙ת]]˙]]˙כ˙]	4Q506 126 1.1
]ת]:]˙˙]	4Q506 159 1.1
]˙] :]ת ˙]:]˙וחו]:	4Q509 38 1.2
]ת]:]הן]	4Q509 94 1.1
]˙ ת] :]˙ כ]:]	4Q509 174 1.1
]ת]:]כול ר˙כ]	4Q509 177 1.1
]ת ח]	4Q509 180 1.1
ת˙˙] : ב]	4Q509 185 1.1
יכ˙˙˙˙˙] : ת˙]	4Q509 185 1.5
]לבינת] :]ת ש˙]:]˙חק ם	4Q509 199 1.3
]˙]:]ת ˙]:]˙ר ˙]	4Q509 216 1.2
]ת] :]אי˙]	4Q509 240 1.1
]ת]:]˙י˙]	4Q509 263 1.1
]ת :]	4Q511 18 1.10
]ול˙]]˙ת :]	4Q511 22 1.5
מפון ש˙]:]ת לכרובי קודש]	4Q511 41 1.2
אל ביא]]ת בינתו נתן	4Q511 48+ 1.1
]˙˙]:]˙ת גבור] :]	4Q511 83 1.2
]ת˙]	4Q511 91 1.1
בדע]ת :]˙˙˙˙˙ת˙]	4Q511 93 1.2
]ים ת] : וא]פר מה	4Q511 126 1.1
]˙ם] :]ת ˙˙לא] :	4Q511 140 1.2
]שו ת]:]פר כמב]	4Q511 158 1.1
]ת מ] :]˙ם]	4Q511 200 1.1
]˙מות] :]ת˙ ˙]	4Q511 201 1.2
]עם קודש] :]ת]	4Q512 29+ 1.3
]חמתי ˙] :]ת צדק ו]	4Q512 29+ 1.19
]˙]:]ת] :] ו]	4Q512 105 1.2
]˙ת<ל>י] :]ת]:]˙]	4Q512 115 1.3
]ם] :]ת כב]:]˙]	4Q512 131 1.2
]גת]:]ת]:]ל˙]	4Q512 147 1.2
] :]וג˙]:]˙ת]	4Q512 156 1.3
] ת]	4Q512 169 1.1
]˙ :]מת :]˙ת	4Q512 228 1.3
]˙ת˙] :]הגיש]	4Q513 8 1.1
מהמה :]ת בני ישראל :	4Q513 11 1.2
]ת המה] :]קנה	4Q513 26 1.1
]ש ˙˙ת ב]	4Q515 18 1.1
]˙א˙˙ת˙ :]˙˙˙˙מ	4Q516 7 1.1
]סמנו ב˙מ˙ת]	4Q517 9 1.1
]ת]	4Q517 70 1.1
]˙]:] ת˙]	4Q517 83 1.2
]ר ואר]:]˙ל ת˙]	4Q518 3 1.3
]˙ת]	4Q519 20 1.1
˙˙א˙] :]˙˙˙ת˙] :]˙˙˙]:]	4Q519 49 1.4
]˙˙ ת] :]תל˙]	4Q520 6 1.1
]˙]:]ת]	4Q520 42 1.2
ארע]]ת יפה א˙]]יפ	4AgCr 2+ 2.2
המסלאים]]˙˙ת˙˙] : וחפץ	4apLm 1 2.9
ת]	4pHs[b] 29 1.1
]ת ˙]	4pIs[c] 21 1.1
] ת˙]:]רם] :]	4pIs[c] 33 1.1
]ת ה˙] :]כול]	4pIs[c] 41 1.1
]ת ידב]ר:]	4pIs[e] 7 1.1
]ת ר]]עי שמיו	4pN 1+ 2.2
]˙ת :]	4pPs[a] 1+ 1.18
]ת הוללים בחרו	4pPs[a] 1+ 1.22
]ת שלו]ם]	4pPs[a] 1+ 4.17
מכשול] :]˙ת המזבח י˙]:]	4pPs[b] 5 1.3
אבל שוב ת˙] א]לוהי	4QCat[a] 2+ 1.9
קצים] :]˙ת אבותם]	4QCat[a] 2+ 1.11
את מספר ˙]]ת וינח]ילהו :	4QCat[a] 2+ 1.12
על רדת] :]ת בחרב איב]יהם	4QCat[a] 2+ 1.16
א]כול :]˙ת התורה עושי	4QCat[a] 5+ 1.16
נפשי] :]ה]]˙ת]	4QCat[a] 26 1.2
]ת˙]:]שר א˙] :	4QCat[a] 28 1.1
]ת˙] :]וכין	4QM1 16 1.1
]ת˙] :]˙ ר˙]	4QM1 29 1.1
ו]מזה למל˙ת : ליד החרף	4QM3 1 1.4
] :]]ת]] על	4QM3 1 1.13
]˙ל˙]]˙ת:]כ] :]˙]	4QM6 2+1 1.9
בר] : י]כתובו ת]	4QM6 8 3.3
ב] :]˙ת אל ו] :]רות	4QM6 17 1.3
] ויק] :]˙˙ת] :]˙]	4QM6 22 1.4
] :]˙ולם]:]ת]	4QM6 28 1.5
]˙ קר ˙] :]ת א]	4QM6 29 1.2
]˙ת]	4QM6 46 1.1
]ת א]:]כ˙˙]	4QM6 48 1.1
]˙]]˙ת]]˙˙]]ה]	4QM6 55 1.1
] ב]:]˙˙ת]	4QM6 60 1.2
]א˙˙ת]	4QM6 78 1.1
] :]כ˙ ˙˙˙ת ע˙˙ הבע˙ה]	4QM6 97 1.3
]ת ˙˙˙˙]	4QM6 122 1.1
]ת חשב]ון :]	4QMes 1.13
˙]: ויחרבון ת˙]]˙ם]	4QMes 2.13
מין יסופון ת˙]	4QMes 2.14
]˙]:]˙בא ת˙]:]עליכון]	5Q24 1 1.2
]˙ת] :]שמר ו˙]:	5Q25 9 1.1
] כול]:]ת]	5apMl 3 1.2
]˙˙] :]כל ת˙] :]עשר]	5QJN 5 1.2
א]מין ˙]:]˙˙ת ˙]	5QJN 14 1.2
]ים]:]˙ת י˙˙חד˙]:]˙	6Q22 1 1.2
בוגד]ים:]מע ת˙]:] מעים	6Q30 1 1.4
]ת ˙]	6Q31 14 1.1
]ה בל] :]ת]	6apGn 15 1.2
]˙]:]ת א˙]	6apGn 32 1.2
]˙ ת]:]˙ה ˙]	6apSK 7 1.1
]˙˙י] :]ת ˙]	6apSK 8 1.2
]ק] :] ת]:]˙ד]	6apSK 11 1.2
]ת ש]	6apSK 20 1.1
] ולא ת]	6apSK 28 1.1
]ת הממלכה] :	6apSK 57 1.1
]כה]:]˙ת]	6apSK 65 1.2
]˙] :]˙ת]	6apSK 70 1.2
]˙] :]ת עולמים] :	6QHym 3 1.2
]ו א] :]ת לע] :] ורני	6QHym 13 1.2
לכה המ] :]˙ת˙]]הן ל˙]	6QHym 20 1.3
]:]˙ת	6QPro 1 1.3
]מהון] :]˙ ת˙ל˙˙]	6QPro 4 1.5
] הזואת]:]˙ת השד]:]עשה]	11Ap[a] a 1.9
]עמי ת˙˙ רפואה :	11Ap[a] 1.7
בו לפני]]ת :]מים ו]	11Ap[a] 2.5
]ד ת] : גדול]	11Ap[a] 2.12
]˙ן :]ת˙]	11Ap[a] 5.2
במזמ]ות ל]בבם ת]	11Mel 2 3.8
]ת רצון המ˙]	11QSS 8+ 1.1
]˙] :]ת עוז ל˙] :	11QSS r 1.2
]העמי לשאול ת]:]שבב: ענ]א	11tgJ 1.2
ארו אפו לא ת] : סימו	11tgJ 4.3
]˙ת : תטחן]	11tgJ 18.2
]ת : אשה ישנקנה	11tgJ 23.1
]ת מא : תתן לה	11tgJ 26.1
] :]ת ועשית]]	11QT 5.13
]ת :]	11QT 10.3
]ת ואת ה˙] :]	11QT 24.2
רוחותיו]]ת אשר מסביב	11QT 30.10
]ת :]	11QT 31.1
]˙ת] :]	11QT 49.1
כולה]]ת : קודש הוא	CD 11.23
]ת : ל]א]לוה]י	MasSS 1.20

]תא] : ו]לכול	1Q24 3 1.1
א]שר ˙] :]תא ˙] :]˙]	4Q502 37 1.3
]˙תא]]˙˙] :]ע	4Q502 124 1.1
]˙˙] :]תא ל]	4Q518 38 1.2
]˙˙תא באיש פלופחא	4QMes 2.2
ל]יהוה : לוא תא]: ובימי	11QT 13.16

תבל

11QT 50.11	כול בית אשר תבוא אליו יטמא
11QT 56.12	בישראל : כי תבוא אל הארץ
11QT 60.16	על האבות : כי תבוא אל הארץ
11QT 63.14	ימים אחר תבוא אליה
4Q381 1 1.6	פר]י כר]ם וכל תבואות שדה
4QPsf 2 9.11	ולוא : תכחש [תבו]אותיה עצי
4Q381 31 1.3	[: כ]ל דרכו תבואינא אל עו
4Q508 22+ 1.3	ו]ב רחמיכה]ה : ת]בואת ארצנו
4pIsc 22 1.4	ראש] אמר לחם תב]ואת : [אם
4Q504 6 1.4	חוק]י :]שר תבואתה
1Q26 1 1.3	]לם הטוו]ו[:]תבואתכה הג[י[:]
1Q26 1 1.6	ו]נארותה בכול תבואתכה
1Q26 2 1.2	]ם[:]י תבואתכה [:]
11QT 62.10	בעיר כול שללה תבוז : לכה
4Q487 17 1.2	[פ ש] : ת]בונן ב] : [
4Q176 8+ 1.5	[לוא ( ) תבושי]
1apGn 10.12	תבותא נחת חר
1QH 2 1.8	ו<ל>על הבנים תבחנני
11tgJ 25.9	ארו מ[:]תב]חר ולא אנה
1QH 7.30	בני : אמתכה <תביא> בסליחות
11QT 2.9	נקה ממנו ולוא תב]יא : [
11QT 47.17	בעורות המקדש תביאו ולוא
11QPs 24.10	תשכחני ואל תביאני בקשות
1pHab 1.5	ום]מל תבים : [
1pHab 5.8	הרשעה למה תביטו בוגדים
4pIsb 3.9	[: תבי]נו
1QM 5 1.4	ורוחות רשעה תבית מא]
4apLm 2 1.9	ליחידיהן בכו תבכה ירו]שלים
1Q34b 3 2.3	וממשלתם בכל תבל ולא הבין
1Myst 1 1.7	כשמש תכון : תבל וכול תומכי
1Myst 1 1.7	וד ודעה תמלא תבל ואין שם
1QH 6.17	על תבל לאין אפס
1QH 18 1.6	]ם תבל ולנחולו[:]
1QM 1.8	לכול קצוות תבל הלוך ואור
1QS 3.18	אנוש לממשלת תבל וישם לו
1QS 4.6	רוח לבני אמת תבל ופקודת כול
1QS 4.19	תצא לנצח אמת תבל כי
1QS 10.15	בערני תנובת תבל ברשית פחד
1QSb 3.19	[כול הון תבל להכ]י]רכה
4Q181 1 1.3	הגיש מבני תבל
4Q499 48 1.2	לב[: בכול תבל א[:]
4Q502 16 1.4	לכת בקרמת[ ] : תב]ל[ ] ופקו]רת
4pN 1+ 2.9	וכו]ל יושבי תבל
4QCata 2+ 1.7	באש לכול תבל והמ]ה אשר
4QMb 76 1.2	]תבל[:] : [
4QPsf 2 8.9	ציון תפל כל : תבל פעמים רבות
11QPs 22.12	מעלה לכול תבל פעמים רבות
11QPs 26.14	בכוחו תבל בחוכמתו
11tgJ 24.8	עבד : וקשם תבל]ל
11tgJ 29.3	על אנפי תבל הן למכתש

תאברת

1Q23 18 1.2	]לודו ' : [ ]תאברת[:]'ל[
4Q184 1 1.7	אפלות : תאהל שבת
1QH 14 1.2	מרוח :]תאוה בלוא :
1QS 10.19	ולהון חמס לוא תאוה נפשי וריב
1QH 3.30	באושי חסר תאוכל : וברקוע
4Q510 7 1.2	תוש מ' :]תאומרו ל'[:
4QM1 11 1.14	קודש לוא כבשר תאו]תי [כול
11QT 53.11	תדור נדר לוא תאחר לשלמו כי
11QT 36.6	גג]ו ורוח]ב ת]איו[שש :
CD 6.13	דלתו ולא תאירו מזבחי :
1pZ 1 1.1	קנ]אתו תאכ]ל
4pN 3+ 1.9	וכפריכה תאכל חרב
11tgJ 18.5	עד : אבדון ת]אכל
11QT 20.12	הבוהנים לוא תאכל חטק ביום
11QT 20.12	חטק ביום ההוא תא]כל]
1apGn 11.17	כול דם לא תאכלון '''
5Q16 4 1.5	]'ר נש'[:]'תאל לל[
1QH 7.11	]ב]ני אשמה כי תאלמנה שפתי :
1apGn 2.13	עמי תמלל ולי תאמר יא מרי
4Q374 2 1.5	]כל הרצות[:]תאמר[:]וירש:
11tgJ 26.9	יצתנה הן תאמר]
11tgJ 21.4	למלוהי די למה תאמרו[:]להן
4pN 3+ 4.9	[:]תאנים ס]ם
1QDM 3.11	ת]אסר וביום
1QM 5.3	על אלף איש תאסר המערכה
4Q505 128 1.1	תאפק]:
4Q184 1 1.11	במסתרים תארוב '[ ]:
1QH 8.5	ברוש ותדהר עם תאשור יחד
1Q23 5 1.2	[:]ב[:]תב[
1Q23 19 1.2	]בארא[:]תב פ[
2Q18 2 1.18	נתעב תב'[: על[
1QH 11 1.10	[:]לשמר תב[ ] בעדת[
4Q497 11 1.5	[:]עם[:]תב[
4Q509 183 1.9	זואת ב] : [אב<ב>א מא[:]
4Q511 142 1.1	]'''[תב[
4pIse 10 1.3	]'נוי']''[: תב]י[
4Q381 22 1.1	]תבאר]י[:]'ר יר[
11QT 48.13	אם מקומות : תבדילו בתוך
4QM3 1 1.14	ולעולות כתוב תבו[
1QH 10.33	עד תהום תבוא ובחדרי
1QM 10.6	לאמר כיא תבוא מלחמה :
4Q184 6 1.2	א]ל תבוא ב]'[:]'[
4Q381 24 1.9	לפ]ניו באזניו תבוא : וקו]לי
4pN 3+ 4.6	[:]אשר תבוא בוסם אחר
4pPsa 1+ 2.17	בכותו]שרי דרך חרבם תבוא בלבם
11tgJ 32.3	)ן[נשקו ולא תבוא עליה :
11QT 39.7	]לוא תבוא בה אשה

514

1pHab 11.1] : הכזב ואחר תגלה להם הדעת
4Q485 3 1.2] לאחיה[:]תגלה [
CD 5.10 הנשים ואם תגלה בת האח את

11tgJ 36.6 נפשה גמרין תגסא וזיקין :

11QT 63.14 <ל>אשה ולוא תגע לכה בטהרה

1QH 4 1.6 משמרתם[:]תג<ע>ר בכול

4Q381 43 1.1] תגפש[:]מני

4Amrm 1 1.11] : ואחדין עלי תגר רב ושאלת

11QT 54.7 עליהמה ולוא : תגרע מהמה : אם

1QH 6.14 כי ˙[ ]ל[ ]תד˙ בה והם
4Q502 82 1.2]˙תה[:]תד[

1QH 5.31 ולשוני להך תדבק ˙˙נב˙˙[

11QT 54.15 תשמעון : ובו תדבקון והנביא

2Q29 1 1.1]˙ תדבר ˙[:]ם
4pPs[a] 1+ 4.3 ח]וכמה ולשונו תדבר : [

2apPr 1 1.6 ב]חרב וחנית :]תדוחו[ן] מאבן

11QT 53.11 וכי אם תדור נדר לוא
11QT 53.12 ואם תחדל ולוא תדור לוא יהיה
11QT 53.16 ואשה כי תדור נדר לי או

4Q485 1 1.1]ו תדורש[:]איכה

1apGn 22.30 חרן וכען אל תדחל אנה עמך

11tgJ 36.3 עטישתה תדלק : נורא

4QM1 11 1.16 והוריה לוא תדמה : [

4Q378 6 1.5]לים אל תדמו לאחי

4Q381 13 1.2 תביר הלוא תדע כ[י :]˙˙˙

1apGn 21.23 מלך כפתוך תדעל מלך גוים

1Q70 15 1.1]˙˙תה˙[
1apGn 19.26 די א[ ]תה ולא [ ]
1QH 1.10 [ ]תה לרצונכה
1QH 1.15 אשר בם : תכ˙תה לרצונכ[ה
1QH 5.15 תערה בלי [ ]תה נפש עבדכה
1QH 8.3 לעד כי לא :]תה : או[דכה
1QH 15.14 רק אתה [ ]תה : צדיק
1QH 41 1.1]תה בל[
1QM33 1 1.4 [:]˙˙˙[ ]˙˙ל˙תה עמנו הפלא
3Q12 2 1.1]˙˙תה [:]˙רכוך
4Q497 20 1.1]תה [:]˙צוה[:
4Q502 82 1.1]˙תה[:]תד[
4Q502 256 1.2]˙ר ב˙[:]˙תה וא[
4Q503 40 1.3]ה :]תה :]˙ :]ה:
4Q504 5 1.8]˙דם א[ ]תה :]תועים
4Q504 7 1.1]תה מישר את : [
4Q504 11 1.3]ת רצון :]תה לכפר : [
4Q504 20 1.2]כמצ[:]תה [
4Q504 39 1.2]א[:]תה ל[
4Q508 27 1.1]˙תה [:]ל[
4Q508 33 1.2 דקנו ˙[:]˙תה ˙˙ל˙[
4Q509 3 1.2]ואונה ˙˙[:]תה]מועד
4Q509 58 1.5 ואת ˙˙˙[:]˙ת<ה> בבנ˙˙[ ]˙
4Q509 197 1.1]˙תה ˙[:]ה את[
4Q511 62 1.1]תה [

CD 2.12 ולמלא : פני תבל מזרעם
CD 20.34 על כל בני תבל וכפר אל

4pIs[a] 2+ 2.13] : [תבלית]ם ויע[יר

4Q381 17 1.3 א]להי באפך תבלעם ותא[כלם

1pHab 11.15 חמת : [א]ל תבלענו לוסיף[

1QH 7.5 ורוח עועיים תבלעני מהוות

11QT 30.4]בבית אשר תבנה [ ]י
11QT 55.10 לתל עולם לוא תבנה עוד ולוא
11QT 65.5 ימים כי תבנה בית חדש :
TS 2 1.1 את הבית אשר תבנה[

TS 1 1.6 [הב]ית אשר תבנו לי בארצ ˙

1QM 10.14 חיה ובני כנף תבנית אדם
4Q403 1 2.3 ג[ ] : מראי תבנית כבוד
4Q403 1 2.16] : ראשי תבנית אלוהים
4Q404 5 1.8]ור :] תבני[ת
4Q404 6 1.5 פלא [:] תבני[ת :]˙[
4Q405 20+ 2.8 דמם]ת אלוהים תבנית כסא
11QSS 5+ 1.2]כול תבנית רוחי

4Q403 1 1.44 [מבנ]יתו מעשי תבנ[יתו רו]חי

3Q15 8.3 דמע וספרין אל תבם : בגי

1QM 11.10 ונכאי רוח תבעיר כלפיד אש

11QT 63.7 להמה הדם ואתה תבער : את דם

4tgJ 1 2.7 ב[חב]מ[ה : תבקה הלא

1apGn 22.29 וחדא : מן די תבת מן מצרין

11QT 49.12 הבית מכול : תגאולת שמן

4Q176 8+ 1.4] בכסף תגאלו :]אל

4VSam 3+ 2.4 שונאי עמכה תגביר תפארת :

1QH 9.16 ורוח מרוח תגבר וכגב˙˙˙כה
1QH 9.21]תגבר צרי עלי
4Q401 3 1.3 ברוש ה˙[: תג]בר[ ]שבע
4Q401 3 1.4 מ]שניהו תגבר[:
4Q403 1 2.28 השל[ישי ת]גבר שבע[ה
4Q405 11 1.3 משניו תגבר משלישי לו
4Q405 11 1.3 [ו]לשון שלישי תגבר]
4Q405 11 1.3 ה]רב[י]עי תגבר : שבעה
4Q405 11 1.4 ולשון החמישי תגבר ש[בעה
4Q405 11 1.5 ולשון הששי : תגב[ר] שבעה
4Q405 11 1.5 ובלשון השביעי ת[גבר
4QPs[f] 2 10.11 תרם ידך : תגבר ימינך הנא

1Q26 1 1.8]˙˙[ ]ל[א ת]גדלכה נגד

1QM 14.11 ורמי קומה תגד[ע
4QM1 8+ 1.9 ורמי קומה תגד]ע

11QT 52.8 שורכה ולוא תגוז בכור :

4QM1 1+ 1.4] : ויד אל תגוף [ ]˙[

11QT 51.17 צדק יומת ולוא תגורו ממנו :
11QT 61.4 הנביא לוא תגורו : ממנו :

1QH 14.13]˙ח קודשך וכן תגישני לבינתך

4Q511 63 3.2 שמחה מקור : תהלה ובלבי סוד

4Q400 2 1.4 מרומי רום תהלי פלא לפי
4Q403 1 1.7 שב]ע תה[לי
4Q403 1 1.8 שב]ע : [תהל]י גדל[
4Q403 1 1.8 מלכו[תו]תהלי[
4Q403 1 1.8 שב]ע ת[הלי
4Q404 1 1.3 וזמר[: ת]הלי ג[דל
4Q405 18 1.5 מקול הכבו[ד : ת]הלי פלא
4Q405 64 1.2]ש˙˙] : [˙ תהלי גד[ל:
4Q510 1 1.9 פלא : ולישרים תהלי [ול]
4Q511 10 1.7 פלא ולישרים תהלי [כבודו :
11QSS h+ 1.2] : [˙ שבע ת[הלי :]תהלי
11QSS h+ 1.3 שבע ת[הלי :]תהלי רנ[ות :
11QSS o 1.3 ישמי]עו תהלי לש[:
11QSS q 1.4 קדושי עד : ת]הלי ברכות
11QSS r 1.4 פל[א: שב]ע תה[לי
MasSS 2.19] : פלא שבע תהלי ברכותיו
MasSS 2.19 ברכותיו שבע ת[הלי
MasSS 2.20] : שבע תהלי רום
MasSS 2.20 מלכותו שבע תהלי ת[שבחות
MasSS 2.21] : שבע תהלי הודות
MasSS 2.21 נפלאותיו שבע תה[לי
MasSS 2.22] : [שב]ע תהלי זמיר[ו]ת

4Q504 2V 1.10 וישב:]ל תהליהמה

11QPs 27.4 ואורה ויכתוב תהלים : שלושת

1QH 17.24 על רוחות :]תהלך בכול אשר

1QM 4.14 אל הודות אל תהלת אל שלום
1QM 14.2 ירננו כולם את תהלת המשוב
4Q403 1 1.2 רומי פלא: תהלת שבח בלשון
4Q403 1 1.3 תה]לת [ה]ודות
4Q403 1 1.6 רנות : פלא תהלת[
4Q403 1 2.37] : פלא ת[הלת
4Q403 1 2.39 הוד[ות] : תה[לת [
4Q404 1 1.1 תהל]ת זמר
4Q405 12 1.4] : וגדל[: תהלת ˙[: ˙˙]
MasSS 2.14] : [תה]לת רנן
MasSS 2.16] : פ[לא תה]לת זמר

4Q380 1 1.8 וישמעו כל תהלת[ו :

4VSam 3+ 2.3 למרואש כיא תהלתכה :

1QH 61 1.2]˙˙[:] תהמ[:]ות˙[

4Q370 1.4 נפתחו ופצו כל תהמו[ת מ]מים

1QH 51 1.4]ים ת[:] תהתיה[[

1Q23 20 1.5]כל בני [:]תו ˙[
1QH 13 1.3 הביא במספר :]תו בשמים ובארץ
4Q381 7 1.2 ˙ם [:]י ˙[ ]תו בכל[:]ל˙˙
4Q381 46 1.3 לי קרן[:]˙תו בך ואש˙[
4Q402 10 1.3] : [ועם[:]תו ים[:]עד
4Q487 25 1.1]תו ˙[:]ו צ˙ד[
4Q490 11 1.1]תו[
4Q497 18 1.2]ת יכ[:]˙תו ב[:]˙בו [
4Q502 112 1.1]תו [:]˙ח˙[:
4Q502 252 1.1]תו ב[:]ינ˙י˙[
4Q504 8R 1.10 ולעפר ה[:]תו ואתה
4Q508 16 1.1]תו [:]ל[
4Q509 10 3.5 אשר :]תכה :]תו א[:]כ˙[:
4Q509 141 1.2]חשב [:]˙תו [
4Q511 38 1.1]תו ונחלתו[: [
4Q511 94 1.1]˙תו [:]˙ם ˙[:
4Q512 200 1.2 [ב[:]תו [
4pHs[b] 10a+ 1.5]תו ואשר : [

5Q13 2 1.7]ואת לוי ה[ ]˙תה ותתן לו
6apGn 3 1.2 <[˙ע>]ע˙˙תה
6apSK 43 1.1]תה [
11Ap[a] 2.1]˙ עד[:]תה[
11tgJ 28.7] [˙תה מן מלל ופרס

1QH 7.32 ומה הוא איש תהו ובעל הבל
1QH 11 1.7 לפניך [ ]תהו ויצר ח[:
4Q509 184 1.10 ו :]ש<י>ו :]˙תהו ובכה :

4QMes 1.9 כול חייא שגיא תהוא : [

1apGn 22.22 לך דל<מ>א תהוה אמר

1Myst 13 1.3 ות˙[:]ם רזי תהום וחקר[י : [
1QH 3.31 זפת ותאוכל עד תהום : רבה
1QH 3.32 ויהמו מחשבי תהום בהמון
1QH 5.38]לאי עם תהום נחשב( )
1QH 6.16 [ ]שרשיו עד תהום וכול
1QH 6.24 פני מים ויהם תהום לאנחתי ו
1QH 10.33 ונהמתי עד תהום תבוא :
4Q511 37 1.6 ויחפ[זו :]ה תהום [

11tgJ 30.6 מן רחם תהומא : למפק
11tgJ 31.7 מנה ואנפי תה<ו>[מא : [

1QH 3.15 ימים ברתוח תהומות על
1QM 10.13 נהרות ומבקע תה<ו>מות :
11Ap[a] 2.1]תהומ[ות :

4Q502 9 1.7]עם ומי תהומיה כולנו :

1Q70 19 1.2]ן[:]תהיב[

1QH 12.9 הווה והיאה תהיה : ואין
1QH 13.12]ואתה תהיה : לעולמי
1QH 15.25]˙˙ לא תהיה לפניך אני
1QM 1.6 ופלטה לוא תהיה : ל[כול
1QS[a] 1.25 ואם תעודה תהיה לכול הקהל
1QS[b] 1.6 ל]צמאים ואתה ת[היה] : [
4Q381 1 1.1 אשיחה והיא תהיה לי למורה
4pIs[c] 23 2.4 [בה]שקט ובטח תהיה גבורתכמה
4QPs[f] 2 10.14 לעול[ם] : תהיה כבודכה
4VSam 6 1.1]לכה ואתה תהיה להמה ות˙[
11QT 18.15]עשרונים סולת תה[יה] החלה
11QT 36.13 באמה וככה תהיה מ<ד>ת כול
11QT 45.6 הראישונה ולוא תהיה שמה :
11QT 46.15 בתוכמה : אשר תהיה הצואה
11QT 46.15 <ולוא> תהיה נראה לכול
11QT 47.4 [תהיה קודש
11QT 47.10 כי כבשרמה תהיה טהרתמה
11QT 50.10 ואשה כי תהיה מלאה
11QT 57.18 היאה לבדה תהיה עמו כול
11QT 60.21 תמים תהיה עם יהוה
11QT 66.11 כסף ולוא : תהיה לאשה תחת

4Q381 69 1.7 להשכיל בכם אם תהיו לוא ואם [
11QT 48.13 ארצכמה אשר תהיו קוברים את

1QM 8.1 [: החצוצרות תהיינה מריעות
11QT 21.13 שבתות תמימות תהיינה עד

4QMes 1.8 לכול עממיא תהך וידע רזי

4Q511 23 1.5 כו]ל מחשב[:]תהל[

1QH 11.23]לה וחליל תהלה לאין :
1QS 10.8 בלשוני לפרי תהלה ומנת שפתי
4Q380 1 2.8 VACAT : תהלה לעבדיה
4Q380 4 1.1 תהלה ל[:
4Q381 24 1.4 עד לכלה סלה: תהלה לאיש

11QT 64.15 ואספתו אל תוך ביתכה והיה

4Q176 27 1.3]˙ורם[:]תוכה[:]ל˙ו[

1QH 9.9 ולמשתוחיחי כי תוכחת וארשיעה

4Q511 10 1.12 ברום שמים תוכחתו ובכול

1pHab 6.14 ומה[ע]ל תוכחתי ויענני

1QH 7.29 להשיב על תוכחתכה כול
1QH 9.24]מועדו ותהי תוכחתכה לי
1QH 12.21 ולשיב דבר [:˙תוכחתכה
1QH 12.31 להשיב : על תוכחתכה כיא

CD 9.8 אמר לו הוכח : תוכיח את רעיך

4QCat[a] 12+ 1.2 אל באפכה תו[כיחני

1pHab 5.2 אל עמל לוא תוכל : פשר
4QMI 10 2.17 ועד שאו<ל> תוקד<כל> וסוד

11QT 48.3]העוף תוכלו הארבה

11QT 46.15 יורדת אל תוכמה <ולוא>

4pUn 2 1.2 ˙אשר האו˙[:]תוכן כבגד על

1QS 3.19 במעון אור תולדות האמת
1QS 3.19 וממקור חושך תולדות העול :
1QS 4.15 למו : באלה תולדות כול בני
4Q401 20 1.1]תולדות א˙[:
4Q403 1 1.9 זמירו]ת קודשו ת[ולדות
4Q503 17 1.2 וענו [:]תולדות ה[:
MasSS 2.22 קודשו תולדות ˙˙[

4apLm 1 2.10 <ה>אמונים עלי תול[ע : וכתם
11QT 10.10]˙ת הולך תולע : [

11QPs 19.1 תספר חסדכה תולעה : חי חי
11tgJ 9.9 וב]ר אנש תולע[ה :]

2Q28 2 1.3 לרחוק ב[:]ש˙ תולע[י]ם ת˙[:

1QH 11.12 להרים מעפר תולעת מתים

1QH 4.30 לבן אדם תום : דרך לאל
1QH 6.28 מלחמתו עם תום כול ח[:
1QM 1.8 הלוך ואור עד תום כול מועדי
1QM 16.1 ל[חזו]ק : עד תום כול
1QS 10.21 בנכאים עד תום דרכם
1QS 10.23 ומעל אנשים עד תום : פשעם
1QS 11.2 משפטי ובידו תום דרכי עם
1QS 11.11 המשפט ומידו : תום הדרכ
1QS[a] 1.17 ולפי שכלו עם תום דרכו יחזק
4Q502 286 1.1]תומ[:]˙ה[
4Q511 121 1.2 תעני<י>ות ועד תום[:]מיראיו

1QM 1.12 כמוה מחושה עד תומה לפדות

4pIs[c] 14 1.1]תומים[:]˙ית

1Myst 1 1.7 תבל וכול תומכי רזי פלא
4Q184 1 1.9 לכ[ול] : תומכי בה כיא

CD 2.9 הארץ : מי עד תומם וידע את

4QBer 10 2.6 מעמדמה עד תוממה]

11QT 5.11 הכיו[ר :]תון והכול

4pHs[b] 18 1.1]תו ואמ[:]אשר
4pIs[c] 14 1.10 [ ] :]תו˙ [:]˙[ל[
4QMI 11 1.16 <ספ>ר :]תו מיא יש[
4QMI 11 2.18 הישוע[ה :]תו[כ]מעט
5Q16 5 1.4 ה :]˙חיים:]תו
6apSK 60 1.2]˙ש פ[:]תו נער [:]˙[
11Ap[a] 2.4 את ˙[ ]תו משביע לכול
11Ber 2 1.4 שם קודש[ו :]תו וברוכים כול
TS 3 1.11 [בין תו לתו שלוש

1QH 8.30]עד ימימה תואכל שלבתה :
1QM 12.12 וחרבכה : תואכל בשר אשמה
1QM 19.4 צריכ]ה וחרבך תואכל בשר מלא
4pIs[c] 4,6+ 1.16 תו]אכל ותצית :
11QT 52.11 רק הדם לוא תואכל : על
11QT 52.19 הוא לוא תואכל בשר שור
11QT 53.3 לאכול ב[שר : תואכל בש]ר
11QT 53.6 הוא הנפש ולוא תואכל את הנפש
11QT 63.15 שלמים לוא תואכל עד
11QT 63.15 שבע שנים אחר תואכל

11QT 48.4 אלה משרץ העוף תואכלו
11QT 48.6 ובבהמה לוא תואכלו כי מכור
11QT 48.7 תועבה לוא : תואכלו כי עם

11QT 52.17 מום בשעריכה תואכלנה רחוק

1QM 11.12 לוא אדם תואכלנו : כיא
11QT 52.9 צואנכה לפני תואכלנו שנה
11QT 52.11 לי בשעריכה : תואכלנו הטמא

11QT 61.2 וכי תואמר (אל)

11QT 63.11 בשביה אשה יפת תואר וחשקתה בה

1Q23 24 1.2 לא[: תוב[: מין[

11QPs 22.8 עליך תמיך לוא תובד תקותך :

1QM 2.11 ארם בעוץ וחול תוגר ומשא אשר

11QPs 19.1 כי לוא רמה תודה לכה ולוא
11QPs[b] a 1.2] לוא רמה תודה ל[כה:]

1QH 10.5 ובסוד א˙[: תודיענו ואני

4pIs[e] 11 1.2]תודע[

11Ap[a] 4.7 פניך פני : תוה]ו וקרניך

1Q20 1 1.9 כול :]˙˙˙˙ ˙תוהי :]˙˙˙˙˙˙

1pHab 1.2 תו]חלת דור: [

4Q509 87 1.2]˙[:]תוחלתו[

11QPs 22.9 ולוא תשכח תוחלתך מי זה

1QM 9.8 יבואו : אל תוך החללים
1QS 7.13 אשר ירוק אל תוכ מושב הרבים
1QS[a] 2.10]מפיהו ואל תוך[ל]א
4Q186 1 4.2 אלה :]יהיה תוך:]ל
4Q487 11 1.2]˙ ופה[:]ו תוך ˙˙[:]ע
4Q512 34 1.14]˙˙[ ]˙[:]תוך עמו [:
11QT 32.13 [ופוש]מת אל תוך הארץ אשר :
11QT 36.14 באים פנימה אל תוך החצר : [
11QT 46.10 באים בלע אל תוך : מקדשי
11QT 55.8 שללה תקבוץ אל תוך : רחובה
11QT 58.9 יבוא גדוד אל תוך ארצמה :
11QT 63.12 והביאותה אל תוך ביתכה
11QT 64.10 ויברח אל : תוך הגואים

4Q381 69 1.5 ישבי> ח]קים תורות ומצות

1Q29 16 1.1]תורת ׳[
1QS 5.8 אסר לשוב אל תורת מושה ככול
4pIs[b] 2.7 אשר מאסו את תורת יהוה ואת
4pIs[e] 1+ 1.3] גלה את תורת הצ[דק
4QCat[a] 5+ 1.5 י[הנב]יא תורת ההו[:
CD 15.2 הברית ואת תורת משה אל
CD 15.9 ל[שוב א]ל תורת משה בכל
CD 15.12 עליו לשוב אל תורת משה בכל
CD 16.2 לשוב אל : תורת משה כי בה
CD 16.5 לשוב : אל תורת משה יסור

11QT 59.9 בריתי : ואת תורתי געלה

1QH 4.10 בליעל להמיר תורתכה אשר
4Q504 1+R 2.13 נפש ולעפת תורתכה בלבנו :
4Tstm 1.18 ליעקוב : תורתכה לישראל

4Q510 7 1.1]תוש מ׳[:

4Q403 1 1.31 קדושו ראשי תושבחות : כול

4Q517 61 1.1]תושג[

1QS 10.24 מדעת לבי בעצת תושיה אסת<פ>ר
1QS 11.6 הביטה עיני תושיה אשר

1QH 2.23 ובחסדיכה תושיע נפשי כיא

CD 9.9 אשר : אמר לא תושיעך ידך לך

4Q381 31 1.2 תש[ ] תושיעני ותעלני

4Q380 1 2.4 ישראל [: תושעך ידך כי

11tgJ 32.3 וחבליהן תושר יקשן

11QT 52.4 עליה ולוא : תזבח לי שור
11QT 52.5 המה : לי ולוא תזבח לי שור
11QT 52.6 ואת בנו לוא תזבח ביום אחד
11QT 52.13 יחדיו לוא תזבח שור ושה
11QT 52.18 שלושים רס לוא תזבח קרוב

11QT 47.16 אם : במקדשי תזבחוהו יטהר
11QT 47.16 ואם בעריכמה תזבחוהו וטהר :

11QT 52.10 מום רע לוא תזבחנו לי
11QT 52.15 בתוך : מקדשי תזבחנו לעשות

1QH 7.9 בחן ללוא ת<ז>ד( )עוע :

1QS 7.18 והאיש אשר תזוע רוחו

11tgJ 34.4 על דברת די תזכא או : הא

4Q504 4 1.6 [:] תז]כו[ר לנו
4Q506 132 1.6 רחמנו : [ ]תז]כו[ר
4Q509 12i+ 1.5 תז]כור : יגון

11QPs 22.6 חסדי נביאיך : תזכורי ובמעשי

5Q19 2 1.1]׳׳א כי תזכ[ר:] כי

4Q381 46 1.6 כנדה תזנזח ורוח

1pHab 9.15 אב[ן]מקיר תזעק [ו]כפיס

1QH 5.34 במרורי יום תח׳[ ] ויגון
4Q506 134 1.2 [׳ה [:]ל[ ]׳תח[

5QJN 1 2.8 עשרה וכדן כל תוניא [
5QJN 1 2.9 וגוהון די ת[וניא [:

11QT 54.6 לעשות לוא תוסיף עליהמה
11QT 56.18 לכה לוא : תוסיף לשוב

11tgJ 30.9 עד תנא : ולא תוסף[

4Q499 7 1.1 [׳תוע ע׳׳[
4Q511 139 1.2]ל אל׳[:]׳ תוע׳׳[

1QS 4.10 זדון מעשי תועבה ברוח
4QBer 10 2.8 תוע]בה ועצת
4QOrd 2+ 1.7 אשה כיא [ת]ועבה הוא :
11QT 48.6 לנוכרי וכול תועבה לוא :
11QT 52.4 כול מום רע כי תועבה המה : לי
11QT 52.5 והמה טלאות כי תועבה המה לי :
11QT 60.19 אל המתים כי תועבה המה לפני
11QT 66.14 או בת אמו תועבה היא לוא
11QT 66.17 בת אחותו כי תועבה היא
CD 11.21 זבח : רשעים תועבה ותפלת

1pHab 8.13 אשמה ודרכי : ת[ו]עבות פעל
1pHab 12.8 הרשע מעשי תועבות ויטמא
1QH 11.11 לכה מכול תועבות נדה
1QS 4.21 כמי נדה מכול תועבות שקר

4Q511 43 1.7 לבבם כנדת תוע[בותיהם :
4pN 3+ 3.1 [ובש]קוצי תועבותיהם

4Q511 3 1.2 כיא[: תוע]בותיכם

1QS 4.17 בין מפלגות<ם> תועבת אמת

4pIs[e] 6 1.4] א]ל תועה ולהכ[ות
CD 20.11 ישפטו כי דברו תועה על חקי

4Q184 1 1.1 הבל וב[ ]א תועות תשחר

4Q183 1 2.6 ויינזרו מדר[ך: תועי רוח

4Q501 1 1.3]ה המנודבים תועים ואין
4Q504 5 1.9]תה :]תועים

4Q184 1 1.4 בכנפיה [ ]ה תועפות לילה

1QH 11.26] ואטתכה תופיע : לכבוד

1pPs 8 1.2 [׳ ׳[: תופפו]ת

11QT 58.14 השאר בין תופשי המלחמה

4Q487 5 1.2 [׳רי[:]תוצ׳[:]ה ש׳[

4Q184 1 1.1 הזונ]ה תוציא הבל וב[

1QM 14.18 [ ] ׳׳ל תוקד לשרו[ף :
4QM1 8+ 1.15 ש]אול תוק[ד]

1apGn 17.10 ׳׳ : טור תורא דן ועבר
1apGn 21.16 דבקת לטור תורא וסחרת מן
1apGn 21.16 ואזלת ליד טור תורא למדנחא

1pHab 1.10]על כן תפוג תורה : [
1QH 6.10 עשי [תה]ל׳׳ל תורה ו[ ]ל׳׳
1QS 5.16 על פיהם לכול תורה ומשפט
4Q178 2 1.4]ת הימים[:]תורה ינדפ[:
4Q504 4 1.8 [ ]קיכה תורה אשר
4QCat[a] 12+ 1.1 [׳[ ]תורה טכ[והן
4QFl 1+ 1.7 לפניו מעשי תורה ואשר אמר

11QT 53.12 בכה לחטאה ואם תחדל ולוא תדור

1apGn 2.5 כולא בקושטא תחוינני הן[:
1apGn 2.6] [תחוינני ולא

1apGn 16.12 דבק ל˙˙ :˙˙˙ תחומא דן מי

5QJN 1 2.13 ת]ח[ו]מי

11tgJ 30.8 ותשוה : לה תחומין ודת[

11QT 61.12 בקרבכה לוא : תחוס עינכה

11tgJ 20.1 [: תחות חטא] :

11tgJ 34.8 והטפי רשיע[ין תחו]תיהון וטמר

11tgJ 23.7]ה : בנהור תחזא הא [

11QT 58.10 וכי אם תחזק המלחמה

4Q378 3 2.11 יעזב [ת]חזקנה ידיו[

6apSK 27 1.1] למען ת[חיה
11QT 51.15 תרדוף למען תחיה ובאתה
11QT 62.13 לכה נחלה לוא תחיה : כול

1QH 6.29 רשעה ואז תחיש חרב אל

4Q184 1 1.2 דברי[ה: וקלס תחל[י]ק ולהליץ

4Q184 3 1.1]תחליץ ˙[:

1QM 2.13 אשר אחריהם תחלק המלחמה על
1QM 2.14 השנים הנותרות תחלק המלחמה על
4QM6 13 3.2 א]חריהם תחלק המלחמ[ה :
11QT 44.5 אהרון אחיכה תח[לק] : שמונה

4pIs[e] 9 1.1]מותי תחלת[:]אשר
11QPs 28.13 בריתו : תחלת גב[ ]רה

11QT 2.8 [ל]וא תחמודו כסף

11QPs 18.14 𐤉𐤄𐤅𐤄 על טובים תחמל ועל
11QT[b] 54.5 עליו ולוא תחמל ע[ליו:

1QH 9.11 ותתן : תחנה בפי עבדכה

4Q512 34 1.15]תוך עמו [:]תחנן על כול

4pMic 1+ 1.5 [: [האו]מרים ת[חנף

11QT 52.12 בעפר ולוא תחסום שור על

1QM 10.4 לבבכמה : ואל תח[פזו וא]ל
1QM 15.8 לבבכ]מה ואל תחפזו ואל

4Q176 8+ 1.5 כי]א לא תחפירי כיא בשת

1Q34[b] 3 2.4 בם כי לא תחפץ : בע[ול]ה
4Q509 97+ 1.5 תחפ]ץ בע[ול]ה[

4Q380 1 2.6 רעים עד[: תחפצו לעש[ו]ת

1QH 10.34 ובחדרי שאול תחפש יחד

11tgJ 21.2 תסיפון עד תחקרון סוף[:

4pPs[a] 1+ 1.25 לו ואל תחר במצליח
4pPs[a] 1+ 2.2 חמה ואל : תחר אך להרע

11QT 52.13 דישו : ולוא תחרוש בשור

11tgJ 35.4 בחכא או בחבל תחרז לשנה

1QS[b] 5.24 [פי]כה בשבטכה תחריב

11QT 62.14 נשמה כי החרם תחרים את החתי

4Q509 187 1.3 ב[:]˙אש[:] תחרק[:]תם[

1QH 15.3 ת[: ו[: תחת[: ק[:
3Q15 1.1 שבעמק עכור תחת: המעלות
3Q15 2.12 שש : ביאתו תחת הסף הגדול
3Q15 3.1 בחצ[ר]˙יאט תחת הפנא הדרו
3Q15 3.5 מאות ותשעה : תחת הפנא האחרת
3Q15 3.10 לכושי ביאתא : תחת הפנא
3Q15 3.12 בצפון אמות תחת הט : דף
3Q15 5.2 סככא מן הצפון תח[ת] :
3Q15 7.11 כסף שש : בדוק תחת פנת המשמרה
3Q15 10.12 עסרין : תחת יד אבשלום
3Q15 11.3 בקבר צדוק תחת עמוד
3Q15 11.6 נגד גנת צדוק תחת המסטא ה :
3Q15 12.2 מן המרב : תחת האבן
3Q15 12.2 השחורא בידן תחת סף : הבור
3Q15 12.4 בהר גריזין תחת המעלהא של
4Q378 3 2.10] : ואל תחת חזק וא[מץ
4Q385 3 1.1]תחת דוני [
11QT 15.16 את הבגדים תחת אבי[הו :]
11QT 66.11 תהיה לאשה תחת אשר ענה

1QM 15.8 אל תיראו ואל תח[תו
3Q15 6.5 בו ספר אחד תחתו : ככ :

1QH 17.13 [ ]ה בשאול תחתיה ואת הנו[
3Q15 8.6 שבע : עסרא תחתיה כסף :
4Q381 10+ 1.5]˙בשאול תחתיה וא[:

1pMic 1+ 1.3 ההרי]ם תח[תיו

2apPr 1 1.7 מאבן פנת: תחת]יות המלאה

4Q176 4+ 1.1 וא]תן אדם תח[תיך: ת]ירא

11Ap[a] 4.9]ך : בשאו]ל תחתית [

1QNo 2 1.3 לפ[ני :]ולא תחתך [:

4Q381 46 1.5 ובחרים כמנחת תטהר לפניך
4Q381 69 1.6 על הארץ אז תטהר ויא˙˙[:

11QT 47.14 ארצמה ולוא תטהרו עיר :

CD 9.2 לא תקום ולא תטור את בני

4Q504 7 1.10]ש ואל תטושנ<ו> : [

11tgJ 18.3 [˙ת : תטחן [

11QT 50.11 הוא בתוכה מת תטמא כקבר כול
11QT 64.12 על העץ ולוא תטמא את האדמה

11QT 47.10 טהרתמה ולוא תטמאו את העיר
11QT 47.17 תביאו ולוא תטמאו : את
11QT 48.10 מה ולוא תטמאו את :
11QT 50.20 כול שרץ הארץ תטמאו החולד
11QT 51.2]]תטמאו בהמ[ה

11QT 3.6 א[:] ולוא תטמאנו כי אם

11QT 52.1 [˙˙˙ לוא תטע [:]

1Q23 1 1.2 ען מאתין תישין מאת[ין] :

1QDM 3.7]תך את הז[את] :
1QH 1.15 אשר בם : תכ˙תה לרצונכ[ה
4Q381 31 1.4 מ˙ת עזי[ ]˙תך אספרה נגד

1Q26 1 1.5 השמר לכה למה תכבדכה ממני ו[

4Q504 26 1.2]כו˙[:]תכה:
4Q509 10 3.4]˙מה אשר :]תכה :]תו א[:
4Q509 10 4.4 וב[: בע[ ]תכה [:
4Q509 37 1.3] ובכול [:]תכה [
4Q512 24+ 1.1]תכה[:]˙לתם
11QT 52.6 ביום אחד ולוא תכה אם : על
11QT 55.6 בישראל הכה תכה את כול
11QT 55.8 כול בהמתה תכה לפי חרב

11tgJ 37.4 ידעת די כלא : תכול למעבד ולא

1Myst 1 1.6 יגלה כשמש תכון : תבל
1QH 4.13 ומחשבת לבכה תכון לנצח והמה
1QH 4.31 אנוש ל<ו>א תכון כי אם
1QH 8.2 ˙˙[:]צדקתכה תכון לעד כי לא
1QS 5.3 על פיהן יצא תכון הגורל
1QS 5.7 חוק ואלה תכון דרכיהם על
1QS 9.7 והגורל לכול תכון אנשי היחד
4Q513 1+ 1.4] וה]בת תכון <ם]המה
4QOrd 1 2.13]הא<י>פה והבת תכון א[חד :

1QS 6.10 אל ידבר לפני תכונו הכתוב :
1QS 6.22 יכתובהו בסרך תכונו בתוב

1QS 9.21 עול ואלה תכוני הדרכ

1QS 10.7 בהשלם חוק : תכונם יום

1QS 3.8 יושר וענוה תכופר חטתו

4Q381 31 1.6 כי אחיה [:]תכחד עוני
4VSam 1 1.6 אל˙[:]אם תכחד ממני ד[בר

4QPs^f 2 9.11] בעתה ולוא : תכחש

4Q381 33 1.3 ותהי לי תכחתך ל[שמחה :

4Q502 3 1.3]לחסר[:]תכינוה[

4Q381 13 1.2]˙שנך הלוא תכיר הלוא תדע
4Q511 127 1.2 ל]וא תכיר ˙˙[:

4Q502 293 1.2]˙[:]תכל[

4Q176 4+ 1.3] אל תכלאי הב[יאי :

1QH 9.36 וכאומן בחיק תכלכל לכול

1QH 9.34 ועד שיבה אתה תכלכלני כיא :

1QM 7.10 בד שש משוזר תכלת : וארגמן
4apLm 1 2.12 ימשו תכלת ידי קמה
11QT 3.2]אשר ב[:]˙ תכלת וארגמן[:

4Q509 290 1.1]תכם

4Q511 2 1.9]]הם תכן למועדי שנה

4Q181 2 1.8 נפלאי מדע[: תכנם באמתו ו[

11tgJ 34.9 בק]שט תכסה : [

1QH 4.37 רחמיכה כי תכפר עוון ולט

1Q36 8 1.2]˙ פתי˙[:]תי מלחמותכה [
1QH 5.24 ואנשי [ ]תי סוררים :
1QH 6.22 באשמה[ ]תי כמלה באוניה
1QH 10.38 [:]תי :]עתי :
1QH 17.19 ומסוד [ ]תי ולא נל˙תי :
1QH 17.19]תי ולא נל˙תי :]לך אתה
1QH 23 1.1]˙תי˙[ ]˙ כי[
4Q502 91 1.2]˙[:]תי[:]לי[
4Q511 87 1.2]לי ל˙[:]˙תי[
4pIs^c 14 1.4 ˙˙[:]מה לוא תי[:]˙מה
4QMS 45 1.2]˙ד[:]תי[:]ב[
6QPro 2 1.1]˙תי
11QPs 28.13 אזי ראו[ ]תי פלשתי :

1Q20 1 1.3]ם חמת רגזך:]תיא וכביא וש˙
1Q24 1 1.4 ˙יא ולנהן [:]תיא ולחבריא

11tgJ 31.9]˙˙א על בניה תיאש[:]

4Q511 16 1.5 אל[ים :]תיהם ופוקח

4Q176 25 1.2]ה ˙˙[:]˙תיו[:]˙ות[:
4Q401 4 1.5]˙ו :]לו:]תיו
4Q499 34 1.2]˙˙˙[:]תיו [
4Q503 1+ 1.15 VACAT:]˙ו[:]תיו
11QSS o 1.2 מ˙˙˙ פל[א :]תיו מבני אל[ים

4Q509 158 1.3]˙[:]˙ה [:]תיח˙[:]ע [

4Q512 87 1.3]˙[:]רק[:]תיכ[:]˙צ˙[

1QH 1 1.3 לוא יוכלו :]תיכה ולוא
4Q504 1+R 2.6]˙˙[ ]˙[ ]תיכה[ ] : אנא
5Q13 6 1.3 לכלותמה [:]תיכה ואם לוא [

5QCur 1 1.3 יפלו [:]תיכם תפלו בכול

1QH 18.16 לשמחת עולם :]תים ל[ ]ל[
4Q504 25 1.1]תים [:]טמאת[
4apLm 1 1.8]˙כ˙[ ]˙˙תים ירושלים
11Mel 2 3.5 ורוב[:]ל˙[ ]תים וכול[

1QH 4 1.15 פשע וחטאה :]תימה ברוך אתה

4pIs^c 23 2.19] : כיא תים[ינו

1apGn 1.3 רז רשעא די:]˙תין ורזא די: [
11tgJ 35.9]]תין ויפלגון

4Q506 146 1.2]ה:]תינו:]אליכה
4Q509 194 1.2]˙[ ]ב˙˙˙[:]תינו תרצ[: [

4Q511 157 1.2]וצדק[:]תיר [:]˙[

4Q176 3 1.2 אמר יה[וה : תיר]א כיא
4Q176 4+ 1.2 אדם תח[תיך: ת]ירא [
11QT 61.13 רב ממכה לוא תירא : מהמה כי

1QM 10.3 אויביכמה אל תיראו ואל ירך
1QM 15.8 לבני חיל : אל תיראו ואל
4QM1 11 2.13 בפרץ ואל תי[רא]ו באמץ[
11QT 54.14 תעבודון ואותו תיראו ובקולו

1QM 17.4 התחזקו ואל תיראום [

4Q176 8+ 1.5 תגאלו :]אל תיר[אי] לוא

1QH 10.24]˙וב דגן תירוש ויצהר :
11Ber 1 1.9 [ת]נובות דגן תירוש ויצהר

4Q500 1 1.3]˙[ ]˙[:]יקב תירושכה [ב]נוי

4Q497 11 1.3 ו[:]ת[:]תם[:]˙עם[:
4Q499 19 1.2]˙˙[:]תם[
4Q499 47 1.3 ˙] : [שנתו תם[
4Q502 61 1.2 [עו˙] : [תם˙[
4Q502 155 1.2]˙˙[:]תם[:]אל ˙[:
4Q509 7 2.7 ם ו[:]תם להשמר ב[:
4Q509 187 1.4 [תחרק] : [תם[
4Q510 1 1.6 לבבם ונ˙˙תם ב]קץ
4Q511 106 1.1]תם[
4Q512 1+ 1.14]˙[ ]תם ותתעבם לכ[
4Q512 90 1.1]תם
11QT 1 28.3 [ ]תם ביום
CD 20.14 יורה היחיד עד תם כל אנשי

4Q176 8+ 1.8 נעורים כיא[ת]מאס אמר ••••

1QH 1.37 אפים ואל תמאסו בכ˙˙[
4Q380 4 1.2 תהלה ל[: תמאסו ב[:

11QPs 24.5 בנה נפשי ואל תמגרה ואל תפרע

4QCat[a] 12+ 1.9 ענות המ˙[:]תמר ידוד

4QCat[a] 2+ 1.4]˙˙ד[ ]˙[ ]ל˙תמה שמה[:]ו
5Q13 6 1.2 [ ]˙ ˙[:]תמה לכלותמה [
11tgJ 26.7 צפריא : חכמנה תמה יזעקון
11QT 49.2 [ ]תמה אותמה ש[:

6apGn 1 1.6 די[:]ה ע˙˙ תמהין שמעת הן

1Q29 1 1.3 האבן כאשר [:]תמו בלשונות אש
1Q41 1 1.1]˙˙ וימרו תמו ˙[:]˙ ות
1QH 17.21 ופדה :]תמו רשעים ואני
4Q185 1+ 1.14 לי פתאום ˙תמו מן [

CD 15.15 עד שנה תמומה על פי

4Q380 3 1.1]ת לויתן יד תמי˙[:]ק
4Q503 217 1.3 אשר[:]˙ תמי[:]ו

1pHab 6.8 כן יריק חרבו תמיד : להרוג
1QH 11.6 כול : היום תמיד אברכה
1QH 12.4 והתחנן תמיד מקץ לקץ
1QH 12.7 ומבוא יומם תמיד בכו :
1QH 2 1.6 צדקכה :]ה תמיד עד פלט
1QH 4 1.17 ושמכה אברכה תמיד :]קיה ל[
1QM 2.2 הלויים לשרת תמיד שנים עשר
1QM 2.3 אחריהם להתיצב תמיד בשערי
1QM 2.5 ולהדשן לפניו תמיד : בשולחן
1QM 12.14 שער[י]ם תמיד להביא
1QS 6.7 יומם ולילה : תמיד על יפות
1QS 9.25 למשפט אל יצפה תמיד :]קה
1QS 10.23 אל תספר לשוני תמיד ומעל
4Q184 1 1.1]א תועות תשחר תמיד[ל]שנן
4Q184 3 1.2]תחלק ˙[:]תמיד הבר אליו
4Q381 46 1.6 ויראיך לפניך תמיד קרנים
4Q405 20+ 2.11 חיים מתהלכים תמיד עם כבוד
4Q502 27 1.2 <משרתי]ם לכה תמיד> ע]רב
4Q504 1+R 7.5 את שם קודשו תמיד כש[
4Q504 1+R 7.9 כול בריאותיו תמיד לעולם[י
4Q504 6 1.5]ת בעלילותיכה תמיד[: ז]כור
4Q511 1 1.3 רוחות ממשלתה תמיד יב[רכו]הו
4Q511 63 4.2 כול מעשיכה :˙תמיד וברוך
4QFl 1+ 1.5 [ ]ה[ ]עלום תמיד עליו יראה
4QM2 1 1.6 [: שעריך תמיד להביא
11QSS j+ 1.7 מהל]לים תמיד ˙[: [
11QT 29.5 המשפט הזה : תמיד מאת בני
11QT 57.9 והיו עמו תמיד : יומם

4Tstm 1.14 אמר הבו ללוי תמיך ואורך
11QPs 22.8 ויתאבלו עליך תמיך לוא תובד

4Q511 142 1.4 ל˙[ ] : [ ]˙תכר˙[

11QT 2.4 הש]מר לכה פן תכרות בר[ית : [
11QT 2.12 הוא השמר פן תכרות[: [

11QT 2.7 [אשריה]מה תכרותון ואת

1QS[b] 2.26 [ ] תכש[ל

11QT 48.9 קעקע לוא תכתובו : בכמה

4Q520 6 1.2]˙˙ ת[:]תל˙[

11tgJ 34.6 והדר ויקר תלבש : העדי נא

11QT 64.12 אלוהים ואנשים תלוי על העץ

1QH 5.30 ובנגינות יחד תלונתם עם שאה

4Q184 5 1.3 [:]לונ˙ אל תלח[:]ל באזן

1QM 11.17] כיא תלחם בם מן

4Q512 115 1.2]י ד˙[:]˙ת<ל>י [:]ת [

11QT 64.11 וימות ולוא תלין נבלתמה על

4pIs[e] 5 1.4]ביער בערב תלינו א[ורחות

1Q67 5 1.2]ר ˙[:] תליתי [:]ו

1QDM 2.8] הד[רך אש]ר תלכו בה [

1QH 2.29 רשת פרשו לי תלכוד רגלם

11QT 54.14 אלוהיכמה תלכון ואותו

4Q381 42 1.1 ת]למד בניך[:
11QT 60.16 נותן לכה לוא תלמד לעשות :

4Q381 76+ 1.13 אמת היש בינה תלמדו [:

1apGn 21.27 עילם ובשנת תלת עשרה מרדו
1apGn 22.6 בחירין לקרב תלת מאא
1QJN 15 1.2] : א]מין תלת ˙˙[:]די
5QJN 1 2.15 אמ]ין תל[ת] וארכין

5QJN 1 1.10 תרעיהון קנין תלתה אמי[ן] :
11tgJ 23.0 זמן תרין תלתה ל˙[

1apGn 20.8 די פם חד תלתהון מללין

1apGn 17.11 ˙˙˙ ועל ראיש תלתת חולקיא ˙˙
1apGn 19.24 אלן : [ ] תלתת גברין מן
1apGn 21.21 ולאשכול ת<ל>תת אחיא
1apGn 22.23 וברא מן חולק תלתת גבריא די
4QMes 1.5 [י]נדע תלתת ספריא
5QJN 1 1.6 פותי]ה קנ[ין תל]תת עשר ואמה
6apGn 2 1.1 תלתת שרשוהי[

1QH 14.12]˙תם פעולתם ואני
1QH 11 1.6 כול אלה[:]˙תם ולך חמד
3Q10 1 1.1]˙תם[: ע]ל פני
4Q176 44 1.1]˙תם[:]ל[
4Q381 96 1.1]תם פיהם :
4Q381 67 1.1]תם ˙[:]ני כי
4Q400 2 1.13 [ ]˙תם[ ]ל[: [
4Q400 2 1.14 [ ]תם[
4Q401 3 1.2] נשמות [:]תם ברוש ה˙[:
4Q401 30 1.2]˙ אלי[:]˙תם ש[
4Q487 34 1.2]˙[ ]˙[:]˙תם[:]ל[

1QS 1.8 ולהתהלכ לפניו תמים כול :
1QS 2.2 אל ההולכים תמים בכול
1QS 3.9 פעמיו להלכת תמים : בכול
1QS 8.9 ניחוח ובית תמים ואמת
1QS 9.19 היחד לה( )לכ תמים איש את
1QS^{b} 1.2 קודשו והולכום תמים]
1QS^{b} 5.22 ולהתהלך לפניו תמים בכול דרכי
11QT 60.21 מלפניכה : תמים תהיה עם
CD 1.21 ובכל הולכי : תמים תעבה נפשם
CD 2.15 שנא להתהלך תמים : בכל
CD 20.2 באי עדת אנשי תמים הקדש
CD 20.5 במעמד אנשי תמים קדש אשר
CD 20.7 בו אנשי תמים הקדש אל

1QS 6.17 לו שנה תמימה וגם הואה

11QT 18.11] שבע שבתות תמימות מיום
11QT 19.12 שבע שבתות תמימות :]
11QT 21.13 יום שבע שבתות תמימות תהיינה

1QH 1.36 עולה וכול תמימי דרך
1QS 4.22 שמים להשכיל תמימי דרכ כיא
1QS^{a} 1.28 והידעים תמימי הדרך
4Q403 1 1.22 וברך לכול תמימי דרך
4Q404 2 1.3 וברך לכול תמימ[י] דרך
4Q405 13 1.6 [וב]רך לכול תמימי דרך]
4Q510 1 1.9 כ[ו]ל תמימי דרך
4Q511 10 1.8 כ[ו]ל תמימי דרך
4Q511 63 3.3 פעולות : תמימי דרך
4QMl 11 1.11]תמימי :

1QS 3.3 אור בעין תמימים : לוא
1QS 8.1 וכוהנים שלושה תמימים בכול
11QT 13.11 ש]נה : תמימים ש[נים
11QT 17.14 שנה שבעה : תמימים ושעיר

11tgJ 4.2 ˙˙[: מ]נדעי תמיק[: ארו

1QS^{b} 5.25 שפתיכה : תמית רשע[ים

4Q184 1 1.3 נגעלי הוה תמכו שוח רגליה

1Q23 21 1.2]˙[ ]ם[:]תמכין בכל די[

1Myst 1 1.7 עוד ודעה תמלא תבל ואין
1pHab 10.14 אל : כיא תמלא הארץ לדעת

1QH 3.9 במשברי מות תמליט זכר

1apGn 2.13 רוחהא ועמי תמלל ולי תאמר
11tgJ 22.7]רבברן תמלל ארו בכל

1apGn 2.7 עד בקושט עמי תמללין ולא

1apGn 19.7] [תמ[ן
1apGn 21.1 לאתרא די בנית תמן בה מדבחא
1apGn 21.2 עליון וקרית תמן בשם מרה
1apGn 21.3 [א]להא ואודית תמן קודם אלהא
1apGn 21.20 חברון ובנית תמן מדבח ואסקת
1apGn 21.20 ואכלת ואשתית תמן : אנה וכול

2QJN 4 1.4 להיכלא[: תמנא סאין

5QJN 1 2.6 תמני]ה בחד[ה

5QJN 1 1.8 ת]מנין

5QJN 1 1.4 מ]שח קנין תמנית עש[ר]

11QPs 24.5 ובקשתי : אל תמנע ממני בנה

4Q176 8+ 1.17]˙בת[ ]תמע˙[

1apGn 21.30] בחצצן תמר : ונפק מלך
3Q15 9.15 הצוק של בית : תמר בצחיאת גר

4Q185 1+ 2.3 שמעתי בני יצל תמרו דברי יהוה
4Q370 2.9 משניכם אל תמרו דבר[י

1apGn 19.15 ולמשבוק תמר<ת>א
1apGn 19.16 ואכליאת תמרתא ואמרת אל
1apGn 19.16 ארזא בטלל תמרתא : ולא]

6apGn 4 1.3] : בה וי˙[: תמשכו[: ˙˙

1Q68 1 1.2]˙ש שיצ[א:]˙תן לה נפש[:]ל
1QH 2 1.5 כרוב חסדיכה תן משמר צדקכה
1QH 40 1.1]ך א˙תן[:] מענה]
1QM 12.11 עושי חיל תן ידכה בעורף
1QM 19.3 עושי חיל תן ידכה בעורף
4Q512 78 1.3 י]ברך[:]˙תנ[

11tgJ 30.8]˙ ואמרת עד תנא : ולא

1QH 4.12 כי אתה אל תנאץ כל מחשבת

11tgJ 30.3 שם משחתה הן תנדע מן נגד

1apGn 22.28 תרתין עבדתה תנה ושבע

1QM33 1 1.5 הפלא ˙[:]תנו יד חסדיכה[
4Q503 51+ 1.4 ע]ולמים [:]תנו[:]עשר
4Q508 5 1.1]תנו ואתה [:
4Q509 151 1.1]תנו[:] מבית[
4Q509 163 1.2]˙בר˙[:]תנו ˙[
4Q509 306 1.1]תנו [:]˙˙[
4Q512 86 1.3]˙[:]טמ[א:]˙תנו[

4Q381 1 1.8 לאכל פריה תנובב[:]˙˙
11Ber 1 1.9 לרוב והארץ תנובב לכם פרי

4Q370 1.1 [ו]יעטר הרים תנו[בה ו]שפך

11Ber 1 1.9 לכם פר[י : [ת]נובות דגן
11QPs 26.13 מעטר הרים תנובות

1QS 10.15 להדשן בעדני תנובת תבל

4pIs^{c} 23 2.5 ננוס על כן תנוסון ועל קל
4pIs^{c} 23 2.7 גערת : חמשה תנוסון עד אם

11QT 15.12 ואת סלי הלחם ת[נופה : אשה
11QT 20.16 ויניפו אותמה תנופה

11QT 60.2] א˙[: וכול תנופותמה וכול

4Q176 1+ 1.4 ומן ספר ישעיה תנחומים[
4Q176 8+ 1.13]ואש על דברי תנחומים וכבוד

4Q378 3 2.10 את]ה תנחיל את [:

1QH 11.4 מה כיא :]˙תני בסוד אמתכה
4Q381 51 1.2]ת יאג˙[:]˙תני ק[:]˙
4Q512 29+ 1.7 במוע[ד :]˙תני לטהרת[:

1apGn 21.1 מדבחא ובניתה תניאני :

4Q509 189 1.4 ומ˙[:]נו כי תניח[:

1Q20 2 1.4] : [˙ ין מת˙ תנין וב˙ ......
11Ap^{a} a 1.4] ביהוה [:]תנין [:]
11tgJ 10.4 חללת ידה תנין ערק :

1QH 5 1.11 ו[: לבבה וקצ תעודה השכלתה
1QSa 1.25 אבות העדה ואם תעודה תהיה

1Q36 1 1.2]נות[:]˙[ ]לם תעודות שלום [:
1QM 2.8 לצאת לצבא כפי תעודות המלחמה
1QM 3.4 מועד יכתובו תעודות אל לעצת
1QM 11.8 חוזי תעודות הגדתה
1QM 13.8 עולמים ובכול תעודות כבודכה
1QM 14.13] עתים ומועדי תעודות עולמים
4Q402 1 1.3] יחר לכול תעודות פ[לא] :
4Q502 14 1.3 סוד ט˙ק ˙[:]תעודו[ת] וג[ם
4Q502 159 1.3 [:]לחן [: ת]עודו[ת :]ל[
4QM1 8+ 1.12 עתי]ם ומועדי תעודות עולמים
MasSS 1.3 היו כול תעודות עולמים

4Q511 63+ 2.2 שמכה ובמועדי תעודותי אספרה

11QSS 2+ 1.2 ת]עודותיו :

1QS 1.9 הנגלות למועדי תעודותם ולאהוב
4Q403 1 1.27 שובועי ת[עודותם
4Q404 2 1.9 ב]כול שובועי תעודו[תם :

4Q502 8 1.6 א[שר :]˙[ ]ש תעודת הה[ודות
4Q502 43 1.1 ת]עודת[: ש]מחי

1QM 4.5 תשעת אנשי תעודתו :

1QH 6.19 והמה נצמדי תעודתי פותו בם
4Q511 42 1.3 כול [:]˙י תעודתי פלגתה

1QS 3.10 צוה למועדי תעודתיו ולוא

1QH 1.19 הכ[י]נותה תע[ו]דתם בטרם

11tgJ 36.2 ורוח [ ] תעול בינה( )ן

4QM6 4 2.2]˙[: ת]עורך

1QH 2.14 ריב למליצי תעות ˙˙˙ :]ום
1QH 4.16 כזב מפותי תעות והם
1QH 4.20 מרמה וחוזי תעות לא ימצאו
1QS 3.21 ובמלאך חושך תעות : כול בני
4Q513 4 1.4 שבתות[:]ל תעות עורון ה[:

4Q511 8 1.5 מיראיו[:]תעותו בתעניות

1QH 4.12 למע הבט אל : תעותם להתהולל

4Q381 79 1.6 ל[: א]להי אל תעזב[ני

1QH 4 1.18 ל[ ]דכה אל תעזובני בקצי :

1QH 59 1.3 ˙את [:] קצ תעי[:]˙ים לם
CD 3.1 אפו בם : בה תעי בני נח

11QPs 21.11 אני נער בטרם תעיתי ובקשתיה

11QT 32.12 [ו]עשיתה תעלה סביב

1QH 12.35 ˙[ ]˙˙[: תעמוד פ˙[
1QS 11.12 בצדקת אל תעמוד לנצחים :
1QSb 1.3 עולם א[שר ת]עמוד לעד

1QH 22 1.3 [:]˙ם עם תענ[

1QH 4.18 כי אתה אל תענה להם

4Q510 1 1.7 רשעה [ותעודות תעניות בני
4Q510 1 1.8 [כי א]ם לקץ [תעניות פשע[

11tgJ 12.5 הד]ר<כ>ה : תני[ן
11tgJ 35.4 אפה התגד : תנין בחכא או

1QH 5.10 כחנית חדה חמת תנינים כול
1QH 5.27 לשון שקר כחמת תנינים פורחת
CD 8.9 אל עליהם חמת תנינים יינם :
CD 19.23 אל עליהם חמת תנינים יינם

1QSb 5.27 נחושה : תנכח כפ[ר

11tgJ 36.5 טן נחירוה יפק תנן : לכוש יקד

4Q504 6 1.14 <ונקה> ולוא תנק[ה :]כיסר
4Q512 29+ 1.20]˙˙˙˙[:] תנקה עד משפט[

5Q19 2 1.2 תזכ[ר:] כי ת[נ]קו ˙˙[

11tgJ 22.1 הן הרגתי לא תס[: י]קר הך

1QM 11.13 ביד אביונים תסגיר [או]יבי

1pHab 11.10 אתה והרעל : תסוב עליכה כוס

4Q503 1+ 2.9 בראשי[ת :]תסוב<ו>ת כלי

11QT 56.7 תעשה לוא תסור מן התורה

4QPsf 2 8.11 צדק עולמים תסיגי : [ ]˙[

11tgJ 21.2 ארו סברת[: תסיפון עד

11QT 18.12] תס]פורו עד
11QT 18.12 השבת השביעית תספורו : [
11QT 19.13 השבת השביעית תספורו חמשים
11QT 21.14 השביעית תספורו חמשים

1QS 10.23 פי וצדקות אל תספר לשוני
11QPs 19.1 תודה לכה ולוא תספר חסדכה

4QCata 10+ 1.8 תסת]יר פניכה

1QH 3.38]]˙˙ תסתירני מהוות

1Q68 3 1.2 ולחם וק˙[:]˙תע[
4pPsa 1+ 2.11 והתדשנו בכול תע˙[ ] : בשר
6Q26 3 1.1]˙˙˙תע˙[:]נפשך ˙[

1QS 4.1 ירצה לעד אחת תעב סודה וכול
4Q511 43 1.5 ומשפטי צד[ק : תעב קדוש א˙[:

1QH 10.29]˙˙ש עבדכה תעבה˙˙˙[:
1QH 15.18 ˙˙[ ]ך תעבה נפשם ולא
CD 1.21 הולכי : תמים תעבה נפשם

11QT 52.8 תקדיש לי לוא תעבוד בבכור

11QT 54.14 תלכון ואותו תעבודון ואותו

11Ber 1 1.13] : [תעבו]ר בארצכם

11tgJ 3.7]לעבע תעדא [:
11tgJ 34.4 פתגם האף : תעדא דינה

1QS 5.11 הנסתרות אשר תעו : בם
4pIsc 36 1.2]ם [:]תעו [:]מים[:
CD 2.17 כי רבים : תעו בם וגבורי
CD 3.4 בני יעקב תעו בם ויענשו
CD 3.14 נסתרות אשר תעו בם כל

4Q381 79 1.5 ˙˙[:]˙ת תעואת להשכיל

1pHab 1.10]על כן תפוג תורה : [

5QTop 3 1.2 [˙˙]: א]ת בית תפ[וח:]˙[

CD 11.16 נפש אדם אשר תפול אל מקום

CD 11.13 השבת ואם תפיל אל בור :

5QCur 1 1.3 תפלו בכול תפל[:]ישמידוך
CD 19.25 החיץ וטחי תפל כי הולך

1Q25 2 1.3 [: שמכה ˙] : תפלה [:
1Q34[b] 2+ 1.6 [: תפלה ליום
4Q378 6 1.4]א תפלה על
4Q381 33 1.8 VACAT : תפלה למנשה מלך
4Q509 10 4.8 ג[: אדוני[: [תפ]לה למועד[:
4Q512 65 1.3 ושב מכול[: תפלה עד ˙˙[:]

5QCur 1 1.3 יפלו [:]תיכם תפלו בכול תפל[

1QM 15.5 באוזניהם : את תפלת מועד

11QPs 24.5 ואל תמגרה ואל תפרע לפני :

CD 4.16 אשר הוא תפש בהם בישראל

4Q490 6 1.1 [תצ˙]

1QS 4.19 לעד ואז תצא לנצח אמת
4Q185 1+ 2.8]לפניו תצא רעה לכל עם
4Q381 76+ 1.8 לחכמה מפי תצא ותבינ[ו :
4QM1 1+ 1.15 הר]אישונה ת[צא
11QT 45.6 ואות[ל]עת תצא הראישונה
11QT 61.13 ברגל כי : תצא למלחמה על
11QT 63.10 VACAT : כי תצא למלחמה על

4pMic 1+ 1.3]: עתה תצאי מקר[יה

4Q504 1+R 3.20 [: תצדק למ˙]
4Q509 198 1.3 היות ב˙[:]˙ תצדק ל˙]

5Q13 1 1.12]בשנה תצוהו להזד[:

4Q184 1 1.10 מות בפתח ביתה תצעד שאו[לה] :

4Q185 1+ 2.4 יהוה : אל תצעדו[

1QH 3.33 ר<פ>ש וארץ : תצרח על ההווה

1QH 15.24 הם ישרתוך ולא תק˙[
5Q17 4 1.2 [˙˙] :]אשר תק[:]˙ שם א[

11QT 55.8 ואת כול שללה תקבוץ אל תוך :

1QS[a] 1.11 ורע ובכן תקבל להעיד
11tgJ 8.2 מן קריהו[[: תקבל אלהא[:

4QPs[f] 2 8.12 ברכות נכבדים תקבלי : קחי
11QPs 22.13 וברכות נכבדים תקבלי קחי חזון

4Q509 3 1.4 ל[~~תקופת~~ ת]ק[בץ :

11QT 52.8 הזכרים תקדיש לי לוא

1QS[b] 4.28 כיא [תק]דש לו ותכבד

1QH 8.35 ˙˙˙˙ ˙˙ע˙˙ ˙תקו בזקי מכשול

11tgJ 35.5 באפה ובחרתך תקוב לסתה

11QT 64.11 העץ כי קבור תקוברם(ה) ביום

4Q511 121 1.2]˙[:] תעני<י>ות ועד

4Q508 2 1.3 עלינו מועד תענית חוק

4Q509 16 4.3]רחמהם על תעניתם :]יגון

11QT 62.7 אם : שלום תענכה ופתחה

1QH 5.15 כחרב אל תערה בלי [

11QT 45.7 תהיה שמה : תערובת
11QT 50.2 טהר[ה ת]ערובת המת [

1QM 10.4 תח[פזו וא]ל תערוצו מפניהם
1QM 15.8 ואל תחפזו ואל תערוצו מפניהם

1QM 2.9 שני העבודה תערך המלחמה שש

1QDM 2.2 [הי]ום אשר ת[עשה
11QT 12.11]˙˙˙˙˙˙ [ת]עשה כול :
11QT 12.13 תע]שה לו :˙˙˙
11QT 13.3]˙˙˙˙[: תעשה [
11QT 41.17 (ע) שער לשער תעשה פנימה
11QT 42.7 ובית מעלות תעשה אצל קירות
11QT 42.11 גג השלישית : תעשה עמודים
11QT 46.7 עשרה מעלה תעשה לו אשר
11QT 52.3 [מ]שכית [לו]א תעשה לכה בכול
11QT 56.7 יואמרו לכה : תעשה לוא תסור
11QT 62.11 נותן לכה כן תעשה : לערים
TS 3 2.7 ובין שער לשער ת[עשה : רוחב

1QDM 4.3 מושה [ ] תעשו [
2apPr 1 1.4 אכלתמה:]˙ר תעשו כל:]בחרב
11QT 17.11 עבודה לוא תעשו בו חג
11QT 17.16 עבודה לוא תעשו בו : [
11QT 25.9 ביום הזה לוא תעשו בו כול
11QT 27.9 ולוא תעשו כול :
11QT 48.11 ולוא תעשו כאשר
11QT 48.14 עיר ועיר תעשו מקומות
11QT 50.17 התורה הזואת תעשו להמה וכול
11QT 51.19 להמיתו : לוא תעשו בארצכמה
11QT 66.6 ולנערה לוא תעשו דבר אין

4Q509 16 4.5]נערים תעתעו בם :

4Q509 85 1.1]תפ[:]˙סב[
4Q513 34 1.1]תפ[:]˙˙[

1QH 13.17]בהדרך תפארנו ותמ˙˙˙[

1pPs 3 1.4] ה ל[ת]פארת [:]˙
4Q381 15 1.7]תפארת הדו ואני
4Q400 1 2.3 מרומים והנ[: תפארת מלכותכה:
4Q405 15+ 1.3 להבי אש[ת]פארת בפרוכת
4Q405 17 1.5 נפל]אות מלאכי תפארת ורוחי :
4Q405 23 2.1]]ם תפארת לפתוחי
4Q510 1 1.2] לאלוהי דעות תפארת ג[בור]ות
4Q511 1 1.4 ישמיעו[ ]י תפארת: כולם
4VSam 3+ 2.4 עמכה תגביר תפארת : אתה
11QSS 8+ 1.5 חשני[ ] : תפ]ארת[

1QS 11.15 צדקו ולעליון תפארתו ברוב
4Q510 1 1.4 משמיע הוד תפארתו לפחד

11QPs 22.4 חסידים : תפארתך המתאוים
11QPs 22.5 וברחובות תפארתך יעכסו

1QM 14.13 נרוממה תפ[ארתכה [
4Q504 1+R 4.12 קודשכה ובית תפארתכה ואין

4apLm 1 1.6 והפכה [ ] :]˙תפארתנו וניחוח

1QH 3.27 ויפרו לאין תקוה בנפול קו
1QH 6.32 ש˙˙[ ] תקוה ברוב˙˙˙˙
1QM 11.9 ולב נמס לפתח תקוה ותעש להמה

1QH 4.13 ועצתכה היא תקום ומחשבת
11tgJ 9.6] או על מן לא תקום [:
CD 9.2 ואשר אמר לא תקום ולא תטור

1QH 1 1.6 בקצי הרון :]תקומם לפני

4Q503 215 1.9] [עם תק[ופת
4Q509 3 1.4 צות[י]נו ל[~~תקופת~~ ת]ק[בע :

1QS 10.1 ממשלת אור עם תקופתו ובהאספו

1QS 10.3 לימי חודש יחד תקופתם עם :

1apGn 19.16 ואמרת אל תקוצו ל[א]רזא

1QH 9.12 ולא עזבתה : תקותי ולפני

4QPs^{f} 2 7.16] ג]דולה תק[ותך [
11QPs 22.2 וכרך גדולה תקותך ציון
11QPs 22.8 תמיך לוא תובד תקותך : ציון

1QH 15.24]˙לא תקח כופר
11QT 2.9] [תקח ממנו ולוא
11QT 65.4 הבצים : לוא תקח את האם על
11QT 65.5 ואת הבנים : תקח לכה ל[מ]ען

11QT 52.2 ל]כה ולוא תקים לכה מצבה

1apGn 2.8 אנתתי בחלץ תקיף עמי מללת
1apGn 20.11 אברם בכי תקיף אנה ולוט
11Ap^{a} 3.2] תקיף ו˙[: כול
11Ap^{a} 3.5] עליך מלאך תקיף [:]רו

4QCat^{a} 2+ 1.13 משמה ללכת[ ]תקעו שופר

11tgJ 32.6 יחאך על מהמא תקף קריא ונגשת
11tgJ 37.4 ולא יתבצר מנך תקף וחכמה :

11tgJ 36.7 בצורה יבית תקפה וקדמוהי :

1apGn 20.18 תרתין שנין תקפו וגברו

1pMic 17+ 1.2]תקצור את[ה

4Q504 7 1.6]היאה לוא תקצ<ר> : [

1Q23 4 1.2]˙ ˙[:]תקרב[:]ל[
11QT 62.6 העם כי : תקרב אל עיר
CD 5.9 אחות אמך לא תקרב שאר אמך

11QT 13.17 הש[בתות] תקריבו שני [
11QT 25.15 הכפורים תקריבו : אלים
TS 1 1.5 עליה לבטח תקריבו עצים

1pPs 3 1.1]תר[:]˙˙
2QJN 11 1.1]תר[
4Q497 16 1.2]˙˙ [:]תר[:]˙דמ[:
4Q504 19 1.1]ם אל תר[:]למזמר˙[
6apSK 61 1.1]˙תר[:]˙מ˙[

4Q381 33 1.10 משמחת עוד ולא תראה בטוב נפשי
4pPs^{a} 1+ 4.11 בהכרת רשעים תר[אה
11QT 64.13 לוא תראה את שור

4Q511 11 1.7 מ˙[:]לוא תראו[:

4pUn 3 1.2]כות ביד[:]תרבות מלכותו[

1apGn 2.25] ואמר לך דאל תרגז עלי די

4Q186 2 1.2 מם˙[ ]והיאה תרגל ובת קולו

11QT 51.15 החטאה צדק תרדוף למען

4pIs^{c} 15+ 1.1 יהוה [ת]רדמה ויעצם

1QH 12.1 אם[: וא[:]תרה˙ נפש[:]ה

6apSK 37 1.1]תרו˙[:]יו˙[:

11tgJ 36.8 וקדמוהי : תרוט עלימו

4Q405 32 1.3 רום[:]˙ תרום[

4QM1 19 1.3] : [˙˙ו תרומה זכר[:
11QT 20.14 וירימו ליהוה תרומה : [

4Q405 23 2.12 בראשי תרומות לשוני

1QM 4.1 מררי יכתובו תרומת אל ואת
1QS 9.4 ומחלבי זבחי תרומת : שפתים
1QS 10.6 במועדיהם : ( )תרומת שפתים
1QS 10.14 לו ואברכנו תרומת מוצא
4Q400 2 1.7] [תרומת לשון
4Q513 2 2.3 להאכילם מכול תרומת הש˙[
4QM6 16 5.4 י]כתובו תרומת[:]אות

11QT 60.4 הלוליהמה ומכס תרומתמה לעוף

1QM 8.7 להם הכוהנים תרועה שנית קול
1QM 8.15 השופ]רות קול תרועה : גדולה
1QM 16.5 להם הכוהנים : תרועה סדר
1QM 16.6 להם : הכוהנים תרועה שנית [
1QM 17.11 בחצוצרות תרועה שנית
4Q402 8 1.2]˙[: מרי]מים תרוע[ה :]מ
4QM1 11 2.20 יתקעו הכוהנים תרועה שנית על
6QHym 1 1.5 אב[: יר˙[: תרוע[ה :
11QT 25.3 זכ]רון תרועה מ[קרא :

1QM 3.1 וחצוצרות תרועות החללים
4QM1 11 2.3 תרו]עות סד[ר

1QM 8.10 קול אחד תרועת מלחמה
1QM 16.8 יריע[ו תרוע]ת מ[לחמה
1QM 17.13 השופרות יריעו תרועת מלחמה
4QM1 11 2.23 בחללי האשמה תרועת ה[

1QS 5.15 מכול דבר שקר תרחק ואשר לוא

2QJN 4 1.8 על פת[ורא : תרי סדרי לח[מא
5QJN 1 1.10]יא תרי עשר פותי

1Q36 10 1.1]תריב[:]˙ ˙[
1QH 9.23]תריב ריבי כי
1QH 5 1.13 וגם[: חושך תריב לאצו[

4QFl 6+ 1.3 נס]יתו[תרי]בהו על מי

1Q36 2 1.1]תריבו[:]קצכה[

1QH 6.8]עתי אשר : תרים למצער
4Q184 1 1.13 ועפעפיה בפחז תרים לראו[ת

1Q25 1 1.9 בציו[ן : [ ]תרימו ˙[

1apGn 20.8 חרקנוש ומלי תרין חברוהי די
1QJN 5 1.2]˙ד[<עמו]דין תר[ין >
3Q14 6 1.2] סתרין [:]תרין א˙[
4Amrm 1 1.10 די חלמא והא תרין דאנין עלי

5QJN 1 1.3] שב[עין תרי]ן מנהון
5QJN 1 1.5] תרי]ן מ[נהון]
5QJN 1 1.8] שפשיא קנין תרין [ ] ׃]
5QJN 1 1.9 תרע ותרע דשין תרין די אבן
5QJN 1 1.11 תר]י֯ן פותי
5QJN 1 1.15]קנין תרין אמין
5QJN 1 1.16 א]ספא קנין תרין אמין ארבע
5QJN 1 1.19 שבע ודשין לה תרין וקודם
5QJN 1 2.1 עלל קנין תרין אמין
5QJN 1 2.1 ורומה קנין תרין אמין ארבע
5QJN 1 2.3 משחה חדה קנין תרין בתר[י]ן
5QJN 1 2.5]רום ק[נין תרי]ן עד]
5QJN 1 2.8] ׃ [קני]ן תרין אמין ארבע
5QJN 1 2.8] ת]רין א[מי]ן
5QJN 1 2.9 פות]י קנין ת[רי]ן אמין
5QJN 15 1.1 ‹ק]נ[ין› ת]רי֯ן]
6apSK 63 1.1]תרינ]
11tgJ 23.8 ג]בר ׃ זמן תרין תלתה ל˙]
11tgJ 38.4 ויהב לה חד תרין בכל די

1apGn 19.16 ל[א]רזא ארי תריפא מן שדא

4QPs^{f} 2 10.10 בקרבך בליעל תרם ידך ׃ תגבר

1QH 17.7 דורש[׃]˙תרמה ב˙]

CD 12.13 החיה אשר תרמוש במים

4pN 3+ 1.3 כתיים ואחר תרמס ׃]

1QH 6.34 עפר הרימו תרן ותולעת

4Q502 19 1.4 יחד ואני ת[רנן
4Q511 63 3.1 ואני תרנן לשוני

2QJN 3 1.2 ˙[׃ ו]משח עד תרע ספי[רא ׃
5QJN 1 1.9 ע]ל כל תרע ותרע דשין
5QJN 1 2.2] ׃ ל[קבל תר]ע פתיח לגוא
5QJN 1 2.6 בה באתין מן תרע לתר[ע
5QJN 12 1.2]אמין [׃ ת]רע]

5QJN 1 1.13]תרעא בגוא על
5QJN 1 1.14 בכל רוח תרע[א [
5QJN 1 1.19 תרין וקודם [ת]רעא דן]
5QJN 1 2.2 פרזיתא כמשחת תרעא בריא ועל
5QJN 1 2.7 מן ז[ו]יתא עד תרעא אחרנא
5QJN 2 1.3 די בגוא ˙[׃ תר]עא כולה

5QJN 3 1.2 [˙˙˙[׃ תר]עיא רבר[ביא
5QJN 9 1.2 פ]ותי ˙[׃ תר]עיא די [׃

5QJN 1 1.10 תרי עשר פותי תרעיהון קנין

5QJN 1 2.4] ׃ תרעין כמשחה

11tgJ 34.5 או בקל כותה תרעם ׃ העדי נא

4Q504 1+R 2.14 ושמאול כיא תרפאנו משגעון

4Q509 194 1.2 ˙˙[׃]תינו תרצ[׃]˙כה

4Tstm 1.19 חילו ופעל ידו תרצה מחץ

1QH 7.12 כול גרי למשפט תרשיע [ל]הבדיל

1apGn 21.26 עליהון מדא תרתי עשרה שנין
2QJN 4 1.14 כהניא תרתי לחמא די
2QJN 4 1.15 עד חדא מן תרתי לחמא
5QJN 1 2.11] תר]תי עשרה בית
5QJN 2 1.4 ע]מודיא אמין תרתי עשרה [׃]

1apGn 12.10 ˙˙˙ ארפכשד תרתין שנין בתר
1apGn 20.18 והוא עמה ׃ תרתין שנין
1apGn 20.18 שנין ולסוף תרתין שנין
1apGn 22.28 נפקתה מן חרן תרתין עבדתה
4Q156 2.5 ויסמך אהרן ת[רתין ידו]ה[י
4QMes 1.1 די ידא תרתין א[ ] במה
4QMes 1.3] תרת]י֯ן שנין דן
5QJN 1 2.12 רומה [אמ]ין תרתי֯ן]
5QJN 7 1.2]˙˙[׃ אמ]י֯ן תרתין ˙]

4Q381 31 1.2] לפניך תש] [
4Q502 117 1.2]י֯ות[׃]˙תש˙[׃]ל]
4Q506 147 1.1 תש˙[׃ י֯מ֯י֯] ׃
4Q512 51+ 2.13] ׃ הכלם[׃ תש˙[׃ יומם] ׃
4pIs^{c} 44 1.3]˙א א˙[׃]˙˙ תש[׃] בכל˙]

1QH 9.4 ערשי בקינה תשא [ ]בקול
4Q185 1+ 1.11 ˙˙ וציצו תשא רוח עד
11QT 53.9 וכול נדריכה תשא ובאתה אל
CD 9.8 את רעיך ולא תשא עליו חטא

11Mel 1+ 2.11 ופני רשעים תש[או ס]לה ׃

1QH 16.18 טוב בעיניך אל תשב פני עבדך]
1QH 18.9 ˙[׃ אל תשב ירכה]

TS 1 1.1 [בסוכ]ות תשבו שבעת ימים

4Q400 1 1.21]ל֯[ ]ל֯] תש]בוחות
4Q403 1 1.3 בשבע[ה]דברי תשב‹ו›ח[ות
4Q405 20+ 2.13 אלוהים [ו]קול תשבוח[ות] ׃]
4Q510 1 1.1 [[ ] תשבוחות בר[כות
11QSS e 1.3 מש]לחות ׃ תשבו]חות׃
11QSS e 1.4 תשבו]חות׃]תשבוחות ׃

11QSS 2+ 1.4]מלה ובהדר ׃ תשבוחותו בכול

1QM 4.8 אל גדל אל תשבוחת אל כבוד
4Q511 2 1.8 כבודו בשמו ת[ש]בוחת ׃]

4QPs^{f} 2 8.8 ערבה ׃ באף תשבוחתך ציון

4Q381 15 1.4 הים ואתה תשבח גליו אתה

4Q403 1 1.32 שבחו לאלוה[י ת]שבחות הוד כי
4Q403 1 1.32 הוד כי בהדר תשבחות כבוד
4Q403 1 1.32 מלכותו בה תשבחות כול ׃
4Q403 1 2.36 אור[ ] ׃ תשבחות[ב]לשון
11QSS f+ 1.6] ׃ בהוד תשב[חות
MasSS 2.20 שבע תהלי ת[שבחות [

11QPs 22.11 ערבה באף תשבחתך ציון ׃

11QT 20.13 תתנו מלח ולוא תשב[י]ת ׃]

8QHym 1 1.3 ה˙[׃]הזה ומה תשביתו אורו

4Q510 7 1.3 ל˙[׃]תשבכה[׃]˙רה

11tgJ 16.6 תתאשד ׃ י]ומי תשב‹ר›א

4pPs^{a} 1+ 2.17 וקשתותיהם תשברנה ׃ פשרו

4Q497 48 1.2] ׃]˙˙ים ˙[ ]תשו [׃]˙הק˙˙

11tgJ 1.5 שוח[אה׃]˙ תשוא סוף

1QH 3.36 תשוט בתבל ולא תשוב עד כלה
1QM 11.10 רשעה לוא תשוב עד ׃ כלות

CD 19.16 באו בסו בברית תשובה ׃ ולא

1QM 15.9 מפניהם ואל : תשובו אחור ואל
4QM1 14 1.2 הה[ודות : תשו]בו אחור[:

1QH 2 1.11]ולם ואין תש<ו>בת חושך

1QH 10.4 קורץ ולעפר תשובתו כי

1QH 9.7 למשברים תשוחח נפשי

1QH 3.36 גבורי : שמים תשוט בתבל ולא

1QJN 1 1.1]˙ תשוית עמוד[א:

11QT 65.6 לגגו ולוא תשום דמים

11QT 52.12 על הארץ תשופכנו כמים
11QT 53.5 הדם על הארץ תשופכנו כמים

1QS 11.22 קורץ ולעפר תשוקתו מה ישיב

1QM 15.10 ואליו תשוק[תם
1QM 17.4 לתהו ולבהו תשוקתם ומשענתם

1QM 13.12 יתהלכו ואליו [תשו]קתמה יחד

6QHym 2 1.4 ואפ[לה: ח]ושך תשוקתנ[ו:]לחי

4Q381 17 1.2 [.]בהדר תשזף על יהודה

1Q25 3 1.1] תשחו [:

4Q381 31 1.6 בינה ואתה להם תשחט אלהי ישעי

4Q184 1 1.1]א תועות תשחר תמיד[

1QH 5.18 ואתה אלי תשיב נפשי סערה
1QM 14.12 ולנכבדיהם : תשיב לבוז וכול
4Q381 15 1.1]˙ לבבי תשיב וי[:]

11QT 64.14 מהמה השב תשיבמה לאחיכה

1QS 7.8 ואם לוא תשיג ידו לשלמו

11QPs 22.13 צדק עולמים תשיגי וברכות

1QH 6.26 אלי כי אתה : תשים סוד על
1QH 11 1.6 ולך חסד ובצדק תשים[:]
4Q381 46 1.7]קוה ופרסותם תשים נחשה
11QT 56.14 סביבותי : שם תשים עליכה מלך
11QT 56.14 מקרב אחיכה תשים עליך מלך

11QT 48.8 תתגדדו ולוא תשימו קורחה

4Q381 33 1.3 ת]ש[י]מני ותהי

4Q381 33 1.2 ית[: ואתה תשיתני לעתות

11Ap[a] 3.8 ומי[ת]שכב וחשך :

11QPs 22.9 ציון ולוא תשכח תוחלתך מי

4Q176 8+ 1.6 עלומי]כי תשכחי[וח]רפת

4Q176 1+ 2.4] : גם אלה תשכח[נה

4QCat[a] 10+ 1.8 האור : יהו]ה תשכח[ני
11QPs 24.10 זכורני ואל תשכחני ואל

4Q381 44 1.4 לבטוחים[:] תשכילה בו כי

11QPs 19.3 להמה וצדקתכה תשכילם כי

1QH 10.4 תשובתו כי תשכילנו

4Q381 29 1.4 בש[ר :]אלהי תשלח ידך [:]
4Q381 33 1.4 ואתה אלהי תשלח רו[ח]ך
11QT 65.4 על הבנים שלח תשלח את האם

11QPs 19.15 בעווה אל תשלט בי שטן

11QT 62.8 ואם לוא תשלים עמכה

11QT 53.13 מוצא שפתיכה תשמור כאשר
11QT 54.6 <אותמה> היום תשמור לעשות
CD 16.7 מוצא שפתיך : תשמור להקים

11QPs 22.15 עליון פודך תשמח נפשי

11QT 25.9 לדורותיכ[מה : תשמחו ביום הזה

4pIs[c] 8+ 1.11 ת]שמח[י] :]

1QH 14.16 עולה :]שע תשמיד לעד

4Q405 20+ 2.10 אש בדמות תשמל ומעשי :

11QT 54.11 ידעתמה לוא : תשמע אל דבר
11QT 55.2] : אם תשמע באח[ת
11QT 55.13 לאבותיכה : אם תשמע בקולי

11QT 54.14 תיראו ובקולו תשמעון : ובו

4pIs[c] 23 2.18] : ואוזניכה תש[מענה

3Q15 1.8 העליון ככרין תשע מאת : בתל
3Q15 3.2 מית אמות תשע כלי כסף
3Q15 6.10 בפתח : אמות תשע כב : במשכן
3Q15 7.2 חפור [ ] : תשע ככ[ ] :
3Q15 11.17 מ[ ] תשע מאות : זהב
4Q504 19 1.3 [:]שם תשע[
5QJN 1 2.10 דכא אמין תשע ע[שרה
5QJN 1 2.13] תשע עשרה
11QT 39.14 עד שער שמעון תשע ותשעים
11QT 39.15 (˙˙˙˙˙) לוי תשע ותשעים :
11QT 40.9 אמות וגובה תשע : ורבעים

4Q503 10 1.3 [:]היומם תשעה]
5QJN 1 1.5 מ[נהון] קנין תש[ע]ה ואמין
11QT 21.12 שבע פעמים תשעה : וארבעים

5QJN 1 1.6 חדה לאמין תשע[י]ן

1QH 10.31 ואמתכ[ה] : תשעשע נפשי

1QH 9.32 וברוח קודשכה תשעשעני ועד

1QM 4.5 ואת שמות תשעת אנשי
11Mel 1+ 2.7 הראישון אחר תשע[ת ה]יובלים

4pIs[a] 7+ 3.26 כו]ל העמים תשפוט חרבו

11Mel 1+ 2.11 א[מר ת]שפוטו עוול

CD 8.3 שרי יהודה אשר תשפוך עליהם

1QH 6.9 ובחסדיך תשפטם בהמון

11QPs 24.7 יהוה : אל תשפטני כחטאתי

4pN 3+ 4.3 האחרון אשר תשפל מלכותו

11QT 2.10 כמוהו שקץ תשק[צנו :]

1QS 11.17 מבלעדיכה לוא תתם דרכ ובלו
4pN 1+ 2.5 מו]שליהם אשר תתם ממשלתם [

4Q176 8+ 1.12 ימושו והגבעות תתמוטטנה וחסדי

4Q185 1+ 2.14 לא יחזיקנה כן תתן לאבתיו כן
4Q501 1 1.1]י<[˙ה˙ > אל תתן לזרים
11tgJ 26.2]ת מא : תתן לה או מא
11QT 8.12]לחם תתן עליו לבונה
11QT 51.11 ושוטרים תתן לכה בכול
11QT 56.15 מלך : לוא תתן עליכה איש
11QT 63.7 יהוה ואל תתן דם נקי

4Q185 1+ 2.2 אחריכם ולמה תתנו : [ ]כם
11QT 20.13 כול קורבנכמה תתנו מלח ולוא
11QT 48.9 על נפש לוא תתנו בבשרכמה
11QT 48.14 ארבע : ערים תתנו מקום
TS 1 1.6 ˙˙] [תתנו על מזבח

4Q381 45 1.4]ל[: ואל תתנני במשפט

4Q511 20 2.5] : יתמוגג[ו: תתט]

1QH 8.29 [תתעטף נפשי

4Q184 1 1.12]ברחובות עיר תתעלף ובשערי

1QH 4.25 אמת ולא תתעם ביד

11QT 25.12 אשר לוא : תתענה בעצם

11QPs 18.2 ישעו ואל תתעצלו להודיע

11QPs 22.6 ובמעשי חסידיך תתפארי טהר חמס

1QH 2.12 קהלת רשעים תתרגש ויהמו

4Q509 12i+ 1.6 יגון ובכי תתרעה אסירי]ם

1QH 9.8 [מ]קץ : לקץ תשת שע נפשי

1pMic 17+ 1.3 ולו]א תשתה[י]ין

1QH 8.32 ונפשי עלי תשתוחח לכלה כי

11QT 2.11]חרם הוא ולוא תשתחוה לא[ל :

1QH 11.7 וברוב טובכה : תשתעשע נפשי

4Q374 16 1.4 החל יא˙[:]תשתררו[

1Q20 1 1.1]ם רגזך תת˙ך ותתק˙˙ם
4Q508 2 1.6 ושובבנו תת]
4Q510 10 1.2]עש[:]תת˙]

11tgJ 16.5 ובען עלי תתאשד : י]ומי

1QH 3.14 במצולות כי תתבלע : כול

4QPs^f 2 8.14 נבי[א]ים תתבעך רומי
11QPs 22.14 וחלמות נביאים תתבעך רומי

11tgJ 34.8 וכל : רמת רוח תתבר והטפי

11QT 48.8 אלוהיכמה לוא תתגדדו ולוא

1QH 18.27 עד זות כיא :]תתה באוזן עפר

2apPr 1 1.8 שעירים:]תתהללו בעצביכם

11QT 2.6 מזבחו]תיהמה תתוצון

1QH 6.27 [: עוז ללוא תתזעזע וכול

4Q184 1 1.12 ובשערי קריות תתיצב ואין

1QS 8.25 שנתים ימים אם תתם דרכו :

חי : הבינני ✎ בתורתכה   11QPs 24.8
לי : מהרני ✎ מנגע רע   11QPs 24.12
בי כבוד אתה ✎ על כן   11QPs 24.13
[שלם] : יכה ✎ מבטחי :   11QPs 24.15
מבטחי : קראתי ✎ ויענני]   11QPs 24.16
[✎]   11QPs 24.17
נתתה עשה שמנו ✎ כמובכה   11QPs 19.4
שמע ✎ בקול   11QPs 19.6
מהסה : ברוך ✎ עושה   11QPs 19.7
ותצילני ✎ כרוב   11QPs 19.11
נסמכתי סלחה לחמאתי ✎   11QPs 19.13
בעצמי כי אתה ✎ שבחי ולכה   11QPs 19.16
גדול וקדוש ✎ קדוש   11QPs 26.9
ויתן : לו ✎ רוח נבונה   11QPs 27.4

כנור: ואשימה ל✎ כבוד   11QPs 28.5

: אנשי] : א[:   4QCat^a 12+ 2.8
[רסיכה] : [את'] : [ידח']   4QCat^a 29 1.2

[אכה [א] : [הם] : לפני ✎   1Q35 1 1.5
האמים ונס'] : ✎ ידע כול מ]   1Myst 1 2.11
הצדק ✎ לכה אתה הדעות כול   1QH 1.26
רשעה כיא ! ✎ אמת אתה   1QH 15.25
[ל'] : [: ✎]ך'[3Q14 18 1.2
בבריתו הושיע ✎ ויטלמ[] :   4Q183 1 2.3
הקצים אשר עשה ✎ קץ להתה]לך: 4AgCr 1 1.1
[: ✎]ויזב[ו]ר   6Q15 3 1.5
[✎]ויזב[ו]ר ✎ ברית   6Q15 3 1.5
[: ✎ לו :]הלל ✎   6QHym 6 1.5
[לה] ✎ : [עד וא] ✎   6QHym 10 1.3

[✎]   4Q406 1 1.2

ואתה ✎ עזרתה נפש   רמיה   1QH 2.34

[בא ✎ ישר[אל :   6QHym 8 1.1

[: ✎ תו]כחתי ויענני   1pHab 6.14
הנה מסם ✎ צבאות   1pHab 10.7
לדעת את כבוד ✎ כמים :   1pHab 10.14
כוס ימין ✎ וקיקלון :   1pHab 11.10
[ים ✎]' : [✎]   4Q183 2 1.1
[✎]   4Q183 3 1.1
יכרתו וקואי ✎ המה ירשו   4pPs^a 1+ 2.4
בשערם לוא בחר ✎ אלוהים בם   11QPs 28.10
להודיד כבוד ✎ נתנה   11QPs 18.3
הנה : סיני ✎ על פובים   11QPs 18.14
קראתי ✎ [11QPs 18.15
✎ קראתי   11QPs 24.3
ממני דין האמת ✎ : אל   11QPs 24.6

במדבר פנו דרך •••• ישרו   1QS 8.14
כיא לקחה מיד •••• כפלים   4Q176 1+ 1.6
במדבר פנו דרך •••• ישר   4Q176 1+ 1.7
כ]בוד •••• ואתה   4Q176 1+ 1.9
•••• עזבני]   4Q176 1+ 2.3
כבסלך עושיך] : שמו]   4Q176 8+ 1.6
רוח קראך] •••• ואשת   4Q176 8+ 1.8
ת]מאס אמר •••• אלוהיך :   4Q176 8+ 1.8
אמר גואלך •••• כימי נוח   4Q176 8+ 1.10
וידבר •••• אל מושה   4Tstm 1.1